PATROLOGIÆ
CURSUS COMPLETUS,
SEU
BIBLIOTHECA UNIVERSALIS, INTEGRA, UNIFORMIS, COMMODA, OECONOMICA
OMNIUM SS. PATRUM, DOCTORUM, SCRIPTORUMQUE ECCLESIASTICORUM,
SIVE LATINORUM, SIVE GRÆCORUM,
QUI AB ÆVO APOSTOLICO AD ÆTATEM INNOCENTII III (ANN. 1216) PRO LATINIS,
ET AD PHOTII TEMPORA (ANN. 863) PRO GRÆCIS, FLORUERUNT;

RECUSIO CHRONOLOGICA
OMNIUM QUÆ EXSTITERE MONUMENTORUM CATHOLICÆ TRADITIONIS PER DUODECIM PRIORA
ECCLESIÆ SÆCULA ET AMPLIUS.

JUXTA EDITIONES ACCURATISSIMAS, INTER SE CUMQUE NONNULLIS CODICIBUS MANUSCRIPTIS COLLATAS,
PERQUAM DILIGENTER CASTIGATA;
DISSERTATIONIBUS, COMMENTARIIS VARIISQUE LECTIONIBUS CONTINENTER ILLUSTRATA;
OMNIBUS OPERIBUS POST AMPLISSIMAS EDITIONES QUÆ TRIBUS NOVISSIMIS SÆCULIS DEBENTUR ABSOLUTIS
DETECTIS, AUCTA;
INDICIBUS PARTICULARIBUS ANALYTICIS, SINGULOS SIVE TOMOS, SIVE AUCTORES ALICUJUS MOMENTI
SUBSEQUENTIBUS, DONATA;
CAPITULIS INTRA IPSUM TEXTUM RITE DISPOSITIS, NECNON ET TITULIS SINGULARUM PAGINARUM MARGINEM SUPERIOREM
DISTINGUENTIBUS SUBJECTAMQUE MATERIAM SIGNIFICANTIBUS, ADORNATA;
OPERIBUS CUM DUBIIS, TUM APOCRYPHIS, ALIQUA VERO AUCTORITATE IN ORDINE AD TRADITIONEM
ECCLESIASTICAM POLLENTIBUS, AMPLIFICATA;
DUCENTIS ET AMPLIUS INDICIBUS LOCUPLETATA; SED PRÆSERTIM DUOBUS IMMENSIS ET GENERALIBUS, ALTERO
SCILICET RERUM, QUO CONSULTO, QUIDQUID NON SOLUM TALIS TALISVE PATER, VERUM AUTEM UNUSQUISQUE
PATRUM, ABSQUE ULLA EXCEPTIONE, IN QUODLIBET THEMA SCRIPSERIT, UNO INTUITU CONSPICIATUR;
ALTERO SCRIPTURÆ SACRÆ, EX QUO LECTORI COMPERIRE SIT OBVIUM QUINAM PATRES ET
IN QUIBUS OPERUM SUORUM LOCIS SINGULOS SINGULORUM LIBRORUM SCRIPTURÆ VERSUS,
A PRIMO GENESEOS USQUE AD NOVISSIMUM APOCALYPSIS, COMMENTATI SINT.
EDITIO ACCURATISSIMA, CÆTERISQUE OMNIBUS FACILE ANTEPONENDA, SI PERPENDANTUR CHARACTERUM NITIDITAS,
CHARTÆ QUALITAS, INTEGRITAS TEXTUS, PERFECTIO CORRECTIONIS, OPERUM RECUSORUM TUM VARIETAS
TUM NUMERUS, FORMA VOLUMINUM PERQUAM COMMODA SIBIQUE IN TOTO OPERIS DECURSU CONSTANTER
SIMILIS, PRETII EXIGUITAS, PRÆSERTIMQUE ISTA COLLECTIO, UNA, METHODICA ET CHRONOLOGICA,
SEXCENTORUM FRAGMENTORUM OPUSCULORUMQUE HACTENUS HIC ILLIC SPARSORUM,
PRIMUM AUTEM IN NOSTRA BIBLIOTHECA, EX OPERIBUS AD OMNES ÆTATES,
LOCOS, LINGUAS FORMASQUE PERTINENTIBUS, COADUNATORUM.

SERIES GRÆCA,
IN QUA PRODEUNT PATRES, DOCTORES SCRIPTORESQUE ECCLESIÆ GRÆCÆ
A S. BARNABA AD PHOTIUM.

ACCURANTE J.-P. MIGNE,
Bibliothecæ cleri universæ,
SIVE
CURSUUM COMPLETORUM IN SINGULOS SCIENTIÆ ECCLESIASTICÆ RAMOS EDITORE.

PATROLOGIA, AD INSTAR IPSIUS ECCLESIÆ, IN DUAS PARTES DIVIDITUR, ALIA NEMPE LATINA, ALIA GRÆCO-LATINA.
LATINA, JAM PENITUS EXARATA, VIGINTI-QUINQUE ET DUCENTIS VOLUMINIBUS MOLE SUA STAT, AC QUINQUE-
VIGINTI-CENTUM ET MILLE FRANCIS VENIT. GRÆCA DUPLICI EDITIONE TYPIS MANDATA EST. PRIOR GRÆCUM
TEXTUM UNA CUM VERSIONE LATINA LATERALI AMPLECTITUR, ET FORSAN CENTUM VOLUMINUM EXCEDET NU-
MERUM. POSTERIOR AUTEM HANC VERSIONEM TANTUM EXHIBET, IDEOQUE INTRA QUINQUAGINTA CIRCITER VOLU-
MINA RETINEBITUR. UNUMQUODQUE VOLUMEN GRÆCO-LATINUM OCTO, UNUMQUODQUE MERE LATINUM QUINQUE
FRANCIS SOLUMMODO EMITUR : UTROBIQUE VERO, UT PRETII HUJUS BENEFICIO FRUATUR EMPTOR, COLLECTIONEM
INTEGRAM, SIVE GRÆCAM SIVE LATINAM COMPARET NECESSE ERIT; SECUS ENIM CUJUSQUE VOLUMINIS AMPLITU-
DINEM NECNON ET DIFFICULTATES VARIA PRETIA ÆQUABUNT.

PATROLOGIÆ GRÆCÆ, LATINE TANTUM EDITÆ, TOMUS XLVII.

S. JOANNES DAMASCENUS.

EXCUDEBATUR ET VENIT APUD J.-P. MIGNE EDITOREM,
IN VIA DICTA *D'AMBOISE*, OLIM PROPE PORTAM LUTETIÆ PARISIORUM VULGO *D'ENFER*
NOMINATAM, SEU *PETIT-MONTROUGE*, NUNC VERO INTRA MOENIA PARISINA.

1860

PATROLOGIÆ
CURSUS COMPLETUS,
SEU
BIBLIOTHECA UNIVERSALIS, INTEGRA, UNIFORMIS, COMMODA, OECONOMICA
OMNIUM SS. PATRUM, DOCTORUM, SCRIPTORUMQUE ECCLESIASTICORUM,
SIVE LATINORUM, SIVE GRÆCORUM,
QUI AB ÆVO APOSTOLICO AD ÆTATEM INNOCENTII III (ANN. 1216) PRO LATINIS,
ET AD PHOTII TEMPORA (ANN. 863) PRO GRÆCIS, FLORUERUNT:

RECUSIO CHRONOLOGICA
OMNIUM QUÆ EXSTITERE MONUMENTORUM CATHOLICÆ TRADITIONIS PER DUODECIM PRIORA
ECCLESIÆ SÆCULA ET AMPLIUS,

JUXTA EDITIONES ACCURATISSIMAS, INTER SE CUMQUE NONNULLIS CODICIBUS MANUSCRIPTIS COLLATAS,
PERQUAM DILIGENTER CASTIGATA;
DISSERTATIONIBUS, COMMENTARIIS VARIISQUE LECTIONIBUS CONTINENTER ILLUSTRATA;
OMNIBUS OPERIBUS POST AMPLISSIMAS EDITIONES QUÆ TRIBUS NOVISSIMIS SÆCULIS DEBENTUR ABSOLUTAS
DETECTIS, AUCTA;
INDICIBUS PARTICULARIBUS ANALYTICIS, SINGULOS SIVE TOMOS, SIVE AUCTORES ALICUJUS MOMENTI
SUBSEQUENTIBUS, DONATA;
CAPITULIS INTRA IPSUM TEXTUM RITE DISPOSITIS, NECNON ET TITULIS SINGULARUM PAGINARUM MARGINEM SUPERIOREM
DISTINGUENTIBUS SUBJECTAMQUE MATERIAM SIGNIFICANTIBUS, ADORNATA;
OPERIBUS CUM DUBIIS, TUM APOCRYPHIS, ALIQUA VERO AUCTORITATE IN ORDINE AD TRADITIONEM
ECCLESIASTICAM POLLENTIBUS, AMPLIFICATA;
DUCENTIS ET AMPLIUS INDICIBUS LOCUPLETATA; SED PRÆSERTIM DUOBUS IMMENSIS ET GENERALIBUS, ALTERO
SCILICET RERUM, QUO CONSULTO, QUIDQUID NON SOLUM TALIS TALISVE PATER, VERUM AUTEM UNUSQUISQUE
PATRUM, ABSQUE ULLA EXCEPTIONE, IN QUODLIBET THEMA SCRIPSERIT, UNO INTUITU CONSPICIATUR;
ALTERO SCRIPTURÆ SACRÆ, EX QUO LECTORI COMPERIRE SIT OBVIUM QUINAM PATRES ET
IN QUIBUS OPERUM SUORUM LOCIS SINGULOS SINGULORUM LIBRORUM SCRIPTURÆ VERSUS,
A PRIMO GENESEOS USQUE AD NOVISSIMUM APOCALYPSIS, COMMENTATI SINT.
EDITIO ACCURATISSIMA, CÆTERISQUE OMNIBUS FACILE ANTEPONENDA, SI PERPENDANTUR CHARACTERUM NITIDITAS,
CHARTÆ QUALITAS, INTEGRITAS TEXTUS, PERFECTIO CORRECTIONIS, OPERUM RECUSORUM TUM VARIETAS
TUM NUMERUS, FORMA VOLUMINUM PERQUAM COMMODA SIBIQUE IN TOTO OPERIS DECURSU CONSTANTER
SIMILIS, PRETII EXIGUITAS, PRÆSERTIMQUE ISTA COLLECTIO, UNA, METHODICA ET CHRONOLOGICA,
SEXCENTORUM FRAGMENTORUM OPUSCULORUMQUE HACTENUS HIC ILLIC SPARSORUM,
PRIMUM AUTEM IN NOSTRA BIBLIOTHECA, EX OPERIBUS AD OMNES ÆTATES,
LOCOS, LINGUAS FORMASQUE PERTINENTIBUS, COADUNATORUM.

SERIES GRÆCA,
IN QUA PRODEUNT PATRES, DOCTORES SCRIPTORESQUE ECCLESIÆ GRÆCÆ
A S. BARNABA AD PHOTIUM.

ACCURANTE J.-P. MIGNE,
Bibliothecæ cleri universæ,
SIVE
CURSUUM COMPLETORUM IN SINGULOS SCIENTIÆ ECCLESIASTICÆ RAMOS EDITORE.

PATROLOGIA, AD INSTAR IPSIUS ECCLESIÆ, IN DUAS PARTES DIVIDITUR, ALIA NEMPE LATINA, ALIA GRÆCO-LATINA.
LATINA, JAM PENITUS EXARATA, VIGINTI-QUINQUE ET DUCENTIS VOLUMINIBUS MOLE SUA STAT, AC QUINQUE-
VIGINTI-CENTUM ET MILLE FRANCIS VENIT. GRÆCA DUPLICI EDITIONE TYPIS MANDATA EST. PRIOR GRÆCUM
TEXTUM UNA CUM VERSIONE LATINA LATERALI AMPLECTITUR, ET FORSAN CENTUM VOLUMINUM EXCEDET NU-
MERUM. POSTERIOR AUTEM HANC VERSIONEM TANTUM EXHIBET, IDEOQUE INTRA QUINQUAGINTA CIRCITER VOLU-
MINA RETINEBITUR. UNUMQUODQUE VOLUMEN GRÆCO-LATINUM OCTO, UNUMQUODQUE MERE LATINUM QUINQUE
FRANCIS SOLUMMODO EMITUR: UTROBIQUE VERO, UT PRETII HUJUS BENEFICIO FRUATUR EMPTOR, COLLECTIONEM
INTEGRAM, SIVE GRÆCAM SIVE LATINAM COMPARET NECESSE ERIT; SECUS ENIM CUJUSQUE VOLUMINIS AMPLITU-
DINEM NECNON ET DIFFICULTATES VARIA PRETIA ÆQUABUNT.

PATROLOGIÆ GRÆCÆ, LATINE TANTUM EDITÆ, TOMUS XLVII.

S. JOANNES DAMASCENUS.

EXCUDEBATUR ET VENIT APUD J.-P. MIGNE EDITOREM,
IN VIA DICTA *D'AMBOISE*, OLIM PROPE PORTAM LUTETIÆ PARISIORUM VULGO *D'ENFER*
NOMINATAM, SEU *PETIT-MONTROUGE*, NUNC VERO INTRA MOENIA PARISINA.

1860

SÆCULUM VIII, ANNUS 756.

SANCTI PATRIS NOSTRI

JOANNIS DAMASCENI,

MONACHI, ET PRESBYTERI HIEROSOLYMITANI,

OPERA OMNIA QUÆ EXSTANT,

ET EJUS NOMINE CIRCUMFERUNTUR,

EX VARIIS EDITIONIBUS, ET CODICIBUS MANU EXARATIS, GALLICIS, ITALICIS ET ANGLICIS, COLLECTA, RECENSITA,
LATINE VERSA, ATQUE ANNOTATIONIBUS ILLUSTRATA, CUM PRÆVIIS DISSERTATIONIBUS ET COPIOSIS INDICIBUS,

CURA ET STUDIO

P. MICHAELIS LEQUIEN,

MORINO-BOLONIENSIS, ORDINIS FF. PRÆDICATORUM :

variorum curis adaucta, nempe,

ANDR. GALLANDII, ANG. MAII, ETC.

ACCURANTE ET DENUO RECOGNOSCENTE J.-P. MIGNE,

BIBLIOTHECÆ CLERI UNIVERSÆ,

SIVE

CURSUUM COMPLETORUM IN SINGULOS SCIENTIÆ ECCLESIASTICÆ RAMOS EDITORE.

TOMUS PRIMUS.

EXCUDEBATUR ET VENIT APUD J.-P. MIGNE EDITOREM,
IN VIA DICTA *D'AMBOISE*, OLIM PROPE PORTAM LUTETIÆ PARISIORUM VULGO *D'ENFER*
NOMINATAM, SEU *PETIT-MONTROUGE*, NUNC VERO INTRA MŒNIA PARISINA.

1860

ELENCHUS

OPERUM QUÆ IN HOC TOMO XLVII CONTINENTUR.

S. JOANNES DAMASCENUS.

	col.
Præfatio generalis Michaelis Lequien.	11
Dissertationes Damascenicæ.	41
Dialectica.	313
De Hæresibus liber.	383
Expositio Fidei orthodoxæ.	418
Adversus eos qui sacras Imagines abjiciunt Orationes tres.	583
Tractatus contra Jacobitas.	685
Dialogus contra Manichæos.	723
Disceptatio Christiani cum Sarraceno.	763
De Draconibus et Strygibus.	771
De sancta Trinitate.	774
De hymno Trisagio.	782
De sacris Jejuniis.	802
De octo Spiritibus nequitiæ.	810
De Virtutibus et Vitiis.	813
Institutio elementaris ad dogmata.	819
De Natura composita, adversus Acephalos.	826
De duabus in Christo Voluntatibus.	835
Dissertatio adversus Nestorianos.	863
Oratio de his qui in Fide dormierunt.	895
De Confessione.	914
Oratio de sacris Imaginibus, adversus Constantinum Cabalinum.	927
Epistola de sanctis Imaginibus.	946
De Azymis.	966
Epistola de Corpore et Sanguine Christi.	975
Expositio et Declaratio Fidei.	983
Expositio in Epistolas B. Pauli.	1003

VIRO ILLUSTRISSIMO D. D. JOANNI-PAULO

BIGNON

ABBATI S. QUINTINI, REGALIS ET COLLEGIATÆ S. GERMANI ANTISSIODORENSIS DECANO

COMITI CONSISTORIANO,

UTRIUSQUE ACADEMIÆ INSCRIPTIONUM ET SCIENTIARUM PRÆSIDI, ETC.

Etsi patrocinii jure tua, VIR PRÆSTANTISSIME, censeri debent quotquot litterati nostri opera in lucem emittunt, propter incredibile illud studium quo, iniquissimis etiam temporibus, illustrissimi avunculi tui, Franciæ cancellarii integerrimi, providis consiliis, in litteris juvandis promovendisque obsecundas : eam gloriam hæc sibi præ cæteris vindicat, quam publici juris facio, scriptorum S. Joannis Damasceni collectio. Id siquidem operis, quod summi omnium ordinum viri, ac tum ecclesiasticis infulis, tum singulari doctrina spectatissimi, diu assiduisque votis expetierant, quodque propter graviorem molem eruditi alii deseruerant, audacior ego sum aggressus, ea animatus spe, te mihi laboranti et contendenti fautorem, officiosissimumque Mecœnatem adfuturum. Nec me fefellit exspectatio. Vix enim illud prelo parari accepisti, cum tuum mihi patrocinium subsidiumque propensissima benevolentia spopondisti. Quin et ea qua in rem litterariam auctoritate vales, expeditam facilemque viam aperuisti, quo id tandem typis excuderetur. Unde meorum iste laborum partus, te, non auspicem solum habuit, uti sexcenti libri alii qui apud nos prostant, sed et obstetricantem benignam manum tuam expertus est. Quinam vero alioqui fieri poterat, ut novæ præcipui Orientalis Ecclesiæ doctoris lucubrationum editioni, in qua innumeræ et diversissimæ res expenduntur ac discutiuntur, protectorem alium ambirem, nisi te, DOCTISSIME atque HUMANISSIME virorum, quem, præter raram et paucis communem in negotiis expediendis solertiam facilitatemque, immensa pene omnium scientiarum peritia præditum esse exploratissimum est ? Hanc nostrates faustis vocibus prosequuntur, sibique de te gratulantur et applaudunt, sive te e sacro pulpito Christianæ fidei capita aut regulas morum pro innata tua movendisque animis aptissima facundia edisserentem audiant, sive in Scientiarum et Inscriptionum veterum Academiis, quibus a Ludovico Magno præfici meritus es, singula de quibus selectioris eruditionis viri copiose accurateque e schedis suis dixerunt, ex tempore retractantem, novisque animadversionibus illustrantem, ac si eadem ipse argumenta deditiore opera elucidanda suscepisses. Sed et quotquot exterarum gentium homines eruditi Lutetiam undique adveniunt, te pretiosissimum Galliarum nostrarum thesaurum et ornamentum nobis pene invident, rem miraculo similem apud nos videri dictitantes, præstantissimum abbatem Joannem Paulum Bignonium, in quo eximiæ dotes omnes facto velut agmine concurrerint. Non solum enim exquisitissimam illam eruditionem tuam, prudentiam, æquitatem, et alias quas dixi virtutes mirabundi omnes suspiciunt; sed et, quod illas eleganti decore exornat, sinceram pietatem, religionem, modestiam, ac tandem ingenuum illum animi candorem, cujus ipsa tua frons certissimus illis qui te conveniunt, nuntius, testis, ac sponsor est. Sic porro, vir illustrissime, nihil ab avita paternaque gloria, nihil ab eorum incomparabili tum probitate, tum profundiore ac politiore litteratura desciscens, aut degenerans, non nudam magni ipsorum nominis umbram præfers, sed vivam exactissimamque repræsentas imaginem. Viva, inquam, et germana, nec fucata prorsus imago es, præstantissimorum virorum, Hieronymi utriusque Bignonii, parentis et avi tui (ut non atavos longiori ordine recenscam), quorum dignissimas laudes, quas ob præclara sua de republica et litteris merita sibi conciliarunt, nullæ in posterum ætates reticebunt. Idque multo rectius quod universa illa naturæ animique præsidia quibus ambo præfulsere, in te ipse hæreditario veluti jure cumulatissime concluseris ; ut qui ex insigni admodum gente vestra nascituri sunt, te perinde in exemplum sint habituri;

quod debeant imitari. Quod faxit Deus, quoad hic mundus stabit ; te vero interim litterato orbi longos annos præsidere concedat. Vale sis igitur, vir illustrissime, et munusculum litterarium quod meæ observantiæ gratique animi pignus erit, si qua se utilitate tuetur, ea qua cœpisti cura atque humanitate complectere.

Offerebat

        Obsequentissimus addictissimusque Fr. MICHAEL LEQUIEN,
                Ordinis FF. Prædicatorum.

PRÆFATIO GENERALI

IN NOVAM OPERUM S. JOANNIS DAMASCENI EDITIONEM.

I. *Joannis Damasceni opera diu avide expetita.* — Joannem Damascenum inter præstantissimos doctores suos censet Ecclesia Orientali ac præcipuo semper honore coluit, cum propter elegantissima cantica plurima, quæ vir sanctus edidit, et quibus magna pars Officii ecclesiastici Græcorum constat, propter quæ etiam Ἰωάννης ποιητής, *Joannes poeta*, nuncupatus est, tum in primis propter ingentem rerum præsertim divinarum scientiam atque eruditionem, qua omnia fere et singula Christianæ fidei mysteria eximia perspicuitate, aut Catholicis edisseruit, aut adversus hæreticos propugnavit. Quod in causa fuit, ut Χρυσορρόας cognominatus sit, sumpto vocabulo tum ab aureis doctrinæ fluentis, quibus affluit, tum etiam ob flumen Chrysorrhoam quo Damascus civitas ejus patria alluitur. Quamobrem ex omnibus Ecclesiæ Patribus vix ullius opera a theologis avidius expetita sunt, quam quæ Joannes Damascenus posteritati consignavit. Græcos omitto, quibus cæterorum instar ipse semper unus fuit. At magnam quoque existimationem in Occidente habuit, ex quo ejus libri Latine reddi cœperunt.

II. *Translata primum Latine a Burgundione Pisano.* — Sæculo Ecclesiæ duodecimo, Eugenio III Romanæ Ecclesiæ pontificatum gerente, liber ejus *De fide orthodoxa*, qui cæterorum præcipuus est, ab Burgundione judice, cive Pisano, Frederici Ænobarbi præfecto, in Latinam linguam tum primum redditus fuit, sed barbare prorsus et indocte, quippe quem interpres iste, ut Joannis Cononis, Nurimbergensis Dominicani, verba usurpem, versione sua, ne dicam inversione, verbum e verbo reddens, de more suo fœdavit, Græca bona et lepidissima sordidis Latinis immergens. Hoc viri apprime docti judicium fuit, de variis Patrum translationibus, quas Burgundio attentavit. Hujus autem Burgundionis mentionem habemus in secundo Anselmi Havelbergensis episcopi dialogo, qui testatur eum Constantinopoli interfuisse collationibus suis quas habuit cum Niceta Nicomediensi sub Calo-Joanne Comneno imperatore, cum illic Lotharii Germaniæ imperatoris orator ageret. *Aderant*, inquit, *non pauci Latini, inter quos tres fuerunt viri sapientes, in utraque lingua periti, et litterarum doctissimi, Jacobus nomine, Veneticus natione : Burgundio nomine, Pisanus natione ; tertius inter alios præcipuus, Græcarum et Latinarum litterarum doctrina inter utramque gentem clarissimus, Moyses nomine, Italus natione, ex civitate Pergamo.* Eidem vero Burgundioni ascribendam censeo aliorum quorumdam Damasceni Joannis tractatuum translationem, quam in codice Regio 5966 reperi, quamque Henricus noster Gravius in sua auctoris ejusdem collectione, de qua paulo post dicemus, edidit. Eamdem enim ubique inficetam et rudem dictionem exhibet.

III. Atqui translatione illa libri *De fide orthodoxa*, quam Burgundio elaboraverat, Petrus Lombardus Magister sententiarum, sanctus Thomas, aliique sæculi decimi tertii et sequioris ævi de schola doctores, usi sunt. Cæteras vero Damasceni dissertationes, præter illam in qua de precibus pro his qui dormierunt habendis disputatur, nequaquam viderunt, nec usquam saltem ab eis citatæ reperiuntur. Plane S. Thomas, qui Joannem Damascenum eamdem, quam

Theodoretus, opinionem erroneam de Spiritus sancti processione tenuisse asseruit, ab hac criminatione temperasset, si in fine epistolæ de hymno trisagio, legisset *Spiritum sanctum ex Patre per Filium* procedere ; quod etiam Theodoretus negabat, nec rectæ fidei sensui usquequaque repugnat, quemadmodum suis locis a me demonstratum est.

IV. *Jacobi Fabri Stapulensis translatio libri* De fide orthodoxa. *Ejus prima editio, secunda, tertia.* — Altera non prodiit Damasceni librorum Latina translatio, usque ad sæculi decimi sexti initium, quo Jacobus Faber Stapulensis librum *De fide orthodoxa* anno 1506 inter aulicos, ut ait, tumultus majore fide quam elegantia convertit, ejusque interpretatio Parisiis excusa est in 4°, apud Henricum Stephanum anno 1507. Anno subinde 1512 liber idem Latine iterum editus est, opera Judoci Clictovei, cui epistolam ad Jacobum Ambasianum episcopum Claromontanum præfixit, suaque commentaria, quæ ad Fabri versionem accommodaverat, singulis capitibus interjecit. Quam editionem Parisiensis altera similis secuta est anno 1519.

Editio Græca Veronensis. — Cum autem nullum Damasceni Joannis opus lucem hactenus Græce vidisset, anno Domini 1531 Donatus Veronensis librum integrum *De fide orthodoxa,* nativa ipsius lingua Græca, prima vice excudit cum sermone *De iis qui in fide dormierunt,* editionemque suam Clementi septimo pontifici Romano nuncupavit, Joanne Matthæo Giberto episcopo Veronensi ita fieri consulente. Qui quidem præsul *hoc præterea etiam atque etiam considerandum duxerat,* inquit, *nulli aptius opus de orthodoxa fide dicari potuisse, quam ipsi, cui adversus novos desertores veritatis, qui Lutherani vocantur, certamen assiduum esset.* Addit : *Hunc Damascenum habebis quasi telum acutissimum, quo si non priores illos, saltem hos posteriores confodias. Cujus quidem scriptoris laudes hoc in loco effusius prædicarem, quantique semper nominis, non modo apud theologos, sed etiam apud philosophos et medicos fuerit, exponerem, si vel epistolæ brevitas pateretur, vel hoc ita obscurum esset.* Hæc Donatus Pontifici Maximo, quibus significat quantum utilitatis Ecclesia omnis acceptura esset ex operibus sancti Joannis Damasceni.

V. *Editiones aliæ Latinæ.* — Anno 1535 et 1539 editiones aliæ libri *De fide orthodoxa* cum brevioribus annotationibus Jacobi Fabri Stapulensis Basileensibus typis evulgatæ sunt, nec non orationis *De iis qui in fide dormierunt,* cujus translationem adornaverat Joannes Œcolampadius, antequam ab Ecclesia catholica deficeret ; itemque Historiæ Josaphat et Barlaam, quæ Damasceno nostro vulgo attributa erat, præmissa insuper ejusdem Joannis Damasceni Vita a Joanne Hierosolymitano patriarcha conscripta, quam idem Œcolampadius in Latinam linguam perinde transtulerat. Quæ omnia Latine duntaxat prostiterunt.

VI. *Coloniensis editio.* — Post septennium, anno utique 1546, Henricus Gravius Noviomagensis, ordinis Prædicatorum, vir doctissimus, ac multiplici nomine, tum de Ecclesia, tum de re litteraria bene meritus, collectionem novam publicavit operum sancti Joannis Damasceni, quæ Coloniæ prodiit ex officina Petri Quentel ; in qua præter libros qui in anterioribus exstabant, sermonem adjecit *De conversatione S. Joannis Damasceni,* ejus Logicam, Introductionem elementarem ad Joannem Laodiceæ episcopum, tractatum de duabus voluntatibus et operationibus, Epistolam ad Jordanem archimandritam de hymno trisagio, Librum de hæresibus, Fragmentum sententiarum de octo passionibus, Altercationes cum Saraceno, de judicio, Carmina denique et Cantica ejus varia, necnon Cosmæ Majumensis, Theophanis et Scholarii.

VII. *Editio Græco-Latina Basileensis prima, secunda, tertia.* — Rursum anno 1548 isthæc eadem opera denuo excusa sunt Basileæ a Matthæo Hoppero, adjecto e regione Græco contextu libri *De fide orthodoxa,* et sermonis *De iis qui in fide dormierunt,* prout Veronæ antehac editus fuerat. Quin etiam anno 1559 consimilis editio Basileæ iterum prodiit, ejusque curam gessit idem Hopperus. Tandem anno 1575 editio altera ibidem ejusdem Matthæi Hopperi curis elaborata est, cæteris omnibus longe auctior, adjecto insuper ad omnes fere tractatus Græco auctoris contextu.

VIII. *Editiones Parisienses Latinæ, interprete Jacobo Billio.* — Quia vero in omnibus illis editionibus, singulorum librorum translationes variis mendis scatebant, harumque non paucæ barbara prorsus dictione hirsutæ erant, nec intellectu, imo nec lectu faciles ; vir doctissimus Jacobus Billius Prunæus, S. Michaelis in Eremo cœnobiarcha, operam posuit suam in nova versione omnium fere lucubrationum quæ in Basileensi postrema editione exstarent, adornanda, collato Græcorum atque emendato textu ad codices aliquot manu exaratos. Translationem insuper adjecit libri *Parallelorum*, aliarumque lucubrationum, quæ vel Joannis Damasceni nomen præferrent, vel ipsum quomodocunque concernerent. Hæc porro Jacobi Billii interpretatio publici juris facta est Parisiis anno 1577, at sine Græca phrasi, nisi quatuor homiliarum, de Transfiguratione, et de Nativitate B. Mariæ Virginis. Rursumque annis 1603 et 1619 posteriores duæ editiones aliorum operum, quæ in priori deerant, accessione locupletatæ sunt a R. P. Frontone Ducæo Soc. Jesu.

IX. *Cleri Gallicani præceptum de edendis Græce et Latine operibus sancti Joannis Damasceni.* — Sed quia editiones istæ ultimæ suis numeris absolutæ non erant, atque in eis Græca desiderabantur, idcirco in comitiis cleri Gallicani generalibus quæ Parisiis anno 1635, subindeque 1636, celebrata sunt, decretum fuit, ut Joannis Damasceni opera typis denuo Græce Latineque accuratius et auctius quam antea ederentur. Quin et editionis adornandæ cura viro utriusque linguæ peritissimo Joanni Auberto, theologo Parisiensi, et collegii quod Laudunense dicitur, in urbe præfecto, qui Cyrilli Alexandrini libros nuper Græce et Latine publicaverat, demandata fuit. Decretum Gallicanæ Ecclesiæ præsulum exstat in comitiorum illorum Actis ad diem xxi Januarii anni 1636.

Du Lundi vingt-unième Janvier à huit heures du matin, Monseigneur l'Archevêque d'Arles Président.

Monseigneur l'Archevêque de Tholoze a rapporté, et dit, que luy et Monseigneur de Seez avoient, selon l'intention de l'Assemblée, conferé ensemble, et pris l'avis de quelques Docteurs, du choix des Livres des Peres Grecs qu'il seroit plus à propos de faire imprimer. Qu'ils avoient jugé que les OEuvres de saint Jean Damascene, d'Origene, de Maximus, et d'Ephrem Syrus, estoient les plus necessaires, entre celles de tous les anciens, pour servir à la décision des controverses de la Religion, lesquelles néanmoins n'avoient pas esté imprimées jusques icy en leur langue originelle; voire que la pluspart de leurs ouvrages n'ont point esté imprimez pour tout, lesquels se peuvent trouver en diverses Bibliotheques, et que pour cela il faudroit choisir quelque personne bien entenduë en la langue Grecque qui prist ce soin: à quoy Monseigneur de Seez a ajoûté, Que l'on pouvoit prier Monseigneur de Tholoze de prendre le Sieur Aubert Docteur de Sorbonne, pour l'un des deux, que la Compagnie l'a cy-devant prié de choisir pour travailler sur le Droit Canon, et sur l'Histoire Ecclesiastique, et luy donner le soin de cette impression, pour ne charger pas l'estat de plus grande dépense.

Ledit rapport concerté et agité, Mesdits Seigneurs de Tholoze et de Seez ont esté priez de traiter avec quelques Imprimeurs qui feront la condition la plus avantageuse, et en leur prestant la somme de huit mil livres, qui est entre les mains de Cramoisy, les obliger à l'impression desdits Autheurs, et aux autres qu'ils jugeront necessaires; auquel traité ils feront entrer par préference le Sieur Vitré, Imprimeur du Clergé. Et en outre la Compagnie a desiré, que ledit Sieur Aubert fust employé au soin de ladite impression; et pour ce, a ordonné, qu'il sera couché sur l'estat des gratifications, avec l'autre que Monseigneur de Tholoze nommera pour le Droit Canon.

Comitiorum porro præses erat illustrissimus archiepiscopus Arelatensis Joannes Jouber de Barrault; archiepiscopus vero Tolosanus, qui in decreto nominatur, Carolus de Monchal, vir eximiæ eruditionis, et rei litterariæ studiosissimus; Sagiensis demum episcopus Jacobus Camus de Pontcarré, vir itidem politiore litteratura excultissimus. Verum Aubertus, dum omisso Damasceno Ephrem Syrum edere primum proponeret, neutrum perfecit. Quamobrem illustrissimus dominus Carolus de Monchal, archiepiscopus Tolosanus, necnon illustrissimi DD. Dominicus Seguier Meldensis, Antonius Godeau Venciensis, et Franciscus Bosquet Monspeliensis, episcopi, clarissimique abbates de Rancé, et de Ligny, posthac Meldensis itidem antistes fuit, eodem Auberto annuente, spartam hanc adornandam R. P. Francisco Combefis, τῷ μακαρίτῃ, ordinis Prædicatorum, commiserunt. Combefisium, tum præsules illi quos nominavi, tum illustrissimus doctissimusque Suaresius, Vasionensium episcopus, tum etiam Dominicani ordinis magistri generales ThomasTurcus et Joannes Baptista de Marinis, tum denique, ut alios taceam, vir toto orbe celeberrimus, ac de Ecclesia optime meritus, Leo Allatius, ad id operis exsequendum summis studiis excitarunt. Id testantur frequentes ipsorum ea de re ad eumdem epistolæ quas hodie penes me habeo. Ille vero injunctum sibi pensum adorsus, dum Aubertum exorare non potest, ut ea secum communicet opuscula, quæ Allatius illi Romæ miserat, ad alios Orientalis Ecclesiæ Patres illustrandos et edendos animum appellere cogitur.

X. *Conspectum operum sancti Joannis Damasceni Philippus Labbe evulgat.* — Interim anno 1652 R. P. Philippus Labbe, Societatis Jesu presbyter, *Conspectum novæ editionis omnium operum S. Joannis Damasceni monachi et presbyteri,* quam animo conceperat in vulgus emisit, nec vero meditatum opus perfecit. Cuncta Damasceni opera in quatuor tomos distribuebat, cum tamen singula accurate nondum legisset, aut recensuisset. Hinc est quod eorum distributio non satis consulta et apposita videatur. Cæterum ingratus essem, nisi viro doctissimo me multum debere testificarer, quod multas auctoris mei lucubrationes indicaverit, quæ me forsitan alias fugissent, multos insuper manuscriptos codices, quorum auxilio editio mea admodum aucta illustrataque fuit. Sperabat fore ut ea opuscula quæ Leo Allatius Auberto miserat, aliquando tandem nancisceretur, sed spe sua cecidit, frustraque ac perperam Goarius noster suspicatus est omnia ad ejus manus pervenisse. Auberto siquidem vita functo omnes ejus chartæ in totum interiere.

XI. In indice librorum manuscriptorum Bibliothecæ Augustanæ, quæ anno 1675 editus est, ad codicem 29 secundi subsellii, in quo habentur Logica Damasceni et liber *De fide orthodoxa,* obiter monemur pag. 29 : *Utriusque codicis ope opus hoc Damasceni de orthodoxa fide editurum esse proxime cum versione et notis D. Veielium Ecclesiæ Ulmensis non solum, sed tum universæ ornamentum singulare.* Quod an a Veiclio tandem præstitum sit, a nemine hactenus discere potui.

XII. Cum porro Combefisii nostri schedas et adversaria perlustrarem, in eam quam inchoaverat Joannis Damasceni librorum collectionem incidi, quorum quinque duntaxat Latine reddiderat, nimirum Dialecticam, librum *De hæresibus,* librum *De fide orthodoxa,* partem dialogi contra Manichæos, et opusculum componendis moribus perutilem, cum præterea t. II *Auctarii Bibliothecæ PP.* tractatum de duabus voluntatibus atque operationibus Christi Græce Latineque jam edidisset, variasque itidem homilias Latine in *Bibliotheca Patrum concionatoria.* Quocirca prioribus hisce viri doctissimi curis posteriores meas adjeci, adhibitoque complurium manu exaratorum codicum subsidio, universum auctoris textum recensui, Billiique ac Combefisii translationes qua potui diligentia castigavi, atque adnotationibus illustrare conatus sum. Multis insuper lucubrationibus eximii Doctoris, quæ nondum vel Græce saltem prodierant, repertis, universum opus ad tria fere volumina sensim succrevit. Quorum primum tractatus ad dogmata fidei pertinentes complectitur; secundum vero commentarios in Epistolas Pauli, Parallela sacra et homilias : tertium denique sermones aliquot asceticos, cum subjectitiis operibus variis, quæ ejus nomine inscripta sunt, exhibebit.

XIII. *De Latina translatione Jacobi Billii.* — Neminem mihi vitio versurum spero, quod Billii translationem multis identidem in locis immutaverim. Jacobum quippe Billium omnes inter præstantissimos auctorum Græcorum interpretes habent : ac merito plane. Cæterum Combefisius, vir Græce peritissimus, mihi præivit (a), atque Billium in Joanne Damasceno vertendo tirocinium posuisse, aliquando palam affirmavit, ac in sua quam adnotationibus suis præmittendam paraverat, præfatione animadvertisse se aiebat, excidisse Billio complura minus accurata, « nec satis ad amussim philosophicam et theologicam, in qua præcipuus ac princeps fuit Damascenus, exacta : idque sibi pridem primi ordinis Patres atque viros doctissimos inter fabulandum dictitasse. Ita nimirum arduam rem esse absoluti philosophi ac theologi Græci in Latinum sermonem absolutam omnino versionem et expositionem condere. » Quanquam hoc etiam in clarissimi interpretis excusationem addendum puto, eum in Joannis Damasceni translatione operam posuisse, cum infirma valetudine uteretur, quemadmodum ipse declarat in nuncupatoria ad serenissimum principem Carolum Borbonium Rothomagensem archiepiscopum. Quinimo cum ejus versionem recenserem, et cum Græcis auctoris verbis compararem, duntaxat observavi in hoc tantum virum eruditum peccasse, quod periphrasibus et circumlocutionibus nimium indulgendo, accuratissimarum ac simplicium vocum quas Damascenus Joannes usurpaverat, vim quadamtenus elevaverit, ac varias nequaquam proprias, nec theologis satis familiares adhibuerit, pro aliis usitatissimis, quas purus sermo Latinus non sic respueret. In his enim specimen eloquen-

---

(a) Combefis. *Bibl. Concion.* tom. VIII, c. 457.

tiæ minime quærendum est, ubi sanæ fidei dogmata, nulla verborum ambage, nullo fuco declaranda atque exprimenda sunt.

XIV. *De subjectis textui auctoris annotationibus.* — Ex annotationibus quas doctissimus noster Combefisius in Damasceni Dialecticam et priora libri *De orthodoxa fide* capita reliquit, paucas excerpsi, cum cæteræ nihil nisi animadversiones essent in Billii translationem, nec Græcorum Patrum doctrinam, placita ac locutiones satis enarrarent. Id quod tamen ut ipse præstarem, viris eruditis consulentibus, aut annuentibus, operam præsertim posui, uti lector benevolus ex annotationibus meis facile comperiet. Quocirca non ex editis solummodo libris priscorum doctorum sententias eruere curavi, verum et ex compluribus aliis quæ lucem nondum viderunt, quorum proinde prolixa fragmenta recitare non dubitavi, ex quibus Ecclesiæ veteris Orientalis, tum dogmata, tum mores, tum etiam res gestæ tantillum lucis accipient. Ad hæc, in illis notis de variis variorum auctorum ac Patrum nomine inscriptis lucubrationibus, quas auctor, vel ab hæreticis objectas tanquam sinceras admisit, ac recto sensu interpretatus est, vel deceptus ipse allegavit, criticorum more judicium tuli, ut eas quoad per me licebat germanis parentibus suis redderem. Cæterum quia propter amplissimam dicendi segetem de multis doctrinæ Damasceni capitibus, deque spuriis illis voluminibus longe plura mihi explicanda supererant et occurrebant, operæ pretium me facturum existimavi, si momenta omnia in dissertationibus quibusdam, quas idcirco *Damascenicas* nuncupavi, ex ordine congererem. Quod utrum feliciter patraverim, judicio suo sancient periti. Quocirca, cum multa opera, quæ sanctissimis Ecclesiæ magistris ascripta fuerant, non nisi ab hæreticis Apollinaristis, Monophysitis, et Nestorianis edita esse contenderim, quæcunque eam in rem a me dicta sunt, eruditorum theologorum censuræ permitto, qui tempus saltem aliquod contriverint in rimandis genuinis sectariorum qui Orientalem Ecclesiam infecerunt, placitis et loquelis, quibus errores suos exponebant tuebanturque, aut quandoque dissimulabant.

XV. *Numerus librorum Joannis Damasceni incertus.* — Numerus librorum aut opusculorum omnis generis quæ Joannes noster reliquit, ex nullo certo ejus æquali aut suppari auctore accipi potest. Eo quippe sæculo, atque in ea præsertim regione omnem vitæ ætatem egit, in qua propter durissimum Saracenorum jugum ac ferocissimam barbariem, paucissimi inter Christianos erant qui litteras sacras aut ecclesiasticas colerent, aut res apud se gestas scriptis consignarent. Ex sola igitur diligenti germanorum quorumdam ejus operum inspectione et assidua meditatione ad alia dignoscenda, atque a spuriis secernenda provectus fui : ad quod etiam admodum contulit remotior codicum aliquot manu exaratorum antiquitas seu vicinior auctori ætas. Cæterum, cum multa genuina ac sincera collegerim, multa tamen interiisse, aut in bibliothecis orbis latere pro certo habeo. Ac sane quidem, in Vita S. Stephani junioris martyris legimus Joannem Damascenum, quicum Stephanus arctissima necessitudine conjunctus fuerat, tractatus varios pro imaginibus sacris adversus Constantinum Copronymum scripsisse, qui minime supersunt hodie. Theophanes quoque ad annum imperatoris hujus tertium testis est, illum in laudem Petri, Majumensis episcopi, qui pro Christi fide martyr nuper occubuerat orationem pronuntiasse, quæ nusquam comparet. Atqui quoscunque ejus libros, tractatusve, ac sermones, aut homilias edidi, in præmonitionibus quas unicuique passim præmisi, vel in annotationibus secundum accuratiores criticæ artis regulas disputavi ac definivi quinam germani esse mihi viderentur, et sinceri, ac qui vicissim subjectitii, aut sublestæ ac dubiæ fidei.

XVI. *De stylo auctoris.* — Auctoris nostri dictio, seu dicendi scribendive ratio, ubi dogmata fidei ediserit, aut tuetur, simplex est et perspicua. Totus est in re quam agit vocibus propriis et usitatis explicanda. Quamobrem in libro præsertim *De fide orthodoxa*, non tam suis, quam anteriorum se Ecclesiæ doctorum verbis identidem utitur. In orationibus vero ac homiliis simplex quidem est, nec comptus admodum et laconicus, uti nec ejus ætas et patria tunc ferebant, Asiaticam vero eloquentiam nonnihil redolet. In longissimas periodos quandoque effunditur, quarum confertim congesta sibique succedentia membra acerrimum ardentissimumque ejus ingenium spirant, acceptisque ut plurimum e Scriptura locutionibus atque sententiis constant. In versibus et canticis sacris ipse, uti Cosmas Majumensis, suus quondam studiorum atque educationis institutionisque socius, neminem e Græcis superiorem habuit, non parem alterum, ipso fatente Suida. Cæterum multa alia opera ex consarcinatis, atque ad certa capita concinnatis divinæ Scripturæ et sanctorum Patrum excerptionibus composuit, in quibus nihil nisi pauca quædam hinc inde scholia adjecit, cujusmodi est *Sacrorum Parallelorum* liber.

XVII. *De spuriis historiis quibusdam quæ in Damasceni libris occurrunt.* — Multi Joanni nostro vulgo crimini dant, quod lubens fabulas nullo discrimine admiserit : inter quos Casaubonus heterodoxus in suis in Baronii Annales annotationibus doctissimo cardinali in hoc saltem gratulatur et applaudit, quod ad annum Christi 31, n: 75, scripserit de Joanne Damasceno, *in multis ejus scriptis fidem vacillare, et compluribus ipsum scatere mendaciis.* Quæ verba avide exceperunt alii Protestantes, quibus Joannis Damasceni nomen et doctrina multiplici de causa ac titulo displicent, puta Joannes Gerardus Vossius, vir alioqui modestissimus, et Guillelmus Cave. Quam vero sublesta fide illustrissimi cardinalis verbis abusi illi sint, legenti cuivis manifestum fiet. Celeberrimus quidem iste Annalium ecclesiasticorum parens, postquam recitavit illum Eusebii locum ex lib. VIII *Historiæ ecclesiasticæ*, quo narratur Paneade in Palæstina erectam Domino statuam fuisse a muliere cujus sanguinis fluxum curaverat, subjungit, ad calcem orationis tertiæ S. Joannis Damasceni recenseri ex Chronico Joannis Malalæ Antiocheni supplicem libellum ab illa oblatum esse Philippo tetrarchæ Trachonitidis regionis, ut de beneficio quod acceperat, liceret in perpetuum ejus rei monumentum erigere statuas. Tum deinde ait : *Sed cum in multis ejus scripti fides vacillet, et compluribus scatere mendaciis cognoscatur, indignum putavimus his nostris chartis inserere.* Ubi sincerum candidumque lectorem appello, num Joannis ipsius Damasceni fidem in ejus scriptis vacillare dicat Baronius, ejusque scripta compluribus scatere mendaciis : annon potius, solius scripti illius ac narrationis Joannis Malalæ de statuæ Paneadensis erectione, quam indignam putaret his suis chartis ad longum intexere.

Verum, inquiet forsan aliquis, saltem spurium hunc libellum supplicem ex Joannis Malalæ Chronico protulit recitavitque Damascenus inter auctoritates et testimonia veterum de imaginibus erigendis, adeoque putidissimas illas fabulas quibus iste libellus scatet, approbavit. Quasi vero certo affirmare quis possit omnes et singulas auctoritates quæ ad calcem orationis præsertim tertiæ de imaginibus sacris leguntur, Joannem ipsummet nostrum collegisse, ac non quasdam a librariis, uti sæpe alias contigit, insertas fuisse. Plane inter illa excerpta habetur canon 82 synodi Trullanæ, seu, ut vulgo vocant, Quinisextæ, quem Joanni Damasceno, Ecclesiæ Hierosolymitano hieromonacho, ignotum tunc fuisse ex eo infero, quod Anastasius Bibliothecarius in præfatione translationis suæ Latinæ actorum octavæ synodi ad Joannem VIII papam testificatus sit regulas istas, *cum omnes ex toto maneant apud Latinos incognitæ, quia nec interpretatæ, ita nec in cæterarum patriarchalium sedium, licet Græca utantur lingua, reperiri archivis.* Nimirum quia nulla earum, cum ederentur, aut promulgans, aut consentiens, aut saltem præsens inventa est. *Quanquam eosdem Patres illas promulgasse perhibeant, qui sexta synodo sunt inventi.* Ubi tres Orientes patriarchatus, Alexandrinum, Antiochenum, et Hierosolymitanum Trullanos canones ignorasse prorsus diserte declarat Anastasius : non ergo potuit Joannes Damascenus octogesimum secundum tertiæ orationi suæ subjicere.

Quanto minus vero Joannes noster excerptum ex Malalæ Chronico proferre potuerit, si Joannes Malalas Damasceno posterior recentiorque sit, id quod quidem viri pereruditi innui asseverant his Joannis Tzetzæ versibus, ubi *de Cleopatra et Pharo:*

Μέμνηται μὲν Βιργίλιος ταύτης τῆς Κλεοπάτρας,
Λουκιανὸς, καὶ Γαληνὸς, καὶ Πλούταρχος σὺν τούτοις,
Διόδωρος, Γεώργιος ὁ χρονικὸς σὺν ἄλλοις,
Καὶ Ἰωάννης μετ' αὐτοὺς Ἀντιοχεὺς ὑστέρως.

Meminit enim Virgilius istius Cleopatræ,
Lucianus, et Galenus, et Plutarchus cum eis,
Diodorus, Georgius Chronographus cum aliis,
Et Joannes post eos Antiochenus postremum.

Quod si Georgius iste chronographus syncellus est Tarasii patriarchæ Constantinopolitani, extra dubium est Tzetzem censuisse Joannem Antiochenum, qui vix alius esse a Malala putabitur, Joanne Damasceno longe recentiorem fuisse. Quidquid id est, esto Joannis Tzetzæ testimonium hoc irrefragabile non sit (hoc enim lubens admiserim, nec a vero abhorrere concesserim), ut ægre suspicari quis possit, nono Ecclesiæ sæculo, cum Oriens omnis sub tristi Saracenorum jugo afflictus ac desolatus gemeret, exstitisse ullum Antiochiæ scriptorem, qui ut Romanas, sic et præsertim Antiochenas res colligeret, ac Græcis litteris consignaret, mihi alioqui verisimile non est, Damascenum Joannem rem eamdem, puta historiam erectæ Christi statuæ Paneadensis, testimoniis duobus confirmare voluisse, ad cujus fidem faciendam luculenta Eusebii Cæsariensis narratio potior esset, quam obscuri illius ac nuperi chronographi Joannis Malalæ. Nemo est qui ejusmodi auctoritatum collectiones quascunque, quales in Catenis, Parallelis, et Pandectis variis visuntur, pro codicum varietate, si eos accurate recensuerit, modo strictiores ac modo ampliores esse non repererit.

XIII. *Cur falsis narrationibus Damascenus fidem adhibuerit.* — Cæterum non eo inficias auctorem nostrum, falsas, imo spurias quandoque narrationes admisisse : at hoc viro alioqui doctissimo indulgendum est, qui ea ætate vixerit, cum nulla criticæ artis cura haberetur, cujus etiam maxima pars Patrum incuriosi semper fuerunt. Plane si Damascenus meus eam ob rem condemnandus veniret, pari jure præstantissimorum Ecclesiæ doctorum ac scriptorum famæ et nomini detrahi posset, quorum libri ab ejusmodi fabulis confictisque traditiunculis immunes prorsus non sunt. Ut enim posteriorum sæculorum doctores scholasticos omittam, quid Justinum Martyrem, Clementem Alexandrinum, Origenem, Epiphanium referam? Horum libri adulterinorum librorum citationibus ac laciniis scatent. Quot Eusebius supposititios tractatus allegavit in libris *De præparatione evangelica*, et in *Historia ecclesiastica*? Quid epistolis Abgari ad Christum, et Christi ad Abgarum nugacius? quid Hegesippi de Jacobo Domini fratre narratione, quam serio retulit Eusebius, a vero magis abhorrens? Annon Nazianzenus, Hieronymus et Chrysostomus spuriis historiis fidem aliquantum adhibuerunt? Quin nec libri Theodoreti ab hoc nævo liberi sunt. Palladium, Sophronium et alios sequioris ævi viros, alioqui non prorsus indoctos, sileo, quibus propter morum simplicitatem et animum a mendacio alienissimum imponi facile potuit. Unus ad exemplum sufficiat Photius, celebratissimus ille criticus, maxime apud heterodoxos ; nonne in sua selectorum codicum Bibliotheca commentitia opera tanquam sincera posteritati consignavit ac commendavit? Puta Nicæni concilii acta Gelasii Cyziceni nomine inscripta, ampla itidem excerpta ex actis SS. Alexandri Alexandrini, Metrophanis Constantinopolitani, Athanasii, septem martyrum, quos *Dormientes* appellant, præter sexcenta hinc inde errata, quæ hominem criticæ artis parum peritum produnt, ut ea vix ultra grammaticæ sphæram vix extenderetur : quin comparatione styli et doctrinæ sincera auctorum scripta a falsis raro secernit. Hi omnes aliique quos hic recensere non vacat, haud secus atque Damascenus, non fabulas modo, quin et subjectitia sanctorum Ecclesiæ doctorum nominibus inscripta opera, quorum non alii ut plurimum nisi hæretici parentes erant, bona fide, nulla latentis veneni suspicione incunctanter admiserunt : cum utique nihil in eis deprehenderent, quod vel sanam doctrinam recte ferire videretur, aut propter præclara nomina quibus insigniebantur, si quid in eis erroneum appareret, ab hæreticis intrusum existimarent. De spuriis ejusmodi lucubrationibus compluribus fuse disputavi in dissertationibus quas *Damascenicas* nuncupavi, ac præsertim in secunda, tertia et quarta. Quod si summorum virorum illorum nomini atque auctoritati nihil propter ejusmodi lapsus derogatum est, quia Ecclesiæ catholicæ causam feliciter alias gesserunt, eccur Joanni nostro idcirco detrahatur, qui propter egregia opera, quibus singula Christianæ fidei mysteria felicissime, ac plusquam cæteri, enarravit, tuitusque est, et propter utilissimos tractatus moribusque componendis aptissimos quos edidit, de Ecclesia optime meritus fuit?

XIX. *Cur Dialecticæ regulas adhibuerit.* — Sunt, qui sanctissimum Doctorem culpare eo iterum nomine audeant, quod dialecticis tricis nimium indulserit. At ne illi quidem ejus ætatis rationem et conditionem norunt. Eo quo Damascenus in Palæstina floruit sæculo, Oriens totus multiplici hæreticorum lue obsitus erat, in primis vero Jacobitarum seu Acephalorum, Monophysitarumve, qui, Severo Antiocheno præsertim auctore, a tribus jam sæculis, Ecclesiæ catholicæ alumnos variis sophismatibus dementare contenderent, sumptis præcipue vitilitigandi argumentis ex Aristotelis Categoriis. Ingruebant pariter Incorrupticolæ, Agnoetæ, Monotheletæ, Trithcitæ, ac Nestoriani dialecticis artibus ac cavillis, iisque solis, perinde instructissimi. Hinc operæ pretium fuit illis qui sanæ fidei causam agebant, ut dialecticæ leges definitionesque ad illos refellendos adhiberent, quas tamen ad tritam probatorum Ecclesiæ magistrorum doctrinam tanquam ad certam regulam normamque exigerent. Sic vero ante Damascenum Maximus confessor contra Severianos ac Monotheletas eorum sobolem pugnaverat; sic Leontius Byzantinus, non ignobilis sexti sæculi scriptor, eosdem Severianos refellit; sic Eulogius Alexandrinus, sic Ephræmius et Anastasius Antiocheni, sic Rusticus diaconus, Fulgentius, Boetius, Gelasius papa, aliique, quorum volumina integra aut voluminum fragmenta hodieque supersunt. Quin imo sic Gregorii ambo, Nazianzenus et Nyssenus; sic in primis Basilius Aetium et Eunomium Arianorum versutissimos sophistas egregie confutaverunt. Plane Dionysius Petavius, vir priscorum Ecclesiæ Patrum theologiæ studiosus quam qui maxime, non tam morosum se præbuit erga doctores de schola, qui philosophico more de rebus divinis dissererent, quin potius horum patrocinium suscipere non dubitavit in Prolegomenis in opus *Theologicorum dogmatum*, cap. 4 et 5, allata præsertim Damasceni ipsius auctoritate. « Nihil theologum impedire potest, inquit, quominus sinceræ ac germanæ philosophiæ et dialecticæ præsidiis munitiorem et ornatiorem habeat divinam scientiam. Sed nec ἐριστικὴν illam et σοφιστικὴν funditus aspernabitur : non ut ea sic utatur, quomodo hæretici ac reliqui hostes Ecclesiæ ad oppugnandam veritatem; sed ad propugnandam potius, et ad illorum perplexos nodos et laqueos ejusdem, unde implicati sunt, artis ope solvendos. Omnis artifex, ait egregie Damascenus (a), aliquibus instrumentis opus habet ad operum suorum affectionem. Porro reginam decet ancillarum quarumdam uti ministerio. Accipiamus igitur doctrinas istas, tanquam veritatis famulas, et impietatem quæ tyrannico dominatu sibi eas usurpaverat, procul amandemus : neque bono male utamur, nec ad circumveniendos simpliciores convertamus artem illam disputandi ; tametsi neutiquam variis istis sophisticis inventis veritas opus habeat, nihilominus ad evertendos malos illos pugnatores, et ad falso nomine appellatam istam refellendam scientiam, illis utemur. » Capite sequenti argumentum idem persequitur vir doctissimus, asseritque, tam illas quæstiones quas Erasmus deriserat, quam multas cæterarum, quas omitteret, a Patribus ipsis, Athanasio, Basilio, Epiphanio, Gregoriis duobus, Nazianzeno et Nysseno, Cyrillo, Theodoreto, Maximo Martyre, Nemesio, Hilario, Augustino, Ambrosio, Hieronymo, Fulgentio, et cæteris Nicæna synodo posterioribus pertractatas reperiri, et multo quam in scholis subtilius ac diffusius. At vero vix ullus Patrum Joanne Damasceno felicius catholicam fidem adversus errores quoscunque traditionis ope ac sanctorum Patrum auctoritate propugnavit et explicavit; quippe cujus opera non nisi ex contextis Scripturæ et anteriorum ipso doctorum dictis, sententiis et argumentationibus constent. Id quod in primis præstitit in libro *De fide orthodoxa*, quemadmodum in ejus marginibus indicare curavi, fusius autem in annotationibus ad eumdem librum, et ad quosdam alios, in quibus Ecclesiæ doctrinam edisseruit.

XX. *Nonnullæ supplentur quæ hinc inde in utroque tomo exciderunt.* — Quia vero tum in annotationibus, tum in dissertationibus Damascenicis, dum de compluribus cum doctrinæ, tum historiæ ac disciplinæ ecclesiasticæ capitibus mihi tractandum fuit, nonnulla a me dicta assertaque animadverti, quæ satis accurata non essent, adeoque aut retractatione, aut emendatione opus haberent, hos defectus suppleri debere puto in hacce de universo opere præfatione.

Joannes et Cyrus Ægeatæ a Joanne Germaniciæ et Cyro Lesbensi diversi. — Dissertatione tertia pag. LII, ubi contra doctissimum Garnerium ostendo Cyrum et Joannem, quorum monachi Palæstinæ in epistola ad Alcisonem, et Victor Tununensis in Chronico, meminere, non esse Cyrum Lesbi insulæ monachum, et Joannem Germaniciæ, ad quos exstant Theodoreti epistolæ ; ad hæc verba : *Imo neque ex 135, quæ sola est ad Joannem Germaniciæ, prætensum istud patrocinium inferre quis possit*, hoc lectorem admonitum velim, postquam hæc prelo expressa erant, me incidisse in alteram Theodoreti epistolam ad Joannem Germaniciæ, quæ seorsim edita fuit t. IV operum illius, pag. 702, quasi centesima vicesima quinta censenda esset inter ejus epistolas. In hac paucis narrat, quæ a Dioscoro Alexandrino in Latrocinio Ephesino perpetrata fuerant, Domnum Antiochenum depositum esse, quia Cyrilli capitula noluisset admittere, aliaque contra leges admissa facinora : demum Joannem adhortatur, ne se decipi patiatur, et ut impietatis communionem devitet. Quæ omnia solummodo arguunt, Joannem Germaniciæ amicitia fuisse cum Theodoreto conjunctum, non autem Nestoriani erroris patrocinium propalam suscepisse. Nam alioqui indicta causa admissus non fuisset a concilio Chalcedonensi, cujus actis omnibus subscri-

(a) *Dialect. c. 1.*

psisse legitur, non velut Ibas et Theodoretus, pronuntiato prius contra Nestorium anathemate. Ex quo evincitur magis Joannem Germaniciæ diversum fuisse a Joanne Ægeate, quem adversus synodum Chalcedonensem calamum strinxisse posthac ostendo, quemque vix dubitavero quin ex illis Nestorianis unus exstiterit, quos Evagrius lib. II *Hist.* cap. 2, refert Chalcedonem venisse, et contra concilium conclamasse, quod viris sanctis, Nestorio scilicet ac Theodoro Mopsuesteno, anathema diceretur.

Vita brevior S. Gregorii M. Paulo Diacono abjudicatur. — Dissertatione quinta p. LXIV, observandum monui, Joannem Diaconum lib. II Vitæ Gregorii Magni, cap. 44, nonnisi ex Anglorum et Saxonum traditione perhibuisse, sanctum Pontificem, dum publice procederet, fusis ad Deum precibus impetrasse, ut Trajani imperatoris anima ab inferni suppliciis eriperetur, adeoque Joannis ætate nulla alia Romæ aut apud Italos monumenta exstitisse, quibus ea liberatio astrueretur. Quocirca in dubium verti possit num Vita altera Gregorii brevior, in qua perinde liberati Trajani mentio fit, Paulo Diacono et monacho Cassinensi tribui debeat ; cum certum sit Joannem Diaconum adornatam a Paulo Gregorii Vitam præ manibus dum historiam suam scriberet, habuisse ac consuluisse. Scrupulum auget, quod Paulus Diaconus quædam in *Historia Langobardorum* accuratius referat, quam reperiantur in illa Vita quæ ipsius nomen in codicibus quibusdam præfert : puta septiformis Litaniæ ordinem ; quid apud Theodelindam Langobardorum reginam egerit, unde pax Ecclesiæ catholicæ nec non urbi Romanæ conciliaretur.

Petavius pristinam de ultimo Christi paschate sententiam non deseruit. — Cum dissertatione VI, in qua de azymis, nec non de postremo D. N. Jesu Christi paschate disputavi, Dionysii Petavii ex ejus in Epiphanium annotationibus locum attulerim, quo affirmare non dubitavit, verisimile omnino esse, perturbationem exstitisse apud Judæos eo quo Christus passus est anno, ut alii diverso a cæteris die Pascha celebrarint, huncque in modum explicatam defensamque communem sententiam multo probabiliorem videri, propter diserta et expressa Joannis testimonia , quæ nulla cavillatio possit eludere ; operæ pretium fore duxi, si lectorem iterum monerem, virum eruditissimum sententiam hanc suam nunquam retractasse, sed eam insuper uti certiorem commendasse libro XII *De doctrina temporum*, cap. 18, et *Rationarii temporum* part. II, lib. IV, § 4.

Sadducæi in Karaitas mutati; quo tempore.— Quod in eadem dissertatione pag. LXXXIII, dictum est, sectarios illos Judæos, quos Karæos vel Karaitas vocant, successores ac nepotes esse Sadducæorum, hoc quidem Rabbinistarum commune assertum est : cæterum colligi posse videtur ex Authentica Justiniani imp., tit. 29, nov. 146, *De Hebræis*, qua natam inter eos litem diremit, cum alii, præter Hebræam scripturam, translationem Græcam in synagogis legi vellent, alii recusarent : alii rursum traditiones majorum, seu δευτερώσεις quæ libro Misnico continentur, statuere vellent, alii nollent admittere. Tumultum ut compesceret imperator, hac lege sanxit quidem oportere omnino præter Hebræum Scripturæ textum translationem Græcam in synagogis recitari, tum illam quæ Septuaginta esse interpretum ferebatur, tum illam quoque quam Aquila proselytus adornaverat : Thalmudistarum vero δευτερώσεις recipiendas non esse, ut quæ in libris sacris non contineantur, nec sint ab prophetis traditæ. Deinde subjungit cap. 2 : Εἰ δέ τινες παρ' αὐτοῖς κενοφωνίας ἀθέους ἐπάγειν ἐγχειρήσαιεν, ἢ ἀνάστασιν, ἢ κρίσιν ἀρνούμενοι, ἢ τὸ ποίημα τοῦ Θεοῦ καὶ κτίσμα τοὺς ἀγγέλους ὑπάρχειν, τούτους καὶ ἀπελαύνεσθαι βουλόμεθα τόπου παντὸς, καὶ μὴ ἀφιέναι φωνὴν βλασφήμου οὕτω καὶ αὐτῆς τῆς περὶ Θεοῦ καθάπαξ ἐξολισθήσασαν γνώσεως. Ἐγχειροῦντας γὰρ αὐτοὺς παραφθέγγεσθαί τι τοιοῦτον, ταῖς παςῶν ἐσχάταις ὑποβάλλομεν τιμωρίαις, τῆς ἐπεισαγομένης πλάνης ἐκ τούτου τὸ τῶν Ἑβραίων περικαθαίροντες ἔθνος. *Si quidam vero apud eos impia vanæ vocis eloquia inferre præsumpserint, aut resurrectionem et judicium negantes, nec non angelos Dei facturam et creaturam esse, hos et expelli volumus loco omni, et non relinquei vocem blasphemiæ quæ a Dei notitia exciderit. Qui enim ejusmodi aliquid effari præsumunt, ultimis subdimus suppliciis, ab illato exinde errore Hebræorum gentem expurgantes.* Ex hujus legis inspectione apparet illos ex Judæis qui Misnicas traditiones admittere recusabant, Sadducæorum hæresim sectatos esse ut qui resurrectionem atque angelorum qui substantiæ spirituales creatæ essent, exstantiam abnegarent. Quocirca districtim jubet imperator, ut hæ Sadducaismi reliquiæ proscribantur, extremisque suppliciis addicantur, qui impium illum errorem sectari reperirentur. Quo factum est, ut qui supererant ex Sadducæorum factione, mutati sint in Karaitas, qui, rejectis traditionibus humanis cum priscis erroribus, Scripturæ sacræ sola nativa sensa curarent. Novella ista data est anno Justiniani xxv, post Basilii V. C. consulatum anno xii, Christi nimirum 548 a quo proinde repetenda sunt puri puti Karaismi initia.

Epistolæ Theoriani ad sacerdotes exordium. — In eadem dissertatione sexta pag. LXXXVIII, Græce Latineque fragmentum edidi epistolæ Theoriani philosophi ad sacerdotes in montibus degentes, quod ad epilogum ejus forsan pertinere mihi videbatur. Posthac vero R. P. Jacobus Echart, vir accuratissimæ eruditionis, quicum identidem de multiplici nostrorum Prædicatorum cum Græcis concertatione contuleram, initium ejusdem epistolæ mihi suppeditavit, ut ab ipso repertum est in codicibus mss. Latinis ad calcem tractatus Constantinopoli contra Græcos habiti, qui a Stevartio excusus fuit; unde comperi excerptum illud epistolæ exordio proxime succedere. Sic enim habet : *Initium epistolæ Theoriani philosophi ad sacerdotes. Innotuit nobis, edocti digni sacerdotes, a quodam milite, quoniam contentiones inter vos sunt, et de quibusdam quæstionibus ecclesiasticis : dico autem de jejunio Sabbati, de sacra communione, et conjugio matrimoniali sacerdotum, et rasura barbarum, eorum scilicet qui in sacris ordinibus sunt constituti. Narrabat insuper idem miles nobis multas contentiones alias inter vos et Latinos factas, rogabatque obnixe nos aliquid scribere vobis super iis. Nos autem propter charitatem Christi, et vestram utilitatem consensimus amicabili postulationi viri Deo devoti. Ecce scribimus, et primum rogamus vos ut contentiones non recipiatis,* καὶ πρῶτον παρακαλοῦμεν ὑμᾶς φιλονεικείας μὴ καταδέχεσθαι, etc., ut in editis ex Allatio, usque ad σκάνδαλόν τε καὶ πρόσκομμα, *scandalum et offendiculum.*

De additamento ad synodi Sardicensis epistolam spuriam. — Pag. 37 operum sancti Joannis Damasceni, in annotatione 4 ad cap. 30 *Dialecticæ*, col. 1, ubi ostendo Patres Nicænos in appendice ad Symbolum ὑποστάσεως vocabulo, non subsistentem in se et per se personam, sed naturam, essentiam, substantiam significasse, hoc confirmari posse putavi auctoritate epistolæ concilii Sardicensis, in qua, ut apud Theodoretum lib. II *Hist.*, cap. 8, legitur, eadem Patri, Filio et Spiritui sancto hypostasis atque adeo essentia tribuitur. Verum re melius atque attentius considerata, hanc annotationis partem demendam censeo, doctissimisque criticis assentior, qui ex Athanasii ad Antiochenos epistola intulerunt, postremam hanc synodicæ partem merum assumentum esse, quod concilium non probaverit, quin potius cum a quibusdam insulse obstrusum esset, rejecerit : ut nempe sola fidei expositio quæ Nicææ condita erat, velut ampla satis, integra et perspicua, ab omnibus teneretur. Quocirca sufficiat nobis, Athanasium qui Nicæni concilii magna pars fuerat, communiore suo usu, hypostasim, non pro persona, sed pro natura, essentia ac substantia prisco more accepisse, ut inde inferam, primæ illius synodi Patres altero sensu vocabulum istud non usurpasse. Cæterum prolixa illa appendix nequaquam habenda foret uti formula fidei altera a Nicæna, sed tanquam ejus enarratio diffusior: sicut nec formulæ fidei speciem aut formam præferunt hæc sinceræ epistolæ verba, qua Patres catholicam fidem sic edisserunt : *Nam qui Filium a Patris substantia et divinitate separant, qui Verbum alienum a Patre arbitrantur, hi omnino excludendi sunt ab Ecclesia catholica et Christianorum nomine privandi.* Quæ quidem licet æquivaleant appendici symboli Nicæni, non tamen velut expositio fidei altera a Sardicensibus Patribus habita sunt. Quanquam mirari subit Theodoretum, Antiochenæ sedis obnoxium præsulem, et Meletii Antiocheni cultorem, assumentum illud approbasse, non modo adversus certissimum Athanasii testimonium, quo reprobatum hoc fuisse a concilio constat, verum etiam cum eo posthaberetur Orientalium atque Antiochenorum usus, qui a Meletii temporibus contra Paulini ejusque sequacium morem invaluerat, οὐσίαν et ὑπόστασιν non eodem sensu accipiendi.

Florinus Valentinianus fuit, non Marcionita. — Pag. 88, in annotatione ad hæresim Quartodecimanorum, Florinum, contra quem Irenæus Lugdunensis librum scripsit, quo Deum mala non patrare ostenderet, Marcionitam fuisse dixeram, qui tamen, Eusebio teste, Valentini potius erroribus implicatus fuit. Plane siquidem in Deum mundi conditorem Valentiniani perinde atque Marcionitæ mala refundebant. Nec opus fuisset Irenæo adversus Florinum de Ogdoade, seu octo primis Æonibus disputare, quam Marcion nihil curaret, sed Valentinus. Quocirca pag. 173, in annotatione, circa finem, erratum meum aliud emendandum venit, ubi ex Hieronymo dixi Irenæum *de octava* scripsisse, quasi de septem primis conditi orbis diebus, et octava quæ eos secuta est die tractaverit, cum octava illa nihil aliud esset nisi ὀγδοὰς seu octo primi Æones Valentinianorum.

Macedoniani Semiarianorum errorem non reliquerunt. — Pag. 93, ad hæresim 74, quæ est Pneumatomachorum seu Macedonianorum, hoc memoria excidit, quod observatione dignum olim æstimaveram, Macedonii partium præsules erroris sui formulam præsertim edidisse in concilio Cyziceno, qua, uti Basilius, narrat epist. 82, τὸ ὁμοούσιον κατασιγήσαντες, τὸ κατ' οὐσίαν ὅμοιον ἐπιφέρουσι, καὶ τὰς εἰς τὸ ἅγιον Πνεῦμα βλασφημίας μετὰ Εὐνομίου συγγράφουσι · *consubstantialis vocem silentio prementes, similem secundum substantiam Filium exprimerent et Eunomii in Spiritum sanctum blasphemias conscriberent*: adeoque ab ipsius Macedonii Semiariani perverso sensu nulla adhuc parte illi discrepabant.

Quando primum usurpata vox μετουσίωσις *ad transsubstantiationem eucharisticam significandam.* — Cum ad caput 13 libri IV *De fid. orthod.*, pag. 270, nonnulla de panis et vini in Christi corpus et sanguinem transsubstantiatione dixerim, quam olim Græci vocibus variis efferebant, posthac autem μετουσίωσιν diserte nominare non dubitarunt, nec dubitant, hic abre non erit lectorem eruditum admonere, quid de vocis hujus auctoribus compererim. Nullos plane alios fuisse puto præter Latinos qui de Ecclesiarum unione apud Byzantinos imperatores et patriarchas egerunt, eosque vel ex Prædicatorum ordine vel ex Minorum. Exstant inter acta concilii Lugdunensis II litteræ Michaelis Palæologi imperatoris ad Gregorium X, in quibus inter alia Romanæ fidei capita, et hoc quoque se admittere profitetur, de pane non fermentato perinde ac fermentato, ὅτι ἐν αὐτῇ τῇ ἱεροτελεστίᾳ ὁ ἄρτος ἀληθῶς μετουσιοῦται εἰς σῶμα, καὶ ὁ οἶνος εἰς αἷμα τοῦ Κυρίου Χριστοῦ. *Panem in ipso sacramento vere transsubstantiari in corpus, et vinum in sanguinem Domini Jesu Christi.* Harum litterarum conditores fuisse Fratres illos Minores qui in earumdem principio nominantur, pro certo teneo. In illis enim non Græcæ linguæ dictionem et phrasim animadvertere est, sed Latinæ potius indolem. Odericus vero Raynaldus ad annum Christi 1277 synodicas litteras Joannis Becci, patriarchæ Constantinopolitani et synodi Orientalis Latine edidit (utinam et Græce!) in quibus perinde testificabantur se certa fide credere, *azymum panem*, ut et fermentatum, *vere transsubstantiari in corpus Domini nostri Jesu Christi, et vinum in sanguinem ejus, per sanctissimi Spiritus virtutem et operationem;* ubi dubio procul verbum μετουσιοῦσθαι adhibuerunt, ut jacet in litteris imperatoris, quas ad amussim imitabantur, ac pene exscribebant. Quinimo dum Græcos bibliothecæ Colbertinæ mss. perlustrarem, incidi in cod. 3285 qui collectionem Latino-Græcam continet variarum laciniarum ex Patrum scriptorumve ecclesiasticorum, ac præsertim Græcorum, operibus congestarum, quas Bonacursius, ordinis Prædicatorum alumnus, sæculo XIII medio ex idiomate Latino in Græcum transtulerat, ut nostris usui essent adversus schismaticos. In ista autem collectione fragmentum reperi illius epistolæ, cujus exordium ante retuli, Theoriani philosophi ad sacerdotes et monachos, sed Joannis Chrysostomi nomine inscriptum, et quale visitur in collatione Constantinopoli cum Græcis habita quam Stevartius edidit : in quo pro his verbis quæ Latina translatio habet, *transmutatur autem divina virtute a Spiritu sancto in corpus et sanguinem Jesu Christi*, Latinus interpres Græce posuit μετουσιοῦται δὲ τὰ θεῖα δῶρα παρὰ τοῦ Πνεύματος ἁγίου εἰς τὸ σῶμα καὶ αἷμα τοῦ Κυρίου ἡμῶν Ἰησοῦ Χριστοῦ · *Transsubstantiantur autem divina dona a Spiritu sancto in corpus et sanguinem Domini nostri Jesu Christi.* Hanc porro collectionem eamdem esse quam Urbanus IV sancto Thomæ suppeditavit, ut opusculum ederet contra errores Græcorum, nullus dubito ; eo maxime quod in ea occurrant loca illa tanquam ex Cyrilli Alexandrini *Thesauro* excerpta, quibus Romani pontificis auctoritas admodum commendatur. Jam vero cum reconciliationem a Michaele Palæologo initam patratamque Græci schismatici deinceps nullis non modis detestati sint, atque idcirco imperatorem istum, Joannemque Beccum acerbissimis quibusvis conviciis prosciderint, et hodieque proscindere non desinant : cum adversus varia confessionis illius ad Gregorium X papam missæ, necnon synodicarum Becci litterarum capita, imprimisque adversus quatuor illa præcipua quæ Ecclesiarum unioni præ cæteris obesse aiunt, puta Spiritum sanctum ex Patre Filioque procedere, animas defunctorum purgatorio igne expiari, azymum panem legitimam esse Eucharistiæ materiam, Romanum pontificem primariam auctoritatem in Ecclesia habere ; quinimo adversus peculiaria quæcunque Latinorum nostrorum placita ac ritus virulento æstu deblateraverint : nihilominus tantum abest, ut *transsubstantiationis*, μετουσιώσεως, vocem exhorruerint, [nedum ipsummet fidei caput quod ea significatur, ut eamdem ipsi deinceps schismatici lubentissime usurpaverint, velut ex Georgii Scholarii, seu Gennadii, duplici de Eucharistiæ sacramento oratione constat. Cæterum tametsi Bonacursius Latinam vocem, *transmutatur*, novo verbo Græco μετουσιοῦται *transsubstantiatur* pro communiore μεταβάλλεται, reddiderit, nequaquam germanum auctoris sui sensum, aut labefactasse, aut immutasse censendus est : quandoquidem ipsemet Theorianus substantialem prorsus esse panis et vini in Christi corpus et sanguinem conversionem disertissime ibidem docuerit, his nempe verbis : Ὁ θεῖος ἄρτος πρὸ μὲν τοῦ ἁγιασθῆναι, εἴτ' ἄζυμος, εἴτ' ἔνζυμος ἦν, ἀδιαφόρως ἄρτος; ἔστι τε καὶ λέγεται ὑπὸ τῶν θείων Λογίων, ὡς ὕστερον δείξομεν· μετὰ δὲ τὸ ἁγιασθῆναι, οὔτε ἔνζυμος, οὔτε ἄζυμος, ἀλλὰ σῶμα καὶ Κυρίου ἡ αὐτή, ἐστιν, οὔτ' ἄλλη ἀντ' ἄλλης. *Divinus panis antequam consecretur, sive fermenti expers, sive fermentatus sit, indiscriminatim peræque panis est ac dicitur a divinis Scripturis, ut subinde ostendemus. Ubi vero consecratus est, neque azymus est, neque fermentatus, sed corpus et caro ipsamet Domini, non alia pro alia.* Plane qui panem quemcunque consecratione sic mutari in Christi carnem credit, ut neque jam azymus sit, neque fermentatus, is profecto in ea opinione non est, substantiam panis post consecrationem remanere : adeoque Theorianus catholicum dogma quod *transsubstantiationis* vocabulo effertur, hac in epistola confessus est : quin et illud ceu tritum Græcis ratumque adhibuit, ex quo validum et efficax argumentum assumeret, ad sacerdotibus et monachis schismaticis persuadendum ut concordiam cum Ecclesia Romana non detrectarent. Eum porro Theoriani epistolæ locum quem modo retuli, Bonacursius ex Latina interpretatione ita Græce transtulit : Ὁ θεῖός γε ἄρτος πρὸ τοῦ ἱερουργεῖσθαι καὶ κατασκευάζεσθαι, εἴτε ἄζυμος, εἴτε ζυμωτὸς, ἀδιαφόρως ἄρτος ἐστὶ καὶ λέγεται ὑπὸ τῶν ἱερῶν Λογίων, καθὼς ὕστερον ἀποδείξομεν. Μετὰ δὲ τὸ ἱερουργεῖσθαι καὶ καθιεροῦσθαι, οὔτε ἄζυμος, οὔτε ζυμωτὸς λέγεται, οὔτε ὑπάρχει, ἀλλὰ σῶμα καὶ σὰρξ τοῦ Κυρίου ἡ αὐτή, ἥτις ἀπὸ τῆς ἀφθάρτου Παρθένου καὶ Θεοτόκου ὑπὸ τοῦ Θεοῦ Λόγου ληφθεῖσα, καὶ ἐν τῇ δεξιᾷ τοῦ Πατρὸς συνεδριάζουσα, ἀφ' ἡμῶν τῶν ὀρθοδόξων μυστικῶς λαμβάνεται.

Orientalis Ecclesiæ de libris canonicis decreta. — Pag. 283, in annotatione, ubi scripseram Dionysium Constantinopolitanum patriarcham cum multis suæ diocesis episcopis suffragatum esse sanctioni Bethleemiticæ seu Hierosolymitanæ synodi de libris Scripturæ canonicis adversus Cyrillum Lucarim, id a me non satis accurate dictum moneo. Nam Constantinopolitanum decretum datum est, anno quidem 1672, mense vero Januario, ἔτει ͵αχοβ', μηνὶ Ἰανουαρίῳ, Ἰνδικτιῶνος ι'. At synodus Hierosolymitana non nisi mense Martio ejusdem anni celebrata fuit, ἐν ἔτει σωτηρίῳ ͵αχοβ', μηνὶ Μαρτίῳ ις', *anno salutis* 672, *decima sexta Martii* : adeoque decretum Constantinopolitanum Hierosolymitano concilio anterius fuit. Cum vero Palæstini episcopi in sua synodo præter libros canone Laodiceno contentos, illos etiam quos Latina consuetudo recipit, puta Sapientiam Salomonis, Tobiam, Judith, Draconis et Susannæ historias, Machabæos, et Sapientiam Syrach seu Ecclesiasticum, tanquam germanas Scripturæ partes habuerint, καὶ ταῦτα τῆς Γραφῆς μέρη κρίνομεν, quemadmodum etiam ab ipsomet Lucari variis in homiliis secundum Orientalis Ecclesiæ normam laudati erant ; in Constantinopolitano decreto hoc solummodo sancitur, minime rejiciendos illos esse, quin potius uti bonos et præclaros commendari, ἀλλὰ καλὰ καὶ ἐνάρετα προσαγορεύεται. Cæterum non Laodicenum duntaxat librorum sacrorum catalogum isti commemorant, uti Palæstini præsules, sed et illum in primis qui ultimo seu octogesimo quinto canone apostolorum habetur, nec non et Carthaginensem, in quorum priore præter libros Veteris Testamenti, quibus Hebræi tanquam divinis utuntur, libri Machabæorum tres et Ecclesiasticus numerantur, in posteriore vero illi omnes quos Hierosolymitana synodus perinde admisit. Cum autem Damascenus canones illos qui *Apostolorum* dicti sunt, divinis Scripturis Novi Testamenti accensere non dubitaverit, inde colligere quis posset eum uti divinos habuisse libros Machabæorum tres, ut et Ecclesiasticum. Illorum vero nusquam meminisse reperitur capite illo 17 libri ιν *De fide orthodoxa*. Quin imo in *Parallelis sacris*, tam Rupefucaldinis quam Vaticanis, excerpta nulla occurrunt ex ullo libro Machabæorum. Id quod argumento esse possit familiares illos aliquando non fuisse Christianis de Palæstina. Ut autem Joannes Damascenus canones apostolicos Novi Testamenti libris annumeraret, vix canonem Trullanum secundum contulisse asseveravero, quem ipse forsan nullatenus legerat. Quo proinde auctore hoc scripserit, me prorsus nescire confiteor. Quanquam in promptu illi erat, ut eæ regulæ, quas Orientis Ecclesiæ velut ab apostolis editas venerabantur, inter divinas Scripturas recenseret.

De inscriptione tractatus contra Jacobitas. — Pag. 396, in admonitione ad tractatum contra Jacobitas, ubi de voce τοῦ Δαραίας, quæ in operis inscriptione legitur, inquiro num τοῦ articulus sit, an pars nominis civitatis, cujus episcopus. Jacobiticæ hæresi addictus tunc fuerit, hoc addendum nec omittendum puto, articulum τοῦ vulgo præmitti nomini urbis Δαράς, *Daras*, quæ in Mesopotamia sita erat : unde colligere liceat eumdem omnino præfigendum videri nomini oppidi, quod *Daras* vel *Dara* vocabatur, nec procul

Damasco distabat, quodque rerum Orientalium periti auctores celebre satis fuisse produnt. Quamobrem in titulo legendum videtur, Πρὸς ἐπίσκοπον τοῦ Δαραίας Ἰακωβίτην, *ad episcopum Daræœ Jacobitam.*

Parallela Rupefucaldina ab auctore sæculi septimi ineuntis consarcinata. — Tom. II, pag. 730, in annotatione confirmare opus fuit, quod in præmonitione ad sacra Parallela Vaticana dixeram, nimirum Parallela Rupefucaldina, seu quæ in bibliotheca collegii Parisiensis Soc. Jesu ex eminentissimi cardinalis Rupefucaldini dono asservantur, cum a Vaticanis, Venetis aliisque diversissima sint, concinnata fuisse ante Joannis Damasceni ætatem, tempore belli Persici, quo Cosrhoes Persarum rex crucem Domini Hierosolymis ablatam in Persidem transportaverat : non enim Christianis eam ademptam fuisse a Saracenis Mohammedanis, postquam urbe sancta sub Omaro calipha potiti sunt. Imo tametsi Theophanes narret Heraclium postremo suo in Palæstinam itinere, quando Saraceni Hierosolymorum obsidionem moliebantur, ligna sancta secum Constantinopolim advexisse ; insignem saltem Dominicæ crucis partem illic reliquisse multis argumentis comprobavi : in primis nimirum ex sermone S. Sophronii, qui eo tempore pronuntiatus fuit, quo civitas sancta obsideri a Saracenis cœpit, dudum postquam Heraclius Palæstinæ totique Syriæ valedixerat; nec non ex quibusdam Joannis Damasceni operum locis, quibus constat, ejus ætate pretiosum crucis lignum Hierosolymis adorari solitum fuisse. Tandem testimonium adjeci Guillelmi Tyrii, qui lib. ix *De bello sacro*, cap. 4, hoc a Christiano quodam apud quem reconditum fuerat, Francis nostris statim atque urbem recuperaverunt, restitutum perhibet. Hujus porro portionem quamdam insignem paulo post obtinuit Ansellus, canonicus quondam Parisiensis, atque expugnata urbe sancta Hierosolymitanæ Ecclesiæ præcentor, hancque Parisios mittendam curavit. Cujus susceptionis recordationem annuam Parisiensis Ecclesia recolit Dominica prima post festum S. Petri ad Vincula. Certissimis argumentis istis alterum hoc aliud addam, nimirum ipsa Joannis Damasceni ætate ac deinceps, toto saltem sæculo octavo, fideles undique, quoad per barbaros Palæstinæ dominos licebat, de more quotannis Hierosolyma convenisse ad exaltationem ostensionemve crucis Dominicæ, perinde atque olim sub Romanis ac Christianis imperatoribus fieri consueverat. Id testatur scriptor Vitæ et certaminis S. Bacchi junioris, qui sæculo octavo labente martyrium obiit in Palæstina sub Elia patriarcha. Narrat enim auctor, rerum gestarum æqualis, matrem illius aliquando demum ad urbem sanctam perrexisse propter exaltationem sive ostensionem pretiosæ crucis, εἰς Ἱεροσόλυμα ἀφίκετο τῆς ὑψώσεως ἕνεκεν τοῦ τιμίου σταυροῦ. Itemque in Vita Stephani Sabaitæ, qui filius fuit fratris S. Joannis Damasceni, ille presbyter ordinatus fuisse fertur in illis diebus quibus crux e suggestu populis ostendebatur (hoc quippe est, quod voce *Exaltationis pretiosæ crucis* significabatur) ἐν ταῖς ἡμέραις δὴ τῆς ὑψώσεως τοῦ τιμίου σταυροῦ. Denique Typicon Hierosolymitanum, quod a Sophronio patriarcha primum, ac subinde a Joanne Damasceno nostro, vel adornatum, vel restitutum, vel auctum fuit, ostensionis hujus ritum, et ea quæ diebus istis canenda aut recitanda essent, enarrat. Ex quibus certissime evincitur, diu post Heraclii tempora servatum adhuc Hierosolymis fuisse pretiosum crucis Christi lignum, quod fideles statis anni temporibus adoratum venirent.

XXI. Hæc porro sunt quæ præ cæteris in utroque volumine operum S. Joannis Damasceni, tum in dissertationibus, tum in præmonitionibus, tum demum in annotationibus, vel emendanda, vel illustranda mihi visa sunt. De singulis sancti Doctoris tractatibus, quos utrumque volumen complectitur in hac præfatione generali singulatim dicere non lubet, nec juvat. Quæ enim de unoquoque dicenda essent, vel doctissimus vir Leo Allatius in Diatriba sua *de Joanne Damasceno et ejus operibus* enarravit, vel in admonitionibus meis quas unicuique libro ac lucubrationi præposui, legi possunt. Cæterum operæ pretium est lectorem hic præmonere, me primo volumine conclusisse quæcunque Joannis Damasceni insignita nomine opera exstarent, in quibus de fidei dogmatibus ageretur, sive ea genuina ac sincera essent, sive dubiæ auctoritatis, aut spuria ac subjectitia. Secundo continentur quæ de variis pietatis argumentis tractavit, collegit, ac peroravit.

Quæ appendici operum Joannis Damasceni reservata sint. In editione postrema Basileensi et in Parisiensibus lucubrationes aliæ sunt, Joannis Damasceni nomine falso insignitæ, quæ in appendice seu tertio volumine operum ejus quod paro (a), suum perinde locum obtinebunt cum genuinis illius aliquot sermonibus asceticis, quos nuper reperi in codice manu exarato

(a) Lucem non vidit.

bibliothecæ illustrissimi ducis episcopi Metensis. Quibus aliorum quorumdam auctorum tractatus ineditos adjungam, quos viri eruditi prelo dignissimos existimarunt. In primis vero huic appendici destinabam Leontii Byzantini lucubrationes quæ inveniri potuerint, ex quibus aliquot quæ Græce nondum prodierunt, apud me habeo ; reliquas vero magnis sumptibus ex codice Vaticano erui curat reverendissimus ordinis nostri magister Generalis Antoninus Cloche, ut ipse nuper suis ad me litteris benignissime significavit. Quanquam vereor ne propter nimiam tractatuum amplitudinem et prolixitatem hæc Leontii opera singulari seorsim volumine edere oporteat.

Doctissimorum aliquot virorum enumeratio qui operam in Damasceni libris adornandis posuerunt. — In Joannis Damasceni commendationem admodum cedit, quod in ejus operibus vertendis, recensendis, illustrandis et edendis viri doctissimi operam impenderint suam, quorum egregios labores maximo mihi adjumento fuisse lubentissime fateor. Jam Burgundionem judicem civemque Pisanum, Frederici Ænobarbi præfectum, antea nominavi, cujus translationes tametsi Joannes Cono horrisonas et incomptas esse clamaverit, theologis tamen diu summeque utiles fuisse agnovit ipse, testatusque est. Jacobum insuper Fabrum Stapulensem memoravi, a quo Paulus Jovius in elogiis n. 121 scribit, *totius Galliæ juventutem ad cultarum litterarum studia excitatam esse, cum in omni fere doctrinæ genere ad docendum aptissimus haberetur.* Utinam non in Lutheranæ hæresis suspicione senex mortuus esset. In Ecclesiæ castris monachus Brigittanus agebat adhuc Joannes Œcolampadius, quando vitam Joannis Damasceni et orationem *De iis qui in fide dormierunt* Latine est interpretatus. Jodocum Clictoveum Neoportuensem, Carnutensem canonicum, de litteris et religione optime meritum esse omnes norunt. Cujus commentarios in librum *De fide orthodoxa* cur in hacce mea editione omiserim, causas attuli in præmonitione ad præcipuum istud Joannis Damasceni opus.

Hos sequuntur Petrus Franciscus Zinus Veronensis, vir utriusque linguæ, Latinæ et Græcæ callentissimus, qui non paucas Ecclesiæ Græcæ Patrum lucubrationes Latinas fecit; Henricus item Gravius, ordinis Prædicatorum, cujus insignem sacrarum humaniorumque litterarum peritiam contestantur eruditissimæ, quas scripsit annotationes in S. Hieronymi epistolas centum ; Joachimus Perionius, Cormeriacensis, ordinis S. Benedicti congregationis Cluniacensis monachus, multiplici Græcorum auctorum versione clarissimus; Godefridus Tilmannus, Carthusiæ Parisiensis monachus, Græce et Latine doctus, qui summam sibi ex ecclesiasticæ antiquitatis investigatione laudem promeruit. Quibus addam Bilibaldum Pircheymerum, Matthæum Hopperum, Aldum Manutium, Petrum Pantinum Tiletanum, Bruxellensem decanum, Frontonem Ducæum, Philippum Labbeum.

Omnibus vero istis præit Jacobus Billius Prunæus, S. Michaelis in Eremo in Britannia minori abbas, qui ob singularem linguæ Græcæ peritiam doctorum virorum venerationem maximam sibi comparavit. Prioribus ejus in Damasceni libros Latine reddendo curis secundas suas Franciscus noster Combefisius adjecit, cujus etiam non exigua laus est apud eruditos ob multa illa quæ edidit volumina, quibus res litteraria admodum locupletata est. Nec vero minores illis omnibus in nostro auctore illustrando partes sustinuit Dionysius Petavius, fulgentissimum sæculi nuper elapsi lumen, cujus quinque *De dogmatibus theologicis* tomi, Joannis præsertim Damasceni dictis sententiisque confertissimi sunt; quibus proinde eximiam sancti Doctoris in rebus divinis enarrandis et definiendis auctoritatem summe commendat. Alios inferioris subsellii scriptores omitto, ne prolixitate nimia tædium iis qui præfationem hancce meam legerint, afferam.

Qui ad hanc editionem in primis contulerint. — Modo superest, ut illorum, quorum opera, consiliis ac monitis in hacce mea editione elaboranda usus sum, singularem ad mea studia promovenda benevolentiam testatam omnibus faciam, atque in primis eorum qui codicum manuscriptorum penes se erant, mihi per se aut per amicos copiam fecerunt. In primis quantum illustrissimo D. abbati De Louvois, bibliothecario regio, debeam, digne satis a me significari non potest, quo, pro congenita sibi humanitate, benigne favente et annuente, libros quosvis regios, seu manu exaratos, seu excusos adeundi, consulendi, legendi ac domum asportandi perampla mihi liberrimaque facultas fuit. Nec vero defuerunt virorum notissimæ orbi litterario eruditionis atque humanitatis, qui penu illud vere regium dignissime curant, clarissimorum DD. Nicolai Clément et Joannis Boivin propensissima officia, quibus ad susceptum opus persequendum incitatus fui. Idem præstitere doctissimi viri DD. Stephanus Baluzius et Carolus Duchesne, qui alius post alium confertissimæ bibliothecæ Colbertinæ præfecti fuerunt.

Nondum volumen secundum absolveram, cum illustrissimi nobilissimique episcopi Metensis, D. Henrici Caroli du Cambout, ducis de Coislin, et paris Franciæ, singularem humanitatem sum expertus, qua in bibliothecam suam, quam Seguerianam olim vocabant, exquisitissimis manuscriptis locupletem, facilem aditum mihi patere jussit. Id quod peramanter pro more suo exsecutus est cl. D. Nicolaus Blanchard, sacræ facultatis Parisiensis in theologia doctor, hujusque bibliothecæ præfectus meritissimus.

Magnas itidem suppetias attulerunt præstantissimi codices collegii Parisiensis Soc. Jesu, quos mihi ad usum præbuit vir eximie doctus, Rev. admodum P. Joannes Harduinus, cujus perennis erga me amoris et benevolentiæ nunquam non recordabor.

Quid vero dicam de reverendissimo ordinis nostri magistro generali, Antonino Cloche, qui, decessorum suorum vestigia premens, nullis non modis egit, ut absolutam numeris suis Joannis Damasceni editionem darem? Quocirca pro incredibili suo in litteris apud nos adjuvandis promovendisque studio, ingentibus non pepercit expensis, quo ex Vaticana præsertim bibliotheca auctoris nostri quæ desiderabam volumina, ac præsertim amplissimum *Parallelorum* opus, proferrentur, mihique quantocius transmitterentur. Jam ante retuli quid etiamnum hodieque præstet, quantosque sumptus effundat, ut Leontii monachi, doctissimi accuratissimique, ac de Ecclesia adversus hæreses Nestorianorum ac Monophysitarum optime meriti scriptoris, librorum compos fiam. Votis suis ac curis ultro atque humanissime faventes nactus est doctissimos bibliothecæ Vaticanæ præfectos Laurentium Zacagnium, et D. abbatem Joannem Baptistam de Miro, viros, ut eruditione, ita et propenso in rem litterariam animo celeberrimos.

Ad hæc me illustrissimo abbati Julio Imperiali, summi pontificis nuper vicelegato Ferrariæ, post vero sedis apostolicæ ad supremum Melitensis ordinis magistrum nuntio designato, multiplici nomine obstrictissimum debitorem profiteor, qui propensa erga me benevolentia, cui digne satis celebrandæ me imparem sentio, obicibus remotis qui insuperabiles videbantur, larga ac benefica manu tractatus aliquot Damasceni mihi procuravit, sine quibus fieri nullo modo poterat, ut hanc quam parabam editionem, in publicum efferrem. Ejus porro hoc in negotio consiliorum exsecutorem se summa alacritate præbuit Cl. Justus Julius Fontaninus, Imperialicæ bibliothecæ custos, quem ob singularem eruditionem, atque in Romanæ Ecclesiæ juribus vindicandis egregie navatam operam summus Pontifex Clemens XI honorarium camerarium suum fecit.

Nec me rursum ingratum præbeho viris apud Anglos clarissimis ac rei litterariæ studiosis quam qui maxime, Petro Allixio, Joanni Hudsono, et Joanni Ernesto Grabio, qui, reseratis Magnæ Britanniæ museis ac bibliothecis, quæcunque Joannis Damasceni scripta, quæ nondum excusa essent, apud se latere compererunt, prompta et alacri sollicitudine ad me transmiserunt.

Insuper consiliis ac documentis suis præcipuo mihi adjumento fuerunt præstantissimi duo viri ac toto orbe notissimi, D. abbas Ludovicus du Four de Longuerue, et D. Eusebius Renaudot, quorum eximiam eruditionem, maxime quod ad res Orientalium attinet, indigenæ atque exteri omnes suspiciunt : sed et ambo in opusculis quibusdam ex Arabico idiomate vertendis et recensendis operam suam humanissime posuerunt.

Inter tot illustres viros, qui studiorum laborumque meorum fautores sese præbuerunt, posteriorem non tenet locum doctissimus meique amantissimus, R. P. admodum P. D. Bernardus de Montefalconis, qui, cum ipse rei ecclesiasticæ et litterariæ, præclaris operibus et priscorum monumentorum evulgatione locupletandæ se totum impendat, nihil nostri immemor, quidquid hinc inde ad Joannis Damasceni editionem illustrandam et augendam aptum et idoneum reperit, hoc mecum communicare intenta sollicitudine studuit. Nec minus etiam prolixe rem meam egit R. P. D. Anselmus Banduri, Ragusinus, ejusdem instituti alumnus, toti jam orbi singulari sua eruditione clarissimus, cujus opera, ex quo Parisios appulit, quidquid auctoris mei tractatuum in variis Italiæ locis ac Florentiæ præsertim et Venetiis delitesceret, consecutus sum, ejus desideriis ac petitionibus morem ultro gerentibus illustrissimo D. Meletio Typaldo, Philadelphiensi metropolita, nec non viris clarissimis doctissimisque R. P. D. Angelo Maria Quirino, ordinis S. Benedicti alumno, et Antonio Maria Salvino

DISSERTATIONES DAMASCENICÆ.

DISSERTATIO I.

DE PROCESSIONE SPIRITUS SANCTI.

I. Tametsi in libris sancti Joannis Damasceni multa loca occurrunt, propter quæ disputatum est de Processione Spiritus sancti ex Patre et Filio : attamen adnotatiuncularum brevitas impedimento fuit, quin omnia quæ ad præcipuum hoc theologiæ orientalis momentum spectant, accurate satis enarrata sint. Ut ergo quæ de hoc argumento dicenda sunt, melius perspiciantur, dissertationem critico-historicam aggredior; quippe cum hac methodo aptius nihil atque utilius videatur, ad orthodoxæ traditionis defendenda explicandaque capita.

II. *Status quæstionis.* — Medio sæculo Ecclesiæ quarto sanctus Hilarius (a) pronuntiavit, « absque ulla calumnia, sive injuria, intelligentiæ libertatem adimi Arianis, utrum ex Patre, an ex Filio Spiritum Paracletum putent esse. Non enim in incerto id Dominum reliquisse, qui ita locutus sit: *Adhuc multa habeo vobis dicere, sed non potestis portare illa modo. Cum venerit ille Spiritus veritatis, diriget vos in omnem veritatem. Non enim loquetur a semetipso, sed quæcunque audierit loquetur, et futura annuntiabit vobis. Ille me honorificabit, quia de meo accipiet, et annuntiabit vobis. Omnia quæcunque habet mea sunt : propterea dixi, quia de meo accipiet, et annuntiabit vobis*[1]. A Filio igitur Spiritus accipit (pergit Hilarius), qui ab eo mittitur, et a Patre procedit. Atqui nihil differre creditur, inter accipere a Filio, et a Patre procedere, et idipsum atque unum esse existimabitur accipere a Filio, quod sit accipere a Patre. Hoc quod accipit, sive potestas est, sive virtus, sive doctrina, Filius a se cum dixerit accipiendum, a se rursum hoc ipsum significavit accipiendum a Patre, cum ait, omnia quæ Patris sunt, sua esse. » Tandem concludit, « hoc ita fieri propter naturæ ejusdem unitatem, nec permittendam ad impiæ intelligentiæ libertatem, hæreticam hanc perversitatem esse, quod, quia omnia quæ Patris sunt, idcirco accipiet a se Spiritus veritatis, non ad unitatem confiteatur esse naturæ. » Hoc pacto Hilarius exponit id quod alibi dixerat (b), nedum Filium esse *largitorem* Spiritus sancti, verum et *auctorem :* Spiritum esse *ex Patre et Filio auctoribus;* tanquam scilicet ab uno principio, ob unam amborum naturam : adeoque Spiritum accipere, et mitti a Filio, quia ex eo uti ex Patre procedit. Hæc in Occidente docuit adversus Arianos, qui Spiritum esse Filii creaturam aiebant, quos subinde Macedoniani imitati sunt; imo et Marcellus Ancyranus, qui Filium, seu Verbum, extensionem esse aiebat substantiæ Patris; Spiritum vero extensionis ulteriorem extensionem. Hæc omnes isti docuerunt cum præconceptam Ecclesiæ fidem impie interpretarentur. Quam Hilarius theologiam explicavit, quæque genuina est hodiernæ Ecclesiæ Latinæ fides, hanc confirmavit Epiphanius, affirmans idcirco Spiritum sanctum dici non debere filium Filii, nec nepotem Patris, quia *ex Patre et Filio simul procedit.* Et quemadmodum Hilarius rursum in alio loco Spiritum *per Filium ex Patre* procedere, modo relato sensu professus est : sic quoque idem a Basilio, Nysseno et aliis (c) asseritur, qui addunt Spiritum esse ῥῆμα, verbum, εἰκόνα, imaginem Filii. Quid plura? Filium esse *fontem Spiritus sancti,* et alia horum similia. Nimirum hoc ratum certumque erat, sic se Spiritum sanctum habere ad Filium, uti Filium ad Patrem; Spiritum sanctum ἐξηρτῆσθαι, pendere, a Filio; Spiritum esse Filii, quia spiratur, ut ita dicam, a Filio : omnia denique, *quæ habet, a Filio accipere.* Sexcentas omitto priscorum Patrum consimiles locutiones, quibus innuitur processio Spiritus sancti, cum ex Patre, tum ex Filio.

III. *Cyrilli Alex. sententia.* — Receptissimam hanc in universa Ecclesia doctrinam Cyrillus Alexandrinus passim in suis operibus docuit. In epistola synodica ad Nestorium Constantinopolitanum, sui suæque Ecclesiæ Ægyptiacæ nomine hæc habet : *Spiritus intelligitur, secundum quod Spiritus est, et non Filius, sed tamen non est alienus ab eo. Spiritus enim veritatis nominatur, et Christus est veritas,* καὶ προχεῖται παρ' αὐτοῦ, καθάπερ ἀμέλει καὶ ἐκ Θεοῦ καὶ Πατρός, *et profluit*

---
[1] Joan. xv, 12-15.
(a) Hil. lib. viii *De Trin.*, § 20.
(b) Idem ibid. lib. ii, § 4 et 29.
(c) Idem lib. xii, § 56; Epiph. *Ancor. et Hær.*, p. 743; Basil. lib. v *cont. Eunom.*, p. 120 seqq. et 151; Nyss. epist. ad Abl.; Athan. ad Serap.; Bas. l. v cont. *Eunom.*, et c. 17 ad Amphiloch.

ab eo, sicut et ex Deo et Patre. Cyrillus nimirum sic praeludebat anathematismo suo nono, quo definivit contra Nestorium : *Si quis unum Dominum Jesum Christum a Spiritu sancto clarificatum dixerit, propria virtute ipsius tanquam aliena utentem, et vim et efficaciam ab eodem accepisse, qua contra immundos spiritus operaretur, et divina inter homines miracula patraret, ac non potius ipsum Spiritum, per quem divina signa edidit, illius proprium esse confessus fuerit, anathema sit.* Anathematismum hunc pari ac alios morositate Theodoretus excepit, atque Alexandrino praesuli vitio vertit, quod dicendo Spiritum sanctum esse proprium Christi, eumdem, seu ex Filio, seu per Filium exsistere intelligeret. *Proprium autem Spiritum Filii,* inquit, [l]*siquidem ejusdem cum eo naturae et ex Patre procedentem dixit, simul confitebimur, et tanquam pium excipiemus hanc vocem,* εἰ δὲ ὡς ἐξ Υἱοῦ, δι' Υἱοῦ τὴν ὕπαρξιν ἔχον, *sin vere tanquam ex Filio, aut per Filium exsistentiam habentem, hoc ut blasphemum et impium rejicimus.* Theodoretus itaque anathematismi praedicti sensum colligebat, ex synodica epistola, cui Cyrillus anathematismos velut appendices adjunxerat: nisi forte traditam a Cyrillo in Ephesina synodo ejusdem anathematismi noni declarationem legerat, in qua disertis verbis habetur, Filium proprium sui Spiritum sanctum habere, ἐξ αὐτοῦ, καὶ οὐσιωδῶς ἐμπεφυκὸς αὐτῷ, *qui ex ipso sit, ipsique essentialiter insitum.* Quid vero causae Theodoretus obtenderit, ut contra hoc Cyrilli doctrinae caput insurgeret, ipsemet aperit epistola quam scripsit adversus illius anathematismos ad monasteria, quaeque recitata est in quinta synodo generali (a). *Blasphemat vero* (Cyrillus) *in Spiritum sanctum,* inquit, *non ex Patre ipsum procedere dicens, secundum Domini vocem, sed ex Filio esse. Iste vero Apollinarii seminum fructus: propinquam vero et Macedonii malignae culturae.* Ex quo manifestum est Theodoretum Cyrilli dicta de Spiritus sancti processione ex Filio catenus improbasse, quatenus Macedonii atque Apollinarii impietates iis exprimi arbitrabatur. Quorsum vero in primis dixerit, *istum esse Apollinarii seminum fructum,* colligere quispiam possit, ex eo quod Apollinarius, adducto exemplo solis, radii et splendoris, qui a sole per radium emittitur, Spiritum sanctum magnum, Filium majorem, Patrem maximum, gradus in Trinitate statuendo effutierit; ut sicut Filius minor esset Patre, quia natus esset ex Patre, ita quoque Spiritus sanctus esset Filio minor, quia procreatus ex Filio. Theodoretus etiam alio in loco (b) narrat Apollinarium Personarum divinarum proprietates invertisse: qua vero ratione, non explicat. Exstat expositio fidei κατὰ μέρος, quae sancti Gregorii Thaumaturgi nomine insignita est, sed genuinum parentem habuit Apollinarium, quemadmodum sub Leone primo imperatore Palaestini monachi et alii Chalcedonensis concilii propugnatores comprobarunt, prolato operum hujus haeresiarchae indice, quem Timotheus ejus discipulus olim contexuerat. Ea in expositione legimus : Τοῦ τε Πνεύματος ἐκ τῆς οὐσίας τοῦ Πατρὸς, δι' Υἱοῦ ἀϊδίως ἐκπεμφθέντος· *Et Spiritu sancto ex substantia Patris per Filium aeterne emisso.* Iis aliisve de causis Theodoretus definiebat, *blasphemiam esse, et Apollinarii seminum fructum,* confiteri Spiritum sanctum *sive ex Filio, sive per Filium exsistentiam habere.* Quo nimirum livoris aestu erga praestantissimum doctorem agebatur, nequaquam animadvertebat familiarem Patrum tertii et quarti saeculorum assertionem fuisse, *ex Patre per Filium Spiritum sanctum exsplendescere.* Id passim clamant magnus Basilius et Gregorius Nyssenus, secundum veram illam et sinceram fidei formulam, quam Thaumaturgo divinitus traditam acceperant. *Unus Spiritus sanctus ex Deo exsistentiam habens* (verba istius formulae sunt) καὶ δι' Υἱοῦ πεφηνός, *et qui per Filium effulsit.* In codicibus Graecis, in quos hactenus incidi, additur, δηλαδὴ τοῖς ἀνθρώποις, *scilicet hominibus.* Quas voculas Gregorianae istius confessionis simplicitas pati non videtur, atque temeritatem sapiunt Graeculi schismatici, qui hac interpretatione voluerit significare ea duntaxat ratione Spiritum sanctum per Filium exsplendescere, qua per Filium hominibus conceditur. At vero Patribus Graecis tritissimum est, quamlibet personae divinae processionem ἐκφάνσεως, et ἐκλάμψεως, *effulsionis* vocabulo enuntiare. Quocirca Gregorius Theologus alicubi ait divinas personas ab invicem discriminari ratione τῆς ἐκφάνσεως, ἢ τῆς πρὸς ἄλληλα σχέσεως, *effulsionis, sive mutuae inter ipsas relationis.* Quibus verbis diserte docet relationes divinas in processione alius ab alia fundari, ut suo loco monuimus. Porro falsatam Thaumaturgi expositionem coarguit vetus interpretatio Latina *Historiae ecclesiasticae* Eusebii, quam Rufinus Aquilegiensis adornavit, et in quam, cum alia non pauca, tum hancce Gregorii formulam inseruit, absque his vocibus, *scilicet hominibus.* Eas etiam non legebat Adrianus I, qui in epistola *Ad Carolum Magnum* ejusdem expositionis fidei auctoritate pugnat, in septima synodo recte dictum a Tharasio Constantinopolitano fuisse, *Spiritum ex Patre per Filium procedere.* Enimvero omnes Graeci, qui de theologia deinceps scripsere, posthabitis Theodoreti obtrectationibus, incunctanter asseverarunt, procedere Spiritum sanctum ex Patre per Filium. Sed et nimiam rixandi pruriginem prodit Theodoretus, cum ait epistola superius laudata, Cyrillum *in Spiritum sanctum blasphemare, qui non ex Patre ipsum procedere dicat, secundum Domini vocem.* Etenim Cyrillus diserte in synodica scripserat,

---

(a) Coll. v, p. 504. (b) Lib. iv *Hær. fabul.*

Profluit ab ipso (Filio), καθάπερ ἀμέλει καὶ ἐκ Θεοῦ καὶ Πατρός, *quemadmodum ex Deo et Patre.* Satius vero duxit hoc de Spiritus processione momentum silentio transigere, quo præcipuum quod sibi adversus Nestorium incumbebat, negotium conficeret, molestam illam criminationem depellendo, qua de incarnationis mysterio cum Apollinario sentire ferebatur.

IV. *Synodus Ephesina Spiritus sancti ex Patre et Filio processionem agnoscit.* — Interim, dum Ephesi synodus anno 431, Cyrillo præside, celebrabatur, Charisius presbyter Philadelphiensis in Lydia, symbolum quoddam fidei ad Patres detulit, quod Nestorius ejusque emissarii hæreticis qui ad Ecclesiam reverterentur, profitendum tradebant. Hujus genuinum auctorem fuisse Theodorum Mopsuestenum constat. In eo de Spiritu sancto dicebatur, *Sed nec Filium illum putamus, neque per Filium exsistentiam accepisse,* οὔτε δι' Υἱοῦ τὴν ὕπαρξιν εἰληφός · tum deinde in subsequentibus Nestorianus error de Christi persona diserte enuntiabatur. Quamobrem synodus decretum tulit, quod integrum hic referre operæ pretium est : *His perfectis, statuit sancta synodus alteram nemini licere proferre, aut conscribere, aut componere, præter definitam a sanctis Patribus qui in Nicæa cum Spiritu sancto* [III] *congregati sunt. Qui vero ausi fuerint, aut componere fidem alteram, aut proferre vel offerre converti volentibus ad agnitionem veritatis, sive ex gentilitate, sive ex Judaismo, sive ex qualicunque hæresi; hos quidem, si sunt episcopi aut clerici, alienos esse, episcopos ab episcopatu, et clericos a clericatu decrevit : si vero laici fuerint, anathemati subjicit. Simili etiam modo, si qui inventi fuerint, vel episcopi, vel clerici, vel laici, sive sentire, sive docere ea quæ continentur in oblata expositione a Charisio presbytero, de unigeniti Filii incarnatione, sive perversa Nestorii dogmata, quæ et subnexa sunt, subjaceant sententiæ sanctæ hujus et universalis synodi : ut videlicet episcopus quidem removeatur ab episcopatu, et sit depositus : clericus vero similiter excidat a clericatu : si vero laicus sit, et ipse anathematizetur.* Hoc statuto, de quo recurret suus dicendi locus, multi arbitrati sunt ab Ephesinis Patribus damnatum esse symbolum illud, etiam propter ea quæ adversus Spiritus sancti processionem ex Filio continet. Quod tamen non constat, cum hoc solum exprimat, anathemati subjectos fore, qui reperti fuerint *sentire vel docere ea quæ continentur in oblata expositione a Charisio presbytero* τὰ περὶ τῆς ἐνανθρωπήσεως, *de incarnatione* ἤγουν, *seu scelerata et perversa Nestorii dogmata.* Nestorius itaque Spiritum *ex Filio,* seu potius δι' Υἱοῦ, *per Filium,* exsistere negabat, eadem qua Theodoretus ratione; exploso scilicet Eunomiano, aut Macedoniano, aut etiam Apollinariano errore. Enimvero Rusticus Eccl. Rom. diaconus, qui sub Justiniano I et Vigilio papa Dialogum contra Acephalos Constantinopoli evulgavit, haud ita Ecclesiæ decretorum imperitus fuerit, ut fide certum esse inficiaretur, Spiritum ex Filio perinde atque ex Patre procedere, si id Ephesi contra Nestorium definitum esset. *Pater genuit, et non genitus est,* verba sunt Rustici, *et ab aliquo alio non est, sicut ex eo sunt alii. Filius vero genitus est, et nihil consempiternum genuit : et Spiritus sanctus a Patre procedit, nihil consempiternum procedit, vel genitum est ab eo. Quidam vero antiquorum, et hoc proprietatibus adjecerunt, quia sicut Spiritus sanctus cum Patre Filium sempiterne non genuit, sic nec procedit Spiritus a Filio sicut a Patre. Ego vero quia Spiritus quidem non genuit sempiterne, profiteor (nec enim duos dicimus Patres), utrum vero a Filio eodem modo quo ex Patre procedat, non perfecte habeo satisfactum.* Quinam fuerint illi antiqui, haud indicat Rusticus. Nusquam vero Theodoretus sic disputavit. Cæterum, esto Rusticus arbitratus sit Theodoretum suum negasse omnino, Spiritum sanctum ex Filio procedere ; Hilarium tamen libertatem olim ademisse diximus dubitandi, quin ex Patre, et ex Filio Spiritus procederet; id quippe *Dominum non in incerto reliquisse.* Ipsomet Rustici ævo, imo antequam Rusticus libros istos scripsisset, Gennadius in lib. *De dogmatis,* confessus erat Spiritum *sanctum esse ex Patre Filioque procedentem :* et rursum, *ex Deo Patre, et ex Deo Filio procedere.* Avitus Viennensis, lib. *De divinitate Spiritus sancti,* postquam dixit : *De divinitate Spiritus sancti, quem nec factum legimus, nec genitum, nec creatum, Apostolus ait, Deus est* [2], etc. (ubi symbolum quod Athanasii vocatur videtur innuere), subjungit : *Nos vero Spiritum sanctum dicimus a Filio et Patre procedere.* Ac rursum ait in *Catholicæ fidei et disciplinæ regula* non esse omissum *proprium Spiritui sancto esse a Patre Filioque procedere.* Fulgentius : *Quod Spiritus sanctus de natura Patris Filiique procedit.* Itemque : *Firmissime tene, et nullatenus dubites, eumdem Spiritum sanctum, qui Patris et Filii unus est spiritus, de Patre et Filio procedere.* Paschasius diaconus (b) : *Ecce hic Spiritus sanctus merito procedere ex utroque dignoscitur.* Rursum, *Mitti a Patre et Filio dicitur, et de ipsorum substantia procedere.* Eucherium, Vigilium Tapsensem, aliosque antiquiores omitto. Sed et Ephesina synodus Spiritus sancti processionem ex Filio concessit, ubi Cyrilli synodicam cum anathematismis approbavit. Atqui anathematismos illos non temere admisit, sed postulata ab ipso-

---

[1] I Joan. v, 6.

(a) Lib. *De fide,* c. 1, 2.

(b) Lib. I *De Spiritu sancto,* c. 10, 11.

met Cyrillo eorumdem declaratione explicatiori, in qua processionem hanc disertius itidem professus est, ut supra ostensum fuit. Id contestatur titulus anathematismorum expositioni præmissus in hunc modum: *Explicatio duodecim capitum, Ephesi pronuntiata a Cyrillo Alexandrino, τῆς ἁγίας συνόδου ἀξιωσάσης αὐτὸν σαφέστερον αὐτοῖς ἐκτρανωθῆναι τὴν τούτων διάλυσιν, sancta synodo clariorem istorum declarationem exigente.*

V. *Cyrillus sententiam non mutavit.* — Græci schismatici obtendunt Cyrillum ob Theodoreti querelas, tum dictum, tum sententiam mutasse, afferuntque Theodoreti ad Joannem Antiochenum epistolam, qua narrat se legisse litteras Ægyptiorum, quibus prædicarent Spiritum sanctum *neque ex Filio, aut per Filium exstantiam habere, sed a Patre procedere, propriumque Filii dici, quia consubstantialis est.* Epistolam hanc spuriam esse multis contendit Allatius (a), cui tamen penitus non assentior; quia Latine ex vetustissima translatione reperitur cap. 95 Tragœdiæ Irenæi. Sed Theodoretus inde convincitur non alio sensu negasse Spiritum ex Filio aut per Filium exsistere, nisi quoad res per Filium a Deo creatas amandaretur. Loquitur enim de litteris communionis quas Alexandrinus pontifex Antiocheno per Paulum Emesenum remiserat, in quibus hoc solum legere sit, quod ad Spiritum sanctum pertineat: *Non enim Patres ipsi locuti sunt, sed Spiritus Dei et Patres.* Ὁ ἐκπορεύεται μὲν ἐξ αὐτοῦ, ἔστι δὲ οὐκ ἀλλότριον τοῦ Υἱοῦ κατὰ τὸν τῆς οὐσίας λόγον· *Qui procedit quidem ex ipso, nec vero extraneus est Filio, secundum essentiæ rationem.* Ubi Cyrillus non abnegat ex Filio quoque Spiritum procedere; sed consubstantialem eum esse Filio, seu Christo, confirmat; quod ipsi tunc sufficiebat, atque Theodoreti querelas compescuit.

VI. Cæterum sanctus doctor in posterioribus suis operibus perinde tenuit Spiritus ex Filio processionem. Sicut enim doctrinam hanc in *Thesauro* quem Nemosino cuidam nuncupavit, sæpe astruxerat, præsertim assertione 34, ita et in dialogis de Trinitate in quibus præcipua momenta et capita quæ tractaverat in *Thesauro* summatim resumpsit, eamdem denuo inculcavit, Dialogo 6, ubi de Spiritus sancti Deitate disputat, asserit eum efficientiam actionemque omnem habere a Filio; καὶ οὐχὶ μᾶλλον ὡς αὐτός τε καὶ παρ' αὐτοῦ ὅλην ἔχον αὐτοῦ τὴν ἐνέργειαν. Dialogo 7, propter hæc Scripturæ verba: *In hoc cognoscimus, quoniam in nobis est, ex Spiritu quem dedit nobis* [1], infert Spiritum non esse alienum substantiave sejunctum a Filio, quippe quod ἐξ αὐτοῦ καὶ ἐν αὐτῷ καὶ ἴδιόν ἐστιν αὐτοῦ, *ex ipso, et in ipso, et ipsius proprius sit*; id quod in iis quæ subsequuntur repetit. Atqui dialogos [IV] istos de Trinitate, quos etiam Nemesino inscripsit, cum Hermia habitos Alexandriæ fuisse aliquanto post sancitam pacem cum Orientalibus (quando nempe jam in Christo duas naturas palam tuebatur), exhinc collegero, quod in eis οὐσίαν et φύσιν ad significandam *essentiam* et *naturam* multis communem usurpet, et ὑπόστασιν, ad exprimendam *personam, individuum* et *singulare*: cum antehac φύσιν et ὑπόστασιν, pro eodem accepisset in anathematismis, imo et in epistola ad Valerianum. Quidquid id est, in postremis duobus dialogis qui sunt de incarnatione, *Quod unus sit Christus*, et in quibus omnia strictim, sed eleganter regessit quæ pro fide contra Nestorium ejusque fautores in variis lucubrationibus protulerat; in his, inquam, dialogis docere pergit Spiritum sanctum ex Filio procedere. Nam dialogo 8, iisdem totidemque verbis quibus ipse quondam in epistola *De recta fide ad Theodosium imperatorem*, ita loquitur: *Hunc* (Joannes) *dixit in igne et Spiritu baptizare*, οὔτε ἀλλότριον τοῖς βαπτιζομένοις ἐνιέντα Πνεῦμα, δουλοπρεπῶς καὶ ὑπουργικῶς, ἀλλ' ὡς Θεὸν κατὰ φύσιν, μετ' ἐξουσίας τῆς ἀνωτάτω, τὸ ἐξ αὐτοῦ τε καὶ ἴδιον αὐτῷ, *neque alienum baptizatis Spiritum immittere servi et ministrantis more; sed tanquam natura suapte Deum cum suprema potestate, eum qui ex ipso est, et proprius ipsius est.* Quæ quidem in utroque loco anathematismi 9 declarationem exhibent, similem prorsus illius quam Ephesi tradiderat. Ex dialogo 9 apparet utrumque scriptum fuisse post Ephesinam synodum; quia Nestorium in eo *renenatum draconem* appellat, quod rite non fecisset, nisi hæretico concilii sententia damnato. Quinimo, cum in his dialogis naturarum distinctionem tueri satagat, hinc colligo eos editos fuisse post annum 433, et post scriptam epistolam ad Successum, qui ex eo *sciscitatus erat, an tandem in Christo duas naturas dicere oporteret*: quod quidem, exploso, primum Diodori Tarsensis duos filios ponentis sensu, quem Nestorius secutus erat, prædicandum respondet. Quamobrem nullus dubito quin vel Diodori vel Theodori Mopsuesteni voces sint, quæ initio prioris dialogi leguntur, omisso auctoris nomine. Cyrillum adversus utrumque, præsertim Mopsuestenum, scripsisse volumen aliud, *Quod unus Christus sit*, illudque a Theodoreto confutatum, quintæ synodi acta testantur. Theodori autem errores propalari expugnarique cœperunt circa annum 435, biennio a reconciliatione Cyrilli cum Antiochenis. Quorum animi ne rursum offenderentur, consilium Cyrilli et Procli Constantinopolitani primum fuit, Theodori nomini parcendum esse, modo impia ejus dicta proscriberentur.

VII. Quod Latinos Patres spectat, omnes uno consensu docuerunt, Spiritum ex Patre Filioque

---

[1] I Joan. iv, 13.

(a) *Vindic. syn. Ephes.*, cap. 29.

procedere; quanquam non omnimoda prorsus ratione ex Filio qua ex Patre, cum unum censerent primordialem Spiritus sancti fontem, Patrem scilicet, a quo tota deitas in Filium et Spiritum scaturiat: tametsi Pater et Filius vi eadem, nimirum divina natura Spiritum producant. Unde Augustinus ait (a), *ex Patre principaliter* Spiritum procedere. *Ideo autem addidi « principaliter »*, inquit, *quia et de Filio Spiritus sanctus procedere reperitur: sed hoc illi Pater dedit, non jam exsistenti et non habenti, sed quidquid Unigenito dedit, gignendo dedit.* Sic lib. III *Cont. Maxim.* de Patre Spiritum *proprie* procedere dicit, quoniam *Pater processionis ipsius est auctor*, hoc est primordiale principium. Unde non immerito veteres illi, de quibus Rusticus loquebatur, inficiati fuerint, Spiritum ex Filio omni modo quo ex Patre procedere. Praeter Hilarium, et Augustinum, quem nostrates theologi imitati sunt: praeter scriptores Rustico aequales, quorum loca modo ante attuli, Ambrosius etiam saepe docuit processionem Spiritus ex Patre et Filio, ut puta lib. *De Symbolo*, cap. 1, 3 et 4, et alibi; Marius Victorinus lib. I *Cont. Arian.*: *Spiritus*, inquit, *ex Filio, et idcirco ex utroque*. Omitto veterem Symboli declarationem ad Damasum, et Damasi Symbolum, quae exstant inter opera Hieronymi; quippe quae licet a scriptoribus saeculi octavi laudata sint, nec Damasi, nec Hieronymi esse aestimantur. Sincerior forsan est, *Confessio fidei catholicae*, quam papa Damasus scripsit ad Paulinum Antiochenum episcopum, quaeque laudata fuit in Florentina synodo, *ex originali antiquissimo*: in qua bis dicitur *Spiritus Paracletus a Patre procedere et Filio*. Leo Magnus, cujus voces ipsimet Graeci in synodico *orthodoxiae*, quotannis Dominica prima Quadragesimae, aequalis momenti esse praedicant ac conciliorum generalium, epistola ad Turribium Asturicensem de Priscillianistis sic scribit: *Qui Patris et Filii et Spiritus sancti unam atque eamdem asserunt esse personam, tanquam idem Deus, nunc Pater, nunc Filius, nunc Spiritus sanctus nominetur, nec alius sit qui genuit, alius qui genitus est, alius qui (de utroque processit.)* Haec schismatici non legerant, qui Leonem totum esse suum jactitaverunt. Turribius vicissim accepta pontificis epistola in frequenti Hispaniae totius synodo anno 447, assertionem fidei edixit, in qua sic Spiritus sanctus dicitur *a Patre Filioque procedens*. Idem deinceps synodus Toletana tertia, anno 589, sub Recaredo rege, adversus Arianos definierunt, ne Spiritus sanctus putaretur exsors illius substantiae quae est Patris et Filii.

VIII. *Augustinus auctor non est Spiritum sanctum ex Filio procedere.* — Quia vero hoc doctrinae caput Augustinus prae caeteris inculcavit, hinc ejus architectum ipsum fuisse Graeci recentiores affirmarunt, nihilque non moverunt, quo tanti viri auctoritatem pessumdarent: quam tamen, ut et aliorum doctorum, concilia generalia, quintum et sextum, commendavere. Georgius Scholarius, lib. I *De processione Spiritus sancti*, sect. 1, cap. 5, contentiosius asserit Augustinum, animo Nestorium quaquaversum expugnandi, systema processionis Spiritus sancti ex Patre et Filio composuisse. Sed hoc gratis: nam Augustinus, libros *De Trinitate*, itemque tres alios castigatiores *Contra Maximinum Arianum* prius ediderat, quam Nestorius haeresim suam declararet: in quibus tamen omnibus de processione Spiritus sancti ex Patre et Filio disputat. In libris quidem *De Trinitate*, quos scripsit cum junior esset, ex Platonicorum, ut Claudianus Mamertus (b) prodit, principiis Spiritum sanctum amorem esse mutuum Patris et Filii vulgo asserit: ex quo cum ipse, tum Latini deinceps theologi Spiritum ex utroque procedere confirmarunt. In libris vero *Contra Maximinum* quos provectiori aetate composuit, omisso illo amore mutuo, Ecclesiae dogma propugnare pergit. Non novam igitur doctrinam cudit Augustinus, asserendo Spiritum procedere ex Filio, etsi [V] forte veterem novis argumentorum momentis stabilivit et illustravit, quae Latini postmodum amplexi sint.

IX. *Graeci PP. Spiritum per Filium procedere interim docent.* — Ad Graecos doctores quod attinet, posthabitis, ut dictum est, Theodoreti adversus Cyrilli voces querimoniis, Spiritum ex Patre *per Filium* procedere confiteri perrexerunt, quantumvis dicendo, *per Filium*, Eunomianus Macedonianusve sensus menti potius objiceretur quam catholicus. Nam sacrae paginae, ubi de rerum opificio loquuntur, eas *per Filium* esse conditas affirmant, parcius ex Filio: *Omnia*, inquiunt, *per ipsum facta sunt; omnia per ipsum constant; per quem fecit et saecula*, etc. At vero cum Spiritus dicitur esse ex Patre et Filio, statim intelligitur esse de substantia Patris et Filii, et utrique consubstantialis, quemadmodum scilicet Nicaena synodus dicendo, *Filium ex Patre natum esse*, intelligendum significavit, eum esse *ex substantia Patris*, τουτέστιν ἐκ τῆς οὐσίας τοῦ Πατρός. Neque ex Latinorum loquendi more consequitur, Spiritum ex duobus principiis fore. Nam, ut monet Augustinus (c): *Sicut Pater et Filius unus Deus, et ad creaturam relative, unus Creator, et unus Dominus, sic relative ad Spiritum sanctum, unum principium*. Quocirca Anselmus (d) definivit *Spiritum sanctum non esse de hoc, unde alii ab invicem sunt Pater et Filius, sed de divina essentia, in qua unum sunt*: id est, non qua ratione personae et hypostases sunt Pater et Filius, Spiritum producunt, sed qua sunt unum in natura divina.

X. *Locutiones variae Ecclesias non scindebant. Monothelitae primi jurgiorum auctores.* — Propter

---

(a) *De Trin.*, l. xv, c. 17.
(b) Lib. II *De stat. anim.*, c. 7.
(c) Lib. v *De Trin.*, c. 14.
(d) *De proc. Spir. sancti*, c. 17.

diversos istos utriusque gentis loquendi modos nihil paci et concordiæ derogatum fuit, quantumvis Latini, atque in primis Romani pontifices Spiritum ex Patre et Filio procedere palam profiterentur. Hormisdas, epistola decretali (a) ad Justinum seniorem Augustum, diserte et impune scripsit: *Proprium est Patris ut generaret Filium: proprium Filii Dei, ut ex Patre Patri nasceretur æqualis: proprium Spiritus sancti ut de Patre et Filio procederet sub una substantia deitatis.* Nullus Græcorum totis hisce sæculis in Latinos mussabat. Primi omnium Romanis dicam impegerunt Constantinopolitani Monothelitæ, cum in quibusdam Martini papæ synodicis litteris perinde legissent Spiritum sanctum ex Patre Filioque procedere, ut exinde prætextum haberent Romanam Ecclesiam, a qua suus error damnatus erat, criminandi. Id docet sanctus Maximus Homologeta, epistola ad Marinum Cypri presbyterum, ubi refert Romanos, cum mentem ipsorum diligenter scrutatus esset, *consonantia protulisse testimonia Latinorum Patrum, necnon et Cyrilli Alexandrini de sacro ejus opere quod in sanctium evangelistam fecit Joannem: ex quibus non causam Spiritus sancti se facere monstraverunt. Unam enim norunt causam Filii et Spiritus sancti esse Patrem, alterius quidem secundum generationem, alterius vero secundum emissionem: sed ut hunc per eum prodire insinuarent, et hac (voce nimirum Filioque) substantiæ communionem et indissimilitudinem demonstrarent.* Nonnullis interjectis isthæc addit, quæ interest hic recitare: *Porro secundum jussionem vestram rogavi Romanos interpretari propria dicta, causa adversantium* (Monothelitarum scilicet) *subreptiones effugiendi. Verumtamen more obtinente ita faciendi atque mittendi, nescio utrum consentiant. Alias autem non valent in aliena dictione et voce sensum suum sicut in propria vel alumna subtili (accurataeve) exprimere intelligentia, vel etiam quemadmodum nos in nostra nostrum.* Maximi locum Latine describo ex translatione Anastasii Bibliothecarii; de qua ipse sic loquitur epistola ad Joannem Diaconum: *Præterea interpretati sumus ex epistola sancti Maximi ad Marinum scripta presbyterum, circumstantiam de Spiritus sancti processione, ubi (frustra causari contra nos innuit Græcos, cum nos non causam vel principium Filium dicamus Spiritus sancti, ut autumant, sed unitatem substantiæ Patris et Filii non nescientes, sicut procedit ex Patre, ita eum procedere fateamur ex Filio, missionem* (forte legendum *emissionem,* ut in interpretatione ipsiusmet Anastasii) *nimirum processionem intelligentes: pie interpretans, et utriusque linguæ gnaros ad pacem erudiens; dum scilicet nos et Græcos edocet, secundum quiddam procedere, et secundum quiddam non procedere Spiritum sanctum ex Filio; difficultatem exprimendi de al-* *terius in alterius linguæ proprietatem significans. Siquidem et ejusmodi pia interpretatione sanctus olim Athanasius Orientales et Occidentales subsistentiæ vel personæ nomine dissidentes univit, dum unum idemque utrosque credere sensuque retinere perdocuit; licet ob linguæ varietatem aliter atque aliter confiterentur, atque importunis contentionibus desævirent.*

XI. *Sincera est Maximi ad Marinum epistola.* — Hactenus S. R. E. cardinalis bibliothecarius, qui apostolicæ sedis apocrisiarius diu Constantinopoli hæsit. Hujus porro testimonio astruitur sinceritas epistolæ Maximi, quam e Latinis quidam in concilio Florentino uti spuriam rejiciebant. Nec sane a Latinis solis, nec itidem a Græcis solis, epistola hæc conficta esset, quæ utrisque favere videatur, ut apposite argumentatur Georgius Scholarius (b). Cæterum ex eadem epistola apparet quam iniqui dogmatum æstimatores essent illi, qui Latinis vitio verterunt processionis Spiritus sancti ex Filio fidem: *Non in tot hujus sanctissimi papæ synodicæ, quot scripsistis, capitulis Constantinopolitani reprehenderunt,* inquit Maximus, *sed in duobus tantum, quorum alterum est de divinitatis ratione; quia dixit, aiunt, procedere etiam ex Filio Spiritum sanctum: alterum est de divina incarnatione; quoniam scripsit, inquiunt, absque originali et actuali peccato Dominum esse.* Quis citra blasphemiam doceat absque originali et actuali peccato Dominum non fuisse? Hæ porro Græcorum adversus Romanos criminationes diuturnæ non fuerunt, nec dubium quin sancti Maximi litteris sedatæ.

XII. *Iconomachi Latinorum dogmatis impugnatores alii.* — Litem vero de Spiritus sancti processione movit iterum Constantinus Copronymus cum suis Iconomachis, cum sese proscriptum ab apostolica sede accepisset. Quocirca de hoc articulo Genethliaci haud procul Lutetia Parisiorum, in synodo episcoporum Galliæ coram rege Francorum Pipino disputatum est. *Facta est tunc temporis synodus,* inquit Ado Viennensis in Chronico, *et quæstio ventilata est inter* [VI] *Græcos et Romanos de Trinitate, et utrum Spiritus sanctus, sicut procedit a Patre, ita procedat a Filio, et de sanctorum imaginibus, utrumne fingendæ, an pingendæ essent in ecclesiis.* Paulus Æmilius addit, quo auctore nescio, *Græcos oratores Cæsarem suum admonere jussos, ut cum cæteris piis sentiret.* Quod de capite processionis Spiritus sancti præsertim intellexero, cum nostrates Galli his temporibus cultui sacrarum imaginum haud admodum faverent. Pro Latinorum sententia summo posthac studio pugnavit Carolus Magnus Pipini filius: qui cum acta septimæ synodi legisset, reperissetque in professione Tharasii (c) Constantinopolitani Spiritum

---

(a) Epist. 89.
(b) Lib. 1 contra Latinos, sect. 1, cap. 13.

(c) In act. vii syn., act. 1.

DISSERTATIO I.

ex Patre per Filium procedere, articulum hunc, ut et alios bene multos, ceu pietati minus consonum, censoria nota dignum putavit; eo quod Spiritum ex Filio procedere Tharasius diserte non dixisset. Nihilominus Adrianus I, papa, epistola ad Carolum responsoria (a), quæ exstat hodie, Tharasium et synodum tuetur, ostenditque recte dici Spiritum sanctum *per Filium procedere*, congestis in hanc rem sanctorum Patrum testimoniis non paucis: quæ tamen si attente considerentur, nihil aliud pro majori parte enuntiant, nisi Spiritum sanctum a Patre per Filium hominibus concedi.

XIII. *Hierosolymis iterum de processione Spiritus sancti disputatur contra Latinos.* — Hos hactenus defensores, Græcorum sententia nacta erat, Theodoretum acerrimum Nestorii patronum et infensissimum magni Cyrilli hostem, Monothelitas, et Iconoclastas hæreticos. Hac eadem circiter ætate monachus quidam Hierosolymitanus, cujus nomen Joannes erat, cum alterius erroris reus non esset, monachos quosdam Latinos, qui in monte Oliveti morabantur, hæresis taxare cœpit, quia crederent etiam ex Filio procedere Spiritum sanctum. Atque hoc in causa fuit, ut anno Dom. 809, mense Decembri, concilium Aquisgrani celebratum sit coram Carolo Magno imperatore (b), qui priscum Ecclesiæ dogma, missa Romam legatione, in epistola ad Leonem III erudite comprobavit. Petrus Pithœus (c) existimavit Joannem illum Hierosolymitanum alium non fuisse a Joanne nostro Damasceno, qui Hierosolymitanæ Ecclesiæ ἱερομόναχος presbyter et monachus fuit: ut nempe quæstioni movendæ auctor fuerit in libro *De fide orthodoxa*, in quo legimus, *ex Filio autem Spiritum non dicimus*; necnon in oratione in Sabbatum sanctum, in qua itidem planius dicitur *Spiritus sanctus ex Filio exsistentiam non habere*, οὐκ ἐξ αὐτοῦ ἔχον τὴν ὕπαρξιν. In Pithœi conjectationem Joannes Gerardus Vossius (d) pene concessit. Leo Allatius suspicatur (e) Joannem alterum, qui Hierosolymitanus patriarcha fuit, et multa scripsit adversus Latinos, rixarum illarum facem exstitisse. At hic patriarcha recentioris ævi fuit, et quantum conjicio, ille ipse est, qui anno 1156 intererat synodo quæ Constantinopoli celebrata est, ad profligandos errores Soterichi Pantengeni, qui nuper electus fuerat in patriarcham Antiochenum, ejusque sequacium. Hos omnes ob nominis conformitatem deceptos nullus dubito. Quod ut magis perspicuum fiat, juvat hic afferre quædam fragmenta epistolæ monachorum Latinorum, quos Joannes lacessiverat, ad Leonem III papam, quæ ex schedis suis pro consueta humanitate sua describendi mihi copiam fecit vir eximie doctus et clarissimus Baluzius.

EPISTOLA PEREGRINORUM MONACHORUM, IN MONTE OLIVETI HABITANTIUM, AD LEONEM PAPAM (f).

« *Sanctissimo ac reverentissimo domino in Christo Patri Leoni summo pontifici et universali papæ sedis sanctæ apostolicæ urbis Romæ, congregati montis Oliveti. Domine Pater, te dignatus est Dominus exaltare super omnes sedes Christianorum, quia suo ore dignatus est Christus dicere:* « *Tu es Petrus, et super hanc petram ædificabo Ecclesiam meam* *. » *Benignissime pater, nos qui sumus hic in sancta civitate Jerusalem peregrini, nullum hominem super terram amamus plusquam vos, et in quantum valemus, in istis sanctis locis die noctuque Domino fundimus preces, prostrati omnes servi tui super terram cum lacrymis. Itaque notam facimus tibi tribulationem nostram quam hic patimur. Joannes qui fuit de monasterio Sancti Sabæ, quem Theodulus Igumenus servus vester scit, ipse levatus est super nos dicendo, quod Franci qui sunt in monte Oliveti, hæretici sunt: et dixit nobis, quia omnes Franci hæretici estis: et reprobat fidem nostram dicendo, quia non est major hæresis. Et nos ei diximus: Frater noster, sile. Quod si nos dicis hæreticos, de sede sancta apostolica dicis. Et in tantum nos conturbavit, ut in die Natalis Domini in sanctam Bethleem in sancto præsepio, ubi Dominus noster redemptor humani generis pro mundi salute nasci dignatus est, submitteret laicos homines, qui nos foras projicere vellent, dicendo quod hæretici estis, et libri quos habetis hæretici sunt: sed per vestram sanctam orationem et fidem confortavit nos Dominus. Non enim potuerunt nos ejicere. Diximus omnes: Hic volumus mori. Nam foras nos non ejicietis. Unde et fecimus vocem nostram omnes vos servi vestri pariter dicendo ad sacerdotes qui sunt in sancta civitate: Videte, Patres et fratres, de isto homine, qui contra nos tanta et talia loquitur, et contra fidem sanctam Romanam, quia talia nunquam audivimus de gente nostra. Posthæc die sancto Dominico congregati sunt sacerdotes cum clero et populo contra sepulcrum Domini, et inter sanctum Calvariæ locum, et interrogaverunt nos de fide nostra ipsi sacerdotes, et qualiter crederemus Symbolum. Nos autem dicendo, quod sic credimus sicut sancta Ecclesia Romana, diximus: et dicimus in lingua nostra quod vos non dicitis in Græca. Et in* « *Gloria Patri* » *non dicitis* « *Sicut erat in principio:* » *et in* « *Gloria in excelsis*, » *non dicitis*, « *Tu solus altissimus;* » *et* « *Pater noster* » *alio modo dicitis, et in Symbolo nos dicimus plusquam vos*, « *Qui ex Patre Filioque procedit.* » *Unde dicit iste Joannes, inimicus uni-*

---

* Matth. XVI, 16.

(a) Tom. VII Conc. gener.
(b) Eginh. in Annal.
(c) De processione Spiritus sancti.
(d) De tribus Symb., c. 15.

(e) Cont. Hotting., c. 19 et 20. Id. Vindic. conc. Ephes., cap. 73.
(f) Ex veteri codice S. Martialis Lemovicensis.

mæ suæ, propter hunc sermonem, [VII] eo quod hæretici sumus. Quos Hierosolymitas rogavimus, dicentes: Nolite audire hunc hominem, neque dicatis de nobis hæreses. Quod si nos dicitis hæreticos, de throno beati Petri dicitis hæresim. Et si hoc dicitis, peccatum inducitis super vos. Et sacerdotes scripserunt nobis chartam de fide nostra, quam licet crederemus, dicendo nobis: Creditisne sicut sancta Resurrectio (id est Ecclesia Hierosolymitana)? Nos autem diximus, quod sic credimus, quomodo sancta sedes apostolica Romana. Posthæc ipse archidiaconus in sancto Constantino una nobiscum ascendit in pergo, et legit ipsam chartam in populo, et nos servi vestri anathematizavimus omnem hæresim, et omnes qui de sancta sede apostolica Romana dixerint hæresim. Et nunc, domne Pater benignissime, cogitare digneris de nobis servis tuis, qui etsi de longinquo simus, oves tuæ sumus, et tibi commissus est omnis mundus, sicut vestra sanctitas scit, sicut ait Dominus Petro, « Si diligis me, Petre, pasce oves meas. » Benignissime pater, dum essem ego Leo servus vester ad sancta vestigia vestra, et ad pia vestigia domni Caroli piissimi imperatoris, filiique vestri, audivimus in capella ejus dici in Symbolo fidei, « Qui ex Patre Filioque procedit. » Et in homilia sancti Gregorii, quam nobis vester domnus Carolus imperator dedit in parabola Octavarum Paschæ, ubi dixit: « Sed ejus missio ipsa processio est, qui de Patre procedit et Filio. » Et in Regula sancti Benedicti, quam nobis dedit filius vester domnus Carolus, quæ habet fidem scriptam de sancta et inseparabili Trinitate: « Credo Spiritum sanctum Deum verum ex Patre procedentem et Filio; » et in Dialogo quem nobis vestra sanctitas dare dignata est, similiter dicit. Et in fide sancti Athanasii eodem modo dicit. Itaque per ipsum Joannem facta est nobis grandis confusio in sancta civitate; quoniam dicit: Spiritus sanctus non procedit de Patre et Filio. Et de hoc misit grandem errorem per omnia monasteria: et requirebat fidem nostram, et libros nostros. Et de domino Gregorio dicit, quod non sint recipiendi ejus libri. Unde iterum atque iterum, sancte Pater, in terram prostrati cum lacrymis postulamus et rogamus te per Patrem et Filium et Spiritum sanctum, qui Trinitas et inseparabilitas unus dicitur, ut digneris inquirere, tam in Græco, quam in Latino de sanctis Patribus, qui Symbolum composuerunt, istum sermonem, ubi, « Ex Patre Filioque procedit: » et in Græco non dicunt sicut nos, sed dicunt: « Qui ex Patre procedit. » Et videnti istum sermonem gravem, quem nos dicimus in Latino. Et mandare digneris domno Carolo imperatori filio vestro, quod nos istum sermonem audivimus in ejus capella, « Qui ex Patre Filioque procedit. » Et nos hic servos vestros certos facere digneris, quia nulla species sacramenti hujus tam nobis amabilis videatur, quam sanctus vester vultus, et sancta deprecatio, seu memoria vestra. Unde poscimus, benignissime Pater, vestram sanctissimam pietatem, ut hos servos [deest hic vox aliqua, fortasse copula, et] Joannem presbyterum, quando Deo gubernante ad sacrosanctam vestram gravitatem pervenerint, benigne suscipere dignemini, et nobis servis vestris certissimum mandatum dirigere. Commendamus nos Dominicus, Theodorus, Arimundus, Gregorius, Joannes, Leo, et omnis congregatio de monte sancto Oliveti, humiles servi vestri, vestris sacris et Deo dignis orationibus. Deus et Dominus noster, te, sanctissime Pater, cum omnibus tuis ad exaltationem sanctæ Ecclesiæ, et ad salutem animæ tuæ, et ad gaudium nostrum regere et protegere, et pia miseratione in omnibus et per omnia custodire dignetur, qui dicitur benedictus in sæcula.

XIV. Monachos Latinos Caroli Magni nutu in monte Oliveti mansisse narrat monachus Engolismensis in Vita hujus imperatoris. Qui vero a sancta hac congregatione Romam hac vice missi sunt, litteras commendatitias Thomæ patriarchæ ad Leonem papam detulerunt, quibus manifestum fit, nec sanctum illum antistitem, nec Hierosolymorum Ecclesiæ presbyteros Joannis monachi criminationi consensisse. Hoc Leo ipse testatur in epistola ad Carolum, quam itidem exhibeo ex schedis viri doctissimi D. Stephani Baluzii.

Domino piissimo ac serenissimo victori ac triumphatori filio, amatori Dei et Domini nostri Jesu Christi, Carolo Augusto, Leo episcopus, servus servorum Dei. Omnia quæ de singulis partibus nobis accidunt, necesse est ut vestræ intimemus imperiali potestati. Præsenti siquidem anno direxerunt nobis epistolam monachi, qui in sancto monte Oliveti morantur, fidei contentionem continentem, quam inter se habebant. Nos vero Symbolum orthodoxæ fidei illis misimus, quatenus secundum nostram hanc sanctam catholicam Ecclesiam, rectam et immobilem teneant fidem. Quam vero epistolam vestræ imperiali potestati misimus relegendam. Interea revertentes præsentes fideles vestri, Agamus videlicet et Rocalphus, ab Hierosolymis detulerunt nobis epistolam Thomæ Hierosolymorum patriarchæ, quam relegentes reperimus, ut per nostram precatoriam epistolam vestræ pietati commendaremus. Qua de re precamur vestram imperialem potentiam, ut sicuti estis super omnes fideles vestros impertire suffragium, ita cum eis misericordiam facere jubeatis. Ipsam vero epistolam, quam nobis prædicti fideles nostri detulerunt, vestræ serenitati misimus. His prælibatis, omnipotens Deus sua vos protectione custodiat, atque a perfidis omnibus regnum vestrum sui extensione brachii defendat, vosque post longa annorum curricula ad gaudia æterna perducat. Pristinum Domini Caroli imperium gratia semper custodiat, eique omnium gentium colla substernat.

SEQUITUR SYMBOLUM ORTHODOXÆ FIDEI LEONIS PAPÆ.

Leo episcopus, servus servorum Dei, omnibus Orientalibus Ecclesiis. Hoc symbolum orthodoxæ fidei vobis mittimus, ut tam [VIII] vos, quam omnis

DISSERTATIO I.

mundus secundum Romanæ catholicæ et apostolicæ Ecclesiæ rectam et inviolatam teneatis fidem. Credimus sanctam Trinitatem, id est Patrem et Filium et Spiritum sanctum, unum Deum omnipotentem, unius substantiæ, unius essentiæ, unius potestatis, creatorem omnium creaturarum, a quo omnia, per quem omnia, in quo omnia: Patrem in ipso, non ab alio, Filium a Patre genitum, Deum verum de Deo vero, lumen verum de lumine vero, non tamen duo lumina, sed unum lumen, Spiritum sanctum a Patre et Filio æqualiter procedentem, consubstantialem cæterum Patri et Filio: Pater plenus Deus in se, Filius plenus Deus a Patre genitus, Spiritus sanctus plenus Deus, a Patre et Filio procedens... Inde venturus est judicare vivos et mortuos: quem impii judicantem videbunt, in ea forma qua crucifixus est; non in ea humilitate qua injuste judicatus est, sed in ea claritate qua juste judicaturus est mundum: cujus majestatis visio æterna est omnium sanctorum beatitudo. Qui secundam hanc fidem non crediderit, hunc damnat sancta catholica et apostolica Ecclesia, quæ fundata est ab ipso Jesu Christo Domino nostro, cui est gloria in sæcula.

XV. Carolus, acceptis Leonis papæ litteris, concilium episcoporum, cujus ante meminimus, Aquisgrani habuit anno 809, in quo de Spiritus sancti processione actum est. Missi sunt Romam Bernarius Warmaciensis episcopus, et Adalardus monasterii Corbeiensis abbas, qui a pontifice obtinerent inseri Symbolo Constantinopolitano vocem *Filioque*. Legatorum cum Leone colloquium descripsit Smaragdus abbas Sancti Michaelis in Lotharingia; cujus hæc summa est. Ipsorum postulationi Leo abnuit, potioremque esse dixit sanctorum Patrum, qui Symbolum illud ediderunt, auctoritatem. *Nam et ego me illis non dico præferam*, inquit æquissimus pontifex, *sed etiam illud absit mihi, ut coæquare præsumam. Nunquid magis salutare est credere, et periculosum non credere, Spiritum sanctum a Filio sicut a Patre procedere, quam Filium sapientiam Deum a sapientia Deo, veritatem Deum a veritate Deo genitum esse, et tamen utrumque unam sapientiam, unam veritatem essentialiter Deum esse; cum tamen constet id a sanctis Patribus idem Symbolo indictum non esse. Porro dogma de processione Spiritus sancti ex Filio ejusmodi generis esse ait, ut non omnes illud assequi valeant. Licentiam quidem se dedisse cantandi Symbolum, non autem cantando aliquid addendi, minuendi, seu mutandi. Nos enim id ipsum non cantamus*, inquit, *sed legimus, et legendo docere, nec tamen legendo addere, quidpiam eidem Symbolo inserendo, præsumimus. Quærentibus vero legatis, num illud de quo agebatur, de sæpe fato Symbolo tolleretur, ac tum demum a quolibet licite aut libere, seu cantando, seu tradendo discerneretur et doceretur, respondit papa: Ita procul dubio a nostra parte decernitur: ita quoque ut a vestra assentiatur, a nobis omnibus modis suadetur. Id quod ita demum factum iri ait, si primum in palatio cantandi Symboli consuetudo intermittatur: Tunc enim dimittendum ab omnibus.* Quod suum responsum ut firmaret magis pontifex Leo, Symbolum sine adjectione purum in tabulis argenteis duabus Græce et Latine exaravit (a), atque ad Confessionem sancti Petri in ejus basilica affixit, ut omnibus innotesceret Ecclesiam Romanam illis non assentire, qui communem hanc fidei formulam quovis additamento seu declaratione immutarent. Verum ne rectum de Spiritu sancto ex Patre Filioque processione dogma pessundaretur, hoc diserte satis enuntiaverat in expositione fidei ad episcopos Orientales, quam modo ante retulimus: nec propter hanc fidem ulla sedes Orientis a Romana divulsa est. Ex quibus falsi convincuntur Photius et alii schismatici, qui Leonem III, perinde ac Leonem Magnum, processionem Spiritus sancti ex Filio abnegasse asseverarunt, cum eamdem utriusque pontificis et aliorum decretalibus epistolis assertam constet.

XVI. Ex his rursum omnibus evincitur, vana prorsus conjectatione viros aliquot eruditos sibi finxisse, *Joannem quemdam Hierosolymitanum monachum ex Oriente missum ad Carolum, disceptationem de processione Spiritus sancti eo tempore excitasse, audito additamento* FILIOQUE *quod Aquisgrani in capella regia prolatum audierat. Arguisse illum hoc additamentum, indeque arrepta occasione ad rem ipsam venisse. Prolata hinc inde, cum a Gallis, tum ab ipso Joanne, ut fit, argumenta pro utriusque partis sententia.* Plane monachus Engolismensis qui Caroli Vitam scripsit, diserte refert litem, non Aquisgrani, non in Galliis, sed Hierosolymis motam fuisse. *His ita gestis* (inquit, ad annum 809), *imperator de Ardenna Aquis reversus, mense Novembri concilium habuit de Spiritu sancto procedente a Patre et Filio. Quam quæstionem Joannes quidam monachus Hierosolymis primo movit.* Idem habent illius ætatis Annalium exscriptores. Quinimo anonymus Engolismensis monachorum montis Oliveti mentionem facit ad annum 807, his verbis: *Legatus regis Persarum* (seu potius Arabum), *nomine Abdella, cum monachis de Jerusalem, qui legati erant Thomæ (patriarchæ, id est Georgius et Felix (quorum Georgius abbas de monte Oliveti, patria Germanus, proprio nomine Engelbaldus dicebatur), pervenerunt ad imperatorem, munera deferentes... Imperator legatum et monachos per aliquantum tempus secum retinens in Italiam direxit, ibique eos tempus navigationis exspectare jussit.* Quæ cum ita sint, horum tumultuum Joannes Damascenus auctor non fuit, uti Pithœus et Vossius existimarunt. Hæc enim omnia gesta sunt annis 808, 809 et 810, sub Leone III, postremis

---

(a) Phot. epist. ad episc. Aquil. et tract. *De proc. Spir. sancti*, et alii.

Caroli Magni temporibus, Thomá Hierosolymitanam sedem tenente : Damascenus vero noster obierat ante septimam synodum, quæ anno Christi 787 celebrata est, 16° Adriani decessoris Leonis III, cum Theodorus Hierosolymitanæ Ecclesiæ præesset. Quis autem fuerit Joannes iste monachus et presbyter, definire non ausim. Hoc tantummodo observavero, ea ætate Joannem quemdam Hierosolymitanum monachum et presbyterum in septima synodo locum tenuisse trium patriarcharum Orientis, et cam Iconoclasticæ hæresis [IX] præludiorum narrationem coram Patribus recitasse, quam Combefisius edidit inter continuatores Historiæ Byzantinæ post Theophanem.

XVII. *De Symbolo Athanasiano.* — Insuper Theodulpho Aurelianensi, Rathramno Corbeiensi, Æneæ Parisiensi, et aliis qui octavo et nono sæculis, Symboli, seu, ut loqui solebant, *Fidei Athanasii*, auctoritate pro vindicanda Spiritus ex Patre et Filio processione pugnarunt adversus Græcos, adjungendi sunt monachi illi de monte Oliveti, qui in epistola ad Leonem hoc quoque contra Joannis Hierosolymitani criminationem addiderunt : *Et in fide sancti Athanasii eodem modo dicit.* Innuebant nimirum verba hæc : *Spiritus sanctus a Patre et Filio, nec factus, nec creatus, nec genitus, sed procedens.* Hanc quidem fidem Athanasii Magni Alexandrini non esse certo certius est, tametsi ab ejus doctrina non discrepet : attamen mihi hactenus visa est ad ejus ætatem quam proxime accedere. Joannes Beleth in Explicatione divinorum officiorum, cum fateatur illam ab Athanasio compositam fuisse, subjungit tamen *plerosque eum Anastasium fuisse falso arbitrari.* In Bodleiano codice 1204 inscribitur : *Anastasii expositio Symboli apostolorum*: in Lipsiensi vero, quem Tenzelius ex Felleri testimonio citavit : *Fides Anastasii papæ*. Doctissimus reverendusque admodum P. D. Bernardus de Montfaucon versionem ejusdem veteri idiomate Gallico edidit, cum inscriptione simili : *Ce chant fust saint Anaistaise Apostoilles de Rome.* Verum affirmare non ausim Anastasium I papam, qui sæculo quarto labente Romanam sedem tenuit, illam condidisse ; veritus in primis ne pro *Athanasii*, nomen *Anastasii* errore librariorum scriptum fuerit, unde posthac attributa sit *Anastasio papæ*, seu *apostolico Romano*. Nam hi codices recentis nimium ætatis sunt, cum vetustiores, aut Athanasium duntaxat, aut nullum auctorem præferant. Usserius antiquissimum laudat, quem Gregorii Magni ævo exaratum putat, in quo hic duntaxat titulus præfigitur, *Fides catholica.* Sunt qui suspicentur expositionem istam fidei fuisse concinnatam a Vigilio Tapsensi, qui scripsisse existimatur libros tres contra Varimadum Arianum : sed ab illorum opinione me deterruit versus iste, *Unus omnino non confusione substantiæ, sed unitate personæ.* Nam Vigilius in libris quinque *Contra Eutychem*, nusquam *unitatem personæ* dicit, sed passim et frequentissime *unionem personæ*. Quam sane locutionem singularem prorsus, sibique familiarem, in formula fidei, si quam edidisset, fuisse illum immutaturum non credo. Cunique variæ supersint hodie Vigilii Tapsensis confessiones fidei de Trinitate et incarnatione, nulla earum similitudo et convenientia cum Symbolo Athanasiano quoad stylum animadvertitur. Quod si multæ apud Vigilium occurrunt locutiones et periodi similes prorsus earum quæ in prætensi Athanasii Symbolo leguntur, non minus expressæ reprehenduntur in libris quos sanctus Augustinus contra Arianos scripsit. Omitto loca quæ proferri possunt ex libris *De Trinitate*, ac potissimum quinto, ne prolixitate nimia fastidiosus accidam. Alterum duntaxat producam ex libro III *Contra Maximinum Arianum*. Dixerat prius : *Quia Pater et Filius et Spiritus sanctus, non tres dii, sed unus Deus ; nec tres Domini, sed unus Dominus*: Et paulo post : *In illa quippe Trinitate quæ Deus est, unus est Pater, non duo vel tres ; et unus Filius, non duo vel tres ; et unus amborum Spiritus, non duo vel tres. Sic et Dominum si quæras, singulum quoque respondeo, sed simul omnes, non tres Dominos Deos, sed unum Dominum Deum dico.* Ad eumdem modum in Symbolo dicimus: *Unus ergo Pater, non tres Patres ; unus Filius, non tres Filii ; unus Spiritus sanctus, non tres Spiritus sancti.* Et rursum : *Quia sicut sigillatim unamquamque personam Deum et Dominum confiteri Christiana veritate compellimur, ita tres deos aut dominos dicere catholica religione prohibemur.* Mox deinde subjungitur ab Augustino : *Hæc est fides nostra, quoniam hæc est* FIDES RECTA, *quæ* FIDES *etiam* CATHOLICA *nuncupatur.* Quibus postremis verbis annuere prorsus videtur expositionem illam fidei, quam in codice citato ab Usserio hoc titulo insigniri diximus, *Fides catholica* ; aut alludere ad illa ejusdem Symboli : *Oportet ut teneat catholicam fidem. Fides autem catholica hæc est. Est autem fides recta. Hæc est fides catholica.* Dum hæc contero cum similibus aliis, quæ Vincentius Lirinensis contra Arianos et Nestorianos recitat, cap. 18 et 19 Commonitorii, et propter quæ doctissimus Jos. Anthelmius formulam istam eidem Vincentio ascribendam censuit, necnon cum excerptis ex Vigilio Tapsensi ; quorum auctorum, ille Augustini æqualis fuit nec nisi quarto ad summum ab ejus obitu anno libros suos composuit, alter vero suppar ; omnino fateri cogor Augustini, Vincentii et Vigilii ætate exstitisse expositionem Latinam fidei, quæ postmodum Athanasio magno attribui meruerit : quemadmodum utique eamdem sæculo saltem septimo innotuisse nobiles critici intulerunt, quia ejus locutiones et periodos synodus Toletana prior, Romanique pontifices in professionibus fidei æmulati sunt ; et nonnisi ex eodem Symbolo quod jam ante receptum esset, Avitus Viennensis, Vigilii æqualis, alicubi scribebat : *De divinitate Spiritus sancti,* quem nec factum legimus, nec genitum, nec creatum, Deus est, etc. (a). Nec cuiquam negotium facessat, quod Nestorii et Eutychis hæreses ea prius pessundatæ essent, quam ipsarum auctores emergerent. Alibi siquidem ostensum fuit sanctos Patres, qui contra Apollinarium calamum strinxerant, disertissimis etiam verbis amborum impietates proscripsisse. Præter Nazianzeni epistolas ad Cledonium, quæ hoc diserte testantur, juvat hic doctoris Latini testimonium afferre, Ambrosii scilicet, qui lib. De incarn. Dom. sacram., cap. 6, ita loquitur: *Et hos igitur, qui in phantasmate Dominum venisse prædicant, et illos condemnare debemus, qui adversa erroris linea non unum eumdemque Filium Dei dicunt: sed alium esse qui ex Deo Patre natus sit, alium qui sit generatus ex Virgine; cum evangelista dicat, Quia « Verbum caro factum est, » ut unum Dominum Jesum, non duos crederes.* Paucis interjectis: *Emergunt alii,* inquit, *qui carnem Domini et divinitatem dicant unius esse naturæ..... Deinde cum isti dicant, quia Verbum in carnem, capillos, sanguinem et ossa conversum est, et a propria natura [X] mutatum est, datur illis locus, ut infirmitatem carnis ad infirmitatem divinitatis quædam facta divinæ naturæ mutatione detorqueant.* Propter primum itaque errorem dicitur in Symbolo: *Qui licet Deus sit et homo, non duo tamen, sed unus est Christus.* Propter secundum: *Unus autem non conversione divinitatis in carnem; sed assumptione humanitatis in Deum: unus omnino non confusione substantiæ, sed unitate personæ.* In hæresi Apollinaristarum observavi frustra Petavium ex quodam Theodoreti loco sibi finxisse Apollinarium utramque illam impietatem docuisse: sed illum potius priorem attribuisse Catholicis, ac si duarum naturarum integrarum professione duplicem Christum facerent. Hic addo perquam verisimile esse criminationi huic ansam præbuisse Diodorum Tarsensem, qui hæreticum hunc ardentius aliis impugnavit, ita ut supersint hodie fragmenta non pauca librorum Apollinarii contra Diodorum. Atqui nemo ignorat Diodorum Tarsensem a quinta synodo damnatum fuisse tanquam Nestorii præcursorem. Propter hanc autem Apollinarii obtrectationem in Symbolo subjungitur: *Nam sicut anima rationalis et caro unus est homo; ita Deus et homo unus est Christus.* Eodem modo disputat Augustinus epistola 137, *Ad Volusianum*, cap. 3: *Nam sicut in unitate personæ anima unitur corpori, ut homo sit; ita in unitate personæ Deus unitur homini, ut Christus sit.* Imprimis vero sanctus doctor exemplum hoc adhibet in *Enchiridio*, ubi incarnationem Domini adversus quascunque hæreses edisserit. Quod quidem simile, quo Theologus etiam aliique Patres Apollinaristas confutarant, tanti posthac non fecerunt Insequentis, seu quinti sæculi desinentis doctores, ut illud in expositione fidei insererent, cum Monophysitæ, Severo præsertim duce, eo vehementius contra Catholicos pugnarent, ut unam in Christo naturam esse ex deitate et humanitate compositam evincerent. Quinimo omnes ingenii vires explicare coacti sunt, ut varias discrepantias reperirent inter unionem deitatis cum humanitate in Christo, et unionem animæ cum corpore in homine. Symbolum porro, quod *Athanasii* dicitur, Græci tandem ob præfixum tanti doctoris nomen a Latinis accipere non dubitarunt, sed ab interprete Græco corruptum fuit, vel postmodum saltem abrasum, ubi de Spiritus sancti processione sermo est. Nam pro his verbis, quæ tritam Ecclesiarum nostrarum doctrinam referunt, *Filius a Patre solo est*; et, *Spiritus sanctus a Patre et Filio*, etc., ita legunt: Ὁ Υἱὸς ἀπὸ τοῦ Πατρός ἐστιν· *Filius a Patre est*, etc., τὸ Πνεῦμα τὸ ἅγιον ἀπὸ τοῦ Πατρός ἐστιν· *Spiritus sanctus a Patre est.* Interpretis audacia, vel falsimonium satis superque arguitur, ex eo quod expositionem hanc fidei acceperit a Latinis solis, apud quas dudum ante in usu fuerat, quam Græcis innotesceret; adeo ut nostrates adversus ipsos ejus auctoritate certaverint, ubi primum de Spiritus sancti processione inter utramque gentem disputari cœpit.

XVIII. Monachi de monte Oliveti præter *Fidem sancti Athanasii*, homiliam laudant *sancti Gregorii*, quam nobis, inquiunt, *filius vester dominus Carolus imperator dedit, in parabola Octavarum Paschæ.* Quibus verbis nullus dubito, quin significent sibi traditam a Carolo fuisse collectionem homiliarum, certis quibusdam anni diebus et celebritatibus recitandarum, quam Paulus Diaconus ipsiusmet imperatoris jussu congesserat. Nam in hac Collectione homilia illa Gregorii quam citant, reperitur pro die octava Paschæ. Addunt: *Et in Regula sancti Benedicti, quam nobis dedit filius vester domnus Carolus, quæ habet fidem scriptam de sancta et inseparabili Trinitate: « Credo in Spiritum sanctum verum Deum ex Patre procedentem et Filio.* Nihil ejusmodi habetur hodie in Regula sancti Benedicti. Arbitror professionem hanc fidei appendicis cujusdam instar fuisse, quæ postmodum regulæ subnexa sit, a monachis recitanda. De Dialogo, utique Gregorii Magni, quem subinde proferunt, suus brevi dicendi locus erit.

XIX. *Jurgium Photius instaurat.* — Sopitam litem pervicaciori postea furore Constantinopoli Photius excitavit, ubi primum accepit se proscriptum Romæ a Nicolao I fuisse tanquam sedis alteriuus, Ignatii scilicet, invasorem. Classicum hic cecinit data epistola ad Orientis patriarchas. Tractatum etiam edidit adversus Latinorum dogma aliosque eorum mores, cujus nonnulla fragmenta passim

---

[b] Joan. I, 11.

(a) Vide Baluzii *Miscell.* t 1, p. 361.

exstant in operibus Leonis Allatii. In primis vero Michaeli imperatori et Basilio Cæsari persuasit, ut decretum de fide emitterent, quo Latinorum de Spiritus sancti processione doctrina, presbyterorum Romanorum vita cœlebs, jejunium Sabbati, et alia ejusmodi disciplinæ nostræ capita, acriter perstringerentur. Nulla quidem hujus decreti memoria superest apud Græcos, solusque Rathramnus Corbeiensis monachus, testis locuples est, datum illud esse ab imperatoribus Michaele et Basilio ; quippe quod quatuor libris dedita opera confutaverit : *Oppositorum, quibus Michael et Basilius Græcorum imperatores Romanam Ecclesiam infamare conantur* (inquit Rathramnus initio libri primi) *vel falsa, vel hæretica, vel irreligiosa fore cognoscuntur*. Libro II, de iisdem ait : *Videmus laicos contra cunctas ecclesiasticas regulas venire, decreta fidei fidelibus imponere, et quibus licitum non est ullo super ecclesiastico jure præter episcoporum consultum statuta constituere, leges ipsi fidei condere, et secundum sua decreta alii in communionem recipiuntur, alii removentur.* Decretum hoc a Nicolao ad Galliarum episcopos missum esse colligere licet ex epistola Hincmari ad Odonem Belvacensem : *Domnus Apostolicus,* inquit, *communiter nobis et aliis episcopis regni domni nostri Caroli, epistolam misit, in qua continetur quod Græci tam Ecclesiam Romanam specialiter, quam omnem generaliter, quæ lingua Latina utitur, conantur reprehendere, quia jejunamus in Sabbatis, quod Spiritum sanctum ex Patre Filioque procedere dicamus, cum ipsi hunc tantum ex Patre procedere fateantur. Dicunt præterea nos abominari nuptias, quia presbyteros sortiri conjuges inhibemus : quod tamen chrisma nos ex aqua fluminis conficere fallaciter arbitrantur, reprehendere nihilominus moliuntur : eo quod octo hebdomadibus ante Pascha a carnium, et septem hebdomadibus a casei et ovorum esu more suo non cessamus,* etc. Atqui hæc ipsa capita sunt, propter quæ Rathramnus narrat, imperatores Græcos conatos esse Romanam Ecclesiam infamare. [XI] Addit uterque, quod legatos Sedis apostolicæ recipere noluerant.

XX. Quod vero ad Photium attinet, in libris in quibus de Spiritus sancti processione disputat, vix unius Ecclesiæ doctoris sententiolam profert ; tametsi plurimos, imo omnes, pro se stare affirmet : sed immania convicia merosque paralogismos contexit, qui perinde recta feriant æternam Spiritus sancti per Filium processionem, quam Joannes Damascenus multis in locis agnoscit secundum priscorum Patrum traditionem. Nesciebat vir eruditissimus, sive Spiritus sanctus ex Patre solo procederet, sive ex Patre et Filio, perinde perfectam fore ejus productionem, perinde simplicem ejus hypostasim ; quia una Patris et Filii indivulsa et simplicissima essentia, substantia, virtute, vitalique actione producitur, absque successione ulla : minime absonum esse proprietatem eamdem, ex iis quas *notionales* vocant, duabus personis conve-

nire ; quandoquidem Pater et Filius Spiritum sanctum mittant, non vero Spiritus Patrem et Filium. Diximus supra, secundum sancti Gregorii Theologi doctrinam, eatenus distingui Spiritum a Patre et Filio, quatenus ad utrumque referlur ; eam vero relationem in processione fundari. Cum igitur distinguatur ab utroque, oportet ut utrumque auctorem sui agnoscat. Utrumque Photii librum contra Latinos cum aliis quatuor contra Manichæos, ipsi Photio tribuit et, vindicat Colbertinus codex nongentorum annorum, ut et Euthymius in Panoplia, cum in quibusdam mss. non sine Græculorum fraude, Metrophanis Smyrnæi, hominis catholicæ unitatis, et ut Ignatianæ causæ defensoris invictissimi nomen præferat. Confutationes vero argumentationum Photii legesis apud Joannem Beccum l. 1 *De unione*, t. I *Græc. orthod*. Georgius Scholarius in opere priori *De processione Spiritus sancti contra Latinos*, cap. 4, ingenue fatetur Photium non catholicæ fidei studio, sed animo scindendi Ecclesias, disceptationem hanc iniisse : Οὐ γὰρ αὐτὸς καὶ διελεῖν τὰς Ἐκκλησίας προήχθη, χρώματι τῇ διαφορᾷ τῆς δόξης χρησάμενος, καὶ πάλιν τὰς τῶν Ἐκκλησιῶν συμβάσεις μισθὸν ἀπέδωκε τῶν ἰδίᾳ συμφερόντων αὐτῷ· *Illic enim et dividere Ecclesias aggressus, prætextu differentiæ dogmatis, rursum Ecclesiarum confœderationes ob sua propria commoda pretio nundinatus est, ut majori malo minus sibi mercaretur.*

XXI. *Epistola Joannis VIII papæ conficta a Photio*. — Enimvero Photius recuperata sede ex qua detrusus a concilio VIII fuerat, ne injuria Romanam Ecclesiam lacerasse putaretur, tantum potuit apud populares suos, ut eis persuaderet, a Pontifice Romano Joanne VIII, non modo vocem *Filioque* repudiari, verum et ipsummet dogma. Epistolam composuit tanquam ad se scriptam a Joanne papa, in qua uti divinæ fidei et paternarum traditionum eversores condemnantur qui Symbolo hoc verbum addiderunt : Παραβάτας τῶν θείων λόγων κρίνομεν, καὶ μεταποιητὰς τῆς θεολογίας τοῦ Δεσπότου Χριστοῦ καὶ τῶν λοιπῶν Πατέρων. Atque in subsequentibus ita loquens pontifex inducitur : *Rationi congruere nobis visum est, ne violenter aliquis a nobis additamentum illud omittere cogatur, quo Symbolum auctum fuit, sed potius prudentia et mansuetudine præparare illos, paulatim admonentes ut a blasphemia recedant,* ἀποστῆναι τῆς βλασφημίας. Quis sanus concedat pontificem, blasphemum censuisse, quod ipse in ordinatione sua semel iterumque confessus fuerat, secundum pristinum morem, cujus certiores facti sumus ex quo liber diurnus Romanorum pontificum a Garnerio editus fuit? Hæc plane vaferrimi illius falsatoris Photii stylum et calamum referunt. Esto enim tunc temporis nondum Romæ admissa sit vox *Filioque* in Symbolo : nunquam tamen hujus additionis auctores, ceu *veræ theologiæ* et fidei subversores Romani pontifices judicarunt : quippe qui apprime noverant, Latinos doctores omnes et theologos, ut de Græcis taceam, id quod vocula ista efferretur, uno consensu confirmasse. Quapropter Photius litteras istas non citavit in epistola ad episcopum Aquilegiensem, in qua sibi valde adblanditur, quod Joannes pontifex per legatos in synodo Constantinopolitana communionem suam ambierit. Verebatur enim ne fraudes suas Latinus præsul tandem agnosceret. Nec vero hominis versutia et malæ artes pontifici ex toto latuerunt. Auditis enim quæ legati sui in Photii favorem Constantinopoli transegerant, falsatasque litteras suas fuisse, universa rescidit quæ gesta erant, et pseudopatriarcham in perpetuum Ecclesiæ communione privavit.

XXII. *Dialogi S. Gregorii PP. non sunt a Græcis corrupti.* — Ut autem evincatur magis Joannem papam non in ea sententia fuisse, *sine blasphemia* non pronuntiari Spiritum sanctum esse ex Patre et Filio, addam Joannem Diaconum lib. iv Vitæ S. Gregorii, § 75, ubi sermonem habet de dialogis sancti hujus pontificis, quos Zacharias item papa e Latino in Græcam linguam transtulerat, hoc observasse, *quod astuta Græcorum perversitas, in commemoratione Spiritus ex Patre procedentis, nomen Filii suaptim radens abstulerit.* Atqui Joannes Diaconus ita loquitur in opere quod Joanni VIII nuncupabat; Romanam utique Ecclesiam secutus, cum Photius Latinis objecisset in singulari de Spiritus sancti processione lucubratiuncula, Gregorium in Dialogis, ejusque successorem et interpretem Zachariam, ex Patre solo Spiritum prodire censuisse. Hæc Joannes Diaconus scribere ausus non fuisset coram papa Joanne, ipsique dedicare, si pontifex opinioni Photii speciali epistola esset astipulatus. Quod vero spectat ad Gregorii locum, qui habetur lib. ii *Dialog.*, cap. 38, sincerus dicam, magis arridere lectionem quam præfert Græca translatio. Latinus contextus habet : *Cum enim constet quia Paracletus Spiritus a Patre semper procedat et Filio, cur se Filius recessurum dicit, ut ille veniat, qui a Filio nunquam recedit ?* Græca vero translatio : Φανερὸν οὖν ὑπάρχει, ὅτι τὸ Παράκλητον Πνεῦμα ἐκ τοῦ Πατρὸς προέρχεται, καὶ ἐν τῷ Υἱῷ διαμένει· *Constat igitur quod Spiritus Paracletus ex Patre procedat,* [XII] *et in Filio maneat.* Cum Gregorius mox inferendo subjungat Spiritum a Filio nunquam recedere, ut consentanea sit illatio, videtur omnino dixisse Spiritum manere in Filio : velut nimirum lib. iii *Moral.*, n. 92, ubi loquitur de modo quo Spiritus sanctus in justis habitat, concludendo ait : *Dissimiliter ergo Spiritus in illo* (Filio) *manet*, *a quo per naturam non recedit.* Cæterum sanctus pontifex processionem Spiritus sancti ex Filio profitetur lib. i *Moral.*, n. 30, his verbis : *Patrem Redemptor exoravit : bene autem mittendo Spiritum sanctum, qui a se* (multi codd. *ex se*) *procedit, discipulorum cordibus tribuit.* Et homil. 26 in *Evangelia,* n. 2 : *Si mitti solummodo incarnari deberet intelligi,* inquit, *sanctus procul dubio Spiritus mitti nullo modo diceretur, qui nequaquam incarnatus est. Sed ejus missio ipsa processio est, qua de Patre procedit et Filio. Sicut itaque Spiritus mitti dicitur, quia procedit, ita et Filius congrue mitti dicitur, quia generatur.* Hæc Gregorius, quibus nihil conformius dici possit cum theologia Latinorum. Non enim accipi queunt de processione, quam vocant *ad extra* ; quandoquidem componitur cum generatione Verbi (quæ prorsus intranea est. Quocirca dicendo in Dialogis *Spiritum ex Patre procedere, et in Filio manere,* nullatenus dissenserit a Vigilio Tapsensi, qui lib. xi *De Trinitate* hæc omnia complexus fuerat : *Ego credo Filium in Patre,* inquit, *et Patrem in Filio, Spiritum quoque sanctum Paracletum qui procedit a Patre, et Filii esse et Patris, quia et a Filio procedit.* Et Paulo post : *Quod idem Spiritus Filii sit, multis Scripturarum testimoniis probavimus, et quod totus maneat in Filio : et sicut procedit a Deo Patre, ita procedit a Filio, ut tota Trinitas unus credatur Deus.* Illa itaque Joannis papæ ad Photium epistola, qua *blasphemiæ* taxatur dogma Latinorum, quamque adeo tantopere jactitant Græci ab hoc nebulone schismatico conficta est una cum actis illius synodi, quorum suppositionem et falsimonium erudite prorsus et invicte Leo Allatius singulari opere demonstravit. Nemini jam non compertum est Photium, virum alioqui eximie doctum, et incredibilis ingenii, falsarios omnes artibus et impudentia superasse.

XXIII. Photio in ordinem redacto a Leone imperatore, qui Basilio Macedoni parenti suo successit, inter ambas Ecclesias, Græcam scilicet et Latinam, pax et concordia perseveravit usque ad tempora Sisinnii II patriarchæ, qui ab anno 996 ad 999 sedit. Hunc aiunt misisse sub nomine epistolam encyclicam Photii ad patriarchas Orientis, adversus Latinorum de Spiritus sancti processione sententiam : nec tamen vinculum communionis idcirco abruptum fuit. Nam Græci schismatici communiter tradunt pacem inter Ecclesias permansisse saltem usque ad Sergium Sisinnii successorem. Hic nimirum cum ejusdem ac Photius generis esset, ipsius quoque erga Romanam Ecclesiam invidentiæ hæredem se præbuisse non negavero. Verum quod narrant Sergium a Romanorum communione tum descivisse, cum a Christophoro papa Symbolum accepisset adjectione vocis *Filioque* adulteratum, ipsi se deridendos propinant : quippe cum Christophorus Sergium totis octoginta sex annis antecesserit. Nam Christophorus sedem invasit anno 903, mense Novembri, eaque detrusus fuit mense Maio insequentis anni 904.

XXIV. *Cur Græci Christophorum papam corrupti Symboli accusarint.* — Ut vero sequioribus Græcis persuasum sit, a Christophoro nequissimo papa interpolatum fuisse Symbolum, hanc afferre causam possim, quod sub Sergio III, qui Christophoro ad ordinem redacto successit, disceptatum denuo Romanos inter et Græcos aliquot fuerit de processione Spiritus sancti. Hoc enim testatum habemus ab Herveo Rhemensi archiepiscopo, in concilio suæ provinciæ, quod Troslei prope Suessiones in Galliis sub eodem pontifice Sergio celebravit anno 909 : *Sane quia nobis innotuit sancta sedes apostolica* (inquit cap. 14) *adhuc errores blasphemiasque cujusdam vigere Photii in partibus Orientis in Spiritum sanctum, quod non a Filio, nisi a Patre tantum procedat blasphemantis, hortamur vestram fraternitatem una mecum, ut secundum admonitionem domini* | *Romanæ sedis singuli nostrum perspectis Patrum catholicorum sententiis, de divinæ Scripturæ pharetris acutas proferamus sagittas potentis, ad confodiendam belluam monstri renascentis, et ad conterendum caput nequissimi serpentis.* An Photiani isti litem instaurarint propter vocem *Filioque* Symbolo adjectam a Romano pontifice, id certo definiri non potest. Quod si ita est, perperam Græci causantur, ob additamentum istud Orientalem Ecclesiam a Romana descivisse; quandoquidem hoc ipso tempore, imperante scilicet Leone Sapiente, et deinceps, ambæ Ecclesiæ conjunctissimæ manserunt. Nec Sergius Photii consanguineus pacem frangere debuit additamenti illius colore, quod decessorum suorum silentio et assensu a centum fere annis jam firmatum nosset.

XXV. Sed neque Sergius Constantinopolitanus hoc facinus admittere potuit, nisi saltem transacto medio patriarchatus sui tempore. Nam Petrus Antiochenus circa annum 1054 Michaeli Cerulario asseveranter in hunc modum scribebat : *Ipse quoque testis sum irrefragabilis, et alii mecum plerique ex ecclesiasticis primatibus, sub beatissimo patriarcha Antiocheno Joanne, pontificem Romanum, et ipsum Joannem nuncupatum, in sacris diptychis commemorari. Et ante annos quadraginta et quinque Constantinopolim cum appulissem sub beatæ memoriæ patriarcha Sergio jam dictum papam inter sacra missarum solemnia cum aliis patriarchis commemorari audivi. Quomodo vero postea ejus commemoratio erasa sit, et quam ob causam ignoro.* Nicetas Nicænus chartophylax, quem Allatius (a) Georgio Scholario longe antiquiorem fuisse ait, Sergiani schismatis causam sibi minime compertam fatetur : *Licet sub Sergio, qui Basilio Bulgaricida imperatore patriarchatum tenuit, schisma dicatur renovatum :* ποίαν δὲ αἰτίαν ἀγνοῶ · δοκεῖ μέντοι διὰ τοὺς θρόνους, *quam vero ob causam : sed opinor, causa sedium*. Alium profert Allatius auctorem anonymum, qui perinde dicit se nescire, num Sergius a Romanis [XIII] defecerit, *propter errores, an propter jurium et privilegiorum subreptio-*

nem. Nequaquam vero mentitum esse Michaelem Cerularium reor, cum Petro Antiocheno scriberet jampridem obliteratum fuisse apud Byzantinos e diptychis Romani pontificis nomen. Quinimo firmum satis mihi videtur Euthymii Zygabeni testimonium, ubi affirmat episcopos Romanos usque ad Sergii Constantinopolitani tempora misisse Symbolum ad patriarchas Orientis nulla admistum interpolatione, ut scilicet innuat discidium sub Sergio incepisse propter adjectam vocem Filioque. Hoc in Panoplia scripsit Euthymius titulo 13, qui est contra Latinos de processione Spiritus sancti, ubi Photii et aliorum paralogismos recitat : sed in editione Latina consulto totum hoc caput omissum fuit. Vivebat Euthymius initio duodecimi, centesimo circiter anno ab obitu Sergii. Nihilominus Leo Allatius addubitat num Sergianum schisma duraverit usque ad Cerularii pontificatum, affertque auctorem anonymum libelli *De translationibus episcoporum*, affirmantem septemdecim patriarchas, qui Photio usque ad Michaelem Cerularium successere, cum Italis communionem habuisse. Ὅτι πάντες οὗτοι, χωρὶς Κηρουλαρίου, κοινωνοὺς εἶχον τοὺς Ἰταλούς. Narrat insuper ex Glabro Radulpho monacho Cluniacensi, qui hac ipsa ætate scribebat, Eustathium archipresbyterum Magnæ ecclesiæ, qui post Sergium patriarcham ab imperatore Basilio Bulgaricida donatus fuit, et alios Græcos Romæ missos cum muneribus, atque a Pontifice Joanne XIX postulasse, uti liceret Constantinopolitanam Ecclesiam in suo orbe, veluti Romanam in universo, *universalem* appellari : Joannem perpensasse clanculum concedere quod petebatur : fuisse vero deterritum gravissimis litteris Willelmi abbatis monasterii Sancti Benigni Divionensis. Quod si ita est, colorem tantum interpolati Symboli Sergius obtenderit, ut Ecclesiarum pacem rumperet ; reipsa autem propter jura et privilegia descivit, uti recte anonymus schismaticus, quem ex Allatio supra citavi, suspicatus est. Quidquid id est, certissimum est, dudum ante quam Humbertus et Fredericus cardinales, ac Petrus Amalphitanus legati a Leone IX missi essent Constantinopolim ad schisma compescendum, additam in Symbolo Romæ fuisse vocem *Filioque*. Ipsi namque in *charta excommunicatoria*, de Michaele Cerulario, ejusque sequacibus scripserunt : *Sicut Pneumatomachi et Theomachi absciderunt a Symbolo Spiritus sancti processionem.* Quibus plane verbis indicatur nequaquam recentem fuisse adjectionem ; quin potius vix ullam tunc temporis superfuisse memoriam, a quonam pontifice recepta esset. Quocirca de hujus interpolationis auctoribus nobis est pensiculatius inquirendum.

XXVI. *De adjecta Symbolo voce* Filioque : *quandonam facta sit.* — S. Thomas in *Summa theologica* (b), vocem *Filioque* Symbolo censet additam

---

(a) *De synod. Phot.*, cap. 10.

(b) Part. i.

in *quodam concilio generali.* Non defuerunt ex recentioribus, cum Latinis, tum Græcis minime schismaticis, qui a Patribus concilii secundi, quod Constantinopoli celebratum est, Symbolum editum esse asseverarent, cum hoc membro, *Qui ex Patre Filioque procedit.* Hujus opinionis fuisse videtur Humbertus cardinalis cum sociis, qui Græcos insimularint labefactati Symboli abscissa processione Spiritus sancti. Josephus Methonensis episcopus et Simeon, qui post captam urbem a Turcis Constantinopolitanus patriarcha fuit, propter auctoritatem Alexii cujusdam, vel, ut alii volunt, Georgii Aristeni, existimarunt additionem esse factam a Damaso papa in synodo Romana. Allatius Aristenum hunc illum esse putat, cujus exstant commentarii in canones, quique sub Alexio Comneno claruit. Verum Aristenus, quem Josephus et Simeon citant, erga Latinos se canonista illo propensiorem prodit. Emmanuel Calecas, tum subinde Julianus cardinalis, et Andreas Colossensis in concilio Florentino, ex epistola sancti Maximi ad Marinum presbyterum intulerunt, ante sextam synodum insertam fuisse Symbolo vocem *Filioque.* Quod tamen nec annuit sanctus confessor, sed solummodo in synodicis Romani pontificis expressam fuisse processionem Spiritus sancti ex Filio. Nam ex libro diurno Romanorum pontificum apparet eos in duplici professione fidei, processionem Spiritus sancti tam ex Patre, quam ex Filio, tunc temporis in ordinatione sua prædicasse; licet Symbolum Constantinopolitanum ab omni additamento purum servarent. Quinimo in litteris communionis quæ supersunt hodie, usque ad tempora Leonis IX, tam Romani papæ, quam alii patriarchæ Symbolum illud omiserunt, aliasque fidei expositiones et formulas verbis tenus diversas ejus loco contexuerunt. Illis tamen Bellarminus favet lib. II *De Christo,* cap. 22. Martinus Polonus in Chronico ubi de imperio Constantini et Irenes, ait : *Horum imperii anno octavo facta est secunda synodus in Nicæa, ubi adfuerunt trecenti et quinquaginta Patres, in qua affirmatum est Spiritum sanctum ex Patre et Filio procedere.* Locum hunc *Historiæ Martinianæ* citavit Julianus cardinalis in concilio Ferrariensi, quando protulit codicem antiquissimum auctorum septimæ synodi, in quo Symbolum cum articulo processionis Spiritus sancti *ex Patre et Filio* legebatur. Pithœus vero potiorem esse judicat auctoritatem translationis Actorum istius synodi Nicænæ, quam Anastasius Bibliothecarius sub Joanne VIII adornavit, cujus translationis *codex apud nos antiquissimus,* inquit, *nihil tale contineat.* Et merito plane, quia nec sub Leone III, decessore Adriani I, sub quo concilium septimum coactum est, istæc additio recepta erat, veluti in superioribus ostensum fuit ; imo nec Photii ævo Romani pontifices eam approbaverant. In actis enim pseudosynodi Photianæ narratur apocrisiarios Romanæ sedis omnino alienos fuisse a suscipienda adjectione in eo Symboli loco, ubi processio sancti Spiritus ex Patre declaretur, μὴ παραβλαβέντων εἰς τὸ, ἐκ τοῦ Πατρὸς ἐκπορευόμενον. Insuper Joannes VIII, epistola, quam, velut ad se datam, Photium [XIV] confinxisse diximus, inducit asseverans, nequaquam Romanis interpolationem hanc probari, seque daturum operam, ut Occidentales alii eam ex Symbolo auferant. Ad hæc ipse rursum Photius tractatu quem de processione Spiritus sancti scripsit contra Latinos, tempore Nicolai I papæ, haud obscure indicavit nondum tunc receptam adjectionem a Romano pontifice, tametsi dogma teneretur. Verba ejus exscribo, uti referuntur apud Leonem Allatium in Exercitationibus contra Creyghtonum : Οὐ γὰρ ἐθάρρει γυμνῇ τῇ κεφαλῇ πρὸς τὰ κάλλιστα παρατάττεσθαι· ἀλλ᾽ οὐδὲ τὸ φρικτὸν τῆς πίστεως ἀνὰ χειλέων ἁπάντων περιφέρεσθαι, προκάλυμμα τῆς γνώμης θέμενος τὸ ῥηθὲν θεοσεβέστατον καὶ φιλοτιμούμενον ἔργον τῶν Ἐκκλησιῶν, περιέκειρέ τε καὶ ἐλυμήνατο · *Neque enim aperto capite contra optima, Deoque gratissima niti audebat* (papa Nicolaus), *sed nec tremendum fidei* (Symbolum) *quod in ore omnium circumfertur, sententiæ suæ tegumentum prætexens, prædictum illud piissimum et maxime honorandum opus attondit aut læsit.* Hoc est intactum et integrum servavit, quemadmodum sui decessores Leo III et Benedictus. Denique in epistola ad episcopum Aquilegiensem, quam scripsit postquam Constantinopolitanum thronum denuo occupavit, testis est locupletissimus, non pontifices Romanos, sed quosdam duntaxat ex Occidentalibus interpolationi favisse, τινὲς τῶν κατὰ Δύσιν, affirmatque sedem apostolicam hujus criminis ream non esse.

XXVII. *Adjecta vox* Filioque *primum ab Hispanis.* — In Occidente quidem multis in provinciis et regnis jampridem usus invaluerat, canendi in missa Symbolum cum vocula *Filioque* : hujusque additamenti primos auctores fuisse Hispanos ferunt, quo tempore Gothi ejurata hæresi Ariana catholicam fidem professi sunt. Regnante Reccaredo celebrata est synodus Toletana tertia anno 589, in qua rex in allocutione ad Patres concilii, de Spiritu sancto dixit : *Spiritus æque sanctus confitendus a nobis et prædicandus est a Patre et Filio procedere, et cum Patre et Filio unius esse substantiæ.* Deinde recitavit fidei formulam Nicænam, moxque Constantinopolitanam cum his verbis, *Qui ex Patre Filioque procedit.* Patres vero anathematismos edixerunt, quorum hic tertius fuit : *Si quis Spiritum sanctum non credit, aut non crediderit a Patre et Filio procedere, eumque non dixerit coæternum esse Patri et Filio et coæqualem, anathema sit.* Denique, ut Gothica gens sanctæ Trinitatis fidem veram firmius retineret, sancitum fuit, *Ut omnes Hispaniarum et Galliæ* (lege *Gallœciæ*) *Ecclesiæ regulam hanc servent, ut omni sacrificii tempore* (ad) *communicationem corporis Christi vel sanguinis juxta Orientalium Patrum morem unanimiter clara voce sacratissimum recenseant Symbolum*; Constantinopolitanum utique, et cum vocula *Filioque*, quam decretis suis confirmarant. Idem Symbolum perinde recitatum fuit in conciliis, Toletano octavo, anno 653; Emeritano, anno 666; Toletano duodecimo ac decimo tertio; Bracarensi quarto, et Toletano decimo quinto. Hispanos Galli nostri aemulati sunt: qua vero aetate, haud satis liquet. Doctissimus Pithœus ex auctoritate Walafridi Strabonis ostendit, anno 794, in concilio Francofordiensi fuisse praeceptum ut Symbolum in missa caneretur, propter Felicis et Elipandi episcoporum Hispanorum errores Nestorianis admodum affines. Verum aliquot annis antequam haec synodus cogeretur, Paulinus Aquileiensis in Forojuliensi concilio anno scilicet 791, dixerat: *Propter eos qui susurrant Spiritum sanctum solius esse Patris, et a solo Patre procedere, additum est* : « *Qui ex Patre Filioque procedit.* » Ex quibus verbis colligi potest adjectam Symbolo vocem hanc in Galliis fuisse, postquam auditum est Graecos negare Spiritum sanctum ex Filio procedere; ac proinde forsan in concilio Genethliacensi, de quo antehac dictum est. Nam praeter Graecos, seu Monothelitas, seu potius Iconomachos, ab aliis nusquam assertum erat ex solo Patre secluso Filio Spiritum sanctum ortum habere. Fratres Praedicatores, qui tractatum *De causis schismatis Graecorum*, quem Stevartius in Collectaneis edidit, conscripsere, hunc quoque discidii praetextum Graecos obtendere solitos referunt, quod non fuerint vocati ad concilium Ultramontanum, quando illa dictio fuit apposita. Atqui nomine *concilii Ultramontani* quispiam fortassis intellexerit plenarium aliquod concilium, quod fuerit in Galliis celebratum. Quidni vero Graeci, aut etiam Praedicatores Ultramontanum concilium appellarint quodvis aliud in Italia habitum, in quo toties decantatam dictionem approbatam adjectamque Symbolo fuisse autumarent. Porro non solum Galli saeculo nono, verum etiam Hispani, Germani, et caeterae nationes quae regibus Francorum parebant, Symbolum eo additamento auctum acceperunt. Cum itaque ex iis gentibus episcopi et presbyteri quidam ad Bulgaros, erudiendos perrexissent, hi neophytis suis Symbolum sic interpolatum tradidere. Nam Photius ipse in epistola ad patriarchas testatur (*a*) immutationem hanc sibi innotuisse ex iis quae Latini episcopi Bulgaros edocuerant: *Hanc impietatem illi tenebrarum episcopi, una cum illicitis aliis apud gentes disseminabant.* Ἦλθεν ἡ τούτων φήμη πρὸς τὰς ἡμετέρας ἀκοάς· *Harum rerum fama pervenit ad aures nostras.* Ex iis itaque quae apud Bulgaros geri acceperat, intulit eadem Romae usu recepta esse, deque universi indiscriminatim Occidentis Ecclesiis affirmavit, *Sacrosanctum Symbolum, quod ab omnibus œcumenicorum conciliorum calculis confirmatur, et vim obtinet irresistibilem,*

sensibus spuriis et verbis ascititiis, summa temeritate fuisse ab ipsis adulteratum. Postea vero sub Joanne VIII dictum mutavit, ut in anterioribus ostensum fuit.

XXVIII. *Quando adjecta vox* Filioque *fuerit a Romanis.* — At vero adjectam Symbolo voculam *Filioque* eo annorum spatio, quod a Photio ad Michaelem usque Cerularium effluxit, minime dubium esse debet, propter criminationem Humberti cardinalis et sociorum ejus legatorum, qua, ut supra retulimus, Graecos insimulavit abscissae ex Symbolo processionis [XV] Spiritus sancti. Verum obscurum est, quisnam ex Romanis pontificibus adjectionem toties decantatam admiserit. Id doctissimus Pagius aliique viri eruditi non credunt ante contigisse, quam Symbolum Romae cani cœptum sit: hoc est ante annum 1014, quo Henricus imperator apud Benedictum VIII papam egit, ut ad publicam Missam in Ecclesia Romana Symbolum concineretur, quemadmodum in Germania jampridem solitum erat (*b*). Id nonnisi aegre imperator obtinuit, Romanis presbyteris minime probantibus concini Symbolum fidei in Ecclesia sua, quae in nullius erroris suspicionem hactenus venerat. Quocirca Baronius et Spondanus aiunt: *Placent ista; sed nobis gratius, si venerandae antiquitati annorum mille magis delatum esset, quam novitati.* Haec Romae gesta sunt postremis annis Sergii Constantinopolitani, qui sedit ab anno 999 ad 1019. Quamobrem si verum est quod Graeci tradunt, tempore Sergii admissam Romae fuisse interpolationem Symboli, satis probabile fuerit Benedictum papam, admittendo ritum recitandi in missa Symboli, quem Galli et Germani servabant, hoc ipsum symbolum cum declaratione quam illi Symbolo addiderant, perinde admisisse. Huic tamen conjectationi videtur obesse, quod ab anno 1014 qui Benedicti VIII tertius fuit, usque ad annum 1019, quo Sergius Constantinopolitanus obiit, nullus alter Romanum thronum conscendit. A nullo igitur hujus temporis Romano papa initio sui pontificatus Symbolum Roma in Orientem mitti potuit. Difficultatem auget presbyterorum Romanorum Henrico imperatori responsio, qua Symbolum apud se cani non posse causabantur, quod intemeratam fidem Ecclesia sua conservasset: quanto magis obsistere debuerunt, ne Symbolum ipsum vel unica vocula, quamlibet pia et rectae fidei declaratoria, augeretur, juxta ac Leo III sanxerat. Idque eo magis quod Rufinus testatur Symbolum apostolicum Romae olim perseverasse sincerum absque ulla additione, quia *neque haeresis ulla ibi sumpsit exordium*, inquit, *et mos ibi servatur Antiquus.* Quae quidem ipsissima ratio est, propter quam Ecclesiae Romanae sacerdotes sub Benedicto VIII alienissimi quoque fuissent ab admittendo additamento vocis *Filioque*. Nihilominus concedendum est quempiam saltem e pontificibus, qui Be-

---

(*a*) Epist. 2.

(*b*) Berno Aug. lib. *De reb. ad miss. spectantibus.*

nedicto VIII usque ad Leonem IX successere, adjectioni tandem consensisse. Hugo Etherianus (a), qui sæculo sequenti pro Ecclesia Latina contra Græcos scripsit, id factum esse ait in frequenti episcoporum et cardinalium cœtu. Itaque *si Constantinopolitana*, inquit, *Niceno adjecit Symbolo « in Spiritum Dominum et vivificantem, et ex Patre procedentem; » si Chalcedonensis synodus quoque Constantinopolitanæ adjecit Symbolo, « perfectum in divinitate, et perfectum in humanitate, et, consubstantialem matri secundum humanitatem, et consubstantialem Patri secundum divinitatem, » et alia quædam, uti dictum est, nulla insimulatione, nulla reprehensione, nulla calumnia notandus est antiquioris Romæ antistes, quod causa interpretationis dictionem unam (dico autem, « ex Filio procedere Spiritum sinctum»), sanctorum quamplurium episcoporum, scientissimorumque cardinalium consensu habito apposuerit*. Cujus rei fides sit penes auctorem.

XXIX. *Additamentum Symbolo factum schismatis prætextus, non causa.* — Nihilominus hæc additio, occasio, seu prætextus fuit firmandi perpetui illius schismatis, quod Michaelis Cerularii artibus alias ob causas sancitum fuerat. In eis vero quæ tum ipse Cerularius, et Leo Acridanus, tum etiam Nicetas, ὁ Στῆθατος, *Stethatus (Pectoratum* nostrates dicunt) adversus Ecclesiam Romanam scripsisse feruntur in epistolis Leonis IX, et in libris Humberti cardinalis, ne verbum quidem reperire est de processione Spiritus sancti : sed Cerularium aiunt, cum nova molitione tentasset Romani pontificis assensum eripere (b), ut ratus sibi in posterum esset patriarchæ œcumenici titulus, sibique alii patriarchæ Orientis Alexandrinus et Antiochenus subjicerentur, aperta persecutione sic in Latinorum Ecclesiam exarsisse, ut anathematizare non timuerit omnes qui sacramenta attrectant ex azymis. Atque id perspicuum fit ex epistola Petri Antiocheni ad Dominicum Gradensem, ubi ait : *Non adeo præfracte, ut scripsisti, sanctissimus patriarcha Constantinopolitanus vestram existimationem invadit, vosque appellat κακοδόξους, malæ sententiæ homines..... sed in hoc solo*, ἑνὶ δὲ μόνῳ τούτῳ, *vos cæspitare, nimirum in azymorum oblatione, graviter fert.* Postea vero, cum Michael Cerularius denuo ad Antiochenum scriberet, eum adhortatus est, ut perinde deficeret a Romanis, ac prima vice ceu grave crimen allegavit additam Symbolo vocem *Filioque* : quod quidem additamentum Petrus etiam improbavit. Hoc etiam tempore Pectoratus sermonem contra Latinos edidit de processione Spiritus sancti, cujus fragmenta refert passim Allatius. Putaverim ego, idcirco Michaelem, Leonem et Stethatum non statim impegisse Romanis dicam propter hoc dogma, quia Constantinopoli nondum constiterat summos pontifices permisisse tandem ut in Symbolo diceretur, *Qui ex Patre Filioque procedit*, donec legati Leonis in libello excommunicationis Græcos accusaverunt abscisi e Symbolo hujus articuli : adeoque tractatum Pectorati *De Spiritus sancti processione*, editum fuisse post discessum Humberti aliorumque legatorum. Atqui certum est epistolam ad Petrum¡ Antiochenum a Cerulario scriptam fuisse post obitum Leonis papæ.

XXX. *Vera schismatis Græcorum causa disquiritur.* — Pudet hic refellere quosdam schismaticos, qui synodum universalem Constantinopoli coactam fuisse finxerunt, in qua Romanus pontifex a communione extorris factus sit. Nulla siquidem apud ullum hujus ævi scriptorem ejusmodi concilii mentio est. Petrum Antiochenum in responsoriis ad Cerularium litteris adjectionem Symbolo factam a Latinis improbasse novimus : ipsum vero Byzantium ad generale concilium convenisse merum mendacium est. Synodum quidem adversus Humbertum et alios sedis apostolicæ legatos convocavit Cerularius ; at particularem, cujus [XVI] decretum cum nominibus episcoporum viginti qui adfuerunt, Leo Allatius edidit dissertatione secunda *De libris ecclesiasticis Græcorum*. Constantinus Monomachus, qui tunc temporis imperitabat, firmando schismati haud parum favit. Licet enim legatos Romanos benevole exceperit, defenderitque ab insidiis schismaticorum, et librum quem Nicetas contra Latinos scripserat de azymo, de Sabbato, et de nuptiis sacerdotum, ignibus addixerit ; attamen ubi auxilium quod contra Francos sive Normannos qui Calabriam debellabant, a pontifice postularat, se frustratum intellexit, patriarchæ defectionem approbavit. Id tradit Georgius Metochita, vir plane doctissimus, Oratione prima historica de dissidio, cujus hoc fragmentum Leo Allatius (c) recitat, quod, omisso brevitatis causa contextu Græco, describere operæ pretium duxi. Constantinus imperator *ad senioris Romæ Pontificem mittit, injustitiam* (Roberti comitis) *accusans, qui sua tyrannorum more occupasset, et ab eo quoquo modo vindictam exposcens, tanquam et qui proximus illi esset, qui injuriam fecerat, genere Italo, et a quo ad omnia obedientiam exigere posset. Et hæc quidem Ausonii imperii moderator. Qui vero eo tempore Ecclesiæ Romanæ præerat, cum circa postulata, quam ut par erat segnior dilationibus uteretur, et, ut mihi suadeor, ob quasdam quæ præcesserant causas, uti inter præsules et imperatores evenire solet, et inter eos potissimum, quibus alterius dominatus in suspicione est, et pluribus interdistinguuntur consuetudinibus, et quos locorum intervalla discriminant, furorem imperatoris succendit, qui rebus suis auxilia poscebat, et ope quam nihil hæsitans exspectabat, prorsus frustrabatur. Quare rursus unius Christi corporis Ecclesiæ sectiones agitantur, et populorum Christianorum separatio denuo constituitur,*

(a) Lib. III, cap. 16.
(b) Leo IX, ep. 1, 6, 7.

(c) Lib. adv. *Hotting.*, p. 457.

ac præ aliis, qui tum patriarchale solium tenebat, Michael cognomento Cerularius, operi manus dat, qui et multum ante tempus a papa sese abscindere meditabatur, ut ipse sibi soli primatum usurparet, qui uti optabat non concedebatur, dum una cum illo communio procederet, et quoquo modo ab alio judicari ægre ferebat, atque intolerabile ducebat. Circumfertur etiam sermo, eum stultis imaginationibus fretum, in id facinoris adductum, cum vellet æque ac ille rubris indumentis uti. Tum vero quod animo conceperat parturiens, vix oblata sibi occasione, ut in lucem fetum ederet, cum et imperatoris adversus papam indignatio exorta esset, tumens impetu ferebatur in unione utriusque Ecclesiæ dissolvenda, et quæ synodus, ut dictum est, tot præsulum congressu celebrata, dum primum locum obtineret Photius, non firmavit, astruens et corroborans omneque enatum inter eos scandalum dirimens canonicis decretis: hæc commemoratus Cerularius jure patriarchali præsidens, et occasionem arripiens, innovavit et confudit, non examine, non tribunalibus, non sermonibus, non congregationibus, sed solo mandato principis, cum reliquis qui sub se erant præsulibus, numero equidem pusillo restrictis, nomen papæ ipso facto erasit, inde dissensionem molitus.

XXXI. Monomachum a Leone IX auxilium contra Francos, seu Robertum comitem postulasse, nec obtinuisse, scribit Cerularius in epistola ad Petrum Antiochenum. Verum, dum Argyrum ducem exercitus imperatoris perduellionis reum gratis peragit, consulto reticet Leonem ab Argyro sollicitatum cum exercitu ex adverso Gallorum seu Normannorum stetisse (a), ut libertatem Italiæ conciliaret, et Græcis pristinæ ditiones restituerentur, papamque bello captum esse a Normannis an. 1053, atque adeo penes ipsum non fuisse quod profligatis Græcorum rebus opem ferret. Ad Argyrum quod spectat, Guilielmus Apuliensis testis est locuples eum nihil non tentasse ut pontificem ad bellum redintegrandum adduceret. Imperatorem auxilio non impetrato, Ecclesiarum discidio quod Michael Cerularius molitus erat, tandem favisse exinde rursum probavero, quod Michael Psellus qui ab omnibus ejus successorumque ipsius consiliis fuit, non solum in capitibus theologicis, quæ Joannes Gerardus Vossius (b) citat, Latinorum dogma de processione Spiritus sancti reprobavit: verum et in oratione quam in laudem demortui Cerularii pronuntiavit, infestum hunc patriarcham laudavit, quod propter hoc theologiæ caput a Romanis desciverat. Exstat hæc Pselli oratio in Regia bibliotheca, hancque tandem cum aliis ejusdem auctoris lucubrationibus typis Regiis edendam spero. Quid plura? Ex Cerularianæ synodi decreto, de quo antehac dictum a nobis est, constat, Monomacho annuente, anathema prolatum esse legatis apostolicæ sedis, nec alia ratione imperatorem hunc eis se favorabilem

præbuisse, nisi qua cavit ne in violati gentium juris crimen incurreret.

XXXII. Ad hæc Græcorum monumenta tradunt Cerularium patriarcham calceos coccineos mox induisse, quæ quidem cum Romanæ Ecclesiæ presbyterorum atque ipsius pontificis, tum imperatorum ornamenta essent. Quanquam Matthæus monachus et Georgius Phranza (c) testantur, quod in imperatorum et Cæsarum calceamentis aquilæ aureæ depictæ visebantur: adeoque verisimile non est Michaelem istiusmodi insigne regium ambiisse. Atqui hoc ipsius facinus referunt ad tempora Isaaci Comneni, a quo propter nimium ambitum et proterviam patriarchatu ejectus est. Qua de re audiendus est Joannes Scylitzes Curopalata in Breviario historico: *Patriarcha autem*, inquit, *inexplebili benevolentia fretus imperatoris, contra ipsum elatus est, non petitionibus modo vel admonitionibus utens, sicubi aliqua re et pro aliquo indigeret; verum sæpe minime voti compos propter frequentes et odiosas petitiones, minas et absurdas increpationes adhibebat, ac, nisi pareret, imperii amissionem minabatur, vulgare et tritum hoc dictum proferens: Ego te condidi, Furne, ego quoque te dejiciam. Aggressus est etiam cocco tincta induere calceamenta, antiqui sacerdotii morem hunc asserens, oportere his uti novum pontificem. Nam inter sacerdotium et regnum nihil interesse, vel admodum parum, et in rebus majoris momenti amplius forsan colendum.* Integrum hunc locum adduxi in specimen immoderati superbique animi illius patriarchæ, qui nefando schismate Ecclesias divulsit. [XVII] Cæterum Michael Psellus in altera oratione quam ad episcoporum concilium pro ejus amotione habuerat, nusquam meminit calceorum illorum coccineorum, cum alia crimina eidem impingat, quibus ipsum multiplicis perduellionis et affectatæ plus una vice tyrannidis reum peragat. Quodcirca cum Metochita affirmavero Michaelem Cerularium sub Monomacho rubros calceos induere cœpisse, ut se Romano pontifici æqualem significaret; cum tamen revera alienus non esset a tentanda patriarchatus cum imperio conjunctione. Non ergo propter admissam Symbolo voculam unam, non propter azyma, aliasve consuetudines avulsi sunt Græci ab apostolica sede Romana, sed magis propter momenta sæcularia, quæ principes et patriarchas ipsorum ad hoc facinus perpetrandum adduxerint. Verumenimvero qui cordatiores, nec sublestæ fidei apud ipsos exstiterunt, sincere fassi sunt Latinorum de Spiritus sancti processione sententiam, quæ dissidendi prætextus fuit, minime hæreticam esse, imo solam interpolationem Symboli culpandam. Atque id probat sæpe inita concordia, ex quo Photius a Basilio Macedone in ordinem redactus primum fuit. Nihil quippe de dogmatis actum est: cum tamen a sextæ saltem synodi temporibus Græcis compertum

---

(a) Guil. Apul. *Rerum Norman.* lib. II.
(b) *De tribus Symb.*, lib. III, c. 46.

(c) Codin. p. 32; Phranz. lib. III *Hist.*, 19.

esset, inter Romanæ fidei capita esse, Spiritum sanctum ex Patre Filioque procedere. Id profecto probe noverat Photius, vir immanis eruditionis, qui nihilominus de hoc articulo litem ante non movit, quam se a Nicolao I damnatum accepisset. Quamobrem sub Leone Sapiente pax inter Ecclesias, detruso Photio, redintegrata est, absque ulla circa res theologicas disceptatione; quamvis Stephanus VI papa legatis suis injunxisset, fœdus cum Græcis prius non pangere, quam ἐξεταζομένης πάσης ἀμφιβολογίας, καὶ ἐκ πάντων μερῶν τῆς ἀληθείας πεφανερωμένης, *omni discussa dubitatione, et veritate ex omnibus partibus explorata*. Etenim sancta Romana Ecclesia, inquit, *velut speculum quoddam exemplar Ecclesiis cæteris proposita est ; si quid definierit, id omnibus firmum et inconcussum manet*. Petrus Antiochenus in epistola ad Cerularium, additamentum in Symbolo factum improbat quidem; at non ut hæreticum, nec propter quod continuo scindenda foret Ecclesia. Exstat inter sanctiones Juris Græco-Romani epistola Basilii archiepiscopi Bulgarorum Achrideni ad Adrianum II papam in qua *parvi momenti* esse *offendicula* fatetur βραχέα τινὰ προσκόμματα, propter quæ scissio Ecclesiarum acciderit.

XXXIII. *Theophylacti aliorumque Græcorum sententia*. — Quocirca Theophylactus Basilii decessor, apud Joannem Veccum (a), aiebat : Ἐν μὲν τοῖς ἄλλοις συγχωρήσω χρῆσθαί σε τῇ λέξει τῆς τοῦ Πνεύματος ἐκ τοῦ Πατρὸς καὶ τοῦ Υἱοῦ ἐκπορεύσεως, ὡς γλῶσσά σοι δίδωσιν · ἐν κοινοῖς λέγω λόγοις καὶ ὁμιλίαις ἐκκλησιαστικαῖς, εἰ βούλει · ἐν δὲ τῷ Συμβόλῳ μόνῳ οὐ συγχωρήσω σοι · *In aliis quidem concedo tibi usurpandam vocem, Spiritus ex Patre et Filio processionis, ut feret lingua; in communibus nempe sermonibus, et in colloquiis, si libet, ecclesiasticis: in Symbolo vero duntaxat non concedam tibi*. Consimilem postea vocem Marcus Ephesius metropolita in concilio Ferrariensi edidit, cum nondum exasperatæ adeo mentis esset. Demum, ut alios taceam, Demetrius Chomatenus Bulgariæ itidem archiepiscopus, quæsitus (b) utrum ingredi Latinorum ecclesias liceat, et cum eis adorare, aut etiam ipsis antidoti, seu panis benedicti, segmenta distribuere, nihil hæsitans respondet id licere; quamvis minime cum eis consentire fas esse putet in doctrina de processione Spiritus sancti. *Cæterum multos eruditione insignes viros*, πολλοὶ τῶν ἐλλογίμων ἀνδρῶν, *contrariæ* Theodori Balsamonis *definitioni non esse suffragatos asserit: ut quæ multum duritiæ et acerbitatis præferret, quod non conveniret reprehensioni Latinicorum rituum et morum: et quoniam*, inquiebant illi, οὐκ ἀνεγνώσθησαν ταῦτα συνοδικῶς. οὐδ' αὐτοὶ ὡς αἱρεσιῶται δημοσίᾳ ἀπόλυτοι γεγόνασιν, *hæc synodice decreta non sunt, neque ipsi ut hæretici publice rejecti sunt, sed simul nobiscum cibum sumant et precentur*. Hæc aliaque id genus legi possunt in jure Orientali, seu Græco-Romano, quod ex variis imperatorum, patriarcharum, et præsulum decretis coalitum est, typisque semel atque iterum excusum fuit, ab Emmundo Bonefidio primum, et postmodum a Marquardo Frehero, ex recensione Joannis Leunclavii.

XXXIV. *De canone synodi Ephesinæ quo prohibetur fidem alteram a Nicæna seu Constantinopolitana scribi*. — Græci propter adjectam Symbolo vocem *Filioque* hoc uno adversus Latinos argumento pugnant, puta sancitum olim fuisse canone speciali synodi Ephesinæ, *licere nemini fidem alteram proferre, vel conscribere, vel componere, præter eam quæ a sanctis Patribus Nicææ congregatis definita est*. Hoc ipso canone perinde pugnaverant olim Monophysitæ contra synodum Chalcedonensem, eo quod Symbolo attexuerit appendicem, qua Christus affirmaretur, *perfectus in divinitate, et perfectus in humanitate, consubstantialis Patri secundum divinitatem, et consubstantialis matri et nobis secundum humanitatem*. Eulogius Alexandrinus, Ephræmius Antiochenus (c), cæterique Catholici nihil aliud hæreticis istis responderunt (d), nisi Ephesino decreto prohiberi, *ne altera fides conscribatur*, ἧς τὰ ἐναντία δόγματα πρὸς τὴν ἐν Νικαίᾳ καθέστηκε, *cujus dogmata synodo Nicænæ adversa sint : iis vero quæ ab illa definita sunt, puris inviolabilibusque servatis, apponenda, quæ rerum et temporum occasio postulaverit, sicut ipsamet apposuit. Atque hoc et rerum magistra natura docet, et Ecclesiæ usus non videtur rejecisse*, καὶ τῆς Ἐκκλησίας ὁρᾶται τοῦτο στέργουσα διὰ παντὸς ἡ παράδοσις.

XXXV. *Ephesinus canon ex Cyrillo expositus*. — Quid vero sequioris ævi Patrum sententias affero, quando Cyrillus ipse sui canonis Ephesini sensum enarravit in epistola ad Acacium Melitinensem, occasione cujusdam explicatioris professionis fidei quam Phœniciæ episcopi conscripserant, ad eluendam Nestorianismi labem, quæ ipsis inurebatur? Declarat Nestorium, si eo tempore quo sibi ab omnibus proponebatur ut errorem suum ejuraret, ejusmodi confessionem exhibuisset, minime [XVIII] censitum fuisse *novum fidei Symbolum* condidisse. Perperam igitur Phœniciæ præsules conviciis onerari, ac si *novum Symbolum* protulissent, perutili et necessaria fidei suæ expositione edita, ut se purgarent apud eos qui ipsos Nestorianam vocem novitatem approbare sibi persuaserant. *Sancta quippe et œcumenica synodus*, inquit, *quæ Ephesi convenerat, necessario providit, non oportere aliam fidei expositionem in Ecclesias Dei inferre, præter eam quæ jam exstabat, quam beatissimi Patres nostri Spiritu sancto locuti definiverant. Illi autem ab hac semel, nescio quomodo, dissentire visi, et quod neque recte sentirent, neque apostolicis et evangelicis dogmatibus adhærerent, in suspicionem adducti*,

---

(a) Joan. Vecc. orat. 1 *De unione Eccl.*
(b) *Jus Græco-Rom.* in resp. pat.

(c) Eulog. ap. Phot. cod. 227; Ephr. ib. cod. 228.
(d) Maximi Opp. t. II, p. 140.

ἅρα ὀσωπῶντες ἀπηλλάγησαν ἂν τῆς ἐπὶ τούτῳ διδασκαλίας, ἢ μᾶλλον ἀπολογούμενοι, καὶ τῆς ἐνού-
σης αὐτοῖς δόξης τὴν δύναμιν ἐμφανίζοντες; *nunquid tacendo ab hac ignominiæ nota se liberassent,
an plena potius satisfactione, suaque sententiæ declaratione?.... qui ergo vult hoc facere καινουργῶν μὲν
οὐδὲν, ἀλλ' οὐδὲ πίστεως ἔκθεσιν ὁρᾶται καινοτομῶν,
nihil utique novi molitur, nec fidei expositionem in-
novare deprehenditur, sed potius eam, quam de Christo
habet fidem, interrogantibus perspicuam reddit.* Quamobrem concludit hos episcopos nihil sua professione
innovasse, καινοτομοῦντες ἢ ᾧ· προςεπάγοντες τοῖς
πάλαι διωρισμένοις τὸ σύμπαν οὐδέν, *nihilve prorsus
ad ea quæ olim sancita sunt adjecisse, sed potius inculpatæ Patrum doctrinæ adhæsisse.* Hæc Cyrillus. Itaque formula fidei veris declarationibus auctior, non
nova, aut altera fides censenda est, nec ejusmodi
declarationes proprie dicta ad fidem additamenta
sunt.

XXXVI. *Quando et a quibus vox* Filioque *adjecta
primum sit Symbolo.* — Atqui vox *Filioque* in Symbolo
adjecta primum legitur in actis synodi Toletanæ
tertiæ : cum jampridem in totius Hispaniæ concilio plenario adversus Arianos, Macedonianos et
Priscillianistas secundum tritam Patribus Latinis
assertionem definitum esset, Spiritum sanctum *ex
Patre Filioque* procedere, ut significaretur cum
esse de essentia utriusque et utrique perinde consubstantialem, atque alteram esse personam ab
utraque distinctam. Nam secundum Athanasii et
Cyrilli theologiam, ratio propter quam spiritus
sanctus substantiæ ejusdem est ac Pater et Filius,
hæc est, quod nedum a Patre, verum etiam a Filio
naturaliter procedat. Sicut enim Filius et Spiritus
sanctus individue catenus cum Patre conjunguntur, quatenus ex ipso absque divisione exsistunt :
sic quoque Spiritus sanctus conjungitur cum Filio,
quia procedit ex illo. Ac rursum Filius et Spiritus sanctus idcirco distinguuntur a Patre, quia
ex ipso exsistentiam habent ; ita Spiritum a Filio
distingui necessum est, qua procedit ex ipso. Nam,
ut antehac dictum est ex Nazianzeno, *mutuæ relationis diversitas diversam ipsorum fecit appellationem*, atque diversæ illius relationis ratio altera
non est præter ἔκφατιν, hoc est personæ unius ab
alia *effusionem* sive processionem ; nec alia ratione
tres personæ differunt, ex Gregorii Nysseni doctrina, nisi κατὰ τὸ αἴτιον καὶ αἰτιατὸν εἶναι, *quatenus alter causa est, et alter est ex causa.* Declara-
tionis igitur gratia est addita Symbolo vox *Filioque*,
non ut dogma novum astrueretur.

XXXVII. *Ecclesia Romana criminationibus Græcorum purgata.* — Quapropter nequaquam Ecclesia Romana peccaverit, quando vocculam unam Symbolo
interseri ægre tandem indulsit ; quam nempe ad fidei
confirmationem explicationemque aliæ Occidentis
Ecclesiæ jam olim censuerant admittendam. Hic

(a) Sexta synodus gen., act. 10.

porro e re nostra est observare, Ephesino canone
prohiberi fidem alteram conscribere præter Nicænam, ac nihilominus ab eadem synodo admissam
esse formulam in concilio generali Constantinopoli
editam, hoc est Nicænam declarationibus variis,
imo non paucis articulis auctam. Ex quo deduci
potest *alterius fidei* vocabulo, non formulam, quæ
explicatiorem Christianæ doctrinæ normam doceat,
prohiberi ; sed quæ spuria et peregrina dogmata
complectatur. Enimvero hoc decretum synodus
edixit propter formulam quamdam Nestorianam,
quam Charisius presbyter Patribus detulerat. Atqui non solum œcumenica synodus Chalcedonensis
Nicæno, seu Constantinopolitano, Symbolo appendicem adjecit : verum etiam in sexta synodo, reclamante nemine, Petrus Nicomediensis, Theodorus, et alii episcopi, clerici et monachi, qui hæresi
Monotheliticæ consenserant, formulam Nicænam
prolixiorem explicatioremque palam recitarunt (a)
In septima quoque synodo (b) lecta est alia, a Theodoro Hierosolymitano conscripta ; itemque aliam
rursum obtulerunt Basilius Ancyranus, et cæteri
episcopi, qui Iconomachorum errores amplexati
erant ; quantumvis Ephesinus canon edicerct,
minime fas fore hæreticis qui converti voluerint
ad Ecclesiam alteram fidem præter Nicænam porrigere. In hac eadem synodo lecta est professio
fidei altera, quam Tharasius ad patriarchas Orientalium sedium miserat : cumque Nicænum, seu
Constantinopolitanum Symbolum, variis modis auctum et interpolatum contineat, de Spiritu sancto
hæc speciatim habet : Καὶ εἰς τὸ Πνεῦμα τὸ ἅγιον,
τὸ Κύριον, τὸ ζωοποιόν, τὸ ἐκ τοῦ Πατρὸς δι' Υἱοῦ
ἐκπορευόμενον· *Et in Spiritum sanctum, Dominum,
vivificantem, qui ex Patre per Filium procedit.* Quia
vero Græci in concilio Ferrariensi, seu Florentino,
dixerunt formulas istas fidei particulares fuisse,
non communes ; en alias plane communes et solemnes, quæ in ipsorum ritualibus habentur. Hebræum, seu Judæum, ante non baptizant quam
fidei Christianæ primum professionem pronuntiaverit, quæ omnino diversa est a Constantinopolitano Symbolo, ut videre est in Euchologio, pag.
544. In ordinatione episcopi, jubetur primum
electus recitare Symbolum Constantinopolitanum,
tum deinde, ac si hoc minime sufficiens sit, expositio altera, tertiaque ab eo postulatur, quarum
postrema Symbolum illud prædictum exhibet variis declarationibus admistum : quinimo hujus interpolati Symboli auctor fuisse Photius ipse indicatur codice Cæsareo, cujus Lambecius meminit, lib.
vii, cod. 77 ; alias mitto formulas, quas Græci cude-
runt, pro iis qui ex diversis [XIX] hæresibus aut sectis
ad Ecclesiam convertuntur ; tametsi feratur canone
Ephesino *fidem alteram* licitum non esse porrigere
iis *qui vel ex paganismo, vel ex Judaismo, vel ex
quacunque hæresi ad Ecclesiam converti voluerint,*

(b) Act. 2.

Aut ergo ipsi se violatæ hujus sanctionis reos agnoscant, aut adversum Latinos propter adjectam Symbolo declaratiunculam unam deblaterare desinant.

XXVIII. *Photianorum objectio altera.* — Objiciunt rursum cum suo Photio, Constantinopolitanæ synodi prioris Patres hunc articulum, *qui ex Patre procedit*, accepisse ex ipsismet Domini verbis, quæ in Evangelio leguntur Joan. xv, 26, nec proinde debuisse Christi vocibus aliquid interseri (a). At vero hunc locum Patres nequaquam in Symbolo posuerunt, ut jacet apud evangelistam, sed præpositionem παρὰ ex transmutarunt. In Evangelio siquidem legimus, ὃ παρὰ τοῦ Πατρὸς ἐκπορεύεται, *qui a Patre procedit*: in Symbolo vero dixerunt, τὸ ἐκ Πατρὸς ἐκπορευόμενον, *ex Patre procedentem*. Quidni etiam Romanæ Ecclesiæ fas fuerit voculam unam interpretationis ergo subjicere, eo maxime cum septima synodus et totus Oriens hæc ipsa Domini verba vocibus duabus, δι Υἱοῦ, *per Filium*, a Tharasio interpolari concesserit. Quin et Epiphanius passim in *Panario* atque in *Ancorato* de Spiritu sancto profiteri non dubitat, τὸ παρὰ τοῦ Πατρὸς καὶ τοῦ Υἱοῦ ἐκπορευόμενον, *qui ex Patre Filioque procedit*, nihil veritus, ne Christi voces, aut Symbolum adulterasse censeatur.

XXXIX. *Romanus pontifex Latinis solum vocem* FILIOQUE *Symbolo adjicere concessit.* — At saltem non debuit Romanus pontifex, inquiunt, prætermisso consilio cæterorum patriarcharum, qui cum ipso divisum habent regimen Ecclesiæ, communi Symbolo quidquam adjicere. Ita fortasse quidem, si adjectionem istam ab universo orbe Christiano admittendam sanxisset ille. Verum hoc duntaxat Latinorum episcoporum urgentissimis votis annuit, ut in Occidentis Ecclesiis vox *Filioque* recitaretur in Symbolo, nec ullo decreto Orientales ad idem faciendum astrinxit: quin potius licet in concilio Lugdunensi a Græcis et Latinis cantatum sit intra missæ solemnia, *qui ex Patre Filioque procedit*, nequaquam exinde Græci ad Symbolum cum additamento deinceps et perpetuo recitandum obligati fuere. Imo vero hac conditione fœdus iniri Michael Palæologus postulavit, *ut Ecclesia sua Symbolum semper dicat, prout dicebat illud ante schisma usque in hodiernum diem*. Id quod a pontifice et episcopis Latinis approbatum fuit. Consimiliter in synodo Florentina (b) Græci, nemine ex Latinis repugnante, dixerunt, τὸ τῆς προσθήκης ἡμεῖς οὐ δεχόμεθα πώποτε, *additionem nequaquam omnino nos recipimus: sed concedimus vobis ut eam habeatis in Ecclesiis vestris*. Quid plura? Clemens VIII, bulla 33, § 6, *decrevit ut Græci credere teneantur Spiritum sanctum ex Filio procedere, sed non teneantur pronuntiare, nisi subesset scandalum.* Quamobrem Græci qui Romanam Ecclesiam colunt, Symbolum libere recitant

(a) Phot. ep. encycl. ad patriarch.
(b) Sess. 25, pag. 498.

sine additamento. Cæterum pari jure fas fuerat Occidentali Ecclesiæ voculam unam Constantinopolitano Symbolo inserere, quo centum et quinquaginta illis episcopis Orientalibus qui, in concilio Constantinopolitano primo convenere, inconsultis sede apostolica et Occidentis episcopis editam Nicææ formulam immutare, propter varias quæ exortæ erant hæreses: cum tamen, Athanasio in epistola ad Jovianum Augustum contestante, minime gentium liceret quidpiam eidem adjicere, aut detrahere. Sed quantumvis obtendant schismatici, adjectam Symbolo vocem discidii causam fuisse, ut et intolerabilem legatorum Romanorum fastum et quæstum, prima mali labes petenda verius fuerit a patriarcharum Byzantinorum ambitioso conatu, quo propter prætensum et informem quendam Chalcedonensis concilii canonem jura sibi arrogabant æqualia iis quibus Romana et apostolica sedes potiebatur (c), ut οἰκουμενικοὶ, id est *orbis patriarchæ*, appellari vellent. Illis dudum pontifices Romani restitere usque ad Sergium et Michaelem Cerularium, qui, cum tyrannidem olim affectasset et postmodum factus episcopus, imperatores ipsos detrudere et instituere moliretur, nec proinde apostolicæ sedi subesse sustinebat. Insuper imperatores Græcorum moleste atque indigne ferebant, imperium Orientis regibus Francorum ab episcopo Romano delatum esse. Auxerunt schisma partæ simultates occasione belli sacri, quod Latini in Sarracenos susceperunt, ac tandem expugnatio urbis Constantinopolitanæ, quam Franci nostri, invito pontifice Innocentio III, Græcis abstulerunt anno 1204, tenueruntque usque ad annum 1260. Post obitum Cerularii sæpe actum est de reconciliatione amharum Ecclesiarum, juxta atque Byzantini imperatores rebus suis eam conducere persentiscerent, variaque idcirco concilia hinc inde habita sunt, in quibus præcipue disputatum est de processione Spiritus sancti, ac si pax et unio Ecclesiarum ab hoc uno capite penderet.

XL. *Concilium Barense, et S. Anselmi de Spiritus sancti processione tractatus.*—Anno Domini 1098, Bari in Apulia concilium sat numerosum ab Urbano II, mense Octobri, celebratum est, in quo consederunt episcopi 183, ut narrat Lupus Protospata. Illuc quoque Græci accesserunt, ac tanta vi de processione Spiritus sancti disputarunt, ut Latini causa cecidisse putarentur; quamtumvis *plura ab apostolico* (seu Papa Urbano II) *facunda ratione diserta esse*, ferantur a Simeone Dunelmensi. Quocirca pontifex Anselmum, qui ibi aderat, clamoribus advocat, ut Ecclesiæ causam sustineat; id quod egregie præstitit Cantuariensis præsul. Finito concilio, quæ contra Græcos sanctus dixerat, amicorum precibus pulsatus, scripto commendavit. Superest hodie Anselmi liber *De processione Spiritus*

(c) Leo IX ep. 1, § 9.

sancti, in quo posthabitis quæ in aliis voluminibus olim statuerat, de modo quo Spiritus sanctus procedat a Patre; eo quod nimirum esset mutuus amor utriusque (quod quidem ex Orientalium Patrum theologia [XX] non constare, in Barensi colloquio compererat) ipsimet Græcorum principiis sic adhærescit, ut ex eis illud evincat quod contra nostros inficiabantur. Hujus operis sui hanc summam esse ipsemet Anselmus docet : *Constat inexpugnabili ratione Spiritum sanctum esse de Filio sicut ex Patre : nec tamen esse quasi de duobus diversis, sed quasi de uno. Ex eo enim quo Pater et Filius unum sunt, id est ex Deo, est Spiritus sanctus, non ex eo unde alii sunt ab invicem. Sed quoniam Deus de quo est Spiritus sanctus, est Pater et Filius, idcirco vere dicitur esse de Patre et Filio, qui duo sunt.* Atqui hoc ipsum est, ni fallor, quod sibi concedi postulant Græci, ne duo principia admitti videantur; scilicet ex Patre et Filio non procedere Spiritum sanctum, qua duo sunt, sive qua duæ sunt hypostases, sed qua unum sunt secundum naturam divinam : *Spiritus sanctus procedit de Deo, qui est Pater et Filius*, inquit Anselmus, *sive de essentia divina, in qua sunt unum Pater et Filius, non de eo in quo alii sunt ab invicem. Quemadmodum lacus non est de hoc unde diversi sunt ab invicem fons et rivus, sed de aqua in qua unum sunt.* Sic exemplo Græcis familiari Latinorum causam tuetur et explicat.

XLI. *De Petro Mediolanensi, ejusque lucubratiuncula.* — Circa annum 1113, Petrus Grosulanus (Græci *Chrysolanum* dicunt), qui ex Savonensi episcopo, Mediolanensis archiepiscopus renuntiatus fuerat, non sine Simoniacæ labis suspicione, cum Mediolani quietus agere prohiberetur, profectione Hierosolymitana suscepta, Constantinopolim venit, ubi coram Alexio Comneno de Spiritus sancti processione disputationem habuit, imo et cum ipsomet imperatore, ut colligitur ex Nicolao Hydruntino, lib. I *De proc. Spiritus sancti*, quem Leo Allatius citat, lib. II *De consens. Occid. et Orient. Eccl.*, cap. 10. Ejus tractatus, qui in multis bibliothecis manu exaratus Græce exstat, ab eodem Leone Allatio editus est, t. I *Græciæ orthodoxæ*. Atque ex titulo quem codex Reg., n. 3327, præfert, apparet adversarium Petri fuisse Joannem Phurnem, monachum montis Gani, cujus potiora momenta Joannes Beccus patriarcha postmodum confutavit, orat. 1 *De unione Ecclesiarum.* Contra Grosulanum calamum strinxerunt, in primis Nicolaus Methonensis et Eustratius Nicænus.

XLII. *Dialogi Anselmi Havelbergensis cum Græcis.* — Paucis post annis Anselmus alter, episcopus Havelbergensis, cum Constantinopoli Lotharii II imperatoris legatus ageret apud Joannem Comnenum, qui Alexio proxime successerat, solemne et publicum colloquium habuit de Spiritus sancti processione, coram imperatore Byzantino, patriarcha, et quotquot in urbe Regia morabantur viri eruditione conspicui. *Aderant quoque non pauci Latini*, inquit (a), *inter quos fuerunt tres viri sapientes in utraque lingua periti et litterarum doctissimi, Jacobus nomine, Veneticus natione, Burgundio nomine, Pisanus natione. Tertius inter alios præcipuus Græcarum et Latinarum litterarum doctrina apud utramque gentem clarissimus, Moyses, Italus natione, ex civitate Pergamo. Iste ab universis electus est ut utrinque esset fidissimus interpres.* Græcorum causam tutabatur Nichites, sive Nicetas, Nicomediensis, quem fuisse ait *præcipuum inter duodecim didascalos, qui juxta morem sapientum Græcorum et liberalium artium et divinarum Scripturarum studia regunt, et cæteris sapientibus tanquam omnibus præminentes in doctrina præsunt, et ad quos omnes quæstiones difficillimæ referuntur, et ab eis solutæ deinceps sine retractatione, et pro confirmata sententia tenentur et scribuntur.* Horum δ.δασκάλων, seu doctorum, quorum munia eleganter Anselmus hic describit, mentionem habes apud Zonaram lib. xv *Annal.*, n. 4, quique eis præficiebatur, non solum διδάσκαλος Εὐαγγελίου, *doctor Evangelii*, verum et διδάσκαλος οἰκουμενικὸς, *doctor universalis*, appellabatur. Nec dubium quin primum hunc locum Nicetas ille Nicomediensis obtineret, qui præcipuus magistrorum fuisse dicatur ab Anselmo. Post multa hinc inde objecta et responsa absque cavillis aut rixandi prurigine, Nechites, seu Nicetas concludit, Latinorum dogma haud absonum esse; verum *non esse dicendum, Spiritus sanctus procedit a Filio*, hoc est indefinite apponendum esse Symbolo, citra universalis synodi decretum. Collatione altera disputatum est de azymis et primatu papæ, eaque exitum eumdem nacta est. Tum Nicetas (b) scandala propter quæ scissæ sunt Ecclesiæ orta esse dixit, *ex quo Carolus quidam rex Francorum violenter Romanorum imperium invasit, et se patricium Romanæ urbis appellari fecit. Cujus tempore contra majestatem imperii monarchia divisa vel potius scissa est : unde non pauca scandala inter Latinos et Græcos orta sunt, non solum in imperialium institutionum varietate, verum etiam in ecclesiasticarum regularum diversitate.* Hæc quidem, aliaque his consimilia jamdudum causantur Græci, quæ hujus instituti nostri non est refellere. Anselmus porro Havelbergensis collationes suas scripto mandavit, ad diluenda objecta episcopi cujusdam schismatici, qui ab imperatore suo Romam ad Eugenium III missus fuerat.

XLIII. *De Hugone Etheriano.* — Sub Manuele Joannis Comneni successore, Hugo Etherianus, ipsomet principe annuente, tres libros pro dogmate Latinorum conscripsit, in quibus præcipuos e schismaticis auctores copiose et erudite confutavit, puta

---

(a) Lib. II *Cont. Græc.* cap. 2. T. I *Spicil.*

(b) Lib. III, c. 14.

Nicomeniæ antistitem, Nicolaum Methonensem, Nicetam Byzantium, quem Philosophum appellat, Theophylactum, et Photium. Bessarion in epistola ad Alexium Philantropenum, cujus fragmentum recitat Allatius lib. II *De consensu*, cap. 28, n. 5, narrat se legisse librum Nicetæ illius Byzantini qui Thessalonicensis metropolita postea fuerit, in quo se Latinorum sententiam approbare significaret, hoc uno dempto quod voculam *Filioque*, quamlibet veram, Symbolo male adjectam censeret: Καίτοι ὁ Θεσσαλονίκης οὗτος τῷ Λατίνων προσέκειτο δόγματι. Τὸ γὰρ συμπέρασμα ἀληθὲς εἶναι ἐδίδαξεν, ἐμάχετο δὲ, τοῦτο δὴ λεγόμενον, ὑπὲρ ὄνου σκιᾶς, μὴ δεῖν μηδὲ τἀληθῆ τῷ Συμβόλῳ προστεθῆναι. In hujus librum cum Joannes Beccus incidisset eumque legisset, mox ejurato schismate Romanam fidem partesque amplexus est, teste Pachymere lib. VI *Hist.*, cap. 6, qui insuper Nicetam illum, cui *Maroniæ* cognomen erat, ævo suo in magno pretio fuisse et in majore ecclesia chartophylacem narrat: "Ὃν ἡ μὲν μεγάλη Ἐκκλησία ἐν τιμίοις εἶχε καὶ χαρτοφύλακα.

XLIV. Laurentius Surius in Præfatiuncula ad concilium Lateranense IV, quod sub Innocentio III celebratum est, illud œcumenicum fuisse ait: *quippe in qua de negotiis religionis, de Græcæ et Latinæ Ecclesiæ concordia tractatum est: cui interfuere patriarchæ Constantinopolitanus et Hierosolymitanus, archiepiscopi tum Latini, tum Græci septuaginta, episcopi quadringenti undecim...... Nec defuere legati Græci et Romani imperatoris, regum Jerusalem*, etc. Undenam istæc hauserit Carthusianus eruditissimus, incompertum. Adfuisse concilio Lateranensi IV Latinorum Orientalium patriarchas, Constantinopolitanum et Hierosolymitanum, quin etiam Antiochenum nonnisi propter valetudinem accedere [XXI] non potuisse, Surio, aliisque concessero. Tunc enim illæ civitates Latinis principibus parebant. Nec etiam negavero episcopos Græcos diversarum regionum, quas Latini itidem subegerant, illuc convenisse. Eos vero quorum imperator, capta a nostris Byzanto, Nicæam concesserat, ne verisimile quidem puto: eo magis quod canon quartus hujus concilii contra Græcos conditus est, qui tunc temporis vehementius in Romanam Ecclesiam frendebant. Quapropter nullatenus existimo, in ista synodo actum esse de processione Spiritus sancti. Sunt qui id gestum referant ad concilium Lateranense tertium, quod anno 1179, Alexandro III pontifice, celebratum fuerat, Manuele Comneno Græcis imperante. Verum hoc non testantur concilii istius acta, quæ nulla fere supersunt præter canones, cum quibus edita est epistola Georgii metropolitæ Corcyrensis ad Nectarium monasterii Casulorum præpositum (a), in qua ipsi gratulatur, quod Roma victor e prælio redierit. Tomo XII Spicilegii visitur indiculus trecentorum et duorum episcoporum, qui huicce synodo interfuerunt, nec Græcorum ullus comparet, præter unum aut alterum de Calabria. Hoc itaque duntaxat certum est, Manuelem aliquando Romani pontificis benevolentiam captare tentasse, promissa Ecclesiarum unione, modo Occidentis imperium sibi restitueretur, atque Hugoni Etheriano coram se disputanti benigne satis favisse.

XLV. Anno 1232, Græci ærumnarum suarum pertæsi, quorumdam fratrum Minorum opera (b), de pangenda pace cogitarunt, et Germanus III, patriarcha, Joanne Duca imperatore suo annuente, ad Gregorium nonum, necnon ad cardinales epistolas Nicææ scripsit, quæ multoties jam editæ sunt. Roma Nicæam missi sunt ex fratrum Prædicatorum ordine duo, totidemque ex Minorum, qui cum Græcis pacisccrentur, habitaque Nymphææ in Bithynia synodo (c), qui cum Byzantino Antiochenus patriarcha interfuit, litteras ad instar professionis fidei ad papam Græci dedere, in quibus, quamplurimis Patrum sententiis intextis, errorem suum de Spiritu sancto diserte enuntiarunt, sicque malis artibus Antiocheni, cœptum opus pro votis non cessit. Germanus, qui Romanarum partium se studiosum præstiterat, postmodum exauctoratus fuit, inque ejus locum Josephus ex Galesii montis monacho ordinatus. Nihilominus Joannes imperator pro viribus egit, uti pax redintegraretur. Id quod testantur litteræ Alexandri IV, datæ anno 1256, ad episcopum Urbevetanum, quem pontifex legatum ad Theodorum Lascarim juniorem mittebat (d): in quibus recitat articulos incundæ pacis, quos archiepiscopi Cyzicenus et Sardensis, et alii Calo-Joannis oratores Innocentio IV decessori suo obtulerant. *Videlicet*: 1° *Romanæ sedi ejusque summo pontifici, præ cæteris patriarchalibus sedibus, summi recognitionem et professionem principatus; 2° canonicam obedientiam præfato prædecessori, ejusque successoribus canonice intrantibus exhibendam; 3° prærogativam appellandi Romanam Ecclesiam, cum sacræ personæ ecclesiasticæ Græcorum a superioribus suis crediderint se gravari; 4° liberum recursum ad sedem Romanam in quæstionibus, quas inter prælatos et alias ecclesiasticas personas Græcas contigerit suboriri; 5° obedientiam quoque in sententiis, quas Romanus pontifex sacris non adversas canonibus promulgabit; 6° in conciliis insuper eidem pontifici primum sedem, et primam conscribendi vicem, cum subscriptiones fuerint faciendæ; 7° in quæstionibus fidei, si quæ ibidem fortassis emerserint, præ aliis dare sententiam, suæque voluntatis proferre judicium, quod, dummodo evangelicis et canonicis non obviet testimoniis, obedienter cæteri suscipient et sequentur; 8° in aliis vero ecclesiasticarum personarum causis et nego-*

(a) Vide Baron. ad ann. 1179, n. 9.
(b) Wadding *Ann. Min.*, t. I; *Conc. gen.* part. I, p. 460, t. XI.

(c) An. 1233.
(d) Wadding. t. I, p. 147; *Regest.* lib. II, epist. 325.

tiis, quæ in conciliis tractabuntur, sententiis quas Romani pontificis dictabit auctoritas, dummodo sacrorum non adversentur conciliorum decretis, cæteri acquiescent. Narrat pontifex nuntios illos postulasse ut Constantinopolis imperatori Græco redderetur, et patriarcha Latinus inde amoveretur, moxque subjungit : *Sane oblationem professionemque præmissas, felicis recordationis Innocentius papa prædecessor noster de fratrum suorum consilio nobis, tunc in minori officio constitutis, ut per hujusmodi benignitatis assensum, tantæ reconciliationis incremento tota lætaretur fidelium universitas approbavit.* Addit denique, quod in rem nostram facit : *Idem prædecessor satis absonum reputavit, quod in concilio celebrando ille solus articulus Symboli Nicænæ synodi, in quo de processione Spiritus sancti Græca Ecclesia aliquantulum a Romana dissonare videtur, per præfatos nuntios a Romani pontificis excipiebatur judicio, adjicientes, quod diffinitioni ejus in concilio Græca non acquiesceret Ecclesia, nisi quod definitum esset per Scripturæ authenticæ testimonium, vel divinum oraculum comprobaret..... Verumtamen ne aliquod ex hoc reconciliationem ipsius Ecclesiæ impedimentum vel obstaculum impediret, prædecessor ipse concessit, in concilio imminenti tenorem prædicti Symboli adjectione qualibet, nisi forte de mutua connivenția, quam sicut confidimus, reconciliationis inducet concordia, non mutari : sed in ea forma penes Græcam Ecclesiam remanere, quam dicta synodus promulgavit, dummodo de sanctæ Trinitatis fide Græca Ecclesia in omnibus catholice consentiat cum Romana.* Hæc quidem ambo pontifices Græcorum votis annuerunt. Nihilominus haudquaquam fœdus sancitum fuit, Constantinopoli imperatori Græco non restituta.

XLVI. *Græci Romanæ Ecclesiæ junguntur in concilio Lugdunensi* II.— Ea vero paulo post urbe recepta, anno 1261, cum Michael Palæologus imperator ingruentem sibi cum exercitu Carolum Siciliæ regem extimesceret, Romanum pontificem sibi conciliandum duxit, adeoque Ecclesiarum copulam promovendam. Quocirca, cum Gregorius X generale concilium Lugdunum convocaret, oratores illuc destinavit, quorum præcipui erant Germanus quondam patriarcha, Theophanes Nicænus, Joannes imperatoris frater, et Georgius Acropolita. In synodo nullæ de Spiritu sancto, aut aliis controversis capitibus disputationes habitæ feruntur ; quippe quod de iis sat tractatum erat Constantinopoli a fratribus Minoribus, quos pontifex [XXII] illuc delegaverat. Itaque proxima post Græcorum legatorum adventum sessione, Germanus cum suis, necnon cum præsulibus de Calabria, et Willelmo de Morbecca Symbolum Græce cantillarunt, cum terna repetitione versiculi, *qui ex Patre Filioque procedit.* Quarta vero sessione pax et unio sacramento sancita est, lectis imperatoris multorumque Græcorum præsulum litteris : deinde intra missarum solemnia Symbolum a Græcis et Latinis vicissim decantatum est, bisque versiculus, *Qui ex Patre Filioque procedit*, repetitus. Imperatoris litteræ amplam fidei professionem continebant : in fine autem postulabat, ut Symbolum a Græcis, adjecta voce *Filioque*, immutari non juberetur, ἵνα ἡ ἡμετέρα Ἐκκλησία λέγῃ τὸ ἅγιον Σύμβολον, ὡς ἔλεγε πρὸ τοῦ σχίσματος, *ut Ecclesia nostra dicat Symbolum*, inquit, *prout dicebat ante schisma, usque in hodiernum diem.* Huic concordiæ consensum Josephus patriarcha denegavit ; unde ad ordinem redactus est a Michaele, inque ejus locum Joannes Beccus eximiæ vir integritatis et eruditionis subrogatus. Hic, coacta frequenti episcoporum synodo, quæ Lugduni gesta erant confirmavit, ac synodicam ad Joannem XIX papam misit, in qua dogma Latinorum pererudite et eleganter enuntiabatur. Complures Græcorum reconciliationem cum Latinis obstinatius detestati, carceribus, plagis et exsiliis, ac tandem in synodo altera communionis privatione multati sunt.

XLVII. *Audax Græculi manus in quemdam Gregorii Nysseni locum.—* Interim Joannes Beccus patriarcha, de Ecclesiarum unione assidue sollicitus, habito iterum de more concilio, quæstionem habuit de quodam Gregorii Nysseni loco, qui cum Spiritus sancti *ex Filio* quoque, ἐκ τοῦ Υἱοῦ, exsistentiam enuntiaret, a referendario Magnæ ecclesiæ, cui Enscammatismus nomen erat, gladiolo corruptus esset, erasa præpositione ἐκ · cujus facinoris veniam a Patribus humillime poposcit. Hæc testantur acta synodi apud Leon. Allat. lib. III *De consens.*, cap. 1 ; et t. I. *Græc. orthod.* Codicem quem Enscammatismenus labefactarat, vetustissimum fuisse aiunt, et ad Xiphilinum quondam œconomum pertinuisse. Locus Nysseni sumptus ferebatur ex ejus sermone in Orationem Dominicam, qui incipit, Ὅτε προῆγεν ὁ μέγας Μωϋσῆς· *Cum magnus Moyses*, etc. At vero in nullo ejusdem doctoris sermone in Dominicam Orationem comparet ; imo neque in sermone qui in editis censetur tertius, in cujus tamen fine de Spiritus sancti deitate et consubstantialitate disputatur. Verum tanquam a Nysseno acceptus citatur ab Hugone Etheriano, lib. I, cap. 3. Quocirca juvat eum integrum, tam Græce, quam Latine recitare : "Ὅτε γὰρ Υἱὸς ἐκ τοῦ Πατρὸς ἐξῆλθεν, καθὼς φησὶν ἡ Γραφή, καὶ τὸ Πνεῦμα ἐκ τοῦ Θεοῦ καὶ παρὰ Πατρὸς ἐκπορεύεται· ἀλλ' ὥσπερ τὸ ἄνευ αἰτίας εἶναι, μόνου τοῦ Πατρὸς ὄν, τῷ Υἱῷ καὶ τῷ Πνεύματι ἐναρμοσθῆναι οὐ δύναται, οὕτω τὸ ἔμπαλιν τὸ ἐξ αἰτίας εἶναι, ὅπερ ἴδιόν ἐστι τοῦ Υἱοῦ καὶ τοῦ Πνεύματος, τῷ Πατρὶ ἐπιθεωρηθῆναι φύσιν οὐκ ἔχει. Κοινοῦ δὲ ὄντος τῷ Υἱῷ καὶ τῷ Πνεύματι τοῦ μὴ ἀγενήτως εἶναι, ὡς ἂν μὴ τις σύγχυσις περὶ τὸ ὑποκείμενον θεωρηθείη, πάλιν ἐστὶν, ἄμικτον τὴν ἐν τοῖς ἰδιώμασιν αὐτῶν διαφορὰν ἐξευρεῖν, ὡς ἂν καὶ τὸ κοινὸν φυλαχθείη, καὶ τὸ ἴδιον μὴ συγχυθείη. Ὁ γὰρ μονογενὴς Υἱὸς ἐκ τοῦ Πατρὸς παρὰ τῆς ἁγίας Γραφῆς ὀνομάζεται, καὶ μέχρι τούτου ὁ λόγος ἵστησιν αὐτῷ τὸ ἰδίωμα. Τὸ δὲ ἅγιον Πνεῦμα, καὶ ἐκ τοῦ Πατρὸς λέγεται, ΚΑΙ ΕΚ ΤΟΥ ΥΙΟΥ ΕΙΝΑΙ προσμαρτυρεῖται. « Εἰ γάρ τις Πνεῦμα Χριστοῦ οὐκ ἔχει, φησὶν, οὗτος οὐκ ἔστιν αὐτοῦ. » Οὐκοῦν τὸ μὲν Πνεῦμα, ἐκ τοῦ Θεοῦ, καὶ Θεοῦ Πνεῦμά ἐστιν. Ὁ δὲ Υἱὸς ἐκ Θεοῦ ὢν, οὐκέτι καὶ τοῦ Πνεύματος, οὔτε ἐστὶν, οὔτε λέγεται. Οὐδὲ ἀντιστρέφει ἡ σχετικὴ ἀκολουθία αὕτη · *Nam et Filius exivit a Patre, ut ait Scriptura, et Spiritus ex Deo et Patre procedit. Sed quemadmodum sine principio esse, cum sit Patris solius, Filio et Spiritui sancto convenire non potest; sic contra a principio esse, quod est proprium Filii et Spiritus, in Patre considerari natura non patitur. Jam cum Filio et Spiritui sancto commune sit, ut non ingenito modo exsistant, ne qua in subjecto confusio spectetur, rursus incommunicabilem in eorum proprietatibus differentiam invenire possumus, ut et quod commune est servetur, et quod proprium est non confundatur. Etenim unigenitus Filius ex Patre in Scriptura sacra dicitur, et hactenus ejus proprietatem illius doctrina definit. At Spiritus sanctus et ex Patre dicitur, ET EX FILIO ESSE perhibetur.* « Si quis enim Spiritum Christi non habet, hic non est ipsius [6]; » igitur Spiritus, qui ex Deo est, etiam Dei Spiritus est. *At Filius, cum ex Deo sit, non jam tamen Filius Spiritus aut est, aut dicitur: neque hæc relativa consecutio convertitur.* Petavius de hoc loco disputans, ait se in eam opinionem adductum, alienam ab isto esse propositionem ἐκ, scripsisseque Gregorium : Τὸ δὲ ἅγιον Πνεῦμα καὶ ἐκ τοῦ Πατρὸς λέγεται, καὶ τοῦ Υἱοῦ εἶναι προσμαρτυρεῖται. Ita enim consequentem orationem postulare, cum e contrario Filium dicit sic ex Patre esse, ut non dicatur Spiritus : Ὁ δὲ Υἱὸς ἐκ τοῦ Θεοῦ οὐκέτι καὶ τοῦ Πνεύματος οὔτε ἐστὶν, οὔτε λέγεται. Non dicit ἐκ τοῦ Πνεύματος, quod consentaneum erat, siquidem ante scripsisset Spiritum et esse ex Deo, et esse ex Filio. Scripsit ergo Spiritum et esse ex Deo, et esse Filii, ut ei respondeat ex adverso, Filium et esse ex Deo, et non esse Spiritus. Subnotare quoque mihi liceat auctorem ex Scripturæ variis locis argumentari, in quibus Spiritus sanctus ex Patre procedere legitur, atque insuper perhibetur esse Spiritus Filii; nusquam autem ex Filio esse. Quanquam, ut subjungit vir supra modum doctus, hæc sermonis formula, quæ *Spiritum Filii* nominat, idem valet atque, *ex Filio*, ut ¦alibi docetur. Ad locum vero Nysseni integrum quod spectat, ex Euthymio, part. II *Panopl*., tit. 12, certum fit genuinum eum esse, transsumptumque ex ea sermonis in Orationem Dominicam parte, quæ homilia tertia censetur. Postquam enim protulit tres hujus homiliæ [XXIII] lacinias, addit et istam : *Ex eadem oratione ; Spiritus sanctus et ex Deo, et Christi Spiritus est, atque dicitur; Filius autem cum ex Deo sit, non*

Spiritus etiam est, neque dicitur. Hæc enim ordinis series non sequitur, ut ex æquo per resolutionem sibi vicissim ratio respondeat, et quemadmodum Christi Spiritum dicimus, sic etiam ipsius Spiritus Christum appellemus. Enimvero hac in oratione se de consubstantialitate Patris et Filii disputasse testatur Nyssenus, cum subjungit : Ἀλλὰ νῦν προαποδέδεικται ταῖς τῶν εὐσεβῶν δόξαις, αὐτὴν ἐπὶ Πατρὸς καὶ Υἱοῦ φύσιν εἶναι · *Jam vero demonstratum est piorum sententiis, eamdem esse in Patre et Filio naturam, neque fieri posse, ut quæ diversi sunt generis, Dei nomine appellentur........ Eamdem porro Spiritum habere naturam ex operationibus ostensum est,* etc. Id quod verum esse non possit, nisi fragmentari quod ante descripsi, et alia nonnulla supplenatur, quæ librariorum vitio exciderunt. Sed ad propositum revertamur.

XLVIII. *Joannis Becci exauctoratio, laudes et congressus cum schismaticis : processio temporalis Spiritus per Filium, Monothelitarum commentum.* — Illa utriusque Ecclesiæ qualiscunque unio usque ad Michaelis Palæologi obitum perdurasse fertur. At eo defuncto, Joannes Beccus ab Andronico Michaelis filio et successore, patriarchali solio detrusus est : cujus tamen egregias laudes Nicephorus Gregoras his verbis contexit : *Iis temporibus Magnæ ecclesiæ chartophylax erat Joannes Beccus, vir excellentis ingenii, et doctrinarum studiis ab ineunte ætate institutus : præterea tantis naturæ donis ornatus erat, quantis quisquam alter illius ævi. Nam et proceritate corporis, et majestate vultus, et facundia, atque acumine ingenii ad omnes res idonei, aliisque dotibus præstabat. Qui cum imperatoris decreto (de pace cum Latinis ineunda) acriter adversaretur, imperator nihil non tentavit, tam per se, quam per alios eruditione conspicuos, ut legitimis rationibus eum adduceret ad assentiendum... Ea spe frustratus imperator, eum omneque ferme genus in teterrimos carceres conjecit. Tum Nicephori Blemmidæ scripta ad Beccum misit. Quibus ille perlectis, sanctorum libros, e quibus Blemmidas sua collegerat, ultro postulavit. Itaque brevi tempore testimoniorum acervum collegit, quæ integra volumina implere possent, et qui dudum Latinis adversatus erat, mutata sententia, victoriam alio transtulit. Quamobrem patriarcha sede conscensa imperatori unus fuit omnia, et lingua, et manus et velocis scribæ calamus, docendo, scribendo et dogmata finiendo; ejus certaminis adjutoribus Melitiniota et Metochita, imperatorii cleri archidiaconis, et Georgio Cyprio.* Hæc Gregoras, necnon Pachymeres *(a)*, neuter in rem catholicam optime affectus : qui nec sociorum Joannis Becci, nimirum Constantini Melitiniotæ et Georgii Metochitæ, laudes omisere. Nicephorus quoque Blemmidas elegantiores suæ ætatis scriptores laudatores habuit, ut qui vir

---

[6] Rom. VIII, 9.

(a) Nic. Greg. *Hist.* Pachym. lib. v, cap. 24.

fuerat spectatissimæ pietatis et doctrinæ, et qui delatum sibi ab imperatore patriarchatum generose respuerat. Hujus nonnullæ lucubrationes ad specimen exstant, quæ Allatius Latio donavit, ediditque t. I *Græciæ orthodoxæ*. Atqui ex his addiscimus schismaticos ex frequentibus cum Catholicis velitationibus, ad has angustias redactos fuisse, ut, cum Spiritum *ex Patre* solo procedere contenderent, non modo eum ex Patre et Filio negarent exsistere, verum etiam *ex Patre per Filium*, contra familiarem priscorum Patrum theologiam. *Libere aperteque de proposita quæstione edisseram* (inquit Blemmidas epistola 1 [*a*]) *quæ erit, an per Filium Spiritus sanctus a Patre procedat ; an vero ex Patre absque medio, et non per Filium. Et primum quidem a multis sanctis doctoribus traditum fuisse ; secundum a nemine, existimo omnes homines, qui in sacris Litteris exercitati sunt, et æquitate diriguntur, comprobaturos. Quod vero in Evangeliis vox illa inserta non sit*, τοῦτο δὴ τὸ πρόχειρον εἰς ἀντιλογίαν πολλοῖς, *hoc plerique vulgo ad contradicendum arripiunt*. Quocirca tota hac epistola ex sanctorum synodorumque sententiis confirmat ex Patre per Filium exsistere Spiritum sanctum, atque obiter ostendit nihil differre si quis dicat ex Patre Filioque ipsum esse, aut ex Patre per Filium. Epistola altera, quam ad Theodorum Ducam imp. dedit : *Verum enimvero,* inquit, *Spiritus sancti processionem ex Patre per Filium esse multo jam antea in confessis erat, et usque ad hæc nostra tempora a piis hominibus asseritur, et veluti commune dogma Ecclesiæ recipitur :* Καιρὸς δὲ οὐ πολύς, ἐξ οὗ τινες ἐπαθόν τι γελοιότατον, ἢ μᾶλλον εἰπεῖν ἀθλιώτατον · βουλόμενοι γὰρ ἐκ περιουσίας ἀνελεῖν τὸ, ἐκ τοῦ Υἱοῦ, συνανεῖλον αὐτῷ καὶ τὸ, δι' Υἱοῦ. *Sed non diu est, ex quo nonnulli ridicule, seu melius dicam, miserrime affecti, dum vellent penitus ex Filio tollere, una cum eo sustulerunt et per Filium ; et tot tantorumque Patrum documenta, si qua captionis ansa dabatur, perverterunt ; sin vero nulla, ea tanquam quæ cum multis aliis non convenirent, rejecerunt. Et ubicunque erat, ex Patre sive effundi, sive emanare Spiritum sanctum, de processione voces acceperunt : ubicunque vero per Filium annexum erat, effusionem ibi et emanationem, et si quid aliud simile, pro dono et munere dici contenderunt.* Eodem sensu voces φανεροῦσθαι, *promicare*, ἐκλάμπειν, *explendescere*, ἐκφαίνειν, *effulgere*, interpretatos illos esse tradit in epistola priore. Dum vero in hujus interpretamenti pristinos auctores inquiro, occurrit mihi in actis sextæ synodi (*b*) confessio Macarii Antiocheni hæretici Monothelitæ, in qua de Spiritu sancto sic ait : *Et in Spiritum sanctum ex Patre procedentem,* καὶ δι' Υἱοῦ πεφηνὸς, δηλαδὴ τοῖς ἀνθρώποις, *et per Filium micantem, scilicet hominibus*. Quæ similia sunt eorum quæ legimus hodie in Expositione fidei Gregorii Thaumaturgi, uti a Græcis adulterata fuit. Unde collegero Monothelitas, qui omnium primi invidiam Latinis creaverant propter dogma de processione Spiritus sancti ex Patre et Filio, hoc sensu processionem Spiritus per Filium intellexisse, quod per Filium hominibus innotesceret. Quidni etiam ab eis falsata sit Expositio Gregoriana, adjectis duabus istis vocibus, δηλαδὴ τοῖς ἀνθρώποις, *scilicet hominibus*, quæ in prisca Rufini translatione nunquam comparuerunt? Quidquid id est. Tametsi Joannes Damascenus, ad quem schismatici hactenus provocarunt, multis in locis (*c*) ex recepta Græcis Patribus doctrina, Spiritum ex Patre per Filium æterna processione exsistere dixerit ; nihilominus quotquot a tempore Cerularii usque ad Beccum pro schismate scripserunt, uno fere consensu nullam ex Patre per Filium Spiritus [XXIV] sancti processionem astruxerunt, præter temporalem illam manifestationem, concessionemve donorum spiritualium. Sic Michael Psellus, quem schismati Cerularii favisse diximus, primo capite theologico, Spiritum ex Patre quidem procedere ait, per Filium vero communicari et percipi ab omni re creata, δι' Υἱοῦ δὲ μεταδιδόμενον, καὶ μεταλαμβανόμενον ὑπὸ πάσης κτίσεως. Sic Nicomediensis antistes Nicetas Anselmo Havelbergensi (*d*) respondit eum a Patre per Filium procedere, quoniam *daretur per Filium ad sanctificandam creaturam, vel, juxta alios, quia transiret a Patre per Filium ad sanctificandos homines*. Hugo Etherianus perinde scribit (*e*) Nicomediæ antistitem (sive is Nicetas ille sit, sive aliquis alius) docuisse Spiritum per Filium procedere idem esse ac *per Filium mitti vel dari*. Sic quoque Andronicus Camaterus in famosa illa *Hoplotheca* sua, seu *Armamentario sacro*, cujus maxima fuit apud Græcos auctoritas, Cyrilli Alexandrini in Joelem prophetam locum (*f*), in quo Spiritus *proprius Filii, et in ipso, et ex ipso esse* dicitur, hunc in sensum transferre conatus est : *Ne te turbet, quod hic astruitur, ex ipso, neque illud de processione accipito, sed de missione, datione et suppeditatione. Satis enim id probaverint explicaveritque tot aliæ ejusdem sancti doctrinæ, quodque omnes sancti præpositionem* ex *in* Filio, *loco illius* per *acciperent*. Scribebat Camaterus, *vigiæ drungarius*, seu vigiliarum præfectus, Manuele Comneno imperatore.

XLIX. *Concertatio Joannis Becci et sociorum cum schismaticis. Insulsa Greg. Cyprii opinio effulsionem æternam a processione secernentis.* — Itaque sub Joanne Becco hic erat contentionum cardo, an Spiritus a Patre per Filium substantialiter procederet ; nec quidquam aliud inculcare Beccus satagebat (*g*), nisi æternam et hypostaticam Spiritus sancti per

(*a*) Ad sac. Bulgariæ.
(*b*) Act. VIII.
(*c*) Lib. I *De fide*, p 113; *Dial. cont. Manich*, p. 432; *Epist. de hymn. Tris*, p. 497.

(*d*) Lib. II, c. 20.
(*e*) Lib. III, c. 11.
(*f*) Apud Joan. Becc. *Græc. orth.*
(*g*) Pachym. lib. XI, cap. 35.

Filium a Patre productionem. Is, cum ab Andronico seniore patriarchatu ejectus esset, nec exsiliis, nec carceribus, nec ullis cruciatibus ac pœnis deterreri potuit, quin ad extremum usque spiritum hoc ipsum profiteretur. In primis vero convocato propter quasdam ejus de Gregorio Cyprio patriarcha expostulationes episcoporum, et clericorum, necnon imperii procerum coram imperatore conversu, cujus Gregorius Constantinopolitanus et Athanasius Alexandrinus præsides erant, accersiti Beccus ejusque socii Melitiniota et Metochita, de Spiritus processione disputaverunt. Cumque præter quemdam Nysseni locum (*a*), quo Spiritus *per illum qui contigue est ex Patre,* διὰ τοῦ προσεχῶς, procedere dicitur, alterum ex Damasceno (*b*) protulissent, quo perinde asseritur Pater esse *per Verbum manifestantis Spiritus productor,* προβολεὺς διὰ Λόγου ἐκφαντορικοῦ Πνεύματος, hicque textus, nequidquam reclamante Georgio Moschabar magno chartophylace, genuinus agnitus esset, utpote in Andronici Camateri Hoplotheca sacra citatus, neque de processione alia, nisi de sempiterna intelligendus veniret, conventu soluto, patriarchæ Gregorio data provincia est libelli condendi quo Damasceni dictum exponeretur, conciliareturque cum aliis istis ejusdem doctoris verbis (*c*), ἐκ δὲ Υἱοῦ τὸ Πνεῦμα οὐ λέγομεν, *ex Filio autem Spiritum non dicimus.* Scriptus tomus in ecclesia palam lectus fuit, quem imperator ipse, patriarcha aliique nonnulli subscriptionibus suis munierunt ; multis tamen ideo reclamantibus, quod in libello enuntiaretur priore illo Damasceni loco significari Patrem esse Spiritus per Verbum productorem, *non ut Spiritus per Verbum exsistat, sed ut per illud effulgeat :* Εἰ καὶ διὰ τοῦ Υἱοῦ παρά τισι τῶν ἁγίων ἐκπορεύεσθαι τὸ ἅγιον εἴρηται, τὴν εἰς ἀΐδιον Ἔκφασιν ἡ λέξις ἐνταῦθα οὐ τὴν εἰς τὸ εἶναι καθαρῶς σημαίνειν βούλεται · *Licet apud sanctos quosdam per Filium Spiritus procedere affirmetur, dictio hæc progressum ad effulsionem, non ad esse, proprie et pure significat.* Verba hæc tomi recitat Allatius (*d*) ex oratione 4 Josephi Bryennii *De Trinitate,* aliaque refert post Bryennium in eumdem sensum convenientia : plura vero Beccus in libris duobus quibus tomum confutavit. *Non capiebant igitur,* inquit Pachymeres, *quid tandem esset discriminis inter productionem Spiritus ad exsistentiam, et processionem ad sempiternam effulgentiam; eo maxime quod Ecclesiæ doctores divinarum personarum Filii et Spiritus sancti emanationes ex Patre* ἐκφάνσεις, *effulgentias plerumque appellarent.*

L. *Gregorius Cyprius in crimen a compluribus et schismaticis vocatur ; Palamitarum hæresim præformavit.*— Adversus Cyprii tomum Joannes Beccus calamum strinxit, tantamque patriarchæ schismatico conflavit invidiam, ut omnes illum in Becci sententiam conspirasse arbitrarentur. Nec ab re : quippe cum præter ea quæ modo ante citavi, alium sensum non reddant altera istæc tomi verba quæ Beccus orat. 1 recitat: Ἀλλὰ δι' Υἱοῦ φυσικῶς ὑπάρχειν, οὐμενοῦν δι' Υἱοῦ, καὶ ἐξ Υἱοῦ, τὴν ὕπαρξιν ἔχειν οἱ εἰρηκότες Πατέρες τὸ Πνεῦμα ἔφησαν. *Sed Patres docuerunt Spiritum per Filium, et ex Filio naturaliter exsistere, non item per Filium et ex Filio exsistentiam habere.* Quasi vero per Filium et ex Filio exsistere, et per Filium, et ex Filio exsistentiam habere, non idem sonent ! Legatur Beccus t. II *Græc. orthodox.,* p. 252. Alia ex eodem libello erroris plena idem Beccus carpit, in primis quod assereret, Μηδὲν καινὸν εἶναι, μηδὲ τῆς τῶν Γραφῶν συνηθείας ἀλλότριον, ἐὰν τὸ πνευματικὸν χάρισμα ἅγιον ὁμωνύμως Πνεῦμα καλῆται · καὶ τὴν ἐνέργειαν ἔστιν ὅτε οἰκειοῦται τὴν τοῦ ἐνεργοῦντος κλῆσιν, ὡς ἡ τοῦ ἡλίου καὶ λαμπάδων αὐγὴ πολλάκις τὴν τοῦ ἡλίου · *Nihil esse novi, neque a Scripturæ consuetudine alieni, ut spirituale donum Spiritus sanctus appelletur : quinimo actionem aliquando nomen sibi agentis asciscere, veluti solis splendor et radius solis nomen sæpenumero obtinet.* Quibus utique verbis significabat æternam Dei actionem quæ personis tribus communis est, Spiritum sanctum quandoque vocitari. Id quod subinde amplius declaravit, in opere altero quo tomum suum contra Beccum defendebat, cujus fragmentum amplum reperi in Regio cod. 2953, cum hoc titulo : Γρηγορίου τοῦ Κυπρίου πρὸς Βέκκον Λατινόφρονα · ὅτι ἡ θεία χάρις, καὶ ἡ ἔλλαμψις, καὶ ἡ ἐνέργεια συναΐδιός ἐστι τῷ Υἱῷ, καὶ πηγάζεται ἐξ αὐτοῦ, καθὰ καὶ ἐκ Πατρὸς, καὶ αὐτοῦ τοῦ παρακλήτου Θεοῦ · *Gregorii Cyprii in Beccum Latinorum opinionis vindicem. Quod divina gratia, effulgentiaque, et operatio, coæterna Filio sit, et ex ipso scaturiat velut* [XXV] *etiam ex Patre et ipsomet Paracleto.* Hæc vero nihil nisi impietatem innuunt, quam Gregorius Palamas paulo post docuit, nempe divinam operationem, quam θεότητα, *deitatem,* nuncupabant, revera ab ipsa Dei natura distinctam, ac Deo tribusque personis coæternam esse. Quocirca Beccus erratum istud adversarii sui redarguit allato capite integro Theodori Abucaræ vicesimo septimo.

Cyprius Palamitis præivit. — Cæterum perversam hanc opinionem tum primum auctore Cyprio prolatam fuisse disertis hisce verbis significat : *At veritatis qualem se esse dicit præclarus vindex, 'qui nos calumniatores et sanctorum apostolorum conviciatores vocat, qui hac ratione res theologicas tractamus, quinam a nobis ipse compellabitur,* ὁ οἴκοθεν καὶ ἀπὸ κοιλίας νέας ἄρτι δογμάτων φωνὰς τῇ τοῦ Θεοῦ εἰσηγούμενος Ἐκκλησίᾳ, *qui ex propriis suis et nunc primum e ventre novellas placitorum voces in Ecclesiam Dei introduxit.* Quo Becci testimonio evincitur, nequaquam ab ipso, dum patriarcha ageret, proscriptum fuisse Palamam ac ipsius errores, tametsi Combefisius

---

(*a*) In epist. ad Ablab.
(*b*) Vid. lib. I *De fide,* p. 113.

(*c*) Lib. i *De fide,* p. 241.
(*d*) *Vindic. conc. Ephes.,* cap. 60.

noster in adnotationibus ad secundam Auctarii sui novissimi partem id affirmaverit : quin potius Palamæ Cyprium præivisse, ejusque erraticum dogma præformasse. Quamobrem Joannes ille patriarcha, qui Gregorium Palamam primum damnavit, aut Sozopolita fuit, aut, quod verius est, Glycys, qui circa annum 1316 Constantinopolitanum thronum tenuit, usque ad 1320.

Gregorii Cyprii expositio explosa. — Becci in tomum lucubrationes adversariis Gregorii animos addiderunt. Horum præcipui erant Joannes Chilas metropolita Ephesius, Daniel Cyzicenus, et Theoleptus Philadelphiensis, quibus se Muzalo magnus logotheta socium dedit. Exstat apud Allatium, lib. II *De consensu,* cap. 2, col. 513, Joannis Chilæ libellus quem imperatori obtulit : isque in causa fuit ut Cyprius tomi sui expositionem scriberet. Theoleptus patriarchæ objiciebat in tomo vestigia reperiri impiæ nescio cujus doctrinæ Marci monachi, qui nomen προβολεύς, *productor,* ambiguo perinde sensu usurpaverat, ὅς καὶ αὐτὸς ὁμωνυμίζει τὴν λέξιν προβολεύς, inquit Pachymeres. Interim qui a Gregorio stabant, Athanasium Alexandrinum urgent ut tomo subscribat. Ille vero, sibi satis otii et facultatis non esse ad singulas ejus voces explorandas causatur ; eo maxime quod Constantinopolitanorum mores sensusque compertos non haberet. Gregorio publicum colloquium exoranti, in quo mentem planius suam explicaret, annuit statim Andronicus, mox vero mutavit mentem, veritus ne idem accideret quod in altera cum Becco concertatione, ex qua res Ecclesiæ nihilo pacatiores evaserant. Verum, ne patriarcha inauditus damnaretur, confessionem fidei quam ille conscripserat, in publico conventu legendam dedit, eaque ab omni erroris suspicione immunis judicata est : cui tamen sententiæ Ephesius et Cyzicenus refragati sunt : unde Gregorius patriarchatu cedendum censuit.

Tum imperator, collectis iterum synodis, tomum omnino emendandum atque exponendum decrevit : quod tamen viri ad hoc operis exsequendum selecti non præstiterunt, cum de assignando germano Damasceni sensu inter eos non conveniret (*a*). Ac consulto prorsus : nam Cyprius in Apologia sui tomi illos e suis adversariis egregie refellit, qui Damascenum dicentem *a Patre Spiritum per Verbum produci* sic interpretarentur, ac si διὰ Λόγου, *per Verbum,* καὶ δι' Υἱοῦ, *per Filium,* idem esset ac σὺν τῷ Λόγῳ, *cum Verbo,* μετὰ τοῦ Υἱοῦ, *cum Filio,* et ἅμα τῷ Υἱῷ, *una cum Filio.* Quam quidem interpretationem, tum Patrum sententiis, tum grammaticæ legibus contrariam esse pluribus ostendit et evincit. Ex quibus omnibus sincerus lector agnoscet, quam alienus Joannes noster Damascenus fuerit a Photii et schismaticorum errore, et quam Latinorum sensui et doctrinæ consentaneus.

LI. *Pachymeres schismaticorum sensus improbat.*
— Eodem quoque modo Pachymeres ipse, quo præsertim auctore hæc omnia retuli, uti minime probavit Cyprii expositionem qua Joannis Damasceni dictum accipiebatur de productione Spiritus per Filium non ad exsistendum, sed ad effulgendum ; ita nec illis assensus fuit, qui contenderent *ideo Spiritum Filii* dici, quod naturam eamdem ac Filius habeat, vel quod dignis ab eodem suppeditetur : Πρὸς τοὺς λέγοντας, ὅτι διὰ τοῦτο λέγεται Πνεῦμα Υἱοῦ, διὰ τὸ ὁμοούσιον, ἢ διὰ τὸ χορηγεῖσθαι ὑπ' αὐτοῦ τοῖς ἀξίοις. Id in opusculo ostendit, quod Leo Allatius his edere non dubitavit (*b*). Ubi subinde infert, *si suppeditari Spiritum a Filio iis qui digni sunt, non est causa cur ille sit et dicatur Spiritus Filii, quemadmodum et Patris, aliam hujusce rei causam inquirendam esse.* Cæterum εἰ δεῖ τι τολμᾶν, ὅτι διὰ τοῦ Υἱοῦ ἐκ Πατρὸς προοδικῶς ἐστι τὸ Πνεῦμα, καὶ διὰ τὴν μεσιτείαν τοῦ Υἱοῦ, δι' ἧς τό τε Μονογενὲς φυλάττεται οἱ, καὶ τὸ Πνεῦμα τοῦ αἰτίου τοῦ Πατρὸς εἶναι οὐκ ἀπείργεται · *si quid audere liceat, hoc affirmari possit, quod per Filium ex Patre Spiritus progrediatur, et per naturalem Filii interventum ; quo et Unigeniti ratio illi conservetur, et Spiritus a Patre tanquam a causa esse non impediatur.* Sic Pachymeres communi suorum doctrinæ refragari non dubitavit, quemadmodum et novo Cyprii figmento, quod tamen schismatici supinis manibus Palama duce amplexi sunt.

LII. *Tentata sub Andronico Juniore reconciliatio. Palamitarum hæresis unioni infensa. Verus ejus ac primus parens. Nona synodus generalis Græcis schismaticis.*—Ab Andronici senioris imperio ad Joannis Palæologi tempora nihil quod ad propositum nostrum attineat, memoratu dignum occurrit. Narrat quidem Gregoras sub Andronico Juniore tentatam esse reconciliationem ab episcopis Latinis duobus qui CP. venerant, se vero Græcos suos, habita oratione quam recitat, deterruisse variis de causis, ac præsertim quod Romani omnia sedis suæ arbitrio finiri vellent, ac Latini dialecticis cavillis nimium indulgerent, qui ad dogmata sancienda nocivi essent. Alia quorumdam e nostris tentamenta omitto nihilo feliciora. Interim Orientalem Ecclesiam Palamitica lues invasit, ex quo robur novum schismati accessit. Hujus olim parens fuerat Simeon quidem monasterii Xyloxeri præpositus, quem *juniorem Theologum* appellant, cujus se socium et vindicem præbuit Nicetas ille Stethatus, quem cum Michaele Cerulario et Michaele Achridano schismatis auctorem fuisse diximus. Eamdem hæresim cum [XXVI] Gregorius Palamas suscitasset, bellum quoque in Latinos cum suis, atque in primis utroque Cabasila, Nilo et Nicolao vehementius indixit, ita ut hoc præsertim nomine in

---

(*a*) Pachym. lib. II, cap. 11.
(*b*) Lib. II *De consens.,* p. 517 ; et t. I *Græc. orth.,* p. 590.

schismaticorum Synaxario hodieque celebretur. Omnes deinceps patriarchæ et episcopi Græci ad Palamæ deliria statuminanda concurrerunt; ex quo præsertim Joannes XIII patriarcha ea approbavit, coacta Constantinopoli synodo, cui Lazarus Hierosolymitanus cum Alexandrini et Antiocheni legatis adfuisse fertur, quæque idcirco nona generalis et œcumenica apud Græcos audiit. Idem præstitit Joannis successor Callistus, ac Philotheus in ejus locum subrogatus, qui Palamam velut avitæ fidei defensorem in sanctos retulit. Hac igitur hæresi grassante, de unione Ecclesiarum sarcienda parum cogitabatur, quamvis imperium Byzantinum in dies collaberetur. Obstabat etiam diutinum inter Latinos dissidium, quo tres pontifices Romanam sedem sibi vindicarent.

LIII. *Concilium Florentinum, Ferrariæ inchoatum.* — Post Constantiense concilium, Martino V pontifice, de utriusque Ecclesiæ pace iterum tractatum est, ac sub Eugenio IV, generali synodo Ferrariam convocata, Joannes imperator cum patriarcha aliisque præsulibus Græcis, quorum aliqui patriarcharum Orientis vices gererent, illuc accessere. Post nonnullas velitationes de purgatorio, in quibus Marcus Eugenicus metropolita Ephesius, tametsi multa adversus dogma nostrum protulerat (*a*), ultro fassus est, levi discrimine utramque Ecclesiam hac in parte dissidere; inchoata tandem synodo, de adjecta Symbolo voce *Filioque* diu disputatum est, affirmantibus scilicet Græcis hanc vel unicam fuisse schismatis causam. Ephesinæ subsequentiumque synodorum decreta Græci recitarunt, quæ Latini sic interpretati sunt, ut iis solummodo vetitum fuerit alteram fidem seu formulam conscribi, quæ minus consona foret Christianæ doctrinæ, non quæ eam explicatius enuntiaret. Symbolum quippe Constantinopolitanum, etsi perfectum erat quoad capita, at non quoad explanationem, propter hæreses quæ essent emersuræ : quin et illud hodie recitari cum his vocibus, *Deum de Deo, de cœlis, secundum Scripturas,* quæ veterum scripta non habent. Quæ omnia multis exemplis confirmabant Andreas Colossensis seu Rhodius archiepiscopus, ex ordine Prædicatorum, Joannes Forojuliensis ex ordine Minorum, et Julianus cardinalis. Andreas adjectam ante sextam synodo Symbolo fuisse vocem *Filioque* concludebat ex epistola sancti Maximi ad Marinum, quam tamen alii uti mutilam non censerent admittendam : quia nempe in ea negaretur Filius esse Spiritus sancti causa. Julianus vetustum codicem Latinæ interpretationis septimi concilii objecit, in quo Symbolum cum voce *Filioque* legeretur. Codicis vero auctoritatem Gemistus Pletho exsufflavit, quippe cum nunquam Romani affirmassent additamento favisse septimam synodum. Alia urgentissima cardinalis erudite et copiose dixit, quæ canonis

(*a*) Syrop. *Hist. conc. Flor.*, sect. 5, cap. 15.
(*b*) *Hist.* c. 32.
(*c*) De isto cantico vide Niceph. Call. lib. XVII

Ephesini sensum liquido exponerent. Nihil tamen confectum est, ita ut ambæ partes victoriam sibi arrogarent. Hic minime prætermittendam puto Marci Ephesini vocem, quæ in actis Græcis Florentini concilii legitur, recitaturque a Michaele Duca (*b*) in hunc modum : Ἀπαλείψατε αὐτὴν ἐκ τῆς ὁμολογίας τῆς πίστεως, καὶ ὅπου ἂν βούλησθε τιθέσθω, καὶ ᾀδέσθω ἐν ταῖς Ἐκκλησίαις, ὡς καὶ ἐνάλλοτε τὸ (*c*), « Ὁ μονογενὴς Λόγος Θεοῦ ἀθάνατος ὑπάρχων. » *Expungite dictionem hanc ex fidei Symbolo et ubicunque libuerit, apponatur, canteturque in ecclesiis,* sicut et *hoc aliud canticum ,* « *Unigenitus Filius, Verbum Dei, immortale exsistens,* » etc. Nondum cogitarat Ephesius vocem *Filioque*, uti posthac ausus est, blasphemiæ et hæresis insimulare. Post collationes tredecim, Latini tandem obtinuerunt, ut dimissis de additamento concertationibus, de significatione vocis, seu de ipsomet dogmate tractaretur : ita tamen ut si opus foret, hoc caput revocaretur ad examen.

LIV. *Marcus Ephesius cum provinciali disputat.* — Translato itaque Florentiam concilio, de processione Spiritus sancti statim egerunt. Disputationem auspicatus est Joannes de Monte Nigro, provincialis provinciæ Lombardiæ, ordinis Prædicatorum : atque explicato ab Ephesio verbi *procedere* genuino sensu, Joannes allegavit Epiphanii locum (*d*) quo Spiritus a Patre et Filio esse dicitur. Negavit Ephesius perinde esse, accipere Spiritum a Patre et Filio ut sit et exsistat, atque a Patre et Filio esse : quin etsi Spiritus dicatur esse a Patre et Filio, non tamen ex hypostasibus sive subsistentiis Patris et Filii. Quasi vero Patris nomine persona Patris, et Filii nomine persona Filii non indicentur : quamvis, ut docet Anselmus, Spiritus sanctus a Patre et Filio non progrediatur, qua duæ personæ sunt, sed qua unum substantia sunt. Sessione 20, provincialis testimonium istud Basilii objecit ex lib. III *Contra Eunomium* : *Cur enim necesse sit, si dignitate et ordine tertius est Spiritus, tertium quoque natura ipsum esse?* Ἀξιώματι μὲν γὰρ δεύτερον τοῦ Υἱοῦ, παρ᾽ αὐτοῦ τὸ εἶναι ἔχον, καὶ παρ᾽ αὐτοῦ λαμβάνον καὶ ἀναγγέλλον ἡμῖν, καὶ ὅλως ἐξ αἰτίας ἐκείνης ἐξημμένον παραδίδωσιν ὁ τῆς εὐσεβείας λόγος· *Nam dignitate esse secundum a Filio, cum habeat esse ab ipso, atque ab ipso accipiat, et annuntiet nobis, atque omnino ab illa causa dependeat, sermo pietatis tradit.* Ephesius codicem ex quo locus iste excerptus erat, depravatum contendit, ut et alios quatuor, quos Constantinopoli exstare noverat, in quibus hæc eadem verba legerentur. His porro mille alios antiquitate spectabiles adversari aiebat, qui nequaquam haberent : *Spiritum accipere a Filio ut exsistat, et ex eo tanquam ex causa pendere.* Quocirca Josephus Methonensis Marco exprobrat, quod quasvis Patrum sententias auctoritatesve quæ Latinis faverent, perinde aut corruptas, aut confi-

Hist., c. 18, et *Horolog. Græc.*, p. 182.
(*d*) In *Ancorato.*

ctas esse, non sine conviciis, effutiret. Cæterum Basilii locus, ut a Joanne citatus fuit, non legitur in editis, nec Combefisius codicem ullum indicat, in quo habeatur velut in Florentino concilio citatus fuit. Verum Hugo Etherianus (*a*) ante trecentos circiter annos hunc eumdem Basilii locum Constantinopoli Græcis objecerat. Joannes Beccus in quibusdam codicibus eum repererat integrum (*b*), in nonnullis abrasum. Εὕρηνται γάρ τινες βίβλοι, ἐξ ὧν διαγέγραπται τὸ παρ' αὐτοῦ τὸ εἶναι ἔχον, κ. τ. ἑ. Codex ille quem Joannes de Monte Nigro præ manibus habebat, ante sexcentos annos, adeoque ante Cerularianum schisma, fuisse exaratus dicebatur. Alterum ejusdem ætatis [XXVII] a Latinis citatum acta synodi testantur. Manuel quoque Calecas (*c*), dudum ante Florentinam synodum eumdem locum Basilio perinde vindicarat, auctoritate *vetustissimorum codicum, quos ante'schisma scriptos esse nullus posset ambigere; quorum nonnulli oblitterati cernerentur; ferro contra scripturam adhibito ab iis, qui dictum hoc doctoris, ceu spurium rejicerent.* Inter multa quæ hic auctor subjungit, ut evincat genuinam esse lectionem quam vetusti illi codices præferebant, hoc mihi urgentissimum visum fuit. Si ex Patre solo Spiritum esse Basilius credidisset, quid prohibebat dicere, quia sicut Filius ordine et dignitate secundus est a Patre, quoniam ab eo habet esse: ita et sanctus Spiritus ordine et dignitate secundus itidem a Patre est? Hoc enim præstituto, efficacissime concludere poterat adversus Eunomium, Spiritum non esse facturam Filii, quia Filius nihil ad ejus exsistentiam conferret.

LV. Quantum vero schismaticorum causæ incommodaret ille, de quo nunc agimus, Basilii locus, haud vane colliget quis ex facinore ministri cujusdam archiepiscopi Nicomediensis, quod Josephus Methonensis refert in responsione ad libellum Marci Ephesii : *Quando misistis*, inquit, *Nicomediensis præsulis ministrum, ut afferret codicem S. Basilii, in quo dictum illud habetur,* τίς γάρ ἀνάγκη; καὶ τὰ ἑξῆς· *Cur enim necesse est,* etc., *ille vero, sive malitia sua permotus, sive etiam a vobis admonitus, voluit occulere veritatem, atque accepto codice venit ad fenestram, cogitans dictum illud abradere, signatoque folio, in quo sententia habebatur, cultellum quærebat, quo illam eraderet. At vero Spiritus veritatis non permisit id fieri, ne veritas exstingueretur. Excitat ergo flantem auram, per quam factum est ut folio in quo dictum inerat, mutato, aliud se offerret. Ille festinans aliud expunxit pro alio. Deinde celeri gressu reversus ad synodum, audacter ibat ad convincendos Latinos. Ut vero Pater ejus librum aperuit, et integram sententiam vidit, torve in ministrum intuens, rem commonstrabat. At ille tremebundus clamavit:* « *Ita mihi, Domine, prosit tua benedictio, derasi illam. Quomodo autem rursus integra sit ignoro.* » Ita cum intenta esset sententia, confusi recessistis : et jam non te pudet dicere, Latinorum dogma abs te demonstratum esse absurdum?

LVI. Post multas hinc inde concertationes eo tandem ventum est, ut provincialis declarationem ejusmodi pronuntiaret : *Nos sequimur apostolicam sedem, unam novimus causam Filii et Spiritus sancti, Patrem.... Idcirco Romana Ecclesia non credit duo principia, vel duas causas, sed unum principium et unam causam. Eos vero qui asserunt duo principia, et duas causas, anathematizamus.* Hoc Joannis dictum Græcis admodum placuit, atque, imperatore ita postulante, scripto affirmavit, hanc esse suam fidem, *unam esse Filii et Spiritus sancti causam, Patrem.* Tum petierunt, ut epistolam sancti Maximi ad Marinum nostri admitterent, in qua non modo affirmatur *unam esse Filii et Spiritus sancti causam, Patrem* scilicet, verum etiam additur, *non quod* (Romani) *Filium Spiritus sancti causam faciant.* Latini vero Maximi verba sic interpretanda censuerunt : *Neque ipsi dicimus Filium primordialem Spiritus causam : unam quippe asserimus Filii et Spiritus causam, Patrem, illius quidem secundum generationem, hujus vero secundum processionem : sed ut communionem identitatemque essentiæ nos quoque significemus, et Spiritum sanctum procedere per Filium asserimus, et inseparabilem esse ab hypostasibus substantiam aperte fateamur.* Deinde convenientibus iterum Græcis et Latinis, illi propter confessionem Tharasii, in qua dicitur *Spiritus ex Patre per Filium procedere*, contendebant ut nostri iisdem verbis fidem suam enuntiarent. At Latini bene exposuerunt illud, per, *sicut volebant*, inquit Græcus actorum synodi scriptor, *dicentes :* Vox *ista,* διά, per, *estne diversa ab* ἐκ, ex, *annon? Respondent Græci : Diversa est. Dicunt Latini :* Si ergo alia est actio præpositionis, ex, *et alia actio præpositionis,* per, *erunt juxta responsionem duæ actiones, altera Patris, altera Filii : at hoc inconveniens est; verum præpositionem per nulla ratione admittimus, timentes ne per canalem et per instrumentum dicatur.* Quocirca Latini sententiam suam duobus in scriptis tradiderunt, quæ a Græcis rejecta sunt, eo quod in utroque Filius esse Spiritus sancti causa enuntiaretur. Tum vicissim Græci schedulam exhibuere in qua dicebant *Filium emittere Spiritum sanctum, et ex se scaturientem effundere :* Spiritum a Filio emitti, profluere, effundi. Sic strictim summam formulæ eorum refert Græcus scriptor actorum synodi, additque hanc admissam a Latinis non fuisse : quoniam ipsis minime compertum erat, quo sensu Spiritus *effundi, scaturire, emitti, profluere* affirmaretur. *Audimus enim*, inquit Julianus cardinalis, *hæc secundæ cujusdam et temporalis esse processionis : nos autem dicimus sanctos Patres unam tantum asserere processionem in productione Theod.*

(*a*) Lib. III, c. 13.
(*b*) Becc. orat. 1 *de unione Eccl.*, et lib. II *ad*

(*c*) Lib. I *Cont. Græc.*

Spiritus sancti. Hanc autem effusionem ex Filio esse non secundam. Verum libet potius integram ipsam Græcorum formulam transcribere, uti refertur a Syropulo, sect. 8, a quo insuper addiscimus ejus auctorem fuisse doctorem Georgium Scholarium, de quo suus erit dicendi locus. *Quoniam nos Græci antehac arbitrabamur Latinos affirmare Spiritum sanctum a Patre et a Filio procedere tanquam a duobus principiis aut spiramentis duobus, et præterea non affirmare Patrem esse principium et fontem totius deitatis, Filii nempe et Spiritus sancti; propterea nos et ab additamento, seu a vocula quam Symbolo explicationis causa adjiciunt, pariter et ab eorum communione cavimus. Nunc autem in hanc sacram et œcumenicam synodum congregati, singulari Dei gratia, ut sancta inter nos unio procuretur, post multas hac illac ventilatas quæstiones, et disputationes, productaque in medium quamplurima testimonia, e sacris Litteris simul et e sanctis Ecclesiæ doctoribus: nos quidem Latini profitemur, id quod nos dicimus, Spiritum a Patre et Filio procedere, non eo sensu dicere, quasi aut Patrem excludamus, quominus sit principium et fons totius Deitatis Filii et Spiritus sancti, aut quasi credamus illud, Spiritum sanctum ex Filio procedere, non accepisse Filium a Patre: aut quasi duo principia, aut duas productiones Spiritus sancti exhibeamus: sed confitemur Spiritum sanctum a Patre et Filio tanquam ab uno principio, et una* [XXVIII] *singulari productione, ab æterno profluxisse: similiter et nos Græci asserimus Spiritum sanctum a Patre procedere, proprium autem esse Filii et ab illo promanare, et ab utroque, scilicet a Patre per Filium, secundum substantiam profundi profitebamur et credebamus. Et nunc in mutuam unionem coalescimus, et charitate divina conjungimus. Quin et hoc ut specimen damus invicem propriæ fidei et confessionis, et ut nemo ab alterutrius communione abstinere in postremum debeat dijudicamus: sed rursum mutuo paciscimur et unum sensum amplectimur, atque in unam Ecclesiam Dei favente gratia, omnes redintegramur.* Formula hæc Scholarii, patriarchæ et majori Græcorum parti arridebat, atque in primis Bessarioni et Isidoro Ruthenorum metropolitæ, nonnullis tamen refragantibus. Quæ porro in ea nostri carpserint, Syropulus ex ipsorum scripto recitat. 1° Quærebant an ulterius ab additamento, seu explicatione refugere deberent, cum pro comperto haberent Latinos principia duo non profiteri. 2° An veram esse crederent fidem Latinorum, et in eam desiderarent fœdus pangere. 3° An Spiritum a Patre solo procedere profiterentur, et non perinde a Filio. 4° An dicendo Spiritum esse proprium Filii, nudam consubstantialitatem amborum intelligerent: an eum a Filio æque ac a Patre æternum esse trahere. 5° An dicendo *ab eo scaturire*, illud, *ab eo*, ad Patrem, an ad Filium referretur. 6° Si ad Filium, utrum scaturire ab æterno secundum substantiam et personam intelligerent, nec ne. 7° Quid verbum *scaturire* significarent, an substantiam divinam et subsistentiam personalem a Filio trahere: an idem quod *procedere*, vel aliquo sensu differat, et in quonam sensu. 8° An dicendo Spiritum ab utroque, nempe a Patre per Filium, substantialiter etiam et æterne hoc intelligerent. 9° Quid sibi vellet illud, substantialiter ab utroque profundi: an habere et sumere substantialiter ab utroque: an differant, et in quo sensu differant *profundi*, et, *procedere*. 10° An absolute et sine commentario vera sit hæc propositio: Spiritus sanctus procedit ac profunditur æternum a Patre et Filio, sine hac declaratione, *a Patre per Filium*. An, per, significaret Filium esse Spiritus sancti causam et principium. 12° An dicendo, unimur, Latinorum doctrinam et confessionem amplecterentur. Isthæc dubia Græcis admodum displicuere, atque, ut opinor, in causa fuere ut Georgius Scholarius, qui promovendæ unioni naviter operam hactenus posuerat, retrorsum paulatim abierit, et antequam utriusque Ecclesiæ concordia sanciretur, Venetias cum Demetrio despota imperatoris fratre et Gemisto Plethone decesserit, quemadmodum narratur a Syropulo (*a*). Sed non infestiorem alium Florentinæ pacis adversarium Ecclesia posthac experta est.

LVII. Mussantibus ob Latinorum responsionem Græcis, eaque Patrum voces reprobatas causantibus, cum nihil conficeretur, nostri tandem obtinuerunt, Occidentalium doctorum sententias et dicta maturius expendi; quod ubi præstitum fuit, patriarcha, qui averso antehac animo fuerat a dogmate Latinorum, coacto suorum cœtu suffragium hoc in scriptis dedit, quod Syropulus refert (*b*): Ἐπειδὴ ἠκούσαμεν τὰ ῥητὰ τῶν ἁγίων Πατέρων τῶν Ἀνατολικῶν, καὶ Δυτικῶν, τὰ μὲν λέγοντα, ὡς ἐκπορεύεται τὸ Πνεῦμα τὸ ἅγιον ἐκ τοῦ Πατρὸς καὶ τοῦ Υἱοῦ, τὰ δὲ ἐκ Πατρὸς δι' Υἱοῦ, εἰ καὶ ἔστι τὸ, διὰ τοῦ Υἱοῦ, ταυτὸν τῷ, ἐκ τοῦ Υἱοῦ, καὶ τὸ, ἐκ τοῦ Υἱοῦ, ταυτὸν τῷ διὰ τοῦ Υἱοῦ, ὅμως, ἡμεῖς τὸ, ἐκ τοῦ Υἱοῦ, ἀφέντες λέγομεν, ὅτι τὸ Πνεῦμα τὸ ἅγιον ἐκπορεύεται ἐκ τοῦ Πατρὸς διὰ τοῦ Υἱοῦ ἀϊδίως καὶ οὐσιωδῶς, ὡς ἀπὸ μιᾶς ἀρχῆς καὶ αἰτίας· τῆς, διὰ, ἐνταῦθα σημαινούσης αἰτίαν ἐπὶ τῆς τοῦ ἁγίου Πνεύματος ἐκπορεύσεως· *Quandoquidem dicta audivimus SS. Patrum Ecclesiæ tam Orientalis quam Occidentalis quorum hi Spiritum sanctum a Patre et Filio procedere asseverant, illi a Patre per Filium: quanquam idem est, a Filio, quod, per Filium; et per Filium, quod, ex Filio: nos tamen dimissa voce hac, ex Filio, profitemur Spiritum sanctum procedere a Patre per Filium, ab æternitate et secundum substantiam tanquam ab uno principio et causa, præpositione,* per, *illic causam significante in processione Spiritus sancti.* Patriar-

(*a*) Sect. 9, c. 11.

(*b*) Ibid., cap. 9.

chæ assensi sunt præsules alii, præter quinque, in quibus erat Ephesius. Tum subinde imperator sermonem ad omnes habuit de unione, ea tamen conditione, et lege, *ut a Latinis sui non cogerentur additamentum Symbolo apponere :* Ὑποκειμένου τοῦ μήτε ἀναγκάσαι ἡμᾶς τοὺς Λατίνους προσθεῖναι ἐν τῷ ἱερῷ Συμβόλῳ ἡμῶν τὴν προσθήκην αὐτῶν, *nec Ecclesiæ suæ ritus immutare.* Narrat Syropulus, quæ sibi patriarcha dixerit, ut se ad subscribendum unioni pelliceret ; scilicet *genuina esse Occidentalium Patrum scripta : se legisse Athanasium idem affirmantem; Cyrillum item variis in locis ; Epiphanium quoque, cujus expressæ adeo voces essent, ut Joseph, monachus et didascalus* (sive doctor), *ingenue aliquando fassus esset, habere se quid ad aliorum Patrum loca responderet ;* ad Epiphanii vero, nihil, εἰς αὐτὸν δὲ τὸν ἁγιόνμου οὐκ ἔχω τι εἰπεῖν· *ita ut qualibet Patris illius sententiæ non astipularetur, consentaneum tamen esset quæ ille doceret sequi.* Interim vero patriarcha, dum duorum triumve episcoporum assensionem obtinere studet et exspectat, senio tandem confectus moritur, relicta schedula, qua significabat, *et dejerabat*, *se omnia sentire, quæ sentit et docet catholica et apostolica Ecclesia Domini nostri Jesu Christi, senioris Romæ :* Πάντα οὖν ἅτινα νοεῖ καὶ ἅτινα δογματίζει ἡ καθολικὴ καὶ ἀποστολικὴ Ἐκκλησία τοῦ Κυρίου ἡμῶν Ἰησοῦ Χριστοῦ τῆς πρεσβυτέρας Ῥώμης, καὶ αὐτὸς ἐγὼ νοῶ καὶ ἐπὶ τούτοις με συμπειθόμενον ἀφιερώνω. Post ejus obitum omnes demum de clero unioni consenserunt, præter unum Ephesium, qui Latinorum Patrum auctoritates a nostris corruptas et falsatas affirmaret, Græcorum vero, quæ *per Filium* Spiritum sanctum procedere efferrent, ita interpretandas duceret, ac si, *per Filium*, idem esset atque *una cum Filio, et veluti Filius, licet una generatione,* [XXIX] τουτέστι μετὰ τοῦ Υἱοῦ, καὶ ὡς ὁ Υἱὸς, εἰ καὶ οὐ γεννητῶς, *neenon quia per Filium effulget, donaturque hominibus.* Quemadmodum etiam ipse rursum declaravit in confessione suæ qualiscunque fidei, quam contra synodum edidit. Quasi vero grammaticis ullis unquam auditum sit, præpositionem διὰ, *per*, si componatur cum patrio casu, idem aliquando sonare quod μετὰ, *cum*. Quinimo omnes agnoscunt ea significari idem quod Latinis *per*, *ex*, *inter*, atque adeo vel causam vel medium exprimi. Διὰ, ὅτε συντάσσεται τῇ γενικῇ, inquit Phavorinus, μεσιτεύοντός ἐστι. Quapropter Damascenus, cap. 13, lib. 1 *De fide orth.*, postquam ex Basilio dixit *Spiritum esse imaginem Filii, veluti Filius, Patris* (quo nempe docemur Spiritum ex Filio derivari), mox subjungit : *Deus est Spiritus sanctus,* δι' Υἱοῦ τῷ Πατρὶ συναπτόμενον, *qui per Filium Patri connectitur.* Id quod ante illum Basilius Magnus pronuntiarat (*a*). *Unus autem Spiritus sanctus,* δι' ἑνὸς Υἱοῦ τῷ ἑνὶ Πατρὶ συναπτόμε-νον, *qui per unum Filium uni Patri connectitur.* Et rursum : Ἡ φυσικὴ ἀγαθότης, καὶ ὁ κατὰ φύσιν ἁγιασμὸς, καὶ τὸ βασιλικὸν ἀξίωμα, ἐκ Πατρὸς διὰ τοῦ Μονογενοῦς ἐπὶ τὸ Πνεῦμα διήκει· *Bonitas, sanctitasque naturalis, et regia dignitas ex Patre per Filium et Spiritum pertransit.* Quæ profecto omnia, velint nolint schismatici, nonnullam, cum mediani, tum causæ principive rationem innuunt, ut Spiritum sanctum Filius cum Patre principio una producat et emittat. Nec oboli æstimandum est quod subjungit Marcus, secundum Damascenum Spiritum esse Filii comitem, συμπαρομαρτεῖν. Nam hoc verbo nihil aliud significatur, nisi Filium, nec tempore, nec natura esse Spiritu anteriorem. Quo sensu Basilius negat Spiritum sanctum ὑπαριθμεῖσθαι, *subnumerari*, Filio. Non minus insulsum est id quod in prædicto illo libello suo suggerebat Ephesius, Spiritum aliam relationem ad Filium non habere, nisi quatenus cum Filio innotescit : Οὐκ ἄρα σχέσιν ἑτέραν πρὸς Υἱὸν ἔχει τὸ Πνεῦμα τὸ ἅγιον, ἢ τὸ μετ' αὐτοῦ γνωρίζεσθαι. Nam relativa simul cognosci, relationis proprietas solum est, non ipsa relatio, quæ aliud fundamentum habet. Unde ut simul cognoscantur, oportet ut unum ex alio originem habeat : Gregorio Nysseno docente, personas divinas ad se mutuo referri et distingui, κατὰ τὸ αἴτιον καὶ τὸ αἰτιατόν.

LVIII. *Definitio synodi Florentinæ.* — Synodus itaque, finitis controversiis, de processione Spiritus sancti hoc decretum dedit : *Definimus Spiritum sanctum ex Patre et Filio æternaliter. esse, et essentiam suam suumque esse subsistens habere ex Patre simul et Filio, et ex utroque æternaliter tanquam ab uno principio et una spiratione procedere : declarantes, quod id quod sancti doctores et Patres dicunt, ex Patre per Filium procedere Spiritum sanctum, ad hanc intelligentiam tendit, ut per hoc significetur, Filium quoque esse, secundum Græcos quidem causam, secundum Latinos vero principium subsistentiæ Spiritus sancti, sicut et Patrem. Et quoniam omnia quæ Patris sunt, Pater ipse Filio suo unigenito gignendo dedit præter esse Patrem, hoc ipsum quod Spiritus sanctus procedit ex Filio ipse Filius æternaliter habet, a quo etiam æternaliter genitus est. Definimus insuper explicationem verborum illorum Filioque, veritatis declarandæ gratia, et imminente tunc necessitate, licite et rationabiliter Symbolo fuisse appositam.* Is fuit Florentinæ synodi exitus, cujus definitionibus utinam Græci stetissent. Verum artibus suasionibusque Marci præsertim Ephesii factum est (*b*), ut non modo Byzantinum vulgus, sed et tres Orientalium sedium patriarchæ sancitæ unioni repugnarint, dato synodali decreto, quo Metrophanem Josephi Constantinopolitani, qui Florentiæ diem obierat, successorem, pacis et icti fœderis observantissi-

---

(*a*) *De Spiritu Sancto*, c. 18.

(*b*) Apud Allat. lib. III *De consensu*, c. 4.

mum, et Florentinos Patres diris devoverunt, atque imperatorem acerbe perstrinxerunt. Quamobrem Eugenius papa *viros quosdam Byzantium ad Græcos misit*, inquit Laonicus Chalcocondylas lib. VI, *ut cum his in colloquium venirent, qui synodum et concordiam in Italia factam non admittebant. Nam Marcus Ephesi episcopus, et Scholarius Græcorum doctissimus, nequidem ab initio Latinorum dogmati consentire voluerunt. Ubi ad colloquium ventum est, Romani nihil efficere potuerunt, ac, re infecta, domum reversi sunt*. Superest hodie Georgii Scholarii liber *De processione Spiritus sancti*, in quo momenta omnia tractat, de quibus per dies quindecim, ut ipse ait, μετὰ διαλέξεις πέντε καὶ δέκα, in palatio disputarat cum apostolico nuntio, episcopo Cortonensi, et quodam theologiæ magistro coram imperatore Joanne, Theodoro despota, patriarcha Gregorio (qui Metrophani successerat) cardinale item, aliisque cum Græcis, tum Latinis : cum nempe ipse tunc temporis esset, καθολικὸς σεκρετάριος τοῦ βασιλέως, *ab universis secretis*, seu *secretarius universalis imperatoris*, et καθολικὸς κριτὴς τῶν Ῥωμαίων, *universalis judex imperii*, καὶ διδάσκων ἐν τῷ τρικλίνῳ τοῦ βασιλέως κατὰ παρασκευὴν ἑκάστην, παρούσης τῆς συγκλήτου, τὸν λόγον τοῦ Θεοῦ, *et quibuslibet sextis feriis in triclinio imperatoris coram senatu, de rebus divinis sermonem haberet*. Hæc de suoque opere propria manu scripsit, testatusque est Scholarius, ut legere est in capite codicis Regii, n. 2936, in quo hic ipsius liber accuratior exstat, et magis integer, quam in editione Londinensi.

LIX. *De Georgio Scholario*. — Ex his quæ hactenus de Georgio Scholario diximus, refelli possunt Leo Allatius, aliique viri eruditi (a); ubi pugnant Scholarium hunc diversum esse ab illo Georgio Scholario, qui Florentinæ synodo interfuit, et pacis ineundæ sequestrum se præbuit. Quod ut conficiant, Scholarium schismaticum in Italiam ad synodum convenisse negant. Ipse tamen Scholarius schismaticus multis in locis operum suorum, quæ manu exarata in bibliothecis asservantur, testatur se Florentiam in Italiam ad synodum cum aliis perrexisse. Insuper ex Syropulo constat Georgium illum Scholarium, qui Florentiam cum aliis accesserat, quique egregiam aliquandiu unioni promovendæ operam navarat, eamdem postea deseruisse, et [XXX] Venetias cum Demetrio despota et Gemisto Phlethone ante profugisse, quam pacis decretum conderetur. Verba Syropuli hæc sunt: *Despota post quatriduanum a morte* (Josephi patriarchæ) *Venetias abscessit, annonæ stipendio posthabito, ne subscriptioni, aut unioni interesse cogeretur*; ἀπῆλθον δὲ μετ' αὐτοῦ καὶ οἱ σοφώτατοι διδάσκαλοι; ὅ τε Γεμιστὸς, καὶ ὁ Σχολάριος, μηδὲ αὐτοὶ παρεῖναι βουλόμενοι, *eumque comitati* [*sunt doctorum sapientissimi Gemistus et Scholarius, nec ipsi tunc adesse cupientes*. Quam addictus deinceps schismati fuerit, scripta ipsius quæ adversus Latinos edidit, satis superque ostendunt. Michael Ducas clare etiam indicat (b), Georgium Scholarium, qui Florentiam petiit, alium non fuisse a schismatico. Adfuerunt e senatoribus, inquit, *Gemistus Lacedæmonius*, Γεώργιος ὁ Σχολάριος καὶ καθολικὸς κριτὴς, *Georgius Scholarius et universalis judex*. Atqui Georgium schismaticum *universalis judicis* munere functum esse, ipsomet teste superius observavimus. Hic etiam obiter notandum articulum ὁ, et præpositionem καὶ, *et*, apud Ducam innuere, *scholarii* nuncupatione, non familiæ cognomen, sed dignitatem significari, contra ac contendit Allatius. Post reditum in patriam, aliquandiu rursum Georgius, ut imperatori morem gereret, unioni consentire visus fuit, atque huic ætati consignari possunt quæ adversus Phlethonem scripsit de Spiritus sancti processione ex Filio, quam Gemistus philosophicis argumentis impugnaverat. Verum statim ad schisma revocatus est, epistola, ut autumo, Marci Ephesii, quæ multis in bibliothecis visitur, editaque est a Leone Allatio in Exercitationibus adversus Creyghtonum, exerc. 7. *Quantum voluptatis et lætitiæ nobis attulisti, cum rectam fidem et piam patriamque sententiam amplexus es, et condemnatæ ab injustis judicibus patrocinium suscepisti*, inquit Eugenicus, *tantum e contrario tristitia et mœrore repleti sumus, cum ad aures nostras pervenit, te rursum alterata facie pugnantia tenere et loqui, et cum pessimis œconomis una confluere ad procuranda media unionis et fœderis*. Totis hisce litteris probus ille magister discipulum adhortatur, ut synodum, quæ Florentini decreti firmandi causa, Constantinopoli cogebatur, veluti Caiphæ consessum vitet, et, posthabitis sæculi vanis, secedat in desertum. Præceptoris votis obsecutus est Scholarius, et schisma verbo scriptisque palam propugnavit : cumque conatus sui haud satis pro voluntate procederent, in monasterium *Pantocratoris* (q. d. *Omnipotentis Dei*) assumpto Gennadii nomine, secessit (c). Cum autem sub Constantino, postremo Græcorum imperatore, pro instauranda unione colloquia iterum haberentur, e cella, in quo reclusus agebat, adversus Florentinum decretum, cum sermone, tum scriptis certabat. Gennadium hunc, seu Georgium Scholarium, sacris ordinibus ea tempestate fuisse initiatum, nullo monumento constat. Quamobrem perquam commode de ipso intelligendus venit Georgius Phranza, cum narrat (d), expugnata Constantinopoli, sultano Mahumeto sic annuente, *episcopos, qui forte aderant, paucosque de clericis et laicis, sapientissimum doctissimumque Georgium Scholarium, etiam-*

(a) Leo Allat. lib. III *De cons.*, c. 5, 6; ejusdem *Diatrib. de Georgiis, et Exerc. adv. Creygh.* 7; Syrop. *Hist. conc. Flor.*, sect. 9.

(b) *Hist.* c. 31.
(c) Duc. Mich., cap. 33.
(d) Lib. III, c. 19.

num laicum, elegisse, quem et Gennadium mutato nomine nuncuparunt. Ubi etiam notatu dignissimum est illud epithetum, *doctissimum, sapientissimumque*, quod a scriptoribus Græcis vulgo attributum est Georgio schismatico; quemadmodum ex supra citatis eorum testimoniis colligi potest. Hæc si ita sunt, Gennadius ille Phranzæ perperam ab Allatio confunditur cum altero Gennadio, qui postulatus fuerat successor Josephi patriarchæ. Nam Syropulus testis est locuples, Gennadium istum tunc temporis, sive quando Græci ex Italia regressi sunt, laicum nequaquam fuisse, sed monasterii Batopædii præpositum et presbyterum. *In hæc tria nomina consenserant, in Trapezuntium, Cyzicenum,* καὶ τὸν προηγούμενον τοῦ Βατοπαιδίου τὸν ἱερομόναχον κῦρον Γεννάδιον, *et Batopædii præfectum hieromonachum domnum Gennadium.* Sed neque hoc tempore Scholarius *Gennadii* nomen assumpserat. Cæterum quo animo tanto studio Georgius Scholarius ictum Florentiæ, et Constantinopoli semel atque iterum firmatum fœdus ex transverso petere aggressus sit, aperit nobis Leonardus Chiensis, archiepiscopus Mitylenæus, epistola ad Nicolaum V, de urbis Constantinopoleos jactura et captivitate: *Aiebant quidem magnates,* inquit, *quorum cruor hostili gladio jam irrigat terram: Detur summo pontifici commemorationis honos; sed decretum Florentinæ synodi non legatur. Cur hoc, hypocrita? Ut deleatur,* inquit, *ex decreto, quod Spiritus sanctus æque ex Filio, quemadmodum ex Patre procedit. Cur item, hypocrita? Ne errasse videantur Græci, si dicant* (id est objiciant Latinis) *duos Spiritus sancti productores. Sed cur hoc item oro, hypocrita? Ne detur ei, qui totam sibi ex officio captare cupit gloriam* (Isidoro scilicet Rutheno, cardinali et legato). *Intendebat ex una parte Scholarius, ex altera Chirluca, quandoque ad præsentiam semet apostolicam* (seu pontificis Romani) *transferre, ut hi essent, qui soli rem intellexisse viderentur, quique primi laudarentur tantæ unionis auctores. Adversus enim legatum multi invidia clanculum torquebantur.* Ita profecto affectum fuisse Scholarium, nullo negotio deprehendat, quisquis libros duos, quos de Spiritus sancti processione adversus Latinos scripsit, attente perlegerit. In priore siquidem (a) de quo superius facta est mentio, post multa de mente Cyrilli, Theodoreti, et Ephesinorum Patrum, deque auctoritate Augustini disputata: postquam varia Græcorum doctorum dicta expendit, quibus Latinorum fides astrui videtur; concedit tandem Ecclesiæ Patres, quando Spiritum sanctum per Filium procedere dixerunt, non temporalem solum et secundariam quamdam significasse, missionemve ad homines, aut largitionem donorum; sed elocutione hac indicare voluisse: 1° indivulsam Spiritus sancti cum Filio conjunctionem: Βούλονται γὰρ οἱ τῆς θεολογίας νόμοι, inquit, τὸ Πνεῦμα τὸ ἅγιον καὶ τὸν Υἱὸν τοῦ Θεοῦ, μὴ μόνον ἐνοῦσθαι, τῷ ἐκ τῆ ἀρχῆς προϊέναι, μηδὲ ταύτῃ μόνον τὴν [XXXI] Τριάδα συνάπτεσθαι, ἀλλὰ τῷ διὰ θατέρου προϊέναι θάτερον· *Volunt siquidem theologiæ leges, ut Spiritus sanctus et Dei Filius uniantur, non modo qua ex principio eodem procedunt, neque hac ratione solum Trinitatem copulari; verum etiam qua alterum per alterum producitur, et, ut ita dicam, ordine minime perturbato commisceatur.* Hoc sensu præpositionem *ex*, quam Europæi Patres usurpare amant, ἰσοδυναμεῖν τῇ, διὰ, *æqualis esse virtutis et significantiæ ac præpositionem, per.* — Id quod exemplo, rudi quidem et corporeo, non tamen admodum incepto, quod sancti Patres, Græci præsertim, frequenter adhibuerunt, conatur edisserere: puta oculi seu scatebræ, fontis, et fluvii; itemque radicis, rami et fructus, ut nempe quemadmodum fluvius ex scatebra per fontem profluit, ut fructus a radice per ramum indisjunctim protruditur, sic Spiritus absque ulla intercapedine vel naturæ vel loci vel temporis, ex Patre per Filium procedat, atque hujus processionis ergo, cum Patri, tum Filio conjungatur. Ex quo sequitur, et quemadmodum ramus fecunditatem suam accipit a radice, ut fructus ex ipso protrudatur: sic quoque Pater fecunditatem Filio communicet, ut ex eo, aut per eum Spiritus producatur, atque adeo Filius suo modo principium sit Spiritus sancti, tametsi non primordiale. 2° Scholarius (b) concedit sanctos Patres, quando dixerunt per Filium procedere Spiritum, *processionem quamdam ex Filio innuisse; at non qua Spiritus in se subsistat, sed qua distinguatur secernaturque a Filio,* ἐν τῷ δι' Υἱοῦ ἐκπορεύεσθαι Πνεῦμα, νοεῖται πρόοδός τις ἐκ τοῦ Υἱοῦ, οὐχ ἕνεκα τοῦ ὑποστῆναι, ἀλλ' ἕνεκα τοῦ διακριθῆναι καὶ χωρισθῆναι μόνον. *Spiritus sanctus,* inquit, *in Patre est et in Filio suapte natura,* καὶ διακρίνεται αὐτῶν κατὰ τὴν ὑπόστασιν, τῷ ἐκ τοῦ Πατρὸς διὰ τοῦ Υἱοῦ προϊέναι· ἀλλ' ἡ μὲν ἐκ τοῦ Πατρὸς πρόοδος, τῆς αἰτίας ἐστίν, ὡς εἴρηται, ἡ δὲ διὰ τοῦ Υἱοῦ, διακρίσεως μόνον ἐστί, *et discernitur ab eis secundum hypostasim quatenus ex Patre per Filium procedit. Verum processus ex Patre, causam significat, ut dictum est; per Filium autem discrimen solum.* Quasi vero non idem sit, u omnes philosophi docent, id quo aliquid constituatur, atque id quo distinguatur a cæteris. Ac proinde si Spiritus est ex Filio aut per Filium, quia distinguitur a Filio, eamdem ob rationem per Filium, seu etiam ex Filio habet, ut constituatur, seu hypostasis quædam sit.

LXI. *Georgius Scholarius patriarcha Latinorum dogma profitetur.* — Enimvero Georgius ipse Scholarius ejusmodi cavillos tandem floccifecit, nec a Latinorum Patrum theologia discedendum putavit, quando quæsitus a sultano Mahumeto, quæ esset Christianorum de Trinitate doctrina, respondit

---

(a) Sect. 5, c. 4.

(b) Sect. 5, c. 6.

Deum non solum res creatas intelligere, verum etiam seipsum : atque idcirco verbum et sapientiam habere, qua seipsum proprio suo modo intelligat : consimiliter non solum cum velle et amare res quas condidit, sed et a fortiori seipsum diligere : adeoque sempiterne ex Deo prodire Verbum et Spiritum ipsius, absque divinæ unitatis dispendio. Atqui hoc est ipsummet principium, ex quo theologi nostri post Augustinum concludunt, Spiritum sanctum ex Filio procedere, quia nempe ex Verbo producitur amor. Quamobrem Scholarius ipse libro antehac citato (*a*), illud data opera convellere conatus fuerat tanquam ineptum, aut ad astruendam fidem minus efficax. Quinimo idem patriarcha lucubratione sua altera, quam de Christianorum dogmatis in modum dialogi jussu itidem sultani conscripsit : *Si interrogatus fueris*, inquit, *in divinis quæ sunt personæ producentes, responde, duæ. Nam Pater generat Filium, et Pater ac Filius Spiritum sanctum.* Ex quibus apparet Georgium Scholarium ex animo schismatis causam tutatum non esse, sed propter simultates quasdam, necnon ex latento animi superbia, qua primas partes in unione procuranda sibi minime concedi iniquo animo sustineret. Hic itaque Georgius Scholarius, qui Gennadii cognomen sumpsit, ille ipse est, qui laudatam a Meletio Syrigo, apud doctissimum Richardum Simonium (*b*), concionem in die Parasceves habuit, in qua diserte mysterium transsubstantiationis, nequaquam prætermissa voce, μετουσιώσεως, enuntiavit : eo scilicet tempore quo judex catholicus erat, et quibuslibet sextis feriis, ut ipse testatur loco supra laudato, de rebus divinis in triclinio imperatorio coram senatoribus verba faciebat. In quo quidem triclinio, schismaticorum partes aliquando defendit, adversus nuntium apostolicum et Latinos, qui Constantinopoli morabantur. Unde procul aberat a prodenda Græcorum suorum fide de Eucharistiæ sacramento, ut Latinorum dogma confirmaret.

(*a*) Lib. 1, *Cont. Lat.* sect. 2, c. 7 et 8.
(*b*) *La créance de l'Eglise orientale sur la Transsubstantiation*, p. 184.

DISSERTATIO SECUNDA.

[XXXII] *De quibusdam auctoritatibus, quibus Eutyches, aliique unius in Christo naturæ assertores, hæresim suam tuebantur.*

I. Quia sæpe Joannes Damascenus tam in libro *De fide orthodoxa*, quam in tractatibus aliis polemicis, sermonem movit de placitis Eutychianorum, seu Monophysitarum, deque præcipuis momentis quibus hæresim suam tuebantur, operæ pretium me facturum existimavi, si singulari capite quasdam auctoritates aut testimonia, quæ Catholicis objectabant, ad examen revocavero. Athanasium porro, Julium et Felicem Romanos pontifices, Gregorium Thaumaturgum laudabant, ceu Christo naturam unam illi vindicaverint; quorum loca primum recitabo, tum postea judicium qualecunque meum feram, num horum auctorum censeri debeant, quorum præclaris nominibus insigniebantur : Athanasii locus hic erat : Ἐκ τοῦ περὶ σαρκώσεως λόγου, *Ex sermone de incarnatione* : Ὁμολογοῦμεν καὶ εἶναι αὐτὸν Υἱὸν τοῦ Θεοῦ καὶ Θεοῦ κατὰ Πνεῦμα, Υἱὸν δὲ ἀνθρώπου κατὰ σάρκα · οὐ δύο φύσεις τὸν ἕνα Υἱὸν, μίαν προσκυνητήν, καὶ μίαν ἀπροσκύνητον, ἀλλὰ μίαν φύσιν τοῦ Θεοῦ Λόγου σεσαρκωμένην · οὐδὲ δύο υἱοὺς, ἄλλον μὲν Υἱὸν Θεοῦ ἀληθινὸν, καὶ προσκυνούμενον, ἄλλον δὲ ἐκ Μαρίας, ἄνθρωπον μὴ προσκυνούμενον, κατὰ χάριν Υἱὸν Θεοῦ γενόμενον · ἀλλὰ τὸν ἐκ Θεοῦ, ὡς ἔφην, ἕνα Υἱὸν Θεοῦ, καὶ Θεὸν αὐτὸν, καὶ οὐκ ἄλλον· *Confitemur illum et Dei Filium et Deum esse secundum Spiritum, Filium autem hominis secundum carnem; non duas naturas unum Filium, unam adorandam, alteram non adorandam; sed unam Dei Verbi naturam incarnatam, quæ simul cum carne ipsius adoratione una adoratur : neque rursum duos filios, alterum verum Dei Filium et adorandum, alterum ex Maria hominem non adorandum, sed per gratiam perinde atque alii homines factum Dei Filium; sed unum, ut dixi, Filium, et ipsum Deum, et non alium.*

Julius Romanus, epistola ad Dionysium Corinthi episopum, cujus initium erat, Θαυμάζω πυνθανόμενος περί τινων· *Mirabundus hæreo, cum de quibusdam audio*, sic loqui ferebatur : Ἀνάγκη γὰρ δύο λέγοντες αὐτοὺς φύσεις, τὴν μὲν προσκυνεῖν, καὶ εἰς μὲν τὴν θεϊκὴν βαπτίζεσθαι, εἰς δὲ τὴν ἀνθρωπίνην μὴ βαπτίζεσθαι. Εἰ δὲ καὶ εἰς τὸν θάνατον τοῦ Χριστοῦ βαπτιζόμεθα, μίαν ὁμολογοῦμεν φύσιν, ἀπαθοῦς Θεότητος, καὶ παθητῆς ἀνθρωπότητος· *Necesse namque est eos, cum duas naturas dicunt, unam adorare, alteram non adorare, atque in divinam quidem baptizari, in humanam vero non baptizari. Etsi enim in Christi mortem baptizamur, unam tamen confitemur naturam impassibilis deitatis, et passibilis humanitatis.*

Felicem Romanum papam in testimonium unius in Christo naturæ adductum a Monophysitis fuisse legimus, præsertim in collatione Constantinopoli habita Catholicos inter et Severianos sub Justiniano imperatore anno 532, et apud Liberatum in Breviario, cap. 10.

Quod vero protulerunt ex *Expositione fidei* κατὰ μέρος; *particulatim*, quæ Gregorio Neocæsariensi, seu Thaumaturgo, attributa fuit, illud refero ex Latina translatione Francisci Torrensis, quando Græca desiderantur, præter pauca verba quæ interseram, uti leguntur apud Leontium Byzantinum lib. *De sect.*, act. 8 : *Et quia nonnulli turbas nobis excitarunt, nitentes evertere fidem nostram in Christum Dominum nostrum, non confitentes Deum esse incarnatum, sed hominem Deo copulatum : idcirco confessionem edimus de fide, quam diximus, rejicientes contradicentium perfidiam. Deus enim humana carne incarnatus, puram habet operationem, cum sit mens passionibus animæ et corporis invicta, et carnem, et motus carnis divine et sine peccato moderans; qui non solum teneri a morte non potuit; sed etiam mortem delevit : et est Deus verus, qui carnis expers in carne apparuit, perfectus vera et divina perfectione :* οὐ δύο πρόσωπα, οὐ δύο φύσεις. Οὐ γάρ ἐστιν τέσσαρα προσκυνεῖν λέγομεν· *Non duæ personæ, non duæ naturæ. Nec enim quatuor adorari oportere dicimus, Deum et Filium Dei, et hominem, et Spiritum sanctum.*

II. *De confessione fidei ad Jovianum de Incarnatione.* — Primum locum Athanasio quidem concesserunt Ephræmius Antiochenus, et Eulogius Alexandrinus, apud Photium codd. 229 et 230, Joannes itidem Damascenus, et alii orthodoxi. Insignes vero ævi nostri critici, inter quos primas tenet vir pereruditus R. P. D. Bernardus de Montfaucon, uno velut obtutu confessionem illam fidei genuinum Athanasii fetum non esse agnoverunt : deterriti vero magni Cyrilli Alexandrini auctoritate, ad dubia illius opera amandandam saltem judicarunt. Cyrillus siquidem libro *De recta fide ad imperatrices*, n. 9, libellum istum fidei citat adversus Nestorium : Ἔφη τοίνυν ὡς ἀληθῶς, inquit, ὁ τρισμακάριος καὶ διαβόητος εἰς εὐσέβειαν Ἀθανάσιος, ὁ γενόμενος κατὰ καιροὺς τῶν Ἀλεξανδρέων Ἐκκλησίας ἐπίσκοπος, ἐν τῷ περὶ σαρκώσεως λόγῳ, περὶ Χριστοῦ τάδε· Ὁμολογοῦμεν γάρ, κ. τ. ἑ. *Igitur beatissimus, et pietatis fama celeberrimus apud omnes Athanasius, qui superiori ævo Alexandrinæ Ecclesiæ episcopatum tenuit, libro de incarnatione, sic de Christo locutus est, Confitemur enim illum,* etc. Integra ferme confessione hac recitata, ut exstat in editionibus Athanasianis, subjungit : *Æstimo* [XXXIII] *autem aliorum quoque sanctorum episcoporum sententias, quibus idem docere propositum fuit, neutiquam hic omittendas esse.* Nec deinceps testimonium aliud allegat Athanasii, cum plura ex genuinis ejus lucubrationibus suppeterent; sed Attici Constantinopolitani, Antiochi Ptolemaidis, Amphilochii, Ammonii Adrianopolitani, Joannis Chrysostomi, Severiani Gabalorum, Theophili avunculi sui Alexandrini, et, quod animad-

versione dignum est, Vitalis illius episcopi, qui ut posthac ostendetur, Apollinarii sectator fuit. Præterea vero in defensione anathematismi sui 8 contra Orientales, eamdem Expositionem fidei, tanquam Athanasii sit, adversariis suis apponit ejusque prolixos textus perinde recitat. Quamobrem recte Eustathius Berytensis in conciliabulo Ephesino pronuntiavit, Cyrillum Athanasii testimonio confirmasse, *unam Dei Verbi naturam incarnatam debere dici*; hoc est ea professione fidei, de qua hic quæstio est : καὶ ταύτην αὐτοῦ φωνὴν τῇ τοῦ μακαριωτάτου Ἀθανασίου ἐβεβαίωσε μαρτυρίᾳ. Hæc Hypatius Ephesius, aliique præsules catholici non legerant, qui in illa collatione Constantinopolitana cum Severianis, cum ipsis objiceretur Cyrillum in libris contra Diodorum Tarsensem et Theodorum Mopsuestenum laudasse fidei confessionem ad Jovianum cum memoratis prius Julii, Felicis, Gregorii, necnon Dionysii Areopagitæ operibus, incunctanter negaverunt, ejusmodi citationes uspiam apud Cyrillum reperiri; nec proinde attribuendos esse Cyrillo libros qui contra Diodorum Theodorumque, et *De incarnatione*, ab ipso editi ferebantur. Addunt insuper omnes illas auctoritates nonnisi ex Apollinaristarum officina prodiisse, sibique in libris Cyrilli a Dioscoro si vere Cyrilli sunt, insertas videri. Ad eumdem sensum Leontius lib. *De sect.*, act. 8, ait : *Aliam auctoritatem proferunt sancti Athanasii ex Oratione de incarnatione, quæ quidem hujusmodi est : Eumdem esse Dei Filium ratione Spiritus, et hominis Filium ratione carnis : non duas naturas unum illum Filium, quorum una sit adoranda, adoranda non sit altera; sed unam naturam Dei Verbi incarnatam. Respondemus primum hoc nobis non adversari : Non enim duas naturas ita tradimus, ut adoretur una, non adoretur altera : sed unam statuimus esse naturam Dei Verbi incarnatam. Deinde nequidem est Athanasii. Nam cum a nobis interrogantur, ubi hoc dictum exstet, nec ejus ostendendi copiam habent; in arctum vero coacti pusillam quamdam orationem proferunt, quasi duorum foliorum, in qua dictum hoc legitur. At notum est universis omnia sancti Athanasii opera valde magna esse. Quid autem ad hoc respondebimus, quod beatum Cyrillum producunt citantem hoc dictum in libro adversus Theodorum, quasi profectum ab Athanasio? Nimirum dicimus reapse quidem illud in beati Cyrilli contra Theodorum invectivis legi, sed mendum esse priscum. Dioscorus enim successor B. Cyrilli factus, cujus opera reperisset, forte veritus non est inserere nonnulla quæ ipsi libitum fuit. Neque vero conjecturis nos modo uti, quod beatus Cyrillus illud contra Theodorum non produxerit, ex eo quoque manifestum est. Nam Theodoretus, qui Theodorum defendebat, universas auctoritates excutiens quascunque sanctus Cyrillus contra Theodorum de sanctis Patribus protulerat, nusquam hujus dicti meminit. Etenim isti reponunt, a Theodoreto callide omissum : quod enim adversus eam au-*

ctoritatem oculis aspicere non posset, adeo planam et apertam, idcirco sponte ab ipso prætermissam? Respondemus tantum abesse ut eam Theodoretus ibi positam præterire voluerit, ut cum beatus ille Cyrillus alibi dixisset unam Verbi naturam incarnatam, quemadmodum Patres pronuntiarant, ὡς οἱ Πατέρες εἰρήκασιν· ἐπιλαμϐανόμενος αὐτοῦ Θεοδώρητός φησιν, ὅτι Τίς σοι τῶν Πατέρων εἴρηκε τὸ μίαν φύσιν τοῦ Θεοῦ Λόγου σεσαρκωμένην; *Theodoretus eum reprehendens his verbis : Ecquis Patrum tibi dixit unam Dei Verbi naturam incarnatam? Siquidem scivisset Theodoretus verbum istud quod apud Cyrillum exstat ex sancto Athanasio citatum, nequaquam adeo temere dicturus fuerit : Quis tibi Patrum dixit unam Dei Verbi naturam incarnatam? Vicissim ingerunt tam certum esse, scivisse sic locutum Athanasium, ut etiam dixerit, quemadmodum Patres locuti sunt. Nos contra, eniti quemque dicimus, ut ostendat ex Patribus esse prolata quæ ipse tradit, si non iisdem, saltem vi verborum.* Hucusque Leontii, qui, ut apparet, nec ipse Cyrilli librum quem citavimus *De recta fide ad imperatrices* legerat. Quinimo, cum iisdem totidemque verbis expressis, in Confessione fidei ad Jovianum, quæ Athanasio supposita est, habeatur, *una Dei Verbi natura incarnata*; nec ullus Patrum Cyrillo anteriorum id pronuntiasse reperiatur, omnino concedendum est hoc eum esse mutuatum ex spurio illo libello. Nec quemquam moveat alterum Leontii argumentum, nihil scilicet Theodoretum de illa Confessione fidei dixisse, cum alias auctoritates excuteret, quascunque Cyrillus in libris contra Theodorum produxisset. Nam Theodoretum tres priores ejus libros, quibus Diodorus Theodorusque exagitabantur, confutasse certum quidem est : at non item quartum, qui appendicis instar *De incarnatione* erat, et in quo Athanasii aliorumque loca congesta erant. Neque id temere conjecisse mihi videor; quandoquidem Eustathius Berytensis, quem paulo antehac citabam, diserte dixit in concilio Ephesino, Cyrillum hocce dictum, *unam Dei Verbi naturam incarnatam*, Athanasii testimonio confirmasse. Atqui confirmatio vocis istius auctoritate Athanasii nusquam alibi occurrit in libris vel epistolis Cyrilli. Ex quibus concludo illum hoc præstitisse in quarto illo libro, qui de incarnatione totus erat. Neminem ergo pigeat fateri sanctum doctorem deceptum fuisse falsa opusculi hujus inscriptione; idque eo potiori jure, quod ipsomet annuente, actione 1 synodi Ephesinæ laudata adversus Nestorium fuerit epistola ad Prosdocium, tanquam Julii Romani, quam ipse rursum protulit in defensione anathematismi sui sexti contra Orientales, quamque luce clarius sum ostensurus Apollinario auctore prodiisse, ut et adulterinam alteram, quam hoc etiam postremo loco citavit, veluti Felicis Romani.

III. Leontius in alio opere, cujus hic Latine titulus est : *In eos qui proferunt nobis quædam Apollinarii, falso inscripta nomine sanctorum Patrum*, libellum illum fidei ad Jovianum, ut et epistolam ad Dionysium Corinthi episcopum,[XXXIV] necnon Expositionem fidei κατὰ μέρος, ab Apollinario edita esse evincit. Sic porro ipso statim initio loquitur : *Quidam ex hæresi Apollinarii, vel Eutychis, vel Dioscori, cum vellent hæresim suam confirmare, quasdam orationes Apollinarii, Gregorio Thaumaturgo, aut Athanasio, aut Julio inscripserunt, ut simpliciores fallerent ; quod quidem perfecerunt. Auctoritate enim ejusmodi personarum fide digna multos Ecclesiæ catholicæ capere potuerunt, et apud multos ex recte credentibus reperire poteris librum, cui titulus,* Ἡ κατὰ μέρος πίστις (*Fides particulatim digesta*), *inscriptum Gregorio, et quasdam ejus epistolas, quæ Julio Romano inscriptæ sunt, et alias ejus de incarnatione orationes et expositiones ascriptas Athanasio. Fiet autem tibi hoc manifestum, et cuivis veritatis studioso, ex iis quæ in medium afferemus, tum ipsius Apollinarii, tum discipulorum ejus, ex quibus est cum aliis Valentinus*. Adductis deinde fragmentis plurimis operum Apollinarii, ejusque discipulorum Valentini, Polemii, Timothei, et Jobii, quæ omnino conveniunt ad fidei de incarnatione confessionem de qua disputamus, necnon ad epistolam, et ad expositionem, quæ Julio Romano et Gregorio Thaumaturgo attributæ sunt, tandem hoc modo concludit : *Arbitror eum qui non fuerit nimis contentiosus, non posse his cum ratione adversari et contradicere; quin potius futurum esse, ut continuo, et, ut ita dicam, non violenter veritati assentiatur, et omnibus suffragiis fateatur, Apollinarii esse epistolas vel sermones de incarnatione, quæ Julii, Gregorii, et Athanasii esse falso feruntur,* etc. Verum multis annis ante Leontium hoc ipsum evicerant Catholici contra Eutychianos et Monophysitas, ut testantur monachi Palæstinæ epistola ad Alcisonem, quæ scripta est sub Anastasio imperatore, anno scilicet 511, referturque ab Evagrio lib. III *Hist.* cap. 31. Hæreticos istos narrant sanctorum Patrum libros sæpe depravasse, πολλοὺς δὲ Ἀπολιναρίου λόγους Ἀθανασίῳ καὶ Γρηγορίῳ τῷ Θαυματουργῷ καὶ Ἰουλίῳ, διὰ τῶν ἐπιγραφῶν ἀνατεθείκασιν, *multosque Apollinarii libros Athanasio, Gregorio Thaumaturgo, et Julio inscriptionibus immutatis attribuisse ; qua fraude plurimos impietatis suæ socios fecerint*. Quapropter sanctus Maximus, cum Theodosius episcopus Cæsariensis, Monothelita, objecisset, τὰς ψευδωνύμως περιφερομένας Ἰουλίου τοῦ Ῥώμης, καὶ τοῦ Θαυματουργοῦ Γρηγορίου, καὶ Ἀθανασίου τῶν ἁγίων χρήσεις, *auctoritates quæ circumferuntur, SS. Julii Romani, Gregorii Thaumaturgi et Athanasii nominibus falso inscriptas*, respondit *neminem esse qui nesciat eas esse impii Apollinarii* : Οὐδεὶς ἀγνοεῖ ταύτας εἶναι τοῦ δυσσεϐοῦς Ἀπολιναρίου. *In his enim uti naturæ duæ, ita quoque operationes duæ Christo denegantur.*

Similia postmodum scripsit etiam Nicephorus Constantinopolitanus, initio dissertationis κατὰ Ἐπιφανίδου, *contra Epiphanidem* : Καὶ γὰρ οὖν οἱ τε ἀπὸ παράφρονος καὶ ἀνουστάτου καὶ Ἀπολιναρίου, καὶ μὴν δὴ, καὶ οἵ τε τοῦ θεοστυγοῦς Εὐτυχοῦς, οὕτω τινὰς τῶν ἁγίων Πατέρων φωνὰς παραποιήσαντες, πρὸς σύστασιν τοῦ βδελυκτοῦ αὐτῶν δόγματος ἐπικομίζονται · ὁποῖα δή ἐστι τοῦ μεγάλου Γρηγορίου τοῦ Θαυματουργοῦ, Ἀθανασίου τε τοῦ ἀοιδίμου, καὶ μέντοι καὶ Ἰουλίου τοῦ τῆς Ῥωμαίων τὴν ἱεραρχίαν ἔχοντος · *Etenim insani amentissimique Apollinarii atque invisi Deo Eutychis sectatores, eodem modo quasdam sanctorum Patrum auctoritates ementitas producunt, quibus detestandum dogma suum astruant : videlicet magni Gregorii Thaumaturgi, celebratissimique Athanasii, necnon Julii, qui Romanæ urbis Ecclesiæ antistes fuit.*

IV. Hæc vero declarantur magis in collectaneis contra Severianos, quæ manu exarata asservantur in Bibliotheca collegii Parisiensis Societatis Jesu cap. 9, ea ipsa parte quæ Latine prodiit t. IV *Antiq. lect.* Henrici Canisii, ubi Anastasii cujusdam, non forsan Sinaitæ, eruditum hoc scholium legitur : Εὐκαιρόν ἐστι παραθέσθαι καὶ ἃ προφέρουσιν οἱ ἀντιτεταγμένοι, ψευδογραφήσαντες τὸν λόγον Ἀθανασίου, προδήλως Ἀπολιναρίου ὄντα, ὡς μαρτυρεῖ Τιμόθεος, ὁ τὸν πίνακα τῶν λόγων Ἀπολιναρίου συντάξας, ἐν οἷς καὶ τὸν προφερόμενον ὡς Ἀθανασίου ἐνέταξε, καὶ μὴν καὶ ὃν περιγράφουσιν Ἰουλίου, ἵνα ἐκ τῆς τῶν λόγων συγγενείας ἐπιγνωσθῇ τούτων ὁ γνήσιος πατήρ. Προφέρουσι τοίνυν ὡς Ἀθανασίου λόγον, ἐξ οὗ προβάλλονται μαρτυρίαν ἔχουσαν ὧδε · ‹ Ἀπολιναρίου ἐξ ἐπιστολῆς πρὸς Ἰοβιανὸν τὸν βασιλέα. Ὅτε δὲ ἦλθε τοῦ χρόνου τὸ πλήρωμα, ἐξαπέστειλεν ὁ Θεὸς τὸν Υἱὸν αὐτοῦ, γεννώμενον ἐκ γυναικός. Ὁμολογοῦμεν καὶ εἶναι αὐτὸν Υἱὸν τοῦ Θεοῦ, καὶ Θεὸν κατὰ Πνεῦμα, καὶ Υἱὸν ἀνθρώπου κατὰ σάρκα · οὐ δύο φύσεις τὸν ἕνα Υἱὸν, μίαν προσκυνητήν, καὶ μίαν ἀπροσκύνητον, ἀλλὰ μίαν φύσιν τοῦ Θεοῦ Λόγου σεσαρκωμένην ·› *Tempus opportunum est comparandi quæ adversarii proferunt ex sermone inscripto perperam Athanasio, cum manifeste sit Apollinarii, ut testatur Timotheus, qui indicem contexuit librorum Apollinarii, inter quos et hunc quem velut Athanasii sit, proferunt, recensuit, ut et illum quem Julio ascribunt; ut ex orationum cognatione et affinitate dignoscatur genuinus horum parens. Itaque tanquam Apollinarii libellum producunt, ex quo testimonium hoc afferunt : ‹ Apollinarius ex epistola ad Jovianum imperatorem. Quando autem venit plenitudo temporis, misit Deus Filium suum natum ex muliere* [1], *etc. Confitemur etiam esse ipsum Dei Filium, et Deum secundum Spiritum, et Filium hominis secundum carnem; non duas naturas unum Filium, unam adorandam, et unam non adorandam: sed unam naturam Dei Verbi incarnatam, et adoratam cum carne sua una adoratione.* › Pergit Anastasius, atque ex dogmatum, quæ hac in epistola continentur, discrimine ab Athanasii doctrina, ut ex Timothei Apollinaristæ indice

[1] Galat. IV, 4.

demonstrat, eam non esse Athanasii, sed Apollinarii. Eadem, tanquam ex Anastasii scholiis, compendio refert Euthymius in Panoplia, pag. 543, ubi epistolam illam *ad Jovianum* perinde scriptam legimus, non *ad Julianum*, ut non sine librariorum errore editum videmus apud Photium cod. 229, πρὸς Ἰουλιανὸν τὸν βασιλέα · quod Andreas Schottus sic belle reddidit, *ad Julianum Apostatam*. Ibidem etiam a Photio refertur epistola Julii πρὸς Δόκιον, quod in Latina translatione sic legitur, *ad Decium*. Verum emendandum est, πρὸς Προσδόκιον, *ad Prosdocium*. Quæ per transennam dicta sunto.

V. Anastasius subinde testatur epistolam alteram, quæ Julii Romani nomen præferebat, in Timotheano librorum Apollinarii indice censitam fuisse, cum hac inscriptione. Τῷ δεσπότῃ μου, τῷ ποθεινοτάτῳ συλλειτουργῷ Διονυσίῳ, Ἀπολινάριος · *Domino meo desideratissimo* [XXXV] *et comministro, Apollinarius.* Observat insuper non ex inscriptione sola mendacium argui ; verum et ex ipsomet dictionis genere. *Non enim Romanos ejusmodi inscriptionibus solitos uti, cum ad aliquem episcopum scribunt, quamvis sit ex primariis; multo minus ad presbyterum : phrasim porro nimium Græcam esse, ut conversa putetur ex Latino :* Οὔτε γὰρ τοιαύτην ποτὲ ποιοῦνται πρός τινα ἐπιγραφὴν οἱ Ῥωμαῖοι, οὔτε πρὸς ἐπίσκοπον, εἰ καὶ πάντων εἴη ἐξοχώτατος, μήτι γε μὴν πρὸς πρεσβύτερον. Οὔτε μὴν ἡ φράσις, ὡς ἐξ ἑρμηνείας ἐστὶ μεταβεβλημένη Ῥωμαϊκῶν, λίαν ἐξηλληνισμένη τυγχάνουσα. Demum confirmat, eam Apollinarii esse, ex collatione verborum et placitorum quæ continet, cum aliis Apollinarii dictis, quæ subjungit. Nimirum, Ἀπολιναρίου πρὸς Διόδωρον, *Apollinarii ad Diodorum*. Πῶς τὸ πρᾶγμα οὐ δυσσεβές, ἄλλην οὐσίαν κτιστὴν καὶ δουλικήν, μίαν ἔχειν καὶ τὴν αὐτὴν προσκύνησιν τῷ Κτίστῃ καὶ Δεσπότῃ · *Quomodo non impia res fuerit, substantiæ alteri, creatæ et servæ eamdem adhibere adorationem, ac creatori et Domino ?* Καὶ πάλιν ἐν τῷ περὶ σαρκώσεως λόγῳ φησίν · *Et iterum in libro de incarnatione ait :* Ἀδύνατον τὸν αὐτὸν καὶ προσκυνητὸν ἐν ταυτῷ εἰδέναι, καὶ μὴ · ἀδύνατον ἄρα τὸν αὐτὸν εἶναι Θεόν τε καὶ ἄνθρωπον ἐξ ὁλοκλήρου, ἀλλ' ἐν μονότητι συγκράτου φύσεως θεϊκῆς σεσαρκωμένης · *Impossibile est eumdem adorabilem esse, et non adorabilem : ergo impossibile est eumdem esse Deum et hominem ex omni parte ; perfectum, sed in unitate commistæ naturæ divinæ incarnatæ.* Anastasius subjungit : Ταῦτα τοῦ Ἀπολιναρίου τὰ ἀξιάγαστα, καθὰ Πολέμων ὁ μαθητὴς αὐτοῦ φησι · ταῦτα πλείστην ἔχει τὴν οἰκειότητα πρὸς τὰ παρ' αὐτῶν πεπλασμένα, ὡς Ἀθανασίου καὶ Ἰουλίου · *Hæc sunt Apollinarii mirifica, sicut Polemon ejus discipulus ait ; hæc maximam similitudinem habent cum iis quæ ab ipsis conficta sunt, tanquam Athanasii et Julii essent.*

VI. Ex his manifestum fit epistolam illam ad Dionysium Apollinario reddendam esse, non Julio

Romano. Sed ea de re iterum audiendus venit Leontius lib. *De sect.*, act. 8 : *Afferunt aliud quoque dictum*, inquit, *velut a Julio profectum, quod exstat in epistola scripta ad Dionysium Corinthi episcopum, cujus initium est :* « *Miror de quibusdam audiens, estque dictum hujusmodi : Necesse est cum duas naturas dicunt, unam adorare, et alteram non adorare ; ac in divinam quidem baptizari, in humanam vero non baptizari :* » *aliaque plura istaec epistola continet. Sed nos multis argumentis evincimus illam epistolam non esse B. Julii, sed Apollinarii. Primum ex eo quod, si quis eam accurate consideret, nihil Julii nomine dignum habeat.* Ἀλλὰ καὶ αἱ ἑπτὰ ἐπιστολαί, ἅς λέγουσιν εἶναι αὐτοῦ, *quin et septem epistolae, quas ejus esse dicunt, hae sunt Apollinarii. Deinde, quod in eadem epistola, corporis facta mentione, nusquam illud mente praeditum vel animatum dixerit. Erat autem in more positum Patribus illius saeculi, ut, sicubi corporis mentionem facerent, id ipsum mente praeditum, animatumque dicerent. Quod quidem usque adeo verum est, ut reformidantibus eis hoc crimen, ideoque deinceps illas voces, mente praeditum et animatum, adjicientibus, nulli posteriorum libri reperiantur, qui hanc appendicem non habeant. Praeterea inde etiam non B. Julii, sed Apollinarii esse demonstratur, quod Gregorius Nyssenus libro contra Apollinarium aperte multa recitet, quae hac epistola continentur, eaque ceu prava refutet. Potest et aliunde convinci, quod B. Julii non sit. Aiunt enim actis synodi Ephesinae a Cyrillo insertam : quod quidem aperte mentiuntur. Nam ibi nihil tale in textu reperitur : sed alia quaedam inserta est epistola velut a Julio scripta, nec ipsa Julii, sed Timothei* (Apollinaristae scilicet), *quemadmodum ex multis exemplaribus intelligi potest.* Leontius hoc postremo loco loquitur de epistola ad Prosdocium, quam, ac si Julii Romani foret, a Cyrillo in defensione Anathematismorum suorum contra Orientales, et act. 1 synodi Ephesinae laudatam dixi. Hanc Graece integram habeo : ac si conferatur cum aliis Apollinarii Apollinaristarumve libellis omnino reperietur ab istis profecta, non a rectae fidei alumnis. Sic porro post praemissam confessionem fidei Trinitatis, incarnationem explicat : Κηρύσσεται δὲ εἰς συμπλήρωσιν τῆς πίστεως, καὶ σαρκωθεὶς ἐκ Παρθένου, ὁ τοῦ Θεοῦ Υἱὸς, καὶ σκηνώσας ἐν ἀνθρώποις, οὐκ ἐν ἀνθρώπῳ ἐνεργήσας (τοῦτο γὰρ ἐπὶ προφητῶν ἐστι καὶ ἀποστόλων), τέλειος Θεὸς ἐν σαρκὶ, καὶ τέλειος ἄνθρωπος ἐν Πνεύματι· *Ad plenitudinem fidei Filius ex Maria Virgine incarnatus praedicatur, et qui inter homines habitaverit, non in homine operatus sit* (hoc siquidem in 'prophetis et apostolis contingit) *perfectus Deus in carne, perfectus homo in Spiritu.* His similia sunt quae apud Gregorium Nyssenum in *Antirrhetico*, tanquam ab Apollinario dicta referuntur, n. 7 : Ἀλλὰ Θεὸς μὲν τῷ Πνεύματι τῷ σαρκω-θέντι, ἄνθρωπος δὲ τῇ ὑπὸ τοῦ Θεοῦ προσληφθείσῃ σαρκί· *Sed Deus quidem est, incarnato Spiritu, homo autem, assumpta carne a Deo.* Ad eumdem modum in libello ad Jovinianum, de quo primo loco diximus, profitetur Christum esse, Θεὸν κατὰ Πνεῦμα, καὶ ἄνθρωπον κατὰ σάρκα, *Deum ratione spiritus et hominem ratione carnis.* Hoc nempe praestituerat, quod Nyssenus refert n. 13, ὅτι ὁ Κύριος ἐν τῇ τοῦ Θεοῦ ἀνθρώπου φύσει θεῖον Πνεῦμα ἦν· *Dominus in Dei hominis natura divinus Spiritus erat, sive divina mens, quae humanae omissae vices expleret.* Dicitur in epistola ad Prosdocium, Verbum *non habitasse in homine de terra terreno, sed esse secundum illum Adamum coelestem, quia coeleste Verbum est quod carnem habet ex Maria ; nosque terreni cum simus, coelestes facturum ad similitudinem suam*, per id quod coeleste est : Οὐδὲ κατῳκηκέναι τὸν ἐξ οὐρανοῦ ἐν ἀνθρώπῳ τῷ ἐκ γῆς χοϊκῷ, ἀλλ' αὐτὸν τὸν δεύτερον Ἀδὰμ ἐπουράνιον εἶναι, ὅτι ἐπουράνιός ἐστιν ὁ Λόγος, ὁ τὴν σάρκα ἔχων ἐκ Μαρίας, καὶ ἡμᾶς δὲ διὰ τοῦ ἐπουρανίου ἐπουρανίους καθ' ὁμοίωσιν ποιοῦντας χοϊκούς. Consimili modo Apollinarius in *Antirrhetico* Gregorii Nysseni citatus, hoc inculcat, Christum esse hominem coelestem, qui humano spiritu careat. [XXXVI] Εἰ ἐκ πάντων τῶν ἴσων ἡμῖν ἐστι τοῖς χοϊκοῖς ὁ ἐπουράνιος ἄνθρωπος, inquit (n. 48),ὥστε καὶ τὸ Πνεῦμα ἴσον ἔχειν τοῖς χοϊκοῖς, οὐκ ἐπουράνιος, ἀλλ' ἐπουρανίου Θεοῦ δοχεῖον· *Si ex illis omnibus rebus* (a), *quae in nobis qui terreni sumus, peraeque reperiuntur, coelestis homo constat, ita ut spiritum quoque ejusdem generis atque terreni homines habeat ; non coelestis erit, sed tantummodo coelestis Dei conceptaculum.* Sic rursus apud Leontium ait : *Verbum ita factus est homo, quia caro et spiritus homo est, secundum Apostolum : et hoc est Verbum carnem factum esse, unitum esse carni, ut humanus spiritus. Vocatur autem homo similis nostri, caro : Dominus vero est supra nos homo. Quamobrem et coelestis est propter proprium spiritum coelestem, cui prudentia carnis non adversatur : atque ita destruebatur in Christo peccatum. Ac dissoluta est mors ex peccato, nosque participes facti hujus operis, fide salvamur, et cum simus a patre terreno, efficimur similes coelesti.* Subjunguntur hi anathematismi in epistola ad Prosdocium : Ἀνάθεμα ἔστω πᾶς ὁ τὸν ἐκ Μαρίας ἄνθρωπον μὴ λέγων ἔνσαρκον Θεόν· *Anathema sit, qui hominem ex Maria natum esse Deum in carne non confitetur.* Ἀνάθεμα ἔστω, ὁ τὴν σάρκα τοῦ Σωτῆρος μὴ λέγων ἐκ Μαρίας, ἀλλ' ἐξ οὐρανοῦ, ἢ ἄκτιστον τῇ φύσει τὴν κτίσιν· *Anathema sit ille, qui dicit carnem Salvatoris non ex Maria, sed de coelo esse, sive creaturam natura increatam.* Sic perinde loco citato apud Leontium Apollinarius : *Anathema igitur sit*, inquit, *qui non dicit carnem ex Maria, et qui dicit eam carnem esse naturae increatae et consubstantialem Deo. Et hoc est quod in primis cavet in fragmentis, quae ex ejus lucubra-*

(a) Leont. *Lib. adv. fraud. Apollin.*

tionibus ;variis Leontius collegit. Sic quoque in confessione ad Jovianum ait : *Si quis Domini carnem dicit desursum esse, et non ex Maria*, etc. Ejusmodi scilicet crebris anathematismis Apollinaristæ amoliri satagebant impias consequentias, quæ ex ipsorum erratico dogmate deducebantur, cum carnem cum deitate substantiam unam explere fingerent. Tandem concludit : Ὁ λέγων θεῖκὸν τὸ σῶμα, καὶ προσκυνῶν κατὰ τὸ συναμφότερον, ὡς ἕνα ἄκτιστον Θεὸν μακάριος ἔσται. Μὴ σκανδαλισθῇς ἐν τῇ σαρκὶ καὶ τοῖς πάθεσιν αὐτοῦ, ἀλλ' αὐτὸν ἀσωμάτως προσκύνει τὸν μετὰ τοῦ ἰδίου σώματος προσκυνούμενον. *Qui dicit divinum esse corpus, et utrumque perinde adorat velut unum increatum Deum, hic beatus erit. Nec offendaris in carne et passionibus ejus, sed ipsum sine corpore adora, qui cum proprio corpore adoratur.* Quibus verbis nihil est quod disertius efferat perversam Apollinarii sententiam, Christi humanitatem in unam naturam divinam confundentis. Hoc quoque perpetuo sermone versabat, Verbum cum propria carne, sive corpore, adoratione una adorandum esse, ut videre est in libello fidei ad Jovianum, multisque in excerptis apud Leontium. Imo apud Nyssenum quoque ait : Οὐδὲν δὲ οὕτως προσκυνητὸν, ὡς ἡ σὰρξ τοῦ Χριστοῦ· *Nulla res sic adoranda est ut caro Christi* ; ἡ σὰρξ τοῦ Κυρίου προσκυνεῖται, καθὸ ἕν ἐστι τὸ πρόσωπον, καὶ ἓν ζῶον αὐτ' αὐτοῦ· *Caro Domini adoratur, quatenus una persona est, et animal unum cum ipsa.* Nihil tam Catholicis Apollinarius objiciebat, quam quod hominem adorarent, aut aliam naturam adorando, aliam non adorando, eumdem adorarent simul, et non adorarent, aut Christum in duos dividerent : adeoque indesinenter inculcabat, Verbum cum sua carne adoratione una colendum esse. Denique, quemadmodum postremo loco epistolæ ad Prosdocium legitur, ἀλλ' αὐτὸν ἀσωμάτως προσκύνει, τὸν μετὰ τοῦ ἰδίου σώματος προσκυνούμενον, *sed ipsum citra corpus adora, qui cum proprio corpore adoratur* : ita etiam in expositione fidei *ex parte* apud Leontium, *Deum sine carne in carne apparuisse* scripsit Apollinarius. Ex hac igitur sat diligenti collatione perspicuum fit, et extra dubium ponitur epistolam ad Prosdocium, quam Cyrillus semel atque iterum laudavit, Apollinaristam saltem auctorem habuisse. Cæterum mirari subit Leontium in lib. *De sect.*, act. 8, mendacii accusasse Monophysitas, qui epistolam hanc in concilio Ephesino laudatam dixerant. Profecto vel oscitantius hujus synodi acta consuluerat Leontius, aut truncata præ manibus habuerat. Marius siquidem Mercator in fragmentis Ephesinæ synodi, *Julii sanctissimi episcopi Romani epistolam ad Prosdocium* citatam refert, ut et *Felicis episcopi sanctissimi Romæ et martyris epistolam ad Maximinum episcopum et ad clerum Alexandrinæ Ecclesiæ*, de qua modo dicturi sumus. Consimiliter Vincentius Lirinensis post triennium a celebrata synodo Ephesina scripsit, cap. 42 Commonitorii, *in ea lectas esse quasdam ad quosdam epistolas sancti Felicis martyris, et sancti Julii, urbis Romæ episcoporum*.

VII. *De epistola Felicis papæ nomine inscripta.* — Epistola quæ sub Felicis Romani nomine ferebatur, unam naturam assertam fuisse, testantur Hypatius et Liberatus ; nec proinde dubitandi locus superest, quin ex eodem ac cæteræ, quas memoravi, fonte prodierit. Nec quemquam deterreant pauculæ voces istæ, quæ leguntur in fragmento, quod citavit Cyrillus in defensione anathematismi sui sexti : *Sed cum esset perfectus Deus*, γέγονεν ἅμα καὶ τέλειος ἄνθρωπος, σαρκωθεὶς ἐκ Παρθένου, *factus est simul et homo perfectus, incarnatus ex Virgine.* Apollinarius siquidem Christum esse perfectum hominem concedebat, non ut omnes naturæ nostræ partes habuerit, adeoque mentem, sensumve et spiritum humanum, sed ut Verbum, facultatis intelligentis vices supplendo, perfectum hominem constituerit. Hoc subdolo sensu Vitalis episcopus Apollinarista ab Epiphanio hæres. 77, num. 23, refertur incunctanter dixisse, Christum esse hominem perfectum, καὶ τέλειος ἄνθρωπος ἦν ὁ Χριστός·. Ita tamen ut eatenus hominem fuisse perfectum dicamus, inquit, εἰ τὴν θεότητα ποιήσομεν ἀντὶ τοῦ νοῦ, καὶ τὴν σάρκα, καὶ τὴν ψυχὴν ὡς εἶναι ἄνθρωπον ἐκ σαρκὸς καὶ ψυχῆς καὶ θεότητος ἀντὶ τοῦ νοῦ, *si divinitatem illi loco mentis ascribamus, adjuncta carne et anima ; sic ut perfectus homo ex carne, anima, et divinitate, quæ sit vice mentis, exsistat.* Unde quando in [XXXVII] fragmento Vitalis episcopi, Περὶ πίστεως, *De fide*, quod contra Nestorium Cyrillus citavit *De recta fide*, leginus, *Esique unus et idem secundum divinitatem perfectus Filius, et consubstantialis Patri, et idem secundum generationem ex Virgine perfectus homo*, etc., hoc postremum catholico sensu intelligendum non est, sed Apollinariano, ut *perfectione humana* Christus perfectus homo non fuerit, sed *perfectione divina*, velut semel atque iterum Apollinarius ipse apud Leontium declarat. Sic quando Vitalis anathemati devovit illum *qui dixerit Dominum et Salvatorem nostrum, qui de Spiritu sancto et ex Maria Virgine secundum carnem natus est, anima, aut sensu, aut ratione, aut mente destitutum esse*, nihil sibi voluit aliud, nisi Verbum, omissæ mentis humanæ vices omnes gessisse.

Vitalis et aliorum Apollinaristarum doli. — Isthæc igitur professio fidei, quam Cyrillus incautus allegavit, illa ipsa est, qua Vitalis Damaso papæ aliquando fucum fecerat ; quam Nazianzenus, aliique Orientis episcopi, cum probassent primum, posthac tandem repudiarunt : *Isti enim* (ait de Vitali ejusque assectis Theologus epist. 2, *Ad Cledon.*), *cum apud fidos discipulos et arcanorum conscios, quemadmodum Manichæi apud eos quos electos vocant, de divinitate disputant, totum morbum detegentes, vix etiam carnem Salvatori tribuunt. Cum autem communibus de humanitatis assumptione sententiis, quas Scriptura exhibet, convinci se et premi vident*, τὰς μὲν εὐσεβεῖς λέξεις ὁμολογοῦσι, περὶ δὲ τὸν νοῦν κακουργοῦσιν, οὐκ ἄψυχον μὲν οὐδὲ ἄλογον, οὐδὲ ἄνουν, οὐδ' ἀτελῆ ὁμολογοῦντες τὸν ἄνθρωπον, ψυχὴν δὲ, καὶ λόγον, καὶ νοῦν, αὐτήν, εἰσάγοντες τὴν θεότητα, ὡς αὐτῆς τῇ σαρκὶ συγκραθείσης μόνης· *pias quasdam voces profitentur; verum circa mentem fraudulenter agunt, non quidem ut Christum animæ, rationis ac mentis expertem fateantur; sed animæ, et rationis, et mentis loco divinitatem introducunt, ceu ipsa sola cum mente temperata commistaque fuerit*. Quæ cum ita sint, omnino concedendum est, haud vanum prorsus fuisse Nestorium, cum de Vitalis quæ sibi objectabatur auctoritate hunc in modum scriberet Scholastico eunucho Theodosii (a): *Est Vitalis, qui orthodoxorum episcopus fuit; est et alius Vitalis, qui ab impio est Apollinario consecratus. Sunt et aliorum multorum similia nomina*. Quis alter Patrum fuerit Vitalis nomine, me equidem latet, nisi forte Nestorius Vitalem Antiochenum antistitem significaverit, cujus meminerunt Theodoretus, lib. 1 *Hist. eccles.*, cap. 3, et Antiochenorum episcoporum catalogi. At Vitalis hæretici esse confessionem, seu librum *De fide*, de quo disputamus, neminem jam fore arbitror qui inficias eat. Pari jure et ratione Nestorius Basilii Magni et Melitonis auctoritates explodi posse arbitratus est. Verum genuina sinceraque erant Basilii loca, quibus ejus hæresis præfocabatur. Ad Melitonem quod spectat, in iis quæ citat Anastasius Sinaita in 'Οδηγῷ, pag. 21 et 28, apparet scriptorem illum sic affirmasse *Deum Israelitica manu passum*, ut duas itidem in Christo naturas et substantias agnosceret, atque adeo remotissimum ab Appollinarii errore fuisse, qui unam duntaxat statueret: Θεὸς γὰρ ὢν ὁμοῦ τε καὶ ἄνθρωπος τέλειος ὁ αὐτός, τὰς δύο αὐτοῦ οὐσίας ἐπιστώσατο ἡμῖν (inquiebat lib. *Contra Marcion*.). *Nam cum idem ipse Deus simul esset, et perfectus homo, de duabus substantiis nos certiores fecit*, etc. Cæterum hæc Melitonis Sardensis fuisse præfracte non asseruero.

VIII. *De expositione fidei* κατὰ μέρος, *quæ Gregorio Thaumaturgo attributa est*. — De expositione fidei κατὰ μέρος, *ex parte*, seu *particulatim*, quam Gregorio Thaumaturgo ascripserunt, Leontius hæc habet, lib. *De sectis*, act. 8: *Ad hoc quoque respondemus primum de hac itidem dubitatum esse apud antiquiores, an esset Gregorii. Deinde Gregorius Nyssenus orationem de illo prodigiorum effectore scribens, nullum ait opus ipsius in manibus esse, præter solam fidem quam in visione conspexerit*. Eulogius Alexandrinus apud Photium, cod. 230, censet Expositionem istam fidei Apollinario reddendam esse. Ita quoque Leontius in libro suo *Adversus eos qui proferunt nobis quædam Apollinarii*, etc., ubi fragmenta duo recitat libelli hujus *De fide ex parte*, quam repertam fuisse ait *in antiquo exemplari bibliothecæ Andreæ episcopi Sidonia-*

rum, cum præfixo *Apollinarii* nomine. Quamobrem Combefisius legitimum ejus parentem assecutus non est, qui in notis ad hanc Ἔκθεσιν, expositionem, quas prelo destinaverat, conjecit auctorem illius esse forte unum ex illis qui in Ponto, vicinaque Armenia sic concilio Chalcedonensi adversati sunt, ut supposuerint Gregorio Thaumaturgo spurium fetum, alias excultum satis et theologicum. At vero, præter illa verba, *non duæ naturæ perfectæ*, Apollinarium aut Apollinaristam produnt istæc alia: *Adhuc confitemur Filium Dei factum esse Filium hominis, qui non nomine, sed veritate carnem ex Maria Virgine assumpsit: et esse unum perfectum, non duo perfecta*. Eodem quippe modo Apollinarius argutatur apud Nyssenum (b): Εἰ ἐκ δύο τελείων, οὔτε ἐν ᾧ Θεὸς, ἐν τούτῳ ἄνθρωπός ἐστι, οὔτε ἐν ᾧ ἄνθρωπος, ἐν τούτῳ Θεός· *Si ex duobus perfectis constat, nec in quo Deus est, in hoc homo est: neque in quo homo est, in hoc est Deus*. Sed et in eadem expositione subsequitur: *Unam adorationem Verbi et carnis, quam assumpsit. Et anathematizamus eos, qui differentes adorationes faciunt, unam divinam, et unam humanam; et adorantes hominem ex Maria, tanquam alterum præter Deum ex Deo*. Quo nihil tritum magis Apollinaristis fuisse, ex his quæ hactenus dicta sunt, constat.

IX. *De anathematismis eidem Gregorio suppositis*. — Quinino ejusdem plane furfuris sunt anathematismi illi duodecim cum eorum interpretationibus, quæ Thaumaturgi nomen perinde præfixum habent. Etsi enim una natura in eis diserte non exprimitur, latentem tamen dolum indicant consuetæ Apollinaristis locutiones, quibus male sanas Diodori Tarsensis de Christi persona et naturis voces expugnabant, seque adeo catholicæ fidei professores obtendebant. Sed et in primis ex iisdem capitulis addiscimus, quonam pacto Scripturæ sacræ loca varia, quibus Christus, ut divinitate, ita et humanitate perfectus significatur, ad suum sensum torquerent. Nec fucum faciat, ut animam Domini ἀνόητον, *mentis expertem* esse videtur inficiari. Non enim humana nativaque hominis mente præditam [XXXVII *] intelligit, sed divino Verbi, ut ait, *spiritu*, quo factum sit, ut ἀνόητος, *mentis expers*, absolute dici non debuerit. Quamobrem ejusmodi formulæ fidei et anathematismi, ad illum lapidem lydium revocanda sunt, quem paulo ante ex Gregorio Nazianzeno propter Vitalis Apollinaristæ similem confessionem protulimus.

X. *De libris qui Dionysio Areopagitæ ascribuntur*.—Quod ad libros attinet quos Dionysii Areopagitæ nomine insignitos habemus, jam quidem inter selectioris et accuratioris eruditionis criticos confecta res est, eos sinceros ac germanos non esse. Fraudem olim prisci emunctæ naris scriptores odorati sunt. Nam Photius in *Bibliotheca*, cod.

(a) *Synodic. Iren.*, c. 15.

(b) *Antirrh. cont. Apoll.*, n. 5.

1, Theodori cujusdam lucubrationem recitat, qua is auctorem alterum confutare aggressus erat, quatuor iisdem, quibus recentiores nostri, argumentis contendentem, volumina ista ab Areopagita Pauli discipulo, et primo Atheniensium præsule, nequaquam fuisse elaborata : nimirum ex vetustiorum Patrum scriptorumve ecclesiasticorum silentio, ac præsertim Eusebii Cæsariensis, qui nulla Dionysii Atheniensis scripta recensuit : quod rursum in iis libris, recentioris apostolorum ævo disciplinæ mores enarrentur ; ac demum quod horum auctor Ignatii Antiocheni vocem retulerit, quam sanctus hic martyr postrema, quam paulo ante obitum ad Romanos scripsit , epistola consignavit : cum tamen Dionysius Areopagita, qui matura ætate Paulo Athenis primum prædicante nomen Christo dederat, vix ad imperii Trajani, sub quo martyrium Ignatius obiit, primordia prorogare ætatem potuerit. Atqui Photius ipse felicem omnino non fuisse Theodori sui conatum videtur insinuare, cum ait eum adversus quatuor anonymi momenta pugnare, τό γε ἐπ' αὐτῷ, *quantum penes ipsum est,* genuinos esse magni Dionysii libros. Theodorum istum pene crediderim non fuisse alium ab illo Theodoro Severi Monophysitarum antesignani sectario, cujus idem Photius opusculum seu libellum adversus Themistium hæresis Agnoetarum principem recitat, cod. 108, seu cui Joannes Philoponus amplium illud volumen nuncupavit, cujus item fit apud Photium mentio, cod. 116, Severianorum quippe magis, quam Catholicorum intererat subjectas Dionysio lucubrationes tueri, quas ipsi vulgo, Severo duce, hæresi suæ admodum favere jactitabant, omniumque primi Christiano orbi obstruxerant. Ex collat. 4 synodi Lateranensis sub Martino I, apparet Themistium ipsum Agnoetam multi fecisse larvati Dionysii libros, quos Colluthus alterius sectæ Monophysita corrumpere tentaverat. Fuit alter Theodorus Pharanitanus Monotheliticæ hæresis cum Cyro Alexandrino architectus, cujus perinde intererat Dionysii librorum auctoritatem propugnare, uti ex infra dicendis manifestum fiet.

XI. *Apollinarii non sunt.* — In Scholiis Græcis, quæ sancto Maximo attribui solent, ac Joanni Scythopolis in Palæstina episcopo, paucis demptis, reddenda esse ostensurus sum, hinc inde refelluntur alii, qui catholicæ fidei contra Monophysitas defendendæ studio, libros istos omnes ex Apollinarii prodiisse officina asserebant ; ex qua nimirum alios non paucos excusos esse non ita pridem evicerant, quibus præsertim illi hæretici perinde innitebantur. Plane Dionysii nomen non forte fortuna, librariive alicujus oscitantia vel ignorantia (quod quidem sæpissime alias accidit) præscriptum illis fuit, sed eorum parens, non sine immani fallacia lectoribus imposuit, ut ipse Areopagita fuisse crederetur. Nam se sanctorum Timothei, Titi, Clementis Romani, Jacobi fratris Domini, Joannis evangelistæ, Petri, Pauli, Bartholomæi, apostolorumque cæterorum, imo Christi ac Deiparæ æqualem finxit. Qua vero de causa illudere Christianis voluerit, nondum satis assecuti sunt eruditi, hocque ipsum est quod operosius inquirendum suscepi.

Guillelmus Caveus in Historia sua litteraria, inter omnes variasque de librorum istorum auctore opiniones, potiorem illam esse censet, quæ eos Apollinario Laodiceno assignat. Cæterum eruditis dispiciendum relinquit, annon Apollinario parenti potius, quam filio sint concedendi. Filium siquidem, ut in aliis hæreticum, ita et millenarii Christi regni terrestris propugnatorem fuisse : qui tamen error a pseudo-Dionysio cap. 7 *De eccl. hierarch.*, diserte proscribitur. Quinimo hic auctor passim præcipuo Apollinaristarum hæresis capiti adversatur, ubi plenam et integram humanitatem a Christo assumptam docet et inculcat. Exempli gratia, cap. 9 *De eccl. hier.*, scribit Jesum Christum, qui nostra vita est, ex divinis latebris prodeuntem, speciem et formam ex nobis accepisse, τῇ παντελεῖ καὶ ἀσυγχύτῳ καθ' ἡμᾶς ἐνανθρωπήσει, *integra sive absoluta et inconfusa secundum nos inhumanatione.* Cap. 4, Christum divino unguento seu chrismate significari censet, ἐν τῇ καθ' ἡμᾶς ὁλικῇ πρὸς ἀλήθειαν ἐνανθρωπήσει, *in totali et omnimoda secundum veritatem humanitatis assumptione.* Itemque cap. 2 *De div. nom.*, καὶ τῇ παντελεῖ τῶν ἡμετέρων προσλήψει, τὴν τελεωτάτην τῶν οἰκείων μετάδοσιν αὐτουργῆσαι, *et perfectissima rerum nostrarum assumptione communicationem suorum peregisse.* Quibus in locis aliisque a quibus recitandis abstineo, a se amolitur auctor invidiam hæresis Apollinaristarum, qui humanitatem Domini nobiliori sua parte, humana mente, mutilabant. Unde merito Scythopolitanus eum ab hoc illorum errore exemit et absolvit.

Scholia in Dionysium Areopagitam Dionysio Alexandrino perperam ascripta. — Eos non libet refellere, qui existimarunt (a) Dionysium Alexandrinum Areopagitica Scholiis ac Commentariis

---

(a) In 'Οδηγῷ Anastasii Sinaitæ adversus Acephalos, p. 340, perinde legimus Dionysium Alexandrinum scripsisse scholia in Dionysium Areopagitam : Πάλιν τε μίαν οὐσίαν λεγούσης τῆς Ἐκκλησίας εἶναι πάντας τοὺς ἁγίους ἀγγέλους, ὁ αὐτὸς Θεὸς καὶ ἀποστολικὸς Διονύσιος πολλὰς οὐσίας ὀνομάζει τὰς ἄνω δυνάμεις. Ὁ γοῦν μέγας Διονύσιος ὁ Ἀλεξανδρεὺς ἐπίσκοπος, ὁ ἀπὸ ῥητόρων, ἐν τοῖς Σχολίοις, οἷς πεποίηκεν εἰς τὸν μακάριον συνώνυμον αὐτοῦ Διονύσιον, οὕτω λέγει, ὅτι Ἀγέννητον εἴωθεν καλεῖν ἡ ἔξω φιλοσοφία, πᾶσαν ἀόρατον φύσιν ὁμοίως καὶ οὐσίας τὰς ὑποστάσεις· κἀκ τούτου φησὶ κατὰ τοὺς ἔξω εἴρηται τῷ ἁγίῳ Διονυσίῳ αἱ τοιαῦται φωναὶ καταχρηστικῶς. *Rursus cum Ecclesia docent unam esse angelorum essentiam, idem divinus et apostolicus Dionysius nominat supernas virtutes, multas substantias. At magnus Dionysius Alexandrinus, qui ex rhetore factus est episcopus, in Scholiis quæ scri-*

illustrasse. Qui enim Dionysius Alexandrinus, qui anno Christi 260 diem postremum obiit, libros vidisset, quorum auctor, ut Joannes ipse Scythopolitanus, vetustissimus [XXXVIII] prætensi Areopagitæ Scholiastes, bene persensit, Manichæorum impietatem, cap. 4 *De divin. nom.*, dedita opera Hierothei sui nomine ad longum exagitat; cum hæc hæresis ante annum saltem 277, Christiano ac Romano orbi non innotuerit, imo quorum theologica loquela ac dictio hominem Nicænis temporibus longe posteriorem certo certius indicat? Atqui Usserius Armachanus in Observationibus mss. quarum sua iterum recurret mentio, post diligentem hujus scrupuli disquisitionem agnovit Joanni Scythopolitano reddenda esse scholia, quæ a Joanne Cyparissiota et aliis Dionysio Alexandrino perperam attributa erant. *Quod ex sententia a Cyparissioti ex Dionysii scholiis citata patet*, inquit, *quæ in scholiis istis totidem verbis reperitur, ut liquet ex Latina translatione scholiorum Scythopolitani, a Roberto Lincolniensi episcopo facta, et in bibliotheca collegii Corporis Christi apud Oxonienses asservata.*

Gregorius Nazianzenus Dionysii libros non laudavit. — Neque vero rursum Joanni Pearsonio assentior, asserenti pseudo-Dionysium laudatum fuisse a Gregorio Theologo, orat. 38, ut inde inferat illum scripsisse saltem circa postrema Eusebii Cæsariensis tempora. Gregorii quidem hæc verba sunt: *Sic Sancta sanctorum etiam a Seraphim obteguntur, et tribus sanctificationibus celebrantur in unam dominationem deitatemque coeuntibus*, ὡς ἄλλῳ τινὶ τῶν πρὸς ἡμῶν πεφιλοσόφηται κάλλιστά τε καὶ ὑψηλότατα, *quemadmodum et alius quidem ante nos pulcherrime sublimissimeque disseruit*. Nicetas vero aliique subinde Gregorii commentatores Græci, etsi libros Dionysii assidue triverant, quos pro germanis haberent, in utroque nihilominus loco, non alium nisi Athanasium designari agnoverunt. Scholiastes item Græcus quem Combefisius retulit in Adversariis, ait: Οἶμαι τὸν Ἀθανάσιον λέγειν ἐν τῷ δ' πρὸς αἱρέσεις λόγῳ, ἤγουν πρὸς Ἀρειανούς· *Mea sententia est, hæc de Athanasio dicta esse, in ejus oratione 4 contra hæreses, sive contra Arianos*. Ubi magni Athanasii oratio *De incarnatione Dei Verbi* innuitur, in qua itidem sanctus doctor de ejus deitate contra Arianos disputavit. Atqui in hac profecto oratione longe explicatius enarratur canticum Seraphinorum, quam apud Dionysium, qui cap. 7 *De cœlest. hierarch.*, paucissimis verbis illo Trinitatem laudari obiter monuit. Et certe cum Nazianzenus, orat. 34, non eosdem quos ementitus ille Dionysius, angelorum ordines numeret, ita ut Seraphim et Cherubim omiserit, vel potius, ut alii ævi sui Patres, a Thronis non discreverit, id argumento est eum neutiquam vidisse libros *De cœlesti hierarchia*, quos vere Dionysii esse censuerit. Nec refert, quod eadem oratione 34 et 41, Gregorius doceat cœlestium virtutum ordines inferiores a superioribus illustrari eo quo Dionysius exponit modo. Quidni enim ex paucis illis quæ Theologus identidem protulit, auctor iste suum de angelis tractatum composuerit aut adornaverit? Plane falsum hunc Areopagitam eximii hujus doctoris sententias ac voces ipsas mutuatum esse pro certo habeo. Sed et Cyrillus Alexandrinus similia de collustratione angelicarum classium scripsit in *Thesauro*, assert. 31. Sed, cum varios ordines nominet ac recenseat, nullam Cherubim mentionem facit, quæ proinde a Seraphim vel Thronis diversa esse non putaverit. Quia tamen non deest suspicio ignotos ei non fuisse libros Areopagiticos, inquirere pergo quæ hujus causa fuerit.

XII. *Proferuntur a Monophysitis*. — Monophysitæ Eutychianorum successores inter præcipuos hæresis suæ patronos, Dionysium quoque Areopagitam obtenderunt. Id quod quidem eos fecisse constat in celebri collatione, quam Constantinopoli cum orthodoxis habuerunt anno 632, sub Justiniano imperatore, in qua Severiani sic loquuntur: *Beato Cyrillo, et beato Athanasio Alexandrinæ Ecclesiæ episcopis, Felice etiam et Julio Romanæ Ecclesiæ, Gregorio quinetiam mirabilium factore, et Dionysio Areopagita, unam naturam Dei Verbi decernentibus post unitionem, hos omnes transgressi illi* (Chalcedonensis synodi Patres) *post unionem præsumpserunt dicere duas naturas*. Imo hæretici illi ostendere se posse asseveraverunt, *Quia B. Cyrillus usus est istis testimoniis in libris adversus Diodorum et Theodorum editis*. Libros nempe quatuor illos, quorum occasione hæc tractamus, innuebant, quibus Cyrillus postremis vitæ annis confutaverat Apologiam, quam Theodoretus pro Diodoro Tarsensi et Theodoro Mopsuesteno ediderat. Reclamavit Hypathius Cyrillum libros istos non scripsisse: verum in quinta synodo generali pro genuinis admissi lectique fuerunt: id quod rursum agnoverunt Leontius Byzantinus, lib. VII *De sectis*, act. 8, et Eulogius Alexandrinus, ut ferunt ejus Excerpta apud Photium. Ac magnus profecto Petavius, t. IV *Theolog. dogm.*, lib. 1, c. 10, § 8, hoc de lucubrationibus istis judicium tulit: «Quod ad libros Cyrilli spectat, inquit, Liberatus diaconus in Breviario, cap. 10, refert quatuor illos ab eo

---

psit in cognominem suum Dionysium hæc habet: *Externa philosophia ingenitam appellare solet omnem naturam inaspectabilem: similiter et hypostases substantias. Ex cujus more sanctus Dionysius his locis est locutus, improprie nimirum has voces usurpans*. Hæc apud Sinaitam, qui in his quæ ad criticam spectant se passim rudem et imperitum prodit. Cæterum inde discimus scholia quædam in

Dionysium Areopagitam, ab Alexandrinis, ut reor, conficta olim fuisse tanquam a Dionysio Alexandrino elaborata essent. Hæc porro Anastasii observatio integra etiam legitur inter scholia in cap. 5 *De cœlesti hierarchia*; cum tamen in vetustis codicibus non exstet, sed in recentissimis et editis tantum, ut proinde ex cap. 22 Ὁδηγοῦ transsumpta sit.

scriptos esse, tres adversus Diodorum et Theodorum, quasi Nestoriani dogmatis auctores, et alium *De incarnatione* librum, in quibus inter cætera *Dionysii Areopagitæ Corinthiorum episcopi* testimonia posita esse demonstrat. Verum Catholicos ait, Acephalis, qui libris istis abutebantur, respondisse non eos esse Cyrilli. Quod sane verum non puto : non solum quia synodus quinta pro germanis illos habuit, sed etiam quia Cyrilli stylus et character in fragmentis apparet istis, quæ in Actis Ephesinis sunt Latine reddita.) Cæterum Liberati, vel saltem amanuensis error est, ubi legimus, *Dionysii Areopagitæ Corinthiorum episcopi*, nec Garnerius hunc locum sanavit, dempta voce *Areopagitæ*, ac si Dionysius Corinthi episcopus, qui secundo sæculo floruit, laudatus potius a Cyrillo credi posset. Nam Liberatum hic paucis narrare constat, quid in collatione Constantinopolitana gestum sit cum Severianis; ex cujus proinde actis *Areopagitæ* nuncupationem retinendam [XXXVIII'] docemur. Hunc vero scriptorem memoriæ lapsu *Corinthiorum episcopum* pro *Atheniensium* posuisse parum refert. Quanquam ejus textus sic forsan restitui possit : *In quibus continentur antiquorum Patrum incorrupta testimonia, id est Felicis papæ Romani, Julii ad Dionysium Corinthi episcopum, Dionysii Areopagitæ, et Gregorii mirabilis*, etc. Dionysium etenim illum ad quem Julii papæ data epistola ferebatur, *Corinthi episcopum* appellat Leontius, act. 8 *De sectis*, ὡς ἀπὸ τοῦ μακαρίου Ἰουλίου ἐν τῇ πρὸς Διονύσιον τὸν Κορίνθου ἐπίσκοπον ἐπιστολῇ. Aliam vero præterea responsionem Hypatius ejusque socii Severianis dederunt in illa collatione : nimirum *videri, quoniam et in illis libris hæretici falsantes addiderunt ea* testimonia. Reponentibus subinde Severianis, ex antiquis exemplaribus, maxime si ex Alexandriæ archivis eruantur, posse comprobari a Cyrillo vere allatas esse auctoritates Dionysii et aliorum, Hypatius regessit, indubitata fore duntaxat exemplaria, quæ sub Proterio vel Timotheo Solofaciolo descripta esse ostenderentur. Cum enim illa a multis, qui rectæ duarum naturarum confessioni adversabantur, jam pridem retinerentur, nequaquam a Catholicis exigi posse, ut adversariorum suorum testimonia suscipiant. *Nam et beati Julii famosam illam epistolam,* inquiunt, *manifeste Apollinaris fuisse, scriptam ad Dionysium,* etc. Mox et hoc in primis subjungunt : *Quod autem prius dici debuit, hoc in ultimo dicimus. Illa enim testimonia, quæ vos Dionysii Areopagitæ dicitis, unde potestis ostendere vera esse sicut suspicamini? Si enim ejus erant, non potuissent latere B. Cyrillum. Quid autem de beato Cyrillo dico? Quando et beatus Athanasius, si pro certo scisset ejus fuisse, ante omnia in Nicæno concilio de consubstantiali Trinitate eadem testimonia protulisset adversus Arii diversæ substantiæ blasphemias. Si autem nullus ex antiquis recordatus est ea; unde potestis ostendere quia illius sint, nescio.* Hæc Hypatius, quibus inter alia significat se ante illam collationem legisse aut novisse libros ementiti Dionysii, in quibus multa Arianæ hæresi adversaria assidua lectione ante deprehendisset. Unde recte eos novitatis arguit, cum neque ab Athanasio, neque ab ullo veterum adversus Arianos allegati essent.

Citati olim a Severo Antiocheno. — Sic porro Catholici Constantinopoli argumentabantur, cum apprime scirent quid in illis libris fidei consonum esset, et quid ab ea dissentaneum appareret. In primis vero testantur hæreticos qui duas Christi naturas inficiabantur, libros illos Dionysii sibi vindicasse, quibus errorem suum propugnarent. Et certe, Severum Antiochenæ sedis pervasorem hæreticum, jam pridem epistolam quartam pseudo-Dionysii ad Caium multoties laudasse comperi ex fragmento epistolæ ejus tertiæ ad Joannem Hegumenum, ἐκ τῆς πρὸς Ἰωάννην τὸν ἡγούμενον τρίτης ἐπιστολῆς, quod in collectaneis contra Severianos manu exaratis exstat cap. 56, ubi pro unica Christo affingenda natura hunc in modum disputat : Ἡμεῖς, καθὼς ἤδη φθάσαντες ἐν ἄλλοις διὰ πλάτους γεγραφήκαμεν, τὴν φωνὴν τοῦ πανσόφου Διονυσίου τοῦ Ἀρεοπαγίτου, τὴν λέγουσαν, ἀλλ' ἀνδρωθέντος Θεοῦ καινήν τινα τὴν θεανδρικὴν ἐνέργειαν ἡμῖν πεπολιτευμένος, μίαν ἐνοήσαμεν σύνθετον φύσιν, καὶ νοοῦμεν, ἑτέρως ἡμῖν, νοηθῆναι μὴ δυναμένην, ὡς πάσης ἐχούσης δυάδος ἀπόφασιν, καὶ τὸν ἀνθρωθέντα Θεὸν, τὸν ταύτην καινοπρεπῶς πεπολιτευμένον, μίαν ὁμολογοῦμεν φύσιν τε καὶ ὑπόστασιν θεανδρικήν, ὥσπερ καὶ τὴν μίαν φύσιν τοῦ Θεοῦ Λόγου σεσαρκωμένην. Ὁ γὰρ τῆς οἰκονομίας λόγος καινοτομήσας τὰς φύσεις, συνεκαινοτόμησεν αὐταῖς καὶ τὰς προσηγορίας. Ἕως ἂν εἷς ἐστιν ὁ Χριστὸς, μίαν ὡς ἑνὸς αὐτοῦ τήν τε φύσιν, καὶ τὴν ὑπόστασιν, καὶ τὴν ἐνέργειαν σύνθετον, ἐπ' ὄρους ὑψηλοτάτου, τὸ δὲ λεγόμενον, ἀναβάντες κηρύττομεν, ἀναθεματίζοντες καὶ πάντας τοὺς ἐπ' αὐτοῦ μετὰ τὴν ἕνωσιν δυάδα φύσεων καὶ ἐνεργειῶν δογματίζοντες · *Nos quemadmodum in aliis operibus ad longum scripsimus, sapientissimi Dionysii Areopagitæ vocem illam, sed Dei facti viri, novam quamdam Dei virilem operationem nobis gerens, unam compositam naturam indicare intelleximus atque intelligimus, quæ a nobis aliter intelligi non possit ut quæ qualitatis omnis negationem inferat. Quocirca Deum factum hominem, qui hanc novo modo gessit, unam esse naturam, hypostasimque Deivirilem confitemur, unamque Dei Verbi naturam incarnatam. Nam dispensationis Dominicæ ratio, uti naturas innovavit, sic et appellationes novas fecit. Quandiu ergo unus est Christus, unam ejus tanquam unius, tum naturam, tum hypostasim, tum denique operationem compositam, supra montem, ut Scriptura loquitur, excelsum ascendentes prædicamus; anathemati devoventes illos qui in eo post unitionem duarum naturarum atque operationem binarium numerum docent.*

Hac igitur in epistola testatur hæreticus se jam

alias allata Dionysii auctoritate pro una Christi natura et operatione pugnasse. Verumenimvero Monophysitæ libros illos primi omnium laudasse reperiuntur. Unde Catholici theologi, qui contra illos jam evicerant, complures alias quas sectarii isti obtendebant lucubrationes, præclaris Athanasii, Gregorii Thaumaturgi, Julii quoque et Felicis Romanorum pontificum nominibus insignitas, genuinos esse Apollinarii fetus, falsi Dionysii perinde volumina eidem Apollinario attribuerunt. Hancque fuisse Hypatii Ephesini aliorumque Byzantinorum orthodoxorum sententiam superius vidimus. Dudum vero antehac idem judicium fuerat illorum, quos Joannes Scythopolitanus in suis in Dionysium Scholiis ab hac opinione revocare passim satagit, cum ipse persuasum haberet, nihil in illis libris occurrere, quod rectæ fidei contrarium esset.

Joannes Scythopolitanus Scholiorum in Dionysium germanus auctor. — Atqui Joannem Scythopolitanum, ardentissimum Christianæ doctrinæ sæculo quinto labente et sexto ineunte propugnatorem, melioris saltem partis Scholiorum Græcorum in pseudo-Dionysium auctorem esse operæ pretium erit ostendere : quamlibet sancto Maximo omnia nullo discrimine tribui vulgo soleant. Anastasius Bibliothecarius in epistola ad regem Carolum Calvum de sua Areopagiticorum translatione Latina, hoc etiam de Scholiis Græcis quæ una interpretatus erat, testatur : *Ipsorum autem* [XXXIX] *scholiorum seu paratheseon, quæcunque in calce sui signum vivificæ crucis habent, a B. Maximo confessore et monacho inventa narrantur. Cætera sancti Joannis Scythopolitani antistitis esse narrantur.* Nondum hactenus incidi in exemplar vetus Anastasianæ translationis, in quo Maximi Scholia a Joannis discreta essent. Usserius vero Armachanus, in *Bibliotheca theologica*, manu exarata, cujus fragmentum recitat Guillelmus Cave in *Joanne Maxentio* (quem nescio quo stupore, quia monachorum Scytharum in Occidente causam egit, pro Joanne Scythopolitano accepit), de Scholiis Maximi et Joannis hæc reliquit observanda : « Joannes Scythopolitanus scripsit in Dionysium Areopagitam Scholia pariter ac Maximus. Verum in libris Dionysii ab anno 1562, inclusive editis, simul confusa sunt Joannis et Maximi Scholia; quæ non in antiquioribus solum, quæ Cyparissioti tempore ferebantur, editionibus fuerunt distincta, sed etiam in utroque quo usus est Morellius codice : in quorum altero ad marginem apposita sunt Joannis Scythopolitani sine nomine Scholia ; in altero vero seorsim (post absolutum textum integrum Dionysii) Maximi nomine insignita Scholia ; eo breviora, quod ab amplioribus Joannis, cum quibus ea conjunxit Morellius, separata fuerant. Porro vulgata illa Scythopolitani Scholia eadem illa ipsa sunt, quæ Dionysio Alexandrino ab aliis sunt attributa. Quod ex sententia a Cyparissioto ex Dionysii Scholiis citata patet, quæ in Scholiis istis totidem verbis reperitur. Istam vero sententiam Scythopolitani, non Maximi esse liquet ex Latina versione Scholiorum Scythopolitani a Roberto episcopo Lincolniensi facta, et in bibliotheca collegii Corporis Christi apud Lincolnienses asservata, in qua reperitur. » Hæc Usserii accurati satis critici, ex quibus certo certius fit hodieque superesse Scholia Scythopolitani in Dionysium, eaque illa esse quæ S. Maximo indiscriminatim assignantur; cum perpauca et perexigua sint quorum Maximus parens fuit. Hæcque, interjectis ejusmodi vocibus, ἄλλως, εἰς τὸ αὐτό, a Morellio sæpe ab aliis secerni animadverti. Quinimo in multis codicibus Regiis et Colbertinis operum sanctissimi confessoris commentarium ipsius, seu Scholia in quartam Dionysii epistolam ad Caium habentur, toto cœlo ab editis diversissima.

Ex ipsismet Scholiis id evincitur. — Joannem vero Scythopolitanum verum auctorem aliorum illorum in Dionysium Scholiorum censeri debere evincitur ex multis eorum locis, quæ ipsum veluti digito monstrant. Omitto inscriptionem eorum prologi, ut in editis jacet : Πρόλογος τοῦ ἁγίου Μαξίμου, ἢ κατά τινας Ἰωάννου τοῦ Σκυθοπολίτου· *Prologus sancti Maximi, vel secundum quosdam Joannis Scythopolitæ.* Ad ea pergo, quæ hominem indicant in Palæstina agentem, qui sæculo sexto ineunte scriberet ; imo quæ non nisi a Joanne nostro litteris potuisse mandari videntur. In interpretatione vocum obscurarum Dionysii, ad vocem Πιαλεῖοις, observat hanc similem esse vocabulo δαψιλέοις ; quod quidem εἴρηται, inquit, ἐπὶ ποίοις ὄφεσι τοῖς κατὰ Ἱεριχὼ μάλιστα εὑρισκομένοις, ἐξ ὧν ἰατροὶ ὡς τὰ πολλὰ τὴν θηριακὴν σκευάζουσιν· *Usurpatur de quodam serpentum genere, qui in Jericunthina regione præsertim reperiuntur, ex quibus medici ut plurimum theriaca conficiunt.* Quæ profecto Palæstinæ incolam mihi videntur indicare, qui serpentes istos consueto et communi apud Græcos alios nomine δεψάδες non appellet, sed διψαλέους, de Palæstinorum more. Sed in primis se ea ætate, inque ea regione vixisse significat, in quibus Origenistarum hæresis invalesceret. Nam in cap. 7 lib. *De eccl. hierarch.*, recensitis vetustioribus hæreticis, Simone Mago, Menandro, Valentino, Marcione, et Manete, de Origenianis subjungit, καὶ νῦν δὲ οἱ ἀπὸ τῶν Ὠριγένους προερχόμενοι μύθων, *et nunc vero qui prodeunt fabularum Origenis sectatores.* Atqui sancti Maximi ævo exsoleverant prorsus Origenistæ, ex quo Origenes cum Didymo, Evagrio, aliisque horum sociis a quinta synodo proscripti fuerant, adeo ut sæculo septimo quo Maximus florebat, nulla eorum superesset memoria. Ætate vero Joannis Scythopolitani, eorum errores per monasteria Palæstinæ grassabantur, Leontio quodam Byzantino, Joanne, Isidoro, et Nonno auctoribus : unde gravissimæ turbæ ac tumultus per eam omnem excitati sunt : quemadmodum fuse narratur in Vitis SS. Euthymii, Sabæ, Theodosii, et Cyriaci monachorum, qui pro fidei causa adversus novellos istos hæreticos, et eorum asseclas, labores multos diu tolerarunt. Harum porro concertationum hic exitus fuit, ut, Justiniani et concilii quod sub Menna habitum est, necnon quinti generalis, repetitis decretis, damnato cum suis sectatoribus Origene, Anastasii ducis opera tota Palæstinæ provincia ab ea peste liberata sit.

Sed manifestius adhuc Joannes Scythopolitanus seipsum prodit, in altero in cap. 7 *De cœlest. hier.* scholio, in quo sic loquitur : Σημείωσαι κατὰ Βασιλειανῶν, ἤτοι Νεστοριανῶν· *Observa contra Basilianos sive Nestorianos, Jesum Christum, qui ea parte qua homo est, assumptus fuit, Dominum esse omnium spiritualium, et Regem gloriæ,* etc. Itemque; in c. 7 *De eccles. hierarch.* ubi sacræ theologiæ nomine a Dionysio significari ait voces istas, *Tu es Christus Filius Dei vivi,* subjungit : ὃ σημειωτέον κατά τε Βασιλειανῶν, καὶ Νεστοριανῶν, καὶ Παυλιανιστῶν, καὶ τῶν ὁμοίων · *quod observatione dignum est, contra Basilianos et Nestorianos, Paulianistasque, et similes.* Atqui nusquam alibi reperias Nestorianos appellari Basilianos. Hæc autem appellatio ab alio auctore indita eis esse non potuit, præterquam a Joanne Scythopolitano, qui, variis scriptis a Basilio Cilice Antiochenæ Ecclesiæ presbytero lacessitus, eumdem Basilium tanquam versutissimum Nestorianæ inpietatis propagatorem antirrheticis dissertationibus traduxerat, veluti narrat Photius in *Bibliotheca,* cod. 95 et 107. Cum enim Basilius Petrum Mongum, aliosque Chalcedonensis fidei hostes se detestari profiteretur, Nestorianorum interim hæresim astruebat ; suppresso quidem Nestorii nomine, prætensa vero Diodori Tarsensis et Theodori Mopsuesteni, tanquam Ecclesiæ Patrum, auctoritate. Hæ simultates Basilium inter et Joannem Scythopolitanum acciderunt Anastasio imperatore [XXXIX'] et Flaviano Antiochenæ Ecclesiæ antistite. Posthac autem Joannes contra Severum Monophysitam, qui Antiochenam sedem expulso Flaviano occupaverat, calamum strinxit, octoque saltem volumina adversus eum scripsit, quandoquidem tam in actis sextæ synodi, quam in sæpe laudatis collectaneis contra Monophysitas, cap. 13 libri ejus contra Severum octavi, fragmentum sat amplum visitur.

Unde Joannes Scythopol. sinceros esse Dionysii libros putaverit. — Joannes itaque Scythopolitanus falsa librorum qui Dionysii Areopagitæ nomen præferebant, inscriptione deceptus, itemque vocibus variis et locutionibus Atticis quæ in illis passim occurrunt, ac multis demum hinc inde ad veteris ætatis et disciplinæ normam compositis locis, satius duxit eos pro genuinis admittere ; quod eo fidentius affirmavit, ob Petri, nescio cujus, diaconi Romani testimonium, asseverantis in Romanæ Ecclesiæ scriniis longe plura asservari Dionysii opera, quam in Oriente circumferrentur : at non sine vanissimo mendacio, quandoquidem sexto sæculo jam affecto, Gregorius Magnus ex auditu solo ulla exstare noverat ; cum hom. 34 in *Lucam* ad hunc modum loqueretur : *Fertur Dionysius Areopagita, antiquus et venerabilis Pater, dicere quod ex nimirum angelorum agminibus,* etc. Dicendo, *fertur Dionysius Areopagita,* nobis satis annuit Romæ non ita notos fuisse falsi Dionysii libros. Et sane si Romani eos omnes apud se habuissent, quos Areopagitæ esse arbitrarentur, non illos qui latebant, interire passi essent, sed in publicum emisissent. Scythopolitanus itaque illis quas dixi suasionibus inductus, ea omnia loca quibus Monophysitæ nitebantur, benignissimis interpretamentis ad sanum sensum traduxit. Cæterum paucos e Catholicis, qui suæ statim sententiæ suffragarentur, habuit ; aliis ad annum usque 533, quo Constantinopoli collatio cum Severianis habita est, ex adverso reclamantibus, spuria areopagitica esse, et ab hæreticis atque Apollinaristis conficta et supposita. Cæterum Joannes in Palæstina et Syria magni nominis aliquos sibi conciliavit, in quibus præsertim fuit Ephræmius Antiochenus, uti colligitur ex his quæ Photius refert, cod. 223, ex quibus constat patriarcham istum Orientis, volumina illa de quibus disputamus, pro sinceris et genuinis admisisse. Hinc post quintam synodum, dissipatis paulatim propter favorabiles quas dixi interpretationes terriculamentis, qui deinceps secuti sunt Patres, ob affectatam ab auctore doctrinæ ac sensuum sublimitatem velut attoniti, minime dubitarunt eadem tanquam germana et orthodoxa recipere. Hoc nimirum, tam pseudo-Areopagiticis quam monumentis aliis quæ speciosis perinde titulis et nominibus insignita fuerant, sancti Patres sexti septimique ac sequiorum sæculorum, cum essent criticæ artis incuriosi, bona, ut dicitur, fide indulserunt, ubi catholicæ fidei causam illis etiam libris admissis sartam tectam fore intellexerunt. Quia vero, salva semper quæ sanctissimis Ecclesiæ magistris debetur reverentia, inter eruditos hodie convenit libros, qui Dionysii Areopagitæ nomine inscribuntur, ab impostore quodam compositos esse, operæ pretium me facturum existimavi, si in horum auctorem audaciuscule inquirerem.

XIV. *Num pseudo-Dionysius hæreticus fuerit.* — Ex his quæ a me dicta sunt, jam extra dubium est prætensa areopagitica a Severo et Monophysitis fuisse primum producta ad unam Christo naturam affingendam, adversus Chalcedonensem de duplici ejus natura confessionem. Catholicos vero ea statim tanquam adulterina rejecisse, et cum multa alia testimonia, quæ Athanasii, Gregorii Thaumaturgi, Julii ac Felicis præclara nomina præferebant, Apollinario hæretico reddenda esse non ita pridem comprobassent, de areopagiticis idem judicium tulisse. Cum vero pseudo-Dionysium ab Apollinaristarum hæresi vindicaverim, inspiciendum nihilominus superest mihi, num recentiorum Apollinario Monophysitarum, sive Eutychianorum, sive

Dioscoritarum, sive Acephalorum ac Severianorum error in eis contineatur. Quod ut melius succedat, paucis exponam quid Eutyches, quid Dioscorus, quid alii subinde de Verbi incarnati mysterio tenuerint.

Eutychis error. — In Actis concilii Constantinopolitani, Eutyches suam de incarnatione Verbi fidem coram antistite suo Flaviano et Patribus qui convenerant, ex animo, invocata Trinitate, sic professus legitur: *Confiteor adventum ejus in carne factum esse ex carne sanctæ Virginis, atque integre inhumanatum esse pro nostra salute.* Confessio hæc, cum recitata esset in conciliabulo Ephesino, Dioscorus Alexandrinus respondit: *Admittimus hanc fidem.* Synodus adjecit *hanc esse Patrum fidem.* Flaviano rursum in concilio suo Eutychem urgenti, uti Christum, non solum Patri consubstantialem secundum divinitatem, verum etiam Matri ac nobis secundum humanitatem fateretur, iterum atque iterum ille reposuit *sui non esse Dei et Domini cœli et terræ naturam edisserere*, ἕως σήμερον φυσιολογεῖν ἐμαυτῷ οὐκ ἐπιτρέπω· *se nunquam dixisse corpus Domini et Dei nostri esse consubstantiale nobis. Cæterum se confiteri consubstantialem nobis esse sanctam Virginem, et quia ex ipsa incarnatus est Deus noster.* Adjecit se non dicere *Dei corpus esse corpus hominis, bene vero corpus humanum*, οὐκ εἶπον σῶμα ἀνθρώπου τὸ τοῦ Θεοῦ σῶμα. Quasi nempe Dominus proprie homo non fuerit, cum Deus esset. Tandem cum instaretur, ut Christum consubstantialem nobis, duasque in eo naturas agnosceret, protestatus est *se unam naturam post unitionem et incarnationem confiteri*, μίαν φύσιν ὁμολογῶ, quanquam, ut ante fassus erat, *incarnatam*: quæ omnia Dioscorus approbavit in sua synodo.

Ex hac repetita Eutychis confessione apparet eum hactenus quidem ab Apollinarii impietate cavisse, quatenus Deum integre factum hominem pronuntiavit, neque in ea fuisse opinione, quam multi veterum ei, non nisi per consecutionem, affinxere, Christi carnem de cœlo lapsam, per Virginis uterum tanquam per canalem transivisse. Quamobrem potius cum Combefisio dicendum Eutychem non eo sensu negasse Christum esse consubstantialem nobis humanitate, ac duas habuisse naturas, quasi caro sive humanitas ex Virgine procreata non sit, aut Christo defuerit, vel per mutationem [XL] sive conversionem, vel per absorptionem aut deperditionem; sed ut natura divina sola proprie natura sit et dicatur, quæ primas in incarnatione partes habeat, non humana, quæ secundas tantum: illa, inquam, quæ aliam habeat, non quæ habeatur, et superioris habentis sit; tanquam illius videlicet appendix, eique pene immersa.

Dioscori. — Dioscorus hanc eamdem doctrinam, quam in sua synodo approbaverat, etiam post Chalcedonense concilium propugnavit. Cum enim Gangras relegatus esset', epistolam ad Alexandrinos suos scripsit, ex cujus fragmento quod Nicephorus Constantinopolitanus ad calcem *Antirrhetici* adversus Epiphanidem subjecit, apparet eum nullatenus ab Eutychis errore declinasse: Εἰ τὸ αἷμα Χριστοῦ κατὰ φύσιν Θεοῦ ἐστιν, inquit, καὶ οὐκ ἀνθρώπου, τί διαφέρει τοῦ αἵματος τῶν τράγων καὶ τῶν μόσχων, καὶ τῆς σποδοῦ τῆς δαμάλεως; καὶ τοῦτο γὰρ γήϊνον καὶ φθαρτόν. Ἀλλὰ μὴ γένοιτο ἑνὸς τῶν κατὰ φύσιν φθαρτῶν λέγειν ἡμᾶς ὁμοούσιον τὸ αἷμα Χριστοῦ· *Nisi Christi sanguis suapte natura Dei ac non hominis sit, quomodo nihil discrepat a sanguine hircorum et vitulorum, et a cinere vitulæ? hoc quippe terrenum et corruptibile est. Verum avertat Deus, ne Christi sanguinem ejusdem essentiæ seu naturæ esse dicamus, ac quemlibet alium qui natura corruptibilis sit.* Existimavit ergo Dioscorus, quemadmodum Eutyches, Christi sanguinem ejusque adeo carnem, abjecta humilis naturæ nostræ proprietate, divina evasisse, ut alterius a cæterorum hominum sanguine et carne generis et naturæ, et veluti sanguis et caro Dei, facta sint, ne hominis caro et sanguis esse diceretur.

Timothei Æluri. — Atqui Timotheus Ælurus ejus successor, quamlibet Eutychi, quia Christum consubstantialem nobis secundum carnem et humanitatem esse negaverat, anathema dixerit, in eumdem tamen errorem reciderat, cum in lucubratione, qua Leonis Magni ad Flavianum epistolam vellicabat, pronuntiare non dubitaverit *solam divinitatem esse Christi naturam, etsi incarnatam*: φύσις γὰρ τοῦ Χριστοῦ μόνη θεότης, εἰ καὶ σεσάρκωται. Quibus verbis celebratissimum illud dictum, quod Cyrillus recto sensu usurpaverat, *unam Dei Verbi naturam incarnatam*, pessime interpretabatur, ac si per incarnationem humanitas tota ad deitatis naturam pertinuisset, in qua comprehenderetur; sed sine ulla, ut interim dictitabat, permistione, vel absorptione, vel conversione. Hinc subinde contra Leonem Magnum contendebat humanitatem Christi omni actione propria caruisse, nec operationes alias nisi divinas per eam exsertas esse, atque adeo, quæ humanitatis operationes censebantur, πάθη, *passiones*, potius, et meras exsecutiones, πράξεις, esse nuncupandas.

Severi Antiocheni. — Ab his nullatenus dissensit Severus Antiochenus, tametsi ab Eutychis sensu plus aliis recedendo apud Theodorum Raythensem, ψευδοαληθής, q. d. *Falsiverus* audiat. Is, cum duas naturas perinde abnegaret (a), sed unam compositam statueret, servatis utriusque proprietatibus, humanitatem *transformatam docuit ad deitatis gloriam et operationem*, μετεστοιχείωσεν ὁ Λόγος ἥν ἥνωσεν ἑαυτῷ κατὰ τὴν ὑπόστασιν ἀνθρωπότητα, εἰς τὴν ἑαυτοῦ δόξαν καὶ ἐνέργειαν, ita ut, sive divina ageret, puta miracula patrando, sive humana, *gradiendo, mutando locum* (id quod suapte natura

---

(a) Sev. epist. ad OEcum. comit. act. 10 sextæ Syn.

prorsus humanum est) οὐ τὸ μὲν τῆσδε, τὸ δὲ τῆσδε φύσεως', *non illud illius naturæ esset, nec istud istius*, sed unius et ejusdem, nempe divinitatis; quia θεϊκῶς τὰς θεοσημείας εἰργάζετο καὶ ἀνθρώπινα, *divina ratione tum prodigia, tum humana opera efficiebat*. Hæc porro Eutychianorum, Acephalorum, et cæterorum Monophysitarum erronea doctrina fuit, quam sexcentis aliis illorum testimoniis liberet amplius ostendere, nisi brevitati studendum esset.

Catholica de incarnatione Verbi fides. — Catholicam vero fidem Leo Magnus ita descripsit in celebratissima sua ad Flavianum Constantinopolitanum epistola: *Assumpta est*, inquit, *de matre Domini natura, non culpa: nec in Domino Jesu Christo in utero Virginis genito, quia nativitas est mirabilis, ideo nostri est natura dissimilis. Tenet sine defectu proprietatem suam utraque natura, et sicut formam servi Dei forma non adimit, ita et formam Dei servi forma non minuit. Agit utraque forma cum alterius communione quod proprium est, Verbo scilicet operante quod Verbi est, et carne exsequente quod carnis est. Unum coruscat miraculis, aliud succumbit injuriis. Sicut Verbum ab æqualitate paternæ gloriæ non recessit, ita caro naturam nostri generis non reliquit. Esurire, sitire, lassescere atque dormire, evidenter humanum est: sed de quinque panibus quinque millia hominum saturare, supra dorsum maris plantis non subsidentibus deambulare, et elationes fluctuum increpata tempestate consternere, sine ambiguitate divinum est*. Ubi sanctissimus pontifex humanam naturam, cum assumpta a Verbo fuit, conditionis suæ metas non excessisse declarat, et utrique formæ seu naturæ proprios actus operationesve assignat, ut nativitas ex Virgine, incessio super mare plantis non subsidentibus, aliaque id genus prodigia, solius divinitatis effecta fuerint; lassescere vero, esurire, sitire, comedere, et aliæ humilis nostræ conditionis actiones, humanitatis. Quia nimirum, ut idem pontifex ait in epistola ad episcopos Palæstinæ : *Ea ipsa quæ inseparabiliter gesta sunt, nulla permistione confundimus, sed quid cujusque formæ sit, ex operum qualitate pensamus*. Quod quidem postremum doctrinæ Leonis de duabus Christi operationibus caput admodum displicuit Eutychianistis et Monophysitis aliis, impugnatumque in primis est a Timotheo Æluro, ut constat ex fragmento quod apud me habeo, *Apologiæ*, quam Eustathius Berytensis pro sancti pontificis ad Flavianum epistola adversus hunc hæreticum Dioscori successorem conscripsit. Quam litem Severus aliique Monophysitæ ardentius sunt persecuti, ut duarum naturarum fidem facilius labefactarent.

XV. *Pseudo-Dionysius humanitatem in Christo conditionem suam excessisse censet*. — Modo dispiciamus num pseudo-Dionysio, quem Monophysitæ in medium produxerunt cum Leone Magno, an cum illis hæreticis conveniat, et utrisnam con-

sentanea scripserit. Capite 2 *De divinis nominibus*, excerptum affert theologicarum Institutionum, quas sanctissimo nescio cui Hierotheo suo ascribit [XLI] (non sine apertissimo mendacio, quando verba, dictio, phrasis et loquela eumdem prorsus atque ipsummet prætensorum Areopagiticorum auctorem produnt). In his porro legitur: *Dominum Jesum*, ὑπερφυὲς καὶ ὑπερούσιον, *quod supernaturale et supersubstantiale est, quando factus fuit homo, servasse; non solum quatenus nostra participavit sine alteratione et confusione, nihil ex inexplicabili sua inanitione quoad immensam plenitudinem suam perpessus:* ἀλλ' ὅτι καὶ τὸ πάντων καινὸν καινότατον, ἐν τοῖς φυσικοῖς ἡμῶν ὑπερφυὴς ἦν, καὶ ἐν τοῖς κατ' οὐσίαν ὑπερούσιος, πάντα τὰ ἡμῶν ἐξ ἡμῶν ὑπὲρ ἡμᾶς ὑπερέχων · *sed, quod omnium novorum perquam novum est, in nostris naturalibus supernaturalis erat, et in iis quæ substantiæ sunt, supersubstantialis, quoad omnia nostra ex nobis supra nos eximie supereminens*. Ut hujus loci sensus visque percipiatur, attinet observare, vocibus ὑπερούσιος et ὑπερφυής, apud istum auctorem non significari eximium quemdam statum, qui tamen naturæ creatæ terminos ex toto non excedat, sed divinam omnem præcellentiam, quæ ab omni creaturæ substantiæ quantalibet perfectione infinite discrepet. Jam vero, si Dominus Jesus supernaturalem supersubstantialemque statum suum servavit, non solum quatenus, cum Deus esset, sine sui demutatione aut confusione nostrarum rerum particeps fuit, sed etiam quatenus humana nostra, seu nostræ substantiæ ac naturæ propria, supernaturali supersubstantialique ratione gessit et habuit; quid aliud restat, nisi Christum divine humana quæque nostra gessisse, ejusque adeo humanitatem ad divinitatis naturam pertinuisse, velut ejus appendicem? qui quidem purus putus Monophysitarum error fuit: quemadmodum olim Apollinarii, quem Leontius Byzantinus docuisse refert, *Dominum hominem fuisse supra nos*, consimili prorsus modo Anastasius Sinaita, pag. 267, τοῦ Ὁδηγοῦ, Severianum et Galanitam suum, ceu novum *Bataneotem*, sive Porphyrium alterum, perstringit, quod Christum assereret *voluisse videri hominem supra hominem*, μᾶλλον δὲ, ὥς φησιν ὁ Βατανεώτης ὁ νεαρὸς, εἰ ὑπὲρ ἄνθρωπον ἄνθρωπος πιστευθῆναι ἠβούλετο ὁ Ἰησοῦς.

Atqui Monophysitas illo Dionysii loco contra Catholicos pugnasse, Anastasius Sinaita testatur in Ὁδηγῷ, pag. 240, ubi reponit Dionysium hoc ipsomet loci satis ostendere se naturam humanam in Christo agnovisse, cum paulo ante dixerit Dominum ex Virginis sanguinibus carnem sibi compegisse. Unde infert hunc auctorem credidisse Christi corpus ejusdem nobiscum fuisse substantiæ et naturæ. At hoc etiam Monophysitæ Timotheo Æluro doctore confitebantur, ne præsertim a Cyrilli Magni confessione dissidere putarentur: ideoque *Semieutychiani* dicti sunt a Facundo Hermianensi, et ψευδοαληθεῖς, *Falsiveri*, a Theodoro Raythensi; quia hac in parte ab Eutyche discesserant, ut nihilominus divinitatem solam proprie naturam esse Christi, etiam incarnati, asseverarent: φύσις τοῦ Χριστοῦ μόνη Θεότης, εἰ καὶ σεσάρκωται. Quinimo Eutyches ipse, ut antehac ostensum est, etsi Christum nobis esse consubstantialem ratione humanitatis inficiabatur, nihil sibi satis constans, integram humanitatem a Christo de Virginis carne acceptam agnoscebat: id quod de Dioscoro peræque affirmare multa suadent. Catholicæ vero Ecclesiæ alia doctrina fuit: nimirum, ejus humanitatem, tametsi Dei Verbi hypostasi subsisteret, naturam nostri generis non reliquisse, nec ejus conditionis carceres prætergressam esse, sed nostræ prorsus similem exstitisse, præter peccatum, uti Paulus docuit, et Leo Magnus declaravit.

Deitatem esse incarnatam docet. Hypostasim a natura non distinguit.—Verum Dionysius ille ementitus eodem in loco Hierothei sui nomine de incarnatione Verbi ita disserere cœperat, ut vix dubium ullum reliquerit, quin crederet, humanitatem ad divinam naturam evectam esse, ad quam velut appendix spectaret: Ἡ πάντων αἰτία, inquit, καὶ ἀποπληρωτικὴ τοῦ Ἰησοῦ Θεότης, ἄρρητος, ἄφθεγκτος, ὑπὲρ νοῦν, ὑπὲρ ζωὴν, ὑπὲρ οὐσίαν, ὑπερφυῶς ἔχει τὸ ὑπερφυὲς, καὶ ὑπερουσίως τὸ ὑπερούσιον. Ὅθεν ἐπειδὴ καὶ ἕως φύσεως ὑπὸ φιλανθρωπίας ἐλήλυθε, καὶ ἀληθῶς οὐσιώθη, καὶ ἀνὴρ ὁ ὑπερφυῶς κεχρημάτικεν, κἂν τούτοις ἔχει τὸ ὑπερφυὲς καὶ ὑπερούσιον· *Universorum causa, expletrixque Jesu deitas, ineffabilis, inenarrabilis, mente, vita, substantia sublimior, supernaturali modo habet, quod supra naturam sit, ac supersubstantiali, quod supra substantiam: unde quia ad naturam usque devenit, et vere substantiata est, virque factus est, qui eximie Deus erat; in his quoque habet quod supernaturale et supersubstantiale est.* Atqui Severianorum more, contra quam inter Catholicos, post synodum præsertim Chalcedonensem, ratum fixumque erat, *'deitatem*, seu naturam divinam hic minime secernit ille ab hypostasi, ut eam esse incarnatam censeat. Verum *Divina natura seu deitas nequaquam incarnata est*, inquit Damascenus in tractatu contra Jacobitas, n. 55, et alibi. Quinimo, si ipsamet natura divina humanam sibi intime copulavit, ut ejus assumptione substantiata fuerit, omnino consequitur, ex utraque unam evasisse naturam compositam; quia unio facta esset in natura: quemadmodum invicte demonstrat sanctus Thomas III part., quæst. 11, art. 2.

Neque vero Dionysius ille Hierothei duntaxat sui nomine deitatem ipsam incarnatam esse professus est, sed et idem diserte pronuntiaverat, capite primo ejusdem tractatus *De div. nom.: Deitas*, Θεότης, inquit, *humanissimam se præbuit*, ὅτι τοῖς καθ᾽ ἡμᾶς πρὸς ἀλήθειαν ὁλικῶς ἐν μιᾷ τῶν αὐτῆς ὑποστάσεων ἐκοινώνησεν, ἀνακαλουμένη πρὸς ἑαυτὴν, καὶ ἀνατιθεῖσα τὴν ἀνθρωπίνην ἐσχατιὰν, ἐξ

ἧς ἀρρήτως ὁ ἁπλοῦς Ἰησοῦς συνετέθη, καὶ παράτασιν εἴληφε χρονικὴν ὁ ἀΐδιος· *quia nostris secundum veritatem integre in una suarum hypostasium communicavit, ad seipsam referens, sibique vindicans humanam vilitatem, ex qua ineffabili modo simplex Jesus compositus est, ac temporariam extensionem sempiternus admisit.* Hoc in loco humanitatem sic a deitate assumptam censet, ut ipsamet divina natura propria sibi fecerit quæ humanitatis sunt, ac non solum divina Verbi persona; ut, inquam, non modo divinæ personæ Verbi, secundum accuratas mutuæ [XLI] communicationis proprietatum regulas, humanitatis dotes ascribat, verum et ipsimet deitati. Quo dato, deitas ipsa de Virgine nata, passa, et crucifixa erit, aliaque portenta impune proferentur, quæ Eutychianis et Severianis familiarissima fuere, cum naturam ab hypostasi non distinguerent, ubi de Dei Verbi incarnatione disputabant, quemadmodum in notis ad cap. 3 lib. III *De fide*, enarratum fuit. Quin et vox ista ὁ ἁπλοῦς Ἰησοῦς συνετέθη, *simplex Jesus compositus est*, nescio quid veræ theologiæ minime consentaneum sonat. Vox quippe *Jesus* personam compositam ex deitate et humanitate significat, non simplicem ac pure divinam, quæ compositionem subinde admiserit. Sed de hoc iterum infra.

Epistola 4, ad Caium, Monophysitici erroris plena. — Epistola quarta, quæ *Caio Therapeutæ* inscribitur, etsi Christum vere fuisse hominem concedit, quippe cum Verbum caro factum sit, et *homo Christus Jesus* in Scripturis dicatur; attamen eum supra quam hominum conditio ferat, hominem fuisse iterum docet Monophysitarum more: Ὑπὲρ ἀνθρώπους, καὶ κατὰ ἀνθρώπους ἐκ τῆς τῶν ἀνθρώπων οὐσίας ὁ ὑπερούσιος οὐσιωμένος. Pergit, aitque: Qui supra substantiam exsistit, εἰς τὴν οὐσίαν ἀληθῶς ἐλθὼν, ὑπὲρ οὐσίαν οὐσιώθη, καὶ ὑπὲρ ἄνθρωπον ἐνήργει τὰ ἀνθρώπου· *ad substantium vere veniens, supra quam substantia ferat, substantiatus est, et supra hominem operabatur quæ hominis sunt*. Id quod probat ex ejus in utero Virginis conceptione, et incessione super aquas: quæ quidem exempla ipsissima sunt, quæ Leo Magnus in epistola ad Flavianum adhibuerat, ut ostenderet deitatem Christi peculiares suas operationes divinas ab humanis distinctas excreuisse, quemadmodum humanitas, suas, absque utrarumque confusione aut divisione; cum alioqui Monophysitæ adversus ipsum ex iisdem mirificis operibus unicum operationis genus, subindeque naturam unam, deitatis scilicet, in Christo fuisse inferrent. *Si Christus non erat deitas* (inquiunt apud Sinaitam in Ὁδηγῷ), *quomodo sputum ejus cæco medicinam fecit? quomodo lacrymæ ejus Lazarum excitarunt? Sed neque dormisse nisi semel in navi, legimus: sed neque in Evangelio constat eum, ut sors ferebat, bibisse. Quæ omnia argumento sunt, carnem Christi divinam evasisse, nec humanis proprietatibus obnoxiam fuisse. Quamobrem una tantum Christus natura est.* Quo suorum sensu Severus, cap. 143 Apologiæ *Philalethis* sui, *carnem pari cum Verbo virtute polluisse*, aiebat, *in patrandis miraculis*, εἶτε τὸ ἰσοδυναμεῖν τῷ Λόγῳ κατὰ τὴν ἐν πάσαις θεοσημείαις ἐνέργειαν. At vero proprietates illas humanitatis Christo non prorsus denegabat, quæ eam constituerent, et propter quas homo vere diceretur. Nam, ut sanctus Maximus, epist. 2 ad Marinum, refert, qualitatum naturalium discrimen Severus in Christo agnoscebat, quæ cogitatione sola caperentur: Ταύτην φάσκων εἶναι ἐπὶ τῆς οἰκονομίας τῇ φύσει τὴν ὑπόστασιν, καὶ ἐν τῇ ποιότητι φυσικῇ διαφοράν. *In incarnationis dispensatione, idem esse asserens hypostasim ac naturam, unaque in qualitate naturali distinctionem*, κατὰ μὲν τὴν ἐπίνοιαν εἶναι φρονεῖ τῶν διαφερόντων τὴν ὕπαρξιν, *secundum cogitationem discrepantium rerum exsistentiam agnoscit, recta vero confusionem ponit*. Quia nempe proprietates humanas ad divinam naturam revocabat et transferebat, ac præsertim operationes quascunque, ut caro deitatis dotibus imbueretur. Unde in variis ejus librorum et epistolarum locis, quæ in sexta synodo recitata sunt, humanas ἐνεργείας ἢ ἰδιότητας, *actus sive proprietates*, inficiabatur, ceu deitatis ipsius actiones fuerint, quascunque Christus humano more exseruisset.

Humanitati deitatis conditiones attribuit.—Pseudo-Dionysii sensum ab hoc Severianorum figmento nihil discrepasse confirmatur magis ex his quæ mox subjungit, scilicet, ea quæ de humanitate Christi asseverando dicuntur, καταφασκόμενα, vim habere eximiæ negationis, ὑπεροχικῆς ἀποφάσεως ἔχοντα· eo nimirum modo, quo ipse cap. 3 *Myst. theolog.*, aliique Patres vulgo docent, de Deo propter infinitam naturæ ipsius sublimitatem melius ac potius enuntiari quid non sit, quam quid sit. Unde censet humanitatem Christi, posita quæ naturæ nostræ cogenita est humilitate, divinæ naturæ factam fuisse inque eam transiisse, cujus inexplicabilibus dotibus et prærogativis donata fuerit, ut, quemadmodum Ælurus sentiebat, *sola Christi natura fuerit divinitas, etiam incarnata*, seu carne ipsius quamlibet persistente, nec penitus absorpta. Quam quidem assertionem suam Dionysius ille ad hunc modum probat: Καὶ γὰρ, ἵνα συνελόντες εἴπωμεν, οὐδὲ ἄνθρωπος ἦν, οὐχ ὡς μὴ ἄνθρωπος, ἀλλ' ὡς ἐξ ἀνθρώπων ἐπέκεινα, καὶ ὑπὲρ ἄνθρωπον ἀληθῶς ἄνθρωπος γενόμενος· *Ut enim* (observa particulam causalem probandi γὰρ, *enim*), *ut enim compendio dicamus, neque homo erat, non ut prorsus non fuerit homo, sed ut qui ex hominibus cum esset, ab hominibus longe distabat, vere factus supra hominem homo.* Quibus verbis Apollinarii vocem quam ante retuli, imitatur, ac Christum absolute dici hominem inficiatur, veluti fere quondam Eutyches corpus ejus *humanum esse corpus* effutierat, *non corpus hominis*. Dictum insuper Gregorii Theologi voluit imitari, qui orat. 40 *De baptismo*, ut significaret Domini corpus post resurrectionem, exuta pristina crassitie, divinius quodammodo evasisse, hyperboles figura,

rhetorum more, ac propter quamdam Apostoli vocem, dixerat illud jam non esse carnem, οὐκέτι μὲν σάρκα οὐκ ἀσώματον δὲ οἷς οἶδεν αὐτὸς λόγοις, θεοειδεστέρου σώματος. Sic prætensus Areopagita humanitatem Domini, non post resurrectionem ex mortuis, sed a prima sua exsistentia ejusmodi fuisse Monophysitico errore censuit, ut deitatis dotes, superatis humilis naturæ conditionibus, induerit, et quæcunque humana viderentur, divine potius quam humane gesserit. Antehac dixi complura in ejus libris occurrere, quæ a Theologo mutuatus est: sed nec omnia Jacobus Billius, cap. 23 *Observ. sacr.*, congessit.

Compositam ex deitate et humanitate naturam docet.—*Operationem Deivirilem non recto sensu fingit; Catholicis imposuit.*—Pergit ementitus auctor, statimque subdit, quæ magis adhuc unam Deitatis humanitatisque naturam compositam astruunt, propter mistæ unius ac Deivirilis operationis vocem, quam ipse omnium primus invexit. Τὸ λοιπὸν, inquit, οὐ κατὰ Θεὸν τὰ θεῖα δράσας, οὐδὲ τὰ ἀνθρώπεια [XLI *] κατὰ ἄνθρωπον, ἀλλὰ ἀνδρωθέντος Θεοῦ καινήν τινα τὴν θεανδρικὴν ἐνέργειαν ἡμῖν πεπολιτευμένος· *Tum ex consequenti, non divino more divina agens, non humano humana; sed Dei facti hominis novam quamdam Deivirilem operationem nobis gerens.* Quod quidem postremum epistolæ membrum, licet sequioris ævi Patrum complures post Scythopolitanum Joannem, aliique subinde theologi, qui Areopagitica pro genuinis habebant, ad sanum sensum variis interpretamentis transferre conati sint, ita ut jam Domino Jesu θεανδρικὴ ἐνέργεια, *Deiviriliis operatio*, quædam absque fidei detrimento attribuatur: nihilominus obvia totius periodi, maxime ubi cum iis quæ præcesserunt comparatur, significantia, nihil præter naturæ unius compositæ, in qua tamen potior sit, humanamque involvat divinitas, assertionem repræsentet. Interdum alias accidit, ut Ecclesiæ doctores, omissa arte critica, speciosis anteriorum Patrum, quæ libris quibusdam hæreticorum præfixa fuerant nominibus decepti, locutiones aliquot, quibus auctorum errores efferebantur aut insinuabantur, catholico sensu interpretati sint: unde alii deinceps eas tanquam rectæ fidei consentaneas sibi vindicaverint. Cujus generis fuit illa vox Apollinarii, *una Dei Verbi natura incarnata*, quam cum Cyrillus Alexandrinus reperisset in germana ejusdem hæretici confessione, quæ, nescio quo fato, sancti Athanasii nomine inscribebatur, nihil cunctatus ad rectum catholicæ Ecclesiæ sensum traduxit, ut alii postmodum theologi eam usurpare non dubitaverint, ceu qua naturarum duarum sine alterius peremptione perfecta unio exprimeretur. Eo facilius autem supposititii Dionysii de incarnatione Verbi enormia dicta, quamlibet Severianorum hæresim spirarent, sano sensu accipi poterant, quod Monophysitarum, Eutyche præsertim posteriorum, si Gaianitas exceperis, confessiones, præter inconsonas voces vanasque subtilitates ab Ecclesiæ docurina non admodum discrepare visæ sint : quod in causa fuit, cur *Semieutychiani*, et ψευδοαληθεῖς, *Falsiveri*, appellarentur.

Ex operatione Deiviriti Severus compositam naturam infert. — Cæterum θεανδρικῆς ἐνεργείας, *Deivirilis operationis*, vocabulum quod spectat, Severus cum suis locum hunc epistolæ ad Caium, ut ante retuli, mire jactitavit : ex quo validissimum argumentum conficerent, ad naturam unam compositam statuminandam, propter mistam quæ hic obtruditur, divino-humanam operationem. Aliunde vero Catholici in hujus nodi solutione laborantes, in varias interpretationes distracti sunt, cum, ut etiam vir pereruditus Lupus Augustinianus suggerit (a) ea omnino præscriptione uti potuissent, libros Dionysii subjectitios esse, et ab hæreticis recentissime productos, cum nulla eorum anterioribus sæculis mentio facta esset. Sed accuratioris criticæ regulam esse nesciebant, ut cujusvis scriptoris, ignoti præsertim, ac multo magis ementiti et impostoris, quodcunque dictum, de quo ferendum judicium sit, obvio nativoque quem voces offerunt sensu, non benigniori altero accipiendum esse, nisi ex apertissimis ejusdem locis aliis de genuina sinceraque ejus sententia sit certum.

Præjudicium grave adversus pseudo-Dionysium.— Sed forsan favorabiles illas falsi Dionysii locutionum translationes seu expositiones liberet admittere, nisi alioqui compertum haberemus, libros ejus ab hæreticis naturæ unius in Christo assertoribus ac Severianis productos primum fuisse, quibus illi suos errores tuerentur; in primis vero epistolam hanc quartam ad Caium. Quinimo huic auctori, quicunque tandem ille sit, minime condonandum erit, quod in lucubrationibus suis, quas eo tempore commentus est, 'quo de una vel duabus naturis Domini acerrime Christiani in Oriente dissidebant, nihil usquam apposuerit aut scripserit, unde persuadere posset, Dionysium Areopagitam, cujus personam ludebat, Ecclesiæ catholicæ doctrinam tenuisse ; cum se interim priscarum traditionum tenacem expresse fingeret. Plane, cum de Deo ac Trinitatis mysterio, aliis capitibus accuratissimam fidem, imo castigatissimam theologiam præferat, ut dedita opera Nicænam, Constantinopolitanam, et Ephesinam enarrare et confirmare satagat, permirum est, nihil ab eo perspicui allatum esse quo Chalcedonensis synodi de duabus Christi naturis definitio vindicaretur; sed in tradendo incarnati Verbi mysterio ubique cæspitare : nisi proinde Eutychianorum, aut sequiorum Monophysitarum imbutus placitis et artibus instructus fuerit.

Cur tandem acceptum a Catholicis Deivirilis operationis vocabulum.— Ut porro vox ista, θεανδρικὴ ἐνέργεια, *Deivirilis operatio*, ab erroris suspicione libera tandem evaderet, duo contulerunt : quorum primum est, quod Cyrus Alexandrinus anathematismo 7, et Sergius Constantinopolitanus epistola ad eumdem Cyrum, ambo Monothelitarum hæresis actores præcipui, ut virus suum melius infunderent, Dionysii ipsius verba labefactare non dubitassent, ut quasi non eis sufficeret, auctorem istum καινήν τινα θεανδρικὴν ἐνέργειαν, *novam quamdam Deivirilem operationem protulisse*; pro, *novam quamdam*, μίαν θεανδρικὴν ἐνέργειαν, *unam Deivirilem operationem* ponerent : ac si germanus iste Dionysii contextus opinationibus suis non satis faveret. Alterum, quod Colluthus Monophysita Alexandrinus, cum Theodosii patriarchæ sui partes defenderet adversus Themistium Monophysitam alium, sed Agnoetarum parentem, qui ex isto Dionysii loco Christum alia divine egisse, et alia humane, absque operationis unius dispendio contendebat, θεανδρικῆς ἐνεργείας, *Deivirilis operationis*, vocabulum non probasset, ceu operationes duæ eo significarentur, ejusdem loco *operationem* θεοπρεπῆ *Deo congruentem* substituisset. De quibus videsis concil. Lateran., act. 3. Atqui præter Colluthum nullus alter e Monophysitarum grege occurrit, qui θεανδρικὴν ἐνέργειαν abjecerit. Quinimo Themistius in libro adversus ipsum, cujus fragmenta in eadem actione tertia synodi Lateranensis recitata sunt, testatur *beatissimum suum Severum* operam in primis posuisse, ut Christo *Deivirilis* operatio assereretur, ac non ea solum quæ Deum deceret, θεοπρεπὴς, utpote cum alia divine, humane alia gessisset : "Ὅτι γάρ τοι καὶ ὁ μακάριος Σευῆρος περὶ Χριστοῦ λέγων, ὡς τὰ μὲν θείως, τὰ δὲ ἀνθρωπίνως ὁ αὐτὸς [XLII] ἐνήργησε, τὸ τῆς ἐνεργείας θεανδρικὸν, οὐ μόνον μέντοι θεοπρεπὲς, ὁμοίως προήρητο, καταθεάσασθαι ῥᾷον. Idem sentiebant etiam Theodosiani, cæterique Severiani, quibus Cyrus Monothelita, Sergiusque, et alii hoc indulgendum censuerunt, unam in Christo voluntatem atque operationem θεανδρικὴν, *Deivirilem*, dici, propter Dionysii auctoritatem.

Opera mirifica Christi tribus Personis divinis communia. — Sed alia mihi expendenda supersunt auctoris hujus loca, in quibus malesanam de una illa Domini Jesu operatione composita sententiam suam vocibus aliis iterum suggerit. Ecclesiæ Doctrina inviolabilis est, externa quævis deitatis opera tribus personis perinde communia esse, ut quæcunque miracula Christus, etiam adhibita carne ediderit, eadem Pater et Spiritus sanctus simul et ex æquo perfecerint. Cujus hæc ratio est, quod divina essentia et natura, quæ in tribus personis indivisim una eademque est, principium sit illius unius et communis operationis, a qua patrantur et eduntur. Quocirca Dominus in Evangelio dicebat : *Pater in me manens ipse facit opera* [a]. Quamobrem in ejusmodi operibus

---

[a] Joan. xiv, 10.

(a) Schol. in can. 6 concil. Lateran.

divina Verbi persona nihil sibi proprium vindicabat : sed neque humanis actionibus quibuscunque suis aliud addebat, nisi infinitam dignitatem, immensique pretii ac meriti valorem, quatenus ipsa earum erat, ut nostri de schola loquuntur, *principium quod*. Subjectitius vero Dionysius Domino Jesu, præter θεουργίαν, *divinam efficientiam* (seu ut Damascenus noster, lib 1 *De fide*, c. 10, vertit, θαυματουργίαν, *rerum mirabilium effectionem*) qua seipse, utpote Deus Verbum cum Patre et Spiritu sancto beneficentissimum erga homines præbuit, ἀνδρικὴν θεουργίαν, sive ἀνθρωπικὰς θεουργίας multis in locis affingit, quæ ipsius duntaxat, non Patris ac Spiritus sancti, propriæ sint. Atqui ἀνδρικῆς vel ἀνθρωπικῆς θεουργίας vocabulo, ejus interpretes orthodoxi, Joannes Scythopolitanus, et alii, prodigiosa ac divina opera, θεοσημείας intelligunt, quæ per humanitatem Salvator gessit : a quibus non prorsus dissentit Pachymeres, cum in cap. 6 lib. *De cœlest. hierarch.* ait, Ἀνδρικὴν θεουργίαν, τὴν οἰκονομίαν λέγει, καθ' ἣν Θεὸς ὢν εἰργάζετο· *Humanam theurgiam incarnationis dispensationem appellat, qua Deus cum esset, divina operabatur*. Quinimo Combefisius in annotatione 25 ad Opuscula polemica sancti Maximi, ex Budæo confirmat, θεουργίας vocata esse Christi opera, quæ deitatem ipsius significabant, et vocem istam non nudam unionem, sed activum quid sonare, vimque divinorum operum et miraculorum, quam Verbum per humanitatem exercuerit.

Dionysius censet sine Patre et Spiritu sancto Christum divina opera edidisse. Monophysitarum hic error fuit. — Capite igitur 2 *De div. nom.*, ἀνθρωπικὴ ejusmodi θεουργία sic propria esse Deo Verbo asseritur, ut nihil ad Patrem et Filium pertinuerit, nec ambæ istæ personæ ad eum ullatenus contribuerint præter benignissimum consensum : Διακέκριται δὲ τῆς ἀγαθοπρεποῦς εἰς ἡμᾶς θεουργίας, τὸ καθ' ἡμᾶς ἐξ ἡμῶν ὁλικῶς καὶ ἀληθῶς οὐσιωθῆναι τὸν ὑπερούσιον λόγον, καὶ δρᾶσαι, καὶ παθεῖν, ὅσα τῆς ἀνθρωπικῆς αὐτοῦ θεουργίας ἔκκριτα καὶ ἐξαίρετα· *Porro a benignissima erga nos efficientia divina secernitur, quod ipse Deus Verbum, qui supra substantiam est, integre et vere, juxta ac nos, atque ex nobis substantiatus fuerit, egeritque, et perpessus sit eximia quæque et excellentia humano-divinæ efficientiæ opera*. Addit statim : Τούτοις γὰρ ὁ Πατὴρ καὶ τὸ Πνεῦμα κατ' οὐδένα κεκοινώνηκε λόγον· *In his nihil commune habuit Pater ac Spiritus sanctus, nisi quis dicat secundum benignissimam voluntatem*. Quod si Christus, seu Verbum incarnatum, præter efficientiam suam mere divinam, quam cum Patre et Spiritu sancto communem habet, erga nos beneficentissimam, altera insuper divino-humana, quæ nec Patre, nec Spiritui sancto communis esset ; ita ut ipse Filius per eam quoque ab utroque secerneretur ac distingueretur, eximia opera seu miracula edidit, quid aliud

hinc consequitur, nisi auctorem istum, qui hæc effutiit, eo in errore versatum esse, Deum Verbum assumpta humanitate mistum quoddam naturæ genus nactum esse, seu naturam compositam, quæ hujus efficientiæ veluti *formale*, ut scholastici loquuntur, principium esset, quæque nec Patris, nec Spiritus sancti exsisteret ? Atqui sancti Patres, ut puta Leontius Byzantinus, Eulogius Alexandrinus, Maximus, Joannes Damascenus, aliique ostenderunt hanc esse mentem Monophysitarum, Acephalorumve, ac Severianorum, qui, dum de incarnatione sermo erat, nihil discriminis statuentes hypostasim inter et naturam seu substantiam aut essentiam, incarnato Verbo, non solum hypostasim compositam, verum et compositam quoque naturam, subindeque compositam operationem et efficientiam, a natura et operatione Patris et Spiritus sancti discretam, assignarent.

Ab hoc errore qui recederent, Sabellianæ impietatis rei. — Quas ambages, quibus vel quaternitas pro Trinitate, vel etiam tritheismus, astruebatur, cum Theodosianorum (Severianorum secta peculiaris erat) aliqui in Ægypto persentiscerent, ut ab his sese expedirent, ultro concesserunt ; omnia prorsus quæ de Christo, seu Verbo carne facto, prædicantur, eadem Patri et Spiritui sancto esse ascribenda. Quod quidem Theodosianorum præsulem Alexandrinum in sexta epistola festali sua docuisse tradit Anastasius Sinaita in Ὁδηγῷ, cap. 13. Hujus autem bellæ solutionis parentem fuisse Damianum patriarcham Alexandrinum Monophysitam colligo ex Timothei Constantinopolitani opusculo *De receptione hæreticorum*, ubi narrat sententiam istam propriam Damianitarum fuisse, qui idcirco ab aliis qui eam non probarent, Sabelliani vocati sint, ac si tres personas deitatis in unam constringerent, unaque Patrem et Spiritum sanctum cum Filio crucifigerent, et passionibus addicerent. Sophronius quoque in epistola ad Sergium, Δαμιανός, inquit, τούτων μὲν ὑπερβαλλόντως ἀντίπαλος, νέος δὲ φανεὶς ἐν ἡμετέροις χρόνοις Σαβέλλιος· *Damianus horum (Tritheitarum) eximie adversarius, novus vero nostris temporibus Sabellius*, etc.

Hi ergo sectarii a genuino pseudo-Dionysii sensu discrepabant, cujus commento tota incarnationis Verbi ratio ac series ἀνθρωπικὴ, vel ἀνδρικὴ [XLII *] θεουργία, *Divino-humana efficacitas seu activitas esset*, ad quam Pater et Spiritus sanctus non concurrerent ; ut Christus ex deitatis cum humanitate penitissima unione, mistæ illius actionis genus sibi proprium, ac non personis aliis commune, exserere, eaque divina opera patrare natus esset. Quæ quidem aliorum Monophysitarum erronea sententia erat. Quanquam in ea non ego sum opinione, ut Dominum Jesum, qua parte homo est, divino nutu et motione caruisse inficier (totum quippe θεουργὸν fuisse ultro cum Maximo fateor), sed motionem illam qua humanitas ad divina efficienda, adhibebatur, perinde a Patre sanctoque Spiritu, atque Verbo profectam esse, Catholicorum nemo negare ausus fuerit. Tres quippe divini et perpetui illius ductus et efficientiæ unus auctor erant.

Errorem sentiunt Dionysii interpretes. — Quam autem isthæc a recta fide dissideant, persensisse videntur recentiores Dionysii operum interpretes Latini, Ambrosius Camaldulensis, Joachimus Perionius, et Corderius, qui vocem θεουργίας minime transtulerunt. Primus locum istum ita reddidit : *Discretum est autem a divinis operibus in nos benigne manentibus, quod secundum nos atque ex nobis integre et vere sumpsit supersubstantiale Verbum, eaque et gessit, et pertulit, quæ sunt humanæ ipsius assumptionis electa atque præcipua.* Secundus : *Distinctum est autem a divinitate, cujus in nos beneficia exstiterunt, quod ex nobis omnino et vere essentiam divinum Verbum assumpsit, fecitque, et passus est omnia quæ humanæ ipsius actionis præcipua sunt et singularia.* Tertius : *Porro in benefica nostri reparatione munus hoc a deitate distinctum est, quod propter nos ex nobis Verbum quod supra substantiam est, integram veramque nostram substantiam assumpserit, eaque gesserit, tuleritque, quæ humanæ ipsius actionis præcipua sunt et singularia.* Interpres alter, cujus translatione usus est sanctus Thomas, pro ἀνδρικῆς θεουργίας legisse videtur ἀνδρικῆς θεωρίας. Sic enim vertit : *Quæcunque humanæ ipsius contemplationis sunt electa et semota.* Unde non mirum quod errorem non adverterit sanctus doctor. At vero Joannes Scythopolitanus, sanctus Maximus, Pachymeres, aliique tam Græci, quam Latini testes sunt, scriptum ab initio fuisse ἀνδρικῆς θεουργίας. Sanctus Joannes Damascenus lib. 1 *De fide*, cap. 10, ubi locum istum capitis 2 *De divin. nom.*, paucis demptis verbum fere e verbo exscribit, ἀνδρικὴν θεουργίαν omisit, posuitque, διακέκριται δὲ καὶ ὅσα τῆς θείας καὶ φιλανθρώπου τοῦ Θεοῦ Λόγου σαρκώσεως. *Discreta sunt autem et quæcunque divinæ humanissimæque incarnationis Verbi Dei sunt.* Adeoque cavit ab eo sensu quem pseudo-Dionysii voces præ se ferunt.

Quæ omnia quo attentius considerantur et expenduntur, unaque cum aliis quæ ante attuli, comparantur, magis ac magis suadent, manifestumque faciunt, hunc auctorem, illo θεανδρικῆς ἐνεργείας, *Deivirilis operationis*, quod primus ipse pronuntiavit, vocabulo, significare voluisse compositam actionem, quæ a composita, non hypostasi solum, verum et natura proficisceretur; quam proinde naturæ divino-humanæ compositionem in eodem cap. 2 *De div. nom.*, alibique θεοπλαστίας nomine significavit, ἡ καθ᾽ ἡμᾶς Ἰησοῦ θεοπλαστία. Ex quo ulterius infertur, cum ibidem rursum ait miracula quæ Christus per carnem edidit, puta partum ex Virgine, incessionem super aquas, et reliqua ejusmodi, ad supernaturalem ejus naturam pertinere, καὶ τὰ ἄλλα ὅσα τῆς ὑπερφυοῦς ἐστιν Ἰησοῦ φυσιολογίας, non naturam mere divinam personis tribus communem, sed divino-humanam soli Verbo propriam eum intendisse.

Severiani ex aliis etiam minoris momenti locis librorum ementiti Dionysii erraticum parumque sibi constans dogma suum communire poterant, ut puta cum nomine *Jesu* nudam et simplicem deitatis personam designat, illis verbis quorum antehac mentionem feci, ὁ ἁπλοῦς Ἰησοῦς συνετέθη, *simplex Jesus compositus fuit :* ac si sanctissimum istud vocabulum nudam et simplicem divinæ naturæ personam secundam, seu Verbum, etiam humanitatis expertem exprimeret. Plane nomen *Jesus* compositæ hypostasis et personæ proprium est, velut nomen Christi, non simplicis solæque natura divina constantis, uti contra Monophysitas Maximus, Leontius, aliique Patres statuerunt. Eodem modo cap. 2 *De divin. nomin.*, ait Patrem esse fontalem deitatem, πηγαία Θεότης, cujus germina sunt Ἰησοῦς καὶ τὸ Πνεῦμα. Simile quid apud Nazianzenum fateor reperias orat. 45, seu epistola ad Evagrium, ubi ait : Οἱονεὶ ἀκτῖνες τοῦ Πατρὸς ἀπεστάλησαν ἐφ᾽ ἡμᾶς, ὅ, τε φθεγγώδης Ἰησοῦς καὶ τὸ Πνεῦμα. *Tanquam radii quidam Patris ad nos missi sunt splendescens Jesus et Spiritus.* Hic vero theologus missionem exprimendo, incarnatum Verbum nomine Jesu significavit; non uti Dionysius passim, Nestorianæ quidem, ut apparet, impietatis proscribendæ gratia, at Monophysitarum sensu, non sine rectæ de proprietatum communicatione doctrinæ abusu. Scilicet larvatus hic auctor, eo tempore lucubrationes adornabat suas, quo Monophysitæ, Petro præsertim Fullone duce, ad hoc contendebant, ut *Deus Verbum*, et unus de *Trinitate passus* diceretur, in hanc rem interpolato celebratissimo hymno Trisagio : quod, licet cum fide catholica prima fronte non repugnaret, illorum tamen sensu hæreticum erat. Quamobrem ejusmodi voces plerique fidelium adhuc refugiebant, ne sub iis Theopaschitarum hæresis venenum instillaretur.

Theopaschitis favet pseudo-Dionysius. — A pluribus locis istorum similibus congerendis modo supersedeo, ut alterum illum resumam, in quo auctor dicit Verbum divinum, qua parte discernitur etiam a Patre et Spiritu sancto, *operatum passumque esse eximia quæcunque et excellentia divino-humanæ efficientiæ opera*, καὶ δρᾶται καὶ παθεῖν ὅσα τῆς ἀνθρωπικῆς αὐτοῦ θεουργίας ἔκκριτα καὶ ἐξαίρετα. Ubi, ni fallor, significat (quod quidem ex Monophysitico dogmate deducitur) Christum, non modo qua homo exstabat, verum etiam ipsa deitate cum humanitate composita propter nos sublimiori quadam ratione esse passum : illumque adeo quem dixi Theopaschitarum errorem aperte insinuat. Id quod ex prava duodecimi anathematismi Cyrilli [XLIIⁱ] interpretatione Eutychianistæ, Acephali et Severiani omnes semper tenuerunt, atque etiamnum tenent, Nestorianismi illos insimulantes, qui hoc negaverint.

XVI. *Pseudo-Dionysii libri circa tempora Petri Fullonis elaborati, ac forsitan ab ipsomet Petro, ejusve sociis.* — Et certe cum inter impiæ hujus doctrinæ patronos Petrus Cnaphenus seu Fullo, Ecclesiæ Antiochenæ pervasor et tyrannus, primas tulerit, hic omittere non possum, pessimum hunc hominem, aut quemdam saltem ex ejus assecliis, genuinum fuisse videri parentem librorum, qui Areopagitici audierunt. Cujus meæ suspicionis hæc ratio est, quod cap. 3 *De hierarchia ecclesiast.*, ubi strictim primum refert, moxque subinde enarrat divinæ liturgiæ partes, quas ab apostolis traditas esse persuadere lectoribus voluit, mentionem etiam fecerit recitationis Symboli (a), προομολογηθείσης ὑπὸ παντὸς τοῦ τῆς Ἐκκλησίας πληρώματος τῆς καθολικῆς ὑμνολογίας. *Cum omnis Ecclesiæ cœtus confessus ante fuerit catholicam laudationem :* hoc est, ut ipse in theoria mysterii exponit, τῆς θρησκείας τὸ σύμβολον, *religionis symbolum :* quod nempe recitandum statim ab egressu catechumenorum et energumenorum ait; uti postea fieri consuevit in Ecclesiis Græci ritus, quarum etiam morem Latini deinceps imitati sunt. Atqui ecclesiasticæ historiæ monumenta perhibent, paucis annis antequam supposititia Dionysii volumina prodirent, Petrum Cnapheum, cum Antiochenum thronum denuo occupasset, instituisse, ut Symbolum fidei in omnibus missis recitaretur, καὶ ἐν πάσῃ συνάξει τὸ σύμβολον λέγεσθαι, inquit libro II Theodorus Lector. Quem ritum paulo post sub Anastasio imperatore Timotheus Constantinopolitanus antistes Monophysita, Chalcedonensique synodo infensus, in urbe regia observari sanxit, eodem Theodoro Lectore teste. A qua nequissimi alias viri institutione, nec cæteræ Orientis Ecclesiæ, nec postmodum Latinæ et Occidentales, ut diximus, abhorruerunt. Ex quo capite compertiorem habemus ætatem, qua spuria Areopagitica conscripta sunt.

Ad hæc, quemadmodum Cnapheus iterum excogitavit, ut unguentum sanctum, seu chrisma, palam in ecclesia, astante populo, sacraretur (b), τὸ μύρον ἐν τῇ Ἐκκλησίᾳ ἐπὶ παντὸς λαοῦ ἁγιάζεσθαι· quæ proinde consecratio prius clam, et extra divinam liturgiam fiebat : ita quoque lib. *De eccl. hierarch.*, cap. 4, legitur, statim valere jussis catechumenis et aliis qui a sacrificio de more arcebantur, auspicandam esse intra missarum solemnia, ac proinde Christiana plebe præsente, divini unguenti consecrationem. Quinimo ritus alter, qui ibidem subjungitur, quemque hodieque observant Græci, ut unguentum super altare depositum seraphicis figuris duabus contegatur, quo significetur Christum, qui unguento repræsentatur, perpe-

tuo Seraphim cantico, quod Trisagium, seu ter sanctum dicitur, celebrari, annon hoc etiam Cnaphei et Severianorum mentem et ingenium redolet, qui trisagia cantica modo toti Trinitati accinunt, modo soli Filio ac Christo, quemadmodum ecclesiasticum illud : *Sanctus Deus, sanctus fortis, sanctus immortalis,* adjecta interdum voce *qui crucifixus est pro nobis,* ut ad Christum referri significetur? Hujus additamenti, quo Filius ter proclametur *Sanctus* auctorem fuisse Fullonem vel pueri norunt.

Horum auctor Atticus videtur fuisse. — Priori illi conjectationi meæ, qua Fullonem, ejusve partium aut consiliorum socium aliquem ementiti Dionysii libros cudisse sum suspicatus, alteram hanc juvat addere, eos ab homine Atheniensi, seu qui Athenis educatus esset, elaboratos videri, qui primi sanctissimique Athenarum præsulis assumpta persona, summam lucubrationibus suis ac traditionibus quas velut apostolicas obtrudebat, auctoritatem conciliatum iri est arbitratus. Atticum profecto scriptorem indigitant frequentes Atticismi, quibus illos libros scatere Joannes Scythopolitanus aliique Græci observavere : ut, quemadmodum a Scythopolitano λίαν Ἀττικὸς, *maximopere Atticus* dictus est, sic et a Michaele Syncello ejus laudatore, τῶν ἀττικιζόντων καὶ γραμματευόντων ἀττικώτατός τε καὶ τεχνικώτατος. *Atticizantium Atticissimus, et grammaticorum peritissimus et ingeniosissimus.* Indicat etiam singularis ille modus Christianæ religionis mysteria et ritus tractandi, usurpatis vulgo vocibus quæ Atheniensibus familiares fuerant, dum præsertim de sacris ipsorum Eleusiniis agebatur, quasque Platonicæ philosophiæ alumni, quorum scholæ ad sextum usque a Christo nato sæculum Athenis celebres fuerunt, apud se servaverant et usu habere solebant. Tales erant istæ θεολογία (ad vatum prophetarumve oracula significanda) ἱεράρχης, ἱεροτελέστης, θεωρὸς, ἐκφάντωρ, ὑποφήτης, μυεῖν, μύσται, μυσταγωγοὶ, κάθαρσις καθάρται, τελεῖν, τετελεσμένοι, τελεταὶ, προτέλειοι εὐχῶν, ἐπόπται τελετῶν, ἐποψία, θεραπευταὶ, λειτουργοὶ, σύμβολα, θιασῶται, θεουργία, ἱερουργία, ἀνάκτορον, ἡ τῶν ἀνιέρων διάκρισις, ἱλάριοι ἡμέραι, etc. Episcopum insuper ἁρμοστὴν et ἔφορον appellat, veluti Lacedæmonii Atheniensium vicini magistratus suos. Monet Scythopolitanus Dionysium suum Romanorum interdum ritus potius quam Orientalium descripsisse : quia, ut conjicio, cum Ecclesiæ Achaiæ, Thessaliæ, et Illyrici Romano primati ab ipso apostolorum ævo addictæ essent, Romanæ Ecclesiæ cæremonias aliquot usurpabant, quas aliæ idiomatis Græci non haberent. Sic sacram unctionem, quam nos *confirmationem* appellamus, non a presbyteris fieri concedit, ceu qui perficiendi potestate careant, sed a pontifice, ἐπὶ τὸν ἱεράρχην αὐτὸν ἀνάγουσιν. Qui locus argumento

(a) Vide schol. Scythopol.

(b) Theod. Lect., lib. II.

erit, larvatum hunc Dionysium non fuisse Alexandrinæ Ecclesiæ obnoxium, in qua penes etiam presbyteros jam olim esset hujus unctionis peragendæ officium.

Atqui in Achaia complures identidem exstiterunt, qui unam Domino naturam assignarent. Athanasius olim ad Epictetum Corinthi episcopum scripserat adversus aliquos qui in Attica regione doctrinam Apollinaristicæ non prorsus absimilem insusurrabant, naturam aliam præter divinam in Christo non agnoscentes. Exstant, ut sæpe dixi, apud Leontium et alios fragmenta epistolarum Apollinarii ad Dionysium Corinthi episcopum, in quibus errorem suum defendere nititur. In latrocinio Ephesino ac postea, Illyriciani præsules Dioscorum secuti [XLII***] sunt, vixque tandem Leonis Magni epistolam ad Flavianum contra Eutychem scriptam admiserunt in concilio Chalcedonensi. Multos rursum Illyrici episcoporum Acacius Constantinopolitanus in perduellionem suam erga sanctam hancce synodum traxit. Petrus vero Cnapheus, patria Antiochenus fuisse non videtur, sed ex Europæ partibus oriundus : qui, cum in monasterio Acœmetorum Constantinopoli monasticam vitam auspicatus esset, inde ob infensum catholicæ doctrinæ animum pulsus, Chalcedonem se recepit, donec Antiochiam profectus, ejusdem urbis sedem occupare aggressus est.

XVII. *Cyrillus ex pseudo-Dionysii libris non accepit* «*unam esse Dei Verbi naturam incarnatam,*» *sed ex subjectis Athanasio et aliis Apollinarii lucubrationibus. Male a quibusdam intellectus Cyrilli sensus.* — Ex illis itaque de quibus ante disputavi, lucubrationibus variis, ac non ex Dionysii libris, Cyrillus intulit, *unam* dicendam esse Christi Domini *naturam*, propter arctissimam unionem divinitatis cum humanitate, *unam* itidem *Dei Verbi naturam incarnatam*. Primum dixit expressis istis verbis in Commonitorio ad Eulogium apocrisiarium suum, *unitione concessa, non distant amplius ab invicem quæ unita sunt, sed deinceps Filius est,* μία φύσις αὐτοῦ ὡς σαρκωθέντος Λόγου, *una ipsius natura, Verbo utique carne facto*. Alterum dixerat lib. II *Contra Nestorium*, p. 31, in epistola ad Acacium Melitinensem, inque eodem Commonitorio : explicavit autem in epistolis ad Successum, cum propter dictum hoc in suspicionem venisset Apollinarismi hæresis. Verum alio sensu Apollinarius *naturæ* nomen assumpserat, et alio Cyrillus : Apollinarius Arianorum more pro *essentia*, seu *substantia*; Cyrillus vero subtiliori notione, pro ipsa re una et individua, sive essentia, sive hypostasis aut persona esset, quemadmodum exposuimus in dialecticis adnotationibus. Quinimo Theodoretus ipse Cyrilliano plane sensu, Athanasii, ut reor, nomen reveritus, *unam naturam incarnatam* fassus est dial. 2, cum Eranista. Quod cum multi Catholicorum illius ævi non perspexissent, existimarunt, contra Nestorium profitendum esse unam in Christo naturam conflatam ex duabus, ea voce sumpta secundum commune significatum ipsius. Unde cum in locum Dorothei, qui Nestorio fuerat addictior, Saturninus quidam Marcianopolim missus fuisset episcopus ab imperatore Theodosio, plebs hunc admittere noluit, *maxime cognoscentes, quia unam Domini et Salvatoris nostri naturam prodigiose denuntiaret, alteram negans,* inquit Dorotheus ipse epist. 46 collectionis editæ a Lupo Augustiniano. Sed in primis Acacius Melitinensis in Armenia minori, cum probe nosset quid suis Orientalibus *naturæ* vocabulo significaretur, Cyrillo nihilominus scribebat (a) Joannem Antiochenum cum suis communione donari non debere, *nisi anathematizarent eos, qui dicunt duas naturas post unitionem, proprie unamquamque operantem, ut hæc quidem susceperit passiones, illa vero impassibilis manserit : nihil quippe hoc esse aliud nisi duos filios confiteri, duasque introducere personas*. Quamobrem mendacii rei non sunt Orientales illi episcopi, qui præsulibus aliis scripserunt (b), *se convicisse Acacium, qui inter gesta deitatem confessus est esse passibilem :* quibus adeo motus sit piissimus imperator, ut blatteam chlamydem qua induebatur, excuteret, seque retro subduceret præ magnitudine blasphemiæ. Vere, inquam, Alexander Hierapolitanus Acacio Berrhœensi narrabat, Melitinensem cum Ephesi esset, sequendo Cyrilli capitula et ejus sensum, sic in scripto deposuisse (c) : *Mentitus est divinam Scripturam Nestorius, tanquam nativitatem mortemque, non divinitatis, sed humanitatis edoceat*. Omitto Theodotum Ancyranum, qui in expositione Symboli Nicæni adversus Nestorium, quamvis deitatem doloribus affectam passim neget, improbat tamen Christi nomine substantias duas significari, εἰ λέγεις.... ὑπὸ τοῦ ὀνόματος τούτου οὐσίας διαφόρους σημαίνεσθαι, οὐ συμφωνεῖς τοῖς Πατράσιν. Imo res duas eo exprimi non vult. Τοῦτο σὺ ὡς ὄνομα ἓν πλειόνων πραγμάτων ἐκτίθης σημαντικόν. Et rursum : Ἄδειαν δέδωκεν ἑαυτῷ πλείονων φύσεων τὸ Χριστὸς ὄνομα κοινὸν λέγειν, *sibi ipse licentiam fecit, ut Christi nomen pluribus naturis commune assereret*. Liberatus quoque refert (d), *quosdam de palatio per Eulogium presbyterum et apocrisiarium Alexandrinæ Ecclesiæ culpasse Cyrillum, cur susceperit ab Orientalibus episcopis duarum confessionem naturarum, quod Nestorius dixit et docuit*. Sed Cyrillo compertum erat, quam sanus esset Joannis et Antiochenorum sensus. Quapropter, probata ipsorum fidei professione, eamdem iisdem vocibus reddere non dubitavit ; scilicet *Dominum nostrum Je-*

(a) Collect. Lupi, cap. 85.
(b) Ibid. cap. 27.

(c) Ibid. cap. 57.
(d) Brevarii cap. 8.

sum Christum Filium Dei unigenitum, Deum esse perfectum, et hominem perfectum ex anima rationali et corpore...... ὁμοούσιον τῷ Πατρὶ τὸν αὐτὸν κατὰ τὴν θεότητα, καὶ ὁμοούσιον ἡμῖν κατὰ τὴν ἀνθρωπότητα· δύο γὰρ φύσεων ἕνωσις γέγονεν, *eumdem Patri consubstantialem secundum divinitatem; nobis item consubstantialem secundum humanitatem: siquidem duarum naturarum unitio facta est. Et propterea unum Christum, unum Filium, unum Dominum confitemur: secundum hunc inconfusæ unitatis intellectum, sanctam Virginem esse Dei genitricem, eo quod Verbum incarnatum sit, et homo factum, atque ex ipsa conceptione templum sibi ex illa sumptum univerit. Evangelicas autem et apostolicas de Domino voces scimus theologos, alias quidem tanquam ad unam pertinentes, communes facere;* τὰς δὲ διαιροῦντας, ὡς ἐπὶ δύο φύσεων, *alias vero tanquam in duabus naturis divisim usurpare; et illas quidem quæ Deum decent, secundum Christi divinitatem, alias autem humiles, secundum humanitatem habere.* Quinimo ante concordiam initam Joannes ipse Antiochenus in epistola ad Alexandrum fassus erat, Cyrillum nunquam illos damnasse qui duas naturas dicerent. Insuper in Dialogis ad Hermiam de Trinitate et Incarnatione, quos diu post proscriptum Nestorium edidit Cyrillus, voce οὐσίας, φύσεως, et ὑποστάσεως, eodem ac Orientales sensu accipiuntur, non eo speciali, quo in anterioribus contra Nestorium scriptis easdem usurpaverat.

XVIII. *A Cyrillo dissensit Eutyches, et pseudo-Athanasii aliorumque libros ceu germanos jactat.* — Hæc nihil curavit Eutyches, sed tenendam esse putavit unam Christi naturam et substantiam, non duas; atque ex consequenti negavit Christum, qui propter divinam naturam Patri sit consubstantialis, ejusdem ac nos essentiæ et naturæ esse secundum humanitatem. Tum subinde præclaros illos viros *de Palatio*, quos Liberatus memorat, sibi faventes nactus est; velut rerum, quæ ipsius hæresis occasione acciderunt, series confirmavit. Atqui in epistola [XLIII] quam ad Leonem papam scripsit *(a)*, cum in duplici concilio Constantinopoli damnatus esset, hoc præsertim causatur: *Ego metuens definitionem a synodo, nec adimere, nec addere verbum contra expositam fidem a sancta synodo Nicæna: sciens vero sanctos et beatos Patres, Julium, Felicem, Athanasium, Gregorium, sanctos episcopos, refutantes duarum naturarum vocabulum, et non audens de natura tractare Dei Verbi, qui in carnem venit ultimis diebus in uterum sanctæ Virginis Mariæ immutabiliter, quomodo voluit et scit, in veritate et non in phantasmate factus homo, aut anathematizare supradictos sanctos Patres nostros, rogabam, ut innotescerent ista sanctitati vestræ, et quod vobis videretur, judicaretis.* Ex quibus apparet deceptum quoque Eutychem fuisse ob falsas inscriptiones opusculorum, quæ Gregorii Thaumaturgi, Athanasii, Julii et Felicis nomina præferebant, adeoque prius quam a Dioscoro subjici potuissent. Cæterum orthodoxi fraudem paulo post subodoravere, ut colligitur ex epistola penultima Synodici contra Irenæum, quæ non ita pridem a coacto latrocinio Ephesino, vivente adhuc Eutyche, scripta est: *Ad senem cupientem scire, quid contrarium catholicæ fidei senserit Eutyches.* Auctor siquidem epistolæ, de ea quæ a Julio ad Dionysium episcopam data ferebatur, sic loquitur: *Nam denique epistola, quam dicit Eutyches Julii quondam episcopi urbis Romæ esse, quam et ad solatium suæ perfidiæ, ignoro an forsan falsam, protulit, cujus et pravo sensu duci cognoscitur, in ipso ultimo textus sui ita profitetur, dicens: Qui igitur sic sentiunt,* et reliqua, ut in prætensa Julii epistola, quæ cap. 234 dicti Synodici integra Latine exstat cum hoc titulo: *Exemplar Julii episcopi urbis Romæ, ut asserunt Eutychis scripta, ad Dionysium episcopum, cujus sensu ductus ipse Eutyches incidit in errorem.* E Catholicis quidem Gennadius Massiliensis in Catalogo scriptorum ecclesiasticorum, epistolam hanc Julio Romano concessit: sed hoc homini Latino condonandum erit. Cæterum monet illam *perniciosam probatam esse. Fomentum enim est,* inquit, *Eutychianæ et Timotheanæ impietatis.*

XIX. *De oratione* Quod unus est Christus, *in:er opera Athanasii.* — Non solum autem Julio, Felici, Gregorio et Athanasio per summam fraudem assignati fuerunt libelli illi de quibus hucusque disputavi; verum et inter opera Athanasii orationes quoque duæ censitæ fuerunt, quæ vel Apollinario, vel Apollinaristis quibusdam restituendæ sunt. Prima sic inscribitur, Ὅτι εἷς ὁ Χριστός· *Quod Christus unus sit,* citataque jam olim est a Paulo Diacono libro *De incarn. et grat.*, c. 3, tanquam Athanasii. Nihilominus a nobilioribus criticis sancto huic doctori jure substracta est et ad dubia illius opera relegata. Auctorem vero loquela ipsius manifestum facit. Nam, veluti Apollinarius cujus verba Gregorius Nyssenus Antirrhetico contra ipsum recitat, sibi rem esse ait iste, adversus eos qui gentilium more creaturam uti Deum haberent et adorarent, quidque Judaica perfidia Christum nudum esse hominem sentirent, nihil a Paulo Samosateno et Marcello Ancyrano recedentes. Tum assumit probandum et inculcat, adorationem unam carni et Verbo adhibendam esse. *Duas quidem hypostases, duas personas, duasque adorationes* abnegat: nusquam vero naturas duas dicit, nusquam naturam unam inficiatur, eoque prorsus modo quo Jobius episcopus Apollinarista apud Leontium, solam *invisibilem* naturam enuntiat, *quæ ex habitu exteriori non definiatur,* μηδὲ κατὰ τὸ ὁρώμενον σχῆμα τὴν ἀόρατον αὐτοῦ φύσιν ὁρίζειν. Et rursum ait: Δοῦλος

(a) Synod. adv. Iren., cap. 2.

κατὰ τὴν μορφὴν ὁ τῇ φύσει Θεός· *Specie servus, qui natura Deus.* Adversarios accusat, veluti sæpe Catholicos Apollinarius, invectæ pro Trinitate quaternitatis. Apollinarii more dicit : *Agnosco ipsum* Θεὸν ἀληθῶς ἐξ οὐρανοῦ ἀπαθῆ, *revera Deum e cœlo impassibilem : agnosco ipsum ex semine David* κατὰ σάρκα ἐκ γῆς παθητόν, *secundum carnem de terra passibilem :* tum subjungit : Οὐ ζητῶ, πῶς παθητὸς καὶ ἀπαθὴς ὁ αὐτός, *non disquiro quinam ipse idem tum passibilis, tum impassibilis sit :* πῶς Θεὸς καὶ ἄνθρωπος, *qui Deus et homo : ne illud, quomodo, curiosius rimando, boni quod nobis propositum est, jacturam faciam.* Qui sane communis et consuetus hæreticorum prætextus fuit, nec homini naturas duas sincere profitenti negotium adeo facessiverit. Verum jam ante dixerat, Judaicam perfidiam esse, asserere Christum, ὡς ἕνα τῶν καθ' ἡμᾶς παθητόν, *velut unum aliquem ex nostris passibilem esse.* Carnem, seu corpus assumptum a Verbo passim docet, uti vulgo Apollinaristæ, humanam animam, ψυχὴν ἀνθρωπίνην semel, velut apud Nyssenum Apollinarius : nusquam ψυχὴν λογικὴν καὶ νοερὰν, *animam ratione et intelligentia præditam,* quod Catholicorum contra Apollinaristarum artes tessera fuit. Censet Redemptorem *Adami esse non accepisse,* οὐ τοῦ Ἀδὰμ τὸ εἶναι λαβών, *sed figuram ex Adam,* ἐκ τοῦ Ἀδάμ. Quidnam porro est illud *esse Adami,* nisi essentia et natura Adami, quam Dominus reapse integram habuit? Denique hæresim suam haud obscure his verbis indicat, *Corpus divinam hypostasim non complevit ;* ἀλλ' ὁ ἀληθῶς τέλειος τὸ ἀτελὲς ἐτελείωσεν, *sed qui vere perfectus est, id quod imperfectum erat, absolvit.* Nam hi sectarii, ut sæpe jam dictum est, humanitatem Christi nobiliori parte, mente nimirum, mutilam esse volebant, ac si vices ejus deitas absolveret. Hujus profecto orationis parens seu Apollinarius ipse, seu quivis alius ex illius asseclis fuerit, hoc sibi videtur proposuisse, ut Athanasium, omisso ejus nomine, refelleret, qui in libris contra hunc hæreticum, cum φύσιν, ὑπόστασιν et πρόσωπον, pro eodem acciperet, πρόσωπα δύο, *personas duas,* κατὰ φύσιν, et καθ' ὑπόστασιν, hoc est, ut ipse et Cyrillus aiunt, unione proprie dicta et reali individulse conjunctas esse, ἀδιαίρετα, docuit. Alioqui hoc opusculum scriptum esse affirmavero adversus Diodorum Tarsensem qui Apollinarium impugnando in errorem oppositum impegit, ut veluti naturas duas, ita et personas sive hypostases duas Christo tribueret; unde sequebatur unum non esse Christum. Supersunt hodie fragmenta aliquot operum aliorum Apollinarii contra hunc Diodorum, a quo Nestorianam hæresim fuisse præformatam omnes norunt.

XX. *De oratione altera de Incarnatione Verbi Dei contra Paulum Samosatenum.* — Ejusdem sectæ a fortiori scriptoris erit oratiuncula altera *de incarnatione Verbi Dei, contra Paulum Samosatenum,* quæ perinde inter dubia [XLIV] Athanasii opera censita est. Nihil quippe auctor agnoscit in Christo præter unionem Verbi cum carne, ut sicut homo una persona est, et ζῶον ἓν ἀπό τε Πνεύματος καὶ σαρκός, *animal unum ex spiritu et carne,* ita Verbum et caro una persona sunt, et animal unum ; quemadmodum Apollinarius apud Nyssenum loquitur, ἡ σὰρξ τοῦ Κυρίου ἕν ἐστι πρόσωπον, καὶ ἓν ζῶον μετ' αὐτοῦ. Veretur dicere *Dominum virtutum ejusmodi hominem factum esse, qui eamdem ac nos naturam habeat :* Φοβούμενοι λέγειν ἄνθρωπον τὴν αὐτὴν ἡμῖν ἔχοντα φύσιν. Confer velim, Lector, hoc dictum, Τῷ πνεύματι Θεὸν, καὶ ἄνθρωπον τῇ σαρκὶ τὸν Κύριον εἶναι πεπιστεύκαμεν· *Dominum spiritu Deum, et carne hominem esse credimus,* cum aliis illis quæ ex libello fidei ad Jovianum imperatorem retulimus, *Confitemur eumdem esse Dei Filium, et Deum secundum Spiritum, et Filium hominis secundum carnem :* quorum similia quoque multa recitant Nyssenus et Leontius ; ut nempe ex Apollinarii sententia Christus homo mere spiritualis dictus sit, qui exploso spiritu humano, seu mente, alium a divino spiritum non haberet, pravis affectionibus et peccato obnoxius esset : profecto fatebere, eumdem, aut saltem opinionis ejusdem, harum lucubrationum auctorem fuisse. Sed et in oratione *De incarnatione* subjungitur : *Etsi ganniunt increduli generationem ex muliere, carnis esse, non deitatis,* τῆς σαρκὸς ταύτην, καὶ οὐ Θεότητος : quo nihil expressius sit ad Apollinarii errorem significandum qui deitatem ex Maria natam passamque per carnem affirmabat, propter unitatem naturæ, quæ divina solummodo esset. Ambas istas orationes, de quibus dicere institui, quæque Athanasii Magni nomine inscriptæ prodierunt, Apollinarii ipsius esse pene asseveravero propter stylum comptiorem, et elegantiorem, quem critici doctiores in iis observaverunt. Fuit enim Apollinarius sophistarum sui temporis disertissimus et castigatissimus.

XXI. *Cur præfixum his libris Athanasii nomen fuerit.* — Apollinaristæ igitur, cum venerandum, ingentisque apud rectæ fidei alumnos momenti Athanasii nomen esse intelligerent, molesteque ferrent errores suos a tanto viro, tamque de Ecclesia catholica bene merito, variis editis orationibus exagitatos proscriptosque esse, haud alio modo, quantum conjiciendum datur, auctoritatem hanc aut elevari, aut evitari posse existimarunt, nisi libros alios suis erroribus infartos, prætixo illis ejusdem doctoris nomine, in vulgus spargendo, quo simplicibus saltem persuaderent Athanasium, re diligentius inspecta et examinata, procul non abfuisse ab illa sententia, quam prius expugnaverat : quin potius eam tandem ceu veritati consonam amplexum esse et defendisse. Nam ex multoties laudatis fragmentis Apollinarii et Apollinaristarum quæ apud Leontium leguntur, apparet eos magnis laudibus, si non sincere, at saltem voce tenus, eximium illum fidei propugnatorem onerasse. Polemius vero, seu Polemon, magistro defuncto, Athanasium, qui diu ante, ut liquet, obierat, contumeliis tandem proscindere aggressus est, quem probe nosset infensum infestumque suis semper fuisse. Hujus verba juvat hic recitare ex ipsius opere contra Timotheum condiscipulum suum, ut habentur capite 9 Collectan. contra Severianos, et apud Photium, cod. 230, referente Eulogio Alexandrino : Οὐδὲν χεῖρον ἐννοῆσαι κἀκεῖνο· Θεὸν γὰρ λέγοντες καὶ ἄνθρωπον τὸν αὐτὸν, οὐκ αἰσχύνονται μίαν φύσιν τοῦ Λόγου σεσαρκωμένην, καθάπερ μίαν σύνθετον, ὁμολογοῦντες. Εἰ γὰρ Θεὸς τέλειος, καὶ ἄνθρωπος τέλειος ὁ αὐτὸς, δύο φύσεις ἄρα αὐτὸς, καθάπερ ἡ τῶν Καππαδοκῶν εἰσηγεῖται καινοτομία, καὶ Ἀθανασίου ἡ οἴησις, καὶ τῶν ἐν Ἰταλίᾳ ὁ τῦφος. Καὶ σχηματίζονται μὲν, ὡς δῆθεν ἡμέτεροι, φρονεῖν τὰ τοῦ ἁγίου Πατρὸς ἡμῶν Ἀπολιναρίου· κηρύττουσι δὲ, καθάπερ οἱ Γρηγόριοι, τὴν τῶν φύσεων δυάδα, οὐδενὸς ὡς ἔοικεν ἐρασθέντες, ἢ μόνης τῆς ἐν τῷ βίῳ φθαρτῆς δόξης, τῇ πρὸς ἱερωσύνην ἐλπίδι δελεασθέντες. Τί οὖν αὐτοῖς καὶ ἡμῖν; Τί δὲ σημαίνειν πειρῶνται τῇ ἀξιαγάστῳ φωνῇ; Τί δὲ Ἀπολιναρίῳ τῷ θείῳ μαθητιῶν σχηματίζονται; Ταύτην γὰρ ἐπ' ἀναιρέσει τῆς τῶν φύσεων δυάδος τὴν φωνὴν μόνος αὐτὸς ἀπεκύησεν. Φύσει μὲν Θεὸν, καὶ φύσει ἄνθρωπον τὸν Κύριον λέγομεν, μιᾷ δὲ συγκράτῳ τῇ φύσει, σαρκικῇ τε καὶ θεϊκῇ. *Nihil deterius est, quam et illud mente cogitare. Nam quando dicunt eumdem Deum et hominem esse, non eos pudet unam Verbi naturam incarnatam, ceu natura una composita foret, confiteri. Nam si idem ipse est perfectus Deus et perfectus homo, ergo ipse duæ naturæ est, quemadmodum novello Cappadocum dogmate traditur, Athanasii itidem opinatione, et Italorum arrogantia. Et quidem simulant, quasi ex nostris sint, eadem quæ sanctus Pater noster Apollinarius sentire : sed, haud secus atque Gregorii illi, binarium naturarum prædicant ; qui nihil aliud consequi studeant, nisi corruptibilem hujus ævi gloriolam, spe sacerdotii nimirum inescati. Quid igitur illis ac nobis? Quid vero admirabili illa voce significari gestiunt? Cur, inquam, divini Apollinarii se discipulos fingunt? Hanc quippe solus ipse vocem parturiit, ut binarium naturarum numerum supprimeret. Natura quidem Deum, et natura hominem Christum dicimus ; ast una contemperata natura quæ divina simul et humana sit.* Postrema verba hæc Apollinarii sunt, desumpta ex aliquo ejus opere *ad Petrum* quemdam, ut notatur in margine Collectaneorum : Ἀπολιναρίου πρὸς Πέτρον. Ex hoc autem Polemii testimonio firmatur magis, Apollinarium auctorem fuisse dicti hujus, *Unam Dei Verbi naturam incarnatam*, atque insuper colligitur nonnullos ex Apollinaristis Athanasii, Gregoriorumque Nazianzeni et Nysseni Cappadocum, locutiones imitatos esse, quibus ad catholicam fidem accedere putarentur. Sanctos eosdem doctores, ac Damasum item papam perinde rursum perstringebat Eunomius Berrhœensis in Thracia, seu potius Macedonia, Apollinaristarum alter, in fragmento quod ex cap. 36 Collectaneorum juvat hic etiam recitare. Fragmenti titulus est : Εὐνομίου Βερῥόης Θράκης, ἐκ τῆς πρὸς Ζώσιμον μοδεράτορα ἐπιστολῆς· *Eunomii Berrhœæ Thraciæ ex epistola ad Zosimum moderatorem.* [XLV] — Οὐ γέγονε διφυὴς ἡ θέλησις τοῦ σαρκωθέντος Λόγου, κατὰ τὴν τῶν Αἰγυπτίων καὶ Καππαδοκῶν καὶ Ῥωμαίων ταυτωνυμίαν, ἀλλὰ σύνθετος. Οὐ γὰρ ποσότητι φύσεως ἐπηυξήθη σαρκωθεὶς, ἀλλ' ἐξ ἁπλοῦ γέγονε σύνθετος, τῆς οἰκείας φυσικῆς κατ' οὐδένα τρόπον μονάδος, (deest hic aliquid) ἐκστάσει δὲ ταύτης, οὐχ ὑπέμεινεν ἔκστασιν· μίαν αὐτοῦ δὴ σαφῶς ὡς ἑνὸς τήν τε φύσιν, καὶ ἐνέργειαν μεγάλῃ κηρύττομεν τῇ φωνῇ. *Duplicis naturæ non fuit incarnati Verbi voluntas, secundum consonas Ægyptiorum, Cappadocum, et Romanorum voces, sed composita. Non enim per incarnationem naturarum quantitate adauctum fuit, sed ex simplice compositum evasit, nulla ratione ex naturali sua unitate excedens, ut in excessu suo excessum nullum passum sit. Unam porro ipsius naturam, voluntatemque et operationem clare et diserte, magna voce prædicamus.* Atqui hunc locum Eunomii testimonio Polemii, quem refellit, subjunxi, ut ostenderem, non in Syria solum, verum et in vicinis Græciæ regionibus Apollinarianum errorem propagatum fuisse post hæresiarchæ decessum, a sæculo utique quarto desinente et insequentis initio : quemadmodum illic postea eodem sæculo quinto tantillos etiam radices egit Eutychianus, seu Monophysiticus, ut discimus ex variis pontificum Romanorum litteris. Quin Liberatus Diaconus, cap. 12 Breviarii, narrat Palæstinos, Thraces, et Ægyptios post latrocinium Ephesinum Dioscoro adhæsisse. Id quod certo constat ex hujus conciliabuli actis : ex quorum inspectione colligitur Liberatum *Thracum* nomine significasse episcopos etiam Illyrici ac Macedoniæ, necnon et Græciæ. Nam e præcipuis Dioscori partium adjutoribus, qui contra sanctum Flavianum pro Eutyche steterunt, fuere Erasistratus Corinthi, Quintillus Heracleæ, Vigilantius Lerissæ, Atticus Nicopolis, Lucas Dyrrachii, Basilius Trajanopolis, Solon Philippi, Maximinus Serrensis, Hermogenes Cassandriæ, Lucas Berrhœæ, Joannes Messenæ, Athanasius Opuntis, Dominus Platæarum, Eusebius Topiritanus, Lucas Dyracchii, Antonius Lychnidi, Marcus Euriæ, Claudius Anchiali, Eutychius Hadrianopolis, {Docimasius Maroniæ, cum cæteris de Palæstina et Ægypto, et paucis de Asia.

XXII. *De Erechthio.* — Præter auctoritates, de quibus in primis dicere proposui, ceu a Monophysitis adversus orthodoxos productas, Erechthium nescio quem, Timotheus Ælurus, Alexandrinorum spurius patriarcha, in libro contra synodum Chalcedonensem edito, citaverat. At Leontius lib. *De sectis*, act. 8, narrat, Cyrum qui presbyteri gradum apud Timotheum obtinebat, his ad cum verbis de Erechthii testimonio scripsisse : "Πόθεν δὲ διορθώσασθαι τοῦτο. Ὁ γὰρ Ἐρέχθιος οὐδέποτε ἠκούσθη εἰς Πατέρας. *Mallem hoc te corrigere. Nam Erechthii nomen inter Patres auditum nunquam fuit.* Ephræmius Antiochenus apud Photium, cod. 229, Erechthium adjungit illis, qui *unam Dei Verbi naturam incarnatam* dixerant. Verum multos viros sanctitate insignes animadvertisse ait hunc virum Eutychiano morbo laborasse: Εἰς γὰρ τὴν Εὐτυχοῦς νόσον πολλοὶ τῶν ἱερῶν ἀνδρῶν τοῦτον ἐφώρασαν κείμενον. Quis vero fuerit hic Erechthius, et quandonam vixerit, discimus ex segmento cujusdam sermonis ipsius in Theophaniam, quod Latine editum est in collectione Canisiana, subindeque in Bibliothecis Patrum post opera Leontii et Collectanea sæpe laudata contra Severianos. Illic porro docemur primum Erechthium fuisse episcopum Antiochiæ Pisidiæ, huncque sermonem habuisse Constantinopoli coram Proclo urbis regiæ antistite. Fragmentum vero illud ipsum est quod vulgo citabant Monophysitæ, ut constat ex Ephræmio Antiocheno, in cujus excerptis apud Photium postrema ejus pars refertur. Sic autem locus habet secundum Turriani translationem : *Ex magno propheta Isaia audivimus, cum ait :* « *Puer natus est nobis, et Filius datus est nobis, cujus principatus super humerum ejus, et vocatur nomen ejus, magni consilii Angelus, Admirabilis, Consiliarius, Princeps pacis, Pater futuri sæculi* [a]. » *Ne igitur aliquis Judaicus surculus vos decipiat. Sic enim appellandi sunt, qui hæreticos sectantur, quasi alius sit, qui natus est, et alius qui in eo habitavit Deus ; et quasi duæ sint ejus qui natus est naturæ. Si quis enim hoc de Emmanuele dicere ausus fuerit, appone ei hoc solum nomen. Memoria hujus nominis erit ei in frenum silentii. Non enim duas naturas, sed Deum incarnatum Virgo mystice peperit, cum Spiritus sanctus in eam supervenisset.* Εἰ μὲν γὰρ ἀνθρωπίνης σπορᾶς ἦν βλάστημα ὁ Χριστὸς, συνετιθέμην ἂν τὸν καρπὸν εἶναι κατὰ τὴν ῥίζαν · εἰ δὲ ἐκ Πνεύματος ἁγίου, κατὰ τὸν ἀρχαγγέλου φωνήν, Θεὸς ἐτέχθη · ἐπειδὴ καὶ ὁ Θεὸς τῆς γενέσεως πρόξενος · *Etenim si Christus esset fetus seminis humani, concederem fructum secundum naturam imitari radicem : sin vero est ex Spiritu sancto secundum archangeli vocem, Deus est ille qui natus est; quia Deus est ortus causa.* Hæc Erechthius, quibus Eutychi prælusit, quemadmodum Saturninus Marcianopolitanus, Acacius Melitinensis, Theodotus Ancyranus, Antonius Chalcidensis in Syria, et alii cum quibusdam illis de palatio Theodosii, quorum meminit Liberatus ; quibus etiam liberet Amphilochium Sidensem adjungere, qui cum utrique synodo Ephesinæ interfuisset subscripsissetque, nihilominus Chalcedonensi cui perinde adfuerat, subscriptionem suam postmodum sub Leone imperatore ratam habere nolebat, uti ex Zacharia rhetore narrat Evagrius (a), datis ad Leonem litteris quibus concilium hoc postremum reprobabat. Quanquam Photius in *Bibliotheca*, cod. 230, affirmat eum tandem resipuisse : ὅς μετ' οὐ πολὺ καὶ αὐτὸς δι' ὑπογραφῆς συνεφώνησεν. Hi omnes in scopulum hunc impegerant, ejusmodi locutiones usurpando, tanquam Athanasio aliisque Patribus familiares, quarum auctores genuinos Apollinaristas fuisse nescirent. Ex quo rursum evenit ut Nestorianorum factioni magnæ vires accesserint [XLVI], cum impugnatores suos Apollinarii hæretici vocibus et sententiis contra se uti intelligerent. Verum postquam Cyrillus in epistola ad Successum secunda exposuit, quo sensu dixerat, *unam Dei Verbi naturam incarnatam*, ostenditque alienum se esse ab errore Apollinaristico, nec duas in Christo naturas inficiari, Chalcedonensis synodus, ac subinde quinta generalis dictum hoc approbarunt, non ut ab Apollinario profectum erat, sed ut adhibitum ab eximio fidei propugnatore.

XXIII. *De epistola ad Paulum Samosatenum, quæ Dionysii Alexandrini nomen præfert.* — Ad ea quæ a me dicta sunt de libris variis, qui cum ab hæreticis cusi essent, nominibus summorum virorum insigniti fuere ; hic quædam subjungam de epistola ad Paulum Samosatenum, quæ Dionysii Alexandrini vulgo nomen præfert in Bibliothecis Patrum idque a multis jam sæculis, ut colligitur ex vetusta satis ejusdem translatione Latina, quam vir pereruditus R. P. D. Bernardus de Montfaucon edidit t. II Operum sancti Athanasii. Hanc epistolam cum attente perlegerem, observavi, non ab orthodoxo homine scriptam fuisse, sed a putidissimo Monophysita, ex Aphthartodocetarum seu Incorrupticolarum grege, qui naturam aliam in Christo proprie non nosset præter divinam. Hoc ostendam paucis, adductis in medium locis aliquibus, quæ nihil nisi impium istud dogma legentibus objicient.

XXIV. *Ab Incorrupticola fuisse scriptam ostenditur.* — Contendit diversam Christi justitiam fuisse a justitia Joannis Baptistæ, ὅτι Ἰωάννης ἔργον ἦν δικαιοσύνης· Ἰησοῦς δὲ φύσις· *eo quod Joannes justitiæ opus esset ; Jesus autem natura.* Ex quo infert ὅθεν ἄτοπόν ἐστι τὸ λέγειν ἄνθρωπον τὸν Χριστὸν, *absonum est dicere Christum esse hominem*, μορφὴν ἀνθρώπου. Omitto loca omnia in quibus τὴν μορφὴν καὶ σχῆμα, *formam hominis,* quam Verbum accepit, non naturam essentiamve hominis interpretatur, sed nudam *speciem et figuram*, τὴν μορφὴν καὶ σχῆμα, *quæ non subsistat*, οὐκ ἐνυπόστατον. Verum hæreticum hominem rursum produnt istæc alia : *Deus enim est natura, qui universorum dominatur, qui resurrexit, agnitusque est ex vibicibus Deus verus esse, cum crucifixus esset et resurrexisset, Deusque adeo et Dominus a Thoma est prædicatus. Dominus quippe Deus, qui in ma-*

---

[a] Isa. IX, 6.

(a) Lib. II Hist., c. 9.

nibus vulnerum notas gerebat, resurrexit, qui vulneratus erat nostra causa; Θεὸς γὰρ ὑπὸ τῶν ἀποστόλων ψηλαφηθεὶς, οὐ φύσει ἄνθρωπος, ἀλλὰ φύσει Θεός· *Deus enim, qui ab apostolis est contrectatus, non natura homo, sed natura Deus erat.* Ubi Samosatenus rogans inducitur, num Dei animam turbari [10], hoc Dei naturam significet. Respondet vocem hanc fuisse Dei, non hominis similis nobis, concluditque, ὅτι οὐκ ἄνθρωπός ἐστιν ὁ σταυρωθεὶς, ἀλλὰ εἷς ἅγιος, εἷς μονογενὴς Χριστὸς, Υἱὸς τοῦ Θεοῦ καὶ Λόγος, *Hominem non esse illum qui crucifixus est, sed unum sanctum, unum unigenitum Christum Dei Filium et Verbum;* ac si humanæ naturæ conjunctio cum Verbo unitatem personæ destrueret. Ubi objicitur Christum contristatum fuisse mœstum [11], id negat dici de homine, sed de Deo ipso; veluti Spiritus sanctus contristari dicitur [12], Deus odisse Sabbata Judæorum [13]. Illud Christi dictum ad Judæos, *Solvite templum hoc* [14], de sanctis apostolis intelligendum ait, non de humano corpore quod Christus habuerit.

In sua responsione ad quartam quæstionem, totus est in astruenda incorruptibilitate corporis et sanguinis Domini, cum in terris ante resurrectionem ageret. Nimirum respondet objectioni petitæ ab his Domini verbis sanguinem suum apostolis distribuentis: *Accipite et bibite inter vos* [15]; quia corporis proprium sit dividi, atque ex divisione sequatur corruptio. Hoc et similibus argumentis ex Eucharistiæ mysterio acceptis dudum pugnaverunt Catholici adversus Eutychianos et Incorrupticolas: ut videri potest apud Theodoretum, dial. 2, et Anastasium Sinaïtam, præsertim cap. 14, ubi Ammonii philosophi momenta adversus Julianum Halicarnassensem Incorrupticolarum parentem explicat et persequitur.

Illa Lucæ loca, quo Christus profecisse sapientia et ætate dicitur [16], nihil nisi incrementa Ecclesiæ, quæ est corpus Christi, significari arbitratur: *Christum quippe mutationi obnoxium non fuisse qui Deus Verbum esset*: Ἀναλλοίωτος γὰρ ὁ Χριστὸς, ὡς Θεὸς Λόγος.

In responsione ad articulum 7, negat formas ambas fuisse in Christo perinde subsistentes, ἐνυποστάτοις, probatque ex transfiguratione subsistentem non fuisse formam servi.

Quæstioni quartæ, quomodo remanserit puer Jesus in Jerusalem, eumque requisierint parentes inter cognatos et notos [18], respondet Thomam manibus suis eum exquisivisse, nec esse deceptum, *carnem Verbum contrectando,* σάρκα τὸν Λόγον ψηλαφῶν; carnis utique naturam confundens cum Verbo.

Ad objectum nonum nihil reponit aliud, nisi Christum esuriisse eodem modo quo pransus est Deus cum Abraham. Hæc aliaque id genus, quæ tædiosum

foret afferre, in illa epistola ejusque appendice reperiuntur, quæ Monophysitam ex Aphthartodocetarum cœtu indicant. Omitto quod de Spiritus sancti deitate disputat eo prorsus modo quo post-Nicæni Patres: quod sæpe dedita opera neget, naturam Dei consistere in eo quod ἀγέννητος, *ingenitus* sit, idque exemplo Adami, Evæ, et Seth declaret, quemadmodum Nazianzenus et alii contra Eunomium, cujus similisve hæresis suspicionem abs se procul amoliri simulat.

XXV. *Cur Dionysio Alexandrino abjudicanda.* — Sed ab re non fore puto fusius demonstrare epistolam istam Dionysii Alexandrini non esse; id quod nonnulli perperam intulerunt, ex eo quod Verbum esse consubstantiale Patri de majorum sententia auctor affirmet. Siquidem ipse Dionysius hanc esse suam fidem apud Dionysium Romanum papam professus fuerat, ut ex multis genuinæ, [XLVII] ipsius epistolæ fragmentis evicit Athanasius singulari opere quod de sincera Dionysii Alexandrini decessoris sui mente edidit. Gravioris momenti est quod addunt hypostasim a pseudo-Dionysio isto accipi pro persona; quod sane tritum adhuc non erat tertio Ecclesiæ sæculo, imo nec quarto apud Ægyptios. Sed spuriæ hujus, de qua disputamus, epistolæ initium falsi convincitur. *Rescripsimus ad ea quæ prius scripsisti,* inquit, *ut eliceremus te ad dicendum aperte quodvis dicere, et nunc pro viribus scribimus, de quibus iterum dixisti, ostendentes singula verba, quæ a te rursus collecta sunt, frivola et vitiosa esse,* etc. Enimvero tantum abest ut Dionysius Alexandrinus iterum atque iterum Paulo Samosateno ad eum confutandum scripserit, ut Patres qui eum tandem Antiocheno solio deturbarunt, epistola ad Dionysium Romanum, et Maximum Alexandrinum diserte testentur, Dionysium Alexandrinum numquam dignatum esse Paulo nominatim litteras ullas dare, τὸν ἡγεμόνα τῆς πλάνης οὐδὲ προσρήσεως ἀξιώσας, οὐδὲ πρόσωπον γράψας αὐτῷ, ἀλλὰ τῇ παροικίᾳ πάσῃ. Ad hæc nihil falsum magis est, quam illud quod subjungitur, ut nempe Paulus Samosatenus temere præcipitanterque dixerit, *duas esse hypostases, duasque naturas unius Christi nostri, et duos Christos et duos Filios: unum natura Dei Filium, qui fuit ante sæcula, et unum æquivoce Christum et filium David, qui non fuit ante et fuit in tempore, et secundum beneplacitum Dei accepit.* Hæc docuerit Nestorius: at non profecto Paulus Samosatenus, qui unam, non plures in Deo hypostases agnovit, qui Verbum subsistentia omni spoliavit, et Christum nuda Dei Patris essentia, quæ Verbum appellaretur, affusum fuisse docuit. Quanquam non diffitebor auctores aliquos recentiores scripsisse Paulum duos Filios posuisse, duasque personas et hypostases; quia audierant accusatum fuisse

---

[10] Joan. xii, 2. [11] Matth. xxvi, 37; Marc. xiv, 33. [12] Ephes. iv, 30. [13] Isa. i, 13. [14] Joan. ii, 19. [15] Matth. xxvi, 26, 27. [16] Luc. ii, 52. [17] ibid. 43.

Nestorium instaurati erroris Samosateni, eo quod Christum merum esse hominem poneret. Praeterea in hac epistola passim carpitur Samosatenus, quod in hoc Apostoli effato ad Philipp. II, 6, 7 : *Qui cum in forma Dei esset, exinanivit semetipsum formam servi accipiens*, per *formam Dei*, et per *formam servi*, naturas duas, Dei et hominis, significari censeret; contenditque *formam servi*, speciem duntaxat exteriorem hominis indicari. Chrysostomus vero, homil. 7 *in Epistolam ad Philipp.* in hunc Apostoli locum, observat Samosatensem eodem prorsus quo Marcionitas sensu *formam servi* intellexisse, de servilibus quibusdam actionibus, quas Christus patraverit, puta lavando pedes discipulorum, adeoque adversus illos ostendit formam Dei et formam hominis, deitatis et humanitatis esse naturas. *Neutiquam forma servi est* (lotio pedum, inquit), *sed opus servi. Alterum naturae est, functionis alterum, muneris et operationis. Si incorporea illa natura in carne non apparuit, nec in corpore fuit, quis igitur discipulos lavit?* Τί οὖν πάλιν πρὸς Παῦλον τὸν Σαμοσατέα ἐροῦμεν; καὶ τί ἐκεῖνος εἶπεν αὐτὸς τὸ αὐτό φησιν. *Quid ergo adversus Paulum Samosatenum offeremus? Quidnam ille dicit? Idem plane, quod Marcionitae. Nos vero istud tenemus, non hoc esse exinanitionem, ut qui naturam humanam habeat, purusque homo sit, is conservos lavet.*

XXVI. *Epistolae auctor genuinus fuisse videtur aut Julianus Halicarnassensis, aut Gaianus.* — Verumenimvero articuli quos pseudo-Dionysius Alexandrinus refellendos suscipit, a Paulo Samosateno scripti non fuere, sed ejus nomine suppositi. Mihi quidem verisimile admodum videtur, Ammonio Alexandrino doctori et interpreti, viro apprime catholico ascribendos illos esse. Hic enim, velut apud Anastasium Sinaitam in Ὀδηγῷ, cap. 14, fertur, ut Julianum Halicarnassensem erratici dogmatis convinceret, Pauli Samosatensis personam sagaci arte induit, eadem proponens, quae feruntur in articulis, quos praetensus ille Dionysius confutare conatur. Hunc proinde ut Julianus, Gaianusve ejus socius, refelleret, Dionysii Alexandrini, Pauli quondam aequalis et adversarii, nomine librum inscripsisse haud absurda, ni fallor, conjectatione putari possit, aut saltem Gaianita seu Julianita alter, ut orthodoxo cuidam, qui Samosateni perinde larva assumpta, adortus etiam fuerit Incorrupticolas, responderet. Quam certe methodum Monophysitas impugnandi valde approbat Sinaita, sectandamque suadet, cap. 1, quippe qua Ammonius Halicarnassensem fuderit et enecarit, ἐθανάτωσεν.

XXVII. *Ammonii Alexandrini Scripturae sacrae interpretis aetas. Olympiodori aetas.* — Hic porro Ammonius, qui Gaianitas sub Justiniano imperatore profligavit, Alexandrinae scholae praefectus cum esset, lucubrationes varias in Scripturam sacram reliquit, quarum fragmenta complura leguntur in catenis Graecis. Anastasius secundus Antiochenorum patriarcha Ammonii hujus meminit, ejusque Enarrationum in opus sex dierum, in prologo contemplationum seu homiliarum Anagogicarum suarum in prima Genesis capita, quae Latine duntaxat hactenus excusae sunt, dempta ultima, quae tandem cum Graeco contextu Londini prodit. Testatur porro Anastasius Ammonium Cyrilli magni sensus in commentario suo secutum esse. Meminit etiam homilia 6, et alibi Olympiodori Alexandrini, qui eadem in Ecclesia perinde ἐξηγητής, *magister et interpres* fuerat, ipsoque proinde Anastasio antiquior. Hujus Olympiodori Commentarius exstat *in Ecclesiasten*, aliaque operum ejus excerpta in catenis frequentia sunt : atque ex testimonio Anastasii colligitur, utrumque auctorem non saeculo III, aut X, ut multi conjecere, sed quinto et sexto floruisse.

XXVIII. *Anastasius II Antiochenus auctor homiliarum in Hexaemeron.* — Anastasium autem II, Antiochenum, homiliarum illarum de opere sex dierum esse parentem dixi, in primis propter haec duo momenta. Anastasius secundus Gregorii Magni papae *Pastoralem* librum, ut Mauritii imperat. votis faceret satis, e Latino idiomate in Graecam linguam transtulit, adeoque Latine peritus erat. Auctor vero homiliarum in Hexaemeron Latinae quoque linguae se fuisse intelligentem significat, ubi Catonis et Labeonis Romanorum scriptorum libros allegat; [XLVIII] ubi rursum excerpta librorum sancti Ambrosii Mediolanensis de opere itidem sex dierum refert. Ad haec Anastasius Junior Antiochenus sic Judaeorum erga se odium exstimularat, ut ab eis crudelissima tandem nece interfici meritus sit : sic quoque *Contemplationum anagogicarum* scriptor nusquam non dedita opera Judaeos adoritur, carpit et lacessit : se frequentes cum eis habuisse disceptationes ait quas ediderat : Πολλάκις γὰρ καὶ πολλάκις τὰς κατὰ γένους αὐτῶν συνεστησάμεθα τὰς ἀντιῤῥήσεις, ἃς ἐσχεδιάσαμεν, inquit lib. VI. Subinde narrat se duos libros contra Judaeos scripsisse : ταῦτα ἡμῶν καὶ τῇ δευτέρᾳ βίβλῳ τῇ κατὰ Ἰουδαίων εἰρηκότων πλατύτερον. Caeterum Anastasio huic Antiocheno tribuendus non est liber contra Judaeos, qui habetur etiam in Collectaneis Canisii et in Bibliothecis Patrum. Recentioris quippe Anastasii est, qui post annum octogentesimum ab excidio Hierosolymitano scribere se disertissime testatur. Nec proinde idem censendus est, ac Anastasius ille cujus causa Joannes Damascenus epistolam de hymno Trisagio scripsit ad Jordanem archimandritam.

DISSERTATIO TERTIA.

De epistola ad Cæsarium monachum, quæ S. Joannis Chrysostomi nomine insignita est, deque libris quibusdam aliis qui a Joanni Damasceno laudati primum reperiuntur.

In fine dissertationis sancti Joannis Damasceni contra Jacobitas subnectuntur complures auctoritates Patrum, qui duas in Christo naturas agnoverunt professique sunt, harumque postrema laudatur epistola ad Cæsarium monachum cum hac inscriptione, Τοῦ αὐτοῦ (Χρυσοστόμου) ἐκ τῆς πρὸς Καισάριον τὸν μονάζοντα ἐπιστολῆς, *Ejusdem* (Joannis Chrysostomi) *ex epistola ad Cæsarium monachum.* Hanc subinde laudarunt Nicephorus Constantinopolitanus in *Antirrheticis* contra Iconomachos, aliique, qui de duabus Domini naturis disputarunt. Vetustissimam epistolæ istius translationem Latinam, quam Petrus martyr olim adversus transsubstantiationis fidem objecerat, cum vir clarissimus Emericus Bigotius in bibliotheca Florentina Sancti Laurentii reperisset, edidissetque ad calcem Vitæ sancti Joannis Chrysostomi a Palladio scriptæ, multiplici subinde prelo Protestantes in Anglia et Batavia excuderunt. Mox vir pereruditus Joannes Harduinus collegii Parisiensis Soc. Jesu bibliothecæ præfectus editionem alteram locupletiorem adornavit, sagacissimis observationibus illustratam, quibus obtrectantium ora obstrueret. Dum vero fragmentum quod Damascenus meus citavit, attente legerem, singulasque voces pensarem, in animum subiit epistolam magno Chrysostomo ascriptam fuisse, esseque scriptoris aliquantum saltem recentioris fetum, quandlibet a sancto doctore scripta feratur in titulo, *tempore secundi exsilii sui, μετὰ τὴν δευτέραν αὐτοῦ ἐξορίαν.* Quocirca operæ pretium me facturum existimavi, si momenta hic afferam, quibus adducor ad epistolam hanc magno Chrysostomo abjudicandam.

Omitto neminem Damasceno antiquiorem eam laudasse reperiri, cum tamen expressissima habeat adversus Eutychianos aliosque unius in Christo naturæ, necnon unius voluntatis et operationis assertores : non Chalcedonensem, non sextam synodos generales, non Lateranensem sub Martino I, non Theodoretum, non Leontium Byzantinum, non Anastasium Sinaitam, non Maximum confessorem, non Nestorii vindices, non cæteros denique qui alia Chrysostomi testimonia non sic diserta protulerunt. Hæc plane epistola scripta non est contra Apollinaristas, sed contra alios, Eutychianos puta, qui ab errore Apollinarii non satis recederunt, duas scilicet Christo naturas perinde denegando. Unde Cæsarium monet auctor, ut ab hæretica doctrina desciscat, quæ nihil discreparet ab Apollinarii contemperatione et συναλοιφῇ, *contractione*, nec *ab abominabili opinione, quæ est Apollinarii, et eorum qui Synusiastæ dicuntur.* Esto subjungat librum quo seductus ille fuerat, Apollinarii esse. Nam id ex sola conjectatione asseverabat. Nusquam enim ille hæresiarcha, aut alter ex ejus discipulis, sive in fragmentis librorum ipsorum quæ supersunt, sive in operibus quæ Gregorii Thaumaturgi, Julii, et Felicis Romanorum pontificum nominibus insignivere, ita locuti inveniuntur, *ex deitate et humanitate, seu ex duabus naturis unam factam esse naturam post unitionem.* Quod tamen tenuisse illos, qui Cæsarium deceperant, prodit epistola. Notatu profecto digna sunt hæc verba, Ποῖος ᾅδης ἐξερεύξατο μίαν ἐπὶ Χριστοῦ λέγειν φύσιν, μετὰ τὴν ἕνωσιν · *Quod ergo infernum evomuit in Christo dicere unam naturam post unitionem?* Et : *Iterum dicunt : Post unitionem non oportet dicere duas naturas.* Et in fine : *Fugiamus eos qui unam naturam post unitionem prodigialiter fingunt.* Ita quidem loqui cœptum est, postquam Cyrillus Alexandrinus in suis adversus Nestorii hæresim libris scripsit, *ex duabus naturis unitionem ineffabilem* [XLIX] *esse factam : dividendas non esse substantias post unitionem : unam post unitionem esse Dei Verbi naturam incarnatam, aliaque horum similia.* Quæ Nestorii fautores sic exceperunt (*a*), ut dicendo unam naturam *incarnatam*, censeret quasi unam per unitionis compositionem factam esse; *unam item naturam post unitionem ab eo dici compositam ad negationem duarum.* Atqui ut ejusmodi sensus sancto doctori affingeretur, admodum contulerunt (*b*) nonnulli qui, cum ejus se studiosos præberent, ex ipsis dictis obstinatius inferebant, unam dici debere naturam in Christo, non duas, ita ut non dubitarent in deitatem ipsam ob arctissimam ejus cum humanitate conjunctionem perpessiones carnis refundere. Hujus opinionis fuisse, legimus Saturninum (*c*), qui idcirco, cum in Dorothei Nestoriani locum Martianopolis in Mœsia episcopus creatus esset, ea urbe a civibus exactus fuit. Sic Acacius Melitinensis in Armenia (*d*), nedum naturam unam, explosis duabus, palam docebat, sed et passam deitatem co-

---

(*a*) *Synod. Iren.*, cap. 84.
(*b*) Ibid., cap. 117.

(*c*) Ibid., cap. 46.
(*d*) Ibid., cap. 27, 57, 83.

ram imperatore et alibi professus erat. Sic Erechthius Antiochiæ Pisidiæ metropolita, in sermone coram Proclo patriarcha naturam unam, et nequaquam duas esse prædicavit. Sic forsan Amphilochius Sidensis, unus ex Patribus synodi utriusque Ephesinæ, qui, ut alibi dictum fuit, Evagrio teste (*a*), ut Timothei Æluri iniquam ordinationem, et alia facinora, ita et Chalcedonense concilium, cui tamen interfuerat, subscripseratque, postmodum improbavit. Sic vero Pontici præsules, quos Joannes Antiochenus memorat in epistola ad Acacium Berrhœensem. Sic, inquam, omnes illi, quos Isidorus Pelusiota epistola ad Dorotheum comitem (*b*), perstringit, ceu Theopaschitarum Deipassianorumve sensu passum esse Deum fingerent. Sic complures illi e Theodosii imperatoris palatio, quos Liberatus diaconus, cap. 7 Breviarii narrat, ægre tulisse, quod *Cyrillus ab Orientalibus naturarum duarum confessionem suscepisset*. Ili erant scilicet, de quibus Joannes Antiochenus ad Alexandrum Hierapolitanum scribebat (*c*) : *Nunc autem qui potestatem obtinuerunt, inimici Dei, proponunt anathematizandos esse hos qui dicunt duas naturas : quod nec ipse qui primus exstat illorum, dicere clare præsumpsit :* Cyrillum scilicet innuebat, quem proinde etiam antequam cum ipso reconciliaretur, alienum esse fatebatur ab eorum errore qui naturas duas negarent. Sic demum Eutyches ejusmodi patronos nactus, professus coram episcopis pluribus et synodis affirmavit, *ex duabus naturis factam esse naturam unam post unitionem*. Cumque hac voce varii varias hæreses astrui comminiscerentur, usurpatam tamen ab Apollinaristis non dixerunt, sed in sensum duntaxat eorum recidere.

Auctor epistolæ ad Cæsarium Nestorianæ factionis patronus fuit. — Hac ipsa Cyrilli ætate capita non pauca edita sunt, ceu totidem dissertationes, quibus Athanasii nomen librarii præfixerunt, quod in causa fuit ut t. II Operum illius excusa sint. Photius quidem ea Theodoreto assignat, et viginti septem numerat, cum septemdecim duntaxat supersint hodie : esse vero Eutherii Tyanensis, Nestorianarum partium acerrimi defensoris, Marius Mercator ejus æqualis testatur. Imo, quantum ex præfatione conjicio, pertinuisse videntur ad Irænei Tyrii Tragœdiam, qua narrabantur quæauctoritate principum gesta essent adversus Nestorium ejusque fautores, qui pacem inire cum Cyrillo noluissent, et cujus monumenta complura Christianus Lupus ex codice Cassinensi, aliique subinde viri docti in vulgus emiserunt. In istis porro dissertatiunculis, eadem prorsus doctrinæ capita impugnantur, quæ in epistola ad Cæsarium, puta *Deum esse passum carne, Deum pertulisse et non pertulisse, seu nihil patiendo pertulisse: passum esse Deum quomodo voluit* (*d*), etc. In eamdem sententiam collineabat Eranista ille,

quem Theodoretus tribus dialogis refellit, in quibus eadem quoque capita in eumdem sensum tractantur atque in epistola ad Cæsarium. Neque putandus est Theodoretus dialogos istos composuisse adversus meros Apollinaristas, ut quidam conjecere, sed adversus illos quos ex Apollinarii radice prognatos, *unam carnis et deitatis naturam* asseverasse narrat, *atque divinitati Unigeniti passionem affinxisse; unde graves in populis et inter sacerdotes discordiæ exortæ erant* : ἐκ τῆς δὲ ῥίζης ἐν ταῖς ἐκκλησίαις ἐδλάστησεν ἡ μία τῆς σαρκὸς καὶ τῆς θεότητος φύσις, καὶ τὸ τῇ θεότητι τοῦ Μονογενοῦς προσάπτειν τὸ πάθος, καὶ τἆλλα ὅσα τε τοῖς λαοῖς καὶ τοῖς ἱερεῦσι τὴν διαμάχην γεγέννηκεν. Ἀλλὰ ταῦτα μὲν, inquit, ὕστερον γεγένηται, *sed ista quidem posthac contigerunt ;* hoc est sua ipsius ætate, quando hæc scribebat contra illos quos dixi discipulos Cyrilli, vel contra Eutychem ipsum, quem lib. IV *Hæret. fab.*, cap. ult., refert docuisse *nihil humani Verbum de Virgine sumpsisse*, ἀλλ' ἀτρέπτως τραπέντα, καὶ σάρκα γενόμενον, *sed sine mutatione mutatum, et carnem factum esse*, a qua doctrina in fine cujusque dialogi alienum fuisse Apollinarium ostendit. Quapropter testatur in prologo adversarium abs se nuncupatum iri Ἐρανιστὴν, *Eranistam*, quia ex diversis hæresibus, Simonis, Cerdonis, Marcionis, Valentini, Bardesanis, Apollinarii, Arii et Eunomii dogma suum compegerat. Dialogo vero secundo inficiatur Eranista se Apollinarium sequi ; seque confiteri ait Verbum accepisse carnem et animam ratione præditam, nec animam in duas partes dividere : qui palmaris specialisque Apollinaristarum error fuerat. Quid multa ? Theodoretus ipse, dialog. 2, contra Eranistam suum auctoritate Cyrilli Alex. pugnat, quem proinde hæreticus iste ceu rectæ fidei doctorem agnosceret et coleret ; quod certo argumento est hunc Eutychianarum partium alumnum fuisse, quibus Cyrillus instar cæterorum Ecclesiæ magistrorum esset.

Scripsit post synodum Chalcedonensem. Non solum vero ex his quæ attuli apparet, epistolam ad Cæsarium monachum Chrysostomi obitu, imo et Nestorianæ hæresis exortu recentiorem esse : verum et scriptam ausim affirmare post concilium Chalcedonense. Antehac siquidem auditum non erat apud sanctos Patres, Christum non modo *ex duabus naturis*, sed *et in duabus exsistere*. Primum Cyrillus docuerat : utrumque vero synodus definivit contra Eutychem, juxta atque ferebatur in celebri illa Leonis papæ epistola ad Flavianum. Mussantibus, imo reclamantibus ob vocis novitatem Eutychianis et Dioscoritis, nihil aliud responsi datum est, nisi satis esse quod ea enuntiaretur veteris Ecclesiæ et Patrum fides sensusque, ac præsertim magni Cyrilli, qui pacem cum Joanne Antiocheno Orientalibusque [L] pangendo, professus esset Christum

---

(*a*) Lib. II *Hist.*, c. 20.
(*b*) Isid. Pelus. lib. I, epist. 124.

(*c*) Synod. Iren. c. 50.
(*d*) Theodor. lib. V *Hist.*, c. 3.

nedum ex duabus naturis constare, verum etiam *perfectum esse in divinitate et perfectum in humanitate*. Alium alterius Patris locum non repererunt orthodoxi, qui ad synodi definitionem propius accessisset. At in epistola ad Cæsarium indubie statuitur, *agnoscendum tamen esse Filium unum, personam unam, secundum inconfusam et indivisibilem rationem*, οὐκ ἐν μιᾷ φύσει, ἀλλ' ἐν δυσὶ τελείαις, *non in una solum natura, sed in duabus perfectis*. Hæc sane particula *in duabus* excogitata nondum erat, quando Theodoretus, Chrysostomi, ejusque librorum studiosissimus, in epistola ad *prophetam* nescio quem (a) hoc Cyrilli dictum de differentia naturarum carpebat, *ex quibus unitionem dicimus ineffabilem factam*. Proclive siquidem ei fuisset corrigere ad significandam naturarum permanentiam, *in quibus unitionem*, etc. ; at vero dicendum potius fuisse ait : *Quarum unitionem dicimus*, etc. *Non enim ex naturis, sed naturarum factam esse unitionem*. Sed mihi valde displicet auctorem epistolæ ad Cæsarium hoc præsertim sibi proposuisse impugnandum, *Deum Verbum propria sibi fecisse quæ carnis sunt*, atque adeo vere passum dici posse. Sic porro mentem suam paulo ante medium epistolæ explicat : *Christum autem quando dicis, conjungis utrumque* (Deum et hominem), *unde et passibilis dicatur ipse et impassibilis ; passibilis quidem carne, impassibilis autem deitate. Eadem ipsa et de* Filio, et Christo, et Jesu et Domino *prædicantur, communia enim ista et susceptibilia duarum essentiarum nomina sunt :* quarum conjunctio in hæreticis *quidem errorem facit, proprio pro communi utentes nomine Christi uno. Si enim Deum dixeris pertulisse, qualicunque cogitatione, quod impossibile est dixisti, id quod blasphemum est, et in* Manetis *et in aliarum hæresum declinasti impietatem. Si iterum hominem dixeris qui pertulit, invenieris purum* (seu divinitatis vacuum) *ædificans templum. Templum carnis extra inhabitantem nunquam dicitur, quia jam non est templum*. Locum hunc ad longum recitavi, quem comparare intersit cum similibus prorsus quæ occurrunt in libris Nestorii vindicum, imo ipsiusmet Nestorii, ubi impietatis suæ invidiam minuere conabatur. Sic itaque hæreticus iste loquitur in epistola ad Scholasticum eunuchum Theodosii imperatoris. *Quando enim dicimus* Christus, et Jesus, et Filius, et Unigenitus, et Dominus, *ambo hæc appellatio ista significat* (Deum puta et hominem) *tanquam duarum naturarum, id est divinitatis et humanitatis significativum* Dei-genitricis atque hominis-genitricis *protulimus nomen, ut latere neminem posset, quia nec* Manichæi *errorem, nec* Pauli (Samosateni, qui Christum purum esse hominem ponebat) *possimus incurrere, undique præmuniti. Et infra : Quod vero est deterius, et maxime nunc, et multam* Domini Christi *indignationem provocat, dignumque est mille fulminibus atque fulguribus, violabilem dicere* Unigeniti *deitatem, mortuum* Domini Verbum, *et in sepulcro indiguisse solatio, et resurrectionem meruisse cum carne*. Alexander quoque Hierapolitanus, epistola ad Acacium Berrhœensem de Cyrillo hæc habet : *Confiteatur, quia* Christus, *qui ex sancta* Virgine *genitus est* (Deus namque homo, unus Filius, unus Christus, unus Dominus), *passus secundum humanitatem, crucifixus secundum humanitatem, et resuscitatus fuerit a mortuis per Verbi divinitatem, quæ dixit :* «*Solvite templum hoc, et in tribus diebus resuscitabo illud* [18]. » *Et rursum : Dicat igitur, quia* Christus *mortuus est,* Filius *passus est,* Unigenitus *passus est. Cur addit, quod Verbum carne passum sit ?* Paucis item interjectis subjungit : *In divinis Scripturis reperimus, quia* Christus *mortuus est,* Filius *mortuus est,* Unigenitus *mortuus est,* sanctus *mortuus est,* justus *mortuus est. Hæ namque appellationes universæ utrasque naturas ostendunt.* Vox autem Dei Verbi, unam naturam *sonat*. Plura legi possunt istis conformia in aliis epistolis excerptis olim ex Tragœdia Irenæi, in quibus Cyrillus haud alio fere nomine culpatur, nisi quod *Deum carne natum ex Virgine, mortuum et crucifixum* protulisset : quibus addi possunt confutationes ejus anathematismorum, ac præsertim duodecimi, quas Andreas Samosatensis Orientalium nomine, et Theodoretus Joannis Antiocheni jussu, edidere. Cæterum hic obiter monebo perperam hodie in contextu Theodoreti legi, οὐκοῦν οὐχ ὁ Χριστὸς παθών, ἀλλ' ὁ ὑπὸ Θεοῦ Λόγου ληφθεὶς ἄνθρωπος *Non igitur* Christus *passus est, sed homo quem Deus Verbum assumpsit :* sed emendandum esse, οὐκοῦν οὐχ ὁ Θεὸς παθών. *Non igitur Deus passus est*, etc. Impugnat item quod Cyrillus, anathem. 12, dixerat : Εἴ τις οὐχ ὁμολογεῖ τὸν τοῦ Θεοῦ Λόγον παθόντα σαρκί. *Si quis non confitetur Dei Verbum carne passum esse*. Nec Christum pertulisse unquam negavit Theodoretus. Omitto Eutherium Tyanensem quinque capitibus disputare adversus eos, qui *qualicunque ratione Deum passum esse affirmarent*.

Dissentit a S. Joanne Chrysostomo. — Verum alia prorsus sancti Joannis Chrysostomi sententia fuit, et procul aberat, ut blasphemum putaret dicere Deum pro nobis pertulisse. Ipse siquidem homilia 26 (vel potius 27) *in Joannem*, exponendo hoc Domini effatum : *Nemo ascendit in cœlum, nisi qui descendit de cœlo,* Filius hominis *qui est in cœlo* [19], propter hæc ultima verba observat consuesse Christum modo a deitate, modo ab humanitate se totum nuncupare, καὶ γὰρ τοῦτο ἔθος αὐτῷ, πολλάκις μὲν ἀπὸ τῆς θεότητος, πολλάκις δὲ ἀπὸ τῆς ἀνθρωπότητος τὸ πᾶν καλεῖν ; hoc est, aliquando homini di-

---

[18] Joan. II, 19. [19] Joan. III, 13.

(a) *Synod. Iren*. cap. 131.

vina ascribere, aliquando humana Deo ipsi : quod sane idem est, ac *Deum ea quæ carnis sunt, sibi propria facere*. Ut quemadmodum aiebat Christus hominem qui in terris agebat, in cœlo esse, sic Deus qui immortalis est et pati nescius, nihilominus passus dicatur, assumpta carne scilicet. Quamobrem in aliis homiliis regulam hanc secutus, docere non dubitavit Deum ex Virgine generatum esse. Homilia 34 *in Epist. I ad Corinth.*, *Nunc scimus Deum esse ubique*, inquit; *sed quomodo sit, nescimus. Quod quæ sunt ex nihilo fecerit, scimus ; modum autem ignoramus ; ὅτι ἐκ Παρθένου ἐτέχθη, πῶς* [LI] *δὲ, οὐκ ἔτι· Quod ex Virgine sit natus scimus ; quomodo autem, nequaquam*. Eodem modo loquitur semel atque iterum in homilia in Christi Nativ. quæ incipit ab his verbis : Ἅ πάλαι πατριάρχαι, *Quæ olim patriarchæ* : et post orationis medium gentiles adoritur, qui audientes ex Catholicorum confessione *Deum esse natum carne*, doctrinam hanc ceu ridiculam dicacitatibus exciperent, non sine simpliciorum scandalo. Ἐπειδὴ οἱ πολλοὶ τῶν Ἑλλήνων ἀκούοντες, ὅτι ὁ Θεὸς ἐτέχθη ἐν σαρκὶ, καταγελῶσι διατύροντες. Quocirca eos similes esse ait pueris, graves homines seriis necessariisque rebus vacantes irridentibus (a).Qui vero *Deum in carne et ex Virgine natum* profitebatur,is ex consequente *Deum carne passum* , aliaque ejusmodi dici debere agnoscebat. Et certe sanctus idem doctor oratione contra Judæos, eos deicidii taxare non dubitat, ex quo Christum cruci affixerunt, μετὰ τὴν Θεοτοκίαν. Alium locum omitto quem Cyrillus, lib. *De recta fide ad reginas*, et act. 1 syn. Ephes. citavit, ex alia quæ etiamnum exstat homilia in Christi Nativitatem, transsumptum. Nam hæc homilia , quamlibet a Cyrillo, ceu Chrysostomi, qui nuper decesserat , laudata fuerit, hujus sancti doctoris non esse deprehensa est a Savilio, aut saltem dubiæ fidei esse. Ac merito quidem : quia nec dictionem, nec stylum, nec ingenium refert Chrysostomi, cujus orationes elegantius et æquabilius fluunt, movendisque ad pietatem animis accommodatiores sunt. Cæterum dogma fidei, quod scriptor epistolæ ad Cæsarium impugnat , ab aliis Patribus fuisse traditum ostendit Cyrillus in defensione duodecimi anathematismi. Sed nec plurium auctoritates, Cyrillo antiquiorum, qui idem asserant, congerere difficile esset, sed brevitati studere satius est. Contra vero Acœmetæ monachi, aliique nonnulli, qui Nestorianismi sordes ex toto non eluerant, ceu Apollinaristicum errorem refugiebant profiteri, *Deum Verbum, aut unum de Trinitate passum*, quamlibet *carne* adderetur ; hoc est , *qualicunque cogitatione*, velut in epistola ad Cæsarium dicitur : cum nempe synodum Chalcedonensem non admitterent nisi propter duarum naturarum confessionem. Illudque in causa fuit , ut , cum monachos Scythas ardentius insectarentur, quia unum de Trinitate passum prædicarent, a Romanis tandem pontificibus primum , tum deinde a synodo quinta generali damnati sint. Quidni ergo apud Acœmetas conficta sit Joannis Chrysostomi nomine epistola hæc ad Cæsarium, apud quos aliæ supposititiæ repertæ sint, quibus Nestorii causa defensaretur. Enimvero inter monumenta quæ ex Irenæi Tragœdia feruntur, excerpta, nonnullas passim spurias esse subodoratus est Latinus interpres et compilator. In primis vero ea quæ ad Hypatiam data dicitur capite 216, ab omnibus excepto Christiano Lupo, adulterina censetur ; quippe quæ Nestorii exsulantis mentionem objiciat, quod ante annum 436 non contigit : cum Hypatia, Socrate teste lib. VII *Hist. eccl.*, cap. 15, Alexandriæ perierit, Honorio coss. x et Theodosio VII , hoc est anno 415, seu annis 21 antequam Nestorius in exsilium ageretur.

In adnotationibus ad cap. 13 lib. IV *De fide orthodox*., explicavi, quo sensu hujus epistolæ ad Cæsarium auctor dixerit, in eucharistico pane *sanctificato* seu consecrato, *panis naturam manere* ; et ubi subjungit, *et non duo corpora, sed unum corpus Filii nuncupatur*, occasionem Joanni Damasceno, Theodoro Grapto, ceu potius Nicephoro Constantinopolitano præbuisse, ut pari modo scriberent panem et vinum in corpus et sanguinem Christi ita converti, ut jam non duo corpora sint, sed unum. Καὶ οὐκ εἰσὶ δύο, ἀλλ' ἓν καὶ τὸ αὐτό: sive καὶ οὐ δύο ταῦτα νοοῦμεν, ἀλλ' ἓν καὶ τὸ αὐτὸ νοοῦμεν. Quod plane efficacissimum est ad transsubstantiationis mysterium confirmandum.

II. *De Joanne Malala et Joanne qui ὁ Διακρινόμενος cognominatus fuit.*—Speciali adnotatione ad orat. 3 *De imaginib.*, probavi Joannem Malalam, qui citatus ad calcem hujus disputationis cum aliis scriptoribus reperitur, Joanne Damasceno recentiorem non esse. Quia vero Græculi quidam Joannem Malalam a Joanne, qui ὁ Διακρινόμενος, q. d. *Hæsitans*, aut *Segregatus*, nuncupatus fuit, non discreverunt, de hoc posteriore libet hic quædam dissertatione singulari dicere.

Joannes Hæsitans et Joannes Rhetor idem. Diversus a Joanne Ægeata.— Photius in *Bibliotheca*, cod. 41, Joannis cujusdam *Ecclesiasticam historiam* refert, cujus quinque libros se legisse ait, quibus res gestæ ab imperio Theodosii Junioris, et ortu Nestorianæ blasphemiæ, usque ad Zenonem imperatorem, necnon ad Petri ἀσεβοῦς, impii, sive Fullonis ex Antiochena sede ejectionem, continebantur ; addidit Joannem pollicitum esse historiam exporrecturum ad decem libros. Evagrius in Historia sua sparsim citat Joannem Rhetorem quem clariss. Henricus Valesius in adnotationibus ad lib. I, cap. 16, ejusdem Evagrii, Antiochenum fuisse colligit, perindeque res Theodosii Junioris, Marciani, Leonis et Zenonis principatu

(a) Videsis etiam Hom. II in Matth.

gestas exposuisse. Liberatus vero diaconus, cap. 19 Breviarii, tanquam ex Joanne Rhetore narrat Macedonium Constantinopolitanum patriarcham, impulsore Severo monacho, qui Antiochenam Ecclesiam paulo post occupavit, deturbatum ab Anastasio imperatore, veluti Nestorianum ; non quod additamentum a Petro Cnapheo seu Fullone trisagio hymno injectum noluisset admittere, ut vulgo tradunt scriptores catholici ; sed quod Evangelia falsasset, maximeque illud Apostoli dictum I ad Timoth. III, ÿ 16: *Justificatum est spiritu*, littera o mutata in ω, *et fecisse ὡς, id est, ut esset Deus qui apparuit per carnem*. Quæ cum Anastasii, qui Zenoni successit, anno 21 contigerint, extra dubium est, ultra Zenonis imperium rhetorem Historiam produxisse. At certe miror Valesium fugisse quod Evagrius scribit, Joannem historiæ finem imposuisse, narrato terræ motu, quo Antiochia corruit anno septimo Justini. Hic porro Joannes Rhetor, quia iniquiorem se præbuit erga Macedonium, quem Catholici ceu virum sanctum venerati sunt, ideo censeri debet ex eorum caterva, qui Chalcedonensem synodum pessumdare nitebantur, haud secus atque [LIII] Zacharias, rhetor alter, quem frequenter itidem citat Evagrius. Atqui Joannes, cujus Photius meminit, ejusdem factionis erat ; qui nempe Ephesinam synodum summa diligentia et particulatim λεπτομερῶς, descripsisse memoratur, ut et ea quæ gesta essent in prædatrice Ephesina, ἣν οὗτος ἐκθειάζει, quam ceu divinam extolleret, καὶ τὸν ταύτης ἡγεμόνα Διόσκορον, *illiusque principem Dioscorum* cum ejus asseclis ; Chalcedonense vero concilium laceraret, διασύρων. Unde colligo Joannem hunc Photianum diversum a rhetore censendum non esse. Quæ si ita sunt, stupenda nimis oscitantia Photius intulit Joannem hunc esse τὸν πρεσβύτερον, *presbyterum* Ægeatem. Enimvero Joannes Ægeates, seu Ægeota (ab Ægis civitate maritima Ciliciæ), ipso fatente Photio, cod. 52, Nestorii sectæ addictus erat, τὴν θρησκείαν Νεστοριανὸν non Dioscoro, infenso Nestorianorum, ut et Catholicorum hosti. Id etiam testantur episcopi Syriæ in libello ad Justinum seniorem Augustum tom. IV Conc., col. 1544, itemque Leontius, lib. *De sectis*, act. 9, ubi Joannem Ægeatem, πρεσβύτερον Νεστοριανὸν, *presbyterum* Nestorianum vocat. Cyrus Alexandrinus antistes Monothelita, anathematismo 8, Cyrum et Joannem Ægeotas cum reliquis Nestorianis exsecratur. Sophronius quoque Hierosolymitanus epistola ad Sergium Constantinopolitanum, Cyrum et Joannem Cilices Nestorianæ impietatis propagatores, προθόλους, fuisse ait. Ante hos omnes monachi Palæstinæ epistola ad Alcisonem, quam Evagrius refert lib. III *Hist.*, cap. 31, circa annum 21 Anastasii imperatoris scripserant, Xenaiam seu Philoxenum Hierapolitanum, insignem concilii Chalcedonensis criminatorem, Flavianum Antiochenum adegisse, ut non solum Nestorio, sed et Diodoro Tarsensi, Theodoro Mopsuesteno, Theodoreto, et Ibæ Edesseno, Cyro item et Eutherio (Tyanensi utique, non Eleutherio, ut male Græce et Latine editum est) Joannique et aliis, ceu revera Nestorianis, vel saltem Nestorianæ labis suspectis anathema dicerent. Illud etiam hoc modo narrat Victor Tununensis ejusdem pene ætatis chronographus, qui propter tria capitula in Ægypto, alibique diu exsulavit. *Joanne Gibbo coss.*, inquit, *Anastasius imperator, Flaviano Antiocheno, et Philoxeno Hierapolitano præsulibus, Constantinopolim synodum congregat, et contra Diodorum Tarsensem, et Theodorum Mopsuestenum, Theodoretum Cyri, Ibam Edessenum, Andream* (utique Samosatensem), *Eucherium* (emenda *Eutherium*), *Quirum* (sive *Cyrum*), *et Joannem episcopos cæterosque alios, qui in Christo duas prædicabant naturas, duasque formas, qui non confitentur unum de Trinitate crucifixum, una cum Leone Romano, et ejus tomo, atque Chalcedonensi synodo, inferre anathema persuasit*. Ex quibus deduci potest Cyrum, et Joannem Ægeotas æquales Andreæ Samosatensi, Etherio Tyanensi, Theodoreto, et Ibæ fuisse. Eruditissimus quidem Garnerius Cyrum, et Joannem, quorum monachi Palæstinæ, et Victor meminere, censet esse Cyrum illum Lesbi insulæ monachum, ad quem Theodoretus epistolam 13 dedit, et Joannem Germaniciæ episcopum : atque ex epistola illa 13, necnon ex 124 et 125, perhiberi utrumque acrius quam par esset Theodoreti causam defendisse. Verum ne in istis litteris, neque in aliis vestigium ullum occurrit vehementis illius utriusque erga Theodoretum studii. Non in 13, qua Theodoretus Cyro solummodo gratias agat de missis sibi e Lesbo insula munusculis : non etiam in duabus aliis, in quibus nulla Cyri, aut Joannis Germaniciensis mentio, ne per somnium quidem, apparuerit : imo neque ex 135, quæ sola est ad Joannem Germaniciæ, prætensum illud insigne patrocinium inferre quis possit. De Joanne igitur et Cyro Ægeatis auctores illi locuti sunt. Omiseram facundum Hermianensem, qui lib. III, *De trium capitulorum defensione ad Justinianum*, cap. 2, queritur Græcos Theodorum Mopsuestenum perinde exhorrere uti Nestorium, Cyrum et Joannem.

Jam vero qui fieri potuerit, ut Joannes Ægeates Nestorianus presbyter historiam hujusmodi scripserit, in qua Dioscorum ejusque sectarios Nestorio, Nestorianisque, ut dictum est, infensissimos eximiis laudibus, ceu divinos homines, prosecutus sit, synodumque Chalcedonensem, non Ephesinam, a qua Nestorius proscriptus est, lacerarit. Photium nihilominus errantem Garnerius, Joannes Vossius, et Guillelmus Cave secuti sunt ; quorum tamen hic postremus non male agnovit, Joannem, de quo Photius sermonem instituit, eumdem esse, ac τὸν Διακρινόμενον, *Hæsitantem* illum, quem a Theodoro Lectore ejusdem ævi scriptore, lib. II citatum reperimus, et cujus historiarum excerptum aliud legitur actione 5 septimæ synodi, col. 270, quo refertur quanto studio Xenaias, sive Philoxenus Hierapolitanus imagines Christi et sanctorum supprimere sategerit. Atqui ex Leontio Byzantino libro *De sectis*, passim, ex Timotheo CP. presbytero *De recept. hæreticorum*, et ex Photio, cod. 24, διακρινόμενοι (quod sive *segregatos*, sive *hæsitantes* interpreteris), post sæculi quinti medium appellati sunt, qui errore non Nestoriano, sed Eutychiano seu Dioscoriano, synodum Chalcedonensem proscinderent. Quanquam non me latet, eos qui Nestorii partes olim sectabantur, et synodi Ephesinæ, sanctique Cyrilli Alexandrini adversarii erant, aliquando Διακρινομένους, *segregatos* aut *hæsitantes* fuisse vocitatos propter schisma dissidiumve suum. Verum post concilium Chalcedonense nuncupatio hæc ad solos Monophysitas aut Dioscoritas translata fuit, qui etiam consimili voce Ἀποσχίσται fuerunt appellati, uti postea dicemus.

Præter Joannem Rhetorem, vel τὸν Διακρινόμενον, *hæsitantem*, Joannes alter Antiochenus annales contexuit ab orbe condito ad suam usque ætatem, hoc est sexti sæculi finem, quorum fragmenta nonnulla Valesius edidit. Hujus, et Agathiæ rhetoris, Evagrius cognatus [LIII] ipsius meminit, cap. ult. libri v ; addit vero utriusque historias, cum suam scriberet, in lucem nondum editas fuisse : nec proinde citare ullam potuit. Quanto minus vero Liberatus, Latinus scriptor, et Evagrio multis annis antiquior ! Quanto minus rursum Theodorus Lector, qui tamen cum sub Justinio Seniore historiam texeret, Joannem τὸν Διακρινόμενον, consimili modo citavit ! Quamobrem Joannes Rhetor omnino diversus est a Joanne Antiocheno, homine catholico, et Evagrii cognato. Insuper in Anglia Græce ac Latine excuderunt Chronicon illud, cujus occasione hæc de Joanne Hæsitante disserui ; Joannis nimirum Antiocheni, cui Malalæ Syrum nomen fuit, quod in *rhetorem* non male transtuleris : sed de cujus ætate vix certi aliquid statuminetur : attamen diversum eum a rhetore, τῷ διακρινομένῳ fuisse ipsa utriusque operum ratio evincit. Malalæ siquidem Chronicon incipiebat ab ipsomet initio mundi et usque ad finem vitæ Justiniani Senioris protendebatur. Sed et insuper magna parte mera farrago est, ex variis assumentis hinc inde nullo judicio collectis constans.

Joannes Ægeates contra synodum Chalcedonensem scripsit. — Cod. 52, Photius, postquam dixit de libro Joannis Philoponi Tritheitæ adversus quartam, sive Chalcedonensem synodum, pauca subjungit de alio contra idem concilium, quem eodem in volumine repererat, aitque eum esse Joannis alterius de secta Nestorii, τὴν θρησκείαν Νεστοριανοῦ, hic est *Joannes Ægeates*, οὗτός ἐστιν ὁ Αἰγεάτης. In dubium plane non ausim revocare, quin Joannes ille Ægeates libellum evulgarit adversus synodum Chalcedonensem ; quando Leontius, lib. ix *De sectis*, testatur illum ei detraxisse, ceu *tota Cyrilliana* esset, et a Cyrilli sententia et placitis staret, ὅτι αὕτη σύνοδος Κυριλλιανή ἐστι, καὶ τὰ ἐκείνου φρόνει. Sed et episcopi Syriæ in libello ad Justinum Augustum, Joannem blasphemias in istam synodum evomuisse perinde narrant. Tandem Facundus Hermianensis lib. γ, cap. 4, quædam recitat ex opere quod Joannes Ægeates adversus sanctum hoc concilium ediderat. Ex cod. vero 229, apud Photium colligitur, tempore sancti Ephræmii Antiocheni, hoc est post initium sæculi sexti, Cilices alios eamdem synodum scriptis impugnasse, quorum præcipui erant, ut videtur, Domnus et Joannes monachi, ad quos sanctissimus patriarcha pro hujus concilii defensione scripsit, ostendens illud, definiendo secundum Cyrilli dogma *hypostasim et personam unam Dei Verbi incarnatam*, duas ex consequenti profiteri naturas, ex quibus unus Christus *constitutus sit*, ἀπετελέσθη (non *conditus*, ut non castigate satis vertit Schottus); sed prudentiores alii, seu astutiores, satius duxerunt Chalcedonensem synodum simulate saltem admittere, velut Theodori sui Mopsuesteni doctrinis satis conformem, ut eo nomine Nestorianum virus simplicioribus insinuarent. Hoc testatur e multis Leontius Byzantinus initio præfationis libri contra Nestorianam impietatem, quæ quidem necdum Latine prodiit, sed Græce reperitur in Regio cod. 2505 : Οὗτος ὁ λόγος ἀναφορὰν ἔχει, inquit, κατὰ τῶν ὑποκρινομένων τὴν μεγάλην καὶ οἰκουμενικὴν σύνοδον, τὴν ἐν Χαλκηδόνι, καὶ τὰ Νεστορίου πρεσβευόντων. *Hic liber ad eos spectat qui magnam et universalem synodum Chalcedone celebratam se recipere fingunt, simulque Nestorii errores tuentur.* Hujus concilii fuerat Basilius Cilix presbyter Antiochenus, sub Flaviano II, quem ex Suida Irenopolis episcopum fuisse deducunt. De eo siquidem Photius ait, cod. 187 : *Etsi vero Nestoriana labe infectus est, Nestorium tamen sibi nequaquam vindicat, sed Diodorum et Theodorum Patres laudat.* Addit eum haud alia de causa Joannem Scythopolitanum impugnasse, nisi quia hic duodecim capitula Cyrilli defenderat, et maxime 12, quo Deus passus subintroducitur. Ex quo factum est ut Joannes Scythopolita in adnotationibus, seu Scholiis ad cap. 7 lib. Dionysii *De cœlesti hier.*, Nestorianos nuncuparit etiam *Basilianos*, Βασιλειανοί, ἤτοι Νεστοριανός. Hunc postmodum Acœmetarum cœnobii monachi æmulati sunt ; qui, cum indigne ferrent Scythas (alii ascetæ erant) ad eliminandas Nestoriani erroris reliquias prædicare *unum de Trinitate passum carne, et crucifixum*, juxta ac Cyrillus Alexandrinus jam olim definierat, quosdam e suis Romam miserunt, qui propositionem hanc a pontifice Romano damnari obtinerent. Ex Liberati Breviario cap. 20, et ex Joannis II papæ ad Justinianum imper. litteris discimus hæc legatorum nomina fuisse, Cyrum et Eulogium, quos rursum

Agapetus Joannis successor epistola ad imperatorem, ob hæresim et pertinaciam anathemate proscriptos testatur. Hunc porro Cyrum acœmetam a Cyro Ægeata fuisse diversum, rerum gestarum et temporum series evincit. Jampridem enim, ut ostensum est, Cyrus et Joannes Ægeatæ inter Nestorianorum primi ævi insignes censebantur : cum Cyrus acœmeta cum suis Nestorianus ante deprehensus non sit, quam obstinatum nimis animum ostendisset in persequenda damnatione illorum, qui *unum de Trinitate crucifixum* confiterentur. Sed eorum ardentius in hanc rem studium animos adjecit ipsorum adversariis, ut vicissim trium capitulorum damnationi instarent : quod tandem quinta synodus generalis sic præstitit, ut insuper definierit rectæ fidei propositionem esse, Dei Filium, unum de Trinitate, assumpta carne passum, et crucifixum esse.

De Basilio Cilice altera Photii oscitantia. — Quia in sermonem incidimus de Basilio Cilice, aliam hic Photii oscitantiam indicabo, quam admisit ad cod. 95, ubi de scriptis agit Joannis Scythopolitani, κατὰ Ἀποσχιστῶν. *Adversus Aposchistas,* ἤτοι κατὰ Εὐτυχοῦς καὶ Διοσκόρου, inquit, *sive adversus Eutychem et Dioscorum.* Quinto nempe sæculo labente, et sexto ineunte, in Syria et Palæstina præsertim, Monophysitæ et Dioscoriani ut plurimum Ἀποσχίσται, *Aposchistæ* (q. d. *schismatici*) nuncupabantur, uti constat ex Theodoro Lectore, lib. xi *Hist.;* Ephræmio Antiocheno apud Phot., cod. 228; ex Vitis sanctorum Euthymii, Sabæ, et Theodosii, aliisque horum temporum monumentis : addit [LIV] Photius, Joannem duodecim libris auctorem quemdam impugnare, qui non sine dolo lucubrationi suæ ejusmodi titulum præfixerat, Κατὰ Νεστορίου, *Contra Nestorium,* ut inscriptione operis simplicioris ad illud legendum audiendumve pelliceret. Demum conjecturam hac concludit : Ἴσως δὲ βασίλειός ἐστιν ὁ Κίλιξ, ὁ καὶ ὕστερον δραματικὸν, καὶ τῆς ἑαυτοῦ θρησκείας ἐπάξιον κατὰ τοῦ Ἰωάννου διάλογον συμπλάσας. *Forsitan ille est Basilius Cilix, qui fabulam seu dialogum sectæ suæ dignum adversus Joannem composuit.* Hæc Photius : quibus nihil absonum magis. Nam ex ipsomet constat Basilium Cilicem Nestorianum fuisse, non Eutychianum, aut Dioscoritam, τὴν αἵρεσιν Νεστορίου νοσῶν, *Nestoriana hæresi infectus,* inquit ipse infra, cod. 107. Quomodo igitur Joannes contra Aposchistas, sive Eutychis aut Dioscori gregales calamum stringens, Basilium Nestorianum his libris impugnasse censendus sit ? Longe itaque verisimilius est auctorem illum quem Scythopolitanus duodecim libris expugnabat, quique fidem catholicam Nestorianæ hæresis invidia aspergebat, haud alium fuisse a Severo qui Acephalorum antesignanus et posthæc Antiochenus antistes spurius fuit. Nam actione 15 synodi vi generalis et in Collectaneis contra Severianos, cap. 13, fragmentum legitur sat amplum Ἰωάννου ἐπισκόπου Σκυθοπό-λεως ἐκ τοῦ η' λόγου κατὰ Σευήρου, *Joannis episcopi Scythopolis ex lib.* viii *contra Severum.*

III. *De quæstionibus Athanasii ad Antiochum. Athanasius junior octavo sæculo ineunte scribebat.* — Ut epistolam ad Cæsarium monachum et Joannis Malalæ Chronica, sic Athanasii quæstiones responsionesque ad Antiochum, nullus scriptor Joanne nostro Damasceno anterior citasse reperitur. Nimirum ad calcem orationis 3 *De imaginibus* semel atque iterum allegavit responsionem ad quæstionem 39, in qua mentio fit monachi illius inclusi in monte Oliveti, quem scortationis dæmon vexaret, quia imaginem Dei Genitricis veneraretur. Atqui narratiunculam hanc Athanasius acceperat ex cap. 45 *Prati spiritualis* Joannis Eucratis, seu Moschi, quod Sophronius Hierosolymorum patriarcha evulgavit. Unde colligo Athanasium istum Sophronio saltem recentiorem esse. At vero inter quæstiones et responsiones 152, quæ a Jacobo Gretsero Anastasii Sinaitæ nomine inscriptæ in publicum missæ sunt, non paucæ occurrunt quæ iisdem sensibus, iisdemque sæpe verbis habentur inter quæstiones illas ad Antiochum ducem, quæ magno Athanasio perperam fuerunt attributæ. Propter hanc consonantiam investigandum tandem putavi, uter horum auctorum alterum exscripserit. Quam difficultatem posse solvi arbitror ex collatione quæstionis 117 Anastasianæ cum Athanasiana 44. Quæritur apud Anastasium : *An sit aliqua compendiosa ratio, qua homo rudis instructus hæretico occurrere possit ?* Apud Athanasium : *Quo pacto homo rudis et barbarus convinci queat, Ecclesiam catholicam præ sectis aliis rectam habere fidem, nec falli ?* Anastasius Gretseri sic respondet : *De hoc accipe brevem disputatiunculam non ita pridem Alexandriæ institutam. Congregati enim Severiani, Gaianitæ et Barsanuphiani, apud quemdam indoctum quidem sermone, prudentem vero in Domino, catholicæ fidei sectatorem, cum eodem de fide disceptaturi. Interrogavit igitur illos, si quis rex haberet conclavia, domosque pretiosas, ubi peragerentur omnia ipsius arcana consilia, quibus ea credet ? num sibi fidis, an infidis ? Responderunt illi manifestum esse cujusmodi loca nonnisi fidelibus a rege concreditum iri. Tunc ad illos orthodoxus :* 'Discite ergo nullam in terris reperiri veram fidem, nisi illam quam catholica Ecclesia profitetur. Eapropter commisit nobis Deus omnia loca sancta et domicilia necessaria, in quibus tempore peregrinationis suæ mysteria sua peregit, hoc est Nazareth, montem Thabor, Bethleem, Jordanem, montem Sion, Golgotham, Resurrectionem, neque hæc tantum, sed et montem Sina. Uno verbo, omnia alia loca Novi et Veteris Testamenti, nos qui catholicam Ecclesiam sequimur, possidemus. Si igitur nos male de rebus divinis sentimus, vos autem bene, haud recte egit Deus, qui sancta sua loca nobis tradidit. Si oggeratis nos manu regia et vi tyrannica hæc loca obtinere, nullius negotii erit vos falsitatis redarguere. Ecce enim cum *Barbari regionem in qua loca sancta sunt, occupent, haud Deus a nobis ea auferri passus est. Si vero, ut probabile est, dicturi estis, Arianos non ita pridem loca sancta tenuisse, respondemus hoc plane violentia tyrannorum contigisse : sed frustra fuere. Continuo enim a Deo nobis orthodoxis loca sancta restituta sunt.* Hæc Anastasius. Athanasii vero responsio hæc est : *Quo Scripturarum et dogmatum accuratam et profundam explanationem audire non possunt, inde persuasi debent esse de integritate et veritate catholicæ Christi Ecclesiæ; nempe ex hoc capite, quod salutaria et veneranda Christi passionum loca catholicæ et orthodoxæ nostræ fidei et Ecclesiæ a Deo donata sint et credita : nempe Nazareth, ubi Christus habitavit in nobis; Bethleem, ubi secundum carnem natus est; Sion, ubi salutem mundo operatus est; Jordanes, ubi Adamum renovavit; Thabor, ubi cælorum regnum præfiguravit; mons Olivarum, unde in cælos ad Patrem a nobis ascendit. Quæ omnia sancta et veneranda ejus loca non temere nec frustra catholicæ Ecclesiæ concredidit, sed et ut omni alia fide et Ecclesia inter Christianos nuncupata, piæ magis et honoratiori. Ac quemadmodum imperator pretiosa palatii sui cubicula, thesaurosque committit et credit omnium suorum ministrorum fidelioribus; ita et Christus ab initio adventus sui, veneranda ejus scilicet loca, catholicæ Ecclesiæ concredidit. Quod si adversarius respondeat nos potestate tyrannica illa possidere, discat ille quod etiamsi Palæstinam sæpe Barbari occupaverint, non permisit Christus sua loca tradi hæreticis. Quod etsi id ad breve tempus tentaverunt, cito rursus catholica Ecclesia ipsos abegit, non secus ac porcos, a sanctis Christi Dei nostri ædibus et locis.* Ambæ responsiones idem canunt : at ex utriusque textus comparatione nemo est, qui non sentiat Anastasium primarium auctorem esse, quem alter exscripserit, et per metaphrasim reddiderit; adeoque responsiones ad quæsita Antiochi recentiores esse responsionibus illis Anastasianis. Quorum auctor cum subjungit, *septingentesimum jam annum esse, ex quo loca sancta Hierosolymitana Catholici tenerent,* intelligendus est de septingentesimo circiter a nativitate Domini anno. Qui loquendi modus per synecdochen, quando de chronologica quadam supputatione agitur, haud infrequens est apud auctores; ut similia Scripturæ loca omittam. Neque audiendus est Gretserus, qui septingentos hodie annos incepisse putavit a tempore Constantini Magni, adeoque ad millesimum usque annum incarnationis Dominicæ pertinere. Non solum enim refellitur, ex eo quod quæstiones [LV] et responsiones ad Antiochum a sæculi octavi, et noni auctoribus citantur, et ex consequenti antehac vixisse debuit Anastasius, quem Athanasius junior sequebatur, et exscribebat; verum etiam, quia in responsione Anastasii mentio fit Barsanuphianorum, quorum secta defecit prorsus circa sæculi noni initium, sub Marco patriarcha Jacobitarum Alexandrino, sub quo ad Jacobiticam Ecclesiam cum suis episcopis redierunt : quemadmodum refertur ab Elmakino lib. II *Hist. Sarrac.*, p. 122, et in Chronico patriarcharum Alexandrinorum, quod Abraham Ecchellensis Latine edidit. Vivebat plane Anastasius iste post annum Chr. 647, quo capta est Cyprus insula a Sarracenis anno 7 Constantis imperatoris. Cyprium fuisse pene collegerim ex responsione ad quæst. 96, sed in Palæstina ut plurimum egisse, multa passim ostendunt. Athanasius vero, qui Antiochi quæstionibus respondit, Ψιλός, *Exiguus*, cognominatur in cod. 303 Cæsareo, in quo quæstio 69 cum responsione habetur, cum hac inscriptione, Ἀθανασίου Ψιλοῦ ἑρμηνεία, *Athanasii Exigui interpretatio*. Quocirca Lambecius, cum historiam imaginis crucifixi Berytensis, quæ magno Athanasio Alexandrino ab audacioribus librariis attributa fuit, a septimo concilio laudatam primum allegatamve agnosceret, non levi conjectura Athanasio nostro *Exiguo*, seu, ut ait, *Juniori* hanc quoque reddendam esse multis in locis pronuntiavit. Cæterum Quæstiones Responsionesque, quas Gretserus edidit, unius non esse auctoris agnoverunt eruditi. Gentianus Hervetus prima editione quæstiones duntaxat 95 evulgavit, *Anastasii Nicæni* nomine inscriptas : quo etiam nomine insigniuntur in codice Barociano bibliothecæ Bodleianæ, n. 206; in Regiis *Anastasii monachi*; in Colb. 1450, *Anastasii* duntaxat. Atqui harum auctor Phoca saltem imperatore se recentiorem sæpe significat; ut omnes sæculo septimo, ac deinceps, quamlibet a variis, scriptæ fuerint.

DISSERTATIO QUARTA.

De epistolis variis, quæ ob adjectam Trisagio cantico clausulam scriptæ ad Petrum Fullonem feruntur, necnon de Expositione fidei, quæ exstat inter opera sancti Justini Martyris.

—

1. Baronius ad annum Christi 483, epistolas tres Felicis papæ III nomine inscriptas Latine recitavit, quarum prima Petrus Fullo Antiochenæ Ecclesiæ spurius patriarcha monetur, ut desistat ab interpolatione hymni Trisagii quam invexerat; secunda ob pertinaciam deponitur et anathemati devovetur; tertia Zeno imperator rogatur, ut eum episcopatu ob hymni sacri corruptionem depositum, Antiochia expellat. Easdem epistolas tres Fronto Ducæus Græce et Latine postea edidit per modum appendicis post commentarios Joannis Zonaræ in canones conciliorum, septemque alias adjecit ad eumdem Fullonem; Quintiani nescio cujus episcopi Arculianorum, seu potius, ut apud Hincmarum Remensem legimus, Asculani, Justini itidem episcopi in Sicilia, Acacii Constantinopolitani, Antheonis Arsinoes, Fausti Apolloniadis, Pamphili Abydorum, Asclepiadis Tralliarum, quibus undecimam adjunxere, Flacciani Rhodopensis, quæ Latine solum exstat ex codice Vaticano. Has omnes Severinus Binius et Philippus Labbe in suis conciliorum Collectionibus retulerunt. Quin altera Felicis ad Fullonem intercedisse creditur propter hæc verba, quæ leguntur in epistola depositionis illius, καὶ οὐχ ὥρμησας τῇ ἀληθείᾳ, ἐν τῷ τοῖς ἐπὶ δὶς γράμμασιν ἡμῶν ἐνωτίσασθαι, *et non ad veritatem accessisti, cum epistolæ nostræ aures tuas bis perculerint.* In istis itaque litteris Petrus Cnapheus unius duntaxat illius criminis reus agitur; quod Trisagio cantico : *Sanctus Deus, Sanctus fortis, Sanctus immortalis, miserere nobis*, voces istas interjecerit, Ὁ σταυρωθεὶς δι' ἡμᾶς, *Qui crucifixus es pro nobis* : quarum proinde multiplices sensus quos afferunt, exploduntur, et in primis ille quem Fullo, Monophysita cum esset, conabatur astruere, scilicet *Deum Verbum esse passum et crucifixum*, ceu Trisagium istud solum Dei Filium, non Patrem et Spiritum sanctum spectaret. In earum etiam plurimis mentio fit illius historiæ, qua Joannes Damascenus et alii Græci narrant, Theodosio Juniore imperatore et Proclo archiepiscopo Constantinopolitano, dum populus in urbis pomœriis publicas supplicationes ob terræ motum ingentem faceret, raptum e turba in sublime puerum, Trisagium illud carmen ab angelis didicisse, quod populus concineret. Quam narrationem mihi fere certum videtur Damascenum non aliunde quam ex istis epistolis, ut et alia complura quæ de Trisagio hymno scripsit, accepisse.

Omnes istas epistolas quas viri docti pro genuinis et sinceris habuerunt, spurias et supposititias esse Henricus Valesius probavit, cap. 4 Dissertationis singularis de Petro Antiocheno et synodis adversus eum congregatis. Tametsi vero eruditos habuit qui sibi suffragarentur, Guilielmus Cave in *Historia litteraria*, ubi de Justino Siciliæ episcopo loquitur, eum refellere conatus est : id quod rursum dediticia opera præstitit doctissimus Antonius Pagi ad annum 485 *Annalium* Baronii. Quia vero præcipua difficultas est circa epistolas Felicis, Pagius ipse a sua me sententia amplectenda deterruit ad annum 478, n. 6, ubi censet has tres Felici male attributas esse ab imperitis librariis, datasque fuisse a Simplicio Felicis decessore nupero in synodo Romana hoc anno indicta. Optime nimirum vir pereruditus intellexit fieri nequaquam potuisse, ut Felix, qui dudum ante quam Cnapheus in Antiochenam sedem tertio invaderet (quod Zenone imp. gestum est) communione et episcopali gradu [LVI] Acacium Constantinopolitanum privaverat, iis in litteris hunc ceu legitimum, et θεοφιλέστατον, *Dei amantissimum*, ac θεοσεβέστατον, *religiosissimum*, urbis regiæ pastorem et antistitem commendarit. Anno siquidem 484, Acacio anathema dictum est a Felice, nec nisi insequente anno Petrus, expulso Calendione catholico, Acacii ipsius opera, Antiochenam sedem postrema tertiaque vice recuperavit. Verum cur imperitis librariis attribuendum sit, quod Felicis nomen pro Simplicii, tribus illis epistolis præfixum fuerit, quando in litteris Quintiani et Justini, non Simplicius, sed Felix Cnapheo scripsisse de Trisagii interpolatione perinde exprimitur ? *Multis episcopis præmonentibus*, inquit ille Quintianus, μάλιστα τοῦ ἁγιωτάτου ἀρχιεπισκόπου Φήλικος, *maxime sanctissimo archiepiscopo Felice*. Et rursum post anathematismos, εἰ δὲ μή, ἥξει ἐπὶ σὲ καθαίρεσις ὑπὸ τοῦ πάπα ἡμῶν Φήλικος, *sin vero, veniet super te depositio a papa nostro Felice.* Justinus : Μήπως ὁ πρόεδρος ἡμῶν Φῆλιξ κατὰ τοὺς κανόνας ἀποφήνηται κατὰ σοῦ · *Ne qui nobis præest Felix, secundum canones sententiam contra te ferat.* Quibus addi potest, priscam harum omnium epistolarum translationem Felicis ubique nomen, non Simplicii retinere : et quia barbara ea est, et inconcinna, nec Felicis aut Simplicii sincerarum epistolarum dictionem refert, optime Valesius intulit expressam eam esse ex Græco exemplari. Non ergo suppressum est Simplicii nomen, sed impostoris epistolarum auctoris error fuit, ut rerum gestarum temporumque rationis nescientia, in fœdum anachronismum incautus impingeret, ex quo tandem sua fraus agnosceretur. Quæ quidem falsariorum et nebulonum vulgo sors fuit. Præterea mirificum fuisset impurum Fullonem *religiosissimi* nuncupatione a pontifice Romano appellari, ἡ σὴ θεοφιλία: Fullonem, inquam, cujus facinora orbi Christiano notissima erant; qui Martyrio Antiocheno solium olim Patricio Cæsare favente eripuerat; et continuo jubente Leone imperatore a legitima synodo depositus, in Oasim deportatus fuerat: qui posthac indicta causa, Basilisci tyranni Chalcedonensis synodi hostis auctoritate sedem illam denuo repetierat. Atqui secunda ista invasio sub Simplicio quidem contigit: prior vero sub Hilaro proximo Simplicii decessore; qui proinde ad Zenonem qui nondum imperaret, scribere non potuit ut Fullonem procul Antiochia amoveret. Cum autem compertissima jampridem essent quæ ille contra canones et fidem catholicam admiserat, multo minus scribere ad eum amice Simplicius potuit, ut additamentum Trisagio factum supprimeret, eumque *religiosissimum* appellare. Quin potius ei admodum displicuit altera hæc in tertium Ecclesiæ thronum irruptio, cumque nihil contra sub Basilisco tentare potuisset, hoc ad ordinem redacto, restitutoque Zenone, Acacio Constantinopolitano confestim scripserat, ut ab imperatore obtineret, Petrum ejusque socios ab Antiochena diœcesi procul amandari. Genuinam Simplicii ad Acacium epistolam publici juris fecit Lucas Holstenius in Collectione Romana, ex qua Philippus Labbe eamdem rursum edidit, t. IV *Conciliorum*, p. 1038: *Latius indicasti,* inquit, *et prolixo quidem volumine, sed sermone necessario retulisti, ut quid vel Constantinopoli, vel in aliis regionibus ab hæreticis gestum sit disceremus, ac singula quæ contra ecclesiasticas regulas et contra ipsam catholicam fidem ubicunque commissa sunt, ante nostros oculos collocasti: quatenus videatur quo etiam remedio subveniretur ecclesiis, quibus vim sub occasione tyrannicæ dominationis* (Basilisci) *et per absentiam Christianissimi principis, perniciosus latro* (Timotheus Ælurus) *et recidivus invasor Alexandrinæ Ecclesiæ lapsus exsiliis irrogarit. Postquam monuit Timotheum ad irremediabile exsilium dirigi oportere,* de aliis pergit: *Cum quo Paulus ab Ephesina Ecclesia, et Paulus ab Antiochena civitate depulsus, atque omnes qui ab eo se, vel ab his quos illicite fecerat, æstimant episcopos ordinatos, eadem debent lege percelli. De Antonio autem, qui eorum quos contra Ecclesiam tyrannus miserat, antesignanus exsistens, sicut scriptum est, inimicus et defensor apparuit; de Joanne Constantinopolitano, qui ab hæreticis Apamenum sacerdotium, quod ei qui presbyter aliunde fuerat, vel a Catholicis sumere non licebat, se hæreticum publicavit, et quod in se perperam factum est improperium retorsit in auctorem, expellens ab Antiochia Petrum pervasorem ipsius, eamdem Ecclesiam ipse pervasit, sub anathemate a Christianorum consortio, vel ipsa appellatione removemus: nec unquam his satisfactionis faciendus est locus.* Ex epistola hac apparet, Simplicium primis annis restituti Zenonis habuisse Petrum Fullonem uti nefarium Antiochenæ sedis invasorem et tyrannum, non qui antequam deponeretur, pluribus admonitionibus comminationibusve compellandus esset, multo minus quem ipse *religiosissimum* nuncuparet. Istius porro Simplicii epistolæ meminit Felix in synodica ad clericos et monachos Orientis contra Acacium, ubi sic loquitur: *Adjectum etiam tunc cum ista examinatione tractantur, quod Acacius Joannem illum Tyriorum Ecclesiæ fecerit præsidere, qui Apamenis a Petro Antiochenæ Ecclesiæ tyranno fuerat episcopus ordinatus, sed minime receptus, proprio ordinatore depulso, eamdem sedem non timuit occupare. Quos tunc hypocrita Acacius ita fecit ab apostolica sede damnari ut his etiam Christianorum vocabulum tolleretur, quod gesta apud eum habita significant.* Imo Simplicius ipse in epistola quam Zenoni imp. dedit, priorem suam ad Acacium de Petro aliisque scriptam memorat: *Mandaveram,* inquit, *ut facta suggestione pietati vestræ prædictus* (Petrus), *ut et cæteri qui per occasionem tyrannicæ dominationis invaserant Ecclesias Dei, extra metas vestri pellerentur imperii.* Non ergo propter unam alteramve voculam Trisagio carmini adjectam Petro Fulloni infensus erat Simplicius; cum hoc ævo hymnus iste Trisagius Romanis et Latinis ignotus esset, ut colligitur, non solum ex trita Aviti Viennensis epistola 3, qua Fullonis clausulam ceu antiquitus receptam et catholicam insulse tuetur; sed insuper ex Gregorii Magni Sacramentario, in quo nulla ejus usquam occurrat mentio, etiam in officio SS. Paresceves. Pontifex igitur Cnapheo infensus erat, quia jam secundo sub hæretico principe Orientis metropolim impune et præter regulas Ecclesias hæreticus [LVII] ipse occuparat. Et sane auctor Breviculi historiæ Eutychianistarum, ubi refert, quæ Acacius adversus Petrum ejusque hæresis et scelerum socios olim detulerat, nihil dicit de Trisagii interpolatione, sed de canonum multiplici violatione et consortio cum hæretico Æluro: *Cum Acacii scripta legeremus, quæ de Petro et Joanne Antiochenis miserat, excessus Acacii in hac causa gravissimos deprehendit* (Joannes scilicet Talaias Alexandrinus). *Illo enim tempore, quo de Petro Alexandrino damnato retulerat, non longe post etiam de Petro et Joanne scripserat, Petrum apud Constantinopolim monasterium gubernasse; sed hoc propter crimina derelicto, Antiochiam fugisse. Ibi pulso Martyrio catholico episcopo, per hæreticos sedem ipsius occupasse, continuoque damnatum, a Leone tunc principe ad Oasitanum exsilium esse directum. De quo lapsum Constantinopolim rediisse, et dedisse fidem, quod nullas ulterius turbas facere prorsus auderet. Sed sicut superius dictum est, Ba-*

silisci temporibus a Timotheo illo (Æluro) damnato qui Constantinopolim venerat, ad Antiochiam remissum fuisse, ut iterum illic episcopatum teneret. Quo facto, idem Petrus Joannem quemdam presbyterum, de quo Acacium diximus retulisse, ordinat Apamenis episcopum, a quibus non receptus, venit Antiochiam et Petrum episcopatus sui pellit auctorem, et invadit ejus Ecclesiam. Quos iterum damnatos dicit Acacius, petens ab apostolica sede, ut si ad eam confugerent, nec visu dignos haberet : et si jam aliquam indulgentiam forsitan impetrassent, irritam eam esse debere, nec eorum pœnitentiam recipiendam esse.

Ex hac sincera relatione, ut ex genuinis Simplicii et Felicis litteris, invicte, ni fallor, infertur, Petrum Fullonem communione Romana nunquam donatum fuisse, ut ab ejus sedis pontifice aliquo *Religiosissimus*, et *Dei amans* appellaretur, ἡ σὴ θεοφιλία, utque nonnisi præmissis admonitionibus damnari debuerit ob solam Trisagii immutationem. Quinimo Acacius a Simplicio postulaverat, ut sine præmonitionibus quæ necessariæ amplius non erant sententiam olim contra illum in Oriente latam confirmaret. Præterea, ex iisdem quæ modo attuli sinceris monumentis apparet, eadem in synodo eademque Romani pontificis [sententia, una cum Fullone proscriptos fuisse Paulum, Joannem, et Antonium; quorum tamen nulla mentio fit in epistola depositionis, quæ Felicis nomen præfert ; imo nec in ea quæ ab eodem Felice data ad Zenonem imp., dicitur ut Petrus Antiochia pelleretur. Omitto ne prolixior fiam, in illis epistolis significari Acacium communione tunc fuisse conjunctum cum Fullone, quando scriptæ feruntur : quod tamen expresse negat Gelasius papa, epist. 13 ad episcopos Dardaniæ. Et certe sub Simplicio Cnaphei communionem exhorrebat Acacius, licet, cum posthac a Felice abstentus depositusque fuisset , mentem sententiamque mutaverit, ita ut relegato Calendione apostolicæ communionis tenacissimo præsule. Petrus illius opera sedem Antiochenam præter jus omne receperit, tenueritque usque ad obitum. Denique, cum in litteris, de quibus nunc disputo, prætermissis sceleratissimi Petri facinoribus , hoc unum depositionis caput afferatur, quod Trisagium corruperit, ut unus de Trinitate crucifixus crederetur ; permirum foret (si veræ illæ essent , nec factitiæ) Hormisdam papam ejusque apocrisiarios apud Justinum imp. monachis Scythis propositionem istam , *Unus de Trinitate passus est* , contra fucatos Nestorianos oggerentibus, nusquam regessisse , damnatum olim ab apostolica sede Fullonem ob interjectam Trisagio carmini Dei Verbi crucifixionem. Nec rursum Joannes II, qui Acœmetas monachos Nestorianos esse agnovit, quia præfracte negarent dici debere, *Unum de Trinitate passum*, uspiam observavit, Felicem aut Simplicium anathema Petro Fulloni pronuntiando censuisse, propositionem istam aliamve sensus ejusdem, erroneam atque impiam esse. Quin potius Facundus Hermianensis

sub Vigilio, hoc suis libris de tribus capitulis præstruxit, perpetuam eam fuisse Ecclesiæ, etiam Romanæ, fidem ; cum contraria in illis epistolis dedita sæpe opera astruatur. In prima cui Felicis nomen præfigitur , tres fore deos concluditur : Εἰ εἰς τῆς ἁγίας Τριάδος τῆς ἀκτίστου καὶ συναΐδιος, ὁ σταυρωθεὶς Θεὸς Λόγος, *si Deus Verbum, unus de sancta Trinitate ejusdemque æternitatis, crucifixus sit*. In epistola ad Zenonem : *Ausus est dicere* (Fullo) *non oportere Christum et Dei Filium nominare* ; ἀλλ᾽ ἕνα τῆς Τριάδος τὸ πάθος ὑπὲρ ἡμῶν ἀναμεῖναι, *sed unum de Trinitate pro nobis pertulisse, juxta Arii, Apollinarii et Eunomii blasphemiam* : *ut nempe Nestorianorum more Christus et Filius Dei passus dicatur* , *Deus Verbum nunquam*. Eodem modo in epistola Acacii nomine inscripta : *Tu avertisti aurem a [veritate ad fabulas conversus , secundum Arium et Apollinarium dicens* , « *Unum de Trinitate pati*, » etc. Et infra : *Qui ex Deo fuerunt, Christi Filii Dei passionem esse dicunt, secundum prænuntiatas de ipso prophetias et apostolicas doctrinas. Christum enim dicens Filium omnipotentis Dei crucem sustinuisse, utrumque dicis in uno , et ipsius divinitatem et humanitatem*. (Observa querimonias Nestorianis familiares.) *Dicere autem unum Trinitatis pati, ostendit ipsum Verbum passibile*. Justinus : *Ne adjicias Trisagio duos Filios : Verbum utique impassibile Deum fortem , et Christum crucifixum. Si impassibilis est Trinitas*, inquit Quintianus, *quomodo Deus Verbum passus est pro nobis? Si idem est dicere Deum passum carne, ac dicere Christum passum carne, quomodo non erit idem dicere, Spiritum divinum carne pati, cum Spiritus Deus sit ?* Et in anathematismis : *Si quis confundit naturas dicens, Deum passum carne, non Christum passum carne, secundum Apostolum, damnetur*, etc. Hæ Nestorianorum insusurrationes erant, non solum adversus Eutychianos , sed etiam adversus Catholicos , qui duodecimum Cyrilli anathematismum perinde tuebantur, quo definitum erat, τὸν Θεὸν Λόγον παθόντα σαρκί, καὶ ἐσταυρωμένον σαρκί, καὶ θανάτου γευσάμενον σαρκί· *Dei Verbum esse passum carne, crucifixum carne, et mortem carne gustasse*. Quamobrem in Felicis ad Fullonem et ad Zenonem epistolis, ut et in ea quæ Asclepiadis Tralliarum esse dicitur, Nicæna, Constantinopolitana et Chalcedonensis synodi obtenduntur et commendantur, nulla Ephesinæ facta mentione, quæ nempe Nestorianorum errores proscripserat, vicissimque damnata fuerat a Joanne et Orientalibus seu Nestorio addictioribus, seu infensioribus Cyrillo. [LVIII] In prima Felicis, hæc B. Cyrilli vox *unam Dei Verbi naturam incarnatam*, Apollinarii hæresim roborare pronuntiatur, τὴν Ἀπολιναρίου κρατύνει αἵρεσιν, familiari Nestorianis criminatione. Nec prosit objicere Cyrillum quibusdam in locis, ut et Cœlestinum Romanum commendari, Nestoriumque perstringi tanquam hæreticum. Nam hic fucatorum sequioris ævi Nestorianorum astus fuit, ut Nestorium damnare simularent, cum interim

Diodori Tarsensis Theodorique Mopsuesteni se sensum sequi profiterentur : ac neque Chalcedonensem synodum admittebant, nisi qua parte naturas duas vere subsistences in Christo statuisset, ejusque definitiones cum Theodori sui doctrina convenire jactitarent. Quorum omnium testem habeo Leontium Byzantinum libro *De nefanda et infami Nestorianorum impietate*, qui in præfatione hæc ait : Οὗτος ὁ λόγος ἀναφορὰν ἔχει κατὰ τῶν ὑποκρινομένων τὴν μεγάλην καὶ οἰκουμενικὴν σύνοδον τὴν ἐν Χαλκηδόνι, καὶ τὰ Νεστορίου φρονούντων. *Hic sermo illos spectat, qui magnam et œcumenicam synodum Chalcedone celebratam admittere simulant, una vero Nestorii doctrinam tenent.* Rursum cap. 1 : Καὶ μὴν ἔτι τὴν μεγάλην καὶ πολυάνθρωπον σύνοδον καὶ ἀντ' ἄλλου τινὸς δελεάσματος τοῖς ἁπλουστέροις προτείνουσιν, οὐ φρονοῦντες μὲν κατ' αὐτήν. *Simplicibus porro, quo inescentur, magnam et numerosissimam illam synodum protendunt, cum ejus sensum non sequantur.* Quibusdam interjectis subjungit : Θεωρήσαντες γὰρ οὗτοι ὁσημέραι τὰ κατὰ τῶν ἀθέων αὐτῶν δογμάτων καὶ τοῦ πρωτάρχου τῆς ἀσεβείας ἐν τοῖς πιστοῖς αὐξόμενον δίκαιον μῖσος, ὡς πικρόν τι διανοοῦνται κατὰ τῆς αὐτῶν ζωῆς. Γράμματι γὰρ δή φασι, καὶ προσώπῳ ἡμῖν ἐρρέτω Νεστόριος , δογμάτων δὲ τῶν αὐτῶν ἔσται πατήρ,ὁ κἀκείνου πατὴρ γεγονώς. *Hi enim considerantes in fidelibus in dies augeri iniquum odium adversus impia sua dogmata et primum impietatis auctorem, exitiosum quid contra vitam suam excogitarunt. Velut enim in scena et larva, Valeat, inquiunt, nobis Nestorius. Is vero nobis parens sit qui parens ipsius fuit Theodorus.* Hi proinde sunt, quos Facundus Hermianensis (a) *Catholicos* censebat ; quibus videbatur *quod dici non debeat unum de Trinitate pro nobis crucifixum, sed potius unam de Trinitate personam* : qui, inquam, *communicantes Ecclesiæ putabant non debere suscipi hanc quoque confessionem qua beatam Mariam vere et proprie dicimus Matrem Dei, cum Nestorium faterentur, propter quod eam Dei matrem negabat, debuisse damnari.* Non enim vere Nestorianos esse putabat discipulos Theodori , pro cujus honore tuendo scribebat. Similia contestatur Anastasius Synaita, cap. 4 *Viæ ducis.*

Propter hanc Nestorianorum fraudem quinta synodus celebrata fuit, ut canone quinto sextoque declaratur : *Si quis unam hypostasim subsistentiamve Domini nostri Jesu Christi sic intelligit , tanquam suscipientem plurium hypostasium significationem , et introducere conatur in Christi mysterio duas hypostases seu duas personas, et duarum personarum quas introducit, unam personam dicit, secundum dignitatem et honorem ut adorationem, sicut Theodorus et Nestorius dixerunt*, καὶ συκοφαντεῖ τὴν ἁγίαν ἐν Χαλκηδόνι σύνοδον, *et sanctam Chalcedonensem synodum calumniatur, tanquam secundum hunc impium intellectum, unius hypostasis usa sit vocabulo*, etc., *anathema sit.* Et rursum : *Si quis abusive et non vere Dei Genitricem dici sanctam gloriosam semper Virginem Mariam, vel* κατὰ ἀναφορὰν *secundum relationem, referendo sicut illi dicunt, nativitatem hominis ad Deum Verbum, eo quod cum homine nascente erat*, καὶ συκοφαντεῖ τὴν ἁγίαν ἐν Χαλκηδόνι σύνοδον, καὶ κατ' αὐτὴν τὴν ἀσεβῆ ἐπινοηθεῖσαν παρὰ Θεοδώρου ἔννοιαν Θεοτόκον τὴν παρθένον εἰποῦσαν, *et calumniatur sanctam Chalcedonensem synodum, tanquam secundum istum impium intellectum quem Theodorus excogitavit, Dei Genitricem dixerit ...... et non proprie et vere Dei Genitricem confitetur, et sic pie sanctam Chalcedonensem synodum eam esse confessam, talis anathema sit.* Atqui ejusmodi simulationis rei erant Accœmetæ monachi, quorum, ut paulo ante dicebam, obliquus sensus agnitus non ita pridem fuerat a Joanne II Romano pontifice, cum importunius instarent, ut hæc monachorum Scytharum propositio, *Unus de Trinitate passus est*, ab apostolica sede proscriberetur. Quocirca canone 10 prædictæ synodi anathema rursus illis dictum est , *qui non confitentur Dominum Jesum Christum, qui crucifixus est carne, esse verum Deum et Dominum gloriæ*, καὶ ἕνα τῆς ἁγίας Τριάδος, *et unum de sancta Trinitate*. Unde conjicio non alios præter Accœmetas monachos, quorum cœnobio Cnapheus quondam præfuerat, quosque ob sua scelera relinquere coactus fuerat, epistolas illas de quibus dixi Felicis et aliorum episcoporum nominibus insignitas confinxisse. Non enim ascribi possint Nestorianis aliis Chalcedonensis perinde atque Ephesinæ synodi hostibus, e quorum primariis erat Joannes ille Ægeates, quem, ut Leontius Byzantinus (b), ita et Facundus Hermianensis (c), contra Chalcedonensem , ceu tota Cyrilliana fuisset, et epistolam Ibæ ad Marim Persam , Theodorumque Mopsuestenum damnasset, strinxisse calamum refert. Mea quoque suspicio hæc altera fuit, nec forsan vana, excerptas epistolas esse ex *Historia ecclesiastica* Basilii Cilicis, presbyteri Antiocheni, quam Photius, cod. 42, narrat complexam esse res gestas ab imperio Marciani usque ad initia Justini I : sed oratione incuncinna prorsus , quæque tædium afferret propter variorum episcoporum epistolas quibus intertexta esset. Basilium hunc Photius, cod. 107, narrat *Nestoriano dogmati potius quam Nestorio fuisse addictum, cum interim Diodorum et Theodorum uti Patres coleret :* τὴν αἵρεσιν Νεστορίου νοσῶν, Νεστόριον μὲν οὐκ οἰκειοῦται, Διόδωρον δὲ καὶ Θεόδωρον ἐπιγράφεται πατέρας. Quin nec eum τοῦ θεσπεσίου Κυρίλλου εἰς πρόσωπον οὕτως ἀναισχύντως βλασφημεῖν, *Cyrillum non sic pudore posito conviciis palam onerare :* attamen in iis quæ contra Joannem Scythopolitam scripsit , duodecimum Cyrilli anathematismum adversus

(a) Lib. I, cap. 3, 4.
(b) *De sectis*, act. 9.

(c) Lib. v, cap. 1.

Nestorium ita habuisse, *ceu Dei passionem introduceret*, ὃ εἰσάγει θεοπάθειαν. Nimirum quia speciali synodi Chalcedonensis decreto capitula Cyrilli quibus Eutyches abusus fuerat, approbata non erant, Basilius ea vel pessumdata [LIX], vel antiquata existimavit, quæ sibi licitum esset impugnare. Verum quinta synodus fucatorum Nestorianorum proterviam ut compesceret, non solum, actione 6, epistolam Cyrilli synodicam, cum annexis eidem anathematismis admisit, verum et epistolam Ibæ ad Marim eo etiam nomine proscripsit, quod *hic duodecim capitula sancti Cyrilli impia rectæque fidei contraria vocarit, subindeque anathemati eam ejusque defensores subjicit, et eos qui dicunt eam rectam esse, vel partem ejus, et præsumunt eam defendere, vel insertam ei impietatem nomine sanctorum Patrum,* ἢ τῆς ἁγίας ἐν Χαλκηδόνι συνόδου, *vel sanctæ synodi Chalcedonensis.*

Tametsi me demonstrasse arbitror, epistolas illas ad Fullonem commentitias esse, solvenda tamen objectio est, quæ sumi potest ex Laudatione Alexandri monachi Cyprii in sanctum Barnabam. Nimirum auctor compendio refert, Petrum Cnapheum, relicto Accœmetarum monasterio, Chalcedonem primum se recepisse, tum deinde Antiochiam, cujus sedem captata Zenonis comitis patricii benevolentia rapere tentaverit, sed prohibitum ne rem patraret a Leone imperatore catholico: cui cum Zeno successisset, votorum invasione Ecclesiæ Antiochenæ compotem factum, statim Chalcedonensi synodo anathema dixisse, et Trisagium carmen adulterasse. Quod postremum cum episcopi rescissent, *generose illos adversum ejus κακοδοξίαν pravam sententiam insurrexisse;* καὶ πρῶτον μὲν ἐπειράθησαν διὰ παραινετικῶν γραμμάτων ἀνακαλέσασθαι αὐτὸν ἐκ τοῦ βαράθρου τῆς ἀσεβείας, *atque adhortatoriis litteris conatos esse eum ab impietatis barathro revocare; ut vero repugnantem refractariumque contra fidem orthodoxam viderunt, sententiam contra ipsum tulisse, anathemaque dixisse universos per orbem episcopos.* Deinde paucis narrat, sub Proclo patriarcha, medio lucente die Constantinopolitanis civibus supplicationes sacras habentibus, ter sanctum hymnum traditum ab angelis fuisse. Subjungit Petrum, cum proscriptus jam esset ab episcopis, exauctorato Zenone a Basilisco tyranno, fugam ad incognita loca maturasse: cæterum Zenonem recepto imperio, quæsitum statim repertumque Cnapheum Antiochenæ Ecclesiæ reddidisse, expulso missoque in Oasim Calendione legitimo præsule sinceræque fidei alumno. Hæc Alexander, quem vix liceat inficiari epistolas alias episcoporum ad Fullonem de Trisagio interpolato intellexisse, præter quam illas de quibus nunc est quæstio. Eum porro viri spectatissimæ eruditionis Zenonis æqualem aut supparem faciunt; eo quod, inquiunt, in clausulam a Fullone introductam velut *in novitatem nuper excogitatam* invehatur. Verum tota auctoris istius narratio quam modo recitavi, certissi-

mis quæ ante attuli regessique ecclesiasticæ historiæ monumentis, probatorumque auctorum testimoniis adeo adversatur, ut affirmare non dubitem, eam ab auctore rebus gestis longe recentiore fuisse scriptam. Certum quippe est Antiochenam sedem Martyrio patriarchæ a Petro præreptam fuisse sub Leone, quam tamen paucis mensibus tenuit. Non Zenonis opera, sed patricii Asparis filio Cæsare qui Leontiam Leonis filiam duxerat, facinus istud ab eo patratum contendit et probat Cl. Pagius ad annum Baron. 471. Ac profecto quidem: nequaquam enim ut sibi finxit Alexander, a Zenone restitutus fuit, cum is Leoni II successisset, sed a Basilisco a quo Zeno exauctoratus erat: atque, ad ordinem redacto Basilisco, expulsus denuo a Zenone Petrus fuit, qui nonnisi postquam Acacius communione et gradu privatus fuit a Felice Romano, faventem sibi Zenonem sensit, ut Antiochenam sedem tertium reciperet. Quod autem Baronius aliique dicunt, invectam Trisagii hymno interpolationem ab Alexandro vocari *novitatem nuper excogitatam*, error ipsorum est, in quem impegerunt ob interpretis Latini oscitantiam. Nam voces istæ καινοτομίαν κακίστην ἐπενόησεν, nihil aliud significant, nisi Petrum *pessimam novitatem excogitasse*. Quod scriptor omnis sæculi cujuscunque posterioris, etiam decimi octavi, de vetustioribus hæreticorum dogmatis perinde pronuntiaverit. Alexander ergo Cyprius, non quinti sæculi scriptor est, non Zenonis imperatoris æqualis, sed sequioris ævi; ut ejus testimonio nec epistolarum illarum ad Fullonem sinceritas, nec traditi puero Trisagii cantici historiæ veritas firmari prorsus possint. Combefisius Alexandrum hunc illum esse conjicit, cujus exstat homilia de cruce, quemque Heraclio imperatore superiorem judicat. Sexto autem sæculo labente eum vixisse nihil vetat, atque adeo Basilio Cilice recentior fuit. Quin eadem etiam ætate Cyrillus Scythopolitanus monachus Vitam sancti Sabæ, necnon sancti Cyriaci scribebat; nimirum, ut ipse testatur circa utriusque operis finem, post celebratum concilium generale quintum. Hic in Vita sancti Sabæ, n. 32, perinde narrat, Cnapheum ὑπὸ τοῦ πάπα Φήλικος ἀναθεματισθῆναι διὰ τὴν ἑτεροδοξίαν, καὶ τὴν εἰρημένην ἐν τῷ Τρισαγίῳ προσθήκην, *a Felice papa anathemate perculsum, propter pravam alienamque doctrinam et memoratum in Trisagio additamentum*; quod nempe Cyrillus perinde atque Alexander, καινοτομίαν, *innovationem*, modo ante vocaverat. Atqui isto Cyrilli testimonio, ut et Alexandri, hoc duntaxat evincitur, epistolas illas de quibus egimus, confictas jam fuisse ante sæculi sexti medium; nihilque adeo prohibere quin Accœmetis auctoribus eorumve erroris sociis eas ascribamus, atque a Basilio Cilice in historia recitatas existimemus. Cæterum abs re erit hic observare Evagrium Scholasticum, virum apprime catholicum et rectæ fidei tenacem, earum nusquam vel mentionem insinuare in Historia sua ecclesiastica, uti nec historiarum Basilii Cilicis; qui tamen, ut dixi, Antiochenæ Ecclesiæ presbyter fuerat: cum tamen alios quos legerat scriptores non paucos citet. Ex præfatione vero Nicephori Callisti ad Historiam suam colligi possit, ejus ætate, hoc est sæculo decimo quarto, exemplaria superfuisse *Annalium* illorum Basilii.

II. *De Expositione fidei quæ exstat inter opera sancti Justini.* — Quando jam ostensum est epistolas omnes de quibus judicium ferre proposueram, a Nestorianarum partium vindicibus conflctas esse, posthabita conjectatione criticorum quorumdam, qui Expositionem fidei quæ exstat inter opera Justini Martyris, Justino illi episcopo Siciliæ posse ascribi opinati sunt, nihilominus inquirendum censui, [LX] quænam de incarnati Verbi mysterio genuina esset fides ejus auctoris, quem a Joanne Damasceno, Leontio, et aliis Patribus citatum reperimus.

In adnotatiunculis ad librum Joannis Damasceni contra Jacobitas recentiorem eam dixi Nestorii et Eutychis hæresum exortu: quod quidem eruditi agnoverunt, quia auctor disputat adversus hæreticos Eutychianis non absimiles, cumque Christum unum esse Filium profiteatur, duas in eo naturas tuetur, adversariosque suos accusat tanquam κράσεως *temperationis et confusionis* introductores, ceu docerent *modo Verbum esse versum in carnem, modo carnem in Verbi substantiam transiisse*, ποτὲ μὲν εἰς σάρκα τὸν Λόγον τετράφθαι λέγοντες, ποτὲ δὲ τὴν σάρκα εἰς Λόγον οὐσιωθῆναι. Cæterum unionis utriusque naturæ modum incompertum esse et abstrusum sæpe repetit. Non enim per omnia convenire exemplum unionis animæ cum corpore, quod quidam adhibebant, sed secundum aliquid duntaxat: id quod alio modo non edisserit, nisi quo Theodorus Mopsuestenus apud Facundum Hermianensem (*a*): nimirum ut quemadmodum unus homo est, licet naturas duas diversas habeat, quarum una cogitat et ratiocinatur, altera quod cogitatum est exsequitur, ita unus Filius sit, duas naturas possidens, quarum una miracula faciat, altera humilia admittat. Miracula siquidem eum patrasse qua ex Patre et Deus est; qua vero ex Virgine et homo est, passionem aliaque similia tolerasse. Atque hactenus exemplum illud convenire censet. Non enim ex deitate et humanitate tertium aliquod exstare, ut fit in homine, qui tertium est aliquid præter corpus et animam post horum unitionem; quandoquidem nec corpus homo est, nec anima rursum homo: sed Christum nihil esse aliud præter ambas naturas, οὐκ ἄλλος ὦν παρὰ τὰ δύο. Insuper animam patiente corpore, imo sæpe nondum patiente, dolore effici: extremæ vero insaniæ fore deitatem doloribus subjicere. At hic color erat Ne-

storianorum e quorum cœtu ementitus iste Justinus fuit.

Expositionis auctor Nestorianus est. — Cum enim modum unionis utriusque naturæ, divinæ et humanæ, velut arcanum occultumque nobis edicere identidem refugiat, non alium tamen ubique exprimit, nisi qui in sola Verbi in Christo homine velut in templo habitatione consistat. In ipso secundæ partis Expositionis suæ initio ait, *Verbum finxisse sibi proprium templum, perfectum hominem*, πλάττει ναὸν ἑαυτῷ, τὸν τέλειον ἄνθρωπον, *atque acceptam naturæ nostræ partem in substantiam templi sui compegisse*, εἰς τὴν τοῦ ναοῦ διάπλασιν οὐσιώσας: *tum vero illud per summam unionem subeundo*, γεισδὺς δὲ αὐτὸν κατ' ἄκραν ἕνωσιν, *Dei Filium secundum ambas naturas prodiisse*. Ἐξ ἐκείνου γὰρ ὁ Υἱὸς, καὶ Θεὸς, καὶ ἄνθρωπος. Exinde siquidem factum esse, *ut Filius, tum Deus, tum homo esset, qui rerum nostrarum dispensationem agens, Adami lapsum reparavit: qui post vitam, quatenus homo erat, sine vitio institutam*, ἀμέμπτως πολιτεύεται, *sponte mortem sustinuit, labem nostram supprimens et delens per exactissimam optimæ vitæ rationem* (*b*), διὰ ἄκρας πολιτείας ἀφανίζων τὸ παράπτωμα· *quatenus vero Deus, templum excitans quod solutum fuit*, ᾗ δὲ Θεὸς, καὶ τὸ λυθὲν ἀνιστᾷ. Unde concludit *unum esse Filium, et illum qui solutus fuit, et illum qui solutum excitavit*, ὅ τε λυθεὶς, ὅ τε τὸ λυθὲν ἀναστήσας. Quibus profecto verbis ultimis diserte satis duos filios ponit, qui tamen unus Filius sint aut dicantur: quo nempe sensu Theodorus in symbolo quod lectum proscriptumque fuit in synodo Ephesina act. 6, et in quinta generali collat. 4, *Filium unum* confitebatur: οὔτε δύο φαμὲν υἱοὺς, οὔτε δύο κυρίους· *neque duos filios, neque duos dominos dicimus, quia unus tantum est per essentiam Filius, nempe Deus Verbum, Filius Patris unigenitus*, ᾧπερ οὗτος συνημμένος τε καὶ μετέχων θεότητος, κοινωνεῖ τῆς τοῦ υἱοῦ προσηγορίας τε καὶ τιμῆς, *cui conjunctus iste participesque factus divinitatis, appellationis etiam Filii et honoris est consors. Unde licet secundum beatum Paulum multi filii dicamur, solus tamen ipse eximium hoc habet, propter societatem conjunctionemque cum Deo Verbo*, τῆς τε υἱότητος καὶ κυριότητος μετέχων, ἀναιρεῖ μὲν πᾶσαν ἔννοιαν δυάδος υἱῶν τε καὶ κυρίων, *ac filiationem dominationemque participando, omnem dualitatis Filiorum et Dominorum cogitationem aufert.* Plura non addo quæ sequuntur, his prorsus similia; nec alia rursum quæ tam in actis prædictæ synodi quintæ, quam apud Leontium Byzantinum occurrunt, ne quod multoties jam actum sit agere videar. Nestoriani cujusdam, imo Theodori ipsius aut etiam Diodori voces sunt istæ, quas Cyrillus recitat initio dialog. 8 *Ad Hermiam*, Ὁ μὲν γὰρ φύσει καὶ ἀληθῶς Υἱὸς

(*a*) Lib. IX, c. 4.
(*b*) Apage vocem Theodorianam! Christus non vitæ solummodo innoxiæ merito culpam Adami delevit, sed pro divinæ personæ suæ suprema dignitate.

ὁ ἐκ Θεοῦ Πατρὸς Λόγος ἐστίν· ὁ δὲ ὁμωνύμως τῷ Υἱῷ Υἱός· *Hic enim naturaliter et vere Filius, Verbum ex Deo Patre est: hic vero, eadem cum Filio nuncupatione Filius.*

Verbum carni conjunctum per complacitum censet auctor Expositionis. — Personatus Justinus nihil subinde inculcat magis, aut stabilire nititur, quam illam Dei Verbi in humana natura tanquam in templo inhabitationem; quod etsi Catholici identidem dixerunt, certum tamen Nestoriani erroris specimen factum fuit. Quamobrem suppressa unione quam Theologus οὐσιώδη, *substantialem*, olim dixerat, Cyrillus φυσικήν, *naturalem*, sive ut nostri loquuntur, *realem*, et καθ' ὑπόστασιν, alii, quos quinta synodus canone 4, perinde approbat, κατὰ σύνθεσιν, *per compositionem;* non aliam se nosse significat, nisi quam Cyrillus in synodica ad Nestorium et anathematismo 11, ceu recens invectam et impiam proscripserat, qua humanæ naturæ communicata divinæ dignitas fuerit pro bona propensaque Dei Verbi voluntate et complacentia. *Si enim,* inquit, *corpus mansit* (non enim Deus est corpus) μετείληφε μὲν θείας ἀξίας, οὐ φύσεως, εὐδοκίᾳ τοῦ Λόγου, *particeps plane divinæ dignitatis fuit, non naturæ, per complacentiam Verbi.* Sanctus Maximus lib. *De duabus voluntatibus,* Theodori locum affert ex libro II *De miraculis,* εἰς τὰ Θαύματα, quo aiebat Salvatorem leproso ostendisse *unam voluntatem, unam operationem, procedentem secundum unam eamdemque* [LXI] *potestatem,* οὐ λέγω φύσεως, ἀλλ' εὐδοκίας, *non naturæ,* inquam, *sed complaciti.* Sed de hac per complacitum conjunctione plura statim ex Theodoro. Sciscitantibus adversariis, quo tandem modo speciali Deus, qui omnibus præsens est κατ' οὐσίαν, *per essentiam,* in illo præ cæteris templo exsistat præsens, Expositionis fidei auctor exemplum objicit solis, cujus lux, tametsi ubique effundatur, non tamen peræque ab omnibus percipitur, sed a diversis diverse juxta atque oculi eorum affecti sunt: sicque templum, quod Deus Verbum sibi struxit, fulgorem totum excepisse divinitatis, quia a Spiritu sancto formatum erat, *et segregatum a peccato.* Atqui Theodorus Dei Verbi incarnationem non aliter intellexerat (a), propter illud Pauli effatum: *In ipso complacuit omnem plenitudinem inhabitare* [20]. Nam primo ejus operum loco, quem Leontius Byzantinus lib. III Contra Nestor. et Eutychem citat, docet, Deum, etsi rebus omnibus τῇ οὐσίᾳ, *per essentiam substantiamve* adest, non tamen in singulis habitare: *Dei quippe inhabitationem complacito ipsius fieri,* τῇ εὐδοκίᾳ ἡ ἐνοίκησις γίνεται, *et ex complacito Dei diversam esse inhabitationem:* ἡ εὐδοκία καὶ τὸν τῆς ἐνοικήσεως τρόπον ἐναλλάττει. *Quocirca singulari ratione quadam Verbum in Christo habi-*

tasse, ut is Filius fieret. Οὕτω γὰρ εὐδοκήσας ἐνῴκησεν, inquit, *sic enim per complacitum inhabitavit, quia totum quod assumpserat, inhabitando univit sibi.* Παρεσκεύασε δὲ αὐτὸν συμμετασχεῖν αὐτῷ τιμῆς ἧς αὐτὸς ὁ ἐνοικῶν, Υἱὸς ὢν φύσει μετέχει· *Effecit enim ut particeps honoris fieret, cujus ipse compos est qui inhabitat, ut qui natura Filius sit.* Quinimo *Dei Verbi inhabitationem fieri non posse* statuerat, *neque substantia, neque operatione, sed solo complacito,* δῆλον οὖν ὡς εὐδοκίᾳ. Ab aliis Theodori operum excerptis compluribus congerendis abstineo, uno quod hic addam contentus, ex ipsius ad Domnum epistola, quod cum duobus aliis reperi, cap. 56 Collect. contra Severianos. Secundo itaque loco, explosa primum unione κατ' οὐσίαν, *secundum essentiam,* cum potiorem dixisset eam quæ ex complacito sit, subinde ait: Κατὰ γὰρ τὸν τῆς εὐδοκίας τρόπον τῷ Θεῷ Λόγῳ συναφθείς, ὡς ἔφαμεν, ἐξ αὐτῆς τῆς μήτρας ὁ τεχθεὶς ἐκ τῆς Παρθένου ναός, μεμένηκεν ἀδιαίρετος, τὴν ἐν πᾶσιν αὐτῷ ταυτοβουλίαν καὶ ταυτουργίαν ἐσχηκώς· ὧν οὐδὲν συναφέστερον. *Templum quippe, quod ex visceribus Virginis natum est, secundum complaciti rationem Deo Verbo, ut dicebamus, copulatum, sine divisione mansit, eamdem in omnibus cum eo voluntatem et actionem habens: quibus nihil conjunctius sit.* Similia Nestorii, quem omnes Theodori discipulum et alumnum fuisse norunt, dicta libere hic afferre, nisi tritissima vulgatissimaque essent, et ut cæterorum Nestorianorum. Recte igitur Theodorus Raythensis scripsit, Mopsuesteni errorem fuisse, *Deum Verbum in Christo propter eminentem ejus virtutem,* κατ' εὐδοκίαν ἐνοικήσαντα, *per complacitum inhabitando participem eum divinæ dignitatis et adorationis fecisse.* Cæterum unionem istam κατ' εὐδοκίαν Nemesius Emesenus Diodoro Tarsensi et Theodoro Mopsuesteno æqualis exploserat, cap. 3 *De homine,* cum magis ipsi arrideret, eam φυσικήν, *naturalem,* sive realem dici, uti postea Cyrillo. Οὐκ εὐδοκία τοίνυν ὁ τρόπος τῆς ἑνώσεως, ὥς τισι τῶν ἐνδόξων ἀνδρῶν δοκεῖ, ἀλλ' ἡ φύσις αἰτία. *Unionis ergo modus ex complacito non est, ut viris quibusdam illustribus placet, sed naturam causam habet.* Apprime siquidem intelligebat, ea duas personas Verbi et hominis, duosque filios poni: quod etiam Gregorius Nyssenus in epistola ad Theophilum Alexandrinum, et Hieronymus ad cap. LV Isaiæ, significarunt: ut inde omnes agnoscant Diodori et Theodori profanos sensus sinceris ipsorum ævi doctoribus Ecclesiæ exosos fuisse. Unde Patribus quintæ synodi displicuit etiam quod Ibas Edessenus in epistola ad Marim repetere amaverit, Christum esse *Dei Verbi templum,* ὃν ναὸν ἀποκαλεῖ. Hæc enim, ut ante dicebam, Nestorianorum veluti symbolum ac tessera fuit, propter illa Domini Verba,

---

[20] Coloss. I, 9.

(a) Ob morum innocentiam, ἁμαρτίας δὲ καθώπαξ κεχωρισμένος.

Solvite templum hoc, et in tribus diebus excitabo illud[11]: ex quibus post Theodorum suum prætexebant, *aliam esse templi naturam, et aliam habitantis in templo; aliam item soluti templi, et aliam ejus qui solutum excitavit.* Nihil etiamnum Nestorianis qui supersunt in Oriente familiarius est, quam ut Christum hominem Dei *templum* vocitent.

Falsus equidem Justinus ἄκραν ἕνωσιν *summam adunationem* prædicat. At Theodorum nihil illa secundum complacitum inhabitatione conjunctius agnovisse vidimus, propter eamdem Dei et hominis voluntatem et actionem, ὧν οὐδὲν συναφέστερον. Hanc porro voluntatis et operationis unitatem, qua Deus Christo homine tanquam mero instrumento usus sit, non usquequaque improbavit fucatus noster Justinus: neque deinceps, ut olim, affirmavero, eum identidem imitatum esse hoc Magni Leonis dictum (a), *Agit utraque forma cum alterius communione quod proprium est*; quo nempe duplex actio, divina et humana significatur: sed actionem Deo soli tribuit, nec nisi passiones homini, ut altera natura miracula facta sint, altera toleratæ passiones. Nec enim in illomet loco quem præ cæteris Catholici Monothelitis aliquando objecerunt, videre mihi videor duplicem Christi actionem, sed solam divinæ operationi Verbi communicationem. Nimirum unionem utriusque naturæ declarat auctor exemplo corporis solaris, cui lux quæ primo die facta erat, die tertio indita applicataque fuit a Deo; ac subdit: *Velut lux qua lux una est, operationem indivulsam habet a corpore quod illam excepit, quamvis per rationis considerationem discernatur natura, cujus propria operatio est: ita in uno Dei Filio, operationem ejus omnem ab una filiatione nemo secreverit; cum alioqui ex qua natura proficiscatur id quod præstatur, per rationem agnoscat.* Verba Græca sunt quæ lectori erudito expendenda relinquo: Καὶ αὖθις ὥσπερ τοῦ φωτὸς, ἣ φῶς ἐστιν ἕν, τὴν ἐνέργειαν οὐκ ἄν τις χωρίσειε τοῦ σώματος αὐτοῦ τοῦ δεκτικοῦ, τῷ λόγῳ δὲ γνωρίσειε τὴν φύσιν, ἧς ἐστιν ἰδία ἡ ἐνέργεια· οὕτως ἐπὶ τοῦ ἑνὸς Υἱοῦ τοῦ Θεοῦ, πᾶσαν μὲν ἐνέργειαν οὐκ ἄν τις χωρίσειε τῆς μιᾶς υἱότητος, τῆς δὲ φύσεως, ἧς ἐστιν οἰκεῖον τὸ γινόμενον, τῷ λόγῳ γνωρίσειεν. Cæterum dum [LXII] pseudo-Justinus se sollicitum præbet, ut Scripturarum voces, quibus Christi, tum divinitas, tum humanitas exprimuntur, utrique naturæ distribuantur, καταλλήλως μέριζε ταῖς φύσεσι τὰ λεγόμενα, Nestorianorum itidem ingenium prodit: ut nempe hoc colore quartum Cyrilli anathematismum impugnet, quo nihil nisi receptissima semper apud Christianos *idiomatum*, quam nostri vocant, *communicatio* vindicabatur, quamque adeo *vocum inconsonantiam* appellare amat, τὸ τῶν φωνῶν ἀσύμφωνον. Rursum quando allato corporis solaris cum lumine conjunctionis exemplo, infert, sicut nec sol, nec lux seorsim dicitur, sed lux unus sol appellatur, cum tamen una lux, et sol unus, naturæ duæ sint; ita quoque *unum quidem esse Filium, et Dominum, et Christum, et unigenitum, naturas vero duas*, οὕτω κἀνταῦθα εἰς μὲν ὁ Υἱὸς, καὶ Κύριος, καὶ Χριστὸς, καὶ Μονογενὴς, φύσεις δὲ δύο· id Nestorianam affectationem sapit;;cum hujus sectæ homines miris subtilitatibus et artibus pravos suos sensus occultando, quatuor istas voces Jesu Christo libentissime et vulgo attribuerent, quem tamen vere, proprie, simpliciter et absolute natura Deum esse aut dici debere ¡inficiarentur. Et cum concederent Virginem beatam matrem esse *Filii, Christi, Domini, Unigeniti*, ceu vocabulis istis naturarum conjunctio enuntiaretur, hanc Dei et Verbi proprie Genitricem esse pernegabant. *Quando dicimus*, Christus, et Jesus, et Unigenitus, et Dominus (inquiebat ipse Nestorius (b), *ambo hæc* (Deum et hominem) *appellatio ista significat.* Imo in secunda ad Cyrillum epistola, Symbolum Nicænum sic erat interpretatus: *Credimus*, inquiunt (Patres), *in Dominum nostrum Jesum Christum, Filium ejus unigenitum. Observa quomodo* τὸ, Κύριος, Ἰησοῦς, Χριστὸς, καὶ Μονογενὴς, καὶ Υἱὸς *πρότερον θέντες, Domini, Jesu, Christi, Unigeniti, et Filii, prius nomina communia deitatis et humanitatis tanquam fundamenta ponentes, tunc suscepti hominis, et resurrectionis, et passionis *superædificant traditionem.* Eodem modo dixerat in sermone 2: *Apud novam Scripturam nusquam invenies mortem Dei esse, sed aut Filio, aut Christo, aut Domino assignari. Christus enim, et Filius, et Dominus, et Unigenitus* (ita lego ut series orationis postulat, et meliori sensu, quam in *Unigenito*, ut habent edita) *in Scripturis acceptus, duarum significatio est naturarum.* Post adducta hanc in rem Scripturæ loca varia: *Vidisti*, inquit, *quemadmodum Christus et Filius et Dominus est: quando de Unigenito meminit Scriptura, modo etiam humanitatis, modo divinitatis, modo autem utriusque vult esse significantia vocabula.* Alexander Hierapolitanus (c), *Dicat igitur Cyrillus*, inquit, *quia Christus mortuus est, Filius passus est, Unigenitus passus est: cur addit quod Verbum passum sit?* Theodoretus (d) quoque pro causa Nestorii perinde scribebat: *Templum vocavit sumptam naturam, differentiam illius qui accipit, ad id quod assumpsit ostendens; quod hoc quidem sit Deus, illud vero templum. Cæterum unus est Christus, unus Dominus, unus Filius, unigenitus idem et primogenitus.* Similes locutiones observavi in epistola ad Cæsarium monachum, ac frequentes sunt in Nestorianorum quæ supersunt monumentis. Quamobrem Cy-

---
[11] Joan. II, 19.

(a) Epist. ad Flavianum.
(b) Ep. ad Schol.
(c) Epist. ad Acacium Berrhoens.
(d) Epist. ad populum Constant.

rillus in Synodica, explosa prius inhabitatione illa Dei Verbi in homine, dolum sub vocibus istis latentem hoc modo cavendum monet : Εἷς οὖν ἄρα Χριστός, καὶ Υἱὸς, καὶ Κύριος, οὐχ ὡς συνάφειαν ἁπλῶς τὴν ὡς Θεὸν, ἑνότητι δ᾽ ἀξίας, ἤγουν αὐθεντείας, ἔχοντος ἀνθρώπου πρὸς Θεόν. *Unus itaque est Christus et Filius et Dominus, non velut homine conjunctionem simpliciter habente cum Deo per unitatem dignitatis sive auctoritatis. Non enim honoris aequalitas unit naturas,* etc. Sic ergo auctor Expositionis fidei, dum eximiam saepe modestiam profitetur sincerumque rectae fidei studium, intricatis verborum ambagibus Nestorianorum se partibus addictum ostendit. Animadversione dignum puto, quod, cum Catholici cum Proclo Constantinopolitano saltem *unam incarnati Verbi hypostasim*, μίαν τοῦ σαρκωθέντος Λόγου ὑπόστασιν, Chalcedonensi sacra synodo approbante confiterentur, imo Nestoriani ἓν πρόσωπον, *personam unam* identidem dicerent, neutrum in Expositione fidei occurrat. Maximus vero lib. *De duabus voluntatibus*, excerptum affert sermonis Pauli Persae Nestorianae sectae diaconi, *de judicio*, in quo haereticus sic argutabatur : Εἰ μία φύσις οὐ γέγονεν, μία μονοπρόσωπος ὁ Χριστὸς οὐκ ἔστιν ὑπόστασις. *Sin autem non una natura facta est, non una Christus est personae unius hypostasis.* Ex quo ulterius concludebat, *unionem esse duntaxat ex complacito*, οὐκοῦν κατ᾽ εὐδοκίαν ἡ ἕνωσις, *quae uno eodemque consilio et voluntate stringatur.* Quo sensu Nestorius cum suis ἓν πρόσωπον, *personam unam* sit professus, theologis compertum est : eumque a Theodoro magistro suo acceperat, quem Leontius refert ita locutum lib. VIII *De incarnatione* : Ὅταν τὰς φύσεις διακρίνωμεν, τελείαν τὴν φύσιν τοῦ Λόγου φαμὲν καὶ τέλειον πρόσωπον. Οὐ δεῖ γὰρ πρόσωπον ὑπόστασιν εἰπεῖν, τελείαν δὲ καὶ τὴν τοῦ προσώπου φύσιν, καὶ τὸ πρόσωπον ὁμοίως· ὅταν μέντοι ἐπὶ τὴν συνάφειαν ἀπίδωμεν, ἓν πρόσωπον τότε φαμέν. *Cum naturas duas discernimus, naturam Verbi perfectamque personam praedicamus. Non enim licet hypostasim dicere personae expertem : perfectam vero etiam hominis naturam et personam similiter; cum autem ad conjunctionem respicimus, tunc unam personam pronuntiamus.* Ab aliis locis quae idem repetunt recitandis supersedeo. Secundum pravos istos Theodori sensus quinti concilii generalis Patres verba haec epistolae Ibae ad Marim Persam intellexerunt : Δύο φύσεις, μία δύναμις, ἓν πρόσωπον· ὅπερ ἐστὶν εἷς Υἱὸς ὁ Κύριος Ἰησοῦς Χριστός· *Duae naturae, una virtus* (efficientiave et operatio), *una persona, quod est unus Filius Dominus Jesus Christus.* Sic igitur in Expositione fidei multa Nestoriani veneni indicia atque argumenta sunt ; nulla vero sincerae et catholicae doctrinae. Nec enim prosit objicere, in ea saltem legi, post naturarum unitionem non seorsim amplius *Filium esse, scilicet Dei Verbum, et seorsim Filium hominem; sed unum et eumdem utrumque simul intelligi,* ἀλλ᾽ ἕνα καὶ τὸν αὐτὸν ἑκάτερα νοήσει, velut ex corpore solari eique affixa luce, sol unus et lux una concipitur. Sic namque Nestoriani vulgo loquebantur, propter symbolum Nicaenum, quod credendum docet, *Unum Dominum Jesum* [LXIII] *Christum, Filium Dei unigenitum, ex Patre natum ante omnia saecula, incarnatum, passum*, etc. Quocirca Nestorius epistola ad Cyrillum quam superius citavi, Christum unum et eumdem, Deum simul et hominem esse dicebat, *qui una impatibilis et patibilis intelligeretur*, νοοῖτο. Alexander quoque Hierapolitanus Joanni Antiocheno scribebat, oportere credere, *Christum esse Deum et hominem, eumdem sine dubio et Filium hominis propter naturam quae est ex semine Abraham et David, et ipsum procul dubio dominum David secundum divinitatem.* Imo Theodorus ipse in symbolo quod in Ephesina synodo proscriptum fuit, aiebat : *Unum igitur Filium et Dominum Jesum Christum,* δι᾽ οὗ τὰ πάντα ἐγένετο, *per quem omnia facta. sunt, primo quidem et praecipue Deum Verbum, qui secundum essentiam Dei Filius et Dominus est, intelligentes ; simul vero etiam quod assumptum est, Jesum a Nazareth, animo complectentes,* συνεπινοοῦντες. Ut nempe illa unitas sola mente conciperetur, reapse vero non exstaret. Quanto magis igitur Acoemetae et Basiliani, fucatique alii Nestoriani post Chalcedonense concilium quod se defendere jactitarent, idem ore tenus praedicabant, subaudito Mopsuesteni sui sensu, quem miris ambagibus obvolvebant?

Hic subjiciam quod alio jam in loco adnotavi, huicce Expositioni fidei praemissam fuisse ab auctore unam aut alteram dissertationem contra gentiles et Judaeos : quod quidem prima haec Expositionis verba diserte significant : Ἱκανῶς τὸν κατὰ Ἰουδαίων καὶ Ἑλλήνων λέξαντες ἔλεγχον· *Cum satis superque Judaeos et gentiles confutaverimus.* Libri contra gentiles seu paganos fragmentum habemus actione 5 concilii Lateranensis sub Martino I. Aliud etiam affert Leontius in fine Dialogi contra Aphthartodocetas seu Incorrupticolas, quod vir doctissimus meique amantissimus D. Joannes Ernestus Grabe Graece et Latine edidit, t. II Spicilegii PP. secundi saeculi, p. 172. Nullus dubito quin hoc triplex opus personati Justini, ipsummet sit cujus fragmenta quaedam edita quoque sunt inter opera sancti Martini, t. XI, p. 154, cum hac inscriptione : Τοῦ ἁγίου Ἰουστίνου Φιλοσόφου καὶ τέλος μάρτυρος, ἐκ τοῦ πρὸς Εὐφράσιον σοφιστὴν περὶ προνοίας καὶ πίστεως λόγου, οὗ ἡ ἀρχή· Ἄχραντος ὁ λόγος· *Sancti Justini philosophi et demum martyris, ex libro Adversus Euphrasium Sophistam, De Providentia et fide ; cujus principium est, Intemeratum verbum* : ut nempe auctor, evicta demonstrataque in disputationibus contra gentiles et Judaeos Providentia, Expositionem fidei de Trinitate et incarnatione appendicis instar subjecerit. Atqui expositionis hujus tres partes sunt. Prima est de Trinitate : in secunda mysterium incarnationis enarratur, incipitque ab his verbis, pag. 381, A : Οὕτω καὶ περὶ τῆς μακαρίας καὶ θείας Τριάδος δοξάζοντες · *Ejusmodi de beata et divina Trinitate sententiam tenentes.* In tertia denique adversariorum objecta solvuntur ab his verbis, pag. 385 : Ἀποχρώντως τοίνυν εἰς δύναμιν τὴν ὀρθὴν ὁμολογίαν ἐκθέμενοι· *Caeterum cum abunde satis pro virili nostra professionem fidei rectam exposuerimus,* etc.

DISSERTATIO QUINTA.

De oratione cui titulus : « De iis qui in fide obdormierunt, » et de Purgatorio secundum Orientalis Ecclesiae sensum.

I. Communis Graecorum sententia est, orationem, *De iis qui in fide obdormierunt,* Joannis Damasceni fetum esse. Ita tenent et affirmant Philippus Solitarius undecimi saeculi scriptor in Dioptra, Zonaras, Glycas passim in epistolis, Theodorus Balsamon in can. 4 apostolorum, et alii Graeci sequioris aetatis, in quorum libris ecclesiasticis legitur cum auctoris nostri praefixo nomine. Arcudius in libro *De purgatorio, contra Barlaamum,* anceps haesit, quodnam de ea judicium ferret. Verum Allatius in diatriba *De scriptis Joannis Damasceni,* libens fatetur hoc opus fuisse illi subjectum : id quod ipse jam asseruerat in secunda Dissertatione de libris ecclesiasticis Graecorum. Quia vero Combefisius in *Bibliotheca concionatoria* ad diem 2 Novembris, ubi orationem istam perinde cum aliis Latine edidit, ab eo videtur discrepare, ejus praefationem integram juvat hic recitare.

« II. Haesi tantisper animo, num hanc orationem, seu librum hic loci repraesentarem. Conjectura pridem insedit (at conjectura) auctorem esse Damasceno recentiorem, ac qui vixerit, fetumque hunc suum supposuerit, Theodora circiter ac Michaele ejus filio imperatoribus ; cum in gratiam piae Augustae certatum, ut Theophilus ejus maritus defunctus, efflagitantibus sanctis et confessoribus, poenis exsolveretur, ipse alioqui minime malus, ac recti justique tenacissimus : hoc uno duntaxat dementatus, quod sacras imagines proscriberet, earumque cultores diris tormentis et morte afficeret. Displicebat ipsa, quasi per saturam in re gravissima iamborum fusa prolusio : quibus accuratior Damascenus in iis quae ejus metro edita non pauca exstant, appareat. Leo Allatius diatriba *De scriptis Joannis Damasceni,* multorum discussis rationibus, quibus hoc opus abdicare se putant Damasceno, quod libris ejus de fide in doctrina non satis conveniat, Machabaeorum historiae plurimum innitatur, cujus fidem canonicam iis in libris non agnoscit, fabellas liberatorum infidelium Falconillae et Trajani, ac Macarii cranium inducat ; quae tamen omnia Graeci libris suis ritualibus inseruerunt, sive praeivit illis hic auctor, sive illi ipsi : his, inquam, discussis, partimque solutis rationibus, num sit Damasceni fetus, in re incerta frustra quaeri decernit. Adducta tamen quam ediderat, severiori suo censura in examine Graecorum librorum ecclesiasticorum, qua nimium [LXIV] forte auctorem opusque deprimit, cum Graeciae tanta lumina suspexerint, ipsique orthodoxi pie venerati sint, nullaque controversia apud eos legatur ubique antiquissimis perscriptum libris, nec usquam notatum, uti solent alii libri apocryphi ; legique ipse, et notavi in antiquis codicibus. Latini item jam tertio (imo, *quarto*) redditum summisque viris dicatum, non male omnino habuerunt. Potuit ipsum rei argumentum, iambos, quasi naeniam seu monodiam excutere, quod sibi Graeci facilius indulgent in ἐπιταφίοις, putantque se non nebulones agere, sed affectui et dolori pro re nata stylum inclinare. Veniebat in mentem Michaelis Syngeli, qui ipse Machabaicis multum nititur in amplissima illa oratione in sanctos angelos, quam repraesento iterum in festo sancti Michaelis. Sed nec illi forsitan stylus satis conveniat. Saliva Allatio quam mihi subtilior, ut non tanta quanta ille vitia deprehendam : nec sic hiulca temere assurgens (nisi forte cum Dionysii verba) nihil cohaerens ac conficiens oratio. Multos etiam naevos ab interpretibus male officiosis, inque illis Billio, viro alioqui doctissimo, accessisse adverti, et quoad licuit sustuli, quibusdam etiam locis notavi. Nec in aliis Damasceni Latinis auribus fundendis lima superflua, exemplariumque collatio, quibus fere destitutus Billius, quem et putem in Damasceno magis tirocinium posuisse. Utinam suppetent tanta illa Allatianis curis Roma submissa, suppetias scilicet novum vulgandis libris viri sic scholastici operibus ; ac vel Aubertus rem exsecutus esset vel quibus animo erat, sollicitante bonae memoriae illustrissimo ac reverendissimo archiepiscopo Tolosano Carolo de Montchal, ac bibliopola sumptus offerente, non invidisset. Nec illorum naufragio, vel suppressione (cujuscunque tandem illa sit) tantam res litteraria ac sacra passa esset jacturam. »

III. *Leonis Allatii judicium praefertur, et firmatur*

magis. — Ex his liquet doctissimum virum in oppositam Allatianæ sententiam propensum fuisse. Verum non uni Allatio iambi qui istac in oratione leguntur a Damascenicis discrepare visi sunt. Jacobus Pontanus Soc. Jesu in suo codice Græco Dioptræ Philippi solitarii scholium se reperisse ait ad cap. 12, lib. II, quo sermo iste Joanni nostro abjudicatur. *Sermonem hunc non esse Damasceni,* inquit, *propter characterem iamborum: hoc est, quia iambis scriptus est*, *affirmat in margine scholium, quanquam in illis iambis non dimensionis syllabarum sed pedum ratio habita est potius. Est autem sermo, seu oratio pro defunctis cum hac inscriptione :* « *Quod ii qui cum fide ex hac vita decesserunt, vivorum missis et beneficiis juvantur.* » Atqui tale fuit critici Græci hoc de sermone judicium. Scrupulus insuper alter hæret animo, qui tandem fieri potuerit, ut Joannes Damascenus medio sæculo octavo fabulam de Trajano Gregorii Magni precibus ab inferis liberato, velut in Oriente et Occidente celebrem laudarit, quam nono tantum sæculo Joannes diaconus ejusdem sanctissimi pontificis Vitæ scriptor, non ex scriniis Romanis, aliisve quæ Romæ superfuerint monumentis, vel saltem ex Romanorum traditione, sed ab Anglis solis se testatur accepisse. Allatius in diatriba *De scriptis Joannis Damasceni,* insinuat, historiolas de Trajano et Falconilla theologicum axioma istud illius (a) evertere, ὅτι· ὅπερ ἐστὶ τοῖς ἀνθρώποις ὁ θάνατος, τοῦτο τοῖς ἀγγέλοις ἡ ἔκπτωσις. Μετὰ γὰρ τὴν ἔκπτωσιν οὐκ ἔστιν αὐτοῖς μετάνοια, ὥσπερ οὐδὲ μετὰ τὸν θάνατον, *quoniam quod hominibus mors, hoc angelis est lapsus. Post lapsum enim non est illis pœnitentiæ locus, uti neque post mortem hominibus.* Id quod quidem olim Noster perinde statuerat in Dialogo contra Manichæos, ex quo verba hæc aliis libet adjicere: Μετὰ θάνατον οὐκέτι τροπή, οὐκέτι μετάνοια · *Post mortem nec conversionis, nec pœnitentiæ locus est : non quod Deus pœnitentiam non recipiat (neque enim negare seipsum potest : neque miserationem suam deponit),* ἀλλ᾽ ἡ ψυχὴ οὐκέτι τρέπεται· *Sed anima non mutatur amplius. Sicut enim dæmones post lapsum non resipiscunt, neque etiam angeli nunc peccant, sed utrique hoc habent, ut mutari non possint,* οὕτω καὶ οἱ ἄνθρωποι μετὰ θάνατον τὸ ἄτρεπτον ἔχουσι, *sic homines post mortem habent, ut immutabiles sint.* Quomodo hæc cum placitis auctoris homiliæ *De defunctis* cohæreant, non capio : nisi forsan ad *absolutam* Dei potentiam confugiatur. His addo quæcunque alia Cl. Allatius, sagacissimo prorsus criterio, a Damasceni stylo, dictione, methodo, et ingenio in ea discrepare observavit, ut parentis alterius fetus injuria nulla censeatur. Quod quidem a Combefisio olim approbatum observavi in præmonitionibus ad eam orationem. Cæterum hic auctor, quicunque tandem sit, ab erroris suspicione liberari possit, propter illa quæ sanctus Thomas (b) pro ejus defensione scripsit, cui astipulati sunt alii theologi præsertim qui beatæ Brigittæ revelationes Basilicensi synode præcipiente examinarunt; in quibus nempe Trajani ab inferis exemptio perinde affirmatur.

IV. *De quibusdam auctoris epistolæ placitis.* Fabulis de Trajani et Falconillæ liberatione, auctor in iambis subjungit complures non ex Hebræis modo, verum et ex gentibus a Christo, quando descendit ad inferna, liberatos esse, qui ei illic prædicanti crediderunt. At non ἀποφαντικῶς *asserendo,* hæc se scribere ait, sed συλλογιστικῶς, διὰ τὸ φιλάδελφον, *ex mera conjectatione et charitatis affectu,* nec non propter Patrum quorumdam piorumque virorum opinationem. Sed quosnam, velim, a Christo ereptos ab inferis auctor arbitratur? Non eos procul dubio, qui idololatriæ aliorumve scelerum conscii ex hac vita migraverant, quos tanto beneficio affectos verbis expressis negat; sed illos qui, etsi perfectam, sive, ut dicitur, *explicitam* fidem, nemine ipsos docente, non habuerunt, unius tamen Dei sincero cultu et vitæ munditia, non sine singulari ipsius munere et gratia, præcelluere. Quorum nonnulli, inquit, Trinitatis mysterium quadamtenus agnoverunt, incarnationem alii et Christi gesta prænuntiarunt. Sibyllas nimirum innuit, Trismegistum, Hydaspem, et alios, quorum nominibus opera varia a Gnosticis et Montanistis insignita sunt, quæ Patrum aliqui bona fide ceu genuina sæpe laudaverunt. Hos omnes ejusmodi fuisse fidei dono instructos censet, quod Apostolus paucis hisce verbis explicat : *Accedentem ad Deum oportet credere quia est, et inquirentibus se remunerator est* [22]. Atque tales viros inter gentiles aliquando exstitisse nequaquam negavero. Neque enim abbreviata est manus [LXV] Domini, ut ubique terrarum selectos quosdam non servaverit; cujus generis fuere Job, ejusque amici, Naaman Syrus et alii. Hoc profecto sanctus Thomas (c) disertis verbis ultro concedit. Absit tamen, ut hac gratia fuisse dignatos asseram Socratem, Platonem, et alios philosophos, quos Justinus martyr, in Apologia prima, ceu veræ religionis cultores celebrat. Horum siquidem mores cum recta quam de Deo acceperant doctrina non congruisse, quin perditissimos fuisse, narrat Apostolus cap. 1 Epistolæ ad Romanos, ipsosque adeo in reprobum sensum traditos. Dixi in adnotationibus ad cap. 29 libri *De fide orthodoxa,* quid Græci Patres senserint de Christi descensu ad inferos, ejusque istis in locis prædicatione, et de iis qui ab ipso inde

---

[22] Hebr. XI, 6.

(a) Lib. II *De fide,* c. 1.
(b) *Suppl.* q. 75, a. 5 ad. 5.

(c) 2-2, 2. q., a. 7 ad 3.

liberati sunt. Hic non omittam in Quæstionibus quas Gretserus Anastasii Sinaitæ nomine edidit, affirmari (a) Christum ab inferis illos quidem eduxisse, qui ipsi prædicanti auscultarunt et crediderunt, in quibus fuisse Platonem refert, ex nescio qua scholastici cujusdam visione : nullum vero posthac deinceps inde esse liberatum. Quo saltem recentiorum aliquot Græcorum error eliminatur, asserentium animas peccatorum, quas tenet infernus, quia pœnitentiam agere recusarunt, precibus nihilominus fidelium identidem eripi. Cujus opinationis patroni feruntur ab Allatio in primis Triodii adulteratores, Glycas, Gabriel Philadelphiensis, et Georgius Coresius, quorum testimonia citat dissert. 2 *De lib. Eccl. Græc.*, ubi insuper varios scriptores laudat, qui profanas ejusmodi nænias, nihil ab Origenianis absimiles confutarunt.

V. Cæterum in ipsomet orationis de qua nunc sermo est titulo, proposito auctoris declaratur; puta missis, precibus, eleemosynis, aliisque vivorum operibus defunctorum fidelium animas levari. Innumera passim tum vetustiora, tum recentiora nobis monumenta suppetunt, quibus hanc perpetuo fuisse fidem Orientalis atque Occidentalis Ecclesiæ confirmatur. Ante collationem Constantinopoli habitam anno 1252, quam Stevartius in Collectaneis suis evulgavit, de purgatorio disputatum esse non reperi inter utriusque Ecclesiæ alumnos. Sed cum nostri qui inter Græcos versabantur, animadvertissent, nihil ab illis de igne quo aliquandiu post mortem expurgentur animæ, doceri tritis scholarum placitis indulgentes, erroris etiam quoad hoc caput eos taxare non dubitarunt. Unde factum est ut vicissim schismatici, audita Latinorum de purgatorio igne sententia, illis instauratæ hæresis Origenianæ crimen impegerint. Nihil certe apud Græcos reperire est, quo pœnarum genus, atque in primis purgatorius ignis Latinorum quo mundentur animæ, definiatur aut designetur : at neutrum definivit Florentina synodus, imo nec Tridentina; quæ vetuit, ne quisquam hoc de capite aliud doceat, aut prædicet, quod non in Scriptura ex Patribus diserte enuntietur. Qua de re legendus in primis libellus plane aureus illustrissimi Meldensis antistitis, quem *De expositione doctrinæ Ecclesiæ catholicæ* Gallico idiomate edidit, ne Romanæ Ecclesiæ dogmata fidei attribuantur, quæ ipsa nunquam fide tenenda docuit.

VI. *Orientalium de Purgatorio doctrina.* — Verum enarrare libet, quæ sit Ecclesiæ Orientalis hac in parte doctrina : quod ut conficiam, unum e multis auctorem seligo, Marcum Eugenicum metropolitam Ephesium, qui orationes duas Ferrariæ hoc de argumento in synodo habuit, in quibus, uti purgatorium ignem theologorum nostratium exclusit, ita et professus est animas fidelium liturgiis, aliisque piis operibus juvari post mortem, quando non absoluta penitus pro peccatis gravioribus pœnitentia, vel levioribus nondum satis expiatis, ex hac vita excessere. Quod a plurimis utriusque Ecclesiæ Patribus traditum, et antiqua consuetudine confirmatum tradit : Τὸ διὰ τῶν τοιούτων βοηθημάτων, inquit oratione 1, καθαρτικῶν τιμωριῶν ἀπαλλάττεσθαι τὰς ψυχὰς, καὶ πυρὸς προσκαίρου τοιαύτην δύναμιν ἔχοντος, οὐκέτι ῥητῶς γεγραμμένον εὑρίσκομεν. *Eas autem per ejusmodi subsidia ab expurgantibus suppliciis et igne aliquo temporaneo, qui virtutem hanc habeat, liberari, nullibi hactenus expresse scriptum invenimus.* Idem repetit in oratione altera. Cæterum in utraque asserit, peccatorum animas quæ æternis suppliciis addictæ sunt, tantillum quandoque relaxationis ex fidelium precibus percipere. Quo plane sensu Augustinus ipse in *Enchiridio*, cap. 110, ait, supplicationes et sacrificia defunctis prodesse, illis quidem qui, cum valde mali non essent, mortem obierunt, *ut sic plena remissio*, et valde malis, *ut tolerabilior fiat ipsa damnatio*. Quocirca, cap. 112, exploso primum Origenis errore, qui vel insano commiserationis affectu, vel quod creaturam rationalem suopte libero arbitrio in quolibet exsistat statu sententiam mutare posse crediderit, cruciatuum metas fore finxerat, nihilominus hunc psalmi LXXVI versum : *Num obliviscetur misereri Deus; aut continebit in ira misericordias suas* [22]? ita enarrat, ut, si ad defunctos omnes hæc verba pertinere existimentur, *pœnæ damnatorum certis temporum intervallis aliquatenus mitigari putentur*, quippe sic etiam *intelligi posse manere in illis iram Dei, hoc est ipsam damnationem. Hæc enim vocatur ira Dei*, inquit, *non animi perturbatio : ut in ira sua, hoc est manente ira sua, non tamen contineat miserationes suas; non æterno supplicio finem dando, sed levamen adhibendo cruciatibus.* Hæc quidem homines suspicari permittit Augustinus. Marcus vero eadem probare nititur quodam magni Basilii, ut putat, loco ex homilia quam Græci legunt in officio paschali Pentecostes; quo nempe Christus ad hunc modum interpellatur : Ἐν ταύτῃ τῇ παντελείῳ ἑορτῇ καὶ σωτηριώδει, ἱλασμοὺς μὲν ἱκεσίους ὑπὲρ τῶν κατεχομένων ἐν ᾅδου καταξιώσας δέχεσθαι, μεγάλας δὲ παρέχων ἐλπίδας ἄνεσιν τοῖς κατεχομένοις τῶν κατεχόντων αὐτοὺς ἀνιαρῶν, καὶ παραψυχὴν παρὰ σοῦ καταπέμπεσθαι. *Quin et in ista omnium solemnissima et salutari festivitate, expiationes quidem deprecatorias pro iis qui in inferno distinentur, dignaris suscipere : magnam vero spem præbes, relaxationem eorum quibus plectuntur suppliciorum, et refrigerium quoddam eis concessum iri.* Quibus si

---

[22] Psal. LXXVI, 10.

(a) Quæst. 111.

damnatorum animas innuunt, consentanei sunt hi Prudentii poetæ versus (a):

Sunt et spiritibus sæpe nocentibus,
Pœnarum celebres sub Styge feriæ,
Illa nocte sera qua rediit Deus,
Stagnis ad superos ex Acherontis.
Marcent suppliciis Tartara mitibus,
[LXVI] *Exsultatque sui corporis otio*
Umbrarum populus, liber ab ignibus :
Nec fervent solito flumina sulphure.

VII. Pergit Eugenicus, et eorum qui leviorum duntaxat delictorum aspersi decesserunt animas, *solo pavore purgari* affirmat ex Gregorio Dialogo, δι' αὐτοῦ καὶ μόνου φόβου, καθὼς ὁ ἅγιος Γρηγόριος ὁ Διάλογος ῥητῶς ἀποφαίνεται. Alias vero, quæ cœptæ pœnitentiæ fructus dignos vel incuria, vel propter inexspectatam mortem non tulerunt, ad inferna detrudi, non suppliciis cruciandas, uti sceleratorum animas, sed veluti carcere detinendas, et conscientiæ angoribus compungendas, vel etiam in locis terræ vicinis exsulare, secundum majorem vel minorem culparum quas admiserint gravitatem : Τὰς δὲ καὶ μετὰ τὴν ἔξοδον, ἢ μενούσας ἐν τῷδε τῷ περιγείῳ χώρῳ πρὶν εἰς προσκύνησιν τοῦ Θεοῦ ἀφικέσθαι, καὶ τῆς μακαρίας λήξεως ἀξιωθῆναι, ἢ καὶ αὐτὰς ἐν ᾅδη κατεχομένας, οὐκ ἐν πυρὶ καὶ κολάσει πάντως, ἀλλ' ὡς ἐν δεσμωτηρίῳ καὶ φυλακῇ καθειργμένας, εἰ μείζους αἱ ἁμαρτίαι, καὶ πλείονος χρόνου δεόμεναι. Cæterum specialem illum locum quo detineantur animæ, quem *Purgatorium* appellamus, recusat agnoscere: quippe quem Scriptura non indicaverit, inquit orat. 2, εἰ οὖν τις καὶ τρίτος ἦν τόπος, οὐκ ἂν σιωπῇ παρεδόθη, nihilque statuerit medium inter beatorum et damnatorum sedem, nisi chaos ingens. At vero pro defunctis illis multum prodesse sacrificia et preces in Ecclesia quæ exsolvuntur, unanimi Patrum, tum Latinorum, tum Græcorum doctrina constare testatur ; ut nimirum benignissimus Deus quibusdam peccata nonnulla quæ humana fragilitate admissa sunt, statim ab obitu condonet, quemadmodum Dionysius ait in speculatione mysterii, quod pro mortuis agitur : aliis post aliquod tempus secundum justitiæ leges, aliis denique, quibus licet non ante extremum judicii diem parcere decreverit, levaminis aliquid impertiatur. Verum, *in his omnibus,* inquit, οὐδεμίαν ἀνάγκην ἑτέρας κωλάσεως, καὶ διὰ πυρὸς καθάρσεως βλέπομεν, *nullam ignis expurgantis alteriusve supplicii necessitatem videmus.* Siquidem *illas pavor purificat, illas conscientiæ stimuli igne ipso voraciores, cæteros tandem exsilium a divina gloria et obscuritas futuri, num aliquando forte* (vel, ut in alio opere posterius hoc dictum explicavit) *quandonam inde sint evasuræ,* τὴν ἄδηλίαν ὁπότε τῶν τιμωριῶν ἐκείνων ῥυσθήσονται. Quocirca experientia ipsa ostendit hæc et similia supplicia omni altero esse acerbiora, atque animis torquendis magis idonea : quod quidem tum Chrysostomum variis in homiliis, tum Dorotheum monachum in sermone *De conscientia,* testatos refert, imo et Nazianzenum, qui asserat, *omnibus cruciatibus acriorem pœnam animis esse, a Deo potiundo deturbari* ; τοῖς δὲ μετὰ τῶν ἄλλων βάσανος, μᾶλλον δὲ πρὸ τῶν ἄλλων, ἀπερρίφθαι Θεοῦ. Hinc provocat ad varias sanctorum atque in primis Theophanis Grapti preces, in quibus nulla ignis quo crucientur animæ mentio est, sed *solummodo lacrymarum et gemituum,* δακρύων καὶ στεναγμῶν τῶν ἐν τῷ ᾅδη. Sin ignis aliquis iisdem in libris exprimatur, hunc non esse alium ab illo perpetuo qui diabolo et improbis paratus est, et ex quo viri sancti exuberanti charitatis et commiserationis affectu defunctos fideles eximi desiderant, id postulantes, quod nulla alioqui ratione concedendum esse norunt. In exemplum adducit preces et troparia seu versiculi Theodori Studitæ, quibus petitur, non ab igne purgatorio, sed a perpetuo animas eripi ; eodem prorsus modo quo nos in Missa pro defunctis dicimus : *Libera animas omnium fidelium defunctorum de manu inferni et de profundo lacu ; libera eas de ore leonis,* aliaque id genus. Sanctos quippe a Domino doctos esse pro omnibus, proque ipsis inimicis deprecari. Ac si quis dicat ejusmodi preces non exaudiri, *Esto,* inquit Marcus ; *sed id omne quod penes nos est, explemus ;* ἀλλ' ὅμως τὸ ἡμέτερον ἅπαν ἀποπληροῦμεν. Quin et *sanctorum nonnulli pro impiis cum orassent, ex æterno eos supplicio exemerunt* ; Trajanum puta Gregorius, et Falconillam Thecla. Alios reticuit, uti Mauritium et Theophilum imperatores, quos sanctorum virorum precibus ab inferis avulsos finxit Græcorum nimia credulitas. Cum vero orationem *De iis qui dormierunt,* cujus causa de istis disputamus, præsertim sequeretur (cujus nempe auctorem esse Damascenum putabat), historiolam cranii seu calvariæ cujusdam sacrificuli idolorum quæ cum Macario abbate collocuta fuisse fertur, non omisit. Hæc sane habetur in Apophthegmatis PP. quæ Cotelerius edidit, t. I *Monum. Eccl. Græc.,* p. 546, totiusque colloquii summa hæc est, etiam eos qui in inferno sunt, precibus sanctorum virorum nonnihil identidem levari, et solatium habere. Cæterum paganorum qui Deum ignoraverunt, leviorem esse pœnam, quam eorum qui cum Deum cognossent, ipsum negavere. Narratiunculas istas Marcus cum in duobus sermonibus suis coram concilio recitasset, id indigne tulit Joannes imperator, vetuitque ne deinceps coram Latinis ejusmodi fabulas afferret : quod quidem sincere satis testatur Syropulus in Historia concilii Florentini (*b*). Ex his itaque Eugenicus intulit, pro defunctis fidelibus, nullis prorsus exceptis, sacrificia et preces ab Ecclesia fieri : pro sanctis quidem, non ut bona quibus nunc affluunt, eis adprecemur, sed ut gratiarum actiones Deo pendamus, qui merita

---

(a) Hymn. 5 τῶν Καθημερίνων.

(b) Sect. 5, cap. 14.

eorum remuneratus est : atque hoc pacto sacrificium in eorum etiam utilitatem cedere, καὶ οὕτω τρόπον τινὰ καὶ ὑπὲρ αὐτῶν ἡ θυσία γίνεται, καὶ πρὸς αὐτοὺς διαβαίνει. Pro aliis vero ut vel remissionem plenam, vel qualecunque tandem levamen impetremus.

VIII. Deinde momenta solvit, quibus nostrates theologi purgatorium ignem astruebant. Ex libro II Machabæorum, cap. XII, hoc duntaxat colligi docet, sacrificia, preces, bonaque opera defunctis prodesse. Hoc rursum Christi oraculo : *Qui autem dixerit blasphemiam contra Spiritum sanctum, non remittetur ei, neque in hoc sæculo, neque in alio*[14], id solummodo innui, post mortem peccata quædam dimitti, non ejusmodi purgationis quæ per ignem fiat, relaxationem. Τί γὰρ κοινὸν ἀφέσει τε καὶ καθάρσει διὰ πυρὸς καὶ κολάσεως; Ecquid enim commune est indulgentiæ, et expurgationi per ignem et supplicium. Tum objicit sibi istæc [LXVII] Apostoli verba : *Si quis autem superædificat super fundamentum hoc, aurum, argentum, lapides pretiosos ligna, fenum, stipulam : uniuscujusque opus manifestum erit. Dies enim Domini declarabit, quia in igne revelabitur : et uniuscujusque opus quale sit, ignis probabit. Si cujus opus manserit, quod superædificavit, mercedem accipiet. Si cujus opus arserit, detrimentum patietur. Ipse autem salvus erit ; sic tamen quasi per ignem*[15]. Ex his ultimis verbis Augustinus (a) collegerat, *nonnullos fideles per ignem quemdam purgatorium, quanto magis minusve bona pereuntia dilexerunt, tanto citius tardiusve salvari.* Et rursum Gregorius propter eadem Apostoli verba idem approbaverat. Verum Ephesius cum suis Græcis Chrysostomi potius expositionem amplectitur ; ut ignis ille, de quo Paulus loquitur, *probandi, non purgandi* vim habeat, δοκιμαστικόν, ἀλλ' οὐ καθαρτικόν. Per hunc siquidem opera bona esse transitura, quæ purgatione non indigent. Diem quippe, quæ in igne revelabitur, supremam illam fore, post quam purgatorium ignem astruere absurdum esset. Quapropter ignem alium non annuerit Apostolus ab igne extremæ conflagrationis, de quo alibi dicitur : *Ignis in conspectu ejus exardescet*[16], etc. *Ignis ante ipsum præcedet*[17]. Qui quidem ignis sanctos reddet splendidiores : sic vero peccatores incendet, voluntatemque et actionem omnem eorum malam ad nihilum rediget, ut ipsi nihilominus salvi mansuri sint ; hoc est, eos incorruptos et integros servabit, ne cum sua malitia quæ stipula, fenum, lignumque nuncupatur, simul dispereant. Istæc, inquit, tradit Chrysostomus, *qui Pauli os*, στόμα, *exstitit, quemadmodum Paulus* στόμα ,Χριστοῦ, *os Christi.* Hunc profecto sensum omnes propemodum amplexi sunt, quotquot Chrysostomo posteriores fuerint Græciæ tractatores, quo magis ab Origeniano de instauratione universi per ignem errore recederent. Quinimo expositionem eamdem ante Chrysostomum Theologus oratione 45 insinuaverat, ubi Novatianos perstringendo dixit : *Forsitan illic igne baptizabuntur, extremo scilicet illo, ac longe molestiore ac diuturniore baptismo,* ὃ ἐσθίει τὸν χόρτον τὴν ὕλην, καὶ δαπανᾷ πάσης κακίας κουφότητα, *quod subjectam materiam ceu fenum comburet, et universæ malitiæ levitatem :* quam utique *stipulæ* nomine significaverat Apostolus. Quocirca ad Chrysostomi sensum esse revocandas ait Marcus Ambrosii, Augustini, Gregorii Magni, aliorumque Latinorum auctoritates. Sed clariora sunt Gregorii verba, quam ut ejusmodi interpretationem patiantur.

IX. Quia vero defuncti fideles qui culpis quibusdam obnoxii adhuc erant, mediis in ignibus visi esse referuntur, hæc figurato sensu, non proprio, accipienda censet. Tandem expostulat de theologis Latinis, quod Gregorii Nysseni famæ parum consuluerint, ejus locum quemdam allegando, quo non suum, sed Origenis potius purgatorium ignem inducerent, hoc est integram universi expurgationem et instaurationem ; ita ut dæmones et impii meliores demum fiant, evadamque compotes salutis. Addit Maximum et alios Ecclesiæ Orientalis doctores, ut sanctissimum præsulem excusarent, obtendisse, vel his in locis ejus opera corrupta ab hæreticis fuisse, vel eum, homo cum esset, in hunc errorem prius impegisse, quam Ecclesia de eo capite judicium ferret : quod quidem Patribus aliis, puta Irenæo, et Dionysio Alexandrino accidisset. Hæc Marcus Ephesius metropolita in utraque ad synodum oratione, cum sese nondum perpetuo dissidio ab Ecclesia Romana et catholica relegare proposuisset.

X. Ex his multa colligo ; quorum primum est, cum Latinis Græcos convenire in statuendo quodam purgandis post mortem animis loco. Utrique inferna loca vel etiam terræ vicina, decernunt. Nam licet Græci solum infernum dicant, attamen in eo alios atque alios esse recessus pro singulorum meritis agnoscunt. Sic namque Gabriel Philadelphiensis, apud Allatium, lib. *De consensione utriusque Ecclesiæ in dogmate de purgatorio,* in opere de eodem argumento loquitur (pag. 216) : *Ex ante dictis itaque, apparet,* inquit, *unum esse locum in quo animæ cruciantur, et non multos:* Πλὴν ὁ τόπος οὗτος ἔχει πολλὰς καὶ διαφόρους μονάς, καὶ πολλὰ εἴδη τιμωριῶν. *Attamen locus hic multas habet, variasque mansiones, et multa tormentorum genera, quæ diversitati peccatorum respondent. In hæc tormentorum genera injiciuntur animæ, tum impiorum, tum hæreticorum, quemadmodum et*

---

[14] Matth. xii, 51. [15] I Cor. iii, 12-15. [16] Psal. xlix, 3. [17] Psal. xcvi, 3.

(a) Enchir. c. 69.

Christianorum, qui non pœnituerint, καὶ τῶν Χριστιανῶν τῶν ἐχόντων ἐλπίδα διὰ τῆς θείας λειτουργίας καὶ τῶν ἐλεημοσυνῶν καὶ προσευχῶν τῶν ὑπὲρ αὐτῶν γενομένων, ἵνα λάβωσιν ἄνεσιν καὶ ἐλευθερίαν τῆς κολάσεως, ὅπερ ὁ Θεὸς εὐσπλαγχνισθεὶς νεύσει, πρὸς Ἔλεον, nec non *Christianorum qui spe aluntur, per sacrificium missæ, et eleemosynas, et orationes, quæ pro ipsis fiunt, accipiendi remissionem et libertatem tormentorum, cum Deus miserescens in misericordiam declinaverit.* Hæc porro loca ad quæ mittuntur animæ, ut peculiares poenas luant pro mensura delictorum, et in quibus experiantur misericordiam et humanitatem Dei; hæc, inquam, loca, auctor quidem iste *non Purgatorium abs se vocari ait, ne quis existimet se concordare Platoni, qui in Phædone expurgari peccatorum animas dicit, sed satisfactiva vel idoneos reddentia appellat : hoc est locum, in quo cruciantur animæ in quantum pœnæ dignæ sunt, et in quantum misericordia Dei voluerit* : Τούτους λέγω τοὺς τόπους δὲν οὐ καλῶ Καθαρτήριον, διὰ νὰ μὴ νομίσῃ τινάς, ὅτι συμφωνοῦμεν κατὰ τοῦτο τῷ Πλάτωνι · ὁ ὁποῖος λέγει εἰς τὸν Φαίδωρα, ὅτι καθαρίζονται αἱ ψυχαὶ τῶν ἁμαρτωλῶν · ἀλλὰ τοὺς ὀνομάζω τόπους Ἱκανοποιούς. Alioqui enim Græci longe potiori jure Origeniani erroris rei agendi forent, qui animas saltem aliquot defunctorum ex ipsamet inferni voragine, qua impiorum animæ detinentur, liberari docuerint.

XI. Secundum est, Orientales varia expurgationis animarum genera agnoscere, quæ tamen non definiant, propter Scripuræ silentium, et quia de iis nihil traditione constat. Tertium, Ecclesiam utramque uno semper ore docuisse, sacrificia, orationes, vigilias, eleemosynas, aliaque id genus officia pietatis defunctis admodum prodesse, eosque subsidiis istis vel levari, vel ex toto liberari : quod quidem perpetuo ab ipsis Ecclesiæ [LXVIII] primordiis certissimum fuisse Christianæ fidei caput perspicuis invictisque omnium sæculorum testimoniis confirmatur.

XII. Hæc cum Ephesius duplici sermone in synodo, velut Orientalis Ecclesiæ nomine, perorasset, adjecissetque, ut postulatus fuerat, quorumdam utriusque orationis locorum expositionem, Latini ultro comprobarunt : illis duntaxat exceptis, quibus tum damnatorum impiorumve pœnas et supplicia, tum beatorum coronas in diem judicii differri asseverarat, negaratque sanctos Deum Deive essentiam posse contueri. Quamobrem, nulla facta ignis expurgantis mentione, eodem prorsus sensu quo postmodum in Tridentina synodo, definitum est in decreto unionis : *Item si vere pœnitentes in Dei charitate decesserint, antequam dignis pœnitentiæ fructibus de commissis satisfecerint, et omissis, eorum animas pœnis purgatoriis post mortem purgari : et ut a pœnis hujusmodi releven-*

tur, prodesse eis fidelium vivorum suffragia, missarum scilicet sacrificia, orationes, eleemosynas, et alia pietatis officia, quæ a fidelibus pro aliis fidelibus fieri consueverint, secundum Ecclesiæ instituta. Quanquam omittendum non est, purgatorium ignem, quem theologi Latini defendunt, non admodum displicuisse cordatioribus Græcis. Gabriel Philadelphiensis antistes schismaticus, statim post verba quæ modo ante ex ejus libro *De purgatorio* recitavi, subjungit : Ἀρέσκει μοι ὅμως καὶ ἡ γνώμη τινων διδασκάλων τῆς δυτικῆς Ἐκκλησίας οἵτινες λέγουσιν, ὅτι τὸ πῦρ τὸ αἰώνιον εἶναι ἐκεῖνο εἰς τὸ ὁποῖον πηγένουσιν αἱ ψυχαὶ καὶ τιμωροῦνται πρὸς καιρόν · τὸ ὁποῖον ὅσον εἰς τὴν αὐτοῦ φύσιν εἶναι αἰώνιον, οὕτω ὑπὸ Θεοῦ κτισθέν, πλὴν λέγεται καὶ πρόσκαιρον, οὐ κατὰ τὴν φύσιν του, ἀλλὰ διὰ τὰς ψυχὰς ἐκείνας, αἱ ὁποῖαι λυτρώνονται ἀπ' ἐκεῖθεν· διὰ δὲ τὰς ψυχὰς τῶν αἰωνίως ἐκεῖ κολαζομένων λέγεται αἰώνιον καὶ παντοτινόν. *Placet mihi nihilominus sententia nonnullorum doctorum Occidentalis Ecclesiæ, qui asserunt ignem hunc æternum illum esse, in quem animæ immissæ puniuntur ad tempus, sui natura æternum, sic a Deo factum; dici vero temporarium, non sui natura, sed ob animas, quæ liberantur ; propter eas autem, quæ in eo absque ullo fine cruciantur, æternum et perpetuum.* Ne quis vero sibi fingat Gabrielem hæc scripsisse, cum erga Latinæ Ecclesiæ dogmata moresque bene affectus esset, et contra tritam Græcorum suorum sententiam, testem hic addam nemini ut spero suspectum, Marcum scilicet Ephesium, quem Syropulus narrat (a), auditis quæ Julianus cardinalis de purgatorio igne secundum Latinorum sensum pronuntiarat, sincere declarasse : Ἡμεῖς γὰρ ἄλλως ἠκούσαμεν, ὅτι δοξάζει τὸ περὶ τοῦ πουργατορίου ἡ ὑμετέρα ' Ἐκκλησία, καὶ ἑτέρως νῦν ἠκούσαμεν τοῦτο. Ἀπὸ γὰρ τῆς ἀφηγήσεως τῆς σῆς αἰδεσιμότητος, ὀλίγην εὑρίσκω τὴν μεταταξὺ ἡμῶν διαφορὰν ἐν τῷ κεφαλαίῳ τούτῳ· *Nos aliter audivimus Romanam Ecclesiam sentire de purgatorio, quam vos nunc expliciuistis. Nam ex quo reverentia tua hunc articulum enarravit, exiguum inter nos discrimen reperio.* Hic porro obiter lectorem moneo, Marcum, aliosque schismaticos auctores, quorum concertationes adversus Latinorum purgatorium legi, una sententia tenere, post resurrectionem extremumque judicium vero igne torquenda esse impiorum corpora ; nec metaphoricum duntaxat ignem illic admittere, qualem Damascenus noster passim innuit in Dialogo contra Manichæos : ut fidem potius adhibendam censuerint expressioribus Chrysostomi aliorumque Græcorum testimoniis.

XIII. Demum, ut magis comperta sit Græcorum fides de fidelium animis qui purgatione indigent, responsionem addam Manuelis rhetoris ad Franciscum quemdam ordinis Prædicatorum, cujus

\ (*a*) Sect. 5, n. 13.

partem priorem, quæ beatorum spirituum statum spectat, Leo Allatius olim edidit in dissertatione ad dominum Joannem de Boineburg. Posterior pars quæ ad propositum nostrum attinet, hæc est: Τῶν δὲ μέσην ἐχόντων πως τάξιν ἀνθρώπων αἱ ψυχαί, τῶν μήτε θανασίμοις συναποθανόντων ἀναθήμασι, μήτε παντελῶς ἐνοχῆς τινος ἀπηλλαγμένων, ἐν τόπῳ φέρονται ὃν ὁ Κύριος οἶδεν. Τὸν θεῖον δὲ οἶκτον διὰ τῶν γινομένων εὐχῶν καὶ θυσιῶν τῆς ἱερᾶς Ἐκκλησίας καὶ ἐλεημοσυνῶν εὑρίσκουσαι ἐκ τοῦ μόνου ἐλεήμονος θεοῦ, εἰς οὐρανὸν καὶ αὐταὶ ἀνέρχονται· καὶ οὕτως εἰς οὐρανὸν ἀνιέναι, τὰς μὲν ταχύτερον, τὰς δὲ τελείως δηλονότι κεκαθαρμένας, τὰς δὲ βραδύτερον, συνεργουσῶν τῶν τῆς ἱερᾶς Ἐκκλησίας ἱερουργιῶν καὶ εὐχῶν καὶ ἐλεημοσυνῶν, ὡς ἔφημεν· *Animæ vero hominum qui locum medium tenent, quique mortiferis peccatis obnoxii mortui non sunt, neque ab omni reatu absoluti sunt, feruntur in locum quem ipse Dominus novit. Cæterum divinam miserationem nactæ ab eo qui solus misericors Deus est, per supplicationes et sacrificia sacrosanctæ Ecclesiæ, nec non per eleemosynam in cœlum ipsæ quoque pergunt; utque ita in cœlum conscendant, hæ quidem citius, quæ nimirum perfecte sunt expurgatæ, illæ vero tardius, conferunt sanctæ Ecclesiæ sacra, precesque et eleemosynæ, ut diximus.* Quam hæc cum synodi Tridentinæ definitione consentanea sint nemo qui sanus sit, non sentiet.

XIV. *Quibus diebus et quibus ritibus Græci pro defunctis precentur.* — Ad preces pro mortuis quod attinet præter consuetam defunctorum commemorationem, quæ recitatur in sacra liturgia, primam obitus diem, tertiam, nonam, et quadragesimam, ac tandem annuam, fundendis pro defuncto quolibet precibus, aliisque piis operibus exsequendis impendunt, quemadmodum et in Constitutionibus, quæ apostolis ascriptæ sunt, sancitum fertur. Quem sane ritum sæculo saltem sexto medio usitatum fuisse testatur Eustratius Magnæ ecclesiæ Constantinopolitanæ presbyter in libro cujus titulus est: *Refutatio eorum, qui dicunt animas corporibus suis solutas non operari, nec precibus sacrificiisque quæ pro eis offeruntur adjuvari;* quem Leo Allatius Græce Latineque edidit, post tractatum de Purgatorio, utinam non in fine mutilum. Imo Palladius, qui, sæculo quinto ineunte, Historiam suam ad Lausum scripsit, in *Palladio* meminit commemorationis quæ tertio et quadragesimo die ab obitu defuncti fiebat. Ad hæc, quotannis Sabbato ante Dominicam quam vocant τῆς ἀπόκρεω, q. d. *carnisprivii*, seu Septuagesimæ nostræ, solemnem agunt fidelium omnium memoriam: quod officium inchoatur a Vesperis præcedentis sextæ feriæ. Totam noctem illam ac Sabbatum, tam in Narthece Ecclesiæ ac coemeteriis, [LXIX] quam ad altare orando transigunt. Consimilem fere commemorationem denuo celebrant in vigilia Pentecostes. Quovis etiam Sabbato in officio nocturno τὰ νεκρώσιμα pro defunctis recitant: cujus quidem ritus mentionem Damascenus facit in epistola ad Cometam *De sanctis jejuniis.* In tertia, nona, et quadragesima ab obitu defuncti die colyborum oblationem faciunt, cujus officium Leo Allatius edidit lib. III *De Ecclesiæ Occid. et Orient. consensione,* cap. 18. Sic vero colyba confici Goarius noster narrat in Euchologio: *Excoquunt leviter frumentum Græci, lancibusque acervatim impositum frugibus variis, pisis puta tusis, avellanis, cortice nudatis amygdalis, nucibus minutim sectis, corinthiacæ uvæ, et malogranatorum granis in distinctas petroselini foliis veluti radiis areolas et figuras ordinatis respergunt, acervumque hujusmodi præfata arte elaboratum κόλυβα vocant; quæ quidem vel in sancti alicujus honorem, vel in defunctorum animarum memoriam, aut cum instante magnæ quadragesimæ initio communes suas pro mortuorum animabus preces renovant, propinquorum sepulcris imposita, in sacerdotis et ministrorum usus postmodum cessura solent offerri.* Omisit vir doctus mensuram vini, cujus tamen meminit Simeon Thessalonicensis, cap. 371. Deinde vero Goarius observat istæc offerri ad instar antiquæ Christianorum consuetudinis, qui defunctorum tumulis dapes ad alendos pauperes apponebant: quin et lautiori convivio egenos atque Ecclesiæ ministros a divitibus solere excipi. *Sed nec humilioris fortunæ viri,* inquit, *a simili erga mortuos debito immunes se constituunt. Panem enim in fragmenta longiora concisum, vinoque tinctum transeunti cuilibet et degustare non detrectanti offerunt; ut eo sumpto repensam orationis vicem parentibus suis accipiant, desiderata hac voce audita,* ὁ Θεὸς μακαρίσῃ τοὺς αὐτούς, hoc est, *Deus beatos illos faciat.* In Syria et Oriente, Melchitæ, Jacobitæ, Nestoriani et Maronitæ tertiam quidem et nonam ab obitu celebrant, pro quadragesima vero tricesimam agunt, quia filii Israel super Moysen luxerunt triginta diebus; quem etiam morem a Gregorio Magno Latini feruntur accepisse.

XV. *De Cyrilli Hierosol. Catechesibus.* — Quia paulo ante facta est a me mentio libri Eustratii Constantinopolitani *De defunctorum animis,* ab re non erit hic subnotare, auctorem Cyrilli quoque Hierosolymitani testimonium adhibuisse ex ejus Catechesi mystagogica quinta, quo ostenderet priscum receptissimumque morem fuisse preces pro defunctis fidelibus fundendi inter divinorum mysteriorum celebrationem: Συνῳδὰ δὲ τούτοις καὶ Κύριλλος ὁ τῶν Ἱεροσολύμων ἐπίσκοπος, inquit, ἐν τῇ μυσταγωγίᾳ, ἧς ἡ ἀρχή, Τοῦ Θεοῦ ἡ φιλανθρωπία, τάδε φησίν· Εἶτα μνημονεύομεν καὶ τῶν προκεκοιμημένων, κ. τ. ἑ. *His consona sunt, quæ Cyrillus Hierosolymitanus episcopus in quinta mystagogia, cujus principium est: «Dei humanitas,» hisce verbis pronuntiat: «Deinde memoriam facimus eorum qui ante nos dormierunt,»* etc. Quemadmodum itaque Hieronymi testimonio (a) constat, Cyrillum *Catecheses in adolescentia composuisse*, nec non Theodoreti et Joannis Damasceni (b), genuinas ejus esse priores, seu τῶν Φωτιζομένων, *Illuminatorum;* quippe cum ille ex quarta fragmentum afferat, hic vero ex quinta (quibus adjungi potest Leontius Byzantinus opere nondum edito adversus hæreses) ita ex Eustratio compertum fit eumdem esse mystagogicarum parentem. Id quod insuper testantur mss. codd. Bodleianus, n. 142, Memmianus, ex quo Guillelmus Morellius septem catecheses τῶν φωτιζομένων, et quinque mystagogicas excudit; Vaticanus, ex quo Joannes Grodecius editionem suam adornavit; monasterii item Græcorum B. Mariæ τῆς ὁδηγητρίας in Calabria, quem Sirletus cardinalis in epistola ad Joannem a Sancto Andrea Parisiensis Ecclesiæ canonicum liturgiæ sancti Marci præfixa ab se visum asserit, et alii aliarum orbis bibliothecarum. Denique post responsionem 3 Anastasii, tam in mss. codicibus antiquis, quam in editionibus Herveti et Gretseri, fragmentum legitur catechesis mystagogicæ primæ cum hac inscriptione, Κυρίλλου Ἱεροσολύμων, ἐκ τῶν Κατηχήσεων· *Cyrilli Hierosolymitani, ex Catechesibus*. Nihilominus Combefisio nostro fucum fecit Simlerus, in sua Bibliothecæ Gesneri epitome ita scribens: *In indice librorum quos Augustana respublica emit ab Antonio eparcho Corcyro, nominantur Joannis episcopi Hierosolymitani Catecheses* τῶν φωτιζομένων, *et Mystagogicæ quinque:* eoque vir cæteroqui commendatissimæ eruditionis adductus est, ut in recensitis auctoribus *Bibliothecæ PP. concionatoriæ* in *Cyrillo Hierosolymitano*, Mystagogicas ei abjudicandas conjecerit. *Non unius auctoris videantur,* inquit, *Catecheses* τῶν φωτιζομένων, *cum Mystagogicis, quarum nec veteres meminerunt. Simlerus habet tribui in mss. Augustano illas Illuminatorum Joanni Hierosolymitano, qui Cyrilli proximus successor fuit, Epiphanio, Hieronymo, Augustino æqualis, nec Cyrillo admodum imparis auctoritatis.* Obstupui judicio clarissimi critici, qui animum non attenderit ad locum quem attuli ex Eustratii oratione, quam ipse tamen cum aliis ediderat in ipsamet Bibliotheca sua concionatoria ad diem 2 Novembris, appositis insuper his in margine vocibus, *Cyrillus Hierosolymitanus*. An vero veteribus accensendus non erit Eustratius, quem Combefisius ipse in sua Recensione auctorum illius Bibliothecæ *sub Justiniano imperatore vixisse* agnovit? Id quod alioqui planum fit ex altero Eustratii orationis loco, quo se cum Eutychio Constantinopolitano antistite arctissima necessitudine fuisse conjunctum significat: Σαφέστερον δὲ καὶ ὁ μέγας Εὐτύχιος ἀρχιεπίσκοπος Κωνσταντινουπόλεως, ἡ τὰ πάντα ἐμοὶ τιμία καὶ ἱερὰ κεφαλή · *Planius hoc ipsum magnus Eutychius archiepiscopus Constantinopolita-* nus, *pretiosum mihi per omnia et sacrum caput, e c.* Omitto jam Photium Eustratii ejusque sermonis de defunctorum animis mentionem fecisse. Explorata itaque res est veteres meminisse utrarumque Cyrilli Hierosolymitani Catechesium. Quinimo deceptus Simlerus fuit ab architecto indicis Augustani. (hic Marcus Welserus erat, cujus catalogum Possevinus Apparatui suo cum aliis attexuit), qui cum. Catecheses Cyrilli sine auctoris nomine in codice manu exarato reperisset, Joanni Hierosolymitano eas tribuendas existimarit. Rem porro ita gestam esse comperi et duobus aliis ejusdem [LXX] Bibliothecæ manuscriptorum catalogis, quorum priorem David Hœschelius Augustæ edidit accuratissimum anno 1605, alterum Antonius Reiserus anno 1675. In indice Hœschelii ad cod. 23 legitur: *Catecheticæ institutiones episcopi Hierosolymitani, quem esse Cyrillum puto*. Post priorum xix catechesium inscriptiones, subjungit: *Ejusdem autem auctoris et has quæ sequuntur existimo, mystagogicæ Catecheses quinque*. Reiserus vero, pag. 15, hæc habet: *Joannis Hierosolymitani institutiones catecheticæ illuminatorum et mystagogicæ*. David Hœschelius ascribit *Cyrillo:* qui vero primum edidit indicem manuscriptorum bibliothecæ hujus ante centum annos, Joanni ascribit, et exinde Ehingerus. Ex quibus luce, ni fallor, meridiana clarius apparet in codice Augustano apposito a librario non fuisse auctoris nomen, aut forsan evanuisse: ut alii Cyrillo Catecheses tribuendas duxerint, alii Joanni divinarint.

XVI. Joannem vero, aut quemvis alium Cyrillo recentiorem Catecheses Illuminatorum non composuisse deducitur ex eo catechesis sextæ loco, ubi auctor septuaginta annos exactos esse dicit, ex quo Manichæorum hæresis emerserat, sub Proba nimirum imperatore, τὸν πρώην ἐπὶ Πρόβου βασιλέως ἀρξάμενον. Πρὸ γὰρ ὅλων ἑβδομήκοντα ἐτῶν ἡ πλάνη. Hic porro septuagesimus annus in annum Christi circiter 347, quo tempore Cyrillus nondum episcopus sanctæ civitatis erat, sed presbyter sub Maximo pontifice, imperante tunc temporis Constantio Constantini Augusti filio. Catechesi undecima ubi de mundi fine perorat, temporum suorum scandala sic explicat, ut ab rebus tum in Ecclesia Constantio imp. Ariano gestis ipsum loqui perspicuum sit: *Si audis quod episcopi contra episcopos, clerici contra clericos, populi contra populos usque ad sanguinem certant,* inquit, *ne perturberis. In apostolis inventa est proditio, et miraris si et in episcopis fraternum odium reperiatur. Nunc vero defecerunt homines a recta fide, ita ut alii quidem* (Marcellus scilicet Ancyranus post Sabellium) *υἱοπατορίαν* (q. d. *filiopaternitatem*) *prædicent: alii vero Christum ex non exstantibus ad esse fuisse productum dicant* (Arius nimirum cum suis). *Jam operæ*

(a) *De Script. ecclesiast.*

(b) Theod. *dial.* 2; Joan. Dam. or. 3, *De Imag.*

DISSERTATIO V.

tur mysterium iniquitatis. Terrent me bella gentium; terrent me scissiones Ecclesiarum: terret me odium fratrum. Absit autem ut tempore suo impleantur. Præterea observandum venit, in istis Catechesibus, ubi de Filio ejusque æterna generatione sermo est, nusquam diserte pronuntiari eum esse ὁμοούσιον, *consubstantialem*, Patri; quamvis Christianam fidem sæpe multis enuntiet, quibus vocis hujus sensus exprimatur, explodaturque impietas Ariana: ubi nempe (*catech.* 4) profitendum docet, *Dominum Jesum Christum esse,* τὸν ἐκ Θεοῦ Θεὸν γεννηθέντα τὸν ἐκ φωτὸς φῶς γενηθέντα, τὸν ὅμοιον κατὰ πάντα τῷ γεννήσαντι, *Deum de Deo genitum, qui lumen de lumine genitus est, similem per omnia illi qui se genuit, non in temporibus habentem quod sit, sed ante cuncta sæcula* ἀϊδίως καὶ ἀκαταλήπτως ἐκ τοῦ Πατρὸς γεγεννημένον, *æterne* (*cat.* 7) *et incomprehensibili ratione generatum ex Patre Deo, qui multorum quidem abusione sit Pater,* ἑνὸς δὲ μόνου φύσει καὶ ἀληθείᾳ τοῦ μονογενοῦς Υἱοῦ, *unius vero* (*cat.* 12) *et solius natura et veritate unigeniti Filii; ut perfectus Pater perfectum Filium genuerit,* Πατὴρ τέλειος τέλειον Υἱὸν γεννήσας, οὐδὲ σκεψάμενος, ὕστερον ἐγέννησεν, ἀλλ' ἀϊδίως ἐγέννησε. *Neque deliberans* (*cat.* 16) *subinde genuit, sed perpetuo et æterne genuit. Non enim,* inquit alibi, *Trinitatem separamus ut quidam* (Ariani scilicet quos nominare cavet), οὐ χωρίζομεν τὴν Τριάδα, ὥς τινες, *neque contrahimus, ut Sabellius.* Scilicet ergo tempore Constantii imperatoris, Marcelli Ancyrani erroris declinandi causa, in Palæstina et in Oriente liberum non erat consubstantialem Patri Filium affirmare. Quin Cyrillus ab Acacio Cæsariense ad Hierosolymitanam sedem promotus fuit, quia non putabatur fidei Nicænæ favere. Deinceps vero usque ad Seleuciensem synodum communionem semper fovit eorum qui *Semi-Ariani* audiebant, et Filium substantiæ similis esse paternæ profitebantur. Κύριλλος δὲ τοῖς ὁμοιούσιον τῷ Πατρὶ τὸν Υἱὸν εἰσηγουμένοις ἑπόμενος, inquit Sozomenus (a); nec nisi imperatore Theodosio Magno consubstantialitatem Verbi libere propalam confessus est: quando nimirum hæc Catholicorum certa esse et inviolabilis tessera cœpit, quæ idcirco catechumenis competentibus summo studio tradebatur et exponebatur. Quamobrem in fine epistolæ ejusdem Cyrilli ad Constantium Augustum de signo crucis in cœlo et lumine Hierosolymis apparente, ubi legimus, δοξάζοντα ἀεὶ τὴν ἁγίαν καὶ ὁμοούσιον Τριάδα, *laudantem semper sanctam et consubstantialem Trinitatem;* omnino delenda est vox, καὶ ὁμοούσιον, *et consubstantialem,* quam nec Cyrillus epistolæ ad Constantium apponere potuerit, nec Constantius Arianorum partibus addictior, tolerare. Etsi enim Cyrillus ab Acacio postea et ab Arianis varie exagitatus ac sede pulsus fuit; at non propter expressam fidem *consubstantialitatis:* sed quod ad eam quam maxime accederet. Hæc historiæ ecclesiasticæ peritis compertissima sunt, neque nunc insulse repetenda.

XVII. Mystagogicas Catecheses quod spectat, in postrema ad Illuminatos pollicitus erat se ad eos transacto Paschalis seu Resurrectionis die per hebdomadem ejusmodi catecheses habiturum, quibus de mysteriis seu sacramentis quæ accepissent, eorumque ritibus erudirentur, sumptis demonstrationibus ex utriusque Testamenti paginis: quod quidem in mystagogicis præstitum licet observare. Ita vicissim in istarum prima ad hæc verba confessionis baptizandorum: *Credo in Patrem et Filium et Spiritum sanctum, et in baptisma pœnitentiæ,* ait se de his in superioribus fuse lateque disseruisse. Insuper in prima ista catechesi mystagogica significat auctor se eo tempore vivere, cum falsis numinibus celebritates festivæ et solemnes, πανηγύρεις, palam agerentur, mactarentur hostiæ, et omnis cultus idololatricæ superstitionis vigeret adhuc: quæ profecto omnia ad Constantii ætatem pertinent potius, quam Theodosii, cujus eximia sollicitudine proscripta exstinctaque sunt. Adhæc, quemadmodum in catechesi 3 Illuminatorum ita disputarat de baptismi lavacro: *Nam ut illa quæ aris offeruntur, cum natura sint pura, invocatione dæmonum impura efficiuntur; sic contra simplex aqua, per sancti Spiritus et Christi invocationem accepta* [LXXI] *virtute, sanctitatem obtinet:* consimili argumentandi ratione in mystagogica prima utitur adversus dapes idolis oblatas, quas esse Satanæ pompas censet: *Velut enim panis et vinum Eucharistiæ,* inquit, *ante sacram invocationem adorandæ Trinitatis, panis erat et vinum merum; peracta vero invocatione, panis fit corpus Christi et vinum sanguis Christi: ita et cibi ejusmodi pompæ satanicæ, suaple quidem natura puri sunt; invocatione autem dæmonum impuri efficiuntur.* Quis non jam eumdem utrobique auctorem sentiat, ut nullus supersit locus de styli diversitate vitilitigandi? Complures alias locutiones omitto, quæ in utrisque catechesibus perinde occurrunt. His adde mystagogicarum titulos nihil discrepare ab aliarum inscriptionibus. Esto breviores prioribus istæ sint: at longa oratione opus non erat ad enarrandum quæ de mysteriis præcipuisque eorum ritibus tenenda essent. Catecheses aliæ quæ nobis supersunt Patrum, nihilo prolixiores sunt. Tandem, ne tempus terere actum agendo videar, in mystagogica quinta alia liturgia non explicatur, nisi quæ sancti Jacobi dicitur, seu Hierosolymitana: et ex his verbis quæ catechesis initio leguntur de lotione manuum presbyterorum fundente aquam diacono, οὔτε γὰρ ῥύπον σώματος ἔχοντες τὴν ἀρχὴν εἰσήειμεν εἰς τὴν Ἐκκλησίαν· *non enim sordido corpore Ecclesiam primum ingressi sumus;* haud obscure, ni fallor, significat se tunc inter presbyteros cooptatum fuisse. Hæc porro ut de Cyrilli catechesibus alicubi subnotarem, com-

---

(a) Lib. IV, c. 24.

puerunt viri spectatissimæ eruditionis, quibus e re mea esse visum est, ut ipse, non extraneus quispiam, fratris erratum corrigerem, ne quid ex eo roboris male sanæ Coci et Riveti criticæ accederet.

DISSERTATIO SEXTA.

De Azymis, in qua etiam de postremo Domini nostri Jesu Christi Paschate.

1. Quæ in hac nostra editione Operum sancti Joannis Damasceni ipsius inscripta nomine prodeunt opuscula de azymis, horum alterum exstat in codice Regio 2982, necnon in Seguieriano, alterum quod prolixioris istius instar compendii est, in codice ms. bibliothecæ monasterii Sancti Remigii Remensis, cujus mihi copiam fecit R. P. D. Bernardus de Montfaucon. Ad primum quod attinet, Regius codex alter n. 2935, illud exhibet, cum præfatiuncula, quæ genuinum ejus auctorem indicat, Meletium quemdam scilicet. Ac sane quidem, ubi negatur in utroque opusculo Dominum Jesum Mosaicum Pascha comedisse ipso pridie quam pro nobis pateretur, nihil sinceræ Joannis Damasceni sententiæ contrarium magis. Nam in libro *De fide orthodoxa*, c. 13, verbis expressis legimus Dominum, *cum vetus Pascha cum discipulis suis comedisset*, τὸ παλαιὸν Πάσχα μετὰ τῶν μαθητῶν αὐτοῦ φαγών, mox Eucharistiæ sacramentum instituisse. Et libro *De duabus voluntatibus*, operationem humanam cum sancto Maximo infert ex eo *quod dentes ejus Pascha comminuerunt, et guttur illud in stomachum transmisit, hepar denique in sanguinem vertit*, οἱ ὀδόντες, οἱ τεμόντες τὸ Πάσχα, καὶ ἡ φάρυγξ ἡ τῷ στομάχῳ παραπέμψασα τοῦτο, τό τε ἧπαρ τὸ ἐξαιματῶσαν. Ubi apparet Damascenum postremam Christi cœnam innuere, quam evangelistæ referunt. Adhæc, auctor opusculi *De azymis* synodum Trullanam quæ sub Justiniano II celebrata fertur, confundit cum sexta generali quæ coacta fuit Constantino Pogonato imp. cum Noster utramque optime discreverit in Expositione fidei, quam ex Arabica translatione Latinam dedi, in libello *De recta fidei sententia*, et in fine orationis tertiæ *De imaginibus*. Has ob causas utrumque opus eidem sancto doctori abjudicandum est; atque eo magis quod in eis temere rursum affirmetur, paschalem agnum comedi solitum a Judæis absque panibus fermenti expertibus, nec ejusmodi panes ad mensam adhibitos fuisse ante decimam quintam diem mensis primi : id quod a sanctorum Patrum, ac proinde Damasceni nostri doctrina abhorret, nec cum Mosaicæ legis præscripto vel contextu convenire possit. Quanquam, per summum stuporem, opinionem hanc astruit Petrus Antiochenus epistola ad Dominicum patriarcham Gradensem : *Ecce Lucas*, inquit, *pariter Christum panem accepisse dicit, non azymum. Non enim jam tunc temporis aderat, cum esset quinta dies* (hebdomadis). *Siquidem per quintam illam decima tertia occurrebat adhuc, nec azymum comparebat, quia nondum sublatio panis contigerat*. Τὰ γὰρ ἄζυμα τῇ ιε' τῆς σελήνης γίνεσθαι νενομοθετημένον ἦν, τῇ δὲ ιδ' ἀμνὸν καὶ μόνον θύεσθαι· *Nam lege præceptum fuit, ut decima quinta luna azyma fierent : at decima quarta agnus duntaxat mactaretur. Unde decimam quartam lunæ primi mensis lex Pascha nuncupat, decimam quintam vero nominat* πρώτη *primam azymorum*. Mox sequitur hæc exclamatio : Φεῦ τῆς ἀνοίας τοῦ ἀγραμμάτου! *Heu dementiam illiterati!* Quam quidem una serie in contextu Petri Antiocheni edidit Cotelerius, in altero autem codice deesse admonet. Enimvero nihil aliud est, nisi nota marginalis Græculi cujusdam eruditi et sagacis, quæ librariorum imprudentia, ut fieri solet, in textum translata est. Nam refellitur patriarcha ex ipsomet Lucæ Evangelio, qui expressis verbis scribit, postremam hanc Domini cœnam peractam fuisse, *ipsa die Azymorum in qua necesse erat occidi Pascha* : Ἦλθεν ἡ ἡμέρα τῶν ἀζύμων, ἐν ᾗ ἔδει θύεσθαι τὸ Πάσχα¹⁸. Rursumque lege Mosaica sancitum erat, idque perpetuo observatum a Judæis fuit, ut Paschalis agnus non ederetur, nisi cum panibus minime fermentatis, καὶ φάγονται τὰ κρέα τῇ νυκτὶ ταύτῃ ὀπτὰ πυρί, καὶ ἄζυμα μετὰ πικρίδων ἔδονται. Quin etiam, ut a decima [LXXII] quarta exeunte, seu decima quinta vespere auspicante, inciperentur comedi azyma, usque ad vicesimam diem inclusive (a) : Ἐναρχόμενοι τῇ τεσσαρεσκαιδεκάτῃ ἡμέρᾳ τοῦ μηνὸς τοῦ πρώτου ἀφ' ἑσπέρας, ἕως ἡμέρας μιᾶς καὶ εἰκάδος τοῦ μηνὸς ἕως ἑσπέρας.

II. Quando igitur de azymis dicendi datur occasio, libet operosius argumentum hoc tractare propter Græcorum criminationes, quibus Ecclesiam Romanam et Occidentalem onerant, a qua nempe se sejunxisse obtendant, quod panem abs-

---

¹⁸ Luc. xxii, 7.

(a) Exod. xii, 15. Vid. Joseph. lib. iii *Antiq.*, c. 10.

que fermento ad missarum sacrificium adhibeat. Ritum suum Romani tuentur exemplo Christi, qui, postquam agnum Paschalem secundum legis antiquae praescriptum cum panibus non fermentatis ederat, sub ejusmodi subinde panis specie, corpus suum discipulis tradiderit. Graeci vero e schismaticis complures, ut argumenti hujus, quod firmissimum est, vim elevarent, praefracte negaverunt Dominum in extrema illa coena pascha legitimum manducasse. Suae quidem assertionis patronos habuerunt binos illos auctores quorum Photius meminit in *Bibliotheca*, cod. 115 : verum anonymi sunt et obscuri, quorum unus forsan fuerit Joannes ille Philoponus, Tritheitarum quondam haeresis architectus, qui peculiari libello, quem Baltazar Corderius cum ejus Expositione opificii sex dierum in lucem protulit, idem commentum propugnavit. Photius vero iis nequaquam assentiendum putavit : quinimo subnotavit, horum scriptorum opinationem, cum Joannis Chrysostomi, tum Ecclesiae totius traditioni contrariam esse : Ὁ γὰρ Χρυσόστομος, inquit, καὶ ἡ Ἐκκλησία τότε φησὶν αὐτὸν ἐπιτελέσαι τὸ νομικὸν πρὸ τοῦ μυστικοῦ δείπνου. Profecto praeter Chrysostomum, e Graecis Patribus Irenaeus, Epiphanius, Theophilus et Cyrillus Alexandrini, Theodoretus, Anastasius II, Antiochenus, Damascenus noster Joannes, et alii (ut Hieronymum Graecorum exscriptorem et Latinos nostros omittam) idem tradunt. Nostra quidem aetate inter eruditos aliquot in Galliis nostris, variis hinc inde dissertationibus, concertatum est de Domini nostri Jesu Christi postremo Paschate, aliis affirmantibus paschalem agnum ab eo in ultima coena comestum fuisse, negantibus aliis. Expendenti vero partis utriusque momenta, disertiora mihi visa sunt divinae Scripturae testimonia, quibus prima vetustiorque sententia astruitur.

III. Joannes siquidem cap. XII, v. 1, narrat, *Ante sex dies Paschae Jesum venisse Bethaniam, ubi fecerunt ei coenam*. In textu Graeco pro *coena* legitur δεῖπνον, quod *prandium* quoque significat, seu quodvis *convivium*. Unde apud Matth. xxiii, v. 6, de Pharisaeis Dominus ait : *Amant primos accubitus in coenis*, ἐν δείπνοις, id est, *in conviviis*. Marc. vi, v. 21, Herodes in die natalis sui *coenam*, δεῖπνον, id est, *convivium, fecit principibus Galilaeae*, etc. Sin vero coena proprie dicta fuerit, haec Sabbato exeunte facta est. Nam sexta dies ista ante Pascha Sabbatum erat, ipsumque *magnum*, quod festivius caeteris agere Judaei consuescunt, propter nescio quod miraculum, quod in Aegypto hac ipsa die patribus suis contigisse ferunt. Instante porro Sabbati fine, priusquam sol occiderit, tertium epulum solent auspicari. Ter

quippe Sabbato epulari districtissime tenentur. Nec putandum est Mariam ungendo caput et pedes Christi, scrupulosam contribulium suorum servandi Sabbati legem violaturam fuisse. Nam, praeterquam quod Judaei in tertio epulo sabbatico pixides aromaticas naribus solent admovere oblectationis causa, In Thalmude Hierosolymitano (a) unctio hominis viventis Sabbato conceditur, non mortui; quippe quae deliciandi gratia אי זה דבר שהוא מותר לחי ואסיר למת הוי אמר של העינוג fiat. זה מדבה. *Quidnam hoc est quod viventi praestare promittitur, non mortuo? est unctio*. Quanquam et Sabbati initio (b) mortui cadaver ungere licitum erat, dummodo non moveretur. Nec fractione alabastri posthabitum Sabbatum fuit, uti nec violatur effractione dolioli vel utris, cujus partes nulli usui futurae sint. Quinimo alabastrum fregit Maria, ne obturamentum extrahendo, tantilla ejusmodi vi adhibita, contra Sabbati legem peccasse censeretur. Quanto minus vero hanc violavit, Domini pedes capillis abstergendo. Nam comae unctio, uti viris, sic feminis Sabbato permissa erat. Potest etiam mulier vicina comam die Sabbati inungere quam periclitanti puerperae offerat, si sat unguenti in vola manus ferre non possit. Sabbatum autem (c) fuisse, quando Jesus (utique ex loco non admodum distante) Bethaniam cum venisset, exceptus isto convivio fuit, hae quas dixi circumstantiae convivii innuunt, tum etiam ex subsequentium dierum recensione evincitur. Joannes enim evangelista, postquam narravit complures ex Judaeis, cum audissent Jesum Bethaniam advenisse, et apud Martham et Mariam epulari, illuc accessisse, non *propter Jesum tantum, sed ut Lazarum viderent*, etc., mox subjungit, v. 12, *In crastinum* eum Hierosolymam triumphantis more, turmis ovantibus ingressum esse : id quod de perpetua cunctarum orbis Ecclesiarum consensione gestum fuit feria 1, seu Dominica, quam Graeci idcirco vocant, τῶν Βαΐων, Latini, *Palmarum*, Aegyptii et Syri, Dominicam *Osanna*. Enimvero illa ipsa die triumphi sui, cum vespera *esset hora*, inquit Marcus, *exiit Bethaniam*, cum discipulis suis [19], *ubi mansit* [20], sive pernoctavit. Alia die (insequenti scilicet) *mane revertens in civitatem esuriit, ficui maledixit* [21], Judaeorum perfidiam arguit, etc. Et cum vespera facta esset, egredienti de civitate discipuli ostenderunt ei ficum arefactam [22]. Sequenti die veniunt rursus Hierosolymam, ubi Dominus multis sermonibus congressus est cum sacerdotibus, Scribis quoque et Pharisaeis [23]; quod in causa fuit, ut hi feria 4, quae proxime succedebat, de eo capiendo deliberarent : unde per omnes fere Ecclesias, Romana duntaxat excepta, constitutum erat ut feriis quartis jejunare-

---

[19] Marc. xi, 11. [20] Matth. xxi, 19. [21] Marc. xi, 12-14. [22] ibid. 19, 20. [23] ibid. 27 seq.

(a) *Tract. sabb.* fol. 12, col. 12   (c) *Ibid.*
(b) *Mish. tract. sabb.* c. 23, n. 5, et c. 22, n. 1.

tur. Exeunti Jesu de templo ostendunt discipuli ædis sacræ structuram. Quibus respondet brevi fore ut non relinquatur istic lapis super lapidem. Tum relicta civitate, *sedente Jesu in monte Oliveti contra templum*, *interrogabant eum Petrus et Jacobus et Joannes et Andreas : Dic nobis quando hæc erunt* [34]? Quocirca multa de excidio Hierosolymitano, extremoque judicio, et vigilandi necessitate dixit, quæ fuse recitant Matthæus, Lucas et Marcus. Quibus ex ordine renuntiatis Matthæus subjungit : *Et factum est cum consummasset Jesus hos sermones, dixit discipulis suis : Scitis quia post biduum Pascha fiet et Filius hominis tradetur,* [LXXIII] *ut crucifigatur* [35]? Marcus vero : *Erat pascha et Azyma post biduum ; et quærebant summi sacerdotes* [36], etc. Secundo igitur abhinc die Christus Judæis tradendus erat. Qui cum feria quinta finem habente traditus fuerit, extra dubium est, hoc ab ipso prænuntiatum fuisse vespere tertiæ feriæ, adeoque feria secunda ficui maledixisse, ac feria prima seu Dominica Hierosolymis triumphasse. Cum vero pridie triumphi sui Bethaniam advenerit, exceptusque convivio fuerit, *ante sex dies Paschæ*; et, *post biduum* ab ea vespera, qua Hierosolymorum excidium prædixerat, apprehensus fuerit, omnino sequitur illo anno festum Paschatis et Azymorum auspicandum fuisse ipsa feriæ quintæ vespera, qua traditus Judæis fuit.

IV. Quæ cum ita sint, ubi apud Matthæum et Marcum legitur, τῇ πρώτῃ ἡμέρᾳ τῶν Ἀζύμων, ipsa prima dies azymorum quam naturalem dicunt, non anterior altera significatur : ipsa, inquam, quarta decima mensis primi seu Nisan, quam lex mactando agno, vergente ad occasum sole, præscripserat, ut ineunte vespere Pascha immolatum cum azymis ederetur. Quocirca Lucas, qui initio cap. XXII dixerat, ἤγγιζεν ἡ ἡμέρα τῶν Ἀζύμων, *appropinquabat dies Azymorum, qui dicitur Pascha*; narratis subinde pontificum consilio de Christo neci dando, et pactione Judæ, statim scribit : Ἦλθε δὲ ἡ ἡμέρα τῶν Ἀζύμων, ἐν ᾗ ἔδει θύεσθαι τὸ Πάσχα · *Venit autem dies Azymorum, in qua necesse erat occidi pascha*. Non, ut ante, in procinctu erat, seu proxima, sed jam venerat; dies, inquam, illa naturalis, in cujus horis pomeridianis pascha occidendum erat, et vespertinis post occasum solis comedendum cum azymis panibus, proscripto jam a meridie fermentato; ita ut dies azymorum, seu decima quinta secundum legem, ipsa decima quarta naturali desinente inciperet. Pergit Lucas : *Et misit Jacobum et Joannem dicens : Euntes parate nobis pascha ut manducemus. At illi dixerunt : Ubi vis paremus* [37]? Non præmonetur a discipulis, ut de Paschate præparando cogitent (quod forsan ali-

qui ex sola Matthæi, et Marci textuum inspectione inferrent), sed ipse discipulos antevertit, mandatque ut diversorii domino dicant : *Ubi est refectio mea, ubi pascha cum discipulis meis manducem* [38]? Igitur in animo habebat Pascha edere. Unde Lucas, postquam scripsit, *Euntes autem invenerunt sicut dixit illis, et paraverunt pascha*, addit statim : *Et cum facta esset hora*, utique cœnæ paschalis auspicandæ, *discubuit, et duodecim apostoli cum eo, et ait illis : Desiderio desideravi hoc Pascha manducare vobiscum, antequam patiar* [39]. Aliis namque duobus annis a baptismo suo cum apostolis Pascha non celebrarat. Nam primo prædicationis anno hos nondum selegerat. Secundo anno, ipso tempore solemnitatis Paschalis, in Galilæa morabatur, ut testatur Joannes, ubi narrat miraculum quod patravit Dominus trans mare Galilææ, quod est Tiberiadis, quinque panes multiplicando : *Erat autem*, inquit, *proximum Pascha dies festus Judæorum* [40]. Unde Sabbato δευτεροπρώτῳ, *secundo primo*, quod Sabbato magno proxime succedebat, incidebatque in hebdomadem azymorum, Jesus in eadem regione per sata cum discipulis ambulabat.

Lucas mox refert Jesum, ubi primum discubuit, accepisse præ manibus calicem, et cum benedixisset, bibendum illum discipulis propinasse, similique modo cœnam absolvisse; eo utique ritu quem Judæi observant in cœna paschali (a). Demum Matthæus et Marcus addunt : *et hymno dicto exierunt*. Hymnum hic vocant psalmum, *In exitu Israel* [41], cum aliis quibusdam qui subsequuntur, quos Judæi post cœnam Paschatis recitare consuescunt.

His argumentis me victum fateor, ut illis astipularer, qui cum priscis Ecclesiæ Patribus et magistris affirmant, Dominum Jesum Pascha Mosaicum cum discipulis celebrasse ipsa vespera qua traditus Judæis fuit. Modo necesse est ut argumentis eorum qui opinionem adversariam tuentur, faciam satis.

V. *Adversæ opinionis objectiones.* — Tria præsertim solent objectare, quorum hoc primum est, Joannem de postrema Domini cœna dicturum, incipere : *Ante diem festum Paschæ, sciens Jesus quia venit hora ejus* [41], etc. At festum Paschæ ipsa cœna inchoabatur : nondum ergo Paschæ vespera advenerat.

Deinde, cum Dominus Judæ exeunti dixisset, *Quod facis, fac citius* [42], quidam dispulorum arbitrati sunt injunctum illi fuisse, *ut emeret quæ necessaria erant ad diem festum* [44]. Nondum igitur, inquiunt, paschalem solemnitatem erant auspicati, in cujus die prima vetitum erat quamcunque rem emere vel vendere.

---

[34] Matth. XXIV, 1-3 ; Marc. XI, 1-3. [35] Matth. XXVI, 1, 2. [36] Marc. XIV, 1. [37] Luc. XXII, 8, 9. [38] ibid. 11. [39] ibid. 13-15. [40] Joan. VI, 4. [41] Psal. CXIII, 1 seqq. [42] Joan. XIII, 1. [43] ibid. 27. [44] ibid. 29.

(a) Legendus Buxtorfius : *Exercit. de Hist. instit. S. Cœnæ.*

Insuper testimonium aliud afferunt Joannis evangelistæ, narrantis eos qui Jesum ad Pilatum adduxerant, *ingressos non esse in prætorium, ut non contaminarentur, sed ut manducarent pascha* [45] : unde concludunt paschalem agnum vespera quæ præcesserat comestum a Judæis non fuisse, nec proinde a Domino. Id quod altero loco confirmant, quo Joannes dicit ægre tulisse Judæos ut remanerent corpora in cruce Sabbato, quia *magnus erat dies ille Sabbati* [46]; hoc est ipsa paschalis diei festivitas, seu sanctissima illa solemnitas altissimo Domino. Nam Judæi Hellenistæ præcipuas ejusmodi solemnitates, μεγάλας ἡμέρας, *magnos dies* appellabant, ut ex multis locis constat Evangeliorum et versionis Græcæ, quæ Septuaginta interpretum esse vulgo traditur.

VI. *Theologorum trita responsio.* — Postremum hoc argumentum cæteris valentius est, quo soluto vix ulla difficultas alia supererit. Illum Joannis locum : *Ipsi vero non ingressi sunt in prætorium, ut non contaminarentur; sed ut manducarent pascha,* theologi in scholis sic interpretantur, ut evangelista Paschatis nomine istic significarit non festivum agnum, qui pridie inter cœnandum esus fuerat, sed victimas, quæ primo die azymorum offerebantur in templo. Moysen quippe hostias istas perinde atque agnum paschalem, Pascha nominasse, Deut. xvi, 2, ubi legitur : *Immolabis Phase Domino Deo tuo de ovibus et de bobus*, etc. Porro ad cœnam paschalem non bovina caro, sed ovina parabatur, aut hædina. Hæc vero responsio nodum non solvit : quippe cum nihil tale offerat Hebræus Scripturæ textus, uti nec septuaginta interpretum translatio; sed nude tantum : *Immolabis Phase (seu Pascha Domino) Deo tuo, oves et boves in loco quem elegerit Dominus.* Quibus verbis nihil aliud innuitur, nisi in illo loco quem Deus elegisset, et non in alio, immolandos esse in festivitate mensis *Abib*, agnos primum, [LXXIV] qui vocabulo *Pascha* significantur, subindeque oves et boves in hostias pacificas, et holocausta, per septem dies Azymorum. Quinimo Judæi, Mishnici tradunt præter carnes immolati agni vel hædi, licitum fuisse alias, seu vitulinas, seu quascunque mundas Deoque mactatas mensæ ad cœnam adhibere, si convivantium fami eximendæ agnina vel hædina non sufficeret.

VII. *Doctissimi Petavii judicium de ultimo Christi Paschate.* — Dionysius Petavius, vir eximie doctus, in animadversionibus suis in Epiphanii Panarium ad hæresim 51, quæ est Alogorum, auctoris sui assertionem amplectitur ; puta illo anno quo Dominus noster perpessus est, duobus diebus ab aliis atque aliis celebratum Pascha fuisse : quia cyclus quatuordecim annorum, quem apud Judæos tunc in usu fuisse ex Epiphanio post Keplerum observat, omnino accuratus non erat : "Ἕνεκεν τοίνυν τούτου, inquit Epiphanius, τότε σφαλέντες, οὐ μόνον προϋλαβον θορυβούμενοι, τὰς δύο ἡμέρας βεβρωκότες τὸ Πάσχα, ἀλλὰ καὶ τὴν ὑπέρβατον προσθέντες μίαν ἡμέραν, κατὰ πάντα σφαλέντες· *Hujus itaque gratia tunc offenderunt, ut perturbato ordine duos dies Pascha ederent : sed insuper diem unam adjicerent, omnibus modis offendentes.* Judæos unam diem adjecisse affirmat, quia, cum Ecclesiæ traditio esset pontifices et concilium Judæorum feria quarta de Christo occidendo decretum tulisse, idcirco sibi finxerat Christum, non feria quinta, sed quarta prehensum judicatumque fuisse, nec insequenti die, sed sexta occisum. Quem errorem Petavius corrigere non dubitavit. Cæterum propter cycli labem et vitium Judæos interdum aberrasse observat vir pereruditus (*a*), idque exemplo Christianorum posse declarari. « Nam, ut isti, cum Paschatis celebritatem ad lunæ ψηφισμούς, quantum civilis usus patitur, exigere conarentur, idque in Nicæno concilio decretum esset, in tanta astronomicarum rerum luce et peritia, tamen effugere non valuerunt, quin collectam aliquot sæculis labem annorum, ad hæc nostra tempora propagarent, ut in solis motu totos decem dies, a lunari quatuor aberrarent. Quocirca idem Judæis evenisse non dubito, ut eorum Neomeniæ biduo, ac triduo, nonnunquam a mediis lunæ motibus et veris etiam deflecterent. De cyclo et annorum orbe, in quem Neomenias incluserint, etsi nihil admodum definio, verisimile tamen arbitror, quod in hac hæresi Epiphanius exponit, usos esse Christi tempore Judæos periodo quadam annorum xiv, seu lxxxiv potius. » His aliisque quæ eodem spectant præstitutis, vir magnus, p. 172 *De anno quo Christus mortem obiit*, ad hunc modum loqui pergit : « Per idem tempus Judæi certam ob causam, de qua paulo post agetur, Pascha in sequentem a legitimo diem, hoc est in Sabbatum, sive xxxi Martii transtulerunt, nec eodem quo Christus die celebrarunt. Hic enim ἐν ᾖ ἔδει θύειν ἡμέρᾳ (*in qua die oportebat immolari*) hoc est xiv luna civili et politica, celebravit, non utique cœlesti, utque ex medio et astronomico siderum ratiocinio deprompta, de qua nihil a legislatore præscriptum. At Judæi luna sequente Pascha peregerunt. Neque vero solus id Christus fecisse videtur, ut legitimum tempus et a Deo constitutum cæteris anteferret ; sed et alii plerique patrii instituti tenaciores et ritus : unde θόρυβος, et perturbatio in celebritate ipsa Paschatis exorta. Non aliam Epiphanii, cum hæc scriberet, mentem esse debuisse, verba ipsius demonstrant. » Deinde postquam Epiphanii errata Petavius notavit, *Diagramma seu laterculum* subjicit, *lunarum et feriarum anno*

---

[45] Joan. xviii, 28.   [46] Joan. xiv, 31.

(*a*) Annot. in Epiphan. p. 156.

Dominicæ Passionis, unde colligatur quemnam errorem Judæi tunc temporis potuerint admittere. Tandem, pag. 183, perpensis variarum opinionum de postremo Domini Paschate momentis, concludit : « Extraordinariam quamdam et singularem perturbationem exstitisse verisimile est, quæ eo duntaxat mense contigerit, quo Christus passus est : adeo ut non ipse solum cum apostolis, sed et alii diverso a cæteris die celebrarint. Nam et illud Epiphanii verba ipsa declarant, cum θόρυβον et dissensionem in obeunda celebritate incidisse significant. Hunc in modum explicata a nobis ac defensa communis sententia multo probabilior videtur, propter diserta et expressa Joannis testimonia, quæ nulla cavillatio possit eludere. »

VIII. Nimirum doctissimus auctor exploserat sententiam illorum, qui Pascha feriis 2ᵃ 4ᵃ et 6ᵃ nunquam celebratum affirmarent, itemque aliorum, qui arbitrarentur in more priscorum Judæorum fuisse, ut quemadmodum hodie, duobus diebus continuis Neomenias et majora ejusmodi festa agerent. Ac illorum quidem quia, ipsismet Hebræis fatentibus, in primis R. Mose Majemonide, inventum istud Christo longe recentius : et quia, si rejiciendarum asciscendarumque feriarum ordinaria fuisset illa ratio, atque ab universis recepta, neque Dominus, neque ulli omnino Judæi Neomenias festosque dies aliter quam ex præscripto legis una die celebrassent. Aliorum autem, quia consuetudo Neomenias et festa duobus diebus celebrandi, Judæorum duntaxat illorum erat, qui procul Hierosolymis, et in dispersione agerent, ad quos advenire non potuissent nuntii, seu cursores, qui ad significandum novilunium a Synedrio magno mittebantur. Judæorum quippe traditionem esse, majores suos, dum templum staret, primum cujusque mensis diem habuisse illum, in cujus vespera lunæ renascentis cornua apparuissent, visaque essent a viris huicce speculationi destinatis ; ut auditis approbatisque testibus saltem duobus, qui se nascentem lunam vidisse confirmassent, Neomenia sanctificaretur, primoque ipso die egressi nuntii per Palæstinam eam indicerent. Insuper penes pontifices senatumque stetisse potestatem primi mensis differendi facta intercalatione decimi tertii mensis qui *Veadar*, seu secundus Adar nuncuparetur ; idque variis de causis quas Majemonides refert in tract. *Kiddush hakkodesh*. Quamobrem in remotioribus regionibus Neomenias biduo celebrari solitas ; quia his in locis incerti Judæi erant, quemnam diem Synedrium Hierosolymitanum ex visione lunæ præscripsisset. Eamdem istius bidui causam affert Leone de Modena, Venetæ synagogæ quondam rabbinus, In libello quem de ritibus Hebræorum Italice edidit part. III, cap. 2. Obiter tamen dicam Judæos, qui in dispersionibus morabantur, duorum dierum consecratione discrimini illi alteri, quod ex arbitraria pontificum intercalatione natum esset, [LXXV] mederi nullo modo potuisse. Quanquam Paulus Middelburgensis ex cognomine suo Burgensis traditionem Judæorum diversam essekait; nimirum Esdram olim instituisse, ut duobus diebus præcipua festa agerentur, atque idcirco R. Raba Judæos suæ ætatis adhortatum, ne majorum consuetudinem quam Esdras ipse præceperat, omitterent.

IX. Quidquid vero sit de illo Esdræ mandato, Judæorum gentem a sola phasi lunæ mensium initia statuisse, nulla supputationis astronomicæ habita ratione, penesque seniorum arbitrium fuisse intercalationes annorum, mihi prorsus persuasum non est; imo nec Judæorum cordatioribus, qui ex quibusdam etiam Scripturæ divinæ locis comprobarunt, in ipsismet remotioribus sæculis scientiam temporum, seu chronologiam, ad dies solemnes statuendos exscultam a majoribus suis fuisse. Id porro muneris in primis impositum tradunt Issacharidis, quibus Moyses cum morti proximus benediceret, hoc prænuntiarat : וישבכר באהליך· עמים הר יקראו שם יזבחו זבחי צדק *Et Issachar in tabernaculis tuis. Populus ad montem vocabunt: illic immolabunt victimas justitiæ* [47]. Quæ Onkelos, Kabalistica licentia legens ובלכך, ita reddidit וישככר במהכך למעבד מועדי בירושים : *et Issachar in profectione tua ad statuenda festa in Jerusalem*. Isthæc autem interpretatio nititur illo loco I Paral. XII, ỷ 32 : ומבני יששבר יודעי בינה לעתים לדעת מה יעשה ישראל *Et de filiis Issachar* (venerunt ad David) *periti scientia temporum, ad cognoscendum quid deberet facere Israel*. Paraphrastes Chaldæus versum istum fusiori sermone hunc in modum transtulit : *Ex Issachar periti scientiæ temporum, docti in figendis initiis annorum et mensium, in intercalandis mense et annis; sophistæ in noviluniis ad definienda figendaque festa in tempore suo*. בקיא בתקופתא : דשמשא אצרלגין בסמליא וסכביא *exercitati quoque in revolutione solis, et astrologi in siderum stellarumque notitia*. Quamobrem Rashi Deuteronomii versum quem citavi, ex isto libri I Paralip. loco, eodem sensu sic exponit : *Issachar prosperabitur sedendo in tabernaculis suis, ut legi studeat*: ולקבוע חדשים לעבר שנים *intercalationi annorum dans operam, figendisque Neomeniis, juxta atque dicitur* (I Paral. XI) : *Et de filiis Issachar, periti scientiæ temporum, principes familiarum ducenti. Principes synedrii fuerunt* עםכים בכנתל פי קבעות עתיה וסבוריד *operam dantes temporibus definiendis et annis intercalandis. Populos seu tribus Israel vocabunt ad montem, id est ad montem Moria congregabunt*, ad statas utique solemnitates celebrandas. Addam interpretationem R. David Kimhi in illum locum Paralipom. רבוכו, inquit, פירש שיודעים לעבד שנים ולקבע חדשים חדו שאמר לדעת מה יעשה ישראל וזהו יודעי בינה לעתים כלומר לזמני העולם שהיו

---

[47] Deut. XXXIII, 18.

יודעים להשב בתקופות ובמזלות. *Magistri nostri interpretati sunt, ut Issacharidæ periti fuerint scientia intercalandorum annorum, figendarumque Neomeniarum. Unde subjungitur: Ad sciendum quid agere debeat Israel; ut nempe scientia temporum instructi, chronologica utique, mundi tempestatum immutationes revolutionesque siderum noverint supputare.* Bekius, qui paraphrasim Chaldaicam Paralipomenon primus edidit, rabbinos alios in notis laudat, qui in eamdem expositionem consensere. Quinimo Seldenus lib. *De anno Judæorum*, Majemonidem in tract. *Kiddush hakkodesh.* 17, § 25, dixisse refert, *Majores suos, maxime Issacharidas habuisse cognitionem temporum, scientes quid faciendum esset Israelitis.* Insuper illud quoque R. Samuelis, apud Abraham Zacuth in Juchasin fol. 40, כי ישטבר צלה לרקיע הביא תת זה חלקים *Issacharem ascendisse in firmamentum, et secum deduxisse* (in mortalium usum) *partes seu scrupulos* 1080. « Illas nempe, inquit Seldenus, non minus celebres, quam sexagenas apud Græcos et Latinos. Hyperbole est manifesta de singulari tribus illius in re astronomica peritia. » Hanc vero Issacharidæ non habuissent, si de sola speculatione phasis seu cornuum lunæ se sollicitos præstitissent. Quasi vero eximia quadam scientia opus esset ad lunæ phases speculandas, quando pinguioris Minervæ homines ad hoc fuisse adhibitos fatentur ipsimet Thalmudistæ.

X. Recentioribus his Judæis Josephum historicum adjungam, qui lib. III *Ant. Jud.* cap. 1, narrat a Moyse constitutum esse ut festum Tabernaculorum agereretur quinta decima septimi mensis, τρεπομένου τοῦ καιροῦ πρὸς χειμερινὴν ὥραν, *vergente anno versus hibernam tempestatem;* hoc est post æquinoctium autumnale, Pascha vero immolaretur τῇ τεσσαρεσκαιδεκάτῃ κατὰ σελήνην, ἐν Κριῷ τοῦ ἡλίου καθεστῶτος, *decima quarta mensis* (Nisan) *Sole consistente in Ariete.* Atqui fieri nequaquam poterat, ut ex sola lunæ cornuum speculatione, cum arbitraria nescio qua intercalatione, nulla cursus lunaris ad solarem per calculos astronomicos comparatione, Pascha quotannis celebraretur quando sol in ariete consisteret. Præter Philonem et Musæum, nescio quem, qui idem quod Josephus statuerant, Anatolius Laodicenus in canonibus paschalibus, apud Eusebium (a), vetustiores alios Judæos citabat, Agathobulos nempe, et Aristobulos, qui omnes certissimis demonstrationibus evicerant, τὴν τοῦ Πάσχα ἑορτὴν δεῖν πάντως μετ' ἰσημερίαν ἄγεσθαι· *Paschæ festum omnino debere post æquinoctium celebrari.* Quamobrem Petavius loco jam a me laudato, postquam retulit ex Majemonide quomodo se synedrium gereret erga testes qui phasim lunæ renuntiabant, subinde infert: *Manifestum esse ex hoc loco, Christi Domini nostri tempore, Neomenias non tam certo constitutas esse, ut*

non, vel affecto jam mense retexere, ac retractare licitum esset, adeoque solemnitates ipsas, quæ a mensis capite penderent, in alios dies incidisse. Quare cum totum hoc negotium perperam a stolidissimis magistratibus, et contra majorum ritus administraretur, grassante jam superstitione, corruptissimisque temporibus, verisimile est aliquos repertos, qui hanc cæremoniarum rituumque perturbationem, quatenus in ipsis erat, emendare studerent, et quæ privatim obire poterant sacra legitimis temporibus perficerent. Cujusmodi Paschalis agni cœna fuit; quam anno' suæ passionis Christus cum apostolis, atque aliis etiam fortasse Judæis, pridie quam cæteri præpostere id facerent, usurpare maluit. Neque hoc unius alteriusve diei discrimen admirabilius esse debet, quam quod Christianis ipsis ante Victoris papæ decretum, aut Nicænum concilium, verum etiam aliquot postea sæculis accidit in religiosissima Paschatis celebritate, uno plerumque mense, nonnunquam diebus VII *a se differrent, de quo nonnulla ad Nicephori* [LXXV] *Breviarium in* προθεωρίᾳ *olim adnotavimus,* etc. Prolixus hic exscribere non piguit magni Petavii textus, cujus quoad res chronologicas maxima semper erit apud eruditos auctoritas, et cujus vanam suspicionem non fuisse mox ostendam.

XI. « Ast, inquit recentior aliquis, cyclorum et usum et inventionem, qui aliis quam Græcis tribuerit, hic sane multum hallucinabitur. Græcarum autem et gentilium omnium disciplinarum non solum parum studiosi, sed et osores fuere semper maximi Judæi, quandiu res Judaica stetit incolumis. Nec certe nisi pluribus post suam inter gentes dispersionem sæculis usum hujusmodi gentilium artium habere cœperunt, ut facile apud eos omnes convenit, qui gentis mores et ritus attentius scrutati sunt. »

XII. Hanc vero Judæi a Græcis calculos astronomicos discere debuerunt, ac non potius ab Ægyptiis et Chaldæis, qui Græcorum magistri fuerunt, et quibuscum Judæi frequentiorem consuetudinem habuerunt? Sed nec Græcos consuluit Cæsar, ut Romanum annum statueret, non Sosigenes, non Augustus, non Patres Nicæni, non Ecclesia Romana et Catholica; verum Ægyptios et Orientales. Annon vero Judæus erat Aristobulus *Magister Ptolemæi regis de genere Christorum sacerdotum,* ad quem exstat epistola synedrii Hierosolymitani, c. 1, lib. II Machabæorum? Hic sane gentilium artes non oderat, qui regi gentili erudiendo præfectus esset. Nec dubium est quin ipse sit Aristobulus ille, quem ut Peripateticæ philosophiæ, ita astronomicæ scientiæ peritum fuisse asserit Anatolius apud Eusebium; cui socios adjungit ejusdem gentis duos Agathobulos. Annon Judæus erat Jesus filius Sirach, qui cap. XXXIX Ecclesiastici, sapientem suum ait, non veterum modo, prophetarumque libris legendis vacaturum, sed et in terram alieni-

(a) Lib. VII, c. 32.

genarum gentium transiturum, ut eorum quæ apud eas geruntur periculum faciat? Philonem, Josephum, Musæum, et alios omitto, qui litteris et philosophiæ Græcorum insudarunt. Epiphanius narrat Pharisæos, qui fato cuncta ascriberent, astronomiæ operam in primis posuisse. Diu ante cyclum Hillelianum quo nunc universi per orbem Judæi utuntur, R. Samuel, scholæ Nahardeensis caput, Periodum astronomicam in Babylonia vulgavit, quam sui relicta veteri sequerentur: unde cognominatus fuit, *Jarchiani*, sive *Lunista*. Florebat post sæculi tertii a Christi nativitate initium. Eodem circiter sæculo labente calculum alium in Palæstina protulit R. Adda filius Ahabæ nonnihil emendatiorem. Origenes horum temporum scriptor, hom. 23 *in Num.*, ubi varias Judæorum festivitates exponit, testatur eos ad solis cursum lunarem exegisse: *Tertia*, inquit, *festivitas ponitur*, *Neomeniæ dies, in qua offertur et hostia. Neomenia autem dicitur nova luna, cum luna innovatur. Nova autem fit, cum soli proxima fuerit effecta, et valde ei conjuncta, ita ut sub claritate ejus lateat. Et paucis interjectis*, quærit: *Quid enim religioni conducit novæ lunæ, id est, cum conjungitur soli, et adhæret ei, observare festivitatem?* Ptolomæus, nobilis ille astronomus Alexandrinus qui Marco Aurelio imp. sæculo Ecclesiæ secundo et centum fere annis ante R. Samuelem scribebat, Judæorum periodum decemnovennalem intercalationum mirum quantum extulit, ceu a viris divino Spiritu afflatis et prophetis excogitata tradita que esset; quod vetustissimam eam esse, non recentem indicat. Sed cur testes alios quærimus astronomicæ eruditionis veterum Hebræorum, quando Mishna, cap. 1, tract. *Rosh hasshana*, non pauca nobis suppeditat argumenta, Gamalielem magnum eam coluisse? Ejus calculos et periodos varias refert liber qui de generi ejus nomine, פרקי אליעזר *Pirkei Eliezer*, id est, *Capita Eliezer*, filii scilicet R. Hyrcani, inscriptus fuit. Cap. 6, cyclum solarem statuit viginti octo annorum, septem minoribus cyclis quatuor annorum, seu bis quatuordecim annorum periodis constantem. Cap. 7, Johannan, Gamaliel, et alii cum Eliezere lunarem periodum magnam ex annis viginti et uno componi aiunt; idque pluribus edisserunt. Ac tandem agnoscunt maximum circulum solis octoginta et octo annis solaribus absolvi; hoc est tribus cyclis solaribus, et quatuor lunaribus. Ad hæc circulum embolismorum, quem a Ptolomæo laudatum celebratumque diximus, haud prorsus diverso modo recitant, atque Gamaliel ipse in Mishna, tract. *Rosh hasshanah*, cap. 1, ut XIX annorum sit, septemque circulos minores habeat, quorum alii tribus, alii duobus annis constent. Quæ omnia sic per calculos astronomicos ita explicant, ut ad Calippicam periodum propius accedere visi sint clarissimo Morino, qui primus veterem hanc Judæorum ex eodem libro litterario orbi indicavit, exercit. 1 in Pentateuch. Samaritanum, cap. 3, et in epistola ad Godofredum Vendelinum, tredecim annis antequam Guillelmus Henricus Vorstius *Capita Eliezer* Latine ederet. Quocirca vir doctus insuper observavit periodum hanc ipsam esse quam Epiphanius usurpatam a Judæis tempore Christi fuisse scripserat, hæres. 51. Quamlibet igitur capita Eliezeris a posteriori ævi scriptore consarcinata vel aucta videantur, computus ille quem exhibent, propter suam cum Epiphaniano, nec non cum Mishnicis epilogismis conformitatem, eo antiquior haberi debet, quo Samueliano et Addano, multoque magis Hilleliano imperfectior et deficientior est, ac pinguiori Minerva structus, ut prisca illa ætas ferebat. Exinde vere concludo non male conjecisse Petavium ipso ævo quo Christus in terris agebat, mortemque obiit, non defuisse apud Judæos, qui stolidam aliam ex solo lunæ cornuum aspectu mensium supputandorum rationem emendare et explodere studuerint: ex quo etiam inter ipsos θόρυβον dissidiumve quod refert Epiphanius, natum esse, admodum mihi simile vero apparet. Petavio subscribit chronologus alter haud incelebris ex eadem societate Bucherius tractatus *De veteri Judæorum cyclo* capitibus præsertim 5 et 6.

XIV. Neque vero prosit objicere Gamalielem, in decreto solemni quod aliquando nomine synedrii de anno intercalando dedit, nullam fieri supputationis astronomicæ mentionem: sed pontium fractorum, nec instauratorum, segetum non maturescentium, tenerorumque nimis agnorum, et pullorum columbarum, quam ut Deo offerri possent. Siquidem hæc prisca formula erat, qua præsertim allegabantur certa quædam indicia, quibus [LXXVII] comprobaretur necessitas intercalationis, non ejus primaria ratio. Fractio quippe pontium vigere adhuc hiemem propter imbres et torrentium exundationem significabat, nec proxime ver imminere quando purgato nubibus cœlo, non modo pontes reficiendi erant, sed et metendæ segetes, agnique ad sacrificia idonei futuri, integro anno transacto ab altero vere. Quocirca Eliezer, cap. 8, ait, propter tria signa intercalari annum, propter arbores, propter herbas et propter solstitia, ut præter rationes ejusmodi populares, potior semper illa esset quæ computatione astronomica nitebatur.

XV. *R. Abarbanel supputationum astronomicarum auctoritatem tuetur contra Karairas.* — Rabbi Abarbanel, quem Judæorum doctissimum fuisse omnes norunt, in commentario in cap. XII Exodi, dedita opera fuse refellit contribules suos, qui *Karraitæ* sive *Karræi* vulgo audiunt, ostenditque Israelitas, dum Hierosolyma stabant, mensem primum nequaquam esse auspicatos ab ea die vel vespera qua lunæ prima phasis appareret, sed ab ejus cum sole coitu, secundum calculos astronomicos. Excussis itaque variorum [sententiis de primo anni principio naturali, postquam definivit primum mensem secundum solis motum in Zodiaco esse Tisri; arbitrarium vero et ex instituto esse Nisan, ut Israelitæ Dei liberatoris sui recordarentur: pergit, fateturque penes synedrium magnum fuisse, mensium initia statuere, et annos intercalare. Legem porro cavisse, ut Nisan primus mensis foret, sole exstante in signo arietis, sicut dicitur: *Observa mensem Abib* [48] (seu maturescentium frugum), quod cum dependeat a sole, idcirco lunæ motus ad solis cursum exigi debere. Quamobrem menses lunares, quandoque duodecim esse, quandoque tredecim, quia solaris annus lunarem undecim circiter diebus superat. Unde anno addendus mensis intercalaris fuit: ut singulis 19 annis septem fuerint intercalandi; nempe 3, 6, 8, 11, 14, 17 et 19. Ideo vero sapientes synedrii, septem testes de lunæ phasi varie sciscitatos esse, ut astronomicas computationes suas magis comprobarent. Tum Karræorum, qui menses in Palæstina a phasibus inchoare debuisse contendunt, hoc argumentum affert: *In lege præcipi ut menses sanctificentur secundum aspectum primum lunæ. Cujus rei causa dicitur*: החדש הזה, *mensis iste vobis erit principium*, etc. Mensem quippe non vocari חדש, nisi ob innovationem lunæ, de qua dicitur psal. LXXXI: « *Buccinate in* חדש *neomenia*, » id est innovatione lunæ. Falso proinde dici (a rabbanistis) sublata Domo judicii magna (synedrio) esse quoque sublatam visionem lunæ. Omnes Israelitas usque ad Rabbam Gamalielem fixisse menses secundum phasim. Ad hoc momentum Abarbanel multa reponit, quorum hæc potiora sunt: impossibile fuisse sanctificari mensem ex phasi lunæ; quandoquidem sæpe contingit, cœlum tunc esse nubilum et pluviosum. Mirificum fore, si Israelitæ in terra sua nihil habuisse putentur, quo suos annos statuque tempora definirent præter quorumdam testimonium de aspectu lunæ, destitutosque fuisse novilunii supputandi ratione, cursus item solis et lunæ, quæ populi alii et linguæ nossent. Hinc Rabbi Hannanael scripsisse, שקביעות החדש ים בקרב ישראל לא היה בלבד על פי הראייה כי אם על פי החשבון, *fixionem mensium inter Israelitas non fuisse tantum per visionem lunæ, sed etiam per supputationem*. Quin rem hanc inde probari posse, quod 40 annis quibus in deserto versati sunt, nube interdiu obtegebantur, et columna ignis noctu, ut nec solem, nec lunam spectare possent. Cur enimvero jussisset potius Moses consecrari ex ore aliquot testium, qui variis de causis aut mentiri, aut falli possent, quam ex supputatione quæ arithmetica est et infallibilis? At certe cum David Jonathani dicebat: *Cras est novilunium, et ego sedebo cum rege* [49]; undenam id scire potuit, nisi ex supputatione novilunia jam fixa essent? Nam forsan videnda luna non erat; nec proinde figenda fuisset Neomenia. Imo ex eodem loco insuper arguitur, quod duos dies statuerint pro Neomenia, cum dicitur: *Et abscondit se David in agro, et fuit Neomenia, et accubuit rex ad vescendum* [50], etc. Accidit autem ממחרת החדש השני, *postridie Neomeniæ secunda, ut vacaret locus David*. Quin addi Scriptura dixisse Saul: *Quare non venit filius Isai, neque heri, neque hodie ad vescendum* [51]? Tum subinde: *Surrexit Jonathas a mensa in ira furoris, et non comedit panem in die* (a) *Neomeniæ secunda*. Nunquid hoc non perspicue ostendit, duos tunc illius Neomeniæ dies feriatos fuisse in principio mensis, ut hodie fieri solet? שני ימים של ראש כמנהגנו הלא חדבד מוכיח שהיו כאותו החדש. Idem plane R. Isaias ad hunc eumdem locum observarat. שני ימים זה היה ראש החדש שעבר הוא מלא כמו שאנו עושים ומקדשים ראש החדש שני ימים כדי לקדשו בזמנו. *Caput mensis duobus diebus constabat, quia præteritus mensis plenus fuerat* (scil. 30 dierum), *eo modo quo nos supputationem facientes, caput mensis biduo sanctificamus, ut sanctificetur tempore suo*. Etenim persæpe fit ut, propter coitum lunæ cum sole, caput mensis ad duos veluti dies pertineat, nimirum ad finem præcedentis, et ad initium insequentis. Id quod Leo Mutinensis non omisit, part. III, cap. 2, n. 3. Hoc porro non illis accidebat qui mensem a phasi putarent; quippe cum nascentis lunæ cornua nonnisi post meridiem cerni queant: adeoque phasis unius duntaxat diei Judaici principium esse poterat. Addiderim ego, quæ in libro Job [52], in quo omnigenæ eruditionis specimina passim micant, de variis cœli signis et sideribus leguntur, argumento esse priscos Hebræos astronomicarum rerum imperitos prorsus non fuisse: uti etiam quæ refert Scriptura, IV Reg. XXXI, 11, de horologio Achaz regis Juda ad solis motum delineato. Tandem anni Judaici nunquam, etiam primæva illa ætate mere lunares fuerunt et vagi, sed qui ad solares, interjecto identidem decimo tertio mense embolimæo, reducerentur. Hæc autem intercalatio rite fieri non poterat absque calculis astronomicis, ex solo magni senatus et principis arbitrio.

XVI. « Abarbanel itaque concludit priscos omnes Israelitas, כל ישראל, consuesse Neomenias statuere ex supputatione, cum qua visionem conciliarent, cum supputatio primaria esset. Quocirca diserte scriptum legi I Paral. XII, 32: *De filiis Issachar, periti intelligentia temporum, ita ut scirent quid agendum esset Israeli*, etc. Nulla autem scientia et intelligentia opus est (inquit) ad solemnitates [LXXVIII] figendas sine supputatione; quæ est arcanum intercalationis. Nam visio lunæ

---

[48] Deut. XVI, 1. [49] I Reg. XX, 18. [50] ibid. 24. xxxvIII, 31, 32. [51] ibid. 27. [52] ibid. 34. [53] Job IX, 9; XXXVII, 9;

(a) Noster interpres vulg. vertit, *in die Calendarum se unda*. Optime prorsus.

res est perspicua, et perceptu facillima : cum supputatio sit tantummodo sapientium : *Quamobrem Israelitæ ita facere consueverunt, usque ad Antigonum Æchmalotarcham principem Synedrii; cujus discipuli fuerunt Sadock et* (a) *Boethus.* צדוק וביתוס. Quia igitur sapientes Israel perfecte callebant artem intercalandi, quam præclaram scientiam per traditionem acceperant, cœperunt degeneres illi discipuli excutere a se jugum traditionis oralis, et se opponere fixioni mensium, seu noviluniorum, dicentes, sensum præcepti non esse, ut figatur novilunium secundum supputationem, nec tam sublimibus opus esse disciplinis, sed secundum visionem lunæ, ex ore duorum testium, sive illi docti fuerint, sive indocti. Unde sapientes illius ævi necesse habuerunt rationes illorum frivolas solidis argumentis refellere ; e quibus R. Gamaliel dixit : אל תחושו לראות הירח כי ההשבון הוא עיקר כך מקובלני מבית אבי שאין חדשה של לבנה פחותה מכ״ט יום וחצות ותש״צ חלקים. *Nolite curare visionem lunæ. Supputatio enim potior est. Hoc ego sum edoctus per traditionem nostram a domo patris mei Abba, mensem lunarem non habere pauciores quam 29 dies cum dimidio et 793 scrupulis.* Id quod docet nos Rabban Gamalielem innixum non fuisse phasi lunæ. Hoc amplius confirmat ex duobus textibus Mishnæ tract. *Rosh hasshanah,* cap. 3, in quorum altero legitur : באו שנים ואמרו ראינוהו בזבנו והוא אור שלשים ובלילי עיבורו מוראי שהוא יום שלשים לא נראה וקבלם רבן גמליאל. *Venerunt aliquando duo et dixerunt : Vidimus eam suo tempore, die nimirum tricesima. Nocte autem intercalationis ejus, sub egressum scilicet diei tricesimi, non apparuit, et acceptavit eos Rabban Gamaliel.* Ex quo loco concludit, Gamalielem, qui testes istos mendacii non arguit, posthabito horum testimonio, supputationi potius adhæsisse ad annum intercalandum. Addit insuper in eodem Mishnæ capite legi : דמות צורות לבנות היה לי לרבן גמליאל בעלייתו על טבלא בכותל שבן מראה את הדיוטין. *Gamaliel figuras lunarum habuit in cœnaculo super tabula in pariete, quas monstraret imperitis :* ut nempe Sadducæos Boethusæosque convinceret sibi notos esse lunæ motus, ejusque dum renasceretur figuras pro quolibet mense, quas discipulis ea in tabula ostenderet. Tertium istis addere textum Mishnæ poterat, quo narratur sanctificatum novilunium fuisse, sive luna tempore suo visa esset, sive non. בין שנראה בזמנו ובין שלא נראה בזמנו מקדשין אותו R. Eliezere filio Sadoch nequidquam refragante : *Quamobrem manifestum est,* inquit Abarbanel, *fundamentum hujus rei non consistere in visione, sed in supputatione: quodque simul refutarentur, quæ adversarii contra objicerent.* Hæc aliaque persequitur Abarbanel, quem tamen permirum est, vetustissimum Eliezeris canonem, imo et Gamalielis calculos, quos citat Eliezer, omisisse. Cæterum ex hac disputatione multa colligo.

XVII. Primum est, quo magis ac magis evincitur, non inanem doctissimi Petavii conjectationem fuisse, illo tempore quo Dominus in Judæa mortem obiit, non convenisse inter Judæos de legitimo Paschatis die statuendo, nec defuisse, qui non probarent ex sola lunæ phasi; ac, nescio quorum testium relatione, menses definiri, posthabitisque calculis astronomicis annum insuper intercalari : quando, vel ipsismet Karræis fatentibus, certum sit Gamalielem cum suis Pharisæis, quorum Mishnici ritus et mores collegerunt, pro supputatione stetisse. Hic enim R. Gamaliel ipse est cujus Lucas meminit Act. v, 34, ceu *viri honorabilis universæ plebi,* et quo magistro sanctus Paulus usus est. Thalmudistæ tradunt, singulari privilegio fuisse illi concessum, ut filios nepotesque suos Græcorum lingua et disciplinis imbueret. Adduntque insuper R. Simeonem ejus filium a synedrio tandem obtinuisse, ut ex calculo astronomico Neomeniæ deinceps statuerentur : id quod plane anterioris dissidii aliud argumentum est.

Alterum est, a primæva ætate astronomicas supputationes in usu apud Israelitas fuisse, quibus refragati non sint nisi Sadducæi, qui Karraitarum parentes exstitere.

XVIII. Sed et hoc præsertim iterum deducitur, cum tempore Christi inter Judæos non conveniret de assignandis noviluniis, statisque solemnitatum diebus, Sadducæis a phasi lunæ menses auspicantibus, et Pharisæis, Gamaliele duce, a coitu cum sole, hinc factum esse, ut Sadducæi nonnisi altera, imo quandoque tertia post Pharisæos die Pascha celebrarent. Quamobrem haud absone prorsus Epiphanius scripsit, illo anno, quo Dominus passus est, θόρυβον, *dissensionem,* de legitimo Paschæ die consignando accidisse ; ut duobus diebus Pascha immolatum comestumque fuerit.

XIX. *Sadducæorum conatus et doli ut Pascha sabbato ineunte agatur.* — Ut vero Epiphanio fides magis magisque hac in parte concilietur, addam paucis, quid Thalmudistæ ipsimet Hierosolymitani rursum tradant in tract. *Rosh hasshanah,* cap. 2, § 1, ubi exponunt hunc Mishnæ textum , בראשונה (in מקבלין עדות החדש מכל אדם בשקלקלו הבייתוסין משקלקלו הבייתוסין) *Mishna Babylonica habetur* התקינו שלא יהו מקבלין אלא מן המכירין. *Antiquitus receperunt testimonium de novilunio a quovis homine. Posthac autem Boethusæis fallaciter agentibus, statutum est ut non acciperent nisi a certis*

(a) Dico *Boethus,* potius quam *Baithus* vel *Baithos.* Cognominis siquidem hic erat, aut forsan idem cum Boetho illo Alexandrino, cujus neptim Herodes Ascalonita uxorem duxit ; de quo vide Joseph. Antiq. Jud. lib. xv, c. 12. Thalmud Hierosolymitanum habet בייתוס et בייתוסים *Boethus* et *Boethusim.* — ביסין sunt sectarii, nec alii a Sadducæis sive Boethusæis.

et notis. Quam fallaciam ejusmodi fuisse Gemara Hierosolymitana narrat : *Tradunt magistri nostri conatos esse Boethusæos in errorem inducere sapientes* (synedrii) *et conduxisse quadringentis zuzæis unum de nostris, et alterum de suis, ut falso testarentur de novilunio.* Cur autem fraudem hanc isti moliti essent, causam istam afferunt Glossatores : שאירע יום של אדר ולא נראה חדש בזבוני והבתיחוסים מהאיין שיהא ראשין של פסח בשבת כדי שיהא הנפת העומר באחד בשבת ועצרה באחד השבת כראשית כמושמע. *Ut, cum incideret tricesimus dies Adar in Sabbatum, nec appareret novilunium in tempore suo, ambierint Boethusæi ut primus dies Paschæ incideret in Sabbatum, quo oblatio manipuli fieret, prima die hebdomadis : vocem Sabbati, quæ habetur, Levit.* xxiii, 11 *et* 15, *accipientes pro Sabbato proprie dicto, ut cap.* ii *Genesis* (non pro die festivo et feriatico) *et* [LXXIX] *Pentecostes in prima hebdomadis die.* Atqui hoc ipsum est, quod Epiphanius anno Dominicæ passionis accidisse refert, ut nempe alio die Christus cum Judæorum plurimis Pascha comederit; alii vero Sabbato duntaxat ineunte, ut ita feria prima proxime post Sabbatum sequente manipulus oblatus sit, et eo anno festum Pentecostes in similem feriam, seu Dominicam, inciderit. Porro Boethusæos in eamdem sectam cum Sadducæis coaluisse affirmant Judæi omnes. Quidni ii sint qui Masbothæi corrupta voce vocantur apud Eusebium ex Hegesippo, quosque Sadducæorum fuisse socios discimus ex *Const. apost.* lib. vi, c. 6, quippe qui immortalitatem animarum et Providentiam abnegarent. Quæ cum ita sint, nulla brevi supererit difficultas ad conciliandum Joannem cum Matthæo, Marco et Luca.

XX. Quando Joannes scripsit, cap. xix, 28, illos qui Jesum adduxerant ad Pilatum, *non ingressos esse in prætorium, ut non contaminarentur, sed ut manducarent pascha,* pontifices senatoresque Judæorum significavit. Ili porro magna parte Sadducæi erant, quemadmodum sanctus Lucas diserte testatur, Act. v, 17, his verbis : *Exsurgens autem princeps sacerdotum, et omnes qui cum illo erant* (*quæ est hæresis Sadducæorum*), *repleti sunt zelo.* Et certe princeps iste sacerdotum Annas erat (ut colligere licet ex cap. iv, 6), aut saltem gener ipsius Caiphas. Annam porro Sadducæum fuisse compertum habeo ex Josepho, lib. xx *Antiq.* cap. 8, ubi narrat Ananum juniorem magni hujus Anani sive Annæ filium, qui Jacobum Jesu Christi fratrem neci tradidit, secta fuisse Sadducæum, αἵρεσιν δὲ μετῄει τὴν Σαδδουκαίων. Id quod etiam observari potest in his quæ ab hoc eodem Anano juniore adversus Paulum gesta esse referuntur, Act. xxiii et xxiv. Josephus quoque non uno in loco scribit Sadducæos fuisse quotquot generis claritate inter Judæos præcellebant. Thalmudistæ tradunt circa hæc ipsa tempora contigisse, ut filia sacerdotis quæ scortata fuerat, synedrii sententia combureretur, fasciculis surculorum circum appositis contra sancitam a majoribus legem, secundum quam vivicomburium haud aliter fiebat, quam injecto et eliquato in os damnati filo plumbi candentis : cujus severi judicii hanc fuisse causam ferunt, quod ea ætate synedrium rude et imperitum statutorum pristinorumque morum esset : id est, uti rabbi Joseph interpretatur, בית דין של צדוקים חיה, *Sadducæis totum constabat.* Enimvero Josephus loco modo ante citato hanc fuisse refert indolem istius sectæ, ut præ cæteris Judæis crudeles essent, οἵπερ εἰσὶ περὶ τὰς κρίσεις ὠμοὶ παρὰ πάντας τοὺς Ἰουδαίους. Cum igitur pontifices et primores Judaicæ gentis Sadducæi essent, idcirco pascha, quod alii vespere præcedenti comederant, ad diem insequentem distulerunt, quæ, tum Sabbati, tum decimæ quintæ diei mensis initium ipsis foret, mensem auspicatis a phasi seu visione lunæ.

XXI. Nec est quod quisquam, recentiorem auctorem evangelicæ historiæ peritissimum secutus, inficietur, pontifices ipsos ad Pilatum cum ministris suis et cohorte Romana Jesum vinctum adduxisse. Nam Matthæus, cap. xxvii, 1, scripsit : *Mane autem facto, consilium inierunt principes sacerdotum,* οἱ ἀρχιερεῖς, *et seniores populi adversus Jesum, ut eum morti traderent, et vinctum tradiderunt Pontio Pilato præsidi.* Sic Marcus, c. xv, 1 : *Et confestim mane consilium facientes summi sacerdotes cum senioribus et scribis et universo concilio, vincientes Jesum, duxerunt et tradiderunt Pilato.* Matthæus item, v. 11 Jesum stetisse ante præsidem ait, nihilque respondisse cum accusaretur *a principibus sacerdotum et senioribus.* Marcus, cap. xv, 3 : *Et accusabant eum summi sacerdotes in multis.* Matthæus rursum, cap. xxvii, 20 : *Principes sacerdotum et seniores persuaserunt populis, ut peterent Barabbam.* Marcus, cap. xv, 11 : Pontifices autem *concitaverunt turbam, ut magis Barabbam dimitteret eis.* Domino pendente in cruce, illic aderant *principes sacerdotum cum senioribus conviciantes ei* (Matth. xxvii, 41). Cousimili modo Lucas cap. xxiii, 1, de toto synedrio cui pontifex præfuerat, ait : *Et surgens omnis multitudo eorum duxerunt illum ad Pilatum.* Quando missus est Christus ad Herodem, ỹ 10 : *Stabant principes sacerdotum et scribæ constanter accusantes eum.* Redeunt et ipsi ad Pilatum : nam (ỹ 13) *Pilatus, convocatis principibus sacerdotum et plebe, dixit ad illos : Obtulistis mihi hominem,* etc. Sed neque Joannes illud tacuit, cap. xix, 6, quando Dominus adductus a Pilato exivit foras cum corona spinea et purpureo vestimento, *cum vidissent eum pontifices et ministri* (synedrii) *clamabant dicentes : Crucifige eum.* ỹ 15 : neganti Pilato se regem ipsorum crucifixurum, responderunt *pontifices : Non habemus regem nisi Cæsarem,* ỹ 12, obsistunt *pontifices Judæorum,* ne Pilatus in titulo crucis scribat, *Rex Judæorum.* Ad prætorium igitur pontifices perrexerant, judicio Christum persecuturi.

XXII. Ad eumdem modum occurri posset alteri

difficultati, quam objiciunt adversarii, Apostolos existimasse a Domino fuisse injunctum Judæ in ultima cœna, *ut emeret quæ necessaria erant ad diem festum* [54]: id quod in mentem ipsorum cadere non poterat, si paschalis solemnitas incepta jam esset, quia Sabbatis, festisque diebus quidquam aut emere, aut vendere vetitum erat. Possem enim respondere licitum fuisse Judæ hostias offerendas emere ipsa vespera, quæ solemnis a cunctis Judæis non haberetur; eo maxime quod pontifices in aliam diem sive Sabbatum statutas lege victimas ornatiori pompa et cæremoniarum ritu sacrificare distulerant, ut nonnisi postridie Sabbati primitiarum manipulum oblaturi essent.

XXIII. Sed responsionem aliam mihi suggerunt Mishnici sapientes, tract. *Sabb.* c. 23, § 1, ubi aiunt:

שואל אדם מחבירו כדי יין וכדי שמן שלא יאמר לו הלויני וכך האשה מחבירתה ככרות ואם איט בואמינו מניח טליתו אצלו ועושה עמו השבון לאחר שבת וכן ערב פסח בירושלם שחל להיות בשבת מניח טליתו אצלו ונוטל את פסחו ועושה עמו השבון לאחר יום טוב.

Quilibet potest petere a socio suo cados vini aut cados olei, dum non dixerit: Commoda mihi. Sic mulier a vicina placentas. Quod si ei non crediderit, potest apud eum pallium thaletumve suum relinquere, et post Sabbatum rationem cum eo inire. Sic in vespera Paschalis, quod in Sabbatum incidit, Hierosolymis relinquit pallium suum apud eum, et sumit Pascha suum (seu paschalem agnum), *rationem autem cum illo init post diem festum.* Quod si [LXXX] quivis Israelita Hierosolymis ipso die Sabbati hoc modo emere, seu comparare sibi poterat paschalem agnum; profecto poterat et quamlibet aliam hostiam, quam oblaturus esset sistendo se coram Domino secundum legis præscriptum. Lege siquidem cautum erat, ut nullus in paschali celebritate, aliisque duabus *appareret in conspectu Dei vacuus* [55]; id est sine munere. Quinimo istiusmodi hostiæ in templo seu templi atrio, quod templi pars censebatur, vulgo vænibant et emebantur, ut ex multiplici Evangeliorum textu, ipsisque Thalmudistis constat. Atqui in tract. *Korban Pesach* seu oblationis paschalis, cap. 1, § 16 : *Eadem opera quæ in templo exercebantur præstabanturque diebus profestis, agebantur etiam in sabbato* (et a fortiore festivis diebus) במעשה כחול כן מעשה בשבת. Ita ut si decima quarta Nisan incidisset in Sabbatum, egressis tribus Israelitarum turmis cum suis paschatibus, *lavaretur atrium ipso Sabbato quia Sabbati lex non obligat in templo* שאין העזרה בשבת ורוחצים *Nisi forte in rebus quas prorsus non esset necessarium operari.* איסור שבת במקדש Unde, quia concedebatur ut boves, pecora, columbæ, aliaque sacrificiis necessaria venumirent in atriis templi cæteris hebdomadis diebus, utque nummularii seu mensarii a 25 mensis Adar singulis diebus usque ad Pascha sederent, a quibusvis Israelitis masculis semicyclos non sine quæstu recepturi; illud etiam per pontifices licebat diebus solemnibus, quando longe plures victimæ mactandæ essent, tam a singulis masculis, tum ab iis quibus vota persolvenda erant, aut offerendæ hostiæ pro mundationibus, necnon primitivorum vicariæ. Ad hos quippe dies festivos hujusmodi oblationes reservabantur, quando omnes Hierosolymis adesse tenerentur, uti traditur in Thalmude Babylonico ad tract. *Sanhedrin,* fol. 11, col. 1, et Hierosol. ad tract. *Rosh hasshanah,* fol. 56, col. 2. Quamobrem necesse erat ut his diebus præsto et ad manum in templi atrio hostiæ essent, quas secum afferre non poterant, qui ex remotiori regione frequentissime adventabant. Et certe violati Sabbati non erant rei, qui ipsomet Sabbato quod postridie primi diei azymorum accidisset, fasciculum primitiarum in templo offerendum in agris meterent : uti nec illi qui longiorem viam quam Sabbato permitteretur, ipsa die septima emensi essent ad annuntiandam synedrio diem Lunæ. Alia item non pauca diebus istis licita erant, quæ ad Dei cultum aut servandam legem cederent.

XXIV. Quod si quis objiceret fas Judæis non fuisse diebus solemnibus *judicia ferre,* adeoque mortem quempiam lata sententia multare, sufficeret forsan hæc responsio, Jesum reum mortis non ab aliis pronuntiatum fuisse, quam a pontificibus et gentis magistratibus, qui cum magna parte Sadducæi essent, Pascha nondum comederent, nec diem hanc sanctam haberent. Cæterum Ligthfootus in *Horis Hebraicis,* ad cap. xxvii Matthæi, glossam affert ad Gemaram Babylon., cap. 4 tract. *Sanhedr.* fol. 35, qua declaratur judicia capitalia exerceri potuisse in vesperis Sabbatorum, quæ in anteriori die cœpta essent, ubi nullæ scriptiones erant absolvendæ. Sic autem pontifices qui Christum feria quarta morti adjudicandum statuerant, hoc sine scriptionibus ineunte festivitate ratum fecerunt.

XXV. Omitto Drusium in cap. xxvii Matth. ex *Pesicha,* fol. 75, col. 4, traditionem hanc doctorum Judæorum afferre : *Cum aliqui damnati erant ad mortem, velut senex rebellis, et impostor, detinebant eum, differendo supplicium usque ad aliquod solemne festum, quod* רג"ל *vocant* (seu unum e tribus, in quibus omnes undique Hierosolymam), *tunc occidebant eos quo tempore Israel congregatus erat; ad statuendum illud, quod et omnes Israelitæ audient et timebunt.* Sane R. Salomon ad istum locum, Deut. xxvii, 13, eadem habet : מכאן שממתינין אותו ומכניסין אותו ברגל למועד *Hinc est quod expectabant diem festum* הרגל, *ut occiderent eum in die festo* רגל. Hæc, inquam, omitto, quia non liquet an in ipsismet solemnibus diebus, an potius ipso pridie vel postridie impostores et blasphemi morte plecterentur, quando populus civitate nondum excessisset. Nam Thalmudistæ ferunt Jesum Pandiræ

---

[54] Joan. xii, 8. [55] Deut. vi, 17.

et Satdæ filium synedrii judicio Lyddæ Diospoli neci datum, ipso pridie Paschatis. Imo Jacobus apostolus pridie aut biduo ante solemnitatem Paschalem occisus fuit ab Herode : et postridie post Pascha interficiendus erat Petrus, nisi e carcere ab angelo eductus fuisset ⁵⁶.

XXVI. At vero observatu dignissimum est, judicium illud quod pontifices contra Jesum nostrum tulerunt, decretorium non fuisse, sed mere declaratorium. Unde a Marco, et a vetustissimo Matthæi interprete συμβούλιον, *consilium, deliberatio* nominatur, non κρῖμα aut κρίσις ⁵⁷. Putarunt Ecclesiæ Patres, Judæorum pontifices, qui Jesum ad Pilatum deduxerant, præsidi dicenti, ut eum ipsi acciperent *et secundum legem suam judicarent,* idcirco respondisse, *Non licet nobis interficere quemquam* ; quia adempta ipsis potestas a Romanis esset quosvis sontes morte plectendi. Plane Josephus, lib. xx *Antiq.* c. 8, narrat quosdam ex Judæis obviam ivisse Albino præsidi Alexandria in Palæstinam advenienti, expostulaturos apud ipsum adversus Ananum pontificem, Annæ majoris filium, quod citra illius sententiam coacto synedrio Jacobum Jesu Christi fratrem aliosque lapidandos judicasset, ὡς οὐκ ἐξὸν ἦν Ἀνάνῳ, *quod Anano non licebat.* Verum alius fortassis rerum status erat sub Pilato; quandoquidem paulo post Domini necem lapidatus Stephanus fuit in synedrio considentibus.

XXVI. Alia itaque illius responsionis pontificum ratio colligitur ex Thalmudistis. Nimirum aiunt quadraginta annos ante templi urbisque excidium propter frequentiora homicidia et latrocinia, desiisse capitalia judicia ferri a synedrio, nisi forte reus sceleris socios aut patronos non haberet, a quibus foret pertimescendum. Idcirco enim synedrium migraverat a conclavi Gazith (ita nuncupato a lapidibus sectis et politis quibus constabat), in quo solo, quia juxta sanctuarium exstructum erat, judicia capitalia poterant exerceri. Quod quidem contigisse oportet uno aut duobus annis plus minus ante passionem Domini. Pontifices itaque et senatus, veriti ne quam forte populus, maxime Galilæi, seditionem excitarent, Christi causam ad Pilatum pro obtentu deferre maluerunt, ut Romanus præses definitivam adversus eum sententiam pronuntiando, tumultum si quis oriretur, auctoritate sua compesceret. Noverat certe [LXXXI] Pilatus penes ipsos adhuc fuisse quamdam judiciorum capitalium potestatem, cum se de Christo plectendo nihil sollicitum significavit : *Accipite eum vos,* inquit, *et secundum legem vestram judicate eum* ⁵⁸. Quin dicendo *judicate,* hoc innuebat Christum morte dignum a synedrio declaratum quidem fuisse, non decretorie judicatum. Stephanum autem post annos aliquot impune lapidarunt, cum plebem tunc non extimescerent : quanquam id facinus impetu potius eorum qui astabant patratum Scriptura significat, quam pronuntiato prius solemni senatus judicio. Eodem circiter tempore sacerdotis de qua jam diximus filia, ob scortationem synedrii sententia combusta est. Cæterum in illo judicio quo Jesus noster a pontificibus senioribusque *mortis reus* dictus fuit, nihil reperias quod solemnitatis ferias vel tantillum violaverit. Comprehensus quidem est, sed a cohorte Romana. Et si vere ministri pontificum et senatus una aderant, lege non prohibebatur hominem qui blasphemus et impius haberetur, die festo apprehendere. Nam Moyses olim hominem illum qui pauca ligna Sabbato collegerat ⁵⁹, ipso die in custodiam tradi jussit, imo forsan ex divino responso nulla mora ante solis occasum lapidari. Quinimo non ita pridem *Ultimo die magno festivitatis* Scenopegiæ, quem *Osanna rabba* vocitant, et perinde atque paschalem primum solemnem habeant, *pontifices et Pharisæi ministros miserant,* non milites Romanos, *ut Jesum apprehenderent* ⁶⁰. Sic Herodes Agrippa ⁶¹, quo studiosiorem legis nemo se præbuit, ipso die azymorum Petrum in carcerem misit, Paschate transacto, populo producendum in profesto. Seniores porro cum a cohorte Romana Jesum ad Pilatum duci curassent, non tanquam judices, qui decretum mortis jam tulissent, sed tanquam delatores sese gesserunt, nec subinde præter clamores quidquam illud præstiterunt.

XXVII. Nemini negotium facessat, quod Domini corpus ipso die Paschæ de cruce depositum, unctum, et tumulatum fuit. Istæc enim in totum vetita non erant, quando Sabbatum proxime succedebat, cujus feriæ Judæis semper sanctiores fuerunt. Quidni vero a Romanis militibus, adeoque gentilibus, qui præsto aderant, de cruce depositum sit? Judæi quippe alienigenas, quos גוים appellitant, inconstanter adhibent ad ea gerenda quæ sibimet permissa non esse arbitrantur. Ad unctionem quod attinet, in tract. *Sabb.* cap. 23, § 5, hæc habentur : עושים כל צורכיהם סכין וכוסיהין אותו וכלבד שלא יזיוו בו אבר שוטטין את הכר מתחתיו ומטולין אותו על החל בשביל שיכותין קושרין את הלחי *Omnia necessaria mortuo peragunt* (die Sabbato), *ungunt eum et abluunt, dummodo membrum in eo non moveant. Subtrahunt pulvinar quod sub eo est, eumque in arenam deponunt, ut exspectet* (exitum Sabbati), *alligant maxillam, non ut ascendat, sed ne addat* (aperiri). Tandem Judæi, quando Sabbatum diei solemni succedit, ipso die festo mortuum sepeliunt, et tumulant. Hoc solum cavent, ut a גוי seu viro gentili sepulcrum aperiatur et operiatur. Quæ proinde circa Dominum peragi nulla consuetudinum violatione potuerunt.

XXVIII. Dicendum modo superest de illo Joan-

⁵⁶ Act. xii, 2-4. ⁵⁷ Matth. xxvii, 3; Marc. xv, 1. ⁵⁸ Joan. xviii, 31. ⁵⁹ Num. xv, 35. ⁶⁰ Joan. vii, 32. ⁶¹ Act. vii, 3.

nis loco cap. XIII, 1 : *Ante diem festum Paschœ, sciens Jesus quia venit hora ejus*, etc. : quo videtur innui Jesum cœnam postremam egisse prius cum discipulis suis, quam solemnitatem paschalem agni comestione Judæi auspicarentur. Quidni vero verbis istis hoc tantummodo significetur, scivisse Jesum ante diem festum Paschæ imminere tempus quo transiturus erat ad Patrem, juxta atque discipulis biduo ante prænuntiaverat? Hoc non absonum adeo esse intelliget quisquis implicatiores esse Novi quoque Testamenti narrationes locutionesque expertus erit, atque ad multa illa quæ simul complectuntur secernenda accurata diligentique consideratione opus esse. Cæterum Bochartus lib. *De animal. Script. sacr*. cap. 50, ubi de agno paschali, consultissime observavit, verba hæc πρὸ τῆς ἑορτῆς τοῦ Πάσχα, *ante diem festum Paschœ*, nihil aliud significare, quam ipsa paschalis festi primordia : ac si dixisset evangelista, ἐν τῷ προεορτίῳ, ut quemadmodum πρόλογος, sic præcedit orationem, ut nihilominus pars sit illius, ita προεορτίων prima quoque solemnitatis pars fuerit. Præterea, ut ante monuimus, quamlibet ab esu paschalis agni festivitas inchoari censeretur; attamen prima illa dies qua Christus illud comedit, non ita solennis erat, uti subsequens, quam pontifices statam potius ratamque haberent; unde a Joanne *magna* nuncupatur. *Erat enim*, inquit, *magnus dies ille Sabbati* [62], hoc est maxime festivus. In hac enim posteriori die festales hostias immolaturi erant, ut nonnisi in altera proxime insecutura, manipulum primitiarum essent oblaturi. Atque hæc de supremo Christi Paschate dixisse sufficiat, collatis Judæorum scriniis cum evangelistarum relationibus, ut constet Dominum azymo pane Eucharistiam consecrasse. Nunc de azymorum apud Christianos usu restat ut dicamus.

XXIX. *Panis azymus non ab omnibus olim ad Eucharistiam admissus. Cur ab Ebionitis*. — Quamlibet vero Dominus azymum panem in corpus suum primum transmutarit, tamen ab omni Ecclesia ejusmodi panis ad sacrificium deinceps admissus non est. Epiphanius (Hæres. 30) narrat peculiarem hunc Ebionitarum ritum fuisse, ut ad imitationem mysteriorum quæ peraguntur in Ecclesia, Eucharistiam ex panibus non fermentatis semel in anno, paschali utique tempore, conficerent. Nimirum hi hæretici cum Judaicæ legis tenacissimi essent, nec aliis panibus præterquam azymis in Paschate vescerentur, panes alios ad Eucharistiam adhibere non poterant. Quod vero subjungit Epiphanius, Ebionitas aquam nudam absque vino consecrare solitos, id eos ab Elxaitis seu Sampsæis, quibuscum posthac coaluere, didicisse autumavero. Elxaitæ siquidem (a), cum carnes animantium, tum etiam vinum Encratitarum aliorumve Gnosticorum more abominabantur. Ex Epiphanio igitur inferre liceat priscæ Ecclesiæ morem hunc fuisse, ut panis etiam fermentatus ad altare Domini offerretur. Unde Joannes Philoponus, qui medio sæculo sexto scribebat, confirmare nititur Christum azymo pane corpus suum non consecrasse, quia id minime observabatur in Ecclesia, Alexandrina saltem et Orientali.

XXX. *Unde apud Armenos ritus azymi panis consecrandi*. — Primi omnium ex Orientalibus Armeni fermentatos panes exclusisse a sacrificio Domini noscuntur : cumque hunc suum ritum acceptum referant sancto Gregorio *Illuminatori*, a quo fidem Christianam edocti sunt, contendit ex adverso [LXXXII] Combefisius in notis ad *Narrationem de rebus Armenorum* (b), sibi videri *Gregorium a Græcis accepisse fermentum, quod postmodum successores facti Julianistæ commutarint in azyma, in signum aliquod hæresis Eutychianæ*. Illum scilicet Gregorium dicit, non qui Roma missus esset, sed qui e Cappadocia, præcipiente Leontio Cæsariensi metropolita, venerat, quemadmodum in ejus Vita legitur. Quamobrem illis assentior, qui narrant ex Juliani Halicarnassensis discipulis aliquos, cum Eutychianorum et Incorrupticolarum erroribus gentem hanc infecissent, auctores etiam eisdem fuisse ut inter divina mysteria, demptis ex pane fermento et aqua de calice, cum naturam unam et operationem unam, tum corpus omnigenæ corruptionis expers in Christo, ante etiam quam cruci affigeretur, exstitisse significarent. Hoc Nicephorus Callistus (c) et alii Græci tradunt, sed et affirmat prædictus auctor *Narrationis de rebus Armenorum*, quam Combefisius edidit. Et certe Anastasius Sinaita, pag. 10 τῆς 'Οδηγοῦ, observandum monet, Monophysitas οἶνον ἄκρατον χωρὶς ὕδατος, *vinum merum sine aqua offerre, ut exinde deprehendantur confiteri Christum nuda et simplici Deitate constare*. Atqui hæc de cunctis Monophysitis intelligi nequeunt, quandoquidem in sacrificio Domini fermentatum panem Jacobitæ, tam Syri, quam Ægyptii, et vinum aqua delibutum adhibebant. Non item Armenos ipsos innuit, quorum nusquam alibi meminit, licet duarum Christi naturarum impugnatores alios frequentissime memoret. Quamobrem de discipulis Juliani Halicarnassensis sive Gaiani loquitur, sive Incorrupticolis, quibuscum de fide sæpe disputaverat Alexandriæ. Unde colligitur Armenos non aliunde accepisse ritum offerendi azyma et vinum merum sine aqua, nisi a Julianitis seu Gaianitis, quorum errores alios amplexi sunt. Galanus, t. I *De Ecclesia Armenorum*, chronicon exhibet, ab homine

---

[62] Joan. XIX, 31.

(a) Epiph., *Hæres*. 53.
(b) *Auct. Bibl. PP*., col. 294.

(c) Lib. XXVII, *Hist*., cap. 53.

hujusce gentis orthodoxo quopiam lingua patria scriptum, in quo legitur, cap. 17, Joannem Ozniensem catholicum, seu patriarcham, jussu Homaris Saracenorum principis, coacta episcoporum Armenorum et Assyriorum synodo in urbe Manaschierti, *definivisse unam in Christo esse naturam, voluntatem unam, operationem unam, fuisseque e sacris ablata fermentum et aquam.* Ex quibus deduci possit Armenos perinde atque Græcos fermentatos panes interdum obtulisse, quandiu pax et unio perduraverit, quam sub Heraclio imperatore cum Constantinopolitanis pepigerant.

XXXI. Paucis post annis, Quinisextæ synodi Patres, canone 32, prætermissis azymis, hoc nomine duntaxat Armenos culparunt, quod vinum solum sine ulla aquæ mistione in missis offerrent, quod etiam indicio fuerit, nequaquam Trullanis illis Patribus constitisse, eos ad hæresim profitendam fermentum ex Eucharistia exclusisse. Canone quidem 11, cavetur ne fideles azyma comedant, at cum Judæis, ac Judaica mente et ritu. *Nemo eorum, qui in sacro canone censentur*, inquiunt Patres, *aut laicus Judæorum azyma comedat, nec ullam cum eis familiaritatem habeat, vel in morbis eos accersat.* Quocirca mirari subit qua fronte Græci schismatici, non solum Armenis, ut Meletius noster, verum etiam Latinis canonem hunc sextæ, ut vocant, synodi audeant objicere, quos, si sapere velint, norint alienissimos esse a sententia et cæremoniis Judæorum. Nullus auctor qui Armenos ob azymorum usum culpaverit, hactenus prodiit antiquior illo qui superius laudatum opus *De rebus Armenorum* scripsit, sæculo circiter octavo, aut nono. Cotelerius in notis ad librum v *Constitutionum apost.* p. 237, fidei professionem Græcam edidit, ab Armenis qui hæresim ejurarent recitandam, in qua ejusmodi anathematismus visitur : εἴ τις οὐ βάλλει εἰς τὴν προσφορὰν ζύμην καὶ ἅλας, *si quis in panem oblationis non immittit fermentum et sal, nec aquam cum vino in sanctum calicem, anathema esto.* Formula hæc, tametsi septimæ synodi mentionem exhibeat, haud continuo censenda fuerit esse condita posteaquam Michaele Cerulario auctore Orientalis Ecclesia ab Occidentali divulsa est, uti nuper argumentabatur vir pereruditus. Nam intra spatium ducentorum et quinquaginta annorum, qui a septima synodo ad Cerularianum usque discidium effluxere, Armenorum panes non fermentatos Græci palam proscripserant. Hujus rei testem, præter scriptorem narrationis multoties jam citatæ, sanctum Niconem adduco, genere Armenum, qui cum in Creta insula monachum induisset, populares suos tanquam erroris reos sæculo decimo peragebat, *quod in pane mystico azymis uterentur, nec in sanctum calicem aquam infunderent.* Nihilo quoque recentiorem fuisse putavero Meletium illum, cujus opus *De azymis* sancto Joanni Damasceno attributum est. Nam cum Armenos et Jacobitas nominet, qui panibus absque fermento sacra facerent, Latinos omisit : id quod sane non cadit in hominem Græcum, qui post firmatum a Cerulario schisma scripserit.

XXXII. Vir quidam nostri ævi longe doctissimus in quadam lucubratione quam de azymis exaravit, monet observandum *Armenos in Eutychianorum hæresim Theodosio imperante prolapsos fuisse, ut docent nos epistolæ Procli Constantinopolitani episcopi, et Dionysii Exigui*, *qui Procli epistolam Latinam fecit.* Additque, *Ab eo tempore azymo pane et solo vino usi videntur in re sacra, uti tradunt Armeni.* Proclus quidem sub Theodosio (Juniore scilicet, non Seniore) Constantinopolitanam sedem tenuit : at sub Proclo Eutychiana hæresis non exstabat : quippe quam Eutyches non parturierit, nisi sub Flaviano Procli successore. Neque rursum Proclus ad Armenos epistolas scripsit : ut ab aliquo errore qui Eutychiano similis esset, caverent, sed ne Nestorianum admitterent, quem nonnulli, translatis in Persicam et Armenicam linguam Theodori, Mopsuesteni libris, ipsis insinuare satagerent. Armeni non nisi sub Justiniano Seniore Eutychiana lue polluti fuerunt, nimirum a discipulis Juliani Halicarnassensis, ut supra dictum est. Denique nusquam Armeni tradidere azymorum usum a temporibus Procli aut Theodosii Junioris apud ipsos incepisse ; quandoquidem hunc acceptum ferunt a Gregorio, quem ceu suæ gentis apostolum colunt, quique sub Diocletiano, Maximiano, et Constantino Magno Augustis florebat.

XXXIII. Meletius noster nedum Armenos, [LXXXIII] sed et Jacobitas ait panibus azymis sacra facere solitos. Porro Jacobitæ, alii Syri, alii Ægyptii sunt. Ad Ægyptios quod attinet, Joannes Philoponus Alexandrinus, ipse Severianus seu Jacobita, testis locuples est Ecclesias omnes, atque adeo Ægyptiacas, suo sæculo fermentatos panes ad liturgiam adhibuisse. Michael Wanslebius, qui Jacobitarum Coptitarum seu Ægyptiorum mores et cæremonias accurate lustravit, rimatusque est, perinde testatur nonnisi ex panibus fermentatis oblationes eorum constare : ubi nempe recitat ritum pinsendi panis offerendi. *Il doit y avoir du levain*, inquit ille auctor, *excepté un seul jour de l'année, qui est le 12 de leur mois de Juin, la nuit duquel il tombe la goutte, qui fait le même effet, que fait le levain.* Abessini, qui Jacobitarum patriarchæ Alexandrino morem gerunt, per totum annum panes fermentatos quoque panes offerunt, excepta feria quinta majoris hebdomadis, ut expresse testatur cl. Jobus Ludolfus (a). Jacobitas Syros fermentatos etiam panes adhibere colligitur ex Demetrio Cyziceno, cujus opusculum de Jacobitis,

---

(a) Tom. II *Hist. Æth.* proœm. I, n. 28.

et Charzizariis Combefisius edidit, t. II Auctarii. Cum enim ab utrisque vinum merum sine aqua offerri asserat, ubi de Charzizariis seu Armenis sermonem instituit, observat eos azymis panibus uti, atque Jacobitarum more aquam vino non admiscere, ut significet Armenos in iis quæ ad liturgiam attinent, eatenus solummodo cum Jacobitis convenire, quatenus vinum neutiquam temperatum offerunt, non item fermentati panis consecratione. Abrahamus Echellensis epistola ad Joannem Morinum (a) scribit in canone Jacobitarum et Nestorianorum hæc verba peræque legi, *Et accepit ex illo pane fermentato.* Idem Echellensis tractatu *De origine nominis papæ* (p. 477), iterum Jacobitas et Coptitas illis accenset, qui fermentum ponunt in pane eucharistico. Imo Jacobitas, ut et Nestorianos salem et oleum veluti Græcos addere subjungit, ac tandem Latinos, Melchitas, Maronitas, Jacobitas et Coptitas testatur vinum in calice temperare, solosque Armenos aquam excludere. Quod autem nonnulli aiunt Nestorianos regionis Malabaricæ incolas azymis sacrificare, testibus haud satis fido dignis astruitur. Maronitas azymos panes offerre certum est, ex quo cum Ecclesia Romana conjuncti sunt : an vero a priscis temporibus sic fieri solitum fuerit apud eos, res adhuc in ambiguo est. Nam suspectæ, imo sublestæ fidei sunt, quotquot variorum auctorum nominibus inscripta volumina Maronitæ recentiores proferunt.

XXXIV. Leo Bulgariæ archiepiscopus, Achridanus videlicet, in epistola cujus fragmenta Allatius libro III *De consens.*, cap. 14, recitat, Italos, Armenos et Ægyptios cum Judæis convenire ait, *propter oblationem azymorum,* adeoque se suosque Græcos *fugere,* τὸ δυσσῶδες ἅμα καὶ δυσειδὲς τῆς Αἰγυπτιακῆς κακίας ἄθεον φύραμα, *graveolentem deformemque Ægyptiacæ nequitiæ massam impiam.* Putaverit aliquis Ægyptios illos in quos Leo tam vehementer invehitur, non orthodoxos Melchitasve fuisse, sed Jacobitas seu Coptitas hæreticos. Verum Michael Cerularius, cujus se socium in schismate hic præsul Achridanus præbuit, diserte satis declarat Ægyptios illos alios non fuisse a rectæ fidei professoribus. Sic enim loquitur epist. ad Petrum Antiochenum, n. 10 : *Neque vero hoc duntaxat ad nostras aures pervenit* (puto Alexandrinum et Hierosolymitanum patriarchas Romani pontificis nomen descriptum in diptychis habere), *sed etiam quod duo memorati pontifices, non modo homines alios azyma edentes recipiunt,* ἀλλ᾿ ἔστιν ὅτε καὶ αὐτοὶ δι᾿ ἀζύμων ἐκτελοῦσι μυσταγωγίαν, *sed et ipsi quoque interdum in azymis divina mysteria exsequuntur.* Rumor iste verusne, an falsus fuerit, certo non ausim edicere. Sunt equidem qui asserant Humbertum a Silva candida, qui tunc temporis, quando Michael et Leo adversus Ecclesiam Romanam propter azyma deblaterabant, apostolicæ sedis legatus agebat Constantinopoli, libro antirrhetico adversus objecta Nicetæ Stethati, seu, ut vulgo vertunt, Pectorati, scripsisse hanc eamdem Ecclesiæ Hierosolymitanæ consuetudinem fuisse. At vero, si Humberti verba attentius inspiciantur, aliud quidpiam innuere deprehendentur. Quocirca locum integrum hic afferre juvat, ut de auctoris sensu lector eruditus possit melius judicare : *Date quoque evidentem causam* (ait Græcis Humbertus) *illius circumcisionis, qua coronulam panis ad sacrificium ferro levatis, cum immaculata hostia immaculatum corpus Domini aptius videatur significare, et integritas panis integritatem Ecclesiæ. Denique quod sanctum panem, vitæ æternæ in calice intritum cum cochleari sumere consuestis, quid opponitis? Neque enim ipse Dominus panem in calice vini intrivit, et sic apostolis dedit dicens :* « *Accipite, et cum cochleari comedite. Hoc est enim corpus meum.* » *Quibus postquam cænatum est calicem porrexit dicens,* « *Bibite ex eo omnes.* » *Quam reverendam angelis et hominibus institutionem etiam sancta Sion, prima scilicet Ecclesia usque ad hæc moderna tempora, sicut ab apostolis accepit, fideliter retinuit : adeo ut quidam Hierosolymitarum pontificum datis epistolis significarint, quantum illorum institutio discrepet a Græcis. Sic enim scriptum reliquerunt :* « *Ex sancta civitate Jerusalem, quæ est sancta Hierozolyma, exiit fides Christiana : in ipsa quoque sancta Sion et sancta resurrectio primæ Ecclesiæ dicuntur, et veraciter habentur. In ipso sancto et venerabili loco adimpletur divina et immaculata oblatio Domini nostri Jesu Christi, sicut decet per ordinem.* » *Et puto quia bene faciunt, quod nonnisi integras et sanas ponunt ipsas oblationes in sanctas patinas, nec quomodo Græci, habent lanceam ferream, qua scindant in modum crucis oblationem, id est proscomitam* (Græce προσκομιδήν). *Porro in præfatis sanctis Ecclesiis, cum ipsa sancta patina sanctam anaforam, id est oblationem, exaltant. Etenim veræ et aptæ sunt ipsæ oblationes tenuesque ex simila, lanceam vero ferream nesciunt.* Nullus hic de azymis sermo est, sed Humbertus Græcorum ritum exagitat, quo segmentum quoddam quadratæ formæ lancea, ut aiunt, seu cultello sacro, ex pane satis amplo auferunt, et cruce signant in oblationem Deo : cum Hierosolymitanæ Ecclesiæ sacerdotes hostiam integram, seu panem tenuem et sanum offerrent, quemadmodum Romani. Hunc porro panem fermento caruisse non narrat Humbertus : quinimo fuisse fermentatum colligere liceat ex Alexandrinorum, seu Melchitarum, seu Jacobitarum more, qui perinde atque Jacobitæ Syriæ rotundas ex fermento placentulas consecrant. Atqui ejusmodi [LXXXIV] erant hostiæ tempore sancti Epiphanii, qui externam eucharistici panis figuram fuisse rotundam tradit (b) : Τὸ μὲν γάρ ἐστι

(a) Inter Morin. epist. 85.

(b) Ancor. n. 57.

στρογγυλοειδές, inquit : *Nam rotunditas illa, et quod sensu non percipitur,* etc. Quidni Leo Achridanus et Michael Cerularius propter placentularum illarum tenuium et rotundarum oblationem perinde intulerint Alexandrinos Hierosolymitanosque haud secus ac Latinos azyma consecrare? Profecto certum est chartophylacem, seu illum qui ab epistolis scribendis Cerulario patriarchæ erat, passim in illa ad Petrum Antiochenum epistola stuporem suum, inscitiamque suam eximie prodere, et nusquam non turpiter cespitare. Id quod satis superque Antiochenus ipse indicat in responsoriis suis litteris ad Constantinopolitanum. Sin vero : nequaquam inficias iero Alexandrinos sive Melchitas, sive Jacobitas, peculiari quadam anni die, puta feria quinta in Cœna Domini, azymis quandoque sacra fecisse ; in memoriam scilicet azymorum panum, quibus Salvator hac ipsa die Eucharistiam instituit, quemadmodum Abessinos consuevisse post cl. Ludolfium diximus : quippe cum Æthiopes isti fidem ritusque sacros ab Alexandrinis acceperint. Quid etiam, si Græci non concesserint Ægyptiis aquam illam duodecima Junii decidentem fermenti virtutem habere, adeoque confectam ea hostiam nihilosecius azymam esse censuerint? His aliisve consimilibus interpretamentis seu conjectationibus ratio reddi possit, cur Michael Cerularius et Leo Achridanus Ægyptios et Palæstinos non fermentatis panibus rem divinam facere putaverint.

XXXV. Modo vero de azymorum apud Latinos antiquitate dicendum est. Leo Nonus adversus Michaelis Cerularii ejusque asseclarum criminationes incunctanter affirmavit eorum usum in Ecclesia Romana viguisse ab ipsismet Christianæ religionis primordiis : *Quis non stupeat,* inquit, *quod post sanctos et orthodoxos Patres per mille et viginti a passione Salvatoris annos novus calumniator Ecclesiæ Latinorum emersisti, anathematizans omnes, quicunque participarentur in azymis.* Idem asseruit Humbertus legatus Leonis, in iis quæ contra eumdem Cerularium et Nicetam Pectoratum scripsit. Idem rursum Hugo Etherianus, lib. II, cap. 27, et alii sæculorum XI et XII tractatores.

XXXVI. Martinus Polonus in Chronico, ubi de Alexandro I pontifice Romano, hæc habet : *Hic etiam statuit, ut vino aqua misceretur ad designandam unionem Christi cum Ecclesia, et ut oblatio fieret in azymo, et in modica quantitate, dicens : Hæc oblatio quanto potior, tanto rarior.* Epistola prima quæ ab Isidoro Mercatore hujus pontificis nomine supposita est, jubetur ut aqua vino admisceatur; de azymis vero nihil in ea, nec in duabus aliis legitur. Unde hæc Martinus hauserit, incompertum est. Platina vero addit hoc *ab Alexandro statutum, ut Ebionitis hæreticis calumniandi occasio auferretur.* Quem quidem hujus historici locum Nectarius nuperus patriarcha Hierosolymitanus perquam avide excepit, ut inde Romanam Ecclesiam in jus vocaret, tanquam hæreticis, imo et Judæis, azyma usurpando adblaudita esset. Quis vero a schismaticis Græcis Ecclesiam Romanam Judaismi ream propter azyma peragi ferat, quando ipsi Judaico prorsus more caverunt, ne in sacrificio eucharistico sal deesset. Panem siquidem, quem in divina liturgia offerunt, non fermentatum modo, verum et sale conditum esse volunt, juxta ac statuitur in lege Moysis : Καὶ πᾶν δῶρον θυσίας ὑμῶν ἁλὶ ἁλισθήσεται. Οὐ διαπαύσατε ἅλας διαθήκης Κυρίου ἀπὸ θυσιασμάτων ὑμῶν. Ἐπὶ παντὸς δώρου ὑμῶν προσοίσετε Κυρίῳ τῷ Θεῷ ὑμῶν ἅλας [63]. Aut igitur sal eliminent ab oblatione Domini, aut parcant Latinis, qui alieno prorsus a Judaicis ritibus animo panes sine fermento consecrandos offerunt.

XXXVII. Doctores scholastici primævæ illius ætatis, puta Alexander Alensis, S. Bonaventura, Durandus, et S. Thomas in commentariis ad lib. IV. *Sentent.* dist. 11, nescio quo auctore, tradunt Leonem papam narrasse : *Grassante Ebionitarum hæresi intermissum aliquandiu a sanctis Patribus azymorum consecrandorum morem.* Quisnam hic Leo papa fuerit, nullus indicat, nec quidquam ejusmodi legitur in scriptis ullius pontificis Romani, quod Leonis nomen sortitus sit. Altum ea de re in epistolis Leonis IX silentium. Sed plus aliis et perspicacius vidit subtilis doctor (a), cujus verba libet hic recitare. *Sub Leone papa*, inquit, *fuit hæresis servans legem cum Evangelio. Et tunc ne viderentur Latini servare legem Judæorum, præceptum fuit conficere in pane fermentato. Sed quando rediit fides et invaluit, usi sunt Latini pane azymo.* Has ineptias recitasse, refutasse est.

XXXVIII. Aliorsum Græci schismatici azymorum usum Carolo Magno esse vetustiorem ut plurimum negant, eumque a Francis in Romanam Ecclesiam invectum garriunt. Sic Epiphanius Constantinopolitanus edit. *De dissidio inter Græcos et Latinos.* Sic Nicetas Seidus, qui sub Alexio Comneno scribebat. Sic alii auctores quos Leo Allatius citat exercitatione 28, *Adversus Creygtonum.* Sic Germanus ille Constantinopolitanus patriarcha in epistola (ut fert titulus) *Ad sanctum Theodorum Studitam.* Qui quidem Germanus, diversus omnino censendus est a sanctissimo pontifice Germano I, qui primos ignes Iconoclastici furoris Leone Isauro rugiente olim expertus est. Vix quippe natus erat sanctus Theodorus Studita, quando divinus hic Germanus excessit e vita. Quapropter epistola hæc quæ manu exarata reperitur in variis Europæ bibliothecis, ac præsertim

---

[63] Levit. II, 13, 14.

(a) In IV *Sent.*, dist. 11, q. 5.

in Regia cod. 2982 attribuenda venit Germano II, Romanæ Ecclesiæ infensissimo hoste, qui eam ad Theodorum quemdam monasterii Studii perscripserit. Nisi forte pro Theodoro Studita legamus, Θεόδωρον τὸν Στιλβῆν, *Theodorum Stilben*, qui sub eodem Germano II patriarcha, circa annum 1255, Magnæ ecclesiæ chartophylax erat, ut videre est tom. II *Monumentorum Eccl. Græc.*, p. 474. Eidem etiam Germano reddenda est illa divinæ liturgiæ seu missæ expositio, quæ legitur tom. II *Bibl. PP. Græc.* et alibi. Erraticam illam suorum opinionem Græculi alii novo delirio auxisse leguntur in eadem quam laudavimus Allatii exercitatione. Finxerunt enim Vandalos cum Arii et Apollinarii impietatibus imbuti essent, Romanis azyma tradidisse, quando civitatem ipsorum, rege suo Carolo duce, diripuerunt, illisque admodum favisse Felicem tunc temporis papam, qui originem traheret ex Judæis. Simon vero Hierosolymitanus patriarcha, quem [LXXXV] ibidem citat Allatius, perinde scripsit, *Lucium papam, seu potius Felicem*, Λεύκιος τοὔνομα, μᾶλλον δὲ Φῆλιξ. cum errore Apollinarii laboraret, rationalemque adeo animam Christo adimeret, fermentum ab eucharistica oblatione sustulisse. Cujus postremi delirii hanc fuisse causam arbitrarer, quod, ut ostendimus dissertat. 2, epistola quædam, seu Apollinarii, seu Apollinaristæ alicujus, olim prodierit *Felicis papæ et martyris* nomine inscripta. Cæterum Græculorum nugas et commenta recitasse sufficiat, refellere pudet. Hic duntaxat observabimus Michaelem Cerularium, Leonem Achridanum, Nicetam Stethatum, et Petrum Antiochenum, qui contra Latinorum azyma in ipsismet schismatis primordiis disputarunt, nihil tale objecisse, cum Leo IX aliique e nostris apostolicam e contrario traditionem obtenderent. Nicetas metropolita Nicomediensis, cum Ecclesiæ causam tueretur in colloquio quod Constantinopoli habuit cum Anselmo Havelbergensi episcopo (*a*), concessit ingenue, apostolos nec fermentum nec azymum studiose nimis quæsiisse, et quidquid ad manus inveniebatur, sive hoc, sive illud indifferenter cum devotione obtulisse: Romanam Ecclesiam paulatim alterum deposuisse, videlicet fermentatum, alterum tantum assumpsisse, scilicet azymum: Orientalem quoque Ecclesiam azymum dimisisse et fermentatum elegisse, ut tamen propter hoc, nec antiqui Græci sapientes, nec antiqui Latini sapientes se invicem contemnendos putarent. Atqui hæc scandala emerserunt, inquit, *ex quo surrexit quidam Carolus rex Francorum, qui violenter Romanum invasit imperium, et se patricium Romanæ urbis appellari fecit. Inde est quod cum Latini nostrum fermentum blasphemant, et sacrificium altaris indignum judicant, et nos potius ex fastu elationis suæ*

quam assertione veritatis hæreticos vocant; nos quoque ab eis irritati, et ex æquo eis respondentes, azymum quoque eorum nequaquam curamus, indignum sacrificio sacri altaris judicamus, eos non fastu superbiæ, sed justæ retributionis nomine Azymitas hæreticos appellamus. Sic protervas suorum adversus Latinos criminationes emollire Nicetas conabatur. At pace œcumenici hujus *Didascali* dixero, nostrates longe æquiores se præbuisse erga Græcorum fermentum. Dominicus Gradensis epistola ad Petrum Antiochenum utramque oblationem approbat. Et quamvis Viberto præsertim teste in Vita Leonis IX, e Latinis quidam Græcos *Fermentaceos* appellitarint, cum ab illis renuntiarentur hæretici ob azymorum usum; attamen Humbertus ipse cum sociis legatis in libello excommunicationis, quem super altare Sanctæ Sophiæ reliquit, hoc nomine duntaxat Michaelem ejusque consortes culpat, quod Latinorum ecclesias clausisset, cosque *Azymitas* nuncupando, verbis et factis ubique insectatus esset: quod denique Nicephorus patriarchæ sacellarius Latinorum sacrificium in conspectu omnium impie conculcasset. Hinc Gregorius VII (*b*), quem Leo IX cardinalem diaconum creaverat, epistola ad archiepiscopum Synadensem Armenum, post narratas Græcorum adversum nos criminationes, subjungit: *Nos vero azymum nostrum inexpugnabili secundum Dominum ratione defendentes, ipsorum fermentatum nec vituperamus, nec reprobamus, sequentes Apostolum dicentem* [**], *mundis esse omnia munda*.

XXXIX. Jacobus Sirmondus eximiæ eruditionis criticis, singulari quod *De azymis* edidit opusculo, probandum suscepit, Romanam Ecclesiam nonnisi aliquandiu ab obitu Photii azymis panibus, dimisso fermento, rem divinam facere cœpisse: idque intulit ex silentio Photii, qui cum multiplices Latinorum ritus et mores maligne carperet, nullam propter azyma eis litem moverit. Viro doctissimo opponet forsitan aliquis auctoritatem Nicetæ Choniatæ, hominis schismatici, qui in Thesauro versus finem ultro fassus est perantiquam esse apud Latinos panum azymorum traditionem, nec ullum inter utramque Ecclesiam jurgium circa hoc disciplinæ caput exstitisse usque ad tempora Photii; qui exortis inter ipsum et Nicolaum papam simultatibus, ut ex abundantia se superiorem ostenderet, cum articulum de Spiritus sancti processione, tum azymorum usum, cœlibem sacerdotum vitam, aliaque similia prætexuerit. Hic Nicetæ locus non comparet in translatione Latina ejus *Thesauri fidei Christianæ*, atque idcirco integer Græce et Latine editus est a Leone Allatio in dissertatione ad Joannem Christianum de Boinebourg. Falsum vero esse Choniatem coarguunt quæcunque ab eruditis hac-

---

[**] Tit. 1, 15.

(*a*) Lib. III, c. 11.

(*b*) Lib. VIII, ep. 1.

tenus lecta sunt Photiani dissidii monumenta, tum Græca, tum Latina, sive typis mandata essent, sive manu exarata, in quibus ne γρὺ quidem de azymis occurrat. Photius nimirum apprime noverat azymorum offerendorum ritum ipsa divinæ Eucharistiæ institutione comprobari, quam sine fermento peractam a Christo esse, ex totius Ecclesiæ traditione scribit in *Bibliotheca*. Nondum enim excogitatum effugium erat desperantium illorum Græcorum, qui sciscitante Humberto cardinale, *unde Dominus Jesus fermentatum in cœna habuerit, cum in omnibus finibus Israel non inveniretur*, respondebant, *Si creditur omnipotens, potuit subito undecumque fermentatum exhibere, aut certe ipsum azymum benedicendo fermentare*. Nec rursum istud alterum quod Euthymius Zygabenus pro suorum tuendo fermento postea tandem commentus est; puta Christum ejusque discipulos uno die Pascha Judaicum antevertisse, et decimo tertio die, non decimo quarto, vespere paschalem agnum cum lactucis agrestibus et azymis, stando et baculos præ manibus tenendo comedisse, tum cœna hac cum cæremoniis lege Moysis sancitis peracta, allatum denuo panem communem, proprie dictum seu fermentatum, et jusculum; ex quo pane corpus suum confecerit, dederitque discipulis suis. Non enim fuisse vetitum paschalem cœnam prævertere, cumque decimi quarti diei vespera nondum adesset, fermentatis rursum panibus vesci. Quæ quam vana sint, nullo negotio deprehendet quisquis Judæorum leges consuetudinesque, quibus ad mortem usque Dominus obsecutus est, diligenter scrutatus erit. Quinam ergo Christus Pascha antevertetit, quod die mensis altero a decimo quinto manducari neutiquam fas erat; ita ut qui forte fortuna propter immunditiam ex funere admissam incunte die decimo quinto mensis illud non edissent, nonnisi altero decimo quinto die mensis secundi hoc [LXXXVI] possent celebrare? Quorsum etiam illi baculi? ac si tunc Christus ejusque discipuli stantes et baculos tenentes cœnaverint, cum ejusmodi cæremonia, Judæis ipsis attestantibus, ea duntaxat nocte qua filii Israel ex Ægypto profecturi erant, observata fuerit, subsecutis vero temporibus, vel recumbendo priscorum, seu Græcorum, seu Romanorum more, vel sedendo peregerint, atque etiamnum hodie peragant. Nihil quippe a pristino paschalis cœnæ edendæ ritu Judæi desciverunt, etsi agnum integrum manducare non audent, lege Mosaica prohibente ne edatur nisi in loco quem elegerit Dominus, hoc est Hierosolymis. Sed et Matthæus, Marcus, et Lucas evangelistæ Dominum Jesum aiunt primo die azymorum facta vespere [65] *Pascha celebraturum discubuisse*. Idem Joannes annuit, ubi legimus Christum a *cœna surrexisse, ut discipulorum pedes lavaret, et iterum recubuisse* [66]. Undenam etiam Euthymius habuit, quod ipse subinde suggerit, diebus azymorum, jus apponi non licuisse mensis Hebræorum? Leo Mutinensis, lib. III *De cæremoniis Judæorum*, cap. 3, vas cum jusculo aut eliquamine ad paschalem cœnam adhiberi solitum testis est locupletissimus. Sic Buxtorfius, *Synagoga Judaica* cap. 13 : *Apponunt patellam aliam aceto plenam*, inquit. In ejusmodi itaque patella Dominus buccellam intinxit, quam Judæ Iscariotæ tradidit. Nec quisquam objiciat Judæos uno die decimum quintum paschali cœna etiamnum quotannis* prævertere, atque duobus diebus Pascha μνημόσυνον suum vespere agere. Nequaquam enim illi censeri debent Paschatis vesperam antevertere : sed cum lex jubeat ut agnus die decimo quarto mensis primi, ad vesperam declinante sole, immoletur, et decimo quinto ejusmodi mensis edatur, nec alioqui satis constet, quis decimus quintus habendus sit, an qui a concursu solis et lunæ numeretur, an qui a prima lunæ phasi, seu apparitione ; ut scrupulus omnis auferretur, duobus diebus qui decimi quinti perinde censerentur, Pascha celebrandum duxerunt. Inanes igitur prorsus Euthymii conjectationes sunt, quas tamen Simeon Thessalonicensis (*a*), aliique Græci avidius sunt amplexati.

XL. *Azymi panes ante Photium a Romanis ad aram oblati*. — Hic non disputo, num ab Ecclesia Occidentali sic perpetuo fermentum omissum fuerit, ut nonnisi panes azymi unquam oblati sint. Absit ut difficilis hujus quæstionis quæ inter eruditos primi subsellii agitata est, arbiter sedeam. Auctor librorum *De sacramentis*, qui Ambrosius Magnus Mediolanensis fuisse putatus est, ac saltem sæculo sexto, imo quinto, ac forsan quarto vixit in provincia, quæ mores diversos a Romanis sectabatur, *usitatum panem* adeoque fermentatum ad Eucharistiam adhiberi solitum testatur (*b*) : *Tu forte dicis* : *Panis meus, panis usitatus*. Sufficiat vero mihi Ecclesiæ Romanæ morem inquirere, qui Photiani dissidii tempore vigebat. Leo nonus in responsoria epistola ad criminationes Michaelis Cerularii et Leonis Achridani diserte satis innuit neminem ante patriarcham Cerularium Latinis negotium facessivisse propter oblationes non fermentatas, imo hunc Romanæ Ecclesiæ ritum adeo recentiorem ævo suo non fuisse, ut a tempore Photii, hoc est, cum ducenti anni elapsi nondum essent, inceperit. Leonis verba, quæ superius jam attuli, hic repetere non displicebit : *Quis non stupeat*, inquit, *quod post tot sanctos et orthodoxos Patres per mille et viginti a passione Salvatoris annos, novus calumniator Ecclesiæ Latinorum emersisti, anathematizans omnes quicumque participarent ex azymis*. Sed et panes azy-

---

[65] Matth. xxvi, 20; Marc. xiv, 1, 17; Luc. xxii, 14. [66] Joan. xiii, 4, 17.

(*a*) Lib. *Contra hær.*, c. 8, 9. (*b*) Lib. iv, cap. 4.

mos in missa a Romanis consecrari solitos ante Photii ætatem, testatus est Rabanus Maurus, lib. 1 *De institutione clericorum*, cap. 31, ubi statuit in sacramentis aliud non offerendum, nisi quod Dominus ipse exemplo suo præscripserit; deinde subjungit : *Ergo panem infermentatum et vinum aqua mistum in sacramentum corporis et sanguinis Christi sanctificari oportet.* Atqui Rabanus, cap. 33 ejusdem libri declarat se missæ ordinem descripsisse, quem Romana aliæque fere omnes per Occidentem Ecclesiæ servarent. Libros autem *De institutione clericorum* ediderat circa annum 820, dum Fuldis adhuc monachus ageret, ante quadraginta et septem circiter annos, quam Photius in Romanam Ecclesiam jacere convicia cœpisset. Alcuinus sub Carolo Magno, initio nascentis hæresis Felicis Urgelitani et Elipandi, hoc est ante synodum Francofordiensem, epistolam ad Lugdunenses scripsit (a), in qua consuetudinem improbat Hispanorum quorumdam, qui sal in panem oblationis mittebant, *quod nec universa Ecclesia observat*, inquit, *nec Romana custodit auctoritas.* Tum subinde pergit : *Tria sunt, quæ in sacrificio hujus testimonii offerenda sunt, panis, aqua, et vinum. Panis, qui in corpus Domini consecratur, absque fermento ullius alterius infectionis debet esse mundissimus.* Ex quibus verbis perspicuum fit, panem duntaxat azymum, non fermentatum, tempore Albini Flacci seu Alcuini adhibitum a Romana Ecclesia ad aram fuisse. Permirum est, quod quidam contendunt, Albinum Ecclesiæ Gallicanæ, vel Anglicanæ suæ potius, quam Romanæ ritum significare voluisse, quando ipse diserte nominat *Ecclesiæ Romanæ auctoritatem*, cujus cæremoniarum callentissimus juxta et tenacissimus erat, ut patet ex ejus opere *De ritibus Ecclesiæ*.

XLI. *Imo ante sextam synodum oblati.* — Romanam Ecclesiam fermentatos panes in sacrificio jam olim exhibuisse probare conabantur Nicetas aliique Græci auctoritate canonis Trullani undecimi, quo vetatur ne Christiani cum Judæis azyma comedant : hunc enim canonem annuente Agathone papa sancitum fuisse post Meletium nostrum aiebant. Scilicet canones synodi illius, quæ Quinisexta appellata est, sextæ synodo generali quæ sub Agathone papa celebrata erat, ascripserunt, quamvis multis annis sint recentiores. E contrario autem cardinalis Humbertus huic contendit historiam sextæ synodi opponit, qua ferebatur legatos Agathonis cum a Constantino Pogonato imperatore rogati essent, quemnam Romana Ecclesia ordinem teneret circa sacrificium corporis et sanguinis Domini nostri Jesu Christi, respondisse : *In calice Domini non debet solum offerri vinum, sed aqua mistum. Nam si solum vinum offertur, sanguis Christi incipit esse sine nobis. Et si aqua pura offertur, sola plebs incipit esse sine Christo. Quando utrumque admiscetur, id est vinum et aqua, tunc*

(a) Epist. 69.
(b) Lib. II, *Contra errores Græc.*, et III p., q. 74, a. 4.

sacramentum spirituale perficitur. Oblatio vero quæ in sacrificium altaris offertur, nullam commistionem [LXXXVII] *aut corruptionem fermentati debet habere, sicut B. Virgo Maria absque omni corruptione Christum concepit et peperit. Hinc in Ecclesia mos obtinuit, ut sacrificium altaris non in serico aut in panno tincto, sed in lino terreno celebretur, sicut corpus Domini fuit in sindone munda sepultum. Sic et oblatio munda debet esse fermento, juxta quod in gestis pontificalibus a beato Silvestro legimus esse statutum.* Hæc refert Humbertus libro *Contra Nicetam* quæ profecto esse accepta videntur ex eodem auctore et libro, quem Paulus Diaconus præ oculis habuit, cum caput 4 libri vi *Historiæ Longobardorum* scriberet. Nam Humbertus ea quæ proxime illis cohærent quæ modo retuli, iisdem mox verbis recitare pergit quibus Paulus Diaconus. Atqui Paulus octavo sæculo labente florebat ; hoc est centum post annis a celebratione sexti concilii generalis, et dudum antequam Photius schisma Ecclesiarum moliretur.

XLI. Sanctus Thomas in *Catena aurea* in Matthæum, c. XXVI, et alibi (b), azymorum usum confirmare nititur testimonio beati Gregorii, qui in *Registro* docuerit, perinde licere offerre panes azymos et fermentatos. Idem paulo fusius legitur in tractatu *Contra Græcos*, qui habitus est Constantinopoli in ædibus fratrum Prædicatorum anno Dom. 1252, editusque est a Stewartio. Neque vero in hoc tractatu locus sumptus dicitur *ex Registro* Gregorii, sed *ex ejus Vita Græco sermone conscripta*. Ad hunc itaque modum tractatus auctores Gregorii verba afferunt. *Audiant Græci*, inquiunt, *super hoc B. Gregorium in Dialogis* (lege *Dialogum*, ut Græci loquuntur, aut simile quidpiam, ut contextus series cohæreat), *quæ et qualia, sacramenta detrahentibus responderit Græco sermone, cum in Græcia trans legationc fungeretur. Dicit enim : Solet moveri quæstio, quod in Ecclesia alii fermentatum offerunt, alii panes azymos. Esse namque Ecclesiam distinctam quatuor ordinibus novimus, scilicet Romanorum, Alexandrinorum, Hierosolymitanorum et Antiochenorum; quæ Ecclesiæ generaliter nuncupantur, cum unam teneant catholicam fidem. Diversis tamen utuntur officiorum mysteriis. Unde fit ut Romana Ecclesia offerat panes azymos, propter quod Deus sine ulla commistione carnem suscepit. Scriptum est : « Verbum caro factum est, et habitavit in nobis. » Sic ergo pane azymo efficitur corpus Christi. Nam cæteræ supradictæ Ecclesiæ offerunt fermentatum, pro eo quod Verbum Patris indutum est carne, et est verus homo : ita quod fermentatum commisceatur farinæ, et efficiatur corpus Domini nostri Jesu Christi.* (c) *Sed tam Romana Ecclesia, quam prædictæ pro ineffabili mysterio, tam fermentatum quam azymum dum sumimus, unum corpus Salvatoris nostri efficiuntur.* Hæc sunt verba Gregorii quæ in *Vita ipsius*

(c) Deest hic vocula aliqua, aut legendum : *unum corpus Salvatoris nostri efficimur.*

Græco sermone reperiuntur. An hi revera Gregorii Magni sermones fuerint criticorum judicio relinquo. Profecto Photius, cod. 252, excerpta refert Vitæ sancti hujus pontificis Romani, ex qua forsan hæc quæ modo recitavi, accepta sunt. Sufficiat vero mihi locum integrum recitasse, ad quem Græci illi videntur respexisse, qui fermentatum panem in Ecclesia Romana usque ad tempora Gregorii Dialogi oblatum esse scripserunt. Ex his citantur Gregorius Corcyrensis, apud Allatium opere *De Gregoriis,* et Symeon Thessalonicensis, lib. *De templo,* n. 5, quibus etiam Theorianus philosophus jungi possit, ut mox ostendemus. Statim igitur in illo eodem Prædicatorum nostrorum contra Græcos tractatu apud Stewartium additur : *Sed et Joannes Chrysostomus, cum hujusmodi litem vellet de medio removere, in quadam epistola sua, quam Græcis de sacramento et aliis consuetudinibus Latinorum dubitantibus de Constantinopoli transmisit,* ita dicit : « *Volentibus nobis,* » etc. Citant nimirum, ac si sancti Joannis Chrysostomi esset, epistolam, quæ Theoriano philosopho adjudicanda est, ut colligitur ex fragmentis quibusdam, quæ Leo Allatius protulit in dissertatione ad D. de Boinebourg, p. 690. Quocirca operæ pretium me facturum existimavi, si ex utroque opere symbolas hujus epistolæ tum Latinas, tum Græcas, colligerem simulque jungerem, donec integra tandem ex aliqua Europæ bibliotheca eruatur.

Theoriani philosophi de Latinorum azymis judicium. — Leo Allatius et Turrianus testantur epistolam hanc Theoriani scriptam esse *ad sacerdotes in montibus degentes.* Auctores vero tractatus contra Græcos sic eam Latine recitant : *Volentibus nobis aliquid dicere de sacra communione, utrum ex azymo vel fermentato in sacra Dominica cœna factum fuerit, longioris temporis, et etiam perfectioris scriptoris* (forte, *scriptionis*) *indigemus spatio. Sed multis omissis, id quod utile et pacificum est, imo, ut ita dicam, quod magis est secundum dispensationem, et necessarium, et quod magis continet veritatem dicendum est. Divinus*

ὁ θεῖος ἄρτος πρὸ μὲν τοῦ ἁγιασθῆναι, εἴτ' ἄζυμος, εἴτ' ἔνζυμος ἦν, ἀδιαφόρως ἄρτος ἐστί τε καὶ λέγεται πρὸς τῶν θείων λογίων, ὡς ὕστερον δείξομεν. Μετὰ δὲ τὸ ἁγιασθῆναι, οὔτε ἔνζυμος, οὔτ' ἄζυμος, ἀλλὰ σῶμα καὶ σὰρξ τοῦ Κυρίου ἡ αὐτή, καὶ οὐκ ἄλλη ἀντ' ἄλλης· μία γάρ ἐστι καὶ [ἡ] αὐτὴ ἐκ τῆς ἀφθόρου Παρθένου καὶ Θεοτόκου

panis, antequam consecretur, sive azymus, sive fermentatus fuerit, indifferenter panis est, et dicitur a sacris Eloquiis, ut postmodum ostendemus. Postquam vero consecratus est, neque azymus neque fermentatus dicitur vel est, sed corpus et caro Domini, eadem ipsa, nec alia pro alia : una siquidem est et ipsa, quæ ex incorrupta Virgine et Dei

ὑπὸ τοῦ Θεοῦ Λόγου ληφθεῖσα, καὶ ἐν δεξιᾷ τοῦ Πατρὸς καθημένη, καὶ ὑφ' ἡμῶν τῶν ὀρθοδόξων μυστικῶς μεταλαμβανομένη· [διὸ καὶ μυστήριον λέγεται, ὡς κρύφιον, ὡς τοῖς πολλοῖς οὐ καταληπτόν.

Genitrice a Verbo Deo assumpta est, et in dextera Patris sedet, atque a nobis orthodoxis [*et Catholicis*] *mystice sumitur. Propter quod et mysterium dicitur velut secretum aliquod et occultum, ut quod a multis*

non comprehenditur. Transmutatur autem divina virtute a Spiritu sancto in corpus et sanguinem Jesu Christi, secundum quod ipsa sancta secreta indicat, et etiam manifestat. Dicimus enim (a) : « *Te rogamus, Sancte sanctorum, ut beneplacito tuæ bonitatis veniat Spiritus sanctus super nos et super omnia hæc tua dona sive munera, et benedicat, et sanctificet, et ostendat quidem hunc panem, ipsum pretiosum corpus Domini et Dei Salvatoris nostri* » (omiserunt hæc verba quæ orationis series exigit, *transmutans Spiritu tuo sancto,* μεταβαλὼν τῷ Πνεύματί σου τῷ ἁγίῳ).

[XXXVIII] Καὶ πάλιν· Εἰ οὖν τὸ Θεῖον μεταβάλλει τὰ προκείμενα δῶρα εἰς σῶμα καὶ αἷμα Χριστοῦ, περισσὸν λοιπὸν τὸ φιλονεικεῖν, ἢ ἐξ ἀζύμων, ἢ ἐνζύμων ἦν, ἢ λευκοῦ, ἢ ἐρυθροῦ τυχὸν οἴνου, καὶ τοιαύτας τινὰς περιεργείας μωρὰς περὶ τῶν φρικτῶν μυστηρίων διερευνᾶν.

Et rursum : Si igitur divina virtus, sive divinum numen transmutat proposita dona in corpus et sanguinem Jesu Christi, superfluum est contendere, utrum ex azymis, an ex fermentatis fuerit, aut albo, aut rubeo vino, aut hujusmodi stultas et ineptas curiositates, de tremendis mysteriis agitare.

Quia vero quidam eorum volunt ostendere ex sola etymologia nominis azymum non esse ἄρτον, *id est panem, eia de hoc breviter disputabimus. Dicitur enim* ἄρτος *ab* ἄρθεως (lege ἄρτεως), *id est a perfectione. Azymus autem non est perfectus, quia caret fermento : ergo non est* ἄρτος. *Dominus autem* ἄρτον *benedixit. Talis est mirabilis eorum syllogismus. Nos vero ad syllogismi hujus machinamentum, cum sit nullius valoris, infirmum et debile, nullam faciamus responsionem, ne videamur ad ostensionem ejus quæ in nobis est rationalis scientiæ* (b) *multa loqui et inutiliter. A sanctis tamen Evangeliis* ἄρτον *vocatum esse azymum probabimus sive ostendemus, et mendax istorum etymologia apparebit. In Luca enim est scriptum :* « *Et factum est, discumbente eo cum eis*[67]. » *Et post pauca :* « *Cognoverunt eum in fractione* ἄρτου[68]. » *Ecce ibi azymum* ἄρτον *nominavit. Quod autem azymus fuerit ille qui tunc in Emmaus Cleophæ et concomitanti sibi datus est, hinc est manifestum. Post oblationem agni septem diebus comedebant Judæi azyma, quibus diebus fermentatus panis non inveniebatur apud eos. Infra autem septem dies bene-*

---

[67] Luc. xxiv, 30. [68] ibid. 35.

(a) Ex missa Basilii.
(b) τῆς ἐν ἡμῖν λογικῆς ἐπιστήμης· *logicæ nostræ scientiæ.*

dixit Dominus panem istum, de quo memoriam fecimus, in Emmaus, sicut indicant sacra Eloquia : « Sed super his omnibus tertia dies est, ex quo hæc facta sunt[69]. » Infra autem septem dies erat dies illa.

Καὶ πάλιν·˝Αρτος ἄρα καλεῖται,ὡς δέδεικται,ὁ ἄζυμος. Τὸ γὰρ ἄρτος ὄνομα γένος ὂν, τοῦ τε ἐνζύμου καὶ ἀζύμου ἐπίσης κατηγορεῖται, εἰδῶν ὄντων αὐτοῦ. Ταῦτα πρὸς τοὺς ἡμετέρους τοὺς λέγοντας, ὅτι ὁ ἄζυμος ἄρτος, ἄρτος οὐ λέγεται. Περὶ δὲ τῶν Λατίνων σφόδρα θαυμάζω, εἴ γε ἔστι τις τῶν ἐλλογίμων τὸν ἔνζυμον ἄρτον διαβαλλόμενος. Ἐγὼ γὰρ συνωμίλησα περὶ τῆς θείας κοινωνίας τοῖς ἀρίστοις τῶν Λατίνων, καὶ μέρους οὐ μικροῦ φιλοσοφίας τε καὶ Θεολογίας μετέχουσι, καὶ αὐτῷ τῷ ἁγιωτάτῳ πατριάρχῃ Βενετίας Ἑρρίκῳ τῷ φιλοσοφωτάτῳ, ἅτε σπουδὴν οὐκ ὀλίγην περὶ τῶν θείων καὶ ἐπιμέλειαν κεκτημένῳ· ἀλλ' οὐδέποτέ τινος ἤκουσα γλῶσσαν ἀφιέντος κατὰ τῆς κοινωνίας ἡμῶν. Πῶς γάρ τις τῶν σοφῶν τολμήσει κατὰ τῆς πανιέρου κοινωνίας βλασφημίαν εἰπεῖν, ἀκούων τοῦ μακαρίου Γρηγορίου, τοῦ πεποιηκότος τὸν διάλογον ἐν τῷ περὶ τῆς θείας κοινωνίας λόγῳ;

Et iterum : "Ἄρτος ergo, seu panis vocatur, ut ostensum, azymus. Nam panis nomen genus cum sit azymi et fermentati, æqualiter prædicatur de eisdem, cum sint illius species (a). Et hæc quidem ad nostros, qui contendunt panem azymum, panem (ἄρτον) non dici. De Latinis vero mihi admiratio subit, si quis inter eos, dummodo ab eruditione alienus non est, panem fermentatum vituperet. Nam ego de divina communione cum Latinorum optimis, iisque quam plurimis rerum theologicarum et philosophicarum peritis, et cum sanctissimo Venetiarum patriarcha Henrico, viro sapientissimo, et circa res divinas admodum studioso et diligenti: et nunquam ullum audivi in sacram nostram communionem linguam laxare. Qua enim ratione, dum, modo sapiat, audebit in sacratissimam communionem blasphemiam evomere, audiens beatum Gregorium, qui dialogos concinnavit, in oratione de divina communione?

Καὶ πρῶτον παρακαλοῦμεν ὑμᾶς, φιλονεικίας μὴ καταδέχεσθαι. Ἡμεῖς γὰρ τοιαύτην συνήθειαν οὐκ ἔχομεν, οὔτε ἡ Ἐκκλησία τοῦ Θεοῦ, ἀλλ' εἰρήνην μετὰ πάντων διώκειν, ἔχοντες εἰρήνην Χριστὸν τὸν ποιοῦντα ἀμφότερα ἕν· καὶ ἀγαπᾶτε Λατίνους αὐτοὺς ὡς ἀδελφούς. Ὀρθόδοξοι γάρ εἰσι, καὶ τέκνα τῆς καθολικῆς καὶ ἀποστολικῆς Ἐκκλησίας ὥσπερ ὑμεῖς. Αἱ γὰρ ζητήσεις αὐτῶν συνήθειαί τινές εἰσι, τῆς πίστεως μηδαμῶς καθαπτόμεναι. Πάντα γὰρ καλά, ἐὰν εἰς δόξαν Θεοῦ ποιοῦμεν αὐτά· οὐδὲν γὰρ οὔτε τῶν Λατίνων ἐκκλησιαστικὴ συνήθεια, οὔτε ἡμετέρα ἔξω τοῦ καλοῦ καὶ τοῦ πρέποντος εἴληφε καὶ κρατεῖ. Ἀλλὰ θειοτέρου ἔχονται σκοποῦ καὶ νοήματος. Τοῖς οὖν ἐχέφροσι πάντα ὀρθά, τοῖς δὲ μὴ τοιούτοις σκάνδαλόν τε καὶ πρόσκομμα.

Ac primum quidem vos adhortamur, ut alienum animum a contentionibus habeatis. Hoc enim moris nostri non est, neque Dei Ecclesiæ, sed pacem persequi cum omnibus, pacem Christum possidentes qui facit utraque unum[70]; et Latinos ita ut fratres diligite. Recte enim de fide sentiunt, suntque, quemadmodum et nos, catholicæ atque apostolicæ Ecclesiæ filii. Quæstiones enim ejusmodi meræ consuetudines sunt, quæ nihil fidem lædant. Omnia siquidem bona, si in gloriam Dei dirigantur, nihilque in Latinorum Ecclesia, quod in usu sit, neque apud nos, quod a recto decoro sit alienum, habet firmitatem et robur. Sed diviniore fine et intelligentia constituta sunt. Prudentibus itaque omnia recta sunt, aliis vero scandalum et offendiculum:

Ultima hæc Theoriani epistolæ verba Turrianus, cum Græce, tum Latine recitat in sua lucubratione in Canones apostolorum, p. 70, ubi præmonet, secundum hujus auctoris opinionem idcirco Græcos non jejunare Sabbato, quia ea hebdomadis die animæ justorum, cum ad illos Dominus ad inferos descendisset, inde liberatæ fuerunt. Non solum enim de azymis Theorianus ad sacerdotes et monachos montium incolas scripserat, [LXXXIX] verum etiam de jejuniis et aliis Latinorum moribus, quos schismatici Græci carpebant, quemadmodum Turrianus et Allatius testificati sunt. Atqui in fragmentis illius epistolæ quæ protulimus, animadvertere licuit, non modo sapientissimum et æquissimum scriptoris judicium de azymis panibus; verum etiam de eucharistica transsubstantione testimonium elegans, quo obstruatur os recentiorum hæreticorum, qui Orientalem Ecclesiam a Romanorum fide hoc in capite quondam discrepasse affirmarunt. Hic porro Theorianus philosophus, nequaquam censendus est alter fuisse ab illo, cujus exstat *Legatio ad Armenos*, ad quos missus fuit ab imperatore Manuele Comneno. Nam

Gregorii Magni pronuntiatum omisit Allatius: at vanus conjectator sim, nisi Theorianus sanctissimum pontificem ad testimonium citaverit, propter amplum illum locum quem nostri prædicatores tanquam Gregorii esse, et ex ejus Vita transsumptum in tractatu contra Græcos allegarunt, quemque jam ante integrum retulimus. Quando vero magnam partem epistolæ Theoriani recitavi, haud ingratum lectoribus fore arbitror, si ejus epilogum, (ut autumo [b]), hic adjecero, quem idem Allatius circa dissertationis suæ finem edidit.

[69] Luc. xxiv, 21.   [70] Ephes. ii, 14.

(a) Hucusque in tractatu ad Græcos; quæ sequuntur habentur apud Allatium.

(b) Recole præfationis num. XX, ubi hujus epistolæ exordium Latine exhibetur.

in eadem *Legatione ad Armenos* Theorianus non semel *philosophi* perinde nuncupatione insignitur. Insuper Henricus ille Venetorum patriarcha, quicum Theorianus philosophus in colloquium se venisse ait, Henricus est Dandolus, qui, ut narrat Ughellus (a), Gradensem tenuit sedem ab anno 1130 ad 1182, quo tempore Manuel Græcis imperitabat. Theorianus itaque, cum erga Latinorum panes azymos bene affectus esset, idcirco pangendo fœdus cum Armenis, de eorum azymis minime disputandum censuit. Unde contra novellam, quamlibet receptissimam, Græculorum suorum opinionem, agnoscit Christum Pascha legale in postrema cœna parari jussisse et comedisse, quo significaret se subjectum esse legi, quatenus homo erat. Ei ἡ βρῶσις τοῦ Πάσχα, inquit, τῶν ὑπὸ νόμον ἐστί· *Si manducatio Paschæ, ad eos qui legi subjecti essent, spectabat: Dominus autem quatenus homo erat, non quatenus Deus, subjectus fuit legi:* ἄρα καθὸ ἄνθρωπος ἤθελε φαγεῖν τὸ Πάσχα· *ergo quatenus homo erat, edere voluit Pascha*. Quod quidem argumentum mutuatus est hic auctor ex dialogo sancti Maximi cum Pyrrho. Ex quo proinde colligi potest, eum ultro concessurum Armenis fuisse, Dominum azymo pane, non fermentato Eucharistiam confecisse. Sed catholicus Nierses satius de fide quam de ritibus his in colloquiis agendum pronuntiavit. Cæterum sæculo insequenti, Gregorius Silensis Catholicus alter Armenorum, epistola ad Gaytonem (b), qui, dimisso regno, monasticam vitam elegerat, refert præceptum Niersis (qui cum Theoriano de paciscenda unione egerat) quo ferebatur miscendam esse cum vino aquam in missa, atque eadem lege servari debere azymum propter inveteratam consuetudinem; ut tamen neutiquam reprehenderentur, qui fermentum adhiberent. Enimvero septem annis a legatione Theoriani, hoc est anno 1177, in concilio Tarsensi, cujus acta Galanus edidit, cum Græci art. 6, Armenis proposuissent (c), ut pane fermentato et vino cui admista esset aqua, deinceps apud eos Eucharistia fieret, ab illis responsum est: *Circa hunc articulum Reverentiæ vestræ suademus, ut nimirum cum apostolica sede Petri, et cum nostra humilitate concordes efficiamini, atque ita submissi legem charitatis instauretis. Sunt enim illi, non secus ac nos, apostolicæ hujus traditionis discipuli, cum quibus et nos azymum panem in Christi sacrificio consecramus. Quod si tantam vobis humilitatem concesserit Deus, ut hac in re nobiscum conveniatis, debitum nobis erit, ne quid obstaculi Ecclesiæ unitati apponatur, aquam vino puro miscendo ad gloriam Dei.*

XLIII. Dudum ante Theorianum Theophylactus, ac postmodum Demetrius Chomatenus, Bulgarorum archiepiscopi et metropolitæ, ultro fassi sunt azymorum panum consecrationem tanti non esse momenti, ut ob eum ritum Orientalis Ecclesia abscindi ab Occidentali debuerit. Amborum testimonia communia et trita sunt, exstantque in jure Græco-Romano, ubi legi possunt. Quando vero de mente Theophylacti circa azyma Latinorum sermo incidit, hic prætermittere non possum Græculi cujusdam librarii fraudem, qui commentarium ejus in Evangelium Matthæi fœde corrupit, ubi de supremo Christi Paschate agebatur. Hæc depravatio in editis comparet ad cap. xxvi Matth., ubi sic legimus: Πρώτην τῶν Ἀζύμων τὴν πρὸ τῶν Ἀζύμων φησὶν ἡμέραν. Οἷόν τι λέγω· Τῇ Παρασκευῇ ἑσπέρας ἔμελλον ἐκεῖνοι φαγεῖν τὸ Πάσχα· καὶ αὕτη ἐκαλεῖτο τῶν Ἀζύμων. Ὁ γοῦν Κύριος πέμπει τοὺς μαθητὰς τῇ πέμπτῃ ἣν ὀνομάζει ὁ εὐαγγελιστὴς πρώτην τῶν Ἀζύμων, ὡς πρὸ τῆς ἑσπέρας οὖσαν καθ' ἣν ἑσπέραν ἤσθιον τὸ Πάσχα· *Primum azymorum vocat eam diem quæ antecedit azyma. Ut si dicam: Parasceve vespera comesturi erant Pascha, et ipsa vocabatur Azymorum. Dominus igitur mittit discipulos feria quinta, quam nominat evangelista primam Azymorum, quia ante Parasceven erat, qua Parasceve vespere comedebant Pascha.* Ac si Theophylactus censuerit, non feria quinta vespera azyma comedi a Judæis cœpisse, sed feria sexta duntaxat: quod tamen nequaquam verum est. Nam in expositione, cap. xxii, secundum Lucam diserte scribit: Ἡμέραν οὖν Ἀζύμων λέγει τὴν πέμπτην ἧς τῇ ἑσπέρᾳ ἔμελλον θύειν τὸ Πάσχα. Ὁ τοίνυν Κύριος τῇ πέμπτῃ πρωίας τυχὸν ἀποστέλλει τοὺς μαθητὰς Πέτρον καὶ Ἰωάννην· *Diem igitur Azymorum dicit quintam, ad cujus vesperam Pascha immolandum erat. Igitur Dominus quinta, mane scilicet, mittit discipulos Petrum et Joannem*. Quocirca Arcudius utriusque loci facta collatione cum manuscriptis codicibus deprehendit Theophylacti commentarium fuisse vitiatum. Enimvero in codicibus Regiis, quorum unus ad auctoris ætatem quam proxime accedit, eodem modo atque Arcudius in suo, scriptum reperi, nimirum: Πρώτην τῶν Ἀζύμων τὴν πρὸ τῶν Ἀζύμων φησὶν ἡμέραν. Οἷόν τι λέγω· Πέμπτῃ ἑσπέρας ἔμελλον ἐκεῖνο φαγεῖν τὸ Πάσχα, μεθ' ἣν ἐπιφώσκουσα ἡ Παρασκευή, πρώτη τῶν Ἀζύμων ἐκαλεῖτο παρὰ τῷ νόμῳ· οἷα δὴ τῆς ἑορτῆς ἀρχομένης ἀπὸ τῆς ἑσπέρας, καθ' ἣν ἤσθιοντο τὰ ἄζυμα. Ὁ γοῦν Κύριος πέμπει τοὺς μαθητὰς τῇ πέμπτῃ, ἣν ὀνομάζει ὁ εὐαγγελιστὴς πρώτην τῶν Ἀζύμων, ὡς πρὸ τῆς ἑσπέρας οὔσης, καθ' ἣν ἤσθιοντο τὰ ἄζυμα· *Primam Azymorum vocat, quæ diem azymorum præcedit. Scilicet quinta feria manducaturi erant Pascha, postquam lucescisset Parasceve. Prima Azymorum vocabatur in lege, quia festum incipiebatur a vespera illius qua vescebantur azymis. Dominus igitur discipulos mittit quinta feria, quam evangelista primam Azymorum*

(a) *Italia sacra*, t. V, p. 1192.
(b) Galan. *De reb. Eccl. Arm.*, p. 449.

(c) Ibid. pag. 338.

nominat, quia vesperam præcedebat, qua comedebant azyma. Theophylactus igitur non modo Latinis permittendum æstimavit, ut azymis sacra facerent, verum nec a sancti Joannis Chrysostomi priscorumque Patrum sententia de extremo Domini [XC] Paschate Judaico discessit, sed docuit Christum eadem qua Judæi die paschalem cœnam Mosaico ritu celebrasse. In eadem bibliotheca, cod. 1945, asservatur explanatio Græca altera Evangelii secundum Matthæum, quam Theophylacto attribuunt, tametsi priores et postremæ paginæ interierint. Verum nihil in hoc commentario reperire est, quod non Latinis nostris faveat. Sic namque legitur ad hæc Matthæi verba : *Prima Azymorum.* Πρώτην τῶν Ἀζύμων τὴν πρὸ τῶν Ἀζύμων φησίν. Εἰώθασι γὰρ ἀπὸ τῆς ἑσπέρας ἀεὶ ἀριθμεῖν τὴν ἡμέραν. Καὶ ταύτης μνημονεύει καθ' ἣν ἐν τῇ ἑσπέρᾳ τὸ Πάσχα ἔμελλεν θύεσθαι· τῇ γὰρ πέμπτῃ τοῦ Σαββάτου προσῆλθον, καὶ ταύτην ὁ μὲν τὴν πρὸ τῶν Ἀζύμων καλεῖ, καιρὸν λέγων καθ' ὃν προσῆλθον. Ὁ δὲ οὕτω λέγει· « Ἦλθεν ἡ ἡμέρα τῶν Ἀζύμων, ἐν ᾗ ἔδει θύεσθαι τὸ Πάσχα. » Τὸ *ἦλθε* τοῦτο λέγων, ἐγγὺς ἦν, ἐπὶ θύραις ἦν· τῆς ἑσπέρας δηλονότι μεμνημένος ἐκείνης. Ἀπὸ γὰρ ἑσπέρας ἤρχοντο. Διὸ ἕκαστος προστίθησι λέγων· "Ὅτε ἐθύετο τὸ Πάσχα· *Primam Azymorum dicit eam quæ azyma præcedebat. Solebant enim semper a vespera diem numerare. Atqui eam memorat evangelista, in qua vespere Pascha erat immolandum. Nam quinta Sabbati, seu hebdomadis, accesserunt : hancque Matthæus quidem vocat illam quæ azyma antecedebat, ubi tempus indicat quo discipuli venerunt ad eum. Alter vero (Lucas scil.) sic ait :* « *Venit autem dies Azymorum, in qua necesse erat occidi Pascha* [71]. » *Quod dicit,* « *venit,* » *idem est ac, proxima erat, in januis aderat. Ubi nimirum vesperam illam memorat. Nam a vespera incipiebant : quapropter unusquisque eorum adjicit, quando pascha mactabatur.* Hujus commentarii auctor Joannem etiam Chrysostomum sequebatur et exscribebat. Primus interpretum Euthymius Zygabenus a trita et communi sententia descivit (a), ut facilius azyma Latinorum et Armenorum expugnaret. Id quod præstare conatus est in Panoplia, in qua inter varia capita hæresis Armenorum hoc etiam posuit, quod azymis sacra facerent. Qui vero librum hunc Euthymii Latine ediderunt, istæc omiserunt, ut et quæ contra Latinos de processione Spiritus sancti ex Photio et aliis auctoribus collegerat. Cæterum quæ contra azyma Armenorum scripsit, nihil nisi recoctam multoties crambem exhibent : alioqui non me piguisset ea hoc in tractatu recitare. Sed et quæcunque Græci schismatici, hac in causa Latinis objecerunt, futilia adeo tenuiaque visa sunt cordatioribus, ut quoties de unione Ecclesiarum instauranda actum est, nulla aut exigua admodum de azymis quæstio mota sit. In concilo Florentino, tametsi Marcus Ephesius pronuntiaverat nullam sarciri cum Romanis unionem posse, nisi exclusis a Symbolo fidei voce *Filioque*, et a sacrificio missæ panibus non fermentalis, nihilominus parum a Græcis laboratum est de posteriore hoc articulo. Nec nisi infimæ plebis desperatorumque hominum dicteria fuere, quibus nos *Azymitarum* nomine insectati sunt. Hos Georgius Scholarius contempsit, qui prætermissa de moribus ritibusve Latinorum velitatione, de Spiritus sancti processione cum illis disputare, βέλτιον καὶ ἱκανώτερον, *melius et consultius* fore existimavit in Præfatione primi libri contra Latinos.

XLIV. Pro dissertationis hujus coronide libet aliqua subjicere de forma seu figura præcipuæ illius oblationis quam Græci sacerdotes ex integro pane excisam in sacro disco reponunt consecrandam. Viri quidam eruditi, quos nominare non refert, decerptum frustum esse aiunt *in modum corollæ*, esse *coronulam* demptam ex crasso et integro pane, adeoque rotundam et orbicularem. Allucinantur profecto, nec Græcorum ritus ea qua par fuisset, diligentia inquisierunt. Errandi occasionem præbuisse puto Humbertum a Silva Candida Leonis IX legatum, ubi respondens objectis Græcorum, causam postulat illius *circumcisionis*, qua coronulam panis ad sanctum *sacrificium ferro levarent, cum immaculata hostia immaculatum corpus Domini aptius videatur significare, et integritas panis integritatem Ecclesiæ*. Verum at Humbertus *coronulæ* vocem minus proprie usurpaverit oportet, aut diligenter satis scrutatus non sit hostiæ præparandæ apud Græcos Constantinopolitanos ritum : nisi forte quispiam affirmare ausit eos a priscorum usu et cæremonia postmodum descivisse ; quod tamen facili negotio non evicerit. Simeon quippe Thessalonicensis libro *Contra hæreses*, cap. 87, ubi de Ecclesiæ suæ ritibus et rubricis disputat, reprehendit acriter Latinos, qui non quadratam, sed rotundam hostiam consecrarent : quadrata quippe forma Domini corpus quod ex quatuor elementis constat, necnon humanitatem integram designari, orbiculari vero divinitatem. Itemque Goarius noster, pag. 117 Euchologii, ubi specimen exhibet, tum integri panis ex quo hostia consecranda demitur, tum ipsiusmet hostiæ, sic diserte scribit : *Quæcunque sit oblati panis figura, sive circularis, sive quadrangula, in quadrum semper lancea excavatur et extollitur.* Ubi vir Græcorum rituum peritissimus testatur quidem, integrum et crassum, ut aiunt, panem, prout alluberit, seu rotundum seu quadratum esse : segmentum vero quod eo aufertur consecrandum, semper esse quadrangulum, ut videri potest in specimine quod incidi in ære curavit. Nec quidquam

---

[71] Luc. xxii, 7.

(a) In c. xxiii Matth.

aliud sonant Leonis Allatii verba, quæ a viris doctis ex contrario objiciuntur. Quanquam non diffiteor, dudum forsan ante tempora Cerularii orbicularem aliquando eucharistici panis formam apud Byzantinos fuisse, hoc est sæculo Ecclesiæ septimo, modo certum sit et indubitatum, voce τὸ περιφερές, quam sanctus Maximus confessor usurpat ubi de externa Eucharistiæ specie loquitur, rotundum semper aliquid significari (a).

XLV. Ad Orientales vero hæreticos, ac præsertim Jacobitas quod attinet, ultro concessero eorum hostias quadratas non esse, sed rotundas. Nihil enim aliud efferre mihi videtur vox מבעא in liturgia quæ Severi nomine inscribitur, nisi circulum, aut cujusvis monetæ formam, non autem segmentum quodcunque cui crucis signum impressum sit. Liturgiam hanc in editione Latina, *Severi Alexandrini patriarchæ* falso nomen præferre hic non ab re fuerit admonere. Non enim in textu Syriaco *Alexandrini* vocabulum legitur, sed duntaxat סאוירא קדשא באבורי כא *Severus sanctus patriarcha*. Adde quod nullus Severus inter patriarchas Alexandrinos cum orthodoxos et Melchitas [XCI] tum Jacobitas reperitur. Itaque Severus iste alius non fuerit ab impio illo Acephalorum et Monophysitarum principe, qui Antiochenam sedem Anastasio primo imperatore invasit, ac tandem sub Justiniano Alexandriam et Ægyptum profugus petiit. Sed et hanc eamdem liturgiam non a Catholicis, sed Jacobitis et Theopaschitis usurpatam colligi nullo negotio possit, ex precibus quæ ei adjunctæ visuntur. Nam inter alias habetur Trisagius hymnus cum additamento Petri Fullonis, ad hunc modum: *Glorificatio angelorum dum crucifigeretur Dominus noster*: Sanctus Deus, sanctus fortis, sanctus immortalis. *Joseph et Nicodemus dixerunt*: דאצטלבת עלן אתרחם הלפין *Qui crucifixus es pro nobis, miserere nobis*. Nonnulla hæc obiter adnotanda duxi, quæ a paucis videantur deprehensa. Quod vero ad institutum nostrum spectat, libet hic ad memoriam revocare Epiphanium diserte admodum tradidisse eucharisticas hostias, saltem apud Cyprios suos, aut etiam in Palæstina, rotundas sua ætate fuisse: Τὸ γὰρ στρογγυλοειδές· *Nam id quod rotundum est*, etc., inquit ille in Anchorato.

XLVI. *Opuscula alia de azymis Joanni Damasceno supposita*. — Dissertationem hanc de azymis excudere absolvebam, quando incidi in codicem Græcum bibliothecæ Coislinianæ, n. 82, in quo reperi tractatum integrum Joannis Philoponi Tritheitæ *De Paschate* Joannis Damasceni nomine hoc modo insignitum: Ἰωάννου τοῦ Δαμασκηνοῦ λόγος περὶ ἀζύμων, *Joannis Damasceni sermo de azymis*: Ἐζήτηται περὶ δείπνου Δεσποτικοῦ πολλοῖς· *A multis quæsitum est de cœna Dominica*, etc. Ex quo tandem conjeci unde factum sit, ut duo illi de azymis tractatuli quos edidi, et quibus in summa perstringuntur omnia Tritheitæ de postremo Christi Paschate momenta, Joannis Damasceni nomen in quibusdam codicibus sat recentibus præferrent. Quam procul Damascenus noster abfuerit, ut crederet Christum cum discipulis Judaicum typicumque Pascha pridie quam moreretur non comedisse, duobus genuinorum ejus operum locis comprobavi dissertationis hujus initio. Quibus nunc tertium addam ex ejus oratione secunda in dormitionem beatæ Virginis: Σιὼν φημί,.... ἐν ᾗ τὸ Πάσχα τὸ τυπικὸν ὁ νομοδότης Χριστὸς ἐκτετέλεκε, καὶ Πάσχα τὸ ἀληθὲς ὁ Παλαιᾶς καὶ Νέας Διαθήκης Θεὸς παραδέδωκεν· *Sion, inquam... in qua legislator Christus typicum Pascha peregit, ac veteris ipse novique testamenti Deus verum Pascha tradidit*. Fragmentum item aliud in eodem codice exstat ejusdem Joannis Damasceni nomine perinde inscriptum, in quo etiam, alio modo atque in opusculis quæ edidimus, de azymis, schismatico more, sensu, atque nugacitate disputatur, sicque habet: Τοῦ ἐν ἁγίοις Ἰωάννου τοῦ Δαμασκηνοῦ· *Sancti Joannis Damasceni*. Ἐν τρισὶν ὕλαις ἐτέλουν οἱ Ἰουδαῖοι τὸ Πάσχα, καὶ ἐν τρισὶ μάρτυρσιν κατὰ τὴν τάξιν τοῦ νόμου· καὶ αἱ μὲν τρεῖς ὕλαι ὁ ἀμνὸς ἦσαν, τὸ ἄζυμον, καὶ ἡ πικρίς· αἱ δὲ τρεῖς ἀρεταί, περιεζωσμένοι, καὶ ὑπόδημα εἰς τοὺς πόδας, καὶ αἱ βακτηρίαι ἐν ταῖς χερσίν. Οἱ δὲ μάρτυρες, τρεῖς περὶ τὴν τράπεζαν ἑστῶτες, καὶ ἀκριβῶς γινώσκοντες τὴν τοῦ φέγγους (*fort*. φθέγγους) ὥραν διὰ ποτηρίου τινὸς σαλευομένου, καὶ σημαινομένου, καὶ σαλπίζοντος εὐθὺς τοῦ ἱερέως ὅτι Πάσχα ἐστὶ Κυρίου, καὶ λοιπὸν μετὰ τὸ ἀκοῦσαι τῆς φωνῆς τῆς σάλπιγγος, ἐποίουν τὴν ζύμην (*lego* τῆς ζύμης) ἄνευ ἄρτου ἡμέρας ἑπτά· πρὸ δὲ τοῦ σημείου τοῦ ποτηρίου καὶ τῆς σάλπιγγος οὐκ εἶχον ἐξουσίαν εὐτρεπίσαι τὸν ἀμνόν, ἢ ἄζυμον, ἢ πικρίδας. Οὕτως γάρ φησιν καὶ ὁ θεῖος Δαβίδ· « Σαλπίσατε ἐν νεομηνίᾳ σάλπιγγι. » Ὁ δὲ Κύριος ἡμῶν Ἰησοῦς Χριστὸς ἐν τῇ πέμπτῃ ἡμέρᾳ ἐποίησεν τὸ δεῖπνον τὸ μυστικόν, καὶ τὴν τῶν θείων μυστηρίων παράδοσιν, ὥρᾳ νυκτὸς ἕκτῃ. Ἡ δὲ τῶν ἀζύμων εἴσοδος ἐγένετο τῇ παρασκευῇ ἑσπέρας μετὰ τὸ ταφῆναι τὸν Κύριον. Διὰ τοῦτο οἱ τέσσαρες εὐαγγελισταὶ ἄρτον τέλειον λέγουσιν παραδοῦναι ἐν τοῖς μυστηρίοις, καὶ οὐκ ἄζυμον, καὶ ἵνα πιστώσηται ὅτι τέλειον τὸν ἄνθρωπον προσελάβετο ἐκ τῆς ἁγίας Παρθένου· λέγω δὴ ἔμψυχον καὶ ἔννουν, καὶ οὐχ ὡς ὁ Λαοδικεὺς Ἀπολινάριος ἀσεβῶς ἐδογμάτισεν, ὅτι σῶμα μόνον ἄνουν καὶ ἄψυχον· καὶ ἄρτον τέλειόν φαμεν, τὸν δι᾿ ἀλεύρου καὶ ζύμης καὶ ἅλατος συνεστηκότα, καθάπερ σώματι ψυχὴ καὶ νοῦς. Σῶμα γὰρ χωρὶς ψυχῆς, νεκρόν. Καὶ τὸ ἄζυμον διὰ τὸ ἐστερῆσθαι τῆς ζύμης, νεκρόν ἐστιν, καὶ οὐ ζωτικὸς ἄρτος· ἐπειδὴ ἡ ζύμη ζωὴν δίδωσι τῷ φυράματι καὶ ἕνωσιν, καθάπερ τὸ πνεῦμα τῷ σώματι (hic deest aliquid), καὶ τὸ ἅλας τῷ νῷ καὶ διὰ τοῦτο ἐπιτελοῦμεν τὰ θεῖα μυστήρια διὰ τοῦ τελείου ἄρτου, ἵνα μὴ τῇ δυσσεβείᾳ τοῦ βεβήλου Ἀπολιναρίου ἐμπέσωμεν.

(a) Dial. III Cæsarii., quæst. 169.

Γίνεται οὖν ἡ τῆς σελήνης ἀπόχυσις ἐν ἡμέραις τέσσαρσι ἡμίσει καὶ ὥραις τρισίν· εἰς δὲ τὸ πάθος τοῦ Κυρίου ἡμῶν Ἰησοῦ Χριστοῦ ὑπερέβη εἰς ἕκτην καὶ δεκάτην ἡμέραν, ἵνα μαρτυρήσῃ τὸν σταυρωθέντα, ὅτι ἀληθινὸς Θεός ἐστι, καὶ ζωὴ αἰώνιος· Triplici materia Judæi Pascha peragebant, tribusque testibus, juxta ac lege constitutum erat. Materia porro triplex erat, agnus, panis minime fermentatus, et amaræ herbæ: tres vero virtutes erant, ut nempe accincti essent, ut calceatis pedibus, ut baculos manibus tenerent. Testes autem ad mensam stantes qui diligenter observarent tempus fulgoris per calicem qui movebatur, et signum dabat, sacerdote tuba canente, Pascha Domini esse. Deinceps itaque, audita voce tubæ, panem absque fermento conficiebant diebus septem. Cæterum ante signum calicis et tubæ nequaquam licitum eis erat, neque agnum, neque azymum panem parare, neque herbas amaras. Sic enim divinus David ait: « Buccinate in neomenia tuba [72]. » Atqui Dominus noster Jesus Christus feria quinta mysticam cœnam egit, divinaque mysteria tradidit, hora nobis sexta. Azymorum autem initium fuit in Parasceve ad vesperam, cum Dominus jam sepultus esset. Quocirca evangelistæ quatuor aiunt eum panem perfectum in mysteriis dedisse, ac non azymum, ut fidem quoque faceret, se perfectum hominem assumpsisse ex sancta Virgine, anima, inquam, et mente præditum, ac non ut Laodicenus Apollinarius impie docuit, corpus duntaxat sine mente et anima. Panem itaque perfectum dicimus, qui farina, fermento, et sale constat, uti corpori anima mensque copulatæ sunt. Nam corpus quod anima caret, mortuum est. Atque azymum, quia fermenti est expers, mortuum est, ac non panis vividus; quippe cum fermentum vitam massæ tribuat et unionem, quemadmodum spiritus corpori, et sal menti. Et idcirco divina mysteria perfecto pane conficimus, ne in impietatem profani Apollinarii incidamus. Fuit autem effusio lunæ quatuordecim diebus cum dimidio, et horis tribus. In passione vero Domini nostri Jesu Christi decimam sextam curam superavit, ut cum qui crucifixus erat, verum Deum et vitam æternam esse testificaretur. Illas nænias confutare non vacat, et prolixam satis dissertationem longius producere.

[72] Psal. LXXX, 4.

DISSERTATIO SEPTIMA.

De Christianis Nazarenis, et eorum fide, necnon de Ebionitis.

[XCII] I. Cum in adnotationibus ad librum sancti Joannis Damasceni *De hæresibus* pauca strictim de fide et moribus Christianorum Nazarenorum dixerim, plura quæ de hoc argumento edisserenda suppeterent, operosius ac singulari dissertatione enarrare mihi injunctum est a viris, qua doctrina, qua religionis catholicæ studio spectatissimis, quorum consiliis ac nutibus repugnare nefas fuisset.

II. *Prisci de Judæa Christiani Nazareni appellati.* — Epiphanius in libris *De hæresibus* Nassaræos consulto secernit a Nazaræis seu Nazarenis, quorum illi puri puti Judæi fuerint, ac Christi forsitan ætate vetustiores, alii ex Judæis Christiani. Prisci siquidem de Judæa Christiani, qui ad apostolorum prædicationem Christo nomen dederunt, *Nazareni* primum a contribulibus suis appellati sunt, quia Dominus Jesus in oppido *Nazareth* erat enutritus, magnamque vitæ partem transegerat, unde et Nazarenus cognominatus fuit. Quocirca Tertullus Judæorum orator et advocatus, coram Felice Judææ præside verba adversus Paulum apostolum facturus, eum esse dicebat *auctorem seditionis sectæ Nazarenorum* [a]. Hos Christianos Mosaicæ legis cæremoniis fuisse addictissimos sacræ Actuum apostolorum paginæ perhibent; non solum cap. XV, ŷ 1, ubi narratur quosdam eorum cum Antiochiam venissent, persuadere conatos esse illis, qui ex gentibus in Christum crederent, salutem obtineri non posse omissa præsertim circumcisione; sed in primis etiam cap. XXI, ŷ 20 seqq., ubi legimus Jacobum Domini fratrem, Hierosolymorum antistitem, necnon seniores Ecclesiæ sic Paulum esse allocutos: *Vides, frater, quot millia sunt in Judæis, qui crediderunt et omnes æmulatores sunt legis. Audierunt autem de te, quia discessionem doceas a Moyse eorum qui per gentes sunt Judæorum, dicens, non debere eos circumcidere filios suos, neque secundum consuetudinem legis ingredi. Quid ergo est? utique oportet convenire multitudinem: audient enim te supervenisse. Hoc ergo fac quod tibi dicimus. Sunt nobis viri quatuor votum habentes super se: his assumptis, sanctifica te cum illis, et impende in illis ut radant capita sua: et scient omnes quia quæ de te audierunt, falsa sunt: sed ambulas et ipse custodiens legem.* Mox vero subjungunt, quæ hic afferre non pigeat: *De his autem qui crediderunt ex gentibus, nos scripsimus judicantes, ut abstineant se ab idolis immolato, et sanguine, et suffocato, et fornicatione.*

III. *Trans Jordanem ante Hierosolymorum obsi-*

[a] Act. XXIV, 5.

dionem secesserunt. — Illi porro omnes ex Judæis Christiani, cum urbem sanctam ab exercitu Romanorum quamprimum cinctum atque obsessum iri certo intelligerent, ex Judæa, uti præmoniti pridem a Domino fuerant [74], ad montes fugerunt, seu Jordane trajecto, in Decapolim, ac Pellam in primis contenderunt, ubi tranquilli egerunt, et immunes a calamitatibus quibus Judæi cæteri occupati afflictique sunt. Tunc porro sanctissimus Jacobus martyrium obierat, quod refert Josephus, inque locum ejus Simeon Cleophæ filius, Dominique itidem cognatus subrogatus erat. Quorum successores tredecim fuisse, *ex circumcisione omnes*, ἐκ τῆς περιτομῆς, narrant, ex Hegesippo, ni fallor, Eusebius Cæsariensis, Cyrillus Hierosolymitanus, Epiphanius, et alii. Cæterum Epiphanius, hæresi 66, quæ est Manichæorum, successionem istam Judæorum episcoporum ad annum decimum Antonini Pii perseverasse tradit. Eusebius vero eam ultra Adriani tempora non extendit; quod plane verius esse existimo : ut nempe Hierosolymitana illa Ecclesia ex solis Judæis constiterit, usque ad bellum, quod contribules eorum, uti Christo, ita et imperatori perduelles, Barchocheba suo duce adversus Romanos gesserunt. Quo patrato Adrianus, expulsis patrio solo quibuscumque Judæis, colonias in urbem novam, quam de suo prænomine *Æliam* appellaverat, deduxit. Quo factum est, ut episcopi Hierosolymitani deinceps ex gentilibus ac Græcis qui Christi fidem amplexi erant, et novæ civitatis Ecclesiam conflabant, assumpti fuerint, nec jam amplius ex circumcisione.

IV. *Epiphanii de instaurata Hierosolymorum ecclesia narratio*. — Epiphanius in libro *De ponderibus et mensuris*, scribit insuper Christianos illos apostolorum ex Judæis discipulos, ad sanctæ urbis ruinas et rudera reversos, cœnaculi illius, in quod apostoli quondam post ascensionem Domini convenerant, parietinas et tuguria in monte Sion occupasse, illicque, exstructa ecclesiæ ædicula, Christi fidem perinde atque antea docuisse. Verum, ut huicce narrationi parcam quæ viris doctissimis ad fabulas amandanda visa est, maximam partem illorum ex Hebræa gente Christianorum, ultra Jordanem in Decapoli et Basanitide, quin etiam in Cœlesyriæ oppidis quibusdam hæsisse testatur ipsemet Epiphanius, hæresi 29.

V. *Thebutes Hierosolymorum Ecclesiam inficere tentat*. — Interim vero, Simeone post Jacobi necem episcopatum gerente, Thebutes nescio quis Ecclesiam istam, quæ cum nulla perversæ doctrinæ labe corrupta esset, Virgo nuncupabatur, in petitione episcopatus repulsam passus, erroribus inficere conatus est. Is, Hegesippo apud Eusebium teste, alteri e septem sectis quæ in Judæa seminatæ erant, nomen dedit; Simonianorum scilicet, Cleobianorum, Dositheanorum, et aliorum ex quibus Menandriani, Saturniani, Carpocratiani, Valentiniani et Basilidiani prognati sunt. Thebutem istum eumdem fuisse ac Ebionem a quo Ebionitæ nomen traxerunt, affirmare non ausim. Cæterum Ebionitas Gnosticorum placita quædam tenuisse inferius dicam. Quinimo Justinus Martyr, in fragmentis operis sui *De resurrectione*, quæ tomo II damus ex Parallelis Rupefucaldinis, locupletissimus [XCIII] testis est pristinos hæreticos, qui a fide catholica defecerunt, non ex Samaritanis solum, uti Simoniani, Dositheani, Menandriani et Saturnitiani, prodiisse, sed præsertim ex Judæis qui Christiani audiebant : Ὁ τῆς πονηρίας ἄρχων ἐξέπεμψε τοὺς ἀποστόλους αὐτοῦ κακοὺς, καὶ λοιμώδεις διδασκαλίας εἰσάγοντας, ἐκλεξάμενος αὐτοὺς ἐκ [τῶν] σταυρωσάντων τὸν Σωτῆρα ἡμῶν, οἵτινες, τὸ μὲν ὄνομα τοῦ Σωτῆρος ἔφερον, τὰ δὲ ἔργα τοῦ πέμψαντος αὐτοὺς, ἐποίουν · *Nequitiæ princeps emisit improbos suos apostolos, et pestilentis doctrinæ inductores, electos ex iis qui Salvatorem nostrum crucifixerunt, qui nomen quidem Salvatoris ferebant, opera vero ejus qui ipsos miserat, faciebant*. Atqui Cerinthum et Ebionem ex his fuisse non iero inficias.

VI. *Ebionitæ a quonam hoc nomen habuerint*. — Origenes libri secundi *Contra Celsum* initio observat nomen *Ebion* Hebræis idem sonare atque *pauperem et egenum*, et illos ex Judæis qui Jesum tanquam Christum recepissent, Ebionitas a contribulibus suis vocitatos esse : quia nimirum, ut viri quidam non prorsus inducti conjecere, secundum divini Præceptoris sui instituta, facultatum suarum abjecto dominio, paupertatem in primis colerent. Ex quo suspicari quispiam possit nomen *Ebion* proprium viri cujusdam non fuisse, sed cognomen et epithetum. Id quod tamen Origenes non satis innuit; sed duntaxat illos, qui, cum Christum se suscipere dicerent, nihilominus cæremoniarum legis observantes essent, ob sensus sui pusillitatem et inopiam, consentanee prorsus et apposite Ebionitas aut Ebionæos fuisse vocitatos. *Non intellexit Celsus*, inquit, *quod Judæi qui in Christum crediderunt, non desciverint a patriis legibus* : Βιοῦσι γὰρ κατ' αὐτῶν, ἐπώνυμοι τῆς κατὰ τὴν ἐκδοχὴν πτωχείας τοῦ νόμου γεγενημένοι Ἐβίων τε γὰρ ὁ πτωχὸς παρὰ Ἰουδαίοις καλεῖται *Vivunt enim ex eorum præscripto, a paupertate legis cognomen per successionem trahentes. Nam* Ebion *Judaica lingua pauper nominatur, et Ebionæi dicuntur a cæteris Judæis, ut qui Jesum pro Christo receperint*. Tertullianus vero et auctor Appendicis ad ejus librum *De præscriptionibus*, Epiphanius item, Hieronymus, Theodoretus, et alii Ebionem quemdam Ebionitarum sectæ fuisse parentem tenent.

VII. *Duplicis generis Ebionitæ*. — Atqui Ebionæos duum generum esse rursum scribit Origenes, lib. V *Contra Celsum*, quorum alii Jesum de Virgine natum faterentur, negarent alii : Οὗτοι δέ εἰσιν οἱ

---

[74] Matth. xxiv, 16.

δίττοὶ Ἐβιωναῖοι, ἤτοι οἱ ἐκ Παρθένου ὁμολογοῦντες ὁμοίως ἡμῖν τὸν Ἰησοῦν· οἱ δὲ οὐχ οὕτω γεγενῆσθαι. In fine demum ejusdem libri subdit, *utriusque generis Ebionœos Epistolas Pauli perinde atque Encratitas repudiare*: Εἰσὶ γὰρ αἱρέσεις τὰς Παύλου ἐπιστολὰς τοῦ ἀποστόλου μὴ προσιέμενοι, ὥσπερ Ἐβιωναῖοι ἀμφότεροι καὶ οἱ καλούμενοι Ἐγκρατηταί· Quem Origenis locum exscripsit Eusebius Cæsariensis (a), et fuse multis edisseruit. Plane utriusque generis Ebionæos apostolum Paulum veluti patriarum legum desertorem ἀποστάτην exhorruisse, Irenæus, Epiphanius, Theodoretus, et alii perinde asseverarunt. Addunt insuper eos in conventibus suis solum Matthæi Evangelium Hebraice scriptum lectitare solitos, sed mutilatum vitiatumque, ea præsertim parte qua Christi de Virgine nativitas enuntiatur. Ad hæc Epiphanius testatur Ebionæos omnes Pharisaicis lotionibus, mersitationibusque, ac proinde traditiunculis fuisse addictissimos. Tandem multis in locis asserit illos ad Elcesæos Samsæosve hæreticos transivisse, ut in unam sectam omnes coaluerint. Cujus rei argumento sit, quod ad Eucharistiam, panem quidem azymum, aquam vero nudam, Encratitarum more, adhiberent.

Samsæi hæretici a loco Samsa vocati. — Ubi obiter commonebo me, dum adnotationes in librum *De hæresibus* scriberem, non perspectum habuisse undenam *Samsæorum* vocabulum acceptum esset aut impositum. Posthac vero ex cap. 1, 2, et 170 *Prati spiritualis* Joannis Moschi Eucratis comperi, in regione trans Jordanem sita, in quia Samsæi morabantur, fuisse locum cui nomen *Sapsæ*, seu *Samsæ* esset, a quo proinde, non a sole qui Samsa Syriace dicitur, Samsæi nominati erunt: Ἔστιν δὲ ὁ τόπος ὁ ἐπιλεγόμενος Σάφας. Τούτου δὲ ἐξ εὐωνύμων προπαράκειται ὁ χείμαρρος Χωράθ, εἰς ὃν ἀπεστάλη Ἠλίας ὁ Θεσβίτης ἐν καιρῷ τῆς ἀβροχίας ἐπὶ πρόσωπον τοῦ Ἰορδάνου· *Appellatur autem locus ipse Samsas : ante quem ad lævam jacet torrens Chorath, ad quem missus est Elias Thesbites tempore siccitatis, contra Jordanem.* Torrentem Chorath, seu Charith, ut in Vulgata ex Hebræo legimus, ultra Jordanem fuisse testes sunt etiam Eusebius et Hieronymus, ut mirum sit recentiores quosdam geographos ab his dissensisse. Eo magis quod longe verisimilius sit prophetam in asperrima regione trans Jordanem latitasse [75], cujus magna tum pars a regibus Syriæ occupata esset, quam in Chananæa, imo in ipsamet tribu Ephraim, haud procul Samaria, ubi eruditi illi torrentem Charith collocant. Sed de his satis : ad propositum revertor.

VIII. *Ebionitarum dogma præcipuum.* — Præcipuum Ebionitarum doctrinæ seu impietatis caput fuit, Dominum Jesum ante Mariam non exstitisse, nec proinde verum esse Deum, sed hominem duntaxat eximium. Quamobrem nostra ætate Sociniani et Antitrinitarii illos tanquam patriarchas suos habent, quibus Nazarenos adjungere non dubitarunt. Ipsis porro hac in parte faverunt Hugo Grotius, Joannes Gerardus Vossius, aliique Protestantium, non satis reluctantibus catholicis scriptoribus, si unum exceperis illustrissimum vereque doctissimum præsulem Abricensium Danielem Huetium, qui in suis olim ad Origenis quæ Græce Latineque edidit opera adnotationibus, Nazarenos et Ebionitas in hoc solummodo consensisse monuit, quod Mosaicæ legis præceptorum observantes essent, non autem in negando veram Domini nostri Jesu Christi deitatem.

IX. *Nazarenorum fides ex Hieronymo discenda.* — Nazareni itaque, uti circumcisionem aliosque gentis suæ mores aliquot retinuerunt, quemadmodum indultum eis olim fuerat ab apostolis, sic quoque rectam Domino Jesu fidem quam ab ipsis acceperant. Id quod certe nullo meliore teste compertum fieri potest, quam Hieronymo, qui illis familiarissime usus est, ipsosque de variorum divinæ Scripturæ locorum sensu consuluit. [XCIV] Ex quibusdam itaque enarrationibus, quas sanctus doctor a Nazarenis acceptas refert in suis in Isaiam commentariis, discimus primum, illos, contra atque Ebionitis placeret, novellas Pharisæorum traditiones spretim habuisse ac in totum respuisse. Itemque erga apostolum Paulum optime affectos fuisse, necnon erga gentium cæterarum Christianos; atque adeo toto cœlo Nazarenos ab Ebionitis discrepasse. Quod ubi demonstravero, et illud evincam, nequaquam a Nazarenis vocatam in dubium fuisse catholicæ Ecclesiæ doctrinam de vera substantialique Domini nostri Jesu Christi divinitate.

X. *Scribarum traditionibus infensi erant.* — Hieronymus igitur in cap. VIII Isaiæ, ỹ 9, ad hæc prophetæ verba, *Et cum dixerint ad vos, Quærite*, etc., explanationi suæ hanc subjungit, tanquam ab illis acceptum: *Cæterum Nazaræi locum istum ita edisserunt: Cum dixerint ad vos Scribæ et Pharisæi, ut eos audiatis, quoniam ventris causa faciunt, et in morem magorum stridunt incantationibus suis, ut vos decipiant, hoc eis respondere debetis : Non mirum si vestras traditiones sequamini, cum unaquæque gens sua consulat idola. Ergo nos a vobis mortuis de viventibus consulere non debemus. Magis Deus nobis legem dedit, et testimonia Scripturarum, quæ si sequi nolueritis, non habebitis lucem, sed semper caligo vos opprimet, quæ transibit per terram vestram atque doctrinam : ut cum decepti a vobis se in errore perspexerint, et sustinere famem veritatis, tunc contristentur, sive irascantur vobis quos quasi deos suos*

---

[75] III Reg. XVII, 5.

(a) *Hist. Eccl.*, lib. III, cap. 27.

et reges putabant, et frustra ad cœlum terramque respiciunt, cum semper in tenebris sint, et non possint de vestris avolare insidiis. Hæc plane probrosissima sunt adversus Scribas et Pharisæos, nec ab ejusmodi hominibus profecta, qui Scribarum et Pharisæorum nænias traditionesve, ut Ebionitæ, magni facerent et observarent, quin potius exsecrarentur, tanquam ab idolorum cultu nihil aut parum discrepantes.

Ejusdem generis atque ingenii sunt quæ idem Hieronymus recitat ad hæc Isaiæ verba, cap. XXIX, ÿ 20 : *« Consummatus est illusor, »* etc. *Quæ nos super diabolo et angelis ejus intelleximus*, inquit sanctus doctor, *Nazaræi contra Scribas et Pharisæos dicta arbitrantur, quod defecerint Δευτερωταί, qui prius illudebant populo traditionibus pessimis, et ad decipiendos simplices diu noctuque vigilabant, qui peccare faciebant homines in verbo Dei, ut Christum Dei Filium negarent.* Ad eumdem sensum interpretari pergebant altera hæc prophetæ verba cap. XXXI, ÿ 6 : *« Convertimini, sicut in profundum recesseratis, filii Israel, »* etc. *Nazaræi*, inquit iterum Hieronymus, *locum istum sic intelligunt : O filii Israel, qui consilio pessimo Dei Filium denegastis, revertimini ad eum, et ad apostolos ejus. Si enim hoc feceritis, omnia abjicietis idola, quæ vobis prius fuerunt in peccatum, et cadet ex vobis diabolus, non vestris viribus, sed misericordia Dei ; et juvenes ejus qui quondam pro illo pugnaverunt, erunt Ecclesiæ vectigales, omnisque fortitudo et petra illius pertransibit. Philosophi quoque, et dogma perversum ad crucis signum terga convertent. Domini quippe sententia est, cujus ignis sive lumen in Sion, et clibanus Jerusalem.*

XI. *Gentium fidem magni faciebant*. — Hæc rursum satis produnt, quanto odio Nazareni Christiani a Scribarum et Pharisæorum traditionibus et nugamentis abhorrerent ; gentium vero insuper fidem in Christum Dei Filium ac Deum commendant, qua inanis Græcorum philosophia cruci jugo submissa fuit. Sed quam benevolo animo erga reliquos orbis Christianos affecti essent, et quanto honore Paulum gentium apostolum ac doctorem prosequerentur, disertius efferunt in duabus aliis enarrationibus in priores versus capitis IX ejusdem prophetæ, quas perinde refert Hieronymus ad hunc modum : *Hebræi credentes in Christum hunc locum ita edisserunt. Primo tempore hæ duæ tribus, Zabulon et Nephthali ab Assyriis captæ sunt, et ductæ in hostilem terram, et Galilæa deserta est, quam nunc propheta dicit alleviatam esse, eo quod peccata populi sustineret. Postea non solum duæ tribus, sed et reliquæ quæ habitabant trans Jordanem, et in Samaria ductæ sunt in captivitatem. Et hoc, inquiunt, Scriptura nunc dicit, quod regio cujus populus primus ductus est in captivitatem, et Babyloniis servire cœpit, et quæ prius in tenebris versabatur erroris, ipsa primum lucem prædicantis viderit Christi et ex ea in universas gentes Evangelium seminatum.* Hæc quidem ad vocationem gentium eorumque fidem laudandam spectant ; quæ vero mox subjungit, expressiora sunt et validiora : *Nazaræi quorum opinionem supra posui, hunc locum ita explanare conantur. Adveniente Christo, et prædicatione illius coruscante, prima terra Zabulon et terra Nephthali Scribarum et Pharisæorum est erroribus liberata, et gravissimum traditionum Judaicarum jugum excussit de cervicibus suis. Postea autem per Evangelium apostoli Pauli, qui novissimus apostolorum fuit, ingravata est, id est, multiplicata prædicatio, et ad terminos gentium, et viam universi maris, Christi Evangelium splenduit. Denique omnis orbis qui ante ambulabat, vel sedebat in tenebris, et idololatriæ et mortis vinculis tenebatur, clarum Evangeliorum lumen aspexit.*

XII. *Christum uti Deum coluerunt*. — Altera ista Nazarenorum expositio, qua apostoli Pauli prædicatio, a qua Ebionitæ et Cerinthiani, perinde abhorrebant ac Judæi, unaque gentium fides mirifice extolluntur, hoc dubio procul significabant, se totius Ecclesiæ quæ per universum orbem diffusa erat, doctrinam approbare, nec ad instar Ebionitarum et perfidorum contribulium suorum, Christianos ex gentibus, a quibus Christus uti verus Deus Patri consubstantialis (exstinctis Samosateni et Photini hæresibus, suppressaque nuper Ariana), secundum traditam ab apostolis ac præsertim a Paulo fidem colebatur, tanquam idololatras aut Anthropolatras taxare, nec proinde ipsum deitate sua spoliare. Id quod manifestius adhuc deducitur ex Expositione ipsorum altera quam Hieronymus inserendam censuit in commentario suo in cap. VIII Isaiæ, ad hæc verba ÿ 13 : *Dominum exercituum, ipsum sanctificate, et erit vobis in sanctificationem ; in lapidem autem offensionis, et in petram scandali duabus domibus Israel. Quæ quidem, cum de supremo universorum Deo* יהוה צבאות *Domino exercituum a propheta pronuntiata sint, de Domino Jesu Christo Nazareni incunctanter accipiebant, et interpretabantur.* [XCV] *Duas domus*, ait doctor sanctus, *Nazareni qui Christum ita recipiunt, ut observationes legis veteris non amittant, duas familias interpretantur, Sammai et Hillel, ex quibus orti sunt Scribæ et Pharisæi, quorum suscepit scholam Akibas, quem magistrum Aquilæ proselyti autumant.... Sammai igitur et Hillel, non multo prius quam Dominus nasceretur, orti sunt in Judæa, quorum prior dissipator interpretatur, alter profanus ; eo quod per traditiones et δευτερώσεις suas legis præcepta dissipaverint, et maculaverint. Et has esse duas domus quæ Salvatorem non receperunt, qui factus sit eis in ruinam et in scandalum.* Ex de mente Nazarenorum, ut et cæterorum Christianorum, Dominus Jesus Salvator noster, *ipse Dominus exercituum est*, non nudus homo ac simplex creatura.

XIV. *Idem ex eorum Evangelio probatur*. — Et certe in ipsorum Evangelio Christi deitatem disertissime expressam fuisse discimus ex fragmento, quod Hieronymus, qui Evangelium illud ex Hebræo seu Syriaco idiomate in Latinum transtulerat, in eodem commentario in caput XI Isaiæ recitat in hunc modum : *Factum est, cum ascendisset Dominus de aqua, descendit fons omnis Spiritus sancti, et requievit super eum, et dixit illi : Fili mi, in omnibus prophetis exspectabam te ut venires, et requiescerem in te. Tu es enim requies mea. Tu es Filius meus primogenitus, qui regnas in sempiternum*. Secundum tritam in Scripturis et apud Judæos loquendi normam, ejusmodi clausulæ, *qui regnas in sempiternum, qui es benedictus in sæcula*, soli Deo vero, nec ulli creatæ substantiæ conveniunt. Unde in eodem Evangelio ut ab Ebionitis legebatur, nihil tale illo loci reperiebatur, ut compertum fit ex excerpto quod Epiphanius recitat hæresi 30, § 13.

XV. *Ex aliis item ipsorum expositionibus.* — Ad hæc, idem Hieronymus in caput XIII Habacuc, verborum istorum, *Deus ab austro veniet*, etc., expositionem affert, quam se ab Hebræo, utique Nazareno, non puro puto Judæo et Christianæ fidei infenso, accepisse testatur, qua Christi divinitas apertissime enuntiatur, ejusque antequam carne nasceretur, exsistentia : *Audivi ego Hebræum*, inquit, *istum locum ita edisserere : quod Bethleem sita sit ad austrum, in qua natus est Dominus et Salvator, et ipsum esse de quo nunc dicitur : « Dominus ab austro veniet; » hoc est, nascetur in Bethleem, et inde consurget : et quia ipse qui natus est in Bethleem, legem quondam dedit in monte Sinai, ipse est sanctus qui venit de monte Pharan. Pharan quippe est locus montis Sina*. Plane, ut interpretatio prima initii capitis IX Isaiæ, quæ ab Hebræis accepta dicitur, Nazarenorum est qui in Christum crederent; rursumque ubi Hieronymus ait, in cap. XI, eruditos Hebræorum, illud quod in Matthæi Evangelio scriptum est, *quia Nazaræus vocabitur*, ex initio istius capitis *assumptum putare*, illic Nazarenos significatos voluit ; sic quoque Hebræus ille qui ex Habacuc verbis *Deus ab austro veniet*, supremam Christi deitatem prædicabat, e Nazarenis fuisse omnino censendus est, a quorum Scripturas interpretandi methodo nullatenus discreparet, ut ex collatione perspicuum fiet. Hujus etiam generis erant Hebræi illi, quorum expositionem septuaginta hebdomadum Danielis sanctissimus idem librorum sacrorum interpres affert in cap. IX hujus alterius prophetæ. Hi enim Christiani erant, non Domino Jesu Christo infensi.

XVI. *Ex alio Hieronymi loco.* — Denique, cum Hieronymus ubi de Ebionitis loquitur, vulgo soleat interjicere, eos Christum Maria anteriorem non agnoscere, nusquam hoc de Nazarenis insinuavit, sed eos credere Jesum esse Filium Dei : ita ut alios de gente sua dure perstringeret, quod Dei Filium denegassent, velut ex ipsorum adnotationibus quas ante recitavi, compertum fit : huncque duntaxat nævum in eis reprehendit, quod cum crederent in Christum, legis cæremonias nihilo secius retinerent. Horum porro de Christo fidem sic rursum paucis enuntiat epist. 89, quæ est ad Augustinum, postquam de Ebionitis dixit, qui Christianos esse se simularent, de Nazarenis adjicit : *Usque hodie per totas Orientis synagogas inter Judæos hæresis quæ dicitur Minæorum, et a Pharisæis est, usque nunc damnatur, quos vulgo Nazaræos nuncupant, qui credunt in Christum Filium Dei, natum de Virgine Maria, et eum esse dicunt, qui sub Pontio Pilato passus est, et resurrexit, in quem et nos credimus : sed dum volunt et Judæi esse et Christiani, nec Judæi sunt, nec Christiani ; propter circumcisionem scilicet et Judaicos ritus quosdam quibus plus æquo adhærescerent*. Atqui secundum simpliciorem Christianorum veterum fidei professionem, quam Nazareni, cum ab aliis Christianis, tum regione, tum moribus segregarentur, ab apostolis acceptam apud se servaverant, et qualem Symbolum apostolicum exhibet, credere in Christum Dei Filium, idem prorsus erat, ac credere Christum vere et proprie Deum esse, ex Deo Patre genitum. Unde Hieronymus subdit, *in quem et nos credimus*, ut significet eamdem esse Nazarenorum ac nostrorum Catholicorum fidem : eo maxime quod, ut ante ex ipsomet sancto doctore recitatum est, Nazareni fidem gentium, a quibus Christus uti verus Deus colitur et adoratur, dignis laudibus tanquam ab idololatriæ crimine immunem commendarent.

XVII. *A Judæorum synagogis alieni erant Nazareni.* — Cæterum, quod Hieronymus in epistola ad Augustinum de Nazarenis nostris dicturus, his verbis exorsus sit : *Usque hodie per totius Orientis synagogas inter Judæos hæresis est quæ dicitur Minæorum*, etc., nequaquam significare voluisse putandus est Nazarenos cum Judæis in synagogas convenire solitos, unaque cum perfidis permistos fuisse, ita ut ab eis sese non sejunxerint, quemadmodum recentiores quidam Hieronymi dictum intellexerunt : sed sancti doctoris germanus solusque sensus iste est, Nazarenos per Orientis synagogas a Scribis et Pharisæis ac reliquis Judæis censitos fuisse adeoque proscriptos tanquam hæreticos et Minæos. מינין *Minin* enim idem apud rabbinos sonat, quod *hæretici* Græcis ac Latinis. Quinam profecto Nazareni in synagogas ad preces cum Judæis aliis convenissent, quos tanquam Domini ac Salvatoris sui Christi infensissimos hostes agnoscerent et exhorrerent? Qui rursum fieri potuisset, ut Judæos inter et Nazarenos commercium ullum, saltem quoad rem divinam ac religionem, esset, cum Judæi Pharisæique ipsomet Hieronymo teste, [XCVI] illos tanquam hæreticos et profanos damnarent et exsecrarentur? *Usque hodie*, inquit in cap. V Isaiæ, *Judæi perseverant in blasphemiis, et ter per singulos dies in omnibus synagogis sub nomine Nazarenorum anathematizant vocabulum Christianum*. Quod in cap. LII iterum testatur : *Sub* nomine, ut sæpe dixi, *Nazarenorum*, *ter in die in Christianos congerunt maledicta*. Epiphanius etiam Nazarenos inimicissimos Judæorum fuisse perhibet: πάνυ δὲ οὗτοι ἐχθροὶ τοῖς Ἰουδαίοις ὑπάρχουσιν: *ita ut illi mane dum surgerent, meridie ac vespere, ὅτε εὐχὰς ἐπιτελοῦσιν ἐν ταῖς αὐτῶν συναγωγαῖς, quando preces in synagogis persolvunt, maledicta in eos conjiciant.* Quod certissimo argumento est Nazarenos cum Judæis ad orandum una non convenisse.

XVIII. *Theodoretus Nazarenos non satis dispunxit ab Ebionitis.* — Ex his omnibus solutum manet Epiphanii dubium, qui sibi incompertum fuisse scripserat, num Christiani Nazareni Dominum Jesum pro vero, proprio, naturalique Dei Filio haberent. Et cum Theodoretus illos Christum, uti justum duntaxat hominem veneratos esse scripserit, apparet eum Nazarenis ejusmodi errores imputasse, qui Ebionitarum solummodo proprii essent. Ac certe ipse, vir alias doctissimus, subjungit Nazarenos Evangelium Petri legere solitos. Atqui ex fragmento cujusdam epistolæ Serapionis Antiocheni quod refert Eusebius, lib. VI, cap. 12, discimus Evangelium Petri usurpatum fuisse in Syria a nonnullis qui Docetarum dogmatis imbuti erant. Docetæ porro jungebantur Encratitis, quorum mores Ebionitæ æmulabantur, maxime ex quo ad Elxaitas Samsæosve transierant. Sunt qui putant Evangelium istud idem fuisse ac quod *secundum Hebræos* dicebatur; quo nempe, ut jam a me dictum est, Ebionitæ utebantur, sed ea ipsa parte mutilato quæ in Monotessaro Tatiani Encratitarum antesignani omissa erat. Alii rursum, quibus tamen vix assentior, idem esse ac Κήρυγμα Πέτρου, *Prædicationem Petri*, quæ perinde ab Ebionitis, vel conficta, vel corrupta fuit, ut viri eruditissimi intulerunt ex quodam ejus loco, quem auctor tractatus *De baptismo* inter opera Cypriani protulit: *In quo libro*, inquit, *contra omnes Scripturas, et de peccato proprio confitentem invenies Christum, qui solus omnino nihil deliquit, et ad accipiendum Joannis baptisma pene invitum a matre sua esse compulsum: item cum baptizaretur, ignem super aquam esse visum.* Quæ pravum Ebionitarum de Jesu Christo sensum, non Nazarenorum indicant. Idem auctor eadem prædicatione subjungit, *Post tanta tempora Petrum et Paulum, post collationem Evangelii in Jerusalem, et mutuam altercationem, et rerum agendarum dispositionem, postremo in urbe (Roma) quasi tum primum invicem sibi esse cognitos, et quædam alia hujuscemodi absurde et turpiter conficta*, secundum mentem, ut apparet, Ebionitarum. Epiphanius vero perinde narrat Ebionitas magni fecisse librum cui titulus esset Περίοδων Πέτρου, *Circuitionum Petri*, sive *Itinerarium Petri*, quod hodieque exsistit, et ab Ebionitis vel scriptum, vel labefactatum esse una cum pseudo-Petri ad Jacobum epistola viri docti perinde animadverterunt. Qua de re in primis legenda sunt quæ vir eruditissimus meique amantissimus Cl. D. Joannes Ernestus Grabe scripsit in Spicilegio Patrum primi sæculi, pag. 60. Ad hæc, cum Theodoretus addat hæreses Ebionitarum et Nazaræorum, de quibus locutus est, exortas esse, Domitiano Imperatore, deque illis scripsisse Eusebium Cæsariensem, et confutatas fuisse a Justino Martyre, Irenæo et Origene, satis superque significat, se nequaquam discrevisse Nazarenos ab Ebionitis: quamvis, ut luce clarius me ostendisse arbitror, toto cœlo ab invicem discreparent.

XIX. *Dispunxit Eusebius.* — Eusebius quidem Nazarenos indicare videtur, ubi disputat de evangelistarum Matthæi et Lucæ in enarranda stirpe ac genere Salvatoris dissensione (a), atque ex eorum relatione et testimonio confirmat, Joseph filium fuisse naturalem Nathanis, et secundum legem, Heli. Subdit deinde hoc se didicisse ab his qui *ob propinquitatem generis, qua cum Domino nostro conjuncti erant, δεσπόσυνοι appellabantur (b), qui Nazaris* (forte est *Nazareth) et Cochaba Judææ vicis, in reliquam regionem dispersi, supra dictam generis seriem ex Ephemeridum libro quam fidelissime exposuerunt*: ἀπό τε Ναζάρων καὶ Κωχαβᾶ κωμῶν Ἰουδαϊκῶν τῇ λοιπῇ γῇ ἐπιφοιτήσαντες, καὶ τὴν προειρημένην γενεαλογίαν ἐκ τε τοῦ βίβλου τῶν ἡμερῶν εἰς ὅσον ἐφικνοῦντο ἐξηγησάμενοι. Illi quidem Ebionitæ non erant, qui sane Evangelium Lucæ discipuli Pauli nihil curassent ut ipsum conciliarent cum Matthæi quod legebant Evangelio. Meminit etiam Eusebius eorum quæ Hegesippus accidisse narrabat propinquis et consanguineis Salvatoris nostri sub Domitiano et Trajano imperatore, quos proinde Nazarenos fuisse dubium non est: rectam vero fidem Christo servasse certissimum est ex eodem Hegesippo. Nusquam alias Eusebius, nusquam prorsus Irenæus, nusquam Origenes Nazarenorum meminere: imo neque Justinus, ut ex eorum quæ supersunt, et aliorum scriptorum Epiphanio antiquiorum libris audax infero. Nec alio proinde modo veteres isti Nazarenos confutasse dicti sunt a Theodoreto, nisi quatenus Ebionitas propter Judaicas observationes coargnerunt.

XX. *Ebionitæ Symmachiani.* — Eodem etiam quo Theodoretus errore Nazarenos ab Ebionitis non dispungebant illi, qui eos, Augustino teste libro I *Contra Cresconium*, cap. 31, *Symmachianos* appellitabant, a Symmacho, ni fallor, Ebionita Scripturarum interprete. Cæterum Symmachiani alii dicti sunt a Symmacho quodam patricii hæretici Priscillianistæ filio: sed cum hi puri puti Gnostici essent, nequaquam legis ritibus scrupolosa, ut Ebionitæ, superstitione obtemperabant.

XXI. *Alia mente Nazareni, alia Ebionitæ ritus legis sectati sunt.* — At vero alia mente Ebionitæ

(a) Lib. I *Hist.*, c. 7.

(b) Confer cum Epiph. hær. 20, n. 7.

Mosaicæ legis cæremonias sectabantur, alia Nazareni. Illi siquidem earum observationem necessariam omnibus ad salutem adipiscendam censebant, ita ut Apostolum, qui gentiles Christianos ab hoc jugo eximendos docuerat, velut ἀποστάτην et perduellem exsecrarentur : Nazareni vero, cum eumdem Paulum magni faciebant et commendabant, tum gentiles, qui nomen Christo dederant, sincero amore complectebantur, tametsi circumcisionem carnis aliaque legis [XCVII] præcepta illi non admitterent. Quamobrem nequaquam eorum observantes erant Nazareni, ceu sine illis obtineri salus non posset ; sed quibus profiterentur se esse de Abrahami progenie, adeoque Domini Jesu fratres et cognatos secundum carnem.

XXII. *Justini de circumcisionis et rituum Mosaicorum observatione sententia.* — Atqui ejusmodi observatores rituum Mosaicorum Justinus Martyr venia dignos existimat in Dialogo cum Judæo Tryphone paulo ante medium. Tryphoni quærenti, num, si quis in Christum credat, unaque præcepta legis observet, salvus esse possit, Justinus respondet : Κἀγώ, ὡς ἐμοὶ δοκεῖ, ὦ Τρύφων, λέγω ὅτι σωθήσεται ὁ τοιοῦτος, ἐὰν μὴ τοὺς ἄλλους ἀνθρώπους, λέγω δὴ τοὺς ἀπὸ τῶν ἐθνῶν διὰ Χριστοῦ ἀπὸ τῆς πλάνης περιτμηθέντας, ἐκ παντὸς πείθειν ἀγωνίζηται ταῦτα αὐτοῖς φυλάσσειν, λέγων οὐ σωθήσεσθαι, ἐὰν μὴ φυλάξωσιν· ὁποῖον καὶ ἐν ἀρχῇ τῶν λόγων καὶ σὺ ἔπραττες, ἀποφαινόμενος οὐ σωθήσεσθαί με, ἐὰν μὴ ταῦτα φυλάξω· *Ut mihi videtur, mi Trypho, aio fore ut servetur quisquis talis est ; modo ne cæteris, hoc est illis qui per Christum a gentium errore circumcisi sunt, omnino persuadere contendat, nullam salutem sperandam ista non observantibus : quod tu conabaris initio nostri colloquii, pernegans me salutem assecuturum, ni ista servavero.* Mox Trypho resumens quod Justinus dixerat, sibi videri salvum fore illum, quisquis legem custodiendo ita affectus esset, ut eos non criminaretur, qui illam omitterent, rogavit, num essent ex nobis qui tales salvandos negarent. Justinus ad hæc, *Sunt*, ait, *mi Trypho* : Εἰσίν, ὦ Τρύφων, καὶ μηδὲ κοινωνεῖν ὁμιλίας ἢ ἑστίας τοῖς τοιούτοις τολμῶντες · οἷς ἐγὼ οὐ συναινός εἰμι · ἀλλ' ἐὰν οὗτοι διὰ τὸ ἀσθενὲς τῆς γνώμης, καὶ τὰ ὅσα δύνανται νῦν ἐκ τῶν Μωσέως, ἃ διὰ τὸ σκληροκάρδιον τοῦ λαοῦ νοοῦμεν διατετάχθαι, μετὰ τοῦ ἐπὶ τοῦτον τὸν Χριστὸν ἐλπίζειν, καὶ τὰς αἰωνίους καὶ φύσει δικαιοπραξίας καὶ εὐσεβείας φυλάσσειν βούλωνται, καὶ αἱρῶνται συζῆν τοῖς Χριστιανοῖς καὶ πιστοῖς, ὡς προσεῖπον, μὴ πείθοντες αὐτοὺς μήτε περιτέμνεσθαι, μήτε σαββατίζειν, μήτε ἄλλα ὅσα τοιαῦτά ἐστι τηρεῖν, καὶ προσλαμβάνεσθαι, καὶ κοινωνεῖν, ἁπάντων ὡς ὁμοσπλάγχνοις ἀδελφοῖς δεῖν ἀποφαίνεσθαι. Ἐὰν δὲ οἱ ἀπὸ τοῦ γένους τοῦ ὑμετέρου, πιστεύειν λέγοντες ἐπὶ τοῦτον τὸν Χριστόν, ὦ Τρύφων, ἔλεγον, ἐκ παντὸς κατὰ τὸν διὰ Μωϋσέως διαταχθέντα νόμον ἀναγκάζωσι ζῆν τοὺς ἐξ ἐθνῶν

(a) Hieron. *in cap.* 1 *Isaiæ.*

πιστεύοντας ἐπὶ τοῦτον τὸν Χριστόν, ἢ μὴ κοινωνεῖν αὐτοῖς τῆς τοιαύτης τῆς συνδιαγωγῆς αἱρῶνται, ὁμοίως καὶ τούτους οὐκ ἀποδέχομαι. *Sunt qui talibus, neque consortii, neque hospitii communionem habere voluerunt, quos ego neutiquam probo : sed si ipsi propter animi infirmitatem, quantum possunt ex Mosaicis præceptis servando, quæ nos propter duritiem cordis populo data intelligimus, volunt in Christum credere, sempiternumque illud naturæ jus pietatemque custodire, nec fastidiunt cum Christianis et fidelibus consuetudinem, non circumcisionem, non Sabbata, et similes observationes ab eis exigendo ; tales censeo complectendos, et exhibenda illis esse omnia humanitatis officia, tanquam uterinis germanisque fratribus. Quod si qui de genere vestro sint hunc esse Christum confessi, ex gentibus ad fidem ipsius conversos cogant observare quidquid Mosaica lex præcipit, aut ab iis qui id præstare recusant, sese abalienent, et ipsos pariter improbo.*

XXIII. Hoc in loco Justinus, ni fallor, tum Ebionitas gentium perosores indicat, tum etiam Nazarenos, qui cum non malo prorsus animo, sed pusillo potius, legis observationes retinerent, nihilominus ab aliis Christianis non admitterentur. Id quod fieri cœpisse existimo ipsa Justini ætate, post confectum a Romanis bellum, quod Judæi Barchocheba suo duce contra ipsos moverant. Ab hinc enim, cum Hierosolymorum Ecclesia, imo totius Palæstinæ, ex gentibus tota constaret, priscis illis Christianis qui ex circumcisione erant, circumcisionemque admittere pergebant, rejecti fuerunt, nec ipsorum communione digni habiti. Hos porro quia fidem Christi rectam tenerent, venia dignos censet Justinus, multo minus redarguit : nec salutis extorres futuros arbitratur, nisi illos, qui Ebionitarum more gentiles circumcidi et legis præceptis astringi vellent.

XXIV. Tandem ut inculcet amplius quæ de isto capite hactenus statuerat, iterum subjungit : Τοὺς δὲ πειθομένους αὐτοῖς ἐπὶ τὴν ἔννομον πολιτείαν, μετὰ τοῦ φυλάσσειν τὴν εἰς τὸν Χριστὸν τοῦ Θεοῦ ὁμολογίαν, καὶ σωθήσεσθαι ἴσως ὑπολαμβάνω. *Cæterum illos, qui sic illis obsequuntur, ut ex legis præscripto vitæ rationem instituentes, Christi nihilominus confessionem simul conservent, hos salutem adepturos existimo. A qua nempe eos excidere putat, qui, cum Christum agnoverint, confessique sint, qualicunque demum ex causa ad legem Mosaicam, hunc esse Christum abnegantes, desciverint, nisi eos ante moriem pœniteat.* Mox declarat Judæos, quamlibet ex Abraham semine prognati sint, ac secundum legis præcepta vitam agant, æterna salute nunquam potituros, nisi in Christum credant : *Sed illos in primis qui in synagogis suis Christum Dei diris devoverunt, ac devovent :* καὶ μάλιστα τοὺς ἐν ταῖς συναγωγαῖς καταθεματίσαντας, καὶ καταναθεματίζοντας ἐπ' αὐτὸν τὸν

Χριστόν. Quibus verbis significat etiam maledicta quæ, Hieronymo et Epiphanio testibus, Judæi ter in die, ut in Dominum Jesum, ita et in Christianos ac præsertim Nazarenos in synagogis suis pronuntiabant. Hæc porro Justinus effatus est in dialogo, postquam præcepta ac cæremonias veteris legis per Christi mortem antiquata suppressasque fuisse firmissimis argumentis adversus Tryphonem Judæum evicerat. Cæterum Hieronymus (*in c. 1 Isa.*) *Ebionitarum socio*] refutat, *qui Judæis tantum, et de stirpe Israelitici generis, hæc custodienda decernunt :* ubi, ni fallor, Nazarenos significat.

VITA
S. P. N. JOANNIS DAMASCENI

A JOANNE PATRIARCHA HIEROSOLYMITANO CONSCRIPTA.

1. *Virorum sanctorum gesta posteris commendanda, maxime doctorum Ecclesiæ.* — In more hominum positum est, ut iis qui Dei imaginem ab omni labe et macula puram tenuerunt, seu in primigenia integritate et elegantia eam conservarunt, seu cum obliterata esset, et sordibus conspurcata, eamdem instauravere, divinas ipsorum effigies, honoris causa, conficiant. Quin etiam qui augustioris cujusdam cultus amantes videri gestiunt, horum manus opulenta in magnificentiam proclivis, præstantiores materias adhibet, in quibus illorum insculpant imagines, cum se majore erga viros sanctos honore hoc modo defungi arbitrentur. Quando itaque illi in eorum formis exprimendis ita se magnificos et splendidos præbent, nunquid æquum fuerit, ut in narrandis rebus quas gesserunt, incultos omnique ornatu vacuos sermones relinquamus? Nequaquam sane. Rusticiores siquidem venia digni sunt, cum pro ea qua pollent facultate, rudi stylo recitant res gestas eorum qui Christo placuere : iis vero qui eloquentiæ studium suum dederunt minime condonandum erit, ubi tumultuaria utcunque opera sanctorum vitas conscripserint, ac præsertim virorum quorum spiritus hic et vita fuit, ut litteris incumberent, subindeque, cum mentem ab ignorantia et oblivione, tum animum ab omni turbulento motu expurgarent ; illorum, inquam, virorum, a quibus terrarum orbis honestatus est, et quorum libri mentes omnium collustrarunt, non nuda extraneæ [Η] sapientiæ elegantia, sed et jam Paracleti lumen copiose affatim emittendo.

II. *Joannes Damascenus inter primos Ecclesiæ doctores censendus. Floruit cum hæresis Iconoclastarum emergeret. Leo Isauricus hæresis auctor.* — Unus eorum et quidem inter primos censendus est

¹ Amos III, 8.

(1) *Nox universo orbi insederat.* Ex toto isto capite, ut ex aliis monumentis quæ congessit Allatius in opere *De Joanne Damasceno*, profligatur error eorum, qui sub Theodosio seu seniore, seu

A magnus et inclytus Joannes, qui a Damasco patre suo cognomentum habuit. Is enim haud exiguum Ecclesiæ firmamenti sidus exstitit, sed maximum plane et fulgentissimum, ut quod non modo luxerit, quando hæresis ubique passim tenebras spargebat, verum et omnem perversæ doctrinæ noctem lucubrationum suarum emicante claritate dispulerit. Nam nox quidem universo orbi insederat (1), qua præclaræ venerandarum imaginum figuræ obscurabantur, profundaque prorsus caligo erat : ille vero qui eam effundebat, operabaturque, non de vulgo quispiam homo erat, qui in aliqua parte malum sereret, sed qui suis, ut ita loquar, manibus, orbis terrarum fines capiebat : quippe qui teneret sceptrum imperii Romani. Quo fiebat, ut quoquo versum spirans, cum ingenti impetu venerandas imagines deturbaret, eorum a quibus illæ colerentur, alios quidem, ut erat nomine atque animi inductione Leo, sicut leo rapiens et rugiens devoraret, alios vero qui rectæ fidei tenaces essent, alio atque alio dispergeret compelleretque in subterraneis recessibus occultari. Ac multi quidem cum leonibus et draconibus, quam cum ipso ejusque ministris commorari maluerunt : alii autem quo perculsi timore erant, ad remotiores orbis terræ fines contenderunt (leo enim rugiet, et quis non pavebit¹ ?) atque ab eo tanquam a facie colubri profugerunt.

III. *Joannis nomen Hebraice* GRATIA DEI *exprimitur. Vita sancti Joannis Damasceni Arabice primum scripta.* — At vero vir iste, spirituali, cujus nomen gerebat, gratia perfusus, cum adversus serpentem solum ira effervesceret, ita ut irascendi affectus in animi boni studium et virtutem evasisset, non e Thracia quam ipse tunc temporis incoleret, ad Sarmatas aufugit ; non Byzantio ad co-

juniore Nostrum claruisse somniarunt ; quem tamen alii emendatius posse putarunt, si Theodosius III Leonis Isauri decessor intelligeretur.

lumnas Herculeas tutandæ salutis causa se præripuit; non denique propter rugitum Leonis ex aula in solitudinem concessit : sed, cum Damasci primum, tum deinde in Palæstina degeret, atque in solitudine monasticam vitam ageret, adversus Leonem strenue admodum depugnavit. Quanquam enim ingenti locorum intervallo ter fortis hic meus athleta ab illo distabat, libris tamen igne Paracleti fabricatis, et vitali unda temperatis, obduratisque, veluti triplici lancea cor ejus transfodit [3]. Verum hæc suo loco luculentius oratio declarabit. An igitur in rem nostram erit tanti viri vitam rusticano more, imo lingua et litteris Arabicis conscriptam, idcirco contemptim negligere? Non profecto. Quocirca enarrandum modo est, ex qua quamque nobili radice florentissimum hoc germen prodierit, quæ patria tellus illud se protulisse glorietur.

IV. *Damascus.* — Ea ipsa est Damascus civitas. Nam [III] quemadmodum ipsa Paulo magnifice effertur, quod nempe prima cœlipetam illum viderit, cum impietatem ille abjecisset, et ex Christi inimico amicus Christi factus esset, sic ob hunc quoque virum honeste et graviter intumescit; non quasi is aliunde venerit, aut ex altera religione quapiam ad rectam transierit, sed quoniam illum ex prima radice protulit, et pietate magis, quam editione corporis emisit in lucem, docendoque nutrivit, ob hoc germen suum admodum gloriatur et gestit, et majorem ex eo voluptatem percipit, quam ex aliis ornamentis quæ splendorem ipsi conciliant, sive temperaturam anni dixeris, sive præddulcium pellucidarumque aquarum fluenta plurima quibus irrigatur. Quin nec optimorum fructuum copia huicce urbi tantum claritatis adjicit, quantum quod pulchra hæc et nobilis arbor, ex ipsa nata sit, quæ secus decursus aquarum enutrita, fructus spiritus edidit in tempore suo [3]; quorum aliqui perpetuo recentes sunt apud nos, tamque aspectui pulchri, quam gustui suaves, ac demum ejusmodi, ut illos a quibus tanguntur delibanturque, non modo efficiant voluptate, sed edentem in primis saginent et augeant, inque virum perfectum spiritu provehendo cunctis dotibus consummatum reddant. Ad hunc itaque modum Damascus civitas ob istum partum suum majore gloria præstat, quam ob alia bona quibus affatim abundat. Hæc itaque civitas est, quæ virum istum tulit.

V. *Joannis parentes religiosi.* — Progenitores vero ipse habuit viros religiosos, quique pietatis florem et Christianæ scientiæ fragrantiam in medio spinarum soli conservavere. Nam hi soli nomen Christianum uti præclaram quamdam, nec ulla vi extorquendam hæreditatem retinuerunt, ut, ex quo tempore Agaris nepotes urbem ceperunt, orthodoxam fidem nullo prorsus modo labefactarint.

Quo etiam factum est, ut inter medias impiorum catervas virtus eos insignes reddiderit, vel ipsismet fidelibus eam venerantibus : seu potius [IV], quemadmodum Danielem apud Assyrios propter edita pietatis specimina [4], et apud Ægyptios Josephum Deus illustravit [5], adeo ut eos, tametsi captivi erant in terra extranea et hostili, moderatores dominosque constituerit; sic quoque Joannis majores negotiorum publicorum administratores inter Saracenos ipsos præfecerit, atque illic etiam pii captivi impiis, in quorum potestatem venerant, imperitarint. O ingentia Dei miracula, stupendaque prodigia! Nihil profecto virtute sublimius, nihil pietate præstantius est et excelsius. Nam quasi vexillum super collem [6], aut potius veluti lucerna in nocte [7], et quasi semen in Israel, et sicut scintilla in cinere [8], sic majorum Joannis genus relictum Damasci fuit, ut præclaram hanc facem proferret, quæ cunctis terræ finibus præluceret [9]. Atqui ejusmodi fuere majores illius quem laudandum suscepimus.

VI. *Patrem habuit virtutis studiosum.* — At ipse pater, ut qui esset ex tam bona radice propagatus, cum pietate cæterisque virtutibus parentes antecellere contenderet, impensiorem quoque Dei dilectionem præ se tulit. Et sane consentaneum erat, ut viro tam claro, quique ad summum virtutis fastigium perventurus esset, is propinquior vitæ auctor obtingeret, qui majores quoque suos claritate anteiret, quod velut continuato quodam progressu, recta et composita ratione strueretur in altum ascensus : ita plane ut præclari hujus et illustris viri res divina olim providentia gubernari haud aliter viderentur, atque in Joanne Baptista contigit. Nam, quia futurum erat ut cunctis retro prophetis major eluceret, et mysterium omni sacerdotali munere præstantius peragerct, Domini nempe baptismum; idcirco a divina Providentia procuratum erat, ne de vulgi ordine, sed e sacerdotali prodiret tribu, et parentem prophetam haberet : pari modo divinitus quoque provisum est ut Joannis pater, vir cum primis pius et humanissimus exsisteret. Cum enim publicorum negotiorum curæ et administrationi præfectus esset, tum propter eximiam virtutem suam, tum ob reliquum vitæ splendorem, divitiis quibus florebat plurimum, non ad comessationes perpotationesque et inanes expensas abutebatur, sed quidquid in auro aliisve bonis mobilibus facultatum haberet, id totum in Christianorum captivorum redemptionem et pretium impendebat : immobilia vero bona, quæ per omnem Judæam et Palæstinam multa possidebat, hæc redemptis Christianis qui iis locis sedem sibi delegissent, ad requiem et sufficiens vitæ subsidium elargiebatur, tum aliis sub cœlo libero, et pede soluto, quocunque luberet proficisci permittebat. Ea erat hujus viri virtus et humanitas. Sic enim multa habuit

[3] II Reg. xviii, 14. [3] Psal. i, 3. [4] Dan. ii, 48. [5] Isa. i, 31. [9] Eccli. xliii, 28. [6] Gen. xli, 41. [8] Isa. xxx, 17. [7] Prov. xxxi, 18.

tamquam qui possideret nihil, sed suas opes Deo noctu diuque rependeret.

VII. *Joannes nascitur et baptizatur. Ejus educatio.* — Hic talis cum esset, non hospitalitatis, ut Abraham, sed humanitatis mercedem accepit, admirandam utique prolem, sinon ex promissione, certe ex præcognitione et præfinitione divina. Prænoverat siquidem Deus qualis esset Joannes evasurus, cumque ex tanto viro procreandum [V] præstituit; quo nempe pro humanitate, quam in eos qui libertatem cum dura captivitate commutarant, istud præmii referret. Nascitur itaque ei puer hic egregius (1), eumque cum tenero adhuc corpusculo esset, per spiritualis matris regenerationem lucis filium facit: rem exsecutus tunc sane non facilem, et quam multi inter medias illas gentes vix ausuri fuissent. Deinceps in eam de puero pater curam incubuit, non ut agitare equos condisceret, non dextere hastam vibrare, non arcu sagittam collineando mittere, non pugnare cum feris, et naturalem mansuetudinem in belluinam crudelitatem immutare, ceu multis contingit, qui frequenter ira perturbantur, et furiosum quemdam immanemque in modum exsiliunt: ad has artes non quærebatur a patre Joannis Chiron alter, in montibus enutritus, qui cervorum medullis discipulum aleret: sed vir investigabatur nulla non eruditione excultus, qui omni genere doctrinæ et scientiæ peritus esset, et ex animi corde verbum bonum eructaret, ut suum quoque filium talibus cibis et condimentis aleret. Hoc porro tam sanctum desiderium Deus ipsi explevit, et a quærente repertus est qui quærebatur. Modus vero quo is quærebatur inventus est, talis fuit.

VIII. *Cosmas senior captivus Damascum adductus. Sacerdos et monachus erat.* — Barbari Damasceni facta, ut assolebant, excursione (2) ad maris littora, multam Christianorum hominum prædam tulerant, descendentesque mare in navibus, captivos plurimos adduxerunt, adductosque in urbem, partim venales emptoribus proponebant, partim gladio trucidandos reservabant. Horum sortis particeps et socius fuit vir monachi vestem indutus, oriundus ex Italia (3), venustus facie, sed venustiori animo, Cosmas et ipse nomine, in cujus ore gravitas quædam elucebat, quæ interiorem hominis compositionem indicaret. Ad pedes ejus illi se projiciebant qui trahebantur ad necem: ipsum obsecrabant, ut Deum sibi propitium redderet, et scelerum veniam enixis precibus ab ejus erga homines propensa bonitate ipsis impetraret. Quocirca barbari, observata reverentia qua sese illi jamjam morituri ad virum tanta morum gravitate ornatum convertebant, ad eum accedentes sciscitabantur, quam in mundo dignitatem gereret, quove inter Christianos honore splendesceret. Ille vero respondens ait: Nulla quidem alia mundana, sacerdotali autem duntaxat dignitate polleo. Alioqui inutilis quidam monachus sum, qui philosophiæ operam dedi, non nostræ solum, ac quæ amando Deo vacet, verum et illi quæ externos sapientes habet auctores. Hæc ubi pronuntiavit, obortis lacrymis oculi ejus perfusi sunt.

IX. Haud [VI] procul inde constiterat Joannis nostri parens, qui virum illacrymantem contuitus, accessit, tristem ejus casum solaturus: « Ecquid tandem causæ est, homo Dei, inquit, cur tu mundi jacturam fleas, cui jampridem nuntium remiseris, atque, ut ex hac veste conjicio, jamdudum mortuus sis? » Tum vero monachus: « Jacturam hujus vitæ nequaquam lugeo. Ego siquidem, ut modo aiebas, mortuus sum mundo. Hoc solum moleste fero, quod omnem sapientiam humanam frustra sim persecutus, substructo eis veluti fundamento illo circulo, quem vocant, scientiarum. Rhetorica linguam exercui; dialecticis præceptis demonstrationibusque rationem excolui; quidquid ad scientiam morum pertinet, seu a Stagirite, seu ab Aristonis filio traditum sit, id accurate pervestigavi; rerum naturam universam, quantum homini pervium est, inspexi; arithmeticæ rationes didici; geometriam adamussim teneo; musices concentus proportionesque probe satis sum assecutus: ad cœli motum et conversionem siderum quæcunque attinent, non prætermisi, ut ex magnitudine et pulchritudine rerum creatarum, parem juxta ac capere possem, Creatoris subinde contemplationem adipiscerer. Nam quisquis conditarum rerum perspicuam magis cognitionem comparavit, is earumdem auctorem, et cognoscit clarius, et amplius admiratur. Inde ad arcana theologiæ progressus sum, tam illius quam Græci seu gentiles tradidere, quam ejus quæ a nostris theologis certissima ratione est explicata. Iis ergo scientiis plenus, utilitatem quæ hinc percipitur, nondum cuiquam impertivi, neque per philosophiam filium parenti similem procreavi. Nam, quemadmodum plerique gestiunt naturales liberos suscipere, quo suum genus propagare queant, sic qui philosophiæ operam dederunt,

---

(1) *Nascitur itaque ei puer egregius.* Quo anno Joannes Damascenus natus sit, quove anno obierit, obscurum prorsus est, quod vel conjectura assequi nullus possit. Certum tamen videtur natum eum esse ante exitum sæculi septimi. Nam si Vitæ ejus auctori fides adhibenda est, ante annum 730, ea ætate erat, ut publica Saracenorum principis negotia administraret, et fide adversus hæreticos scriberet. Quinimo, monasticæ vitæ nomen dedit, atque in clerum Hierosolymitanum accensitus est, sub primis temporibus Leonis Isauri imperatoris.

(2) *Barbari, facta excursione.* Hoc forte contigit circa an. 699, quo Arabes, Africa subacta, Mediterraneum mare infestarunt.

(3) *Oriundus ex Italia.* Ex Calabria, ni fallor, quæ monachis Græcis plena erat. Theophanes ad annum 22 Constantis II imperatoris hæc habet: *Hoc anno Siciliæ bona pars captivitate oppressa est, ac cives hinc adducti, sponte sua Damasci sedem fixerunt.* Hinc proclive Arabibus fuit, ut Italiæ vicinas regiones, Calabriam scilicet, identidem popularentur.

doctrina et arcana institutione gignere filios ambiunt, ut aureum philosophorum genus in vivis perpetuo conservetur : sed et qui admirabilis istius sobolis auctores exstiterint, immortalem famam et laudem sortiuntur. Insuper bonitatis hoc proprium est, ut quisquis bonis abundat, ea quoque aliis elargiatur. Proinde qui non sic animo et voluntate comparatus est, nequaquam in bono versatur, sed in malo, utpote superbia plenus et invidentia, quibus fit, ut cum aliis nolit communicare, si quid boni beneficio numinis consecutus est. Quapropter et id quod sibi videtur habere, auferetur ab eo, uti contigit servo qui talentum acceptum non collocarat apud nummularios [10]. Ast ego qui bonam partem elegi, vehementer volueram doctrinam mihi comparatam aliis contradere : quando vero votorum compos non fui, ut inter fideles servos, qui accepta talenta apud alios committendo conduplicarunt, censerer, neque per philosophiam sobolem ullam peperi, sed, ut ita loquar, sine liberis vado, idcirco misellus ego vultum, ut vides, lacrymis perfundo, graviquae tristitia dejicior. »

X. Hæc verba cum ille audisset, qui talem thesaurum cupiebat, respondit: «Desine, vir beate, animumque tuum attolle tantisper : [VII] fortassis enim Dominus dabit tibi petitiones cordis tui. » Hæc ait Joannis pater, mox quanta potuit celeritate ad Saracenorum principem cucurrit, ejusque pedibus advolutus, ornatissimum Cosmam sibi dari poposcit. Neque repulsam retulit petitionis ; sed donum retulit, ingentis pretii virum Cosmam utique, quem in suas ædes adductum solabatur, diuturnisque ærumnis confectum recreabat. Tum et ejusmodi quædam adjiciens, « Non modo, inquit, in posterum liber es, sed et domus meæ te consortem, et una mecum ex æquo dominum constituo, meæque tum lætitiæ tum afflictionum participem. Hoc autem unum te rogo, vir honorande, ut meum hunc quem a natura suscepi filium, istumque alterum, cui idem ac tibi nomen est quemque Hierosolymis oriundum, et tenera adhuc ætate parentibus orbatum, in filium spiritualem adoptavi, omni tam peregrina, quam ea qua Spiritus sancti gratia dignos imbuit, eruditione omni et philosophia, cujus scientiam tenes, perquam diligenter instituas. » His auditis, philosophus statim equo per campum vinculis confractis currenti, aut cervo sitienti, et ad fontes aquarum ire permisso consimilis erat. Dixisses eum instar Midæ cujusdam in magnos auri thesauros incidisse. Qua igitur animi alacritate ad opus aggrediendum ferebatur, tum adolescentes suscipit, et amborum magister præficitur.

XI. *Joannis et Cosmæ Junioris ingenium, progressus, theologiæ peritia.* — Joannes porro egregia sua indole, necnon promptæ voluntatis studio, ceu pennis et alis quibusdam instructus, ad instar aquilæ cœlum pervolabat ; Cosmas autem illius secundum spiritum frater et condiscipulus navem referebat passis undique velis afatam, aut onerariam aliquam, quæ secundis auris aspirantibus et zephyris a puppi flantibus, per undas ageretur. Unde factum est, ut ingenii pernicitate et contentione studii brevi tempore collectum ab illis fuerit, quidquid in grammatica et dialectica atque in ipsa demonstrandi arte continetur : morali vero disciplina sic mentem excolebant, ut turbulentos etiam animi motus compescerent, et quam acutos in solem aquila, tam illi irretortos in rerum naturalium rationes oculos defigebant. Ad hæc proportiones arithmeticas non minori dexteritate et diligentia discusserunt, atque Pythagoræ et Diophanti. Geometriam autem ita perdidicerunt, ut novi quidam Euclidæ viderentur, aut si qui alii similes ejus fuerunt. In harmonice tales evaserunt, quales a viris peritis probati fuere ex carminibus et canticis quæ modulati sunt. [VIII] Sed quod attinet ad astronomiam, quanquam pauca de intervallis, figuris, et recessuum æquabili ratione ad brevem rudiorum eruditionem edisseruit : quantus tamen in ea Joannes exstiterit, ejus scripta satis superque significant. Talis equidem et Cosmas erat : sed de laudibus ejus sermonem relinquo. Hoc enim mihi propositum est ut Joannis laudes contexam.

XII. *Theologicis præsertim student. Humilitas Joannis.*—Quis porro exactam illius theologicorum placitorum scientiam et accurationem non agnoscat et admiretur ex elementari ejus, vel, ut melius dicam, absolutissimo in dogmaticis libro, quem si quis totius rectæ doctrinæ sanctionem et Mosaicas tabulas appellet, a vero neutiquam aberraverit. Quanquam non ignoro, olim me hujusce libri laudem, non hoc in loco, texere debuisse : verum hæc ea de causa commemoravi, ut qua doctrina institutus fuerit, palam fieret, et quanta eruditione et diligentia universam hanc sit consectatus. Illud autem admiratione dignum, ut ejus animus nihil a scientia inflatus sit ; quin potius, quemadmodum generosi arboris rami exuberanti fructuum copia prægravati, deorsum in terram vergunt, sic et inclytus Joannes, cum illi multiplex litterarum et doctrinæ fructus accrevisset, propendebat deorsum: non ita quidem ut in terram defixis oculis hæreret, sed magis in altissimum philosophiæ pelagus contueretur, per quod cum humanis adhuc affectibus, ceu navi quadam ferretur, optabat tamen et navigium ipsum mundo hoc exonerare, et corporalis affectionis vestimentis penitus, nuda mente pelagus pernatare, fundumque subire, ut conditam inibi magni pretii margaritam inveniret. Hoc igitur cum illi in votis esset, illudque spectaret, ad imum usque gurgitem descendebat, neque sua illa eruditione superbius efferebatur, sed arcanioris cujusdam

---

[10] Matth. xxv, 28.

sapientiæ desiderio demissior erat. Sic igitur ejus animi lucerna intellectualis mundanæ sapientiæ oleo abundabat, ut ad illius pariter lampadis, quam corporale pabulum non alit, accensum superne lumen eam admoveret, totusque facis instar ignitus Joannes videretur.

XIII. *Patri restituuntur a magistro qui in monasterium secedit. Joannes fit protosymbulus.* — Tandem magister ejus, a discipulo ut verisimile est, in hoc desiderium inductus, ad pueri patrem accedens, « En, inquit, quod cupieras, plene consecutus es. Isti pueri sapientia me antevertunt. Neque enim satis eis fuit magistrum æquasse, sed ingenii magnitudine, contento labore et conatu, Deo utique sapientiæ donum ipsis adaugente, ad philosophiæ fastigium altius me evolarunt. Posthac igitur mea opera utilis eis esse non potest. Quamobrem hæc mihi merces laborum sit, ut per te liceat in solitariæ vitæ institutum concedere, in quo supremam illam sapientiam certis regulis queam [IX] investigare. Quam enim ante philosophiam sum edoctus, ea me ad istam transmittit : atque duobus bonis ditescere mihi beatius est, et ad prioris sapientiæ possessionem adjicere eam quæ a materia sejunctissima est, omnemque cogitationem superat, quali mens nuda duntaxat et a corpore segregata initiari potest. » Gravis quidem accidit Joannis parenti iste philosophi hominis sermo : cæterum retinere virum non poterat, ne alioqui de instituto ad scientias filio iniquam mercedem ei restituisse videretur : quapropter copiosissimo viatico ad usus necessarios instructum cum bona gratia dimisit. Ille autem ad lauram sancti Sabæ, quæ in solitudine sita est, perrexit, illicque ad mortem usque commoratus, ad Deum qui ipsamet sapientia est migravit. Perinde quoque e vivis Joannis parens excessit. Quocirca Saracenorum princeps accersitum ad se Joannem primi a consiliis dignitate ornavit. Et ille quidem recusabat, ut quem studia alio advocarent : verum vi demum multa adactus repugnare amplius non potuit, atque a majore quam suus pater munere constituitur.

XIV. *Leonis Isauri contra imagines insania. Joannes contra illum scribit.* — Eo porro tempore Leo Isauricus imperium Romanum gubernabat, qui adversus venerandas imagines et orthodoxum Ecclesiæ cœtum uti leo rapiens rugiensque debacchabatur Atque illas equidem furoris igne comburebat, ipsarum vero cultores corripiens, impietatis tyrannicæ dentibus miserabilem in modum discerptos perdebat. Hæc ubi primum ad Joannis aures pervenere, tum Eliæ zelum, cognominisque sui Baptistæ in reprehendendo libertatem imitatus (utpote quem jam ante unctionem ad resistendum impietati destinatum, spiritus invisibiliter inungeret) sermonem ceu gladium spiritus strinxit, quo ad cædendum exa-

[11] Psal. xxi, 14.

cuto, ferini illius ingenii dogma veluti caput resecaret. Quamobrem rectæ fidei alumnos, quibus motus erat, epistolicas orationes pro venerabilium imaginum tutando honore, misit [X] quibus operose juxta ac pereruditè demonstrabat necessariam esse divinarum formarum adorationem. Illos insuper adhortabatur, ut et ipsi eadem aliis suggererent, et epistolas suas omnibus ostentarent. Sic porro athleta veritatis omni ratione satagebat ut litteris suis de manibus in manus inter fideles traductis, rectæ doctrinæ robur accresceret, atque exemplo Pauli conabatur terrarum orbem, si non pedibus, certe promulgata per epistolas veritate, peragrare.

XV. *Leonis in Joannem dolus. Conficta tanquam ex Damasceni persona ad Leonem epistola.* — Quæ ubi Leo imperator agnovit, quosdam errori suo deditos accersens, cum impietatem suam, quam Joannis litteræ promulgabant, configi nil ferret, negotium eis dat, assumpta pietatis persona omni mistoque hinc inde colloquio, epistolam ipsiusmet Joannis exaratam manu interciperent. Ili porro improbitatis satellites, dissimulato dolo, nullum non funem lapidemve moverunt, quodque jussi erant anxie quæsierunt, quoad inventam epistolam imperatori traderent in manus. Tum ille, accitis notariis quibusdam, epistolæ exemplum ipsis ad imitandum proponit, ut tam epistolæ characterem, quam sententias locutionesque repræsentarent. Reperit igitur multorum copiam qui sibi morem gererent, quibus subinde mandat, ut litteras tanquam ad seipsum probrosi nominis imperatorem scriptas exarent, cujus hæc sententia esset: «Salve sis, imperator. Majestati tuæ hoc nomine gratulor, quod eamdem ac nos fidem teneas, tuamque regiam præcellentiam eo quo par est propensi animi affectu et veneratione prosequor, qua fit ut certiorem te faciam [XI] urbem hanc nostram perquam negligenter custodiri, et Agarenorum militum præsidium esse perexiguum et infirmum. Quocirca te per Deum obtestor, civitatis hujus ut misereare, missaque ex improviso strenua et numerosa manu, quæ alio pergere simulet, civitatem nullo labore occupabis. Ad hanc enim expeditionem ego quoque operam meam conferam, quando tota regio urbsque ipsa meæ potestati subest.»

XVI. *Epistola Leonis ad calipham.* — Adornata hac epistola, alteram impius im pari malignitate scribit ad Saracenorum,qui Damascenum obtinebant, principem, in hunc sensum : « Quemadmodum nihil pace beatius novi, nihilque fortunatius amicitia, sic pacis fœdera servare, cum laude dignum, tum Deo gratum censeo. Eapropter nihil mihi potius et antiquius est, quam ut quæ pepigi cum tua serenitate pacis conventa, inviolenta tuear, tametsi ad ea clandestine solvenda et astute frangendam fidem a quodam e Christianis qui sub imperio tuo degunt, crebris litteris inciter, quibus ille certo affirmat, multam se mihi opem præstiturum, quo tuam urbem occupem, modo copiosum exercitum illuc misero. Quapropter unam ex ejus epistolis quas ad me scripsit tibi remisi, quæ fidem adstruat iis de quibus ad te scribo, simulque ut intelligas quis sim ego, quam in tenendis amicitiis verax atque integer, insuper et ejus qui ausus est hæc ad me scribere, malevolentiam fraudulentiamque perspectam habeas. »

XVII. *Dextera Joanni manus amputatur.* — Ambas epistolas istas qui Leo perinde nominabatur, ac versutia serpentina instructus erat, per quemdam e suis ad barbarum mittit. Quibus hic acceptis, ad se Joannem vocat, confictam dolo ei epistolam porrigit : quam Joannes cum percurrisset, litterarum quidem typos et formas suis esse similes fassus est, quæ vero iis continerentur, ea se prorsus nescire, nec sibi unquam in mentem venisse. Nequaquam vero epistolam legenti, latuere doli et insidiæ quæ sibi struerentur ab imperatore. At princeps ille, cum Christi inimicus esset, ad ea quæ a Joanne afferebantur, perinde se, ut fert adagium, habebat, atque asinus ad lyram : siluit a bonis verisque sermonibus ; at non item obmutuit, quin iniquum facinus imperaret, sed e vestigio dexteram Joannis jubet amputari. Cumque is breve tempus aliquod concedi sibi rogaret, ad se purgandum, exponendumque nefandi imperatoris adversum se furorem, abnuit barbarus, nec permisit, quippe qui percitus ira sui jam compos non erat. Præcisa igitur illi dextera est, quæ homines odio Dominum habentes incessebat, et pro atramento quo ante tincta fuerat, quando cultum imaginum litteris propugnabat, proprio cruore tingitur. Atqui excisam hanc Domini, si ita loqui fas est, dexteram in foro suspenderunt.

XVIII. — *Obsecratio Joannis ad sanctam Dei Genitricem ut manus sibi restituatur, versibus Anacreonticis.* — Vesperascente itaque die, quando jam sedatos tyranni spiritus Joannes conjectabatur, [XII] legationem supplex ad eum misit in hæc verba : « Ingravescunt mihi dolores, meque intolerabilem in modum discruciant, neque acuta vis mali remittet, quandiu amputata manus in aere pendebit : quare hæc mihi donari, precor, jubeas ut a humo condita sævire dolor desinat. » Cessit confestim precibus tyrannus, et manus justo conceditur. Qua is accepta, in sacellum domesticum ingreditur, totoque corpore pronus ante divinam quamdam Dei Genitricis imaginem provolvitur, admotaque dextera quæ abscissa fuerat, ad pristinam ejus commissuram, imo de pectore misericordissimam illam gemitibus et lacrymis interpellabat :

Domina castissima mater, Deum meum quæ pepe-
[*risti,*

Propter imagines sacras, dextra manus mea præ-
[*cisa est,*
Causam haud ignoras furoris, quo Leo sæviit.
Succurre sis ergo quam citissime, et meam manum
[*sana.*
Illa Excelsi dextera, quæ ex te carnem sumpsit,
Multas facit virtutes, intercessione tua.
Hanc quoque manum meam tuas nunc ad preces
[*sanet,*
Quo tuas, ut dederis, Filiique ex te incarnati lau-
[*des*
Modulato concentu, o Deipara, conscribat!
Et rectæ fidei cultui, opitulator adsit.
Potes enim quidquid libet, ut quæ sis Dei Mater.

Curatur Mariæ precibus abscissa Joannis manus. — Hæc Joannes cum lacrymis recitans, somno corripitur, et sacram Dei Genitricis imaginem videt oculos commiseratione et hilaritate plenos in se convertere atque affari : « En tibi manus sanata est : de cætero ne cessa, sed, sicut modo pollicitus es, fac eam calamum esse scribæ velociter scribentis [13]. »

XIX. *Eucharisticos hymnos. Deo canit.* — Evigilans igitur et sanatus, tum manum abscissam restitutamque curiose contemplatus, exsultavit spiritu in Deo salutari suo, necnon in ejus Matre, quia fecisset sibi magna qui potens est [14]. Tum in pedes se erigens, sublatis ad cœlum manibus, carmen cecinit divinum in id temporis perquam belle conveniens : totamque noctem cum omni familia lætam agens, in grati animi significationem canticum novum Deo modulatus est : « Dextera tua, Domine, glorificata est in fortitudine : dextera manus tua confractam manum meam sanavit, perque eam confringes inimicos, qui venerandam tuam tuæque Matris imaginem aspernantur. In multitudine gloriæ tuæ adversarios effractores imaginum conteres per manum meam. » Ea nox itaque dies illi erat, et nullatenus nox ; lumen plane, et non tenebræ [15], et, ut propheticam vocem per hypallages figuram usurpem, purus illi erat epulantium sonus, et vox exsultationis in tabernaculo viri justi [16].

Hæc non occulte, neque silentio gesta sunt, verum admirabilis ille sonus concinnaque jubilatio ad totam circum viciniam diffundebatur. Mox e Saracenis Christi hostibus nonnulli principem suum adeunt, affirmantes Joanni dexteram minime amputatam fuisse, sed alteri cuipiam, ut puta servo aut ministrorum ejus alicui, [XIII] qui se pro sua erga dominum benevolentia dediderit ; ac eos quibus præsectio manus imperata fuerat pecuniis pœnam commutasse : Joannes enim, aiebant illi, domi considens perinde canit et oblectatur, ut eum nuptiale festum putares celebrare, et epithalamii canticum aliquod edere. Quid quod et ejusmodi lætitiis ejus exsultatio videtur major.

XX. *Miraculum agnoscit barbarus.* — His renuntiatis, Joannes accersitur ; qui cum venisset, resectam manum jubetur proferre. Hanc cum ostende-

[13] Psal. XLIV. 2. [14] Luc. I, 47. [15] Amos V, 18. [16] Psal. XLI, 5.

ret, lineola quædam, Dei matre ita comparante, subapparebat, quæ manifestum esset verissimæ excisionis indicium. Quocirca barbarus: « Ecquis te medicus, Joannes, sanavit? » inquit. « Quæ adhibita vulneri medicamenta? » Tum ille clara et alta voce miraculum prædicare: « Meus, ait, Dominus, omnipotentissimus medicus, cujus vis et potentia pari gradu voluntatem comitatur. » Ad hæc barbarus: « Quantum igitur conjicio, o homo, id quod es passus, nullo tuo crimine passus es. Cæterum ignoscas nobis, quod inconsulta præcipitique sententia supplicium intulerimus tibi. Modo vero pristinum munus deinceps administrabis, et principem inter consiliarios nostros locum tenebis. Nihil enim quidquam posthac nisi de consilio tuo et sententia sumus facturi. »

XXI. *Joannes facultatem ægre obtinet secedendi in monasterium.* — Joannes vero humi procidens adoravit, pronusque perdiu jacens obtestabatur, ut copiam sibi princeps faceret viam aliam multo optabiliorem ineundi, et sequendi illum qui dixit: *Ego sum via* [16]. Barbarus contra facultatem secedendi abnuebat, eratque videre duello, ut sic loquar, certantes ambos, barbarum hunc et justum illum. Hic enim multis contendere, quo Joannem mundi funibus irretiret ac retineret: ille e contrario vim omnem et conatum adhibere, ut eos rumperet et angelicis alis avolaret. Ingens tunc campus patebat, in quo cum certaminis arbiter Christus sedebat, tum angeli spectatores erant. Quin nec immerito quispiam dixerit, malos a sinistro latere spiritus barbari animum obfirmasse et instruxisse ad demulcendum Joannem. Vicit tamen multa cum laude duellator meus, cunctaque adversarii ad persuadendum momenta tanquam sagittæ parvulorum habita sunt [17]. Victor discessit illustri vittà redimitus caput, et hilari vultu domum ingreditur, qui mœstus ante et tristis exierat.

XXII. *Facultates et bona distribuit.* — Cæterum cum duæ Domini sententiæ ipsi propositæ essent, altera qua facultates suas vendere et dare pauperibus jussum est [18], altera quæ domos et agros, cæteraque omnia propter Dominum relinquere præscribit [19], circa primam nullum tempus contrivit, ne forte diuturniore mora distraheretur; alterius vero præscriptum non ita gessit, ut, relictis temere possessionibus, inter eos qui sibi conjuncti essent, lites orirentur et jurgia plurima, aliis aliud jus adeundæ hæreditatis obtendentibus: verum medius inter utrumque incedens, [XIV] bona sua partitus est in pauperes et captivos, inque servos quos libertate donavit, ac tandem in consanguineos, ita tamen ut pars quoque sua templis consecrata esset. Quemadmodum nudus e materno utero exierat, sic excessit e mundo, necessariis duntaxat vestibus retentis. Talis Hierosolymam petiit, ubi adorata, quo par erat cultu, eorum locorum majestate, Deum ipsum ad instar cervi sitiens, in solitudinem contendit, et divini Sabæ lauram assequitur, comitem et socium habens cum itineris, tum propositi, Cosmam illum, quem ejusdem educationis ac institutionis habuerat participem. Dixisses eos par sacrum esse, quod ad Christi jugum una curreret, ut illi colla submitterent.

XXIII. *Joannes a pastore monasterii excipitur.* — Joannes itaque, qui unus narrationis meæ argumentum est, divinum illud ovile ingressus, pedibus pastoris advolvitur, enixe rogans ut inter oves quæ illic versabantur, admitteretur; ovem sese perditam appellans, quæ ex desertis montibus ad Christum pastorem rediret. Gavisus est ea re sacri gregis præfectus, cumque isto consilio beatum pronuntiavit. Operæ autem pretium esse duxit, novitium, tum vitæ splendore, tum eximia scientia illustrem, uni cuipiam e præcipuis senioribus committere, ut ille sub tanto duce in vita Dei sine erroris periculo graderetur. Quem itaque unum ex alumnis monasterii omni virtutum genere illustrem æstimabat, hunc primum accersit, cui Joannem concredere nititur. Verum ille abnuit, causatus haudquaquam se parem esse tanto viro regendo, qui magnam sibi opinionem sapientiæ paraverat. Eo misso, alterum præfectus vocat. At secundus ille eadem quæ prior locutus est. Tertius deinde post illos adductus cum esset, aliique rursum non pauci; una omnes voce deprecari a se cœperunt Joannis instituendi curam.

XXIV. *Seni traditur instituendus.* — Post multos tandem eorum senex alius accersitur, moribus simplex, sed plurima scientia ornatus, qui prompto animo promptum Joannem excipiens, in cellam suam una cum eo pergit. Quocirca præclarum illud fundamentum substruit, ne arbitratu suo quidquam gerat, ut partos per orationem contentionem sudores victimæ instar Deo offerat, ut oculis lacrymas exprimat, quibus vitæ prioris maculæ eluantur: eas quippe sacrificium purum apud Christum censeri, omni alio suffimento suavius. Atque hoc primum de iis rebus ei præceptum est, quæ corporis adminiculo peraguntur. Circa illa vero quæ ad animum spectant, indixit ei ne mundanam ullam intra se pingeret imaginem, aut rerum minime convenientium formas adumbraret; mentem ab omni vano tumore integram servaret; ac ne amplitudine doctrinæ efferretur, existimaret se [XV] nondum quibuscunque studuerat assecutum; visiones, arcanasve manifestationes non appeteret; eo usque non superbiret, ut nimia fiducia in hac versetur opinione, adeptum se ejusmodi scientiam, quæ nulli sit errori obnoxia, donec animæ a corpore divisio fiat; sed contra reputet timidas et anticipites cogitationes esse, incertasque providentias et rationes [20]. Quocirca in id contendere eum monuit, ne cogitatio sua dispergeretur, sed

[16] Joan. xiv, 6. [17] Psal. cxiii, 9. [18] Matth. xix, 21; Luc. xviii, 22. [19] Matth. xix, 29. [20] Sap. ix, 14.

summa cura eam colligeret, ut hoc pacto divina luce mens perfundatur, purgetur animus, et corpus mundum evadat, tum denique corpus cum anima sic cum mente copuletur, ut triplex ea res propter conjunctionem cum simplicissima Trinitate simplex subinde efficiatur, et homo non jam carnalis, nec animalis, sed ex toto spiritualis, transformatis nimirum voluntatis inductione duobus illis prioribus in tertium illud et primarium, mentem scilicet. Atque talia quidem præcepta pater filio, et magister discipulo dedit, sed et illud quoque subjecit : « Ne ad ullos miseris epistolam : nihil prorsus externarum disciplinarum eloquaris. Silentium prudenter cole. Nosti siquidem istud non nostrorum modo philosophorum præceptum esse : sed et Pythagoras Samius discipulis suis quos arcanis philosophiæ imbueret, multorum annorum silentium indicebat. Neu arbitreris bonum esse bona intempestive loqui ; quin potius David hujus tibi documenti auctor sit, ubi ait : *Silui a bonis* [11]. Quid autem hinc ei contigerit, audi narrantem : *Concaluit cor meum intra me* [12] ; igne utique divini amoris. Porro ignis assidua meditatione in Propheta succensus fuit. »

XXV. Hæc Joanni senex denuntians (1), non in aquis scribebat, non super petram serebat, sed in terra bona. Aliquantum igitur temporis elapsum est, cum Joannes a sene omni periclitationis genere institueretur, eique exactam in re quavis obedientiam exhiberet. Nulla ejus erat ad imperata detrectatio, nulla in lingua murmuratio, disceptatio in corde nulla, qua magistri jussa intus dijudicaret; sed hoc unum in media mente tanquam in tabulis insculptum habebat, ut secundum Pauli consilium , quidquid ageret aut agere juberetur, hoc sine querimonia et disceptationibus perficeret. Nam quid illum juvat bene agere, cujus in labiis insideat murmuratio, aut mala discussio in corde quasi serpens delitescat ? Quandonam futurum sit, ut melior fiat animus illius qui sic obsequitur ? Quandonam ulterius ad meliora provehetur ? Nimirum id in causa est, ut multi forte exercitatione virtutis laborent, ac incassum laborent, nihil ad ea quæ priora seu anteriora sunt, proficientes.

XXVI. *Joannes Damascum mittitur ad sportas vendendas.* — Post hæc autem, cum senex pugilem suum majoribus obedientiæ certaminibus assuefaceret, quid tandem comminiscitur? Sportas, quas suis manibus contexuerant, multas colligens, [XVI] ejusmodi prætextu utitur, his verbis Joannem alloquens : « Audivi, fili, sportas Damasci carius, quam in Palæstinæ partibus, vendi ; multis porro, ut ipse nosti, rebus indigemus ; his ergo omnibus acceptis, eo proficiscere quam celerrime poteris, neque vel tantillo quidem quam tibi constituo, minoris eas vendideris. » Tum simul pretium duplo quam par erat majus definit. Ille vero reluctatus non est, nec præcipientis sermonem discussit , cum factus obediens esset usque ad mortem [13]; sed obedientia velut aliis quibusdam instructus, sarcina in humeros imposita, Damascum petit, indutus centones squalore et alluvie obsitos, qui prius in ea illustris splendidusque egerat, forumque peragrabat ut sportas suas divenderet. Cum autem carius supra modum eas æstimaret, risum sui movebat, omniumque conviciis et contumeliis exagitabatur. Tandem unus quidam ex iis quos habuerat in famulitio, dum clarus esset in ea civitate, haud procul stans, vultumque ejus in animum revocans, virum ita abjectum ac pannosum, quis esset, quisque fuisset olim, agnovit. Mox corde compunctus accessit, tanquam eum ignoraret quem apprime noverat, sportas tanti emit, quanti postulabatur. Accepto pretio Joannes ad eum qui se miserat regreditur, humi prostrato fortiter adversario, inanis gloriæ et superbiæ parente.

XXVII. *Funebre canticum edere rogatur.* — Forte ex vicinis præfecti Joannis monachus quidam, terrestri peregrinatione cum cœlesti domicilio commutata, ad Deum concesserat. Habebat is fratrem germanum, qui tristi hoc casu victus, fraterni funeris acerbitatem celare nequaquam valebat. Quamobrem Joannes ei solatium afferre nitebatur, et quibus verbis poterat, a mœstitia revocare. Ille vero enixe eum rogare cœpit ut levandi doloris, animique sui excitandi gratia modulum aliquem conderet. At Joannes præceptum senis reveritus, haud se postulatis facilem præbuit. Ille contra importunior ingruens, nullum precibus finem facere. « Quidni enim, inquiebat, dolentis animi miserere? Quidni tenue illi medicamentum admoves, quod dolorem arceat ? Si corporum medicus esses, meque corporalis dolor conficeret, annon mihi pro viribus remedium afferres ? Sed et si gravi aut forte etiam letali morbo laborarem, nunquid non hujusce neglectus et incuriæ Deo pœnas dares ? Sin vero senis præceptum vereris, scito me rem istam tanto secreto celaturum, ut ad nullius aures perferatur. » Flectitur demum his sermonibus Joannes, concinnumque ei de mortuo modulum componit, qui

[11] Psal. xxxviii, 3. [12] ibid. 4. [13] Philipp. ii, 8.

(1) *Hæc Joanni senex denuntians.* Hæc ad longum edisserere non vacat, quam felicem virtutibus excolendis operam dederit. Quarum certa nobis specimina ex ipsius quæ supersunt operibus licet eruere : præsertim vero ex homiliis quatuor asceticis, quas in illustrissimi Melensis episcopi bibliothecæ codice nuper reperi, et in appendice operum illius Græce Latineque sum, si Deus concesserit, edituus. Hoc unum monebo ex his orationibus compertum fore, sanctissimum virum ad summum perfectionis apicem subiisse, tum profunda sui demissione atque humilitate, tum singulari erga divinam Eucharistiam reverentia ac devotione : quibus addendum ardentissimum erga Deiparam studium, quod in aliis passim homiliis significare gestit.

etiamnum hodie omnium ore canitur, illum scilicet: *Humana cuncta vanitas*, etc.

XXVIII. *Joannes [XVII] a magistro ejicitur.* — Aberat forte a cella magister Joannis, qui interea praedictum carmen intra cellam ad harmoniam succinebat, cum senex foris adveniens, suavem hunc sonum excipit multaque ira commotus, ad Joannem ait: « Itane prima promissa exciderunt e memoria, proque luctu ac moerore laetitia diffusus sedes, et delicias canendo captas? » Tum ille seni causam exponere, ejus a quo sibi vis esset illata, luctum obtendere, ac pronus in terram corruens veniam efflagitare. Senex vero ad modum lapidis aut incudis consistens, nihil precibus ejus annuebat, quinimo cum statim cella ejecit.

XXIX. Continuo itaque admirabili viro in mentem venit primorum parentum inobedientia eorumque propter illam expulsio e paradiso ¹⁴. Nec quid ageret sciebat, aut quo se verteret: gravioriquo luctu premebatur, quam qui fratrem amiserat. Aiebat nimirum apud se: Ille quidem fratrem amisit: ast ego per inobedientiam animam meam perdidi. Demum alios senes, quos virtute eximios noverat, convenit, intercessores illos apud senem adhibens, qui ipsum rogitent et deprecentur, ut demulceri se patiatur et reatus veniam Joanni concedat. Illi igitur abeuntes, enixe eum obsecrabant: hic vero in morem statuae immotus manens, ingressu cellae discipulum arcebat.

XXX. Quocirca monachorum quispiam, « Potes ei qui peccavit, inquit, mandatum aliud edicere; eum vero a contubernio tuo in totum excidere, hoc nullam habet aequitatem. » Tum ille tandem exoratus ait: « Hoc itaque Joanni mandatum impono, si sibi velit inobsequentiam suam condonari, universum laurae ambitum obeat, omniaque excrementorum et sordium loca suis ipse manibus expurget. » Istaec ubi audierunt monachi, pudore suffusi, tristique vultu propter tantum senis rigorem obstupefacti recedebant. Occurrens autem Joannes, facta pro more reverentia sciscitabatur, quaenam a Patre lata esset de se sententia. Cui illi, senis se austeritatem admirari, cujus responsum prae verecundia vix auderent enuntiare. Hic vero etiam atque etiam efflagitare ut illud aperiant: cujus denique precibus victi spurcam hanc expurgationem eloquuntur. Quod cum Joannes audisset, majorem in modum gavisus, ac supraquam illi sperassent, rem factu facilem sibique perjucundam accidere ait. Confestimque, quaesitis instrumentis ad ejusmodi sordes abstergendas idoneis, iisque sumptis in manus, ad cellam pergit illius qui seni vicinus erat, quam cum ingressus esset, manus illas quas multis olim unguentis perfuderat, inquinare coepit, ipsammet, inquam, dexteram manum (proh ingentem viri abjectionem!) A quam Christus curaverat, coeno et stercore foedare non dubitat.

XXXI. *Senior obedientiam et humilitatem Joannis admiratur.* — Verum senex, quamprimum promptissimam illam obedientiam, sinceramque et profundam, imo sublimem humilitatem Joannis audivit, accurrens, eum complexus est, seque ejus collo implicuit, manus, oculos, humeros exosculans. « O qualem et quantum, aiebat [XVIII] ille, beatae obedientiae athletam et pugilem genui in Christo! » At Joannes ad has senis voces amplius erubescens, pronus in terram corruere, ac, velut ad Dei pedes sese abjiceret, lacrymarum imbre pavimentum rigare: tantumque abest ut ad Patris sermones inflaretur, aut ad senis laudes intumesceret; ut magis deprimeretur, ejusque animus quam qui maxime contereretur. Ita scilicet viros sapientes et cordatos novi comparatos, ut ad sui commendationem sese dejiciant, atque laudari moleste ferant, cum interim ad Deum sese attollant. Quocirca Pater filium erigit, ejusque prehensa manu, cellam laetus ingreditur. Dixisses plane, si Joannem observasses, in paradisum Eden postliminio eum restitui. Qui enim veteris Adam figuram transgressione prius expresserat, novum postea, Christum scilicet, per singularem extremamque illam obedientiam, idem ipse iterum referebat.

XXXI. *Senem per insomnium monet Deipara, ut Joanni permittat litteris operam dare.* — Non multum temporis intercessit, cum nullis non laudibus celebranda purissimaque (Virgo Maria) seni se per insomnium offert. « Eccur fontem illum, ait, qui tam suaves profundere latices, tamque limpidos, tam copiosos ac prorsus nectareos potest, obstruxisti? daturum, inquam, aquas recreandis animis idoneas; aquas praestantiores iis, quae novo et inusitato modo e petra fluxerunt in solitudine: aquas, quarum desiderio captus fuit David; aquas illas, quas Christus Samaritanae mulieri pollicitus est? Sine fontem manare. Manabit enim uberrime, eaque copia universum orbem pervadet, ut ingenti fluctu ipsamet haeresium maria superet operiatque, et in admirabilem dulcedinem convertat. Qui sitiunt, ad aquam istam cito gressu conveniant, et qui vitae purae argentum non habent ¹⁵, affectionibus suis divenditis, mercentur a Joanne doctrinae operumque sinceram puritatem. Hic propheticam citharam assumpsit, Davidisque psalterium, quo canet cantica nova, cantica Domino Deo nostro ¹⁶. Moysis carmen vincet musicis modulis suis, vincet et Mariae tripudium ¹⁷. Ad fabulas relegabuntur vana Orphei modulamina. Spiritualem ille coelestemque melodiam concinet. Hymnos Cherubicos imitabitur. Ecclesias omnes, filias utique Jerusalem, adolescentulas esse tympanistrias faciet ¹⁸, quae canant novum Deo carmen, annuntians eis Christi mortem

---

¹⁴ Gen. III, 23. ¹⁵ Isa. LV, 2. ¹⁶ Psal. XCVII, 1. ¹⁷ Exod. XV, 1-21. ¹⁸ Psal. LXVII, 26.

et resurrectionem. Hic dogmata fidei perquam recte tradet, omnisque hæresis confliget pravitatem et obliquitatem. Eructabit ex ore suo verba bona, et dicet opera Regis [19] omni admiratione majora. »

XXXII. Senex porro arcana hæc edoctus, mane [XIX] Joannem vocat, hisque cum verbis affatur : « O fili obedientiæ Christi ! os tuum modo aperi, ut attrahas spiritum [20]; imo quem in corde tuo excepisti, hunc ore eructa. Os quippe tuum loquetur deinceps sapientiam, postquam in corde tuo meditatione tua prudentiam [21] multam fovisti. Aperi os tuum, non in parabolis [22], sed in veritatibus : non in ænigmatis, sed in dogmatis. Loquere intra Jerusalem, quæ Deum videt, pacificam Ecclesiam dico, verba non vana neque futilia, quæ per auras diffluant, sed quæ Spiritus exaravit in corde tuo. Conscendisti in montem Sinai, ubi Dei visiones revelationesque perciperes, quamlibet te ad abyssum usque summæ humilitatis demiseris. Nunc vero ascende super montem Ecclesiæ, et prædica, evangelizans Jerusalem : exalta in fortitudine vocem tuam [23]. Gloriosa quippe dicta sunt de te a Dei Genitrice. Cæterum illud quoque mihi ignoscas velim, quidquid a me tibi impedimenti obvenit, cum rusticitate mea hoc tibi nimia præstiterim. »

XXXIII. *Joannis cantica varia. Sermones. Liber de dialectica, de hæresibus et de fide orthodoxa. Tractatus alii.* — Sub hoc tempore igitur divinos cantus Joannes auspicatus, melliflua carmina cecinit, quæ quidem Ecclesiam exhilararunt, seu locum tabernaculi divini, ubi sonus festivo more epulantium exauditur [24]. Neque hæc tantum præstitit ; verum et pro solemnitatibus præcipuis sermones edidit ; in primis sacrum illud volumen, atque, ut ita loquar, tabulam divinitus exsculptam exaravit, quæ quidem universis seu sapientibus seu indoctis, non mediocre solatium affert, et instar januæ est ad subeunda theologiæ mysteria, cæteraque veræ fidei dogmata, nec non ad brevi compendiariaque ratione speculandum et cognoscendum ea, quæ aut in intellectum aut in sensum cadunt. Quem profecto librum ego cœlum dixerim, utpote qui rectis demonstrationibus, tum a natura, tum a Scriptura petitis, iisque plane eruditis, tanquam sideribus [XX] splendeat. Quocirca quisquis in cœlum istud non contuetur, nec illius pulchritudine delectatur, hic vel cæcus fuerit, aut tenebris obsitus, sed et infelicem dicere non dubitem, qui ad divinum hunc splendorem cæcutiat. Ad hæc rursum bene prolixos tractatus alios Joannes contexuit, quibus de divinarum imaginum adoratione iterato disputabat. Et quo divinæ imaginis pulchritudinem in se perfectius jam ab initio expresserat, eo sublimius et elegantius de venerabilium imaginum cultu et honore disseruit.

XXXIV. *In libris conscribendis adhortatorem Co-* *smam habuit : in canticis edendis socium. Cosmas Majumæ episcopus renuntiatur. Joannes fit Ecclesiæ Hierosolymitanæ presbyter.* — Porro ad ejusmodi labores arripiendos fraterno more adhortatorem habuit quem in spiritu Dei fratrem acceperat, Cosmam scilicet virum illum ornatissimum, sermonum suorum, institutionisque et religiosæ exercitationis participem : qui et ipse spirituales Joannis in condendis carminibus labores ingeniose imitando concinos concentus in cithara et voce psalmi Ecclesiæ succinit. Proprium siquidem corpus per affectionum compressionem ad instar tympani Deo exhibuerat, seque totum uti novum aliquod decachordum psalterium aptarat, quintuplicem sensum, et totidem animi facultates multa arte et sapientia intendendo. Verum Cosmas quidem ab Hierosolymarum patriarcha Majumæ episcopus ordinatur, non sponte, sed vi adactus ut cederet : qui cum gregem suum præclare, utque Deo gratum erat, rexisset, in senectute bona [XXI] migravit ad patres suos ; imo potius concessit ad Deum. Joannem vero ille idem Ecclesiæ Hierosolymitanæ gubernator divino instinctu ad se accersitum, presbyterum constituit, ut in cathedra seniorum Deum laudaret [25].

XXXV. Ille nihilominus ad divini Sabæ lauram in solitudinem regressus, rursumque nidulum suum, ut sic loquar, hæc sublime volans aquila subiens, nequaquam sibi in animum induxit hoc Salomonis effatum duplici honore dignos [XXII] esse presbyteros [26], sed in aliam partem illud convertendo, intra se aiebat, presbyteris incumbere ut duplici humilitati studeant : debere presbyteros religiosæ vitæ exercitatione duplo quam ante majore perfungi ; duplicia presbyteris obeunda certamina, non solum adversus affectiones corporis, sed etiam contra turbulentos et occultos animi motus ; qui quidem asceticæ vitæ deditos viros persæpe fugiunt, nisi magna contentione vigilaverint. Ex quo fit, ut internus eorum homo sordescat, ipsis minime sentientibus. Atqui affectus ejusmodi sunt, dolus, invidentia, vana sui opinio, latens arrogantia, inanis gloriæ studium sub specie humilitatis, rerum alienarum curiosa scrutatio, ad quam complura linguæ vitia referuntur, elatio, animi evagatio, vafrities morum, fastus demissione corporis fucatus, continentia cum mollitie et deliciis conjuncta, propriæ voluntatis vindicatio, vitiosa ad res nullius momenti pecuniæ cupiditas, vestis extra præscriptum morem quæsitus, unde a fratribus discrepantia, et occulta superbiæ illecebra nascitur.

XXXVI. *Joannes lucubrationes suas et libros recognoscit et castigat.* — Hæc Joannes radicitus ex animo evellere studens, labores laboribus cum primis addebat, mentemque ipsam undequaque in se cogens, libros quos elaboraverat, collectos recognoscebat, ornando, perpoliendoque, et castigando

[19] Psal. XLIV, 2.] [20] Psal. CXVIII, 131. [21] Psal. XLVIII, 4. [22] Psal. LXXVII, 2. [23] Isa. XL, 9. [24] Psal. XLI, 5. [25] Psal. CVI, 32. [26] Imo I Tim. v, 17.

accuratissime dictionem, sensum, numerum, et constructionem, et sicubi pulchritudo flosculis luxuriaret, aut modum excedere videretur, eam prudenti judicio reducebat ad gravitatem, ne quid seu ostentationis, seu levitatis et vilitatis libri sui secum traherent. Sane quisquis in ejusmodi lucubrationes illius cum judicio animum attenderit, sensorum altitudinem et dictionis elegantiam cum majestate conjunctam admirabitur. Quis vero ardens illius pro pietate et religione studium ex libris ejus divinis laudibus non extollat? utque sapientiæ divitias in omnes distribuerit, ex quo talentum, quod acceperat, non in duplum, sed magis in decuplum amplificavit? Nam augere numerum vereor, ne terminos evangelicos prætergressus existimer; eo magis quod immodica modice enuntiare non sit appositum.

XXXVII. *Stephanus Junior Joannis Damasceni laudator.* — Joannem porro divinus zelus eo etiam pepulit, ut pro Dei legibus dimicando, Damasco primum, tum subinde ex Palæstina, eos qui colendas imagines Constantinopoli, pessumdabant et contumeliose habebant, adoriretur. [XXIII] Quocirca magnæ hujus urbis alumnus, qui martyrum antesignano cognominis cum esset, ut ille Christi causa, ita et ipse propter ipsius imaginem, lapidibus petitus obrutusque ad cœlum evasit, tum librorum Joannis meminit, tum ejus eminus adversus impios dimicationum, virum eum *venerabilem et Deo plenum* nuncupans; quamlibet summi sacerdotii oleo unctus non esset. At vero quando veritas dissimulanda non est, ipsum quoque suspicies martyrii corona redimitum. Quippe cum ea viro apprime religioso propter pietatis zelum calumnia structa fuerit, ex qua manus exsectio subsecuta sit.

[XXIV] XXXVIII. Postquam ejusmodi vitæ et monasticæ exercitationis cursum peregerat, cum

[37] Psal. XLIV, 14.

fidem servasset, imo cum libris suis, suaque doctrina eam propagasset ac stabilivisset, quam itidem ad hoc usque tempus per ea quæ ipse elaboravit, confirmare, fovere, et tueri non cessat, ad Christum quem dilexerat, ire properavit. Ac nunc quidem eum non jam in imagine contemplatur, nec adorat in effigie, sed facie ad faciem contuetur, revelata facie gloriam spectans beatæ Trinitatis. Ob eas causas athletam hunc religiosæ vitæ cultorem, exornatorem Ecclesiæ, veritatis ducem, certaminibus juxta ac doctrina singularem, ac rudium institutorem, æquum erat laudibus celebrare, quam possemus maximis; non qua vel tantillum gloriæ ei adderemus, sed ut nostri vicissim ipse recordetur in cœlis, nosque cœlesti ejus gloria impleamur; ea utique gloria quam David filiæ regis, hoc est animæ regiæ insidere contestatur, dicendo: *Omnis gloria filiæ regis ab intus* [37].

XXXIX. Mihi velim, o ter beate vir, ignoscas, sisque ferventissimus constantissimusque meus apud Deum intercessor, postquam præclaram hancce collectam, quam alter, uti potuit, simplici stylo delinearat, lingua ac litteris Arabicis conscriptam, consecutus ego, qui unum tecum nomen sortitus sum, amore tui compulsus, tuo ipsius nutu, imo tuis, si faxit Deus, mandatis converterim. Fac ut Trinitatis adorator evadam sine contagione materiæ, totus extra corpus, totus in contemplationes abreptus, totus in holocaustum consecratus per ardorem divini amoris, quandiu in corpore versor; ut, sedatis animi motibus, exuta carne, cum fiducia bona una tecum repræsenter Deo: cui gloria in sæcula sæculorum. Amen.

Finis Vitæ sancti et magni Joannis Damasceni. Hoc autem apographum collatum fuit cum suo exemplari.

TESTIMONIA SELECTA VETERUM

DE JOANNE DAMASCENO ET EJUS SCRIPTIS.

Synodus septima generalis quæ Nicææ in Bithynia celebrata est. Act. 6. Epiphanius contra anathematismos pseudo-synodi de Joanne.

Atqui Joannes, qui ab eis probris loco Mansur appellatus est, quique, dimissis omnibus, Matthæum evangelistam æmulatus, Christum secutus est, majores divitias arbitratus thesauro omni Arabum, opprobrium Christi, et elegit potius affligi cum plebe Dei, quam temporalem habere jucunditatem peccati. Ipse itaque crucem suam et Christi portans, eumque secutus, pro Christo, ab Oriente per Christum tuba cecinit; non tolerabilem ducens vocum novitatem quæ in aliena regione facta erat, seu prævaricatricem passionem rabidamque insaniam, quæ adversus sanctam Dei catholicam Ecclesiam erat armata. Sed hanc publicans, omnes exhortando et admonendo cautos reddebat, ne adducerentur cum operantibus iniquitatem; quærens in Ecclesiis antiquam legislationem teneri et pacificam constitutionem, quam Dominus discipulis suis tanquam insigne eorum qui de nomine ipsius appellantur, donavit, dicens : *Pacem meam do vobis, pacem meam relinquo vobis* [55]. His ergo revelandis viris et fide dignis taliter in Ecclesia catholica demonstratis, quæ est adversus eos ingens accusatio, et quam hæc est horrenda, quam etiam ferre quis omnino non poterit? Vere ignorantiam ignoraverunt miseri, propriam linguam inhoneste denudantes, Germanumque antistitem sacrificatorem, et sacerdotem Christi, duplicis sensus hominem, et ligni cultorem nominantes, similiter et Georgium, et Mansur, etc.

Actione septima ejusdem synodi.

Germani Orthodoxi æterna memoria sit.
Joannis et Georgii æterna memoria sit.
Prædicatorum veritatis, æterna memoria sit.
Trinitas tres clarificavit, quorum disputationes sequi mereamur, miserationibus et gratia primi et magni pontificis [XXXII] Christi Dei nostri, intercedente intemerata Domina nostra sancta Dei Genitrice, et omnibus sanctis : fiat ! Amen.

Stephanus monachus Byzantinus auctor Vitæ S. Stephani junioris martyris, Stephanum de Joanne Damasceno sic locutum refert.

Inter quas etiam honoratissimus et sapientissimus Joannes Damascenus presbyter (quem hic tyrannus Mansur nominat, nos autem sanctum et deiferum appellamus) eidem scribere, eumque hæreticum blateronem, Mahomet, Iconocaustam et sanctorum hostem nuncupare non destitit : subjectos vero ipsi episcopos, ἐπισκότους, id est tenebricosos, ventris mancipia et helluones vocabat. In primis vero circorum et spectaculorum amatores Pastilam et Tricacabum, Nicolaïtam et dæmonum amicum Atzypium, novos Oreb, Zeb, Zebee, et Salmana, et Dathan, hisque subditam plebem congregationem Abiron nominabat.

Nicephorus Constantinopolitanus in historia, ubi de conciliabulo Constantini Copronymi imp.

In eo conciliabulo fidei canonem condiderunt de sacris imaginibus evertendis, cui ab omnibus impio consensu ac nefario subscriptum est, eæque pueriliter in foro anathemate damnatæ. Eadem et in Germanum Constantinopolitanum patriarcham dicta sententia est, et Georgium Cyprium et Joannem Damascenum cognomento Mansur.

Theophanes in Chronographia ad annum 13 Leonis Isauri.

Tum vero Damasci Syriæ Joannes Chrysorrhoas, Mansur filius, doctor egregius, sanctitate vitæ æque ac doctrina fulgebat.

Item ad annum 19 Leonis, ubi de Petro Majumensi.

Hunc sermonum encomiis honestavit sanctus Pater noster Joannes, qui rite cognominatus est Chrysorrhoas propter florescentem in ipso, tam quoad doctrinam, quam mores auri instar micantem spiritus gratiam. Quem Constantinus impius imperator annuo submittebat anathemati propter eximiam ejus de recta fide sententiam; cum aucto nomine Mansur appellaretur, quod *redemptum* significat, Judaico animo Manserum vocitat, novum suæ ætatis præceptorem.

Anastasius Bibliothecarius Theophanis interpres ambo ista de Joanne Damasceno testimonia ad hunc modum Latine reddidit.

Porro in Syria penes Damascum Joannes presbyter et monachus, cognomento Chrysorrhoas, Mansur filius, doctor optimus, vita et verbo præfulsit.

Hunc declamationibus sermonum oravit sanctus noster Joannes, qui cognominatus est Chrysorrhoas, propter auream et fulgidam spiritus gratiam, quæ in ipso, tam verbo, quam in vitæ actu floruit : quem videlicet Constantinus impius imperator annuo propter eminentem orthodoxiam ejus anathemati submittebat, et pro Mansur, quod ejus avitum nomen est, quodque *redemptus* interpretatur, sensu Judaico novum Ecclesiæ magistrum Manserum mutato nomine vocitabat.

Hæc eadem, ut cætera, ex Anastasii Bibliothecarii translatione operum Theophanis habet Paulus Diaconus in *Historia miscellan.*

Joannes Zonaras lib. xv, § 6, ubi de conciliabulo Copronymi.

Post paucos dies tyrannus in forum venit cum patriarcha suo et sectatoribus episcopis, qui coram omni populo venerandarum imaginum venerationem interdixerunt, idololatris illis appellatis qui eas colerent : et anathemate notarunt inclytum Germanum, qui Constantinopolitanus patriarcha fuerat, et Georgium Cyprium, et doctrina virtuteque magnum Joannem Damascenum, qui hunc Dei hostem et patrem ejus per litteras sæpe impietatis arguit.

[55] Joan. xiv, 27.

Cedrenus in compendio Historiarum ad annum decimum Leonis Isauri.

Damasci Syriæ fuit Joannes monachus et presbyter Chrysorrhoas cognomento, Mansuris filius, quod Græce sonat *Lentrabum*, quem impius Judaico sensu Manzerum appellavit. Hic sanctus Joannes una cum Cosma Majumensi episcopo, et Theophane, fratre Theodori Graptorum, melodi sive cantores sunt agnominati, eo quod melodiis comprehendissent eas cantilenas quæ in ecclesiis Christianorum canuntur. Erat enim sanctus hic Joannes et vita et sermone magister optimus, omni divina humanaque cognitione repletus.

Suidas in Joanne Damasceno.

Joannes Damascenus cognomento Mansur, vir erat [XXXIII] illustrissimus, ætatis suæ nulli eorum qui doctrina illustres fuerunt, secundus. Ejus scripta permulta sunt, et præcipue philosophica, necnon in sacram Scripturam parallela selecta, et canticorum canones iambici et oratione soluta. Eodem etiam tempore Cosmas Hierosolymitanus floruit, vir ingeniosissimus, et omnino spirans illam suavem modulationem musicam. Illi autem canticorum canones Joannis et Cosmæ nullam cum aliorum carminibus comparationem admiserunt, nec admittent usque ad hujus ævi finem.

Ex Menæis ad diem 4 Decembris.

te nominabimus, o sancte? Theologum Joannem, an Davidem carmina canentem? citharam spiritu resonantem, an tibiam pastoralem, dum aures simul et mentem mulces, dum Ecclesiæ ordines omnes exhilaras mellifluis tuis vocibus? O qui fines orbis terrarum illuminas, ora ut salventur animæ nostræ.

Quem te nominabo, divine Joannes et dulciloque? astrum lucidissimum es Deitatis fulgore radians; spirituales caligines perspicaci virtute pervadisti: qui ineffabilibus Deitatis mysteriis initiatus, tanquam Moyses alter explicasti musicam artem tuam: ora ut salventur animæ nostræ.

Quem te nominabo, inclyte? an lucentis facis portitorem, illustrem ducem, ministrum et spectatorem mysteriorum Dei, sidus illuminans Ecclesiam, lampadem fulgentem iis qui in tenebris sunt; an organum perquam sonorum; aut fistulam suavissimam? ora ut salventur animæ nostræ.

Joannes, Pater sapientissime, Ecclesiam Christi canticis tuis divinissimo instinctu exhilarasti, cantorum inclytissime, efficientia spiritus, o Pater, cinnyram tuam pulsans, modulatissimam illam Davidis æmulatus, cujus divinorum modulorum sono omnes permulsisti.

Ex Martyrologio Romano, ad diem 6 Maii.

Damasci natalis beati Joannis Damasceni sanctitate et doctrina celebris, qui pro cultu sanctarum imaginum verbo et scriptis adversus Leonem Isauricum strenue decertavit: cujus jussu cum ei dextera manus amputata fuisset, imagini B. Mariæ Virginis, quam defenderat, seipsum commendans, protinus dexteram integram sanamque recepit.

In additionibus Carthusianorum Coloniensium ad Usuardi Martyrologium.

Constantinopoli deposito sanctæ memoriæ Joannis Damasceni, doctoris egregii, nec minus vita et miraculis clari.

Ex Martyrologio Maurolyci annis 1564, 1570 et 1578, Venetiis edito.

Constantinopoli sancti Joannis Damasceni presbyteri, moribus et doctrina clarissimi tempore Theodosii tertii.

Sigebertus Gemblacensis libro De viris illustribus cap. 75.

Joannes presbyter et monachus, de Damasco Syriæ, vita et doctrina clarus, cognomento Chrysorrhoas, animatus scriptis Gregorii papæ quibus impugnabat impietatem Leonis imperatoris, scripsit et ipse Græcis Græce contra Leonem imperatorem.

Hugo Etherianus, de hæresibus quas Græci Latinis devolvunt, lib. III, cap. 7.

Joannes quoque Damascenus similiter Patrum vestigia dum imitatur, scribit hæc: Imago Patris Filius est, et Filii Spiritus.

Item libro III, cap. 12.

Idcirco est in Trinitate ordo, etsi ab homine impossibile sit sciri qualis sit. Et immediate quidem Filius, mediate vero Spiritus a Patre proveniunt. Ait enim Damascenus: Per Filium datur Spiritus, et ab omni creatura participatur.

Rursum, cap. 12.

Solus vero Damascenus Joannes dissidere a magno Cyrillo aliisque sanctis Patribus videtur, si tamen ita scribit: Spiritum ex Patre dicimus, et Spiritum Patris nominamus: *ex Filio autem Spiritum non dicimus*, Spiritum vero Filii nominamus. Verumtamen Scriptura sic habente, non discordat hic sanctus a Latina veritate, hoc ad consuetudinem Ecclesiæ Græcorum referendo, quæ non esse Spiritum ex Filio confitetur usque in hodiernum. Quippe si Spiritum Patris et Filii nominamus, ut sanctus iste vir asseverat, aut æqualiter et similiter confitendum est, Spiritum esse utriusque, aut inæqualiter, aut dissimiliter, etc.

Ptolemæus Lucensis ordinis Prædicatorum, Torcellensis episcopus, in Historia ecclesiastica ms., ubi de Eugenio III, pontifice.

Eodem tempore Joannes Damascenus de Græco in Latinum est translatus (1).

Ex libro Joannis Becci patriarchæ Constantinopolitani de processione Spiritus sancti, cap. 12, n. 19, t. II Græciæ orthodoxæ.

Quod si laudatis expositionibus, et mutuam dictorum [XXXIV] Scripturæ conciliationem examines, neque dictum a Damasceno theologo, *ex Filio vero Spiritum non dicimus*, turbas ciebat. Namque ab iis, qui, ex solo Patre, vocem in sententiam Basilianæ expositionis accipiunt, dignoscetur, quemadmodum etiam initio orationis fassi sumus, qua ratione et hic Damascenus theologus non tanquam ex ipso sed tanquam per ipsum procedentem Spiritum asseruit, et quomodo aliis in locis, *ex Filio autem Spiritum sanctum non dicimus*, declaravit. Namque, cum ad Patrem universa causalitas deferatur, prima causa Pater asseritur, et cum prima causa sit, propterea et sola causa ab æquis cognitoribus qui fidei decreta præscribunt, creditur. Nullus itaque locus dubitandi relinquitur, ne cognoscamus, propterea, *ex Filio Spiritum non dicimus*, Damascenum dixisse, ne quis primam causam et principium Spiritus Filium existimaret. Etsi enim, ut nonnulli opinantur, propterea sanctus dixit, *ex Filio autem Spiritum non dicimus*, ut Filium a Patre sejungeret, nunquam dixisset, *non tanquam ex ipso, sed veluti per ipsum procedens*. Nam a Patre Filii sejunctio, quemadmodum a me dictum est, nunquam in Spiritus a Patre exsistentia illud *per Filium*, admittet.

Ex ejusdem Joannis Becci oratione II, in tomum Cyprii. Græc. orthod. t. II.

Verumtamen Damascenus, qui terrarum orbem propria theologia replevit, hæc minime approbaverit: Productor enim, ait, per Verbum Pater: et ubinam suum locum obtinebit illud, *contigue*, in eo quod producitur?

Ex Volaterano.

Joannes Damascenus, Damasci natus, Hebræus, puer Constantinopolim venit, ubi liberalibus artibus legitime imbutus, et ad Christum conversus, monachi habitum sumpsit, simul et docebat. Captus deinde in littore maris a piratis Saracenis, postea a Theodosio redemptus, magister ejus epistolarum fuit. In suspicionem proditionis veniens, dextera ei ablata est. Verum postquam deprehensus, qui litteras proditorias stylo Damasceni probe assimilaverat, in honore apud imperatorem fuit. At ille in cœnobium regressus, ibi decessit. Scripta ejus utilia ab utraque recipiuntur Ecclesia.

Ex Joannis Trithemii De scriptoribus ecclesiasticis libro.

Joannes monachus et presbyter Damascenus, vir doctus et sanctus, de quo miranda narrantur, propter excellentiam doctrinæ et vitæ sinceritatem, in magno pretio habitus apud Constantinopolim, prælatus monachorum constitutus, multos ab iniquitate avertit. Scripsit Græco sermone non pauca profundi sensus opuscula, sed pauca eorum ad nostras manus pervenerunt. Legi tantum opus illud insigne:

Traditionis Orthodoxæ fidei libros IV, *Deum nemo vidit unquam* [17].

Historiæ Barlaam et Josaphat librum unum.

De cæteris nihil vidi.

Claruit sub Theodosio devotissimo principe, anno Domini cccxc.

Et aliquanto inferius ex eodem ejus libro.

Joannes monachus et presbyter, cognomento Chrysorrhoas, natione Damascenus ex Syria, vir in divinis Scripturis et in sæcularibus litteris eruditus, et non minus vita quam scientia clarus, animatus et provocatus scriptis Gregorii papæ III, quibus impugnabat errorem Leonis imperatoris, scripsit et ipse Græcis suis Græco sermone (2).

Contra Leonem imperatorem libros II.

Et quædam alia.

Claruit sub Leone imperatore, anno DCCXXX.

Ex epistola Joannis Canonis Norimontani, ordinis Prædicatorum, ad beatum Rhenanum Selestensem de libro Gregorii Nysseni De creatione hominis.

Multa ex Basilii Magni Hexaemero Græco emendavi, et Helia Cretensi, et Joanne Damasceno; qui verbatim etiam multa capita Gregorii Nysseni tanquam eo longe posteriori suis sententiis interseruit; quem præceptor tuus Jacobus Faber, nuper Latinitate cultiori decoravit: utinam tamen non inter aulicorum (ut ipse ait) tumultus, et diversoriorum angulos: nihilominus majorem Burgundione laudem faciliori opera commeruit.

---

[17] Joan. 1, 18.

(1) Magister Sententiarum, sanctus Thomas, aliique de schola theologi, Joannem Damascenum passim in theologicis tractatibus citant, quorum loca contexere nimis longum foret.

(2) Hæc bene Trithemius, qui tamen duos Joannes Damascenos imperite ponit. Nugas ejus priores, necnon Volaterrani, quæ ex Vincentii Bellovacensis *Speculo* acceptæ sunt, erudite confutat Leo Allatius.

Rursum, circa finem epistolæ.

Joannes Damascenus præclarissimus philosophus et theologus, tanto hunc prosecutus est honore et veneratione, ut inter scribendum theologicas sanctorum Patrum sententias qui ante se fuerunt, A multos versus sæpenumero, imo integra capita ex hoc libro nostro excerpere, et suo textui inserere minime dubitaverit.

Ex beati Rhenani epistola ad Jacobum Fabrum Stapulensem præceptorem suum.

Quis non philosophiam vel maxime laudarit, cum hæc hominem in suiipsius cognitionem adducat? Laudabiliorem tamen censeo, quæ a Christianis profluens, eorum quæ ad hominis salutem attinent, simul admonet, velut hæc subtilissima divini Gregorii Nysseni doctrina, quæ cum multorum erroribus coarguat, solidæ veritati innititur. E cujus penu sanctissimus Pater Joannes Damascenus, non pauca, cum sententias Patrum colligeret, mutuatus est, quem tu superioribus annis diu ignotum et semilacerum ad studiosorum utilitatem reconcinnasti. Vellem autem, clarissime vir, ut sicut Damascenum celeberrima Parisiorum academia jam pridem favorabiliter suscepit, ita et Nyssenum Damasceno antiquiorem minime neglectui haberet.

EPISTOLÆ

Illustrissimorum atque doctissimorum præsulum DD. Caroli Monchal, archiepiscopi Tolosani, et Josephi Mariæ Suarez, episcopi Vasionensis, de edendis Operibus sancti Joannis Damasceni.

Epistola prima, quæ, ni fallor, scripta est ad clarissimum virum Leonem Allatium Barberinæ bibliothecæ custodem ac præfectum. Hujus mihi copiam fecit R. admodum P. Bernardus de Montefalconis.

Redditi mihi fuerunt vi Id. Augusti duo codices ἐξηγητικῶν Origenis in Matthæum et Joannem ex bibliotheca Barberina ad nos per te transmissi : quo nomine plurimum tibi debeo, qui eminentissimi cardinalis mandatum tanto studio ac diligentia peregisti, ut illud occupasse videaris, nedum exspectasse. Addidisti penes te esse librum ejus auctoris unum Περὶ τῶν φιλοσοφουμένων, quem primum esse merito suspicaris eorum quos scripsit adversus hæreses; ac præterea habere te alia SS. Patrum Græca monumenta nondum edita, quæ missurum te continuo recipis, si consilium nostrum de operibus eorum excudendis significaveris. Scito itaque cleri Gallicani cura et impensis parari editionem SS. Ephræm, Maximi, Joannis Damasceni, et Origenis : sed hujus pauca admodum Græca esse eaque mutila. Verum spem nobis injectam esse ἐξηγητικὰ quæ misisti, integerrima repertum iri : quanquam ex iis quæ jam delibavimus, hiulca permulta nobis visa sunt, nec multo his quæ Regio codice continentur saniora nescio an adhuc ampliora. Tuam itaque opem, V. Cl., quo in genere nulla est uspiam præsentior atque certior, merito petimus ac speramus, ut sicubi scriptoris hujus inedita quædam latere nosti, ea nobis indicare non graveris. Quæ vero penes te jam sunt, sive ea sint Origenis, seu vetusti cujusdam Patris, quando tam prolixe et benigne nobiscum agis, quæso, transmitte. Quod monuisti remittendum esse codices, editione peracta, sedulo id quidem ac studiose perficiam, et si quibus officiis remunerari possum, præsto me tibi semper fore persuadeas velim. Lutetiæ Parisiorum, etc.

EPISTOLA EJUSDEM ILLUSTRISSIMI ARCHIEPISCOPI AD R. P. FRANCISCUM COMBEFIS ORDINIS PRÆDICATORUM.

R. P. La lettre que vous avez pris la peine de m'écrire du dernier Juillet, fait mention d'une précédente, qui ne m'a pas été rendue. Quand vous prendrez la peine de m'écrire, vous n'avez qu'à bien enveloper vos lettres, et les envoyer au Courrier de Tolose, ou à Monsieur de la Mare, Bourgeois de Paris, demeurant ruë S. André des Arcs, au cheval noir, qui me les fera tenir. J'ay été bien aise d'avoir vu dans celle que j'ay reçuë, vos loüables desseins, auxquels je n'ay qu'à vous encourager, et vous offrir tout ce qui pourra dépendre de moy pour les favoriser. Je m'assure que Monsieur Aubert, qui a beaucoup de merite et de bonté, vous communiquera facilement ce qu'il aura et sera bien aise que vous ayez part à la gloire de donner au Public tout le S. Jean Damascene Grec et Latin. Il y a encore l'Origène, le S. Ephrem, Maximus, et plusieurs autres Peres qui attendent quelques mains secourables qui leur face voir le jour. J'attens avec impatience que vous donniez ce que vous avez de S. Amphilochius. Les chaines des Grecs nous en ont conservé des fragmens qui font desirer ses Ouvrages entiers. Le P. Poussines de la Compagnie de Jesus, a transcrit de ma librairie ces jours, passez une chaine sur S. Matthieu et S. Marc, pour la donner bien-tost au jour, et il y a des fragmens de ce Pere : mais c'est tout ce que j'ay. Pour le Simeon Thessalonicensis je ne l'ay jamais veu imprimé, quoique plusieurs personnes de sçavoir le citent. Casaubon en fait mention en quelque lieu, comme étant écrit à la main dans la librairie du Roy, et Arcudius en rapporte de longs passages qui font desirer de le voir tout entier. Pour S. Jean Chrysostome, le P. Fronton du Duc croit aussi avoir traduit tout ce que nous avons imprimé de luy, et que ce qui reste dans l'édition de Savile étoit de quelques autres auteurs, comme de Severianus et quelques autres. Toujours seroit-il bon de les faire imprimer separément pour les traductions. J'ay vu autrefois le P. Sirmond en quelque pensée de faire un corps de tout ce qui se trouvoit de Severianus, duquel même je crois qu'il y a quelque piece, outre celles qui sont dans l'édition de saint Jean Chrysostome de Savile. Si quelqu'un songeoit à donner de nouveau toutes les œuvres de S. Jean Chrysostome pour les faire imprimer un volume après l'autre, à mesure qu'ils seront achevez de debiter. Car j'apprens que des six premiers volumes du P. Fronton, il n'y en a que fort peu d'exemplaires, et que Cramoisi les réimprimera l'un après l'autre, pour parfaire les œuvres qui lui en resteront. Il s'en pourroit faire une édition meilleure que tout ce que nous en avons. J'en ay deux grands volumes mss. dans lesquels il se pourroit trouver quelque chose pour meliorer l'édition, et pour les quatorze volumes, le Grec se pourroit rendre meilleur en le prenant dans l'édition d'Angleterre qui est plus entier que celle de Commelin, et les versions en les refaisant entierement. Mais Morel ne s'est pas soucié de la bonté. Il les a fait imprimer sur l'edition de Commelin, à laquelle il a ajoûté beaucoup de fautes. Je m'en suis plaint autrefois; et cela est digne d'une publique animadversion. Si je n'étois pas si éloigné de vous, je prendrois plaisir à fomenter vos études : mais je n'y puis qu'applaudir de loin. Je voudrois avoir quelque exemplaire ms. de l'Euchologe, pour ayder le P. Goar en son dessein ; mais je n'en ay que quelques Oraisons de main fort recente. Il seroit aussi à desirer que quelqu'un recüeillit, et donna tout en corps ce qu'a fait Procope sur l'Ecriture. Je l'ay vû Grec ms. à Paris sur le Pentateuque, dont nous n'avons que le Latin imprimé. Il se trouve sur les Roys et sur Isaïe. J'en ay un ms. sur le Cantique. Il s'en pourroit trouver encore quelque chose. J'ay plusieurs traitez de plusieurs Peres Grecs que je donnerois librement pour le Public, si nous avions ici des personnes qui voulussent les traduire. Il se trouve peu de personnes qui en soient capables, et moins qui veulent travailler. Je prie Dieu qu'il vous donne santé et courage pour cela, qui suis, R. P.

Vôtre très affectionné serviteur en N. S.
CHARLES, Arch. de Tolose.

De Tolose ce 12
d'Aoust 1642.

EJUSDEM EPISTOLA TERTIA AD EUMDEM.

R. P. J'ay un grand contentement des lettres que vous prenez la peine de m'écrire; car il y a toûjours à profiter : puisque des observations que vous faites en la lecture des Conciles et des Peres, il en coule toûjours quelqu'une de vôtre plume. Je crois que vous ferez bien de joindre Methodius à vôtre Amphilochius, afin de faire un juste volume. Pour le volume nouveau des pieces de S. Jean Chrysostome, ou qui se trouvent sous son nom dans les mss. et qui n'ont pas encore veu le jour, vous pourrez les preparer à loisir. Pour l'Origene, encore que celuy qui dit le preparer, m'ait écrit, qu'il en aura un volume prest dans la fin de cette année, j'ay peine à le croire. Les fautes que vous remarquez aux versions des anciens Conciles Grecs, sont bonnes à être observées. Mais pour cela, il n'est pas à propos de faire de nouvelles versions, à cause que l'Eglise qui s'est servie des anciennes, les a inserées dans ses compilations des Canons, quoique dans les anciens Manuscrits il se trouve des versions differentes de celles que nous avons. Et il me souvient d'en avoir fait voir au R. P. Sirmond une fort ancienne du Concile de Sardique, et de quelques autres. Les Livres qui meriteroient maintenant une edition Grecque et Latine, sont le Maximus, et le S. Jean Damascene, et l'Origene. Monsieur Aubert travaille aux deux premieres : et si vous pouvez luy ayder, vous obligerez bien fort le Public. [XXXVI] Pour le P. Goar Monseigneur de Beauvais luy ensevoir un petit traité imprimé, de Græcæ et Latinæ Missæ consensu : et j'ay treuvé parmi des vieux recüeils de pieces Mss. un office εἰς λυχνικὸν, et un office de la Vierge Marie. Si cela peut servir, je fourniray, qui suis,

R. P.
Vôtre très affectionné serviteur,
CHARLES, Arch. de Tolose.

De Tolose, ce 9
de Sept. 1644.

EJUSDEM AD EUMDEM.

R. P. Vôtre Lettre du vingt-quatrième Juin, ne m'a été rendüe que le 6 de ce mois. J'en avois reçu l'hyver dernier deux autres, qui me furent portées à Montpellier, où j'étois assistant aux Etats de nôtre Province : et comme j'étois fort occupé, et envelopé dans les papiers de chicane, concernant les affaire publiques, elle se treuverent écartées, en sorte que je ne les pûs avoir pour y faire réponse, à quoi sans cela je n'eusse pas manqué. J'ay apris le deceds de feü M. Aubert que Dieu absolve. Il avoit de belles qualitez; mais sa paresse a beaucoup retardé l'utilité publique, et la satisfaction du Clergé en l'édition des Peres Grecs, dont il avoit pris le soin sous ma direction. Il a tiré trois mille écus sans rien faire, si ce n'est quelques copies que nous avons peine à retirer ; encore ay-je fait les frais de la plus part de ces copies, qui ont été faites à Rome. Maintenant il faut travailler à retirer ces copies ; à quoi je vay donner ordre. Déja j'écris à quelques-uns de mes amis de l'Assemblée, pour préparer ce qu'il faudra en donner. Si mes avis sont considerez, on partagera les Ouvrages. Le P. Goar et vous, y aurez bonne part, et on donnera à quelqu'autre qui demande l'Origene, ce que nous en avons. Les préparatifs que vous avez pour S. Jean Damascene, pourront bien l'illustrer, et le S. Maxime aussi. Le P. Goar pourroit prendre le S. Ephrem : et pour le S. Nicephore Patriarche, je ne scais pas ce qui se treuve de luy, ni de quelle importance il est. Devant que l'Assemblée finisse, elle ordonnera de ces choses, et si elle continué d'en avoir confiance en moy, vous y aurez bonne part. Car j'estime vôtre merite, et celuy du P. Goar, que je salue avec vous, et me recommande à vos saints sacrifices, qui suis de bon cœur,

RD. PERE,
Vôtre très affectionné serviteur en
N. S. CHARLES, Arch. de Tolose.

De Tolose ce 12
d'Aoust 1650.

EPISTOLA ILLUSTRISIMI AC ERUDITISSIMI D. JOSEPHI MARIÆ SUAREZ EPISCOPI VASIONENSIS AD R. P. FRANCISCUM COMBEFIS ORD. PRÆDICATORUM.

Mon Reverend Pere,

J'attendray donc le retour de ce bon Pere d'Armenie, et si vous me communiquez ce qu'avez retrouvé dans ces fragments d'Eusebe de Pamphile des deux Magdeleines, je le tiendray à grand faveur. S. Cyrille in commentariis ad Evangelium S. Joannis lib. 8, discourt au long des deux Magdeleines. Je l'ay en Latin, et de la version de George de Trebizonde edition de Paris par Hopylus l'an 1520, et au titre de ce 8ᵉ livre, il y a, Commentariorum Cyrilli adjectorum liber octavus. J'ay vû l'édition Grecque Latine de M. Aubert, et n'ay retrouvé ce discours en Grec. J'ay donc douté que ce ne fut quelque œuvre d'un autre attribué à S. Cyrille. En effet le Cardinal Bellarmin dans son livre de Scriptor. Eccl. remarque que les livres 5. 6. 7. 8. ont été supposés par Clictoveus, et que ceux de S. Cyrille sont perdus. Je rechercherai par tous ces quartiers pour servir à l'édition de S. Jean Damascene, et me rejoüis de cet illustre employ, et du chois qu'ont fait Messeigneurs de l'Assemblée de vôtre personne, à laquelle souhaittant mille benedictions, je m'offre de nouveau entierement pour être à jamais,

Mon Reverend Pere,

Vôtre très affectionné serviteur.
JOSEPH MARIE, Ev. de Vaisqu.

De Vaison ce
1 Octobre 1646.

EJUSDEM AD EUMDEM EPISTOLA ALTERA.

Mon Reverend Pere,

J'ay tardé si longuement de répondre à la vôtre parce que j'étois dans la confusion, me voyant favorisé de ce fragment sur les saintes Magdeleines tiré du manuscrit du Roy, que je crois être une chaine plus ample, et j'étois dans une forte passion de m'en retrancher en quelque façon. J'ay soigneusement recherché les moyens, et puisque vous m'avez communiqué vos desseins sur S. Jean Damascene, quoy que traversé, je vous adresse ces memoires, lesquels je receus il y a dix ans de Mons. Sommaja gentilhomme Florentin. Je l'avois prié de m'envoyer ce qui se treuvoit de Burgundio, juge et citoyen de Pise, qui fleurit sous Eugene III, et traduisit de Grec en Latin 4. livres de Fide Orthodoxa de S. Jean de Damas, et la pluspart des œuvres de S. Jean Chrysostome selon S. Antonin, Naucler, et Gesner. Car dans la Bibliotheque de monseigneur le Cardinal Barberin, j'avois vû un manuscrit des livres dudit S. Jean de Damas, interpreté par ce Burgundio, il m'envoya ces remarques que je vous adresse. Quant aux diverses pieces Grecques de sermons, en voici diverses que j'ay leües à Rome, dans la Bibliotheque Barberine, et chez Monsieur Holstenius. Je suis bien déplaisant de ne pouvoir vous communiquer les Homelies entieres : mais son Eminence se trouvant à Paris comme elle contribuë volontiers et liberalement ce qu'elle peut pour le Public, si vous la priez, les vous accordera. Cependant je vous rends mille graces de la faveur de laquelle vous m'avez prévenu, et attends celle du bon Pere Armenien, mais sur tout vos commandements, aux fins que je puisse vous temoigner par mes services que je suis veritablement,

Mon Reverend Pere,

Vôtre très affectionné serviteur.
JOSEPH MARIE, Ev. de Vaison.

De Vaison ce
21 Juin 1647.

S. JOANNIS DAMASCENI

OPERA PHILOSOPHICA ET THEOLOGICA

AD DIALECTICAM PRÆFATIO.

DIALECTICAM S. Joannis Damasceni damus primo loco, tum deinde tractatum *De hæresibus*, ac postea librum *De fide orthodoxa*; ordinem secuti, quem ipse statuit in nuncupatoria sua ad Cosmam Majumæ præsulem epistola, quam tripartito huic operi præposuit. Καὶ πρῶτον μὲν τῶν παρ' Ἕλλησι σοφῶν τὰ κάλλιστα παραθήσομαι, inquit, εἶτα τούτοις ἐχόμενα τῶν θεοστυγῶν αἱρήσεων φληναφήματα.... εἶτα τὴν τῆς πλάνης ὀλέτειραν, καὶ ψεύδους ἐλάτειραν, ὥσπερ χρυσωτοῖς χρυσοῖς, τοῖς τῶν θεοπνεύστων προφητῶν, καὶ θεοδιδάκτων ἁλιέων, καὶ θεοφόρων ποιμένων τε, καὶ διδασκάλων λόγοις κεκαλλωπισμένην καὶ περικεκοσμημένην ἀλήθειαν, σὺν Θεῷ καὶ τῇ αὐτοῦ ἐκθήσομαι χάριτι· *Primum itaque eorum qui apud gentiles sapientiæ laude insignes fuerunt, optima quæque proponam... mox infensarum Deo hæresum nænias altero pariter volumine contexam... atque ita demum veritatem erroris interemptricem et eliminatricem mendacii, afflatorum divinitus prophetarum, necnon eruditorum a Deo piscatorum, divinorum quoque pastorum et doctorum sermonibus, veluti fimbriis aureis exornatam decoratamque, aspirante Deo, ejusque gratia, explicabo.* Quæ cum ita sint, mirari subit, quid causæ fuerit, cur summi illi viri, qui Joannis Damasceni operibus multiplici prelo edendis præfuerunt, seriem hanc inverterint, connexosque ab ipsomet tractatus distraxerint. Quia jam olim id etiam admiserant librarii Græci, hinc factum est ut genuina tripartiti operis inscriptio pene interierit. Colligitur tamen ex capite 2 *Dialectices*, necnon ex Vita auctoris per Joannem Hierosolymitanum scripta, itemque ex codice Vaticano, quem Leo Allatius in Diatriba citavit; ubi triplicis hujus operis titulum hunc fuisse docemur, ΠΗΓΗ ΓΝΩΣΕΩΣ, *FONS SCIENTIÆ*. Has quidem lucubrationes tres, omnium fere postremas a Damasceno conscriptas fuisse admodum verisimile est; at cæteris omnibus præmittendas eas censui, in primis propter excellentiam libri *De fide orthodoxa*, qui multis titulis apud utriusque gentis theologos summo semper in pretio fuit. Sed et ipsa nostri Auctoris *Dialectica* tanti momenti esse videtur, ut affirmare non dubitem, cum qui illam legere contempserit, nedum in Damasceni, sed in aliorum quoque Orientalis Ecclesiæ magistrorum theologia hospitem prorsus fore. In ea quippe, tametsi vel plusculum fortassis prolixa videatur, expositionem collegit vocum omnium quas sancti Patres Græci sive disputando adversum hæreticos, sive apud Catholicos fidei doctrinam enucleando, adhibuerunt: atque eas insuper quibus hæretici gentilium philosophorum placitis imbuti , in suam simpliciorumque perniciem abutebantur; quæ omnia necessariis notis exponentur.

E veteribus philosophis, Porphyrium in quinque vocum, sive universalium, et Aristotelem in categoriarum, cæterorumque, de quibus logici disputant, enarratione secutus est. Quorum tamen sententias peculiares quasdam, mysteriis fidei tradendis, parum idoneas, aut etiam eisdem contrarias, ex ecclesiasticis auctoribus emendare sategit. Ut puta minime probavit, juxta sensum Aristotelis οὐσίαν, id est *substantiam*, in primam et secundam dividi, propter Philoponi Tritheitæ hæresim, qui cum individuum, quod *prima substantia* a Philosopho nuncupatur, ab hypostasi nihil differre apud Græcos Patres legeret, inde concludebat, tres in Trinitate substantias particulares dici posse.

Cæterum dialecticum opus Joannis Damasceni non eodem modo referunt codices manuscripti : atque, tum in numero capitum, tum in ipsomet capitum aliquorum contextu tanta diversitas occurrit, aliis inter se convenientibus et discrepantibus a cæteris, ut in eam mentem abeam, librum hunc, cum ab auctore fuse prius editus fuisset, ab ipso, aut saltem a suppare quopiam, in breviorem formam redactum esse, demptis pluribus quæ minus necessaria videbantur; aut etiam brevem hanc *Logicam* sub Damasceni ipsius, opera sua recensentis manu crevisse : id quod aliis sanctorum Patrum lucubrationibus accidisse norunt eruditi.

Logicam prolixiorem exhibent Regii codices quinque ; in quorum tamen uno, qui n. 1986 notatur, caput secundum atque tertium abest. Breviorem vero reperi in vetustissimo Colbertino codice n. 4730, ante 800 annos exarato, et in codice bibliothecæ nostræ, qui S. Hilarii Pictaviensis quondam fuit, itemque in Regiis aliis plurimis n. 2427, 2925, 2926, 2928, 2929, 2930, 3109 et 3379. Eamdem epitomen translatio Arabica repræsentat ; sed et vetustus interpres Latinus operum S. Joannis Damasceni, quem ipsummet fuisse Burgundionem Pisanum autumo, qui Eugenio III pontifici Romano translationem libri *De orthodoxa fide* nuncuparat : nec ab illa multum discrepat Latina interpretatio quæ exstat in editione Basileensi posteriore an. 1575, tametsi variis in locis fuerit interpolata, atque ad Græcum *Dialecticæ* fusioris contextum imperite prorsus et insulse accommodata. In altero bibliothecæ nostræ codice, qui quingentorum fere annorum vetustatem præfert, et charta bombycina constat, *Logica* utraque Damasceni, brevis et prolixa, magna parte permiscentur: desunt nihilominus capita priora, *De cognitione, De fine operis* et *De philosophia ;* vicissim vero alia quædam præmittuntur, quæ in cæteris mss. non comparent ; sed quæ nihil aliud sunt, nisi Ammonii philosophi, seu Hermiæ ejus parentis, contractiora prolegomena in *Isagogen* Porphyrii, demptis parum necessariis, quæque, seu Ammonius, seu Hermias, scripserat de origine animæ ejusque conjunctione cum corpore, secundum sensum Platonis, unde Origenes profana sua dogmata accepit.

S. P. N. JOANNIS DAMASCENI
FONS SCIENTIÆ.

1-3 PROLOGUS.

Religiosissimo et venerabili in Deo Patri Cosmæ, sanctissimo episcopo Majumæ, Joannes minimus monachus et presbyter, in Domino salutem.

Cunctabar quidem, o beate, exilitatis ingenii mei et linguæ difficultatis conscius, iis quæ vires meas excederent manum admovere, et, confidentioris cujusdam instar ac temerarii, adytorum recessus penetrare ; periculum videlicet extimescens, quod illis qui ejusmodi res auderent, impendet. Nam si divinus ille legislator Moyses, qui ab omni rerum humanarum aspectu secedens, crebrescentibus sæculi fructibus relictis, ab omni specie corporali mentis oculum expurgaverat, et idoneus inde ad Dei ipsius intuitum evaserat ; si ille, inquam, qui hoc consecutus erat, ut benignissimam ad nos usque Dei Verbi demissionem, incarnationemque naturæ vires superantem conspiceret in rubo, et in igne pabuli corporalis experte, a quo incensus rubus, sic in ejus splendorem immutaretur, ut tamen combustione nulla consumeretur, nec a propria natura desciscerct ; si ille demum qui omnium primus, ejus qui est, ipsaque essentia vere sublimior est, edoctus nomen fuerat, quique contribulium suorum principatum a Deo acceperat, impeditiorem nihilominus loquelam, et tardiorem linguam causabatur, quam ut, consilii divini minister factus, ipsum palam efferret, et Dei hominumque **4** sequester fieret : quinam contaminatus ego, nullisque non peccati maculis aspersus, qui perturbatissimos in meipso conscientiæ fluctus gero ; qui nec mentis, nec cogitationis labes elui, quo Dei divinarumque formarum speculum sim valeam ; cui tandem deest oratio, quæ ad res animo comprehensas explicandas sufficiat, quanam ratione divinas abstrusasque res, et quæ rationalis omnis creaturæ captum excedunt, edisseram ? Hæc itaque cum ipse mecum considerarem, tentare sermonem pigebat : tum vero etiam obsequi mandatis verebar (dicam enim quod res est) ne deridendum me duplici nomine propinarem, ignorantiæ nimirum, et, quod gravissimum est, temeritatis et dementiæ. Nam ignorantiæ quidem culpa veniam meretur, quando aliunde atque ex socordia nascitur. At scientiæ A opinionem cum inscitia conjunctum habere, id profecto grave et vituperio potius quam venia dignum fuerit ; quinimo ignorantiæ crassioris, ne dicam extremæ, argumentum est. Cæterum inobedientiæ fructus mors est, qui vero humilitatem et obedientiam colit, cum sese imitatorem Christi in finem usque præbeat, is in altum subvectus, a Deo gratiam lucis administram reportat, apertoque ore, impletur Spiritu, pectore purgatur, illustratur animo, sermonem accipit in apertione oris, et, cum non cogitet quid loqui debeat, loquentis potius in se spiritus organum exsistit. Quamobrem per vos obediens Christo, qui pontificis in vobis munus exercet, mandatis obtempero, vestrisque precibus fretus, os aperio, sperans fore, B ut spiritu implear, tumque ea eloquia proferam quæ non mei sensus fructus sunt, sed Spiritus, qui cæcos sagaces reddit. Ita ut, quæ daturus ille est, accipiam, eademque subinde pronuntiem.

Tripartitum opus. 1 Dialectica. 2. Liber de hæresibus. 3. Liber de fide orthodoxa. — Primum itaque eorum, qui apud gentiles sapientiæ laude insignes fuerunt, optima quæque edisseram : quippe cum compertum habeam, quidquid boni fuerit, Dei beneficio mortalibus concessum esse ; quoniam *Omne datum optimum, et omne donum perfectum de sursum est, descendens a Patre luminum* (1) : quidquid autem veritati adversarium est, Satanici erroris tenebrosum inventum est, et perditæ mentis commentum ; quemadmodum præstantissimus C in Theologia Gregorius aiebat. Quamobrem ad instar apis ea colligam et componam, quæ affinia veritatis sunt, atque ab ipsismet hostibus salutem accipiam. Quidquid vero pravum, falsique nominis scientiæ conjunctum erit, rejiciam. Mox infensarum Deo hæresum nænias altero pariter volumine contexam, quo, falsitate cognita, veritati magis magisque adhæreamus. Atque ita demum veritatem erroris interemptricem, eliminatricemque mendacii, afflatorum divinitus prophetarum, necnon eruditorum a Deo piscatorum, divinorum quoque pastorum et doctorum sermonibus **5** veluti fimbriis aureis exornatam decoratamque, Deo ejusque gratia aspirante, explicabo ; ut ejus gloria ab intus emicans, eos qui purgatis, uti par est, ani-

---
¹ Jac. I, 17.

(1) Greg. Naz. *Orat. in SS. Lumina*, init.

mis, turbidisque cogitationibus abjectis, ipsum adeunt, suis radiis illustret. Nihil porro, ut modo dicebam, quod meum sit afferam : sed quæ a probatissimis quibusque magistris elaborata sunt, collecta in unum, quantum per me licuerit, brevi compendiarioque sermone exponam, vestris jussis per omnia gerens morem. Quapropter obsecro vos, venerandi in Christo Patres, ut præceptis vestris obsecuto mihi veniam concedatis, benevolique faveatis, ac pro ea quam vobis exhibet obedientia, vestras vicissim preces rependatis.

CAPITA PHILOSOPHICA.

Index accuratus capitum hujusce voluminis.

1. De cognitione.
2. Quis hujus operis finis.
3. De philosophia.
4. De ente, substantia et accidente.
5. De voce.
6. De divisione.
7. De eo quod prius est natura.
8. De definitione.
9. De genere.
10. De specie.
11. De individuo.
12. De differentia.
13. De accidente.
14. De proprio.
15. De prædicatis.
16. De univoca et æquivoca prædicatione.
17. De prædicationibus in quid est et in quale quid est.
18. In quibus quinque voces conveniant et discrepen..
19. In quibus genus et differentia conveniant inter se et differant.
20. In quibus genus et species conveniant inter se et differant.
21. In quibus genus et proprium inter se conveniant et differant.
22. In quibus genus et accidens conveniant inter se et differant.
23. In quibus differentia et species conveniant inter se et differant.
24. In quibus differentia et proprium conveniant inter se et differant.
25. In quibus differentia et accidens inter se conveniant et differant.
26. In quibus species et proprium inter se conveniant et differant.
27. In quibus species et accidens inter se conveniant et differant.
28. In quibus proprium et accidens inseparabile tum conveniant, tum differant.
29. De hypostasi et enhypostato et anhypostato.
30. De substantia, et natura, et forma ; nec non de individuo, et persona et hypostasi.
31. **6** De æquivocis.
32. De univocis.
33. De polyonymis.
34. De alteris et heteronymis.
35. De denominativis.
36. De decem supremis generibus.
37. De homogeneis, et homoideis, et heterogeneis, et heteroideis ac numero differentibus.
38. De in quo.
39. De substantia.
40. De natura.
41. De forma.
42. De hypostasi.
43. De persona.
44. De enhypostato.
45. De anhypostato.
46. Divisio entis.
47. Divisio substantiæ.
48. De homogeneis, et homoideis, et heteroideis et homohypostatis, et numero differentibus.
49. De quanto et quantitate.
50. De iis quæ ad aliquid.
51. De qualitate et quali.
52. De agere et pati.
53. De situm esse.
54. De ubi.
55. De quando.
56. De habere.
57. De oppositis.
58. De habitu et privatione.
59. De priori et posteriori.
60. De simul.
61. De motu.
62. De habere.
63. De enuntiatione, affirmatione, et negatione.
64. De termino, et propositione et syllogismo.
65. De unione.
66. De hypostatica unione.
67. Philosophiæ definitiones sex.
68. De quatuor methodis dialecticis.

Dialecticæ Damasceni capita ea modo exhibuimus serie, qua in editione Basiliensi, et in quinque codicibus Regiis recensita reperiuntur, in quibus logica fusior continetur. Verum, ut utriusque editionis discrimina lector percipiat, indicem alium proferre lubet ex Logicæ brevioris codicibus assumptum.

1. De ente, substantia et accidente.
2. De genere et specie, illoque generalissimo, et ea specialissima, et subalternis.
3. De individuo.
4. De differentia.
5. De accidente.
6. De proprio.
7. De prædicatis.
8. De prædicatione synonyma, et æquivoca.
9. **7** De prædicatione in quo quid est, et in quale quid est.
10. De hypostasi, enhypostato, et anhypostato.
11. De substantia, et natura, et forma, deque individuo, persona, et hypostasi.
12. De divisione.
13. De priori secundum naturam.
14. De definitione.
15. De æquivocis.

Reliqua capita eo sequuntur ordine, quo in priori indice.

CAPUT PRIMUM.
De cognitione.

Scientia et cognitio animi lumen est. Falsa cognitio, vera est ignoratio. — Cognitione nihil excellentius est. Ea quippe rationalis animæ lumen est, quemadmodum e contra inscitia est caligo. Nam sicut privatio lucis tenebræ sunt, ita et cognitionis privatio rationis obscuritas est. Enimvero brutorum animantium proprium quoddam est ignoratio: cognitio autem rebus quæ ratione præditæ sunt, convenit. Ille igitur qui, cum natura sua cognitionis et scientiæ capax sit, ea tamen caret, idem, quamlibet alioqui sit naturæ rationalis, propter animi desidiam socordiamque belluis deterior efficitur. Atqui cognitionem dico, veram illam eorum quæ sunt notitiam. Scientiæ siquidem versantur circa ea quæ sunt; unde falsa cognitio, utpote notitia illius quod non est, ignoratio potius quam cognitio fuerit. Falsum enim nihil est aliud, nisi id quod non est. Quoniam ergo non solo animo vivimus, sed animus noster, carne ceu tegumento quodam coopertus, mentem velut oculum quemdam nactus est, qui, cernendo cognoscendoque, rerum notitiam ac scientiam possit percipere, nec tamen a se, vel ex propriis, cognitionem et scientiam obtinet, sed opem magistri desiderat. Proinde magistrum illum adire nos oportet, qui ab omni mendacio alienus est; *ipsam*, inquam, *veritatem*, Christum, qui est ipsamet sapientia veritasque subsistens, in quo sunt omnes thesauri scientiæ absconditi [1]; quique Dei et Patris sapientia et virtus exsistit [2], ut vocem ejus divinarum Scripturarum ope audiendo, veram rerum omnium scientiam addiscamus. Cæterum e re nostra est ut diligenter sinceroque animo accedamus, nec committamus, ut animæ nostræ acies intelligendi per vitiosos affectus obtundatur. Vix enim fieri possit, ut quisquam vel purissimo, vel limpidissimo prorsus oculo veritatem clare conspiciat. *Quod si lumen quod in te est*, hoc est mens nostra, *tenebræ sint, ipsæ tenebræ quantæ erunt* [3]? Properemus itaque toto animo totaque mente (1). Quemadmodum enim fieri nequit, ut oculus crebro circumjactus, et hinc inde circumversatus, rem quæ sub aspectum cadit, perspicue contueatur: sed in illud quod cernitur, intentum esse obtutum oportet: sic etiam omni cogitationum tempestate depulsa, veritatem, relictis materiæ fæcibus, nos adire convenit: ita tamen ut non ad fores usque perrexisse satis sit nobis; sed fortiter pulsemus, quo thalami patefacta janua, internam ejus elegantiam inspiciamus. Janua porro littera est; thalamus vero intra januam positus, pulchritudo sensuum sub illa delitescens, hoc est Spiritus veritatis. Strenue pulsemus, inquam, semel iterumque, ac sæpius legamus, atque hoc modo fodientes, thesaurum scientiæ inveniemus (2), et divitiis affluemus. Quæramus, investigemus, exploremus, sciscitemur. *Omnis enim qui petit, accipit, et qui quærit, invenit: et pulsanti aperietur* [3]. Itemque: *Interroga patrem tuum, et annuntiabit tibi; et majores tuos scientia, et dicent tibi* [4]. Quapropter si discendi studiosi simus, multiplici quoque disciplina instructi erimus. Cuncta quippe diligenti studio et labore comparari nata sunt, in primis vero, et post omnia, largientis Dei gratia.

Porro, quandoquidem Apostolus monet, *ut omnia probantes, quod bonum est teneamus* [7], gentilium quoque sapientum libros juvat consulere (3). Fortassis enim apud illos etiam mercium aliquid nanciscemur, et nonnihil quod animæ utile sit, ex ipsis decerpemus. Omnis siquidem artifex aliquibus instrumentis indiget, quibus opera sua conficiat: sed et consentaneum est, ut ancillæ quædam reginæ serviant. Hanc igitur assumere doctrinam non pigeat, quæ veritati famuletur, quo propulsemus impietatem, quæ tyrannidem olim suam in eam exercuit. Absit vero ut eo, quod bonum est, male utamur, ac disserendi artem ad simpliciores decipiendos tractemus. Quinimo, quamvis veritas variis argumentationum captionibus non egeat, iis tamen adversus illos qui bellum improbum cient, necnon ad eversionem falsi nominis scientiæ, abutamur.

Quid studiorum finis esse debeat. — Quamobrem ab his, velut ab elementis, et quæ idonea sunt iis, qui lacte adhuc opus habent, dicendi exordium sumamus, implorata ope et auxilio Christi, qui Dei subsistens Verbum est, *a quo omne datum optimum et omne donum perfectum* conceditur. Hunc autem finem sibi præstituant, qui hæc legerint, ut mentem suam ad beatam vitam tanquam ad portum applicent; hoc est, ut sensuum opera ad eum, qui sensu et comprehensione omni sublimior est, subvehantur; ad rerum utique omnium causam et opificem. Nam *ex pulchritudine creaturæ cum proportione creator perspicitur* [8]. Et, *invisibilia Dei per ea quæ facta sunt intellecta conspiciuntur* [9]. Quocirca si animo ab inanis gloriæ cupiditate libero et humili scientiam appetamus, votorum plane compotes efficiemur: *Non enim*, ait Christus veritas, *potestis in me credere, cum gloriam ab hominibus accipiatis* [10]. Ac rursum: *Omnis qui se exaltat, humiliabitur, et qui se humiliat, exaltabitur* [11].

CAPUT II.
Quisnam hujus operis finis.

Fons scientiæ, triplex opus. — Quandoquidem quicunque nullo sibi præstituto fine rem aliquam aggreditur, is velut in tenebris graditur: quia in

---

[1] Coloss. II, 3. [2] 1 Cor. I, 24. [3] Matth. VI, 28. 21. [4] Sap. XIII, 5. [5] Rom. I, 20. [9] Joan. V, 44. [8] Matth. VII, 8. [6] Deut. XXXII, 7. [7] 1 Thess. V, [11] Luc. XIV, 11.

(1) Basil. orat. in illud: *Attende tibi ipsi.*
(2) Clemens Alex. lib. VIII *Strom.*
(3) Isocr. ad *Dæmonicum.*

extrema penuria ille est, qui nullam laborum metam spectat, age, quis harum lucubrationum finis sit, ante declaremus, quo facile percipiantur, quæ subinde dicemus. Nobis **9** itaque propositum est de philosophia tractare, atque omnis generis scientiam, quantum licebit, hoc volumine complecti; quod idcirco SCIENTIÆ FONS jure sit appellandum. Quocirca nihil a meipso proferam, sed ea quæ a viris sanctis eruditisque dicta sunt, in unum congesta exponam. Igitur ante omnia nosse convenit quid sit philosophia.

CAP. III.
De philosophia.

Sextuplex definitio philosophiæ.—Philosophia est cognitio rerum quæ sunt, prout sunt; hoc est cognitio naturæ illarum. Item, philosophia est divinarum humanarumque rerum scientia; id est earum quæ tum sub aspectum cadunt, tum aciem oculi fugiunt. Rursum philosophia est meditatio mortis, sive naturalis, sive liberæ voluntatis sit. Duplex quippe est vita, naturalis nimirum qua vivimus, et altera quam libere eligimus, per quam huic præsenti vitæ propensiore affectu adhærescimus. Duplex item mors, naturalis, quæ animam disjungit a corpore, et alia, quam animi inductione eligimus, qua pro nihilo vitam præsentem ducentes, ad futuram properamus. Ad hæc philosophia est imitatio Dei. Porro Deum per sapientiam imitamur, hoc est, per veram boni cognitionem, nec non per justitiam, qua suum unicuique tribuitur, nulla personarum habita in judicando ratione, ac demum per sanctitatem, sive bonitatem, quæ justitia potior est, quaque beneficiis devincimus eos a quibus injuriam perpessi sumus. Philosophia est ars artium et scientia scientiarum. Nam philosophia primas in artibus tenet, per quam ars omnis scientiaque reperta sit. Atqui ars, juxta quosdam, ejusmodi est ut in aliquibus fallatur; scientia vero in nullis: philosophia autem sola nunquam fallitur. Vel etiam, ut aliis magis arridet, ars est quæ manuum opera aliquid facit: at scientia est ars omnis quæ per rationem exercetur, ut sunt grammatica, rhetorica, et aliæ id genus. Denique philosophia est amor sapientiæ. Porro vera sapientia Deus est, atque adeo dilectio erga Deum, ipsa est vera philosophia.

Divisio philosophiæ. — Philosophia dividitur in speculatricem et practicam seu activam. Speculatrix subinde in theologiam, physiologiam et mathematicam. Practica itidem in ethicam, œconomicam et politicam. Speculatrix itaque cognitionem exornat. Quocirca theologiæ proprium est ea considerare quæ corpore et materia vacant; ac primum quidem Deum a materia alienissimum, tum deinde angelos et animas. Physiologia autem est cognitio rerum materia constantium, quæque in promptu nobis sunt, puta animantium, stirpium, lapidum, aliorumque ejusmodi. Mathematica tandem est scientia rerum, quæ quamvis ex se corpore careant, in corpore nihilominus considerantur, hoc est numerorum, concentuum, præterea figurarum, et motus astrorum. Atque illa speculatio quæ circa numeros occupatur, arithmeticen scientiam **10** constituit; quæ circa sonos, musicam; quæ circa figuras, geometriam; quæ demum circa sidera, astronomiam. Istæc omnia locum medium tenent inter corpora et res incorporeas. Numerus enim per se quidem corporeus non est, cæterum in materia consideratur, puta in tritico, aut vino, aut in re aliqua simili. At vero philosophiæ pars activa circa virtutes versatur. Mores enim expolit, docetque quemadmodum vita instituenda sit: ac si quidem uni duntaxat homini leges præscribit, ethica nuncupatur; sin vero toti familiæ, œconomica; politica denique, si urbibus ipsis ac regionibus.

Philosophiam autem e medio tollere nonnulli conati sunt, illam ipsam, ullamve scientiam aut perceptionem negantes exsistere. Quos quidem ad hunc modum refellemus: Quonam pacto philosophiam, omnemque scientiam, et comprehensionem exstare inficiamini? An quod hoc vobis notum compertumque est? Ac si quidem id vobis certo compertum est, ex hoc ipso sequitur cognitionem esse, et comprehensionem. Sin autem hoc minime assecuti estis, ecquis tandem erit, qui fidem vobis adhibeat, quando ea de re disputatis, cujus cognitionem neutiquam percepistis?

Quia igitur philosophia est cognitio eorum quæ sunt, agedum de ente verba faciamus. Verum nosse attinet, ordiri nos ab ea philosophiæ parte, quæ circa ratiocinationem occupatur, quæque philosophiæ instrumentum potius est, quam pars; quippe cujus opera ad omnem demonstrationem utatur. Primum itaque de simplicibus nudisque vocibus disseremus, quarum simplici notione res simplices declarantur, atque ita demum de ratiocinatione tractabimus.

CAP. IV.
De ente, substantia et accidente.

Ens rerum omnium quæ sunt, commune nomen est: dividiturque in substantiam et accidens. Ac substantia quidem potior est, ut quæ in seipsa, et non in altero exsistat. Accidens vero est, quod in seipso esse nequit, sed in alio consideratur. Substantia enim, tanquam rerum materies, subjecti rationem habet; accidens autem illud est, quod in substantia velut in subjecto consideratur: v. gr. æs et cera substantiæ sunt; figura autem, et forma, et color, accidentia. Itaque corpus quidem substantia est; color vero, accidens. Animus item substantia est; scientia autem accidens. Nec vero corpus est in colore, sed color in corpore; neque animus in scientia, sed scientia in animo: nec denique æs, aut cera in figura est, sed figura in cera, aut **11** ære. Quamobrem non dicitur coloris corpus, sed color corporis; neque animus scientiæ, sed scientia animi: neque rursum cera figuræ, sed figura ceræ.

Ac color quidem, scientia, et figura mutationi obnoxia sunt, corpus autem, animus et cera eadem manent, quippe cum substantia mutationi nequaquam obnoxia sit. Itemque substantia quidem, et materia corporis una est : multi vero colores sunt. Pari modo in reliquis omnibus, subjectum quidem est substantia, quod autem in subjecto, substantia nempe, spectatur, accidens.

Definitiones substantiæ et accidentis. — Ad hunc porro modum substantiam definiunt : substantia est res per se exsistens, nec indigens altero ad exsistendum. Accidens vero est, quod in seipso esse nequit, sed est in alio. Quapropter Deus, et omnis res creata, substantiæ sunt : quanquam Deus ejusmodi substantia est (1), quæ substantiam omnem excedat. Sunt autem insuper qualitates substantiales, de quibus dicemus :

Totum hoc caput quartum ea edidi serie qua in editione Basileensi legitur, necnon in Regiis codicibus n. 1986, 2927, 2931 et 3447, qui prolixiorem Damasceni Logicam continent. Verum quandoquidem in aliis codicibus Regiis, in vetustissimo Colbertino, in cod. Sancti Hilarii, in nostro altero, et in veteri translatione Latina, atque in Arabica, omnino varius est contextus, fastidiosumque foret, imo perquam difficile, varias lectiones colligere, et sigillatim adnotare, illud idem caput eo seorsum ordine edendum censui, quo in mox laudatis codicibus reperitur ; maxime cum, et approbante Combefisio, longe nitidiorem sensum exhibeant. Atque hancce methodum in logico Damasceni opere sequi iterum atque iterum cogemur.

De ente, substantia et accidente.

Ens rerum omnium commune est nomen. Quocirca dividitur in substantiam et accidens. Substantia est res per se exsistens, nec alio indigens ad subsistendum ; sive id quod ita in se est, ut non exsistat in altero. Accidens vero illud est quod esse in seipso non potest, sed in alio habet ut exsistat. Substantia tanquam rerum materia, subjecti rationem habet . at accidens in subjecto consideratur ; ut puta corpus et color. Non enim corpus est in colore, sed color in corpore. Unde corpus est substantia, et color accidens. Consimiliter animus et prudentia. Non enim animus exstat in prudentia, sed prudentia in animo. Quo fit, ut non dicatur corpus coloris, sed color corporis ; neque animus prudentiæ, sed prudentia animi. Animus ergo substantia est, prudentia vero accidens. **12** Dempto siquidem animo, prudentiam quoque tolli necessum est. Si enim desierit animus, in quonam prudentia reperietur ? Verum sublata prudentia, non statim animus aufertur : quoniam absque prudentia permanere animus potest. Pari modo omnium entium illud substantia est, quod in seipso, et non in alio, habet exsistentiam : quod autem per se esse nequit, sed in alio exstat, hoc plane est accidens.

CAP. V.
De voce.

Vox alia significans, alia quæ nihil significat. — Quandoquidem de omni prorsus philosophica voce dicere instituimus, operæ pretium est ut prius perspectum habeamus, circa quasnam voces philosophia versetur. Ab ipsa voce igitur sumpto sermonis exordio, hoc dicimus : vox aut significatione caret, aut significandi vim habet. Quæ significatione caret, ea est qua nihil significatur ; quæ vero vim habet significandi, ea significatur aliquid. Rursum vox illa, quæ nihil significat, aut articulata est, aut non articulata. Non articulata est, quæ scribi nullatenus potest ; articulata autem, quæ potest scribi. Itaque non articulata , quæ expers est significationis, vox illa est, quæ a saxo, v. gr. vel a ligno editur. Nec enim litteris exaratur, nec quidquam significat. Significationis expers, et articulata, velut scindapsus. Hoc enim scribitur, sed nihil significat. Non enim fuit, aut erit aliquando scindapsus. De voce igitur quæ significatione careat, sive articulata sit, sive non articulata, nulla philosophiæ cura est. Rursum autem vox significans, aut articulata est, aut non articulata. Vox non articulata, significandi vim habens, est, ut canum latratus. Ea quippe canis designatur, quia vox est canis. Insuper designat adesse aliquem. Cæterum non est articulata ; non enim scribi potest. Quocirca neque hanc curat philosophia. At vero quæ significans, et articulata est, vel est universalis, vel particularis. Universalis, ut homo , particularis, ut Petrus, Paulus. Sed ne particularis quidem vocis rationem habet philosophia, sed significantis et articulatæ, et universalis.

Vox essentialis, vel adjectitia. — Hæc vero rursum vel substantialis est, vel substantiæ adjectitia. Substantialis seu essentialis est, quæ essentiam, hoc est, naturam rerum declarat ; adjectitia, quæ accidentia indicat ; v. gr. homo est animal rationale mortale. Omnia hæc essentialia sunt. Nam si quidpiam horum ex homine subtraxeris, homo esse desinet. Etenim si dixeris non esse animal, non est amplius homo. Si item, non esse ratione præditum, non est homo. Simili modo si mortale negaveris, jam neque homo erit. Quivis enim homo, et animal, et ratione præditum, et mortale est. Ob eam igitur causam voces dicuntur substantiales, quia naturam complent, neque fieri potest, ut, his sublatis, persistat homo. Eodem modo in unaquaque re, substantialia dicuntur quæ naturam constituunt. Quæ autem **13** adventitia, accidentia sunt,

---

(1) *Quanquam Deus*, etc. Suspicionem diluit eorum , qui ex capite 12 suæ Institutionis ad Joannem Laodicenum colligerent, Deum sub genere substantiæ censeri. Unde infra cap. 46, ubi ens dividit in substantiam et accidens, et substantiam in sua inferiora, divinam substantiam omisit. Quin potius lib. 1 *De fid. orth.* c. 12, negat sine impietate affirmari posse, Deum non hujus simplicitatis esse, ut ab essentialibus differentiis immunis sit.

ut quæ in subjecto, puta in homine, vel equo, aut re altera ejusmodi, esse, vel non esse possint, velut candor. Quamlibet enim quisquam candidus, aut ater sit, nihilominus homo est. Hæc itaque et similia horum, adjectitia sunt, sive accidentia; quæ quidem, tum ipsa, tum ipsorum contraria, nobis possunt inesse.

Vocis substantialis significata. — Jam vero vox substantialis, aut quid res sit significat, aut quale quid sit. Ut si quis ex nobis sciscitetur, quidnam homo sit; respondemus, animal. Deinde si quærat, quale animal sit, dicimus, rationale mortale. Quapropter substantialis vox, quæ quale quid res sit indicat, differentia nuncupatur. Quæ vero quid sit declarat, vel illud multas species exprimit, ac tum genus efficit; vel multos qui numero, et non specie, differunt, ac tum speciem facit. Primum quidem genus est, ut substantia. Substantia enim significat, et hominem, et equum, et bovem, quorum quodlibet substantia dicatur et sit, unumquodque vero, species. Aliud autem, et aliud, unaquæque species est. Secundum autem est species, ut homo. Multos siquidem significat, id est omnes et singulos homines, qui quidem numero inter se differunt: alius enim Petrus et alius Paulus, nec unus sunt, sed duo: specie autem, id est natura non differunt. Omnes enim homines dicuntur, et revera sunt.

Particularia numero differunt. — Igitur id quod specialius quidem et particulare est, numero differt, ut Petrus, individuum, et persona et hypostasis; quod quidem unum aliquem significat. Nam cum quis ex nobis percontatur, quisnam hic sit, respondemus, Petrus. Idem autem et vox, alius, significat. Alius enim est Petrus, et alius Paulus; item, ipse, et hic, et ille. Hæc et alia ejusmodi, quæ per se subsistunt, de individuo dicuntur. Porro (1) quod complectitur ;individua, species appellatur, latiusque quam individuum patet; utpote quæ multa individua comprehendat, puta homo (quippe comprehendit Petrum, et Paulum, et omnes ac singulos homines) atque, ut sancti Patres sanxerunt, natura, et substantia, et forma nuncupatur, velut animal: continet enim hominem, bovem, equum, latiusque patet, quam species. Porro sancti Patres speciem, ac genus, naturam, et formam, et substantiam appellarunt. Cæterum species, hoc est natura, et substantia, et forma, non alium, aut diversum efficit, sed aliud. Aliud enim quantum ad naturam hominem esse dicimus, et aliud equum. Non autem alium et alium. Porro in specie dicitur, hoc, et ipsum, et illud, et alia id genus. Quæ quidem in quid est prædicantur. At vera differentia diversum facit (nam diversum est animal rationale, ab eo quod rationis expers est) et tale, et quale. Adventitia substantiæ autem vox, aut uni tantum speciei

inest, aut multis. Si uni duntaxat, proprium dicitur; ut facultas ridendi, quæ inest soli homini; ac hinniendi, quæ soli equo. Quod si multis speciebus insit, efficit accidens, ut candor. Hic enim et homini, et equo et cani, et plerisque aliis speciebus inest. Atque hæ quinque 14 voces sunt, ad quas omnis vox philosophica redigitur. Quamobrem sciendum nobis est, quid quæque significet, et in quibus inter se convenient, aut discrepent: sunt autem hæ genus, species, differentia, proprium, et accidens.

Brevis earum vocum expositio. — Genus est, quod de pluribus specie differentibus, in quid est prædicatur; id est dicitur, et nominatur. Prædicari enim idem est, ac de aliquo dici. Species est, quæ de pluribus numero differentibus, in quid est prædicatur. Differentia est, quæ de pluribus specie differentibus, in quale quid est prædicatur, atque in definitione ut substantialis assumitur. Hæc autem est, id quod non potest in eadem specie peræque, vel esse, vel non esse; verum prorsus necesse est ut in ea specie sit, cujus est differentia; quam etiam, cum adest, conservat, et cum abest, destruit. Neque fieri potest, ut et ipsa, et ipsius contrarium in eadem specie sit: v. g. fieri nequit, ut ratio homini non insit. Nam quod ratione caret, nusquam homo est. Hæc, cum adest, hominis naturam constituit, et cum abest, interimit. Neque enim quod rationis expers est, hominis rationem habet. Sciendum igitur, eam substantialem, et naturalem, et constituentem, et dividentem, et specificam differentiam, et substantialem qualitatem et naturalem proprietatem appellari; quæ apud philosophos propriissime differentia dicitur, ut quæ maxime specialis sit, ac naturam cui inest, manifestam faciat. Proprium autem est quod uni, et omni speciei, semperque inest, ac cum ea convertitur [puta esse risibile]: omnis enim homo risibilis est, ac omne risibile est homo. Accidens vero est, quod de pluribus specie differentibus, in quale quid est prædicatur nec assumitur in definitione, sed vel adesse vel abesse potest: quod nec cum adest, subjectum conservat, nec cum abest, interimit. Atque istud adventitia differentia et qualitas dicitur. Hoc porro, vel separabile est, vel inseparabile. Separabile est, quod in eadem persona nunc accidit, nunc recedit, ut sedere, recumbere, stare, ægrotare, valere. Inseparabile, quod licet substantiam minime constituat, utpote quod in universa specie non consideretur, tamen cum in aliqua persona exsistit, ab ea sejungi non potest, ut presso vel adunco naso, vel cæsiis oculis esse, et similia. Hoc autem inseparabile accidens characteristica proprietas dicitur. Illud namque discrimen hypostasim, ac subsistens singulare, id est individuum, con-

---

(1) Greg. Naz. epist. ad Cledonium.

CAP. VI.
De divisione.

Divisio quid; superdivisio. — Divisio est prima rei sectio; velut, animal dividitur in rationale et irrationale. Superdivisio autem est secunda ejusdem rei sectio, ut animal superdividitur in pedibus carens, bipes, et quadrupes: pedum expers, ut piscem; bipes, ut hominem, et avem; quadrupes, ut bovem, equum et similia. Subdivisio autem est partis sectæ sectio, velut animali diviso in ratione præditum et rationis expers; ratione præditum in mortale et immortale secatur. En primum dividitur in duas partes, nempe in rationale et irrationale. Unius partis divisio, hoc est quæ rationale in mortale et immortale dividit, subdivisio est. Cæterum divisio et superdivisio non in omnibus rebus locum habent, sed cum omnia sub prima divisione non comprehenduntur: velut, cum animal dividitur in rationale et irrationale; atque in iis quæ ratione utuntur, et iis quæ ratione carent, bipes consideratur. Tunc igitur superdivisione necessario utimur, hoc est secundam ejusdem rei divisionem facimus, ac dicimus: animal in pedum expers, bipes, et quadrupes dividitur.

Modi octo divisionis. — Sunt autem octo dividendi modi, ejusmodi de causa. Quidquid enim dividitur, aut secundum se dividitur, aut per accidens. Si in se; vel ut res, vel ut vox. Si ut res, vel ut genus in suas species, ut cum animal in rationale et irrationale diviseris. Vel, ut species in individua, ut cum dividitur homo in Petrum et Paulum, ac reliquos singulos homines, vel ut totum in partes. Idque bifariam, nempe vel in ea quæ sunt similium partium, vel in ea quæ dissimilibus partibus constant. Illud autem est similium partium, cujus segmenta, et nomen, et definitionem totius, ac partium suscipiunt: velut caro in multas carnes dividitur, et quævis carnis pars, caro dicitur, ac carnis recipit definitionem. Contra vero dissimilium partium est, cum id quod sectum est, nec nomen, nec definitionem totius, aut etiam partium, mutuo recipit: uti si Socratem dividas in manus, pedes, et caput. Neque enim pes a Socrate abscissus Socrates dicitur, aut caput: neque Socratis, aut capitis definitionem recipit. Vel ut vox æquivoca in diversa significata; idque rursus bifariam. Aut enim totum quid per vocem significatur, aut pars. Totum nempe, ut canis vocabulum. Nam et de terrestri, et de sidereo, deque marino cane dicitur, quæ quidem totum aliquid sunt, ac non pars duntaxat animalis. Pars autem est, cum linguæ nomen de extremo calceamenti et tibiæ parte dicitur, nec non de ea animantium parte, in qua gustandi facultas sita est: quæ quidem partes tantummodo sunt, ac non tota quædam. Atque in hunc modum, quod est divisionis subjectum, per se dividitur. Per accidens autem, aut veluti substantia; ut cum dico, hominum alii candidi sunt alii nigri. Homines enim substantia sunt; candor autem et nigredo, accidentia. Aut sicut accidens in substantias; ut cum dico: candidorum alia sunt animata, alia inanimata. Candor enim accidens est; animatum autem et inanimatum, substantiæ. Aut sicut accidens in accidentia; ut cum dico: frigidorum alia candida sunt et sicca; alia nigra et humida. Nam et frigidum, et candidum, et siccum, et nigrum, et humidum, universa hæc accidentia sunt.

Divisio ab uno, et ad unum. — Est præterea alius dividendi modus, nempe ab uno et ad unum. Ab uno nimirum, ut a medicina, liber medicus, et instrumentum medicum. Ab uno enim, hoc est a medicina, medica nuncupata sunt. Ad unum autem, ut salubre medicamentum, et salubris cibus. Unam enim ac eamdem rem, sanitatem scilicet, propositam habent. Eorum porro quæ ab uno sunt, quædam a causa aliqua dicuntur, ut imago hominis a vera causa, homine videlicet, dicitur: aliqua vero, ut ab aliquo inventa, ut medicum scapellum, et alia ejusmodi.

Octo divisionis modi recensentur. Non omnes probant divisionem speciei in individua. — Atque hæc generalis divisio est, per quam dividitur quidquid cadit in divisionem; vel ut genus in species; vel ut species in individua; vel ut totum in partes; vel ut vox æquivoca in diverso significata; vel ut substantia in accidentia; vel ut accidens in substantias; vel ut accidens in accidentia; vel ut ea quæ ab uno, et quæ ad unum. Quanquam nonnulli sunt, qui speciei in individua divisionem dicendam negent, enumerationemque id potius esse asserant: quod scilicet omnis res in duo, aut tria, aut raro admodum in quatuor dividatur: species autem in infinitam multitudinem distribuatur: infinitam enim particularium hominum esse multitudinem.

Scire autem operæ pretium est, nullo omnino divisionis modo considerari in segmentis id, quod natura prius ac posterius est; nec item quod magis et minus: in illis tamen quæ ab uno, vel propter ordinem ad unum dividuntur, tum id quod natura prius ac posterius est considerari, tum quod magis et minus; unde etiam denominatio oritur.

Hactenus caput de divisione secundum fusiorem Damasceni Dialecticam; deinceps vero illud subjiciemus, ut in breviori continetur ubi proxime sequitur post caput 11.

De divisione.

Divisio est prior rei sectio : exempli gratia, animal dividitur in rationale et irrationale. Subdivisio autem est unius partis in duas alias partes sectio, uti diviso animali in rationale et irrationale, partem unam, rationale nimirum, dividimus in mortale, et immortale. Superdivisio autem est, quando, facta rei sectione, eamdem rem iterum dividimus. Sic homo dividitur in marem et feminam. En divisionem. Rursum quoque dividitur homo in animam et corpus. En superdivisionem. At vero non in omnibus locum habent divisio et superdivisio, sed quando omnia sub prima divisione non continentur. Ecce enim in masculo et in femina considerantur anima et corpus.

17 *Quæ sint contradividentia.* — Sciendum est autem contradividentia dici duas species ex uno eodemque genere sectas, v. gr. Animal in rationale et irrationale dividitur. Rationale et irrationale contradividentia appellantur.

Sunt autem octo divisionis modi. Dividitur enim aliquid, vel ut genus in suas species ; sic animal dividitur in rationale et irrationale : vel ut species in individua, ut homo in Petrum, et Paulum, et reliquos singulos homines : vel ut totum in partes; et hoc dupliciter : vel similes sunt, vel dissimiles. Partes similes eæ sunt quæ nomen et definitionem totius et sui invicem suscipiunt, ut cum carnem in plures carnes secamus, quælibet pars carnis caro dicitur, nomenque ac definitionem carnis suscipit. Dissimiles vero partes sunt, quæ neque nomen, neque definitionem totius, nec compartium admittunt ; ut dum Socratem dividimus in caput, manus, et pedes. Neque enim caput, neque manus, neque pedes, Socratis, ac sui invicem nomen et definitionem recipiunt. Vel ut vox æquivoca in diversa significata, hocque dupliciter ; nimirum vel ut totum, vel ut pars. Ut totum quidem, ut hæc vox canis. Dicitur enim de cane terrestri, cœlesti, et marino, quæ totum quiddam sunt, non pars animalis. Ut pars vero, dum linguæ nomen dicitur de extremitate calceamenti, de extremitate fistulæ, ac de membro quo animalia gustandi facultatem habent ; quæ quidem partes sunt et non tota. Vel ut substantia in accidentia, ut dum dico : hominum alii quidem albi, alii vero nigri. Vel ut accidentia in substantias, ut dum aio : alborum alia animata, alia inanimata. Vel ut accidens in accidentia : ut si dicam, frigidorum hæc quidem sicca sunt, illa vero humida. Vel ut ea quæ ab uno sunt, et quæ ad unum. Ab uno quidem, ut a medicina, liber medicus, instrumentum medicum, nomen habent. Ad unum autem, ut salubre remedium, salubris cibus. Ad unum enim, sanitatem nimirum, respiciunt. Porro juxta hunc modum ens in substantiam et accidens dividitur.

Nosse autem oportet in nullo quidem divisionis modo considerari in divisis partibus quod natura prius est et posterius, nec magis et minus, nisi in iis quæ sunt ab uno, et ad unum.

CAP. VII.
De eo quod natura prius est.

Natura itaque prius illud est, quod infertur quidem simul, non tamen una secum infert : quodque una secum tollit, sed non simul tollitur. V. gr. animal natura prius est homine. Sublato enim ac non exsistente animali, hominem quoque non esse necessum est. Homo quippe animal est. Et non exstante animali, necessario neque homo erit ; homo siquidem est animal. **18** Contra, sublato homine, fieri potest ut animal sit. Erit enim equus, canis et similia ; quæ quidem animalia sunt. Rursus posito homine, etiam animal infertur : homo enim animal est. Ex illatione autem animalis, non propterea inferri hominem necesse est ; sed equum fortasse, aut canem, aut quidpiam simile. Nam et ipsa animalia sunt. Quapropter nec Petrus natura prior est Paulo, neque animal rationale, irrationali. Sublato enim et non exsistente Petro, erit Paulus ; et, Paulo posito, non simul infertur Petrus : ac neque illato Petro simul sequitur Paulus. Sed neque Petrus magis est, hoc est, amplius homo vel animal, quam Paulus : neque Paulus quam Petrus. At vero medicamentum alio medicamento salubrius ; et medicus liber alio libro ad sanandum aptior reperitur.

CAP. VIII.
De definitione.

Quid definitio. — Definitio est compendiosa oratio subjecti naturam declarans, seu oratio subjecti naturam paucis significans. Ut, homo est animal rationis particeps, mortale, intelligentiæ et scientiæ capax. Ac multi quidem longas amplasque orationes de hominis natura habuerunt : sed quia minime breves et compendiosæ sunt, idcirco definitiones non sunt. Sunt rursus breves quidam sermones, ut apophthegmata, sed quia rei naturam non explicant, proinde nec definitiones quidem sunt. Quin nomen quoque subjectæ rei naturam sæpe demonstrat ; nec tamen definitio est. Nomen enim dictio una est : definitio autem est oratio : oratio vero ex duabus ut minimum, iisque differentibus, dictionibus, constat. [Itaque terminus nomen est, explicatum ; non vero terminus est in conjunctione.]

Definitio ex genere et differentiis constituentibus, — ex materia et forma, — ex subjecto et fine. — Constat autem definitio ex genere et constitutentibus, id est substantialibus, differentiis, ut in definitione animalis, animal est substantia animata sensu prædita. Ecce enim substantia genus est ; animatum autem, et sensu præditum, constituentes differentiæ. Sumitur autem ex materia et forma; velut, statua est, quæ fit ex ære, viri speciem repræsentans. Æs enim, materia est : viri autem speciem repræsentans, est statuæ forma. Porro materia generi, forma differentiæ respondet. Ad hæc, ex subjecto et fine sumitur; ut medicina est, ars quæ circa humana corpora versatur, et sanitatem conciliat. Ecce medicinæ subjecta sunt humana corpora : finis autem ipsius est sanitas.

19 *Descriptio fit ex accidentibus. Definitio describens.* — At vero descriptio ex iis quæ adventitia sunt, hoc est ex propriis et accidentibus conflatur; velut, Homo est, animal rationale risibile, erecto corpore incedens, habens latos ungues. Nam hæc omnia essentiæ adventitia sunt. Unde etiam ὑπογραφὴ dicitur, quasi adumbrans, non essentialem rei statum declarans; sed illa tantum quæ eam assectantur. Porro definitio describens ex substantialibus et accidentalibus mista est; exempli gratia, homo est animal rationale, recto capite incedens, habens latos ungues.

Ὁρισμὸς autem, id est definitio, dicitur per metaphoram ductam a terræ terminis. Ut enim terminus, id quod unicuique proprium est, ab alio dirimit : sic etiam definitio cujusvis rei naturam ab alterius rei natura distinguit.

Definitionis bonitas. Hominis definitio integra. — Definitionis sanitas, seu bonitas, in eo sita est, ut nec deficiatur dictionibus, nec redundet. Virium autem, ut in ea dictiones vel desiderentur, vel redundent. Perfecta autem ea definitio est, quæ convertitur cum re definita; imperfecta vero quæ non convertitur. Quocirca nec quæ dictionibus deficitur, nec quæ redundat, cum re definita convertitur. Nam cum dictionibus abundat, rebus deficitur; cum autem dictionibus deficitur, rebus redundat. [Itaque dictu mirum artificium natura excogitavit; nimirum opulentam egestatem, et opes egestatem mentientes]; v. gr., perfecta hominis definitio, est animal rationale, mortale. Ecce convertitur. Nam omne animal rationale, mortale, homo est : omnisque homo, animal est rationale, mortale. Si igitur una aliqua dictio in ea desideretur, rebus redundat : velut, animal rationale. Vides enim eam una dictione defici (non enim dixi mortale) ac rebus abundare : non enim solus homo animal est ratione præditum, sed etiam angelus : nec convertitur cum re definita. Rursum si dixero, animal rationale, mortale, grammaticum; ne sic quidem convertitur. Una siquidem dictione redundat, eo quod dixerim, grammaticum : rebus autem deficitur. Non enim omnem hominem definivit, sed grammaticos duntaxat. Etenim, animal qui omne ratione utens, mortale, grammaticum, homo est; at non item omnis homo animal est ratione utens, mortale, grammaticum. Non enim omnis homo grammaticus est.

20 Perfectæ igitur definitiones eæ sunt, quæ cum re definita convertuntur. Sed quoniam proprium quoque, cum eo, cujus est proprium, convertitur (quidquid enim homo est, illud quoque risibile est, et quidquid est risibile, idem etiam homo est), distinctionis causa insuper adjiciendum dicendumque est; nimirum perfectas definitiones eas demum esse, quæ ex genere et constituentibus differentiis sumuntur; quæque nec dictionibus deficiuntur; nec redundant, ac denique cum re definita convertuntur. Eodem quoque modo, eas quæ ex utroque, hoc est ex subjecto et fine accipiuntur, perfectas item esse. Atque interdum etiam eas, quæ ex solo subjecto; cum scilicet subjectum illud alteri arti non subjicitur, ut vitrum arti vitrariæ. Interdum rursus ex solo fine; cum finis ille alterius artis esse finis non potest, ut in exstruendarum navium arte. Quocirca ex his omnibus intelligendum est, definitionis perfectionem in hoc sitam esse, ut cum re definita convertatur.

Ὅρος latius patet quam ὁρισμός. *Sola substantia definitur, individua et accidentia describuntur.*—Differt autem vox ὁρισμός, a voce ὅρος, quod alterum latius sit, alterum angustius. Vox enim ὅρος latius patet, quam ὁρισμός, seu *definitio*. Nam et terræ limitem significat; decretumque ac sententiam, ut cum dicimus, ὥρισεν ὁ βασιλεύς, id est, *rex id decrevit.* Indicat etiam illud in quod propositio resolvitur, ut, Deo favente, infra cognoscemus. Denique definitionem etiam denotat. At vox ὁρισμός solummodo significat compendiosam orationem, quæ subjectæ rei naturam declaret.

Porro sciendum est definitionem in sola substantia accipi ac speciebus ejus; nec individua, nec accidentia definiri posse, sed tantum describi : quia nimirum definitio conflatur ex genere et differentiis constituentibus : descriptio autem ex accidentalibus.

CAP. IX.
De genere.

Quid æquivoca. Genus nomen æquivocum, et quintuplex. — In æquivocis tria quærenda sunt; nimirum an vox æquivoca sit; quotnam significationes habeat; ac de quanam earum sermo sit. Prius itaque exponendum est quid sit æquivocum. Æquivoca sunt, cum duo vel plura idem nomen habent; quodvis autem eorum aliud quidpiam significat, atque diversæ substantiæ est; hoc est aliam definitionem recipit : quemadmodum etiam nunc in genere res se habet. Genus enim in æquivocorum numero est. Dicitur enim genus primum a patria, et parentibus; atque utrumque horum duplici modo, nempe propinque vel remote. A propinqua nimirum patria, ut ab Hierosolymis dicitur quis Hierosolymitanus : a remota, ut a Palæstina provincia, Palæstinus. Eodem modo a propinquo parente, ut cum Achilles Pelei filius, Peleides dicitur : a remoto, ut cum **21** idem ab avo Æaco Æacides appellatur. Nam Æacus Pelei pater erat. Genus rursum dicitur, habitudo unius erga multos, qui ab eo ortum habent, ut cum omnes, qui ab Israele promanarunt, Israelitæ dicuntur. At de his duabus generis significationibus nulla philosophis cura est.

Genus philosophicum. — Genus rursus id dicitur cui species subjicitur, v. gr., sub animali sunt, homo, equus, et aliæ species : itaque animal genus est. Ac de hoc genere tractant philosophi. Quod etiam ad hunc modum definimus : genus est quod de pluribus specie differentibus, in quid est prædicatur, ut animal genus est quod de homine, equo, et bove, aliisque pluribus, in quid est prædicatur; quæ quidem inter se specie discrepant. Alia enim hominis species, et alia equi, et alia bovis. In quid est autem prædicatur. Nam cum ex nobis quæritur, quid sit homo; dicimus, animal. Simili etiam modo cum quæritur, quid est equus; animal, dicimus. Itaque genus est id cui species subjicitur [est item genus, quod dividitur in species]. Nam genus in species dividitur, latiusque patet quam species, ac species complectitur, iisque superius est.

Subjectum exsistentiæ et prædicationis. — Scire enim operæ pretium est, superius dici, quod generalius est; inferius autem ac subjectum ad prædicationem, id quod est minus generale. Est enim subjectum ad exsistentiam, ut substantia; supponitur enim accidenti, ut exsistat, quippe cum illud in ipsa subsistat : est item subjectum ad prædicationem, quod nimirum particulare est. Ut enim genus de specie, ita species prædicatur de individuis. Liquet autem genus quidem esse specie generalius, ac speciem individuis. De quibus accuratius infra Deo favente disseremus. Nunc vero cum de genere verba fecerimus, de specie quoque loquamur.

CAP. X.
De specie.

Quid species philosophica. — Quin species quoque in æquivocorum numero est, quæ duplici modo dicitur. Species enim ipsa etiam cujusque rei forma [et figura dicitur, uti v. gr. statuæ species] velut et a quodam dictum est : *Prima species digna imperio.* Species rursum, illud substantiale est quod collocatur sub genere. Ac rursum, species est id de quo genus in quid est prædicatur. Rursus denique species est id quod de pluribus numero differentibus in quid est prædicatur. Cæterum duæ priores speciei descriptiones habitudine sola et ordinis ratione inter se differunt, uti ascensus atque descensus, ac speciei omni accommodantur. Tertia autem ac postrema descriptio, infimæ duntaxat speciei, quæ proxime individuis superior est, ac singulariter exsistentia, seu supposita, complectitur; qua ratione dicimus hominis speciem.

Diximus igitur genus triplici ratione dici, denominatione scilicet, a parentibus et a patria; atque utroque modo bifariam : denique de eo **22** cui species subjicitur. Ad eumdem itaque modum, species quoque duplici significatione accipitur. Una nimirum pro rei cujusque forma; altera, pro eo de quo genus prædicatur, quodque generi subjicitur, ut quod ex eo dividatur. Ac de hujusmodi genere et specie a philosophis disputatur.

Explicatur genus per speciem et econtra. — Quia vero, cum de genere dissereremus, speciei mentionem fecimus, dicentes genus id esse quod dividitur in species : ac rursus cum de specie sermo esset, generis item mentionem fecimus, dicentes speciem id esse quod ex genere dividitur : scire operæ pretium est, ut quemadmodum loquentes de patre necessario quoque de filio sermonem habemus (nam ille dicitur pater qui filium habet) : itemque de filio verba facientes, quia filius dicitur qui patrem habet, eodem modo hic quoque fieri non potest, ut quispiam de genere sine specie, aut de specie sine genere pertractet. Genus enim in species dividatur necesse est : et quod species ex se divisas non habet, genus non est. Consimili quoque ratione, species ex genere dividuntur : et quæ carent genere non sunt species.

Scita generis, summi generis, ac media speciei et infimæ declaratio. — Quemadmodum autem primus parens Adamus, cum patre caruerit, non dicitur filius; dicitur vero pater, ut qui habuerit filios : Seth autem, cum parentis sui dicitur filius (quippe patrem habuit Adamum), tum pater ejus qui ab eo genitus est (siquidem genuit Enos); at Abel dicitur quidem filius, quia habuit Adamum patrem; haud item vero appellatur pater, quia filium non habuit : eodem quoque modo quod spectat ad genus ac speciem, primum genus quod non dividitur ab alio genere, nec genus ullum anterius habet, genus tantum est, non autem etiam species, appellaturque generalissimum genus; cujus hæc definitio est : generalissimum genus est, quod cum genus sit, haud tamen species est, quia nullum se superius genus habet. Quæ autem ex ipso dividuntur, si alias infra se species habeant, quæ ex ipsis dividantur, tum priorum, hoc est superiorum, ex quibus secantur, species sunt; tum genera eorum quæ ex ipsis dividuntur, hoc est inferiorum; ac subalterna genera ac species vocantur. At extremæ infimæque species, quæ alias infra se species non habent; hoc est nullas species, sed sola individua, id est hypostases seu supposita continent, non dicuntur genera, sed species duntaxat : ea nimirum, uti dicebam, ratione, quod nullas species subjectas, quæ ex illis dividantur, obtineant. Neque enim id genus dici possit, quod nullas species contineat; nec earum aliquas, quæ ex ipso dividantur, habeat. Quocirca id quod nullas species, sed individua tantum complectitur, species dicitur specialissima, quia cum species sit, non tamen genus est; uti contra genus, quod non etiam species est, generalissimum genus appellatur ac summum.

Superiora omnia de inferioribus dicuntur: haud vero species de specie. Substantia generalissimum genus, non ens. Homo species specialissima. Discrimen inter speciem et individua. — Nec vero illud ignorandum est, species sui generis, nomen ac definitionem, genusque ejus generis quod superius habet, ad ipsum usque generalissimum genus, necessario recipere: species autem ipsas alteram alterius definitionem nequaquam **23** mutuo posse sumere. Ut autem dilucidius fiat quod dico, ad hunc modum agamus. Substantia primum ac generalissimum genus est. Quanquam enim cum substantia, tum accidens scindatur ab ente, haud tamen ens genus eorum est. Nam illa entis quidem nomen recipiunt; at non item definitionem. Ens quippe in hunc modum definiunt: Ens, aut est quod per se subsistit, nec re alia, ut exsistat, opus habet; vel est quod per se non potest esse, sed in altero suum esse habet. Substantia autem illud tantum est quod per se exsistit, nec alia re, ut subsistat, opus habet. En substantia totam entis definitionem non accepit; nec proinde ens genus est respectu substantiae. Species enim integram generis sui definitionem absque ulla diminutione suscipit. At nec accidens entis species est: neque enim integram entis definitionem recipit, sed dimidiam partem duntaxat. Accidens quippe res est, quae per se esse non potest, sed solum in altero suum esse habet. En quo pacto nec substantia integram entis definitionem suscipiat, nec accidens: verum substantia dimidiam tantum partem, accidens item dimidiam alteram partem. Quapropter licet ens in substantiam et accidens dividatur, eorum tamen genus non est. Substantia autem dividitur et in corpus et incorporeum. Corpus vero et incorporeum substantiae species sunt; quandoquidem utrumque horum et nomen et definitionem substantiae integram recipit. Constat itaque substantiam non esse speciem, cum non habeat supra se genus; verum esse ipsum primum et generalissimum genus. Rursus corpus, quod substantiae species est animati et inanimati, genus est. Animatum rursus, in sensibile et in insensibile. Sensibile quidem animal est, quippe quod vitam et sensum habeat: insensibile autem est planta: nec enim ipsi sensus inest. Porro animata dicitur planta, quia vim eam habet, qua alatur, crescat, et generet. Dividitur rursus animal in rationale et irrationale: rationale, in mortale et immortale: mortale in hominem, equum, bovem ac similia; quae quidem non jam in alias species, sed in individua, hoc est hypostases, dividuntur. Homo enim in Petrum, Paulum, Joannem, reliquosque singulos homines dividitur: qui quidem non species, sed hypostases, seu personae et supposita sunt. Species enim, ut dictum est, aliae aliarum definitionem non admittunt; v. gr., corpus rei incorporeae definitionem non recipit; nec etiam recipit homo definitionem equi. At vero Petrus, et Paulus, et Joannes unam et eamdem definitionem accipiunt; itemque reliqui singuli homines. Liquet ergo ut illi hominis species non sint. Sed individua, id est hypostases et personae.

Rursus species cum dividitur, nomen suum ac definitionem iis quae ipsi sunt inferiora, impertit: at vero Petrus, cum in animam ac corpus secatur, nec animae, nec corpori nomen suum ac definitionem tribuit. Neque enim sola anima Petrus est, nec solum corpus, sed utrumque conjunctim.

Genus in paucas species dividitur. Quid species specialissima. — Praeterea omnis divisio quae a genere in species fit, ad duo, vel tria, aut raro ad quatuor usque progreditur. **24** Neque enim genus in quinque aut plures species dividi potest. Homo contra in omnes singulos homines, qui quidem numero infiniti sunt, dividitur. Quo fit, ut nonnulli negent eam quae a specie ad individua est, dicendam esse divisionem, malintque appellari enumerationem. Ex quo patet Petrum et Paulum et Joannem species non esse, sed individua, id est supposita sive personas: nec hominem genus esse Petri et Pauli et Joannis, hominumque reliquorum, sed speciem. Ac proinde homo est species specialissima (1). Etenim species est superioris, ut sub eo contenta, speciesque nihilominus inferiorum, ut ea continens. Tum enim quod continetur sub genere, species est; tum quod individua, id est hypostases continet. Species igitur specialissima ea est, quae proxime superior individuis est; quam etiam ita definiunt: Species est quae de pluribus numero differentibus in quid est praedicatur. Eodem modo et equus et canis, et similia, species sunt specialissimae. Quae autem inter generalissimum genus, et specialissimas species interjecta sunt, subalterna genera sunt ac species; nempe species superiorum, inferiorum genera.

Differentiae dividentes et constituentes. — Hae porro substantiales sunt et naturales differentiae, ac qualitates, quae dividentes dicuntur et constituentes: nempe dividentes quidem superiora, ac inferiora constituentes. Corpus quippe et incorporeum substantiam dividunt. Eodem modo animatum dividunt corpus et incorporeum: itemque sensibile

---

(1) *Species specialissima.* Assertionem hanc tribus argumentis propugnandam suscepisse mihi videtur, ut confutandis Severianis, qui μερικὰς οὐσίας *partiarias essentias* ponebant, via pararetur. Οὐσία quippe Patribus idem vulgo est ac *species, natura, essentia*. Quamobrem Abucarus, opusc. 2, vocem hanc inter logicas ponit, quae propter generalitatem quam annuunt, praedicari de individuis non possint: ut sicut non dicimus Petrum esse speciem, ita nec eum esse naturam vel essentiam. Cujus consectarium est, ut quemadmodum individua humanae naturae species singulares non sunt, neque ea sint essentiae singulares vel naturae.

et insensibile, animatum seu vivens dividunt. Hæc igitur constituunt animal. Sumo enim substantiam animatam sensibilem, atque animal efficio. Animal siquidem substantia est animata sentiens. Sumo rursum substantiam inanimatam et insensibilem, ac facio lapidem. Rursus, substantiam animatam non sentientem, et efficio arborem. Item rationale et irrationale animal dividunt: mortale quoque et immortale dividunt rationale: terrestre autem et aquatile, quod est rationis expers. Sumo itaque animal, quod horum genus est, et rationale, et mortale, et hominem constituo. Homo enim est animal, et rationale, mortale. Rursum accipio animal, et irrationale et mortale atque terrestre, equumque, v. gr., aut canem ac similia constituo. Denique accipio animal et rationale et mortale et aquatile; ac piscem constituo. Substantiales porro ac naturales differentiæ appellantur, eo quod efficiant, ut species ab alia specie, et natura ac substantia a substantia alia ac natura differat.

Quæ duobus hisce capitibus de genere et specie fusior Dialectica Damasceni complectitur ex Porphyrii Isagoge collecta, eadem compendiosiori methodo exponit brevior Logica; ea nimirum, qua proxime sequuntur serie, in unicum caput contracta.

25 *De genere generalissimo, et specie specialissima ac de subalternis.*

Generis nomen trifariam sumitur; ac primo quidem a parente, ut qui ex Israel progeniti sunt Israelitæ dicuntur. Alio modo a patria, ut ab Hierosolymis, Hierosolymitæ nomen habent, a Palæstina Palæstini. Tertio denique modo genus dicitur illud, quod in species dividitur; de quo apud philosophos sermo est, qui et illud ita definiunt: Genus est quod pluribus specie differentibus in quid est prædicatur.

Similiter vox speciei duplicem habet significationem. Species enim dicitur figura et forma; ut species hominis statuæ. Species item dicitur quod generi subjicitur, hoc est, quod ex genere dividitur: ac de ista acceptione speciei agunt philosophi.

Quandoquidem autem de genere sermonem habentes speciei meminimus, dicendo: Genus est id quod in species dividitur, operæ pretium est nosse quod veluti, dum de patre loquimur, necessario de filio quoque mentionem facimus (ille quippe pater est, qui habet filium); similiter dum de filio loquimur, patris item necessario meminimus (ille siquidem filius est, qui patrem habet). Sic et impræsentiarum, impossibile est de genere tractare, omissa specie, vel de specie, tacita generis mentione. Genus etenim in species omnino dividitur; et id quod speciebus ex se divisis caret, genus non est. Species igitur ex genere dividuntur; atque ea quæ genus non agnoscunt, nequaquam sunt species. Eodem scilicet modo quo primus homo, seu Adam non dicitur filius; dicitur tamen pater (habuit enim filios); Seth vero, et parentis sui filius dicitur (pater enim hujus fuit Adam) et pater illius qui ex ipso natus est (genuit enim filium). At Abel, filius quidem appellatur, cum patrem habuerit Adamum; pater vero non dicitur, quia filium non habuit. Eadem ratione de genere et specie disserendum est.

Primum genus, quod ex alio genere non dividitur, nec aliud supra se agnoscit, genus est, duntaxat, non species, vocaturque generalissimum genus. Quod sic definiunt: generalissimum genus illud est, quod genus cum sit, rationem speciei non admittit, quia supra se nullum genus habet.

Quæ vero ex ipso dividuntur species, si alias ex ipsis se divisas species habeant, species quidem sunt generum illorum ex quibus secantur; genera vero earum quæ ex ipsis dividuntur, id est inferiorum. Et hujusmodi genera ac species subalterna dicuntur. At vero infimæ species, quæ sub se species alias non habent, genera minime vocantur, sed tantum species, eo quod ex ipsis species aliæ non dividantur. Fieri enim non potest ut genus appelletur, quod ex se subdivisas species non habeat. Species itaque, genus non est, species specialissima dicitur.

26 Scire oportet, quod species et nomen ac definitionem generis sui necessario suscipiant: id quod etiam ei generi quod ex alio superiori derivatur, convenit, donec ad generalissimum genus ascenderis. Species tamen invicem sui definitionem admittere non possunt. Quod ut manifestius fiat, hac ratione rem consideremus. Primum generalissimum genus est substantia: etsi enim ex ente dividantur substantia et accidens, ens nihilominus eorum genus non est, cum tametsi entis nomen utrumque recipiat, non tamen entis definitionem. Nam ens sic vulgo definitur: Ens res est, tum per se exsistens, nec altero in quo subsistat indigens, tum quæ per se esse non valet, sed in alio exsistentiam habet. Substantia autem illud est tantum quod per se exsistit, nec alia re ut sit opus habet. At vero accidens sola ea res est, quæ per se non potest esse, sed in altero suum esse habet. En quo pacto nec substantia integram entis definitionem non receperit, neque accidens; verum substantia dimidiam tantum partem, accidens item dimidiam alteram partem. Attamen, cum ita comparatæ sint species, ut et nomen, et totam generis definitionem accipiant; eapropter licet, ens in substantiam et accidens dividatur; non tamen illud est eorum genus; ac neque substantia est species, quippe quæ nullum genus aliud sit superius; sed ipsa primum ac generalissimum genus est.

Ipsa igitur substantia in corpus et incorporeum secatur: ac proinde corporeum et incorporeum substantiæ species sunt. Iterum corpus dividitur in animatum et inanimatum. Unde rursus colligitur, corpus cum substantiæ species sit, esse etiam genus animati et inanimati. Animatum seu vivens rursum dividitur in sensibile et insensibile. Sensibile itaque est animal quod vita et sensu præditum est. Insensibile vero est planta : sensu etenim caret. Planta autem vivens dicitur, quia nutriendi et augendi, et generandi virtute pollet. Animal rursus scinditur in rationale et irrationale. Rationale in mortale et immortale. Mortale in hominem ratione præditum, et in irrationalia, equum, canem et similia : quæ quidem in alias species minime secantur, sed in individua, id est hypostases, aut supposita. Dividitur siquidem homo in Petrum, Paulum, et cæteros singulos homines, qui non sunt species : quia species, ut jam diximus, aliæ aliarum definitiones non admittunt : exempli gratia, corpus non patitur definitionem incorporei, nec homo definitionem equi. At vero Petrus et Paulus et Joannes unam definitionem suscipiunt, hominis nimirum : sic etiam reliqui singuli homines; proinde nec species hominis sunt, sed individua, hoc est hypostases et personæ.

Rursus species divisa, inferioribus suis, et nomen et definitionem suam impertit : verum Petrus in animam et corpus divisus, nec animæ corpori nomen et definitionem suam communicat. [Neque enim sola anima Petrus est, nec solum corpus.]

27 Deinde vero, divisio omnis generis in species, ad duo, vel tria, aut raro ad quatuor usque progreditur. Neque enim genus in quinque species et amplius dividi possit : at homo in omnes et singulos homines dividitur, qui quidem numero indefiniti sunt. Quapropter divisionem speciei in individua dicendam esse negant, sed potius enumerationem. Patet ergo Petrum et Paulum et Joannem species non esse, sed individua, hoc est hypostases ; nec proinde homo Petri et reliquarum personarum genus est, sed species. Unde sequitur hominem specialissimam esse speciem. Species enim est respectu superioris, et species respectu inferioris. Eodem quoque modo equus et canis, et similia, species quidem sunt, non autem genera ; ex quo fit ut specialissimæ species sint. Quæ autem inter generalissimum genus, et specialissimas species medium occupant locum, et genera sunt simul, et species subalternæ; utpote quæ superiorum quidem species sint, inferiorum vero genera.

Atque illæ ipsæ substantiales sunt ac naturales differentiæ et qualitates, quæ superiores quidem dividere, inferiores vero constituunt, dicuntur. Nam corpus et incorporeum substantiam dividunt ; quemadmodum etiam animatum et inanimatum dividunt corpus. Eodem quoque modo sensibile et insensibile, vivens, seu animatum, dividunt ; quæ nempe animal constituunt. Accipio siquidem substantiam animatam, sensibilem, et animal efficio. Animal enim est substantia animata sensibilis. Rursus assumo substantiam animatam, insensibilem, et lapidem facio. Iterum sumo substantiam animatam, insensibilem, et plantam efficio. Insuper rationale et irrationale dividunt animal ; mortale item et immortale, rationale dividunt. Quapropter assumo animal, quod est genus, et rationale et mortale, et hominem constituo. Rursumque assumo animal et irrationale et mortale, et constituo equum puta, aut canem, et similia. Substantiales autem et naturales dicuntur, eo quod per illas species una ab alia differt, natura et substantia ab altera natura ac substantia.

CAP. XI.
De individuo.

Individuum quatuor modis accipitur. — Individuum sive ἄτομον quatuor modis dicitur. Est enim individuum, quod non secatur, aut dividitur in partes, ut punctum, nunc, seu momentum temporis, ac unitas : quæ quidem ἄποσα, id est *non quanta* appellantur. Dicitur quoque individuum, quod ægre dividi potest ac secari, ut adamas, lapis, et similia. Dicitur item individuum, species quæ in species alias scindi non potest, id est species specialissima, ut homo, equus, aliaque ejusmodi. Denique id individuum proprie dicitur, quod dividi quidem potest, verum, postea quam divisum est, primam speciem nequaquam retinet. V. gr., Petrus in animam et corpus dividitur : verum nec anima, si eam seorsim spectes, perfectus homo est, aut perfectus Petrus ; nec item corpus. **28** Ac de isto [individuo] philosophi loquuntur ; quod quidem in substantia hypostasim significat ac suppositum, seu persona.

CAP. XII.
De differentia.

Differentia, qualitas, ac proprietas, idem re. — Differentia, et qualitas, et proprietas, subjecti quidem ratione unum sunt : at si vim ac facultatem spectes, alterum atque alterum. Nam rationalitas tum qualitas hominis, tum proprietas, tum differentia dicitur ; verum alia atque alia ratione. Ut enim substantiam veluti qualitate afficit, ac quasi format, qualitas dicitur. Ut rursum propria hujusce substantiæ facta est, proprietas vocatur. Ut denique cum bruto animali, puta bove, aut mulo, aut cane, comparatur homo, differentia nuncupatur. Per eam enim homo a brutis differt.

Differentia tribus modis. — Hæc porro triplici modo usurpatur ; communiter nempe, et proprie, et maxime proprie. Neque enim duo aliqua inveniri possunt, quæ ratione quadam ab invicem non differant. Aliis igitur species a specie, hypostasis ab ejusdem speciei et substantiæ hypostasibus, aliis hypostasis a seipsa differt. Etenim hominis species ab equi specie differt, quatenus alter ratione utitur, alter ratione caret. Diciturque ratione uti, et ratione carere, substantialis differentia. Eodemque modo quidquid illud est, per quod species a specie discrepat, naturalis, et substantialis, constituensque, et specificans, differentia ac qualitas nuncupatur, proprietasque naturalis ; quæ quidem universæ speciei incommutabiliter inest, ac maxime propria differentia, philosophorum usu, dici solet, ut quæ maxime propria sit, ac naturam declaret. Rursus hoc nomine homo ab homine, aut equus ab equo, vel canis a cane [hoc est individuum ab ejusdem speciei individuo differt]: quod ille magnus, hic parvus sit; ille senex, hic juvenis [ille pressis naribus, hic aduncis]; ille prudens, hic stolidus. Omnia hæc adventitiæ differentiæ ac qualitates dicuntur, quod est accidens; de quo deinceps dicturi sumus.

CAP. XIII.
De accidente.

Accidens est, quod adest et abest sine subjecti interitu. Ac rursus, accidens est, quod inesse et non inesse eidem contingit. Potest enim fieri ut homo albus sit, vel non albus : eodem modo, ut procera statura, ut prudens, ut simus [hoc, nec cum adest, speciem conservat (non enim ad ejus definitionem assumitur), nec cum abest eam labefactat. Quantumvis enim Æthiops candore careat, nihil hoc læserit, ut ne homo exsistat. Accedit igitur ac recedit ; nec subinde subjectæ substantiæ rationem lædit. Diximus enim substantiam subjecti loco ac materiæ esse accidenti].

29 Hoc porro accidens bifariam dividitur : nempe in eam quæ communiter dicitur, differentiam, et in eam quæ proprie. Differentia communiter dicta, est accidens separabile, v. gr., sedet quispiam, ac alter stat. Quippe fieri potest, ut surgente illo qui sedebat, et sedente illo qui stabat, eorum differentia separetur, atque ut quisque aliam pro alia vicissim accipiat. Quin et a seipso dicitur quis differre, ratione accidentis separabilis. Etenim dum sedet ac surgit ; dum floret ætate, ac senescit ; dum adversa valetudine laborat, ac sanus est, aliisque ejusmodi, a seipso quivis differt. Propria quoque differentia est, accidens illud quod separari non potest. Ut si quis simus sit, non potest hæc simitas ab eo separari. Eodemque modo de cæsiis oculis ac similibus. Per hæc itaque et inseparabilia accidentia, individuum ab individuo, hoc est hypostasis ab hypostasi differt. Nunquam tamen quisquam a seipso differt. Hæc porro nihil conferunt ad definitionem. Potest enim homo simus esse et non esse, ac recedente glaucitate, nihilosecius homo remanebit.

CAP. XIV.
De proprio.

Differentia communis et propria. — Proprium quatuor modis dicitur. Primum, quod soli speciei inest, sed non omni, ut homini geometram esse ; solus enim homo geometra est, sed non omnis homo est geometra. Secundo, quod omni quidem speciei inest, sed non soli ; ut bipedem esse. Omnis quippe homo bipes est ; at non so- lus homo est bipes, sed etiam columba, et similia. Tertio, quod omni quidem ac soli, et non semper; quemadmodum homini canescere. Hoc enim omni et soli homini convenit, at non semper; verum in senectute tantum. Quarto denique, quod tribus primis in unum coeuntibus exsurgit, hoc est, quod omni, ac soli, semperque convenit : quod item convertitur, uti risus homini, hinnitus equo, aliaque id genus. Solus enim homo risibilis est, et omnis homo, et semper; tametsi ea facultate non semper utatur [nam si quidem est homo, risibilem esse necessum est, ac quidquid risibile est, hominem esse oportet. Hoc est enim converti, ac reciprocari]. Ac de hoc proprii significato disserunt philosophi; inque hunc modum describitur : Proprium est, quod omni, et soli speciei, ac semper inest. Hoc autem trifariam dividunt : ab organicarum partium efformatione; sic homini convenit latos ungues habere, et erecto corpore incedere : ab actu, ut igni vergere sursum : a potentia, et agendi vi, ut ignem vi calefaciendi pollere dicimus, quæ corporum aliorum calores longe superet. Dicitur autem proprium substantiæ adjectitium quid, seu essentiam consequens.

30 CAP. XV.
De his quæ prædicantur.

Prædicatum omne, aut superius, aut æquale. — Omne prædicatum, aut latius patet quam subjectum, aut æque ; minus autem late, nunquam. Latius nimirum, cum quæ latius patent, de his quæ minus late patent , prædicantur. Latius porro patent superiora : minus late inferiora. Quare cum ens latius omnibus pateat, de omnibus quoque proinde rebus prædicatur. Nam et substantia dicitur ens ; et accidens item ens dicitur. Illud autem dicere non possumus, ens substantiam esse. Non enim ens substantia solum est, sed et accidens. Eodem modo genera de speciebus prædicantur, ut quæ ampliora sunt. Contra species de suis generibus minime prædicantur; propterea quod species non tam late pateant. Quocirca substantia de animali prædicatur, atque animal de homine : nam animal substantia est, et homo animal, at non e converso. Quippe, omnis quidem homo animal est; at non omne animal est homo. Siquidem et equus et canis animalia sunt. Eodem modo omne animal substantia est; at non item omnis substantia, animal. Nam et lapis et lignum substantiæ sunt, nec tamen propterea sunt animalia. Sic etiam species ut latius patens de individuis prædicatur, hoc est de hypostasibus, quæ sub ipsa continentur : at individuum, hoc est hypostasis, de specie minime prædicatur: eo quod hypostasis, seu singulare subsistens minus late pateat quam species. Itaque et Petrus homo est, et Paulus homo est; at non item omnis homo et Petrus, aut Paulus. Sunt enim aliæ quoque hypostases sub hominis specie. Quin differentiæ quoque de speciebus quibus insunt, ac de ipsarum individuis prædicantur: latius enim patent differentiæ (1) quam species. Etenim ratione præditum esse latius patet quam hominis species: nam omnis quidem homo rationalis est; at non item omnis rationalis est homo : quippe angelus rationalis est, nec tamen est homo. Atque hujusmodi sane est prædicatum, quod diffusius est.

Prædicatum æquale subjecto. Simia gestu solo ridet. — Prædicatum autem quod subjecto est æquale, illud est quod cum subjecto convertitur. Prædicantur enim propria de speciebus, quarum propria sunt: atque item species de suis propriis prædicantur. Ut enim omnis homo risibilis est, ita omnis risibilis est homo. Nam quamvis simia quoque ridere dicatur, non ex animo tamen, sed gestu solo ridet. Est enim imitabundum animal. Quapropter generum de speciebus, et differentiarum de speciebus, ac specierum de individuis prædicatio latior dicitur; propriorum autem, æqua. Ea porro quæ æqualis prædicationis sunt, converti dicuntur, ac reciproca prædicata.

CAP. XVI.

De univoca et æquivoca prædicatione.

Quid univoca prædicatio et æquivoca. — Univoca prædicatio est, cum subjectum, et nomen, et definitionem ipsius nominis recipit; ut animal de homine prædicatur; accipitque homo, tum nomen, tum definitionem animalis. Animal enim est substantia vivens sensibilis, homoque item definitionem hanc suscipit. Nam homo etiam est substantia vivens sensibilis.

31 Æquivoca autem prædicatio est, cum nomen quidem suscipit; definitionem vero non item: puta, imago hominis, nomen quidem hominis, non autem definitionem admittit. Hominis enim definitio hæc est: Animal rationale, mortale, intelligentiæ ac scientiæ capax. At imago nec animal est (neque enim est vivens), nec rationis particeps, nec intelligentiæ ac scientiæ capax.

Regula anteprædicamentorum ab Aristole tradita. — Illud autem nosse oportet, quæcumque de aliquo prædicantur, ut de subjecto, hoc est, univoce, eadem de eo prædicari quod illi subjectum est. Exempli gratia, animal de homine prædicatur tanquam de subjecto; hoc est univoce, et homo de Petro. Petrus enim subjicitur homini. Prædicatur itaque etiam de Petro animal: nam Petrus quoque animal.

De subjecto. — Subjectum porro duplici modo dicitur : nimirum, vel ad exsistentiam, vel ad prædicationem. Ad exsistentiam; quemadmodum substantia accidentibus subjicitur : nam in ea suum esse habent, neque ea remota subsistunt. Subjectum autem ad prædicationem, particulare est: nam particulare universaliori ad prædicationem subjicitur. Universalius siquidem de contractiori prædicatur, uti animal de homine. Porro quod in universum sumitur, prædicatum dicitur; quod autem specialius est ac particularius, subjectum ad prædicationem appellatur. Dicitur autem accidens in substantia, tanquam in subjecto; substantia autem subjectum est ad exsistentiam

CAP. XVII.

De prædicationibus in quid est, et in quale quid est.

Alia est prædicatio in quid est; et alia in quale quid est. In quid est, ut cum interroganti quid est homo, respondemus, animal. In quale quid est, ut cum quærenti, quale est animal, respondemus, rationale, mortale. Itaque genus et species in quid est prædicantur : differentia autem tam substantialis **32** quam accidentalis, hoc est accidens, et proprium, in quale quid est prædicantur : at vero hypostasis, nec quid est, nec quale quid est ostendit, sed quis est. Nam si quis ex nobis sciscitetur, quis hic sit; dicimus, Petrus : ac deinde si pergat quærere, quid sit Petrus, dicimus, homo : quod si rursum quærat, qualis homo, dicimus, v. gr., magnus, aut parvus.

Quid aliud, quid alius. — Illud porro sciendum est (2), ea quæ natura differunt, aliud dici, et aliud. Dicimus enim, aliud est homo, et aliud equus: aliud, inquam, quantum ad naturam attinet. Etenim alia est hominis species, alia equi. Quæ autem numero differunt, hoc est hypostases, alius et alius dicuntur. Dicimus enim : alius est Petrus, et alius Paulus. At dicere non possumus : aliud est Petrus, et aliud Paulus. Alioqui falso id dicemus. Natura enim unum sunt : non tamen sunt unus numero.

Ἀλλοῖον *quid. Quid* ἑτεροῖον. — Illud quoque

---

(1)*Differentiæ.* Hoc logici nostri non concesserint, si de differentiis propriissimis sermo sit, quæ cum speciebus quas constituunt reciprocentur. Neque enim rationale latius patet quam homo. In hanc vero sententiam abierunt Græci propter tritam illam definitionem qua hominem esse aiunt *animal rationale, mortale.* Hac enim admissa, ultima differentia, mortale scilicet, specie humana universalior est : quippe quæ cæteris animantium speciebus convenit.

(2) SS. Patres hoc sanxerunt adversus Arianos, Patrem, et Filium, et Spiritum sanctum non esse *aliud et aliud et aliud,* seu totidem naturas, sed *alium et alium et alium.* Econtra in Christo agnoscunt *aliud et aliud,* sive naturas duas, non *alium et alium,* duasve personas. Ἄλλο μὲν καὶ ἄλλο τὰ ἐξ ὧν ὁ Σωτήρ, inquit, Nazianzenus epist. (Ad Cledon.) *Aliud quidem et aliud sunt illa e quibus Salvator est:* οὐκ ἄλλος καὶ ἄλλος, *non alius et alius : et absit.* Λέγω δὲ ἄλλο καὶ ἄλλο ἔμπαλιν ἢ ἐπὶ τῆς Τριάδος ἔχει, *Aliud vero et aliud dico dispari ratione atque ubi de Trinitate sermo est.* Ἔχει μὲν γὰρ ἄλλος καὶ ἄλλος, *Illic siquidem alius et alius dicitur, ne personas confundamus : sed non aliud et aliud. Tria quippe unum idemque sunt in Trinitate.*

scire operae pretium est, substantiam quidem, atque item substantiales differentias, aliud vocari: accidens autem ἀλλοῖον (q. d. *alterius qualitatis*), propterea quod substantiales differentiae circa ipsam speciem, hoc est circa naturam ipsam considerantur, eamque constituunt: accidens autem circa individuum. Etenim accidentia hypostasim constituunt. Aliud igitur est homo, et aliud equus: alius autem qualitate ac diversus Petrus; et alius ac diversus qualitate Paulus. Porro differentia omnis, tam substantialis, quam accidentalis ἑτεροῖον facit. Siquidem τὸ ἑτεροῖον, cum aliud, tum diversum in qualitate, significat. Ac naturam quidem, quid res est, significat; hypostasis autem hunc quemdam, atque hoc aliquid: omnis vero differentia quale est.

CAP. XVIII.
In quibus quinque simplices voces conveniant inter se, ac dissideant.

Illud scire attinet, quinque voces in eo convenire, quod omnes de pluribus praedicentur. Differunt autem inter se quod genus de pluribus specie differentibus in quid est praedicetur; species item in quid est, de pluribus numero differentibus: differentia vero et accidens, in quale quid est, de pluribus differentibus specie: proprium denique et ipsum, in quale quid est de pluribus numero differentibus; hoc est de una specie ac subjectis ei individuis. Porro inter differentiam et accidens hoc interest discriminis, quod differentia substantialis sive essentialis est, hoc est pars substantiae seu essentiae subjecti: accidens autem, non ut pars substantiae, sed adventitium est.

CAP. XIX.
In quibus genus et differentia inter se conveniant, ac discrepent.

Inter genus et differentiam hoc commune est, quod utrumque species comprehendat: quodque univoce de speciebus ac individuis praedicetur. Illud autem scire convenit; quaecumque de re aliqua tanquam de subjecto, hoc est univoce, praedicantur, de ipsius quoque subjecto univoce praedicari: non item quae aequivoce. Hac autem ratione inter se dissident, quod genus latius pateat, quam subjectae illi differentiae, quamque aliae tres voces; quod propterea genus potestate differentias complectatur: quod natura differentias antecedat; quod in quid est; differentia contra, in quale quid est praedicetur: quod propinquum genus unum sit, differentiae autem plures: quod denique genus materiae; differentia autem formae respondeat.

CAP. XX.
In quibus genus et species inter se conveniant, ac dissideant.

Inter genus et speciem hoc commune est, quod de pluribus in quid est praedicentur: quod natura ea, quae infra ipsa sunt, antecedant: quod utrumque totum quidpiam sit. Haec autem generi ac speciei peculiaria sunt, quod genus universalius sit quam species: quod species differentiis abundet prae genere; quod genus univoce de specie praedicetur, non item species de genere: quod neque genus ullum specialissimum sit, neque item ulla species generalissima; nec quod specialissima species genus esse possit.

CAP. XXI.
In quibus genus et proprium inter se conveniant, ac differant.

Genus et proprium in hoc conveniunt, quod ambo species sequantur, id est de iis praedicentur: quod ambo, de iis de quibus praedicantur, aeque praedicentur: quod univoce praedicentur. Hoc autem inter utrumque discriminis est, quod genus natura prius est proprio: quod genus de pluribus speciebus praedicetur; proprium autem de una: quod proprium cum specie convertatur; genus autem non item: quod denique soli speciei insit; non item genus.

CAP. XXII.
In quibus genus et accidens inter se conveniant, ac differant.

Hoc inter genus et accidens commune est, quod utrumque de pluribus praedicetur. Haec autem generi et accidenti peculiaria sunt, quod genus sit prius speciebus, quibus accidentia insunt; accidentia vero speciebus sint posteriora: quod participatio generis peraeque sit; accidentium non item: quod accidens primo individuis insit, atque ita subinde speciebus; genus autem econtra: quod denique genera in quid est praedicentur; accidentia vero in quale quid est, vel quomodo est.

CAP. XXIII.
In quibus differentia et species inter se conveniant, ac differant.

Conveniunt differentia et species, quod peraeque participantur: quod iis semper adsint a quibus participantur. Haec autem inter utramque peculiaria sunt, quod differentia in quale quid est; species autem in quid est praedicetur: quod differentia plures species eorumque individua complectatur; species vero solum ea quae sub ipsa continentur: quod differentia prior natura sit speciebus; quod differentia componatur cum differentia: species autem nequaquam.

CAP. XXIV.
In quibus conveniant inter se ac differant differentia et proprium.

Inter differentiam et proprium hoc commune est, quod peraeque de his quibus insunt praedicentur: quodque semper ac omni speciei insint. Haec autem ipsis peculiaria sunt, quod differentia species multas complectatur; proprium autem, unam duntaxat; quod differentia cum specie non convertatur; proprium vero convertatur.

CAP. XXV.
In quibus differentia et accidens inter se conveniant, ac differant.

Illud inter differentiam et accidens commune est, quod utrumque de pluribus in quale quid prædicetur : quia item differentia et accidens inseparabile iis semper insint de quibus prædicantur. Hæc autem ipsis peculiaria sunt, quod differentiæ contineant, non contineantur. Quamvis enim hæc ambo species complectantur, ut quæ de pluribus speciebus prædicentur : at differentia tamen non continetur, quoniam eadem species contrarias differentias non suscipit ; accidens contra continetur, quia eadem species, ac idem individuum multa accidentia, sæpe etiam inter se contraria, suscipit. Huc accedit quod differentia non recipiat magis aut minus ; secus vero accidens : atque item illud, quod contrariæ differentiæ misceri inter se nequeant ; contraria autem accidentia misceri possint.

CAP. XXVI.
In quibus species et proprium inter se conveniant, ac differant.

Inter speciem et proprium illud commune est, quod vicissim de se prædicentur, seu convertantur: quod æque participentur ; ut individuorum ipsa participantium alteri magis, alteri minus se impertiant. Inter ipsa vero hoc discriminis est, quod species sit substantialis ; proprium autem, adventitium et accidentale ; quod species semper sit actu ; proprium vero semper, potentia, etsi non actu : quod quæ diversas habent definitiones, ipsa quoque scilicet diversa exsistant.

CAP. XXVII.
In quibus species et accidens inter se conveniant, et differant.

Inter speciem et accidens hoc commune est, quod de pluribus prædicentur. Hoc autem discriminis est, quod species in quid est : accidens in quale quid est prædicetur : quod unius duntaxat speciei participatio sit ; at multorum accidentium quispiam particeps esse possit : quod species sit prior natura accidentibus : quod species æque participetur ; accidentia autem magis et minus suscipiant.

CAP. XXVIII.
In quibus proprium et accidens inseparabile tum conveniant tum dissideant.

Inter proprium et accidens inseparabile hoc commune est, quod ea quibus insunt, sine ipsis non consistant ; quodque utrumque simul insit. Hoc autem inter ipsa interest, quod proprium uni speciei insit ; accidens autem pluribus : quod proprium cum specie convertatur ; non item accidens. Denique, quod accidens magis et minus admittat ; proprium vero nequaquam.

CAP. XXIX.
De hypostasi, enhypostato, et anhypostato.

Hypostasis vocabulum duplicem significationem habet. Nam cum absolute usurpatur, id quod simpliciter exsistit significat : quæ autem per se est hypostasis, individuum significat ac personam peculiarem. Eodem modo vox *enhypostaton* duplicem habet significationem. Significat enim et quod absolute est : quo sensu nedum substantiam quæ est absolute, sed et accidens, *enhypostaton* appellamus. Designat quoque eam quæ per se est hypostasin, hoc est individuum. Quin et *anhypostaton* quoque duplici modo usurpatur. Nam et *anhypostaton* dicitur quod nusquam omnino est : ac rursus etiam accidens *anhypostaton* vocatur, quia accidens proprium ac peculiarem exsistentiam non habet, sed in substantia exsistit.

CAP. XXX.
De voce οὐσίας, de natura et forma, necnon de individuo, persona et hypostasi.

Usus varius terminorum philosophis ac Patribus. — Externi philosophi eodem modo οὐσίας, et φύσεως, differentiam statuerunt. Οὐσίαν quidem usurparunt pro esse absolute et simpliciter : φύσιν vero, id est, naturam dixerunt esse *usiam* per essentiales differentias specificatam ; atque cum eo quod absolute exsistat, etiam tali modo esse habet ; ut sive rationalis sit, sive irrationalis ; sive mortalis, sive immortalis. Hoc est, ipsam esse volunt, ut ita dicam, immutabilem atque ab omni variatione alienam originem, et causam, ac vim unicuique speciei a summo rerum opifice insitam, per quam moveri seu operari possit ; angelis nempe ad intelligendum, cogitationesque suas sine sermonis prolatitii ope sibi invicem communicandum : hominibus autem ad intelligendum et ratiocinandum, cogitationesque in pectore conditas, sermonis ore prolati adjumento sibi invicem impertiendum : brutis item vivendi, et sentiendi, et respirandi motum : stirpibus vim eam, qua aluntur, crescunt et generant : saxis denique, eam vim, qua calore, aut frigore afficiantur, et qua e loco in locum, impresso motu ab alio, hoc est nequaquam vitali, transferantur. Hanc, inquam, *naturam* appellarunt ; hoc est specialissimam speciem ; puta, angelum, hominem, equum, canem et his similia ; quæ veluti generaliora hypostases complectuntur, inque singulis hypostasibus, quæ sub ipsis continentur, peræque, ac sine ullo defectu exsistunt. Itaque quod particularius est (1), hypostasim vocarunt ; quod

---

(1) *Itaque quod particularius est.* Individuum enim philosopho est prima et proprie dicta substantia. Unde Hieronymus, epist. 57 : *Tota sæcularium litterarum schola*, inquit, *nihil aliud hypostasim nisi usiam novit.* Et Theodoretus dialog. 1, *Secundum extraneam sapientiam* οὐσία *et* ὑπόστασις *non discrepant.*

Ἥ τε γὰρ οὐσία τὸ ὂν σημαίνει, καὶ τὸ ὑφεστὸς ἡ ὑπόστασις· *Usia enim id quod est significat, et hypostasis, id quod subsistit.* Id nempe Plutarcho, Plotino, Proclo, Porphyrio, et aliis fuisse familiare constat.

autem generatim, ac hypostases comprehendit, nuncupaverunt naturam; denique exsistentiam simpliciter dictam, nominaverunt οὐσίαν, id est, *substantiam*.

Forma et species idem quod essentia et natura. — At sancti Patres prolixas ac ineptas contentiones **37** missas facientes, id quod commune est, ac de multis dicitur; id est specialissimam speciem, substantiam, et naturam, ac formam appellarunt, ut angelum, equum, canem, et similia. Enimvero οὐσία, ab eo quod sit dicitur; et natura, ab eo quod aptum natum sit. Esse porro et natum esse, idem sunt. Atque etiam forma et species eamdem ac natura habent significationem. Quod autem particulare est, individuum, et personam, et hypostasim nuncuparunt, ut Petrum, Paulum. Porro hypostasis essentiam cum accidentibus, et ut per se subsistat, exigit; ac etiam ut sensu, id est actu, consideretur exsistens. Nec vero fieri potest ut duæ hypostases inter se non differant ratione accidentium, numeroque inter se distinguantur. **38** Illud denique sciendum, characteristicas proprietates accidentia esse, quibus tanquam certis notis exprimitur hypostasis.

Capita Aristotelis: Si est, quid est; quale quid est; propter quid est.

CAP. XXXI.
De æquivocis.

Quid æquivoca. — Æquivoca sunt, quæ nomine quidem inter se conveniunt; cæterum definitione aut descriptione differunt, ut canis nomen æquivocum est. Nam, et terrestrem, et marinum canem significat. Alteram porro definitionem habet terrestris canis, et alteram marinus: quandoquidem diversa utriusque natura est. Sic autem æquivoca describunt: Æquivoca sunt, quorum nomen duntaxat commune est, ratio autem substantiæ quæ nomine significatur, diversa est. Hic autem *rationis* nomine definitio intelligitur ac descriptio. Illis autem verbis *secundum nomen*, hoc indicatur, aliam esse definitionem ipsius nominis, cujus ratione æquivoca sunt v. gr. terrestris et marinus canis, ut canis nomine significantur, æquivoca sunt, si quis enim terrestris canis et marini, quatenus uterque ipsorum canis vocatur, definitionem afferre velit, alteram terrestri, alteram marino cani definitionem tribuet. Fieri autem potest ut et definitione et nomine inter se conveniant: ambo enim animalia vocantur, et animalis definitionem recipiunt. Verum hujus nominis animalis ratione æquivoci non sunt, sed potius univoci. Porro in æquivocis tria investiganda sunt, nempe an sint æquivoca, tum de quot rebus dicantur, ac postremo de quo significato quæsitum sit.

De similitudine. — Quantumvis similitudo penes qualitatem solam ex quadruplici capite oriri veteribus visa sit, nihilominus tum secundum substantiam, tum secundum qualitatem perinde sumi solet a recentioribus: ac secundum substantiam quidem, ut dum homines angelis similes, hoc est æquales, dicimus, tametsi penes qualitates inter se omnino diversi sint, equos quoque, ac cygnos, aliaque id **39** genus. Verum quandoquidem ejusmodi similitudo, nullam aliquando disparitatem admittit, quandoque vero nonnullam patitur diversitatem; ut Filium a deitate subducerent hæretici, eumdem Patri similem dixerunt, ac per ancipitem vocis hujus sensum in pejora simplices detraxerunt. Quapropter et magnus aiebat Basilius: « Si voci, similis, addatur absque ulla prorsus diversitate, ipsam quoque libens suscipio. » Atque hæc est similitudo secundum substantiam. Secundum qualitatem autem, non ad hanc, aut illam qualitatis speciem determinatur, sed in omnibus locum habet, puta figura, forma, colore, arte, virtute, et aliis, ad quæ genus qualitatis sese extendit.

Ipsa autem qualitas quadrifariam dividitur. Aut enim in una specie, unaque qualitate simul conveniunt: sic illos qui ejusdem sunt speciei, sui invicem similes dicimus, puta Æthiopes propter nigredinem, cygnos ob albedinem; adeo videlicet ut duplici ratione conveniant, secundum substantiam et secundum apparentiam, sive colorem: aut etiam quatenus, tametsi specie differant, una tamen ipsis inest qualitas: ut piper album v. gr. et nigrum penes qualitatem similia sunt: aut dum unica quidem species est, diversæ vero qualitates, sic palumbus columbæ similis est secundum album, purpureum, nigrumque colorem, et alia, in quibus forte conveniunt. Quartum simile est, species quæ reperitur in imagine et exemplari, quale intercedit inter hominem pictum et vivum; qua ratione Deo similes dicimur; etsi rem diligentius investiganti immensa protinus apparet diversitas. Illa enim nomen duntaxat, solamque figuram participant; at homo reapse Dei particeps est, ejus, inquam, bonitatis, sapientiæ ac virtutis, quamvis non eadem ratione. Deus quippe hæc suapte natura habet, nos vero Dei concessione; quin et alius alio, et alio modo: adeo ut non immensa solum Deum inter et homines interest disparitas; verum et inter homines ipsos, secundum proportionem. Similitudo itaque valde ad ea accedit, quæ ab uno, vel propter ordinem ad unum denominata sunt.

CAP. XXXII.
De univocis.

Quid univoca. — Univoca sunt, quæ et nomine et ejusdem nominis definitione aut descriptione inter se conveniunt: velut, animal et hominem et equum significat, et juxta hoc nomen animalis scilicet, univoca sunt. Uterque enim horum et nomen et definitionem animalis suscipit. Sic autem univoca describuntur: univoca sunt, quorum nomen commune est, et per nomen significata ratio substantiæ eadem est.

40 CAP. XXXIII.
De polyonymis.

Polyonyma sunt, quæ definitione quidem inter se conveniunt, nomine autem differunt; hoc est, quando res eadem diversis nominibus appellatur, ut gladius, ensis, mucro. Hæc enim omnia nomina unam et eamdem definitionem suscipiunt; nempe ferrum anceps, id est utraque parte acutum. Sic autem polyonyma describuntur: polyonyma sunt multa nomina, quæ de re eadem dicuntur.

CAP. XXXIV.
De alteris et heteronymis.

Quæ autem utroque modo, hoc est, nomine et definitione inter se discrepant; aut unum subjectum habent; et tum heteronyma dicuntur, ut ascensus et descensus (hæc enim subjectum unum, scalam nimirum, habent), aut non habent idem subjectum; et tum altera dicuntur, ut substantia et accidens. Nam hæc et nomen alterum, et alteram descriptionem habent. Utrorumque autem, hoc est, et heteronymorum et alterorum, hæc est descriptio: quorum nomen, et definitio diversa sunt.

CAP. XXXV.
De denominativis.

Sunt autem nonnulla, quæ inter univoca et æquivoca medium locum tenent; atque et nomine et definitione partim conveniunt, partim dissident: quæ quidem denominativa dicuntur, ut a grammatica grammaticus. Nomine quippe conveniunt; verum nominis terminatione, hoc est extrema syllaba differunt. Ac rursum definitione conveniunt ac discrepant; quoniam grammatica scientia est: grammaticus autem, substantia in qua est scientia. Denominativa autem sunt, quæ ab aliquo, dissidentia casu, hoc est nominis inflexione, appellationem habent.

Sciendum autem quod nec grammatica, nec musica, nec justitia, denominativa sunt : sed grammaticus, musicus et justus. Nam grammaticus a grammatica denominatur, et musicus a musica, et justus a justitia.

Illud item nosse oportet, quod denominativa, ea a quibus denominata sunt, complectantur, ut grammaticus grammaticam, justus justitiam. Quæ autem ab uno dicuntur, nequaquam. Neque enim medicum instrumentum medicinam continet.

41 CAP. XXXVI.
De decem generibus generalissimis.

Ea quæ dicuntur, partim simpliciter et absque complexione dicuntur, ut substantia, et accidens, et similia: partim cum complexione, ut equus currit, Socrates philosophatur. Eorum autem quæ simpliciter et sine complexione dicuntur: 1° aliud substantiam significat, ut homo, equus; 2° aliud quantitatem, ut duo, tria, tricubitum, quadricubitum; 3° aliud ad aliquid, ut pater, filius; 4° aliud quale, ut album, nigrum; 5° aliud ubi, ut in templo, in foro; 6° aliud quando, ut anno superiori, heri, hodie, cras; 7° aliud situm esse, ut stare, sedere; 8° aliud habere, ut indutum esse, calceatum esse; 9° aliud agere, ut urere, secare; 10° aliud pati, ut uri, secari. Hæc decem prædicamenta dicuntur, quia de quibusdam prædicantur. Nam dicere et prædicare idem sunt.

Sciendum est autem unumquodque horum generum genus esse generalissimum. Horum porro decem prædicamentorum unum duntaxat substantia est; reliqua novem, accidentia. Sunt autem hæc substantia, quantitas, ad aliquid, qualitas, quando, ubi, situm esse, habere, agere, pati.

CAP. XXXVII.
De homogeneis, et homoideis; deque heterogeneis et heteroideis, ac numero differentibus.

Homogenea sunt quæ sub eodem prædicamento collocantur (ut homo et equus). Heterogenea contra, quæ sub alio atque alio genere sunt (puta, animal et scientia): hæc enim genere differunt. Rursum homoidea sunt, quæ sub eadem specie censentur, ac substantiæ ratione inter se conveniunt, ut Petrus et Paulus: heteroidea contra, quæ ab invicem specie differunt; hoc est, quæ substantiæ ratione inter se discrepant; ut homo, equus. Numero autem differunt, quæ accidentium congerie distinctam ac secretam hypostasis suæ proprietatem habent, suntque nacta peculiarem ac per se exsistentiam; hoc est, individua, ut Petrus, Paulus, ac singuli homines.

Regula antepraedicamentorum. — Eorum porro quæ prorsus heterogenea sunt, diversæ quoque specie differentiæ sunt, ut animalis et scientiæ. Animal enim sub substantia est, scientia sub qualitate. Atque animalis quidem differentiæ, constituentes nimirum, sunt animatum, sensibile; sin sermo est de dividentibus, rationale, irrationale, volucre, terrestre, aquatile. Scientiæ quidem differentiæ sunt, viventibus et rationalibus inesse, ac præterea mutationem ægre admittere: dividentes autem, grammatica, 42 philosophia. Cujus enim prædicamenti genus est, ejusdem etiam species est, atque ipsius speciei differentiæ. At nihil vetat mediorum generum ac specierum easdem esse differentias; tametsi non omnes velut animal, quod inanimatum efficere non potest. Differentias autem eo loci eas demum intelligo, quæ constituunt ejusmodi genera et species.

Etiam accidentia suas habent differentias, etc. — Scire autem oportet, excepta substantia, reliqua novem prædicamenta, etiamsi accidentia sint, habere tamen singula, tam constituentes, quam dividentes differentias, ac unumquodque genus generalissimum esse, pariterque species ac genera subalternatim posita, necnon specialissimas species habere. Etenim ubi genus est, illic species ac dividentes differentias necesse est esse. Nam hæ sunt quæ genera in species dividunt : itemque ubi sunt species, illic sunt et differentiæ constituentes. Hæ namque sunt quæ constituunt species.

Unum tribus modis dicitur. — Jam vero unum tribus modis dicitur ; nempe, aut genere, ut hominem et equum, unum ac idem genere dicimus : nam constituuntur sub eodem genere, animali scilicet : aut specie, ut Socratem ac Platonem, qui sub eadem specie sunt, hoc est sub homine, dicimus unum ac idem specie : aut denique numero : ut Socratem unum esse, seorsim a reliquis hominibus sejunctum, dicimus.

CAP. XXXVIII.
De in aliquo.

In aliquo undecim modis dicitur : 1° ut genus in specie; velut animal in hominis definitione ; 2° ut species in genere, velut homo in animalis divisione ; 3° in loco, sicut sacerdos in templo ; 4° in tempore, uti Noe in diluvii tempore ; 5° in vase, quemadmodum vinum in poculo ; 6° ut totum in partibus, veluti Socrates in suis membris, nimirum in capite, in manibus ac pedibus : quanquam hoc non est in aliquo, sed in aliquibus esse; 7° ut pars in toto, uti caput, manus in Socrate; 8° ut forma in materia, velut statuæ forma in ære ; 9° ut in causa efficiente, quemadmodum in Deo sunt omnia ; 10° ut in causa finali, velut lectus in hominis requie : siquidem ut homines requiescant, lectus conficitur ; 11° ut in subjecto, sicut candor in corpore. Sciendum porro est, partem totius dici ; at non item totum partium, sed totum in partibus.

CAP. XXXIX.
De substantia iterum.

Substantia est res per se exsistens, nec ullo alio, ad hoc ut sit, opus habens. Rursus, substantia est quidquid per se subsistit, neque in alio suum esse habet ; id est, quod non est propter aliud, neque in altero suam exsistentiam habet, nullo alio ut consistat indigens. Quin potius in **43** seipso est ; inque eo accidens suum esse habet. Nam color propter corpus exsistit, ut ipsum imbuat et afficiat : non autem contra, corpus ob colorem. Estque color in corpore ; non item corpus in colore. Ac proinde dicitur corporis color, non autem corpus coloris. Itaque sæpenumero mutato colore, substantia tamen, hoc est corpus, nequaquam mutatur, sed statum suum retinet. Dicitur autem substantia οὐσία, eo quod ei (proprie) conveniat esse. [Ut econtra accidens dicitur eo quod accidat, ac sit quandoque et quandoque absit : sive quia contigit idem accidens eidem rei et inesse et non inesse ; imo et ejus contrarium.]

CAP. XL.
De natura.

Natura est principium motus et quietis cujus- que rei : v. gr. terra, movetur, cum germen edit : quiescit autem, quod attinet ad transitum de loco in locum. Neque enim movetur de loco in locum. Quocirca principium et causa hujusce motus et quietis, per quam ita res quælibet substantialiter nata est, sive comparata est a natura, ac non ex accidenti, ut moveatur ac quiescat, natura nuncupatur; ab eo scilicet quod ita nata sit atque exsistat. Hæc porro nihil aliud est, quam essentia. Ab essentia namque ejusmodi vim habet, hoc est, motum et quietem ; ipsaque ejus motus ac quietis causa est. Porro φύσις, id est *natura*, παρὰ τὸ πεφυκέναι, a natum esse, dicitur.

CAP. XLI.
De forma.

Forma est essentia a differentiis essentialibus velut informata, ac specificata; quæ quidem significat speciem specialissimam : v. gr. substantia, quæ a corpore animato ac sentiente formata ac specificata, animal absolvit ; rursumque rationali ac mortali assumpto, hominis speciem efficit ; ac cum sit species specialissima, dicitur forma, velut nempe substantia formata.

Porro sancti Patres, essentiæ, et naturæ, ac formæ nomen tribuunt speciei specialissimæ, idemque essentiam, et naturam, et formam, nempe specialissimam speciem esse, statuunt ; atque adeo ejusdem essentiæ, et naturæ, et speciei, et generis, **44** et formæ esse dicunt individua, quæ sub eadem specie specialissima constituta sunt : diversæ autem essentiæ, et naturæ, et speciei, et generis, et formæ esse specialissimas pronuntiant species. Fieri enim non potest quin species, cum alia specie collata, natura cum alia natura, essentia cum alia essentia, forma cum forma, diversæ prorsus ab alia essentiæ, naturæ et formæ esse non dignoscantur.

Ex duabus naturis non efficitur una natura ; bene autem una hypostasis. — Scire autem necessarium est, ex duabus substantiis, id est naturis, unam compositam naturam fieri non posse. Neque enim fieri potest, ut differentiæ constituentes, per oppositum modum divisæ, in uno ac eodem simul exsistant. At vero unam ex diversis naturis confici hypostasim compositam, nihil vetat ; qua ratione homo ex anima et corpore concretus est. Quanquam enim una hominum natura dicitur : haud tamen quisque singularis homo unius dicitur esse naturæ. Nam una quidem hominum natura composita dicitur, propterea quod omnes hominum hypostases ad unam speciem rediguntur : non tamen singuli homines unius dicuntur naturæ, eo quod unaquæque humana hypostasis ex duabus naturis constet, anima scilicet et corpore ; easque ambas omnis expertes confusionis in seipsa servet. Cui rei argumentum est ea divisio quæ ex morte oritur.

45 CAP. XLII.
De hypostasi.

Duplex nominis hypostasis acceptio. — Nomen hypostasis duplicem habet significationem. Interdum significat exsistentiam simplicem: quo sensu nihil inter substantiam et hypostasim refert. Unde etiam sanctorum Patrum nonnulli dixerunt, *naturas sive hypostases.* Interdum vero eam quæ per se est, ac seorsim subsistit, exstantiam: qua significatione individuum significat; illud, inquam, quod numero differt, ut Petrum, et Paulum, et certum aliquem equum.

Sola individua per se consistunt. — Illud enim nosse convenit, neque substantiam forma ac specie expertem per se consistere, neque differentiam substantialem, neque speciem, nec accidens; sed solas hypostases ac individua, in quibus cum substantiæ, tum substantiales differentiæ, speciesque et accidentia considerantur. Ac simplex quidem substantia in omnibus hypostasibus æque perspicitur: hoc est tam in animatis, quam in inanimatis; tum rationalibus, quam irrationalibus; tum denique in mortalibus, quam immortalibus. At substantiales differentiæ, aliæ in viventibus sunt, aliæ in animatis; aliæ in rationalibus, aliæ in brutis, eodemque modo aliæ in mortalibus, aliæ in immortalibus. Atque, uno verbo, in cujusque speciei specialissimæ hypostasibus eædem differentiæ sunt; ipsas quidem ratione substantiæ inter se copulantes, easdemque rursum ab alterius speciei hypostasibus sejungentes. Ad eumdem quoque modum accidentia in ipsis, sive in hypostasibus, considerantur; quibus hypostasis ab ejusdem speciei hypostasibus disjungatur. Eoque nomine individuum proprie hypostasis nomen consecutum est; in qua nimirum substantia cum accidentibus reapse consistat.

CAP. XLIII.
De persona.

Persona est, quæ per suas operationes et proprietates, perspicuam, et ab iis, quæ ejusdem cum ipsa naturæ sunt, discretam nobis **46** expressionem exhibet: v. gr. Gabriel cum sancta Deipara disserens, cum unus angelorum esset, solus illic præsens loquebatur, et a reliquis ejusdem naturæ angelis, locali illa præsentia, et sermone quem miscebat, discretus [12]. Paulus quoque, cum in gradibus concionem haberet, unusque hominum esset, per suas proprietates et actiones ab hominibus reliquis secernebatur [13].

Sciendum autem sanctos Patres, hypostasim, et individuum, et personam pro eodem usurpasse; nempe pro eo quod per se atque in propria subsistentia, ex substantia et accidentibus constat et subsistit, numeroque differt, ac certum aliquem significat, ut Petrum, Paulum, aliquem equum.

[12] Luc. I, 28. [13] Act. XXI, 40.

Hypostasis porro, παρὰ τὸ ὑφεστάναι, hoc est a subsistendo dicta est.

CAP. XLIV.
De enhypostato.

Quin enhypostaton quoque nonnunquam simplicem exsistentiam significat, quo sensu, non modo substantiam absolute enhypostaton dicimus, verum etiam accidens: tametsi illud non sit proprie enhypostaton, sed heterohypostaton (*hoc est, in alio exsistentiam habens*), nonnunquam vero separatam hypostasim, sive individuum, significat. Tametsi nec illud proprie enhypostaton, sed hypostasis sit ac dicatur. Proprie autem enhypostaton est, aut quod non per se et seorsim subsistit, sed consideratur in hypostasibus (v. gr. species, sive hominum natura non consideratur in hypostasi propria, sed in Petro, Paulo) ac reliquis singulorum hominum hypostasibus, aut quod cum alio, substantia diverso, ad totius cujusdam generationem componitur, unamque hypostasim compositam efficit: ut puta, homo ex anima et corpore constitutus est, nec vero anima sola dicitur hypostasis, nec item corpus, sed dicuntur ambo enhypostata: id autem quod ex utrisque exsurgit, utrorumque hypostasis dicitur. Etenim hypostasis id proprie est ac dicitur, quod seorsim atque in propria subsistentia exsistit.

47 *Christi caro ut humanitas* ἐνυπόστατος. — Rursus autem enhypostaton dicitur natura ea, quæ ab alia hypostasi assumpta, ut in illa exsistat, consecuta est. Unde etiam Domini caro, cum per se ac seorsim ne momento quidem temporis exstiterit, nec proinde hypostasis est, sed potius enhypostaton quid. Quippe subsistit in Dei Verbi hypostasi, a qua fuit assumpta, eamque pro hypostasi habuit, ac etiamnum habet.

CAP. XLV.
De anhypostato.

Sed et anhypostaton duplici modo dicitur. Interdum enim id, quod nusquam omnino est, significat: interdum vero, id quod in se ipso esse non habet, verum in altero exsistit, hoc est accidens.

CAP. XLVI.
Divisio entis.

Dividitur ens in substantiam et accidens: non ut genus in species, verum ut vox æquivoca, seu ut ea quæ sunt ab uno et ad unum.

CAP. XLVII.
48 Divisio substantiæ.

Substantia est genus generalissimum. Hæc dividitur:

in corpus, et incorporeum:

Corpus,
in animatum, seu vivens, et inanimatum :
Vivens,
in sensibile, zoophytum, et insensibile :
Sensibile,
in rationale, et irrationale :
Rationale,
in mortale, et immortale :
Mortale,
in hominem, bovem, equum, et his similia :
Homo,
in Petrum, Paulum, cæterosque singulos homines, qui quidem individua, et hypostases, ac personæ sunt.

Corpus substantiæ species est, ac genus animati ; animatum, corporis species, ac genus sensibilis ; sensibile, seu animal, species animati, ac genus rationalis ; rationale, species animalis, ac mortalis genus ; mortale, rationalis species ac genus hominis ; homo denique, specialissima species ; quippe est species mortalis ; Petrique et Pauli nihilominus species ; quæ quidem natura et forma ac substantia est, juxta quod senserunt sancti Patres.

Quæ medium obtinent locum inter generalissimum genus, id est, substantiam ; ac species specialissimas, puta hominis, bovis, etc., subalterna genera, ac subalternæ species sunt. Dicuntur autem essentiales et naturales differentiæ et qualitates, quæ nimirum superiora dividant, ac constituant inferiora, formentque species specialissimas ; ipsas utique constituendo, et dividendo naturam a natura. Natura porro de specialissima specie dicitur : ac quidem quid essentia, et natura, et forma sit, dictum est : quid item hypostasis, et individuum, et persona : quid etiam enhypostaton, et anhypostaton : quid præterea inter substantiam et accidens sit discriminis : quodque substantia accidentibus præstantior sit, quippe cum hæc suum esse in illa habeant. Dictum est insuper de ipsius divisione, quidque inter substantiam ac substantiales differentias intersit, ut nimirum substantia per eas informata certam speciem absolvat, ac certam contrahat qualitatem. Dictum quoque est quid sit natura, quid forma, quid hypostasis, quid persona, quid individuum : utque cum profani **49** auctores de iis censuerint, tum sancti Patres veritatis ac veræ philosophiæ discipuli pariter ac doctores recta tenuerint ac docuerint. Age igitur nunc quæ sunt substantiæ propria exponamus.

Proprium substantiæ est, non esse in subjecto. Nam ipsa potius accidentibus subjicitur, ut existant ; ac non ipsa in alio esse obtinet. Atque proprium hoc, ad substantiales quoque differentias pertinet. Nam quod est in subjecto, nec cum adest illud servat, nec interimit cum abest : unde nec assumitur in definitione (omnino quippe accidens est). At differentiæ substantiales, minime gentium accidentia sunt : atque et cum adsunt conservant subjectum, et cum absunt, perimunt : quo etiam nomine assumuntur in definitione.

Illud etiam substantiæ proprium est, quod univoce prædicetur ; hoc est, et nomen, et definitionem impertit. Item, quod contrarium non habeat. Nam lapidi, hoc est, lapidis substantiæ nihil contrarium est. Illud præterea, quod nec magis, nec minus recipiat ; quod etiam differentiarum substantialium proprium est. Nec enim homo magis est substantia, aut animal, quam equus ; nec rursum, equus magis quam homo. Illud denique, quod sit capax contrariorum, idque divisim, non secundum idem, sed per sui mutationem. Contraria autem dico accidentia : nec enim substantialium capax est. Quod namque rationis particeps est, non admittit illud, quod ratione caret : at corpus calescit, et per mutationem frigescit ; atque anima nonnunquam virtutem, nonnunquam et vitium suscipit.

CAP. XLVIII.
Iterum de homogeneis et homoideis, deque heterogeneis et heteroideis ; necnon de homohypostatis ac de numero differentibus.

Homogenea sunt, quæ sub eodem prædicamento collocantur, ut omnia quæ sub substantia continentur : eodemque modo in aliis novem prædicamentis. Sciendum est enim esse omnino decem prædicamenta ; hoc est universalissima genera, ad quæ vox omnis simplex refertur. Sunt autem hæc : 1. substantia, ut lapis ; 2. quantitas, ut duo, tria ; 3. ad aliquid, ut pater, filius ; 4. qualitas, ut album, nigrum ; 5. ubi, ut Damasci : hoc autem significat locum ; 6. quando, ut heri, cras : quod quidem tempus indicat ; 7. habere, ut vestem ferre ; 8. situm esse, ut stare, sedere ; 9. agere, ut urere ; 10. pati, ut uri.

Heterogenea porro sunt, quæ sub alio et alio prædicamento continentur. Atque homogenea quidem sunt homo et equus ; nam ambo sub substantia sunt : heterogenea autem ; ut homo et scientia : nam homo sub substantia est ; scientia autem sub qualitate.

50 Homoidea rursus sunt, quæ sub eadem specie locantur, ac essentiæ ratione inter se conveniunt, ut Petrus et Paulus. Ambo enim sub eadem hominis specie sunt. Heteroidea autem, quæ specie, hoc est essentiæ ratione, dissident, ut homo et equus. At vero sancti Patres, homogenea et homoidea, pro iis quæ ὁμοούσια, seu coessentialia sunt, hoc est pro hypostasibus eidem speciei subjectis, accipiunt.

Quid homohypostata et heterohypostata. — Jam vero homohypostata sunt, cum duæ naturæ in una hypostasi copulantur, unamque compositam hypostasim ac personam efficiunt, ut anima et corpus. Heterohypostata autem ac numero differentia, quæ per accidentium complexionem hypostasis suæ proprietatem distinctam habent; hoc est, quæ accidentium ratione inter se discrepant, ac seorsim et per se exsistunt, velut individua; puta Petrus et Paulus. Alius enim hic est, et alius ille.

CAP. XLIX.
De quanto et quantitate.

Quantitas est unitatum congeries. Nam unitatem nemo dicit esse quantitatem, verum quantitatis principium. Unitate igitur et unitate in unum coeuntibus duo fiunt. Ex quo perspicuum est quantitatem divisionem non esse, sed unitatum congeriem ac conjunctionem. Etenim duo in unum et unum seorsim dividere, hoc proprie divisio est: at unum et unum duo dicere, connexionis potius rationem habet.

Sciendum est autem quod quantitas est ipsa mensura et numerus (mensura utique metiens, et numerus numerans), quanta autem ea quæ numero ac mensuræ subjiciuntur; hoc est, quæ in numerum et mensuram cadunt. Quantorum porro alia discreta sunt, alia continua. Continuum est, cum unum est quod metimur; v. gr., occurrit unum aliquod lignum bicubitum vel tricubitum; sive etiam lapis, aut quid simile: cumque id sit unum, metimur illud, et continuum dicitur. Discreta autem sunt, quæ inter se sejuncta sunt: ut in decem saxis aut decem palmis: hæc quippe ab invicem separata sunt. Talia igitur numerari dicuntur, nisi ob exiguam singulorum molem, ac multitudinem modio metiamur, aut re aliqua simili, velut triticum, aut quid simile.

Continua alia, alia discreta. — Continua porro definiunt, ea, quorum partes communi aliquo termino copulantur. Nam cum lignum aliquod bicubitum sit; hoc est, duos cubitus habeat; unius cubiti finis, et alterius cubiti principium, unum est. Cohærent enim inter se atque conjuncta sunt; non autem sunt ab invicem divisa. At vero discreta ea sunt, quorum partes non copulantur communi aliquo termino, ut in decem saxis. Nam si quinque et quinque numeres, communem terminum, qui copulet, nullum invenies. Etenim si aliquid dederis quod inter quinos et quinos medium interponatur, jam fiunt undecim, et non decem. Quin ipsum quoque nomen continui ac discreti id ipsum declarat.

51 *Species discretæ, numerus, oratio.* — Ergo ad quantitatem discretam numerus ac oratio referuntur. Per numerum porro ea intelligimus, quæ in numerum cadunt. Quæ enim numerantur, plane discreta sunt, uti jam fuit ostensum. Ac item oratio discreta est. Nam cum per dictiones numeratur, nullum communem terminum, qui partes inter se connectat, habet. Etenim ut oratio decem dictiones complectatur, easque in quinque et quinque dividas, deest communis terminus, qui eas invicem connectat. Nam si quid medium interponatur, undecim fiunt, et non decem. Eodem modo dictio quoque, cum per se syllabas numeratur, communi termino quo ipsæ inter se connectantur, caret: ut in hac voce, *Socrates*, inter syllabas *So* et *cra*, nullus est communis terminus, qui eas copulet.

Species continuæ, linea, superficies, corpus, locus et tempus. — At vero continuæ quantitates quinque sunt: corpus, superficies, linea, locus, tempus. Scire quoque necessum est punctum quantitatis expers esse. Nam nec in mensuram, nec in numerum cadit: caret siquidem omni dimensione. At linea unam habet dimensionem: est enim longitudo latitudinis expers; quapropter reducitur ad continuam quantitatem. Nam cum una sit, in mensuram cadit, ejusque partes communem terminum habent, quo inter se connectantur; nempe intermedium punctum. Superficies autem est exterior corporis pars, quæ dicitur ἐπιφάνεια, παρὰ τὸ φαίνεσθαι; hoc est, ab eo quod appareat. Habet porro duas dimensiones, longitudinem et latitudinem. Hæc quoque cum una sit, mensuræ idonea est: ejusque partes habent communem terminum, quo connectantur; nimirum interjectam lineam. Sciendum est autem quod æquabilis superficies, planities dicitur: inæquabilis autem et obliqua, superficies simpliciter. At corpus, triplici dimensione constat, nempe longitudine, latitudine ac profunditate; hoc est crassitie: cumque unum exsistat, sub mensuram cadit, ac partes ejus communem habent terminum, quo conjungantur; nimirum superficiem. Quin locus etiam, aeris superficies est. Nam locus tuus superficies est; hoc est extremum aeris ambientis se: atque ut superficies est, reducitur ad continuam quantitatem. Itemque tempus metimur, nempe in præteritum et futurum, atque ipsius partes communem terminum quo connectantur habent, nempe nunc temporis. Nunc porro quantitate caret. En igitur tria sunt non quanta, nimirum, unitas, punctum, et nunc. Ac proprie quidem septem hæc quanta dicuntur: numerus, oratio, tempus, locus, linea, superficies, corpus.

Quanta per accidens. — Ea quoque quanta per accidens dicimus, quæ in illis considerantur; hoc est, actionem, motum, colorem, aliaque id genus: v. gr., si multo temporis spatio actio aliqua ac motus fiat, multam actionem dicimus, ac multum motum; contra, si exiguo temporis spatio, exiguam. Eodem modo, si est candor in multis partibus corporis, multum candorem dicimus; si in paucis, paucum.

Quantitas finita, et infinita, seu indefinita. — Præterea quantitas partim finita est, partim infinita. Finita est, quam metiri possumus ac numerare: infinita, quæ ob eximiam magnitudinem **52** mensuram omnem ac numerum excedit; diciturque magna et multa indefinite. Sic dicimus, multam Dei misericordiam; magnum Dei Verbi incarnationis mysterium.

Illud autem scire attinet, Aristotelem magnum et parvum, multum et paucum, majus et minus, amplius et paucius, duplum ac dimidium, aliaque ejusmodi, sub iis collocare quæ sunt ad aliquid. Dicimus itaque fieri posse ut eadem res, alia atque alia ratione, ad aliud atque aliud prædicamentum referatur. Etenim ea quæ modo recensuimus, ut numerum et mensuram indicant, ad quantitatem referuntur : ut autem habent inter se relationem, et ut ad invicem dicta, ad aliquid referuntur : siquidem magnum ratione parvi magnum dicitur, et duplum respectu dimidii ; et reliqua eodem modo. Porro corpus, ut est naturale, ad substantiam spectat. Ut autem mathematicum, id est, sub mensuram cadens, ad quantitatem reducitur. Ad hæc, quantitas partim magnitudine, partim multitudine constat. Ac magnitudinem quidem metimur : numeramus autem multitudinem. Magnitudinem porro quantum sequitur ; quotum autem, multitudinem.

Quantitas autem tria sunt propria, quæ quidem consectaria dicuntur. Primum, ut contrarium non habeat. Nam corpus, nihil ipsum per se contrarium habet. Quatenus autem album forte est, aliquid habet contrarium, nempe nigrum.

Illud porro intelligendum, binario nullum alium numerum contrarium esse : nam si sit, necesse est fore multos. Omnes quippe alii numeri contrarii erunt : injustaque natura reperietur, quæ in unum contraria multa instruxerit. Neque enim fieri potest, ut uni multa adversentur.

Secundum, ut nec magis nec minus recipiat : neque enim duæ palmæ magis duæ sunt, quam duo homines. Porro quod contrarium non habet, nec magis nec minus recipit.

Tertium denique, quod soli ac omni quanto convenit, æquale esse ac inæquale. Linea enim lineæ æqualis ac inæqualis est.

CAP. L.
De iis quæ ad aliquid, sive de relatione.

Quæ ratio eorum quæ ad aliquid. — Ad aliquid ea sunt, quæ id quod sunt, aliorum esse dicuntur, vel quovis alio modo ad alterum referuntur. Atque aliorum esse dicuntur, ut pater filii (pater enim omnino filii pater dicitur), ad aliud autem, ut magnum ad parvum, ac multum ad paucum : non enim dicitur pauci multum, sed multum ad paucum.

Scire autem operæ pretium est, cum quidpiam secundum se consideratur, non esse ad aliquid ; cum autem ad alterum habet habitudinem, tum demum ad aliquid dici. Hoc itaque est ex eorum esse numero quæ sunt ad aliquid ; estque hæc ipsorum essentia, ut ad alterum dicantur ; hoc est, relationem ad alterum habeant. Mutua siquidem habitudo et relatio, ea quæ ad aliquid sunt, efficit.

53 Porro eorum quæ ad aliquid sunt, quædam eodem nomine efferuntur, ut amicus, amici amicus ; inimicus, inimici inimicus : quædam autem diverso nomine, ut pater, filii pater ; magister, discipuli magister.

Rationes quatuor relationum, seu fundamenta. — Rursum, eorum quæ ad aliquid, alia præcellentiæ ratione dicuntur, ut majus, minore majus. Alia, ratione judicantis et judicati ; ut scientia est, ejus quod sciri potest, scientia. Etenim scientia judicat id quod in scientiam cadit ; hoc est, cognitio judicat, id quod cognosci comparatum est. Sensus quoque, rei sensibilis sensus est ; positio, rei positæ positio ; statio item, rei stantis statio ; ac recubitus, recumbentis recubitus ; cæteraque ad eumdem modum. Alia ratione potentiæ et impotentiæ : potentiæ nimirum, ut calefaciens, et quod calefit ; impotentiæ vero, per potentiæ privationem ; ut cum dicimus impotentem esse oculum, ut orbem non stellatum contueatur. Alia denique ratione causæ, et ejus quod est ex causa, ut pater, filii pater.

Propria relationum.—Hoc autem eorum quæ sunt ad aliquid proprium est, quod mutuo convertantur. Etenim amicus, amici amicus dicitur : magister, discipuli magister : itemque discipulus, magistri discipulus. Illud item, quod sint simul natura. Simul porro natura esse, est simul inferre ac simul inferri, simul tollere ac simul tolli. Nam si pater sit, filius quoque sit necesse est : ac si est filius, necesse est ut sit et pater. Econtra, si pater non est, ne filius quidem erit. Cujusnam enim erit filius, si non est pater ? si item filius non est, ne pater quidem erit. Nec enim pater est, qui filio careat. Itaque filius simul cum patre tollitur, et pater simul cum filio. Simul autem tollitur, non ejus persona, sed relatio. Nam etsi remanet qui est filius ; attamen non remanet filius. Qui enim patrem non habet, qui tandem filius esse queat ? Quod si etiam defuncti hominis filium dicimus, id tamen vel non dicimus proprie, sed abusive ; vel hoc ita intelligimus, quod ob animæ immortalitatem non perierit pater, et in nihilum abierit.

Differentiæ substantiales ac hypostases solius substantiæ.—Jam vero illud considerandum est, quodvis prædicamentum universalissimum genus esse ; atque genera ac species subalternas habere, nec non differentias, cum dividentes genus, tum constituentes species ; ac denique specialissimas species, individuaque. Nec vero differentiæ constituentes, substantiales dicuntur, præterquam solius substantiæ : nec rursus individua appellantur hypostases, nisi etiam solius subtantiæ.

Ac neque illud ignorandum, ipsam quoque substantiam, ut quæ sit genus, et habitudinem ad alterum habeat, ad ea referri quæ sunt ad aliquid. Nam genus specierum est genus, et species sunt generi species, exque eorum numero, quæ ad aliquid dicuntur.

54 *Explicatio alia fundamenti relationum.* — Insuper, ea quæ sunt ad aliquid, et convertuntur, aut in iis, quæ per se stant, et consistunt ; hoc est, in substantiis habitudinem habent : aut in iis quæ per se firma et stabilia non sunt; nempe in accidentibus. Si in iis quæ per se consistunt, aut eorum habitudo naturalis est, ut patris et filii: aut non naturalis. Si minime naturalis est; aut est a fortuna, ut servus et dominus: aut ab arte, ut discipulus et magister: aut ab et actione, ut amicus et amicus, inimicus et inimicus. Si autem in iis quæ non sunt per se firma, nempe accidentibus; aut est naturalis, ut duplum et dimidium: aut minime naturalis [ut magnum et parvum. Hoc enim sortis potius sit, quam naturæ. Cæterum sors et electio in iis locum non habent, quæ non sunt per se firma; nisi quandoque aliquid videatur referri ad aliud per se consistens et firmum, ac quod forsan per accidens prædicetur].

Relationes in aliis categoriis fundantur. — Enimvero oportet, ut quæ ad aliquid dicuntur, ad aliud prædicamentum prius reducantur, tanquam ipsa per se considerata; ac tum demum, ut habentia respectum ad alterum, ad ea quæ ad aliquid sunt, referantur. Quippe prius aliquid necesse est sine habitudine ac relatione esse, ac tum habitudinem in ipso considerare.

Habitudo autem, seu relatio, alicujus ad alterum affectio dicitur, ac tanquam appropriatio eorum quæ prædicantur, vel de substantia, vel de iis quæ substantiam afficiunt. Hæc autem, aut natura, aut fortuna, aut arte, aut voluntate constituuntur.

CAP. LI.
De quali et qualitate.

Qualitas est, per quam quales quidam nuncupantur. Ac rursum, qualitas est, per quam hi qui ea afficiuntur, denominatione dicuntur. Etenim, a prudentia dicitur prudens, qui habet prudentiam; et calidus dicitur, qui caloris particeps est.

Concreta abstractis latius patent. — Sciendum est autem quale latius patere quam qualitatem. Nam quale et qualitatem significat, et quod ejus particeps est, nempe qualitatis: ut calidum calorem, et quod calorem habet. Quales enim sunt, qui qualitatem habent: ut qui habent calorem, calidi dicuntur. Ita calidi, quales sunt: calor autem, qualitas. Quin persæpe etiam qualitas ipsa, quale dicitur: eodemque modo in quanto et quantitate.

Qualitatis species quatuor. — Porro qualitatum, aliæ in animatis, ac ratione præditis corporibus insunt, ut scientiæ et virtutes, morbi et sanitates; dicunturque habitus et dispositiones. Aliæ autem, et in animatis, et iis quæ anima carent, ut calor, frigus, forma, **55** figura, potentia et impotentia. Atque hæc partim potestate, partim actu sunt. Si potestate, potentiam et impotentiam efficiunt. Sin autem actu, vel ad imum pervadunt, ut calor totum pervadit ignem: candor, lac totum et nivem; tumque passionem et patibilem qualitatem faciunt: vel in superficie tantum; ac tum figuram et formam efficiunt. Qualitatis igitur quatuor sunt species, habitus et dispositio; potentia et impotentia; passio et patibilis qualitas; figura et forma.

Porro differt habitus a dispositione, quod habitus difficile mutari possit, ac sit diuturnior, ut prudentia. Non enim cito quis a prudentia ad imprudentiam mutatur. Eodem quoque modo in scientia; ubi quis accurate sciverit. Nam et in eo cognitio vix potest mutari. Habitus etiam sunt, fortitudo, temperantia, justitia. Similiter quoque dispositiones sunt, quæ facile mobilia sunt, ac citius immutantur, ut calor, frigus, morbus, sanitas, et alia id genus. Ut enim per ea homo disponitur ac afficitur, ita cito quoque mutatur: nimirum, ex calido factus frigidus, et ex ægroto sanus. Quin hæc ipsa quoque, puta morbus, sanitas, ac similia, si diuturna et ægre mutabilia sunt, in habitum transeunt. Cæterum latius patet dispositio. Etenim ambo quidem dispositiones dicuntur : nam per eas homo certa quadam ratione disponitur ac afficitur : verum ea dispositio et affectio, quæ mutationem ægre suscipit, habitus appellatur: quæ autem facile mutatur, dispositio ac affectio tantummodo dicitur.

Secunda species qualitatis, potentia est, et impotentia : quæ quidem actu non sunt : verum naturalem aptitudinem ac potentiam, vel ineptitudinem habent. Quemadmodum dicimus puerum quidem potentia musicum (quamvis enim musicam actu non habeat, sic tamen natura comparatus est, ut musicam suscipere possit) ; brutum vero appellamus immusicum; quippe quod nec actu habeat musicam, nec eam possit recipere. Quin et durum potentiam habet, ne facile dividatur.

Tertia qualitatis species, est patibilis qualitas et passio, ut calor, frigiditas, albedo, nigredo, et similia. Ac passio quidem facile abjici potest, uti dispositio : ut cum quispiam, vel præ pudore erubescit, aut præ timore pallescit. Patibilis autem qualitas ægre moveri ac mutari potest. Porro patibilium qualitatum quædam minime ortum a passione ducunt; hoc est, non aliunde, sed per essentiam insunt; velut igni, calor; ac dulcedo, melli. Neque enim igni adventitius calor est, neque melli dulcor. Haud enim, cum prius talia non essent, postmodum calorem ac dulcedinem asciverc. Quod tamen ad humanum sensum attinet, eamdem et illa passionem efficiunt. Etenim ignis, cum sit calidus, nos calore afficit : melque item, cum sit dulce, nobis dulcedinem facit : quædam item ab aliqua affectione, id est temperamento fiunt; eamque passionem nonnunquam efficiunt, qua sensus immutentur; quanquam non eam ipsam quam habent, passionem et qualitatem, ut sunt colores. Etenim albedo, quæ ex affectione quadam ac temperamento contingit, **56** passionem quidem circa visum efficit; hoc est, discretionem, et expansionem, et illuminationem : nec ideo tamen passione nos afficit. Patibilis ergo qualitas, quæ adventitia non est, aut in tota specie inest, quemadmodum calor in igne; aut non in tota, ut nigror in Æthiopibus. Neque enim omnes homines sunt nigri. Cæterum hæc nedum in corpore considerantur; verum etiam in anima.

Quarta denique species qualitatis, est figura et forma. Ac figura quidem, tum in animatis, tum in inanimatis locum habet : forma autem in animatis duntaxat. Quod si de inanimatis etiam forma, aut formosum, dicitur ; id non proprie, sed abusive dicitur. Quapropter latius patet figura. Nam et forma figura nuncupatur ; contra autem inanimatorum figura, forma non dicitur. Porro rectitudo et curvitas ad qualitatem pertinent.

Jam vero sciendum est, qualia maxima parte a qualitatibus denominative dici, ut a calore, calidum : quædam vero, etiam æquivoce, ut musica scientia, et musica mulier : quædam denique, quanquam id rarius, diverso nomine, ut a virtute, studiosus. Nam qui virtute præditus est, etiam studiosus vocatur.

Passio in facto esse qualitas est. — Ne illud quidem ignorandum est, passionem duplicem esse. Aut enim eo quod jam passum quidpiam sit ; tumque refertur ad qualitatem ; quemadmodum vestis jam dealbata, alba dicitur : aut eo quod nunc patiatur, et tum ad prædicamentum pati pertinet ; ut quod nondum dealbatum est, sed nunc dealbatur.

Illud item nosse convenit ; qualitates corpora non esse, sed corporis expertes. Nam si corpora essent, referrentur ad prædicamentum substantiæ. Quin etiam accidentia omnia corpore carent, nec per se exsistunt, nisi in substantia considerentur.

Qualitates eædem substantiales ac accidentales. — Sed et illud observandum, substantiales qualitates ad substantiam referri. Nam sunt ejus partes ; quippe quæ ipsam dividant, atque ad specierum ejus definitionem assumantur. Cui porro prædicamento totum subjicitur, ad illud quoque partes ipsius referuntur. Etenim grave et leve, aut in mole considerantur, ut in iis quæ appenduntur ; ac tum ad quantitatem pertinent : aut in substantia, ut in elementis, puta igni, ac terra ; ac tum ad substantiam pertinent, ut substantiales differentiæ. Eodemque modo in denso et raro res habet. Aut enim substantiæ ratione, ut in elementis ; ac tum ad substantiam referuntur, aut adventitie, ut in vestimentis, ac tum ad prædicamentum situs ; quippe quæ positione exsistant, ac quodam partiu n ordine.

57 Tria autem sunt qualitatis propria seu consectaria. Primum, ut contrarietatem recipiat ; quippe calidum frigido contrarium est, et album nigro. Secundum, ut magis ac minus admittat. Ubi enim contraria sunt, illic etiam magis ac minus reperitur. Magis porro, intentionem ; minus remissionem significat. Itaque possumus dicere, hanc speciem illa candidiorem esse, et minus fri-

gidam. Tertium qualitatis consectarium, ac maxime proprium, est simile ac dissimile. Sciendum est autem figuram non habere contrarium.

[Illud notandum, non omnes privationes per modum negationis dici ; verum esse nonnullas, quæ affirmatione efferuntur, ut cæcitas et surditas. Rursum, non omnem speciem affirmandi modo proferri, sed etiam negandi ; ut intemperantia, quæ cum species sit, non tamen per affirmationis, sed per inficiationis modum appellata fuit. Nam positio, affirmatio dicitur ; ut, pulcher est. Negatio autem, inficiatio ; ut, non est pulcher. Cum enim dicimus, iniquus, syllaba *in* negationem significat, uti vox, *non*.]

Quod si hoc album illi albo æquale, atque hæc superficies illi superficiei æqualis esse dicitur, haud tamen id ratione qualitatis, sed ratione quantitatis : quemadmodum etiam in quanto, simile et dissimile consideratur ; non ut quantum est, sed ut qualitatem participat.

CAP. LII.
De agere et pati.

Sciendum est actionem et passionem, id est agendi vim et patiendi, sub qualitate contineri : agens vero et patiens substantiam quamdam esse, certo quodam modo operantem, aut patientem. Agere igitur est in seipso actionis causam habere : pati autem, in seipso, et in alio patiendi causam habere ; ut opifex, et illud quod efficitur. Nam opifex in se operis causam habet : opus autem in opifice quidem principium habet ; in seipso vero, aptitudinem ad patiendum. Per opificem autem hoc loco artificem intelligimus, puta fabrum : per opus vero, materiam artifici subjectam, ut lignum. Ligni siquidem materia fabro subjicitur.

Eorum porro quibus agere et pati convenit ; quædam simpliciter facere dicuntur, ut in artibus factivis, puta fabrili, æraria, ac similibus, in quibus opus remanet, etiam postquam opifex ab opere cessaverit. Etenim postquam architectus finem ædificandi fecit, remanet quod exstructum fuit. Quædam autem dicuntur agere, in quibus illud quod agitur non remanet, cessante eo qui agit. Ubi enim tibicen canendi finem fecit, non manet tibiæ cantus, sed interit. Quædam denique dicuntur contemplari ; uti studere astronomiæ aut geometriæ, intelligere, hisque similia. Sunt aliæ insuper species, quæ in animatis considerantur ; ut in igne, lapide, ligno et similibus. Priora igitur in his quæ ratione utuntur, locum habent. Posteriora autem, in illis quæ anima et ratione carent. Non enim ea ratione agit, qua est animatum ; sed qua corpus admotum corpori.

58 Duplex autem categoriæ hujus proprietas : altera, ut contrarietatem admittat. Nam calefacere, ac frigefacere inter se pugnant. Altera, ut magis et minus suscipiat. Quippe contingit, cum magis calefacere, cum minus frigefacere; itemque magis calefieri, et minus frigefieri.

Itaque in prædicamentis omnibus considerantur agere et pati: nimirum in substantia, gignere et gigni: in quantitate, numerare et numerari: in iis quæ ad aliquid, conduplicare et conduplicari: in qualitate, dealbare et dealbari: in situ collocare et collocari: in habere, ferre ac ferri: in ubi, continere et contineri: item in quando, continere et contineri; in præsenti scilicet, et præterito, et futuro tempore.

CAP. LIII.
De situ.

Situm esse, est quodammodo comparatione alterius positionem habere: velut corpus ita situm, ac talem habens positionem, ut vel recumbat, vel sedeat, vel stet. Porro situs, tres sunt species; nempe stare, sedere et recumbere. Nam rectum esse, stare facit: deinceps autem, ex parte jacere, et ex parte stare, sedere efficit. At omnino jacere, recubitum facit. Porro situm esse, nec eum qui situs est, nec locum significat, sed ejus qui situs est, positionem in loco.

Eorum autem quæ sita sunt, alia naturali modo sunt sita, ut elementa in suis locis: v. gr., terra, aqua, aer, ignis et similia: alia per positionem et artem, ut statua, columna, aliaque id genus. Est et alia insuper divisio; nempe quod eorum quæ sita sunt, alia firma sint et immota, ut terra: alia moveantur, ut cœlestia corpora. Ac præterea eorum quæ sita sunt, quædam potestate sunt sita; quæ nimirum transmigrare possunt: quædam actu, ut ubicunque sita sint.

CAP. LIV.
De ubi.

Ubi locum significat. Nam cum quæritur ex nobis, ubinam sit talis: dicimus, domi, in urbe: hæc autem locum significant. Species porro prædicamenti ubi totidem sunt, quot locorum differentiæ: nempe, sursum, deorsum, dextrorsum, sinistrorsum, ante, et post.

CAP. LV.
De quando.

Quando tempus designat. Nam cum ex nobis quispiam sciscitatur, quando illud contigerit, dicimus, anno superiori, duobus abhinc annis; quæ quidem tempus significant. Species porro prædicamenti quando totidem sunt, quot tempora. Tria autem hæc sunt: nempe præsens, præteritum et futurum.

59 CAP. LVI.
De habitu.

Quid habitus, ac ejus modi. — Habitus est substantia circumstans substantiam. Significat autem, circumdare et circumdari, sive comprehendi, nec esse rei partem aliquam. Ac quidem active complectuntur et ambiunt tunica, arma, et alia id genus: passive autem, annulus, ac si quid ejusmodi exiguum est. Porro necesse est, ut et quod complectitur, quodque aliud se complectens habet, substantiæ sint. Si enim alterum quidem substantia sit, alterum autem accidens, uti scientia ac sciens, minime ad prædicamentum habere referuntur; habere autem tot differentias habet, quot rerum differentiæ sunt. Aut enim animata res est, aut inanimata. Atque rem quidem animatam habere dicimus, ut puerum, equum, et similia; inanimatam vero, ut annulum, calceamentum et alia id genus. Præterea dicitur habere multis quoque aliis modis æquivoce, de quibus postea fusius disseremus.

CAP. LVII.
De oppositis.

Oppositio sermonis est oppositio contradictionis. Rerum oppositio triplex. Relativa, contraria, privatio. — Quidquid opponitur, vel opponitur ut res, vel ut sermo. Si ut sermo sermoni, affirmationem et negationem efficit. Atque affirmatio quidem est cum dicimus aliquid inesse alicui, verbi gratia, est pulcher; negatio autem cum quidpiam non inesse dicimus; puta, non est pulcher. Utrumque porro enuntiatio dicitur. Si autem, ut res opponuntur, vel dicuntur ut ad ea in quibus est conversio, efficiuntque ea quæ ad aliquid; quæ quidem mutuo se inducunt ac perimunt: vel ut non ad ea in quibus conversioni locus est, ac quæ non habent relationem. Atque illa, aut in se mutuo migrant, atque interim tamen sunt naturæ consentanea; et hæc contraria efficiunt, ut calor et frigus: aut alterum quidem in alterum migrat, alterum autem non migrat in alterum; estque alterum quidem illorum naturale, alterum naturæ repugnat, ac tum illa efficiunt quæ invicem opponuntur ratione privationis ac habitus, ut visus, et cæcitas. Visus siquidem habitus est, utpote ab habere; cæcitas autem, habitus privatio, nempe visus.

Contraria sine medio et cum medio. — Contrariorum autem alia sine medio sunt, alia medium habent. Illa sine medio sunt, quorum alterum, seu unum, in eo quod est ipsorum subjectum, si in iis de quibus prædicantur, esse necesse est: ut morbus et sanitas, in subjecto animalis corpore. Quippe omnino necesse est, aut morbum, aut sanitatem ejusmodi inesse corpori. Per morbum autem intelligimus omnem naturæ distractionem. Illa autem medium habent, quorum alterum necesse non est inesse subjecto, seu iis de quibus prædicantur, ut album et nigrum. Sunt namque contraria, nec tamen propterea horum alterum omnino necesse est corpori inesse. Neque enim omne corpus, aut album esse, aut nigrum necessarium est (sunt enim corpora fusca et rufa): nisi forte alterum contrariorum alicui a natura determinate **60** insit; uti calor igni, ac frigus nivi. Porro contraria quæ medium admittunt, partim nomina habent; v. gr., quod est medium inter album et nigrum, fuscum dicitur: partim nominibus carent. Nam quod medium interponitur inter justum et injustum non habet nomen; sed extremi utriusque negatione medium ejusmodi significatur; puta nec justum, nec injustum.

Contrariorum quadruplex proprietas. — Contraria porro quatuor hæ proprietates comitantur. Prima est, ut *bono quidem, malum contrarium sit: malo autem, quandoque bonum, quandoque aliud malum.* Etenim temperantiæ intemperantia contraria est: intemperantiæ autem, interdum temperantia, interdum stupiditas. Est enim stupiditas, cum non moventur aut excitantur animæ affectiones. Quapropter intemperantia temperantiæ defectus est: stupiditas autem excessus. Porro defectus cum excessu pugnat. Secunda proprietas est, quod fieri non possit ut contraria simul sint in individuis secundum idem. Neque enim Socrates simul et valere et ægrotare potest; aut membro eodem calefieri pariter ac frigefieri. Tertia, ut in eodem subjecto, aut genere, aut specie, aut numero sint. Genere quidem, ut in simplici corpore album et nigrum: specie autem, ut in animantis corpore sanitas et morbus: nam de numero est perspicuum. Idem enim corpus per sui mutationem capax est contrariorum. Quarta denique proprietas, quod contraria, vel sub eodem genere sint, ut album et nigrum sub corpore: vel sub contrariis generibus, ut justitia et injustitia sub bono et malo; quæ quidem contraria sunt: aut demum sunt ipsa contraria genera, ut bonum et malum; quæ quidem contraria genera sint.

CAP. LVIII.
De habitu et privatione.

Varii modi quibus dicitur habitus. — Habitus habiti et habentis actus dicitur: puta, armorum et armati; sive induentis et induti. Secundo, adventitii actus exsistentes durabiles, sive illi naturales sint, sive ad animum spectent. Naturales nempe, ut calor in iis quæ calefiunt, animi autem, ut scientia. Tertio, quod nondum quidem habet, sic tamen comparatum est ut habere possit: quod quidem est primum significatum, ejus quod est potestate. Quarto, naturalis qualitas, id est habitus naturalis: ut calor ignis, dormientis visus: quod quidem secundum significatum est, ejus quod est potestate (quamvis enim urere possit ignis; non tamen actu urit), primum autem ejus quod est actu. Quinto, ut actus perfectus: uti visus in actu visionis, et calor, qui jam calefacit.

Quibus item privatio. Privatio stricte negatio. — Privatio autem est habitus abjectio. Itaque opponitur primo habitus significato, armorum, sive vestitus privatio. Secundo, adventitiorum habituum abjectio; ut cum id quod calefactum est, refrigeratur. Tertio, quod genus rei nullo modo habere comparatum est; ut infantem natura comparatum ad musicam dicimus; ficum autem nequaquam. Ficus itaque privata est, quod nimirum stirpium genus non sit aptum ut recipiat musicam: **61** quod item locum habet, cum genus quidem rei aptitudinem habet; quædam autem species non item: v. gr., animal cernere aptum est; et tamen talpa, quæ animalis species est, cernendi aptitudine caret. Quarto, potentiæ quæ secundum habitum est, abjectio. Quinto, finalis actus ac perficientis abjectio: quod quidem superius, eam quæ per privationem et habitum fit, contrarium oppositionem appellavimus; hoc est, potentiæ, tam efficientis, quam patientis. Hæc porro tribus hisce notis insignitur; ut sit, quod natura comparatum est habere, nec ullo tamen pacto habet, verum prorsus privatum est: v. gr., non dicimus lapidem cæcum esse; neque enim comparatus est ut cernendi habitu polleat. Nec canem recens natum cæcum appellamus; aut nuper editum infantem, edentulum: *quia eo tempore habere visum aut dentes minime comparati sunt.* Neque item pedem cæcum esse dicimus: quandoquidem animal a natura non habet in pede videndi habitum. Cum igitur tribus his modis habere comparatum est, nec tamen habet, privatio dicitur.

CAP. LIX.
De priori et posteriori.

Modi prioris et posterioris. — Prioris significationes quatuor sunt. Primo enim ac potissimum, quod tempore antecedit. Ac proprie quidem in animalis, senius dicitur; in iis autem quæ anima carent, vetustius. Improprie tamen alterum pro altero usurpatur.

Secundo, id significat, quod natura prius est quod nimirum simul tollitur; ut animal prius est homine. Quippe animali sublato, ne homo quidem erit (homo enim est animal), contra vero sublato homine, erit nihilominus animal. Nam et equus, et canis animalia sunt. Ac rursum, si homo sit, animal simul erit (homo enim est animal), contra autem si animal sit, non propterea hominem esse necessum est; sed equum fortasse, et canem, et similia. Et hæc quidem, quod spectat ad secundum illud prioris genus.

Tertio id quod ordine prius est; ut dicimus litteram *a* priorem esse, litteram *b* posteriorem, ac deinde syllabas, postea dictiones.

Quarto, id quod dignitate antecellit; ut dicimus, primum episcopus, deinde presbyter. Quanquam nonnulli modum hunc submovent; eo quod fieri possit ut qui ordine prior est, dignitate et merito posterior sit.

Quinto, uti dicimus causam et causatum; velut Socrates imagine sua prior est; quippe qui imaginis suæ causa sit. Sed et pater filio prior ac major est: pater namque est filii causa: quippe cum filius gignatur ex patre. Eoque etiam beatus Gregorius sensu accepit, quod a Domino nostro in sacris Evangeliis dictum est : *Pater major me est* [14].

62 Alii autem adjungunt id quod est cogitatione et intentione animi prius, ut paries est fundamentis prior. Cæterum reducitur illud ad quartum modum, quo aliquid dignitate prius est. Nam quod intentione prius est, hoc reipsa posterius est. Quot porro modis est prius, totidem quoque est posterius. Prius autem et posterius; majus item et minus, non inter æquivoca recensentur, sed inter ea quæ ab uno sunt.

CAP. LX.
De simul.

Modi quibus aliqua sunt simul. — Simul ea proprie dicuntur, quorum ortus est in eodem tempore, ut cum duo quidam eodem temporis puncto nati sunt. Atque hic primo modo significationum prioris opponitur. Secundo, ea simul esse dicuntur, quæ invicem coexsistunt, ita tamen ut neutrum alterius causa sit, aut ab altero esse accipiat; ut duplum et dimidium. Simul enim coexsistunt, seque mutuo inferunt, atque pariter tollunt. Hic porro modus secundo modo ac quinto prioris adversatur. Etenim in secundo, nec se simul inferunt, nec simul tollunt : in quinto autem, alterum causa est; alterum a causa profectum. Tertio simul esse dicuntur species illæ, quæ ex adverso genus dividunt; hoc est, quæ ex eadem divisione descendunt, velut rationale et irrationale ex animali. Hic porro modus primo et secundo, ac fere tribus aliis opponitur.

CAP. LXI.
De motu.

Quid motus. In quibus prædicamentis sit. Sex motus quoad locum. — Motus est actus ejus quod est in potentia, quatenus est in potentia. Velut æs potentia statua est. Æs quippe statuæ formam potest suscipere. Æris itaque, quod potentia statua est, in eo actus positus est, ut dissolvatur et formetur ac expoliatur : quæ omnia sunt motus. In omnibus ergo prædicamentis, in quibus consideratur id quod est potestate, in iisdem etiam motus considerabitur. E contra, in quibus non consideratur, id quod est potestate, nec motus quidem considerabitur. Consideratur itaque in substantia, in quantitate, in qualitate, et in prædicamento ubi. In substantia nempe, ortus et interitus : in quantitate, accretio et decretio : in qualitate, alteratio : in prædicamento ubi, hoc quod est in orbem agi (quod quidem circumactio dicitur) item a recta linea moveri, quod appellatur motus rectus. Porro motus illius qui in rectum est, sex sunt modi, supra, infra, intra, extra, dextrorsum, sinistrorsum. Quare adjuncta circulatione, septem sunt motus locales. Nam quidquid mutatur, aut per se mutatur, aut ratione alicujus quod sit in ipso; aut certe ratione alicujus quod sit circa ipsum. Ac si quidem per se; **63** ortum efficit et interitum. Sin ratione alicujus eorum quæ insunt; aut ratione quantitatis, atque accretionem ac decretionem facit : aut ratione qualitatis, tumque alterationem efficit. Sin denique ratione alicujus quod sit circa ipsum, motum secundum locum facit. Nam locus, nec ipsum est quod movetur, nec eodem aliquid quæ sunt in ipso, sed comitatur ea quæ moventur, et circum ipsa est.

Circa ortum autem et interitum hoc interest; quod ortus sit progressus a non esse ad esse. Nam quod prius non erat, hoc oritur; interitus contra, ab esse ad non esse mutatio est. Quod vero ad accretionem et decretionem spectat; accretio est motus ad majus; decretio autem, ad minus. In alteratione rursum, sunt oppositæ affectiones : puta opponitur calefactio refrigerationi, et candori nigredo. Quocirca opponuntur, interitus quidem ortui; decretio autem accretioni : alterationi vero, tum id quod peculiariter oppositum est, tum etiam quies; v. gr., calefactioni, tum refrigeratio, tum quies opponitur : nam cum res calefactioni subjecta terminum acceperit, atque ad summum calorem pervenerit, tum quiescit, et calefieri desinit. Itidem etiam mutationi secundum locum, tum contrarius motus, tum quies opponitur : contrarius nimirum motus, ut motus sursum motui deorsum : quies vero; nam si quis glebam sursum jaciat, non prius deorsum movebitur, quam intercesserit quies aliqua. Cæterum cœlesti motui nullus motus contrarius est. Videtur autem, alteratio motus reliquos consectari. Nam et quod procreatur, et quod interit, et quod augetur, et quod decrescit, quodque loci mutatione movetur, omnino alteratur. In naturalibus tamen motibus, quanquam alterationem reliquos motus comitari reperimus; fieri tamen potest ut res aliqua alteratione mutetur, ac nihilominus nullo alio motu moveatur, uti contingit in lapide. Hic enim calore afficitur et frigore; nec tamen augetur aut desinit. Atque ita demum in motibus aliis. Quapropter, etsi alteratio reliquos motus comitatur, ipsa tamen secundum se considerari potest : hincque compertum fit illorum discrimen.

Mutatio non motus stricte. — Verum Aristoteles, haudquaquam mutationem motum appellat. Etenim in quinto Physicorum, probavit ortum et interitum mutationes quidem esse, non motus : eo quod motus ita fiat, ut res interim salva et incolumis maneat. Quod si alterationi ac mutationi locali duo contraria esse diximus, nempe contrarium motum, et quietem; utique sciendum omnino est, posse alia et alia ratione duo quædam uni contraria esse. Quies nimirum contraria est, ut habitus, et privatio; at oppositus motus proprie contrarius est, uti refrigeratio calefactioni.

---
[14] Joan. xiv, 29.

CAP. LXII.
De habere.

Habere octo modis dicitur. Aut enim, ut habitum et dispositionem, aut aliam qualitatem; etenim scientiam ac virtutem habere dicimur. Aut ut quantum: lignum enim tres cubitos magnitudinis habere dicitur. Aut ut substantiam circa substantiam; quod quidem est universalissimum genus. Hoc porro vel circum universum corpus, ut vestem: aut circa aliquam partem, ut annulum in digito. Aut partem in toto; dicimur enim habere manum. Aut ut in vase; uti amphora vinum habere dicitur. Aut ut possessionem; domum enim, aut agrum habere dicimur. Quin et uxorem dicimur habere; et uxor item virum habere dicitur. Videtur autem hic modus ab habere alienus esse, quoniam conversionem admittit. Neque enim magis virum habere uxorem significat, quam uxorem virum. Neuter enim alterum exsuperat; verum æque ac sine discrimine sese invicem habent. Quanquam autem possessor quoque prædium, ac rursus prædium possessorem habere dicatur, atque hæc inter se convertantur; at non tamen ut vir uxorem, ac uxor virum. Etenim jus omne ac dominium in prædium possessori competit; eaque de causa, possessor potius habere, prædium autem haberi dicitur.

Illud autem minime dubium, quin habere in æquivocorum numero sit censendum. Nonnulli porro ejus quod est habere, totidem differentias esse dicunt, quot sunt ejus quod est agere et pati. Uti enim ea quæ agunt ac patiuntur, vel sunt animata vel inanimata: eodem modo hic quoque, aut animatum est id quod habet, et habetur, aut inanimatum. Qua igitur ratione diversorum generum eadem erunt differentiæ? verum responderi potest: id quod est habere, aut circa totum corpus esse, aut circa partem. Atque hoc rursus, aut ad propulsandas injurias esse accommodatum, aut ad ornatum.

CAP. LXIII.
De enuntiatione, affirmatione et negatione.

Affirmatio et negatio. Contradictoriarum vera altera. — Sciendum est, tam affirmationem, quam negationem, enuntiationem esse. Atque affirmatio quidem est, quæ, quid alicui insit, id est, quid aliquis sit, significat; ut: Socrates sapiens est; Socrates ambulat. Negatio autem, quæ, quid alicui non insit, id est, quid aliquis non sit, ostendit: uti, hic non est sapiens; ille non ambulat. Quoniam autem omni affirmationi, negatio; itemque omni negationi, affirmatio adversatur; negatio ea quæ affirmationi opponitur, et affirmatio ea quæ negationi adversatur, contradictio dicitur.

---

(1) *Omne quod perpetuo motu agitur immortale est,* etc. Hoc est argumentum, quo Plato immortalitatem animorum probabat, de quo legendus Marsilius Ficinus in *Phædonem*. Illo etiam Patrum

Porro alteram falsam, alteram veram esse necesse est.

CAP. LXIV.
De termino, et propositione, et syllogismo.

Demonstratio logici muneris. Quid terminus. — Observandum est, hoc logici muneris esse, ut de demonstratione pertractet. Demonstratio autem syllogismus est. Syllogismus porro ex duabus veris propositionibus et conclusione constatur, v. gr. ut animam immortalem esse demonstrem, ita probo: *Quidquid perpetuo motu agitur, immortale est* (1). Hæc est propositio. Deinde alteram propositionem adjungo, et dico: *Anima perpetuo motu agitur.* Sequitur conclusio: *Anima ergo immortalis est.* Unaquæque autem propositio ex terminis constat. Quælibet enim propositionis dictio terminus appellatur. Nam terminus est, in quem propositio resolvitur. Exempli gratia, in hac propositione: *Quidquid perpetuo motu agitur, immortale est;* quidquid terminus est, utpote propositionis pars: *perpetuo motu agitur,* item terminus dicetur; *immortale,* itidem terminus dicitur: ac denum, *est,* terminus dicitur.

Ut bonus syllogismus. — Illud autem scire convenit, necessarium esse, ut propositiones omnes veræ sint, ac conclusio propositionibus respondeat. Nam si vel propositionum altera, vel conclusio, falsa inveniatur, paralogismus, hoc est captiosum argumentum, non syllogismus erit. Porro quinque ista, nempe vox simplex, nomen, verbum, dictio, terminus, nihil inter se ratione subjecti differunt, sed secundum habitudinem duntaxat: v. gr. homo, ut simpliciter aliquid significat, simplex vox dicitur: ut autem subjectum, nomen vocatur: ut vero rationem prædicati obtinet, verbum: ut rursum pars est affirmationis et negationis, dictio: ut denique propositionis ac syllogismi pars, terminus appellatur.

Quid verbum dialecticis. — Sciendum est autem in propositione, hoc est, in affirmatione et negatione, subjectum quidem, nomen dici: quod autem prædicatur, verbum. Exempli gratia, propositio est, *homo ambulat:* in ea, *homo* subjectum est, ac nomen dicitur; *ambulat* autem, prædicati rationem obtinet, et dicitur verbum. Ac rursum in his verbis, *Socrates bonus est; Socrates* subjectum est, ac nomen dicitur: *bonus est,* prædicati locum tenet, ac verbum nuncupatur, utpote affirmationis pars: tametsi alioqui apud grammaticos, *bonus* dicetur esse nomen. Atque ut summatim dicam, illud omne quod *est* comitatur, verbum est.

Illud item sciendum, nihil inter hæc quinque discriminis esse, nempe inter enuntiationem, propositionem, quæstionem, instantiam, ac conclusionem. Nam cum simpliciter pronuntio, *anima est immortalis;* enuntiatio dicitur. Cum autem ut

nonnulli incaute usi sunt, cum non adverterent, eo perinde Platonem animæ belluinæ incorruptionem intulisse.

pars syllogismi assumitur, jam propositio est, quod dico, *Anima immortalis est.* Rursus cum quispiam adversus propositionem hanc insistit dicens, *Unde animam immortalem esse constat?* tunc id instantia appellatur. Rursus cum inquirendi causa proponimus, *Numquidnam anima immortalis est?* quæstio vocatur. Denique, cum ex propositionibus aliquid colligitur, conclusio appellatur: v. gr. *Anima perpetuo movetur: quod perpetuo movetur, est immortale:* ex his propositionibus colligitur: *Anima ergo immortalis est,* atque hæc est conclusio.

CAP. LXV.
Definitiones variæ.

Variæ terminorum logicorum definitiones. — Propositio est oratio enuntians aliquid ab aliquo; quod quidem est negatio, ut, *Socrates non ridet:* aut alicujus de aliquo; quod affirmationis rationem habet, ut, *Socrates non ridet.* Terminus est, in quem propositio resolvitur. Syllogismus est oratio, in qua positis quibusdam (hoc est, concessis) aliud necessario ex iis quæ sunt posita, esse contingit, propter illa quæ posita sunt. Etenim ob positas propositiones, fit conclusio, nulla alia externe petita confirmatione opus habens. Quæstio, est proposita intellectui inquisitio tendens ad electionem vel fugam ; hoc est, ad inficiationem, vel consensum. Percontatio, est interrogatio diffusam ac prolixam responsionem postulans. Hoc enim interrogatoria oratio a percontatoria differt, quod interrogatoriam velox (hoc est, paucis concepta) responsio sequitur: percontatoriam autem, prolixa, et multis verbis. Character dialogicus dicitur, qui sciscitatione et responsione constat. Instantia, est quæ ab ipso initio orationem evertit. Antiparastasis, id est depulsio, est quæ id quod ab adversario dicitur, ut verum quidem admittit, sed rei propositæ nihil detrimenti afferre ostendit. Lemma, id est assumptum, est quod ut certum et indubitatum ad alicujus rei probationem assumitur. Hæresis est sententia, seu opinio multorum hominum inter se quidem consentientium; ab aliis autem dissentientium. Communis notio, est de qua inter omnes constat; velut, solem esse. Thesis, est viri alicujus, sapientia ac eruditione insignis aliena a communi existimatione opinio; id est, nova quædam, insolensque conceptio: ut illud Parmenidis, qui ens unum esse dicebat; illud item Heracliti, qui omnia moveri asserebat.

Commune quatuor modis. Quid sit per se dici. — Commune, est quod in multis consideratur; aut quod de multis prædicatur. Commune autem quatuor modis dicitur: nempe, aut quod in partes dividi potest, ut terra quæ in plures hæredes distribuitur. Aut quod sine divisione in communem usum adhibetur; non tamen uno eodemque tempore: ut servus unus, aut unus equus duorum dominorum, nunc hujus, nunc illius imperium exsequens. Aut quod licet occupatione proprium usurpetur, in commune tamen remittitur, ut locus in theatro, vel in balneo. Aut denique, quod indivise ad communem et eamdem intelligentiam profertur; ut præconis vox. Atque hoc modo in æquivocis et univocis debet accipi quod dicitur: *Quorum nomen est commune.* Per se est, quod primum ac per essentiam alicui inest, ac non per accidens, ut esse rationale, homini. Universale est, quod multa significat; ut homo, animal, substantia. Per accidens, est quod potest alicui inesse, vel abesse; ut homini ægrotare, vel sanum esse. Facere dicitur in artibus effectricibus, in quibus remanet res quæ sit, ut in fabrili, et similibus. Absoluta enim effectione, remanet lectus. Agere autem dicitur in iis in quibus non remanet opus, id est quod fuit effectum; ut in tibiæ ludo, et saltatione. Contemplari dicitur, intelligere: astronomiæ, geometriæ ac similibus operam dare.

De subtili consideratione. Duplex ἐπίνοια, *seu subtilis ratio, quam ens rationis vulgo dicimus.* — Ἐπίνοιαν, vel subtilem considerationem, vera doctrina duplicem esse pronuntiat. Altera enim est, velut ἐπέννοια quædam, ac ἐπενθύμησις· hoc est, accuratior quædam ac secunda cogitatio, quæ totam et implicatam rerum speculationem, atque cognitionem explicat, ac declarat: ut quod sensui simplex videbatur, per longam et curiosam mentis indagationem varium et multiplex esse appareat. v. gr. homo qui simplex esse videtur, subtili cogitatione duplex intelligitur; ex corpore scilicet et anima concretus. Altera autem figmentum est cogitationis animi, per conjunctionem sensuum ac facultatis imaginantis, ex iis quæ sunt, ea quæ non sunt componens et æstimans; cujusmodi est hippocentaurorum, et sirenarum, et tragelaphorum fabulosa confictio. Universorum enim partes accipiens, atque ex partibus aliud quidpiam componens, arbitratu ac libitu suo, ea quæ nullo modo conspiciuntur in rerum natura, aut exsistere intelliguntur, in animi cogitatu ac rationibus finxit, subindeque in materia concinnans, simulacra idolaque formavit. Hæc autem, simplex cogitatio dicitur.

Garrulitas, est, dum quis ea quæ in aliquo continentur, de eo quod continet, enuntiat ac prædicat. v. gr. in homine animal et bipes continentur, et in Socrate album et musicum. Si quis ergo ea de homine, aut de Socrate prædicet, hoc modo, homo est animal bipes: Socrates est quiddam musicum, album, ille nugatur et garrit, idem multoties repetens. Hæc enim nugacitatem et garrulitatem promunt: quoniam hæc complectitur homo et Socrates, adeo ut qui ea affirmaverit, et ista simul declarasse censeatur.

De habitudine. — Habitudo est et propinquitas, et amor sive amicitia, et possessio, et participatio, et conjunctio. Habitudinem vocamus, rei alicujus cum alia connexionem, et consuetudinem, et affectionem; quæ, tum ex loco eodem originem habet, tum per respectum ad locum eumdem; ac etiam eo **68** quod in eodem loco consistant. Scire autem expedit, quod in quatuor hominibus sex habitudines reperiantur: prioris erga tres alios, atque adeo jam tres habitudines considerantur: secundi erga duos, sicque quinque sunt: tertii erga unum; ex quo contingit, inter quatuor habitudines sex reperiri: at vero inter quinque homines decem habitudines esse.

De unione. Unionis varii modi. — Unio fit variis modis. Aut enim per conspersionem, ut in diversis farinis, quæ in unam massam commiscentur. Aut per agglutinationem, ut in ære et plumbo. Aut per coagmentationem, ut in saxis, et lignis. Aut per confusionem, ut in iis quæ liquescunt, et in metallis: in illis nimirum, ut in cera et pice, aliisque ejusmodi: in his autem, ut in auro, et argento aliisque id genus. Aut permistionem, et temperationem, ut in liquidis, puta vino et aqua, aut vino et melle. [Aut per coalitionem; ut in iis quæ prius avulsa sunt, et postmodum restituuntur. v. gr. cum fax ab igne procedens, iterum igni redditur.]

Unio per compositionem et hypostatica. — At vero unio quæ per compositionem fit, est partium inter se, sine ullius detrimento, commeatio; ut in anima et corpore. Quam quidem unionem quidam Patres temperationem ac commistionem dixerunt; atque etiam συμφυΐαν, id est, naturarum velut concretionem quamdam ac connaturalitatem. Sciendum est autem, nonnullos Patres commistionis vocabulum istud in Christi mysterio minime admisisse; at unionem secundum compositionem, omnes ad unum recepisse. Unio autem hypostatica ipsa est, quæ ex compositione exsurgit. Est itaque secundum hypostasim unum quod ex diversis naturis constat. Rursumque, per hypostasim unum illud est, quod ex duabus rebus, in una tamen personae agnoscitur. Ac denique unio per hypostasim, est natura accedens ad aliam hypostasim.

69 *Temperatura.* — Temperatura autem est corporum appositio ac mutua qualitatum permeatio. Ac rursus, mistio est corporum qualitates suas in se invicem commiscentium conjunctio. Mistio est substantiarum natura diversarum concursus, et qualitatum quæ illis insunt, mutua incursio.

Est etiam unio quæ per juxtapositionem fit; estque similis illius quæ fit per coaptationem.

Unio personalis, et aliæ Nestorianæ. — Rursum personalis unio dicitur, cum quis alterius personam subiens, ipsius, loco pro ipso verba facit. Ac præterea, unio est affectionis, ut amici ad amicum. At Nestorius alias uniones commentus est, nempe secundum dignitatem ac honoris æqualitatem, et voluntatem eamdem, complacentiamque, et nudam nominis communitatem.

(1) Hæc ad Nestorianos sequioris ævi spectant, qui omissa unione secundum affectionem,

In unione hypostatica nulla est confusio aut corruptio. — Sciendum est autem, in unione hypostatica, res spirituales haud secus illis uniri, quæ ipsas possunt suscipere, atque ea uniantur quæ simul corrumpuntur et intereunt: unitas autem, inconfusas manere, ac expertes corruptionis nihilque demutatas secundum qualitates, uti ea quæ adjacent. Ejusmodi enim spiritualium rerum, natura exsistit.

CAP. LXVI.
Adhuc de unione secundum hypostasim.

Illud scire attinet, unionem secundum hypostasim, unam rerum conjunctarum compositam hypostasim efficere, naturas eas quæ ad **70** unionem convenerunt, earumque distinctionem, ac naturales proprietates confusionis omnis ac mutationis expertes in se retinentem; ipsam autem nullam ad seipsam hypostaticam differentiam habere. Quippe ipsius fiunt utriusque eorum, quæ ad unionem coierunt, characteristica distinguentia, per quæ utrumque ab iis quæ ejusdem speciei ac naturæ sunt, secernitur; ut in anima et corpore. Etenim una quidem ex utrisque; puta Petri, aut Pauli, composita hypostasis efficitur: cæterum in seipsa naturas ambas, hoc est animæ et corporis, earumque distinctam cujusque rationem ab omni permistione alienam; atque item proprietates, ab omni confusione remotas, salvas retinens, habet nihilominus in seipsa characteristicas utriusque proprietates; puta animæ, quæ eam a reliquis animalibus separent; itemque corporis, quæ ipsum a cæteris corporibus secernant: nec ullo tamen modo anima a corpore sejungant; verum uniant et copulent simulque unam ex ambabus compositam hypostasim a reliquis ejusdem speciei hypostasibus dirimant. At posteaquam semel naturæ hypostaticam unionem susceperint, divisionis prorsus expertes manent. Nam etsi anima in morte a corpore divellitur, utriusque tamen hypostasis una eademque perseverat. Hypostasis enim est rei cujusque secundum seipsam in primo illius ortu constitutio, aut etiam compositio. Quapropter anima et corpus unum idemque exsistentiæ suæ principium retinent, etiam si alterum ab altero disjungatur.

Illud autem observandum, naturas quidem secundum hypostasim inter se uniri posse, ut in homine: itemque naturam ab hypostasi assumi, et in ipsa subsistere posse; quæ quidem ambo in Christo intueri licet. Nam in eo naturæ, divina nimirum, et humana, copulatæ sunt: atque in Dei Verbi hypostasi, quæ prior exsistebat, animata ipsius caro subsistentiam nacta est, eamque hypostasim habuit. At vero, ut ex duabus naturis natura una **71** composita, aut ex duabus hypostasibus una hypostasis efficiatur (1), omnino fieri nequit: propterea quod contrariæ substantiales differentiæ

honorem, habitudinem, quam Nestorius primum posuerat, ex duabus naturis perfectis et hypostain una eademque natura simul esse non possunt. Siquidem earum munus est, naturas eas, quibus insunt, ab invicem dirimere. Ac rursum fieri non potest, ut quæ semel separatim ac per se exstiterunt, principium aliud subsistendi et hypostasis habeant. Hæc enim nihil est aliud quam per se ac seorsim exsistentia. Sciendum porro in sancta Trinitate, hypostasim modum esse principii expertem sempiternæ cujusque exsistentiæ.

Illud autem scire convenit, cum composita aliqua natura sit, debere partes esse simul tempore, atque ex aliis aliud perfici, adeo ut non servet, sed potius immutet, et in aliud convertat ea ex quibus compositum est. Ut cum ex quatuor elementis corpus efficitur, aliud ex aliis fit: ac neque ignis perfectus, neque ullum aliud elementum est aut dicitur. Et sicut ex equo et asina mulus gignitur. Neque enim mulus, equus aut asinus est vel dicitur; sed aliud ex aliis, neutrum retinens inconfusum et invariabile, eorum ex quibus concretus est et coaluit.

Iterum *philosophiæ definitiones, quæ ad breviorem logicam pertineant, subjicio, ut jacent tam in editis quam in mss. præterquam in Reg. 2927, in quo logica fusior descripta est.*

CAP. LXVII.
Sex philosophiæ definitiones.

Philosophia est cognitio eorum quæ sunt secundum quod sunt, id est naturæ ipsorum. Philosophia est rerum divinarum humanarumque cognitio. Philosophia est cura et meditatio mortis, tum ejus quæ sub electionem cadit, quam quæ naturalis est. Philosophia est assimilatio cum Deo, secundum quod homini possibile est. Deo autem similes evadimus ratione justitiæ, sanctitatis et bonitatis. Justitia quidem in æquabili distributione versatur; hoc est, ut nec injuriam inferat quispiam, nec cujusquam personam in judicio suscipiat, sed unicuique prout gessit rependat. Sanctitas autem, quæ cum bonitate incidit, super justitiam assurgit, et in eo sita est, ut quisquis læsus est, patienter ferat, atque iis, a quibus læsus est, ignoscat; imo et illos bonis afficiat. Philosophia est ars artium, et scientia scientiarum. Omnis enim artis principium est philosophia; quippe cum per eam ars omnis inventa sit. Philosophia est amor sapientiæ. Sapientia autem vera Deus est. Quocirca charitas erga Deum, ipsa vera philosophia est.

Dividitur porro philosophia in contemplatricem et activam. Contemplatrix, in theologiam, mathematicam, et physiologiam: mathematica, in arithmeticam, musicam, geometriam et astronomiam. Activa rursum, in ethicam, œconomicam et politicam. Ad contemplatricem **72** itaque rerum corpore et materia vacantium pertinet consideratio, Dei videlicet, qui præ cæteris et proprie incorporeus et immaterialis est, deinde angelorum, ac dæmonum, et animarum: quæ etiam ipsa, si corporis habeatur ratio, a materia remota dicuntur, tametsi alioqui, si cum eo quod proprie materia caret, hoc est cum Deo, conferantur, materia constare censeantur. Atque de his agit theologia. At vero materiæ copulatarum rerum naturam speculari, v. gr. naturam animantium, plantarum, lapidum, et aliorum id genus, ad physiologiam spectat. Ea autem contemplari quæ medium obtinent locum, quæ nimirum nonnunquam in materia, nonnunquam extra materiam considerantur; mathematicæ proprium est. Numerus enim per se quidem materia vacat; attamen in materia deprehenditur, puta in frumento, aut vino. Dicimus siquidem, decem modii tritici, et decem sextarii vini. Quod etiam in cæteris mathematicæ speciebus eodem modo locum habet. Activa mores colit, et quo pacto vitæ ratio instituenda sit, edocet. Ac si quidem unum duntaxat hominem erudiat, moralis, seu ethica dicitur; si universam domum, œconomica; si integram civitatem, politica nuncupatur.

CAP. LXVIII.
De methodis quatuor dialecticis.

Sciendum est quatuor esse dialecticas methodos, id est logicas; divisionis, quæ nimirum genus in species per differentias interjectas et medias dividit; definitionis, quæ ex genere et differentiis, per priorem illam divisis, subjectum definit; resolutionis, quæ compositiora in simpliciora resolvit; hoc est, corpus in humores; humores in fructus; fructus in quatuor elementa; elementa denique in materiam et formam: demonstrationis, quæ per medium aliquid probat subjectum argumentum, v. gr. propositum mihi est demonstrare animam esse immortalem: sumo aliquod medium, nempe, *agitari perpetuo motu*; atque ad hunc modum argumentor: *Anima perpetuo motu agitatur: quod autem agitatur perpetuo motu, immortale est: ergo anima est immortalis.*

Triplex resolutio. — Sciendum est autem syllogismos, partis demonstrantis esse. Neque illud ignorandum est, triplicem esse resolutionem. Alia enim naturalis est, ut ea de qua locuti sumus; alia logica, ut cum syllogismum in figuram suam resolvimus; alia mathematica, cum id de quo quæritur, tanquam certum ac concessum sumimus, atque ad aliquid, de quo nulla est dubitatio sit, pervenimus, unde id quod propositum est, colligitur, v. gr. quæstio hæc proponatur, *utrum anima immortalis sit?* quæsitum illud tanquam certum et indubitatum sumo, ac dico. Quandoquidem immortalis est

sibus, hypostasim Christi unam, Christum unum, constare finxerunt, quod substantiam naturamve perfectam ab hypostasi, seu persona subsistente per se, non satis distinguerent. E contra fide catholica certum est, Verbum humanam naturam assumpsisse, non personam aut hypostasim.

anima, est profecto tam bonis, quam improbis actionibus merces constituta. Quod si merces constituta est, sane est qui judicium subeat, et qui judicis obeat partes: esse quoque qui rebus humanis provideat, et providentiam necessum est. Ad providentiam itaque pervenimus; quæ quidem apud **73** omnes extra dubitationem est. Atque hinc per compositionem sic disputo: quoniam providentia est, et judex, sunt quoque præmia et pœnæ. Quia autem sunt præmia et pœnæ, est etiam de quo judicium feratur. Cum ergo sit de quo judicium feratur, immortalis anima sit necesse est.

Quæ sequuntur reperi in quatuor codicibus regiis ad calcem Dialecticæ S. Joannis Damasceni, miseratque Leo Allatius Auberto, cum aliis Damascenicis.

DICTIONUM SOLUTIO.

Necessitas violentiæ causa est.

Elementum communiter sumitur pro eo ex quo præstituto fit aliquid, et in quod resolvitur. Proprie vero elementum dicitur, id ex quo corpus constituitur, et in quod resolvitur; qualia sunt, ignis, aqua, aer, terra. Ignis est corpus subtilissimum, et calidissimum, ac siccissimum. Terra est corpus siccissimum et gravissimum. Aqua est corpus humidum ac frigidissimum. Aer est corpus humidissimum et molle. Ortus est motus secundum substantiam, a non esse ad esse. Interitus et corruptio, motus est ab esse ad non esse. Augmentatio est motus in re quanta secundum magnitudinem. Decretio est motus in re quanta secundum minorationem, seu diminutionem. Alteratio est motus in re qualitate affecta, secundum mutationem. Latio est motus e loco in locum. Circumactio motus est circa eumdem locum. Motus spontaneus, est animæ motus, qui et in animantibus reperitur. Tempus est mensura motus, et numerus prioris et posterioris in motu. Dies est motus solis circa terram: aut etiam, est tempus quo sol supra terram movetur. Nox est umbra corporis terræ, seu tempus quo sol sub terra movetur. Νυχθήμερον, id est diei noctisque spatium, est orbis circumvolutio. Mensis est tempus a conjunctione lunæ cum sole, ad aliam proxime sequentem conjunctionem. Annus est tempus quo sol zodiacum orbem peragrat. Opportunitas tempus est rei prospere peragendæ. Intempestivitas opportuni temporis omissio est, præ vehementiori in re optata prosequenda desiderio. Ὥρα sumitur, vel pro quarta anni parte, vel pro duodecima diei parte, vel pro animi vigore, vel pro corporis flore. Ver est tempus in quo dominatur humiditas. Æstas est tempus in quo dominatur calor. Autumnus tempus est in quo viget siccitas. Hiems tempus est in quo frigus prævalet. Barbata stella est ignis in sideris speciem congeries, eminus radios vibrans. Cometa est stellarum concursus ignis figuram referens, comæ capitis instar, circumcirca radios emittens. Trabes est contus, sideris speciem referens, seu lignum igneum, radium sursum emittens. Lampas est accensio et congeries ignis. Iris est insignis repræsentatio solis in nube concava et roscida, in orbis modum rotunda apparens, ad aspectum sideris velut in speculo propter aeris condensationem expressa. Parelius est nubes rotunda, **74** densa, soli non absimilis; seu est repræsentatio solis in nube densa, atque omni ex parte plana. Fulmen est flatus in vorticis modum, flammeum imprimens motum, desursum deorsum ab accenso igne depulsus, cunctaque circumcirca comburens. Typhon vorticosus motus est aeris caliginosi, desursum in terram emissus. Prester est motus vorticosus splendidi aeris desursum delatus. Σκηπτός, *sceptus* est fulmen seorsim a nubibus. Grando est aqua penitus congelata, supra terram addensata. Glacies est aqua congelata in terra. Nix est aqua gelu semiconcreta, e nubibus in terram delata. Pruina est aqua gelu concreta, per materiam humidam alteram in terra addensata. Imber est aqua copiose e nubibus decidens. Pluvia est roris congeries. Ros est stillarum multarum humor. Nebula est opacitas nubi prævia. Vapor est exhalationum circa terram copia. Lacus est aqua multa dulcis et conferta, concava declivaque loca dense invadens. Mare, est aqua salsa et amara, concavos ac profundiores terræ sinus implens. Scatebra est emergens fontis principium; sive etiam aqua ex eversione terræ quasi procreata ac emergens. Terræ motus, est vehemens venti motus terram subiens, eamque concutiens. Pyrocrater est orificium, seu foramen, ac spiraculum per quod subterraneus ignis foras erumpit. Lyra est instrumentum fidibus instrutum.

Finis, auspice Deo, Philosophicorum sanctissimi Joannis Damasceni.

IN LIBRUM DE HÆRESIBUS
ADMONITIO.

In Regio codice n. 2926, ad calcem *Logices* Joannis Damasceni, librarius rationem et causam affert, cur post hujus sancti doctoris opus dialecticum, libro ipsius *De hæresibus* omisso, statim capita theologica descripserit : Εἰ καὶ ἐν ἐπιστολῇ ὁ παρὼν οὑτοσὶ Ἅγιος εἴρηκεν, inquit, ὅτι μετὰ τὸ παραθεῖναι τὰ παρὰ τοῖς σοφοῖς τῶν Ἑλλήνων ἐχόμενα, τούτοις ἐκθήσομαι τὰ τῶν αἱρέσεων, εἶτα τῆς ἀληθείας, ἀλλ᾽ οὖν γε ἡμεῖς ἐναλλαγμένως πεποιήκαμεν, μετὰ τὰ τῶν φιλοσόφων, τὰ τῆς ἀληθείας προτιθέντες, εἶτα τὰ τῶν αἱρέσεων· οὐκ ἐναντιούμενοι τῷ Ἁγίῳ· ἄπαγε, ἀλλὰ μᾶλλον αἱρούμενοι τὰ τῆς ἀληθείας ἀληθῶς καὶ ἀκριβῶς εἰδέναι, ἤπερ τὰ τὰ τῶν αἱρέσεων. *Etsi sanctus hic* (Damascenus) *in epistola sua* (ad Cosmam Majumensem) *pollicitus est, explicatis iis quæ philosophi gentiles tradiderunt, statim se enarraturum hæreticorum placita, tum deinde dogmata veritatis* (seu theologiæ Christianæ), *nihilominus viam alteram inimus, post philosophica veritatis doctrinam anteponentes illis quæ ad hæreses spectant ; non quidem ut viro sancto adversari videamur (absit !), sed quoniam libet magis* **75** *quæ ad veritatis agnitionem pertinent, diligenter addiscere, quam novitates hæreticorum.* Id nimirum in causa fuit, ut qui philosophica et theologica Joannis Damasceni sequioribus sæculis descripserunt, ab ejus tractatu *De hæresibus* exarando abstinuerint. Nos vero ordinem, quem auctor ipse instituit, deserere religioni duximus ; eo magis quod, ut ipse monet, detecto errore et mendacio, veritatis amor et studium altiores radices agat, ὡς ἂν τὸ ψεῦδος ἐπιγινώσκοντες πλέον τῆς ἀληθείας ἐχώμεθα. Ejusdem olim consilii Theodoretus fuerat, cum universam Christianæ fidei theologiam ad certa quædam capita revocare atque ordinare omnium primus aggressus est : quemadmodum ipse declarat in præfatione ad Sporacium, et in prologo ad Epitomen divinorum dogmatum. Decebat itaque ut Theodoreti propositum imitaturus Noster, et eadem, qua ille, serie res divinas persecuturus, a præclara, quam summus vir statuerat regula non declinaret, palamque omnibus fieret, Joannem Damascenum in ipso etiam rerum quas tractavit ordine, priscorum Patrum vestigiis inhæsisse.

Hujusce catalogi hæresium Damascenum nostrum consarcinatorem fuisse nemo, ut arbitror, inficiabitur, alioqui perierit tractatus *De hæresibus*, quem ipse contexuerat. Imo vero Lambecius narrat in pervetusto cod. Cæsareo Græco n. 251, qui Ascetica continet, librum hunc *De hæresibus* citari tanquam Joannis Damasceni, fierique in primis mentionem hæresum 88, 96, 97, 98, 100 et 103. Nec difficultatem facessit quod v. gr. hær. 75, quæ est Aerii, de hoc hæretico dicatur, ἔτι δεῦρο πειρασμός ἐστι (vel περίεστι) τῷ βίῳ οὗτος, *hic etiamnum hodie tentatio est vitæ hominum ;* cum Aerius sæculo quarto labente vixerit. Nam Damascenus Epitomen novam *De hæresibus* non composuit, sed integram Synopsin, seu Anacephalæosim Epiphanii, ut in libris ejus jacebat, transcripsit, adjecta viginti, seu viginti quatuor posteriorum sectarum enarratione ; quam non solum ex Theodoreti, Timothei Constantinopolitani presbyteri, et Sophronii libris concinnavit, ut codice altero Cæsariano significari monet Lambecius; verum etiam ex Leontii Byzantini, veluti suo loco adnotabitur. Quæ vero de Mohammedanis habentur, nulli alteri præterquam auctori nostro tribuenda sunt. Multis in codicibus, atque in Latina translatione veteri, quam editio Coloniensis exhibet, centum duntaxat hæreses recensentur, quarum ultima est Mohammedica ; sed tres alias quatuorve a Joanne nostro postmodum additas nullus dubito : cujus rei fidem astruit pervetustus ille codex Asceticorum bibliothecæ Cæsareæ. Sed nec consentaneum erat, ut Iconomachorum hæresim ex toto omitteret, quam ipse expugnaverat et ipsius ætate Orientis et Occidentis Ecclesiæ proscripserant. Atqui Joannem Damascenum libros suos retractavisse multoties jam animadvertimus.

Præter veterem translationem Latinam, quam Burgundioni civi Pisano concedere nihil vetat, aliam adornavit Perionius monachus Benedictinus, ad codicem sæpe jam a me laudatum qui fuit olim Sancti Hilarii Pictaviensis. Quia vero in hoc codice multa omissa sunt quæ ad Ismaelitarum sectam pertinent, ea cum Græce, tum Latine Fronto Ducæus supplevit ad calcem postremæ editionis Parisiensis, ope codicis Augustani. Hoc idem opus Græce et Latine prodiit, multipliciter auctum ex Regio cod. olim n. 2339, nunc 2508, t. I *Monument. Eccles. Græc.*, interprete viro doctissimo Joanne Cotelerio. Tandem ad mss. codd. Regios 3244 et 2930, cod. S. Hil. et Augustanum, quos Cotelerius non consuluit, castigatum magis, in hacce nostra editione, præstitutum sibi ab auctore locum obtinebit.

DE HÆRESIBUS

COMPENDIUM

UNDE ORTÆ SINT ET QUOMODO PRODIERUNT.

76 Hæresum omnium, seu sectarum parentes ac primigeniæ quatuor sunt (1); nempe, 1. Barbarismus, 2. Scythismus ; 3. Hellenismus, 4. Judaismus: ex quibus originem duxerunt aliæ omnes.

1. *Barbarismus*, qui solus a diebus Adami ad decimam usque generationem, seu Noe tempora, perseveravit. Qui barbarismus propterea dictus est, quod hujus ætatis homines, neque certum quemdam ducem haberent, nec inter ipse convenirent ; sed unusquisque prout sibi visum esset, vitam institueret, ac pro lege suum quisque sibi nutum et arbitrium proponeret.

2. *Scythismus*, a Noe temporibus, deincepsque ad usque turris et Babylonis constructionem, ac paucis adhuc a turre condita annis obtinuit, hoc est, usque ad Phalec et Ragau, qui ad Europæ partes declinantes, a Thiras ætate (a quo Thraces ortum habuerunt) et ultra, Scythiæ partibus, ejusque gentibus, attributi sunt.

3. *Hellenismus* (2), a Serug ætate idolorum cultum exorsus est. Cumque tunc temporis falsa quisque superstitione duceretur, deinceps civiliorem in usum, et ad certas leges simulacrorumque ritus sese homines transferentes, quos quondam duces et auctores habuerant, deitate donabant. Ac primum quidem eos, quos olim honoribus affecerant, sive principes et tyrannos, sive præstigiatores, tum eos etiam qui memorabile quidpiam, tum fortitudinis, tum roboris facinus edidissent, pictis coloribus depingere et adumbrare cœperunt. Postea vero, Tharæ patris Abrahami tempore, simulacris ac statuis erectis, idololatriam invexerunt. Quippe majores suos, atque alios qui vivis jam exempti erant, simulacris honestantes, primum arte figulina statuas effinxerunt, tum ad omnem artem imitandi pervenit industria. Nam et architecti sectis lapidibus, et argentarii, **77** et aurifices ; nec non et fabri sua quique materia, ac reliqui deinceps effigies moliti sunt. Ægyptii porro, moxque Babylonii, nec non Phryges, ac Phœnices cultus hujus, simulacrorumque, ac mysteriorum auctores primi exstiterunt. A quibus pleraque ad Græcos translata, jam tum ab ætate Cecropis et deinceps. Postea vero longo demum creverat in Oriente, et consecratis imagunculis, quas םיפרת *Theraphim* Scriptura vocat, Gen. xxxi, 19, 34 ; itemque lapidibus acuminatis, qui figuram ignis referrent, quosque animatos ἐμψύχους esse dicerent. Ægyptiis supremus Deus erat *Phta*, ignis et æther (Græci Ἥφαιστον dicebant), tum etiam *Ammon*, quem Græci Δία, Latini *Jovem* appellarunt, qui idem esset ac universi natura. Quod mysterium diversis simulacrorum monstris occultarunt, quibus amplissimis Dei partes colere viderentur. Theologiam istam Orpheus concessit Græcis, variis etiam symbolis obvelatam, ex quibus numinum multitudo innumerum crevit, et poetarum mythologia nata est. Qua de re legendus Cicero, lib. ii et iii *De nat. deor.* Id agnovit libri Sapientiæ scriptor : addit vero, pictores et sculptores idololatriæ occasionem præbuisse, expressis regum et heroum imaginibus. Insuper vetus illa traditio, universi partibus intelligentias præesse, in causa quoque fuit, ut gentiles eas, veluti deos inferiores, colerent.

---

(1) Epiphanius in *Panario* quatuor priores hæreses significari ait his Apostoli verbis, ad Coloss. iv : *In Christo Jesu non Barbarus, non Scytha, non Græcus, non Judæus*: quæ si, ut jacent in textu, expendantur, varias potius conditiones hominum, quam religiones innuunt : *Ubi non est gentilis*, inquit, *circumcisio et præputium, Barbarus aut Scytha, servus aut liber.*

(2) Hellenismum vocat Epiphanius simulacrorum, sive idolorum cultum, cujus auctorem fuisse Nembrod Judæi tradunt : quia hujus ætate Nachor et Thare parentes Abrahami diis alienis in Chaldæa serviisse leginus Josue xxiv, 2. Priscorum vero Chaldæorum eadem quæ magorum consuetudo fuit, ut quemadmodum narrat Herodotus lib. ii : *Neque statuas, neque templa diis exstruerent, Jovi hostias immolarent,* τὸν κύκλον πάντα τοῦ οὐρανοῦ, *omnem cœli orbem vocantes Jovem ; itemque soli et lunæ sacra facerent, igni quoque, telluri et ventis.* In libro Job xxxi, 16, nulla idolorum mentio, sed unius nefandi cultus solis, qui tamen jam idololatriam

intervallo, Saturnum, Martem, Jovem, Apollinem, ac reliquos deos celebrare cœperunt. Ἕλληνες, id est Græci, nomen ab Heleno quodam sortiti sunt, qui in Græcia degens, regioni illi appellationem indidit. Sunt qui ἀπὸ τῆς ἐλαίας, id est ab oliva quæ Athenis exorta est, nuncupatos esse velint. Hujus generis conditores fuerunt Iones, qui, ut ex accuratiore historia constat, a Jouan, seu Javan quodam nomen habuerunt, uno eorum qui turrim exstruxerunt, quando et universorum linguæ divisæ sunt; quam ob causam Meropes omnes, a linguarum divisione, dicti sunt. Postea vero recentiori ævo Hellenismus in certas sectas abiit : ut puta Pythagoreorum, Stoicorum, Platonicorum, Epicureorumque. Cæterum veræ pietatis ac religionis character una cum lege naturæ vigebat, ab his se nationibus, ab ipsa mundi origine deincepsque, segregans, Barbaricam inter Scythicamque et Græcanicam superstitionem permanens, donec cum Abrahami pietate ac religione coaluit.

4. Tum vero *Judaismus* ab Abrahami temporibus characterem circumcisionis accipiens, et a Moyse, qui septimus ab Abrahamo fuit, per legem a Deo datam conscriptus; a Juda quarto Jacobi, qui nominatus est Israel, filio, per Davidem, qui primus e tribu Juda regnum obtinuit, ad extremum Judaismi nomen sortitus est. De quatuor hisce sectis breviter ac aperte locutus est Apostolus, cum ait : *In Christo enim Jesu non est Barbarus, nec Scytha, nec Græcus, nec Judæus; sed nova creatura*.

Græcorum sectæ variæ.

5. Pythagorei, qui et Peripatetici (1). His Pythagoras monadem, et providentiam sanxit, vetuitque sacrificare (diis scilicet), **78** vesci animatis, ac vino uti, Duas in classes res distribuit : quæ a luna et sursum patent, immortales asserens; quæ inferiores exsistunt, mortales. Animas e corporibus in corpora transfundi voluit, etiam animalium ac bestiarum. Silentium per annos quinque colere docuit. Tandem interiit, cum Dei nomen sibi arrogaret.

6. Platonici Deum, et materiam, et formam statuerunt, mundum item ortum quidem habuisse, ac interitui obnoxium esse : animam ingenitam, et immortalem, ac divinam arbitrati sunt. Hujus tres esse partes : rationalem scilicet, irascentem, et concupiscentem. Communes omnibus uxores esse voluerunt; ut nemo unam aliquam haberet propriam; sed ut quilibet quarumcunque (dummodo illæ idipsum vellent) copiam haberet. Iidem etiam animarum in alia ex aliis corpora, etiam bestiarum, transitus affirmabant. Deos denique complures ab uno esse productos.

7. Stoici, rerum universitatem corpus esse definiunt : mundum ipsum aspectabilem, Deum esse statuunt. Nonnulli etiam ex igne naturam illius constare censuerunt. Deum quippe mentem esse asserunt, ac vastissimæ totius molis cœli et terræ velut animam. Cujus corpus, ut dixi, totum sit hoc universum; oculi vero sidera. Omnium interire carnem; omniumque animam in alia ex aliis transire corpora.

8. Epicurei, atomos partibusque carentia corpora, ejusdem generis, ac infinita, omnium principium esse docuerunt. Vitæ beatæ finem in voluptate posuerunt : a Deo et providentia res administrari negabant.

9. Samaritismus, et qui ab eo Samaritæ. Hujus a Judæis origo deducitur, sectarum apud Græcos divortiis, earumque dogmatibus antiquior : cum tamen gentilium superstitio sit, atque inter cam ac Judaismum medium quid exsistens; hac denique exorsus est a Nabuchodonosoris tempore, ac Judaica captivitate. Primi nempe sectæ auctores, cum ex Assyriis in Judæam coloni deducti essent, quinque duntaxat libros Moysis acceperunt, quos per Esdram sacerdotem rex ad illos Babylone submiserat. Itaque cætera cum Judæis habent communia, si hoc unum excipias, quod gentes abominentur, alienigenamque contingere refugiant : quodque mortuorum resurrectionem, et cæteras post Moysen prophetias rejiciant.

79 *Samaritarum factiones quatuor*.

10. Gortheni, qui dies festos aliis quam Sebuæi diebus agunt.

11. Sebuæi, qui ob eamdem festorum dierum occasionem a Gorthenis dissentiunt.

12. Esseni, qui neutri parti repugnant, sed cum iis, in quos inciderint, nullo delectu festa peragunt.

13. Dositheni, qui iisdem, quibus Samaritani, institutis vivunt, circumcisionem, Sabbatum, cæteraque, necnon Pentateuchum adhibent : præcipue vero, ac præ aliis sibi ab animatis temperant, ac perpetuo fere jejunant. Suntque inter illos qui virginitatem colant; alii continentiam : non desunt tandem qui mortuorum resurrectionem credant, quod a Samaritanorum doctrina abhorret.

Judæorum hæreses, seu sectæ, numero septem.

14. Scribæ, qui iidem ac legisperiti erant et traditionum, quas a majoribus acceperant δευτερωταί (id est secundæ legis ore traditæ interpretes). Hi ritus omnes a majoribus institutos superstitiosius cæteris ac diligentius servabant; quos quidem ex lege non didicerant, sed sibimetipsis cultus et cæremonias extra legis præscriptum sanxerant.

15. Pharisæi, quos *segregatos* interpretari possis, qui perfectissimam vitæ rationem professi, probitate cæteros antecellere viderentur. Mortuorum resurrectionem affirmabant, quam etiam Scribæ

---

(1) Pythagorei hic male confunduntur cum Peripateticis.

profitebantur. Item angelos esse, ac Spiritum sanctum non negabant: variis observantiis addicti erant: continentiam certam ad tempus, virginitatem quoque definierunt; bis in hebdomada jejunare, urceos, discos et pocula sæpius abluere, ac mundare, ut et Scribæ, soliti. Ad hæc decimas, et primitias, et preces assiduas addebant; superstitiosa vestimentorum genera, cujusmodi sunt pallia, dalmaticæ seu colobia, ac latiora quædam phylacteria, hoc est segmenta purpurea, fimbriæ, et malogranata vestium oris appensa, quæ temporariæ illius continentiæ signa præferebant. Iidem postremo genituram et fatum introducebant.

16. Sadducæi, quibus ab exactissima justitia nomen erat, e Samaritanorum genere, necnon a sacerdote quodam Sadoc nomine exordium sumpserunt. Mortuorum resurrectionem negant. Neque angelum admittunt, neque Spiritum: in cæteris vero Judæis consentiunt.

17. Hemerobaptistæ, per omnia Judæi erant. Porro neminem æternæ vitæ compotem fieri posse dicebant, nisi quotidie lavaret.

18. Osseni, quorum nomen *procacissimos* viros significat. Hi ex præscripto legis omnia peragebant. Sed et alias lege posteriores scripturas adhibebant; plerisque tamen prophetarum rejectis.

19. Nassaræi, quos *contumaces* interpretari possis. Non solum omnem esum carnium prohibebant, verum etiam animatis rebus omnino abstinebant. Patriarcharum quorum in Pentateucho ad Moysis et Josue tempora mentio fit, sacra nomina asciscunt, ac iis fiduciam habent: cujusmodi sunt Abraham, Isaac et Jacob, iisque superiores, necnon et Moyses ipse cum Aaron atque Josue. Cæterum quinque illa volumina Moysis esse non putant, et alia ab iis diversa apud se servari jactitant.

20. Herodiani, cum Judæos in omnibus sese præstarent, Herodem Christum exspectabant; eique, et Christi dignitatem, et nomen affingebant.

Hactenus prior tomus, continens adversus omnes istas viginti hæreses, in quo etiam de Christi adventu.

21. Simoniani, dicti a Simone Mago sunt, qui Petri apostoli temporibus, Gitthis Samariæ vico oriundus, ex Samarita Christianismum nomine tenus professus est: auctor nefandæ obscenitatis, et inquinatissimi omnium sine discrimine corporum concubitus. Corporum resurrectionem rejiciebat, nec a Deo mundum fabricatum esse fatebatur. Imaginem porro suam, scortique sui, nomine Helenæ, sub Jovis ac Minervæ specie discipulis adorandam obtrusit. Apud Samaritas pro Deo Patre se venditans, Judæis Christum se esse prædicabat.

22. Menandriani, e Simonis primum schola Menandro quodam duce profecti, certis in rebus a Simonianis discrepabant. Ii mundum ab angelis productum fuisse asserebant.

23. Saturnilliani in Syria Simonianorum obscœnitatem amplexi sunt. Nonnulla vero ad majorem conciliandum stuporem ad illorum dogmata adjecerunt. Horum princeps Saturnilus fuit. Ili perinde atque Menander, mundum ab angelis conditum fuisse aiunt; atque id duntaxat molitos septenos ex eis, contra voluntatem ac sententiam supremi parentis.

24. Basilidiani, ejusdem fœditatis actores, Basilidem magistrum agnoscunt, qui cum Saturnili, tum Simonianorum ac Menandrianorum auditor fuit; et tametsi eadem fere sentiat, in quibusdam tamen discrepat. Nam cœlestes orbes 365 esse docet, quos angelicis nominibus nuncupat; atque ideo annum totidem diebus constare censet; quem numerum CCCLXVI nomine Ἀβράσαξ exprimi; illudque sanctum esse nomen asserit.

25. Nicolaitæ, a Nicolao illo nomen sumpserunt, cui ab apostolis necessarii ministerii cura commissa fuerat. Hic zelotypia ob uxorem æstuans, cum aliis impuram quoque libidinem exercere suos docuit. Sed et Caulacauch, et Prunicum, aliaque nominum portenta in mundum invexit.

26. Gnostici harum hæresium sunt successores, qui longe omnes turpitudinis et exsecrandæ fœditatis vesania ac furore superarunt. Porro Stratiotici, seu Militares, in Ægypto dicuntur, et Phibionitæ; in superioribus vero locis Socratitæ; in aliis partibus Zacchæi. Sunt qui eos Choddianos nominent, alii demum Borboritas appellant. Hi *Barbelo* et *Bero* jactitant.

27. Carpocratiani, a Carpocrate quodam Asiatico dicti, qui ad omne turpitudinis ac flagitiorum genus discipulos informabat. Ac nisi quis, aiebat, omnia percurrerit, omniumque dæmonum et angelorum voluntati satisfecerit, supremum in cœlum evehi non potest, neque Principatus, Potestatesque transcendere. Asserebat idem Jesum animam mente præditam assumpsisse; qui cum cœlestia noverit, ea hominibus annuntiaret: ac si quis eadem, quæ Jesus, faciat, illi parem fore. Demum legem una cum mortuorum resurrectione rejiciebat, quemadmodum et Simoniani, cæterique omnes quos percensui. Ex hujus grege Marcellina illa Romæ fuit. Idem quoque Jesu, Paulique, necnon Homeri, et Pythagoræ imagines clanculum fingens, suffitibus eas et adoratione prosequebatur.

28. Cerinthiani, qui et Merinthiani, a Cerintho et Merintho, Judaici generis homines, circumcisione gloriantur. Mundum ab angelis fabricatum dicebant; Jesum vero virtutis progressu ad Christi nominis dignitatem evectum.

29. Nazareni, Christum Jesum confitentur Dei Filium esse; at juxta legem in omnibus vivunt.

30. Ebionæi, ad Corinthianos quos modo nominavi, ac Nazarenos, proxime accedunt. Quibuscum

etiam Sampsæorum ac Elcesæorum hæresis aliqua ex parte convenit. Hi Christum in cœlo creatum affirmant, sanctumque Spiritum. Christum in Adam primum habitasse, eumque aliquandiu deseruisse, ac rursum in ipsum subiisse, atque idem fecisse in suo secundum carnem adventu. Etsi Judæi sunt, Evangeliis tamen utuntur. Carnium esum detestantur. Aquam pro Deo venerantur. Christum in illo suo in carne adventu, uti diximus, hominem induisse aiunt. Aquis se identidem, tam hieme, quam æstate lavant, ad purificationem scilicet, veluti Samaritæ.

31. Valentiniani, carnis resurrectionem negant. Vetus improbant Testamentum; prophetas tamen legunt: cæteraque omnia, quæ ad ipsorum hæresim per figuram et tropum accommodari possunt, ea suscipiunt. Quasdam autem alias fabulas addiderunt, triginta æonum nomina commemorantes, simulque masculo-feminas a Patre universorum productos, quos et deos, et æones esse existimant. Demum Christum e cœlo corpus detulisse, ac per Mariam velut per tubum transiisse.

32. Secundiani, eorumque socii Epiphanes et Isidorus, easdem æonum syzygias admittentes, cum Valentino consentiunt; in eis tamen exponendis et enarrandis obscenitates varias exercere docuerunt. Carnem etiam et ipsi improbant.

33. Ptolemaitæ et ipsi discipuli Valentini, quibuscum Flora conjungitur. Hi quoque eadem cum Valentino et Secundianis de syzygiis, seu conjugationibus astruunt: in quibusdam ab illis discrepant.

Atque hæc est tomi secundi libri primi tredecim hæresum recapitulatio.
Quæ vero sequuntur hæreses 13, in hoc tertio tomo reperiuntur.

34. Marcosæi [a *Marco* dicti sunt]. Marcus enim quidem Colorbasi condiscipulus fuit, qui et ipse duo principia invexit. Resurrectionem mortuorum negavit. Utebatur ejusmodi præstigiis, ut certis carminibus poculorum liquorem in cæruleum purpureumque colorem verteret, quibus sacris deceptas mulierculas initiabat. Idem ex viginti quatuor elementis, perinde ac Valentinus, universa pendere vult.

36. Colorbasæi. Colorbasus iste easdem pene opiniones amplexus est; in quibusdam tamen dissidet ab aliis hæresibus, Marci videlicet et Valentini. Siquidem emissiones æonum et ogdoadas alio modo tradidit.

35. Heracleonitæ. Hi quoque in commentitiis ogdoadibus explicandis a Marci, Ptolomæi, et Valentini, cæterorumque mente recessisse videntur. Suos porro sub ipsum vitæ exitum, eodem quo Marcus ritu, oleo, opobalsamo, et aqua in caput infusis, redimunt: in quo invocationes quasdam Hebraicis verbis admurmurant super caput ejus qui redimitur.

37. Ophitæ serpentem venerantur, cumque esse Christum putant. Porro naturalem serpentem, seu reptile quod colunt, in cista quadam servant.

38. Caiani. Idem isti sentiunt ac sectæ quæ legem repudiant, legisque auctorem abnegant. Resurrectionem carnis improbant. Cainum commendant; quem præstantioris cujusdam virtutis fuisse prædicant. Sed et Judam divinis honoribus afficiunt, necnon et Core, et Dathan, et Abirom, et Sodomitas.

39. Sethiani. Hi rursus Sethum mirifice laudant, ipsum ex supernæ parentis pœnitentia, quod Cainum edidisset, procreatum dicentes. Postea cum Cain repudiatus, Abelque occisus fuisset, cum superno Patre congressam, purum semen Sethum produxisse, ex quo deinceps universum hominum genus propagatum sit. Postremo principatus, et potestates, cæteraque, ut alii, omnia statuunt.

40. Archontici. Ad plures principes universa revocant ac quæcunque facta sunt ab illis orta prædicant. Habent et fœdissimæ quoddam libidinis genus: carnis resurrectionem negant: Vetus Testamentum rejiciunt. Utuntur tamen et Veteri et Novo Testamento, verba singula ad suam mentem falso trahentes.

41. Cerdoniani, a Cerdone qui ab Heracleone, quem errorem hauserat, novis inventis auxit. Hic Romam e Syria profectus, Hygini episcopi temporibus sua dogmata disseminavit. Porro duo principia invicem contraria asserit: negat Christum esse vere natum. Mortuorum item resurrectionem ac Vetus Testamentum rejicit.

42. Marcionistæ. Marcio oriundus ex Ponto, patre quidem episcopo natus est; a quo ob virginis stuprum Ecclesia ejectus, Romam aufugit. Ubi cum ab iis qui tum Ecclesiæ præerant pœnitentiam frustra postulasset, catholicam fidem oppugnare instituit. Quamobrem tria esse principia dixit, bonum, justum et malum. Novum Testamentum a Vetere, ut et ejusdem auctore alienum esse docet. Carnis resurrectionem ipse cum suis sustulit. Non unum duntaxat baptisma, sed et duo, et tria, post lapsum indulget. Pro mortuis catechumenis suis baptismum alii suscipiunt. Apud istos mulieribus libere baptismum conferre permittitur.

43. Lucianistæ. Lucianus quidam, non ille qui nuper Constantino imperante vixit, sed antiquior illo, in omnibus Marcionis doctrinis adhærescit. Nonnulla quoque adjecit, quæ Marcion non tradiderat.

44. Apelleiani. Apelles hic eadem etiam atque Marcion et Lucianus prædicat. Quidquid conditum est, ipsumque conditorem vituperat. Non tamen tria, ut illi, principia, sed unum tantum invexit, Deumque unum supremum, ac qui nominari nequeat, qui nihilominus Deum alium condiderit. Hunc vero sic conditum, cum malus evasisset, suapte improbitate mundum creasse.

45. Severiani. Severus hic Apellis assecla, vinum penitus damnat, fingitque ex Satana serpentis speciem habente, et terra simul coeuntibus vitem

procreatam fuisse. Muliebrem quoque sexum detrectat, quam a sinistræ potestatis esse dicat. Principum nomina quædam, ac libros quosdam apocryphos adhibet. In mortuorum resurrectione, Veterique Testamento rejiciendis cum hæresibus aliis convenit.

46. Tatiani. Tatianus hic cum sancto Justino martyre ac philosopho floruit. Post cujus obitum Marcionis dogmatum contagione corruptus, eadem ac ille docuit; aliis tamen præterea adjectis. Ferunt e Mesopotamia oriundum hunc fuisse.

Hæ sunt tomi primi libri secundi hæreses tredecim.

87 *In vero tomo tertio libri secundi hæreses decem et octo continentur.*

47. Encratitæ, Tatiani quædam derivatio et appendix, nuptias improbant, quas Satanæ tribuunt. Ab animatorum esu abstinendum esse sentiunt.

48. Cataphryges, qui et Montanistæ et Ascodrugetæ, utrumque Testamentum suscipiunt: sed novos quosdam prophetas adjiciunt, Montanum quemdam, ac Priscillam celebrantes.

88 49. Pepuziani, qui et Quintilliani dicuntur, quibus accedunt Artotyritæ; hæreses duæ. Superioribus quidem illis, hoc est Cataphrygibus, adnumerantur, sed ab eis tamen diversa nonnulla sentiunt: ac Pepuzam, desertum quoddam oppidum, Galatiam inter et Cappadociam, ac Phrygiam situm, divinis honoribus extollunt, eamque Hierosolymam esse dicunt. Est autem et alia Pepuza. Mulieribus magistratus et sacerdotia deferunt. Sacra faciunt, puerum quidem acubus æreis compungentes, ut solent Cataphryges, ejusque sanguini farina admista, panem conficientes, oblationis participes fiunt. Fingunt Pepuzæ Christum olim se Quintillæ, seu etiam Priscillæ, videndum præbuisse muliebri specie. Vetus ac Novum Testamentum adhibent, ita tamen ut omnia pro animi libidine ad pravos sensus transferant.

50. Tessarescædecatitæ, seu Quartodecimani, qui stato anni die Pascha celebrant; ut quamcunque in diem decima quarta lunæ incurrerit, sive Sabbatum, sive Dominica fuerit, ea die jejunent, ac festivas celebrent vigilias.

51. Alogi, a nobis ita nominati, qui Joannis Evangelium, ejusque Apocalypsim rejiciant: propterea quod Verbum Deum, qui ex Patre progrediendo semper exsistit, non recipiunt.

52. Adamiani. Ab Adamo quodam ea ætate vivente denominati, ridiculum potius, quam veritati consentaneum dogma profitentur. Porro rem hujusmodi factitant. Nudi, quales ex utero matris egressi sunt, viri perinde ac mulieres conveniunt, atque ita lectionibus, orationibus, ac cæteris religionis officiis vacant. Solitariam autem vitam agentes, ac continentium instituta sectantes, nuptias damnant: Ecclesiamque suam paradisum esse existimant.

53. Sampsæi, sive Elcesæi, ad hunc usque diem in Arabia degunt, juxta mare Mortuum, Elxæ cujusdam falsi prophetæ discipuli. Ex cujus stirpe Marthus et Marthina feminæ duæ ætate nostra prodierunt; quas dearum instar hæresis ista coluit. Eadem porro cum Ebionæis omnino sentiunt.

54. Theodotiani, e Theodoto coriario Bysantino **89** dicti. Hic Græcis artibus apprime institutus, cum aliis quibusdam in ea, quæ tum sæviebat persecutione comprehensus, cum socii ejus omnes propter Deum martyrium subiissent, fidem solus ejuravit. Ob idque probris appetitus, id excogitavit, ut Christum nudum esse hominem assereret; ne crimini sibi verteretur quod Deum abnegasset.

55. Melchisedeciani, Melchisedecum ita venerantur, ut virtutem quamdam eum esse jactent, non purum hominem; et ad ejus nomen cuncta referre non dubitent.

56. Bardesianistæ. Bardesianes iste e Mesopotamia oriundus sinceram fidem initio amplexus est, ac in philosophia excelluit. Sed a veritate postea recedens, eadem cum Valentino docuit, præter pauca quædam in quibus ab illo discrepat.

57. Noetiani. Noetus hic Smyrnensis ex Asia fuit. Is cum aliis in currum [furoris] elatus υιοπάτορα (id est, ut ita loquar, Filio-patrem, aut Patri-filium) asserere Christum ausus est, eumdemque Patrem, ac Filium, et Spiritum sanctum profiteri: se vero, Moysen esse, fratremque suum, Aaronem, venditare.

58. Valesii. Ili sunt, quantum suspicor, qui Bacathi, quod Arabiæ Philadelphiensis primarium oppidum est, habitant; qui accedentes ad se, atque hospites castrare solent: ac plerique inter ipsos eunuchi sunt et exsecti. Habent et alia quædam erroris referta dogmata; atque in primis legem et prophetas abnegant, quasdamque obscenitates adjiciunt.

59. Cathari. Novatum Romanum secuti, digamos penitus proscribunt, et pœnitentiam non suscipiunt.

60. **90** Angelici. Ili omnino non supersunt hodie; ita vero dicti sunt, vel quod se angelici ordinis esse jactarent; vel quod angelos invocarent.

61. Apostolici, qui et Apotactici [id est renuntiantes] in Pisidia duntaxat eruperunt. Illos solos admittunt, qui se bonis abdicaverint. Encratitis affines sunt, etsi quædam alia ab illis præterea statuunt.

62. Sabelliani. Cum Noetianis in omnibus propemodum isti consentiunt, nisi quod Patrem negant esse passum; aiuntque Verbum esse ad instar illius quod ore profertur, atque iterum revocatur.

63. Origeniani, a quodam Origene derivati. Tur-

pissimi isti sunt, ac nefariam praeposteramque libidinem exercent, suaque corpora corrumpunt.

64. Origeniani alii, ab Origene Adamantio scriptore. Hi mortuorum resurrectionem negant. Tam Christum, quam Spiritum sanctum rebus creatis accensent. Paradisum, ac coelos, caeteraque omnia allegorice exponunt. Christi regnum quandoque cessare nugantur, itemque desituros angelos : Christum vero cum diabolo regno Dei subjiciendum, ac pro daemonibus Christum crucifixum portentose confingunt.

Hactenus quarti tomi, ac secundi libri haereses 18.

91 *In quinto tomo secundo vero libri secundi, haereses quinque sunt.*

65. Paulianistae, a Paulo Samosateno. Paulus hic omni prope modum exsistentia Christum spoliat, dum eum in prolatitium sermonem transformat, eumdemque ante Mariam initium non habuisse praedicat. Quamobrem quae in sacris Litteris de eo referuntur, prophetico more praenuntiata docet, cum Christus nondum esset, atque a Maria duntaxat, ex quo nimirum in carne apparuit, ac deinceps, exstiterit.

66. Manichaei, quos et Aconitas vocant, Manis Persae discipuli; Christum specie tenus confitentes, solem lunamque colunt. Astra virtutes, ac daemones invocant. Duo principia sempiterna, bonum et malum constituunt : Christum phantastico modo apparuisse, ac specie tenus passum esse : Vetus Testamentum, et eum qui in eo locutus est, blasphemiis onerant. Mundum, non universum a Deo, sed ejus partem fabricatam esse definiunt.

67. Hieracitae, ab Hierace quodam interprete et doctore, Leontopoli, quod Aegypti oppidum est, oriundo nuncupati; carnis resurrectionem respuunt : Veteri Novoque Testamento utuntur : nuptiis penitus interdicunt : monachos autem, et virgines, continentes, ac viduas suscipiunt. Pueros immatura adhuc aetate defunctos, regni coelestis participes fieri negant, eo quod nondum certaverint.

92 68. Meletiani. Schismatici in Aegypto potius, quam haeretici habentur. Hi cum illis precum communione adjungi noluerunt, qui in persecutione lapsi essent. Iidem tamen sese ad Arianos nunc aggregarunt.

69. Ariani, qui et Ariomanitae et Diatomitae dicti sunt. Hi Dei Filium creaturam, ac Spiritum sanctum creaturae creaturam praedicant. Christum carnem solam ex Maria assumpsisse affirmant, non item animam.

Hactenus tomi quinti, secundique libri tomi secundi haereses quinque.

At in priore tomo libri tertii septem haereses sunt.

70. Audianorum proprie schisma ac defectio est, non haeresis. Horum vivendi instituta ratio proba atque honesta est : neque quoad fidem attinet, ab Ecclesia catholica quidquam dissident. Habitant a majori ex parte in monasteriis, nec omnes ad preces suas admittunt. Magna apud illos est librorum apocryphorum copia. Episcopos nostros, qui divites sunt, aliosque aliis de causis condemnant. Quin etiam Pascha privatim eodem quo Judaei tempore celebrant. Est et quiddam ipsis peculiare, quod acriter propugnant : nempe hoc quod scriptum est, *ad imaginem*, durissime interpretantur.

71. Photiniani a Photino nuncupati sunt. Photinus iste Sirmio oriundus erat, eademque ac Paulus Samosatenus sensit; in quibusdam tamen dissentit. A Maria Christum initium omnino accepisse affirmat.

72. Marcelliani. Horum Marcellus Ancyrae **93** in Galatia episcopus auctor exstitit. Cum enim prius pro Sabelliano communi fama traductus esset, seque etiam scripto saepe purgasset, a plerisque tamen creditum est iisdem ipsum opinionibus adhaerere. Fieri potest ut vel ipse, mutata sententia, meliorem ad mentem sese revocaverit, vel ejus discipuli. Nam pro ejus libris orthodoxi quidam sese defensores interposuerunt.

73. Semiariani. Christum quidem creaturam esse illi confitentur, sed ironice prorsus et cavillando, creaturam eum vocantes, non velut e rebus creatis unam. Porro Filium, inquiunt, illum dicimus : verum ne Patri, eo quod genuerit passionem aliquam tribuamus, eumdem creatum asserimus. Iidem et Spiritum sanctum omnino creaturam esse definiunt : cumque ὁμοούσιον, id est consubstantialis, vocem in Filio repudient, ὁμοιούσιον cum, hoc est substantia similem, admittunt. Quod ipsum tamen quidam ex illis respuunt.

74. Pneumatomachi, id est Spiritus sancti impugnatores. De Christo quidem haud male admodum loquuntur : de Spiritu sancto autem blasphema enuntiant, quem et creatum asseverent et a divinitate alienum, imo vero abusione quadam vocis creatam dici propter actionem : qui nihil aliud praeter vim sanctificandi Spiritum sanctum esse doceant.

75. Aeriani. Aerius iste e Ponto oriundus, hodieque magno hominum dispendio in vivis superstes est. Fuerat autem Eustathii episcopi presbyter, quem Ariani erroris insimulaverunt. **94** Aerius, eo quod episcopus creatus non esset, multa adversus Ecclesiam dogmata commentus est. Ac quod ad fidem attinet, germanus Arii sectator est : sed amplius quiddam profitetur : puta oblationes pro mortuis non esse faciendas, jejunia quartae et sextae feriae, quadragesimae, item et Paschatis prohibet : bonorum abdicationem praedicat. Carnium et ciborum genus omne ad vitam absque timore adhibet. Quod si quis sectatorum ejus jejunare velit, statutis hoc diebus vetat fieri, sed quando libuerit. Non enim, inquit, legi subjectus es. Episcopum docet nihilo praestantiorem esse presbytero.

76. Aetiani. Ab Aetio Cilice, qui a Georgio Aria-

norum Alexandriæ episcopo diaconus ordinatus est. Anomœi quoque vocitantur, et a quibusdam Eunomiani, ab Eunomio Aetii discipulo. Earumdem partium erat et Eudoxius; sed imperatoris metu ab illis se segregavit: quo factum est ut solus Aetius relegaretur. Quanquam in Ariano dogmate perseveravit, sed Aetium minime secutus est. Porro Anomœi, sive Aetiani, Filium et Spiritum sanctum a Deo Patre penitus alienum esse prædicant, quos creatos esse, nec quidquam similitudinis habere docent. Quippe syllogismis quibusdam Aristotelicis et geometricis Dei naturam explicare student, atque adeo Christum ex Deo esse non posse. Eunomiani vero ex ipso profecti, omnes, qui ad partes suas transeunt, iterato baptizant, non Catholicos solum, sed et Arianos ipsos; idque hoc modo, uti percrebuit fama, pedibus in cœlum inversis, in caput illos intingunt; fornicationem, aut aliud quodvis peccatum, nihil esse dictitant: neque enim Deum aliquid quærere, nisi ut in ea sola, quam ipsi prædicant, fide perseveretur.

Hæ quoque sunt hæreses septem primi tomi libri tertii.
In secundo tomo libri tertii, hæreses quatuor sunt.

77. Dimœritæ, qui et Apollinaristæ; qui perfectam Christi incarnationem minime confitentur: quorum alii consubstantiale divinitati esse corpus dicere ausi sunt: **95** alii vero negarunt animam eum assumpsisse. Quidam his innixi verbis, *Verbum caro factum est* [1], ex creata illum carne, hoc est ex Maria, carnem accepisse inficiantur; solum vero Verbum carnem factum esse pertinaciter asseverarunt. Postea vero, quam ob causam nescio, mentem illum non assumpsisse dixerunt.

78. Antidicomarianitæ. Hi beatam Mariam semper Virginem post editum Salvatorem cum Josepho congressam fuisse aiunt.

79. Collyridiani, in ejusdem Mariæ nomine stato anni die collyridas quasdam offerunt, quibus consentaneum ex eo ritu nomen indidimus Collyridianorum.

80. Massaliani, quos interpretando Euchetas dixeris, id est, orantes. His adjunguntur e gentilium sectis, quos Euphemitas, et Martyrianos, et Satanianos nominant.

Hactenus summa tomi septimi.
Capita impiæ Massalianorum doctrinæ, ex libris ipsorum collecta.

1. Habitare cum homine personaliter Satanam, eique in omnibus dominari.
2. Satanam et dæmones humanam mentem possidere, hominumque naturam communione jungi cum spiritibus nequitiæ.
3. Contubernales esse Satanam et Spiritum sanctum in homine; et non fuisse apostolos ab hac operatione qua corripiuntur homines, liberos.
4. **96** Baptismate homines non perfici: nec sacrorum mysteriorum perceptione animum expiari, sed solis, in quas se illi impendunt, precibus.
5. Hominem post etiam baptisma susceptum, in massa peccati esse.
6. Fidelem per baptismum non accipere incorruptibilem divinamque vestem, sed per orationem.
7. Etiam imperturbationem, animique summam tranquillitatem captandam esse; debereque Spiritus sancti participationem ipsomet sensu ac omni certitudine percipi.
8. Animam sic affici oportere sensu participationis cœlestis sponsi, ut afficitur mulier ex congressu viri.
9. Spirituales homines intus forisque peccatum videre: necnon gratiam quæ infunditur, et quæ operatur.
10. Revelationem esse quæ fiat in sensu et divina persona, tanquam doctrina.
11. Ignem conditorem esse.
12. Animam non habentem Christum in sensu omnique actione, serpentum esse ac venenatarum bestiarum, hoc est adversariæ omnis virtutis, domicilium.
13. Mala, natura constare.
14. Ante violatum præceptum, Adamum cum Eva absque ullo libidinis æstu congressum esse.
15. In Mariam semen et Verbum cecidisse.
16. Hominem oportere duplici anima præditum esse; una quam hominibus communem dicunt, altera, quam cœlestem.
17. Fieri posse, ut homo sensibiliter personam Spiritus sancti percipiat cum omni certitudine, plenitudine et operatione.
18. Posse his qui orant apparere Salvatorem in luce: ac quodam tempore inventum hominem astantem altari, cui sint oblati tres panes oleo perfusi.

97 Adhæc, manuum operas rejiciunt, velut quæ Christianos dedeceat. Præsertim vero suam in pauperes inhumanitatem promunt. Aiunt enim neque his qui stipem publice mendicant, aut quæ viduæ relictæ sunt, iisve qui adversa fortuna utuntur, vel corpore mutili, vel morbis afflicti, vel acerbis creditoribus obnoxii, vel latronum aut barbarorum incursionibus attriti, aliisque calamitatibus in vitæ angustias ac egestatem detrusi sunt, eleemosynarum ope haudquaquam subventum iri oportere per eos qui sese bonis abdicant, aut etiam per eos qui beneficentiæ in primis student: sed sibi potius ipsis subministranda omnia. Se enim veros esse pauperes spiritu.

His addiderunt Ecclesiarum ac sacrorum altarium contemptum. Non decere monachos ecclesiasticis interesse conventibus: satisque illis

---
[1] Joan. I, 14.

esse quas in suis oratoriis preces fundunt, tantum enim precum vim esse dicunt, ut ipsis atque ipsorum discipulis Spiritus sanctus sensibili modo visendum se præbeat. Quippe nugantur eos, qui salutem velint consequi, ea perseverantia, nihil prorsus aliud negotii agentes, orationi vacare debere, donec peccatum instar fumi alicujus, aut ignis, aut serpentis, aut cujuspiam ejusmodi belluæ, orationis vi expellatur, ac per preces sensibili modo discedat; ingressum vero Spiritus sancti sensu quoque ipso suscipientes, perspicuum animo ejusmodi ingressus sensum habeant; hancque veram esse Christianorum communionem. Nec enim per baptismum, nec per manuum clericorum impositionem, ullo modo Spiritus sancti participes fieri, qui baptismo tinguntur, nisi assiduitate majori orationibus incubuerint. Quin etiam sine baptismo quemlibet Spiritus sancti participem fieri posse, modo apud ipsos perseverare voluerit, suaque doctrina imbutus fuerit: ut cum presbyteri quidam dixissent eis: nos Spiritum sanctum per fidem haberi confitemur, non vero per sensum; ipsi polliceri minime dubitaverint, illis quoque Spiritus sensum datum iri, si cum ipsis orare velint. Tanta autem eorum est arrogantia, ut eos qui apud ipsos sensum illum Spiritus sancti perceperint, beatos prædicent, veluti perfectos, et ab omni culpa liberos, peccatoque superiores. Tumque adeo omni illos studio colunt, honoribusque prosequuntur, ceu nulli jam obnoxios peccati periculo, eoque perfectionis progressos, ut jam omni relaxatione frui, exquisitis vesci cibis, splendido comitatu tumescere, deliciisque omnibus tuto plane affici possint. Horum autem multi, tali accepto apud eos perfectionis testimonio, cum extraneis (quos nec Christianorum nomine dignos censent) aliquando degentes, in varia obscena flagitia, pecuniarum furta, et fornicationes incidere deprehensi sunt.

98 Plura quoque portenta comminiscuntur: nam et legitimas nuptias nulla prorsus de causa dirimunt, et eos qui a conjugio recesserunt, velut monachos recipiunt, ac beatos jactitant. Parentibus auctores sunt, ut alendorum liberorum curam omittant; eosque ut omnia sua ipsis afferant, dementare norunt. Servos a dominis profugos ultro excipiunt: illos item qui variis criminibus obnoxii ad se confugiunt, nullo pœnitentiæ edito fructu, nulla sacerdotum auctoritate muniti, nulla habita ratione graduum, quos ecclesiastici canones pœnitentibus præscribunt, omni se statim peccati labe mundaturos pollicentur; modo quis jactatam toties orationem apud ipsos exercens, extemporaneus discipulus ipsorum versutiæ ac fraudis accesserit. Adeo plane ut et quosdam ejus generis peccatorum vinculis nondum exemptos, in clericos ordinandos offerant illorum; qui monasticæ observantiæ laude apud ipsos præstant, testimonio deceptis episcopis, ut illis manus imponant. Hoc autem illi satagunt, non quasi clericorum gradus multi faciant; quippe cum ipsos etiam episcopos, quando libuerit, aspernentur: sed quod potestatem aliquam et auctoritatem aucupentur. Quidam autem eorum nunquam sacris mysteriis communicandum volunt, nisi Spiritus sancti adventus illa hora sensibilis ipsis fuerit. Nonnulli etiam abscindi naturalia membra permittunt, iis qui voluerint. Excommunicationes autem facile contemnunt. Jurant etiam, ac pejerant absque ullo metu; et suam ipsorum hæresim subdole ejurare non dubitant.

Adhuc de dicta Massalianorum hæresi, qui maxime in monasteriis invenientur, ex Theodoreti Historia, lib. IV, cap. 11.

Valentiniani et Valentis temporibus orta est hæresis Massalianorum, quos Euchetas vocant, qui eorum nomen Græca lingua interpretantur. Habent et appellationem aliam ex ipsa re impositam. Enthusiastæ enim dicuntur, propterea quod dæmonis cujusdam vim et operationem recipiant, quam Spiritus sancti præsentiam esse putant. Qui extremo eo morbo affecti sunt, laborem manuum aversantur ut malum: seque somno dedentes somniorum imagines divinum afflatum vocant. Hæresis autem **99** hujus principes fuerunt Dadoes, et Sabas, et Adelphius, et Hermas, et Symeon, aliique præterea, qui ab ecclesiastica communione segregati sunt, quod dicerent nec prodesse, nec obesse divinam escam, de qua Dominus ait: *Qui manducat meam carnem et bibit meum sanguinem, vivet in æternum*[1]. Morbum porro suum celare studentes, etiam ubi convicti sunt, præfracte negant, eosque ejurant, qui eadem sentiant, quæ ipsi animis affixa circumferunt. Letoius Melitinensis Ecclesiæ antistes, divino vir ardens zelo, cum videret multa monasteria, vel speluncas potius latronum, pestem hanc hausisse, ea incendit, ac lupos a grege abegit. Eodem modo celebratissimus Amphilochius, qui Lycaonum metropoli præpositus, gentem universam regebat, cum luem hanc illic grassari comperisset, insurrexit itidem, et greges, quos pascebat, a labe liberavit.

Flavianus quoque celeberrimus Antiochiæ præsul, cum hos Edessæ versari, venenumque suum vicinis instillare didicisset, missa monachorum turba, Antiochiam illos pertraxit; morbumque quo laborabant inficientes, hoc modo revicit. Calumniari nempe accusatores et mentiri testes dixit, Adelphiumque ætate longa provectum ad se benigne vocans, ac prope assidere jubens: « Nos, inquit, o senex, qui vitam longius produximus, humanam naturam accuratius novimus, et adversarios dæmonum conatus perspectos habentes,

---
[1] Joan. VI, 19.

ipso gratiæ usu dona edocti sumus : isti vero, juniores cum sint, et nihil horum exacte noscant, spiritualiores sermones audire non sustinent. Quapropter exponas velim mihi, qua ratione affirmetis, et contrarium recedere spiritum, et Spiritus sancti gratiam advenire. » **100** His verbis delinitus senex, latens venenum totum evomuit, dicens, sacrum baptismum nullam iis, qui eum consequuntur, utilitatem afferre, sed sola sedula oratione dæmonem inhabitantem expelli. Omnes enim qui eduntur in lucem, ex primo parente trahere aiebat, quemadmodum naturam, sic et dæmonum servitutem. His autem per sedulam orationem fugatis, advenire deinceps Spiritum sanctum, qui præsentiam suam sensibus et oculis exhibeat, tum corpus a perturbationum motibus, tum animam ab omni ad deteriora propensione liberando; ita ut nec jejunio jam opus sit quo corpus coerceatur, nec doctrina refrenante, et ad rectum ordinem instituente. Neque vero protervis solummodo corporis motibus eximi, qui hunc adeptus sit, sed futura etiam aperte prævidere, et divinam Trinitatem oculis contueri. Perfosso ad hunc modum fetido fonte, rivisque hac arte detectis, impium senem sic divinus Flavianus affatus est : *Inveterate dierum malorum, arguit te os tuum, et non ego: et labia tua contra te testimonium tulerunt* [3]. Itaque hoc patefacto morbo, Syria quidem sunt expulsi, in Pamphyliam vero concesserunt, quam hac peste impleverunt.

Hactenus hæreses quæ ad Marciani tempora exstiterunt. A Marciani vero ætate ac deinceps paulo post, sub Leonis imperio, exortæ sunt istæ.

80. Nestoriani. Hi Deum Verbum secundum se ac seorsim exsistere docent, ac secundum se et seorsim ejus hominem : atque humiliora quidem eorum quæ Dominus in carne gessit, soli tribuunt homini ipsius ; sublimiora vero, quæque Deum deceant, soli Deo Verbo, ac non utraque uni eidemque personæ ascribunt.

82. Eutychianistæ, ab Eutyche nomen sectæ mutuati sunt. Hi negant Dominum nostrum Jesum Christum ex sancta Virgine Maria carnem assumpsisse, sed diviniori quadam ratione incarnatum esse affirmant : nec intelligunt Deum Verbum, eum sibi hominem ex Virgine Maria univisse, qui Adami primi parentis peccato erat obnoxius; quo factum sit, *ut principatus et potestates cum exspoliasset, traduxerit confidenter, palam, sicut scriptum est* [4], *triumphans in cruce*, quas per peccatum primi hominis induerat.

101 83. Ægyptiaci, qui et Schematici et Monophysitæ, prætextu Tomi qui Chalcedone conditus erat, ab Ecclesia orthodoxa defecerunt. Ægyptiaci autem appellati sunt, quod Ægyptii schematis hujus auctores exstiterunt, Marciano et Valentiniano imperatoribus. In reliquis autem omnibus orthodoxi sunt. Hi ob studium suum erga Dioscorum Alexandrinum, in concilio Chalcedonensi, quod Eutychis placitorum defensor esset, depositum, sese synodo opposuerunt, innumerasque adversus illam criminationes confinxerunt : quas jam supra hoc in libro abunde refutavimus, ubi et ipsos vanos et dementes esse ostendimus. Horum principes Theodosius Alexandrinus, a quo Theodosiani ; et Jacobus Syrus, a quo Jacobitæ sunt nominati. Quorum doctrinæ consortes, assertoresque et patroni fuerunt Severus Antiochenorum corruptor, et qui vana commentus est ac elaboravit, Joannes Tritheita. Hi generis humani salutis mysterium negantes, adversus a Deo afflatæ synodi Chalcedonensis sexcentorum triginta Patrum doctrinam multa conscripserunt : multaque in suam ipsi perniciem, illis qui pereunt, *juxta iter scandala posuerunt*. Quin et particulares substantias docentes, universum incarnationis mysterium confundunt : quorum impietatem compendiose colligere operæ pretium fore putavimus, brevibus insertis scholiis, ad refutationem impiæ ac nefandissimæ eorum hæresis. Illorum porro propugnatoris antesignani Joannis, quibus vel maxime gloriantur, dogmata, seu potius deliramenta, ob oculos repræsentabo.

De natura et hypostasi quid sentiant Severiani, et quomodo particulares substantias doceant : Joannis Grammatici Tritheitæ, qui et Philoponus dicitur, ex sermone quarto operis, cui titulus, ⟨ *Arbiter.* ⟩

Communis enim et universalis naturæ ratio, etsi ipsa per se una est, attamen in multis subjectis exsistens, fit multa, ita ut integre in unoquoque et non ex parte consistat; quemadmodum etiam navigii ratio, quæ in navis fabricatore est, sponte multiplicatur, cum exsistat in multis subjectis. Consimili quoque modo **102** præceptoris consideratio, cum sit una, suapte ratione propria, quando a discipulis percipitur, simul cum illis tota in unoquoque exsistens. Præterea annuli typus, et unus est, et in pluribus expressionibus totus in unaquaque exsistens, jam multa est, et dicitur. Itaque multa navigia, multi homines, expressiones multæ, et qui multis discipulis communicantur conceptus, numero quidem in individuis plura sunt, atque divisa, non unita; specie vero communi, multi homines unum constituunt, et multæ naves, unam ; pariterque conceptus atque etiam expressiones identitate imaginis unitatem habent : adeo ut illa secundum aliud multa sint et divisa, secundum aliud vero, unita et unum.

Adhæc quamvis continuis sæpe numerum attribuamus; v. gr. dum dicimus, duorum cubitorum lignum esse; attamen quod unum est, duo esse pronuntiamus virtute, non actu : quandoquidem

---

[3] Dan. xii, 32. [4] Coloss. ii, 13.

unum est actu, non duo. Quia vero per sectionem duo fieri potest, ideo dicimus esse duarum mensurarum.

CAP. VII.
Ex arbitro.

Septimus sermo erit, quo ex iis quæ supponunt illi qui contraria sentiunt, veritas nuntiatur. Cum enim duas esse Christi naturas supponant, unam et solam ipsius esse concedunt hypostasim seu personam : consimili ratione, et peræque rejicientes eos, qui unam Christi naturam post unionem, tum etiam illos qui duas in eo hypostases confitentur. Verum priusquam hypothesim istam refellamus, operæ pretium existimo prius definire quid Ecclesiarum doctrina per naturæ nomen, quid per personæ et hypostasis indicari velit. Itaque naturam esse censet, communem rationem qua sunt ea quæ eamdem participant essentiam ; v. gr. cujusque hominis natura est, animal rationale, mortale, intelligentiæ ac disciplinæ capax. In hoc enim nullus hominum ab alio distinguitur. Essentiam autem et naturam pro eodem sumit : at hypostasim, seu personam, esse docet naturæ cujusque exsistentiam singulariter consistentem, atque, ut ita dicam, circumscriptionem ex quibusdam proprietatibus constitutam, secundum quas illi a se invicem differunt, qui communem obtinent naturam, uno verbo, quæ individua vocare solent Peripatetici, in quibus communium generum et specierum desinit divisio.

103 Hæc Ecclesiæ doctores hypostases, interdumque personas vocaverunt. Nam cum animal dividatur in rationale et irrationale, et rationale in hominem, angelum, et dæmonem, ea in quæ singulæ ex istis speciebus infimis secantur, ut homo, in Petrum et Paulum, angelus, in Gabrielem et Michaelem cæterosque singulos angelos, individua appellant ; quoniam fieri non potest ut horum quodque jam subdividatur in alia, quæ naturam suam post divisionem servent. Etenim hominis divisio in corpus et animam totius animalis interitum efficit. Hinc ea dicere individua placuit illis. Hæc autem eadem ab ecclesiastica disciplina nominantur hypostases ; qui in ipsis genera et species exsistentiam habent. Quamvis enim ex. gr. propriam essentiæ rationem habeant animal et homo, quorum illud genus sit, hoc species ; attamen in individuis exsistunt, Petro inquam, et Paulo, sine quibus non subsistunt. Quid ergo sit hypostasis quidve natura, juxta Ecclesiæ expositionem, diximus.

Itaque illa hominis natura communis, secundum quam quivis homo ab alio homine non differt, dum in unoquoque individuorum exsistit, propria deinceps ipsi fit, nullique alteri communis ; quemadmodum ¦ cap. 4 statuimus. Nam quod in me est animal rationale, mortale, nemini alteri est commune. Certe impossibile non est, ut homine aliquo, sive bove, sive equo patiente, nihil patiantur ejusdem speciei individua. Siquidem, moriente Paulo, fieri potest ut cæterorum hominum nullus moriatur ; atque, nascente Petro, et in rerum naturam edito, futuri post illum homines nondum exsistunt. Igitur unaquæque natura non uno duntaxat modo dicitur id quod est, sed duplici. Alio quidem, si consideremus communem cujusque naturæ rationem, ipsam in se spectatam ; puta naturam hominis, aut equi, in nullo individuo exsistentem ; altero autem modo, cum eamdem naturam communem in individuis exsistentem perspexerimus, et quatenus in unoquoque eorum particularem sumit exsistentiam, quæ nulli alteri, præterquam illi ac soli, conveniat. Quippe quod in me est animal rationale, mortale, nulli hominum aliorum commune est, neque animalis natura quæ est in isto equo, in alio quopiam reperietur, ut modo ostendimus. Porro **104** quod hunc sensum habeat Ecclesia de naturis et hypostasibus doctrina, ex eo manifestum fit, quod unam Patris, Filii, et Spiritus sancti naturam confiteamur ; tres vero horum doceamus hypostases, sive personas, juxta quas unumquodque proprietate quadam a reliquis discernatur. Quid enim esset una divinitatis natura, nisi divinæ naturæ communis ratio in se spectata, ac per mentem ab hypostasis cujusque proprietate sejuncta ? quod etiam specialius naturæ nomen intelligamus, dum in singulis individuis, seu hypostasibus, communem naturæ rationem propriam effectam contemplamur, ut nulli posthac alteri eorum quæ communi speciei subjacent, convenire valeat ; ex eo adhuc clarum est, quod in Christo duarum naturarum, humanæ et divinæ, unitionem profitemur. Non enim dicimus communem divinitatis naturam, quæ in sancta Trinitate intelligitur, fuisse incarnatam : nam sic etiam Spiritus sancti prædicaremus incarnationem. Sed neque communem humanæ naturæ rationem Deo Verbo unitam fuisse censemus : quia hoc iterum pacto hominibus, qui ante Verbi adventum vixerunt, quique post illum victuri sunt, unitum omnibus esse Dei Verbum merito pronuntiaretur. Verum patet quod hic naturam divinitatis dicamus, naturam divinitatis communis, quæ est in hypostasi Verbi. Unde cum *unam naturam Dei Verbi incarnatam* confitemur, per hoc quod addimus, *Dei Verbi*, aperte secernimus illam a Patre et Spiritu sancto. Ita ut hic quoque communem divinæ naturæ rationem, modo Verbi Dei propriam intelligentes, asseramus incarnatam fuisse Dei Verbi naturam. Rursus humanitatis naturam Verbo unitam esse affirmamus, nempe singularissimam illam exsistentiam, quam solam ex omnibus Verbum assumpsit : ut juxta hanc naturæ significationem fere idem sint natura et hypostasis, nisi quod hypostasis nomen simul comprehensas habet proprietates, quæ singulis præter communem naturam insitæ sunt, secundum quas a se invicem secernuntur. Quocirca e nostris multos varie invenias dicentes, *naturarum, sive hypostasium* unitionem factam fuisse. Nam si hypostasis, ut ostensum est, singularem et individuam cujusque significat exsistentiam, et ex æquo his nominibus sæpe usi sunt, liquet eos per hæc velle indicare nobis naturam maxime singularem; quandoquidem loquendo de his quæ modo versamus, et secundum usum qui obtinuit apud illos, qui de iisdem disputarunt, apud omnes consuetudo invaluit, communem naturæ rationem appellare *hominem*: ut cum aiunt hominem esse speciem animalis; qua nempe nullum ex individuis species est generi subjecta, nec dicitur. Adhæc **105** hominem dicimus differre ab equo; ipsas videlicet universales intelligendo naturas. Ac rursus Petrum hominem esse dicimus, item Paulum, et Joannem; necnon natum esse hominem, singularem utique, et communi naturæ humanæ ratione eodem modo se habente. Illud etiam præmonere operæ pretium est, personæ et hypostasis nomen sæpe quidem apud nos eamdem habere significationem; velut quis idem appellaverit ensem et gladium. Sic ergo in sancta Trinitate tres personas et tres hypostases indiscriminatim pronuntiamus, ex figura paralleli dicta per utrumque idem declarantes. Sæpe tamen personam ab hypostasi distinguunt, personam vocantes, mutuam inter quasdam relationem : quam personæ significationem non ignorat consuetus usus. Dicimus enim : Ille meam personam assumpsit ; et : In illius persona vadimonium stitit. Item præfectum dicimus personam gerere imperatoris. Exinde qui Nestorii placitis adhærent, cum unam in Christo naturam, unamque hypostasim admittere refugiant; quia neque naturarum, neque hypostasium secundum ipsas profitentur unionem, sed Mariæ Filium merum esse hominem, qui divina luce perfusus fuerit, ideoque reliquis omnibus Deiferis viris antecelluerit, in quorum unoquoque particularis duntaxat fuit illustratio : at nihilominus summa fiducia unam esse Christi personam affirmare non dubitant, habitudinem Dei Verbi versus hominem ex Maria genitum, unam personam nuncupantes; quoniam omnem ille divinam œconomiam, dispensationemve, in persona divinitatis Dei Verbi operabatur, ac propterea contumeliam homini illatam in Deum jure referri ; quia quæ a subjectis erga præfectum exhibetur veneratio, aut contumelia, in ipsum refertur imperatorem. Hanc porro relationem, Christi denominatione declarari contentiunt : unde et Christum unum vocare non dubitant; quandoquidem, ut diximus, relatio una est, etsi multa sunt, quæ illam participent. Clarum itaque esse reor iis, qui de incarnatione Salvatoris religiose sentiunt, nos, cum unam Christi personam profitemur, non juxta Nestorianorum mentem personæ nomen ad simplicem Dei erga hominem affectum, aut habitudinem referre; sed ad eumdem sensum hypostasis et personæ appellationem usurpare. Quamobrem unam Christi personam esse dicimus, velut unam hominis hypostasim, Petri puta, vel Pauli.

Jam vero illud quoque cum aliis præmonendum nobis est . humanitatem Christi ne vel quam brevissimo tempore substitisse non unitam Verbo ; sed simul ac in rerum naturam prodire cœpit, una accepisse unionem cum Verbo. At naturam illam omni subsistentia destitutam neutiquam diximus ; quippe quæ peculiarem præ cæteris hominibus subsistendi modum habuerit, exsistentiamque suis circumscriptam terminis, ac proprietatibus quibusdam a communi cæterorum natura discretam. Id quippe significare hypostasis nomen superius ostendimus. Quapropter, sicut in divinitate Christi naturam et hypostasim confitemur ; **106** consimiliter in ejus humanitate ipsius, ut naturam, ita et singularem hanc hypostasim confiteri necessum est ; ne, ut dixi, naturam illam subsistentiæ expertem esse pronuntiare cogamur. Id enim constat, quod inter individua naturæ communi subjacentia exstiterit Salvatoris humanitas.

His ex ordine et clare explicatis, atque ab omnibus, ut reor, admissis, dicant nobis, qui naturas duas in Christo, ac unam hypostasim statuunt, quando ambo illa quæ unita sunt, naturam simul ac hypostasim, necessario habuit, ut demonstratum est, an æqualiter naturarum et hypostasium confiteantur factam fuisse unionem ; vel existiment magis unitas hypostases fuisse, cum ex duabus una substiterit ; minus autem naturas ; unde et duæ post unitionem remanserint.

Post alia in quibus exponit qua ratione substantia magis et minus non recipiat, subjungit :

Unam quidem naturam esse, quæ multas hypostases constituat, apud omnes esse compertum arbitror. Ita igitur unam esse divinitatis naturam confitentes, tres ipsius esse hypostases pronuntiamus. Sed et hominum quoque una est natura ; quæ ipsi subsunt hypostasibus, in infinitam fere multitudinem protensis : et sic in aliis. Naturæ duæ, quæ dualitatem secundum numerum retineant unam efficere hypostasim non possunt : idque non inductione solum singularium probare licet (quo enim pacto una foret lapidis, ac ligni, aut bovis, et equi hypostasis, hoc est individuum unum), verum etiam ex ipsa rationis vi. Si enim in hypostasibus (idem autem dicere est, atque in individuis) natura quæque accipit exsistentiam, necesse prorsus est, ubi duæ sunt naturæ, ibi ad minimum duas hypostases esse, in quibus exsistentiam eæ naturæ susceperint. Non potest quippe natura secundum se subsistere in nullo individuo spectata. Individuum autem idem esse ac hypostasim antehac demonstravimus. Quocirca qui non modo hypostasim unam, sed et naturam propter unitionem exstitisse volunt, secum, ac cum veritate consentire reperiuntur. Qui vero hypostasim unam, ac naturas duas ponunt, tam a se, quam veritate videntur dissentire. Sed aiunt : Eo quod humanitas Christi in Verbo hypostasim habuerit, nec ante unitionem cum Verbo substiterit; idcirco unam affirmamus esse Christi hypostasim. Quibus quidem nos quoque dixerimus : Annon igitur unum idemque significari censetis per naturam et hypostasim, adeo ut diversa duntaxat sint nomina in unum atque idem significatum cadentia, ut gladius et ensis, aut aliud et aliud. Si porro idem, cum una hypostasis sit, unam quoque naturam esse necessum est; velut si unus ensis fuerit, etiam unum gladium fore necesse; aut si duae naturae, hypostases quoque duae eadem necessitate erunt. Quod ;si aliud significat naturae nomen, aliud hypostasis; causam autem cur una sit Christi hypostasis, eam esse arbitrentur, **107** quod hominis hypostasis, seu persona, ante unitionem cum Verbo non exstiterit. Verum si ante substitit unita Verbo particularis natura, necesse prorsus est, ut ante substiterit ejusdem quoque naturae hypostasis. Horum enim alterutrum esse nequit, quin reliquum etiam exsistat : particularem dico naturam absque propria sua hypostasi. Ambo unum quippe sunt subjecto, etsi eodem saepe concurrunt apud eos qui iis vocibus utuntur, sicut paulo ante ostendimus. Itaque si quemadmodum hypostasis, ita et natura Verbo unita, non substitit ante unitionem cum illo ; eo ipso utique quod unam Christi hypostasim concedunt, propter idem continuo unam ejus esse naturam fateantur. Etenim quandoquidem non differunt in unione, nec in hoc etiam differentes fuerint.

84. Aphthartodocetae, a Juliano Halicarnasseno et Caiano Alexandrino, qui iidem Gaianitae vocati sunt, originem ducunt. Hi, cum in aliis omnibus Severianis consentiant, hoc solum ab eis dissident, quod Severiani in Christi unione distinctionem specie tenus admittunt, Julianistae vero et Gaianitae [non solum duarum in Christo naturarum distinctionem negant; verum etiam] Domini corpus jam inde ab ipsa formatione incorruptibile fuisse docent. Ac quidem fatentur sustinuisse Dominum passiones, puta famem, et sitim, et lassitudinem ; sed non eo quo nos sustinemus modo, ipsum haec sustinuisse volunt. Nos enim naturali necessitate : at ;Christum sponte aiunt haec passum esse, nec legibus naturae serviisse.

85. Agnoetae, qui et Themistiani. Ili impie docent Christum nescire diem judicii; eique timorem ascribunt. Sunt porro isti secta quaedam Theodosianorum : nam haeresis ipsorum auctor Themistius, unam in Christo naturam compositam docebat.

86. Barsanuphitae, qui et Semidalitae, cum omnia Gaianitarum ac Theodosianorum placita defendant, aliquid insuper invehunt. Similam enim addunt iis, quae a Dioscoro olim oblata fuerunt, extremoque digito contingentes, farinam leviter degustant; hocque mysterii loco [accipiunt, cum nullam ipsi prorsus oblationem faciant : verum, ut dictum est, **108** adhibitis Dioscori symbolis, additaque similа, qua paulatim insumantur, id illis in communionis parte cedit.

87. Hicetae, monachi sunt, caeteroqui plane orthodoxi : id vero proprium factitant, ut una cum sanctimonialibus in monasteriis coetus agentes, hymnos Deo cum chorea et tripudiis offerant; chorum illum imitantes, qui Moyse duce conflatus est, cum Aegyptii in mari Rubro submersi periere.

88. Gnosimachi sunt, qui omni Christianae religionis cognitioni ac scientiae ita adversantur, ut supervacaneum eorum laborem esse dicant, qui ex Scripturis divinis cognitiones aliquas exquirunt; nempe cum Deus praeter bona opera a Christianis nihil aliud exigat. Praestare itaque ut quis simplicius incedat, nullumque dogma ad scientiam attinens curiosius scrutetur.

89. Heliotropitae sunt, qui iis in herbis, quae solem ejusque radios sequuntur, inesse vim quamdam divinam dicunt, qua ejusmodi conversiones in illis efficiantur : quamobrem cultum eis adhiberi volunt; nec intelligunt motum qui in his animadvertitur, naturalem esse.

90. Thnetopsychitae, animam humanam similem animae pecudum inducunt, eamque aiunt cum corpore perire.

91. Agonyclitae sunt, qui nullo tempore orantes genuflectere volunt ac provolvi, sed semper orant stantes.

92. Theocatagnostae, id est Dei reprehensores, qui et blasphemi; ii sunt qui in verbis quibusdam gestisque Domini nostri Dei, ipsique dicatarum personarum sanctarum , necnon Scripturarum sacrarum audent inferre crimen , temerarii homines ac maledici.

93. Christolytae, seu Christum solventes, sunt qui Dominum nostrum Jesum Christum aiunt, posteaquam surrexit a mortuis, relicto in terra animato ;corpore, nuda solaque deitate ad coelos ascendisse.

94. Ethnophrones, qui, cum gentium instituta ac mores sequantur, caeteroqui Christiani exsistunt. Hi genesim inducunt, fortunamque et fatum : omnem astronomiam astrologiamque suscipiunt; omnem etiam divinationem et auguria : auspiciis attendunt, expiamentis, ominibus, portentis, veneficiis, et similibus aliis impiorum fabulis, ac si quid gentilium moribus inolevit. Quin et Gentilium festa aliqua venerationi **109** habent, diesque rursus et menses observant, et tempora et annos.

95. Donatistae, a Donato quodam in Africa ortum habuerunt. Is tradebat illis os quoddam, quod manu tenentes prius oscularentur, quam sacrorum mysteriorum et donorum participes essent, quotiescunque illa offerenda forent.

96. Ethicoproscoptæ sunt, qui circa mores, seu rerum agendarum scientiam errant; ac moralia quædam laude digna criminantur : quædam vero digna vituperio sectantur ut bona.

97. Parermeneutæ sunt, qui nonnulla divinarum Scripturarum tam Veteris, quam Novi Testamenti capita perperam interpretantur, inque suum scopum detorquent; ita affecti ut plerasque accuratas, ac quibus nihil insit quod quis jure criminetur, interpretationes contentionis studio rejiciant, præ nimia quadam imperitia, judiciique deficientia : quare nec intelligunt hac ratione nonnulla se hæreticorum dogmata confirmare.

98. Lampetiani, sic appellati a Lampetio quodam. Hi volentibus in societate et cœnobiis vitam agere, quod cuique libitum fuerit, probaveritque, colere concedunt; quemque arriserit habitum induere. Neque enim deceat, inquiunt, ut Christianus vi quidquam facere cogatur, quando scriptum est : *Voluntarie sacrificabo tibi* [s]. Et rursum, quia *ex voluntate mea confitebor illi* [6]. Quinimo nonnulli asserunt eos permittere naturalibus affectionibus indulgeri, nec velle eis repugnari, tanquam natura hoc exigat. Feruntur quædam alia sentire, quæ affinia sint placitis eorum, qui dicuntur Aeriani [ex his Eustathius quidam prodiit, a quo Eustathiani].

Hactenus hæreses, quæ usque ad Heraclii tempora exstiterunt.

110 *Ab Heraclii ætate, et deinceps, exortæ sunt quæ hic subjiciuntur.*

99. Monotheletæ, a Cyro Alexandrino originem duxerunt; a Sergio autem Constantinopolitano robur acceperunt. Illi duas naturas ac personam unam in Christo agnoscunt; at unam voluntatem, unamque operationem in eo ponunt : qua ratione duplicem naturam tollunt, ac Apollinarii dogmata valide confirmant.

[100. Autoproscoptæ. Hi per omnia quidem orthodoxi sunt, sed temere, levissimaque de causa ab Ecclesiæ catholicæ communione sese absciderunt, canonicarum observationum gratia. Cumque nec episcopi, nec omnino plebis præsides sint, sed gregarii quidam homines, in ea ipsi impingunt, quæ aliis objectant. Palam siquidem cum feminis habitant, introductitias mulieres apud se retinentes; mercatibus, lucris, aliisque sæcularibus negotiis vacant, et vitam agunt a ratione prorsus dissentaneam, ut ea opere destruant, quæ sermonibus nituntur astruere; adeoque prævaricatores fiunt secundum sententiam Apostoli [7]. Nam, tametsi sunt monachi, et sub clero constituti, voce quidem Deum honorant, opere autem contemnunt. Porro homines quidam illos sequuntur, velut stupore attoniti, ambulantes in simplicitate sua. Cæterum genuini Ecclesiæ alumni, sacros quidem canones colunt, ut tamen quæ ad eos spectant, episcoporum præpositorumque judicio permittant; atque ita illos opere observant, quos ordinis conservandi gratia impense venerantur.]

101. Sed et hactenus viget populorum seductrix, Ismaelitarum superstitio quæ Antichristi adventum antevertit. Ducere, originem fertur ab Ismaele, quem Abraham ex Agar suscepit : quamobrem Ismaelitæ vulgo *Agareni* **111** cognominantur. Saracenos autem eos vocitant, quasi τῆς Σάρρας κενούς, id est a Sarra vacuos, propterea quod Agar angelo responderit, *Sarra vacuam me dimisit*. Hi idololatriæ addicti cum essent, stellam matutinam adorabant, ac Venerem, quam et *Chabar*, quod *Magnum* sonat, lingua sua appellant. Usque ad Heraclii tempora palam est eos idola coluisse : inde autem ad nostram usque ætatem falsus illis exortus est vates, Mamed nomine; qui cum in libros Veteris Novique Testamenti incidisset, habitis cum Ariano quodam monacho colloquiis, propriam sectam condidit. Tum conciliato sibi gentis favore per religionis et pietatis larvam, scripta sibi delata esse de cœlo, missaque a Deo prædicavit. Quocirca, exaratis in libro suo lucubratiunculis quibusdam risu dignissimis, hunc illis colendi Dei ritum tradit.

Unum Deum ponit universi auctorem, qui nec genitus sit, nec genuerit (*Sur.* 2-4). Christum autem Dei Verbum esse dicit, ejusque spiritum, sed creatum et servum, ex Maria sorore Moysis et Aaron sine semine natum. Verbum quippe Dei, inquit, cum in Mariam introiisset, Jesum genuit, qui propheta et Dei servus fuit. Hunc cum Judæi per summum nefas in crucem agere voluissent, apprehendissentque, ipsius quidem umbram affixerunt cruci (*Sur.* 3-4) : Christus vero nec crucem nec mortem subiit. Eum quippe Deus, quia sibi charissimus erat, transtulerat in cœlum. Illud etiam narrat (*Sur.* 4), Christum, cum in cœlum ascendisset, interrogatum a Deo fuisse, num se Dei Filium esse dixisset : Jesum vero hoc modo respondisse : « Propitius mihi sis, Domine. Scis me nunquam id locutum esse, neque tuam me fastidire servitutem. Verum homines improbi hoc me dixisse mendaciter scripserunt contra me, magnoque in errore versantur. » Tum Deum illi respondisse : « Novi te sermonem hunc minime protulisse. » Alia insuper multa portento similia in hoc libro comminiscitur, ac plane ridicula. Hoc quidem volumen a Deo sibi demissum gloriatur. Nos vero si sciscitemur, quo teste librum ille a Deo acceperit, quisve prophetarum ejusmodi prophetam exsurrecturum prænuntiarit; hæsitantibus illis, **112** reponimus, Moysen tunc accepisse legem in monte Sina, cum Deus, universo populo conspiciente [in nube, igne, caligine, et procella se manifestum præberet, atque omnes prophetas, a Moyse et deinceps adventum Christi diu ante prædixisse, itemque

---

[s] Psal. LIII, 8. [6] Psal. XXVII, 7. [7] Rom. II, 23.

Christum, Deum, Deique Filium assumpta carne venturum, in crucem actum iri, moriturum esse, et a mortuis resurrecturum, eumdemque futurum vivorum et mortuorum judicem. Ab his ergo si quæramus, Cur non hoc modo venerit propheta vester, aliis ipsi testimonium perhibentibus; quin nec vobis quidem cernentibus, Deus veluti Moysi, spectante populo et monte fumigante, legem dederat, sic illi scripta, quæ commemoratis, tradiderit, ut vos rei gestæ certiores essetis? respondent Deum facere quæ ipsi allubuerit. Id quod nos quoque profiteri dicimus : sed qua tandem ratione scriptura ista ad prophetam vestrum demissa sit, hoc rogamus. Respondent eam super illum somno quiescentem delapsam esse. Tum nos jocosum hoc eis objicimus : Quandoquidem scripturam excepit dormiens, nec divini illius quidquam afflatus sensit, in ipsum recte cadit tritum illud adagium ***.]

Rursus dum quærimus, Curnam, cum ipse in scriptura vestra (*Sur.* 4-5) vetuerit, ne quid remotis arbitris ageretis aut acciperetis, ab ipso tamen non petiistis, ut primum testes produceret, qui ipsum et prophetam esse pronuntiarent, atque a Deo venisse; utque demum doceret, quænam Scriptura de se testimonium tulerit? tunc [præ pudore silent. Quibus merito subjungimus : Quoniam nec uxorem ducere vobis absque testibus licet, nec emere, nec acquirere, ita ut ne asinum quidem, neque jumentum fieri vestrum sine testibus sustineatis : cumque uxores, possessiones et reliqua testibus adhibitis comparetis, solam fidem nihilominus et scripturam nullo teste suscipitis? Nam qui vobis eam tradidit, nulla parte certitudinem habet, nec quisquam qui ante sit testificatus exsistit : quinimo cum ille oppressus somno jaceret, eam accepit. Sed et nos ἑταιριστὰς, idest, *Sociatores*, appellant, quia socium inquiunt nos Deo adjungere, dicendo Christum esse Dei Filium, ac Deum. Quibus nos respondemus, hoc a prophetis et sacra Scriptura traditum esse. Atqui vos prophetas recipere asseveratis. Si itaque Christum Dei Filium perperam confitemur, id ipsi nos docuerunt, nobisque tradiderunt. Porro nonnulli quidem ex eis, nos hæc prophetis adjecisse aiunt, eos alio sensu et per allegorias exponendo. Alii inductos in errorem dicunt ab Hebræis, quo adversum nos odio perciti sunt; ut hæc prophetarum nomine scripserint, quibus in interitum traheremur.

113 Rursus autem nos eis objicimus : Cur nos tanquam Sociatores probris insectamini, vos qui Christum Dei Verbum et Spiritum esse dicitis? Verbum siquidem et Spiritus sejungi nequeunt ab eo cui naturaliter insint. Si igitur est in Deo tanquam Verbum ipsius, manifestum est et Deum esse. Sin vero est extra Deum, ex vestra opinione sequitur Deum sine Verbo et Spiritu esse. Deum itaque mutilatis, dum ei socium cavetis adhibere. Nam satius fuisset vobis dicere, eum habere socium, quam ipsum mutilare, et lapidem esse, lignumve, aut rem quamlibet sensus expertem astruere. Non ergo citra mendacium nos ἑταιριστὰς, id est, *Sociatores* vocitatis : nos vero vicissim Dei mutilatores vos appellamus.

Insuper nos tanquam idololatras criminantur, quia crucem adoramus, quam et ipsi abominantur. Ad quos dicimus, Qui fit igitur ut lapidi, qui in *Chabatha* vestra est, vos adfricetis, eumque complexantes deosculemini? Quidam illorum respondent super illo Abrahamum cum Agare coivisse : alii camelum illic alligasse cum Isaac immolaturus esset. Ad quæ nos reponimus : Cum dicat Scriptura, montem fuisse nemorosum et ligna habuisse, ex quibus segmentorum fascem Abrahamus Isaaco ad holocaustum imposuerit, illumque asinas cum pueris reliquisse, unde vobis tot ineptiæ? Haudquaquam enim illic dumosa ligna sunt, quin nec illac transitus asinis patet. Hinc illi quidem rubore suffunduntur : nihilominus Abrahami lapidem esse asserunt. Nos vero : Sit sane Abrahami, aimus, uti vos nugamini : non vos pudet eum idcirco duntaxat osculari, quia super eum Abraham sit cum muliere congressus, aut quia eidem camelum alligarit; cum nos interim emendatione dignos habeatis, quod Christi crucem adoremus, per quam potestates dæmonum, et diaboli fraudes profligatæ sunt? Cæterum lapis ille quem aiunt, caput est Veneris quam adorabant, quamque *Chaber* nuncupabant, in quo etiam hodieque sculpti capitis effigies diligenter inspicientibus apparet.

Mamed ille cum multa deliramenta, ut dictum est, conscripserit, eorum singulis nomina indidit. Cujusmodi est scriptura (*Sur.* 4), seu caput *mulieris*, in qua propalam lege sancit quaternas uxores accipere, et concubinas, si fieri possit, mille, quotque manus ejus subditas contineat, præter quatuor illas uxores : quam item voluerit, dimittere, aliamque, si allubescat, ducere, ob ejusmodi causam statuit. Socium habebat Mamed, Zeidum nomine (*Sur.* 33), cui formosa uxor erat, quam Mamed deperiret. Cum itaque una sederent, ait Mamed : « Heus tu, præceptum mihi a Deo est, ut uxorem tuam accipiam. » Cui ille respondet : « Apostolus es, fac sicut dixit tibi Deus : uxorem meam accipe. » Imo, ut rem a capite repetamus, ait illi : « Mandavit mihi Deus ut uxorem tuam dimittas. » Elapsisque diebus aliquot, dixit : « Præcepit Deus ut eam quoque mihi sumerem. » Deinde cum acceptam illam **114** adulterio stuprasset, legem hanc tulit : « Uxorem suam, qui voluerit dimittat : quod si postquam dimiserit, ad eam revertatur, ducat illam alter. Non enim licet eam accipere, nisi ante ductam ab alio : ita ut si frater etiam illam dimiserit, ducatur a fratre ejus, si libuerit. » Porro in scriptura sua ejusmodi quædam pronuntiat : « Operare terram quam tibi dedit Deus, et studiose illam cole : atque hoc facito, et ad hunc modum; » ne omnia ut ille obscena proferam.

Rursum scripturam edidit *Cameli Dei*, de qua narrat (*Sur.* 7, 11, *et alibi*) : *camelum* ex Deo prodiisse, quæ totum fluvium ebiberet, neque inter duos montes transiret, quia ipsi satis spatii non esset. Populus igitur, inquit, illius loci, uno die fluminis aquam potabat, altero camelus. Quæ cum aquam ebiberet, ipsa potabat illos, aquæ loco lac subministrans. Improbi vero cum essent illi homines, impetu facto camelum occiderunt. Hæc parvam *camelum* genuerat, quæ interfecta matre clamavit ad Deum, qui eam ad se assumpsit. Quocirca nos quærimus ab eis : Undenam erat camelus illa? Ex Deo, inquiunt. Cum nos rursus : Coivit cum ea camelus altera? hoc ipsi negant. Quonam pacto igitur genuit? Nam camelum vestram videmus sine patre, sine matre, sine genealogia. Quæque ipsam genuit, male periit. Quin nec apparet quis admissarius ejus fuerit. Insuper et parva camelus assumpta est. Cur vero propheta vester, quocum, ut fertis, locutus est Deus, de camelo non didicit, ubi pascatur, et a quibus mulgeatur? An forte ipsa quoque malis oppressa, perinde ac mater interiit? An præcursoris instar paradisum ante vos petiit, ex qua fluvius ille lactis, de quo nugamini, vobis manaturus sit? Tres quippe fluvios vobis in paradiso manare narratis, aquæ, vini, et lactis. Si vestra camelus, quæ vos anteverterit, extra paradisum degit, eam plane fame et siti exaruisse liquet; aut alii lacte ejus fruuntur : adeoque propheta vester frustra se cum Deo collocutum gloriatur, cui mysterium cameli revelatum non fuerit. Sin autem est in paradiso, aquam rursum ebibit, subindeque in medio paradisi deliciarum ob aquæ penuriam arescetis, ita ut vinum desideretis aqua non suppetente, quam totam camelus epotarit. Tum meri potu exardescetis, præ ebrietate [cespitabitis, dormietisque : gravedine vero capitis per somnum etiam laborantes ex vini crapula, voluptatum quibus paradisus affluit obliviscemini. Curnam igitur hæc in mentem prophetæ vestri non venerunt, ne forte vobis in horto deliciarum acciderent? cur sollicitus de camelo non fuit, ubi nunc degat neque vos ex illo sciscitati estis, uti neque de fluviis illis tribus, quos venditator ille somniorum edisseruit? Nos autem palam denuntiamus vobis, prodigiosam illam camelum vestram vos præcessisse in animas asinorum in quibus et vos, ceu jumentis nihil absimiles, versaturi estis. Illic porro exteriores tenebræ sunt, et pœna immortalis, ignis personans, vermis pervigil, et tartarei dæmones.

115 Rursus Mamed in scriptura *Mensæ* ait (*Sur.* 4) : Christum a Deo mensam petiisse, quæ concessa ipsi fuerit. Deus enim, inquit, illi dixit : « Dedi tibi, tuisque mensam nulli corruptelæ obnoxiam. »

Præterea scripturam *Vaccæ*, aliaque deliramenta risu digna condidit (*Sur.* 2), quæ propter multitudinem prætermittenda censeo. Suos cum mulieribus circumcidi præcipit; utque Sabbatum non observarent, neque baptizarentur injunxit. Ex cibis in lege prohibitis quosdam sumere, et ab aliquibus abstinere tradidit : at vini potu illos in totum interdixit.

[101. Christianocathegori, sunt et dicuntur **116** qui Christianos uni, vivo, et vero Deo servientes criminantur, ac si venerandas Domini Jesu Christi, et immaculatæ dominæ nostræ sanctæ Dei Genitricis, sanctorumque angelorum, nec non beatorum imagines, veluti deos more gentilium colant. Iconoclastæ vero vocantur, quod contumeliosam prorsus mentem præferentes, sacras et venerabiles imagines comminuerint, ignique tradiderint, et eos quæ depictæ in muris erant, qua abraserint, qua calce et atramento obliverint. Thymoleontes denique, quia potestatis qua pollent, arrepta opportunitate, furore sectam armantes, illos qui venerantur imagines, verberibus tormentisque supra modum excruciant. Quin et ab hæresis principe id nominis acceperunt.]

[Centesima tertia hæresis Aposchistæ qui et Doxarii. Hi gloriam suam quærentes legi Dei non subjiciuntur, nec sacerdotibus ejus, hæresisque Autoproscoptarum alumni sunt : canonicas sanctiones requirere gestiunt : cumque nec sint episcopi nec plebis præsides, sed homines gregarii, ab Ecclesia catholica sejunguntur. Euchitarum seu Massalianorum more, Ascetas docent ecclesiasticis synaxibus non 'interesse, sed precibus quas in monasteriis fundunt esse contentos. Cum permissum et sine ordine mutuo dissideant (quia multifidum mendacium est), ecclesiastica communione relicta, exactam disciplinam simulantes, alius alio melior apparere satagit. Quidam eorum sacrum baptisma non admittunt, nec divinæ communionis participes fiunt. Alii neque figuram pretiosæ **117** crucis recens expressam, aut venerandam quamlibet imaginem salutant : et quod extremum malorum est, cum cunctis se putent antecellere, sacerdotem nequidem recipiunt, sed mendacium more, per simulatam virtutis speciem cauteriatam conscientiam habentes, ad nihil utile verbis contendunt; sed lignum, fenum, stipulam, æterni ignis fomitem sibi thesaurizant. Cæterum ex æquo absit, cum Iconoclastarum furor, tum Aposchistarum amentia; quæ quidem e diametro opposita sunt, at impietate paria.

Epilogus. — Atque hæ quas hactenus delineavimus hæreses, compendio descriptæ fuerunt, 'ex quibus reliquæ sunt progenitæ. Sunt porro numero centum, a quibus, veluti foveis et præcipitiis, sancta et catholica Ecclesia fugiens, juxta ac a sanctissima Trinitate erudita est, recte pieque docet et clamat : Credimus in Patrem, et Filium, et Spiritum sanctum, unam in tribus hypostasibus Deitatem, voluntatem unam, actionem unam, unam et in tribus ex æquo personis sapientiam incorporalem, increatam, immortalem, incomprehensibilem, sine principio immobilem, pati nesciam, sine quantitate, sine qualitate, ineffabilem, immutabilem, invariabilem, incircunscriptam, æqualis gloriæ, potentiæ, majestatis, virtutis, naturæ, substantia et bonitate longe majorem, triplici splendore, triplici sole, triplici fulgore radiantem. Lumen est Pater, lumen Filius, lumen Spiritus sanctus. Sapientia est Pater, sapientia Filius, sapientia Spiritus sanctus : unus Deus, et non tres dii : unus Deus, Trinitas sancta quæ in tribus personis exstat. Pater est Pater, et ingenitus : Filius est Filius, genitus, et non ingenitus: est enim ex Patre. Spiritus sanctus genitus non est, sed procedens; quia est ex Patre. Nihil creatum, nihil primo-secundum, nihil domino-servum : sed Unitas Trinitasque est; imo et erat, et est, et erit in sæcula: intellecta per fidem et adorata : per fidem, inquam, non inquisitione, non investigatione, non demonstratione. Quanto magis enim investigatur, tanto magis ignoratur, et quo curiosius indagatur, eo amplius absconditur. Incuriosa igitur ratione adoretur et credatur a fidelibus Deus. Et quidem eum in tribus esse subsistentiis crede. Quinam autem ipse sit, non inquiras. Ne intra teipsum dixeris : Ubinam est Deus; ubique siquidem Deus est. Ne dicas : Quonam modo est? quoniam excedit omnem modum. Deus enim comprehendi nequit. Ne dicas, Quomodo Trinitas est? Nam Trinitas pervestigabilis non est. Si vero Deum studiosius scruteris, teipsum mihi primum edisseras velim, et quæ circa te sunt. Quis animæ tuæ exsistendi modus? quo pacto mens tua movetur? quinam verbum generas? qua ratione mortalis simul atque immortalis es? Quod si hæc quæ intra te sunt, ignoras, quomodo ea quæ cœlis sublimiora sunt anquirens non horrescis? Vitæ fontem Patrem cogita, qui Filium ceu fluvium gignat; et maris instar, Spiritum sanctum. Etenim fons, fluvius, et mare una natura sunt. Patrem radicem reputa, ramum Filium, fructum Spiritum sanctum. Nam in tribus istis una substantia est. Sol est Pater, qui radium habet Filium, calorem Spiritum sanctum. Imaginem figuramque omnem Trinitas sancta longe superat. Cum partum audis ex Patre, corporalem cavesis ne intelligas : Verbum audiens, corporale verbum ne suspiceris : nec audito Spiritus Dei vocabulo ventum aut spiramen tibi fingas; sed sola fide nihil curiosus gloriam dicito. Ex rebus namque creatis conditor et opifex intelligitur. Credo insuper Dei Filii in carne dispensationem ex Virgine inenarrabili modo sine semine factam esse, ut idem ipse sine confusione et conversione Deus et homo fuerit. Credendo gloriam ejus celebra, illius, inquam, qui cuncta propter te certo consilio disponit, eique per bona opera adorationem et cultum qui servum deceat, impende. Sanctissimam Dei Genitricem semperque Virginem Mariam, tanquam veram Dei Matrem adora et venerare; omnes sanctos, uti servos illius. Hæc si facis, rectus cultor exsistis sanctæ et inconfusæ Trinitatis, Patris et Filii et Spiritus sancti, unius numinis et Deitatis, cui gloria, et honor, et adoratio in sæcula sæculorum. Amen.

IN LIBRUM DE FIDE ORTHODOXA

PROLOGUS.

Christianæ dialecticæ regulis, recensitisque priscarum hæresum erroribus, succedit tandem liber *De fide orthodoxa* : in quo eumdem quem Theodoretus in *divinorum dogmatum Epitome* instituerat, ordinem tenuit Damascenus; at non item methodum. Ille enim ex proprii ingenii molimine, adductis sacræ paginæ testimoniis, adversus hæreticos varia componens argumentorum genera, compendiariam theologiæ digessit tractationem : Noster vero non ex Scriptura solum, verum etiam ex conglobatis sanctorum Patrum sententiis, ea qua par erat tum perspicuitate, tum brevitate, inexhaustum traditionis promptuarium protulit, in quo nihil reperire sit quod vel ab œcumenicis synodis sancitum non fuerit, vel a probatis Ecclesiæ magistris acceptum.

In primis vero seculis est Gregorium Nazianzenum, qui ob accuratissimam in rebus divinis eruditionem *Theologus* audire meruit, quique vix ullum Christianæ doctrinæ caput intactum reliquit in suis quæ supersunt operibus, absque ulla vel levissimi erroris nævo aut suspicione. Hujus libros ea legerat assiduitate, ut omnes fideli memoria complexus videatur. Quocirca in hoc passim opere non tam Joannem Damascenum quam Gregorium Theologum orthodoxæ fidei mysteria edisserentem audieris. Ad hæc Basilium Magnum, ascivit, Gregorium Nyssenum, atque in primis eorumdem amicissimum Nemesium, Emesæ in Syria episcopum, Cyrillum itidem Alexandrinum, Leonem Magnum, Leontium Byzantinum, Maximum martyrem ; Athanasium quoque, Chrysostomum, Epiphanium, atque, ut alios taceam, scriptorem illum qui Dionysii Areopagitæ nomen assumpsit. Horum omnium lectis hinc inde sententiarum floribus, saluberrimæ doctrinæ suavissima mella confecit. Id enim proposuerat sibi, ut sua nequaquam aut nova cuderet, sed veterum potius placita, variis in voluminibus sparsa, in unum opus theologicum congereret. Quam quidem diligentissimi præceptoris methodum, quo facilius percipiat lector, auctorum nomina et libros, ex quibus singulas sententias descripsit, in ora marginali adnotare curabimus.

In laudem igitur cedat Joannis Damasceni, quod ipse catholicorum doctorum primus confertissimum sententiarum volumen digesserit. Quamobrem nedum in Oriente, verum etiam in Occidente et apud Latinos magna semper fuit apud theologos ipsius auctoritas; ex quo præsertim Eugenio tertio summo pontifice liber *De fide orthodoxa* Latine redditus est a Burgundione, cive Pisano. Hac porro translatione usi sunt Magister Sententiarum, S. Thomas, aliique subinde theologi, donec decimo sexto sæculo ineunte, quod vetus illa rudi prorsus barbaraque dictione conscripta esset, castigatiorem aliam edere conatus est Jacobus Faber, Stapulensis. Verum cum hæc quoque in multis deficeret, elegantiorem eodem labente sæculo elaboravit Jacobus Billius, neque ea tamen, qua par erat diligentia et brevitate accuratam. Nam, ut animadvertit Combefisius, *Billius in vertendo Damasceno tirocinium posuit*. Billianam tamen nihili non fecit Combefisius ipse, qui novam operum Joannis Damasceni molitus editionem, non novam rursus translationem cudere, sed posteriorem illam emendare satius duxerat. Etenim probe noverat in multis labi doctissimos quosque prolixorum voluminum interpretes, ac longe facilius esse aliorum errata castigare quam vel sua deprehendere. Nostra itaque translatio Billianam a suis expurgatam nævis, atque ad breviorem orationem revocatam exhibebit. Ut autem accuratior cæteris prodiret editio nostra, præter antiquiores translationes, editionesque varias, quas adhibui, ad viginti et amplius codices manu exaratos, nec non ad illa Græcorum Patrum loca quæ consarcinavit Damascenus, Græcam phrasim dictionemve recensui. Quin etiam, præterimissis tum Fabri brevioribus, tum Judoci Clictovei, Neoportuensis, prolixioribus in singula capita commentariis, qui ad Patrum Græcorum intelligentiam percipiendam nihil aut parum conferant, Orientalis theologiæ specimen, tam ex illis doctoribus quos Damascenus exscribebat, quam ex recentioribus Græcis, quos consulere mihi licuit, ob omnium oculos ponere in uberioribus adnotationibus aggressus sum.

Tritam apud Latinos libri *De fide orthodoxa* in quatuor itidem libros partitionem nullus Græcus codex exhibet, nec editio Græca Veronensis. Quin nec illa divisio in vetustis priscæ translationis Latinæ manuscriptis occurrit; nisi forte secunda recentiorique manu et atramento in marginalibus quorumdam oris adnotata. Ex quo falsus videtur Marcus Hopperus, qui in epistola nuncupatoria editionis utriusque Basileensis Græco-Latinæ, distributionem in libros quatuor tribuit Latino interpreti; Fabro, ni fallor, cujus edebat translationem. Hujus tamen vestigia exstant in libris sancti Thomæ Aquinatis. Quamobrem existimo ejusmodi partitionem a Latinis excogitatam, introductamque fuisse, ad instar quatuor librorum *Sententiarum* Petri Lombardi. Solus codex Regius n. 3445, isque admodum recens, librum *De fide orthodoxa* in duas partes scindere videtur, ut nempe prior περὶ τῆς θεολογίας, hoc est de Deo uno, trino, creatoreχet provisore disserat; posterior vero περὶ τῆς οἰκονομίας, sive de Deo carne facto, redemptore et remuneratore. Verum huicce divisioni obsistit manifesta connexio capitis 43, in quo *De divina œconomia* sive de Incarnatione agitur, cum iis quæ in fine cap. 42, cui titulus, *De prædestinatione*, proxime præcedunt, ut unus sit prorsus capitis utriusque continuus sermo: quem nævum in quadrifaria partitione altera nemo non deprehendet. Cæterum ne novitate nimia lectorem distributioni illi assuetum percellerem, Hopperum secutus, Græca quidem capita iisdem **120** numeris obsignavi, qui in codicibus Græcis adnotantur; Latinam vero translationem in libros quatuor partiri non dubitavi.

Translationis Latinæ veteris editionem nullam reperi: Jacobi vero Fabri versionem Parisiis evulgavit Judocus Clictoveus ex officina Henrici Stephani, anno 1512 cum suis commentariis. Anno deinde 1535 Henricus Petrus typographus Basileensis, Latine edidit opera quæ exstabant S. Joannis Damasceni, unaque adeo libros quatuor *De fide orthodoxa*, Jacobo *Fabro Stapulensi interprete*; sed absque ullis commentariis. Post annos aliquot Henricus idem in altera editione commentarios Clictoveanis breviores adjecit, et in illa rursum, quæ anno 1537 prodiit; in quarum inscriptione hæc cum aliis apposita sunt: *Nunc primum adnotationes, impedita, difficiliora, sublimioraque omnia explicantes, accesserunt*. Enimvero antiquiorem non novi in qua expositiones istæ qualescunque habeantur. Harum porro Jacobum Fabrum auctorem fuisse asserit Henricus Gravius, ordinis Prædicatorum, in sua operum sancti Joannis Damasceni editione Latina, quam publici juris fecit Coloniæ ex officina Petri Quentel, anno 1546. Ac profecto quidem quibusdam in locis, et in primis, ubi de sanctissimo Eucharistiæ mysterio sermo est, frigidiora sunt quæ adnotantur, nec satis catholicam fidem exprimentia. Quod non sine dolore dictum sit, propter virum quem alioqui, ceu gentilem pene meum, venerabundus suspicerem, nisi se religionis avitæ desertorem, aut novatorum saltem studiosiorem præbuisset. Ad Gravii nostri editionem quod spectat, ut erat Latine et Græce doctus, Jacobi Fabri translationem cum textu Græco contulit recensuitque, et perbrevibus scholiis illustravit, *hæreticorum causa*, inquit in epistola nuncupatoria ad Osvaldum comitem Montensem, *potissimum ubi doctrinam Ecclesiæ per Damascenum assertam ipsi nequiter convellunt*.

Librum *De fide orthodoxa* primum Græce solum Veronæ excudendum curavit Donatus Veronensis, anno 1531 et Clementi septimo obtulit. Tandem anno 1548 Græce et Latine simul prodiit, atque iterum anno 1575. Anno deinde 1577 translationem suam Jacobus

Billius Parisiis edidit absque Græco contextu: eademque rursum ibidem excusa est annis 1603 et 1617.

Hic monere supervacaneum non erit tom. VI Operum S. Cyrilli Alexandrini magnam partem exstare libri primi, ut aiunt, *De fide orthodoxa*, ejusdem doctoris nomine inscriptam, id quod librarii cujusdam oscitantia factum non dubito, qui cum Cyrillianis aliis Damascenica hæc repererit.

EXPOSITIO ACCURATA
FIDEI ORTHODOXÆ.

LIBER PRIMUS.

121-123 CAP. I.

Deum comprehendi non posse; nec ea quæ a sanctis prophetis et apostolis et evangelistis minime tradita sunt, curiosius inquirenda esse.

Deum nemo vidit unquam. Unigenitus Filius, qui est in sinu Patris, ipse enarravit [1]. Deus ergo nec oratione ulla explicari, nec ullo modo comprehendi potest. *Nemo enim Patrem novit, nisi Filius; nec Filium, nisi Pater* [2]. Quin etiam Spiritus sanctus perinde novit ea quæ Dei sunt, atque Spiritus hominis novit ea quæ in ipso sunt [3]. At vero, post primam illam beatamque naturam nemo unquam Deum cognovit, nisi cui ipse revelaverit. Neque de hominibus tantum mihi sermo est; sed de Virtutibus etiam illis mundo sublimioribus, de Ipsis quoque Cherubim ac Seraphim.

Non nos tamen in omnigena prorsus ignorantia versari passus est Deus. Nemo quippe mortalium est, cui non hoc ab eo naturaliter insitum sit, ut Deum esse cognoscat. Quin ipsæ res conditæ, earumque conservatio atque gubernatio, divinæ naturæ prædicant majestatem [4]. Ad hæc tum ante per legem et prophetas [5]: tum postea per Unigenitum Filium suum, Dominum, Deum, et Salvatorem nostrum Jesum Christum, pro captu ac modulo nostro notitiam sui patefecit. Quocirca omnia quæ nobis, tam per legem et prophetas, quam per apostolos et evangelistas tradita sunt, amplectimur agnoscimus, et veneramur [6]; **124** nec ultra ea quidquam inquirimus. Nam cum Deus bonus sit, omnis profecto boni auctor et largitor est, ut qui nec invidia, nec ullis passionibus affectibusve laboret [7]. Invidentia siquidem procul abest a divina natura; quippe quæ omnis perturbationis expers, solaque bona est. Proinde, cum cuncta perspecta habeat, et quod cuique conducibile sit administret, id quod nostra scire intererat, aperuit: A quodque vires nostras et captum excederet, tacuit. His itaque contenti simus; in his hæreamus, nec terminos antiquos, traditionemque divinam transgrediamur [8].

CAP. II.

De his quæ sermone exprimi possunt, vel non possunt; item de his quæ in cognitionem cadunt, et quæ cognitionem fugiunt.

Quædam de Deo intelligere possumus, non loqui. — Plane itaque noscat necesse est, qui de Deo loqui vel audire studet, ea quæ ad doctrinam, tum de divinitate, tum de incarnatione spectant, eam rationem habere, ut nec omnia vim omnem orationis superent, nec omnia sermone explicari queant; itemque nec cognitionem nostram penitus fugiant, nec penitus in eam cadant [9]. Aliud porro est quod cognosci potest, aliud quod dici: quemadmodum videlicet aliud est loqui, atque aliud cognoscere. Multa igitur ex iis quæ obscure de Deo intelliguntur, non satis commode proprieque efferri possunt; cogimurque, cum de rebus supra nos positis sermo nobis est, mo humano loqui; ut cum de Deo verba facientes somnum, iram, incuriam, manusque, ac pedes, aliaque id genus vocabula usurpamus.

Quæ et intelligere et loqui possumus. — Et quidem quod Deus initio ac fine careat, quod æternus, sempiternusque sit, quod increatus, immutabilis, ab omni alteratione liber, simplex, compositionis expers, incorporeus, invisibilis, tangi nescius, incircumscriptus, et infinitus sit; quod cognitionem omnem fugiat; quod cogitatu major, incomprehensus, bonus, justus, creatorum omnium opifex, omnia potens, omnia continens, omnium inspector, omnium provisor, potestate decernens, ac denique judex sit; hæc, inquam, omnia et scimus, et confitemur: illudque item,

---

[1] Joan. I, 18. [2] Matth. XI, 17. [3] I Cor. II, 11. [4] Sap. XIII, 5. [5] Greg. Naz. orat. 54. [6] Dionys. c. 1 *De div. nom.* [7] Greg. Naz. orat. 54. [8] Prov. XXII, 28. [9] Dionys. cap. 1 *De div. nom.*; Greg. Naz. orat. 34 et 37.

quod unus sit Deus, hoc est una substantia: quodque in tribus agnoscatur et exsistat personis, nimirum in Patre et Filio et Spiritu sancto: tum quod Pater et Filius et Spiritus sanctus unum omnino sint, excepta ingeniti, generationisque, et processionis proprietate; insuper quod unigenitus Filius et Verbum Dei, ac Deus, per viscera misericordiæ suæ, ob salutem nostram, benigna Patris voluntate, ac sanctissimi Spiritus cooperatione, absque semine conceptus, citra ullam corruptionem ex sancta Virgine Deique Genitrice Maria per Spiritum sanctum natus sit, atque ex ea homo perfectus exstiterit: quodque idem simul et perfectus Deus et perfectus homo sit, ex duabus naturis, intelligentia, voluntate, agendi facultate, atque arbitrii potestate præditis; atque, ut verbo dicam, in quibus secundum definitionem **125** ac rationem utrique, hoc est divinitati et humanitati, atque uni personæ congruentem, nihil omnino desit; quod insuper esurierit, sitierit, fueritque fatigatus et suffixus cruci, mortisque ac sepulturæ periculum fecerit, triduoque post resurrexerit, et in cœlos, unde ad nos venerat, reversus sit, ac denuo tandem venturus sit, tum divina Scriptura testatur, tum universus sanctorum chorus.

Quæ nec intelligere possumus nec loqui. — At vero, quid Dei substantia sit, aut quo pacto omnibus rebus insit, vel quomodo Deus ex Deo genitus sit, vel processerit; aut qua ratione unigenitus Filius ac Deus sese exinaniens, ex virgineis sanguinibus homo factus sit, aliter videlicet quam naturæ lex ferat, effectus; aut quomodo siccis pedibus super aquas incesserit: hæc sane nec scimus, nec dicere possumus [10]. Fieri ergo nequit, ut præter illa quæ divinitus nobis a sacrosanctis Veteris ac Novi Testamenti oraculis enuntiata sunt, aut dicta, aut patefacta, de Deo quidquam loquamur, aut omnino cogitatu assequamur [11].

CAP. III.
Demonstratio quod Deus sit.

Deum esse agnoverunt plerique gentilium. — Quod ergo Deus sit, ab illis qui sacras Litteras, Vetus, inquam, et Novum Testamentum, recipiunt, non ambigitur, ut nec a plerisque gentilium. Velut enim jam diximus [12], insitum nobis a natura est, ut Deum esse noscamus. Quoniam vero Satanæ improbitas tantum adversus hominum naturam valuit, ut et quosdam in stolidissimam, et quovis malo pejorem exitii voraginem detruserit, ita ut Deum esse negarent (quorum insipientiam divinorum verborum interpres David palam faciens ait: *Dixit insipiens in corde suo: Non est Deus* [13]), eam ob causam discipuli Domini et apostoli, a Spiritu sancto eruditi, divinis ejus potentia et gratia editis prodigiis, miraculorum sagena eos ex ignorantiæ gurgite extractos, ad agnitionis Dei lumen provexerunt. Eodem quoque modo illorum tum gratiæ, tum dignitatis muneriaque successores, pastores nimirum atque doctores, illuminante Spiritus gratiam consecuti, tum miraculorum virtute, tum sermonibus gratiæ obcæcatos illuminabant, errantesque in via reducebant. [14] At nos, qui nec miraculorum, nec doctrinæ donum accepimus (ut qui nimia erga voluptates propensione, nos eo indignos reddiderimus), age pauca eorum quæ gratiæ interpretes nobis tradiderunt, de hoc argumento disseramus; implorata tamen prius Patris et Filii et Spiritus sancti ope.

Prima ratio Deum esse, ex rerum mutabilitate. — **126** Omnia quæ sunt, aut creata sunt aut increata. Si creata, utique et mutabilia sunt. Quorum enim esse a mutatione incepit, ea mutationi quoque subsint necesse est, sive intereant, sive per voluntatis actus alia atque alia fiant. Sin autem increata, sequitur profecto ut et mutari omnino nequeant. Quorum enim esse contrarium est, horum etiam modus quo sunt, proprietatesve contrariæ sunt. Ecquis ergo hoc nobis non assentiatur, omnia quæ sunt mutabilia esse, nec ea tantum quæ sub sensum nostrum cadunt, sed et angelos mutari, alios ex aliis fieri, multiplici modo moveri, ac transmutari: sic nimirum, ut intelligibilia, angelos dico, animas, et dæmones, ratione voluntatis, sive progredientis in bono, sive rursus ab eo recedentis, seque vel intendentis, vel remittentis; reliqua vero secundum generationem et corruptionem, augmentum et decrementum, aut secundum qualitatem, et secundum motum de loco in locum immutentur? Cum ergo mutabilia sint, sane etiam creata esse oportet. Si vero creata, haud dubium quin ab aliquo opifice sint condita. Atqui creatorem increatum esse necessum est. Nam si ipse quoque creatus est, a quodam profecto creatus erit, sicque donec ad aliquod increatum venerimus. Increatus igitur cum sit ille conditor, omnino nec mutabilis est. Hoc autem quid aliud, nisi Deus fuerit?

Secunda ex earum conservatione et gubernatione. — Porro ipsa quoque rerum creatarum compages, conservatio, atque gubernatio, nos docent Deum esse, qui universum hoc coagmentarit, sustentet, et conservet, eique provideat. [15] Qui enim fieri potuisset, ut inter se pugnantes naturæ, ignis, inquam, et aquæ, aeris et terræ, ad unius mundi constitutionem coirent, tenaciaque adeo nexu cohærerent, ut nulla ratione solvi possint; nisi omnipotens vis aliqua ea compaginasset, ac perpetuo a dissolutione servaret.

Tertia, ex rerum ordinato situ. — *Mundus non casu et sponte coagmentatus, contra Epicureos.* — Quid est quod ea quæ in cœlo, et quæ in tera exsistunt, quæque aerem pervagantur, et quæ in aquis degunt; imo etiam quæ his anteriora sunt, cœlum, terram et aerem, ignis quoque et aquæ

---

[10] Dion. cap. 2 *De div. nom.* [11] Ibid. cap. 1. [12] Supr. cap. 1. [13] Psal. XIII, 1. [14] Greg. Naz. orat. 34. [15] Athan. *Cont. gent.*

naturam certis disposuit locis? a quonam commista hæc sunt, et distributa? quid est quod motum his impressit, perennique nec ulla re cohibito cursu ea versat?[16] Annon eorum artifex, qui rebus omnibus rationem modumque, quo universum hoc agatur et regatur, indiderit? At quis horum artifex? Annon is qui ea condidit, inque rerum naturam produxit? Nec enim τῷ αὐτομάτῳ, seu casui eam vim facultatemque tribuerimus. Sit enim sane casus, quod exstiterint: at cujus tandem erit ea disposuisse? verum illud quoque, si libet, concedamus: cujus vero erit, eadem juxta illas quibus primum condita sunt leges conservare et custodire? Alterius profecto quam casus: atque hoc quidnam aliud sit, nisi Deus[17]?

CAP. IV.

Quidnam Deus sit, quodque comprehendi non possit.

Deum incorporeum esse sex rationibus probatur. — Quod itaque sit Deus, liquido constat: quid autem secundum essentiam et naturam sit, nullo prorsus modo comprehendi, vel etiam cognosci potest. Nam quod incorporeus sit, perspicuum est. Quo enim modo corpus esse queat, quod infinitum et interminatum est, quod figura caret, quodque nec tangi, nec oculis cerni potest, quod denique simplex est nec compositum? quomodo quippe immutabile erit, si circumscriptum ac passioni obnoxium sit? quinam expers passionis erit, quod ex elementis conflatur, atque in eadem rursus dilabitur? compositio siquidem pugnæ origo est; pugna, dissidii; dissidium, solutionis; solutio autem a Deo prorsus aliena est[18].

Qua ratione autem et illud stabit certumque erit, quod Deus omnia pervadat et impleat, sicut ait Scriptura: *Nonne cœlum et terram ego impleo, dicit Dominus*[19]? Neque enim fieri possit[20] ut corpus corpora permeet, quin simul et dividat, et dividatur, complicetúrque, et opponatur per juxta oppositionem, ut loquuntur; quemadmodum liquida omnia cum inter se miscentur ac temperantur.

Corpus ἄϋλον et quinta substantia Peripateticorum. — Quod si quidam contendant, hoc corpus immateriale esse, non secus atque corpus illud, quod Græcorum sapientes quintam appellant (quod quidem esse nequit) movebitur certe uti cœlum. Hoc enim est, quod quintum corpus vocant[21]. Ecquis igitur ei motum affert? Quidquid enim movetur, ab alio moveri necesse est. A quonam item illud movetur? Atque ita in infinitum progrediar, quousque ad aliquod tandem perveniamus quod omni motu careat. Nam primum movens aliunde non movetur: et hoc quidem Deus est. Huc accedit, quod loco circumscribi oportet illud quod movetur: ac proinde solus Deus motu caret, sua immobilitate omnia movens[22]. Ex quibus efficitur, ut Deus incorporeus statuendus sit.

Incorporeum essentia Dei non est. — Deus aptius negatione declaratur quam positione. — At ne hoc quidem essentiam ejus declarat: quemadmodum nec cum ingenitum, principiique ac mutationis et corruptionis expertem cum dicimus et cætera quæ de Deo, vel circa ipsum esse dicuntur[23]. Hæc enim non quid sit, sed quid non sit indicant. Atqui oportet eum, qui rei alicujus naturam exponere in animo habet, quid ea sit dicere, non quid non sit. De Deo autem impossibile est, quidnam essentia sua ac natura sit enuntiare: aptiusque est ex omnium remotione et negatione sermonem de eo facere[24]. Neque enim aliquid est eorum quæ sunt: non ut nullatenus sit[25]; sed quia super omnia quæ sunt, atque etiam supra ipsummet esse ipse sit. Etenim si cognitiones circa res quæ sunt versantur; profecto quod cognitionem superat, supra essentiam quoque erit: vicissimque quod est supra essentiam, cognitionem superabit.

Affirmatio vim habens præcellentis negationis in Deo. — Infinitus igitur est Deus, et incomprehensibilis: atque hoc unum est, quod de eo percipi possit et comprehendi. Quæcunque autem de Deo per affirmationem dicimus, non Dei naturam, sed quæ circa naturam illius sunt, ostendunt. Ita sive bonum, sive justum, sive sapientem, sive quodcunque tandem aliud dixeris, non Dei naturam, sed quæ circa naturam sunt, exponis. Sunt porro nonnulla quæ tametsi per affirmationem de Deo dicantur, præcellentis tamen negationis vim habent, v. gr. cum de Deo verba facientes, tenebrarum vocem usurpamus, non tenebras ipsas intelligimus, sed quod lux non sit, verum luce præstantior. Eodem modo, cum lucem eum dicimus, hoc significamus, quod tenebræ non sit.

CAP. V.

Demonstratio quod unus sit Deus et non plures.

Igitur quod Deus sit, quodque ejus essentia comprehendi nequeat, abunde demonstratum est. Quod autem unus sit, et non plures, apud eos quidem, qui Scripturæ divinæ fidem adhibent, extra controversiam est. Dominus enim in ipsa quam legem Israeli tulit, verbis ita auspicatur: *Ego Dominus Deus, qui eduxi te de terra Ægypti. Non erunt tibi dii alii præter me*[26]. Et rursus ait: *Audi, Israel: Dominus Deus tuus, Deus unus est*[27]. Et per Isaiam prophetam: *Ego enim*, inquit, *sum Deus primus, et ego post hæc; et præter me non est Deus. Ante me non fuit alius Deus, et post me non erit, et præter me non est*[28]. Quin et Dominus in Evangeliis in hæc verba alloquitur Patrem: *Hæc est*

---

[16] Greg. Naz. orat. 34. [17] Athan. *De incarn. Verbi*, post init.; Greg. Naz. orat. 34. [18] Greg. Naz. orat. 32, 34. [19] Jerem. xxiii, 24. [20] Greg. Naz. loc. cit. [21] Id. ibid. [22] Greg. Naz. orat. 32, 34. [23] Id. ibid. [24] Id. ibid. [25] Dionys. *De myst. theolog.* [26] Exod. xx, 2. [27] Deut. vi, 4. [28] Isa. xliii, 10.

vita æterna, ut cognoscant te solum verum Deum [29]. Cum illis autem, qui nullam Scripturæ sacræ fidem arrogant, ad hunc modum disputabimus.

Demonstratio syllogistica, quod unus Deus sit. — Deus perfectus est, et absque defectu, sive bonitatem, sive sapientiam, sive potentiam spectes; principii ac finis expers, sempiternus, incircumscriptus, ac denique, ut rem uno verbo complectar, omnibus modis est perfectus. Quocirca si plures deos esse asseruerimus, inter plures discrimen animadvertere necesse erit. Nam si nihil discriminis inter eos reperiatur, unus potius est, quam multi : si autem discrimen aliquod inter eos exsistit, ubi tandem erit illa perfectio? Etenim si, vel bonitatis, vel potentiæ, vel sapientiæ, vel postremo temporis ratione, aliquid in eo ad perfectionem desideretur, Deus certe non erit. At vero identitas sibi per omnia constans, unum potius, quam multos ostendit [30].

Jam vero si multi sunt, quomodo salva et incolumis **129** ipsis manebit incircumscriptio? ubi enim unus fuerit, illinc alter aberit [31].

Quid insuper afferri potest, quin si mundus a multis gubernetur, non dilabatur, corrumpaturque, et intereat : quippe cum inter gubernatores pugna vulgo perspiciatur? discrimen siquidem pugnæ et contentioni aditum facit [32]. Sin autem quis dicat singulos parti præesse; quæram ex eo quis hujus ordinis auctor fuerit, imperiumque inter ipsos partitus sit? Ille enim potius Deus unus erit. Unus proinde est Deus, perfectus, circumscriptionis expers, mundi architectus et conditor, conservator, et gubernator, perfectione omni sublimior et anterior.

Adhæc a natura quoque necessitate omni comparatum est, ut unitas binarii origo sit [33].

CAP. VI.

De Verbo ac Dei Filio, probatio ducta a ratione.

Verbi divini ab humano discrimen, et analogia. — Hic ergo ille unus ac solus Deus, Verbo destitutus non est. Verbum porro si habeat, non ejusmodi illud habiturus est, quod non subsistat, aut quod esse cœperit, aut sit desiturum. Neque enim fuit unquam, cum Deus sine Verbo esset. Quin potius Verbum suum ex se genitum semper habet, non quod ad instar nostri non subsistat, et in aerem diffluat; sed in se consistens, vivumque, et perfectum, atque ejusmodi, ut extra ipsum non progrediatur, sed in ipso semper exsistat [34]. Quo enim, quæso, loco esset, si extra ipsum excedat? Nam quia natura nostra caduca est, et fragilis, ob eam quoque causam sermo noster subsistentia caret. At Deus, cum sempiternus perfectusque sit, perfectum quoque et subsistens, vereque exsistens Verbum suum habet; et quod semper sit, et vivat, et omnia habeat, quæ Pater habet. Sicut enim sermo noster ex mente progrediens, nec prorsus cum mente idem est, nec rursum omnino ab ea diversus (quatenus enim ex mente, hactenus alius est a mente ; quatenus vero mentem ipsam palam profert, non jam prorsus a mente diversus est, verum natura quidem est unum cum ea, subjecto autem ab illa diversum) : ad eumdem modum Dei quoque Verbum, quatenus per se subsistit, ab eo distinguitur, a quo habet ut per se subsistat : quatenus **130** autem eadem in ipso ostendit, quæ in Deo conspiciuntur, idem natura cum ipso est. Quemadmodum enim omnimoda undique perfectio in Patre perspicitur, eadem etiam in Verbo ex ipso genito spectatur.

CAP. VII.

De Spiritu sancto, probatio ducta ex ratione.

Divini Spiritus ab humano discrimen. — Suus quoque Verbo Spiritus sit oportet. Nam ne noster quidem sermo spiritus est expers. Hoc autem inter utrumque interest, quod in nobis spiritus a substantia nostra alienus est. Aeris quippe attractio et emissio est, qui tuendi corporis causa vicissim attrahitur et profunditur; ac locutionis tempore sermonis vox efficitur, sermonis vim in se ipsa promens [35]. At in divina natura, quæ simplex est, nec ullatenus composita, quod quidem Dei Spiritus sit, pie confitendum est (neque enim Dei Verbum minus quid nostro sermone ad perfectionem habet). Cæterum existimare Spiritum alienum quiddam esse, quod Deo extrinsecus adveniat, ut in nobis qui compositæ naturæ sumus, hoc a pietate abhorret. Quin potius, ut, cum Dei Verbum audimus, non ejusmodi verbum esse arbitramur quod subsistentia careat, vel doctrina comparetur, vel voce proferatur, vel in aerem dilabatur et evanescat ; sed quod substantialiter consistat, sitque libera voluntate præditum, et efficax, atque omnipotens : eodem modo cum Dei Spiritum Dei Verbi comitem, ipsiusque vim declarantem docemur, non flatum quemdam subsistentia destitutum animo concipimus (sic enim divinæ naturæ majestas in humilitatem deprimeretur, si Spiritum, qui in ea est, spiritus nostri similem esse conjiceremus), sed vim substantialem, quæque ipsa per se in propria ac distincta persona consideretur, atque a Patre procedat, et in Verbo conquiescat, ipsumque declaret et exprimat : quæ præterea, nec a Deo in quo est, nec a Verbo cujus comes est, disjungi queat : nec denique ita dilabatur, ut omnino esse desinat [36]; verum **131** æque ac Verbum, per se, inque persona propria consistat, vivat, libere velit, suapte vi moveatur, efficax sit, bonum semper velit, atque ad id omne, quod decreverit, concurrentem cum volun-

---

[29] Joan. xvii, 3. [30] Greg. Nyss. Prol. lib. *Catech.* [31] inf. lib. iv, c. 21. [32] Greg. Naz. orat. 35. [33] Dionys. *De div. nom.* cap. 5, 13. [34] Greg. Nys. *Catech.* c. 1. [35] ibid. c. 2. [36] Greg. Naz. orat. 37 et 44.

tate potentiam habeat, ejusque naturæ sit, ut nec principium habuerit, nec finem habitura sit. Neque enim Patri Verbum unquam defuit, nec Verbo Spiritus.

Trinitate Gentilismus et Judaismus explosi. — Atque hac ratione, per naturæ quidem unitatem, gentilium multos deos asserentium error adimitur; rursusque admissis Verbo et Spiritu, Judæorum dogma evertitur, remanetque quod in utraque secta commodi est [37]: ex Judaica nimirum sententia unitas naturæ; ex gentilismo autem personarum sola distinctio [38].

Quod si contradicat Judæus, ne Verbum admittat et Spiritus, divinæ Scripturæ testimonio confutetur, osque illi obstruatur. De Verbo enim ait divinus David: *In æternum, Domine, Verbum tuum permanet in cœlo* [39]. Et rursus: *Misit Verbum suum, et sanavit eos* [40]. Atqui verbum illud quod ore profertur, nec mittitur, nec in æternum manet. De Spiritu rursus ait idem David: *Emitte Spiritum tuum, et creabuntur* [41]. Et alio loco: *Verbo Domini cœli firmati sunt, et Spiritu oris ejus omnis virtus eorum* [42]. Job item: *Spiritus Domini qui fecit me, est flatus omnipotens, qui me tuetur atque conservat* [43]. Spiritus porro qui mittitur, facit, firmat, tuetur, atque conservat, non evanidus quidam halitus est, quemadmodum nec Dei os, membrum corporeum; utrumque enim horum consentanea Dei ratione intelligi debet [44].

CAP. VIII.
De sancta Trinitate.

Credimus igitur in unum Deum, principium unum, principio carentem, increatum, ingenitum, interitus ac mortis nescium, æternum, immensum, incircumscriptum, nullis terminis definitum, infinitæ potentiæ, simplex, incompositum, incorporeum, a fluxu, passione, omnique mutatione et alteratione liberum, invisibilem, omnis bonitatis ac justitiæ fontem, lucem intellectualem et inaccessam, potentiam nulla mensura comprehensam, quamque sola voluntas sua metiatur (potest enim quidquid vult [45]), rerum omnium conditricem, tam visibilium, quam invisibilium effectricem; omnium conservatricem, omnibus providentem, omnia continentem ac regentem, perpetuumque ac immortale regnum in omnia obtinentem; nihil contrarium habentem, omnia implentem, a nulla re comprehensam, imo vero ipsam universa complectentem et continentem ac præhabentem; substantias omnes sine pollutione penetrantem, ultra res omnes et essentias **132** longe provectiorem, ut quæ supersubstantialis est, omnibusque entibus sublimior; divinitate, bonitate, plenitudine superiorem; principatus omnes atque ordines statuentem, super omnem principatum atque ordinem positum; essentia, vita, sermone, et cogitatu altiorem; quæ lux ipsa est, bonitas ipsa, ipsamet vita, ipsamet essentia; utpote quæ nec esse suum, nec quidquam eorum quæ est, ab alio habeat; verum ipsa iis quæ sunt, essentiæ; illis quæ vivunt, vitæ; et illis quæ ratione utuntur, rationis fons exsistat: bonorum omnium cunctis parentem, intuentem omnia priusquam fiant; unam substantiam, unam divinitatem, unam virtutem, unam voluntatem, unam operationem, unum principatum, unam potestatem, unam dominationem, unum regnum; ut tamen in tribus perfectis personis noscatur, et adoratione una adoretur, credaturque, et colatur ab omni rationali creatura [46]; quippe quod illæ citra permistionem et confusionem unitæ sint, et sine distantia (quod cogitationem omnem superat) discretæ: in Patrem et Filium et Spiritum sanctum, in quorum etiam nomine baptizati sumus [47]. Sic enim Dominus apostolis baptizare jussit: *Baptizantes eos*, inquit, *in nomine Patris et Filii et Spiritus sancti* [48].

Quid de Patre credendum. Quid de Filio. — In unum Patrem (credimus) principium omnium et causam, ex nullo genitum, qui solus causæ et generationis expers est: omnium quidem conditorem; cæterum unius duntaxat natura Patrem unigeniti Filii sui Domini nostri Jesu Christi, sanctissimique Spiritus productorem [49]. Et in unum Filium Dei unigenitum Dominum nostrum, ex Patre natum ante omnia sæcula; lumen de lumine, Deum verum de Deo vero; genitum, non factum, consubstantialem Patri, per quem omnia facta sunt. Quem cum ante omnia sæcula dicimus, ipsius generationem, nec tempus, nec initium pati ostendimus. Non enim Dei Filius ex nihilo in ortum productus est [50]; ille, inquam, gloriæ splendor, paternæ figura substantiæ [51], viva sapientia, et virtus [52], subsistens Verbum, substantialis ipsa, perfecta, atque vivens imago Dei [53] invisibilis, sed semper cum Patre, et in Patre erat, sempiterne et absque ullo initio ex ipso genitus. Neque enim Pater unquam fuit, quando Filius non esset: verum simul Pater, simul Filius, qui ex ipso genitus est. Neque enim Pater vocari possit, qui Filio careat. Nam si Filio aliquando caruit, Pater certe non erat [54]. Et si postea Filium habuit; postea quoque factus est Pater, cum ante Pater non esset, **133** atque ex eo quod Pater non erat, mutatus est, eoque progressus ut Pater esset: id quod omni blasphemia gravius foret [55]. Nefas enim est dicere, Deum fecunditate naturali caruisse. Fecunditas porro in hoc posita est, ut quis ex seipso, id est ex propria substantia, prolem natura similem sui edat [56].

[37] Greg. orat. 38, et alibi. [38] Greg. Nyss. *Catech.* c. 3. [39] Psal. cxviii, 89. [40] Psal. cvi, 20. [41] Psal. ciii, 30. [42] Psal. xxxii, 4. [43] Job xxxiii, 4. [44] Basil. *De Spir. sancto, ad Amphil.* cap. 18. [45] Psal. cxxxiv, 6. [46] Greg. Naz. orat. 13, n. 32. [47] Idem. orat. 12, n. 37, 40. [48] Matth. xxv, 19. [49] Greg. Naz. orat. 35. [50] Greg. Naz. orat. 36. [51] Hebr. i, 3. [52] I Cor. i, 24. [53] Coloss. i, 15. [54] Greg. Naz. orat. 55. [55] Cyril. in *Thesauro*, assert. 4 et 5. [56] Ibid. assert. 6.

Generationis divinæ a creatione discrimina. — Proinde cum de Filii generatione agitur, tempus intercessisse dicere impium est [57]; aut Filii exsistentiam Patre posteriorem constituere [58]. Ex ipso enim, hoc est ex Patris natura, esse profitemur Filii generationem. Ac nisi Filium a principio simul cum Patre a quo genitus est, fuisse concedamus, Paternæ substantiæ mutationem inducemus: quoniam, cum Pater non esset, posthac evasit Pater. Res enim creatæ, etsi postmodum conditæ sunt, non tamen ex Dei substantia exstiterunt; sed ipsius voluntate et potentia fuerunt productæ ut essent. Nec propterea in Dei naturam cadit mutatio : etenim generatio quidem in hoc consistit, ut ex gignentis substantia proles ejusdem cum gignente substantiæ producatur: at creatio et effectio hoc tantum requirit, ut extra, et non ex creantis aut efficientis substantia fiat illud quod creatur aut efficitur, omninoque quantum ad esse itiam dissimile sit.

Quamobrem in Deo, qui solus a perpessione omni, alteratione ac mutatione liber est, semperque eodem modo se habet, tum generatio, tum creatio, passionis expers est [59]. Nam cum nec patibilis, nec fluxæ naturæ sit; quippe simplex est, nec compositus : certe nec passionem nec fluxum, vel in generando, vel in creando subire potest, nec cujusquam opem atque adjumentum desiderat. At generatio quidem initium non habet sempiternaque est, ut quæ naturæ sit opus, exque ipsius substantia prodeat ; ne alioqui ille qui gignit, mutationem subeat, ac praeterea ne Deus prior sit, Deusque posterior, neve accessionem recipiat : creatio autem in Deo, cum sit voluntatis opus, Deo profecto coæterna non est. Haud enim natura comparatum est, ut quod ex nihilo producitur, **134** eamdem cum eo quod initio caret, et sempiternum est, æternitatem aut perpetuitatem habeat. Quemadmodum igitur hominis et Dei non eadem est efficiendi ratio ; quia homo nihil ex nihilo producit [60]; sed quod efficit ex præexsistente et subjecta materia facit [61]; nec voluntatem duntaxat adhibet, sed prius etiam cogitat, illudque quod facturus est, animo effingit, ac posthac manuum quoque addita opera, laborem et molestiam sustinet [62]: nec raro etiam spe sua labitur, ut cui propositum ex animi voluntate non succedat: Deus autem sola voluntate omnia ex nihilo ut essent produxit : ita nec eodem modo gignunt Deus et homo. Deus enim, ut qui tempori non subsit, et principio, passione ac fluxione omni vacet, sitque incorporeus, ac solus ab interitu liber [63]; ita citra tempus quoque, et principium, et passionem, et fluxum, et sine ullo congressu gignit, ac nec initium, nec finem habet

A incomprehensibilis ipsius generatio. Atqui citra tempus quidem idcirco gignit, quia ab omni mutatione alienus est : citra fluxionem autem ; quia impatibilis et incorporeus : citra congressum vero, tum rursus quia incorporeus, tum quia unus tantum est Deus, alterius opera minime indigens : citra finem denique, et ut nunquam a gignendo quiescat, quod initii, et temporis, et fluxus expers sit, semperque eodem modo se habeat. Nam quod principio caret, nec finem unquam habiturum est. Quod autem Dei munere atque gratia sine fine est ac immortale, hoc prorsus principio non caret. Id quod ex angelis perspici possit [64].

Ac proinde sempiternus Deus Verbum suum sine principio ac fine gignit ; ne alioqui Deus, cujus natura ac exsistentia tempus omne superat, in tempore gignat. At vero perspicuum est hominem dispari modo gignere, ut qui generationi et corruptioni, fluxioni item et multiplicationi subjectus sit, ac corpore vestitus [65]; maremque et feminam in natura habeat : mas quippe feminæ opem desiderat. Verum propitius nobis sit ille qui omnia excedit, atque omnem mentis aciem et comprehensionem transcendit.

De Patre et Filio. — Sancta igitur et catholica et apostolica Ecclesia simul et Patrem, simulque unigenitum ipsius Filium docet, ex eo citra tempus, fluxum, et passionem, incomprehensibili quadam ratione ac soli universorum Deo perspecta, genitum: non secus atque una cum igne lumen est quod ex eo oritur ; nec prior est ignis, posterius lumen, sed utrumque simul : et quemadmodum lumen quod ex igne semper gignitur, semper in eo est, nec ab eo quoquo modo disjungitur ; ita et Filius gignitur ex Patre, ut nullo modo ab illo separetur, sed semper in eo sit [66]. Verum hoc interest, quod lumen quod ex igne sine separatione gignitur, semperque in eo manet, aliam ab igne propriamque subsistentiam **135** non habet (est enim naturalis ignis qualitas) ; at vero unigenitus Dei Filius ex Patre inseparabiliter ac sine diremptione genitus, semperque in ipso manens, peculiarem atque a Patre distinctam subsistentiam habet.

Quare Verbum, splendor, figura, Filius dicitur. Cur Unigenitus. — Ipse porro et Verbum, et splendor idcirco dicitur, quia citra alterius congressum et passionem et tempus, et fluxum ullum, ac separationem a Patre genitus est [67]. Filius autem, ac Paternæ substantiæ figura, quia perfectus est ac subsistens, exceptaque ingeniti proprietate per omnia patrem refert atque exprimit [68]. Unigenitus item, quia solus ex solo Patre unice natus est. Neque enim alia generatio est, quæ cum Filii Dei generatione conferri possit : quandoquidem nec

---

[57] Cyrill. in *Thes.* assert. 4. [58] Greg. Naz. orat. 29. [59] Greg. Naz. orat. 29 et 35. [60] Id. orat. 29.
[61] Cyrill. *Thes.* assert 7 et 18. [62] Greg. Naz. orat. 29. [63] Cyrill. *Thes.* assert. 5, 6 et 16 ; Greg. orat. 35.
[64] Infra, lib. II, c. 3. [65] Greg. Naz. orat. 45. [66] Id. lib. I *Cont. Eun.* p. 66; Cyrill. *Thes.* assert. 5.
[67] Greg. Naz. orat. 36. [68] Id. orat. 23, 37 et 39.

alius quoque Dei Filius est. Quamvis enim etiam Spiritus sanctus ex Patre procedat, non tamen generationis modo, sed processionis. Alius autem est hic exsistentiæ modus perinde incomprehensus et ignotus, quemadmodum et Filii generatio. Quocirca omnia quæ Pater habet, Filii sunt, hoc uno excepto, quod ingenitus non est : quæ quidem vox nec naturæ discrimen, nec dignitatem, sed subsistendi modum indicat [69]. Haud secus atque Adam, qui genitus non est (figmentum enim Dei est) et Seth qui genitus (filius enim est Adami) et Eva quæ ex Adami costa prodiit (neque enim ipsa genita est), natura inter se minime differunt (homines enim sunt), sed exsistendi modo [70].

Aliud ἀγέννητον, *et aliud* ἀγένητον. — Sciendum enim vocem ἀγένητον, cum scribitur cum unico ν, increatum significare, seu quod minime factum est : ἀγέννητον autem, cum scribitur cum duplici νν, id indicare quod non est genitum. Priore ergo significato essentia ab essentia differt. Alia enim est essentia increata ; quam vox ἀγένητος, cum unico ν, sonat ; alia creata, quam vox γενητή denotat. Secundo autem significandi genere nullum essentiæ ab essentia discrimen inducitur. Primum enim cujusque animantium speciei individuum ἀγέννητον, seu ingenitum est ; non item ἀγένητον, hoc est minime conditum et factum. A Conditore quippe rerum, per ipsius Verbum in ortum producta sunt. At non genita ; cum ante nullum aliud ejusdem speciei singulare exstaret, ex quo gignerentur.

136 Quantum igitur ad primam significationem attinet, singulis tribus sanctæ Deitatis divinissimis personis vox ἀγένητος convenit [71]. Ejusdem enim substantiæ sunt et increatæ [72]. Quantum autem ad secundam, non item : solus enim Pater ingenitus est [73]. Nec enim ab alia persona habet ut sit. Solus etiam Filius genitus est : ex Patris enim substantia absque initio ullo ac tempore genitus est. Solus denique Spiritus sanctus ex Patris quidem substantia progreditur, non generatione, sed processione [74]. Ita enim a divina Scriptura edocemur : tametsi alioqui generationis ac processionis modus nulla ingenii vi comprehendi possit.

Quin illud quoque nosse interest, paternitatis, filietatis, et processionis vocabula non a nobis ad beatam Deitatem esse translata, verum contra illinc nobis communicata, quemadmodum Apostolus ait : *Propterea flecto genua mea ad Patrem, ex quo omnis paternitas in cœlo et in terra est* [75].

Quomodo Pater major Filio. Verbum non est instrumentum Patris. — Quod si Patrem Filii principium et majorem esse dicimus, haudquaquam his verbis eum Filio vel tempore priorem vel natura præstantiorem esse indicamus [76] (per ipsum enim fecit sæcula [77]), nec denique alia re quam sola causa ; hoc est quia ex Patre genitus est, non autem Pater ex Filio ; et quia pater naturaliter filii causa est : quemadmodum nec ignem ex luce prodire dicimus, verum lucem ex igne. Quocirca cum Patrem Filii principium ac Filii majorem audierimus, id causæ ratione intelligamus. Et ignem sicut non alterius substantiæ esse dicimus, ac rursus lucem alterius ; eodem modo nec alterius substantiæ Pater, alterius Filius dici potest ; sed unius ejusdemque [78]. Præterea, sicut ignem per lucem ex eo progredientem lucere dicimus : nec proinde tamen lucem illam ex eo manantem organum quoddam esse ipsi inserviens, sed vim quamdam nativam statuimus : pari modo Patrem omnia quæ facit, per Unigenitum suum facere dicimus, non tanquam per servile quoddam organum, sed ut per vim **137** naturalem et subsistentem [79]. Insuper quemadmodum ignem illuminare dicimus, idemque rursus ipsius luci tribuimus ; sic *omnia quæ Pater facit, Filius etiam similiter facit* [80]. At vero in hoc discrimen situm est, quod lux propriam et distinctam ab igne subsistentiam non habet. Filius autem perfecta hypostasis est, a paterna hypostasi inseparabilis, ut superius a nobis ostensum est. Neque enim fieri potest ut in rebus creatis imago ulla aut similitudo reperiatur, quæ sanctæ Trinitatis modum in seipsa citra ullam dissimilitudinis notam repræsentet. Quod enim creatum, et compositum, et caducum, et mutabile, et circumscriptum, et figura præditum, et corruptibile est, quo tandem modo superessentialem essentiam divinam, ab his omnibus liberam, aperte declarabit ? Perspicuum autem est res omnes creatas plerisque ejusmodi affectionibus obnoxias esse, sicque a natura comparatas, ut corruptioni subjaceant.

De Spiritu sancto. Ignotum nobis ut distinguantur in Deo generatio et processio. — Eodem etiam modo credimus in Spiritum sanctum, Dominum, et vivificantem, qui ex Patre procedit, et in Filio conquiescit ; qui cum Patre et Filio simul adoratur et conglorificatur, utpote consubstantialis et coæternus [81]; Dei Spiritum, rectum, principalem; sapientiæ, vitæ et sanctitatis fontem ; Dei cum Patre et Filio cum rem habentem, tum nuncupationem; increatum, plenum, conditorem, continentem omnia ac moderantem, omnium effectorem, omnipotentem, infinitæ potentiæ, creatis omnibus imperantem, nulliusque imperio subjacentem [82]; qui deos facit, non deus fit; qui implet, nec impletur; qui participatur, nec participat ; sanctificat, nec sanctificatur ; Paracletum, hoc est, consolatorem, ut qui universorum admittat obsecrationes : Patri et Filio per omnia similem; ex Patre procedentem; qui per Filium conceditur, et ab omni creatura

---
[69] Basil. lib. II, et IV. [70] Greg. Naz. orat. 36, 57. [71] Max. *Dialog. cont. Arian.* [72] Cyrill. *Thes.* assert 1, p. 12. [73] Greg. Naz. orat. 35. [74] Joan. xv, 26. [75] Ephes v, 14 ; Cyrill. *Thes.* assert. 32, Dionys. cap. 1 *De div. nom.* [76] Joan. xv, 28. [77] Hebr. 1, 26. [78] Greg. Naz. orat. 57; Athan. lib. I *Contra Arian.* [79] Greg. Naz. orat. 15, 31 et 57 [80] Joan. v, 19. [81] Greg. Naz. orat. 37. [82] Id. orat. 49.

percipitur; qui per seipsum creat, et rebus omnibus subsistentiam tribuit et sanctitatem, qui in propria subsistit, sive exsistit, hypostasi; qui a Patre et Filio nec separatur nec digreditur; qui omnia habet quæ Pater et Filius, excepta ingeniti et geniti proprietate. Pater quippe causam non agnoscit, estque ingenitus. Non enim ex quoquam est (a seipso enim habet ut sit), nec quidquam eorum quæ habet, ab alio habet; quin potius ipse principium omnibus est et causa, tum quod sint, tum quod naturaliter certo modo sint. Filius autem ex Patre est generationis modo. Spiritus vero sanctus et ipse quoque ex Patre est, non gignendi tamen modo, sed procedendi. Et quidem generationem inter et processionem discrimen intercedere edocti sumus: cæterum quis sit hujus distinctionis modis, prorsus nescimus. Simul porro et Filii ex Patre generatio, et Spiritus sancti processio est.

138 *Personarum proprietates seu notiones.* — Omnia igitur quæ Filius habet, Spiritus etiam a Patre habet; atque adeo hoc ipsum quod est [83]. Quod si Pater non est, sane nec Filius est, nec Spiritus. Itidem nisi Pater aliquid habet, ne Filius quidem illud habeat, nec Spiritus: et propter Patrem, id est, quia Pater est, tum Filius, tum Spiritus sanctus est [84]. Rursusque propter Patrem habet Filius quidquid habet, et Spiritus, hoc est, propterea quod Pater hæc habet; modo tamen, ingeniti, geniti, et processionis proprietates excipias [85]. In his enim duntaxat personalibus proprietatibus tres sanctæ Trinitatis personæ inter se distinguuntur; non essentia, sed peculiari cujusque personæ nota indivisim discretæ.

Trinitas sine compositione. Porro unumquemque ex his tribus perfectam atque integram subsistentiam habere dicimus, ne alioqui compositam unam ex tribus imperfectis naturam perfectam intelligamus; sed unam simplicem substantiam et essentiam omni perfectione superiorem et anteriorem, in tribus perfectis personis noscamus [86]. Quidquid enim ex imperfectis conflatur, necessario compositum est. At ex perfectis hypostasibus compositio fieri non potest. Quo fit ut nec speciem ex hypostasibus singulis, sed in hypostasibus singulis dicamus [87]. Imperfecta vero diximus, quæ speciem non servant ejus rei quæ ex ipsis efficitur. Lapis enim, lignum, ferrum per se quidem, si peculiarem cujusque naturam species, perfecta sunt: at respectu domus quæ ex ipsis exstructa est, singula imperfecta sunt. Neque enim quidquam horum, si privatim consideretur, domus est.

Tres personæ, cur Deus unus. — Quocirca perfectas quidem personas profitemur, ne in divina natura compositionem intelligamus. Compositio enim dissidii mater est. At rursus tres personas in se invicem esse dicimus, ne deorum copiam et turbam inducamus [88]. Ita per tres personas hoc intelligimus, quod nullus hic compositioni et confusioni locus sit: per id autem quod tres personæ ejusdem substantiæ sunt, et aliæ in aliis; quod etiam eadem voluntas, eadem operatio, eadem vis ac potentia, ac denique idem, ut ita loquar, in illis motus est, hoc agnoscimus; quod nimirum in illis nulla divisio locum habeat, et quod unus sit Deus. Unus quippe vere Deus est, Deus, Verbum et Spiritus ejus.

139 *De trium personarum distinctione; deque re, et ratione, et cogitatione, mentis præscissione.* — Hoc autem nosse interest, quod aliud sit quoad rem, et aliud ratione ac cogitatione considerari. Enimvero in omnibus creaturis discretio quidem personarum quoad rem consideratur. Re quippe ipsa Petrum a Paulo separatum consideramus; communitas autem et conjunctio atque unitas, ratione atque cogitatione perspicitur. Per mentem enim concipimus Petrum et Paulum ejusdem esse naturæ, naturamque unam communem habere [89]. Nam uterque eorum animal rationale et mortale est: et uterque caro est, anima rationali et intelligente prædita [90]. Hæc itaque communis natura ratione consideratur. Neque enim hypostases aliæ in aliis sunt, verum quælibet privatim et sigillatim, hoc est sejunctim consistit; habetque permulta quibus ab alia persona dirimatur. Nam et loco disjunguntur, et tempore discrepant, sententia quoque dividuntur, et forma sive figura, et habitu, et temperamento, et dignitate, et instituto vitæ genere, ac denique omnibus aliis proprietatibus, quibus tanquam certis quibusdam notis dignoscuntur. In primis autem inter se dissident, quod non alia in alia, sed quæque separatim exsistunt. Ex quo etiam efficitur, ut duo, et tres, et multi homines dicantur.

Unde unitas naturæ divinæ. Personæ Trinitatis indivisæ. Filius et Spiritus sanctus ad unum principium referuntur. — Id quod in omnibus quoque conditis rebus animadvertere liceat. In sacrosancta vero, et substantiam omnem exsuperante, atque ultra res omnes evecta et incomprehensibili Trinitate, contrario modo se res habet. Illic enim communitas quidem et unitas reipsa consideratur, tum quia personæ coæternæ sunt, tum quia illarum eadem est essentia, facultas, voluntas, sententiæ conspiratio, eadem quoque auctoritas, potentia, bonitas. Non dixi, similitudinem, sed identitatem, atque unam motionis præsultationem [91]. Una enim est essentia, una bonitas, una potestas, una voluntas, una facultas, una auctoritas: una, inquam, et eadem, non tres inter se similes, sed una plane eademque trium personarum motio. Unaquæque enim ipsarum non minus unitatem habet cum alia, quam ipsa secum. Unum

[83] Greg. Naz. orat. 25. [84] Id. orat. 23. [85] Id. orat. 23. [86] Greg. Naz. orat. 13 et 29; Athan. orat. cont. Arian. [87] Basil. orat. Cont. Sabell., Ar. et Eunom. [88] Greg. Naz. orat. 29, 34 et 40. [89] Greg. Naz. orat. 37. [90] Id. orat. 32. [91] Id. orat. 40.

quippe idemque omnino sunt Pater et Filius et Spiritus sanctus; nisi quod Pater ingenitus est, Filius genitus, et Spiritus sanctus processit. Quod autem in ea discretum est, cogitatione percipitur ⁹². Unum quippe Deum cognoscimus; in solis proprietatibus, **140** nimirum paternitatis, filiationis, et processionis; atque quantum ad causam et causatum, ac hypostasis perfectionem, hoc est exsistendi modum, distinctionem intelligimus ⁹³. Neque enim distantiam secundum locum, ut apud nos, in Deitate quæ circumscriptionem omnem excludit, admittere licet (sunt enim personæ aliæ in aliis; non ut inter se confundantur, sed ut cohæreant, juxta eam Domini sententiam : *Ego in Patre et Pater in me est* ⁹⁴) nec voluntatis, aut sententiæ; aut efficacitatis, aut potentiæ; aut alterius cujusdam rei, quæ realem ac omnimodam in nobis distinctionem gignat, discrimen ullum. Quapropter nec tres deos Patrem et Filium et Spiritum sanctum dicimus; quin potius sanctam Trinitatem unum Deum asserimus : sic videlicet ut Filius et Spiritus sanctus ad unum auctorem referantur, non autem componantur, aut juxta Sabellii contractionem una coalescant ac permisceantur (uniuntur enim, ut diximus, non ita ut confundantur, sed ut cohæreant; atque sese invicem citra omnem contradictionem ac commissionem pervadant), nec extra se invicem sistantur, aut quantum ad essentiam juxta Arii divisionem scindantur ⁹⁵. Indivisa enim in divisis, ut rem breviter enuntiem, Divinitas est; ac velut in tribus solibus sibi invicem cohærentibus, nulla loci intercapedine disjunctis, una eademque lucis temperatio atque conjunctio. Quare cum Deitatem, primamque illam causam, et monarchiam, atque unam eamdemque divinitatis (ut ita dicam) motionem, et voluntatem, eamdem essentiam ac potentiam, efficacitatemque, et dominationem intuemur, unum duntaxat sensui nostro observatur ⁹⁶. At vero, cum ea, in quibus Deitas est, vel, si accuratius loquendum est, quæ Deitas est, atque ea quæ ex principe illa causa citra omne temporis spatium, gloriæque discrimen, ac separationem exsistunt; hoc est personas, consideramus, tria sunt quæ a nobis adorantur ⁹⁷. Unus pater, Pater; idemque principii, hoc est, causæ expers (neque enim est ex aliquo); unus filius, Filius; et ipse non sine principio, hoc est non sine causa est (ex Patre enim est); si tamen a tempore principium sumas, principii quoque expers est (neque enim tempori subest temporum effector), unus denique spiritus; Spiritus sanctus, ex Patre quidem procedens, non tamen filiationis modo, sed processionis; ut neque Pater ab ingeniti proprietate desciverit, quia genuit; neque Filius, a generatione, eo quod ex ingenito natus sit (qui enim hoc fieri posset) nec postremo Spiritus, aut in Patrem, aut in Filium transierit, eo quod processerit, et quia Deus sit: immobilis siquidem est proprietas. Quonam **141** enim alioqui modo constaret sibi proprietas, si moveretur atque in aliam transiret? Nam si Filius Pater est, Pater sane proprie non est (unus enim proprie est Pater) ac si Pater Filius est, proprie Filius non est : unus enim proprie Filius est, et unus Spiritus sanctus.

Hoc porro scire operæ pretium est, nos Patrem ex aliquo esse non dicere; sed ipsum Filii Patrem appellamus. Filium item nec causam, nec Patrem dicimus; verum potius cum ex Patre esse, ac Patris Filium esse. Denique Spiritum sanctum, et ex Patre esse, et Patris Spiritum nominamus. At vero cum ex Filio esse non dicimus ⁹⁸, Filii tamen Spiritum **142** vocitamus. *Si quis enim Spiritum Christi non habet*, ait divinus Apostolus ⁹⁹, *hic non est ejus*. Quin et eum nobis per Filium manifestatum esse et impertiri profitemur et agnoscimus: *Insufflavit enim*, inquit, *et dixit discipulis suis: Accipite Spiritum sanctum* ¹. Perinde ut ex sole quidem est cum radius, tum splendori (ipse enim fons est et radii et splendoris), per radium autem nobis splendor communicatur, et ipse est qui nos collustrat, atque a nobis participatur. At Filium denique nec Spiritus esse, nec ex Spiritu dicimus ².

CAP. IX.
De iis quæ de Deo dicuntur.

Deus simplex est, nec compositus. Quod autem ex multis et diversis conflatur compositum est. Quocirca si increatum ac principii expertem esse, si incorporeum, immortale, æternum, bonum, rerum omnium opificem, cæteraque id genus, substantiales Dei differentias dixerimus; profecto quod ex tam multis conflabitur, non simplex, sed compositum erit; quod extremæ impietatis fuerit asserere. Sic itaque existimandum est ea omnia quæ de Deo dicuntur, non quid ratione substantiæ sit, significare, sed, aut quid non sit explicare aut relationem quamdam ad aliquid eorum, quæ ab ipso distinguuntur, aut quidpiam eorum quæ naturam aut operationem sequuntur.

Qui est, *Dei nomen maxime proprium*. — Ex omnibus porro nominibus quæ Deo tribuuntur, nullum æque proprium videtur, atque ὁ ὤν (id est, *Qui est*: quemadmodum ipsemet cum Moysi in monte responderet, ait : *Dic Filiis Israel : Qui est, misit me* ³. Nam totum esse, velut immensum quoddam ac nullis terminis definitum essentiæ pelagus complexu suo ipse continet⁴ : ut autem Dionysio placet ⁵, primarium ipsius nomen est;

---

⁹² Greg. Naz. orat. 37; Greg. Nyss., Epist. ad Ablab. et orat. 32. ⁹³ Basil. epist. 43. ⁹⁴ Joan xv, 11. ⁹⁵ Greg. orat. 29; Dionys. c. 2. *De div nom*. ⁹⁶ Greg. Naz. orat. 37. ⁹⁷ Id. orat. 19 et 29. ⁹⁸ Maxim. Epist. ad Marin. ⁹⁹ Rom. viii, 9. ¹ Joan. xx. 29. ² Greg. Naz. orat. 37. ³ Exod. v, 14. ⁴ Greg. Naz. orat. 36. ⁵ Dionys cap. 2, 5 et 1 *De d v nom*.

bonus : neque enim de Deo dicere licet ipsum prius esse, tum bonum esse.

143 Secundum nomen est, Θεὸς [a] (id est *Deus*), quæ vox vel a verbo θέειν ducta est, quia currat, et omnia circumobeat : vel ab αἴθω, id est urere : Deus enim ignis consumens est [7]: vel denique ἀπὸ τοῦ θεᾶσθαι, hoc est, quia omnia conspiciat [8]. Nihil enim oculos ejus fallere potest, ac rerum omnium inspector est. Omnia enim priusquam fierent contuitus est [9], ante omne tempus ea cogitatu complectens; resque omnes præfinito tempore efficiuntur, pro illius, quæ tempori non subest, cogitatione cum voluntate conjuncta, quæ quidem præfinitio et imago et exemplar est.

Ac prius quidem vocabulum, hoc demum nobis declarat, quod sit ; at non item quid sit, alterum autem operationem indicat. Ἄναρχον porro, hoc est *principii expers*, incorruptibile, et increatum, et incorporeum, et invisibile, aliaque ejusmodi, quid non sit ostendunt ; nempe quod non cœperit esse, *non intereat, non sit creatus, nec sit corpus, nec videri oculis possit* [10]. Jam vero bonum, et justum, et sanctum, aliaque ejusmodi, naturam quidem comitantur ; cæterum essentiam non declarant. Denique Dominus, rex, et similia, relationem ad ea quæ ex adverso distinguuntur, liquido explicant. Nam et eorum quibus dominatur, Dominus dicitur ; eorumque in quos regiam obtinet potestatem, rex nuncupatur ; eorum item quæ facit, *opifex audit et conditor*; eorum denique quos pascit, pastor.

CAP. X.
De divina unione et distinctione.

Hæc igitur omnia communiter in tota divinitate accipienda sunt, atque eodem modo, et simpliciter, et individue, omnimoque conjunctim : distinctim autem Pater et Filius et Spiritus sanctus ; item quod causa caret, et quod a causa est, ac postremo ingenitum, genitum, et procedens ; quæ quidem non ejusmodi sunt ut naturam denotent, sed mutuam inter se personarum relationem ac *exsistendi modum* [11].

144 *Dei operatio una simplex*. — Hæc igitur cum perspecta habemus, atque ex his ad divinam essentiam veluti porrecta manu ducimur, non essentiam ipsam, sed quæ sunt circa essentiam, percipimus : quemadmodum nec si nobis exploratum sit animam incorpoream esse, atque quantitate ac figura vacare, protinus ipsius quoque essentiam cognitam ac comprehensam habuerimus : consimiliter, nec quamvis corpus aliquod, vel candidum, vel utrum esse nobis constet, proinde quoque ipsius essentia comperta nobis est. Porro vera doctrina Deum simplicem esse tradit, atque unam simplicem operationem habere, eamque bonam, et omnia in omnibus operantem ; instar solaris radii, qui omnia fovet, atque in singulis, prout quodque naturali aptitudine præditum est, et ita comparatum, ut ipsum excipere possit, vim suam exerit ; ab opifice videlicet Deo vim hujusmodi consecutus.

Quæ ad Incarnationem pertinent discreta sunt, ac solius Filii. — Distincta autem sunt atque discreta ea omnia quæ ad divinam benignissimamque erga homines Dei Verbi incarnationem pertinent. In his enim nullæ omnino Patris et Spiritus sancti partes exstiterunt, nisi quoad beneplacitum attinet, atque ad ea omni sermone superiora miracula, quæ Deus Verbum nobis similis homo factus, ut incommutabilis Deus, Deique Filius edebat [12].

CAP. XI.
De his quæ modo corporeo de Deo dicuntur.

Quoniam autem plurima de Deo, corporibus affini quadam ratione in sacris Litteris symbolice ac per figuram dicta reperimus ; illud noscamus oportet, fieri non posse, ut nos qui homines sumus, crassaque carne involvimur, divinas illas, et excelsas, immaterialesque Divinitatis actiones intelligamus ac sermone complectamur, nisi figuris et imaginibus, signisque naturæ nostræ consentaneis utamur [13]. Quocirca ea omnia quæ corporea vel paululum ratione de Deo enuntiata sunt, figurate dicta sunt, altioremque sensum includunt : quippe cum Deus simplex omnisque figuræ expers exsistat. Igitur per oculos, et palpebras, visumque Dei, vim ipsius rerum omnium inspectricem, atque ejusmodi cognitionem intelligamus, quam res nulla fugiat : ut nimirum sensus ministerio perfectior nobis atque certior cognitio accedat. Per aures et auditum ipsius ad ignoscendum propensionem **145** atque in excipiendis precibus nostris benignitatem. Solemus enim per hunc sensum iis qui nobis supplices sunt, mites nos facilesque præbere ; benignius videlicet aurem ipsis admoventes. Per os ac locutionem, voluntatis ipsius declarationem accipimus. Quippe nos quoque abdita cordis sensa per os et sermonem promimus. Per cibum et potum, promptum nostrum ad voluntatem accessum. Etenim nos quoque necessarium naturæ appetitum explemus per gustus sensum. Per olfactum, vim eam, qua cogitationem ac benevolentiam gratam acceptamque habet. Siquidem et nos odorum fragrantiam per hunc sensum excipimus. Per faciem, ipsius per opera demonstrationem ac ostensionem. Quando quidem nos quoque ex vultu oreque pa-

---

[a] Τὸ Θεὸς nomen et ipsum Gregorio relativum, ut et Cyrillo, *Thes.* assert. 5. [7] Deut. v, 24. [8] II Mach. x, 5. [9] Dan. xiii, 42. [10] Dionys. cap. 5 *De div. nom.*; Maxim. in hunc locum. [11] Dionys. cap. 2. *De div. nom.* Greg. Naz. orat. 37 et 45 ; Nyss. Epist ad Ablab. [12] Greg. Naz. orat. 21 ; Dionys. c. 2 *De div. nom.* [13] Dionys. c. 1 *De div. nom.* et cap. 15. *De cœl. hier.*

lam dignoscimur. Per manus, actionem illam, qua opera sua absolvit. Nam nos etiam utilissima quæque et præstantissima opera nostris manibus efficimus. Per dexteram, ipsius in rebus secundis opem et auxilium; ex eo nempe quod nos in rebus insignioribus, quæque plurimum roboris requirunt, dextra potius utimur manu. Per tactum, certissimam ipsius minutissimarum ac occultissimarum rerum explorationem et exactionem : ob id scilicet, quod illi quoque, quos contrectamus, nihil in se occultare queant. Per pedes et incessionem, adventum ipsius et præsentiam, vel ad opem egentibus ferendam, vel ad hostes ulciscendos, vel ad rem aliam gerendam : quod nimirum nobis quoque hoc pedes præstent, ut ad locum aliquem perveniamus. Per jusjurandum, consilii ejus immutabilitatem : quod apud nos interposito jurejurando mutua pacta firmantur. Per iram et furorem, infensam ejus erga malitiam voluntatem ac odium. Nam et nos ea quæ cum voluntate et sententia nostra pugnant odio habentes, in iram prorumpimus [14]. Per oblivionem, somnum et dormitationem, animadversionis in hostes dilationem, temporisque moras in auxilio consueto ferendo iis, quos charos ac necessarios habet. Denique, ut uno verbo dicam, in iis omnibus quæ de Deo corporeo modo enuntiantur, abstrusus quidam sensus inest, quo per illa quæ nobis congruunt, ea quæ supra nos sunt edocemur : nisi forte quidpiam de corporeo Dei adventu dictum est. Nam ipse totum hominem salutis nostræ causa suscepit; hoc est animam intelligentem, et corpus, atque humanæ naturæ proprietates, necnon naturales, nullique reprehensioni obnoxias passiones.

CAP. XII.
146 *De iisdem rebus.*

Dei nomina ex creatis. — Enimvero hæc ex sacris, ut divinus ait Dionysius Areopagita [15], docemur oraculis; quod nempe Deus omnium causa ac origo sit; eorum quæ sunt, essentia; viventium vita; rationalium ratio; intelligentium, intellectus; ac eorum quidem qui ab eo labuntur, revocatio et erectio; eorum autem qui id quod naturæ consentaneum est, corrumpunt et vitiant, renovatio et instauratio; eorum qui profanis quibusdam fluctibus jactantur, sacra stabilitas; stantium tutum præsidium; assurgentium ad ipsum via et manuductio, qua in altum subvehuntur. Addam etiam, eorum qui ab ipso facti sunt, Pater. Etenim, si proprie loquamur, Deus Pater noster verius est, qui ex nihilo nos produxerit, quam qui nos genuerunt; utpote qui tum ut sint, tum ut gignerent, ipsius munere sunt consecuti [16]. Est insuper et eorum qui ipsum sequuntur, et eo pastore reguntur, pastor; eorum qui illuminantur, coruscatio : eorum qui sacris mysteriis imbuuntur, initiationis auspex; eorum qui deitate donantur, deitatis largitor; dissidentium, pax; simplicitati studentium, simplicitas; colentium unitatem, unitas; principii omnis, principium, essentia omni principio sublimius : ac denique occulti sui, id est suæ cognitionis, quantum fas est, ac pro cujusque captu, benigna communicatio.

Hoc caput quod proxime sequitur, adjectitium est, nec reperitur in codicibus vetustioribus, sed in paucis quibusdam recentissimæ notæ. In Regio 3109 habetur post cap. 9 lib. IV, et in Regio altero n. 3451, post caput 2 lib. II. Lambecius monet adjunctum illud fuisse in cod. Cæsariano n. 200 ad calcem libri De fide orthodoxa. *Illud vero Joanni Damasceno tribuendum esse, Joannes Beccus, patriarcha quondam Constantinopolitanus, ejusque socii evicerunt in solemni conventu episcoporum, cujus acta Georgius Pachymeres in Andronico, lib.* VII *refert. Quinimo Georgius Scholarius in utroque opere quod de Spiritus sancti processione adversus Latinos edidit, nostri auctoris fetum esse indubius agnoscit.*

Adhuc de divinis nominibus accuratius.

Dei essentia in se nobis ignota, nec nominabilis. Dei nomina ex creatis, ipso innominabili. — Deus, incomprehensibilis cum sit, omnino quoque nominari non potest. Cum itaque ipsius essentiam ignoremus, essentiæ ipsius nomen ne inquiramus. Nomina quippe rerum manifestantia sunt [17]. At Deus qui bonus est, nosque idcirco ex **147** nihilo produxit, ut ipsius bonitatis participes simus, quique cognoscendi vim nobis indidit, sicut essentiam suam nobis non impertivit, sic ne essentiæ quidem suæ cognitionem tribuit. Neque enim fieri potest ut natura superiorem se naturam plene cognoscat [18]. At si cognitiones sunt earum rerum quæ sunt, quod essentia omni sublimius est, quonam velim modo cognoscatur? Quare inenarrabili ipsius bonitate factum est, ut ex his quæ nobis familiaria sunt, nominari voluerit; ne alioqui ejus cognitionis prorsus expertes essemus, sed notionem ipsius, quamlibet obscuram, haberemus. Et quidem, quatenus omnem animi comprehensionem superat, nullum ei nomen assignari potest : quatenus autem omnium auctor est, rerumque omnium causas et rationes in se continet, ex omnibus rebus, etiam inter se contrariis, nominatur, velut a luce tenebris, ab igne et aqua; ut intelligamus, hæc illum secundum essentiam non esse, sed potius supra essentiam

---

[14] Greg. Naz. orat. 37. [15] Dionys. cap. 1 *De div. nom.* [16] Athan. orat. 2 *Cont. Arian.*; Cyril. *Thes.* assert. 15. [17] Greg. Naz. orat. 36. [18] Dionys. cap. 1 *De div. nom.*

esse, nec ullo nomine appellari quidem posse, caeterum ut omnium causam, a cunctis effectis nominari.

Dei nomina negantia, affirmantia. Quae aptius de Deo dicantur nomina. Malum, nihil; bonum, exsistentia, ac res. Mista Dei nomina. Affirmatio praecellentis negationis vim habens. — Quocirca ex divinis nominibus quaedam per negationem dicuntur, quibus essentiam omnem eum superare declaratur ; velut cum essentiae expers, sine tempore, sine principio, invisibilis dicitur : non quod re ulla inferior sit, aut illi quidquam desit (ipsius enim sunt omnia, atque ex ipso, et per ipsum sunt, et in ipso constant [19]), sed quia eminenti modo rebus omnibus excelsior est. Non enim quidquam est eorum quae sunt, sed super omnia. Sunt autem alia quae per affirmationem efferuntur ; ea nimirum quae de eo dicuntur, ut est omnium rerum causa. Nam velut omnium omnisque essentiae auctor, et Ens dicitur et essentia : utque omnis rationis et sapientiae, rationalis et sapientis causa ; et ratio dicitur, et rationalis ; sapientia item, et sapiens. Eodem modo, et mens dicitur, et intelligens ; vita et vivens ; potentia et potens ; itemque in omnibus aliis rebus. Quinimo ex praestantioribus, quaeque propius ad eum accedunt, aptius nuncupabitur. Praestantiora autem sunt, eique propinquiora, quae materia carent, quam quae materialia sunt ; quae pura, quam quae impura ; et quae sancta, quam quae profana ; utpote quae ejus aliquid uberius habeant. Itaque affiniori longe ratione sol et lumen appellabitur, quam tenebrae ; et dies, quam nox ; vitaque, quam mors ; itemque ignis, et spiritus, et aqua, ut quae vivifica sunt, quam terra ; ac prae his omnibus, bonitas, quam malitia : quod perinde est ac si dicerem, res potius quam nihil. Bonum enim exsistentia est, et exsistentiae causa ; malum autem boni sive exsistentiae privatio est. Atque haec sunt vocabula affirmantia et negantia. Ex utrisque porro suavissima connexio fit : v. gr. superessentialis essentia, superdivina Deitas, principium omni principio superius, aliaque similia. Sunt etiam quaedam, quae tametsi de Deo affirmando dicuntur, praecellentis tamen negationis vim habent. Quo in genere illud est, cum Deum tenebras appellamus ; non quod Deus tenebrae sit, sed quod non sit lux, sed omni luce sublimior exsistat.

Nomina communia; cuique personae propria. — Deus itaque, et mens, et ratio, et spiritus, et **148** sapientia, et potentia dicitur, ut horum auctor, ut materiae expers, ut omnium artifex et omnipotens [20]. Atque haec tum communiter de tota Deitate dicuntur (tam quae affirmando, quam quae negando efferuntur), tum singillatim de qualibet sanctae Trinitatis persona, aequaliter, eodemque modo, et nullo defectu. Nam, cum ex tribus personis unam considero, perfectum illam Deum, perfectamque substantiam

agnosco. Neque enim compositum quoddam est divinitas; sed in tribus perfectis perfectum unum, indivisum, nec compositum. Cum denique mutuum respectum personarum animo verso, illud compertum habeo, Patrem superessentialem solem esse, bonitatis fontem, essentiae, rationis, sapientiae, potentiae, luminis, divinitatis abyssum; occulti in se boni genitricem productricemque scaturiginem. Ipse quippe mens est, rationis abyssus, Verbi genitor, ac per Verbum manifestantis Spiritus productor. Ac, ne multa dicam, non est alia Patri ratio, sapientia, potentia, voluntas, praeter Filium, qui sola est Patris potentia, rerum omnium creationis primordialis virtus ; velut perfecta persona ex perfecta persona genita, quo modo ipse novit, qui Filius est, diciturque. Ac postremo Spiritus sanctus Patris potentia est, divinitatis recondita declarans, ex Patre per Filium procedens, qua ipse novit ratione ; non tamen generationis : quo fit etiam ut Spiritus sanctus omnium creationis consummator exsistat. Quocirca omnia quae causae, Patri, fonti, genitori conveniunt, ea Patri soli ascribi debent : quae autem producto, genito, Filio, Verbo, primordiali potentiae, voluntati, sapientiae quadrant, ea Filio tribuenda sunt : quae denique producto per processionem, manifestanti, ac perficienti potentiae, haec Spiritui sancto. Pater fons est, et auctor, tum Filii, tum Spiritus sancti : solius tamen Filii Pater, ac Spiritus sancti productor. Filius autem, Filius est, Verbum, sapientia, potentia, imago, splendor, Patris figura, et ex Patre. At Spiritus sanctus non Patris Filius ; sed Spiritus Patris, ut qui ex Patre procedat. Nullus enim impulsus est sine Spiritu. Quin Filii quoque Spiritus dicitur, non velut ex ipso, sed per ipsum ex Patre procedens. Solus enim Pater auctor est.

CAP. XIII.

149 *De loco Dei et quod solus Deus incircumscriptus sit.*

Locus corporeus. — Locus corporeus est terminus continentis, quo continetur id quod continetur [21] : v. gr. aer continet ; corpus continetur. Nec tamen totus aer locus est corporis contenti, sed extremitas duntaxat ambientis, quae totum corpus attingit. Sic plane, quia id quod continet, non est in eo quod continetur.

Locus spiritualis. Deus in loco non est. Dei locus metaphorice. — Est autem etiam spiritualis locus, ubi intelligitur et exsistit intellectualis natura et incorporea ; ubi nimirum praebens est et agit ; nec corporeo modo continetur, sed spirituali. Non enim figuram habet, qua corporum more contineatur. Et quidem Deus, ut qui materiae expers sit, et incircumscriptus, in loco non est. Ipse enim sui ipsius locus est, omnia implens, et super omnia exsistens, omniaque ipse complectens [22]. Attamen

---

[19] Coloss. 1, 17. [20] Dionys. *De div. nom.* cap. 5. orat. 34.

[21] Arist. lib. IV *Physic.* cap 4. [22] Greg. Naz.

in loco esse dicitur, Deique appellatur locus, ubi ejus virtus et operatio manifesta sunt. Ipse enim citra ullam permistionem omnia permeat, rebusque omnibus operationem suam impertit, pro uniuscujusque aptitudine ac suscipiendi facultate ; hoc est tum naturali, tum voluntaria puritate. Puriora siquidem sunt, quæ materiæ immersa non sunt, quam materialia ; et proba atque honesta, quam prava et cum malitia conjuncta. Ergo Dei locus is dicitur, qui uberioris ipsius operationis et gratiæ particeps est. Idcirco cœlum sedes ejus est (illic enim sunt angeli, qui faciunt ipsius voluntatem, eumque semper laudibus celebrant[13]); hæc quippe ipsi est requies : terra autem scabellum pedum ejus[14] ; in qua per carnem cum hominibus conversatus sit[15]. Pes porro Dei sancta ipsius caro variis locis nominata est. Quin Ecclesia quoque Dei locus dicitur ; quia eam ad ipsius canendas laudes, ceu templum quoddam, secrevimus, in quo eum exoremus. Ad eumdem modum loca in quibus perspicua fit nobis ipsius operatio, sive per carnem, sive absque corpore, Dei loca dicuntur.

Sciendum autem est Deum partibus carere ; ut totus omnino ubique sit, et non pars in parte, more corporum distrahatur, sed totus in omnibus, et totus supra omnia exsistat.

De loco angeli, et animæ ; deque rerum circumscriptione. — **150** Angelus autem, etsi non ad modum corporis ita in loco continetur, ut formam et figuram recipiat ; in loco tamen esse dicitur, quia spirituali modo adest et agit, prout naturæ suæ consentaneum est ; nec alibi est, sed ibi intelligibili modo circumscribitur, ubi et operatur. Neque enim in diversis locis eodem tempore operari potest. Dei namque solius est ubique simul operari. Nam angelus quidem ob naturæ pernicitatem, ac quia prompte ac celeriter pertransit, in diversis locis operatur ; at Deus, ut qui ubivis, ac supra omnia sit, eodem temporis momento, una et simplici operatione varie ubique agit.

Porro anima, tota toti corpori devincta est, et non pars parti : nec eo continetur, sed ipsum continet, haud secus ac ignis ferrum ; inque illo exsistens suas ipsa functiones obit.

Solus Deus incircumscriptus. — Circumscriptum hoc est, quod loco vel tempore vel animi perceptione comprehenditur ; incircumscriptum autem quod nullo horum continetur. Quamobrem solus Deus incircumscriptus est, qui principio et fine careat, atque omnia complectatur, nullatenus ipse comprehensus[16]. Solus enim incomprehensus ipse est, nullis definitus terminis, et a nemine cognitus, qui solus ea vi polleat qua se plene contempletur. Ac angelus et tempore circumscribitur (incepit enim esse) et loco (tametsi spirituali, ut prædiximus, ratione) et comprehensione. Nam et alii aliorum naturam quodam modo exploratam habent, prorsusque ab opifice definiuntur. Corpora denique et principio circumscribuntur, et fine, locoque corporeo, et comprehensione.

Collectanea de Deo Patre et Filio et Spiritu sancto; deque Verbo et Spiritu. Solus Filius ut judicaturus ; æterna cum Patre judex prædestinatione. — Deus igitur omnino immutabilis et invariabilis est. Omnia enim, quæ in arbitrio ac potestate nostra posita non sunt, præsciendo præfinivit ; singula videlicet suo et convenienti tempore et loco futura. Quocirca *Pater non judicabit quemquam ; sed omne judicium dedit Filio*[17]. Judicavit siquidem Pater et Filius, ut Deus, necnon Spiritus sanctus ; at Filius ipse corporaliter ut homo descendet, inque sede majestatis sedebit (descensus enim atque sessio corporis circumscripti sunt) et universum orbem in justitia judicabit.

Omnia a Deo distant ; non loco, sed natura. In nobis prudentia, sapientia, consilium, ut habitus, accedunt et recedunt : non item in Deo : nam in eo nihil accidit aut excidit : quippe cum mutationis et alterationis expers sit, atque in eo accidens aliquod admittere nefas sit. Bonum enim, Dei essentiam comitatur. Qui Deum semper desiderat, hic ipsum videt : in omnibus enim Deus est. Ab eo siquidem qui est, ea quæ sunt dependent : nec esse aliquid possit, quod esse non habeat in eo qui est. Rebus quidem omnibus immistus Deus est, ut continens et conservans naturam : at Deus Verbum sacræ suæ carni personaliter unitus, ac nostræ naturæ citra confusionem admistus est.

151 *Nemo videt Patrem, nisi Filius et Spiritus sanctus*[18].

Patris consilium et voluntas, sapientia et virtus est Filius. Non enim qualitatem Deo fas est ascribere ; ne alioqui compositum asseramus ex substantia et qualitate.

Filius ex Patre est, et cuncta quæ habet, ab ipso habet : nec proinde a se potest quidquam facere[19]. Neque enim distinctam a Patre operationem habet[20].

Quod Deus, qui natura invisibilis est, per operationes tamen visibilis fiat, ex mundi nobis structura et gubernatione clarum est[21].

Imago Patris est Filius, ac Filii, Spiritus[22] ; per quem ille in homine habitans, ad imaginem Dei esse eidem impertit[23].

Deus est Spiritus sanctus, inter ingenitum et genitum medius, et qui per Filium Patri connectitur. Spiritus Dei dicitur, Spiritus Christi, mens Christi, Spiritus Domini, Dominus ipse, Spiritus adoptionis, veritatis, libertatis, sapientiæ (horum enim omnium efficiens est), omnia essentia replens, omnia conservans : mundum implens per

---

[13] Isa. vi, 4 seqq. [14] Isa. lxvi, 1. [15] Baruch iii, 38. [16] Greg. Naz. orat. 44. [17] Joan. v, 22. [18] Joan. vi, 46. [19] Joan. v, 30. [20] Greg. orat. 36. [21] Sap. xiii, 5. [22] Basil. lib. v Cont. Eun. [23] Greg. Naz. orat. 37.

essentiam; cujus tamen potentiam mundus capere non possit.

Deus est æterna substantia et incommutabilis, rerum creatrix, religiosaque adoranda conscientia est.

Deus et Pater sempiternus est, ingenitus; ut qui ex nullo genitus sit, Filiumque pariter sempiternum genuerit. Deus etiam Filius, qui cum Patre semper exsistens sine tempore, ac sempiterne, absque fluxione et passione, et individue ex eo genitus sit. Deus quoque Spiritus sanctus, vis sanctificans, subsistens; qui ex Patre absque sejunctione procedens, ac in Filio quiescens, ejusdem et ipse cum Patre et Filio substantiæ sit.

Verbi ac sermonis acceptiones variæ. — Verbum est, quod cum Patre substantialiter semper est. Rursus verbum est naturalis mentis agitatio, qua movetur, et intelligit, et cogitat; veluti lux ipsius et splendor exsistens. Est præterea verbum intimum, quod in corde tantum eloquimur. Est denique verbum intelligentiæ nuntius, quod scilicet ore profertur. Deus itaque Verbum substantivum est et subsistens: tria vero reliqua animi sunt facultates, nec considerantur in propria subsistentia. Quorum primum, naturalis est mentis fetus, naturaliter ex ipsa semper ut ex fonte manans: secundum, internum dicitur: tertium, prolatitium.

152 *Item nominis Spiritus acceptiones variæ.* — Eodem modo spiritus variis modis consideratur. Nam hoc nomine appellatur et Spiritus sanctus: sed et Spiritus sancti virtutes, dicuntur spiritus. Spiritus item est angelus bonus; spiritus dæmon; spiritus anima: ac interdum mens quoque spiritus vocatur. Postremo et ventus et aer, spiritus nuncupantur.

CAP. XIV.
Proprietates seu attributa divinæ naturæ.

Increatum, et sine principio, immortale, infinitum, æternum, materia vacans, bonum, opifex, justum, illuminans, immutabile, impatibile, incircumscriptum, incomprehensum, indefinitum, incorporeum, non limitatum, invisibile, cogitatu majus, nullius egens, merum jus sui et liberum arbitrium, omnium dominans, vivificans, omnipotens, infinitæ potentiæ, sanctificare, ac communicatu esse, omnia continere et conservare, omnibusque providere. Hæc omnia similia suapte natura habet, non aliunde sumpta; sed ipsa rebus a se conditis pro cujusque capacitate bonum omne impertit.

Personarum in se invicem mansio et insessio (hæ enim divelli nequeunt, in se invicem circuminsessionem confusionis expertem servantes; non ut contrahantur et permisceantur, sed ut simul cohæreant); Filius enim in Patre et Spiritu sancto est; Spiritus item in Patre et Filio: ac denique Pater in Filio et Spiritu sancto: sic tamen ut nulla permistio sit, aut confusio [34]. Unus item et idem motus. Una enim et eadem trium personarum prosultatio, unaque motio est: quod quidem in creata natura perspici nequit.

Huc accedit quod divina coruscatio et operatio, quæ una, simplex, et indivisa est, cum pro boni alia aliave ratione in dividuis varia fiat, ac universis ea quæ cujusque propriam naturam constituunt, **153** contineatque, distribuat, simplex nihilominus maneat, sieque in rebus divisis multiplicetur, ut interim ea in quæ divisio cadit, ad suam simplicitatem colligat et convertat [35]. Eum enim omnia appetunt, inque ea exsistunt; ipsaque omnibus rebus pro cujusque natura esse tribuit. Hæc esse est eorum quæ sunt, viventium vita, rationalium ratio, intelligentium intelligentia; cum tamen ipsa, et supra mentem, et supra rationem, et supra vitam, et supra essentiam exsistat.

Omnia præsentia Deo. — Adde quod sine commistione ulla omnia pervadat; cum contra nihil eam possit penetrare: illudque item quod simplici cognitione omnia cognoscat, ac divino suo, omnibusque modis perspicaci et sine materia oculo, simplicissime tam præsentia, quam præterita, et futura prius quam fiant, contueatur [36]: tum etiam quod nullum in eum peccatum cadat, quodque peccata dimittat, et salutem afferat: ac denique illud, quod possit quidquid vult: non tamen velit quidquid potest. Potest enim mundum perdere, et non vult [37].

[34] Greg. Naz. orat. 1, 13 et 40. [35] Dionys. cap. 5 *De div. nom.* [36] Dan. xii, 42. [37] Greg. orat. 40.

LIBER SECUNDUS.

CAP. I.
De sæculo seu ævo.

Ipse sæcula fecit, qui ante sæcula erat: quem divinus David his verbis affatur: *A sæculo et usque in sæculum tu es* [38]. De quo item divinus Apostolus, *Per quem fecit et sæcula* [39].

Quid sæculum, Græcis αἰών. — Sciendum itaque, nomen sæculi, seu ævi, multipliciter accipi: com-

[38] Psal. lxxxix, 2. [39] Hebr. i, 3.

plura enim significat. Nam et hominis cujusvis vita sæculum dicitur. Sæculum item, tempus mille annorum appellatur [40]. Ad hæc sæculum nominatur, totum præsentis vitæ curriculum, et futura illa ac post resurrectionem immortalis vita [41]. Quin sæculum quoque dicitur, non tempus, nec temporis pars ulla solis motu ac cursu definita, sive ex dierum noctiumque serie conflata : sed ille velut temporalis motus, ac spatium, quod una cum iis quæ æterna sunt protenditur [42]. Quod enim iis quæ tempori subsunt tempus est, hoc perpetuis est sæculum.

Septem sæcula vitæ hujus, et octavum futuræ. — Jam vero septem hujusmodi sæcula dicuntur; hoc est, a cœli terræque creatione usque ad communem hominum consummationem et resurrectionem. Etenim privata quidem est consummatio, mors cujusque; communis autem, et integra, **154** cum communis omnium resurrectio continget. Octavum porro sæculum, ævum futurum est.

Cæterum ante mundi productionem, cum ne sol quidem esset, qui diem a nocte distingueret, ejusmodi sæculum non erat quod mensurari posset [43]; sed ille veluti temporalis motus quidam, et intervallum, quod una cum æternis rebus exporrigeretur. Atque hac quidem ratione unum est sæculum, secundum quam Deus etiam αἰώνιος [44], quasi dicerct *sæcularis*, nuncupatur ; imo et sæculo antiquior, utpote qui ipsum sæculum ipse fecerit, Deus enim, cum solus principio careat, universorum ipse est, tum sæculorum, tum rerum omnium parens. Deum porro dicens, procul dubio et Patrem dico, Filiumque ejus unigenitum Dominum nostrum Jesum Christum, et sanctissimum ejus Spiritum, unum Deum nostrum.

Sæcula sæculorum. Origenis instauratio damnata. — Quod autem sæculorum sæcula dicuntur, ideo fit quod septem hujus mundi sæcula, multa sæcula, seu vitas hominum, complectuntur. Atque unum illud sæculum sæcula omnia complexu suo tenet : sæculumque sæculi dicitur præsens hoc et futurum. Porro αἰώνιος, seu sæcularis, ac perpetua vita et pœna, futuri sæculi nullo fine limitata spatia declarant. Neque enim post resurrectionem suus tempori dierum noctiumque numerus constabit : sed unus potius vesperæ expers dies erit (Sole nempe justitiæ probis hominibus splendide et nitariter illucescente); peccatoribus contra, nox densa et sempiterna. Quonam pacto igitur cohærebit illud mille annorum curriculum, quo exacto, ut Origenes censuit, in integrum omnia restituentur ? Proinde sæculorum omnium unus parens et effector est Deus, qui etiam cuncta fabricatus est, ac sæculis antiquior exsistit.

CAP. II.
De rerum creatione.

Dei bonitas ratio creationis. Creatio Dei cogitatio. — Quoniam igitur bonus, omnique bonitate præstantior Deus, non satis habuit sua ipsius contemplatione frui; sed pro nimia bonitate sua quædam esse voluit, quæ ipsius afficerentur beneficiis, ejusque bonitatis participes forent : eam ob causam ex nihilo producit conditque universa, tam invisibilia, quam visibilia ; atque etiam hominem ex aspectabili et non aspectabili natura conflatum. Porro cogitando creat ; cogitatioque illa, Verbo complente et Spiritu consummante, consistit [45].

155 CAP. III.
De angelis.

Angelorum creatio et natura. — Ipse angelorum opifex et conditor est, ut qui eos ex nihilo produxerit, atque ad imaginem suam creaverit, naturam incorpoream, velut spiritum quemdam aut ignem materia vacuum, quemadmodum divinus David ait : *Qui facit angelos suos spiritus et ministros suos flammam ignis* [46]. quibus eorum levitatem, ardorem, fervorem, penetrabilitatem, et acrimoniam qua Deum desiderant, eique inserviunt, describit, atque indicat eos ad superna ferri, et ab omni materiali cogitatione exemptos esse [47].

Angelus incorporeus. — Angelus itaque est substantia intelligens, perpetuo motu, necnon arbitrii libertate prædita, corporis expers, Deo serviens, immortalitatem in natura Dei munere consecuta : cujus formam substantiæ ac definitionem Creator solus novit. Quod autem corpore ac materia vacare dicitur, hoc nostri ratione intelligendum est. Alioqui enim quidquid cum Deo confertur, qui solus nulli comparari potest, crassum et materiale invenitur. Sola quippe divina natura vere materia et corpore vacat.

Angelus libertate arbitrii præditus. — Est igitur angelus natura rationalis, intelligens, libera, vertibilis secundum sententiam, sive voluntate mutabilis. Quidquid enim creatum est, mutationi subsit necesse est : solum autem extra mutationis aleam illud est, quod increatum est. Rursusque id omne quod rationale est, arbitrii quoque libertate præditum est. Angelus itaque ut natura est rationis particeps, et intelligens, liberi est arbitrii ; ut creata, mutabilis est, cui liberum sit vel manere in bono, et in eo proficere, vel in malum inflecti.

Angelus incapax pœnitentiæ. — Pœnitentiæ porro ea ratione minime capax est [48]; **156** quia incorporeus est. Nam quod homo pœnitentiam conse-

---

[40] Arist. lib. 1 *De cœlo.* text. 100. [41] Matth. xii, 32 ; Luc. xxix, 54. [42] Greg. Naz. orat. 35, 38 et 42. [43] Greg. Naz. orat. 44. [44] αἰώνιος nobis *æternus* ; aliud significatione voce *sæcularis*. [45] Greg. Theol. orat. 38, 42 ; Dionys. cap. 4 *De Eccl. hier.* [46] Psal. ciii, 4. [47] Greg. Naz. orat. 38. [48] Nemes. c. 1.

cutus sit, id corporis imbecillitati fuerit ascribendum.

Dei munere immortalis est angelus, non natura. — Immortalis est, non quidem natura, sed Dei munere et gratia. Quidquid enim ortum habuit, finem quoque suapte natura habiturum est. Solus siquidem Deus semper est; imo et sempiterno superior. Non enim sub tempore, sed supra tempus est, qui fecit tempora.

Secunda lumina. — Secunda lumina spiritualia, ex primaria illa luce omnisque principii experte, splendorem habentia; quibus nec lingua opus sit, nec auribus; sed sine ulla prolati sermonis ope mutuo sibi sensa sua communicant et consilia [49].

Per Verbum omnes angeli creati sunt, et sancto Spiritu sanctificante consummationem acceperunt, ut pro sua quisque dignitate et ordine splendoris gratiæque participes essent [50].

Circumscripti angeli. — Circumscripti sunt; nec enim cum in cœlo sunt, in terra versantur; nec cum a Deo in terram mittuntur, remanent in cœlo. Cæterum nec mœnibus, nec foribus, nec repagulis, nec sigillis cohibentur. Non enim certis ullis terminis definiti aut coerciti sunt. Nullis terminis definitos dico; eo quod probis et dignis, quibus eos Deus visendos exhiberi voluerit, non quales exsistunt appareant, sed in aliam mutati formam, prout videntium obtutus ferre queat. Nam alioqui id solum natura ac proprie nullis definitur terminis, quod increatum est. Quidquid enim est creatum, intra terminos suos a Deo creatore finitur.

Porro aliunde quam a natura sua sanctitatem habent, nimirum a Spiritu sancto. Dei illustrante gratia, futura prædicunt [51]. Conjugio minime indigent, cum immortales sint.

Angeli locus. — Jam vero cum mentes sint, in hujusmodi quoque locis sunt, quæ mente intelliguntur: non quod corporeo modo circumscribantur (neque enim more corporum, quoad naturam attinet, figurantur, aut trina dimensione distenti sunt). sed **157** quod ubi se conferant, illic spiritaliter adsint et operantur; nec eodem tempore hic atque illic esse et operari possint.

Incertum an æquales substantia. — Ac quoad essentiam quidem æqualesne sint inter se, an dispares, compertum non est: solus hoc scit creator illorum Deus, qui universa explorate novit. Splendoris modo et gradu differunt; sive pro splendoris proportione gradum sint consecuti; sive contra pro sedis discrimine splendorem perceperint. Alii alios illustrant, ob ordinis vel naturæ præstantiam [52]. Liquet autem eos qui sublimiores sunt, inferioribus lumen ac scientiam affundere.

Angeli rerum humanarum præsides. — Ad explendam porro Dei voluntatem fortes et prompti sunt, eaque celeritate præditi, ut ubi Dei nutus jusserit, statim inveniantur. Certas etiam quisque terræ partes custodiunt, nationibus et regionibus præsident, prout a summo opifice præfecti sunt: res nostra gubernant, ac nobis opem ferunt; ea plane ratione, ut ex divina voluntate et præscripto supra nos positi, Deumque semper circumstent [53].

Ad malum difficile moventur. — Sunt quidem ad malum ægre mobiles, non tamen immobiles prorsus: nunc vero omnino ad illud moveri non possunt, non suapte natura, sed gratia, eaque constantia, qua unico illi bono adhærent [54].

Angelorum cibus. — Deum porro intuentur, ut fert captus ipsorum eoque cibo aluntur.

Nobis superiores exsistunt, ut incorporei, atque a corporea passione immunes; non tamen ab omni prorsus passione liberi sunt, quippe quod uni Deo proprium sit.

Apparitiones angelicæ. — Transformantur autem in quodcunque Dominus Deus præceperit, atque ita se hominibus conspicuos præbent, eisque divina mysteria aperiunt.

In cœlo degunt, unumque hoc munus habent, ut Deum laudent, divinamque voluntatem ejus exsequantur.

Angelorum ordines. — Ut autem sanctissimus, et in theologia præstantissimus vir Dionysius Areopagita ait [55], theologia omnis, hoc est Scriptura sacra, cœlestes substantias novem recensuit. Has divinus ille sacrorum magister in tres ordines distinxit, quorum primum illum esse dicit, qui Deum semper circumstat, quemque proxime, nulloque medio ei cohærere traditum est: nempe senis alis instructorum Seraphim, oculis plenorum Cherubim, ac sanctissimorum Thronorum; secundum, Dominationum, Virtutum, et Potestatum; tertium denique ac postremum, Principatuum, Archangelorum, ac Angelorum.

158 *Angeli quando creati.* — Et quidem nonnulli eos ante alias res conditas factos esse dicunt; quemadmodum his verbis testatur Gregorius Theologus: « Primum angelicas et cœlestes virtutes cogitat, ac cogitatio illa opus exstitit [56]. » Alii post primum cœlum conditum eos creatos malunt. Quod enim ante hominis formationem, apud omnes constat. Ego vero in Gregorii Theologi sententiam manibus ac pedibus eo. Decebat enim primum creari intelligentem naturam, deinde sensibilem, atque ita demum hominem ex utraque constantem.

Creatores angeli non sunt, contra Gnosticos. — Quotquot autem sunt, qui substantiam ullam, quæcunque tandem illa sit, ab angelis creatam esse contendunt, horum ore diabolus loquitur. Cum

---

[49] Greg. orat. 58. [50] Greg. orat. 34. [51] Theodoret. *Epit. div. decr.* cap. 8. [52] Dionys. *De cœl. hier.* c. 3; Greg. Naz. orat. 34. [53] Dionys. *De cœl. hier.* c. 9; Greg. orat. 34. [55] Greg. orat. 38. [54] Dion. cap. 6 *De cœl. hier.* [56] Greg. Theol. orat. 2.

enim creaturæ sint, rerum minime conditores sunt. Universorum vero opifex, provisorque, ac conservator Deus est; qui solus increatus exsistens, in Patre, et Filio et Spiritu sancto laudatur ac glorificatur.

CAP. IV.
De diabolo et dæmonibus.

Dæmones ex ordine angelorum infimo. Malum et tenebræ privationes, contra Manichæos. — Ex his angelicis virtutibus, terrestris ordinis princeps, cui custodiendæ terræ cura a Deo commissa fuerat, non natura malus conditus, sed cum bonus esset, bonique causa factus esset, atque ejusmodi, ut ne minimum malitiæ vestigium ex Creatore in eo exstaret, splendorem illum ac honorem, quem Creatoris beneficio consecutus erat, non ferens, libera voluntate, ex eo quod naturæ consentaneum est, in id quod est contra naturam, immutatus est, atque adversus **159** opificem suum Deum rebellationis ergo se extulit, ac primus a bono discedens, malus evasit [57]. Neque enim quidquam aliud malum est, nisi boni privatio; haud secus ac tenebræ nihil aliud sunt nisi luminis absentia. Bonum quippe, spirituale lumen est; velut econtra malum, spirituales tenebræ. Lux ergo a Creatore conditus, bonusque factus (*vidit enim Deus cuncta quæ fecerat, et erant valde bona* [58]), libera voluntate tenebræ factus est. Una porro cum ipso avulsa est, seque ruinæ ejus comitem adjunxit, innumerabilis subjectorum ipsi angelorum multitudo. Cum itaque ejusdem ac reliqui angeli naturæ essent, electione propria mali facti sunt, suapte sponte a bono ad malum inflexi [59].

Nihil dæmones possunt nisi Deo permittente. — Quocirca nullam adversus quemquam potestatem habent, nisi quæ ipsis a Deo certis de causis concedatur; quemadmodum accidit in Job [60], et porcis illis de quibus in Evangelio fit mentio [61]. Potestate autem sibi a Deo facta, viribus valent, immutanturque, et transformando se quamlibet voluerint speciem objiciunt.

Quo pacto angeli prædicunt futura. — Ac quidem futura, nec angeli Dei noverunt, nec dæmones; tamen prædicunt: angeli nempe, Deo ipsis detegente ac prænuntiare mandante. Quo fit ut quæ ab ipsis prædicuntur, omnia eveniant. Quin et dæmones quoque prædicunt; interdum scilicet, quia ea quæ procul geruntur, cernunt; interdum sola conjectatione: unde et sæpe mentiuntur, nec fides illis est adhibenda, etiamsi, eo quo diximus modo, sæpe vera dicant. Quin Scripturas quoque intelligunt.

Homini vim inferre non possunt. — Nulla porro malitia, nullus impurus affectus est, qui ab ipsis excogitatus non sit. Quamvis autem hominum suggestionibus pulsare ipsis permissum sit, nemini tamen vim inferre possunt (in nobis enim situm est suggestionem, aut admittere, aut non admittere [62]), ob idque diabolo et angelis **160** ejus inexstinguibilis ignis paratus est, ac supplicium æternum [63]; illisque item qui ipsum ducem sequuntur.

Quod mors homini, hoc angelo lapsus. — Sciendum autem illud hominibus mortem præstare, quod lapsus angelis. Post lapsum enim nulla ipsis pœnitentia est, uti nec hominibus post mortem [64].

CAP. V.
De visibili creatura.

Ipse Deus noster, qui trinus unusque celebratur, *cœlum fecit et terram et omnia quæ in eis sunt* [65]: cuncta nimirum ex nihilo producens; partim quidem ex non subjecta materia, ut cœlum, terram, aerem, ignem, aquam; partim ex hisce ab eo creatis elementis, velut animantia, stirpes, semina. Hæc enim ex terra et aqua, aere et igne Creatoris jussu condita sunt.

CAP. VI.
De cœlo.

Cœlum est visibilium invisibiliumque rerum ambitus. Illius enim amplexu, tum intellectuales virtutes, tum omnia sensibilia clauduntur et circumscribuntur. Solum autem supremum Numen circumscriptionis expers est, omnia implens, omnia complectens, omnia circumscribens, utpote omnia exsuperans, omniumque auctor exsistens.

De natura cœli opiniones. — Quoniam igitur cœlum Scriptura dicit, et cœlum cœli [66], et cœlos cœlorum [67], seque Paulus ait esse raptum usque ad tertium cœlum [68,69]; dicimus, nos in universi creatione cœlum illud fuisse conditum accepisse, quod externi philosophi, Moysis sibi placita vindicantes, orbem non stellatum vocant. Præterea firmamentum Deus cœlum appellavit [70], quod in medio aquarum fieri jussit; atque ita collocavit, ut aquas quæ sunt supra firmamentum, ab iis quæ sunt sub firmamento, divideret. Hujus porro naturam divinus Basilius [71], instar fumi tenuem ac subtilem esse ait, ex Scriptura divina edoctus [72]. Alii autem aqueum, ut, quod in medio aquarum posita sit: alii ex quatuor elementis conflatum docent: alii denique quintum quoddam corpus, diversum ab his quatuor [73].

Cœlum figuræ sphæricæ. — Porro quidam cœlum mundum universum cingere, **161** rotundæque figuræ esse, ac supremam undique mundi partem obtinere censuerunt: centrum autem totius illius

---

[57] Greg. Nyss. Orat. catech. cap. 6. [58] Gen. 1, 31. [59] Quæst. ad Antioch. quæst. 10. [60] Job I, 12. [61] Marc. v, 13. [62] Vide Jambl. *De myst.* sect. 4, cap. 11. [63] Matth. xxv, 41. [64] Nemes. *De nat. hom.* c. 1. [65] Psal. cxlv, 6. [66] Psal. cxiii, 16. [67] Psal. cxlviii, 4. [68,69] II Cor. xv, 2. [70] Gen. 1, 8. [71] Hom. 1 in Hexaemeron. [72] Isa. xl, 22. [73] Basil. *loc. cit.*

quod complectitur spatii infimam mundi partem esse; ac levia quidem motuique facilia corpora sublimem a Creatore sedem accepisse; gravia autem ac deorsum vergentia, inferiorem regionem, quæ media est. Ignis porro levissimum est elementum, quem proinde post cœlum locatum esse aiunt, æthèremque appellant; post hunc, in inferiori loco aerem. Terram autem et aquam, ut graviora et depressiora corpora, in meditullio pendere; ita ut e contra, deorsum terra sit et aqua (aqua porro terram levitate superat, ob idque facilius quam illa movetur), sursum autem in orbem, velut integumentum quoddam, aer, ac undecumque circa aerem, æther, tumque extra hæc omnia, cœlum expansum in orbem.

Cœli motus orbicus. — Orbico autem motu cœlum volvi docent, et ea quæ intra sunt amplecti, ut firma, nec decidua maneant.

Planetæ septem, eorumque orbes. — Ad hæc [73*] septem cœli orbes esse dicunt, quorum alius alio sublimior sit. Quin etiam subtilissimæ cujusdam substantiæ, fumi instar, illos esse astruunt; singulosque in singulis orbibus planetas sedem habere. Septem siquidem planetas esse dixerunt, Solem, Lunam, Jovem, Mercurium, Martem, Venerem, Saturnum. Venerem autem illum, modo Luciferum, modo Vesperum vocant. Eos vero planetas ob eam causam appellant, quod contra ac cœlum moveantur. Nam, cum cœlum et stellæ reliquæ ab ortu ad occasum motum habeant, hi soli ab occasu ad ortum feruntur. Id quod eo facile dignoscitur, quia luna singulo quoque vespere aliquantum retrograditur.

Mundi partes superiores et infimæ. — Omnes itaque qui rotundum cœlum esse censuerunt, æquo intervallo ipsum, tam a superioribus, quam ab obliquis et inferioribus partibus terra abesse ac distare astruunt. Ab inferioribus autem obliquisque partibus dico, quantum ad sensus nostri judicium attinet. Nam alioqui, ut ex dictis sequitur, cœlum undique superiorem locum, terra inferiorem obtinet. Aiunt insuper cœlum orbiculatim terram cingere, secumque rapidissimo motu solem, ac lunam, et stellas circumferre; cumque sol supra terram est, illic diem esse; cum vero sub terra, noctem. Rursusque, cum subtus terram sol subierit, hic noctem, illic diem esse.

Cœlum quibus probari videntur non esse undequaque rotundum. — Alii dimidia tantum parte sphæricæ figuræ cœlum esse sibi finxerunt, his divinaloqui Davidis verbis **162** in eam opinionem adducti: *Extendens cœlum sicut pellem* [74]; quo quidem vocabulo tentorium significatur; beati item Isaiæ: *Qui statuit cœlum velut fornicem* [75]. Tum etiam quia, cum sol et luna et stellæ occidunt, terram ab occasu aquilonem versus in orbem peragrant, atque ita rursus ad ortum veniunt [76]. Cæterum quoquo modo hæc se habeant, omnia divino jussu facta et stabilita sunt, divinamque voluntatem et consilium pro firmissimo fundamento habent. *Nam ipse dixit, et facta sunt: ipse mandavit et creata sunt. Statuit ea in æternum et in sæculum sæculi, præceptum posuit, et non præteribit* [77].

Cœli tres. — Itaque cœlum cœli, primum illud cœlum est firmamento superius [78]. Ita duos jam cœlos habes: nam firmamentum quoque cœli nomine. Deus appellavit [79]. Deinde familiare est Scripturæ aerem etiam cœlum nuncupare; quod videlicet sursum cernatur. Ait enim, *Benedicite, omnes volucres cœli* [80], hoc est aeris. Aer quippe avium regio est, non cœlum. En cœlos tres, quos divinus dixit Apostolus [81]. Quod si septem illos orbes septem esse cœlos interpretari libeat, nihil hoc veram doctrinam labefactabit. Quin ex usu quoque est Hebraicæ linguæ, cœlum plurali numero cœlos vocare. Ac proinde cœlum cœli dicere volens, *cœlos cœlorum* dixit; quo *cœlum cœli* significatur [82], quod firmamento superius est, aquæ item quæ super cœlos sunt, sive aerem et firmamentum; vel septem firmamenti orbes, vel denique ipsum firmamentum, quod de more Hebraicæ linguæ cœlorum nomine plurali voce nuncupatur, intelligit.

Cœli natura corruptibiles. — Jam vero, cum omnia quæ ortum habuerunt, juxta naturæ seriem corruptioni obnoxia sint [83], tum ipsi quoque cœli, tametsi divino munere et gratia contineantur et conserventur [84]. Solus autem Deus suapte natura principio et fine caret [85]: quamobrem etiam dictum est: *Ipsi peribunt, tu autem permanebis* [86]. Quanquam non prorsus interibunt cœli. *Veterascent enim, et sicut opertorium convolventur, et mutabuntur: eritque cœlum novum, et terra nova* [87].

Cæterum multis partibus cœlum terra majus est. Nec vero cœli essentia investiganda est, quippe quam cognitione assequi nequeamus.

Cœli inanimati. — Nullus porro cœlos, aut luminaria animata esse arbitretur: **163** anima quippe et sensu carent [88]. Quare cum ait Scriptura, *Lætentur cœli, et exsultet terra* [89], his verbis angelos qui in cœlo, et homines qui in terra sunt, ad lætitiam invitat. Quin prosopopœiæ figura uti, et de inanimis perinde ac de animatis loqui solet Scriptura; quo in genere illud est: *Mare vidit, et fugit: Jordanis conversus est retrorsum* [90]. Et: *Quid est tibi, mare, quod fugisti, et tu, Jordanis, quia conversus es retrorsum* [91]? Rursusque montes et colles rogantur, quæ subsultationis causa sit: non secus ac nos dicere solemus: Coacta est omnis civitas; non ut ædes, sed ut cives significemus.

[73*] Basil. hom. 3 in Hexaem. [74] Psal. ciii, 5. [75] Isa. xl, 22. [76] Chrysost. hom. 14 et 17, *ad Hebr.* [77] Psal. cxlviii, 5, 6. [78] Greg. Nyss. *De opif. hom.* [79] Gen. i, 8. [80] Dan. iii, 89. [81] II Cor. xii, 2. [82] Psal. cxlviii, 14. [83] Plato in *Tim.* [84] Basil. hom. 1 et 3. in Hex. [85] Just. quæst. 93. [86] Psal. ci, 27. [87] Apoc. xxi, 1. [88] Basil. hom. 13 in Hex. [89] Psal. xcv, 3. [90] Psal. cxiii, 3. [91] Ibid. 5.

Huc etiam attinet illud, *Cœli enarrant gloriam Dei* [91]; non quod ejusmodi vocem mittant, quæ corporeis auribus percipiatur : sed quod amplitudine sua Opificis potentiam declarent, quorum inspecta pulchritudine, Conditorem, tanquam optimum artificem laudibus celebramus [92].

CAP. VII.
De luce, igne, luminaribus, sole, luna et stellis.

Ignis elementum. Lux, ipse ignis, seu æther. Tenebræ lucis privatio, contra Manichæos. — Ignis unum est ex quatuor elementis, leve et cæteris altius tendens, urendi simul et illuminandi vim habens, die primo a Creatore conditum. Ait enim divina Scriptura : *Et dixit Deus : Fiat lux; et facta est lux* [93]. Neque enim, ut quidam existimant, aliud quidquam est ignis, quam lux. Alii autem elementarem hunc ignem aere superiorem esse aiunt, quem vocant æthera. *In principio* igitur, hoc est die primo, creavit Deus lucem, quæ visibilium omnium creaturarum decus et ornamentum est. Etenim si lucem sustuleris, omnia in tenebris jacebunt ignota, ut quæ pulchritudinem suam conspicuam reddere non possint : *Vocavit autem Deus lucem diem: tenebras autem vocavit noctem* [94]. Porro tenebræ substantia ulla non sunt, sed accidens. Neque enim aliud sunt quam lucis absentia. Aer quippe in sua substantia lucem non habet [95]. Quare ipsum hoc quod aer luce careat, Deus vocavit tenebras. Quin ne ipsa quidem aeris substantia tenebræ sunt, sed lucis privatio : quod accidens potius quam substantiam indicat. Nec vero nox prius vocata est, sed dies : ac proinde antiquior dies est, nox posterior. Diem ergo nox sequitur; atque ab unius diei ortu usque ad alium diem, dies unus est cum nocte conjunctus. Ait enim Scriptura : *Et factum est vespere, et factum est mane dies unus* [96].

Primi tres dies, cum sol non esset. Lunæ et stellarum munus in nocte. — Et quidem tribus primis diebus, luce Dei jussu, tum sese diffundente, tum rursus contrahente, dies et nox exstitere [97]. At die quarta fecit Deus luminare majus, nempe solem, ut diei præesset (per ipsum enim dies efficitur; dies quippe est cum sol supra terram exstat, dieique spatium, cursus ille quem ab ortu ad occasum usque sol supra terram peragit), **164** atque item luminare minus, hoc est lunam, et stellas, ut nocti præessent, eique lucem ferrent. Nox porro est cum sol infra terram est : noctisque spatium est cursus ille, quem sol ab occasu ad ortum sub terra conficit. Luna igitur, et stellæ constitutæ sunt, ut noctem illustrarent; non quod interdiu sub terra penitus delitescant (nam tunc quoque stellæ in cœlo super terram sunt), sed quia sol eas, lunamque splendoris sui nimia amplitudine operiens, elucere non sinit.

Primigenia lux luminaribus indita. — Hisce luminaribus primigeniam lucem summus ille rerum Opifex indidit, non quod alterius luminis penuria laboraret ; sed ne lux illa supervacanea maneret. Luminare siquidem lux ipsa non est, sed lucis conceptaculum [98].

Planetæ septem. — Inter hæc autem luminaria planetas septem recensent, quos contrario ac cœlum motu volvi dicunt; quocirca *planetas, errantesve stellas*, eos appellarunt. Cœlum enim ab ortu ad occasum volvi inquiunt; planetas autem ab occasu ad ortum : quos etiam cœlum rapidiori suo motu secum circumferat. Septem porro planetarum hæc sunt nomina : Luna, Mercurius, Venus, Sol, Mars, Jupiter, Saturnus. Tradunt insuper, in unoquoque cœli circulo unum ex septem planetis esse.

In primo nempe, id est sublimiori, Saturnum.
In secundo, Jovem.
In tertio, Martem.
In quarto, Solem.
In quinto, Venerem.
In sexto, Mercurium.
In septimo denique et infimo, Lunam.

Anni quatuor tempora et conversiones. Mundus verno tempore conditus. — Cursum autem eum sine intermissione tenent, quem eis Conditor indixit, et sicut ea fundavit; juxta illud divini Davidis : *Lunam et stellas, quæ tu fundasti* [1]. Nam verbo, *fundasti*, ordinis tenorisque ipsis a Deo concessi firmitatem et constantiam significavit; cum ea statuerit in tempora, et signa, et annos. Per solem enim quatuor tempestates, conversionesve constituuntur : quarum prima verna est ; qua nimirum Deus condidit universa [2] : idque declarant etiamnum flores vere pullulantes. Hæc autem conversio, æquinoctialis dicitur : quippe cum diem duodecim horarum, totidemque, noctem efficiant. Porro illa ex medio solis ortu constituitur, optimaque temperie est, sanguinem augens, calidaque et humida atque inter hiemem et æstatem ; hiemem calore et siccitate, æstatem frigedine et humiditate superansque. Hæc pars a vicesimo primo Martii ad vicesimum quartum Junii exporrigitur. Deinde vero solis ortu ad septentrionales partes altius assurgente, solstitium æstivum succedit, quod inter ver et autumnum locum medium tenet, a vere calorem, ab autumno siccitatem habens. Calida namque, et sicca est æstas , et flavæ bilis incrementum **165** facit. Hujus porro maximus dies quindecim horas complectitur : nox quam brevissima novem horarum spatio definitur. Atque hæc quoque a quarto et vicesimo Junii die, ad quintum et vicesimum Septembris pertinet. Postea sole rursus ad medium ortum regrediente, autum-

[91] Psal. xviii, 1. [92] Basil. hom. 1 et 3 in Hexaem. [93] Gen. i, 3. [94] Ibid. 5. [95] Basil. hom. 2 in Hexaem. [96] Gen. i, 5. [97] Basil. hom. 2 in Hexaem. [98] id. hom. 6 in Hexaem. [1] Psal. viii, 4. [2] Basil. hom. 6 in Hexaem.

nalis conversio æstivam excipit, media quodammodo inter frigus et calorem, siccitatemque et humorem, atque inter æstivam et hibernam tempestates interjecta; ab æstiva videlicet siccitatem, ab hiberna frigedinem habens. Frigida enim et sicca est, atramque bilem augere solet. Atque hæc rursus æquinoctialis conversio dicitur, ut quæ duodecim horarum, tum diem, tum noctem habeat. Protenditur autem ea a vicesimo quinto Septembris ad vicesimum quintum Decembris. Tum sole ad inferiorem demissioremque, hoc est meridionalem ortum, labente, hiemale solstitium ac tempestas subit; quæ frigida et humida est, media inter autumnalem et vernam qualitate. Hæc porro brevissimum diem, novem horarum, longissimam noctem, quindecim habet, ac pituitam auget : atque a Decembris quinto et vicesimo die ad primum et vicesimum usque Martii se porrigit. Sapienter enim a rerum Conditore provisum est : ne alioqui a summo frigore, aut calore, aut humiditate, aut siccitate, ad extreme contrariam qualitatem transeuntes, in graves morbos incidamus. Periculosas enim esse repentinas mutationes ratione ipsa docemur.

Ad hunc itaque modum sol quatuor conversiones, perque eas annum efficit; dies item et noctes constituit : dies, inquam, cum exoritur, et supra terram exsistit; noctes, cum terræ subit et occidit, sideribusque aliis, lunæ nimirum et stellis ut illuceant, concedit.

Signa duodecim zodiaci.— Aiunt etiam duodecim in cœlo signa ex astris esse, animalium nominibus nuncupata, quæ contra, ac sol, et luna cæterique errantes moveantur; per eaque signa septem planetas transire. Atqui sol quidem in unoquoque signo mensem unum perficit, duodecim signa totidem mensibus peragrat. Horum porro signorum nomina hæc sunt, hique eorum menses :

Aries, ♈ mense Martio, die 21 solem excipit.
Taurus, ♉ mense Aprili, die 23.
Gemini, ♊ mense Maio, die 24.
Cancer, ♋ mense Junio, die 24.
Leo, ♌ mense Julio, die 25.
Virgo, ♍ mense Augusto, die 25.
Libra, ♎ mense Septembri, die 25.
Scorpius, ♏ mense Octobri, die 25.
Sagitarius, ♐ mense Novembri, die 25.
Capricornus, ♑ mense Decembri, die 25.
Aquarius, ♒ mense Januario, die 25.
Pisces, ♓ mense Februario, die 24.

Lunæ cursus brevior. — At vero luna ☾, ut quæ inferiore loco sit, celeriusque zodiacum orbem peragret, in singulos menses tota duodecim signa percurrit. **166** Quemadmodum enim, si intra orbem, alium quemdam orbem facias, interior or-

bis illo minor invenietur : eodem modo cum luna inferiorem sedem nacta sit, brevius quoque ipsius curriculum sit, citiusque conficiatur necessum est.

Sidera quorum signa sint. Nihil libertati officiunt, contra fatum. — Jam vero gentiles, per horum siderum, solis nimirum et lunæ, ortum et occasum, concursumque, res omnes gubernari asserunt (in his enim astrologia versatur); nos contra imbrem quidem ac serenitatem, frigus item et calorem, humorem et siccitatem, ventos denique, atque alia ejusmodi per ea significari non imus inficias[a] : quod vero actionibus nostris omen ullum important, id pernegamus. Nam cum liberi arbitrii a Conditore præditi simus, hinc efficitur ut actiones nostræ juris nostri sint. Alioqui, si ex siderum motu cuncta facimus, sequitur ut ea quæ facimus necessitate faciamus[b]. Id porro quod necessitate fit, neque virtus, neque vitium est. Quod si nec virtutem, nec vitium habemus, profecto nec laudibus, nec supplicio digni sumus : atque ita iniquus Deus reperietur, dum aliis res secundas, aliis calamitosas tribuit. Imo vero nec gubernabit Deus res conditas, nec eis providebit, si quidem omnia necessitate agantur ac ferantur; supervacaneaque in nobis erit pars rationalis. Nam si nulla actio e nostro arbitrio pendet, frustra consultamus : vis quippe rationis utique consultandi causa nobis concessa est : unde etiam quidquid ratione utitur, arbitrii quoque libertate præditum est.

Sidera prognostica. — Quamobrem hoc dicimus, sidera nec eorum quæ contingunt, nec ortus eorum quæ nascuntur, nec eorum quæ pereunt, interitus causas esse : verum signa potius pluviarum, aerisque mutationis. Quanquam nec defuturus fortasse est, qui bellorum ea quoque signa esse dicat, tametsi non causas. Quin aer quoque a sole, et luna, et astris alia subinde atque alia qualitate affectus, diversa temperamenta, habitusque, et affectiones gignit[c]. Habitus porro inter ea quæ in nostra potestate consistunt, referuntur. Ii quippe sub rationis imperio sunt, ab eaque gubernantur; et immutantur.

Cometæ. Christo nascente, sidus novum.—Plerumque insuper exsurgunt cometæ, regum mortem portendentes : qui tamen non ex illis sideribus sunt, quæ in primo rerum ortu procreata fuere : verum Dei jussu sub ipsum tempus conflantur, rursusque dissolvuntur[d]. Quandoquidem ne sidus quidem illud, quod tum, cum Domini nostri causa **167** pro sua erga homines clementia, ipsorumque salute in carne natus est Magis apparuit, non ex illis stellis erat, quæ mundi initio conditæ fuerunt. Quod quidem perspicuum est, eo quod illa, nunc ab ortu ad occasum, nunc a septentrione ad austrum progrediebatur; nunc delitescebat, nunc se rursus prodebat : quod quidem a siderum ordine et natura dissentaneum est.

[a] Basil. hom. 6 in Hexaem. [b] Nemes. *De nat. hom.* c. 34. [c] Basil. hom. 6 in Hexaem. [d] Basil. in Christi Nativit.

Cur Deus lunam a sole mutuari lucem voluerit: contra Mohammedem. — Sciendum autem est lunam a sole lumen suum mutuari : non quod Deus in ea inopia versaretur, ut proprium ipsi lumen dare non posset : verum ut concinnitas et ordo rebus conditis imponeretur, aliis videlicet imperantibus, obsequentibus aliis; hincque nos mutuo communicare disceremus, ac subesse; primum quidem Deo rerum opifici et Domino, deinde principibus ab eo constitutis : nec sciscitari, cur hic præsit, ego non; verum omnia quæ Deo ordinante contingunt, grato et æquo animo accipere.

Causa deliquii solis et lunæ. — Quod autem sol et luna defectum quandoque patiuntur, hinc eorum, qui res creatas, neglecto Creatore, adorant [7], amentiam arguunt, seque mutationi ac variationi obnoxia esse docent. Quidquid enim mutabile est, natura sua interitui obnoxium est.

Solis magnitudo. — Tum autem solis defectus accidit, cum lunæ corpus parietis instar cujusdam interpositi, umbram facit, nec lucem diffundi sinit. Ac proinde quanta lunaris corporis, quo sol obducitur, inventa magnitudo fuerit, tantum quoque deliquium efficitur. Lunæ autem corpus inferioris magnitudinis esse, minime mirum tibi videatur: nam et solem nonnulli multis partibus terra majorem esse contendunt : sancti Patres vero, terræ æqualem. Et tamen sæpenumero accidit, ut nubecula, vel colle exiguo, aut pariete occultetur.

At vero lunæ defectus ex umbra quam terra effundit, efficitur, cum decimam quintam diem attigit cumque ex adverso, in summo utique centro, sol quidem infra terram, luna autem supra terram invenitur. Tunc enim terra umbram obducit, per vicesimam diem cum unius semisse, quo splendoris **168** omnis expers evadit. Ac tum rursus cum sole copulata renascitur et renovatur; atque in hoc, monimentum fert resurrectionis nostræ. Quocirca singulis annis undecim dies soli reddit : unde post tres annos intercalaris mensis ab Hebræis invehitur; qui ob hanc dierum undecim additionem tredecim mensibus constat [9].

Perspicuum autem est solem, et lunam, omniaque sidera composita esse, et mutationi obnoxia : quæ tamen eorum natura sit, prorsus ignoramus. Ac nonnulli ignem ab omni materia, sive pabulo, semotum penitus desinere asserunt, idque manifestum esse, eo quod exstinctus evanescat. Sunt rursus alii qui exstinctum illum in aerem verti dicunt [10].

Zodiaci motus. — Zodiacus orbis obliquo motu volvitur, inque partes duodecim secatur, quæ signa dicuntur; quodlibet vero signum tres decanos habet, gradus triginta : quilibet autem gradus minutis sexaginta constat. Ita cœlum trecentos sexaginta gradus habet : hemisphærium quod super terram est, centum et octoginta gradus continet, totidemque illud, quod subtus terram.

Domus planetarum.

[11] Aries et Scorpius, Martis : Taurus et Libra, Veneris : Gemini et Virgo, Mercurii : Cancer, Lunæ : Leo, Solis : Sagittarius et Pisces, Jovis : Capricornus et Aquarius, Saturni.

Altitudines.

Aries, Solis ; Taurus, Lunæ ; Cancer, Jovis ; Virgo, Martis ; Libra, Saturni ; Capricornus, (lumen enim excipere potest) tribus sensibus nostris inserviens (ipsius enim beneficio cernimus, audimus, odoramur) : caloris item et frigoris, siccitatis et humiditatis capax. Hujus locales motus hi sunt, sursum, **169** deorsum, introrsum, extrorsum, dextrorsum, sinistrorsum, ac postremo motus orbicus.

Aer ex se lumen non habet. — Ex se autem lumen non habet, verum a sole, luna, sideribus, et igne collustratur. Atque hoc est quod ait Scriptura: *Et tenebræ erant super faciem abyssi* [12]. Ubi indicare vult aerem minime a se lumen habere, sed diversam esse luminis substantiam.

Quid ventus. — At ventus est agitatio aeris. Vel, ventus est aeris fluxus, pro varia locorum ex quibus manat ratione, alia atque alia subinde nomina accipiens [13].

Aeris locus, ventorum numerus. — Quin locus quoque aeris est. Illud enim cujusvis corporis locus est, quo unumquodque includitur. Quid autem aliud corpora continet et ambit, nisi aer? Variæ porro multiplicesque regiones sunt, unde aer agitatur; ex quibus etiam duodecim venti (totidem enim omnes sunt) nomen trahunt. Sunt qui aerem nihil aliud esse contendant, nisi ignem exstinctum, aut calefactæ aquæ vaporem. Quamobrem natura quidem sua calidus est; verum ex aquæ et terræ vicinitate frigus contrahit. Ex quo fit ut inferiores ipsius partes frigidæ sint, superiores calidæ [14].

Ventorum nomina. — Quod autem ad ventus attinet, ab æstivo ortu flant cæcias, qui et meses. Ab ortu æquinoctiali, subsolanus : ab ortu hiberno, eurus. Ab hiberno occasu, africus: ab æquinoctiali occasu, favonius : ab æstivo occasu, corus, qui et olympias, et iapyx dicitur. Tum auster et aquilo, qui oppositis inter sese flatibus spirant. Est autem inter aquilonem et cæciam interjectus boreas; inter eurum et austrum, phœnix, qui etiam *libonotus* appellatur : inter austrum rursus et africum, libonotus, qui et leuconotus : demum inter aquilonem et corum, thrascias, seu cercius, ab his qui versus regionem hanc incolunt, ita nuncupatus.

[Gentes autem quæ in orbis finibus sedes habent, hæ sunt. Ad subsolanum, Bactriani : ad eurum, Indi : ad Phœnicem, mare Rubrum et Æthiopia ; ad libonotum, Garamantes, qui supra Syrtim sunt ad Africum, Æthiopes et occidentales Mauri : ad favonium, Herculis Columnæ, et Libyæ ac Europæ initia : ad corum, Iberia, quæ hodie Hispania vocatur : ad thrascian, Galli ac finitimæ nationes : ad aquilonem, Scythæ, qui supra Thraciam sunt : ad boream, Pontus, Mœotis et Sarmatæ : ad cæciam, mare Caspium et Sacæ.]

CAP. IX.
De aquis.

Aquæ descriptio. Aquarum supra firmamentum ratio. — Aqua etiam unum est, ex quatuor elementis excellentissimum Dei opus. Est autem aqua elementum humidum et frigidum ; grave ac deorsum vergens, quod facile diffluit. Hujus meminit Scriptura divina, cum ait : *Et tenebræ erant super faciem abyssi : et Spiritus Domini ferebatur super aquas* [15]. Abyssus quippe nihil aliud est quam ingens quædam aquæ copia, cujus finis adiri nequit. Et quidem in mundi primordiis, aqua **170** super universam superficiem terræ eminebat. Ac primo fecit Deus firmamentum quod aquas, quæ sunt supra firmamentum, ab iis quæ sub firmamento sunt, medias divideret. Etenim in abyssi aquarum medio Dei jussu firmamentum statutum est. Unde etiam dicente Deo, ut fieret firmamentum, hoc factum est. Verum quid tandem causæ fuit, cur Deus aquam supra firmamentum collocarit ? Plane vehementissimus solis et ætheris ardor. Proxime enim sub firmamento expansus est æther : sol quoque, et luna, et stellæ in firmamento posita sunt. Quare nisi aqua superne collocata esset, præ calore utique firmamentum exarsisset [16].

Mare. — Tum jussit Deus ut cogerentur aquæ in congeriem unam [17]. Quod autem congeriem unam dicit Scriptura, non hoc significat, in unum eumdemque locum eas confluxisse ; statim enim subdit, *et collectiones aquarum appellavit maria* [18] : sed potius aquas simul eodem momento a terra secretas fuisse, oratio ostendit. Aquæ ergo in suas congeries coactæ sunt, et apparuit arida. Atque hinc duo illa maria facta sunt, quibus Ægyptus utrinque alluitur (media enim hæc inter duo maria sita est) quibus multa, et diversa æquora constituuntur, montesque, et insulæ, et promontoria, et portus, variique sinus, et littora, et ripæ continentur. Littus enim dicitur quod arenosum est : ripa, quod saxosum, ac jam inde a continente profundum est. Consimilem in modum ad ortum situm est illud mare quod Indicum dicitur, necnon boreale, quod Caspium appellatur. Quin paludes quoque hinc collectæ sunt.

Oceanus terram undique cingens. Salsitatis ejus causa. — Est autem oceanus velut amnis quidam terram universam cingens (de quo nihil Scriptura divina locuta videtur, cum ait : *Fluvius egrediebatur e paradiso* [19]) dulcem et potabilem aquam habens. Hic cuique mari aquam subministrat, quæ quidem diuturniorem in eis moram trahens, immotaque consistens, amara efficitur ; sole nimirum, ac siphonibus id quod in ea subtilissimum est semper elicientibus : unde etiam conflantur

---
[12] Gen. I, 3.   [13] Sever. Gabal. hom. 1 in Hexaem.   [14] Nemes. *De nat. hom.* 1, cap. 5.   [15] Gen. I, 2.   [16] Basil. hom. 2 in Hexaem ; Sever. Gabal. orat. *De opific. mundi*   [17] Gen. I, 9.   [18] Gen. I, 10.   [19] Gen. II, 10.

nubes, et imbres formantur, dulcescente per excolationem aquæ.

Paradisi quatuor flumina. Fontium aqua e mari. Thermæ. — Hic insuper in quatuor principia, sive quatuor flumina dividitur, quorum uni nomen est Phison (hic est Ganges Indiæ fluvius) ; alteri Geon (Nilus hic est, qui ab Æthiopia in Ægyptum dilabitur); tertio, Tigris ; quarto, Euphrates. Sunt autem et quamplurimi alii fluvii, qui partim in **171** mare sese effundunt, partim in terra absumuntur. Quo fit ut terra undique pertusa et cuniculosa sit, ac velut venas quasdam habeat, per quas, exceptis a mari aquis, fontes emittit. Ita fit ut, pro terræ qualitate fontium aqua, alia atque alia exsistat. Per terram enim aqua marina transcolatur et defæcatur, sieque dulcis evadit. Quod si locus unde fons emanat, amarus aut salsus exstiterit, talis utique et aqua prorumpet [10]. Plerumque autem accidit, ut aqua angustis quibusdam locis interclusa atque compressa, vi erumpens incalescat ; hincque suapte sponte calentes aquæ emergunt.

Pisces et aves. — Divino itaque jussu excavata terra, in congeries aquæ collectæ sunt ; hincque montes exstiterunt. Primigeniæ itaque aquæ præcepit Deus animam viventem educere : quandoquidem futurum erat ut per aquam et Spiritum sanctum, qui in principio ferebatur super aquas [11], hominem instauraret. Hanc enim causam affert Basilius [12]. Eduxit igitur tam parva quam ingentia animantia ; cete et dracones, pisces per undas labentes, avesque pennatas. Per aves porro, cum aqua, tum terra, aerque veluti quodam nexu copulantur. Nam ex aquis ortæ illæ sunt, et in terra versantur, et volant in aere. Optimum autem elementum est aqua et ad multos usus commodum ; eamque vim habet, ut non corporum modo, sed et animarum, dummodo Spiritus sancti accesserit gratia, spurcitiem eluat [13].

De maribus, sive æquoribus.

Ægæum mare Hellespontus excipit, ad Abydum et Sestum desinens. Deinde Propontis, quæ ad Chalcedonem et Byzantium terminatur ; ubi angusti transitus seu fauces sunt, a quibus Pontus sumit initium. Mox Mæotis palus. Rursus ab Europæ et Libyæ initio, Ibericum mare est, ab Herculeis Columnis ad Pyrenæum montem excurrens. Post Ligusticum, quod usque ad Etruriæ fines protenditur. Mox Sardonium, quod supra Sardiniam, ad Libyam Africamve deorsum vergit. Tum Etruscum, quod ab extremis Liguriæ finibus incipiens ad Siciliam finem habet. Postea Libycum, deinde Creticum, Siculum, Ionicum, et Adriaticum, quod e Siculo mari effunditur, quem Corinthiacum sinum, sive Alcyonium æquor appellant. Quod autem Sunio et **172** Scyllæo mari continetur, Saronicum dicitur. Ab eo Myrtoum, et Icarium, in quo et Cyclades sunt. Tum Carpathium, et Pamphylium, et Ægyptium. Demum supra Icarium, sese Ægæum proxime effundit. Est autem Europæ trajectus a Tanais fluminis ostiis usque ad Herculis Columnas, stadiorum 609709 ; Africæ, a Tinge ad Canobicum ostium, stadiorum 209252 ; Asiæ denique, a Canobo usque ad Tanaim una cum sinibus, stadiorum 4111. Atque ita habitati orbis nostri mare ad stadia 1309072, porrigitur [14].

CAP. X.

De terra, et iis quæ ex ea producuntur.

Ignotum terræ fundamentum. — Terra unum est ex quatuor elementis, siccum, frigidum, grave et immotum : primo die ex nihilo productum. *In principio*, inquit, *creavit Deus cœlum et terram* [15]. Cuinam autem rei insideat, ac quo fundamento nitatur, nullus mortalium dicere potuit. Sunt autem qui eam super aquas collocatam, et stabilitam esse aiunt, his videlicet verbis Davidis adducti : *Qui firmavit terram super aquas* [16]. Alii super aerem. Alius autem sic ait : *Qui appendit terram super nihilum* [17]. Et rursus diviniloquus David ex persona Creatoris, *Ego*, inquit, *confirmavi columnas ejus* [18], columnarum nomine vi illam significans, quæ eam continet. Nam quod idem alio loco ait, *super maria fundavit eam* [19], nihil aliud indicat, nisi quod aquæ natura terræ undique affusa sit. Proinde sive eam seipsa, sive aere, sive aquis, sive denique nihilo fulciri concedamus, a pia sententia recedere conveniens non est : quin potius confitendum, omnia in universum Conditoris virtute contineri et conservari.

Terræ status cum primum creata. Animantia stirpesque hominis causa. — Et quidem in principio, quemadmodum ait Scriptura divina [20], terra erat obducebatur, atque indigesta, hoc est, ornatus omnis expers erat. Quamprimum autem præcepit Deus, confestim aquarum conceptacula exstiterunt : ac tum montes esse cœperunt, divinoque jussu terra suum ornatum accepit, herbis videlicet omnis generis et stirpibus decorata ; quibus divino imperio vis ea insita est, qua augescerent, alerenturque, et semen ad sui simile generandum producere possint. Quin ad Opificis jussum omnis quoque generis animantia, reptilia, feras, et pecora, jumentaque protulit : omnia quidem illa ad tempestivum hominis usum, cæterum alia ad cibum, ut cervos, pecudes, capreas, et reliqua id genus ; alia ad ministerium, ut camelos, boves, equos, asinos, cæteraque ejusmodi ; alia ad oblectationem, ut simias, et ex avibus, psittacos, et similia : stirpes item et herbas, partim fructiferas et esculentas, partim olfactu suaves et floribus

---

[10] Basil. hom. 4 in Hexaem. [11] Gen. I, 2. [12] Basil. hom. 2 in Hexaem. [13] Sever. Gabal. orat. 4 *De opif. mundi*; Basil. hom. 8. [14] Vid. Strab. lib. II. [15] Gen. I, 1. [16] Psal. cxxxv, 6. [17] Job xxvI, 7. [18] Psal. lxxiv, 4. [19] Psal. xxIII 2. [20] Gen. I, 2.

decoras, exhilarandi animi causa concessas, velut rosam, aliasque similes; partim ad morborum medelam. Neque enim aut animal ullum, aut planta ulla est, cui non vis aliqua hominibus utilis, a summo rerum Parente indita sit. Nam cum ille, cui omnia antequam fiant explorata sunt, perspectum haberet fore ut homo libera voluntate a divino mandato recederet, **173** corruptionique addiceretur, idcirco ad commodum ipsius usum, cuncta quæ tum in cœlo, tum in terra et in aquis sunt, procreavit.

Homini quondam parebant omnia. — Et quidem ante prævaricationem, nihil erat quod hominis imperio subditum non esset. Princeps quippe constitutus a Deo fuerat, omnium tam quæ in terra, quam quæ in aquis degunt. Quin serpens quoque homini familiaris erat, ut hæc cæteris animantibus ad eum accederet, blandisque motibus cum illo quasi conversaretur [31]. Hinc factum est ut mali auctor diabolus ipsius opera pessimam primigeniis parentibus struem necteret [32]. Terra insuper fructus, quibus animantia, quæ illi parebant, alerentur, sponte proferebat. Neque tum imber, neque hiems aut tempestas erat. At post transgressionem, quando *comparatus est jumentis insipientibus, et similis factus est eis* [33]; cum herili violato præcepto, ita se comparasset, ut bruta cupiditas ratione præditæ menti suæ dominaretur, tum subditæ creaturæ ab ipso defecerunt, qui princeps ipsarum creatus a Deo fuerat; atque eo redactus, ut terram de qua sumptus erat, cum sudoribus colere jussus sit.

Deficiente illo rebellarunt. Feræ quid commodi afferant. — Quanquam, ne nunc quidem ejusmodi feræ sunt, ut nulla ex eis utilitas capi queat: quippe quæ terrorem homini incutiendo, cum ad Dei conditoris agnitionem, ejusque opem implorandam adducunt. Insuper post spretum mandatum, spina quoque, juxta Domini sententiam e terra prodiens, amœnitati rosæ conjuncta fuit, quæ refricaret nobis memoriam transgressionis, propter quam terra multata fuit, ut spinas et tribulos nobis proferret [34].

Dei verbo sua cuique rei vis indita. — Quod autem hæc ita se habeant, hinc fides astruitur, quod ea, perseverare præstet Domini sermo, quem pronuntiavit, *Crescite, et multiplicamini, et replete terram* [35].

Terræ figura molesque. — Nonnullis porro terram esse rotundam placet: aliis cono similem. Multum certe cœlo minor est, in ipsius centro instar puncti appensa. Cæterum ipsa quoque præteribit, et immutabitur. Beatus autem ille est, qui possidebit terram, quæ mitibus promittitur [36]. Quæ enim terra sanctos susceptura est, nunquam in-teribit. Quis ergo infinitam et incomprehensam Creatoris sapientiam digne miretur? Quis bonorum auctori pares ipsius beneficiis grates rependere queat [37]?

[Sunt porro quas novimus, terrarum orbis provinciæ, sive præfecturæ, Europæ quidem triginta et quatuor; Asiæ continentis amplissimæ, provinciæ quadraginta octo, canones, quos vocant, duodecim.]

CAP. XI.
De paradiso.

Paradisus hominis regia. — Quoniam autem Deus ex visibili et invisibili natura hominem ad imaginem ac similitudinem suam veluti regem aliquem, totiusque terræ principem, et earum rerum quæ in illa sunt, formaturus erat, regiam ei quamdam prius exstruit, in qua suam sedem collocando, beata **174** et omni felicitate affluenti vita frueretur [37]. Atque hic ille est divinus paradisus, qui Dei manibus in Eden consitus est, voluptatis omnis ac jucunditatis promptuarium (Eden enim, si interpreteris, *delicias* sonat [38]). In Oriente omni terra sublimior positus fuit, probeque temperatus, ac subtilissimo purissimoque aere undique collustratus, plantis nunquam non floridis vernans, suavissimo odore et lumine plenus, elegantiæ omnis, quæ quidem in sensum cadat, et pulchritudinis cogitatum superans, divina plane regio, dignumque eo, qui ad Dei imaginem conditus erat, domicilium: in quo nullum rationis expers animal versabatur; sed solus homo, opus manuum Dei.

Cur scientiæ arbor plantata. — In medio porro hujus, tum vitæ, tum scientiæ arbores Deus plantaverat [39]: scientiæ quidem, ut eo obedientiæ et inobedientiæ hominis periculum fieret, et utraque explorari et exerceri posset. Unde etiam arbor scientiæ boni et mali nuncupata est; vel quia iis qui ex illa edebant, hanc vim afferebat, **175** ut naturam suam perspectam haberent. Quod quidem ut adultis et perfectis bonum erat; ita minus perfectis, avidiorique, quam par esset, appetitu præditis, grave incommodum accersebat; haud secus ac solidus cibus iis qui adhuc tenera ætate sunt, lacteque opus habent [40]. Nec enim Deus generis nostri auctor, nos sollicitos, et circa multa turbatos, vitæ nostræ anxie prospicere atque consulere volebat; id quod tandem Adamo accidit. Is enim degustato arboris fructu, nudum se esse intellexit, eaque de causa subligaculum sibi concinnavit. Sumptis enim ficulneæ foliis, corpus suum contexit. Nam, illo necdum degustato, *Ambo* (Adam scilicet et Eva) *nudi erant, nec tamen erubescebant* [41]. Tales autem nos Deus esse volebat, omnique perturbatione vacare: quippe quod animi ab omni libidinis affectu remotissimi argumentum est;

---

[31] Basil. hom. de parad. [32] Gen. III, 1. [33] Psal. XLVIII, 14. [34] Basil. hom. de parad. [35] Gen. I, 22 et 28. [36] Matth. v, 4. [37] Method. *Cont. Orig.* apud Epiph. hæres. 64. [37] Gregor. Nyss. *De opif. hom.* cap. 2. [38] Basil. hom. de parad. [39] Gen. II, 9. [40] Greg. Naz. orat. 38 et 42; Method. ap. Epiph. hæres. 64. [41] Gen. III, 7.

ac præterea, ut sollicitudine omni carentes, in aliud opus non incumberemus, nisi quod angelorum est; nempe ut creatorem perpetuis laudibus celebraremus, inque ejus contemplatione oblectaremur, cura omni super eum jactata; velut per prophetam David his verbis declaravit: *Jacta super Dominum curam tuam, et ipse te enutriet*[44]. In Evangeliis quoque discipulos suos docens, ait: *Ne solliciti sitis animæ vestræ quid manducetis, neque corpori vestro quid induamini*[45]. Ac rursus: *Quærite primum regnum Dei, et justitiam ejus, et hæc omnia adjicientur vobis*[44]. Et ad Martham verba faciens: *Martha, Martha, sollicita es, et turbaris erga plurima: porro unum est necessarium. Maria optimam partem elegit, quæ non auferetur ab ea*[45]; hoc est, ut Domini pedibus assideat, ipsiusque sermones audiat.

Arbor vitæ, unde dicta. Paradisus sensibilis, et spiritalis. Lignum vitæ ac lignum omne. — At vero arbor vitæ, aut ejusmodi erat, ut vitam conferret, aut qua illi qui digni essent, nec morti obnoxii, vesci possent. Nonnulli porro paradisum sensibilem fuisse opinati sunt[46]; alii contra spiritalem, et qui sola mente perciperetur: mea quidem hæc sententia est, quod sicut homo sensibili et spirituali natura constans conditus erat, sic et ejus sacratissimum templum sensibile simul et spiritale erat, duplicemque exhibebat speciem. Corpore siquidem in divinissima et pulcherrima regione, uti retulimus, habitabat: animo autem in sublimiori, omnique comparatione præstantiori ac pulchriori loco morabatur, hospitem suum Deum habens pro domo, imo et pro illustri vestimento, cujus gratia circumvestitus esset, et cujus contemplatione, quæ sola dulcissimus fructus est, velut alius quispiam angelus, multa cum voluptate frueretur, eaque pasceretur: id quod quidem lignum vitæ merito appellatum est. Divinæ enim participationis suavitas vitam nulla morte interruptam iis, a quibus percipitur, impertit. Atque illud est quod Deus omne lignum appellavit, *Ex omni*, inquiens, *ligno, quod est in paradiso, vescentes comedetis*[47]. Ipse enim omne illud est, in quo, et per quem omnia constant.

Lignum scientiæ. — Atqui lignum scientiæ boni et mali multiplicis est speculationis dignotio, id est propriæ naturæ agnitio: quæ, cum Opificis magnificentiam ex sese prædicet, adultis quidem, et in divina contemplatione provectis bona est, quod ipsis verendum non sit, ne in deterius labantur[48]; quippe cum ex diuturna exercitatione ad hujusce contemplationis habitum quemdam pervenerint: haudquaquam vero bona est junioribus adhuc, et avidiori, quam par sit, appetitu præditis; quos nimirum, quia non firmiter satis hærent in eo quod præstantius est, nec constanter, adhuc in unici boni contemplatione defixi sunt, corporis sui cura ad se retorquere et distrahere consuevit.

Omne lignum, Dei ex creatis cognitio. — Ad hunc modum, duplicem fuisse paradisum opinor, vereque Patres divinitus afflati tradiderunt; tam qui hoc, quam qui illo modo docuerunt. Quanquam sic etiam intelligi potest omne lignum, divinæ utique potentiæ ex rebus conditis parta cognitio, quemadmodum ait Apostolus: *Invisibilia enim ejus a creatura mundi, per ea quæ facta sunt, intellecta conspiciuntur*[49]. Omnium porro cogitationum harum atque contemplationum præstantior illa est, quæ in nostri, sive compositionis nostræ, consideratione versatur, ut divinus David ait: *Mirabilis facta est scientia tua ex me*[50], hoc est, ex mei structura. Cæterum ejusmodi cognitio Adamo, recens condito ac tenero, ob has quas diximus rationes, periculo non carebat[51].

Lignum vitæ iterum, ac sententiæ boni. Sensibilis cibus morti affinis. — Quin per lignum vitæ intelligere etiam licet, diviniorem illam speculationem, quæ ex rebus sensibilibus nascitur, atque ascensum illum, quo per eas ad omnium parentem, conditorem et auctorem assurgimus: quod quidem etiam omne lignum nuncupavit, hoc est, plenum ac indivisum, solamque boni participationem ferens. Per lignum autem scientiæ boni et mali, cibum sensibilem et delectabilem, qui, quamvis suavitatis speciem præ se ferat, revera tamen eum a quo percipitur, in mala conjicit. *Dixit namque Deus: Ex omni ligno, quod est in paradiso, vescendo comedes*[52]: quasi dicat, ni fallor, fac ut per creaturas omnes ad me conditorem assurgas, unumque ex omnibus fructum decerpas, me scilicet, qui vera vita sum. Da operam, ut omnia vitæ tibi fructum ferant: atque id age, ut mei participatione in rerum natura consistas. Hac enim ratione immortalis eris: *De ligno autem scientiæ boni et mali ne comedatis ex eo. Quacunque enim die comederitis ex eo, morte moriemini*[53]. Ea enim est sensibilis cibi natura, ut id quod subeffluxit repleat, atque in secessum et corruptionem abeat. Nec fieri potest, ut incorruptus maneat, qui sensibili cibo vescitur.

CAPUT XII.
De homine.

Hoc pacto itaque Deus intelligentem substantiam, puta angelos, cœlestesque omnes ordines creavit, qui intelligentis procul dubio atque incorporeæ naturæ sunt (incorporeæ, inquam, si cum materiæ crassitie comparentur. Nam alioqui solus Deus revera materiæ et corporis expers est). Hoc item pacto naturam sensibilem condidit; nempe cœlum terramque, et quæ medium obti-

---

[44] Psal. LIV, 25. [45] Matth. VI, 25. [46] Ibid. 33. [47] Gen. II, 16. [48] Greg. Naz. orat. 38 et 42. [49] Rom. I, 10. [50] Psal. CXXXVIII, 6. [51] Maximi in Script pag. 10. [52] Gen. II, 16. [53] Gen. II, 17. [54] Luc. X, 14, 15. [55] Nemes. cap. 1 *De nat. hom.*

nent locum : atque illam quidem, familiarem sibi (familiaris quippe et affinis Deo est rationalis, intellectualisque natura), alteram autem longissimo prorsus intervallo distantem, ut quæ sub sensum cadat. « Verum quo majoris, ut divinarum rerum interpres Gregorius ait, sapientiæ, munificentiæque circa rerum naturas specimen ederetur, ex utraque quoddam concretum, quod visibilis et invisibilis naturæ tanquam vinculum aliquod esset, conflari decebat [54]. » Hoc porro verbo *decebat*, nihil aliud indicatur, nisi voluntas opificis. Hæc quippe lex et sanctio est : congruentissima, nec quisquam fictori dicturus est : Cur me fecisti sic? Potest enim pro suo jure figulus ex luto suo varii generis vasa conficere [55], quo industriæ suæ argumentum præbeat.

Hæc ergo cum ita se haberent, hominem ex visibili et invisibili natura suis Deum manibus ad imaginem et similitudinem suam condit : sic nempe, ut effecto de terra corpore, animam ratione et intelligentia præditam insufflatione sua ei tribuerit : id quod divinam imaginem appellamus. Quod enim dicitur, *ad imaginem*, hoc vis intelligendi, arbitriique libertas significatur : quod autem *ad similitudinem*, virtutis, quantum fieri potest, expressa similitudo notatur.

178 *Error Origenis ex Timæo haustus.* — Porro corpus et anima simul creata sunt; non autem, uti deliravit Origenes, hæc prius, illud posterius.

Hominis recens creati dotes. — Creavit itaque Deus hominem innocentem, rectum, probum, tristitiæ et sollicitudinis expertem, omni virtutum genere decoratum, omnibus florentem bonis, velut alterum quemdam mundum in magno parvum, alium angelum adoratorem, mistum, visibilis creaturæ spectatorem, ejus quæ intelligentia percipitur discipulum, regem eorum quæ in terra sunt, superno regi subjectum; terrenum simul et cœlestem, temporarium et immortalem, qui visu et mente capi potest, medium inter celsitudinem et humilitatem ; spiritum et carnem ; qui per gratiam spiritus sit, et propter superbiam caro ; illud ut permaneat, eumque laudet, cujus beneficiis ornatus fuit ; hoc, ut patiatur, et patiendo admoneatur, cumque magnitudinis causa se extollit, emendetur : animal hic, sive in præsenti vita, certo consilio gubernatum ; atque alio, hoc est, ad futurum ævum migrans ; quodque mysterii finis est, per mentis ad Deum conversionem divinitate dotatum ; non ut in divinam substantiam migret, sed ut divinam illustrationem participet [56].

Homo ut creatus, ἀναμάρτητος. Arbitrii libertas. — Quin etiam Deus illum natura a peccato immunem creavit, liberæque voluntatis. Immunem, inquam, a peccato, non quod peccati minime capax esset (nemo enim præter Deum est, qui non peccare queat), sed quod peccati perpetrationem, non in natura, sed in voluntatis electione admissurus esset ; id est, cum divinæ gratiæ adjumento perseverare et in bono proficere posset, ac rursus per arbitrii libertatem a virtute recedere, Deique permissione in vitium labi. Haud enim virtuti deputandum, quod invitis nobis agitur [57].

De anima. — Jam vero anima est vivens, simplex, et incorporea **179** substantia, corporis oculorum suapte natura sensum fugiens, immortalis, rationis et intelligentiæ particeps, organis instructo utens corpore, cui vitam, incrementum, sensum, et gignendi vim tribuat [58], non aliam a se sejunctam mentem habens (mens quippe nihil aliud est quam subtilissima ipsius pars : quod enim oculis in corpore, hoc mens in anima est) arbitrii libertate, volendique, et agendi facultate prædita : mutabilis, hoc est ejusmodi, quæ voluntatis mutationem subire queat, propterea quod creata sit. Atqui hæc omnia Creatoris beneficio secundum naturam consecuta est, a quo nimirum accepit, et ut esset, et ut hujus naturæ esset.

Incorporeum quot modis dicitur. — Incorporea porro et invisibilia, et figuræ expertia duobus modis intelligimus. Alia enim suamet essentia ejusmodi sunt, alia gratia. Itemque alia suapte natura, alia, si cum materiæ crassitie comparentur. Incorporeum igitur esse, Deo convenit secundum naturam ; angelis autem, et dæmonibus, et animis, secundum gratiam, habitaquo ratione ad materiæ crassitiem.

De corpore. — At vero corpus est, id quod triplici dimensione constat, hoc est, quod, et longitudinem, et latitudinem, et profunditatem, sive crassitiem habet. Corpus autem omne ex quatuor elementis compactum est : animantium vero corpora ex quatuor humoribus.

Humores quatuor elementis affines suis qualitatibus. — Et quidem sciendum est, quatuor elementa esse ; terram nimirum, quæ sicca et frigida est ; aquam, quæ frigida et humida ; aerem, qui humidus et calidus ; ignem, qui calidus et siccus. Ad eumdem modum, quatuor humores exsistere, qui elementis quatuor nativa qualitate respondent. Atra quippe bilis, utpote sicca et frigida, terræ respondet : pituita, aquæ ; est enim frigida et humida : sanguis, aeri ; calidus et humidus est : flava denique bilis, igni, ut quæ calida sit et sicca. Jam fructus ex elementis conflantur : humores, ex fructibus : animantium vero corpora, ex humoribus : atque in eadem ipsa relabuntur. Quidquid enim ex aliquibus concretum est, hoc in eadem resolvitur.

Communicare hominem cum rebus inanimis cumque brutis animantibus, et cum ratione præditis. — Illud insuper nosse oportet hominem, et cum inanimis communicare, et brutorum animantium vitæ participem esse, et cum illis denique, quæ ratione prædita sunt, intelligere. Nam cum rebus inanimis, tum ratione corporis communicat, **180** tum quia

[54] Greg. orat. 38 et 42. [55] Rom. IX, 21. [56] Greg. Naz. orat. 38 et 42. [57] Athan. lib. *De inob. contr. Apoll.* [58] Maxim. opus *De anima*.

ex quatuor elementis concretus est : cum plantis, tum propter ista, tum propter eam vim qua aluntur, augescunt, et seminant, sive gignunt : cum brutis, tum quantum ad haec omnia, tum praeterea quantum ad appetitum, hoc est, iram et cupiditatem ; itemque sensum et motum impulsionis.

* Sensus porro sunt quinque, visus, auditus, olfactus, gustus, tactus. Ad motum impulsionis vis ea spectat, qua e loco ad locum migramus, totumque corpus movemus, qua item vocem emittimus, et qua respiramus. Haec enim, vel facere, vel non facere in nobis situm est.

Postremo per rationem, incorporeis naturis et rationalibus copulatur, ratiocinando videlicet, atque intelligendo, deque singulis judicando, et virtutes, adeoque pietatem, quae omnium virtutum fastigium est, consectando : quo fit ut homo mundus minor appelletur.

Corporis animaeque propria. — Sciendum quoque est, sectionem, fluxionem et mutationem solius corporis propria esse : mutationem autem illam intelligo, quae secundum qualitatem contingit, cujusmodi est calefactio et frigefactio, aliaeque id generis : pari modo fluxionem eam quae evacuando fit⁵⁹. Evacuantur enim sicca et humida, ac spiritus, et suppletione opus habent : unde fames et sitis naturales affectiones sunt. Sectio est secretio humorum ab invicem, et divisio in formam et materiam⁶⁰.

Rursus ad animam proprie spectant pietas et consideratio. Animae vero et corpori communes sunt virtutes : cum tamen ad animam referantur, utpote anima corporis operam asciscente.

Ratio per naturam domina partis irrationalis. Animae vires rationi obsequentes et non obsequentes. Illud praeterea notandum, quod ratio ex suapte natura irrationabilis partis domina sit. Dividuntur quippe animae facultates in eam quae rationis particeps, et eam quae rationis expers est. Ac rursus illa quae rationis est expers, duas partes habet, quarum altera rationem non audit, id est ei non obsequitur; altera ei paret et obtemperat. Rationis dictamen et imperium spernit vitalis facultas quae pulsatrix appellatur, itemque seminatrix, seu generans; vegetans quoque, quae et vis altrix dicitur, ad quam augescendi facultas spectat, quae et corpora format, et concinnat. Neque enim hae ratione, sed natura reguntur. Pars autem illa quae rationem audit, eique obsequitur, in iram et cupiditatem distribuitur. Communi autem nomine pars irrationabilis vocatur illa, in qua passiones et appetitus exsistunt. Scire interest vim impulsivam ad eam partem quae rationi subest pertinere.

⁵⁹ At vero facultas altrix, generans, arteriae pulsatrix, ad illam attinet quae rationis imperium respuit. Vegetans autem facultas, dicitur illa qua crescimus, et gignimus : vitalis tandem, ea qua arteriae moventur.

Porro facultas nutriendi quadripartitas vires habet, nimirum attrahendi, qua cibus attrahitur ; retinendi, qua retinetur, nec confestim excerni sinitur; immutandi, qua alimentum in humores vertitur : excernendi, qua ciborum superflua per secessum egeruntur et expelluntur.

181 *Facultatum animantium varia genera.*—Nec illud quidem praetereundum est⁵⁹, vires eas quae animanti insunt, partim animales, partim vegetantes, partim vitales esse. Animales quidem, quae a voluntate proficiscuntur, ut motus impulsionis et sensus. Ad motum vero impulsionis pertinet transitio e loco in locum, et illa motio, qua totum corpus movetur, ea item qua vocem emittimus, et qua respiramus. Ut enim haec faciamus, aut non faciamus, in nostra potestate situm est. Vegetantes autem et vitales, hae sunt, quae a voluntate non pendent. Ac vegetantes quidem sunt, nutriendi, augescendi, et seminandi facultates : vitalis autem est pulsuum motrix. Hae namque, velimus nolimus, munus suum exsequuntur.

Bonum et malum quos actus causent. — Postremo advertendum est, rerum alias bonas esse, alias malas : et quidem bonum exspectatum, cupiditatem gignere ; praesens autem, voluptatem : eodem rursus modo malum, dum exspectatur, timorem afferre ; cum adest, moerorem. In quo illud etiam sciendum, per bonum, hoc loco tam id quod revera bonum est, a nobis intelligi, quam illud quod boni duntaxat speciem habet : perindeque de malo censendum est.

CAP. XIII.
De voluptatibus.

Voluptatum distinctio. — Voluptatum, aliae animi, aliae corporis sunt. Voluptates animi sunt eae omnes, quibus animus seorsim a corpore fruitur : quales sunt quae ex diciplinis et contemplatione sentiuntur. Voluptates corporis sunt illae, quarum corpus una cum anima particeps est, ob idque corporales dicuntur : cujusmodi sunt, quae ex cibis et venereis rebus, aliisque id genus capi solent. Nam quae solius corporis sint, nullae omnino voluptates reperiri queunt⁶¹.

Voluptatum alia genera. Quas voluptates vir pius consectari debeat. — Rursus voluptatum aliae verae sunt, aliae falsae. Atque eae quae animi tantummodo sunt, in rerum cognitione et contemplatione consistunt : quae autem ex corporis commercio, hae sensibus hauriuntur. Jam earum voluptatum, ad quas corpus asciscitur, aliae naturales simul et necessariae sunt, sine quibus vita duci non possit ; quo in genere sunt illae quae ex cibis quibus quod exhaustum est, repletur, et qua ex necessariis indumentis percipiuntur. Aliae item

---

⁵⁹ Nemes. c. 1 *De nat. hom.* ⁶⁰ Nemes. ibid. cap. 18.; Chrys. hom. 74, in Joan. ⁶¹ Nemes. cap. 23. ⁶² Nemes. cap. 25. ⁶³ Nemes

naturales, sed non necessariæ, ut venereorum naturalis et legitimus usus. Etsi enim venereæ voluptates ad generis totius conservationem spectant, non tamen ejusmodi sunt, ut iis submotis in virginitate vita transigi nequeat. Aliæ postremo nec necessariæ, nec naturales, ut ebrietas, petulantia libidinis, ciborum nimia ingurgitatio. Neque enim ejusmodi voluptates ad vitæ **182** nostræ conservationem, nec ad generis propagationem conducunt; quin officiunt. Quamobrem ille, qui Deo acceptam vivendi rationem profitetur, eas tantum quæ simul necessariæ sunt et naturales, consectari debet : illas vero quæ naturales, non tamen necessariæ sunt, posteriori loco habere, nec nisi congruenti tempore, loco, et mensura adhibere. Reliquas demum oportet penitus rejicere.

Quæ honestæ voluptates censeri debeant. — Honestæ porro voluptates eæ prorsus censendæ sunt, quæ nec cum tristitia junctæ sunt, nec pœnitendi causam afferunt, nec aliud incommodum pariunt, nec modum excedunt, nec denique nos a seriis negotiis admodum abstrahunt, aut servituti mancipant.

CAP. XIV.
De tristitia.

Tristitiæ quatuor species. — Tristitiæ quatuor species : mœror, molestia, invidentia, misericordia. Mœror est tristitia vocem adimens : molestia tristitia premens : invidentia, tristitia ob alterius bono : misericordia denique, tristitia ob res aliorum adversas.

CAP. XV.
De timore.

Timoris genera. — " Sed et metus sex sunt genera: segnities, pudor, verecundia, stupor, terror, angor. Segnities est metus impendentis actionis. Pudor, metus ex vituperationis exspectatione : optimusque est hic affectus. Verecundia, metus ob admissum turpe facinus : at ne hic quidem affectus extra spem salutis est. Stupor, metus ex immani aliqua re animo objecta. Terror, metus ex insuetæ rei specie contractus. Angor denique, metus ne vota nostra infeliciter cedant. Tunc enim angore afficimur, cum metuimus ne quod aggressi sumus, bene non succedat.

CAP. XVI.
De ira.

Ira est sanguinis qui cordi affusus est, ebullitio, ex exhalatione, seu fuligine bilis proveniens : unde et χολή Græce appellatur, et χόλος [45]. Est etiam interdum ira, ulciscendi libido. Nam cum ob aliquo lædimur, aut lædi nos existimamus, ira commovemur : ac tunc mistus fit hic affectus ex cupiditate et ira.

Tres iræ species. — Tres porro iræ sunt species :

Excandescentia, quæ et χολή, et χόλος dicitur; μῆνις, item, et κότος. Nam cum ira exoritur, moverique incipit, bilis nuncupatur. μῆνις autem est bilis diuturnior, sive acceptæ injuriæ memoria. Unde etiam hoc nomen nacta est ἀπὸ τοῦ μένειν, id est quod maneat et memoriæ tradatur. Κότος denique est ira ulciscendi occasionem **183** captans, unde et nomen traxit ἀπὸ τοῦ κεῖσθαι, id est, eo quod anima reposita sit.

Ira, rationis satelles, vindex concupiscentiæ. — Est porro ira rationis satelles, vindex cupiditatis. Nam cum rei alicujus desiderio tenemur, atque ab aliquo cohibemur, tunc quasi injuria accepta, adversus illum excandescimus ; ratione videlicet eam rem iracundia dignam judicante, in illis utique qui ordinem suum tuentur, ut naturæ ratio postulat.

CAP. XVII.
De vi imaginatrice.

Quid sit imaginatio. — " Vis imaginandi, irrationabilis animæ partis facultas est, per sensuum organa operans ; quæ et sensus dicitur. Φανταστὸν autem, et sensibile illud appellatur, quod sub vim illam et sensum cadit, v. gr. visus ipsa vis est cernendi ; visibile, quod visui subjicitur ; puta, lapis, aut aliquid hujusmodi. Imaginatio porro est affectio irrationabilis animæ ex aliqua re, quæ in imaginandi vim cadat, exorta. Phantasma denique, seu visum, est inanis affectio in parte animæ irrationabili, quam nulla res, quæ imaginationi subjiciatur, efficiat. Sedes porro virtutis imaginandi est anterior cerebri ventriculus.

CAP. XVIII.
De sensu.

Sensus est ea animæ vis, quæ res materiales percipit, seu dijudicat. Sensoria autem, organa sunt, sive membra quorum beneficio et opera sentimus. Sensibilia vero, ea quæ sub sensum cadunt. Sentiendi capax, denique, animal est sensu præditum. Sensus autem quinque sunt, totidemque sensuum organa.

Primus sensus est visus. Sensoria ejus, seu organa sentiendi, nervi sunt e cerebro derivati, et oculi. Ac visus quidem primarie colorem percipit, et una cum colore corpus coloratum dignoscit ipsiusque magnitudinem, figuram, locum in quo est, interjectum spatium, et numerum [87] ; motum quoque et quietem ; asperumne, an læve ; planum, an inæquale ; acutum, an obtusum ; ac denique ipsius compagem et consistentiam, num aquea sit, an terrea, hoc est humida, aut sicca.

Solus homo et simia aures non movent. — Secundus sensus est auditus, quo voces ac soni percipiuntur. Hic autem sensus dignoscit eorum acumen, et gravitatem, lævitatem, et asperitatem, et altitudinem. Ipsius organa sunt nervi molles e cerebro

---

[45] Nemes. *De nat. hom.* c. 20. [85] Nemes. c. 21. [86] Nemes. cap. 6 [87] Nemes. cap. 71.

ducti, atque aurium structura. Porro ex omnibus animantibus, solus homo, et simia aures non movent.

Tertius sensus est olfactus; qui quidem naribus vapores ad cerebrum deferentibus efficitur, et ad extremas anteriorum cerebri ventriculorum metas terminatur. Vapores autem sentit, et percipit olfactus. Vaporum porro hoc generalissimum discrimen est, ut alios suaves, alios fetidos, alios denique nec suaves, nec insuaves esse intelligamus. Fit autem odor suavis, cum humores qui corporibus insunt, probe fuerint excocti. Quod si mediocriter duntaxat cocti sint, media quoque erit eorum dispositio. Sin autem infra mediocritatem, aut ulla omnino coctio exstiterit, fetidus odor afflabitur.

Quartus sensus est gustus, quo sapores percipiuntur, sive sentiuntur. Hujus organa sunt, lingua, et præsertim extrema ipsius pars sive cuspis, et palatum (quod nonnulli Græce vocant οὐράνίσκον, veluti *cœliculum*) in quibus nervi illi exporrecti sunt, qui a cerebro deferuntur, partique illi animæ, quæ principatum tenet, quid perceptum fuerit, quisve sensus exstiterit, referunt [68]. Jam vero saporum qualitates, quæ gustabiles appellantur, hæ sunt dulcedo, acrimonia, aciditas, acerbitas, austeritas, amaritudo, salsedo, pinguedo, viscositas. Istæ siquidem qualitates gustu dignoscuntur. Ast aqua, quantum ad illas qualitates, saporis omnis expers est: nullam enim qualitatum habet. Acerbitas autem nihil aliud est, nisi intensior quædam et redundans acerbitas.

Quintus sensus tactus est, qui etiam cunctis animantibus communis est [69]. Exsistit autem ille, opera nervorum e cerebro in universum corpus effusorum. Ex quo fit ut totum corpus, atque adeo reliqua sentiendi organa, sensum tactus habeant. Tactui porro subsunt calidum et frigidum, molle et durum, tenax, rigidum, grave et leve. Hæc enim solo tactu cognoscuntur. Sunt autem tactui et visui communia, asperum et læve; siccum et humidum; crassum et tenue, sursum ac deorsum; locus quoque ac magnitudo (si quidem tanta sit, ut uno tactus appulsu comprehendi possit) densum item, et rarum, seu fungosum, atque rotundum, si modo illud exiguum sit; aliæque itidem nonnullæ figuræ. Quin memoriæ quoque et cogitationis adjumento, corpus propinquum sentit. Sic numerum quoque persentiscit, dummodo binarium, aut ternarium non excedat, parvosque hujusmodi numeros, qui manu facile comprehendi possint. Quanquam hos magis visus apprehendit, quam tactus.

Gemina sensuum organa cur nobis indita. — Illud sciendum est, Deum idcirco cætera omnia sensuum organa gemina struxisse, ut, si unum labefactari contigerit, alterum ipsius munus expleat. Duplices enim oculos condidit, duplices aures, duplices narium meatus, et linguas duplices; quæ in quibusdam animantibus divisæ sunt, ut in anguibus, in aliis autem conjuncta, ut in homine. Tactum autem toto corpore diffudit, exceptis ossibus, nervis, unguibus, cornibus, pilis, juncturis et aliis quibusdam hujusmodi.

Sensus ut objecta percipiant. — Illud quoque scire alienum non fuerit, visum recta linea cernere, auditum et olfactum non recta duntaxat, sed undecunque objecta sensibilia percipere: tactum vero et gustatum nequaquam recta linea, nec undecunque sentire, sed tum denique, quando sensilibus suis proxime admoventur.

CAP. XIX.
De cogitatione.

Cogitandi vis. Divinatio in somnis. — Ad eam partem, in qua cogitatio est, generatim pertinent judicia, assensus, impetus ad agendum, et declinationes, ac fugæ ab actione. Speciatim autem considerationes earum rerum quæ intelliguntur, virtutesque et disciplinæ, artium rationes, deliberatio et electio [70]. Quin hæc quoque pars dormientibus nobis eventus futuros vaticinatur; quam quidem unam Pythagorici, in hoc Hebræos secuti, veram divinationem esse censent. Hujus porro organum est medius cerebri ventriculus, spiritusque animalis qui in eo est [71].

CAP. XX.
De memoria.

Memoriæ definitio. — Vis illa qua meminimus, est memoriæ et recordationis causa et promptuarium. Est enim memoria, species et imago ab aliquo sensu, mentisque actione, quæ actu apparuerit, relicta. Vel, rei sensu et cogitatione perceptæ conservatio [72]. Etenim cum anima sensibilia per sensuum organa percipit, seu sentit, fit opinio: sin vero, quæ in intelligentiam cadunt, mente cognoscit, fit intellectio. Quocirca, cum earum rerum, quas vel opinione, vel intellectione complexa est, figuras servat, meminisse dicitur.

Memoria quomodo fiat. — Illud porro sciendum est, ea quæ sub intelligentiam cadunt, non aliter quam per disciplinam, aut naturalem intelligentis animi notionem percipi posse. Non enim ex sensu: nam sensibilia per sese memoria tenentur: quæ autem intelliguntur, eorum quidem meminimus, si quid eorum didicimus: cæterum illorum substantiæ memoriam nullam habemus.

Quid sit reminisci. — At vero reminisci tum quispiam dicitur, cum memoriam per oblivionem oblitteratam recuperat. Oblivio enim est memoriæ jactura. Ergo imaginatio materias sensibus perceptas, cogitationi vel rationi tradit (eadem enim utriusque vocabuli vis est) quas illa acceptas atque perpensas ad memoriam transmittit. Memoriæ porro organum et sedes est posterior cerebri ventriculus,

---

[68] Nemes. cap. 9. [69] Nemes. cap. 8. [70] Nemes. cap. 11. [71] Vide Greg. Nyss. *De Opif. hom.* c. 13. [72] Nemes. cap. 13.

quem etiam occipitium vocant, et spiritus animalis, qui in eo includitur.

CAP. XXI.
De verbo, seu sermone interno et prolatitio.

Ratio et oratio, sive internus animi orisque sermo. — Rursus, animæ pars rationabilis, in internum atque in prolatitium sermonem dividitur. Est **186** autem internus animi motus, qui in parte quæ ratiocinatur, absque ulla elocutione efficitur. Ex quo plerumque fit ut integram orationem nobiscum taciti percurramus, necnon in somnis colloquamur. Propter hoc potissimum λογικοί, id est rationales sumus. Nam qui surdi nati sunt, aut morbo aliquo, aut injuria illata, vocis usum amiserunt, nihilominus rationis compotes sunt. At sermo prolatitius in voce et dicendi modis vim suam prodit; ille, inquam, qui linguæ et oris ope profertur: unde prolatitius vocatur, estque cogitationis animi nuntius. Per hunc autem λαλητικοί, id est, loquendi facultate præditi, dicimur.

CAP. XXII.
De passione, et actione.

Passio, vox æquivoca. — Passio multiplicis significationis vocabulum est. Nam et corporis passio dicitur, ut morbi et vulnera; et rursus animi, ut cupiditas et ira. Est autem, ut communiter et in genere dicam, animalis passio, quam sequitur voluptas aut tristitia. Nam passionem dolor sequitur, non autem ipsa passio dolor est. Insensibilia enim patiuntur, nec tamen dolent. Non igitur passio ipsa, sed passionis sensus, est dolor. Hanc porro non contemnendam, hoc est magnam esse oportet, quæ sensum feriat.

Quid animi passio. — Passionum autem enim hæc definitio est. Passio est sensibilis motus virtutis appetentis ex boni aut mali cujuspiam imaginatione. Vel alio modo: Passio est irrationabilis motus animæ ob boni vel mali opinionem. Enimvero boni opinio cupiditatem movet; mali autem opinio, iram. At vero in genere et communiter passio sic definitur: Passio est motus ex alio in alio. Actio autem est motus efficax. Efficax porro dicitur, quod ex seipso movetur. Sic nimirum ira, actio quædam est partis irascentis, passio autem est, utriusque animæ partis, totiusque corporis, cum ad agendum ab ira per vim trahitur. Tunc enim ex alio in alio motus fit; id quod passio nuncupatur.

Idem motus ut passio et actio. — Quin alio quoque modo actio dicitur passio. Actio enim motus est naturæ consentaneus; passio, motus præter naturam. Hæc igitur ratione actio passionis nomen obtinet, cum motu naturæ repugnantis cietur, sive quis ex seipso moveatur, sive motu impresso ab alio. At proinde cordis motus, quo arteriæ pulsantur, naturalis cum sit, actio etiam est: qui vero ex palpitationibus oritur, quia modum excedit, nec est naturæ consentaneus, passio, utique est, non actio.

Nec vero motus omnes, qui in patibili animæ parte excitantur, passiones vocantur: verum ii duntaxat, qui vehementiores sunt, atque ad sensum usque perveniunt. Leves enim motus, et qui sensu non percipiuntur, passiones non sunt. Alicujus enim momenti magnitudinem habere passio debet. Unde in passionis definitione additum est, *motus sensibilis*: quia parvi motus nec sensibiles passionem non faciunt.

187 *Duplices animæ facultates, cognoscendi et appetendi.* — Illud porro notandum duplices esse animæ nostræ vires, alias in cognitione positas, alteras vitales. Vires in cognitione positæ, sunt mens, cogitatio, opinio, imaginatio, sensus. Vitales, seu appetentes, voluntas et electio. Ut autem dilucidius fiat quod dicimus, age de his facultatibus accuratius disseramus: ac primo loco de iis quæ in cognitione versantur, sermo sit.

Et quidem de imaginatione et sensu satis jam superius dictum est. Per sensum itaque in animo conflatur ea passio, quæ imaginatio nominatur. Ex imaginatione oritur opinio: tum cogitatio, opinionem expendens, verane sit, an falsa: tum demum quod verum est judicat; ob idque etiam Græce διάνοια, dicitur, ἀπὸ τοῦ διανοεῖν, id est, ab eo quod considerat et discernit. Demum quod decretum, verumque definitum est, intellectus nominatur [73].

Vel alio modo. Sciendum est quod prima mentis agitatio, cogitatio simplex dicitur. Quæ autem rei alicui affixa est, ἔννοια seu mentis notio, appellatur. Hæc porro si diutius perstiterit, atque in animo, id quod cogitatum est impresserit, consideratio nuncupatur. Consideratio in eadem re rursus hærens, ac sese probans et explorans, prudentia nominatur. Hæc denique si latius progreditur, ratiocinationem facit, quæ internus sermo est, et definitur, plenissimus animi motus, qui in rationis facultate sine ulla vocis emissione gignitur; ex quo prolatitium aiunt prodire sermonem, qui lingua pronuntiatur. Hactenus de animæ viribus quæ in cognitione sitæ sunt: nunc de vitalibus, sive appetentibus dicamus.

De appetendi facultatibus. Definitio voluntatis. Θέλησις, *innata vis volendi.* — Sciendum itaque est, insitam a natura vim eam esse, qua id quod naturæ consentaneum est, appetat, et omnia quæ naturæ essentialiter insunt, tueatur et conservet: quæ quidem voluntas dicitur. Substantia enim, et esse, et vivere, et mente pariter, ac sensu moveri appetit; quod nempe naturalem entitatem suam plenam et perfectam concupiscat. Unde voluntatem hanc naturalem sic definiunt: Voluntas [71] est rationalis et vitalis appetitus, ex iis duntaxat quæ

---

[73] Max. epist. 1 *ad Marin.*   [71] Max. *ad Marin.* et *Ad incert.* p. 98.

naturalia sunt, pendens. Quocirca θέλησις quidem nihil aliud est, quam ipsemet naturalis, vitalis, ac rationalis appetitus eorum omnium quibus natura constituitur, et simplex facultas. Etenim brutorum appetitus, cum irrationalibus sit, voluntas nequit dici.

Βούλησις, Voluntas naturalis rei alicujus. — At vero βούλησις, est talis quaedam voluntas naturalis; hoc est, naturalis et rationalis cujuspiam rei appetitio. Insita enim est hominis animae vis secundum rationem appetendi : proinde cum haec naturalis appetitio ad rem aliquam excitatur, *volitio* dicitur. Volitio enim, seu voluntatis actus, est rei cujusdam appetitio rationalis et desiderium.

188 Dicitur autem βούλησις, tum de iis quae in nostra potestate sunt, tum de illis quae in ea non sita sunt : hoc est, de iis quae fieri possunt, et de illis quae non possunt. Etenim libidini indulgere, aut pudicitiam colere, aut dormire, aut hujusmodi quidpiam plerumque volumus. Volumus item et reges esse; quod tamen in nobis situm non est. Volumus quoque fortasse nunquam mori, quod quidem fieri nequit.

Volendi actus est finis, voluntatis subjectum. — Voluntas [75], seu volendi actus finem spectat, non ea quae sunt ad finem. Ac finis quidem est, id quod actus voluntatis subjectum est, v. gr. regnare, bona valetudine esse : ad finem autem, id de quo consultatur ; puta modus consequendae sanitatis, vel regiae dignitatis [76]. Voluntatis actum sequitur inquisitio et consideratio. Deinde si de rebus quae in potestate nostra sunt, agitur, consilium exsistit, seu deliberatio. Est autem consilium appetitus inquirens de rebus agendis, quarum potestas penes nos est. Deliberat enim quispiam, num rem aliquam aggredi debeat, necne : tum id quod idoneum magis sit judicat, et *judicium* dicitur. Postea vero illud afficitur, et amplectitur quod consilium censuit ; et tunc γνώμη, id est, *sententia* vocatur. Nam si ita judicet, ut tamen erga illud quod judicatum est, non afficiatur ; hoc est, illud minime amplectatur, sententia non dicitur. Jam vero affectionem sequitur electio, quippe quae nihil est aliud nisi e duabus rebus quae proponuntur, alterius prae altera susceptio. Dein ad actionem progreditur, et hoc dicitur *impulsus*. Tum subinde adepto fine utitur, et tunc *usus* appellatur. Post *usum* denique appetitus quiescit.

Voluntas in brutis nulla. — Porro quidem in brutis, protinus ut rei alicujus appetitus nascitur, impulsus quoque ad actionem exsistit. Eorum siquidem appetitus irrationabilis est, soloque naturali appetitu aguntur. Quo fit ut brutorum appetitus, nec voluntas (q. d. *volitio*), nec voluntatis actus dici possit. Nam voluntas est appetitus naturalis, rationabilis et liber. At in hominibus, utpote ratione praeditis, naturalis appetitus, non tam ducit, quam ducitur ; quippe qui libere et cum ratione movetur, quia facultates cognoscendi et vivendi in homine conjunctae sunt ; ac proinde libere appetit, vult, inquirit, considerat, deliberat, judicat, afficitur, eligit, ad agendum prorumpit, agitque in illis rebus quae naturae consentaneae sunt.

De voluntate Dei. In Deo voluntas, non deliberatio. — Illud vero ignorandum non est, quod in Deo volendi quidem actum dicimus, non autem electionem **189** proprie sumptam. Deus quippe non deliberat : quia ignorantis est consilium inire. Nemo enim de eo deliberaverit, quod exploratum habet. Quod si deliberatio non nisi ignorantis est, procul [77] dubio nec electio. Quare cum Deus simpliciter omnia norit, in eum non cadit deliberatio.

Nec in Christi anima. — Quin ne in Christi quidem anima deliberationem aut electionem ponimus : neque enim ignorantia laborabat. Nam etsi ejusmodi naturam habebat, quam futurorum cognitio fugeret : tamen ob personalem cum Deo Verbo unionem, rerum omnium cognitione pollebat : quod quidem non gratiae, sed personali, ut dictum est, unioni tribuendum est [78]. Idem enim ipse, et Deus, et homo erat, ac proinde voluntatem, quae ex sententia est, non habebat. Naturalis quidem et simplex voluntas, quae in omnibus hominum personis peraeque consideratur, ipsi inerat : caeterum sententiam, id est, rem quam vellet, divinae voluntati contrariam, et a divina sua voluntate alienam, sancta ipsius anima non admisit. Sententia quippe una cum personis discrepat, praeterquam in sancta et simplici, compositionisque ac divisionis experte deitate [79]. Illic enim, quia personae nulla ratione dirimuntur, nec illud quod in voluntatem cadit, distinguitur. Atque illic quidem, quoniam una eademque est natura, una quoque est naturalis voluntas. Ac rursus, quia nec personae divelli possunt, unum quoque voluntatis subjectum est, et una eademque trium personarum motio. In hominibus vero, quoniam una natura est, una etiam est voluntas naturalis. Quoniam rursus disjunctae personae sunt, ac loco, et tempore, necnon circa res affectione, aliisque plurimis inter se discrepant, eam ob causam diversae quoque voluntates sunt, et sententiae. Verum in Domino nostro Jesu Christo, quoniam diversae naturae sunt, diversae quoque sunt voluntates naturales divinitatis et humanitatis, sive volendi facultates. Sed quia una est persona, unus volens, unum quoque est voluntatis subjectum, unave sententiae voluntas et arbitraria ; humana scilicet voluntate divinae ipsius voluntati obtemperante, et ea volente, quae divina ipsius voluntas ipsum volebat velle.

Sciendum autem est, aliud esse θέλησιν, aliud

[75] *In tentationem* vocat S. Thomas. [76] Max. *Dial. cum Pyrrh.* et epist. 1, *Ad Marin.* [77] Max. epist. 1, *Ad Marin.* [78] Max. *Dial. cum Pyrrh.* [79] Vid. inf. lib. III, cap. 14.

βούλησιν, aliud τὸ θελητὸν, aliud τὸ τελητικὸν, et aliud τὸν θέλοντα; siquidem θέλησις, est ipsa simplex volendi facultas; βούλησις, est defixa alicui rei voluntas; θελητὸν, est voluntatis subjectum, seu illud quod volumus. Exempli gr. movetur appetitus, ad cibum : simplex iste naturalis appetitus, est θέλησις : cibi autem appetitio, βούλησις : ipse cibus, τὸ θελητὸν· θελητικὸν vero illud quod facultate volendi præditum est, ut homo : θέλων denique, seu volens, is qui voluntate utitur.

Ad hæc observandum est, θελήματος vocabulo, **190** quandoque voluntatem, seu volendi facultatem significari, ac tum dici voluntatem naturalem; quandoque etiam illud quod volumus, tuncque sententiæ, seu arbitrariam voluntatem appellari.

CAP. XXIII.
De actu.

Nosse oportet [80], eas omnes facultates de quibus locuti sumus, tam illæ quæ in cognitione positæ sunt, quam quæ vitales et naturales, et quæ artificiosæ, ἐνεργείας, id est, actus, aut operationes appellari. Actus quippe est naturalis cujusque substantiæ vis et motus. Et rursum, actus naturalis est innatus uninuscujusque substantiæ motus. Ex quo patet, quarum rerum eadem natura sit, earum actus quoque eosdem esse : quarum vero naturæ diversæ, discrepantes actus esse.

Fieri quidem non potest, ut substantia ulla actu, seu operatione naturali careat. Iterumque actus naturalis est illa vis qua cujusque natura declaratur. Ac rursus : actus est naturalis, primaque perenni motu prædita intelligentis animæ facultas: hoc est perennis ipsius ratio, naturaliter ex ipsa sine intermissione scaturiens. Vel, actus est vis motioque cujusque substantiæ, qua caret illud solum quod non est.

Quin actus etiam actiones dicuntur, ut loqui, ambulare, comedere, bibere et alia ejusmodi. Affectiones quoque naturales plerumque actus nuncupantur, ut fames, sitis, aliaque similia [81]. Dicitur insuper actus, perfectio potentiæ.

Actus est potentia varie dicta. — Porro duplici modo aliquid esse dicitur, potentia, et actu. Nam puerum adhuc lactentem potentia grammaticum dicimus, quia sic comparatus est, ut addiscendo grammaticæ artis peritus evadat. Rursus, grammaticum dicimus esse tam potentia, quam actu grammaticum. Actu nimirum, quia grammatices artem callet : potentia vero, quia cum docere eam possit, non tamen profitetur : tandem actu grammaticum dicimus, cum eam docet et exponit.

191 Quocirca animadvertendum est, secundum hunc modum, esse tum potentiæ, tum actui communem : ac secundo quidem potentiam, priore vero actum importari.

Vita prima naturæ operatio. — Prima, solaque et vera naturæ operatio, seu actus, est vita quam sponte volumus, sive rationalis et libera, quaque species humana constituitur. Hanc qui Christo eripiunt, haud assequor quonam pacto illum Deum hominem factum dicant [82].

Actus demum est efficax naturæ motio. Efficax porro dicitur illud quod ex seipso movetur.

CAP. XXIV.
De voluntario et non voluntario.

Quoniam [83] id quod sponte fit, in actione quadam positum est, et illud quod voluntarium non esse censetur, in quadam etiam actione consistit; multi vero illud quoque quod reapse non est voluntarium, non in patiendo solum, sed etiam in agendo constituunt : omnino scire oportet, actionem esse operationem cum ratione editam. Actiones porro laus sequitur aut vituperium; atque actiones ipsæ, partim cum voluptate, partim cum mœrore fiunt; partimque item agenti acceptæ, partim invisæ sunt : quinimo ex iis quæ acceptæ sunt, aliæ semper arrident, aliæ quandoque duntaxat : id quod de illis etiam quæ sunt fugiendæ, debet intelligi. Rursus actionum aliæ ejusmodi sunt, in quibus veniæ et misericordiæ locus sit; aliæ odio sunt, et supplicio vindicantur. Et quidem quod voluntarium est, omnino vel laudem, vel vituperium meretur, agiturque cum voluptate : insuper actiones, illis qui agunt, vel semper acceptæ sunt, vel tum saltem quando fiunt. Contra id quod voluntarium non est, aut venia, aut miseratione dignum est, nec sine mœrore patratur; præterea agenti accepta non est actio, utpote quam non a seipso perficiat, tametsi per vim ab eo extorqueatur.

Non voluntarium per vim, per ignorantiam. — Porro non voluntarium, vel per vim fit, vel per ignorantiam. Per vim quidem, dum principium operans, extraneum est; ut cum ab alio, nihil ejus suasionibus illecti, per vim adigimur : nec nos conatum ullum, aut quidpiam adjumenti afferimus, ut per nosipsos, id quod vi exprimitur, faciamus [84]. Hoc autem genus sic definimus : non voluntarium illud est, cujus principium extrinsecus est, nihil suopte motu ad actionem conferente illo, **192** cui vis affertur. Per principium autem, causam efficientem significamus. At vero non voluntarium fit per ignorantiam, cum nos ignorantiæ causam non præbemus, sed casu res ita contingit. Etenim si quispiam ebrius cædem perpetrarit, inscius quidem eam admisit, at non prorsus invite [85]. Ignorantiæ quippe causam, ebrietatem scilicet, ipse accercivit. Sin quispiam in eum quem consueverat locum sagittas mittens, prætereuntem patrem peremerit, ob inscitiam facinus hoc invite patrasse dicitur.

---

[80] Anast. Sin. in Ὁδηγ. ex Greg. Nyss. p. 44; [81] Clem. Alex. ap. Max. p. 151. [82] Max. *Dial. cum Pyrrh.* [83] Greg. Nyss. ap. Max. p. 155. [84] Nemes. c. 29. [85] Nemes. c. 50. [86] Nemes. c. 51.

Voluntarium. — Non voluntarium igitur duplex cum sit, alterum propter vim, alterum propter ignorantiam, utrique voluntarium opponitur. Illud enim voluntarium est, quod nec per vim, nec per ignorantiam efficitur [86]. Quamobrem voluntarium dicitur, cujus principium, sive causa, in ipso est qui agit, ut ipse noscat omnia singulatim, per quæ actio geritur, et in quibus versatur : quæ quidem *singula*, rhetores circumstantias appellant ; puta, quis, hoc est, ille qui fecit : quem, seu eum qui perpessus est ; quid, id est, hoc quod factum est, utputa interfecit ; quo, scilicet instrumento ; ubi, sive quo in loco ; quando, id est, quo tempore ; quomodo, quove pacto illud egit ; quare, seu qua illectus causa.

Mista voluntario et invito. — Scire attinet quædam esse quæ inter voluntaria, et non voluntaria, medium locum obtinent. Quæ quidem, etsi injucunda et molesta sunt, vitandi gravioris mali causa suscipimus ; ut cum naufragii metu merces navis in mare projicimus [87].

Pueri et bruta sponte agunt ; at non ex electione. — Sed illud quoque notandum est, quod pueri et bruta animantia sponte quidem faciunt, sed non ex electione. Quin ea quoque quæ ira commoti absque prævia deliberatione facimus, voluntarie quidem facimus, cæterum non ex electione [88]. Et cum amicus repente occurrit, libentibus quidem nobis adest, non item eligentibus. Ac denique qui præter spem in thesaurum incidit, sponte quidem incidit, sed non ex electione. Hæc enim omnia, hoc quidem nomine voluntaria sunt, quod ex iis voluptatem capiamus : at non item secundum electionem, quia non deliberando fiunt. Deliberatio porro electionem omnino antecedat necessum est, quemadmodum superius dictum est.

CAP. XXV.
De eo quod in nostra potestate situm est, sive de libero arbitrio.

Quæstiones de libero arbitrio. — In disputatione de libero arbitrio, id est, de eo quod in potestate nostra situm est, hæc prima occurrit quæstio, sitne aliquid in nostra potestate [89], **193** multi enim id negant. Altera, quænam sint ea quæ arbitrii nostri sint, et quorumnam penes nos sit potestas. Tertia, quidnam causæ sit, cur nos Deus liberos crearit. A primo itaque resumentis, priusquam ex iis ipsis quæ apud illos pro indubitatis habentur, demonstremus quædam in nostra potestate esse, atque hunc in modum agamus.

Hominem liberi arbitrii esse suarumque actionum causam. Fortunæ definitio. — Eorum omnium quæ fiunt, aut Deum auctorem esse dicunt, aut necessitatem, aut fatum, aut naturam, aut fortunam, aut casum. Cæterum Dei opus est essentia et providentia ; necessitatis, motus illorum quæ eodem semper modo se habent ; fati, ut ea quæ per ipsum fiunt, necessario contingant ; nam et fatum ipsum necessitatem importat : naturæ vero, ortus seu generatio, accretio, corruptio, stirpes, et animantia : fortunæ, ea quæ rara sunt, ac præter exspectationem eveniunt. Fortunam quippe definiunt, duarum una incidentium causarum concursus, quæ ab electione principium habentes, aliud quiddam quam quod natura comparatum sit, efficiant : ut cum quis foveam fodiens thesaurum invenit. Neque enim is qui thesaurum condiderat, hoc animo condiderat ut alius inveniret : nec rursus is qui invenit, ea mente fodit, ut thesaurum reperiret : sed ille quidem, ut, cum vellet, thesaurum tolleret ; hic autem, ut foveam foderet. Cæterum aliud quidpiam accidit, præter id quod uterque sibi proposuerat. Casui denique ea assignant, quæ inanimis rebus, aut brutis animantibus citra naturam et artem obveniunt. Hæc illorum doctrina est. Cuinam igitur horum ea quæ per homines fiunt, subjiciemus, siquidem homo auctor et principium actionis non sit ? Neque Deo turpes ac sceleratas actiones prorsus ascribere fas est, neque necessitati : non enim actio ex genere eorum est, quæ eodem semper modo se habent. Neque item fato : nequaquam enim contingentium rerum, sed necessario evenientium fatum esse dicunt. At nec naturæ quidem : quia naturæ opera sunt stirpes et animantia. Nec rursus fortunæ : non enim raræ et inopinatæ sunt hominum actiones. Non denique casui : inanimorum quippe duntaxat, aut brutorum eventus ad casum pertinere censent. Relinquitur itaque eumdem ipsum hominem, qui agit et operatur, operum suorum auctorem esse, præditumque adeo arbitrii libertate.

Huc accedit, quod si nullius actionis auctor sit homo, frustra ei deliberandi facultas data est. Quorsum enim deliberatione utatur, si nullius actionis arbitrium penes ipsum sit ? Omnis enim deliberatio actionis causa initur. Porro id quo nec præclarius quidquam, nec præstantius in homine est, supervacaneum esse affirmare, extremæ absurditatis est. Ac proinde cum deliberet, actionis causa deliberat. Nulla enim deliberatio est, nisi propter actionem.

194 CAP. XXVI.
De iis quæ fiunt.

Quænam sint arbitrii nostri. Contingentia quæ sint. Agendorum electio semper in nobis est, non ipsa actio. — Ea quæ fiunt [89], partim potestatis nostræ sunt, partim illius non sunt. In nostra potestate sita sunt, quæ liberum nobis est facere, vel non facere ; hoc est, ea omnia quæ ultro et sponte agimus (neque enim ea sponte a nobis fieri dicerentur, si actio in nostro arbitrio minime posita esset) : uno verbo, ea omnia quæ, vel laudem, vel vitupe-

---

[86] Nemes. c. 32. [87] Nemes. c. 30. [88] ibid. 33. [89] ibid. 39. [89] ibid. 40.

rationem afferunt, et ob quæ leges et consilia dantur. Proprie autem in nostra potestate sunt, quæcunque ad animam pertinent, et de quibus consultamus. Consilium porro circa ea versatur, quæ peræque in utramque partem contingere possunt. Peræque autem contingens illud est, quod et ipsum possumus, et quod ei opponitur: ejus vero electio penes mentem nostram est; hæc enim actionis principium est. In nobis igitur hæc sita sunt, quæ alterutro modo possunt evenire, velut, moveri, et non moveri; incitari, et non incitari; appetere quæ necessaria non sunt, et non appetere; mentiri, et non mentiri; tribuere, et non tribuere; gaudere dum convenit, et similiter non gaudere, et ubi non convenit, cæteraque ejusmodi, in quibus virtutis et vitii munera versantur. Horum enim penes nos libera est potestas. Inter ea quæ peræque in utramque partem contingere possunt, artes numerantur. Penes nos enim est eas colere, et non colere.

Observandum autem est, eorum quæ sub actionem cadunt, electionem quidem semper in nostra potestate esse: cæterum actionem sæpe impediri certa quadam Providentiæ ratione [90].

CAP. XXVII.
Quam ob causam libero arbitrio præditi simus.

Creata, suapte natura mutabilia. Libertas arbitrii rationi annexa. Nulla in brutis arbitrii libertas. — Quamobrem una cum ratione, arbitrii quoque libertatem accedere dicimus [ac creatis rebus mutationem omnino congenitam esse]. Quidquid enim creatum est, mutationi quoque subjicitur [91]. Siquidem quorum generatio a mutatione initium duxit, ea quoque mutabilia esse necessarium est. Est autem mutatio, cum quid ex nihilo producitur, atque ex subjecta materia quidpiam aliud efficitur. Et quidem ea quæ anima carent, itemque bruta animantia juxta corporeos illos, quos memoravimus, modos immutantur: rationabilia autem, ratione electionis: nam facultas rationalis partim in contemplatione, partim in actione versatur. Quæ in contemplatione consistit, res ut se habent, considerat. Illa vero in actione posita est, quæ consultat, et rebus agendis rectam rationem præscribit. Atqui partem illam quæ contemplationi vacat, mentem nuncupant; quæ vero actioni, rationem. Ac rursus, illam sapientiam, istam prudentiam appellant. Quocirca quisquis consultat, perinde consultat, tanquam rerum agendarum penes ipsum potestas sit, ut quod ex consultatione melius visum fuerit, hoc eligat; et cum elegerit, exsequatur. Quod cum ita sit, arbitrii libertas rationi adnexa sit necesse est. Aut enim rationalis non erit homo, aut si rationalis, actionum suarum dominus erit. Unde etiam bruta arbitrii libertate carent. A natura enim aguntur magis, quam agant:

ac proinde nec naturali quidem appetitui repugnant, sed quamprimum aliquid appetiverint, in actionem ruunt. Homo contra, cum sit rationis particeps, naturam potius ducit, quam ab ea ducatur. Quo fit, ut etiam cum aliquid appetit, vel appetitum comprimere queat, si velit, vel illi obsequi. Quod etiam in causa est cur bruta animantia nec laudentur, nec vituperentur; homo contra et laude afficiatur, et vituperio.

Angeli liberi, et mutabiles, qua creati. — Sciendum est, angelos, utpote ratione præditos, liberi arbitrii esse, ac qua ratione creati sunt, mutationi quoque obnoxios esse. Idque liquido monstravit diabolus, qui, cum a Creatore bonus conditus esset, libera potestate mali inventor exstitit, virtutesque insuper illæ, quæ una cum ipso a Deo defecerunt, puta dæmones, cum reliqua angelorum agmina in bono perstiterint.

CAP. XXVIII.
De iis quæ in nostra potestate posita non sunt.

A Deo solo pendent quæ potestatis nostræ non sunt. — Eorum autem, quæ in nostro arbitrio minime sita sunt, alia ex iis quæ arbitrii nostri sunt, originem seu causam habent, quales sunt actionum nostrarum retributiones, tum in præsenti, tum in futuro ævo: alia vero omnia ex Dei voluntate pendent. Etenim rerum omnium ortus a Deo est; at corruptio ob nostram malitiam ad nostram simul et utilitatem invecta fuit. Deus quippe *mortem non fecit, nec delectatur in perditione viventium* [92]: quin potius per hominem, id est per Adami transgressionem, mors, et reliqua item supplicia inflicta sunt. Cætera autem omnia in Deum referri debent. Nam et ortus noster ad creatricem ejus potentiam spectat; incolumitas, ad conservatricem; gubernatio et salus, ad virtutem omnibus providendi; ipsa denique sempiternorum ipsa bonorum possessio, quæ illos manet, qui id quod naturæ consentaneum est (cujus nempe causa conditi sumus) sartum tectumque custodierint, ipsius bonitati ascribenda est. Quoniam vero nonnulli Providentiam negant, age nunc de ea disseramus paucis.

CAP. XXIX.
De Providentia.

Quid sit providentia. Deum rebus creatis consulere. — Providentia itaque est procuratio, qua Deus fungitur erga res quæ sunt. Ac rursus: Providentia est voluntas Dei, per quam res omnes convenienti ratione reguntur [93]. Si autem Dei voluntas Providentia est, omnia procul dubio quæ Providentia fiunt, pulcherrime, diversissimeque fieri necesse est, atque ita ut meliori modo prorsus exsistere non possint. Eumdem enim, et rerum effectorem, et provisorem esse oportet: quia non convenit, nec consen-

[90] Nemes. c. 37. [91] Nemes. c. 41. [92] Sap. 1, 13. [93] Nemes. c. 43.

taneum est, alterum rorum opificem esse, alterum qui his prospiciat. Sic quippe in imbecillitate uterque omnino versaretur: ille nimirum efficiendi, hic procurandi[94]. Quodcirca Deus est, et qui procreavit, et qui procurat: ejusque procreandi, et conservandi, et providendi potentia nihil aliud est, nisi bona ipsius voluntas: *Omnia enim quæcunque voluit Dominus fecit in cœlo et in terra*[95]; nec voluntati ejus resistat, ullus est[96]. Fieri omnia voluit, et facta sunt. Vult mundum consistere, et consistit, ac quidquid vult, efficitur.

Providentia astruitur. — Quod autem Deus rebus provideat, idque perquam præclare ad hunc modum rectissime quispiam expenderit[97]. Solus Deus natura bonus et sapiens est: qua igitur bonus, providet (neque enim bonus fuerit, qui non provideat. Nam et homines et bruta filiis suis naturali affectu prospiciunt; ac vituperatur, qui non prospicit) qua vero sapiens, optime res procurat.

Quæ penes nos sunt, libero arbitrio ascribi debent. — Quamobrem hæc attente considerantes, omnia nos admirari oportet, omnia laudare, omnia citra curiosam inquisitionem comprobare, quamlibet plerisque iniqua videantur; eo quod videlicet, Dei providentia nec cognosci, nec comprehendi possit, quin cogitationes et actiones nostræ, futura quoque, ipsi soli nota sint. Omnia porro cum dico, de illis loquor quæ in nostra potestate non consistunt: nam quæ potestatis nostræ sunt, non Providentiæ, sed libero arbitrio debent ascribi.

197 *Quæ Providentiæ sunt, alia ex complacito, alia ex permissione.* — Enimvero quæ Providentiæ subsunt, partim ex beneplacito Dei sunt, partim ex permissione. Beneplacito fiunt ea omnia, quæ citra controversiam bona sunt: permissionis vero multæ species sunt. Sæpe etenim justum hominem in calamitates sinit incidere, ut latentem in eo virtutem aliis prodat[98], uti Job accidit[99]. Nonnunquam aliquid iniqui fieri permittit, ut per eam actionem, quæ iniquitatis speciem habet, magnum aliquid et mirandum patretur: sic per crucem hominibus salutem procuravit. Quin alio quoque modo virum pium gravibus incommodis affici patitur; ne a recta conscientia excidat, vel ob potestatem gratiamque divinitus sibi concessam in superbiam prolabatur: velut in Paulo contigit[1].

Cur Deus alios, atque alios deserat. — Quin ad alios erudiendos aliquantum quispiam deseritur, ut alii, calamitosum ipsius statum intuentes, documentum inde capiant[2]: quemadmodum in Lazaro et divite[3]. Sic enim natura comparati sumus, ut, cum aliquos afflictos cernimus, animum ipsi contundamus. Ad alterius etiam gloriam, et non ob sua vel parentum delicta aliquis deseritur: ut ille cæcus a nativitate[4], ad gloriam Filii hominis. Sinitur insuper quispiam ad æmulationis studium in aliorum animis excitandum, grave aliquid perpeti; quo nimirum aucta ejus, qui perpessus est, gloria, alacriter alii adversa perferant, futuræ gloriæ spe, et futurorum bonorum desiderio adducti, ut in martyribus evenit. Sinitur denique aliquis in obscenum facinus interdum proruere, ut hac ratione gravius aliquod vitium depellatur. Exempli gratia: Sit aliquis, cui virtutes suæ et recte facta animos attollant: sinit hunc Deus in fornicationem incidere, ut per hujusmodi lapsum imbecillitatem suam agnoscens, deprimatur, accedensque confiteatur Domino.

Boni malique electio in nobis sita: ad effectionem necessaria Providentia. — Illud autem nosse oportet[5,6], rerum agendarum electionem quidem in nobis sitam esse, probarum vero actionum finem Dei auxilio ascribendum, secundum præscientiam suam opem juste ferentis illis, qui recta conscientia bonum amplectuntur: malarum contra Dei derelictioni, malum hominem secundum præscientiam suam juste deserentis.

Desertio ex certo consilio, exque omnimoda reprobatione. — Desertionis porro duæ species sunt. Est enim desertio ex certa dispensatione, quæ ad eruditionem nostram vergit. Est rursus alia ex omnimoda reprobatione proficiscens. Quæ certa dispensatione fit, ea est quæ ad ejus qui patitur emendationem, salutemque, et gloriam, aut etiam ad alios æmulationis studio excitandos, aut denique ad gloriam Dei confert. Omnimoda autem desertio accidit, cum, nullo remedii genere prætermisso **198** a Deo, stupidus tamen et incuratus propria animi destinatione remanet homo, vel, ut melius loquar, insanabilis: tuncque extremo exitio traditur, veluti Judas[7]. Propitius sit nobis Deus, et ab ejusmodi nos desertione custodiat.

Sciendum autem est, complures esse divinæ providentiæ modos, qui nec verbis explicari, nec mente comprehendi possunt.

Ne illud quidem ignorandum, omnes rerum acerbarum impetus, ad salutem eorum qui cum gratiarum actione ipsos excipiunt invehi, ingentemque ipsis utilitatem afferre.

Voluntas Dei antecedens, et voluntas consequens. — Hoc itidem nosse oportet, Deum primaria et antecedente voluntate velle omnes salvos esse, et regni sui compotes fieri[8]. Non enim nos ut puniret, condidit; sed quia bonus est, ad hoc ut bonitatis suæ participes essemus. Peccantes porro puniri vult, quia justus est.

Permissio duplex. — Itaque prima illa voluntas, antecedens dicitur et beneplacitum, cujus ipse

---

[94] Nemes. c. 42. [95] Psal. cxxxiv. 6. [96] Rom. ix. 19. [97] Nem. c. 44. [98] Nemes. c. 44. [99] Job i, 12. [1] II Cor. xii, 7. [2] Nemes. ibid. [3] Luc. xvi, 19. [4] Joan. vii, 3. [5,6] Nemes. c. 37. [7] Matth. xxvi, 27. [8] I Tim. ii, 4.

causa sit: secunda autem, consequens voluntas et permissio, ex nostra causa ortum habens; eaque duplex: altera dispensatione quadam fit et ad salutem erudit; altera a reprobatione proficiscitur, ad absolutam, ut diximus, poenam pertinens. Atque hæc in illis quæ in nostra potestate non sunt.

Deus nullo modo mala vult, sed fieri permittit. — Eorum vero quæ in nobis sita sunt, bona quidem primario Deus vult, et secundum beneplacitum; mala autem quæ revera mala sunt, neque primario, neque consequenter vult, sed libero arbitrio permittit. Nam quod vi efficitur, nec rationi convenit, nec virtutis nomen obtinere potest. Deus creatis omnibus providet, et per omnia creata, ut et ipsa plerumque dæmonum opera (velut in Job et porcis [9] liquet) beneficiis afficiat et erudiat.

CAP. XXX.
De præscientia et prædestinatione.

Deus omnia præscit, sed non omnia præfinit. — Illud scire interest [10], Deum omnia quidem præscire, sed non omnia præfinire. Præscit enim ea quæ in nostra potestate sunt: at non item ea præfinit. Nec etiam malitiam patrari vult; nec rursus virtuti vim affert. Quocirca divina jussio cum præscientia conjuncta præfinitionem efficit [11]. **199** Deus porro ea quæ nostri arbitrii non sunt, pro sua præscientia præfinit. Etenim juxta ipsam, omnia jam pro eo atque bonitatem et justitiam suam decet, ante definivit.

Virtus a Deo naturæ indita, id est consentanea, et ut illa ejus sit capax. — Illud quoque sciendum, virtutem naturæ nostræ divinitus inditam esse; Deumque ipsum omnis boni fontem et auctorem esse; ut citra ipsius opem et auxilium bonum velle nec facere possimus; cæterum nobis liberum esse in virtute perstare, Deumque ad eam vocantem sequi, vel a virtute abscedere, hoc est, in vitio hærere, ac diabolum, qui nulla vi injecta ad illud nos vocat, ducem sequi. Neque enim vitium aliud quidquam est, nisi recessus a bono, veluti tenebræ, recessus a luce. Ac proinde in statu naturæ consentaneo manentes, in virtute sumus: ab eo autem statu, hoc est a virtute deflectentes, in id quod naturæ repugnat vitiumque labimur.

200 Pœnitentia est ab eo quod naturæ adversatur, ad id quod ipsi conveniens est, atque a diabolo ad Deum, per piæ vitæ studium, laboresque regressio.

Homo masculus conditus. — [12] Hunc itaque hominem summus ille Opifex masculum condidit, divinam ei gratiam suam impertiens, seque per eam ipsi communicans: quo factum est, ut in morem prophetæ, animantibus, veluti mancipiis sibi datis, herili quadam auctoritate nomina imposuerit. Nam cum ad imaginem Dei conditus esset, ut ratione intelligentia, et arbitrii libertate polleret, merito proinde ipsi rerum omnium terrenarum principatus a communi omnium Opifice et Domino concreditus est.

Creata femina ad humani generis morte damnati futuram propagationem. — Quoniam autem Deus præscientia sua noverat, fore, ut ille impositam sibi legem violaret, atque in corruptionem laberetur, idcirco feminam ipsi similem, adjutricemque ex ipso procreavit: adjutricem, inquam, ut genus humanum per generationem **201** ex successione conservaretur. Etenim prima formatio factura dicitur, non generatio. Factura enim est prima ea, quæ Deo auctore exstitit, hominis formatio. Generatio autem, successio est, qua ob mortis sententiam alii ex aliis propagamur.

Hunc porro Deus [13] in paradiso tam spirituali, quam corporeo collocarat: siquidem in corporeo, qui in terra erat, quantum ad corpus degens, spiritaliter cum angelis versabatur, divinas cogitationes excolens, quibus alebatur: nudus ob simplicitatem, vitamque minime fucatam, atque ad solum creatorem per res ab eo conditas assurgens, ipsius contemplationis voluptate jucundissime fruebatur.

Hominis in paradiso status et ruina. — Quoniam itaque Deus eum, quantum ad naturam ita exornaverat, ut libera voluntate præditus esset, hanc ei legem sanxit, ne de scientiæ ligno gustaret: de quo quidem ligno in capite de paradiso pro modulo nostro satis diximus: hoc porro mandatum ei præscribendo pollicitus est fore, ut si animæ dignitatem ita custodisset, ut victoriam rationi conciliaret, et agnito Creatore, præceptum ejus observaret, æterna beatitudine frueretur, morteque superior evadens, in omne ævum viveret: sin autem honorem suum minus intelligens, ac jumentis insipientibus comparatus [14], excusso Conditoris jugo, sanctissimoque ipsius edicto neglecto, animum corpori subderet, corporisque voluptates potiores haberet, morti et corruptioni fieret obnoxius, miseramque vitam trahens, laborandi necessitati subjiceretur [15]. Neque enim illi tentato nondum, nec explorato immortalitatem adipisci conducebat, ne in superbiam, inque diaboli judicium incideret. Nam immortalitas, qua ille præditus erat, effecit, ut postquam libera voluntate lapsus est, immutabilem deinceps, et pœnitentiæ expertem in malo firmitatem habuerit; quemadmodum rursus angeli post voluntariam virtutis electionem divina gratia in bono ita fixi stabilitique sunt, ut ab eo nullatenus jam dimoveri queant.

Injuncti Adamo præcepti causa. — Opus erat igitur ut homo primum exploraretur, quia vir non probatus nec tentatus, nullius pretii est [16]; suoque experimento per præcepti observationem perfectus eva-

---

[8] Matth. VIII, 30 seqq. [10] Chrys. hom. 12 in Epist. ad Ephes. [11] Act. S. Max. [12] Cf. infra, lib. III, c. 14. [13] Nyss. *De opif.* cap. 20. [14] Psal. XLVIII, 13. [15] I Tim. III, 8. [16] Eccle. XXXIV, 11.

dens, sic demum pro virtutis præmio immortalitatem consequeretur. Nam cum Deum inter, materiamque media quadam ratione constitutus esset, ita comparatus erat, ut, si quidem mandato paruisset relicta naturali sua erga res creatas necessitudine, Deo arctissima affectione copulatus, immobilem in bono firmitatem accepturus esset : sin autem, divina lege violata, in res materiæ immersas prolapsus, mentem a Deo auctore suo abstraxisset, **202** corruptionem sibi accerseret, factusque pro impassibili passibilis, et pro immortali mortalis, conjugio fluxaque generatione opus haberet ; quo fieret, ut ob vitæ desiderium, delectabilia quidem, velut eam tuentia amplexaretur, eos vero qui hæc sibi eripere studerent, pertinaci odio haberet ; atque ita desiderium a Deo ad materiam, et iram ab eo qui salutis nostræ hostis est, ad congeneres suos transferret. Victus itaque homo est invidentia diaboli, qui, quo livore atque erga bonum odio percitus erat, nos supernis bonis frui non ferebat ; cum ipse ad ima propter superbiam corruisset. Quapropter injecta spe divinitatis, miserum Adamum mendax illexit, subvectumque ad arrogantiæ cacumen, in eamdem ruinæ voraginem deturbavit.

LIBER TERTIUS.

CAP. I.

De divina dispensatione nostrique sollicitudine, et de nostra salute.

Violati prævaricatione Adæ divini mandati pœna. Dei in homine revocando œconomia. — Hoc itaque dæmonis malorum auctoris assultu deceptum hominem, violatique Conditoris præcepti reum, et gratia nudatum, qui exula qua pollebat apud Deum fiducia, ærumnosæ vitæ asperitate, quam folia ficus [17] significant, obvolutus fuerat, et mortalitatis carnisque crassitie **203** coopertus, ut mortuarum pellium vestitu designatum fuit : qui demum justo Dei judicio e paradiso exterminatus, inflicta morte corruptioni factus obnoxius, hunc nequaquam aspernatus est, misericors ille, qui ei, tum ut esset, tum ut bene esset largitus erat : verum cum multis ante modis castigatum ad meliorem frugem vocasset ; per gemitum scilicet, et tremorem, per aquarum illuviem, ac totius ferme generis humani interitum [18], per linguarum confusionem ac divisionem [19], per angelorum præfecturam [20], per civitatum conflagrationem [21], per typicos apparentis Dei prospectus, per bella, victorias, clades, signa, et portenta, variasque virtutes ; per legem et prophetas ; per quæ omnia id agebatur, ut peccato, quod varie serpendo, hominem mancipaverat, nullumque non mali genus mundo invexerat, e medio sublato, homini ad beatam vitam reditus pateret : quoniam mors per peccatum introierat in mundum [22], feræ cujusdam instar immanisque belluæ, hominis vitam infestans, oportebat vero eum, qui Redemptoris munere functurus erat, a peccato prorsus alienum esse, nec peccati causa obnoxium morti ; insuper roborari instaurarique naturam, et opere ipso erudiri, edocerique virtutis viam, quæ cum ab interitu revocando, ad æternam vitam duceret : sic itaque tandem ingens suæ erga ipsum benevolentiæ pelagus ostendit [23]. Ipse enim conditor ac Dominus pro figmento suo luctam suscipit, ipsoque magistrum agit opere. Ac quoniam hostis spe divinitatis hominem pellexerat, ipse vicissim objecta carne velut esca capitur : simulque divinæ, cum bonitatis et sapientiæ, tum justitiæ et potentiæ specimen editur. Nam bonitas quidem hinc elucet, quod figmenti sui imbecillitatem non despexit, sed lapsi vicem doluit, eique manum porrexit : justitia item, quod victo homine, non per alium tyranno victoriam extorquet, nec vi hominem a morte eripit ; sed quem mors olim propter peccatum servituti suæ addixerat, hunc bonus ille justusque victorem rursum fecit ; quodque nulla arte fieri posse videbatur, simile similis opera liberavit : sapientia denique, quod rei perquam difficili congruentissimum exitum invenit [24]. Etenim Dei ac Patris benevolentia, unigenitus Filius ac Deus, qui in Dei ac Patris sinu erat [25] ; ille, inquam, ejusdem ac Pater sanctusque Spiritus substantiæ ; ille omni ævo antiquior, ille principio carens ; quique in principio erat, et apud Deum et Patrem, ac Deus erat ; ille demum, qui in forma Dei erat [26], inclinans cœlos descendit ; hoc est, sublimitatem suam, in qua nulla cadat abjectio, nulla depressione deprimens, in servorum suorum usum se inclinat, ejusmodi plane inclinatione, quæ nec verbis exprimi, nec mente comprehendi queat (id enim *descensus* vocabulo significatur), quique Deus perfectus erat, perfectus homo fit, novorum omnium maxime novum [27], imo quod unum **204** sub sole novum est, infinitamque Dei potentiam declarat. Quid enim majus, quam Deum hominem fieri ? Quocirca Verbum caro absque ulla mutatione de Spiritu sancto, et sancta Maria semper Virgine Deique Genitrice factum est ; Deique et hominum mediator exsistit, solus ille in homines benignis-

---

[17] Gen. III, 7. [18] Gen. VI, 13. [19] Gen. XI, 7. [20] Gen. XVIII, 1 seqq. [21] Gen. XIX, 1 seqq. [22] Sap. II, 24. [23] Greg. Naz. orat. 42 et 38. [24] Greg. Nyss. Orat. cathec. cap. 20 et seqq. [25] Joan. I, 18. [26] Philipp. II, 6. [27] Eccle. I, 10.

simus, non ex voluntate, aut ex concupiscentia, aut congressu viri, aut generatione cum voluptate conjuncta, in intemerato Virginis utero conceptus, sed de Spiritu sancto ac prima illa Adami productione, fitque Patri obediens, ut per id quod simile nobis ex nobis assumpsit, inobedientiæ nostræ medicinam, nobisque obedientiæ, sine qua obtineri salus non potest, exemplar sese præbeat [18].

CAP. II.
Quomodo conceptum sit Verbum, et de divina ejus incarnatione.

Missus est enim angelus Domini ad Mariam Virginem, ex Davidico genere oriundam [19]. *Manifestum est enim quod ex Juda ortus sit Dominus noster, ex qua tribu nullus altari præsto fuit,* quemadmodum divinus Apostolus tradidit [20] : de qua re accuratius postea disseremus. Cui etiam lætum ferens nuntium dixit : *Ave, gratia plena, Dominus tecum* [21]. Quæ cum audisset, turbata est in sermone ; aitque angelus ei : *Ne timeas, Maria, invenisti gratiam apud Dominum ; pariesque filium, et vocabis nomen ejus Jesum* [22]. *Ipse enim salvum faciet populum suum a peccatis eorum* [23]. Unde etiam Jesus Salvatorem sonat. Hæc porro cum anxie quæreret : *Quomodo fiet mihi istud, quoniam virum non cognosco* [24] ? rursum his eam verbis allocutus est : *Spiritus sanctus superveniet in te et virtus Altissimi obumbrabit tibi. Ideoque et quod nascetur ex te sanctum, vocabitur Filius Dei* [25]. Ac tum ipsa ad eum : *Ecce ancilla Domini : fiat mihi secundum verbum tuum* [26].

Quocirca ubi primum sancta Virgo assensa est, in eam juxta Domini sermonem, cujus nuntius angelus fuerat, Spiritus sanctus supervenit, qui purgavit eam, vimque ei, tum ad suscipiendam Verbi deitatem, tum ad gignendum suppeditavit [27]. Tunc porro in eam obumbravit subsistens vere Dei Altissimi sapientia et virtus ; Dei Filius, inquam ille consubstantialis Patri, divini seminis instar, exque castis purissimisque illius sanguinibus carnem anima rationali et intelligente animatam, conspersionis scilicet nostræ primitias, ipse sibi compegit ; non id quidem seminali procreatione, **205** sed conditoris more, per Spiritum sanctum ; [28] non ut paulatim per additamenta figura corporis absolveretur, sed uno eodemque momento perficeretur ab ipso Dei Verbo, quod carni factum fuit hypostasis et persona. Neque enim Verbum carni in propria persona jam seorsim exstanti, unitum est [29] ; sed in sanctæ Virginis utero, nulla circumscriptione in sua ipse persona immorans, ex castis ipsius perpetuæ Virginis sanguinibus, carnem anima rationali et intelligente præditam substare fecit, humanæ conspersionis primitias assumens, Verbum ipsum carni factum hypostasis. Quamobrem simul atque caro exstitit, simul quoque Dei Verbi exstitit caro, simul caro animata, rationis particeps et intelligentiæ [30]. Quo fit, ut non hominem deitate donatum, sed Deum hominem factum dicamus [31]. Nam cum natura Deus perfectus esset, idem ipse natura perfectus homo fuit : et quidem ita ut, nec mutatus natura fuerit, nec imaginariam incarnationis speciem objecerit ; sed carni, quam ex sancta Virgine accepit, anima rationali intelligenteque animatæ, inque ipso exsistentiam nactæ, personali modo absque confusione, aut mutatione, aut divisione unitus sit ; quin nec deitatis suæ naturam in carnis suæ substantiam, nec rursus carnis suæ substantiam in deitatis naturam converterit, nec denique ex divina sua natura, et humana quam assumpsit, naturam unam compositam effecerit.

CAP. III.
De duabus naturis, adversus Monophysitas.

Naturæ duæ in una Christi persona. — Enimvero sine conversione ac mutatione unitæ mutuo naturæ sunt, sic videlicet ut nec a sua simplicitate divina natura desciverit ; nec rursus humana ; aut in Deitatis naturam conversa, aut in nihilum redacta, aut denique una ex duabus naturis composita natura effecta sit. Siquidem composita natura, cum neutra illarum naturarum, ex quibus conflata est, consubstantialis esse potest ; ut quæ ex aliis aliud facta sit. Exempli gratia : corpus, quod ex quatuor elementis constat, nec ejusdem esse cum igne substantiæ dicitur ; nec ignis appellatur, nec aer vocatur, nec aqua, nec terra, nec eamdem cum ullo horum **206** substantiam habet. Quocirca, si post unionem Christus, ut hæreticis placet, unius compositæ naturæ exsistit, ex simplici natura in compositam versus est [32]. Ita nec Patri, cujus simplex natura est, consubstantialis erit, nec matri, quippe quæ ex deitate et humanitate composita non est ; nec item in deitate et humanitate erit, nec Deus nuncupabitur, nec homo, sed Christus duntaxat : eritque Christi vocabulum, non personæ ipsius nomen, sed unius, ut illi censent, naturæ.

Nos vero Christum haudquaquam unius compositæ naturæ esse prædicamus, neque ex aliis aliud, quemadmodum ex anima et corpore hominem, aut ex quatuor elementis, corpus ; verum ex diversis eadem [33]. Siquidem ex deitate et humanitate cumdem Deum perfectum, et hominem perfectum, et esse, et dici, atque ex duabus, et in duabus naturis esse confitemur. Christi porro vocabulum personæ esse dicimus, quod non unimode dicitur, sed duplicem naturam significat. Ipse siquidem seipsum unxit, corpus videlicet suum divinitate sua ungendo, tanquam Deus, unctus autem, ut homo; quandoquidem ipse, et hoc, et illud est. Unctio porro humanitatis est divinitas. Enimvero si Christus una tantum composita natura præditus, Patri consubstantialis est, erit et Pater compositus, et carni consubstantialis; quod dictu absurdum est, et omni impietate plenum [44].

Ad hæc, quonam pacto una eademque natura substantialium differentiarum mutuo pugnantium capax erit? Qui enim fieri potest, ut eadem natura simul, et creata sit, et increata; mortalis, et immortalis; circumscripta, et incircumscripta?

Monophysitæ Christum utraque natura perfectum fatentur. — Quod si etiam Christum naturæ unius esse dicentes, simplicem hanc esse asserant, aut nudum illum Deum confitebuntur, proque incarnatione meram speciem inducent, aut certe veluti Nestorius, hominem purum. Ubinam ergo illud erit, « in deitate perfectum, et in humanitate perfectum? » Ecquando Christum duarum esse naturarum dicent, quem post unitionem unius tantummodo compositæ naturæ esse pronuntiant? Nam quod unius ante unitionem fuerit, cuivis profecto perspicuum est.

207 *Monophysitarum error, quod naturam a persona non distinguant.* — Verum hoc demum est quod hæreticis errandi causa est, quod naturam et hypostasim esse idem statuant [45]. Etsi vero unam hominum esse dictitamus, at non anima et corpore spectatis; cum fieri non possit, ut corpus et animam simul comparando unius ea esse naturæ affirmemus: sed quia plurimæ hominum hypostases et personæ sunt, eamdem omnes rationem naturæ recipiunt. Omnes quippe corpore et anima constant, omnesque, cum animæ naturam participant, tum corporis substantiam habent, communemque speciem. Quo fit ut plurimarum diversarumque personarum unam naturam dicamus, cum videlicet singulæ personæ duplicem naturam habeant, et in duabus naturis, corporis scilicet et animæ, exstare censeantur.

At vero [46] in Domino nostro Jesu Christo non potest accipi communis species. Neque enim fuit, nec est, nec unquam erit alius Christus ex deitate et humanitate, inque deitate et humanitate idem perfectus Deus, et perfectus homo. Hinc fit, ut in Domino nostro Jesu Christo natura una dicenda non sit, ut eodem modo de Christo qui ex deitate et humanitate compositus est, loquamur, veluti de individuo quod corpore et anima constat. Illic siquidem individuum est; at Christus nequaquam est individuum: neque enim Christitatis, ut ita dicam, speciem ejusmodi habet, de qua prædicetur. Ac proinde ex duabus naturis perfectis, hoc est, divina et humana, unionem esse factam dicimus, non ad modum conspersionis, nec per confusionem, vel commistionem, aut temperationem, quemadmodum ille Numinis ira immissus Dioscorus, Eutyches item, et Severus, quique impiæ eorum classis sunt, asseruerunt: nec personalem, aut secundum relationem, aut in ratione dignitatis, aut in una voluntatis conspiratione, aut honoris qualitate, aut eadem ac promiscua nuncupatione, aut benevolentia positam, ut Deo invisus Nestorius, Diodorusque, et Mopsuestiensis Theodorus, cum diabolica sua caterva censuerunt: sed per compositionem, hoc est secundum hypostasim, sine ulla conversione, nec confusione, nec mutatione, nec divisione, nec distantia, inque duabus perfectis naturis unam Filii Dei et incarnati personam confitemur [47]; unam dicentes divinitatis ipsius et humanitatis hypostasim, **208** duas autem post unitionem naturas in ipso incolumes servari confitentes: non ita tamen ut utramque harum seorsum ponamus, verum in una composita persona inter se copulatas. Substantialem enim esse hanc unionem dicimus, hoc est, veram et non imaginariam. Substantialem autem [48], non quod duæ naturæ unam compositam naturam effecerint; sed quod in unam Filii Dei compositam hypostasim inter se unitæ sint. Quinimo substantialem earum differentiam integram et incolumem servari statuimus. Nam creatum mansit quod creatum est, et increatum, quod increatum; quod mortale est, mortalem permansit, et immortale quod immortale; circumscriptum, quod circumscriptum, incircumscriptum, quod incircumscriptum; visibile, quod visibile; et invisibile, quod invisibile: « Unum quidem horum coruscat miraculis, aliud succumbit injuriis [49]. »

Communicatio idiomatum. — Verbum porro, quia ipsius sunt, quæ sanctæ ejus carnis sunt, ea quæ humanitati conveniunt, sibi vindicat, et vicissim carni, quæ sua sunt, impertit; illo nimirum alternæ communicationis modo, ob mutuam inter se partium commeationem, unionemve hypostaticam, « in utraque forma cum alterius communione ageret [50]. » Eo porro nomine Dominus ipse gloriæ crucifixus dicitur [51], quamvis alioqui divina ipsius natura minime passa sit: et rursum, Filius hominis ante passionem in cœlo esse dictus est, veluti Dominus ipse asseruit [52]. Erat enim ille idem Dominus gloriæ, qui etiam natura et vere Filius hominis, hoc est, homo exsistebat. Atqui ipsius tum miracula, tum supplicia esse agnoscimus, etsi ratione alterius naturæ miracula edebat, et alterius ratione idem ipse supplicia perferebat. Scimus enim, ut unam ipsius hypostasim, ita substantialem harum differentiam incolumem servari. Quo autem pacto salva erit differentia, non servatis il-

---

[44] Eulog. apud Max. t. II, p. 145. [45] Anast. Sinaita in Ὁδηγῷ, c. 9; Leontius, contra Nest. et Eutych. [46] Leontius, contr. Sev. et Eutych. Max. loc. cit. p. 277. [47] Procl. epist. 2 Ad Arm. [48] Greg. Naz. hom. 5. Videsis ad c. 65 Dialect. supra. [49] Leo papa, epist. 10, cap. 4. [50] Leo papa, ep. 10, c. 4. [51] I Cor. II, 8. [52] Joan. III, 13.

lis quæ mutuo discrepant. Differentia siquidem est earum rerum quæ diversæ sunt. Qua igitur ratione Christi naturæ inter se differunt, hoc est essentiæ ratione, hac cum extremis conjungi dicimus, puta quantum ad deitatem quidem attinet, cum Patre et Spiritu sancto, quantum vero ad humanitatem, cum matre, et nobis. Idem quippe quoad divinitatem Patri et Spiritui sancto consubstantialis est; quoad vero humanitatem, tum matri, tum cæteris hominibus. Qua ratione vero ejus naturæ mutuo copulantur, eum, tum a Patre et Spiritu sancto, tum a matre et reliquis hominibus differre dicimus. Ipsius enim naturæ per hypostasim copulantur, ut quæ unam compositam hypostasim habeant, cujus ratione tum a Patre et Spiritu sancto, tum a matre et nobis differt.

CAP. IV.
De modo mutuæ communicationis proprietatum.

Nomina communia et propria. — Quod porro aliud sit substantia, et aliud hypostasis, multoties a nobis dictum est: quodque, substantia sive essentia, communem speciem, ejusdemque speciei personas complectentem significet, ut Deus, homo; persona autem ac hypostasis individuum denotet, puta Patrem, Filium, et Spiritum sanctum, Petrum, Paulum: quamobrem observandum est, quod divinitatis et humanitatis nomen, substantias sive naturas significat: at nomen Deus ac homo, tum de natura usurpatur, ut cum dicimus, Deus est substantia incomprehensa, et, *unus est Deus*; tum etiam de personis, quatenus illud quod particularius est, ejus nomen suscipit quod est generalius, ut cum Scriptura dicit: *Propterea unxit te Deus, Deus tuus* [53]. Vides enim hic Patrem et Filium designari. Et rursus cum ait: *Homo quidam erat in terra Auside* [54]: solum enim Job indicare voluit.

Eorum in Christo usus. — Ergo in Domino nostro Jesu Christo, quoniam duas quidem naturas, at unam duntaxat personam ex utraque compositam agnoscimus; cum naturas consideramus, divinitatem et humanitatem appellamus; cum vero personam ex naturis compositam, interdum ab utroque Christum nominamus, Deumque simul et hominem, et Deum incarnatum; interdum rursus ab una parte Deum solum, et Dei Filium, hominemque solum, atque hominis Filium; ac rursus aliquando, a sublimibus duntaxat, aliquando item ab humilibus tantum. Unus enim est, qui et hoc et illud peræque est, quorum alterum ex Patre nullius causa semper exstitit, alterum autem postea pro sua erga homines benevolentia factus est [55].

Nullus alternæ communicationis locus in his quæ naturas significant, sed in iis quæ personam. — Divinitatem itaque nominantes, ea quæ humanitati propria sunt, ipsi minime assignamus. Non enim passibilem aut creatam deitatem dicimus. Nec rursus carni, sive humanitati, ea tribuimus quæ deitati proprie conveniunt. Neque enim carnem, sive humanitatem, increatam dicimus. At vero cum de persona sermo est, sive ab utraque parte simul, sive ab altera tantum eam appellemus, utriusque naturæ proprietates ipsi imponimus. Etenim Christus (quæ vox utrumque **210** complectitur) et Deus et homo dicitur, et creatus et increatus, et passibilis et impassibilis. Cum jam ab una parte *Filius Dei*, et *Deus* nuncupatur, conjunctæ ac una subsistentis naturæ, hoc est carnis, proprietates recipit, ut et Deus passibilis nominetur, et Dominus gloriæ crucifixus dicatur [56]: non qua Deus est, sed qua idem ipse simul est homo. Eodemque modo, cum homo et filius hominis appellatur, divinæ essentiæ proprietates et ornamenta suscipit. Puer enim omni ævo antiquior dicitur, et homo initii expers: non id quidem qua ratione puer et homo est, sed qua Deus sæculis anterior cum esset, ad extremum factus est puer. Atque hic est jam alternæ communicationis modus, dum unaquæque natura, ea quæ sibi propria sunt, alteri communicat, propterea quod eadem est hypostasis, et ob mutuam earum immeationem. Qua ratione de Christo dicere nobis licet: *Hic Deus noster in terra visus est, et cum hominibus conversatus est* [57]. Et, hic homo increatus est, et impassibilis, et incircumscriptus.

CAP. V.
De numero naturarum.

Personarum in Deo, naturarum in Christo numerus. Unio numerum non tollit. — Cæterum [58], veluti unam in Divinitate naturam confitemur, tres autem personas vere exsistentes dicimus; atque ea quidem omnia quæ naturalia essentialiaque sunt, esse simplicia pronuntiamus, personarum vero discrimen in solis tribus proprietatibus, scilicet quod unus sine causa sit et Pater, alter a causa et Filius, alter item a causa et procedens, esse positum agnoscimus, ut ab invicem nec excedere, nec disjungi queant; quinimo inter se unitæ sint, aliæque alias citra confusionem pervadant: ut, inquam, eas quidem nulla confusione unitas, quoniam tres sunt, tametsi unitæ; verum et absque sejunctione discretas (quanquam enim quælibet illarum per se subsistit, sive perfecta hypostasis est, suamque proprietatem, hoc est existentiæ modum disparem habet; at essentiæ tamen, naturaliumque proprietatum ratione conjunguntur, et eo quod a persona Patris non divelluntur, nec excedunt, idcirco Deus unus, et sunt, et dicuntur): consimili modo in divina et arcana, omnemque mentis aciem et captum [exsuperante Dei Verbi et Domini nostri Jesu Christi, unius

[53] Psal. XLIV, 8. [54] Job 1, 1. [55] Greg. Naz. orat. 35. [56] I Cor. II, 8. [57] Baruch. III, 38. [58] Leont. in resp. ad argum. Sever.

sanctæ Trinitatis hypostasis incarnatione, duas quidem naturas, divinam scilicet et humanam, una coivisse, et secundum hypostasim unitas esse confitemur⁵⁹, ut una hypostasis et persona ex naturis duabus composita **211** facta fuerit. Integras porro, etiam post unitionem, naturas ambas in una composita persona, hoc est in uno Christo, servari dicimus, easque vero esse cum naturalibus ipsarum proprietatibus : quia nimirum citra confusionem unitæ sunt, et rursus citra divisionem distinguuntur et numerantur. Et quemadmodum tres sanctæ Trinitatis personæ ita sine confusione unitæ sunt, ut tamen sine divisione distinguantur et numerentur ; quia nempe numerus nec divisionem, nec disjunctionem, nec alienationem, nec sectionem in ipsis facit (unum quippe Deum, Patrem, et Filium, et Spiritum sanctum novimus): ita quoque Christi naturæ, quamvis invicem unitæ sint, cæterum nulla confusione, et quamlibet aliæ alias permeent, non tamen conversionem et transmutationem alterius in alteram admittunt⁶⁰. Utraque enim naturalem proprietatem suam immotam tuetur. Hinc quoque fit ut numerentur, nec tamen numerus divisionem inducat. Unus siquidem Christus est, tam in divinitate, quam in humanitate perfectus. Neque enim numeri ea natura est, ut divisionem aut unionem afferat, sed quantitatem duntaxat earum rerum quæ in numerum cadunt, significat, sive illæ unitæ sint, sive divisæ : unitæ quidem, ut quod quinquaginta lapidibus hic paries constet; divisæ autem, ut quod quinquaginta lapides in campo jaceant : ac rursum unitæ, ut quod in carbone duæ naturæ sint, ignis nimirum et ligni; discretæ vero, quod alia ignis natura sit, alia ligni ; alio nempe modo hæc copulante et dividente, non autem numero. Quemadmodum igitur fieri nequit, ut tres divinitatis personas, tametsi inter se junctæ sunt, unam personam dicamus, ne alioqui personarum discrimen confundamus et e medio tollamus, ita nec fieri potest, ut duas Christi naturas secundum hypostasim unitas unam naturam dicamus, ne discrimen earum tollamus et confundamus, atque ad nihilum redigamus.

CAP. VI.

Quod tota divina natura in una suarum personarum toti humanæ naturæ unita sit, et non pars parti.

Essentia et natura eadem in personis tota. — Quæ communia et universalia sunt, de particularibus sibi subjectis prædicantur. Commune porro quoddam est essentia, ut species; particulare, persona. Particulare, inquam, non quod naturæ partem quamdam sibi vindicet, sed quia numero particulare est, ut individuum. Personæ siquidem non natura, sed numero inter se distingui dicuntur. Prædicatur itaque essentia de persona, quoniam in singulis speciei ejusdem personis perfecta est essentia. Quo fit ut personæ inter se non differant ratione essentiæ, sed accidentium, quæ quidem sunt propriæ et certæ **212** notæ quibus sigillatur hypostasis, non natura. Hypostasis enim definitur, essentia cum accidentibus. Quocirca hypostasis est illud quod habet id quod commune est cum propria sua nota, et insuper ut per sese exsistat. Essentia quippe per se non subsistit, sed in personis consideratur. Idcirco cum una ex personis patitur, tota essentia, ratione cujus hypostasis hæc patitur, passa quoque dicitur in una suarum hypostasium : ut tamen non sequatur personas omnes, quæ ejusdem speciei sunt, una cum persona patiente pati.

Tota in Christo divinitas toti unita humanitati. Assumpta natura qualis fuit primo creata. — Ad hunc itaque modum divinitatis naturam totam in quavis personarum suarum perfecte esse, totam in Patre, totam in Filio, totam in Spiritu sancto confitemur : obidque et Pater perfectus Deus est, et Filius perfectus Deus, et Spiritus sanctus perfectus Deus. Consimili etiam ratione In incarnatione unius ex sanctæ Trinitatis personis Dei Verbi, totam et integram divinitatis naturam in una suarum personarum, cum tota natura humana unitam fuisse dicimus, ac non partem cum parte. Ait quippe divinus Apostolus : *In ipso inhabitat omnis plenitudo divinitatis corporaliter*⁶¹, hoc est in ipsius carne ; et deifer ejus discipulus Dionysius⁶², ingenti divinarum rerum cognitione insignis, eam totam in una suarum personarum nobiscum commercium habuisse ait. Nec propterea tamen eo adducemur, ut fateamur omnes sanctæ Trinitatis personas, sive tres, cum omnibus humanæ naturæ personis secundum hypostasim unitas fuisse. Nam nec Pater, nec Spiritus sanctus ulla omnino ratione incarnationi Dei Verbi communicarunt, nisi benignissima voluntate. Verum toti humanæ naturæ totam deitatis substantiam unitam fuisse asserimus. Neque enim Deus Verbum quidquam eorum, quæ, cum nos initio rerum fingeret, naturæ nostræ inseruit, non assumptum omisit : sed omnia assumpsit, puta corpus et animam intelligentem rationabilemque, cum eorum proprietatibus. Animal enim, quod alterutrius est expers, ne quidem homo est. Totum quippe me totus assumpsit, ac totus toti unitus est, ut toti salutem afferret. Nam alioqui non potuit sanari, quod assumptum non fuit⁶³.

213 *Mens in homine principatum habet.* — Ergo Dei Verbum per intermediam mentem carni unitum est, interjectam scilicet inter Dei puritatem et carnis crassitiem⁶⁴. Mens etenim corporis et animæ prin-

---

⁵⁹ Id. ib'd.   ⁶⁰ Infr. cap. 7; Basil. epist. 43, et lib. *De Spir. sanct.* cap. 17.   ⁶¹ Coloss. II, 9.
⁶² Dion. *De div. nom.* cap. 2.   ⁶³ Athan. *De salut. adv. Christ.*; Greg. Naz. epist. 1 ad Cled. et orat. 1; Cyrill. in cap. VIII Joan.   ⁶⁴ Greg. orat. 1, 38 et 51.

cipatum gerit, quin ipsa pars est animæ purissima : ut mentis quoque principatum tenet Deus; cæterum Christi mens, ubi a præstantiori finitur, principatus sui præbet argumenta ⁸⁵. Verum superatur obsequiturque illi quod præstantius est, ea agens, quæ divina voluntas concedit ut agat.

Porro mens unitæ sibi secundum hypostasim deitatis sedes, facta est, velut nimirum et caro, non contubernalis, quemadmodum impie fingitur ab hæreticis, cum aiunt : Unus modius non capit duos; de rebus a materia remotis ad instar corporum judicantes. Quonam autem pacto Christus dicatur Deus perfectus, et homo perfectus, Patrique et nobis consubstantialis, si divinæ naturæ pars, humanæ naturæ parti in eo unita est ⁸⁶.

Natura humana singularis in Christo, non communis.—Dicimus autem naturam nostram a mortuis excitatam esse, et in cœlum ascendisse, atque ad Patris dexteram sedisse; non quod omnes hominum personæ una resurrexerint, et ad dexteram Patris consederint, sed quod toti naturæ nostræ in Christi persona hoc contigerit ⁸⁷. Ait enim divinus Apostolus : *Conresuscitavit nos et consedere fecit in Christo* ⁸⁸.

Quomodo una Dei Verbi natura incarnata, non passa. — Quin hoc dicimus, unionem ex communibus essentiis esse factam. Omnis enim essentia personis, quæ sub ipsa continentur, communis est : nec inveniri possit ulla singularis ac propria natura, sive essentia. Nam alioqui easdem personas simul ejusdem esse, ac diversæ essentiæ dicere oporteret, ac sanctam Trinitatem, ratione deitatis, simul et consubstantialem esse, et disparis substantiæ. Ex quo perspicuum est eamdem naturam in quavis personarum considerari. Et cum, juxta beatos viros Athanasium et Cyrillum, Verbi naturam incarnatam esse pronuntiamus, divinitatem carni unitam esse dicimus. Quam ob causam non possumus dicere Verbi naturam passam esse. Non enim in eo divinitas passa est. At naturam humanam, personas hominum haudquaquam innuendo, in Christo passam esse dicimus, itemque **214** Christum in humana natura passum esse confitemur. Quamobrem, cum *Verbi naturam* dicimus, Verbum ipsum significamus. Verbum porro et substantiæ communitatem habet, et personæ proprietatem.

CAP. VII.
De una Dei Verbi composita persona.

Verbi persona ante et post incarnationem. Verbi persona simplex incarnatione facta composita. — D.vinam itaque Dei Verbi hypostasim dicimus ante omnia exstare, extra tempus omne et sempiterne, simplicem nec compositam, increatam, incorpoream; invisibilem, a contactu alienam, et incircumscriptam, omnia habentem, quæ Pater habet, quia ejusdem cum eo substantiæ est, et sola generationis ratione et relatione a Patris hypostasi discreta ; perfectam item, nec unquam a persona Patris sejunctam : cæterum in novissimis diebus Verbum, paterno sinu non relicto, sine circumscriptione in sanctæ Virginis utero habitasse absque semine, et incomprehensa, qua ipse novit ratione, fecisseque, ut caro, ex sancta Virgine assumpta, in sua sæculis antiquiore hypostasi subsisteret.

Et tum quidem in omnibus et super omnia erat, cum in sanctæ Dei Genitricis utero agebat, at in eo specialius incarnationem operando. Incarnata itaque est, assumens conspersionis nostræ primitias, carnem scilicet anima rationali et intelligente animatam, ita ut ipsa Verbi hypostasis, hypostasis etiam carnis facta fuerit, et Verbi persona, quæ ante simplex erat, composita evaserit : composita, inquam, ex duabus naturis perfectis, divinitate nimirum et humanitate; feratque certam illam discriminantemque divinæ Verbi filiationis proprietatem, qua a Patre et Spiritu sancto secernitur, tum certas discriminantesque proprietates carnis, quibus a Matre et reliquis hominibus discrepat : imo divinæ naturæ proprietates gerat, quarum ratione Patri et Spiritui sancto unitus est, itemque humanæ naturæ proprias notas, quarum ratione et Matri et nobis unitus est. Quin etiam hoc nomine, tum a Patre et Spiritu , tum a Matre et nobis differt, quod idem simul Deus et homo est. Hanc enim maxime peculiarem Christi personæ proprietatem esse agnoscimus.

Christi ex Matre generatio nobis et supra nos. — ⁸⁹ Quocirca, etiam post humanitatem assumptam, unum Dei Filium ipsum confitemur, eumdemque Filium hominis, unum Christum, unum Dominum, unum unigenitum Filium, ac Dei Verbum, Jesum Dominum nostrum, duplicem ipsius generationem venerantes ; alteram ex Patre ante sæcula, causa omni, et tempore, et natura sublimiorem ; alteram extremis temporibus, nostri causa, nostri instar, ac supra nos ; nostri causa, **215** inquam, ut nobis salutem afferret : nostri instar, quia homo ex muliere, ac consueto partus tempore editus est : supra nos denique, quia non ex semine, sed de Spiritu sancto, sanctaque Virgine Maria, quod quidem pariendi lege eminentius est. Non ut eum Deum prædicemus nostra nudum humanitate, aut rursus solum hominem, divinitate spoliatum, aut denique alium et alium ; sed unum eumdemque Deum simul et hominem, Deum perfectum, et hominem perfectum, totum Deum, et totum hominem : totum Deum, una cum ipsius carne, et totum hominem, etiam adjuncta ipsius præcelsissima deitate. Porro cum Deum perfectum, et perfectum hominem dicimus, naturarum plenitudinem, ut nihil in eis desideretur, declaramus : cum vero totum Deum, et totum hominem, individuam personæ singularitatem ostendimus.

---

⁸⁵ Inf. cap. 18.   ⁸⁶ Greg. epist. 1, Ad Cled.   ⁸⁷ Athan. *De salut. adv.*   ⁸⁸ Ephes. ii, 6.   ⁸⁹ Expositio fidei a Patribus Nicænis contra Paul. Samos. iii, p. conc. Ephes.

Una Dei Verbi natura et incarnata. — Quinimo unam Dei Verbi naturam incarnatam confitemur; per id quod *incarnatam* dicimus, carnis substantiam significantes, secundum beatum Cyrillum [70]. Ac proinde incarnatum est Verbum, nec tamen a natura sua materiæ experte descivit; totumque incarnatum est, et totum incircumscriptum manet. Suscepto corpore minuitur, et contrahitur; divinitate vero circumscriptionem respuit. Neque enim ipsius caro una cum divinitate, quæ circumscribi nequit, Deus se porrigit et extendit.

Porro totus est perfectus Deus, at non in totum Deus (neque enim solum Deus, sed etiam homo), totusque item homo perfectus, verum non in totum homo. Non enim duntaxat homo, sed etiam Deus. *Totum* quippe naturam declarat; *totus* autem personam: non secus atque *aliud* naturam indicat, *alius* personam [71].

Naturarum in eo commeatio ex divinitate. — Sciendum est autem [72] quod, quamvis Domini nostri naturas se mutuo permeare dicamus, attamen hujusmodi permeationem a natura divina fieri constat; quippe quæ pro libitu suo omnia pervadit, nihil ipsam pervadente. Quin suas quidem dotes carni impertit, cum ipsa interim impassibilis, et carnis affectionum exsors maneat. Cum enim sol multiplicis virtutis suæ nos participes faciat, ut tamen in rerum nostrarum partem minime veniat, quanto minus solis opifex et Dominus!

CAP. VIII.

Ad eos qui sciscitantur: An ad continuam quantitatem, vel ad discretam Domini naturæ reducantur.

Aliud solvit argumentum Severi. — [73] Quod si quis de Domini naturis percontetur, ad continuamne quantitatem, an ad discretam referantur, sic respondebimus: Domini **216** naturas neque corpus unum esse, neque lineam unam, neque tempus, neque locum, ut ad continuam quantitatem reducantur. Hæc enim sunt, quæ continue quanta censentur.

Sciendum porro est ea in numerum cadere quæ inter se distinguuntur, nec numerari ea posse inter quæ nulla distinctio est: sed quatenus distinguuntur, eatenus numerari; ex. gr., Petrus et Paulus, qua ratione uniti sunt, non numerantur; nam, cum secundum essentiam copulentur, dici non possunt duæ naturæ: at vero, cum ratione personæ differunt, duæ proinde personæ dicuntur. Ex quo patet numerum iis convenire, quæ inter se differunt; et quatenus differunt, hactenus quoque ea numerari.

Duæ Christi naturæ discretæ. — Quocirca Domini naturæ, quantum ad personam attinet, absque confusione unitæ sunt; quantum autem ad differentiæ rationem, absque divisione distinguuntur. Ac quidem qua ratione unitæ sunt, minime numerantur (neque enim duas quantum ad personam dicimus esse Christi naturas), qua autem citra divisionem distinctæ sunt, numerantur. Duæ enim Christi naturæ sunt, distinctionis ratione et modo: nam quia ratione personæ unitæ sunt, et invicem se pervadunt, citra confusionem uniuntur, suam naturalem differentiam ambæ retinentes. Quare, cum distinctionis modo, ejusque sola ratione numerentur, ad discretam quantitatem redigentur.

Quomodo Christi caro adoretur. — Quapropter [74] unus est Christus, Deus perfectus, et homo perfectus, cui unam eamdemque adorationem cum Patre et Spiritu, non exclusa immaculata ejus carne, adhibemus. Neque enim adorandam esse carnem ejus negamus: quippe quæ adoratur in una Verbi persona, quæ quidem ipsi persona et hypostasis facta est. Qua in re non creaturæ servimus; non enim illam, ceu nudam carnem adoramus, sed velut divinitati unitam: et quia duæ ipsius naturæ ad unam Dei Verbi personam reducuntur, unamque subsistentiam. Carbonem tangere ob ignem cum ligno conjunctum vereor. Ambas Christi naturas ob unitam carni divinitatem adoro. Non quartam Trinitati personam infero: absit! sed unam Dei Verbi, carnisque ipsius personam confiteor. Trinitas quippe etiam post Verbi incarnationem Trinitas mansit.

Post caput 80, seu 9 libri IV, in editis et compluribus mss. denuo de eadem quæstione disputatur, cum eadem inscriptione iisdemque pene verbis. Quæ, quia desunt in codd. S. Hil. et Reg. 2427 et in 2428, superflua declarantur, addita in ora libri voce περισσόν, ad illum locum pertinere non debent, sed insititia esse prorsus apparent; idcirco **217** *huicce capiti 52, seu octavo libri III, subjicienda censui, tritam methodum quam tenui in Dialecticis, et ne præter auctoris propositum, quod veteres indices aliaque monumenta significant, liber De fide orthodoxa ultra centesimum caput exporrigatur.*

Ad eos qui sciscitantur, utrum ad continuam quantitatem, vel ad discretam, duæ naturæ referantur.

Domini naturæ, nec unum corpus sunt, nec superficies una, nec linea, nec locus, nec tempus, ut ad continuam quantitatem reducantur. Istæc enim sunt, quæ numerantur. At Domini naturæ citra confusionem ullam secundum hypostasim inter se unitæ sunt, ac citra divisionem discretæ, ratione nimirum et modo discriminis utriusque. Et quidem, qua ratione unitæ sunt, non numerantur, neque duas esse personas Christi naturas dicimus, aut duo secundum hypostasim. Qua vero ratione indivisim distinguuntur, hac numerantur. Duæ

---

[70] In commonit. ad Eulog. et epist. 2 ad Success. Cf. supra c. 6, et infra cap. 11. [71] Greg. Naz. orat. 51. [72] Supr. cap. 3. [73] Leontius *De sectis*, act. 3. [74] Cyrill. in def. Anath. 8 cont. Theod.

siquidem naturæ sunt, ratione et modo discriminis. Cum enim inter se secundum hypostasim uniantur, seseque mutuo pervadant, citra confusionem copulantur; ita ut altera in alteram non mutetur, sed suum utraque discrimen naturale etiam post unitionem conservet. Nam quod creatum est, creatum mansit, et quod increatum, increatum. Quare, cum differentiæ modo, eoque solo numerentur, ad discretam quantitatem reducendæ sunt. Neque enim fieri possit, ut quæ nullatenus inter se discrepant, numerentur: sed qua ratione quædam differunt, ea quoque numerari solent. Ex. gr., Petrus et Paulus, quatenus simul uniuntur, numerum respuunt; quia, cum essentiæ ratione uniantur, duæ naturæ nec sunt, nec dicuntur : quatenus vero personaliter inter se discrepant, duæ personæ dicuntur. Ex quo perspicuum fit differentiam esse causam numeri.

CAP. IX.

Ad illud quod quæritur, sitne ulla natura quæ subsistentia careat, responsio.

Quamvis enim nulla sit natura, quæ subsistentia careat, nec ulla substantia, quæ personæ expers exsistat (quippe cum et substantia, et natura in subsistentiis considerentur et personis), at non idcirco necesse est ut naturæ illæ, quæ secundum hypostasim inter se unitæ sunt, **218** suam singulæ hypostasim habeant. Fieri enim potest, ut in unam personam convenientes, nec substantia careant, nec rursus separatam ac propriam subsistentiam habeant, sed ambæ unam et eamdem [75]. Nam, cum una et eadem Verbi persona ambarum naturarum personæ exstiterit, nec utramvis harum subsistentia carere sinit, nec rursus eas diversam inter se subsistentiam habere concedit, nec demum ut nunc hujus, nunc illius, persona sit, sed utriusque semper citra divisionem et separationem hypostasis exsistit : sic nimirum ut non in partes secetur ac dividatur, suique partem huic, partemque illi tribuat, sed tota hujus, ac tota illius indivise, atque in totum sit. Neque enim ut seorsim subsisteret, Dei Verbi caro condita est, aut præter Dei Verbi personam alia facta fuit persona : sed cum in ea subsisteret, facta est potius ἐνυπόστατος, id est, in alio substans, quam seorsim in seipsa substans hypostasis. Quamobrem nec caret subsistentia, nec alteram in Trinitate personam inducit.

CAP. X.

De hymno trisagio.

Divina nomina communia. — Quæ cum ita sint [76], appendicem illam, quam Petrus Cnapheus, seu Fullo, Trisagio hymno adjecit, impiam esse statuimus, ut quæ quartam inducat personam, ac Dei Filium, vim illam nimirum Patris vero subsistentem, seorsim collocet, et seorsim rursus eum, qui cruci affixus est, ac si ab illo *forti* diversus esset, vel Trinitatem sanctam passioni obnoxiam opinetur, Patremque ac Spiritum sanctum in crucem agat. Procul sit blasphema hæc et adulteria nugacitas. Nos quippe illud, *sanctus Deus* de Patre accipimus : non quod ipsi soli divinitatis assignemus nomen. Nam et Filium, et Spiritum sanctum Deum agnoscimus. Itidem illud, *sanctus fortis*, Filio tribuimus : non quod Patrem et Spiritum sanctum virtute spoliemus. Ac denique illud, *sanctus immortalis*, Spiritui sancto ascribimus : non ut Patrem et Filium ab immortalitate excludamus, sed ut in unaquaque persona omnia divina nomina simpliciter et absolute sumamus, divinum scilicet Apostolum imitantes, cujus hæc verba sunt : *Nobis autem unus Deus Pater, ex quo omnia, et nos ex ipso ; et unus Dominus Jesus Christus, per quem omnia, et nos per ipsum :* **219** *et unus Spiritus sanctus, in quo omnia, et nos in ipso* [77]. Itemque Gregorium [78] illum Theologum ad hunc modum loquentem : *Nobis autem unus Deus Pater, ex quo omnia ; et unus Dominus Jesus Christus, per quem omnia ; et unus Spiritus sanctus, in quo omnia :* his voculis, *ex quo, per quem, et in quo*, non scindentibus naturas (neque enim alioqui præpositiones illæ, aut nominum ordines unquam mutarentur), verum unius ac inconfusæ naturæ proprietates exprimentibus. Idque liquet ex eo quod rursus in unum colliguntur, si modo quispiam illud apud Apostolum haud negligenter legat : *Ex ipso, et per ipsum, et in ipso sunt omnia, ipsi gloria in sæcula sæculorum. Amen* [79].

Nam quod non de Filio duntaxat [80], sed de sancta Trinitate dictus sit ter sanctus hymnus, testantur divinus sacerque Athanasius, Basilius, et Gregorius, ac totus Patrum a Deo afflatorum chorus ; nempe quod sancta illa Seraphim per trinam sanctitatem, tres superessentialis divinitatis personas nobis indicent ; per unam autem dominationem, unam divinæ Trinitatis substantiam, imperiumque declarent. Ait quippe Gregorius Theologus [81] : Sic porro Sancta sanctorum, quæ etiam a Seraphim obteguntur, ac tribus sanctificationibus celebrantur, in unam dominationem et divinitatem conveniunt ; id quod et alius quispiam majorum nostrorum pulcherrime ac sublimissime edisseruit.

Trisagii traditio, sub Proclo pontifice. — Jam vero narrant ecclesiasticæ historiæ scriptores [82], cum plebs Constantinopolitana, Proclo archiepiscopum agente, minaci quadam immissa divinitus tempestate conterrita, supplex Deo preces adhiberet, puerum quemdam e plebe in sublime raptum, angelis quibusdam magistris Trisagium hunc hymnum didicisse : *Sanctus Deus, Sanctus fortis, Sanctus*

---

[75] Leont. *De sect. act.* 7. [76] Dam. epist. ad Jord. archim. xi, 36. [80] Vid. epist. ad Jordanem ; Theoph. ad an. 5930. [81] Orat. 42 a principio. [77] I Cor. viii, 5. [78] Orat. 39. [79] Rom. [82] Felix III et alii epist. ad Petrum Fullonem.

immortalis, miserere nobis. Cumque loco suo puer redditus id quod didicerat, retulisset, multitudinem universam hymnum hunc cecinisse, atque hoc pacto imminentem calamitatem quievisse. Quin in sancto magnoque, et universali quarto illo concilio, quod Chalcedone coactum est, ita cantatus fuisse hic hymnus traditur; quemadmodum in sanctæ hujus synodi actis recitatur[83]. Quamobrem ridiculum prorsus et ludicrum fuerit, canticum istud Trisagium ab angelis acceptum, ingruentiumque malorum depulsione firmatum, quod conferta sanctorum Patrum synodus comprobavit, quin et Seraphim pridem cecinerant, velut quo tres deitatis personæ exprimerentur, Cnaphei iniqua opinatione, quasi ille Seraphim antecelleret, pedibus proculcari, aut saltem emendari. Proh insignem arrogantiam, ne dicam amentiam! Nos vero (rumpantur licet etiam dæmones) ita dicimus: *Sanctus Deus, Sanctus fortis, Sanctus immortalis, miserere nobis.*

CAP. XI.

De natura quæ in specie, et quæ in individuo consideratur, deque differentia unionis et incarnationis: et quomodo illud accipiendum sit, « *Unam Dei Verbi naturam incarnatam.* »

Naturæ triplex status: utque assumpta a Verbo humana natura. Verbi natura, quid proprie. — Natura, vel sola cogitatione consideratur (neque enim per se subsistit), vel communiter in omnibus ejusdem speciei personis, ut videlicet eas conjungit; ac tum dicitur in specie considerata natura: aut in totum eadem ipsa cum assumptis accidentibus, in una persona; diciturque in individuo considerata natura, quæ tamen eadem est ac ea quæ in specie consideratur. Itaque Deus Verbum, carnem assumens, nec naturam quæ sola cogitatione conspicitur, accepit (neque enim hoc incarnatio fuerit, sed impostura et incarnationis larva), neque eam quæ in specie conspicitur (non enim personas omnes assumpsit), verum illam demum quæ in individuo est, eamdemmet ac ea quæ est in specie (primitias enim nostræ carnis assumpsit), non quæ seorsim in se et individuum prius fuerit, posteaque ab eo assumpta sit, sed quæ in ipsius persona exstiterit. Hac porro ratione, *Verbum caro factum est*[84], sine ulla conversione; caroque item, Verbum citra mutationem, et Deus, homo. Nam et est Verbum, et homo, Deus, ob hypostaticam unionem. Idem igitur est Verbi naturam dicere, atque naturam illam quæ in individuo est. Neque enim individuum, id est hypostasim, proprie et solitarie declarat, nec personarum communitatem: verum communem naturam in una ex suis personis consideratam, et inquisitione facta cognitam.

Unio et incarnatio in quo differant. Una Verbi natura incarnata ab ipso Cyrillo exposita. — Jam vero aliud est unio, et aliud incarnatio. Unio enim solam conjunctionem indicat; cum quo autem hæc conjunctio facta sit, non item. At incarnatio (quod perinde est, ac si humanationem dicas) cum carne, sive homine, conjunctionem ostendit, veluti et ferri ignitio, unionem cum igne. Sane beatus ipse Cyrillus in secunda ad Sucessum epistola illud exponens, *unam naturam Dei Verbi incarnatam,* ait: « Etenim si, cum unam Verbi naturam diximus, protinus tacuissemus, nec *incarnatam* subjunxissemus, sed humanitatis assumptionem, veluti foras exclusissemus, probabilitate forsitan aliqua non caruisset eorum oratio, cum dissimulanter ita rogarant: Si una natura totum est, eccubi tandem illa in humanitate perfectio est, aut quo pacto consistit nostræ æqualis essentia? Quoniam autem et in humanitate perfectio, et substantiæ nostræ declaratio invecta est per id quod dixi, *incarnatam,* desinant tandem scipione arundineo niti. » Hic igitur Verbi naturam pro natura ipsa collocavit. Nam si pro persona naturam accepisset, haud absurdum fuisset, id etiam citra hoc vocabulum, *incarnatam,* enuntiare. Unam enim hypostasim[85] Dei Verbi absolute dicentes, nequaquam aberramus. Consimilem etiam in modum Leontius Byzantinus[86] de natura hunc locum intellexit, non de persona. At vero B. Cyrillus in ea Apologia, qua Theodoreti adversus secundum anathematismum suum criminationes refellit, ita loquitur[87]: « Natura Verbi, id est, persona, quod est Verbum ipsum. » Quare Verbi naturam dicere, nec personam solam, nec personarum communitatem significat, sed communem naturam in Verbi persona hypostasi integre et perfecte consideratam.

Propositionum delectus in materia subjecta. — Quanquam autem Verbi naturam incarnatam, hoc est carni unitam esse dictum sit: tamen Verbi naturam carne passam ad hunc usque diem non audivimus: verum Christum carne passum didicimus. Ex quo colligitur non significari personam cum Verbi naturam dicimus. Relinquitur itaque, ut dicamus idem esse incarnatum, quod carni unitum; at Verbum carnem factum esse, idem quod ipsam Verbi personam absque ulla conversione carnis personam factam fuisse. Eodem modo illud quoque dictum est, quod Deus factus sit homo, et homo Deus (Verbum enim, Deus exsistens, sine ulla mutatione factus est homo), sed quod divinitas homo facta sit, aut incarnata, vel humanam naturam induerit, hoc nusquam audivimus. Illud quidem edocti sumus divinitatem in una suarum personarum humanitati unitam esse: item traditum est quod Deus formam, hoc est alienam substantiam, nostram nimirum, induerit (cuilibet enim personæ vox *Deus* tribuitur), at *divinitatis* vocabulum de persona usurpare non possumus.

---

[83] Conc. Chal. act. 1, in fine. [84] Joan. 1, 14. [85] Sup. c. 6 et 7. [86] Leont. *De sect.* act. 8. [87] Cyrill. Defens. 2 Anath. cont. Theod.

Nam quod divinitas Pater solus sit, aut solus Filius, aut solus Spiritus sanctus, nusquam a nobis auditum est. Divinitas enim naturam declarat, Pater autem personam, quemadmodum et humanitas naturam, **222** Petrus vero personam. At vox *Deus*, et naturæ communitatem significat, et in unaquaque persona æque locum habet, velut et *homo*. Deus enim is est, qui divinam habet naturam ; et homo, qui humanam.

Præter hæc omnia sciendum est [88]. Patrem et Spiritum sanctum nulla ratione carni Verbi communicare, nisi quantum ad miracula attinet, et quantum ad beneplacitum et voluntatem.

CAP. XII.

Quod sancta Virgo Dei Genitrix sit, adversus Nestorianos.

Sancta Maria Dei Mater proprie. Contra Valentinum et alios : ortam ex Maria Christi carnem. — Sanctam porro Virginem Dei proprie et vere genitricem prædicamus [89]. Sicut enim verus est Deus, qui ex ipsa natus est ; ita perinde Dei Mater est, quæ verum Deum ex se incarnatum genuit. Deum porro ex ea natum esse dicimus, non quod Verbi divinitas exsistendi principium ex ipsa traxerit ; sed quia Verbum ipsum, quod ante sæcula citra ullum tempus genitum est, ac sine exordio et sempiterne una cum Patre et Spiritu sancto est, in extremis diebus salutis nostræ causa, in utero ipsius habitavit, et assumpta carne ex ea genitum est sine sui demutatione. Non enim hominem purum sancta Virgo genuit, sed Deum verum ; non nudum, sed carne vestitum ; nec ita ut corpore de cœlis allato, per eam velut per canalem transierit, sed ex ipsa carnem ejusdem ac nos substantiæ acceperit, quæ in seipso subsisteret [90]. Nam si corpus e cœlo devectum est, ac non ex natura nostra acceptum, quid tandem inhumanatione opus erat ? Etenim Dei Verbum humanitatem idcirco induit [91], ut ipsamet natura quæ peccaverat, cecideratque, et corrupta erat, tyrannum qui se deceperat, superaret, sicque a corruptione vindicaretur, ut divinus Apostolus ait : *Quoniam per hominem mors, et per hominem resurrectio mortuorum* [92]. Si primum illud vere exstitit, sane et secundum.

[93] Etsi autem his verbis utitur, *Primus Adam de terra, terrenus, secundus Adam, Dominus de cœlo* [94], non innuit, corpus ejus de cœlo fluxisse, sed eum nudum hominem non esse ostendit. Nam, ut vides, et Adamum, et Dominum, **223** cum appellavit, utrumque simul indicans. Adamus quippe *terrigenam* sonat. Liquet autem terrigenam esse hominis naturam, ut quæ ex terra efficta sit. Domini autem vocabulum, divinam naturam declarat.

Ac rursus ita loquitur Apostolus [95] : *Misit Deus Filium suum unigenitum factum ex muliere*. Non dixit, *per mulierem*, sed, *ex muliere*. Quocirca significavit eum ipsum esse unigenitum Dei Filium ac Deum, qui ex Virgine factus est homo : atque item eum ipsum ex Virgine genitum esse, qui Dei Filius ac Deus est. Genitum porro corporeo modo, qua scilicet ratione homo factus est : ita nimirum, ut non in homine prius condito, tanquam in propheta habitaverit, verum ipse substantialiter ac vere factus sit homo ; hoc est, in sua hypostasi carnem anima rationali et intelligente animatam substare fecerit, seipsum illius præbens hypostasim. Hanc enim significationem habet illud, *factum ex muliere*. Nam quo tandem pacto ipsummet Dei Verbum sub lege factum esset, nisi homo ejusdem ac nos substantiæ exstitisset ?

Dei Genitricis nomen, totum mysterium declarat. — Merito igitur et vere sanctam Mariam Deiparam appellamus. Hoc enim nomen totum incarnationis mysterium astruit. Nam, si Dei Mater est quæ genuit, profecto Deus est qui ex ipsa genitus est : profecto etiam homo. Nam qui fieri potuisset, ut Deus, qui ante sæcula exstabat, ex muliere nasceretur, nisi homo factus esset ? Qui enim filiusfest hominis, homo etiam ipse sit necessum est. Quod si ille ipse qui ex muliere natus est, Deus est, unus procul dubio atque idem est, qui ex Deo Patre genitus est, quod ad divinam et initii expertem substantiam attinet, quique extremis temporibus ea substantia quæ initium habuit, temporique subjecta est, hoc est, humana, ex Virgine natus est. Hoc vero unam Domini nostri Jesu personam, duasque naturas, et duas generationes significat.

Christiparam Patres dicere detrectarunt. Nestorii vox, ut dicatur Christus Θεοφόρος, *recte sentientium, ut Deus incarnatus. Natura humana in ipsa conceptione Verbo unita.* — At vero sanctam Virginem neutiquam Christiparam nuncupamus, quia ad abolendum *Deiparæ* vocabulum Nestorius [96], impurus ille et exsecrandus, animoque Judæus, illud ignominiæ vas, in contemptum ejus quæ super creaturam omnem sola vere colenda est, Dei Genitricis (disrumpatur licet ille cum patre suo Satana), hoc nominis excogitavit, quod obtruderet. Enimvero rex David christus quoque dicitur, et pontifex Aaron, quippe cum reges et sacerdotes ungi solerent : quinimo quivis homo pius, et cui Deus aspiraverit, Christus dici possit, at non perinde natura Deus ; juxta ac exitiabilis ille Nestorius cum qui de Virgine natus est, Deiferum ore fremebundo pronuntiavit. Verum hoc absit a **224** nobis, ut eum afflatum a Deo, Deiferumve dicamus, vel cogitemus [97] ; imo potius incarnatum

---

[88] Dion. *De div. nom.* cap. 8. [89] Greg. Naz. epist. 1 ad Cledon. [90] Greg. Naz. ibid. [91] Inf. cap. 18. [92] I Cor. xv, 21. [93] Greg. Naz. ibid. [94] I Cor. xv, 47. [95] Galat. iv, 4. [96] Cyril. ad monachos epist. 1. [97] Cyril. lib. 1 Cont. Nest.

Deum. Ipsummet enim Verbum factum est caro, ut conceptum quidem de Virgine fuerit, Deus vero prodierit cum assumpta natura quam deificarat simul atque producta est. Exinde tria pariter una contigerunt, nimirum quod assumpta sit, quod exstiterit, quod deificata a Verbo fuerit. Hinc fit ut Virgo sancta, Dei Genitrix tum intelligatur, tum appelletur, non modo propter naturam Verbi, sed etiam ob humanitatem deitate donatam, stupendo miraculo patratis simul horum et conceptione et exsistentia, verbi quidem conceptione, carnis vero exsistentia in ipso Verbo. Ipsa namque Dei Genitrix supra, naturæ leges rerum omnium fictori subministrabat, unde ipse quoque fingeretur, universorumque conditori Deo, ut assumptam humanitatem deitate donans, homo ipse fieret, cum interim unio, quæ unita sunt, talia servaret, qualia unita essent, hoc est, non divinitatem solum, sed etiam Christi humanitatem; nec illud solum quod supra nos, sed et id quod nostrum est. Non enim cum ante nostri similis exstitisset, postea superior nobis evasit : sed semper a primo ortu utrumque exstitit : quoniam a primordiis conceptionis in ipso Verbo exsistentiam habuit. Quocirca, quod assumptum fuit suapte quidem natura humanum est, Dei autem et divinum supernaturali quodam modo. Quin animatæ quidem carnis proprietates habuit : eas enim dispensationis suæ ratione Verbum suscepit, quæ secundum naturalis motus ordinem vere naturales sunt.

CAP. XIII.
De ambarum naturarum proprietatibus.

Duæ in Christo voluntates et operationes. — Eumdem porro Dominum nostrum Jesum Christum, et perfectum Deum, et perfectum hominem prædicantes, hoc profitemur, eumdem et omnia habere, quæ Pater habet, excepta ingeniti proprietate; et omnia item, quæ primus Adam, excepto solum peccato, hoc est, corpus et animam ratione et intelligentia præditam : quin habere etiam eum, uti duabus naturis consentaneum est, duplices naturarum duarum naturales proprietates; hoc est, duas naturales operationes, divinam et humanam; duas naturales arbitrii libertates, divinam et humanam : ac denique sapientiam et scientiam duplicem, divinam et humanam. Nam cum ejusdem ac Pater substantiæ sit, libere vult et agit ut Deus : rursus cum consubstantialis sit nobis, libere item vult et agit, ut homo. Ipsius enim miracula sunt, ipsius quoque passiones.

CAP. XIV
De Domini nostri Jesu Christi duplici voluntate, arbitriique libertate.

Totuplex voluntas et actus, quotuplex substantia. — Quoniam igitur duæ Christi naturæ sunt, duas proinde ejus naturales voluntates et duas naturales operationes dicimus. Quia vero una duarum naturarum ipsius est hypostasis, unum et eumdem esse dicimus qui, juxta eas naturas, ex quibus, et in quibus, et quæ est Christus Deus noster, naturaliter velit et agat ; eum autem insuper velle et agere, non divise, sed conjuncte dicimus. « Vult enim et agit in utraque forma, cum alterius communione [98]. » Quorum enim eadem substantia est, eorum quoque eadem voluntas et actio sit necesse est : quorum autem diversa est, horum etiam diversa voluntas et actio sit, oportet [99]. Et contra quorum voluntas et actio eadem est, eorum eadem quoque substantia, est : quorum autem dispar voluntas et actio, horum etiam dispar est substantia.

Quocirca [1] in Patre quidem et Filio, et Spiritu sancto, quia eadem voluntas atque actio est, eamdem quoque naturam esse agnoscimus. At in divina incarnatione ex actionum et voluntatum discrimine naturarum quoque discrimen agnoscimus, ac naturarum discrimen exploratum habentes, voluntatum etiam et actionum discrimen confitemur. Quemadmodum enim unius et ejusdem Christi naturarum numerus, si pie intelligatur et prædicetur, unum Christum nequaquam dividit ; verum incolumem etiam in unione differentiam ostendit : ita earum voluntatum et actionum numerus, quæ substantialiter ipsis naturis conveniunt (etenim secundum utramque naturam ita comparatus erat ut vellet et operaretur), divisionem non inducit (absit), sed earum duntaxat etiam in unione conservationem et incolumitatem prodit. Naturales siquidem esse, ac non personales, voluntates et actiones dicimus ; hoc est vim ipsam volendi et agendi, per quam volunt et agunt. Si enim personales esse concesserimus, tres sanctæ Trinitatis personas diversæ inter se voluntatis atque actionis necessario dicemus.

Ut voluntas et actio, naturæ ; sic talis voluntas atque actio, personæ. — Sciendum enim est [2], non idem esse velle, atque hoc vel illo modo velle. Velle siquidem naturæ est, ut et videre. Omnibus enim hominibus hoc convenit. At certo modo velle, non naturæ est, sed nostri consilii et sententiæ : quemadmodum et certo modo videre, hoc est bene vel male. Non enim omnes homines eodem modo volunt, neque eodem modo vident. Hoc autem etiam in actionibus concedemus. Nam certo modo velle, certo modo videre, certo modo agere, modus est quo quis voluntate utitur, necnon videndi atque agendi facultate, quæ soli utenti adest, eumque secundum rationem differentiæ communiter dictæ ab aliis secernit.

Θέλησις, θελητὸν, θελητικὸν, θέλων. — Itaque velle simpliciter, voluntas dicitur, sive facultas volendi quæ est appetitus rationabilis, et voluntas naturalis : at certo talique modo velle,

---
[98] Leo, epist. 10, ad Flavian. [99] Max. *Disp. cum Pyrrho* post Basil. epist. 80. [1] Supra lib. II, c. 22. [2] Max. *Dial. cum Pyrrho*; Anast. in Ὁδηγῷ, cap. 6, p. 40.

sive quod est voluntati subjectum, res illa est quam volumus, et voluntas arbitrii. Θελητικὸν² autem illud est, cui a natura inest vis volendi : ut puta natura divina vim habet volendi, itemque humana. Volens denique est, qui voluntate utitur, sive persona, ut Petrus.

Voluntas in Christo duplex, γνωμικὸν *unum.* — Quoniam igitur⁴ unus Christus, unaque itidem ejus persona est, unus etiam proinde est volens, tam divina quam humana ratione. Rursus, quia duas naturas volendi facultate præditas habet, utpote rationales (quidquid enim rationale est, illud quoque ad volendum habile est, ac liberum) idcirco duas etiam in eo naturales voluntates dicemus. Idem enim ipse propter utramque naturam volendi facultate pollet ; quippe qui eam assumpsit vim volendi quæ nobis a natura est. Et quoniam unus idemque Christus est, qui utriusque naturæ ratione vult, idem proinde voluntatis subjectum in eo dicemus : non quod ea sola vellet, quæ naturaliter uti Deus volebat (neque enim divinitati convenit, ut edere velit, et bibere, aliaque id genus), sed etiam ea quæ naturam humanam constituunt : istud vero non sententiæ contrarietate, sed naturarum proprietate. Tum demum enim naturaliter hæc volebat, cum divina voluntas ipsius ita volebat, et carnem ea quæ sibi propria erant, pati et agere permittebat.

Inest homini a natura voluntas. — Quod autem voluntas homini insit a natura⁵, hinc perspicuum est. Nam præter divinam tres sunt vitæ species, vegetans, sentiens, ac intelligens. Vegetantis vero peculiaris est motus ille nutriendi, augescendi et generandi ; sentientis, motus impulsionis ; rationalis et intelligentis, motus liber. Quare si vegetanti naturaliter inest motus nutriendi ; sentienti vero, motus impulsionis ; naturaliter proinde rationali et intelligenti adest motus liberi arbitrii. Arbitrii porro libertas nihil aliud est, quam voluntas. Unde cum Verbum caro animata, et intelligentia arbitriique libertate prædita factum sit, volendi quoque facultate instructum exstitit.

Deinde, ea quæ naturalia sunt disciplina non comparantur. Neque enim quisquam est, qui cogitare discat, aut vivere, aut fame, vel siti laborare, aut dormire. Atqui nec etiam velle discimus : igitur naturale est quod velimus.

Et rursus, si in brutis natura ducit ac regit, ducitur autem in homine, ut qui libera potestate per voluntatem moveatur ; sequitur, ut homo volendi facultate suapte natura instructus sit.

Liberum arbitrium ipsa voluntas. — Et rursum, si ad beatæ et superessentialis divinitatis **227** imaginem conditus est homo, profecto cum natura divina libera sit, et virtute volendi suapte natura polleat, homo quoque qui ejus imago est, iisdem a natura præditus erit. Etenim Patres liberum arbitrium voluntatem esse definierunt.

Ad hæc insuper⁶, si cunctis hominibus vel'e inest, ac non ut quibusdam insit, quibusdam non insit ; procul dubio, cum id quod communiter in omnibus consideratur, naturæ notam in subjectis ei individuis exprimat, homo volendi facultatem habet.

Ac rursus, si natura nec magis, nec minus recipit, sane cum omnibus peræque velle insit, ac non aliis uberius, aliis parcius, ex natura sua proinde volendi facultatem præditus est homo : ex quo efficitur, ut cum homo virtute volendi polleat, ea itidem naturaliter polleat Dominus, non modo qua Deus est, sed etiam qua factus homo. Sicut enim naturam nostram assumpsit, sic et voluntatem nostram ex ordine naturæ assumpsit. Atque hac ratione Patres cum voluntatem nostram in se expressisse aiunt.

Si naturalis voluntas non est, certe vel personalis erit contra naturam. Si personalis, ergo Filii voluntas hac ratione a paterna discrepabit, aliaque ab ea erit. Etenim quod personale est, personæ solius exprimendæ vim habet. Sin autem contra naturam est, defectio a natura voluntas erit. Quæ enim naturæ adversa sunt, destruunt ea quæ naturæ conveniunt.

Rerum omnium Deus et Pater vult, vel quatenus Pater, vel quatenus Deus. Si quatenus Pater, alia erit ejus voluntas, alia Filii ; neque enim Pater Filius est. Sin autem quatenus Deus, certe cum Filius quoque Deus sit, itemque Spiritus sanctus Deus, voluntatem naturæ esse, naturalemve, fatendum est.

Insuper,⁷ si quorum voluntas una est, horum etiam, ut Patres senserunt, una est essentia : sane, si una divinitatis Christi atque humanitatis voluntas sit, una quoque et eadem earum substantia erit.

Ac rursus, si de Patrum sententia, naturæ discrimen in una voluntate non elucet, necesse est, ut vel unam dicendo voluntatem, naturale discrimen non dicamus, vel naturarum distinctionem prædicantes, voluntatem unam non statuamus.

Ac rursus,⁸ si ut in divino Evangelio habetur, profectus Dominus in partes Tyri et Sidonis, *et ingressus domum, neminem scire voluit, nec tamen latere potuit*⁹, profecto cum divina ipsius voluntas omnia possit, volens vero latere non potuerit, sequitur, ut quatenus homo id voluerit, nec potuerit, atque adeo, ut quatenus homo volendi facultatem habuerit.

228 Ac rursus ¹⁰,*Cum venisset,* inquit, *ad locum, dixit : Sitio. Et dederunt ei vinum felle mistum : et cum gustasset, noluit bibere* ¹¹. Porro si, quatenus Deus,

---

⁵, *Volitivum* in scholis dicitur. ⁴ Max. ibid. ⁵ Max. *Dial. cum Pyrrho.* ⁶ Max. *Dial. cum Pyrrho*, ex Diadocho. ⁷ Greg. Nyss *Cont. Apollin.* et alii, act. 10 sext. syn. ⁸ Max. ibid Agatho pap. epist. syn. in vi syn., act 4. ⁹ Marc. vii, 24. ¹⁰ Max. ibid. ¹¹ Joan. xix, 28 ; Matth. xxvii, 34.

siti correptus est, et cum gustasset, noluit bibere; tem ostendit, qui perfectam salutem afferre noluerit, vel certe nequiverit. ergo etiam quatenus Deus passionibus obnoxius erat : sunt enim, tum sitis, tum gustatio, passiones. Sin autem quatenus homo sitivit, utique quatenus homo voluntate instructus erat.

Obedientia ejus qui velit, et subditus sit. — Quin beatus quoque Paulus apostolus : *Factus*, inquit, *obediens usque ad mortem, mortem autem crucis* [12]. Atqui obedientia ejus voluntatis quæ revera est, subjectio est, non ejus quæ non est : non enim brutum animal obediens dicemus, aut inobediens [13]. Porro Dominus Patri factus est obediens, non quatenus Deus, sed quatenus homo. Nam quatenus Deus, nec obediens est, nec inobediens. Hæc enim, ut divinus Gregorius ait [14], illis conveniunt, quæ potestati subjiciuntur. Igitur Christus qua homo voluntate præditus fuit.

Voluntas cum naturalis, tum libera. — Enimvero cum voluntatem naturalem pronuntiamus, non eam necessitate obstrictam, sed liberam dicimus. Nam quia rationem comitatur, utique et libera est. Neque enim divina solum et increata coactionem non admittit, sed ne intelligens quidem et creata. Idque perspicuum est : quia Deus, cum natura bonus sit, et natura conditor rerum, et natura Deus, nequaquam hæc omnia necessitate est. Ecquis enim hanc ei necessitatem induxit ?

Liberum arbitrium Deo aliter, aliter angelis, alio modo hominibus convenit. — Sciendum autem est [15], arbitrii libertatem æquivoce dici, aliter Deo covenire, aliter angelis et aliter hominibus. In Deo enim superessentiali modo hæc vox accipienda est ; in angelis, ita ut aggressio habitum comitetur, nec ullam temporis intercapedinem admittat. Nam cum angelus arbitrii libertatem suapte natura habeat, libere ac sine ullo impedimento ea utitur, ut qui nec ullam ex corpore sentiat repugnantiam, nec quemquam habeat a quo impetatur. In hominibus denique ita, ut habitus tempore anterior aggressione intelligatur. Quamvis enim liberi arbitrii homo sit, eoque ex sua natura polleat, habet tamen etiam diaboli impressionem, et corporis motum. Quare cum propter vim illam diaboli, tum propter corporis pondus, aggressio habitu posterior est.

Ratio ut debuerit voluntas humana libera a Verbo assumi. — Itaque [16], si volens Adamus suggerenti scelus assensum præstitit, volensque comedit : ergo prima in nobis voluntas morbum contraxit. Quod si voluntas prima morbo subjacuit, neque hanc Verbum incarnatum una cum natura assumpsit; sequitur nos a peccato liberatos non fuisse.

Præterea, si naturæ libertatem ipse condidit, hanc autem non assumpsit ; aut igitur opificium suum velut non bonum reprobavit, aut ejus sanationem nobis invidit, sicque nos plena perfectaque curatione privavit, ac seipsum passioni subjacen-

Non potuisse ex divina et humana unam componi. — Jam vero fas non est, ut unum aliquid ex duabus conflatum voluntatibus dicamus, quemadmodum ex naturis duabus compositam personam. Primum, quia compositiones eorum sunt quæ subsistunt, non quæ alia, et non propria ratione considerantur. Deinde, si voluntatum et actionum compositionem dicamus, aliarum quoque naturalium proprietatum compositionem necessario fatebimur; hoc est, increati et creati, invisibilis et visibilis, aliorumque id genus. At quonam tandem modo voluntas ex duabus voluntatibus conflata nuncupabitur? Neque enim fieri possit, ut quod compositum est, earum rerum quibus constat, nominibus appellatur. Nam alioqui, illud etiam quod ex naturis compositum est, naturam vocabimus, non personam. Huc accedit, quod si in Christo voluntatem unam compositam dixerimus, voluntate eum a Patre disjungemus. Non enim voluntas Patris composita est. Superest igitur, ut solam Christi personam compositam dicamus, communemque, ut naturis, ita etiam naturalibus proprietatibus.

229

Sententia et electio proprie non sunt in Christo. — At vero [17] sententiam et electionem in Domino dicere non possumus, si quidem proprie loqui studeamus. Sententia enim post ignotæ rei investigationem et deliberationem, consiliumve et judicium, affectio et dispositio est in id quod decretum fuit. Quam quidem affectionem sequitur electio, quæ alterum præ altero eligit et amplectitur. Atqui Dominus, cum purus homo non esset, verum etiam Deus, omniaque perspecta haberet, nec consideratione, nec inquisitione, nec deliberatione egebat, neque etiam judicio ; quamobrem natura comparatus erat, ut necessitudine quadam bono adhæreret, ac rursus a malo averteretur [18]. Sic enim et Isaias propheta ait : *Antequam sciat puer præeligere mala, eliget bonum : quoniam antequam cognoscat puer bonum et malum, malitias reprobabit, eligendo bonum* [19]. Hæc vox, antequam, hoc indicat, quod non more nostro ex investigatione et deliberatione prævia, sed, ut qui Deus esset, divinoque modo subsistentiam carni tribueret, cui secundum hypostasim erat unitus, eo ipso quod erat, omniaque norat, suapte natura bonum habebat. Naturales enim virtutes sunt, ac naturaliter et peræque omnibus insunt, etiam si non omnes æqualiter ea quæ naturæ consentanea sunt, operemur. Ex eo siquidem quod secundum naturam erat, in quod contra naturam est, divini mandati transgressione prolapsi sumus [20]. At Dominus ex eo quod est contra naturam, in id quod naturæ consentaneum est, nos revocavit [21]. Hoc enim est, quod his verbis significatur, *ad imaginem et similitudi-*

[12] Philipp. II, 8. [13] Max. [14] orat. 36, aliquantum a principio. [15] Maxim. ibid. *Disp. cum Pyrrho.* [16] Max. ibid. [17] Max. *Dial. cum Pyrrho.* [18] Basil. in psal. XLIV, vel potius in cap. VII Isaiæ. [19] Isa. VII, 15. sec. LXX. [20] Supra lib II, c. 30. [21] Max. *Dial. cum Pyrrho.*

nem[12]. Quin piæ vitæ exercitia et labores non excogitata sunt, ut virtutem extrinsecus adscititiam adipiscamur, **230** sed ut adventitium et naturæ inimicum vitium abjiciamus; non secus ac, ferri rubigine, quæ minime naturalis est, sed ex incuria contrahitur, non sine labore submota, naturalem ferri splendorem perspicuum reddimus.

Vocis γνώμη varia significata. — [13] Sciendum autem, γνώμης, hoc est, sententiæ nomen variam et multiplicem significationem habere. Interdum enim adhortationem significat, ut cum ait divinus Apostolus : *De virginibus præceptum Domini non habeo*, γνώμην *autem do*[14]; interdum autem consilium, ut cum dixit propheta David : *Super populum tuum malignaverunt consilium*[15]. Quandoque vero decretum, judicialemve sententiam, ut apud Danielem : *A quo exiit impudens hoc decretum*[16]. Nonnunquam denique pro fide aut opinione, aut animi sensu sumitur. Atque, ut paucis dicam, γνώμης vocabulum viginti et octo modis accipitur.

CAP. XV.

De operationibus quæ in Domino nostro Jesu Christo sunt.

Duplex in Christo operatio, ut natura. — Porro duas etiam in Domino nostro Jesu Christo operationes dicimus. Nam uti Deus Patrique consubstantialis, divinam peræque operationem habebat; et ut factus homo et consubstantialis nobis, humanæ quoque natura operationem[17].

Atqui sciendum est aliud esse actum, sive operationem, aliud esse id quod actuosum est, aliud effectum, aliud denique operantem. Actus enim est efficax et substantivus animæ motus. Actuosum est ipsa natura, ex qua operatio proficiscitur. Effectum est illud quod actu efficitur. Tandem operans ille est qui actu utitur, sive persona. Porro nonnunquam actus ipse effectum dicitur, et vicissim effectum, actus, sicut κτίσμα, dicitur κτίσις. Dicimus enim [18] πᾶσα ἡ κτίσις, quod est *omnis creatio*, ut res creatas significemus.

Vocis ἐνέργεια multiplex acceptio. — Observandum etiam est, actum sive actionem, esse motionem, agique potius, quam agere, juxta atque Gregorius ait in oratione de Spiritu sancto[19] : « Si autem est actio, agetur utique, non vero aget; et simul atque acta fuerit, desinet. »

Illud etiam est advertendum, vitam quoque actum esse, imo primarium animalis actum ; quin et totam animalis functionem, sive nutriendi et crescendi virtutem, hoc est vegetatricem, sive motum, qui fit per impulsum, id est sentientem, **231** sive tandem motum intellectus et liberi arbitrii. Actus autem est potentiæ perfectio. Cum itaque hæc in Christo perspiciamus, fateamur ergo humanam quoque in eo operationem esse.

Alia actuum genera. Ut naturarum, sic operationum cum unione distinctio in Christo. — Actus etiam dicitur [20] ea cogitatio, quæ primum in nobis consurgit, estque simplex, nullamque habitudinem implicans operatio, mente secum ipsa et occulte sensa sua producente, quibus sublatis ne mens quidem merito dici possit.[21] Dicitur etiam rursus actus, earum rerum quæ animo cogitantur per sermonis prolationem patefactio et explicatio. Hic porro non jam simplex est et omni relatione solutus, quin potius in relatione consideratur, quia ex cogitatione et sermone constat. Habitudo etiam illa quam habet ille qui aliquid agit, ad id quod efficitur, actus est ; ipsaque res quæ fit, actus dicitur. Atque illud quidem animæ solius est, hoc vero animæ corpore utentis ; aliud corporis anima intelligente animati ; allud denique ipsum effectum. Mens siquidem, cum prius id quod futurum est considerarit, ita demum per corpus operatur : ac proinde anima principatum tenet. Utitur enim corpore tanquam instrumento, ipsum agens ac moderans. Altera autem est corporis actio ab anima gubernati et impulsi. Jam vero effectum, quod ad corpus attinet, tactus est, et in manus acceptio, atque ejus quod efficitur, veluti complexus ; quod autem ad animam, ejus quod efficitur veluti figuratio et informatio. Ad hunc modum in Domino quoque nostro Jesu Christo, virtus miraculorum divinitatis ipsius actus erat ; at manuum opera, et velle, et dicere, *Volo, mundare*[22], humanitatis ipsius erat actio : opus autem, siquidem humanam naturam spectes, panum fractio[23], quodque leprosus audierit, *Volo*; si autem divinam, panum multiplicatio, leprosi mundatio. Utraque enim actione, hoc est animæ et corporis, unam et eamdem, cognatam, et æqualem, divinam operationem ostendebat. Sicut enim ipsius naturas inter se unitas seque invicem pervadentes agnoscimus, nec tamen propterea distinctionem earum inficiamur, quin eas numeramus, licet divisionis expertes noscamus ; sic et voluntatem et actionum; **232** tum conjunctionem, tum etiam distinctionem agnoscimus, sicque eas numeramus, ut tamen divisionem non inducamus. Ut enim caro, quamvis deitate donata, non tamen naturæ suæ proinde mutationem subiit ; eodem modo, licet voluntas et actio divinitate affectæ sint, non tamen a finibus suis excesserunt. Unus enim, idemque est, qui et hoc, et illud est ; et hoc et illo modo, hoc est, divino et humano, vult et agit.

Cum itaque duæ in Christo naturæ sint, duas quoque in eo actiones dicere necesse est. Quorum enim diversa natura est, horum quoque dispar est actio ; et contra, quorum natura eadem est, horum et actio eadem : quorum autem una est actio, ho-

---

[12] Gen. 1, 26. [13] Max. *Dial. cum Pyrrh.* [14] I Cor. VII, 25. [15] Psal. LXXXII, 4. [16] Dan. II, 15. [17] Sup. lib. II; Max. *Dial. cum Pyrrho.* [18] Græci, non Latini. [19] Orat. 57, aliquantum a principio. [20] Anast. Antioch. [21] Max. Tom. II *Dogmat. ad Marin.*, p. 124. [22] Matth. VIII, 3. [23] Joan. VI, 11.

rum etiam, secundum Patres divinorum sermonum interpretes, una est essentia ³⁴. Itaque duorum alterum sit oportet, aut unam actionem in Christo dicentes, unam quoque essentiam dicamus; aut, si veritatis studiosi sumus, duasque essentias ex Evangelii et Patrum doctrina confitemur, duas itidem actiones consentanee eas comitantes fateamur. Nam cum divinitatis ratione Patri consubstantialis sit, æqualis quoque quantum ad actionem erit. Ac rursus, cum idem ratione humanitatis nobis sit consubstantialis, par etiam quantum ad operationem erit. Ait quippe beatus Gregorius episcopus Nyssenus ³⁵: « Quorum actio una est, horum prorsus et vis eadem. » Omnis enim actus et operatio est potentiæ perfectio. Fieri porro nequit, ut increatæ et creatæ naturæ una sit natura, vis et operatio. Quod si unam in Christo actionem dixerimus, nihil afferri poterit, quin Verbi divinitati animæ intelligentis affectiones, puta metum, mœrorem, et mortis angores attribuamus.

Adversariorum evasio. Auctoris instantia. — Si dixerint ³⁶, equidem sanctos Patres, cum de Trinitate disputarent, hoc adstruxisse, « quorum una sit essentia, eorum et unam actionem esse : et quorum dispar sit essentia, horum quoque disparem esse actionem; » sed non æquum esse, ut ea quæ de divinitate dicuntur, ad incarnationem detorqueamus; his ita respondebimus : Si de divinitate solum hoc a Patribus dictum est, ac non etiam post incarnationem Filius eamdem quam Pater actionem habet ³⁷, profecto nec ejusdem cum eo substantiæ erit. At cui tandem illud assignabimus : *Pater meus usque modo operatur, et ego operor* ³⁸, et : *Quæ videt Patrem facientem, hæc et Filius similiter facit* ³⁹, et : *Si mihi non creditis, operibus meis credite* ⁴⁰, et : *Opera quæ ego facio ipsa testimonium perhibent de me* ⁴¹, et : *Sicut Pater suscitat mortuos et vivificat : ita et Filius quos vult, vivificat* ⁴²? Hæc enim omnia non modo eum, etiam post incarnationem, Patri consubstantialem esse ostendunt, sed et eamdem cum illo actionem servare.

Ac rursus, si providentia totius universi, non solum ad Patrem et Spiritum sanctum, sed etiam ad Filium, necnon post incarnationem spectat, profecto cum ipsa sit actio, sequitur eum eamdem cum Patre actionem habere.

Quod si ex editis miraculis Christum ejusdem cum Patre essentiæ esse comperimus, Dei vero actiones miracula sunt; oportet ut etiam post incarnationem ejusdem cum Patre actionis sit.

Quod si una divinitatis et carnis ipsius actio est, hæc composita erit, atque ita, aut diversam ille a Patre actionem habebit, aut etiam Patris actio composita erit. Si composita ipsius actio fuerit, sane et natura.

Non inferri ex actione personam, vel vicissim. — Quod si contendant una cum actione personam induci, tum subjungamus ⁴³ : Si una cum actione persona inducitur, consentaneum vicissim est, ut et una cum persona actio inferatur. Atque ita fiet, ut sicut tres sunt personæ, sive tres sanctæ Trinitatis hypostases, sic tres quoque actiones sint : aut contra, quemadmodum una est actio, ita una quoque persona, et hypostasis. Atqui sancti Patres hoc una voce docuerunt, ea quæ ejusdem substantiæ sunt, ejusdem quoque actionis esse.

Deinde vero, si persona una cum actione infertur, qui nec unam, nec duas Christi actiones dicendas præscripserunt, proinde neque personam unam, neque duas dicere præceperunt.

Exemplum Basilio aliisque familiare. — Sed et in candenti gladio, uti tum ignis, tum ferri naturæ servantur ⁴⁴, ita et duæ actiones, et earum effecta. Nam et ferrum secandi, et ignis urendi vim habent; at sectio quidem actionis ferri opus sit, ustio autem ignis : ac discrimen, tum in ferri ardenti sectione, tum in secta ustione servatur; tametsi post hujusmodi unionem, nec ustio citra sectionem sit, nec sectio sine ustione : nec quia duplex est naturalis actio, duos proinde candentes gladios dicimus; nec rursus, quia unus duntaxat incensus est gladius, ob eam causam substantialem horum distinctionem confundimus. Eodem modo in Christo quoque divinitatis quidem ipsius, divina et omnipotens operatio est : humanitatis autem ipsius, humana et nostræ similis. Humanæ porro actionis opus id fuit, quod manu puellam tenuerit atque traxerit ⁴⁵; divinæ autem quod eam ad vitam revocaverit ⁴⁶. Aliud enim hoc, et aliud illud est; tametsi in Theandrica, seu in Dei simul et hominis actione nequeant disjungi. Quod si, quia una Domini persona sive hypostasis est, una quoque operatio futura est; profecto etiam, eo quod una persona sit, una quoque substantia erit.

234 Et rursus, si operationem unam in Domino dicamus, aut divinam esse, aut humanam, aut neutram fatebimur. Si divinam ⁴⁷, Deum tantummodo ipsum nostra vacuum humanitate asseremus. Si humanam, hominem illum purum impie astruemus. Si denique nec divinam, nec humanam, ne Deum quidem, nec hominem, nec Patri, nec nobis esse consubstantialem statuemus. Contingit enim ex unione identitas secundum hypostasim, nec ob id tamen naturarum discrimen aufertur. Servata autem naturarum distinctione, plane servabuntur etiam earum operationes. Nulla enim natura est actionis expers.

Actio naturalis, naturæ index et nota. — Insuper ⁴⁸, si una Christi Domini actio est, aut creata erit, aut increata; neque enim media alia operatio

---

³⁴ Videsis PP. loca act. 10 sextæ synodi ³⁵ Orat. de natura et hyp. Est etiam inter Basil. 43. ³⁶ Max. *Dial. cum Pyrrho*. ³⁷ Max. *Dial. cum Pyrrho* ibid. ³⁸ Joan. v, 17. ³⁹ ibid. 19. ⁴⁰ Jan. v, 21. ⁴¹ ibid. 25. ⁴² Joan. v, 21. ⁴³ Max. ibid. ⁴⁴ Maxim. lib. *De duab. vol.* et *Dial. cum Pyrrho*. ⁴⁵ Luc. viii, 54. ⁴⁶ Max. *Dial. cum Pyrrho*. ⁴⁷ Max. ibid. ⁴⁸ Max. ibid.

interjecta est, uti nec natura. Quare si creata est, solam creatam naturam indicabit : sin autem increata, solam increatam essentiam exprimet. Nam quæ naturalia sunt, ea cum naturis congruant, necesse est. Neque enim fieri potest, ut natura exsistat quæ minime perfecta sit. Cæterum actio naturæ consentanea, ex iis non est quæ extra sunt. Quod exinde perspicuum fit, quod sine operatione naturæ consentanea, nec esse, nec cognosci ulla natura potest. Ex eo enim quod aliquid agit, naturæ suæ argumentum edit, ab eo quod est minime desciscens.

Præterea si una Christi actio est, eadem et divinarum et humanarum rerum erit effectrix. Atqui nulla res est quæ in naturali suo statu manens contraria efficere queat. Neque enim ignis refrigerat et calefacit : neque aqua exsiccat, et humectat. Quonam pacto igitur ille qui natura Deus est, et natura factus est homo, unica actione tum miracula ediderit, tum passiones obierit ?

Quod si Christus mentem humanam assumpsit, hoc est, animam ratione et intelligentia præditam, cogitavit procul dubio, et semper cogitabit : ac proinde quia cogitatio est mentis actio, Christus certe, quatenus homo est, actuosus est, et semper actuosus.

Christi passio actio est. — Quin etiam sapientissimus et magnus ille vir sanctus Joannes Chrysostomus, in Actorum explanatione [49], homilia secunda sic loquitur : « Haud quispiam aberraverit, si ipsius quoque passionem *actionem* appellarit. In eo enim quod omnia perpessus est, ingens illud atque mirandum opus patravit, mortem destruens, aliaque omnia operans. »

Christi actiones utriusque formæ communiter. — Jam si omnis operatio ita definitur, ut sit naturæ cujuspiam substantialis motus, sicut harum periti tradiderunt, ubinam tandem aliquis naturam immobilem, aut operationis expertem novit, aut ejusmodi operationem invenit, quæ potentiæ naturalis motus non esset? Unam porro naturalem **235** actionem Dei et creaturæ, nemo prudens concesserit, auctore beato Cyrillo [50]. Nec enim humana natura Lazarum a mortuis excitat [51]; nec rursus lacrymatur divina potentia (lacrymæ siquidem humanitatis propriæ sunt; vita autem, veræ illius ac subsistentis vitæ): sunt tamen utraque his communia [52], quia una eademque persona est. Nam unus quidem Christus est, atque una ejus persona, seu hypostasis : cæterum duas naturas habet, deitatis nimirum et humanitatis suæ. Et quidem claritas naturaliter ex divinitate prodiens, utrique substantiæ communis effecta est ob personæ identitatem ; et rursus ob carnem, quæ humilia erant, utrique naturæ communia fuere. Unus enim et idem est, qui et hoc et illud est, nempe Deus et homo; ejusdemque sunt, tum quæ divinitati, tum quæ humanitati conveniunt. Etenim divina signa edebat, at non sine carne : caro rursus humilia, at non seorsim a divinitate. Nam et patienti carni conjuncta erat divinitas, impassibilis perseverans, passionesque salutares reddens et perficiens : ac rursus operanti Verbi divinitati mens sancta copulata erat, cogitans et intelligens ea quæ peragebantur.

At divinitas quidem corpori prærogativas suas impertiebat, cum interim ipsa corporis dolorum immunis maneret. Non enim, quemadmodum Verbi divinitas per carnem operatur, ita etiam per divinitatem caro ipsius perpetiebatur. Divinitatis enim organum caro fuit. Quanquam igitur a prima conceptione nullum omnino inter utramque formam divisio locum invenit, verum unius personæ actiones, quovis tempore editæ sint, utriusque formæ exstiterunt; nos tamen ea quæ citra separationem gesta sunt, nullo modo confundimus, sed quid cujusque formæ esset ex operum qualitate cognoscimus.

Verbi nutu humanitas sua exsequebatur. — Quocirca [53] Christus secundum utramque naturam suam operatur, ac in eo utraque natura cum alterius communione operatur : Verbo nimirum quæ Verbi sunt, cum auctoritate et potentia deitatis efficiente; hoc est regia omnia et quæ principatum decent : corpore autem, quæ sunt corporis exsequente, ad Verbi sibi uniti, cujus etiam proprium factum est, arbitrium. Neque enim suopte nutu ad naturales affectus prosiliebat, nec rursus molesta refugiebat, ac detrectabat, aut ea quæ externe ingruebant, patiebatur ; sed secundum naturæ conditionem movebatur, Verbo volente, certoque consilio permittente ipsum pati et agere quod proprium erat, ut per opera veritati naturæ fides astrueretur.

Humana Christus divino modo agebat, et e contra. — Quemadmodum [54] autem supra quam substantia ferat, virgineo partu substantiam induit, ita etiam supra quam ferat humana conditio, ea quæ hominum sunt agebat; ut cum in fluxa minimeque stabili aqua terrenis pedibus gradiebatur, non ut terræ instar aqua obduresceret, sed ut superexcellenti divinitatis potentia ita compararetur, ut nequaquam difflueret, nec corporeorum pedum gravitati cederet. Non enim humano more humana faciebat, qui non homo solum, verum et Deus esset (unde passiones quoque ipsius vivificæ fuerunt et salutares) nec divina rursum divino modo agebat; **236** quippe qui non Deus tantum, sed insuper homo erat ; quamobrem tactu, et sermone, aliisque ejusmodi adminiculis, divina signa patrabat.

Monotheletarum responsio. Nullius rei status ex comparatione cognoscitur. — Sin autem [55] quis dicat : Non submovendæ humanæ actionis gratia

---

[49] Hom. 1. [50] Lib. xxxii *Thes.*, c. 2. Citatur act. 10 sextæ synodi. [51] Joan. xi, 1. [52] Leo, epist. 10. [53] Leo, epist. cit. [54] Dion. cap. 2. epist. 4 *De div. nom.* et [55] Max. *Dial. cum Pyrrho.*

unam in Christo actionem dicimus; sed quia humana actio, ut contra divinam actionem distinguitur, dicitur passio, hacque ratione unam in Christo actionem dicemus; reponemus eadem quoque ratione illi qui naturam unam asserunt, non tollendae humanae causa hanc astruere; sed quia humana natura, cum ex adverso divina natura distinguitur, patibilis dicitur. Absit autem hoc a nobis, ut ad humanam actionem a divina distinguendam, humanum motum passionem appellemus. Nullius enim rei, ut universe dicam, exstantia aut status ex comparatione et collatione cognoscitur, aut definitur. Hoc enim pacto res quae sunt, sibi mutuo causae esse invenirentur. Nam si, quia divinus motus actio est, idcirco efficitur ut humanus passio sit, procul dubio etiam mala erit natura humana, quia divina bona est. Et vicissim e contrario, si quia humanus motus passio dicitur, divinus proinde motus actio censetur, ita etiam divina natura bona erit, quia humana mala est: atque ita creaturae omnes malae erunt, mentitusque reperietur ille qui dixit: *Et vidit Deus cuncta quae fecerat, et erant valde bona* [56].

Varia nomina humanam actionem declarantia. — Dicimus itaque [57] sanctos Patres pro subjectis sibi considerationibus humanum motum variis modis appellasse. Eum siquidem et potentiam, et operationem, et differentiam, et motum, et proprietatem, et qualitatem, et passionem nominarunt; non ideo tamen ut illum contra divinum motum distinguerent; verum potentiam quidem, ut vis est conservatrix et invariabilis; operationem autem, ut quae certa nota rem exprimit, et undique absolutam in omnibus quae ejusdem speciei sunt, similitudinem declarat; differentiam vero, ut discriminantem; motum, ut manifestantem; proprietatem, ut constituentem, et quia illi soli, et non alii insit; qualitatem rursus, ut informantem; passionem denique, quia movendo fit. Omnia enim, quae ex Deo, et post Deum sunt, ea ratione patiuntur, qua moventur: utpote quae non ipsa motio, nec ipsa virtus sunt. Quare, sicut dictum est, non ut ex adverso distinguerent, ita nuncuparunt, sed secundum rationem quae illi ab universorum effectrice causa conditoris more indita fuit. Nam qui dixit [58]: Agit enim utraque forma cum alterius communione, quid aliud fecit, quam qui dixit: *Et cum jejunasset quadraginta diebus, postea esuriit* [59] (dedit enim naturae quando voluit, ut quae sua erant ageret [60]) aut qui diversam in ipso actionem praedicarunt, aut qui duplicem, aut qui aliam atque aliam [61]? **237** Haec quippe, mutatis nominibus actiones duas significant. Nam et numerus, haud raro permutatione nominum indicatur; quemadmodum et dicendo, quod divinum et humanum est [62]. Differentia enim rerum earum est differentia, qua inter se differunt; quo autem pacto differant, quae non sunt?

CAP. XVI.

Adversus eos qui dicunt: Si duplicis naturae et actionis est homo, necesse est tres esse in Christo naturas, totidemque actiones dicere.

Quivis homo duplicis naturae. — Quivis homo, cum ex naturis duabus, puta anima et corpore, compositus sit, eaque in seipso invaribilia habeat, duae subinde naturae dicetur. Amborum enim proprietates, etiam post unitionem retinet. Neque enim corpus immortale est, sed interitui obnoxium; nec anima mortalis, sed immortalis: nec rursum corpus invisibile est, nec anima oculis corporeis conspici potest: sed haec quidem rationalis, intelligens, et incorporea est; illud autem crassum, aspectabile, et ratione carens. Non unius autem naturae sunt ea, quae essentiae ratione ex opposito dividuntur: non ergo anima et corpus ejusdem sunt essentiae.

Ac rursus, si animal rationale, mortale, homo est; omnis autem definitio subjectas naturas explicat: profecto cum non idem natura sit rationale atque mortale, sequitur ergo ut secundum definitionis suae normam, homo non sit unius naturae.

Unius naturae omnes homines sunt sumpta natura pro specie. Quin et omnes res creatae. Neutro modo in Christo una natura est. — Quod si quandoque unius naturae homo esse dicatur, tunc speciei loco naturae nomen usurpatur; ut dum dicimus, nulla naturae differentia hominem ab homine discrepare; imo cum eodem modo omnes homines coagmentati sint, ex anima et corpore compositi, singulique duae sint naturae, sub unam proinde definitionem redigi. Neque id a ratione alienum videtur; quippe cum sacer Athanasius, in ea oratione, quam scripsit adversus illos, qui Spiritum sanctum impie deprimebant, unam omnium rerum conditarum, qua sunt conditae, naturam esse dixerit, ad hunc modum loquens: « Quod autem Spiritus sanctus supra res creatas emineat, aliudque sit praeter creaturarum naturam, ac proprius divinitatis, hinc rursum perspicere licet. Quidquid enim communiter, et in multis consideratur, nec alicui uberius, alicui parcius inest, essentia nominatur [63]. Quia igitur omnis homo ex anima et corpore compositus est, ob eam causam una omnium natura dicitur. In Domini autem persona **238** naturam unam dicere non possumus. Nam et utraque natura proprietatem naturalem, etiam post unitionem, retinet; nec christorum speciem reperire sit. Neque enim alius ex divinitate et humanitate Christus exstitit, qui idem Deus esset et homo. »

Ac rursus: « Non idem est secundum speciem

---

[56] Gen. 1, 31. [57] Maximi responsio in citato Dialogo. [58] Leo, epist. 10. [59] Matth. iv, 2. [60] Nyss. Adv. Apoll. [61] Chrysost. Hom. in S. Thom. [62] Cyrill. in Joan. lib. viii. [63] Epist. 2, ad Serap., versus finem.

unum esse, atque unum esse secundum corporis et animæ substantiam. Siquidem unum secundum hominis speciem, exactissimam in omnibus hominibus similitudinem ostendit: at unum secundum animæ et corporis essentiam, ipsum illorum esse interimit, eaque prorsus in nihilum redigit. Aut enim alterum in alterius essentiam migrabit, aut ex aliis aliud efficietur, ac sic ambo mutabuntur, aut intra metas suas consistentia duas naturas constituent. Non enim quantum ad essentiam attinet, idem sunt corpus et res incorporea. Quocirca necesse non est ut, qui unam in homine essentiam dicimus, non propterea quod eadem qualitas sit animæ et corporis, sed propter exactissimam individuorum quæ ad eamdem speciem referuntur æqualitatem, unam quoque in Christo, ubi species ejusmodi nulla est, qua multæ personæ contineantur, dicamus naturam. »

Huc accedit quod omnis compositio ex his quæ proxime componuntur, constare dicitur. Non enim domum ex aqua et terra, sed ex lateribus et lignis constructam esse dicimus. Alias dicendum foret hominem ex quinque ut minimum naturis conflatum esse; nempe ex quatuor elementis et anima. Sic et in Domino nostro Jesu Christo, non partium partes spectamus, sed quæ proxime composita sunt; hoc est divinitatem et humanitatem.

Deinde vero, si, quia hominem duabus naturis constare dicimus, tres proinde in Christo naturas dicere cogemur, vos quoque qui ex duabus naturis hominem esse dicatis, Christum ex tribus naturis compositum esse itidem asseretis. Quod etiam de actionibus dicendum erit : consentanea enim naturæ actio sit oportet. Quod autem homo duplicis naturæ dicatur et sit, testis est Gregorius Theologus : « Duæ enim, inquit, naturæ sunt, Deus et homo : quandoquidem duæ quoque anima et corpus [64]. » Ac rursus in Oratione de baptismo hæc ait : « Cum autem duplici natura constemus, anima nimirum et corpore, altera quidem visibili, altera autem invisibili, duplex quoque est baptismus, nempe per aquam et spiritum [65]. »

CAP. XVII.

239 *De eo quod carnis Domini natura et voluntas deificata sit.*

Carnis Christi deificatio, ut intelligenda. — Illud autem scire operæ pretium est, quod Domini caro deificata sit, ejusdemque deitatis consors, quin et Deus esse dicitur (sic enim Gregorius Theologus loquitur [66]: « Quorum alterum deitate donavit, alterum deitate donatum est, et, audacter dicam, ejusdem deitatis consors. Quodque et id quod unxit, homo factum sit, et Deus, id quod unctum est [67]. » Non ob naturæ immutationem, aut conversionem, aut alterationem, aut confusionem ista dicuntur. Nec enim hæc verba naturæ mutationem ullam significant, sed potius dispensationis unionem, seu secundum hypostasim, quatenus ita Deo conjuncta est, ut ab eo divelli non possit : atque ob id etiam quod naturæ inter se vicissim immineant, veluti ferri quoque dicimus ignitionem. Velut enim humanationem citra mutationem et conversionem confitemur ; sic item carnis deificationem factam esse censemus. Neque enim quia Verbum caro factum est, propterea e divinitatis suæ gradibus, divinisque illi competentibus dotibus excessit : nec rursus caro deificata, a natura sua vel naturalibus suis proprietatibus descivit. Nam post unitionem, tum naturæ inconfusæ, tum earum illæsæ proprietates sunt. Caro autem Domini divinarum actionum opibus affluxit, ob sincerissimam illam cum Verbo unionem, quæ est secundum hypostasim : sic tamen ut proprietatum naturalium jacturam nullam pertulerit. Non enim propria vi, sed ob unitum sibi Verbum divina patrabat ; Verbo nimirum vim suam per illam exerente. Nam et candens ferrum eo non urit, quod urendi vi a natura polleat, sed quod ex conjunctione cum igne vim eam contraxerit [68].

Ut item deificata voluntas humana. — Itaque eadem caro suapte natura mortalis erat, et ob hypostaticam cum Verbo unionem, vitam **240** conferebat. Consimili modo voluntatis quoque deificationem docemus, non quod naturalis motio immutata fuerit, sed quod divinæ ipsius ac præpotenti voluntati unita sit, Deique facti hominis voluntas evaserit [69]. Quo etiam factum est, ut cum latere vellet, id ex se non potuerit [70] : quia nempe Deo Verbo placebat, ut vere sibi inesse humanæ voluntatis infirmitatem ostenderet. Rursumque volendo leprosi mundationem patravit [71], propter unionem cum divina voluntate.

Sciendum autem est, naturæ et voluntatis deificatione, perquam liquido et expresse duas naturas et voluntates declarari. Sicut enim ignitio non rei ignitæ naturam in ignis naturam mutat, verum et id quod ignitum est et id quod ignitum fecit, ostendit : sic etiam deificatio non unam compositam naturam facit, sed duas, unionemque secundum hypostasim. Ait quippe Theologus Gregorius : « Quorum alterum deificavit, alterum deificatum est [72]. » Dicendo enim, *quorum* et *alterum*, atque *alterum* duas profecto res indicavit.

CAP. XVIII.

Iterum de duplici voluntate, arbitriique libertate ; mente item, scientiaque, et sapientia duplici.

Assumpta natura humana, ut ipsa in Christo victrix fieret diaboli. — Quandoquidem Christum perfectum Deum ac perfectum hominem dicimus, plane omnia quæ tum Patri, tum Matri naturalia sunt, ei tribuamus. Homo quippe factus est, ut quod victum fuerat vinceret. Haud enim ejus im-

[64] Epist. 1, ad Cledon. [65] Orat. 4, non longe a principio. [66] Greg. orat. 42. [67] Id. orat. 39 ; Max. lib. *De duabus voluntatibus*, VII, 24 [68] Max. Epist. ad Nicandr. [69] Greg. Naz. orat. 35, p. 595. [70] Marc. [71] Matth. VIII, 3. [72] Greg. Naz. orat. 42.

becillitatis erat ille, qui omnia potest, quin omnipotenti sua virtute hominem ex tyranni dominatu eripere valeret. Verum tyrannus querelæ occasionem habuisset, si postquam hominem ipse vicerat, illata vi a Deo spoliatus esset. Quocirca Deus pro sua misericordia, et erga homines benevolentia, homo fit, quo simile similis opera instauret.

Assumpta anima atque mens humana, contra Apollinaristas. — Quod autem homo sit animal ratione et intelligentia præditum, nemo icirt inficias. Quinam igitur factus est homo, si carnem inanimatam, aut expertem mentis animam suscepit? Hoc enim nequaquam homo est. Quid vero rursum ex assumpta ab eo humanitate emolumenti ad nos rediit, si illi qui primario contraxit labem, salus allata non est; neque id actum fuit, ut per conjunctionem cum divinitate innovaretur, et robur obtineret? Nam curatum non fuit, quod assumptum non est; quapropter totum hominem assumpsit, illamque adeo ipsius partem quæ obnoxia morbo fuerat, ut toti salutem largiretur[73]. Nulla porro mens usquam fuerit, quæ sapientia et cognitione destituta sit. Nam si iners et sine motu, nulla prorsus ratione exsistit.

241 *Mens in homine τὸ κατ' εἰκόνα Verbi et carnis media.* — Itaque Deus Verbum[74], id quod ad sui imaginem erat instaurare volens, factus est homo. Quid vero illud fuit quod esset ad imaginem, præterquam mens? Itane omisso potiori, quod deterius erat assumpsit! Mens siquidem in Dei et carnis meditatio est: carnis nimirum, ut contubernalis; Dei autem, ut imago. Mens itaque menti jungitur, atque inter Dei puritatem et carnis crassitiem intercedit. Nam si Dominus animam mente vacuam assumpsit, bruti utique animam assumpsit.

Apollinaristarum objectio solvitur. Anima et caro pro homine in Scriptura. — Quod si evangelista Verbum carnem factum fuisse dixit, sciendum est in sacra Scriptura animam nonnunquam hominem appellari, ut in illo loco: *In septuaginta quinque animabus ingressus est Jacob in Ægyptum*[75]. Nonnunquam item carnem, ut est illud: *Videbit omnis caro salutare Dei*[76]. Ac proinde Dominus, non caro inanima, nec mente vacua, sed homo factus est. Ait quippe ipse: *Quid me cædis, hominem qui veritatem locutus sum vobis*[77]? Assumpsit igitur carnem anima rationali et intelligente animatam, quæque, sicut carnis principatum tenebat, ita rursus divinitati parebat, ab eaque regebatur.

Voluntas humana Christi divinæ subdita. — Atqui ille quidem naturaliter, et ut Deus, et ut homo, habebat ut vellet: cæterum divinam ipsius voluntatem humana sequebatur, eique subdita erat, ut quæ propria sententia non moveretur, verum ea demum vellet, quæ divina ejus voluntas ipsam volebat velle. Permittente siquidem divina voluntate, naturaliter ea quæ sibi propria erant patiebatur[78]. Etenim cum mortem detrectaret, hanc divina ipsius voluntate ita ferente et concedente; naturaliter detrectabat, atque in mortis agonia erat. Rursus divina ipsius voluntate volente, ut humana voluntas mortem amplecteretur, voluntaria ipsi passio fuit. Non enim qua Deus duntaxat morti se sponte tradidit, sed etiam quatenus homo. Unde nobis etiam animi audaciam adversus mortem comparavit. Ita quippe ante salutiferam passionem suam loquitur: *Pater, si fieri potest, transeat a me calix iste*[79]. Illud porro constat, quod ut homo calicem bibiturus erat: non enim ut Deus. Quare tanquam homo calicem transire vult. Hæc autem verba a naturali metu, et imbecillitate profecta sunt. Verumtamen, inquit[80], *non mea voluntas fiat*, hoc est, qua ratione diversæ a te sum substantiæ; *sed tua*, hoc est mea, quatenus eadem mihi ac tibi substantia est. Quæ quidem iterum fortis animi verba sunt. **242** Etenim anima Domini, qui benigna sua voluntate homo vere factus erat, cum naturalem infirmitatem ante experta esset, percepto doloris sensu ex corporis disjunctione, divina rursum voluntate corroborata, adversus mortem audaciam concipit. Nam quia et totus Deus erat cum sua humanitate, et totus homo cum sua divinitate, ipse tanquam homo in se et per se id quod humanum erat, Deo et Patri subjecit, et Patri factus obediens, præstantissimam sese nobis formam et exemplum præbuit.

Frustra ratio in homine, si desit illi libertas. — Libere porro volebat tum divinæ, tum humanæ voluntatis ratione. Omni quippe naturæ rationali libera voluntas a natura insita est. Quorsum enim alioqui partem rationalem habebit, si non libere ratiocinatur? Nam naturalem quidem appetitum summus Opifex brutis etiam indidit, quo ad suæ naturæ conservationem necessitate ducuntur. Cum enim ratione careant, ducere non possunt, verum naturali ducuntur appetitu. Ex quo fit, ut simul atque appetitus oritur, statim ad agendum prosiliant. Neque enim ratione aut consilio, aut consideratione, aut judicio utuntur. Ac proinde nec velut virtuti studentia laudantur, ac beata censentur; nec tanquam malum agentia plectuntur. Natura vero rationalis habet quidem naturalem appetitum, qui moveatur; ejusmodi tamen, ut in iis quæ naturæ consentaneam rectitudinem servant, a ratione gubernetur ac componatur. Rationis enim præcellentia hæc est, liberæ potestatis voluntas: quam quidem naturalem motum in substantia rationali dicimus. Eaque de causa et cum virtutem colit, laudem obtinet, ac beata prædicatur; et cum se vitio dedit, punitur.

---

[73] Greg. Naz. *Ad Cledon.* [74] Greg. Naz. carm. senar. adv. Apollin., epist. ad. Cled. et alibi [75] Gen. XLVI, 27, ap. LXX; Act. VII, 14. [76] Isa. XL, 5; Luc. III, 6. [77] Joan. VIII, 40. [78] Sophron. epist. synod. [79] Matth. XXVI, 39; Luc. XXII, 42. Locus sæpe ab Athanasio, Nazianz. et Chrysostomo expositus et cit. act. 10 sextæ synodi. [80] ibid.

Divinæ et humanæ voluntatis discrimen in Christo. — Ergo volebat quidem Domini anima libere excitata, sed ea libere demum volebat, quæ divina ipsius voluntas velle eam volebat. Non enim Verbi nutu caro movebatur, juxta ac Moses et sancti omnes divino nutu movebantur; verum idem ipse, cum et Deus et homo esset, tum divina, tum humana voluntate volebat. Ob eam causam non consilio ac sententia, sed naturalis potius facultatis ratione, duæ Domini voluntates inter se dissidebant. Etenim divina ejus voluntas principii expers, omnisque rei effectrix erat, ut pote comitem potentiam habens, et pati nescia. At humana ipsius voluntas, tum ipsa in tempore initium habuit, tum eas passiones sustinuit, quæ naturales et innocuæ erant. Ac natura quidem omnipotens non erat, ut autem Dei Verbi vere ac naturalis facta erat, nihil quoque ipsa non poterat.

CAP. XIX.
De theandrica, seu Deivirili actione.

Cum beatus Dionysius Christum novam quamdam theandricam, seu Dei simul et viri, actionem nobiscum obiisse dicit, non ut naturales **243** actiones tollat, unam ex humana et divina actionem conflatam docet (ad hunc enim modum unam quoque novam naturam ex divina et humana effectam diceremus; quia quorum actio una est, horum etiam, ut sentiunt Patres, una est essentia), verum ita loquitur, ut novum illud et arcanum modum, quo naturales Christi actiones se explicant, arcano illi mutuæ naturarum ipsius immeationis modo congruentem, humanum item vitæ genus novum et admirabile, inque rerum natura incognitum; ac denique alternæ illius communicationis, quæ ex ineffabili unitione oritur, rationem indicaret. Non enim aut sejunctas actiones, aut naturas divisim operari dicimus, sed conjunctim utramque cum alterius communione illud quod quæque proprium habet agere. Neque enim humana humanitus efficiebat, cum purus homo non esset; nec rursus divina divino duntaxat modo, quandoquidem non solum Deus erat, sed Deus simul et homo. Nam uti naturarum tum unionem, tum naturalem distinctionem habemus, ita etiam naturalium voluntatum et operationum.

Actionum Christi alterna communicatio. — Itaque sciendum est, in Domino nostro Jesu Christo nos interdum, tanquam de duabus naturis sermonem habere, interdum tanquam de una persona: atque hoc et illud ad eumdem sensum refertur. Nam et duæ naturæ unus Christus est; et unus Christus, duæ naturæ. Itaque dicere: Agit Christus secundum utramque naturam; perinde est, ac cum dicimus: Agit utraque natura in Christo cum alterius communione. Quare divina quidem natura eo nomine cum carne operante communicat, quod caro divinæ voluntatis beneplacito, quæ ipsi propria sunt, pati et agere sinatur, quodque carnis actio prorsus salutifera sit; id quod non humanæ, sed divinæ potius actionis est. At caro vicissim cum operante Verbi divinitate communicabat, tum quia per corpus veluti per instrumentum quoddam, divinas actiones efficiebat; tum quia unus idemque erat, qui et divino simul, et humano modo operabatur.

Mens humana, ut Verbo communicet. — Scire autem attinet, sanctam quoque ipsius mentem **244** naturales suas actiones exsequi. Nam et se Dei mentem esse, atque ab omnibus rebus conditis adorari cogitat et agnoscit, ac eorum quæ in terra gessit et pertulit, recordatur. Cæterum cum operante Verbi deitate, qua cuncta reguntur et gubernantur, communicat, omnia intelligens, cognoscens, et administrans, non ut simplex et nuda mens hominis, sed ut quæ Deo secundum hypostasim unita sit, Deique mens exsistat.

Theandrica Christi actio. — Nihil igitur aliud theandrica actio declarat, quam quod Deo facto viro, hoc est, incarnato, humana quæque ipsius actio divina erat, sive deificata, nec divinæ ipsius operationis expers: rursumque divina ipsius actio humanæ ipsius actionis exsors non erat; verum utraque una cum altera considerabatur. Porro modus hic loquendi περίφρασις dicitur, quando quis duo quædam una dictione complectitur. Quemadmodum enim igniti gladii incisam unam ustionem, atque inustam sectionem dicimus, et tamen sectionem distinctam ab ustione esse, necnon alius aliusque naturæ asserimus; ignis nempe ustionem, ac ferri sectionem: ad eumdem modum theandricam unam Christi actionem dicentes, duas ambarum ipsius naturarum actiones intelligimus; divinitatis videlicet ipsius, divinam, humanitatis autem, humanam actionem.

CAP. XX.
De naturalibus et inculpatis passionibus.

Innoxiæ passiones a Christo assumptæ. Quænam naturales et inculpatæ passiones humanæ. — Christum porro naturales, minimeque reprehendendas hominis passiones assumpsisse confitemur. Nam suscepit totum hominem, et quæcunque hominis sunt, excepto peccato. Neque enim istud naturale est, neque a Creatore nobis insitum; verum superserente diabolo in libera nostra voluntate exsurgit, non tamen ut per vim nobis dominetur. Naturales porro et inculpatæ passiones hæ sunt, quæ in arbitrio nostro sitæ non sunt; quæ nimirum in violati præcepti pœnam humanæ vitæ irrepserunt: velut fames, sitis, defatigatio, labor, lacrymæ, interitus, mortis fuga, metus et agonia, ex qua sudores et sanguinis guttæ; auxilium ob naturæ infirmitatem ab angelis allatum, aliaque id

---

[81] Max. *Dial. cum Pyrrho*. Greg. Naz. ep. 1, ad Cled. [83] Dionys. epist. 4, quæ est ad Caium. [85] Max. *Dialog. cum Pyrrho*. [84] Leo epist. 1 ad Flav. [86] Max. *Dogm. ad Marin*. p. 43.

generis, quæ quidem natura universo hominum generi conveniunt.

Omnia igitur assumpsit, ut omnibus sanctitatem conciliaret. Tentatus est, vicitque, ut victoriam nobis pararet, adversariique vincendi vim naturæ conferret : quo videlicet natura jampridem victa, per quos insultus superata fuerat, suo tandem victori victoriam extorqueret.

Christus tentatus absque interna suggestione. — Cæterum malus ille, extrinsecus, non suggestis cogitationibus Christum adortus est, quemadmodum et Adamum. Nam ne illum quidem per immissas cogitationes, sed per serpentem impetivit. Dominus autem adversarii conatum propulsavit, et instar fumi discussit : ut quæ ipsum invaserunt passiones, atque ab eo superatæ sunt, a nobis etiam facile vinci possent, sicque adeo novus Adam veterem salvaret.

In eo naturaliter et supra naturam nostræ passiones — Denique naturales passiones nostræ, et secundum naturam in Christo erant, et supra naturam. Etenim secundum naturam in illo ciebantur, cum naturam pati sineret quæ carni erant propria : supra naturam autem, quia in Domino, quæ naturalia erant, voluntatem minime prævertebant. Neque enim coactum quid in eo conspicitur, sed omnia voluntaria. Volens enim fame, volens siti, volens metu, volens morte affectus est.

CAP. XXI.
De ignorantia et servitute.

Christi anima ex unione ab omni ignoratione libera. — Nosse oportet [86] Christum ignorantem et servam naturam assumpsisse. Hominis quippe natura Dei conditoris sui serva est, nec futurorum pollet scientia. Quare si de Gregorii Theologi sententia, id quod videtur ab eo quod mente percipitur, distraxeris, serva et ignorans caro dicitur. Verum ob personæ identitatem atque individuam unionem, Domini anima futurorum cognitione, ut et reliquis mirabilibus locupletata est. Velut enim hominum caro suapte natura secundum hypostasim vivifica non est; Domini autem caro Deo Verbo unita, non quidem a naturali mortalitate exempta fuit, sed tamen ob hypostaticam cum Verbo unionem vivifica facta est, nec dicere fas est eam, vel non vivificam fuisse, vel non semper esse : sic humana natura, suapte quidem essentia futurorum notitiam non habet ; at Domini anima ob unionem cum ipso Deo Verbo et hypostasis identitatem, ut reliquorum miraculorum potestate, sic etiam futurarum rerum, ut dixi, cognitione ditata fuit.

246 *Christus servus dici non potest : licet natura quam assumpsit ex semet serva sit. Nestorianæ hæresis dicere quod Christus servus sit.* — Illud quoque [87] sciendum est, eum ne servum quidem dicere nos posse : servitutis enim et dominationis vocabula non naturas, sed quæ ad aliquid referuntur, indicant, ut paternitatis et filiationis voces. Hæc enim non essentiam, sed relationem declarant. Sicut ergo de ignorantia a nobis dictum est, si exilibus cogitationibus, hoc est subtilibus animi considerationibus, id quod creatum est, ab increato sejunxeris, servilis est caro, nisi Deo Verbo copulata esset. At cum semel secundum hypostasim unita sit, quonam pacto serva erit ? Cum enim Christus unus sit, suiipsius profecto et servus et Dominus esse non potest. Hæc enim non ex iis sunt quæ absolute dicuntur, sed quæ relatione ad alterum. Cujusnam igitur servus erit ? Patrisne ? Ergo non omnia quæ habet Pater, Filii quoque sunt. Siquidem Patris servus est, sui autem ipsius minime. Quonam autem modo de nobis, qui per eum adoptati sumus, Apostolus ait : *Itaque jam non est servus, sed filius* [88], siquidem ipse servus exsistat ? Ex quo patet eum appellatione sola dici servum, cum hoc minime sit, verum nostri causa servi formam susceperit, servusque nobiscum sit vocatus. Nam cum ab omni passione immunis esset, nostri causa passionibus servivit, salutisque nostræ ministerio perfunctus est. Illi autem qui servum eum dicunt, unum Christum ad instar Nestorii in duos dividunt. At nos herum ipsum dicimus, omnium que creaturarum Dominum, unum Christum, eumdem simul Deum atque hominem, et qui sciat omnia ; *In ipso enim sunt omnes thesauri sapientiæ et scientiæ absconditi* [89].

CAP. XXII.
De profectu.

Christi profectus sapientia et gratia. Gratia Christi animæ ex unione et ut in capite et fonte. — Proficere autem sapientia et ætate et gratia idcirco dicitur [90], quod ætate quidem cresceret ; per ætatis autem augmentum, sapientiam quæ in se erat, in lucem proferret ; ac propterea quod hominum in sapientia et gratia progressum, paternæque voluntatis expletionem, hoc est, hominum in Deum fidem atque salutem, profectum suum duceret, ubique quod nostrum erat sibi vindicans [91]. Qui autem sic eum sapientia et gratia profecisse aiunt, tanquam horum incrementum acciperet, non a primo carnis ortu factam esse **247** unionem asserunt, nec unionem secundum hypostasim tuentur ; verum vanissimo Nestorio potius auscultantes, unionem quamdam secundum affectionem et respectum, ac nudam inhabitationem prodigiose fingunt, *nescientes nec quæ dicunt, nec de quibus affirmant* [92]. Nam si caro a primo statim ortu vere Deo unita est ; imo potius in ipso exstitit, et identitatem secundum hypostasim cum eo habuit ; qui fieri potuit, ut non omnibus prorsus sapientiæ gratiæque dotibus affluxerit ? Non quidem ut gratiam participaret, nec per gratiam in communio-

---

[86] Greg. Naz. orat. 36. [87] Greg. Naz. orat. 24. [88] Galat. iv, 7. [89] Coloss. ii, 3. [90] Luc. ii, 52.
[91] Greg. Naz. orat. 20 et 36. [92] I Tim. i, 7.

nem eorum quæ Verbi erant veniret; quin potius ob unionem illam secundum hypostasim, cum humana divinaque unius Christi propria facta essent, quippe qui Deus simul homoque erat, gratiam, et sapientiam, et bonorum omnium plenitudinem fontis instar mundo profuderit.

CAP. XXIII.
De timore.

Timor duplex. Quis timor naturalis, et ut in Christo. — Timoris nomen duplicem habet intellectum. Est enim timor naturalis, quando anima sejungi non vult a corpore ob naturalem affectionem et necessitudinem, qui ex ipsomet ortu ab opifice ei insita est, qua fit ut pertimescat, angatur, et mortem recuset. Cujus timoris hæc definitio est: Timor naturalis est vis sibi esse vindicandi cum contractione [95]. Nam quia cuncta ex nihilo a Conditore rerum producta sunt, idcirco naturaliter esse appetunt, haudquaquam vero non esse. Ilis autem a natura proprium est, ut in ea ferantur, quorum ope consistunt. Quocirca Dei quoque Filius, cum factus esset homo, hunc appetitum habuit, suam quidem erga illa quæ naturam constituunt propensionem ostendens, tum cibi potusque et somni cupiditate, tum facto horum ex naturæ legibus periculo; in iis autem quæ interitum pariunt, fugam prætendens, ut passionis tempore mortis timore voluntarie compressionem admiserit. Quanquam enim naturæ lege fiebant, quæ fiebant; at non ut in nobis vi et necessario. Ea siquidem quæ natura erant, sponte et libens suscepit. Ac proinde metus hic, et trepidatio, pavorque, naturalis et inculpata, nec subjecta peccato affectio est.

Quis non naturalis. Hunc Christus non admisit. — Et rursum aliud timoris genus, quod ex cogitationum defectione et diffidentia, exque eo quod quis mortis horam ignoret, exsurgit: ut cum noctu, oborto aliquo strepitu, timore afficimur: qui quidem timor non naturalis est, sicque definitur: Timor non naturalis, est improvisa contractio. Hunc porro timorem Dominus non assumpsit. Quapropter nunquam timuit, nisi passionis tempore: etsi alioqui certo consilio sæpe se subduxit. Non enim tempus ignorabat.

Quod autem vere timuerit, testis est sanctus Athanasius in Oratione adversus Apollinarium his verbis: « Ob eam causam dicebat Dominus: *Nunc anima mea turbata est* [96]. Quod autem ait, *nunc*, idem est ac, cum voluit. Attamen id quod erat ostendit. Non enim illud quod non erat, ac si 248 adesset, nominavit: perinde scilicet ac si in speciem duntaxat fierent ea quæ dicebantur. Natura enim ac vere omnia fiebant. » Ac post alia: « Nullo autem modo divinitas passionem recipit sine corpore quod patiatur, nec sine anima quæ tristetur ac turbetur, turbationem mœroremque ostendit: neque anxia est, et exorat mente nequaquam anxia et exorante. Etenim quamvis non victæ naturæ consternatione ista contingerent, attamen facta sunt ut quis esset palam innotesceret [96]. » Quod autem non naturæ succumbentis ignavia contingerent, quæ fiebant, hinc liquet quod haud invitus ea sustinuerit.

CAP. XXIV.
De Domini oratione.

Quid oratio, atque ut Christus oraverit. — Oratio est ascensus mentis in Deum: aut eorum quæ consentanea sunt postulatio a Deo. Qui ergo fiebat ut Dominus in Lazari suscitatione ac passionis tempore oraret? neque enim sancta ipsius mens elevatione in Deum egebat, quippe quæ semel Deo secundum hypostasim unita esset; nec rursum ei opus erat, ut quidquam a Deo postularet (unus enim est Christus), verum quia personam nostram sustinebat, id quod nostrum erat in seipso exprimens, sese nobis exemplum præbuit, docendo nos a Deo postulare et mentes ad illum erigere, perque sanctam mentem suam ascensum nobis ad Deum muniendo. Quemadmodum [96] enim passiones tolerabat, ut nobis, sicut dicebamus, ascensum ad Deum sterneret, et pro nobis, velut Joanni aiebat, justitiam omnem impleret [97], nosque cum Patre reconciliaret: sic etiam ut eum ceu principium et causam sui honore afficeret, seque Deo minime adversari commonstraret. Nam quando Lazari causa dicebat: *Pater, gratias ago tibi, quoniam audisti me. Ego autem sciebam quia semper me audis; sed propter populum qui circumstat, dixi, ut credant quia tu me misisti* [98]; annon cuivis perspicuum est eum non alia de causa his verbis usum esse, nisi ut Patrem, tanquam sui principium et causam honoraret, seque Deo nequaquam adversari ostenderet [99].

Rursus cum ita loquebatur: *Pater, si possibile est, transeat a me calix iste. Verumtamen non sicut ego volo, sed sicut tu* [1]; annon quisvis liquido perspicit [2], cum idcirco sic esse locutum, ut nos Dei solius opem in tentationibus implorare, divinamque voluntatem nostræ anteponere doceret: insuper ut ostenderet, ea quæ nostræ naturæ erant, vere sua fecisse, duasque voluntates, naturales quidem illas, naturisque ipsius congruentes, cæterum nequaquam contrarias vere habuisse. *Pater*, inquit tanquam ejusdem cum ipso substantiæ, *si possibile est*; non velut ignoraret ita loquens (ecquid enim Deo impossibile esse queat?), verum ut nos exinde voluntati nostræ divinam anteferre disceremus. Hoc enim solummodo impossibile est, quod Deus non vult, nec permittit [3]:

---

[95] Max. *Dial. cum Pyrrho.* [96] Joan. xii, 27. [96] S. Athanas. *De salutari adventu Christi*, contra Apollinarem, versus finem. [96] Matth. Greg. Naz. orat. 36. [97] Matth. iii, 15. [98] Joan. xi, 42. [99] Greg. Naz. orat. 42; Chrys. hom. 63 in Joan. [1] Matth. xxvi, 39. [2] Chrys. in Cat. in Matth. xxvi. [3] Greg. orat. 36.

Verumtamen non sicut ego volo, sed sicut tu. Tanquam **249** Deus, eamdem cum Patre voluntatem habet : et velut autem homo, humanitatis voluntatem naturaliter ostendit. Haec enim naturaliter mortem refugit.

At vero illud, *Deus meus, Deus meus, ut quid dereliquisti me* [5]? quia personam nostram gerebat, pronuntiavit. Neque enim Deum suum Patrem dixisset, nisi id quod sub aspectum cadit, ab eo quo.l intellectu capiebatur, subtili mentis imaginatione discretum fuisset. Nec rursum a sua unquam divinitate desertus fuit ; sed nos eramus derelicti illi et contempti. Quamobrem personam nostram assumens haec deprecatus est [6].

CAP. XXV.
De appropriatione seu vindicatione.

Duobus modis sibi aliquis quidpiam suum facit. — Scire oportet [a] duplicem esse vindicationem, unam naturalem et substantialem alteram personalem et secundum respectum. At naturalis quidem et substantialis est, qua Deus pro sua erga homines benevolentia, tum naturam nostram, tum omnia naturalia suscepit, natura et vere factus homo et ea expertus, quae in naturam nostram cadunt : quae vero personalis est et secundum respectum, tunc locum habet, cum quis affectione quadam, miseratione puta, vel dilectione alterius personam gerit, pro eo sermones nihil ad se attinentes illius vice proferens. Quo quidem vindicationis genere Dominus, tum maledictionem, tum derelictionem nostram, aliaque ejusmodi quae naturalia non sunt, sua ipse fecit : non ut ipse hoc esset, aut unquam exstiterit ; sed quia personam nostram subiens, in nostrum ordinem se ascriberet. Quo sensu sumitur illud : *Factus est pro nobis maledictum* [7].

CAP. XXVI.
De corporis Domini passione, ipsiusque divinitatis impassibilitate.

Ipsum igitur Dei Verbum omnia carne pertulit, divina interim ac sola impassibili ipsius natura ab omni perpessione immuni persistente. Nam cum unus idemque Christus, qui ex divinitate et humanitate compositus est, inque divinitate et humanitate exsistit, vere pateretur, pars quidem illa, quae naturali sua conditione hoc habebat, ut pati posset, patiebatur ; caeterum ea, quae impassibilis erat, haud simul patiebatur. Nam anima quidem, passibilis cum sit, tametsi inciso corpore ipsa minime incidatur, una tamen cum **250** corpore dolorem persensit : at deitas quia impassibilis est, nihil patiebatur commerci.

Deus carne passus non per carnem : non passa deitas. — Illud porro sciendum, quod Deum quidem carne passum dicimus ; divinitatem autem carne passam, aut Deum per carnem passum, non item. Sicut enim, si sole arbori illucente securis arborem inciderit, sol tamen nihil laesus manet ; a fortiori, impassibilis Verbi divinitas carni secundum hypostasim unita, patiente carne incolumis mansit [8]. Et quemadmodum, si quis aquam ignito ferro infundat, id quod ita comparatum est, ut ab aqua afficiatur, hoc est ignis, ab aqua exstinguitur ; ferrum autem omnis injuriae expers manet (non enim a natura id habet ut ab aqua labefactetur), multo magis certe divinitas quae sola ab omni perpessione remota est, patiente carne nullam ipse passionem admisit : quamvis alioqui ab illa inseparabilis esset. Non enim necesse est exempla esse rebus prorsus similia, ac hujusmodi, ut nihil omnino desideretur ; quandoquidem in exemplis, tum id quod simile est, tum id quod diversum est, perspicere oportet, eo quod exempla sint. Nam quod omni ex parte simile est, ea ipsa res est, non exemplum, idque potissimum in Deo. Neque enim fieri potest, ut exemplum omnino simile reperiatur, sive cum de Deo, sive cum de incarnatione sermo habeatur.

CAP. XXVII.
Quod Verbi divinitas ab anima et corpore inseparabilis manserit, etiam in Domini morte : et quod una interim persona perstiterit.

Cum Dominus noster Jesus Christus ab omni peccati labe purus esset : *Non enim peccatum fecit, qui peccatum tollit mundi ; nec dolus inventus est in ore ejus* [9], morti nequaquam subjectus erat : siquidem per peccatum mors introivit in mundum [10]. Moritur itaque, mortem salutis nostrae causa suscipiens, ac seipsum Patri pro nobis hostiam offerens. In eum enim deliqueramus, eique proinde redemptionis nostrae pretium pendendum erat, ut hoc pacto a condemnatione liberaremur. Absit enim, ut Domini sanguis oblatus tyranno fuerit. Accedit itaque mors, corporisque escam avide deglutiens divinitatis hamo transfigitur ; atque degustato insonte ac vivifico corpore, ipsa interit, omnes quos olim absorpserat evomens. Velut enim tenebrae inductae luce submoventur, ita corruptio vitae appulsu depellitur, omnibusque accidit vita, corruptori autem, interitus.

Christi persona una, nusquam a se, etsi partibus distractis, divisa. — **251** [11] Quamvis igitur Christus ut homo mortem obierit, sanctaque ipsius anima ab immaculato corpore distracta sit, divinitas tamen a neutro, hoc est, nec ab anima, nec a corpore quoquo modo sejuncta est : neque propterea persona una in duas divisa fuit. Siquidem et corpus et anima simul ab initio in Verbi persona exsistentiam habuerunt ; ac licet in morte divulsa sint,

---

[5] Matth. xxvii, 46. [6] Greg. Nyss. orat. 36. [a] Max. *ad Marin. in solut.* I dubit. Theod. ; Greg. Naz. orat. 56. [7] Galat. III, 13 [8] Athan. lib. *De solut. advent. Christi.* [9] Isa. LIII, 9 ; Joan. I, 29. [10] Rom. v, 12. [11] Greg. orat. 42.

utrumque tamen eorum unam Verbi personam qua subsisteret, semper habuit. Quamobrem una eademque Verbi hypostasis, tum verbi, tum corporis erat hypostasis. Neque enim unquam aut anima, aut corpus peculiarem, atque a Verbi subsistentia distinctam subsistentiam habuit ; verum una semper fuit Verbi hypostasis et subsistentia, nec unquam duplex. Idcirco una quoque semper Christi persona fuit. Tametsi enim quoad locum anima a corpore sejuncta erat ; hypostatice nihilominus per Verbum uniebatur.

CAP. XXVIII.
De corruptione et corruptela.

Corruptio duplex : priori genere corruptibile Christi corpus ante resurrectionem ; posteriori, incorruptibile. — Corruptionis [12] vocabuli duplex est significatio. Nam et pro humanis hisce perpessionibus usurpatur, nempe fame, siti, lassitudine, clavorum perforatione, morte, seu animæ a corpore separatione, aliisque id genus : quo quidem sensu corruptioni obnoxium fuisse Domini corpus dicimus : hæc enim omnia sponte suscepit. Ac rursus corruptionis vox perfectam corporis in elementa ex quibus compositum est, dissolutionem exstinctionemque significat ; quæ etiam a plerisque διαφθορά appellatur. Quod quidem corruptionis genus Domini corpus expertum non fuit, ut ait David propheta : *Quoniam non derelinques animam meam in inferno, nec dabis sanctum tuum videre corruptionem* [13].

252 *Juliani et Gaiani hæresis.* — Quocirca de priore corruptionis significatione, incorruptibile ante resurrectionem fuisse Domini corpus, ad instar vesani illius Juliani et Gaiani, asserere impium est. Nam si incorruptibile erat, non certe ejusdem nobiscum substantiæ fuit : quin et hominum tantum opinione, ac non vere ea contigerint, quæ contigisse evangelistæ memorant, fames, sitis, clavi, lateris vulnus, mors. Quæ si opinatione duntaxat exstiterunt, illusio igitur ac mera larva erat humanitatis assumptæ mysterium, atque adeo opinione ac non vere factus erit homo ; et opinione ac non vere salus nobis allata erit : quod absit ! et qui talia affirmant, a salute prorsus excidant [14]. Nos vero salutem veram consecuti sumus et consequemur. Cæterum secunda corruptionis significatione, incorruptibile corpus Domini confitemur, quemadmodum sancti Patres nobis tradiderunt. Quin secundum priorem hunc quoque sensum post Salvatoris resurrectionem incorruptibile item corpus ipsius dicimus. Nam et corpori nostro Dominus resurrectionem, ac subinde incorruptionem per corpus suum donavit, ut qui et resurrectionis et impassibilitatis primitiæ nobis factus sit [15]. *Oportet,* ait divinus Apostolus, *corruptibile hoc induere incorruptionem* [16].

CAP. XXIX.
De descensu ad inferos.

Ob id porro deificata anima ad inferos descendit, ut quemadmodum his qui in terra versabantur justitiæ Sol ortus erat [17], ita etiam illis qui subtus terram, in tenebris et umbra mortis sedebant, illuceret [18] : ac sicut iis qui in terra erant, pacem, captivis remissionem, cæcis visum evangelizaverat [19], atque illis quidem qui crediderant salutis auctor exstiterat, incredulos autem infidelitatis arguerat : sic etiam eis, qui in inferno erant [20] : *Ut ipsi omne genu flecteretur, cœlestium, terrestrium et infernorum* [21]. Hoc pacto, solutis illis, qui ab omni ævo vincti tenebantur, ipse rursus a morte ad vitam rediit, viam nobis ad resurrectionem sternens.

---

[12] Leont. *De sect.* act. 10, et *Dial. cont. Aphthartodoc.* p. 293. [13] I Cor. xv, 20. [14] ibid. 53. [15] Malach. iv, 2. [16] Isa. ix, 2. [17] Isa. lxi, 1 ; Luc. iv, 19. [18] Psal. xv, 10. [19] Anast. Sinait. in Ὀδηγῷ, [20] I Petr. iii, 19. [21] Philipp. ii, 10.

LIBER QUARTUS.

CAP. I.
253 *De iis quæ resurrectionem secuta sunt.*

Christus post resurrectionem impassibilis. Cur post eam cibum sumpserit. Humana omnia in eo integra. — Postquam autem Christus a morte resurrexit, omnes quidem ægritudines exuit, puta corruptionem, famem, sitim, somnum, lassitudinem, aliaque id generis. Nam etsi post resurrectionem cibum gustavit [22], non tamen id naturæ lege contigit : neque enim fame laboravit ; sed certa dispensatione, ut fidem faceret, se vere ad vitam rediisse, eamdemque esse carnem quæ cum mortua fuisset, revixerat. Cæterum nullam naturæ partem abjecit, non corpus, non animam. Quin potius et corpus et animam ratione et intellectu, volendique et agendi facultate præditam habuit, sicque in cœlum ascendit, atque ad Patris dexteram sedet, divino humanoque modo salutem nostram volens : divino quidem qua rebus omnibus providet, eas conservans et gubernans ; humano autem conver-

[22] Luc. xxiv, 43.

sationem suam, quam in terris gessit, mente recolens, vidensque et sciens se ab omni creatura rationali adorari. Sanctae etenim ipsius animae compertum est, tum quod Deo Verbo secundum hypostasim unita sit, tum quod una cum eo adoretur, uti Dei anima, ac non ut simpliciter anima. Quin hoc quoque ipsum quod e terra in coelum ascendit, ac denuo descensurus est, actiones sunt corporis circumscripti : *Sic enim*, inquit, *rursus veniet ad vos, quemadmodum vidistis eum euntem in coelum* [13].

CAP. II.
De sessione ad dexteram Patris.

Porro Christum ad dexteram Dei et Patris sedere corporaliter dicimus: nec proinde loci instar esse Patris dexteram affirmamus. Qui enim fieri possit, ut qui circumscriptionis est expers, loco definitam dexteram habeat? Dextra enim et sinistra iis demum conveniunt, quae loco circumscribuntur. Quocirca per paternae dextrae vocabulum significamus divinitatis honorem et gloriam, in qua cum Dei Filius, tanquam Deus Patrique consubstantialis, ante saecula esset, ad extremum caro factus corporeo quoque modo considet, in eamdem nimirum gloriam ascita ipsius carne. Una enim eademque cum sua carne adoratione ab omnibus creatis rebus colitur [14].

254 CAP. III.
Adversus eos qui ita objiciunt: Si duae naturae Christus est, aut creaturam colitis, naturam creatam adorando, aut alteram naturam dicitis adorandam, alteram non adorandam.

Christi caro, ut Verbi caro adoranda, non ratione sui. — Dei Filium simul cum Patre et Spiritu sancto adoramus, corpore quidem nudum antequam humanitatem assumpsisset, nunc autem eumdem incarnatum hominemque factum, cum eo quod Deus est. Ac proinde ipsius caro suapte quidem natura [15], si subtili quadam consideratione id quod visibile est, ab eo quod ratione tantum intelligitur, distinxeris, nequaquam adoranda est, utpote creata, et cum Deo Verbo unita sit, propter ipsum, et in ipso adoratur. Quemadmodum enim rex, et nudus, et vestibus indutus adoratur; ac purpura quidem velut simplex purpura calcatur et projicitur; postquam autem in regium indumentum adhibita est, tum honore et gloria afficitur, eaque conditione est, ut qui eam indecore tractarit, morte plerumque multetur : velut etiam simplex lignum [16], non sic comparatum est ut tangi non possit, caeterum ubi admoto igne carbo evasit, non quidem suapte vi, sed ob adjunctum ignem, nec propius adiri, nec tangi omnino potest: non quod ea ligni natura sit, ut propiorem ad se accessum non ferat, sed quod jam carbo sit, seu lignum accensum: ad eumdem quoque modum caro suapte quidem natura nequaquam est adoranda : sed cum incarnato Verbo adoratur, non quidem propter seipsam, sed propter Deum Verbum, quod secundum hypostasim ipsi copulatum est. Neque enim fatemur nudam simplicem carnem adorari, verum Dei carnem, sive Deum incarnatum.

CAP. IV.
Cur Dei Filius, non Pater, aut Spiritus sanctus, homo factus sit: quidque factus homo praestiterit.

[17] Pater, Pater est, et non Filius: Filius, Filius est, et non Pater : Spiritus sanctus, Spiritus, ac non Pater, nec Filius. Proprietas enim immobilis est: quonam enim alio modo proprietas maneret, **255** si moveretur exque alia in aliam transiret? Ob eam causam Dei Filius, hominis filius fit, ut proprietati immobilitas sua constet. Nam cum Dei Filius esset, factus est hominis filius, ex sancta Virgine carnem sumens, nec propterea ab ea proprietate quae Filium decet excedens.

Notae et characteres divinae naturae. Cur Filius incarnatus. — Hanc porro Dei Filius ut homo fieret causam habuit, ut id rursus homini beneficium afferret, cujus gratia illum a principio condiderat. Siquidem eum ad imaginem suam, intellectu et libertate praeditum effinxerat; necnon ad similitudinem suam, id est, omni virtutum genere perfectum, quantum quidem humanae naturae consequi datum esset. Hae quippe divinae naturae veluti notae sunt, nempe cura ac sollicitudine vacare, simplicitate, bonitate, sapientia et justitia pollere, atque ab omni vitio liberum esse. Porro cum hominem in eo statu constituisset, ut se ipsi communicaret, *eum etenim* [18] *fecerat, ut corruptelae obnoxius non esset*, per sui communicationem ad incorruptionem eum subveherat. Quoniam autem per mandati violationem imaginis divinae ductibus et characteribus obscuratis ac deletis, in malitiam provoluti, divina communicatione orbati sumus: *Nam quae societas luci ad tenebras* [19]? atque a vita exclusi, in mortis interitum incidimus: quoniam, inquam, praestantius illud, quod nobis impertitus erat, minime custodivimus; idcirco ejus quod deterius est, nostrae scilicet naturae, particeps ipse fit, ut per se quidem et in se imaginis similitudinisque decorem instauret, nos vero virtutibus ornatam agendae vitae rationem, per se nobis facile ad eam iter muniens, edoceat, ac per vitae communicationem ab interitu vindicet, factus ipse primitiae nostrae resurrectionis, atque innovato vase quod obtritum et inutile redditum fuerat, nos demum ad sui cognitionem vocante Deo, a diaboli tyrannide ereptos, corroboret, et per patientiam et humilitatem ad debellandum vincendumque tyrannum erudiat [20].

---

[13] Act. 1, 11. [14] Athan. Jun. p. 45 ad Ant.; Basil. lib. *De Spiritu sancto*, cap. 6. [15] Athan. lib. I, Cont. Apoll. Epist. ad Adelph.; Epiphan. *Ancor.*, § 51. [16] Simile familiare Patribus. Sup. lib. III, c. 8. [17] Greg. orat. 39. [18] Vulg. Sup. II, 23, *inexterminabilem*. [19] I Cor. VI, 14. [20] Athan. lib. *De incarn.*; Cyrill. lib. I, in Joan.

Quæ per incarnationem præstita sint. Crucis Christi vis. Mors per Christi crucem utilior vita reddita. — Enimvero cultus dæmonum desiit: creatura ex divino cruore sanctitatem contraxit: aræ templaque idolorum diruta sunt: Dei cognitio in animis hominum insita: consubstantialis Trinitas, increata colitur divinitas; unus, inquam, Deus verus, universorum conditor ac Dominus; virtutes studio sunt: resurrectionis spes per Christi resurrectionem donata est: homines quos mancipio constrictos tenebant, dæmones perhorrescunt: quodque mirificum est, hæc omnia per crucem cruciatusque ac mortem gesta sunt: Evangelium quo Dei cognitio patuit, toto orbe promulgatum est; non bello armisque, et exercitibus adversarios fundens · verum homines pauci, nudi, pauperes, ac litterarum rudes, insectationibus ac verberibus afflicti, neci dati, cum qui in crucem actus mortuusque fuerat, prædicantes, doctos et potentes superarunt. Eorum enim comes aderat omnipotens virtus ac potestas Crucifixi. Quin mors ipsa, quæ terrorem maximum olim inferebat, prostrata fuit; et quæ quondam odio et horrori erat, vita jam potior habetur. **256** Hæc Christi adventus præclara facinora: hæc ipsius potentiæ indicia luculenta. Non enim, ut per Moysem, populum unum ex Ægypto ac servili Pharaonis jugo dissectis maris undis liberavit [31], verum omne potius humanum genus ex mortis interitu et acerba peccati tyrannide vindicavit: non quidem ad virtutem vi adigens; non terra obruens, non flammis exurens, non peti saxis peccatores jubens, verum mansuetudine ac lenitate homines ad virtutem amplexandam alliciens, atque ita comparans, ut pro ea adipiscenda labore et certamina læti susciperent. Etenim olim quidem licet cum peccabant pœnas luerent, adhuc tamen peccato mordicus adhærebant, quod instar numinis haberent. At nunc contra pietatis virtutisque causa verbera et cruciatus, mortemque amplectuntur.

Euge, Christe, Dei Verbum, sapientia, et potentia, atque omnipotens Deus, quid tibi nos inopes et egeni pro istis omnibus rependemus? Tua enim sunt omnia. Quin nihil quidquam a nobis exposcis, nisi salutem nostram; cujus cum tu ipse largitor sis, nihilominus pro inenarrabili tua bonitate illis gratiam habes, qui eam consequuntur. Gratias tibi, qui et esse et bene esse nobis concessisti; cumque hinc excidissemus, inexplicabili demissione et indulgentia eodem nos reduxisti.

CAP. V.
Ad eos qui quærunt: Sitne Christi persona creata, an increata?

Monophysitarum cavillationem aliam diluit. Christi persona increata et creata. — Dei Verbi persona, ante carnem assumptam simplex erat, nec composita, corporis expers et increata. Ex quo autem carnem suscepit, carni quoque persona facta est, compositaque evasit ex divinitate, quam nunquam non habuit, et ex carne quam assumpsit, geritque adeo duplicis naturæ proprietates, ut quæ in duabus naturis noscatur. Quo fit ut una eademque persona et divinitatis ratione increata sit, et creata ratione humanitatis; visibilis simul et invisibilis. Nam alioqui in eas angustias adducemur, ut vel unum eumdemque Christum dividamus, duas personas asserendo, vel naturarum distinctionem inficiantes, conversionem vel confusionem inducamus.

CAP. VI.
Quando Christus est appellatus.

Non, quemadmodum quidam falso prædicant [32], mens ante carnem ex Virgine assumptam, Deo Verbo copulata est, et jam tum Christi nomen accepit. Commentum enim hoc inter Origenis deliramenta recensetur, qui animas corporibus esse vetustiores docuerit. Nos vero Filium, **257** Deique Verbum, tum demum fuisse Christum vocatumque esse dicimus, cum sanctæ semperque Virginis uterum inhabitando, caro citra mutationem ullam factus est, unctaque caro fuit divinitate. Hæc namque humanitatis unctio exstitit, ut ait Gregorius Theologus [33]. Sanctissimus item Alexandriæ præsul Cyrillus imperatori Theodosio scribens [34], in hunc modum loquitur: « Equidem necessarium esse arbitror, ut nec Verbum quod ex Deo sine humanitate natum est, nec rursus templum, quod ex muliere partu editum est, si Verbo unitum non sit, Jesum Christum nuncupemus. Etenim Verbum quod ex Deo est, non aliter Christus censetur, nisi quatenus per dispensationis unionem arcano modo cum humanitate conjunctum fuit. » Rursumque ad imperatrices ita scribit [35]: « Quidam Christi nomen, Verbo soli, singulatimque in se considerato et exsistenti, ut a Patre genitum est, convenire asserunt. Nos vero ita sentire et loqui nequaquam edocti sumus. Nam quando Verbum factum est caro, tum primum etiam Christum Jesum nominatum fuisse dicimus. Nam quia exsultationis oleo, sive Spiritu, a Deo et Patre unctus est, eatenus Christus appellatur [36]. Quod autem unctio in humanitate facta sit, in dubium nemo revocabit illorum qui recte sentire consneverunt. » Quin et Athanasius in oratione *De salutari adventu Christi*, sic loquitur: « Deus qui ante exstabat, quam in carne adveniret, nequaquam homo erat, sed Deus apud Deum, invisibilis et impassibilis. Postquam autem factus est homo, Christi nomen propter carnem accivit sibi; quandoquidem passio est mors nominis hujus consectaria sunt. »

---

[31] Exod. xiv, 16. [32] Error Origenis lib. ιι Περὶ ἀρχῶν, cap. 6. [33] Orat. 36, non longe a fine. [34] Edit. Paris. p. 25. [35] Ibid. p. 54. [36] Hebr. ι, 9.

Quod si in divinis quoque Scripturis dicitur: *Propterea unxit te Deus, Deus tuus, oleo laetitiae* [37], scire attinet Scripturam sacram praeterito tempore pro futuro saepe uti. Quo in genere illud est: *Posthaec in terra visus est, et cum hominibus conversatus est* [38]. Necdum enim visus fuerat Deus, nec cum hominibus versatus fuerat, cum haec dicebantur: Itemque illud: *Super flumina Babylonis illic sedimus et flevimus* [39]. Nondum enim haec contigerant.

CAP. VII.
Ad eos qui sciscitantur, an sancta Dei Genitrix duas naturas genuerit; et an duae naturae in cruce pependerint.

Severianorum solvit objectionem. Prima a Deo creata, ingenita, id est non nata ex aliis. Gigni personae est, non naturae. — Ἀγένητον et γενητὸν, cum unico ν scribuntur [40], naturae conveniunt, significantque increatum et creatum: at ἀγέννητον et γεννητὸν, id est, ingenitum et genitum, ubi duplici νν efferuntur, non naturae, sed personae conveniunt. Porro divina quidem natura, ἀγένητος est, sive increata: caetera vero praeter **258** ipsam, γενητὰ, sive facta. Consideratur itaque in divina quidem et increata natura, ingeniti proprietas in Patre (neque enim ille genitus est), generatio autem in Filio (siquidem ex Patre sempiterne natus est); processio denique in Spiritu sancto. In qualibet autem animantium specie, ea quae sunt primo producta ἀγέννητα quidem, sive ingenita sunt; at non item ἀγένητα, vel increata. Etenim a summo Opifice creata sunt; non autem ex similibus nata. Nam γένησις, quidem creatio est. At γέννησις, id est, generatio, cum de Deo agitur, est consubstantialis Filii ex solo Patre ortus: cum autem de corporibus, consubstantialis personae ex maris et feminae complexu processus. Ex quo perspicimus, gigni non ad naturam, sed ad personam pertinere. Nam si ad naturam spectaret, haudquaquam in una eademque natura genitum et ingenitum cerneretur. Ea n ob rem sancta Dei Genitrix personam genuit in duabus naturis agnitam, divinitatis quidem ratione citra ullum temporis spatium ex Patre genitam, ad extremum autem in tempore ex ipsa incarnatam, et carne natam.

Christus, duae naturae. Passus est ea natura quae passibilis erat. — Sin autem percontatores nostri innuant ac velint eum, qui ex sancta Deipara natus est, duas naturas esse; ita sane dicemus, duae naturae est: quippe qui idem ipse Deus et homo est. Id quod etiam de crucifixione, et de resurrectione, et de ascensione dicendum est. Neque enim ista naturae sunt, sed hypostasis. Christus itaque duplici natura constans, ea natura passus est et crucifixus, quae erat passibilis. Carne enim in cruce pendebat, non divinitate. Alioqui respondeant a nobis hoc vicissim rogantibus: Duaene naturae mortuae sunt? Minime, inquient. Ergo neque duae naturae crucifixae. Verum genitus est Christus, hoc est, Deus Verbum, humana natura assumpta; carne genitus est, carne cruci, carne affixus passus, carne mortuus, cum impassibilis ipsius divinitas maneret.

CAP. VIII.
Quomodo primogenitus dicatur unigenitus Dei Filius.

Primogenitus est, qui primus est genitus, sive ille unigenitus sit, sive etiam aliis fratribus natu major. Quocirca si Dei Filius primogenitus quidem, at non item unigenitus diceretur, suspicari utique potuissemus creaturarum primogenitum eum esse, ut qui etiam inter ipsas accenseretur [41]: cum autem, et primogenitus, et unigenitus dicatur, atque utrumque in eo retinendum sit; idcirco *primogenitum eum omnis creaturae* [42] dicimus, quoniam et **259** ipse ex Deo est, itemque ex Deo exsistant res creatae. Verum ipse quidem, ut ex Dei ac Patris substantia, solus citra omne tempus genitus, merito unigenitus Filius *primogenitus* dicetur, at non primum creatus. Nam res creatae non ex Patris substantia, sed ipsius voluntate ex nihilo productae sunt [43]. *Primogenitus autem in multis fratribus* [44], siquidem, cum matris etiam unigenitus esset (quoniam aeque ac nos participavit carni et sanguini [45], homoque factus est; nosque etiam per eum filii Dei facti sumus, per baptismum scilicet adoptati) ipse natura Dei Filius, inter nos, qui adoptione et gratia in Dei filios cooptati sumus, fratresque ipsius exstitimus, primogenitus factus est. Eo itaque nomine dicebat: *Ascendo ad Patrem meum et Patrem vestrum* [46]. Non dixit, Patrem nostrum, sed *Patrem meum*, natura videlicet; *et Patrem vestrum*, gratia. Et: *Deum meum et Deum vestrum* [47]. Non dixit, Deum nostrum, sed *Deum meum*; ut subtiliori consideratione id quod visibile est, ab eo quod mente intelligitur, praescindas, et *Deum vestrum*, tanquam rerum omnium opificem et Dominum.

CAP. IX.
De fide et baptismo.

Baptismi vis. Baptismus unus. Necessaria ad baptismum invocatio Trinitatis. Quid trina immersio. Quid in Christum baptizari. Eucharistia et baptismus e Dominico latere fluxerunt. Baptismus duplex ut et homo. — Jam vero unum baptismum in remissionem peccatorum et in vitam aeternam confitemur. Baptismus quippe mortem Domini significat [48]. Per baptismum enim cum Domino sepelimur, ut ait divinus Apostolus [49]. Quemadmodum igitur Dominus mortuus est, sic nos etiam semel baptizari necessarium est; baptizari, inquam, sicut a Domino dictum est: *In nomine Patris et Filii et*

---

[37] Psal. xliv, 8. [38] Baruch. iii, 58. [39] Psal. cxxxvi, 1. [40] Sup. lib. i, c. 9. [41] Vid. apud Greg. Nyss. lib. iii, *Cont. Eunom.* [42] Coloss. i, 15. [43] Athan. Expos. fidei. [44] Rom. viii, 29. [45] Hebr. ii, 14. [46] Joan. xx, 17. [47] ibid. [48] Rom. vi, 4. [49] Coloss. ii, 12.

Spiritus sancti [50]. Quibus scilicet verbis, Patris et Filii et Spiritus sancti confessionem edocemur. Quocirca qui in Patrem et Filium et Spiritum sanctum baptizati, unamque in tribus Deitatis personis naturam edocti, baptismum repetunt, ii, secundum divinum Apostolum, Christum rursus crucifigunt: *Impossibile enim est*, inquit, *eos qui semel illuminati sunt*, etc., *rursus ad pœnitentiam renovare, crucifigentes iterum sibi ipsis Christum, et ostentui habentes* [51]. At qui in sanctam Trinitatem baptizati non sunt, hi denuo baptizentur necesse est. Etsi enim Apostolus dicit: *In Christum et in mortem ipsius baptizati sumus* [52]; non tamen hoc vult, baptismi invocationem ex his verbis constare debere, verum hoc demum, baptismum mortis Christi figuram præferre. Baptismus siquidem qui trina immersione peragitur, tres dies significat, quibus Dominus tumulo conditus jacuit [53]. Quare in Christum baptizatum esse nihil aliud indicat, quam in illum credendo salutifera aqua tingi. Fieri non potest ut in Christum credamus, nisi Patris et Filii et Spiritus sancti confessione imbuti simus [54]. Christus enim est Filius Dei vivi [55], quem Pater unxit Spiritu sancto [56], quemadmodum ait divinus David: *Propterea unxit te Deus, Deus tuus, oleo lætitiæ præ consortibus tuis* [57]. Isaias quoque ex Domini persona loquens: *Spiritus Domini super me, propter quod unxit me* [58]. Enimvero quænam verborum forma adhibenda esset, Dominus discipulis suis exposuit: *Baptizantes eos*, inquiens, *in nomine Patris et Filii et Spiritus sancti* [59]. Quoniam enim immortalitatis consequendæ causa nos Deus condiderat [60]; violato autem ejus præcepto, mortis labe, ne perpetuum et immortale malum esset, nos item multaverat; idcirco pro sua indulgentia sese servis inclinans, nostrique similis effectus, passione sua nos a corruptione vindicavit, et ex sancto et immaculato suo latere veniæ fontem nobis emisit [61]: aquam scilicet ad regenerationem, necnon peccati et corruptelæ abstersionem; sanguinem vero in potum qui vitam æternam procuraret. Quin hoc quoque mandavit nobis, ut per aquam et Spiritum regeneraremur [62], Spiritu sancto ad aquam accedente, per verbum et orationem [63]. Nam quoniam homo duplici natura constat, anima scilicet et corpore, duplicem proinde nobis purgationem dedit, per aquam nimirum et Spiritum: sic nempe ut Spiritus divinæ imaginis similitudinisque decus in nobis instauraret, aqua vero per Spiritus gratiam a peccato corpus mundaret, atque a corruptione liberum redderet, aqua quidem mortis simulacrum exprimente, Spiritu autem vitæ pignus et arrhabonem largiente.

Aquæ vis purgatoria. — Etenim a principio *Spiritus Domini ferebatur super aquas* [64]: quin et lustrandi virtute præditam esse aquam Scriptura jam olim contestatur [65]. Noe temporibus Deus mundi peccatum per **261** aquam eluit [66]. Per aquam quisquis immundus erat, lege præcipiente, mundabatur, et ita quidem ut et ipsæ vestes aqua essent abluendæ. Elias Spiritus gratiam admistam aquis ostendit, tum nimirum cum holocaustum adhibita aqua cremavit [67]. Peneque omnia secundum legem aqua mundantur. Res enim visibiles earum quæ mente percipiuntur signa sunt. Regeneratio porro in animo perficitur. Fides quippe vim eam habet, ut quamvis e rebus creatis simus, per Spiritum nos in Dei filios adoptet, atque ad pristinam felicitatem velut postliminio revocet.

Baptismi gratia pro suscipientium fide et munditia. — Quamvis autem peccatorum remissio omnibus per aquæ baptismum detur: Spiritus tamen gratia pro fidei ac præviæ purgationis modo conceditur. Et nunc quidem Spiritus sancti primitias per baptismum accipimus, et regeneratio, alterius nobis vitæ initium, et signaculum, et præsidium, et illuminatio efficitur.

Cæterum in id nobis totis viribus est enitendum, ne canis instar ad vomitum redeuntes [68], peccati nosmetipsos denuo servituti mancipemus. Fides siquidem sine operibus mortua est, itemque opera, sublata fide [69]. Vera quippe fides per opera comprobatur.

Cur in Trinitatem baptizemur. — Ob id vero [70] in sanctam Trinitatem baptizamur, quia quæ baptizantur, ad sui, tum constitutionem, tum conservationem, Trinitatis opera indigent: nec fieri potest, quin tres personæ sibi invicem adsint; quoniam Trinitas nullatenus separabilis est.

Varia baptismata. Joannis baptisma a baptismate Christi diversum. Pœnitentiæ baptismus; martyrii, et iste nobilissimus; baptismus sempiterni cruciatus. — Primum [71] baptisma diluvium fuit, quod exscindendi peccati causa contigit. Secundum illud fuit, quod per mare et nubem factum est [72]. Siquidem nubes, Spiritus; mare, aquæ figuram gerebat [73]. Tertium legale erat. Quisquis enim immundus esset, aqua abluebatur, vestes lavabat, atque ita in castra ingrediebatur [74]. Quartum [75] Joannis fuit, quod illos qui baptizabantur, ad pœnitentiam adducebat, ut crederent in Christum: *Ego enim*, inquit, *baptizo vos aqua: qui autem post me veniet, ipse vos baptizabit Spiritu sancto et*

---

[50] Matth. xxviii, 19. [51] Hebr. iv, 6. [52] Rom. vi, 3. [53] Auct. Quæst. ad Antioch. [54] Basil. lib. De bapt. 1, cap. 12. [55] Matth. xvi, 16. [56] Act. x, 38. [57] Psal. xliv, 5. [58] Isa. lxi, 1. [59] Matth. xxviii, 19. [60] Method. lib. De resurr. [61] Joan. xix, 34. [62] Joan. iii, 5. [63] Greg. orat. 48. [64] Gen. i, 2. [65] Levit. xv, 10. [66] Gen. vi, 17. [67] III Reg. xviii, 52. [68] II Petr. ii, 22. [69] Jac. ii, 26. [70] Greg. Naz. orat. 40; Athan. ad Serap. De Spir. sancto. [71] Greg. Theol. orat. 39. [72] Gen. vii, 17. [73] I Cor. x, 1. [74] Lev. xiv, 15. [75] Greg. orat. 40; Basil. hom. de bapt.; Chrys. in Matth. hom. 10, et alii.

igne [76]. Itaque Joannes ad Spiritum suscipiendum ante per aquam purgabat. Quintum, Domini baptisma, quo ipse baptizatus fuit. Baptizatus est autem, non quod ipse purgatione indigeret; sed meam sibi purgationem asciscens, ut capita draconum in aquis contereret [77]; ut peccatum obrueret, ac totum veterem Adamum in aqua sepeliret; ut baptismum sanctificaret; ut legem **262** impleret; ut Trinitatis mysterium aperiret; ut semet tandem suscipiendi baptismi formam et exemplum præberet. Baptizamur autem et nos quoque perfecto Domini baptismo, per aquam videlicet et Spiritum. Porro [78] Christus idcirco igne baptizare dicitur, quia Spiritus gratiam in sanctos apostolos effudit, quemadmodum Dominus ipse dixerat: *Joannes quidem baptizavit aqua, vos autem baptizabimini Spiritu sancto et igne, non post multos hos dies* [79]: vel etiam ob castigatorium ignis futuri baptismum. Sextum [80] baptisma, in pœnitentia et lacrymis versatur: estque sane grave et molestum. Septimum [81], est quod sanguinis profusione ac martyrio perficitur, quo et Christus ipse nostri causa defunctus est [82]. Estque illud perquam augustum ac beatum, quod nullis posthac sordibus inquinetur. Octavum [83] denique et postremum illud est, non jam salutiferum, verum ita malitiam auferens, quando suus jam malitiæ et peccato locus non erit, ut tamen sempiternum excruciet ac puniat.

Spiritus sanctus columbæ specie et ignis. — Porro [84] Spiritus sanctus corporali specie, sicut columba ad Dominum descendit, sicque tum baptismi nostri primitias subindicabat, tum corpus cohonestabat: quoniam et hoc quoque per deificationem Deus erat. Adde, quod columba cessasse diluvium olim nuntiaverit. Ignis vero specie in sanctos apostolos descendit [85], eo quod Deus esset. *Deus enim ignis consumens est* [86].

Olei unctio. — At vero oleum idcirco ad baptismum adhibetur, quia unctionem nostram significat, nosque christos facit, insuper Dei misericordiam per Spiritum sanctum nobis pollicetur. Nam et columba illis qui incolumes e diluvio evaserant, oleæ ramum præter omnem spem olim attulit [87].

Joannes, ut baptizatus. — Joannes imposita divino Domini capiti manu, et cruore proprio baptizatus fuit.

Cæterum [88] baptismum diutius prorogare non oportet dum accedentium fidem contestantur actiones. Si quis dolo ad baptismum accesserit, tantum abest ut hinc utilitatis quidpiam capiat, ut condemnationem potius accersat sibi.

263 CAP. X.
De fide.

Fides virtus. Infidelis est, qui non credit Ecclesiæ traditioni, aut male vivit. — Fides porro duplex est: *Est enim fides ex auditu* [89]. Scripturas namque sacras audiendo, Spiritus sancti doctrinæ credimus. Atque hæc fides per omnia illa, quæ a Christo statuta sunt, perficitur: opere videlicet credens, pietatem colens, et ejus qui nos instauravit, præceptis obsequens. Nam qui secundum Ecclesiæ catholicæ traditionem non credit, vel per flagitiosa opera cum diabolo communicat, hic infidelis est.

Fides donum Spiritus. — Rursus: *Fides est sperandarum substantia rerum, argumentum non apparentium* [90], vel est spes minime dubia nec ambigua, qua confidimus fore, ut quæ nobis divinitus promissa sunt, et quæ postulamus, adipiscamur. Ac prior quidem, nostræ voluntatis est; altera autem inter Spiritus dona censenda est.

Spiritalis circumcisio. — Sciendum est autem, integumentum omne quod a nativitate contraximus, peccatum scilicet, per baptismum circumcidi, nosque spiritales Israelitas ac Dei populum fieri.

CAP. XI.
De cruce, ubi rursum de fide.

Rerum ipsa creatio humanis rationibus comprehendi non potest. Fides universa necessaria. Quid fides. — *Verbum crucis pereuntibus quidem stultitia est: iis autem qui salvi fiunt, id est nobis, Dei virtus est* [91]. Nam spiritualis quidem judicat omnia: *animalis autem homo non percipit ea quæ Dei sunt* [92]. Stultitia enim illis est, qui ea suscipiunt, nec Dei bonitatem et omnipotentiam considerant; verum res divinas humanis naturalibusque rationibus investigant. Etenim quæ Dei sunt, naturam et Sermonem et cogitationem superant. Nam si quis animo volvat quonam pacto, et cur Deus omnia ex nihilo produxerit, naturalibusque rationibus id assequi contendat, nequaquam hoc comprehendet. Animalis enim et diabolica est hujusmodi scientia. Qui vero fide veluti manu ductus, Deum bonum, et omnipotentem, et verum, et sapientem, et justum cogitat, omnia plana et æquabilia, viamque rectam inveniet. Nam fieri non potest ut quis sine fide salutem consequatur [93]. Fide siquidem tum humana omnia, tum spiritualia constant. Neque enim agricola [94] sine fide arvum proscindit, nec mercator exiguo ligno vectus animam suam furentibus maris undis committit, nec matrimonia contrahuntur, nec denique aliud quidquam eorum quæ vita fert, suscipitur. Fide intelligimus Dei potentia cuncta ex nihilo producta esse. Fide omnia recte gerimus, tum humana, tum divina. Fides porro est assensus omni curiosa inquisitione vacans [95].

Christi rerum nulla mirabilior cruce. Ejus beneficia. — Quanquam autem omnis Christi actio et miraculorum editio, præclara, divina ac mirabilis est:

---

[76] Matth. III, 11. [77] Psal. LXXIII, 13. [78] Greg. orat. 40. [79] Act. I, 5. [80] Greg. orat. 40. [81] Id. ibid. [82] Luc. 12, 50. [83] Greg. orat. 40. [84] Id. orat. 39. [85] Ib. orat. 44; Act. II, 2. [86] Deut. IV, 24. [87] Gen. VIII, 11. [88] Greg. orat. 40. [89] Rom. 20, 17. [90] Hebr. XI, 1. [91] I Cor. I, 23. [92] I Cor. II, 15. [93] Hebr. XI, 6. [94] Basil. in psal. CXV. [95] Basil. cit. loc.

nihil tamen est ex omnibus quod admiratione dignius sit, quam veneranda ipsius crux. Neque **264** enim alia ulla re destructa mors fuit, primi parentis peccatum exstinctum, infernus spoliatus, resurrectio donata, vis tum praesentia, tum mortem ipsam contemnendi nobis concessa, reditus ad antiquam beatitudinem paratus, paradisi patefactae januae, natura nostra ad Dei dexteram collocata, nos denique filii Dei atque haeredes facti, nisi per crucem Domini nostri Jesu Christi [96]. Siquidem haec omnia crux praestitit : *Quicunque enim*, inquit Apostolus, *in Christum baptizati sumus, in mortem ipsius baptizati sumus* [97]. *Quicunque autem in Christum baptizati sumus, Christum induimus* [98]. *Christus* porro est *Dei virtus et sapientia* [99]. En quo pacto Christi mors, sive crux subsistenti Dei sapientia nos vestivit. Dei autem virtus verbum crucis dicitur, vel quia Dei vis ac potentia, hoc est, victoria adversus mortem, per eam nobis manifestata est ; vel quia, sicut quatuor extremae crucis partes per medium centrum inter se cohaerent et constringuntur, ita per Dei potentiam sublimitas et profunditas, longitudo et latitudo, hoc est, omnis tam visibilis quam invisibilis creatura, continetur [1].

Crucis signum fideles inter et infideles discernit.—Haec nobis signi loco in fronte data est, haud secus ac circumcisio Israeli. Per hanc nos fideles ab infidelibus distinguimur atque agnoscimur. Haec clypeus, armatura, atque tropaeum est adversus diabolum. Haec signaculum est, ne nos exterminator angelus tangat, ut Scriptura loquitur [2]. Haec jacentium erectio est, stantium fulcimentum, infirmorum baculus, ovium virga, resipiscentium adminiculum, proficientium perfectio, animae et corporis salus, malorum omnium depulsio, bonorum omnium causa, peccati exstinctio, resurrectionis planta, vitae aeternae lignum.

Ligni crucis adoratio, ac aliorum quae Christus contactu suo sanctificavit. — Hoc itaque pretiosum sane ac venerabile lignum, in quo se Christus pro nobis hostiam obtulit, uti sanctissimi corporis atque sanguinis tactu sanctificatum, jure debet adorari : clavique item, et lancea, et indumenta, et sacrae ejus mansiones, hoc est, praesepe, specus, salutaris Golgotha, vivificum sepulcrum, Sion Ecclesiarum arx, ac similia, quemadmodum Dei parens David aiebat : *Introibimus in tabernacula ejus : adorabimus in loco, ubi steterunt pedes ejus* [3]. Quod autem hic crucem intelligat, argumentum est, id quod sequitur : *Surge, Domine, in requiem tuam* [4]. Comes enim crucis est resurrectio. Nam si eorum quos diligimus, et domus, et lectus, et vestis, chara nobis sunt, quanto **265** magis ea quae Dei et Salvatoris nostri sunt, per quae etiam parta nobis est salus !

Adoranda crucis figura ut signum Christi. Materia crucis non adoranda—Quin figuram quoque pretiosae ac vivificae crucis adoramus, quamlibet ex alia materia constructa sit : non quod materiam colamus (hoc avertat Deus), sed figuram, velut qua Christus designatur. Etenim ipse discipulos suos praemonens : *Tunc*, inquit, *apparebit signum Filii hominis in caelo* [5], crucem nimirum significans. Ac proinde resurrectionis Christi nuntius mulieribus dicebat : *Jesum quaeritis Nazarenum crucifixum* [6]. Et Apostolus : *Nos autem praedicamus Christum crucifixum* [7]. Multi enim Christi et Jesus sunt ; at unus duntaxat crucifixus. Non dicit, lancea transfixum, sed, *crucifixum*. Quocirca crucis signum adorandum nobis est : ubi enim signum fuerit, ibi quoque et ipse erit. Caeterum materia ex qua constat figura crucis, destructa forte figura, nequaquam adoranda est. Cuncta igitur quae Deo dicata consecrataque sunt, ita adoramus, ut cultum illorum ad eum referamus.

Lignum vitae crucis figura. — Lignum vitae, quod a Deo in paradiso consitum est, venerandae crucis figuram gessit. Quia enim per lignum morti aditus patuerat [8], decebat ut per lignum quoque vita et resurrectio donaretur. Primus Jacob adorans fastigium virgae Joseph [9], crucem designavit : cancellatisque manibus benedicens filios [10], crucis imaginem perquam aperte delineavit. Idem etiam indicarunt [11], tum virga Mosaica, qua veluti cruce percussum est mare, et quae Israeli salutem ferens, Pharaonem aquis mersit [12], tum manus in crucis formam expansae, atque Amalecitas in fugam vertentes [13] ; aqua item amara ligno edulcata [14], rupesque virgae ope dirupta latices fundens [15] : virga Aaroni sacerdotii dignitatem propter divinum responsum sanciens [16] : erectus tropaei more in ligno serpens, veluti mortuus [17], ligno salutem iis afferente, qui cum fide mortuum hostem cernerent ; sicut Christus, in carne peccati nescia, ligno confixus fuit. Magnus Moyses inclamat : *Videbitis vitam vestram in ligno pendentem ob oculos vestros* [18]. Isaias item : *Tota die expandi manus meas ad populum non credentem et contradicentem* [19]. Nos qui crucem adoramus, ad Christi, qui cruci affixus est, participationem utinam perveniamus. Amen.

CAP. XII.
De adoratione ad orientem.

Cur Ecclesia ad orientem exteriusque adoret. Traditio non scripta. — Non temere, nec sine causa, ad orientem conversi adoramus. Nam, quia ex visibili simul et invisibili natura, hoc est spirituali et sensibili, constamus, **266** duplicem quoque adorationem Creatori adhibemus, quemadmodum

---

[96] Cyrill. Hier. catech. 1, 14. [97] Rom. vi, 3. [98] Gal. iii, 27. [99] I Cor. i, 24. [1] Basil. in cap. xi Isaiae. [2] Exod. ix, 12. [3] Psal. cxxxi, 7. [4] ibid. 8. [5] Matth. xxiv, 30. [6] Marc. xvi, 6. [7] I Cor. i, 25. [8] Gen. ii et iii. [9] Gen. xlvii, 31 sec. LXX ; Hebr. xi, 24. [10] Gen. xlviii, 14. [11] Auct. Quaest. ad Antioch. q. 65. [12] Exod. xiv, 16 seqq. [13] Exod. xvii, 11. [14] Exod. xv, 25. [15] Exod. xvii, 6. [16] Num. xvii, 8 et 9. [17] Num. xxi, 9. [18] Deut. xxviii, 66. [19] Isa. lxv, 2.

et mente, corporisque labiis canimus, necnon aqua simul et spiritu baptizamur; duplicique modo Domino copulamur, dum sacramenta, et dum Spiritus gratiam percipimus.

Quoniam igitur Deus spirituale lumen est [10], ac Christus sol justitiæ [11] et Oriens [12] in sacris Litteris appellatur; idcirco pars illa, qua sol oritur, ipsi adorationis ergo assignanda est. Etsiquidem id omne quod bonum fuerit consecrare par est, a quo quidquid bonum est, bonum efficitur. Quin divinus quoque David his verbis utitur: *Regna terræ, cantate Deo, psallite Domino, qui ascendit super cœlum cœli ad orientem* [13]. Scriptura dicit: *Plantaverat Deus paradisum in Eden ad orientem; in quo posuit hominem, quem formaverat* [14]: cumque violato præcepto expulit, *atque e regione paradisi voluptatis habitare fecit* [15], hoc est, ad occasum. Quo fit ut, veteris patriæ desiderio, defixis ad eam oculis, Deum adoremus. Sed et Moysis tabernaculum ad orientem velum habebat et propitiatorium [16]: tribus quoque Juda, ut præstantior cæteris, ad ortum solis castrametabatur [17]. In celeberrimo illo Salomonis templo porta Domini ad orientem sita erat. Quinimo Domino, cum in cruce penderet, verso ad occasum vultu erat; eaque de causa ita adoramus, ut in eum oculos intendamus. Rursus cum in cœlum reciperetur, versus orientem ferebatur, sicque a discipulis adoratus fuit, atque ita venturus est, sicut eum in cœlum euntem conspexerunt [18]. Quemadmodum ipse quoque Dominus dixit: *Sicut fulgur exit ab oriente, et paret usque in occidentem, ita erit et adventus Filii hominis* [19]. Quocirca, quia ejus adventum exspectamus, ad orientem adoramus. Est autem apostolorum hæc traditio, in sacras Litteras minime relata. Complura enim illi nobis tradiderunt, quæ scriptis consignata non fuere [20].

CAP. XIII.
De sacrosanctis et immaculatis Domini mysteriis.

Humanæ salutis œconomia. — Deus [21] qui bonus, qui undequaque bonus, qui plusquam bonus, imo qui totus bonitas est, propter eximias bonitatis suæ divitias, minime passus est, se solum esse bonum, suamve naturam, cujus nulla res particeps esset, verum et eam ob causam primum intelligentes cœlestesque virtutes, **267** tum deinde mundum hunc qui sub aspectum et sensum cadit, postremo ex intelligente sensibilique substantia hominem creavit. Ac res quidem omnes quas condidit, quatenus sunt, bonitatem ipsius participant, cum ipse universis esse sit, quoniam *in ipso sunt omnia* [22]. non solum quia ex nihilo ea ipse produxit, verum ob id etiam quod ejus actio res a se conditas tuetur et conservat; uberius autem animantia. Nam bonum cum eis communicat, tum quatenus sunt, tum quatenus vitam acceperunt. At vero quæ ratione utuntur, tum ob ea quæ modo diximus, tum ob rationem etiam qua pollent, boni participatione copiosius fruuntur. Arctiori etenim quodammodo necessitudine cum eo cunjuncta sunt: tam etsi alioqui ille incomparabili sublimitate omnia superet.

Atqui homo ratione liberaque voluntate præditus cum esset, hanc acceperat potestatem, ut per suam electionem indesinenter cum Deo conjungeretur, siquidem in bono, hoc est in obedientia Creatoris perstitisset. Quoniam vero Creatoris sui violato præcepto, morti et corruptioni obnoxius fuit, idcirco generis nostri Productor et Opifex, ob misericordiæ suæ viscera, assimilatus est nobis, homo factus sine peccato, nostræque naturæ unitus fuit [23]. Nam, quia imaginem ipsius, et spiritum quem nobis dederat, minime servavimus, ipse cum paupere infirmaque natura nostra commercium iniit, quo nos expiaret, atque ad incorruptionis statum translatos, suæ rursus divinitatis redderet participes.

Incarnationis vis in reliquis a Christo hominibus. — Oportebat enim ut non solum generis nostri primitiæ, sed et quisquis hominum vellet, in illius summi boni participationem veniens denuo nasceretur, novoque subinde cibo, qui hujusmodi nativitati consentaneus esset, enutritus, perfectionis modum attingeret. Quamobrem per suam nativitatem, sive incarnationem, baptismum item, passionem, et resurrectionem, humanum genus a primi parentis peccato, morte quoque ac corruptione liberavit; resurrectionisque factus primitiæ, seipsum viam normamque et exemplar constituit, ut nos quoque vestigiis ejus adhærentes, quod ipse natura est, hoc adoptione essemus, filii nimirum, et hæredes Dei, ipsiusque cohæredes [24]. Nobis itaque secundam, ut dixi, nativitatem dedit; ut quemadmodum ex Adamo procreati, similitudinem ejus contraximus, maledictionemque, et corruptionem hæreditario veluti jure nacti sumus: sic ex ipso geniti, similes ei efficiamur, atque immortalitatis ipsius, benedictionisque, ac gloriæ hæreditatem consequamur.

Nativitas per Christum, cibusque duplex. Eucharistiæ institutio. Vetus Pascha comedit Christus.— Cæterum quoniam hic Adam spiritualis est, par erat, ut tum nativitas spiritualis esset, tum pariter alimonia. Verum quia duplicis naturæ sumus, et compositi, duplicem quoque nativitatem, atque item compositum cibum esse oportebat. Quocirca **268** nativitas quidem nobis per aquam et Spiritum, hoc est, per sanctum baptisma data est [25]: cibus autem, ipse est panis vitæ, Dominus noster Jesus Christus, qui de cœlo descendit [26].

[10] I Joan. I, 5. [11] Malach. IV, 2. [12] Zach. III, 8; Luc. I, 78. [13] Psal. LXVII, 33. [14] Gen. II, 8. [15] Gen. III, 23. [16] Levit. XVI, 14. [17] Num. II, 3. [18] Act. II, 11. [19] Matth. XXIV, 27. [20] Basil. *De Spiritu sancto*, cap. 27. [21] Greg. Naz. orat. 42; Dion. cap. 3 *De div. nom.* [22] Rom. XI, 36. [23] Hebr. II, 17. [24] Rom. VIII, 17. [25] Chrys. hom. 83 in Matth. Joan. III, 3. [26] Joan. VI, 48.

Nam cum voluntariam mortem nostri causa suscepturus esset, ea nocte qua seipsum tradebat, testamentum novum sanctis suis discipulis et apostolis, atque per eos universis qui in ipsum crederent, condidit. Itaque in sancto et illustris Sion cœnaculo, cum vetus Pascha cum discipulis suis manducasset, testamento veteri expleto, discipulorum pedes lavit [37]; hoc suo utique facto symbolum præbens sancti baptismatis : tum deinde frangens panem, porrexit eis, dicens : *Accipite et comedite, hoc est corpus meum, quod pro vobis frangitur in remissionem peccatorum* [38]. Simili quoque modo calicem vino et aqua temperatum accipiens, impertivit eis, dicens : *Bibite ex hoc omnes : hic est sanguis meus novi testamenti, qui pro vobis effunditur in remissionem peccatorum; hoc facite in meam commemorationem. Quotiescunque enim manducatis panem hunc, et calicem bibitis, mortem Domini annuntiatis, et resurrectionem ejus confitemini, donec veniat* [39].

Asserta Eucharistiæ veritas. Verborum Domini vis in Eucharistia. Spiritus sancti virtus, quod ex pane fiat caro Christi. — Quamobrem si sermo Dei vivus est et efficax [40]; et, *Omnia quæcunque voluit Dominus fecit* [41]; si dixit : *Fiat lux, facta fuit* : *Fiat firmamentum*, et *factum est* [42], si verbo Domini cœli firmati sunt et spiritu oris ejus omnis virtus eorum [43] : si cœlum et terra, aqua et ignis et aer, omnisque eorum ornatus verbo Domini perfecta sunt; quin et nobilissimum hoc animal, quod homo nuncupatur : si denique ipse Deus Verbum pro sua voluntate homo factus est, atque ex sanctæ semperque Virginis purissimis et intaminatis sanguinibus ipse sibi nullo semine carnem compegit, cur demum panem corpus, vinum item et aquam, sanguinem suum efficiendi potens non sit? In principio dixit : *Producat terra herbam virentem* [44], et ad hanc usque diem, accedente imbre, divino præcepto impulsa et roborata, fetus suos profert : dixit perinde Deus : *Hoc est corpus meum*; et : *Hic est sanguis meus*; et : *Hoc facite in meam commemorationem* : idque omnipotenti ejus præcepto, donec veniat, efficitur (ita quippe dictum est, *donec veniat*) per invocationem huicce novæ segeti imbre **269** superveniente; Spiritus sancti nimirum obumbrante virtute. Velut enim quidquid fecit Deus, id Spiritus sancti fecit opera, ita nunc quoque Spiritus sancti operatione facta sunt, quæ naturæ modum excedunt, quæque nisi fide sola, nec capi queunt, nec intelligi. *Quomodo mihi accidet istud*, aiebat Virgo sancta, *quoniam virum non cognosco* [45]? Cui Gabriel archangelus : *Spiritus sanctus superveniet in te, et virtus Altissimi obumbrabit tibi* [46]. Tu quoque nunc quæris, qui panis fiat corpus Christi, ac vinum et aqua, sanguis illius. Ego vero tibi repono Spiritum sanctum supervenire, et ea facere, quæ sermonem conceptumque omnem procul exsuperant.

Cur panis et vinum ad Eucharistiam adhibeantur. — Panis porro [47] vinumque adhibentur, quia, cum Deo explorata sit imbecillitas humana, quæ, ut plurimum, ea aversetur quæ usu minime trita sunt; hinc fit ut pro solita sua erga nos indulgentia, per ea quæ naturæ familiaria sunt, res natura sublimiores efficiat. Et sicut in baptismo, quoniam in more hominum positum est, ut aqua laventur, et, ungantur oleo, Spiritus gratiam cum oleo et aqua copulavit, ut lavacrum regenerationis illum faceret. Consimili modo, quia hominum consuetudo fert ut panem edant, vinumque et aquam bibant; idcirco conjuncta cum illis sua divinitate, hæc corpus et sanguinem suum fecit, uti per usitata et naturæ consentanea, assurgamus ad ea quæ supra naturam sunt.

Corpus Christi in Eucharistia non adductione, sed elementorum conversione. — Corpus est divinitati vere unitum, quod ex sancta Virgine ortum habuit, non ut illud quod in cœlos receptum est, corpus descendat; sed quia panis ipse et vinum in corpus et sanguinem Dei transmutantur. Si requiras, quonam pacto istud **270** fiat, sat tibi sit audire, hoc fieri per Spiritum sanctum; quemadmodum et ex sancta Dei Genitrice Dominus sibiipsi carnem assumpsit, quæ in seipso subsisteret : nec amplius quidquam nobis perspectum est et exploratum, quam quod Dei sermo verax efficaxque est, atque omnia potest; modus vero investigari prorsus nequit [48]. Illud vero dicere alienum non est, quemadmodum naturaliter panis per comestionem, vinumque et aqua per potionem, in corpus et sanguinem comedentis et bibentis transmutantur, ut nec corpus fiant aliud a corpore ejus quod prius exstabat : sic panem qui in prothesi præparatus fuit, vinum item et aquam per Spiritus sancti invocationem et adventum, modo qui naturæ viribus et conditione sublimior est, in Christi corpus et sanguinem converti, ut nequaquam duo sint, sed unum et idem.

271 Quocirca illis qui cum fide digne suscipiunt, in remissionem peccatorum, et vitam æternam cedit, necnon animæ corporisque præsidium; illis contra qui in incredulitate indigne sumunt, in pœnam et supplicium : haud secus atque Domini mors, credentibus quidem vita et incorruptio est, ad æternæ felicitatis consecutionem; incredulis vero et iis qui Dominum interfecerunt, ad pœnam et vindictam sempiternam.

Christi verum corpus, non figura. — Nec vero panis et vinum, Christi corporis et sanguinis fi-

---

[37] Joan. XIII, 4 seqq. [38] Matth. XXVI, 26; Liturg. S. Jacobi. [39] Matth. XXVI, 27; Marc. XIV, 21; Luc. XXI, 17; I Cor. XI, 24-26. [40] Hebr. V, 12. [41] Psal. CXXXIV, 6. [42] Gen. I, 3. [43] Psal. XXXI, 6. [44] Gen. I, 11. [45] Luc. I, 35. [46] ibid. 36. [47] Nyss. Orat. catech. cap. 37. [48] Simile Nyss. loc. cit.

gura sunt (absit!), sed ipsum Domini corpus deitate dotatum; cum ipse Dominus dixerit: *Hoc est, non figura corporis, sed, corpus meum, neque figura sanguinis, sed, sanguis meus*. Et antea Judaeis dixerat: *Nisi manducaveritis carnem Filii hominis, et biberitis ejus sanguinem, non habebitis vitam in vobis. Caro enim mea verus est cibus, et sanguis meus, verus est potus*. Et rursum: *Qui manducat me, vivet* [49].

Ritus dandi Eucharistiam in manibus. — Quapropter cum omni timore et conscientia pura, fideque non dubia accedamus: et erit omnino nobis sicut credimus, nihil haesitantes. Ipsum porro omni animi et corporis puritate veneremur: duplex enim est. Accedamus ad eum ardenti desiderio, compositisque in crucis formam manibus [50], crucifixi corpus suscipiamus, oculos, labia, frontem adhibentes, divinum carbonem sumamus, ut desiderii nostri ignis, accepto carbonis ardore, peccata nostra comburat, et corda illuminet, divinique adeo ignis commercio inardescamus, et in deos evadamus. Carbonem vidit Isaias [51]: carbo non est simplex lignum, sed igni unitum; sic quoque panis communionis, non simplex est panis, sed divinitati unitus. Corpus autem [52] quod divinitati conjunctum est, non una natura est; sed una quidem est corporis, altera, conjunctae cum ipso divinitate. Quo fit ut utrumque non sit una natura, sed duae.

Eucharistiae figurae. — Abrahamum ex alienigenarum strage revertentem, Altissimi Dei sacerdos Melchisedech excepit [53]. Mensa illa mensam hanc mysticam praesignabat; quemadmodum sacerdos ille veri sacerdotis Christi figuram et imaginem gerebat [54]. Ait enim: *Tu es sacerdos in aeternum secundum ordinem Melchisedech* [55]. Panem hunc, propositionis panes adumbrabant. Hoc purum illud et incruentum sacrificium est, quod ab ortu solis usque ad occasum sibi oblatum iri Dominus per prophetam dixit [56].

Eucharistiae fructus. — Corpus et sanguis Christi est, in nostri, tum animi, tum corporis vegetationem cedens, quod nec consumatur, nec corrumpatur, nec in secessum vadat (absit!), sed in substantiam nostram et conservationem, omnigenae labis propulsationem, omnisque spurcitiei detersionem, ut si adulteratum aurum deprehendat, per explorantem judicii inflammationem illud purget, ne in futuro saeculo cum hoc mundo damnemur. Morbis enim, omnifariisque immissis calamitatibus expurgat, juxta ac Apostolus ait [57]: *Si enim nosmetipsos dijudicaremus, non utique judicaremur. Cum judicamur autem a Domino corripimur, ut non cum hoc mundo damnemur*. Atque hoc est quod dicit: *Qui enim sumit indigne corpus et sanguinem Domini, judicium sibi manducat et bibit* [57]. Per illud vero purgati, cum Domini corpore spiritu ipsius unimur, et Christi corpus efficimur.

Panis ἐπιούσιος vel futurus, vel substantialis. Caro Domini ut spiritus dicta. — Panis iste delibatio est [58-59] et primitiae futuri panis, qui ἐπιούσιος est? Quae vox vel futurum, seu qui futuro aevo reservatur, significat, vel quo ad tuendam vitam nostram vescimur. Quamobrem sive hoc, sive illo modo accipiatur, is esse Domini corpus haud absurde dicetur. Caro quippe Domini spiritus vivificus est, utpote quae ex vivifico Spiritu concepta sit. Quae tamen non a me dicuntur, ut corporis naturam submoveam, sed ut illius esse vivificam divinamque virtutem ostendam.

Quo sensu Basilius Eucharistiam vocavit ἀντίτυπα corporis et sanguinis Christi. — Quod si nonnulli panem vinumque, corporis et sanguinis Domini ἀντίτυπα, seu imagines figurasve vocaverunt, velut divinus Basilius, non hoc post consecrationem dixerunt, sed antequam oblatio ipsa consecraretur, vocem hanc usurparunt.

Nuncupatur participatio, quia per ipsam divinitatis Jesu reddimur participes. Communio item appellatur, et revera est, quia per eam Christo communicamus, ejusque carnem ac divinitatem percipimus, quin etiam aliis ad communicamus ac copulamur. Nam quia ex uno pane participamus, omnes unum Christi corpus, et unus sanguis, aliique aliorum membra efficimur, dum unius corporis sumus.

Caeterum illud pro viribus cavere nos oportet, ne vel ab haereticis communionem accipiamus, vel illis tribuamus. Dominus siquidem ait: *Nolite dare sanctum canibus, et nolite projicere margaritas vestras ante porcos* [60]; ne eorum et errorem et damnationem contrahamus. Nam si omnino hoc praestat, ut tum Christo, tum aliis alii uniamur, extra dubium est omnibus qui nobiscum percipiunt, animo et voluntate nos copulari. Voluntate siquidem, ac non citra sententiam nostram copula haec patratur: *Omnes enim unum corpus sumus, quoniam ex uno pane participamus*, ut divinus effatur Apostolus [61].

Ἀντίτυπα porro, hoc est exemplaria, futurorum dicuntur, non quod vere Christi corpus et sanguis non sint; sed quod nunc quidem divinitatis Christi per ea participes efficiamur, tunc autem intelligentia per solum aspectum.

CAP. XIV.
De genere Domini, deque sancta Dei Genitrice.

Quoniam de sancta, nec digne satis laudanda semper Virgine et Dei Genitrice Maria pauca jam in antecessum disputavimus, ea exponendo quae

---

[49] Joan. vi, 54-58. [50] Cyrill. Hierosol. cat. Mystag. 5; Chrys. hom. 3 in Epist. ad Ephes; Trull. can. 101. [51] Isa. vi, 2. [52] Vide Basil. ibid. [53] Gen. xiv, 5. [54] Levit. xiv, 5. [55] Psal. cix, 4. [56] Malach. 1, 10. [57] I Cor. xi, 31, 32. [57] ibid. 29. [58-59] Cyrill. loc. cit. [60] Matth. vii, 6. [61] II Cor. x, 17.

præcipua magis erant, quemadmodum scilicet vere et proprie Dei Genitrix sit et appelletur: modo superest ut quæ residua sunt **274** expleamus. Ipsa enim quæ ante omne ævum præscientiæ Dei consilio prædestinata erat, variisque prophetarum imaginibus et sermonibus a Spiritu sancto adumbrata et prænuntiata, præfinito tandem tempore ex radice Davidis, juxta ac illi promissum erat, orta est. Dictum quippe est : *Juravit Dominus David veritatem, et non frustrabitur eam: De fructu ventris tui ponam super sedem tuam* [62]. Ac rursus : *Semel juravi in sancto meo, si David mentiar: Semen ejus in æternum manebit. Et thronus ejus sicut sol in conspectu meo; et sicut luna perfecta in æternum, et testis in cœlo fidelis* [63]. Et Isaias : *Orietur virga ex Jesse, et flos de radice ejus ascendet* [64].

Evangelistarum apparens differentia, in texendo Josephi genere. — Cæterum quod Joseph ex Davidica tribu originem duxerit, sacratissimi evangelistæ Matthæus et Lucas liquido demonstrarunt. Verum Matthæus ex Davide per Salomonem Josephum deducit ; Lucas autem, per Nathan. At vero sanctæ Virginis genus uterque siluit.

Quocirca sciendum est, nec apud Hebræos, nec in Scriptura sacra, hunc morem fuisse ut mulierum genus recenseretur. Atqui hoc lege cautum erat, ne tribus ulla ex aliena tribu conjuges accerseret [65] : ac proinde Joseph, qui ex stirpe Davidica oriundus, justusque erat (hanc enim ei laudem tribuit divinum Evangelium), sanctam Virginem præter legis præscriptum haudquaquam despondisset, nisi ex eodem sceptro aut tribu traxisset genus : unde satis habuit evangelista Josephi genus demonstrare.

Quin illud quoque sciendum est, lege sancitum esse, ut, si quispiam sine liberis obiisset, ipsius frater uxorem mortui in matrimonium acciperet, fratri semen suscitaturus [66]. Atque ita quod pariebatur, natura quidem secundi erat, hoc est, ejus qui genuerat : secundum legem vero, defuncti censebatur.

Christi generis ratio. — Igitur ex stirpe Nathan filii David, nascitur Levi. Levi genuit Melchi et Pantherem. Panther autem genuit Barpantherem (nam ita vocabatur). Barpanther genuit Joachim ; Joachim genuit sanctam Dei Genitricem [67]. Rursus ex stirpe Salomonis, filii David, Mathan uxorem habuit, ex **275** qua genuit Jacob patrem Joseph. Mortuo autem Mathan, Melchi ex tribu Nathan, filius Levi ac frater Pantheris, uxorem ipsius Mathan, quæ etiam Jacob mater erat, duxit, ex qua genuit Heli. Quamobrem uterini fratres erant Jacob et Heli : ille nimirum ex tribu Salomonis, hic ex tribu Nathan. Porro Heli, qui ex tribu Nathan erat, nullis liberis susceptis mortuus est : qua de causa ipsius frater, qui ex tribu Salomonis erat, uxorem ejus accepit, suscitansque fratri semen, Josephum progenuit. Joseph itaque, natura quidem erat filius Jacob, ex Salomonis domo prognatus ; secundum legem vero, filius erat Heli, ex Nathan oriundi.

Joachim ergo lectissimam illam et summis laudibus dignam mulierem Annam, matrimonio sibi copulavit [68]. Verum quemadmodum prisca illa Anna, cum sterilitatis morbo laboraret, facto voto, per promissionem Samuelem genuit, eodem modo hæc etiam per obsecrationem et promissionem Dei Genitricem a Deo accepit, ut ne in hoc quoque cuiquam ex illustribus matronis cederet [69]. Itaque gratia (nam hoc sonat Annæ vocabulum) Dominam parit (id enim Mariæ nomine significatur, quæ vere omnis creaturæ Domina facta sit, cum Creatoris mater exstitit); nascitur autem in domo probatica Joachim, atque ad templum adducitur. Tum deinde in domo Dei plantata, et per Spiritum saginata, instar olivæ fructiferæ virtutum omnium domicilium instruitur ; ut quæ, abstracta mente ab omni sæculi carnisque cupiditate, animum una cum corpore virginem conservasset, veluti decebat illam, quæ sinu suo conceptura Deum erat, qui, cum ipse sanctus sit, in sanctis requiescit [70]. Unde sanctimoniam consectando, templum evadit sanctum et admirabile, Deique altissimi hospitio dignum.

Quoniam autem salutis nostræ hostis virgines observabat, propter Isaiæ vaticinium, quo dixerat : *Ecce virgo in utero habebit, et pariet filium, et vocabunt nomen ejus Emmanuel* (quod interpreteris, *nobiscum Deus*[71]) ; idcirco, ut ille qui sapientes comprehendit in astutia ipsorum [72], eum falleret qui sapientiæ nomine semper gloriatur, puella Josepho desponsatur, novus scilicet tomus scienti **276** litteras [73]. Hac porro desponsatio, et Virgini custodia, et ei qui virgines observabat, deceptio fuit. At ubi venit plenitudo temporis, angelus Domini missus ad eam fuit, Domini conceptionem annuntiaturus. Quamobrem Dei Filium, veram illam subsistentemque Patris virtutem, *non ex voluntate carnis, nec ex voluntate viri* [74], hoc est non ex congressu et semine, sed ex benigna Patris voluntate, Spiritu sancto simul operante concepit. Hoc pacto et Creatori ut crearetur, et fictori ut effingeretur, Deique Filio ac Deo ut puris et immaculatis ejus carnibus et sanguinibus incarnaretur homoque fieret, subministravit, primæ parentis partes persolvens. Quemadmodum enim illa citra coitum ex Adamo formata est : hæc etiam novum Adam pepererit : sic vero, ut hic consueto more partu ederetur, et supra quam ratio nascendi ferat. Editur enim sine patre ex muliere, qui ex Patre sine matre natus exstabat. Et quidem quatenus ex muliere, secundum pariendi leges editus est : quatenus au-

---

[62] Psal. cxxxi, 11. [63] Psal. lxxxviii, 36. [64] Isa. xi, 1. [65] Num. xxxvi, 6 seqq. [66] Deut. xxv, 5. [67] Luc. iii, 24 seqq. [68] I Reg. i, 10. [69] Greg. Nyss. orat. in nativ. Dom.; Eustath. in Hexaem. [70] Psal. li, 10. [71] Isa. vii, 14 ; Matth. i, 23. [72] Job v, 13; I Cor. iii, 19. [73] Isa. xxix, 11. [74] Joan. i, 13.

tem sine patre, supra generationis naturam. Ac rursus quatenus consueto tempore, novem expletis mensibus, et inchoato decimo, sua partui lex constitit : quatenus autem sine ullo sensus dolore generationis legem superavit. Quam enim voluptas non anteivit, ne dolor sane in partu secutus est. Quo spectat illud prophetæ : *Antequam parturiret, peperit* [75], et illud rursus : *Antequam venisset tempus parturiendi, fugit, ac peperit masculum* [76-77].

Ex ea itaque Dei Filius assumpta carne natus est; non homo deifer, Deoque afflatus, sed Deus incarnatus; non in prophetæ morem efficientia inunctus, verum totius ungentis præsentia, ut et illud quod unxit, factum sit homo, et hoc quod unctum est, Deus; non immutatione naturæ, sed unione secundum hypostasim. Idem enim erat et ungens et unctus, ungens ut Deus seipsum ut hominem. Eccur ergo Dei Genitrix non erit, quæ Deum incarnatum ex se genuit? Profecto vere et proprie Dei Genitrix est et Domina, omnibusque creatis imperat, quæ ancilla materque simul exstitit Creatoris. Quemadmodum autem ille qui conceptus fuit, eam quæ conceperat, Virginem servavit; sic nascendo virginitatem illius incolumem custodivit, solus per eam transiens, clausamque conservans [78]. Ac conceptio quidem per auditum facta est : ortus vero per eam partem, per quam exire fetus consuescit ; quamlibet aliqui fabulentur illum per Genitricis Dei latus editum esse. Neque enim hoc ei impossibile erat, ut per portam transiret, sigillis ejus nulla parte labefactatis.

Adversus Antidicomarianitas. Primogeniti vox, cum etiam unicus genitus est. Vox DONEC *quid significat.*—
Mansit ergo post partum virgo, quæ semper virgo mansit, nulla ad obitum usque suum admissa cum viro consuetudine. Quamvis enim scriptum sit : *Et non cognovit eam, donec peperit filium suum primogenitum* [79], attamen scire interest, promogenitum illum esse qui primus sit procreatus, etiamsi alioqui unigenitus sit. Etenim primogeniti vox declarat quidem primum esse genitum aliquem ; non perinde tamen alios posthac esse genitos indicat. Atqui hæc particula, *donec*, ita præscripti temporis terminum significat, ut **277** sequens tempus continuo non excludat. Dominus siquidem dixit : *Et ecce ego vobiscum sum omnibus diebus, usque ad consummationem sæculi* [80]; non veluti consummato sæculo sese sit abstracturus. Ait quippe Apostolus : *Et sic semper cum Domino erimus* [81], scilicet post communem resurrectionem.

Enimvero qui fieri potuisset, ut quæ Deum genuerat, et ex eorum quæ secuta sunt experimento, miraculum noverat, viri complexum admisisset? absit hæc opinio. Nequaquam casti animi fuerit talia cogitare, nedum perpetrare.

Verum beata hæc, atque beneficiis ejusmodi, quæ naturæ modum excedant, cumulata, quos in partu dolores effugerat, passionis tempore sustinuit, materno affectu lacerari sibi viscera sentiens, intimisque cogitationibus veluti gladio discerpta, cum illum quem gignendo Deum esse cognoverat, tanquam sceleratum aliquem morte affici cerneret. Sic porro intelligendum illud est : *Et tuam ipsius animam doloris gladius pertransibit* [82]. Cæterum mœrorem excepit resurrectionis lætitia, quæ Deum esse illum personabat, qui carne mortem obierat.

CAP. XV.

Quis sanctis, ipsorumque reliquiis honos habendus sit.

Sanctis, ceu Christi amicis, ceu Dei filiis ac hæredibus, suus habendus est honos, Joanne theologo et evangelista dicente : *Quotquot autem receperunt eum, dedit eis potestatem filios Dei fieri* [83]. *Quocirca jam non sunt servi, sed filii. Quod si filii, et hæredes. Hæredes quidem Dei; cohæredes autem Christi* [84]. Dominus quoque in sacris Evangeliis ad apostolos ita loquitur : *Vos amici mei estis* [85]. Et : *Jam non dicam vos servos. Servus enim nescit quid faciat dominus ejus* [86]. Ad hæc cum Rex regum, et Dominus dominantium [87], et Deus deorum [88], summus ille omnium conditor ac Dominus dicatur, profecto sancti quoque tum dii, tum domini, tum reges sint necesse est. Horum Deus, Deus est, qui tum Dominus, tum Rex est, et appellatur. *Ego enim*, inquit ad Mosen, *sum Deus Abraham, et Deus Isaac, et Deus Jacob* [89]. Quin Moyses deus Pharonis a Deo constitutus fuit [90]. Deos porro et reges, et dominos dico, non natura, sed quia affectibus suis imperando dominandoque, divinæ imaginis similitudinem, secundum quam conditi erant, nullatenus adulteratam servaverunt (ipsa quippe regis imago, rex quoque dicitur), velut etiam qui libera voluntatis inductione Deo copulati fuerint, eumque hospitio cordis excipientes, id quod ille suapte natura est, hoc ipsi per gratiam evaserint. Quid igitur causæ esse possit, quominus honore illos prosequamur, qui famuli, amicique, et Dei filii sunt? Etenim is honor, qui conservis optimis habetur, propensi erga communem Dominum animi argumentum est [91].

278 Hi promptuaria et munda Dei domicilia facta sunt, quia Dominus dicit : *Inhabitabo in illis, et inambulabo, et ero illorum Deus* [92]. Quod item *justorum animæ in manu Dei sint, nec mors eos attingat*, Litteris sacris proditum est [93]. Mors enim sanctorum somnus potius est quam mors. *Laboraverunt enim, in hoc sæculo, et vivent in finem* [94]. Et : *Pretiosa in conspectu Domini, mors sanctorum ejus* [95]. Quid certe pretiosum magis, quam in manu

---

[75] Isa. LXVI, 7. [76-77] ibid. [78] Ezech. XLIV, 2. [79] Matth. I, 25. [80] Matth. XXVIII, 20. [81] I Thess. IV, 16. [82] Luc. II, 35. [83] Joan. I, 12. [84] Galat. IV, 7; Rom. VIII, 17. [85] Joan. XV, 14. [86] ibid. 15. [87] Apoc. XIX, 16. [88] Psal. XLIX, 1. [89] Exod. III, 6. [90] Exod. VII, 1. [91] Basil. orat. in 40 martyr. [92] Levit. XXVI, 12.; II Cor. VI, 16. [93] Sap. III, 1. [94] Psal. XLVIII, 9, 10. [95] Psal. CXV, 15.

Dei esse? Deus quippe vita et lux est. Ita fit, ut qui in manu Dei sunt, in vita quoque et luce sint.

Quod autem et per mentem in ipsorum quoque corporibus Deus habitaverit, testatur Apostolus: *Nescitis quod corpora vestra templum sunt Spiritus sancti, qui habitat in vobis* [96]? *Dominus autem Spiritus est* [97]. Et: *Si quis templum Dei violaverit, disperdet eum Deus* [98]. Cur ergo animatis Dei templis, vivisque ejus tabernaculis honor non sit adhibendus? Hi dum viverent cum fiducia Deo astiterunt [99].

Christus Dominus sanctorum reliquias velut salutares fontes præbuit, ex quibus plurima ad nos beneficia manant, suavissimumque unguentum profluit. Nec quisquam his fidem detrahat. Nam si aqua in deserto ex aspera et dura rupe [1], atque ex asini maxilla, ad sedandam Samsoni sitim [2], Deo ita volente, prosiliit, cur incredibile videatur ex martyrum reliquiis suave unguentum scaturire? Minime certe, iis quidem quibus Dei potentia, et honor quo sanctos suos afficit, explorata sunt.

Sancti mortuis non annumerandi. Totius humani generis patroni. — In lege quisquis mortuum tetigerat, immundus censebatur [3]. Verum hi in mortuorum numero habendi non sunt. Ex quo enim ille qui ipsa vita est, et vitæ auctor inter mortuos deputatus est: eos qui cum spe resurrectionis, fideque in ipsum, obdormierunt, nequaquam mortuos appellamus. Qui enim corpus miracula edere queat? Quanam igitur ratione horum opera dæmones expelluntur, morbi profligantur, ægroti sanantur, cæci visum recipiunt, leprosi mundantur, tentationes ac mœrores, omne datum optimum, iis qui fide non dubia postulant, per eos descendit a Patre luminum [4]. Quid laboris non suscipias, ut patronum nanciscaris, qui te mortali regi offerat, et pro te ad eum verba faciat? Annon igitur ii honorandi, qui totius generis humani patroni sunt, Deoque pro nobis supplices preces adhibent? Honorandi, certe; et quidem ita ut in eorum nomine templa Deo exstruamus, dona offeramus, memorias eorum colamus, atque in iis spiritualiter oblectemur: ea utique lætitia, quæ illis arrideat a quibus invitamur ne, dum demereri illos studemus, offendamus potius et irritemus. Quibus enim rebus Deus colitur, iisdem servi quoque ipsius oblectantur. Quibus autem Deus offenditur, iisdem etiam milites offenduntur. Quocirca in psalmis et hymnis et canticis spiritualibus [5], in compunctione quoque, et egenorum miseratione, quibus et Deus potissimum colitur, nos qui fideles sumus, colere sanctos oportet. Statuas eis, et imagines quæ videantur, erigamus: imo virtutes eorum imitando

hoc consequamur, ut vivæ ipsorum statuæ imaginesque evadamus. Deiparam ceu vere et proprie Dei Genitricem honoremus: prophetam Joannem, uti præcursorem et baptistam, apostolumque et martyrem, quandoquidem Dominus dixit, *inter natos mulierum non surrexisse majorem Joanne Baptista* [6]: quin et ipse regni primus prædicator exstitit. Apostolos item, velut Domini fratres, qui eum oculis conspexerunt, ipsiusque perpessionum ministri fuerunt, *quos*, inquam, *et Pater, præscivit ac prædestinavit, conformes fieri imaginis Filii sui* [7], *primum apostolos, secundo prophetas, tertio pastores atque doctores* [8]. Martyres quoque ex omni classe electos [9], ut Christi milites, quique ipsius biberint calicem, vivificæ mortis ipsius baptismo baptizati, tanquam passionum ipsius et gloriæ socios (quorum antesignanus, et apostolus, et primus martyr Stephanus) tum etiam sanctos patres nostros, deigerosque monachos, qui diuturniore ac molestiore conscientiæ martyrio perfuncti sunt; *qui circuierunt in melotis, in pellibus caprinis, egentes, afflicti, angustiati, in solitudinibus errantes, in montibus et speluncis et cavernis terræ, quibus dignus non erat mundus* [10]. Eos denique, qui ante gratiam exstiterunt, prophetas, patriarchas, justos, qui Christi adventum prænuntiarunt. Horum omnium intuentes conversationem, imitemur fidem [11], dilectionem, spem, zelum, vitam, passionum tolerantiam, (patientiam ad sanguinem usque, ut earumdem ac illi gloriæ coronarum consortes et participes efficiamur.

CAP. XVI.
De sanctorum imaginibus.

Hominis adoratio ex Dei in eo imagine. — Quoniam autem quidam nos culpant, quod Salvatoris, et Dominæ nostræ, reliquorumque sanctorum ac Christi servorum imagines adoramus et veneramur; audiant velim quod Deus ab initio hominem ad imaginem suam fecerit [12]. Qui fit igitur ut alii alios adoremus, nisi quia ad Dei imaginem facti sumus? Nam, ut ille rerum divinarum doctissimus interpres Basilius ait: « Imaginis honor ad exemplar transit [13]. » Exemplar porro est, id cujus effigies exprimitur, ex quo forma derivatur. Quamobrem Mosaicus populus tabernaculum, quod cœlestium rerum, imo universæ creaturæ imaginem et figuram gerebat, undique pronus adorabat [14]. Ait quippe Deus Moysi: *Vide omnia facito secundum exemplar, quod tibi in monte ostensum est* [15]. Quid Cherubim illa, quæ propitiatorium obumbrabant, nonne humanarum manuum opera erant [16]? Quid autem celebratissimum illud delubrum Hierosolymitanum? annon manu atque hominum arte constructum erat [17]?

---

[96] I Cor. III, 6. [97] II Cor. III, 17. [98] I Cor. III, 17. [99] Aster. Hom. in SS. mart. [1] Exod. XVII, 6. [2] Judic. XV, 17. [3] Num. XIX, 11. [4] Jac. I, 17. [5] Ephes. V, 19. [6] Matth. XI, 11. [7] Rom. VIII, 29. [8] I Cor. XII, 28. [9] Ephes. IV, 1. [10] Hebr. XI, 37. [11] Hebr. XIII, 7. [12] Gen. I, 26. [13] Basil. lib. *De Spir. sancto*, cap. 18. [14] Exod. XXXIII, 10. [15] Exod. XXV, 40; Hebr. VIII, 5. [16] Exod. XXV, 18. [17] III Reg. VI, 4.

Sculptilium adoratio gentilium vetita solum, ut et sacrificia. — Divina autem Scriptura eos insimulat qui adorant sculptilia; sed et eos qui dæmoniis sacrificant. Atqui gentiles quidem sacrificabant, sacrificabant vero et Judæi : verum gentiles dæmoniis, Judæi autem Deo. Ac proinde gentilium quidem victima rejiciebatur ac damnabatur : justorum autem sacrificium Deo acceptum erat. *Obtulit enim Noe sacrificium : et odoratus est Deus odorem suavitatis* [18], ut qui probæ ipsius voluntatis, atque erga se amoris et studii suavitatem comprobaret. Ita, gentilium quidem sculptilia quia dæmonum simulacra erant, improbata atque interdicta sunt.

Imaginum usus non tritus in veteri testamento, invisibili hactenus Deo. Cur in novo inductus. Adoratio imaginum ex traditione. — Præterea quisnam est, qui invisibilis et incorporei, incircumscriptique ac figura vacantis Dei simulacrum effingere queat? Unde extremæ dementiæ ac impietatis fuerit Deum figurare. Atque hinc est, quod in veteri testamento minime tritus erat imaginum usus. Postquam autem Deus per misericordiæ suæ viscera, nostræ salutis causa, vere factus est homo, neque jam, uti Abrahæ, humana specie, neque, ut prophetis, se conspiciendum præbuit, sed cum revera homo secundum substantiam exsisteret, in terris agens cum hominibus est conversatus [19], miracula edidit, passionem crucemque sustinuit, resurrexit, et assumptus est : ex quo hæc omnia gesta sunt, visaque ab hominibus fuere, litteris subinde tum memoriæ alendæ gratia, tum eorum qui his præsentes non **281** fuerant, edocendorum, mandata sunt ; ut qui ea non viderimus, audiendo atque credendo digni simus qui beati a Domino prædicemur. Verum quia non omnes litteras norunt, nec legendis libris vacant, inde Patribus visum est, ut hæc in imagines, tanquam in commentarium brevius, velut præclara facinora, referrentur. Sæpe sane contingit, ut cum de passione Domini minime cogitamus, conspecta crucifixionis Christi imagine, in salutiferæ passionis memoriam revocemur, et cernui, non materiam, sed eum cujus est imago, adoremus : quemadmodum scilicet nec evangelici codicis, nec crucis materiam adoramus, verum id quod per hæc exprimitur. Quid enim alioqui discriminis est inter illam crucem quæ Dominum non exprimit, et illam quæ eum repræsentat? Quod etiam de Dei Matre sentiendum erit. Etenim is honor, quem ei adhibemus, ad illum refertur, qui ex ipsa carnem sumpsit. Itemque per egregia sanctorum virorum facinora, ad fortitudinem, et virtutis ipsorum æmulationem et imitationem, necnon in Dei laudes excitamur. Nam, sicut dictum est, ille honor quem conservis optimis præstamus, nostri erga communem Dominum propensi studii argumentum est : quin et imagini habitus honos ad exemplar transfertur [20]. Est autem hæc traditio ex illis quæ in Scripturis minime expressæ sunt : ut ea qua ad orientem versi adoramus; necnon illa qua crucem veneramur, aliæque complures harum similes.

Fertur [21-22] autem etiam ejusmodi historia quædam ; puta cum Abgarus Edessenorum rex pictorem misisset, qui Domini exprimeret effigiem, neque id pictor ob splendorem ex ejus vultu emicantem assequi posset, Dominum ipsum, admoto divinæ vivificæque faciei suæ pallio, imaginem suam in eo depinxisse, quam ad Abgarum misit, ut hoc pacto desiderio ejus faceret satis.

282 Quod autem apostoli plurima nobis sine scriptis tradiderint, testatur ipse gentium apostolus Paulus ; *State igitur, fratres, inquit, et tenete traditiones nostras, quas didicistis, sive per sermonem, sive per epistolam nostram* [23]. Et ad Corinthios scribens : *Laudo vos, fratres, quod per omnia mei memores estis : et sicut tradidi vobis, traditiones tenetis* [24].

CAP. XVII.
De Scriptura.

Deus unus Veteris et Novi Testamenti auctor; contra Gnosticos. — Unus atque idem Deus est, quem tum Vetus, tum Novum Testamentum prædicant, quique in Trinitate laudatur et celebratur; cum Dominus dixerit : *Non veni solvere legem, sed adimplere* [25]. Ipse enim salutem nostram operatus est, propter quam omnis Scriptura et mysterium omne revelata sunt. Ac rursus : *Scrutamini Scripturas : ipsæ enim testimonium perhibent de me* [26]. Itemque dicente Apostolo : *Multifariam multisque modis olim Deus loquens patribus nostris in prophetis : novissime diebus istis locutus est nobis in Filio* [27]. Quocirca per Spiritum sanctum, et lex, et prophetæ, et evangelistæ, et apostoli, et pastores, et doctores locuti sunt.

Omnis igitur Scriptura divinitus inspirata est, ac prorsus *utilis* [28]. Quapropter optimum est, summeque animarum saluti conducibile, divinas Scripturas scrutari. Velut enim lignum plantatum secus decursus aquarum [29], sic et anima divinis Scripturis irrigata saginatur, fructumque maturum, hoc est rectam fidem, profert, ac perpetuo virentibus foliis, id est, Deo acceptis actionibus, exornatur. Hoc siquidem afferunt Scripturæ sanctæ, ut et ad bonas actiones, et ad puram contemplationem nos componant. In eis namque, tum cohortationem ad omnem virtutem, tum ab omni vitio dissuasionem invenire est. Quamobrem si discendi studiosi fuerimus, multam nobis eruditionem comparabimus : diligentia siquidem, et labore, largientisque Dei beneficio, quidvis conficitur. Nam *qui petit, accipit ; et qui quærit, invenit : et pulsanti aperietur* [30]. Pulsemus igitur ad pulcherrimum illud pomarium Scripturarum ; illud, inquam, **283** mire fragrans,

---
[18] Gen. viii, 21. [19] Baruch iii, 38. [20] Basil. in 40 Mart. Idem *De spir. Sancto*, cap. 27. [21-22] Evagr. lib. *Hist.* cap. 27. [23] II Thess. ii, 14. [24] I Cor. ii, 2. [25] Matth. v, 17. [26] ibid. 39. [27] Hebr. i, 1. [28] II Tim. iii, 16. [29] Psal. i, 3. [30] Luc. xi, 10.

suave, elegantissimum, quod spiritualium divinarumque avium omnigenis garritibus aures nostras circumsonet, cor nostrum tangat, ac tum mœrore confectum demulceat, tum ira percitum obleniat æterna illud lætitia implens; quod mentem nostram in dorsum auro rutilans lucidissimumque columbæ imponat [31], cujus fulgentissimis pennis ad unigenitum Filium hæredemque agricolæ vineæ illius intelligibilis subvehatur [32], et ad Patrem luminum [33] ejus opera adducatur. Cæterum haud negligenter pulsandum nobis est, sed alacri constantique animo, ne pulsando tandem fatigemur. Sic enim demum nobis aperietur. Si semel atque iterum legerimus, nec quæ a nobis lecta erunt, intelligamus, ne animis concidamus: sed persistamus, meditemur, et interrogemus. Ait enim: *Interroga patrem tuum, et annuntiabit tibi; majores tuos, et dicent tibi* [34]. Non enim omnium est scientia [35]. Ex hujus horti fonte perennes ac purissimos latices salientes in vitam æternam hauriamus [36]. Hic, in inexplebili quadam voluptate ac oblectatione versemur. Ejusmodi enim est Scripturarum gratia, ut exhauriri nequeat. Quinimo si quid utilitatis ex externis auctoribus decerpere possimus, quominus id faciamus nihil vetat; dummodo probi nummularii simus, verum ac purum aurum aggerantes, adulterinum vero repudiantes. Quæ bene ornateque dicta sunt, sic suscipiamus, ut ridicula numina, absurdasque fabulas, canibus projiciamus: ex ipsis enim adversus ipsos roboris plurimum licebit adipisci.

Librorum Veteris Testamenti numerus. — Sciendum [37] porro est, viginti duos libros esse Veteris Testamenti, totidem nempe quot Hebraicæ linguæ elementa sunt; ex quibus quinque duplicantur: adeoque septem et viginti sunt. Duplex enim est littera *Caph*, et *Mem*, et *Nun*, et *Pe*, et *Sade*. Quo fit ut libri quoque eodem modo, duo quidem et viginti numerentur, cæterum septem et viginti reperiantur; quoniam scilicet quinque duplices sunt. Nam liber Ruth cum libro Judicum jungitur, unusque Hebræis liber censetur. Primus item et secundus Regnorum, unus liber est. Tertius itidem et quartus Regnorum, unus liber. Primus quoque et secundus Paralipomenon, unus liber: ac denique primus et secundus Esdræ, liber unus. Ad hunc modum libri omnes in quatuor pentateuchos, quinquernionesve compinguntur; cumque alii duo supersint, sic proinde se habent libri in canone recepti. Legales, quinque sunt, Genesis, Exodus, Leviticus, Numeri, Deuteronomium. Hic primus quinquernio est, qui lex etiam appellatur. Sequitur alter quinquernio, eorum quæ γραφεῖα nuncupantur, a quibusdam vero hagiographa. Est autem hujusmodi: Jesus Nave, Judices una cum Ruth, liber unus, Regnorum primus cum secundo, liber unus; tertius item cum quarto, liber unus. Habes secundum quinquernionem. Tertius porro librorum quinquernio versibus constat, nempe liber Job, Psalterium, Proverbia Salomonis, ejusdem Ecclesiastes, et Cantica canticorum. Quartus quinquernio prophetarum libros complectitur. Duodecim prophetæ, liber unus; tum Isaias, Jeremias, Ezechiel, et Daniel. His accedunt uterque Esdræ, qui libro uno continentur, et Esther. Panaretus autem (q. d. omnium virtutum promptuarium) id est Sapientia Salomonis, et Sapientia Jesu, quam a Sirach patre Hebraice editam, ipsius nepos Jesus, ac Sirach filius, Græce postea transtulit. Ili quamvis alioqui præclari et elegantes libri sint, non tamen illis aliis annumerantur, neque in arca positi erant.

Libi Novi Testamenti. — Jam vero Novi Testamenti libri isti sunt: quatuor Evangelia, nempe secundum Matthæum, Marcum, Lucam, Joannem; Acta apostolorum, auctore Luca evangelista; septem catholicæ Epistolæ, una Jacobi, duæ Petri, tres Joannis, Judæ una; Pauli apostoli Epistolæ quatuordecim; Joannis evangelistæ Apocalypsis; Canones denique sanctorum apostolorum per Clementem concinnati.

CAP. XVIII.
De his quæ de Christo dicuntur.

Quadruplex prædicationis de Christo genus. Ante Incarnationem septuplex. — Eorum quæ de Christo dicuntur, quadruplex, ut in genere dicam, est modus. Quædam enim ei ante humanitatem assumptam conveniunt; quædam in ipsa unione; quædam post unionem; quædam postremo post resurrectionem. Atque eorum quæ humanitatis assumptione anteriora sunt, sex sunt modi. Alia enim naturæ conjunctionem et consubstantialitatem cum Patre declarant, ut: *Ego et Pater unum sumus* [38]; et illud: *Qui videt me, videt et Patrem* [39]; necnon: *Cum in forma Dei esset* [40]; cæteraque id genus. Alia perfectionem indicant, veluti, *Filius Dei* [41]; et *figura substantiæ ejus* [42]; et illud, *Magni consilii Angelus, admirabilis, consiliarius* [43], et similia.

Alia mutuam personarum circumincessionem, ut illud: *Ego in Patre, et Pater in me est* [44]; nec non fixamque et insolubilem alterius in altera hæsionem, v. g., Verbum, et sapientia, et potentia, et splendor. Nam et verbum in mente (verbum autem substantivum intelligo) itemque sapientia in sapiente, potentia quoque in potente, et in luce splendor, citra ullum excessum fixa sunt, ex illis profluentia [45].

Alia ita efferuntur, tanquam de eo qui Patrem auctorem agnoscat, ut illud: *Pater major me est* [46].

---

[31] Psal. LXVII, 14. [32] Matth. XXI, 38. [33] Jac. I, 17. [34] Deut. XXXII, 7. [35] I Cor. VIII, 7. [36] Joan. IV, 14. [37] Cyrill. Hieros. cat. 4. Epiphan. *De pond. et mens.* [38] Joan. X, 30. [39] Joan. XIV, 9. [40] Philipp. II, 6. [41] Joan. I, 3. [42] Hebr. I, 3. [43] Isa. IX, 6. [44] Joan. XIV, 10. [45] Cyrill. lib. XXXIV, *Thes.* p. 341. [46] Joan. XIV, 28.

Ab ipso quippe habet tum quod est, tum ea omnia quæ habet [47]. Quod est, inquam, per generationem, non per creationem (cujus generis illud est: *Ego ex Patre exivi, et venio* [48]; et: *Ego vivo propter Patrem* [49]. Omnia autem ea quæ habet, non per concessionem, aut documentum, sed ut ex causa, velut cum ait: *Non potest Filius a se facere quidquam, nisi viderit Patrem ita facientem* [50]. Nam si Pater non est, certe nec Filius. Ex Patre enim est Filius, et in Patre, et una cum Patre, et non post Patrem. Consimili modo, ea quæ facit, ex ipso, et cum ipso facit. Una enim et eadem est; eadem, inquam, et non similis, Patris et Filii et Spiritus sancti voluntas, operatio, et virtus.

Alia insuper dicuntur, tanquam Patris voluntas opera illius impleatur, non ut per instrumentum aut servum, sed ut per substantivum et subsistens ipsius Verbum, sapientiam, et potentiam: propterea quod unus in Patre et Filio motus consideratur. Sic illud: *Omnia per ipsum facta sunt* [51]. Et illud: *Misit Verbum suum, et sanavit eos* [52]. Ac rursus istud: *Ut cognoscant quia tu me misisti* [53].

Alia denique prophetico modo; quorum etiam duplex genus est. Quædam enim uti futura dicuntur, velut: *Manifeste veniet* [54]. Et illud Zachariæ: *Ecce Rex tuus veniet tibi* [55]. Et quod a Michæa dictum est: *Ecce Dominus egredietur de loco suo, et descendet, et ascendet super excelsa terræ* [56]. Quædam autem, licet futura, dicuntur tamen uti præterita, ut: *Hic Deus noster: posthæc in terra visus est, et cum hominibus conversatus est* [57]. Illud item: *Dominus creavit me initium viarum suarum ad opera sua* [58]. Et illud: *Propterea unxit te Deus, Deus tuus, oleo lætitiæ præ consortibus tuis* [59]: et similia.

In unione triplex prædicationis genus. — Et quidem ea quæ unionem antecedunt, de ipso quoque post unionem dicuntur: quæ autem unionem sequuntur, ante unionem non item, nisi secundum prophetiam, ut prædiximus. At vero eorum, quæ in unione sunt, triplex est modus. Nam cum a præstantiori parte verba facimus, carnis deificationem, et in Verbum assumptionem, et superexaltationem, cæteraque id generis dicimus, quo opes illas declaremus, quæ carni ex sua cum sublimissimo Deo Verbo unione, arctissimaque conjunctione accesserunt. Cum autem ab inferiori parte, incarnationem Dei Verbi, humanitatis assumptionem, exinanitionem, paupertatem, et humiliationem dicimus. Hæc enim et similia, ob suam cum humanitate mistionem, Verbo ac Deo tribuuntur. Denique cum de utrisque **286** simul nobis est sermo, unionem, communionem, unctionem, naturalem intimamque cohærentiam, conformationem, cæteraque id generis vocabula usurpantur. Ob hunc igitur tertium modum prædicti duo modi dicuntur. Per unionem enim indicatur, quod utrumque ex sua cum eo quod una secum exsistit, compaginatione et circumincessione adeptum sit. Etenim [60] ob unionem secundum hypostasim, et caro deificata ac Deus esse facta, divinitatisque cum Verbo socia dicitur: et rursus Deus Verbum carnem assumpsisse, et homo factus esse dicitur, creatura itidem, et novissimus appellatur [61]: non quod duæ naturæ in unam naturam compositam conversæ sint (fieri enim nequit [62], in una eademque natura proprietates naturales inter se contrariæ simul exsistant), sed quia duæ naturæ secundum hypostasim unitæ sunt, mutuamque inter se citra confusionem et immutationem, circumincessionem habent. Circumincessio autem non a carne, sed a divinitate profecta est. Neque enim fieri possit, ut caro divinitatem circumvadat, verum divina natura semel carnem permeando, carni quoque contulit, ut ad se modo quodam ineffabili commearet: quod quidem nos unionem dicimus.

Quæ cum reciprocatione dicantur. — Sciendum autem est, in primo et secundo genere eorum quæ in unione fiunt, reciprocationem considerari. Nam cum de carne sermonem habemus, deificationem, et assumptionem ad Verbum, superexaltationemque et unctionem dicimus. Hæc enim a divinitate proficiscuntur, et circa carnem considerantur. Rursus, cum de Verbo loquimur, exinanitionem, incarnationem, humanationem, humiliationem, et similia vocabula adhibemus: quæ quidem, ut diximus, carne ad Verbum ac Deum transferuntur. Ipse enim istæc sponte sustinuit.

Post unionem triplex genus. — Jam vero eorum quæ unionem secuta sunt, tres sunt modi. Primus, quo divina natura declaratur, cujusmodi est illud: *Ego in Patre, et Pater in me est* [63]. Et illud: *Ego et Pater unum sumus* [64]. Ac denique omnia quæ ante humanitatis assumptionem de eo dicuntur, etiam post assumptam humanitatem dicentur; uno hoc excepto, quod nondum assumpserat carnem et carnis naturales proprietates.

Secundus, quo natura humana insinuatur; ut in illo loco: *Quid me quæritis interficere, hominem qui veritatem locutus sum vobis* [65]? Et in isto: *Ita exaltari oportet Filium hominis* [66], et alia hujusmodi.

Sextuplex modus eorum quæ de Christo humanitus post unionem dicuntur. — Horum porro, quæ humano more de Salvatore Christo prædicantur, ac scripta sunt, sive dicta, sive gesta fuerint, sextuplex est modus. Quædam enim ex illis naturaliter ratione carnis assumptæ facta dictaque sunt: velut partus ex Virgine, atque ætatis incrementum, et profectus; fames item, et sitis, defatigatio, lacrymæ, somnus, clavorum fixura, mors, aliaque si-

---

[47] Greg. Naz. orat. 36. et al. Græci. [48] Joan. xvi, 28. [49] Joan. vi, 58. [50] Joan. v, 19. [51] Joan. i, 5. [52] Psal. cvi, 20. [53] Joan. xi, 42. [54] Psal. xlix, 3. [55] Zach. ix, 9. [56] Mich. i, 3. [57] Baruch iii, 38. [58] Prov. viii, 22. [59] Psal. xxxxiv, 8. [60] Greg. Naz. orat. 39. [61] Isa. lxiii, 3. [62] Supra. lib. iii, cap. 2. [63] Joan. xiv, 10. [64] Joan. x, 30. [65] Joan. viii, 19; vii, 40. [66] Joan. iii, 14.

milia, quæ naturales et inculpatæ passiones sunt [57]. In his enim omnibus est divinæ naturæ cum humana conjunctio; etsi corporis ea vere esse creduntur: quippe cum divinitas nihil horum pertulerit, sed per ea salutem nobis procurarit.

287 Quædam fingendi modo, ut cum Christus de Lazaro quærit: *Ubi posuistis eum* [68]? Cum ad ficulneam pergit [69]; cum se subducit [70], et cum orat [71]: item cum fingit se longius ire [72]. His enim ac similibus, neque ut Deus, neque ut homo, opus habebat: verum humano more hoc prætexebat, quod necessitas atque utilitas exposcebat. Ex. gr., idcirco precabatur, ut se minime Deo adversari ostenderet [73]; utque Patrem [74], velut sui causam, honore afficeret. Interrogabat, non quod ignarus esset, sed ut se, cum eo quod Deus manebat, hominem quoque vere esse demonstraret. Hæc denique ipsi causa secedendi erat, ut nos doceret pericula temere non adire, nec nos ipsos ultro prodere.

Quædam rursus dicuntur, per vindicationem, et relationem, ut illud: *Deus meus, Deus meus, ut quid me dereliquisti* [75]? Et: *Eum qui non noverat peccatum, pro nobis peccatum fecit* [76]. Et illud: *Factus pro nobis maledictum* [77]. Item: *Ipse Filius subjicietur ei, qui subjecit ipsi omnia* [78]. Nec enim quatenus Deus, nec quatenus homo [79], a Patre unquam derelictus fuit: nec peccatum, nec maledictum factus est, nec Patri subjici opus habet. Etenim qua ratione Deus est, æqualis est Patri, non autem adversarius, nec subjectus: qua autem homo, nunquam Patri contumax fuit, ut ei demum subjici necesse sit. Ex quo sequitur eum, nostri assumpta persona, partes nostras suscipiendo, his verbis usum esse. Nos siquidem illi eramus peccato et maledicto obnoxii, contumaces et refractarii, eoque nomine derelicti.

Quædam autem, per excogitatam mente præcisionem. Nam si ea quæ revera disjungi nequeunt, hoc est, carnem a Verbo, sejunxeris, servus dicitur, et ignarus [80], quia servæ et ignorantis naturæ erat: ac nisi caro Deo Verbo fuisset copulata, serva procul dubio et ignorans exstitisset [81]: verum ob hypostaticam cum Deo Verbo unionem id habuit, ut nec serva esset, nec ignara. Eadem de causa Patrem Deum suum vocavit.

Quædam vero, ut se nobis manifestaret nostramque firmaret fidem. Velut cum ait: *Pater, clarifica me apud temetipsum, claritate quam habui, priusquam mundus esset, apud te* [82]. Etenim ipse quidem et tunc clarificatus erat, et nunc clarificatur: nequaquam vero nobis claritas ejus patefacta comprobataque erat. Huc enim facit quod ab Apostolo dictum est: *Qui definitus est Filius Dei in virtute, secundum Spiritum sanctificationis, ex resurrectione mortuorum* [83]. Siquidem per miracula, resurrectionemque, et sancti Spiritus adventum, mundo declaratum est, atque persuasum, eum Dei Filium esse [84]. Ac illud quoque, *Proficiebat sapientia et gratia* [85].

288 Nonnulla postremo ita de eo dicuntur tanquam Judæorum personam acciverit, se in eorum numerum ascribendo, ut dum Samaritanæ ait: *Vos adoratis quod nescitis: nos adoramus quod scimus, quia salus ex Judæis est* [86].

Tertius modus ille est, quo una hypostasis declaratur, atque ambæ simul naturæ ostenduntur. Cujus generis illud est: *Ego vivo propter Patrem, et qui manducat me, et ipse vivet propter me* [87]. Et illud: *Vado ad Patrem, et jam non videbitis me* [88]. Item: *Dominum gloriæ nunquam crucifixissent* [89]. Illudque tandem: *Nemo ascendit in cœlum, nisi qui descendit de cœlo, Filius hominis qui est in cœlo* [90]; aliaque similia.

Eorum demum quæ resurrectionem sequuntur, quædam divinitati conveniunt, ut: *Baptizantes eos in nomine Patris, et Filii, et Spiritus sancti* [91]. Nam hic Filius uti Deus adhibetur. Et illud: *Ecce ego vobiscum sum omnibus diebus usque ad consummationem sæculi* [92]; aliaque hujus generis. Etenim ut Deus nobiscum est. Alia humanitati conveniunt, ut illud. *Tenuerunt pedes ejus* [93]; et illud: *Illic me videbunt* [94]; et similia.

Eorum porro quæ post resurrectionem humanitati conveniunt, varii modi sunt. Nonnulla enim vere quidem, non tamen naturali modo, sed certa dispensatione contigerunt, ut cicatrices, manducatio ac potio postquam revixit. Quædam autem vere et pro eo ac naturæ consentaneum est; v. g. de locis in loca citra laborem migrare, ac per januas clausas ingredi. Quædam per simulationem, uti, *Finxit se longius ire* [95]. Quædam rursus utrique naturæ congruunt; ut, *Ascendo ad Patrem meum et Patrem vestrum: et Deum meum et Deum vestrum* [96]. Et illud: *Introibit Rex gloriæ* [97]. Item: *Sedet in dextera majestatis in excelsis* [98]. Quædam denique sic accipienda, tanquam in ordinem nostrum se ascribat, per mentis præcisionem scilicet, ut illud: *Deum meum, et Deum vestrum*.

Cuique naturæ congrua illi tribuenda. — Quamobrem ea quæ sublimia sunt, divinæ naturæ, omnique passione superiori, ac incorporeæ tribui necessum est; quæ autem humilia, humanæ: quæ vero communia, composito; hoc est, uni Christo, qui Deus et homo est. Itemque compertum habere oportet, utraque unius et ejusdem Domini nostri Jesu Christi esse. Nam quod utriusque proprium est

---

[57] Supra. lib. III, c. 21, 22, 23. [68] Joan. XI, 34. [69] Matth. XXI, 19. [70] Matth. XI, 41. [71] Joan. XII, 15. [72] Luc. XXIV. 27. [73] Matth. XXVI. orat. 36. [74] Sup. lib. III, c. 24. [75] Matth. XXVII, 46. [76] II Cor. V. 21. [77] Galat. III, 13. [78] I Cor. XV, 36. [79] Greg. Naz. orat. 36. [80] Greg. Naz. ibid. [81] Supra lib. 3 cap. 21. [82] Joan. XVII, 5. [83] Rom. I, 4. [84] Chrysost. hom. 1 in Epist. ad Rom. et alii. [85] Luc. II. 32. [86] Joan. V, 22. [87] Joan. V, 58. [88] Joan. XV. 10. [89] I Cor. II, 8. [90] Joan. 13. [91] Matth. XXV, 19. [92] ibid. 20. [93] ibid. 9. [94] ibid. 10. [95] Luc. XXIV, 27. [96] Joan. XX, 18. [97] Psal. XX. 7. [98] Hebr. I, 3.

agnoscentes, atque utraque ab uno et eodem geri perspicientes, rectam tenebimus fidem, nec errabimus. Ex quibus omnibus unitarum naturarum discrimen dignoscitur, quodque (ut sacratissimi Cyrilli verbis utar ⁹⁹) licet in naturali **289** qualitate non idem sint divinitas et humanitas, unus tamen sit Filius, et Christus, et Dominus: et unus cum sit, una quoque sit ipsius persona; quippe cum ex eo quod naturarum distinctio agnoscatur, nullam tamen partitionem unio secundum hypostasim admittat.

CAP. XIX.
Deum auctorem malorum non esse.

Actionis nomine in Scriptura dicta permissio. — Scire illud attinet ¹, moris esse Scripturæ, ut Dei permissionem actionem ipsius appellet, velut cum ait Apostolus in Epistola ad Romanos : *Annon habet potestatem figulus luti ex eadem massa facere aliud quidem vas in honorem, aliud autem in contumeliam* ² ? Idcirco nimirum, quod ipse et hæc et illa facit. Solus enim ipse universorum opifex est. Haud tamen ipse vel nobilia, vel ignobilia vasa efficit, verum sua cujusque voluntas ac electio ³. Atque id liquet ex his verbis, quibus idem Apostolus utitur Epistola ad Timotheum, secunda : *In magna domo non solum sunt vasa aurea et argentea, sed et lignea et fictilia : et quædam quidem in honorem, quædam autem in contumeliam. Si quis ergo emundaverit se ab istis, erit vas in honorem sanctificatum, et utile Domino ad omne opus bonum paratum* ⁴. Constat autem purgationem voluntate fieri. *Si quis enim*, inquit, *emundaverit se.* Atqui consectaria conversio ex adverso respondet, quod, si non emundaverit, erit vas in contumeliam, inutile Domino, ac dignum quod confringatur. Quocirca tum locus hic quem adduximus, tum ille : *Conclusit Deus omnes incredulitate* ⁵ ; et iste : *Dedit eis Deus spiritum compunctionis, oculos ut non videant, et aures ut non audiant* ⁶ ; hæc, inquam, omnia non ita accipienda sunt, quasi Deus hæc ipse effecerit, sed quod permiserit, tum ob arbitrii libertatem, tum quia bonum ejusmodi naturæ est, ut a vi et coactione liberum sit.

Scripturæ ergo consuetudo est, ut Dei permissionem vocet, ac si ejus actio et opus esset. Quin etiam cum a Deo *mala creari* ait ⁷, *nec esse malum in civitate quod non fecerit Dominus* ⁸, his verbis ⁹ Deum malorum auctorem esse minime ostendit : sed quia mali vocabulum anceps est, duplicemque significationem habet. Interdum enim id quod suapte natura malum est indicat, quod quidem cum virtute ac Dei voluntate pugnat : interdum quod sensui nostro malum ac molestum est, velut afflictiones et immissæ calamitates; at revera bonæ. Iis enim qui sagacis animi sunt, ad conversionem et salutem conferunt. Atque harum demum Scriptura Deum auctorem esse commemorat.

Sciendum autem est, harum etiam causam in nobis esse. Etenim ex voluntariis malis oriuntur involuntaria.

Quæ sunt eventus, causaliter dicuntur. — Illud item advertendum est hoc Scripturæ **290** familiare esse, ut nonnulla, quæ ex eventu dici debebant, ita exprimat, tanquam causam significent¹⁰. Cujus generis illud est : *Tibi soli peccavi et malum coram te feci : ut justificeris in sermonibus tuis, et vincas cum judicaris* ¹¹. Non enim qui peccavit, eo peccavit, ut Deus victoriam obtineret : nec vero Deus peccato nostro opus habebat, ut ex illo victor appareret. Deus enim citra comparationem ullam, omnes prorsus, atque illos etiam qui non peccant, vincit ac superat, ut qui rerum conditor sit, incomprehensibilis, et increatus, naturalemque ac non adventitiam gloriam habeat ; sed quia nobis peccantibus, nihil injuste agit, cum infert iram; cumque pœnitentibus ignoscit, vitii nostri ac nequitiæ victor ostenditur ; non tamen ut nos idcirco peccemus, sed quia ita contingit. Perinde ac si quis, dum ad opus sedet, superveniente amico dicat : Idcirco amicus venit, ut nihil hodie operis faciam. Atqui amicus non eo venit, ut nihil ille operis faciat, sed ita eventus tulit. Nam dum in suscipiendo hospite distrahitur, ab opere abstinet. Dicuntur autem hæc eventitia, quoniam res ita eveniunt. Deus porro non solus ipse justus esse vult, sed et omnes quantum fieri potest, ad sui similitudinem accedere.

CAP. XX.
Non esse duo principia.

Adversus Manichæos, non esse duo principia. — Quod non sint duo principia¹², alterum bonum, et alterum malum, hinc nobis perspectum fiet. Pugnant enim inter se bonum et malum, seque mutuo destruunt : neque alterum in altero, aut cum altero possunt exsistere. Itaque in sua quodque parte universi erunt. Ac primum quidem¹³ non modo ab ipsa universitate, sed et ab universi parte utrumque horum circumscribetur.

¹⁴ Deinde quæro, quisnam suam utrique regionem assignarit ? Neque enim ea amice inter se coiisse aut fœdus sanxisse inquient; quandoquidem malum mali nomen amittet, si pacem colat, et cum bono conveniat : nec rursus bonum boni nomen retinebit, si cum malo necessitudinem habeat. Quod si alius quispiam est, qui utrique sedem attribuerit, ille Deus potius erit.

Quin et duorum alterum necesse erit, nempe ut

---

⁹⁹ Epist. apologetica ad Acacium Melitinæ episcopum, longe a medio. ¹ Damasc. *Dial. cont. Manich.* ² Rom. ix, 21. ³ Basil. homil. Quod Deus non sit auct. malor. ⁴ II Tim. ii, 20, 21. ⁵ Rom. ii, 32. ⁶ Isa. vi, 10 ; Rom. xi, 10. ⁷ Isa. xlv, 7. ⁸ Amos iii, 6. ⁹ Hæc enarrat Chrysost. peculiari tractatu, et quorum Deus malorum causa sit. ¹⁰ Basil. loc. cit. ¹¹ Psal. l, 6. ¹² Athan. *Cont. gentes.* ¹³ ibid. *Cont. omnes hæret.* ¹⁴ Damasc. *Dial. cont. Manich.*

vel se invicem tangant atque destruant : vel medius quispiam locus sit, ubi nec bonum, nec malum versetur, velut septum quoddam ab altero alterum dirimens. Ita jam non duo, sed tria futura sunt.

Horum item alterum sit oportet, nempe ut vel pacem inter se colant ; quod quidem a malo alienum est (non enim malum est, quod pacem servat), vel inter se pugnent, quod itidem a boni natura abhorret (nam quod pugnat, bonum perfecte non est), vel malum quidem pugnet, bonum autem non repugnet, verum a malo corrumpatur, vel in perpetuo moerore et molestia versetur quod sane a bono alienum est. Perspicuum igitur **291** est unum duntaxat esse principium ab omni malo liberum et immune.

Malum boni privatio, non substantia aliqua. — At, inquiunt, si res ita se habet, quænam mali origo est [15]? Neque enim fieri potest, ut malum a bono originem traxerit. Respondemus malum nihil aliud esse quam privationem boni, atque ab eo quod naturæ consentaneum est, in id quod naturæ repugnat, deflexionem. Nulla res enim suapte natura mala est. Omnia quippe quæ fecit Deus, quatenus exstant, valde bona sunt[16]. Quo fit ut, dum ita manent, sicut condita fuere, valde bona sint. At dum sponte ab eo quod naturæ consentaneum est, abscedunt, atque ad id quod naturæ adversatur, sese conferunt, in malum labuntur.

Atqui sic comparatum est, ut cuncta Conditori serviant, illique obediant. Quare cum creaturarum aliqua frenum excutit, contumaxque fit creatori suo, tum denique sui ipsa vitii auctor est. Malum enim non substantia aliqua, neque substantiæ proprietas est, sed accidens ; hoc est, ex eo quod naturæ aptissimum est, in id quod naturæ repugnat, voluntaria deflexio, sive peccatum.

Peccati parens diabolus, voluntate, non natura. — Undenam igitur peccatum[17]? Liberæ nimirum diaboli voluntatis inventum est. Ergo diabolus malus ? Certe quatenus conditus est, non est malus, sed bonus. Angelus enim lucidus, ac eximie splendidus ab Opifice conditus fuit, arbitrique libertate præditus, utpote rationalis. Cæterum a virtute quæ naturæ consentanea est, sponte desciscens, in malitiæ caliginem provolutus est, discedens procul a Deo, qui solus bonus est, ac vitæ et lucis parens : ex ipso enim bonitatem trahit, quidquid est bonum, et quatenus ab ipso voluntate (non enim loco) abscedit, in malo hæret.

CAP. XXI.

Cur Deus eos condiderit, qui peccaturi essent, nec pœnitentiam acturi.

Malos præscitos creat Deus, ne sua bonitas vinci videatur a malo. — Deus pro sua bonitate[18], ea quæ fiunt, ex nihilo producit, præsciusque est futurorum. Itaque nisi exstituri essent, ne mali quidem futuri essent, nec prænoscerentur. Eorum enim quæ sunt, cognitiones sunt eodemque modo, eorum quæ omnino futura sunt, prænotiones. Prius enim est, ut aliquid sit : ac tum ut bonum sit, vel malum. Quod si, cum propter Dei bonitatem exstituri essent, idcirco eorum ortus impeditus fuisset, quod propria voluntate mali futuri erant, malum certe **292** Dei bonitatem vinceret. Quocirca Deus omnia quæ facit, bona facit : at propria cujusque voluntate accidit, ut bonus vel malus sit. Ergo cum diceret Dominus : *Melius erat homini illi, si natus non fuisset*[19], nequaquam opus suum improbabat, sed malitiam illam, quam res a se condita ex propria voluntate et socordia contraxerat. Nam per voluntatis ignaviam inutile sibi conditoris beneficium reddiderat. Haud secus ac si quis, cum opes et imperium a rege acceperit, eum qui de se tam bene meritus sit, tyranni more opprimat : quem rex, in potestatem redactum, merito pœna afficiet, siquidem illum a tyrannidis occupandæ proposito abduci non posse conspexerit.

CAP. XXII.

De lege Dei et lege peccati.

Bonum est quidquid Deus vult. — Bonus est Deus, et omni bonitate sublimior ; bonaque item est ipsius voluntas. Id demum enim est bonum, quod vult Deus. Lex autem illud præceptum est, quo hoc edocemur ; ut in ipso manentes, in luce versemur[20]. Cujus præcepti transgressio peccatum est. Hoc porro suggerente diabolo, nobisque nulla vi impressa libere suscipientibus conflatur. Atqui ipsum quoque peccatum lex appellatur[21].

Dei lex ac mentis nostræ. Peccati lex et quæ est in carnis nostræ membris. — Dei itaque lex mentem nostram inscendens, eam ad se trahit, conscientiam nostram exstimulando, quæ et ipsa mentis nostræ lex dicitur : quinimo maligni suggestio, hoc est lex peccati, membra carnis inscendens, per eam nos aggreditur. Nam, quia sponte semel Dei legem infregimus, admissa nequissimi suggestione, ei deinceps ad nos aditum aperuimus, qui nos ipsi peccato vendiderimus. Quo fit ut corpus nostrum prompte et facile ad illud impellatur. Quocirca ille peccati odor sensusque, qui in corpore residet, sive concupiscentia et voluptas, lex in membris carnis nostræ appellatur.

Scripturæ locus de harum legum pugna expositus. — Ac proinde lex quidem mentis meæ, id est conscientia, condelectatur legi Dei, sive præcepto, illudque vult. At lex peccati[22], hoc est suggestio, per eam legem, quæ est in membris meis, sive per corporis, atque illius animæ partis quæ rationis est expers, cupiditatem, propensionemque, ac motum, repugnat legi mentis meæ, hoc est con-

---

[15] Basil. hom. Deum non esse caus. mal. contra Manich. [19] Marc. xiv, 21. [20] I Joan. i, 7. [16] Gen. i, 31. [17] Basil. ibid. [18] Damasc. *Dialog.* [21] Rom. vii, 23. [22] ibid. 22.

scientiæ, et captivat me (tametsi Dei legem velim ct amem, nolimque peccatum, atque illud averser), ob commistionem nimirum, ac tum per lævorem mollitiemque voluptatis, tum per corporis, et brutæ illius, ut dixi, animæ partis concupiscentiam, me ludificatur, adducitque **293** ut peccato serviam. At *Deus id quod impossibile erat legi, in quo infirmabatur* (lex) *per carnem, mittens Filium suum in similitudinem carnis peccati* (carnem enim ille assumpsit, peccatum non item), *damnavit peccatum in carne, ut justificatio legis impleretur, in iis qui non secundum carnem ambulant, sed secundum Spiritum*[33]. Nam *Spiritus adjuvat infirmitatem nostram*[34], legique mentis nostræ, adversus eam quæ est in membris nostris, vires præstat. Illud siquidem: *Quid oremus sicut oportet, nescimus: sed ipse Spiritus postulat pro nobis gemitibus inenarrabilibus*[25], idem est ac si diceret, ipse nos docet quid orandum sit. Ex quo fit, ut Dei præcepta nisi per patientiam et orationem impleri non possint.

CAP. XXIII.
Adversus Judæos, de Sabbato.

Diei septimi religio. — Sabbatum dies septimus vocatus est, et requiem significat. Deus enim eo die, sicut ait Scriptura, *requievit ab operibus suis*[26], ut numerus dierum ad septimum usque progressus, rursus in orbem redeat, atque a primo initium sumat. Hic porro numerus apud Judæos in honore est: quippe quem Deus coli præceperit, idque non defunctorie, sed gravissimis etiam pœnis statutis in eos, qui illud transgressi essent[27]. Nec vero temere id ille imperavit: sed certis quibusdam rationibus adductus, quas viri spirituales, mentisque perspicacitate præditi intelligunt[28].

Conjectatio auctoris, cur præcepta Judæis requies Sabbati. — Quantum autem ego, alioquin imperitus, assequi possum (ut ab inferioribus ac crassioribus incipiam), cum sciret Deus Israeliticum populum pinguem esse, et carni addictum, inque res terrenas impense pronum, nec discretionis ullius, hanc legem sanxit: primum, *ut servus et jumentum requiescerent, sicut scriptum est*[29]. Etenim *justus miseratur animas jumentorum suorum*[30]: deinde vero, ut ipsi terrenis occupationibus feriati, ad Deum se colligerent; septimum nempe diem in psalmis et hymnis et canticis spiritualibus, divinarumque Scripturarum lectione totum expendentes, atque in Deo conquiescentes. Nam, quando lex non erat, nec Scriptura divinitus inspirata, ne Sabbatum quidem Deo consecratum erat. At postquam Scriptura divina per Moysen data est, Sabbatum quoque Deo dicatum fuit, ut ejus meditationi vacarent, qui totum vitæ tempus Deo non impendunt, nec Domino tanquam patri toto desiderio serviunt: sed velut ingrati servi, parvam saltem ac perexiguam vitæ particulam illi impertirent, **294** idque pœnarum et objurgationum, quæ prævaricatores manent, timore: *Non enim lex justo posita est, sed injusto*[31]. Argumento est, quod primus ipse Moyses totos quadraginta dies, rursumque totidem alios jejunus assistens Deo[32], procul dubio ipsis quoque Sabbatis sese macerabat, cum tamen lex juberet, ne quis se die Sabbati affligeret. Quod si hoc ante datam legem gestum fuisse aiunt, quid de Elia Thesbite sunt dicturi, qui quadraginta dierum iter, semel duntaxat sumpto cibo confecit[33]? Etenim ipse non jejunio solum, sed etiam itinere, in horum quadraginta dierum sabbatis sese affligens, Sabbatum solvit: neque propterea Deus qui legem tulerat, ei succensuit; quin potius in virtutis præmium, illi se in Horeb conspiciendum præbuit. Quid item de Daniele dicent? Annon tres hebdomadas integras jejunus egit[34]? Quid vero? Nunquid non Israelitæ omnes infantem Sabbato circumcidunt, si quidem tunc octavum vitæ diem attigerit[35]? Nonne magnum illud jejunium, quod lege præscriptum est, si in Sabbato occurrerit, obeunt[36]? Annon itidem sacerdotes et Levitæ in tabernaculi operis Sabbatum violant, nec ob id in culpa sunt[37]? Quin, si jumentum die Sabbati in foveam prolabitur, qui illud extraxerit, criminis est insons; reus vero, qui hoc facere neglexerit[38]. Num cuncti Israelitæ per septiduum arcam Dei ferentes, Jerichuntina mœnia non circuiere, inter quos dies plane Sabbatum erat[39]?

Qui Sabbatum rite peragendum. Commutata Sabbati religio in melius. — Itaque[40] quemadmodum dixi, ut Deo vacaretur, et vel minima saltem vitæ particula ei tribueretur, nec non ut servus jumentumque requiescerent, Sabbati observatio consulto invecta illis fuit, qui cum parvuli adhuc et carnales essent, *sub elementis mundi servientes*[41], nihil supra corpus et litteram valerent cogitare. *Cum autem venit plenitudo temporis, misit Deus Filium suum* unigenitum, *hominem factum ex muliere, factum sub lege, ut eos qui sub lege erant redimeret; ut adoptionem filiorum reciperemus*[42]. *Quotquot enim recepimus eum, dedit nobis potestatem filios Dei fieri*[43], *qui in ipsum credimus*. Quare non jam sumus servi, sed liberi[44]: non jam sub lege, sed sub gratia: non jam ex parte solum præ metu Domino servimus; sed ad totum tempus ei consecrandum sumus obligati, adeo ut servo illi, iræ, inquam, et cupiditati, quiescere a peccato, Deoque feriatum esse jubeamus; erecta quidem perpetuo versus Deum cupiditate, armata

---

[23] Rom. viii, 3, 4. [24] ibid. 26. [25] ibid. [26] Gen. ii, 2. [27] Exod. xiii, 6; Num. xv, 35. [28] Greg. Naz. orat. 44. [29] Deut. v, 14. [30] Prov. xi, 10. [31] I Timoth. 1, 9. [32] Exod. xxiv, 18; xxxiv, 28. [33] III Reg. xix, 8. [34] Dan. x, 2. [35] Levit. xii, 3. [36] Levit. xxiii, 27. [37] Matth. xii, 5. [38] Epiph. hæres. 30, n. 32. et hær. ii. 82 seqq. Athan. hom. circumc. et Stbb. [39] Josue iii, seqq. [40] Ath. loc. cit. [41] Galat. iv, 3. [42] ibid. 4, 5. [43] Joan. i, 12. [44] Galat. iv, 7.

vero contra Dei hostes iracundia ; ac jumentum item, corpus nimirum, a peccati servitute dato otio recreemus, et ad inserviendum divinis præceptis compellamus.

Hæc sunt quæ spiritualis Christi lex nobis indicit, quam, qui custodiunt, Mosaica lege superiores exsistunt. Nam, ex quo venit quod perfectum est, evacuatum est quod ex parte erat⁴⁵; ac scisso per Salvatoris crucem tegumento **295** sive velo legis, sanctoque Spiritu igneis linguis illucescente, littera obsolevit, corporalia cessarunt, et impleta lege servitutis, lex libertatis nobis donata est. Atque⁴⁶ perfectam humanæ naturæ requiem celebramus, hoc est resurrectionis diem, in qua Dominus Jesus, vitæ auctor et Salvator, nos ad promissam illis qui spirituali cultu Deo serviunt, hæreditatem introduxit; in quam nimirum ipse præcursor noster ingressus est, postquam a morte ad vitam rediit, et reseratis patefactisque sibi cœli januis, in Patris dextera secundum corpus consedit, quo illi etiam qui legi Spiritus morem gerunt, deinceps sunt introituri.

Circumcisio ac Sabbatum unum quid sensu mystico. — Quocirca ad nos⁴⁷, qui spiritu, ac non littera incedimus, omnis carnalium rerum abjectio spectat, cultusque spiritualis, et cum Deo conjunctio. Circumcisio quippe, corporeæ voluptatis rerumque superfluarum ac minime necessariarum est abjectio. Præputium vero nihil aliud est, nisi superflua cutis membri illius in quo libido cietur. Omnis porro voluptas, quæ nec ex Deo, nec in Deo capitur, voluptatis est superflua portio, cujus figura præputium est : Sabbatum autem est requies a peccato. Quamobrem duo hæc unum prorsus sunt, atque ita ambo simul, si ab iis qui spiritu agunt, observentur, ne minimam quidem flagitii notam creant.

Numeri septenarii commendatio. — Quin illud quoque notandum est⁴⁸, septenario numero præsens omne tempus designari, juxta atque sapientissimus Salomon dixit, *dare partem septem, atque etiam octo*⁴⁹. Et diviniloquus David⁵⁰, cum de octava psalmum ederet, de futura post resurrectionem instauratione rerum canebat. Quocirca, quandoquidem lex die septimo a corporeis rebus cessare præcipiebat, et spiritualibus vacare, vero Israelitæ, eaque mente prædito quæ Deum videat, arcana ratione hoc subindicabat, numquam id non agendum esse, ut sese Deo offerat, et supra res corporeas assurgat.

CAP. XXIV.
De virginitate.

Virginitatis defensio. Virginitas homini coæva ac *vigens in paradiso. Matrimonium occasione peccati inductum.* — Virginitatem⁵¹ carnales homines culpant, et qui voluptati indulgent, testimonii loco dictum hoc obtendunt : *Maledictus omnis qui non suscitat semen in Israel*⁵²; nos vero Dei Verbi qui ex Virgine carnem assumpsit, præsidio freti hoc dicimus virginitatem ab initio in hominum natura consitam fuisse. Etenim homo ex terra virgine effictus fuit. Ex solo item Adamo Eva condita est. Virginitas etiam in paradiso vigebat. Ait quippe divina Scriptura : *Nudi erant* (Adamus scilicet et Eva) *et non erubescebant* ⁵³. Ubi primum a divino mandato recesserunt, *nudos se esse cognoverunt*, et præ pudore *perizomata sibi consuerunt* ⁵⁴. Ac postea quam violato præcepto Adamus audivit : *Terra es, et in terram reverteris* ⁵⁵, morsque per transgressionem in mundum introivit, tum demum **296** *Cognovit Adam uxorem suam, et concepit, genuitque*⁵⁶. Itaque ne mors hominum genus obteteret et absumeret, matrimonium invectum est : ut per liberorum procreationem genus humanum incolume staret⁵⁷.

At fortasse dicent : Quid igitur sibi vult, *Masculum et feminam*⁵⁸, etc., illudque : *Crescite et multiplicamini* ⁵⁹ ? Cui quæstioni respondebimus, per hæc verba, *Crescite et multiplicamini*, non eam omnino propagationem significari, quæ per conjugalem complexum efficitur. Deus enim alio quoque modo genus nostrum propagare poterat, si integrum ipsius mandatum ad extremum servassent⁶⁰. At cum pro sua præscientia (ut cui omnia antequam fiant nota sunt) perspectum haberet, fore, ut illi contra quam imperatum erat, facerent, ac morte multarentur; hoc ipse antevertens, masculum et feminam creavit, et crescere ac multiplicari jussit. Ergo via cœpta pergamus, ac virginitatis, sive etiam castitatis, dotes videamus.

Castitas præsidium a diluvio. — Noe, cum arcam ingredi juberetur, atque hoc ei munus imponeretur, ut mundi semen conservaret ; hujusmodi mandatum accepit : *Ingredere*, inquit, *tu, et filii tui, et uxor tua, et uxores filiorum tuorum*⁶¹. Eos itaque ab uxoribus distraxit, ut castitatis adminiculo pelagus, atqui universi illud orbis naufragium effugerent. At vero sedato diluvio, *Egredere*, inquit, *tu, et uxor tua et filii, et uxores filiorum tuorum*⁶². En rursus quo pacto propagationis causa matrimonium permissum est. Elias deinde, auriga ille ignem spirans et cœlipeta⁶³, nonne cælibatum amplexus est, ejusque virtutem evectio humana conditione præstantior comprobavit⁶⁴ ? Quis cœlos clausit? Quis mortuos suscitavit⁶⁵ ? Quis Jordanem divisit⁶⁶ ? Nonne virgo Elias ? Annon Eliseus discipulus ejus, cum paris virtutis specimen dedisset, Spiritus gratiam, quam duplicem petierat,

---

⁴⁵ I Cor. xiii, 10. ⁴⁶ Athan. loc. cit. ⁴⁷ Athan. cit. ⁴⁸ Greg. Naz. orat. 42. ⁴⁹ Eccle. xi, 2.
⁵⁰ Psal. vi, 11. ⁵¹ Vide lib. ii, c. 30. ⁵² Deut. xxv, 9. ⁵³ Gen. ii, 25. ⁵⁴ Gen. iii, 7. ⁵⁵ ibid. 19.
⁵⁶ Gen. iv, 1. ⁵⁷ Greg. Nyss. *De opif. hom.* 16. ⁵⁸ Gen. i, 28. ⁵⁹ ibid. 28. ⁶⁰ Vide sup. lib. ii, cap. 30.
⁶¹ Gen. vii, 1. ⁶² Gen. viii, 16. ⁶³ IV Reg. ii, 11. ⁶⁴ III Reg. xvii, 16. ⁶⁵ ibid. 19. ⁶⁶ IV Reg. ii, 8.

consecutus fuit[67]? Quid tres pueri? Nonne, cum virginitatem coluissent, ignem superarunt, hoc per virginitatem adepti, ut ipsorum corpora igne consumi non possent[68]? Quid Danielem taceam? Cujus corpus virginitate sic obduratum fuerat, ut ferarum dentes ei infigi nequiverint[69]. Annon Deus ab Israelitis conspiciendus, hoc eis præceperat, ut a libidine purum corpus servarent[70]? Nonne sacerdotes seipsos castos servabant, quo templi adyta ingrederentur, ac victimas offerrent? Annon denique lex magnum votum castitatem nuncupavit?

Explicata Scripturæ loca. — Legis itaque præceptum sensu magis spirituali accipi debet. Est enim semen spirituale, quod per charitatem et timorem Dei concipitur in animæ utero, parturiente edenteque spiritum salutis. Sicque etiam intelligendum illud est: *Beatus qui habet semen in Sion, et propinquos in Jerusalem*[71]. Quid enim, si ganeo sit, si temulentus, si idolorum cultor, num beatus erit, si modo semen in Sion, et affines in Jerusalem habeat? Nemo certe sanæ mentis hoc effutierit.

Virginitas angelicum vitæ genus, et matrimonio præstantior. — Virginitas angelicum est vitæ genus, incorporeæ omnis naturæ peculiaris nota. Neque id dicimus, ut matrimonio detrahamus : absit! (nequaquam enim nos fugit Dominum præsentia sua nuptiis benedixisse[72], illumque novimus qui dixit, *Honorabile connubium, et torus immaculatus*[73]); sed quia nuptiis, quamvis alioqui bonis, præstare virginitatem agnoscimus. Etenim, cum in virtutibus, tum in vitiis altiores atque inferiores gradus exsistunt. Illud scimus, mortales omnes ex conjugio natos esse, primis generis nostri parentibus exceptis. Nam illi virginitatis soboles sunt, non conjugii figmentum. At cælibatus angelorum, ut diximus, vitam imitatur. Ex quo fit ut quantum angelus hominem antecellit, tantum virginitas matrimonium superet.

Christus virginitatis decus, ex patre virgine, matreque natus. Virginitas nulla lege a Christo præscripta. — Quid vero angelum dico? Christus ipse virginitatis decus est, ut qui non modo ex Patre sine fluxu atque congressu genitus sit, sed etiam nostri instar assumpta carne, ex Virgine sine maritali copula veram absolutissimamque virginitatem in seipso ostenderit. Quapropter hanc quidem ille nulla nobis lege præscripsit (*Non enim, ut ipse ait, omnes capiunt verbum istud*[74]), verum ipso opere nos illam docuit, nobisque ad eam robur conciliavit. Eccui enim non liquet, virginitatem nunc inter homines vigere?

Atqui bona quidem est liberorum procreatio, quæ matrimonio suscitatur: bonum item matrimonium propter fornicationes, quas amputat[75]; ac libidinis rabiem, facta legitimæ copulæ copia, in scelesta flagitia insano impetu ruere non sinit. Bonum, inquam, est matrimonium iis quibus deest continentia : at potior est virginitas quæ animi fecunditatem auget, Deoque orationem uti fructum tempestivum offert : *Honorabile connubium et torus immaculatus : fornicatores autem et adulteros judicabit Deus*[76].

CAP. XXV.
De circumcisione.

Circumcisio Abrahæ ante legem, post benedictiones et promissiones data est, tanquam signum quod eum liberosque ejus, ac vernas a gentibus, quibuscum morabatur, discerneret[77]. Argumento est[78], quod cum Israelitæ quadraginta annis in deserto secum ipsi seorsim versarentur, nec cum ulla alia gente commercium haberent, ex iis qui in deserto nati sunt, nullus omnino circumcisus fuit. At postquam Josue Jordanem trajecit, tum circumcisi sunt, constitutaque fuit secunda lex circumcisionis. Lex siquidem circumcisionis, quæ tempore Abrahæ data fuerat, posthac totis quadraginta annis in deserto cessavit. Quocirca secundo rursum Deus circumcisionis legem Josue post transmissum Jordanem dedit : quemadmodum scriptum est in libro ejusdem Josue filii Nave : *Eo tempore ait Dominus ad Jesum : Fac tibi cultros lapideos ex petra durissima, et circumcide secundo filios Israel*[79]. Et post pauca : *Quadraginta et duobus annis versatus est Israel in solitudine Madbaritide : ob eamque causam incircumcisi erant ex ipsis filii multi bellatorum, qui egressi fuerant de terra Ægypti, qui Dei mandatis non paruerant: quibus etiam affirmavit non visuros ipsos terram bonam quam juraverat patribus eorum daturum se eis, terram lacte et melle manantem. In eorum autem locum filios ipsorum suffecit, quos Jesus circumcidit ; eo quod in via circumcisi non essent*[80]. Ex quo perspicuum fit, circumcisionem signum fuisse quod Israelem a gentibus quibuscum versabatur, secerneret.

Circumcisio baptismi figura. — Ea porro baptismi figura erat[81]. Sicut enim circumcisio non utile aliquod corporis membrum abscindit, sed superfluum excrementum : ita per sanctum baptisma peccatum nobis amputatur. Liquet autem quod peccatum superfluum quoddam sit, et inutilis cupiditas. Neque enim fieri potest, ut quis omnino non concupiscat, aut nullum voluptatis sensum percipiat: verum illud quod in cupiditate et voluptate nulli usui est, hoc est inutilis cupiditas ac voluptas, hoc ipsum peccatum est ; quod quidem circumcidit sanctum baptisma, signi loco

[67] IV Reg. 11, 9. [68] Dan. 111, 20. [69] Dan. vi, 14. [70] Exod. xix, 15; Num. vi, 2. [71] Isa. xxxi, 9. [72] Joan. 11, 1. [73] Hebr. xiii, 4. [74] Matth. xix, 11. [75] I Cor. vii, 2. [76] Hebr. xv, 4. [77] Gen. xii, 3 seqq. xv, 5 seqq.; xv, 10 seqq. [78] Chrys. hom. 39 in Gen. [79] Josue v, 2. [80] ibid. 6, 7. [81] Greg. Naz. orat. 40. Athan. *De Sab. et circ.*

venerabilem crucem in nobis fronte præbens, non qua a gentibus secernamur (omnes enim gentes baptismum consecutæ sunt, ac crucis signo insignitæ), sed quo fidelis ab infideli in qualibet natione distinguatur. Quocirca circumcisio patefacta veritate inutilis jam figura atque umbra est. Inutile igitur est circumcidi, ac baptismo contrarium. Nam *qui circumciditur universæ legis servandæ debitor est* [81]. Dominus porro ut legem impleret, circumcisus fuit : atque adeo totam legem implevit, Sabbatum quoque servavit, ut legem impleret ac sisteret [82]. Ex quo autem baptizatus est, et Spiritus sanctus hominibus apparuit, in columbæ specie descendens super eum, ex eo tempore spiritalis Dei cultus ac vitæ ratio, cœlorumque regnum prædicari cœperunt.

CAP. XXVI.
De Antichristo.

Antichristi acceptiones variæ. Judæi Antichristum recepturi tanquam sit eorum Messias. — Nosse autem operæ pretium est, venturum omnino Antichristum esse. Et quidem omnis qui non confitetur Dei Filium ac Deum in carne venisse, et Deum perfectum esse, atque hominem perfectum, una cum eo quod Deus erat, effectum esse, is Antichristus est [83]. Cæterum peculiari ac præcipuo modo Antichristus ille dicitur [84], qui sub sæculi finem venturus est. Primum itaque oportet prædicari Evangelium apud omnes gentes, uti Dominus ait [85] : ac tum ille veniet, ut innotescat adversarius Deo Judæorum animus. Ait enim ad eos Dominus : *Ego veni in nomine Patris mei, et non accipitis me : veniet alius in nomine suo, et illum accipietis* [86]. Itemque Apostolus : *Pro eo quod charitatem veritatis non receperunt, ut salvi fierent. Ideo mittet illis Deus operationem erroris, ut credant mendacio : ut judicentur omnes qui non crediderunt veritati, sed consenserunt iniquitati* [87]. Ergo Judæi Dominum Jesum Christum, qui Dei Filius ac Deus erat, minime receperunt : impostorem contra, qui se Deum dicat, recepturi sunt [88]. Nam quod Dei nomen sibi ille sit arrogaturus, angelus Danielem docens hisce verbis ostendit : *Super deos enim patrum suorum non intelliget* [89]. Et Apostolus : *Ne quis vos seducat ullo modo : quoniam nisi venerit discessio primum, et revelatus fuerit homo iniquitatis, filius perditionis, qui adversatur et extollitur supra omnem qui dicitur Deus, aut colitur, ita ut in templo Dei sedeat, ostendens se tanquam sit Deus* [91]. In templo, inquit, Dei, non nostro, sed vetere Judaico. Non enim nobis, sed Judæis veniet : nec pro Christo, sed adversus Christum : qua etiam de causa Antichristus dicitur [92].

Antichristus verus homo futurus. — Primum ergo Evangelium apud omnes gentes prædicari necesse est [93] : *Ac tum revelabitur ille iniquus, cujus est adventus secundum operationem Satanæ, in omni virtute, et signis, et prodigiis mendacibus; et in omni seductione iniquitatis, iis qui pereunt; quem Dominus interficiet verbo oris sui, et destruet illustratione adventus sui* [94]. Non ipse ergo diabolus homo fiet, qua Dominus ratione homo factus est (absit enim istud), verum homo ex fornicatione nascetur, qui omnem Satanæ vim atque afflatum suscipiet. Deus enim futuræ ipsius voluntatis perversitatem prænoscens, diabolum in eo domicilium sibi constituere sinet [95].

Antichristi primordia, atque progressus. — Ex fornicatione itaque, ut diximus, nascetur, et clam educabitur; tum repente insurget, arreptaque tyrannide regnabit. Atque in regni quidem sui, seu tyrannidis potius, primordiis specimen præferet sanctitatis. Cum autem potitus rerum erit, tum Dei Ecclesiam persequetur, suamque omnem malitiam promet. Veniet autem *in signis et prodigiis mendacibus* [96]; fictis utique, et non veris; et eos quorum imbecillo parumque firmo fundamento nixa mens erit, seducet, abstrahetque a Deo vivo; ita ut scandalizentur, si fieri potest, etiam electi [97].

Enoch et Elias cum Antichristo pugnaturi. — Mittentur autem Enoch et Elias Thesbites, qui Patrum corda in filios [98], hoc est, Synagogam ad Dominum nostrum Jesum Christum, atque apostolorum doctrinam convertent : ab eoque trucidabuntur. Ac tum Dominus veniet de cœlo, quemadmodum sancti apostoli in cœlum euntem viderunt [99]; nempe, Deus perfectus, et perfectus homo, cum gloria et potestate, et hominem iniquitatis, filium perditionis, interficiet spiritu oris sui [1]. Quapropter nihil est, cur quisquam Dominum e terra exspectet, verum e cœlo, ut ipse nobis certo declaravit.

CAP. XXVII.
De resurrectione.

Corporum futura resurrectio immortalibus animis. — Porro mortuorum etiam resurrectionem credimus. Erit enim profecto; erit, inquam, mortuorum resurrectio. Resurrectionem autem dicentes, corporum resurrectionem intelligimus. Resurrectio enim est secunda ejus quod cecidit, erectio. Etenim animæ, cum immortales sint, quo tandem pacto resurgant? Nam cum mortem definiant, animæ a corpore separationem, resurrectio proinde est iterata animæ et corporis conjunctio, secundaque dissoluti et collapsi ani-

---

[81] Galat. v, 3. [82] Matth. v, 17. [83] Joan. iv, 2. [84] Iren. lib. v, c. 25. Greg. Naz. orat. 47. [85] Matth. xxiv, 14. [86] Joan. v, 43. [87] II Thess. ii, 11. [88] Chrys. hom. 4 in Epist. II ad Thess. [89] Dan. ii, 37. [90] II Thess. ii, 3, 4. [91] Iren. Cyrill. Hieros. catech. 15. Greg. Naz. loc. cit. [92] Matth. xxv, 14. [93] II Thess. ii, 8. [94] Chrys. hom. 3 in II epist. ad Thess. [95] II Thess. ii, 9. [96] Matth. xxiv, 24. [97] Malach. iv, 5. Apoc. xi, 3. [98] Act. i, 11. [1] II Thess. ii, 8.

malis excitatio[a]. Ipsum itaque corpus quod corrumpitur ac dissolvitur, idemmet resurget incorruptum. Non enim ea imbecillitate est is, qui e terræ pulvere primum illud condidit, ut quod posthac dissolutum erit, atque in terram ex qua sumptum fuerat, secundum Opificis sententiam reversum, rursus ad vitam revocare nequeat.

Probatur resurrectio ratione, a Dei providentia et justitia. — Enimvero si non est resurrectio, comedamus et bibamus[1]; voluptuosam deliciisque omnibus diffluentem vitam sectemur. Si non est resurrectio, quid tandem est, quo bruta animantia antecellamus? Si non est resurrectio, feras agrestes, quæ vitam mœrore vacuam ducunt, beatas prædicemus. Si non est resurrectio, nec Deus est, nec providentia : sed omnia casu temereque aguntur et feruntur. Ecce enim justos plurimos videmus egentes, et injuria affectos, omnique ope hoc in sæculo destitutos; peccatores contra et flagitiosos, divitiis et omni deliciarum genere circumfluentes. Ecquis autem sana mente præditus, hoc æqui judicii aut sapientis providentiæ esse existimet? Erit igitur, erit plane resurrectio. Nam, quia Deus justus est, sustinentibus quoque ipsum mercedem persolvet. Ac, siquidem anima sola in virtutis palæstra decertaverit, sola quoque coronam obtinebit ; et si sola in voluptatibus sese volutarit, sola quoque merito pœnas luet. At cum nec exsistentiam inter se discretam habuerint, nec anima, vel virtutem, vel malitiam sine corpore gesserit, merito proinde ambo simul, aut præmiis, aut pœnis afficientur.

Auctoritate Scripturæ. — Quin divina quoque Scriptura corporum resurrectionem fore testatur. Ait quippe Deus Noe post diluvium : *Quasi olera virentia tradidi vobis omnia; excepto quod carnem cum sanguine animæ non comedetis. Vestrum enim sanguinem animarum vestrarum requiram de manu cunctarum bestiarum, et de manu omnis hominis, fratris ejus requiram animam ejus. Qui effuderit sanguinem hominis, pro illius sanguine sanguis ipsius effundetur : ad imaginem quippe Dei hominem feci*[4]. Quonam autem modo sanguinem hominis de manu cunctarum bestiarum requiret, nisi quia corpora hominum, qui moriuntur, ad vitam excitabit? Non enim hominis loco bestiæ morientur.

Rursusque ad Moysen : *Ego sum Deus Abraham, et Deus Isaac, et Deus Jacob*[5]. Atqui non est Deus mortuorum Deus[6], hoc est eorum qui moriuntur, nec amplius futuri sunt ; sed *vivorum* : quorum animæ quidem in manu ejus vivunt[7]; corpora autem post resurrectionem reviviscent. Dei quoque parens David Deum sic alloquitur : *Auferes spiritum eorum, et deficient, et in pulverem suum revertentur*[8]. En quo pacto de corporibus ei sermo est. Deinde subjungit : *Emittes Spiritum tuum, et creabuntur, et renovabis faciem terræ*[9].

Isaias item : *Resurgent mortui, et expergiscentur qui in monumentis sunt*[10]. Atqui constat non animas, sed corpora in monumentis collocari.

[11] Beatus quoque Ezechiel : *Et factum est*, inquit, *cum ego prophetarem, et ecce terræ motus; et accedebant ossa os ad os, unumquodque ad juncturam suam. Et vidi : et ecce rursus oborti sunt eis nervi, et carnes enascebantur, et ascendebant ad eos, et circumfusæ sunt eis pelles desuper*[12]. Ac postea docet, quemadmodum spiritus, juxta atque illis imperatum erat, redierunt.

Præterea divinus Daniel ait : *Et in tempore illo consurget Michael princeps magnus, qui stat pro filiis populi tui : et erit tempus tribulationis, tribulatio, qualis non fuit, ex quo facta est gens in terra, usque ad tempus illud. Et in tempore illo salvabitur populus tuus, qui inventus fuerit scriptus in libro. Et multi de his qui dormiunt in terræ pulvere, evigilabunt, alii in vitam æternam, et alii in opprobrium et confusionem æternam. Et intelligentes fulgebunt quasi splendor firmamenti, et ex justis plurimis, quasi stellæ in sæcula et ultra fulgebunt*[13]. Ex his autem verbis, *Multi de his qui dormiunt in terræ pulvere, evigilabunt*, perspicuum est, eum corporum resurrectionem indicare. Neque enim quisquam dixerit, animas in terræ pulvere dormire.

Quin etiam Dominus in sacris Evangeliis corporum resurrectionem aperte tradidit : *Audient enim*, inquit, *qui in monumentis sunt, vocem Filii Dei : et procedent qui bona fecerunt, in resurrectionem vitæ : qui vero mala egerunt, in resurrectionem judicii*[14]. Nemo autem mentis compos, animas in monumentis esse aut versari unquam dixerit.

Non vero Dominus sermone tantum, sed et opere corporum resurrectionem declaravit. Primum quando quatriduanum, jamque corruptum, et fetentem Lazarum suscitavit[15]. Neque enim animam corpore orbatam, sed corpus cum anima ; nec alterum, sed ipsummet quod corruptum erat, excitavit. Quonam etenim alioqui modo agnita fuisset, aut fidem invenisset vera ac propria resurrectio, nisi ex certissimis personæ notis ac proprietatibus ea comprobata esset? Verum Lazarum quidem, ut divinitatem suam demonstraret, ac tum suæ, tum nostræ resurrectionis fidem astrueret, ad vitam ita revocavit, ut eidem rursus esset moriendum. At ipse Dominus perfectæ, nec jam morti subjectæ resurrectionis auspex exstitit ac primitiæ : eamque ob rem aiebat apostolus Paulus : **303** *Si mortui non resurgunt, neque Christus resurrexit. Si autem Christus non resurrexit, inanis est ergo fides*

---

[a] Epist. in Ancor n. 89; Method. Contra Orig. [1] Exod. III, 6. [6] Matth. XXII, 32. [7] Sap. III, 1. [8] Psal. CV, 29. [9] ibid. 30. [10] Isa. XXVII, 9. [11] Nyss. De anim. et resur. post med. [12] Ezech. XXXVIII, 7, 8. [13] Dan. XII, 1-3. [14] Joan. V, 28, 29. [15] Joan. XI, 39-44. [3] Isa. XXII, 13 ; I Cor. XV, 32. [4] Gen. IX, 5, 6.

nostra : adhuc ergo sumus in peccatis nostris [16]. Et, Quia Christus resurrexit primitiae dormientium [17]. Et : Primogenitus ex mortuis [18]. Ac rursus : Si credimus quod Jesus mortuus est, et resurrexit : ita et Deus eos qui dormierunt per Jesum, adducet cum eo [19]. Ita, inquit; quemadmodum nempe Christus resurrexit.

Quod autem Domini resurrectio, corporis jam incorrupti et animae conjunctio esset (nam haec erant quae fuerant divisa), hinc liquet. Ait enim : Solvite templum hoc, et in tribus diebus aedificabo illud [20]. Quod autem de corpore suo loqueretur, evangelista testis locuples est : Palpate me et videte (aiebat discipulis suis Dominus, dum existimabant se spiritum videre) quia ego ipse sum, et non sum mutatus : quia spiritus carnem et ossa non habet, sicut me videtis habere [21]. Et cum hoc dixisset, ostendit eis manus et latus; eaque Thomae palpanda porrexit [22]. Annon haec ad fidem resurrectioni corporum conciliandam sufficiunt?

Rursus autem divinus Apostolus ait : Oportet enim corruptibile hoc induere incorruptionem : et mortale hoc induere immortalitatem [23]. Ac rursus : Seminatur in corruptione, surget in incorruptione, seminatur in infirmitate, surget in virtute : seminatur in ignobilitate, surget in gloria. Seminatur corpus animale, hoc est, crassum et mortale, surget corpus spirituale [24], immutabile, impassibile, subtile (hoc enim significat, spirituale, quale nimirum post resurrectionem Domini corpus erat, cum januis clausis transiret), infatigabile, nec cibo aut somno aut potu indigens. Erunt enim, inquit Dominus, sicut angeli Dei [25]. Nec jam nuptiis aut liberorum procreationi locus erit. Ait quippe divinus Apostolus : Nostra conversatio in coelis est : unde etiam Salvatorem exspectamus Dominum Jesum, qui reformabit corpus humilitatis nostrae, ut conforme fiat corpori claritatis suae [26]. Quo loco, non mutationem in alteram formam intelligit (absit hoc)

A verum immutationem potius ex corruptela ad incorruptionis statum [27].

Simile ab humani corporis productione. — At dicet aliquis : Quomodo mortui resurgent [28]? Proh incredulitatem! Proh dementiam! Qui pulverem in corpus sola voluntate mutavit : qui exiguam materiae guttam in utero amplificari, variumque ac multiplex corporis organum efficere jussit, annon multo magis id quod fuit ac defluxit, cum voluerit, rursum excitabit [29]? Qualive corpore venient? Insipiens, si ea est obduratio tua, ut te Dei verbis fidem adhibere non sinat, operibus saltem ejus crede : Nam tu quod seminas, non vivificatur, nisi prius moriatur. Et quod seminas, non corpus, quod futurum est, seminas, **304** sed nudum granum, ut puta B tritici, aut alicujus caeterorum. Deus autem dat illi corpus, sicut vult ; et unicuique seminum proprium corpus [30]. Contemplare itaque semina in sulcis, non secus atque in sepulcris, defossa. Quisnam igitur radices, et calamum, et folia, et spicas, et subtilissimas aristas inserit? Annon ille universorum opifex? Annon ejus qui omnia fabricatus est jussio? Ad hunc itaque modum, etiam Dei voluntate ac nutu, mortuorum resurrectionem fore credito. Etenim potentia ipsius voluntatem aequo gradu comitatur.

Judicium post resurrectionem ac merces operum.— Resurgemus itaque, animis nostris videlicet conjunctis iterum cum corporibus a corruptione jam exutis : atque tremendo Christi tribunali sistemur, C ac tum diabolus, ipsiusque daemones, et ejus homo, hoc est Antichristus, necnon impii flagitiosique homines igni aeterno tradentur; igni, inquam, non qui instar nostri materia constet, sed qualem Deus novit. Qui autem bona egerunt, fulgebunt sicut sol cum angelis in vita aeterna, cum Domino nostro Jesu Christo, ut videant semper ac videantur, indefectibilique inde laetitia fruantur, laudantes eum cum Patre et sancto Spiritu per infinita saecula saeculorum. Amen.

[16] I Cor. xv, 16, 17. [17] ibid. 20. [18] Coloss. i, 18. [19] I Thess. v, 13. [20] Joan. ii, 19. [21] Luc. xxiv, 39. [22] Joan. xx, 27. [23] I Cor. xv, 53. [24] ibid. 42-44. [25] Marc. xii, 25. [26] Philipp. iii, 20, 21. [27] Nyss. citat.; Epiphan. haeres. 6, 4. [28] I Cor. xv, 35. [29] Epiph. Ancor. n. 93. [30] I Cor. xv, 35-38.

IN TRES ORATIONES
S. JOANNIS DAMASCENI
PRO SACRIS IMAGINIBUS.

305 Quam egregiam pro imaginibus operam Damascenus meus navaverit neminem latet. Vix Leonem Isaurum eas evertendas edicto constituisse noverat, cum adversus illum classicum cecinit. *Epistolares tractatus*, inquit ipsius Vitae scriptor, *ad rectae fidei alumnos misit, quibuscum amicitiae et familiaritatis vinculo junctus erat, ut et illi quoque eosdem accurate descriptos spargerent in fideles.* En tres hac in causa editas ab eo dissertationes : ex quarum prioris exordio colligendum datur, nihil eum antehac adversus Leonem tentasse, quando illam ad urbis Regiæ fideles confirmandos scripsit. Eamdem etiam post decimum Leonis Isauri annum, quo impium edictum promulgatum est, atque ante ejusdem decimum tertium, quo S. Germanus CP. throno dejectus est, editam fuisse planum fit ex illis verbis quæ in exordii continuatione leguntur : Ἐκλιπαρῶ... ἅπαντα τὸν τοῦ Θεοῦ λαόν... σὺν τῷ καλῷ ποιμένι τῆς λογικῆς Χριστοῦ ποίμνης τῷ τὴν Χριστοῦ ἱεραρχίαν ἐν ἑαυτῷ ὑπογράφοντι. *Precor universum populum Dei, una cum bono rationalis gregis Christi pastore,* etc. Alterum vero tractatum emisit, cum Germanum patriarcham Leo furens detrusisset : de quo facinore, ut de multis aliis conqueritur ibidem (num. XII) Damascenus : Καὶ νῦν ὁ μακάριος Γερμανὸς, ὁ βίῳ καὶ λόγῳ ἐξαστράπτων, ἐρραπίσθη, καὶ ἐξόριστος γέγονε, καὶ ἕτεροι πλεῖστοι ἐπίσκοποι καὶ Πατέρες, ὧν οὐκ οἴδαμεν τὰ ὀνόματα. *Nunc quoque B. Germanus, tum vita, tum doctrina refulgens, affectus plagis, in exsilium pulsus est, et cum eo plures alii episcopi et Patres quorum nomina nobis ignota sunt.* Nihil tamen de Anastasii, quem quinto decimo ab abdicato Germano die suffecerat Isaurus, intrusione suggerit : ea nempe tardius in Oriente audita. Præterea hæ tres orationes ea conscriptæ fuerunt ætate, cum ab anathemate contra Leonem pronuntiando hactenus abstinerent Orientis episcopi. Nam circa utriusque orationis finem, allatis sanctorum Patrum testimoniis subjungit : « Κἂν ἄγγελος, φησὶ Παῦλος ὁ ἀπόστολος, εὐαγγελίσηται ὑμᾶς παρ' ὃ παρελάβετε · » καὶ τὸ ἑξῆς σιωπήσομεν, φειδοῖ, τὴν ἐπιστροφὴν ἐκδεχόμενοι. Ἂν δὲ ἴδωμεν τὴν διαστροφὴν ἀνεπίστροφον · ὅπερ μὴ δῴη Κύριος, τότε ἐπάξομεν τὸ λειπόμενον. « *Licet vos*, inquit Paulus apostolus, *vel angelus evangelizet, præter id quod accepistis...*» *quod sequitur tacebimus modo, parcentes illis quorum conversionem speramus. Sin autem, quod Deus avertat ! in opinione perversa obstinatos viderimus, tunc illud pronuntiabimus quod sequitur,* nimirum *Anathema sit.* Quin et hoc quoque in ipsamet tractatus secundi ac tertii insinuat serie, ubi eamdem Apostoli sententiam sic emollit : Κἂν ἄγγελος, κἂν βασιλεὺς εὐαγγελίσηται ὑμᾶς παρ' ὃ παρελάβετε, κλείσατε τὰς ἀκοάς. Ὀκνῶ γὰρ τέως εἰπεῖν, ὡς ἔφη ὁ θεῖος ἀπόστολος, « ἀνάθεμα ἔστω. » ἐκδεχόμενος τὴν διόρθωσιν. *Licet angelus, licet imperator, evangelizet vobis, præter id quod accepistis, aures occludite. Eo quippe abstinuerim modo quod subdit Apostolus,* «*Anathema sit,* » *quando emendationis sperandæ locus est.* Quibus conformia plane sunt quæ in utriusque orationis epilogo strenue audacterque pronuntiat :Οὐκ ἀνεξόμεθα νέαν πίστιν διδάσκεσθαι. « Ἐκ γὰρ Σιὼν ἐξελεύσεται νόμος, προφητικῶς ἔφη τὸ Πνεῦμα τὸ ἅγιον, καὶ ὁ λόγος τοῦ Κυρίου ἐξ Ἱερουσαλήμ. » Οὐκ ἀνεξόμεθα,κ. τ. ἑ. *Novam fidem edoceri non patiemur.* Nam « *ex Sion exibit lex, et verbum Domini de Jerusalem,* » *ut prophetico more prænuntiavit Spiritus sanctus. Nec committemus ut,* etc. Comminationem pœna tandem secuta est, cum a sanctæ civitatis antistite primum, atque a cæteris deinceps Orientis episcopis frendens Leo anathematis fulmine perculsus est, quemadmodum testatur Theophanes ad tertium decimum ejusdem Leonis annum ; quando scilicet Germano exsulante, inque thronum ipsius intruso Anastasio, nulla jam Catholicis Leonini furoris compescendi spes affulgeret.

306 Quid porro in causa fuerit cur tractatui priori secundum adderet, in ipsemet orationis secundæ exordio aperit. Nimirum nonnihil difficultatis apud quosdam pepererat dissertatio prior : adeoque necessum habuit, momenta eadem alia serie faciliorique methodo rursum prosequi. Quod ad tertiam vero spectat, hanc ex prioribus magna ex parte contexuit ; non paucis tamen additis, quibus susceptam sacrarum imaginum causam explicatiori enarratione contra adversariorum criminationes melius defenderet. Humphredus Hody, Anglus, in suis prolegomenis ad Chronographiam Joannis Malalæ, in dubium vertit, num tertia hæc oratio auctori nostro tribuenda sit, ad cujus calcem inter veterum testimonia legatur excerptum ex Historia ejusdem Joannis Malalæ, quem Damasceno fuisse recentiorem arbitratur. Suspicatur eam ab alio sequioris ætatis scriptam esse et Joanni Damasceno assignatam, *perinde ac varios alios de eodem argumento tractatus ei falso ascriptos, propter nomen magnum quod in imaginum defensione sibi compararat.* Additque : *De tractatibus istis variis et quid nobis suppetat argumenti, peculiaris contra librum prædictum videatur nostra diatriba de scriptoribus Græcis variis.* Quanquam ultro concedit, *in more cum lectorum, tum librariorum fuisse, cum in libris testimonia aliorum congesta reperirent, de suo si quid occurreret, adjicere et inserere.* De Joannis Malalæ ætate, quem ante sæculi VIII finem non scripsisse Hody contendit, nihil certo definiri potest, quando posterior ejus Chronographiæ pars desideratur, et penitus interiit. Atqui nullus alius supererat alicujus momenti scrupulus, quo vir eruditus deterreri posset, quin huncce tractatum Damasceno nostro ceu genuino ejusdem auctori assignaret ; quem alioquin ipsi vindicant consarcinata ex utroque priore verba et argumenta : ubi eadem comminatio anathematis repetitur totidemque verbis atque in secundo tractatu : ex qua itidem planum fit et obvium, hoc opus perinde ac alia duo priora eo conscriptum tempore, quo nihil hactenus adversus Leonem Isaurum et Iconoclastas decreverant Orientis episcopi. His adde, in hujus quoque orationis serie hominem Syrum passim indicari auctorem, qui sacra Palæstinæ loca frequens inviseret ; quippe quæ in exemplum afferat quo Ecclesiam ab imaginum cultu retroactis sæculis non abhorruisse ostendat.

Neque vero tres istas duntaxat in sacrarum imaginum defensionem dissertationes lucubravit Damascenus. Legimus quippe in Vita S. Stephani Junioris, qui Constantino Copronymo imperante martyrium obiit, sanctum Joannem Damascenum, huncce paterni erroris et sævitiæ, quemadmodum et imperii, hæredem epistolis aliis impugnasse, quibus eum υἱὸν Μωαμὲθ, Χριστομάχον, μισάγιον, *Mohamedem juniorem, Christi hostem, ac sanctorum osorem* appellabat ; ejusque assentatores episcopos, ἐπισκότους, hoc est *tenebricosos potius quam epi-*

scopos, necnon κοιλιοδούλους id est *ventri servientes*, ἐπὶ τῇ γαστρὶ πάντα καὶ λέγοντας καὶ ποιοῦντας, *ut qui ventris gratia nihil non dicerent, aut agerent*. In tertia oratione nihil tale occurrit ; quam quidem alioqui sub Leone Isauro scriptam perinde atque aliæ priores modo demonstratum est. Propius accedunt quæ in tractatu alio adversus Constantinum Copronymum, ejusque conciliabulum, Damasceni nomine inscripto leguntur. Verum non constat dissertationem hanc a Joanne nostro editam esse, ut suo loco ostendetur. Alia igitur interierint oportet sancti Doctoris opuscula, quibus Iconomachos iterum atque iterum lacessiverit.

In tribus porro orationibus istis habes, Catholice lector, puram et sinceram ecclesiasticæ de Christi sanctorumque imaginibus venerandis disciplinæ enarrationem, et firmissimum adversus earum impugnatores præsidium, quo universa hæreticorum tela nullo negotio elidas. Nonnulla quidem testimonia profert auctor ex iis operibus deprompta, quæ veterum auctorum Patrumque nominibus falso inscribuntur, atque ab eruditis hodie tanquam supposititia exploduntur : verum summo viro condonandum, qui ea floreret ætate, qua theologi criticæ artis studiosi non erant ; sed omnia admittebant et complectebantur, quibus tum sincera fides erudiretur, tum etiam Christianorum mores informarentur. Ad hæc non spurios tantummodo libros **307** allegat Noster, sed longe plures alios a probatis auctoribus profectos, quibus sana de imaginibus sententia clare satis asseritur et inculcatur.

Tres hasce dissertationes Græce primum edidit Romæ Nicolaus Majoranus, et cardinali Joanni Petro Carafæ nuncupavit anno 1553, in - 8. Ad eas recensendas, paucos manuscriptos habuimus. Duos duntaxat recentissima exaratos manu asservat bibliotheca Regia, ex eodem prorsus exemplari descriptos, quibuscum in omnibus convenit codex alter qui non ita pridem ad meas pervenit manus. At ex illis parum aut ferme nihil adjumenti percepi. Nam priorem duntaxat orationem multis passim consulto prætermissis et immutatis in compendium redactam exhibent ; dimissisque sanctorum Patrum aliorumque auctorum testimoniis, eorum loco assuta fuere, quæ de variis imaginis et adorationis generibus oratione tertia edisserit Damascenus. Quo vero auctore synopsis illa prodierit, prorsus obscurum est. Græculis dudum in more fuit ejusmodi compendia texere, non sine gravi Ecclesiæ et rei litterariæ dispendio. Orationis tertiæ nonnulla folia reperi in Colbertino codice n. 1539, optimæ notæ, et qui septingentorum annorum ætatem præfert ; atque ad illum orationem eamdem recensui. Cæterum tres illi tractatus in editione Romana satis accurati sunt, paucisque mendis laborant.

Latinam translationem primum adornavit Godefridus Tilmannus, Carthusiæ Parisiensis monachus, ac Parisiis edidit in- 4, anno 1555, quæ rursum Antuerpiæ prodiit anno 1556, in- 16. Versionem aliam paulo post elaboravit Petrus Franciscus Zinus, Veronensis canonicus. Ac prior quidem prolixitate, imo et assumentis additionibusque redundat : posterior multis in locis brevitate deficit. A nova tamen cudenda supersedendum sibi duxit Jacobus Billius, ac Zini interpretationem præ alia probavit ; paucis duntaxat exceptis, quæ in annotationibus suis emendavit. At quandoquidem, ut alibi monuit Combefisius, dum Billius minora castigaret, graviora prætermisit, ex utraque translatione novam tertiam concinnare operæ pretium duxi: non posthabitis tamen doctissimi viri emendationibus.

S. JOANNIS DAMASCENI

ORATIO APOLOGETICA PRIOR

ADVERSUS EOS QUI SACRAS IMAGINES ABJICIUNT.

1. Nos quidem decebat, indignitatis propriæ conscios, æternum tacere, Deoque potius peccata nostra confiteri : verum, quandoquidem omnia quæ opportuno tempore geruntur, laudabilia sunt ; Ecclesiam autem, quam super fundamentum apostolorum et prophetarum, ipso summo angulari lapide Christo Filio suo, Deus ædificavit [1], tanquam in maris procella, fluctibus aliis super alios assurgentibus intumescente, ab irruente improborum spirituum impetu valido misceri jactarique videam ; contextam desuper Christi tunicam dividi, quam per summam audaciam scindere conati sunt impii ; ipsius demum corpus, quod sermo Dei est, et antiquitus suscepta firmataque traditio, in varias distrahi sectiones ; tacendum non censui, nec linguam silentii vinculo coercendam, illam nimirum Dei sententiam veritus, ita comminantis : « Si te subtraxeris, non **308** placebit animæ meæ [2]. » Et : « Si videris gladium venientem, nec fratri tuo denuntiaveris, sanguinem ejus de manu tua requiram [3]. » Hoc igitur gravi perculsus metu, ad dicendum appuli, nec veritati majestatem imperatoris anteposui. Ait quippe Dei parens David : « Loquebar de testimoniis tuis in con-

[1] Ephes. II, 19. [2] Hebr. x, 38. [3] Ezech. XXXIII, 8.

spectu regum, et non confundebar[1]. » Quin etiam ob id vehementius sum incitatus. Enimvero ad subditos pelliciendos multum valet regis auctoritas: quippe cum pauci hactenus fuerint illi, qui cum reges terræ regis cœlestis imperio subesse, regesque legibus obnoxios esse noverint, iniqua ipsorum jussa contempsere.

2. Hoc itaque ceu principio quodam, sive fundamento, menti proposito, ut nimirum ecclesiastica, per quam salus paritur, institutio tenenda sit, orationi campum aperui, quo veluti equus recte frenis obtemperans, e carceribus dimissus excurreret. Vere enim, ac ultra quam dici possit, grave calamitosumque existimavi, Ecclesiam tot fulgentem prærogativis, et sanctissimorum hominum, majorum nostrorum sanctionibus ornatam, ad egena elementa converti[4], illicque trepidare timore, ubi non est timor[5]; si tanquam Dei veri nescia, prolapsionem ad idolorum cultum subvereatur, sicque vel minimum a perfectione desciscat, ac quasi nævum quemdam durabilem, qui inconcinnitate sua venustatem omnem maculet, in formosissimi oris medio gestet. Neque vero erroris parva nota est, veterem Ecclesiæ disciplinam, consuetudine roboratam, convellere, majoresque nostros quocunque modo damnare; quorum conversationem intuentes, imitari fidem oportebat[6].

3. Primum igitur, ad vos verba facturus, omnipotentem Dominum efflagito, cui nuda apertaque sunt omnia; cui purum ac sincerum hac in parte humilis sensus mei propositum patet, ut mihi det sermonem in apertione oris, et mentis meæ habenas propriis manibus tenendo, eam ad seipsum trahat; quo in conspectu ipsius recto tramite pergat, nec ad ea declinet, quæ sibi in speciem vera videntur, aut esse sinistra noverit. Dehinc precor universam Dei plebem, gentem sanctam, regale sacerdotium, una cum bono rationalis gregis Christi pastore, qui summum in semetipso Christi sacerdotium exprimit, ut libellum huncce meum benevolo excipiant animo : ne vel dignitatem quæ in me perexigua est, respiciant, vel verborum artem, qua egenus ego haud satis polleo, sed sententiarum potius vim attendant. Non enim in sermone, sed in virtute consistit regnum cœlorum[7]. Non vincere, sed impugnatæ veritati opem ferre propositum mihi est, virtutis manum subministrante bona voluntate. Quamobrem substantis veritatis implorata ope, hinc orationis principium ducam.

4. Illum novi qui citra mendacium dixit : **309** « Dominus Deus tuus, Dominus unus est[8]. » Et : « Dominum Deum tuum adorabis, et illi soli servies[9]. » Item : « Non facies tibi sculptile, omnem similitudinem eorum quæ in cœlo sunt sursum,

et quæ in terra deorsum[10]. » Et : « Confundantur omnes qui adorant sculptilia[11]. » Necnon : « Pereant dii, qui non fecerunt cœlum et terram[12]; » aliaque illorum similia, quæ cum olim locutus esset Deus patribus in prophetis, novissimis diebus istis locutus est nobis in unigenito Filio suo, per quem fecit et sæcula[13]. Illum novi qui ait : « Hæc est vita æterna, ut cognoscant te solum Deum verum, et quem misisti Jesum Christum[14]. » Credo in unum Deum, unum rerum omnium principium, initio et principio carentem, increatum, interitus nescium et immortalem, æternum et perpetuum, incomprehensum, invisibilem, incircumscriptum, figuræ expertem : substantiam unam supra substantiæ rationem, Deitatem supra quam divinam, in tribus personis, Patre et Filio et Spiritu sancto : ipsi soli servio, ipsi soli latriæ cultum adhibeo. Deum unum adoro, Deitatem unam, sed et Trinitati servio personarum, nempe Deo Patri, et Deo Filio incarnato, et Deo Spiritui sancto ; uni tamen Deo. Creaturæ non servio potius quam Creatori ; verum ipsi Creatori, qui instar mei creatus factus est, atque citra sui depressionem ac dejectionem ad creaturam descendit, ut naturam meam cohonestaret, divinæque naturæ me consortem faceret. Simul cum rege ac Deo, corporis, ut ita loquar, purpuram adoro ; non tamen quatenus indumentum, neque ut quartam personam, sed ut quæ pariter exsistat Deus, idemque absque immutatione facta fuerit cum eo, quod eam inunxit. Non enim natura carnis in Deitatem evasit, sed quemadmodum Verbum manens id quod erat, sine conversione caro factum est; sic quoque caro Verbum facta est, non amittens id quod est ; quin potius idem cum Verbo secundum hypostasim effecta. Quamobrem invisibilis Dei imaginem efformare non dubito, non qua invisibilis est, sed qua propter nos carni et sanguini participando[15], factus est visibilis. Imagine non Deitatem, sed conspectam carnem exprimo. Nam si simulacrum animæ effingi non potest, quanto minus Dei ipsius, qui animæ, ut materiæ expers esset, impertivit !

5. At, inquiunt, Deus per Moysem legislatorem ait : « Dominum Deum tuum adorabis, et ipsi soli servies.» Itemque : «Non facies omnem similitudinem quorumcunque eorum, quæ in cœlo, et quæ in terra sunt. »

Errant illi profecto, fratres, qui nescientes Scripturas, litteram quoque occidere, Spiritum vivificare non norunt[16]. Quos sic ego jure possim affari : Ipse qui vos id docuit, illud etiam quod sequitur edoceat. Disce quonam sensu id legislator interpretatur, in hunc fere modum in Deuteronomio loquens : « Et locutus est Dominus ad vos de medio ignis. Vocem verborum vos audistis et

---

[1] Psal. cxviii, 46. [2] Galat. iv, 9. [3] Psal. lii, 6. [4] Hebr. xiii, 7. [5] 1 Cor. ii, 5. [6] Deut. vi, 4. [7] Deut. vi, 13. [8] Exod. xx, 3. [9] Psal. xcvi, 7. [10] Jerem. x, 17. [11] Hebr. i, 1. [12] Joan. xvii, 2. [13] Hebr. ii, 14. [14] II Cor. iii, 6.

similitudinem non vidistis, sed vocem tantum [17]. » Ac paulo post : « Et servate valde animas vestras, quia similitudinem non vidistis, in die qua locutus est Dominus ad vos in Horeb, in monte de medio ignis : nequando contra legem agatis, faciatisque vobis sculptile simulacrum, omnem imaginem, similitudinem masculi et feminæ, similitudinem omnis jumenti, quod est super terram, similitudinem omnis volucris pennatæ [18], » etc. Et paucis interjectis : « Et ne forte elevatis oculis ad cœlum, et solem et lunam intuitus, et astra, omnemque cœli ornatum, errore deceptus, adores ea, et servias ipsis [19]. »

6. Cernis hoc unum consilium esse, ne scilicet creaturæ potius, quam Creatori serviamus, neve præter ipsum cuiquam servilem cultum offeramus? Idcirco enim ubique adorationi latriam jungit. Rursum quippe ait : « Non erunt tibi dii aliqui præter me. Non facies tibi sculptile, neque ullam similitudinem : non adorabis ea, neque servies ipsis ; quoniam ego Dominus Deus vester [20]. » Et iterum : « Aras, inquit, eorum subvertetis, et statuas eorum confringetis, et lucos eorum succidetis, et sculptilia deorum ipsorum igne comburetis. Deum enim alterum non adorabitis. [21] » Et post pauca : « Et deos, inquit, conflatiles non facies tibi [22]. »

7. Annon vides quod idololatriæ fugiendæ gratia imagines efformari prohibeat ; quippe cum in primis fieri non possit, ut effigies Dei exprimatur, qui nec quantitatem habet, nec circumscribi, nec perspici potest? « Neque enim formam, inquit, ipsius perspexistis [23]. » Quemadmodum etiam Paulus in medio stans Areopagi, ait : « Genus ergo cum simus Dei, non debemus æstimare auro et argento, aut lapidi sculpturæ artis, et cogitationis hominis divinum esse simile [24]. »

8. Judæis quidem, quoniam ad idola colenda propensiores erant, hæc injuncta fuerunt. Nos autem, quibus, ut cum Theologo loquar [25], datum est, ut, evitato superstitionis errore, et agnita veritate, cum Deo pure versemur, eique soli servientes, perfectas divinæ scientiæ divitias assequamur, ac infantiæ ætate transacta in virum perfectum occurramus [26], non sumus amplius sub pædagogo [27], quippe qui discernendi facultatem et habitum consecuti, illud sciamus quid imagine exprimi possit, quidve delineare non liceat. Ait enim : « Nec formam ipsius vidistis. » Proh sapientiam legislatoris! quod visibile non est, quanam effingatur imagine? Quinam ejus efformetur effigies, quod nec conjectari possit ? Qua ratione delineetur, quod quantitate, mole, et termino caret? Quomodo illius, quod formæ est expers, forma adumbrabitur? Quibusnam tandem, qui corporeus non est, coloribus describetur ? Quid igitur mysterii his in locis indicatur? Istud dubio procul, ut, cum eum qui incorporeus est, propter te hominem factum conspexeris, tum humanæ illius formæ similitudinem exprimas : cum is qui cerni non potest, carne conspicuum se præbuerit, tum imaginem ipsius facias : cum ille qui in forma Dei exsistens [28], propter naturæ suæ excellentiam, et corpore, et figura, et quantitate, et qualitate, et magnitudine vacat, forma servi suscepta, ad quantitatem qualitatemque sese contraxerit, ac corporis figuram induxerit [29], tunc eum in tabellis exprime, et conspiciendum præbe, qui conspici voluit. Inexplicabilem ipsius demissionem exara, ortum ex Virgine, baptismum in Jordane, transfigurationem in monte Thabor; cruciatus et mortem, quæ immortalitatem nobis conciliarunt; res patratas, carnis ministerio, sed divina virtute patratas, quæ divinam ipsius naturam promebant; crucem illam salutarem, sepulturam, resurrectionem, in cœlos ascensum; hæc omnia tum verbis, tum coloribus describe. Nihil prorsus vereare, nihil metuas, adorationum novi discrimina. Adoravit Abraham filios Emmor [30], homines impios, et ignorationis Dei morbo laborantes, cum in sepulcri possessionem speluncam duplicem emit. Adoravit Jacob fratrem suum Esau, et Pharaonem virum Ægyptium : quin etiam fastigium virgæ adoravit quidem, nec tamen latriæ cultum eidem exhibuit. Adoraverunt Jesus Nave filius, et Daniel angelum Dei : at latriæ cultum neutiquam illi impenderunt. Alia quippe adoratio est, qua latriæ servilisque cultus exhibetur, et alia, qua honoris gratia homines in dignitate quadam constitutos veneramur.

9. Cæterum quando de imagine ac de adoratione institutus est sermo, agedum, quidnam utraque sit diligentius expendamus. Imago itaque est similitudo exemplar ita exprimens, ut aliqua tamen ratione ab eo differat. Neque enim imago exemplari in omnibus similis est. Viva igitur, naturalis, ac nulla re dissimilis imago Dei invisibilis est ipse Filius [31], qui in seipso Patrem gerit, ac per omnia idem cum illo est, præter id unum, quod ab illo tanquam sua causa sit. Naturalis enim causa Pater est : ex causa vero proficiscitur Filius. Nam ex Filio Pater non est, sed Filius ex Patre. Ex ipso siquidem (tametsi posterior illo non sit) habet ut sit id quod est Pater qui ipsum genuit.

10. Sunt item in Deo imagines et exempla rerum ab ipso producendarum, nempe consilium ipsius æternum, quod eodem semper sese habet modo. Immutabilis siquidem omnino Deus est, in quo nulla est transmutatio, aut vicissitudinis

---

[17] Deut. iv, 12. [18] ibid. 15-17. [19] ibid. 19. [20] Deut. v, 8. [21] Deut. xii, 3. [22] Exod. xxxiv, 17. [23] Deut. iv, 12. [24] Act. xvii, 29. [25] Greg. Naz. orat. 39. [26] Ephes. iv, 13. [27] Galat. iii, 25. [28] Philipp. ii, 6. [29] ibid. [30] Imo filios Heth. Gen. xxiii, 7. Vid. Act. vii, 16 [31] Coloss. i, 2.

obumbratio [33]. Has porro imagines, et hæc exempla, præfinitiones appellat sanctus Dionysius [33], rerum divinarum peritissimus, quique ea quæ Dei sunt, afflante juvanteque Deo, contemplatus est. Enimvero in Dei consilio omnia ab ipso præfinita, atque indeficienter futura, priusquam fierent, haud aliter expressa erant, ac si quis domum ædificare cupiens, mente prius imaginem figuramve ejus effingat.

11. Rursum imagines sunt visibilia illa, quæ res invisibiles atque expertes figuræ corporeis formis exprimunt, quo subobscure saltem percipiantur. Nam divina Scriptura Deum et angelos circumvestit figuris; hujusque rei causam docet divinus ille vir [34]. Enimvero quod merito attributæ sunt figuræ illis quæ figura carent, quodque assignatæ formæ iis quæ nullam formam admittunt, non modo hanc quispiam attulerit causam, quod ille sese nobis accommodaverit, qui sine medio quodam ad rerum intellectualium considerationem pervenire non valemus, indigemusque, ut per ea quæ nobis familiaria cognataque sunt, sursum attollamur. Si igitur capacitatis nostræ habita ratione, divinus sermo id omne confert nobis quo altius subvehamur, ac rebus simplicissimis et forma carentibus formas quasdam attribuit; cur eorum, quæ suapte natura formis prædita sunt, quorumque tenemur desiderio, verum quia præsentia non sunt, ea videre non possumus, non effingantur imagines? Per sensum enim species quædam in anteriori cerebri ventriculo formatur, atque ad judicandi facultatem transmissa, in memoriæ tandem thesauro reconditur. Ait quippe Gregorius Theologus [35], quod mens, tametsi multum laboret ut res corporeas transiliat, id tamen assequi non valet: quin invisibilia Dei a creatura mundi per ea quæ facta sunt intellecta conspiciuntur [36]. Videmus siquidem in creatis rebus imagines, quæ subobscure nobis revelationes divinas indicant, ut cum dicimus Trinitatem supremam, per solem, lucem et radium; aut per mentem, verbum et spiritum, quæ in nobis sunt; aut per rosæ plantam, florem et odorem significari.

12. Ad hæc, imago dicitur futurorum, quæ ænigmatice ea quæ futura sunt, adumbrat; ut arca, virga et urna, beatam Virginem ac Deiparam; ut serpens (æneus), eum qui serpentis malorum omnium auctoris morsum in cruce sanavit; ut denique mare, aqua et nubes baptismi spiritum designabant [37].

13. Præterea, rerum gestarum imago dicitur illud quod vel in rei alicujus stupendæ, vel in honoris, aut ignominiæ, aut virtutis recordationem constituitur, ad posterorum, qui id conspexerint, utilitatem; quo nempe tum mala fugiamus, tum virtutes æmulemur et prosequamur. Atque ejusmodi imago duplex est; tum quæ per sermonem in libris exaratur; quemadmodum Deus legem tabulis insculpsit [38], ac virorum, quos charos habuit, vitam litteris mandari præcepit; tum quæ per sensibilem considerationem præterita revocat; ut cum in perenne monimentum urnam, virgamque in arca reponi jussit. Sic nunc etiam illorum qui ante exstiterunt, tum imagines, tum virtutes describimus. Aut igitur omne genus imaginum tolle, atque adversus eum, qui illas fieri præcepit, leges statue, aut singulas juxta rationem ac modum unicuique convenientem suscipe. Cum itaque imaginum varia exposuerimus genera, reliquum est ut de adoratione verba faciamus.

14. Adoratio est obsequii ac reverentiæ signum: atque hujus varios modos novimus. Prior ea est, quam per latriam Deo soli suapte natura adorando exhibemus. Hanc sequitur altera, quam propter ipsummet Deum qui natura solus adorandus est, amicis ipsius ac famulis præstamus; ut cum Jesus Nave filius, et Daniel angelum adoraverunt: vel locis Dei præsentia sacris; sicuti David ait: « Adoremus in loco, ubi steterunt pedes ejus [39]; » vel rebus ipsi consecratis; ut omnis Israel tabernaculo procidebat, ac in circuitu Hierosolymitani templi stantes, vultibusque ad ipsum versis ad hunc usque diem adorant: vel principibus ab ipso creatis; ut Jacob, tum Esau fratrem suum [40], Deo ita volente, primogenitum, tum Pharaonem constitutum a Deo principem adoravit; itemque Josephum ipsiusmet fratres. Novi quoque honoris mutui gratia adorationem adhiberi [41], qualem Abraham filiis Emmor exhibuit [42]. Aut ergo omnem aufer adorationem, aut omnem admitte cum debita tamen ratione ac modo.

15. At vero mihi dicas velim: nonne Deus unus Deus est? Deus equidem, inquies, ut reor, unus est qui legem sanxit. Quid? Contraria sanxit? Nam extra creaturarum rerum numerum non sunt Cherubim [43]. Eccur ergo hominum manu fabrefactis Cherubim obumbrari propitiatorium jubet? Annon quia Dei, utpote qui nullatenus circumscribi nec repræsentari potest, imago ulla fieri nequit, nec cujuspiam quasi Deus sit, ne latriæ cultus tanquam Deo creaturæ attribuatur. Idcirco Cherubim, quia circumscripta sunt, divinoque solio ministrorum more assistunt, imagines conflci mandat, quæ famulorum gerentes habitum propitiatorium obumbrent. Quid arcam, quid urnam, quidve propitiatorium fuisse ais? Annon hominum manibus fabricata [44]? Nunquid non opera manuum hominum? Nonne ex vili, ut ipse loqui amas, materia constructa sunt? Quid vero totum tabernaculum? nonne imago? nonne umbra atque exemplum erat?

---

[33] Jac. 1, 17. [33] Cap. 5 *De div. nom.* Dam. lib. 1 *De fide orth.* cap. 10. [34] Dion. *De cœl. hier.* cap. 1. [35] orat. 2 *De theologia.* [36] Rom. 1, 20. [37] I Cor. x, 1. 2. [38] Exod. xxxiv, 28.; Hebr. ix, 4. [39] Psal. cxxxi, 7. [40] Gen. xxxiii, 3. [41] Gen. xlvii, 7. [42] Gen. xxiii, 7. [43] Exod. xxv, 18. [44] Psal. cxiii, 4; Hebr. ix, 11.

Quocirca divinus Apostolus ait de legis antiquæ sacerdotibus edisserens : « Qui exemplari et umbræ deserviunt cœlestium; sicut responsum est Moysi, dum consummaturus erat tabernaculum : Vide enim, inquit, omnia facito secundum exemplar quod tibi ostensum est in monte⁴⁴. » Quanquam ne lex quidem imago erat, sed imaginis potius adumbratio, ut idem ait Apostolus : « Umbram habens lex futurorum bonorum, non ipsam imaginem rerum⁴⁵. » Quare si lex quæ imagines prohibet fieri, imaginis figura est; quid jam dicemus? At si tabernaculum umbra est, et figura figuræ, cur lex imagines non pingi jubeat? Verum hæc non ita se habent; non profecto : sed suum unicuique rei tempus est⁴⁷.

16. Quapropter Deum olim, ut corporis ac figuræ expertem, imago nulla referebat⁴⁸. Nunc vero posteaquam in carne visus est Deus, et cum hominibus conversatus est⁴⁹, qua parte conspiciendum se præbuit, Dei imaginem efformo. Non materiam, sed materiæ auctorem adoro; qui propter me materia factus est, et in materia habitare voluit, quo per materiam salutem meam operaretur : nec materiam, per quam salus parta mihi est, colere desinam : non tamen ut ipsam tanquam Deum colam, quod Deus avertat. Quomodo enim Deus sit, id quod ex nihilo ortum est? Quanquam alioqui ipsum Dei corpus Deus est ob unionem secundum hypostasim, cum sine demutatione illud factum sit, a quo inunctum fuit, idque permanserit, quod suapte natura erat; nempe caro animata anima mente rationeque prædita; quæ quidem initium habuit, ac neutiquam increata est. Residuam vero materiam, quæ ad salutem meam contulit, colo ac veneror; quippe quam efficacitate implevit et gratia. Annon materia erat, lignum crucis fortunatissimum illud beatissimumque a cunctis prædicandum? Nonne materia, mons sanctus ac venerandus, ille Calvariæ locus? Nunquid materia non est alma vitalisque illa petra; sanctum, inquam, **314** monumentum, nostræ fons resurrectionis? Annon materia, tum atramentum, tum sanctissimus Evangeliorum liber? Annon quoque materia est, mensa vivifica, quæ panem vitæ nobis subministrat? Nonne materia, aurum et argentum, et quibus cruces, et disci, calicesque conficiuntur? Quin etiam, quod omnibus istis antecellit, nunquid materia non sunt, corpus ac sanguis Christi? Horum omnium cultum adorationemque e medio tolle : aut ecclesiasticis institutis obtemperans, sine, ut Dei et eorum, qui amicorum Dei sanctissimo nomine decorantur, atque adeo divini Spiritus gratia sunt obumbrati, imagines adorentur. Nihil materiæ detrahas; neque enim contemptu digna est. Nihil siquidem, quod factum a Deo sit, aspernabile fuerit. Hoc Manichæorum opinionem sapit. Illud duntaxat contemptibile est, quod Deum non habet auctorem, sed libero voluntatis motu ac propensione ab eo quod naturæ consentaneum est, in id quod est præter naturam, a nobis est excogitatum. Atqui id aliud non est præter peccatum? Quod si propter legis præceptum ignominia afficis imagines, atque eo quod materia constent, illas fieri prohibes, vide quid Scriptura dicat : « Et locutus est Dominus dicens : Vocavi ex nomine Beseleel filium Hor de tribu Juda, et implevi eum Spiritu Dei, sapientia, et intelligentia, in omni opere ad excogitandum, et fabrefaciendum, et operandum aurum, et argentum, et æs, et hyacinthum, et purpuram, et coccinum netum, byssumque retortum, et lapidaria ad opera, et fabrilia in lignis, ad elaboranda opera omnia. Ego dedi eum, et Eliab filium Achisamach de tribu Dan : et omni intelligenti corde dedi intelligentiam, et facient omnia quæ præcepi tibi⁵⁰. » Et rursus : « Locutus est Moyses ad universam congregationem filiorum Israel : Audite hoc verbum, quod præcepit Dominus dicens : Sumite a vobis ipsis separatam oblationem Domino. Omnis qui corde susceperit, afferat primitias Domino; aurum, argentum, æs, hyacinthum, purpuram, coccinum duplex tortum, et byssum retortum, et pilos caprarum, pellesque arietum rubricatas, et pelles hyacinthinas, et ligna imputribilia, et oleum unctionis, et thymiama compositionis, et lapides sardios, et lapides in cælaturam, ad superhumerale, et ad tunicam talarem. Quisquis vestrum sapiens est corde, veniat, et faciat quæ Dominus imperavit; tabernaculum⁵¹, » etc. En profecto materiam pretiosam, etiamsi vilis habeatur a vobis. Ecquid enim caprarum pilis ac coloribus contemptibilius sit? Nonne coccinum, et purpura, hyacinthusque colores sunt? Ecce demum, tum opera manuum hominum, tum Cherubim effigies. Quonam pacto sub legis obtentu ea fieri probibeas, quæ ut fierent lex ipsa præcepit? Si propter legem imaginibus interdicis, jam satage ut Sabbatum circumcisioque serventur. Ast illud scito « quod si legem observetis, Christus nihil vobis proderit. Qui in lege justificamini, a gratia excidistis⁵². » Deum olim Israel non videbat : nos autem revelata facie gloriam Dei speculamur⁵³.

17. Ejus porro formam sensibili expressam **315** modo omni in loco statuimus, ac per eam sensuum primum sanctificamus (inter sensus enim primas tenet visus), quemadmodum et per sermones auditum. Imago siquidem monimentum quoddam est : ac quidquid liber est iis qui litteras didicerunt, hoc imago est illitteratis et rudibus : et quod auditui præstat oratio, hoc visui confert imago : per mentem vero ipsi conjungimur. Idcirco jussit Deus, ut ex lignis quæ non putrescunt, arca fieret, intusque et extra auro vestiretur, atque in ea tabulæ ponerentur, virga quoque et urna, in qua, ad rerum gestarum memoriam, futurarumque adumbrationem, manna recondebatur. Hæc porro imagines,

⁴⁴ Hebr. vm, 5. ⁴⁵ Hebr. x, 1. ⁴⁷ Eccli. ıı, 1. ⁴⁸ I Tim. 3. 16. ⁴⁹ Baruch ııı, 38. ⁵⁰ Exod. xxxı, 1-6. ⁵¹ Exod. xxxv, 4-11. ⁵² Galat. v, 2-4. ⁵³ II Cor. ııı, 18.

præconesque sonoros fuisse quis inficias ierit? Neque vero a lateribus tabernaculi, sed in totius populi conspectu proponebantur, quo eadem suspicientes, Deo qui per ipsa operabatur, adorationem ac latriæ cultum offerrent. Quod autem latriæ cultum his ipsis non exhiberent, perspicuum est ; sed per ea, prodigiorum memores, ipsorum auctorem Deum adorabant. Commonitionis quippe gratia propositæ erant imagines, non tanquam dii, sed ut divinorum operum admonitrices essent.

18. Jussit quoque Deus, ut duodecim e Jordane lapides sumerentur, rationemque subdit dicens : « Quando interrogaverit te filius tuus, quid sibi volunt isti lapides, narra, quomodo divino nutu defecerit aqua Jordanis, et transierit arca Domini, omnisque populus [54]. » Cur igitur salutares Christi Dei cruciatus et miracula imaginibus non exprimamus? ut cum ex me quæsierit filius meus, respondeam, Deum Verbum factum esse hominem, atque per ipsum non Israelem modo Jordanem transiisse, sed et omnem prorsus naturam ad pristinam rediisse felicitatem ; per quem natura nostra ab infimis terræ partibus, super omnem principatum evecta est, et in ipsomet paterno solio consedit.

19. Ast, inquiunt, satis tibi fuerit Christi vel matris ejus Deiparæ imaginem conficere. O rem absurdam ! Te ipse ergo sanctorum inimicum profiteris. Nam si Christi quidem imaginem pingis, nequaquam vero sanctorum, plane non imagines prorsus prohibes, sed sanctis potius suum denegas honorem. Christi siquidem, quia gloria ornatus est, imagines fieri concedis ; sanctorum vero quasi alieni sint a gloria, effigiem respuis, mendacemque Veritatem declaras, ubi ait : « Vivo ego, dicit Dominus, nisi glorificantes me glorificem [55]. » Et divinus Apostolus : « Itaque jam non es servus, sed filius. Si autem filius, et hæres Dei per Christum [56]. » Et : « Si compatimur, ut et conglorificemur [57]. » Non adversus imagines, sed adversus sanctos bellum moves. Ait enim Joannes Theologus, qui supra pectus Domini recubuit, « quod similes ei erimus [58]. » Sicut enim id quod igni jungitur, non natura, sed conjunctione, et exustione, et communicatione fit ignis, idem quoque dico de carne incarnati Filii Dei. Illa siquidem per hypostaticam communionem divinæ naturæ citra conversionem evasit Deus, non quod divina quadam efficacitate inuncta fuerit, velut unusquisque prophetarum, quin potius perungentis totius præsentia. Quod porro sancti dii quoque sint, **316** docet Scriptura. « Deus, inquit, stetit in synagoga deorum [59]. » Deus in medio deorum stat unicuique pro meritis distribuens, quemadmodum locum hunc divinus Gregorius exposuit [60]. Sancti enim, dum viverent repleti erant Spiritu sancto, et postquam decesserunt,

Spiritus sancti gratia illorum semper tum animis adest, tum corporibus in sepulcris, quin et ipsorum figuris ac sanctis imaginibus, non quidem secundum substantiam suam, sed per gratiam et efficientiam.

20. Jam vero templum quod Deus Davidi per filium ejus ædificandum sibi fuerat pollicitus, parandumque sibi in locum quietis, id exstruens Salomon Cherubim quoque fabricavit, ut refert Regnorum liber [61] : Cherubim etiam vestivit auro, omnesque parietes in circuitu ; quibus et cælatos insculpsit Cherubim, et palmas intus et foris (non dixit a lateribus, sed, *in circuitu*), boves præterea, leonesque et malogranata. Annon igitur multo honorificentius fuerit sanctorum figuris omnes domus Dei parietes ornare, quam animantium et arborum ? Ubinam est lex ita præcipiens : « Ne feceris omnem similitudinem [62] ? » Attamen Salomon, qui sapientiæ effluvium accepit, dum cœli conderet imaginem, Cherubim, et leonum, boumque imagines fecit, tametsi hoc fieri lex prohiberet. Quod si non modo Christi, verum etiam sanctorum pingimus imagines, annon hoc per omnem modum religiosius est ; quippe cum illæ Spiritus sancti donis affluant ? Nam sicut tunc populus et templum sanguine et cinere vitulæ mundabantur, ita et nunc sanguine Christi, qui testimonium reddidit sub Pontio Pilato, seque martyrum primitias obtulit : itemque sanctorum sanguine, supra quos ædificata est Ecclesia. Ac tunc quidem rerum ratione carentium formis et figuris Dei templum ornabatur ; nunc vero sanctorum imaginibus, qui seipsos animata ac rationabilia Dei templa constituerunt.

21. Quocirca Christum regem et Dominum oculis ita subjiciemus, ut nec suo spoliemus ipsum exercitu. Nam exercitus Domini sunt sancti. Exercitum suum dimittat prius imperator terrenus, quam regem suum ac Dominum spoliare audeat. Purpuram deponat, tum eorum qui cum tyranno strenue conflixerunt, affectibusque suis imperarunt, venerationem adimat. Si enim hæredes Dei, cohæredes profecto Christi [63], necnon Dei gloriæ ac regni consortes sunt futuri, utpote qui passionibus Christi communicaverunt. Quid vetat quominus amici Christi, ipsius in terra gloriæ participes fiant ? « Non dicam vos servos ; inquit Deus [64], sed amicos. — Vos amici mei estis [65]. » Hisne tandem suum negabimus honorem, quem concessit ipsis Ecclesia ? O audacem manum ! O temerariam mentem, quæ cum Deo contendit, ejusque jussis adversatur ! Tu qui imaginem adorare renuis, ne Dei quidem Filium colueris, qui vivens imago est Dei invisibilis [66], invariabilisque character [67]. Imaginem Christi adoro, prout Deus est incarnatus : Deiparæ item omnium Dominæ, ut quæ incarnati Dei Mater est : sanctorum quoque qui amici Dei sunt, quique ad sanguinis

[54] Josue IV, 8, 21. [55] II Reg. II, 30. [56] Galat. IV, 7. [57] Rom. VIII, 17. [58] I Joan. III, 2. [59] Psal. LXXXI, 1. [60] Greg. Naz. orat. 40. [61] II Reg. VI, 23, 29. [62] Deut. IV, 16. [63] Rom. VIII, 17. [64] Joan. XV, 15. [65] ibid. 13. [66] Coloss. I, 15; Hebr. I, 3.

effusionem usque peccato restiterunt, et sanguinem pro Christo fundentes, ipsum imitati sunt, qui proprium sanguinem ipsorum causa prior effuderat; **317** eorum demum qui Christi prementes vestigia, ad ea vitam suam instituerunt. Horum præclare gesta cruciatusque picturis expressa, ob oculos meos pono, per quæ sanctus evado, atque imitandi studio inardesco. Nam qui imagini habetur honor, ad eum refertur, cujus est imago, inquit Basilius [68]. Si templa sanctis exstruis, eorum quoque tropæa erige. Nullum olim cujusvis hominum nomine templum erigebatur, neque mors justorum ulla festivitate celebrabatur: quin plangebatur potius. Qui mortuum tetigisset, is immundus habebatur, et si vel ipsum Moysem [69]. Nunc autem sanctorum memorias festivis prosequimur honoribus. Jacob mortuum planxerunt [70]: obitus vero Stephani solemni apud nos concursu celebris est. Aut igitur solemnes sanctorum memorias præter veteris legis præscriptum receptas tolle, aut illorum imagines, quas contra legis tenorem confectas asseris, haberi permitte. Verum fieri nequaquam potest, ut sanctorum memoriæ celebritate sua careant: quippe quas sanctus [aposto]lorum divinorumque Patrum chorus agi præcipiat. Nam ex quo Deus Verbum factus est caro, assimilatus nobis per omnia, excepto peccato, et citra confusionem naturæ nostræ commistus est, propter mutuam utriusque, divinitatis scilicet humanitatisque, circumincessionem, assumptam carnem sine conversione Deum effecit, jam tum reipsa in sanctos evasimus. Ex quo item Dei Filius et Deus, cum nulli secundum Deitatem perpessioni obnoxius esset, assumpta carne passus est, nostrumque solvit debitum, condignum plane ac vere mirandum redemptionis profundens pro nobis pretium (sanguis quippe Filii placando Patri fuit idoneus, ac reverentia dignus), vera libertate donati sumus. Ex quo rursum ad inferos descendens, vinctis pridem animabus, ceu captivis libertatem, atque visum cæcis annuntiavit [71], et præstantissima virtute sua fortem alligans [72] resurrexit, carnemque nostram quam assumpserat, incorruptione dotavit, jam nos quoque incolumitatem a corruptione indepti sumus. Ex quo denique per aquam et spiritum sumus generati, adoptivi filii hæredesque Dei vere facti sumus. Quocirca fideles a Paulo dicuntur sancti [73]. Unde non luctu, quin potius gaudio sanctorum exitum prosequimur. Hinc factum est, ut non amplius sub lege, sed sub gratia simus [74], justificati per fidem [75], solumque Deum verum cognoscentes. Porro lex justo non est posita [76]. Sub elementis legis, veluti infantes, non sumus servientes [77], sed in perfectum hominem coaptati, solido cibo nutrimur, non eo quo in idololatriam illiciamur. Bona est lex [78], instar lucernæ lucentis in caliginoso loco, donec dies elucescat [79]. Atqui jam lucifer ortus est in cordibus nostris: jam viva cognitionis Dei aqua gentium operuit mare, nosque omnes Dominum novimus. « Vetera transierunt: ecce facta sunt omnia nova [80]. » Divinus apostolus Paulus summo apostolorum vertici Petro aiebat: « Si tu, Judæus cum sis, gentiliter vivis, ac non Judaice, quomodo gentes cogis Judaizare [81]? » Itemque Galatis hæc scribit: « Testificor omni circumcidenti se, quoniam debitor est universæ legis implendæ [82]. »

318 22. Quamobrem olim quidem Deum ignorantes, iis qui natura non sunt dii, serviebant [83]: nunc autem cum cognoverimus Deum, imo cogniti simus a Deo, quomodo convertemur ad infirma et egena elementa [84]? Humanam Dei formam aspexi, et salva facta est anima mea. Dei imaginem intueor, uti vidit eam Jacob [85], quanquam alio et alio modo. Nam ille mentis oculis a materia alienis expertem materiæ vidit imaginem, quæ futura præmoneret: ego id intueor, quod perfricat memoriam illius, qui visus est in carne. Apostolorum umbra, sudaria quoque, ac semicinctia morbos pellebant, dæmones fugabant [86]: eccur umbræ et imagini sanctorum suus pariter honos non erit? Aut illud omne quod materia constat, adorari prohibe, aut nihil obtrudas novi, neu terminos antiquos transferas, quos posuerunt patres tui [87].

23. Non solum enim Ecclesiæ leges scriptis sanxerunt, verum etiam citra Scripturam certa quædam tradiderunt. Unde Basilius, cap. 27 ex triginta illis capitibus quæ ad Amphilochium de Spiritu sancto scripsit, expressis verbis ait: « Ex illis dogmatibus et prædicationibus, quæ in Ecclesia conservantur, alia ex scripta doctrina tenemus, alia ex apostolica traditione secreto concessa accepimus: quæ quidem utraque vim parem habent ad pietatem. Nec quisquam iis contradixerit, qui vel minimum Ecclesiæ leges inquisierit. Nam si consuetudines illas, quæ scriptæ non sunt, tanquam magni non sint momenti, rejicere aggressi fuerimus, imprudenter profecto, iis, quæ in Evangelio potiora sunt, damnum inferemus. » Hæc magnus Basilius. Sed enim undenam novimus Calvariæ locum, Vitæ sepulcrum? Annon quia a parentibus filii nulla docente Scriptura id receperunt? Nam crucifixum quidem Dominum, et in monumento, quod Joseph exciderat in petra sepultum, Scriptura perhibet [88]. Quod vero ea ipsa sint, quibus nunc procidimus, ex traditione non scripta novimus, pluraque his similia. Unde habemus, ut baptismus terna mersitatione fiat? Unde

---

[68] Lib. *De Spir. sancto ad Amph.* cap. 18. [69] Num. xix, 11. [70] Gen. xv, 11. [71] Isa. lxi, 2; Luc. iv, 19. [72] Matth. xii, 29. [73] I Cor. i, 2, et alibi. [74] Rom. vi, 14. [75] Rom. v, 1. [76] I Tim. i, 9. [77] Galat. iv, 3. [78] Rom. vii, 12. [79] ibid. II Petr. i, 19. [80] II Cor. v, 17. [81] Galat. ii, 14. [82] ibid. v, 5. [83] Galat. iv, 8. [84] ibid. 9. [85] Gen. xxxi, 30. [86] Act. xv, 6. [87] Prov. xxii, 28. [88] Matth. xxvii, 60.

quod ad orientem conversi precemur? Unde sacramentorum institutio? Idcirco divinus apostolus Paulus ait : « Itaque, fratres, state, et tenete traditiones, quas didicistis, sive per sermonem, sive per epistolam nostram [89]. » Proinde cum tot tantaque sint nobis sine scriptis tradita, quæ ad hanc usque diem observata sunt, quid est cur erga imagines vitiligitges?

24. Quos profecto producis locos, ii non imaginum nostrarum cultum esse abominandum docent; sed illarum potius, quas sibi gentiles statuebant. Quamobrem non eo quod imaginibus gentes præter fas omne abutantur, religiosus nostrarum cultus tollendus est. Adjurant incantatores et præstigiatores : at catechumenos quoque adjurat Ecclesia. Verum illi quidem dæmones invocant; hæc vero Deum contra dæmones. Dæmonibus imagines consecrant gentiles, quas et deos appellitant : nos autem Deo vero qui carnem assumpsit, necnon Dei famulis et amicis, a quibus dæmonum catervæ et cunei in fugam pelluntur.

25. Quod si dicas divinum admirandumque Epiphanium imaginibus palam interdixisse, primum quidem illud responderim, libellum istum, suppositicium fictitiumque esse, qui cum ab alio elaboratus sit alterius nomine inscriptus fuerit : quod quidem multi ut patrarent in more habuerunt. Secundo (1), quemadmodum beatum Athanasium prohibuisse novimus, ne sanctorum corpora capsis reconderentur, quin potius humo tegi præcepisse, eo quod absonum morem Ægyptiorum, qui mortuos suos terra non humabant, sed in lectulis et scimpodiis reclinabant, vellet abrogare. Sic fortassis etiam magnus Epiphanius (si quidem libelli hujus genuinus auctor est) ut tale quid corrigeret, imagines faciendas non esse censuerit. Quod enim Epiphanius hujus sententiæ non fuerit, ut illius penitus auferret, testis est ipsamet Epiphanii Ecclesia, quæ ad hanc nostram usque ætatem imaginibus undequaque decoratur. Tertio denique, quod a paucis et raro fit, vim legis in Ecclesia non habet. Nam, ut Gregorio Theologo placet [90], una hirundo non facit ver; nec unius sententia tanti roboris fuerit, ut universæ Ecclesiæ, quæ ab extremo terræ ad aliud extremum diffusa est, traditionem possit evertere.

26. Hac itaque ratione depromptum ex Scriptura et Patribus locorum globum excipias : ita quod, etsi Scriptura dicit : « Simulacra gentium argentum et aurum, opera manuum hominum [91]; » nequaquam tamen rebus inanimis, aut manuum ope elaboratis adorationem adhiberi prohibeat, sed dæmonum duntaxat simulacris.

27. Jam vero, quod angelos, homines et reges quantumvis impios, prophetæ adoraverint, imo et virgam, hoc jam probatum fuit. David præterea dicit : « Adorate scabellum pedum ejus [92]. » Isaias autem ex persona Dei ait : « Cœlum mihi sedes est, et terra scabellum pedum meorum [93]. » Porro cœlum et terram creatas res esse nemini dubium est. Quin et Moyses ipse et Aaron res manibus formatas adoraverunt. Ait quippe Paulus, aurea Ecclesiæ cicada, ad Hebræos scribens : « Christus assistens pontifex futurorum bonorum, per amplius et perfectius tabernaculum non manufactum, hoc est, non hujus creationis [94]. » Et rursum : « Non enim in manufacta sancta introivit Jesus, exemplaria verorum, sed in ipsum cœlum [95]. » Priora igitur sancta, tum tabernaculum, tum ea etiam quæcumque in illo continebantur, manufacta erant. Quod vero illa adorarentur, nullus inficias iverit.

Priscorum probatorumque SS. Patrum testimonia pro imaginibus.

S. Dionysii Areopagitæ, ex Epistola ad Titum.

« Operæ pretium igitur fuerit, ut nos ipsi prætermissa vulgi de his opinatione, intra ipsas similitudines sacra sancte et religiose penetremus, nec probri aliquid eis inferamus, ut quæ ex formis divinis originem trahant, expressæque sint, et apertæ arcanorum sublimiorumque spectaculorum imagines. »

Commentarius. Vide, quomodo excellentium rerum imaginibus non esse detrahendum asseveret.

Ejusdem, ex libro De divinis nominibus (cap. 1).

« Hæc nos edocti sumus : dum nunc quidem pro captu nostro divinorum eloquiorum, traditarumque a sacris antistitibus institutionum humanitas, velaminibus sacris, sensibilia intelligibilia, atque eis quæ sunt, ea quæ essentiam omnem superant, involvit, necnon ea quæ specie et forma carent, formis et figuris circumvestit, atque illum, quæ supra naturam est, et omnis expers figuræ, simplicitatem, dividuorum varietate signorum multiplicat et effingit. »

Comment. Si humanitatis benignitatisque proprium est, rebus specie formaque carentibus atque simplicibus, nec figuratis, species et formas congruenti nobis ratione accommodare; eccur non illa etiam, quæ per formas et figuras conspicua facta sunt nobis, modo quoque qui nobis

---

[89] II Thess. II, 14. [90] Greg. Naz. orat. 38. [91] Psal. CXIII, 12. [92] Psal. XCVIII, 5. [93] Isa. LXVI, 1. [94] Hebr. IX, 11. [95] ibid. 24.

(1) Damascenus non objectionem novam, sed prius allatæ responsionem secundam tradit, quam rursum tertia sequitur. Nec aliud vult, nisi quod pro locorum, temporum et personarum discrimine, alia et alia fuerit Ecclesiæ disciplina, atque semoto idololatriæ scandalo sacrarum imaginum venerationem rite Ecclesia probaverit.

conveniens sit, per imagines adumbremus, tum ad perfricandam memoriam, tum ut per eam ad aemulationis studium excitemur?

Ejusdem, ex libro De ecclesiastica hierarchia (cap. 1).

« Caeterum superiores quidem nobis substantiae illae, earumque ordines, quorum sacram jam mentionem feci, incorporeae sunt : quin et sacratum illorum magisterium spirituale mundoque praestantius exsistit. Nostrum vero pro captu nostro, sensibilium varietate signorum multiplicari cernimus, quibus prout sacrum magisterium decet, ad uniformem concessae pro nostro modulo divinitatis gratiam necnon ad Deum divinamque virtutem evehimur. Istae quidem, utpote mentes, quantum illis fas est, intelligunt : nos autem sensibilibus imaginibus ad divinas, qua fieri potest, contemplationes promovemur. »

Comment. Quod si igitur, ut nostra fert intelligentia, per sensibiles imagines ad divinam atque materiae exsortem contemplationem sublevamur, divinaque providentia, res forma et figura carentes, formis et figuris, quibus veluti manu ducamur, circumvestivit : quid incommodi fuerit, quin eum, qui pro sua erga nos humanitate, sese figurae formaeque subjecit, consentanea nobis ratione imaginibus exprimamus?

Antiquitus tradita narratio ad nos usque pervenit; Abgarum scilicet Edessae regem, auditis quae de Domino ferebantur, divino succensum ardore, legatos misisse, qui eum ad se invisendum invitarent; sin vero abnueret, mandat ut pictoris opera imaginem ejus exprimant : quod cum sciret ille cui nihil obscurum est, quique omnia potest, accepto panno, suaeque faciei admoto, propriam effigiem appinxisse, quae ad haec usque tempora servatur incolumis.

S. Basilii, ex sermone in S. Barlaam martyrem, cujus initium est : Primum quidem sanctorum mors.

« Surgite nunc, athleticorum gestorum praestantissimi 321 pictores, imperfectae ducis imagini artis vestrae ornamenta conferte, et obscurius a me designatum victorem laureatum, industriae vestrae coloribus illustrate. Discedam victus a vobis praeclarorum martyris facinorum pictura : tali hodie parta vobis per vestram dexteritatem victoria superatus gaudeam : manum videam cum igne pugnantem accuratius a vobis delineatam : in vestra tabella pugilem inspiciam elegantius descriptum. Luctum agant daemones, expressorum a vobis martyris strenue factorum formidine conterriti : ardens victrixque manus illis iterum ostendatur. Quinimo eadem in tabula certaminum praeses Christus appingatur, cui gloria in saecula saeculorum. Amen. »

Ejusdem, ex triginta capitibus de Spiritu sancto, ad Amphilochium (cap. 18).

« Quod ipsa quoque regis imago rex appelletur, nequaquam propterea duo sunt reges. Neque enim scinditur imperium, neque gloria dividitur. Nam quemadmodum imperium illud, illave potestas, quae nobis dominatur, una est, sic etiam gloria, qua ipsam celebramus una est, non plures. Siquidem honor qui imagini habetur, ad exemplar transfertur : itaque quod illic est imitationa imago, hoc istic natura Filius est : ac sicut in artefactis in ipsa forma consistit similitudo, sic in divina incompositaque natura, in Deitatis communione conjunctio sita est. »

Comment. Quod si regis imago rex est, imago quoque Christi, Christus erit, atque imago sancti sanctus erit. Nec scinditur imperium, nec gloria dividitur ; sed qui habetur imagini honor, in honorem illius cedit, quem refert imago. Formidant sanctos ipsi daemones, eorumque fugiunt umbram. Atqui imago umbra est, eamque idcirco conficio, qua daemones pellantur. Quod si dicas, sola mente nos Deo conjungi oportere ; res igitur omnes corporeas tolle, luminaria, suave fragrans suffimentum, precationes vocales, ipsamet sacramenta, quae ex materia perficiuntur, panem, vinum, unctionis oleum, crucis signum. Haec quippe omnia materia constant, quemadmodum crux et spongia, quae Christo, dum cruci affixus erat, porrecta fuit, arundo quoque, et lancea, quae latus, ex quo vita profecta est, perforavit. Aut horum omnium venerationem aufer, quod fieri nequaquam possit, aut nequidem imaginum honorem respue. Divina gratia iis quae materia constant, conceditur, quia eorum gerunt nomina, quos referunt. Velut nempe purpura et sericum, quodque ex iis praetextum est indumentum, ex se vile quiddam et ignobile est : ex quo tamen id induerit imperator, ejusdem fit particeps honoris, quo praestat ille. Ita res quae materia constant, ex se quidem adorandae non sunt : at si gratia plenus sit is quem illae referunt, pro fidei ratione ipsae quoque gratiam profundunt. Apostoli Dominum corporeis oculis conspexerunt ; apostolos alii sunt conspicati ; martyres viderunt alii : ergo quoque illos cum animo, tum corpore conspicere vellem, unde remedium consequar, quo malum omne propelletur. Ex duplici quippe natura sum conditus : sicque id quod visu 322 cernitur aspiciens, illud veneror, non tanquam Deum, sed tanquam venerandae rei venerabile simulacrum. Sed tu quidem fortasse sublimior es, atque a materia remotior ; ac supra corpus incedens, ceu nullo carnis pondere gravis, id omne despicis, quod in aspectum cadit. Ego vero homo cum sim, et corpore vestitus, cum iis quae sancta sunt, corpore versari cupio, eaque oculis contueri. Tu qui praecelsus es, humilis sensus mei rationem habe, ut tuam ipse serves celsitudinem. Meum adversum se amicosque suos studium complectitur Dominus. Gaudet enim dominus, cum addictissimum sibi famulum laudibus affici viderit : quemadmodum magnus Basilius ait, in ea oratione, qua martyres prædicat. At videas velim quid illustrem Gordium celebrans dixerit:

S. Basilii, ex sermone in sanctum martyrem Gordium.

« Lætantur populi lætitia spirituali, ex sola rerum quæ a viris justis gestæ sunt recordatione, et audiendo, ad imitandum provocantur. Nam illorum qui probe sancteque vixerunt, historia illis qui compotes salutis fiunt, velut lumen quoddam subministrat, quo ad vitam pergant. » Et rursum: « Quapropter, quando vitam eorum, qui pietate insignes fuerint, enarramus; primum quidem Dominum in servis honoramus: deinde justos ornamus, ea testificando, quæ nobis comperta sunt: demum lætificamus populos, dum res optimas audiunt. »

Comment. Vide quomodo sanctorum commemoratio, tum Deo gloriam, tum ipsis laudem, tum denique lætitiam populis, salutemque conciliet. Cur igitur eam tollere conaris? Quod autem per sermonem ac per imagines sanctorum memoria agatur, divinus idem Basilius affirmat.

Ejusdem, in Gordium martyrem.

« Quemadmodum enim ignem sponte sequitur lumen, et unguentum suavis odor, ita recte facta necessario consequitur utilitas. Quanquam ne id quidem parum est, eorum quæ tunc gesta sunt, veritatem diligenter assequi. Obscura quippe venit ad nos memoria, qua præclara in certaminibus viri facinora servata sunt: idemque quodammodo nobis, quod pictoribus, accidere videtur. Cum enim ex imaginibus imagines depingunt illi, persæpe fieri par est, ut a primigeniis exemplaribus aberrent. Nobis quoque, qui rebus gestis non adfuimus, minimum non subest periculum, ne veritati damnum inferamus. »

Sub ejusdem sermonis finem.

« Sicut enim, etsi solem semper aspicimus, eum tamen semper admiramur, sic viri illius nobis semper recens est memoria. »

Comment. Nec dubium, quin semper illum, cum per sermonem, tum per imaginum effigies intuendo.

In oratione vero de præstantissimorum quadraginta martyrum laudibus.

« Martyrum porro recolendi memoriam, inquit, quænam satietas acciderit illi qui martyres diligit? Honos quippe quem conservis optimis præstamus, argumentum est benevolentiæ, qua communem Dominum prosequuntur. » Et sursum: « Beatos illos sincere prædica, qui martyrium obierunt, ut tu quoque voluntate martyr evadas, persequente nullo, absque igne, absque verberibus, iisdem ac illi ornatus encomiis. »

Comment. Cur ergo ab honorandis sanctis me deterres? Cur mihi salutem invides? Quod autem expressam coloribus formam, affinem illi esse quæ

A sermone pingitur, censeat, nonnullis interjectis affirmantem audias.

Basilii.

« Agedum ipsos in medium per qualemcunque commemorationem nostram adducentes, strenuaque virorum facta, velut in tabella cunctorum exhibentes oculis, communem astantibus procuremus utilitatem. »

Comment. Vides, quod idem conferant tum sermo, tum imago? Ait enim: « Tanquam in tabella sermonibus exhibeamus. » Quin et mox subdit: « Quæ enim in bello fortiter gesta sunt, ea sæpenumero, tum oratores explicant, tum pictores: illi quidem verbis exornantes, hi vero tabellis imprimentes: quo quidem pacto multos utrique ad præclara facinora incenderunt. Nam quæ auribus promit oratio, eadem silens figura per imitationem ostendit. »

Comment. Quibus obsecro verbis clarius posset demonstrari, apud illitteratos librorum loco imagines esse, et sanctorum gloriæ minime mutos præcones; quippe quæ voce quadam tacita eos qui se intuentur docent, sanctitatemque visui conciliant! Quando mihi non suppetunt libri, nec lectioni possum vacare, cogitationum aculeis perinde ac spinis compunctus, ad Ecclesiam, animarum medici officinam communem pergo: aspectum movent picturæ flores, atque ad instar prati visum oblectant meum, et Dei gloriam sensim instillant animo. Constantiam martyris considero, et coronarum præmia; humique procidens per martyrem Deum adoro, et salutis compos efficior. Nunquid non divinum illum Patrem auditis in oratione, quam in Psalmorum initium scripsit, dicentem: « Spiritum sanctum, quoniam intractabile torpidumque est hominum genus, Psalmorum concentui carminum admiscuisse concinnitatem? » Quid ais? nequaquam ego pinxero, nec verbis, nec coloribus sanctorum martyria? Non illa quæ angeli et universa creatura admirantur; quæ, ut idem Ecclesiæ astrum loquitur [96-97], diabolo acerba sunt, ejusque dæmonibus terrorem incutiunt, labris oculisque complectar? Atqui similia horum prorsus sunt, quæ sub finem orationis in quadraginta martyres perorat. « O chorum sanctum! o sacram cohortem! o cuneum inexpugnabilem! o communes generis hominum custodes, optimi curarum socii, precum adjutores, oratores facundissimi, orbis astra, Ecclesiarum flores, flores, inquam, mentibus æque ac sensibus perjucundi. Vos terra non condidit, sed cœlum excepit. Patuerunt vobis paradisi januæ: spectaculum dignum angelorum exercitui, patriarchis, prophetis, et justis facti estis. »

Comment. Qua ratione intueri non desiderem, quod cernere cupiunt angeli? His porro consona

---

[96-97] Basil. in S. Gordium.

frater ipsius loquitur, eadem ac ipse sentiens, Nyssenorum antistes Gregorius.

324 *S. Gregorii Nysseni, in supplemento, sive in libro De structura hominis (cap. 4).*

« Quemadmodum in hominum more positum est, ut qui imperatorum fabricant imagines, formæ in primis effigiem exprimant, purpureumque indumentum addant, quo regia dignitas significetur, atque ejusmodi imago rex quoque appellari consuevit : sic etiam humana natura, cum eo consilio conderetur, ut rebus aliis imperaret, instar imaginis cujusdam animatæ erecta est, ac primigenii exemplaris consors effecta, dignitatis quoque nomen obtinuit. »

Ejusdem, ex capite quinto ejusdem libri.

« Divina pulchritudo, non figura aliqua, aut formæ venustate per ullam coloris elegantiam illustratur : verum in inexplicabili beatitudine, præstantissima quadam ratione conspicitur. Velut ergo pictores hominum formas coloribus quibusdam in tabellis transcribunt, et imitandi arte proprios convenientesque superliniunt colores, ut per assimilationem exempli archetypi similitudo accurate repræsentetur. »

Comment. Animadverte, non figura aliqua, nec ulla colorum elegantia pulchritudinem divinam splendescere, atque id in causa esse, cur illius imago non possit exprimi : at vero humana forma coloribus in tabellis pingitur. Quapropter, quando Dei Filius, servi formam accipiens, hominis speciem induit, et in similitudine hominum factus (4) habitu inventus est ut homo ; quid vetat quominus ejus imago conficiatur? Quin si mos invaluit, ut imperatoris imago imperator appelletur, et secundum divini Basilii pronuntiatum, honor imaginis ad eum transit, cujus est imago, eccur non coletur, nec adorabitur imago : non quidem ceu Deus sit, sed tanquam imago Dei, qui carnem assumpsit.

Ejusdem, ex oratione Constantinopoli habita, de Filii et Spiritus sancti divinitate; ubi et de Abrahamo.

« Dehinc vinculis ligatum prius assumit filium pater. Hujus acerbæ rei imaginem depictam sæpius vidi, nec a lacrymis temperare unquam potui ; cum ars perspicue rem gestam oculis explicaret. Isaac flexis genibus, manibusque a tergo revinctis, juxta altare jacens repræsentatur. Pater vero pone filii poplites accedens, comamque illius sinistra apprehensam manu, ad se trahens, oculos in vultum filii digno prorsus commiserationis modo ipsum respicientis, demittit, et dexteram armatam gladio ad cædem dirigit. Jamque gladii acies corpus attingit, cum vox, ne rem perficiat, prohibens exauditur. »

S. Joannis Chrysostomi, ex enarratione in Epistolam ad Hebræos.

« Ac prius quidem posterioris imago quædam fuit, Melchisedech scilicet, Christi : haud secus ac **325** si quis adumbratam ante a pictore designationem, picturæ ipsius, quæ coloribus deinceps exprimitur, umbram nominet. Idcirco enim lex umbra vocatur, et gratia, veritas ; res autem, illa quæ futura sunt. Lex quidem et Melchisedech instar sunt adumbratæ delineationis, quam pictura suis ornavit coloribus; gratia autem et veritas, coloribus aucta descriptio : res tandem ipsæ, ad futurum ævum pertinent. Itaque Testamentum Vetus est figura figuræ, Novum vero, ipsarum rerum figura. »

Leontii Neapolis in Cypro episcopi, ex libro Contra Judæos; quod Christi crucem et imagines, seseque mutuo adorare liceat : necnon de sanctorum reliquiis.

« Quod si mihi rursum exprobraveris, o Judæe, quod crucis lignum ceu Deum adorem ; eccur Jacob non arguis, qui virgæ fastigium adoravit ? At planum est eum non lignum, sed Josephum adorasse ; quemadmodum per crucem Christum adoramus, nequaquam vero lignum honore afficimus [68]. »

Comment. Quod si ex quacunque materia crucis imaginem facientes, crucis figuram adoramus, nunquid nefas erit Christi quoque crucifixi imaginem adorare?

Rursum ex eodem Leontio : « Quandoquidem ipsemet etiam Abraham eos a quibus sepulcrum emebat, quamlibet impii homines essent, genibus in terram positis adoravit ; itemque Jacob benedixit Pharaoni, quamvis impius et idolorum cultor esset : nullatenus autem ipsi tanquam Deo benedixit. Fratrem quoque suum Esau, procidens adoravit, at non uti Deum. Præterea, quomodo præcipit nobis Deus, ut montes et terram adoremus? Ait enim : *Exaltate Dominum Deum vestrum, et adorate ad montem sanctum ejus. Et adorate scabellum pedum ejus, quoniam sanctum est* [69]; hoc est terram. Cœlum enim, inquit, *mihi sedes est : terra autem scabellum pedum meorum, dicit Dominus* [1]. Quomodo autem Moyses adoravit Jothor, tametsi idolorum cultor esset, et Danielem Nabuchodonosor? Cur mecum expostulas quod honore eos prosequar et adorem, qui Deum coluerunt? Nunquid, obsecro, non expedit magis sanctos adorare, quam eosdem, ut assoles, lapidibus impetere? Nonne satius est eos adorare quam serris secare, atque illos, qui suis vos beneficiis cumularunt, in cœni lacum conjicere [2]? Profecto si dilexisses Deum, famulos ejus utique veneratus esses. Quod si impura sunt ossa justorum, cur ossa Jacob et Joseph omni reverentia ex Ægypto asportata sunt [3]? Quonam pacto homo defunctus, contactis Elisæi ossibus, statim revixit [4]? Quod si Deus per ossa res mirandas exsequitur [5], hoc ipse dubio procul, tum per imagines, tum per multa alia præstare poterit;

---

[68] Hæc fusius habentur act. 4 synodi 7. [69] Psal. xcviii, 5. [1] Isa. lxvi, 1. [2] Jerem. xxxviii,
[3] Gen. l, 13, 24. [4] IV Reg. xiii, 22. [5] IV Reg. iv, 29.

quemadmodum Elisæo contigit, qui baculum suum servo tradens, ire præcepit ut ejus opera in vitam Sunamitidis filium revocaret. Jam vero Moyses virga Pharaonem castigavit; mare item divisit, aquæ dulcedinem conciliavit, petram fregit, et aquas eduxit [6]. Quin etiam Salomon ait: *Benedictum est lignum per quod fit salus* [7]. Elisæus per lignum in Jordanem projectum, ferrum extraxit [8]. **326** Item lignum vitæ commendatur [9]; lignum Sabec, id est *dimissionis*. Moyses quoque ligno serpentem exaltavit, et vitam populo dedit [10]: ligno in tabernaculo germinante sacerdotium Aaroni firmavit [11]. At forsan inquies, o Judæe, omnia illa quæ in tabernaculo testimonii erant a Deo Moysi fuisse mandata. Et ego tibi repono, Salomonem multa variaque sculptilia et conflatilia in templo fabricasse, quæ nec Deus ipsi facere præceperat [12], nec in tabernaculo testimonii fuerant, nec in templo illo quod Ezechieli Deus ostendit [13]: neque ob hanc rem condemnatus Salomon fuit; quippe qui in Dei gloriam ejusmodi formas fabricasset, velut et nos quoque facimus. Tu quoque multas habebas, variique generis imagines et signa, quæ Dei memoriam perfricarent tibi, priusquam illis propter ingrati animi vitium spoliareris: nimirum virgam Moysis, tabulas a Deo insculptas, ardentem roridumque pariter rubum, petram aridam aquis manantem, arcam in qua manna gestabatur, altare ignis divini conceptaculum, laminam Dei nomine insculptam, Ephod in manifestationem numinis, obumbratum item a Deo tabernaculum. Quin etiam universa hæc die noctuque adumbrabas dicens: *Gloria tibi sit, qui solus omnipotens es Deus, qui per hæc omnia res admirabiles feceris in Israel* [14]: si vero per omnia hæc, quæ lege præcipiente quondam servabas, procidens Deum adorabas, vides Deo per imagines adorationem exhiberi.›

Et post pauca: ‹ Si quis enim affectu sincero amicum vel ipsummet imperatorem diligit, atque illum in primis, qui de se bene meritus est, hic plane, sive filium ejus, sive sceptrum vel virgam, sive coronam, sive domum, sive servum conspexerit, amplexatur et osculatur; hacque ratione beneficum erga se veneratur imperatorem. Quanto igitur potiori jure Deum ipsum colueris? Utinam et tu quoque (hoc enim repetam) Mosaicas propheticasque fecisses imagines, singulisque diebus Deum ipsorum Dominum adorasses. Cum itaque Christianos videris crucem adorantes, id pro certo teneas, adorationem istam Christo ab eis offerri crucifixo, non ligno. Nam si ligni materiam colerent, lucos prorsus et arbores adorare deberent, ut tu ipse quondam, Israel, ea adorabas; dum arborem et lapidem hisce verbis compellares: *Deus meus es tu, et tu me genuisti* [15]. Nos vero nec crucem, nec sanctorum imagines ejusmodi verbis alloquimur. Non enim dii nostri sunt, sed aperta potius volumina, quæ in ecclesiis explicantur et adorantur, ut earum aspectu memores Dei simus, ipsumque veneremur. Qui enim martyrem honore persequitur, honorem quoque Deo exhibet, cui martyr testimonium reddidit. Qui Christi apostolum adorat, Christum insimul, a quo ille missus est, adorat: et qui coram Christi matre venerabundus procidit, nemini dubium est, quin et id honoris offerat Filio. Nullus quippe Deus est præter unum, qui in Trinitate cognoscitur et colitur. ›

Comment. Annon beati Epiphanii dictorum **327** fidelis interpres fuerit Leontius, qui sua quoque doctrina Cyprum insulam exornavit? An illos potius auscultabimus, qui cordis sui sensa loquuntur? Sed audias velim, quid etiam Severianus Gabalorum episcopus docuerit.

Severiani Gabalorum, ex sermone in dedicationem crucis.

‹ Quonam pacto imago maledicti progenitoribus nostris vitam conciliavit? › *Et paucis interjectis:* Quomodo igitur imago maledicti populo laboranti saluti fuit? Nonne verisimilius dixisset: Si quis vestrum morsus fuerit, cœlum suspiciat, aut tabernaculum Dei, et salutem adipiscetur. Verum his ille posthabitis, crucis tantum statuit imaginem. Cur porro hæc egerit Moyses, qui paulo ante dixerat: *Non facias tibi sculptile, neque conflatile, neque similitudinem earum rerum, quæ sunt in cœlo sursum, aut in terra deorsum, aut in aquis, locisve subterraneis* [16]? Sed quid ad ingratum populum hæc loquor? Edissere, quæso, fidelissime Dei minister; quod aliis vetas, cur ipse facias? Quod evertis, illud statuis? qui præcipis, *Non facies tibi sculptile*; qui conflatilem vitulum comminuisti, serpentem ex ære tu ipse conficis? Quin illum non clam, sed palam omnibus conspiciendum præbes? At illa, inquit, mandavi, quo materiam impietatis exscinderem, et ab omni defectione et idololatria populum avocarem. Nunc autem ad aliorum utilitatem serpentem conflo, ad præsignandam videlicet veritatem. Et quemadmodum tabernaculum compegi, et ea quæ in ipso sunt; Cherubim quoque invisibilium rerum similitudinem referentia, ut sancta adumbrarent, expandi, in signum figuramque futurorum: sic et serpentem ad populi salutem erexi, ut ejusmodi signorum experientia aptiores fierent ad crucis imaginem, crucifixumque Salvatorem et Redemptorem excipiendum. Quod autem ut verissimum esse percipias, dilectissime, Christum id asserentem, atque in hæc verba loquentem audi: *Et sicut Moyses exaltavit serpentem in deserto, ita exaltari oportet Filium hominis: ut omnis qui credit in eum, non pereat, sed habeat vitam æternam* [17]. ›

---

[6] Exod. vii, 17. [7] Sap. xiv, 7. [8] IV Reg. vi, 4-7. [9] Gen. ii, 9. [10] Num. xxi, 9. [11] Num. xvii 8. [12] II Paral. iii, 4 seqq. [13] Ezech. xl, 47. [14] II Paral. vi, 4; Psal. lxxi, 18. [15] Jerem. ii, 27. [16] Exod. xx, 4. [17] Joan. iii, 14.

Comment. Advertis quid dixerit, ne fieret ulla similitudo idcirco præceptum fuisse, uti populus ab idolorum cultu, in quem propensissimus erat, avocaretur, exaltatumque serpentem, Dominicæ passionis imaginem exstitisse?

Quod autem nova non sit imaginum inventio, sed antiqua, et sanctis eximiisque Patribus nota et usitata, auscultes velim. Scriptum est in Vita beati Basilii ab Helladio ejus discipulo, atque in sede episcopali successore scripta : virum sanctum quondam astitisse coram Dominæ nostræ imagine, in qua etiam Mercurii martyris laudatissimi figura depicta erat. Astabat porro supplicans, ut Julianus apostata impius e medio tolleretur. Atque ex ea imagine, quid eventurum esset, didicit. Vidit quippe martyrem exiguum ad tempus ab oculis suis evanescentem, ac nec multo post cruentam hastam tenentem.

328 *Ex Vita sancti Joannis Chrysostomi, ubi hæc ad verbum scripta sunt.*

« Beatus Joannes Epistolas sapientissimi Pauli summo studio legebat. » *Et aliquanto post :* « Habebat porro ejusdem apostoli Pauli in imagine descriptam effigiem eo in loco, ubi propter corporis imbecillitatem tantisper quiescebat. Nam supra quam natura patitur vigilias producebat. In hanc ille imaginem, cum Epistolas Pauli legeret, oculos intendens, ita defigebat, ut beatum eum prædicans, sibique repræsentans, cogitationem omnem ad ipsum dirigeret, ac per contemplationem cum ipso conversaretur. » *Nonnullis interjectis :* « Cum autem Proclus loquendi finem fecisset, oculis in Pauli imaginem defixis, similemque, illius quem viderat, figuram conspicatus, exhibita Joanni salutatione, imaginem digito monstrans, ait : Ignosce mihi, Pater ; ille quem tecum loquentem vidi, huic prorsus similis est, atque, ut reor, ille ipse est. »

In Vita sanctæ Eupraxiæ scriptum est, illam quæ gregi præerat, Domini nostri imaginem ipsi ostendisse.

In Vita sanctæ Mariæ Ægyptiacæ legitur, eam ad imaginem Dominæ nostræ supplicasse, et effugitasse, ut pro ipsa sponderet, atque hoc pacto ut templum ingrederetur, obtinuisse.

Ex Prato (cap. 45) *S. P. N. Sophronii Hierosolymorum archiepiscopi* [18].

« Narrabat Theodorus Æliotes, in monte Olivarum quemdam inclusum mansisse, in spirituali militia exercitatum senem, quem libidinis dæmon impetebat. Is cum die quadam vehementius illum urgeret, conqueritur senex, atque hunc in modum dæmonem alloquitur : Quousque tandem me vexare non desines? Discede jam a me : ad hanc ætatem consenuisti mecum. Cui dæmon sese conspicuum præbens : Jura, inquit, mihi te nemini id revelaturum, quod tibi dicturus sum. Juravit senex, per eum qui in altissimis habitat : Nemini prorsus aperiam, inquit, quod mihi dixeris. Statim dæmon : Ne ultra imaginem hanc adores, nec te jam in posterum impugnabo. Imago autem illa Dominæ nostræ sanctæ Mariæ Dei Genitricis, Dominum nostrum Jesum Christum gestantis effigiem referebat. Inclusus porro dæmoni infit : Sine, dispiciam quid facto opus sit. Postridie igitur abbatem Theodorum Æliotem, qui in laura Pharon tunc temporis habitabat, accersit : cumque ille adesset, ei rem omnem aperuit. At ille seni incluso ait : Plane tu, abba, delusus es, qui te dæmoni obstrinxeris juramento. Quod tamen rem aperueris mihi, consulto egisti. Verum satius foret tibi, si nullum in urbe prostibulum omitteres, ad quod non ingredereris, quam ut Dominum Deum nostrum, matremque ejus **329** adoraturum te neges. His illum pluribusque aliis sermonibus confirmans, ad propria rediit. Tum dæmon rursus incluso sese conspiciendum præbet : Ecquid est, inquit, scelestissime senex? Nonne jurasti mihi te id revelaturum nemini? Cur ergo omnia narrasti illi qui ad te venit? Jam tibi, pessime monache, denuntio quidem te uti perjurum in die judicii damnatum iri. At inclusus : Me, inquit, jurasse fateor, et contra quam juravi fecisse non ignoro : tibi tamen non auscultavero. »

Comment. Hinc vides imagini exhibitam adorationem, ad id cujus est imago, referri, et quale quantumque sit malum ab illius adoratione cessare. Cernis qua ratione eo potius quam libidinis crimine obstrictum hominem voluerit.

Cum itaque multi antehac sacerdotes, regesque fuerint a Deo Christianis concessi, qui sapientiæ, religionis, doctrinæ, sanctitatis laude claruerunt; plura item concilia a sanctis divinoque Spiritu afflatis Patribus celebrata sint, quidnam causæ est, ut eorum nemo tale quid agere ausus sit? Novam doceri fidem neutiquam patiemur. « Ex Sion enim exibit lex, et verbum Domini de Jerusalem [19], » quemadmodum per prophetam ait Spiritus sanctus. Non committemus ut aliud alias sentiendo, pro temporum ratione mutemur, neque ut fides nostra apud illos qui ab ea alieni sunt, ludibrio fiat ac derisioni. Imperatoris edicto obtemperari non permittemus, Patrum consuetudinem evertere conantis. Neque enim religiosorum fuerit imperatorum, ecclesiasticas convellere sanctiones. Hæc paternam pietatem non sapiunt. Nam quæ per vim et non libera suasione patrantur, prædatoria sunt. Hoc testatur celebrata secundo Ephesi synodus, quæ ad hanc usque diem *Latrocinii* nomen obtinet; quippe cui imperatoris manus vim intulit, cum beatus martyr Flavianus interfectus fuit. His de rebus aliquid statuere, non ad imperatores spectat, sed ad concilia : quemadmodum Dominus ait : « Ubi duo vel tres congregati fuerint in no-

---

[18] Vid. act. 4 et 5 septimæ synodi. [19] Isa. ii, 3.

mine meo, ibi sum in medio illorum[10].» Ligandi atque solvendi potestatem non regibus tradidit Christus, sed apostolis, eorumque successoribus, et pastoribus, atque doctoribus[11]. « Licet vos, inquit Paulus apostolus, aut angelus evangelizet praeter id quod accepistis[12]: » quod sequitur modo tacebimus[13], parcentes illis, quorum conversionem speramus. Sin autem, quod avertat Deus, in opinione perversa obstinatos viderimus, tum reliqua pronuntiabimus. Verum hoc ne contingat optamus.

Quod si quis domum ingressus, cujus in parietibus Moysis et Pharaonis historiam pictor descripserit, forte quaerat, quinam ii sint, qui per mare, ac si per aridam terram incederent, iter fecerunt, quid ad haec respondebis? Nonne, Hi filii sunt Israel? Ecquis ille qui virga percutit mare? Nonne audiet, Moyses? Consimili modo, si quis Christum affixum cruci pinxerit, quaeraturque ab eo quisnam ille est? nonne respondebit: Christus Deus nostri gratia incarnatus? Etiam, Domine, omnia quae tua sunt, adoramus, ardentique affectu Deitatem tuam, potentiam, bonitatem, misericordiam erga nos, descensum, et incarnationem complectimur: et quemadmodum ferrum ignitum contingere veremur, non propter **330** ferri naturam, sed propter ignem, qui ferro junctus est, eadem ratione carnem tuam adoro, non ob carnis naturam, sed propter divinitatem, quae cum illa secundum hypostasim juncta est. Passionem tuam adoramus. Quis unquam mortem vidit adorari? Quis cruciatus dignos cultu censuit? Nos tamen corporalem Dei mei mortem, salutaremque passionem vere adoramus. Adoramus imaginem, adoramus omnia quae tua sunt, ministros, amicos, ac prae caeteris divinam Matrem tuam.

Obsecramus itaque Dei plebem, gentem sanctam, ut ecclesiasticis institutis pressius adhaerescat. Priscarum enim abrogatio traditionum sensim introducta, tanquam si ab aedificio paulatim subtrahantur lapides, structuram omnem cito diruit. Faxit Deus ut firmi, stabiles et immoti maneamus, supra firmam petram fundati, quae Christus est: quem decet gloria, honor et adoratio cum Patre et Spiritu sancto, nunc, et per infinita saecula saeculorum. Amen.

[10] Matth. xviii, 20. [11] ibid. 18. [12] Galat i, 8, 9. [13] Videlicet *Anathema sit*.

S. JOANNIS DAMASCENI

ORATIO II

ADVERSUS EOS QUI SACRAS IMAGINES ABJICIUNT.

1. Poscenti veniam ignoscite, domini mei, et a me inutili minimoque Dei famulo explicatioris veritatis verba suscipite. Non enim gloriae captandae studio, vel, ut aliquid esse videar (Deus testis est), sed veritatis accensus zelo, ad dicendum accessi. In hoc enim salutis meae spem collocavi, et cum eo obviam me Christo Domino iturum spero, ardentique prorsus studio desidero; meam hanc aemulationem ipsi offerens in expiationem eorum quae inique egi. Nam qui a Domino quinque talenta acceperat, alia quinque quae lucratus fuerat, obtulit[14]; et qui duo, totidem; qui vero unum acceperat, cum illud quod in terram foderat, sine emolumento protulisset, servus malus audiens, in exteriores tenebras detrusus est. Atqui id quidem, ne mihi contingeret veritus, Domini jussis obsequor, et sermonis talentum quod mihi ab ipso commissum est, apud vos prudentes mensarios depono, ut cum Dominus meus advenerit, multo illud animarum fenore auctum, meque fidelem servum inveniat, et in optatissimum suavissimumque gaudium suum introducat. Mihi itaque attentas aures praebete: expansis cordium mensis, sermonem meum excipite, verborumque meorum vim aequo sinceroque animo pensate. Quin ut alteram hanc pro imaginibus dissertationem scriberem, mihi suggesserunt quidam Ecclesiae filii et alumni; quia intelligentiam prioris multi satis assecuti non essent. Quamobrem hoc item mihi velim condonate, obedientiae munia obeunti.

2. Invidi serpentis, omniumque malorum auctoris hic mos est, dilectissimi, ut ad imaginem Dei formatum hominem modis variis impugnet, mortemque ipsi contrariis artibus inferat. In ipso siquidem rerum exordio spem illi et cupiditatem affectandae divinitatis inspiravit, per quam eum **331** in brutorum animantium mortem pertraxit: ipsum quoque impuris belluinisque voluptatibus deceptum saepius illexit. Porro quam immania illa distantia divinitatem inter et brutam libidinem! Aliquando quidem ei persuasit, ut Deum abnegaret. Ait enim Dei parens David: « Dixit insipiens in corde suo: Non est Deus[15]. » Tum etiam hominem, ut plures deos coleret, adduxit: quando-

[14] Matth. xxv, 20. [15] Psal. xv, 1.

que autem, ut ne illi quidem qui natura Deus est, procideret, persuasit : interdum ut dæmones ipsos adoraret, ac præterea cœlum et terram, solem et lunam, stellasque, omnem denique creaturam, nequidem animantibus ipsis et reptilibus exceptis. Neque enim dissimilis est flagitii honorem iis non exhibere, quæ ejus digna sunt, ac nullius pretii rebus, minime congruentem immodicamque gloriam tribuere. Aliis Deum, qui suapte natura bonus est, esse auctorem mali. Nonnullos in hunc errorem adduxit, ut personam unam in deitate, perinde atque naturam unam insane prædicarent. Quosdam ita decepit, ut non tres personas modo, verum etiam tres naturas nefarie colerent. Suggessit aliis ut unam Jesu Christi Domini nostri, qui unus est ex sancta Trinitate, velut personam unam, sic unam naturam esse existimarent ; aliis denique uti duplicem in eo naturam, ita duplicem quoque personam esse arbitrarentur.

3. At veritas media via incedens, omnia isthæc absurda et falsa reprobat; docetque nos, ut Deum unum confiteamur, naturam unam in tribus hypostasibus, Patre et Filio et Spiritu sancto : malum vero substantiam non esse, sed accidens, sive quamdam cogitationem, sermonem et actionem a Dei lege recedentem ; cujus exsistentia in hoc posita sit, quod cogitetur, dicatur et agatur, ut simul hac cessatur, esse prorsus desinat. Ad hæc, Christum, unum de sancta Trinitate, duabus naturis constare, unamque personam esse prædicat.

4. Cæterum diabolus, veritatis inimicus, hominumque salutis hostis, cum non gentes modo, sed et ipsosmet filios Israel sæpe decepisset, ut corruptibilium hominum, volucrum, belluarum et serpentium conderent imagines, quas tanquam deos adorarent [16] ; nunc Ecclesiam Christi tranquilla pace fruentem his artibus perturbare nititur, ut labiis iniquis et lingua dolosa eloquiis divinis malitiam aspergens, deformi atque tenebricosa hujus obvelata facie, infirmorum animos a vera quam Patres instituerunt, consuetudine abducat. Nonnulli siquidem surrexerunt, qui asserant ea, quæ pro nostra salute a Christo mirabiliter, et a sanctis fortiter adversus diabolum gesta sunt, imaginibus pingenda non esse, quæ contemplemur, veneremur, admiremur et imitemur. Quis porro cognitione divina et spirituali intelligentia imbutus, id suggerente diabolo non cognoscat inventum ? Ille enim cladem ignominiamque suam palam traduci quam ægerrimum patitur, nec Dei sanctorumque gloriam picturis celebrari.

5. In errore quidem versaremur, si vel invisibilis Dei conficeremus imaginem ; quoniam id quod corporeum non est, nec visibile, nec circumscriptum, nec figuratum, pingi omnino non potest. Impie rursum ageremus, si efformatas a **332** nobis hominum imagines deos esse arbitraremur,

eisque tanquam diis divinos honores tribueremus. At nihil horum prorsus admittimus. Sed postea-quam Deus pro ineffabili bonitate sua, assumpta carne, in terris carne visus est, et cum hominibus conversatus est [17] ; ex quo naturam nostram, corpulentamque crassitiem, figuram item, et colorem carnis suscepit, nequaquam aberramus, cum ejus imaginem exprimimus. Formam enim ipsius videre desideramus. Nam ut ait Apostolus : « Videmus per speculum, et in ænigmate [18]. » Porro imago speculum est et ænigma, corporis nostri spissitudini conveniens. Quantumlibet enim mens nostra laboret, ea tamen, quæ corporea sunt, nequaquam valet transilire.

6. Apage te, invide diabole. Invides nobis quod Domini nostri contueamur effigiem, per quam sanctitatem adipiscamur ; quod salutiferos ipsius cruciatus inspiciamus, demissionem admiremur, miracula contemplemur, ejusque divinitatis potentiam laudemus. Sanctis invides quem Deus ipsis contulit honorem, descriptamque eorum fortitudinem et fidem æmulemur. At tibi non obsequimur, invide dæmon, hominumque osor. Audite, populi, tribus, linguæ, viri, mulieres, pueri, senes, adolescentes, infantes, gens sancta Christianorum : Si quis evangelizaverit vobis præter id quod Ecclesia catholica a sanctis apostolis, Patribus et conciliis acceptum, ad hunc usque diem servavit, aures ne præbeatis ; neve serpentis suadelam excipiatis, quemadmodum olim excepit Eva, ex quo mortem consecuta est [19]. Licet angelus, licet imperator, evangelizet vobis, præter id quod accepistis, aures occludite. Eo quippe abstinuerim modo, quod subdit Apostolus, *Anathema sit* [20], quando emendationis exspectandæ locus est.

7. Cæterum hi qui Scripturæ sensa minime scrutantur, objiciunt, per Moysen legislatorem præcepisse Deum : « Ne feceris ullam similitudinem eorum, quæ in cœlo, quæve in terra sunt [21]. » Et per prophetam David : « Confundantur omnes qui adorant sculptilia ; qui gloriantur in simulacris suis [22] »aliaque multa his similia. Quæcunque enim vel ex divina Scriptura, vel ex sanctis Patribus protulerint, ad eumdem modum intelligenda veniunt.

8. Quid ad hæc dicemus? Quid aliud, nisi id quod dictum a Domino est Judæis ? « Scrutamini Scripturas [23]. » Laudabilis quippe est Scripturarum perscrutatio. Sed hic diligenter animum attendite. Impossibile est, dilectissimi, mentiri Deum [24]. Unus porro Deus est, unus Veteris et Novi Testamenti legislator, qui multifariam multisque modis olim locutus est patribus in prophetis, et in novissimis temporibus in Filio suo unigenito. Vestrum sensum adhibete. Non mea verba sunt, sed quæ Spiritus sanctus per sanctum Apostolum effatus est : « Multifariam multisque modis olim loquens Deus patribus in prophetis [25]. » Considera Deum multifa-

[16] Rom. I, 23; Ezech. VIII, 10. [17] Baruch. III, 38. [18] I Cor. XIII, 12. [19] Gen. III, 1 seqq. [20] Galat. I, 5. [21] Exod. XX, 4. [22] Psal. XCVI, 7. [23] Joan. V, 59. [24] Hebr. VI, 18. [25] Hebr. I, 1.

riam multisque modis locutum esse. Sicut enim peritus medicus non omnibus, nec semper idem remedii ministrat genus, sed tum regionis, tum morbi, tum temporis, tum aetatis habita ratione medicinam praebet : atque alia quidem ratione infantem curat, alia virum aetate provectum, aegrotantem alia, alia denique sanum, nec aegrotis omnibus eodem medetur modo, sed status ac valetudinis rationem init, ut aliud quidem aestate medicamentum afferat, aliud hieme, alterum vere, autumno alterum, aliud demum pro locis singulis secundum regionum discrimina : consimiliter optimus animorum medicus, infantibus adhuc et idololatriae morbo laborantibus, qui, cum simulacra deos esse arbitrarentur, et tanquam deos adorarent, debitam Deo reverentiam, gloria ipsius ad creaturam translata, denegabant, imaginibus interdixit. Enimvero Dei qui est incorporeus, invisibilis, a materia remotissimus, figurae expers, incircumscriptus, et incomprehensibilis, imago nulla fieri possit. Nam quomodo illud quod in aspectum non cadit, imago repraesentarit ? « Deum autem nemo vidit unquam : unigenitus Filius, qui est in sinu Patris, ipse enarravit [36]. » Et, « Nemo videbit faciem meam, et vivet [37], » ait Deus.

8. Porro quod simulacra tanquam deos coluerint, audi quid narret Scriptura in Exodo (id est in exitu) filiorum Israel, quando Moyses in montem Sinai ascendit, ibique sedens cum Deo commoratus est, ut legem acciperet : quando, inquam, ingratus populus adversus Aaron insurgens, dixit : « Fac nobis deos qui nos praecedant. Moysi enim huic viro ignoramus quid acciderit [38]. » Deinde cum ablato mulierum suarum ornatu, conflatile confecissent, comederunt et biberunt, atque errore suo peraeque ac vino ebrii coeperunt ludere, et prae amentia dicere : « Ili sunt dii tui, Israel [39]. » Plane vides quod simulacra, quae domicilia daemonum erant, pro diis habuerint, quodque creaturae potius quam Creatori servierint, juxta atque divinus Apostolus ait : « Qui mutaverunt gloriam incorruptibilis Dei in similitudinem corruptibilis hominis, et volucrum, et quadrupedum, et serpentium, et servierunt creaturae potius quam Creatori [40].» Quamobrem Deus ne qua similitudo fieret prohibuit, quemadmodum Moyses in Deuteronomio ait : « Et locutus est Dominus ad vos de medio ignis : vocem verborum vos audistis, et similitudinem non vidistis, sed vocem tantum [41]. » Et paulo post : « Et servate valde animas vestras, quia similitudinem non vidistis in die, qua locutus est Dominus ad vos in Horeb, in monte de medio ignis ; nequando contra legem agatis, et faciatis vobis sculptile simulacrum, omnem imaginem, similitudinem masculi aut feminae, similitudinem omnis jumenti, eorum quae sunt super terram, similitudinem omnis volucris pennatae [42], » etc. Et paucis interjectis : « Et ne forte elevatis oculis ad coelum, et solem et lunam intuens, et astra, omnemque ornatum coeli, deceptus errore adores ea, et servias ipsis [43]. » Cernis, quomodo id unum sibi proposuerit, ne scilicet creaturae potius quam Creatori serviatur, neve cuiquam latriae cultus, nisi soli rerum conditori Deo exhibeatur ? Idcirco enim cum adoratione latriam jungit. Rursumque ait : « Non erunt tibi dii alieni praeter me. Non facies tibi sculptile, neque omnem similitudinem [44]. » Et iterum : « Deos conflatiles non facies tibi [45]. » Annon vides, quod idololatriae vitandae causa imagines efformari vetat, et quia fieri non potest ut Dei, qui nec corporeus, nec visibilis, nec circumscriptus est, effigies exprimatur ? « Neque enim formam, inquit, ipsius perspexistis [46]. » Velut etiam Paulus in medio stans Areopagi aiebat : « Genus ergo cum simus Dei, non debemus aestimare auro et argento, aut lapidi, sculpturae artis et cogitationis hominis divinum esse simile [47]. »

9. Quod autem haec ita se habeant, audias velim : « Non facies tibi sculptile, inquit, neque omnem similitudinem [48]. » Haec cum praecepisset Deus, attamen posthac legitur : « Fecerunt tentorium tabernaculi testimonii ex hyacintho, et purpura, et coccino neto, et bysso retorta, contextum opus Cherubim [49]. » Et : « Fecerunt desuper arcam propitiatorium ex auro puro, necnon duos Cherubim [50-53]. » Quid agis, Moyses ? Dicis : « Non facies tibi sculptile, neque omnem similitudinem ; » cur tu nihilominus tentorium facis, opus contextum figuris Cherubim, et duo Cherubim ex auro puro ? Verum ausculta quid tibi respondeat Dei minister Moyses. O caeci et stulti, vim verborum percipite, vestrisque animis diligenti sollicitudine cavete. Dixi vos similitudinem nullam vidisse, in die qua locutus est Dominus ad vos in Horeb, in monte de medio ignis, nequando contra legem agatis, et faciatis vobis omne sculptile simulacrum : Omnem imaginem, et deos conflatiles ne feceris tibi. Non dixi : Non facies tibi imagines Cherubim, instar ministrorum propitiatorio assistentium ; sed : « Non facies tibi deos conflatiles ; » et : « Non facies tibi omnem similitudinem, » tanquam Dei, nec servies creaturae potius quam Creatori. Itaque similitudinem Dei non feci, nec alterius tanquam Dei, neque creaturae potius quam Creatori servivi. Sic et vos quoque facite.

10. An vidisti quomodo Scripturae sensus, iis qui sagaci mente illam scrutantur, exploratus fiat? Illud quippe nosse oportet, dilectissimi, in omni negotio id praesertim quaeri, quid verum quidve falsum sit, et quo quisque consilio aliquid fecerit, bono an malo. Nam in Evangelio, et Deus, et angelus, et homo, coelum et terra, et aqua, et

ignis, et aer, et sol, et luna, et astra, et lumen, et tenebræ, et Satanas, et dæmones, et serpentes, et scorpii, et mors, et infernus, et virtutes, et vitia, omniaque bona et mala descripta sunt. Verum, quandoquidem omnia quæ de illis feruntur, vera sunt, atque ad Dei gloriam et sanctorum, quos ad gloriam evexit, necnon et in nostram salutem, et perniciem diaboli dæmonumque ejus conferunt, illa nos adoramus, complectimur, et osculamur, atque oculis, labrisque et corde salutamus. Eodem honore omne tum Vetus, tum Novum Testamentum, quin etiam sanctorum et probatorum Patrum sermones prosequimur. At turpem et exsecrabilem atque impuram detestandorum Manichæorum et gentilium, aliorumque hæreticorum scripturam, uti falsis stultisque dogmatibus plenam, atque ad diaboli dæmonumque ejus gloriam, ipsorumque commune gaudium excogitatam reprobamus ac rejicimus, quamlibet Dei nomen contineat. Ita pariter, ubi de imaginibus agitur, veritas quærenda **335** est, sensusque illorum, qui eas faciunt. Atque si quidem verus rectusque sit, et ad Dei gloriam sanctorumque ejus illæ conducant, ad amplectendas item virtutes, et fugienda vitia, nec non in salutem vergant animarum; has tanquam imagines, exempla, et similitudines, ac veluti illitteratorum hominum libros venerari nos oportet et osculari, oculisque et labiis et corde complecti; ut quæ Verbum carni copulatum repræsentent, genitricemve ipsius, aut etiam sanctos, qui tum passionum, tum gloriæ Christi socii, atque victores et expulsores diaboli ac dæmonum, eorumque fraudis exstiterunt.

11. Quod si quis imaginem Divinitatis, quæ a materia est alienissima, incorporeaque et invisibilis, nec figuram, nec colorem habet, audeat effingere, eam uti spuriam falsamque repudiamus. Si quæ etiam ad gloriam, cultum et honorem diaboli aut dæmonum efformata sit, respuendam ignique consumendam censemus. Si quispiam imaginem hominum, aut volucrum aut reptilium, alteriusve creatæ rei in Deum sibi fingat, hunc anathemati subjicimus. Sicut enim sancti Patres fana templaque dæmonum everterunt, inque eorum locis sanctorum nomini templa construxerunt, quæ nos colimus : sic et simulacra dæmonum sustulerunt, atque illorum loco Christi et Deiparæ et sanctorum imagines statuerunt. In Veteri quidem Testamento, nec templa sanctorum nomini erigebant Israelitæ, nec hominum commemoratio festiva erat. Adhuc enim humana natura maledictioni erat obnoxia, et mors pœna et supplicium erat, unde lugebatur et mortui cadaver immundum habebatur, atque ille etiam qui illud tetigisset. Ex quo autem naturæ nostræ, ceu medicamen quoddam vivificum et salubre, juncta est divinitas, illa deinceps facta est gloriosa, fuitque in incorruptionem transformata. Quapropter sanctorum mortem celebramus, in ipsorum honorem templa exstruimus, eorumque pingimus imagines. Noverint igitur universi illum, qui imaginem ad Christi, aut matris ejus Deiparæ, aut sanctorum alicujus gloriam et recordationem, necnon in diaboli et dæmonum ejus opprobrium et ruinam, divino studio et ardore formatam, aggrediatur evertere, et non potius eam ceu dignam honore imaginem, non tamen ut Deum, adoret, colat et complectatur, inimicum hunc esse Christi, et sanctæ Dei Genitricis, atque sanctorum, diaboli insuper et dæmonum ipsius vindicem et patronum : quippe qui ægre patiatur Deum sanctosque ejus debito honore et gloria affici, diabolum vero ignominia aspergi. Imago enim triumphus quidam est, et manifestatio, insculptumque monumentum, erecta in memoriam illorum, qui strenuo præstantissimoque animo sese gesserunt, atque in dæmonum, qui devicti profligatique sunt, perenne dedecus.

12. Penes imperatores potestas non est, ut Ecclesiæ leges sanciant. Attende quid dicat Apostolus. « Et quosdam quidem posuit Deus in Ecclesia, primum apostolos, secundo prophetas, tertio pastores et doctores ad perfectionem Ecclesiæ [54]. » Non adjecit, *imperatores*. Et rursum : « Obedite **336** præpositis vestris et subjacete eis. Ipsi enim pervigilant, quasi rationem pro animabus vestris reddituri [55]. » Idemque rursus : « Mementote et præpositorum vestrorum, qui vobis locuti sunt verbum Dei, quorum intuentes exitum conversationis, imitamini fidem [56]. » Verbum locuti non sunt vobis reges, sed apostoli et prophetæ, pastoresque et doctores. Cum Deus Davidi de domo sibi ædificanda injunxisset, sic posthac eum allocutus est : « Non tu ædificabis mihi domum, quia vir sanguinum es [57]. — Reddite omnibus debita, » clamabat Apostolus, « cui tributum, tributum ; cui vectigal, vectigal; cui timorem, timorem; cui honorem, honorem [58]. » Ad imperatores spectat recta rei publicæ administratio ; Ecclesiæ regimen, ad pastores et doctores. Ejusmodi invasio latrocinium est, fratres. Cum Samuelis pallium scidisset Saul, quid ei contigit ? Regnum ipsius abscidit Deus, et hominum mansuetissimo Davidi tradidit [59]. Eliam Jezabel insectata est [60], sanguinemque ipsius linxerunt canes et sues ; quin et meretrices lotæ sunt in eo [61]. Joannem Herodes interfecit, et a vermibus consumptus periit [62]. Nunc quoque beatus Germanus tum vita, tum dicendi gratia resplendens, plagis affectus, exsulat, cum pluribus aliis episcopis, quorum nomina ignota nobis sunt: nonne hoc prædatorium est ? Quando ad Dominum accesserunt Scribæ et Pharisæi ut illum tentarent, atque ab eo quæsierunt, Liceretne censum dare Cæsari, annon, dixit : « Ostendite mihi numi-

[54] 1 Cor. XII, 28. [55] Hebr. XIII, 17. [56] ibid. 7. [57] 1 Par. XXVIII, 5. [58] Rom. XIII, 7. [59] 1 Reg. XV, 27. [60] III Reg. XIV, 2. [61] IV Reg. IX, 36. [62] Act. XII, 23.

sima census. » Quod cum illi ostendissent, ait : « Cujus habet imaginem ? » Respondentibus illis, *Cæsaris*, subdidit : « Reddite ergo quæ sunt Cæsaris, Cæsari ; et quæ sunt Dei, Deo⁶³. » Tibi parebimus, o imperator, in his quæ ad hujus sæculi negotia pertinent, in tributis solvendis ac vectigalibus, muneraque tua accipiendo, et in quibus rerum nostrarum administratio tibi credita est ; verum ad res Ecclesiæ statuendas pastores habemus, qui nobis verbum loquuntur, atque ecclesiastica instituta tradiderunt. Non transferimus terminos antiquos, quos posuerunt patres nostri⁶⁴ : quin potius traditiones, quemadmodum eas accepimus, retinemus et tuemur. Si enim Ecclesiæ ædificium vel parvis in rebus demoliri inceperimus, totum paulatim dissolvetur.

13. Materiam vituperas, et vilem appellas ; idem quoque faciunt Manichæi : verum divina Scriptura bonam hanc esse prædicat. Ait enim : « Viditque Deus cuncta quæ fecerat : et erant valde bona⁶⁵. » Quamobrem tum materiam a Deo creatam, tum etiam bonam hanc esse confiteor. Tu vero si malam asseris, aut non esse illam a Deo fatearis oportet, aut Deum malorum auctorem facias. Pensa igitur quid Scriptura divina de materia pronuntiet, **337** quam tu vilem appellas. « Et locutus est Moyses ad universum cœtum filiorum Israel, dicens : Hoc est verbum quod præcepit Dominus : Sumite a vobis ipsis oblationem Domino, aurum, argentum, æs, hyacinthum, purpuram, coccinum duplex netum, et byssum retortam, et pilos caprarum, et pelles arietum rubricatas, et pelles hyacinthinas, et ligna imputribilia, et oleum unctionis, et thymiama compositionis, et lapides sardios, et lapides in sculpturam ad superhumerale et poderem : et quisquis vestrum est sapiens corde, veniat, et faciat omnia quæ præcepit Deus, tabernaculum⁶⁶, » etc.

14. En profecto materiam pretiosam, tametsi vilis a vobis æstimetur. Quid enim pilis caprarum, aut coloribus contemptibilius sit? Nonne coccinum, et purpura, et hyacinthus colores sunt ? Ecce præterea, tum opus manuum hominum, tum Cherubim imagines : quinimo totum tabernaculum imago erat. « Vide enim, inquit Deus Moysen alloquens, omnia facias secundum exemplar quod tibi ostensum est in monte⁶⁷. » Nihilominus illud ab omni Israel in circuitu adorabatur. Ad hæc, nonne Cherubim in conspectu populi erant? Quin etiam arca, et lucerna, et mensa, et urna aurea, et virga, ad quæ respiciens populus adorabat. Materiam non adoro, sed materiæ conditorem, qui propter me materia factus est, et in materia domicilium posuit, atque per materiam salutem mihi patravit. « Verbum enim caro factum est, et habitavit in nobis⁶⁸. » Neminem porro præterit,

A quod caro materia constet, creataque sit. Materiam igitur, per quam mihi parta est salus, veneror, adoro et colo : colo, inquam, non uti Deum, sed ut divina plenam efficacitate et gratia. Annon, quæso, materia est fortunatissimum illud felicissimumque lignum crucis? Nonne materia est mons venerandus et sanctus, ille Calvariæ locus ? Nonne materia est, alma vitalisque petra, monumentum sanctum, resurrectionis nostræ scaturigo? Nonne materia, atramentum, Evangeliorumque libri membranæ? Nonne materia illa mensa, quæ vitæ panem nobis subministrat ? Annon materia, aurum et argentum, ex quibus cruces, et disci sancti, calicesque conficiuntur ? Nonne, quod quidem his omnibus longe excellentius est, materia est corpus B et sanguis Domini mei? Aut horum omnium cultum adorationemque tolle, aut concede, ut secundum traditionem Ecclesiæ, imagines Dei amicorumque ejus nomini consecratæ, atque propterea divini Spiritus gratia obumbratæ, adorentur. Quod si propter legis præceptum imagines censes abrogandas, jam debes et Sabbatum et circumcisionem observare, quæ districtissime a lege tibi sancita sunt, necnon totam legem custodire, nec Paschæ Domini solemnitatem extra Hierosolymam agere. Verum illud scitote, quod si legem observaveritis, Christus nihil vobis proderit⁶⁹. Jam quoque incumbit tibi, ut fratris ducas uxorem, quo semen illi suscites⁷⁰ ; quin etiam a cantico Domini in terra aliena concinendo abstineas⁷¹. Sed apage hæc omnia : « Qui enim lege justificamini, a gratia excidistis⁷². »

15. Christum porro regem et Dominum **338** sic spectandum pingimus, ut proprio ipsum exercitu non privemus. Sancti quippe sunt exercitus Domini. Proprio se exercitu prius spoliet terrenus imperator, quam regem Dominumque suum spoliare audeat. Purpuram deponat et coronam, tum eorum qui contra tyrannum strenue pugnaverunt, quippe affectionibus et perturbationibus suis imperarunt, honorem adimat. Etenim, si hæredes Dei sunt, et cohæredes Christi⁷³, divinæque consortes gloriæ⁷⁴ et regni futuri sunt, eccur etiam non ejusdem cum ipso gloriæ participes in terris fient, qui amici Christi sunt? « Non dicam vos servos, inquit Deus ; vos amici mei estis⁷⁵. » Nunquid ergo honorem illis denegabimus, quem ipsis concessit Ecclesia? O manum audacem! O temerariam mentem, quæ Deo contradicit, ejusque jussis adversatur ! Quod si adorare imaginem renuis, ne quidem Dei Filium adora : ipse enim est imago vivens Dei invisibilis⁷⁶, invariabilisque figura substantiæ ejus⁷⁷. Templum a Salomone constructum, animalium sanguine consecratum fuit ; animalium quoque, leonum videlicet, et boum, necnon palmarum, malorumque punicorum

---

⁶³ Matth. xxii, 17-21 ; Luc. xx, 22-25. ⁶⁴ Prov. xxii, 28. ⁶⁵ Gen. i, 31. ⁶⁶ Exod. xxxv, 4-10. ⁶⁷ Exod. xxv, 40. ⁶⁸ Joan. i, 14. ⁶⁹ Galat. v. 2. ⁷⁰ Deut. xxv, 7. ⁷¹ Psal. cxxxvi, 5. ⁷² Galat. v, 4. ⁷³ Rom. viii, 17. ⁷⁴ II Petr. i, 4. ⁷⁵ Joan. xv, 14, 15. ⁷⁶ Coloss. i, 15. ⁷⁷ Hebr. i, 3.

imaginibus ornatum. Nunc vero Christi sanctorumque ejus sanguine Ecclesia dedicatur, ac Christi sanctorumque ejus decoratur imaginibus. Aut omnium imaginum adorationem tollas, aut nihil statuas novi, « neve terminos antiquos transferas, quos posuerunt patres tui [78]; » non eos dico, qui ante Christi Dei nostri in carne adventum positi sunt, sed qui post illius adventum fuerunt constituti. Nam de Testamenti Veteris sanctionibus conquestus Deus ait : « Dedi eis præcepta non bona [79], » propter duritiam cordis eorum. Quare translato sacerdotio necesse fuit ut legis translatio fieret [80].

16. Cæterum spectatores et ministri Verbi, non litteris modo, verum etiam traditionibus quibusdam haudquaquam scriptis, ecclesiasticam disciplinam sanxerunt [81]. Enimvero, undenam, rogo, sanctum Calvariæ locum [82]; unde sepulcrum vitæ notum habemus? Nonne quia sine scripto a parentibus filii id accepimus? Nam in Calvariæ loco crucifixum, et in monumento, quod Joseph exciderat e petra [83], sepultum fuisse Dominum, scriptum quidem est : quod autem illa ipsa sint, quæ nunc adorantur, ex traditione non scripta accepimus, perinde atque multa alia his consimilia. Undenam illud, ut tertio, hoc est, tribus mersationibus, baptizemus? Unde ut ad orientem conversi precemur? Unde ut crucem adoremus? Nonne ex traditione minime scripta? Quamobrem divinus etiam apostolus Paulus ait : « Itaque, fratres, state, et tenete traditiones quas didicistis, sive per sermonem, sive per epistolam nostram [84]. » Quando itaque multa sunt Ecclesiæ sine scriptis tradita, atque ad hunc usque diem observata, quid est quod contra imagines vititiligetis? Evangelium secundum Thomam scripserunt Manichæi : vos perinde secundum Leonem Evangelium scribitote. Imperatoribus non assentior, qui sacerdotium sibi tyrannorum more vindicant. Valentem imperatorem novi, qui, cum Christianus audiret, orthodoxam fidem persequebatur : Zenonem quoque, et Anastasium, Heraclium, et Constantinum illum, qui in Sicilia occubuit, **339** Bardaniscemque, qui et Philippicus appellatus est. Nemo mihi persuaserit imperatoris edictis Ecclesiam administrari, sed Patrum institutis regitur, sive ea scripta sint, sive non scripta. Quemadmodum enim in universo orbe sine litterarum monumentis Evangelium promulgatum fuit, sic et in universo orbe sine scriptis institutum traditumque est, ut Christus Deus caro factus, ac sancti imaginibus repræsentarentur : quemadmodum etiam ut crux adoraretur, atque ad orientem conversi preces funderemus.

17. Quocirca, quæ tu in contrarium adducis loca, probatam apud nos imaginum venerationem non crimini vertunt, sed gentium, eas uti deos colentium, mores arguunt. Quare propter nefariam gentium consuetudinem pium Ecclesiæ institutum auferre non oportet. Adjurant venefici et præstigiatores : adjurat pariter catechumenos Ecclesia. At illi quidem dæmones invocant : hæc vero Deum contra dæmones [85]. Sacrificant dæmonibus gentiles ; sed et Israel Deo cum sanguinem, tum nidorem offerebat. Quin etiam Ecclesia incruentum Deo sacrificium offert. Dæmonibus imagines consecrabant gentes : sed et Israel imagines in deos sibi præstituerat. Dicebant enim : « Ili sunt dii tui, Israel, qui eduxerunt te de terra Ægypti [86]. » Nos autem Deo vero carne facto, Deique servis et amicis, a quibus dæmonum fugantur exercitus, imagines dedicamus.

18. Quod si dicas beatum Epiphanium imagines nostras palam improbasse ; noveris librum illum suppositium esse, et Epiphanio, quod quidem alias sæpe contigit, falso ascriptum a quopiam fuisse. Neque enim ille Pater a collegarum sententia desciverit : omnes quippe unius sancti Spiritus participes fuerunt. Testimonio sit ipsius ecclesia imaginibus exornata ad hanc usque ætatem, qua adversus illam insurrexerunt nonnulli, qui **340** Christi gregem infestare, et sordidam perturbationem populo Dei propinare aggressi sunt.

19. Si crucem, lanceam, arundinem, et spongiam, quibus deicidæ Judæi Dominum meum ignominia affecerunt, et morti tradiderunt, tanquam salutis causas adoro et colo ; cur non imagines, quæ ad Christi gloriam passionisque ejus memoriam recto consilio a Christianis institutæ sunt, adoraverim? Si crucis effigiem ex qualicunque materia fabricatam veneror, cur illius qui et affixus fuit, crucisque vim salutiferam ostendit, imaginem non adoravero? Proh inhumanitatem! Quod porro materiam ipsam non adorem, liquido constat. Soluta quippe crucis forma, ex ligno exempli gratia factæ, lignum in ignem projicio : itidem et imaginum materiam.

20. Quod autem non recens sit inventum, sed prisca Ecclesiæ traditio ut imagines fiant, et adorentur, ex Scripturæ Patrumque locis confertum examen numerosum accipe. Dominus in sacrosancto secundum Matthæum Evangelio, tum discipulos suos, tum eos quoque omnes, qui ad præscriptam ab illis vivendi normam, vitam instituerent, eorumque vestigia sequerentur, beatos prædicans, hæc pronuntiavit : « Vestri autem beati oculi qui vident, et aures vestræ quæ audiunt. Amen quippe dico vobis, quia multi prophetæ et justi cupierunt videre quæ vos videtis, et non viderunt, et audire quæ vos auditis, et

[78] Prov. xxii, 28. [79] Ezech. xx, 24. [80] Hebr. vii, 12. [81] Luc. i, 2. [82] Joann. xix, 17. [83] Matth. xxvii, 60. [84] II Thess. ii, 14. [85] Greg. Naz. orat. 5, ad Greg. Nyss. [86] Exod. xxxii, 4.

non audierunt ⁸⁷. » Nos itaque quantum per nos licet, videre cupimus. « Videmus enim tanquam in speculo et in ænigmate ⁸⁸, » atque in imagine, et beati dicimur. Imaginem Deus ipse primus fecit, et imagines designavit. Nam hominem ad imaginem Dei condidit ⁸⁹ : quin etiam Abraham ⁹⁰, Moyses ⁹¹, et Isaias ⁹², omnesque prophetæ imagines Dei conspexerunt, non autem ipsiusmet essentiam. Rubus Genitricis Dei imago erat, ad quem dum Moyses accederet, dixit Deus : « Solve calceamentum pedum tuorum; locus enim, in quo stas, terra sancta est ⁹³. » Quod si locus, in quo Dei Genitricis imago perspecta a Moyse fuit, terra sancta est, quanto magis imago ipsa non modo sancta, sed dicere ausim, sancta sanctorum fuerit? Dominus, Pharisæis quærentibus : « Quid ergo Moyses permisit dare libellum repudii, et dimittere uxorem? »

et consummabo super domum Israel et super domum Juda testamentum, quod pepigi cum patribus eorum in die, qua apprehendi manum eorum, ut educerem eos de terra Ægypti ⁹⁹. » Et post pauca : « Dicendo novam, veteravit prius. Quod autem antiquatur et senescit, prope interitum est ⁹⁹. » Habuit quidem prius justificationes culturæ et sanctum sæculare. Tabernaculum enim factum est primum, in quo erant candelabra, et mensa et propositio panum, quæ dicitur, sancta. Post velamentum autem secundum, tabernaculum quod dicitur Sancta sanctorum, aureum habens thuribulum, et arcam testamenti circumtectam ex omni parte auro ; in qua urna aurea habens manna, et virga Aaron, quæ frondueat, et tabulæ testamenti. Super quæ erant Cherubim gloriæ obumbrantia propitiatorium ¹. » Et rursum : « Non enim in manufacta sancta Jesus

Ejusdem, ex 30 capitibus ad Amphilochium de Spiritu sancto (cap. 18).

Quod ipsa quoque, etc.

Comment. Quod si Regis, etc.

Sancti Basilii, ex sermone in sanctum Gordium martyrem.

Lætantur populi lætitia, etc.

Comment. Vide quomodo.

Ejusdem, ex eodem sermone in Gordium martyrem.

Quemadmodum enim, etc.

Et sub finem hujus orationis.

Sicut enim solem, etc.

Comment. Nec dubium.

In oratione in præstantissimos XL martyres hæc ait:

Martyrum, etc.

Comment. Cur ergo.

Basilii.

Agedum, etc.

Comment. Vides, etc.

Rursum, mox subdit:

Quæ enim, etc.

Comment. Quibus obsecro, etc.

Comment. Qua porro ratione.

Sancti Gregorii Nysseni, ex supplemento, sive ex libro De structura hominis (cap. 4).

Quemadmodum in hominum more, etc.

Ex ejusdem libri capite 5.

Porro divina pulchritudo, etc.

Comment. Animadverte.

Ejusdem, ex oratione Constantinopoli habita de Filii et Spiritus sancti divinitate; ubi et de Abrahamo, orat. 41, cujus initium est: « Simile quid contingit iis, etc.

Dehinc vinculis, etc.

Ex expositione sancti Joannis Chrysostomi in Epistolam ad Hebræos.

Ac prius quidem, etc.

Leontii Neapolis in Cypro episcopi, e libro Contra Judæos; quod Christi crucem et imagines, ac sese mutuo adorare liceat; necnon de sanctorum reliquiis.

Quod si mihi, etc.

Comment. Quod si ex, etc.

Rursum ex eodem Leontio. Quandoquidem, etc.

Comment. Annon, etc.

343 *Severiani [Gabalorum episcopi] ex sermone in dedicationem crucis.*

Quonam pacto, etc.

Comment. Advertis quid, etc.

Quod autem nova non sit, etc.

Ex vita sancti Joannis Chrysostomi, in qua hæc ad verbum scripta sunt.

Beatus Joannes epistolas, etc.

In Vita sanctæ Eupraxiæ scriptum est, etc.

In Vita sanctæ Mariæ Ægyptiacæ, etc.

Psal. LXXII, 20.

Ex sermone sancti Joannis Chrysostomi: Quod Veteris et Novi Testamenti unus auctor sit; et in sacerdotis indumentum.

« Ego quidem pictura quoque delectatus sum, quæ fusili cera confecta sit, modo pietatem præ se ferat. In imagine siquidem angelum vidi barbarorum agmina profligantem. Vidi proculcatas barbarorum nationes, et Davidem dicentem : *In civitate tua imaginem eorum ad nihilum rediges* [6]. »

Ejusdem, ex enarratione in parabolam seminis.

« Quod indigne imperatoris indumentum tractaveris, nonne perinde imperatori injuriam irrogas? An ignoras te, si in imperatoris imaginem contumeliosus exsistas, in eummet quem ipsa repræsentat, te injuriosum fieri? Nescis illum condemnari, qui ex lignea aut ærea statua imaginem dejecerit? non velut in materiam inanimem procax fuerit, sed quia ignominia asperserit imaginem. Quoniam imperatoris effigiem gerit, illatam sibi contumeliam ad imperatorem ipsummet transfert. »

Ejusdem sancti Joannis Chrysostomi, ex sermone in sanctum Meletium Antiochiæ episcopum et martyrem; et de animi promptitudine illorum qui convenerant: cujus initium est: » Quoquoversum in sanctum huncce gregem oculos circumferens. » Et post pauca:

« Atqui ipsa res gesta pietatis documentum erat. Nam cum assidue cogerentur appellationis illius meminisse, sanctumque illum animo versare, ipsum nomen, ceu quoddam omnis a ratione abhorrentis affectus et cogitationis amuletum, tenebant. Atque eo res progressa est, ut passim in biviis, in foro, et in agris, hæc undique nomine cuncta personarent. Neque vero erga præstantissimum nomen solum, verum etiam erga ipsam corporis effigiem studium observantiamque vestram ostendebatis. Quod igitur in ejus nomen fecistis, idem in imaginem præstitistis. Nam multi in annulorum palis, in poculis, in phialis, in cubiculorum parietibus, ac demum omnibus in locis imaginem illius cælaverunt: ut non solum sanctum illud audirent nomen, sed et expressam quoque effigiem, intuerentur. »

Ejusdem, de proditione Judæ, de Pascha, de sacramentorum traditione, quodque injuriarum meminisse non oporteat.

« Quemadmodum pictores in tabella, tum undequaque lineas ducunt, tum umbras exprimunt, tum rei veritatem, adhibita colorum varietate, subjiciunt; ita et Christus fecit. »

344 *Sancti Ambrosii Mediolanensium episcopi, ex epistola ad universam Italiam.*

« Tertia autem nocte jam corpore inedia confecto et fatiscente propter jejunium, mihi nequaquam dormienti, sed in mentis excessu constituto, conspicui fuerunt, cum persona quadam quæ beato,

Paulo similis prorsus videbatur: quemadmodum ejus effigies in imaginibus efformata perspicue declarat. »

Sancti Maximi philosophi et confessoris, ex his quæ inter ipsum et Theodosium episcopum gesta sunt.

« His itaque peractis surrexerunt omnes cum gaudio et lacrymis, positisque genibus oraverunt; atque eorum singuli sancta Evangelia, pretiosam crucem, et Jesu Christi Salvatoris, sanctæque Dei Genitricis, quæ illum peperit, imaginem deosculati sunt, admotis manibus, pro eorum quæ interlocuti fuerant, confirmatione.

Ex sermone sanctissimi beatissimique Anastasii archiepiscopi (Antiochiæ) Theopolis, de Sabbato, ad Simonem episcopum Bostrensem.

« Nam sicut absente quidem imperatore, ejus loco imago ipsius adoratur; eo autem præsente, supervacaneum est, primigenio exemplari relicto, imaginem venerari. Nequaquam tamen, ex eo quod illa tunc non adoratur, quia adest ille cujus gratia venerabilis erat, eam idcirco inhoneste habere liceret.» *Et quibusdam interjectis*: «Nam sicut ille qui in imperatoris imaginem debacchatur, ultrices pœnas luit, perinde ac si vere imperatorem ipsum injuriis affecisset; tametsi imago nihil sit aliud quam lignum et colores admista ceræ et coagmentata: ad eumdem modum quicunque cujuspiam imagini contumeliam irrogat, hanc utique injuriam infert illi cujus est effigies. »

Ex Prato S. P. N. Sophronii archiepiscopi Hierosolymorum.

« Narrabat Theodorus, etc. » *In fine articuli*: « Non ignoro. Cæterum factorem meum pejeravi; tibi vero non ausculto. »

Comment. Vides quod, etc.
Cum itaque multi, etc.
Quod si quis domum, etc.
Obsecramus itaque, etc.

S. JOANNIS DAMASCENI
ORATIO III
ADVERSUS EOS QUI SACRAS IMAGINES ABJICIUNT.

« Ea est serpentis improbi omniumque malorum architecti, diaboli scilicet, consuetudo, ut ad imaginem Dei formatum hominem nullis non oppugnet modis, quo mortem ipsi contrariis artibus inferat. Statim quippe in ipsomet rerum exordio spem illi cupiditatemque divinitatis comparandæ inspiravit, per quam in brutorum animantium mortem ipsum pertraxit: quin sæpius etiam turpibus illum, belluinisque voluptatibus illexit. Proh immanem distantiam 345 divinitatem inter, belluinamque libidinem! Aliquando quidem eo illum adduxit, ut Deum abnegaret. Ait enim Dei parens David: *Dixit insipiens in corde suo: Non est Deus*[1]. Tum vero, ut plures deos coleret; atque interdum, ut ne quidem illi, qui suapte natura Deus est procideret, persuasit; interdum ut dæmones ipsos adoraret, tum etiam ut cœlum et terram, solem et lunam, et stellas, omnem denique creaturam, nequaquam excepta animantibus ac reptilibus. Neque enim dissimilis flagitii est, honorem illis, quæ eo digna sunt, negare, atque nullius pretii rebus, minime convenientem immodicamque gloriam. At veritas, media incedens via, absurda quæque reprobat [docetque, ut Deum unum confiteamur; naturam unam in tribus personis, Patre et Filio et Spiritu sancto: malum autem essentiam substantiamve non esse, sed accidens merum, puta cogitationem quamdam, sermonemque et actionem divinæ legi contrariam, nec nisi in eo quod cogitatur, dicitur et agitur, habens ut exsistat, et simul ac cessat actio, in nihilum abiens. Insuper Christum de Trinitate unum esse, duasque in eo naturas et unam personam prædicat]. Sed cum veritatis adversarius, hominumque salutis inimicus, non gentes modo, sed et ipsosmet filios Israel sæpenumero delusisset, ut dæmonum et impiorum hominum, volucrum quoque ac belluarum, reptiliumque fabricarent imagines, quas tanquam deos adorarent; nunc Ecclesiam Christi tranquilla pace fruentem perturbare nititur: ita tamen ut labiis iniquis et lingua dolosa[a] malitiam divinis condiat eloquiis, illiusque deformem tenebricosamque faciem fuco illinere tentans, infirmorum animos a recta atque a Patribus accepta consuetudine dimoveat.

2. Nonnulli quippe surrexerunt, asserentes, ea quæ pro nostra salute a Christo mirabiliter, quæque a sanctis fortiter contra diabolum gesta sunt, exhibenda in imaginibus non esse, in quibus illa contemplemur, veneremur, admiremur et imitemur. Quis autem cogitatione divina et spirituali intelligentia imbutus, id suggerente diabolo non agnoscat inventum? Neque enim ille cladem ignominiamque suam in omnium conspectu traduci pati-

---
[1] Psal. LII, 1. [a] Psal. CXIX, 2.

tur, nec Dei sanctorumque ejus gloriam celebrari. In gravi quidem versaremur errore, si vel invisibilis Dei faceremus imaginem ; quoniam id quod incorporeum est, nec visibile, nec circumscriptum, nec figuratum, effingi prorsus nequit. Nec minor foret impietas, si delineatas a nobis hominum imagines arbitraremur esse deos, eisque tanquam diis divinos honores penderemus. At nihil tale admittimus : verum, quando Deus pro inenarrabili bonitate sua factus est caro, et carne in terris visus est, et cum hominibus conversatus est [9], naturamque nostram, necnon spissitudinem et figuram, et colorem carnis assumpsit, nequaquam aberramus, ejus imaginem exprimendo. Formam enim illius videre peroptamus. Nam, ut ait Apostolus : « Videmus nunc in speculo et in ænigmate [10]. » Porro imago est speculum et ænigma, corporis nostri crassitudini conveniens. Quantumvis enim mens nostra enitatur, ea quæ corporea sunt transilire neutiquam potest, ut divinus ait Gregorius [11].

3. Apage te, o invide diabole. Nobis invides quod Domini nostri contueamur effigiem, per quam sanctimoniæ compotes efficiamur. Invides nobis, quod salutarem ipsius passionem contueamur, descensum ad nos miremur, miracula contemplemur, ejusque divinitatis potentiam agnoscamus, et collaudemus. Sanctis invides collatum ipsis a Deo honorem, descriptam eorum gloriam a nobis perspici non sinis, ne virtutem ipsorum ac fidem æmulemur. Ferre non potes, nostram erga illos fidem, tum corpori, tum animo prodesse. At tibi non obsequemur, o dæmon invide et osor hominum. Audite, populi, tribus, linguæ, viri, mulieres, pueri, adolescentes, infantes, gens sancta Christianorum ; Si quis vobis evangelizaverit, præter id quod Ecclesia sancta catholica, a sanctis apostolis, Patribus et conciliis accepit, et ad hunc usque diem servavit, aures ne præbueritis, neve serpentis suadelam exceperitis, uti excepit Eva [12], unde et mortem vindemiavit. Licet angelus, licet imperator evangelizet vobis præter id quod accepistis, aures occludite : eo quippe nunc abstineho, quod subjungit apostolus Paulus ; nempe, *Anathema sit* [13], quando emendationis exspectandæ locus est.

4. Illi vero, nihil de Scripturæ sensu perscrutando solliciti, objiciunt, quod per Moysem legislatorem præceperit Deus : « Non facies tibi omnem similitudinem eorum quæ in cœlo sunt, quæve in terra [14]. » Et per prophetam David : « Confundantur omnes qui adorant sculptilia, qui gloriantur in simulacris suis [15] ; » et alia multa his similia. Quæcunque enim, tum ex Scriptura divina, tum ex Patribus protulerint, eodem sensu intelligenda veniunt.

Quid igitur ad hæc dicemus? Quid aliud, inquam, nisi quod Judæis a Domino dictum fuit: « Scrutamini Scripturas [16] ? » Laudabilis quippe est Scripturarum perscrutatio. Sed hic cum magna cautione animum attendite. Impossibile est, dilectissimi, mentiri Deum [17]. Unus quippe Deus est, unus, inquam, a quo Vetus et Novum Testamentum sancitum fuit ; qui multifariam multisque modis olim locutus est patribus in prophetis, atque in novissimis temporibus, in unigenito Filio suo. Animadvertite itaque diligenter ; verba hæc non mea sunt : Spiritus sanctus per sanctum Apostolum pronuntiavit : « Multifariam, multisque modis olim Deus loquens patribus in prophetis [18]. » Considera Deum multifariam multisque modis esse locutum. Sicut enim peritus medicus non omnibus, nec semper idem remedii genus ministrat, verum habita ratione tum regionis, tum morbi, tum temporis, tum ætatis : atque aliud quidem infanti, aliud viro ætatis maturæ, ægrotanti aliud, aliud sano, nec cunctis perinde ægrotantibus, sed singulis pro cujusque statu et morbo : rursumque aliud quidem æstate, aliud hieme, alterum vere, autumno alterum, alterum tandem pro singulis locis, secundum varias regionum qualitates : sic optimus etiam animorum medicus, infantibus adhuc et idololatriæ morbo laborantibus, qui, cum simulacra deos esse putarent, ac tanquam deos adorarent, debitum Deo cultum et adorationem denegabant, ipsiusque gloriam ad creaturam transferebant, his imagines facere vetuit. Verumenimvero Dei, qui incorporeus, invisibilis, a materia remotus, non figuratus, nec circumscriptus, nec comprehensibilis est, imago nulla confici potest. Quomodo enim id quod in aspectum non cadit, imagine effingatur ? « Deum autem nemo vidit unquam : unigenitus Filius, qui est in sinu Patris, ipse enarravit [19] ; » aitque Deus : « Nemo videbit faciem meam, et vivet [20]. »

5. Quod autem simulacra tanquam deos adoraverint, audi quid narret Scriptura in Exodo (id est in exitu) filiorum Israel, quando Moyses in montem Sinai conscendit, ibique cum Deo sedens, commoratus est, ut legem acciperet : quando, inquam, ingratissimus populus adversus Aaronem insurgens, dixit : « Fac nobis deos, qui nos præcedant. Moysi enim huic viro ignoramus quid acciderit [21]. » Deinde cum uxorum suarum mundo et ornatu adempto, conflatile fabricassent, comederunt et biberunt, atque errore suo perinde ac vino inebriati, ludere cœperunt, et præ amentia dicere : « Hi sunt dii tui, Israel. » Annon vides, quod simulacra in deos sibi statuerunt ? Neque enim Jovis, aut illius alteriusve simulacrum fecerunt ; sed ut fors tulit, aurum præbuerunt, ex quo idolum conflarent, quodcunque tandem illud

---

[9] Baruch III, 38. [10] I Cor. XIII, 12. [11] Greg. Naz. orat. 2 De Theolog. [12] Gen. III, 2. [13] Galat. I, 8. [14] Exod. XX, 24. [15] Psal. XCVI, 8. [16] Joan. V, 39. [17] Hebr. VI, 18. [18] Hebr. I, 1. [19] Joan. I, 18. [20] Exod. XXXIII, 2, et 22. [21] Exod. XXXII, 1 seqq.

foret, prodiitque bovini capitis effigies. Itaque ejusmodi conflatilia in deos habebant, ipsaque tanquam deos adorabant : quæ quidem dæmonum domicilia erant. Quin et creaturæ potius quam Creatori eos serviisse, divinus testatur Apostolus : « Qui mutaverunt, inquit, gloriam incorruptibilis Dei in similitudinem corruptibilis hominis et volucrum, et quadrupedum, et serpentium, et serviebant creaturæ potius quam Creatori [22]. » Quamobrem Deus, ne qua similitudo fieret, prohibuit.

6. Illum novi, qui citra mendacium dixit : « Dominus Deus tuus, Deus unus est [23]. » Et : « Dominum Deum tuum adorabis, et illi soli servies [24]. Non erunt tibi dii alieni [25]. » Itemque : « Non facies tibi sculptile, omnem similitudinem eorum, quæ in cœlo sunt sursum, et quæ in terra deorsum [26]. » Et rursum : « Confundantur omnes qui adorant sculptilia. » Et : « Pereant dii qui non fecerunt cœlum et terram [27] : » et alia denique ejusdem generis, quæ locutus cum esset Deus patribus in prophetis, in novissimis diebus locutus est nobis in unigenito Filio suo, per quem fecit et sæcula [28]. Illum novi, qui ait : « Hæc est vita æterna, ut cognoscant te solum Deum verum, et quem misisti Jesum Christum [29]. » Quin etiam credo in unum Deum, unum rerum omnium principium, sine principio, increatum, interitus nescium, et immortalem, sempiternum, et perpetuum, incomprehensibilem, incorporeum, invisibilem, incircumscriptum, figuræ expertem, substantiam unam omni substantia eminentiorem, Deitatem quavis divinitatis intelligentia subliniorem, in personis tribus, Patre et Filio et Spiritu sancto, illique soli servio ; ipsi soli latriæ cultum exhibeo. Deum unum adoro, Deitatem unam : sed et personarum trinitatem colo, Deum Patrem, et Deum Filium incarnatum, sanctumque Spiritum ; non tres deos, sed unum ; non divisas hypostases, sed unitas. Tres adorationes non adhibeo, sed unam duntaxat. Non cuilibet personæ seorsim, sed tribus conjunctim personis, ut quæ Deus unus sunt, adorationem unam tribuo. Non adoro creaturam potius quam Creatorem : verum Creatorem adoro, qui id quod sum factus est, atque ad creaturam sine sui depressione aut dejectione descendit, quo naturam cohonestaret meam, divinæque faceret consortem naturæ [30]. Una cum rege et Deo, corporis, ut ita dicam, purpuram adoro : non quidem tanquam indumentum, neque ut quartam personam, sed ut quæ pariter exsistat Deus, idemque cum eo qui ipsam inunxit, absque sui mutatione facta fuerit. Non enim Deitas in carnis naturam migravit, sed quemadmodum Verbum, manens id quod erat, sine conversione factum est caro; sic etiam caro facta est Verbum, id quod est non amittens; quinimo idem cum Verbo secundum hypostasim facta. Quamobrem invisibilis Dei efformare imaginem audeo ; non ea ratione qua invisibilis est, sed qua propter nos carni et sanguini participans [31], visibilis factus est. Imagine non Deitatem, sed aspectabilem carnem exprimo. Si enim animæ simulacrum nequit effingi ; quanto minus ipsius Dei, qui animæ concessit ut materiæ expers foret.

7. Ast, inquiunt, Deus per Moysen legislatorem præcepit : « Dominum Deum tuum adorabis, et ipsi soli servies [31]. » Et : « Non facies tibi omnem similitudinem eorum quæ in cœlo, et quæ in terra sunt [32]. »

Errant profecto illi, qui litteram occidere, spiritum vero vivificare [33] nesciunt, nec sub littera latitantem spiritum inquirunt. Quos sic jure possim alloqui : Qui vos hoc docuit, illud etiam quod sequitur, edoceat. Disce tandem quonam pacto hoc legislator interpretetur, ad hunc fere modum in Deuteronomio dicens : « Et locutus est Dominus ad vos de medio ignis. Vocem verborum vos audistis, similitudinem non vidistis [34]. » Et : « Servate diligenter animas vestras, quia similitudinem non vidistis in die qua locutus est Dominus ad vos in Horeb in monte de medio ignis, nequando contra legem agatis, faciatisque vobis sculptile simulacrum, omnem imaginem, similitudinem masculi et feminæ, similitudinem omnis jumenti quod est super terram ; similitudinem omnis volucris pennatæ [35], » etc. Et aliquanto post : « Et ne forte elevatis oculis ad cœlum, et solem et lunam intuitus, omnemque cœli ornatum, errore deceptus adores ea, et servias ipsis [36]. » Annon vides, hoc unum propositum illum habere, ne scilicet creaturæ serviamus potius quam Creatori [37], neve cuiquam præterquam ipsi latriæ cultum et honorem exhibeamus. Rursum enim ait : « Non erunt tibi dii alieni præter me. Non facies tibi sculptile, neque ullam similitudinem : non adorabis ea, neque servies ipsis ; quoniam ego Dominus Deus vester [38]. » Et rursum : « Aras, inquit, eorum subvertetis, et statuas eorum confringetis, et sculptilia deorum ipsorum igne comburetis. Non enim Deum alterum adorabitis [39]. » Et paucis interjectis : « Deos conflatiles non facies tibi. » Viden' quod idololatriæ vitandæ causa imagines prohibeat, quodque fieri non possit, ut ejus quod nec quantitatem habet, nec circumscriptus, nec conspicuus est, effigies exprimatur ? « Neque enim formam, inquit, ipsius, perspexistis [40]. » Quemadmodum etiam Paulus stans in medio Areopagi aiebat : « Genus ergo cum simus Dei, non debemus æstimare auro, aut argento, aut lapidi sculpturæ artis et cogitationis hominis, divinum esse simile ".

8. Hæc porro Judæis jussa fuerunt, eo quod ad idola colenda propensissimi essent. Nos autem quibus, ut Theologi verbis utar ", datum est, ut, relicto superstitionis errore, et agnita veritate, cum Deo pure sancteque versantes, ipsi soli serviamus, necnon ut absolutissimis divinæ notitiæ divitiis fruamur, atque infantiæ transacta ætate, in virum perfectum occurramus ", evadamusque, non sumus amplius sub pædagogo " : quippe dijudicandi facultatem habitumque consecuti, illud novimus quid imagine effingi possit, quidve ea effingere non liceat. Lex siquidem pædagogus noster fuit in Christo, ut ex fide justificaremur "; et «sub elementis eramus servientes, cum essemus parvuli. Ast ubi fides venit, jam non sumus sub pædagogo ". — Neque enim, inquit, formam ejus vidistis. » Proh sapientiam legislatoris ! Quod visibile non est, quanam effingatur imagine ? Quænam ejus efformetur effigies, quod nec conjici potest ? Qua ratione delineetur, quod quantitate, magnitudine, et termino caret ? Quomodo illius quod formæ est expers, forma adumbretur ? Quibus coloribus describatur quod figura vacat ? Ecquid ergo mysterii his in locis indicatur ? Istud nimirum ut, dum illum, qui corporeus non est, propter se factum hominem videris, tum humanæ illius formæ similitudinem exprimas. Quando is qui cerni non potest, assumpta carne se conspicuum præbuerit, tunc illius deformes imaginem. Cum ille qui in forma Dei exsistens, ob naturæ suæ excellentiam quantitatis et qualitatis et magnitudinis est exsors, forma servi suscepta, ad quantitatem qualitatemque sese contrahens, corporis figuram induerit, tunc in tabellis eum exprime, palamque conspiciendum propone, qui conspici voluit : ineffabilem ipsius demissionem designa, nativitatem ex Virgine, baptismum in Jordane, transfigurationem in Thabor, cruciatus illos, quia cruciatibus nos exemerunt; miracula, quæ cum carnis ministerio patrarentur, divinam ipsius naturam et efficaciam promebant; salutarem Salvatoris sepulturam, resurrectionem, ascensum in cœlum; hæc omnia cum sermone, tum coloribus describe, tum in libris, tum in tabellis.

9. « Non facies, ait, tibi sculptile, neque omnem similitudinem ". » Hæc cum præcepisset Deus : « Fecerunt, inquit, tentorium tabernaculi 350 testimonii ex hyacintho, et purpura, et coccino neto, et bysso retorta, opus contextum Cherubim ". » Et : « Fecerunt propitiatorium ex auro puro, et duo Cherubim super arcam ". » Quid agis, Moyses? tu præcipis : « Non facies tibi sculptile, neque omnem imaginem; » ac nihilominus tentorium, opus Cherubim contextum facis, quinctiam duo Cherubim ex auro puro? Verum auscultes velim, quid tibi Dei minister Moyses respondeat. O cæci et stulti, vim verborum percipite, et animas vestras diligentissime custodite. Dixi : « Vos similitudinem non vidistis in die qua locutus est ad vos Dominus in Horeb in monte de medio ignis; nequando contra legem agatis, et faciatis vobis sculptam similitudinem, omnem imaginem "; et deos conflatiles non facies tibi ". » Non dixi : Ne feceris imagines Cherubim, quæ ad instar servorum propitiatorio assistant; sed : « Non facies tibi deos conflatiles ; » et : « Non facies tibi ullam similitudinem, » tanquam Dei, nec servies creaturæ potius quam Creatori ". Itaque similitudinem Dei non feci, neque alterius cujuspiam tanquam Dei, neque item hominis (tunc enim humanum genus servituti mancipabatur), neque rei creatæ potius quam Creatori servivi : sed universæ creaturæ similitudinem, tabernaculum, inquam, construxi, « secundum exemplar quod mihi ostensum est in monte ". » Cherubim quoque, quæ propitiatorium obumbrarent, tanquam Deo assistentia. Vidisti quomodo Scripturæ intentio et sensus obviam illis fiat, qui prudenter illum investigant? Hoc quippe nosse convenit, dilectissimi, in omni negotio, illud inquiri, quid veri sit aut falsi, quove consilio quispiam quid egerit; bonone, an malo. Nam in Evangelio, et Deus, et angelus, et homo, et terra, et aqua, et ignis, et aer, et sol, et luna, et lux, et tenebræ, et Satanas, et dæmones, et serpentes, et scorpii, et mors, et virtutes, et vitia, atque universa, cum bona, tum mala scripta sunt. Verum, quandoquidem omnia quæ de his feruntur, vera sunt, atque in Dei gloriam, et salutem nostram, necnon in sanctorum quos ille gloriosos effecit, honorem, et in diaboli dæmonumque ejus opprobrium, conferunt, ea nos adoramus, complectimur, deosculamur, atque oculis, labris et corde salutamus. Consimiliter, Vetus omne, Novumque Testamentum, et sermones sanctorum probatorumque Patrum prosequimur : at turpem exsecrabilemque et impuram detestandorum Manichæorum scripturam, eademmet vocabula complectentem, atque ad diaboli dæmonumque ejus gloriam et in animarum perniciem excogitatam, respuimus et rejicimus. Sic quoque quando de imaginibus agitur, inquirenda veritas est, mensque eorum qui eas faciunt. Et siquidem vera rectaque sit, atque ad Dei sanctorumque ejus gloriam fiant, juventque ad virtutes persequendas et vitia fugienda, necnon ad animarum salutem, eas tanquam imagines, exempla, similitudines, illitteratorumque hominum libros et monumenta, veneremur, osculemur, oculisque et labiis et corde complectamur, velut scilicet incarnati Dei 351 effigiem, aut ma-

" Act. xvii, 29. " Greg. Naz. orat. 57. " Ephes. iv, 13. " Galat. iii, 25. " Galat. iii, 24. " Galat. iv, 3, 4. " Exod. xx, 4. " Exod. xxxvi, 37. " Exod. xxxvii, 6, 7. " Deut. iv, 15. " Exod. xxxiv, 17. " Rom. i, 25. " Exod. xxv, 40.

tris ejus, aut sanctorum, qui passionum Christi perinde atque gloriæ socii, victoresque et profligatores diaboli ac dæmonum, eorumque fraudis exstiterunt. Quod si quis Deitatis, quæ a materia procul semota, et incorporea est, imaginem ausit effingere, tanquam falsam illam reprobamus. Si qua item in gloriam et honorem cultumque diaboli vel dæmonum expressa sit, hanc rejicimus prorsus, et flammis concremamus. Si quis imaginem hominum, aut belluarum, aut volucrum, aut reptilium, alteriusve rei creatæ in Deum habuerit, hunc anathemati devovemus. Sicut enim sancti Patres sacra dæmonum et fana subverterunt, atque in eorum locis templa Dei sanctorumque nomini dicata construxerunt, quæ et nos veneramur ; eodem modo, dæmonum quoque simulacris ablatis, Christi et Deiparæ, sanctorumque imagines horum loco statuerunt. Atqui in Veteri quidem Testamento, nec templa sanctorum nomini construebant Israelitæ, nec eorum commemoratio festiva erat. Adhuc enim maledictioni subjiciebatur hominum genus, et mors supplicium erat : quapropter hæc lugebatur, et qui mortui cadaver tetigisset, immundus habebatur. Nunc autem, ex quo naturæ nostræ ceu medicamentum quoddam vivificum et salutare conjuncta divinitas est, gloriosa illa evasit, atque in incorruptionem transformata fuit : unde templa quoque in sanctorum honorem eriguntur, eorumque pinguntur imagines.

10. Nulli igitur hominum lateat, eum qui ad Christi, vel matris ejus Genitricis Dei, vel sancti cujuspiam honorem et recordationem, necnon ad ignominiam diaboli, relatæque de illo et dæmonibus ejus victoriæ memoriam, confectam divino quodam studio et ardore imaginem dejicere aggressus fuerit, neque eam potius ceu veneratione dignam, non tamen uti Deum, adorat, colit et complectitur, inimicum Christi, sanctæ Deiparæ sanctorumque esse ; diaboli vero et dæmonum ejus vindicem : quippe qui palam ægre ferat, tam Deum, quam sanctos ejus gloria et honore affici, diabolum vero ignominia aspergi. Nam imago triumphi genus, ostentatio, insculptumque monumentum est, in memoriam erectum illorum, qui generoso præstantique animo sese gesserunt, inque perenne dedecus dæmonum, qui victi profligatique sunt. Quosdam sæpe vidi, qui, cum amici desiderio tenerentur, si vestem ejus conspicerent, haud aliter illam atque amicum ipsum oculis et labiis prosequerentur. Omnibus, secundum apostoli Pauli sententiam, reddere debitum oportet : « Cui honorem, honorem ; ac regi quidem quasi præcellenti ; ducibus vero, tanquam ab eo missis[55], » unicuique pro dignitatis ejus ratione.

11. Ubinam, obsecro, in Veteri Testamento, aut in Evangelio Trinitatis nomen, aut consubstantiale, aut unam Deitatis naturam diserte scriptam repereris? Ubi tres hypostases ipsismet expressas verbis, aut unam Christi personam, aut duplicem naturam ? Verum, quia sancti Patres ex verbis vim eamdem obtinentibus, quæ in Scriptura leguntur, hæc omnia definierunt, idcirco ea suscipimus, illosque qui non admittunt, anathemate ferimus. Ego vero tibi demonstro Deum in Veteri Testamento mandavisse, ut imagines fabricarentur. Nam primum quidem præcepit ut tabernaculum, et quæ in ipso erant, construerentur. In Evangeliis vero Dominus ipse, illis qui tentandi causa ex se sciscitati erant, Num liceret censum dare Cæsari, dixit : « Afferte mihi numisma. » Cumque denarium ostendissent, ex eis quæsivit cujusnam haberet imaginem. Illis vero respondentibus, « Cæsaris, » ait : « Reddite ergo quæ sunt Cæsaris, Cæsari : et quæ sunt Dei, Deo[56]. » Quia Cæsaris habet imaginem, Cæsaris est, adeoque Cæsari reddite : ita Christi quoque imaginem Christo reddite : Christi quippe est.

12. Christus discipulos beatos appellans, aiebat : « Multi reges et prophetæ cupierunt videre quæ vos videtis, et non viderunt : et audire quæ auditis, et non audierunt. Vestri autem oculi beati, quia vident, et aures, quia audiunt[57]. » Apostoli igitur corporeis oculis Christum viderunt, ejusque labores et miracula, ac sermones audierunt : nos pariter et videre cupimus, et auscultare, tumque adeo beati audire. Cernebant illi facie ad faciem, quia corpore præsens erat : nos autem quia corpore præsens non est, quemadmodum ex libris sermones ejus audimus, et tum quoad auditum, et ipso auditu quoad animam sancti efficimur, beatique dicimur ; ita libros quoque ex quibus sermones illius percipimus, venerantes adoramus ; eodem modo per imaginum picturam corporeæ illius figuræ, miraculorum cruciatuumque descriptionem expressam conspicientes, sanctitatem adipiscimur, lætitia cumulamur, ac beati audimus, tum subinde corpoream ipsius figuram colimus, veneramur et adoramus. Atqui corporalem ejus figuram contemplantes, ipsius quoque divinitatis gloriam, quoad fieri potest, mente complectimur. Nam, quia duplicis substantiæ sumus, ex anima nempe et corpore compositi, nec anima nostra nuda prorsus est, sed velut tegumento quodam obvelatur, idcirco fieri nequaquam potest, ut absque corporearum rerum opera, ad spiritualia pertingamus. Sicut ergo per sensibilia verba auribus corporis audimus, atque ea quæ spiritualia sunt intelligimus ; sic per corporeum quoque intuitum ad spiritualem contemplationem progredimur. Quamobrem corpus et animam Christus assumpsit, quia homo corpore atque anima constat[58]. Unde duplex etiam est baptismus, ex aqua nimirum et spiritu : sic pariter communio, preces, et psal-

[55] Rom. xiii, 7 ; I Petr. ii, 13, 14. [56] Matth. xxii, 16-21. [57] Matth. xiii, 16, 17. [58] Greg. Naz. Orat. de bapt.

morum cantus, duplicia quoque sunt, corporea simul et spiritualia; consimiliter luminaria et suffimenta.

13. Ad hæc diabolus nihil de cæteris sollicitus, in solas imagines insurrexit; tantaque in illas ardet invidia, ut in Prato sancti Sophronii Hierosolymorum patriarchæ hoc scriptum sit : « Narrabat abbas Theodorus Æliotes, in monte Olivarum reclusum quemdam mansisse, virum spirituali militia insignem, quem libidinis dæmon modis omnibus oppugnabat. Cum is die quadam acrius solito ipsum urgeret, conqueri cœpit senex : Quousque tandem me infestare non desines? Recede deinceps a me : en consenuisti mecum. Cui dæmon se conspicuum præbens : Jura, inquit, mihi, te nemini narraturum quæ tibi dixero : nec in posterum molestus ero. Juravit senex, ita : Per eum qui in excelsis habitat, nulli patefaciam quæ dixeris mihi. Tum dæmon, Hanc, inquit, imaginem ultra ne colueris, neque ego posthac bellum adversum te movebo. Porro imago illa sanctæ Mariæ Dei Genitricis Dominæ nostræ, Christum Jesum Dominum nostrum gestantis, effigiem ferebat. Hinc videris, quemnam imitentur, cujusve instrumenta sint illi, qui imagines adorari prohibent. Dæmon quippe libidinis satius duxit ab adoranda Dominæ nostræ imagine cessare senem, quam in libidinis immunditiem labi : cum non eum lateret, ejusmodi peccatum fornicatione longe gravius esse. »

14. Cæterum quando nobis de imagine sermo est; agedum, hæc fusius et diligentius pertractemus; itaque dicendum erit, 1° quidnam sit imago; 2° cur facta sit; 3° quot sint imaginum genera; 4° quænam possint, quæve non possint imaginibus exprimi; 5° quis primus imaginum auctor.

15. Itidem de adoratione : 1° quid sit adoratio; 2° quot sint adorationum modi; 3° quot sint ea quibus in Scriptura legimus adorationem exhibitam fuisse; 4° quod adoratio omnis ad Deum, qui suapte natura adorandus est, referatur; 5° quod adoratio imagini adhibita, ad eum, quem illa repræsentat, reducatur.

1° Quid sit imago.

16. Imago itaque est similitudo, exemplum et effigies cujuspiam, in qua ille cujus est imago ostenditur. Neque tamen imago exemplari; hoc est rei quam exhibet, per omnia similis est. Nam aliud est imago, et aliud, id quod imagine repræsentatur : ac necesse est ut nonnihil inter utrumque discriminis animadvertatur : siquidem nec istud alia res esset, nec illud alia. Exempli gratia, hominis imago, etsi corporis figuram exprimit, facultates tamen animæ non complectitur. Non enim vivit, nec loquitur, nec sentit, nec membrum movet. Quin etiam filius, cum naturalis sit imago patris,

nihilominus aliquantum ab ipso discrepat. Nam filius est, non pater.

2° Cujus gratia instituta sit imago.

17. Omnis imago rem latentem prodit et manifestat. V. gr., quandoquidem homo, propterea quod animus a corpore obtegitur, invisibilis rei, et eorum quæ post ipsum futura sunt, quæve longe distant et procul absunt, cognitionem non habet, utpote qui loco et tempore circumscribatur; idcirco, ut in rerum cognitione dirigeretur, necnon ut occulta declararentur et manifesta fierent, excogitata est imago : quin etiam utilitatis, beneficentiæ et salutis causa; ut nempe ex rebus ostentatis et propalatis, ea quæ latent dignoscamus, atque tum bona prosequamur et æmulemur, tum contraria, sive mala, vitemus et fugiamus.

3° Quotuplex imaginum discrimen.

18. Hæ porro sunt imaginum differentiæ. Prima quidem naturalis est. Nam in omni re in primis necesse est ut ipsa sit in sua natura, dein vero institutione et imitatione. Sic homo secundum suam naturam exsistat prius necessum est, tum deinde institutione per imitationem. Quamobrem prima naturalis nihiloque discrepans Dei invisibilis imago Patris est Filius, in seipso Patrem referens. « Nemo enim Deum vidit unquam [59-60]. » Et rursum : « Non quia Patrem vidit quisquam [61]. » Filium autem Patris imaginem esse docet Apostolus : « Qui est imago Dei invisibilis [62]. » Et ad Hebræos : « Qui cum sit splendor gloriæ, et figura substantiæ ejus [63]. » Atqui quod in seipso Patrem ostendat, Joannis Evangelium testatur, ubi Dominus Philippo dicenti, « Ostende nobis Patrem, et sufficit nobis, » respondet : « Tanto tempore vobiscum sum, et non cognovistis me? Philippe, qui videt me, videt et Patrem [64]. » Quamobrem Filius est naturalis, nihilque differens Patris imago, Patri similis per omnia, præter hoc unum, quod ipse nec ingenitus, nec Pater sit. Nam Pater est genitor ingenitus; Filius autem genitus, et non Pater; Spiritus sanctus vero est imago Filii : « Nemo enim potest dicere Dominum Jesum, nisi in Spiritu sancto [65]. » Itaque per Spiritum sanctum agnoscimus Christum Dei Filium et Deum, et in Filio Patrem intuemur. Sermo quippe ex sua natura cogitationis est nuntius, index autem sermonis spiritus est. Quapropter Spiritus est similis nihilque discrepans imago Filii, eo duntaxat differens, quod procedat : quin et uniuscujusque patris imago naturalis, est ipsius filius. Atque primum istud imaginum genus, est imago naturalis.

19. Alterum est genus, illa quæ in Deo est, notio rerum ipso auctore futurarum; hoc est consilium ejus æternum, quod eodem semper modo se habet. Deus enim immutabilis est, et ejus consilium omni

---

[59-60] Joan. I, 18. [61] Joan. VI, 46. [62] Coloss. I, 15. [63] Hebr. I, 2. [64] Joan. XIV, 8, 9. [65] I Cor. XII, 3.

principio caret; per quod scilicet ea quæ ab ipso determinata sunt, præfinito tempore fiunt, quemadmodum ipse in æternitate constituit. Imagines enim et exempla futurarum rerum, quas ipse facturus est, nihil sunt aliud, quam cujusque notio, atque a sancto Dionysio præfinitiones nominantur[66]. In ejus namque consilio expressæ erant formæ et imagines eorum quæ, priusquam fierent, ab ipso præfinita erant, et immutabiliter futura.

20. Tertium genus imaginum est eorum quæ per imitationem a Deo facta sunt; puta homo. Qua enim ratione ille qui creatus est, ejusdem naturæ sit cum increato? id porro imitatione fecit. Nam veluti Pater, qui est mens, et Filius item Verbum, et Spiritus sanctus, unus Deus sunt : sic mens, verbum et spiritus unus homo sunt. Tum etiam propter arbitrii libertatem et imperandi auctoritatem Deum imitatur. Ait quippe Deus : « Faciamus hominem ad imaginem et similitudinem nostram. » Subditque : « Et dominamini piscibus maris et volatilibus cœli et universæ terræ, et subjicite eam[67]. »

21. Quartum imaginis genus est ipsa scriptura, quæ figuras et formas et exempla rerum invisibilium et incorporearum corporeo modo expressarum fingit et efformat, ut obscuram saltem Dei angelorumque notitiam percipiamus : eo quod sine speciebus conditioni nostræ congruentibus res corporeas intueri neutiquam possimus; quemadmodum Dionysius Areopagita divinarum rerum peritissimus docet[68]. Quod enim formæ et figuræ rerum forma et figura carentium consulto fuerint editæ, hanc unam quis assignaverit causam; ut nimirum conditionis nostræ ratio haberetur : quippe cum sine medio quodam ad rerum intelligibilium considerationem nemo possit assurgere; ac propriis sibique a natura concessis auxiliis, quibus attollatur, indigeat. Quod si igitur Scriptura pro nostro captu, undequaque ea suggerit, quæ nos sublimius provehant, atque iis quæ simplicia sunt, nulliusque formæ capacia, formas quasdam accommodat; cur nec illa quoque per imagines exprimat, quæ suapte natura figuris sunt informata; quorum quidem ardemus desiderio, sed quæ videri propter absentiam non possunt? Istuc spectant hæc Gregorii Theologi verba[69] : Quantumvis laboret mens nostra, res corporeas transilire nequaquam valet : sed « invisibilia Dei per ea quæ facta sunt, intellecta conspiciuntur[70]. » Cernimus autem in rebus creatis imagines, quæ divinas manifestationes subobscure nobis indicant, uti cum dicimus, sanctam et omni anteriorem principio Trinitatem, per solem, et lucem, et radium designari; aut per fontem, et rivum e fonte manantem, et fluenta; aut per mentem, et rationem, et spiritum nostrum; aut per rosæ plantam, et florem, et odorem.

22. Quintum genus imaginum illud dicitur, quo futura præluduntur et præsignantur; cujusmodi fuit rubus[71], pluviaque in vellus decidens[72], quibus Virgo et Deipara præmonstrabatur; itemque virga et urna. Sic serpens æneus eum olim figurabat, qui serpentis malorum auctoris morsum postea sanavit[73]. Sic demum mare, baptismi aquam et nubes[74] ejusdem Spiritum præsignabant.

23. Sextum genus imaginum illud est, quod in rei gestæ memoriam constitutum est, sive illa miraculum quoddam, sive etiam præclarum facinus fuerit; ad gloriam nimirum, et honorem, et monumentum illorum, qui tum animi magnitudine, tum in virtutibus excolendis præcelluerunt : vel quod adversus nequitiam, instar triumphi, in improborum hominum ignominiam, et ad posterorum utilitatem spectandum proponitur; quo nempe tum vitia fugiamus, tum virtutes persequamur. Istud porro duplex est. Aut enim per sermonem in libris conscriptum exhibetur (scriptura siquidem sermonis quamdam imaginem refert) velut cum Deus tabulis legem insculpsit[75], et virorum sibi charorum vitam litteris consignari jussit[76] : aut oculis cernendum subjicitur, ut cum in perenne monimentum urnam[77], et virgam in arca reponi præcepit[78], necnon ut nomina tribuum lapidibus superhumeralis inscriberentur[79], atque duodecim ex Jordane lapides tollerentur, qui sacerdotes arcam gestantes[80] (papæ! quam sublime fidelibus revera mysterium) deficientemque aquam significarent. Consimili modo nunc quoque virorum virtute præstantium imagines summo studio delineamus, quibus tum ad eos æmulandos excitemur, tum ut eorum perfricetur memoria. Aut igitur omnem prorsus aufer imaginem, aut leges adversus illum qui hæc fieri jussit, statue, aut unamquamque secundum cujusque rationem et modum complecti non dubites.

4° *Quid imagine repræsentetur: et quid imago repræsentare nequeat; et quonam modo unumquodque repræsentetur.*

24. Corporum quidem, ut quæ figuras, limitesque corporeos, et colorem habent, imagines haud incongruenter deformantur. Angelus vero, et anima, et dæmones, licet corporeum crassumque nihil admittant, suapte tamen natura figurantur et circumscribuntur. Nam quia intellectuales sunt, intellectuali modo in locis intelligibilibus adesse creduntur et agere. Ad instar itaque corporum effinguntur, uti Moyses Cherubim designavit, et ipsi se conspiciendos eo favore dignis hominibus præbuerunt; ita ut imago corporea incorpoream quamdam, et quæ intellectu solo percipiatur, contemplationem objiciat. At vero Dei natura, sola circumscripta non est, nulliusque formæ aut figuræ capax, nec comprehensibilis; quamlibet

---

[66] *De div. nominib.* cap. 1. [67] Gen. 1, 26. [68] *De divinis nom.* l. c. [69] orat. 34. [70] Rom. 1, 20. [71] Exod. 111, 2. [72] Judic. vi, 40. [73] Num. xxi, 9. [74] Exod. xiv, 20. [75] Deut. v, 22. [76] Exod. xvii, 14. [77] Exod. xvi, 33, 34. [78] Num. xvii, 10. [79] Exod. xxviii, 11. [80] Josue iv, 13.

divina Scriptura formas quasdam corporales, ut nobis videtur, Deo circumponat: adeo ut figuræ quidem aspectabiles sint, cum formæ ipsæ corpore careant. Neque enim corporis oculis, sed mentis solummodo a prophetis videbantur, necnon ab iis quibus revelabantur; omnibus quippe visibiles non erant. Atque, ut paucis absolvam, omnium, quas videmus, figurarum imagines effingere possumus; illas autem, prout visæ fuerunt, mente intelligimus. Nam, etsi rationis opera ad figuras rerum excogitandas venimus; nihil tamen prohibet, quin ad earumdem considerationem, ex iis quæ vidimus, adducamur. Quod etiam in singulis sensibus locum habet, ut ex iis quæ vel olfactu, vel gustu, vel tactu percepimus, rationis opera ad eadem contemplanda evehamur.

25. Novimus ergo fieri non posse, ut Dei, animæ et dæmonis naturam contueamur: ea tamen per quamdam transformationem contemplamur; divina nimirum Providentia formas et figuras rebus incorporeis, ac formæ figuræque corporali carentibus tribuente, quo nos ad crassam, et eam, quæ ex parte est, ipsarum cognitionem perducat, ne in omnimoda prorsus Dei creaturarumque incorporearum ignoratione versaremur. Deus siquidem suapte natura, modisque omnibus incorporeus est: angelus vero, et anima, et dæmon, si cum Deo, qui solus incomparabilis est, componantur, corporibus accenseri possunt; sin autem cum corporibus, res sunt incorporeæ. Cum itaque Deus ea nos ignorare noluerit, quæ corporea non sunt, naturæ habita ratione eadem formis, et figuris, necnon imaginibus circumvestivit; figuris, inquam, corporeis, quibus ea oculo mentis a materia remoto considerantur. Hæc porro sunt quæ figuris et imaginibus adumbramus. Quomodo enim Cherubim effingi imaginibus et exprimi unquam potuissent? Quinimo Dei figuras et imagines Scriptura continet.

5° *Quisnam primus imagines fecerit.*

26. Deus ipse primus unigenitum Filium, et Verbum suum genuit, vivam sui imaginem, naturalem, nulla ex parte discrepantem æternitatis suæ characterem. Insuper hominem fecit ad imaginem et similitudinem suam[83]. Adam quoque vidit Deum, pedumque ejus post meridiem deambulantis strepitum audivit, et abscondit se in paradiso[85]. Jacob etiam vidit, et luctatus est cum Deo[84]. Perspicuum autem est Deum se illi humana specie cernendum præbuisse. Moyses item, tanquam hominis posteriora conspexit[85]; Isaias, hominis instar in solio sedentem[86]: Daniel denique hominis similitudinem vidit, et quasi filium hominis, qui ad Antiquum dierum progressus est[86]: nec quisquam est, qui Dei naturam contuitus sit, sed formam duntaxat et imaginem ejus, quod aliquando futurus erat. Futurum quippe erat, ut Filius ac Verbum Dei invisibile, vere fieret homo, quo naturæ nostræ copulatus, in terris esset conspicuus. Figuram igitur et imaginem aspicientes, adoraverunt; quemadmodum Paulus apostolus in Epistola ad Hebræos ait: « Juxta fidem defuncti sunt omnes isti, non acceptis repromissionibus, sed a longe eas aspicientes, et salutantes[87]. » Nunquid ergo imaginem non faciam illius, qui in carnis natura mei causa visus est? Num illum per adorationem et honorem, quem imagini ejus exhibeo, non adoravero nec coluero? Vidit Abraham[88], non Dei naturam (nemo enim Deum vidit unquam[89]), sed imaginem Dei, et procidens adoravit. Vidit Jesus filius Nave[90], non naturam angeli, sed imaginem (angeli quippe natura corporis oculo aspectabilis non est), et pronus in terram adoravit. Idem fecit et Daniel. Porro angelus nequaquam Deus est, sed creatura, Deique servus et satelles: quare non uti Deum illum adoravit, sed ut qui a latere Dei sit, eique ministret. Eccur igitur amicorum Christi imagines non fecero, quas colam et adorem, non tanquam deos, sed ut decet imagines amicorum Dei? Nec Jesus, nec Daniel, angelos quos viderunt, veluti deos adoraverunt: nec ego quoque veluti Deum imaginem adoro, sed tum per imaginem, tum per sanctos ipsos, adorationem Deo honoremque exhibeo, atque propter ipsum amicos ejus veneror et colo. Non angelorum, sed hominum naturæ conjunctus est Deus. Deus non factus est angelus: sed Deus factus est natura et veritate homo. « Nunquam enim angelos apprehendit, sed semen Abrahæ[91]. » Angeli divinæ naturæ participes et socii facti non sunt, sed efficacitatis et gratiæ. Homines vero divinæ naturæ participes consortesque fiunt; quicumque videlicet sanctum Christi corpus sumunt, et pretiosum sanguinem bibunt. Divinitati quippe secundum hypostasim utrumque conjungitur: atque naturæ duæ in uno Christi corpore quod sumimus, sine distractione in unitate personæ copulantur[91]. Quocirca duplicis naturæ participes efficimur; corporis quidem, modo corporeo, divinitatis vero, spirituali; imo utriusque secundum utramque rationem: non quasi idem quoad personam simus (prius enim subsistimus, et posthac conjungimur), sed per corporis et sanguinis contemperationem. Quid non igitur majores angelis sint illi, qui per mandatorum observationem, puram inviolatamque copulam hanc custodiunt? Natura quidem nostra, sive quia mortalis est, sive propter crassam corporis constitutionem, angelis est inferior: at Dei benignitas et conjunctio superiorem illam angelis effecere. Humanæ naturæ in solio gloriæ per Christum sedenti[91], cum timore et tremore assistunt angeli, et in judicio pavore

---

[81] Gen. 1, 26. [82] Gen. III, 8. [83] Gen. XXXII, 24. [84] Exod. XXXIII, 18-23. [85] Isa. VI, 1. [86] Dan. VII, 11. [87] Hebr. XI, 13. [88] Gen. XVII, 8. [89] Joan. I, 18. [90] Josue V, 14. [91] Hebr. II, 16. [92] Vid. Annot. in cap. 13 lib. *De fide orth.* p. 272. [93] Ephes. II, 6.

perculsi aderunt. Nunquam considere, nec divinæ consortes gloriæ esse a Scriptura dicti sunt, « omnes enim sunt administratorii spiritus, in ministerium missi propter eos qui hæreditatem capiunt salutis »; nec quod una regnaturi sint, et una glorificandi, nec demum quod super mensam Patris sint sessuri. Atqui homines sancti sunt Dei filii : sunt filii regni, hæredes Dei, et cohæredes Christi. Quamobrem sanctos veneror, servosque, et amicos, et cohæredes Christi perinde laudibus extollo; servos, inquam, natura; amicos vero, propter liberæ voluntatis propositum : filios quoque et hæredes, propter divinam gratiam : quemadmodum Dominus Patrem alloquens aiebat.

Postquam igitur de imagine locuti sumus, jam de adoratione nobis est dicendum; ac primum quid sit adoratio.

De adoratione. Quidnam sit adoratio.

27. Adoratio itaque subjectionis argumentum est, hoc est, demissionis et humiliationis. Adorationis autem modi multi sunt.

Quot sint adorationis modi.

28. Primus adorationis modus ille est, qui per latriam exhibetur soli pro sua natura adorando Deo. Atque hujus varii rursus modi sunt. Nam primo ratione famulatus offertur. Res quippe creatæ Deum adorant, perinde ac servi dominum; ait enim Scriptura : « Quoniam omnia serviunt tibi » : ast alii quidem sponte, alii vero invito animo. Alii siquidem, cum Deum cognoscant, libenter ipsum adorant, ut homines religiosi : alii autem, cum Deum agnoverint, attamen nolentes et inviti adorant, ut dæmones : alii denique eum, qui natura Deus est, ignorantes, præter voluntatem adorant.

29. Secundus modus est, quem per admirationem et affectum præstamus : quo quidem modo Deum adoramus ob naturalem ipsius gloriam. Ille enim solus gloriam possidet, quam a nullo habeat, cum ipse potius omnis gloriæ, omnisque boni auctor sit; ut qui lumen est incomprehensibile, **359** suavitas incomparabilis, immensa pulchritudo, bonitatis abyssus, impervestigabilis sapientia, virtus infinita; solus proinde qui per sese dignus est, quem admiremur, adoremus, laudemus, et desideremus.

30. Tertius modus est, grati animi ob collata nobis beneficia significatio. Nam omnia quæ sunt, Deo gratias debent, perennemque adorationem; quippe cum a Deo universa, ut sint, utque in ipso constent, habeant, nec non omnibus, nec postulantibus, copiose dona sua largiatur; velit quoque omnes salvos fieri, ac suæ participes bonitatis esse, nos peccantes patienti sustineat animo, oririque faciat solem suum super justos et injustos, et pluat super bonos et malos. Ad hæc, quia ipse Dei Filius instar nostri propter nos factus est, nosque divinæ naturæ consortes fecit : ac tandem quia, ut Joannes Theologus in epistola Catholica ait : « Similes ei erimus. »

31. Quartus modus est, quo nostram inopiam et obtinendorum bonorum spem protestamur; quatenus, cum nihil prorsus boni sine illo facere nos posse, aut habere sciamus, ipsum adoramus, id efflagitantes, quo se quisque egere novit, quodque desiderat, sive ut a malis eximatur, sive ut bonorum evadat compos.

32. Quintus modus est, pœnitentiæ et confessionis; admisso quippe peccato, Deum adoramus, eique procidimus, uti bonos benevolosque servos decet, delictorum veniam exorantes. Atque hic modus triplex item est. Aut enim ex charitate quispiam mœrore afficitur, aut quia timet ne a Dei muneribus excludatur, aut quia supplicia formidat. Primus grati benevolique animi, Deique desiderio flagrantis argumentum est; alter mercenarii; tertius servilis.

Quot in Scriptura reperiantur, quibus exhibeatur adoratio; quotque modis creaturas adoremus.

33. Primum quidem adorantur illi, in quibus requievit Deus, qui solus sanctus est. Atqui in sanctis requiescit, puta in beata Dei Genitrice et cunctis sanctis. Hi porro sunt, qui operam omnem posuerunt, quo Dei similes evaderent, idque, tum propriæ voluntatis conatu, tum per Dei inhabitationem et auxilium : qui quidem dii quoque dicuntur non natura, sed institutione : quemadmodum ferrum ignitum ignis dicitur, non natura, sed institutione, et ignis participatione. Ait enim : « Sancti eritis, quoniam ego sanctus sum. » Hoc primum a voluntatis electione pendet, tum omni volenti bonum, Deus fert auxilium ad bonum perficiendum. Deinde : « Inhabitabo, inquit, in eis, et inambulabo. » Et : « Templum Dei sumus, et Spiritus Dei habitat in nobis. » Ad hæc : « Dedit eis potestatem in spiritus immundos, ut ejicerent eos, et curarent omnem languorem, et omnem infirmitatem. » Et : « Quæcunque facio, vos etiam facietis, et majora his facietis. » Insuper : « Vivo ego, dicit Dominus; eos qui me glorificant, glorificabo. » Et : « Si quidem compatimur, ut et **360** conglorificemur. » Itemque : « Deus stetit in synagoga deorum : in medio autem deos dijudicabit. » Quemadmodum igitur hi veri dii sunt, non natura, sed quia participes sunt ejus, qui natura Deus est, sic quoque adorantur : non quod suapte natura sint adorandi : sed quoniam illum, qui pro natura sua adorandus est, in seipsis habent. Ferrum ignitum secundum suam naturam

ejusmodi non est, ut tangi nequeat; sed quia particeps factum est ignis, cujus natura est ut comburat. Adorantur itaque, quatenus gloriam a Deo sunt adepti, et quia ab ipso acceperunt, ut adversariis terribiles essent, et erga eos, qui ad ipsos confugerent, benefici: imo tanquam Dei famuli et ministri, quique propter suam charitatem liberum apud ipsum accessum habeant. Quamobrem eos adoramus, quia rex ipse colitur, cum famulum suum, quem diligit, non regis instar, sed tanquam obsequentem ministrum benevolumque amicum cernit adorari. Quin etiam illi qui cum fiducia ipsos adeunt, votorum compotes fiunt, sive id a rege famulus flagitet, sive rex honorem fidemque illius qui ab suo famulo petit, admittat; quippe cum is ejus nomine postulaverit. Sic per apostolos illi curabantur, qui ad Jesum accederent. Sic apostolorum umbra, sudaria, et semicinctia sanationes profundebant [14]. Ii vero qui seditioso rebellique animo adorari volunt tanquam dii, non solum adorandi non sunt, verum etiam sempiternum ignem merentur. Illi autem qui fastidioso elatoque animo Dei famulos non adorant, tanquam arrogantes et superbi, necnon erga Deum ipsum impii condemnantur. Testes appello pueros illos, qui adversus Eliseum per contemptum clamantes, ab ursis discerpti sunt [15].

34. Secundus modus est ille, quo res creatas, per quas, et in quibus, tum ante Domini adventum, tum post incarnationis dispensationem, salutem nostram exsecutus est, adoramus; veluti montem Sinai, Nazareth quoque, Bethleemitanum præsepe et speluncam, sanctum Golgotha, crucis lignum, clavos, spongiam, arundinem, lanceam sacram salutiferamque, vestem, tunicam, linteamina, fascias, monumentum sanctum resurrectionis nostræ fontem, et lapidem monumenti, montem sanctum Sion, Probaticam piscinam, beatumque Gethsemanes hortum; hæc et similia veneror et adoro, templumque omne Dei sanctum, universa demum illa quæ Dei nomine consecrantur, non propter ipsorum naturam, sed quoniam operationis divinæ conceptacula sunt, ac per ipsa et in ipsis Deo complacitum est ut nostram salutem pataret. Angelos enim, et homines, et omnem materiam divinæ actionis participem, salutisque meæ administram, propter divinam actionem veneror et adoro. Judæos non adoro, quippe qui divinæ actionis participes facti non sunt, nec gloriæ Dominum Deum meum eo consilio crucifixerunt, ut salutem mihi conciliarent, sed invidia potius, odioque perciti erga Deum bene de ipsis meritum. « Domine, dilexi decorem domus tuæ, et locum habitationis gloriæ tuæ [16]. » Et: « Adorate ad locum ubi steterunt pedes ejus [17]. » Item-

que: « Adorate ad montem sanctum ejus [18]. » Mons Dei sanctus et animatus, est sancta Dei Genitrix; montes Dei ratione præditi, sunt apostoli: « Exsultaverunt montes sicut arietes, et colles sicut agni ovium [19]. »

35. Tertius modus ille est, quo ea quæ Deo consecrata sunt, adoramus, puta sacrosancta Evangelia, reliquosque libros sanctos: « Scripti enim sunt ad nostram instructionem, ad quos fines sæculorum devenerunt [20]; » veluti etiam discos, calices, thuribula, lucernas, et mensas: ea quippe omnia veneratione digna esse nullus inficias iverit. Vide enim quomodo Deus, cum Baltassar vasis sacris populo ministrari jussisset, regnum ipsius dissipaverit [21].

36. Quartus modus est, quo imagines illæ, quas prophetæ viderunt, adorantur (hi enim in imaginaria visione Deum cernebant), necnon imagines futurorum, ut virga Aaron Virginis mysterium designans, urna itidem et mensa. Sic quoque Jacob fastigium virgæ adoravit, quæ Salvatoris figura erat [22]. Porro rerum gestarum imagines in monimentum institutæ sunt: ipsumque tabernaculum orbis universi imago erat. Deus enim Moysi dixit: « Vide exemplar quod tibi in monte ostensum est [23]. » Consimili modo Cherubim aurea, opus conflatile, et Cherubim in velo, opus textile erant. Sic quoque pretiosum crucis signum, necnon corporeæ Dei mei figuræ similitudinem, atque illius, quæ ipsum secundum carnem peperit, servorumque ejus effigiem adoramus.

37. Quintus modus ille est, quo nos mutuo, qui Dei participes effecti sumus [24], atque ad imaginem Dei conditi, adoramus, et invicem subjecti sumus [25], charitatis legem implentes.

38. Sextus modus est, quem principibus atque in potestate constitutis adhibemus. Ait enim: « Reddite omnibus debita: cui honorem, honorem [26]. » Ita Jacob fratrem suum Esau natu majorem [27], et Pharaonem principem a Deo constitutum adoravit [28].

39. Septimus modus est [29], quo famuli dominos, et illi qui aliorum indigent auxilio, beneficos suos venerantur. Sic Abraham adoravit filios Emmor, quando speluncam duplicem ab illis mercatus est [30].

40. Tandem, ut absolvam paucis, adoratio, reverentiæ, affectus, honoris, subjectionis item, et demissionis significatio est. Verum neminem tanquam Deum adorare fas est, præter illum qui natura Deus est: omnibus autem debitum honorem habere oportet propter Dominum [31].

41. Considerate quantum roboris, quamque divina vis agendi illis accedat, qui cum fide et pura conscientia sanctorum imagines adeunt.

---

[14] Act. xix, 12. [15] IV Reg. ii, 23. [16] Psal. xxv, 8. [17] Psal. cxxxi, 7. [18] Psal. xcviii, 9. [19] Psal. cxiii, 4. [20] I Cor. x, 11; Rom. xv, 4. [21] Dan. v, 28. [22] Gen. xlviii, 15; Hebr. xi, 21. [23] Exod. xxv, 40; Hebr. viii, 5. [24] II Petr. i, 4. [25] Ephes. v, 21. [26] Rom. xiii, 17. [27] Gen. xxxiii, 47. [28] Gen. xlvii, 7. [29] Vide orat. 1. [30] Gen. xxiii, 7. [31] I Petr. ii, 13 seqq.

Quamobrem, fratres, in petra fidei et Ecclesiæ traditionibus insistamus, nec terminos transferamus, quos sancti Patres posuerunt [34]. Neve illis locum demus, qui novarum rerum cupidi, sanctæ catholicæ et apostolicæ Dei Ecclesiæ ædificium demoliri nituntur. Nam si ejusmodi licentia volenti cuilibet detur, totum Ecclesiæ corpus sensim destruetur. Nequaquam, fratres, nequaquam dilecti Ecclesiæ filii : matris vestræ pudori parcite. Ornatu illam suo ne spolietis. Hanc suscipite, quæ per me vos alloquitur. Discite quid de ipsa Deus dicat : « Tota pulchra es, amica mea, et macula non est in te [35]. » Solum creatorem et rerum opificem Deum adoremus, cui latriæ cultum exhibeamus, tanquam Deo pro sua natura adorando. Sanctam quoque Dei Genitricem adoremus, non tanquam Deum, sed tanquam Dei matrem secundum carnem : ad hæc omnes sanctos, ceu electos Dei et amicos, quibus facilis ad ipsum patet aditus, adoremus. Nam si reges qui interitui obnoxii sunt, quinimo plerumque impii et peccatores, necnon præfectos a regibus constitutos, et imagines ipsorum, homines adorant, secundum istud Apostoli oraculum : « Principibus et potestatibus subditi estote [34] »; et : « Reddite omnibus debita : cui honorem, honorem; cui timorem, timorem [35]; » quemadmodum etiam Dominus ait : « Reddite quæ sunt Cæsaris, Cæsari; et quæ sunt Dei, Deo [36]: » quanto magis oportet Regem regum, qui solus per naturam suam Dominus est, adorare, ejusque famulos et amicos, qui cupiditatibus suis imperarunt, universique orbis principes constituti sunt, dicente David : « Constitues eos principes super omnem terram [37]; » qui contra dæmones et languores potestatem acceperunt [38]: qui regno illo, quod non corrumpetur, nec dissipabitur, una cum Christo potituri sunt : quorum umbra sola morbos et dæmones in fugam agebat [39]. Nequaquam igitur imaginem umbra debiliorem abjectioremve æstimemus, quippe cum exemplar suum vere adumbret. Fratres, Christianus ex fide censetur. Quapropter qui cum fide accedit, quæstum multum faciet : qui autem hæsitat, similis est fluctui maris, qui a vento movetur et circumfertur [40], nec quidquam ille prorsus est perceptrus. Omnes enim sancti per fidem Deo placuerunt. Quamobrem corde recto sinceroque, et citra ullam cogitationum disceptationem, Ecclesiæ traditionem amplectamur. Deus siquidem fecit hominem rectum [41] : ipsi vero rationes multas conquisierunt. Novam fidem neutiquam admittamus, qua sanctorum Patrum traditio reprobetur. Ait enim divinus Apostolus : « Si quis vobis evangelizaverit præter id quod accepistis, anathema sit [42]. » Sic itaque imagines adoremus, ut non materiæ, sed illis quos repræsentant, adorationem offeramus. Nam divinus Basilius [43] dicit, « Imagini habitum honorem ad ipsum exemplar archetypum transire.

42. Vos autem, o sacratissime grex Christi, populus Christi nomine insignis, gens sancta, corpus Ecclesiæ, resurrectionis suæ gaudio ipse Christus impleat, dignosque faciat, qui sanctorum Ecclesiæ pastorum doctorumque vestigia prematis, et ad gloriam suam in splendoribus sanctorum vos provehat, quam nos omnes per gratiam ejus adipisci contingat, quo ipsum perpetuo laudemus cum Patre qui sine principio est, cui gloria in sæcula sæculorum. Amen.

Cæterum, quando de idolorum et imaginum discrimine diximus, atque imaginis definitionem docuimus, tempus est, ut quemadmodum polliciti sumus, testimonia subjiciamus.

Priscorum probatorumque Patrum testimonia pro imaginibus.

Sancti Dionysii Athenarum episcopi, ex epistola ad Joannem apostolum et theologum.

« Res quæ sub aspectum cadunt, invisibilium plane conspicuæ imagines sunt. »

Ejusdem, ex libro De ecclesiastica hierarchia.

« Cæterum substantiæ quæ supra nos sunt, atque ordines, quorum sacram jam mentionem fecimus, incorporales sunt : quin et sacrosanctum illorum magisterium spirituale est, mundoque superius. Nostrum autem pro consentanea nobis ratione propter sensibilium varietatem signorum multiplicari videmus; quibus tamen, prout sacrum decet magisterium, ad uniformem concessæ divinitatis gratiam, necnon ad Deum divinamque virtutem pro modulo nostro subvehimur. Istæ quidem, ut quæ mentes sunt, quantum fas illis est, intelligunt; nos vero per sensibiles imagines ad divinas contemplationes, quantum possibile est, promovemur. »

Comment. Quod si igitur pro captu nostro, per sensibiles imagines, ad divinam et materiæ exsortem contemplationem sublevamur, cur incongruens fuerit eum, qui pro sua adversum nos benignitate, figura et forma et natura visus est ut homo, consentanea nobis ratione imaginibus effingere?

Sancti Basilii, ex sermone in beatum Barlaam martyrem, cujus initium est : « *Primum quidem sanctorum mors :* » *et versus orationis finem.*

« Surgite nunc, o præclari fortium in certaminibus facinorum pictores. Imperfectam ducis imaginem artibus vestris amplificate. Laureatum victorem, quem obscurius delineavi, industriæ vestræ coloribus illustrate. Per egregiorum martyris factorum picturam vestram devictus a vobis discedam. Tali per vestram dexteritatem victoria superatus hodie gaudeam. Manum cum igne pu-

[34] Prov. xxii, 28. [35] Cant. iv, 7. [36] Tit. iii, 1. [37] Rom. xiii, 7. [38] Matth. xxii, 21. [39] Psal. xliv, 19. [40] Luc. ix, 1. [41] Act. v, 15. [42] Jac. i, 6, 7. [43] Eccle. vii, 30. [44] Galat. i, 9. [45] *De Spiritu sancto.*

gnantem accuratius depictam contuear. In tabula vestra descriptum elegantius pugilem inspiciam. Nunc quoque luctum agant dæmones, vestra nobilium martyris gestorum pictura perculsi. Ardens rursum victrixque manus illis ostendatur. Quinimo in vestra tabella Christus appingatur certaminum præses. »

364 *Ejusdem, ex oratione in XL martyres.*

« Quæ enim in bello fortiter gesta sunt, ea plerumque, cum oratores, tum pictores exponunt. Illi quidem verbis exornantes, hi vero in tabulis exprimentes; atque multos utrique ad præclara facinora excitarunt. Quæ enim auribus sermo proponit, ea silens pictura per imitationem repræsentat. »

Ejusdem, ex triginta capitibus de Spiritu sancto ad Amphilochium, responsione decima octava.

« Quippe ipsam quoque regis imaginem regem nominant, nec duos reges dicunt. Neque enim scinditur imperium, neque gloria dividitur. Nam quemadmodum imperium illud, sive potestas quæ nobis dominatur, una est; sic etiam gloria, qua eam celebramus, una est, non plures. Honor quippe exhibitus imagini, ad ipsum refertur quem repræsentat. Itaque, quod istic imitatione imago est, hoc illic natura Filius est. »

Comment. Sicut igitur « Qui Filium non honorificat, inquit ipse Filius, nec honorificat Patrem [44], » sic qui imagini denegat honorem, is profecto nec eum quem imago refert, honoraverit. At Christi imaginem honore dignam esse concesserit nonnullus, sanctorum vero non item. Proh dementiam ! Audias velim Dominum discipulos alloquentem : « Qui suscipit vos, me suscipit [45]. » Quamobrem, qui sanctos non colit, is ne ipsum quidem Dominum coluerit.

Sancti Gregorii Nysseni, ex oratione 44, Constantinopoli habita, de Filii et Spiritus sancti divinitate, et in qua de Abraham mentionem habet ; cujus initium est : « *Quod ex pratorum amœnitate illis contigit, qui rerum aspectu delectantur,* » *et paucis præmissis.*

« Dehinc ligatum vinculis filium assumit pater. Hujus ego acerbæ rei pictam imaginem sæpius aspexi, nec sine lacrymis ab hoc spectaculo discessi : cum historiam omnem ars perspicue oculis explicaret. Isaac flexis genibus, manibusque a tergo revinctis, ante altare jacens repræsentatur. Pater vero pone poplites filii accedens, et comam sinistra apprehensam manu ad se trahens, oculos in vultum filii, digno prorsus commiserationis modo ipsum respicientis, demittit, armatamque gladio dexteram ad cædem dirigit. Jamque gladii acies corpus tangit, cum vox, ne rem perficiat prohibens, exauditur. »

Sancti Joannis Chrysostomi, ex enarratione in Epistolam ad Hebræos.

« Ac prius quidem posterioris modo quodam imago fuit, nempe Christi Melchisedech : haud secus ac si adumbratam ante a pictore designationem, picturæ quæ coloribus postmodum illustretur, umbram quis nominet. Idcirco enim lex umbra vocatur, et gratia, veritas; res autem dicuntur ea quæ futura sunt. Ita ut, tum lex, tum Melchisedech, fuerint adumbratio prior picturæ quæ coloribus ornata fuit : gratia vero et veritas, ipsamet pictura coloribus amplificata. Res demum ipsæ ad futurum sæculum spectant. Quamobrem Vetus Testamentum est figura figuræ ; Novum autem, rerum ipsarum figura. »

365 *Severiani Gabalorum episcopi, ex sermone in pretiosæ et vivificæ crucis dedicationem.*

« Quinam igitur factum est, ut imago maledicti populo calamitatibus jactato salutem attulerit ? Nonne verisimilius dixisset : Si quis vestrum morsus fuerit, cœlum aspiciat, aut tabernaculum Dei, et salutem consequetur ? Verum his ille posthabitis, crucis tantum imaginem statuit. Cur autem hæc fecerit Moyses, qui antea populo dixerat : *Non facies tibi sculptile, neque conflatile, neque ullam similitudinem eorum, quæ sunt in cœlo sursum, aut in terra deorsum, aut in aquis, locisve subterraneis* [46] ? Sed quid ad populum ingratum hæc loquor ? Dicas velim, fidelissime Dei minister ; quod aliis vetas, hoc ipse facis ? Quod evertis, illud statuis ? Qui præcipis, *Non facies tibi sculptile :* qui conflatilem vitulum comminuisti, serpentem ex ære tu ipse conficis ? Eumque non clam, sed palam omnibusque conspicuum præbes ? At ista, inquit, in mandatis dedi, quo impietatis materiam amputarem, populumque ab omni defectione et idolatria avocarem. Nunc autem serpentem utiliter conflo, ad præsignandam nimirum veritatem. Et quemadmodum tabernaculum compaginavi cum iis omnibus quæ in ipso sunt ; Cherubim quoque quibus res invisibiles repræsententur, in Sancto sanctorum expandi, ut futurorum figura et umbra essent ; sic et serpentem æneum ad populi salutem erexi, ut horum experientia duce exercitatiores fierent, ad signi crucis excipiendam imaginem, crucifixumque Salvatorem et Redemptorem suscipiendum. Hoc autem verissimum esse percipies, charissime, si Christum id affirmantem, atque in hæc verba loquentem auscultaveris : *Et sicut Moyses exaltavit serpentem in deserto, ita exaltari oportet Filium hominis ; ut omnis qui credit in eum, non pereat, sed habeat vitam æternam* [47]. »

Comment. Quod autem nova non sit imaginum inventio, sed antiqua sanctisque et eximiis Patribus nota et usitata, fidem facit vita sancti Basilii ab Helladio ipsius discipulo et in pontificatu successore conscripta. Stabat aliquando sanctus Basilius, inquit, coram Dominæ nostræ imagine, in qua præstantissimi martyris Mercurii figura picta erat. Astabat, inquam, orans, ut impiissimus

[44] Joan. v, 23. [45] Matth. x, 40. [46] Exod. xx, 4. [47] Joan. iii, 14.

apostata Julianus e medio tolleretur. Atque ex imagine didicit, quidnam esset eventurum. Vidit quippe martyrem ad tempus exiguum sese subducentem, nec multo post cruentam hastam tenentem.

Ex Vita sancti Joannis Chrysostomi.

« Beatus Joannes sapientissimi Pauli Epistolas summo studio persequebatur. » *Et paulo post:* « Habebat autem apostoli Pauli in imagine deformatam effigiem, eo in loco, ubi propter corporis imbecillitatem parumper quietis captabat (nam supra quam natura patitur, vigilias producebat), in quam, Epistolas illius pervolvendo, oculos intendens ita defigebat, ac si in vivis ille superstes fuisset ; ut gratulabundus, eumque sibi præsentem fingens, cogitationem omnem ad ipsum dirigeret et per contemplationem cum ipso conversaretur. » *Nonnullis interjectis:* « Cum autem **366** Proclus finem dicendi fecisset, oculis in Pauli imaginem defixis, similem illius quem viderat, figuram conspicatus, exhibita Joanni reverentia, imaginem digito monstrans ait : Ignosce, Pater, is quem tecum loquentem vidi, huic similis est, atque, ut reor, illemet ipse est. »

Ex religiosa historia Theodoreti episcopi Cyri, in Vita sancti Simeonis Stylitæ.

« Nam de Italia sermonem etiam habere superfluum fuerit. Aiunt enim in amplissima urbe Roma virum hunc celeberrimum fuisse, ita ut in omnium officinarum vestibulis et superliminaribus imagunculas eidem erexerint, unde sibi præsidium quoddam et securitatem procurarent. »

Sancti Basilii, ex enarratione in Isaiam.

« Mox ut hominem ad imaginem et similitudinem Dei conditum vidit, cum vires suas in Deum convertere non posset, adversus Dei imaginem suam exhausit malignitatem : ac si quis ira percitus, imperatoris imaginem, quando imperatorem non potest, lapidibus petat ; sicque lignum imperatoris imaginem referens percutiat. »

Comment. Consimili ratione quisquis veneratur imaginem, ipsum utique revereatur exemplar.

Ejusdem, ex eadem enarratione.

« Nam, quemadmodum in illum, qui imperatoris imaginem ignominia affecit, haud secus animadvertitur, ac si contumelia imperatorem ipsum aspersisset : sic perinde peccati reus est, qui in hominem ad Dei imaginem conditum injuriosus fit. »

Sancti Athanasii, ex centum capitibus ad Antiochum præfectum, per interrogationes et responsiones, cap. 38.

Responsio. « Nos fideles nequaquam imagines tanquam deos adoramus, sicut ethnici faciunt : absit ! sed affectum duntaxat, et charitatis nostræ studium adversus personæ in imagine depictæ fi-

guram declaramus. Quapropter non raro, oblitterata figura, lignum tanquam inutile comburimus. Sicut ergo Jacob morti proximus fastigium virgæ Joseph adoravit [48], non virgam ipsam honorans, sed illum qui eam gestabat ; ita nos Christiani haud alia ratione imagines salutamus, quemadmodum filios parentesque nostros osculamur, ut per hæc animi nostri affectum insinuemus. Velut Judæus olim legis tabulas, et duo Cherubim aurea et sculptilia adorabat, non lapidis, aurive naturam colendo, sed Dominum ipsum, qui ea facere jusserat. »

367 *Sancti Chrysostomi, in psal.* III *in David et Absalom.*

« Imperatores ducibus suis, quorum ope victoria parta est, triumphales statuas erigunt ; quosdam item titulos victoriæ insignibus ornatos, aurigis athletisque principes erigunt ; additaque inscriptione veluti stemmate quodam, materiam victoriæ præconem reddunt. Alii rursum libris et litteris victorum laudes describunt ; hoc ambientes, ut suam in dicendo vim, eorum quos laudant fortitudine superiorem esse ostendant. Atque scriptores, pictores, statuarii, populi, principes, civitates et regiones, victores suos admiratione dignos habent. Fugientis vero, aut pugnam detrectantis nemo unquam imagines pinxit. »

Sancti Cyrilli Alexandriæ archiepiscopi, ex allocutione ad Theodosium imperatorem.

« Imagines autem exemplaribus archetypis similes sunt. Oportet enim ut hoc, nec alio modo se habeant. »

Ejusdem, ex Thesauris.

« Imagines enim affinem semper ad exemplaria similitudinem servant. »

Ejusdem, ex libro, « *Quod in omnibus Moysis voluminibus Christi mysterium designatur;* » *de Abraham et Melchisedech,* cap. 6. »

« Omnino necessarium est, ut ex archetypis pingantur imagines. »

Sancti Gregorii Nazianzeni, ex oratione secunda de Filio.

« Ea quippe est imaginis natura, ut imitetur exemplar, cujus esse dicitur. »

Chrysostomi, ex homilia tertia in Epistolam ad Colossenses.

« Ipsa quoque invisibilis rei imago, invisibilis est : alioquin imago non esset. Imaginem enim qua imago est, etiam apud nos, nulla varietate similem esse oportet, ut quæ similitudinis expressa figura sit. »

Ejusdem, ex enarratione in Epistolam ad Hebræos.

« Quemadmodum in imaginibus, imago homi-

---

[48] Gen. XLVIII, 15 ; Hebr. XI, 21.

nis figuram refert illius, cujus est imago, non item virtutem : atque adeo veritas et figura mutuam inter se societatem habent. Figura quippe similis est. »

Eusebii Pamphili, ex libro v *Evangelicæ demonstrationis, in hæc verba :* « *Apparuit Deus Abraham apud quercum Mambre* [49]. »

« Unde locus iste, ceu divinus, ad honorem eorum qui Abrahamo illic apparuerunt, a vicinis populis hodieque colitur. Nunc etiam terebinthus illa superstes visitur, quique ab Abrahamo hospitio excepti sunt, sic pictura repræsentantur, ut duo quidem hinc inde cernantur, medium vero locum, qui præstantior est, teneat. Illic porro sit ipse Dominus Salvator noster, qui sese nobis manifestum faciebat, quemque dum ignorantes colunt, divinorum eloquiorum fidem firmant. Ipse igitur profecto fuerit, qui ab eo tempore religionis semina inter homines **368** jaciens, humanam speciem et formam subiens, seipsum, quisnam foret religioso parenti Abrahamo videndum præbuit, eidemque Patris notitiam dedit. »

Ex Chronographia Joannis Antiocheni, qui et Malala dictus est, de muliere hæmorrhoussa; deque statua quam Christo Salvatori erexit.

« Ex hoc quoque tempore Joannes Baptista inter homines innotuit, cujus caput Herodes toparcha, in regia Trachonitidis regionis, in urbe quæ Sebaste dicitur, amputavit, octavo Kal. Junias, Flacco et Ruffino coss. Id ægre ferens Herodes rex, Philippi filius, e Judæa regressus est. Statimque ad eum accessit mulier quædam locuples, nomine Berenice, quæ idem oppidum Paneadem incolebat. Hæc, quoniam a Jesu sanata erat, statuam ipsi erigere cupiens, nec sine regis permissione id ausa perficere, Herodi regi supplicem obtulit libellum, rogans ut liceret sibi in urbe sua Christo Salvatori auratam statuam dicare. Libellus porro hujusmodi erat : « Augusto Herodi, toparchæ, et legum datori Judæorum Græcorumque, regi Trachonitidis, Berenices, honorabilis Paneadis incolæ, petitio supplex et obsecratio. Justitia et humanitas, cæteræque virtutes verticem vestrum instar coronæ cingunt. Quod ego neutiquam ignorans, bona spe omnia consequendi concepta, tibi scribo.» Quæ porro sit exordii hujus ratio, sermonis series declarabit. « Cum a
« prima ætate sanguinis fluxu laborarem, omni vitæ
« substantia facultatibusque meis in medicos ex-
« haustis, medelam nullam nacta sum. Ubi autem
« accepi admirabilis Christi curationes, qui mor-
« tuos ad lucem revocans suscitaret, dæmones ex
« mortalium corporibus ejiceret, omnesque confe-
« ctos morbis verbo sanaret, ad eum velut ad
« Deum confugi. Verum considerata multitudine eo-
« rum qui illum cingerent, metuens ne morbi spur-
« citiem aversatus, erga me indignaretur, major-

« que ægritudinis plaga fieret, mecum ipsa cogitavi,
« **369** quod si vel fimbriam vestimenti ejus tan-
« gere mihi liceret, sanitatem adipiscerer. Hanc
« ubi primum tetigi, suppresso sanguinis fonte, il-
« lico convalui. Ille vero, cum cordis mei consilia
« prænosset, elata voce, *Quis,* inquit, *me tetigit ?*
« *virtus ex me prodiit.* Tum ego pallens, gemensque
« et graviorem morbum ad me reversurum arbi-
« trans, ad ejus pedes corrui, humumque lacrymis
« infundens, audaciam meam profitebar. At ille,
« uti clemens et benignus, vicem meam commisera-
« tus, sanationem mihi his verbis confirmavit : *Con-*
« *fide, filia, fides tua te salvam fecit. Vade in pace* [50].
« Sic tu quoque, Auguste, mihi supplicanti postu-
« lationem justam indulge. » Hæc audiens Herodes rex ex libello supplice, miraculi magnitudine perculsus, curationisque reveritus arcanum, dixit : « Tua, o mulier, sanatio præstantiori digna mo-
« numento est. Abi ergo, et quam volueris illi, qui
« te curavit, statuam erige, ipsiusque gloriam ce-
« lebra.» Mox igitur, Berenice, quæ fluxum sanguinis ante passa erat, in civitatis suæ Paneadis medio statuam æneam, ex ære fusili, auro, argentoque permistis, conflatam Domino et Deo suo consecravit. Quæ quidem statua ad hoc usque tempus Paneade perseverat : atque ex eo loco ubi quondam stabat, ex media nempe civitate, in locum sacrum sive oratorium translata fuit. Hujus porro rei narratio in hac ipsa Paneadensi civitate reperta est, apud Bassum quemdam, qui ex Judæo Christianus factus fuerat : in quo etiam libro regum omnium qui in Judæa imperaverunt, historia conscripta erat. »

Ex libro septimo Historiæ Eusebii Pamphili, de muliere Paneadensi, quæ sanguinis fluxu laboraverat.

« Quandoquidem urbis hujus mentionem fecimus, consentaneum non fuerit narrationem prætermittere, quæ digna plane est ut posterorum memoriæ commendetur. Illam enim mulierem sanguinis fluxu laborantem, quam ex sacris Evangeliis a Salvatore nostro sanatam fuisse didicimus, illinc esse profectam ferunt, domumque ipsius ea in civitate monstrari, in qua Salvatoris in eam beneficentiæ mirifica tropæa perseverant. Super altum quippe lapidem ante ædium illius fores, æream feminæ effigiem, flexis genibus, expansisque supplicantis more manibus, conspici narrant : e regione vero alteram ex eadem materia rectam stare viri figuram, modo composito diploide indutam, manumque mulieri protendentem. Ad hujus statuæ pedes peregrinum quoddam herbæ genus nasci, quod ubi ad oram usque diploidis pervenit, morborum omnium medicamen evadit. Hanc porro statuam Jesu Domini imaginem exprimere aiunt; mansitque illa usque ad nostram ætatem, ut qui in civitatem hanc adve-

[49] Gen. xviii, 1. [50] Luc. viii, 43, seqq.

niunt, oculis eam lustrare possint. Neque mirum videri debet, veteres illos ex gentibus, qui Salvatorem erga se beneficum experti erant, eidem talia præstitisse, quando tum apostolorum Petri et Pauli, tum ipsiusmet Christi pictas imagines vidimus: cum veteres absque ullo scrupulo ejusmodi honorem, consuetudine a gentilibus accepta, servatoribus suis adhiberent. »

370 *Ejusdem, ex libro nono ejusdem Historiæ de imperatore Constantino.*

« Cum sese divino adjutum esse consilio apprime sensisset, mox salutiferæ passionis tropæum statuæ suæ manui apponi præcepit. Ac cum eam salutaris crucis signum dextera sua tenentem, in frequentissimo Romanæ urbis loco erexissent, inscriptionem hanc Latino sermone subjiciendam curavit: « Hoc salutari signo, quod veræ
« virtutis insigne est, urbem vestram tyrannicæ
« servitutis jugo servatam, in libertatem vindicavi.
« S. P. Q. R. in libertatem asserui, pristinum
« decus nobilitati splendoremque restitui. »

Ex Historiæ ecclesiasticæ Socratis libro I, cap. 18, de eodem imperatore.

« Posthæc autem imperator Constantinus, religionis Christianæ studiosior factus, a gentilium cultu prorsus abhorruit, singulariaque certamina probibuit, et suas imagines in templis collocavit. »

Stephani Bostreni, contra Judæos, cap. 4.

« Nos porro sanctorum imagines ad eorum recordationem statuimus, puta Abraham, Isaac, Jacob, Moysis, Eliæ, Zachariæ, et aliorum prophetarum, sanctorumque Dei martyrum, qui propter ipsum mortem subierunt; ut quicunque imagines eorum aspexerit, illorum recordetur, eumque laudibus extollat, qui gloria dignos illos reddidit. »

Ejusdem. « Quod autem spectat ad imagines, omnia quæ in Dei nomine fiunt, bona esse et sancta confidimus: idola vero et simulacra, apage. Hæc enim mala spuriaque sunt, perinde atque illi qui faciunt ea. Aliud quippe est imago prophetæ sancti, et aliud simulacrum sive statua Saturni, Veneris, Solis, et Lunæ. Porro, quandoquidem homo ad imaginem Dei factus est, idcirco adoratur. Serpens autem, quia diaboli est imago, immundus est et exsecrabilis. Quod si ea quæ hominum manibus fabricata sunt, respuis, dic, quæso, Judæe, quidnam adoratur in terra, quod hominum manu elaboratum non sit? Altare, propitiatorium, Cherubim, urna aurea habens manna, mensa, tabernaculum interius, omnia demum quæ Sancta sanctorum ab ipso Deo appellata sunt? Nonne manufacta Cherubim angelorum erant imagines? quid ad hæc respondes? Quod si ista nominas idola, quid dicendum censes de Moyse et Israel, qui hæc adoraverunt? Atqui adoratio quidem honoris argumentum est. Quocirca nos quoque peccatores, Deum quidem adoramus divino, qui ipsi debetur, latriæ cultu, ipsumque ceu creatorem et beneficum reveremur: angelos vero, Deique famulos, ad Dei ipsius gloriam, tanquam res a Deo conditas, eique subjectas. Imago siquidem est nomen similitudoque illius qui in ipsa depictus est. Quamobrem Domini sanctorumque prophetarum cruciatus, qui in lege et Evangeliis descripti sunt, tum per litteras, tum per imaginum expressiones, in memoriam semper revocamus. »

371 *Sancti Gregorii Nazianzeni, ex oratione contra Julianum apostatam* [52].

« Hujus quippe vulneris signa promunt imagines in locis publicis erectæ. »

Sancti Joannis Chrysostomi, ex enarratione in justum Job.

« In his omnibus quæ ipsi contigerunt, nihil insipienter adversus Deum locutus est. Quemadmodum in imaginibus cum cujuspiam pinximus historiam, ascribere solemus: *N. consecravit*; sic qui librum hunc scripsit, postquam animæ illius imaginem delineavit, velut in extrema modioli parte subscribens, dixit: *In omnibus his quæ acciderunt ipsi, non peccavit Job* [53]. »

In Vita Constantini libro IV (cap. 15).

« Quanto autem fidei robore animus ejus obfirmatus fuerit, ex eo quisvis intelligat, quod aureis in nummis suam ipse imaginem ita cogitavit effingendam, ut in supplicantis modum conversa ad Deum facie, spectare sursum videretur. Atque ejus quidem effigies impressæ per universam Romanorum ditionem spargebantur. Quibusdam autem in civitatibus in eminentiori regiarum ipsarum porticus parte imagines ipsius ita depingebantur, ut rectus ipse, protensisque supplicantis more manibus stans, cœlum suspiceret. Sic ergo seipsum in picturis precantis habitu repræsentabat. »

Ejusdem ex libro tertio.

« Hoc igitur modo imperatoris mater vivere desiit, quæ, cum propter religionis ac pietatis opera, honori plurimo digna fuit, tum propter excellentem et admirabilem plantam illam quam ex se genuit; quem quidem, cum omnibus aliis de causis, tum ob ejus erga matrem pietatem beatum prædicare debemus: quippe qui illam, cum Dei cultui addicta prius non esset, sic religiosam reddidit, ut a primæva ætate a communi omnium Salvatore erudita videretur. Ipsam demum imperatoria dignitate cohonestavit, ut apud omnes gentes, necnon apud ipsasmet militum cohortes, *imperatrix Augusta* proclamaretur, imagoque ejus nummis aureis imprimeretur. »

Ejusdem ex libro IV, cap. 69.

« Qui vero urbem regiam incolebant, una cum

---

[52] Invect. I, p. 95. [53] Job I, 22.

senatu populoque Romano, ubi primum imperatoris obitum acceperunt, acerbo et quavis calamitate graviori nuntio perculsi, nullum luctui modum posuerunt. Balneæ et fora clausa sunt, publica quoque spectacula, et quæcunque homines otio dediti et genio indulgentes consectari solent, intermissa sunt. Qui ante in deliciis versabantur, vultu in terram demisso incedere unaque omnes voce beatum illum, dilectum Deo, ac prorsus imperio dignum celebrare. Atque hæc non verbis tantum, verum etiam factis declarabant, ubi consecratis imaginibus, mortuum perinde ac si superstes in vivis esset, honorabant. Cœlum itaque coloribus designantes, hunc supra cœlorum verticem in æthera quiescentem regione picturis repræsentabant. »

372 *Ejusdem* cap. 73.

« Consimili igitur modo quaterque beatus ille pro uno multiplex in filiorum successione evadebat; adeo ut imaginibus passim erectis, per universas gentes ejusdem ipse suique filii honore donati sint. »

Theodoreti episcopi Cyri, et Polychronii, ex expositione in Ezechielem.

« Et quemadmodum imperatorum Romanorum imagines ita pingere consueverunt, ut satellites armatos, quibus illi cinguntur, populosque prostratos circum exhibeant ; sic in proposito textu, quandoquidem rex in visione Deum figurat, velut in solio gestatum, rerum omnium quæ in terra sunt imagines ostentando, quod eidem figuræ ad ornatum confert, subinde exprimit, ut Dei in res universas imperium nos doceat. »

Ejusdem. « Et tu, fili hominis, sume tibi laterem, et pones eum ante faciem tuam, et describes in ea universam Jerusalem : et dabis circa eam munitionem : et ædificabis contra eam propugnacula, et circa eam pones vallum, et dabis circa eam castra, et ordinabis ballistas in circuitu [18]. »

Interpretatio. « Quod si adversus multitudinem loqui, eique civitatis direptionem, eversionem templi, et quæ ex his eventuræ sunt, calamitates nuntiare formidas, hoc eis alia ratione indica, ut tandem resipiscant, tuaque modestia manifesta fiat. *Et sumens,* inquit, *laterem, civitatem describe.* Nomen autem inscribatur, ut liquido constet illam esse Jerusalem. In descriptæ vero civitatis circuitu, valli delineationem exprime ; in quo nempe exercitus multitudo est. Dehinc militari ordine procedant copiæ (id quippe sonat vox *castra*), hoc est, paratæ militum legiones : quæ quidem non armis modo communitæ sint, sed et machinas admoveant, quibus evertantur muri (muri, inquam, isti) : has enim *ballistæ* et arietes indicant. Admirabili porro ratione, circumstantem duntaxat civitati multitudinem innuit, ut populum, incusso prius terrore, quam calamitates accidant, a peccatis abstinere suadeat. »

[18] Ezech. IV, 1, 2. [19] Num. XXII, 28.

Ex martyrio sancti Eustathii, qui et Placidas.

« Cum die quodam, de consueto more, cum exercitu universoque famulorum cœtu venatum exiisset, cervorum pascentium conspicatus gregem, exercitu in tres partes, uti solebat, distributo, eos insectabatur. At cum illis capiendis intentus esset exercitus, ille qui in universum gregem, tum proceritate, tum forma eminebat, a reliquis discedens, per densissima silvæ præruptaque loca in nemus prosiliit. Hunc Placidas contuitus, ejusque comprehendendi desiderio accensus, cum militibus paucis, cæteris omnibus relictis, insecutus est. Jam socii deficientibus viribus constiterant, cum solus ipse persequendo perseveraret, divinaque factum providentia est, ut nec equus, nec ipsemet asperitate locorum fatiscerent ; et cervum diutius adurgendo, procul se ab exercitu recessisse **373** animadvertit. Porro fugiente cervo, cum nullus comitum adesset, petræ verticem conscendit, tum circumspicere, secumque cogitare, quo tandem pacto prædam assequatur. At sapientissimus clementissimusque Deus, qui nullas non excogitat vias, quibus ad salutem homines ducat, hunc in ipsamet venatione venatur : non Petri opera; ut olim Cornelium, magis autem uti persecutorem Paulum, objecta sua specie. Itaque consistenti diu Placidæ, cervique proceritatem intentis oculis demiranti, cum illius capiendi nulla via occurreret, ejusmodi portentum Dominus edidit, quod quidem nihil absimile veri est, nec ipsius potentiæ magnitudinem excedit. Sed, quemadmodum asinæ Balaam loquendi indita facultate [19], ea arguit, quæ vates animo versabat, consimile aliquid tunc etiam illi monstravit. In cervi cornibus sanctæ crucis ipso sole longe fulgentiorem figuram, atque inter cornua divini sui corporis, quod pro nostra salute sumere dignatus est, effigiem ostendit ; inditaque cervo voce humana, his Placidam verbis compellat : Quid me persequeris, Placida ? En tui causa aderam, meque tibi hoc in animali conspiciendum præbui. Ego sum Jesus Christus, quem ignorans colis. Tua erga pauperes officia conspectui meo præsentia fuerunt. Quamobrem istuc veni, ut per hunc cervum me patefacerem tibi, teque vicissim venatu comprehenderem, et clementiæ meæ indagine cingerem. Nec enim æquum fuerit, ut quem ob recte probeque facta diligo, is dæmonibus impuris, mortuisque et surdis simulacris serviat. Idcirco quippe ad terras, ea quam cernis specie veni, ut generi hominum salutem afferrem. »

Sancti Leontii Neapolis in Cypro insula [episcopi], ex libro v Contra Judæos.

« Agedum deinceps, age jam æquo animo venerabilium imaginum defensionem aggrediamur, ut obstruantur ora loquentium iniqua. Non enim inventum nostrum illud est, sed legis potius institutum. Nam Deum ipsum audi Moysi præcipientem, ut geminas Cherubim imagines sculptiles conflatilesque fabrefaciat, quibus propitiatorium obumbraretur. Adhæc, templum Ezechieli Deus ostendit, quod a pavimento ad laquearis fastigium, sculptiles leonum, palmarum, hominumque, et Cherubim facies habuisse dicit. Terribilis reipsa hic sermo est. Deus qui Israeli injunxit, ne rei ullius, sive quæ in cœlis, sive quæ in terra fuerit, sculptile quodpiam, aut imaginem similitudinemve faceret, ipse Moysi præcipit, ut sculpta animantia, Cherubim, inquam, fabricet. Quinimo Ezechieli templum monstrat, imaginibus, sculptisque leonum, palmarum, et hominum simulacris refertum. Salomon item figuram designationemque ex lege mutuatus, æneis boum, palmarum, et hominum simulacris plenum templum exstruxit; neque ob id usquam a Deo reprehensus fuit. Quamobrem si me propter imagines condemnare vis, Deum prius accuses, qui hæc idcirco fieri jussit, ut ipsius apud nos memoria perseveraret. »

374 *Ejusdem ex libro quinto.*

« Nobis rursum illudunt, quod pretiosam crucem divinasque imagines designemus, adoremusque, nosque idolorum ac ligneorum numinum cultores vocant, viri qui Deum omnino non norunt. Quod si, ut asseris, athee, Deum ligneum colo, certe plures quoque veneror. Si plures, utique dejerando dixero, *Per deos :* quemadmodum et tu, quondam vitulum unum aspiciens, aiebas : *Hi sunt dii tui, Israel* [56]. At ejusmodi jusjurandum ex ore Christianorum te audivisse neutiquam asseveraris. Verum adulteræ Synagogæ consuetudo est, ut castissimam Christi Ecclesiam, ceu meretricem infamet. »

Ejusdem. « Neque enim sanctorum formas, imagines et figuras uti deos adoramus. Nam si tanquam Deum ligneam imaginem adoraremus, eumdem omnino cultum reliquis etiam lignis exhiberemus, neque, ut sæpe contingit, imaginem forma deleta combureremus. Et rursum, quandiu ligna crucis coaptata manent, formam illam adoro propter eum qui crucifixus fuit: ubi vero sejuncta fuerint, eadem abjicio atque comburo. Et quemadmodum, qui imperatoris edictum obsignatum accipit, sigillumque osculatur, is non lutum, chartamve, aut plumbum veneratur, sed imperatori potius honorem defert et adorationem; sic nos quoque Christiani, crucis formam adorando, non ligni materiam, sed magis signaculum, annulum et characterem Christi ipsius respicientes, per eamdem illum qui cruci affixus fuit, salutamus et adoramus. »

Ejusdem. « Atque eam ob causam Christum, Christique passionem in ecclesiis, in ædibus, in foris, in tabulis, in linteis, in cubilibus et in vestibus, atque in omni loco exprimo et designo, ut per continuam considerationem, memoriam eorum perfricemus, nec unquam obliviscamur, ut tu semper oblitus es Domini Dei tui. Quinimo veluti, cum volumen legis adoras, non membranarum et atramenti naturam adoras, sed Dei sermones qui in eo scripti sunt; consimili modo Christi imaginem adoro, nequaquam vero ligni colorumve naturam ; absit! sed inanimam Christi figuram adorans, per eam mihi videor ipsummet Christum complecti et adorare. At sicut Jacob, cum a Josephi fratribus qui ipsum vendiderant, variam ejusdem tunicam sanguine cruentam recepisset, hanc cum lacrymis deosculatus, oculis suis apposuit ; non quasi tunicam ille defleret, sed quod per eam Josephum ipsum osculari, et manibus complecti sibi videretur [57] : sic et nos Christiani imaginem apostoli martyrisve carnali more complectentes, animo reputamus nos, vel Christum ipsum, vel martyrem ejus amplexari..... Quamobrem, ut sæpius dixi, in omni salutatione vel adoratione disquiritur intentio. Quod si mihi criminaris, quasi crucis lignum, ceu Deum adorem ; quare non item Jacob accusas, qui virgæ Josephi summitatem adoravit [58]? At manifestum est eum non ligni honorandi causa adorationem exhibuisse, sed potius per honorem ligno præstitum, adorasse Josephum, **375** sicut in cruce Christum adoramus. Eodem plane modo quo Abraham homines impios a quibus sepulcrum mercabatur, genibus in terram demissis adoravit, nequaquam tamen uti deos [59]. Ad hæc, Jacob Pharaoni, impio licet idolorumque cultori, benedixit [60], atque septies Esau [61], sed non uti Deum, adoravit. Vide, quot tibi salutationes, quotque adorationes, tum in Scripturis probatas, tum naturales, nulli prorsus reprehensioni obnoxias protulerim. Tu vero, cum Christi, aut castissimæ Matris illius, aut sancti cujusdam imaginem nos vides adorare, confestim indignabundus id in crimen vertis, aufugisque, et me idololatram nominas. Non te pudet? non perhorrescis? non rubore suffunderis, quando me vides in universo orbe idolorum delubra demolientem, templaque martyrum honori exstruentem? quod si idola adoro, quid est cur martyres idolorum eversores honorem? quod si lignis, uti loqui amas, gloriam defero ; qui fit, ut honore homines sanctos prosequar, qui ligneas dæmonum statuas combusserunt! Sed si lapides celebro; cur apostolos ipsos, qui lapidea simulacra comminuerunt, celebravero ? quod si tandem falsorum deorum veneror imagines; quare igitur trium puerorum [62], quia, ne auream idoli imaginem adorarent, Babylone decertaverunt, gloriam laudesque prædico, horumque nomine dies festos ago? Verum nimia plane scelestorum obcæcatio est, nimia cæcitas. Magna prorsus, o Judæe, impudentia tua. Profecto abs te veritas ini-

---

[56] Exod. xxxii, 4. [57] Gen. xxxvii, 32 seqq. [58] Gen. xlviii, 15; Hebr. xi, 21. [59] Gen. xxiii, 7.
[60] Gen. xlvii, 9. [61] Gen. xxxiii, 3. [62] Dan. iii, 1 seqq.

que premitur. « Exsurge, Deus, judica causam tuam. Judica, et discerne causam nostram de gente non sancta, ab iniqua et aliena, quæ te ad iracundiam provocat. »

Ejusdem. « Si ergo, ut sæpe dixi, lignum lapidemque adorarem, lapidi utique et ligno dicerem: *Tu me genuisti* [63]. Sin autem sanctorum imagines adoro, imo vero si sanctos ipsos, sanctorumque certamina veneror et colo, quomodo tu, insane, hæc idola vocas? Idola quippe similitudines fuerint eorum, qui adulteri, homicidæ, filiorum mactatores, et effeminati homines exstiterunt, non autem prophetarum et apostolorum. Atque ut ex aliqua parte, brevi certissimoque exemplo intelligas, quid Christianos inter et gentiles paritatis intercedat, audi. Habebant Babylone Chaldæi musica omnis generis organa, quibus simulacra dæmonum colebant: habebant et filii Israel Hierosolymis asportata organa, quæ in salicibus suspenderunt. Utraque instrumenta erant, nablia, citharæ, et tibiæ: sed ista ad Dei gloriam; illa vero similitudinis horum æmula, ad dæmonum cultum pertinebant. Idem jam discrimen inter imagines Christianorum et idola gentilium cogita. Hæc quippe ad diaboli gloriam ac memoriam; illa vero ad Christi, et apostolorum martyrumque, et sanctorum ejus laudem fabricata sunt. »

Ejusdem. « Proinde quando Christianum videris crucem adorare, id ab eo fieri propter Christum crucifixum scito, non autem ut lignum adoret. Alioqui universa ligna adoraremus, sicut Israel lucos et arbores adorabat, quæ dicebat: *Tu Deus meus es; tu me genuisti* [64]. Nos vero non item; sed memoriam picturamque Dominicæ passionis, et **376** illorum qui pro ipso pugnaverunt, in ecclesiis ac domibus tenemus; omnia nempe propter Dominum nostrum facientes. Rursumque, dic amabo, Judæe, quænam scriptura Moysi permisit, ut Jethro socerum suum cultorem idolorum; Jacobo, ut Pharaonem; Abrahamo, ut filios Emmor adorarent? annon illi justi erant et prophetæ? quænam Danieli, ut impium Nabuchodonosor? Ac si propter mundanam temporariamque vitam hoc fecerunt, eccur mecum expostulas, quod in sacris sanctorum memoriis, sive per scripturam, sive per picturam expressi, eorumdem cruciatus et certamina adorem, per quæ singulis diebus beneficiis augeor, perpetuamque et sempiternam vitam exspecto? » *Ex Historia ecclesiastica Theodori, t. IV.*

« Sub hoc consulatu, die xxv mensis Decembris, terribile ingensque miraculum contigit, quod omnium aures perculit. Olympius enim quidam nomine, juxta equum ambulatorem Euthymii Arianæ factionis exarchæ ambulans incedere solitus, cum esset in lavacro palatii Helenianorum, in cella tepidaria nonnullos eorum qui lavabantur, consubstantialis fidem celebrantes conspicatus, his eos verbis allocutus est: Ecquid enim est Trinitas? aut quo in pariete inscripta non est? Statimque virilibus manu apprehensis: Ecce, inquit, ego quoque Trinitatem habeo. Eam ob rem illi qui aderant animis concitati, eum statim interfecissent, nisi eos vir quidam admirabilis, ac religiosus Dei cultor, Magnus nomine, Sanctorum Apostolorum ecclesiæ intra muri ambitum presbyter, repressisset, affirmans, id justitiæ cuncta spectantis oculum latere non posse, qui singula diligenter conscribat. Cum igitur propter viri reverentiam turba quievisset, surrexit Olympius, et thermas ingressus, inque aquis calidis de more lotus, ad frigidarum piscinam vadit; quæ quidem aquas excipit, e medio altari sanctæ ecclesiæ protomartyris Stephani, olim ab Aureliano præfecturæ dignitatibus illustri constructæ, scaturientes. Hinc plane aquam illam dignam fuisse arbitror, quam Deus ipse spectaret. In hanc ille cum descendisset, dicto ocius remeavit, cum ejulatu clamans: Miseremini mei, miseremini mei! Et carnes suas unguibus scalpens, ab ossibus divellebat. Tunc ad ipsum omnes concurrere, apprehensum linteo involvere, ac præ frigore deficientem reclinare. Rogantibus autem quidnam ei contigisset, respondet Olympius: Hominem candidis indutum vestibus vidi, qui juxta labrum incedens, tres mihi aquæ calidæ situlas infudit dicens: Ne blasphemus esto. Tum qui illi necessitudine conjuncti erant, ferculo eum tollentes, in aliud balneum Arianorum ecclesiæ vicinum transferunt. Sed cum linteum vellent explicare, omnes ejus carnes lacerarunt, atque hoc modo enecatus, spiritum reddidit. Qui quidem eventus per universum fere imperium divulgatus est. Nonnulli ferebant Olympium, qui talia passus est, aliquo ex tempore ab ea religione, quæ consubstantialem Trinitatem celebrat, ad Arianam hæresim secundo baptismate transiisse. **377** Ubi vero res ista ad imperatoris aures pervenit (is porro Anastasius erat), jussit ut miraculum coloribus in tabula depictum in superiori labri parte affigeretur. Porro Joannes quidam diaconus, et sanctæ illius ecclesiæ, cujus supra meminimus, Stephani primi Martyris nomine dicatæ defensor, vir, si quis alius, zelum pro dogmate consubstantialis tuendo nusquam non exserens, ipse quoque non pingendam modo, sed et eorum qui illic lavabantur nomina, et ubi ipsorum quisque habitaret, ascribendum curavit; insuper et illorum qui aquas ministrabant, nomina subjecit. Atqui hæc quidem imago ad hoc usque tempus rei gestæ fidem facit, in ipsomet introitu quartæ porticus jam multoties nominati oratorii apposita. Verum quandoquidem miraculum illud, miraculum aliud subsecutum est, hoc prætermittere nefas esset, quippe cum ejusdem sit argumenti. Et quamvis ætate recentius sit, hic tamen illud commemorare non pigebit. Enimvero

---

[63] Jerem. II, 27. [64] ibid.

cum illi qui Arii partibus studebant, triumphum esse perennem cernerent, apud eum cui Helenianorum palatii cura commissa erat, assiduis precibus egerunt, ut tanquam balnei administrationi præfectus, imaginem auferret et absconderet. Is facili prætextu, nimirum aquarum humore labefactari imaginem, ejusque conservationem instaurationemve causatus, eam sustulit et occultavit. Verum cum imperator universa regia loca perlustraret, ad hunc quoque veniens, imaginem quæsivit, rursusque affigendam parieti præcepit. Porro Eutychianum (ita ædium præfectus ille vocabatur), divina quædam statim invasit indignatio, ut dexter oculus ei difflueret, et cætera item membra pessimo motu quaterentur; quod in causa fuit ut ad sacrum oratorium, in quo beatorum Pantaleonis et Marini reliquiarum portio asservatur, accederet. Istud porro oratorium *Homonœa*, id est, concordia nominatur, quoniam illuc centum et quinquaginta episcopi, Theodosio magno imperatore, convenientes, unanimi concordique sententia divinæ Trinitatis consubstantialitatem asseruerunt, et Dominicæ humanitatis ex Virgine susceptionem declararunt. Ille autem septem circiter dies illic commoratus, cum nihil levaminis acciperet, quinimo testiculus uterque corroderetur, nocte quadam media subdiaconus, cui pro sua vice illic pernoctandum erat, in somnis videt astantem quemdam regem, qui ægrotum manu indicans, aiebat : Quare hunc excepisti ? Ecquis eum istuc adduxit ? Hic se illis junxit, qui de me pessime loquuntur. Iste est qui patrati miraculi abscondit imaginem. Clericus itaque surgens, quod in quiete vidisset, recitat, fieri posse (negans ut ille ab hac plaga sanetur. Cæterum Eutychianus, ceu vi dolorum in somnum actus esset, adolescentem quemdam eunuchum, fulgenti veste indutum videt, his se verbis alloquentem : Quid habes? Cum ille reposuisset se tabe perire, nec ullum remedium invenire, eum audivit dicentem : Nemo tibi potest opitulari : quoniam rex valde tibi irascitur. Tum æger : Quemnam, infit, interpellabo, aut quid agam? Hic vero : Si vis, inquit, levamen obtinere, ad Helenianorum balnea quantocius perge, et prope adusti Ariani imaginem quiesce. Mox expergefactus ille, ministrorum quempiam accersit. Ili autem obstupescere, quia jam triduum sine voce egerat. At ille se, ut fuerat imperatum, jussit asportari. Sed ubi ad locum venit, juxta imaginem positus exspiravit. Nam qui visus fuerat, animæ a corpore sejunctionem, per morbi relaxationem citra mendacium significarat. »

Sancti Anastasii a sancto monte Sina.

« Quatuor milliariis Damasco viculus distat, qui Carsatas nominatur, in quo templum est sancti Theodori. Quod cum ingressi essent Saraceni, ibidem commorantes, tam feminarum et puerorum, quam jumentorum sordibus et immunditiis locum conspurcarunt. Quadam igitur die, multis eorum una considentibus et confabulantibus, unus sagittam in sancti Theodori imaginem contorsit, cujus humerum dextrum perforavit. Statimque sanguis scaturiens, ad imam partem decidit, cunctis prodigium hoc quod acciderat, sagittamque humero sancti infixam et cruorem manantem contuentibus. Nec tamen inopinati stupendique adeo signi et miraculi spectatione resipuerunt. Non illum pœnituit qui sagittam jecerat. Nullus eorum veritus fuit. Ex templo non recesserunt, nec ab eo sordidando ullatenus abstinuerunt. Unde extremas scelerum suorum pœnas ultrices luerunt. Cum enim viginti quatuor essent eorum familiæ, quæ in templum divertebant, intra dies paucos acerba morte omnes consumpti sunt: cum nullus hoc in oppido interierit, præter illos qui in templo morati fuerant. Hæc igitur imago quæ sagitta confixa fuit, adhuc superest, ac vulnus sagittæ et sanguinis vestigia conservat. Multi autem eorum qui rem viderunt, eoque tempore adfuerunt, quando miraculum istud contigit, in vivis hodie superstites sunt. Quin ego ipse imaginem vidi, et re considerata, hanc in scriptis retuli. »

Ex vita sancti Symeonis miraculorum effectoris, narratio Arcadii archiepiscopi Cypri ; miraculum 132.

« Contigit autem illis diebus, ut vir quidam Antiochiæ civitatis mercator angore gravi ab improbo dæmone vexaretur, eoque per multos dies arctaretur, ita ut interclusa respiratione suffocaretur. Is profectus ad sanctum, ejusque precibus sanitatem assecutus, ut nihil subinde mali pateretur, cum domum rediisset, in grati animi monumentum, in publico conspicuoque civitatis loco, supra officinæ suæ januam imaginem ejus erexit. Hanc infidelium quidam conspicati, luminibus velisque honoris ergo decoratam, repleti zelo, similes sui nefarios homines concitarunt, ut turba conveniens tumultuose succlamaverit : E medio tollatur ille qui hæc fecit, et imago dejiciatur. Verum divina providentia factum est, ut vir domo abesset. Vehementi quippe furore perciti erant ut illum interficerent, inter hæc aliis alia vociferantibus. Multa siquidem et valde magna erat eorum nequitia in conspectu Dei, nec non immanis livor, qua quidem abrepti istuc convenerant, opportunum adesse tempus rati, adversus sanctum virum insurgendi, eumque contumeliis aspergendi : quia frequenter gentilium malesanam fidem erroremque redarguerat. Cum igitur tanti furoris impotentes essent, militum cuipiam jusserunt, ut conscensis gradibus imaginem disturbaret. Hic cum ascendisset, manusque jussa perfecturus extenderet, e superiore statim loco humi corruens fractus fuit : unde magnus in turba tumultus ortus est. Illi nihilominus accensis animis adjecerunt, ut alterum eo adigerent; qui quidem exporrectis item manibus quo imaginem detraheret, in terram pariter allisus est : ex quo omnes benevolentiam aucupans, eos qui sancta Chalcedonensis synodi decreta amplectebantur, exhortabat : quin etiam sanctorum Patrum imagines sustulit. »

metu perculsi, crucis signo sese munire cœperunt. Verum infideles furentes adhuc, tertium quoque eodem admoverunt, qui cum manus rursum protendisset, ut imaginem demitteret, ipse etiam simili fato deorsum cecidit. Tunc omnes qui aderant fideles ingens horror invasit, atque infidelium cæcitatem audaciamque mirati, adorata imagine, fusisque precibus discesserunt. »

Sancti Joannis Chrysostomi, ex oratione in illud :
« *Noveris te in medio laqueorum incedere* ". »

« Nequaquam igitur, dilectissimi, mœrore conficiamur, neve in præsenti calamitate animis concidamus; quin divinæ magis clementiæ consilium admiremur. Nam per quæ diabolus civitatem nostram se funditus eversurum speravit., per hæc ipsam erexit Deus, excitavitque. Improbis enim quibusdam hominibus suggesserat diabolus, ut imperatorum statuas inhoneste haberent ; quo tandem ipsummet civitatis solum everteret.

Ejusdem. « Postquam autem temerario ausu hæc patrata sunt, ac sceleratissimi quidam, flagitiosissimique hominum, proculcatis legibus, statuas deturbantes, cæteros omnes extremo atque imminenti periculo subjecerunt; quando irato imperatore pro vita ipsa jam pertimescimus, non nos angit amplius facultatum jactura ; sed, iis posthabitis, omnes passim dicentes audio : Facultates accipiat imperator, foro ædibusque nostris sponte cedemus, nuda tantummodo corpora servanda aliquis polliceatur. Quemadmodum igitur, cum timor mortis nondum immineret, pecuniarum nos multa carpebat; sic ubi hæc contra leges admissa sunt, mortis metus pecuniariæ jacturæ dolorem pepulit. »

Ejusdem. « Quod si quispiam in latronis spelunca deprehendatur, quamlibet ipse latrocinia non exercuerit, an ignoras eum idem cum latronibus subire supplicium? Sed quid ego quæ latronum sunt commemoro? vos utique omnes nostis, et meministis, quando flagitiosi quidam homines præstigiatoresque apud nos statuas deturbavissent, non ipsos modo, sed eos etiam, qui facinori duntaxat interfuerant, una cum illis ad tribunalia raptos et adductos, extremas luisse pœnas. »

380 *Theodoreti episcopi Cyri, ex Historia religiosa, de Macedonio Asianita.*

« Contigit autem aliquando, ut a pessimo dæmone civitas in furias ageretur, ita ut, ac si morbus quidam abigendus fuisset, in imperatorum statuas furorem inconsiderate verterent.»

Ex Historia ecclesiastica Theodori lectoris Constantinopolitani, de Palladio quodam hæretico.

« At episcopus Antiochiæ Palladius, imperatoris

" Orat. 15 *De statuis.*

Ex Vita Constantini, lib. III, cap. 4.

« Quapropter illinc quidem res eo quo optabat exitu succedebant : hinc vero invidentiæ livor Ecclesias Dei Alexandriæ perturbabat, et Thebanos inter ac Ægyptios, tum schisma, tum alia nec contemnenda mala concitabat, consurgentibus per civitates singulas in episcopos episcopis, et in populos populis, tantumque non conflictantibus, et ad internecionem usque sævientibus. Vidisses homines mente captos nefanda negotia moliri, et imperatorum imagines contumeliis aspergere. »

Ex ecclesiastica Historia, de iis qui cum Dioscoro sentiebant.

« Eo quippe processerat audaciæ, ut beatorum, qui illic fuerant, pastorum nomina e sacris diptychis raderet, eorumque, quas sustulerat, imagines combureret. »

Ex eadem historia, de hæretico qui Macedonio in Constantinopolitana sede successit.

« Scelestus ille ad sacros conventus accedens, divinas ædes ante perlustrari jubebat; et sicubi in imagine depictum Macedonium inveniret, non prius sacra peragebat, quam eam dejecisset. »

Ex eadem historia, de Juliano et Timotheo
[Æluro].

« Julianum istum nonnulli eorum qui excitandis turbis gaudent, prædicti Macedonii opera cum Timotheo episcopo convenisse ferunt; ac concordiæ causam tradunt. Ipsum scilicet per ministros quantocius arreptum, astantibus etiam in episcopali domo iis qui rebus civilibus præerant, adegit, ut Chalcedonensis synodi decreta anathemati subjiceret. Senex vero coram imaginibus defunctorum præsulum, qui Constantinopoli depicti erant, Flaviani et Anatolii, per quos Chalcedonense concilium robur accepisset, supplicans exclamavit : Si sanctæ prædictæ synodi decreta libera sinere recusatis, episcoporum imagines cum anathemate deponite, eosque ex sacris diptychis expungite. »

381 *Ex sancto Chrysostomo, in sanctum Flavianum Antiochenum.*

« Turba itaque hoc quod est ostendit. Insani quippe impetus nutum sequentes, adversus imperatorum imagines statuasque vim fecerunt, atque in terram dejectas per medium forum traxerunt. Furor enim animos in rabiem converterat, modestasque cogitationes obcæcaverat iracundia. »

Ex eadem oratione, ubi Flaviani patriarchæ ad Theodosium verba recitantur.

« Peccavimus, o imperator; crimen nostrum nequaquam celamus, quod ipsa quoque res creata arguit. Non negamus furorem, quo tuas in imagines, imo potius adversus nosmetipsos debacchati sumus, sed uti jam condemnati, humanitatem tuam præstolamur. »

De eadem rursum oratione, ex sancti Flaviani allocutione.

« Ne tot tantasque deleveris imagines, æneæ unius imaginis causa. Neu tot divina artefacta contriveris propter unum opus æneum, quod quidem facile conflari possit. »

Ejusdem Chrysostomi, Quod unus sit Veteris et Novi Testamenti auctor; atque in sacerdotis indumentum.

« Ego pictura quoque et effigie, quæ fusili cera confecta sit, admodum delector, modo pietatem præ se ferat. Nam in imagine angelum vidi Barbarorum agmina persequentem, proculcatasque Barbarorum cohortes; ac verum esse Davidis hoc effatum: *Domine, in civitate tua imaginem ipsorum ad nihilum rediges* [66]. »

Sancti Basilii, in Laudem quadraginta martyrum.

« Agedum igitur, in medium illos per hancce nostram narrationem adducentes, communem ex ipsis utilitatem iis qui hic astant procuremus, et præclara virorum facinora tanquam in tabella omnium oculis proponamus. Quandoquidem ea quæ fortiter in bello gesta sunt, tum oratores exhibent, tum pictores. Atque illi quidem ea sermonibus exornant, isti vero eadem deformant in tabulis: ac multos utrique ad strenue agendum excitaverunt. Nam quæ historica narratio auribus explicat, eadem pictura silens per imitationem ostendit. »

Sancti Gregorii Nazianzeni, ex Carminibus.

« Aut ne prorsus doceas, aut moribus doce;
« Ne verbis allicias, factis autem abigas:
« Minus egueris sermone, si, quæ oportet, facias.
« Expressis formis pictor docet amplius. »

Ejusdem sententiæ expositio.

« Nisi moribus, inquit, doceas, ne doceto sermone, ne quos verbis allexeris, pravis tuis moribus eosdem deterreas. Nam si quæ recta sunt, feceris, ipsamet opera bona doctrinæ locum tenebunt: haud secus ac per expressas imagines pictores ut plurimum docent. »

Ejusdem.

« Polemon, nec ipse dignus silentio
« Qui transeatur; namque et hoc miraculum
« Multis ubique spargitur sermonibus.

[66] Psal. LXXII, 20. [67] I Tim. IV, 12.

« Erat ille primum non pudicis moribus,
« Libidinumque servus. At postquam boni
« Amore captus (an sua ipsius nescio,
« Suasione, an probi cujuspiam),
« Statim suarum sic faces libidinum
« Exstinxit omnes; istud ex miraculis
« Ut ejus unum persequi haud verbis graver.
« Scortum vocarat quispiam juvenis salax.
« Ut ergo meretrix limen contigit domus,
« Polemona pictum prominentem conspicans
« (Ore venerando namque erat, et perquam gravi),
« Solo superata visu retulit pedem
« Pictum perinde verita, ut vita præditum. »

Sancti Joannis Chrysostomi, ex homilia in cap. VIII Epistolæ ad Timotheum.

« Sed *exemplum esto fidelium* [67], in omnibus teipsum præbens exemplum bonorum operum; hoc est exemplo vitæ, sis instar imaginis palam propositæ. »

Ex acclamatorio sermone sanctæ synodi sextæ.

« Rursum Nestorius, iterum quoque Cœlestinus et Cyrillus. Ille siquidem Christum dividebat distrahebatque; hi vero partes Domini juvantes, divisorem ipsum detrudebant. Hæc Ephesus, atque eorum quæ gesta illic sunt tabulæ, non scripta voce, silentes rem loquuntur. »

Ex libro septimo Stromateorum vetustissimi Clementis ad Alexandrum.

« Itaque non ea solummodo laudat quæ bona sunt, sed ipse quoque bonus esse annititur. Atque ex bono fidelique servo per charitatem amicus evadit, propter habitus perfectionem quam ex vera disciplina et exercitatione frequenti sincere consequitur; ita ut nihil non moveat, quo perveniat ad cognitionis fastigium. Tum exornandis moribus incumbit, oris gestum componit, omniaque illa quæ gnosticum verum decent, ornamenta et dotes comparat; idque speciosissimarum imaginum assidua inspectione, puta plurimorum illorum qui ante se perfecti fuerunt. Patriarchas, complures item prophetas, innumerabilesque angelos considerat; quin et illum ipsum qui super omnia Dominus est, quique docuit et planum fecit, impossibile neutiquam esse, quin eadem cum celsitudinibus illis vivendi normam assequamur. »

Sancti Theodori episcopi Pentapolis.

« Rursum vir quidam erat ex regionis illius primoribus, nomine Dion, qui multis donariis sancti martyris templum exornaverat, ejusque altare argento vestierat. Unus autem ex servis ipsius, non exiguam pecuniæ summam suffuratus, aufugit. Dion vero cum insecutus non est, sed ad imaginem pergens, imaginis illius figuram ceream effinxit, quamque in sanctum martyrem fiducia erat, domus suæ limini eam apposuit. Statimque servus quasi a quopiam impelleretur, ad se rediens, ad herum suum regressus est; quin nec quidquam eorum quæ subripuerat, defuit. Hoc cum apud omnes innotuisset, usque in diem hodiernum idem observant regionis istius incolæ contra servos fugitivos. »

Sancti Athanasii Alexandrini, ex libro III *Contra Arianos.*

« At vero Filius, quia substantiæ Patris germen proprium est, consentanea plane ratione, ea quæ Patris sunt, sua esse dicit. Quare cum præfatus fuisset : *Ego et Pater unum sumus* [68], jure et ex consequenti subjecit : *Ut sciatis quia ego sum in Patre, et Pater in me est* [69]. Itidem ante dixerat : *Qui vidit me, vidit et Patrem* [70]. Atque horumce trium locorum unus idemque sensus est. Nam qui noverit Filium et Patrem unum esse, is novit Filium in Patre esse, et Patrem in Filio. Nam Filii divinitas Patris est, estque in Filio. Et qui hoc distincte percepit, is cognoscit eum qui Filium vidit, Patrem quoque vidisse. In Filio quippe divinitas Patris agnoscitur. Quod quidem regiæ imaginis exemplo accuratius intelligi potest. Nam in imagine species et forma est imperatoris, et in imperatore species imaginis. Dissentanea in imagine non est imperatoris similitudo; ita ut qui videat imaginem, in ipsa quoque imperatorem inspiciat : et rursum, qui imperatorem videat, hunc illum esse intelligat qui in imagine sit expressus. Ex quo autem non differt similitudo, exhinc conspecta imagine, volenti imperatorem ipsum intueri, imago utique dixerit : Ego et imperator unum sumus. Ego quippe in illo sum, et ille in me ; et quod in me vides, hoc idem in eo perspicis ; et quod in illo perspexeris, id in me cernis : qui enim adorat imaginem, ille imperatorem adorat. Nam imago est forma et species illius. »

Ejusdem, ad Antiochum præfectum [71].

« Quid ad hæc illi qui sanctorum figuras aversantur adorandasque negant, quæ in monimentum apud nos effinguntur ? »

Ambrosii episcopi Mediolanensis ad Gratianum imperatorem, de incarnatione Verbi divini.

« Deus ante carnem ; Deus in carne.... Sed verendum, inquis, ne si duos principales sensus, aut geminam sapientiam Christo tribuimus, Christum dividamus. Numquid cum et divinitatem ejus adoramus et carnem, Christum dividimus ? Numquid cum in eo imaginem Dei crucemque veneramur, dividimus eum ? Absit ! »

Cyrilli Hierosolymorum patriarchæ, ex duodecima catechesi.

Si ergo adventus Christi causam quæris, ad **384** primum Scripturæ librum recurre. Sex dierum spatio mundum creavit Deus : at mundus propter hominem factus est. Enimvero sol splen-

didissimus, radiisque fulgens, ut modo dicebamus, hominis causa factus est. Omnia quoque animantia idcirco condita sunt, ut serviant nobis ; gramina item et arbores, ut illis fruamur. Universa Dei opera bona valde sunt, sed nullum eorum, dempto homine, imago Dei est. Sol mandato solo, homo vero Dei manibus formatus fuit. Ait enim [72] : *Faciamus hominem ad imaginem et similitudinem nostram.* Imperatoris terreni imaginem ligneam veneramur, quanto potiori jure rationalem imaginem Dei ? »

Sancti Basilii ad sanctum Flavianum, de Samaritana muliere.

« Gentilis suæ consuetudinis errore in certo loco adorationem debere fieri credentem, Dominus noster erudit : *Oportet,* inquit, *in spiritu et veritate adorare* [73]; ut seipsum nimirum, qui veritas est, indicaret. Quemadmodum in Filio Patrem dicimus adorari, tanquam in Dei Patris imagine, sic et in Spiritu, quippe qui in seipso Domini divinitatem ostendit. »

Sancti Gregorii Nazianzeni, in baptismum.

Si te post baptismum lucis adversarius adorietur ; adorietur utique (nam ipsum quoque Verbum, et Deum meum, lucem illam absconditam, adoriri non dubitavit per id quod aspectabile erat) ; habes quo vincas : ne formides certamen. Spiritum oppone, aquam objice. » *Et post pauca :* « Signaculo confisus dicito : Imago Dei sum. Ex cœlesti gloria perinde ac tu, dejectus non sum. Christum indui : me in Christum per baptismum transformavi. Tu me magis adorato. »

Sancti Joannis Chrysostomi, in Machabæos.

« Imperatoris expressæ figuræ, non auro tantum aut argento, aliave pretiosa materia fulgentes reperiuntur, verum etiam ex ære fabrefactæ formam eamdem impressam habent. Atque materiæ discrimen nihil imaginis officit dignitati : neque eo quod illa majoris pretii materia constat, alterius quæ ex ignobiliore confecta sit pretium minuitur. Quin potius omnes commendat imperatoris forma, ipsaque nihil ex materiæ vilitate imminuta, illius auget pretium, quia regiam excepit imaginem. »

Ejusdem, ex libro primo Contra Julianum impium.

« Quid autem novus ille Nabuchodonosor ? Nihil enim humanius iste erga nos, quam priscus ille, se gessit : cujus carbones, etsi flammam effugimus, nos tamen adhuc affligunt. Nonne ipsa quoque donaria sanctis consecrata, et in ecclesiis palam fidelium adorationi proposita, corporis labem declarant ? »

Ejusdem, in pelvim.

« Uti enim, cum imperatorum figuræ et imagi-

[68] Joan. x, 50. [69] Joan. xiv, 11. [70] ibid. 9. [71] Quæst. 59. [72] Gen. 1, 26. [73] Joan. iv, 24.

nes in civitatem mittuntur et inferuntur, magistratus et populi cum faustis acclamationibus et veneratione obviam eunt, non tabulas quidem honorantes, cereasve picturas, sed imperatoris effigiem : sic etiam res creatæ, » etc.

385 *Ex oratione quarta Severiani Gabalorum in sanctam crucem.*

« *Percussit Moyses petram semel atque iterum*[14]. Cur autem semel atque iterum? si Dei potentiæ obsequitur, quid necesse fuerit secundo percutere ? Sin autem sine virtute Dei percutit, nec secunda, nec decima, nec centesima percussio infecundæ naturæ fecunditatem possit indere. Siquidem ergo merum Dei effectum fuit, nec mysterium continebat, semel percussisse sat erat, simplex nutus, verbum unum sufficiebat. Istud plane contigit, ut crucis imaginem præsignaret. *Percussit*, inquit, *semel et bis*, non eodem ductu, sed ut crucis formam describeret, quo inanima quoque natura crucis symbolum veneraretur. Nam si absente imperatore ejusdem imago locum supplet imperatoris, eamque proceres adorant, menses festivi aguntur, obviam procedunt magistratus, et adorant populi ; non quidem in tabulam respicientes, sed ad figuram imperatoris, non qui in sua natura conspiciatur, sed in pictura proponatur : multo magis immortalis Regis imago potest non petram modo, sed cœlum terramque universam frangere. »

Ex Chronographia Isidori diaconi.

« Peccavit Theophilus, quando Joannem Chrysostomum apud Eudoxiam calumniatus est, quasi Origenis hæresim sequeretur : succensebat Joanni Augusta propter vineam viduæ. Theophilus propter peccatum istud animam exhalare non poterat, donec allatam Chrysostomi imaginem cum ille adorasset, spiritum tandem reddidit. »

Hieronymi presbyteri Hierosolymorum.

« Quandoquidem scriptura vestra crucem adorare nusquam permittit, cur igitur ipsam vos adoratis ? Respondete nobis Judæis et Græcis, cæterisque omnibus, qui hoc a vobis quærimus. »

Responsio. « Idcirco, o stulti et vesani corde, forsitan permisit Deus omni genti colenti se, ut aliquid in terris omnino veneraretur, quod hominis arte factum esset, ne in crimen Christianis verteretur, quod crucem et imagines adorarent. Quemadmodum igitur Judæus arcam fœderis adoravit, et duo Cherubim aurea et conflatilia duasque tabulas quas dolaverat Moyses ; cum tamen Deus nullibi concesserit, ut ea adoraret et coleret : ita nos quoque Christiani, non tanquam Deum crucem colimus, sed ut sincerum animi nostri erga eum qui crucifixus est affectum demonstremus. »

[14] Num. xx, 11.   [15] Hebr. x, 1.

386 *Magni Symeonis, a monte Thaumasio, De imaginibus.*

« At infidelium aliquis forsan vitilitigator quæstionem præponet, dicetque nos, qui in ecclesiis imagines quoque adoramus, iis accensendos fore, qui simulacris inanimis supplicant. Absit itaque, ut id nos committamus. Nam quidquid agunt Christiani, fide pensatur, et Deus, qui mendax non est, virtutes operatur. Non enim in quibusdam coloribus moramur, sed, veluti contingit in repræsentatione litteræ, qua aliud significatur, illum qui invisibilis est, in pictura conspicientes, tanquam præsentem laudamus. Nec ei credimus, qui Deus non sit, sed qui vere exsistat Deus : neque item sanctis, qui sancti non sint, sed qui tales plane sint, et vivant apud Deum ; cum etiam spiritus eorum ob sanctitatem suam, qua divina virtute pollent, illis qui digni sunt opitulentur, utpote qui ipsorum auxilio indigeant. »

Anastasii archiepiscopi Antiocheni, ad Symeonem episcopum Bostrorum, De Sabbato.

« Quemadmodum enim absente imperatore, ipsius imago adoratur, præsente vero absurdum prorsus est, exemplari posthabito, imaginem adorare ; nec tamen, eo quod ille præsens sit, propter quem imago colitur, idcirco imaginem ipsam nihili facere consentaneum fuerit : tale quid evenisse reor circa legis umbram sive litteram (hanc enim *umbram* nominat Apostolus). Quandiu enim veritatis gratia abscondebatur, figuras sancti promebant ; quippe qui veritatem tanquam in speculo contemplabantur. Ast ubi veritas prodiit, æquum non esse censuerunt, ut secundum figuras viveremus, quas deinceps sequeremur. Rerum enim præsentium supervacaneæ sunt figuræ. Nec tamen figuras inhoneste habuerunt, aut contempserunt, quin honorarunt potius, et eos, qui contumeliis ipsas aspergebant, impios esse judicarunt, et acerbæ mortis supplicio dignos. »

Ejusdem, ex oratione tertia.

« Velut si quis propter honorem qui debetur imperatori, ejus adoret imaginem, quamlibet ex cera et coloribus constantem. »

Sancti et œcumenici concilii quinti anathematismus duodecimus.

« Si quis impium Theodorum Mopsuestiensem defendat, qui dicit alium esse Deum Verbum, et alium esse Christum, animalibus perturbationibus et carnis cupiditatibus obnoxium, et ex deterioribus paulatim progressum, ut actionum profectu melior factus, et ob conversationem inculpatam statuminatus, tanquam purus homo baptizatus sit in nomine Patris et Filii et Spiritus sancti, acceptaque per baptismum Spiritus sancti gratia, adoptione fuerit dignatus ; necnon regiæ instar imaginis, tanquam Dei personam gerentem eum adorari: anathema sit. »

Theodori historiographi Constantinopolitani, ex Historia ecclesiastica, de Gennadio archiepiscopo Constantinopolitano.

« His alia stupenda prorsus de eo subnectam. **387** Pictori cuidam, qui Christi Domini pinxerat imaginem, manus ambæ exaruerunt. Ferebatur autem gentilis cujuspiam hominis jussu hoc opus, sub nominis Salvatoris specie ita pinxisse, ut capillis ex utraque oris parte discretis, facies nullatenus tegeretur (ea utique forma qua pagani Jovem pingunt), ut ab iis qui ipsum viderent, Salvatori adorationem offerre existimaretur. »

Maximi abbatis, et Theodosii episcopi ac procerum, qui ab imperatore missi fuerant.

« Sanctus Maximus dixit : « Quando hæc fieri « conclusum est, eorum quæ visa sunt, faxit « Deus ut contingat exitus: statimque quocunque « jubetis, sequor. » Posthac omnes surrexerunt, positisque genibus oraverunt, sanctaque Evangelia, pretiosam crucem, et Jesu Christi Salvatoris, sanctæ quoque Dei Genitricis, quæ ipsum peperit, imaginem singuli deosculati sunt, admotis manibus, pro illorum, quæ interlocuti erant, confirmatione. »

Sancti Sophronii, De miraculis sanctorum martyrum Cyri et Joannis; de Theodoro subdiacono podagra laborante.

« Deinceps autem, qua ratione valetudo corpori concessa fuerit, dicimus paucis. Aliquot hisce transactis diebus, cum ille dormiret, astantes rursum martyres videt, qui sibi ut sequeretur imperabant. Ille vero sponte sequebatur. Noverat enim quantum lucri sanctos comitando percepturus esset. Templum ergo gentilium, specie quidem augustissimum splendidissimumque, magnitudine vero ad cœlos pertingens, adeuntes et ingredientes, proceram et admirabilem cernebamus imaginem, quæ medium quidem Christum coloribus deformatum exhiberet; sinistrorsum autem Dominam Dei Genitricem; dextrorsum vero Joannem Baptistam, qui in utero matris exsultans ipsum indicaverat, cum vox ipsius intus loquentis exaudiri non posset: nonnullos præterea ex glorioso apostolorum et prophetarum choro, necnon ex cœtu martyrum, inter quos erant Cyrus et Joannes martyres. Hi coram imagine astantes, flexis genibus, in faciem coram Domino humi prociderunt, pro juvenis valetudine supplicantes. In hæc porro verba orabant : « Clementissime Domine, annuis « ut huic quoque sanitatem largiamur? » At cum diutius in terram proni adorassent, supplices voces fundendo, nec Dominus Christus annueret, ab interpellando abstinuerunt; et tristes, demissoque vultu, ad me, inquit, reversi sunt, qui haud ita procul ab imagine constiteram. Cumque ad me propius accessissent : « Vides, inquiunt, quod « sanitatem tibi concedere Dominus renuit? Verum « ne despondeas animum. Nam erga te prorsus, « uti erga omnes se benignum præbebit. » Itaque quasi semihoræ elapso spatio, surgentes iterum redierunt, supplicaveruntque, sed rursum mœsto dejectoque vultu, ut ante, re infecta redierunt, Domino nequaquam concedente; regressique eadem **388** renuntiant. Tertio vero proficiscentes : « Bono, inquiunt, animo esto. Modo enim gra- « tiam impetrabimus; sed tu quoque, sicut nos « deprecantes cernis, nobiscum itidem procidens, « Dominum supplex invoca. » Tertio denique ad imaginem accedentes, eodem habitu iisdemque verbis oraverunt. Cumque diu supplicassent, humique prostrati hoc solummodo clamarent, « Jube, Domine, » Christus tandem miseratione motus ex imagine dixit : « Et ipsi quoque tribuite. » Tum martyres a terra surgentes, primum quidem Christo gratias egerunt, quod postulationem suam exaudivisset. »

Sancti Anastasii a sancto Monte Sina, in novam Dominicam et in Thomam apostolum.

« Qui Christum in carne contuebantur, prophetam illum esse existimabant : nos autem qui ipsum non videmus, mox a teneris unguibus pueri adolescentulique Deum, Dominum, omnipotentem, et sæculorum effectorem, splendoremque Patris eumdem esse confitemur. Sic enim Evangelia cum fide auscultamus, ac si ipsummet Christum loquentem cerneremus. Immaculatam item corporis ipsius margaritam sumentes, illum ipsum Christum nos gestare existimamus. Quin etiam si divinam ejus pictura tantummodo deformatam effigiem conspiciamus, tanquam ipse nos e cœlo intueatur, arbitramur, atque procidentes adoramus. Magna nunc est fides Christi. »

Ex Vita sancti abbatis Danielis, De Eulogio lapicida.

« Tunc mœrens ille discessit, seque coram Dei Genitricis imagine prosternens, cum ejulatu dicebat : Domine, quod homini isti spopondi, fac solvam. »

Ex Vita sanctæ Mariæ Ægyptiæ.

« Cum igitur lugerem, supra locum in quo constiteram, sanctæ Dei Genitricis imaginem collocatam conspicio, hisque eam compello sermonibus : « Virgo Dei Genitrix, Domina, quæ Deum « Verbum in carne peperisti, scio equidem, scio « æquum consentaneumque non esse, ut impura « ego, nullisque non luxuriæ sordibus squalens, « imaginem tuam intuear, quippe quæ virgo sem- « per exstiteris : quin par est, ut summa illa tua « puritas me tanquam exsecrabilem aversetur. «Verum, quando Deus, qui carnem ex te susce- « pit, idcirco factus est homo, ut peccatores ad « pœnitentiam vocaret, adjuva me, quæso, quæ « sola sum, aliud præter te præsidium non habens. « Jube, ut mihi quoque ingressus pateat; nec me

« conspectu prives ligni illius, in quo secundum
« carnem affixus est Deus Verbum, quem tu pepe-
« risti, quique proprium sanguinem in redemptio-
« nis meæ pretium dedit. Jube, Domina, ut mihi
« perinde ad divinæ crucis adorationem fores pa-
« teant. Teipsam Deo ex te genito, te in locuple-
« tissimam prædem trado, me deinceps carnem
« hanc nullo prorsus impuro coitu unquam ma-
« culaturam. Quinimo ubi crucis Filii tui lignum
« conspexero, mundo statim et omnibus quæ in
« mundo sunt renuntiabo, nihilque morata, illuc
« proficiscar, quo tu ipsa, quam in sponsorem
« sumo, jusseris, atque ad duxeris. » His pronuntiatis, ex fidei ardore certior quodammodo reddita, et
in Dei Genitricis clementia fidem ponens, ex eo
loco in quo steteram precataque fueram, discedens,
iis qui ingrediebantur me rursum jungo, nec
deinceps quisquam fuit qui me repelleret, et cui re-
pellenti resisterem. Nullus prorsus qui me foribus
arceret, per quas in ædem sacram aditus erat.
Horror statim et stupor me invadit, totoque corpore quatior et contremisco : cumque humi prostrata, sanctum illud solum adorassem, egredior,
cursuque ad eam quæ pro me spoponderat, pro-
pero, atque in eo loco consistens, in quo sponsio-
nis chirographum exaratum erat, genibus coram
Dei Genitricis imagine positis, hic illam verbis
compello : « Tu quidem, amabilissima bonaque
« Domina, tuam erga me humanitatem common-
« strasti : tu indignæ preces neutiquam despexisti.
« Gloriam illam vidi, cujus conspectu nos impudici
« digni non eramus. Sit Deo gloria, qui pecca-
« torum pœnitentiam per te suscipit, » etc.

Ex Vita sanctæ Eupraxiæ.

« Diaconissa vero ad puellam ait : « Abi domum
« tuam, domina mea; neque enim hic manere
« potes. Nulli quippe istic commorari fas est,
« nisi Christo adjungatur. » Puella autem : « Ubi-
« nam, inquit, Christus est? » Ostendit illa imaginem Christi ; ad quam puella conversa : « Vere,
« inquit, ego quoque Christo conjungor, nec am-
« plius cum domina mea discedam. » Rursumque
consurgens Eupraxia, filiamque suam apprehen-
dens, Dominicæ eam admovit imagini, manibusque ad cœlum sublatis, cum lacrymis exclamavit :
« Domine Jesu Christe, puellæ hujus curam habeto,
« quia te concupivit, ac seipsam tibi dedidit. »

*Sanctæ synodi quinisextæ sub Justiniano cele-
bratæ.*

« In quibusdam venerabilium imaginum picturis Agnus digito præcursoris monstratus depingi-
tur qui in figuram receptus est gratiæ, adumbrans nobis verum illum agnum Christum Deum
nostrum, qui per legem demonstrabatur. Antiquas
ergo figuras illas et umbras, veluti notas et signa
Ecclesiæ tradita amplexantes, gratiam et veritatem eisdem anteponimus, quam ceu plenitudinem
legis accepimus. Itaque ut id quod perfectum est,
in picturis etiam omnium oculis subjiciamus,
Agnum illum, qui tollit peccatum mundi, Christum Deum nostrum, veteris agni loco humana
figura posthac in imaginibus exprimendum decernimus, quo divini Verbi celsitudinem per ejusdem
humilitatem contemplemur, atque in memoriam
ipsius in carne conversationis, et passionis, mortisque salutaris, ac redemptionis, quæ per illam
mundo parta est, veluti manu ducamur. »

*Sancti Methodii episcopi Patarensis, De resurre-
ctione, orat. secunda.*

« Ubi primum igitur eorum qui apud nos sunt,
imperatorum imagines fabricatæ sunt, tametsi ex valde pretiosa materia, auro puta aut
argento non constent, ab omnibus tamen hono-
rantur. Neque enim illas, quæ ex pretiosiori
materia confectæ sunt, sic venerantur homines,
ut eas, quæ ex viliori sunt, aspernentur : sed
omnes perinde colunt, etiamsi ex gypso, aut ex
ære sint. Ac quisquis in aliquam earum probra
conjecerit, is non tanquam lutum, vel etiam aurum contemptui habuerit, absolvitur; sed ac si
imperatorem ipsum et dominum contumeliis
asperserit, condemnatur. Imagines quidem ex
auro conflatas, quibus Principatus et Potestates
angelicæ designantur, in honorem et gloriam Dei
conficimus. »

ADMONITIO IN OPUSCULUM QUOD SEQUITUR.

Hanc quæ sequitur fidei professionem Roma accepi, descriptam ex Vaticano cod. n. 1262,
eamque Leo Allatius a se missam Joanni Auberto, testatur in *Symmictis*, cum hoc alio titulo,
Ἴσον λιβέλλου ὑπαγορευθέντος ὑπὸ Ἰωάννου τοῦ Δαμασκηνοῦ, ἐπιδοθὲν δὲ παρὰ Ἠλία ἐπισκόπου Πέτρῳ
μητροπολίτῃ Δαμασκοῦ. *Pariculum libelli dictati a Joanne Damasceno, ab Elia vero episcopo
traditum Petro metropolitæ Damasci.* Diversa autem est ab *Fidei* libello, quem Allatius perinde Auberto miserat : quemadmodum animadverti ex paucis verbis quæ idem Allatius
citat in dissertatione de Joanne Damasceno et ejus operibus. Ex Præfatione porro conjectare
licet, opusculum istud a Joanne nostro scriptum fuisse, quando Damasci adhuc morabatur,
et sanctissimo metropolitæ Petro suberat, cum nondum in Palæstinam monasticæ vitæ nomen daturus migrasset. Hoc scripsit, inquam, sub nascentis hæresis Iconoclastarum primordiis, ut significatur his verbis, quæ paulo ante finem leguntur, *et omnem hæresim detestor*

μέχρι τὴν νῦν κινηθεῖσαν κατὰ τῆς ἁγίας τοῦ Χριστοῦ καὶ Θεοῦ ἡμῶν Ἐκκλησίας, *usque ad eam quæ modo excitata est adversus sanctam Christi Deique nostri Ecclesiam:* hoc est eorum quos *Christianocategoros*, sive *Christianorum insimulatores* vocitabant. Ex his quæ post unam aut alteram lineam adduntur, ubi Elias pollicetur se cum hæreticis non communicaturum, *et præsertim cum Maronitis*, ἐξαιρέτως Μαρωνίταις, colligo episcopum hunc ex secta Maronitarum conversum fuisse : idque confirmat specialis de Trisagii hymni intelligentia articulus.

JOANNIS MONACHI ET PRESBYTERI

DAMASCENI

LIBELLUS DE RECTA SENTENTIA.

Gravis me hinc inde timor et anxietas occupat, o Patrum optime et sanctissime pastorum princeps. Hinc enim inobedientiæ periculum vereor : illinc me oneris pondus et moles terret. Quo fugiam, aut qua tandem ratione declinem, nescio. Quapropter meipsum tibi spirituali Patri committo. **391** Velut agnus innocens non contendam, non clamabo : non memet pascam, sed jussioni tuæ morem gerens, cervicem flecto, non uti juvenca calcitrans et refractaria, sed tanquam vitulus obtemperans, quando liberationem et indulgentiam quam postulabam, non obtinui. Delictorum meorum fascem novi : sed certo teneo, de cœlo solutum iri, si solveris in terra. Ecce præsto sum ad obediendum. Quod tibi allubuerit, facito. Deum ducem et gubernatorem habeo, cui nihil impossibile est. Quoniam igitur sanctissima tua summitas præcipit, sensum meum pronuntiabo. Noverit domus omnis Israel. Attendat cœlum, et loquar, et audiat terra verba oris mei [1].

1. Credo in Patrem et Filium et Spiritum sanctum, Trinitatem consubstantialem, et unitatem in tribus hypostasibus existentem, principium unum sine principio, unam voluntatem, unam operationem, unam potestatem, unum dominatum, unum regnum, hypostases tres nulla in re discrimen habentes, nisi in eo quod alia ingenita est, alia genita, et alia procedit : Patrem ingenitum nec generatum, Filium genitum, nec ullo pacto ingenitum, Spiritum sanctum procedentem, qui nec causa, nec genitus est. Nam Patrem sui causam et fontem habet, utpote qui ex eo progreditur, non generationis modo, sed processionis, ut unus Pater sit, unus Filius, unus Spiritus sanctus. Deum perfectum Patrem, Deum perfectum Filium, Deum perfectum Spiritum sanctum, non duos, neque tres Deos, sed tria hæc Deum unum. Neque enim tempore scinditur, non loco, non virtute dividitur : sed in se invicem circumincessionem habent, citra coalitionem et confusionem. Patris quippe virtutes sunt Filius et Spiritus sanctus, quamobrem et unus Deus est.

Etsi vero virtutes sunt, non tamen quæ minime subsistant. Unaquæque enim perfecta hypostasis est, ne natura divina composita sit ex essentia et potentiis : quapropter unaquæque persona secundum se considerata Deus perfectus est, perfecta hypostasis. Unus autem Deus, tria hæc secum mutuo et in se invicem intellecta. Atque hoc modis omnibus singulare est, ac Deo solummodo convenit. Unus ergo Deus est Pater et Filius et Spiritus sanctus. Unus cœli et terræ conditor, omnisque rei creatæ, tum visibilis, tum invisibilis, qui ex nihilo omnia produxit ut essent, non ex ante subjecta materia. Unus Deus, unumque universorum principium, una Deitas ; super omnem divinitatem, essentia una supra omnem essentiam, bonitas omni bonitate superior, infinitæ nullisque limitibus terminatæ, essentiæ ac substantiæ pelagus, bonorum omnium causa, virtus substantiarum effectrix, sine principio, nulli interitui obnoxia, sempiterna et nulla parte circumscripta. Lux perennis triplici splendore, terna hypostasi, incomprehensibilitatis caligine abstrusa et occulta.

2. Insuper credo unigenitum Filium et Verbum Dei, qui ante sæcula exstitit, qui increatus, qui consubstantialis est Patri et Spiritui sancto, qui unus est ex sancta Trinitate, infinita sua bonitate atque inenarrabili humanitate, beneplacito Patris, **392** incarnatum esse absque semine de Spiritu sancto, et ex Maria sancta perpetuaque Virgine et Deipara, in postremis temporibus, propter nos et propter nostram salutem, cum maneret id quod erat, Deus perfectus et consubstantialis Patri factum esse id quod non erat, perfectum hominem, cum Matri, tum nobis consubstantialem, carnem animatam anima rationis et intelligentiæ participe. Unumque adeo esse Christum, unum Dominum, unum Filium Dei et hominis, qui idem ipse Deus perfectus est, et homo perfectus, hypostasis una composita, ex Deitate et humanitate, ex naturis duabus, et duæ naturæ ipse idem, et in duabus naturis perfectis, quæ propria sua ha-

---

[1] Deut. XXXII, 1.

bent secundum congruentem utrique definitionem et rationem : Dei Filium propter incorporalem suam et sæculis anteriorem generationem ex Patre, eumdem et Filium hominis propter salutarem carnis naturæque nostræ assumptionem, quæ novissimis temporibus facta est : primum quidem sine matre ex Patre tanquam Deum, eumdem vero sine patre ex Matre tanquam hominem; naturas duas, hypostasim unam. Nam si duæ hypostases essent, non unus filius esset, quin potius quaternitatem religionis obsequio coleremus. Etenim si alia est unigeniti Filii Dei hypostasis, et illi Virginis alia, aut unigenitus Dei Filius exsulare jussus est, atque in ejus locum subrogatus filius Virginis, aut quaternitas in throno sedet, et proinde quaternitatem Numinis colimus, Patrem et Filium et Spiritum sanctum, et Filium Virginis. Verum absit ut ita sentiamus : sed unam agnoscimus Dei Verbi, unigeniti Filii Dei cum carne ipsius hypostasim compositam ex naturis duabus, inque duabus perfectis naturis, distinctis tamen, minime confusis, indivulse unitis secundum hypostasim. Non unam naturam compositam dico, ne Filium Patris alterius naturæ et substantiæ imple pronuntiem. Pater siquidem simplicis nec ullatenus compositæ naturæ est. Sed hypostasim unam compositam affirmo, ut ne Deum nudum dicam, neque merum hominem, nec in Trinitate quartam hypostasim subjiciam. Ut enim perfectus est in deitate, sic idem ipse perfectus est in humanitate post unitionem. Nam ante unitionem nemini dubium est quin Dei Filius in una deitatis natura esset, solumque Deus exsisteret, veluti Pater et Spiritus sanctus. Postquam autem pro ineffabili sua bonitate naturam nostram assumpsit, nobisque copulatus est, et quemadmodum est in deitate perfectus, homo quoque factus sit ad similitudinem nostram sine peccato, tunc in duabus naturis apparuit. Etenim si perfectus est in deitate post unitionem, idemque ipse perfectus est in humanitate, omnino in duabus perfectis naturis erit. Deitas siquidem et humanitas duæ naturæ sunt, non una. Nam quod creatum est et quod increatum, una natura non est : neque rursum quod pati potest, quodque patibile non est, una est natura. Enimvero si una natura composita est deitatis Christi et humanitatis ipsius, aliunde vero Christus passus est, una ejus natura passa erit, hoc est ejus humanitas. Sin autem duas Christi naturas dixerimus, unam minime patibilem et patibilem alteram, patitur id quod suapte natura pati natum est, et impassibile **393** manet id quod est impassibile. Quinam vero etiam, si unius naturæ est, consubstantialis est Patri. Pater siquidem et nos consubstantiales non sumus; neque Pater, neque nos ex deitate et humanitate sumus compositi. At vero unam hypostasim compositam dico. Nam animata caro Domini per seipsam non exstitit, nec propriam hypostasim habuit, nec per seipsam talis homo fuit, sed Dei Verbi facta est, eumque sui hypostasim habuit. Quare confiteor et prædico, mente, corde et ore, proprie et vere Dei Genitricem esse sanctam Virginem Mariam, quæ vere exsistentem ante sæcula unigenitumque Dei Filium et natura Deum, ex seipsa carnem factum, pepererit et generarit.

3. Ad hæc, confiteor duplas esse naturales omnes ambarum ejus naturarum proprietates : puta deitatis, esse increatum et sine principio, et humanitatis creatum esse et initium habuisse; deitatis, circumscriptum, visibile, tractabile non esse ; humanitatis, esse circumscriptum, tractabile, et visibile : deitatis, non esse passibile ; passibile esse, humanitatis : divinam voluntatem naturalem, et humanam voluntatem naturalem, divinam operationem naturalem et humanam operationem naturalem. Volebat enim operabaturque uti Deus et consubstantialis Patri, opera divina patrans, volebatque et operabatur humana tanquam homo nobisque consubstantialis, volendo, operando, et patiendo quæ naturæ nostræ consentanea sunt. Volebat et operabatur naturales et inculpatas naturæ nostræ voluntates, non sententiæ contrarietate, sed proprietate naturarum. Non enim voluntas naturalis hominis divinæ naturæ voluntati contraria est. Nam, volente Deo et approbante, homo vult quæ naturalia sunt. Deus quippe suapte voluntate hæc nostræ naturæ concessit. Quæ vero pro arbitrio nostro nostraque voluptate adversus Dei legem peccando admittuntur, hæc cum Dei voluntati adversentur, arbitraria et personalia sunt. Christus itaque, tanquam Deus, divina sua voluntate, divinaque operatione una cum Patre et Spiritu divinas res patrabat, puta universi hujus conservationem gubernationemque, et omnium salutem, et quæcunque ad divinam voluntatem spectant : at vero, ut homo, humana voluntate volebat, et operatione humana agebat, quæ naturalia sunt humanitatis; cujusmodi sunt manducare, bibere, cernere, intelligere, manum porrigere, ambulare, dormire, aliaque ejusmodi omnia, juxta ac Patri placitum erat. Volebat autem, etiam ut homo erat, salutem nostram. Voluntatem quæ per voluptatem, aut per secretam obreptionem peccandi capax esset, non suscepit. Peccatum siquidem non fecit, nec dolus inventus est in ore ejus[1]. Nam divina hypostasis cum esset, humana assumpta natura, naturali voluntate humanitatis utebatur, prout divinæ voluntati hypostasis suæ allubescebat. Atque hoc pacto novus Adam veterem salvum fecit; quippe qui per omnia factus est ut homo obediens Deo et Patri usque ad mortem. Non enim uti Deus obediens factus est : quia obedientia, spontanea liberaque

[1] Isa. LIII, 9; I Petr. II, 22.

propriæ voluntatis subjectio est voluntati alterius : divina autem **394** voluntas, nec serva, nec obsequens est. Neque etiam divinæ voluntatis est, cibum et potum et somnum appetere, velle latere, nec posse; quandoquidem voluntas divina omnipotens est : neque operationis divinæ est corporeis oculis cernere, respirare, ambulare, et manus extendere.

4. Quapropter sicut duas ejus naturas confitemur, duas simul fatemur tum voluntates naturales, tum operationes naturales ejusdem unius Christi, unius compositæ hypostasis Filii Dei et filii hominis; unum, inquam, et eumdem naturaliter volentem quæ divina, quæque humana sunt : divina quidem, divina voluntate, humana vero, voluntate humana. Cum enim Christus sit una hypostasis duarum naturarum, divinæ scilicet et humanæ, hæc divino more, et illa humano idem ipse volebat agebatque, ac *theandrice*, seu divinohumane humana. Tametsi enim uti Deus divina volebat, et ut homo humana, attamen non tanquam nude Deus divina volebat, neque ut merus homo, humana; sed cum Deus, ut ita dicam, *virificatus* esset, hoc est, homo factus, divina voluntate et operatione tanquam Deus et homo idem ipse volebat, efficiebatque divina, ac naturali humana voluntate et operatione naturali, ceu Deus et homo, idem ipse volebat operabaturque humana, eo quod tanquam homo natura comparatus erat, ut humana vellet et operaretur. Vult siquidem [a] et agit quæ utriusque naturæ propria sunt cum alterius communione : Deitate quidem libera omnipotentique potestate per humanitatem operante, humanitate autem libere et per omnia divinæ ejus voluntati obsecundante et ea volente, quæ divina voluntas eam velle vult propter unitatem personæ. Quod autem Christus unus est, unaque persona et hypostasis, manifestum est. Ipse siquidem interrogat : « Quem me dicunt homines esse Filium hominis? » aiuntque discipuli : « Alii quidem Joannem Baptistam, alii autem Eliam, alii vero Jeremiam, aut unum ex prophetis. Vos autem quem me esse dicitis? Respondens autem Petrus dixit : Tu es Christus Filius Dei vivi [b]. » Sese Filium hominis esse fassus est, ipsum Petrus Dei Filium salutavit. Idcirco etiam audivit : « Beatus es, Simon Barjona, quia caro et sanguis non revelavit tibi, sed Pater meus qui est in cœlis. Tu es Petrus, et super hanc petram Ecclesia firmiter ædificata est, et portæ inferi, » ora utique hæreticorum, « non prævalebunt adversus eam [c]. »

5. Præterea confiteor Trisagium hymnum designare tres deitatis hypostases, unamque substantiam, et unum dominatum. Quamobrem adjectionem insani illius Petri Fullonis nequaquam admitto. Aut enim Trinitati crucifixionis passionem affingit, aut quartam Trinitati personam profane inserit.

6. Detestor quoque Origenis nugamenta, præexsistentiam animarum, stultamque earumdem transmigrationem et portentosam rerum restitutionem. Ita sentio, et vere confiteor, cumque hac fide astare volo tremendo Christi tribunali.

7. Insuper sanctas sex synodos recipio : primam trecentorum octodecim Patrum adversus **395** Arium Tritheitam celebratam ; secundam, Constantinopoli centum quinquaginta Patrum contra Macedonium Spiritus sancti hostem ; tertiam, quæ Ephesina prima est, ducentorum Patrum contra Nestorium unius Christi Dei hypostasis divisorem, hominicolam, quaternitatis assertorem, ac infestum Dei Genitrici ; quartam, Chalcedonensem, sexcentorum triginta Patrum adversus Eutychem et Dioscorum Theopaschitas ; quintam, Constantinopolitanam, centum sexaginta quatuor sanctorum Patrum adversus Origenem nugacem senem ; sextam denique, ducentorum octoginta novem Patrum sanctissimam rectissimæque doctrinæ synodum in amplissima urbe Constantinopolitana celebratam adversus Sergium et Cyrum et Paulum et Petrum et Pyrrhum et Macarium et Stephanum ejus discipulum coactam : et omnia quæ ab eis definita sunt amplector, libensque suscipio omnes quos susceperunt, et detestor et anathematizo omnes quos abjecerunt, itemque hæresim omnem a Simone Mago usque ad eas quæ nunc excitatæ sunt adversus sanctam Christi Deique nostri Ecclesiam.

8. Et juro per sanctam, consubstantialemque, et adorandam Trinitatem, absque omni dolo et fraude, me ita sentire, nec aliud quidpiam præter illa admittere, nec me communicaturum cum altero, qui fidem hanc non confiteatur, ac præsertim cum Maronitis, neque me recepturum clericum bigamum ad sacerdotium, aut quodcunque munus quod Patres deceat. Præterea me subditum fore sanctæ catholicæ et apostolicæ Ecclesiæ metropolis dilectissimæ Christo Damasci, atque in omnibus obsecuturum obediturumque tuæ sanctitati, et illis qui post eam sanctissimæ ejusdem Ecclesiæ præsules erunt, neque recepturum citra sanctitatis tuæ sententiam et jussionem, aliquem e Manichæis quos tua sanctitas proscripserit. Ac tandem observantem me fore sacrorum canonum sanctorum apostolorum, sanctarumque synodorum, et sancti rerumque divinarum enuntiatoris Basilii, iisque firmiter adhæsurum. Istæc omnia custodiam, fiduciam habens in inexplicabili misericordia Dei, et in vestris orationibus, cumque fide hac astabo tribunali Christi, per cujus gratiam salutem ejus sum consecuturus. Ipsi gloria et imperium cum Patre qui sine principio est, et Spiritu sancto, nunc et semper et in sæcula sæculorum. Amen.

---

[a] S. Leo, Epist. ad Flav. [b] Matth. xvi, 15-16. [c] ibid. 17, 18.

IN TRACTATUM CONTRA JACOBITAS

ADMONITIO.

396 Tractatum sancti Joannis Damasceni contra Acephalos, seu potius Jacobitas, Henricus Canisius in lucem Latine emisit tomo IV *Antiq. lect.* ex interpretatione Francisci Turriani, sed initio magna parte mutilum. Eumdem, sed integrum magis, illustrissimus abbas D. Julius Imperialis, summi pontificis vice-legatus Ferrariæ, pro eximia sua erga rem litterariam, nec minori ad mea studia promovenda propensione, ex Vaticano codice Græco, n. 493, describendum obtinuit, mihique peramanter transmisit. Quia vero Vaticanus codex, uno deperdito folio, mutilus itidem repertus est, jacturam quadamtenus sarcivi ex Arabica lucubrationis ejusdem translatione, quam R. P. Lelong, humanissimus juxta atque eruditissimus presbyterorum Oratorii Parisiensis bibliothecarius mecum communicavit, interpretante viro linguarum et rerum Orientalium peritissimo. Sed et codex iste ad sensum auctoris agnoscendum, obscuraque et dubia exemplaris Græci loca illustranda, non parum contulit.

Hoc opus, quantum conjicere licet, conscripsit auctor, cum Damasci ageret adhuc, antequam in Palæstinam profectus, monasticæ vitæ nomen dedisset. Petrum quidem metropolitam, qui hoc ei pensum injunxerat, ex Theophanis Historia novimus, de Christiana religione optime meritum. Quis vero episcopus ille Jacobita fuerit, cujus ad catholicam Ecclesiam revocandi causa liber iste sit exaratus, assequi facile non est. In exordio dicitur, *ejusdem gentis esse, ejusdemque nominis*, αἰδοῖ καὶ πόθῳ τοῦ ὁμοφύλου καὶ τῆς ὁμωνυμίας βαλλόμενος· quæ quidem Damascenæ regionis hominem, vel etiam Petro metropolitæ, aut Joanni ipsi affinitate junctum, Petrumque aut Joanneem nominatum, videntur indicare; quinimo Petri potius quam Joannis cognominem; quoniam dissertatio non Joannis nostri nomine, sed Petri, prodit. Alioqui Eliam nuncupatum illum fuisse conjecissem propter libellum, seu professionem fidei, quam jubente metropolita suo Petro Joanniem perinde contexuisse modo ante dicebamus, recitandam ab Elia episcopo e Maronitarum grege. Magis comperta non est Τουδαραία, *Tudarœa*, civitas : sed notum est oppidum *Darœa*, seu *Daras*, sex millibus passuum Damasco disparatum. Legendum forsan foret in hujus dissertationis titulo, Πρὸς τὸν ἐπίσκοπον τοῦ Δαραίας, seu τῆς Δαραίας, *Ad episcopum Darœæ*.

Nihil hic addam in tractatus hujus commendationem, quo alium adversus Monophysitas accuratiorem aut urgentiorem vix reperire sit, nec apud Leontium; tametsi Turrianus Damascenum ex fontibus Leontii rivulos suos irrigasse scripserit in præfatione ad hunc librum. Nonnulla nostrum auctorem ex Leontii libris mutuatum esse inficias non eo : at plura, ipsaque validiora in hoc quod damus opere occurrunt, quam quæ apud Leontium leguntur. Citatur hæc Damasceni lucubratio in collectaneis contra Severianos, quæ Latine ab Henrico Canisio perinde eodem tomo IV *Antiq. lect.* edita sunt. In fine dissertationis subjiciuntur, in modum appendicis, auctoritates Patrum variæ, quibus naturæ duæ in Christo comprobantur.

SANCTI JOANNIS MONACHI

DAMASCENI

LIBELLUS, VELUT EX PERSONA PETRI SANCTISSIMI EPISCOPI DAMASCI,

AD EPISCOPUM DARÆÆ JACOBITAM.

---

397 1. Sapientium sapiens est pronuntiatum, nec bonum esse bonum, nisi recte geratur. Hoc etiam de Hebræis testatur divinus Apostolus [1], quod zelum quidem Dei habeant, sed non secundum scientiam : quod testimonium minime vult in laudem eorum cedere, sed potius in vituperium. Bonus est religionis zelus; sed qui charitate temperatus sit. Nequitia res odiosa est : qui vero illam admittat, commiseratione plane dignus est. Tabum abominor; at membrum foveo, quandiu non inutile prorsus nec vitiatum est. Quamobrem funem, ut aiunt, omnem moveo, nullam non artem pervestigo, remedium salubre molior, adjutorem Deum invoco, et qua reverentia, quove amore tangor erga eum qui tum generis, tum nominis ejusdem mecum consors est, subjectum

---

[1] Rom. 1, 2.

extrinsecus vitium abigere contendo. Si igitur ad sanitatem revocavero, grates reddendæ illi erunt, qui hanc concesserit: sin vero, proh calamitatem! secundum trado id quod unice diligebam : non quidem sine mœrore; attamen trado, consortium illius fugiens, ne malum depascatur ulterius, majorique numero vitiosæ partes augescant. Atqui non aspergam conviciis, sed gemebundus cum propheta fugio : « Curavimus Babylonem, inquit, nec sanata est [1]. » Cujus causam hanc subjungit, « Quia noluit. » Voluntarius morbus est, ut et remedii susceptio. Hæc me ad scribendum impulerunt, non contendendi libido, non invidentia, non argutatio, non vincendi desiderium, non ostentationis studium, non denique ullum odium, sed commiseratio, quæ ex Dei proximique dilectione nascitur. Nam, « Si te subtraxeris, inquit Scriptura, non placebis animæ meæ [2]. » Ad hoc enim a Deo constituti sumus, ut fodiamus, ut stercus circumponamus, ut sterilitati medeamur. Porro sterilitatem dicimus, ipsam quoque malorum operum procreationem; quemadmodum tragœdus mutus vocatur, cujus vox insuavis est. « Væ mihi si non evangelizavero [3]. » Si talento defosso, servus inutilis et nequam efficiar, exsulabo procul a gaudio Domini mei. Suscipite ergo medicinæ sermonem, gratia Spiritus confirmatum, quo Deus quidem oblectetur, gaudiique ejus consortem Ecclesiam faciatis. Hanc vero crux Christi esse unam præstitit, ex cœlestibus terrenisque constantem.

2. Quando toto nobis hoc sermone dicendum est *de natura*, hoc præfamur, in sancta et consubstantiali Deitate, hoc est in unius imperii et substantiæ Trinitate, Arium quidem et Eunomium, horumque polytheorum, seu potius atheorum factionem tres substantias propalam ineptientium more statuisse, divisa cum hypostasibus natura, cum male intelligerent, animoque sibi fingerent naturam idem esse atque hypostasim; (1) Sabellium vero Africanum hypostasim unam stulte asseruisse, contractamque conjunctione pessima Trinitatem confudisse, ad tuendam substantiæ unitatem in hypostasi unica. Quod vero ad dispensationem salutarem (seu incarnationem) spectat Salvatoris, qui in Trinitate Verbum Dei est, Filius unicus Patris, pessimus perditissimusque Nestorius, anthropolatra, Diodorusque, et Theodorus episcopus Mopsuestiæ, rebelles quoque fuerunt, confitendo duas naturas, dividendoque hypostasim, ita ut ex eorum opinione duæ personæ essent secundum numerum naturarum. Diviserunt igitur Dominum unum Jesum Christum, duosque constituerunt, ac hypostases duas ; eo quod existimarent hypostasim et naturam unum quoddam esse. At Dioscorus et Severus, et sectatorum utriusque turba multiceps, unam quoque et ipsi hypostasim asseruerunt, unam simul esse naturam definientes, quia nesciebant quid dicerent, nec intelligebant quæ affirmarent. Morbus vero, seu error, mentis eorum in eo fuit, quod naturam et hypostasim unum et idem esse existimabant. Sed nec illic substiterunt. Dixerunt enim in Trinitate sancta tres esse naturas substantiasque particulares, et scientiam notionemve unam communem. Nihil tamen solidi, quod ad rem confirmandam aptum natum sit, habuerunt.

3. Cæterum religionis orthodoxæ et veritatis præcones in tali sententia non fuerunt; verum legem divinam secuti, cursumque ad cœleste lumen dirigentes, recta ambulaverunt per viam regiam, quæ media est, non declinantes ad sinistram, superbiæ et ignorantiæ, neque ad dextram, imaginationis phantasticæ. Neque ineptias contrariis ineptiis emendare aggressi sunt ; sed ad propositum finem inter mala extrema pervenerunt, continentes se intra limites veritatis, ita ut ad neutram partem inclinando ab ea deflecterent. Itaque confessi sunt substantiam unam in Trinitate, et tres hypostases ejusdem agnoscentes, libenter prædicaverunt. Rursum vero agnoverunt distinctionem illam in mysterio incarnationis, quemadmodum Gregorius Theologus ait [4], naturas duas, et substantias duas, et hypostasim unam, naturamque et substantiam eadem definitione complexi sunt : personam quoque et hypostasim eodem modo definierunt; quippe qui noverant differentiam quæ est inter naturam, seu substantiam, et hypostasim, sive personam, ejusmodi esse ac distinctionem quæ est inter commune et singulare.

4. Primo igitur nobis inquirendum est de natura et hypostasi, ut vocis utriusque significationem perspectam habeamus : deinde compertum nobis erit, an duas in Christo naturas asserere debeamus, vel unicam. Postulat enim instituti ratio, ut illud definiatur. Neque vero veritatem contentioni exponemus, sed amice eam investigabimus, cum veritatis ea natura sit, ut manifesta illi fiat, qui illam ea sollicitudine perquirit, quam Scriptura sic eloquitur : « Appropinquate ad me, et ego accedam ad vos [5]. » Et alibi : « Ubi duo vel tres congregati fuerint in nomine meo, ego in medio illorum sum [6]. » Iterum quoque dicit : « Petitis, et non accipitis, eo quod non sicut oportet petatis [7]. » Et : « Cum sit in vobis zelus et contentio et discidium, an ignoratis quod carnales estis, et secundum carnem ambulatis [8]? » Et item : « Non potestis credere in me, qui gloriam hominum quæritis [9]. »

[1] Jerem. LI, 9. [2] Habac. II, 4 sec. LXX. [3] I Cor. IX, 16. [4] Greg. epist. ad Cledon. [5] Zach. I, 3.
[6] Matth. XVIII, 20. [7] Jac. IV, 3. [8] I Cor. III, 5. [9] Joan. V, 44.

(1) Quæ sequuntur, usque ad num. 9, deerant in Vaticano codice; suppleta sunt ex translatione Arabica.

5. Jam igitur orationis nostræ principium ducetur ab his sancti Basilii verbis, quæ scripsit epistola ad Amphilochium [11], nempe quod « inter substantiam et hypostasim differentia eadem sit, quæ est inter id quod multis commune est, et illud quod particulare est unicuique individuo. » Et paucis interjectis, in eadem epistola dicit: « Nomen substantiæ ducit nos ad intelligendum rem aliquam indefinitam. Nam mens non invenit in quo consistat, ex communi illa notione quam significat. » At nomen hypostasis significat id quod in re una aliqua commune est; eamque (mens) definit ex manifesto apparentibus in ea proprietatibus. Qui porro non agnoscit differentiam inter naturam et hypostasim, ita veritati investigandæ dat operam, ut inter sectam de qua diximus, et ipsum, nullum discrimen sit. Nam si hæc distinguuntur, quare de Christo asserunt, habere illum naturam unam, ut personam unam? Iterum, si substantiæ et hypostasis idem sunt, Filius, quandoquidem unius est cum Patre substantiæ, una quoque cum eo hypostasis erit. Et vicissim si hypostasis est alia, erit quoque similiter alia natura, et sicut est ejusdem ac Pater substantiæ, ejusdem quoque cum eo hypostasis erit : et si hypostasi diversus est, erit quoque substantia diversus, quod valde impium est. Ita pariter de humanitate. Si enim id quod subsistentiam habet, hypostasis est, humanitas quæ subsistentiam habet, et cujus natura una est, erit similiter hypostasis una. Sicut etiam humanitas universim sumpta una natura est, ita etiam erit una persona.

6. Quod si dicatis aliter loquendum de divinitate sancta, aliter de incarnationis mysterio, quod Dominus propter nos dispensavit, nobis interrogantibus respondete : Num natura et hypostasis unum sunt? Si dixeritis Christum esse ex duabus naturis, an non intelligitis ea responsione cogi vos, ut ipsum ex duabus quoque hypostasibus esse asseratis? Nam etiamsi illud de Christo non enuntietis, cogemini tamen ex iis quæ præmisistis, duas quoque affirmare naturas. Quippe si natura et hypostasis idem sunt, asseritisque divinitatem Christi esse naturam, et corpus ejus, naturam, simul dicitis divinitatis ejus esse hypostasim unam, et humanitatis ejus esse hypostasim alteram.

7. Quod si hypostasis et natura idem sunt, Christus, cum sit consubstantialis Patri, ac consubstantialis nobis, erit etiam ejusdem cum Patre et nobis hypostasis : tum subinde hypostases divinitatis et humanitatis una hypostasis fient. Nam si hypostasis et natura unum et idem sunt, atque in Christo distinctionem naturarum constituatis, non vero hypostasium, seu personarum ; natura proinde et hypostasis idem non erunt. Hujus vero argumenti demonstratio maxime perspicua est cuilibet, nisi mente cæcutiat.

8. Ac certo quidem nomine ὑποστάσεως significatur res una singularis secundum seipsam. Quippe nomen hypostasis cum significationes habeat diversas, earum una est quod designet aliquid per se subsistens ; alia, id quod in alio non exsistit, aut in alio præter ipsum subsistentiam non habet, et non est accidens. Hoc autem nomen cum usurpant Patres de substantia singulari, plerumque significat id quod non est in subjecto, quodque non est privatio, sæpe rursum significat subjectum de quo quædam prædicantur.

9. Vos igitur (Monophysitæ) relictis ambagibus, recte tractate verbum veritatis; non enim, sicut sancti doctores dixerunt, idem dicitis esse naturam et hypostasim ; quin potius naturam particularem tanquam hypostasim per se exsistentem confitemini. Sed quare non oporteat dicere naturas particulares, hinc intelligamus.

10. Si naturas particulares in sancta Trinitate confitemini, diversæ substantiæ eam censetis, rursumque adeo Arius excitatus est. Quod si singulis personis divinis sanctæ Trinitatis propriam substantiam tribuitis, quas consubstantiales esse secundum communem substantiam confitemini ; idem vero sit substantia et hypostasis : erit igitur opinione vestra quaternitas hypostasium, trium quidem particularium, unius vero communis ; et similiter quaternitas substantiarum ; imo unaquæque hypostasis duarum naturarum et hypostasium erit, unius quidem communis, et unius particularis, eruntque simul ejusdem et diversæ essentiæ, ejusdem et diversæ hypostasis. Ecquis non rideat ? imo vero non fleat immoderatum horum furorem ?

A hæc nihil nisi meræ nugæ sunt, et male sanæ cogitationis fictio, tenebricosum dæmonum inventum, Græcanicarumque præstigiarum portentum. Quis sanctorum Patrum illud unquam dixit? Nisi forte sanctum Aristotelem nobis, ceu decimum tertium apostolorum introducatis, idolorumque cultorem iis anteponatis, qui Spiritus sancti afflatu locuti sunt. Sed ad propositum revertamur.

11. Tametsi enim non est natura sine hypostasi, neque substantia sine persona ; nec rursum sine substantia, hypostasis et persona (nam certe non est), attamen substantia et hypostasis non sunt idem, neque natura et persona. Non enim idem sunt substantia et quod in substantia est, neque hypostasis et enhypostatum (seu quod exsistit in hypostasi). Aliud enim est quod in aliquo est, et aliud, in quo est aliquid. Nam quod est in substantia, illud est quod in substantia consideramus, puta congregationem accidentium, quæ hypostasim designat, non ipsam substantiam. Enhypostatum vero non est hypostasis, sed quod contemplamur in hypostasi. Hoc porro substantia, seu

---

[11] Basil. epist. 391.

essentia est, quomodocunque exsistat, sive per se, sive cum alio, sive in alio : per se, ut substantia ignis; cum aliis, ut anima et corpus ; hæc enim in se invicem subsistunt : in alio, ut ignis in lucerna ; et ut caro Domini in hypostasi ejus æterna. Hypostasis enim quempiam, vel hoc declarat, quod intento digito indicatur : enhypostatum vero declarat substantiam. Atqui hypostasis quidem personam definit per proprietates quibus sigillatur: enhypostatum vero, illud non esse accidens, quod in altero exsistentiam habet. Si enim idem foret *in* 400 *aliquo*, et *in quo*, jam dicere posses idem esse virtutem, et eum qui virtute præditus est : et non absurda reciprocatione, idem esse malitiam, et id in quo est malitia. Atque adeo in tua opinione diabolus ipse malitia erit ; et qui diabolum fecit, malitiæ erit effector. Itemque, quia in substantia est accidens, accidens substantia erit, et substantia accidens ; quinimo, corpus, inquam, humanum in sententia tua anima erit, et anima corpus. Ecquis confusionis hujus insaniam ferat?

12. Quod autem non sit substantia sine hypostasi, plane novimus. At nequaquam dixerimus idem esse enhypostatum et hypostasim, uti nec substantiam atque enusion (seu quod est in substantia), sed dicimus in substantia esse quidem hypostasim, et in hypostasi substantiam. Enimvero substantiam sanctæ divinitatis esse ἐνυπόστατον, scimus (nam in tribus hypostasibus exsistit) et unamquamque hypostasim similiter ἐνούσιον, seu id quod in substantia est : in sanctæ siquidem divinitatis substantia sunt hæ tres hypostases. Consimiliter in inenarrabili, quæque omnem mentem exsuperat, incarnatione Domini, hypostasim dicimus enusion, sive prout exsistit in substantiis, ex quibus composita est : unamquamque vero substantiarum ejus, ἐνυπόστατον, hoc est in hypostasi esse. Habent enim communem unam illius hypostasim : ut divinitas quidem, Filii hypostasim æterne habeat, quemadmodum et Patris et Spiritus hypostases ; caro vero ejus animata et rationis particeps, seu quod idem est, humanitatis ipsius, recenter in ea subsistat, eamque sibi nacta sit hypostasim. Quo fit ut neutra ex Christi naturis hypostasi careat, nec quælibet earum per semet subsistat, sed ambæ unam eamdemque hypostasim habeant.

13. Quibus sic præstitutis, ad quæstionem veniamus. Quæritur ergo, sitne Christus naturæ duæ et in duabus naturis, an una tantum, ut prodigiose fingitis. Quocirca operæ pretium est, de aliquo disputantem, ex communibus verisque notionibus principia, seu propositiones conficere. Communes porro dico, quæ a sapientioribus sunt concessæ. Sic enim efficitur, ut id quod texitur, argumentatio sit, et non fallacia ; vera conclusio, non absurda.

14. Igitur confessa res est apud omnes sanctos Patres, ex divinitate et humanitate factam fuisse unionem, Christumque esse in divinitate perfectum, et eumdem perfectum in humanitate, quæ nulla sui parte deficiatur. Dicatis ergo nobis, num hæc etiam vobis arrideant ? idem plane vos confessuros puto. Jamvero, quidnam est divinitas? quid rursum humanitas ? substantia, an accidens? natura, an hypostasis ? credo, dicetis substantiam et naturam. Nam quod neutrum sit accidens, nemini non manifestum est. Quod autem nec hypostasis sit, satis antehac ostensum fuit. Nam si nomen divinitatis, et nomen humanitatis hypostasim significant, dicere possis tres divinitates propter tres hypostases, atque infinitas humanitates, propter infinitam hypostasium multitudinem, 401 aut hypostasim in hypostasibus esse. Hoc vero quis, non sapiens dixero, sed vel lævæ admodum mentis, effutire unquam ausus sit. Naturam ergo significat, cum nomen divinitatis, tum nomen humanitatis. Divinitas igitur et humanitas numquid una natura sunt, non dico in Christo, sed absolute? nemo nisi amens sit, dixerit unam esse. Nequaquam enim creatura idem est cum increato et Creatore, neque corpus cum incorporeo, neque illud quod incepit, cum eo quod principii expers est. Itaque alia est natura divinitatis, humanitatis alia, suntque naturæ duæ. Cum ergo Christus constet divinitate et humanitate, ex duabus naturis est. Quamobrem si Christum ex divinitate et humanitate esse profitemini, velim dicatis nobis: Istæc duo, divinitas scilicet et humanitas, suntne in Christo, annon ? Omnino concedetis, nisi penitus impii esse velitis. Quinam igitur non dicitis in Christo naturas duas ? Si enim affirmando Christum ex divinitate et humanitate constare, ex duabus naturis ipsum esse confitemini, idemque apud vos valet ex divinitate et humanitate esse, atque ex naturis duabus ; quare, cum dicatis Christum divinitatem humanitatemque esse etiam post unitionem, atque in divinitate et humanitate, non ipsum duas naturas, et in duabus naturis fateamini.

15. Si divinitas et humanitas idem non sunt ob naturalem qualitatem suam, sed aliud et aliud, diversum et diversum ; advertat quisquis sanæ mentis est, an aliud et aliud secundum naturam, unum natura sint, et non duo. Sin autem duo (de naturis loquor), plane non unam. Siquidem aliud naturam significat, ut ejusmodi rerum periti tradiderunt. Jamvero natura et natura, nunquid una est, et non duo ? duo profecto. Una enim et una, ut vel pueri norunt, duæ sunt.

16. Sin autem dicitis ea quæ unita sunt, unum esse ; audite tamen, ea quæ unita sunt, non omnibus modis unum esse, sed quatenus unita sunt : nam si, quæ unita sunt, per omnia unum sunt, quia homo ex dissimilibus naturis compositus est, necessum erit dicere, quod anima et corpus per omnia unum sint : adeoque quod incorporeum est, illud corpus erit, et corpus, incorporeum. Item-

que quia divinitas et humanitas unitæ sunt, idcirco unum erunt secundum substantialem differentiam, ut quod divinum est, creatum sit, et quod humanum, increatum.

17. Si quæ unita sunt, omni modo unum sunt: corpus vero ex contrariis qualitatibus compositum est, dicendum nobis erit, calorem et frigus idem esse, siccitatem quoque et humiditatem perinde idem; imo Petrus et Joannes, quippe qui natura unita sunt, ex consequenti hypostasi etiam unus sunt, et non duo. At non ita convenit cum his qui recte sapiunt, et veritate: quin potius quæ unita sunt, quatenus unita sunt, unum esse sentiunt: puta Petrum et Joannem, quia unum natura sunt, ejusdemque substantiæ, unum esse secundum naturam; animam vero et corpus, quatenus secundum hypostasim uniuntur, unum hypostasi esse. Nemo quippe sobrius dixerit, animam et corpus penes naturam esse unum.

402 18. Si ex duabus naturis unio facta est, aut ante unitionem duæ erant, aut in ipsa unitione, aut post unitionem. Si ante unitionem per se substiterunt, quid est quod Nestorium accusamus? Si autem post unitionem caro constitit, quid est cur nos reprehendatis? Sin demum in ipsa unitione, unio vero perseverat: igitur et nunc et in perpetuum duæ sunt, et erunt. Si autem ipso incarnationis Verbi tempore unum propter unitionem esse dicitis, antequam unirentur, duæ erant, an unitæ? Si duæ prius exstiterunt, quam unirentur, necessum erit affirmare ex duplici hypostasi factam esse unionem: sin duas dicitis in unitione; numerus vero in opinione vestra necessario divisionem inducit: divisionis ergo causa est unitio, et in ipsamet unione dirimitis unionem.

19. Si unumquodque eorum, ex quibus exstat Christus, propriam substantiæ, seu essentiæ, definitionem et rationem servat, etiam in unione, atque alia est definitio divinitatis Christi, et alia humanitatis; quomodo, qui non sunt sub una eademque definitione posita, naturam unam, non duas esse dicitis?

20 Si caro Verbi Dei, ut vestra sententia fert, ejusdem substantiæ est cum divinitate ejus increata, consubstantiationis opinatione prava laboratis. Eccur vero quod jam olim parturitis, non emergit? Sin autem non est ejusdem substantiæ, quonam pacto quæ non sunt ejusdem substantiæ, erunt unius naturæ? aut quomodo quæ unius naturæ sunt, ejusdem substantiæ non sunt? Nisi enim ebrii sumus, consubstantialitatis definitio est, eamdem habere substantiam, sive essentiam.

21. Si Christus est consubstantialis Patri, nobisque itidem consubstantialis secundum eamdem naturam, nos quoque Patri consubstantiales sumus. Quæ enim secundum naturam eamdem ejusdem substantiæ sunt, ea inter se sunt consubstantialia. Si autem secundum divinitatem est Patri consubstantialis, nobis vero secundum humanita-

tem; rogo, dicite, estne divinitas et humanitas una natura? At si una natura non est, necessario duæ sunt: atque adeo duæ naturæ Christus est, et in duabus naturis. Sin vero est una, quinam ergo differunt. Nam quæ differunt, vel substantiæ ratione differunt, vel ratione ejus quod substantiæ advenit. Si ratione ejus quod advenit substantiæ, hypostases forent, non naturæ. Sed si ratione substantiæ discrepant, jam naturæ sunt. Nam quæ differentia sunt, ut minimum duo sunt. Unum siquidem qua unum est, discrimen non admittit. Differentia quippe necessario numerum infert secum.

22. Quæ substantialia sunt, rationem eamdem recipiunt. Si ergo Christus natura una est incarnata, estque hæc ejus essentiæ definitio, aliunde vero consubstantialis est Patri et nobis: est igitur Pater nobiscum una divinitatis natura incarnata.

23. Differentia duo saltem infert quæ differant, sive naturæ sint, sive hypostases, sive hypostasis una a seipsa discrepans. Si naturas, hæ substantialiter differunt; si hypostases, secundum **403** id quod essentiæ adscititium est: si hypostasim unam quæ a se diversa sit, per variationem et mutationem secundum accidens separabile: horum igiturque alterum eligite, ut vel duas post unitionem hypostases esse Christum dicatis, vel divinitatem ejus ratione accidentis separabilis ab ipsius humanitate discrepare: tumque adeo increatum, principii expers, impassibile, omnipotens, et alia ejusmodi; itemque creatum, cœptum, passibile, aliaque similia, ex quibus Christus constat, accidentia erunt, et quidem separabilia, mutabiliaque et variabilia: aut nobiscum, utque fert veritas, Christum esse duas naturas prædicetis, quarum discrimen profitemini. Qui enim substantiarum discrimen asseritis, integras subinde salvasque easdem dicere cogemini. Ejus enim quod non est, nec differentia esse possit. Quo etenim pacto differant quæ salva non exstant? Quod si vero salva sunt, ergo et numerantur.

24. Si vero aitis, ex duabus naturis naturam unam factam esse compositam, dicatis nobis, amabo, qui comparatum sit, ut quæ non composita sunt, componantur? Una quippe natura composita ex diversis constituitur, quando, unitis naturis, aliud quid præter unita effectum est, ut neque hoc proprie, neque illud, sed diversum intelligatur et enuntietur: puta si ex quatuor elementis, igne scilicet, aere, terra et aqua, corpus constituatur, id quod ex quatuor istis, eisque commistis effectum fuit, nec ignis est, nec dicitur, nec aer, nec aqua, neque terra, sed ex istis aliud præter ista. Similiter mulus ab equo atque asino distinguitur; nam nec equus est aut re aut nomine, nec asinus, sed aliquid tertium ex illis constitutum. Atqui Dominus noster Jesus Christus, quia ex divinitate et humanitate constat, in divinitate est et in humanitate perfectus, Deusque et homo

est et dicitur, totusque Deus et totus homo; quod quidem in composita natura nequaquam reperitur. Non enim totum corpus ignis est, neque totus homo est anima, aut totus mulus equus est. Quamobrem non una composita natura est Christus, sed una hypostasis composita; non ex aliis aliud, sed ex aliis eadem, ex divinitate siquidem et humanitate, Deus et homo est perfectus: duæ porro naturæ in una hypostasi composita, et hypostasis una composita in naturis duabus.

25. Si Christus naturæ ejusdem et substantiæ est ac Pater qui simplicis naturæ est, habet vero insuper compositam naturam; duas proinde habebit naturas, unam simplicem, et unam compositam.

26. Si neque creata est, nec initium habuit Christi Deitas, creata vero fuit, et esse cœpit ejus humanitas; quomodo illud quod cœptum non est, et id quod cœptum est, unius naturæ erunt?

27. Si una natura composita Christus est; simp'ex autem et compositum consubstantialia non sunt, Pater vero simplicis est naturæ: non est igitur Christus consubstantialis Patri.

28. Si Christus est una natura composita ex divinitate et humanitate, non autem ejus Mater ex divinitate et humanitate constat; nec subinde ejusdem cujus Mater, substantiæ fuerit: adeoque transtulistis terminos æternos, quos patres nostri statuerunt, pronuntiando Christum Patri consubstantialem esse secundum divinitatem, et consubstantialem Matri secundum humanitatem.

29. Quod si naturas Christi cogitatione ac contemplatione tenus effertis, dicite nobis, naturarum excogitatores et speculatores, sitne cogitatio rerum verarum et exsistentium, ut ea quæ sensui simplicia videntur, notione dispiciat et discernat; velut si in homine animam, quæ sub aspectum non cadit, una cum corpore quod cerni natum sit, cognoscat, vel figmentum mentis ex complicatione sensus et imaginationis, ex iis quæ sunt ea quæ non sunt, componentis et effingentis, ut hippocentaurorum et tragelaphorum efficio rem non significat; vel nuda sit vox significationis expers, ut scindapsus et blitiri. Si secundum dicitis, incarnationis mysterium mera imaginatio atque illusio erit: si primum, uti duas naturas cogitatione consideratis, cum consideratio sit eorum quæ sunt, cur ea quæ sunt non numeretis; quando sancti Patres non naturas, sed harum distantiam cogitatione intelligi dixerunt? Nam ubi naturæ cogitatione dirimuntur, inquit? Quod si cogitatione dirimantur, manifestum est eas non actu vel exsistentia distare. Si enim quod cogitatione spectatur, exsistentia et cogitatione autem distantiam naturarum fieri ait Pater[11]: actu igitur et exsistentia distantiam dixerit, quod fieri nequit. Vos igitur cum post unionem, divinitatem et humanitatem in Christo dicitis, non re et actu eas fatemini:

ergo ex vestra sententia, neque Deus erit re et veritate, neque homo, sed aliud quid præter hæc.

30. Rursus, si contemplatione tenus dicitis duas Christi naturas, quandoquidem contemplatio rerum exsistentium est, ut harum rerum periti tradidere, necessario prorsus naturæ Christi sunt. Quod si sunt, ecquid ergo numerum ceu terriculamentum aliquod fugitis?

31. Sin autem aitis quod, qui naturas duas dicit, dividat mysterium incarnationis, duosque Christos effutiat: qui ergo unionem ex naturis duabus dicit, ex duobus proinde Christis unionem enuntiat.

32. Si dicendo duas naturas, Christum dividitis, in unitione vero naturas duas asseritis, in unitione igitur unionem dividitis, ut ex vestra opinione unitio divisio sit.

33. Natura et natura unius esse naturæ nunquam dicentur, sed unius forsan hypostasis: nec hypostasis et hypostasis unius dicentur hypostasis, sed unius naturæ. Qui igitur ea ex quibus constat Christus, unius naturæ esse affirmatis, hypostases has, et non naturas esse fateamini. Sin autem, anteposita veritate mendacio, ea, ex quibus est Christus, post unitionem unius hypostasis esse dicatis, naturas istæc esse confitemini.

34. Si discrimen naturarum etiam post unitionem agnoscitis, quomodo plurali numero naturas pronuntiantes, non duas naturas fatemini? Nam si secundum vos una composita natura est, post unitionem dicere vos oportebat, non differentiam naturarum, sed unius naturæ a seipsa: quod quidem vestrum est, non nostrum, sic loqui et sentire. Eademmet enim natura essentiale a se ipsa discrimen nunquam habuerit.

35. Si una Christi natura est, ejus nobis nomen dicitote. Nam id quod est, etiam nominetur oportet, et proprie nominetur; uti natura Dei deitas appellatur, et natura hominis, humanitas. Quo igitur nomine Christi naturam efferamus? an Christitatis? at nemo eorum qui divino afflatu locuti sunt, tale quid pronuntiavit. An divino-humanitatis? minime vero istud. Ecquid ergo naturam nullius nominis introducitis? Sin reponitis, innovari naturas, et novo mysterio novum aliquid et peregrinum effici: at vero nihil sublimius, et quod minus comprehendi possit, quam natura Dei, et tamen illud unum solumque quod comprehendi nequeat, a nobis nominari voluit. Vel igitur naturam quam obtrudistis, altiorem et meliorem deitate esse dicite; satisque nobis erit. Vel nomen illius proferte, vel cum veritatis prædicatoribus divinitatem et humanitatem Christi, naturas esse pronuntiate, non naturam. Deitas siquidem et humanitas non sunt una natura.

36. Si ex divinitate et humanitate una Christi natura est, divinitas pars naturæ duntaxat, et non

[11] Gregor. Naz. orat. 36; Cyrill. epist. 2 ad Succ.

perfecta natura erit in Christo, similiter etiam et humanitas.

37. Si natura vestra composita, neque Patri in totum consubstantialis est, neque Matri, Christus vero totum illud est: Christus quatenus Christus est, nulli consubstantialis est. Quod si ita est, qua parte alicui consubstantialis est, jam non est Christus. Igitur quatenus ejusdem est ac Pater essentiæ, non est Christus. Quocirca duorum alterum necessarium est, aut Christum non esse, qui Patri consubstantialis sit, aut qui Christus sit, non esse Patri consubstantialem.

38. Quæ composita sunt, ex contrariis componuntur, substantiæ autem secundum physicos nihil contrarium est: fieri igitur non potest ut substantia ex substantiis composita sit.

39. Naturas, sive substantias differentiæ substantiales constituunt. Quamobrem si ex deitate et humanitate natura una consistit, erunt deitas et humanitas, non naturæ, sed essentiales differentiæ.

40. Quæ unius sunt essentiæ, diversarum plane hypostasium sunt : quæ vero unius sunt hypostasis, diversarum naturarum exsistunt. Igitur qui divinitatem et humanitatem Christi vel unius esse naturæ dicitis, alterius atque alterius substantiæ esse dicite : vel dicendo unius esse hypostasis, naturas duas, non unam fateamini. Ubi enim est substantiæ diversitas, non est natura una. Aut igitur carnem divinitati Verbi consubstantialem esse dicite, aut diversæ esse substantiæ prædicantes, duas naturas confitemini.

41. Qui unam divinitatis Christi, carnisque ejus naturam aitis, dicitote nobis, qua tandem natura Christus passus est? Composita utique, reponetis : unam quippe dicendo, passionem ei necessario effingis : atque adeo de vestra sententia, tam divinitas, quam humanitas Christi obnoxia passioni fuerit.

42. Solent qui res philosophicas tractant, **406** sermonem prius de quantitate instituere, quam de qualitate. Cujus causam hanc adjungunt, quod ubi qualitas fuerit, illic omnino quantitas etiam consideretur. Differentia siquidem differentium differentia est. Quomodo igitur, cum qualitatum essentialium discrimen prædicetis, eorum quæ essentialiter diversa sunt, numerum non fateamini?

43. Si est una Christi natura composita, aut solummodo patibilis erit, aut non patibilis, aut simul patibilis et non patibilis, et utrumque secundum idem ; aut mutabilis, et quandoque patibilis, quandoque rursum non patibilis, aut demum pars ejus patiendi capax altera a passionibus immunis : quam ergo ex his impietatibus malueritis eligite. Si enim solum patibilis, Christus Deus non est : si pati nescius, non est homo : si quandoque patibilis, quandoque non patibilis, neutrum natura fuerit, quin potius per accidens. Quod enim natura insitum est, non mutatur. Sin autem pars ejus altera patiendi capax est, incapax altera : suapte vero natura utrumque est illud quod est, non erunt partes ejusdem naturæ : atque ita Christus erit duæ naturæ, quia non est una natura, sed una hypostasis composita ex naturis duabus. Eamdem quippe naturam simul et patibilem esse et non patibilem impossibile est : una siquidem eademque natura contrarias differentias substantiales recipere non potest.

44. In omni unione, quæ uniuntur, quamvis confundantur, quamvis permisceantur, manent, ut a natura propria nihil desciscant. Licet enim vinum admisceatur aquæ, duæ naturæ sunt in illa temperatione : cera quoque et pix licet confusæ sint, neutrum tamen a natura sua excidit, sed in mistione naturæ duæ persistunt. Tametsi enim unita sunt, nec quodlibet eorum proprietatem suam puram et integram perhibet, propter confusionem commistionemque cum eo cui unitum est, nihilominus unumquodque illud est quod prius erat, adeoque duæ naturæ, non una, censentur ab iis qui talia judicare norunt. Ecquis enim ignorat, in vino et aqua unitis· duas naturas esse ? Quod si igitur hæc ita se habent, qua de causa vos qui discrimen sciatis, naturarumque proprietates confiteamini, unam et non duas prædicetis? cur nec rebus quæ nullo pacto confunduntur, ea concedetis, quæ confusis conveniunt ? sed manifestum est vos, demutationem, exstinctionemque, et consubstantiationem parturire ; in apertum vero proferre non vultis, impietatis notam veriti.

45. Quæ uniuntur, unitione fiunt unum, non post unitionem ; et quandiu in unione perseverant, unioque salva est, unum sunt, quatenus unita sunt : qui ergo vos in unitione quidem naturas duas dicitis, post unitionem vero naturam unam factam esse contumaci ore asseveratis, quando beatus Cyrillus illud, *post unitionem*, pro, *in ipsa unitione*, acceperit? Ecquando enim unio facta cessavit ? aut quid est quod eam diremerit, ut effectum ejus alterum ab eis ex quibus constat, eidem successisse, et non in ipsa persistere putetur? Non enim unio est ad instar naturæ eorum quæ **407** fiunt, nec amplius exsistunt, ut puta temporis, saltationis, et similium.

46. Si aliud quidpiam unione peracta præter unionem effectum est, confusio certe, et non unio fuerit.

47. Si confusio duas naturas unam facit; hoc vero ipsum in vestra opinione præstat etiam immunitas a confusione ; dicatis velim, quid discriminis sit inter non confusum et confusum.

48. Si secundum aliud et aliud Christus dicitur visibilis et invisibilis, mortalis et immortalis, tractabilis et non tractabilis ; non item secundum alium et alium : cum aliud essentiam substantiamve significet, eccur non duas substantias pronuntiatis ?

49. Aliud substantiam designat secundum logicæ leges, alius vero hypostasim : si ergo

Christum aliud et aliud esse pronuntiando, duas dicere naturas non cogemini, dicite et alium et alium. Sic enim significabitis duas hypostases.

50. Quod si vero objiciatis, numerum binarium divisionem inferre, discite, secundum rectam disciplinam, numerum a philosophis definiri, ut sit, non divisio, sed acervus unitatum, seu effusio unitatum. Unde unionem declarat magis quam divisionem. Divisio siquidem unitatis, est dimidium et dimidium : duorum vero numerus, unitatis appositio est. Imo dicere, duo esse unum et unum, hoc pertinet ad divisionem : unum autem et unum sub uno numero comprehendere, et duo dicere, conjunctionis est et unitionis. Si itaque numerus colligit : at certe non dividit. Quia vero sectio unitatis binarius est : quod autem secatur, in duo secatur; sectio, et non adjectio numerus erit. Quod si ita est, quemadmodum unitas partita, numerum duorum facit, eodem modo oportebat, ut etiam numerus duorum sectus, numerum quatuor efficeret. Undenam ergo ternarius venit? Oporteret enim numeros par duntaxat [numerari, subductis imparibus. Vel, quod plane verius est, quemadmodum numerus duplex dicitur; ut alius secundum se sit, sicut est ipsa numeri natura, alius in relatione et in ipsa re consideretur, sicut album est, cum albedo ipsa, tum res dealbata ; ipsa itaque numeri natura nec dividit, nec copulat, sed utrumque recipit : ut puta binarius, si quidem unitates ex quibus constat spectes, in eas dividitur. Duo enim dividuntur in unum et unum. Sin vero harum summam inspicias, ex his potius colligatur. Unum siquidem et unum duo sunt. Duo et duo, quatuor. Rursumque numerus non est divisio, sed signum quo quantitas subjectorum declaratur, sive unita, sive divisa sint; quippe quæ aliam ob causam, non vero propter numerum, dividuntur aut copulantur. Dicentes enim, decem cubitos hujus ligni v. gr quod continuum est, non proinde dividimus unitatem ligni decemcubitalis. Ac rursus cum decem palmas dicimus, divisas eas novimus : itemque cum modium unum, tritici puta, vel dactylorum, divisa contineri grana in modio scimus. Quocirca si numerus 408 de naturis enuntiatur, non quantitatem earum principaliter, sed generis discrimen ostendit. Cum enim bovis, exempli gratia, et equi naturas duas dicimus, non divisionem eorum secundum quantitatem, sed specierum diversitatem significamus. Tres vero equos aut homines dicendo, Petrum, v. gr., Jacobum, et Joannem, divisionem magis eorum declaramus, quodque hi tot sint, non quod sint istiusmodi. Imo in sancta et consubstantiali Trinitate sic tres hypostases prædicamus, ut unam earum naturam et substantiam confiteamur. Quocirca in salutari incarnatione, cum

A naturas duas proferimus, diversitatem earum, non separationem significamus; ut quemadmodum illic numerum substantiarum excludimus, tametsi nulla hypostasis substantiæ expers sit, consimiliter numerum hypostasium hic jure explodimus, quamvis nulla natura sit sine hypostasi.

51. Si numerus duarum naturarum divisionem infert, et idcirco naturarum numerum fugitis, quare numerum proprietatum non declinatis?

52. *Unam naturam Dei Verbi incarnatam* confitemini, nobisque et vobis communis hæc sententia est : quippe cum hoc Patrum effatum sit. Sed si duas naturas eo declarare vultis, frustra bellum cum veritate geritis. Sin autem hoc, tanquam unam simpliciter naturam exprimat, veritati contra dicendo adversus duas naturas opponitis, prospere vobis non cedit interjecta vox, *incarnatam.* Sin vero neque unam absolute, neque duas unitas repræsentat, quæcunque pars adjecta inter unam et duas assumatur, hanc declarabit illud, *incarnatam*, sive dupla pars sit, sive dimidia, quantitas penes vestrum arbitrium erit. Beati siquidem Athanasius et Cyrillus, per abusionem, et non proprie, naturæ nomine, tanquam generaliore, hypostasim istic significarunt. Prædicantur enim quæ universaliora sunt de particularibus, nec idem omnibus modis sunt; quia natura hypostasis non est : non enim universale est hypostasis ; et tametsi recipiat nomen et definitionem universalis, non tamen vice versa. Nam hypostasis individuumve naturæ, natura est, nec natura solum, sed cum proprietate : natura vero non est hypostasis, sive individuum. Sic per abusionem, non proprie, naturæ nomine hypostasim significarunt, ut perinde sit ista locutio, ac si dixissent, *unum hypostasim divini Verbi incarnatam.* Non enim natura divini Verbi incarnata est, sed hypostasis. Cujus etiam testis est evangelista, hoc modo diserte clamans : « Et Verbum caro factum [13]. » Atqui Verbum non est natura, ut superius ostensum est, sed hypostasis. Sed et divinus ipsemet Cyrillus in alio loco [14] ait : « Natura Verbi, sive hypostasis, quod est Verbum ipsum.» Si enim natura Verbi, deitas scilicet, incarnata est, cum 409 naturam aliam præter deitatem Verbum non habuerit, sed ejusdem naturæ sit ac Pater et Spiritus sanctus, ut sint omnia communia Patri et Filio et Spiritui sancto, excepto existendi modo ; etiam Pater et Filius et Spiritus sanctus incarnati erunt. Quapropter unionem naturarum secundum hypostasim, incarnationem Verbi, carnis deificationem, confitemur. Nam incarnatio est participatio et assumptio carnis. Incarnatur itaque hypostasis Verbi in substantia exsistens, id est Deus Verbum, crassescitque, et carni hypostasis fit. Qui ante Deus erat, postmodum fit caro, id est homo, vo-

---

[13] Joan. 1 14. [14] In defens 2 Anath. cont. Theod.

caturque una duarum naturarum hypostasis composita, naturis ambabus, divinitate et humanitate in ipsa per incarnationem unitis, et in se mutuo circuminsidentibus. Quanquam circuminsessio divinitate fit, ipsa communicante gloriam suam et splendorem cum carne, nec participante passiones carnis. Quocirca natura quidem carnis deificatur : at non item carnem facit naturam Verbi. Natura Verbi assumptam naturam deificat, non autem incarnatur. Locupletatur enim quod deterius est ab excellentiori, nec quod excellentius est a deteriore læditur. Nam sicut ferrum ignitum efficitur, ignis vero non efficitur : et sicut caro quidem animatur, nec anima fit caro : sic divina natura deificat, nec tamen ipsa incarnatur. Divina quippe natura capax non est cujuslibet accessionis aut substractionis : sicque largitur et communicat, ut ipsa vicissim non participet. Quamobrem facta non est una natura composita. Igitur hypostasim in natura exstantem dicere perinde est, atque Dei Verbi naturam. Nam, ut dictum est, beati Patres Athanasius et Cyrillus naturæ nomine hypostasim significarunt. Hypostasis enim etiam natura est, sed non itidem natura est hypostasis. Non enim reciprocatur. Universalia quippe de particularibus prædicantur ; non vero particularia enuntiantur de universalibus. Quod si ferro ignescente natura ferri ignea facta dicitur, observandum tamen est id fieri, quia natura ferri capax est inflammationis, et inflammatio opus naturæ est. Ast incarnato Verbo opus naturæ non est incarnatio, sed modus dispensatoriæ accommodationis. Non igitur dicere licet, unam Deitatis hypostasim quidquam habere, quod omnes non habeant, excepto exsistendi modo. Sed incarnatio secundæ exsistentiæ modus est, qui soli unigenito Filio conveniat, ut immobilis proprietas maneat.

53. Fortasse vero quæretis : quinam ergo dicamus naturam carnis deificatam passamque esse, ut non de omnibus humanitatis hypostasibus hæc affirmemus ; dicendo vero, naturam verbi incarnatam esse, incarnationem ad Patrem et Spiritum referamus? Quoniam omnis hominum natura capax est eorum quæ naturæ consentanea sunt, quæque præter naturam, et super naturam, citra naturæ demutationem. Natura vero divina ab omni mutatione et accretione immunis est. Neque hoc solum, sed quia caro illa primitiæ fuit massæ nostræ, nec hypostasis per se consistens facta est, sed natura, in hypostasi exstans, compositam 410 Christi complens hypostasim, et seipsam, et non sui ipsius ergo, sed propter communem naturæ salutem unita Verbo est. Quamobrem dicimus naturam deitatis unitam esse naturæ humanitatis, incarnatam vero hypostasim Verbi. Incarnari siquidem est carnem assumere, hypostasimque carni fieri. Unio vero est concursus et coitio duarum naturarum in unum et idem.

54. Exemplum hominis, si de specie et natura illud accipiatis, in Christo locum non habebit. Christorum quippe speciem nunquam audivimus : unde nec Christus natura est, sed hypostasis. Cyrillo enim auctore, nomen Christi, nec vim definitionis habet, nec alicujus essentiam declarat. Sin vero illum accipiatis de quopiam homine, qui hypostasis sit, exemplum absonum non est? Cæterum nosse attinet, non oportere, ut exempla omnifarie similia sint illis cum quibus componuntur ; quin potius aliqua parte ab iis discrepare : alioqui exemplum non foret. Quocirca Justinus philosophus et martyr, in Expositione rectæ confessionis [15] sic loquitur : « Nonnulli unionem illam velut animæ cum corpore intelligentes, sic explicuerunt. Aptum quippe exemplum est, etsi non ex omni parte, aliquatenus tamen. Nam, quemadmodum homo unus est, duas vero naturas habet, » etc.

55. Considerate vero, cum non dixisse, unum hominem esse ex duabus naturis, sed, naturas duas habere, ut post unitionem duarum naturarum, naturas duas habere hominem pronuntiaverit. « Sicut enim unus homo est, inquit, duas vero naturas in seipso diversas habet, ut alia quidem ratiocinetur, alia vero id exsequatur quod ratione digessit (animo siquidem, navigii puta compagem complexus, conceptam mente structuram ad finem perducit); ita Filius cum unus sit, et duæ naturæ ; altera divina miracula edit, altera autem suscipit humilia. Quatenus est ex Patre Deus, prodigia operatur ; quatenus vero ex Virgine homo est, crucem, perpessionesque, et similia naturaliter et sponte sustinuit. » Cui censes exemplum patrocinari? Iis qui unam in Christo naturam dicere audeant? an illis qui duas, ut recta doctrina fert, non confusas, neque divisas prædicant? Ad hæc Gregorius Theologus ait [16] : « Naturæ quidem duæ, Deus et homo, quoniam anima et corpus ; filii vero non duo, neque dii. »

56. Quod vero maximum illic discrimen sit, exinde noverimus. Ex quibusnam compositum esse hominem dicitis? ex anima utique et corpore. Eccur igitur non fateamini Christum esse compositum ex Deo et homine? Quidve causæ est, ut non ex animitate et corporalitate constare hominem pronuntietis, veluti Christum ex deitate et humanitate? Quare homo non totus anima, nec totus corpus dicitur, sicut Christus totus Deus et totus homo? non totus in animitate perfectus, et totus in corporalitate perfectus : sicut Christus totus in divinitate perfectus, et totus in humanitate perfectus, nec totus anima una cum corpore, et totus corpus una cum anima, sicut Christus totus Deus cum sua carne, et totus homo cum deitate sua, quæ initium non habuit. Homo siquidem, ex anima et corpore constans, aliud quid præter hæc effectus 411 est, nempe homo : Christus vero ex diversis, eadem : ex divinitate et humani-

---

[15] Expositio fidei inter Opera Justini Martyris. [16] Epist. ad Cled.

tate. Deus simul et homo. Si autem per omnia similem exemplum foret, necessarium esset vestram illam compositam naturam nominare *Christitatem*, velut natura hominum est et dicitur humanitas.

57. Praeterea, anima perpessionibus corporis praeoccupata, corpore prius saepe patitur; perpetuo vero una patitur. Saepe siquidem accidit, ut propter corporis sectionem angatur, et ante patiatur, quam corpus doleat, atque mutationem capiat. Ast, secto corpore, nihilominus quam corpus, doloris sensu afficitur: quod tamen in divinitate Domini nemo sanus evenisse dixerit. Etsi ergo unius naturae homo dicitur; at non tanquam hypostasis, sed tanquam species. Nam cum homo cum homine confertur, unius naturae, ceu consubstantiales ejusdemve substantiae dicuntur, et tanquam sub una specie collocati. Quando vero de natura hominis disputatur, duae in eo naturae spectantur, animae scilicet et corporis. Si enim anima cum corpore comparetur, quis ita demens sit, ut unam utriusque esse naturam dicat? Atqui species Christorum non est. Siquidem plures Christi non sunt, ex deitate et humanitate compositi, ut omnes sub eadem specie collocati, naturae unius praedicentur: sed potius unus Christus est, ex duabus et in duabus naturis agnitus.

58. Quod autem beatus Cyrillus [17] eum in duobus hircis describat, noveritis exemplum hoc ad hypostases non spectare, sed ad diversitatem viventis et immolati. Atque hoc quidem dicimus, ex duabus rebus creatis fortasse impossibile non esse, unum naturam fieri. Verum ex creato et increato una effici natura non potest, sive duarum particeps sit, sive aliud quid facta fuerit praeter istaec, ut Gregorius Theologus censet. Quo pacto enim natura eadem esse inceperit, et non inceperit?

59. Si dicere, *ex divinitate et humanitate*, perinde est ac dicere, ex duabus naturis; qui non dicitis duas naturas in Christo post unitionem, nec proinde divinitatem et humanitatem in ipso post unitionem confitemini.

60. Quae unius naturae sunt, easdem, nulla deficiente, differentias habebunt. Nec enim, quia homo rationis particeps sit, et angelus item particeps rationis, idcirco una angeli et hominis natura dicetur. Nam angelus immortalis est, homo vero mortalis, nec per omnia similes sunt. Ac mortalis quidem homo est, mortalis vero etiam canis: sed homo rationalis est, canis autem rationis expers, atque ita non unius naturae sunt. Necesse igitur est, ut quae unius essentiae sunt, easdem, nulla deficiente, differentias essentiales habeant. Si ergo una essentia est divinitatis Verbi, eaedem penitus erunt utriusque naturae differentiae.

61. Si ea ex quibus Christus est, in ipso non exstant, vel interiere, vel sunt in alio. Narrate vero ubi.

62. Si in iis quae ejusdem substantiae sive essentiae sunt, dum una natura dicitur, unitas naturae declaratur, et non hypostasis; quinam in iis quae diversas essentias habent, naturae duae, non substantiarum discrimen, sed hypostases diremptas significabunt?

63. Quae sunt ad aliquid, seu relativa, simul, semperque simul sunt. Unio vero, et quae uniuntur, eorum sunt quae ad aliquid dicuntur: simul sunt igitur unio, et res unitae. Aut ergo quae unita sunt, praedicate, aut unionem cessare facite. Jam vero quisnam auctor erit divisionis?

64. *Alius* et *alius* hypostasium pronomina sunt, naturarum vero, *aliud* et *aliud*, secundum theologum Gregorium [18]. Si itaque *alius* et *alius*, ubi de divinis agitur, hypostases significant, ergo et *aliud* et *aliud* in incarnatione semper naturas declarabunt.

65. Dicere aliud natura, et naturam aliam dicere, idem prorsus est. Si ergo primum in divinitate Christi et humanitate locum habet; semper etiam secundum. At vero alia et alia natura non erit una.

66. Quid sibi videtur apud vos natura composita? singulari voce res duae significari solent, ut apud Patres bina et duplex natura, et velut chorus, et populus; aut plurali, una, velut Athenae, Thebae, et similia. Si quidem prius, supervacaneum est unam dicere: nusquam enim Patres unam dixere. Sin vero posterius, frustra composita dicitur. Idem quippe vobis simplici atque composita natura significatur. Sin autem aliud praeter ista, aliam naturam nobis confusam introducitis, uti mulum, aut prodigiosa illa diversae formae animantia, quae a gentilibus efficta sunt.

67. Una illa composita natura est, vel quia carne habitus instar induitur, adeoque una est, quamlibet incarnata, ut puta aes in statuae figuram conformatum: vel quia assumpta caro mutata fuit in naturam illius a quo sumpta est, vel per naturae assumentis in assumpti naturam conversionem, ita ut a substantia propria moveri passa sit: vel demum quatenus substantia substantiae unita fuit, et duae consistunt. Quod horum vobis arriserit, edicite: vel duae naturae Christus est, vel nequaquam duae. Nam quae per contradictionem enuntiantur, omnibus modis opposita sunt. Vel ergo duas naturas praedicate, vel unam absolute dicite. Quid enim dictionem producitis, cujus vim abnegatis ad simpliciores decipiendos?

68. Cum naturam unam Dei Verbi incarnatam dicitis, aut vim vocis, *incarnatam*, inficiamini, aut per circumlocutionem eo nomine et termino naturas duas effertis; unam quidem aperte nominantes, aliam vero adjuncto termino indicantes: si quidem caro anima rationis participe animata et intelligente, hominis natura sit.

---

[17] Cyrill. Epist ad Acac. Melit. *De hirco emissario.* [18] Greg. epist 1 ad Cled??

69. Quæ sunt diversæ substantiæ, unione fiunt unum, et non natura. Natura quippe ea quæ sunt ejusdem substantiæ, unum sunt. Aliud igitur est natura, et aliud unio, et aliud quod ex pluribus efficitur. Quamobrem ex consubstantialitate una natura est : ex unione penes hypostasim, hypostasis una.

413 70. Nomen *Christi*, ut beatus Cyrillus [19] auctor est, neque vim definitionis habet, nec alicujus essentiam declarat. Quod si nec essentiam declarat alicujus, nec vim habet definitionis, hypostasis erit, non natura. Definitione enim essentia declaratur : descriptione vero, persona et hypostasis : quandoquidem definitio ex essentialibus componitur; descriptio vero ex iis quæ sunt in substantia. Porro nomen Dei essentiam substantiamve significat, similiter nomen hominis. Quid causæ est igitur, cur unum Christum, Deum et hominem, hypostasim unam compositam, quatenus Christus est, non prædicetis; quatenus vero Deus et homo, non duas naturas?

71. Etsi vero ex perfectis unio fiat : attamen ratione totius, id est ejus quod unitione effectum est, partes dicuntur, quæ ad unionem concurrunt; ut puta ex terra, et palea, et aqua lateres fiunt : quorum quodlibet per se seorsim perfectum est; ad laterem vero quod attinet, pars censetur. Partes ergo Christi duæ naturæ sunt : ex divinitate siquidem et humanitate exsistit. Quomodo igitur non sunt partes in toto, nec totum in partibus? aut enim in ipso sunt, aut alibi; aut ipse quoque exstinctus erit, aut in aliis est præter ista, aut nusquam.

72. Si caro ejusdem naturæ est cum divinitate Verbi, quomodo Trinitas in quaternitatem non transiit? Quæ enim consubstantialia sunt, diversæ sunt hypostasis. Sin vero diversæ essentiæ caro est : qui fit ut Christus non sit duæ naturæ?

73. Si Deus Verbum et Pater secundum quiddam duo sunt; caro autem et Deus Verbum secundum nihil duo sunt, plus unitum est carni Verbum, quam Patri. Sin vero non plus, secundum aliquid sunt duo Deus Verbum et caro. Quod si secundum aliquid duo sunt; omnino secundum naturam : non enim secundum hypostasim.

74. Unus Christus, composita illa hypostasis, natura idem est cum Patre, et Spiritu, cum matre itidem et nobis. Est enim tum Patri, tum nobis consubstantialis; cum tamen hypostasi discrepet. Si igitur naturam unam compositam ei tribuitis, Patrem proinde et Spiritum sanctum compositæ naturæ esse dicetis ; quinimo Trinitatem et homines unius esse naturæ fatebimini. Sin vero hypostasim in naturis duabus exstantem, secundum aliud Patri consubstantialis erit, et secundum aliud, nobis.

75. Deitas de tribus vivificæ Trinitatis hypostasibus enuntiatur : consimili modo humanitas de infinitis naturæ humanæ hypostasibus. Si ergo naturam unam deitatis humanitatisque dicatis, una natura, secundum vestram opinionem, in Christo trium sanctarum Trinitatis hypostasium fuit, infinitarumque hypostasium humanitatis.

76. Si particularem specialemque Verbi substantiam asseritis, idemque esse naturam et hypostasim; indicate nobis sanctorum Patrum aliquem, qui tres naturas substantiasve dixerit in sancta Trinitate, nosque, imposita ori manu, conticescemus. **414** Sin vero ostendere non potestis, eccur vane de corde, et non ex Deo, loquentes fremitis?

77. Quantitas rerum non solum definito numero repræsentatur, verum etiam indefinito ; ut, ex. gr., multis et paucis, pluribus et paucioribus. Comparatio idem quoque præstare solet, ut *majus*, et *æquale*, et *minus* : imo et vox demonstrandi, *hoc*, inquam, et *illud*, et *hæc*, et *aliud*, et *alterum* ; itemque *ordo*; ut *ante hoc*, et, *post illud*, et, *a principio*, et, *postea*, aliique fortassis modi. Si igitur omnes modos, quibus quantitas rerum declaratur, divisionem inducere dicitis, obvia facilisque confutatio est. Unam quippe atque unam naturam, diversum item et diversum, aliud et aliud, naturas etiam indefinite, et proprietates, majus et minus, prius et posterius dicitis. Sin vero solummodo numerum definitum, et maximum binarium, dividere ponitis, hoc vestræ licentiæ erit. Quinam enim id sortitus sit, quando veritas aliter se habet? Dualitas quippe et duo, ea quæ numerantur, vi quadam colligante, simul repræsentant; sicut et unius et unius, ut vos loquimini, numerus solutus, et is est consideratus.

78. Præter hæc omnia, narrate nobis : Habetne Christus divinam naturam post unionem? Omnino, aietis. Habetne vero etiam humanam? et hoc utique confitebimini, nisi aperto capite impietatem ostentare velitis. Divina ergo natura et humana, unane natura, an duæ sunt? Quod si unam dixeritis; erit igitur Pater nobis consubstantialis : sin vero, cur duæ, nec una solum? cur non abjecta procul superbia cum ejus parente, non unum nobiscum Christum, unum Filium, unum Dominum, unam hypostasim ex duabus naturis, naturasque duas et in duabus naturis post unionem fateamini? si enim Christum nunquam naturarum duarum dicitis, curnam ipsum naturæ unius post unionem vane pronuntiatis ? si vero eum duarum naturarum ante unionem dicendo, ea peracta, unius naturæ esse confitemini, plane cum veritate pugnatis. Nam ante unionem, id est, ante divinam incarnationem, cum una naturæ unius simplicis, sive divinæ, hypostasis esset, ne quidem erat Christus. Aut igitur duas in Christo naturas tolletis, aut duplicis naturæ Christum ante sumptam ex Virgine carnem dicetis, duas ipsi post unionem naturas, quæ ipsius proprie sint, tribui non sustinentes. Nos enim qui in portu sinceræ pietatis versamur, et dispulsa per Spiritus sancti afflatus omni hæreticæ

---

[19] Cyrill. in schol. citat. a S. Max., epist. 1 ad Thalass. Tom. II, p. 277.

nequitiæ procella, in sancta et supraquam laudabili Trinitate substantiam unam naturamque divinitatis, tres item perfectas hypostases colimus, nullam eas inter se differentiam substantialem habere confitentes; sed omnia divina nomina communiter, et unite, eodemque modo, simpliciter, indivisim, et universim de tota divinitate accipimus; substantiam puta, seu naturam, trium personarum, dominationem, et sanctitatem, regnum, potentiam, operationem, voluntatem, auctoritatem : discretim demum cognoscimus Patrem et Filium et Spiritum sanctum; ingenitum, inquam, et genitum, et **415** procedentem; uti solum ingenitum Patrem, solum genitum Filium, solum procedentem Spiritum sanctum, sciamus, non inversa aut dimota uniuscujusque proprietate : novimus enim ea accidentia, non esse (nihil quippe accidit Deo), sed esse proprietates quibus unaquæque hypostasis sigillatur : Deum perfectum Patrem, Deum perfectum Filium, Deum perfectum Spiritum sanctum : Deum et Deum et Deum, sed tria Deum unum, simul intellecta et cognita, non contracta in personam unam et unam hypostasin, absit ! sed ad unum principium Patrem relatis Filio et Spiritu sancto. Unus quippe Deus est, quia una divinitas ; non tres dii, sicuti tres homines. Haudquaquam enim substantia dividuntur, non dirimuntur potestate, non loco, non operatione, non voluntate separantur, habentes indivulsam in seipsis mutuo mansionem et circuminsessionem. Ubinam siquidem erunt, nisi se invicem pervadant? alioqui persona quælibet circumscripta foret. Unus itaque est Deus ex perfectis tribus hypostasibus, ne natura ex imperfectis composita censeatur : una vero ex tribus perfectis, simplex et compositionis expers, supra modum perfecta, et perfectionis origo.

79. In incarnatione vero salutari, quæ intelligentiam omnem superat, confitemur unum de Trinitate, unigenitum, Filium Verbumque Dei, beneplacito Patris incarnatum de Spiritu sancto esse, et ex sancta semper Virgine et Dei Genitrice Maria ; duasque ejus generationes colimus, unam ante sæcula et æternam, nulla causa, ex Patre sine matre : et unam ex virgine matre, sine patre, propter nostram salutem. Neque incarnatum Patrem, neque generatum dicimus, neque Spiritum sanctum. Proprietas enim filiationis immobilis est. Filius igitur cum esset, Filius denuo factus est : Filius namque Dei et Patris, hominis filius factus est, unaque ex naturis duabus hypostasis composita. Cum enim hypostasis esset in substantia existens, naturam substantem assumpsit, massæ nostræ primitias. Substantem porro dicimus, non tanquam habuerit propriam hypostasim, sed quæ exstiterit in hypostasi Verbi. Simul quippe caro, simul Dei Verbi caro, simul caro animata rationis particeps, minime sublata propter unionem differentia naturarum (quandoquidem ea ex quibus unus Christus et Dominus constat, immota nec permutata manserunt), sed illis in unam hypostasim compositam concurrentibus sine confusione et sejunctione. Unionem enim secundum hypostasim dicimus. At vero unio secundum hypostasim concurrentium quoque naturarum discrimen servat, et unitatem naturæ custodit. Si enim Verbum carni consubstantiale non est, nec discretum ab eo quod simul cum eo subsistit, nec unam proinde in ipso dicere naturam licet, neque duas hypostases. Hæc siquidem hypostases constituunt : ut consubstantiale unum idemque secundum substantiam declaret, unaque diversitatem penes hypostasim : contra vero diversæ substantiæ esse , unum quidem secundum hypostasim efferat, diversam vero unitorum naturam.

80. Hoc pacto efficitur, ut non sit alius et alius Christus, ne quaternitati serviamus : aliud vero et aliud sit, ne divinitati passionem adnectamus. Si enim alius et alius, vane frustraque gloriaremur **416** factam esse per Verbi incarnationem naturæ nostræ deificationem. Etenim si alius in alio inhabitatio incarnatio est, plurimas omnino Deus incarnationes sustinuerit. « Inhabitabo, inquit, in vobis, et inambulabo [10]. « Et : « Nescitis quod templum Dei estis, et Spiritus Dei habitat in vobis [11]? » Sin vero non est aliud et aliud, idem natura sunt caro et divinitas, omniaque confusa et commista sunt. Si itaque non est alius et alius, unus est Christus, et una hypostasis : alius enim hypostasis est. Si vero est aliud et aliud ; plane non est unum secundum naturam. Quod si non est unum, nemo dubitaverit, quin duo sint. Unus est ergo, ut idem hypostasi sit, extremorum tamen proprietatibus characteristicis discretus. Nam etsi ejus sancta caro proprietatum quibus sigillaretur ; expers non fuit; harum nihilominus collectio, et carnis consistentia, constitutioque, per se minime substitit, sed in hypostasi Verbi, ut ipsam Verbi hypostasim, non propriam suam habuerit. Quo factum est, ut sine hypostasi non exstiterit, nec hypostasi propria prædita sit. Est porro duæ naturæ, qui extremorum consubstantialitate ; ac partium diversitate, cum unitus, tum discretus est.

81. Naturas duas dicendo, unionem non divellimus, sed conversionem et confusionem vitamus. Ratione enim et modo differentiæ has numerari novimus. Quemadmodum enim confusionem fugimus, sic quoque sejunctionem exhorremus, cum in sancta divinaque Trinitate, tum in incarnatione unius de sancta Trinitate. Nam sicut tres quidem illic hypostases confitemur, unamque prædicamus substantiam et naturam, ut nullam prorsus ex tribus illis hypostasibus, substantia carere agno-

[10] Levit. xxvi, 11, 12; II Cor. vi, 16. [11] I Cor. iii, 16.

scamus, imo nec unicuique substantiam suam specialiter tribuamus, aut definitum quantitatis substantiarum numerum dicamus, ne diversitas naturarum substantiarumve introducatur : sic etiam, cum hic duas naturas pronuntiamus, non dividimus hypostaticam unionem, neque hypostasium numerum inferimus, tametsi naturæ istæ subsistentiæ minime sint expertes ; sed discrimen naturarum essentiarumve declaramus. Nam velut illic numerus hypostasium substantiæ unitatem non lædit, nec propter hypostases naturæ diversitatem inducit ; quin potius hypostases significando, unitatem substantiæ non scindit : ita perinde hic quantitas, sive numerus naturarum unam et eamdem hypostasim non dirimit, sed velut in naturarum quantitate, discrimen congeriemque exprimit eorum quæ simul coivere. Quamobrem, cum ex duabus naturis perfectis unionem esse factam dicimus, eam non aimus esse factam secundum conversionem, aut confusionem, aut demutationem, aut permistionem, neque secundum affectum, aut dignitatem, aut demum per communionem voluntatis ejusdem, vel nominis, vel dignitatis, sicut dixit impius Nestorius : quin potius unionem substantivam et secundum hypostasim recta fide prædicamus : non ut duæ substantiæ, sive essentiæ, essentiam unam compositam perfecerint ; sed ut unitæ inter se fuerint secundum veritatem in unam Dei Filii compositam hypostasim : earumque adeo substantialem differentiam sartam tectam servari definimus. Mansit enimvero creatum, quod creatum erat, et non creatum, quod creatum non erat : mortale item quod mortale erat, et immortale quod immortale. Unum quidem coruscat miraculis, aliud succumbit injuriis. Etsi enim unus est qui hæc patitur, et alia mirabiliter operatur, ut utraque communia unius fuerint : aliud tamen illud est, ex quo contumeliosa communia erant, et aliud id ex quo communia præcelsa quæque ²². Cæterum aliud et aliud, ratione et modo differentiæ : communia vero utriusque utraque, modo mutuæ communicationis propter circuminsessionem partium in se invicem, et propter unionem hypostaticam. Agit enim utraque forma cum alterius communione, quod proprium habet : quo fit ut Dominus gloriæ crucifixus dicatur ²³ (nimirum non deitate, sed carne una cum illa subsistente), et filius hominis ascendisse scriptus sit ²⁴, ubi erat prius. Non ubi prius homo erat, sed ubi tanquam Deus exsistebat, indivulsus a Patre. Nequaquam enim deitatem patiendi capacem, aut carne passam docemus ; neque carnem, sive humanitatem, ante sæcula exstare confitemur : sed eum qui ambas, hanc et illam, habet, aliquando quidem ex utraque Christum nominamus, aliquando vero ex altera partium, atque ex divinitate quidem, Deum, hominem vero rursum, ex humanitate. Cumque Deum passibilem dicamus, non tamen ut Deum, sed tanquam hominem : quin puerum sæculis anteriorem, non uti puerum, sed ut qui etiam Deus sit, annuntiamus. Unus quippe est, hoc et illud, Deus et homo, Deus perfectus et perfectus homo, omnes in se ferens deitatis proprietates ; deitatem inquam, immunitatem a principio, immortalitatem, dominatum, voluntatem omnipotentem et operationem ; omnem item carnis substantiam gerens nulla parte destitutam, animam, corpus, sensum, seu mentem, eorumque naturalia, affectusque et proprietates inculpatas, liberam voluntatem et actionem, famem, sitim, lacrymas, mœrorem, angorem, mortem. Ait quippe Thomas : « Dominus meus et Deus meus ²⁵. » Et : « Deus erat Verbum, et Verbum caro factum est, » dixit in Spiritu Theologus ²⁶. Et : « In principio erat Verbum ²⁷. » Item : « Volo, mundare ²⁸. » Rursum : « Nunquam Dominum gloriæ crucifixissent ²⁹. » Hæc et alia ejusmodi, potestasque miraculorum divinam ejus naturam actionemque prædicant.

82. Insuper ait : « Potestatem habeo ponendi animam meam, et potestatem habeo iterum sumendi eam ³⁰. » Et : « Palpate et videte, quod spiritus carnem et ossa non habet, sicut me videtis habere ³¹. » Item : « Nos autem sensum Christi habemus ³². » — « Ingressus domum, neminem voluit scire, et non potuit latere ³³. » — « Pater, non fiat voluntas mea, sed tua ³⁴. » Fractio panum, deambulatio, extensio manuum in cruce, intellectio, vis vitalis, nutriendi, augendi et sentiendi, humanum actum perhibent. Illudque rursum : « Postea esuriit ³⁵ ; » et illæ Lazari causa lacrymæ ³⁶, necnon illud : « Sitio ³⁷. » Et : « Nunc anima mea turbata est ³⁸. » — « Tristis sum usque ad mortem ³⁹. » Ad hæc : « Cœpit pavere et tædere et mœstus esse ⁴⁰. » Denique : « Pater, in manus tuas commendo spiritum meum, et cum hoc dixisset, exspiravit ⁴¹. » Annon plane sicut priora illa divinitatem testantur, ita quoque hæc ipsius humanitatem, duarumque naturarum discrimen, et inconfusam unionem. Quinam enim hæc et illa de una natura dicentur ?

83. Deus ergo est perfectus, et perfectus homo ; natura Deus, et natura homo : perfectus in divinitate, nulla re defectus in humanitate. Etsi enim secundum dispensationem factus homo est ; at natura est factus homo : totus Deus, etiam cum sua carne, et totus homo cum supersubstantiali Deitate sua. Sed et addimus, hoc Gregorium Theologum locutum esse ⁴² : « Ex quibus (naturis) illa quidem deificavit, hæc autem deificata est ; quin et dicere ausim, simul Deus facta est. » Nam, sicut

---

²² Leo M. epist. ad Flav. ²³ I Cor. II, 8. ²⁴ Joan. VI, 62. ²⁵ Joan. XX, 28. ²⁶ Joan. I, 1, 14. ²⁷ ibid. 1. ²⁸ Matth. VIII, 3. ²⁹ I Cor. II, 8. ³⁰ Joan. X, 8. ³¹ Luc. XXIV, 39. ³² I Cor. II, 16. ³³ Marc. VII, 14. ³⁴ Luc. XXII, 42. ³⁵ Matth. IV, 2. ³⁶ Joan. II, 35. ³⁷ Joan. XIX, 28. ³⁸ Joan. XII, 27. ³⁹ Matth. XXVI, 38. ⁴⁰ Marc. XIV, 33. ⁴¹ Luc. XXIII, 46. ⁴² Orat. 42.

Incarnationem citra conversionem Verbi demutationemque novimus, sic et deificationem. Ipsum quippe Verbum caro factum est, ex Virgine quidem prognatum, procedens vero Deus cum assumpta carne, quæ jam ab ipso deificata fuerit, simul atque esse incepit. Quo evenit, ut tria simul gesta fuerint, assumptio, exstantia et deificatio humanitatis. Assumptio et exsistentia prodigiose simul patratæ sunt, Verbo quidem assumente, carne vero in ipsomet Verbo existente; ipsius utique Dei Genitricis opera, quæ modo natura sublimiori præstitit, ut effictor effingeretur, homoque fieret Deus et opifex universi, a quo assumpta natura deificata fuit, unione servante quæ unita sunt, qualia unita fuere; non id solum quod divinum est, inquam; sed hoc etiam quod humanum est in Christo, quod nostri gratia et ad instar nostri habuit. Neque enim cum primum nostri similis esset, postmodum supra nos factus est : quin potius semper, et ex quo primum exstitit, utrumque fuit, quia a conceptionis ejus initio in ipsomet Verbo exsistentiam habuere. Quod ergo humanum est, secundum suam naturam exsistit, quod vero Dei et divinum, supra naturam.

84. Porro sanctam Virginem proprie vereque Dei Matrem prædicamus : quippe cum, sicut Deus verus est qui ex ea natus est, sic vere Mater Dei, quæ Deum ex se carnem factum pepererit. Atqui Deum ex ipsa natum esse aimus, non ut ex ipsa æternam Deitatis exstantiam acceperit, sed quod ex ipsa sit incarnatus sine conversione, factusque, et genitus homo, Christus unus, Filius unus, Dominus unus, hypostasis una, idem ipse Deus et homo, qui alteram Trinitati personam non invexerit.

85. Quocirca adjectionem quoque Trisagio hymno factam blasphemam esse decernimus, ceu qua Trinitati quarta persona inseratur, et seorsim ponat subsistentem Dei virtutem, seorsimque eum qui crucifixus est, ac si alius foret præter illum *fortem* : vel qua Trinitas sancta laudetur ceu passibilis, unaque cum Filio crucifigatur Pater et Spiritus sanctus : vel qua denique Spiritus sanctus *immortalis*, passibilis significetur. Nam hymnus hic Trisagius olim a Spiritu sancto per Seraphim, ministros ejus spiritus, videnti Deum Isaiæ revelatus est [43], quo tres Deitatis hypostases arcano modo declarabantur, unusque dominatus, et natura. Ipse siquidem Isaias se vidisse Deum et Patrem ait; Joannes vero Theologus Filium ei manifestatum ait [44]; Paulus denique, divinus ille apostolus, Spiritum sanctum [45]. Hinc omnes sancti Patres ter sanctum hunc hymnum de sancta Trinitate acceperunt. Quocirca Gregorius Theologus ait : « Hoc pacto itaque sancta sanctorum quæ a Seraphinis obteguntur, celebranturque tribus sanctitatis acclamationibus, in unam domi-

nationem Deitatemque coeunt, de quo alius quispiam ante nos egregie admodum et altissime philosophatus est. »

86. Fertur in libris historicis, Proclo patriarcha Constantinopolitano, cum populus illic supplicaret propter Dei quamdam comminationem, raptum e plebe puerum, hymnum hujusmodi angelis docentibus didicisse : *Sanctus Deus, sanctus fortis, sanctus immortalis, miserere nobis*; quem etiam canere jussus est. Id quod revelatum erat confirmavit eventus : simul enim atque cecinerunt, ira cessavit. Atqui hanc vim hymni vim sensumque dicimus. *Sanctus Deus*, Pater scilicet, ex quo Deus Filius. Deusque Spiritus sanctus. *Sanctus fortis*, Filius, sapientia Patris et virtus. *Sanctus immortalis*, Spiritus sanctus; utpote qui vivificus sit; estque, « lex Spiritus vitæ [46]. » Quinimo Deiparens David : « Sitivit anima mea, inquit, ad Deum fortem, vivum [47]. » Quod quidem a nobis dictum non sit, ut in solo Patre divinitas circumscribatur, in solo Filio, virtus, et in solo Spiritu sancto immortalitas ; quin potius in unaquaque hypostasi cuncta nomina divina simpliciter et singulariter accipimus, Apostolum imitati, ubi ait: « Nobis autem unus Deus Pater, ex quo omnia et nos ex ipso ; et unus Dominus Jesus Christus, per quem omnia, et nos per ipsum ; et unus Spiritus sanctus, in quo omnia et nos in ipso [48]. » Imo Gregorium quoque Theologum ita loquentem : « Nobis autem unus Deus Pater ex quo omnia, et unus Dominus Jesus Christus per quem omnia ; et unus Spiritus sanctus, in quo omnia. » Illis, *ex quo*, et *per quem* et *in quo*, naturas non scindentibus, sed proprietates exprimentibus unius et non confusæ naturæ.

87. Ridiculum ergo est et ludicrum, canticum Trisagium, quod angeli olim postmodumque docuerunt, quod cessatio inflictæ plagæ comprobavit, quod sancti Patres testimonio suo confirmarunt, Divinitatem trium personarum declarare, insana arrogantia Petri Fullonis modo quodam conculcari. Sacrum siquidem hymnum istum pallii instar repurgare se putans, splendidioremque reddere, ac si Seraphinis foret præstantior, adjectione Trisagium infersit, adversus Spiritum sanctum veluti leges sanciens. O supremam arrogantiam, ne dicam, insaniam! Nos vero, rumpantur licet dæmonibus ilia, sic dicimus : *Sanctus Deus, sanctus fortis, sanctus immortalis, miserere nostri.*

88. Cæterum ad confirmanda quæ dicta sunt, auctoritates subjicimus sanctorum Patrum, quorum os, os Dei fuerit : ut eorum reverentia perculsi, nobiscum et cum veritate unum Deum, unamque naturam in tribus personis, unum item de sancta Trinitate unigenitum, Dei Filium, unum, inquam, post incarnationem Christum, Filium unum, Dominum unum, hypostasim unam, in

---

[43] Isa. v, 1 seqq. [44] Joan. xii, 41. [45] Act. xxviii, 25. [46] Rom. viii, 2. [47] Psal. xli, 2. [48] I Cor. viii, 6.

duabus naturis, sine confusione, et sine divisione, recta sinceraque fide prædicetis.

AUCTORITATES SS. PATRUM

Quibus demonstratur unum esse Christum ex naturis duabus, et naturas duas, inque duabus naturis, post ejus salutarem infinitaque bonitatis incarnationem.

Inspice, qui legis.

Sancti Irenæi episcopi Lugdunensis, contra Valentinum.

« Sicut enim arca aurata, intus et extra erat auro puro; sic etiam Christi corpus purum splendidumque fuit intrinsecus quidem Verbo ornatum, extrinsecus vero spiritu munitum, ut ex utroque naturarum splendor manifestus esset. »

Sancti Justini philosophi et martyris, ex libro tertio de Trinitate, cap. 5.

« Ejus porro uterum, ceu divinum semen subiens, templum sibi ipse perfectum effingit, accepta quadam ex illius natura particula, quam in templi formam condendo, substantiam esse suam fecit, hocque per summam unionem indutus, Dei Filius utroque modo processit. »

Ejusdem, ex eadem lucubratione, cap. 17.

« Quemadmodum unus quidem homo est, in se vero naturas duas diversas habet, atque alia quidem ratiocinatur, alia vero quod ratione concepit exsequitur; anima scilicet intelligente cogitans, navigii puta compagem, remque conceptam ad finem perducit: ita Filius, unus cum sit, duæque naturæ, altera quidem divina miracula edebat, altera vero humilia admittebat. »

Sancti Athanasii episcopi Alexandrini, ex sermone contra hæreses.

« Qui cum in forma Dei esset, non rapinam arbitratus est **421** esse se æqualem Deo, sed semetipsum exinanivit, formam servi accipiens [44]. Duas habet formas: eas retine, neutram adulteres. Neque enim homo cum esset Dei Filius et Deus, formam Dei destruxit, neque Deus cum esset, humanam formam recusavit. Quandoquidem igitur duas habemus formas, Domini scilicet et servi, aliam natura divinam, aliam natura humanam; aliam ante sæcula, aliam postremis temporibus; aliam ex Patre, aliam ex Virgine; aliam ex solo, aliam ex sola; atque duæ res istæ substant, duæ in uno. Non enim divinum Verbum a corpore dirimimus, neque duos filios, Christosque novimus: sed Filium Dei qui ante sæcula fuit, in ultimis temporibus hominem, ex ipsa Virginis vulva perfectum editum. Quemadmodum enim qui ipsum genuit Pater, perfectum genuit Filium, ita et ipse unus Filius et Verbum Patris, hominem qui in totum perierat, facere salvum cupiens, perfectus homo exstitit, ne exteriorem salvando, interiorem qui perditus erat, negligeret. Neque enim assumpto corpore animam omisit, sed animam quoque et mentem assumpsit. »

Sancti Methodii episcopi Patarorum et martyris, ex sermone in Occursum, seu Purificationem.

« Eum qui dum aspicitur, aspectabilis non est, qui dum prehenditur, incomprehensus, qui in parvitate supraquam magnus est, qui in templo et in altissimis adest, qui throno virginali simul et currui Cherubico insidet, qui infirmus est, et supremus absque intercapedine ulla, qui in forma servi inque Dei Patris forma, subjectus, et universorum Rex, » etc.

Sancti Basilii episcopi Cæsareæ Cappadociæ, ex libro primo contra Eunomium. — Quod essentia et forma idem sint.

« Ego etenim in forma Dei esse tantumdem valere dico, quantum esse in Dei essentia. Sicut enim accepisse servi formam, significat fuisse Dominum in essentia humanitatis: sic dicere esse in forma Dei, id quod est divinæ essentiæ proprium exprimit. »

Ejusdem, ex disputatione contra Aetium Arianum.

« Non enim poteris unquam tu aut quivis alius, vincere, aut demonstrare verum esse, sanctos Patres, quos diximus, et magistros sanctæ Ecclesiæ catholicæ et apostolicæ, aut pronuntiasse, aut scriptis prodidisse, aut etiam, sine scriptis, id quod tu ais, in Christo Deo nostro unam naturam compositam, uniusve speciei, vel unam voluntatem, et unam operationem; aut quidpiam ex vetitis dogmatis, et a sancta catholica et apostolica Ecclesia rejectis. Si enim quæ destruximus, hæc rursum, ut Apostolus ait [50], ædificamus, transgressores nos ipsi constituimus. Contra potius duplicem per omnia esse Dominum Jesum Christum in una hypostasi prædicavimus, in que una persona sine ulla qualicunque divisione vel confusione. Dicere enim unam naturam, et voluntatem et **422** operationem in eodem Domino nostro Jesu Christo, et non duas, doctrina sententiaque est hominum perversæ opinionis et blasphemorum, eorumque qui tecum sentiunt. »

Sancti Athanasii, ex epistola ad Epictetum.

« Si Verbum ejusdem substantiæ est ac corpus quod de terra naturam habet: est vero secundum Patrum confessionem, Verbum Patri consubstantiale: erit igitur Pater consubstantialis corpori, quod e terra editum est. Cur itaque accusant Arianos, qui Filium esse creaturam dicant, quando ipsi Patrem creaturis consubstantialem aiunt? »

Et paulo post: « Quis infernus ructando hoc dictum protulit, corpus ex Maria consubstantiale esse divinitati Verbi? »

---

[44] Philipp. II, 6, 7. [50] Galat. II, 18.

Sancti Gregorii Theologi, ex secunda ad Cledonium epistola.

« Naturæ quidem duæ, Deus et homo, quoniam anima et corpus : filii vero non duo, neque dii. Neque enim hic duo homines; etsi Paulus, hominem qui foris est, et hominem qui intus est, appellarit [51]. »

Ejusdem, ex Apologetico.

« Hoc nobis lex vult pædagogus [52] : hoc prophetæ Christo et legi interjecti : hoc Christus legis spiritualis perfectio et finis : hoc exinanita Deitas : hoc assumpta caro : hoc nova mistio, Deus et homo, unum ex ambobus, et utraque per unum. »

Ejusdem, ex sermone secundo de Filio.

« Signum vero hoc est : quando naturæ cogitatione discrepant, simul nomina dividuntur. Audi Paulum dicentem : *Ut Deus et Pater Domini nostri Jesu Christi, Pater gloriæ*; *Christi quidem Deus, gloriæ vero Pater* [53]. Si enim utrumque unum; at non natura, sed coitione. »

Ejusdem, reliqua pars auctoritatis paulo ante citatæ ex Epistola ad Cledonium.

« Si vero summa dicendum est, aliud quidem et aliud, ea ex quibus est Salvator ; quippe cum idem non sint id quod aspectabile est et illud quod spectari nequit : esse extra tempus, et subesse tempori : at non aliuset alius; absit! Ambo siquidem unum temperatione, Deo homine facto, et homine facto Deo, vel quomodocunque nominare ipsum libuerit. Dico autem aliud et aliud, contra atque in sancta Trinitate se habet. Illic enim alius et alius dicitur, ne confundamus hypostases : non item aliud et aliud. Unum enim tria sunt, idemque Deitate. »

Scholium. Si non est aliud et aliud, quia est una natura, aliud igitur et aliud non sunt una natura. Et si rursum, contra ac in sancta Trinitate, illic autem tres hypostases sunt, quia alius et alius ; una vero natura, quia non est aliud et aliud ; hic igitur duæ quidem naturæ, quia aliud et aliud, una autem hypostasis, quia non est alius et alius.

Ejusdem, ex sermone secundo de Filio.

« Atqui hoc est quod hæreticos in errorem adducit, conjunctio nuncupationum, commutatis propter contemperationem nominibus. Certum vero signum est, quando naturæ cogitatione secernuntur, simul nomina dividi. Audi Paulum dicentem : *Ut Deus Domini nostri Jesu Christi, Pater gloriæ* : *Christi quidem Deus, gloriæ vero Pater*. Etsi enim utrumque unum est, non tamen natura, sed coitione. Quo quid esse notius possit? »

Scholium. Quæ natura non sunt unum, omnino duo sunt. Sin vero coitio secundum hypostasim est ; ergo Deitas Christi ejusque huma-

nitas, natura quidem duo sunt, unum autem hypostasi.

Ejusdem ex versibus [54].

« Venit Deus ac mortalis, naturas ambas in [unum copulans,
« Aliam quidem occultam, patentem aliam ho- [minibus. »

Sancti Ambrosii Mediolanensis, ex libro De incarnatione, seu contra Apollinarium.

« Sed, dum hos redarguimus, emergunt alii, qui carnem Domini et divinitatem dicant unius esse naturæ. Quæ tantum sacrilegium inferna vomuerunt? Jam tolerabiliores sunt Ariani, quorum per istos [rixarum et] perfidiæ robur adolescit, ut majore contentione asserant Patrem et Filium et Spiritum sanctum unius non esse substantiæ; quia isti divinitatem Domini et carnem, substantiæ unius dicere tentaverunt. »

Ejusdem, ex libro ad Gratianum imperatorem. Quam auctoritatem Cyrillus protulit in Ephesina synodo.

« Servemus distinctionem divinitatis et carnis. Unus in utraque loquitur Dei Filius, quia in eodem utraque natura est. »

Ejusdem, ex interpretatione divini Symboli.

« Eos vero qui nudum hominem Christum dicunt, aut passibile Verbum Dei, aut mutatum in carnem, aut consubstantiatum cum Verbo corpus habuisse, aut illud e cœlo traxisse, aut phantasma esse, aut Deum Verbum esse mortalem, aut opus illi fuisse ut suscitaretur a Patre, aut corpus animæ expers, vel hominem absque mente accepisse, aut duas Christi naturas permistione confusas, unam factas esse naturam ; non vero etiam confitentur Dominum Jesum Christum substantias duas esse citra confusionem ; unam autem personam, quatenus Christus unus est, unus Filius, his anathema dicit catholica et apostolica Ecclesia. »

Sancti Amphilochii episcopi Iconii, ex epistola ad Seleucum.

« Sic Christum Deum et hominem confiteor, Dei Filium, Filium unum, duarum naturarum, passibilis scilicet et impassibilis, mortalis et immortalis. »

Et paucis interjectis : « Unum Filium, duarum inquam naturarum, sine confusione, conversione, separatione. Patitur itaque Christus, Dei Filius, non deitate, sed humanitate. »

Ejusdem ex eadem epistola.

« Natura assumpta patitur : quæ vero assumpsit, hæc impassibilis præstat. Humanas proprii templi sui passiones Deus Verbum esse suas facit ; crucem dico, mortemque, et alia, quæcunque circa ipsum propter dispensationem spectan-

[51] II Cor. IV, 16. [52] Galat. III, 24. [53] Ephes. I, 3, 17. [54] Carm. De test. et adv. Christi.

tur. Hæc sibi vindicat, nihil ipse patiens : quia in personam unam naturæ duæ conveniunt. »

Sancti Gregorii Nysseni, ex Epistola ad Philippum monachum.

« Quæ sunt ejusdem substantiæ, hoc habent, ut sint idem : contra autem, quæ diversæ. Etsi enim ambo unione quæ exprimi non possit, unum sunt, non tamen natura, quia non confusæ. Christus itaque cum duæ naturæ sit, in quibus vere cognoscatur, et singularem filiationis personam habet. »

Ejusdem, ex libro contra Apollinarium (§ 40).

« Si ergo in contrariis proprietatibus, alterutrius horum natura cernitur, carnis nempe et deitatis ; quomodo naturæ duæ una sunt ? »

Sancti Cyrilli archiepiscopi Alexandrini, ex allocutione ad Alexandrinos.

« Ego *contemperatum* non probo, quod alienum sit ab apostolica fide, et recta Christi traditione. Contemperatio enim naturarum interitum parit : unio vero inenarrabilis, quam sancti Patres confitentur, naturas ambas citra confusionem servat, unumque Christum, qui apparuit, ex ambabus constituit, Deum simul et hominem, et non duos Christos ; sed unum potius, unitione, non temperatione. Nam si contemperatæ duæ naturæ essent in mistionem unam, cum diversæ sint substantiæ, neutra salva foret, sed per confusionem ambæ deletæ essent. »

Et post pauca : « Ac quidem templum solvitur triduanæ sepulturæ tempore, ipsomet ita volente; rursumque illud excitavit. Unitus illi est modo qui nec dici nec exprimi possit, non in eo temperatus, aut exuta carne, sed illæsas in seipso servans ambarum essentiæ diversæ naturarum proprietates. Non enim contemperatæ naturæ sunt in explicabili et inconfusa illa unione, sed copulatæ sunt arcana ratione quæ efferri sermone non potest : suntque supra intelligentiam omnem, juxta ac pronuntiavit beatissimus vereque œcumenicus orthodoxæ fidei magister, archiepiscopusque noster Athanasius, qui inter trecentos decem et octo præsules splenduit in magno concilio Nicæno. Duarum rerum dissimilium et inæqualium coitio secundum naturam facta est, non contemperatio; Dei, inquam, qui verbis exprimi nequit, ac mortalis corporis : non per exstinctionem, aut exspoliationem carnis, sed per ineffabilem, inexplicabilemque, et inenarrabilem unionem duarum essentiæ diversæ naturarum, quæ in uno Christo, Dei autem Filio, salvæ sunt, nec confusæ, nec deperditæ, nec divisæ. »

425 *Scholium.* Videtis, quomodo sancti Patres confusionem divisionemque ex æquo fugientes, salvas esse naturas duas docent in Christo, id est in una hypostasi.

Ejusdem, ex libro De fide.

« Nequaquam enim descivit a sua divinitate, tametsi semetipsum exinanivit, forma servi propter nos assumpta [65], non amissa divina, ut, quemadmodum ais, de facili quatenus erat homo, evaderet Deus : absit ! Quin potius animatum sibi templum perfectumque in utero Virginis fabricavit, in quod ingressus, eique ineffabili modo unitus, naturis ambabus salvis, non una contemperatis, prodiit, ita ut homo quidem cerneretur, Deus vero intelligeretur, Jesus Christus. »

Ejusdem, ex epistola ad Joannem Antiochenum.

« Scimus viros divinarum rerum peritos evangelicas et apostolicas de Domino voces, alias quidem communes facere, tanquam in una persona : alias vero dividere, tanquam in duabus naturis ; atque alias quidem quæ Deum deceant, pro Christi divinitate ; alias vero, quæ humiles sint, pro ejusdem humanitate. »

Scholium. Si vere una persona post unitionem est in Christo, vere prorsus duæ quoque naturæ sunt.

Ejusdem, ex epistola ad Acacium Melitenæ episcopum.

« Sed enim fortassis illud dicent adversarii : Ecce jam qui rectæ fidei confessionem edunt, duas quidem naturas aperte nominant : dividi vero contendunt sanctorum Patrum voces secundum naturarum ipsarum discrimen. At quomodo hæc non adversantur assertioni tuæ ? Nequaquam enim possis voces istas personis duabus distribuere. Verum, cum bona vestra gratia dicam, in capitulis scripsimus [66] : « Si quis duabus personis, seu hy« postasibus voces distribuit, et alias quidem « tanquam homini, seorsum a Verbo, quod ex « Deo est intellecto accommodat ; alias vero, « quippe quæ Deum deceant, soli Verbo, quod ex « Deo Patre est, hic damnatus esto. Discrimen « autem vocum nullatenus negavimus. »

Scholium. Vides, quomodo duas naturas dicere non dubitat, sed recusat confiteri eas per se et sejunctim exstare.

Ejusdem, ex Glaphyris in Leviticum.

« Duas siquidem aviculas jubet accipere, mundas et vivas, ut intelligas per vivos alites, cœlestem hominem simul et Deum in naturas duas distinctum, pro consentanea singulis ratione. Verbum quippe erat ex Deo Patre in carne ex Virgine assumpta splendescens, sed citra sejunctionem. Unus enim est ex ambobus Christus. »

Ejusdem, ex libris de Trinitate [67].

« Christus velut confinium quoddam est divinitatis et humanitatis, utriusque habens tanquam in unum coitionem, et rerum natura discrepantium

---

[65] Philipp. II, 6, 7. [66] Anathem. 4. [67] Lib. III *ad Herm.*

426 *Ejusdem, ex epistola ad Succensum.*

« Dispensationis itaque, ut dicebam, modum animo reputantes, videmus naturas duas mutuo coivisse individua unione, nulla conversione, nulla mutatione. Nam caro caro est, et non Deitas; etsi caro Dei facta est. Consimiliter etiam Verbum Deus est, et non caro, licet carnem propriam dispensatoria ratione sibi fecerit. Igitur cum hoc consideramus, nihil injuriae irrogamus concursui illi, qui in unitatem desiit. Dicendo ex naturis duabus cum esse, post unitionem scilicet, naturas ab invicem non dirimimus, nec illum qui unus indivisibilisque est, in duos filios scindimus, sed Filium unum pronuntiamus, et, veluti Patres dixerunt, *unam naturam Verbi incarnatam.* Itaque quantum in mentem cadit, et solo animi obtutu considerando qua ratione unigenitus factus sit homo, naturas duas esse aimus: unum vero Filium, et Christum, et Dominum confitemur, Verbum Dei factum hominem et incarnatum. »

Scholium. Consideret quisquis mente caecus non est, sensum hujus Patris. Non enim dixit, Post unitionem naturas non confitemur; sed, « non dirimimus. » Nam duas esse ait, « Filium vero unum, Christumque, et Dominum. » Et postquam dixit, « Filium unum pronuntiamus, » subjungit, « et naturam unam Verbi incarnatam. » Ubi *naturam* vocat hypostasim. Non enim natura est, aut substantia Filius, sed hypostasis. Nam si esset natura, cum Pater Filius non sit, Pater ejusdem ac Filius naturae non foret. Attamen naturam carnis indicat, cum ad eumdem Succensum scribit. Quamobrem etsi substantiam, essentiamve, hic naturam perinde ac vos appellat, inducit etiam naturam carnis, cum ait, *incarnatam.* Ita quippe scribit:

Ejusdem, ex secunda ad Succensum epistola.

« Si enim *unam Verbi naturam* dicendo, conticuissemus, nec subjunxissemus, *incarnatam,* velut exclusa incarnationis dispensatione, esset fortassis eorum non ineptus sermo, cum rogare simulant: Si una natura totum est, ubinam illa in humanitate perfectio sit, aut quo pacto natura nostra consistat? quoniam vero *incarnatam* pronuntiando, ipsa quoque perfectio quoad humanitatem, et essentiae nostrae declaratio allata est, inniti jam desinant baculo arundineo. »

Scholium. Desinite itaque et vos baculo niti arundineo, morem gerentes doctori. Ecce enim luculenter ait, *incarnatam* pronuntiando, significari perfectionem quoad humanitatem, expressamque substantiae nostrae declarationem; imo non unam naturam totum esse. Si autem non una; nemini non perspicuum est duas esse.

Sancti Joannis Chrysostomi, ex sermone in Lazarum.

« Stannum plumbi et argenti particeps est, argenti quidem quoad aspectum, plumbi vero natura. Sic Christus Deus et homo cum sit, duas in seipso naturas conservat. Sic et ipse in ipsis est, nec aliud praeter ipsas exsistit. »

427 *Scholium.* Necesse non est ut exemplum omni parte similitudinem referat illius cum quo componitur. Stannum esse quidem argentum videtur, sed non est: Christus autem vere est homo.

Ejusdem, ex epistola ad Caesarium monachum.

« Sic etiam hic divina natura in ipso insidente, unum Filium, unam personam, utrumque constituit; qui quidem indivisa inconfusaque ratione agnoscitur, non in una sola natura, sed in duabus perfectis. Si quidem in una, ubi illud, citra confusionem? ubi extra divisionem? ubi unio dici queat? Unam enim sibi ipsi uniri, vel dividi impossibile est. Quis infernus eructando protulit, unam in Christo naturam post unitionem? Vel enim divinam naturam tenentes, humanam negant, imo nostram inquam salutem: aut humanam tenentes, divinam naturam ejurant. Quocirca dicant, quaenam quod proprium sibi erat, amisit? Nam si adhuc salva unio est, proprietates omnino esse salvas oportet. Alioqui hoc unio non esset, sed confusio et exstinctio naturarum. »

IN DIALOGUM CONTRA MANICHAEOS

ADMONITIO.

In dubium vertit Jacobus Billius, num Dialogus iste adversus Manichaeos genuinus sit sancti Joannis Damasceni fetus. Combefisio non displicuit Billii suspicio. Fatetur tamen uterque, *disputationem hanc dignam plane esse, quae Damasceni nomen prae se ferat.* Quin adjecit Combefisius: *Quanquam vix ovum ovo similius Damasceni reliquis ac indubitatis operibus.* Enimvero hujus voluminis dictio tota Damascenica est, trita ipsi argumentandi methodus, rerumque earumdem, at necessaria repetitio, sententiarum denique, quas passim alias, ac in primis in libris *De fide orthodoxa* tradit, æquabilitas, imo dictiones et voces eædem, eædemque periodi ubique obviæ sunt. Hæc probe quidem Billio et Combefisio nota fuerant : at secum obtinere vix potuerunt, ut concederent doctorem orthodoxum in ea fuisse sententia, ut ignem quo torquentur dæmones et impii, verum corporeumque esse negaret, aut saltem metaphorico sensu intelligeret. Annon vero idem ea de re Orientalis Ecclesiæ theologo sentire fas erat, quod ecclesiastici tractatores nonnulli docere non dubitarunt? Ambrosius in cap. XIV Evang. secundum Lucam, de igne isto sic loquitur : *Ignis est, quem generat mœstitia delictorum : vermis est, eo quod irrationabilia animæ peccata mentem rei sensumque compungant, et quædam exedant viscera conscientiæ.* Idem prorsus sentiebant illi, quorum expositionem affert Hieronymus ad calcem commentarii in Isaiam, ubi verba ista expendens : *Vermis eorum non morietur, et ignis eorum non exstinguetur,* hæc habet : *Vermis autem qui non morietur, et ignis qui non exstinguetur, a plerisque conscientia accipitur peccatorum, quæ torqueat in suppliciis constitutos, quare vitio suo atque peccato caruerint electorum dono : juxta illud quod dicitur :* « *Versatus sum in miseria, dum mihi infigitur spina.* » *Et iterum sub obelo :* « *Sicut tinea vestimentum, et vermis lignum, sic mæror excruciat cor viri,* » *ita duntaxat, ut non negent prævaricatorum et Dominum negantium æterna supplicia; dicente Domino in Evangelio :* « *Ite in ignem æternum qui præparatus est diabolo et angelis ejus.* Et infra ait : *Ignis quoque juxta id accipiendus, quod et vermis,* etc. Propter hæc aliaque similia Patrum testimonia illustrissimus Monspeliensis episcopus in Catechismo censet, fidei caput non esse, **428** igne vero corporalique plectendos esse damnatos. Vide part. I, sect. 2, cap. 3, § 21, ubi insuper citat Estium in c. 4 *Sent.* dist. 44, § 12 et 13. Non me præterit Hieronymum epistola 59, ad Avitum, hoc dogma velut ab Origene assertum notare. Etenim alio sensu Origenes id tenuit, alio doctores catholici. Origenes quidem dolorem verum perpessura esse resurgentium corpora negabat; quibus nempe carnem veram adimeret : illi vero, quorum mentem exponit Hieronymus, alieni prorsus erant ab istis erroribus, quos ab Origene invectos damnavit Ecclesia. Quinta quippe synodus ea solum Origenis dogmata anathemate feriit, quæ Verbi cum Patre consubstantialitatem, veram carnis resurrectionem, et suppliciorum inferni perpetuitatem impugnabant. Illi autem sic tropice ignem et vermem, de quibus loquitur Scriptura, intelligebant, ut aerea corpora resurgentibus non affingerent, nec *negarent prævaricatorum, et Dominum negantium æterna supplicia :* uti testatur ipsemet sanctus doctor. Hos vero Ecclesiæ Orientalis magistros fuisse, idcirco affirmare ausim, quod nobis sæpius inculcet idem Hieronymus, præsertim epistola 89, quæ est ad sanctum Augustinum, se vix alios Scripturæ sacræ commentatores legere præter Græcos, seu, ut alias loqui mavult, *Græciæ tractatores.* Unde a Damasceni methodo non abhorret, quod, ut Manichæi cavillos et ambages varias declinaret, doctores suos de more secutus, ignem inferni tropologice, perinde atque vermem illum quo dæmones et impii discruciantur, sic interpretatus sit, ac si pœna damni duntaxat, quæ omnium gravissima est, istiusmodi locutionibus indicetur : ut nempe inferat acerbissimum hoc supplicium non tam a Deo infligi, quam a prava impiorum voluntate accersiri. Sed nec ab ista doctrina procul abest lib. II *De fide,* cap. 4, et lib. IV, cap. ult., ubi docet ignem illum, οὐχ ὑλικόν, οἷον τὸ παρ' ἡμῖν, *instar nostri materialem non. esse; sed qualem Deus ipse novit.* Qui ignem æternum materialem non esse censet, is profecto ea quæ de igne et vermibus in Scripturis leguntur, metaphorico sensu intellexerit.

Nec quemquam moretur titulus iste, qui in cod. Reg. 2502 huicce Dialogo præfigitur : Τοῦ αὐτοῦ μεγάλου Ἀθανασίου διάλογος κατὰ Μανιχαίων, ἐν ᾧ διαλέγονται Ὀρθόδοξος καὶ Μανιχαῖος. Ἄλλοι δὲ λέγουσιν εἶναι Ἰωάννου τοῦ Δαμασκηνοῦ. *Ejusdem magni Anathasii dialogus adversus Manichæos, cujus interlocutores sunt Orthodoxus et Manichæus. Alii tamen aiunt ipsum Joannis Damasceni opus esse.* Nam primo, totus hic liber Athanasii dictionem ac methodum nusquam exhibet; sed recentioris cujusdam theologi. Deinde non constat apud eruditos Athanasium volumen aliquod singulare adversus Manichæos edidisse : et quamvis alicubi illos a se impugnatos asserat, hoc satis superque præstiterat in libro *Contra omnes hæreses.* Quin etiam ex probatis auctoribus nemo Athanasium ejusmodi colloquia scripsisse hactenus testatus est. Quotquot sanctissimo præsuli ascripti fuere de Trinitate dialogi, eos aut Theodoreto, aut sancto Maximo restituerunt eruditi. Nec tamen quis conjiciat inter Maximi opera accensendum forte illum esse, quem Damasceno tribuimus. Etsi enim sanctum martyrem adversus Manichæos dialogum edidisse didici ex Georgio Scholario, versus finem libri, quem contra Latinos Joanni Comneno Trapezuntio imperatori nuncupavit, quique asservatur in bibliotheca Regia n. 2957, ἐν τῇ Ὀρθοδόξου καὶ Μανιχαίου διαλέξει, inquit : attamen noster hic dialogus toto cœlo discrepat a stylo et argumentandi ratione quæ animadvertuntur in Dialogis qui Maximo tribuuntur. Quinimo pauca ishæc verba, quæ Scholarius ex Maximi colloquio deprompsit, τὸ δὲ Πνεῦμα ἐκ τῆς ὑποστάσεως ἐκπορεύεται τοῦ Πατρός, *Spiritus vero ex hypostasi Patris procedit,* in nostro nusquam occurrunt.

Joannes itaque Damascenus dialogum hunc scripsit contra Manichæos, quando in Syriæ partibus sub Paulicianorum nomine, Paulo et Joanne auctoribus, denuo pullulare atque invalescere cœperunt, ita ut caliphas, seu principes Arabum Mohammedanos, Orientis ea ætate dominos, adversus fideles catholicos exstimularent. Narrat Theophanes Walidum, hujus nominis secundum, sanctissimo Damascenorum episcopo Petro idcirco linguam abscidisse, cumque exsilio multasse, quia contra Arabes et Manichæos scripserat. Id porro imperante Leone Isauro, dum floreret Damascenus noster, contigit. Quin etiam circa Copronymi, Leonis filii, undecimum **429** annum, eodem impio imperatore annuente et duce, multi ex his hæreticis in Thraciam migravere ; unde Bulgariam postmodum infestarunt, tum deinde in Occidentis partes penetrarunt. Horum enim nepotes fuerunt Albigenses in Galliis, et Patarini in Italia. Ne igitur Manichæi astu suo atque vafritie fidelibus illuderent, eorum impia deliria profanaque dogmata præcipua exponit : variis eos argumentis exagitat, innumeras ex principiis ipsorum conclusiones deducendo, quibus persentiscant omnes, hæresim hanc talem esse, quæ non fidei solum, verum etiam probis moribus perniciosissima sit, et rerum publicarum statui et regimini insidietur. Severitatem legum memorat, quæ cum hæreticos alios levibus pœnis afficerent, istos capite atque etiam flammis punirent. Quamobrem Alexius Comnenus Basilium, novorum Manichæorum, qui Bogomili nuncupabantur, antesignanum, igne cremari jussit, ut post Annam Comnenam ejus filiam, Zonaras aliique Byzantini scriptores referunt.

Hic porro dialogus Græce et Latine primum prodiit Basileæ anno 1575 cum aliis Damasceni operibus : Latinæ vero translationis istius parentem agnoscere hactenus non potui : quæ etsi in quibusdam a Græco contextu dissidet, in multis tamen sat elegans est, et auctoris sensum exacte reddit. Anno 1578 eumdem dialogum Basileæ edidit Leunclavius Græce et Latine, cum Legatione Theoriani ad Armenos, et aliis opusculis, quæ omnia de Græcis rursum Latina fecit. Aliam denique ejusdem Dialogi interpretationem elaboravit Jacobus Billius, quæ inter Damasceni nostri opera Parisiis edita est ann. 1577, 1603 et 1619.

S. JOANNIS DAMASCENI

DIALOGUS CONTRA MANICHÆOS.

—

Interlocutores : ORTHODOXUS, MANICHÆUS.

1. ORTHODOXUS. Quandoquidem mutuæ disquisitionis causa, convenimus, ex te quæro, de quonam inter nos agitur? MANICHÆUS. Ut fidei doctrinam explicemus, quo veritatem assequi possimus. ORTH. Vero falsum adversatur, annon? MAN. Omnino. ORTH. Quid ita? MAN. Quia veritas eorum quæ sunt, est cognitio : falsitas autem, ejus quod non est. ORTH. Haud recte respondisti. Nam veritas quidem eorum quæ sunt, cognitio est ; falsitas autem non est cognitio ejus, quod non est? Nam quod non est, ne quidem cognoscitur. MAN. Quidnam ergo est falsitas? ORTH. Eorum, quæ sunt, ignoratio. MAN. Recte dixisti. ORTH. Si igitur veritas, eorum quæ sunt, cognitio est, falsitas autem ejus quod est, ignoratio ; cognitio habitusne est? MAN. Est plane. ORTH. Si cognitio est habitus, ignoratio plane privatio erit. MAN. Imo ignoratio quoque habitus est. ORTH. Quid est ignoratio? MAN. Non habere cognitionem. ORTH. Particula, non, privationemne, an affirmationem, et habitum significat? MAN. Privationem. ORTH. Nunquid non dicimus non ens, id quod non habet ut sit? MAN. Profecto. ORTH. Ergo cum ignoratio nihil aliud sit quam cognitionem non habere ; particula autem, non, **430** privativa sit ; ignoratio proinde privatio est, non habitus. MAN. Optime. ORTH. Cum igitur veritas cognitio sit, habitus quoque erit : eodemque modo cum falsitas ignoratio sit, non est dubium quin privationis rationem obtineat. Sicque veritas habitus erit, falsitas privatio : ac veritas quidem ens, falsitas autem non ens. MAN. Ita sane. ORTH. Malum, falsitasne est, an veritas? MAN. Falsitas. ORTH. Malum ergo est non ens, vereque privatio est, ac nihil : et quemadmodum privatio habitui, sic bono opponitur. Sed ad propositum redeamus. MAN. Age, redeamus.

2. ORTH. Unum dicis rerum principium, an duo? MAN. Duo : unum bonum, alterum malum. Ac bonum quidem, arborem bonam appello, quæ bonum omne contineat, et efficiat, nec fructum malum edere queat : malum autem, tenebras, corruptionem, arborem malam, quæ malum omne vitiique genus omne faciat, nec fructum bonum ferre possit. ORTH. Quidquamne inter hæc duo principia commercii est, necne? MAN. Nihil prorsus. Sed alterum alteri contrarium est. ORTH. Estne unum in alio, aut cum alio ; numve loco discreta sunt? MAN. Discreta primum erant, atque utrumque suis se finibus continebat. ORTH. Quonam igitur pacto nunc inter se commista sunt? MAN. Bonus in loco suo, in omni bonitate et felicitate agebat. Materia autem, hoc est malum, cum sine vita, sine motu, spurca, horrendæ tenebræ, a sensu remota, multis retro sæculis fuisset : tum postea secum ipsa cœpit dissidere, ejusque fructus mutuo inter se pugnare. Cumque alii insequerentur, fugerent alii, ad lucis lines pervenerunt ; ad cujus aspectum, pulchritudinis ipsius cupiditate capti, pugnæ mutuæ finem facientes, unanimi consensu lucem adoriri instituerunt. Quamobrem cum Bonus virtutem ex se emisisset, conserto prælio, tenebrarum principes lucis partem voraverunt. Bonus quippe virtutem illam sibi eripi passus est ; veritus ne suo quoque loco tandem illi potirentur. Hoc autem ea mente fecit, ut per eam partem, quam tradiderat, imperium in

malum obtineret. Sicque boni malique commistio contigit. Nam ex portione boni, animæ; et ex mali substantia, corpora prodierunt. ORTH. Nunc, quæso, hæc una consideremus. MAN. Utique consideremus.

3. ORTH. Ἀρχή, id est principium, quot modis usurpatur? MAN. Id tu ipse edisseras. ORTH. Ἄναρχον dicitur, quod principium non habuit : vox autem ἀρχή (*principium*) æquivoca est. Multa quippe significat. Nam et de tempore principium dicitur. Sic diei principium, solis ortum dicimus : anni quoque principium assignatur. Item de locis principium dicimus, ut viæ principium; et Paradisum, fluminis Physon principium. Quin ἀρχή quoque de dignitate et potentia dicitur : velut regem subditorum ἀρχήν (id est, *principatum*) dicimus [1]. Ad hæc principium dicitur, id quod natura prius est, velut in numero. Etenim si duo sint, necessario unum erit : sin autem unum est, non item duo esse necessum est. Erunt quippe duo, unum et unum : unum autem, duo non est. Ita fit ut unum duorum principium dicatur. Principium de ordine quoque dicitur; ut prima dignitas, lector est, deinde subdiaconus, postea diaconus, tum presbyter, ac demum episcopus. Denique principium de causa dicitur; idque trifariam. Aut enim causa naturalis est, ut principium filii est pater : aut efficiens, ut rei conditæ principium est conditor : aut exemplaris, ut imaginis principium est id a quo imago ducitur. Cum igitur tot modis principii nomen sumatur, id demum vere ἄναρχον, sive principii expers, dicitur [quod nullum principium agnoscit]. Quinam igitur duo principia esse ais, quæ principio careant? MAN. Secundum omnes istos modos. ORTH. Sic utique sine ullo principio erunt. Verum mentitus es contra caput tuum : cumque a falso inceperis, infelicem quoque finem obtinebis. MANICH. Qui tandem? ORTH. Quoniam, cum duo dixeris, a numero incepisti. Binarius autem principium non est. Binarii siquidem aliud principium est, nempe unitas. Quare cum de principio disseris, unum dicas oportet principium, quo perfectum principium sit. Unitas enim binarii principium est. Si igitur duo sunt principia, ubinam principium illud erit, quod natura prius sit, hoc est unitas?

4. MAN. Atqui tu quoque tres personas dicis. Quid igitur est, cur ab unitate incipiendum dicas? ORTH. Etsi tres personas dico, tamen principium unum esse aio. Pater enim Filii et Spiritus sancti principium est; non temporis, sed causæ ratione. Siquidem et Filius et Spiritus sanctus ex Patre sunt, non tamen post Patrem. Quemadmodum ex igne lux oritur, nec tamen ignis lucem tempore antecedit (neque enim fieri potest, ut ignis luce careat), verum ignis luminis illius quod ex se oritur, principium atque causa est : eodem modo Pater quoque Verbi et Spiritus sancti principium et causa est (nam et Verbum et Spiritus ex Patre sunt), nec tamen tempore iis antiquior est. Neque enim fieri potest ut Pater ex Filio sit, aut Verbum ex Spiritu sancto. Quocirca principium unum confiteor, ut Verbi ac Spiritus sancti causa naturalis sit Pater. At tu nec malum ex bono, nec rursus bonum ex malo ortum habere dicis.

5. Quod autem fieri nequeat, ut duo vestra principia temporis ratione principio careant, ad hunc modum cognoscemus. Quod ortum non habuit, immutabile est. Nam si mutatum est, haud omnino ortu caret. Etenim cum ab incorporeo in corpus, aut ab informi in formam, aut ab immobili ad motum, aut a quiete et tranquillitate in dissidium mutatur, incipit fieri id quod ante non erat : eoque fit ut neque principio careat, eo quod cum prius initii expers esset, mutetur in hoc quod esse incipit. Nam quod initium sumit et incepit, principio non caret. MAN. Quid igitur? Tuus ille Deus, annon cum Filium genuit, ac Spiritum produxit, mutationem subiit? ORTH. Minime. Neque enim dico, cum prius Pater non esset, postea Patrem esse factum : sed semper Verbum suum ex se genitum, et per Verbum suum Spiritum suum ex se procedentem habuisse.

6. MAN. Cum posthac universa creavit, annon mutatus est, conditor rerum factus? ORTH. Nullatenus. MAN. Eccur tandem istud? ORTH. Quoniam id omne quod condidit, non ex substantia sua, sed sua voluntate ex nihilo produxit. MAN. At vero cum res conditas exsistere voluit, annon mutatus est, cum id, quod antea non volebat, velle cœpit? ORTH. Neutiquam. Non enim cum prius noluisset, postea voluit : sed semper hoc voluit, ut creaturæ fierent, quo ipse tempore constituerat.

7. Jam quod ne quidem duo esse possint, qui principio secundum locum careant, hoc modo perspiciemus. Duo ista, aut alterum in altero erunt (at impossibile est ut lux et tenebræ simul exsistant; cum lucis præsentia tenebras pellat), aut utrumque seorsim in loco proprio est. Utrumque igitur suo loco circumscribetur, atque unius terminus, alterius initium erit. Verum fieri non potest quin lumen tenebris admisceatur, nisi aliquid sit interjectum, quod utriusque conjunctionem impediat. Opus itaque fuerit, tum lucem ipsiusque locum, tum tenebras ipsarumque locum esse; ac denique id quod interjectu suo utriusque regionem dirimit et secernit. Ita jam, non duo, sed quinque principia erunt.

8. MAN. Quid igitur? annon eadem in tuum quoque Deum, ejusque Filium, atque ipsius Spiritum cadent? ORTH. Minime. Neque enim ego Deum in loco esse dico. Quantitatis enim est expers, atque incomprehensus : nec tres personas inter se disjunctas esse assero. Verum, uti sermo

[1] Vide Dialect. capp. 7 et 59.

qui ex mente gignitur, ab ea non excedit, nec sejungitur, sed in ipsa est : ad eumdem quoque modum Filius et Spiritus sanctus ex Patre et in Patre sunt. Una enim substantia est, nec a se invicem personæ separantur; quemadmodum nec mentis facultates ab ea distrahi queunt. Modo siquidem naturam exsuperante, Verbum et Spiritus, tum inseparabiles Patris facultates sunt, tum perfectæ personæ. Consentaneum quippe est, ut qui Dei naturam omnem excedentis virtutes sunt, modo perinde natura sublimiore personæ sint. Quo fit ut licet tres sint personæ, unus tamen Deus sit, non tres. Mens enim et verbum et ipsius spiritus, una mens est, non tres mentes : sicut nempe rosæ planta, et flos, et fragrantia, horum quodque rosa dicitur, et est; nec tamen tres rosæ numerando dicuntur, sed rosa, quæ radix, et surculus, et flos exsistit.

9. At vero quod nec dignitatis quidem et imperii ratione duo principia sint, ita exploratum habemus. Cum duo duntaxat essent, Deus nimirum et materia, aut alterum alteri dominabatur et imperabat, aut alia quoque erant, quæ duobus principiis subjicerentur, ejusdemque cum illis æternitatis essent; hacque ratione non duo tantum, sed plura principia erunt. Duo nimirum quæ imperent, alia autem quæ subsint. Aut si ejusdem cum principiis æternitatis non erant ea quæ parebant, **433** tempus fuit, quo principia non erant. MAN. Annon tuus hic quoque Deus iisdem absurdis erit obnoxius? aut enim coæternæ illi erant res creatæ, aut ipsius arbitrio subjectæ, aut tempus fuit, cum principatum nullum gereret. ORTH. Nequaquam. Neque enim res conditæ ipsi coæternæ fuerunt, et tamen semper erat Dominus, eritque, ut qui rerum essentias ex nihilo producendi potestate polleat; Verbo nempe suo ac Spiritu oris sui. Nec vero Verbum illius prolatitium est, sed substantivum ac personam constituens; neque os ejus membrum corporeum, neque Spiritus ejus, halitus est, qui in auras abeat : verum illius qui substantiam omnem superat, omnia quoque supra substantiam sunt, etiamsi nos ex his quæ circa nos sunt, ea speculemur quæ sunt supra nos.

10. Quin nec illa vestra duo principia naturalis substantialisve causæ rationem habent. Nam Pater Filii consubstantialis sibi genitor est, sempiternus videlicet sempiterni, incorporeus incorporei. Quocirca si duo vestra principia naturalis causæ ratione rerum omnium principia sunt, omnia certe ejusdem cum vestris principiis et substantiæ et æternitatis erunt. Quod si æterna, non est dubium quin immutabilia et contraria, et ab omni commercio aliena, quæque imperent, non imperio subdantur ; dominentur, non serviant. Sin autem vestra duo principia efficientis rerum causæ rationem habeant; profecto nec animæ ex Dei, nec corpora ex materiæ substantia, sed ex nihilo condita sunt. Nec proinde materia luci bellum intulit, nec partem ipsi eripuit, animasque condidit. Qui præterea fieri potuit, ut quæ contraria erant, atque ab omni inter se commercio abhorrebant, ad unius mundi effectionem convenerint, ac malus quidem corpus, bonus autem animam præparavit, atque ambo hominem, animal unum effecerint. Sin denique principia vestra exemplares causas esse ais : quemadmodum exemplar, imaginis quæ ex illa ducitur, causa est, fit plane ut ea sint mundi alii ad quorum similitudinem mundus iste factus sit. At non una est in rebus species, nec una, aut duæ formæ, sed innumerabiles. Qui ergo fit ut innumeræ species duorum vestrorum principiorum imagines gerant. Ex quo perspicuum est nullo modo consistere posse vestram de duobus principiis opinionem. Sed vel a simplice puerorum turba velim quærite : Binariusne principium est; anne vero unitas? omnino respondebunt unitatem omnis numeri principium esse. O homines pueris pueriliores et insipientiores !

11. At vero rursum sciscitantibus nobis dicite, utrum bonum, stabile, ordinisque tenax sit multorum, an unius imperium? Nemini profecto dubium est, quin multorum principatus, regimen omne tandem submoveat, seditionisque, belli, pugnæ, malorum, ac tandem eversionis imperii causa sit : contra vero unius imperium firmum sit, et æquum, pacemque, et ordinem, et tranquillitatem, et justitiam conciliet, resque in melius augeat. Quamobrem si de vestra sententia duo principia sunt, principii expertia, multiplici adeo principatu res reguntur. Quo fit ut malum rebus præsit, ac **434** proinde unum principium sit, nempe malum. Jam vero quomodo duo illa principia, quæ confinxistis, nihil inter se commune habere contenditis. Nam si hoc exsistit, et illud quoque : et si hoc substantia est principii expers ac sempiterna, et illud similiter, fieri omnino non potest ut nihil inter ea commune sit. Hoc enim inter ea commune est, quod sunt, quod substantiæ sunt, quodque principii expertia principia sunt, ac sempiterna. Sicque modis omnibus doctrina vestra falsitatis convincitur.

12. Ac rursus: Si duo principia principio carentia sunt, utrumque eo quod suum est gaudet et oblectatur; suique conservationem bonum esse censet. Unicuique etenim rei illud bonum est, quod ipsius naturam tuetur. Atque adeo ille quem bonum, et alter quem malum esse dicitis, uterque de seipso gaudet, iisque quæ sua sunt oblectatur. Quis igitur est, qui alterum bonum, alterum malum esse judicavit. Ille profecto Deus potior erit, amborumque præstantior. Deterius enim a præstantiori ; et is qui subest, ab eo qui præest, judicatur.

13. Quin illud quoque dicas velim : inter vestra duo principia aliquidne commune sit, an nihil prorsus? MAN. Nihil prorsus. Siquidem alterum in confertissima bonorum copia versabatur, alte-

rum mediis in malis. Verum permistio postea contigit. ORTH. Supersedeas tantisper velim ab edisserenda ista permistione; ac mihi prius enarres, num ens enti, secundum quod est, repugnet, num vero non ens enti? MAN. Id quod malum est, ei quod est bonum, repugnat. ORTH. Hoc sciscitatus non sum, utrum boni, vel mali ratione, sed an in eo quod sunt, inter se pugnent. Nam ea quæ sunt, haudquaquam omni ex parte pugnant. Siquidem hac ipsa ratione quod sunt, inter se conveniunt. At vero ei quod est, illud quod non est, adversatur. Adeoque, si malum bono sit prorsus contrarium, cum bono soli esse conveniat, malum nec erit quidem. Itaque malum ejus quod est, privatio est, quæ malum nominatur. Quin si bonum essentia est, malum proinde essentia caret: alioquin ex omni parte non adversantur.

14. MAN. Verum, nunquid malum in rebus non perspicitur? ORTH. Malum undique perfectum in rebus non cernitur. Nam nec Deus, qui vere est, aliisque rebus præstat ut sint, malum est; nec quidquam eorum quæ ab ipso condita sunt, qua conditum est ratione, malum est. Quinimo tum rerum universarum causa, tum quæ eo auctore exsistunt, bona sunt. Porro res omnes ab eo ex nihilo sunt editæ: atque *omnia bona*, fuerunt, et quidem *bona valde* [1]. Malum autem nihil aliud est, nisi amissio voluntaria ac privatio eorum quæ naturæ rationabili a Deo concessa sunt: uti paupertas est opum amissio. Nam opulentia est rerum ipsarum possessio, puta, auri, argenti, pellucidorum, variæ vestis, servorum, ancillarum, jumentorum, agrorum, atque id genus aliorum, quorum unum quodque substantia est. Quo etiam fit ut Græce πλούσιος, *opulentus*, appelletur, qui ista comparaverit; veluti πολυπεριούσιος quispiam, seu substantiam **435** multam obtinens. Contra egestas, si aliqua ex parte contingat, alicujus illorum partis amissio erit: si autem omnimoda, omnimoda quoque spoliatio erit: non secus videlicet ac corporis integritas bonum est; unius autem partis amissio, particulare malum; quod quidem non est aliquid exsistens, sed ejus quod erat privatio. Cernitur vero, hoc est consideratur in eo quod est, non tanquam ens, sed tanquam id quod abest. Ex. gr., oculus et visus revera sunt: at cæcitas non est aliquid exsistens, sed ejus quod erat, oculi scilicet, amissio: atque in corpore quod consistit et est, consideratur, non tanquam ens, sed tanquam oculi, qui fuerat, orbitas. Quo fit ut repetita membrorum amissio, mali incrementum dicitur: quanquam malum non est, sed dicitur; atque in reliquo corpore amissorum membrorum interitus consideratur, non tanquam ens, sed ut non ens; nec tanquam habitus, sed ut privatio. Ad eumdem etiam modum malitia, sive peccatum, est voluntaria bonorum eorum, quæ naturæ ratione præditæ a Deo concessa sunt

amissio. Nam in iis quæ ratione atque anima carent, voluntarium dici non potest, sed in illis quæ ratione utuntur. Quocirca malitia nihil aliud est, quam naturalium facultatum abusus. Etenim si viribus illis quæ animæ a Deo tributæ sunt, ad illa utamur, propter quæ ipsas accepimus, hoc est, secundum legem illius qui eas concessit, bonum est: sin autem non ad id, cujus causa eas accepimus, sed contra quam sanxit ille qui dedit, malum. Non quod facultates ipsæ, aut earum usus malus sit, sed quod malus utendi modus et cum largientis Dei lege pugnans. Nam si Deus bonus est, bona quoque est lex ipsius; naturalis scilicet, et quæ ens est ex ente: ejus autem transgressio, exstantis in nobis legis privatio est. V. gr. appetitus, et ira, et actio, et operatio, et quæ his omnibus præit ratio, hæc non mala sunt, sed bona, si ad eum finem, ob quem accepimus, ea adhibeamus, hoc est secundum Dei, qui dedit, legem. Ipsa porro mala non sunt, sed eorum usus, secus ac lege concedentis præscribitur. Etenim si cibo, et potu, et somno, aliisque id generis, servandæ vitæ causa utimur, quodvis horum bonum est. Eodem modo si erga Deum qui solus natura expetendus est, atque erga proximum, quemadmodum lege Dei fertur, appetitu et amore utamur, bonum est. Si insuper procreandorum liberorum causa, ut fert lex naturæ a Deo lata, maritali copula cum uxoribus nostris utamur, bonum est. Sin vero, contra Dei legem, erga aliena appetitum applicemus, malum est. Dixit enim Deus : « Non concupisces agrum proximi tui; non uxorem ejus, nec quæcunque ipsius sunt [2]. » Et quidem ut fornicatio malum sit, non concubitus facit, sed quia cum aliena fit conjunctio. Sic inanis gloria, non in eo mala est, quod gloria ametur; sed quod ea gloria non ametur, quæ ex Deo est [3]. Odium item et ira, si quidem adversus eos qui animarum nostrarum saluti impedimento sunt, et ne cum Deo per obsequentiam copulemur, nosque ab eo abstrahunt; hoc est adversus diabolum, ejusque ministros exerceatur, bonum est. Ait enim : « Nonne qui oderunt te, Domine, oderam, et super inimicos tuos tabescebam? perfecto odio oderam illos, **436** et inimici facti sunt mihi [4]. » Sancti quoque martyres justa adversus tyrannos iracundia inardescebant. Ac si adversus meam ipsius cogitationem a Deo me abducentem succenseam, bonum est. Si quis mihi salutem auferre moliatur, in eum irasci, et hunc odisse bonum est. Sin mundanis in rebus molestiam mihi afferat, cum utilitatis auctor mihi sit, terrenorum scilicet exspoliatione, benevolentia potius, quam odio in eum afficiar. Hominis cædes malum est. Unius enim Dei est animam a corpore disjungere, ut qui ea simul constrinxerit. Cæterum si Dei jussu cædem admittam, bonum est. Etenim bonum est, quidquid est ex bono. Malum

---

[1] Gen. I, 3. [2] Exod. xx, 17. [3] Joan. v, 44. [4] Psal. cxxxviii, 21, 22.

itaque est, usurpare velle quod nostrum non est, sed Dei. Proximum condemnare malum est; Dei enim solius est judicare. Ac proinde malum est iis quibus judicandi munus a Deo concessum non fuit, Dei auctoritatem sibi arrogare. Inanis gloria et superbia mala est; nam Deum solum decet celsitas et gloria. Malum itaque nihil aliud est quam viribus naturalibus contra quam natura et lex ferat, uti: quod quidem substantia non est, sed nostrum quoddam inventum.

15. Nosse etenim operæ pretium est, duplici modo, tam bonum, quam malum sumi. Bonum enim proprie dicitur id quod donatum est a Deo, qui natura sua bonus est. Quemadmodum lumen omne a sole vel igne oritur, ita bonum omne ab infinito illo incomprehensibilique pelago habet esse, ac quidquid a Deo proficiscitur, bonum proprie et vere est. Rursus bonum non proprie, sed ex abusione, et nostra consuetudine, id dicitur, quod nostro sensui et appetitui suave videtur: quod quidem ad tempus aliquod delectat, posthac autem acerbum fructum edit, eo quod adversus Creatoris legem fiat: ac bonum quidem esse videtur, cum non sit, sed proprie malum. Similiter malum proprie illud est et dicitur, quod adversus Creatoris legem perpetratur. Improprie autem, ac nostro more, quod sensui grave est ac molestum: quod quidem licet in præsenti dolorem afferat, attamen postea salutis ac sempiternæ lætitiæ fructum præbet.

16. Dic porro, unumne cujusque rei principium est, an duo? v. gr. unumne est animæ principium et causa, an duo? MAN. Unum. Nam si duo sint, qui tandem ex duobus contrariis unum et idem oriatur? Etenim quæ omnino contraria sunt, nullam inter se prorsus actionem communem habent. Quonam enim modo anima quæ a materia remota est, ex eo erit quod a materia alienum est, simulque ex materia? aut quonam pacto quæ contraria sunt, rem eamdem produxerunt cum inter se dissentirent? Etenim quæ suapte natura contraria sunt, id habent ut nihil inter ipsa commune esse possit. ORTH. Recte dixisti. Cujuslibet ex iis rebus quæ sunt, unicum est principium. MAN. Omnino. ORTH. Ipsum esse, principiumne est tuorum duorum principiorum; an contra ex duobus principiis ortum habet? MAN. Quorsum istud tendit? ORTH. Si principia tua ex ipso esse orta sunt, en principium unum, non duo. Si namque esse, principium illis unum exsistendi est, fit sane unum principium esse. Non enim quoquomodo **437** esse, hoc est bonum vel malum esse: sed ipsum esse simpliciter duplicis tui principii principium erit. Sin autem ex tuis principiis ipsum esse ortum habuit, duo contraria ejusdem rei principia erunt. Quemadmodum enim simplex essentia, una cum sit, diversarum qualitatum capax est, atque hac ratione multæ essentiæ dicuntur: sic etiam esse simpliciter, licet unum sit, tamen cum in di-

versis rebus consideretur, hoc efficit, ut essentiæ multæ ex eo per denominationem nuncupentur. Statuo igitur eorum quæ invicem contraria sint, actionem communem esse non posse: neque ex duobus, ac præsertim contrariis, sed ex uno duntaxat principio ortum habere. Non enim esse cute antiquius erat (in quo siquidem consideraretur?), verum esse in eo quod sine principio est consideratum, in ipso, et ex ipso tanquam ex auctore exstitit. Ipsius igitur esse unum tantum principium est, cui nihil prorsus contrarium adversatur.

17. Ac rursus: Motus cujuslibet rei unumne principium habet, an duo? (Principium autem hic intelligo, tam substantiale, quam efficiens, ac locale et temporale. Substantiale autem ad cujusque ortum spectat; temporale autem, indicat quo tempore inchoatum sit; locale, a quo loco unumquodque moveri inceperit; efficiens denique, ex qua vi operetur id quod agitur. Primum est hominis exsistentia; deinde ex quo exsistat tempore: tum a quo loco moveri cœpit: puta ambulare, atque ambulandi facultate uti). MAN. Unum. ORTH. Optime vero. Neque enim fieri potest, ut duo exsistentiæ rei unius principia sint. MAN. Non sane. ORTH. Istudne singulatim in rebus omnibus consideratur, necne? MAN. Singulatim in rebus omnibus. ORTH. Quod igitur singulatim in unaquaque re perspicitur, id in omnibus quoque communiter considerabitur: v. gr. quod quilibet homo habet, hoc tota quoque hominum natura habet, puta vivere, ratiocinari; et quod quævis essentia habet, hoc et communis habet essentia: nimirum ut per se exsistat, nec esse in alio habeat. Ergo eodem etiam modo, si res singulæ ex uno principio ortæ sunt, universæ quoque ex uno principio prodierunt, ac non ex duobus: sicque non duo principia erunt, sed unum.

18. MAN. Quid est quamobrem Deus principio careat? ORTH. Quia id quod non est, a seipso esse non habet. Quod porro a seipso esse non habet, quomodo a seipso erit? Necesse est igitur, ut quod non est, ab aliquo quod sit, accipiat esse. Ita fit ut primum illud quod rebus aliis ut sint tribuit, atque a seipso habet ut sit, omnis expers sit principii.

19. MAN. Eccur principium unum erit, non duo? ORTH. Quoniam binarius ab unitate tanquam unitatis fetus progreditur, et binarii origo unitas est, ac binarium prorsus antecedit unitas. Et quia unum rei cujusvis est principium, unum quoque totius universitatis principium erit. Nam quæ pro singulis quibusque rebus ratio redditur, nihil est, cur pro universis non reddatur.

20. Ad hæc, si duo principia sunt, multorum est principatus. Si multa principatum habent, est seditio. **438** Si seditio rerum principium est; malum exsistit principium rerum. Seditio enim malum est. Jam vero consentaneum est, Deum omni

hus quæ dicuntur, aut cogitantur, majorem esse, ac potiores partes habere utrumnam majus et præstantius est, ex nihilo, ut Deo dignum est, res condere; an humano more per effectricem, vel potius fabrilem artem in materia versari? MAN. Præstantius omnino est ex nihilo res condere. ORTH. Ergo Deo naturas ex nihilo creare convenit : neque erat materia, sed a Deo producta est.

21. MAN. Deus quovis modo principii expers est? an aliqua ratione expers est, aliqua non? ORTH. Si non omni ratione principii est expers, simul et principii expers est, et non expers. Si vero omni ex parte sine principio est, vere et natura principii expers exsistit. Quod autem principium non habuit, nec finem quidem habiturum est. Siquidem finis quoque unum principii genus est. Itaque quidquid initium habuit, suapte natura finem quoque habebit : ac rursus quidquid finem habet, et initium habuit ; unde ipsi quoque angeli, cum ortum habuerint, finem etiam sua natura habent, tametsi divina gratia esse rursus incipiunt ac renovantur. Quemadmodum enim corpus semper mobile, hoc est sphæricum, cum moveri cœpit, a loco incepit : cum autem ad locum pervenit, unde incepit, circumductum suum et orbicum motum absolvit, ac rursus motum auspicatur, novumque motus initium facit ; atque ita moveri pergit, quoad is voluerit, qui ipsum moveri jussit : eodem modo angeli quoque, qui vitali motu agitantur, cum ad naturalem exstantiæ suæ metam pervenerunt, Creatoris jussu vitalem motum suum rursus inchoant. Semper enim a Deo, tum ut sint, tum ut vitali et intellectuali modo moveantur, accipiunt ; cum id suapte natura minime habeant. Velut enim trochus impulsus movetur, ac tandem desinit ; quod si perpetuo impellatur, perpetuo quoque movetur, etiamsi a se motum non habeat : sic perinde angeli, cum a seipsis, ut sint non habeant, tantumdem moventur, quantum illos conditor movet : quod si ille movere desierit, moveri desinent. Itaque quod initium habet, omnino et finem habet : ac vicissim quod finem habet, id quoque habet initium. Quodque natura principii expers est, omni ex parte est principii expers ; hoc est, et causæ, et temporis, et loci, et potentiæ ratione.

22. Quocirca⁷ duo principia, vel alterum in altero erunt, vel loco circumscribentur, nec carebunt principio. Qui porro lux et tenebræ, alterum in altero esse queant? Lux enim tenebras tollit. Quod si fines suos lux, fines item suos tenebræ habent, jam nec lux circumscriptionis expers est, ut quæ ubique non sit : nec etiam tenebræ. Ita nec omni ex parte principio carebunt, ut quæ locale principium habeant. Fieri vero non potest ut lux et tenebræ, nisi sit aliquis veluti murus interjectus, mistionis prorsus expertes sint. Etenim si

A noctu lucernam accendamus, locus ille, qui lucernæ propinquus est, splendidior erit : obscurior vero, qui paulo remotior, quoad lux omnino deficiat, ac puræ **439** ab omni luce tenebræ flant. Aut enim a principio tenebræ luci admiscebantur, sicque hæc prorsus inter se contraria, et ab omni fœdere et commercio aliena non erant : aut aliud quiddam interjectum ab initio erat, quod ea secerneret : atque ita non duo duntaxat, sed tria principia erunt. Jam vero quod natura comparatum est, mutari nequit : quod autem mutatur, natura non est. Quocirca si hoc natura ferebat, ut inter lucem et tenebras nihil commune esset ; qui postea factum est ut commercium inter se habuerint? Quonam modo ex bono et malo animal unum, homo nempe, effectum fuit? Nam si convenerunt, sane commercium inter se habuerunt. Concursus mutuo enim sententiæ communicatio est. Sicque nec bonus pure ac plene bonus permansit, nec malus, malus : sed uterque mutatus est. Quod porro mutatur, id nec principii est expers, nec Deus. Deus enim, cum prævideat omnia quæ in nostra potestate sunt, quidquid in ea positum non est, id demum præfinit.

Ac rursus : Id quod est, eine quod est, an ei quod non est, adversatur? MAN. Ei quod non est. ORTH. Ergo e duobus principiis, quæ tua ratione atque sententia prorsus inter se contraria sunt, alterum erit, alterum non erit.

23. Insuper : Id quod est, eine quod est adversatur? MAN. Malum esse, et bonum esse, hæc sibi adversantur. ORTH. Igitur uni et eidem contraria simul insunt, ac simul essentiam habent. Quomodo igitur contraria sunt. MAN. Non ens ne nominari quidem potest. Prius enim aliquid esse oportet, ac deinde nominari. Quonam itaque pacto, id quod non est, cum eo quod est, pugnat? Nam quæ inter se pugnant, primum ut sint necesse est, ac deinde ut pugnent, tumque pugnantia nominentur. Quod autem nequidem est, cur etiam nominari queat? ORTH. Cum non ens dixisti, nominastine, annon? MAN. Nominavi, sed per negationem, non per affirmationem. ORTH. Affirmatio habitumne significat, atque negatio privationem? MAN. Certe. ORTH. Malum habitusne ratione dicitur, an privationis? MAN. Habitus ratione. ORTH. Bonum item habitusne, an privationis ratione dicitur? MAN. Habitus ratione. ORTH. Ergo malum bono non prorsus adversatur. Neque enim habitus habitui contrarius est? MAN. Quid? Annon morbus enim sanitate pugnat? ORTH. Ita quidem ; sed ut privatio cum habitu, et defectus cum integritate. MAN. Et quid ais? ORTH. Pari modo ipsum etiam malum privatio potius erit, sicque bono contrarium, veluti privationi habitus. Malum enim aliud nihil est, quam boni privatio, et omnimodum malum, omnimodi boni privatio. Ac proinde malum,

---

⁶ Damasc. lib. i, cap. 8; lib. ii, cap. 5 et 6.   ⁷ Id. lib. iv, cap. 4.

non ens potius, veluti naturalis habitus privationem, quam ens dicimus.

24. Quidnam igitur esse materiam dicis; vitamne an corruptionem ac mortem? Num motum, et in motu positam? an omni destitutam motu, atque immobilem? lucem, an tenebras? MAN. Corruptionem et mortem, motus absentiam atque immobilem, tenebras, non lucem. ORTH. Si igitur corruptio est, quonam pacto fructus produxit; quonam pacto vixit? corruptio enim non vivit, nec vitam habet, aut impertit. Nam quod quis non habet, qui tandem hoc aliis dare possit? quo item modo, quæ motu carebat, impulsa fuit, ut ad lucis fines pervenerit? Quis dedit ei vitam et motum? si bonus : at hic certe nec bonus, nec sapiens fuerit. Non bonus, qui malo vitam et motum dedit, non sapiens et prudens fuerit, qui sibi bella et molestias facessiverit, malum, quod tranquillum et quietum erat, adversum se concitando. Dissidiorum enim ipse ac malorum auctor exstitit. Sin autem bonus non dedit, alter dederit necesse est. Ita non jam duo, sed tres erunt. Nam quod quis non habet, hoc a se consequi non potest. MAN. At potentia vitam habebat et motum. ORTH. Si potentia vitam et motum habebat; ergo potentia quoque bona erat : siquidem vita et motus inter bona sint censenda. MAN. Mali vita et motus, non bonum, sed malum est. ORTH. Quod a potentia ad actum transiit, mutationi subest, ortumque habet, nec initio caret. Ut cum potentia vitam et motum haberet, actum posthac habuerit. Si autem ipsius vita ac motio mala est, potentia utique, non actu, mala erat : sicque malum principii expers non erit. Sin autem ipsius vita et motio bona est : ex malo igitur in bonum transit [a]. MAN. Quid vero? annon unius corruptio, alterius generatio est? ORTH. Corruptio haudquaquam generatio fit [b], sed [materia] a Deo jussu ipsius, ex nihilo condita, mutationi obnoxia est, ut quæ a mutatione initium sumpserit (mutatio enim est, a non esse ad esse prodire). Ea porro quorum esse a mutatione initium habuit, mutationi prorsus, atque alterationi obnoxia sunt. Cum itaque materia mutari possit, divino imperio vitam accipit, corruptionem admittit, rursusque reviviscit. Ac proinde non corruptio generationem efficit, sed divinum imperium vitam dat et producit.

25. Dicas vero et istud quoque : lucis fines, suntne luce pleni, necne? MAN. Cuivis perspicuum est, luce plenus esse. ORTH. Nunquid lux et tenebræ sese invicem admittere possunt, necne? MAN. Admittere se invicem possunt. ORTH. Ergo non natura sunt, id quod sunt. Etenim quod natura comparatum est, non mutatur. Nam et quæ natura vita est, mortem admittere nequit. Quonam igitur modo tenebræ sic cum luce versatæ sunt, quin dissipatæ fuerint? Illud item quæro, locus lucis bonone ac lumine plenus erat, annon? MAN. Plenus erat. ORTH. Qui igitur capi atque contineri tenebræ potuerunt? neque enim vas unius modii, duos modios capere queat.

26. Deinde tenebrarum fructus lucis fines ingressi, quid egerunt, aut quid passi sunt? MAN. Lucem viderunt, ipsiusque admiratione capti, hanc adoraverunt, cœperuntque deperire. ORTH. O vos tenebrosos et stolidos! Tenebræ cæcæ sunt, an lucis capaces? MAN. Cæcæ. ORTH. Quinam ergo id quod cæcum est, videre possit? quove pacto quod omnino malum est, boni admiratione afficietur, et illud appetet?

27. Tum vero; hæc duo principia sesene invicem corrumpunt? MAN. Maxime. ORTH. Ergo non malum solum corruptio est, sed etiam bonus. MAN. Malum corruptio est, bonus autem vita. ORTH. Igitur malum quidem bonum corrumpit, nec vim ei ullam subsistendi tribuit : bonus autem malo vitam impertit. Sicque malum exsistet, ac contra bonus interibit. Materia itaque, ut a te superius dictum est, malum, et corruptio, et mors est. Malum vero, si aliis est malum, sibi vero ipsi, bonum, seipsum quidem conservat, nec proinde omni ex parte malum est, nec in totum corruptio. Nam qua ratione sese tuetur, hac certe malum non erit. Sin prorsus malum ac corruptio prorsus est, sibi etiam exitium affert, atque in nihilum cedet. Sed jam permistionis illius, de qua loquebaris, sermonem nobis explica.

28. MAN. Erant, ut aiebam, Deus et materia, uterque in suis finibus; Deus nimirum, vita, lux, motus, cognitio, intelligentia, atque omne bonum : materia autem, malum, corruptio, tenebræ, mors, pacata et quieta, motusque omnimode vacua. Multis deinde sæculis elapsis, materia tum secum ipsa, tum fructus ipsius, mutuis dissidiis inter se pugnarunt. Quo factum est ut, dum alii insectarentur, fugerent alii, ad lucis fines pervenerint. Atque, ut dixi, Deus et materia, hoc est duo principia, erant : ac lucis quidem portio anima est, tenebrarum autem et materiæ opus, corpus. Porro commistio, ad hunc modum contigit : utrumque horum seorsim erat; bonus in una parte, malus vero in tribus. Postea malus inordinato quodam impulsu commotus, finibus suis excedens, ad boni fines accessit. Quod ubi bonus agnovit, virtutem quamdam, quam *vitæ matrem* vocant, ex se protulit : hæcque vitæ mater primum hominem produxit. Hunc porro primum hominem appello, quinque elementa, nimirum aerem, ventum, lumen, aquam et ignem : quæ cum ille induisset, abiit, bellumque cum tenebris gessit. At vero tenebrarum principes armaturæ ejus partem, hoc est animam, deglutierunt. Quin et primum hominem detinuerunt : qui cum ab ipsis in tenebras detrusus, excruciaretur, boni ope implorata,

[a] Lib. 1 *Physic.* cap. 8. [b] Lib. 1 *De gen.* tit. 17 et 20.

virtutem ille alteram edidit, quæ *Spiritus vivens* dicebatur: atque ita descendens, ipsum porrecta dextra in altum vexit. Interim tamen portionem quam voraverant principes, animam scilicet, in terra reliquit. Nam ex boni portione, animæ, et ex mali substantia, corpora producta sunt.

29. ORTH. Si, ut divinus Apostolus ait [10], nulla cum tenebris est luci societas, qui fieri potuit ut anima et corpus inter se miscerentur? Id enim esse impossibile, vel ipsa experientia, quæ vanis sermonibus valentior est, edocet. Qui enim tenebræ in lucis fines ingressæ sunt, quin prorsus dissolutæ fuerint?

Ac rursus: Quonam pacto in lucis regione locus fuit, qui tenebrarum capax esset.

442 Ac præterea: Si solers, sagaxque bonus erat, cur mali incursum ante non sensit, locumque suum præmunivit? Nam si nec sagax, nec præscius fuit, stultus profecto erat. Stultum porro quonam modo bonum dixeris?

Insuper, si tenebræ universæ in lucis regionem ingressæ sunt; ergo ipsarum locus vacuus mansit. Sin autem earum quædam duntaxat portio, qua ratione portio cum vicit, qui a bono adversus eam pugnaturus missus fuerat? imprudens enim fuerit, qui imbecilliorem contra fortiorem miserit: aut certe bonus, infirmus; malus vero, illo fortior.

Ad hæc, si bonus ultro sui portionem, sive animam prodidit, bonus utique non est, qui bonum malo prostituerit. Quanam autem ratione, cum animam ipse malo dediderit, eos postea damnare queat, qui malo se manciparint? omnino quippe dicturi sunt: Tu nos ipse tradidisti. Sic judicium omne sublatum est. Sin autem ipso nolente mali principes partem ipsius corripuerunt, imbecillior atque imperitior est; tum, quia sui partem amisit, tum quia id quod raptum sibi fuerat, recuperare non valuit. Nam si ab initio non potuit, hoc profecto nunquam poterit.

Jam vero, quonam modo apprehensos malitiæ principes in crucem egit, exque eorum carnibus homines, et ex ossibus, montes condidit; cum interim abreptam sui portionem ipse non receperit? in quo etiam judicium tollitur. Sic enim qui peccant, extra culpam sunt. Nam cum ipsemet sui portionem recuperare nequiverit, quinam animæ, quæ tyrannide oppressa est, poterit quin peccet? ac proinde insons erit. Quod si postremo tandem bonus malum tanquam catenis devincturus est, prorsus quoque animam recepturus est, nec pœnis afficietur homo.

Rursus: Si corpus in causa est, cur anima peccet, anima ipsa culpa vacat.

Deinde: Corpus morte exstinctum non peccat: ergo non a corpore, sed ab anima peccatum proficiscitur.

30. De materia, sit ne corporis expers? — Illud porro nobis, o Manichæi, dicite: Malum illud, quod principii expers esse censetis, ac materiam appellatis, corporene vacat, et compositione: an corpus, ac compositum est? Ac si quidem corpore vacat, qui materia esse queat: cum materia non sit incorporea? An fortassis dicturi estis, corpoream quidem illam non esse, cæterum corpus confecisse. Quærimus itaque ex vobis, ex suane substantia, an ex nihilo? Si ex sua substantia dixeritis, a vero sermo vester abhorrebit. Si quidem ex ea substantia quæ corpore vacat, corpus minime progredietur. Nam quod natura insitum est, in aliud non migrat: nec ulla substantia ex incorporeo in corpus vertitur, nec ex corpore in incorporeum, nec ex rationali in rationis expers, nec ex rationis experte, in rationis particeps. Neque enim essentialis qualitas submoveri potest. Quæ autem mutantur, accidentis ratione mutantur: quæ quidem accidentia adsunt et absunt citra subjecti corruptionem. Quod si ex **443** nihilo dixeritis; illud rursus a vobis quæram, quidnam causæ sit, quare cum incorporeus et malus esset, de malis commistionem illam non fecerit? cur non animas quoque natura malas fecit, quemadmodum et corpus, quod natura malum esse asseritis? Quidnam causæ est, quamobrem nequitiæ suæ partem boni admiscuerit? Neque enim bonus hoc fecit. Ex quo conficitur, ut non plene, nec prorsus malus, sed quadam ex parte bonus sit. Atque hæc a vobis afferri queant, si cum corpore vacare dixeritis. Sin autem corpus est, quonam pacto motus fuit? Omne siquidem corpus secundum se consilii expers et mortuum est? Quinam ergo motus est? Quis ipsi motum dedit? Num bonus? Atqui nec bonus, nec sapiens, nec providus sit, qui malo motum indiderit. Quod si compositum dicatis, illud animadvertite, quidquid compositum est, id facile dissolvi posse. Quin, simplicia quoque prius esse necessum est, quam compositio exsistat: quemadmodum prius picem seorsim, ac ceram item seorsim esse oportet, ut ita demum ceropicis compositio fiat. Erunt itaque mali principia duo, non unum.

31. Dicite itaque, o Manichæi, num duo principia vestra nihil omnino commune habeant, an in quibusdam conveniant, et in quibusdam dissideant? Etenim si nihil prorsus commune habent, unum erit, et alterum non erit. Sin autem quatenus sunt, catenus inter se conveniunt, tum alterum in altero exsistent; uti substantia et accidens, siquidem accidens per se non subsistit: sic color absque corpore exsistere nequit. Corpus porro substantia est, color, accidens. Accidens autem absque subjecti corruptione accedit atque decedit: nimirum immutato colore, corpus idem manet. Utrumlibet igitur vultis, substantiam dicite:

---

[10] II Cor. vi, 14.

utrumlibet rursus accidens. Quod si utrumque substantia est, illud scitote, substantiam a substantia non dissidere, nec substantiam substantiæ adversari, nisi accidentis ratione. Quocirca si et malus et bonus sunt, et ambo substantiæ sunt, immutabilis, efficax, creatrix; ambo certe substantiæ ratione unum sunt, et qualitate sola different.

Rursumque: elementa, annique tempestates, et cœlum, et terram, mareque eodem se modo semper habere cernimus; noctemque ac diem, solis ac stellarum motus, et imbres, quæque terra producit, certa ratione ac serie constituta atque gubernata. Proinde si duo inter se contraria principia sunt, quonammodo omnia rite gubernantur, si non amicitiæ fœdus intercessit?

Deinde: si materia seipsam consumebat, quanam ratione movebatur? si autem ad sui ipsius consumptionem impellebatur, quonammodo ad lucis fines se contulit?

Quin etiam, si deorsum fertur materia, naturalisque ipsius locus, inferiores ac tenebrosiores partes sunt, quonam pacto, cum ad lucis regionem pervenit, a suamet natura excessit?

Præterea: cum tenebræ cæcæ sint, qui fieri potuit ut lucem cernerent?

Ad hæc: si ordinis ac mentis expers est materia, quomodo principes habet? quomodo pugnare potest 444 cum illo quod ratione atque ordine præditum est? Aut etiam pugnando usque adeo superior est, ut sapienti aliquid eripiat, nec ipsi interim quidquam adimatur. Quod si bonus Deus ea ratione partem sibi auferri passus est, ut eam regionis suæ aditu prohiberet, imbecillis profecto fuit: quinimo malus quidem robore præstat, bonus autem dolos nectit. Qui porro vel bonus, vel Deus esse queat, qui dolo, non viribus utitur?

Jam, quod semper eodem modo se habet, hoc veritas est: veritas autem bonum est. Quod autem principii expers est, nullam recipit mutationem. Quocirca si materia principio caret, mutationis quoque expers erit. Si est mutationis expers, semper eodem modo se habet. Si semper eodem modo se habet, veritas est. Si veritas, ergo bonum.

Contra, si mutatio in materiam cadit, vel ex bono in malum vertitur, cumque prius bona esset, mala posthac effecta est; vel ex mala in bonam; et cum ante mala esset, postea bona facta est. Mutatio enim in contrarium ducit.

Sempiterna substantia mutari nequit. Haud enim ex nihilo ad hoc ut exstet perducta est. Cujus porro rei exsistentia ex progressu non est, substantia est immutabilis. Quocirca Deus, cum bonus et sempiternus sit, mutabilis non est: verum semper bonus est, et ea quæ facit, bona sunt. Neque enim fieri potest ut ex bono mala exsistant, tametsi ea efficiat, quæ mutationi subsint: eo quod videlicet res ex nihilo ad id ut exstent productæ. Quo fit ut ea, quæ ratione utuntur, mutationi quidem subjaceant, quia ex nihilo condita sunt; cæterum arbitrii sui sint, quia ratione utuntur. Porro quod ea quæ sunt arbitrii libertate prædita, sic maneant, quemadmodum creata fuere, hoc est bona, serva, grati animi, ac ei subjecta a quo condita sunt, hoc demum creatæ naturæ virtus exsistit. Virtus namque est, naturæ suæ finibus se continere. Ac proinde libera voluntate diabolus mutatus est, dum magnam quidem rem, sed non recte concupivit. Magnum enim est Deum esse: sed malum ei, qui Deus non sit, ingratum se ac perfidum factori suo præbere, naturamque suam excedere, volendo id esse quod fieri nequit. Neque enim fieri potest, ut qui ortu non careat, Deus sit: aut qui initium habuit, initii expers fiat. Atqui hoc affert appetitio rei, quæ minime conveniat, ut iis etiam quibus præditi sumus, spoliemur.

52. MAN. Quænam est diaboli malitia? ORTH. Ipsius in creatorem perduellio. Deus enim ipsi dedit, ut esset, tum ne servi defectionem timere videretve, tum ut nos doceret malos etiam beneficiis afficere. Non solum enim ipsum condidit, sed etiam mundi principem fecit. Quin ipsum[41], si bonus esse vellet, excepturus, beneficiisque aucturus esset. Quocirca nec eum, cum e medio tollere posset, sustulit; sed ejus dementiam tolerat, benigne et largiter ei præbens ut sit; quod quidem ipse solus præstare potest. Ut autem is bonus fiat, non Dei solius est, sed ipsius quoque operam desiderat. Nam quod per vim efficitur, nec boni, nec virtutis nomen obtinuerit.

445 53. Quod si quæras, quid causæ sit cur Deus illi permiserit homines impugnare; hæc respondeo: quia id utilitati ipsorum conducebat. Multi quippe ejus opera coronantur. Quod si multos quoque perire dixeris; hoc rursum dicam, quod sicut diabolus ipse, sine alterius cujuspiam impulsu, suopte consilio malus fieri potuit; id quod ipsius quoque crimen atrocius reddit: sic etiam homo, tametsi nullus fuisset, qui scelus suggereret, per seipsum malus fieri poterat: ex quo ipsius peccato cumulus accessisset. Majori enim excusatione et venia dignus habetur, qui alterius suasu, quam qui suopte nutu peccat. Nam qui suopte consilio peccat, huic nullus excusationi locus est: quemadmodum qui virtutem a se colit, majorem laudem consequitur. Ac proinde diabolus, qui suopte nutu peccavit, omnis pœnitentiæ exsors mansit: homo autem, quia non ipse ultro, sed ex diaboli insultu peccavit, pœnitentiam habuit, donumque renovationis et remissionis peccatorum accepit. Hoc itaque ipsum quod est, bonum est, ac Dei munus.

54. MAN. At vero, cur Deus, cum diabolum malum fore prænosset, eum creavit? ORTH. Exi-

[41] Lib. II *De fide*, cap. 4.

mia ac singularis bonitas in causa fuit, cur ipsum crearet. Sic enim [12] est secum locutus : Quandoquidem iste malus futurus est, omniaque, quibus eum afficio, bona perditurus ; egone quoque ipsum bono prorsus spoliabo ac delebo? Minime. Verum, quamvis ipse improbus sit futurus, ego tamen a mei participatione non excludam : sed bonum unum ei largiar, ut mei per hoc ipsum particeps sit, quod exsistat, hocque nomine quod sit, in mei, qui bonus sum, partem veniat. Neque enim præter Deum ullus est, qui res ad hoc ut sint contineat et conservet. Ipsum namque esse, bonum est, Deique beneficium.

35. MAN. Quod sint ea quæ sunt, ex Deo bono esse ais : igitur si rebus omnibus esse bonum est, ut a Deo bono concessum, diabolo quoque esse bonum est. ORTH. Omnia quæ sunt, a Deo ut essent, acceperunt. Cuncta porro quæ unicuique a Deo concessa sunt, bona sunt. Nam quæ a bono dantur, utique bona sunt. Malum autem nihil aliud est, quam bonorum, hoc est eorum, quæ a Deo data sunt, abjectio. Quamobrem illi, qui a Deo vel hoc ipsum duntaxat quod sint, habent, boni aliqua ex parte atque extrema saltem conditione et linea participes fiunt : quo fit ut diabolo bonum sit quod exsistat, ac per hoc ipsum quod sit, boni particeps fiat. Esse itaque bonum est : at bene esse, melius ac præstantius. Perfectus enim exsistendi status est sanum esse : at in morbo versari et esse aliqua ex parte, malum et corruptio est. Non enim omni ex parte interitus accidit, sed ex parte quadam exstantia, et ex parte interitus. Contra non esse, absolutum malum est. Prorsus enim non esse, penitus interiisse est. Quocirca esse, et bene beateque esse, bona sunt, a Deo auctore provenientia. At malum ex bono fieri, ab consilio proficiscitur illius, qui talis evadit. Quæ cum ita sint, Deus pro singulari sua bonitate, malo quoque, quæ bona erant, nimirum esse, necnon bene esse concessit.

36. Crimini nobis, o Manichæi, vertitis, ac quæritis, eccur Deus cum diabolum malum fore prospiceret, eum fecerit. At pluribus ostendi [13], si naturalis juris ratio spectetur, recte eum conditum fuisse. Secundum enim naturæ seriem præstat, vel tantummodo esse, atque hac ratione boni participem esse, quam non esse. Siquidem ipsum esse, a Deo proficiscitur, qui solus est semper ac bonorum largitor. Porro quod ex bono proficiscitur, id prorsus bonum est. Quod si satius futurum fuisse dicitis, ut non exsisteret, quam factum quidem esse, at sempiternis pœnis mulctari; hoc a nobis responsi feretis; pœnam illam nihil aliud esse, quam nequitiæ cupiditatem, et peccati ignem, flammamque frustratæ libidinis. Non enim Dei, sed vitii affectu ardent, qui ita affecti sunt, ut eorum perversitas nullam admittat mutationem. Illic enim nulla malitiæ ac peccati actio futura est. Neque enim edemus, neque bibemus, nec vestiemur, nec matrimonia contrahemus, nec opibus affluemus, nec invidia vigebit, aut aliud ullum vitii genus. Quocirca dum concupiscunt, nec tamen eo quod cupiunt, frui possunt, cupiditatis suæ tanquam flammæ cujusdam ardore flagrant. Contra, qui boni, hoc est solius Dei, qui vere ac sempiterne est, desiderio tenentur, eoque potiuntur, pro desiderii sui modo, quo re cupita fruuntur, voluptatem sentiunt. Ac quidem vere bonum illud est, quod naturæ bonum est : etiamsi aliquantulum, nimirum secundum quod est, boni particeps sit. Bonum autem apparens, non natura bonum, sed malum est. Non est viri justi, rerum conditarum fruitionem conditoris fruitioni, suamque voluntatem conditoris anteferre voluntati ; nec boni, id quod bonitatis tantum speciem habet, quodque malum potius esse probavimus, eo quod natura bonum est, antiquius habere. Deus igitur eum potius esse, ac vel minimam boni partem habere maluit, quam ut ob malum, hoc est ob iniquam ejus cupiditatem, animique cruciatum, hac quoque exigua boni parte privaretur. Neque enim Deus instar nostri, quorum stolidum est judicium, judicat : sed ut veræ justitiæ ac bonitati consentaneum est : nec nostris obsecundat affectibus, nec propter commiserationem, ut existimatur (cum tamen vere præpostera quædam indulgentia sit) jus et æquum prodit.

37. Insuper : Deus ea quæ nondum sunt, vocat ; et quæ futura sunt, velut jam facta perspicit ac judicat. Quemadmodum judex [14], in eum qui scelus aliquod admisit, merito animadvertit : ac nisi animadvertat, iniquus est ; neque ipse in causa est cur ille peccarit, aut puniatur ; verum ejus qui peccavit, voluntas : sic Deus enim, qui futurus erat, tanquam jam ortum intuens, ut exstaret, decrevit, utque si malus evaderet, ipse sibi pœnarum auctor fieret. Unde etiam eum condidit, et bonum condidit. Verum ille propria electione malus factus est, sibique ipsi supplicium accersivit ; imo, ipse seipsum excruciat, dum ea quæ non sunt, expetit. Quod autem Dei præscientia diabolo causa non fuerit, ut malus fieret, hinc constat. Nam nec medicus, dum futurum morbum prænoscit, morbi causa est : quin potius morbi causa, in immoderatæ vitæ ratione consistit : medici vero præcognitio, eruditionis ipsius argumentum est ; prænotionisque causa hæc est, quod ita futurum erat. Quod autem se ita res habeat, Apostolus declarat inquiens : « Qui vocat ea quæ non sunt, tanquam ea quæ sunt [15]. » Quin illud scire necessum est, animam, ut e corpore excedit, ea jam conditione esse, ut mutari non possit, sive boni desiderio, sive mali affecta sit [16].

38. Præter hæc autem omnia, bonum dicimus id

---

[12] Lib. IV De fide, cap. 22. [13] ibid. Vid. Hieron. lib. III Cont. Pelag., cap. 2. [14] Lib. II De fide, cap. 30. [15] Rom. IV, 17. [16] Lib. II De fide, cap. 2.

quod Deus vult. Ut enim lumen a sole oritur, ita bonum ex Deo. Quare quidquid bonus vult, bonum est: idque demum bonum est, quod ipse vult. Judex Deus est, non nos Dei judices. Quid igitur censoriam in eum virgam arripimus? Deus motu percellitur, trepidat ac timet? Deus ille non fuerit, quam metus exagitat.

39. Si sol et luna tanquam navigia quaedam sunt, quae partem, quam materia Deo eripuit, evehant: ergo nec sol, nec luna prius erant, atque homo in tenebris versabatur.

40. Si afflictio opinione vestra mala est, voluptas et oblectatio bona sit necesse est. Quod si ita est, bona igitur fornicatio, ingluvies, caeteraque quae perpetrantem voluptate afficiunt: contra ea omnia quae molestiam afferunt, ut continentia, inedia, vigiliae, aliaque id genus, mala sunt.

41. Qui Deo diluvii excidium, et Sodomitarum conflagrationem, Pharaonisque emersionem crimini datis, cum erudiendi causa haec illata sint, hunc potius accusate quod aeterne puniat.

42. Quod ex sua quis substantia producit, non est creatura, secus autem quod ex nihilo. Itaque si malum vim habet creandi, ex nihilo producit, nec jam ex materia corpus ortum trahet. Si autem ex materia, hoc est ex mali substantia, si quidem initio malum careat, immortale prorsus et immutabile est. Quod enim non incepit esse, ne finem quidem, aut mutationem habiturum est. Sin vero mutationi et corruptioni obnoxium est, initio minime caret. Porro si malum mutari nequit, corpus quoque, quod ex ejus substantia ortum est, corruptionis et mutationis expers erit. Cujus igitur erit corruptio et malitia? Non enim est dubium quin corruptio aliquid corrumpat, aut corruptio non erit. Porro si bonum perpessioni obnoxium est, perpessioni quoque bonus obnoxius erit. Quod si ita est, quinam velim perfecte bonus esse queat. Quin si bonus a materia corrumpitur, ad nihilum tandem redigetur. Quod si corruptio ipsa sese labefactabat, corrupta est igitur atque interiit. Sin boni duntaxat partem, aut sui ipsius partem corrumpebat, sane cujus naturae pars corruptioni subjacebat, tota quoque natura corruptioni obnoxia erat. Neque enim fieri potest ut in unam eamdemque naturam partim cadat corruptio, partim non cadat. Nam licet corpus, quod hominis pars est, corruptioni obnoxium, animam autem a corruptione liberam esse dicamus: at ejusdem tamen naturae non sunt. Quamvis enim anima in corpore versetur, non tamen corpus sit, sed corporis expers. Itaque [17] alterius naturae corpus est, alterius anima: nec unius ejusdemque naturae pars altera corrumpi potest, altera non potest; verum altera hominis natura corruptioni obnoxia, altera a corruptione immunis: ac neque anima ex substantia principii experte orta est, cum sit muta-

bilis; nec corpus, in **448** quod etiam mutatio cadat et corruptio. Verum unius naturae esse homo dicitur, non quod corpus et anima unius naturae sint, sed quod quisque hominum animam et corpus peraeque habeat, duasque adeo naturas.

43. Conversio est de contrario in contrarium mutatio, ut de nihilo ad exsistentiam, vel de exsistentia in nihilum, vel ex virtute in vitium, hoc est ex habitibus naturalibus in privationes ipsorum mutatio. Virtus est divinae legis impletio. Dei autem lex, voluntas ipsius est. Nemo quippe ea praecipit, a quibus abhorreat. Dei porro voluntas bona est, immutabilis, semper eodem modo se habens. Itaque bonum vere est, ac similiter virtus: virtus enim res bona est. Contra malum nihil est, sed ejus quod est, sive divinae legis, libera infractio et eversio: quod quidem ex accidenti, dum committitur, velut exsistit, ac protinus ut desiit actio, desinit.

44. Quin illud quoque scire convenit, Deum neminem in futuro punire, sed unumquemque seipsum ita comparare, ut Dei particeps fiat, aut contra. Est autem Dei participatio voluptas; animadversio Dei, ipsius patientia. In hac autem vita Deus non supplicii causa tentationes infert, sed ut nos erudiat ac vitio medeatur: quo videlicet ipsum agnoscentes, ad ipsum revertamur, sanctitatisque ipsius consortes evadamus: « Domini enim disciplina aperuit aures meas [18]. »

45. MAN. Si bonus est, cur in futuro aevo flagitiosum hominem cruciatibus afficit, ac non potius eum e medio tollit? ORTH. Deus, uti bonus, sic quoque justus est. Ut igitur bonus, bona omnia fecit, quaecunque fecit. Quemadmodum itaque aequum erat, ut qui ab ipso boni futuri, ac bonum sibi datum non modo servaturi, sed etiam operaturi essent, perfectum bonum sempiternasque delicias gustarent et consequerentur: sic etiam aequum erat ut qui ab eo boni futuri, ne tamen datum sibi bonum servaturi, sed per bonorum abjectionem in vitium deflexuri essent, sempiternis deliciis carerent.

46. Longius a Deo distant Seraphim, quam diabolus a Seraphim. Quocirca nisi diabolus exstitisset, is qui eum proxime antecedebat, omnium deterior, imo etiam eorum qui ipsum antecessissent, comparatione, malus visus esset: sicque diceremus: Cur Deus, cum talem eum fore prospiceret, ipsum tamen fecit? Eodem modo in omni quoque alia re proposita, usque dum ascendamus ad ipsa Seraphim. Etenim saepe fit ut rem miseratione dignissimam cernamus, qua alteram fingi non posse miseriorem existimemus; tum vero postea deteriorem aliam videamus. Siquidem malum illud, quod postremum vidimus, ejusmodi esse censemus, ut nullum eo gravius ac molestius esse suspicemur.

---

[17] Lib. III *De fide*, cap. 3. [18] Isa. LX, sec. LXX.

47. Deus itaque omnia valde bona fecit, secundum cujusque naturam, ut ipsius voluntas disposuit. Non enim legi subjectus est; verum id demum bonum est quod ipse vult, non quod nos judicamus: non enim nos Dei judices sumus. Verum sicut ex sole et igne lux omnis splendet, sic Dei voluntate bonum omne definitur. Nam si Deum in hoc bene, in hoc male fecisse dixeris, aut sciscitatus **449** fueris, cur hoc fecerit, illud non fecerit, te Dei judicem, eoque majorem et sapientiorem constituis. Quocirca Deus, quod libuerit, faciendi potestatem habet, atque illud bonum est: ac potestatem item habet eorum quæ facit, quas vult causas nobis declarandi, et quas vult, occultandi. Unumquodque porro bonorum creatorum, quæ rationem acceperunt, aut libere in bono perstitit, ut conditum fuit; aut libere immutatum est, atque a bono recessit, illudque perdidit. Bonum est præclarus ordo, unicuique id quod natura ipsius fert, conservans: atque idem quoque virtus est. Malum contra est ordinis dissipatio, sive perturbatio. Omnia quæ sunt, qua ratione sunt, bona quoque sunt, atque ex bono: quatenus autem bono carent, nec bona, nec entia sunt. Etenim quæ vita carent, quatenus vitam a bono non acceperunt, non viventia sunt, quia vitæ expertia. Similiter quæ sensu et ratione carent, quatenus aliquid acceperunt, hactenus bona sunt.

48. Deus malum noscit ut bonum; v. gr. scortationem, ut appetitionem, et amicitiam, ac conjunctionem. Quin apud ipsum facultates quoque illæ, quæ malorum causæ sunt, boni effectrices fiunt. Sæpe enim evenit ut ex fornicatione vasa electionis nata sint.

49. Si malum est vitium, bona utique pœna est, quæ ipsum propellit et fugat. Non enim pœna malum est, sed quod quis seipsum pœna dignum reddiderit.

50. Si malum æternum est, ac creat, et potest, et est, et agit, a quonam hæc habet? An a bono? An contra bonum a malo? an potius utrumque ab alia causa? quandoquidem malum quidem in bono quasi consistit, et quia bonum malum quoque, ac sui privationem, bonitate afficit. Etenim amicitia, ut quæ bona sit, hoc præstat, ut scortatio bonitatis speciem habeat, quoniam cum bono contendit; quo pacto sit illud quod non est ens? cæterum non esse dicitur Deus, quia propter eximiam ejus præcellentiam cuncta ab ipso removentur.

51. Quod ipsa quoque natura unum duntaxat principium astruat, ex ipso numero constat. Neque enim a duobus, sed ab uno auspicamur. Cum igitur unitas sit numeri principium, rerum quoque unum tantum erit principium.

52. Si bono nihil prorsus cum malo commune est, cum bonum sit ens, malum proinde nihil erit. Duo enim quæ sunt, eo inter se communicant, quod sunt. Si substantia bonum est, malum substantiæ est expers. Duæ enim substantiæ, quatenus substantiæ sunt, inter se conveniunt.

53. Si immobile ab initio malum erat, motus ergo bonum est, ejusque privatio malum. Quis ergo malo motus auctor fuerit? vita ac motus bonum est, atque in bono, et erat semper, et est: bonus, et est, et erat vivus. Mors contra, ut ipsi dicitis, malum est, et immobilitas, et corruptio, et interemptio, imo et ipsa in nihilum redactio. Mors autem, ut asseritis, malum erat. Uti igitur vita et vivens, bonus erat: sic mors, exstinctio, et interemptum, malum erat. Unde ergo revixit ac motum accepit? si a seipso, vita ergo ex malo orta est, quod fieri minime **450** potest. Non enim corruptio vitam affert. Si ex bono, bonum ergo bonum non erit, ut quod malo tam vitæ, quam motus causa exstiterit. Eccur autem cum mala prænosset ex eo oritura, vitam ipsi præbuit?

54. Malum quatenus est malum, nihil habet cum bono commune, eique contrarium est et inimicum: boni autem appetitio bona est. Quonam ergo modo id quod summe malum est, boni desiderio flagravit?

55. Malum motu caret, et corruptio potius quam generatio est: qui ergo malum fetus suos emisit? vitæ et sensus expers est: quomodo fieri potuit ut bonum et boni fetus senserit?

56. Quod ex æterni et increati substantia ortum est, ipsum quoque æternum est et increatum: quonam pacto igitur omnia ex vestrorum principiorum substantia orta esse dicuntur? Nam si ex eorum substantia omnia enata sunt, principia perinde sine principio sunt; et sic plane nihil creatum est. Sin autem creaturæ sunt, profecto non ex eorum substantia ortum omnia traxerunt.

57. Malum corruptio et mors est. Malum autem, siquidem aliis malum, sibi autem bonum est, seipsum tuetur, atque hac ratione non prorsus malum est: nam quatenus se tuetur, malum non est. Sin autem prorsus malum est, sibi quoque est malum, seque interimit, atque in nihilum cedit. Quanquam autem in alterius quoque corruptione alterius generatio est, non tamen corruptio causa generationis est: verum Deus pro singulari sua bonitate ex alterius etiam corruptione alterius generationem facit. Materia enim quæ a bono ita creata est, ut ipsi subjecta sit, bona est: siquidem a principio cuncta ex nihilo ad hoc ut sint, produxit.

58. Idem secundum rationem eamdem non est bonum et malum: neque ejusdem rei corruptio et generatio secundum eamdem rationem ipsa virtus est et potestas; nec ipsa virtus corruptio ipsa esse potest. Malum nec est, nec bonum est, nec rerum opifex est, nec boni aliquid valet efficere. At bonum, in quibus plene et perfecte insitum fuerit, perfecta quoque bona efficit: in quibus aliqua ex parte, aliqualia; in quibus denique nullatenus insit, nec ipsa sunt; et mala prorsus dicuntur.

59. Fornicatio qua ratione appetitio, et amicitia

et copula est, bonum est: quatenus autem cupiditas est illius, quod minime congruat, quodque lex divina vetet, malum est. Nam illud non est quod non imperatum, sed prohibitum est, ut quod esse non debeat. Quo fit, ut ejus quod non sit, nec fieri debeat, cupiditas malum sit.

60. Malum duplex est: alterum vere malum, ut a naturali habitu et statu prolapsio: « Deus enim fecit hominem rectum; ipsi vero quaesierunt cogitationes multas [18]; » alterum sensus nostri causa ita appellatur, ut calamitates quibus in tentationibus afficimur. Mali enim vocabulum anceps est, quod duas significationes habet. Interdum enim virtutis, interdum gaudii, hoc est rei expetitae, privationem indicat. Fornicatio enim nihil aliud est, quam pudicitiae privatio et flagitiosus usus. Nam pro 451 eo quod quispiam vas suum, hoc est uxorem suam amare, eique misceri debeat, alienam deperit, atque ad eam accedit. Eodem modo infidelitas tum contrahitur, cum quis pro eo atque ei qui natura Deus est, credere, ipsumque amare debeat, illi qui Deus non est, credit. In hoc ergo malum situm est, cum quis eo quod non est, tanquam sit utitur; cum non unicuique, quod suum est, tribuit. Uniuscujusque proprium illud est, quod a Deo decernitur. Ac Deo quidem proprium est gloria et honor. Nam haec ei, ut Creatori, conveniunt. Proprium autem creaturarum est, mensura illa, quam cuique rei Deus constituit, qui etiam ipsummet esse dedit. Atqui in nobis situm est his, quae nobis a Deo concessa sunt, ad illum finem uti, ad quem concessa sunt. Exempli gratia, appetendi facultatem nobis idcirco dedit, ut ipsum, qui solus bonus est, concupiscamus. Itaque si appetitu ad eum finem utamur, virtus est et bonum; sin aliud quidpiam praeter eum amamus, jam non est usus, sed abusus. In hoc enim nos condidit, ut ipsum expetamus, eoque impletis votis fruamur.

61. Erat, inquiunt, materia principii expers, ingenita, in suis finibus inordinate semper agitata, et secum pugnans, seipsamque absumens. Erat etiam Deus in suis finibus, principio carens, ingenitus, sempiternus, incorporeus, totus lux. At materia temere et inordinate agitata, ad Dei fines perrexit; lucisque admiratione commota, secum pugnare desiit, lucemque pugna lacessivit, adeo ut ipsius quoque partem ad se rapuerit. Nam etiam praefectos suos velut in obscura quadam regia materiam habere affirmant, quos et *mundi rectores tenebrarum* ac *spiritualia nequitiae* [19] esse aiunt. Passus est, inquiunt, bonus Deus sui portionem abs se abreptam captivam teneri, quo eam circumscriberet ac definiret, ne ea ulterius ad fines suos progrederetur.

Si principii expers, ingenita, incorporea, qualitate vacans, invisibilis est materia, itemque bonus Deus, atque ex eorum substantia omnia enata sunt; quonam modo ea quae ex his prodierunt, oculis spectabilia sunt? nam quod ex incorporea substantia prodiit, incorporeum quoque ipsum atque invisibile sit oportet. Ac in primis, si duae hae substantiae principii expertes, ingenitae et sempiternae sunt, nos autem ex eis sumus; non ab eis ex nihilo, sed ex substantia earum producti simus. Cujusque etiam substantiae proles parenti suae consubstantialis est; hoc est aeternae aeterna, ingenitae ingenita, principio carenti illa quae principio caret.

Deinde, si ex mali bonique substantia concreti sumus, non creaturae, sed filii sumus; nec ulla in mundo creatura erit.

Rursus: si fieri nequit ut boni natura in malum vertatur, omninoque malum cogitet, vel perpetret; fieri item nequit, ut malus mutetur, bonumque aliquid vel cogitatione complectatur, aut faciat: profecto cum anima nostra boni, corpus autem mali sit pars; possibile quoque non erit, ut anima nostra mali quidquam cogitet, aut corpus nostrum boni quidquam efficiat. Atqui multas animas mala cogitantes cernimus, ut animas 452 Manichaeorum; rursusque multa corpora bonis operibus addicta, uti sanctorum corpora.

Quod si malus ex incorporeo et corpore concretus est, et bonus similiter; sane cum anima nostra ex boni substantia, corpus autem ex mali substantia sit, anima quoque nostra ex incorporeo et corpore composita erit, corpusque item, nostrum.

Praeterea: si materia principio caret, siquidem incorporea sit: quonam modo ex incorporea substantia corpus prodiit? nam quod principio caret, ab omni mutatione alienum est. Ea certe quae natura simplicia sunt, copulari non possunt. Qua igitur ratione permistio facta est?

Ad haec: si materia composita est ex incorporeo et corpore, cum corpus contrarium incorporeo sit, quis contraria simul copulavit? neque enim contraria cum contrariis versarentur, amiceque in unam veluti texturam, unamque substantiam conjungerentur, nisi Creatoris potentia haec in unum compegisset. At vero materia, ut quae compositioni inserviat, a Verbo divino, ut esset, accepit.

Insuper: materia vel corruptio est, vel corruptioni obnoxia. Porro corruptio non corrumpitur, sed corrumpit; quod autem corruptioni obnoxium est, a corruptione corrumpitur.

62. Deinde: quidnam est materia? corrumpens, an corruptio, an res corruptioni subjecta? Corruptio est compositarum rerum dissolutio: corrumpens, id quod corruptionem affert: res corruptioni subjecta, compositum illud quod dissolvitur. Atqui tum illud quod corrumpit, tum id

[18] Eccle. vii, 30. [19] Ephes. vi, 12.

quod corrumpitur, substantiæ sunt: corruptio autem est accidens, ut quæ in compositi dissolutione consideretur: ac neque ante est, neque post dissolutionem manet.

63. Quidnam igitur est materia? corrumpens, an corruptio, an corruptioni subjecta? Si corrumpentem dixeritis, quænam, quidnam illa corrumpat, nisi forte bonum? nihil enim aliud esse dicitis, nisi materiam et bonum. Si duo erant, materiaque corrumpit, et bonus vitam largitur; materia quidem incolumis est, bonus autem corrumpitur et interit. Quod si hoc dixeritis, materiam seipsam corrumpere, illud velim sciatis, nihil esse quod a seipso corrumpatur. Et certe, si seipsam corrumpebat, jam seipsam consumpsisset, atque ad nihilum redegisset. Quin etiam id principii expers esse nequit, quod corrumpitur. Sin autem res est corruptioni subjecta, a quo tandem corrumpitur, nisi a bono? Ita bonus corruptor erit. Sin denique corruptio est, a quonam efficitur, et est? corruptio enim, ut diximus, dissolutio est. Quisnam est igitur qui dissolvit, et quid quod dissolvitur? quod autem materia corruptio non sit, nec corruptibilis substantia, hinc perspici potest. Siquidem corruptibilis substantia præcedit, et prius exsistit, velut composita substantia: corruptio autem post compositionem accedit, dissolvens ea quæ sunt composita. Quin et hoc quæro, quonam pacto erat materiæ substantia, siquidem comitem ac sibi concretam corruptionem habebat?

At fortasse reponetis, fuisse aliquando, cum corruptio esset, non actu, sed potentia duntaxat: itemque quod corrumpi natum erat. Verum illud scire vos volo, a vero quidem illud non abhorrere, ut aliquid corrumpendi et procreandi vim habeat, necdum tamen ut reipsa semper corrumpat aut creet: quod videlicet ea quæ corrumpuntur et creantur, ejusdem cum ipso qui corrumpit et creat, æternitatis esse non possint. At vos nihil nihilo productum esse dicitis; verum malum ipsum ejusmodi esse, ut seipsum corrumpat et absumat. Quo fit ut materia quandoque id habens, ut potentia tantum, non actu corrumpat, atque corrumpatur, imperfecta esset. Illud porro quod ex imperfecto ad perfectum proficit, principii expers non est. Nam si quod mutationem nullam admittit, principio caret, ejus certe expers non est id in quod mutatio cadit.

Ac rursum: quid primum est in materia? ejusne substantia, an corruptio? Si corruptio, exsistere eam impossibile est, ut quæ antequam sit corrumpatur. Sin autem ipsius substantia corruptionem antecessit, substantia potius et exsistentia est, quam corruptio: atque ita incorruptibilitas quondam erat, contrariam corruptionem non habens, nec proinde principii expers est corruptio.

[21] II Cor. vi, 4.

Sin autem materiæ substantia, cum semper esset, se consumebat, quonam pacto fructus produxit? si aliqua tantum ex parte consumebat; ergo corrumpendi vim non omni ex parte habebat, nec in eam omni ex parte corruptio cadebat, nec denique omni parte mala erat. Sin autem cum in eam corruptio caderet, ipsa sese corrumpere desiit, aut malum est corrumpere, atque ita ex malo in bonum mutata est: aut bonum est corrumpere, atque ita ex mala bona facta est. Si materia malum est, cur, si seipsam corrumpebat, minime bona sit? illud enim quo malum corrumpitur, plane bonum est.

Ac rursus illud: materia luxne erat, an tenebræ? si lux, ex boni igitur substantia erat: sicque non duo principia sunt, sed unum. Sin autem tenebræ, quonam pacto vident tenebræ? nam si vident, lucem habent; si luce carent, cæcæ sunt. Quinam lucem viderunt? quanam item ratione tenebræ in lucido erunt, nec solventur? aut quæ societas luci ad tenebras [21]?

Præterea, materia vel habitus est, vel non. Si non est habitus, quo pacto motum habuit? Quidquid enim vita caret, nequidem potest se movere. Si autem habitus aut ex se vitam habet, aut ab unde, vel etiam a bono. Qui porro bonus esse queat, qui malo vitam dederit? sin vero ab alio, jam non duo, sed tria principia erunt.

Ad hæc, materia vel ex se habet ut principio careat, vel ab alio facta est. Si quidem ab alio facta est, principii expers non est. Sin autem principii expers erat, semper habuit ut esset, nec unquam fuit cum non esset. Quid igitur est, quamobrem eam corruptelam mortemque appellatis? Corruptio enim hoc affert, ut aliquid non sit: materia autem nunquam habuit, ut non esset; semper enim erat, ut asseritis. Qui fit ergo, ut hoc dare queat, quo ipsa caret?

Insuper, ortus et corruptio inter se pugnant. Ortus quidem est ejus quod non erat, ad hoc ut exsistat productio: corruptio autem exsistentis rei in nihilum dissolutio. Quocirca si materia, ut vobis videtur, corruptela est, quonam pacto fructus edit ac gignit?

Denique: corruptio quæ omnimoda sit, seipsam corrumpit. Etenim si seipsam incolumem servat, omnigena corruptio non est. Quod si seipsam quoque corrumpit, jam non erit.

64. Ἀγαθὸν (id est, *bonum*) dicitur, quasi ἄγαν θέειν πάντα πρὸς αὐτό (id est, *quod ad ipsum omnia citius currant*), ut quod natura amabile et expetendum sit, et quod naturaliter omnia appetant. Malum autem nihil est aliud, quam naturæ repugnans appetitio: hoc est, cum aliud quidpiam quam quod natura expetendum dictat, appetimus. Omnium porro, etiam malorum, principium et finis est bonum. Boni enim causa tam bona, quam

horum contraria fiunt. Nam et hæc boni amore facimus. Nullus quippe malum sibi ob oculos ponens, ea quæ facit facit: ac proinde ne subsistit quidem malum, sed cum alio: quod nimirum non sui causa, sed boni perpetretur. Quidquid enim fit, aut boni causa fit, aut ejus quod bonum esse opinamur [32].

65. In errorem a Deo agitur propheta [33], vel Deo ipsum pro cupiditatis ejus merito aberrare sinente: vel cum aliquid prædicit, ac Deus alia facit, quam quæ prædixerat, tunc in errorem a Deo actus esse dicitur, hoc est imposturæ convincitur.

66. Jamvero hoc velim nobis expediatis, o Manichæi, materia, quam malum, et tenebras, et corruptelam, et mortem appellatis, quamque sine principio et æternam esse contenditis, substantiane erat, an accidens? Si substantia: vel corpus erat, ut terra, aqua, aer, ignis; aut corpore vacabat, ut Deus, angelus, anima: aut denique ex corpore et incorporea natura composita erat. Ac siquidem corpus erat, immota manebat. Corpus enim omne inanimum est, ac motu caret. Porro si immota erat, quonam modo ad lucis fines agitatione pervenit? aut quonam pacto motum habuit? aut enim a bono motum accepit: atque adeo ille bonus non erit, qui malo motum dederit: aut præter bonum alius est qui ipsi motum indidit; sicque tria principia sunt, non duo. Si autem hic dicitis quod materia incorporea erat; unde igitur fit corpus? neque enim incorporea ac principio carens substantia in corpus verti potest. Unde ergo innumerabilis hæc corporum multitudo fluxit? Sin autem materiam ex incorporeo et corpore concretam fuisse dixeritis, illud nosse vos convenit, fieri non posse, ut homo, nisi ex anima et corpore compositus sit; nec rursus fieri posse, ut corpus, nisi ex simplicibus elementis, hoc est terra, aqua, aere et igne, confletur. Quocirca prius simplicia esse necessum est, ac tum denique ea fieri, quæ ex simplicibus constant. Proindeque non duo, sed tria principia futura sunt. Ex quo intelligitur fieri non posse, ut materia principio careat. Quin si hæc ex incorporeo et corpore constat, quid causæ est quamobrem hominem ex incorporea sua natura et ex corpore suo non fecerit?

67. « Audi, cœlum, et auribus percipe, terra [34]. » **455** « Attende, cœlum, et loquar; audiat terra verba oris mei [35]. » Loquar enim verba, non cordis mei, sed tenebris obsitorum et impurorum Manichæorum. Audite, populi, tribus, linguæ, audite. Cœlum et terra unum hodie theatrum fiant. Audite quid exsecrabiles Manichæi dicant, in ipsa luce caligantes, osque vere diaboli. Aiunt materiam cum Deo conflixisse, partemque ab eo abstraxisse. Circumscriptum Deum dicunt, qui oppugnet, et oppugnetur, mœrore item afficiatur, et amputetur. Quid? Deus bello lacessitur? Deus abscinditur? O me miserum! non eos interficiemus? non flammis absumemus? cum his sermonem miscebimus? Ilos ad communionem recipiemus? Quisquis cum his communicat, horum similis est, consorsque eorum erit tum in hoc ævo, tum in futuro. Fratres, communio cum illis indicitur? mortem prius oppetamus, quam ut Manichæos ad communionem admittamus. Moriamur, ut vivamus. Qui eos ad communionem excipit, Manichæus est, ipsorumque similis. Judaismum profiteri præstaret, aut in Judaismo mori, quam communionem cum Manichæis habere. Procul este a Manichæis. Audite, per Deum vos obtestor, viri, quid perditissimus iste Manes dicat. Mundus, ait, non est Dei, sed diaboli. Nimirum nos a Deo nostro alienare studet. Indoluit Deus, inquit, quod portio abs se esset abscissa. Atqui si pars ab eo decisa est, in ipso quoque corruptio locum habet. Nam quod amputatur, corruptioni obnoxium est. Malum, ait, partem Deo prædatus est, et abstulit: ob eamque causam mittit Deus, quo partem ereptam sibi prædetur et auferat. Dei prædatores introducis, o perditissime? At etiam, inquit, machinas exstruxit Deus; nimirum duodecim cados, et solem, et lunam, ut quod suum erat, reciperet. Qua tandem de causa? ut bonus immisso igne mundum exurat, cunctaque deleat, ac materiam inferne in suo loco reponat, animasque illas quæ Manem non susceperint [36]. Audite quid Dei adversarius dicat, quantumque materiæ vim tribuat: Dei altissimi potentiam dejicit. Primum enim ait spoliatum fuisse Deum. O imbecillitatem! Deumne meum imbecillem dicis? at ultro forsan libensque id passus est. Cur ergo mœrore affectus fuit, si vis ipsi illata non est? Nemo enim sponte sua perdit, ac dolet. Quod si, ne locus ipsius occuparetur, cum alioqui materiam superare non posset, diripi se passus est, qui afferri possit, quin imbecillitate laboret? Postea in mœrore versatur, ac pars quæ ab eo avulsa cruciatur. Itaque technas adhibet, et machinas struit, ut quod suum est, capiat: at ne id quidem integrum recipit. Etenim animæ illæ quæ Manem sequi recusarunt, æternum puniuntur. Extremum hoc est, quod materia iterum postquam adversus bonum insurrexerit, eumque afflixerit, nullo tandem accepto inde detrimento, suum ad locum recurrerit, una cum animabus illis', quæ Mani minime crediderunt. At fortasse rursum ipsa quoque hinc emerget.

68. Dicite nobis, o Manichæi: materia cum prius quieta esset, bonane, an mala erat? Si mala, postea igitur excitata seditione bona **456** facta est. Sin prius bona, post igitur mala reddita est.

Deinde, cum intestina seditione laborans, amentique motu agitata ad lucis fines pervasit, siquidem expertem materiæ lucem aspexerit, quonam modo cæca sit? Qui fieri etiam potest ut materia lucem

[32] Dionys. cap. 4 *De div. nom.* § 31. [33] Ezech. xiv, 9. [34] Isa. i, 2. [35] Deut. xxxii, 1. [36] Vide Epiphan. in hæres. Manich.

a materia remotam cernat? Si autem intellexit, quonam pacto ratione et mente caret, lucemque, ut existimatis, adamavit? Quomodo sine anima? quomodo mala? neque enim illud malum est, quod boni amore rapitur. Quonam item modo mente et sapientia caret, quæ ex finibus suis, non bruti cujusdam animantis, sed præstantissimi cujusdam ac bene ordinati imperatoris instar excessit, lucisque haud contemnenda arrepta præda, ad sua subinde regressa est? Quo, inquam, modo malam dicitis, quæ bonum suscepit ac continuit? quæ enim ejusmodi sunt, ut bonum suscipere queant, ea nec illi contraria sunt, nec pugnacia.

Ac rursum: si Dei pars a materia abrepta est, sequitur ut materia agendi vim et industriam habeat; contra boni natura patibilis et fluxa sit. Quod si illa boni cupiditate effecta est, bonus autem sui partem malo dedit, utrumque mutationem suscepit. Nam et malum eo bonum effectum est, quod boni desiderio flagravit: et bonum eo malum evasit, quod malo misceri non recusavit.

Præterea, bonum ex isto raptu et mistione, vel detrimentum accepit, vel attulit; vel utilitatem accepit, vel dedit. Si utilitatem accepit, efficax ergo et bonum illud est quod alteri utile fuit, inferiusque et patibile, cui utilitas accessit. Sin detrimentum accepit, sic quoque patibile sit oportet illud quod læsum fuit, et valentius id quod læsit. Sin vero læsit ipse, malus ergo est. Si profuit, invidentia igitur bonus laborat, qui idcirco mœstus sit, et injuriæ memor, ut materiam igni tradat, unaque sui partem, incredibili ultionis studio. Quod si nec læsum est, nec læsit, commodumque item nec præstitit, nec percepit: primum quidem omnis actionis est expers; cum tamen ea boni natura sit, ut ubicunque adfuerit, prosit, modo proba efficacitate polleat. Deinde injustus est, qui nec beneficio, nec incommodo affectus, materiam nihil commeritam puniat. Sin, vestra quidem opinione, propterea irascitur et dolet, quod materia amore sui capta, seque tandem potita sit, non est quod quisquam ipsius amore ardeat.

Quod si, ut dicitis, Deus invadentem se materiam prospiciens ultro sibi ab ea eripi partem passus est, ut ejus motu compresso ultionem posthac ex ea sumeret, ac velut carcerem gehennæ figeret: primum illud quæro, cur non statim fixerit, gehennæque eam tradiderit? Quod si nonnisi hoc modo id poterat, quid tandem est quod nobis malo non resistentibus succenseat, cum ipse præ virium imbecillitate animas prodiderit?

Insuper, gehennam dicentes, aut eam ejusdem cum bono, aut ejusdem cum malo substantiæ esse dicitis, aut alterius cujusdam substantiæ: et ita non duæ, sed tres futuræ sunt. Si ejusdem cum bono **457** substantiæ est, quonam modo cruciat? non enim bona est gehenna. Si autem ejusdem est cum malo substantiæ, nequaquam malum excruciat. Nihil enim seipsum punit. Sin denique aliud quiddam præter hæc duo; tria ergo principia erunt, non duo. Num vero ex nihilo producta est? quod si ita est; quidni ergo recta via incedentes, omnia ex nihilo ad hoc ut essent condita fuisse dixerimus.

Quod sine principio est, id quoque est immutabile. Mutatio enim est, cum id quod prius non erat, postmodum exsistit. Quorum porro esse a mutatione cœpit, ea quoque suapte natura mutari possunt; vicissim ea natura sua mutari nequeunt, quorum esse principio caret. Quonam igitur modo nos ex substantiis principii expertibus orti sumus? Si enim eæ tales sunt, quales nos ipsi; ipsæ quoque sunt homines. Sin autem tales non sunt, quonam pacto mutatæ sunt? Non ergo ex principii expertibus substantiis, sed ex nihilo orti sumus.

Si principii expers ac æternum principium est materia et malum quod ex ipsa ortum ducit, quidquid habet, hoc est tyrannidem, robur et malitiam; hæc, inquam, omnia perpetua et immutabilia habebit. Qua igitur ratione is, qui usque adeo eam pertimuit, ut partem etiam sui ab ea rapi permiserit, hanc ad extremum superare poterit?

68. MAN. [17] Eccur Deus, cum prænosset fore ut diabolus ex bono in malum mutaretur, factaque boni jactura, boni exsors, sive malus evaderet, hunc tamen creavit? ORTH. Si eum prænoscebat, certe ut omnino futurum prænosceret. Etenim ejus quod omnino futurum non sit, præscientia non est, sed ignoratio et error. MAN. Volensne Deus eum fecit? ORTH. Certe volens. MAN. Quare vero, cum bonus sit Deus, facere illum voluit qui malus futurus esset? ORTH. Deus eum bonum fecit: verum ipse sponte mutatus, bonum abjecit, quippe qui liberi arbitrii compos creatus erat. MAN. Quidnam autem causæ est, cur eum arbitrii libertate præditum ac mutabilem effecerit? ORTH. Quidquid creatum est, a natura habet ut mutari possit. Quorum enim ortus a mutatione cœpit, ea quoque suapte natura mutabilia esse oportet. Annon enim [18] mutatio est, cum quid ab eo quod non erat, ad hoc ut sit producitur? Quo fit ut Deus solus natura immutabilis sit, utpote increatus et æternus. Ex rebus autem conditis, omnes illæ quæ rationales sunt, sponte mutantur, pro voluntatis arbitrio; reliquæ autem, ratione corporis.

69. At vero, idcirco liberum eum condidit, quia quidquid ratione utitur, sui juris est. Quorsum enim ratione utatur, si arbitrii libertate careat? nam quod aut vi, aut naturæ necessitate fit, virtutis nomen nequaquam obtinet. Ex quo efficitur ut ne virtus quidem brutis insit. Porro bonorum virtutem ob nonnullorum inertiam tollere æquum non est. MAN. Igitur eos tantum condere debebat, qui probi futuri essent, ut bonum solum esset,

---

[17] Lib. IV *De fide*, cap. 21, 22. [18] Lib. II *De fide*, cap. 27.

solaque virtus vigeret. ORTH. Perfectum bonum Deus solus est, cunctaque, si cum eo conferantur, imperfecta sunt, et eatenus duntaxat, et sunt, et dicuntur **458** bona, quatenus ipsum participant, et ex mutua eorum inter se comparatione. Nam quod boni magis est particeps, magis quoque bonum est, et dicitur. Quod autem minus, minus etiam est. Quod porro nulla ratione bonum est, id ne quidem est. Quod denique nullo modo bonum est, prorsus malum est. Atque ipsum hoc esse, bonum est. Ex Deo quippe qui bonus est, proficiscitur. Quamobrem eum diabolus sit, hac ratione quod est, bonus est.

70. MAN. Quid causæ est, cur Dominus dicat: « Bonum erat homini illi, si non fuisset natus [20]? » ORTH. Quoniam bono quidem bona dare convenit: ast accipienti probrum et dedecus est, accepta dona minime servare: quod non donantis, sed illius culpa et socordia accidit. Deus autem [20] quia bonus est, bona non largiri non potest, hoc est non vult non largiri; qui vero accipere recusat, ipse sibi detrimentum accersit, dum satius ducit non accipere, quam accipere. Quocirca æquum non est, nec Bonum, ob eam causam, quia hic accipere nolit, bonum prohiberi, quominus beneficus sit, ac bona largiatur. Nam alioqui bonum a malo vinceretur, siquidem, cum Deus ex mera bonitate res ex nihilo producat, contra, ideo quia malus aliquis futurus esset, sponte videlicet a bono divertens, bona boni creatio impediretur. Eam ob rem non dixit Dominus: bonum erat, si natus non fuisset homo ille; sed: « bonum erat homini illi. » Bonum quidem est, quantum ad naturam, et ad jus attinet, ut bonus benefaciat, et bona largiatur. Verum qui accepit, nec conservavit, hoc ipsum turpe sibi et probrosum fecit, quod acceperit. Ipse enim, qui bonum non vult, ne hoc quidem vult bonum, quod habet, neque eo delectatur. Et quidem ut simus, nostri arbitrii non est, sed Dei solius: ut autem boni simus, tum ex Deo, tum ex nobis est. Deus itaque quod suarum partium est, bene esse largitur; nos vero id quod in potestate nostra situm est, nempe ut data bona servemus, hoc vel facimus, vel negligimus. Quod porro solius Dei est, sive ipsi velimus, sive nolimus, ipse pro sua bonitate tribuit; quo bonum vel aliqua saltem parte in nobis sit.

71. Quin diabolo Deus semper bona largitur, sed ipse recusat accipere. Atque in futuro ævo Deus bona cunctis tribuit (bonorum quippe fons est, universis bonitatem infundens); at unusquisque, prout sese capacem reddidit, boni particeps redditur. Ac quidem hic dum aliud quidpiam appetimus, eoque potimur, voluptatem capimus. Illic autem, quando « Deus erit omnia in omnibus [21], » nec cibus, nec potus, nec ulla carnis voluptas, nec iniquitas ulla futura est: tum li qui in hac conditione erunt, ut nec consuetas voluptates habeant, nec earum, quæ ex Deo proficiscuntur, sint capaces, in gravissimo quoque dolore versabuntur: non quod Deus supplicium fecerit; sed quod nos pœnam nobis ipse paraverimus. Nam neque Deus mortem fecit, sed illam nobis accersivimus [22]. Quanquam enim ea corporis omni compositi natura est, ut dissolvatur aliquando; attamen quandiu Adamus per contemplationem cum Deo conjunctus **459** erat, in se vitam habebat, qua mortalis ipsius caro supra naturæ leges vivificaretur. Postea quam vero recessit a conjunctione, quæ illi cum vita, sive cum Deo erat, ab ea subinde incorruptione quæ naturæ vires excedebat, in compositi dissolutionem, naturæ consentaneam, hoc est in mortem, incidit.

72. Quoniam autem quidam dicant non debuisse Deum, quos jam ante prænosceret peccaturos, nec pœnitentiam acturos, adeoque damnandos, eos in rerum naturam ex nihilo producere; nedum beneficiis afficere, ac deinde punire: his primum quidem cum Apostolo reponemus: « O homo, tu quis es, qui respondeas Deo? Voluntati enim ipsius quis resistit [23]? » Quod enim vult, hoc bonum est! « Quin et figulus potestatem habet faciendi vas, aliud quidem in honorem, aliud autem in contumeliam [24]. » Ipse siquidem est qui justos et injustos, tum honore, tum ignominia afficit. Idem quippe Apostolus in Epistola ad Timotheum, enumeratis prius vitiis, subjungit: « Si quis igitur emundaverit se ab istis, vas electionis factus est [25]. » Cum enim liberi arbitrii conditi simus, penes nos est, ut a fœdissimis affectibus nos ipsos expurgemus, vel iisdem inquinemus. Cæterum [26] Deus omnes pariter bonos condidit. Ipse namque tam esse, quam bene esse largitur, bonitatis suæ radios in universa opera sua solis instar expandens. Atque in nostra quidem potestate non est accipere ut simus: ut vero boni beative simus, hoc penes nos est. Quocirca si velimus et cupiamus, bonitatis ipsius participes erimus, ac in sempiterna luce versabimur. Sin vero socordia torpescamus, nosque ipsos obcæcantes eum non expectamus, ab ejus fruitione excludemur. Haud igitur congruebat, ut ob ignaviam nostram bonitatis suæ munera nulli concederet; inter quæ primum illud est, ut simus. Neque decebat ut malitia nostra bonitatem ejus superaret, aut inertem redderet. Nam alioqui nulla prorsus res exstitisset: quia nihil est eorum quæ sunt, quod, prout ipsius bonitate condignum est, munere suo perfungatur. Nam universa, si cum eo comparantur, indigna prorsus ex jure sunt, ut exsistant.

73. Neque tamen bonus duntaxat Deus est, sed etiam justus, atque ea quæ nondum exstant, perinde ac si essent, intuetur: « Vocat enim, inquit Apostolus, ea quæ non sunt, tanquam ea

---

[20] Matth. xxvi, 34. [20] Lib. iv De fide, cap. 22. [21] I Cor. xv, 28. [22] Sap. i, 13. [23] Rom. ix, 20. [24] Rom. x, 21. [25] II Tim. ii, 20. [26] Lib. iv De fide, cap. 20.

quæ sunt [37]. » Quod si eos qui puniendi erant, creare non debuit : pro sua præcellenti bonitate eos potius creare, nec supplicio afficere debebat, sed peccantibus ignoscere (horum enim utrumque in ejus potestate est, nempe producere et condonare). Quod si æquum est, de iis qui peccant, supplicium sumi, æquum quoque erat, ut et ipsi crearentur. Deus enim ea quæ non sunt, perinde atque ea quæ sunt perspicit, nec ex rerum eventu judicat, sed ex futurorum prænotione. Nam ex eorum quæ fiunt eventu, res non novit, sed quæ futura sunt, præscit, et pro sua præscientia ea præfinit. Qui enim præsciret quod futurum non est? nam si quem peccaturum prænosset, hunc non condidisset, præscientia non foret, sed error. Sicut enim cognitio est rerum illarum quæ sunt, sic et præscientia earum est, quæ certo futuræ sunt.

460 74. Non ergo Deum judicemus. Consilium siquidem ejus nobis exploratum non est : « Quis enim novit sensum Domini? aut quis consiliarius ejus fuit [38]? » Consilia quippe sua omnia non patefecit nobis, nisi ea demum quæ nostra scire intererat. Quæ autem scire nostri non erat, hæc occultavit. Nec proinde rationem a Deo poscamus. Ipse enim et judex, et bonorum idem ipse fons est : nec bonum ullum est, nisi quod ipse velit; sicut ne lumen ullum est, nisi quod a sole derivatur.

75. Ac sane Deus, cum natura bonus et misericors sit, nec peccatum vult, nec peccatoris mortem, nec delectatur in interitu viventium [39], nec iræ affectui subjacet quo pœnam inferat : quin potius in omnes bona profundit. Qui cupit, accipit : nam qui jam bonus est, ampliora bona consequitur. Atque in hac quidem vita moderatio quædam est, et gubernatio, arcanaque providentia, qua ii qui peccant, ad meliorem frugem et pœnitentiam revocantur. Post mortem vero nec conversionis, nec pœnitentiæ locus est. Non quod Deus pœnitentiam [40] non suscipiat (neque enim seipsum negare potest, nec miserationem suam abjicit), sed conditio animæ est, quæ converti nequeat. Unde si quis omnibus justitiæ muneribus fungatur, deinde mutata sententia, peccet, et cum peccati cupiditate e vita excedat, in peccato suo morietur. Eodem modo peccator, si eum pœnituerit, inque pœnitentia mortem obeat, nulla culparum ejus manebit memoria. Sicut enim dæmones post lapsum non resipiscunt, neque etiam angeli nunc peccant, sed utrique hoc habent, ut nulla in ipsos mutatio cadat, sic homines post obitum conversionem nullam admittunt. Ac justi quidem Deum desiderantes, ejus possessione perenni oblectantur; peccatores contra peccatum concupiscentes, nec peccandi materiem habentes, tanquam igne et verme corrosi, cruciantur, omni prorsus solatio destituti. Quid enim aliud supplicium sit, nisi expetitæ rei privatio? Ergo pro cupiditatis ratione ii qui Deum exoptant, in deliciis agunt : qui vero peccato indulgent, puniuntur. Nam et illi qui rem quam cupierunt, assequuntur, secundum desiderii mensuram oblectantur : contra illi qui re desiderata exciderunt, pro cupiditatis suæ modo discruciantur.

76. Vos autem mihi respondeatis : quidnam *omnipotentis* vocabulo significatur? annon qui universa imperio continet? Ait enim Apostolus : « Qui omnia creavit, Deus est [41]. » At quomodo omnipotens Deus est, si nihil in materiam et in malum possit? aut quomodo creator, qui materiam non condiderit? aut cur denique Deus, qui perfectus non est, cujus etiam virtus deficiens est? Eccur enim materiam aut non sustulit, aut non subjecit, sed eam ad momentum seditionem movere permisit? si quidem, quia noluit; profecto bonus non est. Neque enim bonum, nec justum decet, ut peccantibus acquiescat. Si vero non potuit, imbecillis ergo est Deus, nec proinde Deus. Nequaquam enim idem afferre vobis licet, quod nos de diaboli creatione et exsistentia dicebamus, etiam hoc ipsum esse bonum, quod exsistat. Nam nos cum ei tribuamus, quod a bono factus sit, jure dixerimus bonum esse quod ille sit. At vos cum materiam ex bono negetis habere exsistaseeth; imo eam natura malam, omnisque boni exsortem esse contendatis, **461** nullatenus esse bonum dicere possitis, quod ipsa sit. Deus igitur, vestra quidem opinione, nec bonus, nec potens sit, qui eam ab initio non sustulerit.

Præterea, si ex boni et mali substantia cuncta ortum habent, certe nec bonus nec malus, rerum creatores sunt, sed patres.

Et rursus : si malum bono adversatur, ut ens enti, principium principio, substantia substantiæ, et, ut more vestro loquar, Deus Deo; sane cum in nostra potestate sit bonum aut malum facere, in nostra quoque potestate situm erit bono vel malo palmam dare, nosque in causa erimus, ut alter alterum superet.

77. Nos itaque unum Deum, bonum, justum, omnium opificem, cuncta imperio tenentem, omnipotentem, parem voluntati vim habentem confitemur, ab ipsoque universa tam visibilia quam invisibilia condita fuisse, atque non ex ipsius substantia, sed ex nihilo in rerum naturam producta. « Omnia enim quæcunque voluit Dominus fecit [42], » idque esse bonum affirmamus, quod ipse vult. Absit enim ut de factore opera judicent : quin nec Providentiæ rationes nobis exploratæ sunt! « Quis enim cognovit sensum Domini, aut quis consiliarius ejus fuit [43]? » Si consilium et voluntas ipsius cognosci posset, nec Deus foret, nec admiratione dignus. Quemadmodum enim incomprehen-

[37] Rom. IV, 17. [38] Rom. II, 34. [39] Sap. I, 13. [40] Lib. I *De fide*, cap. 4. [41] Hebr. III, 4. [42] Psal. CXXXIV, 6. [43] Isa. XL, 17. Rom. II, 34.

sibilis est ejus essentia, sic et ejus voluntas ac providentia. Nam si ea quæ sunt hominum, nemo scit, nisi uniuscujusque spiritus, qui in ipso est⁴⁴; quin ne omnia quidem sua quisque cognoscit (neque enim exploratum habet, quid sibi sit eventurum; quin sæpe ignorat, quid modo velit, quidve cras volet): quonam igitur pacto Dei voluntatem, ipsiusque consilium perspectum habebit? quin etiam eorum quæ constituerat, ipse non recordatur.

78. Quamobrem Deus pro sua præscientia omnibus providet. Et quamlibet nobis, qui nec futura, nec præterita, imo nec præsentia omnia novimus, præpostera ipsius gubernatio videatur, plana tamen et æquabilis, bonaque et justa est. Nam cum ea, quæ in nostro arbitrio consistunt, perinde prænoscat, ac si jam essent; futura, prout ipse vult et statuit, juste decernit. Neque enim Deus hominis instar prospicit. « Homo quippe videt in faciem: Deus autem intuetur cor⁴⁵. » Ac nos non raro, id quod ab omnibus justum judicatur, injustum esse censemus; vel quia animus noster vitio occupatus est, vel quia non eadem res omnibus placet, sed aliis alia. At Deus non ex pœnitentia, non ex postera cognitione, sed ex prænotione judicat. Cum enim cuncta antequam fiant, prænoscat⁴⁶, juste, et provide, et utiliter unicuique præfinit; ut quæ in nostra potestate sita sunt, iis quæ penes nos non sunt, respondeant. Aliud siquidem est cognitio, aliud prænotio, aliud agnitio, aliud item decretum, et aliud præfinitio. Cognitio siquidem est, ea quæ sunt ac fiunt scire. Prænotio, est futura nosse antequam fiant. Agnitio, vera cognitio est, quæ post falsam accedit. Decretum vero, est judicium ac sententia de iis quæ jam facta sunt. Præfinitio tandem, est judicium et sententia de futuris.

79. Præscit⁴⁷ itaque Deus, ea quæ sponte ac libere acturi sumus, hoc est quæ in nostra potestate sita sunt, puta virtutem et vitium: ea vero prælinit, quæ in arbitrio nostro minime consistunt. Ac vis quidem Dei præsciens causam ex nobis nequaquam habet: verum ut quæ facturi sumus præsciat, hoc a nobis proficiscitur. Nisi enim facturi essemus, ne ipse quidem, quod futurum non esset, præcognosceret. Porro Dei præscientia certa et inviolabilis est: sed ipsa non est causa, cur omnino fiat, id quod futurum est: quin potius, quia hoc vel illud acturi sumus, idcirco prænoscit. Multa autem prænoscit, quæ ipsi minime grata sunt, quorumque propterea minime auctor est. Sicut nec medicus idcirco morbi causa est, quia futurum prænovit, ut quis in morbum incidat: sed ægrotatio quidem ab alia causa proficiscitur, quæ morbum parit; medici vero præscientia ex ipsius arte oritur: ita pariter id quoque quod a nobis futurum est, Deum causam non habet, sed liberam nostram voluntatem. Atque libertas haudquaquam mala est, si, veluti nobis, et ad quem usum concessa est, ea utamur. Quod autem prænoscat Deus, id præscienti ejus potentiæ ascribendum est. Quin ne pœnarum quidem quæ nobis infliguntur, Deus auctor non est⁴⁸. Neque enim cur improbus pœnas luat, auctor est judex, tametsi ipse libens sententiam ferat: verum is, qui facinus admisit, pœnam sibi ipse accersivit: justitiæ autem (quæ bona res est) causa est judex. Quantumvis enim volens judicet, non tamen antecedenti voluntate, sed consequenti id facit. Itaque voluntas antecedens est, illud quod quis a seipso vult: consequens vero, id quod ex eorum quæ fiunt causa proficiscitur. ⁴⁹ Antecedenti enim Deus ex seipso « vult omnes homines salvos fieri, et ad agnitionem veritatis venire ⁵⁰. » Cum autem peccamus, utilitatis nostræ causa vult nos castigari. Ita antecedens Dei voluntas, bonitatis ipsius est; consequens vero, justitiæ⁵¹.

80. Quod autem omnia, pro sua præscientia, præfinierit Deus, hinc colligemus. Deus mutationi obnoxius non est, atque ex prænotione, non ex postera agnitione judicat. Si igitur in diem judicat et definit, in diem quoque id quod fit, cognoscit: quin etiam, ut quidam aiunt, nescientes quid dicant, pœnitentia ducitur; imo vitæ annos adjicit. Si enim pœnitentia ducitur, ut annos addat, profecto et voluntatem et cognitionem variabilem habet; quod tamen Deo indignum est. Quod si annos Ezechiæ adjectos ex Scriptura ⁵² objiciatis; hoc scitote, non sic eos adjecisse Deum, quasi id ignorasset, aut non præfinisset: quin potius ipse ea quæ ad Ezechiam spectabant, et præscierat, et præfinierat: verum pro sua providentia, ut saluti nostræ consuleret, sermonem ita composuit, quo quanta esset pœnitentiæ vis, declararet. Nam quod pœnitentia adductus dicitur, id ex nobis assumptum est. Scriptura siquidem ad puerilem audientium imbecillitatem sese accommodans, humano more de Deo loquitur. Sicut enim dicitur: « Quare obdormis, Domine⁵³? » non quod Deus dormiat; sed quod patientiam ejus ac lenitatem, auxiliique dilationem, somnum appellet (apud nos enim ii qui somno tenentur, nulli opem ferunt), eodem modo pœnitentiæ vocabulum usurpavit. Sicut enim nos pœnitet, cum quis opibus, quibus eum auximus, male utitur: sic Deus, cum hominem condidisset, Saulque in regem unxisset, hique postea in peccatum lapsi essent, pœnitentia affectus dicitur: non quod Deum vere pœnituerit (quod enim futurum esset, hoc jam ante noverat), sed quod illi ea perpetrassent, quæ pœnitentia digna erant. Quapropter, et bona agere, et boni esse contendamus, ut in eorum numero simus, quos

---

⁴⁴ I Cor. II, 11. ⁴⁵ I Reg. XVI, 7; Psal. VII, 10. ⁴⁶ Basil. hom. *Quod Deus non sit causa malorum*. S. Thom. 1 part. quæst. 19, a. 7. ⁵² Isa. XXXVIII, 5. ⁴⁸ Dan. XIII, 42. ⁴⁷ Lib. II *De fide*, cap. 30. ⁴⁹ Lib. II *De fide*, cap. 29. ⁵⁰ I Tim. II, 4. ⁵¹ Vid. ⁵³ Psal. XLIII, 13.

bonos fore præscivit, atque ad vitam æternam præordinavit.

81. Illud autem sciendum est, quod bonum præstantissimus ordo sit, unicuique quod natura suum est, conservans. Illud porro est virtus. Contra, malum ordinis dissolutio est, seu perturbatio. Porro bifariam bonum dicitur, vel id quod revera bonum est, ut ordo ille de quo diximus, vel id quod boni tantummodo speciem habet, uti voluptas, qua præter cum ordinem sensus titillatur; quod quidem bonum non est, sed potius malum. Sic malum duplici quoque modo dicitur, nempe, vel id quod vere malum est, sive quod præter ordinem naturæ congruentem, atque adversus Creatoris legem ex proprio consilio et voluntate fit (naturalis quippe ordo in hoc situs est, ut Creatori obediatur, perturbatio vero in contumacia), vel quod opinione duntaxat malum est : ut quod sensibus acerbum est, nobisque molestum, uti castigatio, quæ quidem bona potius et utilis est; quippe quæ ad naturalem ordinem nos revocet. Ac voluntaria quidem mala dicuntur, quæ vere mala sunt, puta peccati species : non voluntaria autem, quæ molestiam afferunt.

82. Quamobrem Deus, neque horum, neque illorum est causa, sicut ostendimus. Etsi enim illa quæ involuntaria mala dicuntur (sive quia mala videntur nobis, sive propter injucunditatem, sive quia præter consensum nostrum accidunt, ita ut voluptatibus indulgendo necessarium laborem prætermittamus) justo judicio Deus infert, ad nostram utilitatem castigans nos : attamen hæc involuntaria mala a voluntariis pendent. Voluntaria quippe mala involuntaria sequuntur. Nam calamitates ad emendationem ut plurimum conferunt, ut quæ sint malorum vindictæ et castigationes. Quin et futuri sæculi supplicium, nequitiæ et peccati plena abolitio est. Vel contra potius, expetentibus præter naturæ legem carnales voluptates, et peccata, quæ earum causa admittuntur, supplicium æternum erit, eis uti non posse. Supplicium quippe est re concupita excidere. Nam voluptas quæ naturæ legi repugnat, peccatum est : atque duplex est, animi scilicet et corporis : animi quidem, ut gloriæ cupiditas; corporis autem, ut cibus, potus, corporis remissio, somnus, cum feminis commistio. Hæc omnia naturalia sunt et bona, si secundum ordinem naturæ Creatorisque legem fiant : mala vero, si præter Creatoris legem, ordinem, usumque naturæ.

83. Naturalis ordo est, ut gloriam quæ a Deo est, cupiamus; mutuam vero ab invicem gloriam affectare, hoc naturæ repugnat. **464** Solum namque Deum, qui sua natura gloriam meretur, ab universis creaturis gloria affici decet; nos autem Deo subjici par est, ut Conditori; imo mutuo alios aliis propter Conditoris legem. Hoc siquidem tum erga Deum, tum erga proximum, amoris argumentum est. « Diliges enim Dominum Deum ex toto corde tuo, et proximum tuum sicut te ipsum [53]. » Et : « Omnis qui se exaltat, humiliabitur, et qui se humiliat exaltabitur [54]. » Itaque qui mutuæ gloriæ cupiditate flagrant, infidelitatis argumentum produnt. « Non potestis credere, inquit Christus, qui gloriam ab invicem accipitis, et gloriam quæ a solo Deo est, non quæritis [55]. »

84. Rursus corporalis voluptas, hoc est cibus, potus, ac reliqua, si secundum naturæ usum et Conditoris legem sumantur, bona sunt : sin præter Dei legem, pro nostro arbitrio, et per abusum, mala. Exempli gratia, cibus et potus, quatenus vitæ corporisque sustentationi inserviunt, bona sunt; similiter et somnus, ususque mulieris, ut quisque vas suum noverit, bonum est. Ad voluptates autem abhorrentes a ratione uti cibo et potu, ac mulieribus promiscue brutorum instar misceri, malum.

85. Quocirca inanem gloriam, necnon immoderatum cibum, et potum, scortationemque comitantur avaritia, quæ horum adminiculum est, invidiæ, rixæ, nequitiæ, mendacia, calumniæ, rapinæ, cædes, et odium proximi. Nam quia « abundat iniquitas, refrigescit charitas multorum [57]. » Porro multos dixit [Christus] eos scilicet qui iniquitati addicti sunt. Ex naturalibus itaque, suggerente diabolo, proficiscuntur ea quæ naturæ repugnant.

86. Duo porro nobis adjumenta ad hæc omnia suppetunt; nimirum ut vim nobis inferamus, et orationi incumbamus. Conatus enim et oratio dilectionis erga Deum sunt indicia. Nam humilitas oratione declaratur. Tunc enim Dei potentiam imploramus, cum imbecillitatem nostram agnoscimus. Illud porro scire oportet, eum a peccato liberari, qui a judicio de aliis ferendo se abstinet. Quippe neminem judicare, humilitatis signum est. Nihil autem est, quod Dei opem sic provocet, ut humilitas. « Vide, inquit, humilitatem meam et laborem conatus mei : et dimitte omnia peccata mea [58]. » Et : « Vide humilitatem meam et eripe me [59], » videlicet ab oppugnante hoste, peccatoque et insipientia mea. Plurimum autem ad virtutem confert, cum probis conversatio (homo enim imitandi studiosum est animal), sensusque ab iis avertere, quorum consuetudo ad vitium nos exstimulat. Quantum enim ab oculis, tantum et a corde. Ex hinc enim rerum sensibilium memoria in anima perfricatur. Nobis autem incumbit, ut mentem a rerum sensibilium recordatione abstrahamus, quo levibus alis sese attollens, ad spiritualem solem advolet, et inaccessa nostrumque captum superante pulchritudine collustretur. Mens quippe nostra ex sensibilium memoria crassitie contracta, ad ea deprimitur, atque a pul-

[53] Matth. xxii, 37. [54] Luc. xiv, 11. [55] Joan. v, 4. [57] Matth. xxiv, 12. [58] Psal. xxiv, 18. [59] Psal. cxviii, 153.

chritudinis illius quæ sola mente percipitur, contemplatione et possessione removetur. « Nemo enim potest duobus dominis **465** servire [60]. » Consuetudine, tolerantia, et conatu cujusvis artis perfectionem adipiscuntur homines.

87. Quapropter per vim et conatum, qui a charitate proficiscatur, per orationem quam humilitas excitet, ac per rerum sensibilium, eorumque qui negligentius vivunt, fugam, neminem judicantes, quinimo per humilitatem, consuetudinemque bonorum, et obedientiam, salutem nostram operemur, absque ulla, sive cogitationum, sive affectuum occultatione. Illud quippe malum quod occultum est. Lux vero est, quidquid in apertum prodit. Neque enim serpens ad solem gignit, sed in cavernis : nec semen super terram jacens, sed sub terra latens crescit. Sic malæ cogitationes, cum in apertum minime proferuntur, fructus in corruptionem edunt : bonæ vero in vitam æternam, qua nobis omnibus perfrui concedatur, per gratiam Domini nostri Jesu Christi, cui cum Patre et Spiritu sancto honor et gloria sit, nunc et semper et in sæcula sæculorum. Amen.

[60] Matth. vi, 24.

IN DISCEPTATIONES CUM SARACENO
ADMONITIO.

Dialogo Joannis Damasceni contra Manichæos succedunt disceptationes aliquot cum Saraceno, quas Latine hactenus ediderunt ex rudi nec recenti translatione, cujus Græcum textum obtinere non potui. Latere enim in bibliotheca Cæsarea testatur Lambecius cod. 257. Cæterum magnam ejus partem expiscari mihi licuit ex dialogis Theodori Abucaræ, qui, ut eum, quem subjiciemus, ita et alios διὰ φωνῆς, *ex ore* Joannis nostri excepit : quod nemini in posterum dubium fore spero. Hic porro Theodorus perperam a Turriano accipitur pro Theodoro illo Cariæ in Thracia, vel Asia minori, episcopo, qui Photii partes primum adversus sanctum Ignatium secutus fuit. Nam, præterquam quod verisimile prorsus non est Theodorum, qui sancti Joannis Damasceni auditor fuerat, ætatem produxisse usque ad tempora celebratæ synodi octavæ, in qua Theodorus Cariæ defectionis suæ veniam petiit : aliunde certius est Theodorum Abucaram in Palæstina, aut saltem in Syria episcopatum inter Mahummedanos, Nestorianosque, et Jacobitas hæreticos gessisse, adversum quos dialogos varios scripsit. *Cara* vel *Curæ* civitas Syriæ, seu Metopotamiæ fuit, quæ *Charram* olim dicebatur, veluti testatur Theodorus Antiochenus in commentario in cap. ix Amos. Τὸ μὲν ἐκ χόρου, τινὲς ἔφασαν λέγεσθαι, τουτέστιν ἐκ Καρῶν, τῆς νῦν οὕτω λεγομένης, ποτὲ δὲ Χαῤῥάν. Stephanus, *De urbibus*, ejusdem nominis civitatem ad mare Rubrum fuisse sitam tradit. Guillelmus Tyrius narrat urbem aliam, quæ *Cara* vocaretur, exstitisse in Palæstina trans Jordanem, quæ metropolitæ Rabbathæ subjecta esset. Quidni posterioris hujus civitatis præsul Theodorus noster fuerit, qui, ut ex capite operum ipsius discimus, ab epistolis Arabicis fuit Thomæ patriarchæ Hierosolymitano, ut epistolam ejus ad Armenios Arabice scriberet, uti Græce Michael patriarchæ hujus presbyter et syncellus ?

JOANNIS DAMASCENI
DISCEPTATIO CHRISTIANI ET SARACENI.

466 1. Si interrogaris a Saraceno : Quid dicis Christum ? dic ipsi : Verbum Dei, nec te existimes peccare ; quia Verbum dicitur in Scriptura, et brachium Dei, et potentia Dei, et multa talia. Vicissim autem interroga ipsum et tu. A scriptura tua quid dicitur Christus ? Tum forte volet interrogare te et ipse aliud, cupiens sic effugere te : tu vero non respondeas ei, donec utique ad id respondeat, quod ab ipso sciscitatus eris. Necessitas enim coget ipsum, ut respondeat tibi, dicens : A scriptura mea Spiritus et Verbum Dei dicitur. Tum rursus interroga ipsum : Verbum a scriptura tua, creatumne, an increatum? Et si dicat, Increatum, dic ipsi, Ecce consentis mihi. Omne enim non creatum, sed increatum, Deus est. Si autem dixerit creatum esse Verbum et Spiritum, tum quære : Et quis creavit Verbum Dei et Spiritum? Quod si necessitate coactus responderit, Deus ipse creavit, tum tu rursus : Ergo antequam Deus crearit Spiritum et Verbum, non habuit Spiritum neque Verbum. Quod cum audierit fugiet a te, non habens quod respondeat. Disceptantes enim sunt tales apud Saracenos, et omnino abominabiles et abjecti.

2. Quod si vero tu interrogatus a Saraceno, Verba Dei creata sunt, an increata? haec enim proponunt adversum nos Saraceni problemata, potentius volentes ostendere, creatum esse Verbum Dei : quod non est : et si dicas, Creata, dicet tibi : Ecce dicis creatum Dei Verbum. Si autem dicas, Increata ; statim occurret tibi : Ecce omnia eloquia Dei creata sunt, dii vero non sunt. Et ecce fateris, quoniam Christus cum Verbum sit Dei, non est Deus. Quapropter neque creata dicas, neque increata : sed sic responde ei : Ego unum solum Verbum Dei confiteor, quod increatum sit : omnem autem Scripturam non dico λόγια, id est, *verba :* sed ῥήματα, id est *sermones* Dei. Et Saracenus : Et qualiter dicit David : « Eloquia Domini, eloquia casta¹? » Dic ei, quod tropologice locutus sit, et non cyriologice [proprie loquendo], id est non propria et firma verborum significatione. Et Saracenus : Quid est tropologia et cyriologia? Responde : Cyriologia quidem est firma et certa rei demonstratio : tropologia autem infirma demonstratio. Et Saracenus : Contingitne prophetam proprio suo instinctu loqui? Dic ipsi : Consuetudo est prophetarum tropologice loqui : quale hoc : « Mare vidit et fugit². » Ecce mare oculos non habet, neque est animatum. Et rursus idem Propheta velut animatum ipsum alloquitur : « Quid est tibi, mare, quod fugisti?» et quæ sequuntur. Et rursus ostensivum suppositionis. Dicit enim Deus ad Cain : « Maledictus tu a terra, **467** quæ aperuit os suum suscipere sanguinem fratris tui de manu tua³. » Ecce ibi tropologice dixit *os*. Et : « Gladius meus devorabit carnes⁴. » Gladius enim scindit, non deglutit. Sic et ῥήματα, id est, *sermones*, dicibiles et effabiles, dixit λόγια, id est *verba*, id est, interius solum in mente, seu ratione formata, sed (ut dictum est) ῥήματα.

3. Si dicat tibi Saracenus : Qualiter descendit Deus in ventrem mulieris? dic ipsi sic : Utamur scriptura tua et Scriptura mea. Et scriptura tua dicit, quod præpurgavit Deus Mariam suam super omnem carnem mulieris, et descendit Spiritus et Verbum Dei in ipsam. Et Evangelium meum dicit : « Spiritus sanctus superveniet in te, et virtus Altissimi obumbrabit tibi⁵. » Ecce una vox utrarumque dictionum, et unus intellectus. Cognosce autem et hoc, quoniam ad nostram proprietatem diceret Scriptura descensionem et ascensionem tropologice, non cyriologice. Proprie enim descendens et ascendens ipse [κυριολογικῶς] dicitur secundum philosophos. Deus autem omnia continens, et a nullo continetur. Dixit enim quidam prophetarum : « Quis mensuravit manu aquam, et cœlum palmo, et pugillo terram⁶? » Et bene. Omnes aquæ simplex comprehensio manus Dei sunt; et omnem cœlum palmus; et omnis terra, pugillus : qualiter igitur contingit, ipsum in propria manu omnia continentem descendere et ascendere?

4. Si interrogatus fueris a Saraceno, dicente, Si Deus erat Christus, qualiter comedit et bibit et dormivit, et crucifixus est, et mortuus est, et quæ deinceps, dic ipsi : Quoniam ante sæcula Verbum Dei, quod creavit omnia, secundum quod testatur Scriptura mea et scriptura tua, ipsum creavit ex carne sanctæ Virginis, hominem perfectum et animatum et intelligentem : ille comedit, bibit, et dormivit ; Verbum scilicet, secundum quod Verbum Dei : Verbum autem Dei non comedit, neque bibit, neque dormivit, neque crucifixum est, neque mortuum ; sed caro quam assumpsit ex sancta Virgine, illa crucifixa est. Cognoscis autem, quoniam Christus dupliciter [natura]. unus autem hypostasi. Non enim dicitur, Est æternum Verbum Dei et post assumptionem carnis anypostaticum [ἀνυπόστατικόν], id est non personale vel naturale. Non enim apposita est Trinitati quarta persona post ineffabilem unionem carnis.

5. Et si te⁷ interroget Saracenus : Quem dicitis Deum, mortuus est ; responde tu : Non mortuus est : confidens Scripturæ [et] demonstrationi. Dicit enim Scriptura de hoc. Venit enim naturalis mors adversus hominum memoriam dominans, id est, subjiciens, ut in nobis omnia. Sed perfectus primus homo dormivit, et costa spoliatus est.

6. Et Saracenus : Ecce plagatus sum in aliqua parte carnium mearum, et percussa caro cicatricem contraxit, et in cicatrice factus est vermis : quis igitur ipsum plasmavit? Dic ipsi, ut prædiximus, quoniam post primam hebdomadam creationis mundi non invenimus quodcunque aliquando, vel plasmantem hominem, vel formatum ; sed præcepto Dei quod præcepit in prima hebdomada, finivit quæ fiunt. Post transgressionem autem condemnata est terra spinas et tribulos germinare⁹. Tunc utique et caro nostra condemnata, usque hodie pediculos et vermes germinat.

7. SARACENUS. Quam dicitis causam mali et boni?

CHRISTIANUS. Omnium bonorum aimus causam Deum, mali autem nihil.

SARAC. Quam dicitis causam mali?

CHRIST. A sententia diabolum exsistentem manifestum et nos homines.

¹ Psal. xi, 7. ² Psal. cxiii, 3. ³ Gen. iv, 11. ⁴ Deut. xxxii, 42. ⁵ Luc. i, 35. ⁶ Isa. xl, 22.
⁷ Theod. c. 57. ⁸ Ibid. ⁹ Gen. iii 15. Theod. c. 55.

SARAC. Propter quid?

CHRIST. Propter liberum arbitrium.

SARAC. Quid igitur? Liberum arbitrium, et quoniam quaecunque vis facere?

CHRIST. Plasmatus sum a Deo liber arbitrio.

SARAC. Propter quid?

CHRIST. Male facere et bene facere, quod est bonum et malum. Gratia hujus mala quidem faciens, punior a lege Dei: bona autem operans, non timeo legem, sed **468** et honoror, et misericordiam a Deo consequor. Similiter et diabolus primum hominem decepit per liberum arbitrium, et peccavit. Et Deus propria statione expulit ipsum. Sed forte et dices mihi, ita dicens: Qualia sunt quae dicis bona et mala?

SARAC. Ecce sol et luna et stella bona sunt: fac unum ex his.

CHRIST. Non gratia hujus dico tibi: quia secundum hominem operor bonum et malum, bona quidem, glorificatione Dei, et oratione, et eleemosyna, et similibus his [mala autem, fornicatione et furto]. Si autem dicis tu bona et mala ex praecepto Dei esse, invenietur Deus adversus te injustus, quod non est. Quia enim Deus praecepit fornicatorem fornicari, et homicidam occidere, et furem furari, digni sunt honore: voluntatem enim Dei fecerunt. Invenientur autem et legis positores mendaces, et libri tui mendaces conscripti: quia praecipiunt nos fornicatorem et furem flagellare, et homicidam occidere: voluntatem enim Dei fecerunt.

Quis, ait, format fetus in ventre mulierum? Hoc proponunt ad nos problema, potentius volentes ostendere Deum esse causam malorum. Si enim respondeas dicens, Quoniam Deus format fetus in ventre mulierum, dicet tibi Saracenus: Ecce Deus cooperator est fornicatorum et adulterorum. Christianus sic respondet: Nequaquam invenimus post primam hebdomadam mundificationis Scripturam dicentem plasmare Deum aut creare aliquid. Si autem dubitas ad hoc, ostende tu plasma vel creaturam qualemcunque post primam hebdomadam factam a Deo: sed tamen non potest ostendi hoc. Omnes enim visibiles creaturae in prima hebdomada factae sunt. Formavit enim Deus hominem in prima hebdomada, et praecepit ipsum generare, et generari, dicens: « Crescite et multiplicamini et replete terram [11]. » Et quia animatum ens homo, animatum semen habens, in propria uxore semen repullulavit. Quare homo hominem generat, quemadmodum divina Scriptura ait: « Adam genuit Seth, et Seth genuit Enos, et Enos genuit Cainan, et Cainan genuit Malaleel [12], » et quae sequuntur. Et non dixit, Deus plasmavit Seth, Enos, vel alium aliquem. Et hinc cognoscimus, quoniam generantur, et generant usque ad praesens; et sic gratia Dei mundus constitutus est: quia enim ex tunc omnis herba generat et generatur: dixit enim Deus: « Germinet terra herbam feni [13]; » et praecepto Dei germinavit unaquaeque arbor: similiter et herba, et planta ex seipsa habet semen et potentiam. Semen autem omnis plantae et herbae, animatum quod est, in terram cadens, a seipso, vel ab alio seminatum, regerminat, non plasmatum ab aliquo, sed praecepto Dei obediens. Ecce et ego, quemadmodum praedicebam, liber arbitrio exsistens, ubi utique semino, sive in propriam uxorem, sive in alienam, libero arbitrio utens, germinat, et fit praecepto Dei obediens: non quoniam et nunc secundum unamquamque diem plasmat, et operatur; quia in prima hebdomada fecit **469** Deus coelum et terram, et universum mundum in sex diebus, et die septima requievit ab omnibus operibus ejus quae incepit facere, secundum quod Scriptura testatur mea.

SARAC. Qualiter ait Deus ad Jeremiam: « Priusquam te formarem in utero scivi te, et ex matrice sanctificavi te [14]. » Omnino igitur in ventre plasmavit.

CHRIST. Animatam et seminativam potentiam Adam in ventre habens, genuit Seth, quemadmodum dicebam: Seth et Enos et unusquisque homo praehabens in ventre suum filium, et filius item genuit, usque ad praesens. Illud vero, « ex utero sanctificavi te, » intellige eam, quae vere genuit filios Dei, secundum testimonium sancti Evangelii.

SARAC. Facientes voluntatem Dei, bonos dicis vel malos?

CHRIST. Dicere vis, quoniam Christus nolens passus est? et si dicam tibi, bonos, dices mihi: Vade, adores deos, quoniam voluntatem Dei tui fecerunt.

SARAC. Et hoc tibi volebam dicere.

CHRIST. Quod tu dicis voluntatem esse, ego dico sustinentiam et longanimitatem.

SARAC. Unde hoc ostendere potes?

CHRIST. Per rem: quia, sedente me et te, vel stantibus, potest quis ex libero arbitrio sive stare, vel moveri. Et, nunquid dicente Deo: « Non furaberis, non fornicaberis, non occides [15], » vult ut furemur, vel fornicemur, vel occidamus?

SARAC. Non. Si enim vellet, non utique diceret hoc.

CHRIST. Gloria Deo, quoniam tu confessus es. Ecce concordas mihi, quoniam nullus ex nobis, sive potest surgere, sive vivere: et quoniam non vult Deus ut furemur, vel fornicemur, vel occidamus. Et si nunc exsurgens, furer, vel fornicer, vel occidam, quid ipsum dicis? Voluntatem, vel confessionem, vel sustinentiam, vel longanimitatem?

8. SARAC. Quis est apud te major, qui sanctificat, vel qui sanctificatur?

---

[11] Gen. 1, 18. [12] Gen. v, 4 seqq. [13] Gen. 1, 11. [14] Jerem. 1, 5. [15] Exod. xx, 13-15.

CHRIST. Quid vis dicere, cognosco.

SARAC. Si enim nosti, responde mihi.

CHRIST. Si tibi dicam, qui sanctificat; dices mihi: Vade, adora Joannem Baptistam baptizantem et sanctificantem Christum tuum.

SARAC. Sic tibi volebam dicere.

CHRIST. Superveniente te cum servo tuo in balneo, et ablutus, et mundatus ab ipso, quem habes dicere majorem? Illum miserum servum et argento emptum, vel te mundatum ab ipso, sicque et dominum ipsius exsistentem?

SARAC. Meipsum majorem dico, qui possideo, quam illum qui a me possidetur.

CHRIST. Gratias ago Deo. Sic mihi intellige Joannem, ut servum et famulum ministrantem Christo in sancto baptismate in Jordane, in quo baptizatus Salvator meus, eorum qui illic in cavernis latent, draconum et perniciosorum dæmonum capita stravit.

Saracenus autem valde admirans et deficiens, recessit et nihil apponens ad ipsum alterum.

470 *Ex ejusdem (Theodori Abucaræ cognominati episcopi Carorum) concertationibus cum Saracenis, ex ore Joannis Damasceni.*

SARACENUS. Dic mihi, episcope, eratne mundus idolorum cultui deditus, antequam Moyses Judaismum prædicaret?

THEODORUS. Omnino.

SARAC. Quando Moyses Judaismum docebat, utra pars mundi rectæ religioni videtur addicta fuisse, quæ Judaismum amplexa est; an quæ in idololatria, rejecto Moyse, perseveravit?

THEOD. Quæ Judaismum amplexa est.

SARAC. Postea cum venit Christus, Christianismum prædicans, utra pars videtur tibi religionem veram coluisse, quæ Christianismum amplexa est; an quæ in Judaismo firmissime permansit?

THEOD. Quæ Christianismum amplexa est.

SARAC. Insequenti vero tempore, cum venisset Muchamethus Margarismum Eslamismumve annuntians, utra pars mansit tibi Deum rite colere, quæ Eslamismum suscepit; an quæ mansit in Christianismo, Muchametho nolens auscultare?

THEOD. Quæ mansit in Christianismo.

SARAC. Conclusionem hanc postremam intulisti propositionibus minime consentaneam.

THEOD. Ergo oportebat ut ex falsis propositionibus conclusionem deducerem? Non enim, ut opinatus es, fide digni Christus et Moyses fuerunt, quia prædicabant et docebant, ut Muchametho credamus, quia prædicavit et docuit: verum ausculta, unde uterque fide dignus habitus fuit. Quando Moyses a Deo mittebatur, respondit illi: « Ecce vado, et dicent mihi: Non apparuit tibi Dominus, neque Deus misit te. Quid faciam [16]? » Cui Deus, « Quid est hoc, inquit, quod habes in manu tua? » Et respondit, « virga. » Tum dixit ei Deus: « Projice eam. » Quæ projecta cum esset, versa est in serpentem. Rursus vero cum manu prehendisset, virga facta est. Deinde dixit ei Deus: « Mitte manum tuam in sinum tuum. » Quam cum misisset protuliteam leprosam. Rursum vero immissa, educta est sana. Et ait Deus ei: « Si non crediderint primo signo, neque secundo, facito ex aqua sanguinem [17]. » Moyses itaque, cum hoc modo missus fuisset, hæc fecit, et propter opera sermonibus ejus fides habita est. Sic est, annon?

SARAC. Ita plane.

THEOD. Venit Christus, seque a Deo missum comprobavit, non ex solo Moysis vaticinio testimonium habens, verum et insuper signis, portentis, variisque virtutibus sibi fidem astruens.

SARAC. Quibusnam istis?

THEOD. Conceptus sine semine ex matre non conjuncta viro, et ex virgine natus; mutata aqua in vinum: tum deinde non obscura, sed manifesta admodum oculorum cæcis restitutione, leprosorum expurgatione, paralyticorum corroboratione, omnigenorumque morborum curatione, divinitatis suæ in monte ostensione, expulsione dæmonum, multorum millium hominum paucis ex panibus piscibusque refectione, mortuorum velut e somno excitatione, et uno verbo, naturæ in quibus lapsa erat, instauratione. Quid ais ad hæc, Saracene? an minoribus quam Moyses, signis **471** et indiciis fidem sibi astruxit Christus?

SARAC. Nequaquam.

THEOD. Illic ergo a Moyse prius declaratus, cum tot tantisque signis sese a Deo venisse commonstrasset, discipulis suis spopondit, dicens: « Lex et prophetæ usque ad Joannem Baptistam. Qui habet aures audiendi, audiat [18]. » Ubi igitur est propheta vester? id obscurum non est.

[16] Exod. IV, 1. [17] ibid. 2-9. [18] Luc. XVI, 6.

MONITUM.

Opusculi de draconibus et strygibus, seu prolixioris, ut conjicio, lucubrationis fragmenti hujus, quod nunc primum damus, describendi mihi perhumane copiam fecit R. P. D. Bernardus de Montfaucon ex codice satis recenti monasterii Sancti Taurini Ebroicensis. Illud vero Joanni Damasceno perinde tribuunt codex 15 bibliothecæ Cl. Joannis Seldeni, necnon alter codex bibliothecæ Romanæ Sanctæ-Mariæ de Vallicella, nihilque nos cogit ut ipsum Damasceno nostro auferamus. Ex capite 23 *Historiæ Arabum*, quam Abrahamus Ecchellensis conscripsit et edidit, apparet, ut apud Judæos, sic apud Saracenos præsertim, inter quos Joannes noster agebat, familiares fuisse fabulas de draconibus incubis. Cæterum hoc opus ignotum videtur fuisse viro infinitæ propemodum eruditionis Leoni Allatio, qui, cum singulari opere superstitiosas easdem, quas Noster, opinationes Græcorum exagitaret, librum istum nusquam allegavit.

S. JOANNIS DAMASCENI
DE DRACONIBUS.

Quoniam autem dracones quoque fingunt in formas hominum transire, et modo quidem parvos serpentes esse, tum deinde maximos evadere, procera mole et magnitudine corporis immanes, ac tandem homines, uti dictum est, factos, cum hominibus conversari, incedere, mulieres rapere, et cum eis coire : eos qui hæc narrant, rogamus, quot rationales naturas Deus fecerit. Quod si hoc nesciunt, duas illis dicemus, angelos scilicet et homines. Porro diabolus unus erat ex angelicis virtutibus : cumque sponte defecerit a luce, in tenebris graditur. Atqui ambas quidem naturas istas Deus condidit. Sin vero draco, assumpta specie altera, cum hominibus conversatur, constupratque mulieres, ac modo quidem serpens exsistit, modo autem homo ; hinc manifeste sequitur eum esse ratione præditum, adeoque longe præstantiorem homine : id quod plane nunquam fuit, nec erit. Quin dicant nobis, ecquisnam illum vidit? Nos quippe Moysis, seu potius Spiritus sancti, qui per illum locutus est, doctrinæ fidem habemus. Is porro sic ait : « Et adduxit Deus omne animal ad Adam, ut videret quid **472** vocaret ea : et quod vocavit Adam, ipsum est nomen ejus [1]. » Quocirca draco unum erat ex animalibus. Neque ego dico tibi draconem non exstare : sunt enim dracones; sed hi serpentes sunt, qui ex draconibus aliis procreantur. Nam quando recens exclusi sunt et novelli, parvi sunt ; postquam vero cibo pasti sunt, et consenuerunt, magni et crassi evadunt, ita ut reliquos angues mole et magnitudine superent. Aiuntque eos ultra triginta cubitos augescere, crassitudine vero magnam trabem exæquare. Quin et Dion Romanus, qui de imperio et republica Romana scripsit, ubi celebratissimum Carthaginense bellum recitat, illud refert, quo tempore Regulus eos. Romanus adversus Carthaginenses decertaret, repente draconem ultra vallum Romani exercitus reptantem jacuisse, quem cum illius jussu necassent, detractam pellem Romam ad senatum missam : et grandi miraculo, cum senatus hanc mensus esset,

inquit Dio, inventa est centum et viginti pedum longitudine constare. Est et aliud draconum genus, quibus caput latum est, oculi instar auri micantes, in cujus cervice cornua sunt ; aliis barba e faucibus pendet : hosque agathodæmones vocitant, aiuntque veneno vacare. Atqui draco iste animantium genus est, haud secus atque reliquæ bestiæ. Habet vero barbam perinde ac hircus, et supra cervicem cornu. Oculi illius magni sunt, aurique speciem referunt. Hi magni sunt et exigui. Omnia autem serpentium genera virus emittunt : draco solus venenum non habet [2].

Hanc quoque fabulam narrant, draconem a fulmine exagitari, ita ut in aerem attollatur et occidatur. Hæc ego audiens, risi. Quinam cum quandoque humana forma indutum et rationalem fingunt, quandoque vero serpentem, quandoque etiam Deo adversantem, et quem Deus insectetur? Plane lubrica res est ignorantia. Maxima quippe damna patimur, ubi sacros Libros legere, eosve secundum Domini sermonem scrutari negligimus [3]. Ac miles quidem dicit : Sum miles, nec opus mihi est lectione : agricola vero agrorum prætendit culturam, et alii subinde idem effutiunt, et omnes deficientes sumus. Verum nequaquam fulmen draconem insequitur : sed ex nube fiunt fulmina, quando nubes propter humorem in imbrem resoluta, atque a spiritu sive a vento agitata, densatur. Cum enim intra spiritus venit, et illam rupit, tunc sonitus exauditur, atque strepitus ille qui sursum editur, tonitru nominatur : quod autem vi spiritus impellitur, dum cadit in terram, fulmen vocitatur. Unde sive domui illidatur, sive arbori, hæc disrumpit et scindit : sive autem homini, aut cuivis alteri animali, illud enecat : quocirca frequenter tum homines, tum animantia alia videmus interempta a fulmine, non item dracones. Quod vero ad fulgura attinet, alia quidem lineæ speciem objiciunt, alia spiræ, subrubent alia. Aiunt autem fulgur et fulmen simul fieri : eo quod, diffracta nube, fulgur cum fulmine et tonitru emicet ; ita ut fulgur, cum ante

---

[1] Gen. II, 9. [2] Vid. Valer. Max. lib. I, cap. 8, n. 19; Plin. lib. VIII, cap. 14. [3] Joan. V, 39.

delitesceret, subito pateat; fulmen vero, donec e sublimitate sua prodierit, inane sit et otiosum. Atque **473** hoc in causa est ut tonitrui sonus diu post fulgur emissum exaudiatur. Hujus porro rei exemplum tibi afferam. Observa igitur, quando procul stat aliquis in excelso loco, et signum edit, manum quidem cernis pulsantem lignum, post vero intervallum aliquod temporis, pulsationis sonitus percellit aures. Idem et in nube fieri cogita. Dum intus spiritu, seu vento plena, imbris vi rumpitur: sonum edit. Quin et si contingat, ut alteri nubi collidatur, ingens fit sonitus.

DE STRYGIBUS.

Nolo autem vos hoc quoque ignorare. Quidam ex indoctioribus ineptioribusve narrant, Stryges esse mulieres, quæ et Geludes dicantur. Eas autem per aerem conspici fabulantur, dumque circumeunt domum, nequaquam foribus et clausuris prohiberi, sed januis diligenter clausis ingredi, et pueros suffocare. Quin etiam aiunt eas hepar infantium vorare, et omne ex quo habitudo corporis illorum constat; insuper et vitæ terminos definire. Atque hæc quidem asseverant alii se vidisse, audisse alii: quomodo nempe, occlusis foribus, domos ingrediantur cum corpore, vel nuda saltem anima. Ego autem hoc dixero, a Domino nostro Jesu Christo id duntaxat patratum esse, quando ad sanctos apostolos, januis clausis, intravit, postquam resurrexisset a mortuis. Sin vero malefica mulier hoc idem fecit, et facit, jam nihil admiratione dignum Dominus gessit, clausis foribus intrando. Quod si dicant, animam nudam introire interim dum corpus jacet in lecto; hoc a me audias velim. Dominum nostrum Jesum Christum pronuntiasse: « Potestatem habeo ponendi animam meam, et iterum potestatem habeo a meipso sumendi eam [a]. » Atque id semel fecit tempore sacrosanctæ passionis suæ. Ergo cum saga obscenaque mulier, quando lubuerit, idem præstet, nihil ultra Dominus gessit. At, comesto infantis hepate, quinam fieri potest ut is vivat? Atqui hæc quidem hæretici, qui contraria Ecclesiæ catholicæ placita tenent, nugando narrant, quo simpliciores avertant a recta sententia.

[a] Joan. x, 28.

474 ADMONITIO.

Joannes Vegelinus Augustanus opusculum, quod subjungo, *De sancta Trinitate*, Joannis Damasceni nomine inscriptum, Augustæ Vindelicorum cum Cyrillianis quibusdam et Damascenicis, Græce et Latine adjectis adnotationibus edidit anno 1611. Hujus initium perinde Damasceno nostro attributum reperi in codicibus mss. Reg. 2909, et Colb. 6044, cum titulo Περὶ τῆς ἁγίας Τριάδος, *De sancta Trinitate*, quem operi toti præmittendum existimavi; quia in primis est de hoc mysterio, quamlibet nonnulla passim de incarnatione interjecerit. Mihi dubium non est quin genuinus lucubrationis hujus parens sit Joannes Damascenus, aut saltem ex genuinis ejus libris excerpta sit.

S. JOANNIS DAMASCENI
DE SANCTA TRINITATE.

1. In sancta quidem Trinitate (1), consubstantiali et vivifica, unam naturam, unam voluntatem, unam actionem, unam et virtutem et potentiam et dominationem profiteri: quia etiam una est deitas, tres hypostases, sive tres personæ; ut sua cuique personæ proprietas custodiatur. In unius autem ex Trinitate, hoc est Domini nostri Jesu Christi, dispensatione cum [carne], duas naturas deitatis et humanitatis, duas voluntates itidem et actiones; sed unam hypostasin sive personam [confiteri], quia unus et idem est, qui ante sæcula ex Patre sine fluxu et sine corpore genitus; et postremis temporibus ex sancta sempereque Virgine Maria Deipara, inenarrabiliter, et citra inquinationem conceptus est: idem totus homo et Deus, qui in una persona agnoscitur Deitate impassibilis, et passibilis assumpta natura: qui salvas post partum, virginitatis scilicet, notas, hoc est signacula conserva-

(1) Cf. Damasc. lib. III *Orth. fid.* c. 5.

vii. *Quæst.* Qua de causa Filius' homo factus est (1), non Pater, nec Spiritus; et quid homo factus effecit? *Resp.* Pater est Pater, non Filius: Filius est Filius, et non Pater : Spiritus sanctus est Spiritus, et non Pater. **475** nec Filius. Proprietas enim dimoveri non potest : aut quomodo esset proprietas, si dimoveretur, vel recideret? Eapropter Filius Dei etiam Filius hominis fit, qui ex sancta Virgine incarnatus est, nec tamen a filiali proprietate discessit. Homo autem factus est Filius Dei, ut ad quod fecit hominem, hoc rursus ei concederet, immortalitatem et vitam æternam ad æternis bonis perfruendum. Amen : fiat, fiat !

2. Pater et Filius non sunt duo principii expertia, sed sine medio conjunctissima. Mistio corruptionem operatur, et sic miscetur, ut aqua et vinum. Unio est, quando conjunctio quædam fit, ut non minuatur, neque corrumpatur alterum, sed ut maneat in quo est : ut corpus et anima. Sic etiam Christus Deus Verbum perfectum, et homo perfectus; unitus quidem est, non tamen confusus. Unus Deus, Pater Verbi viventis, sapientiæ subsistentis et virtutis et characteris æterni, perfectus perfecti genitor, Pater Filii unigeniti. Et unus Dominus, solus ex solo, Deus, et Dei, character et imago divinitatis, Verbum efficax, sapientia quæ constitutas res universas continet, et virtus quæ omnem creaturam condidit : Filius verus veri Patris, invisibilis ex invisibili, incorruptibilis ex incorruptibili, et immortalis ex immortali, et æternus ex æterno. Et unus Spiritus sanctus, qui ex Deo habet exsistentiam et per Filium splenduit, videlicet hominibus : imago Filii perfecta et vita, viventium causa, fons sanctus, sanctitas, sanctificationis suppeditator : in quo manifestus redditur Pater, qui est super omnia et in omnibus, et Deus Filius, qui est per omnia ; Trinitas perfecta, gloria et æternitate et regno : quæ non dividitur, nec abalienatur. Nec igitur aliquid creatum aut servile est in æternitate, nec adventitium, ut quod prius non exstabat, postea supervenerit. Neque enim unquam Patri defuit Filius, neque Filio Spiritus sanctus : sed commutationis et alterationis expers est eadem semper Trinitas. Sic enim nos beatam et vivificam et individuam Trinitatem credimus. Pater, Filius, et Spiritus sanctus, tres personæ, una imago : tres characteres, una expressio : tres hypostases, una deitas : tres proprietates, una essentia : tres actiones, una gratia : tres exsistentiæ, una æqualitas : tres cognitiones, una gloria : tria nomina, una confessio : tres confessiones, una fides. Deus est substantia æterna et invariabilis, quæ res exsistentes condidit. Deus est lumen supremum et inaccessum quod nec mente comprehendi, nec oratione explicari potest.

3. *Quæst.* Quot modis [dicitur] Deus? *Resp.* Deus Pater, Deus Filius, Deus Spiritus **476** sanctus.

Beata natura, invidentiæ expers bonitas, dilecta omnibus ratione præditis et multum desiderata pulchritudo, principium entium, fons vitæ, inaccessa sapientia, inconvertibilis natura, vita vacans molestiis, dolorum nescia conversatio, circa quam non est alteratio, quam non attingit mutatio, fons scaturiens, abundans gratia, thesaurus qui consumi nequit.

4. Confitemur Dominum nostrum Jesum Christum, unigenitum Filium et Verbum Patris, lumen de lumine, Deum verum de Deo vero, incarnatum et hominem factum esse ex Spiritu sancto et ex sancta gloriosa Deipara et semper Virgine Maria : eumdem Deum perfectum, et hominem perfectum, unum et solum Filium, tum ante incarnationem, tum post incarnationem : ejusdem essentiæ cum Patre quoad deitatem : quoad omnia similem nobis, ejusdemque essentiæ nobiscum quoad humanitatem sine peccato factum hominem : ante sæcula quidem ex Patre, postremis autem diebus eumdem propter nos et propter nostram salutem ex sancta Deipara et semper Virgine Maria natum, qui unus et solus Filius in duabus naturis citra confusionem, citra conversionem, citra divisionem agnoscitur. Duæ enim naturæ congressæ sunt inter se invicem per unionem indivulsam, inseparabilem, confusionis et conversionis expertem. Caro enim est caro, non deitas, etsi Dei caro facta est. Pari modo et Verbum Deus est, et non caro, tametsi unam effecerunt carnem per dispensationem. Duas igitur naturas esse dicimus, sed unum Christum et Filium et Dominum, Dei Verbum, quod homo factum et incarnatum est. Non enim suam gloriam imminuit Dominus, quia carnem assumpsit. Antequam enim carnem sumpsit, et humiliavit semetipsum, soli angeli cognoscebant eum. Postea quam autem humiliavit seipsum, universa hominum natura cognovit eum. Vides quomodo humiliatio non operata sit imminutionem, sed magis gloriam fecerit elucescere. Quod si vero curiosorum aliquis quærat, an deitas in cruce fuerit, aut non fuerit, is illam non esse in omni loco, et circumscriptam in uno loco statuit : nos autem circumscriptionis et comprehensionis expertem esse dicimus.

5. *Quæst.* Unde dicitur vox Θεός, id est Deus? *Resp.* a Θῶ, quod est, *compono* et *efficio*, quia omnium est effector et compositionis omnium auctor. Vel a θέω, quod significat *curro*. Deus enim ubique adest. Vel Θεὸς a θεᾶσθαι, hoc est *videre* : **477** ἐθεάσατο, hoc est, vidit enim omnia antequam facta essent. Κύριος, id est, *Dominus* dicitur a κῦρος, quod Dominium et potestatem significat. *Quæst.* Quid est unio? *Resp.* Res quæ secundum hypostasin et ex diversis naturis subsistit. *Quæst.* Communicatne divina natura : an vero accipit? *Resp.* Communicat. *Quæst.* Quid est *synalœpha*? *Resp.* Confusio. *Quæst.* Qualibus nominibus honoratur Pater, et qua de

(1) Cf. Aug. serm. 3 *De temp.*

causa Pater dicitur? *Resp.* Unus Pater, sanctus Deus, et omnipotens, principii expers, sempiternus, immortalis, invisibilis, inexplicabilis, fine carens, successorem non habens, a motu alienus, imperscrutabilis, qui muneribus non corrumpitur. Dictus est Πατὴρ, quod πάντα τηρεῖ, hoc est, omnia conservat. *Quæst.* Quibus nominibus honoratur Filius, et quo respectu dictus est Filius? *Resp.* Unus Filius, Verbum sanctum, progenies ineffabilis, Verbum inenarrabile, mens invisibilis, Lumen vitæ, Sol justitiæ, Pastor, Via, Agnus Filius dictus est, quia ex Patre est: *Quæst.* Quibus nominibus honoratur Spiritus sanctus, et quo respectu dictus est Πνεῦμα, hoc est Spiritus? *Resp.* Unus Spiritus sanctus, vivificus, humanus, substantivus exsistentia atque subsistentia præditus, firmus, acutus, securus, virtus sanctificandi potestate præditus, ejusdem essentiæ cum Patre et Filio. Vapor enim est supernarum Dei virtutum. Πνεῦμα vero, hoc est Spiritus, dictus est, quod quocumque voluerit, inclinetur et spiret. *Quæst.* Quid est Jesus Christus? *Resp.* Dominus sine peccato factus homo. *Quæst.* Quid est Christus? *Resp.* Symbolum deitatis et animatæ carnis, unitio immutabilis. Christus autem dictus est, quia carne instar nostri usus est. *Quæst.* Quid est sanctus? *Resp.* Qui sanctificat et sanctificatur. *Quæst.* Quid est Verbum? *Resp.* Verbum substantivum est, quod semper cum Spiritu præsto est. *Quæst.* In quanam hypostasi adoras Filium Dei? *Resp.* In Dei Verbi subsistentia unam naturam incarnatam, quæque adoratur una adoratione; quoniam ex duabus essentiis congressis una persona facta est, quæ adoratur. Duæ sunt essentiæ, actiones duæ, duæ voluntates, duo libera arbitria. Quinque autem modis dicta est hypostasis: hypostasis seu subsistentia, et persona, et character, et proprium, et individuum.

478 ADMONITIO.

Operæ pretium non esse puto, multis probare Epistolam ad Jordanem archimandritam *De hymno Trisagio*, quæ multiplici jam editione prodiit, fuisse scriptam a Joanne Damasceno: quippe quam criticorum nemo ei eripere hactenus tentaverit; quin potius asserant ipsi certissimæ rerum, temporum, sententiarum, et locutionum, quæ in ea passim obviæ sunt, notæ. De illo hymno auctor disputat, qui apud Orientales celebratissimus est, Ἅγιος ὁ Θεὸς, ἅγιος ἰσχυρὸς, ἅγιος ἀθάνατος, ἐλέησον ἡμᾶς, *Sanctus Deus, sanctus fortis, sanctus immortalis, miserere nobis*; adductisque Ecclesiæ doctorum auctoritatibus non paucis, contendit quodvis canticum, quo Deus ter *Sanctus* inclametur, sive Seraphicum sit, desumptum ex cap. VI Isaiæ, sive ecclesiasticum, de tota Trinitate, non de Filio, seu Christo solo, debere accipi. Quocirca monumentum aliud non reperias, in quo disertius explicentur causæ, propter quas exosum adeo Catholicis fuerit additamentum, quo Petrus Cnapheus, seu Fullo, Antiochenæ Ecclesiæ tyrannus, sacram hanc oden labefactarat, interjecta voce, ὁ σταυρωθεὶς δι' ἡμᾶς, *qui crucifixus es pro nobis*.

Trisagium hoc Proclo CP. vetustius non esse astruerent epistolæ ad Fullonem, quæ Felicis III papæ, Acacii, Quintiani, Justini, aliorumque episcoporum nominibus insignitæ sunt, si modo genuinas illas esse constaret. His enim perinde fertur, Theodosio Juniore, et Proclo CP. præsule, cum ob terræ motum Byzantini cives in urbis pomœrio supplicationes ad Deum haberent, raptum in aerem puerum, ab angelis didicisse carmen istud, quod populus caneret. Verum epistolæ illæ Cl. Valesio, aliisque, adulterinæ visæ sunt, quod etsi confutare nititur vir doctissimus Antonius Pagius post Guillelmum Cave, ad annum Baronii 483; attamen ad annum 478 fassus erat, utramque epistolam ad Fullonem, aliamque ad Zenonem, quæ Felicis nomen præferunt, Simplicio potius debere ascribi: quia Felix dudum ante quam Cnapheum in Antiochenam sedem jam tertio irrupisse didicisset, communione et episcopali gradu privaverat Acacium; qui tamen his in litteris tanquam legitimus, *dilectissimusque Deo*, θεοφιλέστατος, urbis regiæ pastor et patriarcha commendatur. Enimvero anno 484 anathema dictum Acacio fuit, et anno insequenti 485, Petrus, ejecto Calendione Catholico, Antiochenam sedem recuperavit. At vero in epistola quæ *Quintiani episcopi* esse dicitur, non Simplicius, sed Felix litteras ad Petrum scripsisse fertur. *Multis episcopis te præmonentibus*, inquit, μάλιστα τοῦ ἁγιωτάτου ἀρχιεπισκόπου Φήλικος; *maxime sanctissimo archiepiscopo Felice*. Ad hæc non capio, impurum Fullonem a Romano Pontifice amantissima *Religiosissimi* voce compellari, ἡ σὴ θεοφιλία: Fullonem, inquam, qui Martyrio Antiochenum solium eripuerat, subindeque depositus fuerat a legitima synodo; qui paulo post indicta causa Basilisci hæretici tyranni auctoritate sedem repetierat. Quinimo Simplicio admodum displicuerat altera hæc tertii throni invasio; ita ut Basilisco ad ordinem redacto, Acacio statim scripserit, ut a Zenone Augusto obtineret, Petrum ejusque socios procul amandari, *Mandaveram*, inquit in genuina ad Zenonem epistola, *ut, facta suggestione pietati tuæ, prædictus* (Petrus) *ut et cæteri, qui per occasionem tyrannicæ dominationis* (Basilisci) *invaserant Ecclesias Dei, extra metas pellerentur imperii*. Alia subjungit, quæ satis innuunt Petrum ejusque sequaces auctores fuisse necis Stephani Junioris Antiocheni. Præterea narrat Liberatus in Breviario cap. 18, post auctorem Breviculi historiæ Eutychianistarum, Acacium Simplicio una subjecisse, ut Petrum, et Joannem Apamenum, et Paulum Ephesinum perinde damnaret : imo Felix idem testatur in Epistola ad clericos et monachos Orientales : *Quos tunc hypocrita Acacius ita fecit ab apostolica sede damnari, ut his etiam vocabulum Christianorum tolleretur : quod gesta apud eum manifestant.* Atqui in illis epistolis nulla horum Petri sociorum fit mentio. Insuper **479** Hormisdas papa, ejusque apocrisiarii, monachis Scythis similem Cnapheanæ propositionem ingerentibus, scilicet, *unum de Trinitate crucifixum esse*, nusquam objecisse leguntur, Petrum Fullonem ob adjectam Trisagio crucifixionem a sede apostolica fuisse proscriptum. Jobius monachus apud Photium cod. 222, cum medio circiter sæculo sexto scriberet, Proclo ipsi, non puero, hymnum de quo nunc agitur, imo potius ejus compositionem ex Seraphico cantico et his verbis psal. XLI : Τὸν Θεὸν, ἰσχυρὸν, ζῶντα, *Deum, fortem, vivum*, angelos revelasse dixit, juxta atque didicerat a Judæo, qui Christianus ex animo factus, Catechistæ munere in Ecclesia fungebatur, ὡς τῷ μακαρίῳ Πρόκλῳ ἡ τοῦ εἰρημένου μελῳδήματος δι' ἀποκαλύψεως ἐμυήθη σύνθεσις, ἀγγέλων μὲν τὴν ἱερολογίαν ταύτην ἀναμελπόντων, ἐκείνου δὲ τὴν μύησιν πρώτου ἐκεῖθεν ἐκδεξαμένου. Nicephorus Callistus, lib XVIII, cap. 51, Trisagium istud censet ab apostolis ipsis Ecclesiæ per manus datum esse. In fine actionis I concilii Chalcedonensis, postquam Dioscorus depositione dignus est judicatus, Orientales, seu diœcesis Antiochenæ episcopi, præ cæteris ipsum cecinerunt. Quia vero id gestum fuit post aliquot annos ab obitu Procli, addam auctorem alium antiquiorem, scriptorem nempe Vitæ sancti Basilii Magni, qui a multis Amphilochius Iconiensis fuisse putatus fuit : cæterum recentior non est Proclo, aut Chalcedonensi concilio; quippe qui, contra ac ætatis istius usus tulit, tres Trinitatis divinæ personas esse docet, τρία ἐνυπόστατα, μιᾶς οὐσίας, μιᾶς δυνάμεως, μιᾶς ὑποστάσεως, nihil discernendo hypostasim ab essentia. Hic porro narrat Basilium, cum Nicææ in templo Sancti Diomedis versaretur, Trisagium carmen istud pronuntiasse.

Quod ad ejus interpolationem attinet, Calendio præsul Antiochenus, ut turbas, quas Cnapheus concitabat, sedaret, ante voces istas, *qui crucifixus es pro nobis*, duas alias præmisit, Χριστὲ Βασιλεῦ, *Christe Rex*, quæ veluti versiculi secundi initium forent, ita ut celebrata primum Trinitate, Christi deinde clementia invocaretur. Hoc vero additamentum cum suo auctore Fullo postmodum pessumdedit, cæterique deinceps synodi quartæ adversarii canticum retinuerunt, uti fuerat a Petro immutatum. Quocirca Severus horum antesignanus, Julianusque Halicarnassensis, Anastasio imperatori suggerunt, ut Macedonium Constantinopolitanum cogat Fullonis interpolationem admittere; quod cum pro votis non cessisset, Macedonio ejecto, Timotheus in ejus locum ordinatur, qui, cum illam denuo introducere tentasset, imo edicto decreto in Ecclesiis sanxisset, populo ob novitatem, Deipassianorumque hæresis suspicionem tumultuante, cœptis aliquantum desistere coactus fuit. Cæterum ex Chronico Alexandrino et ex Joannis Malalæ Annalibus apparet, paucis post annis Byzantinos non admodum illud additamentum exhorruisse. Anno quippe Justiniani VI. die 12 Novembris, cum tota civitas ob terræ motum in forum Constantini concurrisset, omnes in hunc modum precatos esse referunt : *Sanctus Deus, sanctus fortis, sanctus immortalis, qui crucifixus es pro nobis, miserere nobis.* Tunc deinde diluculo conclamasse : *Vince, fortuna Christianorum. Crucifixe, serva nos, et urbem nostram. Auguste Justiniane, vincas* : Ἄρον, καῦσον τὸν τόμον τὸν ἐκτεθέντα ἀπὸ τῶν ἐπισκόπων τῆς συνόδου Χαλκηδόνος. *Tolle, exure tomum e litum ab episcopis synodi Chalcedonensis.* Verum is furor diutius non fuit, et imperatoris cura et edictis Trisagium canticum expurgatum fuit, firmataque fides Chalcedonensis. Interim vero Severus, arrepta sub Anastasio sede Antiochena, Orientalibus persuaserat, ut Trisagium hoc in Christi honorem cum additamento Fullonis recitare pergerent. Fragmenta quædam orationis ipsius de hoc argumento et in Annuntiationem, apud me habeo, in quibus fatetur Trisagium Seraphicum, quod Isaiæ cap. VI legitur, ad *Dominum Sabaoth*, tresque Trinitatis personas terminari, εἰς ἕνα Κύριον Σαβαὼθ καταλήγουσα, τὴν μίαν ἐν τρισὶν ὑποστάσεσι κυριότητα καὶ θεότητα· at Trisagium ecclesiasticum ad Christum Filiumve proprie referri, qui ejusdem ac Pater et Spiritus sanctus gloriæ consors hoc pacto declaretur; adeoque extremæ impietatis esse nolle vocem hanc addere, *Qui crucifixus es pro nobis* : Ἤδη τινὲς εἰς τοῦτο ἦλθον ἀσεβείας, ὡς τῇ Τρισαγίῳ ᾠδῇ, ἣν ἀναφέρομεν τῷ Σωτῆρι Χριστῷ, λέγοντες· Ἅγιος ὁ Θεὸς, ἅγιος ἰσχυρὸς, ἅγιος ἀθάνατος, μὴ ἀναπέμπειν τὸ, ὁ σταυρωθείς. Eos enim qui sibi repugnarent, ceu **480** Nestorianos traducebat. Cum itaque Severus Orientalibus persuasisset Trisagium totum Christo potius cani debere, quam Trinitati, Ephræmius qui paulo post ipsum Antiochenam Ecclesiam rexit, etsi catholicæ fidei studiosissimus erat, ne turbis seditionibusve occasionem præberet, satius duxit concedere, ut Trisagium ab Orientalibus secundum interpretamentum istud cum interpolatione caneretur. Ejus verba recitabo, ut habentur apud Photium, cod. 228, ex epistola ad Zenobium Monophysitam : *Illi quidem qui Orientis partes incolunt, quia hymnum istum ad Dominum Jesum Christum referunt*, διὰ τοῦτο μηδὲν ἁμαρτάνειν ἐπισυνάπτοντας τὸ, τὸ σταυρωθεὶς δι' ἡμᾶς, » *idcirco nequaquam peccant apponendo,* «*qui crucifixus es pro nobis*» (hoc est, Theopaschitarum erroris suspicione liberantur); *Byzantini vero et Occidentales* (Græci utique) *carmen istud sublimissimo et sacrosancto bonitatis fonti, consubstantiali Trinitati tribuentes, cum ob rem non sustinent ut ea vox,* « *qui crucifixus es pro nobis,* » *interseratur; ne passionem Trinitati affingant. Cæterum* ἐν πολλαῖς ταῖς κατὰ τὴν Εὐρώπην ἐπαρχίαις, ἀντὶ τοῦ, τὸ σταυρωθεὶς δι' ἡμᾶς, » τὸ, «ἀγία Τριὰς, ἐλέησον ἡμᾶς,» ἐπάγει, *in multis Europæ regionibus, pro his verbis,* « *qui crucifixus es pro nobis,* » *istæc alia injiciunt,* « *Trinitas sancta, miserere nobis.* »

Ephræmio tamen assentiri veretur Photius, propter auctoritatem Patrum, qui Petri Fullonis additamentum rejecerunt, eo quod Trinitas hoc hymno celebretur : τῆς γὰρ τριαδικῆς θεολογίας ὕμνον εἶναι τὸ δοξολόγημα. Et certe, cum Damascenus interpolationem hanc proscripserit, etiam in libris quos Damasci scripsit nomine metropolitæ et antistiti sui Petri, hinc collegero patriarchas Antiochenos, qui Ephræmio successerunt, cum catholicæ doctrinæ tenaces essent, Trisagium etiam hymnum expurgasse, ne quæ superessent Monophysitici veneni reliquiæ.

Epistolæ Damasceni in editione Basileensi 1575 contextum Græcum innumeris mendis et erratis typothetarum scatentem, contuli ac recensui ad tres codices Regios 1991, 2930 et 3441, nec non ad chartaceum alterum recentissimum, et fragmentum quod reperi in Reg. 3451.

EPISTOLA

AD JORDANEM ARCHIMANDRITAM

DE HYMNO TRISAGIO.

Venerando in Deo, ac divino zelo flagranti, Domino Jordani archimandritæ, Joannes Damascenus, in Domino salutem.

1. Summum meum quo te prosequor studium, o Patrum optime, non ex instabili quadam occasione natum est; sed ex divina charitate, quæ ita comparata est, ut nunquam excidat. Novimus enim quam recte de fide sentias; quam recte tractes sermonem veritatis; quam ardenti æstues zelo; quam sincerus adversus Deum amor, ex quo, et propter quem proximo quoque naturali veluti nodo devinctus sis. Ille enim instar primi fontis est : hic vero secundi ; imo prioris argumentum : quia dilectio proximi amorem erga Deum certissimis notis exprimit. Non nos fugit, quo divinorum eloquiorum desiderio tenearis, ut voluptatem **481** quam ex illis percipis, ipso quoque melle dulciorem experiaris. Divinam enim pulchritudinem animo concipiens, mentis pennis alisque subvectus, Dei divinorumque simulacrorum purissimum speculum evasisti, ut virtutis formositate niteas, per cujus accuratissima lineamenta divini decoris, qui boni totius exemplar est, in te referas imaginem. Quapropter cum tui amore flagramus, virtutem redamamus, ipsumque Deum, a quo eximiæ virtutis dotes accepisti. Sed, o rem miseram, Pater, o rem miseram! Qui fit ut Ecclesiæ hostis, hanc semper turbare contendat; quodque gravius est, per ipsosmet pietatis alumnos? Etenim frater noster religiosissimus abbas Sergius, gentilis meus, familiaris et amicus, per litteras quas ingenuus frater noster abbas Job attulit, me certiorem fecit, abbatem Anastasium, præclarum illum monasterii sancti Euthymii præpositum, nonnulla ex sanctorum Patrum libris loca protulisse, quibus scilicet Trisagium hymnum ad Filium duntaxat referatur. Quo quidem concesso, nihil erit quod prohibeat, quin lues illa, quam maligne Cnapheus invexit, omnes penitus inficiat. Cæterum miror, ac valde miror, si hæc ita sint : ac rursum demiror, si ita non sint. Nam et rectam venerabilis illius viri, Anastasium dico, fidem perspectam habemus; ejusque, tum in sermone, tum in virtute, quæ in actione sita est, præclaras dotes haud ignoramus. Ac rursum quam a mendacio accusator alienus sit, plane novimus. Cum enim Dei amantissimus sit, ipsique vivat, eum adduci potuisse non puto, ut mendacio suo, in insontem virum, eximiisque virtutibus ornatum calumniam strueret : quod utique animum nostrum non parum vexavit. Multis autem idem Sergius per venerabilem abbatem Job, germanum suum fratrem, eum condemnavit, ursitque ut absque mora, quid de hac re sentirem, sibi significarem. Illud vero etiam ascripsit, Anastasium hoc affirmare, nos quoque huicce sententiæ annuisse, eamque calculo ac suffragio nostro comprobasse. Id quod plane majori me stupore percuiit. Protulerat nobis loca (nec enim mentiar) quæ sanctorum probatorumque Patrum esse pronuntiavimus : quod vero ex iis Trisagium hymnum ad Filium solum referri constaret, minime censimus. Quin et beatissimum quoque sanctæ Christi Dei nostri civitatis patriarcham, divinissimum Joannem, Deique hominem, ejusdem secum sententiæ fuisse, asserit, hocque in causa esse ut suam hac in re mentem aperuerit. Quamobrem operæ pretium duximus, ut colendæ propter Deum sanctitati tuæ hæc perspecta fierent, nec, quid sentiamus, nostrorum quispiam ignoraret. Id quippe usitatum nobis est ac familiare.

482 2. Hoc igitur dicimus, terminos et nuncupationes, quæ congruenti ratione assignantur, certissima esse. Ait quippe Scriptura : « Adduxit Dominus omnia animantia ad Adam, ut videret, quid vocaret ea : et omne quodcunque vocavit ipse animam viventem, hoc est nomen ejus[1]. » Videmus

---
[1] Gen. II, 19.

itaque vocabula, quæ speciem a specie distinguant, rursumque imposita nomina quæ hypostasim ab alia hypostasi secernant, ac demum regulas legesque statutas etiamnum vigentes. Ad hunc porro modum definite pronuntio, Deum per Seraphim ac per Trisagium hymnum unam in tribus hypostasibus divinitatem ac dominationem, tanquam per arithmeticam quamdam declarationem, Isaiæ revelasse. Cur enim non bis, aut quater, aut sexcenties vocem hanc *Sanctus* cecinerunt? quid item est, cur nec bis, aut ter, aut quater, aut sexcenties, hæc verba : *Dominus Sabaoth, pleni sunt cœli et terra gloria ejus* [1], pronuntiarunt, verum vocem *Sanctus* ter, vocabulum autem *Dominus* semel duntaxat Seraphim exclamarunt? Annon ut ostenderent tres quidem esse sanctas hypostases, unam vero trium dominationem, unum imperium, gloriam unam, essentiamque et Deitatem, ac unum tres illas esse sanctum Deum; sanctum nimirum Patrem, sanctum Filium, sanctum Spiritum sanctum : unum nihilominus sanctum, non tres; unum Dominum, non tres dominos. Nam tres hypostases, Deus et Deus et Deus sunt; cæterum unus Deus, et non tres dii. Item sanctus, sanctus, sanctus, sed unus sanctus, et non tres sancti : Dominus et Dominus et Dominus; sed unus Dominus, et non tres domini. Idcirco subjunxit : *Pleni sunt cœli et terra gloria tua*, non, *eorum*. Ac deitas quidem, hoc est essentia, trine explicatur, ut quæ in tribus hypostasibus absque divisione agnoscatur : ac rursum tres hypostases in una essentia, deitate scilicet, uniuntur ac copulantur : sicque divinitas trine sanctificatur et glorificatur, *sanctus, sanctus, sanctus*, ac tres personæ una tantum gloria celebrantur, *Dominus Sabaoth : pleni sunt cœli et terra gloria ejus*. Unus quippe Deus est in tribus personis, et tres unum; hoc est una natura, non una persona. Non autem quæque persona triplici repetitione sanctificatur et celebratur. Deitas etenim, cum tres hypostases complectatur, propria convenientique ratione ter sancta prædicatur, *sanctus* Pater, *sanctus* Filius, *sanctus* Spiritus sanctus, *Dominus Deus Sabaoth*; cum hæc tria et Deus, et Dominus unus sint. Quælibet autem, cum una persona sit, non tres, cur tandem ter sancta prædicabitur, ac non semel, aut bis, aut quater, aut millies? Non enim quælibet deitatis persona Trinitas est. Nam ad hunc modum novennitas foret deitas, non Trinitas. Eccur enim non bis, non ter, non quater, aut millies sanctum accinerunt, sed ter sanctum, secundum personarum numerum? Quemadmodum enim Patrem personam dicimus, et Filium personam, et Spiritum sanctum personam, deitatem quoque, sive essentiam, tersubstantem, utpote tres hypostases complectentem, ac neque Patrem in triplici persona subsistentem, nec item Filium et Spiritum sanctum dicere fas est : sic nec unam personam ter sanctam dicere licet. Quin potius sanctum Patrem, sanctum Filium, sanctum **483** Spiritum sanctum : ac ter sanctam deitatem tres personas amplectentem. Quocirca si tres personas non indicat Trisagius hymnus, bis duntaxat, *sanctus*, canamus, atque ita subnectamus, *Dominus Sabaoth*. At id non licet, nec ita Seraphim cecinerunt. Ne simus sapientes nimium, nec Seraphim doctiores nobis esse videamur.

3. Quod si Deo pleni Patres, quorum sermo vim legis habet, dicant, Seraphim Filium celebrando clamare, *sanctus, sanctus, sanctus* ; si quidem dixissent ea Filium duntaxat canere, suspicari liceret de solo quoque Filio Trisagium hymnum recitatum esse. Cum autem Filius nec a Patre, nec a Spiritu sancto separari queat, profecto nec hymnus etiam dividi potest. Una enim cum Patre et Spiritu sancto Filius laudatur ac glorificatur. At vero tum de solo Filio hymnum dici concedimus, cum ea quæ ejus personam designant, canimus : qualia sunt ista, Dei Filius, Verbum, Dei sapientia et virtus, ex Patre natus, incarnatus, carne crucifixus, resurgens, in cœlos scandens, sedens ad dexteram Patris, et alia id genus. Quemadmodum igitur hæc unam personam indicant, nec alteri prorsus personæ, aut etiam communi deitati conveniunt, ita et Trisagius hymnus, quandoquidem tres personas indicat, uni duntaxat personæ nequaquam convenit. Nam, sicut quamlibet humanitatis hypostasim hominem appellamus; aliunde vero civitatem quæ multos homines contineat, πολυάνθρωπον, id est, hominibus frequentem, vocamus, non autem quemvis hominem πολυάνθρωπων : et sicut numerando et unum dicimus, nec de unoquoque ternum numerum dicere possumus, ita et in hymno Trisagio, quamlibet personam *sanctam* dicimus, ter sanctam item deitatem, quæ tres personas complectitur : unam autem personam ter sanctam dicere minime possumus. Ac rursum veluti lucem, et lucem, et lucem dicimus, iisque inter se copulatis, trilucidum splendorem dicimus, non autem trilucidam unamquamque lucem : sic in hymno Trisagio. Quamobrem ea omnia quæ unica dictione, simpliciter et absolute de tota divinitate dicuntur ; de unaquaque etiam persona enuntiantur. At ternarius numerus in sancta Trinitate tres personas indicat. Præclare enim ac valde congruenter a divino Epiphanio dictum est : Quid causæ est, cur non bis, aut quater *sanctus* proclamant Seraphim, sed ter ; nisi ut trium personarum in unam divinitatem ac dominationem coeuntium numerum declarent ? *sanctus Deus* et Pater, ex quo Deus Filius, et Deus Spiritus sanctus : *sanctus fortis* Filius, Dei subsistens virtus : *sanctus immortalis* Spiritus sanctus, vivificans, quemadmodum ait Apostolus : « Lex spiritus vitæ [2]. » **484** Non quod Deus non sit Filius, aut Spiritus sanctus ; neque etiam quod fortis non

[1] Isa. vi, 3. [2] Rom. viii, 2.

sit Pater, aut Spiritus sanctus; nec demum quod Pater immortalis non sit, nec Spiritus sanctus: verum, sicut Apostolus personas indicare cupiens, ait : « Nobis autem unus Deus Pater, ex quo omnia ; et unus Dominus Jesus Christus, per quem omnia : et unus Spiritus sanctus, in quo omnia [1]; » ita etiam hoc in loco. Hoc autem David his quoque verbis astruxerat : « Quemadmodum desiderat cervus ad fontes aquarum, ita desiderat anima mea ad te, Deus [2]. » Ecce postquam commune deitatis vocabulum assumpsit, ut personas deinde significaret, subjunxit : « Sitivit anima mea ad Deum fortem, vivum [3] » (nam qui semper vivit, immortalis est). Cum itaque dixit : « Desiderat anima mea ad te, Deus, » unam expressit divinitatem. Cum autem subjecit, « Sitivit anima mea ad Deum fortem, vivum, » personarum trinitatem commonstravit. Ac rursum ad unitatem naturæ regressus est, « quando veniam et apparebo ante faciem Dei [4]. »

4. Quod si quis objiciat de una persona sæpe dici, ter felicem, ter charum, ter beatum : noverit, τρείς, cum per diphthongum ει, scribitur, ternarium numerum significare : cum autem per simplex ι, idem valere quod, *multoties*. Sic dicimus τρεῖς, tres homines, et τρεῖς : « Tres sunt, qui testimonium dant, aqua, et sanguis, et spiritus [5]. » Τρίς vero per simplex ἰῶτα adverbialiter, pro *multoties*, quo sensu ait Apostolus : « Propter quod τρίς, ter Dominum rogavi [6], » hoc est pluribus vicibus. Illud porro sciendum est, numerum ternarium, dum per adverbium enuntiatur, per ἰῶτα scribi : v. gr. semel, et δίς, bis, et τρίς, ter, et τετράκις *quater* : in compositione item, sive ternarium numerum, sive plura simul denotet, per ἰωτα, scribi ut τριώνυμος dicitur tria nomina habens, τριπόθητος, *maxime charus*, τρισμακάριστος, *multipliciter beatus*, τρισόλβιος, *multis nominibus felix*. Quæ quidem in una persona perquam chara, beata et felice locum habent. At vero, dum ternarium numerum exprimit, nonnisi de ipsomet numero proprie enuntiari potest : v. gr. διώνυμος dici nequit, qui nomina duo non habet, nec τρίχροος, qui tribus coloribus præditus non est. Quare cum trinominem aliquem vocamus, indicamus ipsum tribus tantum nominibus insigniri. Dum autem τρισάγιον, *ter sanctum*, dicimus, in sancta quidem Trinitate locum habet : quippe cum tres duntaxat personas complectatur, quarum quælibet et sancta est ac celebratur, jureque ac proprie τρισάγιος, *ter sancta*, prædicatur. Verum si de una persona caneretur, suspicari quis posset, eam vel tribus essentiis, vel tribus hypostasibus constare : quorum utrumque de unica divinitatis persona asserere nefarium et impium est. Quin potius hoc dicimus absurdum prorsus esse, ad unam ex divinitatis personis Trisagium hymnum referre; ut qui tres divinitatis personas aperte declaret. Nam si communem essentiam significaret, de unaquaque persona pronuntiaretur. Cum autem trium personarum numerum designet, ab re prorsus fuerit illum 485 de una efferre, ne alioqui novies-sanctam esse Trinitatem effutiamus. Siquidem ternarius in se multiplicatus, novenarium numerum gignit.

5. Diximus eum qui duo nomina habeat, binominem dici, et qui tria nomina, nec plura, nec pauciora, trinominem. Cur ergo ter tantum sanctus Pater, aut Filius, aut Spiritus sanctus dicitur? numquid solus Pater in tribus personis subsistit, aut solus Filius, aut solus Spiritus sanctus, ut quilibet ter sanctus prædicetur? absit! Imo infinities infinite sanctus. At sancta divinitas, in tribus personis exsistens, merito ter sancta proclamatur. Cum itaque Trisagius hymnus tres deitatis personas indicet, de una persona dicendus non est. Nam definitum numerum indefinitæ deitati assignare non possumus, præter essentiæ unitatem, et personarum Trinitatem. Enimvero si quis a nobis sciscitetur, cur baptizando triplicem immersionem facimus, quidnam aliud respondebimus, nisi quod pro qualibet persona semel immergamus, ac ter, quia tres personæ sunt, non autem ter pro qualibet persona? nam alioqui novem immersiones adhibendæ forent, quod omnino nefas esset. Eaque etiam ratione ad unamquamque immersionem nomen unius e tribus personis pronuntiamus. Eodem modo si quæratur a nobis, cur hæc vox *sanctus* ter canitur, non bis aut quater; propter Trinitatem in tribus personis subsistentem id fieri, vere dixerimus. Quanam itaque ratione Trisagium hymnum de una persona canere possemus? sic etenim nos ipsos mendaces, verborumque nostrorum refractarios constitueremus. Unaquæque deitatis persona, ut divinus ait Basilius, per unitatem enuntiatur. Unus Pater, et unus Sanctus, eo quod una sit hypostasis : una ter sancta natura divinitas, quia tres hypostases sunt : non ter sanctus est Pater, quia unica persona; non item ter sanctus Filius, quia una quoque persona ; non item ter sanctus Spiritus sanctus, quia unica persona. Sanctorum Patrum chorus Spiritum sanctum et πανάγιον, id est, modis omnibus sanctum, ex imis præcordiis simul una voce proclamat; at ter sanctum illum concini, in nullo prorsus eorum libro hactenus invenimus. Cnaphei hoc deliramentum est, qui ingenti tumens arrogantia, aperto, ut dicitur, capite (quod quidem impudicarum mulierum impudentiam exprimit) ac si ipsismet Seraphim sapientior foret, ac mysteriorum intelligentior, Trisagium hymnum tanquam inelegantem pannum quemdam fullonum more expurgare veritus non est. Etenim si ter sanctum hymnum de Filio solo dicamus, omnis prorsus sublata est ambiguitas, atque cum Maronitis Trisagio crucifixionem adjicimus. Verum absit, ut vel labiis hoc usurpemus : propitius nobis sit Deus :

[1] I Cor. viii, 6. [2] Psal. xli, 2. [3] ibid. 3. [4] ibid. [5] I Joan. v, 8. [6] I Cor. xii, 8.

optanda potius mors est. Aufer a me mortem hanc : mors enim in hac olla est [10].

486 6. Nec quisquam dicat (quod quidem a multis audivi) quid prohibeat, quominus, quemadmodum post, *Gloria Patri et Filio et Spiritui sancto*, subjungimus, *crucifixo voluntarie, atque a mortuis resurgenti*, aut aliud quid hujusmodi; sic etiam Trisagium hymnum canentes, addamus, qui *crucifixus est pro nobis*. Respondemus enim ritus et traditiones Ecclesiæ suum vigorem obtinere debere. « Ne transgrediaris terminos antiquos, inquit Scriptura [11], quos posuerunt patres tui. » Atque ut magnus monet Basilius [12], « quidquid antiquitate excellit, venerationem meretur. » Igitur hic ritus antiquitus Ecclesiæ traditus fuit, ut ad modum textus dicatur, *Gloria Patri et Filio et Spiritui sancto*. Sicut ergo cum textum aliquem, puta psalmi cujuspiam, aut cantici dicimus, sæpe subjungimus troparium, vel modulum, qui ad præcedentis textus sensum nequaquam accedit : sic postquam ad instar textus, *Gloria Patri et Filio et Spiritui sancto*, **487** recitavimus, troparium addimus soli Filio conveniens, nec cum horum verborum, *Gloria Patri et Filio et Spiritui sancto*, sententia ac constructione cohærens. Etenim hæc verba, *Gloria Patri et Filio et Spiritui sancto*, dandi casu dicta sunt, modulus autem, persæpe patrii, aut accusativi, aut nominativi, aut vocativi casus est. Ex quo perspicuum est, modulum ab horum verborum, *Gloria Patri et Filio et Spiritui sancto*, sensu pendere, nec admodum textus dici. Sic nequaquam crucem, aut aliquid quod Patris duntaxat, aut Filii, aut Spiritus sancti personam secernat, subjungimus; puta, *Sanctus Deus Pater, sanctus fortis Filius, qui incarnatus est et resurrexit : sanctus immortalis Spiritus sanctus*. Postquam tres personas dixi, ut eas tres unum esse Deum demonstrem, conjunctim dico, *miserere nobis*. Quemadmodum Deus legem Moysi tradens ait : « Dominus Deus tuus, Dominus unus est [13]. » Et Seraphim, *Sanctus, sanctus, sanctus, Dominus Sabaoth*. Deus Pater, Deus Filius, Deus Spiritus sanctus; verum Deus unus, inquiunt divini Patres. Sanctus Pater, sanctus Filius, sanctus Spiritus sanctus; verum hi tres unus sanctus sunt. Et Dominus, Dominus, Dominus, sed unus Dominus. At Deus et Deus et Deus Pater, aut Deus et Deus et Deus Filius, aut Deus et Deus et Deus Spiritus sanctus, aut sanctus, sanctus, sanctus, aut Dominus, Dominus, Dominus, de una duntaxat persona, nemo probatorum Patrum ad hanc usque diem pronuntiavit. Quia sicut Trinitatem personam unam dicere non possumus, ita nec personam ullam, Trinitatem dicere fas est. Ad hunc etiam modum sub beatissimi Procli pontificatum ex divina revelatione Trisagium hymnum cecinerunt, *Sanctus Deus, sanctus fortis, sanctus immortalis, miserere nobis*; nempe

A cum puerum ex media solemnes supplicationes habentium turba raptum fuisse aiunt, subvectumque virtute quadam angelica in aerem, carmen istud didicisse, sedatamque tempestatem testimonio fuisse, quantum in hoc hymno divinitatis esset. Eadem etiam mente divinissimus sexcentorum et triginta Patrum chorus [14], Dei Spiritu plenus cum esset, illum cecinit. Quæ igitur hæc nova doctrina est, quo nunc Dei populus exagitatur, temereque perturbatur?

7. Verum fortasse dicet rursus quispiam : Qui fit, ut hypostasim, hypostasim, hypostasim fatentes, tres hypostases asserimus; cum autem Deum et Deum et Deum dicimus, tres deos non dicamus? Ad hoc respondemus, quæ particularia sunt, communia non fieri; communia vero, tametsi ab unoquoque particulari participentur, ast una communique ratione : et quidem quælibet persona privatim consideratur; non autem ipsis communis est hypostasis. Deitas vero, sanctitas et dominatio, etsi in unaquaque personarum reperitur; communis tamen trium personarum est, quia una. Neque enim alia est Patris, alia Filii, alia Spiritus sancti deitas, neque alia sanctitas aut dominatio; verum una et eadem in totum aut et indivise in unaquaque personarum exsistit; tota Patris, tota Filii, tota Spiritus sancti ; una **488** Patris, una Filii, una Spiritus sancti. Personarum autem non eadem est ratio : verum alia Patris, alia Filii, alia Spiritus sancti. Quamobrem quælibet persona secundum se Deus, et sanctus, et Dominus, et si qui aliud id generis est, dicitur. Dum vero simul numerantur, non tres dii, aut sancti, et Domini, sed hæc tria, unus Deus, unus Dominus, unus sanctus : quia Deus et ejus virtutes, Verbum nempe et Spiritus, unus Deus, unus sanctus, unus Dominus, et non tres; etsi Deus et Deus et Deus sunt : eo quod perfecta quælibet persona sit. Item sanctus et sanctus et sanctus : Dominus quoque et Dominus et Dominus, non vero tres dii, aut sancti, aut domini. Verbum enim et Spiritus, virtutes Patris sunt; virtutes, inquam, subsistentes, quæ proinde a Patre, ex quo, et in quo sunt, et ad quem uti ad causam referuntur, separari nequeunt. Neque enim loco, aut voluntate, aut actione, aut viribus, aut auctoritate, aut ulla alia re ex his quæ de Deo dicuntur, ab eo secernuntur : sed subsistentiis duntaxat ac proprietatibus, quibus unaquæque persona sigillatur. Nos etenim, cum gignimur, omnino a patribus scindimur ac disjungimur : quod Theologus Gregorius declarans [15], his verbis usus est, *dimittentes dimissi*. Non enim apud nos filius patris sui virtus est, aut verbum, aut sapientia. At in Deo hæc duo simul concurrunt, quod Filius et Spiritus Patris virtutes sint, veluti sermo et spiritus mentis virtutes sunt : item quod personæ perfectæ sint ; quod quidem soli Deo qui supra essentiam est, convenit. Nos vero sententia

---

[10] IV Reg. IV, 40. [11] Prov. XXII, 28. [12] Orat. 1 De jejunio. [13] Deut. VI, 4. [14] Chalced. synod. art. 1. [15] Orat. 36.

et potestate et loco scindimur : quo etiam fit ut ille et ille, non homo, sed homines dicantur; id quod in Deo locum non habet, ut jam diximus.

Sed ea quoque loca, quæ ipsi proferunt, inspicere et accurate excutere juvat. Patrum enim sunt (neque id inficiabimur), at decet ut sanctos Patres ac magistros, quorum unam et ab omni varietate alienam de fide sententiam, una sancti Spiritus vis et illuminatio monstravit, concordes, non invicem contrarios, ac multo minus sibimetipsis adversantes secumque pugnantes ostendamus.

8. Divinus itaque, beatæque memoriæ vir Athanasius [16] in oratione de Incarnatione ac Trinitate, hæc ait : « Itaque Deus est, qui genitus est, atque homo factus est : nosque profitemur eum esse Deum, qui propter nos factus est homo. Sed non Deum et Deum et Deum, qui ex Trinitate unus est, Dei Filius, ac Deus sanctus ; verum non, sanctus et sanctus et sanctus ; neque ter duntaxat sanctus, sed interminate atque infinite sanctus, omnique sanctitate sublimior. » Rursum alio loco ait : « Vidimus eum non habentem speciem, neque decorem. Siquidem ipsum prius in divina et illustri forma in solio excelso et elevato sedentem conspexerat. Cum Cherubim gloriam ipsius his verbis celebrarent, Sanctus, sanctus, sanctus, Dominus Sabaoth. Postea vero ipsum cernit, servi forma indutum, atque in similitudinem hominum factum. » Hæc illi proferunt, quæ nos etiam amplectimur. Verum (dicant ipsi) solumne Filium in throno sedentem viderit, an cum Patre **489** sedentem ? solumne glorificatum, an vero cum Patre ac Spiritu ? Si solum ; tersanctum hymnum Filio soli attribuant. Sin autem cum Patre ac Spiritu ; agnoscant canticum istud a Trinitate separari non posse quoties personæ declarantur unaque essentia et una dominatio. Etenim cum Seraphim sanctus, sanctus, sanctus canunt, atque hunc hymnum Trinitati offerunt, Filium una prædicant, utpote qui ex Trinitate unus est. Qui autem ter sanctum hymnum ad Filium tantummodo referunt, ab hymno Patrem et Spiritum sanctum excludunt : quia sub communibus particularia comprehenduntur ; sub particularibus autem communia non item. Nam qui hominem dixit, singulos omnes homines significavit : qui autem Petrum, ipsum solum designavit, omissis cæteris humanæ naturæ personis.

9. At vero hoc rursum ex sancti Epiphanii oratione de sancta Dei Genitrice proferunt : « Beata tu inter mulieres, quæ Verbum ex te incarnatum peperisti ; Verbum inquam Patris Filium, Verbum ab æterno Deum, Verbum initii expers et sempiternum, Verbum consubstantiale indivisæ Trinitatis, Verbum quod cum Patre et Spiritu sancto adoratur, Verbum Paterni solii socium, Verbum sedens super Cherubim, Verbum, cujus gloriam animalia quadriformia celebrant, Sanctus, sanctus, sanctus, Dominus Deus Sabaoth : pleni sunt cœli et terra gloria ejus. » Si ipsius gloria a Patris gloria diversa est ad ipsum quoque solum hymnum pertinere dicemus. Sin autem una et communis sanctæ Trinitatis laus est, unus atque communis sit hymnus necesse est. Nam cum sanctus, sanctus, sanctus canunt, Filium laudant ; verum non Filium modo, sed ut ex Trinitate unus est, inter Patrem et Spiritum sanctum medius.

10. Deinde ex Chrysostomo in illud : Benedictus, cujus principium est, Ex miraculis miracula, hæc afferunt [17] : « Hodie Rex gloriæ in terra voce prophetica celebratur, atque cœlestis epuli terrigenas socios facit : ut ostendat utrorumque se Dominum esse ; quippe qui ab utrisque consona voce laudetur. Quamobrem superi quidem salutem illam, quæ in terra facta est, declarando canebant : Sanctus, sanctus, sanctus, Dominus Deus Sabaoth : pleni sunt cœli et terra gloria ejus. Qui autem hic infra degebant, una cum cœlitibus festivitatem agentes clamabant : Hosanna in excelsis, hosanna filio David. » Ecquis tandem sanæ mentis Davidis filium ab hymni Trisagii laude secretum dixerit ? Siquidem unus de Trinitate simul cum Patre et Spiritu sancto collaudatur ; sed ad ipsum solum ter sanctus hymnus refertur. Neque enim cum Seraphim, sanctus, sanctus, sanctus, dicebant, solum Patrem, aut solum Filium, aut solum Spiritum sanctum significabant ; sed divinitatem in tribus personis exsistentem, velut ter sanctam dominationem. Ejusdem itaque sursum cum Patre et Spiritu gloria celebratur ; Seraphim non ipsum solum, sed cum Patre ac Spiritu canentibus et clamantibus, sanctus, sanctus, sanctus. Atque idem rursus hunc in modum in terra laudatur, Hosanna in excelsis, Hosanna filio David : cum tamen hoc hymno una tantum (etsi Davidis filius fuit) sublimium divinitatis personarum indicetur.

490 11. Quod si etiam divinus ille Pater dicat, quod superi partam in terra salutem nuntiantes canebant, optime prorsus et divinissimo afflatus instinctu hæc ait. Scimus enim cœlum et terram divina gloria semper plena fuisse : siquidem « omnia opera Domini Dominum benedicunt, ipsiusque gloriam enarrant [18]. » At quia in cœlis angeli veri Dei gloriam agnoscebant, humana autem natura, quæ terræ domicilium nacta est, eo exciderat, ut incorruptibilis Dei gloriam in corruptibilis hominis et volucrum et quadrupedum similitudinem mutaret : idcirco vir Deo plenus terram divina gloria impletam fuisse ait, quia terræ incolæ ad divinæ gloriæ cognitionem pervenerunt : id quod quidem, nec aliud quidquam præterea, iis, qui in terra erant, salutem attulit. Manifestum est autem divinam gloriam, quemadmodum Patris, ita et Filii et Spiritus sancti esse. Sic enim Dominus etiam, qui

---

[16] Orat. De salut. adv. Christi. [17] Tom. V, p. 882. [18] Dan. III, 57; Psal. XVIII, 1.

mentiri non potest, ad Patrem dixit : « Pater, opus consummavi, quod dedisti mihi : manifestavi nomen tuum [19]. » Et rursum : « Hæc est vita æterna, ut cognoscant te solum Deum verum, et quem misisti Jesum Christum [20]. » Hoc modo, uti natura, ita etiam gloria trium divinitatis personarum communis est.

12. Ex sancti item Cyrilli Alexandrini libro *De sancta Trinitate* [21], cujus initium est : *Æqualitatis quidem*, illud proferunt. « Divinus vates Isaias, non in ampliori gloria Filium se vidisse ait? *Vidi enim*, inquit, *Dominum Sabaoth sedentem super thronum excelsum et elevatum : et plena erat gloria domus ejus. Et Seraphim stabant circa illum, sex alæ uni et sex alæ alteri. Et duabus velabant pedes et duabus volabant. Et clamabant alter ad alterum* [22] sanctitatem, quæ a ternario quidem incipiens, in unitatem unamque dominationem desinebat. » En perspicue dixit, quod Dominum Sabaoth laudando (qui quidem Deus est in tribus personis exstans) hymnum canerent qui a ternario quidem incipiens, hoc est triplici cantu tres personas initio celebrans, ad unitatem unamque dominationem desinebat; quia Trinitas personarum, terna sanctitate declarata, substantiæ unitas est unaque dominatio. Atque adeo hæ voces, *sanctus, sanctus, sanctus*, tres personas, non unam, demonstrant : istæ vero, *Dominus Sabaoth*, divinitatem unam ac dominationem.

13. Præterea ex ejusdem libro ix, *De adoratione in spiritu* : « Supremarum autem virtutum velut defixam oculorum aciem, et inexplebile divini prospectus desiderium, illud videtur ostendere, quod Cherubim in propitiatorium semper intuerentur. Atque etiam Isaias propheta de ejusmodi habitu ita scribit : *Vidi Dominum Sabaoth sedentem super solium excelsum et elevatum. Seraphim stabant circa illud* : atque sex quidem alas utrique fuisse ait : velare autem ipsa, duabus quidem pedes, duabus vero faciem, ac denique duabus reliquis volare. » Ac paucis interjectis : « Propitiatorium itaque Christus est; qui etsi in carne apparuit, nihilominus natura et veritate Deus ac Dominus est; ipse quoque supremas virtutes sese undequaque circumstantes habens. » Si compos mentis est, potest intelligere, his verbis, *ipse quoque*, indicari, non cum solum virtutes canentes circum se habere, neque ad ipsum duntaxat ter sanctum hymnum referri. Nam, cum dicit, *ipse quoque*, per hanc copulam, *quoque*, liquido demonstrat, Patrem etiam et Spiritum simul celebrari. Nam quia vox, *quoque*, copulans est, accessionem innuit. Cum igitur constet, Patrem virtutibus a quibus canatur, circumcingi, Christum quoque ipsum iisdem virtutibus circumcingi dixit. Quod si Pater et Filius et Spiritus sanctus, virtutibus, *sanctus, sanctus, sanctus*, concinentibus cingantur, profecto soli Filio trisa-gius hymnus ascribendus non est ; quandoquidem tres personas declarat. Nam si semel, aut bis, aut quater *sanctus* cecinissent, cum tres personæ sint, ad unamquamque etiam personam singulatim hymnum referendum esse fateremur : quia communia de singulis particularibus enuntiantur. Verum, quia consentaneo modo tersanctus hymnus tres personas indicat, absurdum est, ut qui tres ostendat, de uno duntaxat dicatur. Nam si de uno dicatur, tres personas nequaquam indicat : sin autem tres omnino indicat, non utique de uno dicetur.

14. Ejusdem rursum ex quarto ad Hermiam libro cujus initium est, *Deum igitur ex Deo*, hæc afferunt : « Etsi quis illum angelis æqualem statuat, qui tandem fit, ut, dum ille quidem paternis in sedibus splendet, simulque sedet [cum Patre, illi in orbem astent, famulatus, quo ei adsunt, gradum non aspernantes : atque hic quidem Dominus Sabaoth et sit et dicatur ; illi autem dominationis eum acclamationibus ornent, cœlumque et terram gloria ipsius plena esse dicant? Quocirca eum, quem illi etiam qui summum gloriæ apicem obtinent, demirantur, esse factum asserere, frigidæ sane ac rancidæ mentis morbus est. » Quisnam autem inficias iverit, Seraphim Filio astare, aut eum cum Patre et Spiritu collaudari, et cum Patre et Spiritu hymnum suscipere, sanctumque esse et Dominum Sabaoth dici ; itemque plena esse cœlum et terram gloria ipsius? profecto qui hæc dicit, hymnum ter sanctum soli Filio non ascribit. Perinde ac si quis duodenarium divinorum apostolorum numerum, Spiritus sancti δωδεκάχορδον, id est, *duodecim fidibus constantem lyram ipsum esse dicat*; is neminem quidem apostolorum honore expertem relinquit (nam quilibet illorum spiritus chorda dictus est), non tamen propterea ad unumquemque illorum hujusmodi laus refertur. Neque enim Petrus solus duodecim chordarum lyra spiritus est, nec item Andreas : verum universus apostolorum numerus. Quod si quis, Petrum fortasse laudans, hymnum hunc dicat, hujusmodi tamen hymnus non ipsum solum significabit, verum simul cum ipso universum apostolorum chorum celebrabit. Siquidem dixerit eum duodecim chordarum lyram esse, qui Bethsaida ortus, Joannæ filius fuit, ac Romæ sub Nerone martyrio functus est, mendacem se præbebit. Pari modo si quis dicat, *sanctus, sanctus, sanctus, pro nobis crucifixus*, hic blasphemiæ reus erit : necnon ille qui dixerit : *Tersanctus qui pro nobis crucifixus est*.

15. Ejusdem rursum ex quinto cum Hermia dialogo, qui incipit, *Age, ex omni nobis*, hæc proferunt : « Atqui Seraphim thronum omni natura sublimiorem et excelsum, in orbem circumstant, glorificantes, sanctumque et Dominum virtutum appellantes, ac cœlum et terram ipsius gloria

---

[19] Joan. xvii, 4, 6. [20] ibid. 3. [21] Dial. 6 ad Herm. [22] Isa vi, 1 4.

plena esse dicentes. Quibus sane rebus omnibus aeque dominatur, hic Patri potentia et robore par est (plena siquidem omnia ejus gloria sunt), quonam pacto eamdem gloriam non haberet? » At hæc quoque omnia ex priori explicatione pendere vere dicimus.

16. Ejusdem ex eodem dialogo : « Quod si gloriæ expers est, atque ab adoratione secernendus, a quonam, quæso, edocta Seraphim fuerunt, ut Filium in deitatis throno sedentem cingerent, hymnisque et laudibus afficientes, Dominum Sabaoth appellarent, ac hymnis et laudibus celebrantes, Dominum Sabaoth vocitarent, cœlum denique et terram gloria ipsius plena esse prædicarent?» Nos etiam isthæc novimus et assentimur : sed nec ea legem nobis statuunt, ut Filium ter sanctum appellemus.

17. Adhæc beati Procli Constantinopolitani archiepiscopi ex oratione de sancta Dei Genitrice, illud adducunt : « Cruci affigebatur; et thronus ejus in cœlis minime vacuus erat : sepulcro claudebatur, et cœlum sicut pellem extendebat : cum mortuis æstimabatur, et infernum spoliabat : impostor deorsum audiebat, ac sursum sanctus, sanctus, sanctus, prædicabatur. » Ego quidem in uno et altero ac in multis codicibus vetustis semel tantum sanctus, sacerrimum Proclum dixisse legi. Tametsi vero ipsum ter, sanctus, dixisse concedamus, hoc eodem sensu atque illa quæ præcedunt, accipiendum erit ; nempe quod, cum unus ex Trinitate sit, simul cum Patre et Spiritu a Seraphim celebretur, clamantibus, *Sanctus, sanctus, sanctus Dominus Deus Sabaoth.*

18. Ejusdem sancti Procli ex laudatione sanctæ Dei Genitricis, cujus initium est, *Omnia testimonia ac festivitates,* id etiam proferunt : « Nihil igitur in mundo cum Dei Genitrice Maria conferri potest : creaturam omnem, o homo, peragra, ac perspice, an quidquam sit, quod sanctam Deiparam exæquet, aut superet. Terram undique lustra, mare circumspice, aerem ac cœlos animo perscrutare, virtutes omnes invisibiles investiga, cogita et vide, an in omnibus conditis rebus ullum sit ejusmodi miraculum. Etenim cœli quidem enarrant gloriam Dei [13], angeli cum metu famulantur, archangeli cum tremore adorant, Cherubim gloriæ magnitudinem non ferentia, cohorrescunt, Seraphim circum volantia propius non accedunt, sed cum tremore clamant : *Sanctus, sanctus, sanctus, Dominus : plena est terra laudis ejus.* » Hunc quoque locum ex eorum quæ ante diximus sensu pendere perspicuum est. Ast audiant qui ista proferunt, et agnoscant. Mihi sane persuadeo fore, ut, si Spiritus Dei **493** habitat in illis, agnoscent tandem, inditaque animis luce certitudinem horum percipiant.

19. Athanasius oratione de incarnatione et Trinitate cujus initium : *Qui maligne,* hæc habet : « Et cum Seraphim gloriam canunt, tertio dicentes : *Sanctus, sanctus, sanctus, Dominus Sabaoth,* Patrem et Filium et Spiritum sanctum prædicunt. »

20. Quin et Basilius libro de Spiritu sancto ad Amphilochium : « Quonam modo Seraphim dicerent, *sanctus, sanctus, sanctus, Dominus,* nisi a Spiritu sancto, quot vicibus hujusmodi laudem proferre pium esset, didicissent? » Nimirum hic Pater longis verborum nugis nos liberavit, cum disertis verbis dixit, quot vicibus hujusmodi laudem proferre pium esset. Neque enim pium est bis, aut quater ; verum ter et semel ; ter *sanctus* ob personarum trinitatem ; semel autem *Dominus* ob essentiæ et imperii unitatem. Si enim ad Filium solum referretur, cur non semel tantum *sanctus,* et semel *Dominus* dixerunt? cur non bis aut quater? non enim ternarius numerus uni personæ consecratus est, aut ei plusquam alii numeri familiaris est.

21. Idem etiam astruit ipse Basilius lib. IV, *Adversus Eunomium,* cujus initium : *Si natura Deus Filius :* [« Quod nec visio nec oraculum separatim Patris et Filii et Spiritus sancti sit] Isaias propheta ait : *Vidi Dominum Sabaoth sedentem super solium excelsum et elevatum. Et Seraphim stabant circa illud; sex alæ uni et sex alæ alteri* [13]. Et paulo post inquit : *Et dixit Dominus ad me : Vade et dic populo huic : Auribus audietis, et non intelligetis, et videntes videbitis, et non perspicietis. Incrassatum est enim cor populi hujus* [14], etc. Quantum itaque ad propositum nostrum et propheticæ litteræ seriem attinet, Pater est, qui prophetæ apparuit, et oraculum edidit. » Cæterum tonitrui filius, qui stupenda et tonitru terribiliora locutus est, cujusque proprium fuit, non quod *non erat;* verum quod *erat Verbum* [15], hic Filium esse dixit, qui prophetæ apparuit, eique oraculum reddidit. Ait enim in suo volumine : « Propterea non poterant Judæi credere in Jesum, quia Isaias de ipsis dixit : *Excæcati sunt oculi eorum, et induratum est cor eorum, ut non videant oculis, et non intelligant corde, et convertantur, et sanem eos* [16]. Hæc dixit Isaias, cum vidit gloriam ipsius. » Paulus autem visionem hanc et oraculum Spiritus sancti esse declaravit dicens : « Bene Spiritus sanctus per Isaiam prophetam ad patres vestros dixit : *Aure audietis, et non intelligetis : et videntes videbitis, et non perspicietis. Incrassatum est enim cor populi hujus* [17]. » Propheta personam inducit Patris, in quem credebant Judæi ; evangelista, Filii ; Paulus, Spiritus sancti : unum Dominum Sabaoth, qui se videndum præbebat, communiter appellantes. De persona autem sermo ipsis divisus fuit, indivisa manente in ipsis de uno Deo sententia. Divisus enim est sine ulla divisione

[13] Psal. XVIII, 1. [13] Isa. VI, 1, 2. [14] ibid. 9, 10. [15] Joan. I, 2. [16] Joan. XII, 40. [17] Act. XXVIII, 25, 26.

de persona sermo. Quapropter, *sanctus, sanctus,* semel vero, *Dominus,* naturae ac dominationis *sanctus,* ter ob personarum trinitatem dicitur: unitatem.
Dominus autem semel, ob deitatis unitatem. Consule etiam ex Theologi oratione in Christi nativitatem **494** hunc locum: « Deum autem cum dico, Patrem, Filium, et Spiritum sanctum intelligo, » usque ad haec verba: « Praestantissime ac sublimissime. »

23. Eadem mente Cyrillus Alexandrinus in libro de Spiritu sancto ad Hermiam, qui incipit, *Bonorum laborum,* ait: « Quid autem, nonne ipsos quoque Dei sermones Spiritus sancti esse Scriptura testatur? Etenim divinus Isaias, stupendam illam ac valde tremendam Dei visionem enarrans: *Vidi,* inquit, *Dominum Sabaoth, sedentem super solium excelsum et elevatum. Et paucis* interjectis subdit: *Audivi Dominum Sabaoth dicentem: Quem mittam, et quis ibit ad populum hunc? Et dixi: Ecce ego, mitte me. Et dixit: Vade, et dic populo huic: Auribus audietis, et non intelligetis: videntes videbitis, et non perspicietis.* At vero divinus Joannes de Unigenito dixit: *Haec dixit Isaias, quando vidit gloriam ejus, et locutus est de ipso* [18]. Sapientissimus porro Stephanus Judaeos alloquens, dixit: *Dura cervice et incircumcisis cordibus, vos semper Spiritui sancto resistitis, quemadmodum et patres vestri* [19]. Annon jam quodam modo perspicuum est, quod ex personali diversitate, quidnam Pater, quidnam Filius, quidnam Spiritus sanctus sit dignoscitur: ex naturalis autem unitatis coitione, omnia quidem omnium sunt, hoc est praesentia, sermones, participatio, operatio, gloria, caeteraque omnia, quae divinam naturam condecorant. » Quid igitur? annon is etiam, qui dogmatum fidei scientiam vel leviter delibarit, perspicue noscet, ter sanctum hymnum, quantum ad personae particularis diversitatem attinet, velut Deo plenus hic Pater dixit, Patrem, Filium et Spiritum sanctum demonstrare: coitionem vero in unam naturam, unumque principatum, per vocabulum, *Dominus,* ostendi? Ternarius quippe numerus tria significat; unitas autem, unum. Quapropter, *sanctus, sanctus, sanctus,* et ter *sanctus,* quia tres personae: *Dominus* autem, quia tres personae unus Deus sunt. Unus porro Deus tres personae; quia deitas una, atque ad unum ea quae ex ipso sunt, referuntur.

24. Sancti Gregorii Nysseni lib. I *Contra Eunomium* : « Eodem autem modo Seraphim illa apud Isaiam, » quibus Trinitatis mysterium aperte praedicatum est, quando cujusque personae Trinitatis pulchritudinem ad stuporem usque mirantes, vocem illam, *sanctus,* exclamarunt. » En quo pacto divinus Pater per trisagium hymnum Trinitatis mysterium praedicatum esse dixit; nempe ter, *sanctus,* proclamando, personarum trinitatem;

25. Quinimo sanctus quoque et admirandus Epiphanius, in libro Ancorato hoc modo loquitur: « Per triplex autem testimonium Spiritum sanctum accipiant, ac Seraphim et Cherubim ter perspicue clamantium, *sanctus, sanctus, sanctus,* vocibus impleantur. Per duas enim voces glorificatio **495** in coelo non perficitur, neque sancta, et invisibilia et spiritualia animalia rem eamdem quater accinunt: neque item quartam vocem aut unam, nec dicunt, sancti, sancti, sancti, ne quod singulare est, multiplicis esse nominis declarent, nec rursus ternarium trium numerum occultent. Verum ter quidem sanctitatem tribuunt, uno autem et singulari modo sermonem enuntiant, ne deorum multitudinem exprimant. » Negotio nos hic divinorum interpres Pater liberavit, cum nec per unam, aut quatuor, sed per tres, atque ipsas singulares gloriam in coelo minime persolvi clare pronuntiat. Quorsum autem hoc? Quoniam hic hymnus non unam personam, sed tres indicat. Sicut igitur non per duas, aut quatuor voces; verum per tres, ob personarum Trinitatem hymnus penditur; ad eumdem modum cum trisagius hymnus tres personas indicet, de una persona minime dici potest. Quamobrem, ut superius dixi, certus numerus in Deo assignari non potest, nisi singularis et ternarius, propter naturae unitatem et personarum Trinitatem. Ac singularis quidem numerus de personis dicitur: Deus et Deus et Deus; sed unus Deus, non tres dii, Pater, Filius et Spiritus sanctus; ne alioqui principatus unus, deorum multitudo potius esse censeatur, atque unus individusque Deus a subsistentibus suis virtutibus dirimatur. Deus enim etiam est ipsius Verbum et Spiritus sanctus, ac tria haec unus Deus; etiamsi unumquodque horum, quia naturam divinitas superat, perfecta persona sit. At vero ternarius numerus ad unam personam minime pertinet: non enim quaelibet persona ter per se subsistit, ut per ternarium numerum unamquamque personam per se constitui demonstretur. Absit, absit! haec piae cogitationis non sunt, sed a sano sensu aliena.

26. Haec, divinissime Pater, columna et fundamentum veritatis, ut omnibus Patribus fratribusque et universo Ecclesiae coetui recitentur, obsecramus, verbisque placidis rogetur venerandus Pater noster ac dominus abbas Anastasius, inclytus sacri monasterii sancti Patris nostri Euthymii praepositus, ut ejusmodi contentioni finem imponat, Deique afflatu correptorum Patrum vestigia premens, nobiscum dicat: « Sanctus Deus, et Pater, sanctus fortis, Filius Dei incarnatus, et pro nobis crucifixus carne, sanctus immortalis Spiritus sanctus, non Dominus Sabaoth, miserere nobis. » Non nos deinceps

[18] Joan. XII, 41. [19] Act. VII, 51.

accuset, nec beatum patriarcham Joannem, quasi certum habeamus, de una duntaxat divina persona trisagium hymnum dicendum esse. Quisquis enim ita sentiat, sordidi Cnaphei, Fullonisve nequitiæ se socium præbet. Quis enim beatissimi patriarchæ Joannis mentem me melius novit? Nullus : quippe qui, ut vera loquar, nullam unquam spiritualem doctrinam efflavit, quam mihi ceu discipulo suo non commendaverit? cur de viro jam mortuo, quique amplius loqui non valeat, talia divendunt? Nihil sane hæc sunt, nisi prætextus et colores quidam, nihil firmi habentes. Desinant obtrectare homini divino zelo ornato, quique rectæ doctrinæ ignem, moschumque spiravit; celebratissimo, inquam, Joanni, omnis vocum novitatis exterminatori et interemptori, **496** qui theologiam cum sanctis Patribus communem semper habuit. Quin zelum potius ipsius complectantur, eumque uti sacrum et illustrem virum laudibus prosequantur. Deus pacis, Pater Domini nostri Jesu Christi (ipse enim est pax nostra), repleat corda nostra Spiritu sancto, ut probemus quæ sunt potiora : atque improbam omnem contentionem a nobis submoveat, sanctam Ecclesiam suam pacificando, quam ipsi dilectus Filius ejus Jesus, supremus Deus, pretioso suo cruore acquisivit. Ora pro nobis, honorate a Deo Pater, qui divino spiritu ageris.

27. Ad ea quæ diximus, hæc quoque sunt adjicienda. In sacra oblatione divinorum mysteriorum, postquam populus trisagium hymnum cecinit, sacerdos, velut hymnum interpretans, subjungit : *Sanctus es, Rex sæculorum, atque sanctitatis omnis Dominus et largitor : sanctus etiam unigenitus Filius tuus, per quem omnia fecisti : sanctus item Spiritus unus sanctissimus, qui omnia scrutatur, etiam profunda tua, Deus*. Quare non dicit, *sanctus, sanctus, sanctus, unigenitus Filius tuus*, sed communiter Trinitati *sanctus, sanctus, sanctus* : singulis autem personis semel *sanctus?* Atque etiam in elevatione panis Eucharistiæ, non dicimus ter *sanctus*, aut ter *Dominus*, sed, *Unus sanctus, unus Dominus Jesus Christus, in gloria Dei Patris, cum sancto Spiritu, cui gloria.*

28. Quoniam autem trisagium hymnum in consuetis precibus ter dicimus, operæ pretium est monere, cur non semel Patri, et semel Filio, et semel Spiritui sancto hymnum hunc tribuamus; quin potius illum communiter sanctæ Trinitati offeramus, Seraphim quippe Deo semper astantia, ter sanctam laudem sine fine offerunt : nos autem, quia certis horis præscriptum hymnum ad Deum transmittimus, apte et congruenter trisagium hymnum sanctæ Trinitati ter tribuimus : eamque ob causam ternarium numerum præ cæteris veneramur; quia sanctam Trinitatem declarat, a qua etiam perfectionem et plenitudinem accepit. Unitas enim quantitatis est expers : binarius numeri initium est : ternarius vero perfectus numerus. Nec propter ternarium numerum deitas in Trinitate est; sed quia deitas in Trinitate est, idcirco numerus ternarius perfectus est. Unitas quippe a principio in binarium progrediens, atque ad ternarium perveniens, in eo stetit. Principium enim et causa eorum quæ sunt, Deus est. Quare ex principio et causa eorum quæ sunt, hanc vim numerus accepit. Quia nimirum, sicut Pater Filii genitor, et Spiritus sancti productor est; sic etiam numerus ad binarium progrediens, et usque ad ternarium perveniens, in eo constitit : ac propterea singularis numerus est, qui unum significat, dualis, qui duos; pluralis, qui tres designat : neque alia certa nota est : ἄνθρωπος enim dicitur de uno homine ; τῷ ἀνθρώπῳ, de duobus; οἱ ἄνθρωποι de tribus. Item in Deo una est hypostasis Patris, duæ hypostases Patris et Filii ; tres hypostases Patris et Filii et Spiritus sancti : quia ratione hypostasis differunt Pater et Filius et Spiritus sanctus. Eodem etiam modo tres hypostaticæ **497** proprietates. At in iis, in quibus hypostasis ab hypostasi non differt, hoc est in naturalibus, cum de Deo loquimur, plurali numero uti non licet : sed in qualibet hypostasi, ea quæ ad naturam pertinent, singulariter oportet enuntiare : eaque singulariter copulando, rursum communiter de tribus hypostasibus prædicare, quæ naturalia sunt; uti Deus et Deus et Deus, sed unus Deus, non autem tres dii : quoniam Deus, ejusque subsistentes per se virtutes Deus unus est. Quia quodlibet propriam hypostasim habet, perfectus Deus per se dicitur : quoniam autem simul numerantur, idcirco non tres dii, sed unus Deus; eo quod Verbum et Spiritus, Patris virtutes sint. Pater, Pater est, ac non Filius (non enim ex quoquam est) Filius, Filius est (ex Patre enim) ac non Pater ; ut unus duntaxat sit Pater. Spiritus sanctus, Spiritus sanctus est (ex Patre siquidem per Filium et Verbum procedens, non tamen filiationis modo). Nam si Filius, Patris filius est, ac Spiritus item filius, alios quoque filios habebit, idque in infinitum. Rursum, si Spiritus, Filii filius est, habebit ipse quoque filium alterum, et sic in infinitum : eruntque adeo dii multi et domini multi, ac deorum caterva, non unus Deus. At nobis unus Deus est, Pater et Verbum ipsius et Spiritus ipsius. Verbum porro, genitum quiddam est, per se subsistens, ac proinde Filius. Spiritus item per se subsistens processio est ac emanatio ; ex Patre quidem, Filii vero, sed non ex Filio, utpote Spiritus oris Dei Verbum enuntians. Quod quidem os membrum corporeum nullo modo est : nec Spiritus flatus est, qui dissolvatur ac diffundatur. Verum hæc aliam elucubrationem desiderant. Nunc autem explicato pro viribus quod propositum erat argumento, dicendi finem faciamus. Illud autem exploratum habeo, vos quoque, utpote Dei spiritu plenos, ea quæ desunt, amicorum more impleturos, nec finem pro nobis orandi facturos.

498 ADMONITIO.

In lucem prodit Joannis Damasceni ad Cometam monachum epistola *De Jejuniis*, cujus fragmenta aliquot cum Turrianus protulisset in libris quos pro defensione epistolarum pontificiarum edidit, et in adnotationibus ad Constitutiones apostolicas, David Blondellus non dubitavit affirmare, eam cum multis ecclesiasticorum scriptorum monumentis, quæ perinde a Turriano citata sunt, asservanturque in Europæ bibliothecis, *nec ad manus esse, nec esse posse*. Epistolæ hujus magnam partem acceperam ab eruditissimo clarissimoque viro D. Joanne Ernesto Grabe, ut jacet in cod. Barocciano n. 196; integram vero mihi tandem procuravit doctissimus reverendusque admodum P. D. Anselmus Bandurius ex bibliotheca Medicea descriptam. Hujus porro parentem esse Joannem Damascenum nihil repugnat: quin suadet inscriptio, quam mss. codd. varii præferunt. Suadet familiare nostro auctori adagium istud, Οὐδὲ τὸ καλὸν καλὸν, εἰ μὴ καλῶς γίνηται· *Ne bonum quidem est bonum, nisi bene geratur*. Suadent isthæc alia quibus Hierosolymitanæ Ecclesiæ presbyter agnoscitur: *Hæc est regula lexque Ecclesiæ, quam in sancta Christi Dei nostri Resurrectionis Ecclesia novimus observari*. Quinimo exordium in primis Damascenicum prorsus est, ut epistolæ dictionem et stylum taceam. Auctoritates Patrum ob nimiam tabellarii festinationem, διὰ τὴν ἐπιστοληφόρον σπουδὴν, Noster omiserat; quæ vero subnexæ sunt, ætatem ipsius referunt, ipsique missas potius a Cometa putaverim, tanquam certa traditionis, cui refragatus dicebatur, testimonia, receptæque alterius apud hæreticos, præsertim Jacobitas, consuetudinis.

Narrat auctor sibi versum crimini fuisse, quod Quadragesimæ jejunium ad octo hebdomades prorogari posse alicubi concessisset. Enimvero numerus hic hebdomadum, quibus hebdomas Paschæ, seu Passionis sancta succederet, apud hæreticos duntaxat in Oriente receptus erat, ut testatur auctor quæstionis inter Anastasianas 64, qui ritus hujus primordia arcessere videtur ab Arianis: Ἰστέον δὲ ὅτι, οὐ δεῖ νηστεύειν ἑβδομάδας ὀκτὼ ἐν τῇ μεγάλῃ Τεσσαρακοστῇ, ὡς οἱ Ἀρειανοί. *Sciendum est quod non oporteat jejunare octo hebdomades in magna Quadragesima, sicut Ariani, qui transcendunt numerum quadraginta dierum*, etc. Et paulo post: *Si enim jejunandum est octo hebdomades, non debet amplius nominari Quadragesima, sed Quadragesima septima*; ἥτις Τεσσαρακοστὴ πληροῦται εἰς τὴν ἑορτὴν τῶν Βαΐων, *quæ Quadragesima finitur ad festum Palmarum. Magnam enim hebdomadem jejunamus propter Domini passionem, et Pascha, et non propter Quadragesimam*. Αἱρετικὸν οὖν ἐστι τοῦτο τὸ δόγμα, καὶ οὐκ ὀρθόδοξον. *Hoc itaque decretum hæreticum est, non rectæ fidei*. Non abnuit Noster hanc fuisse consuetudinem hæreticorum, idque evincebatur ex Severi Antiocheni et Benjamini Alexandrini pseudo-patriarcharum testimoniis, quæ epistolæ adjecta sunt; id quod agnoscunt omnes qui de Jacobitis scripsere. Non ita pridem Joseph. Abudacnus, c. 19 *Historiæ Jacobitarum* narrabat nobis, Coptitas suos *a Septuagesima usque ad Pascha jejunium observare, tam laicos, quam religiosos*. Quocirca apud Anastasium pro *Arianis*, arbitror posse restitui *Severianos*. Alcuinus, Epist. de Septuagesima, Sexagesima, et Quinquagesima ad Carolum Magnum refert, *audivisse se, cum Romæ esset, quosdam magistros dicentes, quod Orientales populi octo hebdomadas* (emendo ex Epistola Caroli Magni ad ipsum, itemque ex Ænea Parisiensi, lib. *Cont. Græc.* et ex Rabano lib. II *De instit. cleric.* novem hebdomadas), *Græci octo, Latini septem jejunare soleant, et inde ex consuetudine Romanum sumpsisse Ecclesiam, Septuagesimam et Sexagesimam, et Quinquagesimam, dies Dominicos nuncupare*. Ubi Orientalium nomine, non Antiochenos, aut Hierosolymitanos significatos puto, sed Jacobitas, Armenos, imo et Nestorianos, quos Petrus a Valle ejusdem esse ritus tenaces testatur. Græcos autem magistri illi narrabant octo hebdomades jejunare, propter ambas hebdomades ἀπόκρεω et τυροφάγου, quæ magno Quadragesimæ jejunio præmittuntur, in quarum prima sic jejunare incipiunt, ut a carnibus primum duntaxat abstineant, in secunda deinde a piscibus, minime tamen demptis lacticiniis.

Ut porro prolixioris illius octo hebdomadum ante Dominicam Palmarum jejunii auctores fecerim Severianos potius quam Arianos, in causa fuit Sozomeni silentium, qui lib. VII *Hist.* cap. 19, ubi accurate fusiusque, quam Socrates, diversas diversarum Ecclesiarum et sectarum consuetudines explicat, nusquam vero refert Arianos numerum hunc hebdomadum jejunio Quadragesimali consignasse; quin nec genti ulli proprium fuisse. Hoc solum tradit, *Illyrios et Occidentales omnes, sex solemnium jejuniorum hebdomades numerare*; itemque *Libyam et Ægyptum cum Palæstinis*: *alios vero septem, uti Constantinopolitanos, circumvicinasque nationes ad Phœnices usque*; id est Asiam et Syriam. Quod de Occidentalibus narrat Sozomenus, hoc Latinorum scriptorum, Cassiani, Leonis Magni et Gregorii itidem Magni, aliorumque testimoniis constat. Perinde vero certum est morem, quem tenemus hodie, ineundi jejunii solemnis a feria quarta Quinquagesimæ, Photiano schismate vetustiorem esse; quandoquidem ejus meminit Amalarius lib. I *De Eccles. offic.*, cap. 7, quem cum aliis tribus Ludovico Pio imperatori ante annum 827 nuncupavit.

Ægyptios olim a Romanis hac in parte non dissensisse extra dubium fit ex epistolis homiliisque Paschalibus patriarcharum Alexandrinorum, Theophili et Cyrilli, **499** in quibus sex tantummodo hebdomades assignantur a capite jejunii usque ad festum Resurrectionis. Ex. gr. Theophilus Hieronymo scribens, in fine epistolæ ait : *Incipientes Quadragesimam a tricesima die mensis Mechir, et hebdomadam salutaris Paschæ quinta die Pharmuthi, finientesque jejunia secundum evangelicas traditiones decima die Pharmuthi, ut, illucescente statim Dominica, festa celebremus* xi *die ejusdem mensis.* Ita nempe ut illo anno jejunii initium, seu feria secunda primæ hebdomadis Quadragesimæ contigerit die 26 Februarii, et festum Resurrectionis sexta Aprilis. Plura non addo ex triginta Homiliis Cyrilli, ne fastidiosus fiam. Constantinopolitani vero et Asiatici sic septem hebdomades jejunabant, ut postrema ad Quadragesimam non pertineret, sed propter Domini passionem ageretur. Quem etiam morem Antiocheni sectabantur : hoc tamen excepto, ut cum Byzantini et Asiani secundum Laodiceni canonis 50 præscriptum Quadragesimam ξηροφαγοῦντες, *aridis cibis vescendo* transigerent, xerophagias sola hebdomade Passionis Orientales admitterent. Nam Epiphanius, hæres. 70 adversus Audianos, qui in Syria morabantur, contendit, ex traditione majorum *non posse neque a decima sexta luna, neque a nona incipi hebdomas Xerophagiæ et Paschatis sancta.* Hæresi 75 narrat, Aerianos, qui in Oriente et in Armenia innotuere, fideles irrisisse, qui in diebus Paschatis xerophagiis indulgerent. In fine Panarii eamdem esse Catholicæ Ecclesiæ consuetudinem audaciuscule asserit. *Cæterum ante septem Paschatis dies,* inquit, *Quadragesimam observare solet Ecclesia* ; *et in jejuniis perseverare : Dominicis vero nullis, nec in ipsa Quadragesima* ; τὰς δὲ ἐξ ἡμέρας τοῦ Πάσχα ἐν ξηροφαγίᾳ διατελοῦσι πάντες οἱ λαοί · *Præterea sex Paschatis dies cum xerophagiis, seu siccis eduliis agunt omnes populi.* Hierosolymitanis vero et Palæstinis eo ævo cum Ægyptiis Romanisque convenisse, consulto scripsit Sozomenus. Nam Cyrillus Hierosolymitanus, catech. xviii, quam postremam habuit Sabbato sancto, austeriori Paraceves jejunio, vigiliaque prolixiori transactis, ἐκ τε τῆς ὑπερθέσεως τῆς νηστείας τῆς παρασκευῆς, καὶ τῆς ἀγρυπνίας; cum proxime instaret sanctus Paschatis dies, in quo regenerandi per baptismum erant catechumeni : in hac, inquam, Catechesi diserte enuntiat, Sabbatum sanctum postremam fuisse diem Quadragesimæ, ἐν ταῖς διελθούσαις ταύταις τῆς Τεσσαρακοστῆς ἡμέραις, *in hisce qui desinunt Quadragesimæ diebus.* Verum subsequenti ætate, Palæstinos Antiochenorum, Phœnicum, Cypriorum vicinorum suorum morem æmulatos esse deducitur, non solum ex hac quam damus epistola Damasceni, sed etiam ex testimonio, quod in fine epistolæ cum aliis subjicitur, Petri Hierosolymitani, qui sexto sæculo medio sub Justiniano I florebat; cui addi potest Vita sanctæ Mariæ Ægyptiacæ, in qua monachi feruntur Quadragesimam consuesse agere in deserto trans Jordanem, usque ad Dominicam Palmarum, seu hebdomadem sanctam Passionis. Hos porro Alexandrini Melchitæ, seu orthodoxi imitati sunt : Coptitæ vero, Jacobitas et Severianos.

JOANNIS PRESBYTERI DAMASCENI
DE SACRIS JEJUNIIS.

Benedicto sinceroque Christi servo, domino Cometæ, spirituali fratri, Joannes minimus.

Ex multis infinitisque donis, quæ concessit Deus hominibus, eximium præcipuumque munus est prudentia. Est enim boni malique discretio : qui autem optime distribuit, optima quoque et quidquid convenientius elegit, ductum sequens rationis, qua reguntur illi qui ipsi morem gerunt. Hujus prudentiæ genimen maturum est illud Salomonis **500** effatum [1]: « Suum cuique rei tempus est[1]; » quo significatur, universum id quod est, hoc esse bonum. Non enim malum est ex illis quæ sunt, quin potius boni fuga et interemptio. Quando itaque unumquodque bonum (recta utique ratione, sine qua imprudentia magis erit, quam judicium, quod judicatum male fuerit) tum erit tacendi tempus, quando hoc bonum apposi- tumque erit : tunc et suum loquendi tempus accidet, ubi quis rogatus fuerit. Nam quempiam ante loqui, quam quæsitus sit, aut ante proficisci, quam mittatur, hoc illi qui loquitur, et pergit, stultitiæ vertetur. Horum vero regula sunt circumstantiæ rerum ; ut dum loquendi necessitas urget, periculo non vacet conticescere. At contingit aliquando, ut et illud quod convenientius est præferri debeat ei quod esse bonum existimatur. Cæterum nullo non tempore incumbit mihi ut taceam ; idque mihi merita est inconsiderantia mea, ut mihi non sit fas loqui. Insuper vero coram sapientibus celsissimæque intelligentiæ viris, qui suapte virtute hoc nacti sunt ut aliis præficerentur, quonam pacto loqui audeat, qui virtute inops est? Hæc cum animo versarem, nunc quoque silentium tenuissem, nisi eximia tuæ, quam Deus

---
[1] Eccle. iii, 1.

tuetur, o amantissime, claritatis veneratio ad scribendum me compulisset. Cum enim pretiosis litteris vestris vos admodum instare viderem, omnino judicavi, me haud alia de causa, nec frustra prorsus ad loquendum excitari, nisi quia magna ad hoc necessitas urgeret. Scribo itaque, ea vi compulsus quam virtus amicitiaque tua inferat, mihique adeo veniam dare velim, quisquis apprime norit, quam potentes validique sint, qui mihi vim faciunt. Scribo autem, nihil quantum per me erit, anteponendo veritati, quæ cæteris omnibus, ipsique vitæ, præferenda sit, cum qua vivere, expetenda res est, et propter quam mors vita est optabilior.

2. Scripsit vestra omnino mihi colenda virtus ejusmodi rumorem sparsisse quosdam, dixisse nos, hebdomadibus octo jejunandum esse, præcepitque ut rescriberemus, num ita res habeant. Ad hoc dicimus ecclesiastica pace nihil esse sublimius, propter quam lex et prophetæ, propter quam Deus factus est homo; quod plane magnum atque impervestigabile mysterium est: quam Christus annuntiatum venit: quam Christus discipulis suis, sive prius quam pateretur, sive postquam a passione resurrexit, pro summo munere largitus est: quam et ipse, cum ad cœlos ascenderet cum carne sua, unde sine carne descenderat, in partem sortemque apostolis, perque eos Ecclesiæ reliquit [1]. Pax autem est consonantia in bono. In malum siquidem conspiratio, seditio potius quam pax dicenda est. Mihi itaque cæterorum minimo hic propositus est finis, in primis quæ ad pacem spectant procurare, et quidquid ad id conducit, rogantibus, quantum in me erit, eloqui.

3. Igitur cum dissensionem de sanctis jejuniis, in aerem usque attolli cernerem, graviter lugebam, mœrebamque, quod peccatum mortem mihi per bonum operaretur. Ecquod enim jejuniorum emolumentum sit iis, qui ad jurgia contentionesque jejunant? quocirca illis quidem qui septem hebdomades sacris jejuniis impendendas esse dicerent, consilium dabam ne litigarent, pulchrumque Christi corpus, Ecclesiam dico, dissidiis scinderent; quinimo morem potius gererent iis quibus præsulatus verbique dispensatio credita essent. In bono quippe abundare et proficere, atque ad majora et sublimiora ascendere, et adjicere super omnem laudem Domini [2], eorum esse qui belle se habeant; illis vero qui octo hebdomades statuunt, suggerebam, nec bonum ipsum esse bonum, nisi bene geratur. Etenim virginitas bonum est: at si nupseris, non peccasti [3]. Diem totam jejunando consumere bonum est: qui vero non manducat, manducantem non judicet [4]. In ejusmodi rebus neutiquam convenit sancire, aut cogere, aut necessitate imposita commissum gregem adigere, sed suasione magis, mansuetudine et sermone sale condito. Atque hæc sunt quæ istis suggerimus. Sin vero quæ nostra sententia sit palam facere oportet, hoc dicimus, quod, cum sanctus Pater noster Basilius, veritatis doctor in sermone *De ebriosis* septem esse jejuniorum sacrorum hebdomades dixerit, aliundeque Gregorius cognomento Theologus in sermone *De baptismo*, jejunia hæc quadraginta dierum quos Dominus jejunando transegit, figuram exprimere et imitari definierit, necessarium omnino sit ambo hæc mutuo conciliare, ne divinorum virorum documenta dissonare reperiantur. Nam hoc est quod turbas excitat, non expendere vim eorum quæ dicuntur. Non enim, ut quidam autumarunt, lege sancitum nobis fuit, ut decimas anni totius jejunando solveremus. Canon siquidem quo Quadragesimam jejunare statuitur omnibus palam manifestus est. Anni vero decimationes quadraginta non sunt. Qui fit igitur, inquiunt, ut quinque dies hebdomadis jejunando, quadragenarium numerum insumamus, nisi totis octo hebdomadibus quinquies jejunemus? Ad hæc itaque dicimus, legisse nos sanctorum apostolorum Constitutiones, et reperisse, oportere jejunare sanctam Quadragesimam incipiendo a secunda feria, et desinendo in parasceve, qua transacta passionis Domini hebdomadem auspicamur. Si itaque octo hebdomadibus Quadragesima completur, quibus exactis Passionis aliam auspicamur: novem proinde hebdomades integras jejunare necessum est. At vero Athanasius, tam divinarum rerum scientia, quam virtutibus eximius, in festivis suis orationibus, clarius pronuntiavit sex esse hebdomadas Quadragesimæ, quibus exactis, jubet hebdomadem passionis inchoare. Ex quibus omnibus in hanc sententiam venimus, jejunium esse, non modo a cibis a summo mane usque ad vesperam, verum et a quibusdam eduliis abstinere. A vino siquidem et carnibus jejunare dicimus. Quoniam igitur sanctorum apostolorum canon [5] sanxit, non jejunandum esse Sabbato et Dominica, sanctamque Quadragesimam jejunandum, ut omnigena abstinentia quinque dies singulis hebdomadibus agamus; duobus vero, Sabbato puta et Dominica, ab aliquibus duntaxat cibis abstineamus. Scire siquidem attinet, cum opera duo laboriosa proponuntur, illud quod fortius est, aliud superare, eique præferri. Ex. gr. lege præcepta circumcisio fuerat, necnon observantia Sabbati. Puer itaque Sabbato natus, Sabbato circumcidendus erat, circumcisionisque sanctio Sabbati solvit legem: eodem perinde modo, Spiritus sanctus, cum per eos qui ministri verbi fuerunt, quinque diebus hebdomadis ad vesperam usque producere jejunium instituerit, Sabbato quoque et Dominica, a quibusdam duntaxat abstinere cibis injunxit, propter auctoritatem resurrectionis, quam Dominicam esse diem scimus, et propter oblationem quam pro

---

[1] Joan. xx, 19-22. [2] Psal. lxx, 14. [3] I Cor. vii, 28. [4] Rom. xiv, 3. [5] Canon apost. 64.

sanctis omnibus qui dormierunt quolibet Sabbato agere jussi sumus, quia Sabbato quod Pascha antecedit, Christus fortem alligavit, et vasa ejus diripuit: quod quidem Sabbatum jejunando transigere oportet eos qui resurrectionis lætitiam præstolantur.

5. Sic igitur Ecclesiæ quoque consuetudinem ex traditione non scripta novimus, ut hebdomadem jejuniis præviam observaremus, in qua tantummodo a carnibus, et usque ad vesperam jejunando abstineretur, horæ tertiæ, aut sextæ, aut nonæ, aut præsanctificatorum officio neutiquam peracto: tum sex deinde, in quibus cum Tertiæ, Sextæ, Nonæ, et præsanctificatorum officia agerentur, tum etiam ab ovis, caseoque, et aliis ejusmodi, simulque a carnibus abstinentia esset. Hebdomade vero passionis xerophagia, seu, ut ex siccis cibis constaret, lege cautum fuit. Ita tamen ut præsanctificatorum missa non fieret; feria vero quinta sancta, mysteria celebrarentur, in qua sunt instituta: tum deinde in sancta tremendaque Parasceve, omnimoda abstinentia esset usque ad Sabbati vesperam: cæterum vespera Sabbati omnibus quidem eduliis vesci liceret, præterquam carnibus: demum Dominica sancta resurrectionis, ipsa prima Sabbati, carnes comederent, quibus placeret.

6. Atqui ordinem istum persecuti sumus; hæcque communis est Ecclesiæ lex et sanctio, quam in sancta Christi Dei nostri Resurrectionis Ecclesia observatam cernimus. In bono autem abundare, exuberantemque virtutem præferre vertendum crimini non est nec improbandum, sed Deo hominibusque, prudentibus utique, hoc prorsus acceptum est; ita tamen ut nulla vis, nulla necessitas imponatur, sed suasio potius adhibeatur, nuncque præsertim propter temporum difficultatem, et rerum iniquitatem. Utrumque enim nunc utile et necessarium est, ad bonum adjicere, et a vi temperare. Quis hoc præstaret, ut omne vitæ nostræ tempus uno jejunio transigeremus? Verum aliud est adhortari, et aliud legem ferre. Sufficiant quæ a Spiritu sancita sunt. Suadeatur amplificatio boni.

7. Hæc quidem videntur nobis consentanea et apposita, de quibus hoc modo cum omnibus loquimur; auctoritates vero quibus istæc muniantur, in præsenti omisimus, propter nimiam tabellarii festinationem; cum tamen haud difficulter haberi possint. Deus vero pacis, qui est pax nostra, qui fecit utraque unum, et medium parietem maceriæ dissolvit, inimicitiam scilicet, in cruce sua; qui Patri suo nos reconciliavit, pacem suam **503** quæ exsuperat omnem sensum [7], Ecclesiæ sanctæ suæ tribuat, scandala auferat, præstetque ut acceptabile jejunium quod elegit, expleamus; solvendo obligationes violentarum cautionum, frangendo esurientibus corporeum panem, nihiloque minus animi; sermonem utique salutis: faciatque ut spiritualiter jejunemus, edamusque et festa agamus, omnia in ejus gloriam faciendo, sentiendo et loquendo; ne propter nos nomen ejus blasphemetur in gentibus, quin gloriosum magis sit, quia ipsi gloria in sæcula. Amen.

Sancti martyris Ignatii, ex epistola ad Ephesios.

Qui castus est et continens, non extollatur, ne perdat mercedem suam. Dies festos nolite inhonestare. Quadragesimam pro nihilo ne habeatis: imitationem enim continet Dominicæ conversationis. Hebdomadem Passionis nolite despicere. Quarta sextaque feria jejunantes, reliquias pauperibus erogate. Quicunque Dominicam aut Sabbatum jejunaverit, uno Sabbato excepto, hic Christi interfector est.

Constitutio apostolorum.

Una nobis observandum est jejunium sanctæ Quadragesimæ, quod recordationem continet Christi conversationis et legis. Celebretur autem jejunium hoc ante jejunium Paschæ, ut incipiat quidem a secunda feria, inque Parasceven desinat. Quibus transactis, finito hoc jejunio, incipite sanctam hebdomadem Paschæ, jejunantes eam omnes cum timore et tremore: orantes in iis diebus pro pereuntibus, quo tempore cœperunt consilium contra Dominum inire. Nam et ipse præcepit nobis, sex dies istos jejunare propter Judæorum iniquitatem.

Sancti Basilii, ex sermone contra ebriosos.

Si enim post tot admonitiones, quibus et superiore tempore vos adhortari non cessavimus, et deinceps septem istis jejunii hebdomadibus noctu diuque per evangelicam doctrinam sine intermissione vos sumus obtestati, nihil prorsus profecimus: qua spe ad vos hodie verba faciamus . . . . . [mulieres lascivæ, Dei timoris oblitæ, ignem æternum nihili pendentes] ea die, qua domi illas honeste considere oporteret ob memoriam resurrectionis, etc.

Sancti Joannis Chrysostomi, ex sermone de fine jejunii.

Quadraginta jam dies prætericrunt. Si igitur Pascha sanctum præterierit, nemini parcam deinceps, nec exhortationibus utar.

Sancti Anastasii patriarchæ Constantinopolitani, ex Encyclica.

Sanctum itaque Pascha undecima indictione Deo **504** dante agemus, secundum Ægyptios quidem vicesimo quinto die Pharmuthi mensis, secundum Romanos vero vicesimo Aprilis, duodecimo kalendas Maias: jejunium septem hebdomadum auspicati a feria ipsa secunda, quæ inci-

[7] Philipp. iv, 7.

dit secundum Ægyptios, in octavum mensis Phanemoth; secundum Romanos vero, in tertium Martii.

Sancti Epiphanii Cypri, ex epistola ad monachos.

Quadragesimam sanctæ Ecclesiæ, et hebdomadem sancti Paschatis destrictim observate.

Joannis episcopi Athenarum.

Ut per venerandum septenarium jejuniorum certam nec lubricam viam exitumque existimemus. Septenarius quippe perpetuo versatus et rediens, et velut ex eadem ad eamdem metam volutus et circumactus, sæculum septenariis constans absolvit.

Sancti Anastasii patriarchæ Theopolis, sive Antiochiæ Syriæ.

Deinceps itaque consideremus, qua de causa septem hebdomadibus quadraginta dierum jejunium agitur. Nequaquam plane Quadragesima esse desinit; sed arcanam quamdam insuper honestatem accipit. Perfectus quippe, sacrosanctusque septenarius numerus apparuit; quinimo sacrorum certaminum dies, nobis concessit septempliciter per septem hebdomades exactus.

Sancti Petri patriarchæ Hierosolymitani.

Jejunii perquam opportune facta mentione, hæc quoque vobis dixerimus, ut Dei beneficio constitutum jejunium septem hebdomadum exordiamur a septima die Februarii mensis; quo solemnitatem Passionis salutaris et Resurrectionis Christi celebremus vicesima septima mensis, qui Martius appellatur.

Evictio, quod hæretici omnes jejunia sancta octo hebdomadibus constare asserant, hoc modo delirantes.

Testimonia Severi Acephali, hæresisque principis et Pagani, qui Antiochiæ Syriæ factus fuit archiepiscopus, ex ejus de sua inauguratione sermonibus in sanctam Quadragesimam. Hic autem pronuntiatus est in Parasceve, quæ eam præcedebat, in Cassiani Ecclesia, ejusque orationis hoc initium est: *Lex est quæ et in corporeis quo-* *que certaminibus locum habet*, et in medio sermonis: « Qui præditi sunt quinque sensibus, inquit, per quos peccatum aditum habet (auditum dico, visumque, tactum, gustum, et odoratum) octuplici emundatione quadraginta dies jejunio impendunt, ut beatæ illius diei octavæ et primæ compotes evadant. Nam quinarius numerus octuplici revolutione versatus, quadraginta dierum numerum complet. »

505 [*Ejusdem, ex libro capitum variorum manu propria subsignatorum. Subsignatio secunda hæc est.*]

Quod quadraginta diebus, nullo prætermisso, jejunare oportet (qui quidem ex octo hebdomadibus constant) uniuscujusque hebdomadis diebus duobus, Sabbatum dico et Dominicam, requiei assignatis: ut exinde sit manifestum, quod nec Sabbato, nec Dominica sit jejunandum, ne per sanctam quidem ipsammet jejuniorum Quadragesimam.

Maledicti, invisique Deo Benjamin, qui profanus Alexandriæ Ægypti episcopus fuit pessimæ illius catervæ Dioscori et Severi. Ex quarto ejus libro festalium orationum, false dicta festalis oratio, cujus initium est: « *Jucunda et admiratione digna,* » *etc. Et versus finem:*

Cœpto quadraginta dierum jejunio, seu octo hebdomadum, modeste et caste jejunantes, ad exstinctionem octo cogitationum quæ adversus animum insurgunt, a vicesima septima Mechir Ægyptiaci, usque ad decimum mensis Pharmuthi.

Ejusdem, ex tricesima prima oratione, festalis nomine falso inscripta, quæ et hoc modo incipit: « *Et nunc audire mihi videor,* » *et in fine:*

Jejunium octo hebdomadum auspicati, hoc est, sanctæ Quadragesimæ; quia inter jejuniorum sanctorum dies, neque Sabbatum, neque Dominica numerantur; a decima nimirum octava mensis Mechir secundum Ægyptios, et Idibus Februarii secundum Romanos, quæ est decima tertia Februarii: sancta vero hebdomade salutaris Paschæ incipiente ab octava. Pharmuthi mensis Ægyptiorum = secundum Romanos vero tertio Nonas Aprilis, sive die tertia Aprilis, ac deinceps, et sancti Paschæ diebus transactis, profundo vespere Sabbati sancti jejunium absolvemus.

ADMONITIO.

Opusculum quod sequitur, Epistola est Joannis Damasceni 'ad quemdam monachum, quem vitiorum capitalium genera docet, modosque ea tum vitandi, tum superandi. Quæ omnia strictim exsequitur, in compendium redigens quæ de eodem argumento Cassianus, Nilus, aliique præstantissimi asceticæ vitæ magistri multis edisseruerunt. In anterioribus nostri auctoris editionibus **506** hoc opus etiam Latine habetur ex translatione Bilibaldi Pircheymeri Norimbergensis; quam quidem, quia sæpe diversissima est a Græco contextu, typis idcirco rursus edendam censui. In primis enim nihil est in Pircheymeri translatione quod epistolæ modum referat, uti nec in codice Cæsareo num. 384, ex quo titulum hunc, et principium, utrumque mendosissimum prorsus, Lambecius descripsit: Ἰωάννου τοῦ

Δαμασκηνοῦ, περὶ τῶν λογισμῶν, καὶ τὸ τριμερὲς τῆς ψυχῆς. Χρὴ γινώσκειν πάντες οἱ Χριστιανοὶ πάντες οἱ περιεκτικόμενοι λογισμοὶ εἰσιν η'. οἱ πολεμοῦντες τὴν ἡμετέραν ψυχήν, καὶ πρὸς τὴν καρτερίαν καὶ ἐνέργειαν καὶ ἁμαρτίαν διαιρετίζονται (legend. διερετίζοντες) πρῶτον, ὁ τῆς γαστριμαργίας, κ. τ. ἑ. *Joannis Damasceni de cogitationibus, et triplex animæ pars. Nosse oportet Christianos omnes, cogitationes quæ universas complectuntur, octo esse, quibus anima nostra continuis prœliis lacessitur, atque tum ad continentiam tum ad actionem, tum etiam ad peccatum excitatur. Prima est, gulæ,* etc. Græcum epistolæ textum peramanter mihi ex Anglia transmisit, dum in vivis adhuc ageret, vir humanissimus doctissimusque Abrahamus Sellerus, descriptum ex Bibliothecæ suæ codice, in quo itidem proxime subsequebatur tractatus ille alter Damasceni, quem statim subjiciam, *De virtutibus et vitiis.* Hunc enim epistolæ velut appendicem fuisse conjicio, tum quia in eo de triplici parte animæ disputatur, cujus mentio fit in titulo codicis Cæsarei, tum etiam ob epilogum, qui Epistolæ veluti postscriptum est. Et certe, priora verba hæc, si cod. Regium 2928, sequamur, Ἰστέον οὖν, *Scire agitur attinet,* tractatus seriem, quam alia præcesserint, indicant, non ejus exordium. Hujus porro posterioris lucubrationis translationem vir pereruditus Leo Allatius Combefisio nostro miserat : Græca vero reperi in cod. Regio.

S. JOANNIS DAMASCENI
DE OCTO SPIRITIBUS NEQUITIÆ.

1. Noveris, frater, octo cogitationes vitiosas esse, quibus monachus infestatur, quemadmodum Patres narrant. Prima est cogitatio gulæ, secunda malæ et turpis cupiditatis, tertia avaritiæ, quarta tristitiæ, quinta iræ, sexta acediæ, septima vanæ gloriæ, et octava superbiæ.

2. Incumbit itaque tibi, o monache, ut cognoscas, animumque diligenter advertas, quanam affectione, quæ ab adversariis nostris et nequitiæ spiritibus proficiscatur, commoveri te et turbari sentias, et in quamnam cogitationem mens tua cum affectu, sive passione, proclivis sit.

3. Ac si quidem te gulæ aut voluptatis æstu cieri cognoscis, ventrem coerce, definito in pondere et mensura cibo et potu : separationem animæ a corpore, judicium venturum, horrendamque gehennæ flammam, necnon regni cœlestis desiderium, perpetuo memoria tene. Hoc pacto siquidem voluptatem ventris superare, atque abominari poteris.

4. Sin vero rursum a turpis vesanæque cupiditatis spiritu occuparis, frenando corpori, conterendæ animæ, vigiliis, cum assiduis precibus teipsum exerce. Insuper modestiam cole ; neminem judices, aut laceres nec prorsus abomineris. Quin et mortem animo versa, situm libens tolera, nullam prorsus cum mulieribus consuetudinem habe, ut nec earum vultum intuearis : atque hoc modo ab hac passione liberaberis.

Quod si pecuniæ cupiditatem vis superare, ama paupertatem et vilitatem. Condemnationem Judæ animo versa, quodque propter avaritiam Dominum iniquis prodiderit ; quod omnis avarus simulacrorum quoque servus vocatur in divinis Litteris ; quod ea nos a spe in Deum ponenda avertit ; quod demum pecuniarum possessio temporaria est, avaros vero manet immortalis pœna. Hæc tecum reputans, nec quidquam amplius quam sufficiat, quæritans, vitium hoc coercebis.

Quod si etiam mundanus mœror te percellit et turbat, assiduæ debes orationi operam dare, cum religiosi Deumque timentibus monachis conversari, præsentia omnia ac si non essent aspernari, lætitiam cœlestem animo concipere, non remunerationes justorum. Si te quispiam verberat, contumeliave afficeris, aut te persequuntur, ne concidas animo : quin potius bono animo sis. Atque tunc solum mœre, cum in Deum peccaveris. Sic enim per spiritum poteris ab hoc morbo sanari.

Quando autem ira te rursum, effervescensque bilis concitabit, mansuetudinem indue, teque fratrum tuorum servum præbe. Sed et si fieri possit, cum humilitatis sensu horum frequenter pedes lava, indulgerique tibi postula a quovis homine. Infirmos sæpe visita, linguam ad psalmorum cantum move ; ac brevi a vitio illo curaberis.

Si vero acediam velis subigere, labore manuum tantisper defatigere : incumbe lectioni, et assiduæ orationi vaca, cum certa bonorum obtinendorum spe. Animo versa eos qui extremos spiritus agunt, asperos quoque cruciatus, et præfocationem peccatorum ; quo pacto sine misericordia plectantur torqueanturque : atque hac ratione vitii hujus sedationem obtinebis.

Sin a vana gloria et laudibus hominum graviter exagiteris, operæ pretium est, ut nihil quod hominibus ostentetur agas, sed omne tuum opus in abscondito facias, quod nemo nisi Deus solus vi-

---

[1] Coloss. III, 5.

deat. Cavesis etiam ne laudari cupias, aut ab hominibus honorari, neve pulchras vestes, neque primas partes, neque primum locum ambias. Quinimo nihil tibi charius sit et antiquius, quam ut homines mendacibus te conviciis, criminationibus, et contumeliis proscindant; ac teipsum habe quovis peccatore nequiorem.

Quod si tandem a dæmoniaca pessimæ superbiæ passione oppugnari te sentias, neminem prorsus debes sannis appetere, aut spretim habere; quin potius teipsum reputare tanquam omnium peripsema et purgamentum, et perpetuo pensare, nisi Dominus ædificaverit domum, in vanum laborasse qui ædificant eam[1]. Omnibus te debitorem existimes oportet, nihilique facias coram Deo et cunctis hominibus. Ne præsidens sis donec sententiam audias; cum videris illum, qui, tametsi in nuptiali convivio recubuerat, vinctis manibus pedibusque ejectus est in tenebras sempiternas[2]. Sed et quantumvis, seu jejuniis, seu vigiliis des operam; quantumvis humi cubes, psallas, patientiam colas, corpus frequenter inclines, aut boni quodlibet aliud facias, ne dixeris: Id meo labore meaque strenuitate gestum est: sed Dei adminiculo et auxilio totum ascribe, non tuæ diligentiæ. Omni studio cura, frater, ut simplex rectaque semper conversatio tua sit, nec aliud in corde habeas, et aliud in ore. Hoc enim fraudulentum est. At perenni cum lacrymarum fonte orationi incumbe. Quod si ita egeris, funestam pessimamque offensam et ruinam effugies.

Vitiorum porro alia quidem corporis sunt, alia animi. Corporis vitia dicimus, gulam, scortationem, ebrietatem, petulantiam: animi vero, odium proximi, invidentiam, vanam gloriam, superbiam. Atqui hæc in animum nostrum agunt, ubi charitas et continentia absunt: illa vero jejunio et vigiliis coercentur. Tunc enim mens lucem propriam recipit, et absque ullo obice Deum intuetur.

Ex sanctissimi Patris Joannis Damasceni sermonibus Sententiarum aliquot fragmentum, quas Bilibaldus Pircheymerus Norimbergensis Claræ sorori suæ, apud S. Claram Norimbergæ moniali, ex Græcis Latinas fecit.

Octo sunt passiones, quibus admodum (præcipue spirituales) impugnantur homines, gula videlicet, turpis concupiscentia, avaritia, ira, adversitas, acedia, vana gloria et superbia.

Hæc itaque vitia discerni, et summa diligentia cognosci debent, ut cum aliquo illorum tentatur homo, semper arma, quibus se munire possit, præparata habeat.

Si gula impugnaris, ventrem coerce: numero et mensura cibus et potus sumatur; animæ separatio a corpore, judicium venturum, et horrenda gehennæ flamma, pariter et regni cœlestis desiderium, assidue coram oculis observentur: sicque ventris opprimetur voluptas.

Si turpis et carnalis te male vexat concupiscentia, illam vigiliis, labore, orationibus et inedia expelle: proderit et mortis meditatio, mortiferique gaudii supplicium, ac sexus alterius declinatio.

Avaritia vincitur liberalitate, et rei pecuniariæ contemptu, pariter et cogitatione illa, quod ob avaritiam Dominum et Magistrum Judas tradidit, et quod omnis avarus a Scriptura divina idololatra vocatur, quodque pecuniis ad breve tempus frui datur, morsque amara vitam acerbam avari sequatur: quapropter si nihil ultra quam sufficiat quæretur, passio hæc evitatur.

Si adversitate aliqua perturbaris, ora et spem cunctam ad Deum dirige, et passionem Christi, nostræque imbecillitatem naturæ contemplare; præsentia cuncta et vana despice; gratiam cœlestem et justorum fruitionem venturam perpende.

Id si feceris, nulla injuria seu contumelia contristaberis: sed solum Dei offensio te perturbabit.

Si te ira exstimulat, mansuetudinem indue et ad Psalmorum decantationem perfuge; malum in bono vince, majori cede, æqualem perfer, minori parce, prudentemque concordiam cum omnibus exerce hominibus, memor quam mansuetus Agnus innocens ad mortem deductus sit.

Si acedia infestaris, teipsum laborando, meditando, orando et legendo excita: spes firma te instiget, ut considerare possis, quantum inter frigidam pigritiam et calidum intersit fervorem: quorum unum a ventura separat gloria, alterum regni cœlestis te hæredem creat.

Quod si vana tentaris gloria, teipsum scrutare, nihilque ad laudem seu demonstrationem perage humanam. Sed omnis operatio tua in occulto fiat, nemine præterquam Deo solo vidente, ad quem universa referantur opera. Hominum laudes, honores, prælationes, et similia contemne: et magis amplectere, si te accusant et contumelia afficiunt, mentientes et odio habentes, peccatores.

Si a dæmoniaca et pessima superbiæ oppugnaris passione, neminem judica; sed solum teipsum circumspice et cognosce: humilem te coram Deo ostende, et inferiorem omnibus te existima hominibus, audaciam et animi tumorem rejice, jejuniis, orationibus, vigiliis insiste: et cum te quid recte facere contigerit, non potentiæ tuæ illud ascribe, sed divinæ pietati id totum acceptum refer: simplex et recta sit tua conversatio, nec aliud in corde, aliud in ore habe: dolosum etenim hoc est. Proin

---

[1] Psal. cxvi, 1. [2] Matth. xxii, 13.

omnis animi elatio lacrymarum fonte exstinguatur.

At turbae vitiorum universae resisti poterit, si semper et assidue homo cogitaverit, Deum operum suorum inspectorem, angelum custodem, virtutis nobilitatem, voluptatem momentaneam, peccati spurcitiem, vitam labilem, mortem incertam, gaudium seu cruciatum sempiternum, purae **509** conscientiae pacem, hominis dignitatem, Dei beneficia, et super omnia Christi vitam, mortem, et crucem. Quae enim et qualis vita? vix homo ex sepulcro progressus, rursum ad sepulcrum perget, et demum in perpetua gehennae flamma sepelietur. Deum igitur amemus, et ejus praecepta ita observemus, ut exantlata fragili et misera vita, ad perpetuae beatudinis gloriam feliciter pervenire valeamus. Amen.

Ejusdem Joannis Damasceni, De virtute et vitio.

Animadvertendum est, hominem, cum ex duobus constet, anima scilicet et corpore, duplices quoque sensus habere, eorumque duplices esse facultates. Quinque porro sunt animi sensus, et quinque corporis. Et animi quidem sensus, quos facultates philosophi nuncupant, ii sunt: mens, cogitatio, opinio, imaginatio, et sentiendi vis. Corporis vero, visus, odoratus, auditus, gustus, et tactus. Hinc earum virtutes, et vitia duplicia. Quare necesse fuerit, quemcumque aperte dignoscere quot animae sint virtutes, et quot corporis; et rursum quae aegritudines animae, et quae corporis. Et animae virtutes dicimus esse, in primis fortitudinem, prudentiam, temperantiam, justitiam: ex quibus etiam animae virtutes adnascuntur, fides, spes, charitas, oratio, humilitas, placiditas, tolerantia, clementia, bonitas, lenitas, Dei cognitio, alacritas, simplicitas, tranquillitas, sinceritas, modestia, incuriositas, liberalitas, sui demissio, integritas, pecuniarum contemptus, compassio, misericordia, securitas, munificentia, indolentia, compunctio, pudor, reverentia, pietas, futurorum bonorum desiderium, regni Dei appetentia, ut tandem in filios adoptemur concupiscentia.

Virtutes vero corporis hae sunt, seu potius instrumenta virtutum, in cognitione et secundum Deum actitatae, praeter omnem simulationem et ambitionem et placendi hominibus studium, in progressum humilitatis atque indolentiae manuducentes homines: continentia, jejunium, fames, sitis, vigilia, per totam noctem statio, genuum spissa flexio, a balneis abstinentia, unica tantum tunica contentum esse, cibis siccis uti, sero et paucis cibari, aquae potus, humi dormitio, paupertas, inopia, austeritas, cultus corporis negligentia, sui ipsius contemptus, vita solitaria, quieta, domi se continere, penuria, frugalitas, silentium, propriis manibus opus conficere, et quaecunque malorum tolerantia, et corporea exercitatio. Quae omnia, si corpus valeat, beneque illi sit, et carnis perturbationibus vexetur, quam maxime necessaria et conducibilia sunt: si male se habet, Deique ope perturbationibus superior est, non adeo necessaria sunt, cum sancta sui demissio et gratiarum actio omnia impleat.

510 Dicendum consequenter est de animi et corporis vitiis, aegritudinibus nempe. Animae aegritudines hae sunt: oblivio, ignavia, et inscitia. Ex his tribus animi oculus, sive mens obtenebrata, obnoxia fit omnibus affectibus, qui sunt, impietas, prava opinio, hoc est haeresis quaecunque, blasphemia, furor, iracundia, amaror, subita ira, inhumanitas, injuriarum memoria, obtrectatio, condemnatio, tristitia absque ratione, timor, metus, contentio, aemulatio, invidentia, vana gloria, superbia, simulatio, mendacium, infidelitas, avaritia, rerum materialium amor, affectio, in terrena propensio, acedia, pusillanimitas, ingratitudo, murmuratio, jactantia, opinio de seipso, tumor, arrogantia, dominandi appetitus, studium placendi hominibus, dolus, imprudentia, vecordia, adulatio, fictio, simulatio, duplicitas, peccatorum approbationes ex ea parte quae perturbationibus obnoxia est, et continua eorumdem meditatio, cogitationum error, suiipsius amor, quae est malorum mater malorumque omnium radix avaritia, et improbitas, et malitia.

Corporis vero vitia sunt, gula, voracitas, luxus, ebrietas, latens comestio, variae voluptates, fornicatio, adulterium, incontinentia, impuritas, incestus, puerorum stuprum, cum jumentis coitus, desideria prava, et quaecunque praeter naturam sunt, et affectus improbi, furtum, sacrilegium, latrocinium, homicidium, quaecunque corporis relaxatio, et voluptatum carnis usus, et potissimum si corpus valeat: vaticinia, incantationes, auguria, sortilegia, ornatus appetitio, superfluitates, mollities, elegantiae nimium studium, facierum fricationes, exsecrandum otium, ambitiones, alearum ludus, nimius deliciarum mundi abusus, vita corpus deperiens, quae mentem saginando terrestrem et pecudibus non absimilem reddit, neque eam usquam ad Deum et ad virtutis opera regredi permittit.

Radices vero vitiorum omnium, et, ut alius quisquam diceret, primae causae, intemperantia, ambitio, et avaritia, ex quibus malum omne adnascitur; neque unquam homo in aliquo delinquit, ni prius gigantes isti validi, ut inter ascetas sapientissimus Marcus ait [1], advenerint, eumque debellarint: vel oblivio, ignavia, et inscitia. Eas progenerant voluptas et recreatio, humanae gloriae

[1] In *Moral.*

salutationisque ambitus. Ac horum omnium prima causa, et veluti mater pessima, ut supra diximus, sui ipsius amor est, absque ratione nempe corporis amor et impensus affectus. Diffusio ac dissolutio mentis cum scurrilitate, et verborum obscenitate in multa mala atque errores impellunt, quemadmodum dicendi libertas, et risus.

Ante vero omnia sciendum est, variam et multiplicem esse perturbationibus obnoxiam intemperantiam, et plerasque quæ animum deludunt voluptates; dum anima non usquequaque vigil et sobria, divino non fulcitur timore, et erga Christum amore, in virtutum cultu segniter se gerit. **511** Namque innumeræ circumaguntur voluptates, quæ oculos animæ in se pelliciunt: quales sunt rerum corporearum, pecuniarum, luxus, gloriæ, negligentiæ, iræ, dominii, quæstus, cupiditatis, avaritiæ. Apparentque cum fraude, faciem splendidam ac desiderabilem præ se ferentes, eosque qui circa similia inserviunt, nec sunt virtutum studiosi, sed coacte ac resistenter eas sustinent, abducere comparatæ. Etenim quicunque ad res terrenas affectus, et ad aliquid materiale propensio voluptatem et gaudium inutile, imo noxium, in patiente excitant, partem eam animæ, quæ voluptate alitur, non sine perturbatione, ostendunt: adeo ut propterea furori, et iræ, et mœrori, et injuriarum recordationi, concupiti privatione, quæ superatur ab illis, subdatur. Si vero cum affectione usus quoque licet pusillus invaluerit, proh stuporem! facit, ut qui ab eis captus fuerit, ad finem usque rationis expertis affectionis per clanculum in ea delitescentem voluptatem incurabilis permaneat. Etenim, ut diximus, concupiscentiæ voluptas multiplex est, nec fornicatione tantum atque corporis oblectatione completur, sed cæteris etiam affectibus: quandoquidem et continentia non id solummodo est, a fornicatione, et iis quæ sub ventre sunt, voluptatibus liberum esse. Quapropter qui avaritiæ operam navat, intemperans est. Quemadmodum enim ille corpus, ita et hic pecunias deperit. Imo hic eo intemperantior, cum non tanta vi ex natura eum compellente agatur. Nam sane ille vere ignarus et multo maxime habebitur [auriga] non qui effrenem equum agere [aut continere] nescit, sed qui mansuetum et obedientiorem sibi subdere non potest. Et undequaque manifestum est, supervacaneum, nec secundum naturam esse pecuniarum appetitum; tanquam qui non a natura, sed ex prava electione vim patiatur. Ideoque citra veniæ spem peccat, qui ab eo libens volensque superatur. Quapropter plane nos addiscere decet, non in luxu tantum et corporum usu voluptatem sitam ne præfinitam esse, sed in quocunque affectu dilecto. Ut vero affectus secundum trinam animæ divisionem dignoscantur, hæc etiam quam brevissime addere propter continentiam opportunum judicavimus.

De triplici parte animæ.

Anima itaque dividitur in tres partes: in eam quæ ratione, et in eam quæ ira ducitur, et in eam quæ voluptate alitur. Illius quæ ratione ducitur, peccata sunt hæc: infidelitas, hæreses, stultitia, blasphemia, ingratitudo, approbationes peccatorum ex ea parte quæ perturbationibus obnoxia est, procedentium. At horum malorum sanatio et medicina, sine ulla hæsitatione fuerit, fides in Deum, vera firmaque et recta dogmata, eloquiorum Spiritus assidua meditatio, pura et nunquam cessans oratio, et erga Deum gratiarum actio.

De facultate irascente.

Illius vero quæ ira ducitur, peccata sunt: crudelitas, **512** odium, immisericordia, injuriarum recordatio, invidentia et continua circa hæc meditatio. Horum sanatio et medicina, humanitas, amor, placiditas, in fratres charitas, commiseratio, injuriarum tolerantia, et bonitas.

De facultate concupiscente.

Illius quæ voluptate alitur, peccata sunt hæc: gula, voracitas, ebrietas, fornicatio, adulterium, impuritas, intemperantia, avaritia, inanis gloriæ ambitio, necnon auri et argenti, et corporearum voluptatum desiderium. Eorum vero sanatio et medicina, jejunium, continentia, labor, paupertas, pecuniarum in pauperes distributio, immortalium futurorum desiderium, regni Dei appetentia, et ut in filios adoptemur concupiscentia.

Tradenda præterea est cognitio cogitationum obnoxiarum perturbationibus, per quas omnia peccata committuntur.

Cogitationes quæ malitiam includunt, sunt octo. Prima est gulæ, secunda fornicationis, tertia avaritiæ, quarta iræ, quinta tristitiæ, sexta acediæ, septima inanis gloriæ, octava superbiæ.

Has octo cogitationes turbas ac molestiam conciere vel non conciere in nostra potestate non est. At immanere vel non immanere, affectus movere vel non movere, in nostra potestate est.

Et aliud quidem est aggressio, aliud hæsitatio, aliud lucta, aliud affectio, aliud approbatio, quæ proxima est operationi et ei assimilatur, aliud actio, aliud captivitas.

Aggressio est, cum quid simpliciter ab hoste in memoriam suggeritur, veluti, *fac hoc*, vel etiam de Domino Deoque nostro: « Dic ut lapides isti panes fiant[1]. » Et hoc, ut diximus, non est in nostra potestate.

Hæsitatio est cogitationis, quæ ab hoste suggeritur, exceptio, et quasi una cum eo meditatio, et

---

[1] Matth. III, 4.

quæ ab electione nostra profluit, voluptuosa consuetudo. Affectio est ab hæsitatione habitus, qui ab hoste suggerente inditur, et quasi continua meditatio et imaginatio. Lucta est cogitationis repugnantia ad affectum, qui in cogitatione est, aut ad cogitationem perturbationibus concitam exstirpandum aut approbandum, ut ait Apostolus : « Caro concupiscit adversus spiritum, et spiritus adversus carnem. Hæc autem sibi invicem opponuntur [1]. » Captivitas est violenta coactaque cordis tractio, per anticipationem et longam consuetudinem, veluti per tyrannidem occupati. Approbatio est ad affectum cogitationis consensus. Actio est ipsum opus cum approbatione cogitationis, quæ affectibus subditur. Qui itaque primum sine ulla perturbatione animo volvit, vel contradictione, aut gravitate, et constantia ab ipso primo impetu aggressionem ex sese ablegat, quæ postmodum sequuntur, omnia in uno solo resecavit.

Tollitur autem a temperantia gula ; a divino desiderio et futurorum bonorum appetentia, fornicatio ; a commiseratione erga pauperes, avaritia ; **513** a probitate et charitate in omnes, iracundia ; a spirituali lætitia, mundanus mœror ; a patientia et tolerantia, et in Deum gratiarum actione, acedia ; ab occulto virtutum exercitio et continua in compunctione cordis oratione, vana gloria ; a non dijudicando, aut contemnendo aliquem, uti jactabundus ille Pharisæus [2], sed semetipsum omnium esse infimum existimando, superbia. Hac itaque ratione a jam dictis affectibus mens liberata, et ad Deum sublata, hic beatam vivit vitam, sancti Spiritus recipiens arrhabonem, et ex hisce postmodum emigrans, nullis perturbationibus obnoxia, et cum cognitione vera, sanctæ Triadis splendoribus astat cum divinis angelis in infinita sæcula collustrata.

Cum itaque in tres partes, ut supra exposuimus, dividatur anima : tres namque, ut dictum est, sunt illius partes, altera quæ ratione, altera quæ ira, altera quæ concupiscentia ducitur : si in ea quæ iræ deservit, fuerit amor atque humanitas, et in ea quæ concupiscentiæ, puritas et temperantia, cogitatio est illustrata. Si vero in irascente inhumanitas, et in concupiscente intemperantia, cogitatio est obtenebrata. Cogitatio itaque tunc bene et temperanter se habet et illustratur, cum perturbationes illi subduntur, et creaturarum Dei rationes spiritaliter meditatur, et ad sanctam beatamque Triadem sublevatur. Ita tunc quoque rursum, id quod secundum naturam est, movet, cum omnes homines amore, et nullum ipsorum, aut odio aut excandescentia prosequitur ; concupiscentia, cum humilitate, continentia, et paupertate affectu mortificaverit, hoc est voluptatem carnis, pecuniarum et gloriæ transeuntis appetentiam, et sese in divinum et immortalem amorem converterit. Concupiscentia etenim ad tria movetur, ad voluptatem carnis, ad inanem gloriam, et ad pecuniarum fraudem, et ob hoc præter rationem desiderium, Deum, divinaque ejus præcepta spernit, divinæque nobilitatis obliviscitur, in proximum efferatur, cogitationem obtenebrat, cui facultatem non facit ut in veritatem oculos dirigat. Quorum qui sublimiorem cogitationem possederit, antequam ex hac vita excedat, ut ante dictum est, regni cœlorum particeps fit, beatamque vivit vitam, non extra spem reposita iis, qui diligunt Deum, beatitate potiundi : cujus nos quoque per gratiam Christi utinam digni efficiamur. Amen.

Sed hæc quidem ita exposuimus quasi imparati, de virtutibus et vitiis compendiosum et apertum tractatulum digerentes, ut quilibet facili negotio eorum differentiam ac discrimen, hac singularum partium expositione dignoscere possit ac dijudicare. Hanc enim ob causam earum varias species, et singula quæque exposuimus, ut nulla virtutis aut vitii species, si fieri posset, ignoraretur, et ut virtutes quidem alacri animo ad nosmetipsos attrahamus, et eas potissimum, quæ animæ sunt, quibus et Deo proxime accedimus : vitia vero toto conatu declinantes fugiamus. Vere enim beatus ille est, qui virtutem quærit, et illam ambit **514** et diligenter conquirit, tanquam qui per eam Deo proximus fit, et mente cum eo conjungitur. Hoc namque proprie prudentia, fortitudo, sapientia, et cognitio est infallibilis, ac divitiæ quæ subripi non possunt : per virtutem actuosam ad speculationem Creatoris adduci. Virtus enim (ἀρετή) ita dicitur, διὰ τὸ αἱρεῖσθαι, id est, *quod seligatur*. Eam eligimus et volumus, quod nostra electione et voluntate, non coacte, et inconsulte bonum operemur. Prudentia etiam dicitur φρόνησις, παρὰ τὸ νοῖ φέρειν, ab eo quod menti afferat utilia.

Quod si tibi ingratum non fuerit, huic quoque simplici orationi tanquam aureum signaculum appingamus ; illius nempe expositionem, quod de pusillo, omnium tamen divinarum creaturarum pretiosissimo, dictum est, *secundum imaginem et similitudinem*. Intellectu et ratione præditum animal homo, inter reliqua omnia solus secundum imaginem est et similitudinem Dei. Et secundum quidem imaginem dicitur homo quilibet, mentis et animæ dignitate, incomprehensibili nempe, inscrutabili, immortali, libero, necnon in alios dominatione, fabrilis artis et exstruendarum ædium scientia. Secundum similitudinem vero, virtutis ratione, et actionibus nostris a Deo præscriptis, et quas cum exsequimur, Deum imitamur : hoc est humano animo homines amplecti, eadem servitute obstrictos commiscrescere et diligere, omnem in

[1] Galat. v, 17. [2] Luc. xviii.

alios misericordiam et commiserationem impendere : « Estote namque, ait Christus Deus, misericordes quemadmodum et Pater vester cœlestis misericors est [4]. » Et ea, quæ sunt secundum similitudinem, singuli homines possident : donorum namque suorum Deum non pœnitet; at quæ secundum imaginem sunt, perrari, et soli illi, qui virtuti operam navant, et sancti sunt, et Dei bonitatem pro virium humanarum imbecillitate æmulantur : A cujus humanitatis, omnem bonitatem superantis, digni utinam et nos efficeremur per bona opera, placiti Deo, et grati, et eorum, qui a prima rerum creatione ei placuerunt, imitatores facti. Quoniam ipsius est misericordia, et ipsi debetur gloria, honor, et adoratio cum Patre, sine principio, et sanctissimo et bono et vivifico Spiritu ipsius, nunc et semper, et in sæcula sæculorum. Amen.

[4]. Luc. v, 36.

515 DE INSTITUTIONE ELEMENTARI
ET TRIBUS QUÆ SUBSEQUUNTUR DISSERTATIONIBUS
ADMONITIO.

Introductionem hanc elementarem Joannes Damascenus viva voce dictavit, quæ veluti præparatoria esset, ad intelligenda quæcunque de fidei dogmatis, orationibus tribus quæ proxime subsequuntur, edisseruit adversus Acephalos seu Monophysitas, Monotheletas, et Nestorianos. Nondum enim dialecticum opus conscripserat, nec proinde librum De fide orthodoxa, in quo postea pressiori, compendiariaque magis ratione omnia contulit, quæ in tribus istis dissertationibus fusius explicatiusque digesserat. In editionibus Coloniensi et Basileensibus, in codd. mss. S. Hil. et Colbert., Institutio ista libro de duabus Christi voluntatibus operationibusque præit : eum vero ordinem sequor, quem codex Regius 2926 assignat; ut prima disputatio sit, de natura composita contra Acephalos, secunda de duabus voluntatibus contra Monotheletas ; ac tertia tandem contra Nestorianos. Versionem aliam Institutionis elementaris et libri De duabus voluntatibus iterum cudendam non censuit Cl. Billius, ceu illa quam Joachimus Perionius adornaverat, sufficeret : a qua tamen sæpe dissentire necesse habui, quia mihi liberior visa est. Insuper codice Sancti Hilarii quem præ manibus teneo, Perionius usus est, in quo multa a prætensis nescio quibus emendatoribus passim inserta sunt, quæ cæteri non habent, inter quos Colbertini duo vetustiores sunt 1639 et 4730 meliorisque notæ, aut quæ auctori nostro satis familiaria esse mihi non videntur.

INSTITUTIO ELEMENTARIS AD DOGMATA Viva voce Joannis monachi Damasceni, ad sanctissimum Joannem Laodiceæ urbis episcopum.

1. In nomine Patris et Filii et Spiritus sancti, unius trine subsistentis atque adorandæ deitatis, consubstantialis ac vitæ auctricis Trinitatis, Dei unius, a quo « omne datum optimum, et omne donum perfectum, desursum ad nos descendit [1] : » peccator ego et miser, balbutientia tardæque linguæ labia aperio, in ipso fidem habens fore, ut spectata humilitate illorum, qui hoc a me ut loquerer efflagitaverunt, propter eorum qui audiunt utilitatem, Dominus gratiæ, omniumque bonorum largitor, sapientiæ spiritum impertiatur, « sermonemque in apertione oris mei [2], qui est super omnia Deus benedictus in sæcula. » Amen [3].

CAP. I.
De substantia, natura et forma.

Substantia, et natura, et forma, ut sanctis Patribus placet, idem sunt. Ac rursus : Hypostasis, et persona, et individuum, idem sunt. Rursus 516 vero differentia, et qualitas, et proprietas, idipsum significant. De his ergo ac similibus agere proposuimus ; de quibus etiam impensiori modestia sanctitas vestra ex me quæsivit. In hunc itaque modum ordiendo dicimus.

Est quidem incomprehensibilis Deitas substantia supra substantiam, naturaque, et forma : hypostases autem ac personæ sunt, Pater, et Filius, et Spiritus sanctus. Quisque enim illorum perfecta hypostasis est, ac perfecta persona. Præterea omnis creatura substantia est. Multa autem sunt a Deo condita, quæ inter se plurimum differunt. Alia enim creatura est angelus, alia homo, alia bos, alia canis, alia cœlum, alia terra, alia ignis, alia aqua. Atque uno verbo, multæ sunt in rebus a Deo conditis species. Quælibet igitur species una natura est : ut puta angeli omnes, una sunt natura; omnesque homines, una natura,

[1] Jac. I, 17. [2] Ephes. III, 19. [3] Rom. IX, 5.

ac boves omnes, una natura, et similiter creaturæ cæteræ. Alia item est angelorum, alia hominum, boumque alia natura; ac sic de cæteris.

CAP. II.
De hypostasi, persona et individuo.

Quoniam autem multi sunt homines, quisque singularis homo, hypostasis est : v. g. Adam est hypostasis; Evaque, alia hypostasis; ac Seth, alia hypostasis. Similiter etiam in reliquis, quilibet homo alia hypostasis præter reliquos homines exsistit : quilibet item bos, hypostasis est; ac quilibet angelus, hypostasis. Quamobrem natura, substantia, et forma, illud sunt, quod commune est, et quod substantiæ ejusdem et naturæ hypostases complectitur. Hypostasis autem, individuum, ac persona, id quod particulare est : hoc est singula eorum quæ sub eadem specie continentur.

CAP. III.
De differentia, qualitate, ac proprietate.

Diximus multas esse species diversasque substantias seu naturas : itemque in unaquaque substantia ac specie, diversas esse hypostases. Different itaque tum unaquæque substantia a substantia alia : tum quælibet hypostasis ab alia hypostasi. Illud itaque in quo differt substantia a substantia, ac species a specie, aut in quo hypostasis ab hypostasi, hoc differentia dicitur, et qualitas, et proprietas : v. g. differt angelus ab homine, quod angelus quidem immortalis sit, homo autem mortalis : immortale ergo et mortale, differentia, et qualitas, et proprietas sunt. Rursus inter Adam ac Seth, hoc refert, quod Adam sit pater Seth ; Seth autem sit filius Adam ; quodque Adam ingenitus sit, ac Seth genitus. Patris ergo ac filii propriæ rationes, differentiæ sunt : quippe Adam ac Seth penes eas invicem differunt [penesque ingenitum esse et genitum] : et omnia ejusmodi, differentiæ dicuntur, et qualitates, et proprietates, ut rationale et irrationale ; mortale et immortale ; bipes et quadrupes ; sensibile et insensibile ; esse simum et aduncis naribus, album ac nigrum ; magnum ac parvum, aliaque id genus omnia.

517 CAP. IV.
De differentia substantiali ac adventitia ; id est, naturali differentia et accidente.

Id omne quo differt species ab alia specie, ac substantia ab alia substantia, substantialis, naturalisque, et constituens differentia, ac qualitas vocatur, proprietas item naturalis, proprietasque naturæ. Puta different inter se angelus et homo, penes immortale et mortale : sicque immortale est substantialis ac naturalis atque constituens differentia angeli, ac proprietas naturalis ; et similiter mortale, hominis. Item different invicem homo et bos, quod homo quidem sit rationalis, bos autem irrationalis. En rationale substantialis hominis differentia est ac constituens : irrationale vero, bovis. Idemque in reliquis speciebus, ac substantiis, naturisque ac formis. Id autem omne quo differt hypostasis ab alia ejusdem speciei ac substantiæ hypostasi, adventitia differentia ac qualitas appellatur, proprietas itemque hypostatica, expresse certoque designans proprietas : id est accidens : v. g. differt unus homo ab alio homine, quod ille magno, hic parvo corpore sit ; ille sit albus, hic niger ; ille sanus, hic æger ; ille pater, hic filius : hæc atque his similia omnia, adventitiæ differentiæ sunt, ac qualitates, proprietatesque hypostaticæ ac certo denotantes, et accidentia. Atque uno verbo, quæcumque in omnibus hypostasibus sub una aliqua specie contentis, pari ratione considerantur, ac sine quibus, nec essentia, nec species stare queat, hæc substantiales differentiæ dicuntur : quæcumque autem in quibusdam ejusdem speciei singularibus exsistunt, in quibusdam non exsistunt, ea accidentia sunt, et adventitia.

CAP. V.
De accidenti separabili et inseparabili.

Accidentium alia separari possunt, alia non possunt. Inseparabilia sunt ea quibus res singularis ab alia differt ; ipsa autem non differt a seipsa : v. g. hic homo ab alio differt, quod iste quidem sit simus, ille vero aduncis naribus ; quod hic cæsiis sit oculis, ille nigris. Ipse tamen a seipso ea parte non differt. Nam qui simus est, semper simus est ; qui aduncis est naribus, aduncis semper naribus est. Nec enim fieri potest, ut quis quandoque pressis, quandoque aduncis naribus sit. Hæc porro accidentia dicuntur, quod ut semel in aliquo exstant, nunquam ab eo separentur. Nihilominus autem accidentia sunt ; quippe quod fieri possit ut quis non pressis naribus sit homo, utque item quis non aduncis. Non enim omnis homo simus est, neque item naribus aduncis. Omnis vero homo rationalis est.

Accidentia vero separabilia ea sunt, quæcumque idem homo, seu eadem hypostasis, aliquando quidem habet, aliquando vero non habet : ut ægrotare, et sanum esse ; sedere ac stare ; gaudere et tristari, ac similia.

CAP. VI.
De iis quæ sunt ejusdem ac diversæ substantiæ.

Ejusdem substantiæ, naturæ, formæ, speciei, 518 ac generis ea sunt, quæ sub eadem specie, eademque essentia continentur ; puta Petrus, Paulus ac reliqui singulares homines ; omnesque boves, et canes omnes, aliaque similiter. Diversæ autem substantiæ, naturæ, formæ, speciei, ac generis ea sunt, quæcumque sub alia et alia specie continentur, atque alia ratione substantiæ : v. gr., homo, et equus, et bos, et canis, et similia.

CAP. VII.
De genere et specie.

Genus dividitur in species: v. gr., animal in rationale ac irrationale. En animal genus est rationalis et irrationalis: rationale autem et irrationale, animalis sunt species. Rursus dividitur rationale, in mortalem hominem, ac angelum immortalem. Rationale ergo, genus est mortalis et immortalis; mortale vero et immortale, species rationalis. Ut autem quod dico dilucidius fiat, a principio sermonem resumamus.

Genus generalissimum est primum genus, quod cum sit genus, non est species, eo quod nullum aliud supra se genus habeat. Specialissima autem species, est species extrema et infimæ subjecta; quæ cum sit species, non est genus, quia nullas alias ex se divisas species obtinet. Sunt porro inter genus generalissimum, et species specialissimas genera alia et species: genera quidem eorum, quæ superiora sunt, species autem eorum, quæ inferiora: quæ quidem subalterna vocantur. V. gr., genus generalissimum est substantia: nullum enim illa supra se genus habet: quapropter neque species est. Dividitur autem in corpus et incorporeum. Corpus dividitur in animatum et inanimum. Animatum dividitur in sensibile et insensibile: sensibile in rationale et irrationale; rationale in mortale et immortale. Incorporeum igitur, rationale ac immortale est. Porro incorporeum hic substantiam dico, velut animam, angelum, dæmonem. Hæc enim singula, species specialissimæ sunt. Corpus autem animatum sentiens, animal est: animal vero rationale mortale, homo, qui est species specialissima: animal irrationale latrabile, canis, qui est species specialissima. Tum vero corpus animatum insensibile, est, planta: corpus omnino inanimum, terra, aer, aqua, ignis; quæ sunt species specialissimæ. Ad majorem rursus dilucidationem hoc dicimus.

Substantia, quæ complectitur, sublimiori quidem supra substantiam modo, deitatem increatam, notitia vero sua, et complexu suo, naturam omnem creatam, genus est generalissimum. Hæc aut incorporea, intellectualis, atque immortalis substantia est, uti Deus, angelus, anima, dæmon; aut corpus inanimum, ut ignis, aer, aqua, terra; aut corpus vegetabile, ut vitis, palma, olea, et similia: aut corpus animatum sensibile, hoc est animal, ut equus, canis, elephas, ac similia; vel quid ex corpore et incorporea anima concretum, ut homo. Ex his substantia, quia prima est ac universalissima, omniaque complectitur, genus generalissimum est. Ejus generis generalissimi species sunt, incorporeum, corpus inanimum, corpus vegetabile, corpus animatum ac sentiens, hoc est animal. Dicuntur hæc genera subalterna ac species. Sunt quippe species substantiæ, ut quæ ex ea dividantur; singula vero eorum in alias species dividuntur, quas continent, et quibus universaliora sunt. Nam substantia quidem incorporea Deum complectitur, angelum, animam, dæmonem: corpus autem inanimatum, terram, aquam, aerem, ignem; corpus vegetabile, vitem, oleum, palmam, et similia: animatum et sensibile, sive animal, equum, bovem, canem, et similia. Ad hæc vero hominem quoque ex incorporali anima et corpore concretum.

Est itaque hypostasis quidem, individuum ac persona; veluti, Pater, Filius, et Spiritus sanctus: species autem ea complectens, Deitas omni substantia superior ac incomprehensa. Præterea sunt hypostases Michael, Gabriel, ac reliqui singuli angeli: species vero quæ illos complectitur, est natura angelica. Item sunt hypostases, Petrus, Paulus, Joannes, et alii particulares homines: quæ autem illos continet species, est humanitas. Ad hæc, hypostases sunt, hic equus, ac ille; eosque complectens species, equus est absolute et simpliciter. Rursus sunt hypostases, hæc, et illa olea arbor; eas autem complectens species, olea simpliciter.

Porro sciendum est ea, quæ individua complectuntur, vocari solum species specialissimas; uti angelus, homo, equus, canis, olea, palma, ac similia: quæ autem complectuntur species specialissimas, dici tantum genera et species subalternas; ut incorporeum, corpus inanimum, insensibile, vegetabile, animatum sentiens, nempe animal, rationale, irrationale, mortale, immortale, bipes, quadrupes, reptile, volatile, ac ejusmodi omnia; quæ quidem continent specialissimas species, ac earum sunt genera, ac differentiæ constituentes; continentur tamen sub generalissimo genere, nempe substantia.

Sed et alia quoque ratione de istis philosophari licet. Quæcunque Deus una jussione creavit, ejusdem generis sunt. Puta, præcepit Deus, ut pisces fierent, moxque emerserunt multæ piscium distinctæ classes [1]; omnes tamen pisces unius generis sunt; singulæ autem classes ejusmodi singulas efficiunt piscium species. Rursum præcepit ut aquæ volucres producerent; suntque procreatæ plures item volucrum classes [2]. Omnes porro volucres unum genus habent. Singulæ autem volucrum classes illæ, singulæ sunt generis volucrum species. Idemque est de reptilibus, bestiis, herbis, oleribus, arboribus. Dicitur quoque unum genus omnium animalium, unumque genus omnium plantarum, ac genus rerum anima penitus carentium, omnique prorsus augescendi, aut nutriendi virtute; rursusque unum genus incorporeorum, ac unum genus corporeorum. Sed et creaturæ omnes, unum vocitatur genus; multæque sub eo creaturæ genere species, classes sunt creaturum. Omnis denique substantia, genus unum est.

---

[1] Gen. II, 21. [2] Ibid.

CAP. VIII.

520 *De operatione.*

Operatio est motus efficax ejus qui agit. Naturalis autem operatio est efficax naturae motus; ut rationalis motus intellectus, vivere, sentire, nutrire, crescere, generare, ac motus ex impulsu, hoc est motus corporis. Item motus imaginationis, memoriae, irae, cupiditatis, voluntatis, seu appetitus animi, ac similia. Haec autem quinque se modis habet : aut enim intellectualis est, ut in angelis et in omnibus substantiis incorporeis, quae simplici intuitu intelligunt; aut rationalis, ut in hominibus, qui ex incorporea anima ac corpore concreti, non simplici, sed varia ac ratiocinante animi applicatione intelligunt; aut ex virtute animali proficiscitur, ut in brutis animantibus, quae sensu quidem praedita sunt, minime tamen ratiocinantur, nec intelligunt : aut vegetante, ut in iis quae sensu destituta, vi tamen altrice, auctrice, ac generatrice pollent : aut denique vis illa vitalis omnino non est; ut in terra ac lapidibus, quibus nec animalis, nec altrix, auctrixve facultas inest; quanquam nec eis omnino quaedam operationes desint.

CAP. IX.
De passione.

Passio naturalis[6] est motus patiens naturae ejus qui patitur; qui quidem est actus naturae; passio vero illius in quo hic recipitur; veluti ortus, gaudium, tristitia, angor, moeror, dolor, cupiditas, sectio, fluxus, interitus, et alia id genus. Haec ac similia, passiones sunt naturales et inculpatae, quae in nostra potestate minime sitae sunt. Solum autem peccatum naturae adversatur, ut

---

[6] Greg. Nyss. orat. 5 *contr. Eunom.*, p. 170.

A quod voluntaria liberaque animi passio sit, ejusque corruptela.

CAP. X.
De voluntate.

Voluntas naturalis est appetitus rationalis. Ac rursus voluntas naturalis est cupiendi motus, animi rationalis ac liber. Quae enim ratione carent, libere non moventur ad appetendum. Excitato namque appetitu, cum rationem praesidem non habeant, trahuntur a natura, cujus appetitu vincuntur. Quapropter statim etiam feruntur ad agendum, nisi ab altero quopiam prohibeantur; atque adeo non sui juris ac arbitrii sunt, sed mancipiorum instar. Rationalis autem natura potestatem habet, ut vel cedat appetitui vel non cedat, sed eam superet. Idque ostendit ipsa natura, cum vitae cupiditas rationi cedit, etsi naturae penitius insita est. Hanc enim multi ratione duce vincentes, sponte mortem adierunt; cibique, ac somni reliquorumque abjecto appetitu, naturam egerunt libera ratione, non se ab ea agi passi sunt. Uti igitur naturalis appetitus naturae omni sensibili inest, sic et arbitrii libertas, omni rationali naturae. Quidquid enim est, rationale omnino et liberum est; atque in hoc positum, quod esse ad imaginem Dei dicimur. Est ergo naturalis voluntas, rationalis et libera appetendi vis ac motus. Quae autem voluntati subjecta sunt ad appetendum, ea judicii voluntates et appetitus dicuntur. Nam cum animus sit liber, arbitratu suo ad eorum usum fertur. **521** Haec porro sunt, ut comedere, et non comedere; bibere, et non bibere; ambulare, et non ambulare; nubere, et non nubere, aliaque ejusmodi quae in nostra voluntate sita sunt; quae et ipsa possumus, quaeque iis contraria sunt.

IN DISSERTATIONEM CONTRA ACEPHALOS ADMONITIO.

Praeter dissertationem contra Jacobitas, seu Monophysitas, quae in hoc priore nostro volumine excusa est, breviorem noster auctor hanc alteram *De natura composita* scripsit adversus ejusdem haeresis professores, qui alio etiam nomine *Acephali* tunc temporis appellabantur. Haec quidem Graece Latineque in Basileensi postrema editione prodiit, ut vero castigatior rursum exiret, Graeca contuli cum codicibus Regio 2926 et altero bibliothecae collegii Parisiensis soc. Jesu.

S. JOANNIS DAMASCENI
DE NATURA COMPOSITA
CONTRA ACEPHALOS.

---

1. Ex diversis naturis natura una composita exsurgit, quando post naturarum conjunctionem diversum quid ab unitis naturis efficitur : atque id quod efficitur, neque hoc proprie est et dicitur, neque istud, verum aliud quidpiam. V. gr., ex quatuor elementis, puta ex igne, aere, aqua et

terra inter se conjunctis permistisque corpus conflatur, corpusque illud quod efficitur, neque ignis est, aut dicitur, neque aer, neque aqua, neque terra; sed ex his aliud quiddam ac diversum. Consimili modo ex equo et asino gignitur mulus, qui tamen neque equus, neque asinus est ac dicitur, sed aliud quiddam ab his diversum. At vero Dominus noster Jesus Christus, quandoquidem ex divinitate et humanitate constat, atque in divinitate est, et in humanitate, Deus proinde perfectus est ac dicitur, itemque perfectus homo; totusque Deus, et totus homo, quod quidem de composita natura dici non potest. Neque enim totum corpus ignis est neque totum aer, eodem modo neque totum terra, neque totum aqua : nec rursum totus mulus est equus, nec totus asinus ; nec etiam perfectus est equus, nec perfectus asinus. Verum Christus, ut modo dicebam, perfectus est Deus, et perfectus homo; totusque Deus, et totus homo. Non est igitur una composita natura, sed una in naturis duabus exsistens **522** persona; duæ item naturæ in una composita persona.

2. Quamobrem hæreticos istos sic compellare juvat : Qui Christum esse compositum ex duabus naturis asseritis, ex quibus tandem naturis illud vos dicitis? Respondebunt : Ex divinitate et humanitate. Tum nos : Quinam fit ut, cum Christum in divinitate et humanitate esse concedatis, non item eum in duabus naturis fateamini? Neque enim dicere possunt Christum in divinitate et humanitate non esse. Rursum itaque ex ipsis sciscitemur : Aut una est in Christo composita natura, aut duæ? Dicent profecto unam esse compositam. Tum sic excipiemus : Quod simplex est, ejusdemne est essentiæ atque illud quod compositum est? Profecto dicere non possunt eamdem essentiam esse, tum rei simplicis, tum rei compositæ. Ex quo ita inferimus : Igitur si Christus unius est naturæ, ex divinitate pariter et humanitate compositæ, ejusdem cum Patre substantiæ, sive essentiæ, neutiquam fuerit. Nam Pater naturæ ex deitate et humanitate compositæ non est, sed simplicis : quin nec matri consubstantialis erit : quippe cum nec mater ex divinitate et humanitate constet. At nos, ubi Christum personam unam in duabus naturis, hoc est in divinitate et humanitate, asseveramus, hunc Patri consubstantialem secundum divinitatem dicimus, matri vero consubstantialem secundum humanitatem. Nec ipsum dividimus, qui eum unam personam esse prædicamus : nec rursum confundimus, cum duas naturas invicem unitas confitemur.

Insuper sic disputamus : Si divinitatis Christi et carnis ipsius una est natura, itemque natura una Patris et Christi; omnino una etiam erit natura Patris et carnis.

Præterea, quonam modo naturarum discrimen confitemini? Nam differentia duas ut minimum res inter se discrepantes inducit, sive illæ naturæ sint, sive personæ : aut unam personam quæ varietur et immutetur secundum accidens separabile. Quod quidem personarum in Christo discrimen non admittatis, perspicuum est. Quod etiam neque de differentia ex accidente separabili proficiscente, illud intelligitis, et hoc etiam constat. Neque enim eum, modo immortalem, et modo mortalem dicitis, ita ut ab immortalitatis statu ad mortalitatem commutetur, quemadmodum et nos a morbo ad sanitatem. Restat igitur ut naturarum differentiam dicatis (quod et vos ipsi conceditis) naturarumque discrimen fatentes, primum naturas ipsas agnoscatis quæ inter se discrepant : sublatis quippe naturis et substantiis, ne substantiales quidem differentiæ supererunt. Sin autem quemadmodum una persona, ita quoque una est in Christo natura : eccur igitur, admisso naturarum discrimine, personarum etiam in ipso diversitatem non constituatis? Cur item Christum ex naturis duabus constantem ita docetis, ut tamen eumdem ex duabus componi personis inficiemini?

Si Christus unius est compositæ naturæ, nequaquam consubstantialis est Patri. Simplicis quippe naturæ est Pater : quod autem simplex est, quodque compositum est, ejusdem substantiæ non sunt.

523 Si Christus secundum naturam eamdem consubstantialis est Patri, ac nobis item consubstantialis, profecto unius substantiæ nos erimus ac Pater. Si Christus ejusdem est essentiæ et naturæ ac Pater, qui quidem natura simplici præditus est : cum Christus compositam naturam habeat, duplicem profecto naturam habebit, unam simplicem, compositam alteram.

Si unum et idem sunt, uti placet vobis, natura et persona, sequetur, ut, cum tres sint in Deitate personæ, totidem etiam naturæ sint; vel, quia una natura est, una quoque sit persona ; vel tandem ut communem naturam aliam agnoscatis, et aliam in individuo consideratam, quam particularem nominare amatis; adeoque non Christum modo, sed etiam Patrem et Spiritum sanctum duplici natura constare necessario fatebimini; altera nempe communi, et altera composita.

Quod si increata et sine principio est divinitas, humanitas vero creata, et initium habuit : quonam pacto id quod initio caret, et quod initium habuit, unius erunt naturæ?

3. Quia vero [1] unum ex SS. Athanasio et Cyrillo locum proferunt, quo, *unam Dei Verbi naturam incarnatam* aiunt : respondemus eamdem esse horum verborum intelligentiam, ac istorum quæ apud sanctum Gregorium Theologum [2] habentur : « Quorum hoc quidem deificat, istud vero deificatum est. » Quemadmodum enim vox ista,

---

[1] Lib. III *De fide*, cap. 11. [2] Epist. ad Cled.

ignescens, non ejus rei quæ ignem concipit, conversionem significat, sed solam cum igne conjunctionem : eodem modo *deificatio*, conjunctionem cum deitate, et incarnatio conjunctionem cum carne. Unam igitur agnoscimus naturam Dei Verbi, hoc est divinitatis ipsius, incarnatam, sive carni unitam, ut et unam Verbi Dei naturam deificatam, hoc est cum deitate conjunctam. Ex quo conficitur ut duæ naturæ simul unitæ sint. Nam si *unam* duntaxat *Verbi Dei naturam* dixisset, nec subjunxisset *incarnatam*, sine controversia uterque locus naturam unam indicaret : sed cum *unam Dei Verbi naturam* dicendo, adjecerit *incarnatam*, hoc ipso quod incarnatam dixit, carnis substantiam declaravit. Quemadmodum et ipsemet Cyrillus in epistola ad Successum dictum istud suum exponens, ait [3] : « Nam si, cum *Dei Verbi naturam* diceremus, illic substitissemus, nec subjunxissemus, *incarnatam*, probabilis fortasse foret ipsorum ratio, ubi hoc a nobis anquirere se fingunt : Si totum una natura, ubinam sit in humanitate perfectio? Quia vero per hanc vocem, *incarnatam*, carnis declaratio invecta est, desinant arundineo baculo niti. » En perspicue id sustulit, quod totum, id est utrumque conjunctim, una duntaxat natura sit : ac per vocem *incarnatam*, carnis declarationem invectam fuisse asseruit. Unam ergo Dei Verbi naturam habemus, ac rursum per hoc vocabulum, *incarnatam*, carnem etiam habemus. Porro caro substantia sua non caret, ac proinde natura Verbi et caro subsistens, duæ substantiæ sunt.

524 4. Quid autem causæ est, cur divinitatis naturam et carnis naturam fateamini, atque aliud et aliud dicatis, duas tamen naturas minime concedatis; illic utique trepidantes timore, ubi non est timor [4]? Illi respondent : Quia numerus divisionis est origo, idcirco duas in Christo naturas negamus, ne divisionem admittamus. Tum nos hoc illis dicimus, numerum omnem quantitatem eorum quæ numerantur, designare, non divisionem. Nam cum tres homines dicimus, tres distinctas naturas non significamus : et cum tres personas in Deitate dicimus, disjunctas illas neutiquam confessi fuerimus [5]. Ad eumdem modum duas in Christo naturas sic asserimus, et numerum exprimimus, ut divisionem minime agnoscamus. Ut enim in sancta Trinitate tres personæ indivise et inconfuse copulantur : indivise quidem propter unitatem naturæ, et quod in se invicem citra confusionem insideant; inconfuse autem, propter personalem differentiam, sive modum exsistendi (puta ingenitum esse et genitum et procedere), neque personarum numerus divisionem infert: pari quoque modo in Verbi Dei incarnatione, naturæ duæ simul et sine divisione, necnon sine confusione inter se conjunguntur : sine divisione quidem, tum ob unitatem personæ, tum quia ambæ naturæ citra confusionem in se invicem insident; sine confusione autem, ob substantialem differentiam, creatum, inquam, et increatum, mortale et immortale, circumscriptum et incircumscriptum, aliaque id genus: neque etiam numerus naturarum divisionem inducit.

5. Quoniam autem a nobis quærere videntur qui ea proferunt, quæ sibi minime cohærent, quod nimirum nulla sit essentia quæ hypostasi sua careat, nullave natura sine persona : atque adeo inquiunt, Si duas in Christo essentias ponitis, duas itidem hypostases personasque statuatis oportet : nos nullam quidem essentiam esse dicimus sine hypostasi, nullamque naturam sine persona ; natura quippe et essentia in hypostasibus et personis considerantur : at essentia ipsa nullatenus est hypostasis, neque natura est persona. Nam si substantia et natura idem sunt ac hypostasis, omnino necessarium est, ut in sancta Trinitate, quemadmodum essentiam unam, unamque naturam dicimus, sic unam quoque hypostasim et personam unam confiteamur : aut cum tres hypostases et personas prædicemus, ita tres etiam naturas et essentias confiteamur. Consimiliter in humanitate, aut unamquamque personam naturam unam esse fatendum erit nobis; aut innumeras essentias, quemadmodum et personas, admittemus : quinimo Christum ex duabus naturis compositum dicendo, ipsum quoque ex duabus personis concretum asserere oporteret.

6. Dicimus igitur essentiam in hypostasibus considerari : quapropter et in hypostasi subsistit, sed hypostasis non est : ac proinde necessarium non est, ut quod subsistit, hypostasis dicatur. Duplici quippe modo, tum hypostasis, tum ἐνυπόστατον, accipitur. Hypostasis enim simplicem exsistentiam quandoque significat : atque hoc sensu non essentiam modo simpliciter dictam, **525** sed et ipsummet accidens designat. Quandoque vero individuum significat, hoc est personam, quæ quidem seorsim sumpta, hypostasis dicitur, ut Petrus, Paulus, hic equus, et similia. Ἐνυπόστατον vero interdum essentiam significat, ut in hypostasi consideratam, et per se exsistentem : interdum etiam quodlibet eorum, quæ ad hypostasis alicujus compositionem concurrunt, uti anima et corpus. Deitas itaque et humanitas Christi reipsa subsistunt. Habet enim utraque communem unam hypostasim compositam. Deitas nimirum ante sæcula et ab æterno : caro autem animata et intelligens, ab ea in novissimis temporibus assumpta, et in ipsa exsistens, ipsamque hypostasim habens.

7. Aiunt præterea sanctos Patres in Christi mysterio exponendo hominis exemplum adhi-

---

[3] Epist. 2. [4] Psal. xlii, 6. [5] Lib. iii *De fide*, cap. 8.

buisse : sicut ergo una est hominum natura, sic unam quoque Christi naturam fore.

Sed audiant, velim. Nomen naturæ de specie etiam usurpatur : quapropter omnes homines unius esse naturæ dicuntur, ut qui sub una specie, humanitatis scilicet, collocantur. At non perinde unius naturæ est homo, ex corpore et anima constans. Neque invisibilis anima visibili corpori consubstantialis est. Quare cum homo homini comparatur, ejusdem esse naturæ dicuntur ; quippe qui sub una specie comprehenduntur, et quia omnes ex anima et corpore concreti sunt. At quando hominis natura physicorum more consideratur, duplex in eo natura perspicitur, puta animæ et corporis, in una hypostasi composita. Quis enim tam rudis fuerit, qui, ubi anima cum corpore confertur, unam amborum esse naturam dicat? Porro Christi nulla est species : neque enim multi Christi sunt ex deitate et humanitate constantes, ut omnes sub eadem specie collocati, unius naturæ dicantur. Quin potius unus est Christus, ex duabus, inque duabus naturis agnoscendus. Gregorius siquidem Theologus ait [6] : « Duæ quidem sunt naturæ, Deus et homo, quemadmodum anima et corpus : at non item duo filii. »

8. Ad hæc, quinam fieri potest, ut una eademque natura substantiales differentias habeat, quæ secum invicem pugnent? Nam si accidentalium differentiarum vicissim duntaxat, et non secundum idem, capax sit, quonam pacto substantiales admiserit? Perspicuum est enim fieri non posse ut in una eademque natura differentiæ contrariæ reperiantur ; nam alioqui eadem essentia tum rationalis erit, tum rationis expers, creata pariter et increata.

Præterea, differentiæ essentiales essentias constituunt : quapropter, tum essentiales dicuntur, tum constituentes, atque in essentiis subsistunt. Quod si igitur constituentes essentiam differentias in Christo confitemini, essentias quoque confiteri necessarium erit vobis. Quarum enim alioqui forent? ac nisi essentias constituant, frustra utique fuerint.

526 Insuper, si unam duntaxat ex deitate et humanitate naturam Christi esse asseveratis, qua tandem natura passus sit, velim indicetis nobis. Composita, utique dicetis : cumque unam esse statuatis, ipsi quoque perpessionem ex necessitate attribuetis. Igitur ex vestra sententia fiet, ut in Christo tam deitas, quam humanitas passa fuerit.

Rursumque, si una Christi natura composita est, vel illa passibilis solum est, vel impassibilis tantum, vel simul passibilis et impassibilis, et secundum idem, vel denique pars illius passibilis est, alia impassibili manente. Ex his igitur impietatibus, quam malueritis, eligite. Nam si duntaxat passibilis est, profecto Christus non est Deus. Si autem tantummodo impassibilis est, Christus homo non fuerit. Quod si modo passibilis, et modo impassibilis, ex suapte natura perpessioni obnoxius non est, neque natura a perpessione liber, sed per accidens. Quod enim a natura insitum est, id non mutatur. Sin autem pars illius passibilis est, et pars impassibilis, atque utrique parti a natura paratum est ut sit hoc quod est, ejusdem naturæ omnino partes non fuerint : atque adeo duplici natura constabit Christus ; ut proinde non natura quædam sit, sed hypostasis. Nam fieri non potest, ut eadem natura passibilis sit simul et impassibilis : quippe cum una et eadem essentia essentialium differentiarum, quæ invicem pugnent, neutiquam capax sit.

9. Denique hoc nobis velim dicatis, num divinam naturam Christus habeat. Habere profecto dicetis. Sed nunquid et humanam habet? Atque istud omnino fatebimini, nisi aperto capite impietatem ostentare vultis. Divina igitur natura et humana natura, aut una est natura, aut duæ. Si unam dixeritis ; Pater ejusdem nobiscum essentiæ erit. Sin autem duæ, et non una ; cur ergo, abjecto fastu, ejusque parente diabolo, unum Christum, unum Filium, unum Dominum, unam hypostasim ex duabus naturis, et duas naturas, in duabusque naturis, nobiscum non confitemini? Nam si Christum duas naturas nunquam habuisse pronuntiatis, quid frustra unius ipsum naturæ post unitionem esse dicitis? Sin autem ante unitionem duplicis ipsum naturæ sic concedatis, ut unius duntaxat ipsum post unitionem esse profiteamini ; recta prorsus veritatem impugnatis. Nam cum ante unitionem, sive ante divinam incarnationem, unius simplicis naturæ, divinæ scilicet, una esset hypostasis, ne Christus quidem erat, aut dicebatur : nisi forte cum prophetico sermone id prænuntiabatur quod futurum erat. Quamobrem aut duas in Christo naturas prorsus auferte ; aut si duas naturas proprias post unitionem Christo attribuere non sustinetis, duplici ipsum constitisse natura dicite, priusquam ex Virgine carnem assumeret. Nos autem non ita sentimus, neque hæc est pars Jacob [7] : sed intra pietatis repagula consistentes, unam ex deitate et humanitate compositam hypostasim dicimus. Nam ipsa antiquior sæculis Dei Verbi hypostasis, in sanctæ et perpetuæ Virginis utero habitando, carnem anima et ratione instructam in eo sumpsit in unitatem personæ, et **527** carni animatæ et rationali facta est hypostasis ; atque unus Christus ex perfecta divinitate et humanitate perfecta factus est ; unus ipse Dei hominisque Filius, idem ipse unus Dominus ; perfectus Deus et perfectus homo ; totus Deus, et totus homo, unitis inter se sine confusione, mutatione ac divisione naturis. Sine confusione quidem : utraque etenim natura diffe-

---

[6] loc. cit. [7] Jerem. x, 16.

rentiam suam conservat : divinitas, ut increata sit; humanitas, ut creata : divinitas ut impassibilis; humanitas, ut pati possit, aliaque id genus. Sine mutatione vero; quia ambæ naturæ variationem nullam admiserunt, adeo ut neutra in alteram conversa sit, nec una composita coaluerit, sed duæ exsistant, atque in æternum maneant. Tandem sine divisione; quippe cum in unitatem personæ conjungantur, unamque habeant hypostasim, illam videlicet quæ cum ante sæcula incorporea ac simplex esset, extremis temporibus ex sancta et perpetua Virgine citra conversionem facta est corporea. Nam et hoc et illud est, id est, incorporea A quidem ob divinitatem expertem principii; corporea vero propter carnem assumptam quæ initium habuit. Illa autem est sempiternus Dei Filius et Dei Verbum, qui idem ipse tum corporis expers est uti Deus, tum corpore præditus, in quantum in novissimis diebus factus est homo. Unitæ sunt igitur naturæ in una persona, atque in se invicem immeant.

[Quoniam anima, ut quæ pati potest, inciso corpore, etiamsi non incidatur, nihilominus una cum corpore patitur et dolet : verum divinitas simul cum corpore non patiebatur. Atque ea de causa passam esse divinitatem non dicimus, nec rursus Deum passum esse per carnem.]

IN DISSERTATIONEM QUÆ SUBSEQUITUR ADMONITIO.

Combefisius t. II Auctar Biblioth. PP. Græc. Joannis Damasceni dissertationem *De duabus voluntatibus* edidit cum opusculis aliis ad hæresim Monotheletarum spectantibus. Hujus Græcam dictionem, ut jacet in editione Basileensi anni 1575, contulerat cum Regio cod. 2926; necnon cum duobus aliis, quorum alter est decantatissimus codex Sancti Hilarii Pictaviensis, alter recentissimus chartaceus; qui ambo ex Tiliana quondam bibliotheca in nostram transierunt. Ex duobus hisce codicibus, ac præsertim ex recentiori, vir doctus depromsit ea omnia, quæ intra textum, sed uncinis clausa, edenda censuit : quæ vero ipse adjectitia ut plurimum esse nullus dubito; quippe quæ in Colbertinis 4780 et 1690 vetustissimis, optimæque notæ, non compareant; uti nec in antiqua translatione Latina, quam Henricus noster Gravius una cum aliis Damasceni operibus Coloniæ evulgavit. In hac veteri translatione lucubratio ista in varia capita distribuitur.

Singulari ista dissertatione Monophysitas una expugnat auctor cum Monotheletarum reliquiis : quia, ut alibi dictum est, ac theologi omnes norunt, postremæ hujus hæresis progenitores, unius in Christo naturæ assertores erant : quod ut faciliori negotio **528** conficerent, unicam Christo voluntatem et operationem ascripserant; hoc in primis causati, quod ex duplicis operationis confessione, persona duplex, nedum duplex natura, subsequeretur. Joannis nostri Damasceni ævo, Monotheletarum, qui Monophysitæ non essent, sectam ex toto fuisse exstinctam affirmare non ausim : non solum quia initio sæculi octavi Philippicus imperator horum errorem, synodo Constantinopoli coacta anno 712, instaurare curaverat. sed etiam propter Maronitas, quos Eutychius Alexandrinus, aliique Orientales scriptores perhibent, exosos fuisse tam Catholicis, quam Jacobitis : illis quidem propter voluntatis unius et operationis confessionem; istis vero, quia duas naturas forsitan agnoscebant. Quanquam diximus olim non uno in loco, auctorem opusculi, *De hæreticis qui veniunt ad Ecclesiam*, quod Combefisius, t. II Auctar. edidit, hoc Maronitas attribuere, quod quartam Chalcedonensemve synodum, uti quintam et sextam exhorrerent : insuper Joannem Damascenum eosdem Theopaschitarum atque adeo Monophysitarum hæresis reos peragere. Quidquid id est, ad auctoris etiam nostri ætatem quam proxime accedit Harmasius Monotheleta Alexandrinus, de quo fit mentio in insigni illa epistola sancti Sophronii ad Sergium CP. interpolatione, quam doctissimus Joannes Coletarius edidit ex Regio cod. in notis tomi I *Monum. Eccles. Græcæ*, quamque hic denuo Græce Latineque recitare supervacaneum fore non puto. Post hæc itaque sancti patriarchæ Hierosolymitani verba, quæ leguntur t. VI *Concil.* Labb. col. 91: Καὶ τὴν ἀσέβειαν σύστοιχον, habetur in laudato codice: Πρὸς τούτοις· ἀνάθεμα ἔστωσαν καὶ κατάθεμα, Κῦρος ὁ τῆς Ἀλεξανδρέων μοιχὸς ἀθεσμότατος, Θεόδωρος Φαρανίτης, Σέργιος Κωνσταντινουπόλεως, Ὁνώριος Ῥώμης, οἱ τῆς τῶν Μονοθελητῶν αἱρέσεως ἀρχηγοὶ καὶ συνήγοροι· Πύρρος, Παῦλος, Πέτρος, οἱ τῆς βασιλίδος πρόεδροι, τῆς ἀσεβείας δὲ πρόβολοι, ἑαυτοῖς καὶ τῇ ἀληθείᾳ μαχεσάμενοι· Μακάριος Ἀντιοχείας, καὶ Στέφανος, ὁ τούτου μαθητὴς, καὶ ἀπονοίας διδάσκαλος Πολυχρόνιος, νέος Σίμων μάγος· καὶ ὁ κατὰ τὴν Ἀλεξάνδρειαν μέχρι νῦν τῇ ἀληθείᾳ μαχόμενος, Ἁρμάσιος, τὸ κίβαρμα, οἵ τε σὺν αὐτοῖς αἱρετικοὶ, καὶ τῆς ὀρθοδοξίας πολέμιοι, Σαρακηνικῷ φράγματι σεμνυνόμενοι· *Præter hos anathema sint et catathema Cyrus Alexandrinæ Ecclesiæ scelestissimus adulter, Theodorus Pharanita, Sergius Constantinopolitanus, Honorius Romanus. Monotheletarum hæresis duces et patroni, Pyrrhus, Paulus, Petrus, regiæ quidem urbis antistites, verum impietatis propugnatores; secum et cum veritate pugnantes; Macarius Antiochenus, ejusque discipulus simulque amentiæ magister Stephanus; Polychronius, novus Simon Magus; et qui Alexandriæ adhuc veritatem oppugnat Harmasius piacularis homo, quique cum illis hæretici atque orthodoxæ fidei hostes, Sarracenico fastu elati.* Hoc postremo loco discimus, qui essent Harmasitæ illi, quorum mentio fit in scholio ad Anastasii *Hodegum*, p. 252 : Οὕτως ἁρμότατθε πρὸς αὐτοὺς κατὰ τὸν προκείμενον σκοτὸν, τοὺς μὲν Ἰακωβίτας, περὶ φύσεως· τοὺς δὲ Ἀρμασίτας, περὶ θεανδρικῆς ἐνεργείας· *Sic ad propositum modum finemque agite, contra Jacobitas quidem, de natura : contra Harmasitas vero de operatione theandrica.* Ubi sane puri puti Monotheletæ, a Monophysitis seu Jacobitis, diversi indicantur : qui tamen iidem prorsus non erant ac Maronitæ Libani montis ejusque viciniæ incolæ, qui ea ætate *Mardaitæ* audiisse referuntur. In illo additamento Honorius quidem de more censetur inter Monotheleticæ hæresis patronos et duces. Cæterum Damascenus noster eum omisit in opusculo *De recta sententia*, et in alia fidei Expositione, quam posthac Latine saltem dabimus ex interpretatione Arabica. S. Germanus CP. in synodo centum episcoporum, quam celebravit circa annum 715, anathemati subjecit, Σέργιον, Κῦρον, Πύῤῥον, Πέτρον, Παῦλον, καὶ Ἰωάννην· *Sergium, Cyrum, Pyrrhum, Petrum, Paulum et Joannem*, nuperum scilicet decessorem suum, prætermisso Honorio, ut colligitur ex libello Synodico, syn. 137. Hunc itidem excusatione dignum esse innuit Eutychius Alexand. t. II *Annal.* p. 329 et 330. Ambo utique, quantum capio, propter apologias quas sanctus Maximus pro ejus defensione scripserat.

EJUSDEM
DE DUABUS IN CHRISTO VOLUNTATIBUS
ET OPERATIONIBUS, DEQUE NATURALIBUS RELIQUIS PROPRIETATIBUS, UBI OBITER DE DUABUS NATURIS ET UNA HYPOSTASI.

1. Qui duas naturas et unam personam in Domino nostro Jesu Christo esse profitentur, hi certe duplices ac diversas naturarum proprietates naturales; simplices autem illas quæ personæ conveniunt, confiteri debent. Fieri enim non potest, ut natura consistat sine proprietatibus, quæ sunt ipsi naturales, a quibus constituitur, et a cæteris naturis distinguitur : ita ut universæ nunquam in alia specie considerentur. Fieri rursus non potest, ut una et eadem persona designantibus suis constituentibusque, ac discernentibus a cæteris ejusdem speciei personis, proprietatibus personalibus, inquam, careat, quas eruditi accidentia et adventitia vocare solent, quæque universæ in una alia persona nunquam reperiuntur. Natura omnis composita, ex diversis naturis constans, naturarum illarum proprietates necessario complectitur; tametsi confusio in unione occurrat. Quanquam enim ignis et aqua omnino contraria sunt; estque ignis calidus ac siccus; aqua vero frigida et humida : cum tamen conflatur corpus ex quatuor elementis, quatuor habet qualitates, calorem, et siccitatem, et frigus, et humorem. Si igitur ubi confusio perspicitur, naturales rerum ex quibus compositio fit, proprietates perspici necesse est; quanto magis in ea conjunctione quæ confusionis omnis expers est!

2. Enimvero natura cum natura comparatur; atque ab alia natura, id est, species a specie, essentialibus naturalibusque differentiis secerni dicitur. Similiterque hypostasis cum ejusdem generis hypostasi confertur, atque ab ejusdem speciei hypostasibus, per proprietates illas quibus hypostases sigillantur, differre dicitur : haud vero hypostasis,

¹ Vide Greg. orat. 34, p. 543.

A qua hypostasis, cum diversæ speciei hypostasi comparatur. Hypostaticæ enim Petri, v. gr., proprietates, si cum hoc bove conferantur, naturam potius, non hypostasim discernent. Neque enim hunc hominem ab illo equo differre dicimus, quod hic calvus sit, ille bene comatus; nec quod ille magno sit corpore, hic parvo : sed quod ille rationis sit compos, hic expers : neque item quod hic hujus, ille illius sit filius. Sin hunc Nestoris illum equi filium dicamus : atque alterum quidem sapientem, alterum vero sapientiæ expertem, jam statuuntur naturales differentiæ. Hominum enim singulorum hypostaticæ differentiæ, si cum equorum hypostaticis differentiis comparantur, naturales censentur. Quamobrem etiam in Domino nostro Jesu Christo, si figuram corporis, vultusque aut oris lineamenta, et quod sit Virginis Filius, ad eam rationem referas, qua Dei Filius omnis expers figuræ exsistit, non ad personas, sed ad naturas discernendas hæc pertinebunt. Quod enim ex duabus naturis una composita hypostasis efficiatur, tam hæ, quam illæ, id est, tam divinæ, quam humanæ naturæ, naturales pariter et personales proprietates, unius ac ejusdem personæ fiunt proprietates hypostaticæ.

3. Sapienter igitur universi Conditor plurimas naturarum specierumve differentias procreavit ut tum sapientiæ, tum potentiæ suæ divitias ostenderet; quo injecta sui admiratione, desideratus amplius fieret; desideratus cogitaretur; et cogitatus intellectusque, ad divinam similitudinem transferret animal, quod mentis et rationis est particeps¹; cujus gratia multitudinem specierum fabricatus est : « Invisibilia enim ipsius a creatura mundi per ea quæ facta sunt, intellecta conspiciun-

tur [a]. » Et : « A specie creaturarum per proportionem Creator comprehendi potest [b]. » Rursus vero in unaquaque specie hypostasim, cum differentiam, tum earum inter se convenientiam fecit : ita tamen ut convenientia quidem sit naturarum ; quia hypostases omnes, quæ eidem speciei subjiciuntur, naturæ ratione cohærent : hypostasium vero differentia, eo quod propter impressas quasdam proprietates inter se discrepant. Quoniam enim solitudo quidpiam est a consortio abhorrens et morosum ; societas autem cum ejusdem naturæ rebus, dulce quiddam ac suave : quia omne animal diligit sui simile [c] ; eam ob causam, prima hæc et sola beata, principio carens, atque immortalis natura, in tribus personis conspicitur. Ait enim subsistens Sapientia : « Ego sum, qua oblectabatur [d] ; » nempe Deus et Pater, quamobrem non in singulis modo angelicarum virtutum ordinibus hypostases varias condidit, verum etiam in quacunque specie : uti naturæ communione consociatæ, invicem gauderent, ac naturali devinctæ consuetudine, mutuam sui curam gererent, amica erga se invicem necessitudine. Hypostasium autem differentia, quod cujusque est discernit, tum generis ratione, tum possessionis et rei : ut quisque quod suum est dignoscens, ejus curam agat, nec rem alienam uti suam invadat ; et ut cujusque exstantia definiatur et innotescat. Operæ igitur pretium sit, ut qui de re aliqua moturus est quæstionem, primum cognoscat, quid illa sit ; tumque sitne unum, an duo, exquirat. Hoc autem dico de Domini nostri Jesu Christi voluntatibus et operationibus, **531** necnon de proprietatibus reliquis, de quibus hic nobis quæritur. Quod ut fiat planius, dicamus primo quid naturam inter et personam intersit ; tuncque liquido cognoscemus, quænam naturæ, ac quænam hypostasis proprietates constituentes sint, ac tum demum, num ea, quæ in Domino nostro Jesu Christo exsistunt, simplicia sint, an duplicia, considerabimus.

4. Natura quidem, secundum sanctos Patres, commune quiddam est et indefinitum ; sive species specialissima ; puta homo, bellua, volucre, equus, bos, canis : hypostasis autem quiddam est singulare per se consistens ; nimirum substantia quædam instructa suis accidentibus, quæ suam per se, proprie, ac scorsim a reliquis hypostasibus, actu ac reipsa sortita sit exsistentiam : ut quidem naturæ ratione, cum ejusdem naturæ individuis communionem habeat ; quibusdam vero accidentibus proprietatibusque quibus sigillatur, ab ejusdem naturæ et speciei individuis differat. Quin etiam, ut uno verbo dicam, natura est illud quod commune est, ut humanitas. Petrus enim homo est, et Paulus, ac reliqui singuli homines. Hypostasis vero, quod est singulare, ut hic et ille. Petrus hypostasis est, ac Paulus alia hypostasis : non item Petrus alia natura est, ac Paulus alia : sed Petrus est hypostasis, perfectam habens naturam humanitatis, atque adeo est perfectus homo. Itemque Paulus alia est hypostasis, eamdem ipsam habens perfectam humanitatis naturam. Ac eamdem quidem perfectam naturam habet unaquæque humana hypostasis : non autem universi homines eamdem hypostasim habent. Alius enim est Petrus, et alius Paulus ; alia atque alia ambo hypostasis : haud vero alia Paulus natura est, ac alia Petrus. Omnes enim homines unius naturæ sunt ; at non item unius hypostasis. Simili quoque ratione equus albus aut velox ; bos unicornis ; canis item parvus ; ac leo claudus. Atque hæc quidem de natura et hypostasi : modo dicendum, quid naturæ, quidve personæ proprietas sit, quidve inter ea discriminis intersit.

5. Naturæ quidem proprietas est id quod constituit naturam, sine quo natura cujus est proprietas, constare non potest : ut vita, ratio, voluntas, sensus, incessus, respiratio in homine, ac similia. Quod enim ratione non utitur, homo non est. Nec enim fuerit homo, qui non ea bene utatur, aut male : neque etiam ille, qui non sentiat, non incedat, non respiret. Naturæ igitur proprietas est, quod constituit naturam, speciemque a specie secernit ; hoc est naturam unam ab alia natura : quod item in qualibet ejusdem speciei hypostasi perspicitur, ut rationale. Efficit enim hominis naturam, cum in ejus definitione sumatur. Est enim homo animal rationale mortale : discernitque rationale hominem ab omnibus quæ rationis expertia sunt. Omnis enim homo rationis est particeps. Neque enim qui rationis particeps non est, **532** is est homo. Quippe fieri non potest, ut homo non sit animal rationale mortale.

6. Hypostatica autem proprietas est, quod hypostasim ab hypostasi alia secernit ; ut puta simitas, candor, ater, calvitium, et hujusmodi. Neque enim omnes homines pressis sunt naribus ; sed alius est pressis, alius aduncis, alius recte compositis : nec omnis homo est albus ; sed hic albus, ille niger, alter triticeo colore ac utroque temperatus : nec omnis calvus ; sed unus calvus, alter comatus, sive capillorum multitudine ornatus. Atque, ut summa dicam, in natura humana, omnia quæ fuerunt a conditore Deo quibusque hominibus concessa, naturæ proprietates sunt, velut et sanctis Patribus visum est, ac vera ratio suadet ; quæ nimirum constitutionis sunt ac distinctionis.

7. Natura siquidem vis est divino jussu speciei cuique concessa, pro cujus ratione comparata est agere et pati. Quamobrem habere oculos et nares, membraque reliqua, hoc naturæ est. Qui enim uno horum aliquo privatus est, is haudquaquam homo est perfectus. Eorum autem

[a] Rom. i, 20. [b] Sap. xiii, 5. [c] Lib. i Rhet., viii et x Moral. [d] Prov. viii, 30.

differentia ad hypostasim spectat. Puta aspectus et videre naturæ sunt; diversitas autem aspectus, id est valentis et imbecilli, penes hypostasim est. Cibi appetitus et comestio sunt naturæ; diversorum autem ciborum cupiditas, cupiditas item vel intensa vel remissa, ad hypostasim pertinent. Voluntas ac velle, est quid naturæ: diversa quidem voluntas, diversisque modis velle, hypostasis est. Si qua porro ejusdem speciei hypostases habent, ac quædam non habent, ea hypostaticæ proprietates sunt.

8. Itaque scire convenit humanam omnem hypostasim habere ut sit; utque ex nihilo a Conditore rerum producta sit; hoc est ut sit aliquid creatum : ut vita, facultate agendi, sentiendi, intelligendi, ratione, et appetitu, seu voluntate præditum sit : ut ex essentia et accidentibus consistat. Hæc igitur essentialia sunt ac naturalia : eorum vero peculiaris ac diversus motus, hypostatica differentia est. Eamdem naturam designat horum participatio: exsistendi autem modus, et cujusque discreta seorsim ac propria per se subsistentia et compactio, peculiarisque ac proprius modus et motus, diversusque naturalium usus, discretas ostendit hypostases, et facit ut multi homines dicantur. Atque adeo [a], quandoquidem in Patre et Filio et Spiritu sancto exstantia diversa est, tres sunt hypostases : quod vero quæque illarum, non seorsim ac separatim velit et operetur, sed conjunctim, unaque ratione, ideo non tres dei sunt, sed unus Deus. His ita statutis, videamus, num in Christo duæ sint naturæ; tumque sciemus, num duplices habeat naturæ proprietates. Natura enim sine suis naturalibus ac constituentibus proprietatibus constare non potest.

8. Christusne Deus perfectus est, ac perfectus homo, post ipsam quoque naturarum unitionem: perfectus in deitate ac perfectus in humanitate? **533** Sic plane. Deitas autem et humanitas, una natura, an duæ? Duæ revera. Alia namque est deitatis natura, et alia natura humanitatis. Ergo duæ sunt in Christo naturæ, estque Christus in duabus naturis; siquidem perfectus Deus et homo perfectus exsistat.

Præterea : Christumne ex duabus naturis confitemur? Utique. Quorsum ex duabus? Quia ex deitate et humanitate. Quid enimvero? voces illæ, deitas, et humanitas, naturas duas exhibent? Plane : non enim est una natura deitatis et humanitatis.

Tum vero. Nunquid Christum confitemur post unitionem in deitate et humanitate exsistere? Omnino. Ergo cum post unitionem in deitate et humanitate ipsum confiteamur, sintque deitas ac humanitas duæ naturæ, non una[a]; in duabus ipsum naturis confitemur.

Ad hæc. Cum Christus, etiam post unitionem,

[a] Greg. orat. 29, et alibi.

paternam naturam perfectam sine ullo defectu, immutabilemque et omnis prorsus confusionis expertem habeat; habeatque nihilominus maternam, Adami scilicet, naturam perfectam, cui nihil desit, inconvertibilemque et inconfusam : Dei ac Patris natura, ac natura sanctæ Virginis, unane omnino sunt natura, an duæ? Plane duæ. Sunt ergo duæ naturæ in Christo post unitionem. Nam ante unitionem non duæ sunt naturæ in Deo Verbo, sed una, nempe Patris. Porro fieri nequit ut una ac eadem natura creata sit et increata; inceperitque, ac sit initii expers; sit passibilis, et a passione immunis. Nam si cœpit, non caret principio : ac si est increata, creata non fuit. Itaque Christus non una natura est, sed una persona quæ duas sustinet, sive habet, naturas; unam increatam et creatam aliam; unam expertem initii, alteram quæ initium agnoscat.

Rursus vero : Si natura ex diversis naturis composita est, neutri illarum consubstantialis est. Quævis enim natura simplex, suam duntaxat definitionem habet : composita vero, compositam aliam definitionem habet. Fieri autem non potest, ut quæ aliam et aliam definitionem admittunt, ejusdem essentiæ sint. Si igitur una natura Christus est, quinam possit ejusdem eum esse substantiæ cum Patre et matre? quippe cum ille Deus sit; hæc homo : Deus autem et homo, non sint eadem natura? Non ergo eadem definitio est deitatis et humanitatis. Est enim Deus, creator; homo, creatura.

Præterea, una eademque natura nequit esse diversæ ac ejusdem substantiæ; nec rursus natura consubstantialis esse naturæ; neque hypostasis unius naturæ, ejusdem substantiæ est cum hypostasibus diversæ substantiæ. Si ergo una natura est post unitionem; quomodo ejusdem substantiæ erit cum Patre et matre, qui sunt diversæ substantiæ?

Ad hæc : si una Christi natura est post unitionem, **534** quomodo nominatur? Christitas? illa nempe, ut sic dicam, Deo-humanitas. A qua enim natura? Utique, cum una sit, una illa ejus natura passus est. Ergo ejus Deo-humanitas, quæ passa est; passibilisque in Christo est deitas.

Rursum : Passusne est Christus? utique. Ejusne passa deitas; an humanitas? utra natura? Humana certe. Ejusne divinitas remansit impassibilis? Ita plane. Ejus natura quæ passa est, et quæ passa non est, eademne, an alia et alia natura? Alia prorsus et alia. Quod si alia et alia; quomodo una, quæ sunt duæ? Ast duæ quidem naturæ, non una natura sunt, sed una hypostasis : duæ vero naturæ ; altera passibilis, et impassibilis altera ; atque hoc modo recte procedet disputatio.

9. Quod autem una etiam sit Christi hypostosis, non duæ, hinc cognosci potest. Unusne Filius

Christus est, an duo? Unus certe. Qui autem duæ hypostases, si Filius unus est? si duæ sunt hypostases, alius profecto atque alius est; ac vel erunt duo Christi; vel erit alter Christus, alter Deus Verbum; ac non jam unus Filius.

Præterea, si duæ Christi hypostases sunt; sane cum ad Patris dexteram in Cherubico throno sedeat, ac simul cum Patre et Spiritu sancto a creatis omnibus adoretur; non jam Trinitatem, sed quaternitatem adorabimus. Absit autem ut aliud quidquam adoremus præter sanctam Trinitatem, unum Patrem, hypostasim unam; unum Filium ac Dei Verbum incarnatum, hypostasim unam cum sua carne; unum Spiritum sanctum, hypostasim unam; Trinitatem sanctissimam, et glorificatam. Ut enim gladius igne candens, postquam ignem recepit, unus et idem est: sic, potiori ratione, Christus unus est et una hypostasis, post ipsammet etiam incarnationem. Ac quemadmodum gladium igneum tangere vereor, non propter ferri naturam, sed propter conjunctam ei naturam ignis: sic Deum incarnatum adoro, unaque carnem veneror, non propter carnis naturam, sed propter unitum ipsi Deum Verbum. Regem cum purpura adoro, ac propter regem purpuræ honorem habeo. Atqui regis et vestis nec unio hypostatica est, nec individua, nec perpetua: in Christo autem Deo nostro, hypostatica unio est, individuaque et sempiterna. Quamobrem, tanquam unum de Trinitate, una cum Patre ac Spiritu sancto, Christum incarnatum Dei Filium et Deum adoro.

10. Ostensum ergo est duas esse Christi naturas, ac unam hypostasim. Cum itaque naturam duplicem habeat, plane necesse est ut duarum naturarum naturales proprietates in eo perfecte, et ut nihil desit, inesse confiteamur: si modo eum, et perfectum Deum, et hominem perfectum cognoscamus.

11. Quocirca a divina quidem et paterna natura habet, ut sit increatus, principii ac temporis exsors. Neque enim cum prius non esset, esse incepit; **535** sed erat ab æterno genitus, quatenus nempe Deus est, voluntatis actionisque facultatem habens, omnipotentiam, infinitam virtutem, vim creandi, virtutem omnium effectricem; ut sit infinitus, incircumscriptus, incomprehensus, impervestigabilis, immortalis, omnipotens, omnia conservans, bonus, sapiens, justus, sospitator, natura simplex, non compositus, immutabilis, alterationis incapax, omnium inspector, futurorum præscius, omnia ambiens, sive complectens; nullius ipse particeps; suæ autem operationis, non naturæ participes faciens; ut sit liber, munificus, communicans, illuminans, invisibilis, sub tactum non cadens, divinum omne substantiamque superans; et, ut paucis dicam, ea omnia quæ Pater habet, Filii sunt, excepta ingeniti proprietate [7]: cujus rei testis locuples est ipse Dominus, cum ait: « Omnia quæ habet Pater, mea sunt [8]. » Ad ipsum quoque Patrem dicit: « Omnia mea tua sunt [9]. »

12. Personæ autem [10] ejus proprium est, Filium esse a Patre genitum, non Patrem ingenitum, aut genitorem. Est enim genitus a Patre sine ulla passione, ullave copula, id est sine permistione, uti lumen ab igne: seu potius ut lumen perfectum a perfecto lumine. A Patre igitur habet quod sit, et universa quæ habet. Idcirco ait: « Pater meus major me est [11]; » ego enim ex illo, quanquam non post illum [12]. Unde etiam honore Patrem prosequitur.

13. Postquam igitur naturales Christi proprietates diximus, quas habet a Patre; ejus etiam humanæ naturæ proprietates enarrandæ sunt, quas ex nostræ carnis assumptione habuit. Si enim, cum perfectus esset Deus, nostri causa homo perfectus similis nostri factus est; palam est, qui divinæ naturæ proprietates omnes habeat, eaque ratione perfectus Deus sit, omnes quoque habiturum humanæ naturæ proprietates: hoc est, ejus omnes naturales vires, tum quæ ad agendum pertinent, tum quæ ad patiendum; ut sit perfectus homo. Nam si quid eorum quæ ad naturam spectant, non assumpsit, non homo perfectus erit, ut cui desit aliquid.

14. Id vero primum constitutum sit, omnis nos functionis, actionis et passionis vim ab opifice rerum accepisse; eaque omnia ad naturam pertinere. Fieri enim non potest, ut ulla creatura vel agendi munere fungatur, vel operationem exserat, aut patiatur, quorum vim a natura non acceperit. Velut, non potest terra ex se germen edere, nisi natura vim generandi a Creatore acceperit: neque aqua pisces producere, aut ad terræ fecunditatem conferre, nisi virtute ejusmodi ab universi Conditore accepta. Quin nec stirpes crescere possunt, aut volucres volare, aut terrenæ bestiæ incedere, aut serpentes repere, nisi quodlibet illorum crescendi, volandi, gradiendi, ac rependi, acceperit facultatem. Sic sane homo ipse, nec cernere potest, nec intelligere, nec velle libere, nec operari, nisi cujusque horum vim in sua natura acceperit a Creatore.

536 15. Homo itaque mundus minor est [13]. Nam quia constat anima et corpore, locum medium inter mentem et materiam obtinet. Est enim cum visibilis, tum invisibilis, sive sentientis et intelligentis creaturæ vinculum. Mens siquidem animæ oculus est, ejusque purissima pars. Quapropter illi cum inanimis corporibus commune est, quod ex quatuor elementis contemperatus sit et

---

[7] Greg. orat. 23 versus finem, et 24. [8] Joan. xvi, 15. [9] Joan. xvii, 10. [10] Greg. orat. 29. [11] Joan. xiv, 28. [12] Greg. orat. 29, non longe a fine. [13] Homo mundus minor, μικρόκοσμος. Non bene apud Greg. orat. 38 et 43, μέγας ἐν μικρῷ.

concretus. Cum stirpibus et arboribus, nedum hæc ei communia sunt, verum etiam altrix facultas et auctrix, visque genitalis : cum brutis item animantibus, non illa solum, sed et communis est animalis vita, appetitusque rationis expers ; irascens nimirum et concupiscens ; item imaginandi vis et memoria ; sensusque et motus impulsionis, qui quidem totius corporis est motus : denique vocis facultas et respiratio. Cum incorporeis, intelligentiaque præditis virtutibus, ratio communis est, et intellectum sequens appetitus, qui est voluntas, primus ipsa motus animi. Homo siquidem appetendo, ad cogitandum movetur ; et appetendo judicat. Hæc porro appetitio libera est, qua libere appetendo cogitat, ratiocinatur et judicat.

16. Propria quidem corporis sunt, sectio, fluxio, et qualitatum mutatio ; id est, frigoris, caloris, humoris et siccitatis, membrorumque conformatio. Anima autem rationalis, ipsa per se et sola habet vitam, intelligentiam, appetitumque rationalem, quæ est voluntas proprie dicta. Ad hæc autem illud specialissimum, quo ab angelorum substantia secernitur : ut in corpore versetur, cui vitam et motum donet ; quo item libere appetitu suo, seu voluntate, corpus moveat, rationisque expertem appetitum ; concupiscentem scilicet et irascentem, necnon corporis motum ex impulsu proficiscentem : ac demum, ut naturali imperio in corpus, tanquam in servum proprium polleat. Eapropter, homo magis quam angeli ad imaginem est. Angelus enim nullum habet a natura servum, unde nec natura dominus est.

17. Animæ et corporis communia sunt, quæ anima corpori dat, nempe animalis vita, imaginandi vis ; id est, quæ res sensibus subjectas percipit vel discernit : vis ipsa sentiendi, seu quinque sensus, aspectus, auditus, olfactus, gustus, et tactus. Ad hæc etiam, memoria, ac motus ex impulsu, vis quoque altrix et auctrix, necnon appetitus rationis expers, ira, inquam, et cupiditas, esuries quoque, sitis, fatigatio, saliva, voluptas, tristitia, molestia, languor, metus, timor, angor, tædium, turbatio, sudor, ipsaque mors. Est enim mors discessus animæ a corpore : omnis denique nutrimenti et accretionis ordo et ratio.

18. Omnia hæc, passiones sunt sine ratione, et actus. Actus quidem ac naturæ facultates : unde etiam naturalia omnia, Dei munere naturæ concessa sunt. Passiones vero, eo quod creata omnis natura patiendo moveat et agat : sola autem natura divina sine passione se movens et agens sine motu, a passione immunis est. Præterea quædam ex illis actiones magis rationem habent ; quædam autem passionis. Rectius enim vitam actionem appellaveris ; mortem vero excisionemque, et fluxionem, congruentius passionem. Excisio ergo, et fluxio, ac mutatio qualitatis ; puta dealbatio, denigratio, frigefactio, calefactio, morbus, et similia, sunt passiones. Similiter membrorum apparatus et fictio. Natura enim corpus organis instruendo et formando agit : corpus vero compaginatione illa patitur. Porro naturam dico, quam a principio cuique speciei legem vimque Conditor universi indidit, pro cujus ratione res movetur, acquiescit. Movetur quidem ab ea, in quæ actionis vim accepit, intelligendo, ratiocinando, volendo, sentiendo, loca ex locis commutando. Horum enim acceptam a Creatore habet facultatem. Quiescit autem, cum ad eas functiones, ad quas vim non accepit, non movetur, sed sistit. Sunt autem hi motus, ortus, interitus, alteratio, incrementum, decrementum, ac demum loci mutatio ; cujus sex istæ sunt species, ante, pone, dextrorsum, sinistrorsum, sursum, deorsum. Sed et reliqua omnia quæ superius recensuimus, perinde motus sunt. Cæterum intellectio, appetitus item rationalis, ratiocinatio, inquisitio, consideratio, consilium, judicium, affectio, electio, sententia, necnon impulsionis motus, actiones censentur. Quanquam intellectio, actio potius videtur esse : appetitus vero, passio (patitur enim quisquis appetit), attamen rationis appetitum, actionem etiam dicimus ; propterea quod liber est, imperatque passionibus irrationabilibus, judicatque, et gubernat, et veluti freno illas temperat : iram nempe, et cupiditatem, sensumque, et motum ex impulsione proficiscentem. Passiones enim sine ratione, rationi subjectæ sunt et obsequuntur. Hæc enim omnia in hominibus, qui naturam ducem sequuntur, rationi obtemperant, subjectaque sunt, ut eo moveantur et inclinent, quocumque illa præscripserit.

18°. Hæ porro passiones substantiam animalis constituunt : nam absque illis vita non potest consistere. Sunt autem a rerum Opifice datæ homini ad obsequium : concupiscendi quidem facultas, uti Deum, ejusque mandata persequamur ; nascendi vero ut diabolo resistamus et peccato, masculescatque cupiditas. Quæ itaque sine ratione est appetitio, ideo data est, ut animalis naturam conservet : rationalis vero ac libera, ut libere quasi freno ducat naturalem omnem motum ; euinque Conditoris legi subjiciat, cui ipsa subjecta sit. (Quocirca conjunctæ in homine sunt intelligentia et appetitio, ne invitis nobis, qui ratione utimur, ea accidant, quæ rationis expertibus. Mens enim quæ libere, et cum ratione atque intelligentia appetit, appetendo quoque intelligit, inquirit, considerat, deliberat, dijudicat, afficiturque erga id quod est judicio probatum, eligit, atque ad agendum convertitur. Pars enim rationalis, ei quæ rationis expers est, suapte natura imperat. Quod si homo, tanquam ratione pollens, brutæ omnis creaturæ rex creatus fuit, quomodo in illas passiones, quæ in ipso sine ratione sunt, imperium non habeat ? Cum ergo appetitus, rationisque et intellectus sit particeps, appetitu ad intelligendum et ad ratiocinandum ducitur; vicissimque rationem ac mentem libera appetitione sequitur. Eorum porro, quæ animæ et corporis communia sunt, vitalis quidem facultas actio magis est : deinde imaginatio, sensus, et memoria, necnon appetitus, actiones sunt patibiles, sive actioni conjunctæ passiones. Ira autem ac cupiditas, esuries, sitis, et fatigatio; metus quoque, pavor, angor, voluptas, tristitia, despumatio, ac sudor; facultas item alendi et augescendi, mors denique, passiones sunt [14].

19. Universa hæc naturalia sunt et inculpata, ab Opifice beneficii loco humanæ naturæ concessa. Ille siquidem cum esse, tum sic esse donavit : nec est quisquam qui horum particeps non sit. Ac quod hæc quidem nos habeamus, id Creatoris tum sapientiam, tum virtutem declarat : nobis autem nec laudi, nec vitio ducitur. Sunt enim illa quidem bona, atque in bonum ab eo qui bonus est, data: at modus quo illis utimur, virtutem facit et vitium. Etenim si voluntas divinæ legi subjecta sit, exque ejus legis ratione, mens ea quæ sibi subsunt gubernet; omnes, inquam, animales motus, iram in primis, et cupiditatem (hæc quippe rationi subjacent) plane virtutem operati sumus, ac implevimus justitiæ partes. Eo enim horum potestatem accepimus; at tanquam accepta potestate, legem etiam accepimus, factique sub lege sumus. Bruta siquidem, quia mentem ducem non habent, quæ irascenti parti ac concupiscenti dominetur, legem non acceperunt. Quia igitur natura servi Dei sumus, liberique arbitrii facultate, qua virtus constat, præditi (nec enim virtutis nomen obtinet, nec jucunditatem habet, quod sponte ac libere non fit [15]), idcirco legem accepimus, ut nos herum habere intelligamus, ne in tenebris ambulantes, incidamus in foveam. « Lucerna enim pedibus meis lex tua, inquit David, et lumen semitis meis [16]: » ut nostrum erga Dominum desiderium, nostraque benevolentia cognoscatur: ut in boni consortium cum Deo veniamus; « ut bonum non minus ejus sit, qui elegit, quam ejus, qui semina præbuit [17]. » Ipse enim boni nobis operis potestatem dedit, liberique nos arbitrii fecit, ut tum ex ipso, tum ex nobis oriatur bonum. Deus quippe omni qui bonum eligit, adjutor est in bonum ; ut servato quod naturæ consentaneum est, consequamur illa, quæ naturam superant; immortalitatem scilicet, divinitatisque participationem, per unionem cum Deo, pro nostræ cum eo voluntatis, quoad ejus fieri potest, necessitudine : ne si iis naturæ facultatibus, contra quam ratio præscribit, utantur, comparemur jumentis insipientibus, eisque similes efficiamur [18]. Si enim voluntati divinæ nostra minus obtemperet, sed ex privato consilio suo et electione, libera mens ira et cupiditate utatur, malitiæ rea erit. Malitia enim nihil aliud est, quam peccatum, et aberratio, ac transgressio legis Domini. Quamobrem liberum arbitrium, primum bonum est, quod ratione præditis conveniat : eo **539** autem uti, ac passionibus ratione carentibus, puta iræ et cupiditati imperare, iisque dominari, hoc virtus est. Ab his vero passionibus, prodita liberi arbitrii facultate, superari, brutorumque ac jumentorum more vivere, hoc vitium malitiaque, hoc peccatum est. Ne ergo turpiter agamus, ea perpetrando quæ pecudum moribus congruant; quin potius, naturæ motus ratione compescamus. Nequaquam enim rationis compotem decet, is vivendi modus qui brutorum sit : sed magis passionibus ipsis quæ exsortes rationis sunt, ex præscripto rationis uti, eas ratione moderando, et sibi mancipatas veluti freno ducendo, agique ac divinæ voluntati cedere, earum abhibito usu, quemadmodum a Domino constitutum est.

20. Jam vero operæ pretium est scire, mitti hæreticos in errorem ex nominum ambiguitate. Quemadmodum enim Monophysitis, uniusve naturæ assertoribus; Acephalis, inquam, inde contigit, ut unam naturam in Christo pronuntiarent, quod unum et idem naturam et hypostasim esse dicerent, ne scilicet in duas personas Christum dividerent : itemque Nestorianis, ut duas hypostases profiterentur, ne duas Christi naturas in unam confunderent : sic et Monotheletis, eo quod nescirent, quid inter voluntatem naturalem, et personalem, sive arbitrariam, discriminis interesset, hoc in causa fuit, ut unam in Christo dicerent voluntatem. Ut igitur errorem caveamus, quem nominum ambiguitas parit, in hunc modum quæstionem de voluntate explicemus.

21. Voluntatis nomen ambiguum est. Quandoque enim eam vim significat, qua volumus : interdum id quod volumus, quodque volendi facultati subjectum est; hoc est rem ipsam quam aliquis vult. Aliud est autem vis qua volumus, aliud res quam volumus, sicut aliud est aspectus, aliud quod sub aspectum cadit. Aspectus enim est ipsa videndi facultas, qua cernimus, quæ in oculo munere suo fungitur : quod autem sub aspectum cadit, res est quam cernimus, sive lapis, sive lignum, aut quid ejusmodi. Sic plane voluntas vis ipsa animæ est, qua volumus : quod autem sub eam cadit ; res ea est quam vult aliquis. Puta, volo navigare : navigatio, res est quæ cadit sub voluntatem. Omnino autem quod voluntati subjectum est, aut operatio, sive actio est, aut passio. Videamus modo cujus sit voluntas naturæ, an personæ.

22. Rogo itaque : habet quilibet homo volendi facultatem, necne ? Liquet sane universos homines facultate qua velint præditos esse, nec esse quemquam, qui non habeat ut velit. Quis enim homo

---

[14] Greg. Nyss. lib. II *De opific. hom.* [15] Greg. orat. 1 et 42. [16] Psal. CXVIII, 105. [17] Greg. verba.
[18] Psal. XLVIII, 21.

sit, qui nihil unquam voluerit? non omnis autem homo vult eodem modo; sed alius bene, alius improbe, pro suo quisque arbitratu. Itaque voluntas quidem, id est vis qua volumus, et velle absolute, hæc naturæ sunt: quod vero sub voluntatem cadit, seu velle hoc aliquid, aut sic velle, hoc arbitrii est ac personæ.

23. Rursus vero: Cum voluntas, uti diximus, ex iis sit, quæ æquivoca sunt: interdum potentiam illam significat, qua volumus: interdum **540** rem quam volumus. Sciendum enim aliud esse voluntatem; aliud, velle omnino; aliud, velle hoc aliquid, ac sic velle; aliud, quod est voluntati subjectum; aliud, rem volendi facultate præditam, et aliud, volentem: quemadmodum aliud est aspectus; aliud, aspicere; aliud, quiddam ac certo modo aspicere; aliud, quod aspectui subjicitur: aliud, quod aspiciendi facultate præditum est; aliud, aspicientem. Aspectus enim est ipsa vis animæ qua videmus, in oculo functiones exsequens. Aspicere autem, est uti ipsa videndi facultate, operarique, ac videre. Nemo autem cernit et videt, nisi qui videndi facultate præditus sit. Aliquid autem aspicere, est cœlum, aut terram, aut aliud quid intueri. Certo modo aspicere, est bene, aut male. Quod sub aspectum cadit, est res visioni subjecta; puta corpus quod cernitur, vel color, aut figura: videndi facultate præditum, est quod a natura potentiam habet videndi, tametsi forte dormiat, aut cæcum sit. Homo enim animal est videndi facultate præditum. Videns denique est, qui aspectu, hoc est visus facultate utitur; actum exercet, et videt. Hoc modo voluntas, est ipsa facultas qua volumus, quam Creator naturæ animæ indidit; hoc est volendi potestas. Velle autem, est ea vi, qua volumus, reipsa uti, et appetere: vult autem nemo, qui voluntatem, hoc est volendi facultatem, non habeat; θελητὸν est id quod voluntati subjectum est, sive res ipsa est quam volumus. V. g. volo navigare: navigare, est res voluntati subjecta. Volo temperans esse: sic se habere, res est quæ sub voluntatem cadit. Non *volitum* autem res est quam quis non vult; uti non visum, est quod quis non videt. Velle quid, est tale quid velle: puta velle Deo conjungi; velle manducare; velle bibere; velle navigare; velle copulam uxoris. Sic, certoque modo velle, est bene velle; v. g. bene, et secundum Dei legem velle uxoris copulam: aut male, et contra Dei legem, copulam alienæ. Voluntate præditum, est quod a natura habet vim volendi; ut homo, angelus, Deus. Quisque enim illorum habet facultatem qua velit. Etenim unaquæque divina hypostasis vult; et unaquæque angelorum hypostasis vult; et quælibet hominum hypostasis vult. Quod autem unaquæque hypostasis habet, hoc naturæ est. Est enim naturale, quod in singulis, quæ ejusdem speciei et naturæ

sunt, perspicitur. Denique volens est, qui utitur voluntate, seu volendi facultate, atque appetit; nempe hypostasis.

24. Voluntas ergo, interdum ipsam qua volumus facultatem significat; interdum rem ipsam quam volumus. Facultas itaque qua volumus, ad naturam pertinet, necnon velle simpliciter. Omnis enim homo potentiam habet, qua velit: vultque omnis homo; hoc est, voluntate utitur. Etenim homo est animal præditum facultate volendi. Res autem illa quam volumus, nedum naturæ est, sed et arbitrii et personæ. Non enim quivis hominum eadem ratione vult, vel unum aliquid. Quapropter velle sic, bene, aut male: aut **541** velle aliquid; hoc, vel illud, non est naturæ, sed arbitrii ac personæ; quod ad angelos quidem et homines attinet. Nam in sancta et individua Trinitate, una est trium personarum naturalis voluntas, una res quam naturaliter velint, bonum scilicet. Nec enim [19] quæque persona peculiare aliquid quod velit, habet, aut voluntatis motum proprium: sed una est trium motio, unaque res quam velint. Quamobrem etiam tres personæ, non tres dii, sed unus Deus sunt: unus, inquam, Deus cum suis virtutibus; non tamen compositus. Quælibet enim Deus perfectus est, ac perfecta persona. Naturæ autem ex persona compositio non fit. Est autem id prorsus novum, nec ulli convenit præterquam Deo. Non sic autem res habet in angelis et hominibus. Ut enim una sit angelorum voluntas; ea, inquam, volendi facultas naturalis ipsis a Deo indita (quisque enim angelorum vult, ac similiter quivis homo), haud tamen est unum angelorum omnium motus, nec unus omnium hominum; sed suus cuique personæ motus est; sua cuique proposita res quam velit. Non enim eodem modo, neque idem volunt singuli angeli et homines: sed hic bene, ille male; hic istud, ille illud. Cumque unus movetur ac vult, non simul alter vult ac movetur. Quamobrem in angelis et hominibus voluntatis facultas naturæ tribuitur: ac similiter, velle. Omnes enim homines comparati sunt ut velint, et omnes volunt: non tamen omnes comparati sunt, ut unum et idem velint, aut idipsum volunt. In sancta enim Trinitate tres personæ, aliæ aliis insunt, suntque Verbum et Spiritus sanctus, Patris virtutes; ob eamque causam una est trium voluntatis motio; itemque eadem res quam velint. Angeli autem atque homines suam quisque divisam diremptamque hypostasim habent, tametsi ejusdem naturæ sunt: ob eamque causam voluntatis facultas una, ac velle unum eis est, et naturale: tali autem modo, ac quid velle, liberum ac personale. Et eorum quidem una est natura voluntatis facultate prædita: multi autem sunt qui volunt; diversa illi ratione, atque aliud volentes, et aliud.

25. Quamobrem voluntas appetitio est, cum

[19] Greg. orat. 13, 32.

animalis, tum rationalis. Quod si animalis, omnino etiam cum sensu conjuncta. Bruta siquidem cum sensu appetunt; non tamen cum ratione et libere. Sed homo, cum sit animal rationis particeps, quatenus quidem est animal, animalium more et cum sensu appetit; quatenus autem ratione præditus, cum ratione et libertate. Est ergo voluntas appetitus naturalis, tum rationalis, tum animalis, ex solis naturalibus pendens. Sunt autem voluntates naturæ consentaneæ. Prima, divinæ legi subdi. Homo enim natura Dei servus est, eique subjectus. Deinde quæ naturam afficiunt, ut fames, sitis, somnus, et similia. Est vero hypostatica atque arbitraria voluntas, appetitio ex libidine et arbitrio personæ utentis; non ex divinæ legis ratione, nec modus utendi naturali vi voluntatis, ex personæ utentis arbitrio et sententia. Itaque personarum discretio sententiæ discrimen facit.

26. **542** Ast, inquiunt, homo non habet naturalem voluntatem. Pertendunt enim duas esse solum voluntates : bonam unam, divinamque; diabolicam alteram, et malam : cumque homo vult id quod bonum est, Dei tunc habere voluntatem; cum autem malum, voluntatem diabolicam. Nec vero intelligunt fieri non posse, ut ulla natura aliquid agat, cujus vim a natura non acceperit. Velut avis non potest volare, nisi per naturam accepta potentia volandi : nec similiter terrestre animal incedere potest, nisi per naturam accepta gradiendi virtute : sic utique nec homo intelligere, nisi intelligendi facultatem per naturam acceperit; neque loqui, nisi per naturam accepta facultate sermonis: similiter neque videre, neque velle, nisi a natura potentiam eam acceperit qua videat, aut velit. Quapropter primum a natura insit oportet facultas qua volumus; nempe voluntas, tumque demum sequitur velle. Itaque in Domino nostro Jesu Christo, quoniam duæ sunt naturæ, duæ quoque sunt naturales voluntates, ut sit tum perfectus Deus, tum perfectus homo, nec ei ulla divinitatis, ullave humanitatis proprietas desit. Pro duplicis vero ratione voluntatis, dupliciter dicimus eum velle, ac velle differenter, secundum naturarum discrimen ; nimirum divina omnipotentique ratione (est enim voluntas divina omnipotens) et non omnipotentiæ modo, sed imbecille et patiendo (passibilis enim et infirma est humana voluntas), ac aliud quidem divina voluntas, aliud humana quod velit a natura propositum habet. Non enim res easdem divina vult, quas humana prosequitur (humana siquidem natura hoc sibi congenitum habet, ut velit et appetat cibum, potum, somnum, ac similia : secus vero deitas : quia nunquam hæc ejusmodi aliquid appetierit); quamlibet naturam humanam ea congenito appetitu vellet appetere, uti, ac quando sic res ferebat.

27. Sunt ergo in Domino nostro Jesu Christo pro naturarum diversitate duæ voluntates : non contrariæ. Non enim humana naturalis voluntas divinæ adversatur : nec naturalis volendi facultas; nec quæ ei natura subjecta sunt ; nec ejusmodi facultatis usus. Divina quippe voluntas, naturalium omnium creatrix est. Quæ autem sunt contra naturam, ea voluntati divinæ repugnant; nempe criminalium voluptatum pro sui sententia animi appetitus, id est, peccatum. Hoc Dominus non assumpsit : « Peccatum enim non fecit; nec dolus inventus est in ore ejus [10]. » Quia autem una est Christi persona, et unus Christus, unus est, qui utraque natura vult : ut quidem Deus, probans et acceptum habens ; ut autem homo, factus obediens. Gratum habens uti Deus cum Patre et Spiritu sancto, divina paternaque voluntate ; ut homo vero, divinæ ac Patris voluntati, humana ac nostra voluntate obediens factus. Neque enim divina sua voluntate factus est Patri obediens, neque inobediens. **543** Nam ista, ut ait Gregorius Theologus [11], « eorum sunt, qui imperio subjacent : » necnon formæ servi quam ex nobis assumpsit. Factus autem est natura obediens [12], pro humana sua voluntate. Quippe obedientia libera, ac spontanea subjectio, ab alia voluntate est. Volebat igitur ac vult divina, ut Deus : volebatque et vult, ut homo, humana ; non sententiæ repugnantia, sed naturarum proprietate. Volebat enim et vult humana, quando, et quæ probabat divina ejus voluntas ; humanam habens voluntatem libere subjectam divinæ suæ voluntati.

28. Dei voluntas et operatio, ut B. Irenæo placet [13], est omnis et loci, et temporis, et sæculi, omnisque naturæ, effectrix ac gubernatrix causa. Humana autem voluntas naturæ virtus est, ea appetens quæ sunt naturæ consentanea, eaque continens, quæ per essentiam naturæ conveniunt. Substantia enim appetit tum esse, tum vivere, tum sensus, tum animi motum, *entitatis* suæ naturalis integritatem desiderans. Habet namque natura, ut se esse salvam velit, utque ipsa qua ratione existit et condita est, ab eorum quibus constituitur, desiderio pendeat. Quamobrem alii naturalem hanc voluntatem definientes aiunt ; Voluntas naturalis est, tum animalis appetitio, ab iis solis pendens quæ naturæ sunt. Item voluntas, secundum Clementem [14], est ejus quod vere est appetitio. Ac iterum, est appetitio rationali naturæ consentanea. Itemque, mentis moderatricis liber motus. Deus enim in principio formans hominem, naturam creavit innocuam et liberam voluntatem, sicut divinus Athanasius ait [15], ac quidem creatura omnis a peccato libera est, tum quæ rationis est particeps, tum quæ rationis expers ; sive sentiens sit, sive non sentiens, sive vita careat ; at non omnis quæ condita sit, est voluntas libera.

[10] Isa. LIII, 29. [11] Orat. 36. [12] Philipp. II, 7. [13] Ep. ad Demetr. [14] Clem. Alex. lib. *De prov.* et alii. [15] Athan. Orat. contra Apollinaristas.

Ad hæc divina voluntas est innoxia et libera; quin etiam immunis a mutatione et immutabilis. Quocirca divina ?natura voluntate prædita est et libera, in quam nec peccatum cadit, nec vicissitudo: creata vero omnis innoxia condita a Deo est; quoniam « omnia quæ fecit, valde bona erant [26]: est tamen mutabilis. Quorum enim ortus a mutatione cœpit, hæc per naturam sunt quoque mutabilia. Atqui mutatio est adductio a non esse ad esse.

544 Si itaque non assumpsit [Christus] humanam voluntatem; quanam voluntate obediens factus est Patri [27]? Si non assumpsit humanam voluntatem, qua voluntate factus est sub lege [28]? si non assumpsit humanam voluntatem, qua voluntate implevit omnem justitiam [29]? quod enim virtutem omnem coluerit, et justitiam omnem impleverit, ipsum audi dicentem Joanni: « Sine modo: sic enim nos decet implere omnem justitiam [30]. » Sane quidem virtutem omnem et justitiam implevit; non tamen proficiebat ex operibus, aut ex virtute: sed ab ipsa prima unitione perfectus fuit. Non enim cum prius non esset, factus est Deus; sed cum esset perfectus Deus, perfectus homo factus est.

Si non assumpsit humanam voluntatem, remedium ei non attulit, quod primum sauciatum erat. «Quod enim assumptum non est, nec est curatum,» ut ait Gregorius Theologus [31]. Ecquid enim offenderat, nisi voluntas? quod ergo ceciderat, quod peccaverat, id demum amplius curatione egebat. Quod si neges, id ab eo assumptum, quod peccaverat, fatearis necesse est, nec peccatricem, nec ægram naturam eum assumpsisse. Quod si non assumpsit, nec humanam assumpsit naturam. Ipsa namque est quæ peccaverat.

Si non assumpsit humanam voluntatem, quomodo « antequam cognoscat bonum ac malum, non acquiescet malitiæ, ut eligat bonum [32]? » Non enim divina voluntas, vel non acquiescit, vel acquiescit, aut eligit. Itaque non acquiescit malitiæ, sed eligit bonum, libere ut homo obtemperando voluntati paternæ (nam electio voluntatis est liberæ) verum eligit, non more nostro consultans ac judicans, amboque contraria, virtutem, inquam, et malitiam, cogitatione versans, inque eorum cognitionem veniens, sed tantum boni, quod voluntati divinæ complacitum est; sicque Adami persolvit debitum. Dicendo autem: « Antequam cognoscat bonum et malum; » non hoc ait, quasi postmodum susceperit. Nam propter unionem secundum hypostasim, non cognovit malum, nec cogitavit. Nunquam habuit voluntatem in utramque partem pendulam aut ancipitem; sed, cum unus ipse Christus hoc pariter atque illud esset; nempe Deus et homo; humanis suis utebatur, hoc est universis quæ ad hominis naturam spectant, in obsequium paternæ divinæque suæ voluntatis.

Ergo non assumpsit voluntatem humanam, qui angelorum admisit auxilium? ait enim: « Et ecce angelus confortans eum [33]; » quæ lex est ac conditio humanæ naturæ. Ait enim David: « Angelis suis mandavit de te; et in manibus tollent te [34]. »

An quia passus est derelictionem, non suscepit voluntatem hominis? Ait enim: « Eloi, Eloi, lamasabactani? id est, Deus meus, Deus meus, utquid me dereliquisti [35]. » Tradidit enim Deus ac Pater unigenitum Filium suum pro nobis in mortem, factum hominem. Haud quidem fuit derelicta ejus caro, vel ab ipsius divinitate separata; aut vidit corruptionem, aut anima ejus derelicta est in inferno [36]: verum proprio Filio non pepercit Deus **545** ac Pater; sed pro nobis omnibus tradidit illum [37] in contumelias, ignominiamque, et innoxias inculpatasque passiones, ac mortem. Quamobrem Paternæ voluntati usque ad mortem obediens factus [38], contempta confusione [39], gloria et immortalitatis honore nostram coronavit naturam [40].

Si illi qui unam in Christo naturam profitentur compositam, ac duas negant, naturarum admittunt differentiam; quomodo igitur vos, qui duas in Christo naturas profitemini affirmatisque, unam in eo voluntatem immani mendacio confingitis? Ast inquit: Voluntas non naturæ est, sed personæ. Quam vero dicitis voluntatem? Num vim eam qua volumus, ac velle simpliciter, remque quam a natura voluntas velit? an modum usus voluntatis, seu quod sic velimus, ac quod pro nostro arbitratu ac libidine voluntati subjicitur? Verum, si vim quidem voluntatis ac velle simpliciter ad personam dicatis per i.ere, falsum decernitis? Omnis quippe homo vim habet volendi, et ut absolute velit. Quæ autem in singulis ejusdem speciei hypostasibus perspiciuntur, ad naturam spectant, non ad personam. At non universi homines id ipsum, aut eadem ratione volunt. Quamobrem volendi quidem facultas, ac velle simpliciter, ad naturam pertinet: velle autem hoc aliquid, ac sic velle, in unaquaque persona diversum est, et instar accidentis hypostatici. Ejusque testis sit sanctus Joannes aureo ore vere Chrysostomus, cum ita ait lib. 1 Comment. in Epistolam ad Hebræos, tractatu 14: « Voluntas quidem, innatum quiddam est, et a Deo: nostrum autem, talis voluntas, nostrique judicii est. »

Præterea: si voluntatis ipsa facultas ad personam pertinet, sicut Filius diversa persona est a Patre, ita etiam diversæ ab eo voluntatis erit.

---

[26] Gen. I, 11. [27] Philipp. II, 8. [28] Galat. IV, 4. [29] Greg. ad Cledon. [30] Matth. III, 19. [31] Greg. orat. 51. [32] Isa. VII, 16. [33] Luc. XXII, 43. [34] Psal. XC, 11. [35] Marc. XV, 34. [36] Psal. XV, 11. [37] Rom. VIII, 32. [38] Philipp. II, 8. [39] Hebr. XII, 2. [40] Psal. VIII, 7.

Item : Quæ naturæ sunt, doctrina non egent. Nullus quippe docetur esurire, sitire, dormire, respirare : sic neque quis docetur velle : sed tali modo velle, id est bene aut male, et hoc aliquid velle addiscit. Non enim Dei lex velle docet : quippe cum hoc nostræ naturæ ab ipso sit datum : sed docet bene velle, et hoc aliquid velle. Ergo velle quidem ad naturam pertinet : hoc autem et sic velle, ad personam, diversumque est, præterquam in sancta Trinitate. Illic enim modo eodem eademque volunt tres deitatis personæ, propter eamdem deitatis substantiam. Unus enim sanctæ Trinitatis, qui carnem sibi conjunxit, Filius Deique Verbum ac Deus, uti naturam humanam, qua factus est homo, præter Patrem et Spiritum sanctum, quia ab utroque est discretus, habuit ; ita et per naturalis humanitatis proprietates a Patre ac Spiritu sancto discretus est ; quia duas naturas habet, duplicesque naturales proprietates.

Insuper, ad substantiam et naturam illud spectat, quod cum adest, servat ; cum abest, destruit naturæ definitionem. Num ergo homo sit qui voluntatis est expers ? Minime. Nunquam enim homo exstitit sine voluntate. Ergo voluntas eorum est quæ spectant ad naturam. Si fames, ac sitis, somnique desiderium, cum appetitiones sint irrationabiles, ad naturam spectant ; quidni animi appetitio rationalis, quæ libera est, ad eam spectet ?

Facti sumus ad imaginem Dei, quatenus intellectu et arbitrii libertate præditi. Si igitur non assumpsit mentem ac liberam voluntatem, neque id quod est ad imaginem assumpsit. Quædam vero post pauca subjiciemus, de modo quo homo est ad imaginem Dei. Itaque si Christus non assumpsit humanam voluntatem, quæcumque voluit, omnino divina voluntate voluit. Quomodo igitur, cum ingressus domum latere voluisset, non potuit [41]? non ergo divina voluntas est omnipotens, sed impotens. Desine, o homo, sic desipere. Divinæ voluntatis non est cibi potusque appetitio, ac velle locum ex loco mutare, et similia ; sed humanæ. Quanquam Christus humana hæc voluntate, secundum Patris beneplacitum volebat.

29. Ast, inquiunt, non a natura concessa est homini libertas, sed honoris titulo. Ait enim Gregorius Theologus [42] : « Libero eum arbitrio honorans. » Sed attende quid rursus idem Pater dicat : « Hunc ratione ac Dei imagine honestatum. » Si ergo ne rationis quidem facultatem per naturam habuerit, sed honoris duntaxat titulo : jam quoque superest ut dicas, non assumpsisse Dominum animam ratione præditam, sed mentis expertem.

Quot modis dicitur quid, ad imaginem ?

30. Ea parte, in qua ratio, mens, et liberum arbitrium est. Eo item nomine, quod mens verbum gignit, ac spiritum profert, ac denique propter principatum. Triplici hac ratione sunt ad imaginem angeli et homines. Ad hæc autem et inprimis homines, ratione ingeniti, quod in Adamo perspicitur ; et geniti, quod in Abel, ac processionis, quæ in Eva. Præterea, ex eo quod homo natura principatum teneat. Anima enim a natura corpus subditum habet, cui dominetur. Quod item universa veluti colligat. Cum enim in Deo, tum in homine universim unitur quidquid in rebus creatum est : siquidem homo spiritualis sensilisque naturæ veluti nodus est. Quod denique Filius Dei ad ejus esset creandus imaginem. Non enim angelus factus est, sed homo [43].

Natura omnis composita et ex diversis naturis coalescens, naturarum ex quibus componitur proprietates naturales necessario retinet, tametsi in conjunctione perspiciatur earum confusio. Nam ignis et aqua omnino contraria sunt : ignis siquidem calidus est et siccus : aqua vero frigida et humida. Corpus tamen, quod ex quatuor elementis coaluit, quatuor habet qualitates ; calorem et frigus, humorem ac siccitatem. Si ergo ubi perspicitur confusio, necesse tamen est inveniri naturales proprietates eorum, ex quibus compositio fit ; quanto magis in ea unione quæ confusionis expers exsistit !

32. Ast, inquiunt, non habet homo voluntatem naturalem. Dicunt enim Manichæorum more duas tantum esse voluntates ; unam quidem divinam, quæ bona est, alteram vero diabolicam, quæ mala : cumque id vult homo quod bonum est, Dei in eo esse voluntatem, cum id quod malum, diaboli. O singularem dementiam ! O ignorationis tenebras ! Divinam voluntatem omnium creatricem habet homo, necne ? Certe habet, inquiunt. Cum ergo homo qui vult bonum, divinam habeat voluntatem, erit plane ex eorum sententia rerum omnium auctor. Sed non intelligunt, nullam omnino naturam posse aliquid exsequi, si volendi facultate a natura donata non sit. Ut aves nunquam volaverint, nisi per naturam accepta facultate volandi ; nec terrestre animal gradietur, nisi accepta facultate gressus : sic nec homo aliquid velle, aut agere potest, nisi a natura volendi atque agendi vim acceperit. Eodem modo neque ut intelligat fieri potest, nisi a natura acceperit intellectus facultatem ; neque rursum ut videat, aut aliud quidquam agat. Quamobrem etiam naturales proprietates omni semper naturæ insunt, eique coexsistunt : haud perinde vero res quas volumus et agimus. Ac quidem naturalis voluntas, sive facultas illa qua volumus, una est : ea autem, quæ volumus, multa sunt ac varia. Ait enim divina Scriptura : « Omnes voluntates ejus in eis [44]. » Non ait, divina in eis volendi facultas ; sed :

[41] Marc. vii, 24. [42] Orat. 2 in Pascha. [43] Vide Greg. Nyss. ex quæstionibus *De eo quod est ad imag.*; Anastas. Antioch. in orat. duabus de eodem argumento. [44] Psal. xv, 3.

« Omnes voluntates ejus in eis, » id est, ea quæ cadunt sub ejus voluntatem.

33. Id porro operæ pretium est scire, quæ vult deitas, ad naturam pertinere; quippe quæ immutabilis exstitit, nec est comparata, ut alio atque alio modo velit, sed semper vult eodem modo. Atque adeo eadem prorsus sunt quæ volunt Pater et Filius et Spiritus sanctus, uti una eademque est trium natura. Nihil autem in summa Deitate personale est, præterquam ut Pater ingenitus sit ac Filii genitor, Filius sit genitus, ac Spiritus sanctus procedat.

34. Quod autem diximus de voluntate [45], de actu itidem sive operatione, et ipsa voce *actus* dicimus: nimirum, eorum esse, quæ diversa significant. Divinæ autem operationis hoc proprium est, ut nedum sensum omnem, mentemque ac sæculum, sed et omnem substantiam ac creaturam immensum superet. Porro actus est cujusque substantiæ motio. Rursusque, actus est vis naturalis et uniuscujusque essentiæ interpres. Item: actus naturalis est primus, est intelligentis animæ virtus semper in motu; id est perpetuo motu agitata ejus ratio, ab ea ceu fonte jugiter manans. Actus quoque dicuntur actionum exercitia; ut videre, loqui, spiritum ducere, ambulare, manducare, bibere; hoc est naturales cujusque facultatis functiones. Quin et passiones naturales haud raro actus quidam dicuntur; uti fames, sitis ac similia. Atque, ut verbo dicam, actus naturalis est cujusque substantiæ virtus et motio, qua ablata nihil supersit. Quid ergo est quamobrem naturæ humanæ operationem Dominus non habeat, cum sublata naturali cujusque operatione, naturæ consequatur interitus? Si ergo non fuit in eo naturæ humanæ naturalis operatio, ne natura quidem humana in eo fuit. Quorum enim naturæ diversæ sunt, eorum etiam tam voluntates, quam actus et operationes discrepant.

35. Aliud itaque est actus, aliud operari, aliud aliquid aut modo quodam operari, aliud quod agitur, sive quod subest actioni; aliud quod habet operandi facultatem, et aliud operans. Atqui actus quidem est ipsa vis operandi, hoc est posse operari. Operari autem, est ea vi uti: aliquid vero operari, est, v. gr. cernere, intelligere, audire, ambulare, comedere, bibere. Modo quodam operari, est bene, aut male agere. Operandi vim habens, est quod facultate pollet ut agat, puta angelus, homo. Operans denique, qui operatione utitur; hypostasis nimirum. Atque adeo actus alias quidem significat agendi facultatem; alias vero agere: interdum, id quod agitur: ac quidem actus, id est agendi facultas, atque agere, ad naturam pertinent. Omnes enim potentiam habent operandi; et habent universi ut agant: homo siquidem animal est operandi facultate præditum:

quod autem agitur, nedum naturæ est, sed et personæ, in angelis pariter atque hominibus. Nam in sancta Trinitate ad naturam pertinent quæcunque sunt voluntati ac operationi subjecta: unde etiam sunt eadem in tribus personis. At in angelis et hominibus, nec idem est quod volunt, nec idem horum usus. Unusquisque enim singularis angelus et homo proprium motum habet, vultque et agit peculiari ratione. Quamobrem in Domino nostro Jesu Christo, quia duplex est natura, duplex quoque est actio; ut sit perfectus Deus, et perfectus homo: duplex item voluntas ac diversum, pro utriusque naturæ discrimine, velle naturale: ut divino atque humano modo velit; omnipotenti ac sine passione, ratione divinæ naturæ; imbecilliter et patiendo, ratione humanæ. Ac aliud quidem est, aliudque quod natura divina agitur, aliud quod humana. Nec enim quæ divina natura operatur, ipsa sunt, quæ operatur humana; nec quæ divina patrantur, eadem sunt quæ facit humana. Non enim natura divina comedit, aut loca subinde mutat: quanquam divina actio per humanam actionem agit. Unus porro est qui hæc agit et illa, quia una persona est. Si enim non assumpsit humanam actionem; nec vixit ut homo, nec intellexit, nec cogitavit, nec comedit, nec bibit, nec cibum gustavit, nec ambulavit, nec vidit, nec audivit, nec respiravit, nec ullum eorum exsecutus est quæ naturam humanam contingunt; atque adeo nequidem homo fuit. Ait enim beatus Gregorius Nyssenus: « Loquitur quidem, tanquam ex hominis persona, id quod imbecillitati naturæ congruebat, ille qui nostras sibi passiones asciverat. Cæterum alteram vocem postea subjungit; sublimem utique ac divinitati consentaneam voluntatem supra humanam valere humanæ salutis causa volens. Nam qui dixit: *non mea*, humanam his verbis significavit: cum autem addidit *sed tua*, divinitatis suæ cum Patre conjunctionem ostendit: cujus ob naturæ societatem nulla voluntatis differentia est. »

36. His ita digestis et enucleatius disputatis, videamus num sancta Evangelia, apostolique et sancti Patres, omnia hæc Dominum habuisse confirment. Ac se quidem humanam animam habuisse his ipse verbis Dominus in Evangelio Joannis ait: « Potestatem habeo ponendi animam meam, et potestatem habeo iterum sumendi eam [46]. » Et iterum: « Et animam meam pono pro ovibus meis [47]. » Quod autem habuerit corpus, testis est Joseph, qui corpus ejus petivit, curavitque, et in sepulcro posuit [48]. Membrorum etiam compositionem in eo fuisse testata est illa meretrix, quæ et caput ejus unguento unxit, et pedes lacrymis rigavit [49]: testes sunt et clavi, quibus manuum palmæ ac pedum plantæ perforatæ sunt [50]: lancea quæ ejus aperuit latus [51], ac discipulus, qui supra pectus ejus re-

---

[45] Lib. ii *De fide*, cap. 23. [46] Joan. x, 18. [47] ibid. 15. [48] Matth. xxvii, 57. [49] Luc. vii, 34, 38. [50] Joan. xx, 24 seqq. [51] Joan. xix, 34.

cubuit⁵²; lingua quæ dixit: « Si quis sitit, veniat ad me, et bibat⁵³»; » osque illud quod impertivit Spiritum sanctum⁵⁴: dentes qui Pascha comminuerunt, et guttur quod illud in stomachum transmisit⁵⁵: hepar item, quod in sanguinem vertit⁵⁶: fatigatio quoque ea itinere⁵⁷, distenta supra modum musculorum artuumque compage, ut ait admirabilis Basilius. Præputii itidem circumcisio⁵⁸, et clunes quibus asino insedit⁵⁹; suscepta in dorso verbera: impacti genis colaphi, facieique sputa⁶⁰. Quod autem sectionem meam diffluxionemque susceperit, testis circumcisio est, clavi quoque, lancea, sputum, sudor, sanguis ille et aqua quæ fluxerunt e latere. Quod item actiones animæ et passiones acceperit, testes sunt sanctissimæ ejus animæ actiones, quas per corpus expressit. « Vidit enim, inquit, civitatem Jerusalem, et flevit super illam⁶¹. » Joannem quoque missum esse in carcerem audivit⁶²; unguenti olfactio⁶³, quæque vox Lazarum suscitavit⁶⁴: gustus item, fellis et aceti naturaliter aversatus acerbitatem⁶⁵. Haud plane enim ista divinæ naturæ operationes sunt. Leprosi contactus, incessus, manuumque in cruce extensio. Quod si vegetandi vim spectemus, idem testabitur corporis tum nutritio, tum incrementum. « Beatus, inquit, venter qui te portavit, et ubera quæ suxisti⁶⁶. » Et, « Puer crescebat ætate⁶⁷. » Si naturam sentientem, anima quidem, sed non ratione præditam; sensus, motus cum impressione, fames, sitis. Dicit enim Scriptura: « Postea esuriit⁶⁸. » In cruce item, « Sitio⁶⁹. » Cibi appetitio; ait enim: « Desiderio desideravi hoc Pascha manducare vobiscum⁷⁰. » Ira: « Turbatus enim est, inquit, spiritu, et protestatus est, et dixit: Unus ex vobis tradet me⁷¹. » Escæ ac potus coctio, inque sanguinem conversio: unde enim aliunde **550** sudor, sputum, sanguisque salutaris et aqua, nisi ex cibi coctione? sentiebat quippe, et omnibus utebatur absque passione, sed congenito sibi modo alimentum sumebat, non voluptatis causa, sed, ut quod effluxerat, repleret. Etsi enim sanctissimum ejus corpus non vidit corruptionem⁷²: divisionem tamen et effluxionem naturaliter pertulit. Est enim corruptio, corporis in ea ex quibus constabat, resolutio. Præ his omnibus ipsamet vita testis fuit, quæ animantis primus actus est, ac motus quam anima corpori impertit.

37. Vim autem seminalem atque genitalem non habuit. Ejusmodi quippe sunt divinarum personarum proprietates, ut mutari nullatenus possint: et sicut Pater et Spiritus sanctus Filius fieri non poterant, idcirco non nisi Dei Filius factus est hominis Filius, ut immota maneret proprietas. Deinde persona cum ejusdem generis persona commisceri solet: atqui nulla est alia talis persona, quæ Dei et hominis Filius sit. Unus enim est unigenitus Filius, solus ex solo Patre, [et solus ex sola matre,] Dei Filius, ac Filius hominis, Deus et homo, Jesus Christus Dei Filius. Præterea, etsi naturalis est commistio ad hominum genus propagandum, non tamen necessaria. Quippe fieri potest, ut quis vivat et sit homo, nec tamen commisceatur: multique ab hac affectione immunes prorsus fuerunt.

38. Enimvero corporis nulla fuit actio propria, præter divisionem et fluxionem, quæ quidem nec actiones sunt, sed passiones. Cætera vero omnia, nemini dubium est, quin actiones sint animæ corpore utentis, non divinæ naturæ; puta turbatio. « Nunc, inquit, anima mea turbata est⁷³. » Tristitia et mœror: « Cœpit enim contristari et mœstus esse⁷⁴. » Et: « Tristis est anima mea usque ad mortem⁷⁵. » Mortis pavor: Ait enim: « Pater, si fieri potest, transeat a me calix iste⁷⁶. » Mors denique. Quæ omnia non sunt divinitatis; quia divinum numen a passione liberum est, sempiternæque vitæ, et immortale: sed animalis, id est naturæ animæ et sensu præditæ. Ex rationali et intellectuali anima sapientiam habuit. « Proficiebat enim sapientia et ætate⁷⁷. » Sapientia divina non proficiebat, quoniam a prima conceptione, perfecta unio fuerat, et summa conjunctio, nullaque divinæ cujusdam virtutis facta est accessio. Proficiebat autem humana sapientia: quia secundum ætatis mensuram elucebat in eo sapientia humana. Quemadmodum enim a prima conceptione factus est perfectus infans, habuitque statim, non per intervalla paulatim, digesta coaptataque corporis membra, veluti magnus rerumque divinarum scientia clarus Basilius docet, oratione in Christi natalis diem; ita etiam a prima conceptione, humana et divina scientia perfectus fuit; nimirum ut homo (nam uti Deus nequaquam divina sapientia perfectus evasit, sed ab æterno hoc habebat), progressu autem ætatis corporis, specimen humanæ sapientiæ, quæ in eo perfecta erat, profectus censebatur. Quod si humana sapientia fuit præditus, omnino etiam et mente. Quippe sapientia proles est ac virtus mentis, **551** et Apostolus ait: « Nos autem Christi sensum, sive mentem, habemus⁷⁸. » Quinimo sancti Patres quorum testimonia addidimus, ad imaginem Dei esse, a parte intelligente accipiunt. Quocirca si hominem qui creatus est ad imaginem Dei, assumpsit, sive humanitatis naturam, assumpsit plane naturam intellectu et ratione præditam: imo et liberam assumpsit voluntatem. Velut enim appetitum rationis expertem, rationi tamen obsequentem accepit ita et rationa-

---

⁵² Joan. xiii, 25. ⁵³ Joan. vii, 37. ⁵⁴ Joan. xx, 21. ⁵⁵ Joan. xiii, 2. ⁵⁶ Luc. xxiv, 42. ⁵⁷ Joan. iv, 6. ⁵⁸ Luc. ii, 21. ⁵⁹ Matth. xxi, 7 seqq. ⁶⁰ Matth. xxvi, 67. ⁶¹ Luc. xix, 41. ⁶² Matth. xiv, 12. ⁶³ Joan. xii, 3. ⁶⁴ Joan. xi, 43. ⁶⁵ Matth. xxvii, 34. ⁶⁶ Luc. ii, 27. ⁶⁷ Luc. i, 52. ⁶⁸ Matth. iv, 3. ⁶⁹ Joan. xix, 28. ⁷⁰ Luc. xxii, 15. ⁷¹ Joan. xiii, 24. ⁷² Psal. xv, 10. ⁷³ Joan. xii, 27. ⁷⁴ Matth. xxvi, 27. ⁷⁵ ibid. 38. ⁷⁶ ibid. 39. ⁷⁷ Luc. ii, 52. ⁷⁸ I Cor. ii, 16.

lem. Non enim naturam suscepit mente carentem et ratione. Si enim ejusmodi naturam sumpsisset, nequidem fuisset homo. Verum rationalem assumpsit : quia homo natura est mente et ratione prædita.

39. Itaque universi sancti Patres, qua ratione naturas duas professi sunt in Domino nostro Jesu Christo, eadem quoque naturales omnes proprietates binas posuerunt. Quippe fieri nequit, uti natura proprietatibus quæ ipsam afficiunt, nudata consistat. Qui igitur duas naturas fatentur, ii fateantur necesse est duas ejus naturales voluntates, sive volendi facultates. Habet siquidem qua Deus natura est, voluntatem divinam et omnipotentem : ut autem natura factus homo, humanam habuit voluntatem, qua domum ingressus latere voluit, nec potuit [79]. Nec enim eo te puto processurum, ut imbecillitatem tribuas divinæ voluntati. Habuit ergo unus ipse idemque Dei Filius Christus, perfectus Deus homoque perfectus, humanæ suæ animæ volendi facultatem, qua humana vellet : suaque illa animali voluntate erga humana ferebatur, quemadmodum divina voluntate divina volebat; nulla tamen contrariæ voluntatis sententia. Ejus enim humana voluntas libere subjecta erat divinæ ipsius Patrisve voluntati, ut ea vellet, quæ divina ejus voluntas ipsam volebat velle.

40. Nam quia Adami voluntas divinæ voluntati subjecta non fuit, sed suapte sententia voluit quæ divinæ contraria voluntati essent; quæ quidem prævaricatio fuit : nec quisquam posterorum fuit, qui divinæ voluntati ex proprio animi motu morem gereret : « Omnes enim peccaverunt, inquit Apostolus, et egent gloria Dei [80] : » idcirco Dei Filius Patris beneplacito factus est homo : ac naturam quidem humanam assumpsit, naturalemque hominis voluntatem; nequaquam vero hominis personam, ne humanæ naturæ naturalis voluntas, ex personalis et arbitrariæ voluntatis præscripto divinæ voluntati contraria ageret : sed potius in omnibus libere Deo obediret, sicque vetus transgressio aboleretur.

Præterea, habuit sane, secundum Marcum evangelistam [81], voluntatem humanam, cum ingressus domum latere voluit, nec potuit. Atqui divina voluntas omnipotens est, non imbecilla : imbecilla vero est voluntas humana. Ergo voluntas humana fuit, qua voluit, divina ejus approbante voluntate, 552 tempusque tribuente, ut humana sua natura propriis suis uteretur : ut, inquam, vellet, nec posset.

Item : « Pater, si fieri potest, transeat a me calix iste [82] ; » nempe mortis poculum. En naturalem vitæ appetitum ac desiderium, quod animal omne tam rationabile, quam rationis expers, consecutum est. « Verumtamen non mea voluntas, sed tua fiat [83]. » Ecce naturalis et cum ratione mentis appetitio, quæ et libera potestate judicioque suo ceu freno quodam appetitum rationis expertem coercet. « Non mea, inquit, voluntas, sed tua fiat. » Voluntas mea, hoc est humana, qua nullum tecum habeo commercium : neque enim ut ego, sic tu factus es homo, nec humanas suscepisti passiones : sed voluntas tua, quæ mihi tecum communis est, cujus velut et naturæ deitatisve consors sum. « Non enim descendi ut faciam voluntatem meam, sed voluntatem ejus qui misit me [84]. » Non ut humana mea voluntas pro arbitratu tuæ repugnet, sed ut pareat. Voluntas enim ac complacitum Patris in hoc erat, ut ille pro mundi salute mortem subiret, cujus etiam causa carnem assumpserat. Nam hoc in loco voluntas non ipsam volendi vim indicat, sed id quod in voluntatem cadit. Non enim divinam ejusmodi voluntatem edere propositum ipsi fuit; quippe quæ increata sit ac principii expers : sed quod erat voluntati subjectum, quodque fieri divina voluntas expetebat : quomodo et illud Prophetæ accipiendum est : « Omnes voluntates ejus in eis [85]. » Non enim multæ sunt Dei facultates quibus velit, sed una : nec vis ea qua Deus vult, in sanctis inest : quippe una esset ejus eorumque natura. Nam quorum voluntas una est, eorum etiam una est natura. Sed in sanctis voluntas Dei, id est ejus præcepta.

42. Ostensum est igitur habuisse Christum, uti duas naturas, sic naturales duas voluntates, naturalesque duas actiones, quo esset perfectus Deus, et perfectus homo. Non enim perfectus Deus est, in quo non sunt omnes deitatis proprietates, ipsaque cum primis divina natura : nec rursum est perfectus homo, qui perfectam hominis naturam non habeat, omnesque humanitatis proprietates. Divinam igitur habebat voluntatem, qua, uti Deus, divina volebat cum Patre et Spiritu sancto; quorum, ut una est natura, sic una est ad eam accommodata voluntas. Habebat etiam humanam voluntatem naturalem, id est naturalem volendi vim, utpote qui factus esset perfectus homo, perinde ac sua mater; quorum, sicut una natura, sic una voluntas fuit. Habebat præterea divinam agendi vim, qua una cum Patre et Spiritu divina libere ageret : habebat et humanam vim agendi, qua item libere volendo ageret arbitratu suo. Non enim divina voluntate latere voluit et non potuit, nec cibum capere, ac bibere. Hæc etenim non in divinæ, sed humanæ naturæ voluntatem cadunt. Nec divina actione ambulabat, aut manus extendebat : non enim divinæ naturæ est, ejusque agendi facultatis, ambulare, et manus extendere. Utraque tamen in Christo natura cum alterius communione illud volebat et agebat, quod sibi proprium erat; cum humana ejus tum voluntas, tum agendi facultas divinæ 553 ipsius voluntati atque actione mi-

---

[79] Marc. vii, 24. [80] Rom. iii, 23. [81] Marc. vii, 24. [82] Matth. xxvi, 39. [83] ibid. [84] Joan. vi, 38. [85] Psal. xv, 4.

nistraret. Sicut enim per corporis ipsius actionem divina ejus actio opera patrabat (manu quippe puellæ manum, tenuit, et dixit : « Puella, surge [86];» tactuque ac verbo divina vis agendi vitam puellæ restituit), sic per humanam ipsius voluntatem divina ejus voluntas agebat. Divina siquidem voluntate volendo, miraculum patravit; volendoque humana, extendit manum, et dixit, *Surge*. Et ut uno verbo dicam, quæcunque humana voluntate voluit egitque, mundi salus fuerunt. Non enim divino prorsus more divina agebat (haud quippe Dei nudi et carnis expertis fuerit contactu et manuum extensione miracula patrare), neque humano more agebat humana. Non enim purus homo salutem attulisset mundo: sed cum Deus esset, et factus esset homo, novam quamdam et inauditam actionem Dei et hominis edidit: divinam quidem, sed quæ humana operaretur; humanam item, sed quæ divinæ ministraret, ac conjunctæ sibi deitatis signa ederet.

43. Quemadmodum enim ignis ac ferri diversa est natura, aliæque et aliæ amborum actiones: nec enim ignis secat, sed *incendit et illuminat* ea vi agendi, quam ei attribuit natura : neque rursus ferrum sic a natura comparatum est, ut urat aut illuminet; sed secat et nigrum est : cum autem conjuncta ea fuerint, conjuncte et indivise suum munus utrumque exsequitur : simul enim cum sectione exsistit ustio; ignisque ferri adminiculo, tum incendit, tum illuminat : cum interim non una sit naturalis actio, sed duæ ; una ignis, qua urit; altera ferri, qua secat : ac utriusque effectus proprius est; ignis quidem, ustio; ferri autem, sectio, siquidem sectio talis est, quæ vim habeat urendi; ac ustio, quæ simul secandi : sic in Domino nostro Jesu Christo accidit. Agebat utraque natura cum alterius communione, quod proprium erat; cum interea nec una duæ essent, nec duarum unum esset effectum; sed humanæ ejus naturæ esset divino libere imperio ac voluntati parere, atque servire et sua voluntate manum porrigere, ac tangere puellam, divinæ obsequendo voluntati : deitatis autem per contactum agentis esset suscitare puellæ.

44. Quocirca nec magnus Dionysius [87] unam *theandricam* (id est, Dei et hominis) actionem dixit; sed simpliciter *novam*, sive inusitatam. Utraque enim inusitata ac divino-humana. Nam verbis illis numerum non expressit, sed modum inconsuetum. Siquidem Dominus misericordia motus erga figmentum suum, quod peccati morbum tanquam inimici superseminatum semen sponte exceperat, totum id assumpsit, quod ægrum erat, ut totum sanaret. Quod enim assumptum non est, sanari non potuit. Quod vero fuit assumptum, tametsi offenderat, hoc demum salutem consequitur. Quid autem illud est quod cecidit, ac primum ægrotare cœpit, nisi mens ejusque rationalis appetitus, id est voluntas? Hoc itaque curatione egebat; **554** quippe cum peccatum morbus sit voluntatis. Nisi ergo animam assumpsit ratione et intellectu præditam, ejusque voluntatem, naturæ humanæ morbum haudquaquam curavit. Idcirco enim etiam assumpsit voluntatem, peccatum vero minime. Nam peccatum ejus opus non est. Ut igitur peccati morbum, qui inimico superseminante inoleverat, ex anima procul pelleret, animam ejusque voluntatem assumpsit, nec tamen peccatum fecit. Itemque ut corpus a corruptione et servitute peccati liberaret, etiam assumpsit corpus : quin et pœnas assumpsit, quæ a prima transgressione inflictæ erant, ut nostro pro nobis exsoluto debito, nos a damnatione et absolveret. Quippe servus servum non potest in libertatem asserere. Quapropter ipse, qui inde liber erat, quod culpa omni vacaret, tanquam nec morti, nec ulli alii pœnæ obnoxius, nostri causa nostras in se recepit pœnas, ac pro nobis mortuus est, « ut daret potestatem iis, qui se reciperent, filios Dei fieri [88], » tumque eis incorruptionem et vitam angelicæ similem doloris omnis laborisque vacuam in regeneratione quam futurum ævum promittit, concederet. Primum enim nos oportet sustinere quæ primus Adam, a quo ortum trahimus, in mundum invexit mala; tumque secundi Adam munera assequamur, si modo ejus insistamus vestigiis, legique libertatis obtemperantes, peccati jugo iterum non mancipemur. Nobis enim cum genus nostrum libertati restitueret, mandatum denuo dedit, atque ostendit viam quam si ambulamus, eo pergentes quo Præcursor noster petiit [89], cum ipso regnaturi sumus. Sin autem viam alteram ineamus, foras excludemur. Faxit autem ipse, ut ejus vestigia prementes, cum ipso semper simus, cujus gloria et regno fruamur, nunc et semper et in sæcula sæculorum. Amen.

[86] Luc. VII, 54. [87] Epist. 4. [88] Joan. I, 12. [89] Hebr. VI, 20.

IN DISSERTATIONEM CONTRA NESTORIANOS ADMONITIO.

Dissertatio Damasceni contra Nestorianos Latine prodiit t. IV *Antiq. Lect.* Henrici Canisii, ex interpretatione Francisci Turriani : quam nunc exhibeo. Ad hujus operis commendationem hoc unum moneo, Joannem Damascenum pro tuenda unius personæ Christi deitate variis sacræ Scripturæ utriusque instrumenti testimoniis ea arte, vi et perspicuitate pugnare, ut vel unum hoc opusculum sufficere mihi videatur ad obfirmandos fidelium animos contra grassantem hodie Socinianae perfidiae luem, illosque ad catholicam fidem revocandos, qui sincero noscendae veritatis studio id perlegerint. Ad unicum monumentum, quo de primaeva traditione constare possit, auctor provocat; ad Nicaenum scilicet symbolum, quod Nestoriani ceu fidei tesseram amplecti non dubitarent. Compendiosiorem enim viam hanc esse Patres noverant, qua venire quilibet facile possit ad certo cognoscendum quae primis Ecclesiae saeculis fides totius catholici orbis de Dei Verbi facti hominis mysterio fuerit.

Opusculi hujus parentem fuisse Joannem Damascenum testantur codices, Bavaricus 555 quo Turrianus usus est, Regius, Vaticanus itidem, et translatio Arabica : necnon methodus eadem quae in polemicis aliis ejusdem auctoris lucubrationibus obvia est ; eaedem denique sententiae quas in libris *De fide orthodoxa* tradit, verbis iisdem enuntiatae. Citatur etiam tanquam genuinum opus Joannis Damasceni a Gregorio protosyncello in Apologia concilii Florentini contra epist. Marci Ephesini.

S. JOANNIS DAMASCENI
ADVERSUS NESTORIANORUM HAERESIM
DISSERTATIO ACCURATISSIMA.

Initium dicendi sic faciendum est adversus eos qui cum Nestorio sentiunt : Vos velim dicatis nobis : quemnam sancta Dei Genitrix concepit ? Num natura Filium Dei et Deum, an hominem? Si quidem eum natura Filium Dei Deumque dixerint, jam orthodoxi sunt. Hoc enim ipso beatam Virginem esse Dei Genitricem confitebuntur. Eccur enim non Dei Mater, quae Deum concepit, eumdemque incarnatum genuit ? Sin autem hominem dicant, tum eos tanquam haereticos sic excipiemus : Illum qui Dei et Patris Filius est, atque ante saecula Verbum, natura Filium Dei, ac natura Deum, Deoque et Patri consubstantialem dicitis? Plane, inquient. Tum nos : Virginis Filius nunquid natura Dei Filius et natura Deus est? Nequaquam, inquient. Tunc urgebimus : Duos igitur Dei filios confitemini, unum natura, gratia alterum : sicque duos adoratis filios, vestraque sententia Trinitas in quaternitatem evasit. Quamobrem dicite nobis, a quonam duas hypostases praedicare edocti estis? annon ex Evangelio palam audistis : « In principio erat Verbum, et Verbum erat apud Deum, et Deus erat Verbum¹? » et post pauca : « Et Verbum caro factum est, et habitavit in nobis². » Unde accepistis post animatae carnis conceptionem concessam ei esse Verbi Dei inhabitationem? Nonne scriptum est, quod « Angelus ad mariam ingressus dixit : Ave, gratia plena, Dominus tecum. Quae cum audisset turbata est in sermone, et cogitabat qualis esset ista salutatio. Et ait angelus ei : Ne timeas, Maria, invenisti gratiam apud Deum. Et ecce concipies in utero, et paries filium, et vocabis nomen ejus Jesum. Hic erit magnus, et Filius Altissimi vocabi- tur. Et dabit ei Dominus Deus sedem David patris ejus, et regnabit in domo Jacob in aeternum, et regni ejus non erit finis. Dixit autem Maria ad angelum : Quomodo fiet istud, [quoniam virum non cognosco?] Et respondens angelus dixit illi : Spiritus sanctus superveniet in te, et virtus Altissimi obumbrabit tibi. Ideo et quod nascetur sanctum vocabitur Filius Dei³? » En clare demonstratum est, angelum Mariae conceptus modum quaerenti, non dixisse : Concipies prius, moxque fiet inhabitatio Dei. Quin potius per adventum 556 operationemque Spiritus sancti, ac per inhabitationem Verbi patrandam esse conceptionem : ut nempe virtutis Altissimi obumbratio, seu, quod idem est, Verbi conceptio facta sit, simulque carnis in ipso Verbo subsistentis exsistentia. Quod autem Verbum factum sit homo, inclamat Joannes Theologus dicens : « Et Deus erat Verbum : et Verbum caro factum est. » Factum est, inquam, absque conversione aut mutatione. Immutabilis siquidem Deus est et invariabilis.

2. Verbum igitur factum est homo ; non per mutationem naturae, neque per imaginariam, fictamque incarnationem : sed cum una ex divinitatis personis esset, ex intacta Virgine carnem anima rationali atque intelligenti animatam subsistentia sua sustentando, eidem est factum hypostasis. Sicut enim gladius ex ferro confectus, una naturae ferri hypostasis est : igni vero admotus accenditur, nec tamen ipsam quae prius exstabat hypostasim ignis suscepit, sed quibusdam naturae ignis veluti primitiis acceptis, iisdem factus est hypostasis ; ita ut cum gladius simplex antea naturae solius ferri

¹ Joan. 1, 1. ² ibid. 14. ³ Luc. 1, 28-35.

hypostasis esset, compositæ deinde naturæ etiam ignis evadens, ferri quoque naturam habet nullatenus alteratam, unaque naturam ignis absque ulla imminutione : pari modo Christus, cum una divinæ naturæ hypostasis esset, omnem in se deitatis naturam integram habens, ex sancta Virgine carnem quæ subsisteret, assumpsit, non hypostasim ; carnem, inquam, in ipso potius subsistentem, naturæ nostræ primitias. Unde quæ ante simplex erat, composita deinceps fuit ; non quidem composita natura, sed persona, ex divinitate scilicet, quæ in seipsa prius exstabat, et ex assumpta carne anima rationali et intelligente instructa, constans.

3. Si autem dixeritis, quod sicut « factus est peccatum, et maledictum⁴, » ita et caro factus sit, respondemus : Ergo sicut ad tollendum peccatum et maledictum factus est peccatum et maledictum, ita ad auferendam carnem factus est caro : quemadmodum peccatum et maledictum nullatenus factus est, ut peccatum et maledictum consistere faceret et instauraret. Atqui peccatum quidem et maledictum minime substantia sunt, nec quidquam a Deo conditum : caro autem Dei creatura est : non igitur sicut peccatum et maledictum, ita quoque factus est caro.

4. Quisnam ille est, qui « participavit carni et sanguini, nobis similis factus⁵ ? » nudus enim homo, caro et sanguis cum sit, carni et sanguini participare non dicitur. Quod si « per omnia similis nobis factus est ; » quis igitur ille est qui nobis similis evasit ? quod enim alteri simile fit, prius diversum fuerit necesse prorsus est.

5. Quonam modo « miserit Deus Filium suum factum ex muliere⁶ ? » nam ille qui non est, non mittitur. Ecquid igitur erat ? quidnam ex muliere factum est ? hæc velim edicite.

6. Si non est secundum naturam Dei Filius, nec natura Deus, ille qui ex Virgine natus est, cur **557** « sedet in dextera Dei Patris⁷ ? » Perspicuum est, quod secluso qui natura Deus est, aut quaternitatem adoremus, et nos omnesque spirituales virtutes hominis cultores simus.

7. « Gloriam meam alteri non dabo⁸, » inquit ipse Deus. Quomodo igitur ille qui ex Virgine ortum habuit, adoratur et colitur, si alius sit præter eum qui natura Filius Dei ac Deus est?

8. Si Jesus Virginis filius, Dei Filius natura ac Deus non est, quomodo « in nomine ejus omne genu flectetur, cœlestium, et terrestrium, et infernorum⁹ ? » Si illi soli qui secundum naturam Dei Filius est, curvatur omne genu ; qua ratione Deo ipsi, nisi etiam ipse homo sit, id quod est super omne nomen conceditur ? quatenus enim Deus est, non illud accipit ; utpote quod ab æternitate habeat.

9. Si Christus ex Judæis « est secundum carnem¹⁰, » relinquitur, ut ipse intelligatur, et sit, ac dicatur ex alio secundum aliud. Dicendo enim, *secundum carnem*, significavit eum ex alio esse secundum aliud. Ex quo autem, ac secundum quidnam aliud, nisi ex Deo secundum quod Deus est ? Qui enim illum dixit Deum, et *benedictum*, et *super omnia*, significavit eum, cum esset ex Patre « Deus super omnia benedictus in sæcula¹¹, » Deum scilicet ex Deo, factum esse ex Judæis secundum carnem, quando factus est homo.

10. Beatus Paulus ait : « Hoc sentite in vobis, quod et in Christo Jesu, qui cum in forma Dei esset, non rapinam arbitratus est esse se æqualem Deo, sed seipsum exinanivit, formam servi accipiens, in similitudinem hominum factus, et habitu inventus ut homo. Humiliavit semetipsum factus obediens usque ad mortem, mortem autem crucis. Propter quod et Deus exaltavit illum, et donavit illi nomen, quod est super omne nomen, ut in nomine Jesu omne genu flectatur, cœlestium, terrestrium et infernorum ; et omnis lingua confiteatur, quia Dominus noster Jesus Christus in gloria est Dei Patris¹². » Dicatis ergo, quis ille sit, « qui cum in forma Dei esset, non rapinam arbitratus est, se esse æqualem Deo, sed seipsum exinanivit formam servi accipiens ? » homo non est in forma Dei. Non enim in natura Dei est homo. Omnis siquidem sanctorum cœtus per formam intelligit naturam. Nec item exinanivit seipsum servus qui servi formam accipit. Qui enim id accipiat quod ipse est ? quomodo etiam homo similis hominibus fiat, ac Deo obediens factus, humiliaverit semetipsum ? homo enim Deo factus obediens, exaltatur potius, Deoque se similem faciens, rapinam id esse novit. Quapropter de Filio Dei et Deo secundum naturam dicta hæc sunt, quando nempe factus est homo. Non enim, cum prius esset homo, postea dictus est Deus ; sic enim rapinam arbitratus esset : sed cum esset ab initio Deus, deinde factus est homo. Et quatenus quidem natura Deus exsistit, seipsum humiliat, factus homo. Cæterum quatenus factus est homo, superexaltatur super omne nomen, Filii Dei nomen accipiens. Ipse enim erat, et Dei Filius, ac Deus secundum naturam, sicut et divinus Apostolus declaravit. **558** Non enim dixit, cum esset homo, factus est Deus ; sed, « cum in forma Dei esset, non rapinam arbitratus est se esse æqualem Deo. » Nequaquam enim exaltatur Altissimus, quin seipsum potius deprimit, dum sponte fit homo. Non igitur alii humiliationem attribuit, alii vero exaltationem, sed eidem. Unus quippe et idem est, qui hoc et illud admisit : hoc quidem quatenus Deus cum esset, factus fuit homo : istud vero quatenus factus homo, sua fecit, quæ naturæ humanæ propria erant : atque hoc pacto superexaltatus fuisse dicitur.

11. Ait Dominus ad Patrem : « Pater, glori-

---

⁴ Galat. III, 13. ⁵ Hebr. IX, 7. ⁶ Galat. IV, 4.
¹⁰ Rom. IX, 5. ¹¹ ibid. ¹² Philipp. II, 5-11.
⁷ Hebr. X, 11. ⁸ Isa. XLIV, 8. ⁹ Philipp. II, 10.

fica me gloria, quam habui, priusquam mundus fieret apud te ¹². » Si Deus solum est, quomodo glorificatur? Si homo duntaxat, qua ratione ante saecula gloriam habuit?

12. « Non erit (inquit) in te Deus recens ¹⁴. » Quomodo ergo de vestra sententia Deus homo fit propter connexionem habitudinis cum Verbo, evaditque consors gloriae ac dignitatis ejusdem cum Patre? Nos autem non hominem recenter fieri Deum dicimus; verum qui erat Dei Filius et Deus ab aeternitate, hunc citra mutationem incarnatum esse confitemur. Mansit enim nihilominus Deus, dum factus est homo.

13. Beatus Paulus ait : « Siquidem dii multi et domini multi : nobis tamen unus Deus Pater, ex quo omnia; et nos in illo : et unus Dominus Jesus Christus, per quem omnia; et nos per ipsum ¹⁵. » Unum Christum dicit, per quem omnia. Quemnam vos illum dicitis? Si quidem eum qui ex Virgine natus est, omnino necesse erit, ut et ipsum eumdem esse fateamini qui ex Deo est ante saecula, ac per quem omnia : sin vero eum qui ex Deo est, quasi hic alius sit ab eo qui ex Virgine exstitit : igitur Christus ex Virgine ortus non est. Unum etenim esse dixit per quem omnia. Denique si illum qui ex Virgine est, alium dixeritis ab eo, qui ex Deo natus est : aut duos universi conditores inducetis, aut Christus ille non erit, qui ex Deo est, nec universorum Conditor.

14. Scriptura dicit : « Quisquis confessus fuerit, quoniam Jesus est Filius Dei, Deus in eo manet, et ipse in Deo ¹⁶. » Non dixit simpliciter Υἱὸς τοῦ Θεοῦ, *Filius Dei* (sine articulo), sed ὁ Υἱὸς τοῦ Θεοῦ (cum articulo), *ipse Dei Filius*, qui unicus est.

15. Duas in Christo naturas confitemini, an unam? Duas, inquiunt. At quasnam demum illas? Divinitatem plane et humanitatem. Quomodo igitur neque natura Deus sit, neque natura homo, si duas habet naturas? Relationis unionem Verbi et carnis utique afferetis. Verum, ubinam erit exinanitio? ubi humanitatis assumptio? Si enim haec omnia de unione secundum relationem exponitis, plurimas Dei incarnationes, et humanitatis assumptiones, quantumvis particulares, inducetis. Multis enim deiferis viris, justis, patriarchis, et prophetis per relationem et affectum unitus est Deus : **559** ac proinde ex vestra sententia, in unoquoque incarnationem, atque (ut ita dicam) inhumanationem subiit.

16. Michaeas propheta de eo qui natus est ex Virgine in Bethleem, ait ¹⁷ : « Et egressus ejus ab initio a diebus aeternitatis. » Quomodo egressus ejus ab initio a diebus aeternitatis, si ipse non erat Deus ante saecula?

17. Dominus de sempiterna sua exsistentia testificans, ait : « Amen, amen dico vobis, antequam Abraham fieret, ego sum ¹⁸. » Et iterum : « Nemo ascendit in coelum, nisi qui descendit de coelo, Filius hominis qui est in coelo ¹⁹. » Quomodo ille qui erat ex semine David, filius Abraham, ante exstabat, quam Abraham fieret, nisi quia Deus erat? Quomodo vero Abrahae filius fuit, nisi quatenus factus est homo in novissimis temporibus? « Nemo ascendit in coelum, nisi qui descendit de coelo, Filius hominis, qui est in coelo. » Quomodo Filius hominis de coelo descendit et est in coelo? quo etiam modo qui est in coelo, hic ascendit in coelum, nisi quia idem ipse et Deus et homo est? Ut Deus quidem ad nos per accommodationem descendit, incarnaturque, et homo efficitur. Ex coelis, inquam, descendit, nec tamen a Patris sinu discedit : porro in quantum homo, « ascendit, ubi erat prius » uti Deus; quemadmodum ipsemet a mendacio alienissimus, subsistensque veritas, dixit : « Cum videritis Filium hominis ascendentem ubi erat prius ²⁰. » Nam quatenus Deus, sempiternus est et incircumscriptus, etsi descendisse dicitur. Nam descensum illius accommodationem potius interpretamur, et humiliationem, atque sui in terra manifestationem. Verum quatenus homo apparuit, circumscriptus fuit, ac tempori subditus.

18. Joannes praecursor et Baptista ait : « Ipse est de quo dicebam : Post me venit vir, qui ante me factus est, quia prior me erat : et ego nesciebam eum : sed ut manifestetur Israeli, propterea ego veni in aqua baptizans ²¹. » Et : « Ecce Agnus Dei, qui tollit peccatum mundi ²². » Considerate, quemadmodum quando virum dicit, et agnum appellat, alium esse non dicit illum qui tollit peccatum mundi; imo eidem hanc vere magnam, et insolitam, quaeque Deum deceat excellentiam attribuit. Ante se autem seque priorem praedicat illum, qui tamen posterior prodierat, secundum tempus, inquam, generationis carnalis. Etsi enim nuper genitus erat Emmanuel, attamen ante omnia saecula exstabat ut Deus. Ipsius igitur est, et humano more recentem esse, et aeternum esse divino modo. Quamobrem Zacharias Joannis pater cum esset, filio suo vaticinando dixit : « Et tu, puer, propheta Altissimi vocaberis; praeibis enim ante faciem Domini parare vias ejus ²³. »

19. Ipsemet Virginis Filius discipulos suos alloquens, ait : « Quem me dicunt homines esse ²⁴? » Cum itaque alii alium eum esse dicerent, atque unum ex prophetis esse conjicerent, nequaquam illis assentiens ceu vera pronuntiarent, rursum interrogat : « Vos autem (qui plus aliis nostis) quem me esse dicitis ²⁵? » Tunc praestantissimus Petrus, supremus ille vertex apostolorum, non nudum carnisque expers Verbum, nec purum ac

---

¹² Joan. xvii, 5. ¹⁴ Exod. xx, 3; Psal. lxxx, 10. ¹⁵ I Cor. viii, 5. ¹⁶ I Joan. iv, 15. ¹⁷ Mich. v, 2. ¹⁸ Joan. viii, 58. ¹⁹ Joan. iii, 13. ²⁰ Joan. vi, 63. ²¹ Joan. i, 30, 31. ²² ibid. 29. ²³ Luc. i, 76. ²⁴ Matth. xvi, 13. ²⁵ ibid. 15.

Dei gerum hominem, quin potius natura Filium Dei et Deum, atque natura hominem factum, unumque hoc et illud exsistentem Christum intuens, « Tu es, inquit, Christus, ipsemet Filius Dei vivi [16]. » 560 Non (nude) dixit *Filius*, sed (adjectione articuli) *ipsemet Filius* unigenitus, ille unicus, ille ante sæcula exsistens. Quapropter audivit : « Beatus es, Simon Bar-Jona, quia caro et sanguis non revelavit tibi, sed Pater meus, qui est in cœlis [17]. » Nam « Nemo novit Filium, nisi Pater [18]. »

20. Item discipuli divino incessus supra mare miraculo attoniti dicebant : « Vere Filius Dei es [19]. » At si adulterinus et asciticius, non *vere*. Arguantur ergo a vobis beati discipuli.

21. Si una est Trinitatis natura, unaque operatio, et in illa præter subsistentiam omnia communia sunt, carni autem anima rationali et intelligente animatæ Deus Verbum habitudine solum atque operatione unitus est, nihil minus et Patrem et Spiritum sanctum eidem omnino unitos fuisse oporteret. Quod si par eademque Patris et Spiritus sancti ad carnem unio est, dicatur igitur ille quem Virgo Deum et hominem edidit, Pater et Filius et Spiritus sanctus. Quis enim hanc ei sortem dedit ut Verbum ac Filius Dei duntaxat appellaretur ? Sin autem Filius unitus ei fuit relatione tantummodo atque operatione, plane diversæ a Patre et Spiritu sancto virtutis et operationis erit. Verum ex hypostatica unione nihil absurdi sequitur. Alterius enim a Patre hypostasis ac subsistentiæ Filius est.

22. Beatus Paulus ait : « Unus Deus Pater ex quo omnia : et unus Dominus Jesus Christus per quem omnia [20]. » Cur Jesus Christus Patri proxime conjungitur, nullo dirimente intermedio ? Deinde ubi tandem Unigenitum locaturi sumus, qui hominem ejus in locum provehamus ? eumque, ut vos dicitis, ab illo actum et afflatum, atque ejus opera cohonestatum. Quod si reponatis, qua ratione Christus in Bethleem natus cum esset, Nazarenus a loco domicilii dictus fuit, ea etiam Deum Verbum, eo quod in homine habitaverit, hominem appellatum fuisse : hinc sequitur, ut neque factus sit caro, neque homo, nec consentanee Christus homo, sed carnalis et humanus fuerit nuncupatus, velut et Nazarenus. Non enim Nazaret dictus est Christus, sed Nazarenus.

23. Si ob simplicem in homine inhabitationem et relationis unionem, Dei Verbum appellatur homo : igitur et Pater et Spiritus sanctus homines appellantur. In nobis quippe per Spiritum inhabitat plenitudo sanctæ Trinitatis. Et sane sapientissimus Paulus ait : « Nescitis, quia templum Dei estis, et Spiritus Dei habitat in vobis [21] ? » Ipse etiam Christus : « Si quis diligit me, sermonem meum servabit : et Pater meus diliget eum, et ad eum veniemus, et mansionem apud eum faciemus [22]. » Atqui Pater nequaquam dictus est homo, neque Spiritus sanctus, quia in nobis habitant : ergo neque Filius eadem de causa homo appellatur, sed quia factus est homo secundum substantiam.

24. Si quando quidem Verbum in Christo, signorum 561 patrator fuit, quia in eo erat : unum utique ex prophetis Christum esse dicitis. Nam perinde (Verbum) sanctorum ministerio miracula patravit.

25. Dicitur Christus fuisse sanctificatus a Patre [23], advenientemque Spiritum accepisse [24]. Quomodo igitur baptizat in Spiritu sancto [25], et quæ soli divinæ naturæ conveniunt, implet et exsequitur ? ipse enim sanctitatem suppeditat, quam proprium sui ipsius esse donum significans, ait : « Accipite Spiritum sanctum ; quorum remiseritis peccata, remittuntur : quorum retinueritis, retenta sunt [26]. » Sanctificatur ergo, quatenus est homo : idem vero ipse sanctificat, uti Deus.

26. De Christo scriptum est : « Qui in diebus carnis suæ, preces supplicationesque ad eum, qui possit ipsum salvum facere a morte, cum clamore valido, et lacrymis obtulit ; et exauditus est pro reverentia. Tametsi Filius erat, didicit ex his quæ passus est obedientiam : et consummatus, factus est omnibus obtemperantibus causa salutis æternæ [27]. » Præterea ipse Dominus : « Deus meus, Deus meus, utquid me dereliquisti [28] ? » Hæc dicebantur ut de puro homine ? velut igitur de eo qui animo concideret, et cui intolerabilis esset tentationum incursio, ac metu vinceretur. Deficientis enim præ pusillanimitate verba hæc sunt : « Tristis est anima mea usque ad mortem [29]. » Et : « Nunc anima mea turbata est [30]. » Et : « Pater, si fieri potest, transeat a me calix iste [31]. » Sunt istæ voces vel ejus quem voluntas divina lateat, vel qui illi resistat. Quod si velut de Deo qui non sit homo, hæc quis dicta accipiat, sunt plane absona, nec prorsus congruentia. Sin autem de Deo incarnato et homine facto, qui suæ ipsius carnis cognatis passionibus nostras curet, seque nobis relinquat exemplum, valde apposita sunt. Hoc enim declarat illud : « In diebus carnis suæ, tametsi Filius erat. » Obstupuit mysterium divino Spiritu plenus Paulus. Deinde nobiscum commercium atque benevolam ad nos demissionem ; quod tametsi Filius erat in diebus carnis suæ, universa hæc natura nostra sustinuit, ut eam contra passiones firmaret, doceretque dum tentationes ingruerent, in Deum respicere, ejusque auxilium implorare, nec non quantum ad perfectionem conducant, et in quæ desinant præmia, passionum tolerantia et obedientia. Idcirco enim beatus Petrus scripsit : « Quæ enim est gloria,

si peccantes et colaphizati suffertis? sed si benefacientes, patienter sustinetis : haec est gratia apud Deum : quia et Christus passus est pro nobis, nobis relinquens exemplum, ut sequamini vestigia ejus [43]. » Non ergo tantum homo, nec Deus purus, sed Deus in carne Christus, « qui in diebus carnis suæ, » illa et passus est, et gessit, nobis « relinquens exemplum. » Petrum quippe dure reprehendit, dicentem, dum ipse passionem praenuntiaret suam : « Absit a te, Domine, non erit tibi hoc [44] ! »

27. Quod si dicatur Jesus profecisse sapientia, aetate et gratia [45], ne propterea purum hominem aestimaveris, sed Deum factum **562** hominem et incarnatum, qui propriae suae carni ea permiserit quae ejus naturae consentanea essent, ne incarnatio monstrum quoddam esse videretur.

28. Audet Paulus, etiam non hominem vocare Jesum, non quasi non hominem, sed velut qui sit etiam Deus. Scribit ergo ad Galatas : « Paulus apostolus, non ab hominibus, neque per hominem, sed per Jesum Christum [46]. » Et iterum : « Notum vobis facio Evangelium, quod evangelizatum est a me; quia non est secundum hominem. Neque enim ego ab homine accepi illud, neque didici, sed per revelationem Jesu Christi [47]. » Scriptum est : « Non angelus, non legatus, sed Dominus ipse salvavit nos [48]. » Ait Paulus : « Estote imitatores Dei sicut filii charissimi, et ambulate in dilectione, sicut et Christus dilexit nos, et tradidit semetipsum pro nobis [49]. » Qui moestus erat, ac calicem recusabat, quonam modo semetipsum tradiderit, nisi quia non homo tantum erat?

29. Quomodo beatus Petrus ait : « Christo igitur passo carne [50]? » cur illud, *carne*, adjunxit, nisi quia sciebat Deum illum esse impassibili deitate? Si homo purus pro nobis passus est, quonam pacto « Verbum crucis, Dei virtus est [51]? » quid etiam causae est, ut « qui sanguinem ejus pollutum duxerit, condemnatus sit [52], » velut qui Dei Filium conculcaverit?

30. Quomodo se Christus ascendere ait, ubi erat prius [53]? Non enim ascendit tanquam Deus, quandoquidem incircumscriptus est. Ascendere autem ac descendere propria sunt circumscriptae naturae. Neque rursum ut homo prius erat in coelo, quam eo ascenderet. Ascendit igitur ut homo, ubi prius erat ut Deus. Simul enim ipse idem, et Deus et homo est.

31. Scriptum est : « Sic Deus dilexit mundum, ut Filium suum unigenitum daret, ut omnis qui credit in eum, habeat vitam aeternam [54]. » Quaenam dilectionis exuberantia, si pro nobis hominem communem, adoptionis gratia filium factum dederit? Qui vero etiam Unigenitus, si adoptionis duntaxat honore, non natura filius sit, Scriptura dicente : « Ego dixi : Dii estis, et filii Excelsi omnes [55]. » Et : « Quotquot autem receperunt eum, dedit eis potestatem filios Dei fieri [56]. » Verum sicuti, cum multi adoptione et gratia dii sint, unus tamen est Deus natura : sic cum multi adoptionis honore polleant, unus quoque est natura Filius, Unigenitus ille quem dedit pro nobis.

32. Clamat divinus Joannes dicens : « Deum nemo vidit unquam : unigenitus Filius qui est in sinu Patris, ipse enarravit [57]. » Quis porro ille est, qui enarrat, praeter eum qui ex Virgine natus est, et cum hominibus conversatus est? « Hic est Deus noster : non aestimabitur alius ad eum. Adinvenit omnem viam scientiae. Post haec in terris visus est, et cum hominibus conversatus est [58]. » Quonam modo visus est in terra, et cum hominibus conversatus? nam ipse dixit : « Deum nemo vidit unquam. Unigenitus Filius, » etc.

563 33. Ait Apostolus : « Primus homo de terra terrenus; secundus homo, Dominus de coelo [59]. » Non enim corpus delatum de coelo est, sed cum esset Deus Deique Filius, de coelo descendit, et homo factus est, secundus Adam, veluti principium secundum eorum qui reformantur, ac per resurrectionem ad vitam incorruptibilem transmittuntur. Quamobrem ait : « Primus Adam, factus est in animam viventem : secundus Adam, in spiritum vivificantem [60]. »

34. Ait Dominus discipulis suis : « Euntes docete omnes gentes ; baptizantes eos in nomine Patris et Filii et Spiritus sancti [61]. » Porro divinissimus Paulus dicit : « Quicunque in Christo baptizati estis, in morte ipsius baptizati estis [62]. » Unius Filii meminit Dominus dicens : *Et Filii;* non vero etiam, *et filiorum*. Apostolus autem, in Christo et ejus morte nos baptizatos dicit, In vestra igitur sententia natura filius explosus est, filiusque per gratiam adoptivus invectus; vel ipsi in quaternitate baptizati estis. Absit vero ut in ea nos simus baptizati: baptizati quippe sumus *in nomine Patris et Filii et Spiritus sancti* in consubstantialem ac indivisam Trinitatem. Nihil quippe minus consubstantialis Patri, etiam factus homo, permansit Dei Filius natura ac Deus, Unigenitus ille : quemadmodum Ecclesiae Symbolum docet :

35. « Credimus in unum Deum Patrem omnipotentem : Factorem coeli et terrae : visibilium omnium et invisibilium. Et in unum Dominum Jesum Christum Filium Dei unigenitum, ex Patre natum ante omnia saecula; lumen de lumine : Deum verum de Deo vero; genitum, non factum; Consubstantialem Patri, per quem omnia facta sunt; qui propter nos homines, et propter nostram salutem, descendit de coelis. Et incarnatus est ex Spiritu sancto et

---

[43] I Petr. II, 20. [44] Matth. XVI, 22. [45] Luc. I, 80, 9 sec LXX. [46] Ephes. V, 1, 2. [47] I Petr. IV, 1. [48] Joan. III, 16. [49] Psal. LXXXI, 6; Joan. X, 34. [50] I Cor. XV, 47. [51] ibid. 45. [52] Matth. XXVIII, 19. [53] Galat. I, 1. [54] I Cor. I, 18. [55] Joan. I, 12. [56] ibid. 18. [57] Galat. I, 11, 12. [58] Isa. LXIII. [59] Hebr. X, 29. [60] Joan. VI, 62. [61] Baruch III, 36 38. [62] Rom. VI, 5.

Maria Virgine ; et homo factus est. Crucifixus etiam pro nobis sub Pontio Pilato : passus et sepultus est. Et resurrexit tertia die secundum Scripturas. Et ascendit ad cœlos : et sedet ad dexteram Patris. Et iterum venturus est cum gloria judicare vivos et mortuos. Cujus regni non erit finis. » Vide, ut sanctorum divinorumque Patrum cœtus, unum Dominum Jesum Christum dixerit, ex Patre ante sæcula genitum, non factum; consubstantialem Patri, lumen de lumine, verum Deum de Deo vero, incarnatum, passum carne, qui resurrexit, et ascendit in cœlos, sedetque a dextris Dei, ac rursum venturus est judicare vivos et mortuos. Nam et illud : « Iterum venturus est, » aliquid amplius indicat ; quod nempe jam e cœlis venerit, quando voluntaria unione assumpta carne factus est homo. Non enim alium posuerunt, ex Patre ante sæcula genitum, et alium de Virgine natum, sed ipsum unum et eumdem.

36. At inquies : Ipsum ergo Dei Verbum pro nobis esse passum? omnino fatemur; sed carne, non deitate ; si vere quidem de eo dixerit Paulus : « Qui est imago Dei invisibilis : primogenitus omnis creaturæ : quia in eo condita sunt omnia, visibilia et invisibilia : sive Throni, sive Dominationes, sive Principatus, sive Potestates : omnia per ipsum et in ipso creata sunt : et ipse est ante omnia, et omnia in ipso constant. Et ipse est caput Ecclesiæ : qui est primitiæ, primogenitus ex mortuis : ut sit in omnibus ipse primatum tenens [65]. » Ecce enim, ecce quam bene et perspicue, Dei invisibilis imaginem, primogenitum omnis creaturæ, visibilis et invisibilis : eum per quem omnia, et in quo omnia, datum asserit caput Ecclesiæ; esseque primogenitum mortuorum; eum, inquam, « qui sustinuit crucem, confusione contempta [66]. » Non enim hominem solum, cujusdam cum ipso conjunctionis, quem ego non noverim, honore donatum, pro nobis esse traditum dicimus : sed ipse *Dominus gloriæ*, qui cruci affixus est. « Si enim cognovissent, inquit, nunquam Dominum gloriæ crucifixissent [65]. »

37. Quo igitur modo passus est? cum enim nullatenus passus sit tanquam Deus : dicatur autem passus esse ; quo pacto Deus fuerit? Debuerit ergo solus ille intelligi passus, qui ex semine David. Verum imbecillis judicii esse videtur assertio ista. Non enim Pater communem hominem sociali conjunctione atque adoptione ornatum pro nobis tradidit. Nam hunc in modum scribitur : « Sic Deus dilexit mundum, ut Filium suum unigenitum daret : ut omnis qui credit in eum, non pereat, sed habeat vitam æternam [66]. » Cum igitur pro mundi salute voluerit pati, atque ille sine carne perficere non valeret (quia secundum naturam suam impassibilis est, utpote Deus), carnem passioni obnoxiam assumpsit; et cum esset Deus, etiam factus est homo, ut pati posset. Ambo itaque hæc illi aderant, ut et pateretur carne, et ut minime pateretur deitate. Erat enim idem ipse Deus pariter et homo. Inferior igitur ac debilis est omnis exemplorum excogitatio, quam ut mysterium istud clare repræsentet. Ad exiguam tamen illius expositionem hæc afferemus. Veluti ferrum aliave similis materia familiariori cum igne congressu, ignem in se concipit, ac parit flammam : si autem ab aliquo percutiatur, materia quidem damnum patitur ; remanet vero ignis natura, nihil ab eo qui percussit, læsa, sic et intellexeris id quod dicitur : *Filium carne pati, ac deitate non pati.*

38. Porro, cum propheticas et apostolicas de Christo voces, modo uti de homine dictas inveniamus, modo ut de Deo ; aliquando etiam ut de Deo pariter et homine ; qua tandem ratione eas sibi invicem contrarias non esse propugnaverimus ; nisi Dei Filium qui natura Deus est factum natura hominem dixerimus, esseque eumdem ipsum, postquam factus est homo, Deum pariter et hominem? Sic enim, « Etsi crucifixus est ex infirmitate carnis, » ait Apostolus, « tamen vivit ex virtute Dei [67]. » Fuitque suscitatus a Patre, seque ipse suscitavit, et assumptus est, et propria voluntate ascendit et sedit « in Dei dextera in cœlestibus, super omnem Principatum, et Potestatem, et Dominationem, et omne nomen quod nominatur [68]. »

39. Nisi absque intermedio facta fuit Verbi propria caro quæ ipsi inenarrabili ratione unita est, quomodo vivifica intelligatur? « Ego, inquit, sum panis vivus qui descendi de cœlo, et do vitam mundo [69]. Si quis manducaverit ex hoc pane, vivet in æternum : et panis quem ego dabo, caro mea est, quam ego dabo pro mundi vita [70]. » Atqui nisi hæc ab ipsomet dicerentur qui descenderat, utique fateremur, ea tanquam de homine in filium adoptato, dicta esse. At cum dicat : « Ego sum panis vivus, qui de cœlo descendi ; » quomodo caro ejus alterius ab ipso fuerit? Etsi vero scriptum est : « Amen dico vobis, nisi manducaveritis carnem Filii hominis, et biberitis ejus sanguinem, non habebitis vitam in vobis [71]; » eumdem tamen Dei, et hominis Filium intelligimus : illud quidem, quippe cum ab æterno sit ut Deus : hoc autem, eo quod novissimis temporibus factus sit homo. Alioqui quo pacto ipse, et homo sit, et descenderit de cœlo?

40. Beatus Paulus scribit : « Olim Deus locutus est patribus in prophetis : novissime diebus istis locutus est nobis in Filio [72]. » En quomodo prophetæ quidem adoptione digni habiti sunt : ille autem Filius, in quo novissime Deus nobis locutus est, non adoptivus, sed natura sit Filius. Unde et a prophetis secernitur. Quod quidem liquet quando dicit : « Quem constituit hæredem universorum, per quem fecit et sæcula [73]. » Quanam ratione fiat

[65] Coloss. i, 15-17. [66] Hebr. xii, 2. [65] I Cor. ii, 8. [66] Joan. iii, 16. [67] II Cor. xiii, 4. [68] Ephes. i, 21. [69] Joan. vi, 51, 53. [70] Ibid. 52. [71] Ibid. 54. [72] Hebr. i, 1, 2. [73] Ibid. 2.

hæres universorum is per quem fecit sæcula, nisi ipse Deus et homo fuerit? qui, ut quidem Deus, auctor est sæculorum; ut autem homo, hæres constituitur. « Qui, cum sit splendor gloriæ, et figura substantiæ ejus portansque omnia verbo virtutis suæ, purgationem peccatorum faciens, sedit ad dexteram majestatis in excelsis, tanto melior angelis effectus, quanto differentius præ illis nomen hæreditavit [74]. » Vide, ut ipse splendor sit gloriæ, et paternæ figura substantiæ; qui omnia portet verbo virtutis suæ; qui constituatur hæres universorum, ac sublimius præ angelis hæreditate nomen acquisierit. Quinam ergo ipse et splendor est gloriæ, et portat universa, idemque universorum, quin et ipsiusmet nominis constituitur hæres, nisi quia et ipse idem, et Deus est, et factus est homo? non enim ista dicuntur, ut de alio et alio, sed de uno ipsomet Dei Filio, in quo novissime nobis locutus est.

41. Ad hæc omnia, quid magnum, quid novum, quid occultum, quod *generationibus non est agnitum* [75]: aut quæ *divitiæ* [76]: vel quæ *sapientia abscondita* [77]: quæ denique *charitatis* exuberantia [78], si per hominem salus parta est? aut qua ratione humanæ salutis mysterium, exinanitio, inhumanatio, et incarnatio vocitetur, nisi nos Dei Filius ac natura Deus salvos fecit; sed unus quispiam interitui obnoxius, ipseque nobiscum, ut salvus fieret, per gratiam consecutus? Quod si etiam naturalis Dei Filius ac Deus, non vere factus est homo, neque omnia pati dignatus est : ubi erit exinanitio? quonammodo seipsum humiliavit? quodnam incarnationis genus, carnem non fieri? Quod si modo una cum terrestribus puro homini serviunt cœlestia, ac genuflectunt, qui non res in deterius cesserunt? olim quidem homines creaturæ serviebant; nunc autem, ut vos vultis, cum terrestribus et infernis, in ejusdem servitutem cœlestia transierunt. At vos quidem in homines spem habentes, atque homini per gratiam salutem consecuto religione servientes, jure optimo dicti fueritis anthropolatræ, ἀνθρωπολάτραι, id est, *hominis cultores*. « Nos veros adoramus, servimus, ac credimus in unum Patrem omnipotentem : et in unum Dominum Jesum Christum Filium Dei unigenitum ex Patre natum ante omnia sæcula : lumen de lumine : Deum verum de Deo vero : consubstantialem Patri : ante sæcula ex Patre genitum, et in novissimis temporibus, de Spiritu sancto et Maria Virgine incarnatum, et hominem factum : crucifixum atque sepultum : qui resurrexit, et ascendit in cœlum, sedetque ad dexteram Patris : et iterum venturus est judicare vivos et mortuos : cujus regni non erit finis. Et in Spiritum sanctum. »

42. Quod autem is qui ex sancta Virgine natus, crucifixusque est, ipse sit Dei Filius, sæculis antiquior, testatur primum divinus prophetarum chorus. David quidem exclamavit dicens : « Thronus tuus, Deus, in sæculum sæculi [79]. » Ecce Deum alloquitur : « Virga æquitatis, virga regni tui [80]. Dilexisti justitiam, et odisti iniquitatem. Propterea unxit te Deus, Deus tuus, oleo exsultationis præ participibus tuis [81]. » En clare Deum, cujus sedes in sæculum sæculi unctum esse ait a Deo et Patre : ab ipsius quidem Patre, ut Dei : a Deo autem, ea ratione qua carnem assumpsit, et quatenus homo, ungitur. Michæas autem : « Et tu, Bethleem, terra Juda, domus Ephrata, nequaquam minima es in principibus Juda : ex te enim exiet dux, qui regat populum meum Israel : et egressus ejus ab initio a diebus æternitatis [82]. » Cujusnam ab initio egressus fuit præterquam ejus, de quo Joannes Theologus ait : « In principio erat Verbum, et Verbum apud Deum [83]? » Rursumque David : « Deus, judicium tuum regi da; et justitiam tuam filio regis [84]. » Et post pauca : « Et humiliabit calumniatorem. Et permanebit cum sole et ante lunam in generatione et generationem [85]. » Nonne hæc Christi ante sæcula exsistentiam perspicue declarant? Baruch etiam : « Hic est Deus noster, et non æstimabitur alius ad eum. Adinvenit omnem viam disciplinæ, et tradidit illam Jacob puero suo, et Israel dilecto suo. Post hæc in terris visus est, et cum hominibus conversatus est [86]. » Joannes Theologus evangelista : « In principio erat Verbum ; et Verbum erat apud Deum et Deus erat Verbum. Hoc erat in principio apud Deum. Omnia per ipsum facta sunt, et sine ipso factum est nihil, quod factum est [87]. » Post pauca : « Et Verbum caro factum est et habitavit in nobis : et vidimus gloriam ejus, gloriam quasi Unigeniti a Patre, plenum gratiæ et veritatis [88]. » Joannes testimonium perhibet de illo, et clamat dicens : « Hic erat de quo dixi : Qui post me venit, ante me factus est ; quia prior me erat [89]. » Prior erat, ut Deus utique : nam ut homo post Joannem natus est Christus. Et rursum : « Deum nemo vidit unquam. Unigenitus, qui est in sinu Patris, ipse enarravit [90]. » Quis vero enarravit, nisi Christus? Est ergo ipse Unigenitus, qui est in sinu Patris. Præcursor quoque Joannes ait : « Et ego vidi, et testimonium perhibui, quia hic est Filius Dei [91]. » Dicendo (articuli adjectione) ὁ υἱός, id est, *ipse Filius Dei*, non υἱός, id est *Filius Dei* tantum, diserte significat, illum unum, illum Unigenitum. Et Dominus ipse ad Nathanael [Nicodemum] : « Nemo ascendit in cœlum, nisi qui descendit de cœlo, Filius hominis, qui est in cœlo [92]. » Quomodo Filius hominis descendit de cœlo, nisi quia, cum Dei Filius esset, ac natura Deus, hominis Filius effectus est, ac seipsum humiliavit. Nam in hoc consistit ille

---

[74] Hebr. i, 3, 4. [75] Ephes. iii, 4, 5. [76] ibid. 7. [77] I Cor. ii, 7. [78] Ephes. ii, 4. [79] Psal. XLIV, 8. [80] ibid. [81] ibid. 9. [82] Mich. v, 1, 2; Matth. ii, 7. [83] Joan. i, 1. [84] Psal. LXXI, 2. [85] ibid. 5. [86] Baruch iii, 36 38. [87] Joan. i, 1-3. [88] ibid. 14. [89] ibid. 30. [90] ibid. 18. [91] ibid. [92] Joan. iii, 13.

descensus. Non enim Deus a natura habet, ut de loco in locum migret, cum nullis ipse terminis claudatur. Rursum Christus : « Non enim misit Deus Filium suum in mundum, ut judicet mundum ; sed ut salvetur mundus per ipsum. Qui credit in eum, non judicatur : qui autem non credit, jam judicatus est : quia non credit in nomine unigeniti Filii Dei²³. » Et iterum Joannes : « Qui desursum venit, super omnes est²⁴. » Et post pauca : « Pater diligit Filium, et omnia dedit in manu ejus. Qui credit in Filium, habet vitam æternam : qui autem incredulus est Filio, non videbit vitam, sed ira Dei manet super eum²⁵. » Omnia hæc dicta sunt de Christo. Rursus vero Dominus : « Pater meus usque modo operatur, et ego operor. Propterea ergo magis quærebant eum Judæi interficere : quia non solum solverat Sabbatum, sed et Patrem suum dicebat Deum, æqualem se faciens Deo²⁶. » Iterum quoque **568** Dominus : « Panis Dei est, qui de cœlo descendit, et dat vitam mundo²⁷. » Et post pauca : « Ego sum panis vitæ : qui venit ad me, non esuriet : et qui credit in me, non sitiet unquam²⁸. » Et rursum : « Omnis qui videt Filium, et credit in eum, habet vitam æternam²⁹. » Si ergo Christus de cœlo descendit, quomodo alius est præter Deum Verbum, Dei Filium ? ac si fides in ipsum, vita æterna est, eccur natura Deus non sit? Non enim qui in creaturam credunt, habent vitam æternam, sed qui credunt in solum Deum verum. Et iterum : « Non quia Patrem vidit quisquam, nisi is qui est a Deo, hic vidit Patrem¹. » Et rursum : « Ego sum panis vivus, qui de cœlo descendi². » Et insuper : « Si ergo videritis Filium hominis ascendentem ubi erat prius³. » Quod si non idem ipse est Filius hominis, et æternus Dei Filius ; quonam modo ascendit, ubi erat prius? Equidem ascendit ut homo, ubi prius erat ut Deus, ipse simul Deus et homo. Præterea : « Ego pono animam meam, ut iterum sumam eam. Nemo tollit eam a me ; sed ego pono eam a meipso. Potestatem habeo ponendi eam : et potestatem habeo iterum sumendi eam⁴. » Quis habet potestatem vitæ et mortis præter solum Deum? Et iterum : « Ego et Pater unum sumus⁵. » Homo nunquam dixerit : Ego et Deus unum sumus ; neque : Ego et angelus unum sumus. Neque angelus dixerit : Ego et Deus unum sumus ; vel etiam : Ego et homo unum sumus. In primis autem creatura nunquam dixerit : Ego et Opifex unum sumus. Forte enim in creatis dixerit homo : Ego et angelus unum sumus : eo nempe quod creati sunt ; eo quod servi. At creatura nullatenus unum fuerit cum Creatore. Post pauca vero, seipsum comparans cum filiis adoptione, non natura divinitatem consecutis, ait : « Nonne scriptum est in lege vestra : Quia ego dixi :

Dii estis, et filii Altissimi omnes?» si illos dixit deos ad quos sermo Dei factus est, et non potest solvi Scriptura : quem Pater sanctificavit, et misit in mundum, vos dicitis : Quia blasphemas : quia dixi, Filius Dei sum⁶ ; » seque Patri etiam consubstantialem, ex operum similitudine probans, ait : « Si non facio opera ejus qui me misit, nolite mihi credere : si autem facio, etsi mihi non vultis credere, operibus meis credite : ut cognoscatis et credatis, quia Pater in me, et ego in Patre⁷. » Quod etiam superius ait : « Sicut enim Pater suscitat mortuos et vivificat, sic et Filius, quos vult, vivificat : » subjunxitque, « quia Filius hominis est⁸. Nolite mirari hoc, quia venit hora et nunc est, quando mortui audient vocem Filii Dei ; et qui audierint vivent⁹. » Ubi dixit, « Sicut Pater suscitat mortuos et vivificat, » adjecit : « Sic et Filius, quos vult, vivificat¹⁰. » Quo significet habere Filium ut vivificet, quemadmodum et Pater hoc habet, libera voluntate, ac natura, non gratia. Deinde subdit, Quia, hic Dei Filius, qui ex natura sua vivificat, « Filius hominis est. » Non ait, dicitur Filius hominis, sed, *est. Nolite vero*, inquit, *mirari hoc*, quod Filius hominis vivificet : hic enim Filius hominis, Dei Filius est : non nomine tenus et gratia, sed natura. Nam Filius natura vivificat, sicut Pater natura vivificus et Deus est. Et iterum ad Martham : « Ego sum resurrectio et vita : qui credit in me, etiamsi mortuus fuerit, vivet¹¹. » Et rursum : « Qui videt me, videt et Patrem. Non credis **569** quia ego in Patre, et Pater in me est¹²? » Et rursum : «Hæc est vita æterna, ut cognoscant te solum Deum verum, et quem misisti, Jesum Christum¹³. » Cum dixisset Philippus : « Ostende nobis Patrem et sufficit nobis¹⁴ : » videns Dominus fieri non posse, ut Deus corporeis oculis videatur : aliunde vero cognitionem ipsius, Patris esse cognitionem, ut qui unius cum ipso substantiæ est : quorum enim essentia una est, eorum una eademque notitia est : quasi tantillum increpans ait : « Tanto tempore vobiscum sum, et non cognovisti me, Philippe¹⁵. » Equidem eum hominem noverat. At ideo increpatur, quod fide ac mentis oculis ut Deum non cognovisset. Nam si novisset ipsum Deum, cognovisset utique et Patrem. Non enim qui eum duntaxat hominem novit, is statim et Patrem agnovit. Non enim Pater homo est. Hæc porro cognitio, nosse nimirum Deum Patrem, et ipsum Jesum Christum, est vita æterna. Sic sane hoc nescire æterna mors est. Thomas quoque eum, qui palpabatur, *Dominum* dixit ac *Deum*¹⁶. Et ipse quidem reprehenditur, ut qui non credidisset, priusquam videret : beati vero dicuntur, qui cum non viderint, credunt. Porro apostolus Paulus : « Quando judicabit Deus mun-

---

²³ Joan. III, 17, 18. ²⁴ ibid. 31. ²⁵ ibid. 35, 36. ²⁶ Joan. V, 17, 18. ²⁷ Joan. VI, 33. ²⁸ ibid. 35. ²⁹ ibid. 40. ¹ Joan. VI, 46. ² ibid. 51. ³ ibid. 63. ⁴ Joan. X, 17, 18. ⁵ ibid. 30. ⁶ ibid. 34, 35. ⁷ ibid. 37, 38. ⁸ Joan. V, 21. ⁹ ibid. 25. ¹⁰ ibid. 21. ¹¹ Joan. XI, 25. ¹² Joan. XIV, 9, 10. ¹³ Joan. XVII, 3. ¹⁴ Joan. XIV, 8. ¹⁵ ibid. 9. ¹⁶ Joan. XX, 18.

dum secundum Evangelium per Jesum Christum : qui est super omnia Deus benedictus in sæcula ¹⁷. » Et in Epistola ad Ephesios : « Ubi venit plenitudo temporis, misit Deus Filium suum, factum ex muliere, factum sub lege ¹⁸. » Et in Epistola ad Hebræos : « Unde, fratres sancti, vocationis cœlestis participes, considerate Apostolum et Pontificem confessionis nostræ Jesum : qui fidelis est ei, qui fecit illum : sicut et Moyses in omni domo ejus. Amplioris enim gloriæ iste præ Moyse dignus est habitus, quanto ampliorem honorem habet Dominus, qui fabricavit illam. Omnis namque domus fabricatur ab aliquo : qui autem omnia creavit Deus est. Et Moyses quidem fidelis erat in tota domo ejus tanquam famulus, in testimonium eorum quæ dicenda erant : Christus vero tanquam filius in domo sua : quæ domus sumus nos ¹⁹, » ut dicendo, factum esse Jesum tanquam hominem, cumque cum Moyse comparando ampliori præ illo gloria dignum habitum subjunxit ; quin ea tali tantaque, quanta opifex opificium superat, ac filius servum. Ut Moyses quidem Deifer servus fuerit ; Christus vero, Deus ac Dominus in domo propria : cujus domus sumus nos : « Nam sumus templum Dei : et Spiritus Dei habitat in nobis ²⁰. » Jesus ergo Deus est : Deus, inquam, naturæ conditor. Non enim, qui gratiæ participatione Dei similes sunt, ii etiam rerum sunt conditores.

42'. Universa hæc de illo, qui natus ex Maria et crucifixus est, pronuntiata sunt : nonne perspicue admodum illis qui intelligentia præditi sunt, Deum hominem palam faciunt ? at non sinit inanis gloriæ effusa caligo, ceu lema hæreticorum mentis insidens oculis, ut illis fulgeat illuminatio Evangelii. Non enim possunt credere qui gloriam ab hominibus quærunt, eamque quæ a solo Deo est, non quærunt ²¹. Nos autem, quibus a Deo concessum est, ut abjecto superstitionis errore, Deo adhæreamus, sic intelligamus, sic sapiamus, sicque prædicemus : unum Deum Patrem : unum Deum Filium : unum Deum Spiritum sanctum. **570** Tria hæc simul invicem intellecta, unum Deum : unumquodque secundum se Deum ; unum quidem propter unum principatum, tria vero propter proprietates ; una quippe natura in tribus hypostasibus est, atque ad unum referuntur, quæ ab uno illo sunt. Ac propterea, unus Deus, tria sunt. Perfecta porro in singulis personis natura seu deitas consistit ; atque ideo quælibet secundum se perfectus est Deus : Deus unus, tria. Deus quippe, ejusque Verbum, et Spiritus ejus, unus Deus est. Nam et homo et ejus verbum et spiritus ejus non tres homines, sed unus homo. Unumquodque perfectus Deus ; non enim Dei Verbum, ejusque Spiritus sanctus, virtutes sunt sine substantia, aut in aerem effusæ ; sed singulum quodque subsistens atque perfectum est : ne scilicet Deus ex imperfectis perfectus per compositionem constiterit : quin potius perfectus unus in tribus perfectus, omni perfectione sublimior et anterior.

43. Credimus itaque, ac fide non dubia prædicamus, eumdem ipsum qui ex Patre ante sæcula genitus est, solum Filium ac Verbum, consubstantialem Patri, natura Filium ; per quem omnia facta sunt, ultimis temporibus ex beneplacito Patris, in Virginis sanctæ illibato atque castissimo utero, ceu divinum semen, conceptum, et sine semine, sine mutatione, sive conversione incarnatum esse, sive carnem anima rationali et intelligente animatam sustentando, factum esse hominem perfectum ; sic tamen ut quod erat, perfectus Deus perseveraret. Non enim Virgo sancta hominem concepit ; sed Deum natura, sempiternum illum Filium Dei Verbum, ex se incarnatum. In unaquaque enim muliere conceptio fit ex semine sato ex viro ; adeoque conceptio seminis virilis est, ac semen hypostasis, præbente muliere simul cum conceptu suos sanguines in coitu, exsistuntque per se ipsi sanguines in semine viri sato, quod quidem sanguinibus ipsis hypostasis fit, semenque adeo, tum sibi ipsi, tum sanguinibus est communis hypostasis. Non sic autem in sancta Virgine ; quippe quæ ex viri semine non concepit, sed ubi consensum præbuit, Spiritus sanctus secundum Domini sermonem, quem nuntiaverat angelus, in eam venit, purgans ipsam, vimque præbens, qua Verbi Deitatem excipere posset. Atque tunc ei obumbravit subsistens Dei Altissimi sapientia et virtus, Dei Filius, ille Patri consubstantialis ; sibique ex sacris ejus mundissimisque sanguinibus carnem compegit anima rationali et intelligente animatam, ipse factus ejus hypostasis ; atque ita cum Deus ipse natura ex Patre esset, factus est natura homo ex matre, idem ipse hoc et illud : Deus vere perfectus, et citra mendacium homo natura perfectus, hypostasis una in duabus indivise naturis. Non enim hominem confitemur deitate donatum, sed Deum incarnatum, et factum hominem. « Et Verbum caro factum est ²² : » totum Deum, et totum hominem cum divinissima ipsius deitate, ac Verbi Dei naturam unam incarnatam docemus. Duas quoque ejus qui natura Dei Filius ac Deus est nativitates novimus et annuntiamus ; alteram ex Patre ante sæcula sine **571** corpore et causa : alteram novissimis temporibus propter nostram salutem, ex sancta Virgine, corpoream et temporalem. Quamobrem Virginem sanctam, Deiparam prædicamus ; velut quæ Deum corpore et veritate ex se incarnatum genuerit. Cæterum Christiparam eam scimus ; Christum enim genuit. At quia justo Dei judicio immissus pestilentissimusque Nestorius ea voce ad nominis *Deiparæ* exstinctionem est abusus, non *Christiparam*, sed a meliori *Deiparam* ipsam nominamus. Sunt

---

¹⁷ Rom. ⅠⅠ, 16 ; ⅠⅩ, 5. ¹⁸ Galat. ⅠⅤ, 4. ¹⁹ Hebr. ⅠⅠⅠ, 1 6. ²⁰ I Cor. ⅠⅠⅠ, 16. ²¹ Joan. ⅩⅠⅠ, 43. ²² Joan. Ⅰ, 14.

quidem et aliæ prophetarum regumque matres, christiparæ: Deipara vero nulla, nisi sancta Maria. Duas porro Christi qui unius Dei Filius est, naturas scimus: duasque naturæ voluntates et operationes. Operatur enim et vult in unaquaque forma quod velle proprium habuit, cum alterius communione. Quamobrem post incarnationem Dei Filii, non quaternitatem, sed Trinitatem religiose colimus; unum Patrem, unum Dei Virginisque Filium, unum denique Spiritum sanctum, in sæcula sæculorum.

FRAGMENTA.

In codice Sancti Hilarii ad calcem dissertationis Joannis nostri Damasceni *de duabus voluntatibus*, quæ postrema est operum hujus sancti Doctoris, quæ in eo continentur, habetur excerptum quod modo sequitur, perindeque ac cætera eidem auctori attribuitur. Cæterum nonnihil inversum in titulo videtur librariorum errore, atque hoc modo legendum arbitror : Εἰ δύο φύσεις ὁ ἄνθρωπος, ἀνάγκη ἐπὶ Χριστοῦ, Θεοῦ καὶ ἀνθρώπου τρεῖς φύσεις καὶ τοσαύτας λέγειν ἐνεργείας, ὡς ὁ Σεῦηρος ἔφασκεν· *Si duæ naturæ homo est, necesse est ut in Christo, qui Deus simul et homo est, dicamus tres naturas, et tres operationes, uti Severus disputabat.* Enimvero lib. III *De fide orth.* cap. 16, similis iste titulus legitur, Πρὸς τοὺς λέγοντας, Εἰ ἐκ δύο φύσεων καὶ ἐνεργειῶν ὁ ἄνθρωπος, ἀνάγκη ἐπὶ Χριστοῦ τρεῖς φύσεις καὶ τοσαύτας λέγειν ἐνεργείας. *Adversus eos qui dicunt: Si duabus naturis et operationibus homo constat, necesse est ut dicamus in Christo tres naturas, tres operationes.* Nimirum cum Ecclesiæ Patres, exponendo fidem de duplicis naturæ in Christo unitione, exemplum adhibuissent hominis, qui ex corpore et anima componitur, tanquam ex naturis duabus: hinc occasionem Severus cum suis Monophysitis sumpsit objiciendi, ex hac doctrina consequi, tres esse dicendas naturas in Christo, puta corpus, animam et deitatem. Id auctor refutat in isto fragmento, quod antehac editum fuit a Combefisio t. II Auctar. Bibl. PP. Græc. post dissertationem De duabus voluntatibus.

RESPONSIO

ad eos qui dicunt, «Si duæ naturæ est homo, necesse esse, ut in Christo naturas tres, totidemque dicamus actiones, ut objecit Severus.»

Miser enim ille Severus Antiochenam sedem cum invasisset, Manetis, Apollinaris et Eutychis hæresim ulcisci nitebatur, Ecclesiarum pacem, quam maxime poterat, perturbans. Porro Antiochia pulsus tanquam seditionis reus, turbinis instar Alexandriæ ingruit. Ubi alia etiam adversus populum assurgente procella, Julianus quidam nomine, Halicarnassi in Asia episcopus, Eutychianæ hæresis acerrimus defensor, omnia permiscuit et perturbavit. Cum enim Severus unam in naturam profiteretur, differentiam tamen in Christo admitteret, Julianus vero, unam quoque, quemadmodum Severus, naturam diceret, sed omnem differentiam sublatam vellet; perturbationis omnis et tempestatis auctores ambo illi impii exstiterunt. « Non intelligentes, ut dicit Scriptura, neque quæ loquuntur, neque de quibus affirmant [1], » in divinæ unitionis exemplum assumunt hominem ex anima et corpore constantem, aiuntque: Tres ergo naturas admittitis. At noverint imperiti illi et indocti homines, duas nos dicere naturas, non Dei et carnis, neque Dei et animæ, sed Dei et hominis. Neque enim partis natura hominis natura proprie fuerit. Hominis quippe partes sunt anima et corpus: partes vero partium sunt divisiones et subdivisiones quæ in eis fiunt. Ac partes quidem Christi inconfusæ remanent, nimirum Deitas et humanitas. Anima autem et corpus non sunt Christi partes, sed partes partis. Etenim partes partium sunt hominis; in anima quidem, quæ substantia rationalis est, et incorporea qualitas, mente, et sensu, et ratione in seipsa prædita. Ex quibus alia rationis imperium habet, irascens alia, et concupiscens altera. Atque harum quidem alia concipiendi et cogitandi virtus est, alia vis memoriæ et consilii, alia appetitus et attractionis, alia denique necessariæ defensionis. Pleraque alia ex his rursum dividuntur. Nec vero hic inquiramus, num hæc in anima sint tanquam partes, an tanquam potentiæ. Ad hæc, in corpore divisio quoque locum habet in partes similes et dissimiles; earumque rursum in caput, manus, et pedes: atque illa ipsa in ossa dividuntur, carnemque et nervos: hæc vero in quatuor elementa; ac demum ista, in materiam et formam. Quin et alia multa edisserunt medici de facultatibus naturalibus, ex quibus attrahendi aliam, aliam retinendi, aliam immutandi, aliam excernendi vim appellant. Plura item de sensu et imaginatione, deque spiritu animali et organico per quod corpus conservatur

---
[1] I Tim. I, 7.

et continetur, qui alter prorsus est, ut aiunt, ab **573** in quibus agnoscitur. Ili vero ista non proferunt, ut hominem perfectum ostendant; sed ut Dominum calumnientur, atque alienum faciant ab humana natura, ita ut vel a principio non assumpserit id quod nostrum erat, vel non servaverit integrum quod ex nobis habuit.

illo qui rationalis est. Quemadmodum igitur, ad isthæc omnia exhibenda satis est, ut hominis carnem dicamus et corpus; sic hominem hominisque naturam dicere sufficiat, ut cuncta significemus et exhibeamus, ex quibus ille constat, et

---

In fine ejusdem codicis Sancti Hilarii hæc quæ subsequuntur fragmenta alia Joannis Damasceni reperi, quorum prius ejus etiam nomen præfert in cod. Reg. 2428.

Joannis monachi presbyteri Damasceni cognomine Mansur, de Theologia : Qua ratione imaginem Dei homo referat.

Hominem ad imaginem et similitudinem Dei esse, exinde manifestum est quod tria propria sint animæ ejus quæ intellectu et ratione prædita est, hoc est, mens, verbum seu ratio, et spiritus: quemadmodum in divina natura sunt Pater et Filius et Spiritus sanctus. Nam veluti Pater Pater est, et non Filius; atque Filius Filius est, et non Pater: Spiritus quoque sanctus, Spiritus est, et non Filius, neque Pater: consimiliter mens, mens est, et non verbum: verbum, verbum est, non mens; et spiritus, spiritus est, et non verbum, aut mens. Quamobrem ea nec unitate confunduntur, nec numero dividuntur. Tria siquidem unum sunt, et unum in tria distinguitur, quæ naturæ substantiæque ejusdem sunt, simulque semper exsistunt.

Ejusdem. Non tantum ex divina Scriptura Trinitatis rationem docemur, quantum ex naturæ serie et ordine.

Ejusdem de theologia.

Quando de Deo sermo est, unus Deus celebratur et adoratur in tribus hypostasibus, unaque Deitas, una natura, una vis et potentia, voluntas una: tres personæ et tres hypostases, unaquæque cum sua proprietate. Nam proprietas Patris est innascibilitas; proprietas Filii, nativitas; et proprietas Spiritus, processio. Deus est Pater, qui caret initio; Deus est Filius, qui perinde initium non habuit, quamlibet sit ex Patre; Deus, Spiritus sanctus, utriusque coæternus simulque initii expers: ex Patre prodiens, non Filii more, ut genitus sit uti Filius, sed processione. Unum tria est Deitate, inque tribus hypostasibus.

In dispensatione vero Dei seu Verbi Dei, quod ex complacito Patris, unaque operante Spiritu sancto factum est caro, naturas duas unamque hypostasim confitemur; unum, inquam, Filium, Dominum nostrum Jesum Christum, Deum simul et hominem, unamque personam: voluntates autem duas duasque operationes; quamlibet naturam cum sua proprietate citra divisionem et confusionem. Deitatis siquidem proprium est suscitare mortuos, divinaque miracula patrare: humanitatis **574** vero, famem, sitim, lassitudinem, laboresque, et dolores tolerare. Unitus enim est carni sine confusione ac divisione, cum qua carne assumptus est, sedetque in dextera Patris, ac tandem in fine sæculorum venturus est cum gloria judicare vivos et mortuos, Deus incarnatus.

De animato.

Animatum dicitur, id quod alitur et augescit, gignitque sui ipsius simile. Illud porro in tria dividitur: in animal, quod quidem præter tres illos motus naturales, hunc insuper habet, quo e loco in locum transeat; in plantam, quæ tres duntaxat motiones illas habet; et in zoophytum, quod medium est inter animal et plantam: ut cum planta tres motiones habeat, præter illas, animal locum mutet: hoc velut in meditullio exsistat. Habet enim et ipsum motus, at non e loco in locum, sed per contractionem, si quis ipsum tangat.

Corpus dividitur in animatum et inanimum. Animatum, in animal sensu præditum et insensibile. Inanimum, in zoophytum et plantam: zoophytum, in ficum: planta in herbam, rubum, arborem: animal, in rationale et rationis expers. Rationale, in mortale et immortale. Immortale, in angelum et dæmonem; mortale, in hominem, bovem, carnem et similia.

Innovatio res est discrepans a naturæ terminis et legibus.

Dispensatio res est quam fieri non oportet : efficitur vero per indulgentiam et ad quorumdam utilitatem.

Eorum quæ sunt, aut essentia est, aut aptitudo, aut actus.

Post Dialecticam nostri auctoris isthæc etiam alia subjiciuntur in eodem codice Sancti Hilarii.

Partes porro animæ tres.

Concupiscens, irascens et rationalis.

Quatuor in virtutibus sanctissima mens velut in throno sedet, prudentia scilicet, fortitudine, justitia et temperantia.

Lex triplex.

Lex naturalis, lex scripta, et spiritualis lex gratiæ.

Quatuor partibus ceu mundus alter corpus constat. Tres autem habet anima in corpore residens, quibus sanctissimæ Trinitatis imaginem exprimit, et illi suis operationibus vitam præbet. Porro tripartitam esse animam dicimus, quia concupiscente, irascente, et rationali facultatibus pollet. Per rationalem quidem ratiocinatur et intelligit. Irascente vero adversus dæmones utitur, viriliter contra eos certans. Concupiscente demum utitur ad Deum amandum. Concupiscens pars trifariam item dividitur, in divinam, naturalem, et eam, quæ medium locum habens, carnalis dicitur : quam et diabolicam appellare licet. Divina quidem in Dei dilectione versatur. Naturalis in eorum amore quæ naturæ consentanea sunt, carnalis vero in amore eorum, quæ naturæ, vel adversantur, vel minime conveniunt, A v. gr. nuptiæ quidem naturæ consentaneæ sunt : contra naturam vero sunt fornicatio et similia.

In alio hæc reperi : Quinque sunt animæ potentiæ : mens, cogitatio, judicium sive opinio, imaginatio, sensus. Mens seu intelligentia, spiritualis sensus est animi, quo per seipsum et sine conquisitione res intueri valet. Cogitatio animi virtus est, qua ratiocinando potest res cognoscere. Quapropter διάνοια vocatur, παρὰ τὸ ὁδόν τινα διανοίγειν (id est, quasi viam quamdam aperiat). Opinio est animi facultas minime rationalis, qua res non per causas cognoscit. Imaginatio, partis animæ potentia est. Sensus est animæ vis, qua res materiæ immersas percipit.

Quæ sequuntur definitiones unionum variæ, habentur in cod. Regio 2951, paucisque verbis discrepant ab iis quas Combefisius edidit t. II Operum sancti Maximi, pag. 115.

Damasceni, de unione.

Unio est rerum distantium in sui invicem communionem venientium concursus.

Duodecim autem modis contingit : secundum temperationem, secundum coacervationem, secundum conspersionem, secundum admistionem, secundum contractionem, secundum essentiam, secundum respectum et affectum, et secundum hypostasim, unico et singulari modo.

Ac unio quidem secundum temperationem est, ut in fluidis, puta in vino et aquis.

Secundum coacervationem, ut in siccis, frumento et hordeo.

Secundum conspersionem, qualis est inter humidum et siccum, terram et aquam.

Secundum permistionem, ut in variis farinis.

Secundum confusionem, ut in his quæ liquantur, auro et argento, cera et pice.

Secundum compaginationem, ut in lapidibus.

Secundum appositionem, ut in asseribus et tabulis.

Secundum contractionem, ut in lampade ex igne prodeunte, ac rursum cum igne unita.

Secundum essentiam, ut in individuis, Petro et Paulo, sive his et istis equis, sive bobus, aliisve animantibus.

Secundum respectum et affectum, ut in amicis ac sententiis ad unum quid volendum consentientibus.

Secundum compositionem, ut in anima et corpore.

Secundum hypostasim vero, de sola divinitatis et humanitatis in Christo copula dicitur. Unam enim personam ambæ naturæ habuerunt, non duas, ut deliravit Nestorius.

Porro hæc unio, substantialis dicitur, quia vera, et nequaquam fictitia sive imaginaria est. Alio item modo, unio secundum hypostasim concursus est rerum diversæ essentiæ, servata unicuique post unionem sua naturali proprietate.

Alterum rursus Damasceni fragmentum istud reperi in Nicetæ Choniatæ Thesauro manu exarato, cujus mihi peramice, ut et aliorum multorum, copiam fecit vir clarissimus doctissimusque D. Baluzius : habeturque lib. XXIII, ubi disputatur contra Soterichum Panteugenum, qui sacrificium Patri soli offerri a Filio dicebat : unde illud cum aliis Patrum locis transsumpsit ediditque Leo Allatius in Vindiciis synodi Ephesinæ, p. 596.

Damasceni.

Omnium Deus et Pater uti Deus vult, an uti Pater? Quod si uti Pater, alia erit ipsius ab ea quæ Filii est voluntas: neque enim Pater Filius est. Quod si uti Deus, Deus vero est et Filius et Spiritus sanctus : voluntas ergo naturæ est, sive naturalis. Sic tu hoc eodem modo argumentum formans, interroga : Omnium Deus et Pater, uti Pater accepit sanguinem, an uti Deus? Quod si uti Pater, alia erit ipsius ab ea quæ Filii tum facultas tum operatio : neque enim Filius Pater est. Quod si uti Deus, Deus vero et Filius et Spiritus sanctus est : igitur Unigeniti qui unus ex sancta Trinitate est, sanguinem ipsa sancta Trinitas uti Deus accepit.

Quæ sequuntur reperi in Catena Regia in Lucam, cod. 2440, in cap. III, v. 13.

Damasceni.

Ac super apostolos Spiritus descendit : Deus quippe est. Deus vero ignis consumens est [1]. Quapropter Christus igne baptizare dicitur, quia super sanctos discipulos in ignearum linguarum specie Christi gratiam effudit : sive etiam propter ignis futuri vim puniendi ; baptisma namque est et hoc postremum, non salutare, sed quo malitia aboleatur (non enim tunc amplius nequitia et peccatum locum habet), cæterum sine fine plectit.

Damasceni.

Quoniam vero spiritus multifarie accipitur, ejus A nobis sunt edisserenda significata. Spiritus ergo dictus est Spiritus sanctus. Dicuntur etiam spiritus, virtutes Spiritus sancti, ut in illo loco : « Requiescent super eum septem spiritus [2]. » Operationes enim Spiritus, spiritus ab Isaia appellatas arbitror. Spiritus est et angelus bonus, secundum illud, «Qui facit angelos suos spiritus [3]. » Spiritus est et dæmon, ut fert illud : « Spiritus mutus et surdus [4]. » Spiritus item anima est, ut cum dicitur : « In manus tuas commendo spiritum meum [5]. » Aliquando rursum mens quoque spiritus vocatur. Spiritus item est ventus, ut illud : « Spiritus ubi vult spirat [6]. » Spiritus est et aer.

---

577 *Quæ sequuntur* De mensibus Macedonum, *reperi in cod. Reg. 2910 post quæstiones Anastasii, et in simili codice Bodleiano, n. 297, perinde habentur post easdem Anastasii quæstiones : nec dubium est, ex initio, quin excerpta sint ex ampliori quodam opere quod interierit. Hujus fragmenti partem citavit Usserius in opusculo* De Macedonum et Asianorum anno solari, *cap. 5, ubi observat menses qui dicuntur secundum Macedones, esse menses anni georgici, secundum illud Virgilii Georg. I :*

*Candidus auratis aperit cum cornibus annum
Taurus,* etc.

In cod. Bibliothecæ Mediceæ plut. 5, n. 50, menses iidem secundum Judæos, Græcos, Macedones, et Ægyptios, eodem ordine recensentur : sed omisso Joannis Damasceni nomine.

Joannis Damasceni, De mensibus Macedonicis, ex Ecclesiastica traditione.

Gentiles siquidem duodecim zodiaci signa esse aiunt quæ ex stellis constant, atque in cœlo motum contrarium habent, tam soli, quam lunæ, et reliquis quinque planetis ; per hæc vero duodecim signa septem planetas transire : cæterum septem planetarum hæc esse nomina: Sol, Luna, Jupiter, Mercurius, Mars, Venus, Saturnus. Planetas autem eos appellant, quia opposito adversumque cœlo motum habent. In unaquaque vero cœli sphæra unum e septem planetis versari dicunt : ac quidem in prima et suprema Saturnum ; in secunda Jovem ; in tertia Martem ; in quarta Solem ; in quinta Venerem ; in sexta Mercurium ; in septima et infima Lunam. Sol itaque in quolibet zodiaci signo mensem unum insumit, et per duodecim menses duodecim hæc signa transcurrit. Hæc porro nomina sunt duodecim signorum, hique eorum menses:1. Aries, mensis Martii die vicesima prima solem excipit. 2. Taurus , mensis Aprilis die 23. 3. Geminus, Maii 24. 4. Cancer, Junii 24. 5. Leo, Julii 25. 6. Virgo, Augusti 25. 7. Libra, Septembris 25. 8. Scorpius, Octobris 25. 9. Sagittarius, Novembris 25. 10. Capricornus, Decembris 25. 11. Amphora, Januarii 20. 12. Pisces, Februarii 20. At vero Luna singulo quovis mense duodecim signa peragrat, cumque omnibus sit inferior, ea celerius percurrit ; velut si circulum facias intra circulum alium, circulus intraneus alio minor reperietur : consimiliter B cursus Lunæ, quippe quæ in inferiori loco exsistit, brevior est, citiusque absolvitur.

De mensibus diversis.

Menses secundum Romanos.

1. Martius, dierum 31 : Dulci cibo et potu utere. 2. Aprilis, 30 : Ne raphanum edas. 3. Maius 31 : Podocephala ne comedas. 4. Junius 31 : Parumper aquæ bibe. 5. Julius 31 : Venereis abstine. 6. Augustus 31 : Herbas crudas ne manduces. 7. September 30 : Ne lacte vescaris. 8. October 31 : Ab **578** acerbis abstine. 9. November 30 : Cave ne sæpius laves. 10. December 31 : Ne manduces crambem. 11. Januarius 31 : Hora duodecima meri tantillum bibe. Februarius 28 : Ne betam comedas.

Menses secundum Judæos.

C 1. Nisan. 2. Jar. 3. Sivan. 4. Thamuz. 5. Ab. 6. Elul. 7. Tisri. 8. Marchsouan. 9. Chasleu. 10. Tebeth. 11. Sabat. 12. Adar.

Menses secundum Macedones.

1. Taurus. 2. Geminus. 3. Cancer. 4. Leo. 5. Virgo. 6. Libra. 7. Scorpius. 8. Sagittarius. 9. Capricornus. 10. Hydria. 11. Pisces. 12. Aries.

Menses secundum Græcos.

1. Xanthicus. 2. Artemisius. 3. Dæsius. 4. Panemus. 5. Lous. 6. Gorpiæus. 7. Hyperberetæus. 8. Dius. 9. Appellæus. 10. Audinæus. 11. Peritius. 12. Dystrus.

Menses secundum Ægyptios.

1. Pharmuthi. 2. Pachon. 3. Pauni. 4. Epiphi, 5. Mesori. 6. Thoth. 7. Paophi. 8. Athyr. 9. Chœak. 10. Tybi. 11. Mechir. 12. Phanemoth.

---

[1] Deut. IV, 24; Hebr. XII, 29. [2] Isa. XI, 2. [3] Psal. CIII, 17. [4] Matth. IX, 24. [5] Psal. XXX, 6. [6] Joan. III, 8.

579 IN CANONEM PASCHALEM ADMONITIO.

Quem hic exhibeo Canonem Paschalem, seu laterculum ad inveniendum diem Paschæ, in duobus Regiis codicibus reperi, necnon cap. 10 Computi Isaaci Argyri, quem Petavius edidit in Uranologia : habent et alii aliarum Europæ Bibliothecarum codices, et ubique sancti Joannis Damasceni nomen ei præfixum est. In Reg. 2700 : Τοῦτό ἐστι τὸ Πασχάλιον τοῦ ἁγίου Ἰωάννου τοῦ Δαμασκηνοῦ. *Hic est Canon Paschalis sancti Joannis Damasceni.* In altero, Πασχάλιον σὺν Θεῷ συντεθὲν παρὰ τοῦ ἐν ἁγίοις Πατρὸς ἡμῶν Ἰωάννου τοῦ Δαμασκηνοῦ. *Canon Paschalis Deo dante compositus a sancto Patre nostro Damasceno.* Apud Argyrum denique cap. 10 : Κανόνιον τῆς τοῦ σεβασμίου καὶ μεγάλου Πάσχα εὑρέσεως παρὰ τοῦ ὁσίου καὶ θεοφόρου Πατρὸς ἡμῶν Ἰωάννου Δαμασκηνοῦ. *Laterculus venerandi et magni Paschatis inveniendi a sancto Joanne Damasceno conditus.* Ejus auctorem esse Joannem nostrum Damascenum haud melius probavero, quam allato doctissimi Petavii judicio, quo in Isaaci Argyri circa Canonem hunc inconsiderantiam et ἀκρισίαν animadvertit, pag. 320 : *Canonem Paschalem,* inquit, *quem cap. 10 proposuit, cujusque terminos Paschales biduo Nicephorus anticipavit, conditum esse suspicatur ante annos 608, quam ista proderet. Quoniam biduum Paschata Judaica moratur; etsi nondum expletos illos esse duos dies asserit : sed de iis superesse adhuc horas tres, quibus exhauriendis anni octo et triginta desiderantur. Siquidem cyclo ineunte 3 (hic est annus Christi Dionysianus 1373) plenilunium Judaicum incidit post horas tres æquabiliter ab ortu solis diei* VIII *Aprilis. Erat annus Constantinopolitanus 6881. Itaque post annos triginta octo, videlicet anno 6919, qui est Dionysianus 1411, plena fiet,* inquit, *bidui* προήγησις. *Hæc Argyrus. Et quidem revera anno illo, quem dicit, Christi 1373, Judaicum plenilunium contigit horis circiter tribus post solis exortum. Erat annus Judaicus 5133, cujus Tisri iniit Augusti, 30, feria 2, anno Christi 1372, cyclo solis Romano IX, littera D.C. Nam illius character erat 2, 3, 606. Nisan autem character 5, 20, 757, feria 6 ob translationem; Martii 25, cyclo solis Romano X, littera... anno Christi 1373. Plenilunium ergo commissum est Apr. 8, fer. 6, 15, 73, post ortum solis. Nam epilogismus Judaicus ab occasu solis incipit. Sed mirus hominis stupor : qui non animadverterit terminos Paschales, qui in hoc laterculo descripti sunt, cui Damascenus auctor inscribitur, non alios esse quam Nicænos, quibus Theophilus, Cyrillus, et Catholici deinceps usi sunt. At Isaacus circa annum Christi 765, Canonem illum conditum ac terminos esse constitutos, existimat. Detractis enim 608 de 1373, exsistit annus 765. Sane Joannes Damascenus hoc sæculo vixit, qui laterculi hujus artificiosi conditor esse potuit : non tamen terminos instituit. Sed Argyrum fefellit id de quo ante monui. Putavit eo tempore quo Paschales fixi sunt termini, plenam lunam in eos incurrisse: quod quidem sancti Damasceni ætate contigit : cum olim Nicæno sæculo biduo fere plenilunia prævenirent.* Joannes Hierosolymitanus Damascenum astronomiæ peritissimum fuisse refert in ejus Vita, idque colligi posse ait ex paucis illis quæ ad rudiorum eruditionem scripsit : in quibus utique fuerit hic Canon paschalis. Hujus porro condendi vel potius describendi occasionem fortasse Damasceno nostro dederit dissensio hæreticorum a Catholicis quam Theophanes anno 20 Copronymi accidisse refert, ut Catholici die sexto Aprilis Pascha celebrarint, hæretici die 13, quod tamen doctissimus Antonius Pagi in annum 19 ejusdem Copronymi et Christi 759, rejiciendum observat, atque Gallos nostros secundum cyclum Victorinum, una cum Alexandrinis Paschæ festivitatem perinde egisse, atque adeo cum Cophtis Jacobitis, quos ejusdem sectæ Syri imitabantur.

581 CANON PASCHALIS SANCTI JOANNIS DAMASCENI.

CYCLI SOLIS.

Cycli solis.	Pascha legale.	1 7 18 12	2 13 19 24	3 14 25 8	9 15 26 20	10 21 27 4	5 11 22 16	6 17 26 28	Fundamenta lunæ.
I	Aprilis. 2	Febr. 10 April. 7 26	Febr. 9 April. 6 27	Febr. 8 April. 5 28	Febr. 7 April. 4 29	Febr. 6 April. 3 30	Febr. 12 April. 9 24	Febr. 11 April. 8 25	14
II	Martii. 22	Januar. 27 Mart. 24 40	Jan. 26 Mart. 23 41	Febr. 1 Mart. 29 35	Jan. 31 Mart. 28 36	Jan. 30 Mart. 27 37	Jan. 29 Mart. 26 38	Jan. 20 Mart. 25 39	25
III	Aprilis. 10	Febr. 17 April. 14 19	Febr. 16 April. 13 20	Febr. 15 April. 12 21	Febr. 14 April. 11 22	Febr. 20 April. 17 16	Febr. 19 April. 18 17	Febr. 18 April. 15 18	6
IV	Martii. 30	Febr. 3 Mart. 31 23	Febr. 9 April. 6 27	Febr. 8 April. 5 28	Febr. 7 April. 4 29	Febr. 6 April. 3 30	Febr. 5 April. 2 31	Febr. 4 April. 1 32	17
V	Aprilis. 18	Febr. 24 April. 21 12	Febr. 23 April. 20 13	Febr. 22 April. 19 14	Febr. 28 April. 25 8	Febr. 27 April. 24 9	Febr. 26 April. 23 10	Febr. 25 April. 22 11	28
VI	Aprilis. 7	Febr. 17 April. 14 19	Febr. 16 April. 13 20	Febr. 15 April. 12 21	Febr. 14 April. 11 22	Febr. 13 April. 10 23	Febr. 12 April. 9 24	Febr. 11 April. 8 25	9
VII	Martii. 27	Febr. 3 Mart. 31 33	Febr. 2 Mart. 30 34	Febr. 1 Mart. 29 35	Jan. 31 Mart. 28 36	Febr. 6 April. 3 30	Febr. 5 April. 2 31	Febr. 4 April. 1 32	20
VIII	Aprilis. 7	Febr. 24 April. 21 12	Febr. 23 April. 20 13	Febr. 22 April. 19 14	Febr. 21 April. 18 15	Febr. 20 April. 17 16	Febr. 19 April. 16 17	Febr. 25 April. 22 11	1
IX	Aprilis. 4	Febr. 10 April. 7 26	Febr. 9 April. 6 27	Febr. 8 April. 5 28	Febr. 14 April. 11 22	Febr. 13 April. 10 23	Febr. 12 April. 9 24	Febr. 11 April. 8 25	12
X	Martii. 24	Febr. 3 Mart. 31 33	Febr. 2 Mart. 30 34	Febr. 1 Mart. 29 35	Jan. 31 Mart. 28 36	Jan. 30 Mart. 27 37	Jan. 29 Mart. 26 38	Jan. 28 Mart. 25 39	23
XI	Aprilis. 19	Febr. 11 April 14 19	Febr. 16 April. 13 20	Febr. 22 April. 19 14	Febr. 21 April. 18 15	Febr. 20 April. 17 16	Febr. 18 April. 16 17	Febr. 19 April. 15 18	4
XII	Aprilis. 1	Febr. 16 April. 17 26	Febr. 9 April. 6 27	Febr. 8 April. 5 28	Febr. 7 April. 4 29	Febr. 6 April. 3 30	Febr. 5 April. 2 31	Febr. 1 April. 8 25	15
XIII	Martii. 21	Jan. 27 Mart. 24 40	Jan. 26 Mart. 23 41	Jan. 25 Mart. 23 42	Jan. 31 Mart. 28 36	Jan. 30 Mart. 27 37	Jan. 29 Mart. 26 38	Jan. 28 Mart. 25 39	26
XIV	Aprilis. 9	Febr. 27 April. 14 19	Febr. 16 April. 13 20	Febr. 15 April. 12 21	Febr. 14 April. 11 22	Febr. 13 April. 10 23	Febr. 19 April. 16 19	Febr. 18 April. 15 18	7
XV	Martii. 29	Febr. 3 Mart. 31 33	Febr. 2 Mart. 30 34	Febr. 8 April. 5 28	Febr. 7 April. 4 29	Febr. 6 April. 3 30	Febr. 5 April. 2 31	Febr. 4 April. 1 32	18
XVI	Aprilis. 17	Febr. 24 April. 21 19	Febr. 23 April. 20 13	Febr. 22 April. 19 14	Febr. 21 April. 18 15	Febr. 27 April. 24 9	Febr. 20 April. 23 10	Febr. 25 April. 22 11	27
XVII	Aprilis. 5	Febr. 20 April. 7 26	Febr. 9 April. 6 27	Febr. 15 April. 12 21	Febr. 14 April. 11 22	Febr. 13 April. 10 23	Febr. 12 April. 9 24	Febr. 11 April. 8 25	10
XVIII	Martii. 25	Febr. 3 Mart. 31 33	Febr. 2 Mart. 30 34	Febr. 1 Mart. 29 35	Jan. 31 Mart. 28 36	Jan. 30 Mart. 27 37	Jan. 27 Mart. 26 38	Febr. 4 April. 1 32	21
XIX	Aprilis. 13	Febr. 17 April. 14 19	Febr. 23 April. 20 13	Febr. 22 April. 19 14	Febr. 21 April. 18 15	Febr. 20 April. 17 16	Febr. 19 April. 16 17	Febr. 18 April. 15 18	2

Sextum quod subjungo fragmentum epistolæ est, descriptum ex cod. Barocciano n. 10, quem ante 306 annos exaratum ferunt; multis vero mendis laborat, quæ ægre sanari possunt.

582 *Epistola beatissimi eximiique philosophi domini Joannis presbyteri Damasceni ad quemdam missa.*

Quid est homo ?

Homo est animal rationale, mortale, intellectus et doctrinæ capax. Constat autem ex elementis quatuor, sive ex sanguine, pituita, flava bili, et nigra bili. Ac sanguis quidem est in corde, estque itidem in corde spiritus. Flava vero bilis in hepate et in stomacho : nigra bilis in splene et renibus. Pituita denique in cerebro et infima ventriculi parte. Atque illi quidem, qui sanguine puro constant, hi vultu semper hilari et jucundo sunt, oblectationibusque ac risui propensius indulgent, decoroque et florenti colore vernant. Qui vero flavæ bilis sunt, hi acres, temerarii et audaces, ad iram proclives, et amari sunt, colorem subinde mutantes. Qui autem atræ bilis, hi segnes, pusillanimes, infirma valetudine, pigri, et timidi sunt. Qui demum pituitosi, hi tristes, imo et frigidi sunt, immemores et obliviosi, somno dediti, et albo colore. Cæterum in puerili ætate sanguis abundat, usque ad annum decimum quartum. In adolescentibus flava bilis, usque ad vigesimum octavum annum; atra bilis copiosior affluit : in perfecta ætate, usque ad annum quadragesimum secundum. Tandem in senibus pituita prævalet usque ad octogesimum annum. Quocirca pueri quidem propter sanguinem calidi humidique sunt; A adolescentes, ob flavam bilem calidi et sicci; qui perfectæ sunt ætatis, ex atra bili frigidi et sicci : ac senes ob pituitam frigidi humidique sunt. Tempus capitis, rector est corporis : et quod cerebrum bene incolume est et sanum, cuncta corporis membra pace fruuntur. Porro vis et sagacitas ex jecore ad cerebrum mittitur, in quo animæ sedes est, atque sensorum fundus et abyssus. Caput autem quinque suturas habet. Quinimo reperitur etiam caput quod unius duntaxat suturæ sit; unde fit ut illud omni parte sanitatem et incolumitatem obtineat? Atqui cerebrum tres meninges seu membranas habet, quarum prima succinctoria est : secunda valli speciem præfert : et tertia... Tres vero sunt cerebri partes; quarum prima B varicosa est, secunda... tertia intelligentiæ capax. Est autem suapte substantia calidum. Differt cerebrum a medulla, quod album sit et sanguinis expers, medulla vero squalida et sanguinea. Corpus hominis ex quatuor elementis consistit. Habet enim in seipso sanguinem, pituitam, flavam bilem, et atram bilem. Unusquisque horum humorum proprium suum locum efficit. Sanguis dextram partem supra jecur tenet : flava bilis, sinistram lienæ superiorem : atra bilis juxta lumbos supra renes : denique pituita in pectore supra pneumonem. Sanguis itaque calidus est, humidusque et dulcis : flava bilis calida est...

---

583 IN ORATIONEM DE IIS QUI IN FIDE DORMIERUNT ADMONITIO.

Vir doctissimus Leo Allatius in dissertatione 2 *De libris ecclesiasticis Græcorum*, orationem *De iis qui in fide dormierunt*, Joannis Damasceni non esse libere pronuntiavit : idemque confirmavit in diatriba *De Joanne Damasceno et ejus operibus*; in primis propter styli dictionisque dissonantiam, necnon propter iambos qui in ea occurrunt, quique auctoris nostri venam et ingenium non redolent. Ei suffragatus est Combefisius noster, t. II *Auctar. Bibl. PP. Græc.* annotatione postrema in orationem historicam de restitutione imaginum, ubi fabellas memorat salvatorum ab inferis Trajani et Falconillæ, quas magno præsidio fuisse ait Græcis, ut perinde liberatum Theophilum imp. fingerent. *Quanquam Damascenus antiquior est*, inquit, *cujus nomine libri Græcorum ecclesiastici eam orationem inscriptam habent, stylus tamen reliquis Damasceni vel dogmaticis vel* ἑορταστικοῖς *(festalibus) collatus haud leviter alterius suadeat. Videas certe rhythmice magis quam oratorie, aliter quam pro* Χρυσόρροῳ *illius puritate dicentem. Nihil autem mirum ut ita Græcis imponi potuerit nomine Damasceni, quando et nobis impositum fuerit in sermone Assumptionis S. Mariæ nomine Hieronymi*, etc. Hæc quidem vir eruditus : qui nihilominus mentem et dictum mutavit, quando in Bibliotheca PP. Concionatoria, orationem illam de qua nunc agimus Latine edidit. Nam in Præfatione declarat se non tanta quam Allatius dictionis vitia in ea deprehendere. Verum re diligenter examinata, pempensis utriusque partis momentis, Leonis mihi sententiam, quæ prima Combefisii fuit, magis arridere fateor, quam et propugno in singulari prolixiorique dissertatione, de precibus fundendis pro defunctis secundum doctrinam Ecclesiæ Orientalis. Hic solum dicam, nullibi me Damasceni mei loquelam hoc in sermone agnoscere. Nec fucum faciant lucubrationis inscriptiones quas in editione Basil. et in duobus codd. Colb., n° 7 et 2443, reperi : quarum prima est, Ἰωάννου ταπεινοῦ μοναχοῦ καὶ πρεσβυτέρου τοῦ Δαμασκηνοῦ, περὶ τῶν ἐν πίστει, κ. τ. ε. *Joannis humilis monachi et presbyteri Damasceni, de iis qui*, etc.; altera, Ἰωάννου μοναχοῦ Δαμασκηνοῦ καὶ ἁμαρτωλοῦ, περὶ τῶν, κ. τ. ε. *Joannis monachi et peccatoris, de iis qui*, etc. Quæ sane familiares satis fuerunt humili nostro Damasceno. Nam facile a librariis transsumi mutuarique potuerunt ex genuinis ejus operibus aliis, quibus similes inscriptiones præfixerat. Id probat discrepantia utriusque codicis Colbertini in eo titulo referendo. Orationem hanc quotannis Græci in Ecclesiis recitant Sabbato τῆς ἀπόκρεω, *Carnisprivii*, quo commemorationem faciunt fidelium omnium defunctorum.

Veterem translationem Latinam hujus orationis, quam sanctus Thomas consuluerat, reperire nusquam potui. Aliam adornavit Joannes Œcolampadius, et Chunrado Peutingero nuncupavit anno 1520, quo tempore, inquit Gravius noster, in castris adhuc Ecclesiæ militabat, nec cucullum Brigittanum abjecerat. Alteram postea Ludovicus Nogarola condidit. Quartam Jacobus Billius, quam Combefisius hinc inde passim mutandam censuit, castigata dictione Græca ad mss. codices aliquot : quorum labori manum iterato addere pro more non dubitavi.

S. JOANNIS DAMASCENI
DE IIS QUI IN FIDE DORMIERUNT

QUOMODO MISSIS ET ELEEMOSYNIS ET BENEFICENTIIS QUÆ PRO ILLIS FIUNT, ADJUVENTUR.

1. Suavibus exquisitisque dapibus appositis, usu sæpe venit, ut non ii tantum qui fame laborant, ad edendum attrahantur, sed et illi nonnunquam quos jam satietas cepit, exstimulentur : quemadmodum etiam dulcissimis fragrantibusque poculis, non ii duntaxat qui sitim patiuntur, sed et illi qui sitim expleverunt, allici ad bibendum solent. Consimiliter qui erga opes inhiant, cum amplissimas divitias sunt adepti, hos semper cupiditas adigit, ut occasiones undecunque captent quibus facultates suas in dies augeant. Ad eumdem modum, o præstantissima Ecclesiæ Dei membra, sacerdotes et Patres, fratres et matres, filiique charissimi, nec divinorum eloquiorum fames, nec ulla sacræ doctrinæ sitis, nec rursus divinæ scientiæ penuria, hoc efficit ut ad eas quas apponimus sermonis epulas accumbatis : sed desiderium divinis vere confertissimum gratiis, quod de virtute in virtutem, de gratia in gratiam, de memoria in recordationem nos provehit. Plerumque etenim accidit ut quod ætatis adultæ homines fugerat, hoc puer inveniat ; et quod eruditos præteriit, indoctis occurrat ; quod denique magistris latuit, discipulis fiat obvium. Quanquam ne hoc quidem mihi licet ad vos uti sermone : quin potius, velut qui racemulum post vindemiam relictum, et spicam ob ingentem frugum copiam post demessas segetes omissam, aut demum poma aliquot post collectos arborum fructus congesserunt : ita et nos, Christo qui Deus verus est adjuvante, et per opera sermonem confirmante, eos qui voluerint, epulis excipiemus.

2. Ergo serpens ille et hostis exsecrandus, qui ob præclaras omnes religiosasque actiones cogitationesque intimis torquetur visceribus et enecatur : qui fraterna quidem charitate percellitur, fide dirumpitur, spe interimitur, mutua commiseratione concutitur ; ille, inquam, nefarius novam aliquam et absurdam, sacrisque sanctionibus contrariam omnino opinionem, quibusdam in animum injecit : nimirum, pia omnia opera, nullam prorsus defunctis utilitatem post mortem ipsorum afferre : eo quod Scriptura dicat : « Conclusit Deus super eos [1]. » Et : « Referet unusquisque quæ per corpus gessit, sive bonum, sive malum [2]. » Itemque : « In inferno quis confitebitur tibi [3] ? » et rursus : « Quia tu reddes unicuique secundum opera sua [4]. » Ac denique : « Quod quisque seminaverit, hoc et metet [5]. » Sed, o sapientes viri (ut ad eos verba faciamus), scrutamini et discite, magnum quidem esse Dei omnium Domini timorem ; verum multo majorem esse bonitatem ; horrendas quidem ipsius minas esse : cæterum quanta ejus benignitas sit, nulla fingi conjectura posse : ac tandem in ejus judiciis tametsi multum terroris inest, ipsius tamen miserationum pelagus orationis vim omnem superare.

3. Videte enim quid divina Scriptura ferat : quemadmodum Judas Machabæus in Sion, quæ civitas est Regis magni, cum populum, cui erat, ab alienigenis hostibus cæsum vidisset, vestibusque eorum excussis, condita in eis idolorum donaria comperisset, expiandi uniuscujusque eorum causa, sacrificia statim propensissimo ad misericordiam Domino obtulerit, inque ea re summæ religionis et charitatis munere perfunctus sit. In quo quidem, ut et in omnibus aliis, divina Scriptura summis cum laudibus demirandum præbuit. Quinimo verbi interpretes, quique testes oculati fuerunt, quorum retibus captus orbis fuit : illi, inquam, Salvatoris discipuli divinique apostoli, ut in tremendis et intemeratis mysteriis co-

---

[1] Job III, 23. [2] II Cor. V, 10. [3] Psal. VI, 6. [4] Psal. LXI, 13. [5] Galat. VI, 8.

rum qui in fide dormierunt, memoria fieret instituerunt. Quod etiam firme et sine ulla prorsus controversia apostolica et catholica Christi Deique Ecclesia quæ ad usque fines orbis diffusa est, ab eo tempore ad hunc usque diem semper retinuit, et dum mundus hic stabit, retentura est. Nec quidem inconsulte omnino, nec temere et sine ratione hoc ab illis est institutum. Neque enim quidquam quod utilitate careat Christianorum, quæ nescit errare religio suscepit, fixumque et stabile retinuit : sed utilia omnia Deoque accepta, et quæ magno emolumento sint, ac valde salutaria.

4. Quocirca eximius profundusque divinorum interpres Dionysius [6], in mystica sua de iis qui dormierunt speculatione, diserte hoc asserit, cujus divina venerandaque verba hic libet adjungere, ad clariorem eorum de quibus dicere proposui, demonstrationem : «Sanctorum preces in hac quoque vita, inquit, nedum post mortem, iis qui sacris precibus sunt digni, hoc est fidelibus, efficaces sunt. » (Per voculam *nedum* nihil prorsus intelligere sit, nisi *quanto magis*.) Et paulo post : « Non enim divinus pontifex, divinæque justificationis interpres, ea unquam postularet, quæ gratissima Deo non essent, quæque sibi neganda divinitus accepisset. Ob idque profanis, sive illis qui non sunt baptizati, haudquaquam ista precatur. » Et rursus : « Divinus igitur antistes, quæ grata Deo sunt postulat, quæque ille prorsus daturus est. » Et iterum : « Hoc ergo supplex a divina bonitate petit pontifex, ut errata, quæ per humanam imbecillitatem admissa sunt, ei, qui e vivis excessit, remittat, eumque in viventium regione collocet, in sinu Abraham, Isaac, et Jacob : in loco unde fugit dolor, tristitia, et gemitus; dissimulante divinæ firmitatis bonitate quas defunctum maculas ex humana fragilitate contraxit : quoniam *nemo*, ut divina Scriptura loquitur [7], *mundus est a sorde.* » Videsne, o adversarie, quomodo utiles esse preces affirmat, quæ pro illis fiunt, qui spe divina freti mortem obierunt?

5. Post hunc vero rursum Gregorius, qui a rerum divinarum elocutione cognomentum habuit, in oratione quam in Cæsarii fratris funere pronuntiavit, hoc modo de matre sua loquitur [8] : « Auditum est, inquit, præconium omnium auribus dignum, ac matris mœror per egregiam et sanctam pollicitationem, qua se pro filio quidquid opum ipsa haberet, in parentale munus oblaturam spoponderat, exhauritur. » Et quibusdam interjectis : « Atque hæc sunt quæ a nobis proficiscuntur : ac quidem aliqua jam persolvimus, quædam rursus persolvemus, anniversarios nimirum honores commemorationesque, quandiu superstites erimus. » Cernis, ut pia et sancta munera esse asserit, quæ pro defunctis Deo offeruntur, utque anniversarias memorias approbat.

6. Deinde post illum Joannes [*] aureo sermone facundus, aureoque cognomine donatus, ille amoris erga pauperes ac pœnitentiæ dux et magister, in sua divinis radiis micante enarratione in Epistolas ad Philippenses et ad Galatas ait : « Nam si gentiles simul cum eis qui diem obierunt, bona sua comburunt : quanto magis te qui fide præditus es, operam dare par est, ut fidelem bona ipsius sequantur : non ut et ista in cinerem velut illa redigantur; sed majorem ei gloriam concilies, ac si obstrictus peccatis erat, qui vita functus est, ipsius peccata deleas : sin autem justus, ea illi in mercedem et remunerationem cedant? » Et rursus in alia oratione [10] : « Animum attendamus, quo pacto de iis qui decesserunt bene mereamur : auxilium præsens ac necessarium illis offeramus, eleemosynas scilicet et oblationes : hoc enim uberem eis fructum ingentemque utilitatem affert. Nam hæc temere instituta sunt, et sapientissimis discipulis Ecclesiæ Dei sunt tradita : ut nempe sacerdos pro illis qui in fide dormierunt, in tremendis mysteriis orationes fundat, nisi scivissent quæstum inde magnum et emolumentum illis obvenire.

7. His astipulatur sapientissimus Gregorius Nyssenus [11], cujus hæc verba sunt : « Nihil inconsulte, nihilque perperam a Christi præconibus et discipulis traditum fuit, et in omnibus Dei Ecclesiis invaluit : sed res utilis est et Deo placens, ut in divina splendidissimaque mysteriorum celebratione, eorum qui in recta fide obierunt, memoriam agamus. »

8. Enimvero dictum hoc : « Tu reddes unicuique secundum opera sua [12] »; et : « Quod quisque seminaverit, hoc et metet [13], » et quæ his similia sunt, de Creatoris dubio procul adventu, deque ferenda tunc terribili sententia, nec non de mundi consummatione pronuntiata sunt. Non enim tunc auxilii tempus suppetet, sed omnis frustra deprecatio erit. Quippe solutis nundinis, mercaturæ vacare non licet [13]. Nam ubi tunc pauperes erunt? ubi missæ? ubi psalmorum pensa? ubi beneficentiæ opera? quamobrem ante illam horam alii aliis opitulemur, ac fratrum hominumque et animarum amantissimo Deo, quæ fraterni officii sunt offeramus. Libentissime siquidem hæc accipit, et iis qui præmature, atque, ut ita dicam, imparati, vivis excesserunt, eas quas sibi familiares et propinqui eorum offerunt, prætermissi officii vices ascribit, perindeque reputat ac si illimet his functi operibus fuissent. Sic enim clementissimus Dominus abs se peti vult, et iis quos condidit, ea rogatus præstare, quæ saluti ipsorum conducat. Ac tunc demum inflectitur, cum quis non modo pro anima sua enititur, sed proximi causa operis

[6] *De eccl. Hier.*, cap. 7. [7] Job xxv, 4. [8] *Orat.* 40. [9] Vide hom. 32 in Matth. [10] Hom. in Epist. ad Philipp. [*11] Locus nusquam occurrit in editis. [12] Psal. LXI, 13. [13] Galat. VI, 6. [13] Gregor. Naz. orat. 40.

aliquid navat. Hac enim ratione expressam in se Dei similitudinem refert, donaque pro aliis, veluti gratias sibi concedendas postulans, perfectæ charitatis rationem asciscit, sibique beatitudinem parat, suam ipse animam una cum proximi anima beneficiis afficiendo.

9. Quidnam autem est, cur hoc molestum et grave quibusdam videatur? Annon quæ prima in feminis martyrium obiit, Falconillæ vita functæ salutem attulit? At fortasse dices, id eam consecutam esse quod martyrum princeps erat, æquum fuisse ut preces ipsius exaudirentur. Recte, inquam ego, ais, illam fuisse martyrum primam. Verum hoc velim rursus consideres, pro quanam hæc postulabat? Nempe pro gentili, idolorum cultrice, profanaque prorsus, et quæ alieno domino operam locarat. Hic vero fidelis pro fideli ad Dominum eumdem preces fundit. Alterum igitur cum altero compara, ut res æqualis fiat, nullumque relinquetur dubium.

10. Confer te rursum ab istis ad alia ejusdem generis et roboris: nimirum ad Palladii ad Lausum historiam, in qua miracula quæ magnus mirificusque Macarius patravit, summa fide verissimeque descripta sunt. Is enim aridum quoddam cranium de iis qui obierant sciscitatus, cuncta perdidicit. Cumque insuper quæsisset, Nunquamne solatii aliquid receperitis (consuetum enim viro sancto erat pro defunctis orare, avebatque scire, an fructuosæ illæ preces essent) hoc Dominus qui amat animas servo suo patefacere volens, veritatis sermonem siccæ huicce calvariæ inspiravit: Quo tempore, inquit, preces pro defunctis offers, nunc sane nonnihil solaminis accipimus.

11. Iterum alteri cuipiam divinorum Patrum, cujus discipulus quidam negligenter vixerat, inque ea negligentia vitæ tandem metam attigerat, misericordissimus animarum amator Dominus, senis lacrymis et precibus motus, eum instar divitis cujus in Lazari parabola fit mentio [14], ad collum usque igne flagrantem illi ostendit. Cum deinde senex multis se laboribus afflixisset, Deum assiduis fletibus obsecrando, rursus ad zonam usque flammarum incendio mersum vidit. Demum postquam vir sanctus labores laboribus addiderat, liberum illum prorsus atque ab igne exemptum per visum Deus ostendit seni.

12. **588** Quis sane tot de istis rebus testimonia, quæ sanctorum Vitæ divinæque revelationes complectuntur, ex ordine queat recensere? Quibus prespicue evincitur, etiam post mortem magnopere defunctis prodesse, quæ pro illis preces ac missæ atque eleemosynæ fiunt. Neque enim omnino perit quidquam eorum quæ Domino feneramur: sed maxima cum usura ejus remuneratio provenit.

13. Nam quod attinet ad illud Prophetæ effatum: « In inferno quis confitebitur tibi [15]? » superius dictum a nobis est, minas quidem illius omnium inspectoris horrendas esse: eas vero ab inenarrabili ipsius humanitate superari. Nam postquam Propheta hæc pronuntiavit, fuit nihilominus quibusdam in inferno confessionis locus; illis videlicet, qui in salutari Domini descensu crediderunt. Neque enim ille vitæ auctor cunctis nullo discrimine salutem dedit; sed illis demum, qui illic quoque sicut dictum est crediderunt.

Itaque quidam aiunt salutem esse adeptos
[qui ante fidem habuerant,
Patres nimirum atque prophetas,
Judices, et reges, ac præsides,
Ac cum eis alii ex Hebræorum plebe,
Numero pauci, cunctisque manifesti.
Nos vero ad hæc sic respondebimus:
His qui ita sentiunt, non beneficium,
Nec mirum quid, nec novum istud est,
Christum hos salvare qui crediderunt:
Quando solus ipse justus est judex,
Nec ullus perit, in ipsum qui credidit.
Ergo oportebat hos omnes salvos esse,
Et ab inferni vinculis liberari,
Descendente illuc Deo atque Domino.
Id quod et ejus providentia accidit:
At illi sola ipsius bonitate,
Mea sententia salutem acceperunt,
Quicunque vitam purissimam egerunt,
Omnique actione optima perfuncti sunt,
Modeste vivendo, temperanter et caste,
Tametsi puram atque divinam fidem
Non perceperunt; nec tamen eruditi
Sed nulla omnino imbuti doctrina manentes,
Hos provisor omnium ac Dominus
Attraxit ad se: divino cepit rete.
Istos et inflexit, ut in ipsum crederent,
Radios in eos divinos injiciens,
Et veritatis ostendens ipsis lucem.
Non enim sustinebat, qui natura est miseri-
[cors,
Horum incassum tot labores cedere.
Perdifficilem enim vitam nacti fuerant,
Ærumnosamque et angustam supra modum,
Affectionibus imperantes animi:
Et voluptates insimul respuerant,
Paupertatemque colentes omnigenam,
589 Continentiam, ac rursum vigilias,
Universa demum virtutis munera,
Et si non pie, at tamen expleverant;
Summam Providentiam, ut videbatur ipsis,
Recte colentes, non sine erroris labe.
Quin sunt nonnulli qui divinam gloriam
Cunctipotentis agnoverunt Triadis
Tenuiter, ac obscure; attamen agnoverunt.
Verbum dixerunt carnem factum alii,

---

[14] Luc. xvi, 23. [15] Psal. vi, 6.

Colendas pœnas, ac resurrectionem.
Alii natales illius ex Virgine,
Quam et proprio indicarunt nomine :
Maria quippe puellæ nomen est, inquit.
Omnia rursus prædixerunt aliqui
Eximia a Christo edita miracula,
Circa defunctos, circa claudos et mutos
Circa leprosos, circa surdos, et febres,
Circa hydropicos atque manus aridas.
Deambulantem supra mare dixerunt :
Benedictionem panum atque piscium,
In vina rursum conversas aquas,
Hæmorrhousam et incurvam curatas,
Una prænuntiantes cum pluribus aliis.
Hos, inquam, divina Verbi potentia
In interitum non passa est ruere,
Nec recte factorum mercedem amittere,
Nulla enim pars temporis quam dederit,
Ut prædiximus, in obscuritatem abit :
Sed conservata universis redditur,
Auctiore mensura, his qui bene vixerunt.
Qui vero vitam transegerunt turpiter,
Quique nihil prorsus gesserunt unquam boni,
Ut neque semen, nec fructum habuerint :
Quinimo vita, sermonibus, et fide,
Modis omnibus aberrando lapsi sunt,
Nec imbre divino irrigati cœlitus,
Germinis quidpiam ediderunt.
Non enim sementem dederunt, ut dicebam
                                [modo,
Nec illucente vero sole gloriæ,
Effloruerunt, quia steriles erant.
His Christus nulli emolumento fuit ;
Nec lapsos, ut puto, secum suscitaverit,
Ut qui salutis indigni prorsus essent :
Quin nec in ipsum hos credidisse arbitror.
Horum enim mentes obcæcaverat,
Spiritualesque cordis oculos,
Tenebrarum elatio, primus scilicet draco.
Quem a prima ætate coluerunt,
590 Ne videntes viderent, ut est in oraculo,
Neve intelligentes, omnino intelligerent.
Reliqui autem omnes qui semen habuerant,
Jubare solis exorto floruerunt,
Et immissa pluvia germinarunt.

En qua nos oratio provexerit, ut rem pene opertam, Deo juvante, explicaremus, idque non velut sententiam ferentes (hoc enim indignitas nostra non patitur), sed rationibus et conjecturis, ut charitas postulat, indulgentes. Hi sunt itaque, ut opinor, quibus in inferno salutem Christus attulit.

14. Sic igitur auspice faventeque Christo monstratum fuit in inferno quoque confessionem exstitisse. Neque vero hæc diximus, ut prophetiam evertamus (absit!) sed ut planum faciamus, omni bonitate præstantiorem Dominum sua ipsius a humanitate vinci. Cujusmodi illud est : « Ninive subvertetur [16]; » quæ tamen subversa non est, sententiæ severitate superata a benignitate. Ezechiæ quoque : « Dispone, ait, domui tuæ : morieris enim tu, et non vives [17]; » nec tamen ille mortuus est. Item Achabo ; « Inducam, inquit, mala [18]; » quæ tamen non induxit : quin potius : ait « Vide, quomodo compunctus est Achab : quamobrem in diebus ejus non inducam mala [19]. » Hic quoque rursum sententiæ benignitas prævaluit, uti etiam in plerisque aliis judiciis : futurumque adeo est ut semper prævaleat usque ad extremam retributionem, quando nundinæ solventur, nec subsidii jam tempus aderit. Nunc porro opis ferendæ negotiandique tempus est : tempus contrahendi, tempus laborum et sudorum ; ac beatus ille quidem qui spe non titubarit, qui non intumuerit : beatior vero, qui sua proximique causa laboraverit.

15. Nam hoc misericordem Dominum impensius oblectat et lætificat, cum quisque proximo prodesse studet. Hoc, inquam, misericors ille vult et gratum habet, ut sive superstites in vivis simus, sive post mortem, alii ab aliis mutuo juvemur. Nunquam enim alioqui hanc nobis occasionem dedisset, ut defunctorum in incruento sacrificio meminissemus : rursus catholica et apostolica Ecclesia, religiosissimusque populus Deo duce collectus, in eorum memoriam tertio, nonoque, et quadragesimo die, ac demum vertente anno ad aram faceret, nec ista inconcussa et inviolata retineret et observaret, nisi id ejus oculis acceptum esset. Non enim dubium est, quin si id ridendum ac spernendum foret, nulliusque fructus et utilitatis, cum multi sancti viri, prophetæ et doctores divino afflati numine exstiterint, hoc in cujuspiam eorum animum injecissent, ut errorem compesceret. Atqui ipsorum nemo unquam morem hunc convellendum putavit : imo quilibet confirmavit, ita ut in dies augeatur, novasque subinde accessiones accipiat.

16. Cæterum alias insuper historias commemorare oportet : atque in medium prodeat Gregorius Dialogus, senioris Romæ episcopus, vir, ut omnes norunt, tum sanctitate, tum doctrina celebris, quem cum sacris operaretur cœlestem **591** et divinum angelum sanctissimi muneris socium habuisse ferunt. Hic cum per stratam viam aliquando graderetur, dedita opera consistens, intentissimas preces pro Trajani delictorum condonatione ad animarum amantem Dominum fudit, noxque hujusmodi vocem divinitus emissam audivit : « Preces tuas exaudivi, ac Trajano ignosco. Tu vero posthac cave ne preces mihi pro impiis offeras. » § Quodque hoc verum sit, atque ab omni criminatione alienum, totus Oriens Occidensque testatur. En hoc præstantius est quam quod de Falconilla refertur. Hæc enim nullius

[16] Jon. III, 4. [17] II Reg. XX, 2. [18] III Reg. XXI, 21. [19] ibid.

præter cultum idolorum sceleris conscia erat : hic contra plurimos martyres dirissima morte affecerat.

17. Mirabilis es, Domine, et mirabilia sunt opera tua : ineffabilem misericordiam tuam laudamus : undequaque enim es ad clementiam pronus, servisque tuis, tum colendæ charitatis mutuæ, tum firmæ in te fidei ac spei occasiones præbes ; qui nos per famulos tuos docuisti alios pro aliis opera bona præstare, expiationes nimirum et holocausta, hymnos, psalmorum cantus et preces. Neque id frustra ac temere : cum fallere nescias, sisque ad largiendum facilis, quidquid in tui gloriam offeratur, infinitis partibus majorem rependis vicem, nec inutile est aliquid, quod pro tuo nomine sit factum.

18. Quocirca, Patres et fratres, ne quis putet, omnia quæ cum fide Deo offeruntur, non magno fenore rependi, illi et pro quibus offeruntur. Velut enim, qui unguento aliove sancto oleo ægrotum cupit ungere, primum ipse qui ungit, unctionem participat, tum qua delibutus unctione est ægroto impertit : sic quisquis pro salute proximi navat operam, sibi ipse primum, tum subinde proximo prodest. Neque enim injustus est Deus, ut operis sui obliviscatur, quemadmodum divinus ait Apostolus [20].

19. Quin magnus quoque Athanasius in elegantissima oratione de illis qui dormierunt, sic loquitur : « Etsi vel in aere depositus sit, qui cum pietate diem obiit, Christo Deo invocato, oleum et ceram ad sepulcrum ejus accendere non recuses. Grata enim hæc acceptaque Deo sunt, ingensque ab eo præmium referunt. Oleum siquidem et cera instar sunt holocausti : incruentum vero sacrificium, propitiatorium est. Tandem beneficentia erga pauperes, omnis bonæ retributionis additamentum est. Quamobrem qui pro defuncto oblationem facit, idem sibi proponat, quod ille qui filium habet infantem, qui ne verbum quidem proferre queat, ac imbecillum prorsus sit. Quem si deinde morbo laborare contingat, ille cereos et suffitum cum oleo in templum cum fide afferet, et pro filio incendet et cremabit : non ut puer hæc teneat et offerat, sed veluti abrenuntiationes et pactiones fiunt in divina regeneratione. Sic quoque existimet illum, qui in Domino mortem obiit, cereos et oleum, et cuncta quæ pro ejus redemptione offeruntur, manibus etiam tenere et offerre. Hoc enim pacto, Dei gratia, a fidei fine non abscedet. Nam et divinarum rerum enarratores apostoli, et sacris operantes magistri, afflatique Spiritu Patres ac Numine quantum licet correpti, potentiæque ipsius qua homo extra se rapitur utcunque facti participes divino ore istæc omnia, puta missas, preces, psalmorum pensa, annuasque defunctorum memorias religiose instituerunt : quæ quidem ad hanc usque diem benignissimi Dei gratia ab ortu solis, usque ad occasum, septentrionemque et austrum, in Dei ac Domini dominorum, ac Regis regum laudem et gloriam augentur, novisque accessionibus amplificantur. »

20. Ast, inquit adversarius, si res ita se habet, omnes salutem consequentur, nec ea quisquam frustrabitur. Recte sane : quod utinam ita contingat. Hoc enim ipsum est, quod sitit, vult, quærit, et expetit Deus. Atque hoc summe boni Domini gaudium et oblectamentum est ; ut nullus scilicet donis suis excidat. Nunquid enim angelis præmia et coronas paravit ? num hac de causa in terram venit, susceptaque carne ex Virgine citra corruptionis labem, mortalis factus, cruciatus et mortem subiit, ut cœlestes mentes salvas faceret ? An dicturus angelis est : « Venite, benedicti Patris mei : possidete regnum quod vobis paratum est [21] ? » Hoc tu qui contradicis, dicere nequaquam potes. Verum omnia ut propter hominem passus est, sic et paravit. Ecquis enim est, qui cum epulas instruxerit, vocatis amicis, nollet omnes venire, suisque bonis satiari ? Quorsum enim convivium paravit, nisi ut amicos suos illo exciperet ? Quod si hoc nobis adeo curæ est, quid de magnifico Deo, qui solus natura supraquam eximie bonus est, dicemus : qui quo plura largitur, hoc magis et oblectatur, quam is qui accipit, maximamque adeo sibi salutem conciliat.

21. Hoc itaque tecum reputa, qui ea quæ dicta sunt, in dubium revocas ? quisquis hominum exiguum quidem virtutis fermentum collegit, nec panem statim ex eo facere non sategit ; sed, cum id quidem in animo habuerit, vel ob socordiam, vel incuriam, vel imbecillitatem animi, vel moras quotidie trahendo, non potuit, inopinate præventus cum non speraret, exsectusque improvisa dementis face, futurum non esse ut justus Judex et Dominus ejus obliviscatur : sed ei post mortem propinquos et amicos suscitabit, quorum mentes regat, et corda trahat, animasque ad opem et auxilium ipse præstandam inflectat : hi Domino corda ipsorum divinitus tangente et impellente in id incumbent, ut quæ a defuncto prætermissa erant, ipsi persolvant. At quisquis rursus flagitiosam vitam undique spinis obsitam, impurisque confertam materiis, posthabitis conscientiæ consiliis, duxerit ; quin per summam licentiam et accuratioris vitæ neglectum, in voluptatum cœno hæserit, explendoque omnia carnis desideria omissa ex toto animæ cura, sensum omnino carnalem habuerit : hic si eo in statu interceptus e vita migraverit, neminem qui manum porrigat nanciscetur ; sed ita omnino cum eo agetur, ut ne ab uxore quidem, aut liberis, aut fratribus, aut cognatis, aut amicis ullatenus adjuvetur : utpote quem nec Deus quidem alicujus faciat.

[20] Hebr. vi, 10. [21] Matth. xxv, 34.

22. Mihi itaque, ac si cui amicitiae jure devinctus sum, illud si fieri potest contingat, ut ipse mihi auxilio sim, nec officii partem ullam inchoatam relinquam. Sin vero haud impletis muneribus mors praeverterit, velit Dominus qui dives est in misericordia, cognatos meos et propinquos inflectere, animosque eorum et corda accendere, ut per bona Deoque accepta opera mihi quam promptissime suppetias ferant, et si quid humana infirmitate praetermiserim officii, id meo nomine post mortem praestent. Fac, Domine, qui mirabilium Deus es, liberalisque indigentium provisor, ut in adventu tuo nihil aut parvum aut magnum occurrat quod vel mihi desit, vel cuiquam eorum qui in te confidant. Sic enim divino ille eloquio Chrysostomus, cujus supra mentionem feci, me diserte docet et clamat: cujus suavissima verba denuo juvat delibare : « Si, inquit, cum adhuc superstes esses, id non consecutus es, ut animam tuam omni parte rite componere, hoc saltem in fine vitae tuis manda et impera, ut post obitum tuum tuas ad te facultates transmittant, perque bona opera, eleemosynas scilicet et oblationes, tibi subsidio sint. Nam hinc quoque fiet ut in gratiam cum Redemptore redeas. Haec enim ipsi grata sunt et accepta. » Ac in alio rursum loco : « In tuis, ait, codicillis una cum liberis et cognatis, haeredem quoque Dominum scribe. Charta tua judicis nomen habeat, nec memoria pauperum vacet. Atque horum me fide jussorem profiteor. Nec vero his verbis occasionem praetextusve cuiquam damus ut dum in vivis agit, ab eleemosynis abstineat, quas post mortem faciendas reponat. Absurdum enim prorsus et profanum hoc esset, et a divina lege alienum. Quin potius id quidem optimum est, Deoque gratissimum et acceptissimum, ut quicunque pietatis est studiosus et Christi amore flagrans, omnigenis operibus bonis se emundans, ab omni spurcitie cohibeat, lucidisque Dei praeceptis adhaereat, ut cum ad vitae finem venerit, cum fiducia Domino dicat : *Paratum cor meum, Deus ; paratum cor meum* [11]; sicque invitantibus urgentibusque se angelis obviam pergat. Verum id quidem pauci ac raro, quemadmodum Dominus ait : *Pauci sunt qui salvantur* [12]. Quanquam nec istud simpliciter a summa dictum Sapientia est, verum perinde ac si quis admirando dicat: Quam pauci sunt qui salvi fiunt. Cum itaque exploratum sit nobis, perquam difficile esse aliquem qui primi ordinis sit reperire, idcirco posteriorem, apostolorum Patrumque dicta secuti, necessario inducimus ut defuncti divinae clementiae subsidia sentiant; aliunde fraternus amor augeatur, resurrectionis spe firmetur, et oratio ad Deum spesque roborentur : ut, inquam, fideles ad divina templa majori fervore conveniant beneficientiaque erga pauperes latius exporrigatur. »

23-24. En quot modis res ista utilis et fructuosa sit, et quot quantisque de causis in defunctorum utilitatem conferat. Ipsa enim omnium quae recensuimus occasio est. Causam quippe si sustuleris, ea subinde quae ipsam sequuntur auferri necessum est. Nam quae necessitas eos qui pusillo animo sunt, eo pelliciat ut id muneris explent, nisi compertum habuerint fore, ut ipsi charis suis auxilio sint? Quin pauperum quoque portiones describi in testamentis desinent, cessabunt et pro defunctis missae, hymnorumque et psalmorum cantus, et quaecunque quadragesimo tertioque et nono diebus, atque anno vertente memoriae et sacrificia fiunt; quae haud plane frustra ab Ecclesiae doctoribus instituta sunt. Absit itaque, ut tale quidpiam ullatenus opinemur, aut horum aliquid omittamus.

25. Quod si quis peregrinos et pauperes objiciat nullos sub sibi futuros habere, nec relinquere quidquam valere in missas et erogationes, et dicat : Ecquid tandem isti? an quia inopes sunt, peregrini et contempti, nec habent a quibus juventur, propterea salutis exsortes erunt? num injustus est Deus, qui habenti daturus sit, ei vero qui non habet, nihil sit largiturus? Apagesis quisquis es rem sic absonam. Justus quippe Deus ac Dominus est; imo, ut verius loquar, ipsa justitia, sapientia, bonitas, subsistensque potentia. Unde pro sua justitia largiter inopi remetietur : sua sapientia ea quae deerant, supplebit : potentia sua, robustum franget et infirmum roborabit : pro sua tandem bonitate, opus manuum suarum servabit, nisi quis deploratae palam improbitatis fuerit, reclamque fidem abjecerit, ut sinistra lanx prae gravitate longe propendeat. Aiunt enim viri divinitus eruditi, hominum actiones in extremo vitae spiritu velut in trutina appendi : ac si quidem dextra lanx supra alteram efferatur, non dubitandum quin, quisquis ille sit, inter dextros angelos animam exhalet. Sin autem paria utrinque momenta sint, Dei clementiam procul dubio vincere. Quin, ut a divinarum rerum interpretibus proditum est, etiamsi trutina nonnihil ad laevam vergat, Dei quoque misericordia supplet id quod desideratur. Habes itaque triplicem Domini sententiam, quarum prima justa est; altera humanitatis plena : tertia immensae bonitatis. Sequitur quarta, quae tunc denique locum habet, cum flagitiosae actiones nimium praeponderant. Eheu! fratres, nam haec etiam justissima prorsus est, ut quae damnatis non nisi justa decernat.

26. Sin aliqui beatum orbis universi lumen Basilium [14] dixisse objiciant : « *Nolite errare ; Deus non irridetur* [15]. Mortuum in sacrificium non adhibetur. Vivam, inquit, hostiam tuam offeras. Non potes ex mensae tuae reliquiis excipere regis purpuratos. Nam qui ex eo quod superfluum est affert, is acceptus non est. Tu vero ea quae post exactum

[11] Psal. cvii, 2. [12] Luc. xiii, 13. [14] Hom. in divitem. [15] Galat. vi, 7.

vitæ curriculum tibi superfuerint, ei cujus beneficiis auctus es, offerre non dubitas? » Ad quæ nos respondemus, recte loqui ac docere Magnum Basilium. Verum ad quos orationem habeat, animadvertas velim. Nimirum ad avaros, ad raptores, ad homines ab omni humanitatis fœdere et misericordia alienos : quod ipse testatur cum ait : « Ad cor saxeum loquor. » Et rursus : « Quando in vivis agebas, voluptatibus indulgens, luxuque diffluens, ne quidem pauperes videre sustinebas. Nunc cum e vita discesseris, quæ tandem operi tuo merces debetur ? » Et iterum : « Vicini domus mihi tenebras offundit. » Et : « Avarus nec tempus revereatur, nec limites ullos agnoscit ; sed ignis instar in omnia invadit et grassatur, rapidique fluminis in morem impetu suo quidquid occurrit secum trahit : » aliaque his similia, quæ quidem omnes qui sanctissimo hujus viri libro incubuerunt, esse pronuntiata norunt adversus illos qui non modo nihil pauperibus impertierunt, sed et ea quæ isti habebant rapuerunt.

27. Nec quisquam dicat : Potestne hic reperiri homo, qui cum divitiis affluat, pauperum calamitate non moveatur ? Ita certe, inveniri potest, sicut etiam, cum in multis aliis temporibus, tum celebratissimi sanctissimique Joannis Misericordis ætate inventus est Petrus quondam publicanus, qui ex summa inhumanitate ad eximiam misericordiam sanctitatemque transiit. Cum enim aliquando, ut in beatissimæ Vitæ Joannis libro proditum est, raptus ille extra se fuisset, suaque opera ad lancem expendi viderat, siligneum panem unum, quem etiam ipsum in pauperis cujusdam faciem saxi loco iratus conjecerat, in dextra trutinæ lance conspexisse dicitur. Quo viso commotus beatus hic Petrus ad summam pietatem evasisse compertus est.

28. En itaque sine dubio constat in quosnam Basilius sermonem habuerit. Nam eo tempore cum fames ingens et atrox exorta esset, divitesque nulla victi commiseratione opes suas comprimerent, pauperes egestate et fame confecti peribant. Eamobrem divinus pastor sermonibus, cum ad flectendos, tum etiam ad perstringendos animos accommodatissimis, divitum horrea patefecit. Ni enim hoc perorandi genus adhibuisset, nec pauperes levati, nec rursus divites inflexi ad misericordiam fuissent. Atque hæc ille.

29. Nos vero pro virili nostra provideamus, ne in horrendo isto formidabilique judicio, sive in secundo judicis nostri adventu, a necessariis nostris eo nomine accusemur, quod ea neglexerimus quæ pro illis præstanda nobis erant ; in primis vero si res suas procurandas suaque deposita nobis commiserant. Neque enim hoc quisquam existimet in tremenda illa concione aliis alios ignotos fore. Omnino plane suum quisque proximum agnoscet:

non quidem ex corporis figura, sed perspicaci mentis oculo. Unde vis istud probemus ? Audi Christum Dominum in pauperis parabola hoc aperte dicentem : « Elevans, inquit, oculos suos dives, vidit Lazarum in sinu Abrahæ patriarchæ sedentem [14] ; » similiter proinde et Abraham agnovit. Nec quis dicat rem hanc parabolam esse, atque idcirco ea non demonstrari id quod nobis propositum est. Divinæ siquidem Salvatoris nostri parabolæ rerum sunt quæ perstant, quæque contingere possunt, et quæ palam exstiterunt.

30. Quinimo, ut Joannes Chrysostomus ait : « Non eos duntaxat quos hic novimus, sed et illos quos nunquam vidimus, agnoscemus. Nec enim Abraham vidisti unquam, nec Isaac, nec Jacob, nec patriarchas, nec prophetas, nec apostolos, nec martyres ; quos tamen in generali illo et tremendo cœtu cum conspicies, protinus agnosces, et dices : En Abraham, et Isaac, et Jacob, et reliqui patriarchæ. En Petrus, et Paulus, et omnes apostoli. En Deiparens David et prophetarum agmen. En præcursor Joannes, et Stephanus martyrum princeps, sanctorumque conventus. » Basilius item divinarum rerum peritissimus, ad avaros orationem habens : « Non tibi, inquit, Christi tribunal ante oculos pones ? cum illi quos injuria affeceris, undique te cingent, et clamoribus insequentur. Nam quocunque verteris oculos, perspicua scelerum simulacra cernes. Hinc pupillos, illinc viduas, aliunde pauperes quos male multasti, famulos quos flagris lacerasti, vicinos quorum animos offendisti, » etc.

31. Ad hæc beatus Ephræm, cui secundus Christi adventus exactissime manifestatus fuit, sic etiam loquitur : « Tunc, inquit, a liberis parentes condemnabuntur, qui bona opera non patraverint : atque in illa hora familiares suos miseri cernent. Cumque nonnullos eorum in dextra parte collocari videbunt, tum ab eis secedentes ultimum vale largis fletibus pronuntiabunt. » Ille rursum qui a theologia cognomentum habet : « Tunc Cæsarium, inquit, fulgentem, gloriosum, hilaremque conspiciam, qualis nempe mihi in somnio visus es, fratrum desideratissime. » Athanasius denique, vita et doctrina clarus, et Ecclesiæ Dei columen, hoc modo de illis qui in Domino mortui sunt, loquitur : « Illud quoque Deus iis qui salvi erunt concessit, ut usque ad communem resurrectionem animis una versentur et oblectentur, divina quæ ipsos manent, beneficia præstolantes. Peccatores contra hoc etiam solamine orbati sunt, quia non habent quo sese mutuo internoscant. Verum in generali illo theatro, uti cunctorum actiones detectæ, ita omnium perinde facies notæ omnibus et conspicuæ erunt, quoad unusquisque tandem ab invicem sejungentur, inque eum locum, quem sibi quisque paraverit, mittentur : ac justi quidem cum

---

[14] Luc. XVI, 23.

Deo simulque versabuntur ; peccatores vero in semotis locis, etsi alii cum aliis, sic tamen ut se mutuo non cognoscant. Nam hujusmodi quoque solatio destituti erunt.

32. Quali autem pudore alioqui suffundi probrosi poterunt, nisi conspicui omnibus fiant. Tunc enim gravis et maximus est pudor, cum quispiam simul et agnoscit et agnoscitur. Quisquis enim erubescit, ab iis qui se noverunt erubescit. Quia ille, qui inter ignotos versatur, vix erubescere possit, dum ignominia afficitur. Quod itaque nos omnes mutuo sumus agnituri, hoc extra dubitationem et controversiam prorsus est. Tuncque adeo quicunque inhoneste turpiterque vixerint, ante cunctorum oculos coarguentur.

Eheu ergo omnibus qui mei similes sunt ! et, ut beati Ephræmi verbis utar, væ illis qui sinistram partem sortientur. Contra beati ac summe beati, quos a dextris Dominus collocabit, quique benedictam vocem audient [18] : quam nobis omnibus qui rectam fidem servavimus, divino munere contingat audire, universisque illis bonis impleri, quorum pulchritudinem nec mortalium oculus vidit, nec aures penitus audierunt, nec mens omnino cogitatione complexa est. Ita fiat, Domine vitæ largitor, intercedente purissima Matre tua, una cum incorporeis venerandisque cœlestibus mentibus, et cunctis sanctis, qui simul omnes tibi, o Verbum Patris, ab orbe condito placuerunt. Amen.

[18] Matth. xxv, 34.

598 IN EPISTOLAM DE CONFESSIONE ADMONITIO.

Epistolam de confessione, deque ligandi et solvendi potestate, Joannis Damasceni nomine inscriptam ex Anglia accepi a viro de bonis litteris bene merito Cl. D. Thoma Gale, decano Eboracensi, qui et translationem Latinam quam ipsemet adornaverat una typis edendam peramanter mihi transmisit. De opusculi argumento primum dicam, tum deinde probabo Damascenum meum ejus auctorem non esse.

Epistola, quam damus, respondetur ad quemdam qui quæsierat quo jure monachi, qui presbyteri seu sacerdotes non essent, confessiones fidelium exciperent, eosque pronuntiata absolutione reconciliarent. Etsi ejusmodi consuetudo apud Latinos non inolevit, invaluisse tamen apud Græcos certum est, eamque divinorum ascetarum libris testatam auctor fatetur. Monumenta quæ ipse triverat, præ manibus hodie non habemus, quæ consulamus. Ut vero quæ non clara, nec diserta narrantur, quæque leguntur quæstione vi Anastasiana, omittam, Nicephorus patriarcha Constantinopolitanus in epistola canonica, ubi respondet quæstioni 16 *De presbyteris orthodoxis, sive etiam Hilarione et Eustathio monacho, haberentne potestatem pœnitentiæ censuras dandi*, hoc declarat : Ἐπειδὴ δὲ ἐμφαίνει ἡ ἐρώτησις, εἰ δεῖ τὸν μὴ ἔχοντα ἱερωσύνην, διδόναι κατὰ ἀπορίαν πρεσβυτέρου κατὰ πίστιν προσιόντος, οὐκ ἔξω εἰκότως καὶ τὸν ἁπλῶς μοναχὸν ἐπιτίμιον διδόναι · *Quia vero interrogatio innuit, num qui sacerdos non sit, infligere pœnitentiam possit, ubi non adest presbyter, secundum fidem illius qui accedit nihil obsoni est, quin simplex monachus pœnæ censuram impertiat*. Quocirca actione 9 synodi octavæ Theodorus Protospatharius coram Patribus declaravit, se perjurium quod contra sanctum Ignatium CP. admiserat, eximio cuidam monacho Stylitæ confessum esse, injunctamque ab eo pœnitentiam ad eum usque diem obiisse : καὶ ἐξηγόρευσα τὸ ἁμάρτημα, καὶ ἔλαβον ἐπιτίμια, καὶ φυλάσσω ταῦτα μέχρι τοῦ νῦν. Romanus Lecapenus imperator, cum se simili perjurii scelere obstrictum sentiret, accitis undique trecentis monachis, peccata sua omnia ex charta cunctis illis audientibus recitavit, καὶ πάντων τῶν μοναχῶν συγχώρησιν δόντων, *omnibusque monachis indulgentiam dantibus, mox communionem obtinuit*. Hæc narrat incertus continuator historiæ Constantini Porphyrogennetis. Joannes Antiochenus patriarcha, qui undecimo labente sæculo scribebat, in epistola *Contra donationes monasteriorum laicis factas*, asserit *ab annis quadringentis*, τετρακοσίων ἤδη χρόνων παρῳχηκότων, et ab exortu præsertim hæresis Iconoclasticæ, cum Leo Isaurus ejusque filius Copronymus, monachos inprimis vexarent, eo honoris monasticum ordinem provectum fuisse, ὡς καὶ τὰς ἐξομολογήσεις καὶ ἐξαγγελίας τῶν ἁμαρτημάτων, καὶ τὰς ἐπ' αὐταῖς ἐπιτιμίας καὶ ἀφεσίμους λύσεις εἰς μοναχοὺς μετατεθῆναι, *ut confessiones et enuntiationes peccatorum, eorumque pœnæ et absolutiones ad monachos translatæ sint* : καθὼς καὶ ἔτι νῦν ὁρᾶται γινόμενον, *quemadmodum nunc quoque fieri videmus*. Atqui hæc consuetudo vigebat adhuc apud Græcos sæculo decimo tertio. Nam Balduinus Latinorum imperator Constantinopolitanus in epistola *Ad omnes toto orbe Christianos*, hæc inter alia schismaticis impingit : *Hæc est gens, quæ omnes Latinos non hominum nomine dignatur, sed canum, quorum sanguinem effundere pene inter merita reputatur, nec ulla satisfactione satisfaciunt laici monachi, penes quos, sacerdotibus submotis, tota ligandi atque solvendi consistit auctoritas*. Hanc ecclesiasticæ disciplinæ perturbationem prohibitam reperio canone 44 Nomocanonis, quem Cotellerius t. I *Monum. Eccl. Græcæ* evulgavit. Sic enim habet : *Qui suscipit confessiones, debet esse, aut sæcularis sacerdos, aut* ἀββαδοπρεσβύτερος, *monachus presbyter* ; μοναχὸν μὴ δέχεσθαι, *non autem monachus* (simplex utique) *excipiat*. Huc forsan facit quod

Balsamon in expositione canonis Carthaginensis declarat, *sacratos, seu sacerdotes monachos*, ἱερωμένοι μοναχοί, *male facere confessiones excipiendo sine* **599** *permissione episcopi, a fortiori vero eos qui sacerdotes non sint*, πολλῷ δὲ μᾶλλον οἱ ἀνίεροι. A qua lege neque præfectos cœnobiorum excipit. Omitto ejus responsionem ad quæst. 19 ad Marcum quam videre est in jure Græco-Romano. Disertius vero abusum improbat eique adversatur Nicephorus Chartophylax in epistola ad Theodosium inclusum, quæ habetur pag. 342 Juris Græco-Rom. Οἱ δὲ μὴ ὄντες ἱερεῖς μοναχοί, inquit, δεχόμενοι λογισμοὺς τινῶν, καὶ δεσμοῦντες καὶ λύοντες, γινωσκέτωσαν, ὅτι ἀκανονίστως τοῦτο ποιοῦσι· *Monachi sacerdotes, qui aliorum ratiocinia confessionesve suscipiunt, ligantes et solventes, noverint se id contra canones facere. Sancti enim Patres, nec sacerdotes ipsos volunt sine jussu antistitis regionis pœnitentes reconciliare, ut canon 6 et alii synodi Carthaginensis declarant.* Νῦν δὲ οὐκ οἶδ' ὅπως καταφρονεῖται ἡ τοιαύτη διάταξις· *Nunc vero qui factum sit, ut constitutio hæc sperneretur. Verum nos ea quæ scripta sunt referimus.* Cæterum in fragmento alterius, ni fallor, epistolæ ad eumdem Theodosium, *De ligandi et solvendi potestate*, quod Latine exstat in Biblioth. PP. hæc rursum ait : *Ligandi solvendique potestas pontificibus ipsis a clementissimo Deo nostro mandata est. Siquidem ad Petrum ait* : «*Quæcunque ligaveritis, ligata erunt; et quæcunque solveritis, soluta.*» *Unde olim omnes oportebat ad ipsos pontifices accedere, suaque illis occulta prodere; et sic vel renuntiationem vel repudium facere. Ignoro autem qui factum sit, ut hæc minus observentur : quamvis existimem, pontifices negotii tædio et frequentis multitudinis turbulentia fatigatos, id operæ ad monachos transmisisse, ad eos scilicet, qui vere probati sint, aliisque valeant esse utiles. Nihil enim inexpertis et indoctis permiserunt*, etc. Hæc Nicephorus iste, quem nono sæculo scripsisse aiunt; sed de cujus ætate nihil certi comperi. Præter ejus ac Joannis Antiocheni opinationes, auctor epistolæ alteram hanc affert causam, cur quivis monachi, quamlibet sacerdotes non essent, confessionibus auditis, peccatores reconciliare consuescerent. Nimirum populos ob frequentia schismata et hæreses quas episcopi presbyterique sui identidem amplectebantur, necnon propter ipsorum imperitiam et inordinatos mores, propter quos omni ecclesiastico gradu et auctoritate privandi secundum canones fuissent, iis neglectis, monachos convenire satius duxisse, a quibus, uti spiritualioribus, vitæ mutandæ rationem et documenta addiscerent. Quanquam vero Epistolæ scriptor, remittendarum culparum potestatem ab episcopis et presbyteris fuisse translatam dicit, haud tamen eos ob vitam male compositam illa proprie et in totum destitutos censet, nec nisi consuetudine sola fas esse agnoscit monachorum reconciliationis causa adire nullo sacerdotali gradu decoratum. Quinimo *peccata remittere posse sacerdotes solos posse* docet : ἱερουργοῖς γὰρ καὶ μόνοις αὐτὸ συγκεχώρηται; cæterum illis duntaxat, qui necessariis ad id hoc muneris dotibus instructi; qui scientia, probis moribus, ardenti charitate, et fervidis ad Deum supplicationibus habiles et idonei sint ad peccatorem revocandum ad meliorem frugem. Frustranea quippe est pronuntiata labiis tenus absolvendi formula ; nisi confessarius, ceu medicus alter, operam prius omnem ponat ad inflicta animo vulnera sananda : nisi tanquam consiliarius, ad sinceram conversionem peccatorem informet; suisque demum apud Deum precibus reconciliationem illius veluti mediator et sequester procuret, pœnitentis peccata in semet suscipiendo, quæ simul cum illo expiet. Istis namque muneribus, non judicis solum, fungi confessarius debet, ut vere sit πνευματικός, *Spiritualis* (hoc enim nomine confessarium Græci significant). Quæ omnia fuse enarrantur ab auctore epistolæ, nunquam satis Ecclesiæ ministris inculcanda. Quanquam vix benignam interpretationem admittunt, quæ in fine subjungit de magistro quondam suo, quem, licet sacerdos non esset, propter eximias virtutes animi dotes, vere habuisse ait potentiam ligandi atque solvendi; ut similibus monachis eamdem perinde concedere non dubitet.

At vero Damascenus noster sententiam hanc minime tenuit, qui in libro *De hæresibus*, inter Massalianorum errores hunc refert, quod cum asceticam vitam ostentarent, *eos qui variis criminibus obnoxii ad se accederent*, ἄνευ ἱερέων αὐθεντείας, *nulla sacerdotum auctoritate muniti, omni peccati labe abs se mundandos pollicerentur*. Insuper Joannes Antiochenus morem illum, de quo disputamus, Copronymo antiquiorem non censet, nec proinde Damasceno : auctor vero eum ab ascetis qui dudum ante **600** se vixerant, testatum asserit; imo a sancti Pachomii ævo incepisse insinuat, ex quo is regulam et habitum monachorum ab angelo susceperat : id quod etiam monachi tempore Balsamonis sæculo duodecimo contendebant. Enimvero fieri posse non videtur, ut Joannes Damascenus qui sæculo octavo currente floruit, illius abusus testes priscos Patres citaret, cum sæculo septimo saltem medio Anastasius monachus Sinaita in oratione *De sacra synaxi*, non alios confessionum exceptores agnoscat, præter sacerdotes : Ἐξομολόγησαι Χριστῷ διὰ τῶν ἱερέων τὰς ἁμαρτίας σου· *Confitere Christo per sacerdotes peccata tua*. Quod vero Anastasius iste sæculo septimo scripserit, nec proinde diversus sit ab eo qui Ὁδηγὸν contra Acephalos scripsit, infero, ex ejusdem homilia in Psalmum sextum, in qua se non solum Mauritio imperatore recentiorem prodit, verum et in primis ipsomet loco ubi de illo loquitur, significat se in ea regione morari, quæ non jam Christianis principibus, sed Muhammedanis potius pareret, dum his verbis utitur : Ἐν οἷς καὶ ἐπὶ τῆς ἡμετέρας γενεᾶς ἐπὶ Μαυρίτιου τοῦ τῶν Χριστιανῶν βασιλέως· *In his quæ nostro ævo contigerunt, sub Mauritio Christianorum imperatore.* Frustra siquidem vocem *Christianorum* interjecisset, nisi infideles, adeoque Sarraceni, Palæstina, in qua orationes habebat, tunc potiti essent. Quod enim idem ipse auctor sit utriusque illius homiliæ, non ex sola nominis conformitate, sed et ex styli dictionisve consonantia agnoscitur. Atqui

Eutychius Alexandrinus in Annalibus narrat, Anastasium, qui homiliam istam pronuntiavit in Psalmum sextum, esse Baanem illum, qui cum ab Heraclio defecisset quo tempore Sarraceni Syriam invadebant, perduellionis suæ pœnam veritus, monachum in monte Sinai assumpto Anastasii nomine professus est. Unde ulterius colligitur, cur in Ὁδηγῷ Mohammedani Arabes perstricti sint ab Anastasio. Rursumque propter ambarum homiliarum, quam dixi convenientiam, deterritus fui, ne eam quæ est *De sacra synaxi*, propter codicis Palatino-Vaticani n. 269 auctoritatem Joanni Damasceno ascribi posse vel saltem suspicarer. Sed Joannes cœnobii Raythensis præfectus longe disertius Anastasio, eodem sæculo septimo sacerdotem solum peccata remittendi potestate frui testificatus erat in scholio ad hæc verba gradus IV *Scalæ JoannisClimaci*: *Ad confessionem peccatorum, sine qua nullus remissione potietur. Quia simpliciter*, inquit, *confiteri peccata tenemur ex necessitate divini mandati, patet ex apostolicis traditionibus et regulis ab eis propositis Ecclesiæ catholicæ per Spiritum sanctum, quorum et canones et instituta tenentes*, DEI SACERDOTIBUS, *juxta eorum præceptum, peccata confitentes, indulgentiam et remissionem accipere efficimur digni*. Hæc profecto evincunt, vetustiores Damasceno vitæ spiritualis magistros non solum ignorasse, verum et improbaturos potius fuisse pravum illum morem quo monachi, qui sacerdotes non essent, peccatores auditis confessionibus reconciliarent. Quin et hoc opus Joannis Raythensis Joanni Damasceno fuisse ignotum nunquam concessero. Mea itaque de auctore Epistolæ opinio hæc est, eum nec Syrum, nec Palæstinum fuisse, sed alterius regionis quæ patriarchæ Byzantino subesset : quia nullo aperto monumento constat, Orientales Christianos perturbationem hanc ordinis ecclesiastici tolerasse, tam catholicos, quam Nestorianos et Jacobitas; cum ex testimoniis quæ præmonitionis hujus initio allata sunt, certum habeamus eam invaluisse apud Græcos et Asianos.

S. JOANNIS DAMASCENI
EPISTOLA DE CONFESSIONE
NECNON POTESTATE LIGANDI ET SOLVENDI.

601 1. Quæsisti a tenuitate mea, Pater et frater, tibique ut exponerem mandasti, num liceat peccata confiteri aliquibus illorum qui monasticam vitam agunt, nec tamen sacerdotio ornati sunt. Sed et illud adjicis : « quia scilicet audimus potestatem ligandi et solvendi solis sacerdotibus fuisse datam. » Et hæc sane sunt divinæ animæ tuæ et fervidæ religionis verba. At nos quidem amplexi sumus tuum istud circa res bonas propositum. Nam cupis erudiri in iis quæ divina sunt et sacra : verum haud profecto idonei sumus, qui de istis, aut disceptemus, aut quidquam scribamus : quamobrem et silere plane maluissemus. Nam de rebus spiritualibus spiritualiter dijudicare eorum est, qui sunt ab affectibus liberi et sancti : a quibus nos nimium quantum distamus et vita et sapientia et virtutibus.

2. Enimvero, quoniam, ut scriptum est : « Prope est Dominus omnibus invocantibus eum in veritate [1], » hæc tibi non meis quidem verbis, sed ex ipsa divinitus inspirata Scriptura [respondeo] non tam docens, quam ex illa testimonia afferens, ad ea quæ a me quæsivisti illustranda. Ita fiet, Dei gratia, ut a præcipitiis hinc inde mihi et meis auditoribus caveam ; hinc quidem vitans exemplum illius, qui occultavit talentum ; illinc vero illius audaciam, qui dogmata divina indigne et ex vana gloria, imo obscura ratione explicat. Unde igitur potius sumamus principium sermonis, quam ab eo rerum omnium principio, quod principio caret? Hoc enim melius est, et sic firma stabunt quæ sumus dicturi. Neque enim ab angelis creati fuimus, sed a sapientia illa superna, saltem si a gratia Spiritus mystice informati fuerimus, et quotidie semper doceamur : quam etiam nunc invocantes, dicere aggrediamur, primum exponendo quis sit confessionis modus, et quæ illius potestas.

3. Igitur confessio nihil est aliud quam debitorum professio, sive errorum agnitio, vel propriæ stultitiæ et inopiæ condemnatio. Quemadmodum et in Evangelio parabolice loquitur Dominus : « Erant, inquit, duo debitores quidam fœneratori : unus debebat denarios quingentos, et alter quinquaginta. Non habentibus itaque illis unde redderent, utrique condonavit [2]. » Omnis igitur fidelis debitor est Domino suo, et Deo obnoxius, et quod ab illo accepit, hoc reposcendum est ab eo in tremendo et terribili illo judicio, quando nudi et discooperti coram eo, reges simul et inopes, apparebimus. Audi vero quænam **602** sint ab eo nobis data. Multa sane sunt illa, quæ et nullus mortalium enumerare valeat : inter alia ista sunt meliora

[1] Psal. CLIV, 19. [2] Luc. VII, 41, 42.

et perfectiora, scilicet liberatio a condemnatione, sanctificatio a pollutione, transitus e tenebris in lucem ejus inenarrabilem, quod ejus liberi filii et hæredes per sacrum baptismum facti simus, quod Deum ipsum induerimus, quod Spiritum sanctum in nobis inhabitantem acceperimus; qui quidem sigillum regium est quo Deus proprias oves obsignat : ac ne plura memorem, quod Deo ipsi similes effecti simus. Hæc, inquam, omnia et alia his plura, illico nobis baptizatis per Spiritum sanctum conferuntur : quæ et divina portio et thesaurus solent appellari.

4. Porro mandata Domini tanquam custodes harum ineffabilium gratiarum et donorum data fuerunt, quippe quæ fidelem hominem et thesaurum in ejus anima repositum, undequaque circumcingentia, inviolabilem conservent, eumque ab omnibus hostibus et furibus intactum præstent. Atqui existimamus mandata Dei hominum amantissimi nobis custodiri, et ideo ingemiscimus gravati, ignorantes nos potius ab illis custodiri. Nam qui Dei mandata servat, non tam illa quam seipsum servat et custodit ab hostibus visibilibus, de quibus, cum sint innumerabiles et metuendi, Paulus hoc judicium fecit, cum scriberet : « Non est nobis lucta adversus sanguinem et carnem [1],» etc., sed adversus aerios spiritus qui semper, licet invisibiliter contra nos militant. Qui igitur mandata Dei custodit, ab ipsis vicissim custoditur, et opes sibi a Deo creditas non perdit. Qui vero mandata Dei negligit, nudus deprehenditur, et ab hostibus facile capitur, ac opibus istis omnibus deperditis, Regi et Domino eorum omnium, de quibus prælocuti sumus, debitor constituitur. Sunt autem ea ejusmodi, ut vel similia homo retribuere vel repræsentare nequeat. Sunt enim cœlestia et e cœlis venerunt, et quotidie venit, qui eadem fidelibus afferat et dispenset. Ubinam autem qui hæc acceperunt, si semel illa amiserint, eadem rursus reperire possunt? certe nullibi. Sicut neque Adamus, nec ejus posterorum quisquam sui ipsius aut cujusquam consanguineorum restaurationem efficere valuit, nisi solus qui supra naturam est Deus, Dominus, inquam, Jesus Christus, secundum carnem ejus filius factus venisset, ipsum Adamum et nos divina potentia a lapsu excitaturus. Porro qui aliqua tantum e mandatis Dei servare vult, alia autem prodit, sciat is, quod si vel unum neglexerit, se sic universas illas opes esse amissurum. Finge apud te mandata Dei esse duodecim armatos viros, qui in circuitu consistant, teque nudum in medio ipsorum custodiant. Finge rursus alios ejusmodi adversarios, qui undique te obsideant, qui te comprehendere et statim interficere contendant. Si igitur unus e duodecim sponte cadat, locumque suum velut apertam januam hosti derelinquat, quid commodi ex reliquis undecim perpicies, uno aliquo in medium eorum irrumpente, et te audacter obtruncante, iis in auxilium tuum se nequaquam convertere valentibus? fac etiam illos velle sese ut te tueantur convertere, sane et ipsi ab adversariis absumentur. Verum non ita se res habebit erga te, si mandata servaveris. Nam ubi tu ab uno hoste vulneratus corrueris, illa continuo avolant omnia, utpote quæ vires suas paulatim amiserint. Aliud adhuc exemplum habe. Quemadmodum dolium vino oleove repletum, etiamsi undequaque non sit pertusum, tamen si unum fuerit ex aliqua parte foramen, totum quod intus est paulatim effundit : pari modo qui unum aliquod ex mandatis negligit, paulatim a reliquis omnibus excidit. Ita dixit Christus : « Habenti dabitur, et abundabit : ei autem qui non habet, et quod videtur habere, auferetur ab eo [2].» Et rursus : « Quisquis solverit unum de mandatis istis minimis et docuerit (nempe per suam transgressionem) homines sic facere, minimus vocabitur in regno cœlorum [3].» Et Paulus : « A quo enim et quis superatus est, hujus est et servus [4] » Et iterum : « Aculeus mortis peccatum est [5]. » Et non dixit, hoc aut aliud peccatum, sed omne qualecunque fuerit peccatum, illud esse aculeum mortis. Illud autem vocat aculeum mortis, quoniam ab eo vulnerati moriuntur. Igitur omne peccatum est ad mortem [6]. Quicunque enim vel semel peccavit, mortuus jam est, ut ait Paulus [7], cum debito peccatoque factus obnoxius, quasi dejectus a prædonibus jaceat.

5. Qui mortuus est quid aliud cupit, quam ut resurgat? et qui debitor, nec habet unde solvat, quid optat nisi ut debiti remissionem accipiat, ne in carcerem detrudatur, donec debitum reddiderit : quod quoniam non habet, unde solvat, e tenebris nunquam exiturus sit. Ita se habet ille, qui a latronibus istis spiritualibus confoditur : omnino optat, ut medicus ad eum veniat compatiens et misericordia plenus. Non enim habet in seipso ferventem Dei timorem, quo ipse potius ad medicum accedat; sed solutus animæ viribus per præceptorum Dei contemptum jacet spectaculum terribile simul et miserandum omnibus qui recte, hoc est spiritualiter, animarum lapsus contemplantur. Qui igitur per peccatum factus est diaboli servus : « An nescitis, inquit, quod servi estis ejus cui obeditis, sive justitiæ ad justitiam, sive iniquitatis ad iniquitatem [8]. » Qui, inquam, jam factus est ludibrium Deo et Patri, et ab hostibus qui a Deo desciverunt, conculcatur, nudatus regia purpura, fuligine oppletus et abjectus, ex Filio Dei jam filius diaboli factus, quo se vertet, ut rursum in possessionem eorum unde excidit restituatur, omnino mediatorem quærat oportet, qui et Deo acceptus sit et qui valeat eum in priorem locum restituere; hoc est Deo et Patri ipsum reconciliare.

---

[1] Ephes. vi, 13. [2] Luc. xix, 26. [3] Matth. iv, 19. 16. [4] II Petr. ii, 19. [5] I Cor. xv, 56. [6] I Joan. v, [7] Rom. vi, 10. [8] Rom. vi, 16.

Qui enim Christo conjunctus est per gratiam, membrum ejusdem est factus, et in filium adoptatus, si illum postea derelinquens, cum cane ad proprium vomitum redeat, et mulieri meretrici, vel concubinæ, vel alii cuilibet corpori copuletur; is, inquam, ut qui Christum dedecore et contumelia affecerit, cum infidelibus damnatur. Quandoquidem enim secundum divinum Apostolum, « Corpus Christi sumus et membra ex parte. Qui igitur meretrici copulatur, Christi membra fecit membra meretricis [11]. » Qui ista perpetrarit, atque ita Dominum et Deum suum ad iram provocaverit, **604** non alia ratione potest in gratiam restitui, nisi per mediationem cujuspiam viri sancti, amici et servi Christi, et per fugam ab omni malo.

6. Propterea igitur fugiamus primo peccatum: sin vero contingat nos illius telo vulnerari, ejus tamen veneno ne tempus agendi concedamus, ac si melle inescati essemus, neque ut ursa saucia vulnus efficiamus majus, eadem iterum atque iterum factitando: sed continuo ad spiritualem medicum curramus, venenum peccati per confessionem evomamus, virus ejus exspuamus, et tanquam antidotum, ab eo viro pœnitentiæ multas studiose recipiamus, quas fervida fide et cum Dei timore solvere contendamus. Omnes enim qui opes universas sibi creditas dilapidarunt, qui cum scortis et publicanis substantiam paternam absumpserunt, qui præ nimio pudore conscientiam habent deorsum vergentem, nunquam in sublime suspicientem, illi cum sint omni fiducia destituti, quærunt ut par est virum Dei qui ipsorum debita in se suscipiat : quod quidem, ut opinor, impossibile est, nisi ille qui vult reconciliari Deo, sinceram et cum labore pœnitentiam egerit. Neque enim unquam audivimus, neque in divinis paginis legimus quemquam in se alterius peccata suscepisse, et pro eis apologiam instituisse, nisi primum qui peccavit, labores ipse dignos, et pœnitentiæ congruentes ostenderit, fructusque pariles ediderit. Clamat enim vox Præcursoris : « Facite fructus dignos pœnitentiæ: et ne putetis dicere in vobis ipsis, Patrem habemus Abraham [12]. » Siquidem et ipse Dominus noster sic pronuntiat de iis qui stolide vivunt : « Etiamsi Daniel, etiamsi Noe assurrexerint, nec filios suos, nec filias liberabunt [13]. » Quid igitur facere nos decet; qua ratione remissionem debiti et a lapsu revocationem inveniamus, nos qui pœnitentiam meditamur? Audite, Deo volente, ut cum vestrum singulis agam.

7. Mediatorem si placet, et medicum, et bonum consiliarium exquire; ut instar boni consiliarii, tibi modos pœnitentiæ congruentes suggerat. Porro, uti medicus, ille pharmacum dabit unicuique vulneri accommodum. Denique, ut mediator, stans coram ipso facie ad faciem numen tibi propitium reddet. Noli igitur laborare ut consiliarium invenias qui sit adulator, aut ventri addictus, ne forte tuo ipsius animo gratificans, non tam ea quæ Deus amat, quam quæ tu cupias te doceat, atque ita permaneas hostis interim irreconciliatus. Noli imperitum medicum quærere, ne nimia severitate, aut intempestivis excisionibus, ustionibusve, in desperationis profundum te projiciat; aut contra qui nimia usus lenitate relinquat te ægrotantem: sed qui, dum bene valere te putas, ad æternas pœnas te contra exspectationem tuam, quod omnium est gravissimum transmittat. Quippe certissime hoc nobis effectum dabit animæ morbus, una nobiscum si excesserit. Interim mediatorem Dei et hominum non adeo facile est invenire, ut ego quidem existimo. « Neque enim omnes qui ex Israel, ipsi sunt Israel [14]; » sed ii **605** demum qui et nomen illud, et vim nominis manifeste intelligunt, jamque facti sunt mentes quæ Deum videant. Neque omnes qui Dei Christi nomen invocant, vere sunt Christiani : « Non enim quicumque dixerit mihi, Domine, Domine, intrabit in regnum cœlorum, sed qui facit voluntatem Patris mei [15]. » Sicut et alibi : « Multi, inquit, dicent mihi die illo : Nonne in nomine tuo dæmonia ejecimus ? et dicam illis : Non novi vos. Discedite a me, operatores iniquitatis [16]. »

8. Quamobrem, fratres, diligenter nos omnes cavere oportet, ipsos aio mediatores, tum etiam illos qui peccarunt, et qui Deo reconciliari cupiunt: ne forte aut mediatores iram sibi pro mercede comparent, aut qui offenderunt, et ad reconciliationem aspirant, pro mediatore incidant in hostem, et in homicidam, et in malum consiliarium. Quippe tales audient non sine terribili interminatione : « Quis vos constituit principes et judices super populum meum [17] ? » Et rursus : « Hypocrita, ejice primo trabem ex oculo tuo, et tunc videbis ejicere festucam ex oculo fratris tui [18]. » Trabs ista affectus est aliquis, cum mala cupiditate conjunctus, animæ oculum obscurans. Et rursus : « Medice, sana teipsum [19]. » Iterumque : « Peccatori dixit Deus : Quare tu enarras judicia mea, et assumis testamentum meum per os tuum? tu autem odisti disciplinam, et projecisti sermones meos retrorsum [20]. » Item quod a Paulo dicitur : « Tu vero quis es qui judicas alienum servum? Domino suo stat. Potest autem Deus eum statuere [21], » per fidelem servum suum.

9. Propter hoc igitur, Patres et fratres mei : totus horreo et tremo, vosque omnes hortor, etiam per hanc exhortationem ad vos meipsum communiens, ne contemptui habeatis divina ista atque omnibus veneranda mysteria; nolite, quæso, ludos facere res maxime serias: nolite contra animas vestras pugnare per vanam gloriam, per ambitionem, per lucri studium, per stuporem mentis. Fit enim ut cogitationes alienas sæpe

[11] I Cor. VI, 15. [12] Luc. III, 8. [13] Ezech. XIV, 14. [14] Rom. IX, 16. [15] Matth. VII, 21. [16] ibid. 22, 23. [17] Exod. II, 14. [18] Matth. VII, 5. Luc. VI, 42. [19] Luc. IV, 23. [20] Psal. LX, 17, 17. [21] Rom. XIV, 5.

admittamus, quod Rabbi et Patres appellentur. Obtestor vos ut nolimus ita inverecunde arripere nobis apostolorum auctoritatem, eorum quæ in terra fiunt exemplo edocti. Si enim quispiam, eo quod aspectu sit augustiori se terreno regi æquiparare audacter præsumat, et ea quæ illi credita sunt arripiat, et velit facere clam, vel manifeste illa exsequi comperiatur; tam ipse quam ejus symmystæ, et qui illi obsecuti sunt, in aliorum terrorem extremis suppliciis subjiciuntur, et tanquam demens et insensatus ab omnibus deridetur: quid eis futurum est, qui apostolorum potestatem sibi indigne usurpant?

10. At etenim ne velitis mediatores agere pro aliis, priusquam ipsi Spiritu sancto repleti fueritis, priusquam conciliati, et in intimis sensibus Regi omnium amici facti sitis. Itaque enim omnes qui norunt Regem, continuo et aliorum mediatores apud ipsum fieri possunt. Pauci sunt admodum qui hoc præstare possint: illi scilicet, qui per virtutem, per sudores, per labores, fiduciam apud eum obtinuerunt: nec ipsi mediatore opus habent, sed ore ad os cum eo loquuntur. Annon igitur, Patres et fratres, hunc ordinem apud Deum servare nos decet? Annon honorem exhibebimus cœlesti Regi magis quam terreno? An nobis gratificantes cathedram concedemus ad dexteram ejus et sinistram; imo occupantes arripiemus, priusquam eam expetiverimus. O miram audaciam! quo perfundi nos pudore decet? Certe si ob nullam aliam culpam accusandi sumus, ob hanc tamen quod præsides et antistites contempserimus, tolli mereamur et in ignem projici inexstinguibilem. Atque hæc sufficiunt ad eos commonendos qui sibi ipsis attendere velint, et per longiorem disgressionem hactenus ab argumento proposito deflexisse satis sit. Nunc autem dicamus de eo quod dicere voluisti.

11. Quod enim fas sit monacho sacris ordinibus nondum decorato confiteri nos peccata ex quo pœnitentiæ vestem et habitum a Deo donatum accepit hæreditas eorum, et monachi nominati fuerunt, omnino invenies hoc factum fuisse, quemadmodum in divinitus inspiratis Scripturis Patrum scriptum habetur, quas si diligenter perscrutaberis, vera esse quæ dixi comperies. Ante hos autem pontifices soli per-successionem a divinis apostolis potestatem ligandi et solvendi acceperunt. Tempore autem procedente cum pontifices inutiles facti essent, terribilis illa potestas ad sacerdotes inculpabilis vitæ et divina gratia donatos devenit. Postea quando isti cum aliis confusi essent, et præsules et sacerdotes reliquo populo similes evasissent, multique, ut nunc fit, incidissent in spiritus deceptorios, inanesque sermocinatores, simulque periissent, potestas illa, ut dixi, translata fuit in electum Dei populum, intelligo monachos: non ita quidem ut a sacerdotibus et præsulibus ablata sit, sed quoniam ipsi se ab ea alienos effecerunt: « Omnis enim sacerdos mediator Dei et hominum constituitur, in iis quæ sunt ad Deum, » dicente Paulo, « et debet, quemadmodum pro populo, ita et pro seipso offerre sacrificia [22]. »

12. Sed sermonem paulo superius exordiamur, et consideremus, quomodo et a quo, et quibus tandem ista potestas sacra offerendi, ligandi et solvendi concessa fuerit; et sic ordine illustrabimus, quæ interrogasti, nec tibi tantum, sed et omnibus satisfaciemus. Cum Dominus Deusque noster et Salvator ei qui aridam manum habebat, dixisset: « Dimittuntur tibi peccata tua. » Judæi hæc audientes dicebant, « Blasphemiam hic loquitur. Quis enim potest dimittere peccata, nisi solus Deus [23]? » Quippe hoc pacto nunquam data fuerat peccatorum remissio; nec a prophetis, nec a sacerdotibus, nec a patriarchis. Quare Scribæ ægre tulerunt, ac si novum et paradoxum dogma quodpiam prædicasset, Dominus autem non propter hoc eos incusavit, sed potius quod ignorabant, edocuit, suam ut Deus ostendens potestatem, atque ut Deus, et non ut homo peccatorum remissionem indulgens; scilicet ille dixit: « Ut videatis quod Filius hominis potestatem habet in terra dimittendi peccata, dixit aridam manum habenti: Extende manum tuam, et extendit, et restituta est manus ejus sana sicut erat altera [24]. » Atque ita per miraculum manifestum, id quod majus erat, sed invisibile, demonstravit. Sic etiam Zacchæum, sic et meretricem, et Matthæum a telonio, sic et Petrum post ternam abnegationem sanavit, sic et paralyticum, quem cum restituisset, et postea reperisset, monuit: « Ecce sanus factus es, noli amplius peccare, ne forte quid deterius tibi contingat [25]. » Hoc dicendo ostendit paralyticum propter peccatum incidisse in morbum, et morbo sanato etiam accepisse peccatorum suorum remissionem. Nullus horum multo indiguit tempore, non jejunio, non in terram prostratione, sed sola conversione et fide non hæsitante, recessione a malo, pœnitentia vero et lacrymis uberrimis. Nam meretrix et Petrus amare fleverunt. Hinc exordium habuit magnum illud et solo Deo dignum donum, qui et solus illud possedit, et cœlos conscensurus discipulis suis vice sua reliquit. Quomodo autem hanc dignitatem et potestatem iis contulerit cognoscamus: quos et quot elegerit et quando præcipuos undecim discipulos. Cum fores essent clausæ simulque essent intus omnes, ingressus ipse, et in medio eorum consistens, insufflavit et dixit: « Accipite Spiritum sanctum: quorum remiseritis peccata, remittuntur illis; quorum retinueritis, retenta sunt [26]. » Nihil de pœnis exigendis præcipit illis, utpote qui

[22] Hebr. v, 1-3. [23] Matth. xii, 10; Luc. vi, 8. [24] Matth. xii, 13; Marc. iii, 5; Luc. vi, 10. [25] Joan. v, 14. [26] Joan. xx, 14.

ea de re per Spiritum sanctum edocendos novisset.

13. Quemadmodum igitur dixi, potestatem hanc sancti apostoli per successionem transmiserunt ad episcopos, atque illos solum; ad eos, inquam, qui ipsorum thronos obtinuerunt : ita quidem ut ne reliqui alii cogitare quidem ista de re auderent. Tanta scilicet cura discipuli Domini eam custodiebant. Post vero, sicut diximus, procedente tempore, digni cum indignis commisti confusique sunt, et a multitudine obruti fuerunt, cum alius alium ambitiose praevertere certarit, ad praesidentiam hypocrisi, non virtute, aspirans. Postquam enim qui thronos apostolorum obtinuerant, carnales, voluptuosi, ambitiosi facti sunt, et in haereses degenerarunt, divina gratia eos dereliquit, haecque potestas a talibus ablata est, eo quod carerent aliis omnibus quae oportuit sacerdotes habere. Nam hunc quod sit orthodoxus, haud ego valde reputo. Non enim is est orthodoxus qui in Ecclesiam nullum novum dogma inducit, sed ille demum qui vitam agat consonam rectae rationi. Hujusmodi homines suis quique temporibus patriarchae et metropolitae quaerebant, nec inveniebant, aut si forte inveniebant, ei aliquem minus dignum praeferebant, hoc unum exigentes ab eo, scilicet ut fidei Symbolum, in scriptis ederet, hocque solum ex eo postulabant. Interim an zelum pro bono, an odium in malos profiteretur, non admodum solliciti erant; pacem videlicet Ecclesiae hoc pacto procurantes, quod omni hostilitate et perturbatione longe est deterius. Hinc factum igitur ut sacerdotes evilescerent, et fierent sicut populus [27]. Cum enim nulli jam ex eis essent, ut Dominus dicit, sal [28], nec per correptiones vitam hominum diffluentem quoquo modo distringerent, et corrigerent (imo vero ignoscebant sibi mutuo, et sua vitia invicem occultabant), sane ipsi facti sunt pejores populo, et populus ipsis rursum deterior. Quanquam et aliquando ex populo quidam exstiterunt ipsis sacerdotibus meliores, et lucidi fuerunt tanquam carbones in obscuris istorum tenebris. Sed si sacerdotes secundum verbum Domini micuissent in vita sicut sol [29], carbones nunquam splenduisse cognoscerentur, sed majori luce oppressi emarcuissent. Postquam ergo sacerdotii nudum schema et vestimentum solum apud plerosque remansisset, et donum Spiritus ad monachos concessisset, idque jam constaret ex certis signis, cum ipsi nempe vitam apostolorum operibus suis exprimerent, ecce hic iterum diabolus suas res egit. Cum enim animadverteret monachos, tanquam novos quosdam Christi discipulos, in mundo illustres fieri, et tum vita tum miraculis resplendere, falsos fratres, suaque instrumenta subinduxit, et cum iis miscuit. Hi per temporis diuturnitatem crevere, et, ut vides, inutiles facti sunt, nihiloque meliores istis qui schemate tantum monachi erant, aut sacerdotibus ad sacrum gradum per manuum impositionem vocatis, aut illis qui ad praesulatus honorem ascenderunt; patriarchas dico, metropolitas et episcopos.

14. Non igitur hoc pacto simpliciter manuum impositioni, et ejusdem dignitati a Deo conceditur remittendorum peccatorum potestas? Apage! conceditur sacra operantibus, ipsisque solis. Sed nec hoc, ut opinor, eorum plurimis, ne forte, fenum cum sint, exinde ardeant. Denique solis illis sacerdotibus et monachis qui mereantur choro discipulorum Christi accenseri.

15. Unde igitur illud intelligere possint, tum qui in sacris ordinibus constituti sunt; tum ii quoque qui illos quaerunt, unde certo eos cognoscent? Unde profecto Dominus edocuit, sic dicens : « Signa autem eos qui crediderint haec sequentur : In nomine meo daemonia ejicient, linguis loquentur novis, serpentes tollent, et si mortiferum quid biberint, non eis nocebit [30]. » Et rursus : « Oves meae vocem meam audiunt [31]. — Ex fructibus eorum cognoscetis eos [32]. » Quinam sunt ii fructus? Quos Paulus sic enumerando designat : « Charitas, gaudium, pax, longanimitas, benignitas, fides, mansuetudo, continentia [33], » quibus additur compassio, fraternus amor, misericordia, et his similia. Et illa quoque, « sermo sapientiae, donum curationum » et alia plura : « quae quidem operatur et idem Spiritus, dividens unicuique prout vult [34]. » Qui enim horum charismatum participes sunt, vel omnium vel ex parte, prout iis expedit, in apostolorum choro numerantur. Quapropter et lux mundi sunt hi, quemadmodum et Christus ipse dixit : « Nemo lucernam accendens ponit eam sub modio, aut sub lecto, sed in candelabro, ut luceat omnibus qui in domo sunt [35]. » Nec ex istis solum cognoscuntur, sed ex universae vitae suae institutione. Pari modo et qui illos quaerunt, ipsi eorum quemvis perfectissime cognoscent. Tales sunt qui ad exemplum Domini nostri Jesu Christi paupertatem et contemptum ferunt, imo ea habent in loco maximi honoris, qui quod ille fecit, obedientiam suam ostenderunt adversus suos Patres et duces, et iis qui spiritualiter ipsis quidpiam imponunt. Tales sunt, qui injurias, improperia, convicia animitus accipiunt; qui eos qui ista ingerunt, tanquam magnorum auctores beneficiorum suscipiunt, et toto ex corde preces et lacrymas pro iis fundunt; qui universam mundi gloriam conculcant, qui omnes ejus voluntates tanquam detrimentum reputant; et, quid multa et vulgaria colligo, orationemque produco? dico si omnes eas virtutes quas in Scripturis audiunt et legunt, unusquisque eorum de quibus loquor comperiat se explevisse, omnemque pariter bene agendi occasionem fideliter implevisse; si insuper in sin-

---

[27] Osee IV, 9. [28] Matth. V, 5. [29] Matth. VIII, 45. [30] Matth. XVI, 17, 18. [31] Joan. X, 27. [32] Matth. VII, 56. [33] Galat. V, 22. [34] I Cor. XII, 8-11. [35] Luc. XI, 33.

gulis virtutibus sentiat se profectum, incrementum et gradum fecisse, imo ad culmen divinæ gloriæ se ascendisse, tunc percipiet se in Dei et divinorum charismatum participatione venisse: quod facile videbunt, et agnoscent omnes, qui non tantum clare soleant videre, sed etiam qui obscure. Qui sunt hujusmodi, possunt fidenter apud omnes pronuntiare : « Legatione pro Christo fungimur, tanquam Deo exhortante per nos, obsecramus, reconciliamini Deo [16]. » Omnes enim ejusmodi mandata Dei usque ad mortem custodiverunt : vendiderunt possessiones suas, et distribuerunt pauperibus ; Christum secuti sunt per tolerantiam tentationum. Invenerunt animas et quidem in luce mentali, invenerunt eas in vita æterna : atque ita hac luce viderunt lucem illam inaccessibilem, nempe Deum ipsum, quemadmodum scriptum est : « In lumine tuo videbimus lumen [17]. » Quomodo igitur animam quam habet, poterit quisquam reperire? attende. Anima uniuscujusque nostrum est illa drachma, quam ipse perdidit (non autem Deus), cum se in profundas peccatorum tenebras demerserit ; Christus autem, qui est lux vera, et quærentibus se occurrens (quomodo ipse solus novit) ipsis se concedit. Hoc est igitur animam suam reperire, Deum nimirum videre, et in ejus lumine extolli super omnem visibilem creaturam. Is Deum habet pastorem et magistrum, a quo percipiet quid sit, si placet, ligare et solvere ; et eum perfecte intellexerit, Deum adorabit, qui donum dederit, idque indigentibus impertiet.

16. Et sic hujusmodi viris intelligo potestatem, o fili, ligandi et solvendi concedi a Deo Patre et Domino nostro Jesu Christo per Spiritum sanctum, iis qui facti sunt filii ejus et servi in sanctitate. Talis ego ipse Patris discipulus fui, qui quidem ordinationem non ab hominibus acceperat, sed Dei manu, hoc est Spiritu sancto ducente, me in discipulatum admisit : et eam ordinationem quam homines conferunt, præcepit mihi juste suscipere secundum formam congruam, magno ad hoc desiderio a Spiritu sancto olim permotus.

17. Optemus igitur, Patres et fratres, primo ut nostrum quilibet talis sit, atque ita demum apud alios de affectibus exstirpandis et de consiliis admittendis disseremus ; et hos spirituales quæramus. In primis igitur laboriosos istos viros investigemus, discipulos dico Christi, et cum studio cordis et lacrymis multis supplicemus Deo per constitutos dies, ut revelare dignetur oculos cordium nostrorum, ad discernendum, si quis forte talis exsistat in perversa hac generatione : ut eo invento accipiamus per eum remissionem peccatorum nostrorum ; ut et præceptis ejus et mandatis toto animo obtemperemus, quemadmodum ipse Christo obtemperans particeps factus est ejus gratiæ et donorum ; adeoque ab ipso accepit potestatem ligandi et solvendi, inflammatus a Spiritu sancto, cui debetur omnis gloria et honos et adoratio una cum Patre et Filio unigenito, in sæcula. Amen.

[16] II Cor. x, 20. [17] Psal. xxxv, 10.

IN ORATIONEM ADVERSUS CONSTANTINUM CABALINUM ADMONITIO

Orationem quæ sequitur, Combefisius, t. II Auctar. Biblioth. PP. Græc. edidit, *dignamque censuit, quæ tribus aliis Damasceni pro imaginibus adjungatur, alio licet scriptam schemate. Illos dixeris*, inquit, *libros in otio scriptos, quibus sana doctrina multiplici argumentorum genere defenditur : hanc velut declamationem qua hæreticos omnes velut coram provocet, oblatumque fidei libellum ab eorum calumniis vindicet. Hoc enim velit illud*, Λόγος ἀποδεικτικὸς, *Demonstrativus sermo* (quo nempe nomine inscribitur in cod. Reg. 1829, in Bodleiano 274, et Cæsareo 144 membranaceo, *pervetusto et optimæ notæ*, ut testatur Lambecius). Alium deinde codicem Regium, n° 2428, memorat, in quo titulus hic alius habetur : Ἐπιστολὴ Ἰωάννου Ἱεροσολύμων ἀρχιεπισκόπου, τῆς αὐτῆς ἁγίας Χριστοῦ τοῦ Θεοῦ ἡμῶν πόλεως, πεμφθεῖσα Κωνσταντίνῳ βασιλεῖ τῷ Καβαλίνῳ, περὶ τῶν ἁγίων καὶ σεπτῶν εἰκόνων· ἢ πῶς δεῖ πιστεύειν τοὺς ὀρθοδόξους Χριστιανούς· *Epistola Joannis Hierosolymitani, archiepiscopi ejusdem sanctæ Christi Dei nostri civitatis, missa ad Constantinum Cabalinum, pro sanctis et venerandis imaginibus : sive quomodo Christiani qui fidem rectam profitentur credere debeant.* Ob hanc inscriptionem vir doctus conjecit, tractatus hujus auctorem fuisse Joannem patriarcham, cujus meminit Damascenus in epistola *De hymno Trisagio*, quam post ejus obitum scripsit. Addit vero *multa esse quæ suadeant auctorem esse hominem Constantinopolitanum, cum et Germanum antistitem suum et pastorem nominet, et loca urbis Constantinopolitanæ in exemplum afferat*; scriptam tamen censet ante septimam synodum. Verum Theophanes in tabulis Chronologicis Joannem illum patriarcham obiisse refert anno 19 Leonis Isauri, Christi 735, nec proinde Constantini Leonis filii adulterinam proscribere synodum potuit, quæ hujus imperatoris anno 14, et Christi 754, coacta fuit, multo minus mentionem facere depositionis Constantini patriarchæ impii, quem Copronymus posthac abjecit, imperii sui anno 26, Christi 766, nisi forsan Joannes alter ipsi proxime vel post alium successerit, a quo fidei libellus quem dissertatio exhibet et defendit, editus sit. Cæterum ne ille etiam epistolam integram scripserit; quia, ut narrat Theophanes, jam anno Constantini 23 et Christi 765, Theodorus patriarcha Hierosolymitanam Ecclesiam regebat, unaque cum Alexandrino et Antiocheno conspiratione, eadem die Pentecostes, Cosmam Apameæ profani dogmatis reum anathemate percussit, anno 9 Abdallæ Caliphæ, qui alio nomine dicebatur *Abujafar Almansor*. Eumdem porro Theodorum usque ad Tarasii Constantinopolitani præsulatus initia, sive ad annum saltem 784 perseverasse fidem faciunt septimæ synodi Acta in quibus Synodica Theodori ad Terasum legitur. Theodoro successit Elias qui, anno sequenti, quo synodus septima celebrata est, iniqua barbari Caliphæ jussione exsulabat, cum tamen Theodorus alter per vim, ut ferunt Acta sancti Stephani Sabaitæ, sanctæ civitatis thronum occuparet. Nullum igitur Joannem Hierosolymitanum habemus, cui epistola synodica adversus Constantinum Copronymum ejusque profanam synodum attribuatur. Ad Joannem vero Damascenum quod spectat, cum ejus Vitæ auctor testetur, eum in Syria et Palæstina eminus semper pugnasse adversus Iconoclastas, nec ab obitu Joannis patriarchæ e laura Sancti Sabæ discessisse, profecto sanctum Germanum antistitem pastoremque suum nominare non potuit. Quod enim in Synaxario quod Basilii imperatoris nomen præfert, laudaturque a doctissimis Bollandi continuatoribus ad diem 8 Maii, Joannes noster *ab hæreticis imperatoribus varie relegatus carceribusque traditus*, propter causam imaginum legitur, Ὅθεν καὶ διαφόρως ἐξοριθεὶς παρὰ τῶν αἱρετικῶν βασιλέων καὶ φυλακαῖς παραδοθεὶς, esse falsum alibi ostendam. Insuper vero quin opusculum istud illi vindicem, non solum obstant gravissimi qui in eo occurrunt memoriæ lapsus, verum et ipsa dictionis dissonantia. Non enim nævos illos familiaris Damasceno elocutio admittit, qui hac in dissertatione deprehenduntur : nec in genuinis ejus operibus hactenus animadverti compositum hunc loquendi modum, qui in isto frequentissimus est, θέλεις εἰπεῖν, θέλεις λέγειν, ut significetur id quod Latinis *objicis, dicis* : quod sane corruptum idioma Græcorum sapit. Quamobrem haud alio jure præfixum orationi nomen Joannis Damasceni fuerit, quam eidem attributa est Epistola trium patriarcharum Orientis ad Theophilum imperatorem quam mox subjiciemus : quanquam et longe potiori, quia Damascenicis argumentis tota fere constat hæc de qua nunc quæstio est. Hoc sane egregius Ecclesiæ defensor in vindicando sacrarum imaginum honore obtinuerit, ut multa ejus nomine opera inscriberentur, quibus causa eadem propugnaretur : quemadmodum nimirum nobilissimi deitatis Verbi patroni Athanasii nomen aliorum quoque auctorum libris ascriptum fuit, in quibus pro sincera Athanasii fide certabatur. Insulsæ quæ hinc inde, obviæ sunt nominum compositiones, ut puta ἀνδρόγυνα, quo viri cum uxoribus significentur, σεπτομόρφων pro σεπτῶν μορφῶν, θρυλλολέκται, σαρκομοιομόρφῳ ὄψει, etc., similes sunt illis quas Leo Allatius observavit in orationibus Joannis Eubœensis, quarum nonnullis præfixum item a librariis fuit Joannis Damasceni nomen. Quinimo in Colb. 7 sat vetusto codice, post ejus orationem de Conceptione Deiparæ, quæ inscribitur : Ἰωάννου μοναχοῦ καὶ πρεσβυτέρου Εὐβοίας εἰς τὴν Σύλληψιν τῆς ἁγίας Θεοτόκου, *Joannis monachi et presbyteri Eubœæ in Conceptionem sanctæ Deiparæ*; altera sequitur cum hoc titulo : Ἰωάννου Δαμασκηνοῦ ἐπισκόπου Εὐβοίας, λόγος ἱστορικὸς εἰς τὴν ἁγίαν μάρτυρα Ἀναστασίαν· *Joannis Damasceni episcopi Eubœæ, sermo historicus in Anastasiam* An Joannes Eubœensis Damasco oriundus fuerit, res obscura est. Vivebat autem Copronymi ætate anno 744, velut ipse testatur in oratione in SS. Innocentes ut dissertationem de qua modo agitur, ejus forsitan esse conjectare quis possit. Quidquid id est, in cod. Reg. 2428 nulla professionis fidei præfatio præmittitur, reliqua 612 vero compendiaria forma tractantur. In cod. 2951, eadem lucubratio dempto quoque exordio habetur cum hac inscriptione : Συνοδικὸν Ἰωάννου Ἀρχιεπισκόπου Ἱεροσολύμων στηλιτεῦον τοὺς κατὰ τὴν ἄοικον καὶ ἀκέφαλον ψευδώνυμον ἐδόμην σύνοδον. *Synodicum Joannis archiepiscopi Hierosolymorum quo spuria et acephala synodus traducitur, quæ septima falso nuncupatur*. Formulam fidei quæ, primo loco legitur similis sequitur dissertationis ejusdem synopsis ; quanquam altera uberior paucis hinc inde interjectis, quæ ex sinceris Damasceni orationibus transumpta sunt. Pene crediderim hanc fidei professionem usque ad hæc verba, τοὺς ἐκχέοντας τὸ αἷμα αὐτῶν ὑπὲρ ἀγάπης τοῦ Χριστοῦ, *qui pro Christi amore sanguinem suum effuderant*, ipsam esse quam Joannes Hierosolymitanus sub nascentis Iconomachorum hæresis primordiis edidit, cui posthac tum adjuncta, tum præmissa alia fuerint, quæ ad ejus declarationem et defensionem conferrent. Non enim ejusmodi synodicæ concertationum more scribebantur a conciliis episcoporum ; sed hoc negotii polemicis doctoribus concedebant, nuda contenti expositione fidei, qua id duntaxat docerentur fideles, quod esset fide certa tenendum. Sic Theodorus eodem tenore, etsi prolixiori schemate, Palæstinæ itidem synodi nomine synodicam perinde epistolam ad Tarasium misit, absque ulla adversus hæresim velitatione.

Porro Regius iste codex 2951, ille est ex quo illustrissimus doctissimusque Parisiensis præsul D. Petrus de Marca nonnulla ad quintam synodum spectantia deprompsit et publici juris fecit : exaratusque dicitur a Leone Cinnamo, anno mundi ͵ϛψπδ´, 6784, seu Christi 1278, imperante Michaele Palæologo, ejusque filio Andronico Comneno. Testatur insuper Cinnamus amanuensis, volumen illud a se transcriptum esse ex alio qui in veteri Bibliotheca Romanæ Ecclesiæ asservabatur, quique exaratus fuerat ἐν τῷ ἔτει, ͵ϛσξζ´, *anno mundi* 6267, hoc est anno Christi 753; ὡς ἀριθμεῖσθαι τοὺς χρόνους τοῦ τοιούτου βιβλίου ἄχρι τοῦ παρόντος ιβ' πρὸς τοῖς πεντακοσίοις, *adeoque voluminis illius* (Romani) *ætatem ad præsens tempus* 517 *annorum summam complecti*. Verum deceptus Cinnamus fuit, nec numerorum notas accurate assecutus est. Nam quo tandem pacto Romanus codex anno Christi 753 exaratus esset, cum pseudosynodus

Copronymi, nonnisi insequente anno, nempe 754, habita, nec nisi quatuordecim abhinc annis impius patriarcha Constantinus exauctoratus sit a Copronymo. Hanc enim, ut ante fuit observatum, Joannis Hierosolymitani synodicam illud quod ex Romano codice cum multis aliis a Cinnamo descriptum est, perstringit : Λοιπὸν ποιεῖ σύνοδος πατριάρχην μὴ ἔχουσα· ἀλλὰ καὶ ὃν ἐποίησεν ἀπέκτεινεν· *Cæterum qualis isthæc synodus quæ patriarcham non habuit; quin et eum quem creaverat, interfecit,* τίς οὐ μὴ καταγελάσηται τὴν σύνοδον ταύτην τὴν ἀκέφαλον; κεφαλὴν μὴ ἔχουσα, ἐποίησεν ἑαυτῇ κεφαλήν, καὶ στραφεῖσα ἔρρηξεν αὐτήν, μᾶλλον δὲ ἀπέκτεινεν αὐτήν· *Quis synodum hanc caput non habentem non deriserit? capite cum careret, caput præfecit sibi quod postmodum conversa abjecit; quinimo interfecit.* Constantino patriarchatus abrogatus est die 3 Augusti, indict. 4. Nicetas in ejus locum intrusus die 17 Novembris, indict. 5, tum sequenti die obversa facie asino vectus per equestres ludos traductus est, ut conviciis a populo appeteretur, et paulo post in Cynegio truncatus. Vide Theoph. et Nicephorum in Breviario.

613 JOANNIS DAMASCENI

ORATIO DEMONSTRATIVA DE SACRIS ET VENERANDIS IMAGINIBUS,

Ad Christianos omnes, adversusque imperatorem Constantinum Cabalinum ac hæreticos universos.

Quoniam multi, ut cum beato apostolo et evangelista Luca loquar [1], conati sunt ordinare narrationem de fide orthodoxa et Ecclesiæ traditione, quam Christus Jesus verus Deus noster sua sibi passione comparavit, operæ pretium duxi, dilectissimi, ut ne hæc celarem vestram excellentiam, sed viam vobis veritatis ostenderem, quam ab initio et a primis temporibus catholica et apostolica Ecclesia, in sacrarum venerandarumque imaginum negotio firmam tenet; ne huc illuc velut arundo vento agitata [2] transferamini a sæva ista hæresi eorum, qui Dei in carne propter nos in terris visi dispensationem imaginibus expressam non adorant, sed maligne potius, ac per absonas rationes, contumelia afficiunt : qui per baptismum atque pretiosi corporis et sanguinis impolluti communionem Christiani videntur, suntque revera a Christo alieni; qui denique pastorum dignitatem tenent, suntque nihilominus in lupos et feras mutati; non quidem natura, sed proposito et fide, juxta ac sacro Evangelii textu aperte pronuntiatur : « Qui non intrat per ostium in ovile ovium, sed ascendit aliunde, ille fur est et latro [3]. » Hujusmodi grave quoddam hisce temporibus ex præstigiatorum tenebricosorumque hominum studiis emersit inventum; hominum, inquam, qui in perditionis barathrum, cœnumque intolerabile, ob inanem gloriam fastumque suum prolapsi sunt. Vos autem, venerandi auditores, sive qui nuper, sive qui olim unctionem accepistis; qui prophetarum vocibus, scriptis apostolorum, et institutis Patrum obsecuti estis, qui firmam fidei anchoram apprehendistis, hanc in vestris animis ne hostis homicidæ dolo auferatur, servate, vosque ipsos integros et inconcussos custodientes, rectæ fidei consubstantialis et individuæ Trinitatis libellum tenentes, universis hostibus ostendite et præ manibus habete ; ut, quemadmodum ore menteque ac lingua legimus, ita et credamus.

2. « Credo in unum Deum Patrem omnipotentem, factorem cœli et terræ, visibilium et invisibilium : Et in unum Dominum Jesum Christum Filium Dei unigenitum; et ex Patre natum ante omnia sæcula : Et in sanctissimum Spiritum; in Spiritum, inquam, sanctum, Dominum, vivificantem, qui ex Patre procedit; qui 614 cum Patre et Filio simul adoratur et conglorificatur, per quem omnia sanctificantur. Sanctam nimirum Trinitatem, individuam, ineffabilem, omnia tenentem, et omnium effectricem, pari virtute pollentem, incircumscriptam, æqualis deitatis, ejusdem consilii, ejusdem essentiæ, et consubstantialem, coæternam, initii undequaque expertem, unius principatus, triplicis subsistentiæ in Deo Patre genitore, Deoque Filio genito, ac Spiritu sancto initii perinde nescio, universorum Deo, quo omnia vivificantur. Semper enim Spiritus fuit cum Deo et Patre : quia nunquam ab invicem divisi fuerunt. Quippe fuit semper Pater, fuitque semper cum Filio ; vicissimque Filius semper cum Patre fuit, ac Spiritus sanctus cum utroque. Ita adoro et glorifico sanctam Trinitatem, indivulsam unam in tribus personis Deitatem.

« Similiter etiam quod spectat sanctissimam Dei Genitricem, confiteor illam sanctiorem Cherubim et Seraphim, cœlisque sublimiorem et creaturis omnibus excelsiorem, quæ carne pepererit unum de Trinitate Christum Deum nostrum, qui propter nos ad nos descendit, factusque est homo propter no-

---

[1] Luc. I, 1. [2] Ephes. IV, 14. [3] Joan. X, 1.

stram salutem. Simul quoque sanctos ejus, ut qui pro ipso decertaverint, honoro, adoro et colo: nempe sanctum Joannem præcursorem ac Baptistam : quique eum præcesserunt, prophetas, necnon qui ipsum subsecuti sunt clarissimos apostolos, ac triumphatores martyres, sanctosque universos adoro et veneror, eorumque intercessiones et orationes imploro. Quippe his intercessoribus salvi omnes evadimus : « Deus enim voluntatem timentium se facit⁴. » Ad hæc ego pretiosas eorum reliquias adoro, atque honoro, amplexorque. Multa quippe sanctorum corpora unguentum distillaverunt, morbique multa per ea curati sunt.

« Sed et pretiosas eorum imagines honoro et deosculor; non tanquam deos, sed utque compendiosa descriptio narratioque sint, et monumentum eorum quæ perpessi sunt. Non enim sanctorum imagines corporis tantummodo formæ sunt, et exhibitiones quædam, verum etiam corporis perpessiones repræsentant. Quippe etiam ob ea quæ Christi Dei causa passi sunt, beati prædicantur, honores habent, et adorantur. Nisi enim hæc propter Christum sustinuissent, haudquaquam eorum gloriam picturæ arte, vel in libris, vel in ecclesiis describere liceret. Nam et multi in suis domibus hominum depinxerunt imagines; tum parentes filiorum, tum parentum filii, propter eorum desiderium ac mutuum affectum, ac ne oblivio subreperet, sic eos apud se et domi depinxerunt; proindeque salutant eas et amplexantur, non uti deos, sed, sicut dixi, amoris causa, suique erga illos propensionis. Sic etiam de sacris imaginibus ratiocinari licet, fuisse nimirum illas tum in libris, tum in ecclesiis depictas, ad memoriam perfricandam excitandamque dilectionem, ad nostros item mores rite instituendos, earumque gentium quæ veniunt ut in Christum credant : ut demum præclaro illorum testimonio sint. Quantum enim divinæ Scripturæ leguntur, tantum **615** et percipiuntur, nosque ad Dei dilectionem magis accendunt. At si quicunque parentes ex carnali erga filios amore imagines eorum pingendas ad recordationem ducunt, potiori utique jure sanctorum nobis ipsi pinxerimus imagines pœnarumque ipsorum, qui pro Christi amore sanguinem effuderunt. »

3. Ut quid vero, sceleste hæretice, me idololatram dicis? nam rogo, cujusnam idolum colo? Num Apollinis, seu potius illius qui pro sui nominis ratione pernicies quædam est; an Domini nostri Jesu Christi imaginem, qua ejus in carne adventum edocear? cujus velim, tu qui mente et sensu Judæus es, idolum adoro? num Dianæ illius dæmonum matris, ut Græci fabulantur; an imaginem sanctissimæ et intemeratæ Dominæ nostræ Dei Genitricis, semperque Virginis Mariæ? cedo, hæretice, cujus idolum veneror? Jovisne, an sancti Joannis Præcursoris ac Baptistæ imaginem? cujus idolum colo? num, inquam, Jovis, an sanctorum apostolorum ac martyrum, omniumque electorum, qui a sæculo Domino placuerunt? Quis vero pulchram hanc enarrationem idololatriam nominare audeat; Christique ac sanctorum passionibus, necnon eorum qui sanctam Dei Ecclesiam nobis tradiderunt, injuriam irrogare? Sic quippe ornatam eam a sanctis Patribus accepimus; quemadmodum et Scripturæ sacræ nos docent. Descripta, inquam, accepimus, Christi in carne adventum, ejus ad nos nostri causa demissionem, Gabrielis faustum ad Virginem nuntium, ac nativitatem, speluncam, præsepe, obstetricem, et pannos; stellam et Magos, etc., baptismum, Jordanem, Joannem qui sacrum ejus verticem tetigit, sanctumque Spiritum in columbæ specie superne descendentem. Verum ad ejus passionem procedamus, puerosque cum ramis palmarum videamus; pelvim quoque et linteum; osculum Judæ, ac comprehensionem a Judæis; Pilati instantiam, etc., similiter et crucifixionem, clavos et alapas; spongiam atque lanceam, ac titulum cruci impositum hac inscriptione : *Ecce Rex Judæorum*, etc. Resurrectionem quæ mundi gaudium fuit : quomodo Christus infernum conculcet, Adamumque resuscitet; similiter et ascensionem. Veniamus vero ad ejus quoque miracula; cæci illuminationem, paralytici astricta membra, fimbriæ contactu sanatam hæmorrhoissam, quæ etiam omnium prima imaginem Christi ex ære fabricavit. Pari quoque ratione sanctorum corpora, cum iis cruciatibus ac quæstionibus, quæ propter Christum Deum nostrum tolerarunt. Præclaram hanc enarrationem utilemque picturam, quomodo idololatriam appellare audetis? Brevis quippe quædam ac pulchra descriptio est; quemadmodum etiam sanctus Pater noster Chrysostomus dixit : « Ego quoque picturam cera fusam dilexi, pietate plenam⁵. » Sanctus item ac magnus Pater noster Basilius in Elogio sanctorum quadraginta Martyrum, ait : « Quia sæpe et historici et pictores res exhibent : illi quidem eas oratione exornantes; hi vero in tabellis pingentes. » Enimvero Evangelium scripsit sacer scriptor : quid vero in eo scripsit? utique universam Christi in carne dispensationem, quam et Ecclesiæ tradidit. Pictor etiam simile **616** quid facit. In tabella descripsit Ecclesiæ decorem a primo Adam ad Christi nativitatem, totamque in carne œconomiam, sanctorum item confessiones, parique modo Ecclesiæ ipse tradidit : atque adeo unam potius ambo contexuerunt narrationem, qua nos erudirent. Cur ergo librum adoratis, et tabellam conspuitis? Cedo, hæretice, quod utriusque discrimen, ut cum eamdem ambo narrationem annuntient, alterum adoretur, alterum sputis oblinatur? O calamitatem! quis judicium hoc non irrideat? quis doctrinam istam non abominetur, ut duobus narrationem eamdem exponen-

---

⁴ Psal. cxliv, 14. ⁵ Refertur 7 synodi act. 1 et 4.

tibus, horum aliud venerationem habeat, spernatur aliud? En scientiam; verius dicam inscitiam. Plane, si quis attente perspexerit, pulchra quædam probaque Evangelii interpretatio est repræsentatio hæc et enarratio. Quippe cum ea pictor exhibeat, quæ Evangelium sermone refert. Eccur ergo unum adoratur, alterum contemnitur? Quid inter chartam et asbestum interest? nonne ambo e materia in operam unam transeunt? Quid vero membranam inter et asserem? non utrumque ferro secatur et scinditur, sicque in operam transit? Quid denique differt atramentum a syrico et reliquis coloribus? Nonne hæc omnia ex pigmentis multis parantur, tumque scriptori et pictori usui sunt? Plane dices, adorare te œconomiæ Christi historiam. Sic et ego, absit ut asserem adorem, vel parietem, colorumve materiam? sed adoro corporis Christi figuram, et Dominicam incarnationem: quemadmodum etiam sanctus Pater noster Chrysostomus ait, *Homilia in pelvim:* « Cum imperatoris imagines ac expressæ effigies civitati inferuntur, ipsi quoque magistratus ac populi, cum faustis acclamationibus ac metu obviam procedunt; non tabellæ honorem habentes, non scripturæ cera fusæ, sed terreni imperatoris expressæ figuræ. » Sin autem honor ejusmodi terrenum decet imperatorem, cum ille præsens non sit, sed sola imago: quam potiori jure cœlestis imperatoris Christi Dei nostri imago coli debeat et adorari? O rem miseram! ut terreni imperatoris imago adoretur, ac tantum habeat honorem; Christi autem imago contemnatur. O Christianorum errorem! O Patrum judicium et doctrina! quis judicium hoc risu non prosequatur? quis impium istud dogma non exsecretur? quid si deprehensus sit amens quispiam in terreni imperatoris imaginem spuere, pœnæ non sustineat? nonne capitis reus agitur? Imperatoris enim imagini contumeliam irrogans, ipsius imperatoris honori detrahit. Nam « honor imaginis, ut ait magnus Basilius [a], ad exemplar transit; » similiter etiam dedecus et probrum. Sic quoque de Domini nostri Jesu Christi cœlestis Regis imagine est cogitandum; nimirum, qui eam probro afflicit, Christo etiam probrum inferre. Honor quippe imaginis ad Christum recurrit, pariterque dedecus. Plane qui imaginem ignominiose habet, ipsi exemplari injuriam infert. Communis hæc universorum notio est. Quis vero cavere non debeat a Christi injuria?

4. Verum omnino mihi dicturus es, incircumscriptum esse Christum, cogitatu majorem, **617** impassibilem, incomprehensum. Ipse quoque et hoc dico. Nam et ego ita confiteor esse deitatem incircumscriptam, cogitatu majorem et impassibilem: nihilominus caro circumscribi potest, qualis in terra apparuit, cum iis quæ perpessa est. Sed dices iterum: jam deinceps carnem a deitate separas? absit! nunquam illæ ab invicem separatæ sunt, nec in matris utero, neque in baptismo, neque in cruce, neque in inferno. At inquies: Si nunquam deitas et caro separatæ fuerunt, quomodo carnem solam circumscribis? Te autem mihi cedo, hæretice; quisnam suxit lac ex Matre et Virgine? nonne caro? quis nudus stetit in Jordane? nonne caro? quis comedit? quis bibit? quis iter fecit? quis manus extendit in cruce? quis positus est in monumento? nonne caro? hæc omnia sustinuit caro, nec tamen a deitate sejuncta fuit. Quis vero de deitate loqui, aut quæstionem movere audeat, animamque suam perdere, uti reliquæ hæreticorum fæces? quis, rogo, hominem, qua parte ad Dei imaginem factus est, circumscribere possit? nullus plane. Non enim quod in homine oculis subjectum est, accipimus ad Dei esse imaginem; sed quod mente concipitur. Nam quod est oculis subjectum, compositum est et circumscriptum; Deus autem simplex est, compositionis expers, ac circumscriptione major. At caro quam Christus ex intaminata matre sua induit, ipsa circumscribitur, quemadmodum in terris apparuit. Neque hoc idololatria est, sed imaginis expressio. Prorsus vero siquidem venerit Christus ad abolenda idola super terram, cur nobis iterum idola reliquisset? nam et ipse Christus imaginem fecit, quam non manufactam appellant, hactenusque superest et adoratur, nec quisquam mentis compos eam idolum vocat. Sed si scivisset Deus per hanc committi idololatriam, haud ipsam reliquisset in terris.

5. Forte opponas, non dixisse Christum ut imagines faceremus et adoraremus: siquidem enim dixisset, tunc plane divinus eis impensus fuisset cultus. Verum ego quoque alias tibi plures orationes ostendo, quas ab apostolis et sanctis Patribus nostris accepimus, de quibus non exstat Christi sermo. Ubinam eos Christus dixisse perhibetur, ut ad orientem conversi adoraremus? vel ut crucem aut Evangelium adoraremus; vel ut sacrum suum corpus et sanguinem jejuni sumeremus; vel ut novos conjuges coronaremus? Possimque alia quædam tibi referre, quæ Christus locutus non est: sed quid iis opus est? nos quoque, ut a sanctis Patribus accepimus, ita et credimus: qui a Deo hæc edocti fuerunt. Nihil quippe Deus sanctis suis esse occultum voluit, sive ea velis, quæ hominum commodo et saluti cessura erant, sive quæ damno. Qui ergo illud occultatum sit, siquidem idololatria est, ut pereat populus qui idola sic multa adorat? O calamitatem! ut ab eo tempore quo Christus ad nos descendit, ad usque Germanum patriarcham, adorans idola perierit populus Christianus. Quandonam impleri debet supernus mundus? sed absit, o Deus, ut hoc idololatria sit! alioqui si idololatria foret, quædam hanc saltem synodus abjicere curasset, ac eos **618** qui adorarent proscribere. Si

---

[a] Lib. *De Spir. sancto*, cap. 27.

prima synodus non abjecisset, debuisset omnino secunda de illis aliquid dicere. Sin secunda, at saltem tertia; sin tertia, vel rursum quarta; sin quarta, vel quinta; sin denique quinta, cur non eas objecit sexta, quin potius rem illustravit. Atque si mihi fidem negas, versa canones sextæ synodi [7], ac eorum caput octogesimum secundum, illicque invenies quo arguaris. Sic enim pronuntiarunt deiferi Patres : « In nonnullis venerabilium imaginum picturis depictus est agnus, quem Præcursor digito, qui ad gratiæ figuram assumptus est ; verum nobis per legem Agnum Christum Deum nostrum præmonstrans. Antiquas ergo figuras et umbras, ut veritatis signa et characteres Ecclesiæ traditos complectentes, gratiam tamen anteponimus, et veritatem, eam ut legis complementum suscipientes. Ut ergo quod perfectum est, vel colorum expressionibus omnium oculis subjiciatur, ejus qui tollit peccatum mundi, Christi Dei nostri humana forma characterem, etiam in imaginibus deinceps pro veteri Agno exhiberi ac depingi jubemus : ut per ipsum, Verbi Dei humiliationis altitudinem considerantes, ad memoriam quoque ejus in carne conversationis ; passionisque ac salutaris mortis ducamur, et mundi quæ ex iis parta est, redemptionis. » Quandoquidem, o hæretice, Patres sic definierunt, quid necesse habuerimus terminos transgredi, quos illi posuerunt, ac schisma in Ecclesiam invehere? An nescis eum qui Patrum terminos convellit anathema recipere [8]? Ipsi videtis quid patraveritis, nec tandem a malo cessatis. Si quidem id causareris, fuisse receptas imagines post sextam synodum, haberes aliquid quod objectares. Cum autem ab ipso Christi descensu cœperint fieri, nulla vobis eas crimini dandi ratio constat. Quæso te, sceleste, Judæis offerentibus Christo numisma Cæsaris insignitum imagine, ac tentantibus num ea adoranda esset; nonne eis os obstruxit dicens : « Reddite ergo quæ sunt Cæsaris, Cæsari, et quæ sunt Dei, Deo [9]? » Vides ut os illud impollutum, iniquam eorum linguam compescuerit?

6. Videsis et sanctum evangelistam ac apostolum Lucam; nonne is pretiosum intemeratissimæ semperque Virginis Mariæ imaginem pinxit, et ad Theophilum misit? Nec vero hæc intelligis? Non recipis hanc doctrinam quæ ab ipso Christi Jesu Domini nostri adventu prædicanda erat? si quidem enim idololatria esset, una saltem aliqua synodus abjectura erat imagines. Ais sex anteriorum synodorum Patres, blasphemias alias ac hæreses conatas esse profligare, nec de imaginibus fuisse sollicitos. At, quæso, ullane blasphemia idololatriam superat? Qui vero Patres, quæ leviora essent, aboleverunt, quodque omnium gravissimum erat, in perniciem populi intactum reliquerunt? sed dices, neque eas Patres adorasse, neque calculo comprobasse. Qui ergo Chrysostomus ait : « Ego quoque adamavi picturam ex cera fusilem [10]? » Qui item Gregorius Nyssenus [11] : « Nunquam vidi sanctorum pictas imagines, et sine lacrymis transivi? » Quamobrem vero sanctus Basilius necesse habuit ut tanto labore Cæsaream peteret imaginem Christi conspecturus? Tu vero ais, quod ii imagines non adorarent? Ac certe neque eas probris affecerunt, neque proculcaverunt, neque idola appellaverunt. Tu quoque, si non vis eas adorare, neminem habes qui cogat. Interim autem, nec probrum eis inferas, nec idola vocans, animæ tuæ interitum afferas. Quam multa templa ædesque sacræ sanctorum exornabantur imaginibus, cum divini Patres synodos celebrarent! quis animus Dominum cruci affixum in imagine considerans, non adoret?

7. Illud Moysis objicies : « Non facies tibi omnem similitudinem, neque quæ in cœlo, neque quæ in terra sunt [12]? » Ita : nihil quippe ejusmodi fecimus, aut venerati sumus, non solem, neque lunam, neque stellas; neque ea quæ sunt in terra ; non bestias, non pecora, non reptilia; non horum quidquam fecimus vel coluimus, aut gentilium more illis servivimus. Subit id dicas cum Davide propheta : « Simulacra gentium argentum et aurum, opera manuum hominum. Os habent, et non loquentur [13], » etc. Enimvero hæc ita se habebant ut aiebat Propheta. Verum gentiles ea deos nominabant, ac tanquam deos colebant, nec Deum ullo modo agnoscebant. Nos autem non ita : absit! Imo, ut prius declaravi, sanctam et individuam, inconfusamque Trinitatem colo; sanctamque Dei Genitricem ac sanctos omnes : venerandas autem ac sacras eorum imagines, propter desiderium, multamque in eos dilectionem adoro et osculor; non tanquam deos, gentilium more, absit! sed sicut dicebam, uti summariam pictoria arte descriptionem, et quam facile interpreteris; quemadmodum eas recepit Ecclesia. Proinde etiam loquuntur, nec mutæ prorsus sunt omnisve sensus expertes, uti gentium idola. Omnis enim pictura quam in ecclesia legimus, aut Christi ad nos demissionem, aut Dei Genitricis miracula, aut sanctorum certamina et res gestas, velut imagine loquente, enarrat, sensumque ac mentem aperit, ut miris eos infandisque modis æmulemur.

8. Nam rogo, ubi repræsentante imagine secundum Christi Dei nostri adventum inspexeris, quomodo veniat in majestate; angelos item innumera multitudine cum timore ac tremore ejus assistentes throno; igneum flumen, quod de throno egrediens peccatores devorat : rursus vero, ubi ad ejus dexteram justorum gaudium ac lætitiam videris, utque exsultant in conspectu Sponsi : quis, quæso, sic animo et corde durus et obstinatus exsistis, ut tremendæ illius horæ memoria non compungaris,

[7] Cap. 82.   [8] Deut. xxvii, 17.   [9] Matth. xxii, 21.   [10] Homil. *Quod idem sit legislator.*   [11] Greg. Nyss. Orat. de Deitate Filii et Spiritus sancti.   [12] Exod. ii, 8.   [13] Psal. ciii, 4, 5.   [14] Luc. i, 28.

nec apud te reputans, actionum tuarum evolvas libros, ac gemebundus non lacrymis oppleas oculos? Ecce enim loquitur expressa hæc in imagine figura, cum egregia piorum gesta, tum **620** impiorum facinora. Vides accuratam repræsentationem? nonne illam horam aspicis, dum stas, et hæc contueris; ac si nimirum ad Christi diem et judicium, in quo abs te exigenda est ratio, actutum sistaris? Expergiscere tandem, o miser, offusasque tenebras, quibus obnuberis, amove: ac sicut una nobiscum baptismi gratiam consecutus es, pretiosique corporis ac sanguinis communione donatus, ita et ejusdem adorationis consors fias: nec simul ea quæ fidei Christianæ sunt credens, Ecclesiis ministeris, alia quidem credas, ut alia vero rejicias, nec perfectus filius ejus efficiaris.

9. Verum ais: Manufacta non adoro. Nec quid loquaris nosti, aut quid adores. Nam rogo, nonne ecclesia manufacta est, crux item, Evangelium, altare, ac reliqua ecclesiæ vasa? nonne hæc hominum manibus, qua componuntur, qua scribuntur, qua ædificantur, qua denique aptantur ad Dei ministerium? Universa quæ in ecclesia sunt, manu sunt fabricata, oculisque cernuntur: ac siquidem hujus sententiæ es, nulla eorum quæ oculis subjecta sunt adorabilis. Nam quidnam ipse es? nonne visibiles oculos habes, manusque, ac pedes et omnia membra? Quomodo qui visibilis es, adoras invisibilia? est enim tempus cum invisibilia adores; cum nempe in tuo ipse animo, ad solum materiam expertem ac invisibilem Deum, in mente tua, et ex mundo corde, perspicacem mentis oculum aperueris. Sin vero hoc solum cogitas ac sentis, o homo, nihil eorum quæ in ecclesia sunt, adoraturus es: quin omnia exsecraberis: unde fit ut qui altum, in his quæ ad fidem spectant, sapit, ac fastu gloriatur, impius inveniatur.

10. Quæso te, o homo, si te gentilis quispiam conveniat, rogaveritque tuam, ostende mihi fidem tuam, ut ego credam: quid es ostensurus? Nonne eum a rebus sensibilibus ad invisibilia subvehes, ut hæc libens amplectatur? nam si dicas: Is in quem credimus invisibilis est; cujusnam contuitu movebitur, ut conscientiæ tuæ ac fidei credat? Sed ei primum sensibilia proponis ceu rudimenti loco, tum vero paulatim ad invisibilia attollis. Qui vero istuc? Audi. Ducis eum ad ecclesiam; cujus ei ornatum ostendis: sacrarum imaginum figuras aperis. Videt infidelis, aitque: Quisnam est iste, qui cruci affixus est? Quis hic qui resurgit ac senis illius caput calcat? nonne eum per imaginem erudiendo, respondes: Hic qui afflixus est cruci, Dei Filius est, qui ad tollenda mundi peccata eo fuit supplicio affectus. Hic qui resurgit, ipse est qui secum primum parentem Adam, ob prævaricationem lapsum mortuumque resuscitat. Quique infernum tot jam sæculis vinctum, a quo ille insolubilibus vinculis ac vectibus in inferioribus terræ partibus tenebatur, proculcat: sicque sensim eum ad Dei cognitionem provehis. Deinde eum ducis ad sacrum baptismi lavacrum; videtque in piscina solam aquam: tu autem qui fidelis es, aquam pariter ignemque ac spiritum inspicis. Cum vero etiam ille baptismi factus particeps fuerit; tunc et ipse ex sensibili materia ad invisibilem regenerationem robur accipiet. Tum ubi ad sacram corporis et sanguinis Domini sacramentorum celebrationem venerit, **621** videt solum panem et vinum; tu autem corpus et sanguinem qui ex intemerato latere fluxit, intueris: ac si quidem dignus efficiatur, particeps illius fit, paulatimque ad tuam fidem et cognitionem assurgit. Vides quo pacto a rebus oculis subjectis ad invisibilia eum subvehis? sic et imaginem mihi considera. Vides in ecclesia positam, sive Dei imaginem, sive sanctissimæ Dei Genitricis, sive sancti Joannis, aut quamcunque demum in templo reperias: tum ex corporeis coloribus animum elevas ad imaginem contemplandam, atque ad ipsam depictæ rei formam et conspectionem. Nam et ego ex te quæram, o imaginum hostis, vidistin' Petrum? vidistin' Paulum? vidistin' sanctorum apostolorum aliquem? Aspexisti primum martyrem Stephanum, aut sanctum quempiam alium? At vero ex ista materiali figura, mens et cogitatio tua expanditur ad eorum desiderium et amorem, et quos carne tuis oculis non vides, hos spiritu, repræsentante imagine, contueris.

11. Ad hæc objicis, Nemo angelum vidit; cur angelum quoque pingunt? Quinimo viderunt multi angelos. Vidit quippe non raro sanctissima Deipara Gabrielem[14]; mulieres etiam unguenta ferentes, cum ivissent ad monumentum, viderunt angelos[15]; apostoli quoque viderunt, non solum in monumento; sed et cum in carcere essent, venit angelus, eosque inde eduxit[16]. Prophetæ quoque Isaias, Ezechiel, et Daniel, atque, ut verbo dicam, multi sancti angelos viderunt, quantum humanus obtutus ferre poterat. Unde etiam Dionysius Areopagita[17], distributos ordinum eorum principatus describit, ac veluti in imagine repræsentat, nec quin id fiat prohibet: quinimo diligenter exponit, quamobrem quadriforma illa exprimantur in avium ac bestiarum figuris[18].

12. At rursus Iconomachus arguit dicens: Quare vero angelos effingunt et repræsentant velut haberent hominis formam, ac duabus alis instructos? Num natura angelorum alata est? Verum audi qui contradicis: nonne sancta et ejusdem essentiæ Trinitas incomprehensibilis est, inseparabilisque et individua, et quæ nequeat corporeis oculis aspectari? qui ergo voluit in tabernaculo Abrahæ hospitio recipi[19]? nonne Dei famulus Abraham velut hominis formam vidit et adoravit[20]? nonne etiam Lot fratris ejus filius,

[14] Luc. I, 28. [15] Marc. XVI, 18. [16] Act. V, 19-23. [17] *Cœlest. Hierach.*, cap. 15. [18] Ezech. I, 5. [19] Gen. XVIII, 1 seqq. [20] ibid.

quos vidit angelos duos ad subvertenda Sodoma profectos, hos in hominis forma secum carpentes iter, atque ab scelesta illa urbe servantes aspexit [11]? Ac qui natura aspectabiles non erant, ea demissione qua se hominibus accommodant, visibiles facti sunt: non velut eorum naturæ forma ejusmodi quædam esset; sed quantum res incorporea consuetudinem cum corpore inire poterat, tantum se conspicuos illis præbuere, qui eo spectaculo digni exstiterunt. Quocirca nos etiam humano illos habitu pingimus, quo tunc apparuerunt. Alarum autem ornatus subtilem eorum naturam significat, sublimemque ac invisibilem, et qua in ictu oculi a cœlo ad terram descendendo veniunt. Atque adeo vos insanientes rationem nullam habetis quam adversus imagines afferatis.

13. Verum objicis: Generatio hæc imagines sibi deos fecit. At nec quod justum aut consentaneum sit causaris. Tuum quippe est, ut imperitam plebem doceas, quo honore prosequi oporteat venerandas imagines, eisque venerationem exhibere. Nam rogo, si quis rusticus, apparatus honorisque regii nescius, unum aliquem palatinum hominem obvium habeat, quem velut imperator esset adoret, sive etiam ignorans, hunc velut imperatorem ista voce compellet: *Domine, miserere mei*: num jussurus es, ut moriatur, cum is qui adorat, tum cui adoratio adhibita est, quia istud per ignorantiam fecit? Plane non est justa sententia. Quin decet rudem a scientibus instrui. Curas, ut gnarus quis hunc doceat non esse illum imperatorem, sed ejus præfectum ac ministrum; moneatque in palatio sedere imperatorem, nec cuiquam, ni in publicum procedat, sui videndi copiam facere. Hunc in modum, si qui per ignorantiam erga Christi imaginem errabant, hi docendi erant non esse eam Christum in carne, sed ejus imaginem. Nam Christus deitate incircumscriptus est, nec quisquam eum visurus est, nisi postremo, cum in secundo adventu suo processurus est: sicque omnino imagines adorassent, amplexatique essent.

14. Ad hoc siquidem instituti sunt presbyterorum ac diaconorum ordines, ut plebem doceant quomodo precandum sit, quave ratione oporteat adorare. Etenim lumina illa, veri pastores et doctores, duces illi salutis, nihil aliud in sæculo curabant quam ut populum docerent quæ ducunt ad salutem, utpote qui vere Deo vellent rationem pro populo reddere [12]. At nostrates episcopi nihil aliud animo agitant, nisi equos, boumque armenta, ac reliqui pecoris, agros quoque, et ut aurum congerant: ut frumentum vendant, et vinum distribuant, et oleum sint libraturi, ut lanæ et serici mercaturam facturi; nihil aliud attente considerant, nisi monetæ notam et pondus: mensas Sybariticas quotidie persequuntur, vinumque odoratum ac grandes pisces, gregem autem suum despiciunt, suorumque corporum solliciti, animæ nullam curam habent. Ita plane hujus temporis episcopi lupi facti sunt, ut Scriptura loquitur [13]. At si quos de subjecto sibi grege in leve aliquod peccatum lapsos deprehenderint, facile contra eos insurgunt, aliasque aliis succedaneas pœnas irrogant: pastoralis dignitatis partes neutiquam attendentes, suum quotidie gregem, non uti pastores, sed velut mercenarii considerant.

15. Jam quæso, quem sequamur? Magnum Basilium miraculorum patratorem, an Pastilam, qui multorum animis exitio fuit? Cui fidem habeamus? Sancto Joanni Chrysostomo pœnitentiæ viam docenti et salutis magistro, an Tricacabo, perturbationis ac perditionis magistro? Cui erimus dicto audientes? Gregorio theologia præcellenti, an profano patriarchæ, universique populi malæ pesti Constantino, qui sanctam de sacris et venerandis imaginibus doctrinam ex sancta Christi Ecclesia exagitavit una cum suo cognomine, qui Romani imperii sceptra indigne tenet? Quæso te, o bone, quibus obsequamur; venerabilium patriarcharum choro, qui in sancta et universali prima synodo ad sextam usque claruerunt, quam nulla non regio a summo cœlorum ad terminos eorum comprobavit; an hypocritis hisce sacerdotibus, nunc tandem spurium dogma Ecclesiæ inferentibus, quod patriarcharum nemo, nullusque thronus auctoritate sua firmavit, quin potius proscripserunt, libellis emissis quibus illius auctores traduxerunt, ceu invisam Deo doctrinam commenti fuerint, adversaque ecclesiasticis regulis sanxerint?

16. Quem rogo nobis præponamus ducem, num celeberrimam ac plane venerandam signiferorum sanctorumque Patrum synodum, an acephalum istud Deoque ac sanctis ejus exsecrabile conventiculum? Plane enim acephalum est, et Deo exosum. Nam quis patriarcharum ei interfuit? Romanus venire noluit. Alexandrinus nullatenus pacto adfuit, neque plane Antiochenus, ac nec prorsus Hierosolymitanus. Qualis ergo est ista synodus nullum habens patriarcharum? Ea synodus sit, cum quinque sedes patriarchales unam sanxerint fidem et confessionem. Sin autem vel unus defuerit, vel se non submiserit synodo, ejusmodi nec synodus sit, sed perversa congregatio, vanitatisque et arrogantiæ concilium. En vide malignum conciliabulum, quod raptores, non pastores, adversus Christi Ecclesiam moliti sunt. Ut autem certius noscas eum cœtum synodum non esse, sed concilium vanitatis, inquire et disce, ut suum ipsum patriarcham, indignum plane qui patriarcha foret, quem creaverat, occidit. Quis tandem cœtum hunc acceptum, i. e. capite carentem, non riserit? Postquam enim caput

[11] Gen. xix, 1 seqq. [12] Hebr. xv, 17. [13] Ezech. xxii, 27; Mich. iii, 21; Soph. iii, 3.

sibi imposuisset, dein projecit, imo obtruncavit. O caecitatem! o dementiam et insaniam! Quis bellum hancce synodum non irrideat? vel hinc quisque noverit, nullius eam esse roboris et indignam quae vel apud Deum, vel apud homines accepta sit.

17. Non itaque consentaneum est ut eam synodum dicamus, sed concilium Judaicum. Quippe contra Christum simile huic coactum concilium fuit. Quia enim malorum auctor hostis noster diabolus, qui ab initio genus humanum impugnat, cum Hebraeorum gentem id temporis Deo charam esse cerneret, invidia in eam exarsit, utque illos perderet, pessimam eis cogitationem immisit; scilicet Christum non esse Dei Filium, sed seductorem, qui perdere Judaeorum gentem vellet. Quamobrem, inquit, apprehensum eum occidite. Tum sacerdotes coacto Judaeorum synedrio, ex illo concilium inierunt adversus Salvatorem, ut eum tenerent et occiderent. Illum itaque **624** tenentes affixerunt cruci, mistumque felle acetum, imposita calamo spongia, ejus ori admoverunt, acceptaque lancea sacrum ipsius latus transfixerunt. Sicque illi qui olim filii fuerant, a [patriarcharum] ingenuitate exciderunt. Simili rursum ratione videns hostis noster diabolus a Deo Christianam gentem redamari, ingenti erga eam concepto livore, multis eorum exitium moliens, malam hanc ipsis cogitationem immisit; nimirum idololatriam esse venerabilium imaginum adorationem; suggessitque ut eum cultum despuerent, utque ab eo, ni vellent perire, resilirent. Concilium itaque facientes Christianorum sacerdotes una cum Augustis indigne imperii sceptra tenentibus, et more tyrannico in regiae vestibulo convolantes, accepto ex malis cogitationibus consilio, ipsi quoque inania ac stulta adversus Domini nostri Jesu Christi imaginem meditati sunt; ac pro Christi carnis crucifixione, quam Judaei patraverant, sacram ejus imaginem scelestis suis pedibus proculcandam damnarunt: utque perditi Judaei acetum felle mistum propinarant, sic et isti aquam calci miscentes, baculo spongiam imponentes, imaginis vultui quo ejus in carne forma exhibebatur, admoverunt et obliverunt. Loco autem lanceae illius, qua fons vitae Christi latus compunctum fuit, accepto gladio eam effossam et abrasam ex Ecclesia oblitteraverunt, impletoque Judaeorum opere se ipsi diabolo tradiderunt. O calamitatem! o stultitiam! o Christianorum errorem! ut et qui viderint esse Christiani imperatores et pontifices, alienos se ab inculpata fide fecerint: ut et ipsi, quanquam modica occasione, in Judaeorum barathrum seipsos praecipites dederint, Vae tibi, aliene a Deo diabole, qui Christianum genus cum Judaeis permiscueris.

18. Etenim si haeresim hanc nos qui Ecclesiae alumni sumus, scrutati diligenter fuerimus, impia eam novitate inventam nanciscemur. Quippe nuperas haereses impietate longe superat. Nam quae ante exstiterunt, in humanam Christi naturam offenderunt; haec autem offendit in deitatem: quia nimirum in ea fide quam sibi Christus adventu suo vindicavit, et qua nos ab idolorum insano cultu liberavit, tum per sanctos discipulos suos, tum per venerandos martyres; iis penitus deletis, ut ne memoria superstes esset, nec ea aliquis ex nomine appellaret, haec blaterones rursus comminiscuntur, memoriamque revocant idolorum, et ea nominant: nec scelesti atque iniqui noverunt, ab eo tempore quo crucifixus Christus est ac resurrexit, paulatim coepisse cultum et adorationem idolorum de terra profligari.

19. Nam qui primus haeresim inspiravit, quia veterator et subdolus erat, imperium arripuit. Cum enim Conon appellaretur, Leonis sibi nomen ascivit; propositum hoc animi sensumque mutuatus ab Hebraeis. Etenim aliquando deambulanti ante susceptum imperium, ait Hebraeus quidam: Futurum est ut sis imperator. Caeterum imperio et honore longaevo potieris, si **625** modo eorum quae tibi dixero, tenax fueris. Abjice quod habes nomen, deincepsque Leo nominare. Te quippe imperante subvertenda sunt simulacra, quae Christianorum fides colit. Quamobrem tu mihi pollicere fore, ut ea evertas cum imperium inieris. His ergo ceu esca deceptus abyssi draco, sponsionem scripto dedit, ut quem honoris cupiditas indignum licet jam teneret. Quocirca ut res eventu probarentur, imperii sceptra capessivit. Post decimum autem annum, cum in publicum procedens in ducem illum perditionis offendisset, oblatumque veluti supplicis libellum scelestus legisset, mox jussit eum ad se in regiam venire. Ex quo tempore accito Hebraeo isto, impietatis suae symmysta et consutore, uti vere fera bellua, in Ecclesiam insiliit, multosque ex ea abstractos, ex ejus quoque sinu discerpsit: et quos illa non sine doloribus genuerat, paternisque doctrinis educarat, hos iste a matris necessitudine alienos et extorres fecit.

20. Is cum male vitam abrupisset, statim prodiit exsecrandum ipsius germen, ejusque malitiae duplo effectus haeres, Constantinus ille, qui ab ipsis cunis, ab ipsa sacra et intaminata piscina, Christianam pietatem ac fidem abdicavit. Cum enim adhuc infans in sanctae Sophiae templo a pontifice et pastore nostro Germano baptizaretur, dum interim clamat patriarcha: « Baptizatur talis, in nomine Patris et Filii et Spiritus sancti; » statim turpis ille Ecclesiae hostis, atque ab ea alienus, piscinam totam foedavit, omnesque qui aderant, impuri alvi sui excrementorum foetore implevit: ita ut sacrorum antistes ac vates Germanus exclamaverit: « Illic erit magnus Ecclesiae fetor. » Videtis primum ejus malitiae facinus; cernitis quale scelus admisit operatusque est. Modo cernite qualia scandala haeresis princeps novator invexit. Intuemini caliginosae ejus animae corporisque interitionem.

21. Postquam enim imperium capessivit, ejus statim temeritas omnibus palam innotuit. Quippe edictum misit in provincias omnes ditioni suæ subjectas, jubens ut omnes subscriberent, seque ad abolendam venerandarum imaginum adorationem sacramento astringerent. Ac sicut nos hodie, charissimi, dicimus: Eamus ad sanctissimam Dei Genitricem, sive ad sanctos apostolos, vel ad sanctos quadraginta martyres, aut ad sanctum protomartyrem Stephanum; hoc vafer ille ne quidem audire sustinuit: qui *sancti* nuncupatione sanctis adempta, sanctissimam Dei Genitricem dicebat auxilio post obitum suum nemini esse posse: sanctos item apostolos, omnesque beatos martyres eos non esse qui intercedere valeant, ceu qui per cruciatus quos tolerabant, sibi duntaxat profuerint, ut suas ipsorum animas a suppliciis liberarent: ac subinde nihil juvaminis illis accidere a quibus invocantur, vel qui ad ipsos accurrunt. O impuram linguam, ad malum exacutam! o scelestum os, quod blasphemiam in sanctos loquitur! Nisi post mortem Dei Genitrix auxiliari nobis possit; quæ nobis altera protectio et subsidium erit? Quis Christianorum gentis fit adjutor, qui illis opem ferat? Nam si quempiam matrem alicujus habere advocatam contingat, hanc omni modestia, atque honore colit; nec ejus intercessione spretim habita verus sincerusque filius supplices pro gentili, famulo aut amico offerentem inexauditam repulerit: quam velim ea quæ universo sublimior hominum genere est, ipsisque supernis spiritibus, quæ corporis spiritusque castitate talis tantique Filii mater effecta est, apud ipsum quem de se incarnatum genuit, intercessionis fiduciam non sit habitura? Etenim incomparabili et incomprehensa potestate pollet; cujus testes illi sunt, qui ad ejus protectionem confugiunt, et quam in calamitatibus ægritudinibusque quotidianis prompta sit nobis ad curam et auxilium impendendum.

22. Deinde vero, qui non eum pudet in apostolos et martyres nulla verecundia blasphemare? Si enim aliquis virum sincera sibi junctum amicitia habeat, qui se sæpius pro ipso morti objecerit, tanta profecto illi necessitudine et dilectione devincitur, ut ab eo neque diebus, neque noctibus avelli patiatur; quin præ liberis, aut etiam uxore, omnive pretiosissimo pignore hunc charum habet: nosque cum simus mali, bona quædam retribuere illis contendimus a quibus diligimur: quanto magis Christus cujus viscera misericordiæ plena sunt, quique bonorum est amans, qui in Evangeliis palam clamat: « Vos amici mei estis [14] »; et rursum : « Vado vobis parare locum, et iterum veniam et accipiam vos ad meipsum [15]; » qui etiam alia voce per Prophetam declarat: « Ego dixi: Dii estis, et filii Excelsi omnes [16]. » Quod si illos deos nominat propter amoris sinceritatem et necessitudinem, potiori jure post mortem habent ut summa fiducia et libertate intercedant. Annon illi sunt quibus liber accessus patet? nonne quorum est post mortem gloria? nonne firma fides apud ipsos fuit? Quinam intercessores ad Deum illos non habeamus qui talia gesserunt, hisque muneribus egregie perfuncti sunt? Quidni supplicationes eorum nobis præsidio sint? Quot barbaros hostes sua ex quo mortem obierunt ope, qua averterunt, qua deleverunt? Quot mortiferas calamitates inspectione sua in contrarium mutarunt? Quam multis hactenus ex periculis supplicationibus eorum sumus liberati? Annon oportet tot tantosque patronos ac defensores nostros expressa per imagines similitudine repræsentare, singulisque diebus honorare et procidendo revereri, quo per materialem istiusmodi repræsentationem ad ipsummet exemplar primigenium honorem referamus? Quos carnalibus oculis propter temporis circumstantiam non cernimus, hos spiritu salutamus et obsecramus; non uti mortuos, sed ut qui modo vivant Deo.

23. Quisnam, rogo, auctor earum aversionis est tantæque malitiæ? Plane nemo alius præter illum principem, qui hæresim hanc malo dolo incepit, homo utique levi animo ac ingenio. Si enim Ecclesiam, qualem eam viderat tenuisset, utque decessores sui imperatores ac pontifices eam continuerant, haudquaquam adversus Deum injustitiam meditatus esset, nec stultum os ipsius sermonem eructasset adversus Ecclesiam. Quippe nunc draco ille superbi sensus tanquam vile mancipium dejectus est, et qui mentem in Scripturæ profundum demiserat, in imo nunc impietatis gurgite suffocatur: qui demumque decessores imperatores sapientia superaturus sibi videbatur, nunc velut nesciens quisnam fuerit, aut quomodo........ Sic eum versutus ille obcæcavit, qui et Adamo insidias olim struxerat. Quemadmodum enim Adamo dixit: « In quacunque autem hora comederis de ligno vetito, fies sicut Deus, et eris cognoscens bonum et malum [17]; » ita et hunc clientem suum eodem modo decepit, intus animo, voceque sensibili ad eum dicens: In quacunque autem die imaginum adorationem sustuleris, beatus eris, omnesque reges terræ prudentia et annorum diuturnitate superabis...... Neque aliud ejusdem cum eo ingenii homines audacter objiciunt, nisi quod is diu imperio potitus sit: nesciunt vero quid loquantur, homines Deo invisi. Nam et diabolus mundi hujus princeps appellatus est [18], atque in hac vita illos remuneratur qui voluntatem ipsius fecerint.

24. Enimvero vafer hic homo et imperio indignus, Christiani cognomen gerebat, et in Ecclesiam ingressus ac si ejus ovis fore videretur, Christi sanguinem indigne biberat, intemeratumque

---

[14] Joan. xv, 15. [15] Joan. xiv, 2. [16] Psal. lxxxi, 2; Joan. x, 34. [17] Gen. iii, 5. [18] Joan. xiv, 38.

illud corpus comederat. Quamobrem clemens Dominus pœnitentiam ejus præstolabatur, velut inde boni aliquid edendum esset, atque, ut dicebam, Salvator mundi Dominus salutem ejus quærens, longos etiam annos ei concessit, ut si quidem in bonam frugem converteretur, bona voluntate sua salutem obtineret : sin agere pœnitentiam nollet, nihil exinde consequeretur præter nequitiæ suæ hæresisque præmia, quæ ejusdem fidei consortibus perindeque ab Ecclesia separatis reposita sunt : nempe ignem inexstinguibilem, et vermem qui non dormit, ac tenebras exteriores, et quæ his similia sunt.

25 Obsecro autem vos, dilectissimi, ac si quisquis simili errore obsecratus est, resipiscat tandem, et mentem expurget. Cum enim diabolus molitur hominem perdere, animam pariter ac mentem ejus excæcat ne cognoscat bonum. Nos vero scrutemur Scripturas et traditiones Patrum, et eos imitemur ut, sicut invenimus Ecclesiam ex quo Christus ad nos descendit, ita quoque eam

*Luc. vii, 50.

conservemus, ita et contradamus, nec a Patribus nostris nos ipsi separemus, alia quidem legentes, alia autem intelligentes. Ne nos futura alia generatio anathemate merito percellat, et effodiat, tanquam **628** Ecclesiæ statutis ac legibus contraria sentientes. Nihil nos plane ipsi lines terræ juvabunt. Deum precor et enixe rogo, quanquam peccator sum cœloque ac terra indignus, ut partem mihi inter Patres illos, qui septingentis abhinc annis claruerunt, sexque sanctis et œcumenicis synodis adfuerunt, non cum acephala illa, concedere dignetur. Ne, quæso, usque ad divitias, usque ad voluptatem, usque ad inanem gloriam, sed ad sanguinis usque effusionem confessionis nostræ bonum firmumque fundamentum immotum teneamus, ut et nos audire mereamur : « Fides vestra vos salvos fecit : ite in pace ». » Quam utinam consequamur omnes, gratia et humanitate Dei nostri Jesu Christi, cum quo gloria, honor, adoratio, Patri et Spiritui sancto, nunc et semper, et in sæcula sæculorum. Amen.

IN EPISTOLAM AD THEOPHILUM IMPERATOREM ADMONITIO.

Epistolam quæ sequitur, ad Theophilum imperatorem, Combefisius jam antehac edidit in *Manipulo rerum Constantinopolitanarum*, ex Regio cod. 2503, acceptam, Joanni vero Damasceno non esse adjudicandam agnovit, tum propter stylum, tum propter temporum rationem, nec non ob decernendi auctoritatem, quam initium et finis ostentant. Nec male rursum affirmavit vir eruditissimus, eam ipsam esse quam trium Orientis patriarcharum nomine scriptam fuisse Constantinus Porphyrogennetus dicit in oratione de Christi imagine Edessena, cujus verba hic attinet recitare. Postquam enim retulit quod Edessæ in obsidione Persica acciderat, nimirum explicata supra muros Domini effigie, Persas a strue lignorum, quam ipsi circa urbem paraverant, eodem modo fuisse combustos, quo Chaldæi olim qui fornacem Babylonicam incenderant (quæ quidem infra legeris n. 51), subjungit : Ταῦτα οὐκ ἀμάρτυρός ἐστιν ὁ λόγος εἰς ἡδονὴν ἀκοῆς, ἢ πρὸς ἀπάτην παρ' ἡμῖν συμπλασθείς, ἀλλὰ τρεῖς ὁμοῦ πατριάρχαι, Ἰὼβ Ἀλεξανδρείας, Χριστοφόρος Ἀντιοχείας, καὶ Βασίλειος Ἱεροσολύμων ἀνέγραψαν, καὶ οὕτως ἔχειν ταῦτα ἐγνώρισαν, Θεοφίλῳ γράψαντες τῷ βασιλεῖ τὰς ἱερὰς εἰκόνας ἐξυβρικότι, ὅτε διὰ πολλῶν ἀποδεικνύοντες τὸ τῶν θείων εἰκόνων ἱερὸν καὶ σεβάσμιον, καὶ περὶ τούτου διέλαβον· καὶ ἔξεστι βουλομένῳ τὴν πολύστιχον ἐκείνην ἐπιστολὴν ἀναλέξασθαι· *Non hæc mulcendi aures aut fucum faciendi causa nullo teste conficta a nobis narratio est : sed tres simul patriarchæ Job Alexandrinus, Christophorus Antiochenus, et Basilius Hierosolymitanus, scripserunt, sicque rem se habere palam fecerunt, data ad Theophilum imperatorem, qui violator esset imaginum, epistola; quando nempe longa dissertatione divinas esse imagines et venerandas astruendo, hoc etiam delibarunt. Atque prolixam epistolam illam legere possit, cui lubuerit.* Cæterum non una convenisse patriarchas Orientis existimavit Combefisius ut epistolam hanc scriberent, sed in una primum diœcesi, et ab uno patriarcharum editam aliisque probatam, communi calculo, exque omnium mente ad Theophilum missam esse. Quanquam ex orationis serie videri forsan possit, unumquemque symbolam suam ad eam condendam contulisse, propter varias quæ in ea leguntur narrationes a tribus illis, sive Ecclesiis, sive diœcesibus, acceptas, quarum tamen fides sit apud primitivos auctores. Scripserunt porro ii antistites, inquit alibi Combefisius, non per Theodorum et Theophanem, quasi illi primum sub Theophilo in urbem venerint, quod quidam opinati sunt, refellunturque ex ejus Vita et Theodori epistola de suo et fratris certamine : sed longe postea, cum illi annos plures sub tribus quatuorve imperatoribus in Græcia vixissent, aliaque jam certamina desudassent.

SANCTI JOANNIS DAMASCENI
EPISTOLA AD THEOPHILUM IMP.
DE SANCTIS ET VENERANDIS IMAGINIBUS.

629 1. Quandoquidem igitur secundum divinam vocem quæ ait : « Si duo ex vobis consenserint super terram, de omni re quamcunque petierint, fiet illis a Patre meo, qui in cœlis est. Ubi enim sunt duo vel tres congregati in nomine meo, ibi sum in medio eorum [1]. » Et iterum : « Accipite Spiritum sanctum : quorum remiseritis peccata, remittuntur eis ; et quorum retinueritis, retenta sunt [2]. » Rursumque : « Sedebitis super sedes duodecim judicantes duodecim tribus Israel [3]. » Et iterum : « Quæcunque ligaveritis super terram, erunt ligata et in cœlo ; et quæcunque solveritis super terram, erunt soluta et in cœlo [4]. » Alio demum in loco : « Non pro eis autem rogo tantum, dicit Dominus, sed et pro iis qui credituri sunt per verbum eorum in me : ut omnes unum sint, sicut tu, Pater, in me, et ego in te. Et ego claritatem quam dedisti mihi, dedi eis, ut sint consummati in unum, et ut cognoscat mundus quia dilexisti eos, sicut et me dilexisti, et ubi ego sum, et illi sint mecum, ut videant claritatem meam quam dedisti mihi [5]. » Divinus quoque Petrus apostolus ait : « Dans Spiritum sanctum illis, sicut et nobis [6], » ut par donum gentibus tribuerit Deus ; quemadmodum et linguis loquebantur et prophetabant. Rursusque magnus Paulus orbis prædicator et magister : « Posuit Deus in Ecclesia, inquit, primum apostolos, secundo prophetas, tertio doctores [7]. » Quapropter divinorum apostolorum sanctorumque ac beatorum Patrum definitionem et regulam sequentes, in magna Dei Ecclesia, ubi concordi parique sensu atque sententia fixa decisio fit, agiturque sonus epulantium in voce exsultationis et confessionis [8], eadem tenentes rectæ fidei symbola, claves scilicet religiosæ et sinceræ doctrinæ, hæc subscribimus.

2. In sanctam, consubstantialemque, ac vivificam Trinitatem credentes, Dei Verbi in carne dispensationem confitemur, necnon sanctas universales synodos : sic et venerandas imagines pari atque vivificæ crucis figuram et divina Evangelia religione et cultu amplectimur. Qui non ita sentiunt, hi sint anathema. Qui non ita credunt, procul ab Ecclesia exagitentur. Fides hæc orbem illuminavit. Quamobrem qui aliter sentire præsumpserint, autve ecclesiasticarum sanctionum aut traditionum aliquid evertere tentarint, hos anathematizamus et reprobamus. Nihil enim in Ecclesia catholica obliquum aut distortum est. « Omnia quippe facilia sunt intelligentibus, et recta invenientibus scientiam [9]. » Nam, ut divina eloquia **630** habent: « Tota pulchra est, et macula non est in ea [10]. »

3. Atque is quidem qui Christianissimi imperii primus fundamentum posuit, ille inter imperatores apostolus Christi, magnus et justus Constantinus, qui ob innumera facinora quæ nulla non laude digna fuerunt, bene de Ecclesia meritus est, quique Arianicæ impietatis turrim labyrinthi instar anfractibus perplexam difficilisque exitus, solo æquavit, prælucentemque igneis fulgoribus columnam, supersubstantialis ac vivificæ Trinitatis consubstantialis notitiam, orbis finibus accendit ; prima eximiaque ac singularis erga Christum verum Deum nostrum pietatis victima, imperatorium reipublicæ numisma nota hac insignivit. Nempe quod in cœlo coruscum apparuit crucis Salvatoris signum, Christique Dei-hominis venerandam imaginem, una cum sua ipsius, cælato opere illi impressit, quo cœlestis Regis præ terreno majorem potentiam declararet, pacisque itidem fœdera et alta concordiæ commercia, cum jam unus grex unaque facta potestas esset, angelorum atque hominum. Simili porro ratione qua venerandam colendamque ejus in carne versantis erexit imaginem, orisque intemerati linteamenta omnia quibus visus est in terris perfectus homo ex intacta Dei Genitrice Maria, et cum hominibus est conversatus [11], eam corporis formam repræsentans, quam beati ac divini apostoli Ecclesiæ catholicæ tradiderunt. Quin et pictis delineationibus, tessellatoque ac musivo opere illam exornavit, Christi Dei-hominis dedicata figura, juxta atque divino afflante Spiritu conscripta Evangelia significarant. Nam Matthæi Evangelium post annos octo a Christo in cœlum recepto exaratum est : Marci vero, post annos decem : Lucæ, post quindecim annos : Joannis denique, post triginta duos, imperatore Domitiano. Quocirca prius etiam in ecclesiis pingi sanxit, vivis coloribus exarando, nativitatem in Bethleem oppido, invisentes pastores, Magos munera offerentes, stellæ cursum, justum Simeonem suscipien-

---
[1] Matth. xviii, 19, 20. [2] Joan. xx, 22, 23. [3] Matth. xix, 28. [4] Matth. xviii, 18. [5] Joan. xvii, 20-24. [6] Act. xv, 18. [7] Ephes. iv, 11. [8] Psal. li, 6. [9] Prov. viii, 9. [10] Cant. iv, 4. [11] Baruch. iii, 38.

tem, Joannem baptizantem, inauditorum divinorumque miraculorum ostensionem, eximiam et vivificam resurrectionem, quæque deinceps patrata ab apostolis prodigia sunt. Hæc enim Ecclesiæ regula et traditio est. Unigenitum, Deique Verbum ac Deum nostrum, qui initii expers sempiternusque est, et a materia remotissimus, nulla distentus mole aut qualitate imbutus, infinitæ magnitudinis, qui tangi nequit, qui ex nihilo cuncta produxit, qui angelicas et incorporeas cœli virtutes sermone solo condidit, qui cœlum palmo metitur, ac terram manu continet, ac pugillo aquam claudit [12]; qui cum impollutis manibus formaverit hominem, homo ipse ex sancta Virgine ac Dei Genitrice Maria sine mutatione aut variatione factus, carni communicavit et sanguini, animal rationale, intelligentiæ 631 et scientiæ capax, trium forte cubitorum magnitudine, carnis crassitie circumscriptus, nostræ simili forma conspectum esse ac maternæ similitudinis proprietates exacte retulisse, Adamique formam exhibuisse. Quocirca depingi eum curavit, quali forma veteres historici descripsere; præstanti statura, confertis superciliis, venustis oculis, justo naso, crispa cæsarie, subcurvum, eleganti colore, nigra barba, triticei coloris vultu pro materna similitudine, longis digitis, voce sonora, suavi eloquio, blandissimum, quietum, longanimem, patientem, hisque affines virtutis dotes circumferentem, quibus in proprietatibus Deivirilis ejus ratio repræsentatur; ne qua mutationis obumbratio, aut diversitatis variatio in divina Verbi humanatione deprehenderetur, veluti Manichæi delirarunt.

4. Enimvero divinus Lucas apostolus et evangelista divinam ac venerabilem castissimæ Dei Matris Mariæ Hierosolymis adhuc in carne viventis, et in sancta Sion morantis imaginem, temperatis coloribus in tabella expressit, posterisque velut in speculo contuendam reliquit. Quam cum ei ostendisset, ait illa : « Mea gratia hancce comitabitur. » Sed aliud quiddam est inauditum atque stupendum magis. Cum enim apostolorum principes Petrus et Joannes, qui Deum viderant, Lyddæ, quam Diospolim vocant Hierosolymisque octodecim milliaribus distat, morarentur, oratoria domo sub invocatione nominis Matris Domini ac Deiparæ ædificata, rogantibus illis ut ad templi nuncupationem veniret, respondit : « Ego quoque illic vobiscum adsum. » Ac sane divina quadam et invisibili virtute, figura illius vivaque effigies in una columnarum impressa fuit : veniensque Dei Mater ac suam contuita figuram, gaudio atque stupore plena etiam admirata est, quod ille qui ex se factus esset homo, maternam claritatem felicitatemque augeret, impertito cultu ac veneratione. Incolumis mansit hæc figura ad Julianum usque qui a Christiana religione descivit, quique ut sanctam etiam effigiem aboleret, Hebræos quosdam statuarios submisit; qui quod in una e templi columnis imago erecta esset, omnemque staturam, purpuram et amictum intuentium oculis objiceret, ita ut velut viventem et loquentem eam conspicerent, marmoraria arte effodere illam conati, splendidiorem adhuc nihilque variantem in columnæ profunditate repererunt, sed et plura alia signa et admiranda prodigia in sanctissimæ Deiparentis imagine facta sunt divina eadem virtute, qua fugantur dæmones, morbi curantur, leprosi mundantur, virtutes, languor omnis et infirmitas vigore restituto sanantur.

5. Quin et ipse omnium Salvator et Dominus, cum adhuc in terra ageret, sancti vultus sui expressam in texto lineo effigiem, Augaro cuidam magnæ Edessenorum civitatis regulo per Thaddæum apostolum misit. Divino namque sui vultus absterso sudore, cuncta illius lineamenta 632 in linteo servavit. Quam effigiem præmagnifica celeberrimaque Edessenorum civitas ad hunc usque diem, haud secus atque sceptrum regium retinens, præclare gloriatur et exsultat; Christo nimirum vero Deo, qui hoc eam munere dotavit, signa prodigiaque in populo exhibente. Quo in genere cum aliquando [13] Persarum rex Cosroes incensa circa muros ejus ex lignis oleaginis pyra cuncta solo tenus in favillam et cineres redacturus esset, videns sanctissimus, qui tunc præerat metropolita, brevi fore, ut omnis populus ardentis pyræ incendio enecaretur, veneranda hac impressi a Deo sudarii elata sursum imagine circumit muros : mox divina vis quædam in venti turbine flatuque vehementiore egressa, in hostes pyram convertit, ac pertranseundo, eos qui circum aderant, veluti quondam Chaldæos Assyrios combussit.

6. Quondam insuper, cum quis aspernantis supercilio in Salvatoris imaginem lapidem sustulisset, statim ex illius ore egressa columba, vicissim corvus intravit : plane in Spiritus sancti locum caliginoso tetroque recepto diabolo, et pro luce nigerrimis atrisque subeuntibus tenebris. Quinimo alius etiam præfecti dignitate Alexandriæ fulgens, cum sanctam Deiparæ imaginem in Majoris ecclesiæ vestibulo positam circumeundo, sæpe gestu verbisque illuderet, quadam nocte adhuc pervigi i apparere visa est duos secum eunuchos comites habens. Tum illius distentis manibus ac pedibus, eaque sancto suo digito membra exarante, statim manuum pedumque ex lacertis calcaneisque confractæ compages, haud secus ac folia e ficu avulsa deciderunt. Ad hæc, alium quemdam dicunt, qui ipse his similia eadem in urbe pari procacia sibi indulgeret, quique ab apparitoribus insequentibus asylum quæritans, ad venerandam Dei Matris imaginem profugisset, ipsa sub omnium oculis hominem aversante, præsentaneæ neci velut

---

[12] Isa. XL, 13. [13] Narrat Evagr. lib. IV, cap. 26.

inimicum et insidiatorem traditum esse. Enimvero multos sæpe præpeti audacia offendentes, severior nec solita ultio incessit.

7. Deficiet me tempus si ea velim enarrare, quæcunque veteribus et qui superioribus sæculis floruerunt, a sanctis apostolis, Patribus, et magistris sancita sunt. Nihil divino afflatos Spiritu quique ipsi Deum viderunt, apostolos latuit : sed ea quæ Spiritus sanctus in lege et prophetis, et Evangeliis locutus est, hæc docuerunt, hæc et tradiderunt, hisque a finibus orbis terrarum a Christo glorioso adventu adusque sæculi fines sanctam Ecclesiam exornarunt. Verum enimvero hostis ille vetustusque generis nostri insidiator, bonorum livore atque invidentia tabescens, turbulentam afflatu suo hæresium procellam, sævientes veluti fluctus, commovendi nullum finem facit. Et quidem Constantius, magni Constantini imperii sceptrorumque successor et hæres, eximiæ radicis putris ramus, Arianorum errore seductus, non levi successione et motu tentans quod jactum a patre fundamentum erat, bello quod idolorum superstitione pejus esset Ecclesiæ illato, Ecclesiarum propugnacula columnasque concutiens elisit. Liberio namque Romanæ urbis papa, Athanasio Alexandriæ viro maximo, Paulo altero Constantinopolis antistite confessore, Eustathio clarissimi nominis Antiocheno, aliisque spectatissimis sanctisque Patribus exsilio relegatis et fugatis, sancta sanctorum impiis ac sceleratis hominibus concredidit. Tum sequaces sociique et adjutores, Julianus primogenitus Satanæ Christiani nominis desertor et prævaricator, consimilique modo Valens, qui etsi a Christo non defecit, ejus tamen persecutor et impugnator fuit. Verum statim a radiantis Occidentis partibus spirituale sidus exortum, magnus Theodosius adversus Spiritus sancti adversarium Macedonium, qui patriarchali solio ejectus erat, sanctorum Patrum concurrentibus conciliis, maximum Christianæ pietatis decus, symbolum sanctum, quod inviolabile maneret Ecclesiæ figens confirmavit.

8. Hujus successores fuerunt Arcadius et Honorius, horumque rursus, Arcadii proles Theodosius : tum denuo gangræna depascens, Nestorio hominis cultore, Eutyche et Dioscoro, veritatem in injustitia detinentibus [14]. Verum « mentita est iniquitas sibi [15]. » Præstantissimus enim regiæ pietatis jurisque custos Marcianus, coacto sanctorum Patrum cœtu, impios in terram allisit. Exinde ab aliis quibusdam iterum aspersa salsugo est illius hæresis quæ Deo passionem ascribit, Severo, Jacobo, Petro Fullone, nonnullisque aliis impietatis et nequitiæ purgamentis ; quibuscum Zenonis manus summa tyrannide militavit : quos religiosissimorum imperatorum Justiniani Magni sanctorumque Patrum Dei nutu collecta synodus, veluti canes famelicos ab Ecclesiæ cœtu abegit. Postea rursum, ecclesiasticæ firmitatis turritorum propugnaculorum impugnatores, Honorius Romanus, Sergius Augustæ urbis antistes, Pyrrhus item et Paulus, Cyrus Alexandrinus, Macarius Antiochenus, Theodorus Pharanita, versutissimi malorumque auctoris arte, ad hæreticæ pravitatis terram illisi, a religioso magnoque Justino [16] sanctorum Patrum aspirante Deo collectæ synodi calculis damnationis anathema retulerunt.

9. Deinde aliis hisque pluribus hæresibus paleæ instar ac glumæ, ex æstiva area exsufflatis, ac veluti sævientis maris fluctibus dissolutis ; quid ventrem trahens tortuosus serpens, humani generis accusator diabolus ille zizaniorum lator? Aliam quamdam suscitat impietatis et hæresis turbinem. ..... Deique Verbi immutabilem intemeratamque incarnationem, abhinc annis 130, malo hoc remedium omne et curationem respuente depascitur, per ejusmodi occasionem : Theodosio Adramytini generis imperii sceptra moderante, ac Jeza [17] Arabum principatus duce, duo quidam Dei hostes Hebræi (ut semper ac ubique gens illa cervicem erigens adversus Dominum et adversus Christum ejus fremit), homines præstigiis, sortilegiis, veneficiis, dæmonumque auguriis impensi, ut qui astrologicam artem quamdam consectarentur, Judæis Isauris affinitate juncti cum essent, vagique hinc inde pergerent, Arabum autem petunt. Illos advenisse ei quem dixi Jeza nuntiatur. Felicis vitæ annos plurimos, longumque principatum viro vaticinantur, si modo is in animum inducat, ut Christianorum ornatum evertat, Jesu Dei hominis Salvatoris nostri ejusque parentis imagine ex ecclesiarum septis exterminata. Tum ille, ut vitæ amans porcinisque moribus homo erat, impostorum consilio morem gerens, Orientis Ecclesias omnes perturbavit. Spes tamen miserum fefellit, quem divina ultio, vix brevi elapso tempore sustulit. Ejus vero filius arrepto principatu, cum Judæos illos velut falsos vates neci daturus esset, hi salutem fuga captantes, ad Isauriæ rursum fines revertuntur.

10. Deinde cum ad fontis cujusdam irriguum, æstum nimium temperarent, advenit adolescens quidam, Leo nomine, pulchra specie, formoso vultu, procera statura, qui sedentaria sordidave arte victum quærebat. Isque adeo jumenti onere deposito, ipse quoque ad fontem æstum levaturus sedit. Hora erat quasi sexta. Tum Pythonum discipuli ei vaticinantur fore, ut Romani imperii sceptra moderetur ; cunctari ille ac diffidere, qui extremam infimæ sortis suæ vilitatem consideraret. Christi vero osores etiam atque etiam jurejurando affirmare necessario hæc eventura. Rogant subinde, vicissim ipse juratam præstet fidem, dum res ita vere contingant, daturum se nulla mora

---

[14] Rom. I, 8. [15] Psal. xxvi, 12. [16] Imo, *Constantino*. [17] Iesid.

quidquid ipsi a se postularint. Atqui sancti martyris Theodori delubrum haud procul situm erat, quod festinate statim Leo sedentarius ingressus, sacros altaris cancellos tenens, Christi martyrem promissorum vadem adhibuit ; Judæis interim ad templi vestibulum consistentibus. Jusjurandum itaque ab illo accipiunt, quo dato ad sua statim quisque proficiscuntur.

11. Erat porro id temporis patricius, Orientalium copiarum dux et prætor, Masisinnius nomine, qui conscribendi militis causa provinciam obibat. Inter quos Leo quoque vilis artifex in numeros relatus brevi eo celsitudinis progressus est, ut spatharii munere a Theodosio imperatore augeretur. A quo postmodum ad partes occiduas missus cum esset, Campaniam scilicet, Amelphim et Neapolim, quæ ad barbaros tunc desciverant, cum classe navium centum viginti, victoria tropæis ornata pacem adeptus, ad aulam rediit. Moxque Cæsar et summus imperator militum votis acclamatur. Ac quidem Theodosius imperatorum mitissimus læto vultu ei obviam veniens, detractum e capite stemma capiti illius imponit : atque hunc in modum Leo absque strepitu et turbis imperium init. Celebri autem Leonis passim volante fama, non : « ecce Magi ab Oriente cum muneribus Christum adoraturi venerunt [18], » sed : ecce Mago-Judæi, venefici quidam et incantatores Gazareni celeri gressu in aulam irrumpunt, præferentes de auguriorum vaticiniorumque suorum eventu et fine lætitiam. Tum novo imperatore dante dexteram, debitum nulla relaxatione solvendum significant. Ille propensissime præstiturum se polliceri, edicant modo cujus tandem debiti exsistat reus. Ad quem illi : Hæc debiti ratio, idque flagitamus, optime imperator, ut Christi Nazareni et Mariæ parentis ejus imaginem ex omni ecclesiarum pictura aboleas : quod si rem præstiteris, in annos centum imperium in progenie tua perennet : sin distuleris, omnino futurum est, ut brevi velut Artemius, Apsimarus, et Anastasius occidaris. Hic igitur stolidus atque in fide instabilis, velut angue ambas premente nares ægre spiritum ducens, quod illi jusserant, se ocius facturum promittit.

12. Sic porro manifestum se monstrans hæreticum, vulpeculæ pelle assumpta, versute primum agens, pietatem colere decernebat. Post decem vero exactos annos hæresim Ecclesiæ aspirat : subjectique sibi populi concione coacta, in medio omnium leonis instar rugiens, immanis sævaque bestia ac vere leo, hunc in modum locutus est : Quandoquidem imaginum expressio idololatricæ artis opus exsistit, nullo eas prosequendas cultu sancio. Vero *sepulcrum patens* [19] viri hujus guttur fuit, et cor ejus *sepulcrum dealbatum* [20]. Neque vero longo post interjecto tempore, ipse Leo, quod homo esset, fatis concedit, et sicut unus de principibus cecidit [21]. Ei itaque abrupta vita, cum inferni pabulum jam factus esset, impura illius soboles (Constantinum dico) ejus loco surrexit. Hic ergo pessimæ illius radicis stolo, omnis generis exitiosa venena animi sui thesauro accumulans, quidquid sanctarum imaginum oculis expositum erat, id vastat, evertit, destruit, succenditque. Quod ut cognovit pietatis præco Germanus, sic ei denuntiat : O imperator, ex quo Christus Dominus nosterque Salvator ac Deus ex intemeratis Dei Genitricis sanguinibus carnem sumpsit, nobisque perfecte similis ac circumscriptus visus fuit, idolorum cultus omnis e medio sublatus est. Atqui septingenti triginta sex anni jam effluxere, ex quo una nobiscum ipse versatus est, et apostoli salubri doctrina mundum imbuerunt, nec interim sanctis Patribus qui interjectis illis temporibus vixerant in mentem venit, ut ejusmodi aliquid de sacris imaginibus cogitarent. Quinimo ipsæ sex synodi eas amplexæ sunt, colendasque ipsas, non evertendas, constituerunt. Cæterum te non lateat, imperator, si sententiam mordicus teneas, pro venerandis imaginibus me propenso animo mortem oppetiturum. Imago quippe Christi illius fert nomen, quatenus in carne visus est, et cum hominibus conversatus [22].

13. His imperator auditis, leonis in morem rugiens, armatosque tribunos in patriarchales ædes mittens, pugnis et conviciis sanctum inde deturbari jubet. Qui cum digressus esset, et monachi vitam inivisset, impium ille Anastasium militari more antistitem creat, non divinæ religionis calculis. Qui omnia quæ ecclesiæ erant, aulæ ac fisco tradidit. Omnem figuram divinæ Christi incarnationis sustulit. Itidemque superbus diaboli satelles, sanctissimæ Dei Genitricis materno jure intercessionem facilemque accessum ad Deum Verbum qui ex ipsa carnem assumpsit, negavit, submovitque adeo sanctorum intercessiones. Quinimo sanctorum Patrum libros divini Spiritus afflatu conscriptos igni tradidit. Quo furebat odio erga religiosum ac Deo Christoque devotum monachorum ordinem infensus Christi hostis, virgines sacras incestis nuptiis copulavit, sanctissimi instituti vestes incendit, sacrorum monachorum venerabilem barbam reverendosque canos, ac divinas pupillas crepitante igne adussit : professionis hujus habitum tenebrarum habitum vocitans, totus ipse animo tenebrosus, ac merentes in eo religiosos viros ecclesiasticæ communionis exsurtes idolorumque cultores nuncupabat, ejus adorationis nomine qua venerandas imagines prosequebantur. Quocirca vocata populi universi publica concione, propositis, tum vivifico Christi corpore et sanguine, tum intemeratis lignis in quibus nostræ salutis causa Christus extendit manus, sanctisque Evangeliis,

---

[18] Matth. II, 2. [19] Psal. V, 11. [20] Matth. XXIII, 18. [21] Psal. XLXLI, 7. [22] Baruch. III, 38.

quibus Christus omnino jurare prohibuit, juramento omnes obstrinxit, nullam se sanctarum imaginum adoraturos, sed idolum appellaturos : nulla item ulli monacho communione jungendos, aut illi prorsus *Ave* dicturos. Tum nactus sacerdotalis ordinis hominem, iisdem secum moribus idemque strepens organum, quin et sibi quoque cognominem, quique eadem ac ipse sentiret, cum in ecclesia, non Dei sacerdotumque suffragio, sed suapte ipse vafritie in antistitem provehit, consconsoque ambobus ambone, Constantini imperatoris manibus, sacram profanus Constantinus tunicam, summique insigne sacerdotii, pallium induit. O rem indignam ! qui scutum ferret, ipse sacrorum erat institutor; qui bellis et cædibus dederat operam, ipse sacris operabatur : qui tres uxores illegitime duxerat, is sacerdotes ordinabat.

14. Hinc igitur sceleratæ instar catenæ impura complicata biga, edicta in omnem provinciam missa ad summos singularum præfectos, ut cum episcopis ad synodum adversus venerabiles imagines celebrandam in urbem Augustam conveniant. Veneranda itaque integerrimæ Dei Genitricis figura, quæ in Blachernis erat, a tyranno effossa, scelestissimus idem una cum cognomine suo Christi gregis proditore præsidens, falsorum prævaricatorumque sacerdotum exsecrandam invisamque synodum in eodem venerabilissimo templo celebrant, ac reverentia dignas imagines simulacrorum idola nuncupant. Tunc divinum ac rectæ doctrinæ Ecclesiæ doctorem Germanum anathemati deventes, ligni cultoris titulo infamabant. O hostis cæcitatem ! o blasphemiam ! o perversitatem ! Ac denium postquam plurima ore blasphemo jactaverunt, ad extremum, quod omnibus deterius fuit, impuri illi ac profani miserabilem hanc vocem ululando extulerunt, dixeruntque : « Hodie salus mundo illuxit, quod tu, imperator, ab idolis nos liberaveris. » O acerbam vocem, cujus strependo sonitu cœlum caligine obductum, concussa terra, pollutus æther fuit ! quam qui clamando pronuntiarunt, a Deo extranei facti sunt ! Plane vero « stultus stulta loquetur, et cor ejus vana cogitabit ". » Ob istas enim impii tyranni ac Christianissimi principatus purpura indigni blasphemas voces, cœlestia terram petiere fulmina : stellæ non ferentes Domini injuriam, in terram cecidere : elementa mota agitataque sunt, turbata tellus et concussa, continui terræmotus, terroresque ac signa e cœlo, ipse miserabilis exspectatæ iræ metu profugus, mutatis sedibus, Nicomediam proficiscitur. Ecquis enim Diocletianus aut Maximianus sive Trajanus, tam injuriosa crimina Christianis affinxit, quam indignus iste Christiani nominis? Adfuit itaque judicii dies, huncque divina tandem ultio occupavit. Cum enim supernum spiritum traheret, magno ejulatu vociferans, « Hæc, inquit, gehennæ mihi initia et præludia sunt. » Quid igitur majoris fidei afferri queat hac ipsa illius voce, pro eo scilicet quod non cognovit tempus visitationis suæ? Christi siquidem Ecclesiam ea blasphema criminatione punxerat, quæ modum omnem excederet, dum Christianos idolorum cultores appellavit.

15. Cæterum illius proles Leo alter imperio succedens, summa tranquillitate et pace rempublicam administrando ingentem illam Ecclesiæ procellam sedavit, velut ab æstu et decumanis fluctibus eam recreans. Cujus tum vita, tum sepulcra in pace, juxta atque uxoris ejus Irenes nomen ferebat, consummata est. Quamobrem nova rursus Helena novusque Constantinus Irenes filius, tanquam rosæ aut lilium e mediis spinis nati, Romanum imperium velut ex Græcanicæ vel Judaicæ superstitionis ritu, postliminio revocant. Horum se socium Sylvester novus præbuit, magnus ille atque inclytus patriarcha Tarasius, qui universali sancta synodo congregata, dementiam omnem hæreticam dissipavit : quia Spiritus sanctus erat in eo. Hi sicut luminaria in mundo lucentia ", quomodo Ecclesiæ traditum ab illis fuit qui ab initio testes oculati ministrique sermonis fuerunt ", divinis scilicet et beatis apostolis, ut et Deo pleni Patres, ac universales synodi Spiritus sancti afflatu locutæ erant, salutaria omnia et vivifica Christi monumenta retinenda venerationique habenda sanxerunt, secundum quod divinum fert effatum : « Ostende mihi faciem tuam " : audire me fac vocem tuam ". Facies enim tua decora, et vox tua dulcis ". » Non est apud Christianos Deus recens, nec adoratur apud eos Deus alienus ". Quoniam quis Deus præter Dominum nostrum Jesum Christum, aut quis Deus præter ipsum "? Ubi sunt illi Christianorum, ubi sacerdotum reprehensores ; illi qui seipsos a Christiani nominis appellatione alienos fecerant, qui abs se futuram Christianorum spem abjecerunt, qui a divinæ piscinæ vulva erraverunt, homines scelerati, labia quæ loquuntur adversus Deum et adversus Ecclesiam catholicam iniquitatem in superbia et contemptione, qui Scripturam omnem divinitus inspiratam atque utilem contorqueunt secundum desideria sua, qui Filium Dei conculcaverunt, et sanguinem testamenti pollutum duxerunt, in quo sanctificati fuerunt, et Spiritui gratiæ in quo ordinati sunt, contumeliam fecerunt ", falsi sacerdotes, falsique Christiani, qui sanctam mundamque Christi Ecclesiam, mensam pollutam appellarunt, qui nesciunt, quid sanctum inter et profanum intersit? Cum plura scribere operæ pretium videatur, non possumus per atramentum et chartam. Verum ad propositum revertamur.

16. Rursus autem a Nicephoro, cujus nomen

" Isa. xxxii, 6. " Philipp. ii, 15. " Luc. i, 2. " Psal. lxxix, 4 ; Cant. ii, 14. " Cant. viii, 13. " Cant. ii, 14. " Exod. xx, 2 ; Psal. lxxx, 10. " Psal. xvii, 32. " Hebr. x, 29.

victoriam præfert, inter Christianos imperatores religiosissimo, Deique famulo, rectæ fidei cultore, perinde atque filiis pietatis hæredibus et imperii successoribus firmam et inconcussam Christo fidem custodientibus, magno præsuli patriarchæ Nicephoro munda et incontaminata Ecclesia deposito tradita est, non habens maculam neque rugam. Sed iterum, pro eo ac nomen ipsum sonat, impietatis bellua, velut leo rapiens et rugiens in nos invasit. Ut autem sæva lues exitiosæ hæresis animis ingrueret, causa ejuscemodi fuit. Michaele et Theophylacto religiosissimis piissimisque viris imperii clavum moderantibus, cum Ecclesia Dei summa tranquillitate frueretur, cunctique præsules quietam ac pacatam vitam una cum sacerdotibus venerabilibusque monachis in omni pietate et morum honestate agerent, portentum (qua id ratione nescio) aspectu novum et stupendum beatissimam urbem subiit : muliere quadam ex indigenis prolem pariente, cujus membra quidem superiora corporis ad umbilicum usque humana forma essent ; inferiores vero partes feras bestias, leones, pardos et lupos referrent. Horum formæ movebantur, ut cujusque gestus et habitus dignosceretur. Cæterum mulier aerei in se loquentis spiritus virtute celerem imperatorum successionem prodigiose prænuntiat. Interim vero religiosissimus erga Christum imperator abominabilem hanc mulierculam uni ex domesticis secretioribusque famulis suis tuta custodia servandam tradit. Vir autem quidam obscurus ex vili plebecula, Joannes nomine, lectoris gradu in venerabili sanctæ Dei Genitricis monasterio, quod Hodegum vocant, privatus agens, bene de pythonissa fretus, ex ea discit quæ sint eventura; alium ex alio mutandum imperatorem, et ejus qui imperio successurus esset, inaugurationem : magno eum eximioque principatu politurum, atque annos triginta fortunatissimum, hostiumque tropæis inclytum victurum, modo tantum sacris imaginibus in totum abolitis, earum omnem prorsus memoriam exstingueret. Leonem eum ait vocatum iri, ex Armeniis oriundum. Quinimo hæc symmysta, Joanni lectori, vaticinatur, maximo ipsum honore ab eodem Leone augendum, sublimandumque, et supra principatum et potestatem omnem excelsum valde futurum, quanta nemo æqualium ante gloria provectus esset.

17. Enimvero cum Leo patricius esset, et Orientalium provinciæ dux et prætor, in urbe beata tunc temporis versaretur, Nicephorus quidam, nominis derivatione Cynarius (sive *Catellarius*) appellatus, pythonissæ vaticinia illi renuntiat. Sed et alter quidam circulator falsus eremita, qui verbis mendacibus et prædictionibus simplici populo illudebat, Leoni patricio Nicephori opera adducitur, sermonem cum eo collaturus. Qui his affinia pariaque ventriloquæ portenta ipsum docet. Tum ille quia sæculi amator erat et gloriæ studiosus, incenso mentis desiderio et ex animo hæc se facturum sacramento inviolabili affirmat, cum nempe jam pectore conditam impietatis scintillam haberet.

18. Enimvero Leo imperii sceptrorum compos factus, abundantius æmulari atque imitari contendit impios qui ipsum præcesserant imperatores, Leonem et Constantinum, quorum genus Isauricum fuerat, quique plurimis annis rerum potiti cum essent, bellis strenue gestis, Barbarorum hostium audaciam fregerant, ac bonorum affluentia faustos beatosque dies egerant. Cœpit itaque scrutationes scrutari, nempe vaticinia et astrologos mathematicos, qui velut ex tripode ejusmodi oracula sibi ederent. Quocirca accersito Basilio quodam chartulario domus illius quæ Exartesis nuncupatur, homini rem totam credit. Is porro rei familiaris angustiis, veluti servus dedititius, imperata facturum se pollicetur. Invento itaque viro quodam Salambriensi, homine hinc inde per cauponas et rerum venalium forum vagante, divinationibus et auguriis addicto, cui nomen Sabbatio erat, cum ex eo vellet audire quæ imperatoribus essent eventura, suadet ut cuncta ad gratiam imperatoris loquatur. Tum Sabbatius gravi pondere catena collo alligata, ferreisque vinculis constrictis pedibus, in Dagistei majoris balnei caminorum cupis sese includit. Basilius vero, ut quod imperator admodum cupiebat celerius expleret, ad pythonissæ vatem eum adducit. Profunda autem nox erat, tantæque tenebræ quas et palpare licuisset. Et ecce militum satellitio stipari solitus imperator, ipse solus, nudus, inermis, uno Basilio comite, loca subterranea, inferna, obscura, velut olim Julianus desertor, Hebræo mathematico sponsore fœdus cum diabolo icturus irrumpit. O quomodo sapientum perdita sapientia est! O quomodo prudentum reprobata prudentia! O quomodo stulti facti sunt, qui sapientes haberi desiderabant? Quid ergo magnus hic, et inclytus ac formidabilis imperator? Advolvitur arioli pedibus : rogat oracula, velut olim Alexander cum Candaule viro sibi conjunctissimo Serapidis penetralia ingressus, ad exquirendum quæ futura essent, videt accumbentes quosdam micantibus oculis, quorum unus ipsum sic alloquitur : Salve sis, Alexander : mene quis sim nosti ? Ad quem ille : Quomodo, domine? cui magus : Ego sum Sesuch rex quatiendæ 640 terræ potens. Tu vero me fortunatior exstitisti, qui nomen immortale nactus es. Ad quem Alexander : Quomodo, domine? Tum ille : Intus ingredere ut videas quis tibi patronus defensorque sit. Alexander igitur ingressus, igne fulgentem nebulam videt, et in throno sedentem, quem olim divinis honoribus a mortalibus Serapidem coli Rhacuntide conspexerat. Aitque Alexander : Domine, quot annos victurus sum? Cui Serapis : Decet eum qui mortalis exsistat, nescire quanam die sit moriturus. Nam qui diem illam præstolatur, ex qua die id didicit, jam mor-

tuus est. Quod vero hæc ignoretur, inde paritur oblivio, quia *animo non est præsens*: etsi prorsus etiam morti concedendum est.

19. Curiosus itaque imperator divino et vati : Quid, inquit, faciam, et quid agam, ut vitam omnem felix fortunatusque, et victoriis clarus traducam? Ad quem Sabbatius : Tu quidem, imperator, felici fortuna usus es, celebrique fama inter reges terræ clarebis. Quod si vis vitam, et diligis dies videre bonos, atque inter gentes et Barbaros proferre imperium, omnem imaginum memoriam dele. Et ecce futurum est ut annos duos supra triginta bene plenos cum filio tuo Domino Constantino imperes rerumque potiaris, ac subactis Bulgaris, ensem tuum in media Bulgaria ad Æream eorum aulæ aream figas. Verum quod facis fac citius, nec ullam supra aut infra imaginem relinquas.

20. Imperator igitur eximie exhilaratus, quæ sibi jussa erant ex animo præstare satagebat : ne forte triginta annorum factæ induciæ haud secus atque avis avolans e suis manibus diffluerent. Quamobrem accersito quem modo dicebam Joanne lectore, quæ mandata acceperat, ad eum refert : qui imperatoris jussionem reveritus, rem omnem propensissime se facturum pollicetur. Ac quidem imperiali manu atque opera, quidquid in monasteriis librorum erat coacervantes, locusque scrutantes quibus interdictum idolis fuit, venerandæ Christi imagini eos affixere. Velut enim Christum Beli et Dagonis loco habuerent, venerabiles ejus effigies flammis combusserunt. Quinimo nihil sibi quietus gnavus imperator indulgens, sanctissimum patriarcham Nicephorum accersens, collectos a Joanne libellos, fabellisque refertos indiculos, ei ostendit, nugamenta plane puerorum. At vir sanctissimus sapiensque Ecclesiæ magister, velut aranearum telam cuncta facili negotio evertit et delevit. Quapropter hactenus quidem imperator propter hominis reverentiam, ejus quod moliebatur inducias facit. Joannes vero amoveri a se communione patriarchæ sententia metuens, morbique in quem inciderat attritus casu, quam neglexerat a patriarcha pœnitentiam petit, veniam temeritatis rogans, utque sibi liberum sit monasticæ exercitationis labores subire. Quod quidem factum fuit. At imperator animi anxius, irritosque fuisse suos conatus cernens, secum cogitare, quem demum operis adjutorem inveniret. Indicatus itaque illi est Antonius metropolita, cum esset in Sylæo, quem statim in aula adesse jubet.

21. Hunc igitur imperator sic alloquitur : Una nobiscum operam pone, o metropolita, in id quod molimur, teque patriarchalis sedis antistitem collocabo. Tum ille pollicetur propensissime se jussa facturum : quod ut sanctissimus patriarcha cognovit, virum accersit, num hæc ita se habeant, quærit. Cui ille : Absit, domine, istud a nobis, et ut aliquid ejusmodi perpetrarim ! quin ut majorem ejus faciam fidem, manu propria exaratas cruces rectæ fidei libello apponam. Id quod etiam ocius coram sanctissimis metropolitis qui simul aderant, exsecutus est : quo utique modo quando ordinatus fuit, hæc subscripsit : « In nomine Patris et Filii et Spiritus sancti, Antonius Dei misericordia metropolita Silei, manu mea subscripsi. Qui in sanctam consubstantialemque et vivificam Trinitatem credimus, venerandas imagines amplexamur et suscipimus. Qui non ita sentiunt, hi sint anathema. Qui ita non credunt, ab Ecclesia procul arceantur. Hæc fides est sanctorum Patrum. Hæc fides orbem terrarum illustravit. Qui igitur ausi posthæc fuerint evertere aliquid eorum quæ Ecclesiæ legitime tradita sunt, sive pietas imagines, sive crucis, siquidem sacerdotes sint, prorsus deponantur, sin autem monachi vel laici, anathemati subjiciantur. » Hæc Antonius sigillo cum obsignasset, patriarchali domo excedit. De quibus imperatori ex se sciscitanti, ait : « Illusimus eis, o imperator, ut curis liberior sis in iis quæ moliris. O novum Manichæum et Persicæ mentis virum ! o dementiam ! o stoliditatem. Inter Christianos Christianum agit, inter Judæos Judæum. Quamobrem præsidentes ambo Joannes et Antonius, hæreticorum vino medicatum craterem miscuerunt. Ac sane Scripturas divinitus inspiratas et utiles secundum desideria sua pervertentes, commentitias alias inque animorum exitium comparatas proferunt, venerandis imaginibus velut idolis obgannientes.

22. Magnus itaque præsul divinorumque interpres Nicephorus, sanctorum ducentorum septuaginta Patrum collecta synodo, cunctisque sacerdotalibus stolis indutis in magno Sophiæ templo, una quoque congregata urbis Augustæ monachorum multitudine, sanctissimus ipse patriarcha conscenso ambone anathemate hæresiarcham ferit, hæc verba clamans : « Antonii novi Arii, Paulicianorum affinis, Anathema. » Populus : « Anathema. » Sanctissimus patriarcha dixit : « Antonius novus Arius ligatus est in hoc sæculo et futuro, et super terram, a sancta consubstantiali et vivifica Trinitate, Patre et Filio et Spiritu sancto, a sancto apostolorumque vertice Petro, a duodeno apostolorum collegio, a sanctis trecentis decem et octo Patribus, a sanctis magnis et universalibus synodis, a sanctis magnis patriarchalibus et apostolicis sedibus, et a me qui ipsum ordinavi; cunctique communionis ejus consortes : ut qui Christi hostis sit, qui manu propria affixas cruces pessumdederit, qui a recta fide defecerit, tanquam imaginum effractor, cultor idolorum, Christianorum calumniosus accusator, Christianorum insectator, sacerdotum occisor : sacerdotum et patriarcharum exsecratio scelestissimus ille est, abominatio desolationis, prima discessio ac defectio, Antichristi præcursor, homo iniquitatis, filius perditionis, qui nunc temporis revelatus est. » Hæ laudes et præconia miserabilis Antonii.

23. Quid igitur adjutor ejus et particeps, ille qui præcursoris, sed Antichristi, nomen habet; cujus ex ore egreditur igneus blasphemiæ clibanus; falsus vastes Balaam, pythonissæ discipulus, adversæ partis ambo tribuni, novi Pharaonis venefici et incantatores Jannes et Mambres [33] mathematici? quid Leonis ille speciem gerens, inque Leonis morem adversus Ecclesiam rugiens? Hujus auctorem hæresis imitatur, ac sicut ille divinum Germanum, hic quoque inclytum sanctissimumque Nicephorum patriarchali expellit sede, cunctosque ejus partium sanctissimos episcopos et monachos tormentis et exsiliis damnat. Quid igitur? exploso Jacobo prædilecto, ejus in locum exosus etiam ante ortum Esau intruditur. Ascendunt aliunde fures et latrones in ovile Ecclesiæ. Sacrum altare contaminatum fuit. Gaudent rursum Judæi, complosis iterum manibus jubilant; rursus, dum hæc cernunt fieri, superbiunt et insolescunt adversus Christum Dei et Nazarenum, quem affixerunt cruci. Rursus tandem Montanistæ locum occuparunt.

24. Quid igitur Leo, altum velut in silva rugiens fremensque adversus Ecclesiam et Christum ejus? beatam urbem turbis et scandalis replet. Undique suspiria, lamenta, lacrymæ, gemitus discurrebant. Duplex siquidem erat cum animorum, tum corporum interitus. Enimvero sui custodem præsidemque imperii repulerat, dicens : Recede a me, Jesu Rex et Imperator; nolumus vias tuas scire [35]. Tum in venerandam ejus imaginem quæ in Chalce (seu porta Area) erat [34], lapidibus, stercoribus, et molli luto invadentes, in ejus faciem cum spuissent, disruptam solo dejecerunt. Ac quidem Judæi quondam Samaritanum vocantes et dæmonium habentem, lapidibus illum appetiverunt : ipse vero per medium illorum ibat. Ili vero illis pejora factitarunt. Plane « inimicus improperavit Domino, et populus insipiens irritavit nomen ejus [35]. » Nam ipse Dominus Tiberii Cæsaris manu tenens imaginem dicensque : « Cujus est imago et superscriptio [36]? » nulla eam violavit injuria : quin etiam debitum tanquam Cæsari reddidit, et censum persolvit. O popule nequam, stulte et insipiens! in quem os aperuistis, et in quem linguam vestram laxatis? at qualia nunc quoque Verbum patitur, quem blasphemiis impii onerent et contumeliis; quas sustinet, quia patiens benignusque est : dum vero pii laudibus eum celebrant, patientiam prorogat, ut his quidem pœnitentiæ spatium concedat, nostrum vero interim desiderium et amorem exploret, num deficiamus in tribulationibus et certaminibus pietatis causa desudandis. Cæterum longe plura his sunt ac lamentis digna, « propter quæ venit ira Dei in filios diffidentiæ [37], » uti superius declaratum est, eaque nobis palam fuerunt mani-

festa; fames, **643** pestes, terræmotus, absorptæ urbes, mortes insolitæ, bella civilia, gentium irruptiones, ecclesiarum incendia, provinciarum urbiumque desolationes, populorum ovium instar ad victimam ductarum captivitates: ad Æthiopes usque et Indos et ad extremas Orientis partes ducti servi et captivi, juvenes et virgines, senes cum junioribus, omnis denique ætas consumpta est. « Patres siquidem, inquit Scriptura, comederunt uvam acerbam, et dentes filiorum obstupuerunt [38]. » Et iterum : « Ego, dicit Dominus, reddens peccata patrum in filios, usque ad tertiam et quartam generationem [39]. »

25. Posthac autem divinus 'Altissimi dexteræ cuncta regentis tenentisque gladius, virum peremit, inque muscipulam suam veluti grandem bestiam conjecit, quemadmodum etiam propheta ait : « Ecce inducam super te alienos, pestes de gentibus, et evaginabunt gladios suos super te, et super pulchritudinem scientiæ tuæ : et sternent decorem tuum in perditionem : et deponent te, et morieris morte vulneratorum in corde maris. Nunquid loquens dices : Deus ego sum, in conspectu interficientium te? Tu vero homo es, et non Deus [40]. » — « Subter te sternent tineam, et operimentum tuum vermis. Videntes te mirabuntur super te, et dicent : Iste homo qui irritabat terram, qui concutiebat reges, qui ponebat orbem universum desertum. Porro urbes evertit, et qui fuerant abducti non solvit, omnes reges terræ dormierunt in honore, homo in domo sua. Tu autem projicieris in montibus, sicut cadaver abominatum cum multis confossis, et gladiis interfectis descendentibus in infernum [41]. » Ut sciant omnes, quia Dominus fortis est et potens, qui reges terræ alios pro aliis mutat. Apud eum est sapientia et virtus; apud eum potestas et fortitudo : qui humiles sublime tollit, et eos qui perierant, exsuscitat. In soliis reges statuit : mutat corda principum terræ [42]. Ubinam falsi vates et impostores? ubi triginta annorum inclyta tropæa hominis illius terrena sapientis, qui nullas cum cœlesti Rege vitæ rationes communes autve conversationem haberet?

26. Quid igitur ille « qui mortificat et vivificat, qui deducit ad inferos et reducit, qui humiliat et sublevat [43]? » Suscitavit in imperio suo, mansuetissimum serenissimumque, qui cœlestis militiæ principis nomen habuit, Michaelem augustum; qui Christum æmulatus, dixit : « Iis qui in vinculis erant : Exite; ac qui in tenebris : Revelamini [44]. » — « Educens vinctos in fortitudine : similiter eos qui exasperant, qui habitant in sepulcris [45]. » Qui disrupit omne vinculum iniquitatis : eduxit de lacu miseriæ [46] eos qui relegati et in angustiis et amara

---

[33] II Tim. III, 3. [34] Job. XXII, 17. [35] De hac imagine, vide Greg. epist. 2, ad Leonem Isaurum. [35] Psal. LXXIII, 18. [36] Matth. XXII, 21. [37] Ephes. V, 6. [38] Jerem. III, 19. [39] Deut. V, 5. [40] Ezech. XXVII, 7-9. [41] Isa. XIV, XI, 16-19. [42] Job XII, 24. [43] I Reg. II, 6. [44] Isa. XLIX, 9. [45] Psal. LXVII, 7. [46] Psal. XXXIX, 3.

servitute detenti erant : omni gaudio et jucunditate imperium Romanum replevit. Dedit enim Dominus benignitatem, et terra nostra florescens, bona ac fructum suum **644** præfert [46]. Dextera Domini fecit virtutem ; dextera Domini exaltavit illum [47], multitudine gloriæ suæ contrivit adversarios [48]. Quid ergo pacis studiosissimus ac mitissimus imperator? In idipsum in pace dormivit [49] : et erit in pace sepultura ejus. Obvios enim est habiturus, qui faciunt misericordiam in judicio, nam « superexaltat misericordia judicium [50]. »

27. Quia vero is qui in brachio suo cornu salutis erigit populo suo, ejus ex radice imperii germen in solii ipsius præparationem suscitavit. Te scilicet magnum et a religiositate rite nuncupatum imperatorem, in potentia salutis dexteræ suæ imperium potens, forte, et nobile in manu tua, conservate a Deo domine, tradidit, universorum dominator et herus. Aspice, quæso, ad antiquas piissimorum ac fidelium imperatorum generationes, quomodo claritas eorum et magnificentia immortalis maneat. In pace sepulti sunt, et sepulcra eorum revirescunt in locis suis [51]. Ilis Dominus imperabit, quia animæ ipsorum in manu Dei sunt. Piissimum imperatorem Constantinum, beatæ Helenæ filium, imitare, qui totos triginta quatuor annos omni pietate et morum honestate clarescens, barbaras omnes gentes sibi subjecit. Eo vir iste sacerdotes et monachos, Deumque in primis amore prosequebatur, ut ipsum ferant oblatos aliquando sibi adversus illos criminationum libellos in ignem mox conjecisse, hæcque verba inclytum imperatorem addidisse : « Ego si sacerdotem monachorumve aliquem sceleris quidpiam patrantem offenderem, mea ipse explicata chlamyde illum obtexero. » Quis ergo inter imperatores sancto isto principe religiosior et clementior exstitit, affectuque ad miserationem pronior es.

28. Vestigia preme magni illius pietatis jubaris, Theodosii religiosi imperatoris, orthodoxæ fidei stemmate præfulgentis. Num hic quoque sic Christi amans, sicque affectus erga monachos fuit, qui cum in Occiduis partibus, Maximo tyranno bellum movente, ingenti angustia teneretur, ob ingruentia triginta hostium millia, ad sanctissimum quemdam monachum, qui in monte agebat, miserit, rogans ut sibi apud Deum adjutor precibus suis fieret. Donatus hic vocabatur. Tum sanctissimus Deoque plenus monachus, futuro eventu divinitus præcognito, cilicinam tunicam, palliumque et cucullum atque baculum ad imperatorem mittit. Quibus magnanimus princeps, cum gaudio et fide susceptis, bona spe concepta ea osculatus induit, et hastæ loco baculum manu tenens, equum conscendit. Cum ecce divina quædam angelorum acies in igneis equis discurrens mox præsto fuit, qui rebus in contrarium versis, hostes penitus in scrobes quas fecerant, venatorum more compulerunt. Tyrannus ipse ingentis spolii loco vivus captus a satrapis, ad pedes imperatoris allatus fuit. Quid ea sublimius expeditione sanæ mentis homines cogitare queant? qui angelicas acies belli socias habere meruit, num veræ pietatis tenax, qui Trinitatis **645** cultor et imaginis Christi venerator erat? Exquire, et vide sacra illius donaria , sacras tunicas, sacra vasa. Contrecta, et inspice magnum ejus discum in quo mystica Christi cum duodecim apostolis cœna eleganti arte encausto cælata erat. Quem sacrum discum Theodorus sanctorum apostolorum œconomus , ab Augustæ urbis archiepiscopo Syracusarum archiepiscopus ordinatus : Theodorus , inquam, cum schedam propria conscriptam manu in discum misisset, dicente Antonio : Si nobis fidem facis, ejusdemque nobiscum esse sententiæ vis, ipsum pedibus tere : ille præsulatus desiderio ebrius, impudenter nullaque verecundia actutum eum conculcavit. O Christi Jesu patientiam , longamque mansuetudinem! Quid igitur ? Nonne Deus requiret ista ? omnino sane. Nam Caini ultio septies acta est : ex Lamech vero septuagies septies [52]. Ita nimirum Christianorum imperii episcopos decet. Quid igitur ? infelix Theodorus, frustrato voto dignitate privatus fuit , immatura et acerba e vivis ereptus morte.

29. Æmulare, religiosissime domine, alios etiam qui secuti sunt imperatores, Arcadium, Honorium, Theodosium : Leonem item et Marcianum, horumque similes religiosos principes. Omnes enim eodem sensu addicti Deo fuere. Sine, imperatores qui in impietate mortui sunt, sepelire et lugere mortuas animas suas. Eorum enim qui patiuntur injuriam gemitus, illorum a quibus male vexati sunt, supplicium fiunt. Cogita et vide superioris ætatis imperatorum atque principum vitam, quomodo velut somnium avolans transierunt. Cum res ipsorum constabilitæ omnino viderentur, tum prorsus perierunt. Quippe cadentibus impiis, justi pavore tremunt. Quid igitur ? Tu quoque, optime princeps, vel si totos centum annos in vivis superstes fueris, rerumque potiaris, nunquid non posthac sicut Patres tui morieris? Non est famulus parvus et magnus qui non timeat dominum suum. Unus quippe in vitam ingressus et par exitus est. Nullus enim unquam imperatorem ortus sui aliud initium nactus est. Respice in preces humilium, et ne spreveris petitionem eorum. Misereat te Ecclesiarum tuarum : lugentes consolare : solamen affer iis qui in tribulatione sunt : Ecclesiarum schisma tolle : superbos effractorum imaginum , qui pessime sentiunt, fremitus comprime : insurgentes hæreses in fortitudine justi imperii tui, tuæque pietatis brachio quantocius destrue , captivos revoca, dispersos congrega, sanctamque catholicam et apostolicam Ecclesiam in unum charitatis vincu-

[46] Psal. lxvi, 7. [47] Psal. cxvii, 16. [48] Exod. xv. 7. [49] Psal. iv, 9. [50] Jac. ii, 13. [51] Eccli. xliv, 14. [52] Gen. iv, 24.

lum in altam rectæ sinceræque fidei pacem conjunge. Quandiu apud omnes Christianos Romani imaginum effractores et hæretici audient? Excita potentiam pietatis tuæ, et miserere populi tui qui dispersus dissipatusque est, sicut oves quæ perierunt domus Israel. Quam miserandum hoc spectaculum! nulla quies furoris quo inimicus adversus sanctam Salvatoris imaginem debacchatur. Implacabile bellum est adversarii in sanctæ Dei Matris effigiem. Irreconciliabile est odium eorum, qui sanctos Christi persequuntur. Quam multi imperatores Ecclesiam **646** impugnaverunt! Quam multi eam oppressere tyranni! Quanquam tantisper quidem illis facta licentia est : at portæ inferi non prævaluerunt adversus eam.

30. Licet vero ex sanctis Patribus scripto traditas demonstrationes quibus pia dogmata stabiliantur, potuerimus afferre, haud tamen e re nostra esse duximus, edoctam a Deo regalis vestræ solertiæ sapientiam eo adurgere : verum, pro eo ac divinus sermo admonet, obsecrantium more placidissimeque officii nostri partes implemus, ne substracto sermone tanquam minime probati condemnemur. Nunquam enim sub superioribus imperatoribus ipsi nobis consuluimus ut taceremus, aut admonere et obsecrare cessaremus, velut dominos, herosque, et patres ac fratres, ne silentio nostro Dei jacturam faceremus. Attamen ut amplius certiusque orthodoxam fidem astruamus : quemadmodum a principio olimque et hactenus pura et impolluta Christianissima pietas secundum apostolicas confirmatasque a Deo traditiones, in cunctis Ecclesiis honeste ut Deum decet, nihilque a Domino dissidendo, venerabilium colendarumque imaginum ornatus fulget, easque in picturis et musivis operibus, in parietibus et tabellis atque vasis sacris, pari honore et veneratione ac vivificæ crucis figuram divinaque Evangelia amplectimur et exosculamur: ita nempe, ut cultum hunc et honorem ipsismet primigeniis exemplaribus adhibeamus; Basilio Magno dicente, honorem imaginis ad exemplar transire..... Quanto deterius supplicium merebitur, qui Dominicam imaginem Christi, a quo ipsa quoque crux sanctificata fuit, aspernatur et abnuit?

tanquam enim perfectus desertor, atque a Christiani nuncupatione extraneus, æternæ damnationi erit obnoxius. Quamobrem ad ejus quam definivimus, divinæ doctrinæ probationem et confirmationem, venerandam insuper sanctissimæ Dei Genitricis Mariæ, Verbique Dei ex ea incarnati et infantis imaginem, velut fidei gloriationem et coronam decoris, sceptrumque regium in capite confirmati a Deo et sincerissimi rectæ fidei libelli confessionis nostræ expressimus, ut divinæ vestræ eruditæ a Deo majestati, divinum ac cœlestem orthodoxæ fidei universæ diœcesis Orientalis sensum significaremus, juxta atque Scriptura monet : » Da sapienti occasionem, et sapientior erit : indica justo, et adjiciet ut accipiat. »

31. Sequentes itaque definitionem et regulam divinorum Patrum, qui secundum apostolicas traditiones et Ecclesiarum mores talia promulgarunt sanxeruntque, sic credentes in sanctam, consubstantialem ac vivificam Trinitatem, venerandas imagines amplectimur. Qui aliter sentiunt, anathema sint. Qui non ita profitentur, procul ab Ecclesiis exagitentur. Hæc apostolorum fides. Hæc fides Ecclesiam illustravit. Qui igitur aliter sentire ausi fuerint, vel eorum aliquid evertere quæ legitime Ecclesiæ tradita sunt, aut crucis figuram, vel pictas imagines, seu quidpiam aliorum quæ secundum antiquos Patrum religiosorumque ac fidelium imperatorum mores **647** in Ecclesia constituta sunt : siquidem fuerint sacerdotes, amissi omnino gradus pœnæ atque anathemati subjaceant : sin monachi et laici, eidem sint anathemati subjecti, et communione priventur. Hæc Salvatoris nostri Jesu Christi præcepto et auctoritate decernimus, qui præceptum posuit et non præteribit : qui clausit abyssum, tremendoque suo et glorioso nomine obsignavit. Revereatur omnis terra a facie ejus, quia terribilis est, et quis resistet ei? et « horrendum est incidere in manus Dei viventis. » quippe cujus manus spiritum omnem et creaturam comprehendat, et cujus regnum, regnum omnium sæculorum et dominatio ejus in omni generatione. Gloria sit sanctissimæ Trinitati Deo nostro in sæcula sæculorum. Amen.

Id est *Constantinopolitani*. Matth. xvi, 18. I Tim. ii, 1, 2. Lib. *De Spiritu sancto* cap. 27. Prov. ix, 9. Psal. cxlviii, 6. Hebr. x, 3.

ADMONITIO.

Opuscula duo de azymis sancti Joannis Damasceni nomine inscripta in codicibus manu exaratis reperiuntur. Primum, quod brevius est et alterius compendium, suppeditavit mihi vir doctissimus meique amantissimus R. admodum Pater D. Bernardus de Monfaucon ex cod. monasterii Remensis S. Remigii, n. 521. Alterum autem habet codex Regius 2982, cum præfixo Joannis Damasceni nomine, ex quo Combefisius noster pauca excerpsit et recitavit in adnotatione 6 in secundam Invectivam Isaacii Armenorum catholici, t. II Auctarii Biblioth. PP. Græc. Verum ex alio codice Reg., n. 2935, didici, secundi hujus opusculi parentem genuinum esse Meletium quemdam, de quo cæteroqui nihil mihi hactenus compertum fuit. Id prologus, quem idcirco non omittendum putavi, et cujus auctor non indicatur, diserte significat. Quin etiam Joanni Damasceno neutram lucubrationem tribuendam esse deditiori opera ostendo in singulari de azymis dissertatione, ac sanctum hunc doctorem communem Patrum traditionem hanc tenuisse, Dominum Christum ipso pridie quam pateretur, Pascha Judaicum cum discipulis edisse : quod tamen utroque opusculo præfracte negatur.

S. JOANNIS DAMASCENI
DE AZYMIS.

Nosse oportet illos qui azyma offerunt, carnem mortuam nec viventem offerre. Fermentum enim instar animæ est in massa, et sal vice mentis, Dominus siquidem assumpto ex perpetua Virgine corpore anima et mente prædito, per panem perfectum consentanee prorsus Novi Testamenti mysterium dedit; quem cum benedixisset ac fregisset dixit : « Accipite et comedite : hoc est corpus meum [1]. » Quocirca Lucas in sancto Evangelio suo ait : « Et accepto pane gratias agens, fregit [2]. » En vero hic dicit Christum accepisse panem, non azymum ; nondum enim quinta dies aderat, sed decima tertia luna, quando non erant azyma, quia necdum parabantur. Nam decima quinta luna hæc comedere præcipiebatur. Decima quarta vero agnum duntaxat edebant. Quamobrem decimam quartam lunæ ejusdem mensis lex Pascha nuncupat : decimam quintam vero insuper et Sabbatum nominat : si igitur immolatus Christus fuit decima quarta lunæ, die Parasceves, Sabbatumque adeo festus azymorum dies erat, cum panes azymi primum ederentur; quandonam hos apostolis tradidit, quos illi dicunt se ab apostolis accepisse? Non enim Pascha quod lege mandatum erat, hocce anno comedit Christus : quippe qui, cum cœnatum esset, frangendo panem, novi testamenti mysterium dedit, ipsa quinta feria. At quando azymorum solemnitas fuit, Sabbato scilicet, decima quinta mensis die, Dominus in sepulcro jacebat. Cum autem azyma, ante festivum azymorum diem toto anno non exstitissent, ubinam tum reperta essent, quando Christus cœnavit cum discipulis suis. Desinite ergo, qui veritati repugnatis. Atqui hoc modo intelligitur horum verborum sensus : « Erat autem Parasceve Paschæ [3]. » Tunc enim præparabant, et veluti instruebant, quæ ad Paschæ festum attinerent. Quin etiam illud : « Et ipsi non introierunt in prætorium, ut non contaminarentur, sed ut manducarent Pascha [4], » quonam pacto intelligas ? Quod si Pascha in quintam feriam incidebat : quomodo ipsa Parasceve non introierunt in prætorium; sed hoc caverunt, cum ante jam mundati essent ob Paschæ comestionem ?

[1] Matth. xxvi, 26. [2] Luc. xxii, 19. [3] Joan. xix, 14. [4] Joan. xviii, 28

SEXTA HÆRESIS ARMENORUM.

Hostiam fermenti expertem perfricta fronte offerunt secundum traditionem Hebræorum. Quocirca divinus Paulus multifarie scribit, ad Corinthios puta, hoc modo : « Modicum fermentum totam massam afficit [5]. » Et rursum : « Si prius culpa vacasset, non utique secundo locus foret [6]. » Et ad Galatas : « Evacuati sunt a Christo qui in lege justificantur, et a gratia exciderunt [7]. » Et iterum ait : « Si quis unum eorum quæ legis sunt fecerit, maledictus erit nisi fecerit omnia [8]. » Et Salvator in cœnaculo, mysticam cœnam, quando discipulis dare ipsam voluit, non in azymo, sed in perfecto pane tradidit : quia tempus azymorum panum non erat, secundum legem Hebræorum. Nam mysterium istud ante Pascha gestum fuit; quemadmodum sanctus Joannes evangelista dicit : « Ante diem festum Paschæ [9]; » et rursus : « Die crastina mane Jesum adducunt a Caipha in prætorium : et ipsi non introierunt, ut non contaminarentur; sed ut manducarent Pascha [10]. » Sed et Meletius quidam, vir Deo plenus, Scripturarumque diligens investigator, de azymis a syncello quopiam quæsitus, ad ipsum ita scripsit :

1. Azyma panis, ut ita loquar, perfectus et completus non sunt, nec omnibus numeris absoluta, sed deficientia et semiplena quædam, fermenti plenitudine indigentia : panis vero perfectus, nu-

[5] I Cor. v, 6. [6] Hebr. viii, 7. [7] Galat. v, 4. [8] Galat. iii, 10. [9] Joan. xiii, 27. [10] Joan. xviii, 28.

meris **649** suis absolutus est, et plenissimus, ut qui totum in semetipso habeat. Azymum porro vocatur tortula, qualem Elias olim a Sunamitide petiit [11], vel collyrida, quam pueri apud nos cullicium vulgo vocitant. Plenitudo itaque fermenti Judaicorum azymorum Christus est, qui adventu suo, quod deficiens et imperfectum erat in lege, illud implevit, et ad perfectionem perducendo cessare fecit. Quod quia Judæi nesciunt, invidenti animo azyma adhuc contra præscriptum legis manducant. Quamobrem Armenii et Jacobitæ, qui illos imitantur et Judaica mente aguntur, horum insipienter participes sunt, veluti pessimæ hæresis Apollinarii consortes et socii. Hic enim corpus solum sine anima et mente a Christo acceptum dixit, quod idem est atque mortuum. Qui igitur azyma comedunt in antitypo corporis Christi, hi mortuam carnem edunt, non vivam, nec anima et mente præditam. Nam fermentum massæ est loco animæ : sal vero mentis instar. Quæ cum non habeat panis azymus, mortuum quid et stolidum est. Quo fit, ut qui edunt azyma, in caligine legis ambulent. Quomodo autem societatem habuerint cum Christo, qui in luce gratiæ ejus non versantur? Nam qui in gratiæ ejus lumine gradiuntur, hi panem manducant, Christi nempe corpus, ejusque sanguinem intaminatum bibunt : atque hoc pacto mutuam inter se et cum Christo Deoque nostro societatem habent, mundati cum sint ab omni peccato. Nam in azymis nulla prorsus vivida virtus est; quippe quæ mortua sunt. Verum in pane, sive Christi corpore, tria vivida sunt, vitamque præbentia; spiritus, aqua et sanguis. Quod et Joannes suo testimonio confirmat : « Tres sunt, inquit, qui testimonium dant, spiritus, aqua et sanguis : et hi tres ad unum sunt [12]; » hoc est ad corpus Christi. Quod et tempore quo cruci affixum fuit, manifestum exstitit, quando aqua et sanguis ex latere ejus effluxit, carne ipsius lanceæ ictu puncta. Hic porro vivax erat, sanctusque Spiritus sanctæ illius conjunctus carni manserat, quam cum nos transmutato per Spiritum in Christi carnem pane edimus, in ipso vivimus, quatenus vivam deificatamque carnem manducamus, consimilique modo vividum et sanguinem ipsius et calentissimum. Quoniam ex carne Spiritu vivida, calentissimus quoque Christi cruor et aqua scaturierunt : id quod in illis qui azyma comedunt, nequaquam fieri contingit. Proh absurditatem ! Gloriantur, cum mortuum fermentum edunt, nobisque dicunt : Non nos sale, fermento et aqua farinam depsimus, ut oblationem fermentatam faciamus; sed aqua solum et farina azymum igne paramus, et tribus istis hostiam mundam conficimus. Quapropter tria hæc, aqua, farina, et ignis, ad quid assumuntur, et cujusnam figuras ea esse arbitramini? Plane corporis Domini. At vero ille quem Christus diligebat, non dixit :
«Tres sunt, qui testimonium dant,» aqua, farina et ignis; sed « spiritus, aqua et sanguis, et hi tres ad unum sunt : » utique ad Christi corpus, ut antehac dictum fuit. Nam si locum hunc de increata et incorporea natura accipitis, **650** omnino cadetis ruentes in hæresim Theopaschitarum, qui deitatem cum Verbi carne passam dicunt. Haudquaquam enim deitas incarnata est, Pater scilicet et Filius et Spiritus sanctus, ut tribus istis, aqua, ut aitis, farina et igne, eam significari intelligatis, adeoque azymum duntaxat figuram illius habeatis, et in sacrificium offeratis. Sed unus de Trinitate Filius Verbumque Dei assumpta carne ex mundis carnibus sanctæ Virginis, factus homo est, patratisque omnibus quæ ad dispensationem spectabant, crucifixus est carne, neutiquam patiente divinitate. Quapropter crucifixus cum sit carne, carnem proinde suam, Spiritu sancto vivam, edendam per panem dedit, verba hæc adhibens : « Accipite, comedite : hoc est corpus meum, quod pro vobis frangitur in remissionem peccatorum [13]. »

2. Scire igitur attinet, nullam Ecclesiam, neque a Christo, neque ab apostolis accepisse, ut farina minime fermentata ederetur vel offerretur : quoniam neque Christus ipse Deus noster eo quo passus est tempore Pascha legale comedit. Ausculta quid Joannes dicat : « Ante diem festum Paschæ, sciens Jesus quia venit hora ut transeat de hoc mundo ad Patrem ; et cœna facta, cum diabolus jam misisset in cor Judæ Simonis Iscariotæ, ut traderet eum. Et cum esset hora ejus, » inquit [14], hoc est, tempus adesset quo traderetur, « una recubuerunt apostoli cum eo ; dixitque illis : Desiderio desideravi hoc Pascha manducare vobiscum antequam patiar [15]. » Vides, « antequam patiar, » inquit. Quia ergo pati ipsum necesse erat in die Paschæ legalis, in qua nempe agnus a Judæis immolabatur, omnino futurum erat ut a deicidis Pascha ageretur die Parasceves, uti rursum Joannes ait : « Quoniam Parasceve erat. Erat enim magnus dies ille Sabbati [16], (in qua nimirum tunc temporis decima quarta lunæ in primo mense anni 5534 incidere contingebat. Erat enim cyclus solis XVIII , et lunæ V), ne cum traditus esset, minime posset Pascha suum discipulis largiri, in cœna accumbens vespere et profunda nocte, vespere, inquam, quintæ diei, comedit quidem, sed Pascha proprium, ante festum azymorum. Id quod plane ex eo manifestum fit, quod recubuerit. Hoc enim lege sancitum non erat. Lex siquidem jusserat [17], Pascha cum festinatione comedi a Judæis stantibus, succinctisque, et calceatis, et baculos tenentibus præ manibus. Atqui cessare quidem fecit Pascha legale, illud implendo observandoque eo tempore quod prædicationi impendit : proprium vero suum cœnando dedit. Quamobrem postquam cœnavit, accepto fractoque pane, novi testamenti

---

[11] III Reg. xvii, 13. [12] I Joan. v, 8. [13] I Cor. ii, 23. [14] Joan. xiii, 1, 2. [15] Luc. xxii, 15. [16] Joan. xix, 51. [17] Exod. xii, 11 seqq.

observantiæque suæ et cultus mysterium dedit apostolis, in quinta nocte, qua traditus etiam fuit.

3. Nosse autem oportet, deicidas illos, ipsa die qua Dominum cruci affixerunt, hac eos mactato agno Pascha legale manducasse. Id quod inde perspicuum fit, cum Joannes dicat : « Et ipsi non introierunt in prætorium ut non contaminarentur : sed ut manducarent Pascha [18] ; » quando utique eadem qua agnus die una immolatus est pro nobis **651** Christus. Sed quid dicit? « Et accepto pane, gratias agens, fregit [19]. » En Lucas quoque Christum accepisse panem ait, non azyma. Ecce enim quinta feria cum esset, quoniam decima tertia adhuc luna erat, azymus panis non apponebatur, quia nondum paratus erat : quippe qui decima quinta lunæ manducari præcipiebatur. Lex porro decimam quartam lunæ mensis primi Pascha nuncupat : decimam quintam vero, azymorum diem, et Sabbatum nominat. Quod si igitur Christus decima quarta lunæ, ipsa die Parasceves occisus fuit, Sabbatumque erat festum Azymorum ; quandonam azyma comedit? et quando rursum ea parare jussit apostolis in novo testamento? quandoquidem Judæorum imitatores et æmuli aiunt, ab apostolis se azyma conficere didicisse. Pascha siquidem legale Christus ut ederet, illo tempore non antevertit. Atqui hoc prorsus verum esse, ut his quæ dicta a nobis sunt magis fides astruatur, audias velim, quas Moyses leges tulerit, quidve de Pascha et azymis lege constituerit. « Hæ sunt, inquit, solemnitates Domini ; hæ quas sanctas vocabitis in temporibus suis. In primo mense decima quarta die mensis inter vesperas Pascha Domino : et in quinta decima mensis hujus solemnitas azymorum Domino. Septem diebus azyma comedetis [20]. » En igitur addisce ex ipsamet Moysis sanctione tunc non adfuisse tempus edendorum azymorum. Enimvero Christus feria quinta post cœnam per panis fractionem novi testamenti mysterium tradidit. Quando vero festum azymorum fuit, decima quinta die, Sabbatum erat, tuncque in sepulcro tumulatus jacebat. Cum itaque ante solemnitatem azymorum per totum annum panes sine fermento non essent ; quippe cum septem illis diebus, hisque solis azyma Judæi comederent, quemadmodum lege Moysis ferebatur, ut decima quinta primi mensis apponi mensæ inciperent : quomodo fieri potuit, ut tunc reperta sint azyma, quando Christus cum discipulis suis cœnavit? Sed audi, quæso, quid apostoli dicant capite, seu canone LXX : « Si quis præsbyter aut diaconus, aut quisvis alius de numero clericorum jejunat cum Judæis, vel festa agit cum ipsis, vel ab ipsis festivitatum ipsorum munuscula, ut puta azymum panem, aliudve simile accipit, deponatur. » Sed et insuper sexta synodus quæ Constantino Heraclii nepote imp. collecta fuit, cum vicariis haberet qui sancti papæ Agathonis episcopi Romani locum tenerent, inter quos et divinus Gregorius Agrigentinus aderat, capitum contra azyma sensum sacra constitutione explicavit his verbis expressum [21] : « Nemo eorum qui in sacro ordine censentur, aut etiam laicus, accepta a Judæis azyma manducet. » Quod si ab apostolis traditum esset ut azyma edantur, huicce canoni generose contradixissent sacer Agatho Romanus episcopus, divinusque Gregorius Agrigentinus ; nec ullo pacto consensissent sacro huic divinoque canoni. Quocirca qui azyma parat et offert, is animo Judæus est et scelestus, qui ejusdem atque illi mentis sit, apostolorum et Patrum instituta violans, quemadmodum iis quæ dicta sunt, ostendimus.

[18] Joan. xviii, 28. [19] Luc. xxii, 19. [20] Levit. xxiii, 4, 5. [21] Can. 11.

IN EPISTOLAM AD ZACHARIAM

ET CAPUT QUOD EAM SUBSEQUITUR,

ADMONITIO.

652 Epistolam ad Zachariam, cum capite seu homilia quæ subsequitur *De corpore et sanguine Domini Jesu Christi*, Petrus Pantinus Bruxellensis Antuerpiæ Græce Latineque edidit anno 1601, in 8, post S. Joannis Damasceni orationem *de Sabbato sancto*, cum tria hæc opuscula reperisset in codice Antonii Covarruviæ, ex quo hunc etiam titulum epistolæ deprompsit : Τοῦ αὐτοῦ ἐπιστολὴ πεμφθεῖσα πρὸς Ζαχαρίαν ἐπίσκοπον Δοάρων, περὶ τοῦ ἁγίου σώματος καὶ αἵματος Κυρίου καὶ Σωτῆρος ἡμῶν Ἰησοῦ Χριστοῦ · *Ejusdem* (Joannis Damasceni) *epistola missa ad Zachariam episcopum Doarorum, de sacro corpore et sanguine Domini et Salvatoris nostri Jesu Christi.* Epistolam subinde et orationem Fronto Ducæus cum homilia *De Sabbato sancto*, et quibusdam aliis Græce et Latine, adjici curavit ad calcem secundæ et tertiæ editionum Parisiensium anni 1603 et 1619. Multi codices manuscripti epistolam cum oratione Joanni nostro Damasceno perinde atque edita ascribunt. Solus, quem repererim, Regius, n. 2428, auctorem alterum indicat *Petrum Mansur*, adeoque hominem Joanni Damasceno consanguineum : quin et in eo codice initium habetur epistolæ quod in reliquis desideratur. Et certe gravissima argumenta suadent Joannem nostrum, nec epistolam, nec homiliam illam scripsisse. Nam cum ei religio esset a majorum placitis et dictis vel minimum discrepare, procul aberat, ut assereret Domini corpus quod surrexit a mortuis, uti corruptionis, ita et sanguinis modo expers esse. Hoc enim Patrum Græcorum nemo effutiisse noscitur, nimiumque ad Origenis sensum accidit, quem Joanne Damasceno nullus persenserit melius vel exhorruerit magis. Quinimo lib. IV *De fide*, cap. 1, docet carnem eamdem quæ passa erat resurrexisse, et οὐδὲν τῶν τῆς φύσεως μερῶν, *nullam partium quæ a natura datæ sunt, defuisse, tam quoad corpus, quam animam*, οὐ σῶμα, οὐ ψυχήν. Solas quidem animæ partes, quas Christus servaverit, recenset; hoc vero propter Monophysitarum fictiones eliminandas. Non ergo carnem omissam censuit; veluti epistolæ et orationis auctor id videtur astruere allato Nazianzeni testimonio, quod ejus commentatores longe melius intellexerunt interpretatique sunt : non item sanguinem relictum, quem cap. ultimo Dialectices, lib. II *De fide*, cap. 12, et alibi, cum cordatis omnibus statuit nobilissimam esse humani corporis portionem, ex qua ut et tribus aliis humoribus proxime constituitur. Sed insuper prodigiosa est isthæc alia auctoris epistolæ et homiliæ existimatio, puta quamvis Domini corpus sanguine in cœlis careat, attamen ipsummet sanguinem vivum et vivificum, quo venæ ejus olim imbuebantur, quique effusus in passione fuit, nec in resurrectione, uti sibi finxit, receptus, nihilominus sub specie vini in altari exstare et a fidelibus sumi. Absit, ut vel suspicer Damascenum meum, qui theologorum Græcorum accuratissimus, non ineptiens fuit, ejusmodi portenta subjecisse. Præterea, si Joannes Damascenus horum opusculorum parens fuisset, nequaquam in libro *De fide orthodoxa*, ubi de Eucharistiæ sacramento disputat, panisque et vini in Christi corpus et sanguinem transmutationem enarrat exemplo ciborum qui in substantiam animalis convertuntur, illud omisisset quod in epistola et in homilia non sine affectatione inculcatur, nempe uti cibis corpus nostrum, ita et pane et vino transmutatis Christi corpus augescere et accrescere, εἰς ἐπαύξησιν τοῦ σώματος τοῦ Χριστοῦ γίνεται ἓν σῶμα, καὶ οὐ δύο. Ἐν τῇ ἐπαυξήσει τοῦ Κυριακοῦ σώματος. Εἰς ἐπαύξησιν τοῦ Κυριακοῦ σώματος. Si quidem in libro *De fide orthodoxa* recolligit regessitque quæcunque de fidei dogmatis variis in lucubrationibus dedita **653** opera adstruxerat et inculcaverat. Tandem quæ epistolæ initio voces leguntur, Σημαίνομεν τῇ ὑμετέρᾳ ἀγάπῃ · *Charitati seu dilectioni vestræ significamus*, non satis referunt humilem nostri Joannis modestiam erga viros episcopali dignitate ornatos, innuuntque ab episcopo potius, quam monacho aut presbytero fuisse scriptam. Eum non puto fuisse Petrum Damasci metropolitam, cujus nomine Damascenum nostrum opuscula quædam condidisse certum est, quique sub calipha Walid abscissa lingua missus in exsilium fuit, quia Arabum et Manichæorum errores scriptis redarguerat. Theophanes insuper martyrium recitat Petri Majumensis, quem a Damasceno nostro panegyrica oratione laudatum narrat, cum pro fide a Mahommedanis occisus esset. Fuit alter Petrus Damascenus, cujus ascetica opera in bibliothecis asservantur nondum edita : qui vero simplex monachus erat, et inter Græcos Byzantinos morabatur. Vivebat anno mundi 6657, seu Christi 1157. ut ipse testatur in fine libri tertii, his verbis quæ excerpsi ex Regio cod. 2994, fol. 122 : Ὁ γὰρ νικήσας χάριτι Χριστοῦ τὰ ὀκτὼ πάθη ταῦτά φησιν, ἐνίκησε καὶ τὰ λοιπὰ πάντα, ἅτινα προεγράφησαν ἐν τῷ πρώτῳ βιβλίῳ ὑπὸ τοῦ συγγράψαντος αὐτὴν Πέτρου ταπεινοῦ μοναχοῦ τοῦ Δαμασκηνοῦ, κατ' αὐτὸ ἐχξε' ἔτος, ἰνδ. ε΄ · *Nam qui gratia Christi octo vitia superavit, reliqua etiam omnia superavit, quæ libro primo descripta sunt ab ejus auctore Petro humili monacho Damasceno, hoc ipso anno 6665, indict. 5*. Horum alterum fuisse epistolæ et orationculæ scriptorem non affirmavero. Mihi sufficiat aliquos ejusdem nominis indicasse Syros aut Palæstinos. Nam Palæstinum incolam se prodit auctor, ubi Liturgiæ sancti Jacobi, seu Hierosolymitanæ, particulam affert. Michael quidem Glycas epistolam istam ceu Joannis Damasceni esset, in suis ad Nectarium et Joannicium litteris allegavit : at recentioris ætatis auctor est, quam ut ejus testimonio elevari momenta queant, quæ attuli. Atqui Michaelem Glycam diversum non esse a Michaele Sicydita, qui sæculo XII labente Christi corpus corruptioni in Eucharistia obnoxium esse docuit, didici tandem a viro pererudito D. Boivin bibliothecæ Regiæ custode, altero meritissimo, qui summa diligentia recensitis nonaginta duabus quas Regius codex 1403 complectitur epistolis, observationem hanc auro contra caram adjecit, quam mihi amantissime communicavit. « MICHAEL GLYCAS. Hic est Michael Glycas, qui Annales scripsit, *ab orbe condito* ad suam usque ætatem. Floruit sæculo duodecimo Manuele Comneno imperante, circa annum 1150. *Sicyditam* vocat Nicetas Choniates : Gesnerus *Sicidotam* nominat. Hinc corrupto aut potius temere a criticis mutato vocabulo *Siceliotes* dictus est, factusque ex Byzantino Siculus. Corrigendus itaque hic error in editione Regia Annalium Glycæ, legendumque in ipsa libri fronte Τοῦ κυροῦ Μιχαὴλ Γλύκα Σικυδίτου · *Michaelis Glycæ Sicyditæ*. Σικύδιον apud recentiores Græcos dicebatur pro Συκίδιον *ficulus, parva ficus*. Hinc cognomen Σικυδιώτης. Vide Nicetam Choniatem edit. Reg. pag. 96, 97, et 332. Puto Michaelem nostrum nomen Glycæ tum assumpsisse cum habitum monasticum induit, ut moris fuit. » Hucusque Cl. Boivinii observatio, qui insuper ex versibus politicis qui eo in codice leguntur, quosque Michael Manueli Hungaris devictis revertenti obtulerat, ostendit eum agnosse 'vera esse crimina propter quæ excæcatus addictusque carceri fuerat. Οὐ κατ' αὐτὰς τὰς πράξεις μου τὴν κάκωσιν ὑπέστην, etc. Glycas itaque seu Sicydita, cum ætatem produxisset usque ad Alexii Isaacii Angeli Commeni fratris tempora, sub duodecimi sæculi finem Georgio Xiphilino patriarcha, priscis erroribus hunc adjecit, Christi corpus in Eucharistia corruptioni perinde fuisse obnoxium atque ipsum erat dum Christus in terris ageret ante ipsius resurrectionem. In primis vero Joannis Damasceni ex epistola ad Zachariam auctoritatem obtendebat, nec dubium est quin hæc ipsi errandi occasionem dederit, quanquam et alia Patrum loca, liturgias et historias allegabat, ex quibus inferebat fracta hostia et divisa frangi dividique Domini corpus haud secus plane atque carnem in macello. Pejora non addo quæ Choniates in *Alexio* recitat lib. i, et in Panoplia mss. lib. xxvii, ut puta Christi corpus fractione hostiæ dolere et pati, in quolibet segmento ἄνουν καὶ ἄψυχον,'*sine mente et anima esse*, nec totum corpus ab unoquoque fidelium accipi. Hæc quippe non satis certa fiunt ex citatis ad Nectarium et Joannicium epistolis. Cæterum dudum ante Sicyditam, imo ante Petrum Mansur, **654** quæsitum jam olim erat, num Christi corpus in altari exsistens a corruptela liberum esset : idque propter Monophysitas ac præsertim Gaianitas qui naturale illud corpus ab ipsa conceptione a corruptione et perpessione quavis immune fuisse asserebant. Anastasius Sinaita in Ὁδηγοῦ cap. 23, ut hanc hæresim expugnet, in exemplum affert sacrosanctum Eucharistiæ panem, qui et ipse Christi corpus est: sicque adeo compellat hæreticum : *Dic mihi, obsecro, si ut divinitas, ita et Christi corpus ab unionis initio a corruptela liberum fuit, nunquid* αὕτη ἡ κοινωνία τοῦ παναγίου σώματος καὶ αἵματος Χριστοῦ, *communio sanctissimi corporis et sanguinis Christi, quam offers et cujus es particeps, verum sit Christi corpus et sanguis, vel nudus panis, qualis ostiatim venditur; an vicem duntaxat et figuram corporis Christi gerit, velut sacrificium hirci quod a Judæis offerebatur*. Gaianita confitente verum Christi corpus et sanguinem esse, subjungit Anastasius : *Agedum, affer nobis aliquid de communione Ecclesiæ vestræ, tanquam super alias orbis Ecclesias omnes orthodoxæ, et in vase cum omni honore reponemus hoc sacrosanctum Christi corpus et sanguinem. Ac si intra paucos dies corrumpatur et immutetur, necesse erit, ut e duobus unum concedatis, aut id quod sumitis, non esse verum Christi corpus, sed solum figuram et veluti vicarium quoddam, aut propter perversam fidem vestram Spiritum sanctum in illud non descendisse, vel* ὅτι φθαρτόν ἐστι σῶμα Χριστοῦ πρὸ τῆς ἀναστάσεως, *corpus Christi ante resurrectionem subjectum corruptioni fuisse; utpote quod immolatum sit, neci traditum, vulneratum, divisum, manducatum*, etc. Eodem argumenti genere ante centum annos usus fuerat catholicus ille, quem alium esse non puto ab Ammonio Alexandrinæ Ecclesiæ doctore, assumpta Pauli Samosateni persona, cui vicissim Incorrupticola sumpto Dionysii Alexandrini nomine ea lucubratione respondet quæ in Bibliothecis PP. et inter concilia generalia multoties jam edita est. Hic ergo disputandi modus adversus illos hæreticos, quæstionem illam peperit, quam Petrus Mansur solvere adnititur in homilia : quinam scilicet fieri possit, ut quamvis Christi corpus nunc immortale incorruptumque sit, sacerdotum tamen manibus frangatur, et fidelium dentibus teratur; quæ quidem corruptionis argumenta sunt. Quinimo Michael Glycas epistola 34, quæ est ad Joannicium, Isidorum Pelusiotam citat, οὕτως ἐν ἐπιστολαῖς λέγοντα, *qui ad hunc modum in epistolis locutus sit :* Ὥσπερ τὸ σῶμα τοῦ Κυρίου ὑποπεσὸν τοῖς ὀδοῦσι τοῦ ᾅδου, φθορὰν μὲν τηνικαῦτα ἐδέξατο, διαφθορὰν δὲ οὐκ εἶδεν· οὕτω καὶ νῦν αὐτὸ τὸ σῶμα τοῦ Κυρίου τοῖς ὀδοῦσιν ὑποπῖπτον τοῖς ἡμετέροις, φθορὰν μὲν ὁμοίως ὑφίσταται, διαφθορὰν δὲ οὐκ ἔγνω, ἀλλ᾽ εὐθέως ἀφθαρτιζόμενον τῇ τῆς ψυχῆς οὐσίᾳ δίδοται μόνον, ἀλλὰ καὶ εἰς αἰῶνα συμπαραμένει ταῖς τῶν δικαίων ψυχαῖς · *Quemadmodum Domini corpus, cum in inferni dentes cecidisset, corruptionem quidem admisit, non tamen omnigenam vidit : sic et in præsenti ipsummet corpus Domini, dum dentibus nostris subjicitur, pari modo atque corpora nostra corruptionem subit, sed non absolutam. Quin potius deposita statim corruptela animæ substantiæ traditur : sed et non solum traditur, verum perpetuo perstat cum animis justorum*. Pene asseveravero Petrum Mansur, cum epistolam scriberet, hanc Isidori doctrinam sibi enarrandam proposuisse. Auctores istos a Michaele Sicydita admodum discrepare nullus dubito, non autem in totum ab Anastasio, quod corporis Christi Eucharistiæ corruptelam spectat, ut ipsum camdem in sacramento conditionem habere censuerint, in qua erat ante resurrectionem. Quod si anquirat aliquis, qua ratione corporis Christi fractionem fieri intellexerint; quandoquidem secundum Ecclesiæ traditionem, quam Nyssenus cap. 27, orat. Catech. attestatur, etsi frangi videtur, nihilominus *totum in quavis particula est, et totum in seipso perseverat*, ὅλον ἐν ἑκάστῳ διὰ τοῦ μέρους γίνεσθαι, καὶ αὐτὸ μένειν ἐφ᾽ ἑαυτῷ ὅλον; vel ut divinus Eutychius ait apud Nicetam Choniatem in *Alexio Comneno*, lib. iii, ὅλον οὖν ἅπαν τὸ ἅγιον σῶμα, καὶ τὸ τίμιον αἷμα τοῦ Κυρίου δέχεται, κἂν εἰ μέρος τούτων τις δέξηται, *totum sacrosanctum corpus et sanguinem Domini accipit homo, licet partem acceperit*. Ad hæc dicendum est Anastasii aliorumque sensum fuisse, accidentia panis et vini, transsubstantiatione facta, perinde corpus et sanguinem Domini afficere, quo antea panis vinique substantiam. Quamobrem sicut divisa quantitate, corporalis substantia una dividi censetur, ita divisa quantitate panis corpus Christi dividi frangique opinati sunt ; cum per aliud miraculum sub unaquaque particula totum illud lateat. Sensus iste suos e Latinis propugnatores habuit, eos **655** maxime qui adversus Berengarium disputarunt. Cæterum e Græcis Samonas Gazensis archiepiscopus, adeoque Palæstinus, in dialogo cum Achmed Sarraceno panis Eucharistici divisionem eleganter explicat exemplo speculi, quo in frusta diviso singulæ partes speciem camdem nihilo secius repræsentant : addit et exemplum vocis quam singulorum auditorum aures peræque excipiunt : *Eodem modo*, inquit, *sanctum Christi corpus quod Patri assidet, idem in se manet; ubi vero panis consecratus divina virtute per sanctissimi Spiritus descensum est transmutatus*, καίπερ μελίζεται, ἀλλ᾽ ὁλόκληρον καὶ σῶον ἐν ἑκάστῳ κλάσματι σώζεται, *etsi dividitur, nihilominus integrum et incolume in quolibet fragmento servatur*. Quocirca ὅταν ὁ ἁγιασθεὶς ἄρτος εἰς μέρη τέμνηται, ἢς τὸ παναγίου τοῦ Χριστοῦ ἐστι σῶμα, μὴ νομίζῃς ὅτι μερίζεται, ἢ ἀποσπᾶται ἢ διαιρεῖται τὸ ἄχραντον ἐκεῖνο σῶμα. Ἀθάνατον γὰρ καὶ ἄφθαρτον καὶ ἀδαπάνητον· ἀλλ᾽ ὅτι μερισμός ἐστιν ἐκείνος· τῶν αἰσθητῶν συμβεβηκότων μόνων μετὰ τὸν ἁγιασμόν.

Quando sacrificatus panis, qui sacrosanctum Christi corpus est, in partes secatur, ne putaveris dividi, aut distrahi, aut separari intemeratum hoc corpus. Immortale quippe et incorruptum est, nec consumi potest. Sed ista divisio, sensibilium duntaxat accidentium est post consecrationem. Hæc exactissima sunt et utriusque Ecclesiæ traditioni et doctrinæ consentanea. Lectorem hic monitum velim, primam dialogi Samonæ partem toto dialogo 22 Theodori Abucaræ constare. Opinio quorumdam illorum Græcorum Domini corpus in Eucharistia corrumpi, obsolevit tandem, ex quo Sicydita damnatus fuit, eamque confutat Nectarius Hierosolymitanus, lib. Περὶ ἀρχῆς τοῦ πάπα, pag. 205, ubi postquam narravit in Creta insula repertam fuisse hostiam consecratam, quæ ob loci humiditatem nigrorem contraxerat, suavissimum vero odorem spiraverat cum in sacro disco supra carbones exsiccata esset, hæc subjungit : *Miraculum istud manifestissimo argumento esse magni et supra naturam eximii illius mysterii*, τοῦ τὰ συμβεβηκότα μόνα τοῦ ἱεροῦ ἄρτου φθείρεσθαι, ἡ δὲ γε οὐσία τοῦ ἄρτου ἅπαξ μεταβληθεῖσα, καὶ τῇ τοῦ παναγίου Πνεύματος ἐπικλήσει μετουσιωθεῖσα εἰς ἀληθινὸν σῶμα Χριστοῦ, φθορὰν οὐδεμίαν ὑφίσταται, ἀλλ' ἄφθαρτον διαμένει ὡς ἴδιον Χριστοῦ, *quo accidentia sola panis sancti corrumpuntur, substantia vero panis semel conversa et invocatione Spiritus sancti transsubstantiata in verum corpus Christi, nullam corruptionem sustinet, sed incorruptum perseverat, ut quod Christi proprium sit corpus.* Πῶς γὰρ ἂν εἶχον τὰ σεσηπότα ἐκεῖνα τοῦ ἄρτου συμβεβηκότα, καὶ σχεδὸν μὴ βλεπόμενα τῇ ὁράσει, τοσαύτην εὐθὺς εὐωδίαν ἀποπέμψαι, μετὰ τὸ ἀποβαλεῖν τὴν ἣν εἶχε νοτίδα ; *Quinam enim putrescentia hæc accidentia panis, et quæ pene non apparerent, talem tantamque fragrantiam spirassent, postquam exemptus humor fuit, quo affecta erant.* Subjungit se testem fuisse prodigii hujus, suisque manibus tunc contrectasse sanctissimum huncce panem.

EPISTOLA
Sanctissimi Petri Mansur ad Zachariam episcopum Doarorum.

Etsi corporibus separamur, nihilominus animo tenus spiritu conjunctissimi sumus. Tuam igitur bonitatem qua Deum ipsum æmularis, amplectimur et salutamus; ac de Dominico corpore, cujus participes sumus, hoc dilectioni tuæ significamus, duo Christi corpora nos dicere nequaquam posse, sed unum esse ipsius corpus. Sicut infans ex muliere natus perfectus est ; edens autem et bibens naturali facultate augescit : at quamlibet augescat, **656** non duo tamen corpora efficiuntur, sed unum manet : multo magis per operationem Spiritus sancti panis et vinum in accretionem corporis Christi unum corpus fiunt, et non duo.

Itemque sicut corpus Domini quod ex sancta Dei Genitrice natum est, corruptioni obnoxium erat usque ad resurrectionem, atque adeo clavis et lancea sectum fuit : ita quoque corpus illud cujus participes sumus, universam hanc admittit œconomiam. Jacet panis in sacra mensa tanquam in utero Virginis : Spiritus sanctus supervenit, velut sciscitanti Virgini : « Quomodo fiet istud, quoniam virum non cognosco ? » dictum est ab angelo : « Spiritus sanctus superveniet in te; » sic etiam in mensa Spiritus sanctus supervenit, et fit corpus Christi.

Deinde per manus sacerdotis elevatur tanquam in cruce, atque in nobis sepelitur, et œconomia perficitur : nos quippe simul incorruptos reddit. Enimvero quoad usque a nobis edatur, corruptibile illud dicimus. Quomodo enim, si corrumpi nequit, frangatur et comedatur. Post sumptionem autem jam incorruptibile est, ad consistentiam et in substantiam animæ nostræ transiens : incorruptibile, inquam, destructionisque nescium ;

Aut nos ab omni corruptela vindicet. Ita sentimus, ita quoque credimus. Interim ora pro nobis, sanctissime.

EJUSDEM CAPUT
De immaculato corpore, cujus participes sumus.

1. Corpus Domini Deique nostri quod participamus [1], fratres, corpus ipsum est quod de nostra substantia accepit, quod ex impolluta Deipara assumpsit. Neque enim duo corpora Christo tribuerimus : quia unum ipsius est corpus, et unam hostiam pro nobis obtulit Deo et Patri. Nam quamvis mysticum hoc incruentumque sacrificium **657** sæpius peragamus (eo quod omni loco et tempore quilibet fidelis divinum corpus et sanguinem participet), eadem tamen hostia est. Idem enim corpus offerimus, eumdemque Agnum Dei qui tollit peccata mundi [2]. Nam alioqui, si aliud hoc, aliud illud esset, jam multæ hostiæ pro nobis, et non una oblata fuisset : quemadmodum divinus Apostolus in Epistola ad Hebræos multifarie ait : « Talis enim decebat, ut nobis esset Pontifex, sanctus, innocens, impollutus, segregatus a peccatoribus, et excelsior cœlis factus : qui non habet necessitatem quotidie, quemadmodum pontifices, prius pro suis delictis hostias offerre, deinde pro populi. Hoc enim fecit semel se offerendo [3]. » Et post alia : « Christus autem assistens Pontifex futurorum bonorum per amplius et perfectius tabernaculum non manu factum, id est, non hujus creationis, neque per sanguinem hircorum et vitulorum ; sed per proprium sanguinem, introivit semel in sancta, æterna redemptione inventa [4]. » Et paucis interjectis : « Non enim in manufacta sancta Jesus introivit, exemplaria verorum ; sed in ipsum cœlum, ut appareat nunc vultui Dei pro nobis. Neque ut sæpe offerat semetipsum, quemadmodum pontifex intrat in sancta per singulos

[1] Damasc. lib. IV, *De fide*, cap. 13; Niceph. et alii. [2] Joan. I, 16. [3] Hebr. VII, 26, 27. [4] Ibid. 11, 12.

annos in sanguine alieno : alioqui oportebat eum frequenter pati ab origine mundi. Nunc autem semel in consummatione sæculorum ad destitutionem peccati per hostiam suam apparuit. Et quemadmodum statutum est hominibus semel mori, post hoc autem, judicium; sic et Christus semel oblatus ad multorum tollenda peccata : secundo sine peccato apparebit exspectantibus se in salutem [5]. » Et rursus : « Et omnis quidem pontifex præsto est quotidie ministrans, et easdem sæpe offerens hostias, quæ numquam possunt auferre peccata. Hic autem unam pro peccatis offerens hostiam, in sempiternum sedet in dextera Patris, de cætero exspectans donec ponantur inimici ejus scabellum pedum ejus. Una enim oblatione consummavit in sempiternum sanctificatos. Contestatur autem nobis et Spiritus sanctus. Postquam enim prædixit : Testamentum, quod testabor ad illos, dicit Dominus : Dando leges meas in cordibus eorum et in mentibus eorum superscribam eas, et iniquitatum eorum jam non recordabor amplius. Ubi autem horum remissio, jam non est oblatio pro peccato [6]. »

2. Sicut igitur infans ex muliere natus, perfectus homo est; edendo autem et bibendo augescit quidem, sed non aliud corpus assumit : neque duo aut plura ipsius corpora dicimus, sed unum, quod natum est ex matre : atque incrementum istud secundum inditam sibi œconomiam natura perficit : sic et in eo quod tractamus argumento, quandoquidem Christus caput nostrum est, nosque ejusdem cum ipso corporis, ipsius proinde sumus corpus quod semper augescit. Porro ejusdem cum eo corporis sumus, participatione carnis et sanguinis ipsius : « Accipiens enim panem et calicem ex vino et aqua temperatum, gratias egit et benedixit, et ait : Hoc est corpus meum [7]. » Atque naturalis rationis operandi loco panis et vinum cum aqua per sermonem ipsius facta sunt corpus et sanguis illius. Sicut corpus ipsius ante resurrectionem corruptioni subjectum erat; utpote fractum, manducatum et potatum; non ita tamen ut omni modo admitteret corruptionem..... Enimvero quænam alia causa fuerit, cur non post resurrectionem id fecerit, sed ante resurrectionem, nisi quia corpus ante resurrectionem non est incorruptibile, nec frangitur, nec editur, nec bibitur : quin nec sanguinem habet corpus immortale : imo ne caro quidem jure appellanda sit, ait Gregorius cognomento Theologus in Oratione de baptismo : « Crede, inquit, Christum Dei Filium qui denuo venturus est cum gloria judicare vivos et mortuos; non qui jam amplius exsistat caro : neque tamen absque corpore, sed cujus corpus divinius sit, ea quam ipse novit ratione : ut et videatur ab iis qui ipsum pupugerunt, et maneat Deus omnis crassitiei expers. » Hoc igitur quod participamus corpus sanguisque Dei nostri, corrumpi potest; quippe quod frangatur, effundatur, edatur, et bibatur : ac quemadmodum accretione corporis nostri impletur œconomia naturalis, quam a prima procuratione sua corpus nostrum accepit; sic sanctorum celebratio mysteriorum omnem perficit spiritualem, naturaque majorem œconomiam incarnationis Dei Verbi.

3. Nam in nobis semen patris principium quoddam est ad corpus infantis procreandum, suppeditato autem illi ex materno sanguine alimento fit subjecti materialis mutatio in corpus organicum secundum vim naturæ inditam ab ipsomet naturæ facultatumque ejus Opifice, atque ita caro, sanguis, ossa, et reliqua membrorum, ope facultatum attrahendi, et retinendique ac immutandi sive nutriendi et augendi constituitur : consimiliter, quod corpori ex alimentis accedit, per facultatem nutriendi, attrahendi, retinendi, et immutandi, corporis accretioni confert. Quapropter etiam in Dominici corporis accretione animo contemplari oportebat divinam œconomiam incarnationis ipsius, crucifixionis, sepulturæ, resurrectionis, et incorruptionis. Non enim statim ab initio Domini corpus a corruptione liberum factum fuit, sed corruptibile potius, et quod pati posset usque ad resurrectionem. A sepultura autem omnis corruptionis expers evasit, quando per divinam potentiam suam resurrexit ex mortuis, nobisque incorruptionem impertivit.

4. Qua vero tandem ratione id factum fuit? Illic sancta Virgo mensæ loco erat, materiam corporis habens. Deinde secundum angeli vocem Spiritus sanctus supervenit in eam : tum virtus Altissimi obumbravit illi; divinum, inquam, Verbum, divina persona, assumpsitque carnem ex ea. Sic etiam in mensa illa mystica, haud secus atque in utero Virginis jacet materia, panis nempe, atque vini et aquæ temperatura. Nam et mater ex istis quoque nutriebatur, ac fetui corporis materiam suppeditabat. Sacerdos ad instar angeli ait : « Ut Spiritus sanctus superveniens sanctificet; ac faciat, panem quidem illum sanctum Christi corpus, calicem istum sanguinem Christi pretiosum [9]; » efficiturque non naturali, sed natura sublimiore œconomia, unum corpus, non duo, ad incrementum Dominici corporis et sanguinis.

5. Dein elevatur in manibus sacerdotis, tanquam in cruce, et fractum distribuitur, cumque in nobis est, nos simul incorruptos reddit. Is enim finis est œconomiæ. Non penitus corrumpitur in nobis, uti nec Domini corpus in sepulcro corruptionem omnimodam admisit. Verum donec a nobis sumatur, omnia quæ corruptionis sunt, sustinet. A nobis quippe frangitur cum reverentia et fide : et iniquorum manibus, necnon a mu-

[5] Hebr. vii, 24-28. [6] Hebr. x, 11-18. [7] Ex Liturgia sancti Jacobi. [8] Luc. i, 35. [9] Liturgia S. Jacobi.

ribus et vermibus sæpe indecore habetur et projicitur : sed nequaquam destruitur, neque eo devenit ut esse desinat. Coalescit enim insensibili quodam modo in unum corpus. Nam et Dominus circumcisus fuit, et in cruce ex pedibus manibusque et latere sanguinem effudit : qui tamen in unum idemque corpus coaluit : resurrexit enim totum corpus et integrum. Dixit Christus : « Hoc facite in meam commemorationem. Quotiescunque enim manducabitis panem hunc, et calicem bibetis, mortem Filii hominis annuntiabitis[10]. » Mortis autem memoria corruptio est. Mors enim est corruptio, etsi non omnigena destructio.......

[10] I Cor. xi, 25, 26.

Capitulum hoc inventum fuit in charta antiquissima detrita ipsiusmet manu singulis litteris tumultuaria opera exaratum. Quæ autem supersunt, quamvis fine careant, quoad ejus fieri potuit, collecta fuerunt, ne penitus interirent.

Post opera quæ Joanni Damasceno supposita fuerunt, interpolationes duas libri De fide orthodoxa, quas distractis schedis prætermiseram, subjiciendas putavi. Primam in codd. Regiis 2930, 3109, 3445, et Colb. 2765 repereram, capite 3 libri III, *post hæc verba,* perfectus Deus et perfectus homo *(vide p. 207), adeoque contextum auctoris insulse prorsus scindit. Sic porro habet :*

Quin etiam omnis compositæ naturæ partes, cum prius non essent, acceperunt ut sint, ad universum absolvendum : nec impossibile fuerit ea quæ simul sunt tempore, naturam unam compositam perficere ; quippe quæ definitionem hanc naturalemque legem ab Auctore naturæ susceperunt ; ut ex similibus similia successionis ordine procrearentur. At earum, quæ in Domino copulatæ sunt, naturarum, hæc quidem nec initium habuit, nec tempori subest ; illa vero incepit et temporalis est : neque ex illis species ad totius complementum emersit (alioqui non requievisset Deus octava **660** die ab operibus suis), neque naturali vinculo, sed insolita supernaturalique ratione conjunctæ sunt. Quæ porro insolita sunt et supra naturam, nihil naturale constituunt. Neque dici potest aliquam esse rubi naturam quæ cum igne ita familiaris sit, ut non comburatur ; neque naturam hominis aliquam esse in aerem, vel etiam in cœlum sublati ; nec rursum humani corporis naturam, quod in medio igne rore perfundatur : sed ea præter communes naturæ leges uni hypostasi convenire dicimus. Consimili ratione incarnationem Domini in una sanctissimæ Trinitatis persona sic factam novimus, ut non secundum naturæ legem, sed supernaturali dispensatione naturarum conjunctionem exstitisse doceamus : non servata nimirum naturarum lege, qua ex Christo progignatur Christus, qui multas Christorum personas producat ; quin potius una sit composita persona ex duabus et in duabus naturis, ac duæ simul naturæ : utraque videlicet natura, etiam post conjunctionem, tum definitionem, tum leges proprias, tum eam quæ inter utramque intercedit differentiam conservante. In homine siquidem ea ratione qua corpus et anima differre inter se considerantur, naturas duas dicimus ; qua vero naturalis diversitas personæ unius ab alia non perspicitur, naturam unam agnoscimus : et unius quidem naturæ dicuntur ea quæ ejusdem sunt speciei, etsi secundum hypostasim differant ; unius vero personæ quæ licet penes essentiam diversa sint, in una hypostasi uniuntur. Diversæ autem speciei hypostases non comparantur inter se qua hypostases sunt, sed ratione naturæ ; nec ejusdem speciei hypostases, qua hypostases sunt comparantur : quin potius differunt inter se. Et uti fieri non potest, ut una personali differentia discrepant unius sint personæ, ita nec possunt ea, quæ naturalem inter se servant diversitatem, unius esse naturæ.

Secundam itidem reperi in Regiis iisdem codicibus et Colb. 4780 et 2765, post hæc verba, cap. 7 ejusdem libri III : Hanc enim maxime peculiarem Christi personæ proprietatem esse agnoscimus *(vid. pag. 214), sed in Colb. 4780 præmisso repetitoque lineolæ ductu, veluti parenthesi interclusa fuit, librario utique significante hæc omnia peregrina prorsus esse. Unde in nostro codice chartaceo eadem in fine ejusdem capitis subjecta sunt, ut nullum supersit dubium quin scholium quoddam sint, aut alterius auctoris fragmentum, quod ex margine in textum Damasceni invectum erit.*

Neque enim quidpiam pertulit (Verbum) cum factum est caro. Qui namque pateretur quod pro sua natura a perpessione est immune ? Mutationi siquidem obnoxium non fuit, quod simplex erat, quando compositionem admisit : mutatio quippe perpessio est. Quod vero pati non potest, id prorsus est immutabile. Ergo operatum fuit, dum carnem assumpsit, non item passum. Divina etenim ipsius natura mutationem, adjectionemve non admisit. Nam quod personam constituit, id est filiatio, mutatum non est. Mansit quippe Filius Dei, quando hominis factus est Filius. Non passus est igitur, sed magis operatus est, carnem sibi condens anima rationali et intelligente animatam, **661** eidemque seipsum in subsistentiam præstans, et in seipso subsistere eam faciens. Hoc autem nosse oportet, quod in accensione duo consideranda sunt. Quidpiam enim accendi dicitur; atque ita quidem, ut ferrum, ex. gr., aut lignum in ignem prius ardentem immissum ex sese suscipiat ignem qui in se prius non subsistebat, illique fiat hypostasis. In ipso namque ligno exstanti prius et subsistente subsistit ignis, quem ex prius exstante igne concepit. Atque hypostasis ferri, et ignis qui in eo recipitur, una fit hypostasis; itemque ligni et ignis qui in eo est. Non enim secundum seipsum subsistit ignis, qui lignum pervadit, sed subsistentiæ ejus, ac seorsim ab ignibus exsistentiæ constitutionisque causa est lignum; adeoque una est ligni atque in ipso exsistentis ignis hypostasis. Ac primum quidem ligni, deinde autem ignis. Nam cum ante ligni solius hypostasis esset, postbac ignis etiam hypostasis facta est. Rursum accensio alio sumitur modo, cum nempe lignum accensum efficientiam ignis excipit. Quod enim subtilius est, illi quod crassius est propriam largitur efficaciam. In accensionis igitur exemplo, puta ardentis ligni, ligni quidem inflammatio dicitur, non item lignatio ignis: prius enim lignum exsistit, fitque deinceps ignis hypostasis, ignisque operationem suscipit. At in Christo Jesu Domino nostro non item. Incarnatio Verbi dicitur, quia Verbum hypostasis factum est carnis. Prius enim exstabat Verbi persona, quam in ipsa subsisteret caro. Carnis vero propria fuit deificatio. Deitatem enim participavit, non vero deitas perpessiones ejus. Nam per carnem operatur deitas, sicut ignis per lignum, non autem caro per Verbum. Nihil passum est Verbum quando factum est caro, sed incarnationem peregit, carni largiens et subsistentiam et deificationem. Deificationem, inquam, non qua in deitatis naturam versa sit, sed per communicationem hypostasis earumque prærogativarum quæ deitati propriæ sunt. Vitam enim concedebat, non suapte natura, sed propter conjunctionem cum deitate. Et in Thabor resplenduit et effulsit, non ex propria natura, sed propter unitæ divinitatis efficacitatem: quemadmodum non per naturalem suiipsius efficaciam lignum lucet et ardescit, sed ex ignis participatione hypostatice sibi conjuncti.

Leo Allatius in Symmistis suis, pag. 448, post epistolam ad Nihusium, indicem evulgavit opusculorum Joannis Damasceni quæ Cl. Joanni Auberto Lutetiam miserat, ut in proxima sancti doctoris operum editione una cum aliis publici juris fierent. In his duo sunt quibus suum in hacce nostra locum deberi non puto, utpote quæ nihil aliud sint nisi partes quædam libri Anastasii Sinaitæ qui Ὁδηγὸς *seu* Dux viæ adversus Acephalos, *inscribitur, quibus librariorum imprudentia Joannis Damasceni nomen præfixum fuit. Primi in codice Vaticano titulus est :* Ἰωάννου τοῦ Δαμασκηνοῦ, περὶ τοῦ εὐσεβῶς καὶ θεαρέστως λέγειν τὰς δύο φύσεις ἐπὶ Χριστοῦ, ὁμοίως καὶ τὰς ἐνεργείας καὶ θελήματα· Joannis Damasceni, Quomodo religiose et ex præscripto divino confiteri oporteat duas naturas in Christo et consimiliter duas operationes et voluntates. *Incipit :* Ἰστέον καὶ μὴ ἀγνοητέον, ὅτι οὐ δεῖ ἡμᾶς ἀβασανίστως· **662** Sciendum est nec ignorandum, non oportere nos sine examine et disquisitione, etc. *Quod cum vir clarissimus doctissimusque Laurentius Zacagnius Vaticanæ bibliothecæ præfectus peramanter mihi describendum curasset, agnovi nihil aliud esse quam brevem illam fidei expositionem quæ pag.* 10 Τοῦ Ὁδηγοῦ *et seqq. habetur, usque ad schol.* μὴ λανθανέτω τοὺς φιλοπόνους. *Noverint studiosi lectores. Profecto, quando auctor qui orthodoxus est, admodum cavendum monet ne fidelis coram simplicioribus voluntates duas totidemque operationes, duove* φυσικὰ *naturalia incogitanter et temere profiteatur, extra dubium est eum vixisse saltem antequam Monotheletarum hæresis proscripta esset. Tunc enim palam Catholici omnes, uti duas naturas, ita et voluntates et operationes duas in Christo, dupliciaque naturalia, nulla verecundia confessi sunt. Rursumque præmonitiones illæ quibus lectorem præmuniendum ait, Sinaitæ indolem et ingenium prorsus produnt, nec quidquam estin hac parte Viæ ducis, quod non stylum dictionemque et methodum ejus non referat.*

Leo Allatius in Diatriba de Joanne Damasceno et ejus operibus, n. 69, *testatur secundi opusculi in suis schedis titulum hunc fuisse :* Τοῦ ἐν ἁγίοις Πατρὸς ἡμῶν Ἰωάννου τοῦ Δαμασκηνοῦ, ὅροι διάφοροι πρὸς ἀκριβεστέραν παράδοσιν καὶ πίστιν τῆς ἁγίας καθολικῆς Ἐκκλησίας, συλλεγέντες ἀπὸ Κλήμεντος Ῥώμης, καὶ ἑτέρων ὁσίων Πατέρων· Sancti Joannis Damasceni, definitiones variæ pro accuratiori traditione et fide sanctæ catholicæ Ecclesiæ, collectæ a Clemente Romano, et aliis Patribus. *Fatetur vero definitiones istas ipsasmet esse, quæ cap.* 3 τοῦ Ὁδηγοῦ *continentur editæque multoties fuerunt inter opera Athanasii, sed nonnihil auctiores : insuper in codice Vaticano* 495, *in eadem inscriptione legi,* συλλεγέντες ἀπὸ μακαρίου Κλήμεντος καὶ Ἰωάννου τοῦ Δαμασκηνοῦ, *collectæ ex beato Clemente, et Joanne Damasceno et aliis. Quibus nihil significatur aliud, nisi collectionem hanc definitionum consarcinatam fuisse ex libris qui Clementi, sive Romano, sive Alexandrino attribuebantur, necnon ex operibus Athanasii, et Anastasii, sive Antiocheni, sive Sinaitæ, auctamque tandem esse ex definitionibus quæ passim apud Joannem Damascenum occurrunt. Quod fucum librario cuipiam fecerit, ut definitiones has omnes a Joanne Damasceno collectas esse sibi fingeret. R. admodum P. Bernardus de Montfaucon, t.* II *operum sancti Athanasii collectionem hanc longe fusiorem quam in pristinis editionibus dedit.*

Leo *Allatius una etiam Auberto miserat opuscula duo alia quæ nusquam potui reperire. Primum est,* Λίβελλος ὀρθοδοξίας, *Libellus rectæ fidei, cujus initium esset :* Πιστεύω εἰς ἕνα Θεὸν Πατέρα παντοκράτορα· *Credo in unum Deum Patrem omnipotentem. Et ex fragmento quod idem Allatius in Diatriba recitat, n.* 60, *intuli illud diversum fuisse ab eo quod ante dedimus cum hac inscriptione :* Λίβελλος περὶ ὀρθοῦ φρονήματος· *Libellus de recta sententia.*

Opusculum aliud erat Περὶ πίστεως κατὰ Νεστοριανῶν *De fide contra Nestorianos. Principium,* Ἔδει μὲν ἡμᾶς τοὺς ὑπὸ Θεοῦ σεσωσμένους· *Oportebat nos qui a Deo salvi facti sumus.*

---

663 *Operum sancti Joannis Damasceni, seu ejus nomine insignitorum collectionem claudet* **Expositio fidei** *ab aliis quas ante dedimus diversa, quam Arabicam cum genuinis aliis ejusdem lucubrationibus reperi in cod. RR. PP. presbyterorum Oratorii Parisiensis, copiam ejus mihi faciente doctissimo R. P. Lelong, bibliothecæ ipsorum præfecto meritissimo. Exemplar Græcum hujus opusculi dudum, sed incassum quæsivi. Quamobrem adhibita primum amici Arabici sui idiomatis callentissimi opera versionem Latinam adornavi; quam vir ejusdem aliarumque linguarum, ut et theologiæ, Orientalium peritissimus perhumane recognovit emendavitque. Declarationem porro istam rectæ fidei nostri auctoris sinceram esse fetum mihi extra dubium est, propter summam cum aliis ejus operibus theologicis consonantiam, tam quoad doctrinam et sententias, quam quoad earum enuntiandarum rationes quæ hinc inde obviæ sunt, Damasceno prorsus proprias.*

S. JOANNIS DAMASCENI
EXPOSITIO ET DECLARATIO FIDEI.

I. *Joannes Damascenus ad Ecclesiæ regimen allectus.* — Quis sapiens est, ut intelligat amplitudinem clementiæ Dei ejusque bonitatis erga nos, qui nostri misereri voluit, ita ut ad servos suos se dimitteret, pauperes eorum erecturus, et de stercore inopes exaltaturus, collocando eos in solio nobilitatis et excellentiæ suæ cum principibus populi sui? O profundas bonitatis Dei nostri divitias! quis cognovit unquam sensum Domini? quam magnum mysterium est quod mihi explicandum incumbit! Sit ergo, Domine, amplum hoc negotium opus acceptum tibi, in quo persequendo a te non deseret, aut negligar; quin potius tibi placeat. Opella mea ejusmodi non sit qua opinionem hominum aucuper, sed qua tu ipse læteris. Non ad pœnam cedat amicis tuis, quia amici tui sunt, quamlibet pauci: non ad plectenda ipsorum peccata, sed ad salutem hoc eis conferat. Tu, Domine, eduxisti me de lumbis patris mei: tu me formasti in utero matris meæ; tu in lucem me puerum nudum edidisti, quia naturæ nostræ leges præceptis tuis perpetuo morem gerunt. Tu præparasti per benedictionem Spiritus sancti creationem meam et exsistentiam meam, non ex voluntate viri, aut desiderio carnis, sed gratia tua quæ non potest enarrari. Præparasti nativitatem meam præparatione quæ naturæ nostræ leges superat, me in filium adoptando in lucem emisisti, ascripsistique inter alumnos Ecclesiæ tuæ sanctæ et immaculatæ. Tu me nutrivisti lacte spirituali, lacte, inquam, divinorum eloquiorum tuorum. Tu me sustentasti

A esca solida corporis Jesu Christi Dei nostri, Unigeniti tui, sanctissimi, et inebriasti divino calice, vivifico scilicet sanguine ejus, quem effudit pro salute totius mundi. Quia, Domine, dilexisti nos, et substituisti Filium tuum unigenitum dilectum pro redemptione nostra, quam suscepit volens, nec repugnans; quinimo ceu qui destinatus erat ad sacrificium velut agnus innocens, cum se ipse ad hoc posuerit: quia cum Deus esset, factus fuit homo suaque voluntate humana subjecit se, factus obediens tibi Deo Patri suo usque ad mortem, mortem autem crucis. Sic quidem, o Christe Deus meus, humiliasti temetipsum, ut me ovem errantem humeris tuis tuleris, paverisque me in loco virenti, et nutrieris aquis rectæ doctrinæ per manus pastorum tuorum, quos tu cum ipse paveris, electum subinde illi eximiumque gregem tuum paverunt. Vocasti me nunc, o Domine, per manus pontificis tui ad ministrandum alumnis tuis. Qua vero id providentia feceris nescio: tu solus id nosti. Verum, o Domine, levem facito sarcinam gravem peccatorum meorum, quibus graviter deliqui; mentemque et cor meum munda. Deduc me per viam rectam ceu lucerna lucens. Da mihi sermonem in apertione oris: claram expeditamque linguam præbe per igneam Spiritus tui linguam: ut præsentia tua me semper inspiciat. Pasce me, Domine, et pasce mecum, ne cor meum inclinet me, neque ad dexteram, neque ad sinistram: sed Spiritus tuus bonus dirigat me in viam rectam, meaque opera secundum voluntatem tuam fiant atque utinam ita fiant. Tu vero, o vertex nobile exactissimæ puritatis, o cœtus Ecclesiæ præstantissime qui auxilium a Deo præstolaris : o tu in quo requiescit Deus ! accipe a nobis doctrinam fidei ab errore immunem, qua roboretur Ecclesia, quemadmodum a Patribus nostris traditum fuit.

II. *Professio fidei.* — Credo in unum Deum, principium unum sine principio, substantiam unam, substantia essentiave superiorem, sempiternum, increatum, immortalem, perpetuum, omnipotentem, causam bonam omnium bonorum, omnium quæ sunt Conditorem, omnia conplectentem, omnia curantem, omnia continentem, cujus possessio æterna est et initii expers, abyssum essentiæ imperscrutabilem, **664** infinitam, et immensam, abyssum item sapientiæ et bonitatis, potentia cujus enarrari vis nequeat, lumen purum et expers materiæ, unum in tribus personis cujus substantia una, voluntas una, actio una, potestas una, dominatus unus, regnum unum, in personis tribus agnitum, sine divisione, confusione et permistione ; Patrem, et Filium, et Spiritum sanctum, citra contractionem et confusionem [ἄνευ συναλοιφῆς καὶ συγχύσεως] : ut nempe Pater non sit Filius, nec Filius, Pater, nec Spiritus sanctus Pater aut Filius, cum salva unicuique personalis sua qualitas sit in essentia sua, divinitate scilicet indivisa permanente : quia sese mutuo penetrant personæ sine perturbatione commistionis, aut alterius ab altera secessione. Quod manifestum fit eo quod Pater in Filio et Spiritu sancto sit ; Filius item in Patre et Spiritu sancto ; et Spiritus sanctus in Patre et Filio. Enimvero Pater est perfectus Deus, Filius quoque perfectus Deus, et Spiritus sanctus perfectus Deus. Cum enim unusquisque illorum trium perfecta persona sit, Deus proinde perfectus est : et vicissim unusquisque ex tribus Deus perfectus est, quia est persona perfecta. Item unusquisque perfectus est Deus, et tres unus Deus sunt, quia essentia illorum una est, virtus una, actio una, dominatus unus. Id vero non est secundum rationem specierum in rebus creatis. Nam in illis facile est ut intellectus in hominibus perspiciat aliquid amplius quam in alia specie perspiciatur, nempe cum mente colligit ideas separatas in unam substantiam essentiamve, voluntatem unam, actionem unam : quia individuum quodcunque, qua actu exsistit, distinctum est secundum essentiam ab alterius essentia. Quod demonstratur, quia anima alia atque alia est, corpus aliud atque aliud est ; adeoque alius et alius sunt ; licet eorum essentia una sit. Utraque earum distinguitur ab altera, loco, tempore, et motu operationum suarum naturalium. V. gr. Petro suapte natura volente aliquid, non continuo idem vult Paulus, tametsi suapte natura peræque habeant ut velint. Et quando esurit Paulus, non simul esurit Petrus, quamlibet uterque proprietatem naturalem esuriendi habeat : eo quod ambo quæ sibi propria sunt possideant. Atqui virtus naturalis manifesta fit per discursum intellectus ex convenientia, ut cum inveniuntur multi similes motus qui ex naturæ legibus cientur secundum statum unum naturalem. Sic porro fit apud nos. Verum quod ad sanctam Trinitatem attinet, non ita res se habet. Etenim essentiæ divisæ non sunt, neque loco, neque tempore, neque voluntate, neque efficientia, neque ulla re ex his quæ denotant in nobis discrimen personarum et rerum creatarum multiplicationem : sed hoc solummodo fit per relationem unius ad alium, et secundum exstantiæ modum [κατὰ σχέσιν καὶ τρόπον ὑπάρξεως] juxta ac superius diximus. Nam Pater, absque principio est, et Filius est ex Patre per filiationem, et Spiritus sanctus ex Patre per Filium, non per filiationem, sed per processionem. Ac si necesse est nobis hoc obscuris imaginibus et tenuibus quibusdam umbris assimilare, dicemus hanc trinitatem esse ad instar solis, qui lumen emittit suum, aut intellectus qui verbi sui est fons ; quia lumen nascitur ex sole, et verbum gignitur ab intellectu. Siquidem a sole radii luminis oriuntur, atque ab intellectu oritur spiritus qui manifestatur per verbum quod emanat ex abscondita scaturigine sua, splendorem suum naturalem explicans. Fons itidem omnibus aquam exhibet, quæ bibitur, fluit, profunditur. Sic quoque ad Filium Pater, qui non est ex Filio, sed genitor est Filii, et Filius ad Patrem refertur, atque ex Patre est, quia natus est ex Patre, et Spiritus sanctus ad Patrem refertur, atque est ex Patre, quia est ex illo, non filiationis more, sed processionis. Itemque Spiritus sanctus Spiritus est Filii, sed non est ex Filio. Est tamen ad Filium, quia emanat per illum et ex illo. At non est ex Filio, quia Pater una est causa, tum Filii, tum Spiritus sancti, utriusque ex æquo, ut Pater simul sit et Filii Pater, et productor Spiritus. Nam quæ supra non sunt, ex iis quæ nobis affinia sunt appellamus, cum propter excellentiam fieri non possit ut definiatur, quomodo quisque ad alterum **665** se habeat, et quisque concipiat in seipso quid alterutri conveniat, et veram rationem exstantiæ ejus.

III. *Trinitas personarum, unus Deus.* — Tribus itaque motio una est, et splendor unus : nec sunt tres motiones similes, sed una eademque motio : quod exinde constat, quia Pater qui extra tempus est, vult per Filium qui Verbum ipsius est et sapientia subsistens, et per Spiritum perficit productionem suam : sicuti mens nostra rationem naturalem impulsu naturali cogitando movet ad manifestandum id quod cogitavit, illudque perficiendum. Mens autem nostra istis rebus non caret ; quia fieri nequit ut nostra mens ratione destituta sit, aut spiritu, qui palam prodeat. Quocirca Pater vult et intelligit per Filium suum, et quidquid per ipsum cogitat, illud facit, et perficit per Spiritum omnia quæ fecerit. Deus Pater perpetuo comprehendit in se Verbum suum, quod ex se semper non sine oblectamine genitum est, persona voluntate prædita et perfecta. Propterea non cessat esse Filius, et Spiritus sanctus cum Verbo semper adest; quia Filius absque Spiritu et Spiritus sine Filio perfectione caret, qua exprimatur [γνωρίζεται] et exsistat. Non enim Deus noster ullo tempore Verbo suo caruit neque Verbum Spiritu; ne qui perfectus est perfectionis aliquando expers fuerit. Nam res creatæ, quando habuerunt exsistentiam, ea ante carebant : quia cum non essent, ad hoc pervenerunt ut essent. Ast non ita res se habet in natura divina, nec ulla productio nova fit in Trinitate. Omne verbum virtus substantialis est intellectus. Neque id tantum, sed virtus qua producitur, ipsa via est ad producendum spiritum. Atqui Pater, et Filius, et Spiritus sanctus, Deus unus sunt. Quilibet trium Deus perfectus est : hypostasisque perfecta, et idcirco unus trinusque Deus est. Quod exinde constat, quia quilibet eorum quando de distinctione ipsius agitur, Deus est perfectus, quia perfecta hypostasis est : et Trinitas, ubi una cum alia intelligitur, Deus unus est. Enimvero non convenit naturam divinam geniturae expertem esse, ulliusve perfectionis. Quo enim pacto qui genitura destitutus sit, perfectus fuerit. Neque viri eruditione insignes his contradicunt [1]. Idcirco itaque genuit Filium, et Spiritum eadem vi produxit, ut Deus esset unus et unusquisque trium perfecta persona, ne divinitas sit proprietas sine perfectione; neve Deus perfectus ex illis rebus imperfectis constet. Quin potius in Trinitate perfecta Deus unus sit perfectione omni superior et anterior [ὑπερτέλειος καὶ προτέλειος].

IV. *Diversa Spiritus vocabuli significatio. Malum substantia non est, contra Manichæos.* — Cum autem Spiritus unum nomen sit, ejus nihilominus diversa significatio est. Nam significat vivum quid quod materia caret; unde Scriptura dixit : *Spiritus est Deus* [2]. Denotat etiam aliquando aerem et motum aeris, seu ventum : itemque angelum et animam et intellectum qui est pars animæ. Demum significat illud quod Verbi vehiculum est, secundum quam significationem, Spiritus sanctus appellatur : veluti nempe Scriptura sacra dicit : *Verbo Domini cœli creati sunt, et Spiritu oris ejus omnis virtus eorum* [3]. Atqui os Dei neutiquam corporeum membrum est, neque Spiritus est halitus evadens et tenuis : sicut neque Verbum Dei est, quod lingua corporali edatur, in auras illud emittendo : quia impossibile est Deum habere aliquid contrarium essentiæ suæ. Deus autem, quia, sicut diximus, principium non habet, rerum conditarum patrare creationem voluit per Verbum suum, quod sine initio est, necnon per Spiritum, qui nec ipse initium habet. Verum dicendo Deum principio expertem ἄναρχον esse, hoc duo significat, nempe eum non habere causam, nec initium in tempore : ac Pater secundum hæc duo significata principii est expers; Filius vero et Spiritus temporale initium non habent, quia conditor temporis neque tempus habuerit, neque subditus tempori fuerit : at vero causæ expertes non sunt. Pater siquidem eorum principium est, a quo exsistentiam habent, non tamen ut post illum sint. Possident illud omne quod possidet Pater possessione substantiali [4]. Ipse vult sine principio, quia mutari nequit; et ipse novit sine principio quidquid ad nos spectat : ea veluti ad nos non spectarent definit sine principio; definit, inquam, ea veluti ad nos non spectarent, sine tempore. Quæ vero prædeterminavit et definivit, eorum unumquodque perficit in tempore suo. Quidquid enim prædeterminavit, illud est bonum. Nam malum substantia non est, nec quidpiam quod exsistat; quia fieri non potest ut ex bono malum producatur, quemadmodum e contrario neque ex malo bonum, aut utriusque permistio : quoniam ambo contraria sunt, nec alterum cum altero convenientiam amoris habent ad invicem, neque consuetudinem. Impossibile prorsus est ut duo principia sint initii expertia : quippe cum unitas naturæ principium sit binarii. Insuper propriis suis circumscribuntur locis, nec commiscentur, ita ut initium unius pertineat ad extremum alterius. Quin nec societate ulla junguntur, invicemque adversaria sunt. Quinam igitur erunt inclusum et includens, recondens et reconditum, debellans et debellatum? Avertat Deus, ut hæc dogmata nobis adoptemus!

V. *Malum est defectio a naturali obedientia. Oritur ex pravo usu liberi arbitrii.* — Itaque Deus noster, Deus unus est, ut ostendimus, omni initio carens : dicimusque malitiam nihil esse aliud nisi accidens, et actum declinantem a lege quam indidit Deus naturæ rationali [in actibus ejus et hypostasi ejus [5]], esseque in rebus quæ exsistunt tanquam defectus operis naturalis, haud secus atque cæcitas in corpore. Quin et hæc solummodo reperitur in creaturis ratione præditis. Atque hoc constat, quia natura divina variationi subjecta non est, neque peccato, sed unum cumdemque statum semper tenet. Quin et bruta quæ ratione destituta sunt, legem non acceperunt, neque legem, neque prævaricationem apud illa reperire sit. Sed creaturæ, in quibus variatio reperitur, una cum potestate arbitrii, cum satis ipsis cognitionis insit eorum quæ fugere debeant, legem acceperunt ad agendum : quia creaturis ratione utentibus non convenit, ut se gerant ad instar brutorum. Quocirca ornatæ fuerunt liberi arbitrii facultate : quia libera voluntas perfectio quædam est; conveniens naturæ rationali, ne subjecta sit

---

[1] Nonnihil hic ab interprete Arabico erratum sentio. [2] Joan. IV, 24. [3] Psal. XXXII, 6. [4] Id est, in essentia sua. [5] Hic genuinus auctoris sensus esse non videtur : sed alter non occurrit, quando Græca desunt.

affectionibus brutorum, quando id honoris habeat ut sit ad imaginem Dei. Quinam enim qui potestatem sui non habet, imago Dei sit? **666** Atqui liberam voluntatem habere, creaturæ rationalis bonum est, sive bene ea utatur, sive non. Quapropter legem suam Deus concessit illi qui liberi arbitrii est, ut eam implendo se esse noverit sub Domino suo, neque se extollat supra modum et vires suas, sed legis ope deducatur in actibus suis, velut per lumen quo dirigatur. Nam hoc solum bonum Deus desiderat, ut humiliet se coram potentia Creatoris sui, et per conjunctionem cogitationis suæ cum principe suo beatitudinis fiat compos. Cum vero non intellexit dignitatem liberæ voluntatis suæ, qua donatus fuit, sed comparatus est jumentis insipientibus [6], agendo illud quod non convenit, accidit in mente ejus malitia; quia omni servo incumbit ut heri sui mandatis morem gerat. Liberum siquidem arbitrium non est aliquid pravum, neque causa est aut occasio mali: sed quemadmodum lex justa et sancta est, ut in ea nec peccatum fuerit, sic libera voluntas bonum est aliquod creaturæ rationalis. Atque id manifestum fit, quia libertas arbitrii necessario convenit naturæ rationali, ut Gregorius Nyssenus docet [7]. Quisquis enim suapte natura rationalis est, ille quoque liberi est arbitrii: et ei qui liberi non est arbitrii, lex data non fuit. Cui vero data non est lex, in eo prævaricatio non invenitur. Quamobrem Magnus Basilius, vir Deo plenus, ait [8], liberam voluntatem originem esse peccati: non quod de ratione ejus sit, ut ex ea vitium nascatur, ut necesse sit et illum qui liberi arbitrii est, vitium admittere, quia dominus sui est; sed cum eo prave utatur, pravus is usus peccatum censetur. Quin et negligentia est causa mali, quia disponit ad illud agendum quod nobis prohibetur. Quapropter malum non est a Deo, neque substantia est, verum accidens et defectio a naturali obedientia, et a potestate illa naturali tradita creaturæ rationali super animantia ratione carentia. Eaque soboles et filia est perversi in discernendo judicii, et peccatum ignorantia est. Quæ viri docti de hac re tradiderunt, sensum hunc unum habent.

VI. *Hominis creatio. Perstrictus primum Origenes. Homo ex duabus naturis constat.* — Credo itaque in unum Deum Patrem, et Filium, et Spiritum sanctum, unius substantiæ, unius voluntatis, unius virtutis, unius operationis, unius dominatus, regni unius, sine principio et interitu, æternum, tres hypostases perfectas, unamquamque Deum perfectum, et tres personas perfectas Deum unum. Hunccque creatorem et mirabilium effectorem, qui res conditas produxerit ex nullis exstantibus. Neque confiteor rationales animas prius exstitisse: sed juxta ac tradit Scriptura, Deum creasse hominem. Atqui homo non est anima sola, neque corpus solum, sed quod ex utroque constat: *Quocirca accepit Deus pulverem de terra* [9]. Nam de materia quam ante creaverat produxeratque, condidit corpus ejus, et indidit illi per flatum suum animam ratione et intelligentia præditam, ad imaginem suam, et coaptavit hominem ex his duobus, personam unam, viventem, compositam, possidentem in se duas naturas; quia corporis et animæ non una essentia est, sed alia atque alia natura est, quarum non una est essentia; cumque alia atque alia natura sit, nequaquam est una. Quod perspicuum fit, quia corpus nostrum suapte natura, neque motum, neque sensum habet. Quod quidem mors certum facit, qua corpore et anima sejunctis, quodlibet eorum una natura quædam esse demonstratur. Quare cum homo ex duabus naturis constet, naturam in se duplicem habet, atque adeo mortalis est et immortalis, visibilis et invisibilis, expugnabilis et inexpugnabilis, divisibilis et indivisibilis, latens et apparens; qui secundum utramque affici patique possit et immutari, et quod doloris sit capax et affligatur secundum partem contrariam. Homo itaque naturis duabus constans, persona una composita est; quamlibet natura hominis natura una composita dicatur, qua species una est composita, comprehendens personas hominum compositas, ac essentia unius sit essentia alterius, quia unaquæque eorum hypostasis ex corpore et anima composita est.

VII. *Homo legi subjectus a creatione. Lapsus hominis.* — Confiteor hominem hunc positum a Deo esse in horto voluptatis, accepisseque a Deo legem, qua se Domino suo esse subjectum intelligeret. Hæc porro lex est scientia obedientiæ, lucerna lucens qua dirigatur ad id quod sibi consentaneum est. Quia convenit ut, cum compositus sit ex anima et corpore, huic facile non contraveniat, sed distribuat bona animæ suæ, cujus auctor et doctor est ille a quo creata fuit, qui curam ejus habet, qui solus novit omnia. Non igitur vult hominem sui operis judicem esse, non, etsi ad perfectionis apicem pervenerit, aut summa sollicitudine corpus cui permistus est, curare: sed voluit ut sequeretur legem suam sine remissione, ne aberraret ac declinaret ab eo quod sibi facere incumbit: neque voluit eum habere in sua natura bonum et malum, sed concessit ut sciret utrumque. Quamobrem voluit ut bonum nosset per legem suam divinam, ne deciperetur a rebus corporalibus propter oblectamenta earum. Illum itaque conservus ejus non satis sollicitum cernens, invidit ei, et per invidentiam dejecit eum: qui depresso intellectu suo rebellavit adversus legem Creatoris sui, corpusque suum sordibus inquinavit. Quo factum est, ut comparatus sit jumentis insipientibus et similis factus sit illis [10]: ob-

[6] Psal. XLVIII, 13. [7] Orat. catech. cap. 31. [8] Hom. *Quod Deus non sit auctor malorum.* [9] Gen. II, [10] Psal. XLVIII, 13.

noxius miseriis fuit, expulsusque est e paradiso tanquam rebellis, superbus et miser; quia consentaneum non erat, ut malitia immortalis esset. Nimirum ille qui livore erga eum arserat, apprime norat quandiu Is Creatori suo obsequens perseveraret, Dominoque suo conjungeretur, ipsum perventurum ad virtutum possessionem, earumque perfectionem, intellectu perfecto, recto et grato locupletatum, atque in statu suo cupiditatibus carnis superiorem fore, ut ligni vitæ compos fieret, hoc est incorruptionis. Atque ex hac parte invidentia aculeus serpentis fuit, ut qui jam rebellasset, sententiæ quoque fieret obnoxius.

VIII. *Dei erga hominem humanitas. Incarnatio Verbi.* — Verum Deus noster, cum natura sua benignus sit, non sustinuit ut hominem quem fecerat insolenter exagitatum videret a diabolo, qui per fraudem duræ servituti ipsum subjecisset. Locutus est Dominus patribus nostris multifariam multisque modis in prophetis, et novissimis temporibus [11], juxta ac promiserat patribus nostris, misit Filium suum unigenitum, natum ex muliere, ut succurreret homini divinæ legis refractario Quia homo Dei lege violata factus erat mortalis ob damnationem, hic legem implevit ea perfectione quæ in hominem caderet, solvitque judicia humanæ naturæ. **667** Cum itaque in cœlis haberet Patrem, natus est de femina Virgine sine patre. Fieri siquidem non poterat ut duobus ex patribus persona una nasceretur. Quamobrem juxta ac Patri suo complacitum erat, et eo quo ipse novit modo, Dei Filius citra conjugale consortium conceptus est ex utero Mariæ Virginis, quæ, veluti fertur in Scriptura, de radice Jesse, de tribu Juda et familia David, deque semine Abraham progenita erat [12]. Factus porro est sine conversione caro, et habitavit in nobis [13]: factus est caro anima rationali et intelligente prædita, homo perfectus, sine peccato; quia peccatum ad naturæ humanæ, constitutionem non pertinet: factus est caro citra conversionem aut mutationem in carnem, et citra confusionem, qua factus fuisset ex duabus rebus aliis altera quædam. Etenim essentia ejus mansit eadem ac essentia Patris, sine ulla mutatione Deus verus, nec divina natura conversionem ullam admisit, manens id quod erat, neque confusionem, neque adjectionem : sed servavit corpus quod accepit sine mutatione, ut humanæ naturæ conditio ferebat. Factus est caro, hoc est carnem assumpsit; et qui Filius erat Dei, factus est hominis filius, filiationis proprietate immuni servata ab alteratione et mutatione. Propter hanc rationem permansit natura, atque hypostasis ejus sive persona absque conversione facta est caro, quando factus est hypostasis carni suæ; quia non est unitus corpori quod ante substitisset, sed cum per Verbum conciperetur formareturque, in Verbo simul anima exstitit cum corpore, cujus coagulatio divino semine facta fuit. Atque hoc est esse hypostasim. Nam corpus ejus non habuit peculiarem hypostasim seorsum, sed Verbum pro hypostasi habuit. Quapropter unus Filius est, unus Dominus, qui non est præter duas res diversum quid. Quin non est ipse natura una composita ex deitate et humanitate, sed ex rebus duabus duæ res. Est enim perfectus Deus et perfectus homo ex deitate et humanitate, ejusque corpus naturam habet immunem a mutatione [14], quoniam ambo (corpus et anima scilicet), quia creata conjunctaque sunt in tempore, ipsa quoque in hypostasi Verbi consistunt, quia a Verbo acceperunt ut subsisterent.

IX. *Duæ naturæ secundum hypostasim unitæ, contra Nestorium et Nestorianos. Numerantur naturæ sine divisione.* — Quamobrem duæ naturæ in Christo sunt, quia deitas et humanitas non sunt una natura, ut una persona, cum sit Filius unus, Christus unus, et Dominus unus. Nam quando per Verbum conceptio facta est, in eo quoque velut in hypostasi constitit corpus ex Virgine per unionem, unaque fuit incarnatio Verbi et deificatio carnis. Finge tibi imaginem ignis, cujus hypostasis est materies qua urit, quæ accipiendo in se penetrationem ignis, ejus efficientia repletur. Ignis quippe actionem continet, omnemque illius proprietatem. Nam ferrum dum incalescit, non frigefacit igneum. At in singulari mysterio Christi, Verbum incarnatum fuit, quo tempore corpus ejus substitit unione cum ipso; ita ut illud prævenerit subsistentia Verbi, quæ facta est illi hypostasis veluti substandi principium, ejusque exsistentiæ origo prima. Quocirca corpus ejus deificatum fuit accipiendo penetrationem [περιχώρησιν] deitatis in seipso, cujus operatione impletum fuit. Quia Verbum affecit illud proprietatibus deitatis, ita ut divinis veluti vulneribus perforatus sit. Neque vero pervenit ad naturam divinitatis ipsius dolor corporis ejus : idcirco vivificum factum est, divinitate impassibili manente : velut nimirum gladius candens, cum sit unus, non duo gladii, adeoque hypostasis una, in seipsa possidet duas naturas; quia natura ferri non migrat in naturam ignis, neque natura ignis in naturam ferri, sed utraque, quandiu conjunguntur, manet in propria natura, etiam post unitionem. Atqui gladius candens ustionem facit et sectionem ; quia accepit a ferro naturam solidam, et ab igne naturam subtilem. Sed neque sectio ignis est, neque adustio ferri, etiamsi simul sint, sed utraque actum suum edit. Sic Christus et Dominus unus, cum diversas naturas habeat, deitatem scilicet et humanitatem, deitas ejus in corporis naturam non migravit, neque corpus in naturam Verbi ; sed utraque post unitionem permansit libera et immunis a conversione

---

[11] Hebr. i, 1. [12] Isa. xi, 1. [13] Joan. i, 14. [14] Hic quidpiam videtur deesse.

et mutatione. Porro Christus unus cum sit, divinitatis suæ edit opera, et opera humanitatis; cum complectatur in se naturam increatam, expertemque materiæ aut corruptelæ, necnon naturam creatam, materialem et corruptibilem. Itemque Christus aliud quid secundum naturam significat, qua parte opera deitatis facit, et aliud rursum qua parte edit opera humanitatis. Nam unaquæque natura agit quod sibi proprium est cum alterius communione. Apposite igitur dicimus Christum duas esse naturas post unitionem, quia operationes quæ non repugnant secundum conditionem naturalem, omnino dicendæ sunt operationes unius naturæ. Itemque operationes quæ nullam affinitatem habent secundum naturalem conditionem, dicendæ prorsus sunt diversarum esse naturarum. Ecquid vero significat conjunctio deitatis ejus et humanitatis, nisi unionem secundum hypostasim; quæ non est proprietas, sed modus dispensationis illius qui semet demisit, ut universum mundum liberaret? Porro Verbum factum est caro, quia sic corpus univit sibi, ut factum sit corpori hypostasis : hoc tantum excepto, quod divinitas particeps non fuerit operationum corporis. Corpus quoque ejus deificatum fuit; at factum non est hypostasis divinitati : quinimo corpus unam ex hypostasibus deitatis hypostasim propriam habuit, consorsque adeo fuit excellentiarum divinitatis; quia simul vivit adoraturque cum illo Deus, non propter naturam suam, sed quia est corpus Verbi. Quocirca dicimus incarnationem Verbi non esse incarnationem deitatis : hoc est, incarnationem personæ divinæ incarnationem non esse divinæ naturæ, quia deitas admittere non potest proprietates corporis. Dicimus etiam deificationem humanæ naturæ non esse deificationem personæ humanæ; quia corpus non possidet personam sibi, propriam seorsim a persona Verbi; sed Verbi Dei nostri hypostasis exsistens in substantia sua unita est carni, quæ in ipsius persona exstitit, ejusque persona naturam carnis assumpsit, atque in una hypostasi naturarum unio facta est. Quamobrem ipse est hypostasis composita, quia, si personam accepisset, quinam una filiatio fuisset? Filiatio quippe divina et filiatio humana non sunt una filiatio, et filiatio naturalis et ascititia non sunt una eademque filiatio. Enimvero si accepisset personam unam, omnino quatuor personas coleremus, Deumque recentem adoraremus, qui suapte natura non esset Deus. Si accepit hypostasim et mansit in hypostasi, ecquodnam fuerit mysterium absconditum a sæculis ? aut quomodo fecisset mirabilia? Etenim habitat in nobis et conversatur, nosque sumus templum Dei vivi; qui etiam si hypostasim unam accepit, unam utique hypostasim liberavit : sin vero naturam quæ in sua persona subsisteret, plane toti naturæ nostræ salutem attulit. Quod si rursum una deitati et humanitati est persona, hoc profecto erit mysterium illud stupendum, inconsuetum et absconditum [15]. At enim qui fieri possit aliam et aliam hypostasim, unam deitatis et alteram humanitatis, unam sine patre, et alteram sine matre, Filium unum esse. Sed et si ille natura Dei Filius, et ille Dei filius adoptione Filius unus est, nos quoque omnes cum Dei Filio unus filius sumus. Atqui dictum nobis est : *Ego dixi : Dii estis, et filii Excelsi omnes* [16]. Quomodo autem unius gradus erunt persona divina et humana, quando natura divina et natura humana non ejusdem ordinis sunt, neque una dignitas est earum, neque adoratio? Et hoc manifestum est, quia corpus Domini adoramus, non propter naturam ejus, sed propter hypostasim Verbi, a qua possidetur. Quapropter cum oportet adorare, non quatenus est homo, sed quatenus Deus. Si enim unio facta est secundum complacitum, aut amorem, aut imperium, plane non esset unio in unum Filium. Nam Patris et Filii et Spiritus sancti, complacitum unum est, voluntas una, operatio una, imperium unum, ordo unus, unaque trium unio, at non secundum unam hypostasim. Verbum Filius Dei et Verbum unum factum est caro, quia Pater et Filius et Spiritus sanctus non una persona sunt. In Christo autem Domino nostro [17], quia hypostasis una est, et naturæ conjunctæ, sine alteratione et confusione, aut sine disjunctione, increata et creata, impassibilis et passibilis ; quia differentiæ naturales exprimuntur per proprietates naturarum. Nunquid vero dici potest de duabus naturis permistis et confusis, duas esse naturas, quando confusæ sunt? Et cum nominantur naturæ duæ post unitionem, quinam fieri non possit ut dicatur in unione secundum hypostasim citra confusionem duas esse naturas? Ego itaque non fateor esse naturam unam in Christo post unitionem : distinctionem naturarum perfectam agnosco, cum tamen unitæ sint. Nam quantitas ingreditur in omnes partes cum distinctione. Et possibile non est ut res una a seipsa differat, secundum quod una est : quemadmodum ut neque persona a seipsa differat personali distinctione, quamlibet composita sit. Quapropter de natura una, etiamsi composita sit, dici nequit differre illam a seipsa secundum naturam suam, distinctione qua discernatur. Et hoc manifestum est, quia corpus et anima in homine a se mutuo discrepant, suntque duæ naturæ, non una ; et personæ humanæ seu individua, una species sunt. Quando autem differentiam habent essentialem qua una ab alia differat, natura una appellatur, non duæ naturæ. Ubi vero naturas in Christo esse duas dico, non eas disjunctas confiteor, sed unitas ; quia numerus non est causa divisionis. Sed numerus, uti signum est discriminis personarum, sic nota est quanti-

[15] Ephes. III, 5. [16] Psal. LXXXI, 6; Joan. X, 34. [17] Locus obscurus et mutilus.

tatis, sive res unitæ sint, sive separatæ. Atque hoc patet eo quod tres homines dicantur uniti in definitione naturæ ipsorum, cum hypostases distinguantur secundum proprietates personales. Sed et anima et corpus naturas duas unitas habent, secundum hypostasim scilicet, sed distinctas secundum quantitatem naturarum. Hinc fit ut dicamus Filium Dei, qui unus est de sancta Trinitate, duas habere naturas quæ unitæ sunt secundum hypostasim, mutua alterius in altera circumincessione, servato termino differentiæ propriæ per qualitatem naturalem uniuscujusque secundum significationem suam, et servata unicuique definitione sua sine mutatione et confusione. Neque dicimus esse Filium alium et alium, quia non est una natura. Si duæ personæ forent, nequaquam ipse Filius unus esset, adeoque quatuor coleremus. Sin vero natura una, omnino essentia Patris, illius essentia non esset, nec nostra essentia esset illius essentia. Alias essemus nos consubstantiales Deo Patri. Ea siquidem, quorum essentia per se una est, una quoque per se et vere natura est : essentia unius est essentia alterius, ita ut natura una non sit diversarum naturarum essentia.

X. *Duæ voluntates et operationes.* — Confiteor itaque Jesum Christum Dominum nostrum, unam esse hypostasim, duasque naturas in ejus hypostasi unitas; quia unio duarum **669** ejus naturarum in una hypostasi medium locum obtinet inter permistionem et divisionem, et utramque participat; quia custodit et servat unitatem, nec non exstantiam naturarum unitarum, earumque discrepantiam : neque naturæ sic distinguuntur ut separentur ; at vero omni modo integræ manent. Quod si integræ manent, omnino numerantur. Neque dicimus post unitionem distinctionem naturæ, sed naturarum. Cum autem duas naturas dicimus, unam proinde non dicimus, quandoquidem duæ sunt ; quia numerus locum non habet in una natura. Illi vero qui dicunt duas perfectas post unitionem ipsarum, necessario cogentur fateri duas naturas esse. Nam qui naturas duas memorat, de una sola non loquitur, sed de multis. Atqui hoc impossibile est, nisi res diversas censeas. Ideo quippe numerantur, quia diversæ sunt, et diversæ sunt, qua parte numerantur. Et de ratione duarum naturarum est, ut numerentur, cum uniuntur. Nec ullo modo dividuntur, nisi intellectus in conceptu suo dividat id quod reipsa divisum non est. Cum autem duas esse naturas fateor, utique perfectas illas esse intelligo et sine ullo defectu, ut una perfecta sit divinitate, altera humanitate. Constat enim naturam divinam totam unitam fuisse cum tota natura humana, in una ex personis deitatis. Cum autem dico naturam divinam totam unitam fuisse cum humana natura tota, non intelligo omnes personas. Atque hoc certum est, eo quod in omnibus personis deitatis videtur natura tota deitatis sine defectu, et in qualibet persona ex humanis personis, natura tota huma-

nitatis videtur integra. Nam Christus non assumpsit corpus solum, nec animam solum, sed assumpsit corpus animatum rationali atque intelligente anima, adeoque in ipso esse mentes duas fateor, divinam et humanam. Nam constat intellectum increatum intellectui creato fuisse unitum, intellectumque patiendi nescium unitum esse cum intellectu patibili, qui medius fuit inter subtilitatem divinitatis illius, et crassitiem corporis ejus, quemadmodum Gregorius Theologus tradidit. Præditus porro est duabus voluntatibus, quia non reperitur natura operationis expers. Etenim vita hæc primum quidpiam est in natura humana, ipsaque ejus operatio, ut et intellectus ejus, tactus ejus, motus corporis ejus surgentis, animatio ejus, desiderium, ira, sensusque ejus, et appetitus cibi, et potus vitæ hujusce causa, et omnis conceptus quo in natura sua rationali sentiat, et velit ut dominus sui ; quia voluntas arbitrii libertate pollens, sensus est intellectus nostri rationalis et vitalis. Nam irascendi facultas et appetitus sensus sunt rationis expertes animantium : mentis vero nostræ sensus ipse rationalis est, sui compos, liberique arbitrii, estque adeo voluntas ipsa. Nam natura rationalis dominatur in ea quæ ratione et intelligentia carent. Qui sui dominus est, animam et corpus regit ; at non simul Deum suum, cujus suapte natura servus est, cuique morem gerit. Atqui obedientia est libera subjectio voluntati alterius, quamlibet voluntas velit quæ naturalia sunt. Hæc cum omnibus hominibus data fuerit, accepta a Domino fuit, qua vellet id quod esset humanitatis ; quia consectarium omnino erat ut Dominus noster acciperet quod nostræ naturæ insitum a Deo fuerat. Quidquid enim ipse concessit nobis hoc assumpsit, quia per omnia similis factus est nobis, excepto peccato. Nemo autem nostrum vult peccatum qua libertate arbitrii præditus est ; sed vult voluntatem illam quæ recedit a lege divina. Atque hoc non est usus naturalis voluntatis **670** nostræ liberæ, sed est transgressio usus naturalis declinantis a natura. Quocirca Dominus noster voluntatem humanam habuit, quæ non adversaretur voluntati divinæ. Enimvero assumpsit naturam quæ solo humanitatis nutu non moveretur : quandoquidem ad personam ipsius spectabat determinatio. Cum itaque divina ejus hypostasis una hypostasis esset, cum divinitatis, tum humanitatis, non movebatur nutu sibi ipsi contrario, sed naturali motu : et quia homo erat liberi arbitrii compos, sequebatur voluntas ejus voluntatem Patris sui divinam. Eam ob rem dicimus in illo esse duas voluntates, quæ deliberatione mutuo oppositæ non sint, sed naturarum : quia utraque natura vult et agit quæ sibi propria sunt, cum alterius communione. Verbum agit et vult quatenus Deus est id quod divinitatis proprium est, et ipsum per se etiam agit vultque qua parte homo est, illud quod carni proprium est. Utraque autem operatio una eademque fit, humana voluntale sequenta divinam voluntatem quatenus liberi arbitrii est : quo fit ut operatio divina in operationem illius humanam agat. Quapropter quælibet natura operationes exerit proprietate sua naturali, et verbum per eas ambas propter utriusque unionem, neutra alteri repugnante, salutem nostram patravit. Nam voluntatem suam humanam exseruit exercitio naturali, obediendo divinæ voluntati, cui colligata esset. Neque peccatum fecit, neque dolus inventus est in ore ejus [18], et idcirco morti obnoxius non fuit, quia immunis fuit a peccato, ut qui Deus et homo esset; qui per utramque naturam abstulit peccata nostra. Morbos quoque nostros portavit, et mortem nostram suscepit, cum subjectus non esset morti, quia peccare non poterat. Quocirca factus est primitiæ resurrectionis nostræ, solutis doloribus mortis, nosque resuscitando secum, et collocando in excelsis cœlestibus in dextera Dei Patris sui.

XI. *Baptismus, judicium, vita æterna.* Confiteor insuper unum baptisma ad pœnitentiam, per bonitatem et gratiam Dei Domini nostri, qui dixit baptizare eos in nomine Patris, et Filii, et Spiritus sancti, et ut custodirent mandata sua. Ait enim : *Docete eos servare quæ mandavi vobis* [19] : quodque futurum sit gaudium magnum in cœlis pro uno peccatore pœnitentiam agente [20]. Itemque : *Pœnitentiam agite : appropinquavit enim regnum cœlorum* [21]. Confiteor insuper resurrectionem mortuorum ; resurrectionem, inquam, corporis, qua beata fiet anima, unaque hæreditatis compos. Confiteor esse judicium et remunerationem, ac Jesum Christum judicem fore, qui veniet judicaturus unumquemque juxta opera sua. Denique confiteor unam vitam æternam, cujus non erit finis, nec non perpetuum supplicium fore perinde atque vitam æternam quod finem nullum habebit, secundum justitiam et bonitatem Dei, cujus sunt potentia et misericordia.

XII. *Sex concilia generalia.* — Præterea admitto sex magna concilia quibus episcopi totius orbis adfuerunt. Concilium primum, quod in urbe Nicæna habitum est tempore Constantini Magni imperatoris, contra Arium qui deitatem dividebat. Item illud quod coactum est Constantinopoli coram Theodosio Magno propter Macedonium Spiritus sancti hostem. Tum illud deinde quod convenit Ephesi auspice Pulcheria, cujus faustus exitus fuit, contra Nestorium Anthropolatram et Judaicæ indolis. Illud rursum quod collectum est in civitate Chalcedonensi coram Marciano imperatore, cujus sincera religio fuit, et coram Pulcheria, cujus modo facta est mentio propter insignem ejus æquitatem contra Eutychem monachum et contra Dioscorum qui permiscebant essentias, et contra innovationem eorum in fide, qua naturæ confundebantur. Concilium itidem quod Constantinopoli contigit in præsentia Justiniani magni imperatoris, adversus Origenem erraticæ opinionis virum, et contra Diodorum et Theodorum præceptorem Nestorii, nec non contra epistolam Ibæ. Concilium denique sextum quod denuo Constantinopoli, quæ est nova Roma, coactum est, sanctum illud, magnumque et præstantissimum episcoporum orbis, præsente Constantino novo Christiano, contra Sergium, Cyrum, Petrum, Paulum et Macarium, qui unam in Christo voluntatem prædicabant, et contra eos qui voluntates ambas inficiarentur, dicentes esse naturam sine voluntate. Hæc porro sunt sex sancta concilia magna, quibus assentior ego, et confiteor eorum decreta pura esse, quæ Deus ipsis tradiderit. Suscipio quæ susceperunt, et rejicio quæ rejecerunt, eaque diris perpetuis digna censeo. Insuper et Novum [Testamentum] admitto cum agnoscam Patrem et Filium et Spiritum sanctum in illis omnibus prædicatum locutum esse, Deum unum. Honoro etiam servos Dei qui ipsi placuerunt a sæculo; justos scilicet, et patriarchas, prophetas, apostolos, martyres, pastores, sanctos viros, qui mentes suas expurgando, rejecerunt a sermonibus veritatis omnem opinionem adulterinam et superfluam. Exsecror innovationes quæ factæ sunt circa fidem a tempore Simonis Magi usque nunc; quasque virtus pervicax Satanæ effutiit, implicando socios suos sermonibus impuris.

XIII. *Conclusio.* — Confiteor me suscipere canones sanctos sanctorum apostolorum, canones item sanctarum synodorum, et canones sancti Patris nostri Basilii Magni meque totis viribus observaturum quæ per illos Spiritus sanctus locutus est, ducendo gregem quem Deus per vos commisit mihi, ab omni probro, crimineque damnoso, et contrarietate liberum. Hæc est professio mea, qua efficiar idoneus, ut astem coram tremendo Christi tribunali, et per eam consequar benignitatem Domini mei. Non enim me fore justum spero propter opera mea, sed per fidem in Jesu Christo Domino nostro, perque misericordiam ejus, per intercessionem Matris Dei nostri et omnium sanctorum et per orationes vestras sanctas; quia Patri et Filio et Spiritui sancto est gloria in sæcula sæculorum.

[18] Isa. LV, 4. [19] Matth. XXVIII, 19, 20. [20] Luc. XIII, 7. [21] Matth. III, 2.

---

671 *In eodem codice Arabico partem Orationis Joannis Damasceni de imaginibus reperi aliquantum diversam ab editis, quam ex toto omittendam non censui, in primis propter quemdam Chrysostomi locum, ex homilia in Lazarum quæ inter ejus opera nondum prodiit.*

Omnino consentaneum est Christi Domini nostri Salvatoris passionem et miracula pingere, ut quando percontabitur a me filius meus, quid imago illa repræsentet, respondeam, Deum nostrum Verbum

Dei esse factum hominem, atque hoc pacto ingressum esse in Jordanem, non propter Israelitas, verum ut natura nostra per ipsum rediret ad felicitatem æternam, per quem exaltata fuit ex inferioribus terræ partibus, seditque in throno Dei super omnes principatus.

Sed forsan dicet adversarius: Eam ob rem per nos licet facias imagines Christi et Matris ejus, et hoc tibi sufficiat. Cui respondebimus sententiam hanc contumelia plenam esse. Te namque sanctorum hostem profiteris. Cum enim Christi, non sanctorum imagines facias, palam significas te a sanctorum imaginibus abhorrere. Dum autem suo sanctos honore spolias, facinus admittis quod nemo antehac patrare ausus fuit, imaginem quippe Christi idcirco facis, quia gloria dignus est, sanctorum vero respuis, quia effigies sunt eorum qui nullum honorem mereantur, sicque veritatem mendacii accusas, quæ ait: *Vivo ego, dicit Dominus, qui honoro eos qui honorant me : et eos qui me glorificant glorifico*[12]. Et Apostolus: *Itaque jam non es servus, sed filius : quod si filius, et hæres Dei per Christum*[13]. Et: *Si compatimur, et conglorificabimur*[14]. Non ergo debes sanctorum imaginibus bellum indicere. Dicit enim Joannes apostolus qui supra pectus Domini recubuit, *quod similes ei erimus*[15]. Atqui sicut ferrum quod est in igne, evadit ignis, non natura, sed conjunctione cum igne, exustione et tactu, sic caro facta est Deus, non suapte natura, sed contactu et affinitate : quia unione cum persona Verbi et divinæ naturæ contactu, non conversione, evasit Deus. Non autem unxit eam Deus, ut unum quemdam ex prophetis, sed totius ungentis præsentia. Quod vero sancti quoque facti sint dii, Propheta his verbis significavit: *Deus stetit in synagoga deorum*[16]. Stans porro Deus in medio deorum dignitates et merita singulorum discernit, ut Gregorius Theologus est interpretatus.

Davidi Deus mandavit ut per Salomonem filium suum templum ædificaret, hocque sibi elegit quod habitaret : ac subinde templum Salomon exstruxit, in quo Cherubim fabricavit, ut in libris Regnorum scribitur. Cherubim autem obtexit auro, et insculpsit in muris ejus per circuitum intus et extra imagines Cherubim et palmas. Non dixit eum ornavisse parietes, sed in ambitu ejus simulacra taurorum et boum et arborum, et malogranatorum expressisse. Nonne vero convenientius decentiusque est, ornare muros templi Domini imaginibus sanctorum, quam armentis et arboribus? Lex quidem prohibet ne similitudinem omnem faciamus; ac tamen Salomon Cherubim, boum, et leonum simulacra fabricavit : non ut Dei similitudinem exprimeret, lege cavente ne ulla ejus similitudo fieret: nos vero nequaquam Dei similitudinem exprimimus, quando pingimus imagines sanctorum. Et sicut per sanguinem animantium et per cinerem vitulæ templum et populus mundabantur, sic nunc per sanguinem Christi qui testimonium martyriumve obiens sub Pontio Pilato se martyrum primitias obtulit, et per sanguinem sanctorum quibus Ecclesia est ædificata. Ut cum olim templum animantium figuris ornaretur, sic nunc Dei templum imaginibus sanctorum, quorum animæ rationabilia templa fuerunt, in quibus mansit Deus per Spiritum sanctum.

Cum vero Christi Dei nostri effigiem facimus, non eum spoliamus exercitu suo. Domini autem exercitus sunt sancti. Quocirca Joannes Chrysostomus in homilia de Lazaro, cujus initium est : *Omnis scientia a Deo est*, ita loquitur : « Ubi quis honorat amicos Christi, ad Christum exhibitio ista honoris pervenit, qui non desinit esse beneficus et benignus, præsertim cum continuatur et perseverat erga illos veneratio.» Exercitum missum faciat imperator terrenus, coronamque et purpuram deponat, tumque venerationem hanc illis adimat, qui contra tyrannum strenui apparuerunt, dominantes cogitationibus et affectibus suis : qui cum facti sint hæredes Dei et cohæredes Christi in gloria et regno illius, quomodo non sint amici Christi, ejusque honoris consortes super terram? Utique Deus ipse noster aiebat: *Ego non dicam vos servos, quia amici mei estis*[17]. Eos igitur oportet honorare quo honore ornavit eos Ecclesia, etc. *Reliqua omitto quæ nihil discrepant ab iis quæ alias edidimus*.

[12] I Reg. ii, 30. [13] Rom. viii, 17. [14] I Cor. xii, 6. [15] I Joan. iii, 3. [16] Psal. lxxxi, 1. [17] Joan. xv, 15, 19.

S. JOANNIS DAMASCENI
EX UNIVERSA INTERPRETATIONE S. CHRYSOSTOMI
LOCI SELECTI
IN S. PAULI EPISTOLAS.

(Lequien, t. II, p. 1.)

ADMONITIO.

Edita hactenus non fuit hæc, quam nunc primum damus, Epitome commentariorum Joannis Chrysostomi in Epistolas Pauli apostoli. Hanc porro integram reperi in codice Regio 2331, cum præfixo toti operi Joannis Damasceni nomine, Παρὰ τοῦ Ἰωάννου τοῦ Δαμασκηνοῦ· nec certe mihi dubium est, quin ipse genuinus lucubrationis hujus parens sit, cum propter auctoritatem codicis manuscripti, qui nongentorum circiter annorum præ se fert ætatem, tum quia Joannem Damascenum ejusmodi excerptis Patrum congerendis operam dedisse, multoties jam a me notatum fuit, idque complures qui supersunt hodie libri ejus germani clamant. In catalogo librorum manu exaratorum qui in Pathmo insula sæculo decimo sexto reperti sunt, quemque Possevinus ad calcem sui Apparatus cum multis aliis iterum edidit, post homilias Chrysostomi in Pauli Epistolas, et in Acta apostolorum, statim numeratur, *Joannis Damasceni expositio in Epistolas.* Rursumque in Regio cod. 5445 bombycino, excerpta quædam ejusdem concinnatæ a Joanne Damasceno Epitomes habentur cum hoc titulo : Ἐκ τοῦ καθόλου ἑρμηνείαι τοῦ Χρυσοστόμου ἐκλεγεῖσαι παρὰ τοῦ ἁγιωτάτου Δαμασκηνοῦ καὶ Πατρὸς ἡμῶν· *Interpretationes Chrysostomi ex universo ejus opere selectæ a sanctissimo Damasceno Patre nostro.* Quibus hoc addam ex collatione variorum locorum hujus Epitomes, cum commentario Theophylacti, mihi videri doctissimum hunc Bulgariæ præsulem eam identidem consuluisse.

Hic autem commentarius nihil aliud fuit nisi brevia quædam scholia ex Chrysostomi præsertim, quin etiam aliorum auctorum expositionibus accepta, quæ cum e regione contextus Apostoli cum certis quibusdam notis descripta essent, a librariis postmodum distracto Apostoli textu, perinde distracta sunt, eo quo illa edimus ordine ; quem nempe propter vetustissimi codicis auctoritatem mutare religioni duximus. Cæterum in hoc commentario integræ quandoque Chrysostomi sententiæ, non nihil mutatis vocibus, referuntur, quandoque voces duntaxat aliquot, quandoque nihil præter sancti doctoris sensum, quem identidem quibusdam in locis Noster clarius reddit, quam illius textu ferat. Cujus generis unum hunc locum juvat ad specimen afferre. In cap. v Epistolæ ad Romanos, v. 12, hæc Pauli verba, ἐφ' ᾧ πάντες ἥμαρτον, Chrysostomus sic enarravit : Τί δέ ἐστιν, ἐφ' ᾧ πάντες ἥμαρτον ; ἐκείνου πεσόντος, καὶ οἱ φαγόντες ἀπὸ ξύλου γεγόνασιν ἐξ ἐκείνου θνητοί · *Quid vero istud est, «in quo omnes peccaverunt?» utique eo cadente, illi quoque qui de ligno non comederunt; exinde mortales evaserunt.* Ob quam expositionem critici quidam existimaverunt Joannem Chrysostomum non intellexisse omnes homines qui ex Adam primo parente suo prognati sunt, peccati illius reos nasci, nec præpositionem ἐπὶ hoc loci tanquam causalem habuisse, sed vocem ἐφ' ᾧ accepisse ceu idem significaret quod Latina *quatenus.* Contra vero Damascenus noster Doctoris sancti cujus verba integra recitat, enarrationi hæc pauca præmisit, ἐφ' ᾧ, ἀντὶ τοῦ, δι' οὗ, *in quo, pro, per quem :* quod sane, velint nolint illi, causam exprimit. Adeoque Joanne Damasceno interpretante, certum fit Chrysostomum agnovisse illo Apostoli loco, Ecclesiæ de peccato originali doctrinam affirmari.

At vero multa hinc inde occurrunt, quæ Chrysostomus in homiliis non habet, in primis vero in commentario in Epistolas ad Ephesios, ad Colossenses, ad Philippenses et ad Thessalonicenses, in quo nihil quod ex sancto illo doctore acceptum videatur, observare potui. Sæpe vero concordat cum Theodoreti, nec non cum Cyrilli Alexandrini expositionibus, quas Œcumenii catena exhibet. In cap. II Epistolæ ad Colossenses ad verba Pauli, *In ipso inhabitat omnis plenitudo divinitatis corporaliter,* ejusmodi expositio affertur, cujus auctor, nisi Damascenus ipse sit, saltem post exortam Nestorii hæresim scripsisse possit affirmari : quippe cum eam inhabitationem seu unionem illam explodat, quam Nestoriani σχετικὴν, *secundum affectum, relationem, habitudinemve* appellitabant. Ἵνα μή τις νομίσῃ σχετικὴν εἶναι τὴν κατοίκησιν, *ne quis existimet inhabitationem hanc fieri secundum affectum et relationem.* Alia omitto quæ lector eruditus in hoc passim commentario facili negotio deprehendet. Hoc solum monebo, mihi videri prologum in Epistolam ad Romanos interiisse, quin et codicem multis passim mendis scatere mutilumque esse, ut sensus sæpe impervius sit et obscurus. Quod ad Scripturæ textum qui commentario interjectus est attinet, multis in locis diversus videtur ab eo quem Joannes Chrysostomus tractabat, et a doctissimis præstantissimisque criticis quibuscum eum communicavi, magni fuit æstimatus, ceu pretiosum Christianæ antiquitatis monumentum.

IN EPISTOLAM AD ROMANOS.

1 CAPUT PRIMUM.

VERS. 1. « Paulus servus Jesu Christi vocatus Apostolus. »

Tria sunt genera servitutis. Aliud per creationem et opificium : unde dicitur : *Omnia serviunt tibi* [1]. Aliud a fide, de quo ait : *Liberati autem a peccato servi facti estis justitiæ* [2]. Tertium denique a vita et moribus : quo itidem sensu dicitur : *Moyses servus meus mortuus est* [3]. Quando itaque juxta omnes modos ostensa dignitas est servitutis, consulto prorsus hanc initio epistolæ præponit, tanquam gloriandi argumentum.

« Segregatus in Evangelium Dei. »

Ostendit quanta sit sua dignitas, quippe qui segregatus erat ut Evangelio ejus ministraret. Porro Evangelium Dei nominat, ut in ipsomet exordio attentionem excitet auditoris.

VERS. 2. « Quod ante promiserat per prophetas suos in Scripturis sanctis. »

Quandoquidem doctrinæ fidei novitatis crimen inurebatur, commonstrat eam tum gentilibus philosophis esse antiquiorem, tum et a prophetis jampridem descriptam.

VERS. 3. « De Filio suo, qui factus est ex semine David secundum carnem. »

Nequaquam nobis de nudo homine sermo est. Quocirca et hoc adjecit, *secundum carnem,* subindicans ejusdem quoque generationem esse secundum spiritum. Porro ministerii ordinem 2 exsecutus est. Primum enim hominem cum in terra viderunt, et cum genitus esset palam annuntiari, ac tum Deum cognoverunt, inquit.

VERS. 4. « Qui definitus est Filius Dei in virtute, secundum Spiritum sanctificationis ex resurrectione mortuorum Jesu Christi Domini nostri. »

Eum prædicamus, inquit, qui ex David progenitus est, quodque ipse sit Deus, qui carnem induerit. Idque primum ex prophetis, propter quod aiebat modo : *Quod ante promiserat per prophetas.* Secundum, ex ipso generationis modo ; id quod his verbis indicat, *ex semine David secundum carnem,* nec non quia naturæ legem solvit, quando ex A Virgine natus est. Tertium, a miraculis. Id enim hac voce significatur, *in virtute.* Quartum, a spiritu quem largitus est eis qui crediderunt, et quo sanctos omnes reddidit : quocirca *Spiritum dixit sanctificationis.* Quintum, ab illius resurrectione. Ille siquidem omnium primus et solus seipsum suscitavit. *Qui definitus est,* sive qui ostensus est, declaratus, probatus, quem communi omnes sententia et calculo confessi sunt.

VERS. 5. « Per quem accepimus. »

Videsis gratum viri animum. Nihil suum ipsius esse, sed cuncta Domino refert accepta.

« Gratiam et apostolatum. »

Non nos, inquit, hoc nobis præstitimus, ut essemus apostoli : neque multis nostris laboribus dignitatem hanc adepti sumus, sed gratis accepimus, idque præclarum superni muneris opus exstitit.

« Ad obediendum fidei. »

Non dicit ad conquisitionem aut probationem fidei, sed *ad obedientiam.* Nam quando Dominus pronuntiat, auditores de iis quæ dicuntur curiosius inquirere non debent, nec perscrutari, sed solum excipere.

« In omnibus gentibus. »

Observa quinam prædicatio præstanda sit. Olim quidem lex per Moysem lata uni genti annuntiata est : Evangelium vero ad extremos usque terræ fines pervenit.

« Pro nomine ejus. »

Non ut essentiam illius curiosius inquiramus, inquit, sed ut credamus in nomine ejus. Istud quippe nomen erat per quod et signa faciebat. Ait enim, *In nomine Jesu Christi surge et ambula* [4].

VERS. 6. « In quibus estis et vos vocati Jesu Christi, omnibus qui sunt Romæ dilectis Dei. »

Duo in verbis istis bona licet videre, quamque ab adulatione alienus Pauli animus esset, qui cum Romanis scriberet, quorum tunc nec ita pridem imperio ac dominationis orbis subditus esset universus, nihil prorsus adulatorium effutiat, quin ipsorum statim ostentationem provocet, eodem illos ac cæteras gentes ordine habens. Cum enim de

---

[1] Psal. CXVIII, 91. [2] Rom. VI, 18. [3] Josue. I, 2. [4] Act. III, 6.

gentibus loqueretur, adjecit, *in quibus et vos estis.*
VERS. 7. « Vocatis sanctis. »

3 Vide quam assidue vocationis nomen ponat. *Vocatus Apostolus : In quibus estis et vos vocati : Omnibus qui sunt Romæ vocatis.* Hoc non uti vaniloquus, sed volens eos admonere beneficii. Istud porro, *dilectis Dei*, discernere eum indicat illos qui crediderint, ab iis qui ejusmodi non sint. Insuper credentes omnes *sanctos* appellat, qua nempe per lavacrum regenerationis sanctificati erant.

« Gratia vobis et pax a Deo Patre nostro et Domino Jesu Christo. »

Quanta Christi amoris vis roburque fuerit ostendit; eo quod ex inimicis et contemptis repente sancti et justi evaserant. Ubi siquidem Spiritus vocaverit, tum filios effecit. At vero quando filios dixit, universorum bonorum thesauros aperuit.

VERS. 8. « Primum quidem gratias ago Deo meo per Jesum Christum pro omnibus vobis. »

Conveniens præfatio hæc est animæ, quæ Deum diligat; ut pro aliorum pietate ipsi gratias agant.

« Quia fides vestra annuntiatur in universo mundo. »

Cum enim Roma nuper Dei regnum excepisset, ejus subinde fideles apud alias civitates omnium ore celebrabantur.

VERS. 9. « Testis enim mihi est Deus, cui servio in spiritu meo. »

Quandoquidem de re obscura illi sermo erat, puta de sua erga homines illos dilectione, qui hactenus ipsum non viderant, idcirco Deum rei hujus testem appellat. Atqui significat spiritualem hanc esse servitutem, non carnalem, et ex præscripto legis.

« In Evangelio Filii ejus, quod sine intermissione. »

Superius Evangelium Patris dixit, hic *Filii illius* ait, ostendens unitatem Patris et Filii.

« Memoriam vestri facio [VERS. 10] semper in orationibus meis, obsecrans si quomodo tandem prosperum iter habeam in voluntate Dei veniendi ad vos. [VERS. 11.] Desidero enim videre vos, ut aliquid impertiar vobis gratiæ spiritualis ad confirmandos vos. »

Ostendit quanta Deo obedientia subesset, qui cum vehementer festinaret, obsecraretque concedi sibi ut Urbem videret, nequaquam tamen citra Dei voluntatem ad eos perrexisset.

VERS. 12, 13. « Id est, simul consolari in vobis per eam quæ invicem est fidem vestram atque meam. Nolo autem vos ignorare, fratres, quia sæpe proposui venire ad vos (et prohibitus sum usque adhuc) ut aliquem fructum habeam, et in vobis, sicut et in cæteris gentibus et Judæis. »

Ne quibusdam videatur magnificentius de se sentire, dicendo *donum et gratiam impertiar vobis;* eam ob rem et ipse subjungit, eorum se consolatione opus habere.

VERS. 14, 15. « Græcis et Barbaris, sapientibus et insipientibus debitor sum. Ita (quod in me est) promptum et vobis qui Romæ estis, evangelizare. »

4 Ostendit nequaquam se in urbem regiam gloriæ illectum cupiditate pergere, sed omnino sibi incumbere, ut eos ipse instituat. Cum enim omnium gentium prædicator positus esset, proinde etiam Romanis prædicandi debitor erat.

VERS. 16. « Non enim erubesco Evangelium. »

Cum enim alicubi dicat : *Mihi autem absit gloriari, nisi in cruce Christi* [5]; eccur igitur non istic ait, glorior, sed, *non erubesco?* Nimirum Romani negotiis sæculi vehementer addicti erant, quippe qui orbis tunc principatum obtinuerant; hic vero Jesum prædicabat crucifixum : idcirco dicit, *non erubesco*, eos docens, ne hactenus erubescant. Noverat enim, id si illi præstarent, citatiori gradu eo processuros, ut et gloriarentur.

« Virtus enim Dei est in salutem omni credenti. »

Quia virtus quoque Dei est quæ pœnas infligat et supplicia, quemadmodum dictum olim fuerat de plagis Ægypti; propterea adjecit : *Ad salutem omni credenti.* Et ideo subjungit, *omni credenti*, ne absolute et indiscriminatim omnibus dari censeatur.

« Judæo primum et Græco. »

Hic, *primum*, nequaquam vocabulum est dignitatis, sed ordinem significat. Quemadmodum videlicet eorum qui baptismi gratiam accipiunt, primus nihil habet amplius quam secundus, nec quam tertius aut postremus accipit.

VERS. 17. « Justitia enim Dei in eo revelatur ex fide in fidem, sicut scriptum est. »

Qui justus factus est, inquit, is non secundum vitam præsentem vivet, sed secundum futuram.

« Justus autem ex fide vivit. »

Ita loquitur eo quod ipsi quoque veteres ex fide salvi fuere, quorum ipse catalogum texit in Epistola ad Hebræos [6].

VERS. 18. « Revelatur enim ira Dei de cœlo super omnem impietatem et justitiam hominum. »

Postquam a bonis eos invitavit hortatusque est, ut ad prædicationem accederent, hos rursum excitare satagit a contrariis. Quisquis enim adhortatur, vel polliceri debet, vel metum incutere. Eos itaque Dei tribunali sistit.

« Qui veritatem in injustitia detinent : [VERS. 19, 20] quia quod notum est Dei, manifestum est in illis. Deus enim illis manifestavit. Invisibilia enim ipsius a creatura mundi, per ea quæ facta sunt, intellecta conspiciuntur, sempiterna quoque virtus ejus et divinitas. »

Ac quinam illi sunt? Græci utique qui divinum cultum et adorationem lapidibus et lignis attribuerunt, et quantum in ipsis fuit Dei honori et

[5] Galat. VI, 14. [6] Hebr. XI, 2 seqq.

gloriæ injuriam irrogarunt, tametsi nihil inde damni patiatur.

« Ita ut sint inexcusabiles. [VERS. 21, 22.] Quia cum cognovissent Deum, non sicut Deum glorificaverunt, aut gratias egerunt : sed evanuerunt in 5 cogitationibus suis, et obscuratum est insipiens cor eorum : dicentes se esse sapientes, stulti facti sunt. »

Atqui non ejus rei gratia isthæc effecit Deus, licet ita contigerit. Non enim tantam hancce doctrinam in medium protulit, ut eis excusationis causam adimeret; sed magis ut ipsum agnoscerent. Quia vero cum non noverunt, omni seipsos excusationis obtentu privaverunt.

VERS. 23. « Et mutaverunt gloriam incorruptibilis Dei. »

Nimirum ut ostendat crimen mentis et sensus eorum. Quod enim habet quis, hoc commutat.

« In similitudinem imaginis corruptibilis hominis, et volucrum, et quadrupedum, et serpentium. »

Vide quot quantaque crimina. Primum, quod non agnoverunt Deum. Secundum, quod cum rationes ejus assequendi haberent, nihilo secius inde exciderunt. Tertium, quod sese sapientes dicerent. Quartum quod debitum ei cultum et venerationem ad dæmones, lapides et ligna demiserunt ac derivarunt.

VERS. 24. « Propter quod tradidit illos Deus in desideria cordis eorum, in immunditiam. »

Verbum, tradidit, hic positum est, pro, permisit.

« Ut contumeliis afficiant corpora sua in semetipsis. »

Exinde condemnationi et judicio subjacent, etiam antequam Deus pro tribunali sedeat. Ipsi etenim horum sibi auctores exstiterunt, quæ nec hostes et inimici eis inferre potuissent.

VERS. 25. « Qui commutaverunt veritatem Dei in mendacium, et coluerunt, et servierunt creaturæ potius quam Creatori. »

Declarat impietatem omni immunditia priorem esse.

« Qui est benedictus in sæcula. Amen. [VERS. 26-28.] Propterea tradidit illos Deus in passiones ignominiæ. Nam feminæ eorum immutaverunt naturalem usum in eum usum, qui est contra naturam. Similiter autem et masculi, relicto naturali usu feminæ, exarserunt in desiderio suo ad invicem, masculi in masculos turpitudinem operantes, et mercedem quam oportuit erroris sui in semetipsos recipientes. Et sicut non probaverunt Deum habere in notitia, tradidit illos in reprobum sensum, ut faciant ea quæ non conveniunt. »

Tametsi illi, inquit, eo relicto, bestias adoraverunt; at nihil ejus gloria detrimenti passa est. Est enim benedictus, etc.

VERS. 29, 30. « Repletos omni iniquitate, malitia, improbitate, avaritia : plenos invidia, cædibus,

dolo, malignitate, susurrones, detractores, θεοστυγεῖς, id est, Dei osores, contumeliosos, superbos, elatos. »

Postquam id quod generale et commune est dixit, singula deinceps mala percurrit, quorum utique impietas causa exstitit. Dei osores.

« Inventores malorum. »

Ut mentis inductio de cætero in crimen traheretur, inventores malorum eos appellavit.

6 « Patribus non obedientes, [VERS. 31] insipientes, incompositos, sine affectione, sine misericordia. [VERS. 32.] Qui cum justitiam Dei cognovissent. »

Et cominus contra naturam steterunt, inquit.

« Quoniam qui talia agunt, digni sunt morte, non solum qui faciunt, sed et consentiunt facientibus. »

Cum duo sibi objecta proposuisset, hic utrumque sustulit. Cur enim dixeris, inquit, ignorare te quæ facienda sint? Tu namque tibi ejus ignorantiæ causa es, qui Deum qui te edoceret, reliqueris. Quin et modo multis ea tibi perspecta esse demonstramus, et te sponte deliquisse : verum perturbationum vehementia traheris. Eccur ergo peccantibus opem affers, eosque laudibus extollis?

CAP. II.

VERS. 1, 2. « Propter quod inexcusabilis es, o homo omnis qui judicas. In quo enim judicas alterum, teipsum condemnas. Eadem enim agis quæ judicas. Scimus autem quoniam judicium Dei est secundum veritatem in eos qui talia agunt. »

Eos quidem alloquitur qui Romanorum primates erant. Attamen cuivis etiam mortalium hæc conveniunt. Nam nosmet ipsi judicamus, ubi cum similia perpetremus, in alios sententiam ferimus.

VERS. 3, 4. « Existimas autem, o homo, qui judicas alios qui talia agunt, et facis ea, quia tu effugies judicium Dei? an divitias bonitatis ejus et patientiæ et longanimitatis contemnis, ignorans quoniam benignitas Dei ad pœnitentiam te adducit? »

Subnectit : At interim non pœnas persolvo, inquit. Ille vero id præstat, ut dilatio, non in indulgentiam, sed in acerbius supplicium cedat, iis qui ea uti nolunt, ut pœnitentiam agant.

VERS. 5. « Secundum duritiam tuam et impœnitens cor. »

Ille enim qui nec bonorum largitione, nec interminatione suppliciorum ad pœnitentiam convertitur, an non prorsus durissimus hic fuerit?

« Thesaurizas tibi iram in die iræ et revelationis justi judicii Dei, [VERS. 6] qui reddet unicuique secundum opera ejus. [VERS. 7.] Iis quidem secundum patientiam boni operis. »

Tu ipse tibi, inquit, iram arcersis, non Deus tibi. Porro quod ait, Thesaurizas, hanc omnino prorsusque futuram annuit, nisi per pœnitentiam eam avertamus abstergamusque.

« Gloriam et honorem et incorruptionem quærunt, vitam æternam. »

Cum verbis efferre bona futura nequeat, bona quæ sanctos manent, ea ex illis honoribus significat, quibus homines affici solent. Porro cum gloriam, et honorem, et incorruptionem dicit, quæ vere bona sunt commendat, quæ, inquam, in cor hominis non ascenderunt.

Vers. 8. « Iis autem qui sunt ex contentione, et qui non acquiescunt veritati, credunt autem iniquitati. »

Ut rursum humanæ mentis et consilii crimen palam faciat, non dixit, ex ignorantia, sed *ex contentione*.

« Ira et indignatio. [Vers. 9.] Tribulatio et angustia in omnem animam hominis operantis malum, Judæi primum et Græci. »

Sicuti per ea bona quæ apud nos trita sunt et probata, futuras mercedes innuit, sic per ea quæ nobis molesta sunt, supplicia futura significat.

Vers. 10, 11. « Gloria et honor et pax omni operanti bonum, Judæo primum et Græco. Non est acceptio personarum apud Deum. »

Bonis undique circumvallat eum qui aures faciles dederit, suadens ut idem iter arripiat. Primum enim præmia percenset, quæ sancti percepturi sunt; cum deinde medio loco pœnas et supplicia interjecerit, iterum ad remunerationes bonorum sermonem convertit, dum ait, *gloriam et honorem* illi concessum iri qui bonum fuerit operatus. Hac quippe ratione auditorem ad opus magis pellexerit.

Vers. 12. « Quicunque enim sine lege peccaverunt, sine lege peribunt, et quicunque in lege peccaverunt, per legem judicabuntur. »

Ac si dicat : quicunque legem non habent, a qua accusentur. Comparationem orditur Judæos inter et gentiles qui ante gratiam vixere. Gentiles autem, ne eos putes velim qui idola coluerunt, sed potius qui religiosi erga Deum exstiterunt; quales fuerunt Melchisedech, Ninivitæ, Job, Cornelius. Idque manifesto astruit, ut palam faciat nihil lege Judæum juvari, sed graviori onere premi. Id autem facit, ut enim ad gratiam suscipiendam provocet. Aiebant quippe Judæi opus se non habere gratia, cum per legem justi evaderent. Quamobrem ostendit nihil ipsis legem prodesse, quippe quam perficere atque implere foret impossibile, quin et maledictioni potius homines devoveret. Hæc, inquam, omnia astruit, ut eos concludat indagine gratiæ quæ per fidem habetur.

Vers. 13-16. « Non enim auditores legis justi sunt apud Deum ; sed factores legis justificabuntur. Cum enim gentes quæ legem non habent, naturaliter ea quæ legis sunt, faciunt, ejusmodi legem non habentes, ipsi sibi sunt lex, qui ostendunt opus legis scriptum in cordibus suis, testimonium reddente illis conscientia ipsorum, et inter se invicem cogitationibus accusantibus, aut etiam defendentibus, in die cum judicabit Deus occulta hominum, secundum Evangelium meum, per Jesum Christum. »

Cum mentionem superius fecerit judicii Dei, hic aperte declarat Christum esse qui in die novissimo judex sessurus sit. Ipsi namque omne judicium dedit Pater [1]. Id autem facit, Novi Testamenti decretorum dogmatumque viam illis aperiens.

Vers. 17-19. « Si autem tu Judæus cognominaris, et requiescis in lege, et gloriaris in Deo, et nosti voluntatem, et probas utiliora, instructus per legem, confidis teipsum esse ducem cæcorum, lumen eorum qui in tenebris sunt. »

Comparatione facta Judæi cum Græcis, postquam illum acriter expugnavit, impressionem tantisper remittit. Ac si quis occurrat ipsi et dicat : Ubi igitur ea sunt Judæorum insignia et præcellentia? Ostendit igitur illos nomen duntaxat habere : quinimo ob ea quibus multum gloriabantur et superbiebant, supplicii dignos exsistere. Videsis quomodo eos undique diverberat. Quamvis, inquit, in lege glorieris, attamen non agis ea quæ lege jubentur. Quodque ait iterum, *confidis teipsum*; innuit eum non hoc esse quod ille, sed meram jactantiam obtendere : ac velut verba solum eis præripiat, præripit insuper et honorem.

Vers. 20. « Eruditorem insipientium, magistrum infantium, habentem formam scientiæ et veritatis in lege. »

Enimvero graviter admodum proselytos perstringebant, quippe qui sibi videbantur doctores esse.

Vers. 21, 22. « Qui ergo alium doces, teipsum non doces? qui prædicas non furandum, furaris? qui dicis non mœchandum, mœcharis? »

Graviori Judæum pœnæ subjicit, hunc prævaricationis reum in iis peragendo, in quibus ille sibi aliorum arrogat magisterium.

« Qui abominaris idola, sacrilegium facis ? »

Tam insano amentique pecuniæ amore persecuti sunt, ut eas caperent quæ idolis consecratæ erant.

Vers. 23, 24. « Qui in lege gloriaris, per prævaricationem legis Deum inhonoras? Nomen enim Dei per vos blasphematur inter gentes, sicut scriptum est. »

Cum aliis in capitibus legis cum violatorem ostenderit, hic etiam generatim magis iniquitatem illius adjicit, adducto in medium ipso legis vocabulo. Et manifeste Judæum ostendit illius esse prævaricatorem, qui in causa quoque fuerit, ut nomen Dei blasphemaretur.

Vers. 25-27. « Circumcisio quidem prodest si legem observes; si autem prævaricator legis sis, circumcisio tua præputium facta est. Si igitur præ-

---

[1] Joan. v, 22.

putium justitias legis custodiat, nonne præputium illius in circumcisionem reputabitur? et judicabit id quod ex natura est præputium, legem consummans, te, qui per litteram et circumcisionem prævaricator legis es. »

Ostenso, nihil illis legem esse utilem, quin potius supplicii causam exsistere; tanquam oppositione ex adverso occurrente, quid igitur? circumcisio nihil est? Observa quinam eam quoque prohibeat, qui superfluam et vanam declaret, nihilque diversam a præputio, quando præceptiones legis non implentur. Nam legis mandata peragi impossibile erat. Quemadmodum autem in superioribus eum qui præputium habet, cum Judæo contulit: sic etiam hoc in loco præputium cum circumcisione comparat, ut probet hac in parte valde inferiorem eum esse qui circumcisionem admiserit.

9 Vers. 28, 29. « Non enim qui in manifesto Judæus est, neque quæ in manifesto in carne est, circumcisio: sed qui in occulto Judæus, et circumcisio cordis in spiritu, non littera, cujus laus non ex hominibus, sed ex Deo est. »

Quoniam quæcunque lege ferebantur, corporalia erant, puta circumcisio, victimæ, corporis aspersiones; inspice quomodo hæc palam auferat, nec jam amplius clam et obscure, cum dicit intus esse circumcisionem, et intus Judæum aliquem esse, quemadmodum et legem intus esse positam. Ecquid igitur gloriaris, inquit, cumque ea quæ carni propria sunt peragas, de te magnifice sentis? Neque enim in his consistit laus quæ a Deo est.

CAP. III.

Vers. 1-2. « Quid ergo amplius Judæo est? et quæ utilitas circumcisionis? Multum per omnem modum. Primum quidem, quia credita sunt illis eloquia Dei. »

Objectio, ejusque solutio. Non enim propter recte facta illorum, sed Dei magnificentia est. Nam quod credita sint eis eloquia Dei, magnificentiæ divinæ opus est, non virtute eorum hoc patratum fuit.

Vers. 3, 4. « Quid enim si quidam non crediderunt? nunquid incredulitas illorum fidem Dei evacuabit? Absit! Est autem Deus verax. »

Illos eo improbitatis venisse ostendit, ut propter ea ipsa ex quibus honorem sibi arrogabant, supplicio digni essent. Apposite vero *quosdam* dixit, quamvis omnes increduli fuerint, ne molestus videretur.

Quid criminaris, quia increduli fuere? quidve istud ad Deum pertinet? Nunquid enim munificentiam ejus ingratus animus eorum de quibus benemeritus est, subvertit? aut ipse facit ut honor nequaquam sit honor? sed et majorem esse suam humanitatem demonstrat, quando eum etiam a quo contumelia afficiendus erat, videtur honestare.

« Omnis autem homo mendax, sicut scriptum est: Ut justificeris in sermonibus tuis. »

Id quod obscure jam ante dixerat, nunc palam exponit, dum ait, omnem prorsus hominem a fide descivisse.

« Et vincas cum judicaris. »

Sensus est: Si quis, inquit, pensat, quanta auctore Deo bona Judæis obtigerint, quæ rursum illi eidem retribuerint; is plane victoriam concesserit Deo, cujus tanta exstitit magnificentia, ut nec ingratus eorum animus beneficam manum ipsius valuerit cohibere.

Vers. 5, 6. « Si autem iniquitas nostra justitiam Dei commendat, quid dicemus? nunquid iniquus est Deus, qui infert iram? (Secundum hominem dico.) Absit! Alioqui quomodo judicabit Deus hunc mundum? »

Altera rursum objectio: quæ quidem hunc in modum procedat. Si cum malus factus sim, inquit, in causa fui, uti Deus victor evaderet, **10** haudquaquam pœnæ obnoxius fuero. Hanc autem sic solvit: Si Deus est justus judex, et mundum judicabit in justitia, uti scriptum est, necnon pœnas infligit tibi; juste utique eas persolves. Quomodo ergo ais injuste te puniri, quippe qui in causa sis ut ille vincat? Quisquis enim legem observat, legislatoris magnitudinem magis prædicat, quam qui eam violat, ac pœnis mulctatur. Quod autem ait, *secundum hominem dico*, idem est atque, humano more loquor: quandoquidem veluti allato exemplo solutionem exsequitur.

Vers. 7, 8. « Si enim veritas Dei in meo mendacio abundavit in gloriam ipsius, quid adhuc et ego tanquam peccator judicor? et non (sicut blasphemamur, et sicut aiunt quidam nos dicere) faciamus mala ut veniant bona: quorum damnatio justa est. »

Eamdem fusius objectionem explicat, hoc autem sensu. Quod si dicatis, mendacium vestrum ad Dei gloriam contulisse, simile quidpiam facitis atque illi, qui me calumniantur ac si effutierim, ex malis bona provenire. Sin vero nihil tale protuli, atque eorum qui mihi hæc in parte detrahunt, justa est damnatio, consequens est, vos quoque obnoxios justitiæ et ultioni videri. Quid vero illud erat cujus gratia Apostolum lacerabant? Istud plane quod alibi dixerat: *Ubi abundavit peccatum, superabundavit et gratia*. Illi qui apud Græcos sibi videbantur esse sapientes, irridendo aiebant: Igitur ex malis bona ortum habent, debemusque malitiæ navare operam, ut bonorum compotes simus. Apostolus vero hoc non dixerat, ex malorum consectatione bona præstari. Sed id intulit ex præterito tempore, nimirum cum invaluisset iniquitas, Christi subinde superabundasse gratiam, ac morte ab eo destructa, concessaque nobis resurrectione, supernis nos dignatos esse mansionibus. Quodque hoc ejus esset propositum, non autem illud quod illi illudendo garriebant, manifestum fit ex hac ejus illatione:

Quid ergo? peccemus, quia non sumus sub lege, sed sub gratia? Absit! Qui enim, inquit, mortui sumus peccato, quomodo adhuc vivemus in illo? Hic vero solutiones istas non adhibet. Nam eo usque non pertinebat objectio : sed hoc solum vult probare, consimilia illos loqui; ejusmodi vero sermonem extrema pœna puniendum. Nam quemadmodum illi ex malis bona subsequi dixere, sic et vos ex vestra ipsorum injustitia victorem fore Deum affirmatis.

VERS. 9-18. « Quid ergo? præcellimus? nequaquam. Causati enim sumus, Judæos et Græcos omnes sub peccato esse, sicut scriptum est : Quia non est justus quisquam, non est intelligens, non est requirens Deum. Omnes declinaverunt, simul inutiles facti sunt : non est qui faciat bonum ; non est usque ad unum. Sepulcrum patens guttur eorum, linguis suis dolose agebant: venenum aspidum sub labiis eorum. Quorum os maledictione et amaritudine plenum est; veloces pedes eorum ad effundendum sanguinem : contritio et infelicitas in viis eorum, et viam pacis non cognoverunt : non est timor Dei ante oculos eorum. »

11 Adversarii exceptio. Quid ergo ais, o Paule, Judæum prius ultioni obnoxium esse? Nullum discrimen, inquit. Nullum omnino. Non ut neget prorsus Judæum in primis daturum pœnas; cum id ante statuerit. Sed illis parcit et indulget, ne tanquam inimicus eos insectari videatur. Cæterum Davidem profert qui eos accuset, permittitque ut is peccata ipsorum retegat.

VERS. 19. « Scimus autem quia quæcunque lex loquitur, iis qui in lege sunt loquitur. »

Postquam Prophetam in medium protulit, qui multis eos accusaret, ne Judæus ex adverso contendat ea de gentibus ab illo esse pronuntiata, id antevertendo tollit, dicens, nusquam legem dimissis Judæis alios alloqui. Porro legis nomine prophetas quoque Scriptura indicat.

« Ut omne os obstruatur. »

Judæorum rursus ostentationem innuit, fiduciam eorum excludendo. Non ideo, inquit, peccaverunt, ut os ipsorum obstrueretur, sed eam ob rem coarguti fuere ne peccatum ignorarent.

« Et subditus fiat omnis mundus Deo. [VERS. 20.] Quia ex operibus non justificabitur omnis caro coram Deo. »

Subditus ille est, qui sibi nequit opitulari, sed alterius opus habet auxilio.

« Per legem cognitio peccati. »

Neminem quidem, inquit, lex valet justificare : quinimo præstare magis poterat, ut peccatum doceretur. Verum non hoc ait, tanquam divina lex doctrix malorum exsistat ; sed quia unumquemque peccati arguit, quod is perpetrarit. Id porro contigit ex socordia Judæorum. Lex quippe data est, ut a malo caverent : et ex quo ceciderunt, peccati ipsorum criminatio et documentum fuit.

VERS. 21. « Nunc autem sine lege justitia Dei manifestata est. »

Cum Græci, inquit, naturalem legem violarent, et scriptam Judæi, hæcque debilis esset et infirma ad justificandum, quid amplius necessarium erat, nisi ut Dei justitia manifestaretur? Hæc vero est gratia per fidem concessa.

« Testificata a lege et prophetis. [VERS. 22.] Justitia autem Dei per fidem Jesu Christi. »

Quia dixerat justitiam concedi sine lege, et Judæum exinde turbatum animadvertit, istæc subjunxit ne id quod pronuntiaverat, novitas censeretur. Nam ipsa lex et prophetæ, inquit, hanc eamdem justitiam jam ante præfati fuerant.

« In omnes qui credunt. Non enim est distinctio. »

Rursum demonstrat, nihil præ gentibus Judæos, dum justitiam nacti sunt, habuisse. Una siquidem gratia omnibus expansa fuit a Deo, apud quem non est acceptio personarum. Idque significatur his verbis : *Non est distinctio.*

VERS. 23. « Omnes enim peccaverunt. »

Si omnes perinde peccaverunt, nec penes **12** peccatum nihil a Græco differens Judæus est; cur violator legis ampliorem salutem ambiat?

« Et egent gloria Dei. [VERS. 24.] Justificati gratis per gratiam ipsius, per redemptionem quæ est in Christo Jesu. »

Quicunque legem violaverint, inquit, ii vindictæ continuo sunt obnoxii. Qui vero vindictæ obnoxius est, coronari non debet : quapropter opus habet ut Deus eum gloria afficiat. Cæterum illi qui in eo sunt indigentiæ statu, justi gratis efficiuntur. Unde vero istud, nisi per redemptionem quæ est in Christo Jesu?

VERS. 25. « Quem proposuit Deus propitiationem per fidem in sanguine ipsius. »

Videsis quomodo mentionem facit eorum, quæ in veteri lege facta sunt. Hæc, inquit, figura fuit. Ille vere propitiatorium erat, et sanguis quo sanctimonia populo concessa fuit, signum sanguinis ejus.

« Ad ostensionem justitiæ suæ. »

Ostensionem justitiæ dicit, qua nedum Deus ostenditur justus, sed et qui justos reddat eos qui in Christum credunt. Haud secus nimirum atque ostensio fit divitiarum, ubi quis potest locupletes alios facere, absque ullo opum suarum detrimento.

« Propter remissionem præcedentium delictorum. [VERS. 26.] In sustentatione Dei, ad ostensionem justitiæ ejus in hoc tempore ; ut sit ipse justus et justificans qui est ex fide, Jesum. »

Hoc est, propter mortificationem. Peccata siquidem mortem nobis intulerunt, secundum illud : *Anima quæ peccaverit, ipsa quoque morietur* [13].

---

[13] Ezech. XVIII, 20.

Vers. 27. « Ubi est igitur gloriatio? »

Postquam statuit illos gratia opus habere, audax infert perperam adhuc eos in lege gloriari; quippe quæ non modo nullum aliquem potuit servare, quin potius damnationi subjecit.

« Exclusa est. Per quam legem? Operum? Non. »

Non dixit, sublata est, vel periit, ut auditori parceret.

« Sed per legem fidei. »

Cum perspectum haberet, *legis* vocabulo Judæum in primis affici, eam ob rem gratiam, quæ fide comparatur, *legem fidei* nominat.

Vers. 28. « Arbitramur enim justificari hominem per fidem sine operibus legis. »

Sive, confidimus, hoc nobis manifestatum est.

Vers. 29, 30. « An Judæorum Deus tantum? nonne et gentium? Imo et gentium: quandoquidem unus est Deus, qui justificabit circumcisionem ex fide, et præputium per fidem. »

Communem iterum omnibus salutem proponendo, strenue concertat, dicens: Quoniam universorum hominum conditor unus est Deus, idcirco ipse omnes salvat. Neque enim quisquam rite dixerit, esse quidem Judæorum Deum, at non item gentium. Porro cum unus cunctorum Creator sit, cunctorum subinde Salvator exsistat necessum est.

Vers. 31. « Legem ergo destruimus per fidem? Absit! sed legem statuimus. »

Cum antea dixerit exclusam esse legem operum, ut nullus supersit de ea gloriandi locus; ideo deinceps ita concludit. Ne turberis, inquit. Legem enim non aufert fides: quin potius legem astruit. Quinam vero astruit? unus nimirum legis finis est, ut homo compos salutis efficiatur. Quod si fides id perficit, et gratia salvum facit, finem plane legis astruit.

CAP. IV.

Vers. 1. « Quid ergo dicemus invenisse Abraham avum nostrum secundum carnem? »

Cum Judæi id sursum deorsum perpetuo versarent, quod patriarcha suus et Dei amicus circumcisionem primus accepisset, ostendere instituit et illum quoque ex fide fuisse justificatum. Hunc porro patrem secundum carnem nuncupavit, ut eos submoveat a legitima illius cognatione, viamque gentibus paret ad illius propinquitatem accedendi.

Vers. 2, 3. « Nam si Abraham ex operibus justificatus est, habet gloriam, sed non apud Deum. Quid enim dicit Scriptura? Credidit Abraham Deo, et reputatum est illi ad justitiam. »

Duabus de causis potest aliquis gloriari, nimirum ex operibus, et ex fide. Longe autem potior est ratio, ut quis ob fidem glorietur, quam propter opera. Nam qui propter opera gloriatur, is labores suos ostentare potest. Ille vero qui sibi placeat quod crediderit, longe majorem gloriæ causam obtendit, utpote qui Deum laudibus extollat et magnificet. Ac ille quidem qui mandata peregit, morem ei gessit et obedivit: qui autem credidit, convenientem et dignam Deo concepit opinionem, eumque magis extulit, et mirabilem perhibuit, quam si ostentasset opera. Atqui hæc quidem gloria ejus est qui rem bene gesserit: illa vero Deum honorat, totaque ipsius est. Gloriatur enim magna de illo sentiendo et quæ in gloriam illius cedant.

Vers. 4, 5. « Ei autem qui operatur, merces non imputatur secundum gratiam, sed secundum debitum. Ei vero qui non operatur, credenti autem in eum qui justificat impium, reputatur fides ejus ad justitiam. »

Vis, inquit, nosse quid fidem inter et opera medium sit? Utrumque ex fine pensita, et reperies, eorum quidem qui operantur mercedem esse finem; justitiam vero, eorum qui credunt. Ille siquidem hoc præstat, ut non occidat, nec adulteretur: hic autem ejusmodi de Deo opinionem habet, quæ digna conveniensque sit, puta quod nedum impium valeat reatu absolvere, sed et justum facere.

Vers. 6-8. « Sicut et David dicit beatitudinem hominis, cui Deus accepto fert justitiam sine operibus. Beati quorum remissæ sunt iniquitates, et quorum tecta sunt peccata. Beatus vir cui non imputaverit Dominus peccatum. »

Cum antea dixerit *justitiam fidei*, mercedem et præmium illius magis auget et amplificat, beatitatem adjiciendo. Ac si dicat (adducto utique in medium Davide), Cuinam beatitudo tribuitur? ei qui operetur, an ei qui credat? porro beatitudinem dicendo, bonorum omnium verticem significat.

Vers. 9, 10. « Beatitudo ergo hæc in circumcisione tantum manet, an etiam in præputio? Dicimus enim, quia reputata est Abrahæ fides ad justitiam. Quomodo ergo reputata est, dum in circumcisione esset, an dum in præputio? Non in circumcisione, sed in præputio. »

Probare vult antiquiorem esse fidem circumcisione, quia circumcisione Judæi superbiebant. Id porro astruit ex Abraham, quem ostendit primum credidisse et justificatum esse, tum deinde accepisse circumcisionem: idque non propter seipsum, sed eorum causa qui posthac futuri erant.

Vers. 11, 12. « Et signum accepit circumcisionem, signaculum justitiæ fidei, quæ est in præputio: ut sit pater omnium qui credunt præputium, ut reputetur et illis ad justitiam: et sit pater circumcisionis, non iis tantum qui sunt ex circumcisione, sed et iis qui sectantur vestigia fidei patris nostri Abrahæ, quæ est in præputio. »

Idcirco, inquit, post fidem circumcisus fuit, ne et genus illud quod ex eo secundum carnem nasciturum erat, fidem Abraham odisset, utque fieret utrorumque per fidem pater. Primo quidem gentium, qua nempe in præputio fidem habuit; secundo autem eorum qui circumciderentur: imo nec absolute istorum qui fidem illius imitarentur, cujus signum exstitit circumcisio. Quapropter adjecit, *iis qui sequuntur vestigia fidei patris nostri Abrahæ, quæ est in præputio...* Ita ut Judæi expulsa fide, imprudentes circumcisionem expellerent. Nam si circumcisio fidei signum est, eamque rem, sive fidem, cujus signum circumcisio fuit, excludunt, quid opus fuerit adhuc signaculo? Nisi enim militem denotet, vana prorsus est et inutilis.

VERS. 13. « Non enim per legem promissio Abrahæ, aut semini ejus, ut hæres esset mundi, sed per justitiam fidei. »

Postquam ostendit fidem circumcisione priorem exstitisse, rursum demonstrat ea impleri promissionem Abrahæ factam.

VERS. 14-16. « Si enim qui ex lege, hæredes sunt, exinanita est fides, abolita est promissio. Lex enim iram operatur. Ubi vero non est lex, nec prævaricatio. Ideo ex fide, ut secundum gratiam firma sit promissio omni semini : non ei qui ex lege est solum, sed et ei qui ex fide est Abrahæ, qui est pater omnium nostrum, sicut scriptum est. »

Ac si dicat : Si ex operibus legis credimus promissionem nos accepturos, vana est prorsus fides. Quod si vana illa et inanis sit, stare non potest promissio. Quomodo vero istud? audias velim. Lex maledictioni subjicit, et vindictæ reddit obnoxios. Homo autem qui maledictioni subjaceat, nequaquam compos hæreditatis fuerit. Sin vero, dimissa lege, animum attendamus fidei, quæ sine operibus justos faciat, reperiemus justitiæ debitam esse gratiam. Quod si ei qui crediderit, debita est, tum gratia, tum justitia, tum sanctitas, uti postmodum ostenditur; manifestum est eum promissionem hæreditate captaturum. Igitur si lex maledictioni devovet, fides vero justitiam conciliat, iis qui justi fiunt, non maledictis, stat promissio.

VERS. 17. « Quia patrem multarum gentium posui te : ante Deum, cui credidit. »

Gentium utique earum quarum Abraham per fidem exsistat pater. Ne dicerent Judæi parentem illum fuisse Ismaelitarum, et Agarenorum et Idumæorum, addidit, *ante Deum, cui credidit.* Quod autem, ait, *ante,* idem est ac *consimiliter.* Sensus ergo est : Quemadmodum Deus cui credidit Abraham, omnium gentium princeps est et Dominus ; sic pariter et Abraham omnium est gentium pater. Sin autem nequaquam omnium, sed illarum quas supra diximus, jam neque donum locum habuit ; quippe cum, etiamsi id non concessum esset, omnium nihilo secius, quæ ex ipso ortæ sunt, pater foret secundum naturæ legem. Quilibet enim eorum est pater, qui ex se nascuntur. Liquet igitur illum gentium omnium parentem dici.

« Qui vivificat mortuos, et vocat ea quæ non sunt, tanquam ea quæ sunt. »

Quod Abraham patrem ponit earum gentium, quæ ab ipso non ducunt genus, apparet, tum ex eo quod *ante,* seu simili ratione, dixerat, tum quod subjunxerit, *ejus qui vivificat mortuos,* ut innuat generatum Isaac ex corporibus mortuis. Per eum siquidem multarum gentium evasit pater : cum ex ipso salus mundo obtigerit, hoc est Christus, in quem gentes credendo in causa fuere, ut Abraham earum pater nuncuparetur.

VERS. 18-22. « Qui contra spem in spem credidit, ut fieret pater multarum gentium, uti dictum est : Sic erit semen tuum. Et non infirmatus in fide, non consideravit corpus suum jam mortuum, cum esset centum circiter annorum, et emortuam vulvam Saræ. In repromissione vero Dei non hæsitavit diffidentia, sed confortatus est fide, dans gloriam Deo, et plenissime sciens, quia quod promisit, potens est et facere. Ideo et reputatum est illi ad justitiam. »

Contra spem quidem, eam nempe quæ humana sit : *in spem* vero, eam utique dicit, quæ in Deo nititur.

VERS. 23, 24. « Non est scriptum tantum propter ipsum, quia reputatum est illi, sed et propter nos, quibus reputabitur credentibus in eum, qui suscitavit Jesum Christum Dominum nostrum a mortuis. »

Ne dicat auditor : Quid hoc ad nos? ille siquidem est, qui justitiam obtinuit. Ideo nos patriarchæ proximos statuit ; imo vero multo amplius. Tanta enim est nostra nobilitas, ut fides illius figura nostræ fuerit.

VERS. 25. « Qui traditus est propter delicta nostra. »

Uti peccata nostra in crucem ageret.

« Et resurrexit propter justificationem nostram. »

Idcirco enim tum mortuus est, tum resurrexit, ut nos justos faceret.

CAP. V.

VERS. 1. « Justificati ergo in fide, pacem habeamus ad Deum per Dominum nostrum Jesum Christum. »

Cum de fide multis disputaverit, adhortationem subjungit ad vitam præclaram et honestam.

Quia justitiæ quæ operibus paratur, fidem prætulit ; ne quispiam existimet, id quod dixerat, torporis et socordiæ occasionem præbere, ait, *pacem habeamus;* id est, non amplius peccemus. Hoc namque idem est ac pacem cum Deo habere.

VERS. 2. « Per quem et accessum habuimus. »

Si ipse nos reconciliavit, quando hostes eramus et debellati, inquit, plane consentaneum est in reconciliatione perseverare, hocque grati illi animi monimentum reddere, ne vecordes et ingratos reconciliasse Patri censeatur.

« Per fidem. »

Ille quidem varia præstitit, multaque et diversa. Mortuus quippe est propter nos, nosque reconciliavit et propinquos fecit, inexplicabilemque gratiam largitus est. Nos autem fidem duntaxat attulimus.

« In gratiam istam, in qua stamus. »

Dei cognitione dignari, ab errore liberari, veritatem nosse, bonorum omnium compotem fieri, quae baptismo pariuntur.

« Et gloriamur in spe gloriae Dei. »

Duo posuit, praesentia et futura. Dicendo quippe, *gratiam*, praesentia bona declaravit, quae accepimus. Dicendo autem, *et gloriamur in spe*, futura quaeque revelavit.

VERS. 3. « Non solum autem, sed et gloriamur in tribulationibus. »

Quid aio, inquit, futura bona dignam esse gloriandi materiem? Imo vero ipsamet praesentia, tametsi tristia sunt et molesta, sufficiunt ut iis cohonestemur, deque nobis ipsis magna sentiamus. Beneque ait, *gloriamur*, ut a persona propria adhortationem instituat.

« Scientes quod tribulatio patientiam operatur; [VERS. 4.] patientia autem probationem, probatio vero spem. »

Quia paradoxum erat quod pronuntiarat, puta molestiis voluptatem et gloriam illis ingenerari; huic fidem ratiocinio isto astruit. Quasi dicat: Patientia quidem et tribulatio ante ea quae futura sunt, maximum interim fructum habent, et illum qui tentatur, probatum reddunt : insuper et ad futura contribuunt. Faciunt enim uti spes vigeat in nobis. Nihil quippe adeo spem bonorum praestat atque conscientia.

VERS. 5-9. « Spes autem non confundit. Quia charitas Dei diffusa est in cordibus nostris per Spiritum sanctum, 17 qui datus est nobis. Adhuc enim Christus cum adhuc infirmi essemus, secundum tempus pro impiis mortuus est. Vix enim pro justo quis moriatur : nam pro bono forsitan et quis audeat mori. Commendat autem charitatem suam Deus in nobis : quoniam cum adhuc peccatores essemus, pro nobis mortuus est. Multo igitur magis nunc justificati in sanguine ipsius, salvi erimus ab ira per ipsum. »

Rursum altera probatio, ex iis bonis quae accepimus.

VERS. 10. « Si enim cum inimici essemus, reconciliati sumus Deo per mortem Filii ejus, multo magis reconciliati salvi erimus in vita ipsius. »

Altera ratio a majori. Longe majus erat, inquit, eos qui inimici essent reconciliari, quam eos qui reconciliati essent, in dilectione permanere. Si autem id quod majus potiusque esset praestitit, moriendo pro nobis, dum adhuc in peccatis versaremur, quinam illud etiam quod minus est, non peregerit? Inspice vero quot momentis adnitatur futurorum fidem illis confirmare. Primum quidem eos excitat allato viri justi consilio, dicens : Certo cognovit Abraham, id Deum facere posse quod promisit. Secundo, a gratia quae concessa fuit. Tertio, a tribulatione, quae in spem nos erigere sufficiat, necnon iterum a Spiritu quem accepimus. Demum etiam ab ipsa morte Christi, imo a nostra malitia, id quod ante praestituerat. Atqui unum esse videtur quod effatus est; verum plura inibi reperiuntur. Primum quidem, quod mortuus sit : secundum, quod pro impiis : tertium, quod reconciliaverit, quod salvos, quod justos, quod immortales, quod filios et haeredes fecerit.

VERS. 11. « Non solum autem, sed et gloriamur in Deo per Dominum nostrum Jesum Christum, per quem nunc reconciliationem accepimus. »

Non solum, inquit, salvi facti sumus, sed et idcirco gloriamur, quod quis existimet nos ignominia suffundi. Iis quippe salutem praebere qui improbam supra modum vitam agant, maximum argumentum est eos summopere diligi ab illo qui salvos faciat. Non enim per quempiam alterum, sed per Filium suum unigenitum salvos nos fecit.

VERS. 12. « Propterea sicut per unum hominem peccatum in hunc mundum intravit, et per peccatum mors, et ita in omnes homines mors pertransiit. »

Hoc rursum quidem quod modo ait, nostrae illius quam accepimus, justitiae probatio est; a contrario vero sumpta est.

« In quo omnes peccaverunt. »

In quo, id est, per quem. Ait nimirum : Quemadmodum illo, sive Adamo, cadente, illi quoque qui de ligno non comederunt, ex eo omnes facti sunt mortales; ita resurgente Christo, et suscitato, omne corpus immortalitatis particeps evasit.

VERS. 13. « Usque ad legem peccatum erat in mundo. »

18 *Usque ad legem;* ac si dicat, usque ad tempora adventus (Christi) : *finis quippe legis Christus est*, veluti scriptum est. Ait ergo peccatum per Adamum in mundo emersisse, mansisse vero regnum illius usque ad tempus adventus Domini, et a Christo tandem destructum et abolitum.

« Peccatum autem non imputatur, quando non est lex. »

Dum ait quanto tempore regnaverit peccatum, innuit etiam ex quo tempore in mundum subierit. Quodnam vero hoc tempus aliud foret, nisi illud quo violatum fuit mandatum, quod transgressus est Adamus, quodque legem appellavit Scriptura? quocirca dicit per legem locum peccato datum. Ea quippe in causa fuit, ut Adamum serpens falleret.

VERS. 14. « Sed regnavit mors ab Adam usque ad Moysen, etiam in eos qui non peccaverunt in similitudinem praevaricationis Adae. »

Susceptae de tempore peccati narrationi insistit, saepiusque de eo ad nos sermonem habet, quo peccati vim diligenter edocti, gloriam demus illi, qui hanc per propriam carnem pessumdedit. In carne porro destruxit peccatum.

« Qui est forma futuri. »

Futuri, inquit, hoc est Christi. Ait nimirum, quemadmodum ille soboli suæ, tametsi de ligno non comederant, causa mortis exstitit quæ propter comestionem invecta est; ita et Christum iis qui ex ipso nati sunt, cum nihil justi perpetrassent, justitiæ nihilominus auctorem fuisse: quam quidem nobis omnibus per crucem elargitus est.

Vers. 15. « Sed non sicut delictum, ita et donum. Si enim unius delicto multi mortui sunt, multo magis gratia Dei et donum in gratia unius hominis Jesu Christi in plures abundavit. »

Si tantum valuit peccatum, ait, peccatum, inquam, unius hominis: eccur non potius abundaverit gratia Dei? Gratiam dico, non Patris solum, sed et Filii. Hoc enim longe magis consentaneum est.

Vers. 16. « Et non sicut per unius peccatum, ita et donum. Nam judicium quidem ex uno in condemnationem: gratia autem ex multis delictis in justificationem. »

Postquam id esse consentaneum monstravit, insuper et necessarium evincit. Quod porro hic dicit, hunc habet sensum: Mortem quidem et condamnationem peccatum unum valuit inferre. Gratia vero non unam solum illam, mortem puta, sustulit, sed et cæteras quæ propter hanc obvenerant. Neque enim dum audis, *sicut*, et *ita*, arbitreris, similem esse doni mensuram ac condemnationis. Nec rursum putes quando Adami fit mentio, hoc duntaxat peccatum fuisse sublatum, quod ille invexit; at enim reliqua perinde deleta docet, cum ait: *Gratia autem ex multis delictis in justificationem.*

Vers. 17, 18. « Si enim unius delicto mors regnavit per unum; multo magis abundantiam gratiæ et donationis et justitiæ accipientes, in vita regnant per 19 unum Jesum Christum. Igitur sicut per unius delictum in omnes homines in condemnationem: sic et per unius justificationem in omnes homines in justificationem vitæ. »

Cum declarasset non modo tantumdem nobis Christum profuisse, quantum nocuerat Adamus, sed multo magis et amplius, necessario subjungit assertionis suæ probationem. Isque ejus verborum sensus est. Quid porro mortem armavit? Hoc solum quod unus homo de ligno comedit. Si ergo mors tantas ex unius delicto vires nacta est; quando reperiuntur aliqui, qui gratiam longe majorem quam hoc peccatum esset acceperint, quinam fieri possit ut morti deinceps sint obnoxii? quocirca non dixit, gratiam, sed *abundantiam gratiæ*. Non enim quantum opus esset ad excisionem peccati, tantum nos gratiæ percepimus, sed et multo amplius. Etenim a supplicio exempti sumus, et malitiam eximimus, et superne sumus regenerati ac veteri homine sepulto, resurreximus, redempti quoque fuimus et sanati, atque ad divinam adoptionem evecti: justificati sumus factique Unigeniti fratres et cohæredes, ejusque consortes bonorum instituti. Ejus etiam nos caro sumus, et veluti corpus capiti, sic nos uniti sumus Christo. Atqui istæc omnia Paulus abundantiam gratiæ nominavit, ut ostenderet, non solum nos remedium æquale morbo accepisse, verum et sanitatem integram, formæ decorem, et honorem, gloriam, et bonam famam, quæ naturam nostram longe superant.

Quid vero illud est, quod modo *omnes homines* dicat, modo vero *multos*? Utique quia mors quidem in genus universum invaluit: in multos vero illa quæ ex voluntate pendet. Utrique opposuit ductam a Christo comparationem.

Vers. 19. « Sicut enim per inobedientiam unius hominis peccatores constituti sunt multi. »

Priori iterum argumento utitur, quod resumptione urget pressius.

« Ita et per unius obedientiam justi constituentur multi. »

Idem rursum probationibus aliis enarrare contendit. Hæc cuncta edisserit, quia Judæi dicebant Christi morte orbem justificari non posse. Hoc vero, *peccatores constituti sunt multi*, idem est, atque, obnoxii morti propter peccatum fuerunt.

Vers. 20. « Lex autem subintravit, ut abundaret delictum. »

Quia ostendit universum orbem Adami causa condemnationi subjacuisse, a Christo vero justificatum servatumque esse a damnatione, apposite nunc de lege quæstionem movet, quo præconceptam de ea opinionem succidat. Ait ergo non modo eam nihil prodesse, sed etiam ea subeunte, auctiorem evasisse ægritudinem. Istud vero, *ut abundaret*, non causam innuit, sed quod ex eventu id probatum fuerit. Nequaquam enim idcirco data est lex, ut abundaret peccatum. Sed data quidem 20 est, ut delictum minueretur. Verum contrarium evenit; non propter ipsam legis naturam, sed propter socordiam eorum qui illam suscepere. Porro *subintravit*, inquit, non autem, intravit; ut significet ad tempus eam fuisse utilem, nec ceu principale quoddam ante omnia proprie fuisse institutam.

« Ubi autem abundavit peccatum, superabundavit et gratia. [Vers. 21.] Ut sicut regnavit peccatum in morte, ita et gratia regnet per justitiam in vitam æternam, per Jesum Christum Dominum nostrum. »

Non solum enim pœna nos exemit, sed et sexcenta illa quæ prædiximus bona concessit nobis. Quomodo autem abundavit peccatum? Innumeras lex præceptiones sanxit, quibus undique confirmaretur et fulciretur homo. His vero omnibus posthabitis, per consequentiam auctius evasit peccatum.

CAP. VI.

Vers. 1, 2. « Quid ergo dicemus? permanebimus in peccato ut gratia abundet? absit! Qui mortui sumus peccato, quomodo ergo vivemus in illo? »

Sermonem iterum revocat ad illud quod ante dixerat: hoc utique sensu. Nonnulli Apostolo detrahentes aiebant: Ergo cum multum peccaverimus, nequaquam a peccatis abstineamus, ut amplior gratia tribuatur. Atqui hoc tollit: primum quidem negatione, dicendo, *Absit!* uti consuevit, quando de certis et exploratis malis sermonem habet. Tum deinde irrefragabili ratiocinatione: *Qui mortui sumus peccato,* inquit, *quomodo vivemus in illo?* Ac si dicat: mortui facti sumus peccato, dum credidimus et illuminati fuimus. Si mortui, utique ut ei de cætero non obsequamur.

Vers. 3-5. « An ignoratis, quia quicunque baptizati sumus in Christo Jesu, in morte ipsius baptizati sumus? Consepulti enim sumus per baptismum in mortem, ut quomodo Christus surrexit a mortuis per gloriam Patris, sic et nos in novitate vitæ ambulemus. Si enim complantati facti sumus similitudini mortis ejus, sed et resurrectionis erimus. »

Cum ratum certumque esset id quod dixerat, hoc nobis enarrat. Quid ergo illud est, *in mortem ipsius baptizati sumus?* plane uti moriamur sicut et ille. Nam baptismus crux est. Quocirca id quod Christo, tum crux, tum sepulcrum fuit, hoc nobis baptismus exstitit, licet non eadem ratione. Ille siquidem mortuus sepultusque est carni; nos vero peccato utrumque fuimus. Quapropter non dixit, complantati facti sumus morti ejus, sed *similitudini mortis ejus.* Mors quippe hoc et illud est, sed non ejus subjectum idem. Nam Christi mors carnis fuit, nostra autem, peccati.

Vers. 6. « Quod vetus homo noster simul crucifixus est. »

Non ait, crucifixus est, sed *simul crucifixus est,* ut baptismum cum morte componeret.

« Ut destruatur corpus peccati. »

Nequitiam universam vocat corpus peccati. **21** Nam sicut cunctam malitiam veterem hominem appellat, ita et corpus hominis istius, malitiam quæ ex variis nequitiæ et improbitatis membris coalita sit.

« Et ultra non serviamus peccato. [Vers. 7.] Qui enim mortuus est, justificatus est a peccato. »

Peccato, inquit, hoc interire volo, non ut aboleatur et occidat, sed ne peccet amplius. Quia sicut ille qui mortem obiit, exemptus est a peccato, cum mortuus jaceat; ita et mors quæ per baptismum infertur, huic similem reddit illum qui ex piscina ascenderit. Nam quandoquidem illic semel mortuus est, oportet ut peccato semper mortuus maneat.

Vers. 8, 9. « Si autem mortui sumus cum Christo, credimus quia simul et vivemus cum illo; scientes quod Christus resurgens ex mortuis jam non moritur. »

Quamprimum coronam affert laborum et certaminum. Cæterum ingens plane nobis bonum obvenit, ut et ante coronam Domini consortes efficiamur.

« Mors illi ultra non dominatur. [Vers. 10.] Quod enim mortuus est peccato, mortuus est semel. »

Id est, haudquaquam huic morti erat obnoxius, sed propter peccatum nostrum mortuus est, ut illud tolleret, ejusque nervos et vires omnes excideret.

« Quod autem vivit, vivit Deo. »

Hoc est, citra resolutionem ulteriorem; ita ut mors in eum amplius dominatum non habeat. Si enim priorem mortem obiit, cum huic minime esset obnoxius, sed propter peccatum aliorum: a fortiori deinceps ipse non morietur, per quem dissoluta fuit mors.

Vers. 11-12. « Ita et vos existimate, vos mortuos quidem esse peccato, viventes autem Deo in Christo Jesu Domino nostro. Ne igitur regnet peccatum. »

Quoniam de vita Christi sermonem habuit, ne quis diceret: Quid vero istæc ad nos? hæc subjungit: Si cum mortui essemus, ille nos suscitavit; multo magis viventes in vita conservare poterit.

Non dixit, tyrannidem non exerceat; id quod necessitatem significaret: sed *non regnet,* quod voluntatem innuit.

« In vestro mortali corpore; ut obediatis concupiscentiis ejus. [Vers. 13-14.] Neque exhibeatis membra vestra arma iniquitatis peccato: sed exhibete vos ipsos Deo tanquam ex mortuis viventes, et membra vestra, arma justitiæ Deo. Peccatum enim in vobis non dominabitur. »

Corpus nostrum ante Christi adventum facili negotio a peccato superabatur. Non enim Spiritus aderat, qui suppetias ferret; non baptisma quod illud quiret enecare. Ubi vero gratia affulsit, et baptisma suscepimus, ac per baptisma Spiritum, certamina deinceps levia et facilia exstiterunt.

« Non enim estis sub lege, sed sub gratia. [Vers. 15.] Quid ergo? Peccabimus quoniam non sumus sub lege, sed sub gratia? Absit! »

22 His verbis ostendit temporarios agones esse.

Vers. 16. « Nescitis quoniam cui exhibuistis vos servos ad obediendum, servi estis ejus cui obeditis, sive peccati ad mortem, sive obeditionis ad justitiam? »

Cum hoc sibi objecisset, Quid ergo? peccabimus? idque primum pernegando solvisset, dicens, *Absit!* solutionem alteram subjungit, quam sumit ab hoste: tertiam denique, a supplicio. Quæ porro ab hoste sumitur, hæc est: *Nescitis, quoniam cui exhibuistis vos servos ad obediendum, servi estis ejus cui obeditis?* Quasi diceret: Nondum gehennam commemoro, non ingens illud supplicium, sed potius hoc præsens dedecus, quod servi facti estis, quod servi voluntarii, quodque servi peccati; atque insuper ea mercede, ut denuo vobis moriendum sit. Nam si ante baptismum mortem induxit corporalem, tantaque vulnus curatione opus habuit, ut universorum Dominus ad mortem descendendo, malum tandem deleret : quid non peccatum efficiet, si post tantum illud donum datamque libertatem, te voluntarium sponteque sibi cervices inclinantem ceperit?

VERS. 17. « Gratia autem Deo quod fuistis servi peccati. »

Ipsis denuo in memoriam revocat munera et beneficia, quodque ex ingentibus sunt malis erepti; idque non propriis ipsorum laboribus, sed gratia Dei.

« Obedistis autem ex corde, in quam traditi estis formam doctrinæ. »

Quod ait, *ex corde*, liberum indicat arbitrium. Quod rursum, *traditi estis*, concessum a Deo auxilium innuit.

VERS. 18. « Liberati autem a peccato, servi facti estis justitiæ. »

Duo hoc loci Dei dona monstrantur; puta liberari a peccato, et servire justitiæ, quod omni libertate est præstabilius.

VERS. 19. « Humanum dico, propter infirmitatem carnis vestræ. Sicut enim exhibuistis membra vestra servire immunditiæ, et iniquitati ad iniquitatem. »

Cum accuratam vivendi normam exegerit, ita ut mortuos eos esse præciperet; ut ostendat, nihil se supra modum postulare, sed quod æquum modestumque sit ac leve, id a contrario astruit his verbis, *humanum dico*. Ac si dicat, hoc evinco ex iis quæ vulgo contingunt.

« Ita nunc exhibete membra vestra servire justitiæ in sanctificationem. [VERS. 20.] Cum enim servi essetis peccati, liberi eratis justitiæ. »

Quando in nequitia et impietate vitam tolerabatis, tam stricta obedientia vivebatis, ut nihil penitus boni ageretis. Hoc enim verba ista significant, *liberi eratis justitiæ*. Nunc ergo etiam quia ad justitiam transiistis, vos ex toto dedite virtuti, nihil prorsus facientes mali.

VERS. 21. « Quem ergo fructum habuistis tunc in illis, in quibus nunc erubescitis? »

Ejusmodi, inquit, ista servitus fuit, ut etiamnum memoria illius vobis pudorem afferat. Si autem pudefacit memoria, multo magis actio.

23 Duplici damno, ait, tunc afficiebamini, ut digna pudoris ageretis, nec pudefieri nossetis.

« Nam finis illorum mors est. [VERS. 22.] Nunc vero liberati a peccato, servi autem facti Deo. »

Quoniam probrum res haud valde gravis videtur esse, ad id pergit quod admodum terribile est, mortem nominans.

« Habetis fructum vestrum in sanctificationem, finem vero vitam æternam. »

Videsis quomodo alia quidem jam ostendat concessa, alia vero in spe proposita, horumque fidem facit ex iis quæ concessa erant; vitæ nimirum per sanctificationem.

VERS. 23. « Stipendia enim peccati mors. Gratia autem Dei vita æterna, in Christo Jesu Domino nostro. »

Cum armorum antehac meminerit, et regni, huic hæret metaphoræ : tametsi vero dicit, *stipendia*, dum de peccato loquitur, non eumdem tamen servat ordinem ubi de Christo verba facit : nec ait, recte factorum merces, sed *gratia Dei* : ut palam faciat, non a seipsis eos reconciliationem obtinuisse, ceu debitum quoddam accepissent, sed per gratiam cuncta hæc esse præstita.

CAP. VII.

VERS. 1. « An ignoratis, fratres (scientibus enim legem loquor)? »

Absoluto sermone quem de moribus instituerat, ad ea pergit quæ doctrinam spectant, ostenditque, nedum peccatum eis amplius non dominari, sed nec legem ipsam. Si autem lex non dominatur, a fortiori neque peccatum. Id porro probat exemplo. Cæterum a laudibus auditorum orditur, quibus aures ipsorum demulceat.

« Quia lex in homine dominatur quanto tempore vivit. [VERS. 2-4.] Nam quæ sub viro est mulier, viventi viro alligata est lege : si autem mortuus fuerit vir ejus, soluta est a lege viri. Igitur, vivente viro, vocabitur adultera, si fuerit cum alio viro : si autem mortuus fuerit vir ejus, liberata est a lege, ut non sit adultera, si fuerit cum alio viro. Itaque, fratres mei, et vos mortificati estis legi per corpus Christi, ut sitis alterius, qui ex mortuis resurrexit. »

Illis qui vivunt, inquit, posita lex est : mortuis vero nihil ultra præscribit. Porro si mortui estis, proinde, quando una cum Christo sepulti fuistis per baptismum, vestri deinceps mors non dominatur. Observes velim Pauli prudentiam : quomodo quidem legem mortuam comprobat exemplo, cum ait, *Si autem mortuus fuerit vir ejus*. In conclusione vero id non facit. Ex consecutione siquidem ei dicendum erat : Itaque, fratres, vos quoque, lege mortua, adulterii nequaquam damnamini, si sitis cum alio viro. Non ita rem enuntiavit; sed, *mortificati estis legi* : ne nos legi tanquam illius hostes detrahere suspicemini. Rursum vero videsis quam eximie confirmet id quod ipsi propositum erat. Ostendit enim legem ipsam hoc velle, eo quod ab ea discedatur, et ad virum alterum transeatur. Nam defuncto priore, inquit, nihil vetat quin cum altero fiat conjugium. Velut 24 si diceret : Lex ipsa nos crimine eximit, cum ab ea discedimus; quin et ipsius hæc voluntas est, uti deinceps Christi simus.

« Ut fructificemus Deo. [VERS. 5.] Cum enim essemus in carne. »

A potioribus eos adhortatur. Tunc enim morti fructum ferebatis, inquit : nunc autem Deo.

« Passiones peccatorum, quæ per legem erant,

operabantur in membris nostris, ut fructificarent morti. [VERS. 6.] Nunc autem soluti sumus a lege. »

Non ait, passiones peccatorum quæ ex lege natæ sunt, sed quæ per legem : nec etiam hic adjecit, natæ, seu factæ sunt ; sed absolute et simpliciter posuit *per legem*, hoc est, quæ per legem innotuere et manifestatæ sunt. Ne vero carnem insimularet, non dixit, quas membra operantur, sed *in membris nostris operabantur:* ut nimirum declararet, aliunde nequitiam ortum habere, puta ex actuosis cogitationibus, non a membris quæ moventur et aguntur. Non autem negat legem fuisse causam peccatorum, nec ejus gravitatem elevat. Ea quippe severi accusatoris vices gessit peccata denudando. Quisquis enim illi qui obsequi nolit plura injungat, delictum ejus amplificat.

« Mortui, in quo detinebamur. »

Hoc est, sub peccato. Nimirum, quia vetus homo qui in eo detinebatur, mortuus est et sepultus.

« Ut serviamus in novitate spiritus, et non in vetustate litteræ. »

Littera jam, inquit, qua condemnemur (lex utique illa vetus), superstes non est, sed spiritus adjuvans.

VERS. 7. « Quid ergo dicemus ? lex peccatum est ? Absit ! »

Quia multa contra legem dixisse videbatur, puta quod passiones peccatorum per legem operabantur in membris nostris; quod peccatum vestri non dominabitur : *Non enim estis sub lege*. Et iterum : *Ubi non est lex, illic nec transgressio.* Et rursum : *Lex autem subintravit, ut abundaret delictum ;* demum : *Lex iram operatur.* Quia, inquam, ista legi crimen inferre videbantur, ut suspicionem corrigeret, quæ inde nasci poterat, hoc sibi objicit et ait : *Quid igitur, lex peccatum est ?*

Absit ! Antequam id probet, rem negat prorsus, ut et sibi conciliet auditorem, et offensum demulceat.

« Sed peccatum non cognovi nisi per legem. Nam concupiscentiam nesciebam, nisi lex diceret : Non concupisces. »

Quod adversus legem vehementius hactenus egisse videatur, nihil est cur mireris. Paulus siquidem illud urget quod sibi incumbit. Quid porro istud esset, audias velim. Judæi obstinato animo gratiæ repugnabant, cui legem anteferrent, et hujus causa illi obtrectabant. Quamobrem Paulus sibi proposuerat demonstrandum, quod plane verum erat, legem quidem nullatenus valere ad delendum peccatum, quin et illud per eam duriorem tyrannidem exercere ; cum gratia illud seipsa abstergeret : subindeque dimissa lege accedendum esse ad gratiam. Is cum esset ipsius finis, videsis quam subtiliter et quam accurate id totum astruat. Ait enim, *Peccatum non cognovi, nisi per legem.* Peccatum autem dicit vigentissimum ; quippe quod ante legem erat. Et rursum : *Concupiscentiam* nesciebam, *nisi lex diceret : Non concupisces.* Ubi etiam intentam annuit vehementemque cupiditatem. Neque vero idcirco data fuit lex, uti cupiditatem accenderet, sed magis ut exstingueret. Quanquam res in contrarium versa est. Atqui hujus causa erat, quod peccatum regnaret ; quia eas vires lex non habuit, quibus peccatum subigeret. Id autem gratia patravit : nam et illud dissolvit prorsus ac delevit, nosque divino Spiritu implevit, ut ex facili illo superiores evaderemus.

VERS. 8. « Occasione autem accepta, peccatum per mandatum operatum est in me omnem concupiscentiam. »

Peccatum autem dominabatur, quia gratia non erat, per quam destrueretur.

« Sine lege enim peccatum mortuum est. »

Id est, non ita cognitum, nec coargutum. Illi quippe qui ante legem exstitere, apprime noverant se peccare. Hoc vero explicatius didicerunt, postquam data ipsis fuit lex. Quamobrem et majori criminationi fuerunt obnoxii.

VERS. 9. « Ego autem vivebam sine lege aliquando. »

Ad superiora legis tempora recurrit, assumpta cunctorum hominum persona, ostenditque illo ipso tempore imperium gessisse peccatum. Ex quibus vero omnibus unum hoc comprobat, multa nobis esse per gratiam concessa dona.

« Sed cum venisset mandatum, peccatum revixit. [VERS. 10.] Ego autem mortuus sum. »

Atqui lex peccatum, quod non erat, nequaquam produxit, sed abditum propalavit. Id quod quidem in laudem cedat legis : quippe cum antehac sine peccati sensu peccarent, ea autem adveniente, etsi nihil hinc aliud percipiebant, attamen certo discebant se culpam admittere.

« Et inventum est mihi mandatum, quod erat ad vitam, esse ad mortem. »

Non dicit, factum est mors, sed, *inventum,* ut declaret hoc novum esse et absonum supra quam credi possit.

VERS. 11-13. « Nam peccatum, occasione accepta per mandatum, seduxit me, et per illud occidit. Itaque lex quidem sancta, et mandatum sanctum et justum et bonum. Quod ergo bonum est, mihi factum est mors ? Absit ! »

Videas velim, quo pacto ubique sic peccati mentionem faciat, ut legem a culpa liberet, omnique criminatione. Quocirca infert : *Itaque lex quidem sancta.*

« Sed peccatum, ut appareret peccatum, per bonum mihi operatum est mortem ; ut fiat supra modum peccans peccatum per mandatum. »

Peccatum hic diabolum nominat, patrem utique et inventorem peccati, ipsamque mortem, quæ solo adventu Christi deleta fuit. Idque deinceps ipse docuit, ubi postquam dixit : *Quis liberabit me de corpore mortis hujus ?* subjunxit : *Gratia Deo meo per Jesum Christum Dominum nostrum.*

« Tametsi diabolus nequam et malus erat, latere

tamen poterat. Per insidias vero quas homini struxit, atque in primis per legem, quæ salutis conciliandæ causa data fuerat, effecit ut regnum suum manifestum fieret.

Vers. 14. « Scimus enim quia lex spiritualis est. »

Ne turbaretur auditor, audiendo per mandatum occasionem accepisse peccatum, ut eo accedente peccatum revixerit, nosque per illud seduxerit et occiderit : ne, inquam, aliquis hæc audiens malorum istorum causam esse legem arbitretur, non solum legem crimine et culpa eximit, sed egregiam illius laudationem texit, *Scimus*, inquit, *quia lex spiritualis est*. Spiritualem eam dicendo, ipsam virtutis esse magistram et nequitiæ adversariam commonstrat. Nam hoc est quod lex præstabat, ut commonefaceret, terreret, corrigeret, patrandæ virtutis consilia præberet : verum peccatum non valebat auferre. Nec ab re quidem : istud enim gratiæ solius opus et munus erat.

« Ego autem carnalis sum, venundatus sub peccato. »

Nam cum morte, inquit, perturbationum quoque turba subiit. Ex quo enim mortale factum est corpus, concupiscentiam subinde admisit, itemque iram et tristitiam, cæterasque omnes perturbationes.

Vers. 15. « Quod enim operor, non intelligo. »

Non intelligo, inquit, id est tenebris offundor, et corripior, præque ea quam patior violentia, nescio qua ratione supplantor ac decipior. Velut nimirum nos quoque dicere consuevimus : Nescio qui factum sit, ut hic adveniens res meas rapuerit : non ut ignorantiam obtendamus, sed deceptionem quamdam indicemus.

« Non enim quod volo bonum, hoc facio ; sed quod nolo malum, hoc ago. [Vers. 16, 17.] Si autem quod nolo, illud facio, consentio legi quoniam bona est. Nunc autem jam non ego operor illud, sed quod habitat in me peccatum. »

Velle bonum et odisse malum, hoc perfectæ cognitionis est. Ex quo liquet eum, ubi ait, *quod nolo*, non abstulisse libertatem arbitrii, nec necessitatem quamdam qua cogeremur induxisse, sed ea quæ ipse ageret, a se nequaquam laudari. Quid ergo est istud, *nolo?* idem utique ac, non laudo, non probo.

Vers. 18. « Scio enim quia non habitat in me, hoc est in carne mea, bonum. Nam velle adjacet mihi. »

Nequaquam corpus criminatur, sed peccati enormitatem ostendit, ut concessi per gratiam doni magnitudinem significet.

« Perficere autem bonum non invenio. »

Dum hic rursum ait, *non invenio*, non ignorantiam innuit, sed vim quamdam structasque per peccatum insidias.

Vers. 19, 20. « Non enim quod volo bonum hoc facio ; sed quod nolo malum, hoc ago. Si autem quod nolo, illud facio, jam non ego operor illud, sed quod habitat in me peccatum. »

27 Repetit et inculcat id quod modo dixerat.

Vers. 21. « Invenio igitur legem volenti mihi facere bonum, quoniam mihi malum adjacet. »

Quia bonum dixerat, subjiciendum illud fuit, quod ad hoc conferat : atque hoc modo clara fit ea sententia qua dicitur : *Invenio legem volenti mihi bonum facere*, quæ utique adjumento sit. Istud vero, *quoniam mihi malum adjacet*, idem est ac si dicat, quanquam peccatum ingruit, quo ad malum exciter.

Vers. 22, 23. « Condelector enim legi Dei secundum interiorem hominem. Video autem aliam legem in membris meis repugnantem legi mentis meæ, et captivantem me in lege peccati, quæ est in membris meis. »

Observa quomodo describit pugnam legis naturalis cum peccato, et peccati victoriam. Hoc enim vox ista declarat, *captivantem me*. Peccatum autem appellavit *legem* ; non quod ea sit ejus dignitas, sed propter obtemperationem eorum qui illi morem gerunt. Quo utique sensu mammona dominum vocat, ventrem deum, non propter aliquam horum dignitatem, quin potius ob impensiorem servitutem illorum qui iis subjecti sint.

Vers. 24, 25. « Infelix ego homo, quis me liberabit de corpore mortis hujus? Gratia autem Dei per Jesum Christum Dominum nostrum. Igitur ego ipse mente servio legi Dei, carne autem, legi peccati. »

Postquam vim peccati deflevit, ad misericordiam convertitur. *Quis me liberabit?* mox vero salutis spem subjungit, quæ inter tot tantaque mala nobis data est ; gratiam scilicet. Quando autem dicentem audis : *Quis me liberabit de corpore mortis hujus?* ne putes illum carnem criminari. Siquidem non ait corpus peccati, sed, *corpus mortis*, hoc est corpus mortale, quod morti subjectum est.

CAP. VIII.

Vers. 1. « Nihil ergo nunc damnationis est iis qui sunt in Christo Jesu. »

Idem ac si diceret : non solum a pristinis exempti sumus, sed et in futurum inexpugnabiles evasimus. Adjecit autem, *qui non secundum carnem ambulant*, quo rem patratu facilem esse significaret.

Vers. 2. « Lex enim spiritus vitæ in Christo Jesu liberavit me a lege peccati et mortis. »

Gratiam *legem spiritus* appellat. *Legem* autem *peccati* dicit, non Mosaicam (quomodo enim? quippe quam justam et sanctam crebro nuncupavit), sed eam quæ militat adversus legem mentis, hoc est peccatum.

Vers. 3. « Nam quod impossibile erat legis, in quo infirmabatur per carnem, Deus Filium suum mittens in similitudinem carnis peccati, et de peccato damnavit peccatum in carne. »

Sensus est. Quia lex ut justus homo fieret prodiit, dum is sub tyrannide peccati **28** laboraret, idcirco misit Deus Unigenitum, qui per propriam carnem peccatum damnaret. Recte autem Christi carnem appellat, *similitudinem carnis peccati*. Haud quippe hæc erat caro peccati, sed similitudo carnis peccati. *Non enim inventus est dolus in ore ejus* [14]. Dicendo vero, *de peccato*, causam indicat cur ille venerit. Nam Pater delendi peccati causa Filium misit. Carnis nomine carnalem sensum et prudentiam innuit.

Vers. 4. « Ut justificatio legis impleretur in nobis, qui non secundum carnem ambulamus, sed secundum spiritum. »

Quid istud est, *justificatio?* Utique finis et propositum. Quod enim lex facere volebat, hoc neutiquam valuit, puta justificare hominem. Hoc Christus præstitit. Vide quomodo passim suadeat, ne secundum carnem ambulemus : quasi dicat, liberata est caro a lege peccati ; peccato e medio sublato, ne voluntariam nobis servitutem arcessamus.

Vers. 5-7. « Qui enim secundum carnem sunt, quæ carnis sunt sapiunt : qui autem secundum spiritum sunt, spiritus. Nam prudentia carnis mors est : prudentia autem spiritus vita et pax. Quoniam sapientia carnis inimica est Deo. »

Id est, qui prudentia carnis repleti sunt, sive malitia.

« Legi enim Dei non est subjecta. Nec enim potest. »

Prudentiam carnis vocat cogitationem terrenam, quæ in res hujus sæculi et malas actiones impotenti desiderio feratur. Neque vero hoc ait, ac si non fieri possit ut ille qui malus est evadat bonus : sed quia impossibile est eum qui nequam est et improbus, subjici Deo. Facile itaque fuerit ut qui mutatur, bonus fiat et subjectus. Idque verum esse, innumeris quibus scatet exemplis contestatur historia. Paulus ipse ex persecutore præco factus est veritatis : latro paradisi plantis accensitus est ; Manasses, Ninivitæ, aliique sexcenti.

Vers. 8. « Qui autem in carne sunt, Deo placere non possunt. »

Carnis iterum nomine carnalem et mundanam vitam indigitat, voluptatibus et luxu diffluentem, quæ totum hominem carnem esse faciat.

Vers. 9. « Vos autem non estis in carne, sed in Spiritu. »

Ostendit, neque eum in corpore agere qui recte vivat, sed interim, dum adhuc in terra ambulat, in cœlo versari.

« Si tamen Spiritus Dei habitat in vobis. »

Frequenter ponit, *si tamen Spiritus*; non utique dubitando, sed fide certissima, nimirum pro *quandoquidem*; veluti cum ait : '*Si tamen' justum est apud Deum retribuere tribulationem iis qui vos tribulant* [15]. Pro, quandoquidem hoc justum est.

« Si quis autem Spiritum Christi non habet, hic non est ejus. »

Non dixit, si autem vos non habetis ; sed id attribuit aliis quod molestiam ingeneret.

29 Vers. 10. « Porro si Christus in vobis est. »

Rursus Christum in eis esse ait, quo voluptatem augeat, eorumque erga illum amorem.

«Corpus quidem mortuum est propter peccatum.»

Hic verborum istorum sensus est. Eorum in quibus Christus habitat, corpus peccato mortuum est, hoc est, nullatenus peccato obsequitur, sed illi instar est mortui : quod opus peccati spectat, nihil corpora nostra discrepant ab iis quæ in feretris jacent.

« Spiritus vero vita propter justitiam. »

Christum ipsum justitiam esse ait. Nam secundum vocem Apostoli, *factus est nobis a Deo justitia* [16]. Spiritus itaque noster vivet, si Christum in se manentem habeat.

Vers. 11. « Quod si spiritus ejus qui suscitavit nos a mortuis, habitat in vobis, qui suscitavit Jesum Christum a mortuis, vivificabit et mortalia corpora vestra, per inhabitantem Spiritum ejus in vobis. »

Idem ac si diceret : Ne timueris quia mortuo corpore indueris ; habeto Spiritum, isque te rursum suscitabit. Quid igitur? nunquid non illi resurgent, qui eum non habuerint? omnino, inquit; sed non ad vitam. Quamobrem non dixit, suscitabit, sed *vivificabit*, quod resurrectione amplius est, ac justis duntaxat concessum.

Vers. 12. « Ergo, fratres, debitores sumus, non carni, ut secundum carnem vivamus. »

Postquam ostendit, quantum esset spiritualis vitæ præmium, necessario deinceps admonitionem subjungit, dicendo : non ergo debemus secundum carnem vivere.

Vers. 13. « Si enim secundum carnem vixeritis, moriemini. Si autem spiritu facta corporis mortificetis, vivetis. »

Hic mortem illam immortalem innuit, quæ in gehenna transigenda est ; pœnas nimirum suppliciumque.

Vers. 14. « Quicunque enim spiritu Dei aguntur, hi sunt filii Dei. »

Aliam etiam nobis mercedem proponit, quo persuadeat ut vitam agamus spiritualem. Hæc porro est adoptio. Atqui non ait, qui Dei Spiritu vivunt, sed, *qui aguntur* : ut significet, eum sic velle ducere, tanquam vitæ nostræ Dominus sit, quam ducat et agat quocunque lubuerit.

Vers. 15. « Non enim accepistis spiritum ser-

---

[14] Isa. LIII, 9. [15] II Thess. I, 6. [16] I Cor. I, 30.

vitutis iterum in timore, sed accepistis spiritum adoptionis filiorum. »

Si quid illi qui legi veteri suberant mandatorum Dei præstitere, hoc timore pœnarum exsecuti sunt. *Irritam* enim *quis faciens legem Moysi sine ulla miseratione moritur* [17]. Qui vero spiritum gratiæ acceperunt, nihil non amore Christi faciunt. Hic itaque comparat eos qui sub lege versati sunt, cum iis qui sub gratia.

« In quo clamamus, Abba (Pater). »

Adoptionis veritatem astruit ex precatione quam Dominus a fidelibus suis recitari jussit : *Pater noster, qui es in cœlis* [18]. Quemadmodum autem **30** est spiritus gratiæ, spiritus sanationum, spiritus prophetiæ, sic quoque adoptionis spiritus exsistit.

Vers. 16, 17. « Ipse enim Spiritus testimonium reddit spiritui nostro, quod sumus filii Dei. Si autem filii, et hæredes : hæredes quidem Dei, cohæredes autem Christi. »

Paracletus, nimirum propter donum quod nobis donatum fuit. Velut si diceret : Vox ista non solum doni illius est, sed et ipsius Paracleti, qui donum largitus est. Ipse enim nos per donum istud docuit, ut hunc in modum loqueremur.

« Si tamen compatimur, ut et conglorificemur. [Vers. 18.] Existimo enim quod non sunt condignæ passiones hujus temporis ad futuram gloriam quæ revelabitur in nobis. »

Si enim in rebus iniquis et molestis consortes illius exsistimus, id quoque nobis a fortiori in suavibus obtinget. Nam si cum nihil recti præstitissemus, tantis nos bonis ornavit, quanto magis suis donis nos munerabit, quando laborantes viderit, taliaque passos?

Vers. 19. « Nam exspectatio creaturæ revelationem filiorum Dei exspectat. »

Videsis quot quantaque per hoc astruit, præsentium scilicet rerum aspernationem, ac futurorum desiderium, utque ostendit quanto amore humanum genus Deus prosequatur. Cuncta insuper philosophorum placita, quæ ipsi de mundo concinnarunt, hoc uno dogmate haud secus atque araneæ telam evertit. Ejus porro verborum hic est sensus : postulatio ipsa vehementer parturit, præstolando exspectandoque bona, quæ dicebam modo ; ἀποκαραδοκία enim vehemens est et sollicita exspectatio. Ut autem significantior fiat oratio, universum insuper orbem obtendit, quomodo nempe prophetæ flumina plaudentia manibus inducunt [19], colles exsultantes, et subsilientes montes [20] : non quidem ut ea animata esse existimemus, sed ut bonorum exsuperantiam condiscamus, ac si ad ipsas etiam res sensus expertes pertineant. Quod quidem ipsum frequenter faciunt, ut gravia molestaque significent ; ut dum vitem lugentem inducunt, vinum, montes, tignaque tem-

[17] Hebr. x, 28. [18] Matth. vi, 9. [19] Psal. xcvii, 8. [20] 27, 28.

pli ejulantia [21] : ut exhinc saltem conjiciamus vim immanem malorum. Hos itaque Apostolus imitatur, dum hic creaturam in medium profert ; eamque ingemiscere ait et parturire : non ut gemitum quemdam e terra cœlove emissum audierit, sed ut futurorum bonorum præcellentiam ostendat, necnon desiderium liberationis a malis quæ nos detinent.

Vers. 20. « Vanitati enim creatura subjecta est, non volens. »

Perinde ac si diceret : Corrupta facta est creatura. Cujus id causa? propter te hominem. Ex quo etenim corpus tuum mortale fuit, et patibile, terra perinde maledictionem accepit, protulitque carduos et tribulos. Quod autem cœlum haud secus ac terra, vetustate detritum, ad meliorem sortem sit traducendum, aures præbe Prophetæ, ubi de cœlis ita loquitur : *Ipsi peribunt, tu autem* **31** *permanes, et omnes sicut vestimentum veterascent. Et sicut amictum evolves eos, et mutabuntur* [1].

« Sed propter eum qui subjecit eam in spe. [Vers. 21.] Quoniam et ipsa creatura liberabitur a servitute corruptionis. »

Si creatura propter me corrupta facta est, inquit, nihil illi injuriæ est irrogatum. Nam propter me iterum evadet incorrupta. Hoc enim ea voce, *in spe*, significatur. Ubi autem dicit, *subjecta est non volens*, non hoc ait ut consilii dominam eam esse ostendat : sed ut inde addiscas, totum prorsus penes Christi curam et dispositionem esse, neque id creaturæ virtute præstandum.

« In libertatem gloriæ filiorum Dei. »

Id est propter libertatem.

Vers. 22. « Scimus enim quod omnis creatura ingemiscit, et parturit usque adhuc. »

Observa, quomodo pudore suffundat auditorem, tantummodo, inquiens, ne pejor efficiaris creatura, quæ expers animæ est, ut circa præsentia studiosius immoreris. Nedum enim iis non oportet esse addictiorem, sed magis ingemiscere propter diuturnam ab illa patria peregrinationem. Nam si hoc facit creatura, multo magis æquum fuerit, idem te ostendere qui ratione præditus sis.

Vers. 23. « Non solum autem, sed et ipsi primitias spiritus habentes, et nos ipsi intra nos gemimus. »

Quia jam quæ futura sunt, delibavimus, horum exitum videre festinamus. Si enim ejusmodi sunt primitiæ, ut per eas, tum immunes a peccatis efficiamur, tum justitiæ et sanctitatis compotes, animo reputa quantus futurus sit finis.

« Adoptionem exspectantes. »

Ne quam hæreticis præbeat occasionem, ceu videatur præsentia criminari, dum ait, *ingemiscimus*; nequaquam, inquit, præsentia accuso, sed futurorum desiderio teneor. Hoc enim est quod significat, dicens, *adoptionem exspectantes*.

« Redemptionem corporis nostri. »

[1] Psal. cxiii, 4. [2] Amos viii, 3. [3] Psal. ci,

Hoc est perfectam consummatamque gloriam. Tunc enim firma erit gratia, quando nostrum quoque corpus mortalitatem, innumerasque affectiones alias exuerit. Solutio quippe est argumenti quod objici possit; ut si quis diceret: Sursum deorsumque inclamas factos nos esse filios, nuncque id ipsum sperandum ponis. Quid ergo nunc ais? In obscuro res nostræ positæ sunt, ad extremum usque spiritum? Complures enim, cum essemus filii, facti sumus canes et captivi. Sin vero cum bona spe vitam hanc absolverimus, tunc immotum erit donum, manifestiusque ac præstantius, quod nullam, sive a morte, sive a peccato mutationem pertimescat amplius.

VERS. 24. « Spe enim salvi facti sumus. »

Quod hic ait, ejusmodi sensum habet: Non omnia hoc in sæculo quærere oportet, sed insuper sperare juvat. Hoc unum enim munus Deo obtulimus, ut ipsi fidem adhiberemus, dum futura pollicitus est, atque hac una via salvi facti fuimus. Si ergo eam amiserimus, universum quod illi pensitare tributum debemus, perdidimus. Hæc vero ait, ne in hoc mundo cuncta quæramus, neve **32** ingenuitatem nostram, quæ fide nobis parta fuit pessumdemus.

« Spes autem quæ videtur non est spes: quod enim videt quis, quid sperat? [VERS. 25.] Si autem quod non videmus speramus, per patientiam exspectamus. »

Si cuncta tibi sunt in hoc ævo quærenda, quid jam spe opus habeas? Ecquid igitur est spes? futuris fidere. Hoc unum Deus a te postulat, inquit, ut quidpiam sit tuum quod ad salutem tuam contribuas. Quod quia parvum est exilisque pretii, vide quomodo illud amplificet, *patientiam* appellando; qua voce labores et sudores significatos voluit, quamlibet istiusmodi prorsus non sint actus spei. Ac si diceret: Eo perinde modo quo eum qui laboribus et molestiis conflictatur, nullisque non malis atteritur, sic illum qui sperat, coronis ornat Deus. Nam *patientiæ* vocabulum sudores multamque constantiam innuit.

VERS. 27. « Similiter autem et Spiritus adjuvat infirmitatem nostram. »

Commonstrat multam nobis opem conferri, quo patientia levior sit et facilior. Haud secus ac si diceret: tuum illud est quod patienter feras; reliquum vero, subministrati Spiritus quo ungeris in spem, per quam rursum labor levatur.

« Quid enim oremus, sicut oportet, nescimus. »

Hæc ait, ut magnam erga nos Spiritus providentiam declaret, edoceatque, nequaquam ea prorsus existimare utilia esse, quæ cogitationibus humanis videntur ejusmodi. Ne vero hujus ignorantiæ discipulum puderet, hanc communem esse significavit, dicendo, *nescimus*.

« Sed ipse Spiritus postulat pro nobis gemitibus inenarrabilibus. »

Obscurum est quod hic ait; quia multa modo miranda desierunt, quæ tum fiebant. Quocirca operæ pretium fuerit ea edisserere. Ecquis ergo tunc erat rerum status? Varia Deus illis qui tunc baptizabantur, dona impertiebat. Atque hic quidem prophetiæ dono ornabatur, et futura prædicebat: iste vero sapientiæ itidem dono, quo multos erudiret; alius gratia sanationum, qua ægris et infirmis medebatur: alius dono virtutum, ita ut suscitaret mortuos; alter rursum donum habebat linguarum, diversasque voces edebat. Cum his autem omnibus donum quoque precationis exstabat, quod perinde spiritus appellabatur: et quisquis eo instructus esset, pro universa multitudine preces fundebat. Nam, quia rerum quæ nobis conducunt ignari sumus, vulgo petimus quæ inutilia sunt, idcirco in unum quemdam precationis donum veniebat, isque stando omnium vice postulabat quod omni prodesset Ecclesiæ, ac reliquos edocebat. Igitur donum ejusmodi *Spiritum* vocat, et animam eo instructam, interpellare apud Deum ait, ac gemere. Nam qui tali gratia dignatus erat, multa compunctione multisque interioris animæ gemitibus stans humiliter Deum rogabat quæ cunctis conducibilia forent.

VERS. 27. **33** « Qui autem scrutatur corda, scit quis sit sensus Spiritus; quia secundum Deum postulat pro sanctis. »

Ut intelligas quod de homine spirituali, quique precationis donum habeat, non autem de Paracleto Spiritu, loquatur, intulit: *Qui scrutatur corda, novit quis sit sensus Spiritus*. Ac si diceret: Non Deum veluti ignorantem docet; sed hoc ideo fit, ut nos ipsi discamus ea orare, quæ oporteat a Deo petere; quæ nimirum ipsi placeant. Hoc enim est quod ait: *Secundum Deum*.

VERS. 28. « Scimus autem quia diligentibus Deum omnia cooperantur in bonum. »

Ipsamet etiam tristia et molesta, si nobis propter Deum inferantur, in bonum nobis et felicem exitum cedent. Id quod præstitit in Babylonica fornace, et in apostolis.

« His qui secundum propositum vocati sunt sancti. »

Hic *propositum* dicit, ne totum vocationi tribuat; alias illi quispiam objecisset: Eccur non omnes salvi fuerunt?

VERS. 29, 30. « Quoniam quos præscivit, et prædestinavit conformes imaginis Filii sui, ut sit ipse primogenitus in multis fratribus. Quos autem prædestinavit, hos et vocavit. »

Cujus illi dignitatis sint ostendit, quemadmodum jampridem Deus erga ipsos affectus esset.

« Et quos vocavit, hos et justificavit. »

Per lavacrum utique regenerationis.

« Quos autem justificavit, hos et glorificavit. »

Per dona, per adoptionem.

VERS. 31, 32. « Quid ergo dicemus ad hæc? Si Deus pro nobis, quis contra nos? Qui etiam proprio Filio non pepercit, sed pro nobis omnibus tradidit illum: quomodo non etiam cum illo omnia nobis donaverit? »

Tametsi aliqui non credunt futuris; attamen adversus ea bona quæ jam concessa sunt, nihil habent quod proferant. Quale est istud, quod te Deus pridem redamavit, quod te justum fecit, quod gloria donavit. Hæc quippe tibi per ea largitus est quæ molesta videbantur, quæque injucunda prorsus ducebas; puta per crucem, verbera, vincula. Hæc sunt quæ mundum universum ad rectitudinem revocaverunt.

Vers. 33. « Quis accusabit adversus electos Dei? »

Hæc illis objicit qui asserunt nihil fidem prodesse, quique repentinam mutationem morum inficiantur. Apprime autem non dixit, quis accusabit adversus servos Dei; neque, adversus illos qui credunt Deo, sed, *adversus electos Dei*. Electio siquidem virtutis argumentum est.

« Deus qui justificat. [Vers. 34.] Quis est qui condemnet? Christus Jesus qui mortuus est, imo qui et resurrexit, qui est ad dexteram Dei. »

Non ait, Deus qui peccata remittit, sed quod longe excellentius est, *Deus qui justificat*. Ubi enim sententia judicis justum pronuntiaverit, talis, inquam, tantique judicis, quid mereatur qui ausit accusare? Nequaquam igitur tentationes reformidemus, quando pro nobis est Deus.

34 « Qui et interpellat pro nobis. [Vers. 35.] Quis ergo nos separabit a charitate Dei? tribulatio? an angustia? an persecutio? an fames? an nuditas? an periculum? an gladius? [Vers. 36.] (Sicut scriptum est.) »

Humaniori more loquitur, quique ad captum nostrum accedat magis, ut charitatem Dei demonstret. Et ut discas rem ita esse; cum prius dixerit: *In dextera Dei*, subjunxit: *Qui interpellat pro nobis*. Quod et familiarem cum Deo sermonem atque æqualitatem ostendit.

« Quia propter te mortificamur tota die. »

Ne his quæ dicta fuerant, derelictio indicari putaretur, Prophetam etiam adducit, a quo ex multo jam tempore hæc eadem prænuntiata essent.

« Æstimati sumus sicut oves occisionis. »

Quemadmodum enim, inquit, illæ dum mactantur, non resistunt, sic et nos.

Vers. 37. « Sed in his omnibus supervincimus propter eum qui dilexit nos. »

Hoc enimvero admiratione dignum fuerit, nedum quod vincimus, sed quod iis ipsis quibus appetimur insidiis victores sumus; imo non solum vincimus, sed et supra modum vincimus.

Vers. 38, 39. « Certus sum enim, quia neque mors, neque vita, neque angeli, nec principatus, neque virtutes, neque instantia, neque futura, neque fortitudo, neque altitudo, neque profundum, neque creatura alia, poterit nos separare a charitate Dei, quæ est in Christo Jesu Domino nostro. »

Quid juvat præsentia, quæque huicce vitæ sortis quadam necessitudine conjuncta mala sunt, effari? Nam si quis etiam res futuras, virtutesque dixerit; res quidem veluti mortem et vitam; virtutes vero, ut angelos et archangelos omnemque cœlestem illam creaturam: exigua mihi hæc omnia sunt, si ad charitatem Christi conferantur. Neque enim, etsi quis mortem illam futuram et immortalem comminetur, ut a Christo discedam, neque si vitam fine carentem polliceatur, acquiescerem prorsus. Et quid reges terræ dixero, quandoquidem, quamvis angelos mihi, universasque cœli virtutes; quamvis cuncta seu præsentia, seu futura, objicias, omnia simul, tum quæ in terra, tum quæ in cœlis exsistunt, ad ejus amorem tenuissima sunt? Deinde tanquam ea non sufficerent ad exprimendum ingentem illum amorem suum, postquam alia rursum, nec minora subjecit, ait: *Neque creatura alia*.

CAP. IX.

Vers. 1, 2. « Veritatem autem dico in Christo, non mentior: testimonium mihi perhibente conscientia mea in Spiritu sancto. Quoniam tristitia mihi magna est et continuus dolor cordi meo. »

De magnis nimirum locuturus, quæque propter altitudinem incredibilia viderentur, idcirco jusjurandum præmisit.

Vers. 3, 4. « Optabam enim ego anathema esse a Christo pro fratribus meis, qui sunt cognati mei secundum carnem, qui sunt Israelitæ. »

Atque altera hæc est demonstratio, similis earum quæ præcessere. Hac enim ostendit quanto erga Christum amore arderet. Qui vero istud? causam accipe. **35** Quia Judæi omnes Deum accusando mussabant ejectos se ac dehonestatos esse, cum digni fuissent vocari filii Dei, sibique data esset lex; cum Deum ante omnes cognovissent; cum tanta essent gloria potiti, ut orbem universum colendo Deum antevertissent; cum promissa ipsi accepissent, ex illis patribus prognati, qui amici ejus fuerunt, et (quod cæteris præstabilius est) Christi ipsius parentes exstiterunt: nam hoc significat, ubi ait: *Ex quibus Christus secundum carnem*; in ipsorum vero locum esse introductos homines ex gentibus, qui nullatenus eum norant. Quia ergo ejusmodi sermonibus Deum criminabantur, his Paulus auditis, indigne ferens gloriæ Dei detrahi, rogabat ut anathema fieret, atque a gloria quam consequuntur illi qui in Christum credunt, necnon ab apostolorum cœtu excideret (non enim ab amore Christi), ut tandem illi a blasphemia temperarent.

« Quorum adoptio, et gloria, et testamenta, et legislatio, et obsequium, et promissa. »

Perinde ac si diceret: Deus quidem eos volebat salvos fieri, idque palam fecit ex iis quæ ante gessit, quæque patravit Christus, qui ex illis, inquit, secundum carnem fuit. Ipsi vero improbitate sua munificentiam procul ablegarunt.

Vers. 5. « Quorum patres, et ex quibus Christus secundum carnem, qui est super omnia benedictus Deus in sæcula. Amen. »

Tametsi alii blasphemant, inquit, nos autem quibus arcana illius perspecta sunt, apprime clareque novimus eum non blasphemia, sed laude et gloria dignum esse. Insimul nos quoque divinum quoddam aliud mysterium edocet; puta eumdem qui secundum carnem genitus est, ipsum esse Deum qui super omnia exsistit.

Vers. 6-9. « Non autem quasi exciderit verbum Dei. Non enim omnes qui ex Israel sunt, ii sunt Israel : neque qui semen sunt Abrahæ, omnes filii : sed in Isaac vocabitur tibi semen. Id est, non qui filii carnis, hi filii Dei ; sed qui filii sunt promissionis, æstimantur in semine. Promissionis enim verbum hoc est : Secundum hoc tempus veniam, et erit Saræ filius. »

Cum ita res acciderint, inquit, haud prorsus operosum est ostendere, ratam stetisse promissionem. Quinam ergo promissio constitit? Deus dixit: Semini tuo aabo terram hanc[12]. Gentes porro vocavit semen Abrahæ. At undenam id manifestum fit ? ex hoc utique ipsius responso : In Isaac vocabitur tibi semen[13]. Hoc est, sicut Isaac cum ex promissione genitus esset, genuinus exstitit filius, ita genuinum Abrahæ semen appellatum illud fuerit quod per promissionem natum sit.

Vers. 10-13. « Non solum autem illa, sed et Rebecca ex uno concubitu habens et Isaac patris nostri. Cum enim nondum nati essent, aut aliquid boni egissent aut mali (ut secundum electionem propositum Dei maneret), non ex operibus, sed ex vocante dictum est ei : Quia major serviet minori. Sicut scriptum est : Jacob dilexi, Esau autem odio habui. »

Cur miraris, inquit, ex Judæis hos quidem nunc salvos fuisse, non autem illos? Idem **36** quippe gestum olim cum patriarchis fuisse observare liceat ; imo non solum cum patriarchis, sed et cum ipsismet Israelitis. Quanquam enim commune omnium peccatum erat, alii quidem misericordiam consecuti sunt, alii autem nequaquam. Quod et in illis quibus inflictæ pœnæ fuerant, non nemo agnoverit. Ex Ægyptiis enim alii servati sunt, alii vero pœnas dedere. Ad hæc, præter Judæos, populum vocavit qui non erat populus ; nec omnes Judæos eodem honore dignos voluit. Nam reliquiæ tantum salvæ factæ sunt[14]. Illis itaque omnibus, quæ ardua difficiliaque sunt, in medium prolatis, solutionem tandem subjicit. Quæ vero horum solutio est? nisi quod ex operibus, non ex fide ; quodque justitiam Dei ignorantes, quæsierint suam statuere. Eccur vero in tantas ambages auditorem adduxit? utique ut Judæos in hunc fere modum alloqueretur :

Qui tot quæstiones movetis, nec cuiquam earum solvendæ pares estis, quinam de vocatione gentium negotia nobis facessatis ? quando causam quoque possimus afferre, cur illi salvi fiant, vos autem excideritis. Quæ vero ista ? Quod illi crediderunt ; vos autem per opera legis in lapidem offendistis.

Vers. 14. « Quid ergo dicemus ? Nunquid iniquitas apud Deum? Absit ! »

Igitur neque erga nos, neque erga Judæos injustus est.

Vers. 15. « Moysi enim dicit : Miserebor cujus misereor ; et misericordiam præstabo cujus misereor. »

Tuum non est scire, o Moyses, inquit, qui sint clementia digni ; sed hoc mihi totum credito. Si Moysis non erat id cognoscere, multo minus nostri fuerit.

Vers. 16, 17. « Igitur non volentis, neque currentis, sed miserentis est Dei. Dicit enim Scriptura Pharaoni : Quia in hoc ipsum excitavi te, ut ostendam in te virtutem meam, et ut annuntietur nomen meum in universa terra. »

Injecto medio, objectionem alteram subjungit.

Vers. 18-21. « Ergo cujus vult miseretur, et quem vult indurat? Dicis itaque mihi : Quid adhuc queritur ? Voluntati enim ejus quis resistit? O homo, tu quis es qui respondeas Deo ? Nunquid dicit figmentum ei qui se finxit : Quid me fecisti sic ? Aut non habet potestatem figulus luti ex eadem massa facere aliud vas in honorem, aliud vero in contumeliam ? »

Aliam rursum exceptionem affert, quæ auditorem ex adverso in difficultatum turbam adducat. Nec eam statim solvit, sed os illi duntaxat obstruit, dicendo : Tu quis, o homo, qui respondeas Deo? hoc est, qui contradicas.

Vers. 22, 23. « Si autem Deus volens ostendere iram, et notam facere potentiam suam, sustinuit in multa patientia vasa iræ apta in interitum ; et ut ostenderet divitias gloriæ suæ in vasa misericordiæ. »

Hujus effati ejusmodi sensus est. Vas iræ erat Pharao, sive homo qui duritia sua iracundiam Dei accenderat. Cum enim multam ergo se Dei patientiam et lenitatem expertus esset, nihilo melior factus est, sed incorrectus mansit. **37** Quamobrem non modo eum vas iræ appellavit, sed etiam aptum ad interitum, hoc est ita comparatum a seipso, suoque vitio. Deus enim nihil quidquam omisit eorum quæ ad emendationem illius conferrent. Nihil quoque ipse vicissim non admisit, quo non sibi interitum crearet, omnique se venia privaret. Deus autem, tametsi hæc noverat, multa illum patientia sustinuit, cum vellet ipsum ad pœnitentiam adducere. Nisi enim hoc voluisset, tandiu utique illum non tulisset. Quoniam vero ea Dei patientia uti voluit, ut pœnitentiæ daret operam, seu

---

[12] Gen. xii, 7. [13] Gen. xxi, 12. [14] Isa. x, 22 ; Rom. ix, 27.

se ipse ira dignum comparavit; illo Deus usus est ad correctionem aliorum : ita ut per inflictas eidem pœnas studiosiores alios virtutis faceret, et per illum potentiam suam ostenderet.

« Quæ præparavit in gloriam. [Vers. 24.] Quos et vocavit, non solum ex Judæis, sed etiam ex gentibus. »

Quoniam Judæi gentilibus exprobrabant, quod gratis essent vocati, eisque pudorem incutiendum ducebant, suspicionem hanc et invidiam ingenti argumentorum vi destruit. Si enim ea res Deo gloriam attulit, multo magis illis per quos Dei gloria celebrata est.

Vers. 25-27. « Sicut et in Osee dicit : Vocabo non plebem meam, plebem meam, et non dilectam, dilectam : et erit in loco, ubi dictum est, non plebs mea vos, ibi vocabuntur filii Dei vivi. Isaias autem clamat pro Israel : Si fuerit numerus filiorum Israel tanquam arena maris, reliquiæ salvæ fient. »

Aliunde quoque sermoni fidem astruit, adductis prophetis qui eadem asserant.

Vers. 18, 19. Verbum enim consummans et abbrevians faciet Deus super terram, et sicut prædixit Isaias: Nisi Dominus Sabaoth reliquisset nobis semen. »

Circuitione opus non est, nec labore, inquit, quo operibus legis insudetur ; sed brevi compendio salus accidet. Talis siquidem est fides, quæ paucis verbis salutem complectatur.

« Sicut Sodoma facti essemus, et sicut Gomorrha similes fuissemus. »

Istic quoque ostendit paucos illos nequaquam ex seipsis salutem sibi paraturos fuisse, nisi plurimam Deus bonitatem suam impendisset.

Vers. 30-32. « Quid ergo dicemus ? quod gentes quæ non sectabantur justitiam, apprehenderunt justitiam ; justitiam autem quæ ex fide est : Israel vero sectando legem justitiæ, in legem non pervenit. Quare ? Quia non ex fide, sed quasi ex operibus legis. »

Apertissima hæc solutio est. Postquam enim ex rebus ipsis demonstrationem protulit, dicendo : Non omnes, qui ex Israel sunt, hi sunt Israelitæ, itemque ab eorum progenitoribus Jacob et Esau ; ab illis rursum qui suppliciis affecti et qui servati fuere, nec non ex Osee et Isaia prophetis, appositissimam responsionem addit. Primum quidem difficultatem amplificat. Nam duo erant, de quibus quæstiones agitabantur ; puta quod gentes justitiam obtinuissent, et quam non persequebantur obtinuissent ; et quod Israel justitiam non esset assecutus, et ea quam assequi niteretur, excidisset. **38** Quænam ergo ista solutio est ? Tu quidem, o Judæe, inquit, nec justitiam illam quæ lege conciliabatur obtinuisti. Nam violata lege maledictioni factus es obnoxius. Illi vero qui per legem non iverant, viam potiorem hanc alteram repererunt, justitiam scilicet quæ ex fide.

« Offenderunt enim lapidi offensionis. [Vers. 33.] Sicut scriptum est : Ecce pono in Sion lapidem offensionis, et petram scandali, et qui credit in eum, non confundetur. »

Lapidem offensionis et petram scandali inquit, propter consilium et finem in quem collinearunt illi qui non crediderunt.

CAP. X.

Vers. 1. Fratres, voluntas quidem cordis mei, et obsecratio ad Deum pro illis in salutem. »

Quoniam illos magis quem antea adorturus erat, omnis inimicitiæ suspicionem tollit. Voluntatem enim hic vocat vehemens erga illos desiderium et amorem.

Vers. 2. «Testimonium enim perhibeo illis, quod æmulationem Dei habent, sed non secundum scientiam. »

Hoc quoque verbo nonnihil illis gratificatur, et tamen intempestivam simul declarat illorum esse contentionem.

Vers. 3. « Ignorantes enim justitiam Dei, et suam quærentes statuere, justitiæ Dei non sunt subjecti. »

Ostendit eos per contentionem magis et primatus ambitum, quam per ignorantiam errasse. Dum autem ait, *et suam quærentes statuere*, palam indicat, nec justitiam illam quæ ex lege pateretur, statuisse. Porro propriam justitiam eorum vocat, vel ob id quod necdum legem observare potuerint, vel quod hoc opus laborum et sudorum esset. Id non de Judæis solummodo dictum fuit, verum etiam de universo hominum genere.

Vers. 4. « Finis legis Christus, ad justitiam omni credenti. »

Quandoquidem *justitiam* modo nominavit ; ne putarent illi qui ex Judæis crediderant, hanc se quidem habere, illa vero esse privatos ; unam esse justitiam monstrat, quæ in ista velut in summa et capite contineatur : ut ille quidem qui eam quæ ex fide est amplexus sit, illam quæ per legem præstetur, impleverit ; qui vero eam floccifecerit, ista quoque exciderit. Nam si Christus finis legis est, ille proinde qui Christum non habet, quamlibet justitiam illam habere videatur, ea tamen caret. Qui vero Christum habeat, etiamsi legem non observarit, totum nihilominus accepit. Quemadmodum enim medicinæ finis est sanitas, ille etiam qui sanum facere queat, tametsi medicæ artis sit expers, totum tamen tenet. Qui vero curare non novit, quamvis artem colere videatur, toto nihilominus excidit prorsus : ita quoque in negotio legis et fidei ; quisquis hanc habeat, illius finem obtinet ; qui autem extra eam fuerit, ab utraque perinde est alienus. Ecquid enim lex volebat ? Utique justum hominem facere. Nullus autem **39** hanc quivit implere. Hic itaque erat finis legis ; hucque omnia respiciebant ; propter hoc omnia fiebant, tum solemnitates, tum sacrificia, tum præcepta, cæteraque omnia, uti nimirum justus fieret homo. Is vero finis Christus erat per fidem modo præstantiori.

Vers. 5, 6. « Moyses enim scribit, quoniam justitiam, quæ ex lege est, qui fecerit homo, vivet in ea. Quæ autem ex fide est justitia, sic dicit. »

Assertiones suas comprobat ex Scripturis. Quod autem ait, hunc habet sensum. Moyses ostendit nobis justitiam quæ ex lege est, qualis sit, et unde comparetur. Undenam igitur, nisi universa adimplendo præcepta? Hoc vero nemini possibile fuit.

« Ne dixeris in corde tuo : Quis ascendet in cœlum? id est Christum deducere; [Vers. 6.] aut quis descendet in abyssum? hoc est Christum a mortuis revocare. »

Ne dicant Judæi, quonam pacto illi majorem nacti sunt justitiam, qui minorem non repererunt? Rationem affert, cui contradici non possit; puta viam hanc altera faciliorem exsistere. Illa enim universa prorsus impleri postulat; justitia autem quæ per fidem paratur, verbo solo confessionis salutem tenet.

Ne ista facilitas contemptibilem hanc vilemque reddere videatur, observa, qua ratione sermonem de ipsa amplificet. Quemadmodum virtuti quæ operibus insudet, socordia adversatur, quæ labores dissolvat, atque vigili animo opus est, ne illi cedatur: ad hunc modum quando oportet crede, ratiocinationes insurgunt, quibus mens plurimorum perturbatur et læditur, opusque est generosiori animo, quo propulsentur.

Vers. 8-12. « Sed quid dicit? Prope est verbum in ore tuo et in corde tuo : hoc est verbum fidei quod prædicamus. Quia si confitearis in ore tuo Dominum Jesum, et in corde tuo credideris, quod Deus illum suscitavit a mortuis, salvus eris. Corde enim creditur ad justitiam, et ore fit confessio ad salutem. Dicit enim Scriptura : Omnis qui credit in illum non confundetur. Non enim est distinctio Judæi et Græci. »

Hoc est, res facilis est. Cum igitur major sit justitia fidei, eaque minime gravis sed obtentu facilis, quin nec alia ratione possibile sit justificari; extremæ contumaciæ et contentionis fuerit, dimissis levibus et facilibus, impossibilia tentare.

Vidisti sermonem hunc exiguum non modo salutem attulisse, verum et justitiam ipsam.

« Nam idem Dominus omnium, dives in omnes qui invocant illum. [Vers. 13.] Omnis enim quicunque invocaverit nomen Domini salvus erit. »

Quod superius de Patre dixerat, an Judæorum Deus tantum; nonne et gentium? hoc idem etiam de Filio ait.

Vers. 14, 15. « Quomodo ergo invocabunt, in quem non crediderunt? aut quomodo credent si non audierunt? aut quomodo audient sine prædicante? aut quomodo prædicabunt nisi mittantur? sicut 40 scriptum est : Quam speciosi pedes evangelizantium bona! »

Rursum eos privat venia. Quod astruit, sermonem interrogatione persequens, atque argumentum clarius facit, hunc locum per objecta eorumque solutionem confirmando. Hoc autem observes velim. Superius, inquit, propheta dicebat : *Omnis quicunque invocaverit nomen Domini salvus erit* [35]. At vero quispiam fortasse dixerit : Qui possint invocare in quem non crediderunt? deinde post hanc objectionem interrogat : Quare non crediderint. Tum rursum exceptio. Poterit utique omnino oggeri ab aliquo : Quo autem pacto credere potuerint, cum non audierint? statim solutio sequitur : atqui audierunt, inquit. Deinde aliud objicitur : et qua ratione quiverint audire sine prædicante. Cujus iterum solutio subjungitur : ac sane quidem prædicatum illis est, et multi eam ob rem missi fuere. Denuo tandem opponitur, unde hoc manifestum sit hos ipsos esse qui missi fuerunt. Quod rursum solvit prophetæ testimonio : *Quam speciosi pedes evangelizantium bona* [36]! Videsis qua ratione ex prædicandi modo prædicatores indigitet. Circuibant enim nihil aliud ubique nuntiantes, præterquam arcana illi bona, necnon pacem Deum inter et homines initam. Quocirca dum nobis fidem negatis, inquit, non nobis, sed Isaiæ resistitis. Hæc porro est tota series argumentationis. Salus, inquit, ab invocatione pendet, invocatio a fide, fides ab auditu, auditus a prædicatione, prædicatio denique a missione. Missi sunt autem et prædicaverunt, et propheta cum illis circumibat, demonstrans eos, palamque nuntians ipsos esse quos ante multa sæcula indicaverat. Manifestum relinquitur hanc esse solam culpam Judæorum, quod non crediderint.

Vers. 16. « Sed non omnes obediunt Evangelio. Isaias enim ait : Domine, quis credidit auditui nostro ? »

Altera rursum objectio : quod si illi essent, qui missi, a Deo missi, omnes prorsus credere oportebat. Solutio autem mox subsequitur, a testimonio prophetæ sumpta. Quin et jam olim, inquit, hoc præfatus est Isaias; imo et multo amplius. Vos enim objicitis, non omnes obedivisse Evangelio : Isaias autem plus etiam ait. *Quis enim, inquit, credidit auditui nostro* [37]?

Vers. 17. « Ergo fides ex auditu : auditus autem per verbum Christi. »

Quia nullo non tempore Judæi signa quærebant, ipsiusque resurrectionis aspectum, idcirco dicit : atqui nequaquam ista promissa erant a propheta, sed tantum opus esse ut ex auditu credamus. Et ne exigui momenti esse videatur ex auditu

[35] Joel. ii, 12. [36] Isa. lii, 7. [37] Isa. liii, 1.

Vers. 18. « Sed dico : nunquid non audierunt? et quidem, in omnem terram exivit sonus eorum, et in fines orbis terrae verba eorum. »

Objicitur denuo : si missi essent qui praedicarent, atque ipsi praedicassent, auscultatum eis fuisset. Abunde vero solvitur. Ait enim haudquaquam exauditum non fuisse sermonem eorum. Quod confirmat iterum vetusto testimonio.

41 Vers. 19. « Sed dico : nunquid Israel non cognovit? »

Altera rursum objectio: Quid ergo; si quidem illi audierunt, ea autem quae dicebantur non perceperunt, nec intellexerunt hos ipsos esse qui mittendi erant?

« Primus Moyses dicit : Ego ad aemulationem vos adducam in non gentem: in gentem insipientem in iram vos mittam. »

Haec objecti argumenti solutio est. Ex testimonio veterum, inquit, agnosci poterant : non solum quia Judaei non crediderunt, quodque illi bona praedicabant quae praenuntiata erant; sed etiam quia gentiles, qui inferiores fuerant, majori honore auctos videbant. Ubi porro dicit : *Ad aemulationem vos adducam in non gentem*, Graecorum gentem innuit. Quid enim Graecis gentilibusve insipientius? quid vilius?

Vers. 20. « Isaias autem dicit : Inventus sum a non quaerentibus me: palam apparui iis qui me non interrogabant. »

Vim fecit, inquit, contenditque ut nihil adumbratum et obscurum diceret, sed res ob oculos vestros nudas et apertas poneret : ita ut potius eligeret adire periculum, manifeste et palam loquendo, quam aliquid eorum quae agenda forent, occultare.

Vers. 21. « Ad Israel autem dicit : Tota die expandi manus meas ad populum non credentem et contradicentem. »

Diem hic vocat tempus omne quo praedicabatur: manus autem expandisse ait, id est vocasse, pellexisse, adhortatum esse.

CAP. XI.

Vers. 1, 2. « Dico ergo : nunquid repulit populum suum? absit! Nam et ego Israelita sum ex semine Abraham, de tribu Benjamin. Non repulit Deus plebem suam quam praescivit. »

In modum dubitationis sermonem instituit. Ait autem, tametsi pauci sunt qui servati fuerunt, promissionem nihilominus stare. Quamobrem non simpliciter dixit, *plebem suam*, sed adjecit, *quam praescivit*. Utque ulterius demonstret nequaquam Deum repulisse populum suum, ait : *Nam et ego Israelita sum*.

« An nescitis in Elia quid dicit Scriptura : quemadmodum interpellat Deum adversum Israel? [Vers. 3.] Domine, prophetas tuos occiderunt; altaria tua suffoderunt ; et ego relictus sum solus, et quaerunt animam meam. »

Objectum solvit ex historia, quod hunc in modum ponit. Quid porro objiciebatur? Sic nos fallis, aiebant, universumque populum vana argumentatione decipis, qui te ipse salvum statuis, et paucos tecum? Quam vana spe nos inflas, impletam promissionem asserens, cum tamen cuncti pereant, salute ad paucos derivata. Cum talis sit objectio, videas quaeso, quomodo solutionem subjungat, quam ex historia confirmat. Haec autem est omnis sermonis illius ordo atque series. Deus non repulit populum suum; si enim repulisset, neminem plane suscepisset. Quod si vero aliquos suscepit, haud penitus repulit. Mox sequitur objectio. Atqui, inquiunt, si non omnes repulit, omnes utique suscepit. Tum deinde solutio. Nequaquam, **42** ait: Nam et tempore Eliae in septem millibus hominum constitit salus. Sed et nunc quoque multi sunt qui crediderunt. Id si vos ignoratis, hoc plane mirificum non est, quando neque et propheta ille, talis ac tantus, id resciverit.

Vers. 4, 5. « Sed quid dicit illi divinum responsum? Reliqui mihi septem millia virorum, qui non curvaverunt genua ante Baal. Sic ergo et in hoc tempore reliquiae secundum electionem gratiae salvae factae sunt. »

Ne dicerent: quid vero isthaec ad argumentum praesens? recte omnino, inquit. Exhinc enim ostenditur, Deum semper servare solitum eos qui digni fuerint, quantumvis ad gentem omnem lata promissio sit. Quocirca addit : *Sic etiam in isto praesenti tempore reliquiae salvae fuerunt, secundum electionem gratiae*. Quin et exinde quoddam aliud significat, nimirum gratiam peregrinum aliquid non esse, neque rem novam; sed per eam septem millia virorum salvos factos fuisse.

Vers. 6. « Si autem gratia, jam non ex operibus. Alioquin gratia jam non est gratia. »

Rursum etiam ex hoc capite Judaeos nec venia dignos censet. Non enim, inquit, potestis dicere: Prophetae quidem nos vocarunt, ipsae quoque res clamabant, imo ipsa aemulatio sat idonea fuit ad nos pelliciendum; verum quae praecipiebantur, graviora erant. Non, inquit, haec potestis causari. Nam quo pacto hoc a vobis Deus exegisset, quando gratiam suam per illud ipsum obumbraturus erat?

Vers. 7. « Quid ergo? quod quaerebat Israel, hoc non est consecutus. »

Propter incredulitatem videlicet. Hoc enim et in sequentibus iterum evicit.

« Electio autem consecuta est. Caeteri vero excaecati sunt; [Vers. 8.] sicut scriptum est. »

Electio justitiam consecuta est, obediendo fidei.

« Dedit illis Deus spiritum compunctionis. »

Compunctionem dicit, affectionem et nequitiam legi adversam. Quando vero audis, *dedit*, et *tradi*-

dit, ne quæso ejusmodi vocem accipias, ac si in id Deus illos impellat, sed pro eodem ac, permisit, sivit.

« Oculos ut non videant, et aures ut non audiant, usque in hodiernum diem. »

Quoniam illi clauserunt oculos, et aures obturaverunt, secundum effatum Isaiæ, neque videre, neque audire voluerunt, ejus rei gratia permisit eos ambulare secundum studia cordis ipsorum. Ad bonum quippe nolentes et invitos trahere, hoc fuerit liberum eis arbitrium adimere.

Vers. 9, 10. « David dicit : Fiat mensa eorum in laqueum, et in captionem et in retributionem illis et in scandalum. Obscurentur oculi eorum ne videant. »

Ostendit hoc ipsum quod oculos clauserint, in causa fuisse ut pœnas darent. Mensam quippe eorum fieri in laqueum, idem est atque omnem ipsorum felicitatem immutari. Quam juste autem ira divina efferbuerit, his verbis edocet : *Et in retributionem illis.*

43 « Et dorsum eorum semper incurva. »

Continuationem ultionis declarat. Neque enim misericordiam ante consequentur, quam pœnitentiam agendo fidem suscipiant.

Vers. 11. Dico ergo : nunquid offenderunt ut caderent? Absit ! »

Calamitatibus eorum tragico more propalatis, postquam item ostendit magnitudine casus, tum humi illos dejectos esse, tum omni spe destitutos ; ne salutem penitus abjiciant, vide quomodo jacentes soletur et adhortetur. Ubi porro ait : *Offenderunt ut caderent*, addendum est, in perpetuum. Sic enim exiguam hanc consolationem accipientes pœnitentia forsan resipiscerent. Quæ quidem dicere amat; cum alioqui hoc non ita evenerit, propter pertinaciam mentis ipsorum.

« Sed illorum delicto salus est gentibus, ut illos æmulentur. »

Tametsi ea non est rerum natura, in hunc tamen modum loquitur, ut ingentem ipsorum, ut aiebam, casum et abjectionem consoletur. Nequaquam enim ideo Judæi offenderunt, ut gentes salvi fierent : sed quia illi fuerunt increduli, gentibus prædicatum est. Nam oportebat ut illi prius intrarent, tum deinde gentes. Idque observandum venit ex parabolis quas apostolis Dominus narrabat, dum item præcipiebat ut irent potius ad oves quæ perierant domus Israel [18]. Dicendo namque *potius*, declarabat, debuisse primum illos intrare, tum istos deinde. Quin et hoc Pauli ad Judæos pronuntiatum, nihilominus sententiam illam firmat. Quodnam porro istud est? *Vobis oportebat primum loqui verbum Dei* [19].

Vers. 12-15. « Quod si delictum eorum divitiæ sunt mundi, et diminutio eorum divitiæ gentium, quanto magis plenitudo eorum? vobis autem dico

gentibus. Quandiu quidem ego sum gentium Apostolus, ministerium meum honorificabo; si quomodo ad æmulationem provocem carnem meam, et salvos faciam aliquos ex illis. Si enim amissio eorum reconciliatio est mundi, quæ assumptio, nisi vita ex mortuis?

Secundum sensum, quem prædixit, cujus nimirum finis est ut consolationem afferat, hæc loca juvat enarrare.

Vers. 16, 17. « Quod si delibatio sancta est ; et massa : et si radix sancta, et rami. Quod si aliqui ex ramis fracti sunt; tu autem qui oleaster esses, insertus es in illis. »

Delibationem seu primitias vocat, Abrahamum et patriarchas.

« Et socius radicis et pinguedinis olivæ factus es [Vers. 18-20], noli gloriari adversus ramos. Quod si gloriaris, non tu radicem portas, sed radix te. Dices ergo : fracti sunt rami ut ego inserar. Bene : propter incredulitatem fracti sunt. Tu autem fide stas. »

Ne forsan posthac audiens, *contra naturam*, minus habuisse gentiles existimes præ Israelitis, idcirco adjecit : *Socius radicis et pinguedinis factus es*, ut ostenderet ejusdem illos vitæ generis et sanctitatis consortes esse.

44 « Noli altum sapere, sed time. [Vers. 21-23.] Si enim Deus naturalibus ramis non pepercit, ne forte nec tibi parcat. Vide ergo bonitatem et severitatem Dei. In eos quidem qui ceciderunt, severitas : in te autem, bonitas Dei, si permanseris in bonitate; alioquin et tu excideris. Sed et illi, si non permanserint in incredulitate, inserentur. Potens est enim Deus iterum inserere illos.

Vide Pauli sapientiam, quomodo utriusque quæ convenientia sunt adhibeat. Judæis enim, qui ceciderant, et ingenti casu jacebant, magnum solamen inspirat, nec sinit eos in desperationem labi. Gentibus vero qui fidem susceperunt, ornatique domis et gratiis sunt, timorem incutit, ne propter ea bona, quibus abunde ornati sunt, in superbiam elati, gratia excidant.

Vers. 24-27. « Nam si tu ex naturali excisus es oleastro, et contra naturam insertus es in bonam olivam, quanto magis ii qui secundum naturam, inserentur suæ olivæ. Nolo enim vos ignorare, fratres, mysterium hoc (ut non sitis vobis ipsis sapientes), quia cæcitas ex parte contigit in Israel, donec plenitudo gentium intraret; et sic omnis Israel salvus fiet, sicut scriptum est : Veniet ex Sion, qui eripiat, avertet impietatem a Jacob. Et hoc illis a me testamentum : cum abstulero peccata eorum. »

Quando audieris, *secundum naturam*, et *contra naturam*, cavesis ne immotam hanc ipsorum esse naturam dicas ; sed hisce vocabulis, tum id quod verisimile et consentaneum est, tum rursum quod

---

[18] Matth. xv, 14. [19] Act. xiii, 45.

dissentaneum, significatur. Natura quippe non serrat. Etenim dives est, nec opus habet accipere fiunt bona vel mala, sed mentis duntaxat inductione et proposito.

VERS. 28, 29. « Secundum Evangelium meum, inimici propter vos: secundum electionem autem, amici propter patres. Sine poenitentia enim sunt dona et vocatio Dei. »

Eo quod vocati sitis, contentiosiores morosioresque facti illi sunt. At vero Deus haudquaquam vocationem eorum exscidit, sed præstolatur dum omnes, qui ex gentibus sunt, ingressi fuerint, tuncque illi tandem venient.

VERS. 30-32. « Sicut enim vos aliquando non credidistis Deo, nunc autem misericordiam consecuti estis propter incredulitatem illorum: ita et isti nunc non crediderunt in vestram misericordiam, ut et ipsi nunc misericordiam consequantur. Conclusit enim Deus omnes in incredulitate, ut omnium misereatur. »

Ostendit eos qui ex gentibus sunt, primum fuisse vocatos, quemadmodum et Evangelii parabola annuit de duobus pueris, quibus pater dixerat: *Vade in agrum* [30].

Sicut enim illud: *Tradidit eos in passiones ignominiæ* [31], et illud etiam: *Excæcavit mentes infidelium* [32], ad Deum refertur a Scriptura, eo quod ipse unumquemque sinat agere, nec impediat propter arbitrii libertatem: sic et in hoc loco intellexerim verbum istud *conclusit*, pro eodem ac maledictione constrinxit ne evaderent. Quocirca infidelitatem esse mali causam statuit.

45 VERS. 33. « O altitudo divitiarum sapientiæ et scientiæ Dei! quam incomprehensibilia sunt judicia ejus! »

Non solum enim comprehendi non possunt, sed nec ea rimari fas est.

« Et impervestigales viæ ejus! »

Hoc est, promissiones ejus.

VERS. 34. « Quis enim cognovit sensum Domini? »

Nec ego, inquit, qui sum magister, omnia reperi, sed aliquam partem duntaxat. Ipse siquidem perspicue novit quæ sua sunt.

« Aut quis consiliarius ejus fuit? »

Id quod ait, ejusmodi sensum habet. Quod adeo sapiens est, non hoc ab alio quopiam accepit, sed ipse fons est bonorum.

VERS. 35. « Aut quis prior dedit illi, et retribuetur illi? »

Quæ nobis largitus est, inquit, hæc non dedit ceu ab altero mutuatus esset, sed de suo copiose fudit. Nec cuiquam reddendæ gratiæ reus est, tanquam ab eo aliquid acceperit; sed ipse per omnia in beneficiis prior est.

VERS. 36. « Quoniam ex ipso et per ipsum, et in ipso sunt omnia. »

Ipse adinvenit, ipse fecit, ipse continet et conservat. Etenim dives est, nec opus habet accipere ab alio. Sapiens est, nec consiliario indiget, Et quid aio, consiliario? nullus quisquam nosse potest quæ ipsius sunt, sed ipse solus et dives et sapiens est.

« Ipsi gloria in sæcula. Amen. »

Quando aliquid magnum, novum et inconsuetum pronuntiat, a Dei gloria admirabundus orationem terminat. Id quod et de Filio loquens fecit. Illic enim in admirationem raptus, idem ac istic adjecit. *Ex quibus Christus secundum carnem, qui est super omnia Deus benedictus in sæcula. Amen* [33].

CAP. XII.

VERS. 1. « Obsecro itaque vos, fratres, per misericordiam Dei. »

Postquam de Dei humanitate et clementia multis disseruit, ostensa illius inexplicabili sollicitudine, ad adhortationem transit, divinæ misericordiæ modos exponens, quibus salvi facti sunt. Veluti si quis eum qui magnis beneficiis auctus est, volens inflectere, benefactorem ipsum supplicem adducat.

« Ut exhibeatis corpora vestra hostiam viventem, sanctam, Deo placentem. »

Ne quis existimaret, ipsum docere corpora esse immolanda, statim addidit, *viventem*. Qua vero ratione hostia vivens esse queat? Si nihil pravum corpus admittat: si malum oculus non aspiciat: si lingua turpe nihil effutiat: si nihil iniqui manus tangat. Hoc modo holocaustum offertur.

Non ait, faciatis, sed *exhibeatis*, ac si diceret: nihil vobis commune sit deinceps cum istis. Ea siquidem locastis alteri. Qui membra tua ad bellum cum diabolo gerendum, atque ad terribile istud prælium præbuisti, inquit, ne ea detrahas velim ad viles nulliusque momenti operas.

46 *Viventem*, ut distinguatur a Judaica, quæ mactatis animalibus peragebatur. Posthæc ait, *rationabilem*, quo secernat eam ab illa rationis experte, quæ pecudibus constabat. Ante omnia vero sobrietatem et modestiam dixit, quæ veluti basis quædam fundamentumque sit reliquarum virtutum.

« Rationabile obsequium vestrum. »

Rationabile vocat *obsequium*, ministerium spirituale, et conversationem quæ sit secundum Deum, quæ nihil corporeum admittat.

VERS. 2. « Et nolite conformari huic sæculo, sed reformamini renovatione sensus vestri: ut probetis quæ sit voluntas Dei bona, beneplacens et perfecta. »

Ne te ipse effingas ad normam præsentis vitæ. Nihil enim in ea est quod permanens ac durabile sit.

VERS. 3. « Dico enim per gratiam Dei, quæ data

---

[30] Matth. XXI, 28. [31] Rom. I, 26. [32] II Cor. IV, 4. [33] Rom. IX, 5.

est mihi, omnibus qui sunt inter vos, non plus sapere quam oporteat sapere. »

Cum superius dixerit : *Obsecro vos per misericordiam Dei*, hic rursum ait, *per gratiam*. Eosque indesinenter ad memoriam revocat beneficiorum Dei, ut magis ac magis gratum illis animum inspiret. Hoc porro toto capite de humilitate loquitur.

« Sed sapere ad sobrietatem. »

Is est verborum istorum sensus. Intelligentiam accepimus, non ut ea ad insolentiam utamur, sed ad modestiam et sobrietatem.

Hoc est, sobria et sana mente valere. σωφρονεῖν dicitur ἀπὸ τοῦ σῶας ἔχειν τὰς φρένας, ab eo quod sana mens habeatur.

« Unicuique sicut Deus divisit mensuram fidei. »

Fidei nomine donum significat. Cum vero dicit Deum divisisse, consolatur eum qui minus acceperit, atque illum qui majus obtinuit, compescit. Nam si Deus divisit, nec tua id virtute tibi paraveris, quid intumescis ?

Vers. 4, 5. « Nam sicut in uno corpore multa membra habemus, omnia autem membra non eumdem actum habent, ita multi unum corpus sumus in Christo ; singuli autem alter alterius membra. »

Undenam superbis ? inquit : aut quare rursum alius seipsum vilioris faciat ? Nonne corpus unum omnes sumus, sive magni, sive parvi ? Quando igitur unum quid in summa sumus, et alter alterius membra : cur tua te insolentia separas ? cur te pudet fratris ? Quemadmodum ille tuum est membrum, sic et tu illius.

Vers. 6, 8. « Habentes igitur donationes secundum gratiam quæ data est nobis, differentes, sive prophetiam secundum rationem fidei ; sive qui ministrat in ministrando ; sive qui docet in doctrina ; sive qui exhortatur in exhortando. »

Vult eos deinceps studiosiores reddere, ostendens sibi auctores fuisse uti magis aut minus acciperent. Quocirca ait, *secundum rationem fidei*. Hæc enim a Deo quoque concessa asserit. Ut cum dicebat, *unicuique sicut Deus divisit mensuram fidei*. Ab ipsis tamen initia quoque **47** præstari ait, ut desides et remissos excitet.

« Qui tribuit, in simplicitate : qui præest, in sollicitudine : qui miseretur, in hilaritate. [Vers. 9-11.] Dilectio sine simulatione. Odientes malum : adhærentes bono. Charitate fraternitatis invicem diligentes : honore invicem prævenientes : sollicitudine non pigri : spiritu ferventes. »

Ostendit nihil prodesse virtutem, nisi convenienti modo paretur. Videsis quomodo ubique intentos virtutum gradus postulat. Non solum enim dixit, *tribuite*, sed etiam largiter et copiose : neque præesse tantum, sed cum sollicitudine ; neque misereamini, sed cum hilaritate : neque rursum honorate, sed honore prævenite : neque diligite, sed sine simulatione : neque abstinete a malis, sed odio habete : neque bona sectamini, sed adhærete illis : neque diligite, sed ardenti charitate : neque studiosi sitis, sed et sine desidia ; nec demum ut spiritum habeatis, sed spiritu ferventes sitis. Ubi enim isthæc omnia quæ modo recensita sunt habueris, spiritum attrahes tibi.

Sibi quippe ipsi tribuit ; sibi ipsi præest. Præstabile quippe est ut nihil ille suspicetur mali, et tu cum gaudio largiaris. Nam quia nihil turpe adeo videtur hominibus atque ab aliis accipere, nisi eximia hilaritate suspicionem illam removeris, ostenderisque te potius accipere quam dare, dejicies magis accipientem, quam eriges. Ecquis enim regnum accipiendo mœstus sit ? quis tristis maneat, qui peccatorum condonationem consequatur ?

Non dixit, abstinentes, sed, *odio habentes*, idque non simpliciter, sed vehementi odio. Nam præpositio ἀπὸ apud Apostolum intensionem et vehementiam ut plurimum designat, veluti ἀποδεχόμενοι, et ἀπολύτρωσις, et ἀποκαραδοκία. Nam quia multi tametsi mala non agunt, eorum tamen desiderio tenentur ; ille perinde vult, mundam esse cogitationem, atque inimicitiam et odium adversus malum exerceri.

Non solum ait facientes, verum et ita affecti animo. Quod declaravit præcipiendo ut conglutinarentur. Sic quoque Deus virum mulieri copulans, aiebat : *Et adhærebit uxori suæ* [34].

Quando de extraneis loquitur, ait : Si fieri potest, inquit, quantum in vobis est, cum omnibus hominibus pacem habete. Quando autem de domesticis fidei : per fraternam, inquit, dilectionem invicem redamate. Fratres estis, inquit, hoc ipso justi eritis, si dilexeritis invicem.

« Domino servientes. »

Per hæc omnia Deo potestis servire.

Vers. 12. « Spe gaudentes. »

Nihil quippe sic ad virilitatem erigit, ac bona spes.

« In tribulatione patientes : orationi instantes : [Vers. 13-16.] necessitatibus sanctorum communicantes : hospitalitate sectantes. Benedicite persequentibus vos : benedicite, et nolite maledicere. Gaudere cum gaudentibus, flere cum flentibus. Id ipsum invicem sentientes ; non alta sapientes, sed humilibus consentientes. »

48 Enimvero priusquam futura obveniant, in præsenti vita bonum ingens ex tribulatione percipiet ; puta ut patiens evadat et probatus.

Non dixit, necessitatibus eorum subvenite ; ut ostenderet eos accipere potius quam dare, eamque rem commutationem prorsus esse. Communis quippe est. Tu pecuniam affers, illi Dei gloriam tibi contribuunt.

---

[34] Gen. ii, 24.

Non ait, facientes, sed, *sectantes*, ut nos doceat, egenos exspectandos non esse dum ad nos accesserint, sed magis cursu consectandos.

Generoso siquidem opus animo est, ut non solum non invideat illi qui probatus exstiterit, sed et ipsi congaudeat.

« Nolite esse prudentes apud vosmetipsos. [Vers. 17.] Nulli malum pro malo reddentes. »

Hoc est, ne putetis vobis ipsis sufficientes esse. Nihil enim sic superbiam ingenerat et a reliquis abscindit, ac si quis existimet se sibi ipsi sufficere.

« Providentes bona coram omnibus hominibus. »

Simile est illud huic sententiæ : *Luceat lux vestra coram hominibus*[11]. Sic autem loquitur, non ut vanæ gloriæ studio vivamus, sed ne ansam hominibus adversum nos præbeamus.

Vers. 18, 19. « Si fieri potest, quod ex vobis est, cum omnibus hominibus pacem habentes, non vosmetipsos defendentes dilecti. »

Bene ait, *si fieri potest*. Contingit enim ut hoc possibile non sit; puta quando de religione agitur, aut quando eorum qui injuste patiuntur causa propugnatur.

« Sed date locum iræ. Scriptum est enim : Mihi vindicta; ego retribuam, dicit Dominus. »

Quam iram dicit, nisi divinam? Quandoquidem enim hoc potissimum, qui affectus injuria est, videre cupit, ut ultione fruatur, id ipsum prorsus perquam copiose præstat. Nam si te ipse ultus non fueris, ultor erit Deus. Permitte itaque illi, inquit, ut te ulciscatur. Atque hoc est quod ait, *Date locum iræ*. Deinde, ut plus eos consolaretur, testimonium Scripturæ subjunxit.

Vers. 20. « Sed si esurierit inimicus tuus, ciba illum : si sitit, potum da illi. Hoc enim faciens carbones ignis congeres super caput ejus. »

Rem auget amplius. Velut si dicat : Quid aio, pacem esse persequendam? quin et in primis præstare beneficia jubeo. Hoc quippe novi, quod tametsi bellua sit inimicus; quamvis pusilli animi exsistat ille, qui passus est injuriam : ubi illum paverit potaveritque, haud deinceps illius ulciscendi recordetur. Quamobrem concepta de rei exitu fiducia, non simpliciter comminatur, sed majori copia pœnas intentat. Non enim ait, vindictam sumes, sed, *carbones ignis congeres super caput ejus*.

Vers. 21. « Noli vinci a malo : sed vince in bono malum. »

Sensim subindicat, eo animo nequaquam hoc esse agendum.

CAP. XIII.

49 Vers. 1. « Omnis anima potestatibus sublimioribus subdita sit. »

Sermonem frequenter habet de debita principibus obedientia; quo palam faciat, non ad hoc leges suas Christum protulisse, ut rempublicam everteret (id quod quidam exprobrabant); sed magis ut melius eam institueret.

« Non est enim potestas nisi a Deo : quæ autem sunt, a Deo ordinata sunt. »

Legis hujus æquitas et ratio in eo sita est, quod hæc a Deo ordinata sint. Neque vero dicit, principem omnem a Deo constitui, neque de singulis principibus illi sermo est, sed de ipsa re. Nam quod potestates exsistant, quodque alii imperent, alii subsint imperio, et quod non simpliciter, nec temere cuncta ferantur, ita ut populi instar fluctuum huc et illuc circumagantur, hoc sapientiæ Dei opus est. Quocirca non dixit : non enim est princeps nisi a Deo; sed de ipsa re sermonem instituit, dicendo : *Non est enim potestas nisi a Deo*. Nam sicut, quando de viro et muliere ait, mulierem a Domino conjungi viro, ita loquitur, quia Deus nuptiarum est auctor; sic et in hoc loco dictum istud generatim debet accipi.

Vers. 3, 4. « Itaque qui resistit potestati, Dei ordinationi resistit. Qui autem resistunt, sibi damnationem accipient. Nam principes non sunt timori boni operis, sed mali. Vis autem non timere potestatem? bonum fac, et habebis laudem ex illa. Dei enim minister est tibi in bonum. Si autem malum feceris, time. Non enim frustra gladium portat. Dei enim minister est, vindex in iram ei qui malum agit. [Vers. 5.] Ideo necessitate subditi estote. »

Ne fideles dicerent : nos floccifacis, et contemptibiles ducis, principibus subjiciendo, cum regno cœlorum simus potituri; idcirco declarat eos neutiquam principibus, sed Deo subjiciendos. Idem porro est ac si diceret : qui principi non obtemperat, repugnat Deo qui illum instituit. Atque hoc passim studet ostendere, haudquaquam nos ipsis obedientiam gratis impendere, sed ejus reos et debitores esse. Hoc utique modo incredulos principes ad fidem allicere satagebat, et fideles ad obedientiam.

« Non solum propter iram, sed etiam propter conscientiam. »

Non solum, inquit, quia Deo reluctaris, dum subjici renuis, tibique auctor es malorum; sed etiam quia maxima tibi beneficia præstant, dum pacem et civilem administrationem curant.

Vers. 6. « Ideo enim et tributa præstatis. »

Dimisso sermone de beneficiis singulis, quæ per magistratus civitatibus conferuntur, puta de recto ordine, pace, et reliquis muneribus; ex hoc uno totum demonstrat. Quonam vero? Quoniam, inquit, beneficiis nos illi demerentur : tuque id ipsum testaris pensitatione mercedis.

« Ministri enim Dei sunt, in hoc ipsum incumbentes. »

---

[11] Matth. v, 6.

50 Horum laborem exhibet et anxiam sollicitudinem qua curis conficiuntur. Ea enim est ipsorum vita, hoc studium, ut pace perfruaris.

VERS. 7. « Reddite ergo omnibus debita : cui tributum, tributum : cui vectigal, vectigal : cui timorem, timorem : cui honorem, honorem. »

Eisdem adhuc inhæret, ut non pecunias modo pendere jubeat, verum etiam honorem ac timorem. At si quis objicit, cum superius dixisse, *Vis non timere potestatem?* hic noverit, alterum ab eo timorem innui, qui ex prava conscientia proficiscatur. Bene vero ait, *reddite*, ut debitum illud esse significet. Non enim gratificatur, qui sic agat ; quando hoc debitum est.

VERS. 8. « Nemini quidquam debeatis, nisi ut invicem diligatis. »

Iterum ad matrem bonorum magistramque, et omnis virtutis effectricem confugit ; charitatem inquam.

« Qui enim diligit proximum, legem implevit. [VERS. 9.] Nam, non adulterabis : non occides : non furaberis, non falsum testimonium dices : non concupisces, et si quod est aliud mandatum. »

Neque enim hoc esse gratiam putaveris, inquit: debitum quippe est.

« In hoc verbo comprehenditur. »

Non ait simpliciter, impletur, sed, *comprehenditur*; hoc est, in summa et paucis totum mandatorum opus perficitur. Nam principium et finis virtutis est charitas.

« In hoc : Diliges proximum tuum sicut teipsum. [VERS. 10.] Dilectio proximi malum non operatur. Plenitudo ergo legis est dilectio. »

Non simplicem dilectionem postulat, sed intentam et vividam.

VERS. 11. « Et id, scientes tempus, quia hora est jam nos de somno surgere. »

Postquam omnia quæ erant necessaria, mandavit, eos rursum propellit ad bona patranda propter temporis instantiam. In januis quippe judicii tempus stat.

« Nunc enim propior est nostra salus, quam cum credidimus. »

Quoniam verisimile erat, illos in fidei primordiis studiosiores fuisse, quandiu fervebat charitas ; succedente vero tempore remissiorem factum ardorem, contrarium esse faciendum docet, nec ita progressu temporis oportere dissolvi ; sed magis viribus augeri. Quanto enim regis adventus instat, tanto necesse est esse paratiores : quandoquidem et præmia proxima sunt. Nam hoc quoque cursores faciunt : ubi ad curriculi metam, braviique perceptionem accedunt, tunc magis excitantur.

VERS. 12. « Nox præcessit, dies autem appropinquavit. »

[36] 1 Tim. v, 23.

Si ergo illa finitur, et ista advenit, hujus, non illius actiones deinceps faciamus.

51 « Abjiciamus ergo opera tenebrarum, et induamur arma lucis. »

Eximamur, inquit, a præsentis vitæ somniis. Hujus quippe negotia nequaquam ab iis quæ in somniis obveniunt, discrepant.

VERS. 13. « Ut in die honeste ambulemus. »

Non dixit, ambulate, sed *ambulemus*, ut reprehensionem minime gravem et molestiam reddat.

« Non in comessationibus et ebrietatibus, non in cubilibus et impudicitiis. »

Non prohibet bibere, sed ultra modum bibere; non vino uti, sed ebrietati indulgere : neque concubitu cum uxoribus interdicit, sed scortatione.

« Non in contentione et æmulatione : [VERS. 14] sed induimini Dominum Jesum Christum. »

Nihil quippe sic rixas excitat et iram accendit, ac ebrietas et vinolentia. Quamobrem cum ante dixerit : *Non in comessationibus, non in concubitibus et impudicitiis*, subjunxit, *non in contentione et æmulatione.*

« Et carnis curam ne feceritis in desideriis. »

Quemadmodum enim haud vetuit bibere, sed inebriari : sic neque carnis curam jubet abjicere, sed addidit *in desideriis* : qualis est cum necessarius usus exceditur. Verum enimvero Timotheo præcipit curam illius gerere : *Modico*, inquit, *vino utere propter stomachum tuum, et frequentes tuas infirmitates*[36]. Curam igitur corporis habeas sanitatis ergo, non impudicitiæ. Neque enim ejus cura sollicitudove fuerit, si flammam in ea accedas, et caminum gravem et infestum instruas.

CAP. XIV.

VERS. 1, 2. « Infirmum autem in fide assumite, non in disceptationibus cogitationum. Alius quidem credit manducare omnia : qui autem infirmus est, olus manducet. »

Multi Judæorum qui crediderant, cum legis conscientia distinerentur adhuc, tametsi fidem susceperant nihilo secius ciborum religionem et observationem custodiebant, qui necdum auderent a lege penitus desciscere. Deinde vero ne deprehenderentur si suilla duntaxat carne abstinerent, omnibus perinde sibi interdicebant, oleribus solis victitantes, quo jejunare potius putarentur, quam observationi legis addicti esse. Alii rursum cum perfectiores essent, nihil tale curabant : verum molesti atque asperi erant erga illos qui talia observarent ; quippe quorum animos vituperantibus lacessendo dejicerent. Veritus itaque Paulus, ne perfectiores isti nimio exigui corrigendi studio totum subverterent, illosque ad ciborum indifferentiam volentes adducere, auctores eis forent a fide deficiendi ; videsis quid agat. Non enim eis qui illos arguebant, dicere audebat : male vos agitis istis carpendo, ne eos etiam ejusmodi observationum tenaciores redderet, neque hos rursum recte agere dicit, ne vehementiores alios in carpendo et accusando redderet : verum reprehensionem temperantius componit; ita ut fortiores videatur increpare, reapse autem ad illos qui ciborum 52 religione tenerentur, sermonem omnem dirigat. Enimvero ejusmodi correctio perquam aptissima est, qua verso ad alterum sermone, percellitur alius qui male agit, sicque sensim sine sensu emendatio peragitur. Vide itaque quanta id sagacitate præstet. Dum ait : *Infirmum autem in fide*, primam statim plagam infligit. *Infirmum* quippe dicendo, ægrotantem ostendit. Tum secundam addit, cum ait : *assumite*. Significat enim iterum, multa eum cura opus habere, quod plane extremæ ægritudinis argumentum est.

Ostendit ejusmodi peccatum et culpam illius esse, ut qui opem ei ferre velint, scrupulis intus agitentur.

Vers. 3. « Qui manducat, non manducantem non spernat. »

Non dixit, relinquat : non dixit, non accuset ; non dixit, non corrigat ; sed probris non afficiat, nec aversetur.

« Et qui non manducat, manducantem non judicet. »

Nam quemadmodum perfectiores illi infirmiores aspernabantur, tanquam modicæ fidei homines ac degeneres, qui Judæis consentirent, sic et isti illos tanquam violatores legis et comedones judicabant et condemnabant.

« Deus enim illum assumpsit. [Vers. 4.] Tu quis es qui judicas alienum servum ? Domino suo stat aut cadit. »

Hoc est, inexplicabilem erga illum gratiam monstravit.

« Stabit autem. Potens est enim Deus statuere illum. »

Ostendit eum multa adhuc attentione opus habere, tantaque sollicitudine, ut et Dei quoque ipsius opem imploret.

Vers. 5. « Nam et alius judicat diem inter diem : alius autem judicat omnem diem. Unusquisque in proprio sensu abundet. »

Hic videtur jejunium subindicare. Haud absonum quippe fuerit, quosdam eorum qui jejunarent, illos qui minime jejunarent, continuo taxare.

Vers. 6. « Qui sapit diem, Dominum sapit : et qui non sapit diem, Domino non sapit. Et qui manducat, Domino manducat, et gratias agit Deo, et qui non manducat, Domino non manducat, et gratias agit Deo. »

Nequaquam de præcipuis, inquit, agitur. Hoc enim in primis quæritur, num hic et ille propter Deum agant : num ambo in gratiarum actiones desinant, et hic et ille Deo grates habent.

Vers. 8-13. « Nemo enim vestrum sibi vivit, et nemo sibi moritur. Sive enim vivimus, Domino vivimus ; sive morimur, Domino morimur. Sive ergo vivimus, sive morimur, Domini sumus. In hoc enim Christus mortuus est et resurrexit, ut et mortuorum et vivorum dominetur. Tu autem quid judicas fratrem tuum ? aut tu quid spernis fratrem tuum ? Omnes enim stabimus ante tribunal Dei. Scriptum est enim : Vivo ego, dicit Dominus, quia mihi flectetur omne genu, et omnis lingua confitetur Deo. Itaque unusquisque pro se rationem reddet Deo. Non ergo amplius invicem judicemus. »

53 Manifestius ostendit non posse illum Christo vivere, qui legi vivat.

« Sed hoc judicate magis, ne ponatis offendiculum fratri vel scandalum. »

Utrisque hæc possunt adaptari, perfectiori, eo quod scandalum ex ciborum observatione patiatur; imperfecto autem, qui propter vehementiorem objurgationem offendatur.

Vers. 14, 15. « Scio et confido in Domino Jesu, quia nihil commune per ipsum, nisi ei qui existimat quid commune esse, illi commune est. Si enim propter cibum frater tuus contristatur, jam non secundum charitatem ambulas. »

Reprehenso prius eo qui fratrem judicat, consequenter deinceps de ipso dogmate pronuntiat.

« Noli cibo tuo illum perdere, pro quo Christus mortuus est. »

Christus pro eo mortuus est, inquit : tu vero tanti pretii fratrem non honoras, ut abstinendo a cibis pro salute illius contribuas ?

Vers. 16, 17. « Non ergo blasphemetur bonum nostrum. Non est enim regnum Dei esca et potus, sed justitia, et pax, et gaudium in Spiritu sancto. »

Hic *bonum* vocat justitiam suis numeris absolutam.

Vers. 18, 19. « Qui enim in hoc servit Christo, placet Deo, et probatus est hominibus. Itaque quæ pacis sunt sectemur, et quæ ædificationis sunt ad invicem. »

Homines siquidem universi non sic perfectionem tuam admirabuntur, ac pacem et concordiam vestram. Hoc quippe bono fruentur omnes : illo autem, ipse solus.

Vers. 20. « Noli propter escam destruere opus Dei. »

Puta salutem fratris.

« Omnia quidem sunt munda : sed malum est homini, qui per offendiculum manducat. [Vers. 21]. Bonum est non manducare carnem, et non bibere vinum, neque in quo frater tuus offenditur. »

Ne tot tantæque indulgentiæ eum qui infirmior sit, 'in mala opinione confirment, decreta iterum præscribit.

Vers. 22. « Tu fidem habes ? penes temetipsum habe coram Deo. »

Is hujus effati sensus est : Vis mihi monstrare, inquit, te perfectum esse, et consummatum ? Nolo id mihi ostendas, sed sufficiat tibi conscientia tua. Porro *fidem* hic ait, non eam quæ circa dogma versatur, sed quæ ad propositam materiam spectat.

« Beatus qui non judicat seipsum in eo quod probat. »

Quoniam dixit, *penes semetipsum habeat*, ne modicum et exile tibi esse videatur conscientiæ forum; hoc, inquit, tibi orbe ipso potius est. Ac si omnes te accusaverint, te vero ipse non condemnaveris, neque conscientia reprehenderit, beatus es. Verum non absolute de omnibus loquendo, hoc posuit (nam multi sunt qui seipsos non condemnant, ac nihilominus graviter peccant: hique omnium sunt miserrimi), sed quantum ad argumentum de quo nunc agitur, attinet.

54 Vers. 23. « Qui autem discernit si manducaverit, damnatus est. »

Hæc ait, eos iterum adhortando ut infirmioribus parcant. Quid enim prosit, si hæsitando comedas, teque ipse condemnes? Ego quippe illum, inquit, suspicio, qui comederit, nec dubitaverit. Vides quomodo illum inducat, non solum ut omnem cibum comedat, sed etiam ut pura conscientia.

« Quoniam non ex fide. »

Reus peragitur, inquit, non quia comedit immundum, sed *quia non ex fide*. Non enim credidit illud mundum esse, sed tanquam immundum tetigit. Exinde vero ostendit quantum sibi damni et noxæ afferant, qui cogunt, nec persuadent ea tangere quæ illi hactenus existimant immunda esse; ut vel hoc saltem pacto desinant ipsis obtrectari.

« Omne enim quod non est ex fide, peccatum est. »

CAP. XV.

Vers. 1-7. « Debemus autem nos firmiores imbecillitates infirmorum sustinere, et non nobis placere. Unusquisque vero proximo suo placeat in bonum ad ædificationem. Etenim Christus non sibi placuit; sed sicut scriptum est: Improperia improperantium tibi ceciderunt super me. Quæcunque enim ante scripta sunt, ad nostram doctrinam scripta sunt; ut per patientiam et consolationem (seu adhortationem) Scripturarum spem habeamus. Deus autem patientiæ et solatii det vobis id ipsum sapere in alterutrum secundum Jesum Christum, ut unanimes uno ore honorificetis Deum et Patrem Domini nostri Jesu Christi. Propter quod suscipite invicem sicut Christus suscepit vos in honorem Dei. »

Nam quandiu certa cum fiducia non credit aliquid esse mundum, inquit, quomodo non peccaret? Hæc autem omnia de proposito tantum argumento ab eo dicuntur.

Penes ipsum erat probris et contumeliis nequa-

[37] Gen. xii, 7.

quam affici; penes ipsum erat non illa pati quæ perpessus est, si quæ sua essent spectare voluisset. At vero tum opprobriis affectus fuit, tum pessime apud multos audivit, atque infirmus et imbecillis habitus est. Verum cum nostri sollicitior esset, quæ sua erant, aspernatus est.

Ostendit non modo Filium lacessitum contumeliis fuisse, sed etiam Patrem. Quod porro dicit, hunc sensum habet: Nihil novi, neque extraordinarii contigit. Qui enim sub veteri testamento ei conviciari contenderunt, illi quoque adversus Filium debacchati sunt.

Vers. 8. « Dico enim Christum ministrum fuisse circumcisionis propter veritatem Dei, ad confirmandas promissiones patrum. »

55 Rursus de Christi cura et sollicitudine disserit, eidem adhuc capiti insistens. Isque sensus est: Promissio facta est Abrahæ qua dicitur: *Tibi dabo terram et semini tuo*[37]. Posthac autem pœnæ facti sunt omnes obnoxii, qui ex semine Abraham prognati erant. Lex quippe quæ violata fuit, iram illis operata est, eosque promissione quæ pro ipsis facta patribus erat, privavit. Quocirca Filius adveniens, cum Patre egit, ut promissiones istæ veræ tandem evaderent, et ad exitum adducerentur. Impleta quippe universa lege, et maledictione per crucem ablata quæ violatoribus inflicta erat, haud sivit promissionem intercidere. Cum ergo dicit, *ministrum circumcisionis*, hoc innuit, illum adventu suo, et per universæ legis observationem ac circumcisionem, cum factus esset semen sive filius Abrahæ, maledictum dissolvisse, et in posterum eos qui futuri erant, idoneos ad suscipiendum promissum effecisse.

Vers. 9-13. « Gentes autem super misericordia honorare Deum, sicut scriptum est: Propterea confitebor tibi in gentibus, Domine, et nomini tuo cantabo. Et iterum dicit: Lætamini, gentes, cum plebe ejus. Et iterum: Laudate, omnes gentes, Dominum; et magnificate eum, omnes populi. Et rursus Isaias ait: Erit radix Jesse, et qui exsurget regere gentes; in eum gentes sperabunt. Deus autem spei repleat vos omni gaudio et pace in credendo, ut abundetis in spe et virtute Spiritus sancti. »

Hoc nunc probare aggreditur, eos qui ex gentibus crediderunt, majoribus esse obstrictos Deo: quod si majoribus sunt obligati, merito prorsus infirmos ferre debere, illos scilicet qui ex Judæis sunt. Nam quia acrius eos perstrinxerat, ne idcirco nimium tali efferrentur, fastum ipsorum comprimit. Judæis enim, facta patribus promissione, concessa dona ostendit; gentibus vero sola misericordia et humanitate. Porro *honorare Deum*, idem est ac conjungi, uniri, unanimiter laudare, infirmiorem ferre, fractum membrum non negligere. Quocirca complura addit testimonia, quibus comprobet oportere illos qui ex Judæis sunt cum gentilibus copulari. Cuncta autem testimonia hæc adducit, ut tum illum qui ex Judæis crediderit, compescat ne superbiat, quando prophetæ omnes eos qui ex gentibus sunt advocent; tum gentili suadeat modeste agere, ostendens ipsum majori esse gratia obligatum.

Vers. 14. « Certus sum autem, fratres mei, et ego de vobis, quoniam et ipsi pleni estis bonitate. »

Id est, ego ipse qui increpo et arguo. — Ita vocat virtutem suis numeris integram.

« Repleti omni scientia, ita ut possitis alterutrum monere. »

Quoniam aliqui sunt, benevoli quidem, quo pacto autem optima re sit utendum nescientes.

Vers. 15, 16. « Audacius autem scripsi vobis, fratres, ex parte, tanquam in memoriam vos reducens propter gratiam, quæ data est mihi a Deo, ut sim minister Christi Jesu in gentibus, sancte administrans Evangelium Dei. »

Iterum de animi demissione loquitur. Hoc quippe illis in primis necessarium erat.

56 « Ut fiat oblatio gentium accepta, sanctificata in Spiritu sancto. »

Hoc est, ut animæ eorum quos erudio, acceptæ sint. Non enim eousque Deus me provexit, ut honoraret, quantum ut vestri curam gereret. Cæterum quomodo oblatio accepta sit in Spiritu sancto, nisi quando præter fidem spiritualis quoque vitæ rationem persequimur, uti concessum nobis Spiritum teneamus.

Vers. 17. « Habeo igitur gloriam in Christo Jesu ad Deum. »

Quia valde seipsum demisit, sermonem rursum attollit : quod ipsorum causa facit, ne contemptibilis esse videatur.

Vers. 18, 19. « Non enim audeo aliquid loqui eorum, quæ per me non effecit Christus in obedientia gentium verbo et factis; in virtute signorum et prodigiorum, in virtute Spiritus Dei. »

Neque enim dicere quisquam possit, inquit, meram ostentationem esse verba mea. Possum etenim ordinationis meæ signa monstrare.

« Ita ut ab Jerusalem per circuitum, usque ad Illyricum repleverim Evangelium Christi. [Vers. 20]. Ambitio autem mea fuit ut evangelizarem. »

Recenset tum civitates, tum regiones, non eas modo quæ Romanis parerent, verum et barbaras gentes universas, puta Persas, Saracenos, Armenios, et alias nationes barbaras. Id enim significat dicendo, *per circuitum*.

« Non ubi nominatus est Christus. »

Tantum abfuit ut alienis sese discipulis ingereret, idque munus appeteret gloriæ obiret, ut et docere illos studeret qui de Christo nihil audissent.

« Ne super alienum fundamentum ædificarem : sed sicut scriptum est : [Vers. 21, 22] Quibus non est annuntiatum de eo, videbunt, et qui non audierunt, intelligent. Propter quod et impediebar plurimum venire ad vos. »

Alienum dicit, non secundum personæ conditionem, neque secundum naturam prædicationis, sed secundum rationem mercedis. Aliena quippe doctrina non erat, nisi quantum ad mercedem alienam spectabat. Nam merces laborum qui ab aliis desudati essent, aliena prorsus erat Paulo.

Vers. 23. « Nunc vero ulterius locum non habens in his regionibus. »

Videas quo pacto commonstret haudquaquam gloriæ causa, quam ab ipsis consequeretur, ad eos scribere se aut accedere.

« Cupiditatem autem habens veniendi ad vos ex multis jam annis. »

Ne scilicet videatur eos parvi facere. Quasi dicat : Ubi nihil mihi suppetet patrandum, ad vos perrecturus sum. Iterum vero de dilectione sermonem movet, dicens : *Cupiditatem habens veniendi ad vos*.

Vers. 24. « Cum in Hispaniam proficiscar. Spero enim quod iter faciens videam vos. »

57 Ne iterum ipsos inflet, observa quomodo comprimit, dum ait : *Cum proficiscar in Hispaniam, spero quod præteriens videbo vos*. Simul enim amorem eis vult ostendere, et ostentationem ipsorum profligare.

« Et a vobis deducar illuc, si vobis primum ex parte fruitus fuero. »

Ne rursum contristarentur, ac si per transennam tantum iter faciendo Apostolus ipsos esset visurus, ait, *ut a vobis deducar*, hoc est, ut vos mihi testes sitis, quod non contemptu vestri, sed necessitate tractus ulterius transeam : tum augendo subjungit : *Si primum ex vobis ex parte satiatus fuero*.

Vers. 25. « Nunc autem proficiscor Hierosolymam ministrare sanctis. »

Quoniam dixerat : *Locum ulterius non habeo in his regionibus*; et : *Cupiditatem habens ex multis jam annis veniendi ad vos*; adhuc vero aliquantum erat tardaturus : ne putaretur illis illudere, adducit et causam propter quam differat. Ac quidem dilationis causam videtur enuntiare : clam vero aliud quidpiam docet, eosque incitat ad largiendam eleemosynam, et ipsorum hac in re studium accendit. Alioqui enim dicere satis erat, *proficiscor Jerusalem*; nunc autem adjecit, *ministrare sanctis*.

Vers. 26. « Placuit enim Macedoniæ et Achaiæ. »

Hoc est, ita censuerunt probaveruntque, ac peroptarunt.

« Collationem aliquam facere in pauperes sanctorum, qui sunt in Jerusalem. [Vers. 27.] Placuit enim eis, et debitores sunt eorum. »

Non dixit, eleemosynam et stipem, sed *colla-*

tionem, communicationem. *Aliquam* vero posuit, non simpliciter voce, ne exprobrare illis videretur. Neque simpliciter dixit, *in pauperes*, sed, *in pauperes sanctorum*. Neque hoc duntaxat contentus fuit, sed subjunxit illos esse *debitores*.

« Nam si spiritualium eorum participes facti sunt gentiles, debent et in carnalibus ministrare illis. »

Quod ait, ejusmodi est : Propter eos venit Christus, inquit : cuncta illis promiserat; illis, inquam, qui ex Judæis sunt. Ex istis Christus est : quocirca aiebat : *Quia salus ex Judæis est*[38]. Exinde sunt apostoli, exinde prophetæ, exinde universa bona. Horum itaque bonorum orbis particeps fuit. Si ergo majorum communionem habuistis, inquit, omnino debetis et carnalia cum eis communicare et impertiri. Quin nec dixit, communicare, sed, *ministrare*, ita ut illos ministrorum instar habeat, eorumve qui regi tributa pendeant.

Vers. 28. « Hoc igitur cum consummavero, et obsignavero eis fructum hunc. »

Id est, velut in promptuaria regia detulero tanquam in asylum et locum securum. Non ait, eleemosynam, sed rursum *fructum*, quo significet lucrum acquirere illos qui contribuerint.

« Per vos proficiscar in Hispaniam. »

58 Hispaniæ meminit iterum, ut impigrum animum præferat, quantoque erga illos amore ferveret.

Vers. 29. « Scio autem, quoniam veniens ad vos, in abundantia benedictionis Christi Evangelii veniam. »

Ac si diceret : Scio me, quando venero, visurum vos in omnibus probatos, atque ornatos bonis, necnon innumeris secundum Evangelium laudibus dignos. Atqui hoc consilii genus admirabile est, quo illos præconiis occupat.

Vers. 30. « Obsecro ergo vos, fratres, per Dominum Jesum Christum, et per charitatem Spiritus, ut adjuvetis me in orationibus vestris pro me ad Deum. »

Hic rursus Christum et Spiritum proponit, Patris quidem nulla mentione facta. Sic porro loquitur, ut cum videris illum Patris et Filii meminisse, aut Filii tantum, neque Filium, neque Spiritum floccifacias. Quin nec Spiritum dixit, sed, *charitatem Spiritus*. Nam sicut Christus mundum dilexit, atque etiam Pater, ita et Spiritus.

Vers. 31, 32. « Ut liberer ab infidelibus qui sunt in Judæa. »

Significat certaminis quod instabat magnitudinem. Ex hoc autem et aliud conficit, ostendendo nimirum, quam juste sanctis ministraret. Qui enim inter improbos adeo homines versabantur, fame plane perituri erant.

« Et ministerium meum in Jerusalem acceptum fiat sanctis, et in gaudio veniens ad vos, per voluntatem Dei refociller vobiscum. »

Id est, ut cum alacritate quæ data sunt suscipiant. Ubi rursum observa quo pacto eorum qui suscepturi erant, dignitatem extollat; si quidem apud plebem hanc precibus tantis opus habeat, ut quæ sibi mittuntur accipiant.

Vers. 33. « Deus autem pacis sit cum omnibus vobis. Amen. »

Precatione sermonem obsignat.

CAP. XVI.

Vers. 1-24. « Commendo autem vobis Phœbem sororem nostram quæ est in ministerio Ecclesiæ, quæ est in Cenchris; ut eam suscipiatis in Domino digne sanctis, et assistatis ei in quocunque negotio vestri indiguerit. Etenim ipsa quoque astitit multis et mihi ipsi. Salutate Priscam et Aquilam adjutores meos in Christo Jesu (qui pro anima mea suas cervices supposuerunt : quibus non ego solus gratias ago, sed et cunctæ Ecclesiæ gentium), et domesticam Ecclesiam eorum. Salutate Epænetum dilectum mihi, qui est primitiæ Asiæ in Christo. Salutate Mariam, quæ multum laboravit in vobis. Salutate Andronicum et Juniam cognatos meos et concaptivos meos, qui sunt nobiles in apostolis, qui et ante me fuerunt in Christo. Salutate Ampliam dilectissimum mihi in Domino. Salutate Urbanum adjutorem nostrum in Christo, et Stachyn dilectum meum. Salutate Apellem probatum in Christo. Salutate eos qui sunt ex Aristobuli domo. Salutate Herodionem cognatum meum. Salutate eos qui sunt ex Narcissi domo, qui sunt in Domino. 59 Salutate Tryphænam et Tryphosam quæ laborant in Domino. Salutate Persidem charissimam, quæ multum laboravit in Domino. Salutate Rufum electum in Domino, et matrem ejus et meam. Salutate Asyncritum, Phlegontem, Hermam, Patrobam, Hermen, et qui cum eis sunt, fratres. Salutate Philologum et Juliam, Nereum, et sororem ejus, et Olympam, et omnes qui cum eis sunt sanctos. Salutate invicem osculo sancto. Salutant vos omnes Ecclesiæ Christi. Rogo autem vos, fratres, ut observetis eos qui dissensiones et offendicula præter doctrinam quam didicistis faciunt, et declinate ab illis. Hujusmodi enim Christo Domino nostro non serviunt, sed suo ventri : et per dulces sermones et benedictiones seducunt corda innocentium. Vestra enim obedientia in omnes divulgata est. Gaudeo igitur in vobis : sed volo vos sapientes quidem esse in bono, simplices autem in malo. Deus autem pacis conteret Satanam sub pedibus vestris velociter. Gratia Domini nostri Jesu Christi vobiscum. Amen. Salutat vos Timotheus adjutor meus, et Lucius et Jason et Sodipater cognati mei. Saluto vos ego Tertius qui scripsi epistolam in Domino. Salutat vos Caius hospes meus et universæ Ecclesiæ. Salutat vos Erastus arcarius civitatis, et Quartus

---

[38] Joan. IV, 22.

frater. Gratia Domini nostri Jesu Christi cum omnibus vobis. Amen. »

Vers. 25. « Ei autem qui potens est vos confirmare secundum Evangelium meum. »

In illos iterum tanquam infirmos insistit, et sermonem ad eos dirigit. Cum enim increparet, communi reprehensione utebatur. Nunc vero quando precatur, supplicationem pro istis ponit. Dum vero ait, *confirmare*, hoc significat, nondum eos esse confirmatos; sed tametsi starent, nihilominus fluctuare.

« Et praedicationem Jesu Christi, secundum revelationem mysterii temporibus aeternis taciti. »

Id est, quam ille praedicavit. Quod si vero praedicavit, non nostra placita sunt, sed legis ipsius.

Vers. 26. « Quod nunc patefactum est per Scripturas prophetarum secundum praeceptum aeterni Dei ad obedientiam fidei. »

Hic metum infirmi exsolvit. Ecquid enim vereris, inquit, ne deficias a lege? Atqui hoc ipsum lex postulat: hoc jam ante praedixerat. Sin autem inquiris cur nunc tandem manifestum sit, periculosam rem facis, qui Dei mysteria curiose scruteris, et rationem eorum exigas. Quamobrem adjecit, *ad obedientiam fidei*. Obeditione duntaxat fides opus habet, non curiosa investigatione. Et quando jubet Deus, morem gerere oportet et credere, non curiosius inquirere.

Vers. 27. « In cunctis gentibus cogniti. Soli sapienti Deo, per Jesum Christum, cui gloria in saecula saeculorum. Amen. »

Non enim tu solus ita credis, inquit, sed universus orbis, qui non hominem, sed Deum ipsum nactus doctorem est. Quapropter addidit, *per Jesum Christum*. Verum neque solummodo cognitum fuit, sed etiam confirmatum: illius autem utrumque opus exstitit. Quamobrem sic legendum est: *Ei autem qui potens est vos confirmare per Jesum Christum*. Utrumque siquidem ei acceptum refert; neque haec ambo solum, sed et gloriam quae ad Patrem redundarit. Unde ait: *Ipsi gloria in saecula. Amen.* Rursus autem gloriam Dei celebrat, ad incomprehensibile mysterium hoc obstupefactus. Neque enim etiam nunc cum innotescit, cogitationibus comprehendi illud potest; sed oportet ut fide agnoscatur. Alio quippe modo non licet.

Bene vero ait: *Soli sapienti Deo*. Quando enim tecum reputabis, qui factum sit, ut gentiles tandem adducerentur et commiscerentur illis, qui vitam olim rite instituerant; ut deploratos illos salvos fecerit; cum terra digni non essent, in coelum eos evexerit, et postquam vita praesenti exciderant, ad immortalem illam, nec sermone explicabilem induxerit; ut quos daemones proculcaverant, angelis pares fecerit; ut denique paradisum aperuerit, veteribus malis penitus suppressis; haecque omnia brevi tempore, via facillima et compendiosissima praestiterit, illius tunc sapientiam nosces: quando, inquam, videris gentiles per Jesum Christum derepente illud didicisse quod neque angeli, neque archangeli cognoverant.

Ad Romanos, versibus 350. Scripta est Corintho.

IN EPISTOLAM PRIMAM AD CORINTHIOS.

ARGUMENTUM.

Cum Apostolus accepisset gravi dissensione Corinthios laborare, falsis quibusdam apostolis divisiones et schismata apud eos facientibus, Epistolam hanc scripsit qua cuncta corrigeret. Haec porro peccata ipsorum erant: primum, quod multae apud eos factiones essent, ita ut pars aliis quidem ceu locupletibus addicti essent, pars aliis tanquam sapientibus quique plus possent ipsos erudire; secundum, quod novercas incestarent, nec sine ostentatione. Insuper sic erant gulae dediti, ut nec a carnibus quae idolis immolabantur abstinerent. Alii rursum de pecuniis certantes litigantesque, extraneis se tribunalibus et judiciis permittebant. Vigebat etiam apud illos delictum aliud, uti seorsim penes seipsos in Ecclesiis epularentur, nec quidquam egenis praeberent. Praeterea alio quoque modo peccabant, concessis sibi donis intumescentes, unde gratia exciderent. Ita enim erant comparati, ut invicem inviderent, atque Ecclesiam distraherent. Claudicabat autem etiam apud illos fides resurrectionis. Hoc argumentum fuit Epistolae, aliaque itidem nonnulla quae sigillatim recitare non refert.

CAPUT I.

Vers. 1, 2. « Paulus vocatus apostolus Jesu Christi per voluntatem Dei, et Sosthenes frater, Ecclesiae Dei quae est Corinthi; sanctificatis in Christo Jesu, vocatis sanctis, cum omnibus qui invocant nomen Domini nostri Jesu Christi in omni loco, ipsorum et nostro. »

Quoniam in partes varias factionesve scindebantur, et alii quidem hujus, alii autem alterius nomine nuncupabantur, ut hoc modo non superesset eis unde Christiani appellarentur, observa quo pacto in ipsomet exordio in memoriam eos revocat nominis Christi, dum ait: *Paulus vocatus apostolus Jesu Christi, sanctificatis in Christo Jesu, qui invocant nomen Domini Jesu Christi. Gratia vobis a Deo Patre et Domino Jesu Christo. Gratias ago in gratia quae data est vobis in Christo Jesu,*

Quemadmodum testimonium Christi revelatum est in vobis exspectantibus revelationem Domini nostri Jesu Christi ; qui et confirmabit vos usque in finem sine crimine in die Domini nostri Jesu Christi. Fidelis Deus, per quem vocati estis in societatem Filii ejus Jesu Christi. Obsecro vos per nomen Domini nostri Jesu Christi. Videsis quali serie nomen intexit Christi. Ex quo evidens est eum haud temere nec simpliciter ita agere, sed crebra optimi nominis hujus repetitione illis interdicere omni alio cognomine, et abscissione, atque nuncupatione, quae aliunde acciperetur.

Vocatus, non a seipso ordinatus et institutus, quemadmodum vos doctores estis a vobis ipsis instituti; sed per Jesum Christum.

Vers. 4, 5. « Quae data est vobis in Christo Jesu : quod in omnibus divites facti estis in illo, in omni verbo et in omni scientia. »

Per quemnam data est? nunquid per me, aut per alium apostolum? Nequaquam, inquit, sed per Jesum Christum. Nam hoc ipsum est quod ait, *in Christo Jesu.*

Vers. 6. « Sicut testimonium Christi confirmatum est in vobis.»

Si itaque confirmati estis et stabiliti per portenta et per gratiam; quid jam fluctuatis animo?

Vers. 7. « Ita ut nihil vobis desit in ulla gratia. »

Ostendit quantis se bonis essent privaturi, falsis magistris auscultando.

« Exspectantibus revelationem Domini nostri Jesu Christi, [Vers. 8] qui et confirmabit vos usque in finem sine crimine in die Domini nostri Jesu Christi. »

Quasi dicat : Quid tumultuamini? quid perturbamini, quasi Christus non adsit? Adest profecto, ejusque dies in januis est. Sed multa opus est virtute, multiplicique labore, ut ad finem pervenire possimus. Porro *revelationem* dicit, ut significet eum esse et adesse, quamvis non videatur, atque nunc et tunc appariturum.

Vers. 9, 10. « Fidelis Deus per quem vocati estis in societatem **62** Filii ejus Jesu Christi Domini nostri. Obsecro autem vos, fratres, per nomen Domini nostri Jesu Christi, ut id ipsum dicatis omnes. »

Perinde est ac si diceret : In consortium vocati estis Unigeniti, vosque ipsi hominibus traditis? quid hac miseria deterius? quomodo autem vocati fuerunt? Per Patrem ipsum. Nam quia semper de Filio ait : *Per ipsum, et in ipso;* ne putaretur illius tanquam inferioris meminisse, idem attribuit ipsimet Patri. Quod subjungit, *in societatem Filii sui,* simile est illi effato quo alibi dicitur, *Si compatimur, et conregnabimus* [20]. Ad hoc enim in isto quem tractamus loco praeparat, ne vehementiores increpationes in desperationem ipsos impellant.

« Et non sint inter vos schismata. »

« Appellatio *schismatis*, validum accusandi vocabulum est. Totum quippe, quando in multa dividitur, non modo plura fit, sed et unitas ejus deperditur.

« Sitis autem perfecti in eodem sensu, et eadem sententia. »

Quoniam acriter eos perstrinxit appellatione schismatis, sermonem lenit iterum dicens: *Sitis perfecti.* Ac si dicat : Ne putetis duntaxat concordiam me suadere, quae solummodo in vocibus consistat: eam enim in primis quaero quae ex animo sit.

Vers. 11, 12. « Significatum est enim mihi ab iis qui sunt Chloes, quia contentiones sunt inter vos. Hoc autem dico, quod unusquisque vestrum dicit. »

Rursum eos compellatione fraternitatis excitat, ut sibi morem gerant.

« Ego quidem sum Pauli ; ego autem Apollo ; ego vero Cephae.

Non quia seipsos de Pauli vel Cephae nomine nuncupabant ; sed eorum in se nomina transformat, velut et ipse postmodum declarat. Hac porro ratione significat non debere eos Pauli, aut Petri, aut Apollo nomina jactare, ac multo minus aliorum.

« Ego autem Christi. »

Non hoc culpat quod nonnulli Christi cognomen sibi vendicarent : sed quod non omnes ; ac si uni cuidam parti datus esset Christus.

Vers. 13. « Divisus est Christus. »

Hujus dicti sensus iste est : Dissecuistis Christum. Ejus corpus est divisum, ac si in homines distribuerit, atque diviserit Ecclesiam, ac partem aliam ipse assumpserit, aliam vero illis concesserit.

« Nunquid Paulus crucifixus est pro vobis? »

Videsis animum Christi amantis, quo pacto deinceps nomine suo totum conficiat, ubi affatim ostendit, nemini hunc honorem convenire. Quod autem multae sollicitudinis et benevolentiae argumentum erat, hoc proponit, puta crucem et baptismum, et quaecunque ex his bona profluunt. Humanitatem quippe Dei commonstrat ipsa mundi creatio : prae caeteris vero demissio illa qua crucem pertulit.

63 « Aut in nomine Pauli baptizati estis ? »

Enimvero quia scissionum haec causa erat, quod eorum a quibus erant baptizati, cognomina mutuarent, hoc itidem emendat dicendo : *Nunquid in nomine Pauli baptizati estis?* Neque enim dixeris, inquit, quis baptizaverit ; sed in cujusnam nomine. Nam nullatenus quaeritur quis baptizavit, sed in cujus nomine. Ipse siquidem est, inquit, qui peccata dimittit.

Vers. 14-16. « Gratias ago Deo quod neminem

---

[20] Rom. viii, 17.

baptizavi, nisi Crispum et Caium : ne quis dicat quod in nomine meo baptizati estis. Baptizavi autem et Stephanæ domum. Cæterum nescio, si quem alium baptizaverim. »

Perinde est ac si diceret : Quid insolescis baptizando, quando et ego gratias ago, quod id muneris non obierim ? Quibus porro verbis tumorem eorum prudenter comprimit, neutiquam vero baptismi virtutem, sed amentiam eorum qui in baptizando sese nimium jactitabant. Baptismus quippe magna quædam res est : hoc autem quod magnum est, non ille præstat qui baptizat, sed qui in baptismo invocatur. Insuper causam ediserit, propter quam gratias agat. Ne quis dicat, inquit, in meo nomine vos esse baptizatos : non tamen ita ut de illis hoc affirmaret ; sed quia verebatur, ne morbus malus eo procederet.

Vers. 17. « Non enim misit me Christus baptizare, sed evangelizare. »

Quare ergo baptizabas ? dixerit aliquis. Nequaquam baptizabam, inquit, ei repugnando qui me miserat, sed supra quam incumberet mihi, hoc faciebam. Et quemadmodum in causa viduarum, tametsi dixerunt apostoli : *Non est æquum nos derelinquere verbum Dei et ministrare mensis* [40] ; ipse nihilominus ministravit, non quasi eis contradiceret, sed ut ex abundanti hoc quoque munere fungeretur : sic et hac in parte se gessit :

« Non in sapientia verbi, ut non evacuetur crux Christi. »

Compressa elatione eorum qui valde sibi placebant baptizando, sermonem transfert in eos qui extranea sapientia arrogantius intumescebant ; seque adversus ipsos diligentius instruit. Nam ad eos qui cum baptizarent, inflati erant, aiebat : *Gratias ago quod neminem vestrum baptizavi ;* et : *Non me misit Christus baptizare, sed evangelizare ;* sed neque vehementius, neque dedita opera verbis eos adoritur. Hic vero primo statim assultu plagam magnam infligit : *Ne evacuetur,* inquit, *crux Christi.* Ecquid ergo insolentior es, ubi te magis deceat erubescere ? Si enim sapientia hæc tum cruci bellum infert, tum pugnat cum Evangelio, nullatenus præstat ea gloriari, sed magis ipsam abjicere.

Vers. 18. « Verbum enim crucis, pereuntibus quidem stultitia est : iis autem qui salvi fiunt, id est nobis, virtus Dei est. »

Nam quia verisimile erat eos, cum crux Christi ludibrio esset Græcis, suapte sapientia illis obsistere ac decertare ; Græcorum dicteriis turbatos solatur Paulus his fere verbis : Ne putetis, ait, inconsuetum hoc esse et supra captum hominum. Quin ea plane rei natura est, ut virtus ejus ab iis qui pereunt minime pernoscatur : quippe qui amentes et insani sunt. Unde conviciis lacessunt, et moleste ferunt salutaria medicamenta.

Vers. 19, 20. « Scriptum est enim : Perdam sapientiam sapientum, et prudentiam prudentum reprobabo. Quis sapiens? quis scriba? quis conquisitor hujus sæculi ? »

Quoniam ipsa prior sese profligavit, nulli deinceps usui est. Nam quando oportebat uti sua monstraret, et per res creatas Dominum nosset, abnuit prorsus.

« Nonne stultam fecit Deus sapientiam hujus mundi ? »

Hoc est, esse stultam ostendit ad perceptionem fidei. Nam quia multum ea gloriabantur, asperius ipsam arguit. Ecquæ enim sapientia hæc fuerit, a qua nec ipsa bonorum summa reperta sit?

Vers. 21. « Nam quia in Dei sapientia non cognovit mundus per sapientiam Deum, placuit Deo per stultitiam prædicationis salvos facere credentes. »

In ea utique quæ apparebat per opera, per quæ cognosci Deus voluit. Idcirco hæc tantaque condidit, ut rationis adminiculo istorum opifex esset admirationi [41]. Cœlum magnum est, innumerisque generibus rerum terra repletur. Mirare igitur horum Factorem. Etenim peramplum hoc cœlum digitorum illius opus exsistit, atque de tellure scriptum est, quod *terram fecit, quasi nihilum* [42]. Quia igitur per sapientiam hanc mundus nosse Deum noluit, per putatitiam prædicationis stultitiam placuit eum facere salvum ; non rationum argumentis, sed fide : ubi humana deinceps sapientia non est opus.

Vers. 22-24. « Quoniam autem et Judæi signa petunt, et Græci sapientiam quærunt ; nos autem prædicamus Christum crucifixum : Judæis quidem scandalum, gentibus autem stultitiam : ipsis autem vocatis Judæis atque Græcis Christum Dei virtutem et Dei sapientiam. »

Quando Judæis dicimus, Credite ; illi aiunt : Excitate mortuos ; vexatos a dæmonibus sanate ; monstrate signa. Ad hæc autem quid nos objicimus? Eum utique quem prædicamus, fuisse affixum cruci atque mortuum. Hoc sufficit, non solum ad non trahendum nolentes, sed etiam ad eos qui voluerint avertendos. At vero non avertit, sed magis allicit. Rursum Græci postulant a nobis dicendi artem, et sophismatum peritiam. Illis vero nos etiam crucem prædicamus : et quod Judæis esse videtur infirmitas, id Græcis stultitia est. Quando ergo petentibus non solum non præbuerimus, sed et contraria eorum quæ quæsierint, locuti erimus, tunc per contraria convincentur quam inexplicabilis sit virtus illius quem prædicamus.

Vers. 25. « Quia quod stultum est Dei, sapientius est hominibus. »

Stultum et infirmum de cruce dicit, non quod res ita sit ; sed quod sic videtur. Secundum quippe opinionem ipsorum respondet. Nam id quod

---

[40] Act. vi, 2. [41] Sap. xiii, 5. [42] Job xxvi, 7.

non valuerunt philosophi per syllogismos confi-cere, hoc prætensa illa stultitia patravit.

65 « Et quod infirmum est Dei, fortius est hominibus. »

Undenam enim potuissent homines idiotæ et litterarum rudes res tantas aggredi, ut brevi tempore adversus orbem universum aciem dirigerent, nisi divina vis quædam eis adfuisset, ea quæ gerebantur administrans?

VERS. 26. « Videte enim vocationem vestram, fratres, quoniam non multi sapientes secundum carnem. »

Id est, quantum ad id quod apparet, quoad præsentis vitæ statum, et quod attinet ad extraneam illam eruditionem. Ne vero sibi contradicat, quippe cum inter ipsos essent, tum sapientes, tum nobiles aliqui; adjecit, *Non multi*. Tametsi enim hos quoque admiserat, alii tamen longe plures erant. Quare vero? quoniam ille qui secundum carnem est sapiens, amentia multa plenus est: sed et hic fit stultus, quando corruptam doctrinam noluerit abjicere.

« Non multi potentes, non multi nobiles. »

Hi autem fastu pleni sunt. Nihil porro ad accuratam Dei cognitionem adeo inutile est et noxium, atque arrogantiæ ac divitiis addictum esse.

VERS. 27. « Sed quæ stulta sunt mundi elegit Deus, ut confundat sapientes. »

Id quod plane maximum victoriæ indicium est, quando per homines idiotas et indoctos vincitur. Non enim Græci tanto pudore afficiuntur, dum a sapientibus superantur.

« Et infirma mundi elegit Deus ut confundat fortia: [VERS 28] et ignobilia mundi et contemptibilia elegit Deus. »

Non solum enim idiotas et indoctos vocavit, sed et egenos, contemptibiles, et obscuros, per quos potentes dejiceret.

« Et ea quæ non sunt, ut ea quæ sunt destrueret. »

Quænam vero appellat ea quæ non sunt? Eos plane qui propter nimiam exiguitatem suam nihili habebantur. Hoc pacto potentiam eximiam monstravit, magnos illos deponendo, subigendoque per eos qui nihil esse videbantur.

VERS. 29. « Ut non glorietur omnis caro coram Deo. »

Deus quippe isthæc omnia idcirco operatur, ut fastum elationemque animi compescat, ut jactantiam supprimat. Exinde enim peccatum natum est. Nam lege Dei sapientiores esse contenderunt, nolentes eam addiscere ut ab ipso constituta erat. Ex quo factum est ut eam nullatenus didicerint.

VERS. 30. « Ex ipso enim vos estis in Christo Jesu, qui factus est nobis sapientia a Deo, et justitia, et sanctificatio, et redemptio. »

Dei filii exsistitis, inquit, id per Christum consecuti. Cum enim dixerit: *Quæ stulta sunt mundi, elegit, et ignobilia*, ostendit omnium eos esse nobiliores, qui patrem habeant Deum. Hujus autem nobilitatis, non hic aut ille, sed ipse Christus auctor est, qui sapientes nos, et justos, et sanctos fecit. Hoc enim verbis istis innuitur: « Qui factus **66** est nobis sapientia et sanctificatio et redemptio. »

VERS. 31. « Ut, quemadmodum scriptum est: Qui gloriatur, in Domino glorietur. »

CAP. II.

VERS. 1. « Et ego cum venissem ad vos, fratres, veni, non in sublimitate sermonis et sapientiæ, annuntians vobis. »

Propterea vehementer etiam perstrinxit sapientiam Græcorum, ut hac ratione suaderet hominibus, quemadmodum oporteat in Christo gloriari. Quando enim a nobis ipsis quæ supra nos sunt, exigimus, nihil nobis stultius, nihil infirmius est: acutam quippe linguam habere quispiam possit; non vero item constantem doctrinam.

« Testimonium Dei. »

Id est, prædicationem, qua testificamur crucifixum eum et mortuum esse propter nos.

VERS. 2. « Non enim judicavi me scire aliquid, nisi Jesum Christum, et hunc crucifixum. »

Ait nimirum extraneæ se prorsus esse sapientiæ expertem. Cum veni, inquit, non syllogismorum, non sophismatum ambages objeci, nec quidquam aliud dixi, nisi Christum esse affixum cruci.

VERS. 3. « Et ego in infirmitate et timore et tremore multo fui apud vos. »

Pericula innuit, et insidias, necnon quotidianas expulsiones. Hoc autem haudquaquam Pauli crimen innuit, sed meram naturæ infirmitatem. Quin laus est voluntatis ipsius, qua tametsi mortem et plagas verebatur, nihil horum timore perpetravit.

VERS. 4. « Et sermo meus et prædicatio mea non in persuasibilibus humanæ sapientiæ verbis. »

Hoc est, nihil extraneæ illius sapientiæ præferens.

« Sed ostensione Spiritus et virtutis. »

Operationibus videlicet, quas per Spiritum patrabat. Ecquis enim non suscepisset, videndo surgentes mortuos, et dæmones e corporibus fugatos?

VERS. 5. « Ut fides vestra non sit in sapientia hominum, sed in virtute Dei. »

Manifeste passim et per omnia probavit, quantum ex simplicitate lucrum accederet, et quantum detrimenti sapientia pareret. Hæc enim Christi crucem evacuabat (unde dicit: « Ut non evacuetur crux Christi »), illa vero virtutem Christi prædicabat.

Vers. 6. « Sapientiam autem loquimur inter perfectos. »

Cum sapientiam Dei, *stultitiam* ex opinione illorum prius appellarit, ostendit modo hanc veram esse sapientiam. Quando enim ille qui stultus putatur, et stulta prædicare, sapientem superaverit, non per stultitiam sapientiam vicit, sed per sapientiam perfectiorem, tantamque et eo majorem, ut altera illa, deinceps stultitia censeatur. *Sapientiam* autem dicit, prædicationem, et salutis modum; quo nempe per crucem salvi facti fuimus. *Perfectos* quoque vocat illos qui credidere. Perfecti quippe sunt, qui, cum norint res humanas infirmas admodum esse, eas parvifaciunt et aspernantur.

67 « Sapientiam autem non hujus sæculi, neque principum hujus sæculi qui destruuntur. »

Quid enim extranea sapientia utilitatis afferat, quæ cum res hujus mundi duntaxat expugnet, nec progrediatur ulterius, nihil prodesse illis potest, qui ea imbuti sunt. Porro *principes sæculi* nominat, non dæmones aliquos, sed philosophos, et oratores, et sermonum scriptores. Illi siquidem pollebant auctoritate, et civitatum principes creabantur. *Sæculi* autem *principes* dixit, eo quod principatus ipsorum ultra sæculum præsens non protenditur. Quamobrem adjecit: *Qui destruuntur.*

Vers. 7. « Sed loquimur Dei sapientiam in mysterio, quæ abscondita est. »

Mysterium appellat dispensationem: quia neque angelus, neque archangelus, neque alia creata potestas illud ante cognovit, quam patratum esset. Quocirca alibi ait: *Ut innotescat principatibus et potestatibus in cœlestibus per Ecclesiam multiformis sapientia Dei* [43].

« Quam prædestinavit Deus ante sæcula. »

Ita loquitur, ut curam Dei erga nos ostendat. Illi quippe maxime putantur nos, tum honorare, tum diligere, quicunque jampridem parati sunt, ut nobis benefaciant.

« Gloriam nostram. »

Hoc est, ad nostram gloriam quæ recondita erat, cum cœlestium virtutum nulla mysterium id ante nos didicisset.

Vers. 8. « Quam nemo principum hujus sæculi cognovit; si enim cognovissent, nunquam Dominum gloriæ crucifixissent. »

Pilatum et Herodem annuit. De Pilato siquidem Scriptura dicit, quod non noverit. Sed et credibile est neque Herodem novisse. Sin vero quis asserat de Judæis hoc pronuntiari, haud sane aberraverit. Nam neque illi cognoverunt: qui quidem tametsi Christum cognoverunt, peractam tamen dispensationem nesciere; puta quid sibi vellent mors et crux illius. Unde non aiebat: *Me non noverunt* [44]; sed: *Nesciunt quid faciunt* [45]:

hoc est, ignorant prorsus dispensationem quæ consummatur, totumque mysterium. Non enim sciunt fore ut crux ita fulgeat, ut per eam mundi salus paretur, ac homines reconcilientur Deo. Apprime vero *Dominum gloriæ* nuncupavit, quia crux ignominiæ signum censebatur.

Vers. 9. « Sed sicut scriptum est: Quod oculus non vidit, nec auris audivit, nec in cor hominis ascendit, quæ præparavit Deus iis qui diligunt illum. »

Postquam locutus est de cruce et de crucifixo, testimonio ostendit, quanta reposita sint iis qui Christum noverunt, huncque Dominum esse profitentur. Hunc autem dico Dominum gloriæ, qui suffixus est cruci.

Vers. 10. « Nobis autem revelavit Deus per Spiritum suum. »

Non per sapientiam peregrinam: Cæterum una palam exhibet honoris magnitudinem, quatenus nimirum a Spiritu edocti sumus. Nisi enim Spiritus cui perspecta sunt arcana Dei, revelasset, nunquam didicissemus.

68 « Spiritus enim omnia scrutatur, etiam profunda Dei. »

Hoc in loco, *scrutari*, non ignorantiam innuit, sed accuratam cognitionem indicat. Nam et ista voce utitur loquendo de Patre: *Ipse autem scrutatur corda* [46].

Vers. 11, 12. « Quis enim hominum scit quæ sunt hominis, nisi spiritus hominis, qui in ipso est? ita et quæ Dei sunt, nemo cognovit, nisi Spiritus Dei. Nos autem non spiritum hujus mundi accepimus, sed Spiritum qui ex Deo est: ut sciamus quæ a Deo donata sunt nobis. »

Loquitur de Spiritus scientia, ostendendo eam exæquare scientiam Dei, sicut scientia hominis hominem ipsum exæquat.

Vers. 13. « Quæ et loquimur, non in doctis humanæ sapientiæ verbis, sed in doctrina Spiritus. »

Ostendit se exinde omnia didicisse.

« Spiritualibus spiritualia comparantes. »

Quando spirituale quidpiam et arcanum fuerit, ex spiritualibus testimonia adducimus: v. gr., cum dico Christum resurrexisse, et ex Virgine natum esse, adduco testimonia figurasque et demonstrationes; puta Jonæ moras in ventre ceti, ejusque postmodum liberationem, sterilium partus, Saræ et Rebeccæ et aliarum. Dum rursus Christum de Virgine generatum dixero, germinationem arborum in paradiso propono, quæ nullis jactis seminibus, non missis imbribus, non sulcatis arvis fiebat. Futura quippe informabantur adumbrabanturque in prioribus, ut ipsa fidem haberent quando patrata essent. Insuper etiam enarro, quinam de terra producti sint homines; quinam mulier ex homine solo, sine ullo utrobique coitu;

---

[43] Ephes. iii, 10. [44] Joan. xvi, 3. [45] Luc. xxiii, 34. [46] Rom. viii, 24.

quomodo tellus ipsa ex nullo germinarit, sola Conditoris virtute ad omnia sufficiente. Hoc pacto cum spiritualibus spiritualia compono, nec mihi prorsus opus est extranea illa sapientia, non ratiocinationibus, non præstructis argumentis.

Vers. 14. « Animalis autem homo non percipit ea quæ sunt Spiritus Dei. »

Animalis est, qui omnia tribuit cogitationibus animæ, nec superno quodam putat indigere auxilio; quod plane dementiæ est. Rationem quippe Deus concessit nobis, uti discat et postulet quæ ab eo sunt, non autem ut sibi ipsi sufficere arbitretur.

« Stultitia enim est illi. »

Hoc autem, non ex rei natura, sed propter imbecillitatem illius qui oculis animæ magnitudinem eorum assequi minime valeat.

« Et non potest intelligere, quia spiritualiter examinatur. »

Causam hujus explicat, aitque ea quæ dicuntur fidem exigere, at fieri non posse ut rationibus comprehendantur, quippe quæ altitudine sua exiguitatem cogitationis nostræ excedunt.

Vers. 15. « Spiritualis autem judicat omnia: ipse vero a nemine judicatur. »

69 Nam quemadmodum ille qui videt, omnia quidem quæ in cæco sunt, cernit; nullus vero eorum qui visu carent, ea quæ videntis sunt, cernit: sic nos quoque nostra quidem novimus, et omnia quæ ad infideles spectant; at non itidem illi nostra sciunt. Porro ait, *judicat*, id est arguit. Nobis etenim compertum est, quæ sit præsentium rerum natura; quæ futurorum dignitas; quodque futura immortalia sint et immobilia, præsentia autem, corruptioni obnoxia et temporaria.

Vers. 16. « Quis enim cognovit sensum Domini, qui instruat eum? »

Cum dixerit, animalem hominem nihil percipere, probationem hujus dicti subjungit, dicens: et plane quidem nihil scit prorsus. Nequaquam enim cognovit sensum Domini; hoc est, manifestationem Spiritus: quia fidelibus cum præsentium, tum futurorum indita cognitio est. Illud autem, *quis instruat eum*, non nude et simpliciter adjecit, sed ad ea quæ modo ante dixerat, puta spiritualem a nemine judicari. Si enim animalium nemo nosse queat sensum Christi, multo minus eum docere potuerit et corrigere. Hoc enim verbo *instruere* significatur.

« Nos autem sensum Christi habemus. »

Hoc est, spiritualis est cognitio qua de rebus fidei imbuti sumus, ita ut a nullo subinde judicemur. Animalem quippe hominem divina nosse impossibile est.

CAP. III.

Vers. 1, 2. « Et ego, fratres, non potui vobis loqui quasi spiritualibus, sed quasi carnalibus.

Tanquam parvulis in Christo lac vobis potum dedi, non escam : nondum enim poteratis. »

Extranea sapientia profligata, omnique fastu illius dejecto, aliud jam momentum aggreditur. Poterant enim respondere: Si quidem Platonis, si Pythagoræ, aut cujusvis alterius philosophorum placita annuntiaremus, merito contra nos longiori sermone utereris. Cum autem quæ sunt Spiritus prædicemus, quare peregrinam sapientiam nobis sursum deorsum affers? Quonam autem pacto huic se argumento opponat, audi, quæso: *Et ego,* inquit, *non potui vobis loqui tanquam spiritualibus*. Cujus effati ejusmodi sensus est: Profecto quidem quamvis perfecti essetis in spiritualibus; non tamen idcirco vos decebat extolli, nec vestra annuntiare, quæ ipsi a vobis invenissetis. Nunc autem neque illa vos scitis, quemadmodum oporteret, sed tirones prorsus estis, et omnium ultimi : adeo ut, etsi propter sapientiam extraneam magnam de vobis opinionem concipiatis, hæc jam nihil esse, quin et vobis adversari ostensa sit. Si autem in spiritualibus et in istis deficitis, in ultimo proinde loco consistitis.

« Sed nec nunc quidem potestis. Adhuc enim carnales estis. »

Idcirco non poterant, quia nolebant. Id quod ipsis quidem accusationem inferebat, magistrum vero purgabat.

Vers. 3. « Cum enim sit inter vos zelus et contentio, nonne carnales estis, et secundum hominem ambulatis ? »

Modum enarrat quo carnales facti erant.

70 Vers. 4. « Cum enim quis dicat: Ego quidem sum Pauli; alius autem, ego Apollo; nonne homines estis? »

Ostendit, non solum hoc eis minime profuisse, neque effecisse ut aliquid acciperent; quinimo obstaculo fuisse ne majoribus augerentur: æmulatio enim carnales ipsos fecerat. Hoc vero quod carnales erat, non permisit eos sublimiora audire.

« Quid igitur est Apollo? quid vero Paulus? »

Comprobatis iis quæ dixerat ex rerum serie, apertius jam reprehensionem aggreditur, utque omnem asperitatem auferat, neve succenseant, suum ipse nomen ponit. Nam si Paulus nihil est, neque indignatur, multo minus oportet eos id moleste ferre.

Vers. 5. « Ministri per quos credidistis. »

Si ergo alterius ministri estis, inquit, cur ipsi vobis dignitatem vindicatis, ut vestro de nomine discipulos nuncupetis ?

« Et unicuique sicut Dominus dedit. »

Exiguum istud, inquit, haudquaquam a nobis ipsis habemus, sed a Deo qui munus injunxit.

Vers. 6. « Ego plantavi, Apollo rigavit; Deus autem incrementum dedit. »

Hoc est, ego primus verbum seminavi: Apollo autem operam suam posuit, ne tentationibus semina arescerent. Totum autem Dei opus fuit.

Vers. 7. « Itaque neque qui plantat est aliquid, neque qui rigat, sed qui incrementum dat, Deus. »

Vide, quæso, quomodo eos admonet. Primum quidem propriæ personæ contemptum præstitit. Quid enim est Paulus? inquit. Deinde vero totum in Deum refert, a quo omnia concessa sunt.

Vers. 8. « Qui autem plantat, et qui rigat, unum sunt. »

Altera rursum inductio ad eorum curationem; ex quo aliud insuper conficit; puta ne erga invicem superbius efferantur; hoc porro unum sciant, nihil se posse præstare, ni Deus incrementum dederit. Quibus verbis neque illos qui multum laborarent, permisit insolescere adversus eos qui minora patrarent, neque rursum istos illis invidere.

« Unusquisque autem propriam mercedem accipiet secundum suum laborem. »

Quia vero segniores futuri erant, si existimassent nihil cuncta referre, sive illis qui multum, sive minus laborarent; observa quomodo id correxit, dicens, unumquemque propriam mercedem accepturum secundum suum laborem, ac si diceret: Ne timeas quod dixerim, unum sunt: quandoquidem quantum ad labores non sunt unum. Dei siquidem opus faciunt: sed unusquisque propriam mercedem accipiet secundum suum laborem.

Vers. 9. « Dei enim sumus adjutores. »

Eos adhuc leviores et alacriores reddit, majoremque ardorem excitat operandi.

« Dei agricultura estis: Dei ædificatio estis. »

Non ab iis qui vos excolunt, sed a Deo ipso appellationem accipere par est. Neque enim ager de nomine agricolæ vocatur, sed de patrisfamilias. Quemadmodum etiam ædificium non artificis, sed domini est. Si autem ædificatio estis, nequaquam hæc destrui debet: alioqui non essetis ædificium. At si ædificium estis, cavendum est ne distrahamini, sed uno concordiæ septo muniamini.

Vers. 10. « Secundum gratiam Dei quæ data est mihi, ut sapiens architectus fundamentum posui. »

Seipsum hoc in loco sapientem dicit, non ostentationis ergo, sed ut sese præbeat in exemplum, ostendatque sapientis esse unum jacere fundamentum. Videsis quam modeste se gerat. Postquam enim se sapientem dixit, hoc sui esse noluit, sed, quia se totum prius Deo dediderat, hinc se sapientem vocavit. Ait enim, *secundum gratiam quæ data est mihi*.

« Alius autem superædificat. Unusquisque autem videat quomodo superædificet. »

Hic jam illos ad instituendæ vitæ certamen inducit: quandoquidem eos semel conjunxerat, et unum esse fecerat.

Vers. 11. « Fundamentum autem aliud nemo potest ponere, præter id quod positum est, quod est Christus Jesus. »

Quod ait, hunc habet sensum: Christum annuntiavi, fundamentum vobis præbui: videte quomodo ædificetis; non ad inanem gloriam, non discipulos versus homines detrahendo. Ne igitur hæresibus animum attendamus. *Fundamentum enim aliud nemo potest ponere, præter id quod positum est*. Quamobrem super illud exstruamus, eique veluti fundamento inhæreamus.

Vers. 12. « Si quis autem superædificat super fundamentum hoc, aurum, argentum, lapides pretiosos, ligna, fenum, stipulam. »

Fundamentum quidem sic perspicue significavit, dicens illud esse Christum. Ædificationem vero de operibus bonis esse dictam liquet. Discrimine vero materiæ eorum quæ ædificantur, multimoda operantium voluntas significatur. Quoniam alii studiosiores sunt, alii segniores; accuratiores alii, alii deteriores: atque alii minora, majora alii præstant; alii denique gravioribus, levioribus peccant alii.

Vers. 13. « Uniuscujusque opus manifestum erit. Dies enim Domini declarabit, quia in igne revelabitur: et uniuscujusque opus ignis probabit. »

A futuris eos territat, mentionem faciens diei terribilis divini judicii, quando judice sedente fluvius ignis coram eo profluet [47].

Vers. 14. « Si cujus opus manserit, quod superædificavit, mercedem accipiet. Si cujus opus arserit, detrimentum patietur. »

Horum verborum significantia hæc est: si quis cum recta fide pravam vitam duxerit, fides ei non proderit, ut non ardente opere suo puniatur. Quod porro ait, *arserit*, idem est ac, non feret ignis impetum: sed velut si quis aureis armis indutus flumen ignis trajiciat, splendidior egreditur: sin autem feno onustus transeat, non modo nihil inde percipit adjumenti, sed et seipsum perdit, idem etiam in operibus eveniet.

« Ipse autem salvus erit; sic tamen quasi per ignem. »

Hujus etiam sententiæ sensus est, quod ipse non ita peribit, ut, quemadmodum sua opera, in nihilum redigatur; sed permanebit in igne. Rei itaque incolumitatem, *salutem* appellat: propterea adjecit, *quasi per ignem*. Etenim dicere solemus, materias quæ non comburuntur, nec convertuntur statim in cineres, in igne salvas esse. Ac si dicat: Ne putaveris, cum ignem audis, eos qui ardent, in nihilum converti. Quod autem supplicium istud *salutem* appellet, noli mirari. Solet quippe in iis quæ male sonant, pulchris nominibus abuti, ut puta cum ait: *Regnavit peccatum* [48], quamlibet regni nomen honorificum sit:

---

[47] Dan. vii, 10. [48] Rom. v, 22.

ita et in hoc loco dicendo, *salvus erit*, nihil aliud innuit, nisi intensionem supplicii : ac si dixisset, ipse perpetuo in suppliciis permanebit.

VERS. 16, 17. « Nescitis quia templum Dei estis, et Spiritus Dei habitat in vobis? Si quis templum Dei violaverit, disperdet illum Deus. »

Postquam a die futuro terrorem incussit, hos etiam a præsenti territat. Nunc enim incestum illum perstringit, non quidem aperte, sed indefinite pravam illius vivendi rationem indicando, ejusque peccatum auget ab illo gratiæ dono quod concessum ipsi fuerat. Istud autem, *disperdet illum Deus*, non est vox exsecrantis, sed prænuntiantis futurum.

« Templum enim Dei sanctum est, quod estis vos. »

Scortator vero profanus est. Ne autem videatur eum recta ferire, subjunxit, *quod estis vos*.

VERS. 18. « Nemo vos seducat: Si quis videtur sapiens inter vos esse in hoc sæculo »

Quibusdam adversus scortatorem injectis, oratione rursum sapientiam externam expugnat.

« Stultus fiat, ut sapiens efficiatur. »

Eum tanquam mundo mortuum sic affici præcipit. Ejusmodi quippe mors nihil nocet, quin et magis prodest, ut quæ vitæ causa sit. Perinde etiam in hoc sæculo fieri stultum jubet, veramque nobis exinde sapientiam procurat. Stultus porro efficitur mundo, qui peregrinam sapientiam spernit, quique certissime credit, nihil eam contribuere ad veritatis perceptionem : et quemadmodum egestas divinas opes parat, et celsitudinem demissio animi; sic quoque eo quod stultus quis fiat, inde sapientior cæteris evadit.

VERS. 19. « Sapientia enim hujus mundi stultitia est apud Deum. »

Non solum enim nihil præstat, sed etiam impedimento est. Ab ea igitur decet abstinere, ceu nociva.

« Scriptum est enim: Qui comprehendit sapientes in astutia ipsorum. »

Non ei sufficiunt suæ probationes, sed testimonium **73** addit. Hujus vero loci ejusmodi sensus est : Quandoquidem sapientia abusi sunt, inquit, ita ut nec Deum obsecrarent; per hanc ipsam evincit, quam maxime Deo indigerent. Quinam vero, quave ratione? Quia cum per eam stulti facti sunt, merito per eam convicti fuere. Nam qui minime putabant se Deo indigere, in tantam adducti sunt necessitatem, ut piscatoribus et indoctis inferiores deinceps apparerent.

VERS. 20. « Et iterum : Dominus novit cogitationes hominum, quoniam vanæ sunt. »

Quando ergo, inquit, qui solus sapiens est Deus, ejusmodi de illis sententiam profert pronuntiatque, quam aliam extremæ illorum amentiæ demonstrationem quæras?

VERS. 21. « Nemo itaque glorietur in hominibus. »

Ostensum est, inquit, externam illam sapientiam pœnam et ultionem esse: cur ergo magistris vestris tanquam sapientibus gloriamini?

VERS. 22, 23. « Omnia enim vestra sunt, sive Paulus, sive Apollo, sive Cephas, sive mundus, sive vita, sive mors, sive præsentia, sive futura. »

Discipulorum partes magnificat. Ejusque sententiæ hæc significantia est : Quia filii Christi facti estis, secundum illud : *Ecce ego et filii mei, quos dedit mihi Deus* [49], quod ab ipso Christo dictum sit; idcirco cuncta vobis data sunt. Quamvis enim doctores mihi nominaveris; quamvis hunc aut illum, aut primos etiam apostolorum, vel tandem ipsummet mundum : *Universa propter vos.* Quinam vero sic hominibus ipsi vos addicitis. Ait autem, *sive mundus*, eo quod propter hominem factus est mundus : tum deinde, *sive vita*, simili sensu : cæterum in carne manere necessarium est propter vos. Rursum ait, *sive mors*; quia tametsi morti tradimur, dum prædicamus vobis, vestram nihilominus salutem deperimus. Illud tandem , *sive præsentia, sive futura*, significat concessa ipsis dona, et quæ concedenda sunt. Concessa quippe est, in præsenti quidem vita peccatorum remissio, pignus et arrha spiritus, dona scilicet quæ Spiritus operatur. Fideles vero futurorum aliquando fore bonorum compotes, hoc extra dubium est, propter secundum illud effatum : *Venite, benedicti, possidete regnum quod paratum est vobis* [50].

« Omnia enim vestra sunt : vos autem Christi; Christus autem Dei. »

Tam præsentia, quam futura, inquit, hodierna dies, mors et mundus, vestra erunt, quia credidistis in Christum qui est Filius Dei.

CAP. IV.

VERS. 1. « Sic nos existimet homo sicut Dei ministros, et dispensatores mysteriorum Dei. »

Ne igitur, Domino relicto, famulorum nomina vobis asciscatis.

VERS. 2-5. « Quod superest, quæritur inter dispensatores, ut fidelis quis inveniatur. Mihi autem pro minimo est ut a vobis judicer, aut ab humano die; sed neque meipsum judico. Nihil enim mihi conscius sum : sed non in hoc justificatus sum; qui autem judicat me, Dominus est. Itaque nolite ante tempus judicare, quoadusque veniat Dominus, qui et illuminabit **74** abscondita tenebrarum, et manifestabit consilia cordium. Et tunc laus erit unicuique a Deo. »

Hoc est, ne res Domini sui sibi vindicet. »

VERS. 6. « Hæc autem, fratres, transfiguravi in me et Apollo propter vos, ut in nobis discatis,

---

[49] Isa. VIII, 18. [50] Matth. XXV, 34.

non supra quam scriptum est sapere; ne unus pro uno infletur adversus alterum. »

Quandiu verbis asperis uti oportebat, sermonem ita componebat, ac si ipse esset qui hæc auscultaret. Quia vero remittere tandem oportebat, idcirco personas sub sui et Apollo appellatione absconditas retegit. Id porro fecit, ut ostenderet nequaquam futurum fuisse, si ad eos verba fecisset, ut addiscerent quæcunque eos docere necesse erat, propositumque ipsius probarent; quippe qui indigne accepissent ea quæ dicerentur. Nunc autem quia Paulum reverebantur, facile tulerunt increpationem. Quidnam vero istud est: *Non supra id quod scriptum est?* Scilicet legimus scriptum: *Quid vides festucam in oculo fratris tui, et non vides trabem in oculo tuo* [81]?

VERS. 7. « Quis te discernit? quid autem habes quod non accepisti? »

Omissis subditis, ad principes modo convertitur. Ejus autem verborum hæc significantia est: Unde constat te dignum esse laude? factumne est judicium? nunquid inquisitio præcessit, diligensque probatio, et accurata quæstio? sed neque hoc possis asseverare. Et si vero homines suis calculis favent, recta non est ipsorum sententia; neque sic debebas extolli. Nihil enim abs te habes, sed a Deo omnia accepisti.

« Si autem et accepisti, quid gloriaris quasi non acceperis? »

Atqui, *accepisti*, inquit; et eam ob rem valde gloriaris? quinimo propter hoc ipsum modeste agere oportebat. Quia tuum non est id quod datum est tibi, sed illius qui dedit. Nam si accepisti, ab illo accepisti. Quod si ab eo accepisti, non id quod tuum esset accepisti. Ac si quod tuum non erat, accepisti; quid ostentationi indulges, qui quod tuum non est habeas?

VERS. 8. « Jam saturati estis, jam divites facti estis. »

Apposite autem ait, *jam*, a tempore ostendens, neque verisimile illud esse, nec rationabilem de istis opinionem.

« Sine nobis regnastis. Et utinam regnetis, ut et nos vobiscum regnemus! [VERS. 9.] Puto enim quod Deus nos apostolos novissimos ostendit tanquam morti destinatos. »

Cum fastum eorum deprimere proposuerit, et ostendere horum causa gloriandum non esse, sed magis erubescendum; primum quidem eos pudore suffundit, dicendo: *Jam saturati estis.* Itemque nunc dum ait: *Sine nobis regnastis,* consimile quidpiam his verbis significatur: *Dico quod tempus breve est;* non tempus honoris, non gloriæ, quibus vos fruimini, sed tum contumeliæ, tum persecutionis; quæ quidem nos toleramus. Si enim res ita se non habet, sed remunerationum tempus adest, vos quidem, qui discipuli estis, A regnum obtinuistis modo; nos autem, qui sumus magistri, quique præ cæteris mercedem accipere debebamus, non solum novissimi vestrum facti sumus, sed et **75** tanquam morti destinati, sive damnati; in opprobriis, et periculis, et fame perpetuo versamur. Ignominiis afficimur, tanquam insani pellimur, et ineluctabilia sustinemus. Hæc porro aiebat, ut illos commoneret æmulanda esse apostolorum facinora, pericula, et injurias, non honorem et gloriam. Prædicatio siquidem Evangelii, non hæc sed illa postulat.

« Quia spectaculum facti sumus mundo, et angelis, et hominibus. »

Non in una civitate, aut in quadam orbis parte hæc patimur; sed ubique locorum et nullis non de causis. Porro *angelis* ait, significando ejusmodi esse nostra certamina, ut angelorum digna sint aspectu. Videsis autem quomodo seipsum extenuat, et quomodo rursum magni facit: in his autem a quibus illi efferebantur, quo pacto viles ipsos ostendit. Nam quia humilius et vilius videtur esse stultos quam prudentes haberi, nec non infirmos esse quam fortes fieri, et inglorios quam honore et gloria ornatos videri: atque illa quidem in eos rejecturus erat, hæc vero ipse sibi vindicaverat; idcirco isthæc illis potiora esse evincit, quia propter ista, non hominum tantum, sed et angelorum multitudinem ad sui suorumque spectaculum convertit.

VERS. 10-12. « Nos stulti propter Christum, vos autem prudentes in Christo: nos infirmi, vos autem fortes: nos ignobiles, vos nobiles. Usque in hanc horam et esurimus, et sitimus, et nudi sumus, et colaphis cædimur, et instabiles sumus, et laboramus operantes manibus nostris. »

Hoc etiam dixit, ut eos pudefaceret. Cum enim alii quidem vapulent et contemnantur, alii vero honoribus augeantur, et sapientes æstimentur; quomodo fit, inquit, ut qui talia prædicant, contrariarum sint suspicionum rei?

Hoc est, res antiquas non narrant, sed quæ et præsens tempus testatur. — Hæc tangunt illos qui deliciis indulgent. — Abigimur, inquit, ad divites. — Ad falsos apostolos, qui nec operari, nec adire pericula sustinent, sed commoda sua curant.

« Maledicimur, et benedicimus: persecutionem patimur et sustinemus; [VERS. 13] maledicimur et obsecramus: tanquam purgamenta hujus mundi facti sumus. »

Nemo dixerit, inquit, hæc nos indigne ferre. Contraria quippe rependimus illis qui nos affligunt. Atque magnum quiddam est ferre fortiter, dum male vexamur. Nos autem non modo id præstamus, sed et lætamur et exsultamus.

« Omnium peripsema usque adhuc. »

Non eorum qui nos insectantur, sed ipsorum quorum causa hæc patimur.

---

[81] Matth. VII, 3.

VERS. 14. « Non ut confundam vos hæc scribo, sed ut filios meos charissimos moneo. »

Quoniam vidit acerbum esse vulnus quod intulerat, hoc statim curavit: *Non ut confundam vos,* inquit, *hæc scribo.* Factum quidem profitetur; at non mala mente et odio percita, sed magis amica et emendationis ipsorum studiosa.

76 VERS. 15. « Nam etsi decem millia pædagogorum habeatis in Christo, sed non multos patres. In Christo enim Jesu per Evangelium ego vos genui. »

Nequaquam in hoc loco dignitatem suam explicat, sed amoris exsuperantiam; quin nec eos dure habuit, cum adjecerit, *in Christo,* atque illis indulserit ut plura pro ipsis faceret (hoc enim præstat pædagogus), vehementiam amoris sibi reservat. Talem siquidem Pater exhibet. — Id mihi non attribuo. Rursum vero illos ferit, qui sibi doctrinæ laudem arrogarent.

VERS. 16. « Rogo ergo vos, imitatores mei estote, sicut et ego Christi. »

Non ut seipsum efferat, ita loquitur, sed ut facilem esse virtutem ostendat.

VERS. 17. « Ideo misi ad vos Timotheum. »

Quia vobis uti filiis indulgeo.

« Qui est filius meus charissimus et fidelis in Domino. »

Illis verbis dilectionem suam pandit, eosque ita comparat ut illum cum reverentia videant. Nec simpliciter dixit, *fidelem,* sed, *in Domino;* hoc est in rebus quæ ad Dominum spectant.

« Vos commonefaciet. »

Non dixit, docebit, ne indigne ferrent, tanquam ab illo edocendi.

« Vias meas in Christo, sicut ubique in omni Ecclesia doceo. »

Hoc est, administrationem, pericula, mores, regulas, sanctiones, quæ Apostolum deceant, cæteraque omnia. Nam quia dixerat, *nudi sumus, colaphis cædimur, instabiles sumus,* cuncta hæc, inquit, vobis percensebit. Deinde sermonem ad superiora referens, subjecit, *quæ sunt in Christo,* nihil non pro more Domino tribuens, utque significaret nihil homines habere, sed divina illa ope cuncta posse patrare.

VERS. 18, 19. « Tanquam non venturus sim ad vos, sic inflati sunt quidam. Veniam autem ad vos cito, si Dominus voluerit. »

Quia mox ad scortatoris accusationem venturus erat, sermonibus indignatione plenis utitur. Non quod ipse vim iracundiæ pateretur, sed ut eos corrigeret. Atque dimisso scortatore, alios alloquitur, neque ad illum facere verba dignatur. Horum autem arrogantiam percellit, ambitionis eos criminando, qui absentia magistri abusi essent, ut insolenter efferrentur.

« Et cognoscam, non sermonem eorum qui in-

flati sunt, sed virtutem. [VERS. 20.] Non enim in sermone est regnum Dei. »

Neque enim recte facta eorum, sed absentia magistri superbiendi causa fuerat. Non dixit, cognoscam sapientiam, sed, *virtutem.* Velut si diceret: Non per facundiam superiores evasimus; sed quod doctrina virtus Dei sit, et per eam annuntietur regnum cœlorum. Eximiam per prodigia quæ virtute Spiritus patrantur, demonstrationem obtendimus.

VERS. 21. « Quid vultis? in virga veniam ad vos; an in charitate, et spiritu mansuetudinis? »

77 Hæc verba, cum severitatem, tum mansuetudinem præferunt. Ecquid vero illud est, *in virga?* utique cum castigatione et supplicio. Videas, quæso, philosophiam Pauli. Cum enim hoc et illud in potestate haberet, aliis nihilominus utrumque cedit, dicens: *quid vultis?* penes vos res est, inquit.

CAP. V.

VERS. 1. « Omnino auditur inter vos fornicatio, et talis fornicatio. »

Non dicit, audenter admittitur fornicatio, sed, *auditur.* Per emphasim autem dictum est, *in vobis,* hoc est, inter vos fideles, qui horum mysteriorum fructum percepistis; qui ad cœlum estis vocati.

« Qualis nec inter gentes nominatur. »

Fidelibus siquidem perpetuo comparatione gentium adhibita exprobrat. Nam et ad Thessalonicenses ita scribit: *Unusquisque vas suum possideat in sanctificatione, non in passione desiderii, sicut et gentes quæ ignorant Deum* [55].

« Ita ut uxorem patris sui aliquis habeat. »

Non dixit, novercam, sed, *uxorem patris,* ut acrius percellat.

VERS. 2. « Et vos inflati estis? »

Velut si diceret: Ne mihi respondeas unum esse hominem qui scortatus sit; commune cunctis evasit crimen. Commune, inquam, non quoad peccatum, sed quoad doctrinam. Quanquam non hoc enuntiavit, sed in medio reliquit, ut magis feriret. Unus utique doctorum erat incestus ille.

« Et non potius luctum habuistis, ut tollatur de medio vestrum qui hoc opus fecit. »

Quoniam in commune corpus Ecclesiæ progressa est criminatio, inquit. Neque dixit, et non potius ejecistis: sed sicut in morbo aliquo et peste, luctu opus esse pronuntiavit.

VERS. 3. « Ego quidem velut absens corpore, præsens autem spiritu. »

Neque exspectare adventum suum jubet, nec se prorsus præstolari, ut negotium tunc agatur; sed, veluti pestis aliqua procul esset prius abigenda, quæ per totum corpus serperet, coercere scelus properat. Unde et subjungit: *Jam judicavi tanquam præsens.* Id quod dixit, non modo ut eos urgeret ad ferendam damnationis sententiam, aut

[55] I Thess. IV, 4, 5.

aliud quid inire consilii sineret; sed etiam ut territaret, tanquam sibi perspecta essent futura, et quæcunque judicio sancienda erant. Nam et id significat, *esse præsentem spiritu*: quemadmodum Elisæus præsens fuerat Giezi, cum diceret: *Nonne cor meum tecum*[53]?

VERS. 4, 5. « Jam judicavi ut præsens eum qui sic operatus est, in nomine Domini nostri Jesu Christi congregatis vobis et meo spiritu, cum virtute Domini nostri Jesu Christi, tradere hujusmodi Satanæ. »

Non sinit eos aliud quidpiam comminisci. Siquidem sententiam tuli ut præsens, inquit. Deinde ne nimiam sibi arrogare auctoritatem videatur, observa quomodo ipsos quoque judicio ferendo socios allegit, dum ait: *Congregatis vobis. In nomine Domini;* hoc est, qui Christi nomini injuriam fecit, qui postquam factus est fidelis, eoque nomine appellatus, talia patrare non dubitavit, hunc tradite Satanæ. Apprime vero *tradere Satanæ* dixit, non autem, dedere; quasi aperiens illi pœnitentiæ januas. Præterea, *hujusmodi* hominem, ceu minime tolerandum ut vel nomine saltem designetur.

Hoc est, secundum Deum: humana nequaquam opinione occupati: sive nomine illius vos una cogente ad id cujus gratia modo convenitis.

Seipsum iterum repræsentat, uti quando judices steterint, velut se præsente sic eum abscindant, nullusque audeat venia dignum censere, sciens ea quæ dicenda sunt, Paulo ipsi perspecta fore.

Id est, vel Christus tantam nobis largiri virtutem potest, ut hominem diabolo tradere possimus; vel ut ipse quoque nobiscum contra illum fert sententiam.

« In interitum carnis, ut spiritus salvus sit in die Domini nostri Jesu Christi. »

Uti nempe percutiat eum ulcere pessimo, aut alio morbo. Atque hoc ipsum Deo placitum fuit, ut ejus caro plecteretur. Nam quia ex carne cupiditates gignuntur, hanc punit quo salvus spiritus fiat. Cæterum in ea die recte prorsus et apposite memoriam eis perfricat illius diei futuræ, ut et ipsi libentius promptiusque medelam afferant. Jam vero diabolo leges statuere videtur, quem nec permittat ulterius procedere; quo plane modo Deus de Job aiebat: *Verumtamen animam illius ne tetigeris*[54].

VERS. 6. « Non est bona gloriatio vestra. »

Subjungit iterum increpationem, sermonem ad illos extendens quos declarat in causa fuisse, ut eum non pœniteret, cum propter ipsum gloriarentur.

« Nescitis quia modicum fermentum totam massam corrumpit. »

His verbis declarat, non modo se illi indulgere, sed et eis ipsis. Velut si diceret: Tametsi ille solus peccatum admisit, attamen si negligatur, totum deinceps Ecclesiæ labefactare corpus potest. Quantum enim ille qui primus peccaverit, haud pœnas persolverit, alii statim consimiliter delinquunt.

VERS. 7. « Expurgate vetus fermentum. »

Id est, hunc scelestum. Vel potius non de hoc tantummodo loquitur, sed et alios innuit. Non solum enim fermentum vetus est scortatio, sed etiam omnis nequitia. Neque dixit: purgate, sed, *expurgate*; quod idem est ac, diligenter emundate, ut ne quid reliquum ejusmodi, neque vel umbra supersit.

« Ut sitis nova conspersio, sicut estis azymi. »

Declarat et palam testatur, hanc malitiam apud multos grassatam non esse. Tametsi vero ait, *sicut estis azymi*, hoc non annuit, omnes esse mundos, sed, quemadmodum vos esse puros decet.

79 « Etenim Pascha nostrum pro nobis immolatus est Christus. [VERS. 8-10.] Itaque epulemur non in fermento veteri, neque in fermento malitiæ et nequitiæ, sed in azymis sinceritatis et veritatis. Scripsi vobis in epistola ne commisceamini fornicariis: non penitus fornicariis hujus mundi, aut avaris, aut rapacibus, aut idolis servientibus. »

Illos iterum beneficiorum admonet. Festivitatis enim et epuli tempus est, inquit. Eccur vero rursum fermentum nominat, nisi quod ejusmodi vita nostra sit?

« Alioqui debueratis de hoc mundo exiisse. [VERS. 11.] Nunc autem scripsi vobis, non commisceri, si is qui frater nominatur, est fornicator, aut avarus. »

Ne existimarent, hoc sibi velut imperfectioribus ab ipso non fuisse præceptum, quod tanquam perfecti præstare aggrederentur, ostendit nullatenus id posse fieri, etiamsi totis viribus adniterentur. Alias, inquit, orbis alter quærendus nobis foret.

« Aut idolis serviens, aut maledicus, aut ebriosus, aut rapax, cum ejusmodi nec cibum sumere. »

Hic interseruit, antevertitque sermonem, quem paulo post dedita opera de carnibus idolis immolatis habiturus est.

VERS. 12. « Quid enim mihi et de iis qui foris sunt judicare? Nonne de iis qui intus sunt vos judicatis? »

Eos qui intus sunt, et eos qui foris sunt, Christianos et gentiles vocat.

VERS. 13. « Nam eos qui foris sunt, Dominus judicabit. »

Cum enim dixisset: Quid mea refert de iis qui foris sunt judicare? ne quis arbitraretur eos impune dimitti, forum hoc aliud terribilius illis constituit.

Hoc autem dixit, ut simul et illos terreret, et

---

[53] IV Reg. v, 26. [54] Job. II, 6.

hos consolaretur. Ostenditque temporariam hancce pœnam ab æterna eripere. Quod et in alio loco declarat dicens: *Nunc autem cum judicamur, corripimur, ne cum hoc mundo damnemur* [55].

« Et auferte malum ex vobis ipsis. »

Testimonium affert ex instrumento veteri, ut ostendat, hoc innovationem non esse, sed ita quondam traditum esse legislatori.

CAP. VI.

Vers. 1. « Audet aliquis vestrum habens negotium adversus alterum, judicari apud iniquos et non apud sanctos. »

Quoniam de avaris ei sermo fuerat, qua æstuabat sollicitudine corrigendi peccatores, non sustinet ordinem servare, sed peccatum quod in orationis serie adduxerat, hoc denuo corrigit, tumque ad id quod præcesserat, revertitur. Atqui videas quomodo rem suis nominibus explicans, tum dehortatur, tum etiam accusat. Quod porro ait, hunc sensum habet: Omnino plane, jam non oportet apud iniquos judicio contendere. Nunquid enim non absurdum fuerit inimicum eligere, cujus opera cum pusilli animi amico reconciliaris? Aut qui non te pudet, nec erubescis, quando gentilis Christianum judicans sedet. Apprime vero etiam non dixit, apud infideles, sed, *apud iniquos.* Nam, quia de justitia loquebatur, illi vero qui judicio contendunt, nihil adeo quærunt, nisi ut magnam æqui rationem habeant auditores, idcirco eos his ferme verbis deterret: Quid facis, o homo, qui contrarium pateris eorum quæ desideras, et pro jure assequendo injustis te permittis hominibus?

Significat, audax istud esse facinus et iniquum.

Vers. 2. « An nescitis quoniam sancti de hoc mundo judicabunt? »

Quia contemptibile videbatur causam agere apud fideles, qui homines erant indocti, nec negotiorum multorum periti, observa quomodo hoc etiam momentum tractat. Velut enim si diceret: Tu qui illos tunc judicaturus es, cur nunc pateris ab ipsis judicari? Mundum judicant sancti, non sedendo, nec rationem exigendo, sed condemnando. Quocirca addit, *in vobis mundus judicatur.* Non dixit, a vobis, sed, *in vobis;* veluti cum Christus ait: *Regina austri surget et judicabit, et condemnabit generationem hanc* [56]. Et: *Viri Ninivitæ surgent, et condemnabunt generationem hanc* [57].

« Et si in vobis judicatur mundus. »

Ne de aliis loqui videatur, vide quomodo orationem ad eos communem facit.

« Indigni estis qui a minimis judicemini. »

Hæc res, inquit, probrum vobis et dedecus parit. Nam quia verisimile erat eos, cum judicarentur a fidelibus, erubescere; contra vero ipse ait, dede-

cus esse ab extraneis judicari. Hi quippe sunt minimi consessus, non illi.

Vers. 3. « Nescitis quoniam angelos judicabimus? quanto magis sæcularia? »

De illis angelis loquitur, de quibus Christus ait: *Ite in ignem, qui paratus est diabolo et angelis ejus* [58]. Quin et ipsemet Apostolus dicit, angelos ejus, utique Satanæ, transfigurari velut ministros justitiæ [59]. Rursum vero de istis ait, *judicabimus,* pro, condemnabimus. Cum enim incorporeæ virtutes illæ repertæ fuerint minus habere, quam nos qui carne vestiti sumus, graviores pœnas dabunt.

Vers. 4, 5. « Sæcularia igitur judicia si habeatis, contemptibiles qui sunt in Ecclesia constituite: ad verecundiam vestram dico. »

Hyperbole utitur, ut doceat, nequaquam oportere apud extraneos litigare: diluitque quod objici posse videbatur, his fere verbis: Cur dicitis, neminem vestrum sapientem esse, ne idoncum qui lites dirimat? quid vero istud? Etsi enim nullus est sapiens, minimis nihilo secius hoc permitte. Hæc autem vox, *ad verecundiam vestram dico,* refellentis est objectionem ipsorum, quod falsa sit et vana.

« Sic non est inter vos sapiens quisquam, qui possit dijudicare inter fratrem suum? [Vers. 6.] Sed frater cum fratre contendit; et hæc apud infideles? »

Vers. 7-9. « Jam quidem omnino delictum in vobis est, qui judicia habetis inter vos. Quare non magis injuriam non accipitis? Quare non magis fraudem patimini? Sed vos injuriam facitis et fraudatis, et hoc fratribus. An nescitis quia iniqui regnum Dei non possidebunt? »

Duplex crimen, quod judicio contendant, et quod apud infideles.

« Nolite errare: neque fornicarii, neque idolis servientes, neque adulteri [Vers. 10], neque molles, neque masculorum concubitores, neque avari, neque fures. »

Hic quosdam innuit qui dicerent id quod nunc multi dicunt, benignum esse Deum et bonum, neque ulcisci peccata. Idcirco ait, *Nolite errare.* Extremi quippe erroris fuerit et deceptionis, dum optima sperantur, contraria consequi.

« Neque ebriosi, neque maledici, neque rapaces, regnum Dei possidebunt. [Vers. 11.] Et hæc quidem fuistis: sed abluti estis, sed sanctificati estis, sed justificati estis in nomine Domini nostri Jesu Christi, et in Spiritu Dei nostri. »

Atqui extrema peccata hæc sunt, cum ebrietas, tum maledicentia. Nam Christus illum addixit gehennæ qui fratrem stultum vocaverit [60]: et populus Judæorum ex ebrietate in cultum idolorum declinavit [61].

Pensate, inquit, humanitatis Dei magnitudinem.

[55] I Cor. xi, 32. [56] Matth. xii, 42. [57] Ibid. 41. [58] Matth. xxv, 42. [59] I Cor. xi, 15. [60] Matth. v, [61] Exod. xxxii, 6.

Non solum enim peccatis nos exemit, verum et sanctos et justos fecit. Hæc ait, ut eos pudore suffundat.

Vers. 12. « Omnia mihi licent, sed non omnia expediunt. »

Gulosos hic indicat. Nam quia proposuit in scortatorem invehi, scortatio autem ex deliciis et gula gignitur; eam ob causam istud vitium acriter reprehendit. Quasi dicat: comedere licitum est ; at non intemperanter.

« Omnia mihi licent , sed sub nullius redigar potestate. »

Hic verbis declarat, non solum non expedire ea quæ in potestate nostra sunt facere, sed ne hoc quidem esse potestatis, verum servitutis. Ut puta, penes te est edere: potestatem hanc serva, nec affectionis istius servus fias. Nam qui ea utitur ad necessitatem, is dominus est illius. Qui vero temperantiæ modum excedit, hic amplius jam dominus non est, sed servus efficitur, gula tyrannidem in ipsum exercente. Vides quomodo illum qui potestate pollere se putat, sub potestate esse ostendit. Solet enim objecta in contrarium retorquere. Quod quidem observes velim. Unusquisque illorum aiebat : licet mihi deliciis indulgere. Ipse vero, nequaquam id facis, inquit, ceu integra penes te potestas hujus maneat; sed cum ipse huic potestati sis obnoxius. Non enim ventris potestatem habes, quando intemperanter agis : quin potius potestati illius subjiceris. Hoc autem de pecuniis quoque, deque aliis rebus dici possit.

Vers. 13. « Esca ventri, et venter escis. »

Ventrem istic, non alvum vocat, sed gulam : ut quando dicit : *Quorum Deus venter est*[62], non de parte corporis loquitur, sed de edacitate. Quodque corpus non criminetur, audi quomodo declarat : *Corpus autem non fornicationi, sed Domino.* Quod autem nunc ait, hujus significantiæ est : Cibi cum gula necessitudinem habent, et hæc cum illis; nec ea potest nos ad Christum ducere, sed ad illa pertrahit. Ægritudo quippe gravis est et effera, quæ servituti obnoxios reddit, facitque ut sibi homines morem gerant.

« Deus autem hunc et has destruet. Corpus autem non fornicationi, sed Domino ; et Dominus corpori. »

Non dicit, ventrem destruet, sed immoderatam cupiditatem; non cibum, sed voluptatem.

Nequaquam enim ea re conditum est ut luxuriosus sis et scortator, uti neque venter ut gulæ indulgeas ; sed ut Christum sequatur tanquam caput, et Dominus corpori constituatur. Erubescamus, horreamus, quod, cum eo dignati simus honore, ut membra essemus illius, tot tantisque nos vitiis deturpamus.

Vers. 14. « Deus vero, et Dominum suscitavit, et nos suscitabit per virtutem suam. »

Postquam satis superque gulosos perstrinxit, ab hoc vitio nos spe futurorum abducit. Attende autem quomodo de Christo quidem simpliciter dixit, *Dominum suscitavit;* de corporibus vero nostris loquens adjecit, *per virtutem suam,* sicque auctoritate illius a quo id patratur, ora obstruit eorum, qui contradicerent. Quod si resurrectionem Christi attribuit Patri, nihil vos hoc perturbet. Non enim id posuit, ceu Filius viribus deficeretur. Ipse enim est qui ait : *Solvite templum hoc, et in tribus diebus excitabo illud*[63]. Et rursum ; *Potestatem habeo ponendi animam meam, et potestatem habeo sumendi eam*[64]. Sed et Lucas in Actibus, *Quibus præbuit,* inquit, *seipsum vivum*[65]. Quare igitur ita loquitur? ut hoc cogites ascribi Patri quæ Filii sunt, et quæ Patri, Filio. Nam, quemadmodum ipse Dominus dicit : *Quæ ille facit, hæc et Filius similiter facit*[66]. Apposite vero hoc in loco meminit resurrectionis, quo illa spe vim gulositatis compesceret.

Vers. 15. « Nescitis quoniam corpora vestra membra sunt Christi? »

Cum ab incesto transisset ad avarum, rursum ab avaro ad incestum revertitur ; non tamen ut eum deinceps alloquatur, sed alios potius qui scortati non sunt. Atque hac eis ratione consulit, ne in eadem et ipsi mala incidant.

« Num ergo membra Christi, faciam membra meretricis? absit ! [Vers. 16, 17.] An nescitis, quoniam qui adhæret meretrici, unum corpus efficitur. Erunt enim, inquit, duo in carne una. Qui autem adhæret Domino, unus spiritus est. »

Horribiliori metaphora loquitur. Non enim dixit, conjungam meretrici, sed, *faciam membra meretricis.*

Vers. 18. « Fugite fornicationem. »

Non ait, abstinete vos a fornicatione, sed, *fugite :* hoc est, summa cum diligentia eximite vos a malo.

« Omne peccatum quodcunque fecerit homo, extra corpus est : qui autem fornicatur, in corpus suum peccat. [Vers. 19, 20.] An nescitis quoniam corpus vestrum templum est Spiritus sancti, qui in vobis est, quem habetis a Deo, et non estis vestri? Empti enim estis pretio magno. Glorificate Deum in corpore vestro, et in spiritu vestro, quæ Dei sunt. »

Extra corpus est, Dominicum utique. Postquam pluribus ostendit eos esse membra Christi et corpus ejus, ita ut ipsum caput habeant ; ne quis arbitretur Christi corpus sordescere, dum scortatur homo, hoc ait : quando quis adhæret scorto, haud amplius est corpus Christi, neque membrum Christi : sed in proprium corpus suum peccat. Gratia quippe, cum scortatorem fugiat, illum prohibet ne ultra sit corpus Christi : ex quo fit ut erga proprium corpus peccatum admittat.

Quid ergo, inquit ? nunquid non homicida manum polluit ? annon avarus et raptor ? Id nemini

---

[62] Philipp. iii, 19. [63] Joan. ii, 19. [64] Joan. ii, 18. [65] Act. i, 3. [66] Joan. v, 19.

non perspicuum est. Sed quia dici non poterat nihil scortatore pejus esse; alio modo peccatum illud auxit dicendo, scortatione totum prorsus corpus inquinari. Perinde siquidem sordescit, ac qui in lebetem immundum spurcitiaque infectum inciderit. Ea quippe nobis consuetudo est. Nemo enim ab avaritia ad balneas pergere festinarit, sed nihil sollicitus domum suam repetit. Verum a concubitu cum meretrice, veluti totus factus sit immundus, ad lavacrum contendit. Adeoque conscientia propter hoc peccatum turpiorem suspicionem quamdam habet. Cæterum ambo hæc gravia periculosaque sunt, cum avaritia, tum scortatio, atque et in gehennam detrudunt.

Sed quoniam Paulus nihil non certa ratione faciebat, quoad potuit, scortationis crimen amplificavit. Non simpliciter ait *Spiritus*, sed *Spiritus qui in vobis est* : quo pacto consolatoris agebat vices. Insuper et eum qui largitus est, posuit, ut attentum simul redderet auditorem, et exterreret, tum depositi magnitudine et præstantia, tum illius qui deposuit dignitate.

Haudquaquam enim eis indignatur, quin potius de illis statuit, ubi ait : *Habentes cibum et vestimenta, his contenti simus* ⁶⁷. (1) Sed hanc res ipsa destruit, ejusque emendationem orationi permittit, postquam consilium præbuit.

Hoc porro non modo confundentis est, verum etiam cogentis ad virtutem. Ecquid enim ea quæ velis, accipere cunctaris, inquit; nunquid non tui ipsius es dominus? quamobrem etiam addidit: *Empti estis pretio*.

CAP. VII.

VERS. 1. « De quibus autem scripsistis mihi. »

Ut graviores criminationes corrigat, quarum hæc prima erat Ecclesiæ scissionis, altera incestus, tertia demum avaritiæ; lenioribus deinceps verbis utitur, atque interserit adhortationem et consilium de conjugio et virginitate.

« Bonum est homini mulierem non tangere. [VERS. 2-4.] Propter fornicationem autem unusquisque suam **84** uxorem habeat, et unaquæque suum virum habeat. Uxori vir debitum reddat : similiter autem et uxor viro. Mulier sui corporis potestatem non habet, sed vir. Similiter autem et vir sui corporis potestatem non habet, sed mulier. »

Si quidem id quod bonum eximiumque est persequeris, inquit, melius est abstinere a muliere. Sin autem quod tutum est, et imbecillitati tuæ auxilio sit, nube.

VERS. 5, 6. « Nolite fraudare invicem, nisi forte ex consensu ad tempus, ut vacetis jejunio. »

Ne continens sit mulier, inquit, invito viro, neque vir uxore nolente. Quare vero istud ? quia ejusmodi continentia ingentia mala procreantur. Exinde enim sæpenumero secutæ sunt scortationes et adulteria, et subversiones domorum.

« Et orationi : et iterum in idipsum revertamini, ne aggrediatur tentare vos Satanas propter incontinentiam vestram. Hoc autem dico secundum indulgentiam. »

Orationem dicit, quæ ferventior exsistat.

« Non secundum imperium. [VERS. 7.] Volo autem omnes esse sicut meipsum. »

Continentes nimirum. Hoc multis modis facit, quando res difficiles suadet.

« Sed unusquisque proprium donum habet ex Deo : alius quidem sic, alius vero sic. Dico autem non nuptis et viduis, bonum est illis si permaneant sicut et ego. »

Quia graviter eos insimulavit hac voce, *propter incontinentiam vestram*; eos iterum solatur, dicens eos, ex Deo donum habere.

VERS. 9. « Quod si non continent, nubant. »

Non cogit eum qui continentiam non adeptus sit, veritus ne delictum admittatur.

« Melius est enim nubere quam uri. [VERS. 10-12.] Iis autem qui matrimonio juncti sunt præcipio, non ego, sed Dominus, uxorem a viro non discedere. Quod si discesserit, manere innuptam, aut viro suo reconciliari : et virum uxorem non dimittere. Cæteris autem ego dico, non Dominus. »

Palam ostendit quanta sit libidinis vis et tyrannis. Ejus porro verborum hic sensus est : Si vim multam et æstum pateris, exime te molestiis et sudoribus, ne tandem deturberis et cadas.

« Si quis frater uxorem habet infidelem, et hæc consentit habitare cum illo, non dimittat illam. [VERS. 13.] Et si qua mulier habet virum infidelem, et hic consentit habitare cum illa, non dimittat eum. »

Eum qui mulierem ante duxerit, quam gratiam consecutus sit, non præcipit, suscepta gratia, dimittere uxorem : sed eum qui gratia jam ornatus est, prohibet ne infidelem ducat.

VERS. 14. « Sanctificatus est enim vir infidelis per mulierem fidelem, et sanctificata est mulier infidelis per virum : alioqui filii immundi essent : nunc autem sancti sunt. »

Hoc ait, ne timeat uxor, ac si immunda foret propter ejusmodi coitum. Est enim cum viro corpus **85** unum, quod tamen immundum non fit. Vincit enim uxoris munditia immunditiam viri, et infidelis mulieris immunditiam munditia viri superat.

VERS. 15. « Quod si infidelis discedit, discedat. Non servituti subjectus est frater, aut soror in hujusmodi. »

---

⁶⁷ I Tim. VI, 8.

(1) Hic textus mutilus permistusque est, nec sanari potest ex Chrysostomo, apud quem nihil horum occurrit.

Videlicet, si propter conjugium jubet te sacrificare sociamve impietatis fieri, aut discedere, satius est, ut divortium facias nuptiarum, quam pietatis.

« In pace autem vocavit vos Deus. »

Hoc ait, ne quotidie de ea re inter se pugnent.

VERS. 16, 17. « Unde enim scis, mulier, si virum salvum facies? aut unde scis, vir, si mulierem salvum facies? nisi unicuique sicut divisit Dominus, unumquemque sicut vocavit Deus, ita ambulet. Et sic omnibus in Ecclesiis praecipio. »

Mane, inquit, et permane, consule, et suade. Nullus quippe magister tantum valere potuerit, quemadmodum uxor.

VERS. 18-21. « Circumcisus aliquis vocatus est? non adducat. In praeputio aliquis vocatus est? non circumcidatur. Circumcisio nihil est, et praeputium nihil est; sed observatio mandatorum Dei. Unusquisque in qua vocatione vocatus est, in ea permaneat. Servus vocatus es? non sit tibi curae. »

Isthaec, inquit, ad fidem nihil contribuunt. Ne ergo contenderis, noli perturbari. Nam fides haec omnia pepulit. Quod autem ait, *non adducat*, idem est ac, nequaquam ex circumcisione praeputium sibi faciat.

« Sed et si potes fieri liber, magis utere. »

Hoc est, servus sis potius. Eccur vero eum qui liber esse possit, servum manere praecipit? Vult nimirum ostendere, nihil servitutem nocere, quinimo prodesse.

VERS. 22. « Qui enim in Domino vocatus est servus, libertus est Christi. Similiter et qui liber vocatus est, servus est Christi. »

Vide quanto solamine servitutem leniat : ut eum, qui, dum servus erat, vocatus fuit, libertum dicat Christi : itemque servum appellet, illum qui vocatus fuit quando liber erat. Ubi nonnihil amplius servo tribuit, tametsi utrique sint vocatione pares.

VERS. 23-40. « Pretio empti estis, nolite fieri servi hominum. Unusquisque in quo vocatus est, fratres, in hoc permaneat apud Deum. De virginibus autem praeceptum Domini non habeo, consilium autem do, tanquam misericordiam consecutus a Domino ut sim fidelis. Existimo ergo hoc bonum esse propter instantem necessitatem, quoniam bonum est homini sic esse. Alligatus es uxori? noli quaerere solutionem. Solutus es ab uxore? noli quaerere uxorem. Si autem acceperis uxorem, non peccasti; et si nupserit virgo, non peccavit : tribulationem autem carnis habebunt ejusmodi. Ego autem vobis parco. Hoc itaque dico, fratres : tempus breve reliquum est; ut et qui habent uxores, tanquam non habentes sint; et qui flent, tanquam non flentes; et qui gaudent, tanquam non gaudentes; et qui **86** emunt, tanquam non possidentes ; et qui utuntur hoc mundo, tanquam non utantur. Praeterit enim figura hujus mundi. Volo autem vos sine sollicitudine esse. Qui sine uxore est, sollicitus est quae Domini sunt, quomodo placeat Domino. Qui autem cum uxore est, sollicitus est quae sunt mundi, quomodo placeat mundo. Divisus est. Et mulier innupta et virgo cogitat, quae Domini sunt, ut sit sancta et corpore et spiritu. Quae autem nupta est, cogitat quae sunt mundi, quomodo placeat viro. Porro hoc ad utilitatem vestram dico, non ut laqueum vobis injiciam, sed ad id quod honestum est, et quod facultatem praebeat sine impedimento assiduum esse Domino. Si quis autem turpem se videri existimat super virgine sua, quod sit superadulta, et ita oportet fieri : quod vult faciat; non peccat, nubant. Qui vero stat in corde suo firmus, non habens necessitatem, potestatem autem habet suae voluntatis, et hoc judicavit in corde suo servare virginem suam, benefacit. Igitur qui matrimonio jungit, benefacit : et qui non jungit, melius facit. Mulier alligata est legi, quanto tempore vir ejus vivit. Quod si dormierit vir ejus, liberata est, ut cui vult nubat ; tantum in Domino. Beatior autem erit si sic permanserit secundum consilium meum. Puto autem quod et ego Spiritum Dei habeam. »

Hic totus sermo non solum ad famulos, verum etiam ad liberos spectat. Fieri etenim potest ut qui servus est, non serviat, et qui liber est, servus efficiatur. Quinam autem fiat ut qui mancipium est, non sit servus? nisi quando universa propter Deum facit, nec quidquam agit ut oculis hominum morem gerat. Aliorsum vero, qui liber est, neutiquam vere liber fuerit, quandiu servierit hominibus, eisque per omnia placuerit.

CAP. VIII.

VERS. 1. « De iis quae idolis sacrificantur. »

Multi Corinthiorum, cum didicissent non iis quae intrant in os, sed illis quae ex ore exeunt, hominem inquinari [a], necnon idola, ligna et lapides ac daemones esse, neque nocere posse, neque prodesse, perfectione cognitionis immodice abutebantur, tum aliorum, tum suo damno. Nam idolia ingrediebantur, et mensarum quae illic erant, fiebant participes, ex quo exitium ingens pariebatur. Qui enim idola verebantur adhuc, nec ea despicere noverant, incunctanter participabant ea quae immolabantur idolis : cum utique hoc perfectiores facere viderent, unde admodum laedebantur. Neque enim haec sumebant eadem ac illi mente et scientia, sed tanquam carnes hostiarum; utque hoc pacto via pararetur ad cultum idolorum. Quin nec perfectis illis hoc parum nocebat, qui mensae daemonum consortes fierent. Hujus itaque criminis cum haberentur rei, videas velim, quomodo Apostolus sermonem componat.

---

[a] Matth. xv, 18, 19.

« Scimus quia omnes scientiam habemus. »

Dimissis infirmis, ut vulgo solet, ad robustiores in primis sermonem convertit. Statim ergo superbiam contundit ipsorum, dicens omnes scientiam habere. Nam qui eximium quidpiam et pulchrum habent, quod ipsi soli possideant, **87** hoc magis efferantur. Sin vero id cum aliis eos habere compertum sit, non jam amplius eo afficiuntur. Quamobrem commune illud facit, quod illi summ duntaxat esse arbitrabantur.

« Scientia inflat, charitas vero ædificat. »

Quando enim scientia est sine charitate, solet ostentatio illum qui ea sit instructus insano superbiæ flatu efferre; ac distrahere. Neutiquam vero Paulus impedit quin perfecta scientia habeatur : sed præcipit ut cum charitate habeatur. Nam sine charitate nihil scientia præstat lucri; quin magis nocet.

VERS. 2, 3. « Si quis autem existimat se scire aliquid, nondum cognovit quomodo oporteat eum scire. Si quis autem diligit Deum, hic cognitus est ab eo. »

Vide quomodo arrogantiam illorum dejicit. Primum enim ostendit eos non solos scire, quæ sciunt. *Omnes enim*, inquit, *scientiam habemus*. Deinde hoc nocivum esse sine charitate. Nam, *scientia inflat*. Ad hæc nequidem perfectum illud esse et absolutum, etiam adjuncta charitate; dum nempe ait : *Si quis existimat se scire aliquid, nondum cognovit quomodo oporteat eum scire*. Insuper ne id quoque eos a seipsis habere, sed divino munere. Non enim dicit, cognovit Deum, sed, *cognitus est ab eo*. Tandem hoc ipsum a charitate provenire, quam ipsi non habeant ut oportet. Nam, *si quis*, inquit, *diligit Deum, hic cognitus est ab eo*.

VERS. 4. « De escis ergo quæ idolis immolantur, scimus quia nihil est idolum in mundo, et quod nullus est Deus alius nisi unus. »

Utrumque vult evincere, quod nempe ab hac mensa sit abstinendum; et quod vim nullam habeant illos lædendi qui ipsa participant, quæ invicem contraria sunt. Nam qui ea nocere non posse intelligebant, indiscriminatim ipsa persecuturi erant : qui vero tangere prohibebantur, ii rursum suspicabantur ideo se illis arceri, quod vim haberent nocendi. Quamobrem primum opinionem de idolis aufert. Quod enim positum est ea nihil esse, idem est ac nihil ipsa virtutis habere.

VERS. 5. « Nam etsi sunt qui dicantur dii. »

Cum dixerit, nullum idolum esse, nec ullum Deum, nisi unum; nihilominus vero idola sint, sintque etiam qui dicuntur dii; ne res manifestas videretur impugnare, hoc subjungit : *Etsi sunt qui dicantur dii*. Quemadmodum ergo sunt, non tamen sunt absolute dii, sed dicuntur; ut qui non re, sed nomine deitatem habeant.

« Sive in cœlo, sive in terra. Quemadmodum sunt dii multi, et domini multi. »

In cœlo esse solem dicit, lunam, et reliquarum stellarum chorum (hæc enim gentiles tanquam deos adoraverunt), in terra vero dæmones, et quicunque ex hominibus in deos relati fuere.

VERS. 6. « Sed nobis tamen unus est Deus Pater, ex quo omnia. »

Cum antea dixisset, nullum esse Deum alium, præterquam unum, idem nunc repetit, atque insuper addit, *Nobis tamen*; tum deinde, *Pater*; et rursum, quod quidem deitatis argumentum est, addit etiam, *ex quo omnia*. Ex hoc **88** enim probatur illos non esse deos. Nam, *Pereant dii*, inquit Scriptura, *qui non fecerunt cœlum et terram* [69].

« Et nos in illum. »

Dum cuncta esse ex illo affirmat, opificium mundi significat, quodque res factæ ex nihilo sint. Quando vero ait, *et nos in illum*, innuit plane qua ratione fidem habeamus, isque nos sibi vindicaverit. Duplici quippe modo sumus ex illo ; qua nempe ex nihilo conditi sumus, et qua credidimus. Nam in eum credere creatio nuncupatur. Ait enim, ut duos populos condat in unum [70].

« Et unus Jesus Christus, per quem omnia, et nos per ipsum. [VERS. 7.] Sed non in omnibus est scientia. »

Hoc rursum etiam de Christo est intelligendum. Nam et hominum genus per ipsum ex nihilo productum fuit, atque ab errore ad veritatem revocatum est. Ideoque hæc particula, *ex quo*, Christum non excludit. Ex ipso enim per Christum conditi sumus. Qui nec nomina tanquam unicuique sorte distributa divisit, dum Filio quidem vocem, *Dominus*, Patri vero nomen, *Deus*, attribuit. Nam et Scriptura frequenter solet ea permutare, ut quando ait : *Dixit Dominus Domino meo* [71]. Et rursum : *Propterea unxit te Deus, Deus tuus* [72]. Et : *Ex quibus Christus secundum carnem, qui est super omnia Deus* [73]. Atque multis in locis videris hæc nomina transmutari. Quod si quærunt aliqui, quam ob causam non meminerit Spiritus : hoc nos responderimus, eum ad cultores idolorum verba facere, atque de diis pluribus, deque dominis multis disputare. Quamobrem postquam unum Deum Patrem dixit, Filium Dominum appellavit. Si ergo Patrem una cum Filio nunc ausus non est Dominum appellare, ne apud illos in suspicionem veniret quasi duos dominos diceret; neque rursum Filium una cum Patre Deum vocare, ne duos affirmare deos putaretur : quid miraris, si non meminit Spiritus? Nam adversus illos tunc decertabat, volebatque ostendere, apud nos non esse deorum multitudinem. Propterea vocem, *unus*

---

[69] Jerem. x, 11. [70] Ephes. II, 15. [71] Psal. CIX, 1. [72] Psal. XLIV, 8. [73] Rom. IX, 5.

assidue retinet, dicens: *Nullus est Deus, nisi unus.* Et iterum, *Nobis unus Deus est, et unus Dominus.* Ex quo manifestum est enim, ut imbecillitati parceret auditorum, hac loquendi structura usum esse.

« Quidam autem consuetudine idoli. »

Neque illos palam declarat, ne feriat; neque omnino praetercurrit: sed indefinite mentionem ipsorum facit.

« Usque nunc quasi idolothyta manducant. »
Eadem qua prius mente.

« Et conscientia ipsorum, cum sit infirma, polluitur. »

Quia nondum valet ea despicere, nec omnino deridere: sed adhuc haesitat. Caeterum nusquam orationem sistit circa naturam rei: sed sursum deorsum versatur circa conscientiam illius qui participat. Veretur enim ne infirmum volens corrigere, fortem verberet, huncque subinde infirmum reddat.

Vers. 8. « Esca autem vos non commendabit Deo. »

89 Vide quomodo horum rursus arrogantiam deprimit. Quasi dicat: Tametsi nullus laesus est, nec ulla inde proximi perversio contigit, attamen ne sic quidem id facere oportebat. Hoc enim est incassum laborare. Nam qui audivit alterum laedi, ipse autem alioqui nonnihil capit lucri, haud valde curat abstinere: sed tunc prorsus quando didicerit, nihil se ea re juvari. Quocirca ait: *Esca nos non commendabit Deo.*

« Neque enim si non manducaverimus, deficimur. »

Id est, nihil quidquam minus habemus.

« Neque si manducaverimus, abundamus. »

Hoc est, non probati sumus apud Deum, tanquam bonum aliquid et eximium gesserimus.

Vers. 9. « Videte autem ne forte haec licentia vestra offendiculum sit infirmis. »

Non dixit, scientia vestra, neque, perfectio vestra, sed, *licentia*, quod temeritatis potius esse et nimiae fiduciae videtur. Neque rursum ait, fratribus, sed, *infirmis*; ut fratrum crimen augeat, qui nec infirmorum, imo nec fratrum suorum rationem habeant.

Vers. 10. « Si quis enim viderit te, qui habes scientiam, in idolio recumbentem; nonne conscientia ejus cum sit infirma, aedificabitur ad manducandum idolothyta? »

Hoc est, te perfectum esse.

Vers. 11. « Et perit infirmus in tua scientia frater propter quem Christus mortuus est. »

Quatuor accusationis capita statuit, eaque maxima prorsus; puta quod infirmus, quod frater, quod tantam ejus rationem Christus habuerit, ut pro ipso moreretur; quod tandem post haec omnia propter cibum pereat.

Vers. 12. « Sic autem peccantes in fratres, et percutientes conscientiam eorum infirmam, in Christum peccatis. »

Inspice quomodo paulatim peccatum ad ipsummet fastigium iniquitatis eos adduxit. Atqui ipsorum rursus infirmitatis meminit, ita ut quod illi qui comedebant, sibi favere arbitrabantur, hoc ubique in caput suum devolvi reperirent. Quinam vero in Christum peccant? uno quidem modo, quia sibi ille vindicat, quae famulos suos spectant. Secundo autem, quod qui percutiunt, id faciunt in corpus ipsius et in membra ipsius. Tertio denique, quod opus ipsius, quod occasione sua struxit, hoc illi destruunt.

Vers. 13. « Quapropter si esca scandalizat fratrem meum, non manducabo carnem in aeternum, ne fratrem meum scandalizem. »

Optimi magistri hoc munus est, exemplo suo docere quae praedicat. Nec dixit, sive jure, sive injuria, sed, qualicunque modo.

CAP. IX.

Vers. 1. « Non sum apostolus? non sum liber? »

Ne quisquam objiceret: perperam te jactas; operibus ostende quidnam despicatus sis, ne frater offendat: quapropter pergere jam cogitur **90** ad haec demonstranda. Hic autem sensus ipsius est: Quid de victimis idolorum, inquit, ultra dicere necesse sit? Licet enim Christus Evangelii praedicatoribus mandaverit ut victum sibi ab iis quos crudirent, quaererent, hoc ego non feci. Sed apud me statui fame potius interire quam a discipulis quidpiam accipere: non quod illi offendendi essent, sed quia aedificationi ipsorum studebam. Ac ne quis diceret: Etsi non accepisti, ideo plane non accepisti, quia tibi licitum non erat. Eam ob rem primum causas ponit, propter quas jure accepisset, si voluisset accipere. Deinde ne Petrum ejusque socios, qui primum olim accipiebant, haec dicendo criminari videatur; declarat illis fuisse concessum ut acciperent. Tandem ne regereret aliquis: Permissum quidem hoc Petro fuit; tibi vero, nequaquam; auditorem se laudando occupat, cum ad sic faciendum necessitate compelleretur.

« Nonne Christum Jesum Dominum nostrum vidi? nonne opus meum vos estis in Domino? [Vers. 2.] Si aliis non sum apostolus, sed tamen vobis sum. »

Ne quis diceret: At illi habent prae aliis quod cum Christo versati fuerunt (neque enim exigua haec praerogativa erat, secundum hoc Domini effatum: *Multi prophetae et justi voluerunt videre quae videtis, et non viderunt* [74]: idcirco ait: *Nunquid non Jesum Dominum nostrum vidi?* Et ne quis rursum objiceret: Nullum apostolicum opus edidisti, subjungit: *Opus meum estis vos in Domino.* Porro

[74] Matth. xiii, 17.

quia magnum quid pronuntiabat, adjecit, in *Domino*, id est, Dei opus est, non meum.

« Nam signaculum apostolatus mei vos estis in Domino. [Vers. 3-6.] Mea defensio adversus eos qui me interrogant, haec est. Nunquid non habemus potestatem manducandi et bibendi? nunquid non habemus potestatem mulierem sororem circumducendi, sicut et caeteri apostoli, et fratres Domini, et Cephas? Aut ego solus et Barnabas, non habemus potestatem hoc operandi? »

Signaculi nomine demonstrationem significavit. Si cui discere libeat quomodo sim apostolus, vos ipsos proferam. Omnes enim apostoli notas in vobis ostendi.

Sedatis per moderationem libidinibus corporis, retusoque carnalis amoris aculeo, perpaucis contenti assuefactique sumus, ac diffitemur fortibus voluptates condecere.

Vers. 7. « Quis militat suis stipendiis unquam? quis plantat vineam, et de fructu ejus non edit? quis pascit gregem, et de lacte ejus non manducat? »

Postquam ex apostolis ipsis comprobavit, quod validissimum erat; puta hoc sibi facere licitum esse; ad exempla modo pergit, hisque rationibus communem iterum morem confirmat.

Vers. 8-10. « Nunquid secundum hominem haec dico? An et lex haec non dicit? Scriptum est enim in lege Moysi: Non alligabis os bovi trituranti. Nunquid de bobus cura est Deo? An propter nos utique hoc dicit? Nam propter nos scripta sunt. »

Nunquid humanis duntaxat exemplis hoc confirmo?

91 « Quoniam debet in spe qui arat, arare; et qui triturat, spem ejus participare in spe. [Vers. 11, 12.] Si nos vobis spiritualia seminavimus, magnum est si nos carnalia vestra metamus? Si alii potestatis vestrae participes sunt, quare non potius nos? »

Spem futurae vitae ait.

« Sed non usi sumus hac potestate: sed omnia sustinemus, ne quod offendiculum demus Evangelio Christi. »

Id est, non accepimus.

Vers. 13, 14. « Nescitis quoniam qui sacra faciunt, de sacrario comedunt. »

Postquam a lege demonstravit habere se potestatem accipiendi, sermonem transfert ad Evangelium, unde et ipsum confirmat. Apprime vero non ait eos ab iis qui offerunt accipere, sed, de re sacra comedere; ut neque illis qui offerunt id vitio vertatur, neque qui tribuunt efferantur.

« Qui altari deserviunt, cum altari participant. Ita et Dominus ordinavit iis qui Evangelium annuntiant, de Evangelio vivere. »

Nam quae oblata erant, non jam ad offerentes pertinebant, sed ad templum et altare. Illud autem, una *participant*, non aequalem indicat participationem, sed consolationem quae ex debito illis adhibeatur.

Vers. 15. « Ego autem nullo horum usus sum. Non autem scripsi haec ita ut fiant in me. »

Ac si diceret: Cum plura mihi exempla facultatem hanc asserant; puta militis, agricolae, pastoris, apostolorum, ex lege, ex iis quae nos erga vos praestitimus, quaeque vos contulistis aliis, sacerdotum item, imo et mandatum Domini; nihil horum me pellexit, ut quam mihi legem praestitui, violarem, et aliquid acciperem.

« Bonum est enim mihi magis mori, quam ut gloriam meam quis evacuet. »

Fame potius interire elegerim, inquit, quam ut coronis istis excidam. Bene vero, *gloriam*, dixit, non vero finem, nec quod sibi visum esset bonum. Ne enim quispiam diceret, eum hoc quidem modo se gerere, at non hilari animo, sed moerente et gemebundo; idcirco ut gaudii sui exsuperantiam et magnitudinem alacritatis palam faciat, rem gloriae nomine nuncupat.

Vers. 16. « Nam si evangelizavero, non est mihi gloria. Necessitas enim mihi incumbit. Vae autem mihi si non evangelizavero! »

Hoc ait, non quasi majus aliquid sit sine sumptu praedicare, quam evangelizare: sed quod illud aliunde amplius aliquid habet. V. gr., illud quidem praeceptum est; hoc vero meae voluntatis est officium. Nam quae supra praeceptum fiunt, magnam habent mercedem: quae autem ex praecepto, non tantam: adeoque secundum hanc rationem, inquit, nihil inde accipere majus est, quam Evangelium praedicare; tametsi non secundum naturam rerum. Ecquid enim praedicationis muneri 92 comparari queat, quod facit nos cum ipsismet angelis certare? Verumtamen, quandoquidem hoc jussio est et debitum, illud vero ambitus voluntatis, aliquantum praedicationem praecellit, nihil accipiendo praedicare.

Vers. 17, 18. Si enim volens hoc ago, mercedem habeo; si autem invito dispensatio mihi credita est; quae est ergo merces mea? ut Evangelium praedicans sine sumptu ponam Evangelium, ut non abutar potestate mea in Evangelio. »

Voces istae, *volens*, et, *invitus*, ad rem aggrediendam vel non aggrediendam referuntur. Eodem quoque modo intelligendum est istud, *Necessitas mihi incumbit*: non quasi invitus agat aliquid, sed quod obnoxius sit jussa praestare. Quapropter non dixit: Si autem invitus mercedem non habeo, sed: *Invito dispensatio mihi credita est*; ostendens nimirum quod mercedem et ipse habeat; sed quantam ille qui praeceptum exsequitur, non quantam is qui ex seipso nititur operari, et supra quam praecipitur, facit.

Vers. 19. « Nam cum liber essem ab omnibus, omnium me servum feci, ut plures lucrifacerem. »

Superjectionem aliam iterum ponit. Magnum quippe est, non accipere: hocque longe praestabilius est altero. Quid vero illud est quod hic ait? Non solum non accepi, neque usus sum potestate, sed et me ipse servum feci, magnæ et multiplici servituti me mancipando : quanquam sic me servum feci, ut tamen nulla in re nemini subditus essem, nec necessitatem paterer. Hoc enim significat dum ait : *Cum liber essem ab omnibus.* Ipsi enim injunctum duntaxat erat prædicandi munus, et annuntiandi quæ sibi credita essent : sexcenta vero moliri et excogitare, hoc ab ipsius studio proficiscebatur.

Vers. 20. « Et factus sum Judæis tanquam Judæus, ut Judæos lucrifacerem. »

Quomodo vero factus est, nisi quando circumcidit Timotheum, ut circumcisionem aboleret [75]? Quapropter non dixit, Judæus, sed *tanquam Judæus.* Hoc enim mera dispensatio erat.

Vers. 21, 22. « Iis qui sub lege sunt, quasi sub lege essem (cum ipse non essem sub lege), ut eos qui sub lege erant lucrifacerem. »

Quando comam rasit, quando sacrificavit. Hæc porro faciebat, non immutata voluntate sua, sed amoris indulgentia.

« Et iis qui sine lege erant, tanquam sine lege essem, cum sine lege Dei non essem, sed in lege essem Christi. »

Exleges isti neque Judæi erant, neque gentiles; sed tamen extra legem agebant : cujusmodi fuerant Cornelius et Melchisedech. Nam quando eos adibat, multa dissimulabat quæ ab ipsis gererentur. Cæterum nonnulli asserunt eum, quando dicit, *Iis qui sine lege erant, tanquam sine lege essem,* innuere sermonem quem ab Atheniensibus occasione tituli aræ inscripti habuerat [76]. Deinde ne quispiam existimaret, hoc esse sententiæ mutationem, subjunxit : *Cum sine lege Dei non essem, sed in lege essem Christi.*

« Ut lucrifacerem eos qui sine lege erant. Factus sum infirmis, velut infirmus, ut infirmos lucrifacerem. »

93 Causam affert cur sic indulgenter illos habuerit.

« Omnibus omnia factus sum, ut omnino quosdam facerem salvos. »

Ne singula percensendo tempus terat, generali nomine utitur.

« Hoc autem facio propter Evangelium, ut particeps ejus efficiar. »

Id est, ut aliquid ex me ipse contribuisse videar, et consors efficiar coronarum quæ fidelibus repositæ sunt. Nam quemadmodum dicebat, *ex Evangelio vivere,* hoc est de fidelium facultatibus; ita et in hoc loco, *ut particeps efficiar Evangelii,* idem est atque, ut possim consortium habere cum iis qui crediderunt Evangelio. Hoc vero altæ etiam humilitatis argumentum præfert. Etsi enim plus aliis laboraverat, se nihilominus tanquam unum aliquem de vulgo ponit.

Vers. 24. « Nescitis, quod ii qui in stadio currunt, omnes quidem currunt, sed unus accipit bravium? Sic currite, ut comprehendatis. »

Postquam ostendit indulgentiam admodum utilem esse, quin et perfectionis esse fastigium, asperius rursum eos perstringit, quasi id quod illi faciebant, quodque perfectio esse videbatur, superfluus labor exsisteret. Quanquam hoc aperte non dicit, ne pudore suffundantur : cæterum id manifestum fit ex quibus hoc evincit. Quod vero ait, unum ex omnibus accipere bravium, non hoc significat unum duntaxat salvum fore, sed multa opus esse diligentia. Nam sicut multis in arenam descendentibus, haud multi coronantur, sed uni præmium tribuitur; quin nec satis est ad certamen descendere, neque ungi et luctari : sic et in præsenti non sufficit credere, nec quovis modo certare; sed, nisi sic curramus ut ad finem usque nihil quo teneamur objiciamus, atque ad bravium accedamus, nihil inde amplius percipiemus. Quantumvis enim te perfectum esse scientia putaveris, nondum tamen totum assecutus es. Id quod innuebat dicendo, *ut comprehendatis.*

Vers. 25. « Omnis autem qui in agone contendit, ab omnibus se abstinet. Illi quidem ut corruptibilem coronam accipiant, nos autem incorruptam. »

Quid hoc est, *ab omnibus se abstinet?* Non ab illo quidem abstinet, atque altero delinquit; sed gulam, ebrietatem, et omnes prorsus affectus continet. Quod si illic, cuncta hæc præstantur, ubi uni duntaxat corona decernitur; quanto magis istic, ubi amplior gloria promittitur.

Vers. 26. « Ego autem sic curro, non quasi in incertum. »

Postquam eis pudorem injecit ab extraneis, nunc seipsum in medium producit. Quid vero istud est, *non in incertum?* utique alicujus finis gratia, non temere, nec frustra, quemadmodum vos. Quid enim vobis amplius accidit, ex quo in idolorum templa intratis, et perfectionem ostentatis? nihil plane. At ego non sum talis; sed quidquid facio, amore proximi facio. Etsi perfectionem obtendo, ipsorum gratia obtendo : etsi indulgentia utor, eorumdem gratia hoc præsto.

« Sic pugno, non quasi aerem verberans. »

94 Hac iterum locutione idem significatur, ac temere et frustra.

Vers. 27. « Sed castigo corpus meum, et in servitutem redigo. »

His verbis eos indicat, qui desideriis ventris obnoxii sunt, et sub perfectionis obtentu ingluviem suam explebant.

« Ne forte cum aliis prædicaverim, ipse reprobus efficiar. »

Nolite enim putare, inquit, hoc ipsum quod cre-

---

[75] Act. xvi, 3. [76] Act. xvii, 22.

didistis, satis esse ad salutem. Nam si prædicasse, et innumeros docuisse, haudquaquam mihi ad salutem sufficit, longe minus vobis.

CAP. X.

Vers. 1-4. « Nolo enim vos ignorare, fratres, quoniam patres nostri omnes sub nube fuerunt, et omnes mare transierunt, et omnes in Moyse baptizati sunt, in nube, et in mari : et omnes eamdem escam spiritualem manducaverunt, et omnes eumdem potum spiritualem biberunt. Bibebant autem omnes de spirituali consequente eos petra : petra autem erat Christus. »

Rursum pergit ad ea quæ veteri historia perhibentur. Illud porro, *nolo vos ignorare*, dictum ab ipso est, ut ostenderet non valde eos in istis eruditos esse. Quare vero exemplum ponit, nisi ut probet quod sicut nihil illis profuit tanto dono ornatos fuisse, ita nec istos baptismus juvaret, quodve participes spiritualium mysteriorum sive sacramentorum exstiterint, nisi vitam concessa gratia dignam præmonstrarent? Eapropter sacramentorum profert figuras. Quis vero sensus hujus dicti est, *in Moyse baptizati sunt*? Plane, quemadmodum nos in Christum et resurrectionem ejus credendo baptizamur, ut et ipsi horum participes simus, nam baptizamur pro mortuis, hoc est corporibus nostris, sic et illi in Moyse fiduciam habentes, seu videntes eum omnium primum transire, aquis se credere ausi sunt. At quia figuram juxta veritatem vult apponere, rem hoc modo non enuntiat, sed de figura loquens, ipsamet veritatis vocabula adhibet; atque hoc quidem, lavacrum seu baptismum ; quæ vero posthac secuta sunt, mensam sacram significant. Nam sicut Dominicum corpus edimus, sic et illi manna : et veluti sanguinem Domini bibimus, ita et illi aquam e petra manantem. Nam quamvis sensibilia essent quæ dabantur, spiritualiter tamen præbebantur: non secundum naturæ ordinem, sed secundum muneris gratiam ; atque una cum corpore animum nutriebant, quem ad fidem attollerent. Quocirca de cibo quidem narravit nihil : quippe qui diversus erat. Quod autem ad potum attinet, cum uno duntaxat suppeditaretur modo, is solus admirabilis erat, et expositione opus habuit. Quamobrem postquam dixit : *Spiritualem potum biberunt*, adjecit : *Bibebant enim de spirituali consequente petra : petra autem erat Christus*. Neque enim ea petræ natura erat, ut aquam profunderet : alioqui antehac ex ea scaturiissent aquæ. Verum altera quædam petra spiritualis totum illud operabatur, Christus videlicet, qui præsens ubique aderat, et miracula cuncta patrabat. Idcirco enim dixit, *consequente*.

Vers. 5. « Sed non in pluribus eorum beneplacitum est Deo. »

Ac sane perierunt omnes. Ne vero ipsis quoque omnibus videretur internecionem et exitium prædicere, ideo ait, *in pluribus*. Quoniam multi non credunt iis quæ de gehenna dicuntur, tanquam ea præsentia non sint, nec conspicua ; ex anteactis evincit peccatores a Deo puniri, quamlibet infinite bonus sit.

« Nam prostrati sunt in deserto. »
Inopinatum eorum interitum significat.

Vers. 6. 7. « Hæc autem figuræ facta sunt nostri, ut non simus concupiscentes malorum; sicut et illi concupierunt. Neque idololatræ efficiamini, sicut quidam ex ipsis, quemadmodum scriptum est. »

Ne dicerent : Quid ad nos hic ipsorum interitus? Isthæc enim propter nos contigere, ut ejusmodi exemplis prudentiores evaderemus.

« Sedit populus manducare et bibere, et surrexerunt ludere. [Vers. 8.] Neque fornicemur, sicut quidam ex ipsis fornicati sunt, et ceciderunt una die viginti tria millia. »

Quemadmodum illi a voluptate ad cultum idolorum transierunt, ita metuendum est, ne inde quoque vos excidatis.

Vers. 9-11. « Neque tentemus Dominum, sicut et quidam tentaverunt, et a serpentibus perierunt. Neque murmuraveritis , sicut quidam eorum murmuraverunt, et perierunt ab exterminatore. Hæc autem omnia in figura contingebant illis. Scripta autem sunt ad correptionem nostram. »

His verbis crimen alterum innuit, quod in fine tandem ponit, eos arguendo quod de signis pugnarent. Quinetiam ob tentationes murmurabant, dicendo : Utinam auferrentur. Quandonam meliora nobis præmia obvenient? Unde et ait : *Neque murmuremus*. Non enim hoc est quod quæritur, ut pro Christo quis patiatur. Sed ut nihil non hilari animo patiatur pro Christo.

« In quos fines sæculorum devenerunt. »
Terret iterum cum *fines* dicit, et ad majora quam quæ facta essent exspectanda præparat.

Vers. 12. « Itaque qui se existimat stare, videat ne cadat. »

Rursum fastum comprimit eorum, qui propter scientiam animis intumescebant. Et dum ait : *Qui se existimat stare*, ostendit nequaquam idem esse stare ac in semet confidere. Talis quippe cito cadet.

Vers. 13, 14. « Tentatio non vos apprehendit nisi humana. Fidelis autem Deus est, qui non patietur vos tentari supra id quod potestis, sed dabit cum tentatione etiam exitum, ut possitis sustinere. Propter quod, charissimi mihi, fugite ab idolorum cultura. »

Id est, parva et brevis. *Humana* quippe exiguam significat, ut cum ait : *Humanum dico propter infirmitatem carnis vestræ* [77]. Ne ergo superbiatis tanquam superiores jam facti sitis.

---
[77] Rom. vi, 18.

Vers. 15. « Ut prudentibus loquor: vos ipsi judicate quod dico. »

Quia magnum quiddam protulit, et crimen auxit, culturam idolorum nominando; ne asperius eos habere videatur, et gravibus sermonibus incessere, judicium deinceps eis permittit, ipsosque non sine laude judices statuit, dicens: *Ut prudentibus loquor.*

Vers. 16. « Calix benedictionis, cui benedicimus. »

Quando *benedictionem* dicit, Eucharistiam seu gratiarum actionem innuit. Gratiarum autem actionem dicendo, omnem explicat beneficentiæ Dei thesaurum, nobisque memoriam perfricat magnorum donorum; eo quod cum spem non haberemus, et sine Deo essemus in mundo, nos fratres suos, et cohæredes fecit.

« Nonne communio sanguinis Christi est? »

Hoc quod in isto calice est, inquit, sanguis ipse est qui e latere fluxit, illiusque sumus participes.

« Panis quem frangimus, nonne communio corporis Domini est? »

Eccur non dixit participationem? Nimirum quidpiam aliquid voluit repræsentare, et intimam conjunctionem significare. Non solum enim participando, et cum aliis accipiendo, sed etiam unione communicamus invicem.

Quemadmodum corpus cum Verbo unitum est, ita et nos per hunc panem cum eodem in unitatem venimus.

Vers. 17. « Quoniam unus panis, unum corpus multi sumus. Omnes enim de uno pane participamus. »

Quid communionem dico, inquit? ipsummet nos illud corpus sumus. Nam panis est corpus Christi, quique de eo accipiunt, corpus ejus fiunt: non multa corpora, sed unum corpus. Velut panis ex multis granis compactus, sic unus efficitur ut nusquam grana appareant; sed, etsi supersunt illa, animadverti non possit eorum differentia propter conjunctionem: ita et nos perinde invicem et cum Christo copulamur. Haudquaquam enim alius quidem ex alio corpore alitur, alius vero ex alio; sed ex eodem omnes. Quamobrem ait: *Omnes enim ex uno pane participamus.* Quod si ex eodem, imo et idem sumus omnes; quid causæ est, cur non eamdem quoque dilectionem præferamus, hacque ratione unum efficiamur?

Vers. 18, 19. « Videte Israel secundum carnem. Nonne qui edunt hostias, participes sunt altaris? quid ergo? Dico. »

Quia plerique humiliores erant, quam ut assequi possent quæ dicebantur, a pristinis et familiaribus eos persuadet. Et apposite dicit, *secundum carnem;* quippe cum ipsi illud essent secundum spiritum. Quod vero ait, hoc significat: Utinam saltem a crassioribus erudiamini.

« Quod idolum sit aliquid? Quod idolis immolatum sit aliquid? [Vers. 20.] Sed quod quæ immolant gentes, dæmoniis immolant, et non Deo. Nolo autem vos socios fieri dæmoniorum. »

97 Quia dixerat eos altaris participes esse, veritus ne de idolis locutus putaretur, ac si ea loquendi facultate pollerent, aut quovis modo nocere possent, observa quo pacto hæc destruat, ejusmodi fere verbis. Hæc aio, inquit, et abduci suadeo, non quasi idola detrimenti aliquid valeant inferre, eamque vim habeant (nam nihil prorsus sunt), quin potius volo ut ea despiciatis, atque idcirco omni studio contendo avertere vos a talibus cibis, quia non offeruntur Deo. Quocirca dicit: *Quæ enim gentes immolant, dæmoniis immolant, et non Deo.*

« Non potestis calicem Domini bibere, et calicem dæmoniorum. [Vers. 21.] Non potestis mensæ Domini participes esse, et mensæ dæmoniorum. »

Postquam adhortatione usus est, nunc sententiam ferendo et cum auctoritate loquitur. Atque nominibus duntaxat tanquam ad abducendum idoneis utitur, cum ait, *Domini calicem, et calicem dæmoniorum.*

« An æmulamur Dominum? nunquid fortiores illo sumus? »

Id est, an tentamus eum, num possit nos punire, aut eum lacessimus, ad ejus hostes deficiendo? Hoc porro dicit, commonefaciens illos historiæ veteris. Idcirco eamdem vocem usurpat qua quondam Moyses erga Judæos, quos ex persona Dei propter idolorum cultum increpabat. *Ipsi enim,* inquit, *ad æmulationem me provocaverunt, in eo qui non erat Deus* [78].

« Omnia mihi licent, sed non omnia expediunt. [Vers. 23, 24.] Omnia mihi licent, sed non omnia ædificant. Nemo quod suum est quærat, sed quod alterius. »

Quia verisimile erat eos dicere, Perfectus sum ego, et mei ipse dominus sum, et sine offensione vel noxa quæ mihi apponuntur comedo, ideo dicit: Certe perfectus es, tuique ipse dominus. Sed hoc noli considerare, verum an detrimentum id quod colitur afferat et ruinam.

Vers. 25. « Omne quod in macello venit, manducate, nihil interrogantes propter conscientiam. »

Cum pronuntiaverit possibile non esse, calicem Domini bibere, et calicem dæmoniorum, eosque omnino averterit ab ejusmodi mensis, adductis idcirco Judæorum exemplis, humanis ratiocinationibus, tremendis mysteriis, et iis quæ erga idola gererentur, multaque eis incussa formidine, ne eo timore in alium rursus errorem impellerentur,

---

[78] Deut. xxxii, 21.

ita ut majori quam par esset curiositate rebus uti cogerentur; ut eos ab hac angustia liberet, ait : *Omne quod in macello venit, manducate, nihil interrogantes.* Nam si ignorans comederis, inquit, nec quidquam resciveris, pœnæ obnoxius non es. Ignorationi quippe ascribenda res erit, non gulæ. Nam percontari quid illud sit quod apponitur, nihil aliud est quam conscientiæ materiam ministrare.

Vers. 26. « Nam Domini est terra et plenitudo ejus. »

Non dæmoniorum. Quod si terra, fructus proinde, et bruta animantia. Si autem omnia Domini sunt, nihil ergo impurum est. Quanquam aliorsum impurum aliquid fit cogitatione et inobedientia.

Vers. 27. « Si quis vocat vos infidelium, et vultis ire, omne quod apponitur vobis, manducate, nihil interrogantes propter conscientiam. »

Observa rursum modestiam viri. Non injunxit, non præcepit discedendum, sed neque prohibuit. Eos quidem qui velint abire, ab omni exinit metu. Quare vero? ne curiosior hæc indagatio timoris cujusdam et formidinis effectum esse censeatur.

Vers. 28, 29. « Si quis autem dixerit : Hoc immolatum est idolis : nolite manducare, propter illum qui indicavit, et propter conscientiam. Conscientiam autem dico, non tuam, sed alterius. »

Non enim tanquam vim habeant quamdam jubet abstinere, sed tanquam ab abominandis. Non ergo ea fugias ac si nocere possint : nulla enim virtute prædita sunt. Indiscriminatim participa : mensa quippe inimicorum est, et notatorum infamia. Quamobrem ait : *Propter illum qui indicavit, et propter conscientiam,* ne lædatur.

« Utquid enim libertas mea judicatur ab aliena conscientia? »

Libertatem vocat, nihil scrupulosius percontari et a nulla re prohiberi. Libertas quippe nihil aliud est, quam a Judaica servitute immunem esse. Ejus autem dicti hic sensus est : Liberum me fecit Deus, et omni damno superiorem ; sed qui ex gentibus est, de mea philosophia ferre sententiam nescit, nec Domini magnificentiam intelliget, verum condemnabit, dicetque apud se illos qui sibi videntur abstinere ab idolis, res tamen quæ illis offeruntur consectari.

Vers. 30, 31. « Si ego cum gratia participo, quid blasphemor pro eo quod gratias ago? sive ergo manducatis, sive bibitis, sive aliud quid facitis, omnia in gloriam Dei facite. »

Quamnam ipse gratiam participat, nisi donorum Dei? tanta enim gratia ejus est, ut animam a maculis mundam efficiat, omnisque sordis expertem.

Vers. 32. « Sine offensione estote Judæis, et Græcis, et Ecclesiæ Dei. »

Id est, nullum cuicunque damnum inferte. Non solum enim fratres non oportet lacessere, verum etiam externos.

Vers. 33. « Sicut et ego per omnia placeo, non quærens quod mihi utile est, sed quod multis, ut salvi fiant. »

CAP. XI.

Vers. 1. « Imitatores mei estote, sicut et ego Christi. »

Quoniam reos illos fecerat illati cum gentilibus, tum Judæis detrimenti, tum grave esse quod ante dixerat, hoc ipsum magis acceptum et facile reddit, cum seipsum in medium proponit, monetque ut quod aliis emolumento sit, quærant. Hæc enim est perfectissimi Christiani norma, accuratissimaque regula, et supremum virtutis fastigium, ea quærere quæ communi utilitati conferant. Nihilque sic potest imitatores Christi facere, ut cura proximi. Quocirca subdidit : *Imitatores mei estote.*

Vers. 2, 3. « Laudo autem vos, fratres, quod per omnia mei memores estis, et sicut tradidi vobis, præcepta mea tenetis. Volo autem vos scire, quod omnis viri caput Christus est, caput autem mulieris, vir : caput vero Christi, Deus. »

Constitutis quæ ad carnes idolis immolatas spectabant, ad alia sermonem transfert; puta non debere mulieres retecto capite orare vel prophetare, nec viros comam nutrire. Jam pridem vero de istis monuerat ; atque idcirco ait eos sui memores esse, etsi non omnes admonitionem susceperant.

Vers. 4. « Omnis vir orans aut prophetans velato capite, deturpat caput suum. »

Symbola viro nec non mulieri data sunt, eaque multa et diversa : illi quidem auctoritatis ; huic subjectionis : in quibus et istud est, ut hæc caput obvelaret, ille autem nudaret. Si igitur hæc symbola sunt, utrique peccant si ordinem confundunt, et divinum institutum propriosque terminos excedunt : ita ut ille quidem in vilitatem illius prolabatur ; hæc vero habitu suo contra virum insurgat.

Vers. 5, 6. « Omnis mulier orans aut prophetans non velato capite, deturpat caput suum : unum enim est ac si decalvetur. Nam si non velatur mulier, tondeatur. Et si turpe est mulieri tonderi aut decalvari, veletur. »

Nam mulieres erant hocce dono ornatæ, veluti Philippi filiæ, atque ante istas aliæ, et aliæ post ipsas, de quibus in prophetia ferebatur : *Et prophetabunt filii vestri, et filiæ vestræ visiones videbunt*[77].

Vers. 7-9. « Vir quidem non debet velare caput, quoniam imago et gloria Dei est : mulier autem gloria viri est. Non enim vir ex muliere est, sed mulier ex viro. Etenim non est creatus vir

---

[77] Joel. II, 28.

propter mulierem, sed mulier propter virum. »
Alteram rursum affert causam cur vir velari prohibeatur. Ac quænam est, nisi quia mulieri præfectus fuit? Nam quando præfectus ad regem accedit, præfecturæ symbolum gestare debet. Quemadmodum ergo præfectorum nemo deposita zona vel læna coram rege stare auderet; sic et tu, inquit, sine insigniis principatus tui, hoc est nisi retecto capite, noli Deum orare, ne te ipse, et eum qui te honoravit, contumelia afficias. Idem et de muliere dici possit. Et quippe probrosum fuerit subjectionis signa non habere.

« Eam ob rem debet mulier potestatem habere supra caput suum propter angelos. »

Eam ob rem. Ecquam vero? propter omnia quæ dicta sunt, inquit. Ac primum quidem, quoniam Christus caput nostrum est; nos vero mulieris. Secundum, quia gloria Dei sumus, ac mulier nostri. Tertium, eo quod non nos ex muliere existimus, sed illa ex nobis. Quartum, quod non nos mulieris causa sumus, sed mulier propter nos. Quintum denique, angelorum ergo qui præsentes adsunt, et oranti suppetias ferunt.

100 Vers. 11-15. « Verumtamen neque vir sine muliere, neque mulier sine viro, in Domino. Nam sicut mulier de viro, ita et vir per mulierem. Omnia autem ex Deo : in vobis ipsis judicate. Decet mulierem non velatam orare Deum ? nec ipsa natura docet vos, quod vir quidem si comam nutriat, ignominia est illi ; mulier vero si comam nutriat, gloria est illi? quoniam capilli pro velamine ei dati sunt. »

Quia multiplicem viri præcellentiam supra mulierem enarravit, eo quod nimirum ex ipso et propter ipsum mulier exstiterit; ne viris occasionem præbeat, ut ultra quam par sit, efferantur, unde illæ ad angustias redigantur, hic statim subdit, quis sensus suus sit.

Vers. 16. « Si quis autem videtur contentiosus esse, nos talem consuetudinem non habemus. »

Objurgationi modum posuit, ut majori eos pudore suffunderet, ex quo graviorem etiam fecit orationem.

« Neque Ecclesiæ Dei. »

Ostendit eos universo terrarum orbi repugnare et adversari, qui cedere nollent.

Vers. 17. « Hoc autem præcipiens, non laudo. »

Transit ad alterum accusationis caput; quod videlicet, convenientibus eis ad cœnam, pauperes despicerentur a divitibus. Tunc porro consuetudo ista vigebat, cum tria millia [60], et quinque rursum millia [61] hominum credidissent : verum haud tanta postmodum religione servabatur ab iis qui nunc insimulantur. Cum ergo optima hæc consuetudo abolita esset (erat enim materia et occasio testificandæ dilectionis), acri vehementique sermone utitur, et clamat : nequaquam approbo vos, qui

A in eam me consilii dandi necessitatem coegeritis; nec laudo, quod hac in re magistro indigeatis.

« Quod non in melius, sed in deterius convenitis. [Vers. 18.] Primum siquidem convenientibus vobis in Ecclesia. »

Hoc est, quia non ad augmentum virtutis. Oportebat enim ut cresceret et magis augeretur munificentia vestra : vos autem receptam consuetudinem oblitteratis, et admonitione mea opus habuistis, ut ad pristinum ordinem revocemini.

« Audio scissuras esse inter vos. »

Ne putarent egenorum duntaxat gratia ipsum loqui, haud statim de mensis dicere incipit, ne contemptibilem faciat objurgationem suam. Idcirco ait : *Audio scissuras inter vos esse.* Non dicit : audio vos privatim manducare, et non cum egenis.

« Et ex parte credo. »

Ne dicerent, mendaces esse qui ipsos detulerant, non ait se credere ne impudentiores evaderent : neque rursum se non credere, ne perperam reprehendere videretur; sed ex parte se credere significavit, quo eos ardentiores faceret, et ad emendationem provocaret.

Vers. 19. « Oportet enim et hæreses in vobis esse. »

Hæreses hic vocat, non quæ doctrinis, sed quæ dissidiis constant. Sic vero loquitur, non **101** ut necessitatem aliquam et vim huic nostræ vitæ imponat, sed ut prænuntiet quid omnino futurum sit ex pravo hominum consilio. Id quod plane debebat accidere, non propter prædicationem, sed propter immedicabilem eorum qui ita affecti erant, voluntatem. Non enim sic evenit, quia prænuntiaverat : quinimo quia sic erat futurum, idcirco prænuntiavit.

« Ut et probati, manifesti fiant in vobis. »

Ut fulgeant magis. His nimirum verbis significare vult, non solum hoc nihil nocere illis qui probati constantesque sint, quin potius eos in lucem proferre et clariores reddere. Nam particula, *ut,* non causam significat, sed frequentissime ipsos quoque rerum eventus : veluti cum Christus aiebat : *In judicium ego veni in hunc mundum, ut qui non vident, videant, et qui vident, cæci fiant.* Non quasi idcirco venerit, ut qui viderent redderentur cæci ; sed contra ut cæci videntes fierent. Quod quidem contigit. Sic etiam in isto loco dictum istud debet, *Ut qui probati sunt, manifesti fiant.*

Vers. 20. « Convenientibus ergo vobis in unum, jam non est Dominicam cœnam manducare. »

Non ait : convenientibus vobis jam non est mensa communi manducare : sed rursum alio modo, et quo majorem eis terrorem incutiat, ad vesperam illam eos relegat, in qua Christus reverenda tremendaque mysteria tradidit.

---

[60] Act. ii, 46. [61] Act. v, 39.

VERS. 21. « Unusquisque enim propriam cœnam præsumit ad manducandum. »

Vide quomodo commonstret eos ignominia seipsos afficere, qui proprium sibi facerent quod Dominicum est. Docet ergo omnino necessarium esse ut Dominica cœna sit communis.

« Et alius quidem esurit, alius autem ebrius est. »

Cum dixisset, *præsumit*, ipsos tacito feriens, gulæ crimen subjungit, et quod sequitur, quod acriter percellat; ebrietatem scilicet. Atqui hæc ambo incontinentiam præferebant.

VERS. 22. « Nunquid enim domos non habetis ad manducandum et bibendum? Aut Ecclesiam Dei contemnitis? »

Observes velim qua ratione a contumelia pauperum ad Ecclesiam crimen transfert, quo asperiorem orationem addat.

« Et confunditis eos qui non habent? quid dicam vobis? laudo vos? in hoc non laudo. »

Ita loquitur, ut ostendat non tantum se alendorum egenorum esse sollicitum, quantum injuriæ quæ illis irrogabatur.

VERS. 23-27. « Ego enim accepi a Domino, quod et tradidi vobis, quoniam Dominus Jesus, in qua nocte tradebatur, accepit panem, et gratias agens fregit, et dixit: Accipite, et manducate: hoc est corpus meum, quod pro vobis tradetur; hoc facite in meam commemorationem. Similiter et calicem postquam cœnavit, dicens: Hic calix novum testamentum est in meo sanguine. Hoc facite quotiescunque bibetis, in meam commemorationem. Quotiescunque enim manducabitis panem hunc, et calicem bibetis, mortem Domini annuntiabitis donec veniat. Itaque quicunque manducaverit panem hunc, vel biberit calicem Domini indigne, »

Ut ex alio capite majorem eis pudorem injiciat, a potioribus rebus contexit sermonem. Ac si diceret: herus tuus eadem omnes mensa dignatus est, eaque tremenda admodum, et quæ omnem dignitatem cæterarum longe superet; tu vero illos exili hac et contemptibili mensa tua indignos ducis? Istius porro cœnæ mentionem facit, ut eos supra modum pungat.

Quia nimirum veteris testamenti calix ad libationes adhibebatur. Mactata quippe hostia calice et phiala suscipientes sanguinem, hoc modo libabant. Cum itaque Christus pro sanguine brutorum proprium sanguinem subjecerit, ne quis hoc audiendo perturbaretur, veteris illius testamenti meminit.

« Reus erit corporis et sanguinis Domini. »

Eccur vero? quoniam et ipse sanguinem effudit; quemadmodum et qui ipsum pepugerunt, non ut biberent, sed ut effunderent.

VERS. 28, 29. « Probet autem seipsum homo, et sic de pane illo edat et de calice bibat. Qui enim manducat et bibit indigne, judicium sibi manducat et bibit. »

Hic mos est Pauli, ut non ea solummodo præstet quæ sibi proposita sunt, sed et si quid propter subjectam materiam dicendum incidat, hoc multa diligentia persequatur: atque in primis ubi momentum valde necessarium est, et admodum urgens. Nam quia opus habuit, ut mysteriorum mentionem faceret, necesse esse putavit argumentum hoc fusius exsequi. Neque enim illud exiguum erat. Quamobrem postquam vehementer de eo disputavit, caput bonorum hoc esse astruit, ut cum pura conscientia ad illa accedatur.

« Non dijudicans corpus Domini. [VERS. 30.] Ideo inter vos multi infirmi et imbecilles, et dormiunt multi. »

Hoc est, non perpendens, non considerans magnitudinem eorum quæ proponuntur.

VERS. 31, 32. « Si enim nosmetipsos dijudicaremus, non utique judicaremur. Cum judicamur autem, a Domino corripimur, ut non cum hoc mundo damnemur. »

Hæc autem dicit, tum ut imbecilles consoletur, tum ut alios studiosiores faciat.

VERS. 33, 34. « Itaque, fratres mei, cum convenitis ad manducandum, invicem exspectate. Si quis vero esurit, domi manducet, ut non in judicium conveniatis. Cætera autem cum venero disponam. »

Id est ad supplicium, Ecclesiam afficientes probro, et fratrem pudore. Idcirco enim convenitis, inquit, ut invicem uno vinculo colligemini. Quod si contrarium contingit, satius est ut domi comedatis. Hæc autem dicebat ut magis ipsos attraheret.

CAP. XII.

VERS. 1. « De spiritualibus autem nolo vos ignorare, fratres. »

Propter dona quæ concessa fuerant illis qui credebant in Christum, Ecclesia scindebatur; cum illi qui loquebantur linguis, obtrectarent aliis, qui prophetiæ donum obtinuerant. Nam quia illud primum apostolis datum fuerat in die Pentecostes, ideo qui eo ornati erant, valde gloriabantur. Quod cum resciret Apostolus, vide quomodo disceptationem hanc sedat.

VERS. 2, 3. « Scitis cum gentes essetis, ad simulacra muta, prout ducebamini, euntes. Ideo notum vobis facio, quod nemo in Spiritu Dei loquens, dicit anathema Jesum. Et nemo potest dicere, Dominum Jesum, nisi in Spiritu sancto. »

Antequam motionem sedare incipiat, bonum aliud eos edocet; nimirum ut prophetam a vate mendaci discernere sciant. Enimvero huicce gratiæ diabolus in primis invidebat, utque spirituale donum istud obtunderet, plurimos falsos prophetas excitabat. Utrorumque igitur ponit differentias, quorum hæc prima sit: prophetam Spiritus lumine perfusum ordine docere; mendacem vero abreptum furore et tenebrosa mente a spiritu intus existente ad loquendum cieri. Alterum discrimen est, quod qui vere prophetat, quando Dominum Jesum nominat, verax sit; qui vero non id facit, sed ei dicit anathema, is mendax habeatur.

VERS. 4. « Divisiones gratiarum sunt. »

Statuto jam discrimine, consolari incipit eos qui minus donum habuerint. Velut si diceret: Quid despondes animum, quod non tantum accepisti, quantum alius? quinimo cogita potius hoc donum esse, non debitum, ac lenies dolorem. Quocirca dixit, *Divisiones gratiarum*, non signorum, non prodigiorum, quo vel ipso doni nomine suadeat, non solum mœrorem deponere, sed et grates habere.

Vides, nullum ab eo inter dona discrimen poni, ubi æqualem Patris et Filii et Spiritus sancti honorem repræsentat.

« Idem autem Spiritus. »

Etsi minori tibi datum mensura est, inquit: ipse tamen ab illomet accepisti, qui majus largitur.

VERS. 5, 6. « Et divisiones ministrationum sunt, idem autem Dominus. Et divisiones operationum sunt. »

Gratia seu donum, operatio, et ministratio, idem sunt: nominibus duntaxat discrepant, quia res sunt eædem. Nam quod donum, idem et ministratio est: et quod ministratio, hoc et operatio. Ait enim: *Ministerium meum implevi* [81]; et, *Ministerium meum honorifico* [82]. Et ad Timotheum inquit: *Sed moneo te ut resuscites gratiam Dei, quæ est in te* [84]. Itemque ad Galatas: *Qui operatus est Petro in circumcisionem, operatus est et mihi in gentes* [85]. Vides nullatenus differre gratiam sive donum, ministrationemque, et operationem.

Aspice quomodo ubique hoc addat, *in eodem Spiritu*; et, *secundum eumdem Spiritum*. Noverat enim magnum inde consolationis argumentum sumi. Itaque si ostendere niteris te Spiritum habere, hujus demonstrationem habes eo quod baptizatus sis. Infideli vero id perspicuum non erit, nisi per signa et prodigia. Atque vel ex hoc saltem capite, non parum consolationis percipias. Quanquam enim varia dona sunt, una tamen est manifestatio; et sive magnum sit sive parvum, ad ipsum perinde referendum est.

« Idem vero Deus, qui operatur omnia in omnibus. [VERS. 7.] Unicuique autem datur manifestatio Spiritus ad utilitatem. »

Ne quis dicat, Etsi Dominus idem, etsi idem Spiritus, etsi idem Deus est, ast ego minus accepi; idcirco ait: Ita expediebat. Cum enim, inquit, unus largitor sit, ac tum concessum tibi donum, tum ejus manifestatio ex eadem causa exsistant, idque tibi utilius sit, ne mœste feras ac si despiciare. Non enim id fecit ut te dedecore aspergeret; sed spectavit potius quod convenientius foret. Porro *manifestationem Spiritus* vocat, unum aliquod donorum accipere. Mihi namque qui sum fidelis, manifestus est qui Spiritum habeat.

VERS. 8-10. « Alii autem per Spiritum datur sermo sapientiæ: alii autem sermo scientiæ secundum eumdem Spiritum. Alteri fides in eodem Spiritu: alii gratia sanitatum in uno Spiritu: alii operationes virtutum, alii prophetia, alii discretio spirituum. »

Quidnam est ille sermo sapientiæ? utique quod quis sapiens sit, et alios possit sapientes facere. Scientiam habere, est nosse quidem mysteria, sed non ut ea docere ille queat, et alteri efferre quæ ipsa sint. Quidnam vero fides? non ea est qua dogmatis credimus; sed qua signis et prodigiis. De qua nimirum dicebant apostoli: *Adauge nobis fidem* [86]. De qua rursum Christus: *Si habueritis*, inquit, *fidem sicut granum sinapis* [87]. Hæc enim signorum est parens. Aliud autem est operationes virtutum habere, et aliud dona sanationum. Nam qui sanationum duntaxat dona habet, hic tantummodo sanat. Qui vero operationes habet virtutum, non solum sanat, verum et infert pœnas. Quemadmodum nempe Apostolus magum obcæcavit [88], et Petrus Ananiam exstinxit [89]. Porro discretio spirituum est, noscere quis spiritualis sit, et quis non spiritualis: quis propheta, et quis planus.

« Alii genera linguarum, alii interpretatio sermonum. [VERS. 11.] Hæc enim omnia operatur unus et idem Spiritus. »

Hic enim sciebat quid ipse diceret; sed alteri enarrare non poterat: alius hæc utraque possidebat, idque excellens esse donum videbatur; quippe quod ipsum statim concessum apostolis fuerat. Quoniam ergo nimium efferebantur quod eo primum apostoli instructi fuerant dono, postremo loco illud statuit.

Si Spiritus dignitatis est inferioris et alterius naturæ, ut quidam fabulantur, nihil prodest hæc consolatio, nec quod audiamus, *idem Spiritus*. Nam qui accipit a rege, magnum hoc solatium habuerit, quod sibi ille largitus sit. Qui autem a servo, tunc dolet magis, quando id sibi a quopiam objicitur. Ex hoc igitur etiam capite liquet Spiritum sanctum non servilis, sed regiæ substantiæ esse.

Quod ante de Patre dicebat, *Qui operatur omnia in omnibus*, idem etiam hoc in loco de Spiritu pronuntiat. *Hæc autem omnia operatur unus et idem Spiritus*; et ubique passim honoris æqualitatem declarat. Quod autem ait, *in omnibus*, de hominibus dictum est. Nequaquam vero Spiritum cum hominibus accensueris.

« Dividens singulis prout vult. »

Non solum consolatur, verum et os obstruit, si quis quid effutiat. Nam si unicuique dividit prout vult, qui iniquo fert animo concessum sibi do-

---

[81] Rom. 11. 13. [82] ibid. [84] II Tim. 1, 6. [85] Galat. 11, 8. [86] Luc. xvii, 6. [87] Matth. xvii, 19. [88] Act. xiii, 11. [89] Act. v, 5.

num, voluntati Spiritus contradicit, ac si ille non recte distribuerit.

VERS. 12, 13. « Sicut enim unum corpus est, et membra habet multa, omnia autem membra corporis unius, cum sint multa, unum tamen corpus sunt. »

Postquam eos hac ratione definivit, quod donum et gratia sit illud quod conceditur, quippe cum ex uno omnes accipiant, et ut cuique expedit, praebeatur: occlusa insuper lingua ipsorum, ut potentiae Spiritus cedere discerent, ex altero jam capite ipsos consolatur, ex communi videlicet exemplo, atque ad naturam ipsam recurrit. Quod autem ait, hunc habet sensum: si multa unum sunt, et unum multa, ubinam superest discrimen? Ubi id quod praecellentius sit? ubi quod deterius?

Non dixit, cum multa sint, ad corpus unum pertinent; sed ipsum corpus multa est, eaque membra multa hoc unum sunt.

« Ita et Christus. Etenim in uno Spiritu omnes nos. »

Cum dicere debuisset, ita et Ecclesia, non tamen hoc dixit, sed ejus loco Christum posuit; quo nempe altius orationem attollat, et auditorem majori afficiat pudore. Quasi dicat: ita et corpus Christi, quod est Ecclesia. Nam veluti corpus et caput unus homo est; ita et Ecclesiam et Christum unum esse affirmat.

« In unum corpus baptizati sumus, sive Judaei, sive Graeci, sive servi, sive liberi. »

Ad alterum quoque caput spirituale transit. Quod autem ait ejusmodi est: Id quod nos ita confirmavit ut unum corpus essemus, et quod nos regeneravit, unum est. Non enim hic quidem in alio, et ille in altero Spiritu baptizatus fuit. Quin etiam non modo ille per quem baptizati sumus, unus Spiritus est; verum et ille ipse in quem nos baptizavit. Immerito igitur animum desponderimus, inquit: differentia quippe nullum habet locum. Enimvero nequaquam idcirco baptizati sumus, ut diversa corpora essemus, sed ut unius omnes corporis exactam formam inter nos invicem servaremus.

« Et omnes in unum Spiritum baptizati sumus. [VERS. 14.] Nam et corpus non est unum membrum, sed multa. »

Hoc est, sub unam et eamdem omnes institutionem convenimus, eadem mensa fruimur. Si ergo nos unus quoque Spiritus conformavit; si in unum Spiritum, et in unum corpus sumus baptizati; si tandem mensam unam largitus est: quid mihi discrimen affers, quando perinde in plantis accidit, ut nempe ex eodem fonte arbores universae irrigentur?

106 VERS. 15, 16. « Si dixerit pes: quoniam non sum manus, non sum de corpore; num ideo non est de corpore? et si dixerit auris: quoniam non sum oculus, non sum de corpore; num ideo non est de corpore? »

Quia minime molestam, sed acceptam potius orationem habere vult, in medium adducit quae vulgo membra dicuntur. Pedem componit cum manu, et aurem cum oculo; ea utique membra quae minus distant, non pedem cum oculo: quia vulgo non invidemus iis qui admodum sublimes sunt, sed illis potius qui parvum honoris gradum assecuti sunt. Neque enim ex eo quod hoc inferius sit, illud vero superius, ea re excluditur ne sint de corpore (nam etsi inferiorem situm pes obtinet, hoc loci discrepantia est), sed eo quod conjunctum illud sit, aut avulsum.

VERS. 17. « Si totum corpus oculus, ubi auditus? si totum auditus, ubi odoratus? »

Quoniam diversitatem membrorum commemorando, de inferioritatis et superioritatis gradibus cogitationem injecerat, vide quo pacto eos demulcet; ostendendo nimirum id necessarium fuisse. In primis enim hoc ipso quod multi sunt et diversi, corpus unum constituitur.

VERS. 18-20. « Nunc autem posuit Deus membra, unumquodque eorum in corpore, sicut voluit. Quod si essent omnia unum membrum, ubi corpus? Nunc autem multa quidem membra unum corpus. »

Rationem hujus iterum rejicit in Dei consilium et voluntatem, ne contradicamus illi qui sic ordinavit; neve quaeramus, cur hoc illo, curve illud isto sit factum modo. Nam licet sexcentas rationes possemus afferre, nunquam ea recte esse probaverimus, nisi dicendo ita factum esse veluti eximio artifici placuit. Ita quippe vult sicut est conveniens.

Quocirca non solum capiti, sed etiam pedi conveniens et utile est, hunc locum et situm habere. Ac si positurae suae repugnaverit, et loco suo relicto alium occupet, totum perdidit. Ordine namque suo excidit, et alium non assequitur.

Ex quo putabant dignitate impares esse, propter ingens quod inter eos erat discrimen, ex eodem capite aequales ipsos ostendit. Nisi inter vos esset magna discrepantia, inquit, nullatenus corpus unum essetis. Quod si non unum corpus, aequales neutiquam fueritis. Quamobrem, quia non omnes unum aliquod donum habetis, idcirco corpus estis. Cum autem corpus sitis, omnes igitur unum estis, nec discrepatis qua corpus estis. Quamobrem diversitas haec in primis praestat honoris aequalitatem.

VERS. 21. « Non potest autem oculus dicere manui: Opera tua non indigeo. »

Sedata inferiorum anxietate, superbiam quoque sublimiorum deprimit.

« Aut iterum caput pedibus: Non estis mihi necessarii. »

Quamvis enim minus donum sit, inquit, est tamen necessarium. Nam quemadmodum illo non exstante multa praepediuntur, ita et sine isto manca est Ecclesiae plenitudo.

107 VERS. 22-24. « Sed multo magis quae videntur

membra corporis infirmiora esse, necessaria sunt: et quæ putamus ignobiliora membra esse corporis, his honorem abundantiorem circumdamus : et quæ inhonesta sunt, abundantiorem honestatem habent. Honesta autem nostra nullius egent, sed Deus. »

« Superjectionem alteram ponit, atque non solum præstantiora deterioribus opus habere, sed et magnum opus. Aspice quomodo de infirmioribus loquendo dicit, *quæ videntur*; quando autem necessaria commemorat, non amplius addit, *quæ videntur*, sed ipse pronuntiat ea necessaria esse.

Enimvero quid genitalibus membris ignobilius videatur? Verumtamen ad liberorum procreationem pertinent. Quapropter Romanorum legum conditores in eos qui partes istas præciderint et eunuchos fecerint, animadvertunt tanquam erga humani generis destructores, et qui naturæ ipsi injuriam inferant. Sed pereant protervi, qui Dei opificia calumniantur. Nam sicut complures vinum exsecrati sunt propter ebriosos, quin etiam muliebrem sexum propter adulteras, sic et hæc membra turpia esse putavere, quia multi iis abutebantur secus ac decens esset. Id quod plane non conveniebat. Nequaquam enim naturæ rei necessitudine sortis peccatum adjunctum est, sed voluntate gignitur delictum quod quis audet admittere.

« Temperavit corpus. »

Quod si contemperavit, non ergo passus est, ut quod ignobilius erat, appareret.

« Cui deerat, abundantiorem tribuendo honorem. »

Quoniam enim, tametsi multiplicem consolationem acceperant, nihilominus dolebant tanquam id quod minus esset consecuti, ostendit eos majori esse affectos honore. Nam illi parti, inquit, quæ pluribus deficiebatur, abundantiorem impertitus est honorem.

Vers. 25, 26. « Ut non sit schisma in corpore, sed in ipsum pro invicem sollicita sint membra. Et sive patitur unum membrum, compatiuntur omnia membra; sive gloriatur unum membrum, congaudent omnia membra. »

Rationem reddit abundantioris illius honoris, quam a convenientia astrui : *ut non sit schisma*, inquit. Nam si oculus, si naris, propria sibi seorsim vindicant, soluto vinculo, nihil quod superest deinceps juvatur. Sin autem eo manente illa lædantur, totum compatitur, et mederi quantocius festinat.

Vers. 27. « Vos estis corpus Christi. »

Quod si non expedit ut nostrum corpus factionibus laboret, multo magis Christi corpus.

« Et membra de membro. »

Ecclesia vestra, inquit, pars est illius quæ ubique diffunditur. Quocirca jure merito non solum inter vos mutuo pacem colere debetis, verum etiam cum universa per orbem terrarum Ecclesia; si modo corporis totius membra estis.

108 Vers. 28. « Et quosdam quidem posuit Deus primum apostolos. »

Recenset dona, ac primo loco statuit apostolos, qui quidem omnibus undique donis et gratiis instructi erant.

« Secundo prophetas. »

Sub gratia quippe prophetæ erant, velut Agabus, ejusque socii.

« Tertio doctores. »

Episcopos nimirum.

« Deinde virtutes, exinde gratias curationum. »

Qui virtutem habebat, poterat tum pœnas infligere, tum etiam sanare. At qui dono curationum instructus erat, sanabat duntaxat. Cæterum doctrinæ munus anteponit gratiæ curationum. Nam præstantius est annuntiare verbum, et pietatem animis auditorum inserere, quam virtutes facere.

« Opitulationes. »

Opem infirmis præstare.

« Gubernationes. »

Spiritualia dispensare. Nostra porro recte facta spiritualia innuit, ut ostendat Dei nos ubique auxilio indigere.

« Genera linguarum. »

Ultimum ponit id quo illi valde gloriabantur, ut eos doceret non efferri.

Vers. 29, 30. « Nunquid omnes apostoli ? Nunquid omnes prophetæ? nunquid omnes doctores ? nunquid omnes virtutes ? nunquid omnes gratias habent curationum? nunquid omnes linguis loquuntur? nunquid omnes interpretantur ? »

Quia verisimile erat eos qui hæc audirent, dicturos : Eccur vero non facti sumus apostoli ? ita loquitur vehementiori sermone : quin et id rursum exemplo corporis confirmat.

Vers. 31. « Æmulamini charismata meliora. Et adhuc excellentiorem vobis viam demonstro. »

CAP. XIII.

Vers. 1, 3. « Si linguis hominum loquar et angelorum, charitatem autem non habuero, factus sum velut æs sonans, aut cymbalum tinniens. Et si habuero prophetiam, et noverim mysteria omnia, et omnem scientiam; et si habuero omnem fidem, ita ut montes transferam, charitatem autem non habuero, nihil sum. Et si distribuero in cibos pauperum omnes facultates meas, et si tradidero corpus meum ita ut ardeam, charitatem autem non habuero, nihil mihi prodest. »

Hæc dum loquitur, insinuat culpam ipsorum fuisse ut minora acciperent, et per ipsos stare, altiora consequi, si velint. Atqui charitas omnibus donis excellentior est. Id quod evincit, comparatione facta illius ad cætera dona, quæ sine charitate nihil omnino sunt. At vide qua ratione hoc ipsum probat. Non enim dixit : Si sciam linguas, sed : *Si linguis angelorum loquar*. Nec simpliciter ait: Si prophetavero; sed: *Si noverim omnia mysteria, et omnem scientiam,* cum intensione nimirum, et augendo. Neque rursum dicit: **109** Si dedero facultates meas; sed: *Si distribuero in cibos,* ut sumptui ministerium adjungat. Hæc igitur omnia augendo recensens, charitate longe deteriora exsistere ostendit. Quamobrem si magnorum donorum cupidi estis, inquit, charitati operam date.

Apprime recte charitatem donis esse majorem docet. Ea quippe scissurarum causæ fuerant: hæc autem dissidentes conjungit.

Videsis unde incipiat; ab illo linguarum dono, quod magnum ipsis videbatur. Quin non modo linguas hominum posuit, verum et angelorum. Hic porro linguam nominavit angelorum, non ut angelis affingat corpus: sed ejus verborum sensus iste est: Etiamsi eodem modo loquerer, quo angeli inter se confabulari solent. Velut dum ait: *Ei flectatur omne genu, cœlestium, et terrestrium, et infernorum;* non sic fatur ut genua angelis et ossa attribuat, sed eximiam adorationem significare vult, consuetum nobis habitum corporis enuntiando. Sic et hoc loco familiari nobis ratione mutua angelorum colloquia volens exprimere, *linguæ* nomen usurpavit.

VERS. 4. « Charitas patiens est. »

Observa, quomodo hanc statim ponat, omnium bonorum honestissimum. Ecquid vero hoc est? patientia inexpugnabilis plane armatura est, qua molesta quæque nullo negotio propulsantur.

Cæterum μακροθυμία, sive longanimitas dicitur, quod longum et magnum animum præbeat. Nam quod longum est, magnum quoque vocitatur.

« Benigna est charitas. »

Quandoquidem patienti esse animo censetur, qui nulla adversario data responsione, in causa est cur ille dirumpatur, eam ob rem ait, *benigna est.* Ac si dicat: non multando inimicum patientes sumus, sed mitigando.

« Non æmulatur charitas. »

Quia contingit ut, qui patientiam præfert, invidiosus sit. Hoc virtus destruit.

« Non agit perperam. »

Hoc est, nihil agit temere. Prudentem enim et gravem, ac constantem reddit.

« Non inflatur. »

Recte factis non superbit, nec arrogantia intumescit.

VERS. 5. « Non incomposite agit: non quærit quæ sua sunt. »

Qui magnas injurias et contumelias tolerant, id dedecori non tribuunt.

« Non irritatur: non cogitat malum. »

Videas iterum charitatem non solum malitia superiorem esse, sed nec pati ut in ipsismet principiis consistat. Atqui non dixit: non operatur malum, sed, *non cogitat.*

VERS. 6. « Non gaudet super iniquitate. »

Id est, non delectatur aliorum miseriis et malis.

« Congaudet autem veritati. [VERS. 7.] Omnia suffert, omnia credit. »

110 Congratulatur eis, inquit, qui bene audiunt.

« Omnia sperat. »

Omnia bona, inquit: non desperat cupito perfrui.

« Omnia sustinet. »

Non solum sperat, sed ex vehementi dilectione certa fiducia credit.

VERS. 8. « Charitas nunquam excidit. »

Non dissolvitur, non interciditur.

« Sive prophetiæ evacuabuntur, sive linguæ cessabunt. »

Nam si isthæc ambo fidei causa invecta sunt, ea ubique disseminata, nulla deinceps horum supererit necessitas. Verum nunquam non opus erit mutua dilectione: quinimo invalescet magis tum in isto, tum in futuro ævo.

« Sive scientiæ destruentur. [VERS. 9, 10.] Ex parte enim cognoscimus et ex parte prophetamus. Quando autem venerit quod perfectum est. »

Quænam vero scientia destruetur? particularis utique. Nam, *quando venerit quod perfectum est, evacuabitur quod ex parte est.* Rem autem velut in exemplo inspice. Mactabatur agnus, sanguine ejus postes liniebantur: verum cognitio hæc, adveniente Dei Filio, vero illo agno, eoque immolato, futilis et vana fit.

« Evacuabitur quod ex parte est. [VERS. 11, 12.] Cum essem parvulus, loquebar ut parvulus, sapiebam ut parvulus, cogitabam ut parvulus. Quando autem factus sum vir, evacuavi ea quæ erant parvuli. Videmus nunc per speculum ut in ænigmate. »

Idem ac si diceret: esse desinet, et sistetur.

« Tunc autem facie ad faciem. Nunc cognosco ex parte, tunc autem cognoscam sicut et cognitus sum. [VERS. 13.] Nunc autem manent. »

Id est, clarius et manifestius.

« Fides, spes, charitas, tria hæc; major autem horum est charitas. »

Fides quidem, et spes, postquam quæ credebantur et sperabantur bona advenerint, desinunt. Charitas vero tunc maxime provehitur, fitque vehementior.

CAP. XIV.

VERS. 1. « Sectamini charitatem. »

Nobis siquidem admodum opus est ut cursu ad eam contendamus.

« Æmulamini spiritualia: magis autem ut prophetetis. »

Ne quis existimaret eum de charitate sermonem movisse, ut dona exstingueret, ideo adjecit, *Æmulamini spiritualia.* Comparat autem inter se dona, et linguarum donum sic extenuat, ut neque inutile esse prorsus, neque per sese valde utile ostendat.

Vers. 2-4. « Qui enim loquitur lingua, non hominibus loquitur, sed Deo (nemo enim audit). Spiritus autem loquitur mysteria. Qui vero prophetat, hominibus loquitur, [ad] ædificationem, et exhortationem, 111 et consolationem. Qui loquitur lingua, seipsum ædificat; qui autem prophetat, Ecclesiam Dei ædificat. »

Ostendit eximium quidem esse Deum alloqui; exiguum vero, Ecclesiam non ædificare. Nam hoc ubique quærit, ut multi ædificentur.

Vers. 5. « Volo autem omnes vos loqui linguis, magis autem ut prophetetis. Nam major est qui prophetat, quam qui loquitur linguis. »

Ne arbitrentur ipsum ex invidia linguas parvi facere, ut suspicionem hanc corrigat, hujuscemodi sermonibus utitur.

« Nisi forte interpretetur, ut Ecclesia ædificationem accipiat. »

Minus est, inquit, linguis loqui, quam vaticinari. Nisi forte aliquis etiam interpres adsit, qui linguas sciat interpretari, ille æqualis prophetæ nequaquam fuerit.

Vers. 6. « Nunc autem, fratres, si venero ad vos linguis loquens : quid vobis prodero ? »

Sed quid alios dico? inquit. Si ego ipse venero ad vos linguis loquens, nihil majoris emolumenti percipient auditores. Ita porro loquitur, ut ostendat eorum se utilitati studere, non autem infenso animo esse erga illos qui donum istud habent.

« Nisi vobis loquar, aut in revelatione, aut in scientia, aut in prophetia, aut in doctrina. »

Nisi id dixero, inquit, quod facile a vobis capi possit, sed monstravero duntaxat linguarum me esse ornatum dono, nihil inde lucri retuleritis. Quinam enim istud ex voce quam non intelligatis ?

Vers. 7-9. « Tamen quæ sine anima sunt, vocem dantia, sive tibia, sive cithara, nisi distinctionem sonituum dederint, quomodo scietur id quod canitur, aut quod citharizatur ? Etenim si incertam vocem det tuba, quis præparabit se ad bellum ? Ita et vos per linguam. »

Quid aio, inquit, in vobis rem sine lucro esse ; quando nullus id non in inanimis agnoverit, puta in cithara et in tuba ?

« Nisi manifestum sermonem dederitis, quomodo scietur id quod dicitur ? »

Hoc est, nisi interpretemini.

« Eritis enim in aere loquentes. »

Id est, nemini vocem edentes, nemini loquentes.

Vers. 10-12. « Tam multa ut puta genera linguarum sunt in hoc mundo; et nihil sine voce est. Si ego nesciero virtutem vocis, ero ei cui loquor barbarus, et qui loquitur mihi, barbarus. Sic et vos. »

Hoc est, tot linguæ sunt, tot voces, Scytharum, Thracum, Romanorum, Persarum, Maurorum, Ægyptiorum, et sexcentarum aliarum gentium.

Vers. 12, 13. « Quoniam æmulatores estis spirituum, ad ædificationem Ecclesiæ quærite ut abundetis. Ideo qui loquitur lingua, oret ut interpretetur. »

112 Si oportet æmulari, æmulamini illa dona quibus Ecclesia ædificatur. Quocirca addit : *Oret ut interpretetur.*

Vers. 14, 15. « Nam si orem lingua, spiritus meus orat : mens autem mea sine fructu est. Quid ergo est ? »

Id est, illud donum quod mihi datum est, et linguam movet.

« Orabo spiritu, orabo et mente. Psallam spiritu, psallam et mente. [Vers. 16.] Quia si benedixeris spiritu, qui supplet locum idiotæ, quomodo dicet, Amen, super tuam benedictionem ? quoniam quid dicas nescit. »

Velut si quis dicat : Quid ergo est aptum esse ad docendum atque utile ? Quonam item modo effari oportet ? Quidve a Deo postulare ? Respondet, tum spiritu, hoc est dono, tum cogitatione et mente orandum esse, ut et lingua loquatur, et mens non nesciat quæ dicuntur. Ni enim ita fiat, alia quoque confusio nascitur : nam laicus respondere non novit, Amen : quippe qui ignorat quid ore proferas.

Vers. 17. « Nam tu quidem bene gratias agis : sed alter non ædificatur. »

Ne nihili prorsus facere donum videatur, hisce verbis utitur. Quin et hoc superius fecit, quando aiebat : *Qui loquitur mysterium, et Deo loquitur, et seipsum ædificat.* Tu ergo, inquit, recte gratias agis. Nam Spiritu movente loqueris ; ille autem nihil audiens, nec sciens quæ dicuntur, stat, parumque capit utilitatis.

Vers. 18, 19. « Gratias ago Deo meo, quod omnium vestrum lingua loquor. Sed in Ecclesia. »

Ita loquitur, ne videatur eos morosius insectari, cum hoc ipse dono destitueretur.

« Volo quinque verba sensu meo loqui, ut et alios instruam. »

Hoc est, ea intelligens quæ dico, ita ut etiam potis sim aliis quoque interpretari.

« Quam decem millia verborum in lingua. »

Hoc enim ostentationem solam præfert ; illud vero magnam utilitatem.

Vers. 20. « Fratres, nolite parvuli fieri sensibus, sed malitia parvuli estote : sensibus autem perfecti estote. »

Pueri quippe solent parvis quidem rebus inhiare ; eorum vero quæ maxima sunt, admiratione perinde percelli. Quia igitur illi, cum dono linguarum pollerent, totum sibi videbantur habere, etsi id cæterum minimum erat ; idcirco ait : *Nolite parvuli fieri sensibus;* hoc est, ne insipientes sitis, ubi prudentes esse oportet. Atqui ibi parvuli sunt et simplices, ubi vana gloria, ubi superbiæ flatus. Quid vero est puerum malitia exsistere, nisi nescire quid tandem malitia sit ?

Vers. 21. « In lege scriptum est : Quoniam in

aliis linguis, et labiis aliis loquar populo huic, et haud sine utrorumque emolumento. Illas enim honestas esse vult; hos autem instantes operi: ut nec sic exaudient me, dicit Dominus. »

Legem vocat Scriptura, ipsos quoque prophetas.

113 Vers. 22-30. « Itaque linguae in signum sunt, non fidelibus, sed infidelibus: prophetiae autem non infidelibus, sed fidelibus. Si ergo conveniat universa Ecclesia in unum, et omnes linguis loquantur; intrent autem idiotae, aut infideles: nonne dicent quod insanitis? Si autem omnes prophetent; intret autem quis infidelis vel idiota, convincitur ab omnibus, dijudicatur ab omnibus: et sic occulta cordis ejus manifesta fiunt: et ita cadens in faciem adorabit Deum, pronuntians quod vere Deus in vobis sit. Quid ergo est, fratres? cum convenitis, unusquisque vestrum psalmum habet, doctrinam habet, apocalypsim habet, linguam habet, interpretationem habet; omnia ad aedificationem fiant. Sive lingua quis loquitur, secundum duos, vel ut multum tres, et per partes; et unus interpretetur. Si autem non fuerit interpres, taceat in Ecclesia: sibi autem loquatur et Deo. Prophetae autem duo aut tres dicant, et caeteri dijudicent. Quod si autem alii revelatum fuerit sedenti. »

Hoc est, ad stuporem, non ad institutionem.

« Prior taceat. »

Non enim consentaneum erat, ut isto ad prophetiam effundendam excitato, ille loquatur.

Vers. 31. « Potestis enim omnes per singulos prophetare, ut omnes discant, et omnes exhortentur. »

Hoc ait, ut eum qui loqui prohibitus sit, demulceat.

Vers. 32. « Et spiritus prophetarum prophetis subjecti sunt. »

Ne quis contentiosus exsistat, aut invidiosus, declarat ipsummet donum subditum esse. Hic enim *spiritus* nomine operationem innuit. Quod si spiritus subjicitur, tu quoque a fortiori.

Vers. 33. « Non enim est dissensionis Deus, sed pacis: sicut et in omnibus Ecclesiis sanctorum doceo. »

Ostendit hoc quoque Deo placere, ne adversarius arrepta occasione contendere velit.

Vers. 34, 35. « Mulieres in Ecclesiis taceant: non enim permittitur eis loqui, sed subditas esse, sicut et lex dicit. Si quid autem volunt discere, domi viros suos interrogent. Turpe est enim mulieri loqui in Ecclesia. »

Tumultu composito, qui occasione donorum linguarum et prophetiae ortus erat, transit ad strepitum quem mulieres excitarent, et importunam libertatem earum comprimit, idque apposite prorsus. Enimvero si iis qui praediti essent donis, nequidem concessa erat loquendi licentia, multo magis istis. Viros porro constituit qui eas erudirent, nempe ea quae audirent, uxoribus omni diligentia recitarent. Inspice vero quibus id momentis astruat. Primum quidem a lege Dei; deinde a communi sensu et consuetudine. Ad haec etiam eos pudefacit a communi omnium sententia, et iis quae ubique sancita erant. Hoc enim significat, ubi ait: *Nunquid a vobis* **114** *Verbum Dei processit? an in vos solum pervenit?* Nam Ecclesias omnes laudaverat, quibus ejusmodi lex concredita erat. Quin nec istis duntaxat argumentis utitur, sed et quod caeteris omnibus validius est, hoc addit: Per me Deus nunc quoque haec ordinat. Notum sit enim, inquit, ea quae modo scribo, Domini praecepta esse.

Vers. 36, 37. « An a vobis verbum Dei processit? an in vos solum pervenit? Si quis videtur propheta esse, aut spiritualis, cognoscat quae scribo vobis, quia Domini sunt mandata. »

Neque enim hoc dicere possitis, inquit, factos vos esse doctores aliorum, nec proinde par esse ut ab aliis discatis: aut quod fidei negotium in hoc duntaxat constiterit, nec opus sit ab aliis exempla sumere.

Vers. 38. « Si quis ignorat, ignoret. »

Cur verbo hoc subjunxit? utique ut ostendat se nequaquam vim inferre, nec contendere: quod plane argumento est, eum ex illis non esse qui sua statuere velint, sed ex eis qui provideant aliis, quae ipsis utilia sint. Unde et alicubi ait: *Si quis vult contentiosus esse, nos talem consuetudinem non habemus.* Quanquam non ubique id facit, sed quando haud valde gravia peccata sunt: tuncque ut pudore majore suffundat. Nam quando de aliis disputat, non ita loquitur. Quinam vero? *Ne erretis*, inquit, *neque fornicatores, neque adulteri, neque molles regnum Dei possidebunt* [89]. Et rursum: *Ecce ego Paulus dico vobis, quoniam, si circumcidimini, Christus vobis non proderit* [90]. Hic vero quia de silentio sermo est, rem non vehementer urget, sed potius eos suadendo compellat.

« Itaque, fratres, aemulamini prophetare, et loqui linguis nolite prohibere. »

Redit iterum ad argumentum prius. Videsis autem quomodo ad finem usque discrimen observavit, ut illud quidem necessarium affirmaret, hoc vero nequaquam: dum nempe de illo quidem ait, *aemulamini*; de isto vero, *nolite prohibere.*

Vers. 40. « Omnia autem honeste et secundum ordinem fiant. »

Hoc dictum intulit, ut cuncta velut in summa componeret et emendaret.

CAP. XV.

Vers. 1. « Notum autem vobis facio, fratres, Evangelium, quod praedicavi vobis, quod et accepistis, et in quo statis. »

---

[89] 1 Cor. vi, 9. [90] Gal. v, 2.

Absoluta disputatione de spiritualibus, ad aliam omnium maxime necessariam sese convertit, puta ad materiam resurrectionis. Nam hoc in capite valde desudabant. Cum etenim hæc omnis nostra sit spes, ad eam oppugnandam vehementiori studio diabolus insistebat. Ac modo quidem eam penitus tollebat; modo autem jam factam esse narrabat; quemadmodum nempe ad Timotheum aiebat Paulus: *Ex quibus est Hymenæus et Philetus, qui a veritate exciderunt, dicentes resurrectionem esse jam factam* [91]. Quandoque rursum dicebant corpus non resurgere, sed resurrectionem nihil esse aliud præterquam purgationem animæ. Contra has igitur opiniones **115** consurgit. Vide autem quomodo initio ostendit nihil se novi afferre, nec peregrini. Nam qui notum facit id quod ante cognitum erat, exciderat que e memoria, compertum illud facit, in memoriam iterum reducendo. Bene vero, Evangelium dixit: bonorum quippe nuntiorum caput est resurrectio.

Vers. 2. « Per quod et salvamini. »

Explicat quid percipiatur lucri ex fide resurrectionis.

« Qua ratione prædicaverim vobis, si tenetis: præterquam, »

Non opus habetis, inquit, ut hoc doctrinæ caput discatis, sed solummodo ut reminiscamini.

« Nisi frustra credidistis. [Vers. 3.] Tradidi enim vobis in primis, quod et accepi. »

Quoniam dixit: *In quo et credidistis,* ne remissiores reddat, terret iterum.

« Quod Christus mortuus est pro peccatis nostris. »

Non statim pronuntiat resurrectionem corporum esse, sed tum hoc quidem affirmat; tum vero etiam ad memoriam eos revocat ingentis illius dilectionis, quam Deus ipsis exhibuit, Filium suum pro eis tradendo.

« Secundum Scripturas. »

Deus quippe per prophetam ait: *Propter peccata populi mei ductus est ad mortem* [91*]; et: *Dominus tradidit illum pro peccatis nostris* [92]; et: *Vulneratus est propter scelera nostra* [93].

Vers. 4. « Et quia sepultus est, et quia resurrexit tertia die secundum Scripturas. »

Rursum Isaias dicit: *E medio sepulcrum ejus ablatum est* [94]. Et iterum: *Deus vult eum mundare a vulnere, ostendere ei lumen* [95]. Et David in persona Christi aiebat: *Quia non derelinques animam meam in inferno* [96].

Vers. 5. « Et quia visus est Cephæ. »

Primo loco producit testem qui inter apostolos fide dignissimus erat. Observa quomodo prophetas et apostolos laudat, qui rei gestæ testimonium redderent.

Vers. 6. « Et post hoc undecim. Deinde visus est plusquam quingentis fratribus semel: ex quibus multi manent usque adhuc, quidam autem et dormierunt. »

Nam post assumptionem in cœlum Matthias undecim apostolis accersitus fuit, non statim a resurrectione.

Vers. 7. « Deinde visus est Jacobo, deinde apostolis omnibus. »

Non dixit: Mortui sunt, sed, *dormierunt;* ut hac quoque voce resurrectionem iterum confirmaret.

Vers. 8-10. « Novissime autem omnium tanquam abortivo visus est et mihi. Ego enim non sum dignus vocari apostolus, quoniam persecutus sum Ecclesiam Dei. Gratia autem Dei sum id quod sum, et gratia ejus in me vacua non fuit. Sed abundantius illis omnibus laboravi: non ego autem, sed gratia Dei quæ mecum est. »

116 Hæc vox demissionem animi significat.

Vers. 11, 12. « Sive igitur ego, sive illi, sic prædicamus, et sic credidistis. Si autem Christus prædicatur quod resurrexit a mortuis, »

A quocunque velitis discere, discite; nihil discrepamus.

« Quomodo quidam dicunt in vobis, quoniam resurrectio mortuorum non est? »

Prophetæ hoc prænuntiarunt, inquit, et ipse se videndum præbuit: hæc nos prædicamus, et hæc vos credidistis. Qua ratione igitur post tam perspicuam demonstrationem, credere detrectant, dum aiunt: *Quomodo?*

Vers. 13. « Si autem resurrectio mortuorum non est, neque Christus resurrexit. »

Nam ideo mortuus est, ut nostram naturam suscitaret. Quapropter nisi resurgamus, qua de causa Christus mortuus est?

Vers. 14-17. « Si autem Christus non resurrexit, inanis est ergo prædicatio nostra; inanis est et fides vestra: invenimur autem et falsi testes Dei: quoniam testimonium diximus adversus Deum, quod suscitaverit Christum, quem non suscitavit, si mortui non resurgunt. Nam si mortui non resurgunt, neque Christus resurrexit. Si autem Christus non resurrexit, vana est fides vestra. »

Vide quot absurda atque incommoda. Prædicationis vanitas; imo vanum Patris testimonium. Sed observa quanti peccati reos peragat illos qui resurrecturos mortuos inficiantur.

« Et adhuc estis in peccatis vestris. »

Nisi enim resurrexerit, neque proinde mortuus erit, neque dissolvit peccatum. Mors quippe illius solutio est peccati. Dictum est enim: *Ecce Agnus Dei, qui tollit peccatum mundi* [97]. Quomodo tollit, nisi morte sua? qua vero de causa agnum vocavit? Plane qua occisum. Si autem non resurrexit, ergo neque occisus fuit, neque deletum peccatum. Quod si id deletum non est, in eo adhuc estis: frustra prædicavi, frustra credidistis vos esse libe-

---

[91] II Tim. II, 18. [91*] Isa. LIII, 8. [92] ibid. 6. [93] ibid. 5. [94] Isa. XI, 10. [95] Isa. LIII, 12. [96] Psal. XV, 10. [97] Joan. I, 29.

ratos. Quin et mors manet immortalis, si non resurrexit.

Vers. 18. « Ergo et qui dormierunt in Christo, perierunt. »

Illos utique dicit, qui propter illum martyrium obierant.

Vers. 19. « Si in hac vita tantum in Christo sperantes sumus, miserabiliores sumus omnibus hominibus. »

Nam si corpus denuo non excitatur, sine corona animus manet. Quod si hoc ita erit, nullo bono fruemur. Si nullo, ergo in hac vita remuneratio erit. Ecquid ergo miserabilius nobis sit, quos propter doctrinam hanc ubique persequuntur?

Vers. 20. « Nunc autem Christus resurrexit a mortuis. »

Postquam ostendit quot negata resurrectione pariantur mala, sermonem continuate resumit: additque, *ex mortuis*, ut ora claudat hæreticorum.

« Primitiæ dormientium factus est. »

Si autem primitiæ, illos quoque resurgere necessum est. Principium enim sequuntur quæ post illud sunt.

117 Vers. 21. « Quoniam enim per hominem mors, et per hominem resurrectio ex mortuis. »

Causæ redditio. Nam quia universa hactenus affirmando pronuntiavit, operæ pretium fuit afferre causam qua orationem vulgo probabilem pararet.

Vers. 22. « Nam sicut in Adam omnes moriuntur, ita et in Christo omnes vivificabuntur. »

Oportebat, inquit, ut qui superatus fuerat, ad pugnam reverteretur; et ut subacta natura ipsa tandem vinceret. Hac quippe ratione delendum erat opprobrium.

Vers. 23. «[Unusquisque autem in suo ordine; primitiæ Christus. »

Ne putaveris, dum audis resurrectionem, eorumdem omnes bonorum compotes futuros.

« Deinde iis qui sunt Christi, in adventu ejus. »

Hoc est, fideles, et qui probati sunt.

Vers. 24. « Deinde finis, cum tradiderit regnum Deo et Patri. »

Quando illi resurgent, res omnes finem accipient: nam, quemadmodum hodie, postquam Christus resurrexit, suspensæ res tenentur adhuc. Quocirca addit, *nos in adventu ejus*, ut significet se de illo tempore verba facere.

« Cum evacuaverit omnem principatum et potestatem et virtutem. »

Id est, posteaquam nationes omnes ad serviendum Patri adduxerit. *Nemo enim*, inquit Christus, *venit ad Patrem nisi per me* [18].

Vers. 25-29. « Oportet autem illum regnare, donec ponat omnes inimicos sub pedibus ejus. Nam omnia subjecit sub pedibus ejus. Novissima autem inimica destruetur mors. Cum autem dicat, Quod subjecta sunt, sine dubio præter eum qui subjecit ipsi omnia. Cum autem subjecta fuerint illi omnia, tunc et ipse Filius subjectus erit ei qui subjecit sibi omnia; ut sit Deus omnia in omnibus. Alioquin quid facient, qui baptizantur pro mortuis? »

Vox, *donec*, in Scriptura tempus significat, uti nec, *usque*. Velut in hoc effato, *a sæculo et usque in sæculum tu es* [19].

Ne quis principia duo expertia principii suspicetur. Nonnulli dicunt hoc eum pronuntiasse, ut nequitiæ destructionem significaret.

« Si omnino mortui non resurgunt, utquid et baptizantur pro illis? »

Hoc ait, quia in baptismate resurrectionem carnis profitemur.

Vers. 30. « Utquid et nos periclitamur in omni hora? »

Non dixit, ego, sed, *nos*, ut apostolos omnes simul significaret. Atque hac voce modestiam promit, et orationi fidem asserit.

Vers. 31. « Quotidie morior, ad gloriam vestram, quam habeo in Christo Jesu Domino. »

118 Hic enuntiat quantum profecerit. Quomodo enim quotidie moriatur, nisi ardore animi?

Vers. 32. « Si (secundum hominem) ad bestias pugnavi Ephesi. »

Hoc est, quantum in homines cadit; quanquam et Deus me liberavit.

« Quid mihi prodest, si mortui non resurgunt? manducemus et bibamus: cras enim moriemur. Vers. 33.] Nolite errare: Corrumpunt mores bonos colloquia mala. »

Isthæc omnia pronuntiavit, non quod nihil emolumenti percipiebat ex eo quod patiebatur, qui nec mercedis exspectatione currebat. Sola quippe retributio hæc ei sufficiebat, id præstare quod placitum esset Deo. Sed propter plurimorum infirmitatem ita loquebatur. Quocirca ob eamdem rationem dicebat: *Si in hac vita tantum in Christo sperantes sumus, miserabiliores sumus omnibus hominibus*. Quo nempe vel hujusce miseriæ et infelicitatis formidine eorum circa resurrectionem incredulitatem exagitaret.

Vers. 34. « Evigilate juste. »

Hoc est, uti conveniens et utile erit. Velut ad ebriosos et amentes.

« Et nolite peccare. »

Annuit ex prava vitæ ratione semina hujusce infidelitatis pullulare. Multi siquidem eorum, qui conscii sibi sunt malorum, nec pœnas volunt persolvere, in fide resurrectionis sauciantur; quemadmodum e contrario qui magna edunt facinora virtutum, quotidie cupiunt diem illam videre.

« Ignorantiam enim Dei quidam habent. »

Vide quomodo in illos criminationes transfert. Nam resurrectionem inficiari, illius est qui non pernoscat virtutem Dei insuperabilem, et ad omnia sufficientem. Siquidem enim ex nullis exstanti-

---

[18] Joan. xiv, 6. [19] Psal. xl, 14.

bus, ea quæ exstant, fecerit, multo magis poterit excitare quæ soluta erant.

« Ad reverentiam vobis loquor. »

Id est, ita ut vos corripiam, ut, pudore concepto, meliores evadatis.

Vers. 35. « Sed dicet aliquis : Quomodo resurgunt mortui ? qualive corpore venient ? »

Objectum solvit quod gentiles invexerant.

Vers. 36, 37. « Insipiens, tu quod seminas, non vivificatur, nisi prius moriatur ? Et quod seminas, »

Id est, penes temetipsum horum demonstrationem habes, ex iis quæ abs te quotidie fiunt : tu vero nihilominus adhuc contradicis ? inquit. Quamobrem jure te insipientem appello, qui ea ignoras quæ quotidie facis. At videsis superjectionem. Nam quod illi negandæ resurrectionis argumentum habebant, ex hoc ipse conficit demonstrationem resurrectionis. Dicebant enim : Nequaquam resurget, quandoquidem mortuus est. Contra ille ait : Plane quidem nisi mortuus sit, nunquam resurrexerit.

« Non corpus, quod futurum est, seminas. »

119 Hoc est, non spicam integram, non triticum novum, non quod culmum habeat, non paleam. Hic enim non de ipsamet resurrectione disputat, sed de resurrectionis modo : puta quale corpus sit resurrecturum : an hoc ipsum : nunquid non melius et splendidius ? Atqui isthæc utraque ex eodem exemplo colligit, ostendens longe melius præstantiusque corpus futurum.

« Ut puta tritici, aut alicujus cæterorum. »

Itaque loquitur, ne alicui in suspicionem veniat, alterum se corpus dixisse.

Vers. 38. « Deus autem dat illi corpus, sicut vult. »

Ne ergo curiosius inquiras, nec dedita opera scruteris, quinam, quave ratione, dum Dei virtutem et potentiam audis.

« Et unicuique seminum proprium corpus. »

Quia nonnulli de resurrectione dubitabant, aiebantque : *Quali vero corpore venient ?* idcirco subjicit, tanquam exempli gratia, proprium seminum corpus dicens. Ubinam ergo alienum, quando proprium datur ?

Vers. 39-42. « Non omnis caro, eadem caro : sed alia quidem hominum, alia vero caro volucrum, alia pecorum, alia autem piscium. Et corpora cœlestia, et corpora terrestria : sed alia quidem cœlestium gloria, alia autem terrestrium. Alia claritas solis, alia claritas lunæ, et alia claritas stellarum. Stella differt a stella in claritate. Sic et resurrectio mortuorum. Seminatur in corruptione, surget in incorruptione. »

Ne existimarent ob allatum exemplum, omnes in futuro ævo æqualem gloriam accepturos, idcirco ait : *Non omnis caro, eadem caro.* Ac si diceret : Quid de seminibus loquor ? Hoc ipsum de quo nunc disputamus accuratius juvat explicare, adductis in medium corporibus. Quia resurrectionis doctrinam antea stabilivit, deinceps ostendit magnum tunc quantum ad gloriam discrimen fore, quamvis una sit resurrectio : atque duo distinguit, cœlestia et terrestria. Enimvero exemplo tritici resurrectura corpora probavit : ex hoc autem alio demonstrat, non omnia gloriam eamdem habitura. Ostendit ergo multam fore inter justos discrepantiam, dum alium cum sole comparat, alium cum luna, et alium cum stella ; itemque peccatorum diversissimum esse statum, cum animantium pisciumque et volucrum corpora affert. Ac totum hoc argumentum exsequitur, adductis in exemplum, tam quæ sursum sunt, quam quæ deorsum.

Vers. 43. « Seminatur in ignobilitate ; surget in gloria. »

Ecquid enim ignobilius sit corpore fetente et diffluente ?

« Seminatur in infirmitate. »

Nondum enim elapsis triginta diebus, totum dissolvitur.

« Surget in virtute. »

Nihil enim ejusmodi tunc supererit.

Vers. 44. « Seminatur corpus animale, surget corpus spirituale. »

120 Hoc ait, non quasi modo non sit, concesso Spiritus pignore, spirituale corpus, sed quia id tunc præstantius fiet. Hodie siquidem spiritus non manet ; frequenter enim abscedit ab iis qui peccant : tunc vero constans et firma illi habitatio erit.

« Si est corpus animale, est et spirituale. Sicut et scriptum est. »

Vel quia corpus agilius erit et subtilius, ita ut aura vehatur.

Vers. 45-50. « Factus est primus homo in animam viventem ; et novissimus Adam in spiritum vivificantem. Sed non prius quod spiritale, sed quod animale ; deinde quod spiritale. Primus homo de terra terrenus : secundus homo Dominus de cœlo. Qualis terrenus, tales et terreni. Et qualis cœlestis, tales et cœlestes. Et sicut portavimus imaginem terreni, portemus et imaginem cœlestis. Hoc autem dico, fratres, »

Hoc est, crassus et præsentibus affixus. Simul vero de vitæ agendæ rationibus loquitur.

« Quia caro et sanguis regnum Dei possidere non possunt. »

Carnem et sanguinem hoc in loco appellat actiones pravas, ut cum dicit : *Vos non estis in carne* [1]. Et rursum ; *Qui in carne sunt, Deo placere non possunt* [2].

« Neque corruptio incorruptionem possidebit. [Vers. 51.] Ecce mysterium vobis dico : Omnes quidem non dormiemus : sed omnes immutabimur. »

Id est, malitia non assequetur illam gloriam et possessionem illam rerum incorruptarum.

[1] Rom. viii, 8. [2] ibid. 9.

Vers. 52. « In momento. »

Id est, brevi temporis instanti.

« In ictu oculi, in novissima tuba (canet enim tuba), et mortui resurgent incorrupti. »

Hoc dicti prioris interpretatio est: quasi dicat: quantum satis sit palpebræ duntaxat claudendæ.

« Et nos immutabimur. »

Hoc dicit de illis qui tunc temporis in vivis reperientur.

Vers. 53, 54. Oportet enim incorruptibile hoc induere incorruptionem, et mortale hoc induere immortalitatem. Cum autem corruptibile hoc induerit incorruptibilitatem, tunc fiet sermo qui scriptus est. »

Rursum redit ad exemplum allatum, et ad inceptum de resurrectione sermonem, dimissis iis quæ ad vitæ rationes varias pertinebant.

« Absorpta est mors in victoria. [Vers. 55, 56.] Ubi est, mors, victoria tua? ubi est, inferne, stimulus tuus? stimulus autem mortis peccatum est. »

Id evincit iterum ex prophetis.

« Virtus vero peccati lex. [Vers. 57.] Deo autem gratias, qui dedit nobis victoriam, per Dominum nostrum Jesum Christum. »

Quia sine lege infirmum erat: quod quidem perpetraretur, non tamen ut damnationi obnoxium redderet. Equidem enim malum fiebat; at non talem speciem præferebat. Quocirca non hoc ait, a lege invectum esse peccatum, sed propter eam auctum supplicium fuisse.

[Vers. 58.] Itaque, fratres mei dilecti, stabiles estote, immobiles. »

Opportuna prorsus adhortatio.

« Abundantes in opere Domini semper: scientes quod labor vester non est inanis in Domino. »

Hoc est, in vita pura et integra.

CAP. XVI.

Vers. 1. « De collectis autem quæ fiunt in sanctos. »

Absoluta de dogmatis tractatione, jamque ad moralia transiturus, aliis omnibus dimissis, de eleemosyna sermonem movet. *Collectas* autem vocat collectionem pecuniarum.

« Sicut ordinavi Ecclesiis Galatiæ, ita et vos facite. »

Non dixit: Hortatus sum, et consilium dedi, sed, *ordinavi*, quod majoris est auctoritatis.

Vers. 2. « Per unam Sabbatorum unusquisque vestrum apud se ponat, quantum sibi facultas erit. »

Pensate, inquit, facultates vestras in hac die. Arcana quippe dona in ea præstantur; imo radix est, et principium vitæ nostræ: insuper et in eadem mysteriorum participes efficimur. Vide qua ratione consilium instruit, tum a tempore, tum a modo.

« Ut non, cum venero, collectæ fiant. [Vers. 3.] Cum autem præsens fuero, »

Exspectatio quippe Pauli alacriores eos faciebat.

« Quos probaveritis per epistolas, hos mittam perferre gratiam vestram in Jerusalem. »

Non ait, hunc, vel illum, ne quam suspicionem injiciat: bene vero *gratiam* dicit, non eleemosynam.

Vers. 4-7. « Quod si dignum fuerit ut et ego eam, mecum ibunt. Veniam autem ad vos, cum Macedoniam pertransiero. Nam Macedoniam pertransibo. Apud vos autem forsitan manebo, vel etiam hiemabo, ut vos me deducatis quocunque iero. Nolo enim vos modo in transitu videre. »

Hic rursum hortatur eos ad liberalitatem.

« Spero enim me aliquantulum temporis manere apud vos, si Deus permiserit. [Vers. 8-10.] Permanebo autem Ephesi usque ad Pentecosten. Ostium enim mihi apertum est magnum, et efficax, et adversarii multi. Si autem venerit Timotheus, videte. »

Hæc dicens, tum præmonstrat charitatem, tum etiam flagitiosos ad sanitatem revocat.

« Ut sine timore sit apud vos. »

Id est, ne quis improborum illorum contra eum insurgat.

« Opus enim Domini operatur, sicut et ego. » Hujus fidelitatem commendat a ministerio.

Vers. 11. « Ne quis illum spernat: deducite autem illum in pace, ut veniat ad me. »

Quia nempe junior cum esset, tantam plebem moderandam susceperat.

« Exspecto enim illum cum fratribus. [Vers. 12, 13.] De Apollo autem fratre, multum rogavi cum, ut veniret cum fratribus: et utique non fuit voluntas, ut nunc veniret. Veniet autem, cum ei vacuum fuerit. Vigilate. »

Hoc quoque territantis erat, ut æquiores forent, cum ipsum Timotheo narraturum quæ passus esset, intelligerent. Multam autem erga illos dilectionem præfert, cum virum hunc optimum propter ipsos mitteret.

« State in fide; viriliter agite, et confortamini. » Non in sapientia extranea.

Vers. 14, 15. « Omnia vestra in charitate fiant. Obsecro autem vos, fratres, nostis Stephanæ domum et Fortunati; quoniam est »

Eo quod omnia crimina de quibus dictum est, inquit, ex omissione charitatis acciderunt.

« Primitiæ Achaiæ, et in ministerium sanctorum ordinaverunt seipsos, [Vers. 16] ut et vos subditi sitis ejusmodi, et omni cooperanti et laboranti. »

Initio quoque Epistolæ eorumdem meminit, dicens: *Baptizavi autem et Stephanæ domum.* Nunc vero primitias eum vocat, non solum Corinthi, verum et Græciæ totius. Atqui haud exigua laus est primum omnium ad Christum accessisse. Quocirca in Epistola etiam ad Romanos quosdam eo nomine laudabat, quod ante se fuissent in Christo ª. Nec dixit, quia prius crediderunt, sed, quia *primitiæ* fuerunt ; ut significaret eos simul cum fide optimam vitam prætulisse.

Vers. 17, 18. « Gaudeo autem in præsentia Stephanæ et Fortunati et Achaici, quoniam id quod vobis deerat, ipsi suppleverunt. Refecerunt enim spiritum meum et vestrum. Cognoscite ergo qui ejusmodi sunt. »

Quia verisimile erat illos erga istos exasperatos esse : hi enim erant qui ipsum convenerant, nuntiaverantque dissidium omne : eam ob rem ait, *refecerunt spiritum meum. Meum*, inquit, ut ostendat illos vice omnium venisse, et pro eis tantam voluisse peregrinationem suscipere.

Vers. 19, 20. « Salutant vos Ecclesiæ Asiæ. Salutant vos in Domino Aquilas et Priscilla, cum domestica sua Ecclesia. Salutant vos omnes fratres.

Membra colligit et conglutinat salutatione.

« Salutate invicem in osculo sancto. »

In hac duntaxat Epistola sanctum osculum posuit : quia valde dissidebant ab invicem, dicente alio, Ego sum hujus; et alio, Ego istius.

Vers. 21. « Salutatio mea manu Pauli. »

Significat se multo cum studio Epistolam hanc scripsisse.

Vers. 22. « Si quis non amat Dominum nostrum Jesum Christum, sit anathema. »

123 Hoc uno verbo universo perterruit qui membra sua meretricis membra facerent ; qui fratribus scandala objicerent edendo carnes idolis

ª Rom. xvi, 7.

immolatas ; qui resurrectionem negarent. Non solum autem terruit, sed et viam virtutis pandit, et impietatem nequitiæ.

« Maranatha. »

Quoniam superbia erat omnium malorum causa, atque superbiam hanc extranea sapienti a pepererat, quod malorum erat caput ; ut eam comprimat, haudquaquam Græca voce utitur, sed Hebraica ; ostendens non solum se non pudere simplicitatis, sed et multo eam ardore complecti. Quid autem hoc est, *Maranatha ? Dominus venit*. Quare vero pronuntiat, nisi ut divinæ dispensationis incarnationisve fidem confirmet, ex qua præsertim resurrectionis compacta sunt?

Ac si diceret : Communis omnium Dominus tantum se demittere dignatus est, et vos interim in ejusmodi vitiis versamini?

Vers. 23. « Gratia Domini nostri Jesu Christi vobiscum. »

Præceptoris officium est, non modo consilium dare, verum etiam precibus opitulari.

Vers. 24. « Charitas mea cum omnibus vobis in Christo Jesu, Amen. »

Quia dure eos perstrinxit, mitius jam loquitur : ne autem putarent ipsum supplicis instar hoc modo concludere, addidit, *in Christo*. Nihil enim clausula hæc præfert humani, aut carnalis, sed mere spiritualis.

Ad Corinthios prima, versuum 842. *Scripta est Philippis per Stephanum, Fortunatum, Achaicum et Timotheum. Lectiones quinque, capita novem, testimonia* 17, *versus* 870.

IN EPISTOLAM AD CORINTHIOS II.

CAPUT PRIMUM.

Vers. 1. « Paulus Apostolus Jesu Christi per voluntatem Dei, et Timotheus frater. »

Alteram Corinthiis Epistolam ideo scripsit Apostolus, quia in priori promiserat se brevi venturum ad ipsos, cujus tamen præstandi facultas hactenus non fuerat. Altera itidem causa fuit, quod ad meliorem frugem illi se receperant ob epistolam anteriorem. Initio itaque excusationem affert dilationis, et probare se testatur emendationem quam Epistola prior pepererat.

« Ecclesiæ Dei. »

Hos rursum *Ecclesiam Dei* nuncupat, eos in unum simul colligendo.

« Quæ est Corinthi, cum omnibus sanctis qui sunt in universa Achaia. [Vers. 2, 3] Gratia vobis et pax a Deo Patre nostro et Domino Jesu Christo. Benedictus Deus et Pater Domini nostri Jesu Christi. »

124 Salutationem a gente orditur, et una cum illis Corinthios honorifice compellat.

« Pater misericordiarum, et Deus totius consolationis, [Vers. 4] qui consolatur nos in omni tribulatione nostra ; ut possimus et ipsi consolari eos qui in omni pressura sunt, per exhortationem qua exhortamur ipsi a Deo. »

Causam affert cur tardaverit. At ergo : Scio quidem quod me venturum ad vos sim pollicitus : sed quoniam afflictiones et angustiæ impedimento fuerunt, date veniam, nec superbiæ aut secordiæ nostræ hoc tribuatis.

Vers. 5, 6. « Quoniam sicut abundant passiones Christi in nobis, ita et per Christum abundat consolatio nostra : sive tribulamur pro vestra exhortatione et salute. »

Ne nimia calamitatum amplificatione discipulorum animos dejiciat, quo mentes ipsorum erigat, copiosam esse consolationis abundantiam ostendit ;

neque hoc solum, sed et Christi meminit, ejusque esse afflictiones ipsas dicit. Tum allato uno et primo solaminis argumento, quod nempe per eas Christi consortes simus, alterum insuper addit, puta hac ratione discipulorum salutem parari. Id quod hunc in modum evincit. Nisi prædicavissemus vobis, inquit, malorum timore ne id faceremus deterriti, ad extrema res vestræ redactæ essent : nunc autem quo persecutionum nostrorum vis amplius intenditur, tanto magis exspectare melioris spei accrementum debetis.

« Quæ operatur in tolerantia omnium passionum, quas et nos patimur.[VERS. 7.] Et spes nostra firma sit pro vobis : sive exhortamur pro vestra exhortatione et salute. »

Ostendit una cum utilitate ipsorum, multum quoque virium habuisse gratiam quæ in eis operata est.

« Quia sicut socii passionum estis, ita et consolationis. [VERS. 8.] Nolo enim vos ignorare, fratres, de tribulatione nostra, quæ facta est in Asia, quia supra modum gravati sumus supra virtutem, ita ut et tæderet nos vivere. »

Doletis, inquit, quod nos persequantur, ac si hæc ipsi sustineretis. Ita nos scimus quod, dum solatio reficimur; eodem quoque vos ipsi perfruamini.

VERS. 9. « Sed ipsi in nobismetipsis responsum mortis habuimus, ut non simus fidentes in nobis, sed in Deo.»

Id est, sententiam et exspectationem. Atque hujus loci sensus iste est : Ejusmodi expectationem rerum status injiciebat, omnes nos morti proximos esse : verum res non eo processit ; sed intra suspicionem nostram constitit. Quod vero sequitur, *ut non simus confidentes,* non ita eum esse affectum significat, sed alios hisce locutionibus erudit, ac si de seipso sermo foret.

Qui suscitat mortuos ; [VERS. 10, 11] qui de tantis periculis nos eripuit et eruet, in quem speramus, quoniam **125** et adhuc eripiet, adjuvantibus et vobis in oratione pro nobis. »

Sermonem movet iterum de resurrectione.

« Ut ex multorum personis, ejus quæ in nobis est donationis, per multos gratiæ habeantur pro nobis. »

Uti personæ multæ, inquit, ei gratia referant ; quippe cum et multæ gratiam acceperint. Hæc autem ait, ut tum eos ad orandum pro aliis excitet, tum etiam ut demissionem animi doceat, et ad charitatem provocet. Quin et hoc insinuat, quamvis Deus magna per misericordiam præstet, ad id tamen conferre preces et supplicationes.

VERS. 12. « Nam gloria nostra hæc est, testimonium conscientiæ nostræ, quod in sanctitate. »

Tertium consolationis argumentum ponit ; nimirum quod conscientia pura ubique terrarum conversetur. Sic autem loquitur, ut eos erudiat ne in afflictionibus despondeant animum, dum con-

scientiam puram habeant. Hic vero sensus est : Gloriatio nostra hæc est, inquit, conscientia nostra, quæ nos non possit condemnare, quasi factis improbis a recto excesserimus.

« Et sinceritate Dei. »

Id est, absque ullo dolo.

« Non in sapientia carnali. »

Hoc est, non in vafritie, nec in artificio sermonis, aut in implicatione sophismatum.

« Sed in gratia Dei conversati sumus in hoc mundo : abundantius autem ad vos. »

Per signa monstrantes virtutem quam ipse concessit nobis. »

VERS. 13. « Non enim alia scribimus vobis quam quæ aut legitis, aut etiam cognoscitis. »

Quia de seipso eximia prolocutus fuerat, id quod invidiosum et grave videbatur, testes ipsos appellat eorum quæ abs se dicuntur.

VERS. 14. « Spero autem quod usque in finem cognoscetis, sicut et cognovistis nos ex parte. »

A præteritis fidem facit futurorum. Quin nec simpliciter et nude id pronuntiavit, sed totum rejiciens in Deum et spem quæ in illum est.

« Quod gloria vestra sumus, sicut et vos nostra, in die Domini nostri Jesu. »

Hic conceptam forte ex ante dictis invidiam vel rixas adimit, dum eos quoque in partem gloriæ recipit suorum recte factorum. Nequaquam enim, inquit, intra nos hæc constitit, sed ad vos etiam dimanavit.

VERS. 15-17. « Et hac confidentia volui prius venire ad vos, ut secundam gratiam haberetis, et per vos transire in Macedoniam, et iterum a Macedonia venire ad vos, et a vobis deduci in Judæam. Cum ergo hoc voluissem, »

Qua utique in vobis maxime fiduciam ponamus ; qua gloriamur in vobis, et gloria nostra vos estis.

126 « Nunquid levitate usus sum ? aut quæ cogito, secundum carnem cogito, ut sit apud me, Est, est, et, Non, non ?

Qua de causa non veni, inquit ? nunquid levitate et mobilitate animi ? nequaquam. Eccur vero ? quia quæ propono, non secundum carnem propono. Quorum verborum talis est sensus : Carnalis homo, sive qui rebus præsentibus addictus est, et operationis Spiritus exsors exsistit, quoquo versum abire potest et oberrare quo voluerit. Qui vero Spiritu agitur, non potest ubique sententiæ suæ dominus esse, quippe quam ab illa auctoritate pendentem habeat. Sed quocunque Spiritui libitum erit ducitur, isque jussis herilibus obsecundat. Ait ergo : Nullatenus sum a gubernatione Spiritus alienus, nec penes me est illuc pergere quo voluero. Paracleti siquidem jussioni sum obnoxius, ipseque mihi præcipit : idcirco venire non potui, quia secus visum est Spiritui. Hoc porro in Actibus etiam apostolorum scriptum est, cum is aliquo pergere statuisset, jussisse Spiritum ut alio vaderet ª. Non ergo levitati meæ, hoc est, non mobilitati animi tribuendum quod non venerim; sed oportuit, ut qui Spiritui subditus sum, eidem obtemperarem.

Vers. 18. « Fidelis autem Deus, quia sermo noster, qui fuit in illo, est, et, non. »

Emergentem objectionem solvit. Dixerit quispiam si non est apud te, *Est*, et, *Non*; cur posthac evertis, quæ modo asseris, quemadmodum de accessu tuo loquens fecisti? Væ nobis si unquam id accidit in prædicatione nostra. Itaque ne hæc cogitando perturbarentur, ait: Nihil tale contigit in prædicationibus meis. Humana siquidem mendacio sunt obnoxia: at non item ea quæ Dei sunt. Quamobrem dicit: *Fidelis Deus*, id est, verax. Proinde ne tibi suspecta sint, quæ sunt illius. In his quippe nihil est humani.

Vers. 19. « Dei enim Filius Jesus Christus, qui in vobis per nos prædicatus est, per me et Silvanum et Timotheum, non fuit, est, et, *non*. »

Quia *sermonem* nominavit, infert modo de quo sermone dicat. Hoc porro significat, est, et, non: Non everti, inquit, quæ antehac prædicando dixeram. Neque nunc quidem istud, modo autem aliud vobis sum locutus. Hoc enim fidei non fuerit, sed oberrantis animi.

« Sed, *est*, in eo fuit. »

Hoc est, sermo quem pronuntiavi, immobilis et firmus manet.

Vers. 20. « Quotquot enim sunt promissiones Dei, sunt in illo *est*. Ideo et per ipsum, Amen, Deo ad gloriam per nos. »

Sic loquitur, eo quod prædicatione multa promitterentur, et apostoli multa hæc pollicerentur et annuntiarent. Nam et de resurrectione disseruerant, necnon de assumptione, et immortalitate, de ingentibus præmiis, et de arcanis illis bonis. Has porro pollicitationes manere immotas dicit. Non enim fuit in eis, *est*, et, *non*; ut quandoque vera fuerint quæ dicebantur, et quandoque falsa, quemadmodum adventus meus; sed vera semper exstitere.

127 Quod si firma sunt, quæ promisit, multo magis ipse, et qui de ipso sermo fit.

Vers. 21-23. « Qui autem confirmat nos vobiscum in Christo, et qui unxit nos Deus, et qui signavit nos, et dedit nobis pignus Spiritus in cordibus nostris. Ego autem testem Deum invoco in animam meam. »

Hoc est, qui non sinit nos moveri a fide quam habemus in Christum, quique nos unxit, et dedit Spiritum in cordibus nostris, quomodo non daret futura? Dicendo autem, *qui unxit*, et, *qui signavit*, donum Spiritus significavit.

« Quod parcens vobis, non veni ultra Corinthum: non quia dominamur fidei vestræ, sed quia adjutores sumus gaudii vestri. Nam fide statis. »

CAP. II.

Vers. 1, 2. « Statui autem hoc ipsum apud me, ne iterum in tristitia venirem ad vos. Si enim ego contristo vos. »

Satius abesse duxi, inquit, ut darem pœnitentiæ locum, quam ut præsens pœnas infligerem, et magis exasperarer.

« Et quis est qui me lætificet, nisi qui contristatur ex me? »

Etsi in mœrore versaturus eram, inquit, quod coactus essem vos objurgare et videre mœrentes, attamen hoc ipsum me lætificat. Nam maximæ dilectionis argumentum est, quod me tanti faciatis, ut possim vos aversando mordere.

Vers. 3. « Et hoc ipsum scripsi vobis, ut non cum venero tristitiam habeam ab iis de quibus oportuerat me gaudere: confidens in omnibus vobis, quia meum gaudium omnium vestrum est. »

Idem hoc est ac si diceret: Idcirco non veni, quia parcebam vobis.

Vers. 4. « Nam ex multa tribulatione et angustia cordis scripsi vobis per multas lacrymas, non ut contristemini; sed ut sciatis charitatem, quam habeo abundantius in vos. »

Ingentem hic præ se fert amorem, quando ipse longe amplius dolebat, quam qui peccaverant.

Vers. 5. « Si quis autem contristavit, non me contristavit, sed ex parte, ut non onerem omnes vos. »

Non me latet, inquit, vos una mecum contristatos fuisse, et indigne scortatorem perinde tulisse, ut facinus quod admissum est, vos omnes doloris mei consortes fecerit: idcirco autem dixi, *ex parte*, non quod vos minus indoluistis quam ego; sed ne gravior illi accideret qui stuprum patravit.

Vers. 6. « Sufficit illi qui ejusmodi est, objurgatio hæc, quæ fit a pluribus. »

Non ait, incesto, sed, *illi qui ejusmodi est*, ut objurgationis modum allevet.

Vers. 7-9. « Ut e contrario magis donetis, et consolemini, ne forte tristitia abundantiori absorbeatur qui ejusmodi est. Propter quod obsecro vos, ut confirmetis in illum charitatem. Ideo enim et scripsi, ut cognoscam experimentum vestrum, an in omnibus obedientes sitis. »

128 Non solum remitti increpationem jubet, verum et omnigenam consolationem adhibere. Hos autem laudans memoriam revocat pristinæ ipsorum obedientiæ, quam et in medium profert.

Vers. 10. « Cui autem aliquid donastis, et ego. »

Vide quomodo secundas sibi partes ascribat, ut eos quidem tanquam duces haberi velit, se autem instar comitis. Id quod profecto vel maxime possit animum exasperatum lenire.

« Nam et ego quod donavi, si quid donavi, propter vos. »

ª Act. XVI, 7.

Ne elatiores ipsos redderet, ac si domini forent, rursum adigit eos ad obediendum, dicens : Nam et ego quoque hoc vestri causa praestiti.

« In persona Christi. »

Ad gloriam Christi, inquit, vel etiam tanquam hoc jubente Christo : id quod in primis ipsos persuadere aptum erat.

VERS. 11. « Ut non circumveniamur a Satana. »

Pulchre πλεονεξίας nomen adhibuit. Non enim sumit ille quae sua sunt : quin potius nostra rapit et usurpat. Nam qui factum poenitentia mutaverat, is evaserat melior.

« Non enim ignoramus cogitationes ejus. »

Nam sub religionis specie infert exitium, ut non solum ad stuprum illicere, verum et contraria ratione labefactare possit, immodicae nimirum poenitentiae vi et dolore.

VERS. 12, 13. « Cum venissem autem Troadem propter Evangelium Christi, et ostium mihi apertum esset in Domino, non habui requiem spiritui meo, eo quod non invenerim Titum fratrem meum : sed valefaciens eis, profectus sum in Macedoniam. »

Initio dixerat gravatum se supra modum fuisse : et postquam declaravit, quo pacto liberatus esset, omissis quae intercessere, narrat iterum alio modo se fuisse divexatum. Quinam vero, quave ratione? Non reperto Tito. Is vero Corinthi morabatur.

VERS. 14. « Deo autem gratias, qui semper triumphat nos in Christo. »

Ne videatur haec gemebundus lugere, grates rependit Deo. Quod autem dicit, hunc sensum habet : Ubique afflictio, ubique angustia. In Asiam perrexi, gravatusque sum supra modum. Troadem veni, nec fratrem reperi. Vos non conveni, idque non exiguam mihi anxietatem peperit. Verumtamen in istis omnibus, inquit, nequaquam moesto animo sumus, sed laetamur, non tantum spe futurorum, sed et propter illa quae nunc accidunt : quippe cum per ea clariores illustrioresque evadamus. Quocirca *triumphum* illud de quo agitur appellat. Nam hoc plane triumphus est, ubi quis illustris apud omnes fit et conspicuus. Quin nec simpliciter dixit, *qui triumphat*, sed adjecit, *in Christo*, id est propter Christum et Evangelii praedicationem.

« Et odorem notitiae suae manifestat per nos in omni loco : [VERS. 15, 16] quia Christi bonus odor sumus Deo in iis qui salvi fiunt, et in iis qui pereunt : aliis quidem odor mortis in mortem ; aliis autem odor vitae in vitam. »

Declarat locum omnem et tempus omne apostolicis certaminibus plenum esse : atque alteram rursum metaphoram adhibet, ab odoris fragrantia sumptam. Deinde vero, quia dixit : *In iis qui pereunt, bonus odor sumus*; ne quis arbitraretur, et illos acceptos esse, subjunxit : *Aliis quidem odor ex morte in mortem; aliis autem odor ex vita in vitam.*

Cujus dicti significantia haec est : fragrantiam istam alii quidem sic admittunt, ut salvi fiant; alii vero sic ut pereant. Itaque si quis pereat, ipse sibi causa est. Atqui vulgo dicuntur sues unguento praefocari, et gramiosos oculos lumine caecos fieri.

« Et ad haec quis idoneus? »

Quia magna quaedam praefatus est, victimam nos esse Christi, necnon bonum odorem ; ubique nos triumphare : isthaec rursum omnia in Deum refert. Unde ait : *Et ad haec quis idoneus?* totum enim Christi est, inquit, et nihil nostrum.

VERS. 17. « Non enim sumus ut quidam, adulterantes verbum Dei, sed tanquam ex sinceritate ; sed quasi ex Deo. »

Si magna pronuntiavimus, at nihil horum nostrum esse benefactum apparuit, sed Christi prorsus omnia. Non enim falsos apostolos aemulamur, qui pleraque sua esse asserunt. Nam hoc est adulterare, ubi quispiam vinum vitiat, et quando quis pecunia vendit, quod gratis dare jussus est.

« Coram Deo, in Christo loquimur. »

Non sic praedicamus, ut vos hallucinemur, neque in nostra sapientia nitimur, sed divinum nobis robur suppeditatur.

CAP. III.

VERS. 1, 2. « Incipimus iterum nosmetipsos commendare. Aut nunquid egemus, sicut quidam, commendatitiis epistolis ad vos, aut ex vobis? Epistola nostra vos estis, scripta in cordibus nostris, quae scitur et legitur ab omnibus hominibus. »

Antevertendo solvit id quod ab illis erat objiciendum, videlicet quod seipsum extolleret. Ac ejusmodi quidpiam loquitur : Adeo non egemus commendatitiis epistolis, ut vos ipsos epistolae loco habeamus. Quin etiam ait : Etsi opus esset nos apud alios commendari, vos utique epistolae loco in medium produceremus.

VERS. 3. « Manifestati, quod epistola estis Christi, ministrata a vobis. »

Hoc in loco non modo testimonium perhibet charitatis illorum, verum etiam recte factorum.

« Scripta non atramento, sed Spiritu Dei vivi : non in tabulis lapideis, sed in tabulis cordis carnalibus. »

Hoc est, quam intelligunt omnes. Sic vos ubique circumferimus, et mente versamus.

VERS. 4. « Fiduciam autem talem habemus per Christum ad Deum. »

Rursus totum ad Deum refert. Nobis enim Christus universorum auctor exstitit, inquit.

VERS. 5. « Non quod sufficientes sumus cogitare aliquid ex nobis, quasi ex nobis. »

Vide rursum et alteram correctionem. Ait autem : Non ea mente dixi, fiduciam nos habere, tanquam illud quidem sit Dei, et hoc a nobis. Quinimo totum prorsus Deo tribuit et acceptum refert.

« Sed sufficientia nostra ex Deo est, [VERS. 6]

qui et idoneos nos fecit ministros novi testamenti; non litteræ, sed spiritus. »

Quod ait, *idoneos fecit,* idem est ac potentes fecit, aptavitque. Haud enim exiguum fuit ejusmodi victorias et præcepta proferre quæ prioribus longe præstantiora essent. Quapropter adjecit : *Non litteræ, sed spiritus.*

« Littera enim occidit, spiritus autem vivificat. »

Hæc ait, ut illos obterat, qui propter Judaismum arrogantius efferebantur. Non enim Moyses spiritum præbuit, inquit, sed litteras. Nobis autem hoc munus creditum est, ut spiritum tribueremus. Porro *litteram* hic legem vocat, qua delinquentes puniuntur; spiritum autem, gratiam, quæ Spiritus opera vitam præstat illis qui per peccata mortui erant.

VERS. 7. « Quod si ministratio mortis. »

Comparationem adhuc exsequitur : atque hic sensus est : Quod si ministerium illud causa mortis exstitit, hæc vero gloriæ, dubium non est quin gloria ista major illa sit. Cæterum ministrationis nomine legem exprimit. Nam inservit morti peccata arguendo.

« In litteris deformata in lapidibus, fuit in gloria, ut non possent intendere filii Israel in faciem Moysi, propter gloriam vultus ejus, quæ evacuatur; [VERS. 8, 9] quomodo non magis ministratio Spiritus erit in gloria? Nam si ministratio damnationis gloria est, multo magis abundat ministerium justitiæ in gloria. »

Hic rursus Judaicos spiritus comprimit.

VERS. 10, 11. « Nam nec glorificatum est quod claruit in hac parte, propter excellentem gloriam. Si enim quod evacuatur, per gloriam est, multo magis quod manet, in gloria est. »

Si gloriam hanc, inquit, cum illa conferamus, haudquaquam gloria fuerit gloria legis antiquæ. Neque vero absolute evincit gloriam hanc veram non exstitisse, sed addit, *in hac parte :* hoc est qua parte comparantur.

VERS. 12, 13. « Habentes igitur talem spem, multa fiducia utimur : et non sicut Moyses ponebat velamen super faciem suam. »

Quoniam auditor tot tantaque audiendo **131** de novo testamento, rogaturus erat, ut oculis etiam gloriam hanc contueri liceret sibi; vide quo pacto in ævum futurum eum rejiciat.

« Ut non intenderent filii Israel in finem ejus, quod evacuatur. »

Opus velamine non est nobis, quemadmodum Moysi. Nam gloriam hanc contueri possumus, qua circumvestimur, quamvis illa longe sit major.

VERS. 14. « Sed obtusi sunt sensus eorum. »

Futura, inquit, jam olim lex adumbraverat. Non solum enim nihil tunc videbant, sed neque hodie legem vident. Atque hoc ipsi sibi præstitere. Obtusio siquidem animi est expertis sensus, et ingrati.

« Usque in hodiernum enim diem id ipsum velamen in lectione Veteris Testamenti manet non revelatum. »

Cur miremini, inquit, quod gloriam hanc non valeant intueri, qui nec minorem qua Moyses ornabatur, viderunt, nec in vultum ejus aciem figere potuerunt? Quid vero commoveamini, quoniam Judæi non credunt Christo, cum nec legitime et uti par est, legi fidem præstent? Nam ideo gratiam ignorant, quia neque Testamentum Vetus sciunt, neque gloriam quam illud continet. Gloria quippe legis est conversio ad Christum.

« Quoniam in Christo evacuatur. [VERS. 15.] Sed usque in hodiernum diem cum legitur Moyses, velamen positum est super cor eorum. »

Hoc ipsum, inquit, cernere nequeunt, quia lex desiit; quandoquidem Christo non credunt. Nam si per Christum lex cessavit, qui fieri potest ut illi videant, qui Christum non recipiunt, per quem lex antiquatur?

VERS. 16, 17. « Cum autem conversus fuerit ad Dominum, auferetur velamen. Dominus autem Spiritus est; ubi autem Spiritus Domini, ibi libertas. »

Ostendit qua ratione emendatio peragatur.

VERS. 18. « Nos autem omnes revelata facie gloriam Dei speculantes, »

Nos vero, inquit, nequaquam egemus velamine.

« In eamdem imaginem transformamur a claritate in claritatem, tanquam a Domini Spiritu. »

Simul enim quando baptizamur, anima perpurgata solis instar refulget, atque non modo Dei gloriam contemplamur, sed et fulgorem quemdam ex ea accipimus, haud secus atque argentum mundum ad radios solares oppositum, ipsum quoque radios vibrat.

CAP. IV.

VERS. 1. « Ideo habentes administrationem, juxta quod misericordiam consecuti sumus, non deficimus. »

Animadvertens eorum quæ dixerat præcellentiam et celsitudinem, iterum moderatius loquitur, atque illa habere se profitetur ex misericordia et bonitate Dei.

132 VERS. 2. « Sed abdicavimus occulta dedecoris, non ambulantes.

Nequaquam magna promittimus aut pollicitamur, inquit, et alia factis præstamus, quemadmodum illi; sed tales sumus, quales videmur.

« In astutia. »

Nam illi honores non accipere putabantur; cum interim acciperent, et celarent. Honores habebant sanctorum et probatorum apostolorum : at sexcentis erant vitiis pleni. Hæc sunt enim quæ *occulta* vocat *dedecoris.*

« Neque adulterantes verbum Dei : sed in manifestatione veritatis commendantes nosmetipsos ad omnem conscientiam hominum, coram Deo. »

Non solum in hujus vitae rationibus, sed etiam in praedicatione.

VERS. 3. « Quod si etiam opertum est Evangelium nostrum, in iis qui pereunt est opertum. »

Quia virtutem ejus infideles nesciebant, intulit : Hoc nostra culpa non accidit, sed illorum stupore.

VERS. 4. « In quibus Deus hujus saeculi excaecavit mentes infidelium, ut non fulgeat illis illuminatio Evangelii gloriae Christi, qui est imago Dei. »

Hoc est, qui hoc in saeculo censetur Deus. Satanam autem innuit.

VERS. 5. « Non enim nosmetipsos praedicamus, sed Christum Jesum Dominum : nos autem servos propter Jesum. »

Subobscure eos perstringit qui seipsos efferebant, persuadebantque discipulis, ut suis nominibus appellarentur. Id quod in priore Epistola dicebat : *Ego sum Pauli, ego autem Apollo* [a].

VERS. 6, 7. « Quoniam Deus, qui dixit de tenebris lumen splendescere, qui illuxit in cordibus nostris ad illuminationem scientiae claritatis Dei, in facie Christi Jesu. Habemus autem thesaurum istum in vasis fictilibus, ut sublimitas virtutis sit Dei, et non ex nobis. »

Idcirco servio, inquit, quia dignatus est illucescere in cordibus nostris.

Etenim tenebrae erant desuper abyssum. Et dixit Deus : *Fiat lux* [b].

VERS. 8, 9. « In omnibus tribulationem patimur, sed non angustiamur : aporiamur, sed non destituimur : persecutionem patimur, sed non derelinquimur. »

Insistit adhuc ostendendo, totum divinae virtutis opus esse, ut superbiam illorum compescat. Quid vero illud est, *in omnibus* ? utique in inimicis, in amicis, in necessariis, in aliarum rerum usura.

« Dejicimur, et non perimus. [VERS. 10.] Semper. »

133 Tentationes quidem obveniunt, inquit; sed non ea quae ex illis generantur : utique per virtutem et gratiam Dei.

« Mortificationem Jesu in corpore circumferentes, ut et vita Jesu in corpore nostro manifestetur. »

Quotidianas mortes illas et fata significat, per quae resurrectio quoque monstrabatur. Nam si quis non credit, inquit, Jesum, cum mortuus fuisset, resurrexisse; cum nos videat mori quotidie et resurgere, is resurrectioni demum fidem adhibeat.

VERS. 11. « Semper enim nos qui vivimus, in mortem tradimur propter Jesum Christum, ut et vita Jesu manifestetur in carne nostra mortali. »

Ideo tradimur, inquit, ut virtus vitae ejus manifesta fiat; quippe qui non permittat humanam carnem tot tantisque calamitatibus afflictatam, ab imbre malorum obrui.

VERS. 12. « Ergo mors in nobis operatur; vita autem in vobis. »

Non hic amplius de morte Jesu loquitur, sed de tentationibus et relaxatione. Nos etenim mediis in periculis et tentationibus versamur, inquit ; vos securi partam hisce periculis vitam reportatis. Ac nos quidem periculosa toleramus; vos bonis ipsis fruimini.

VERS. 13. « Habentes autem eumdem spiritum fidei, sicut scriptum est [c] : Credidi, propter quod locutus sum, et nos credimus, propter quod et loquimur. »

In memoriam eorum reducit psalmum qui quam maxime idoneus est ad praeparandum ad pericula. Nam justus ille canticum hoc edidit, quando in discriminibus versabatur. *Eumdem* autem *Spiritum* dicit, auxilii nimirum; hoc est eadem opera qua hic evasit, salvus, nos quoque salvi efficimur.

VERS. 14-16. « Scientes quoniam qui suscitavit Jesum, et nos cum Jesu suscitabit, et constituet vobiscum. Omnia enim propter vos : ut gratia abundans, per multos in gratiarum actione abundet in gloriam Dei. Propter quod non deficimus : sed licet is qui foris est, noster homo corrumpatur, tamen is qui intus est, renovatur de die in diem. »

Quia dixit : *et nos credimus propter quod, et loquimur*, infert quid illud sit quod credimus. Nimirum, *quia qui suscitavit Jesum, et nos cum Jesu suscitabit*. Rursum autem eos fiducia implet et magnanimitate, ne hominibus habendas grates putent, falsis, inquam, apostolis.

VERS. 17. « Id enim quod in praesenti est leve tribulationis nostrae, supra modum in sublimitate aeternum gloriae pondus operatur in nobis. »

Vide quam levia pericula reddiderit, imminutis eorum tempore ac magnitudine. Ait enim, *in praesenti*, et, *leve*. Ubi contraria duo comparat simul, *praesens* et *momentaneum* cum aeterno; *leve* cum ponderoso; et afflictionem cum 134 gloria : et velut haec non sufficiant, dictionem hanc interserit, *supra modum* scilicet.

VERS. 18. « Non contemplantibus nobis quae videntur, sed quae non videntur. Quae enim videntur, temporalia sunt : quae autem non videntur, aeterna sunt. »

Declarat quo pacto levis est tanta afflictionum moles. Quomodo, inquam, nisi ob spem futurorum?

CAP. V.

VERS. 1. « Scimus enim quoniam, si terrestris domus nostra hujus habitationis dissolvatur, aedi-

---

[a] 1 Cor. 1, 12. [b] Gen. 1, 3. [c] Psal. cxv, 1 seq.

ficationem ex Deo habemus, domum non manufactam, æternam in cœlis.

Non oportet turbari si male vexamur. Multos enim exinde fructus percipimus. Observa autem quomodo futurorum ostendat præcellentiam supra præsentia. Nam postquam dixit *terrestrem*, ex adverso, *cœlestem*, posuit. Itemque ubi *domum habitationis* dicendo, significavit eam facile dissolvi, *æternam* opposuit.

Vers. 2. « Nam et in hoc ingemiscimus gravati, habitationem nostram quæ de cœlo est, superindui cupientes. »

Qualem vero habitationem? Corpus a corruptione liberum. Eccur etiam in isto ingemiscimus? Quia multo melius est illud. Ait autem hoc esse de cœlo, eo quod incorruptum. Nequaquam enim de cœlo nobis corpus demittitur: sed ita loquendo significat corpori gratiam exinde mitti. Ac si diceret: Ingemiscis quia exterior homo corrumpitur? imo potius geme, quod non id ultra modum fiat, neque ex toto ille corrumpatur.

Vers. 3, 4. « Si tamen vestiti, non nudi inveniamur. Nam et qui sumus in hoc tabernaculo, ingemiscimus gravati; eo quod nolumus exspoliari, sed supervestiri. »

Hoc est, si modo immortalitatis compotes facti, non nudi gloria et securitate inveniamur. Atqui sic loquitur, non solum ut certa fiducia speremus omnes resurrectionem, sed et præclaris facinoribus operum demus. Resurrectio siquidem cunctis communis est: ast aliis quidem in honorem, aliis vero in opprobrium; aliis item ad regnum, aliis ad supplicium.

« Ut absorbeatur quod mortale est a vita. »

Non dico, inquit, nos ingemiscere, ut corpus deponamus: sed ut illud incorruptione vestiamus. Gravamur enim, non quia corpus gestamus, sed quia corruptioni obnoxio circumdamur.

Vers. 5. « Qui autem fecit nos in hoc ipsum Deus. »

Declarat hæc jam ante figurata esse. Non enim nunc primum ita illi visum est, inquit; sed quando principio rerum nos de terra finxit. Quinam id fiat ne quæsieris: nam cave ne curiose scruteris quæ Deus faciat. Quamobrem ait: *Qui autem fecit.*

« Et qui dedit nobis pignus spiritus. »

Frequenter pignus nominat, quia Deus universorum se debitorem profiteri voluit.

135 « Vers. 6, 7. Audentes autem semper et scientes, quoniam, dum sumus in corpore, peregrinamur a Domino: per fidem enim ambulamus, et non per speciem. »

Audientes, ait, contra persecutiones, contra impetus, adversus mortes. Velut si diceret: Te quispiam exagitat, et persequitur, aut occidit? ne despondeas animum. Hoc enim propter te geritur.

Vers. 8, 9. « Audemus autem et bonam voluntatem habemus, magis peregrinari a corpore et præsentes esse ad Dominum. Ideo et contendimus, sive absentes, sive præsentes. »

Postremum posuit quod omnibus erat majus. Nam esse cum Christo, præstabilius est quam incorruptam domum obtinere. Quod autem dicit, tale quid significat. Non exstinguit vitam nostram qui insectatur et interimit. Non solum enim ille te a corruptela et gravi sarcina vindicat, sed etiam ad Dominum quantocius transmittit. Vide autem quomodo siluit quæ tristia sunt, mortis scilicet et interitus vocabulis abstinens, quorum loco subjicit, quæ desiderabilia admodum exsistunt; quæ quidem accessus et *præsentiæ ad Dominum* nomine indigitat: quin etiam dimissis quæ dulcia esse videntur in vita, a tristibus eadem nominavit, vitam hanc appellando *peregrinationem a Domino*. Hoc autem ait, ut nemo deinceps præsentium rerum amore teneatur, sed illis potius gravetur, nec moriturus doleat, sed gaudeat quasi ad bona majora profecturus. Porro ne quis audiens, *peregrinamur a Domino*, dicat: Cur hæc loqueris? alienati ergo sumus dum hic versamur? hoc antevertit dicens: *Per fidem enim ambulamus, et non per speciem.* Ac si diceret: Atqui hic quidem sumus illius, sed non sic manifeste. Et hoc est quod in alio loco aiebat, *in speculo et in ænigmate* [a].

« Placere illi. »

Nam quod quæritur, hoc est, inquit: ut sive illic, sive istic secundum voluntatis ejus consilium vivant, et ne tali tantoque desiderio inito, propter peregrinationis et absentiæ moram indoleant. Ex quo etiam capite summam ipsis bonorum tribuit. Nam quid istud est, bene placere? Non enim simpliciter emigrare, hoc bonum fuerit; sed si grati probatique abscedamus.

Vers. 10. « Omnes enim nos manifestari oportet ante tribunal Christi, ut referat unusquisque propria corporis, prout gessit, sive bonum, sive malum. »

Quandoquidem largitio bonorum non sic excitat auditorem, uti comminatio pœnarum, necessario inceptum sermonem his verbis absolvit. Cæterum incutiendo timorem, Christum non prætermisit: quin ita loquendo, tum laborantes, tum exagitatos injecta spe erigit, et eos qui defecerunt, illato metu diligentiores reddit.

Vers. 11. « Scientes ergo timorem Domini hominibus suademus: Deo autem manifesti sumus. Spero autem et in conscientiis vestris manifestos nos esse. »

Cum cognoscamus, inquit, terribile tribunal

---

[a] I Cor. xii, 13.

illud, operam omnem ponamus, ut occasionem vel offendiculum nemini demus.

136 Vers. 12. « Non enim iterum commendamus nos vobis, sed occasionem damus vobis gloriandi pro nobis, ut habeatis ad eos. »

Vide quo pacto suspicionem continuo tollit, ne videatur seipsum laudibus efferre.

« Qui in facie gloriantur, et non in corde. »

Hoc est, quoad ea quæ oculis cernuntur, et ad ostentationem.

Vers. 13. « Sive enim mente excedimus, Deo; sive sobrii sumus, vobis. »

Sive, inquit, sublime quidpiam loquimur, hoc propter Deum facimus, ne vos existimantes nos viles quosdam esse, aspernemini, ac pereatis. Sive modestum quid et humile dicimus, propter vos, ut discatis demisso animo sapere.

Vers. 14, 15. « Charitas enim Christi urget nos, æstimantes hoc, »

Non solum enim futurorum metus, inquit, verum et quæ jam facta sunt, haud nos sinunt segnes esse, nec somno vacare; sed excitant ut laboremus pro nobis.

« Quoniam unus pro omnibus mortuus est, ergo omnes mortui sunt. Et pro omnibus mortuus est. »

Quænam gesta jam fuerint recitat; puta mortem Christi. Ergo studeamus, inquit, quandiu præsentem vitam hanc agimus, omnes allicere, pro quibus ille mortem obiit. Hic enim subsidia sunt salutis, illic vero non item.

« Ut qui vivunt; jam non sibi vivant, sed ei qui pro ipsis mortuus est, et resurrexit. »

Si igitur, inquit, non oportet nos nobismetipsis vivere, ne turbemini, neque commoveamini ingruentium periculorum causa. Videsis vero exsuperantiam amoris, ut nos quidem propter illum vivere dicat, illum autem propter nos mortuum esse.

Vers. 16. « Itaque nos ex nunc neminem novimus secundum carnem. »

Resurrexerunt enim per lavacrum regenerationis et renovationem Spiritus sancti. Neminem ergo fidelium, inquit, agnoscimus secundum carnem. Quamvis enim in carne sint, verumtamen vita hæc carnalis exstincta est, et desuper spiritu geniti sumus.

« Etsi cognovimus secundum carnem Christum, sed nunc jam non novimus. »

Rursum ostendit Christum auctorem nobis esse secundæ generationis. Nam nos secundum carnem esse, idem est atque in peccatis agere : esse vero Christum secundum carnem, est ipsum ea pati quæ naturæ nostræ conveniunt, v. gr. esurire, sitire, fatigari, dormire, quæ nostri generis affectiones sunt. Peccatum enim non fecit. Cæterum ipsum non esse secundum carnem, non significat carnis ex-

' Act. 1, 11.

pertem esse. Cum illa siquidem ascendit, secundum illud effatum : *Hic Jesus qui assumptus est a vobis in cœlum, sic veniet* '. Quomodo vero istud, nisi quia in carne cum **137** corpore? Sed non ut tolerantiis amplius obnoxius sit, ut diximus.

Vers. 17. « Si quæ ergo in Christo nova creatura. »

Si quis ipsi fidem habuit, inquit, in alterum opificii genus concessit : superne siquidem per Spiritum genitus est. Quamobrem etiam ait : Debemus ei vivere, non solum quia pro nobis mortem oppetiit, non modo quia nostri primitias excitavit, sed quia in aliam quoque vitam transivimus.

« Vetera transierunt. Ecce facta sunt omnia nova. »

Aut de peccatis loquitur, aut de Judaicis ritibus universis. Imo et hæc et illa innuit.

Vers. 18. « Omnia autem ex Deo. »

Nam et ipsamet condonatio peccatorum, libertas quoque, et incorrupta claritudo per eum nobis donata sunt.

« Qui nos reconciliavit sibi per Christum, et dedit nobis mysterium reconciliationis. [Vers. 19.] Quoniam quidem Deus erat in Christo, mundum reconcilians sibi, non reputans illis delicta eorum, et ponens in nobis verbum reconciliationis. »

Nam reconciliatione omnia nobis bona affluxerunt. Reconciliatio autem amicitia est. Qui ergo nos amicos fecit, is aliis nos bonis implevit. Atqui hic etiam ostendit dignitatem apostolorum, quantum item negotium eis commissum sit, et quam eximia dilectio Dei fuerit.

Vers. 20. « Pro Christo ergo legatione fungimur, tanquam Deo exhortante per nos. Obsecramus pro Christo. »

Pater Filium misit, inquit, ut suaderet et legatione pro se fungeretur apud hominum genus. Quia igitur post occisionem ille abiit, nos vero legationem suscepimus, illius vice et pro Patre vos exhortamur. Tanto autem naturam hominum honore auxit, ut Filium tradiderit, idque cum prænosset immolandum : insuper nos vestri causa creavit apostolos. Quamobrem apprime etiam recte dicebat : *Omnia propter vos*. Quod ergo ait, *Pro Christo legatione fungimur*, idem est, ac Christo successimus ut munera ipsius exsequeremur. Quod si id tibi magnum videtur, hoc etiam audi, quod vice Patris illud præstant. Idcirco subjunxit, *tanquam Deo exhortante per nos*. Non solum enim per Filium adhortatus est, verum etiam per nos, qui Filii ejus opus excepimus. Quibus verbis humanitatis Dei exsuperantiam demonstrat.

« Reconciliamini Deo. »

Non dixit, Deum vobis reconciliate. Non enim ille est qui inimicitias gerit, sed vos.

Vers. 22. « Eum enim qui non noverat peccatum, pro nobis peccatum fecit. »

Quæ anteriora sunt, inquit, non narro, quod contumeliis affeceritis eum qui nihil injuriæ intulerat, quique potius vos bonis auxerat, nec quod a vobis non poposcit pœnas, et cum ipse prior lacessitus esset, nihilominus obsecrabat : sed ea duntaxat quæ nunc præstitit. Ecquid vero præstitit? **138** Filium dedidit pro contumeliosis ; eum qui nihil injuriæ perpetraverat, pro injustis permisit mori. Neque id vero simpliciter enuntiatum est : sed quod longe majus est, posuit. Quid vero istud? *Eum qui non noverat peccatum*, inquit; id est, eum qui justitia ipsamet erat, peccatum fecit; seu tanquam peccatorem condemnari permisit.

« Ut nos efficeremur justitia Dei in ipso. »

Idcirco Filium contumeliis afficiendum dedit, inquit, uti magna bona nobis elargiretur, quæ nequaquam speravissemus.

CAP. VI.

Vers. 1, 2. « Adjuvantes autem, et exhortamur ne in vacuum gratiam Dei recipiatis. Ait enim : Tempore accepto exaudivi te, et in die salutis adjuvi te. »

Quia magna quædam prælocutus est, quod Deus adhortatur, nosque legatione fungimur : ne ex hoc statu relabantur, hos rursum terret, dicens : *Ne in vacuum gratiam Dei accipiant*. Absit enim, inquit, ut, quoniam ille exhortatur, et legatos misit, propterea negligentes simus. Quin potius contendere debemus ut placeamus, ne talibus bonis excidamus.

« Ecce nunc tempus acceptabile, ecce nunc dies salutis. »

Tempus dicit donorum, tempus gratiæ, quando peccatorum non reposcuntur pœnæ, nec persolvuntur; quinimo simul cum reconciliatione sexcentis quoque bonis potiri licet. Ne ergo opportunitatem temporis prodigamus, sed dignum gratiæ studium præferamus.

Vers. 3-6. « Nemini dantes ullam offensionem, ut non vituperetur ministerium. Sed in omnibus exhibeamus nos sicut Dei ministri, in multa patientia, in tribulationibus, in necessitatibus, in angustiis, in plagis, in carceribus, in seditionibus, in vigiliis, in jejuniis, in castitate, in scientia, in longanimitate, in suavitate. »

Hoc est, nemini dantes occasionem nos accusandi et condemnandi.

« In Spiritu sancto, in charitate non ficta, [Vers. 7] in verbo veritatis. »

Nam per ipsum, inquit, omnia recte agimus : vel hoc innuit, repletos nos esse Spiritu sancto.

« In virtute Dei, per arma justitiæ. »

Hoc perpetuo repetit, quo totum in Deum referat.

« A dextris et a sinistris; [Vers. 8] per gloriam et ignobilitatem; per bonam et malam famam ; ut seductores et veraces; ut ignoti et cogniti. »

Sinistra appellat quæ tristia sunt. Atqui hæc ipsa sunt quæ mercedem demerentur : sed sic ea vocitat secundum existimationem vulgi. *Dextra* vero, virtutes quæ operantur.

Vers. 9. « Quasi morientes, et ecce vivimus. »

« Hoc dicto inexplicabilem Dei virtutem ostendit.

« Ut castigati, et non mortificati. »

139 Istis quoque verbis enarrat, quæ causa sit, cur Deus hæc permittat. Nam quem Deus diligit, corripit [10].

Vers. 10. « Quasi tristes, semper autem gaudentes : sicut egentes, multos autem locupletantes; tanquam nihil habentes, et omnia possidentes. »

Nam ab iis qui foris sunt, in mœrore versari putamur ; cum tamen ingenti voluptate perfundamur. Isthæc omnia edisserit, suadens ne propter vulgi opinionem turbemur, etsi seductores vocent, etsi condemnatos censeant, etsi morti destinatos, etsi tristitia conficiamur, vel paupertate atteramur, ac nihil omnino possideamus.

Vers. 11. « Os nostrum patet ad vos, o Corinthii. »

Recensitis quas patiebatur tentationibus et ærumnis, transit ad dicendum de charitate. Velut si diceret : in potestate nostra positum non est, ut sileamus apud vos, sed ardenti studio loqui percupimus et sermonem habere : id quod plane solet amantibus accidere.

« Cor nostrum dilatatum est. »

Charitas, calida cum sit, os excitavit Pauli, et cor illius dilatavit. Non enim ore duntaxat diligo, inquit, sed et etiam cor labiis consonum habeo.

Vers. 12. « Non angustiamini in nobis. »

Cunctos intus complectimur, inquit ; neque id solum, sed et cum magna latitudine.

« Augustiamini autem in visceribus vestris. [Vers. 13.] Eamdem vero remunerationem. »

Increpatio quoque a nobis multa cum indulgentia adhibetur. Non enim dixit, non nos diligitis ; sed, non mensura eadem.

« Tanquam filiis dico, dilatamini et vos. [Vers. 14-15.] Nolite jugum alienum ducere cum infidelibus. Quæ enim participatio justitiæ cum iniquitate? aut quæ societas luci ad tenebras? aut quæ conventio Christi »

Pro eo ac si diceret : Nihil magni postulo, si cum pater sim, amari velim a vobis.

« Ad Belial? aut quæ pars fideli cum infideli ? »

Ea vox Hebræorum lingua *defectorem* significat.

Vers. 16. « Qui autem consensus templi Dei cum idolis? vos enim estis templum Dei vivi, sicut dicit Deus. »

---

[10] Prov. iii, 12.

Neque rex vester commune cum illo aliquid habet. Nam quae conventio Christi ad Belial? Neque res ipsae: quae enim societas lucis ad tenebras? Igitur neque vos oportet haec admittere.

« Inhabitabo in illis, et inambulabo inter eos; et ero illorum Deus, et ipsi erunt meus populus. »

Cum assentationem fugiat, Scripturae testimonio fidem facit eos esse templa Dei [11]. »

VERS. 17, 18. « Propter quod exite de medio eorum, et separamini, dicit Dominus, et immundum ne tetigeritis: et ego recipiam vos: et ero vobis in Patrem, et vos eritis mihi in filios et filias, dicit **140** Dominus omnipotens. »

CAP. VII.

VERS. 1. « Has ergo habentes promissiones, charissimi, mundemus nos ab omni inquinamento carnis et spiritus, perficientes sanctitatem. »

Non enim immundum non contingere, hoc mundum facit, sed aliis quoque opus habemus ut sancti simus, diligentia nimirum, attentione, pietate, et, ut uno verbo absolvam, omnigena virtute.

« In timore Dei » :

Contingit enim ut castitas et modestia colatur; non timore Dei, sed inanis gloriae causa. Propterea nos viam castitatis his fere verbis docet. Tametsi libido tyrannidem exercet, modo timorem Dei habeas, furorem ejus destruxeris. Porro *sanctitatis* nomine, non solum castitatem et modestiam indicat, verum et omnimodam immunitatem a peccato.

VERS. 2. « Capite nos. »

De charitate movet iterum sermonem, et objurgationis retundit asperitatem. Vide autem quomodo quantave commiseratione. *Capite nos*. Quasi diceret: Quis nos expulit, inquit? quis e mente vestra nos abegit? quare in vobis coarctamur?

« Neminem laesimus. »

Aspice quomodo rursum non recenset beneficia, sed acriorem et graviorem orationem struit.

« Neminem corrupimus. »

Id est, neminem decepimus: quemadmodum scilicet alibi ait: *Ne forte sicut serpens Evam seduxit, ita corrumpantur sensus vestri* [12].

« Neminem circumvenimus. »

Non rapuimus, inquit, aliorum facultates.

VERS. 3. « Non ad condemnationem dico. »

Quoniam persensit orationis gravitatem, hanc denuo corrigit.

« Nam praedixi, quod in cordibus nostris estis, ad commoriendum et ad convivendum. »

Maximum hoc exsistit argumentum amicitiae, quando qui despicitur, is nihilominus simul cum illis, et mori, et vivere eligit: hoc autem ait, ut amorem augeat. Contingit enim, ut quis amet, et pericula fugiat: nos vero non ita. Sensus autem hic est: Si periculum contingat imminere, paratissimus sum pro vobis pati: neque mihi hac in causa, sive mors, sive vita aliquid esse videntur: sed dum vos vivatis, hoc mihi est eligibilius, morsque vita potior est, et vita morte.

VERS. 4. « Multa mihi fiducia est apud vos; multa mihi gloriatio pro vobis. »

Ideo, inquit, haec audeo vobis loqui; non ut condemnem, sed qua apud vos utor libertate dicendi.

« Repletus sum consolatione. »

Quali vero consolatione, nisi ea quam a vobis accepi, qua mutatis factis et emendatis, solamen mihi attulistis?

141 « Superabundo gaudio in omni tribulatione nostra. [VERS. 5.] Nam cum venissemus in Macedoniam, »

Id est, haud amplius lugeo, sed sum sanatus.

« Nullam requiem habuit caro nostra. »

Quia afflictionem dixerat, quanta quoque ea fuerit effatur, eamque verbis extollit, ut explicet quam magnum exinde amorem conceperit, consolationemque, et gaudium, expulso demum tam gravi dolore.

« Sed omnem tribulationem passi sumus. »

Quinam id factum sit, in orationis serie declarat.

« Foris pugnae. »

Ab incredulis.

« Intus timores. [VERS. 6, 7.] Sed qui consolatur humiles, consolatus est nos Deus in adventu Titi. Non solum autem in adventu ejus, sed etiam in consolatione, qua consolatus est in vobis, referens nobis. »

Propter infirmos nempe, ne seducantur. Non solum enim Corinthiis talia significabat, verum etiam in aliis locis.

« Vestrum desiderium, vestrum fletum, vestram aemulationem pro me, ita ut magis gauderem. »

Quoniam magna de illis testificatus est, ne assentari putaretur, Titum testem adhibet, qui ab ipsis ad Paulum perrexerat, cum data esset prior epistola.

VERS. 8, 9. « Quoniam et si contristavi vos in epistola, non me poenitet; et si poeniteret, videns quod epistola illa (etsi ad horam) vos contristavit, nunc gaudeo, non quia contristati estis. »

Haec denuntiabat, eo quod tanta fuerat poenitentia Corinthiorum, quanta aemulatio. *Aemulationem*, studiumve dicit, quo ipsum prosequebantur. Ait ergo: Quia vos accensi estis et inflammati, quando epistolam meam accepistis, idcirco eximie gaudeo.

« Sed quia contristati estis ad poenitentiam. »

Apologiam texit epistolae prioris. Nam cum peccatum emendatum esset, citra periculum poterat eos curare. Velut si diceret: Quamvis ita scripsissem, ut objurgationis transgressus essem modum, et nunc me poeniteret; attamen ingens lucrum quod inde feci, non me permisit poenitentia duci. Sic porro loquebatur, non quia ultra modum

---

[11] Levit. xxvi, 12. [12] I Cor. xi, 3.

increpaverat, sed ut majoribus eos laudibus prosequeretur. Talem enim emendationem exhibuistis, inquit, ut, etiamsi vehementius vos perstrinxissem, sicque ut me modo condemnarem, hodie meipsum laudem, quia bonum exitum res habuit.

« Contristati enim estis secundum Deum, ut in nullo detrimentum patiamini ex nobis. [Vers. 10, 11.] Quæ enim secundum Deum tristitia est, pœnitentiam in salutem stabilem operatur : sæculi autem tristitia mortem operatur. Ecce enim hoc ipsum secundum Deum contristari vos, quantam in vobis operatur sollicitudinem? »

142 Edicit causam cur non amplius doleat. Breve enim est, inquit, quod molestum est; perenne vero, quod bonum et utile.

« Sed defensionem. »

Pro me.

« Sed indignationem. »

Erga illum qui peccavit.

« Sed timorem. »

Enimvero tantum studium, tamque accelerata correctio, vehementis timoris argumentum erat.

« Sed desiderium. »

Erga me.

« Sed æmulationem. »

Pro Deo scilicet.

« Sed vindictam. »

Ulti enim estis, inquit, violatas Dei leges.

« Sed in omnibus exhibuistis vos incontaminatos esse negotio. »

Non solum non communicando, hoc enim manifestum erat, sed neque congaudendo. Nam quia in Epistola priore de hoc ipso eos redarguerat in hæc verba : *Et vos inflati estis* [a]; hoc tandem in loco dicit : Ab ista suspicione vos ipsi liberastis.

Vers. 12-16. « Non propter eum qui fecit injuriam, sed ad manifestandam sollicitudinem nostram quam habemus pro vobis ad vos coram Deo. Ideo consolati sumus : in consolatione autem nostra abundantius magis gavisi sumus super gaudio Titi, quia refectus est spiritus ejus ab omnibus vobis. Quia si quid de illo pro vobis gloriatus sum, non sum confusus : sed sicut omnia vobis in veritate locutus sum, ita et gloria nostra quæ fuit ad Titum, veritas facta est, et viscera ejus abundantius in vobis sunt, reminiscentis omnem vestram obedientiam : quomodo in timore excepistis illum. Gaudeo quod in omnibus confido in vobis. »

Ne dicant : Quare nos increpas, quandoquidem mundi sumus *in isto negotio*? addit : Hujus causa scripsi vobis, ut pernoscatis quantum vos diligerem.

CAP. VIII.

Vers. 1, 2. « Notum autem facimus vobis, fratres, gratiam Dei, quæ data est in Ecclesiis Macedoniæ, quod in multo experimento tribulationis abundantia gaudii ipsorum fuit. »

Sermonem agitat de eleemosynæ erogatione. Ne vero efferantur, rem *gratiam* appellat, et aliorum gesta narrando studiosiores eos facit.

« Et altissima paupertas eorum abundavit. »

Hoc est, ingens, nec sermone explicabilis paupertas eorum simplicitatem ipsorum ostendit.

« In divitias simplicitatis eorum : [Vers. 5, 4] quia **143** secundum virtutem testimonium illis reddo, et supra virtutem voluntarii fuerunt, cum multa exhortatione obsecrantes nos gratiam. »

Non modo paupertas eorum, inquit, impedimento non fuit, quin large erogarent, sed et occasio fuit abundantius dandi. Quanto magis enim indigebant, tanto munificentiores erant.

« Et communicationem ministerii, quod fit in sanctos, [Vers. 5, 6] et non sicut speravimus : sed semetipsos dederunt primum Domino, deinde nobis per voluntatem Dei : ita ut rogaremus Titum, ut quemadmodum cœpit, ita perficiat in vobis etiam gratiam istam. »

Videsis quomodo rem extollit augustis nominibus.

Vers. 7. « Sed sicut in omnibus abundatis fide, et sermone, et scientia, et omni sollicitudine, insuper et charitate vestra in nos, ut et in hac gratia abundetis. »

Vide iterum cum laude adhortationem peragi. *Fidem* vero eam dicit, quæ donum quoddam erat, velut et *sermonem* sapientiæ, et *scientiam* dogmatum. *Omnis* autem *sollicitudinis* nomine eam innuit, quæ circa virtutes omnes versatur.

Vers. 8. « Non quasi imperans dico, sed per aliorum sollicitudinem, etiam nostræ charitatis sinceritatem comprobans. »

Sic rursus struit sermonem, ut non gravis accidat.

Vers. 9, 10. « Scitis enim gratiam Domini nostri Jesu Christi, quoniam propter nos egenus factus est, cum esset dives, ut ejus inopia vos divites essetis. Et consilium in hoc do : hoc enim vobis utile est, qui non solum facere, sed et velle incepistis ab anno priore. »

De incarnationis dispensatione loquitur; unde suadet eleemosynam erogare.

Vers. 11-14. « Nunc vero et facto perficite, ut quemadmodum promptus est animus voluntatis, ita sit et perficiendi, ex eo quod habetis. Si enim adfuerit animi promptitudo, secundum quod habet accepta est, non secundum id quod non habet. Non enim ut aliis sit remissio, vobis autem tribulatio, sed ex æqualitate in præsenti tempore vestra abundantia illorum inopiam suppleat : ut et illorum abundantia vestræ inopiæ sit supplementum; ut fiat æqualitas, sicut scriptum est. »

---

[a] 1 Cor. iv, 2.

Promptitudo, inquit, animi est et consilii; præstare vero, ex eo quod habeatur.

VERS. 15. « Quod qui multum, non abundavit : et qui modicum, non minoravit. »

Ex hoc loco eximiam alacritatem firmat, ostendendo nisi aliis impertirent, nihil ipsos plus esse habituros, quippe qui omnia intus cogerent : quocirca priscam historiam affert. Nam qui multum collegerant, non amplius reperiebantur habere, quam qui minore mensura collegerant; Deo nimirum insatiabilitatem ipsorum multante [14]. Hæc porro ait, ut eos terriraret ex iis quæ tunc acciderant, unaque suaderet ne ultra quam par esset desiderarent.

VERS. 16, 17. « Gratias autem Deo, qui dedit eamdem sollicitudinem pro vobis in corde Titi. Quoniam exhortationem quidem suscepit, sed cum sollicitior esset, sua voluntate profectus est ad vos. »

Postquam de eleemosyna dixit, deinceps loquitur de iis qui pecunias accepturi erant, easque gestaturi. Hoc enim excitat ad augendam alacritatem eorum qui velint impertiri. Nam qui confidit ministro, nec eum suspectum habet, majori eas liberalitate largitur.

Qua vel erga Thessalonicenses, vel erga me affectus est.

VERS. 18. « Misimus autem cum illo fratrem, cujus laus est in Evangelio per omnes Ecclesias. »

Quis porro, qualisve hic fuit, cujus etiam operam significat, dum ait, celebrem illum esse Evangelii prædicatione? Quidam Lucam dicunt indigitari : Barnabam alii. Profecto Evangelium prædicatio est litteris non exarata.

VERS. 19, 20. « Non solum autem, sed et ordinatus est ab Ecclesiis comes peregrinationis nostræ, in hanc gratiam, quæ ministratur a nobis ad ipsius Domini gloriam, et destinatam voluntatem nostram : devitantes hoc. »

Ex hoc capite veneratione dignus ille est, quod prædicando probatus fuerit.

« Ne quis nos vituperet in hac plenitudine quæ ministratur a nobis; [VERS. 21-23] qui providemus bona non solum coram Domino, sed etiam coram hominibus. Misimus autem cum illis et fratrem nostrum, quem probavimus in multis sæpe sollicitum esse; nunc autem multo sollicitiorem, confidentia multa in vos, sive pro Tito, qui est socius meus, et in vos adjutor, sive fratres nostri apostoli Ecclesiarum, gloria Christi. »

Ideo ejusmodi viros misimus vobis, inquit, ne quis suspectum habeat ministerium nostrum, ac si pecuniæ partem suffuraturi essemus.

VERS. 24. « Ostensionem ergo charitatis vestræ et gloriæ nostræ pro vobis, in illos ostendite in faciem Ecclesiarum. »

Ea est illorum, inquit, vitæ ratio, ita ut per ipsos Christus celebretur. Consimili vero ratione dictum est : *Luceat lux vestra coram hominibus, ut videant opera vestra bona, et glorificent Patrem vestrum qui in cœlis est* [15]. Quin et aliud quid vult significare : Uti fratres eos excipite, inquit, sicut apostolos Ecclesiarum, tanquam ad gloriam Christi : velut etiam qui faciatis aliquid propter gloriam Christi. Quamobrem subjungit : *Ostensionem igitur charitatis vestræ.*

CAP. IX.

VERS. 1-5. « Nam de ministerio, quod fit in sanctos, ex abundanti est mihi scribere vobis. Scio enim promptum animum vestrum, pro quo de vobis glorior apud Macedones. Quoniam et Achaia parata est ab anno præterito, et vestra æmulatio provocavit plurimos. Misi autem fratres ut, ne quod gloriamur de vobis, evacuetur in hac parte, ut (quemadmodum dixi) parati sitis : ne cum venerint Macedones mecum, et invenerint vos imparatos, erubescamus nos (ut non dicamus vos) in hac substantia gloriationis. Necessarium ergo existimavi rogare fratres, ut præveniant ad vos, et præparent repromissam benedictionem hanc vestram paratam esse sic. »

Quando de charitate tam multa dixi, inquit, operæ pretium non est ut scribam vobis. Ac neque hoc solum declarat ipsius prudentiam, sed et quod iterum de eadem ait.

« Quasi benedictionem, et non tanquam avaritiam. [VERS. 6-9.] Hoc autem [dico] : qui parce seminat, parce et metet : et qui seminat in benedictionibus, de benedictionibus et metet. Unusquisque prout destinavit in corde suo, non ex tristitia, aut ex necessitate. Hilarem enim datorem diligit Deus. Potens est autem Deus omnem gratiam abundare facere in vobis; ut in omnibus semper omnem sufficientiam habentes, abundetis in omne opus bonum, sicut scriptum est : « Dispersit, dedit pauperibus : justitia ejus manet in sæculum sæculi. »

Non invito nec coacto animo, sed spontaneo et libera voluntate.

VERS. 10, 11. « Qui autem administrat semen seminanti, et panem ad manducandum præstet, et multiplicet semen vestrum, et augeat germina frugum justitiæ vestræ; ut in omnibus locupletes sitis in omnem simplicitatem, quæ operatur per vos gratiarum actionem Deo. »

Ostendit ea etiam, quæ ipsi largiuntur, ex Deo esse; ne quis nempe intumescat fastu, ceu propria sua largiatur. Atqui *semen* hic eleemosynam vocat. Declarat autem illis magnam benefacti mercedem esse, dicendo *germina, proventusve justitiæ.*

VERS. 12-15. « Quoniam ministerium hujus officii non solum supplet ea quæ desunt sanctis, sed

---

[14] Exod. XVI, 18. [15] Matth. V, 16.

etiam abundat per multas gratiarum actiones Deo, per probationem ministerii hujus, glorificantes Deum in obedientia confessionis vestræ in Evangelium Christi, et simplicitate communicationis in illos, et in omnes, et in ipsorum obsecratione pro vobis, desiderantium vos propter eminentem gratiam Dei in vobis. Gratias Deo super inenarrabili dono ejus. »

Ministerium utique, de quo in epistola dicitur, id est munifica pecuniarum erogatio, et illud ipsum spirituale munus nostrum et functio, quodque per nos ministerium agitur, non hoc solum præstat, ut quæ desunt sanctis expleat, et indigentiam ipsorum resarciat; sed ut pro multorum beneficentia Deo grates habeantur. Nam id significatur his verbis: *Sed etiam abundat per multas gratiarum actiones.* Nam qui stipem accipiunt, gloriam Deo tribuunt, *in obedientia confessionis vestræ in Evangelium.* Ne autem hoc duntaxat nomine quod accipiant, gratias agere **146** significet, vide quantum eos extollat. *Glorificant*, inquit, *Deum*, quoniam subditi adeo estis Evangelio. Cujus rei hoc argumentum est, quod sic liberaliter offeratis. Id enim Evangelio præcipitur.

CAP. X.

VERS. 1. « Ipse autem ego Paulus obsecro vos per mansuetudinem et modestiam Christi. »

Absoluto, uti decebat, de eleemosyna sermone, severiorem aggreditur, dicendoque, *per mansuetudinem et modestiam*, falsos apostolos perstringit, ut vehementer eos pudefaciat. Producit ergo mansuetudinem et modestiam, quibus majorem struat accusationem.

« Qui in facie quidem humilis sum inter vos, absens autem confido in vobis. »

His verbis mendaces apostolos illos indicat, qui dicerent: Epistolæ quidem graves sunt: præsentia autem corporis infirma. Vel hoc sensu: Etsi magna pronuntio, non tamen ex arrogantia loquor, sed quia in vobis confido.

VERS. 2. « Rogo autem, ne præsens audeam per confidentiam qua existimor audere in quosdam. »

Rogo vos, inquit, ne me ad hoc adigatis, ut palam faciam, me quoque fortem esse quando præsens sum, et virtute pollere. Nam quia dixerat: *Absens omnino confido in vobis,* iisdem nunc verbis utitur.

« Qui arbitrantur nos tanquam secundum carnem ambulemus. »

Ipsum enim incessebant tanquam hypocritam, tanquam improbum et deceptorem.

VERS. 3. « In carne enim ambulantes, non secundum carnem militamus. »

Hic vero eos territat. Nam carne nos circumdari fateor: cæterum nequaquam secundum carnem vivimus. Hoc autem est quod *militiam* nominavit, quo exterreret magis.

VERS. 4. « Nam arma militiæ nostræ non carnalia sunt, sed potentia Deo. »

Arma carnis sunt, divitiæ, gloria, potentia, facundia, artes, famulitium, assentationes, simulationes, et alia horum similia. Nostra vero, inquit, talia non sunt, sed a Deo robur habent. Recte autem virtutem iterum omnem acceptam refert Deo. Ac si diceret: Non nos isthæc præstitimus, sed ipse Deus. Nam quia, cum vapularent expellerenturque, victores erant, ait hoc ipsum quoque divinæ virtutis esse, quod se his instructos armis victores futuros confiderent. Nam ille est qui ea valida reddit; adeo ut, licet nos iis circumvestiamur, ipse tamen sit qui cum illis pugnat et operatur.

« Ad destructionem munitionum, consilia destruentes, [VERS. 5] et omnem altitudinem extollentem se adversus scientiam Dei. »

Et ne, audito munitionum nomine, sensibile quidpiam intelligas, subjungit, *consilia destruentes.* Nam propositione grandia se loqui ostendit; adjectione vero declarat spirituale bellum esse. Cæterum munitionem vocat Græcanicum **147** fastum, vimque sophismatum et syllogismorum.

« Et in captivitatem redigentes omnem intellectum in obsequium Christi. »

Præclaram et illustrem victoriam exhibet. Non enim verbis pugnamus, inquit, sed effectis adversus verba.

VERS. 6. « Et in promptu habentes ulcisci omnem inobedientiam, cum impleta fuerit vestra obedientia. »

Vos enim præstolamur, inquit, ut quando sive laudibus, sive interminatione vos emendaverimus, abduxerimusque et averterimus ab illorum consortio, tunc illis relictis solis qui immedicabiliter ægrotant, pœnam inferamus, quando vos ex toto viderimus ab eis abscessisse. Nunc etenim obsequentes estis, sed non ex toto. Quamobrem non dixit, cum obedieritis, sed, *quando obedientia vestra plena erit.*

VERS. 7. « Quæ secundum faciem sunt, videtis. Si quis confidit sibi Christi se esse, hoc cogitet iterum apud se. »

Non parvum hoc crimen est, sed admodum grave. Ejus enim sunt rei, qui se facile decipi sinunt. Ait autem: Ex iis quæ apparent sententiam fertis, ex carnalibus. Quid vero hoc est, e carnalibus? Si quis ditescit; si quis fastum præfert; si quis adulatorum turba circumdatur.

« Quia sicut ipse Christi est, ita et nos Christi. [VERS. 8.] Nam, etsi aliquid amplius gloriatus fuero de potestate nostra, quam dedit nobis Dominus. »

Non vult statim a principio molestus esse, sed paulatim orationis gravitas augescit, ad summum usque.

« In ædificationem, et non in destructionem vestram. Non erubescam, [VERS. 9-12] ne existimer tanquam terrere vos per epistolas: quoniam quidem epistolæ, inquiunt, graves sunt et fortes;

præsentia autem corporis infirma et sermo contemptibilis. Hoc existimet qui ejusmodi est, quia quales sumus verbo per epistolas absentes, tales et præsentes in facto. Non enim audemus inserere nos quibusdam, qui seipsos commendant : sed ipsi in seipsis seipsos metientes et comparantes seipsos sibi ipsis, non intelligunt. »

Vide, quomodo rursum mollit invidiam.

VERS. 13-15. « Nos autem non in immensum gloriabimur, sed secundum mensuram regulæ, qua mensus est nobis Deus mensuram pertingendi usque ad vos. Non enim quasi non pertingentes ad vos, superextendimus nos. Usque ad vos enim pervenimus in Evangelio Christi; non in immensum gloriantes, sed in alienis locis. »

Mendaces siquidem apostoli hoc dicebant : Universum orbem convertimus : ad extrema terra perreximus. Quin hic quoque locus specimen humilitatis ipsius præbet.

« Spem autem habentes crescentis fidei vestræ, in vobis magnificari secundum regulam nostram in abundantiam; [VERS. 16-18] etiam in illa quæ ultra vos sunt evangelizare, non in aliena regula, in iis quæ præparata sunt gloriari. Qui autem gloriatur, in Domino glorietur. Non enim qui seipsum commendat, ille probatus est ; sed quem Deus commendat. »

Spero, inquit, fore ut vobis augescentibus, ulterius quoque regula nostra protendatur. Nam ultra progrediemur, ita ut prædicemus et laboremus, non ut de laboribus aliorum nos jactitemus. Recte vero *regulam* dixit, et mensuram, velut qui ad acquirendum orbem et hæreditatem optimam pergeret, ostenderetque totum esse opus Dei. Cum ergo ejusmodi opera habeamus, inquit, et majora exspectemus, nequaquam jactantiam consectamur, ut illi quibus nihil supersit, nec totum nobis imputamus, sed Deo. Unde etiam addit, *Ut qui gloriatur, in Domino glorietur.*

CAP. XI.

VERS. 1. « Utinam sustineretis modicum quid insipientiæ meæ, sed et supportate me. »

Quia ad laudes proprias venturus erat, multa præmunitione utitur.

VERS. 2. « Æmulor enim vos Dei æmulatione. Despondi enim vos uni viro virginem castam exhibere Christo. »

Non dixit, Amo vos, sed vocem eam ponit, cui longe major vis insit. Animi siquidem illi zelotypi sunt, qui adversus eos quos amant, ardentius alliciuntur. Quin nec zelotypia aliunde nascitur, quam ex vehementi amore.

VERS. 3. « Timeo autem ne, sicut serpens Evam seduxit astutia sua, ita corrumpantur sensus vestri. »

Nam, quamvis interitus vester sit, dolor tamen communis est. Illud vero, *ne forte*, non condemnantis verbum est, neque tacentis. Neutrum enim tutum fuerit, autve palam efferre, aut dedita opera celare. Commemoratione autem historiæ magnum eis terrorem incutit.

« Et simplicitate et castitate, quæ est in Christo. »

Significat fidem opus habere sincero simplicique animo.

VERS. 4. « Nam si is qui venit, alium Christum prædicat, quem non prædicavimus. »

Hoc in loco declarat Corinthios nequaquam esse deceptores, sed eos qui aliunde advenerant. Hoc autem ait, eo quod illi palam jactitarent, plura se prædicando tradere, quam apostolos, qui imperfecte docuissent. Quoniam igitur verisimile erat, illos plura venditare, extraria sapientia abutentes, ita loquitur : Siquidem aliud præterea dicerent, ac Christum alterum prædicarent, quem non oporteret prædicare, idque non prætermitteremus, recte sustinuissetis. Nam idcirco adjecit, *quem non prædicavimus.* Sin autem eadem fidei capita, quid præstant magis ? Quæcunque enim dixerint, nihil effutient amplius quam nos docuerimus.

« Aut alium Spiritum accipitis, quem non accepistis. »

Id est, qui vos locupletiores reddat secundum gratiam.

« Aut aliud Evangelium, quod non recepistis, juste pateremur. [VERS. 5.] Existimo enim nihil me minus fecisse a magnis apostolis. »

Neque hoc rursum fastosa illorum facundia opus habebat. Nihil enim perfectius ab eis collatum fuit. Enimvero postquam dixit : *Aut alium Jesum prædicant,* subjunxit, *quem non prædicavimus :* tum dicto, *aut alium Spiritum,* adjecit, *quem non accepistis.* Dicto denique, *aut aliud Evangelium,* addidit, *quod non recepistis,* per hæc omnia declarans, animum attendendum non fuisse, si quid illi dixerunt amplius, quod dicere operæ pretium fuerit, et a nobis omissum sit : si autem non oportebat, hoc in causa fuit, ut minime dictum sit a nobis. Eccur igitur erga illos sic obstupescitis, qui talia effutiant?

VERS. 6. « Nam etsi imperitus sermone ; sed non scientia. »

Quia magnopere illi Græcanicam sapientiam jactitabant, hoc ita edisserit, ut ostendat hujus se non pudere, sed magis honestari. Extraneam quippe sapientiam illam nihili pendet, ac si stultitia sit.

« Ubique autem manifestati sumus in omnibus ad vos. »

Falsos apostolos criminatur tanquam in astutia obambulantes.

VERS. 7-9. « Aut nunquid peccatum feci, meipsum humilians, ut vos exaltemini, quoniam gratis Evangelium Dei evangelizavi vobis? Alias Ecclesias exspoliavi, accipiens stipendium ad ministerium vestrum. Et cum essem apud vos, et egerem, nulli onerosus fui. Quod mihi deerat, suppleverunt fratres qui venerunt de Macedonia. Et in omnibus sine onere me vobis servavi et servabo. »

Hoc quod dicit, hunc habet sensum: In angustia agebam, et in extrema penuria versabar apud vos, dum verbum vobis praedicarem. Hoc itaque est cujus me accusare possitis, hocque peccatum meum est, quod me affligere ipse voluerim, ut vobis adjumento essem. Nam id significatur isto verbo, *ut exaltemini.*

VERS. 10. « Est veritas Christi in me. »

Ne existimetis, inquit, haec a me dicta esse animo accipiendi. Nam in me veritas exsistit.

VERS. 11. « Quoniam haec gloriatio non praecludetur in me in regionibus Achaiae. [VERS. 11.] Quare? quia non diligo vos? Deus scit. Quod autem facio, et faciam. »

Rem porro gloriationem vocat.

VERS. 12. « Ut autem amputem occasionem eorum, qui volunt occasionem, ut in quo glorientur, inveniantur sicut et nos. »

Quia illi studium ponebant, ut illius reprehendendi causam invenirent, quasi avarus esset; hanc tollere ipse contendebat.

VERS. 13, 14. « Nam et ejusmodi pseudoapostoli sunt operarii subdoli, transfigurantes se in apostolos Christi. Et non mirum: ipse enim Satanas transfigurat se in angelum lucis. »

Idcirco, ait, falsos apostolos dico, quia isthaec omnia simulant, ut decipiant. Nam cum sciant aliter non posse fieri ut accepti sint, personam veritatis induunt, ut fabulam ludant erroris, aiuntque se non accipere pecunias, ut ampliores emungant.

VERS. 15. « Non ergo magnum, si ministri ejus transfigurantur. »

Angelum lucis dicit illum qui fidenter et libere loquitur. Nam sunt alioqui angeli isti tenebrarum, diaboli videlicet.

« Sicut ministri justitiae, quorum finis erit secundum opera ipsorum. »

Quales nos sumus, inquit, qui praedicamus Evangelium.

VERS. 16. « Iterum dico (ne quis me putet insipientem esse). »

Jam enim ante praemonuerat.

« Alioqui velut insipientem accipite me. »

Hoc quippe opus illorum erat, ut gratis gloriarentur.

« Ut et ego modicum quid glorier. [VERS. 17.] Quod loquor, non loquor secundum Deum, sed quasi in insipientia. »

Gravitatem levat iterum, addendo, *modicum.*

« In hac substantia gloriae. »

Vide quomodo gloriatio non sit secundum Dominum. *Quando enim,* inquit Dominus, *omnia feceritis, dicite, Quia servi inutiles sumus* [16].

VERS. 18-20. « Quando multi gloriantur secundum carnem, et ego gloriabor. Libenter enim suffertis insipientes, cum sitis ipsi sapientes. Sustinetis enim si quis vos in servitutem redigit, si quis devorat, si quis accipit, si quis extollitur, si quis in faciem vos caedit. »

Scilicet ab iis quae exteriora sunt, puta a nobilitate, a divitiis, a sapientia, a circumcisione, et a parentibus Judaeis.

VERS. 21. « Secundum ignobilitatem dico. »

Non quod vapulatis: sed quia nihil minus perpessi estis, quam ii qui in faciem caeduntur.

« Quasi nos infirmi fuerimus. [VERS. 22-24.] In quo quis audet (in insipientia dico), audeo et ego. Hebraei sunt? et ego. Israelitae sunt? et ego. Semen Abrahae sunt? et ego. Ministri Christi sunt (ut minus sapiens dico plus)? et ego. In laboribus amplius, in plagis supra modum, in carceribus abundantius, in mortibus frequenter. A Judaeis quinquies quadragenas, »

Nunquid vero non poteramus, inquit, eadem vobis praestare? Atqui non praestitimus. Cur ergo istos sustinetis, quasi penes nos non fuerit talia facere? In crimen igitur incurristis, insipientes tolerando. Quod vero suffertis etiam illos, qui vestra rapiant, qui contemnant, qui caedant, hoc nulla defensione indiget.

« Una minus accepi. »

Quare, *una minus?* Lex erat antiqua dehonestatum fore apud Hebraeos, qui plusquam quadraginta ictus acciperet. Ne igitur percutientis vis et impetus, supra numerum plagas inferendo, contemptibilem redderet eum qui vapularet, statutum est ictum unum omitti; ut, quamvis plagas multiplicaret percussor, quadraginta non excederet, sed intra constitutum numerum sistendo, non prorsus dedecoraret illum qui caederetur.

VERS. 25. « Ter virgis caesus sum, semel lapidatus sum. »

Quid vero istuc ad Evangelium? quia longa itinera et transmarina suscepit.

« Ter naufragium feci. »

Mystico sensu humanitatem significat ter naufragium fecisse. Quid enim ait, *Ter naufragium feci, nocte et die in profundo maris fui?* Ter naufragium fecit humana natura. Semel in paradiso per praevaricationem. Secundo rursum, quando sub Noe diluvium invectum fuit. Tertio, dum populus, post susceptam legem, in cultum idolorum prolapsus est; donec Christus animarum nostrarum gubernator, erecta crucis antenna in medio terrae, ita navigationem temperavit, ut sine procella *Uranopolim,* seu ad coelestem civitatem appelleremus.

« Nocte et die in profundo maris fui. »

Noctem vocat illam moram quam in tenebroso errore ante adventum Christi egimus. Diem autem appellat vitae rationem alteram, quam, ex quo Christus venit, in lucido baptismate inivimus.

---

[16] Luc. XVII, 10.

« Nocte et die in profundo maris fui. [Vers. 26]. In itineribus sæpe. »

Alii quidem aiunt eum in maris medio navigasse: alii vero innatasse in medio pelagi, unde nec terram, nec montem cernere poterat : quod plane verius est. Nam alterum quidem nec admiratione dignum foret, nec post naufragia hoc ipse posuisset, ceu quidpiam naufragiis majus.

« Periculis fluminum, periculis latronum, periculis ex genere, periculis ex gentibus, periculis in civitate, periculis in solitudine, periculis in mari, periculis in falsis fratribus. »

Nam cogebatur etiam flumina trajicere.

Vers. 27-33. « In labore et ærumna, in vigiliis sæpe, in fame et siti, in jejuniis frequenter, in frigore et nuditate ; præter illa quæ extrinsecus sunt, instantia mea quotidiana, sollicitudo omnium Ecclesiarum. Quis infirmatur, et ego non infirmor? quis scandalizatur, et ego non uror? Si gloriari oportet, de infirmitatibus meis gloriabor. Deus et Pater Domini nostri Jesu Christi, qui est benedictus in sæcula, scit quia non mentior. Damasci præpositus gentis Aretæ regis custodiebat civitatem Damascenorum ut me comprehenderet, et per fenestram in sporta demissus sum per murum, et sic evasi manus ejus. »

152 CAP. XII.

Vers. 1. « Gloriari sane non expedit mihi : veniam autem ad visiones et revelationes Domini. »

Hoc ait, non quasi nihil dixisset, sed quia ad aliud gloriæ momentum transiturus erat, quod quidem eum splendidiorem reddit et insigniorem. Hæc autem de seipso narrat, erudiens illos humiliter sentire. Nam si talis erat qui tanta hæc haberet, quid non illi facere debuissent ?

Vers. 2-7. « Scio hominem in Christo ante annos quatuordecim (sive in corpore, sive extra corpus, nescio, Deus scit), raptum hujusmodi usque ad tertium cœlum. Et scio hujusmodi hominem (sive in corpore, sive extra corpus, nescio, Deus scit), quoniam raptus est in paradisum ; et audivit arcana verba, quæ non licet homini loqui. Pro hujusmodi gloriabor : pro me autem ipso non gloriabor, nisi in infirmitatibus meis. Nam si voluero gloriari, non ero insipiens. Veritatem enim dicam. Parco autem, ne quis me existimet supra id quod videt in me, aut aliquid audit ex me. Et ne magnitudo revelationum extollat me, datus est mihi stimulus carni. »

Cum multæ sibi revelationes fierent, hanc unam ponit. Quod autem complures essent, ipse declaravit dicendo, *ne magnitudine revelationum extollar.* Idcirco vero quatuordecim annorum tempus scripsit, ut ostenderet, quod qui tanto se tempore continuerat, hanc nunquam recitasset, nisi se necessitate compulsum sensisset.

« Angelus Satanæ, qui me colaphizet, ne superextollar. »

Satan Hebræo sermone adversarius dicitur. Nam Scriptura de Salomone narrans ait : *Non erat Satan in diebus ejus ;* id est qui bellum inferret, aut ex adverso staret. Quod ergo dicit, hunc habet sensum : Non permisit Deus ut Evangelii prædicatio nullo labore progrederetur, uti fastum nostrum comprimeret : sed adversariis nos invadendi potestatem fecit. *Angelum* itaque *Satanæ* appellat Alexandrum ærarium, Hymenæum et Philetum, qui resurrectionem factam esse asseverarent ; uno verbo omnes prorsus qui prædicationis sermoni contradicerent, quique contra se lites et pugnas excitarent, et in carceres conjicerent. Quemadmodum ergo Judæos diaboli filios nuncupat, qui opera illius æmularentur, ita Satanæ angelos illos vocat, quicunque adversarentur Evangelio. Quocirca, *Datus est mihi stimulus,* inquit, *ut me colaphizet,* non quasi Deus ejusmodi homines armaret (absit enim istud), vel in ipsum animadvertendo plecteret : sed quia ita fieri permittebat, ultionem rejiciendo in diem judicii.

Vers. 8. « Propter quod ter Dominum rogavi, ut discederet a me. »

Atqui magnæ hoc demissionis animi argumentum est, quod nec celaverat.

Vers. 9. « Et dixit mihi : Sufficit tibi gratia mea. »

Nimirum, quod mortuos suscitas, cæcos curas, et alia quæcunque prodigia facis.

« Nam virtus mea in infirmitate perficitur. »

Cum abigerentur exagitarenturque, cunctos vincebant.

« Libenter igitur gloriabor in infirmitatibus meis, ut inhabitet in me virtus Christi. »

Ne conciderent animo, cum apostoli mendaces ob res contrarias gloriarentur, ipsi vero in persecutionibus agerent ; ostendit ipsos per eas clariores evasuros.

Vers. 10. « Propter quod placeo mihi in infirmitatibus meis, in contumeliis, in necessitatibus, in persecutionibus, in angustiis pro Christo. »

Ne quis arbitraretur eum loqui de corporali infirmitate, singulatim infirmitatis genera enarravit, dicendo : *In contumeliis, in persecutionibus, in necessitatibus, in angustiis.* Vides quomodo nunc eum retegit, quem antea Satanam vocabat, ac non dolorem fuisse capitis quo vexaretur, uti quidam nugando narrant.

« Cum enim infirmor, tunc potens sum. »

Nam ubi obvenit afflictio, adest et consolatio : et ubi consolatio, illic et gratia. Quando igitur in carcerem conjectus est, tunc admirabilia illa gessit. Quando naufragium fecit, et in barbaricam regionem deportatus est, tunc maximopere inclaruit. Quando carcerem intravit, tunc et judicem superavit [17].

---

[17] Act. xxviii, 1 sqq.

Vers. 11-13. « Factus sum insipiens gloriando, vos me coegistis. Ego enim a vobis debui commendari. Nihil enim minus fui ab iis, qui sunt supra modum apostoli : tametsi nihil sum. Signa tamen apostoli facta sunt in vobis, in omni patientia, signisque, et prodigiis et virtutibus. Quid enim est, quod minus habuistis, præ cæteris Ecclesiis, nisi quod ipse non gravavi vos? »

Gloriando, inquit. Absoluto autem de suis laudibus sermone, non hactenus stetit, sed rursum satisfactionem offert, et veniam dictorum rogat: *Vos enim*, ait, *me coegistis*. Nisi enim illi quoque ostentatione sua in errorem vos adduxissent, nunquam admisissem, ut de me sermonem inferrem. Verum quia integram Ecclesiam labefactarunt, coactus sum fieri insipiens, ut utilitati vestræ consulerem.

« Donate mihi hanc injuriam. [Vers. 14, 15.] Ecce tertio hoc paratus sum venire ad vos, et non ero gravis vobis. Non enim quæro quæ vestra sunt, sed vos. Nec enim debent filii parentibus thesaurizare, sed parentes filiis. Ego autem libentissime impendam, et superimpendar ipse pro animabus vestris, licet abundantius vos diligens, minus diligar. »

In ipsorum laudem cedere censet, siquidem injuriam existiment suam, quod Apostolus nihil ab ipsis accipere voluerit, nec sustinuerit ab eis ali.

Vers. 16-20. « In hoc autem ego non gravavi vos : sed cum essem astutus, dolo vos cepi. Nunquid per aliquem eorum quos misi ad vos, circumveni vos ? Rogavi Titum, et misi cum illo fratrem. Nunquid vos Titus circumvenit ? nonne eodem spiritu ambulavimus? Nonne iisdem vestigiis? Rursum putatis quod excusemus nos apud vos ? Coram Deo in Christo loquimur. Omnia autem, charissimi, propter ædificationem vestram. Timeo enim ne forte, cum venero, non quales volo, inveniam vos : et ego inveniar a vobis qualem non vultis. »

Dixerit forsan aliquis, idcirco me nihil accepisse, quia non postulavi : cæterum versutus cum essem, adornatos a me quosdam, quos miserim ego, suo saltem nomine petituros a vobis, ut eorum manibus accipiendo, ab opinione receptæ pecuniæ immunem me ostentarem. At ne hoc etiam objicere quispiam possit; vosque ipsi hujus testes estis. *Eodem porro spiritu* ait, sive eadem animi inductione, sive eadem gratiæ ministratione; quia consimilem agendi rationem Spiritus donavit nobis.

« Ne forte contentiones, æmulationes, animositates, dissensiones, detractiones, susurrationes, inflationes, seditiones sint inter vos : [Vers. 21] ne iterum cum venero, humiliet me Deus apud vos. »

Id quod primo loco ponere debebat, hoc postremo collocat, inflationem nimirum. Etenim adversus ipsum arrogantes erant. Ne ergo videatur in primis commodo suo studere, de communi statim loquitur. Enimvero isthæc omnia ex invidentia nascebantur, puta calumniæ, criminationes, dissidia.

« Et lugeam multos ex iis qui ante peccaverunt, et non egerunt pœnitentiam super immunditia, et fornicatione, et impudicitia, quam gesserunt. »

Non dixit omnes, sed *multos* : quin nec illos declarat, ut facilem ipsis præberet reditum ad pœnitentiam.

CAP. XIII.

Vers. 1. « Ecce tertio hoc venio ad vos. »

Ostendit se multum esse ac vehementiorem in denuntiationibus, segniorem vero et cunctatorem in castigando.

« In ore duorum et trium testium stabit omne verbum. [Vers. 2.] Prædixi, et prædico ut præsens, secunda hac vice, et nunc absens scribo iis qui ante peccaverunt, et cæteris omnibus. »

Testium loco adventus suos ponit, suasque denuntiationes. Semel, inquit, atque iterum dixi, cum essem venturus, idemque nunc litteris denuntio. Ac si quidem mihi auscultabitis, id quod optabam, contigerit : sin vero inobsequentes fueritis, deinceps necesse erit ut præstem quæ dixi, et pœnas infligam.

« Quoniam, si venero iterum, non parcam.»

Ne dilatio socordiam creet, vide quomodo hoc quoque ante occupat dicens : *Si venero, non parcam.*

Vers. 3. « An experimentum quæritis ejus qui in me loquitur, Christi, qui in vobis non infirmatur, sed potens est in vobis? »

Hæc ait, perstringens illos qui ipsum morderent, deriderentque, ac dicerent, *Præsentia infirma est, et sermo contemptibilis* [18]. Quandoquidem, inquit, periculum vultis facere, nunquid in me Christus habitet, atque idcirco me taxatis tanquam vilem et contemptu dignum, ceu qui virtute illa destitutus sim : verumtamen cognoscetis non nos prorsus esse destitutos, si quando occasionem præbeatis : quod utinam non eveniat. Atqui non ait, qui habitat, sed, *qui loquitur;* ostenditque spirituales sermones esse.

Vers. 4. « Etenim crucifixus est ex infirmitate, sed vivit ex virtute Dei. »

Infirmitatis nomine tria significantur. Nam infirmitas de valetudine corporis dicitur, secundum illud dictum de Lazaro : *Domine, ecce quem amas infirmatur* [19]. Itemque ubi quis in fide bene solidatus non est, quo sensu dicebat Paulus : *Infirmum autem in fide suscipite, non in disceptationibus cogitationum* [20]. Tertio denique modo infir-

---

[18] II Cor. x, 10. [19] Joan. xi, 3. [20] Rom. xiv, 1.

mitates nominantur insectationes et insidiæ. Quod etiam apud Paulum observare licet, ubi ait : *Propter quod Dominum rogavi, et dixit mihi : Sufficit tibi gratia mea. Nam virtus mea in infirmitate perficitur* [21]. Hoc plane tertio sensu infirmitatis nomen nunc accipitur. Ait ergo : Tametsi afflixus est cruci, toleratis periculis et insidiis, nihil inde percepit damni, sed potens exsistit Deus, licet sponte propter certam dispensationem passus fuerit.

« Nam et nos infirmi sumus in illo, sed vivemus cum eo ex virtute Dei in vobis. [Vers. 5, 6.] Vosmetipsos tentate si estis in fide : ipsi vos probate. Annon cognoscitis vosmetipsos, quia Christus Jesus in vobis est? nisi forte reprobi estis. Spero autem quod cognoscetis, quia nos non sumus reprobi. »

Id est, nos insectantur, exagitamur, extrema patimur.

Sive propter prædicationem, et fidem in ipsum.

Vers. 7. « Oramus autem Deum, ut nihil mali faciatis : non ut nos probati appareamus, sed ut vos quod bonum est, faciatis. »

Deum rogo, inquit, ut nihil distortum et pravum reperiam : imo vero non hoc solum, sed neque initium peccati. Nam si perseveretis in vitiis sine pœnitentia, necesse est ut pœnas ex vobis sumamus, et periculum faciamus virtutis. Id quod præstitum fuit in Sapphira et Elyma mago. Cæterum id non precamur, inquit, sed potius contrarium, ut neque vos peccetis, neque nos tanquam minime probati habeamur : hoc est, ne ejusmodi experimento virtutem, quæ in nobis est, monstremus, vos utique plectendo, et animadvertendo in eos qui peccaverint, immedicabilique morbo laboraverint. Quid vero ita? Ut vos bonum faciatis. Hoc enim avide optamus, ut coronatos vos videamus.

[21] II Cor. xii, 8.

156 « Nos autem ut reprobi simus. »

Qui non monstraverimus puniendi virtutem. Non autem dixit, reprobi, sed, *ut reprobi.* Haud enim reprobandus erat, quamvis nec punivisset.

Vers. 8, 9. « Non enim possumus aliquid adversus veritatem. »

Id quod natura rei postulat, præstamus. Non enim si videamus vos commendatione dignos per pœnitentiam, plectere deinceps possimus.

« Sed pro veritate. Gaudemus enim. »

Quando existimamur infirmi, non quando sumus infirmi.

« Quando nos infirmi sumus, vos autem potentes estis. Hoc et oramus, vestram consummationem. [Vers. 10.] Ideo hæc absens scribo, ut non præsens durius agam secundum potestatem, quam Dominus dedit mihi. »

Hoc est, probati et accepti estis.

« In ædificationem, et non in destructionem. [Vers. 11.] De cætero, fratres, gaudete. »

Fidem facit, nequaquam se cupidum esse utendi potestate ad illorum ultionem.

« Perfecti estote. »

Efficiamini perfecti, inquit, implendo quæ desunt.

« Exhortamini, idem sapite, pacem habete, et Deus pacis et dilectionis erit vobiscum. [Vers. 12, 13.] Salutate invicem osculo sancto. Salutant vos omnes sancti. Gratia Domini nostri Jesu Christi, et charitas Dei, et communicatio sancti Spiritus, sit cum omnibus vobis. Amen. »

Hæc dicit, quia multæ tentationes ingruebant, et magna pericula.

Scripta est Epistola Philippis in Macedonia, per Lucam et Titum. Ad Corinthios secunda, versus 612.

IN EPISTOLAM AD GALATAS.

CAPUT PRIMUM.

Vers. 1. « Paulus apostolus, non ex hominibus, neque per hominem, sed per Jesum Christum et Deum Patrem. »

Ex Judæis qui crediderant, quia Judaismi præjudiciis occupati erant, necnon inanis gloriæ æstu ebrii, ut sibi magistrorum titulos arrogarent, in Galatiam profecti, docebant oportere circumcidi, et observare Sabbata et Neomenias, nec Paulum esse tolerandum qui hæc auferret : Petrum quippe, Jacobum, et Joannem, qui primas inter apostolos tenebant, ea non prohibere : cum hic vixdum heri et hodie prodiisset, Petrus vero prior esset : atque hic quidem apostolorum esset discipulus, illi vero Christi : hic solus, illi complures, ipsique columnæ Ecclesiæ. Proinde cum ante vidisset gentem illam ex toto 157 sanam esse et incolumem, tum subinde ex Galatarum Ecclesia incendium excitari, epistolam scripsit, qua momentis istis omnibus satisfacit, atque ipsomet exordio in illud statim intendit, quod ut conceptam de ipso existimationem effoderent, objiciebant ; puta alios quidem discipulos Christi fuisse, ipsum vero apostolorum.

« Qui suscitavit eum a mortuis. »

Quare vero non a divinioribus Christi gestis

exordium ducit, sed a passione ipsius? Utique cum illi adversus ipsum insurgerent, tanquam poenas daturi si defecissent a lege, idcirco eam rem commemorat, qua legis necessitas omnis excluderetur; crucem, inquam, et resurrectionem, quae cunctis causa salutis fuere.

Vers. 2. « Et qui mecum sunt omnes fratres. »

Ad illud quoque collineat, quod illi dicebant, Paulum quidem esse solum, plurimos autem apostolos. Eam ob rem multitudinem una secum adduxit: non autem, quemadmodum in epistolis aliis, aut Paulus solus praemittitur, aut Paulus et Timotheus, imo etiam Silvanus.

« Ecclesiis Galatiae. »

Significat quae necessitas urgeret scribendi epistolam; quod nempe non unius Ecclesiae cujusdam discrimen, tantum sibi studium suggessisset, sed multarum simul.

Vers. 3. « Gratia vobis et pax a Deo Patre et Domino Jesu Christo. »

Hoc quidem ubique passim ponit, in primis vero dum ad Galatas scribit, quia periculum erat ne a gratia exciderent, si iterum circumciderentur.

Vers. 4, 5. « Qui dedit semetipsum pro peccatis nostris. »

Innumeris in malis implicati eramus, extremisque suppliciis obnoxii: lex vero non modo non reconciliavit, quin et condemnavit; cumque peccatum haec palam traduceret, conciliare libertatem non valebat, nec iram Dei sedare. At vero Dei Filius id quod possibile non esset, peccatis deletis possibile reddidit, tum etiam ex inimicis amicos fecit.

« Ut eriperet nos de saeculo. »

Non tempus innuit, sed vitam praesentem improbam appellavit.

« Praesenti nequam, secundum voluntatem Dei et Patris nostri: cui est gloria in saecula saeculorum. Amen. »

Malas actiones dicit, distortam voluntatem.

Vers. 6, 7. « Miror quod sic tam cito transferimini ab eo qui vos vocavit in gratiam Christi. »

Hoc mihi, inquit, stuporem creavit, quod cum mysterium gratiae sic edocti essent, ut et doctores fieri possent aliorum, hi tam facile deceptoribus auscultaverint.

« In aliud Evangelium, quod non est aliud. »

158 Nam ut Petrus dicit: *Non est aliud nomen sub coelo datum hominibus, in quo oporteat nos salvos fieri* [12].

« Nisi aliqui sunt, qui vos conturbant, et volunt convertere Evangelium Christi. »

Recte ait, *qui vos conturbant*, non, qui docent; ut ostendat eam rem meram esse deceptionem.

Vers. 8. 9. « Sed licet nos, aut angelus de coelo evangelizet vobis praeterquam quod evangelizavimus vobis, anathema sit. Sicut praediximus, et nunc iterum dico: si quis vobis evangelizaverit praeter id quod accepistis, anathema sit. »

Vide prudentiam Apostoli. Ne quis diceret, cum inanis gloriae desiderio propria placita venditare, semet anathemati devovere non dubitavit. Et quia illi ad auctoritates confugiebant, Joannem puta et Jacobum; eam ob rem angelos commemoravit. Neque enim mihi Jacobum et Joannem citaveris: nam quamvis ex primoribus angelis unus sit, qui praedicationem labefactet, ille sit anathema.

Vers. 10. « Modo enim hominibus suadeo, an Deo? »

Nam etsi haec docendo vos decipio, inquit, nunquid et Deo valeam imponere, cui perspecta sunt arcana cogitationis, et cui per omnia placere totis studiis contendo.

« Si adhuc hominibus placerem, servus Christi non essem. [Vers. 11.] Notum enim vobis facio, fratres, Evangelium, quod evangelizatum est a me, quia non est secundum hominem. »

Si hominibus placere studerem, adhuc starem a Judaeorum partibus, et Ecclesiam devastarem. Cum vero totam gentem, consanguineos et claritatem generis aspernatus sim, iisque persecutiones, bella, quotidianas mortes commutarim, perspicuum est ea quae nunc affirmo, non gloriae ab hominibus parandae gratia dici. Haec porro ait, eo quod pristinam suam vivendi rationem subinde narraturus erat. Ne ergo putarent, hoc eum facere ut se defendat, atque inde superbirent, ideo dixit: *Adhuc enim hominibus suadeo*.

Vers. 12. « Neque enim ego ab homine accepi illud, neque didici; sed per revelationem Jesu Christi. »

Vide quo pacto sursum deorsum affirmat Dei se fuisse discipulum; propterea quod qui Galatas cogerent circumcidi, hoc dictitarent: Illi qui discipuli Christi fuere, Petrus videlicet, Jacobus et Joannes, circumcisionem permittunt; is vero discipulorum discipulus exsistit: annon ergo satius est illis, quam isti, morem gerere?

Vers. 13-15. « Audistis enim conversationem meam aliquando in Judaismo; quoniam supra modum persequebar Ecclesiam Dei, et expugnabam illam, et proficiebam in Judaismo supra multos coaetaneos meos in genere meo, abundantius aemulator exsistens paternarum mearum traditionum. Cum autem complacuit Deo.»

Id quod modo astruitur, plane demonstrat **159** eum non ab hominibus accepisse mysterium. Talis siquidem tantaque mutatio quae subito facta est, nequaquam ab homine effici potuerit. Hominum quippe doctrina paulatim progreditur. Ad haec per hoc quidpiam aliud evincit. Clam enim deterret a legalibus praestandis. Enimvero si ille

---

[12] Act. iv, 12.

qui tantum ardorem prætulit dum sub lege agebat, dimissis legis decretis ad salutem venit quæ fide acquiritur, manifestum est ipsum legi nuntium remisisse, per quam fieri non poterat ut perfectus evaderet. Longe igitur potiori jure non debent illi qui ad fidem accurrerunt, tanto studio illam persequi quæ perfectionem conciliare non valet.

« Qui me segregavit ex utero matris meæ, et vocavit per gratiam suam, [VERS. 16] revelare Filium suum in me, ut evangelizarem illum in gentibus. »

Si ex utero vocatus est matris, ad apostolatum puta, quinam fuit persecutor? Dubium hoc in alio loco solvit, dum ait, ut in me primum ostenderet Christus omnem patientiam suam, ad informationem eorum qui in ipsum credituri erant ad vitam æternam [13].

« Continuo non acquievi carni et sanguini, [VERS. 17] neque veni Hierosolymam ad antecessores meos apostolos, sed abii in Arabiam, et iterum reversus sum Damascum. »

Comprobat iterum, haudquaquam ab hominibus doctrinam Christi se accepisse. Quo pacto enim futurum erat ut se ipse hominibus addiceret, qui superna scientia dignatus ornatusque fuerat?

VERS. 12-24. « Deinde post tres annos veni Hierosolymam videre Petrum, et mansi apud eum diebus quindecim : alium autem apostolorum vidi neminem, nisi Jacobum fratrem Domini. Quæ autem scribo vobis, ecce coram Deo, quia non mentior. Deinde veni in partes Syriæ et Ciliciæ. Eram autem ignotus facie Ecclesiis Judææ, quæ erant in Christo : tantum autem auditum habebant, quoniam qui persequebatur nos aliquando, nunc evangelizat fidem, quam aliquando expugnabat ; et in me clarificabant Deum. »

CAP. II.

VERS. 1, 2. « Deinde post annos quindecim iterum ascendi Hierosolymam cum Barnaba, et assumpto Tito. Ascendi autem secundum revelationem. »

Non ut docerer veni, sed ut inviserem ; quod honoris duntaxat erga illum argumentum est.

« Et contuli illis Evangelium , quod prædico in gentibus ; seorsum autem iis qui videbantur aliquid esse : ne forte in vacuum currerem, aut cucurrissem. »

Quando primum suscepit Evangelium, non ascendit, ut cum apostolis de eo conferret. Neque enim doctrina eorum indigebat, qui didicerat a Christo. Procedente vero tempore, cum Evangelium omissa circumcisione prædicaret, offensi quidam fuere, quod Petrus circumcidi non prohiberet, Paulus vero solus id auferret. Quocirca cum Spiritus sanctus vellet offendiculum hoc prorsus amputare, præcepit ut testibus assumptis pergeret, atque apostolis denuntiaret se posthabita omnino circumcisione prædicare, ut et de compacto ipsorum, offendiculum istud hominum adimeretur.

160 VERS. 3. « Sed neque Titus, qui mecum erat, cum esset gentilis, compulsus est circumcidi. »

Ab apostolis videlicet. Quod plane certissimo argumento erat, ab illis non esse condemnatum Apostolum, quia gentes non circumcideret.

VERS. 4. « Sed propter subintroductos falsos fratres, qui subintroierunt explorare libertatem nostram quam habemus in Christo Jesu. »

Propter, hic positum est pro, *secundum*. Atque is est sensus : Apostoli, inquit, non coegerunt Titum qui præputium habebat, circumcidi : quanquam subjectitii quidam falsi fratres qui hoc observabant, voluerunt ut circumcideretur. Ubi alienos eos innuit a veritate, quos exploratorum instar habeat.

« Ut nos in servitutem redigerent. »

Ut legi rursus manciparent. Quocirca alio in loco dicit : *Christus redemit nos de maledicto legis* [14].

VERS. 5. « Quibus neque ad horam cessimus subjectione, ut veritas Evangelii permaneat apud vos. »

Ne vel momento quidem eis nos subjecimus, inquit ; subintroductis istis nimirum : ne deprehenderemur alia quidem de Evangelio annuntiare, alia autem agere. Quid porro de Evangelio dixit ? *In Christo novam esse creaturam* [15]. Itemque : *Vetera transierunt, ecce facta sunt omnia nova* [16]. Et : *Qua libertate nos Christus liberavit* [17].

VERS. 6. « Ab iis autem qui videbantur aliquid esse (quales aliquando fuerint, nihil mea interest. Deus personam hominum non accipit) ; mihi enim qui videbantur esse aliquid, nihil contulerunt. »

Qui videbantur, ait, id est *qui erant* : haud secus ac de se ipse dicebat : *Videor autem mihi Spiritum Dei habere*. Atqui hic sensus est : qui a Petro stabant, erga circumcisionem indulgentiores erant, qua de causa nescio, quam inquirere non curo : de qua nec vitilitigandi animus est ; id ipsi noverint, tanquam reddituri rationem Deo. Hoc autem unum scio, nihil eos mihi amplius de prædicatione mea objecisse, quando ipsos conveni. Recte autem ait, *quales fuerint*, non quales sint, ut concedat initio prædicationis Evangelii Judæis aliquid indultum fuisse.

Idem atque, adversati non sunt.

VERS. 7-9. « Sed e contra cum vidissent, quod creditum est mihi Evangelium præputii sicut et circumcisionis (qui enim operatus est Petro in apostolatum circumcisionis, operatus est et mihi inter gentes), et cum cognovissent gratiam quæ data est mihi, Jacobus, et Cephas, et Joannes, qui videbantur columnæ esse, dextras dederunt mihi

---

[13] I Tim. 1, 16. [14] Galat. III, 13. [15] II Cor. v, 17. [16] ibid. [17] Galat. v, 1.

et Barnabæ societatis : ut nos quidem in gentes; ipsi autem in circumcisionem. »

Huic commati, *sed e contra cum vidissent*, jungendum istud est, *dextras dederunt mihi et Barnabæ societatis*. Quæ vero interjecta sunt, ostendunt cum non ab hominibus ordinatum esse ut prædicaret gentibus : id quod de ipso adversarii spargebant.

161 VERS. 10. « Tantum ut pauperum memores essemus : quod etiam sollicitus fui hoc ipsum facere. »

Pactiones ejusmodi transactæ sunt, inquit, ut illi quidem Judæis, nos vero gentibus prædicaremus. Communis vero utrisque fuit sollicitudo et cura pauperum. Atqui isti pauperes ipsimet erant, qui ex Judæis crediderant in Christum, quorum domus direptæ a contribulibus fuerant : isti sunt, inquam, ad quos scribebat : *Et rapinam bonorum vestrorum cum gaudio suscepistis* [28].

VERS. 11. « Cum autem venisset Cephas Antiochiam, in faciem ei restiti. »

Quando Petrus Hierosolymis commorabatur, Judaismo hoc indulgebat, ut circumcisionem non omnino prohiberet, neque Sabbata. Cum vero Antiochiam venisset, indiscriminatim convivabatur cum iis qui ex gentibus credidissent in Dominum. Deinde cum illuc quidam Hierosolymis descendissent, veritus ne offenderentur, sejunxit se ab illis quibuscum ante versabatur. Verum Paulus dispensatione quadam cum eo usus est, ut ipsum coram omnibus reprehenderet, quod gentes cogeret judaizare; uti magistro hæc audiente, et tacente, ejus objurgatione illi docerentur, Judaicos ritus non esse servandos. Totum porro negotium hoc mera dispensatio erat, utroque connivente propter discipulorum utilitatem. Quocirca, sive Petrum simulasse dicat, sive non recte incessisse ad veritatem, necessariæ dispensationi voces has juvat ascribere.

« Quia reprehensibilis erat. [VERS. 12.] Prius enim quam venirent quidam a Jacobo, cum gentibus edebat : cum autem venissent, subtrahebat et segregabat se. »

Utique ab illis qui Hierosolymis descenderant.

« Timens eos qui ex circumcisione erant. »

Nimirum ne præberet eis offendiculum; non autem ne quid ab ipsis pateretur mali.

VERS. 13. « Et simulationi ejus consenserunt cæteri Judæi; ita ut Barnabas duceretur cum eis in illam simulationem. »

Simulationem nominat, observationem legis, ut doceat illos ab ea secedere.

VERS. 14. « Sed cum vidissem quod non recte ambularent ad veritatem Evangelii, dixi Petro coram omnibus. »

Hoc est, quod non ex toto traditam legem omitterent. Voces autem, ut modo dicebamus, ita conformat, prout dispensatio postulabat. Totum quippe dispensatione gerebatur, cum objurgatio Pauli, tum silentium et assensus Petri. Unum enim ambo quærebant, ut Christi fideles ab observanda lege deterrerentur.

« Si tu Judæus cum sis, gentiliter vivis, et non Judaice, »

Id est, observator non es legis, sed quemadmodum illi qui crediderunt ex gentibus, nec Neomenias, nec Sabbata custodis amplius.

« Quomodo ergo gentes cogis judaizare? »

162 Atqui ex hoc quoque capite negotii dispensatio pernoscitur. Nam quamvis Petrus neque coegisset, neque suasisset ad Judaicos mores sequendos, hoc tamen Paulus ab ipso factum dixit, quo Petrum objurgando occasionem haberet discipulos erudiendi. Clam vero universa hacce narratione Galatas monet, ut increpationis suæ gravitatem æquo animo tolerent. Nam si Petrus, ex Judæis cum esset, permitteretque judaizare, reprehensus fuit, reprehensionemque admisit tanquam rite factam ; multo magis Galatæ, qui, licet essent gentiles, et credidissent in Christum, jugo tamen legis sese rursum mancipaverant, objurgationem ipsius debebant ferre.

VERS. 15, 16. « Nos natura Judæi, et non ex gentibus peccatores. Scientes quod non justificatur homo ex operibus legis, nisi per fidem Jesu Christi; et nos in Christo Jesu credidimus, ut justificemur ex fide Christi, et non ex operibus legis. Propter quod ex operibus legis non justificabitur omnis caro. »

Postquam ex iis quæ Petro acciderant, comprobavit, non oportere circumcidi, idem evincit generaliori ratione. Nam si qui a puero Judæi sunt, neque proselyti, quinimo enutriti in lege, cognita legis ad hominem justum faciendum infirmitate, ad gratiam quæ fide præstatur, transierunt : quanto potiori jure, qui a principio non erant sub lege, sed ex gentibus, tum deinde in Christum credidere, addicere se non debent legi, quæ rectum reddere non valet.

VERS. 17. « Quod si quærentes justificari in Christo, inventi sumus et ipsi peccatores; ergo Christus peccati minister est? »

Videsis in quantam absurditatem illos deducat qui addicti sunt legi. Si fides in Christum non valet facere justum, sed necesse est iterum legi morem gerere, nos qui legem propter Christum deseruimus, nec ejus omissione justi evasimus, sed condemnati, inveniemus plane condemnationis auctorem nobis illum exstitisse, propter quem relicta lege ad fidem cucurrimus.

« Absit ! »

Cum videret absurditatem quæ ex doctrina alio

---

[28] Hebr. x, 34.

rum sequebatur, cito resilit, adhibita hac voce, *Absit!*

VERS. 18. « Si enim quæ destruxi, iterum hæc ædifico, prævaricatorem me constituo. »

Quia aiebant illi, prævaricatorem esse qui non servaret legem, perinde quoque a contrario ipse se prævaricatorem fore dicit, si legi obsequatur. Ac tale quidpiam ait: Desiit lex, idque professi sumus, ubi dimissa lege ad salutem quæ est ex fide, confugimus. Quod si igitur legem roborare contendamus, hoc ipso prævaricatores sumus, qui servare nitamur ea quæ a Deo soluta antiquataque sunt.

VERS. 19. « Ego enim per legem legi mortuus sum, ut Deo vivam. Christo confixus sum cruci. »

Duplex dicti hujus consideratio est. Vel enim gratiæ legem dicit, vel legem antiquam, ubi ostendit per legem se mortuum esse legi. Quod autem ait, hunc sensum habet: Lex ipsa me deterruit ne sibi obtemperarem: unde si ipsi auscultavero, legem ipsam violo. Quinam vero, quave ratione, Moyses effatus est: *Quia prophetam suscitabit vobis Dominus de fratribus vestris, sicut me: ipsum audietis*[17]; quæ de Christo dicta sunt? Qui ergo huic quidem non obsequuntur, legem violant. Quid autem hoc est, *legi mortuus sum?* Quemadmodum utique fieri non potest ut qui mortem obiit præceptis legis subjiciatur, ita nec ego, qui maledictione legis mortuus sum. Lex quippe diris et maledictioni addicit illum, qui omnia non impleverit quæ lege præscripta sunt. Nemini autem hoc possibile erat.

VERS. 20. « Vivo autem, jam non ego: vivit vero in me Christus. Quod autem nunc vivo in carne, in fide vivo Filii Dei, qui dilexit me, et tradidit semetipsum pro me. »

Jam non legi vivo, inquit, neque secundum legem.

VERS. 21. « Non abjicio gratiam Dei. »

Per gratiam, inquit, liber evasi. Nequaquam ergo ad legem redeundo, gratiæ injuriam infero, ac si non valeret vitam præstare.

« Si enim per legem justitia; ergo Christus gratis mortuus est. »

Christus mortuus est pro nobis, inquit, ut nos excitaret, justitiam præbens, et peccatum e medio auferens. Sin vero, quicunque circumcisionem suadent, per legem justum hominem fieri asserunt, supervacanea est mors Christi.

CAP. III.

VERS. 1. « O insensati Galatæ. »

Ostensa absurditate et Dei injuria, præsidenter addit objurgationem.

« Quis vobis invidit, ne obediretis veritati? »

Demonstrat eos felices exstitisse, quandiu fidem tenuerant. Invidentia quippe lacessi non dicuntur, nisi quibus res prospere succedunt. Atqui his verbis rursus eos revocat ad gratiam, quæ fide paratur.

« Ante quorum oculos Jesus Christus præscriptus est, in vobis crucifixus. [VERS. 2.] Hoc solum a vobis volo discere. »

In memoriam eos perpetuo revocat mortis et crucis, per quæ deleto peccato viximus. Cum autem ait: *Ante oculos præscriptus est*, significat insatiabilem quondam fuisse eorum erga Christum amorem, ita ut ejus mysterium ante oculos ipsorum indesinenter versaretur.

« Ex operibus legis Spiritum accepistis; an ex auditu fidei? [VERS. 3.] Sic stulti estis. »

Plurimi eorum qui in Christo baptizati erant, et acceperant Spiritum sanctum, multas operationes per ipsum præstabant, et magna prodigia. Hæc igitur eis commemorat. Si lege divina miracula patrare concessum non est, sed gratia Spiritus, cur relicto illo qui tanta hæc præbuit, confugiatis ad legem, quæ viribus deficitur?

« Ut cum spiritu cœperitis, nunc carne consummemini? »

Ostendit eos ordinem invertisse. A spiritalibus enim ad spiritualiora proceditur: contra vero illi, acceptis primum spiritualibus, ad carnalia transierant, ad circumcisionem scilicet. Bene vero dicit, *consummemini*: id quod posuit ac si de pecudibus sermo foret. Velut si manifestius diceret: pecudum instar vos ipsi concidendos offertis.

VERS. 4. « Tanta passi estis sine causa? Si tamen sine causa. »

Memoriam refricat agonum et certaminum illorum, quæ propter prædicationem obierant. Ait ergo: Nolite pristinum illum omnem laborem inutilem et vanum reddere. Hoc enim verbis istis significatur: *Si tamen sine causa*; id est, nisi factum mutando integrum eum custodiatis.

VERS. 5. « Qui ergo tribuit vobis Spiritum, et operatur virtutes in vobis, ex operibus legis, an ex auditu fidei? »

Nunc quoque resumit illud quod supra dixerat, ut eos pudefaciat, objecto munere gratiarum quas acceperant.

VERS. 6. « Sicut Abraham credidit Deo, et reputatum est illi ad justitiam. »

Quandoquidem, qui judaizare cogebant, legem antiquiorem esse fide garriebant; contra Paulus ex circumcisionis sanctione evincit fidem esse antiquiorem. Et quia pravo Abraham admodum superbiebant, ex ipsomet pudorem eis rursum injicit. Nam si Abraham cujus gratia multum arrogant sibi primum habuisse fidem reperitur, perque eam amicus Dei nuncupatus est; quanto magis ad eam isti deberent accurrere, si consanguinitate illius gloriantur.

---

[17] Deut. XVIII, 15.

Vers. 7. « Cognoscite ergo, quia qui ex fide sunt, ii sunt filii Abrahæ. »

Ostendit gentiles Abrahamum sibi potiori jure parentem ratione fidei vindicare, quam qui ex circumcisione essent. Fides quippe Abraham amicum fecit Dei, non circumcisio. Siquidem circumcisio signaculum et nota fidei exstitit : nota autem minor est eo cujus est nota : quocirca qui ex fide sunt, rectius appellentur Abrahami filii, quam qui ex circumcisione : eo magis quod aurum signaculo suo pretiosius est.

Vers. 8. « Providens Scriptura, quia ex fide justificat gentes Deus. »

Ne videatur argumentationibus hoc astruere, Scripturam quoque testem adducit.

« Prænuntiavit Abrahæ. »

Videsis quomodo Scriptura peractam gentium cum Abraham consanguinitatem, Εὐαγγέλιον, sive bonum nuntium vocavit.

« Quia benedicentur in te omnes gentes. [Vers. 9.] Igitur qui ex fide sunt, benedicentur cum fideli Abraham. »

Ob consimilem fidem.

Vers. 10. « Quicunque enim ex operibus legis sunt, sub maledicto sunt. Scriptum est enim [30] : Maledictus omnis qui non permanserit in omnibus quæ scripta sunt in libro legis, ut faciat ea. »

Postquam probavit per fidem gentes justitiam adipisci, ejusque rei testimonium ex Scriptura protulit, ostendit insuper maledictos esse qui legi pertinaciter adhærescunt.

Vers. 11, 12. « Quoniam autem in lege nemo justificatur apud Deum, manifestum est quia justus ex fide vivet. Lex autem non est ex fide : sed qui fecerit ea, vivet in illis. »

Hoc ceu ratum firmumque statuit, neminem in lege justum evadere. Cum enim præfatus sit, maledictum esse quicunque totam legem non impleverit, nec fieri posse ut hanc impleat homo ; idcirco audacter sententiam pronuntiavit :

Vers. 13. « Christus nos redemit de maledicto legis, factus pro nobis maledictum : quia scriptum est : Maledictus omnis qui pendet in ligno. »

Obnoxius quidem populus erat maledictioni, qua condemnabatur quisquis non permaneret in omnibus quæ scripta essent in libro legis. Christus vero imprecationem hanc altera permutavit, qua ferebatur : *Maledictus omnis qui pendet in ligno*[31]. Quoniam ergo, tum ille qui pendet is maledictus est, tum ille qui legem violat, est quoque maledictus ; neque consentaneum erat, ut qui exsecrationem hanc solveret, eidem subjectus foret : sed oportebat ut exsecrationem istam in sese reciperet pro altera, qua damnatus erat qui in iis quæ scripta sunt non permaneret : propter ab hac quidem immunis fuit. *Non enim dolus inventus fuit in ore ejus*[32] : illam vero admisit, cui devovebatur omnis qui penderet in ligno, perque istam sustulit aliam : et sicut uno quopiam morti addicto, si quis insons illius vice sponte mori velit, hunc pœna eripit, consimili etiam modo Christus fecit. Itaque quemadmodum sine crimine mortem obeundo, a morte exemit illos qui morti erant obnoxii, ita quoque exsecrationem subiens, ab exsecratione illos liberavit.

Vers. 14. « Ut in gentibus benedictio Abrahæ fieret in Christo Jesu. »

Quomodo in gentibus? *In semine*, inquit, *tuo benedicentur gentes* [33]; hoc est in Domino. Enimvero ut ipse alicubi ait : *Non dixit, In seminibus, quasi in multis ; sed In semine tuo, quasi in uno, hoc est Christo* [34]. Nam fieri non poterat ut per Judæos gentes benedicerentur. Quo enim pacto qui ex lege diris devoti fuerunt, auctores aliis benedictionis forent.

« Ut pollicitationem Spiritus accipiamus per fidem. »

Nam quia possibile non erat ut gratia Spiritus ad immundum et nocentem derivaretur, exsecratione sublata, primum benedicuntur, deinde justitia per fidem accepta, Spiritus gratiam attrahunt. Atque adeo crux quidem exsecrationem solvit, fides vero justitiam præstitit, et justitia gratiam Spiritus allexit.

Vers. 15-18. « Secundum hominem dico, fratres, plane hominis confirmatum testamentum nemo spernit, aut superordinat. Abrahæ dictæ sunt promissiones et semini ejus. Non dicit : Et seminibus, quasi in multis, sed quasi in uno, Et semini tuo, qui est Christus. Hoc autem dico testamentum confirmatum a Deo, quæ post quadringentos et triginta annos facta est lex, non irritum facit ad evacuandam promissionem. Nam si ex lege hæreditas, jam non ex promissione. Abrahæ autem per repromissionem donavit Deus. »

Humanis utor exemplis, inquit : hoc enim est quod ait, *secundum hominem dico*. Hujus autem loci sensus est : Abrahamo Deus pollicitus est benedicturum se gentes per semen ipsius : semen autem ejus secundum carnem Christus est : post annos subinde quadringentos et triginta lex prodiit : si benedictiones, vita et justitia lege donantur, irrita ergo fuit illa promissio. Ad hæc, nemo quidem hominis testamentum resciderit : Dei vero testamentum post quadringentos et triginta annos irritum factum erit. Nam si quæ illud promiserat, hæc ipsum non præstitit, sed aliud ejus loco, lex nimirum ; testamentum igitur abrogatum erit. Quinam vero hæc cum ratione possint congruere ?

Idem est atque, aut adjicit.

Vers. 19. « Quid igitur lex? propter transgressiones posita est, »

Ne quis legem superfluam fuisse arbitretur, hanc quoque partem sarcit, demonstrans eam, non te-

---

[30] Deut. xxvii, 26. [31] Deut. xxi, 28. [32] Isa. liii, 9. [33] Gen. xxii, 18. [34] Vide infra, v. 16.

mere et frustra, sed admodum utiliter esse datam: ne scilicet Judæis liceret nullo timore vivere, et in extremam prolabi malitiam. Quapropter legem instar freni impositam eis fuisse, quæ ipsos erudiret, componeretque, nec sineret, violare, si non omnia, certe aliquot præcepta. Usquequo autem? Usque dum veniret semen cui promiserat.

« Donec veniret semen, cui promissio facta est, ordinata per angelos. »

Christum quidem *semen* dicit. Ait vero: Usque ad adventum Christi lex data est; cur eam longius et ultra tempus prorogas?

« In manu Mediatoris. [Vers. 20.] Mediator autem unius non est: Deus vero unus est. »

Hic Christum innuit, qui et legem quondam præbuit. Quod si is legem tulit, penes illum quoque sit oportet eam denuo solvere.

Vers. 21. « Lex ergo adversus promissa Dei? absit! Si enim data esset lex quæ posset vivificare, vere ex lege esset justitia. »

Nam si semini Abraham datæ benedictiones sunt, lex autem exsecrationem adducit; lex igitur promissionibus Dei adversatur. Inspice vero quinam hoc solvat. Primum quidem abnegando, dicens, *Absit!* remque adeo absurdissimam censet; tum deinde valida ratiocinatione, quæ ejusmodi est: Si in lege vitæ spem habuissemus, inquit, hæc forsan recte illi dicerent: sin vero a fide salus vitaque parantur, tametsi lex diris alios devoveat, n'hil inde damni accepimus, ubi venit fides, et cuncta dissolvit.

Vers. 22, 23. « Sed conclusit Scriptura omnia sub peccato, ut promissio ex fide Jesu Christi daretur credentibus. Prius autem quam veniret fides, sub lege custodiebamur conclusi, in eam spem quæ revelanda erat. »

167 Cum Judæi admodum superbirent, et idcirco miseriis obtererentur, eam ob rem lex illis data est, qua peccatum coargueretur ipsorum, eosque obnoxios imprecationi redderet, ut agnoscentes se in extremis agere, Christi fidem peroptarent, qua peccatum quoque tolleretur.

Vers. 24, 25. « Itaque lex pædagogus noster fuit in Christo, ut ex fide justificemur. At ubi venit fides, jam non sumus sub pædagogo. »

Atqui pædagogus magistro contrarius non est, sed ei viam sternit. Quod si quis doctrinæ habitum adeptus a magistro est, tum ipsum pudet manere sub pædagogo.

Vers. 26. « Omnes enim filii Dei estis per fidem, quæ est in Christo Jesu. »

At non per legem, inquit.

Vers. 27. « Quicunque enim in Christo baptizati estis, Christum induistis. »

Quoniam eximium quid et admirabile pronuntiavit, eos nimirum qui exsecrationi legis subditi erant, per fidem filios Dei appellatos fuisse, hoc ipsum evincit primum, quia Christum inducrunt. Porro si Christus Filius exsistit Dei, inquit, tu vero eum induisti, cum Filium in te habeas, ejusque similis evaseris, in Dei plane propinquitatem es cooptatus.

Vers. 28. « Non est Judæus, neque Græcus; non est servus, neque liber; non est masculus, neque femina. Omnes enim vos, unus in Christo Jesu. »

Magis ac magis explicat bonitatem Dei, qua cunctis æquale donum largitus sit.

Vers. 29. Si autem vos Christi, ergo semen Abrahæ estis, secundum promissionem hæredes. »

Si Christus semen est Abraham, vos autem Christum induistis, et corpus ejus facti estis, manifestum est vos esse semen Abraham, ac proinde hæredes. Ad semen quippe illius promissio pertinet.

CAP. IV.

Vers. 1-5. « Dico autem: quanto tempore hæres parvulus est, nihil differt a servo, cum sit Dominus omnium, sed sub tutoribus et actoribus est, usque ad præfinitum tempus a Patre: ita et nos cum essemus parvuli, sub elementis mundi hujus eramus servientes. Quando autem venit plenitudo temporis, misit Deus Filium suum, natum ex muliere, natum sub lege, ut eos qui sub lege erant redimeret. »

Parvulum dicit, non ætate, sed animo; significans Deum initia hæc quoque voluisse largiri. Quia vero pueriliter adhuc affecti eramus, ipse nos sivit sub elementis mundi agere; puta sub Neomeniis et Sabbatis. Nam dies cursu solis et lunæ peraguntur. Si autem nos sub legem redigunt, nihil aliud faciunt, quam si nos ætatis adultæ tempore ad retroactam ætatem denuo revocarent, ut a servis nihil differentes simus.

« Ut adoptionem filiorum reciperemus. »

168 Recte dixit, *reciperemus*, ut eam debitam nobis fuisse ostenderet. Olim enim Deus hanc Abrahamo promiserat.

Vers. 6, 7. « Quoniam estis filii, misit Deus Spiritum Filii sui in corda vestra, clamantem: Abba (Pater). Itaque jam non es servus, sed filius. Quod si filius, et hæres Dei per Christum. »

Sursum deorsum de adoptione sermonem movet. Jamque superius quidem eam indicavit, dicendo, *Christum induistis:* nunc autem alio modo, cum ait, non nos posse Deum vocare Patrem, neque Spiritum ab eo accipere, nisi filii ipsius facti simus.

Vers. 8, 9. « Sed tunc quidem ignorantes Deum, iis qui natura non sunt dii, serviebatis. Nunc autem cum cognoveritis Deum, imo cogniti sitis a Deo, quomodo convertemini iterum ad infirma et egena elementa, quibus denuo ab integro servire vultis? »

Hoc loci illos alloquitur ex gentibus qui crediderant: quoniam et observatio dierum idolorum superstitioni similis erat.

VERS. 10. « Dies observatis, et menses, et tempora, et annos. »

Ex istis compertum fit, non solum eos circumcisionem prædicasse, verum etiam festos dies et Neomenias servari debere.

VERS. 11. « Timeo vos, ne forte sine causa laboraverim in vobis. »

Timeo, inquit, non despero. Nam in vestra potestate est totum emendare.

VERS. 12. « Estote sicut ego, et ego sicut vos: fratres, obsecro vos. Nihil me læsistis. »

Hæc loquitur ad illos qui ex Judæis erant. Quocirca semet ipse profert in medium, quo illos exemplo suo persuadeat a priscis ritibus suis desciscere.

VERS. 13, 14. « Scitis autem quia per infirmitatem carnis evangelizavi vobis jampridem, et tentationem meam in carne mea non sprevistis, neque respuistis; sed sicut angelum Dei excepistis me, sicut Christum Jesum. »

Quando Christum prædicabam, inquit, ejiciebar, vapulabam, mortes tolerabam; ac ne sic quidem me contemnebatis. Nam id significatur his verbis: *Tentationem meam in carne mea non sprevistis, neque respuistis.* Quomodo igitur non absurdum sit, eum qui exagitaretur, tanquam angelum susceptum esse, ac non item, dum ea quæ opus sunt, suadet?

VERS. 15, 16. « Ubi est ergo beatitudo vestra? Testimonium enim perhibeo vobis, quia si fieri posset, oculos vestros eruissetis, et dedissetis mihi. Ergo inimicus vobis factus sum, verum dicens vobis? »

Hic hæsitat et obstupescit, atque ab eis discere mutationis causam quærit. Nunquid non vos estis, inquit, qui me fovebatis colebatisque, vestrisque pretiosiorem oculis ducebatis? Undenam ergo inimicitia hæc? unde suspicio? quippe cum **169** ea quæ vera sunt dixerim vobis. Aliam quippe hujus rei causam non video, nisi quod veritatem vobis locutus sim.

VERS. 17. « Æmulantur vos, non bene. »

Ad æmulationem vos excitant, inquit, sed non rectam. Quo enim pacto æmulatio illa bona sit, quæ in jugum eos servitutis detruderet?

« Sed excludere vos volunt, ut illos æmulemini. »

Excludere nimirum a gratia Evangelii. Hoc enim præstabant, qui ipsos vellent a perfecta cognitione abigere, et ad spuriam rursum deducere; non aliam ob causam, nisi ut ipsi in loco magistrorum sederent, Galatas vero in classe discipulorum statuerent.

VERS. 18. « Bene autem æmulamini in bono semper, et non tantum cum præsens sum apud vos. »

Istic annuit, absentiam suam totius mali causam fuisse, hocque rem bene succedere, si absente magistro discipuli convenientem suum locum teneant.

VERS. 19. « Filioli mei, quos iterum parturio, donec formetur Christus in vobis. »

Imaginem labefactastis, inquit; formam perdidistis; altera vobis regeneratione et reformationis opus est, doctrina scilicet. Iterum vos gigno per eruditionem.

VERS. 20. « Volebam autem esse apud vos modo, et mutare vocem meam. »

Qua de causa præsens esse optabat, nisi ut mutaret vocem, hoc est uti lacrymas effunderet, lugeret, et ingemisceret, et simul omnes ad lamenta evocaret? Nam fieri minime poterat, ut in epistolis suis lacrymas gemitumve suum exhiberet.

« Quoniam confundor in vobis. »

Non enim, inquit, quid dicam habeo; qui factum sit, ut qui prius ad ipsum usque cœli verticem ascenderatis, partim ob pericula quæ fidei causa toleratis, partim ob prodigia quæ per fidem edidistis, nunc repente adeo ad tantam vilitatem dejecti sitis, ut ad circumcisionem et Sabbata pertrahamini.

« VERS. 21-23. « Dicite mihi, qui sub lege vultis esse, legem non legistis? Scriptum est enim, Quoniam Abraham duos filios habuit, unum de ancilla, et unum de libera. Sed qui de ancilla, secundum carnem natus est; qui autem de libera, per repromissionem. »

Quoniam dixit: fides vos conjungit Abrahamo, atque incredibile auditoribus videbatur, ut qui ex illo minime prognati essent, filii tamen ipsius esse dicerentur, ostendit paradoxum istud jampridem evenisse. Nam Isaac, qui non ordine naturæ, neque solita lege conjugiorum, neque secundum carnis vires natus fuit, et filius, et germanus erat, cum ex corporibus emortuis nasci jussus esset. Neque hoc vos conturbet, inquit, qui secundum carnem nati non estis. Nam hoc ipsum vos quam maxime propinquos illius facit, quod secundum carnem non estis nati. Enimvero secundum carnem esse natum, hoc non solum **170** non reddit honoratiores, verum et minus honorabiles facit. Partus quippe minime carnalis et spiritualioris generis, longe mirabilior est. Quod perspicuum fit ex iis qui jam olim nati sunt. Natus est Ismael secundum carnem, sed servus fuit; nec id solum, verum et exactus est ex paternis ædibus. Qui vero secundum repromissionem, Isaac nimirum, hic tanquam genuinus filius ac liber, omnium dominus fuit.

VERS. 24. « Quæ sunt per allegoriam dicta. »

Ipsa quidem historia, inquit, non illud solum quod apparet enuntiat, verum et alia quædam proloquitur. Unde etiam allegoria dicitur.

« Hæc enim sunt duo testamenta. »

Duæ utique leges, legalis et evangelica.

« Unum quidem a monte Sina, in servitutem generans, quæ est Agar. [VERS. 25.] Sina enim mons est in Arabia. »

Agar ancilla dicebatur. Mons vero Sina idem sonat illius gentis lingua: unde omnes qui ex testamento veteri nati sunt, esse servos oportet.

« Conjunctus autem est ei quæ nunc est Jerusalem, et servit cum filiis suis. »

Non modo hæc serva est, inquit, sed et servos gignit; imo et testamentum ipsum, illud nimirum cujus figura ancilla est. Nam Jerusalem affinis est monti qui ancillæ cognominis est. Atqui in hoc monte datum testamentum quoque fuit.

Vers. 26, 27. « Quæ autem sursum est Jerusalem, libera est, quæ est mater omnium nostrum. Scriptum est enim [24]: Lætare, sterilis, quæ non paris, erumpe et clama, quæ non parturis. »

Inferioris quidem illius Jerusalem figura est Agar; idque manifestum est ex ejusdem nominis monte: Sara vero superioris. Atqui superna illa Jerusalem sponsa est. Nam et ipsa quondam sterilis erat, quemadmodum et Sara. Quod autem de Ecclesia id dictum fuerit, prophetæ testimonio comprobat, ubi nempe sic ille loquitur: *Lætare, sterilis, quæ non paris.*

« Quia multi filii desertæ, magis quam ejus quæ habet virum. »

Desertam vocat Ecclesiam gentium, quæ quondam in solitudine et ignorantia Dei egerat. Ea autem quæ virum habuit, Synagoga est, quippe cui data lex fuerat. Nihilominus longe plures fuere filii sterilis; utpote quod quæ habebat virum, unam duntaxat gentem genuit: sterilis vero universas gentes edidit.

Vers. 28. « Nos autem, fratres, secundum Isaac promissionis filii sumus. »

Non modo quoniam sterilis erat Ecclesia, quemadmodum Sara; verum et, sicut illam non natura, sed promissio Dei fecundam reddidit; ita et in altera nostra generatione, natura nulla, sed Dei verba, quæ norunt fideles, in aquarum piscina, tanquam in utero quodam, formant et regenerant illum qui baptizatur. Itaque si sterilis filii sumus, liberi sumus.

Vers. 29. « Sed quo modo tunc is qui secundum carnem natus fuerat, persequebatur eum, qui secundum spiritum: ita et nunc. »

Ne objiciant: Ecquænam est ista libertas, quando Judæi constringunt, et verberant illos qui credidere? ostendit ejus quoque rei jam olim figuram exstitisse.

Vers. 30, 31. « Sed quid dicit Scriptura? Ejice ancillam et filium ejus: non enim hæres erit filius ancillæ cum filio liberæ. Itaque, fratres, non sumus »

Exhibita prius persecutionis figura, non eos sinit animum despondere, sed ex historia docet iterum, qualis futurus sit insectatorum finis, ut non modo suis ædibus abigantur, sed et facultatum jacturam faciant. Cæterum recte *filium* quoque dixit *ancillæ*, non Abrahami, ut a viliori parte eos nominaret.

« Ancillæ filii, sed liberæ. Libertate igitur nos Christus liberavit. »

CAP. V.

Vers. 1. « State, et nolite iterum jugo servitutis contineri. »

Alteram addit causam, qua suadeat eos disciplinæ suæ adhærescere. Ait autem: nec enim in libertatem vos vindicastis. Alius est qui vos redemit: alius est qui pretium pro nobis solvit. Dicendo autem, *state*, procellam quæ acciderat indicavit; nomine vero *jugi* rei gravitatem ipsis significavit. Quin et dum ait, *rursum*, nimium ipsorum stuporem notat. Nam si molestiam hanc non fuissetis experti, haud essetis tantorum criminum rei.

Vers. 2. « Ecce ego Paulus dico vobis, »

Vox ista illius est qui præsidenter loquatur.

« Quoniam si circumcidamini, Christus vobis nihil proderit. »

Qui vero nihil proderit Christus ei qui circumcisus erit, ausculta. Qui circumciditur, tanquam legem reformidans circumciditur. Qui vero formidat, virtuti gratiæ incredulus est: qui demum incredulus est, nihil juvatur ab ea cui fides non habetur.

Vers. 3, 4. « Testificor autem rursus omni homini circumcidenti se, quoniam debitor est universæ legis faciendæ. Evacuati estis a Christo. »

Etenim ne existimes hæc inimico dici animo: non vobis solum dico, inquit, sed et cuicunque homini, quisquis circumciditur, quod debitor sit totius legis implendæ. Nam legis præcepta inter se cohærent. Qua vero ratione? audias velim. Circumcisio immolationem victimarum adjunctam habet, et dierum observationem, immolatio rursum et diei et loci cautionem: locus, ad sexcentos lustrationum ritus, lustrationesque ad examen quoddam observationum obligant. Non enim impuro fas est immolare, non sacra ingredi adyta, non quidvis aliud facere. Quocirca uno præcepto multa lex trahit. Siquidem ergo circumcidaris, non autem octava die; aut si octava die, at non immolaveris; aut si immoles, non autem in loco præscripto; sin etiam in præscripto loco, non vero quæ lex decernat; vel si ea quæ lege decernuntur, verum non sis mundus: vel si mundus, non autem convenientibus ritibus purificatus, cuncta illa pereunt. Quamobrem ait: *Debitor est totius legis implendæ.*

« Qui in lege justificamini, gratia excidistis. »

Interminatione etiam supplicii terret. Quid enim aliud supersit illis qui a gratia exciderunt, nisi supplicium indeprecabile?

---

[24] Isa. LIV, 1.

Vers. 5. « Nos enim spiritu ex fide, spem justitiæ exspectamus. »

Posteaquam supplicio eos perculit, ad portum rursus consolationis illos revocat, his fere verbis: Nihil hisce præceptis legis opus habemus, inquit. Nam sufficit fides ad hoc ut donet nobis Spiritum, unaque justitiam, et plurima insuper et magna dona.

Vers. 6, 7. « Nam in Christo Jesu neque circumcisio aliquid valet, neque præputium, sed fides quæ per charitatem operatur. Currebatis bene: quis vos inpedivit veritati non obedire? »

Nam qui semel Christum induit, caveat, inquit, ne post talium sit curiosus.

Vers. 8. « Persuasio hæc non est ex eo qui vocat vos. »

Non ad hoc vocavit vos, qui vocavit, ut hoc modo fluctuaretis; nec legem præscripsit vobis, ut Judaicos mores sectaremini.

Vers. 9. « Modicum fermentum totam massam corrumpit. »

Ne dicat aliquis: Quid ita verbis rem exaggeras? unum legis mandatum observavimus, et tantos cies tumultus? vide quomodo terrorem incutit adducto exemplo. Quod porro dicit, hunc habet sensum: Quemadmodum fermentum, tametsi exiguum sit, totam conspersionem in se convertit, sic plane exiguum hoc malum, inquit, nisi corrigatur, potest vos in perfectum Judaismum pertrahere.

Vers. 10. « Ego confido vobis in Domino, quod nihil aliud sapietis. »

Non dixit, non sapitis; sed, *non sapietis*, id est, corrigemini.

« Qui autem conturbat vos, portabit judicium, quicunque est ille. »

Recte prorsus nusquam nomina perturbantium edidit, ne impudentiores fierent.

Vers. 11. « Ego autem, fratres, si circumcisionem adhuc prædico, quid adhuc persecutionem patior? »

Quoniam ubique traducebatur, quod ubique judaizaret, ac simulato animo prædicaret, vide quam pure suspicionem hanc a se removeat. Nostis, inquit, et vos, hanc me insectandi colorem causamve illis fuisse quod a lege juberem desciscere. Si autem circumcisionem prædico, cur me insequuntur? neque enim qui ex Judæis sunt, crimen aliud mihi intendere possint, præterquam hoc solum.

« Ergo evacuatum est scandalum crucis. »

173 Adeo stultus sum, inquit, ut pro nihilo affligi patiar, et aliis offendiculo sim? Enimvero non sic Judæi cruce offendebantur, uti quia patriis legibus renuntiandum erat. Nam cum Stephanum in concilium perduxissent, non dixerunt, Hic crucifixum adorat; sed, *loquitur contra legem et locum sanctum* ᵃᵃ.

Vers. 12, 13. « Utinam et abscindantur qui vos conturbant. Vos enim in libertatem vocati estis, fratres. »

Idem hoc est ac si dicat: nulla est mihi cura de illis. Quod si volunt, non modo circumcidantur, verum et exsecentur.

« Tantum ne libertatem in occasionem detis carni. »

Christus nos exemit a jugo servitutis, nobisque esse liberum voluit facere quidquid libitum fuerit; non ut hac potestate ad nequitiam abuteremur, sed ut majoris mercedis copia daretur nobis, ad altiorem philosophiam progredientibus. Nam quia hinc inde passim legem appellat servitutis jugum, ac exemptionis a maledicto meminit: ne quis sibi fingat, ipsum ideo avertere homines a lege, ut liceat deinceps exlegem vitam agere, suspicionem hanc corrigit, dicens: non ut effrenis fiat vitæ ratio, sed ut philosophia nostra legem transcendat, vinculis solutis legis. Atqui hæc loquor, non ut dejectiores simus, sed ad sublimiora provehamur.

« Sed per charitatem servite invicem. [Vers. 14-16.] Omnis enim lex in uno sermone impletur: Diliges proximum tuum sicut teipsum. Quod si invicem mordetis et comeditis, videte ne ab invicem consumamini. Dico autem: Spiritu ambulate, et desideria carnis non perficietis. »

Modum aperit, quo facili negotio evangelicam legem impleant; insuper et qua de causa circumcisio apud ipsos invecta esset. Nam quia, dum alter alteri vultis dominari, divisi estis, inquit, vobis invicem servite. Sic enim in unum denuo compingemini. Hoc vero subobscuris, non perspicuis verbis edisserit.

Vers. 17. « Caro enim concupiscit adversus spiritum: spiritus autem adversus carnem. Hæc autem sibi invicem adversantur; ut non quæcunque vultis, illa faciatis. »

Carnem dicit, voluntatem malam: *spiritum* autem, voluntatem bonam, quæ sursum ire contendat.

Vitium quidem virtuti adversatur: virtus vero rursum adversatur vitio, et cujusdam pædagogi vices exsequitur, non nos sinens secundum cupiditates malas incedere.

Vers. 18-23. « Quod si Spiritu Dei ducimini, non estis sub lege. Manifesta autem sunt opera carnis: quæ sunt adulterium, fornicatio, immunditia, impudicitia, idolorum servitus, veneficia, inimicitiæ, contentiones, æmulationes, iræ, rixæ, dissensiones, sectæ, invidiæ, homicidia, ebrietates, comessationes, et his similia; quæ prædico vobis, sicut prædixi, quoniam qui talia agunt,

---

ᵃᵃ Act. vi, 13.

regnum Dei non consequentur. Fructus autem Spiritus est charitas, **174** gaudium, pax, patientia, benignitas, bonitas, fides, mansuetudo, continentia. Adversus ejusmodi non est lex. »

Qui Spiritum habet, sicut oportet, ejus ope pravam omnem cupiditatem exstinguit. Qui vero ab his exemptus est, auxilio legis non indiget, ut qui præceptis ejus altior evaserit. Nam qui non irascitur, quid jam opus habet ut audiat, *Non occides?* qui non intuetur impudicis oculis, quid opus est ut doceatur, non esse mœchandum? Ecquis enim de fructu malitiæ sermonem ad illum habeat, qui radicem ejus jam evulsit?

Vides eum istic non loqui de carne, sed de terrena cogitatione. Nam inimicitiæ, et contentiones, et sectæ, vel hæreses, quonam modo ad carnem spectaverint?

VERS. 24. « Qui autem sunt Christi, carnem suam crucifixerunt cum vitiis et concupiscentiis. »

Carnem hic rursum appellat quascunque malas actiones.

VERS. 25. « Si spiritu vivimus, spiritu et ambulemus. »

Secundum regulas illius vitam instituamus. Nam hoc significat verbum, *ambulemus*. Ait autem : Spiritus virtute contenti simus, nec quæramus insuper additamentum et appendicem ex lege mutuari.

VERS. 26. « Ne efficiamur inanis gloriæ cupidi, »

Declarat, eos qui circumcisionem inducebant, appetitu gloriæ id facere.

« Invicem provocantes, »

Ad contentiones nimirum, et rixas.

« Invicem invidentes. »

Enimvero ex inani gloria æmulatio nascitur.

CAP. VI.

VERS. 1. « Fratres, si præoccupatus fuerit homo in aliquo delicto. »

Non dixit, si perpetraverit, sed, *si præoccupatus fuerit*; hoc est, si abreptus. Vide autem quam apposite illos quoque qui circumcisionem prædicarent, ad fidem adducit, dum ait peccatum ipsorum præoccupatione et abreptione admissum fuisse : attamen alios hortatur, ne eis jungantur. Qua enim ratione una abducantur cum illis quos jubentur emendare?

« Vos qui spirituales estis, ejusmodi instruite. »

Non dixit, pœnas infligite, nec condemnate, sed corrigite.

« In spiritu lenitatis. »

Ejusmodi legem præscribit doctoribus, ut cum mansuetudine cuncta proloquantur. Apprime vero non dixit solum, in lenitate, sed, *in spiritu lenitatis* : ut significaret, hæc quoque Spiritui placere, quippe cum et convenienti ratione corrigere, spiritualis sit doni.

[24] Luc. XVIII, 10.

« Considerans teipsum, ne et tu tenteris. »

Tacite comprimit eorum arrogantiam qua doctrinæ nomine intumescebant. Etenim ne propter docendi officium efferamur, nos in timore et anxietate constituit.

175 VERS. 2. « Alter alterius onera portate. »

Nam quia fieri non potest, ut quisquis homo est, immunis a mendo et labe sit; admonet ne rigidi censores sint delictorum alienorum.

« Et sic adimplete legem Christi. [VERS. 3.] Nam si quis existimat se aliquid esse, cum nihil sit, ipse se seducit. »

Qua nempe alios toleratis. Exempli gratia : iste iracundus est, tu vero somnolentus? hujus impetum tolera, ut is vicissim tuam segnitiem ferat : hocque modo fiet, ut neque hic peccet, dum abs te toleratur, nec tu delictum admittas, dum pro iis in quibus gravis molestusque es, sustineris a fratre tuo.

VERS. 4. « Opus autem suum probet unusquisque. »

V. gr., si quidpiam boni fecisti, considera ne forte propter inanem gloriam, aut ex necessitate, aut simulatione hoc feceris, neve ob ullam humanam causam.

« Et sic in semetipso gloriam habebit, et non in altero. »

Hæc ait, non quasi legem præscribens, sed illis indulgens; perinde ac si dixisset : Gloriari quidem minime convenit : sin autem lubeat, at saltem non adversus proximum; velut ille Pharisæus. Atqui hoc concessit, ut paulatim totum auferret. Nam qui in more habuerit in seipso tantummodo gloriam habere, et non adversus alios, is brevi hoc quoque vitium correxerit.

VERS. 5. « Unusquisque enim onus suum portabit. »

Videtur proponere rationem quæ prohibeat adversus alium gloriari. Cæterum gloriabundum corrigit, ne sibi valde placeat, revocans illum ad propriorum peccatorum considerationem, adhibito insuper *oneris* et *sarcinæ* nomine, quo conscientiam illius premat.

VERS. 6-9. « Communicet autem is qui catechizatur verbo, ei qui se catechizat, in omnibus bonis. Nolite errare, Deus non irridetur. Quæ enim seminaverit homo, hæc et metet. Quoniam qui seminat de carne sua, de carne metet corruptionem. Qui autem seminat in spiritu, de spiritu metet vitam æternam. Bonum autem facientes non deficiamus. »

Hoc rursum loci de doctoribus loquitur, quos a discipulis suis multa sollicitudine curari vult : quippe cum ita fieri Christus ipse sanxerit. Quare vero? audias. Quoniam ob docendi auctoritatem fastu inflabantur illi qui ea ornati erant; horum ut compesceret arrogantiam, in hanc eos necessitatem coegit, ut ipsi discipulis opus haberent: illis vero rursum præbet occasionem ut ad bene de aliis merendum faciliores fiant, ipsos exercens ad benevolentiam erga magistros præstandam. Ait autem, *in omnibus bonis*, ut omnem in eos liberalitatem impendant.

« Tempore enim suo metemus non deficientes. »

Non uti carnalis messor, inquit, qui nihil fructuum percipit, quamlibet metendo multum laboret, sic est spiritualis. Hic enim quiete multa potitur.

VERS. 10. « Ergo dum tempus habemus, operemur bonum **176** ad omnes, maxime ad domesticos fidei. »

Hortatur ut festinationem et diligentiam adhibeant ad eleemosynam erogandam. Non enim in potestate nostra est semper et ubique misereri. Quando enim ex hoc sæculo egressi erimus, etsi millies volemus, nihil ultra perficiemus. Ait autem, *ad omnes*, ad differentiam Judaicæ humilitatis. Nam omnia charitatis illorum officia in contribules solum impendebantur: at gratiæ humanitas, terram pariter et mare ad beneficentiæ participationem invitat, ut tamen copiosiorem erga domesticos fidei sollicitudinem præferat.

VERS. 11. « Videte qualibus litteris scripsi vobis mea manu. »

Suadet ut totum sermonem suum excipiant, dicendoque, *qualibus*, et, *manu mea*, sublimitatem doctrinæ suæ significat. Ad hæc aliud quoque innuit. Quodnam vero istud? quoniam hanc ipsi calumniam struebant, ac si cum circumcisionem profiteretur, simularet tamen non profiteri; ideo compulsus est epistolam manu propria scribere; apud eos testimonium deponens sua exaratum manu.

VERS. 12. « Quicunque volunt placere in carne, hi cogunt vos circumcidi. »

Demonstrat illos gloriæ duntaxat studio prædicationi operam dare, non quod hoc munus exsequi ipsis incumberet.

« Tantum ut crucis persecutionem non patiantur. »

Altera rursum causa cur non ex animo prædicent, hæc est, ne a Judæis exagitentur. Atqui sive timore, sive ambitione id præstent, proinde non tanquam debitum. Quamobrem etsi prædicant circumcisionem, non tamen uti necessariam.

VERS. 13. « Neque enim qui circumciduntur, legem custodiunt, sed volunt vos circumcidi. »

Demonstratio hæc est, eos non ex animo prædicare; quandoquidem non ea quæ prædicant, observant.

« Ut in carne vestra glorientur. »

Eo quod discipulos habeant, et doctores sint.

VERS. 14. « Mihi autem absit gloriari, nisi in cruce Domini nostri Jesu Christi. »

Quid est cruce gloriari? quod Christus forma servi accepta passus est; passus, inquam, propter me, qui servus eram, qui hostis, qui insanus et ingratus. Sic me dilexit, ut seipsum tradiderit.

« Per quem mihi mundus crucifixus est. »

Mundum vocat res hujus sæculi, hominum laudes, satellitium, gloriam. Isthæc, inquit, tam splendida, tam magnifica, mihi mortua facta sunt.

« Et ego mundo. »

Duplicem mortem innuit: scilicet, quia tum illa mihi mortua sunt, tum ego illis, ita ut neque me valeant interimere, neque superare: quippe **177** quæ semel mortua sint; nec ego eorum possum desiderio teneri: nam et ipsis egomet quoque mortuus sum.

VERS. 15. « In Christo enim Jesu neque circumcisio aliquid valet, neque præputium, sed nova creatura. »

Vide quantam virtutem attribuit cruci, quæ non solum res omnes mundanas ipsi mortuas reddiderit, sed et ipsum veteri instituto longe celsiorem fecerit. Atqui *novam creaturam* dicit, quæ per fidem edita est.

VERS. 16. « Et quicunque hanc regulam secuti fuerint, pax super illos et misericordia, et super Israel Dei. »

Qui hæc sectantur, inquit, hi pace et benignitate Dei potiuntur, ut proprie Israelis quoque nomine appellari possint.

VERS. 17. « De cætero nemo mihi molestus sit. »

Non quasi afflictus aut defatigatus hæc loquitur, sed ut socordem illorum premat animum, inque majorem terrorem conjiciat; utque leges abs se latas confirmet, nec sinat illas semper vacillare.

« Ego enim stigmata Domini Jesu in corpore meo porto. »

Omni sermone, omnique voce vocalius et clarius me defendo, inquit, adversus illos qui aiunt me simulate docere, et prædicare quæ hominibus placeant. *Stigmata*, plagas vocat ac vulnera, quæ Christi causa passus est.

VERS. 18. « Gratia Domini nostri Jesu Christi cum spiritu vestro, fratres. Amen. »

Hoc extremo verbo cunctis quæ hactenus dicta sunt, signaculum addidit. Non enim nude dixit, *vobiscum*, ut in aliis epistolis; sed, *cum spiritu vestro*; ut eos averteret a carnalibus, et per omnia beneficentiam Dei declararet, nec non gratiæ commonefaceret, quam acceperant, et per quam poterat ipsos Deus ab omni errore Judaico revocare. Nam Spiritum accipere per illum factum legis non licebat, sed per justitiam quam præstat fides.

Ad Galatas scripsit Roma, 293 *versibus*.

IN EPISTOLAM AD EPHESIOS.

CAPUT PRIMUM.

Vers. 1-3. « Paulus apostolus Jesu Christi per voluntatem Dei, sanctis qui sunt Ephesi, et fidelibus in Christo Jesu. Gratia vobis et pax a Deo Patre nostro, et Domino Jesu Christo. Benedictus Deus et Pater Domini nostri Jesu Christi. »

Quemadmodum cætera Dei opera, sic et apostolatum suum, a Deo esse ait, cujus tamen vis et operatio sit a Christo, qui est virtus Dei.

178 Epistolæ summa est, ut eos erudiat de Christi gratia. Hæc porro gratia, est nostri ad ipsum assumptio, et sanctificatio, qua corpus ejus effecti sumus, eumque caput habuimus. Hujus autem gratiæ causa bonitas est Dei, quæ in sæcula laudibus celebratur. Via autem qua ad hanc pergitur, est redemptio per gratiam Christi.

« Qui benedixit nos omni benedictione spirituali in cœlestibus in Christo. »

Ipsi erit, inquit, benedictio nostra : id est, donum a Deo concessum, quo spiritualis bonis perfruamur. Horum possessio in terra non habetur : quia carnales non sunt benedictiones, sed æternus cœlestisque est earum locus.

Vers. 4, 5. « Sicut elegit nos in ipso ante mundi constitutionem, ut essemus sancti et immaculati in conspectu ejus in charitate. Qui prædestinavit nos in adoptionem filiorum per Jesum Christum in seipsum. »

Gratia Spiritus nunc quidem manifestata est : ante vero exsistebat ab initio apud Deum, et impertiebatur electis, quos et prædestinavit ut assisterent Deo, concessa ipsis vitæ sanctimonia.

« Secundum propositum voluntatis suæ, [Vers. 6-8.] in laudem gloriæ gratiæ suæ, in qua gratificavit nos. »

Gratificatus est nobis spontanea gratia ; non autem remuneratione operum, in filios nos adoptando.

In dilecto filio suo, in quo habemus redemptionem per sanguinem ejus, remissionem peccatorum, secundum divitias gratiæ ejus, quæ superabundavit in nobis in omni sapientia et prudentia. »

Quandoquidem Scripturæ sursum deorsum dicunt, Christum ad mortem usque obedientem esse factum Patri ; et quia Christus ipse aiebat, *Deus, Deus meus, quare me dereliquisti*[17]? Ne quispiam vel suspicetur revera eum fuisse derelictum, quippe cum ex nostra persona ejusmodi voces pronuntiaverit, eam ob rem ubique passim dilectum illum et redamatum divina Scriptura prædicat.

Vers. 9. « Ut notum faceret nobis sacramentum voluntatis suæ. »

Hoc enim duntaxat modo Christi gratia confertur, per cognitionem : quod non convenit ignorantibus.

« Secundum beneplacitum ejus, quod proposuit in eo [Vers. 10] in dispensatione plenitudinis temporum. »

Nam ante sæcula complacitum illi fuit ea beneficentia uti ; cui tamen definitum erat tempus, in quo finem congruentem habuerunt quæ prædestinata fuerant.

« Instaurare omnia in Christo, quæ in cœlis, et quæ in terra sunt. »

Quantum Adam his omnibus peccando spoliatus est, tantumdem restauratio facta est in Christo. Quibusnam igitur spoliatus fuit ? nimirum incorruptus cum esset, in corruptionem cecidit ; cum esset immortalis, in mortem incurrit, atque e paradiso pulsus est foras. Hæc itaque **179** proposuerat Deus redintegrare, et renovare ; et propterea Unigenitus factus est homo, ut mortem destrueret, auferretque corruptionem, et peccatum expelleret : id quod adveniente Christo patratum fuit. Quod autem *in cœlis* dicit, hoc modo contigit. Quoniam angeli ingentem luctum indesinenter agebant de peccatis mundi, quodque is exsecrationi erat obnoxius (atqui hoc manifestum est hisce Domini verbis : *Gaudium est in cœlo super uno peccatore pœnitentiam agente*[18]) ; idcirco ait, Dominum adventu suo, cum ea quæ in terra sunt renovasse, tum quæ in cœlis, sedato angelorum luctu, quem propter interitum hominum ducebant. Eis quippe gaudium pristinum reddidit, salute hominibus concessa.

Vers. 11, 12. « In quo et nos sorte vocati sumus, prædestinati secundum propositum ejus, qui operatur omnia secundum consilium voluntatis suæ, ut simus in laudem gloriæ eius nos, qui ante speravimus in Christo. »

Dum in Christo sumus, inquit, portio Dei exsistimus.

Vers. 13. « In quo etiam et vos audientes verbum veritatis (Evangelium salutis vestræ), in quo et credentes signati estis, Spiritu promissionis sancto. »

Vos quoque ex præcognitis estis, inquit, qui Christo conjungimini per obedientiam et per fidem

---

[17] Psal. xxi, 1. [18] Luc. xv, 10.

auditus consectariam, nec non per signaculum quo fides munitur, quodque Christi similitudo est ob Spiritus participationem. A quonam vero verbum veritatis Ephesii audierunt, nisi a Joanne evangelista, qui illic praedicabat? Quocirca sublimioris sensus verba ad illos facit Paulus, ceu qui jam illius essent doctrina instituti. Is quippe vir altissimae theologiae erat.

VERS. 14. « Qui est pignus haereditatis nostrae, in redemptionem acquisitionis, in laudem gloriae ipsius. »

Pignus et arrham vocat initium acquisitionis. Ait ergo, suscepto Spiritu incepisse nos possessionem et peculium Christi et Dei fieri.

VERS. 15-17. « Propterea et ego audiens fidem vestram quae est in Domino Jesu, et dilectionem in omnes sanctos, non cesso gratias agens pro vobis, memoriam vestri faciens in orationibus meis, ut Deus Domini nostri Jesu Christi, »

Audita, inquit, vestra fide qua Christo vos devovetis, nec non dilectione quae respondeat fidei, grates refero pro vobis, nec una tantum vice, sed indesinenter.

« Pater gloriae, »

Hoc est, auctor omnis illius doni divini quod concessum est nobis; quod quidem in Spiritu per Verbum subministratur.

« Det vobis Spiritum sapientiae et revelationis in agnitione ejus; [VERS. 18.] illuminatos oculos cordis vestri, ut sciatis quae sit spes vocationis ejus, et quae divitiae gloriae haereditatis ejus in sanctis. »

Id quod desiderabatur, sapientia et scientia erat, utque sermone et sapientia praestarent officia charitatis, cognoscentes nimirum causam agendi, quove fine, et quibusnam donis dignati essent per gratiam concessam sibi.

VERS. 19. « Et quae sit supereminens magnitudo virtutis ejus in nos, qui credimus secundum operationem potentiae virtutis ejus. »

Immensam illam virtutis exsuperantiam dicit, quae resurrectionem mortuorum patravit. Eximium quippe est eos qui pridem mortui erant resurgere, brevissimoque temporis instanti viventium astare multitudinem. Quocirca incredulis incredibilis est hac exsuperantia potentiae, secundum illud effatum: *In multitudine virtutis tuae mentientur tibi inimici tui* [39].

VERS. 20, 21. « Quam operatus est in Christo, suscitans illum a mortuis, et constituit ad dexteram suam in coelestibus, supra omnem principatum et potestatem, et virtutem et dominationem, et omne nomen quod nominatur. »

Ostendit nobis Deus, inquit, in Christo magnitudinem et praecellentiam eorum quae nobis largitus est. Nos quippe *una resuscitavit et consedere fecit in coelestibus*. Cum enim corpus nostrum non per se quiret excipere virtutem et efficacitatem qua vita praeberetur; quippe quod corpus erat mortis, residente in ipso per praevaricationem peccato, eam ob rem Unigenitus Dei illud sibi proprium fecit, ut illud a peccato servans idoneum redderet, cum vitae, tum gloriae accipiendae. Atque hoc significatur his verbis, *conresuscitavit et consedere fecit in coelestibus*.

« Non solum in hoc saeculo, sed etiam in futuro. [VERS. 22]. Et omnia subjecit sub pedibus ejus. »

Gloria perpetua est; quae quidem cum ab hoc aevo incipiat, in saeculum omnis expers finis extenditur. In hoc quippe consistit virtus incorruptae et gloriosae permansionis, quod vitae auctor in saecula aeterna persistat.

« Et ipsum dedit caput super omnem Ecclesiam. »

Uti non amplius caput nostrum sint virtutes coelestes, nisi quatenus procuratores nostri sunt et dispensatores, secundum sacram Apostoli vocem [40].

VERS. 23. « Quae est corpus ipsius. »

Corpus ejus est Ecclesia, propter communicationem Spiritus sancti.

« Plenitudo ejus, qui omnia in hominibus adimplet. »

Ecclesia est, inquit, quae illum capit, qui olim quidem coelestia pervadebat, nunc autem terrena.

CAP. II.

VERS. 1-5. « Et vos cum mortui essetis delictis vestris et peccatis, in quibus aliquando ambulastis secundum saeculum mundi hujus, secundum principem aeris hujus, spiritus qui nunc operatur in filios diffidentiae; in quibus et nos omnes aliquando conversati sumus in desideriis carnis nostrae facientes voluntatem carnis et cogitationum, et eramus natura filii irae, sicut et caeteri. Deus autem qui dives est in misericordia, propter nimiam charitatem suam qua dilexit nos, et cum essemus mortui peccatis, convivificavit nos in Christo: gratia estis salvati. »

Vos gentiles, inquit, cum addicti essetis morti propter peccatum in quo vivebatis, cujus daemon improbus pravis cogitationibus injectis auctor erat, misericordia dignavit Deus, ultroneaque gratia, ac vestram in peccato mortalitatem mutavit in vitam, per consortium cum Christo. Nam quod Christo proprium est, hoc ad nos derivatur, qui ipsi conjungimur. Atque eos qui legem habebant, similia ac gentiles passos propter peccata, ut ostenderetur magnitudo divini muneris, qua omnes qui corruptae subjecti erant, salvos fecit.

VERS. 6-8. « Et conresuscitavit et consedere fecit in coelestibus in Christo Jesu, ut ostenderet saeculis supervenientibus abundantes divitias gratiae suae, in bonitate super nos in Christo Jesu.

---

[39] Psal. LXXV, 3. [40] Hebr. I, 14.

Gratia estis salvati per fidem, et hoc non ex vobis. ›

Caro sumus Christi, membra quoque et corpus; hunceque Pater nobis caput dedit. Jam sumus in cœlo, quatenus sumus in Christo, ac tandem bonorum compotes erimus, quando bona illa quæ Christus acquisivit, quæque nunc inexplicabilia et numero majora sunt, in apertum proferentur. Quocirca hæc ipsa vocat, *abundantes divitias gratiæ.*

« Dei donum est. »

Gratia est id quod est a Deo : fides autem illud quod præstatur a nobis. Unde quibus non inest quo suscipiant, nec gratia subsequitur. Non ergo ex nobis hanc habemus, sed Dei donum est ; neque beneficentia penes illum est qui accipit, sed penes largitorem.

Vers. 9. « Non ex operibus, ne quis glorietur. »

Quia nimirum cum ederentur opera, parta ex illis salus non est, et sine his communicatio facta est salutis illis qui crediderunt.

Vers. 10. « Ipsius enim factura sumus, creati in Christo in operibus bonis quæ præparavit Deus ut in ipsis ambulemus. »

Non nos, inquit, in novam creaturam ipsi formavimus. Neque enim hoc fieri poterat. Sed Deus est, qui nos creat in Christo, cujus similitudinem exprimimus imitatione operum quæ ipse gessit, ut præpararet nobis sui participationem et conformitatem.

Vers. 11. « Propter quod memores estote quod aliquando vos gentes in carne. »

Quoniam recordatio præteritorum ad grates de præsentibus habendas nos comparat, hortatur Ephesios ut illorum reminiscantur.

« Qui dicimini præputium, ab ea quæ dicitur circumcisio in carne, manufacta : [Vers. 12] quia eratis illo in tempore sine Christo, alienati a conversatione Israel, et hospites testamentorum. »

Propria carnis sunt, tum præputium, tum circumcisio. Cæterum carnalia vere non exsistunt. Quapropter ea *dici* ait. Noverat quippe **182** circumcisionem veram, qua in corde circumamputentur quæcunque præter naturalem constitutionem adnata sunt. Quod si hoc proprie circumcisio est, præputium verum nihil aliud est, nisi vera cordis immunditia.

« Promissionis spem non habentes, et sine Deo in hoc mundo. »

Diversæ quidem promissiones sunt, ut et testamenta. Unam vero hanc commemoravit, quatenus Christus omnes in unum conjungit.

Vers. 13. « Nunc autem in Christo Jesu vos qui eratis longe, facti estis prope in sanguine Christi. »

Longe eramus a Christo, mundi hujus institutis et moribus separati. Horum abolitionem patravit mors Christi, et qui huic conformantur, non longe amplius sunt a Deo, sed proximi fiunt per Spiritum ; confixi nimirum cruci cum Christo, ut Apostolus idem loquitur[44].

Vers. 14, 15. « Ipse enim est pax nostra, qui fecit utraque unum, et medium parietem maceriæ dissolvens, inimicitias in carne sua, legem mandatorum in decretis evacuans, ut duos condat in semetipso. »

Id quod separabat, sublatum est e medio : quod quidem est caro ipsa propter peccatum in ea residens : quippe quæ in totum alienaret illos qui nequidem legis ope a nequitia carnali secernebantur; quin nec eos qui sub lege agebant, puros redderet ab alienatione quam peccatum pepererat. Quocirca ille qui destruxit peccatum, quod per carnem prodierat, una quoque legem in carne positam sustulit. Pro lege autem decretum invexit, liberam utique animi voluntatem Deo serviendi.

Vers. 16, 17. « In unum novum hominem, faciens pacem, et reconciliet ambos in uno corpore Deo per crucem, interficiens inimicitias in semetipso : et veniens, »

Finita per crucem præsenti vita, et circumcisa carne, unus homo ostenditur, quisquis per vitam novam, sive in circumcisione sit, sive in præputio, Christi nota insignitur. Corpus igitur quod traditum fuit morti, inimicitias delevit : dum vero ad vitam resurrexit, æternam amicitiam paravit.

« Evangelizavit pacem vobis qui longe fuistis, et iis qui prope. »

Longe quidem abfuisse gentiles ait, propter errorem : prope autem illos qui legi parebant, Christi mysterium edoctos.

Vers. 18-20. « Quoniam per ipsum habemus accessum ambo in uno spiritu ad Patrem. Ergo jam non estis hospites et advenæ, sed estis cives sanctorum et domestici Dei, superædificati supra fundamentum apostolorum et prophetarum, ipso summo angulari lapide Christo Jesu. »

Nihil supra nos habent, inquit, apud Deum, qui quondam erant prope, sed unus est accessus utrorumque per unum Spiritum sanctum. Cum autem dixisset prius in uno corpore nos esse reconciliatos Deo, nunc in uno spiritu proximos esse factos ait ; ut significet propter unum corpus, unius nos spiritus fieri participes. Quin et **183** appositis plane et idoneis vocabulis utitur. Nam ubi *reconciliationem* dixit, *Deum* nominavit ; ubi autem *accessum*, *Spiritum* nuncupavit.

Vers. 21. « In quo omnis ædificatio constructa crescit in templum sanctum in Domino. »

Assumpto in exemplum angulari lapide, quo totum ædificium firmatur, docet in Christo nos perinde fulciri. *Lapidem* autem dicendo, ejusque coagmentationem cum iis quibus constat ædificium, declarat cognationem nostram cum Unigenito Dei, quatenus secundum carnem natus est. Nam quia

---

[44] Galat. II, 15.

pueri communicarunt carni et sanguini, et ipse similiter participavit eisdem ".

VERS. 22. « In quo et vos coædificamini in habitaculum Dei in Spiritu. »

In templo scilicet.

CAP. III.

VERS. 1-4. « Hujus rei gratia ego Paulus vinctus Christi Jesu pro vobis gentibus; si tamen audistis dispensationem gratiæ quæ data est mihi in vobis: quoniam secundum revelationem notum mihi fecit mysterium. »

Hujus quæ data nobis est gratiæ, inquit, ego minister sum et propugnator usque ad vincula, et idcirco mysterium mihi manifestatum fuit, ut per me vobis annuntiaretur.

« Sicut supra scripsi in brevi; prout potestis legentes intelligere prudentiam meam in mysterio Christi. »

Doctrina, inquit, mea brevi, concisoque sermone clauditur, et multa paucis tanquam semina docui, tantumdem vobis aperiendo, quantum possetis intelligere: intelligere, inquam, accuratiori et frequentiori lectione, non cursim aut perfunctorie.

VERS. 5-7. « Quod aliis generationibus non est agnitum filiis hominum, sicuti nunc revelatum est sanctis apostolis ejus et prophetis in Spiritu, gentes esse cohæredes et concorporales, et comparticipes promissionis ejus in Christo Jesu per Evangelium: cujus factus sum minister secundum donum gratiæ Dei, quæ data est mihi secundum operationem virtutis ejus. »

Enimvero etsi prophetæ de mysterio hoc locuti fuerant, obstupescebant Petri comites: ipse vero Petrus tunc temporis, Spiritu manifestante, intellexit susceptas quoque esse gentes a Deo. Hactenus enim in obscuro jacebant eloquia prophetarum, et ænigmatis ut plurimum involvebantur, exspectabantque ut experimento comperta fierent. Illis igitur, qui gratiam Spiritus participavere, inquit, nunc manifesto patefacta est conjunctio societasque gentium cum Israel; gentilibus nimirum ad promissionem eamdem adductis propter unum accessum ad Christum.

VERS. 8, 9. « Mihi omnium sanctorum minimo data est gratia hæc, in gentibus evangelizare. »

Seipsum *sanctorum minimum* dicit, quia Ecclesiam **184** olim insectatus erat, et illos majori honore dignos habet, qui ante se vocati essent, et priusquam sanguis sanctus effunderetur, apostolatus munus accepissent.

« Investigabiles divitias Christi, et illuminare omnes, quæ sit dispensatio sacramenti absconditi a sæculis in Deo, qui omnia creavit per Jesum Christum. »

Immensas *Christi divitias* vocat, mundi totius salutem: *dispensationem* vero *sacramenti*, universorum hominum in uno Christo assumptionem Hoc porro sacramentum, inquit, non postremo tandem hoc ævo excogitatum fuit a Deo, cui nulla voluntas recens accidit, sed ex toto æternum existit, sive Deus condere, sive salutem afferre proponat.

VERS. 10. « Ut innotescat nunc principatibus et potestatibus in cœlestibus per Ecclesiam multiformis sapientia Dei. »

Uti principes mundi, inquit, quibus incognita sapientia illa erat, quæ pridem nobis destinata est, agnoscant tandem ex ædificatione Ecclesiæ novæ creationis auctorem, qui quidem morte sua finem imposuit priori creaturæ; per resurrectionem vero, novæ principium invexit.

VERS. 11-13. « Secundum præfinitionem sæculorum, quam fecit in Christo Jesu Domino nostro, in quo habemus fiduciam et accessum in confidentia per fidem ejus. Propter quod peto ne deficiatis in tribulationibus meis pro vobis; quæ est gloria vestra. »

A sæculis, inquit, sapientia Dei proposuit, præstituitque salutem quam Christus attulit, in ipso condens præfinitionem omnem dispensationis, quatenus hæc futura erat caput et summa totius renovationis. In nobis enim expurgatio facta est; in illo autem mundities et puritas exstitit: et conjunctio quæ per fidem patratur, confidentiam nobis communicat, cujus ipse sequester fuit.

VERS. 14, 15. « Hujus rei gratia flecto genua mea ad Patrem Domini nostri Jesu Christi, ex quo omnis paternitas in cœlis et in terra nominatur. »

Functio duplex apostolorum fuit, doctrina et oratio: quemadmodum Petrus ejusque socii dicunt: *Nos autem orationi et ministerio verbi instantes erimus* ". Porro per submissionem genuum ille denotatur qui coram Deo procidit. Paternitates autem in terra dupliciter nominantur, ut alii secundum carnem sint patres, alii secundum spiritum: in cœlo autem spirituali duntaxat ratione possunt nominari. Atque ejusmodi erat doctor Israelis, angelus, inquam, ille qui legem tulit. Cæterum multi spiritus sunt ac longe subliminores et spirituliores angelis, veluti Isaias declarat dicens: *Non legatus, non angelus* "; quo significat non nihil angelo præstantiorem esse legatum, quem proinde Apostolus etiam *Patrem* appellat.

185 VERS. 16-18. « Ut det vobis secundum divitias gloriæ suæ virtute corroborari per Spiritum in interiorem hominem, habitare Christum per fidem in cordibus vestris, in charitate radicati et fundati, ut possitis comprehendere cum omnibus sanctis. »

Magna petitio, inquit, quia a magno datore. Nunc enim vere didicimus dignas majestate Dei precationes fundere, quando edocti sumus non

" Hebr. II, 14. " Act. VI, 4. " Isa. LXIII, 9.

terrena quærere, sed cœlestia. Petitio autem renovatio est animi, et Instauratio virtutis secundum Spiritum, qua destituti fuimus dum a Deo descivimus.

« Quæ sit latitudo, et longitudo, et profundum, et sublimitas. »

Quod incorporeum est, mensurari non potest; sed per corpora quæ sub mensuram cadunt, significavit immensitatem suam, quodque nequeat comprehendi. Sublimitas vero et profundum, inquit, quo sensu angelus dixerat: *Gloria in altissimis Deo, et in terra pax* [44]. Nam in terra quoque gratiam explicavit suam per adventum et præsentiam Verbi.

VERS. 19. « Scire etiam supereminentem scientiæ charitatem Christi. »

Communione cum Christo scientia vera habetur: charitas autem intus in anima per scientiam exsistens et cognita, arcanam notitiam parit, quam et majorem esse dicit illa quæ perspicua nobis est, et verbis ac litteris paratur.

« Ut impleamini in omnem plenitudinem Dei. »

Ut additamento sanctæ illius Ecclesiæ cœlestis, tota plenitudo Dei coalescat, cum ex cœlestibus, tum ex terrenis.

VERS. 20, 21. « Ei autem qui potens est omnia facere superabundanter quam petimus aut intelligimus, secundum virtutem quæ operatur in nobis; ipsi gloria in Ecclesia, in Christo Jesu, in omnes generationes sæculi sæculorum. Amen. »

CAP. IV.

VERS. 1-3. « Obsecro itaque vos, ego vinctus in Domino. »

Non sibi Paulus arrogat quod omnia intellexerit. Deo autem hoc adscribit, quod majora etiam impertiat quam postulemus, quandoquidem virtus quæ subministratur nobis, non nunc totum illud præstat, quod est gratiæ. Cæterum in Christo Jesu veram esse gloriam dicit, et consimili quadam ratione in Ecclesia.

« Digne ambulate vocatione qua vocati estis, cum omni humilitate et mansuetudine; cum patientia supportantes invicem in dilectione, solliciti servare unitatem Spiritus in vinculo pacis. »

Ad vitæ sanctimoniam, inquit, estis vocati, et vocatio spirituales mores postulat. Hi porro a contraria, a carnale scilicet, cognoscuntur. Nam si in carnalibus vigescunt superbia, arrogantia, iracundia, contentio mutua, manifestum est fidei doctrinam a nobis oppositos istis mores exigere.

VERS. 4. « Unum corpus. »

Invicem coeundo.

186 « Et unus Spiritus, sicut vocati estis in una spe vocationis vestræ. »

Mutua animorum consensione. Ambo enim sua invicem opera indigent : ita ut quæ ad corpus pertinent, exclusis iis quæ spiritus sunt, dissidium potius pariant. At si id quod spiritui convenit, minime salvum manet, illud etiam quod ad corpus spectat, paulatim obscuratur.

VERS. 5, 6. « Unus Christus, una fides, unum baptisma; unus Deus et Pater omnium, qui est super omnia, et per omnia, et in omnibus nobis. »

Ex omnibus capitibus conjunctionem suadet. Unus itaque Dominus est, quem invocamus : una fides, per quam introducti sumus : unum baptisma, per quod sumus mundati : unus Pater super omnia, qui propter Verbum ex se genitum, et propter Spiritum suum in omnibus exsistit. Cum autem divinæ unitatis repræsentationem in nobis vellet splendescere, proprietates Trinitatis in uno Deo prædicavit.

VERS. 7, 8. « Unicuique nostrum data est gratia, secundum mensuram donationis Christi. Propter quod dicit : Ascendens in altum, captivam duxit captivitatem. »

Tametsi differentia dona sunt, inquit, concessa nimirum gratiæ mensura secundum uniuscujusque vires et destinationem animi ; nequaquam tamen ipsa separentur ex quibus unitas constat.

« Et dedit dona hominibus. »

Quin et auctor Psalmorum [45] multitudinem explicat donorum, quæ, ex quo Christus ascendit, concessa fuere; quando nempe quos mors tenebat captivos, tum vita, tum resurrectione sua vicissim est ipse prædatus. Dicendo vero *dedit*, cum in psalmo habeatur *accepit*, significat ea quæ carnali more de Christo enuntiantur, spiritualia et divina non destruere, nec, quod humano modo dicitur *accepit*, tollere illud *dedit*, quo divinum quid exprimitur.

VERS. 9, 10. « Quod autem ascendit, quid est, nisi quia et descendit primum in inferiores partes terræ? Qui descendit ipse est et qui ascendit super omnes cœlos, ut impleret omnia. »

Ascendisse non potuit Deus, inquit, nisi ante descenderit : et perspicuum est illuc ascensionem fuisse, unde descensio fuerat. Postquam ergo de cœlo descendit, ascendit rursus super omnes cœlos; qui descenderat, non solum in terram, sed et subter terram. Ideo autem descenderat, ut universa divinitate sua replerentur.

VERS. 11-16. « Et ipse dedit quosdam quidem apostolos, quosdam autem prophetas, alios vero evangelistas, alios autem pastores et doctores ad consummationem sanctorum, in opus ministerii, in ædificationem corporis Christi, donec occurramus omnes in unitatem fidei, et agnitionis Filii Dei, in virum perfectum, in mensuram ætatis plenitudinis Christi : ut non jam simus parvuli fluctuantes, et circumferamur omni vento doctrinæ, in nequitia

[44] Luc. II, 14. [45] Psal. LXVII, 4.

hominum, in astutia ad circumventionem erroris. Veritatem **187** autem facientes in charitate, crescamus in illo per omnia, qui est caput Christus, ex quo totum corpus compactum et connexum per omnem juncturam subministrationis secundum operationem, in mensura uniuscujusque membri augmentum corporis facit, in ædificationem sui in charitate. »

Alius quidem apostolicam, inquit, gratiam accepit, et arcanam dispensationis sapientiam annuntiat; alius vero instinctui prophetico obsequitur, ad declarandum quid spiritu intus præcognitum sit. Alter Evangelii prædicationi incumbit, sive verbis, sive scriptis : verbis quidem, ut Philippus; scriptis vero, qui Evangelia litteris edidere. Alteri pascendæ Ecclesiæ munus injunctum est. Omnia ergo dona, inquit, eo spectant, ut qui fide sancti facti sunt, perfectionem absolutam obtineant; iis qui dona accepere, ministerium suum in rem communem impendentibus. Necessaria porro est donorum efficacitas, donec qui modo parvuli sunt, perfecti fiant, perfectione spirituali, quæ in similitudine cum Christo consistit; ita ut non jam sit parvulus, multis patens mutationibus, quas sermones versute pronuntiati et ad deceptionem compositi faciant; sed, ut fit in auctu corporis, ad eam omnes excelsitatem perveniamus, et cum Christo, qui caput nostrum est, compaginemur. Ille enim cum pro divina sua præcellentia nobis præsideat, sese nobis impertitur, coagmentatione dispensationis suæ nos sibi et invicem conjungens, ut eamdem mutuo coaptationem habeamus, velut in ædificio, et unusquisque subministrationem possit Spiritus accipere, incrementi perfectione, quæ in charitate tanquam in summa concluditur.

Vers. 17-20. « Hoc igitur dico et testificor in Domino, ut jam non ambuletis, sicut et gentes ambulant, in vanitate sensus sui, tenebris obscuratum habentes intellectum, alienati a vita Dei, per ignorantiam quæ in illis est, propter cæcitatem cordis ipsorum; qui desperantes, semetipsos tradiderunt impudicitiæ ad operationem immunditiæ omnis. »

Veluti Christi testes et martyres monet, ut reminiscantur se vocatos esse ad sanctimoniam, nec revertantur ad illam vivendi rationem quam ante vocationem suam egerant, quando, nullo sibi præstituto fine, temerario impetu ferebantur.

« In avaritia. Vos autem non ita didicistis Christum. »

Avaritia dilectionem carnis necessario consequitur; quia tantumdem habere homines volunt, quantum in voluptates expendant.

Vers. 21-25. « Si tamen illum audistis, et in ipso educti estis, sicut est veritas in Christo Jesu, deponere vos secundum pristinam conversationem veterem hominem, qui corrumpitur secundum desideria erroris. Renovari autem spiritu mentis vestræ, et induere novum hominem qui secundum Deum creatus est in justitia et sanctitate veritatis. Propter quod deponentes mendacium, loquimini veritatem unusquisque cum proximo suo, quoniam sumus invicem membra. »

In hunc modum loquitur, quia non ab **188** ipso erant edocti, sed a Joanne evangelista. Ait ergo: Doctrina illa quæ tradita vobis est, cum revera tradita sit secundum Christum, non voluptuosam et ignorantiæ tenebris suffusam vitam permittit, alioqui nihil boni, nihilque veri præferret. Nam qui secundum Christum eruditur, bonum didicit et verum, utpote qui vitæ carnalis vetustatem in novitatem Spiritus mutare doceatur.

Vers. 26-29. « Irascimini et nolite peccare, sol non occidat super iracundiam vestram. Nolite locum dare diabolo. Qui furabatur, jam non furetur. Magis autem laboret operando bonum manibus, ut habeat unde tribuat necessitatem patienti. Omnis sermo malus ex ore vestro non procedat : sed si quis bonus ad ædificationem fidei, ut det gratiam audientibus. »

Et si quis in iram inciderit, non perseveret ita ut peccet; sed ante placetur quam altera dies succedat. Nam si in vobis ista vigeant quæ diaboli plane instituta sunt, magister ipse superveniet, propter placitorum suorum observationem accersitus.

Vers. 30. « Et nolite contristare Spiritum sanctum Dei, in quo signati estis in diem redemptionis. »

Spiritus, inquit, aversus erit a vobis, velut luctum agens, quia, cum in obsignatione datus sit vobis ut conjungeremini, vos tamen non reperiet ad hoc idoneos, tametsi gratiam receperitis, qua pœnam interitus et corruptionis effugeretis.

Vers. 31, 32. « Omnis amaritudo, et ira, et indignatio, et clamor, et blasphemia tollatur a vobis, cum omni malitia. Estote autem invicem benigni, misericordes, donantes invicem, sicut et Deus in Christo donavit vobis. »

Quæcunque carnalis sunt ignobilitatis, inquit, hæc relinquat, qui spirituali more sese comparat.

CAP. V.

Vers. 1, 2. « Estote ergo imitatores Dei sicut filii charissimi, et ambulate in dilectione, sicut et Christus dilexit nos, et tradidit semetipsum pro nobis oblationem et hostiam Deo in odorem suavitatis. »

Imitari Deum oportet, inquit, iis qui nos offenderunt indulgendo, ut Dei æmulatores simus. Atqui Christi mortem, non mortem vocavit, sed *oblationem*. Non enim Dominus præda mortis exstitit, sed ad vitam duxit captivos quos mors tenebat; nec a morte detentus fuit, quin acceptus tunc erat Deo et honorabilis, suavissimique propter sanctitatem odoris munus pro universo mundo.

VERS. 3, 4. « Fornicatio autem et omnis immunditia, aut avaritia, nec nominetur in vobis, sicut decet sanctos; nec turpitudo, aut stultiloquium, aut scurrilitas, quæ ad rem non pertinent, sed magis gratiarum actio. »

Recensitis quæ utilitati mutuæ conferant, subjungit id quo quisque penes se castus et mundus **189** sit. Neque hic legis regulis inhæret, sed ultra progreditur. Illic enim dicitur: non erit scortator, neque scortum[44] : hic vero, *nec nominetur, nec audiatur*.

VERS. 5-11. « Hoc enim estote intelligentes, quoniam omnis fornicator, aut immundus, aut avarus, quod est idolorum servitus, non habet hæreditatem in regno Christi et Dei. Nemo vos seducat inanibus verbis : propter hæc enim venit ira Dei in filios diffidentiæ. Nolite ergo effici participes eorum. Eratis enim aliquando tenebræ, nunc autem lux in Domino. Ut filii lucis ambulate. Fructus enim lucis est in omni bonitate, et justitia, et veritate, probantes quid sit beneplacitum Deo : et nolite communicare operibus infructuosis tenebrarum; magis autem redarguite. »

Nolite, inquit, existimare fide vos consortes fore regni Christi, quod est regnum Dei, nisi vita fidei respondeat: nec quisquam vos inani sermone decipiat, quasi veram fidem teneant illi qui scelerate vivunt, hæcque ipsos possit salvos facere, quorum causa adversus mundum succenset Deus. Absurdum quippe est, ut quæ sunt incredulitatis argumenta, in filiis Dei reperiantur, nosque socios simus illorum quos fides separavit : sed oportet ut nova generatio nostra testimonio operum comprobetur, nosque nobis ipsi lex simus, coarguentes perversam hominum vitam optima nostra conversatione.

VERS. 12-15. « Quæ enim in occulto fiunt ab ipsis, turpe est et dicere. Omnia enim quæ arguuntur, a lumine manifestantur. Omne enim quod manifestatur, lumen est. Propter quod dicit : Surge, qui dormis, et exsurge a mortuis, et illuminabit te Christus. Videte ergo, quomodo caute ambuletis. »

Ejusdem momenti non est, inquit, verbis redarguere ac factis. Turpe siquidem est vel sermone efferre, quæ illi agunt; quæ ipsi quoque præ pudore tegere satagunt. Sin vero lumen sumus, et tenebras possumus illustrare appositione lucis, optima hæc reprehensio fuerit. At vero lumen existemus, si a letifero somno surgentes, Christi consortes simus, secundum hoc effatum : *Surge, qui dormis*. Non dixit quis hoc pronuntiaverit, aut quo in Scripturarum sacrarum loco jaceat. Cæterum multa tunc temporis Spiritu sancto auctore proferebantur quæ scriptis minime consignata sunt.

Eum dicit, qui in peccatis vitam agit.

« Non quasi insipientes, [VERS. 16-19] sed ut sapientes; redimentes tempus, quoniam dies mali sunt : propterea nolite fieri imprudentes, sed intelligentes quæ sit voluntas Dei. Et nolite inebriari vino, in quo est luxuria, sed implemini Spiritu, loquentes vobismetipsis in psalmis, et hymnis, et canticis spiritualibus, cantantes et psallentes. »

Nolite, inquit, velut insipientes inescari, sed uti sapientes viam vestram custodite, ne pertrahamini in tempore nequitiæ.

« In corde vestro Domino. »

Hoc dicit, ut totus sensus noster sit ad Dominum intentus, nec labiis duntaxat modulemur.

190 VERS. 20. « Gratias agentes semper pro omnibus in nomine Domini nostri Jesu Christi Deo et Patri. »

Mysteria Deo peragere convenit, hymnis cum prosequendo, necnon enarrando quæ Christus beneficia præstiterit.

VERS. 21. « Subjecti invicem in timore Dei. »

Quemadmodum si alter adversus alterum consurgat, dissidium oritur, ita conjunctio humilitate constat. Invicem autem oportet subjici propter Christum, tanquam obsequium hoc Christo pendentes.

VERS. 22-25. « Mulieres, viris propriis subditæ estote, sicut Domino ; quia vir caput est mulieris, sicut Christus est caput Ecclesiæ : et ipse est salvator corporis ejus ; sed sicut Ecclesia subjecta est Christo, ita et mulieres viris suis in omnibus. Viri, diligite uxores vestras. »

De iis loquitur quæ ad rem domesticam pertinent, quæque vel regiminis sunt, vel submissionis. Horum autem tria genera sunt. Duo quidem a natura instituta, puta vir et mulier, parentes et filii ; unum autem a lege. Ejusmodi quippe sunt servus et herus. Illi ergo qui subditus est, obedientiam suadet ; ei vero qui præest, ut subditorum sit sollicitus. Christo itaque in exemplum allato, præcipit, ut viro mulier subjecta sit, quod non corporali solum obedientia præstetur, verum et spirituali.

« Sicut et Christus dilexit Ecclesiam, et seipsum tradidit pro ea, [VERS. 26-28] ut illam sanctificaret, mundans lavacro aquæ in verbo, ut exhiberet eam sibi gloriosam Ecclesiam, non habentem maculam, neque rugam, aut aliquid hujusmodi ; sed ut sit sancta et immaculata. Sic debent viri diligere uxores suas, ut corpora sua. Qui suam uxorem diligit, seipsum diligit. »

Eam partem quæ præest et regit, asperam subditæ esse prohibet. Nam hoc est vere præesse, ubi princeps eorum quæ sub se sunt curam gerit : id quod ostendit Christus, qui non quæsivit quod sibi

---

[44] *Deut.* XXIII, 17.

decorem conciliaret, sed quod Ecclesiæ commodo esset. Ejus enim claritas posita erat in immortalitate, quæ ipsi debebatur, et condecebat : at Ecclesiæ salus in mundatione a peccato consistebat, quæ nullatenus peracta esset, nisi vitam inquinatam Christus transmutasset, destructa per mortem similitudine illius, uti morientes cum ipso ab illa vita, quam ante ducebamus, eximeremur. Atqui hujusce expurgationis causa baptismus exstitit. Hanc enim aquam invocatio per verbum comitatur, qua sancta declaratur. Nimirum, *In nomine Patris, et Filii, et Spiritus sancti.*

VERS. 29-31. « Nemo enim unquam carnem suam odio habuit, sed nutrit et fovet eam, sicut et Dominus Ecclesiam. Quia membra sumus corporis ejus, de carne ejus, et de ossibus ejus. Propter hoc relinquet homo patrem et matrem suam, et adhærebit uxori suæ, et erunt duo in carne una. »

191 Si caro viri est uxor, curam, inquit, habeat illius, veluti carnis suæ. Quod si scimus Christum esse sponsum Ecclesiæ, nosque in membra sua efformasse per vitam quam Spiritus tribuat : illum ergo Christi adversus Ecclesiam amorem imitemur.

VERS. 32. « Sacramentum hoc magnum est : ego autem dico in Christo, et in Ecclesia. »

Id quod spirituale est cum carnali conjunxit, ut significaret, hoc illius figuram esse. Hoc quippe modo mysterium gestum est latente sub figura veritate : cum nempe sumpta ex viro muliere, eaque cum viro copulata, Christus et Ecclesia figurarentur. A Christo enim habemus ut secundum sanctitatem simus, ac per sanctitatem Christo conjungimur.

VERS. 33. « Verumtamen, et vos singuli, unusquisque uxorem suam ita diligat sicut seipsum : uxor autem timeat virum suum. »

CAP. VI.

VERS. 1. « Filii, obedite parentibus vestris in Domino. Hoc enim justum est. »

Ad omnem porro in universam Ecclesiam quæ Christo copulatur, sermonem confert. In unaquaque autem muliere, et in unoquoque viro perfecta figura sit, ut vir quidem diligat, mulier autem obsequatur in timore.

VERS. 2-4. « Honora patrem tuum et matrem tuam, quod est mandatum primum in promissione ; ut bene sit tibi, et sis longævus super terram. Et vos, patres, nolite ad iracundiam provocare filios vestros; sed educate illos in disciplina et correptione Domini. »

Alterum hoc est principatus genus, parentum in filios, quia procreatio liberorum sequela nuptiarum est : atque testimonium legis allegat. Cuncta siquidem, quæ propter Christum facimus, lege ipsa teste bona sunt et justa, sive ea conceptis verbis enuntiantur, sive figurate indicantur ; et bonum est pædagogi testimonium perfectæ doctrinæ datum. Ut vero præceptum de parentibus colendis veneratione dignum esse ostendat, hoc cum aliorum primum, tum etiam cum pollicitatione pronuntiatum ait, quæ quidem pollicitatio jacet in Decalogo. Lex quippe longæ ætatis figura vitam æternam imitatione quadam adumbrat [47]. Primo autem mandato promissionem hanc Deus adjunxit, cum quatuor alias præmisisset quæ ad ipsum Deum spectarent : quia indubia est remuneratio honoris ab eo qui honoratur. Honor vero qui parentibus exhibetur, cum justam mercedem ab eis non obtineat, hanc a Deo per promissionem retulit.

VERS. 5-9. « Servi, obedite dominis carnalibus cum timore et tremore, in simplicitate cordis vestri sicut Christo : non ad oculum servientes, quasi hominibus placentes, sed ut servi Christi ; facientes voluntatem Dei ex animo cum bona voluntate servientes Domino, et non hominibus. Scientes quoniam unusquisque, quodcunque fecerit bonum, hoc recipiet a Domino, sive servus, sive liber. Et vos, domini, eadem facite illis, remittentes minas ; scientes quia et vestrum ipsorum Dominus est in cœlis, et acceptio personarum non est apud ipsum. »

192 Subditos denuo primum subjicit, deinde illos qui eis præficiuntur, humanitatem docet. Dominos autem ait *secundum carnem* : dominatus enim non est a natura, nec quisquam servus alterius conditus fuit, quemadmodum bruta animantia. Divinæ vero servitutis illius, quam is sustulit qui in forma factus est servi, figuram præbet ministerium humanum, quod præstant illi qui sincere et sponte serviunt, ut ad Deum servitus illa referatur.

VERS. 10, 11. « De cætero, fratres, confortamini in Domino, et in potentia virtutis ejus. Induite vos armaturam Dei, ut possitis stare. »

Virtus illis hominibus qui in infirmitatem labuntur, a Deo accedat necesse est, qua pellatur imbecillitas recuperatione virium. Hanc vero virtutem cum omnigena armatura comparat, ut significet, quemadmodum qui nudus est, belligerare non potest, sic eum qui Spiritum non accepit, nullis instructum viribus esse adversus diabolum, qui malitiæ est auctor.

« Adversus insidias diaboli. [VERS. 12, 13.] Quoniam non est nobis colluctatio adversus carnem et sanguinem, sed adversus principatus et potestates ; adversus rectores mundi, tenebrarum hujus sæculi, contra spiritualia nequitiæ in cœlestibus. Propterea accipite armaturam Dei ut possitis sustinere in die mala, et omnibus superatis stare. »

Artes et *insidias* vocat versutiam diaboli, quippe qui non statim et recta monstrat quid velit confi-

---

[47] Exod. xx, 12.

ore, ne deprehendatur: sed persona altera assumpta, quaedam alia molitur: haud secus ac vafer hostis urbem et muros oppugnando, clam infra suffodit, ut civitati aegre a se caveatur, et ipse illud patret in quod enititur.

Vers. 14-18. « State ergo succincti lumbos vestros in veritate, et induti loricam justitiae, et calceati pedes in praeparationem Evangelii pacis. In omnibus sumentes scutum fidei, in quo possitis omnia tela nequissimi ignea exstinguere. Et galeam salutis assumite, et gladium spiritus (quod est verbum Dei) per omnem orationem et obsecrationem, orantes omni tempore in spiritu, et in idipsum vigilantes in omni instantia et obsecratione. »

Quare vero, *in veritate?* illusio mendaciumque est libido, ac nequaquam vera voluptas est, sed umbra voluptatis. Illud ergo verae voluptatis convenit, castitati nimirum.

« Pro omnibus sanctis, [Vers. 19-21] et pro me, ut detur mihi sermo in apertione oris mei cum fiducia, notum facere mysterium Evangelii; pro quo legatione fungor in catena, ita ut in ipso audeam, prout oportet me loqui. Ut autem et vos sciatis quae circa me sunt. »

Ipse quoque Dominus indesinenter orationibus instare praecipit[40], et Paulus spiritu orandum docet[41], hoc est mente, nec ore tenus duntaxat. Multas autem orationes dicit, quia pro multis fundendae erant, puta pro sanctis omnibus, et pro se: quia strenuum ipsi opus incumbebat, ita ut illius causa vinctus Romam missus esset.

193 « Omnia vobis nota faciet Tychicus charissimus frater, et fidelis minister in Domino, [Vers. 22, 23] quem misi ad vos in hoc ipsum, ut cognoscatis quae circa nos sunt, et consoletur corda vestra. Pax fratribus, et charitas cum fide a Deo Patre et Domino Jesu Christo. Gratia cum omnibus qui diligunt Dominum nostrum Jesum Christum in incorruptione. Amen. »

Sancti laetantur, quando opus sanctum prospere succedit. Idcirco Ecclesiis significat quae sibi acciderint.

Epistola ad Ephesios Roma scripta est per Tychicum. Versus 312.

[40] Luc. xviii, 1. [41] I Cor. xiv, 15.

IN EPISTOLAM AD PHILIPPENSES.

CAPUT PRIMUM.

Vers. 1, 2. « Paulus et Timotheus servus Jesu Christi, omnibus sanctis in Christo Jesu, qui sunt Philippis, cum episcopis et diaconis. Gratia vobis et pax a Deo Patre nostro et Domino Jesu Christo. »

Epistolam hanc scribit ad homines qui in doctrina profecerant. Quamobrem dogmata non tangit, quorum scientia satis erant instructi, cum affatim ea ab Apostolo ipso accepissent. Duorum vero per totam fere, ut ita dicam, epistolam eos admonet: ne extollantur; quippe cum hoc nosset subsequi solere eos qui rem propemodum recte gererent: tum etiam uti semper gaudeant. Gravi siquidem moerore conficiebantur, ex quo Apostolum vinctum laudierant, dicendamque brevi sententiam, ac mortem ejus exspectando erant. Neque enim evasurum sperabant manus Neronis, viri cum alias quidem insanientis, tum caedium avidissimi. Quocirca hunc quoque *leonem* appellat in Epistola ad Timotheum: *Dominus enim mihi astitit,* inquit, *et liberatus sum de ore leonis*[50]. Caetera vero de quibus eos admonet, obiter et velut per transennam suadet, quia cum multum temporis, ut a me dictum est, apud eos egisset, plurimum ipsis profuerat.

Quia Timotheum hunc brevi a se mittendum in hac epistola pollicetur, idcirco communi amborum nomine epistolam scribit, ut assuefaciat illos ad doctorem hunc excipiendum. Cum enim Paulus doctrinae quam ipsis mittebat, socium illum admisisset, quomodo ipsum paucis post diebus advenientem non essent suscepturi, cujus jam documenta accepissent? Hoc vero scire attinet, Paulum ad omnem regionem omnemque gentem scribere: quod manifestum facit, dicendo, *omnibus episcopis.*

Vers. 3-6. « Gratias ago Deo meo in omni memoria vestri, semper in cunctis orationibus meis pro omnibus vobis, cum gaudio deprecationem faciens, super communicatione vestra in Evangelio, a prima die usque nunc. Confidens hoc ipsum, quia qui coepit in vobis opus bonum, perficiet usque in diem Christi Jesu. »

Testificatur eos admodum profecisse, qui, dum ipsorum recordabatur, non gemitus, non lacrymas exprimeret, quemadmodum propter illos qui fluctuarent, sed multas grates ageret **194** Deo: id quod proprium est eorum quibus res bene succedunt. Ecquod vero hoc facinus ipsorum erat, nisi quia, cum se socios illius in Evangelio praestitissent, ab initio usque ad hoctempus in communione permanserant, ita ut nihil ipsos concussisset: id quod plane spem bonam futuri praebebat. Novi

[50] II Tim. iv, 16.

siquidem fore, inquit, ut hoc opus perficiatis, donec integrum illud offeratis in adventu Domini.

VERS. 7. « Sicut est mihi justum hoc sentire pro omnibus vobis; eo quod habeam vos in corde, et in vinculis meis, et in defensione, et in confirmatione, socios gaudii mei omnes vos esse. »

Quia dixit in eis se confidere, tum fiduciam hanc justam et legitimam esse asserit. Jubet enim bono animo esse, ceu consortes omnium futuros, vinculorum, defensionis, gratiæ. Atqui hoc modo fidere illis qui crediderunt, magnum testimonium est firmitatis ipsorum.

VERS. 8-11. « Testis enim mihi est Deus, quod ego cupiam omnes vos in visceribus Jesu Christi. Et hoc oro, ut charitas vestra magis ac magis abundet in scientia et in omni sensu, ut probetis potiora, ut sitis sinceri et sine offensa in diem Christi, repleti fructu justitiæ, qui est per Jesum Christum in gloriam et laudem Dei. »

Quia multo illorum amore flagrabat, ita ut nusquam ipsorum obliviseretur, sive in vinculis esset, sive se defenderet : eam ob rem hujusce rei testem appellat Deum. Ne vero quispiam suspicaretur eum, assentandi animo propter ministerium quod ad se miserant, ejusmodi habere sermones, subjunxit, *in visceribus Christi Jesu;* quo significaret se illos amare, qua charitate Christus sincere diligebat. Tum hoc apprecatur, ut in cognitione et sensu progressus faciant, diligentesque pensitatores sint bonorum : ita quippe sine offensione futuros in adventum Christi; hoc est nullo modo pedem offensuros. Nam qui sic erunt comparati, inquit, pleni reperientur justitiæ fructibus : justitiæ, inquam, non quæ per legem habeatur (hanc enim in epistolæ serie tollit e medio), sed quam præstet Christus; quæ quidem etiam in Dei gloriam cedit. Vivendo quippe secundum Deum, gloriam Patri qui in cœlis est, tribuimus.

VERS. 12-14. « Scire autem vos volo, fratres, quia quæ circa me sunt, magis ad profectum venerunt Evangelii. Ita ut vincula mea manifesta fierent in Christo in omni prætorio, et in cæteris omnibus, et plures e fratribus in Domino, confidentes vinculis meis, abundantius auderent sine timore verbum loqui. »

Romæ ad illos epistolam scribit, cum anxietate et mœrore gravi premerentur propter vincula ipsius. De quibus vinculis ne luctum agant tantumdem dehortatur, ut etiam doceat eos, ingens propter illa gaudium præferre : quippe cum hæc in causa essent, ut prædicatio abundantius augesceret, et error amandaretur.

VERS. 15. « Quidam quidem et propter invidiam et contentionem ; quidam autem et propter bonam voluntatem Christum prædicant. »

195 Prædicationis utique hostes, qui cum Paulus vinctus teneretur, quia Jesum annuntiabat, ut magis Neronem incitarent, ipsi quoque Jesum prædicabant : res vero contra quam præstare voluerant, successit. Cum enim prædicationem funditus profligare vellent, hæc magis augebatur, tametsi sincere, sive ex animo non prædicarent, neque operam in hoc collocarent, ut homines veritatem docerentur, sed ut molestiam Apostolo crearent.

VERS. 16-18. « Quidam quidem ex contentione Christum annuntiant, non sincere, existimantes pressuram se suscitare vinculis meis : quidam autem ex charitate, scientes quoniam in defensionem Evangelii positus sum. Quid enim ? dum omni modo, sive per occasionem, sive per veritatem Christus annuntietur. »

Qui sincere prædicant, inquit, hoc faciunt, quia ex mea defensione audaciores evaserunt. Noverunt enim eam communi ipsorum commodo cessuram, quam Apostolus instituebat.

« Gaudeo ; in hoc gaudeo, sed et gaudebo. [VERS. 19, 20.] Scio enim quia hoc mihi proveniet ad salutem per vestram orationem, et subministrationem Spiritus Jesu Christi, secundum expectationem et spem meam. »

Tantum abest, inquit, ut vinculis meis doleam, quod rationem redditurus sim, non solum eorum quæ palam annuntio, verum etiam prædicationis illorum; ut potius gaudendum existimem ; res quippe nobis in salutem succedet. Cæterum statim modestiam præfert, cum ait hanc sibi salutem precibus ipsorum et subministratione Spiritus obventuram.

« Quia in nullo confundar ; sed in omni fiducia, sicut semper et nunc, magnificabitur Christus in corpore meo. »

Hoc est, vincula non pertimesco ; non pro defensione mea dicere, non mortem ipsam, ut prædicationis officium deseram.

« Sive per vitam, sive per mortem. »

Sive vixero, inquit, amplius prædicabo, sive moriar, perinde Christus celebrabitur, cujus prædicatio ministros tales habeat, qui mortem ipsam aspernentur.

VERS. 21. « Mihi enim vivere Christus. »

Vide quot momentis eos a tristitia revocet. Primo quidem, quia pudore non suffunditur; secundo, quia Christus magnificatur ; tertio, quia vivere non cupit, nisi propter Christum solum, ut ministerium obeat suum.

« Et mori lucrum. »

Non vos doleat vinculorum meorum, inquit. Quæstum quippe magnum fecero, si pro Christo moriar.

VERS. 22, 23. « Quod si vivere in carne, hic mihi fructus operis est. Et quid eligam ignoro. Coarctor autem e duobus, desiderium habens »

Explicat quæ prædixerat, et velut interpretatur. Quid hoc est, *mihi?* quidve istud, *vivere Christus?* ait ergo : Vivere Christum hanc vitam, nihil aliud est nisi quæstus spiritualis, cujus mihi fructus debetur.

196 « Dissolvi et esse cum Christo, multo magis melius : [Vers. 24-26] permanere autem in carne, necessarium propter vos. Et hoc confidens scio, quia manebo et permanebo omnibus vobis. »

Ac tunc quidem erat cum Christo, secundum illud : *Si experimentum quaeris ejus qui in me loquitur Christi*[31]. At non ut aliquando : *Nunc enim*, inquit, *videmus per speculum et in aenigmate; tunc autem facie ad faciem*[32].

« Ad profectum vestrum et gaudium fidei, ut gratulatio vestra abundet in Christo Jesu in me per meum adventum iterum ad vos. »

Vide rursum quantum boni quaestum eos facere testificatur. Nam qui progressum facit, gradiendo proficit. Quo vero progressum faciant, nisi ad gaudium fidei? Qui autem in gaudio hoc profecerit, inquit, is gloriabitur in Christo.

Vers. 27. « Tantum digne Evangelio Christi conversamini, ut sive cum venero, et videro vos, sive abiens, audiam quae de vobis sunt, »

Postquam testificatus est multum eos profecisse, sensim ipsos reprimit, ne superbia inflentur, audientes se progressum fecisse. Reprimit vero, suadens ut dignam Evangelio vitae rationem inire studeant.

« Quia statis in uno spiritu unanimes, collaborantes fidei Evangelii : [Vers. 28] et in nullo terreamini ab adversariis; quae illis est causa perditionis. »

Cum eos monuerit ut digne Evangelio conversentur, conversationis quoque edisserit genus. Illud autem est sinceritas in fide. Nam alio modo non potestis, inquit, unus spiritus esse, praeterquam isto. Deinde, si animam unam habeant : quod eximiae charitatis argumentum est. Caeterum magnum exinde certamen ait subsecuturum. Quodnam vero illud, nisi ut Evangelii pugiles fiant? Enimvero complures erant adversarii; illi nimirum qui ex circumcisione.

« Nobis autem salutis, et hoc a Deo : [Vers. 29] quia vobis donatum est pro Christo, non solum ut in eum credatis, sed ut etiam pro illo patiamini. »

Observa quomodo tacite iterum illos reprimit. Nam postquam athletas et pugiles eos dixit Evangelii, subjunxit, hoc ipsum a Deo praestari; quin et ipsis concessum esse ut pro eo patiantur. Hoc autem ait, non ut animi affectum, non ut propositum dissolvat (mihi siquidem incumbit, ut propositum bonum habeam), sed ut omnia bona a Deo esse censeant. *Non enim ego*, inquit, *sed gratia Dei mecum*[33].

Vers. 30. « Idem certamen habentes, quale vidistis in me, et nunc audistis in me. »

Hoc in loco duo utilia suggerit, primum ne extollantur, ceu ipsi soli pugiles sint, quando exemplo ipsius decertant. Alterum, ne vel vincula, vel exspectatio mortis ipsos exterreat : unde illos ad sui aemulationem adhortatur. Videsis vero quam anxie Paulus discipulorum sit sollicitus, ut, sive bene agerent, sive metuerent, angeretur : ac siquidem rem recte gererent, ne efferrentur; sin autem trepidarent, ne propter metum, ut assolet, desponderent animum.

197 CAP. II.

Vers. 1, 2. « Si qua ergo consolatio in Christo, si quod solatium charitatis, si qua societas spiritus, si qua viscera miserationis, implete gaudium meum, ut idem sapiatis, eamdem charitatem habentes, unanimes, idipsum sentientes. »

Priusquam eos adhortetur ad fidem unam et animum unum habendum, velut sacramento mentes ipsorum occupat, his ferme verbis : Per consolationem illam qua Christus nos consolatus est, perque charitatem et communicationem Spiritus, per ipsamet viscera, per ipsas miserationes Dei, vos adjuro : *implete gaudium meum*. Hoc autem in eo consistit, quod unius fidei atque animi sitis.

Vers. 3. « Nihil per contentionem, nihil per inanem gloriam, sed humilitate superiores sibi invicem arbitrantes. »

Hoc enim est quod praesertim haereses facit, contentio scilicet et vana gloria.

Vers. 4. « Non quae sua sunt singuli considerantes, sed ea quae aliorum. »

Ne hoc dispicias, inquit, quo pacto doctor, aut magnus quidam appelleris, sed quomodo fratri tuo offendiculo non sis.

Vers. 5-11. « Hoc autem sentiatur in vobis, quod et in Christo Jesu : qui cum in forma Dei esset, non rapinam arbitratus est esse se aequalem Deo ; sed semetipsum exinanivit formam servi accipiens, in similitudinem hominum factus, et habitu inventus ut homo. Humiliavit semetipsum factus obediens usque ad mortem, mortem autem crucis. Propter quod et Deus exaltavit illum, et donavit illi nomen quod est super omne nomen; ut in nomine Jesu omne genu flectatur, coelestium, et terrestrium, et infernorum, et omnis lingua confiteatur, quia Dominus Jesus Christus »

De humilitate illi sermo erat, tametsi dogma perstringit. Inspice vero quam accurate id explicet. Quod nempe Christus aequalis sit Patri, quod semetipsum exinaniverit, quod factus sit homo, quod sponte id egerit. Ne enim aliquis audiens eum factum esse obedientem Patri, vim ei illatam putaret veluti inferiori a superiore, propterea frequenter inculcat, *semetipsum. Semetipsum*, inquit, *exinanivit, et humiliavit semetipsum factus obediens*. Sic porro loquitur, ut unam Patris Filiique voluntatem significet. Non solum autem haec doctrinae capita explicat; verum etiam quod mortem homo

[31] II Cor. xiii, 3. [32] I Cor. xiii, 12. [33] I Cor. xv, 1.

factus pertulerit, cum æqualis esset Patri; neque mortem duntaxat, sed mortem quam per crucem obierit. Ad hæc quod morte non sit detentus. *Deus enim,* inquit, *exaltavit illum.* Quando autem audieris, *exaltavit, suscitavit,* et similia, dispensationem, incarnationemve cogita. Neque arbitreris debilioris eum esse virtutis : quippe cum virtus sit Patris. *Christus Dei virtus, et Dei sapientia,* inquit [54].

« In gloria Dei Patris. [VERS. 12.] Itaque, charissimi mei, sicut semper obedistis. »

Ut eo modo collaudetur, inquit, quo et Pater, quia æqualis et similis est illius.

198 « Non ut in præsentia mei tantum, sed multo magis nunc in absentia mea. »

Amplius enim amorem suum erga magistrum promit, qui illum etiam absentem audit. Nam qui præsenti auscultat, id forsan pudore facit : qui autem, dum is est absens, audit, magnam præfert suæ adversus magistrum dilectionis sinceritatem.

« Cum timore et tremore salutem vestram operamini. »

Eos iterum anxios reddit, superciliumque ipsorum adeo deprimit, ne ob egregia facinora superbiant.

VERS. 13. « Deus enim est qui operatur in vobis velle et perficere pro bona voluntate. »

Hoc porro ait, non ut libertati voluntatis detrahat; sed quod rursum formidet ne extollantur. Nam quod animi propositum in causa sit, ut vel boni, vel mali simus, manifestum fecit exhortando ut cum timore salutem suam operarentur.

VERS. 14, 15. « Omnia autem facite sine murmuratione, et cogitationibus, ut sitis sine querela, et simplices filii Dei sine reprehensione. »

Nam qui mandata murmurando peragit, quasi gravia illa sint, mercedem quam ex his consecuturus erat, amittit. Quod autem ait, *et cogitationibus,* idem est ac si diceret, sine ambiguitate et dubitatione, et nihil hæsitando. Nam qui hoc pacto ea exsequitur, inquit, ille irreprehensus erit.

Cum charitate, libenti animo.

« In medio generationis pravæ et perversæ. »

Pravam generationem, Judæos dicit, secundum illum Domini ad eos sermonem : *Generatio prava et perversa* [55].

« Inter quos lucetis sicut luminaria in mundo, [VERS. 16] verbum vitæ continentes. »

Nam qui dicere possunt, *Signatum est super nos lumen vultus tui, Domine* [56], hi possunt esse luminaria. *Verbum vitæ,* Evangelium vocat.

« Ad gloriam meam, et in die Christi : quia non in vacuum cucurri, neque in vanum laboravi. »

Magna siquidem gloria magistrorum est progressus discipulorum. Quousque autem pertingere progressum oportet, nisi ad adventum Christi? Sic vero loquitur, ut in ipsomet progressu, nihil ei detrahentes moriamur. Sic enim integrum et sanum eum exhibebimus.

VERS. 17, 18. « Sed etsi immolor supra sacrificium et obsequium fidei vestræ, gaudeo et congratulor omnibus vobis. Idipsum autem et vos gaudete, et congratulamini mihi. »

Mortem suam, sacrificium et libationem semper nuncupat : perindeque loquitur in Epistola ad Timotheum : *Ego enim jam delibor,* inquit, *et tempus resolutionis meæ instat* [57]. Ait igitur, Ecce morior, mihique mortem decernunt hostes veritatis ob Evangelii prædicationem. Neque **199** idcirco doleo, sed admodum gaudeo. Igitur vos quoque debetis lætari.

VERS. 19. « Spero autem in Domino Jesu, Timotheum me cito mittere ad vos, ut et ego bono animo sim, cognitis quæ circa vos sunt. »

Mitto ad vos Timotheum, inquit, ut audiens ex eo quæ circa vos geruntur, gaudeam. Non quod ipse nesciret, qui in qualibet oratione sua Deo pro illis gratias agere se dixerat. Quid ergo illud est, quod de Timotheo loquens, se gavisurum dicit, nisi quia accepturus erat, ob sua vincula fiduciam et voluptatem eos sumere? Ad hoc enim ipsos hortatur.

VERS. 20-23. « Neminem autem habeo tam unanimem, qui sincera affectione pro vobis sollicitus sit. Omnes enim quæ sua sunt quærunt, non quæ Jesu Christi. Experimentum ejus cognoscite, quia sicut patri filius, mecum servivit in Evangelio. Hunc igitur spero me mittere. »

Magna laus Timothei, quod unanimis sit magistro : sed insuper hac eos ratione invitat, ut illum cum gaudio excipiant, ac si ipsummet Apostolum cernerent.

« Mox ut videro quæ circa me sunt ex ipsa. [VERS. 24.] Confido autem in Domino. »

Ex ipsa quidem sententia, inquit. Atque hic est sensus : Exspecto quæ mihi sint eo in judicio eventura, tumque illum ad vos mittam.

« Quoniam et ipse veniam cito. »

Per Spiritum noverat cuncta sibi fore pervia et facilia in priore illa defensione sua, seque a morte et vinculis liberandum. Atque rem ita contigisse, ipse declaravit in Epistola ad Timotheum his verbis : *In prima mea defensione nemo mihi adfuit, sed omnes me dereliquerunt. Dominus autem mihi astitit, et liberatus sum de ore leonis* [58].

VERS. 25, 26. « Necessarium autem existimavi Epaphroditum fratrem, et cooperatorem, et commilitonem meum, vestrum autem apostolum, et ministrum necessitatis meæ, mittere ad vos : quoniam quidem omnes vos desiderabat videre. »

Magna hæc commendatio est uniuscujusque

---

[54] I Cor. 1, 24. [55] Luc. IX, 41. [56] Psal. IV, 7. [57] II Tim. IV, 6. [58] II Tim. IV, 16.

discipulorum, dum Epaphroditum quidem *coopera-torem et commilitonem* vocat, Timotheum vero *unanimem.*

« Et mœstus erat, propterea quod audieratis illum infirmatum. [Vers. 27.] Nam et infirmatus est usque ad mortem; sed Deus misertus est ejus : non solum autem ejus, verum etiam et mei. »

Epaphroditus dure Philippis habitus erat propter Evangelium, tantumque fuerat vexatus, ut ex doloribus quos pertulerat, ad mortem usque ægrotasset. Neque vero ille solus lapidibus petitus fuerat, sed etiam Apostolus. Id quod significavit ad Thessalonicenses ita scribens : *Nam ipsi scitis, fratres, introitum nostrum ad vos, quia non inanis fuit ; sed ante passi, et contumeliis affecti (sicut scitis) in Philippis* [59]. Graviter ergo Epaphroditus ferebat, eos audivisse, in tantum se periculum, cum apud ipsos prædicaret, incidisse, ut morti proximus fieret.

« Ne tristitiam super tristitiam haberem. [Vers. 28-30.] Festinantius **200** ergo misi illum, ut viso eo iterum gaudeatis, et ego sine tristitia sim. Excipite itaque illum cum omni gaudio in Domino, et ejusmodi viros cum honore habetote : quoniam propter opus Christi usque ad mortem accessit, prodens animam suam. »

Affectus igitur tristitia est propter jacturam eorum qui se insectarentur. Cæterum convaluit, inquit, ne præter hunc dolorem alio insuper affligerer, propter mortem Apostoli. Tristis autem erat, non quod dissolutionem passurus esset, et cum Christo futurus : sed quia ejus opera indigebat ad prædicandum, ut ille sua, quemadmodum et ipse dixit : *Ut maneam in carne, necessarium magis est propter vos* [60].

Non vos præsentes aderatis, inquit, sed per eum mihi ministrastis, ut ipsum mitterem.

« Ut impleret id quod vobis deerat erga me obsequium. »

Nondum, inquit, perfecte ministerium meum implevi, quod apud vos prædicandi causa suscepi. Vincula me impedierunt, quæ propter prædicationem sustinui. Epaphroditus itaque defectum hunc supplebit.

CAP. III.

Vers. 1. « De cætero, fratres mei, gaudete in Domino. Eadem vobis scribere mihi quidem non pigrum. »

Quinimo me quoque vinctum lætari oportet.

« Vobis autem tutum. »

Animum quippe eorum fortiter communiebat, docendo minime lugendum esse de vinculis quæ propter prædicationem toleranda essent.

Vers. 2. « Videte canes, videte malos operarios. »

Judæorum principes innuit, de quibus scriptum fuit : *Omnes canes muti, non valentes latrare, et canes impudentes animo, qui saturari nesciunt* [61].

« Videte concisionem. »

Nam carnem duntaxat secant, nihilque inde juvantur. Signaculum quippe fidei circumcisio est : ipsi vero non credunt. Cur enim circumciduntur ? Cujusnam signum accipiunt? duntaxat igitur amputantur.

Vers. 3, 4. « Nos enim sumus circumcisio, qui spiritu servimus Deo, et gloriamur in Christo Jesu, et non in carne fiduciam habemus : quanquam ego habeam confidentiam et in carne. »

Qui omne rerum hujus mundi desiderium amputavimus. Hoc enim ut faceremus, Spiritus Dei concessit nobis, et hæc gloria ad Christum refertur.

« Si quis alius videtur confidere in carne, ego magis. [Vers. 5-9.] Circumcisus octavo die, ex genere Israel, de tribu Benjamin, Hebræus ex Hebræis, secundum legem Pharisæus, secundum æmulationem persequens Ecclesiam Dei, secundum justitiam quæ in lege est, conversatus sine querela. Sed quæ mihi fuerunt lucra, hæc arbitratus sum propter Christum detrimenta. Verumtamen existimo omnia detrimentum esse, propter eminentem scientiam Christi Jesu Domini mei, propter quem omnia detrimenti feci, et arbitror **201** ut stercora, ut Christum lucrifaciam, et inveniar in illo non habens justitiam quæ ex lege est, sed illam quæ ex fide est Christi, quæ ex Deo est, justitiam. »

Quia commendatores legis insolentius efferebantur, tum ob circumcisionem, tum ob genus quod ex Israel ducebant, idcirco hæc in se floccifacit : tum quippe vera sui aspernatio est, non quando quis, cum nihil habeat, ea respuit quæ non habet, sed quando quæ habet, vilia et contemptibilia ducit, ex quo majora et eximia nactus est. Ait ergo : Tametsi quæcunque apud illos venerationi sunt, habui, et tantam in iis quæ lege præscribuntur justitiam prætuli, quantam nullus alter, nihilominus universa hæc detrimento duxi, et veluti stercora, cum instituta a Christo vivendi ratio plane sit excellentior. Atqui tanta hujus exsuperantia est, ut percupiam nullam in me reperiri justitiam secundum legem, quo justitiam quæ ex Deo est, lucrifaciam. Vide quomodo suam esse legalem justitiam dicit ; evangelicam vero, Dei justitiam nuncupat, ut tanta inter utramque distantia sit, quanta inter Deum et hominem.

« In fide, [Vers. 10-12] ad cognoscendum illum, et virtutem resurrectionis ejus, et societatem passionum illius, configuratus morti ejus ; si quo modo occurram in resurrectionem mortuorum : non quod jam acceperim, aut jam perfectus sim ; sequor autem, si quomodo comprehendam, in quo et comprehensus sum a Christo. »

---

[59] I Thess. ii, 1. [60] Philipp. i, 24. [61] Isa. lvi, 10.

Docet quæ sit justitia Dei, eamque esse fidem in Christum, et cognitionem resurrectionis ejus, societatemque passionum illius. Hæc, inquit, cum in me reperiantur, efficient ut occurram in resurrectionem ex mortuis. Non autem simpliciter dixit, *occurram*, sed, *si quomodo occurram*, ostenditque eos qui donum cognitionis, et passionum societatem accepere, multis vigiliis opus habere, ne ea amittant quæ acceperunt. Idque manifestum fit ex iis quæ sequuntur : *Non quod jam acceperim*, inquit. Cum enim certam de fine fiduciam habeam, attamen persequor ut et illum comprehendam. Quidnam vero ut comprehendat, nisi illud donum cujus gratia comprehensus est a Christo? in quo autem comprehensus est, nisi in resurrectione? Unus quippe pro omnibus mortuus est, ut omnes vivamus. Nobis ergo timor magnus et anxietas incumbit, ne in resurrectione indigni inveniamur illo qui nos suscitavit, hocque verbum audiamus : *Nescio vos* [a].

Vers. 13, 14. « Fratres, ego me non arbitror comprehendisse. »

Adhuc a seipso demissionem mentis illis suadet ; eo magis etiam quia non expedit beatum aliquem dicere ante mortem [b]. Quandiu ergo certaminis tempus instabat, nondum comprehenderat.

« Unum autem, quæ quidem retro sunt obliviscens, ad ea vero quæ sunt priora extendens meipsum, ad destinatum persequor, ad bravium supernæ vocationis Dei in Christo Jesu. »

Docet quo pacto aliquis comprehendere queat. Quo vero, nisi eorum quæ retro sunt obliviscatur? dicendo autem, *quæ retro sunt*, intelligit, vel legis cultum, vel vitam omnem corruptam : cujus sic oblivisci debet, ut ad ea quæ priora sunt, sese extendat, sive evangelicam vivendi rationem persequatur. Hoc quippe duntaxat modo supernæ vocationis bravium obtineri potest.

Vers. 15. « Quicunque ergo perfecti sumus, hoc sentiamus. »

Vide rursum demissionis immoderationem. Non dixit : omnino necesse est ut ita sapiamus ; sed, oportet ut qui perfecti sunt sic sapiant. Quinam vero istud? nisi existimando se nondum comprehendisse. Quod si qui perfecti sunt, ita comparati esse jubentur, quid de se sentire debent, qui non sunt ejusmodi?

« Et si quid aliter sapitis, et hoc vobis Deus revelabit. »

Sin vero, inquit, non eo quo dicimus modo sapitis, Deus vos certiores faciet, rem plane ita esse uti docuimus.

Vers. 16. « Verumtamen ad quod pervenimus, ut eamdem regulam teneamus, quo idem sapiamus. »

Etsi præstolamur, inquit, ut nobis ea de quibus inquirimus, revelentur ; attamen hoc modo tenete quod jam habetis. Quidnam vero habebant, nisi ut secundum rectam fidem saperent?

Vers. 17-21. « Imitatores mei estote, fratres, et observate eos qui ita ambulant, sicut nostram formam habetis. Multi enim ambulant, quos sæpe dicebam vobis, nunc autem et flens dico, inimicos crucis Christi, quorum finis interitus, quorum deus venter est, et gloria in confusione ipsorum, qui terrena sapiunt. Nostra autem conversatio in cœlis est, unde et Salvatorem exspectamus Dominum Jesum Christum, qui reformabit corpus humilitatis nostræ, ut sit configuratum corpori claritatis suæ, secundum operationem qua etiam possit sibi subjicere omnia. »

CAP. IV.

Vers. 1. « Itaque, fratres mei charissimi et desideratissimi, gaudium et corona mea. »

Iterum eos docet necessarium esse ut sui æmulatores sint, videantque quis eo quo ipse modo ambulet. Sic autem loquitur, non quod de se bene admodum existimet, sed ut eos avertat ab extrariæ doctrinæ magistrorum consuetudine, ostendens quantum inter se distent spiritualia et carnalia: Atqui hanc intercapedinem ex utrorumque fine liceat observare. Horum enim finis, inquit, est interitus ; illorum vero, transfiguratio et conformatio cum corpore gloriæ Christi. Ait vero *reformabit*, hoc est, corpora nostra Christus gloria vestiet, cum id facere possit, et omnia sibi subdita habeat. Illud vero, *et gloria in confusione ipsorum*, hoc significat eos superbire in quibus erubescere deberent. Nam quæcunque ad ventrem spectant, turpitudo et corruptela sunt.

« Sic state in Domino, charissimi. »

Sic. Quomodo? velut exspectantes e cœlis Salvatorem nostrum Dominum Jesum. *Coronam* autem discipulos suos vocat ; quippe quorum erga prædicationem attentio coronas ipsi præparabat.

Vers. 2, 3. « Evodiam rogo, et Syntychen deprecor, idipsum sapere in Domino. Etiam rogo et te, germane compar, adjuva eas quæ mecum in Evangelio laboraverunt, et cum Clemente, et cæteris adjutoribus meis. »

Quia ubi generatim locutus est, rogationem dixit, hanc nunc quoque speciatim ad eos habet qui fide eximii erant : hocque manifestum fit, eo quod subjungat, *qui mecum laboraverunt*.

Nonnulli aiunt uxorem ejus esse, quam obsecret. Verum hoc falsum est : sed mulierem aliquam, aut virum alicujus illarum alloquitur.

« Quorum nomina sunt in libro vitæ. »

Hoc dixit, edoctus a Christo, qui ait : *Gaudete quoniam nomina vestra scripta sunt in cœlis* [c].

Vers. 4, 5. « Gaudete in Domino semper. »

---

[a] Matth. xxiv, 12. [b] Eccli. ii, 30. [c] Matth. v, 12.

Tametsi magistrum, inquit, constringi vinculis, tametsi flagris verberari, tametsi tolerare mortem audiatis; imo quamvis non solum magistri, verum et nos ipsi eadem Christi causa pateremur.

« Iterum dico, gaudete. Modestia vestra nota sit omnibus hominibus. »

Non solum obtestatur eos ne despondeant animum, sed etiam ut gaudeant.

« Dominus prope est. [VERS. 6, 7.] Nihil solliciti sitis. »

Non vos turbent, inquit, quæ mihi acciderunt. Aderit quippe mihi Dominus.

« Sed in omni oratione et obsecratione, cum gratiarum actione, petitiones vestræ innotescant apud Deum : et pax Dei quæ exsuperat omnem sensum »

Quoniam nihil eos sollicitos esse debere diverat, ne concideret animo, existimantes hoc generatim a se pronuntiatum, eam ob rem ait : Monui vos ne solliciti sitis de vincula quibus detineor, tanquam aliquid exinde doloris patiar. Nequaquam enim hæc mihi molesta sunt et gravia. Verum oportet, inquit, ut orationi et obsecrationi apud Deum diligentius intenti sitis. Nam cum gratiarum actionibus exorandus Deus est, non dejecto torpentique animo.

« Custodiet corda vestra et intelligentias vestras in Christo Jesu. »

Iterum precatur, ut eamdem fidem teneant. Hoc est enim, corda et intelligentias ipsorum in Christo muniri.

VERS. 8, 9. « De cætero, fratres, quæcunque sunt vera, quæcunque pudica, quæcunque justa, quæcunque casta, quæcunque amabilia, quæcunque bonæ famæ; si qua virtus, si qua laus disciplinæ, hæc cogitate. Quæ et didicistis, et accepistis, et audistis. »

Apostolus nos docet fidem in Christum esse caput omnis boni quod nobis accidat, cæteraque virtutum facinora velut exiguum quoddam erga illam exsistere. Perinde est igitur ac si diceret : ha! etc fidem, quam in vobis incolumem servari precor. Superest autem ut vitam ad virtutis normam instituatis, quam etiam hortor vos ut arripiatis. Ait itaque, de cætero, non quod parum sit dare operam virtuti (hoc enim magnum est), **204** sed quia comparatione fidei parvum est, ac velut appendix. Fides siquidem fundamentum basisque et tutamen est, sine qua nihil quidpiam possit exstrui : quippe cum absque fundamentis nullum ædificium, nullaque domus consistat. Fides ergo fundamentorum instar est, totiusque domus structuræ : actiones vero virtutum, tecto similes sunt, quo ædificium omne clauditur, et veluti coronatur.

« Et vidistis in me. »

Quia monuit eos ut multiplicem virtutem amplexarentur, veracitatem nimirum, gravitatem morum, justitiam, castitatem, fraternam dilectionem, benedicentiam, et omnia quibus constat virtus, quæ famam bonam afferunt; cum horum omnium sollicitos esse monuerit, ne videatur aliquid eis majus præcipere quam assequi possent, adhortatur eos ut ad exemplum sui hæc omnia præstare studeant. Idem igitur est ac si diceret : Ne despondeatis animum, tanquam ardua præcepta sint et majora quam præstare valeatis. Audivistis enim universa hæc me coluisse : neque solum audivistis, sed et vidistis.

« Hæc agite, et Deus pacis erit vobiscum. »

Hortor vos, inquit, ut hæc faciatis, quoniam magna pro eis merces redditur. Hæc porro est, qua contubernalis habetur Deus.

VERS. 10-18. « Gavisus sum autem in Domino vehementer, quoniam tandem aliquando refloruistis pro me sentire, sicut et sentiebatis : occupati autem eratis. Non quasi propter penuriam dico : ego enim didici, in quibus sum, sufficiens esse. Scio et humiliari, scio et abundare (ubique et in omnibus institutus sum), et satiari, et esurire, et abundare, et penuriam pati. Omnia possum in eo qui confortat me, Christo. Verumtamen bene fecistis communicantes tribulationi meæ. Scitis autem et vos, Philippenses, quod in principio Evangelii, quando profectus sum a Macedonia, nulla mihi Ecclesia communicavit in ratione dati et accepti, nisi vos soli : quia et Thessalonicam semel et bis in usum mihi misistis. Non quia quæro datum, sed requiro fructum abundantem in ratione vestra. Habeo autem omnia, et abundo : repletus sum, acceptis ab Epaphrodito quæ a vobis sunt. »

De ministratione quam sibi miserant, loquitur. Lætabatur autem, non quia acceperat, sed quia discipuli fructum habuerant. Nam, cum Christus jusserit [15] eos largiri, quinam non in peccatum incurrissent, minime largiendo. Apposite igitur ait, *refloruistis*. Boni siquidem fructus initium est communicatio cum magistris; quemadmodum marcoris, horum oblivio.

« Odorem suavitatis, hostiam acceptam, placentem Deo. »

Hoc enim confert eis ut bonum odorem spirent; quippe qui legem Dei impleant.

VERS. 19-23. « Deus autem meus impleat omne desiderium vestrum, secundum divitias suas in gloria in Christo Jesu. Deo autem et Patri nostro gloria in sæcula sæculorum. Amen. Salutate omnem sanctum in Christo Jesu. Salutant vos qui mecum sunt, fratres. Salutant vos omnes sancti. Maxime autem »

205 Videsis quantus fructus præstiti officii, quod locupletentur in gloria Christi. Simul vero eos tacite docet, propter utilitatem ipsorum se præcepisse ut carnalia cum magistris communi-

---

[15] Luc. x, 7.

carent, quo spiritualium bonorum eorum participes fierent. Eccur enim non queat ille qui ipsos ditat, magistros quoque locupletare? Sed consulto id fecit, ne magistri adversus discipulos arrogantius extollerentur, ac si gratis illos divitiis suis augerent: nec rursum discipuli moerenti animo essent, quod semper inter egenos haberentur, nihilque eis impartirent. Quocirca repensare mandavit et communicare, quamvis ea quæ a magistris tribuuntur, longe sint præstantiora.

« Qui de Cæsaris domo sunt. Gratia Domini Jesu Christi »

Ingenti eos solatio afficit, dum ait, in ipsiusmet imperatoris aula prædicationem invaluisse, et eousque, ut et fideles qui Philippis agebant, illi salutarent.

« Cum spiritu vestro. Amen. »

Ostendit eos ad quos hæc scribit, spirituales esse. Hoc quippe ipsis per totam perinde epistolam testatur.

Ad Philippenses Epistola scripta est Roma per Epaphroditum. Vers. 208.

IN EPISTOLAM AD COLOSSENSES.

CAPUT PRIMUM.

VERS. 1. « Paulus apostolus Christi Jesu per voluntatem Dei, et Timotheus frater. »

Epistolam scribit hominibus, qui ante quidem ab Epaphra Evangelii doctrinam acceperant, ampliore vero cognitione indigebant, quippe qui perfectam notitiam non haberent. Quocirca altiora quoque mysteria tractat, eosque in ipsummet dispensationis pelagus deducit, et orat ut ejusmodi scientia perfectiores evadant. Neque id solum, sed etiam admonet ne seducantur ab iis, qui cum Græcanico errori addicti essent, ipsos a veritate abstraherent, neque illis qui ex circumcisione sunt, fidem haberent. Utrosque enim procul a mysterio Dei abesse. Ad hæc demum moralem ad eos sermonem facit, docetque quales esse oporteat illos qui secundum Christum vitam agunt.

VERS. 2, 3. « Qui sunt Colossis. »

Urbs est Phrygiæ.

« Sanctis et fidelibus fratribus in Christo Jesu. Gratia vobis et pax a Deo Patre nostro, et Domino Jesu Christo. »

Fideles nuncupamur, non solum quia credimus, sed etiam quia nobis Dei mysteria concreduntur.

« Gratias agimus Deo et Patri Domini nostri Jesu Christi, semper pro vobis orantes, [VERS. 4, 5.] audientes fidem vestram in Christo Jesu, et dilectionem quam **206** habetis in sanctos omnes, propter spem quæ reposita est vobis in cœlis. »

Ait se propter hæc duo eorum vice gratias referre; propter rectam fidem in Christum, et propter dilectionem ipsorum in sanctos.

« Quam audistis in verbo veritatis Evangelii, [VERS. 6] quod pervenit ad vos. »

Ab Epaphra videlicet.

« Sicut et in universo mundo, et fructificat, sicut et in vobis, ex ea die qua audistis et cognovistis gratiam Dei in veritate, [VERS. 7. 8] sicut didicistis ab Epaphra charissimo conservo nostro,

qui est fidelis pro vobis minister Christi; qui et manifestavit nobis dilectionem vestram in Spiritu. »

Virtutem Evangelii recitat, ut auditores confirmet, cum ait illud universum mundum pervadere, et fructus effectis edere, atque accessionibus eorum qui fidem amplectuntur, augescere: ita ut quicunque audiant, liquido cognoscant, perinde atque in urbe maxima, sic per totum orbem Ecclesias numerari.

VERS. 9. « Ideo et nos, ex qua die audivimus, non cessamus pro vobis orantes, et postulantes ut impleamini agnitione voluntatis ejus, in omni sapientia et intellectu spirituali. »

Quæ ad vos spectant, inquit, digna sunt quibus studium impendam meum. Quamobrem sine intermissione vobis sapientiæ donum orationibus meis postulo, per quod addiscatis qua ratione Deus mundum voluerit sibi conciliare, et quomodo conciliationis hujus patrari negotium possit: quandoquidem lex ad hoc non valet uti nos conjungat Deo, solus vero Christus conjunctionem hanc patravit; quippe qui, justitiam propter homines implendo, plenitudinem suam iis qui credunt impartitur.

VERS. 10, 11. « Ut ambuletis digne Domino, per omnia placentes, in omni opere bono fructificantes, et crescentes in scientia Dei, in omni virtute confortati, secundum potentiam claritatis ejus, in omni patientia et longanimitate cum gaudio. »

Hæc enim est sapientia spiritualis, ex qua filius sanus et spiritualis nascitur. Intellectione quippe flagrans bonorum operum studium intentius augescit.

VERS. 12-14. « Gratias agentes Deo Patri, qui dignos nos fecit in partem sortis sanctorum in lumine, qui eripuit nos. »

Patrem nostrum appellat Deum, pro ea adoptione quæ per fidem in Unigenitum donata nobis fuit: *Quotquot enim receperunt, dedit eis potestatem filios Dei fieri* [66].

« De potestate tenebrarum, et transtulit in regnum Filii dilectionis suæ, in quo habemus redemptionem, remissionem peccatorum. »

Tenebræ potestas diaboli sunt, qui in tenebris habeat ut possit, veluti fur in nocte. In illis **207** vero qui in malitiæ tenebris non jacent, adversus istos nihil diabolus valet : et qui ex hac potestate evaserunt, hi sub regno Filii sunt, per quem revertimur in regnum Patris. Quoniam autem dictum hoc ad incarnationis dispensationem spectat, idcirco dicitur *dilectionis Patris Filius*, qui pro ministratoria sua, quam inter homines gessit, functione, vice hominum et propter homines dilectus est, et in servi forma adimplevit quæ deessent mundo. *Per sanguinem ejus redemptionem esse factam* dicit. Nam vice pretii sanguis Domini datus est, quo in lucem educuntur, qui morte tenebantur captivi. Alias enim fieri non potest, ut revocentur qui regno mortis subjiciuntur, nisi per illum qui mortis particeps exstitit, nobis iter ad vitam paravit.

207 Vers. 15. « Qui est imago Dei invisibilis. »

Gratiæ enarratio ad theologiam recurrit. Nam ex operatione quam in adventu suo præstitit, Dei naturam novimus quæ ante ipsius adventum exstabat. Dei siquidem opus est, exstincta morte, pro ea vitam restitui, mundumque ad Deum revocari. Ideo dicit : *qui est imago Dei invisibilis*, ut monstret hunc esse Deum, nec tamen ipsum esse Patrem, sed imaginem Patris ; quippe qui habeat ut idem sit ac ille, cum interim ipse non ille sit.

« Primogenitus omnis creaturæ ; [Vers. 16-18] quoniam in ipso condita sunt universa quæ in cœlis et quæ in terra, visibilia et invisibilia, sive Throni, sive Dominationes, sive Principatus, sive Potestates : omnia per ipsum et in ipso creata sunt, et ipse est ante omnia. »

Videsis quomodo illius etiam nativitatem æternam ex Patre prædicat, eumque a rebus creatis secernit, dum ait, *in ipso creata esse omnia*. Quod si fratres alii præter hunc primum exstitissent, nunquam hæc in ipso condita pronuntiasset. Nam Pater omnia fecit *in sapientia* [67] : Christus vero *Dei virtus est, et Dei sapientia* [68].

« Et omnia in ipso constant, et ipse est caput corporis Ecclesiæ, qui est principium, primogenitus ex mortuis, ut sit in omnibus ipse primatum tenens. »

Et in ipso, inquit, universa creata sunt, et in ipso consistunt, et ipse est caput, et utraque compingit, tum quæ theologiæ sunt, tum quæ exinanitionis. Nam is est qui ante sæcula natus est, qui et primogenitus ex mortuis. Eum vero *primatum tenere* dicit, non ut primatum ante acceperit, sed quatenus nos gloria ista donavit, ut ipse nobis anteiret. Hoc siquidem pacto ipsæ quoque res conditæ permansuræ erant, ut a conditore suo penderent, effugerentque corruptelam, quam sustinuit interitui fracturam tradens ; quemadmodum ipse Paulus enarravit in Epistola ad Ephesios [69].

Vers. 19, 20. « Quia in ipso complacuit omnem plenitudinem inhabitare, et per eum reconciliare omnia in ipsum, pacificans per sanguinem crucis ejus, per ipsum, sive quæ in terris, sive quæ in cœlis sunt. »

In hoc quoque loco verbis aliis enuntiat, **208** Deo complacitum fuisse, ut in Christo instauraret universa quæ in cœlis, et quæ in terris sunt. Nam Christi mors, cum hominem salvum fecit redintegravitque, tum angelis gaudium reddidit pristinum propter salutem hominum, et inferiora superioribus copulavit : atque hoc est, *reconciliare omnia*. Etenim pacem fecit, inimicitiasque sustulit e medio. Quapropter angeli dicebant : *Gloria in excelsis Deo, et in terra pax* [70].

Vers. 21, 22. « Et vos cum essetis aliquando alienati, et inimici sensu in operibus malis, nunc autem reconciliavit in corpore carnis ejus per mortem, exhibere vos sanctos, et immaculatos, et irreprehensibiles coram ipso. »

Sensu erant inimici, qui segregabantur ab Israel, cum operam malis operibus darent. Pristinas quidem inimicitias, quas malitia et iniquitas pepererant, in amicitiam esse mutatas dicit, vita carnis exstincta, quæ quidem, cum in nobis sorduisset, in Christo munda facta est : quippe quæ data fuit ad mortificationem, ut peccatum, quod in hac vita dominatum in nobis fuerat, radicitus tolleretur, quo nos ex mortuis vitam alteram agentes repræsentaremur Deo, nec essemus deinceps anterioris vitæ criminum rei ; quotquot nimirum conformati sumus ad mortem et resurrectionem Christi.

Vers. 23. « Si tamen permanetis in fide fundati, et stabiles, et immobiles a spe Evangelii, quod audistis, quod prædicatum est in universa creatura, quæ sub cœlo est ; cujus factus sum ego minister. »

Quoniam auditu duntaxat acceperat quæ apud eos gererentur, quasi incertus dixit, *si tamen permanetis*. Nimirum fidei constantia firmius nos Deo conciliat.

Vers. 24. « Nunc gaudeo in passionibus pro vobis. »

Apostoli munus ad certamina comparatum erat. Quocirca cum alacri animo incumbat operi, ideo in certaminibus lætatur, quibus pro Ecclesia desudabat.

« Et adimpleo quæ desunt passionum Christi, in carne mea, pro corpore ejus, quod est Ecclesia, [Vers. 25] cujus factus sum ego minister

---

[66] Joan. i, 12.   [67] Psal. ciii, 24.   [68] I Cor. i, 24.   [69] Ephes. ii, 13, 14.   [70] Luc. ii, 14.

secundum dispensationem Dei, quæ data est mihi in vos. »

Hoc est pro Ecclesia; corpus enim ejus est Ecclesia.

« Ut impleam verbum Dei, [Vers. 26-29] mysterium, quod absconditum fuit a sæculis et a generationibus; nunc autem manifestatum est sanctis ejus, quibus voluit Deus notas facere quæ sint divitiæ gloriæ sacramenti hujus in gentibus, qui est Christus; in vobis spes gloriæ, quem nos annuntiamus, corripientes omnem hominem, et docentes omnem hominem in omni sapientia, ut exhibeamus omnem hominem perfectum in Christo Jesu, in quod et laboro, certando secundum operationem ejus, quæ operatur in me in virtute. »

CAP. II.

Vers. 1-3. « Volo enim vos scire qualem sollicitudinem habeam pro vobis, et iis qui sunt Laodiceæ, et quicunque non viderunt faciem meam in carne, ut impleantur corda ipsorum, instructi in charitate, et in omnes divitias plenitudinis intellectus in agnitionem mysterii Dei, et Patris, et Christi, in quo sunt omnes thesauri sapientiæ et scientiæ absconditi. »

Apostoli ministerium in verbi doctrina consistit. Verbum autem de mundi salute tractat, quam olim quidem ab æternitate Deus proposuit et definivit; nunc autem palam patrata est, atque ab illis cognoscitur qui scientia digni sunt, non per sapientiam carnis, sed per eam quæ semper abscondita est apud Deum, cum mundo superior exsistat, et a Spiritu sancto pendeat. Hac opus habent, tum qui ex humana sapientia veniunt, tum qui ex lege; quia neque lex aperte mysterium promisit, neque mundus eam comprehendit.

Vers. 4, 5. « Hoc autem dico, ut nemo vos decipiat in sublimitate sermonum. Nam etsi corpore absens sum, sed spiritu vobiscum sum, gaudens et videns ordinem vestrum et firmamentum ejus, quæ in Christo est, fidei vestræ. »

Ideo, inquit, in Christo thesauros omnes sapientiæ esse dixi, ne extrariam sapientiam inquiratis. Quandoquidem etsi corpore vobis non sum præsens, adsum tamen spiritu: gaudeoque propter fidem et rectum Ecclesiæ ordinem. Quanquam illud quoque quod deest vobis, video, et quæ sit doctrinæ necessitas. Nam ad fidem scientia necessaria est.

Vers. 6. 7. « Sicut ergo accepistis Jesum Christum Dominum, in ipso ambulate, radicati et superædificati in ipso, et confirmati fide, sicut et didicistis, abundantes in illo in gratiarum actione. »

Quia noverat epistolica doctrina non posse illos assequi sapientiæ altitudinem, hos consulto adhortando antevertit, bonam esse dicens traditionem quam acceperant, eamque duntaxat veram esse quam Epaphras tradiderat: quocirca e re ipsorum esse, ut fidem constanter teneant, charitatisque structuram adjiciant, atque in bonis semper operibus proficiendo, afflictiones non sine gratiarum actione tolerent.

Vers. 8. « Videte ne quis vos decipiat per philosophiam, et inanem fallaciam, secundum traditionem hominum, secundum elementa mundi, et non secundum Christum. »

Hac in epistola multum sermonem habet adversus Græcos et Judæos, quo ab utrorumque pravitate fideles deterreat. Primum igitur philosophiæ deceptionem cavet, ubi philosophiam *inanem fallaciam* vocat: quippe quæ specie percellat, et probabilitate rationum retrahat a veritate. Neque enim hominum sensa idonea sunt, ut percipiant ea quæ Dei sunt: quoniam universæ perceptiones humanæ, cum a visibilibus rebus incipiant, necnon ab elementis mundi, nihil firmitatis habent ad ea quæ quæruntur intelligenda, quippe cum invisibilia sint quæ quæruntur.

Vers. 9. « Quia in ipso inhabitat omnis plenitudo divinitatis corporaliter. »

In Christo, inquit, exsistit Pater ac Spiritus sanctus. Sed ne quis existimet affectu et habitudine tantum inhabitationem esse deitatis, aut simplici conjunctione; idcirco dixit, *corporaliter*, hoc est substantiali modo. Ait ergo, hac ratione illum qui factus est homo, Dei Filium esse, quia consubstantialis est ei, ac Spiritui sancto.

Vers. 10. « Et estis in illo repleti. »

Quandoquidem caro ipsius et membra facti estis, et eum habetis caput, eam ob rem Spiritu sancto estis repleti.

« Qui est caput omnis principatus et potestatis. »

Tametsi, inquit, consubstantialis nobis factus est secundum carnem, naturamve humanam, nihilominus ipse quoque hominibus dominatur.

Vers. 11-13. « In quo et circumcisi estis, circumcisione non manufacta in exspoliatione corporis peccatorum carnis, sed in circumcisione Christi, consepulti ei in baptismo, in quo et simul resurrexistis per fidem operationis Dei, qui suscitavit eum ex mortuis. Et vos cum essetis mortui in delictis et præputio carnis vestræ, convivificavit cum illo, donans vobis omnia delicta. »

Res Græcanicas cum Judaicis conjungit, ut tamen istas velut illas non rejiciat, sed superius ascendat, et in spiritualibus corporalia conservet. Quocirca, admisso statim Judaismi indicio, circumcisione scilicet, nos qui veræ Christi circumcisioni credimus, ejus quoque consortes effici ait. Hæc porro non humana manu peragitur, sed spontanea corporis affectuum abdicatione, qua deposita terrestri vita, cœlestem assumimus, quæ nobis per resurrectionem Christi redditur. Atqui resurrectionem hanc jam potestate quidem habemus, credentes in illum qui nostri causa resurrexit, re vero tempore tandem suo obtinebimus.

VERS. 14, 15. « Delens quod adversus nos erat chirographum decreti, quod erat contrarium nobis et ipsum tulit de medio, affigens illud cruci ; et exspolians principatus et potestates, traduxit confidenter, palam triumphans illos in semetipso. »

In eos qui contumaces in Deum fuere, quædam veluti scriptura est, expressa pravæ vitæ delineatio. Instrumentum hoc dilutum fuit, ut non amplius adversum nos contestetur, modo ad decretum divinum accedamus, libera utique voluntate, diligentique studio. Cruci itaque Domini illud affixum fuit, hoc est abolitum et rescissum, exstincta vita, in qua improbitatis, ejusque contra nos testimonii expressionem ferebamus. Nam qui vitam istam exstinxit, chirographum subinde quod adversus eam exstabat, pessumdedit, et pravas potestates, quæ vitio carnis circum excreverant, quæque totum hominem obtegebant, una cum corpore exuit, suspenditque, **211** adeo ut susciperet quidem ipse confusionem ante hominum oculos ; quam vero in illos a quibus in crucem actus fuit, sive in principes hujus mundi, rejiceret. Mors enim in qua robur eorum positum erat, enecata est, et in vitam commutata : quo factum est, ut illi throno exciderint, destructa morte, quæ basis ejus et fundamentum erat.

VERS. 16, 17. « Nemo ergo vos judicet in cibo, aut in potu, aut in parte dici festi, aut Neomeniæ, aut Sabbatorum, quæ sunt umbra futurorum, corpus autem Christi. »

Facti estis immunes, inquit, ab illis præceptis quæ ad corpora spectabant. Nam hæc omnia umbratiles figuræ erant futurorum ; quando nempe assistemus Deo, veram illam præferentes munditiam, veramque festivitatem agentes.

VERS. 18, 19. « Nemo vos seducat, volens in humilitate et religione angelorum, quæ non vidit, ambulans, frustra inflatus sensu carnis suæ, et non tenens caput, ex quo totum corpus per nexus et conjunctiones subministratum et constructum crescit in augmentum Dei. »

Nemo, ait, vobis sanciat legem quæ humilis adhuc abjectaque sit, quæ vos angelis procuratoribus, et administris orbis in carnalibus quoque subjiciat. Nam illi custodes legis, qui eam sequuntur, nulla causa sapientiam jactitant suam, cum capite, quod est Christus, careant ; per quem universum Ecclesiæ corpus per commissuras et compagines ea accretione crescit, qua ipsi concessit Deus ut augescat. *Commissuras* autem et *nexus* appellat illos, qui verbum docent in Ecclesia. Ecclesia siquidem per eos Christo conjungitur, et in elegans ædificium exstruitur.

VERS. 20-22. « Si mortui estis cum Christo ab elementis mundi, quid adhuc tanquam viventes mundo decernitis ? Ne tetigeris, neque gustaveris, neque contrectaveris ; quæ omnia sunt in interitum ipso usu. »

Si mortificati estis, inquit, huic vitæ, et omni quod visibile et carnale est : præsentem quippe vitam, *elementa* dicendo significat : si ergo huic sæculo mortui estis, inquit, cur ergo circa illud versamini iterum, circa escas, et alia ejusmodi ? isthæc enim data sunt ventri, et in corruptionem abeunt.

« Secundum præcepta et doctrinas hominum : [VERS. 23] quæ sunt rationem habentia sapientiæ, in superstitione et humilitate, et ad non parcendum corpori, non in honore aliquo, ad saturitatem carnis. »

Præcepta hominum, fabulares Judæorum doctrinas vocat, quas perinde mandata carnis appellat, ut quæ nihil spiritus habeant. Hoc porro significat dum ait, *non secundum Deum*. Dicendo autem, *ad non parcendum corpori*, circumcisionem innuit.

CAP. III.

VERS. 1-4. « Igitur si consurrexistis cum Christo, quæ **212** sursum sunt quærite, ubi Christus est in dextera Dei sedens, quæ sursum sunt sapite, non quæ super terram. Mortui enim estis, et vita vestra abscondita est cum Christo in Deo. Cum Christus apparuerit, vita vestra, tunc et vos apparebitis cum ipso in gloria. »

Quoniam ad vitam alteram, cœlestem nimirum, resurrexistis, superiores efficiamini terrenis omnibus institutis. Non enim fieri potest ut alio in loco vitam agamus, et vitæ alterius sanctiones sectemur : sed quæ ad corpus attinent, cessare oportet, ac si mortui essetis ; operentur autem quæ sunt Spiritus secundum quem vivitis. Interim corpus exspectet vitam, quæ ipsi dabitur, quando ille qui vitæ est auctor, manifestus fiet, ut vitam qua suum corpus præditum est, nostris etiam impertiatur, quando isthæc quoque ad vitam adduci necesse erit, ad vitam, inquam, gloriosam, ad vitam felicem, cui, quoniam propria est Christi, nos quoque similes evademus.

VERS. 5-9. « Mortificate ergo membra vestra, quæ sunt super terram : fornicationem, immunditiam, libidinem, concupiscentiam malam, et avaritiam, quæ est simulacrorum servitus, propter quæ venit ira Dei in filios incredulitatis. In quibus et vos aliquando ambulastis cum viveretis in illis : nunc autem deponite et vos omnia, iram, indignationem, malitiam, blasphemiam, turpem sermonem de ore vestro. Nolite mentiri invicem. »

Hæc exhortatio Pauli, mundanæ seu corruptæ vitæ interemptionem suadet, in cujus locum cœlestem et spiritualem vitam subjicit. Ac membra quidem, quæ sunt super terram, jubet mortificari, ut tamen spiritui nostro supersit vita quæ secundum Spiritum sanctum instituatur. Necessariam autem esse ostendit vitæ hujus mortificationem, ubi sordes ejus spurcitiasque edisserit ; ne, quemadmodum gentiles, vitam quæ in corpore agitur, malam esse suspicemur, sed vitæ duntaxat deflexionem ad voluptates, in quibus scortatio est, et omnia quævis nequitiæ genera : immunditiam quoque et impudicitiam, libidinem, et concupiscentiam malam nominat; quibus et avaritiam adjungit, quippe quæ sequela sit voluptatum, quæ pecuniarum suppeditationem exigunt. Avaritiam vero, *servitutem idolorum* appellat, quoniam avari, relicto Dei cultu et servitio, Dei vice pecuniis serviunt. Ut ergo suadeat ejusmodi vitiis non adhærescere, iram Dei propter illa imminere ait in illos qui credere detrectant. E re non fuerit igitur, inquit, ut et fideles, qui iram effugerunt, in istis operibus versentur, in quibus vos olim versabamini, dum vitam illam agebatis, quam vos ex toto deponere commonemus.

« Exspoliantes vos veterem hominem cum actibus suis. »

Generatim et in summa dicit, veterum morum mutationem esse necessariam. *Hominem* enim *veterem* nuncupat, ingenitam vivendi rationem, ex quo lapsus est homo.

VERS. 10-14. « Et induentes novum, eum qui renovatur in agnitionem, secundum imaginem ejus qui creavit illum. Ubi non est gentilis et Judæus, circumcisio et præputium, Barbarus, Scytha, servis, liber, sed omnia et in omnibus Christus. Induite ergo vos sicut electi Dei, sancti et dilecti, viscera misericordiæ, benignitatem, humilitatem, modestiam, patientiam; supportantes invicem, et donantes vobismetipsis, si quis adversus aliquem habet querelam, sicut et Christus donavit nobis, ita et vos. Super omnia autem hæc charitatem habete, quæ est vinculum perfectionis. »

Quemadmodum *veterem hominem* dicit, pravitatem quæ nobis ex lapsu accidit, sic et novum vocat, eam vitæ rationem, quæ sit secundum Christum; qua fit ut omnes Christi sint æmulatores, sive quis Judæus exsistat, sive Græcus, sive Barbarus, sive liber : quos omnes ejus similitudinem vult exprimere.

VERS. 15-25. « Ex pax Dei exsultet in cordibus vestris, in qua et vocati estis in uno corpore, et grati estote. Verbum Christi habitet in vobis abundanter in omni sapientia, docentes et commonentes vosmetipsos, psalmis, hymnis, et canticis spiritualibus, in gratia cantantes in corde vestro Domino. Et omne quodcunque facitis in verbo, et in opere, omnia in nomine Domini Jesu, gratias agentes Deo et Patri per ipsum. Mulieres, subditæ estote viris vestris, sicut oportet, in Domino. Viri, diligite uxores vestras, et nolite amari esse illis. Filii, obedite parentibus per omnia. Hoc enim placitum est in Domino. Patres, nolite ad indignationem provocare filios vestros, ut non pusillo animo fiant. Servi, obedite per omnia dominis carnalibus, non ad oculum servientes, quasi hominibus placentes, sed in simplicitate cordis, ti- mentes Deum. Quodcunque facitis, ex animo operamini, sicut Domino, et non hominibus; scientes quod a Domino accipietis retributionem hæreditatis : nam Domino Christo servitis. Qui autem iniquus est, recipiet id quod inique gessit : et non est personarum acceptio apud Deum. »

CAP. IV.

VERS. 1, 4. « Domini, quod justum est et æquum servis præstate; scientes quod et vos Dominum habetis in cœlis. Orationi instate, vigilantes in ea in gratiarum actione : orantes simul et pro nobis, ut Deus aperiat nobis ostium sermonis, ad loquendum mysterium Christi (propter quod etiam vinctus sum), ut manifestem illud, ita ut oportet me loqui. »

Iis quæ sunt pacis, inquit, ex animo studeatur, eaque ex intimis corroborentur, neque fallaciis verborum specie tenus præstentur. Conjunctionem enim quæ pace sanciatur, postulat unitas corporis unius, in quod omnes virtute assumpti sumus : hocque est corpus Christi.

VERS. 5-7. « In sapientia ambulate ad eos qui foris sunt, tempus redimentes. Sermo vester semper in gratia sale sit conditus, ut sciatis quomodo oporteat vos unicuique respondere. Quæ circa me sunt, omnia vobis nota faciet. »

Vult ut cum infidelibus amice commoremur, communi hac amicitia. Nam quandiu cum ejusmodi hominibus versamur, pacifice nos agere oportet : posthac enim fiet illud : *Singulariter in spe constituisti me* [11].

« Tychicus, charissimus frater, et fidelis minister et conservus in Domino ; [VERS. 8-10] quem misi ad vos ad hoc ipsum, ut cognoscat quæ circa vos sunt, et consoletur corda vestra cum Onesimo fideli et charissimo fratre, qui ex vobis est, omnia quæ hic aguntur, nota facient vobis. Salutat vos »

Vir Asiaticus, qui relicta patria, secutus erat Apostolum. Quamobrem illum et *charissimum fratrem, et fidelem ministrum, et conservum in Domino* appellat, necnon docendi gratia ornatum. Significat se illum, Ecclesiis id postulantibus, Roma misisse cum Onesimo Colossensi cive, qui speciatim et apposite ad Judæos missus erat.

« Aristarchus concaptivus meus. »

Ille ipse est qui Thessalonica cum Paulo solverat. Quoniam igitur tum quando Paulus catena vinctus est, una cum ipso ex Judæa venerat, *concaptivus* idcirco vocatur, ac si apud gentes captivus ageret.

« Et Marcus consobrinus Barnabæ, de quo accepistis mandata : si venerit ad vos, excipite illum : [VERS. 11] et Jesus, qui dicitur Justus, qui sunt ex circumcisione. Ii soli sunt adjutores mei in regno Dei, qui mihi fuerunt solatio. »

[11] Psal. IV, 10.

Eum etiam qui *Marcus* hic nominatur, consanguinitas Barnabæ commendat. Nam Barnabas erat notior. Jesum addit *qui vocatur Justus*; cum hunc forsitan fideles ita cognominassent, ob reverentiam nominis Salvatoris. Atqui hos sibi solatio esse ait, cum essent ex circumcisione, propter jacturam utique contribulium aliorum. Nam ei qui propter illos qui pereunt, luget, solamini sunt qui salvi fiunt.

Vers. 12, 15. « Salutat vos Epaphras, qui ex vobis est, servus Christi, semper sollicitus pro vobis in orationibus, ut stetis perfecti et pleni in omni voluntate. Testimonium enim illi perhibeo, quod habet zelum multum pro vobis, et pro iis qui sunt Laodiceæ, et qui Hierapoli. Salutat vos Lucas medicus charissimus, et Demas. Salutate fratres qui sunt Laodiceæ, et Nympham. »

Nonnihil juvat affinitas, sive secundum genus sit, sive secundum patriam, insuper etiam et quæ secundum doctrinam. His autem omnibus modis Epaphras Colossenses contingebat. Orationum igitur studium commendat, dum de illis sermonem habet.

« Et quæ in domo ejus est, Ecclesiam. [Vers. 16.] Et cum lecta fuerit apud vos Epistola hæc, facite, ut et in Laodicensium ecclesia legatur. »

Unamquamque etiam per domos Ecclesiam adhortatur, ut pietatem erga Deum colant. Ubi domos, ipsas quoque ecclesias appellat.

« Et eam quæ est ex Laodicea, vos legatis. »

Primam Epistolam ad Timotheum dicit. Quidam aiunt non hic Epistolam innui quam Paulus ad illos miserit. Non enim ait, ad Laodicenses, sed eam quæ *Laodicea* scripta esset ad Paulum.

Vers. 17, 18. « Et dicite Archippo : Vide ministerium quod accepisti a Domino, ut illud impleas. Salutatio mea manu Pauli. »

Cum ministratoria quædam cura huic **215** injuncta esset, cum commonefacit, uti jussionem ac pensum exsequatur: idque *in Domino*, ut nihil, sive parvum sit, sive magnum, aliter fiat, nisi secundum Deum.

« Memores estote vinculorum meorum. »

Non eum pudet vinculorum, quin et iis oblectatur; seque ipsum propter illa recordatione dignum ducit.

« Gratia vobiscum. Amen. »

Volebat enim in memoriam ipsorum revocare universum genus hominum salutem per gratiam obtinuisse.

Ad Colossenses Roma scripsit per Tychicum et Onesimum. Versus 208.

IN EPISTOLAM PRIMAM AD THESSALONICENSES.

CAPUT PRIMUM.

Vers. 1. « Paulus, et Silvanus, et Timotheus Ecclesiæ Thessalonicensium in Deo Patre et Domino Jesu Christo. Gratia vobis et pax a Deo Patre et Domino Jesu Christo. »

Cum accepisset Apostolus Thessalonicenses male vexari, ac metueret ne a fide desciscerent, Timotheum ad illos Athenis misit. Quo subinde reverso et nuntiante constantes illos exsistere, non sine gaudio ad ipsos scribit. Quoniam autem audierat eos in iis quæ ad vitam attinent, defectus quosdam pati, de hoc etiam scribit. Et hoc est argumentum Epistolæ.

Initio modestiam animi præfert, dum suos discipulos pari secum ordine ponit. Illis autem commemorat gratiam qua redempti essent, ut tacite perstringat lapsus quos admiserant. Neque vero id solum præstat, sed et *Deum* et *Patrem* nominat, ut adoptionis memoriam illis refricet.

Vers. 2, 3. « Gratias agimus Deo semper pro omnibus vobis, memoriam vestri facientes in orationibus nostris, sine intermissione memores. »

Videsis quam sincera sit gratiarum actio, quam pro illis rependit Deo, quia fidem haberent, neque fidem solum, sed etiam opera; neque charitatem duntaxat, sed etiam illam quæ in laboribus desudaret. Nam exagitationibus laborabant, eo quod diligerent Dominum. Neque spe simplici præditi erant, sed et cum tolerantia sperabant.

« Operis fidei vestræ, et laboris, et charitatis, et sustinentiæ spei Domini nostri Jesu Christi, ante Deum et Patrem nostrum. »

Si credis, cuncta patere. Sin autem non pateris, neque credis.

Vers. 4-6. « Scientes, fratres dilecti a Deo, electionem vestram, quia Evangelium nostrum non fuit ad vos in sermone tantum, sed et in virtute, et in Spiritu sancto, et in plenitudine multa, sicut scitis, quales fuerimus in vobis propter vos. Et vos imitatores nostri facti estis et Domini, excipientes verbum in tribulatione multa, cum gaudio Spiritus sancti. »

216 Communi verbo ait, *gratias agimus*; ut hic sit sensus: Deo grates habemus, cognoscentes electionem vestram, qua vos elegimus, quodque, cum acciperetis Evangelium ob ostensionem multiplicis virtutis, quam Spiritus sanctus edidit, non utcunque et simpliciter illud accepistis, sed tantam in vobis vim habuit, ut imitatores nostri et Domini evaderetis. Sic autem loquitur, propter afflictiones quibus vexatus est a Judæis.

Vers. 7-9. « Ita ut facti sitis forma omnibus credentibus in Macedonia et in Achaia. A vobis enim diffamatus est sermo Domini, non solum in Macedonia et in Achaia; sed et in omni loco fides vestra quæ est apud Deum, profecta est, ita ut non sit nobis necesse quidquam loqui. Ipsi enim de vobis annuntiant, qualem introitum habeamus ad vos. Et quomodo »

Vide quanto incremento aucti erant, ut et ipsi forma fierent aliis, neque paucis hominibus, sed et cunctis regionibus et gentibus, *in Macedonia* nimirum, *et in Achaia*. Bene vero ait, *diffamatus est*, seu divulgatus, ut superjectionem claritudinis significaret.

« Conversi estis ad Deum a simulacris, servire Deo vivo et vero. »

Quoniam Dei quondam fuerant, cumque posthac aberrassent, vocati rursum erant, idcirco dixit, *conversi estis*. Recte autem subdit, *vivo*, ut distinguatur ab idolo inanimato; tum deinde, *et vero*, ad differentiam eorum qui falso dicuntur dii.

Vers. 10. « Et exspectare Filium ejus de cœlis, quem suscitavit de mortuis, Jesum qui eripuit nos ab ira ventura. »

Primo loco ponit id quod gloriosum est, dicendo nimirum, *de cœlis*, tum id quod inglorium, mortem scilicet; moxque mortis subjungit causam, quæ est nostra salus. Nam eripuit nos ab ira ventura.

CAP. II.

Vers. 1-4. « Nam ipsi scitis, fratres, introitum nostrum ad vos, quia non inanis fuit; sed ante passi et contumeliis affecti (sicut scitis) in Philippis, fiduciam habuimus in Deo nostro loqui ad vos Evangelium Dei in multa sollicitudine. Exhortatio enim nostra »

Testes illos advocat, ad quos sermonem habet: quia nempe vult eos scire, non se segniorem redditum esse ob vexationem quæ Philippis acciderat, quin ipsis prædicaret. Hoc autem tacita exhortatio erat, ut afflictiones strenue tolerarent.

« Non de errore. »

Atqui hujus rei argumentum est, quod in vexatione prædicasset. Nam qui prædicando decipit, nunquam propter prædicationem suam vexari sustinuerit, cum non nesciat hanc ipsam afflictione non vacare.

« Neque de immunditia, neque in dolo, sed sicut probati sumus a Deo, ut crederetur nobis Evangelium; ita loquimur, non quasi hominibus placentes, sed Deo qui probat corda nostra. [Vers. 5, 6.] Neque enim aliquando **217** fuimus in sermone adulationis, sicut scitis, neque in occasione avaritiæ (Deus testis est), nec quærentes ab hominibus gloriam, neque a vobis, neque ab aliis. »

Hoc est, non vobis loquentes quæ jucunda essent: sed ita prædicavimus, inquit, quomodo Deus de nobis periculum fecit. Non enim hominibus placuimus: quippe qui non adulati simus vobis, sed quæ aspera essent, docuerimus.

Vers. 7-15. « Cum possemus vobis oneri esse ut Christi apostoli, sed facti sumus parvuli in medio vestrum, tanquam si nutrix foveat filios suos. Ita desiderantes vos cupide, volebamus tradere vobis, non solum Evangelium Dei, sed etiam animas nostras, quoniam charissimi nobis facti estis. Memores enim estis, fratres, laboris nostri et fatigationis : nocte et die operantes, ne quem vestrum gravaremus, prædicavimus in vobis Evangelium Dei. Vos enim testes estis et Deus, quam sancte et juste, et sine querela vobis, qui credidistis, fuimus : sicut scitis, qualiter unumquemque vestrum (sicut pater filios suos) deprecantes vos et consolantes, testificati sumus, ut ambularetis digne Deo, qui vocavit vos in suum regnum et gloriam. Ideo et nos gratias agimus Deo sine intermissione, quoniam cum accepissetis a nobis verbum auditus Dei, accepistis illud, non ut verbum hominum, sed (sicut est vere) verbum Dei, qui et operatur in vobis, qui credidistis. Vos enim imitatores facti estis, fratres, Ecclesiarum Dei, quæ sunt in Judæa in Christo Jesu : quia eadem passi estis et vos a contribulibus vestris, sicut et ipsi a Judæis, qui et Dominum occiderunt Jesum. »

Hoc est, cum possemus pretium a vobis et mercedem exigere, ceu qui ejusmodi munere ornati essemus; sed, etsi magistri eramus, discipulis humiliores nos præbuimus.

« Et prophetas suos, et nos persecuti sunt, et Deo non placent. »

Medio loco, Dominum inter et apostolos, prophetas ponit, ut ostendat Judæos suam malitiam erga illos prodidisse, quos gentiles suos esse faterentur. Quodque prophetas medio loco statuit, extremæ illos nequitiæ esse significat.

« Et omnibus hominibus adversantur; [Vers. 16] prohibentes nos gentibus loqui, ut salvæ fiant, ut impleant peccata sua semper. »

Arcent enim et impediunt eas ne salvæ fiant.

« Pervenit enim ira super illos usque in finem. [Vers. 17, 18.] Nos autem, fratres, desolati a vobis ad tempus horæ, aspectu non corde, abundantius festinavimus faciem vestram videre cum multo desiderio : quoniam voluimus venire ad vos, ego quidem Paulus et semel et iterum. »

Pro eo ac si diceret : Completa sunt peccata eorum.

« Sed impedivit nos Satanas. »

Quoniam afflictiones quas propter prædicationes pertulerant, ipsis impedimento fuerant, eam ob rem illas attribuit Satanæ. Nam is erat qui infideles adversus Apostolum excitabat et instimulabat.

218 Vers. 19, 20. « Quæ est enim nostra spes, aut gaudium, aut corona gloriæ? nonne et vos ante Dominum nostrum Jesum Christum estis in adventu ejus? Vos enim estis gloria nostra et gaudium. »

Nam qui inter doctores ordinatus est, coronam

hanc et gaudium habet, ut discipuli progressus faciant.

CAP. III.

VERS. 1-3. « Propter quod non sustinentes amplius, placuit nobis »

Hoc verbo ingens ejus amor commendatur.

« Remanere Athenis, solis : et misimus Timotheum fratrem nostrum, et ministrum Dei, et adjutorem nostrum in Evangelio Christi, ad confirmandos vos, et exhortandos pro fide vestra : ut nemo moveatur in tribulationibus istis. »

Hoc proprium est modestiæ Apostoli. Ipse siquidem non tam relinquebatur, et solus manebat, quam qui ipsum reliquerant.

« Ipsi enim scitis quod in hoc positi sumus. [VERS. 4-13.] Nam et cum apud vos essemus, prædicebamus vobis passuros nos tribulationes, sicut et factum est, et scitis. Propterea et ego amplius non sustinens, misi ad cognoscendam fidem vestram ; ne forte tentaverit vos is qui tentat, et inanis fiat labor vester. Nunc autem veniente Timotheo ad nos a vobis, et annuntiante nobis fidem et charitatem vestram, et quia memoriam nostri habetis bonam semper, desiderantes nos videre, sicut et nos quoque vos ; ideo consolati sumus, fratres, in vobis in omni tribulatione et angustia nostra per fidem vestram, quoniam nunc vivimus, si vos statis in Domino. Quam enim gratiarum actionem possumus Deo retribuere pro vobis, in omni gaudio, quo gaudemus propter vos ante Deum nostrum, nocte ac die abundantius orantes, ut videamus faciem vestram, et compleamus ea quæ desunt fidei vestræ? Ipse autem Deus et Pater noster, et Dominus noster Jesus Christus dirigat viam nostram ad vos. Vos autem Dominus multiplicet, et abundare faciat charitatem vestram in invicem, et in omnes, quemadmodum et nos in vobis, ad confirmanda corda vestra sine querela, in sanctitate in adventu Domini Jesu Christi, cum omnibus sanctis ejus. »

Ut affigamur.

CAP. IV.

VERS. 1-5. « De cætero ergo, fratres, rogamus vos, et obsecramus in Domino Jesu, ut quemadmodum accepistis a nobis, quomodo vos oporteat ambulare et placere Deo, ut abundetis magis. Scitis enim quæ præcepta dederim vobis per Dominum Jesum. Hæc est enim voluntas Dei sanctificatio vestra, ut abstineatis vos a fornicatione, ut sciat unusquisque vestrum »

Hic consilia dare atque monere incipit. Audierat enim delicta quædam apud illos inolescere, scortationem scilicet et adulterium, a quibus ipsos avertit. Non simpliciter ait : Ne hoc vel illud feceritis ; sed mandata quæ observari præcipit, ea ipsis a se per Dominum Jesum tradita dicit. *Hæc enim est voluntas Dei.*

219 « Vas suum possidere in sanctitate et honore, non in passione desiderii. »

Idem hoc est ac carnem suam.

« Sicut et gentes, quæ ignorant Deum. »

Hoc quoque idoneum est ad absterrendum a scortatione ; quod nempe scortator illis qui Deum ignorant, accenseatur.

VERS. 6. « Et ne quis supergrediatur, neque circumveniat in negotio fratrem suum. »

Supergrediatur, inquit, præcepta Dei. Eleganti vero admodum voce taciteque adulterium notavit, eam esse dicendo injuriam irrogatam fratri.

« Quoniam vindex est Dominus de his omnibus, sicut prædiximus vobis et testificati sumus. [VERS. 7.] Non enim vocavit nos Deus in immunditiam, sed in sanctificationem. »

Vide quomodo e vestigio horum ultionem intentat.

VERS. 8-11. « Itaque qui hæc spernit, non hominem spernit, sed Deum, qui etiam dedit Spiritum suum sanctum in vobis. De charitate autem fraternitatis non necesse habemus scribere vobis. Ipsi enim vos a Deo didicistis, ut diligatis invicem. Etenim illud facitis in omnes fratres in universa Macedonia. Rogamus autem vos, fratres, ut abundetis magis, et operam detis ut quieti sitis, et ut vestrum negotium agatis, et operemini manibus vestris, sicut præcepimus vobis ut honeste ambuletis ad eos qui foris sunt, et nullo opus habeatis. »

Dum spernis fratrem tuum, qui Spiritum sanctum per baptismum accepit, tunc non hominem, sed Deum aspernaris.

VERS. 12-14. « Nolumus autem vos ignorare, fratres, de dormientibus, ut non contristemini sicut et cæteri qui spem non habent. Si enim credimus quod Jesus mortuus est et resurrexit, ita et Deus eos qui dormierunt per Jesum, adducet cum eo. Hoc enim vobis dicimus in verbo Domini. »

Transit ad dicendum de resurrectione. Vide autem quam egregie id astruit quod profitemur ; assumpta nimirum resurrectione Domini ad fidem nostræ resurrectioni firmandam. Universos enim homines per carnem suam a morte revocavit. Quapropter *primogenitus* etiam *ex mortuis* vocatur. Dicendo autem, *in verbo Domini*, ita loquitur, uti iis ipse quid hæc annuntiarent.

« Quia nos qui vivimus, qui residui sumus in adventum Domini. »

Non hoc innuit, se superstitem fore usque ad tempus resurrectionis, sed, cum de viventibus ei sermo esset, ipseque dum hæc aiebat in vivis ageret, communi loquendi more dixit, *nos qui vivimus*. Quod autem hic dicti istius sit sensus, indicat subjungendo, *qui residui sumus*. Nam si idem significasset quod me vivente, quonam modo alio in loco dixisset, *omnes quidem resurgemus* ? Nam si vivus sursum assumitur, quo pacto resurrexerit ? Eo igitur sensu quem tradidimus, ait, *nos qui vivimus*.

220 « Non præveniemus eos qui dormierunt. [VERS. 15-17.] Quoniam ipse Dominus in jussu, in voce archangeli, et in tuba Dei descendet de cœlo. »

Edicit etiam quomodo non præventurus sit. *Quoniam ipse Dominus in jussu.* Quali jussu? utique resurgendi, id est, resurgere præcipiens. *In voce archangeli*, quam et *tubam Dei* nominat; quippe quæ, jubente Deo, personabit. Hoc autem parabola quæ legitur in Evangelio significatum fuit. Ait enim: *Media nocte clamor factus est, Exite obviam sponsi* [19].

« Et mortui qui in Christo sunt resurgent primi. Deinde nos qui vivimus, qui relinquimur, simul rapiemur cum illis in nubibus obviam Domino in aera, et sic semper cum Domino erimus. Itaque consolamini invicem in verbis istis. »

CAP. V.

VERS. 1-5. « De temporibus autem et momentis, fratres, non indigetis, ut scribamus vobis. Ipsi enim diligenter scitis quia dies Domini sicut fur in nocte, ita veniet. Cum enim dixerint, Pax et securitas, tunc repentinus eis superveniet interitus, sicut dolor in utero habenti, et non effugient. Vos autem, fratres, non estis in tenebris, ut vos dies illa tanquam fur comprehendat. Omnes enim vos filii lucis estis, et filii Dei: non sumus noctis, neque tenebrarum. »

Ostendit, non prorsus mortuos resurrectionem obtinuisse, nisi per Christum. Nisi enim Christus fuisset secundum carnem mortuus, mors destructa non esset. Vel etiam dicendo, *mortui qui in Christo sunt*, illos innuit qui propter Christum mortem obierunt, opportune consolans eos qui hæc audiebant, cum in afflictione versarentur. Ait ergo illos, qui causa Christi perpessi erunt, priores resurrecturos.

VERS. 6-11. « Igitur non dormiamus sicut et cæteri, sed vigilemus et sobrii simus. Nam qui dormiunt, nocte dormiunt: et qui ebrii sunt, nocte ebrii sunt. Nos autem qui diei sumus, sobrii simus, induti loricam fidei et charitatis, et galeam, spem salutis. Quoniam non posuit nos Deus in iram, sed in acquisitionem salutis per Dominum nostrum Jesum Christum, qui mortuus est pro nobis; ut sive vigilemus, sive dormiamus, simul cum illo vivamus. Propter quod consolamini invicem, et ædificate alterutrum, sicut et facitis. »

Apposite sermonem movet de labore, unaque mysterium declarat, et quam ob causam Christi mors contigerit.

VERS. 12, 13. « Rogamus autem vos, fratres, ut noveritis eos qui laborant inter vos, et præsunt vobis in Domino, et monent vos, ut habeatis illos abundantius in charitate propter opus illorum. Pacem habete cum eis. »

Docet quæ doctoribus præstanda sint, admonens interim quales illi esse debeant.

VERS. 14-18. « Rogamus autem vos, fratres, corripite inquietos, consolamini pusillanimes, suscipite infirmos, patientes estote ad omnes. Videte ne quis malum pro malo alicui reddat; sed semper quod bonum est, sectamini, et in invicem, et in omnes. Semper gaudete; sine intermissione orate; in omnibus gratias agite: hæc est enim voluntas Dei in Christo Jesu in vos. »

De variis virtutibus sermonem illis contexit.

VERS. 19-23. « Spiritum nolite exstinguere. Prophetiam nolite spernere: omnia autem probate: quod bonum est, tenete. Ab omni specie mala abstinete vos. Ipse autem Deus pacis sanctificet vos »

Hoc est, ne cohibeatis illum qui prophetias fundit: quod etiam declarat orationis series.

« Per omnia: et integer sit vester. »

Si deest vobis aliquid, hoc ipse præstabit.

« Spiritus, et anima, et corpus sine querela in adventu Domini nostri Jesu Christi servetur. [VERS. 24.] Fidelis Deus »

Spiritum dicit, illud donum quod unusquisque per baptismum acceperat. Quisquis enim baptizabatur, accipiebat donum quo prodigia patrabat. Ac ille quidem linguis loquebatur, hic vero prophetias pronuntiabat; alter ægros sanabat, dæmones alter ejiciebat; alius excitabat mortuos, aliud alius faciebat. Hoc ergo donum, quod et *Spiritum* nominat, in ipsis manere integrum precatur, ne ulla in re priventur efficacia Spiritus sancti.

« Qui vocavit vos; qui etiam faciet. [VERS. 25, 26] Fratres, orate pro nobis. Salutate fratres omnes in osculo sancto. »

Jesus qui vocavit vos, inquit, faciet ut perfecti atque integri sitis et irreprehensibiles.

VERS. 27, 28. « Adjuro vos per Dominum, ut legatur epistola hæc omnibus sanctis fratribus. Gratia Domini nostri Jesu Christi vobiscum. Amen. »

Quoniam Epistola hæc reprehensiones continet, ne forte qui pravis moribus erant, hanc accipientes absconderent, adjurat illos ut ipsam legant.

Epistola ad Thessalonicenses prima scripta est Athenis. Versibus 193.

---

[19] Matth. xxv, 6.

IN EPISTOLAM II AD THESSALONICENSES

CAPUT PRIMUM.

VERS. 1-5. «Paulus, et Silvanus, et Timotheus, Ecclesiæ Thessalonicensium, in Deo Patre nostro, et Domino Jesu Christo. Gratias agere debemus Deo semper pro vobis, fratres, ita ut dignum est, quoniam superabundat fides vestra, et abundat charitas uniuscujusque vestrum in invicem ; ita ut et nos ipsi in vobis gloriemur in Ecclesiis Dei pro patientia vestra et fide, in omnibus persecutionibus vestris, et tribulationibus, quas sustinetis, in exemplum justi judicii Dei, ut digni habeamini in regno Dei, pro quo et patimini. »

Operæ pretium fuit ut alteram quoque Epistolam Apostolus ad Thessalonicenses scriberet ; non ut aliquid suaderet eorum quæ ipsis conducibilia forent, sive ad fidem (nam supercrescere eorum **222** fidem dicit), sive ad virtutum studium. Dixerat enim in Epistola priore, nequaquam eos opus habere disciplina, cum edocti a Deo essent. Quanam ergo de causa Epistolam hanc scripsit ? plane ne turbarentur, audiendo secundi adventus Domini diem instare. Nam falsi quidam doctores hoc prædicabant. Quocirca necesse fuit ut portenta enarraret, quæ diem illam præcessura sunt : puta quæ ad defectionem et finem imperii Romani spectant, et quæ ad Antichristum. Hæc enim in antecessum oportere fieri ait, tumque diem illam advenire.

Vide quantos progressus Thessalonicenses fecerint, ut et gratiarum actiones pro illis referret Apostolus : non solum quia crediderant, verum etiam quia supercreverat fides ipsorum ; neque rursum quia simpliciter amabant, sed et quia hac in parte abundabant. Hæc gloriatio nostra est, inquit, vestra patientia, fides, insectationes, vexationes. Isthæc omnia toleratis, scientes vos finem horum reportaturos, scilicet regnum cœlorum.

VERS. 6-9. « Si tamen justum est apud Deum retribuere tribulationem iis qui vos tribulant. »

Idem est ac si diceret, quandoquidem justum est. Observa autem quomodo eos consolatus est, et levamentum præbuit, subjiciens illis ultionem : id quod nimirum qui injuria vexantur, et lubentissime audiunt, et videre gestiunt.

« Requiem nobiscum in revelatione Domini Jesu de cœlo cum angelis virtutis ejus in flamma ignis dantis vindictam iis qui non noverunt Deum, et qui non obediunt Evangelio Domini nostri Jesu ; qui pœnas dabunt, interitum æternum a facie Domini, et a gloria virtutis ejus ; [VERS. 10] cum venerit glorificari in sanctis suis, et admirabilis fieri in omnibus qui crediderunt. »

Ab altero quoque capite eos consolatur, ut consortes ipsos apostolorum faciat. Accipietis enim, inquit, requiem nobiscum. Probandoque veram remunerationem fore, illud ipsis judiciale tribunal statuit, in quo justissima plane retributio fiet, sive malorum, sive bonorum.

«Quoniam creditum est testimonium nostrum super vos in die illa. »

Veritas, inquit, ista, cui nunc testimonium perhibemus, per vestram fidem et patientiam comprobabitur in die illa.

VERS. 11. « In quo etiam oramus semper pro vobis, ut dignetur vos vocatione sua Deus vester. »

Quoniam dixit [71], fidem pro ipsis testificari, idque de magnis rebus (ait enim : In fide, in patientia, in persecutionibus), ne exinde superbientes, quæ hucusque gesserant amitterent, cam ob rem, ait, sine intermissione oramus ; ut intentiores ipsos faciat. Oramus enim, inquit, ut dignos vos reddat vocatione vestra. Atque hoc dicit, non ut quod a nobis est auferat, sed ne de nobis insolenter gloriemur ; quinimo ad hæc ipsa, quorum efficiendorum facultas nobis indulgetur, Deum invocemus adjutorem : eo quod, si confidimus in nobis, omnis statim noster labor pessumeat.

223 « Et impleat omnem voluntatem bonitatis. »

Ostendit eos nondum esse consummatos. Tunc enim duntaxat consummatio est, quando certaminis tempus præteriit ; quandiu autem decertat aliquis, vereatur ne cadat. Quocirca etiam dictum est : Ne beatum dixeris ante finem [74].

« Et opus fidei in virtute. »

Ut corroborentur, quo fidem opere præferant.

VERS. 12. « Ut clarificetur nomen Domini nostri Jesu Christi in vobis, et vos in illo, secundum gratiam Dei nostri et Domini Jesu Christi. »

Simile hoc est illi Domini sententiæ : Luceat lux vestra coram hominibus, ut videant opera vestra bona, et glorificent Patrem vestrum qui in cœlis est [75]. Unde evincitur habere nos a gratia Dei, ut tales ac tanti quoad egregia opera evadamus. Quantumvis enim aliquis, inquit, inter filios hominum sit perfectus, ubi sapientia destituitur, nihili prorsus æstimatur.

CAP. II.

VERS. 1-4. « Rogamus autem vos, fratres, per adventum Domini nostri Jesu Christi, et nostræ congregationis in ipsum, ut non cito moveamini a vestro sensu, neque terreamini, neque per spiritum, neque per sermonem, neque per epistolam,

---

[71] Supr. v. 4. [74] Eccli. xi, 30. [75] Matth. v, 16.

tanquam per nos missam, quasi instet dies Christi. Ne quis vos seducat ullo modo : quoniam nisi venerit discessio primum, et revelatus fuerit homo peccati, filius perditionis, qui adversatur et extollitur super omne quod dicitur Deus, aut quod colitur, ita ut in templo Dei sedeat, ostendens seipsum tanquam sit Deus. »

Ad propositum sibi argumentum venit. Illud autem est, ne seducantur falsorum apostolorum fraude, qui secundum Domini adventum proximum esse prædicarent. Nemo igitur vos conturbet, inquit, sive videatur manifestationis spiritu loqui, sive id a me pronuntiatum prætexat. Nam fieri non potest ut secundus adventus contingat, nisi ante manifestetur filius perditionis. Antichristum utique dicit, quem et instinctum a Satana venturum ait, cum omnigena prodigiorum simulatorum fallacia.

VERS. 5, 6. « Non retinetis quod cum adhuc essem apud vos, hæc dicebam vobis? Et nunc quid detineat scitis, ut reveletur in suo tempore. »

Pristinæ eos doctrinæ commonefacit, qua de his sermonem habuerat. Nam propter errorem in quem isti ducerent, cum ipse Apostolus sæpe docuit, tum etiam Dominus frequenter in Evangeliis denuntiavit. *Si quis vobis dixerit : Ecce hic est Christus, ecce illic; nolite exire* [76].

VERS. 7. « Nam mysterium jam operatur iniquitatis. »

Mysterium iniquitatis vocat, doctrinas hæreticorum, eorumque falsa placita. Illius enim sunt antecessores, cujus et viam expediunt, tempus et occasionem deceptioni parantes. Atqui apostolorum ætate hæreses jam emerserant. Quocirca Joannes evangelista consimili modo dicit : *Sicut audistis quia Antichristus venit ; et nunc antichristi multi sunt* [77] : quæ quidem de hæreticis prolocutus est.

224 « Tantum qui tenet nunc, donec de medio fiat. [VERS. 8.] Et tunc revelabitur ille iniquus. »

Romanum imperium innuit. Eo namque exstincto, Antichristus veniet.

« Quem Dominus interficiet spiritu oris sui, et destruet illustratione adventus sui ; eum, [VERS. 9, 10] cujus est adventus secundum operationem Satanæ, in omni virtute, et signis, et prodigiis mendacibus, et in omni seductione iniquitatis, iis qui pereunt. »

Non modo adventum docuit Antichristi, sed etiam mortem illius, atque a primis ejus initiis, et a novissimis, ostendit ipsum mendacem fore. Ejus quippe adventus erit secundum operationem Satanæ : finietur vero, destrueturque, et interibit adveniente Domino.

« Eo quod charitatem veritatis non receperunt, ut salvi fierent. Et ideo mittet illis Deus operationem erroris, ut credant mendacio, [VERS. 11] ut judicentur omnes qui non crediderunt veritati, sed consenserunt iniquitati. »

Enimvero hoc quoque Judæis Christus dixerat : *Ego veni in nomine Patris mei, et non accepistis me ; alius veniet in nomine suo, illum accipietis* [78]. Istud vero, *mittet illis Deus*, idem est, ac mitti permittet. Cujusmodi est hoc aliud dictum : *Tradidit eos Deus in passiones ignominiæ* [79].

VERS. 12, 13. Nos autem debemus gratias agere Deo semper pro vobis, fratres dilecti a Domino, quod elegerit vos Deus ab initio in salutem, in sanctificatione spiritus, et in fide veritatis, in quod et vocavit vos per Evangelium nostrum, in acquisitionem gloriæ Domini nostri Jesu Christi. »

Postquam exsecutus est quæ ad Judæos, qui non crediderent, spectabant, et quis futurus sit finis docuit (ait enim, *ut judicentur*), nunc edisserit quæ pertinent ad fideles : quorum præludium est gratiarum actio, eosque gratias habere monet, primum quod dilecti sint a Deo ; itemque quod electi in salutem tanquam primitiæ, quod sancti evaserint, quod Spiritu sancto dignati.

VERS. 14. « Itaque, fratres, state, et tenete traditiones quas didicistis, sive per sermonem, sive per epistolam nostram. »

Operæ pretium est, inquit, ut qui tot tantisque donis glorientur, firmi consistant.

VERS. 15, 16. Ipse autem Dominus noster Jesus Christus, et Deus, et Pater noster, qui dilexit nos et dedit consolationem æternam, et spem bonam in gratia, exhortetur corda vestra, et confirmet vos in omni sermone et opere bono. »

Vide quo pacto afflictiones eorum levat, orans ut ipsis tandem solamen adveniat.

CAP. III.

VERS. 1, 2. « De cætero, fratres, orate pro nobis, ut sermo Dei currat, et clarificetur, sicut et **225** apud vos, et ut liberemur ab importunis et malis hominibus. Non enim omnium est fides. »

Par referri sibi postulat, et quia pro eis precatur, præcipit ut ipsi vicissim pro se precentur. Oratio autem quam pro se exigit, hæc est, ut prædicatio opera sua proficiat. Sic ergo preces sanctorum pro nobis efflagitare incumbit, ut in iis quæ spectant ad Deum, progressus faciamus, cum cætera omnia supervacanea sint, nec prorsus utilia, etsi sanitatem dicas, etsi pacem, etsi quodvis aliud eximium.

VERS. 3. « Fidelis autem Deus est, qui confirmabit vos, et custodiet a malo. »

Id quod petiit ut pro se postularent, ipse eis appretatur. Rogavit autem ut ab importunis hominibus, qui fidei obsisterent, liberaretur : hoc ergo ipse vicissim illis appretatur, ut nempe serventur a malo.

VERS. 4. « Confidimus autem in Domino de vo-

---

[76] Marc. XIII, 21. [77] I Joan. II, 18. [78] Joan. V, 43. [79] Rom. I, 26.

bis, quoniam quæ præcipimus vobis, et facitis. »

Ait eos quibuscunque aliis adhortationibus non indigere. Has enim opere præstitistis, inquit; nec iis quæ gesta sunt, contenti estis, sed et deinceps adjicietis.

VERS. 5. « Dominus autem dirigat corda et corpora vestra in charitate Dei et patientia Christi. »

Precationem continuat, quia de magnis rebus agitur. Hoc autem est Deum amare, patienter tolerare quæ Christi causa vexationes obvenerint, et tolerantiam cum dilectione copulare: quinimo dilectionem tolerantia obsignare. Nam si diligimus, neque sustinemus, dilectio in auras abit.

VERS. 6-8. « Denuntiamus autem vobis, fratres, in nomine Domini nostri Jesu Christi, ut subtrahatis vos ab omni fratre ambulante inordinate, et non secundum traditionem quam acceperunt a nobis. Ipsi enim scitis quemadmodum oportet imitari nos, quoniam non inquieti fuimus inter vos, neque gratis panem accepimus ab aliquo, sed in labore et fatigatione nocte et die operantes, ne quem vestrum gravaremus. »

Hoc etiam suadet, ut otiosos devitent. Nam ejusmodi viri, blaterones sunt et anxii. Ac si ipse, cum prædicaret Evangelium, artem suam factitabat, quanto magis alios perinde manibus suis operari oportebat!

VERS. 9-12. « Non quasi non habuerimus potestatem; sed ut nosmetipsos formam daremus vobis ad imitandum nos. Nam et cum essemus apud vos, hoc denuntiabamus vobis, quoniam, si quis non vult operari, nec manducet. Audivimus enim inter vos quosdam ambulare inquiete, nihil operantes, sed et curiose agentes. Iis autem qui ejusmodi sunt, denuntiamus et obsecramus per Dominum nostrum Jesum Christum, ut cum silentio operantes, suum panem manducent. »

Nam Dominus constituit illis qui prædicarent Evangelium, ut de Evangelio viverent.

VERS. 13. « Vos autem, fratres, nolite deficere benefacientes. »

226 Vel tacite de eroganda stipe loquitur, vel hoc ait: Minime fatiscatis in admonendo illos qui nolunt operari. Hoc enim est bene agere, quando consuetudo mala exhortationibus eliminatur.

VERS. 14-16. « Quod si quis non obedit verbo nostro per epistolam, hunc notate, et ne commisceamini cum illo, ut confundatur; et nolite quasi inimicum existimare, sed corripite ut fratrem. Ipse autem Dominus pacis »

Animadversio hæc mediocris esse contumacibus videtur: verumtamen e gravissimis est. Nam ut quis solitarius agat, tametsi in urbe maneat, quid hac pœna gravius fuerit? Hanc autem non odio, sed amore illius qui castigatur, infligit: unde subjunxit, *et nolite quasi inimicum existimare*.

« Det vobis pacem sempiternam in omni modo. Dominus sit cum omnibus vobis. [VERS. 17.] Salutatio mea manu Pauli. »

Cum eos commonuisset ut segregarentur ab iis qui inordinate agerent, ostendit id se non sponte, sed necessitate compulsum fecisse. Statim ergo rogat ut pœna tandem desinat, hoc est, non perpetua, nec omnimoda separatio sit; pacem nimirum eis apprecando. Desinet autem, ubi otiosi illi et inertes mutabuntur in actuosos et diligentes.

« Quod est signum in omni epistola: ita scribo. [VERS. 18.] Gratia Domini nostri Jesu Christi cum omnibus vobis. Amen. »

Quandoquidem Epistolæ initio in hunc modum præfatus erat: Fidem illis non adhibete qui secundum Domini adventum modo instare annuntiant, quantumvis hoc a nobis in Epistola declaratum esse assererent: hanc ob causam illos docet quæ sit certa litterarum suarum nota, veritus ne quid falsi subjiceretur, tanquam missum esset ab Apostolo.

Secunda ad Thessalonicenses scripta est Athenis. Versus 106.

IN EPISTOLAM AD HEBRÆOS.

CAPUT PRIMUM.

VERS. 1, 2. « Multifariam multisque modis olim Deus loquens patribus in prophetis, novissime diebus istis locutus est nobis in Filio. »

« Vide quo pacto, prætermissis quæ in principiis epistolarum suarum præfari consueverat, statim ad alta mysteriorum contendit, ut ostendat institutionem evangelicam longo intervallo distare a legali. Qua vero ratione id præstat? Olim, inquit, Deus loquebatur per prophetas, idque obscure et umbratice (hoc enim significant illæ voces *multifariam multisque modis*); nunc autem locutus est per ipsummet Filium: ubi tantumdem discriminis occurrit, quantum inter herum et servos. Consulto autem hoc fecit Epistolæ initio, quippe cum spirituali quadam introductione, quali in aliarum omnium exordiis utendum censuerat, Judæi nequaquam opus habebant, **227** quemadmodum gentes aliæ: Quocirca tanquam eos alloqueretur, qui periti essent legis, mysteriorum statim profunditatem occupat.

« Quem constituit hæredem universorum, per quem fecit et sæcula. »

Postquam *Filium* nominavit, mox mysterium

exponit, monstrando hunc ipsum, et Deum simul et hominem esse. Quomodo vero istud? *Constituit eum*, inquit, *hæredem universorum*; gentium videlicet, secundum illud : *Postula a me, et dabo tibi gentes hæreditatem* [10]. Quandonam vero constitutus est, nisi quando dictum est ei : *Ego hodie genui te* [11] ? Hoc autem ad tempus dispensationis extendere voluit. At ille qui gentes accepit in hæreditatem, ipse est per quem sæcula condidit Pater. Quorum enim dominatum tenebat, quatenus Deus Verbum erat, horum hæreditatem accipere dicitur, qua factus est homo : gentes universas subjecit, ut in ipsum fidem haberent.

VERS. 3. « Qui cum sit splendor gloriæ et figura substantiæ ejus, portans omnia verbo virtutis suæ, per seipsum purgationem peccatorum nostrorum faciens, sedet ad dexteram majestatis in excelsis. »

Rursum vide quomodo hunc eumdem Deum pariter et hominem esse demonstrat. Perinde enim est ac si diceret : Qui cum sit lumen de lumine (hoc enim splendore significatur), insuper et in seipso Patrem exhibet, secundum illud : *Qui videt me, videt et Patrem* [12] (quod plane idem est atque, *figura et character substantiæ ejus*). Ille enim, inquit, postquam factus est homo, et peccata nostra portavit (hoc quippe verba illa innuunt : *purgationem peccatorum faciens*), absoluto dispensationis divinæ mysterio, assumptus est cum gloria, et sedet in Patris dextra. Dum autem audis, *ad dexteram*, et, *in excelsis*, ne loca iis vocibus denotari arbitreris (Deus siquidem incircumscriptus est), sed divinam potius gloriam et claritatem intellige. Illud autem, *portans omnia*, idem est ac omnia gubernans et administrans. Nam omnia per ipsum facta sunt, et consistunt, ut in concione Paulus dixerat. Bene vero ait, *portans omnia verbo*, ut palam faciat eum universas res conditas, sive superiores, sive inferiores, facilius quam quis minima levissimaque digito moveat, sermone suo sustentare, sive, inquam, terrestres eæ sint, sive cœlestes, sive etiam sublimiores cœlo.

VERS. 4, 5. « Tanto melior angelis effectus, quanto differentius præ illis nomen hæreditavit. Cui enim dixit aliquando angelorum : Filius meus es tu, ego hodie genui te? et rursum : Ego ero illi in patrem, et ipse erit mihi in filium. »

Quoniam incarnationis mysterium prædicando, Dei Filium ait seipsum humiliasse, forma servi accepta; eam ob rem illum confert cum angelis, ut approbet illum, tametsi factus est homo, nihilominus esse Deum et Dominum : atque hoc momentum, rem altius repetendo, confirmat ex prophetis, ut nemo assertis suis audeat contradicere.

VERS. 6-8. « Et cum iterum introducit primogenitum in orbem terræ, dicit : Et adorent eum omnes angeli Dei ; et ad angelos quidem dicit : Qui facit angelos suos spiritus, et ministros suos flammam ignis. Ad Filium autem : »

Ne negotium facessat tibi, inquit, quod audias eum angelis paulo minorem esse factum. Nam vide iterum quinam ille exsistit Deus : cum nempe angeli quoque ipsum adorent. Ubi autem *in orbem terræ* dicitur, alii terram istam accipiunt, alii futuram. Utrumque vero appositum est. Et certe, dum dispensationis mysterium gerebat, angeli ei, ceu Domino suo, ministrabant; itemque, *subjectis sibi angelis* [13], ad cœlos perrexit, secundum Petri vocem. Quinimo rursum ob eamdem incarnationis suæ dispensationem vocem hanc accipit, *subjectis sibi*.

« Thronus tuus, Deus, in sæculum sæculi, virga æquitatis, virga regni tui. [VERS. 9.] Dilexisti justitiam, et odisti iniquitatem : propterea unxit te Deus, Deus tuus, oleo lætitiæ. »

Observa iterum quomodo eumdem esse Deum et hominem perhibet ; ut per thronum quidem et virgam, seu sceptrum, regnum ipsius et deitatem notificet; dicendo autem, *Unxit te Deus*, *Deus tuus*, incarnationis mysterium exprimat.

« Præ participibus tuis. »

Ita ut omnes qui sanctitatem illius participant, oleum exsultationis habeant : qua nempe, secundum Evangelii effatum, *de plenitudine ejus nos omnes accepimus* [14].

Id est, Spiritum Filius non accepit secundum mensuram.

VERS. 10. « Et : Tu in principio, Domine, terram fundasti, et opera manuum tuarum sunt cœli. »

Rursum ad Unigeniti deitatem revolat, ostendens ipsum cœlorum quoque esse conditorem.

VERS. 11, 12. « Ipsi peribunt, tu autem permanebis ; et omnes sicut vestimentum veterascent. Et sicut opertorium mutabis eos, et mutabuntur : tu autem idem ipse es, et anni tui non deficient. »

Idem est ac si diceret : Non te percellat mors, inquit, quam carne perpessus es : surrexit enim, et anni ejus non desinent. Ac cœli quidem, quandoquidem conditi fuerunt, veterascent, atque instaurabuntur ; ille autem hoc eis præstabit, quippe qui maneat id quod erat, id est Deus. Quod quidem his verbis significatur, *et anni tui non deficient*.

VERS. 13. « Ad quem enim angelorum dixit aliquando : Sede a dextris meis, donec ponam inimicos tuos scabellum pedum tuorum ? »

Iterum, *sede*, dictum est, propter dispensationis mysterium, ut discamus eum qui seipsum humiliavit, et factus homo est, perinde Deum esse, et in sublimitatibus suis agere.

VERS. 14. « Nonne omnes sunt administratorii

---

[10] Psal. II, 8. [11] ibid. 7. [12] Joan. XIV, 9. [13] II Petr. III, 22. [14] Joan. I, 16.

spiritus, in ministerium missi propter eos qui disputat. Orbem ergo Deus non subjecit angelis, hæreditatem capient salutis? »
sed Christo.

Aspice quanta inter ipsum atque angelum distantia est, quando nimirum ille quidem sursum sedet, hi vero infra ministrant ipsi. Dum autem angelos ad ministrandum esse missos dixit, refocillavit eos qui in tentationibus conciderant; quippe cum angeli ad ipsos servandos mittantur. Quod autem tentationibus admodum premebantur, ipse declaravit in Epistolæ serie dicens : *Nondum usque ad sanguinem peccato restitistis,] et jam deficimini* ⁸⁵.

CAP. II.

VERS. 1. « Propter quod abundantius oportet nos observare quæ audivimus, ne forte supereffluamus. »

Propter quod. Quid hoc est, nisi multum distare legalem ab evangelica institutione? Hocque manifestum fit ex ratione quæ subjicitur.

VERS. 2, 3. « Si enim qui per angelos dictus est sermo, factus est firmus, et omnis prævaricatio et inobedientia accepit justam mercedis retributionem : quomodo nos effugiemus, si tantam neglexerimus salutem? »

Hoc totum comparatio est : qua tamen evincitur graviores pœnas persoluturos qui Evangelii legem violaverint. Nam si id quod inferius est, si violetur, pœna non evitur eos a quibus pessumdatum fuit; quanto fortiori jure, violato quod est excellentius, ab acerbo supplicio non eximetur, qui prævaricator exstiterit? Ubi autem ait, *qui dictus est per angelos,* significat angelos Deo legem promulganti famulatos esse.

« Quæ cum initium accepisset enarrari per Dominum ab eis qui audierunt, in nos confirmatum est, [VERS. 4] contestante Deo signis, et portentis, et variis virtutibus. »

Comparationem adhuc exsequitur. Ait autem doctrinam evangelicam Dominum exorsum esse, tum deinde illos qui ex Domino audierant, in eadem nos confirmasse, Deo insuper testimonium adjiciente, per miracula quæ prædicatores patraverunt.

« Et Spiritus sancti distributionibus secundum suam voluntatem. »

Alii, inquit, et alii Spiritus sanctus donum largitus est ; alii quidem prophetiam, alii vero linguas; alteri gratias sanationum, alteri alterum quidpiam donorum.

VERS. 5. « Non enim angelis subjecit orbem terræ futurum, de quo loquimur. »

Idcirco addit, *de quo loquimur,* ne auditori concedat ut alterum quemdam orbem aut terram quærat. Quo sensu vero *futurum* ait? Quia utique hæc Scripturarum consuetudo est. Quemadmodum scilicet in altero quoque loco dicit, *qui est forma futuri* ⁸⁶, ubi de Adamo et de Christo

VERS. 6-8. « Testatus est autem in quodam loco quis dicens : Quid est homo quod memor es ejus, aut filius hominis, quoniam visitas eum? Minuisti eum paulo minus ab angelis, gloria et honore coronasti eum. Omnia subjecisti sub pedibus ejus. In eo autem quod omnia ei subjecit, nihil dimisit non subjectum ei. »

Testimonium affert. omisso auctore, 'dum ait, *quis dicens.* Eos enim alloquitur qui illum probe noverant.

« Nunc autem necdum videmus omnia subjecta ei. »

Ne objicerent : Qua vero ratione sub pedibus suis adversarios subjecit, quando nos tot tantaque patimur? Neque enim existimare debes subjicienda cuncta non esse, quoniam nondum ea subjecit. Oportet enim ut subjiciantur. Nam prophetia propter hoc pronuntiata est.

VERS. 9. « Eum autem qui modico quam angeli minoratus est, videmus Jesum, propter passiones crucis. »

Triduanam mortem innuit. Hortatur autem illos ut cuncta generose tolerent, his fere verbis : Si ille quem angeli cernui adorant, tui causa passus est, ut paululum infra angelos minoratus esset, multo magis tu qui angelis es minor, cuncta propter ipsum debes tolerare.

« Gloria et honore coronatum, ut gratia Dei »

Ostendit crucem gloriam esse et honorem, sicut et Christus ipse eamdem appellat, dum ait : *Ut glorificetur Filius hominis*; et, *Clarificatus est Filius hominis* ⁸⁷.

« Pro omnibus gustaret mortem. »

Revera enim ad instar illius qui gustat, sic cum breve intervallum inter mortuos egisset, surrexit statim. Dicendo igitur, *per passionem mortis,* mortem veram significavit, itemque dicendo, *angelis meliorem,* resurrectionem denotavit.

VERS. 10. « Decebat enim eum propter quem omnia, et per quem omnia. »

Decebat, inquit, ut qui cuncta curabat, et qui cuncta produxerat, ipse Filium pro reliquorum salute exponeret, unum pro multis.

« Qui multos filios in gloriam adduxerat. »

Cum ipse filius est, tum et nos sumus filii ; at ille quidem salvos facit, nos vero salvi sumus.

« Auctorem salutis eorum. »

Id est, causam salutis.

« Per passionem consummari. »

Passiones ergo sunt consummatio et salutis causa. Vides ergo eos qui male habent et affliguntur non derelinqui. Nam et Deus Filium eatenus primum honoravit, ut per ærumnas et dolores ipsum ageret. Et certe longe præstantius fuit, suscepto corpore, ea quæ passus est pati, quam

⁸⁵ Hebr. XII, 4. ⁸⁶ Rom. V, 14. ⁸⁷ Joan. XI, 4 ; XII, 16.

mundum condere, et ex nihilo producere. Atque hoc ipse alio in loco declaravit, dicens : *Ut ostenderet sæculis supervenientibus superabundantes divitias bonitatis suæ* [88].

VERS. 11. « Qui enim sanctificat, et qui sanctificantur, ex uno omnes. Propter quam causam »

Ecce quomodo eos secum conjungit, honorans ipsos et consolans, et fratres faciens Christi, quatenus ex uno omnes esse ait. Enimvero ex Abrahamo ipse erat secundum carnem.

« Non confunditur fratres eos vocare, dicens : [VERS. 12, 13.] Narrabo nomen tuum fratribus meis: in medio Ecclesiæ laudabo te. Et iterum : »

Vide quomodo commendat iterum præeminentiam ipsorum. Dicendo quippe, *non confunditur*, non naturæ rei humilitatem ostendit, sed quantum sua se clementia et charitate demiserit. Etsi enim ex uno, verumtamen ille sanctos facit, et nos per ipsum sanctitate donamur.

« Ego ero fidens in eum. Et iterum : Ecce ego, et pueri mei, quos dedit mihi Deus. [VERS. 14.] Quia ergo pueri communicaverunt carni et sanguini, et ipse similiter participavit eisdem. »

Ostendit eum, quando factus est homo, quidquid humanum est admisisse, excepto peccato. Tametsi enim in eodem ac suus Pater throno sedeat, unaque regnet, et omnibus dominetur, in illum tamen se fiduciam habere ait. Sic autem loquitur ut ea exprimat quæ formæ servi conveniunt; quemadmodum scilicet et quæ deitati propria sunt, notificat dicens : *Ego et Pater unum sumus*; et: *Ego in Patre, et Pater in me est* [89].

« Ut per mortem destrueret eum qui habebat mortis imperium, id est diabolum. »

Hoc loci rem admiratione dignam ostendit ; quod nempe per illud victus diabolus fuerit, per quod imperium sibi paraverat : ut, cum mors valida illius adversus orbem armatura esset, per hanc Dominus ipsum perculerit. Ex quo rursum virtutis illius qui vicit, magnitudo insinuatur.

VERS. 15. « Ut liberaret eos qui timore mortis per totam vitam obnoxii erant servituti. »

Omnes, inquit, mortis erant mancipia, qua nondum destructa, homines servituti subacti tenebantur, et in perpetuo timore agebant, qui ac semper exspectarent morituros; cumque nunquam non metus adesset, nullius capaces erant voluptatis sensus (nam hoc subindicavit dicendo, *per omnem vitam*); verum timorem hunc Christus pepulit, ita ut morti jam illudamus.

VERS. 16. « Nusquam enim angelos apprehendit, sed semen Abrahæ apprehendit. »

Non illam, inquit, angelorum scilicet, naturam accepit, sed nostram. Idcirco autem dixit, *apprehendit*, ut Christum ostendat illos esse prosecutum, qui se aversabantur. Dum enim procul fugiebamus, ipse nos attraxit.

[88] Ephes. II, 7. [89] Joan. x, 15 ; xiv, 11.

VERS. 17. « Unde debuit per omnia fratribus similari, ut misericors fieret, et fidelis pontifex ad Deum, ut repropitiaret delicta populi. »

Quidnam illud est, *per omnia*? Natus est, inquit, nutritus est, passus est, universis quæ opus erant, consummatis, mortuus est : hoc est fratribus per omnia similari. Nam, quia multis disputaverat de majestate sublimique gloria illius, hoc loci de incarnationis dispensatione sermonem agitat, in hunc fere modum : Qui tam magnus est, qui splendor est Patris, qui est character et figura substantiæ ejus, per quem ille fecit sæcula, qui sedet a dextris Patris, ipse voluit, summoque studio peroptavit frater noster modis omnibus fieri : voluit, inquam, et propterea ad nos quoque descendit, nosque apprehendit, et innumera bona patravit. Dissolvit et exstinxit mortem, diabolum tyrannico imperio ejecit, a servitute nos liberavit, Pontifex esse noster apud Patrem voluit. Quocirca Paulus intulit, *ut misericors fieret, et fidelis Pontifex apud Deum*. Quid vero significat, *fidelis*? Verax et potens. Subjunxit, *apud Deum*; declarans quod, cum hostes essemus Dei, cum damnati essemus et suppliciis obnoxii, nemo fuerit qui sacrificium offerret pro nobis; sed ille videns nos his in malis versari, nostri misertus sit, neque summum sacerdotem alterum constituerit nobis, sed ipse Pontifex fidelis sit factus, *ut repropitiaret peccata populi*.

VERS. 18. « In eo enim in quo passus est, ipse tentatus. »

Idem est ac si diceret : Ægritudinum nostrarum haudquaquam inscius est, nec eas duntaxat novit qua Deus est, sed etiam qua homo exsistit, periculum earumdem fecit, quippe cum tentatus ipse fuerit. Multa, inquit, pertulit, commiserascere scit, quamvis pati nesciat quatenus est Deus.

« Potens est et eis qui tentantur, auxiliari. »

Ceu dicat aliquis : Cum multa animi alacritate porriget dexteram, et commiserabitur.

CAP. III.

VERS. 1. « Unde, fratres sancti, vocationis cœlestis participes, considerate Apostolum et Pontificem confessionis nostræ Jesum Christum. »

Quoniam eum Moysi antepositurus erat, et utriusque comparationem facere, de lege sacerdotii dicere instituit. Atqui sacerdotii ratio ad dispensationem omnino pertinuerit.

Id est fidei.

VERS. 2. « Qui fidelis est illi qui fecit illum. »

Apostolus utique et Pontifex. Non enim hoc loci de substantia ejus loquitur, imo nec de deitate, sed modo de dignitatibus humanis.

« Sicut et Moyses in omni domo ejus. [VERS. 3, 4.] Amplioris enim gloriæ iste præ Moyse dignus est habitus, quando ampliorem honorem habet domus, qui fabricavit illam. Omnis enim domus fabricatur ab aliquo. »

Id est in populo. Quia Moyses instar procuratoris erat et œconomi.

« Qui autem omnia creavit, Deus est [Vers. 5.] Et Moyses quidem fidelis erat in tota domo, ut famulus. »

233 Hic plane Christus fuerit.

« In testimonium eorum quæ dicenda sunt. »

Quod si Deus cœlum et terram, et colles testes citat, quanto magis homines adhibuerit!

Vers. 6. « Christus vero tanquam filius in domo sua; cujus domus sumus nos, si fiduciam et gloriam spei usque ad finem firmam retineamus. »

Observa quomodo res conditas a conditore secernit, quomodo servum a filio: ut hic quidem paternas ædes velut herus ingrediatur, ille autem uti servus domum procuret.

Quoniam in spe adhuc bona erant, idcirco eam firmam tenendam esse dicit, ita ut perinde gloriemur, ac si illorum compotes essemus.

Vers. 7-11. « Quapropter, sicut dicit Spiritus sanctus: Hodie si vocem ejus audieritis, nolite obdurare corda vestra, sicut in exacerbatione secundum diem tentationis in deserto, ubi tentaverunt me patres vestri, probaverunt et viderunt opera mea, quadraginta annis. Propter quod infensus fui generationi huic, et dixi: Semper hi errant corde. Ipsi autem non cognoverunt vias meas, quibus juravi in ira mea: Si introibunt in requiem meam. »

De spe futurorum Paulus loquitur, et quod omnino futura sit iis qui hic laboraverint, merces aliqua, et fructus, et requies. Atque hoc ostendit ex propheta, dicente: *Hodie si vocem ejus audieritis.* Scire autem attinet tres eum requies enuntiare: unam Sabbati, qua Deus requievit ab operibus suis; alteram in Palæstina, in quam Judæi cum venissent, requieturi erant a multis miseriis et laboribus; tertiam, veram illam requiem, regnum scilicet cœlorum, quod qui adipiscuntur, revera requiescunt a laboribus et molestiis. Harum itaque trium hic mentionem facit. Eccur vero dum de una disputat, trium meminit? ut ostendat prophetam de tertia hac esse locutum. Nam de prima non dixit, *inquit.* Quinam enim sermonem habuisset de illa quæ jam olim acciderat? sed neque de secunda quæ obtigit in Palæstina. Quomodo enim? quandoquidem ait, *non introibunt in requiem meam.* Restat ergo tertiam hanc residuam esse, quæ est regnum cœlorum. Hujus autem dicti is prorsus sensus est: David, inquit, diu post illorum generationem loquens, dixit: *Hodie si vocem ejus audieritis, nolite obdurare corda vestra,* ne eadem patiamini quæ nostri progenitores, et requiei exsortes sitis; quasi utique requies quædam supersit. Nam si requiem jam obtinuerant, qua de causa dixisset illis: *Hodie ne obduretis corda vestra, sicut patres vestri*; ne similem pœnam patientes, illa requie prive-

mini? Quænam ergo alia requies fuerit, nisi regnum cœlorum, cujus imago et figura Sabbatum erat?

Si illuc vocati estis, nihil istic quæratis. »

Vers. 12. « Videte, fratres, ne forte sit in aliquo vestrum cor malum incredulitatis, discedendi a Deo vivo. »

Unde, idem est ac, propter hoc. Nam ex duritia cordis incredulitas gignitur.

234 Nam quia, ubi de futuris est sermo, non ita fidem habet, ac si de præteritis diceret, ad memoriam eos revocat historiæ veteris, [in qua fide opus fuerat. Nam si patres vestri, inquit, hæc passi sunt, quia non speraverunt, uti sperare oportebat, multo magis vos.

Vers. 13. « Sed adhortamini vosmetipsos per singulos dies. »

Hoc est, invicem ædificate. Vos ipsos corrigite, ne eadem patiamini.

« Donec hodie cognominatur. »

Hodie, inquit, quid hoc est? Quandiu mundus consistet.

« Ut non obduretur quis ex vobis fallacia peccati. »

Vides incredulitatem esse causam peccati.

Vers. 14, 15. « Participes enim Christi effecti sumus. »

Eadem ac ipse facti sumus, inquit. Ac ipse quidem est caput, nos autem corpus.

« Si tamen initium substantiæ ejus usque ad finem firmum retineamus. Dum dicitur: Hodie si vocem ejus audieritis, nolite obdurare corda vestra sicut in exacerbatione. »

Quid hoc est, *initium substantiæ?* Fides utique, per quam, ut quis diceret, constitimus, exstitimusque et salvi facti sumus. »

Vers. 16. « Quinam enim audientes exacerbaverunt? »

Allato testimonio, subjungit interrogationem, quæ claritatem affert orationi. Quod autem dicit, hunc sensum habet: Illi perinde audierunt, inquit, sicut et nos audivimus; at nihil inde emolumenti perceperunt. Ne existimetis ergo utilem vobis fore prædicationis auditum; quandoquidem illi quoque audierunt, sed nihil ipsis hoc profuit, quia non crediderunt.

« Sed non universi qui profecti sunt ex Ægypto per Moysen. »

Caleb et Josue innuit.

Vers. 17, 18. « Quibus autem offensus est quadraginta annis? nonne illis qui peccaverunt, quorum cadavera prostrata sunt in deserto? Quibus autem juravit non introire in requiem ipsius, nisi illis qui increduli fuerunt? et videmus, quia non potuerunt introire propter incredulitatem. »

CAP. IV.

Vers. 1-7. « Timeamus ergo ne forte, relicta pollicitatione introeundi in requiem ejus, existimetur aliquis ex vobis deesse. Etenim et nobis nuntiatum est, quemadmodum et illis ; sed non profuit illis sermo auditus, non admistis fidei iis qui audierunt. »

« Ingredimur ergo in requiem, qui credidimus ; quemadmodum dixit : Sicut juravi in ira mea : Si introibunt in requiem meam ; et quidem operibus ab institutione mundi perfectis. Dixit enim in quodam loco de die septima sic : Et requievit Deus die septima ab omnibus operibus suis. Et in isto rursum : Si introibunt in requiem meam. Quoniam ergo superest introire quosdam in illam ; et li quibus prius annuntiatum est, non introierunt propter **235** incredulitatem; iterum terminat diem quemdam, Hodie, in David dicendo, post tantum temporis, sicut dictum est : Hodie si vocem ejus audieritis, nolite obdurare corda vestra. »

Undenam hoc manifestum erit ? Quoniam, inquit, aliqui sunt ingressuri. Illi autem omnes non introierunt. Oportere autem ingredi, et quosdam ingressuros esse, audire juvat unde hoc constet. Post tot annos, inquit, David iterum dicit : *Hodie si vocem ejus audieritis*[90].

VERS. 8. « Nam si eis Jesus requiem præstitisset, nunquam de alia loqueretur posthac die. »

Nimirum hæc ait, tanquam nonnulli mercedem aliquam essent reportaturi.

Cum enim fidem non admiserint, neque introierunt in requiem.

VERS. 9. « Igitur relinquitur sabbatismus populo Dei. »

Et unde hoc constat? Ex eo quod denuntiavit, Ne obduraretis corda vestra. Siquidem enim sabbatismus non fuisset, nequaquam hæc denuntiata essent. Apposite vero non dicit, requiem, sed, *sabbatismum*, proprio nomine, ad quem cursu properabant. Sabbatismum autem regnum Dei appellat.

Sabbatismus ergo spiritualis et verus est tempus adventus Salvatoris.

VERS. 10, 11. « Qui enim ingressus est in requiem suam, etiam ipse requievit ab operibus suis, sicut a suis Deus. Festinemus ergo ingredi in illam requiem, ut ne in idipsum quis incidat exemplum incredulitatis. »

Quemadmodum, inquit, Deus requievit ab operibus suis, sic et ille qui in requiem suam introivit. Nam quia de resurrectione loquitur, atque hoc audire percupiebant, quandonam esset futura, sermonem ad hunc modum clausit.

VERS. 12, 13. « Vivus est enim sermo Dei, et efficax, et penetrabilior omni gladio ancipiti, et pertingens usque ad divisionem animæ et spiritus, compagum quoque ac medullarum, et discretor cogitationum et intentionum cordis. Et non est creatura invisibilis in conspectu ejus : omnia autem nuda et aperta sunt oculis ejus. »

Ne quispiam arbitretur nudam fore requiei privationem, addit et supplicium.

« Ad quem nobis sermo. [VERS. 14.] Habentes ergo Pontificem magnum, qui penetravit cœlos, Jesum Filium Dei. »

Sic, inquit, rationem sumus reddituri eorum quæ gesserimus.

« Teneamus confessionem. »

Quamnam vero *confessionem* dicit? Quod resurrectio sit, ac retributio, et quod Christus sit Deus.

VERS. 15. « Non enim habemus Pontificem qui nesciat compati infirmitatibus nostris ; tentatum autem per omnia pro similitudine, absque peccato. »

Non enim nostrarum nescius est, velut multi pontifices, quibus latent illi qui in afflictionibus **236** versantur. Nam apud homines fieri non potest ut ejus qui vexatur afflictionem pernoscat ille qui ejus experimentum non habuit, neque in sensibiles calamitates incidit. Noster vero Pontifex, inquit, omnia pertulit. Ideo enim prius pertulit, ac tunc ascendit, ut posset commiserascere.

VERS. 16. « Adeamus ergo cum fiducia ad thronum gratiæ, ut misericordiam consequamur. »

Gratiæ thronus est, non judicii. Totum quippe munificentia est, munusque regium, quo peccata condonantur.

« Et gratiam habeamus in auxilio opportuno. »

Si nunc accesseris, inquit, gratiam obtinebis et misericordiam. Opportuno quippe tempore accedis : sin vero tunc, non itidem. Extra rem enim erit exspectatio. Tunc quippe non erit thronus gratiæ, sed judicii tribunal. Ait enim : *Surge, Deus, judica terram*[91]. Illud autem, *cum fiducia*, idem est ac, sine conscientia mali, vel hæsitatione. Talis enim nequaquam possit cum fiducia et libertate accedere. Ne vero Pontificem nominari audiens, existimes ipsum stare, hunc statim in regia sede excelsum ponit. Ex quo perspicuum est illum non ratione naturæ obtinuisse ut Pontifex fieret, sed demissione et exinanitione sua.

CAP. V.

VERS. 1-4. « Omnis enim pontifex ex hominibus assumptus, pro hominibus constituitur in iis quæ sunt ad Deum, ut offerat dona et sacrificia pro peccatis ; qui condolere possit iis qui ignorant et errant : et propterea debet, quemadmodum pro populo, ita etiam et pro semetipso, offerre pro peccatis. Nec quisquam sumit sibi honorem, sed qui vocatur a Deo. »

Ut ambo Testamenta ad invicem comparet, a sacerdotibus auspicatur. Comparationem itaque facit in hunc modum. Veteris quidem testamenti sacerdotes ab hominibus sumebantur : novi vero testamenti sacerdos, a Spiritu sancto, tametsi homo sit. Atque ille quidem circumdatur infir-

[90] Psal. XCIV, 8. [91] Psal. LXXXI, 8.

mitate, hic vero peccati expers mansit: *Non enim inventus est dolus in ore ejus* [11].

Quemadmodum, qui victimarum pelles detrahit, is nudat interanea: sic cuncta Deo aperta sunt.

« Tanquam Aaron: [Vers. 5, 6] sic et Christus non semetipsum clarificavit ut pontifex fieret, sed qui locutus est ad eum: Filius meus es tu. »

Hoc in loco aliud vult insinuare, puta Jesum esse missum a Deo. Id quod ipse Christus, cum Judæos alloqueretur, ubique passim dicebat: *A me ipso non veni* [12].

« Ego hodie genui te. Quemadmodum et in alio loco dicit: Tu es Sacerdos in æternum. »

Hæc præmittit ut evincat illum a Deo ordinatum fuisse.

« Secundum ordinem Melchisedech. [Vers. 7.] Qui in diebus carnis suæ, preces supplicationesque ad eum **237** qui possit illum salvum facere a morte, cum clamore valido et lacrymis offerens, et exauditus pro sua reverentia. »

Erat enim gentium sacerdos, et pane et vino sacrificium offerebat.

Vers. 8-14. « Et quidem cum esset Filius, didicit ex iis quæ passus est obedientiam, et consummatus factus est omnibus obtemperantibus sibi causa salutis æternæ, appellatus a Deo Pontifex secundum ordinem Melchisedech. De quo nobis grandis sermo, et interpretabilis ad dicendum: quoniam imbecilles facti estis ad audiendum. Etenim cum deberetis magistri esse propter tempus, rursum indigetis ut doceamini quæ sint elementa exordii sermonum Dei; et facti estis quibus lacte opus sit, non solido cibo. Omnis enim qui lactis est particeps, expers est sermonis justitiæ: parvulus enim est. Perfectorum autem est solidus cibus; eorum qui pro consuetudine exercitatos habent sensus ad discretionem boni et mali. »

Hoc sollicitudinem Domini et amoris exsuperantiam commendat. Nam pro utroque populo supplicabat. Atqui hæc ad dispensationem pertinent.

CAP. VI.

Vers. 1, 2. « Quapropter intermittentes inchoationis Christi sermonem, ad perfectiora feramur, ne rursum jacientes fundamentum pœnitentiæ ab operibus mortuis, et fidei ad Deum, baptismatum doctrinæ, »

Inchoationem dicit fundamentum quod fide jacitur; *perfectionem* vero, exstructionem quæ per actiones bonas consurgit.

« Impositionis quoque manuum, ac resurrectionis mortuorum, et æterni judicii. [Vers. 3, 4.] Et hoc faciamus, siquidem permiserit Deus. Impossibile est enim eos qui semel sunt illuminati, »

Hoc quippe ritu Spiritum accipiebant.

« Gustaverunt etiam donum cœleste, »

Hoc est, indulgentiam peccatorum.

« Et participes facti sunt Spiritus sancti.
Quem habemus per gratiæ donum.

Vers. 5, 6. « Gustaverunt nihilominus bonum Dei verbum. »

Doctrinam confessionis.

« Virtutesque sæculi venturi, et prolapsi sunt rursus. »

Hoc ait, quoniam illi qui baptizati erant, miracula patrabant. Tunc enim qui baptizabantur, illa dona accipiebant quibus virtutes ederent.

« Renovari ad pœnitentiam. »

Id est per pœnitentiam. Id quod dicit, non ut pœnitentia excludatur: absit ! sed quoniam fieri non potest altera per lavacrum renovatio. Non enim, cum dixerit, *impossibile est renovari ad pœnitentiam*, mox conticuit; sed intulit cur id non possit præstari, dicendo, *crucifigentes renovari*; hoc est novos atque integros fieri. Solius namque lavacri est novum reddere. *Renovabitur*, inquit, *ut aquilæ juventus tua* [94].

« Rursum crucifigentes sibimetipsis Filium Dei, et contemptui habentes. »

238 Baptismus crux est, simulque crucifixus est vetustus noster homo: quippe cum *conformes facti simus similitudini mortis ejus* [95]. Et rursum ait: *Consepulti enim estis ei per baptismum in mortem* [96,97]. Sicut ergo Christus non potest denuo crucifigi (nam hoc esset contemptui eum habere et traducere. Si enim mors illi ultra non dominatur, et nihilominus cruci iterum affigitur, isthæc omnia nugamenta sunt et fabulæ), qui igitur secundo baptizatur, eum rursus in crucem agit. Nam quemadmodum in cruce Christus mortuus est, sic et nos in baptismo; non carni, sed peccato.

Vers. 7. « Terra enim sæpe venientem super se bibens imbrem, et generans herbam opportunam illis pro quibus et colitur, accipit »

Imbrem doctrinam nuncupat, ut in alio loco: *Mandabo nubibus, ut non pluant super eam imbrem* [98]. Hic declarat eos suscepisse et combibisse sermonem, nec sic tamen profecisse, cum animis in tentationibus conciderent.

« Benedictiones Dei. »

Hic docet Deum omnium esse auctorem, perstringitque tacite gentiles, qui terræ virtuti fructuum generationem ascribunt.

Vers. 8. « Proferens autem spinas. »

Neque rursum dixit, generans spinas, neque accommodo hoc verbo usus est. Sed quid hoc est, *proferens spinas*? Velut si quis dicat, ebulliens.

« Et tribulos, reproba est. »

Scriptura passim peccata appellat *spinas*; quemadmodum et David dicit: *Conversus sum in ærumna mea, dum configuntur spinæ* [99]. Nec enim solum ingrediuntur, sed etiam infiguntur. Etsi vel exiguum quid spinæ remanserit, nisi totum auferamus, parvum hoc peræque dolorem creat, haud

---

[11] Isa. LIII, 9. [12] Joan. VIII, 14. [94] Psal. CII, 5. [95] Rom. VI, 5. [96,97] ibid. 2. [98] Isa. V, 8. [99] Psal. III, 4.

secus atque ex spina accidit. Sed quid aio ipsum exiguum? nam eo ablato, vulneris dolor augescit amplius, atque multa curatione et medicamine opus est ut ex toto sanus et liber homo sit. Haud quippe sufficit peccatum evellere, verum etiam oportet ut punctus locus sanetur.

Jure merito peccatum *tribulum* vocavit. Nam ex quacunque parte hoc tenueris, ferit et pungit.

« Et maledicto proxima. »

Proximam maledicto dixit, non maledictum. Porro qui nondum in maledictum incidit, sed prope accessit, procul abscedere poterit.

« Cujus consummatio in combustionem. »

Non ait, quæ comburetur. Quid vero est *cujus consummatio in combustionem?* Si ad finem usque perseverabit, inquit.

VERS. 9. « Confidimus autem de vobis, dilectissimi, meliora et viciniora saluti: tametsi ita loquimur. »

Cum eos quantum par erat perstrinxerit, curationem affert iterum, ne dejiciat. Ecquid enim dicit? Non hæc loquimur ut vos condemnemus, aut existimemus spinis vos obsitos et plenos esse, sed quia veremur ne id contingat. Adjecit enim : *Confidimus de vobis meliora, et vicina saluti.*

239 Vers. 10. « Non enim injustus Deus est ut obliviscatur operis vestri, et laboris dilectionis, quam ostendistis in nomine ipsius, qui ministrastis sanctis et ministratis. »

Papæ, quanta virtute animos ipsorum roboravit, quorum priscas actiones memorat! et quali eos necessitati adstrinxit, ne sibi fingerent Deum immemorem esse! Siquidem fieri non potest ut ille non peccet qui certa spe non sit obfirmatus.

VERS. 11. « Cupimus autem unumquemque vestrum eamdem ostentare sollicitudinem ad expletionem spei usque in finem. »

Hoc admiratione dignum est, nec non perspicacitate Pauli; quod non declarat eos tandem cessisse. Dicendo enim, *cupimus,* idem est ac si quis inquiat: Volo ut semper sis sollicitus, et qualis ante eras, talis nunc fias, et in futurum. Hoc pacto enim reprehensionem acceptu facilem instituit. Quin nec dixit, volo, quod magistri auctoritatem præferret, sed *cupimus,* id quod paternam magis dilectionem exprimit, quam velle.

VERS. 12. « Ut non segnes efficiamini. »

Sicut otium nocivum est corpori, inquit, sic otium ab actionibus bonis supiniorem animum reddit ac debilem.

« Verum imitatores eorum qui fide et patientia hæreditabunt promissiones. »

Ne scilicet existiment se nihili fieri, et tanquam contemptibiles relinqui; sed sciant hoc magis esse fortium virorum.

VERS. 13, 14. « Abrahæ namque promittens Deus, quoniam neminem habuit per quem juraret, juravit per semetipsum, dicens : »

Postquam ergo eos taxavit, spem rursus ipsorum vehementer excitat, quod nempe speratarum rerum sint compotes futuri. Mercedem autem addit, ne propter labores concidant : id quod exemplis astruit. Cumque multos citare posset, Abraham profert in medium, ob personæ dignitatem.

Nisi benedicens benedicam te et multiplicans multiplicabo te. »

Tacite eos revocat ad memoriam juramentorum Christi, qui frequenter dicebat [1], *Amen, amen dico tibi, qui credit in me, non morietur in æternum.*

VERS. 15-20. « Et sic longanimiter ferens, adeptus est repromissionem. Homines enim per majorem sui jurant, et omnis controversiæ eorum finis ad confirmationem est juramentum. In quo abundantius volens Deus ostendere pollicitationis hæredibus immobilitatem consilii sui, interposuit jusjurandum. Ut per duas res immobiles, quibus impossibile est mentiri Deum, fortissimum solatium habeamus, qui confugimus. »

Hic illos territat, intermissam sæpius propter pusillum animum promissionem ostendens.

Hoc est, tentationibus vitam transigere. 240 Oportet vero, inquit, cuncta patienter et cum fide tolerare. Si enim se largiri dixerit, quod statim accipias, quid jam credideris?

« Ad tenendam propositam spem, quam sicut anchoram habemus animæ, tutam ac firmam. »

Ex his, inquit, ea quæ sunt ventura conjectamus. Si enim ista post tantum temporis spatium tandem evenere, plane illa etiam. Quamobrem quæ Abrahamo facta sunt, fidem quoque nobis faciunt de futuris.

« Et incedentem. »

Ostendit eos qui in mundo versantur adhuc, spe quoque in rebus promissis versari. Neque dixit, intus exsistimus, sed quod ipsa spes intus ingressa sit : id quod verius credibiliusque erat.

« In interiora velaminis. »

Id est in cœlum.

« Ubi præcursor pro nobis introivit Jesus, secundum ordinem Melchisedech. »

Apposito *præcursoris* nomine utitur, tanquam nos subinde accepturi simus. Non enim valde distant præcursor, et qui ipsum sequuntur.

« Pontifex factus in æternum. »

En et consolationem alteram. Nam si pontifex noster in supernis est, longe præstantior est pontifice Judæorum.

CAP. VII.

VERS. 1. « Hic enim Melchisedech, rex Salem, sacerdos Dei summi, qui obviavit Abrahæ. »

Frequens est in comparando Vetus Testamentum cum Novo. Videsis ergo iterum quo pacto osten-

---

[1] Joan. xi, 26.

dat sacerdotii Christi typum, sive Melchisedech, præstantiorem exstitisse sacerdotibus legis. Quomodo autem hoc multis evincat, inspice. Primum quidem a nomine. Nam Melchisedech *justitiæ regem* interpretantur. Deinde etiam a conditione, quia *sine patre et sine matre.* Talis quippe fuit Melchisedech, cujus genitores non recenseantur; neque compertum nobis est ex quo patre, et ex quali matre sit natus, neque undenam ortum habuerit, nec quem vitæ finem. Scriptura enim nihil de ejus generatione narrat, ut in aliis solet. Si ergo talis tantusque typus exsistit, quanto magis ipsa veritas, id est Christus? Quod autem Melchisedech typus et figura fuerit, jusjurandum quod ei factum est, obtestatur : *Tu es sacerdos in æternum secundum ordinem Melchisedech*[1]. Ad hæc etiam id ex nomine colligitur. Ecquis enim rex justitiæ alter fuit, præterquam Dominus noster? Nam ipse est *Rex pacis qui pacificavit, tum quæ in cœlis, tum quæ in terris sunt*[2]. Ipse est *sine patre et sine matre:* sursum enim non matrem habuit, nec deorsum patrem : ipsius quoque generatio nam enarratur : *Generationem enim ejus quis cognovit?* inquit Scriptura[3]. Fieri siquidem non potest ut quis supernam generationem ejus edisserat. Insuper et in æternum exsistit, hoc est, vitæ finem non habet. Ipse etiam est ante sæculum omne, quod est, dierum initium non habere.

« Regresso a cæde regum, et benedixit ei : [VERS. 2, 3] cui **241** et decimas omnium divisit Abraham primum quidem. qui interpretatur rex justitiæ, deinde autem et rex Salem, quod est rex pacis ; sine patre, sine matre, sine genealogia. »

Dici non potest, inquit, Abrahamum illi dedisse, ceu belli socio. Nam propter hoc ait illum obviam ivisse revertenti.

« Neque initium dierum, neque finem vitæ habens : assimilatus autem Filio Dei, manet sacerdos in perpetuum. [VERS. 4.] Intuemini autem quantus sit hic, cui et Abraham decimas dedit. »

Quinam vero istud nisi quia hæc edita non sunt? Ait ergo : Sicut iste *sine patre* est, quia genus descriptum non fuit, consimili modo Christus suapte natura ; et sicut de illo nescimus quando vivere cœperit, nec quando desierit, propterea quod litteris hoc proditum non fuerit ; sic etiam de Jesu, non quia id scriptum non fuit, sed quia generis est expers. Illud enim figura erat ; quare de eo dicitur, quia scriptum non fuit : hoc autem veritas est; unde de ipso affirmatur, eo quod reipsa talis sit. Quemadmodum in nominibus illic quidem nudæ appellationes erant, puta *regis justitiæ, et regis pacis* ; istic vero, ipsa rei veritas : ita et hic nuncupationes sunt; illic autem veritas rerum.

« De præcipuis patriarcha. »

Præcipua manubias dicit.

VERS. 5, 6. « Et quidem de filiis Levi sacerdotium accipientes, mandatum habent decimas sumere a populo secundum legem, id est a fratribus suis : quanquam ipsi exierint de lumbis Abrahæ. Cujus autem generatio annumeratur ex illis, decimas sumpsit ab Abraham, et hunc qui habebat repromissiones, benedixit. »

Tanta eminentia erat sacerdotii, inquit, ut qui ejusdem a parentibus honoris et conditionis sunt, eumdemque progenitorem habent, reliquis longe præcellerent. Quamobrem decimas ab illis accipiunt. Quando igitur ab his decimas accipiunt, nonne ipsi in ordine sunt laicorum, illi vero sacerdotum ? Verum neque id solum ; ut nec ille æqualis honoris fuerit, sed ex alio genere. Quapropter Abraham nequaquam alienigenæ decimas dedisset, nisi hujus eximia dignitas fuisset.

VERS. 7-9. « Sine ulla autem contradictione, quod minus est, a meliore benedicitur. Et hic quidem, decimas morientes homines accipiunt : ibi autem contestatur qui vivit, et (ut ita dictum sit) per Abraham et Levi qui decimas accepit, decimatus est. »

Quoniam sursum deorsumque hoc spectabile erat, quod repromissio facta esset Abrahamo, ostendit Melchisedech illo fuisse honoratiorem.

VERS. 10. « Adhuc enim in lumbis patris erat, quando obviavit ei Melchisedech. »

Typus ergo Domini potior est illo, cui pollicitationes factæ sunt.

VERS. 11. « Si ergo consummatio per sacerdotium Leviticum erat, »

In eo erat Levi, inquit, etsi nondum natus erat. Inspice quantum intersit inter illum qui Pontificis nostri typum gerebat, et eos qui secundum legem creati sunt.

242 « (Populus enim sub ipso legem accepit) quid adhuc necessarium fuit secundum ordinem Melchisedech alium surgere sacerdotem, et non secundum ordinem Aaron dici ? »

Postquam ostendit Melchisedech multo præstantiorem Abrahamo et Levi exstitisse, eo quod sacerdotii pro illis functionem obierit : ex alio rursum capite hoc monstrare aggreditur, his fere verbis : Quid causæ fuit ut non dixerit, *secundum ordinem Aaron?* Utique quia lex perfectos non reddebat : unde et translata fuit. Nam translatio seu mutatio sacerdotis, legis quoque mutatio erat.

VERS. 12, 13. « Translato enim sacerdotio, necesse est ut et legis translatio fiat. In quo enim hæc dicuntur, »

Id est , illud sequitur , et per illud omnia gerit. Nec enim dici potest, perfectum quidem fuisse, at non itidem populo præpositum. Eo enim utebatur.

« De alia tribu est, de qua nullus altari præsto fuit. [VERS. 14-16] Manifestum est enim quia ex Juda ortus est Dominus noster, in qua tribu nihil de sacerdotio Moyses locutus est. Et amplius

[1] Psal. cix, 16. [2] Coloss. 1, 20. [3] Psal. LIII, 8.

adhuc manifestum est, si secundum similitudinem.»

Hoc ad eos spectat qui dicunt: Ecquod opus erat Novo Testamento?

« Melchisedech exsurgat alius sacerdos, qui non secundum legem »

Hoc modo, inquit, Aaronicum explosit;

« Mandati carnalis factus est.»

Lex quippe per omnia carnalis erat. Circumcide, inquit, carnem tuam, unge carnem, carnem lava, carnem rade.

« Sed secundum virtutem vitæ insolubilis. [Vers. 17] Contestatur enim : Tu es sacerdos in æternum secundum ordinem Melchisedech. »

Non Melchisedech, sed Christus, qui sua virtute vivit.

Hoc est, non temporanea, aut quæ finem habeat.

Vers. 18-21. « Reprobatio quidem fit præcedentis mandati, propter infirmitatem ejus et inutilitatem. Nihil enim ad perfectum adduxit lex : introductio vero melioris spei, per quam proximamus ad Deum : et quantum est non sine jurejurando (alii siquidem jurejurando sacerdotes facti sunt), hic autem cum jurejurando, per eum qui dixit ad illum : Juravit Dominus, et non pœnitebit eum : Tu es sacerdos in æternum secundum ordinem Melchisedech. »

Præcedens mandatum, inquit, hoc est testamenti veteris mandatum ante latum, lex nimirum, rescissum est et abrogatum, eo quod homini perfectionem conciliare non posset. At potior spes introducta est, inquit, quæ nos Deo proximos facit. Novum scilicet innuit, per quod Deo et Patri conjuncti sumus, quodque adeo extollit, ut non sine jurejurando fuisse sancitum dicat : cum illud vetus sine juramento datum esset. Vide qua ratione utrumque auget ; eo quod neque finem habeat, quemadmodum legalis. Huic vero finem impositum esse significat, ubi ait : *Secundum virtutem vitæ insolubilis et jurisjurandi*.

243 Vers. 22-25. « In tantum melioris testamenti sponsor factus est Jesus. Et alii quidem plures facti sunt sacerdotes, idcirco quod morte prohiberentur permanere; hic autem eo quod maneat in æternum, sempiternum habet sacerdotium : unde et salvare in perpetuum potest accedentes per semetipsum ad Deum, semper vivens. »

Quoniam juravit semper eum esse permansurum : quod nunquam fecisset, nisi Jesus vivens esset. Cæterum quoties sacerdotem ut ministrum audis, ipsum cogita exinanitionis mysterium.

« Ad interpellandum pro eis. [Vers. 26-28.] Talis enim decebat ut vobis esset Pontifex, sanctus, innocens, impollutus, segregatus a peccatoribus, et excelsior cœlis factus, qui non habet necessitatem, quemadmodum summi sacerdotes, prius pro delictis suis hostias offerre, deinde pro populi. »

His quoque verbis, id quod ad ejus carnem spectat, voluit significari. Nam qui suscitat mortuos, qui, quos vult vivificat perinde ac Pater [1], quinam intercedat? Manifestum est igitur ejusmodi voces ad dispensationis mysterium pertinere, nequaquam tamen seorsim posita deitate. Nam et simul ipse Deus est, etsi propter dispensationem alia de ipso enuntiantur.

« Hoc enim fecit semel, seipsum offerens. Lex enim homines constituit sacerdotes infirmitatem habentes; sermo autem jurisjurandi, qui post legem est, Filium perfectum in æternum.

CAP. VIII.

Vers. 1. « Capitulum autem super ea quæ dicuntur. »

Quatenus, inquit, pro populo oblatus est.

« Talem habemus pontificem, qui consedit in dextera sedis magnitudinis in cœlis. »

Quoniam sursum deorsum hunc ministrum dixit, quo significaret quæ humanitatis illius essent ; vide quomodo cogitationem auditorum erigit, deitatem illius prædicando, dum ait : *Qui consedit in dextera sedis magnitudinis in cœlis*.

Vers. 2. « Sanctorum minister »

Id est, pro iis qui per nomen ipsius sancti facti sunt.

« Et tabernaculi veri. »

Ecclesiam vocat tabernaculum verum.

« Quod fixit Dominus, et non homo. [Vers. 3, 4] Omnis enim pontifex ad offerendum munera et hostias constituitur : unde necesse est et hunc habere aliquid quod offerat. Si enim esset super terram, nec esset sacerdos : cum essent sacerdotes qui offerrent secundum legem munera. »

Hanc enim sibi comparavit sanguine suo.

Vers. 5. « Qui exemplari et umbræ deserviunt cœlestium. Sicut responsum est Moysi, cum consummaret tabernaculum. »

Antiquum illud ministerium, inquit, exemplum erat spiritualis hujus, quod et cœleste vocat. Nam etsi in terra peragitur, totum tamen cœlorum est. Porro exemplo deserviebant, ut sive agnum offerrent, Christum figurarent, sive panes propositionis, hi typus essent corporis illius, et alia consimiliter.

244 « Vide enim, inquit, feceris omnia secundum exemplar, quod tibi ostensum est in monte. [Vers. 6.] Nunc autem melius sortitus est ministerium, quanto et melioris testamenti mediator est. »

Quoniam auditus visu obtusior est, ei omnia monstravit. Observa autem quantum discrimen sit istius ab illo : quippe cum illud quidem

---

[1] Joan. v, 21.

exemplum fuerit et figura, hoc autem ipsa veritas.

« Quod melioribus repromissionibus sancitum est. »

Spiritualibus nempe. Illud porro promissa terra Chananæorum factum est : unde etiam explosum fuit ; hoc autem manet.

VERS. 7-12. « Nam si illud prius culpa vacasset, non utique secundi locus inquireretur. Vituperans enim eos dicit : Ecce dies venient, dicit Dominus, et consummatio super domum Israel et super domum Juda testamentum novum ; non secundum testamentum quod feci patribus eorum, in die qua apprehendi manum eorum, ut educerem eos de terra Ægypti : quoniam ipsi non permanserunt in testamento meo, et ego neglexi eos, dicit Dominus. Quia hoc est testamentum quod disponam domui Israel post dies illos, dicit Dominus : dando leges meas in mentem eorum, et in corde eorum superscribam eas ; et ero eis in Deum, et ipsi erunt mihi in populum, et non docebit unusquisque proximum suum, et unusquisque fratrem suum dicens : Cognosce Dominum ; quoniam omnes scient me, a minore usque ad majorem eorum ; quia propitius ero iniquitatibus eorum, et peccatorum eorum jam non memorabor. »

Hoc est, si irreprehensibiles fecisset.

VERS. 13. « Dicendo autem novum, veteravit prius. Quod autem antiquatur et senescit, prope interitum est. »

Ex ipsomet tabernaculo discrimen ostendit. Quinam vero ? Quia primum quidem sanctum erat: secundum vero Sanctum sanctorum.

CAP. IX.

VERS. 1-4. « Habuit quidem et prius justificationes culturæ, et sanctum sæculare. Tabernaculum enim est factum primum, in quo erant candelabra, et mensa, et propositio panum, quæ dicitur sancta. Post velamentum autem secundum, tabernaculum, quod dicitur Sancta sanctorum: aureum habens thuribulum, et arcam testamenti circumtectam ex omni parte auro, in qua urna aurea habens manna, et virga Aaron quæ fronduerat, et tabulæ testamenti. »

Justificationes, signa ac symbola appellat.

Sæculare et mundanum dicit, quoniam licebat omnibus illud ingredi : atque manifestus erat locus in hacce domo, in quo sacerdotes starent, in quo Judæi, in quo proselyti, in quo gentiles, in quo Nazaræi. Quandoquidem omnibus pervium erat, id appellat *sæculare*. Enimvero Judæorum gens mundus non erat.

Tabernaculum seu habitaculum vocat ab inhabitando.

VERS. 5-7. « Superque eam erant Cherubim gloriæ obumbrantia propitiatorium. »

Id est, gloriæ plena.

245 « De quibus non est modo dicendum per singula. His vero ita compositis, in priori quidem tabernaculo semper introeunt sacerdotes officia consummantes : in secundo autem »

Ut quæ prolixiori sermone opus habeant.

« Semel in anno solus pontifex, non sine sanguine, quem offert pro sua et populi ignorantiis : [VERS. 8] hoc significante Spiritu sancto, nondum »

Ne objiccerent : Qui factum est ut una victima in sempiternum consummaverit ? ostendit eam jam pridem a summo sacerdote esse figuratam. Quinimo si sanctior illa et terribilis una erat, eccur a pontifice semel offerebatur ?

« Propalatam esse sanctorum viam, adhuc priore tabernaculo habente statum, [VERS. 9] quod parabola est ».

Illic abscondebatur secundum, inquit, quia nondum ejus tempus aderat : tempus utique adventus Christi, per quem illud propalatum fuit.

« Temporis instantis, juxta quod munera et hostiæ offeruntur, quæ non possunt juxta conscientiam perfectum facere servientem. »

Hoc est, figura factum est, secundum quam dona et sacrificia offerebantur, quæ non possent secundum conscientiam perfectum facere cultorem.

Victimæ siquidem maculam ab anima non auferebant ; sed adhuc circa corpus versabantur, pro lege mandati carnalis. Etenim non poter. ut adulterium, vel invidentiam, vel sacrilegium expiare.

« Solummodo in cibis, in potionibus, [VERS. 10] et variis baptismatibus. »

Quæ putabantur, inquit, carnem mundare.

« Et justificationibus carnis, usque ad tempus correctionis imposita. [VERS. 11.] Christus autem assistens pontifex futurorum bonorum, »

Tempus correctionis, tempus adventus Christi nuncupat. Ait ergo hæc juvisse ante tempus correctionis, posthac vero inutilia fuisse.

« Per amplius et perfectius tabernaculum non manufactum, id est, non hujus creationis ; [VERS. 12-14] neque per sanguinem vitulorum et hircorum, sed per proprium sanguinem introivit semel in Sancta, æterna redemptione inventa. Si enim sanguis hircorum et taurorum, et cinis vitulæ aspersus, inquinatos sanctificat ad emundationem carnis : quanto magis sanguis Christi, qui per Spiritum sanctum semetipsum obtulit immaculatum Deo, emundabit conscientiam vestram ab operibus mortuis, »

Vel Christi carnem istic innuit, vel Ecclesiam.

« Ad serviendum Deo viventi ? »

Hic notificat eum qui mortuis operibus est addictus, vivo et vero non posse servire.

VERS. 15-18. « Et ideo novi testamenti mediator est, ut, morte intercedente, in redemptionem earum prævaricationum, quæ erant sub priori testamento, repromissionem accipiant, qui vocati sunt, æternæ hæreditatis. **246** Ubi enim testamentum est, mors necesse est intercedat testatoris. Testamentum enim in mortuis confirmatum est : alioqui non valet, dum vivit qui testatus est. Unde nec primum quidem sine sanguine, »

Fieri poterat ut plerique, qui infirmiores essent, ex eo quod Christus mortem obierat, promissionibus ejus non crederent. Quocirca dicit Apostolus : Propter hoc ipsum igitur esse fidentiores oportet, quia testatoribus non viventibus, sed defunctis, firma fiunt testamenta, et robur accipiunt. Atque hic est sensus : Deus pollicitus est, inquit; deinde cum homines peccassent, non solum indigni fuerunt qui promissorum compotes fierent, ut potius obnoxii facti sint morti. Eam ob rem Christus veniens assumpsit in se peccata, mortuusque est, ut illi mundarentur, dignique evaderent qui promissa consequerentur.

« Dedicatum est. [Vers. 19-21.] Lecto enim omni mandato legis a Moyse universo populo, accipiens sanguinem vitulorum et hircorum, cum aqua et lana coccinea, »

Hoc est, firmum ratumque factum fuit.

« Et hyssopo, ipsum quoque librum, et omnem populum aspersit, dicens : Hic sanguis testamenti, quod mandavit ad vos Deus. Etiam tabernaculum et omnia vasa ministerii sanguine secundum legem aspersit. »

Symbolum spiritus. Hyssopus enim calida est. Quin et aqua significabatur expurgatio quæ fit per baptismum. Lana autem sumebatur, qua sanguis contineretur.

Vers. 22. « Et omnia pene in sanguine secundum legem mundantur, et sine sanguinis effusione non fit remissio. »

Quoniam per eam non perfecta mundatio fiebat, neque perfecta remissio, sed imperfecta; ideo dixit, *pene.*

Vers. 23. « Necesse est ergo, exemplaria quidem cœlestium his mundari. »

Mundi illi, inquit, qui secundum legem perficiebantur, imperfecti nihilominus manebant, quoniam et ipsi figura erant futurorum.

« Ipsa autem cœlestia, »

Ecclesiam dicit.

« Melioribus hostiis quam istis. »

Tunc enim agni sanguine perungebantur; nunc vero ipsius Christi.

Vers. 24. « Non enim in manufacta sancta introivit Christus, exemplaria verorum, sed in ipsum cœlum, ut appareat nunc »

Ita plane loquitur, cum structura templi admodum Judæi gloriarentur, ac si nullus alter similis exstaret locus. Rursus ergo comparatione utitur, ostenditque ingens interesse discrimen, quantum cœlum inter ac templum.

« Vultui Dei pro nobis. »

Cum dixerit, *ut appareat,* monstrataque dispensatione, causam subjungit, quod nempe pro nobis id gesserit, qui ubique est cum Patre, qua Deus est Verbum. Ait enim : *Ego in Patre, et Pater in me est* [6].

247 Vers. 25, 26. « Neque ut sæpe offerat semetipsum, quemadmodum pontifex intrat in sancta per singulos annos in sanguine alieno : alioquin oportebat eum frequenter pati ab origine mundi. Nunc autem semel in consummatione sæculorum. »

Si initio id gestum esset, inquit, tum deinde nemo credidisset, genus nostrum in interitu perseveraret. Nam possibile non erat ut Christus denuo moreretur, quo illud iterum salvum fieret. Postquam vero plurima tandem peccata exstiterunt, tunc consentaneo prorsus se conspicuum dedit.

« Ad destitutionem peccati, »

Quidnam est *destitutio?* idem certe quod contemptio. Peccatum nequaquam amplius libertatem habet. Nam destitutum est et abolitum, ut, cum pœnas dare deberet, nullas tamen dederit. Quin etiam vim pertulit, ut, dum sperabat cunctos perimere, tunc ipsum peremptum fuerit.

« Per hostiam suam apparuit. »

Deo se exhibuit, et ad eum accessit.

Vers. 27, 28. « Et quemadmodum statutum est hominibus semel mori ; post hoc autem judicium : sic et Christus semel oblatus est ad multorum exhaurienda peccata. »

Causam edicit cur mortuus ille sit, qui mortis unius factus est pretium. Nam statutum erat hominibus, inquit, ut morerentur. Quamobrem semel mortuus est pro omnibus, quatenus oblatus est semel. A quonam autem, nisi a seipso? ait enim : *Ego pro illis sanctifico meipsum* [7].

« Secundo sine peccato apparebit exspectantibus se, in salutem. »

CAP. X.

Vers. 1. « Umbram enim habens lex futurorum bonorum, »

In primo adventu apparuit, ut auferret nostra peccata ; in secundo autem non sic apparebit, sed ut salvos faciat illos qui in se crediderunt.

« Non ipsam imaginem rerum, per singulos annos eisdem ipsis hostiis, quas offerunt indesinenter, nunquam possunt accedentes perfectos facere : [Vers. 2-7] alioquin cessassent offerri, ideo quod nullam haberent conscientiam peccati cultores semel mundati ; sed in ipsis commemoratio peccatorum per singulos annos fit. Impossibile est enim sanguine taurorum et hircorum auferri peccata. Ideo ingrediens mundum dicit : Hostiam et oblationem noluisti ; corpus autem aptasti mihi : holocautomata et pro peccato non tibi placuerunt ; tunc dixi : Ecce venio. In capite libri scriptum

---

[6] Joan. xiv, 11. [7] Joan. xvii, 19.

est de me, ut faciam, Deus, voluntatem tuam *. » Id est, non ipsam veritatem.

De victimis loquitur, quæ pro condonatione offerebantur.

VERS. 8, 9. « Superius dicens, quia hostias, et oblationem, et holocautomata, et pro peccato noluisti, nec placita sunt tibi, quæ secundum legem offeruntur, tunc dixit: Ecce venio. »

Veteri Testimonio probat victimarum oblationem desiisse ex quo Christus venit, tametsi videbantur adhuc offerri. Tantisper enim differebat; ac demum finem illis imposuit.

248 « Ut faciam voluntatem tuam, Deus. Aufert primum, ut sequens statuat. [VERS. 10-18.] In qua voluntate sanctificati sumus, per oblationem corporis Jesu Christi semel. Et omnis quidem sacerdos præsto est quotidie ministrans, et easdem sæpe offerens hostias, quæ nunquam possunt auferre peccata. Hic autem unam pro peccatis offerens hostiam, in sempiternum sedet in dextera Dei, de cætero exspectans, donec ponantur inimici ejus »

Meipsum tradendo, inquit.

« Scabellum pedum ejus. Una enim oblatione consummavit in æternum sanctificatos. Contestatur autem nos et Spiritus sanctus. Postquam enim dixit: Hoc autem testamentum, quod testabor ad illos post dies illos, dicit Dominus: dabo leges meas in cordibus eorum, et in mentibus eorum superscribam eas, et peccatorum et iniquitatum jam non recordabor amplius. Ubi autem horum remissio, jam non est oblatio pro peccato. »

« Inimicos nominat, Judæos, et dæmones, et quotquot prædicationi Evangelii obsistunt.

VERS. 19. « Habentes itaque, fratres, fiduciam, »

Quemadmodum peccata, inquit, pudorem creant, sic quoque fiduciam et libertatem habemus, dum cuncta nobis condonantur; ita ut cohæredes efficiamur, ac tantæ dilectionis participes.

« In introitu sanctorum in sanguine Christi, [VERS. 20, 21] quem initiavit nobis viam novam et viventem, per velamen, id est carnem suam; et sacerdotem magnum super domum Dei. »

Cœlum scilicet innuit.

VERS. 22-24. « Accedamus cum vero corde in plenitudine fidei, aspersi corda a conscientia mala, et abluti corpus aqua munda: teneamus fidei nostræ confessionem indeclinabilem (fidelis enim est, qui repromisit), et consideremus invicem »

Significat operæ pretium esse ut cum recta fide accedamus, exhibeamusque egregia opera. Nam hic est hujus effati sensus, *et abluti corpus aqua*.

Aqua, inquam, quæ mundos facit, aut sanguinis est expers.

« In provocationem charitatis et bonorum operum. »

Quo amemus amplius, et redamemur.

VERS. 25-29. « Non deserentes collectionem nostram, sicut consuetudinis est quibusdam; sed consolantes, et tanto magis, quanto videritis appropinquantem diem. Voluntarie enim peccantibus nobis post acceptam notitiam veritatis, jam non relinquitur pro peccatis hostia; terribilis autem quædam exspectatio judicii, et ignis æmulatio, quæ consumptura est adversarios. Irritam quis faciens legem Moysi, sine ulla miseratione duobus vel tribus testibus moritur: quanto magis putatis deteriora mereri supplicia, »

Noverat enim ex familiaritate et collectione in unum, multum roboris eis accessurum. *Ubi enim, ait Christus, duo vel tres fuerint* **249** *congregati in nomine meo, ibi in media eorum sum* °.

« Qui Filium Dei conculcaverit, et sanguinem testamenti pollutum duxerit, in quo sanctificatus est, et spiritui gratiæ contumeliam fecerit. [VERS. 30, 31.] Scimus enim qui dixit: Mihi vindicta, ego retribuam, dicit Dominus. Et iterum: Judicabit Dominus populum suum. Horrendum est incidere in manus Dei viventis. »

Quando enim qui particeps illius fuit in mysteriis, peccatum admittit, quomodo non proculcat illum, utpote quem despicatui habeat?

VERS. 32-34. « Rememoramini pristinos dies, in quibus illuminati, magnum certamen sustinuistis passionum; et in altero quidem opprobriis et tribulationibus spectaculum facti, in altero autem socii taliter conversantium effecti. Nam et vinculis meis compassi estis, et rapinam bonorum vestrorum »

Quoniam deficiebantur ob afflictiones, vide quomodo eos consolatur, ac primum quidem ab iisdem. *Rememoramini*, inquit, *pristinos dies*. Deinde ab auctoritate Scripturæ, quæ dicit: *Justus autem ex fide vivet* [10]. Præterea rationes adjiciendo, dum ait: *Est fides sperandarum substantia rerum, argumentum non apparentium*. Itemque a majoribus et parentibus, magnis scilicet et admirandis illis viris. Ac merito quidem primo loco mentionem facit Abel, qui primus fuit eorum qui pro vera pietate mortui sunt; secundo ponit Enoch, qui propter pietatem translatus fuit: ubi omnino remunerationes fore ostendit; tertio Noe, quo notum faciat, pœnas eos qui non crediderint, persolvere.

Observa eum de se, ut et de aliis qui constricti vinculis fuerint, in hunc fere modum loqui. Non existimastis hæc vincula et catenas esse, sed velut athletæ generosi, ita stetistis; quia non nostri causa duntaxat opus non habuistis consolatione, sed et ipsi aliis solatio fuistis.

« Cum gaudio suscepistis: cognoscentes vos

[8] Psal. XXXIX, 7, 8. [9] Matth. XVIII, 20. [10] Habac. II, 4.

habere meliorem et manentem substantiam. [VERS. 35, 39.] Nolite itaque amittere confidentiam vestram, quæ magnam habet remunerationem. Patientia enim vobis necessaria est, ut voluntatem Dei facientes, reportetis promissionem. Adhuc enim modicum aliquantulum, qui venturus est veniet, et non tardabit. Justus autem ex fide vivet : quod si subtraxerit se, non placebit animæ meæ in illo. Nos autem non sumus subtractionis filii in perditionem, sed fidei in acquisitionem animæ. »

Qui cum gaudio tolerat, mercedem quamdam sibi repositam esse ostendit; quodque res sibi detrimento non sit, sed proventui.

CAP. XI.

VERS. 1-4. « Est autem fides sperandarum substantia rerum, argumentum non apparentium. In hac enim testimonium consecuti sunt senes. Fide intelligimus aptata esse sæcula verbo Dei, ut non ex visibilibus visibilia fierent. Fide plurimam hostiam Abel, quam Cain, obtulit Deo; per quam testimonium consecutus est, esse justus, testimonium perhibente muneribus ejus Deo; et per illam defunctus »

Nisi quis invisibilia certitudine majori teneat, quam quæ videntur, fides esse non potest.

250 Adhuc loquitur. [VERS. 5-7.] « Fide Enoch translatus est ne videret mortem, et non inveniebatur, quia transtulit illum Deus; ante translationem enim testimonium habuit placuisse Deo. Sine fide autem impossibile est placere Deo. Credere enim oportet accedentem ad Deum, quia est, et inquirentibus se remunerator sit. Fide Noe, responso accepto de iis quæ adhuc non videbantur, metuens aptavit arcam in salutem domus suæ. »

Quemadmodum cœlum ipso aspectu duntaxat suo loquitur, sic et Abel, dum in memoriam venit.

« Per quam damnavit mundum. »

Ostendit enim eos esse dignos supplicio, qui neque dum fabricaretur arca, ad sanitatem redierunt.

« Et justitiæ quæ secundum fidem est, hæres est institutus. »

Hoc est, ex hoc apparuit justus, quod crediderit Deo.

« VERS. 8-10. « Fide, qui vocatur Abraham, obedivit in locum exire, quem accepturus erat in hæreditatem; et exiit nesciens quo iret. Fide demoratus est in terra repromissionis, tanquam in aliena, in casulis habitando, cum Isaac et Jacob cohæredibus ejusdem repromissionis. Exspectabat enim » Quoniam illi qui ex Hebræis crediderant, eos aspiciebant, ceu bonis innumeris ornatos, declarat neminem quidquam recepisse.

« Fundamenta habentem civitatem. »
Id est inconcussam et immobilem.
« Cujus artifex et conditor Deus. »

Ipse enim veniens hanc eis donavit. Nam nisi Jesus descendisset, et ascendisset in cœlum, præcursor noster factus, mansionibus istis nunquam dignati fuissemus.

VERS. 11. « Fide et ipsa Sara virtutem »

Hic veluti arguere incipit, quandoquidem mulieres imbecilliores videbantur. Nam totus iste de priscis patribus sermo ad hoc spectat, ut fatiscentes illos recreet.

« In missionem seminis accepit; etiam præter tempus ætatis peperit, quoniam fidelem credidit eum qui repromiserat. »

Id est, ad retinendum semen.

VERS. 12. « Propter quod et ab uno orti sunt (et hoc emortuo) tanquam sidera cœli in multitudinem, et sicut arena quæ est ad oram maris, innumerabilis. »

Non hoc solum, inquit, mirabile est, quod virtutem habuerit ad susceptionem seminis; sed etiam quod tantæ multitudinis mater evaserit, quantam nec uteri ulli ferre valeant. Sicut *sidera cœli*, inquit, ex uno videlicet semine.

VERS. 13-16. « Juxta fidem defuncti sunt omnes isti, non acceptis repromissionibus. »

Abraham nimirum, et qui ex eo orti sunt patriarchæ.

251 « Sed a longe eas accipientes, et salutantes, et confitentes quia peregrini et hospites sunt super terram. Qui enim hæc dicunt, significant se patriam inquirere. Et si quidem ipsius meminissent, de qua exierunt, habebant utique tempus revertendi. Nunc autem meliorem appetunt, id est cœlestem. Ideo non confunditur Deus vocari Deus eorum : paravit enim illis civitatem. »

Spiritu nimirum.

VERS. 17, 18. « Fide obtulit Abraham Isaac, cum tentaretur; et unigenitum offerebat, qui susceperat repromissiones, ad quem dictum est : Quia in Isaac vocabitur tibi semen. »

Experimentum præbens pietatis suæ. Nam Deus periculum facit, non ex ignorantia, sed ut sancti, probata demonstrataque pietate sua, cunctos in admirationem rapiant.

VERS. 19. « Arbitrans quia et a mortuis suscitare potens est Deus. »

Dicebat, inquit : Ille qui ex vulva propter senium marcida atque inutili reddita, gigni filium concessit, ipse poterit et occisum excitare.

« Unde eum et in parabolam accepit. »

Id est, in exemplum. Nam figura Christi factus est : hocque facinus signum erat fore ut Pater Unigenitum traderet offerendum.

VERS. 20, 21. « Fide et de futuris benedixit Isaac Jacob et Esau. Fide Jacob moriens singulos filiorum Joseph benedixit. »

Undenam, inquit, filiis tanta illa bona pollicitus est, nisi quia credebat Deo?

« Et adoravit in fastigio virgæ suæ. [VERS. 22.]

Fide Joseph de profectione filiorum Israel memoratus est. »

Tunc, inquit, non solum effatus est, sed et iis quæ ventura erant, adeo confidebat, ut et hoc ipse gestis exprimeret. Nam quia futurum erat ut ex Ephraim rex alter consurgeret, eapropter adorasse eum in fastigio virgæ suæ ait. Jam enim, inquit, Josephum adoraverat, significans eum ab universo populo propter Ephraim adorandum : id quod postmodum a tribubus patratum fuit.

Hoc est, quia jam grandævus erat.

« Et de ossibus suis mandavit. [VERS. 23.] Fide Moyses natus, »

Ut certo crederet populus redemptionem ipsis quondam adfuturam. Neque enim de ossium suorum translatione commonuisset, nisi hoc certo prænosset futurum.

« Occultatus est mensibus tribus a parentibus suis, eo quod vidisset elegantem infantem; et non timuerunt regis edictum. [VERS. 24.] Fide Moyses grandis factus, »

Quia non ita grave est sanctis illis viris inferiores videri, eam ob rem homines nullius nominis et ignobiles profert.

252 « Negavit se esse filium filiæ Pharaonis, [VERS. 25] magis eligens affligi cum populo Dei, »

Hoc ait ut doceat illos omnia despicere, nec concidere animis, dum facultates suæ diriperentur : quando Moyses quoque propter fidem thesauros regios reliquit.

Non simpliciter dimisit, sed et abrenuntiavit, hoc est odio illud habuit, et exhorruit. Dum enim cœlum proponebatur, frustra regias Ægypti domos miratus esset.

« Quam temporalis peccati habere jucunditatem : [VERS. 26] majores divitias existimans thesauro Ægyptiorum »

Peccatum esse dixit, nolle cum aliis affligi.

« Improperium Christi : aspiciebat enim in remunerationem. [VERS. 27.] Fide reliquit Ægyptum, non veritus animositatem regis.

Hoc est, talia sibi exprobrari, qualia nobis propter Christum : seu quia Ægyptii Deo contumeliam irrogarant, injuste afficiendo, et laboribus opprimendo Israelitas, ac si ab illo liberari non possent.

« Invisibilem enim tanquam videns sustinuit. »

Cum semper in corde Deum haberet, inquit, hæc lubens sustinuit.

VERS. 28. « Fide celebravit Pascha, et sanguinis effusionem, ne, qui vastabat primitiva, tangeret eos. »

Sermonem injicit de mysteriis : aitque Moysen, cum certo crederet vastatorem a se flectendum, servatumque iri genus suum, agnum idcirco mactasse.

VERS. 29, 30. « Fide transierunt mare Rubrum tanquam per aridam terram. »

Iterum universum populum proponit imitandum, ne dicerent : Penes nos non est sanctorum mores referre.

« Quod experti Ægyptii devorati sunt. Fide muri Jericho corruerunt circuitu dierum septem. »

Comprobavit, inquit, aquam esse, illis subsidentibus et suffocatis ; quamvis alioqui, Deo ita jubente, muro solidior esset.

VERS. 31, 32. « Fide Rahab meretrix non periit cum incredulis, excipiens exploratores cum pace. Et quid adhuc dicam ? Deficiet enim me tempus enarrantem de Gedeon, et Barac, et Samson, et Jephte, et David, et Samuel, et prophetis, »

Res ergo est digna pudore, inquit, si vos meretrice incredulioreus præbueritis,

VERS. 33. « Qui per fidem vicerunt regna. »

Gedeon scilicet et alii.

Tunc quippe fides est, quando res contrarium exitum habere videntur ; tumque credere oportet nihil contrarii contingere, sed consentanea prorsus serie omnia fieri.

« Operati sunt justitiam. »

253 Illi ipsi iterum, vel saltem Davidem dicit.

« Adepti sunt repromissiones. »

Quatenus nempe nepotes ipsorum benedictionem consecuti sunt. Vel Davidem ait, qui Salomonem regni successorem habuit.

« Obduraverunt ora leonum. »

Velut Daniel.

VERS. 34. « Exstinxerunt impetum ignis. »

Ut puta tres pueri.

« Effugerunt aciem gladii. »

Velut Israelitæ.

« Convaluerunt de infirmitate ; fortes facti sunt in bello. »

Hoc ait de regressu e Babylonia. Ecquis enim sperasset eos de captivitate reversuros ? neque solum reversuros, sed et robustos et fortes fore, ita ut alienigenarum quoque castra funderent ?

« Castra verterunt exterorum. »

Samson.

VERS. 35. « Acceperunt mulieres de resurrectione mortuos suos. »

Ea narrat quæ prophetis acciderunt, Eliæ scilicet, et Eliseo. Isti namque mortuos ad vitam revocaverunt.

« Alii distenti sunt, non suscipientes redemptionem, ut meliorem invenirent resurrectionem. [VERS. 36, 37.] Alii ludibria et verbera experti, insuper et vincula et carceres. Lapidati sunt. »

Stephanus.

« Secti sunt, tentati sunt, in occisione gladii mortui sunt. »

Eos ex prophetis dicit qui interempti fuerunt, Isaiam puta, qui serra lignea sectus fuit.

« Circuierunt in melotis, et pellibus caprinis, egentes, angustiati, afflicti. » Elias.

VERS. 38-40. « Quibus dignus non erat mundus. In solitudinibus errantes, in montibus, et speluncis, et cavernis terræ ; et hi omnes testimonio fidei probati, non acceperunt repromissionem, Deo pro nobis melius aliquid providente, ut non sine nobis consummarentur. »

CAP. XII.

VERS. 1. « Ideoque et nos tantam habentes impositam nubem »

Eliam, ejusque socios dicit. Quidnam igitur hic erant accepturi ?

Mundum utique intelligere oportet eos qui sunt in mundo.

« Testium, deponentes omne pondus, »

Testes dicit, non modo qui sub novo testamento sunt, sed etiam qui sub veteri fuere. Nam et illi testimonium dederunt divinæ magnificentiæ.

« Et circumstans nos peccatum, per patientiam curramus ad propositum nobis certamen : [VERS. 2] aspicientes in auctorem fidei et consummatorem Jesum. »

Quod nos facile circumvenit, vel quod facile circumveniri queat. Atque hoc potius. Dummodo enim velimus, facili negotio possumus peccato superiores fieri.

« Qui, proposito sibi gaudio, sustinuit crucem, confusione contempta, in dextera sedis Dei sedet. »

Hoc est, in potestate illius erat nihil pati, si voluisset. Ipse vero nihilominus pertulit crucem, cum nulla necessitate ad crucem adigeretur. Nam nostri causa affixus est cruci.

VERS. 3-10. « Recogitate enim eum qui talem sustinuit a peccatoribus adversum semetipsum contradictionem, ut ne fatigemini, animis vestris deficientes. Nondum enim usque ad sanguinem restitistis, adversus peccatum repugnantes, et obliti estis consolationis quæ vobis tanquam filiis loquitur, dicens : Fili mi , noli negligere disciplinam Domini, neque fatigeris, dum ab eo argueris. Quem enim diligit Dominus, castigat : flagellat autem omnem filium quem recipit. In disciplina perseverate : tanquam filiis vobis offert se Deus. Quis autem filius quem non corripit pater ? Quod si extra disciplinam estis , cujus participes facti sunt omnes ; ergo adulteri , et non filii estis. Deinde patres quidem carnis nostræ eruditores habuimus, et reverebamur eos : non multo magis obtemperabimus »

Quod si ea quæ propinqui nostri passi sunt, nequaquam nos erigunt, inquit, at saltem quæ Dominus sustinuit, ad hoc excitant ut pro nostris animabus depugnemus.

« Patri spirituum, et vivemus? et illi quidem paucis diebus secundum voluntatem suam erudiebant nos ; hic autem ad id quod utile est, in participando sanctificationem ejus. [VERS. 11.] Omnis autem disciplina in præsenti quidem videtur non esse gaudii, sed mœroris : postea autem fructum pacatissimum iis qui per eam »

Vel donorum ait , seu gratiarum, vel precationum, vel virtutum.

« Exercitati sunt, reddit justitiæ. [VERS. 12-15.] Propter quod remissas manus et soluta genua erigite , et gressus rectos facite pedibus vestris, ut non claudicans quis erret , magis autem sanetur. Pacem sequimini cum omnibus, et sanctimoniam, sine qua nemo videbit Deum. Contemplantes ne quis desit gratiæ Dei. »

Pro eodem ac si diceret, qui diu sustinuerunt et perseveraverunt : ubi voce bene sonante utitur. Enimvero exercitatio disciplina est, quæ athletam robustum reddit , et insuperabilem in certaminibus, ac in præliis inexpugnabilem.

« Ne qua radix amaritudinis sursum germinans impediat, et per illam inquinentur multi. »

Etsi, inquit, ejusmodi radix exsistit, ne permittas ullum germen exsurgere ; sed amputa statim, ne fructus proferat.

VERS. 16. « Ne quis fornicator , aut profanus, ut Esau, qui propter unam escam vendidit primitiva sua. »

Hic oportet interpungere, ut sit **255** perfectus sensus, atque subjungitur , *aut profanus, ut Esau*. Atqui profanus fuit, quia gulosus et intemperans.

VERS. 17. « Scitote enim quoniam et postea cupiens hæreditare benedictionem, reprobatus est. Non enim invenit pœnitentiæ locum, quanquam cum lacrymis inquisisset eam. »

Hoc in loco hyperbato utitur. Huic itaque membro, *cupiens hæreditare benedictionem*, illud junge, *cum lacrymis inquirens eam ;* ut hic sit sensus : Cum et ipse hæreditate obtinere repromissionem cuperet, eamdemque promissionem cum lacrymis postularet, reprobatus fuit, *quia non invenit locum pœnitentiæ*. Non pœnituit illum, inquit. Quomodo enim, qui dicebat : *Appropinquabunt dies luctus patris mei, et occidam Jacob fratrem meum* [11]?

VERS. 18. « Non enim accessistis ad tractabilem montem, et accessibilem ignem, turbinem, et caliginem, et procellam. »

Multis jam in locis novum testamentum cum vetere contulit, ostenditque hoc illo longe præcellentius esse. Hic quoque per transennam utrumque comparat, et pro Moyse Jesum ponit, et pro populo multa angelorum millia, et pro monte cœlum.

VERS. 19-25. « Et tubæ sonum, et vocem verborum, quam qui audierunt, excusaverunt se, ne fieret eis verbum. Non enim portabant quod præcipiebatur : et si bestia tetigerit mortem, lapidabi-

---

[11] Gen. XXVII, 11.

tur. Et ita terribile erat quod videbatur : Moyses dixit : Exterritus sum et tremebundus. Sed accessistis ad Sion montem, et civitatem Dei viventis, Jerusalem cœlestem et multorum millium angelorum frequentiam, et Ecclesiam primitivorum, qui conscripti sunt in cœlis, et judicem omnium Deum, et spiritibus justorum perfectorum, et testamenti novi mediatorem Jesum, et sanguinis aspersionem melius loquentem quam Abel. Videte ne recusetis loquentem. »

Velut adveniente rege aliquo.

Quænam vero primitiva dicit, nisi fidelium?

« Si enim illi non effugerunt, recusantes eum qui super terram loquebatur, multo magis nos, qui de cœlis loquentem nobis avertimus. »

Moysem innuit. Atque hic sensus est : Si illi qui respuerunt illum a quo terrena promittebantur, non effugerunt (Moysem citat, quia hæc omnia figuræ erant, puta agri, possessiones, et terra Chananæorum), quanto graviores pœnas dabunt, qui aspernati illum fuerint, qui cœlestia pollicitus est!

VERS. 26. « Cujus vox movit terram tunc; nunc autem repromisit dicens : Adhuc semel, et ego movebo, »

Id est, legislatio, quæ in monte Sina contigit, percelluit aures, nec non liberatio ex Ægypto. Nam Scriptura dicit : *Deus, cum egredereris coram populo tuo, cum pertransires in deserto, terra mota est* [11].

Hoc est, vox per universam terram, quæ sub cœlo est, personans.

« Non solum terram, sed et cœlum. [VERS. 27.] Quod autem semel, dicit, declarat, »

256 Hoc dicit, qua novi testamenti traditio pacificavit, tum quæ in cœlis, tum quæ in terra sunt; et quia innotuit *potestatibus et principatibus per Ecclesiam multiformis sapientia Dei* [12].

« Mobilium translationem, tanquam factorum, ut maneant ea quæ sunt immobilia. [VERS. 28, 29.] Itaque regnum immobile suscipientes, »

Ita loquitur, eo quod transmutaverit legem in spiritualem agendi rationem.

« Habemus gratiam, per quam servimus placentes Deo cum metu et reverentia. Nam Deus noster ignis consumens est. »

CAP. XIII.

VERS. 1. « Charitas fraternitatis maneat, »

Grato animo serviamus, inquit, non murmurando, nec deficiendo in afflictionibus.

VERS. 2. « Hospitalitatem nolite oblivisci. Per hanc enim, »

Non dixit, susceptionem peregrinorum, sed, *propensam hospitalitatem :* hoc est, non simpliciter excipite peregrinos, sed cum dilectione et charitate.

« Latuerunt quidam, angelis hospitio receptis. [VERS. 3.] Mementote vinctorum, tanquam simul vincti; laborantium, tanquam et ipsi in corpore morantes. »

Idcirco magna merces data est Abrahæ, quia quos nesciebat angelos esse, hos excepit hospitio. Nam si rescisset, nihil admiratione dignum foret. Hoc etiam ad Lot spectat.

VERS. 4-7. « Honorabile connubium in omnibus, et torus immaculatus. Fornicatores enim et adulteros judicabit Deus. Sint mores sine avaritia, contenti præsentibus; ipse enim dixit : Non te deseram, neque derelinquam; ita ut confidenter dicamus : Dominus mihi adjutor : non timebo quid faciat mihi homo. Mementote præpositorum vestrorum, qui vobis locuti sunt verbum Dei. »

Per omnia sit cum decore et honore, nec inquinetur consortio cum extranea.

« Quorum considerantes exitum conversationis, imitamini fidem. [VERS. 8, 9.] Jesus Christus heri, et hodie ipse, et in sæcula. Doctrinis variis et peregrinis nolite abduci. Optimum est enim »

Considerantes, inquit, vitam eorum et conversationem, imitamini fidem. Quid considerantes? indesinenter in vobis versantes, investigantes, reputantes, inquirentes, diligenter expendentes, quoniam eorum conversatio faustum finem habet.

« Gratia stabilire cor, »

Sive fide.

« Non escis, quæ non profuerunt ambulantibus in eis. [VERS. 10-12.] Habemus altare, de quo edere non habent potestatem qui tabernaculo deserviunt. Quorum enim animalium infertur sanguis pro peccato in Sancta sanctorum per pontificem, horum corpora cremantur extra castra. Propter quod et Jesus, ut sanctificaret per suum sanguinem populum, »

Illos tacite innuit qui ciborum exclusionem introducebant.

257 « Extra portam passus est. [VERS. 13-16.] Exeamus igitur ad eum extra castra, improperium ejus portantes. Non enim habemus hic manentem civitatem, sed futuram inquirimus. Per ipsum ergo offerimus hostiam laudis semper Deo, hoc est fructum »

Id est, quandoquidem hæc patimur, communicemus passioni Christi.

« Labiorum confitentium nomini ejus. Beneficentiæ autem et communionis nolite oblivisci : talibus enim hostiis promeretur Deus. »

Gratiarum actionem Eucharistiamve offerendam dicit, et cuncta fortiter toleranda, etsi molesta videntur. Hoc pacto enim Deo proximi evadimus, quia et debitorem habemus Deum. Quando autem non, uti decet, patimur, Deo efficimur obnoxii et debitores; sed et frequenter id nobis in judicium

---

[11] Psal. LXVII, 8. [12] Coloss. I, 20.

vertitur: quinimo dolores et molestiæ sunt pœnæ peccatorum.

VERS. 17-24. « Obedite præpositis vestris, et subjacete. Ipsi enim pervigilant, quasi rationem pro animabus vestris reddituri, ut cum gaudio hoc faciant, et non gementes : hoc enim non expedit vobis. Orate pro nobis. Confidimus enim quia bonam conscientiam habemus in omnibus bene volentes conversari. Amplius autem deprecor vos hoc facere, quo celerius restituar vobis. Deus autem pacis, qui eduxit de mortuis pastorem magnum ovium, in sanguine testamenti æterni, Dominum nostrum Jesum, aptet vos in omni opere bono, ut faciatis ejus voluntatem : faciens in vobis quod placeat coram se per Jesum Christum, cui est gloria in sæcula sæculorum. Amen. Rogo autem vos, fratres, ut sufferatis verbum solatii. Etenim perpaucis scripsi vobis. Cognoscite fratrem nostrum Timotheum »

Quid ergo ait? nunquid, si malus est, obedire debemus? quomodo malum dixeris? Si quidem malus sit in causa fidei, fuge illum et devita, non solum si homo sit, sed et si de cœlo angelus descenderit. Sin vero in vitæ ratione, ne id curiosius inquiras. Nam audi quid Christus dicat : *Super cathedram Moysi sederunt Scribæ et Pharisæi*[14]. Cum multa illorum mala ante commemorasset, tunc ait, *Super cathedram Moysi sederunt. Omnia ergo quæcunque dixerint vobis ut faciatis, facite : secundum autem opera eorum nolite facere*[15]. Habent auctoritatem, inquit, sed vitam agunt impuram. Verum non vitæ, sed dictis animum adjicite. Nemo quippe ex eorum moribus detrimentum acceperit. Eccur vero? quoniam et manifesti sunt omnibus, et quamvis ille millies improbus sit, mala hæc nunquam docebit. De fide autem, non sic apud omnes constat, ubi malus ille docendi munus non detrectat. Quoniam et illud effatum, *Nolite judicare, ut non judicemini*[16], de vita, non de fide pronuntiatum est. Id quod sermonis series perspicuum facit. Quid vides, inquit, *festucam in oculo fratris tui, trabem autem in oculo tuo non vides*[17-18]? *Omnia ergo quæcunque dixerint vobis, facite ; secundum autem opera eorum nolite facere*. Vides igitur, non de doctrina, sed de vitæ ratione et operibus sermonem esse. Paulus itaque, **258** cum primum eos commendaverit, tunc dicit : *Obedite præpositis vestris, et subjacete*.

« Dimissum, cum quo (si celerius venerit) videbo vos. Salutate omnes præpositos vestros, et omnes sanctos. Salutant vos qui sunt de Italia. »

Dimissum. Unde reor illum in carcerem conjectum fuisse; sin vero, dimissum Athenis. Nam et hoc quoque in Actibus apostolorum habetur.

VERS. 25. « Gratia cum omnibus vobis. Amen. »

Quonam modo gratia nobiscum erit, si beneficentiæ Dei nequaquam injurii erimus?

Epistola ad Hebræos ex Italia scripta est per Timotheum. Versibus 705.

(Epistolam ad Hebræos edisserit Clemens, cujus meminit Paulus, quique Romanorum episcopus fuit : ut nempe cum Apostolus eam Hebraico idiomate scripsisset, in Græcum translata sit, ut quidem nonnullis placet, a Luca evangelista; ut aliis vero, ab eodem Clemente.)

[14] Matth. XXIII, 2. [15] ibid. 3. [16] Matth. VII, 1. [17-18] ibid. 4.

IN EPISTOLAM PRIMAM AD TIMOTHEUM.

CAPUT PRIMUM.

VERS. 1, 2. « Paulus apostolus Jesu Christi secundum imperium Dei Patris nostri, et Domini nostri Jesu Christi spei nostræ, Timotheo dilecto filio in fide. »

Quoniam magnum certamen incumbebat discipulo, cum vinctus esset propter prædicationem, eam ob causam statim ab exordio animum illius erigit, Deum *Salvatorem* vocat; perinde ac si diceret : Non nos oportet in afflictionibus concidere animo, qui Deum habeamus Salvatorem et Christum spem.

Invenimus enim Spiritum edixisse : *Segregate mihi Paulum et Barnabam*[19].

« Gratia, misericordia, pax a Deo Patre et Christo Jesu Domino nostro. »

Atque hoc est afflictionis levamentum et solamen. Nusquam misericordiam his in locis memoravit.

VERS. 3. « Sicut rogavi te ut remaneres Ephesi, cum irem in Macedoniam. »

Non magistri more loquitur, sed pene famuli ; ut discipulum doceat modeste ac demisse sapere.

« Ut denuntiares quibusdam non aliter docere. »

Non eos nominatim indicat, ne impudentiores fierent.

VERS. 4. « Neque intenderent fabulis, »

Fabulosis utique Judæorum traditionibus, quos etiam propheta coarguit dicens : *Docentes doctrinas et mandata hominum*[20]. Nam neglecta legis expositione, traditiones suas excogitaverant.

« Et genealogiis interminatis. »

[19] Act. XIII, 2. [20] Isa. XXIX, 13.

Genealogias vocat, theogonias Græcorum, longas series deorum. Hortatur ergo discipulum **259** ut eos disturbet qui fabulas Judaicas amplecterentur, nec illos loqui sineret qui Græcanicis erroribus addicti essent, nec veluti concatenationes deorum inferre.

« Quæ quæstiones præstant magis, quam dispensationem Dei in fide. »

Istæ doctrinæ, inquit, cum nulli adjumento sint, hominem insuper a dispensatione Dei avertunt. *Dispensationem* autem *Dei* appellat incarnationis mysterium.

Vers. 5. « Finis autem præcepti est charitas de corde puro, et conscientia bona, et fide non ficta. »

Id est, summa mandatorum est sermo de charitate. Quemadmodum autem Scriptura Christum finem legis dicit [11], hoc est complementum et summarium ; sic et hoc in loco vocabulum *finis* usurpavit. Bene vero adjecit, *de corde puro* ; quoniam et malorum est amicitia, qualis fuerat eorum qui unanimi consilio Christum impie afflixerunt.

Vers. 6. « Quorum quidam aberrantes, conversi sunt in vaniloquium. »

A charitate, ait, et conscientia bona, et fide non simulata.

Vers. 7. « Volentes esse legis doctores, non intelligentes, neque de quibus loquuntur, neque de quibus affirmant. »

Libido quippe dominandi eos cogit ut magisterii munus arripiant.

Vers. 8, 9. « Scimus autem quia bona est lex, si quis ea legitime utatur. Hoc sciens, »

Legitime, inquit, id est, per opera legem implendo. Rursumque *legitime* dicitur, dum aliquis legi morem gerit. Legi vero ille morem gerit, qui Christum suscipit : quia nempe hæc nos mysterium ejus docebat, quod umbratice delinearet.

« Quia lex justo non est posita. »

Proximus sensus est, justum minime obnoxium esse supplicio. Spiritualior vero, eum qui justus factus sit, liberum esse a molestis jussionibus legis, ut qui non amplius opus lacte habeat, sed robusto jam cibo vescatur.

« Sed injustis, et non subditis, impiis et peccatoribus, sceleratis et contaminatis, parricidis et matricidis, homicidis, [Vers. 10] fornicariis, masculorum concubitoribus, plagiariis, mendacibus, et perjuris, et si quid aliud sanæ doctrinæ adversatur. »

His verbis Judæos innuit. Nullum quippe genus iniquitatis fuit quod illi non perpetrarint. Propterea severissima lex eis imposita est, quæ prævaricatores puniret.

Vers. 11-14. « Secundum Evangelium gloriæ beati Dei, quod creditum est mihi. Et gratias ago ei qui me confortavit, Christo Jesu Domino nostro. »

Nullam ob causam alteram *Evangelium gloriæ* dicit, nisi quia eos alloquitur, quibus, cum insectationes, tum Christi passio opprobrio erant. Vel forsan futura bona innuit.

260 « Qui me fidelem existimavit, ponens in ministerio ; qui prius blasphemus fui, et persecutor, et contumeliosus ; sed misericordiam Dei consecutus sum, quia ignorans feci in incredulitate. Superabundavit autem gratia Domini nostri cum fide et dilectione, quæ est in Christo Jesu. »

Quoniam dixerat, *Evangelium gloriæ Dei creditum est mihi* ; cum magnum quid pronuntiasse videretur, ne putarent aliqui id ab ipso factum ostentationis ergo, vide quomodo hoc corrigit, indignum seipsum dicens illo munere propter præteritam ignorantiam. Una vero Dei misericordiam et humanitatem extollit, anteactam vitam suam enarrando.

Vers. 15, 16. « Fidelis sermo et omni acceptione dignus, quod Jesus Christus venit in hunc mundum peccatores salvos facere, quorum primus ego sum. Sed ideo misericordiam consecutus sum, ut in me primo ostenderet Christus Jesus omnem patientiam. »

Tam magnæ sunt beneficentiæ Dei, tamque humanam exspectationem et spem omnem excedunt, ut eis sæpe fides denegetur. Ea quippe donavit nobis, quæ mens hominis, nec novit unquam, nec cogitavit, aut exspectavit. Quapropter, priusquam ea edisserat, præfatur et ait : *Fidelis sermo et omni acceptione dignus.* Ac si dicat : Nemo ea credere renuat, quæ narraturi sumus.

« Ad informationem eorum qui credituri sunt illi in vitam æternam. [Vers. 17, 18.] Regi autem sæculorum immortali et invisibili, soli Deo, honor et gloria, in sæcula sæculorum. Amen. Hoc præceptum commendo tibi, fili Timothee. »

Deus, inquit, quo persuaderet hominibus, cuncta illis condonari, ipse me suscepit.

« Secundum præcedentes in te prophetias, ut milites in illis bonam militiam, [Vers. 19] habens fidem et bonam conscientiam. »

Prophetiam hic appellat ordinationem, per quam Spiritum acceperat. Plurali autem eas numero exprimit, velut significans, tum illam cum qua Timotheum acceperat, cum qua et ipsum circumciderat, et cum qua ordine sacro eumdem initiaverat.

« Quam quidam repellentes, circa fidem naufragaverunt, [Vers. 20] ex quibus est Hymenæus et Alexander, quos tradidi Satanæ. »

Nam ubi vita deposita est, et ejusmodi dogma in lucem editur, ac plurimos videas in profundum malorum corruere, et ad gentilem ritum converti. Ut enim futurorum metu minime crucientur, ani-

---

[11] Rom. x, 4.

imo persuadere student falsa esse quæcunque nos tradimus.

« Ut discant non blasphemare. »

CAP. II.

Vers. 1. « Obsecro igitur primum fieri obsecrationes, postulationes, et gratiarum actiones pro omnibus hominibus. »

Non ut eos doceat, inquit, sed ut *discant*. Non enim hoc ille præstat, sed inflictione pœnæ id accidit.

Vers. 2-6. « Pro regibus et omnibus qui in sublimitate sunt, 261 ut quietam et tranquillam vitam agamus in omni pietate et castitate. Hoc enim bonum est et acceptum coram Salvatore Deo nostro, qui vult omnes homines salvos fieri, et ad agnitionem veritatis venire. Unus enim Deus, unus mediator Dei et hominum, homo Christus Jesus, qui dedit semetipsum. »

Quia principes tunc temporis Christianos maxime insectabantur, orandum esse pro ipsis ait, ut fideles discant eos non odisse. Hoc nempe docens, quod Dominus his verbis præceperat: *Orate pro persequentibus vos*[11]. Quapropter adjecit: *Hoc bonum est et acceptum.*

« Redemptionem pro omnibus, testimonium, »

Cum ob peccata sua puniendi essent, inquit, horum vice Filium suum dedit.

Temporibus suis; [Vers. 7, 8] in quo positus sum ego prædicator et Apostolus (veritatem dico, et non mentior), magister gentium in fide et veritate. Volo ego viros orare »

Id est, uti congruebat.

« In omni loco, levantes puras manus sine ira et disceptatione. »

Ostendit sacrificio Christi factum esse ut omnis orbis terræ locus Jerusalem evaderet. *Puras manus* dicit, ut ipsos doceat ab omni peccato puros esse, velut ante dixerat. Illud vero, *sine ira*, idem est atque injuriarum immemores. Istud etiam, *et disceptationibus*, omnem hæsitationem adimit, et ejusmodi dubietatem; num forte eorum quæ a Deo postulant, compotes essent futuri.

Vers. 9, 10. « Similiter et mulieres in habitu ornato cum verecundia et sobrietate ornantes se, et non in tortis crinibus, aut auro, aut margaritis, vel veste pretiosa; sed quod decet mulieres, promittentes pietatem per bona opera. »

Hoc est, undequaque debent modesto vestitu uti: id quod multi timoris argumentum est.

Vers. 11-13. « Mulier in silentio discat cum subjectione. Docere autem mulieri non permitto, neque dominari in virum, sed esse in silentio. Adam primus formatus est, deinde Eva. »

Cum velit loquacitatis occasiones eis amputare, nec permittit ut doceant. Hæc enim est honestas illa de qua locutus erat, præcipiendo ne ullatenus loquerentur. Insuper autem et hic causam affert quod nempe cum semel docuerit, vir ab ipsa dejectus sit, et inobsequens redditus.

Vers. 14, 15. « Et Adam non est seductus; mulier autem seducta in prævaricatione fuit. Salvabitur autem per filiorum generationem, si maneant in fide, et dilectione, et sanctificatione cum sobrietate. »

In comparationem mulieris seductum non esse virum dicit. Rursum vero non de Adamo scriptum est: *Vidit lignum quod esset bonum ad vescendum*, sed de muliere: *Et comedit, deditque viro suo*[12]. Quamobrem ille non appetitui obtemperando mandatum violavit, sed obsequendo mulieri.

CAP. III.

« Fidelis sermo. »

262 Perinde est ac si diceret: Ne mœsto animo sitis, ac si sexui vestro detrahatur. Alteram vobis Deus occasionem porrexit salutis, liberorum videlicet educationem, ut non modo per vos ipsæ salvæ sitis, verum etiam per alios. Enimvero salvæ fiunt, quia athletas Deo nutriunt. Quodque hoc eis conducat ad salutem, intulit his verbis: *Fidelis sermo*. Quasi dicat: Nemo revocet in dubium, quin per filiorum generationem salutem obtineant. Non enim hoc exiguum aliquid est, filios Deo dedere, qui ab ipsomet dati sunt.

« Si quis episcopatum desiderat, bonum opus desiderat. Oportet ergo episcopum »

Non culpo, inquit. Opus quippe regiminis est, si quis hoc desiderium habet, ut neque primatum, neque honorem qui ex eo consequitur, tantummodo cupiat. Quin nec regiminis studium taxo: quandoquidem et Moyses prima ætate hoc æmulatus est, ut fratribus suis prospiceret[13].

Irreprehensibilem esse, »

Una dictione genus omne virtutis habendum ei præscripsit.

Unius uxoris virum, sobrium, prudentem, ornatum, hospitalem, doctorem: [Vers. 3-5] non vinolentum, non percussorem: non turpis lucri cupidum, sed modestum, non litigiosum, non cupidum, domui suæ bene præpositum, »

Ne hoc illis impedimento sit, qui jam ante uxores duxerint; vel ad differentiam doctorum Judæorum, quibus fas erat duas etiam uxores habere: id quod magis consentaneum est.

« Filios habentem subditos cum omni castitate. Si quis autem domui suæ præesse nescit, quomodo Ecclesiæ Dei diligentiam habebit? »

Condecet enim ut e re domestica exempla præbeat, posse se recte filios secundum Deum instituere.

Vers. 6. « Non neophytum, ne in superbiam elatus »

---

[11] Matth. xxii, 44. [12] Gen. iii, 6. [13] Exod. ii, 11.

Enim dicit qui nuper eruditus sit, non qui junioris ætatis.

« In judicium incidat diaboli. »

Id est, in eamdem condemnationem, quam ille ob superbiam sustulit.

VERS. 7-9. « Oportet illum et testimonium habere bonum ab iis qui foris sunt, ne in opprobrium incidat, et in laqueum diaboli. Diaconos similiter pudicos, non bilingues, non vino multo deditos, non turpe lucrum sectantes, habentes mysterium fidei. »

Omnino debet, inquit, homines in sui admirationem trahere, et justus esse, ut ab ipsismet inimicis testimonium habeat. Id quod perinde est atque illud effatum : *Luceat lux vestra coram hominibus*[18].

« In conscientia pura. [VERS. 10-15.] Et hi quidem probentur primum, et sic ministrent, nullum crimen habentes. Mulieres similiter pudicas, non detrahentes, sobrias, fideles in omnibus. Diaconi sint unius uxoris viri, qui filiis suis bene præsint, et suis domibus. Qui enim bene ministrant, gradum bonum sibi acquirunt, et multam fiduciam in fide, quæ est in Christo Jesu. Hæc tibi scribo, sperans me ad te 263 venire cito. Si autem tardavero, ut scias quomodo oporteat te in domo Dei conversari, quæ est Ecclesia Dei vivi, columna et firmamentum veritatis. »

Hoc est, qui recta fide instructi sint, nihilque dolosi ei admisceant.

VERS. 16. « Et manifeste magnum est pietatis sacramentum. Deus manifestatus est in carne. »

Ne mihi tintinnabula narraveris, inquit ; ne Sancta sanctorum, ne summum sacerdotem. Ecclesia est orbis columna ; sacramentum magnum est, ac pietatis sacramentum ; idque in confesso est, non in ancipiti. Nam hoc est indubitatum.

« Justificatus est in spiritu. »

Ita loquitur, quoniam ille qui consimili modo ac nos participavit carnem et sanguinem, nequaquam peccatum admisit, nec inventus est dolus in ore ejus.

« Apparuit angelis, prædicatus est gentibus, creditus est in mundo, assumptus est in gloria. »

CAP. IV.

VERS. 1-3. « Spiritus autem manifeste dicit : quia in novissimis temporibus discedent quidam a fide. »

Itaque angeli, quemadmodum et nos Dei Filium conspexere, quem ante non viderant.

« Attendentes spiritibus erroris, et doctrinis dæmoniorum, in hypocrisi loquentium mendacium, cauteriatam habentium suam conscientiam, prohibentium nubere, abstinere a cibis quos Deus creavit ad percipiendum cum gratiarum actione fidelibus, et iis qui cognoverunt veritatem. »

[18] Matth. v, 16.

Hæc omnia adversus Manichæum et Marcionem dicuntur.

VERS. 4-6. « Quia omnis creatura Dei bona est, et nihil rejiciendum quod cum gratiarum actione percipitur. Sanctificatur enim per verbum Dei et orationem. Hæc proponens fratribus, bonus eris minister Jesu Christi. »

Hic duo capita statuit : unum quidem, nullam rem creatam communem esse aut immundam : alterum, etsi quidpiam vel suspicione immundum habetur, remedium in promptu esse, nimirum consignando gratias age : gloriam præbe Deo, et impuritas omnis avolabit.

« Enutritus verbis fidei et bonæ doctrinæ, quam assecutus es. »

Assiduam erga ista attentionem præferens.

VERS. 7. « Ineptas autem et aniles quæstiones devita. »

Fabulares Judæorum traditiones dicit.

« Exerce autem teipsum »

Qui se exercet, valde desudat.

« Ad pietatem. »

Id est fidem et vitam puram.

VERS. 8. « Nam corporalis exercitatio ad modicum prodest, pietas autem ad omnia utilis est. »

Quidam aiunt hoc de jejunio dictum esse. Apage : non hoc est exercitatio corporalis, sed spiritualis. Nam si corporalis esset, corpus nutriret. Sin vero illud marcescere facit et attenuat, ejusque vires atterit, corporalis non fuerit. Igitur de exercitatione corporis loquitur, ut e re nostra sit 264 exercitationi animi operam dare. Illa enim nihil compendii habet, parumque prodest corpori. Pietatis autem exercitatio, cum in ævo futuro fructum retribuit, tum et in præsenti recreat.

« Promissionem habens vitæ, quæ nunc est, et futuræ. »

Igitur nunc quoque in spe bona versamur. Nam qui nihil sibi conscius est, hic etiam oblectatur. Quemadmodum malus istic quoque pœnas luit.

VERS. 9. « Fidelis sermo et omni acceptatione dignus. »

Hoc est, verus est, cum hic, tum illic.

VERS. 10, 11. « In hoc enim laboramus et maledicimur, quia speramus in Deum vivum, qui est salvator omnium hominum, maxime fidelium. Præcipe hæc et doce. »

Id est : Eccur enim laboribus nos conficimus, nisi res futuras speraremus ?

VERS. 12, 13. « Nemo adolescentiam tuam contemnat ; sed exemplum esto fidelium, in verbo, in conversatione, in charitate, in spiritu, in fide, in castitate. Dum venio, attende lectioni, exhortationi et doctrinæ. »

Ostende opera, inquit, canitie digna : quæ subinde etiam enarrat.

VERS. 14, 15. « Noli negligere gratiam quæ in te

est, quæ data est tibi cum impositione manuum presbyterii. Hæc meditare: in istis esto, »

Doctrinam ait.

« Ut profectus tuus manifestus sit in omnibus. [Vers. 16.] Attende tibi et doctrinæ: insta in illis. Hoc enim faciens, teipsum salvum facies, et eos qui te audiunt. »

Non in vita solum, sed et in verbo doctrinæ.

CAP. V.

Vers. 1-4. « Seniorem ne increpaveris: sed obsecra ut patrem; juvenes ut fratres; anus ut matres; juvenculas ut sorores, in omni castitate. Viduas honora, quæ vere viduæ sunt. Si quæ autem vidua filios aut nepotes habet, discat primum, »

De quocunque, qui provectæ sit ætatis, loquitur.

« Domum suam regere, et mutuam vicem reddere parentibus. Hoc enim acceptum est coram Deo. [Vers. 5-7.] Quæ autem vere vidua est, et desolata, speret in Deum, et instet obsecrationibus et orationibus nocte et die. Nam quæ in deliciis est, vivens mortua est. Et hæc præcipe, ut irreprehensibiles sint. »

Idem est ac, bene gerere.

Vers. 8. « Si quis autem suorum, et maxime domesticorum curam non habet, »

Eos ait qui genere propinqui sunt; quemadmodum et Isaias: *Affines generis tui non aspernaris*[16].

« Fidem negavit, et est infideli deterior. [Vers. 9-15.] Vidua eligatur non minus sexaginta annorum, quæ 265 fuerit unius viri uxor; in operibus bonis testimonium habens: si filios educavit, si hospitio recepit, si sanctorum pedes lavit, si tribulationem patientibus subministravit, si omne opus bonum subsecuta est. Adolescentiores autem viduas devita. Cum enim luxuriatæ fuerint in Christum, nubere volunt, habentes damnationem, quia primam fidem irritam fecerunt. Simul autem et otiosæ discunt circuire domos: non solum otiosæ, sed et verbosæ, et curiosæ, loquentes quæ non oportet. Volo ergo juniores nubere, filios procreare, matresfamilias esse, nullam occasionem dare adversario maledicti gratia. Jam enim quædam conversæ sunt retro Satanam. »

Quia infidelis ille, etsi extraneos despicit, propinquos tamen non aspernatur. Atqui *fidem* compactum dicit.

Vers. 16-25. « Si quis vir aut mulier fidelis habet viduas, subministret illis, et non gravetur Ecclesia, ut iis quæ vere viduæ sunt, sufficiat. Qui bene præsunt presbyteri, duplici honore habeantur, maxime qui laborant in verbo et doctrina. Dicit enim Scriptura: Non alligabis os bovi trituranti [17]; et, Dignus est operarius mercede sua [18]. Adversus presbyterum accusationem noli recipere, nisi sub duobus aut tribus testibus. Peccantes coram omnibus argue, ut et cæteri timorem habeant. Obtestor coram Deo et Domino Jesu Christo, et electis angelis, ut hæc custodias, sine præjudicio, nihil faciens in alteram partem declinando. Manus cito nemini imposueris, neque communicaveris peccatis alienis. Teipsum castum custodi. Noli adhuc aquam bibere, sed modico vino utere propter stomachum tuum, et frequentes tuas infirmitates. Quorumdam hominum peccata manifesta sunt, præcedentia ad judicium: quosdam autem et subsequuntur. Similiter et facta bona manifesta sunt, et quæ aliter se habent, abscondi non possunt. »

CAP. VI.

Vers. 1-5. « Quicunque sunt sub jugo servi, dominos suos honore dignos arbitrentur, ne Dei nomen et doctrina blasphemetur. Qui autem fideles habent dominos, non contemnant, quia fratres sunt; sed magis serviant, quia fideles sunt et dilecti, qui beneficii participes sunt. Hæc doce et exhortare. Si quis aliter docet, et non acquiescit sanis sermonibus Domini nostri Jesu Christi, et ei quæ secundum pietatem est doctrinæ, superbus est, nihil sciens, sed languens circa quæstiones et pugnas verborum, ex quibus oriuntur invidiæ, contentiones, blasphemiæ, suspiciones, »

Id est, opiniones et dogmata prava. Tunc de Deo existimationes malesanas habemus, quando in quæstiones incidimus.

Vers. 5-10. « Conflictationes hominum mente corruptorum, et qui veritate privati sunt, existimantium quæstum esse pietatem. Est autem quæstus magnus pietas cum sufficientia. Nihil enim intulimus in mundum; haud dubium quod nec auferre quid possimus. Habentes autem alimenta et quibus tegamur, his contenti simus. Qui autem volunt divites fieri, incidunt in tentationem, et in laqueum diaboli, et desideria multa absurda et nociva, quæ mergunt homines in interitum et perditionem. Radix enim omnium malorum est cupiditas: quam quidam appetentes erraverunt a fide, et inseruerunt se doloribus multis. »

266 Quemadmodum, inquit, oves scabiosæ, si cum aliis habitent, cæteras etiam quæ sanæ sunt, morbo inficiunt suo, sic et mali homines.

Vers. 11-14. « Tu autem, o homo Dei, hæc fuge: sectare vero justitiam, pietatem, fidem, charitatem, patientiam, mansuetudinem. Certa bonum certamen fidei, apprehende vitam æternam, in qua vocatus es, et confessus es bonam confessionem coram multis testibus.

« Præcipio tibi coram Deo qui vivificat omnia, et Christo Jesu qui testimonium reddidit sub Pon-

---

[16] Isa. LVIII, 7, sec. LXX. [17] Deut. XXV, 4; I Cor. IX, 9. [18] Matth. X, 7.

tio Pilato, bonam confessionem, ut serves mandatum sine macula, irreprehensibile. »

Rursus eum bono esse animo jubet, his fere verbis : Ne mortem timeas. Nam servus es Dei, qui potest vivos procreare.

« Usque ad adventum Domini nostri Jesu Christi; [Vers. 15] quem suis temporibus ostendet. »

Id est, ut quando manifestus erit, plenum illud servasse reperiaris.

« Beatus et solus potens, Rex regum, et Dominus dominantium; [Vers 16-19.] qui solus habet immortalitatem, et lucem inhabitat inaccessibilem, quem nullus hominum vidit, nec videre potest; cui honor et imperium sempiternum. Amen. Divitibus hujus sæculi præcipe non sublime sapere, neque sperare in incerto divitiarum, sed in Deo vivo (qui præstat nobis omnia abunde ad fruendum) bene agere, divites fieri in bonis operibus, facile tribuere, communicare, thesaurizare sibi »

His rursum verbis illum edocet ne metu prædicationem prodat.

« Fundamentum bonum in futurum, ut apprehendant veram vitam. [Vers. 20, 21.] O Timothee, depositum custodi, devitans profanas vocum novitates, et oppositiones falsi nominis scientiæ; quam quidam promittentes, circa fidem exciderunt. Gratia tecum. Amen. »

Nihil instabile, sed firma omnia, immobilia, solida, permanentia.

Ad Timotheum prima scripta est Laodicea, quæ est metropolis Phrygiæ Pacatianæ. Versus 201.

IN EPISTOLAM SECUNDAM AD TIMOTHEUM.

CAPUT PRIMUM.

Vers. 1-7. « Paulus apostolus Christi Jesu per voluntatem Dei, secundum promissionem vitæ, quæ est in Christo Jesu, Timotheo charissimo filio, gratia, misericordia, pax a Deo Patre, et Christo Jesu Domino nostro. Gratias ago Deo, cui servio a progenitoribus in conscientia pura, quod sine intermissione habeam tui memoriam in orationibus meis, die ac nocte, desiderans te videre, memor lacrymarum tuarum, ut gaudio implear, recordationem accipiens ejus fidei quæ est in te non ficta, quæ et habitavit primum in avia tua Loide, **267** et matre tua Eunice; certus sum autem quod et in te. Propter quam causam admoneo te ut resuscites gratiam Dei, quæ est in te per impositionem manuum mearum. Non enim dedit nobis Deus spiritum timoris, sed virtutis, et dilectionis, et sobrietatis. »

Cum scripsisset se profecturum ad illum, prohibitus fuit, vinctusque Romam perductus. Quapropter necesse fuit ut alteram ad eumdem epistolam daret.

Prima laus discipuli, quod ex familia sit Christo jampridem mancipata.

Vers. 8, 9. « Noli igitur erubescere testimonium Domini nostri, neque me vinctum ejus; sed collabora Evangelio secundum virtutem Dei, qui nos liberavit, et vocavit vocatione sua sancta, non secundum opera nostra, sed secundum propositum suum et gratiam, quæ data est nobis in Christo Jesu ante tempora sæcularia. »

Tametsi hæc patiare inquit, *noli erubescere*.

Vers. 10, 18. Manifestata est autem nunc per illuminationem Salvatoris nostri Jesu Christi, qui destruxit mortem, illuminavit autem vitam et incorruptionem per Evangelium ; in quo positus sum ego prædicator, et apostolus, et magister gentium. Ob quam causam etiam hæc patior, sed non confundor. Scio enim cui credidi, et certus sum quia potens est depositum meum servare in illum diem. Formam habe sanorum verborum, quæ a me audisti in fide et in dilectione in Christo Jesu. Bonum depositum custodi, per Spiritum sanctum qui habitat in nobis. Scis hoc, quod aversi sunt a me omnes qui in Asia sunt, ex quibus est Phygelus et Hermogenes. Det misericordiam Dominus Onesiphori domui : quia sæpe me refrigeravit, et catenam meam non erubuit : sed cum Romam venisset, sollicite me quæsivit et invenit. Det illi Dominus invenire misericordiam a Domino in illa die. Et quanta Ephesi ministravit mihi, tu melius nosti. »

CAP. II.

Vers. 1 seqq. « Tu ergo, fili mi, confortare in gratia quæ est in Christo Jesu ; et quæ audisti a me per multos testes, hæc commenda fidelibus hominibus, qui idonei erunt et alios docere. Tu ergo labora sicut bonus miles Jesu Christi. Nemo militans Deo implicat se negotiis sæcularibus, ut ei placeat qui se probavit. Laborantem agricolam oportet primum de fructibus percipere. Intellige quæ dico : dabit enim tibi Dominus in omnibus intellectum. Memor esto Dominum Jesum Christum resurrexisse a mortuis ex semine David secundum Evangelium meum, in quo laboro usque ad vincula quasi male operans, sed verbum Dei non est alligatum. Ideo omnia sustineo propter electos, ut et ipsi salutem consequantur, quæ est in Christo Jesu cum gloria æterna. Fidelis sermo ; nam si commortui sumus, et convivemus ; si sustinemus, et regnabimus. Si negaverimus, et ille negabit nos ; si non credimus, ille fidelis permanet : negare se ipsum non potest. Hæc commone, testificans coram Domino. Noli contendere verbis : ad nihil enim utile est, nisi ad subversionem audientium. Sollicite cura teipsum probatum exhibere Deo, operarium inconfusibilem, recte tractantem verbum veritatis. Profana autem et vaniloquia devita ; multum enim proficiunt ad impietatem : et sermo eorum ut cancer serpit : ex quibus est Hymenæus et Philetus, qui a veritate exciderunt, dicentes resurrectionem esse jam factam, et subverterunt quorumdam fidem. Sed firmum fundamentum Dei stat, habens signaculum hoc : Cognovit Dominus qui sunt ejus; et discedat ab iniquitate omnis qui nominat nomen Domini. In magna autem domo, non solum sunt vasa aurea et argentea, sed et lignea et fictilia : et quædam quidem in honorem, quædam autem in contumeliam. Si quis ergo emundaverit se ab istis, erit vas in honorem, sanctificatum et utile Domino ad omne opus bonum paratum. Juvenilia autem desideria fuge, sectare vero justitiam, fidem, charitatem, et pacem cum iis qui invocant Dominum de corde puro. Stultas autem et sine disciplina quæstiones devita ; sciens quia generant lites. Servum autem Domini non oportet litigare ; sed mansuetum esse ad omnes, docibilem, patientem, cum modestia corripientem eos qui resistunt : nequando Deus det illis pœnitentiam ad cognoscendam veritatem, et resipiscant a diaboli laqueis, in quo captivi tenentur ad ipsius voluntatem. »

CAP. III.

VERS. 1, 11. « Hoc autem scitote, quod in novissimis diebus instabunt tempora periculosa. Erunt enim homines seipsos amantes, cupidi, elati, superbi, blasphemi, parentibus non obedientes, ingrati, scelesti, sine affectione, sine pace, criminatores, incontinentes, immites, sine benignitate, proditores, protervi, tumidi, et voluptatum amatores magis quam Dei ; habentes quidem speciem pietatis, virtutem autem ejus abnegantes. Et hos devita : ex his enim sunt qui penetrant domos, et captivas ducunt mulierculas oneratas peccatis, quæ ducuntur variis desideriis : semper discentes, et quæ nunquam ad scientiam veritatis possunt pervenire. Quemadmodum autem Jannes et Jambres restiterunt Moysi ; ita et hi resistent veritati : homines corrupti mente, reprobi circa fidem, sed ultra non proficient. Insipientia enim eorum manifesta erit omnibus, sicut et illorum fuit. Tu autem assecutus es meam doctrinam, institutionem, propositum, fidem, longanimitatem, dilectionem, patientiam, persecutiones, passiones ; qualia mihi facta sunt Antiochiæ, Iconii, in Lystris, quales persecutiones sustinui. »

Innuit ea quæ Theclæ causa perpessus erat.

« Et ex omnibus eripuit me Dominus. [VERS. 12.] Et omnes qui pie volunt vivere in Christo Jesu, persecutionem patientur. »

Horum meminit, ut recentiorum ; alia vero prætermisit, ut quæ Timotheo comperta essent.

VERS. 13-15. « Mali autem homines et seductores proficient in pejus ; errantes et in errorem mittentes. Tu vero permane in iis quæ didicisti, et certa fide tenes ; sciens a quo didiceris. Et quia ab infantia »

Hic afflictiones significat, et acerbitates, quæ in arcta angustaque virtutis via occurrunt.

« Sacras litteras nosti, quæ te possunt instruere ad salutem, per fidem quæ est in Christo Jesu. »

Legem ait et prophetas, quæ valerent eum ad sapientiam, id est ad Christum provehere. In eo siquidem impleta est lex ac prophetæ. Quod autem Scripturam nosset, manifestatum est, quandoquidem ipse Lucas scribit quod ex Judæa matre ortus esset, id est, quæ ex Judæo genere in Christum crediderat.

VERS. 16, 17. « Omnis Scriptura divinitus inspirata, utilis est ad docendum, ad arguendum, ad corripiendum, ad erudiendum in justitia : ut perfectus sit homo Dei ad omne opus bonum instructus. »

CAP. IV.

VERS. 1. « Testificor igitur ego coram Deo et Domino Jesu Christo, qui judicaturus est. »

Postquam ex omni capite eum est cohortatus et consolatus, addit tandem perfectius argumentum ex Scripturis. Et consulto quidem ; quoniam discipulo grave quoddam et triste indicaturus erat, suam videlicet mortem.

Scripturam illam ait, de qua modo ante dixerat : *Ab infantia Litteras sacras nosti.*

« Vivos et mortuos, per adventum ejus et regnum ejus. [VERS. 2] Prædica verbum, insta »

Peccatores et justos dicit : vel quod multi in vivis superstites erunt.

« Opportune, importune : argue, increpa, obsecra in omni patientia et doctrina. [VERS. 3, 4.] Erit enim tempus cum sanam doctrinam non sustinebunt, sed ad sua desideria coacervabunt sibi magistros, »

Hoc est, Nullum tempus definitum habe : semper tibi tempus adsit, ut non modo in pace, aut quando bono es animo, aut quando in Ecclesia versaris, tunc solum doceas ; dumque pericula ingruunt, desistas : sed sive carcere inclusus sis, sive catena vinctus, non cesses a prædicatione.

« Prurientes auditum, et a veritate quidem auditum avertent, ad fabulas autem convertentur. [VERS. 5, 6.] Tu vero vigila, in omnibus labora, opus fac evangelistæ, ministerium tuum imple. Ego enim jam delibor, et tempus resolutionis meæ instat. »

Hoc est, oblectantes auditum.

VERS. 7-9. « Bonum certamen certavi, cursum consummavi, fidem servavi. De reliquo reposita est mihi corona justitiæ, quam reddet mihi Dominus in illa die justus judex. Non solum autem mihi, sed et iis qui diligunt adventum ejus. Festina ad me venire cito. Demas enim me reliquit, »

Discipuli mœrorem solari cupit, bono animo esse jubens; quoniam ad coronam omnibus rite peractis ipse pergebat. Lætari juvat, inquit, non dolere.

« Diligens hoc sæculum, et abiit Thessalonicam. »

Id est, requiem et delicias.

Vers. 10-12. « Crescens in Galatiam; Titus in Dalmatiam; Lucas est mecum solus. Marcum assume, et adduc tecum; est enim mihi utilis in ministerium. Tychicum autem misi Ephesum. »

Hos non taxat; quippe qui prædicationis ergo missi erant.

Vers. 13-15. **270** « Penulam autem quam reliqui Troade apud Carpum, affer tecum, et libros, maxime membranas. Alexander ærarius multa mala mihi ostendit. Reddat illi Dominus secundum opera ejus : quem et tu devita; valde enim restitit verbis nostris. »

Peram dicit, in qua libros et chartas asservabat. Ubi nos docet ut ad extremum usque spiritum, quamlibet vinculis detineamur, divina eloquia indesinenter meditemur.

Judaicum dicit involucrum legis.

Vers. 16, 17. « In prima mea defensione nemo mihi adfuit, sed omnes me dereliquerunt : non illis imputetur. Dominus autem mihi astitit, et confortavit me. »

Jam enim semel in jus venerat coram Nerone, et immunis evaserat.

« Ut per me prædicatio impleatur, et audiant omnes gentes : et liberatus sum de ore leonis. »

Ut manifesta fiat omnibus prædicationis ostensio. Neque vero hoc ait ut se dignum jactet, sed propter prædicationem; ac si quis purpuram et diadema gestans, per hæc servetur.

Leonem appellat Neronem.

Vers. 18-21. « Et liberabit me Dominus ab omni opere malo, et salvum faciet in regnum suum cœleste; cui gloria in sæcula sæculorum. Amen. Salutate Priscam et Aquilam, et Onesiphori domum. Erastus remansit Corinthi. Trophimum autem reliqui infirmum Mileti. Festina ante hiemem venire. Salutant te Eubulus et Pudens. »

Tunc enim, inquit, a periculis me eripuit. Postquam autem prædicatione Evangelii satis functus ero, liberabit me ab omni peccato ; id est, non permittet ut damnationi addictus abeam.

« Et Linus, et Claudia, et fratres omnes. »

Linum ferunt beato Petro Romæ successisse.

Vers. 22. « Dominus Jesus Christus cum spiritu tuo. Gratia vobiscum. Amen. »

Ac si diceret : Ne mœsto animo sis quod abscedam. Dominus tecum est : quin nec dixit : Tecum est, sed, *cum spiritu tuo*, ut duplum sit auxilium, gratiæ spiritus, et illius qui ei opitulatur.

Ad Timotheum secunda Roma scripta est.
Vers. 108.

Roma scripsit hanc Epistolam, dum vinculis detinebatur, simulque declarat primam se defensionem suam obiisse, et sui consummationem e vestigio imminere. *Ego enim,* inquit, *jam delibor, et tempus resolutionis meæ instat.*

IN EPISTOLAM AD TITUM.

271 CAPUT PRIMUM.

Vers. 1.-6. « Paulus servus Dei, apostolus autem Jesu Christi secundum fidem electorum Dei, et agnitionem veritatis quæ secundum pietatem est in spem vitæ æternæ, quam promisit, qui non mentitur Deus, ante tempora sæcularia, manifestavit autem temporibus suis verbum suum in prædicatione, quæ credita est mihi secundum præceptum Salvatoris nostri Dei, Tito dilecto filio secundum communem fidem, gratia, pax a Deo Patre et Christo Jesu Salvatore nostro. Hujus rei gratia reliqui te Cretæ, ut ea quæ desunt corrigas, et constituas per civitates presbyteros, sicut et ego disposui tibi. Si quis sine crimine est, unius uxoris vir, filios habens fideles, non in accusatione luxuriæ, et non subditos. »

Presbyteros. Episcopos.

Vers. 7-12. « Oportet enim episcopum sine crimine esse, sicut Dei dispensatorem, non superbum non iracundum, non vinolentum, non percussorem, non turpis lucri cupidum, sed hospitalem, benignum, justum, sanctum, continentem, amplectentem cum qui secundum doctrinam est, fidelem sermonem : ut potens sit et exhortari in doctrina sana, et eos qui contradicunt, arguere. Sunt enim multi etiam inobedientes, vaniloqui, seductores ; maxime qui de circumcisione sunt, quos oportet redargui ; qui universas domos subvertunt, docentes quæ non oportet, turpis lucri gratia. Dixit quidam ex illis proprius ipsorum »

Non illum (continentem) ait qui jejunat, sed qui affectum omnem moderatur.

« Propheta : Cretenses semper mendaces, malæ bestiæ, ventres pigri. [Vers. 13-15.] Testimonium hoc verum est. Quam ob causam increpa illos dure, ut sint sani in fide, non intendentes Judaicis fabulis et mandatis hominum, aversantium veritatem. Omnia quidem munda »

Prophetam hic Callimachum poetam vocat. Eccur vero ejus testimonio utitur? quoniam homines tunc praesertim pudore percelluntur a nobis, quando eos suorum criminationibus coarguimus.

« Mundis: coinquinatis autem et infidelibus nihil est mundum, sed inquinatae sunt eorum et mens et conscientia. [Vers. 16.] Confitentur se nosse Deum, factis autem negant, cum sint abominati, et incredibiles, et ad omne opus bonum reprobi. »

CAP. II.

Vers. 1-5. Tu autem loquere quae decent sanam doctrinam. Senes ut sobrii sint, sani in fide, in dilectione, in patientia. Anus similiter in habitu sancto, non criminatrices, non multo vino servientes, bene docentes, ut prudentiam doceant adolescentulas, ut viros suos ament, filios suos diligant. Sobrias, castas, domus curam habentes, benignas, subditas viris suis. »

Non suapte natura, sed ex destinatione voluntatis illorum qui ea participant.

272 « Ut non blasphemetur verbum Dei. [Vers. 6-13.] Juvenes similiter hortare ut sobrii sint. In omnibus teipsum praebe exemplum bonorum operum, in doctrina, in integritate, in gravitate, verbum sanum, irreprehensibile, ut is qui ex adverso est vereatur, nihil habens malum dicere de nobis. Servos dominis suis subditos esse, in omnibus placentes, non contradicentes, non fraudantes, sed omnem fidem bonam ostendentes, ut doctrinam Salvatoris nostri Dei ornent in omnibus. Apparuit enim gratia Dei, salutaris omnibus hominibus, erudiens nos, ut abnegantes impietatem et saecularia desideria, sobrie, et juste, et pie vivamus in hoc saeculo, exspectantes beatam spem et adventum gloriae magni Dei et Salvatoris nostri Jesu Christi. »

Nam si contingit ut uxor fidelis, quae cum viro infideli habitat, virtuti non det operam, obtrectatio et blasphemia in Deum ipsum redundare solet.

Vers. 14, 15. « Qui dedit semetipsum pro nobis, ut redimeret nos ab omni iniquitate, et mundaret sibi populum acceptabilem, sectatorem bonorum operum. Haec loquere, et exhortare, et argue cum omni imperio. Nemo te contemnat. »

CAP. III.

Vers. 1-15. «Admone illos principibus et potestatibus subditos esse, dicto obedire, ad omne opus bonum paratos esse, neminem blasphemare, non litigiosos esse, sed modestos, omnem ostendentes mansuetudinem ad omnes homines. Eramus enim aliquando et nos insipientes, increduli, errantes, servientes desideriis et voluptatibus variis, in malitia et invidia agentes, odibiles, odientes invicem. Cum autem benignitas et humanitas apparuit Salvatoris nostri Dei non ex operibus justitiae quae fecimus nos, sed secundum misericordiam suam salvos nos fecit per lavacrum regenerationis et renovationis Spiritus sancti, quem effudit in nos abunde per Jesum Christum Salvatorem nostrum, ut justificati gratia ipsius, haeredes simus secundum spem vitae aeternae. Fidelis sermo est; et de his volo te confirmare, ut curent bonis operibus praeesse, qui credunt Deo. Haec sunt bona et utilia hominibus. Stultas autem quaestiones, et genealogias, et contentiones, et pugnas legis devita; sunt enim inutiles et vanae. Haereticum hominem post unam et secundam correptionem devita: sciens quia subversus est, qui ejusmodi est, et delinquit, cum sit proprio judicio condemnatus. Cum misero ad te Artemam aut Tychicum, festina ad me venire Nicopolim; ibi enim statui hiemare. Zenam legisperitum et Apollo sollicite praemitte, ut nihil illis desit. Discant autem et nostri bonis operibus praeesse ad usus necessarios, non sint infructuosi. Salutant te qui mecum sunt omnes. Saluta eos qui nos amant in fide. Gratia Dei cum omnibus vobis. Amen. »

Ad Titum, qui primus Cretae episcopus ordinatus fuit, Epistola Nicopoli ex civitate Macedoniae scripta est. Versibus 97.

IN EPISTOLAM AD PHILEMONEM.

273 Vers. 1-3. «Paulus vinctus Christi Jesu, et Timotheus frater, Philemoni dilecto et adjutori nostro, et Apphiae sorori charissimae, et Archippo commilitoni nostro, et Ecclesiae quae in domo tua est, gratia vobis et pax a Deo Patre et Domino Jesu Christo. »

Non initio statim gratiam postulat, sed virum prius admiratione prosequitur et laudat ob egregias actiones, charitatem illius praedicans, et fidem erga Dominum, qua cunctis sanctis communicaret.

Vers. 4-20. « Gratia ago Deo meo semper memoriam tui faciens in orationibus meis, audiens charitatem tuam et fidem, quam habes in Domino Jesu, et in omnes sanctos; ut communicatio fidei tuae evidens fiat in agnitione omnis operis boni, quod est in vobis in Christo Jesu. Gaudium enim magnum habui et consolationem in charitate tua: quia viscera sanctorum requieverunt per te, frater. Propter quod multam fiduciam habens in Christo Jesu imperandi tibi quod ad rem pertinet: propter charitatem magis obsecro, cum sis talis, ut Paulus senex, nunc autem et vinctus Jesu Chrisu. Obsecro te pro meo filio, quem genui in vinculis, Onesimo, qui tibi aliquando inutilis fuit, nunc autem et mihi et tibi utilis, quem remisi tibi. Tu autem illum, id est viscera mea, suscipe : quem ego volueram mecum detinere, ut pro te mihi ministraret in vinculis Evangelii. Sine consilio autem tuo nihil volui facere, uti ne velut ex necessitate bonum tuum esset, sed voluntarium. Forsitan enim ideo discessit ad horam a te, ut æternum illum reciperes : jam non ut servum, sed supra servum charissimum fratrem, maxime mihi : quanto autem magis tibi, et in carne, et in Domino! Si ergo habes me socium, suscipe illum sicut me. Si autem aliquid nocuit tibi, aut debet, hoc mihi imputa. Ego Paulus scripsi mea manu : ego reddam ; ut non dicam tibi, quod et teipsum mihi debes. Ita, frater, ego te fruar in Domino. »

Pro servo quidem scribitur Epistola, idque cum ille aufugisset, imo et furatus esset ; sed ex Apostoli doctrina fructum retulisset. Atqui ex hac utilia multa percipias. Unum quidem, et primum, oportere ut se aliqui sollicitos erga omnes præbeant. Nam si Paulus pro servo fugitivo et fure, cum is resipuisset, tantum sollicitudinis ostendit, quanto magis incumbit nobis desides non esse, ubi de fratribus quibusdam agitur. Alterum est, de servili conditione minime desperandum esse, tametsi ad extremam usque nequitiam processerit. Hic enim fugitivus et fur cum fuisset, ad tantum istud virtutis fastigium pervenit. Tertium, fas minime esse servos a dominis abstrahere : nam si Paulus, qui tanta apud Philemonem auctoritate pollebat, Onesimum tamen, cujus ministerium sibi admodum utile esset, detinere noluit præter heri sententiam ac voluntatem, a fortiori hoc nobis facere non licet. Si enim famulus eximiæ virtutis est, ideo prorsus convenit **274** ut in servitute maneat, et herile jus agnoscat, ut cunctis qui domi sunt, commodo et utilitati esse possit.

Vers. 20-25. « Reficc viscera mea in Domino. Confidens in obedientia tua scripsi tibi : sciens quoniam et super id quod dico, facies. Simul autem et para mihi hospitium. Spero enim per orationes vestras donari me vobis. Salutat te Epaphras concaptivus meus in Christo Jesu. Marcus, Aristarchus, Demas, Lucas, adjutores mei. Gratia Domini nostri Jesu Christi cum spiritu vestro. Amen. »

Id est, non mihi, sed Domino gratiam hanc concede.

Ad Philemonem scripta est Roma Vers. 42.
Versus omnes Epistolarum. 5348.

ORDO RERUM
QUÆ IN HOC TOMO CONTINENTUR.

S. JOANNES DAMASCENUS.
Epistola nuncupatoria Michaelis Lequien. 9
Præfatio generalis ejusdem. 11
Dissertationes Damascenicæ. 41
Dissertatio I. — De processione Spiritus sancti. 41
Dissertatio II. — De quibusdam auctoritatibus, quibus Eutyches aliique unius in Christo naturæ assertores hæresim suam tuebantur. 110
Dissertatio III. — De epistola ad Cæsarium monachum, quæ S. Joannis Chrysostomi nomine insignita est, deque libris quibusdam aliis qui a Joanne Damasceno laudati primum reperiuntur. 163
Dissertatio IV. — De epistolis variis, quæ ob adjectam Trisagio cantico clausulam scriptæ ad Petrum Fullonem feruntur, necnon de expositione fidei, quæ exstat inter Opera S. Justini Martyris. 179
Dissertatio V. — De oratione cui titulus : *De iis qui in fide obdormierunt*, et de Purgatorio secundum Orientalis Ecclesiæ sensum. 198
Dissertatio VI. — De azymis, in qua etiam de postremo Domini nostri Jesu Christi Paschate. 215
Dissertatio VII. — De Christianis Nazarenis et eorum fide, necnon de Ebionitis. 263
Vita S. Joannis Damasceni a Joanne patriarcha Hierosolymitano conscripta. 277
Testimonia Veterum de Joanne Damasceno et ejus scriptis. 298
Epistolæ variorum de edendis S. Joannis Damasceni operibus. 305
Præfatio ad Dialecticam. 310

DIALECTICA.
Prologus. 315
Caput primum. — De cognitione. 317
Cap. II. — Quisnam hujus operis finis. 318
Cap. III. — De philosophia. 319
Cap. IV. — De ente, substantia et accidente. 320
Cap. V. — De voce. 321
Cap. VI. — De divisione. 325
Cap. VII. — De eo quod natura prius est. 328
Cap. VIII. — De definitione. 328
Cap. IX. — De genere. 330
Cap. X. — De specie. 331
Cap. XI. — De individuo. 338
Cap. XII. — De differentia. 338
Cap. XIII. — De accidente. 339
Cap. XIV. — De proprio. 339
Cap. XV. — De his quæ prædicantur. 340
Cap. XVI. — De univoca et æquivoca prædicatione. 341
Cap. XVII. — De prædicationibus in quid est, et in quale quid est. 342
Cap. XVIII. — In quibus quinque simplices voces conveniant inter se, ac dissideant. 343
Cap. XIX. — In quibus genus et differentia inter se conveniant, ac discrepent. 343
Cap. XX. — In quibus genus et species inter se conveniant, ac dissidant. 343
Cap. XXI. — In quibus genus et proprium inter se conveniant, ac differant. 344
Cap. XXII. — In quibus genus et accidens inter se conveniant, ac differant. 344
Cap. XXIII. — In quibus differentia et species inter se conveniant, ac differant. 344
Cap. XXIV. — In quibus inter se conveniant ac differant differentia et proprium. 344
Cap. XXV. — In quibus differentia et accidens inter se conveniant, ac differant. 345

Cap. XXVI. — In quibus species et proprium inter se conveniant, et different. 545
Cap. XXVII. — In quibus species et accidens inter se conveniant, et different. 545
Cap. XXVIII — In quibus proprium et accidens inseparabile tum conveniant tum dissideant. 545
Cap. XXIX. — De hypostasi, enhypostato et anhypostato. 546
Cap. XXX. — De voce οὐσίας, de natura et forma, necnon de individuo, persona et hypostasi. 546
Cap. XXXI. — De æquivocis. 547
Cap. XXXII. — De univocis. 548
Cap. XXXIII. — De polyonymis. 549
Cap. XXXIV. — De alteris et heteronymis. 549
Cap. XXXV. — De denominativis. 549
Cap. XXXVI. — De decem generibus generalissimis. 549
Cap. XXXVII. — De homogeneis et homoideis; deque heterogeneis et heteroideis, ac numero differentibus. 550
Cap. XXXVIII. — De in aliquo. 551
Cap. XXXIX. — De substantia iterum. 551
Cap. XL. — De natura. 551
Cap. XLI. — De forma. 552
Cap. XLII. — De hypostasi. 553
Cap. XLIII. — De persona. 553
Cap. XLIV. — De enhypostato. 554
Cap. XLV. — De anhypostato. 554
Cap. XLVI. — Divisio entis. 554
Cap. XLVII. — Divisio substantiæ. 554
Cap. XLVIII. — Iterum de homogeneis et homoideis, deque heterogeneis et heteroideis; necnon de homohypostatis ac de numero differentibus. 556
Cap. XLIX. — De quanto et quantitate. 557
Cap. L. — De iis quæ ad aliquid, sive de relatione. 559
Cap. LI. — De quali et qualitate. 561
Cap. LII. — De agere et pati. 564
Cap. LIII. — De situ. 565
Cap. LIV. — De ubi. 565
Cap. LV. — De quando. 565
Cap. LVI. — De habitu. 565
Cap. LVII. — De oppositis. 566
Cap. LVIII. — De habitu et privatione. 567
Cap. LIX. — De priori et posteriori. 568
Cap. LX. — De simul. 569
Cap. LXI. — De motu. 569
Cap. LXII. — De habere. 571
Cap. LXIII. — De enuntiatione, affirmatione et negatione. 571
Cap. LXIV. — De termino et propositione, et syllogismo. 572
Cap. LXV. — Definitiones variæ. 573
Cap. LXVI. — Adhuc de unione secundum hypostasim. 576
Cap. LXVII. — Sex philosophiæ definitiones. 577
Cap. LXVIII. — De methodis quatuor dialecticis. 578
Dictionum solutio. 579
Admonitio in librum de hæresibus. 581

LIBER DE HÆRESIBUS. 583
Prologus in libros de fide orthodoxa. 414

EXPOSITIO FIDEI ORTHODOXÆ. 418
LIBER PRIMUS. 418
Caput primum. — Deum comprehendi non posse; nec ea quæ a sanctis prophetis et apostolis et evangelistis minime tradita sunt, curiosius inquirenda esse. 418
Cap. II. — De his quæ sermone exprimi possunt vel non possunt; item de his quæ in cognitionem cadunt, et quæ cognitionem fugiunt. 418
Cap. III. — Demonstratio quod Deus sit. 419
Cap. IV. — Quidnam Deus sit, quodque comprehendi non possit. 421
Cap. V. — Demonstratio quod unus sit Deus et non plures. 422
Cap. VI. — De Verbo ac Dei Filio, probatio ducta a ratione. 423
Cap. VII. — De Spiritu sancto, probatio ducta ex ratione. 424
Cap. VIII. — De sancta Trinitate. 425
Cap. IX. — De iis quæ de Deo dicuntur. 433
Cap. X. — De divina unione et distinctione. 435
Cap. XI. — De his quæ modo corporeo de Deo dicuntur. 436
Cap. XII — De iisdem rebus. 438
Cap. XIII. — De loco Dei et quod solus Deus incircumscriptus est. 440

Cap. XIV. — Proprietates seu attributa divinæ naturæ. 445
LIBER SECUNDUS. 445
Caput primum. — De sæculo seu ævo. 445
Cap. II. — De rerum creatione. 446
Cap. III. — De angelis. 446
Cap. IV. — De diabolo et dæmonibus. 449
Cap. V. — De visibili creatura. 450
Cap. VI. — De cœlo. 450
Cap. VII. — De luce, igne, luminaribus, sole, luna et stellis. 455
Cap. VIII. — De aere et ventis. 458
Cap. IX. — De aquis. 460
Cap. X. — De terra et eis quæ ex ea producuntur. 462
Cap. XI. — De paradiso. 464
Cap. XII. — De homine. 466
Cap. XIII. — De voluptatibus. 470
Cap. XIV. — De tristitia. 471
Cap. XV. — De timore. 471
Cap. XVI. — De ira. 471
Cap. XVII. — De vi imaginatrice. 472
Cap. XVIII. — De sensu. 472
Cap. XIX. — De cogitatione. 474
Cap. XX. — De memoria. 474
Cap. XXI. — De verbo, seu sermone interno et prolatitio. 475
Cap. XXII. — De passione et actione. 475
Cap. XXIII. — De actu. 479
Cap. XXIV. — De voluntario et non voluntario. 480
Cap. XXV. — De eo quod in nostra potestate situm est, sive de libero arbitrio. 481
Cap. XXVI. — De iis quæ fiunt. 482
Cap. XXVII. — Quam ob causam libero arbitrio præditi simus. 483
Cap. XXVIII. — De iis quæ in nostra potestate posita non sunt. 484
Cap. XXIX. — De providentia. 484
Cap. XXX. — De præscientia et prædestinatione. 487
LIBER TERTIUS. 489
Caput primum. — De divina dispensatione nostrique sollicitudine, et de nostra salute. 489
Cap. II. — Quomodo conceptum sit Verbum, et de divina ejus incarnatione. 491
Cap. III. — De duabus naturis, adversus Monophysitas. 492
Cap. IV. — De modo mutuæ communicationis proprietatum. 495
Cap. V. — De numero naturarum. 496
Cap. VI. — Quod tota divina natura in una suarum personarum toti humanæ naturæ unita sit, et non pars parti. 497
Cap. VII. — De una Dei Verbi composita persona. 499
Cap. VIII. — Ad eos qui sciscitantur: An ad continuam quantitatem, vel ad discretam Domini naturæ reducantur. 501
Cap. IX. — Ad illud quod quæritur, sitne ulla natura quæ subsistentia careat, responsio. 503
Cap. X. — De hymno trisagio. 503
Cap. XI. — De natura quæ in specie, et quæ in individuo consideratur, deque differentia unionis et incarnationis: et quomodo illud accipiendum sit: Unam Dei Verbi naturam incarnatam. 505
Cap. XII. — Quod sancta Virgo Dei Genitrix sit, adversus Nestorianos. 507
Cap. XIII. — De ambarum naturarum proprietatibus. 509
Cap. XIV. — De Domini nostri Jesu Christi duplici voluntate, arbitriique libertate. 509
Cap. XV. — De operationibus quæ in Domino nostro Jesu Christo sunt. 515
Cap. XVI. — Adversus eos qui dicunt: Si duplicis naturæ et actionis est homo, necesse est tres esse in Christo naturas, totidemque actiones dicere. 521
Cap. XVII. — De eo quod carnis Domini natura et voluntas deificata sit. 523
Cap. XVIII. — Iterum de duplici voluntate, arbitriique libertate; mente idem, scientiaque, et sapientia duplici. 524
Cap. XIX. — De theandrica, seu Deivirili actione. 527
Cap. XX. — De naturalibus et inculpatis passionibus. 529
Cap. XXI. — De ignorantia et servitute. 529
Cap. XXII. — De profectu. 530
Cap. XXIII. — De timore. 531
Cap. XXIV. — De Domini oratione. 532
Cap. XXV. — De appropriatione seu vindicatione. 533

Cap. XXVI. — De corporis Domini passione, ipsiusque divinitatis impassibilitate. 533
Cap. XXVII. — Quod Verbi divinitas ab anima et corpore inseparabilis manserit, etiam in Domini morte; et quod una interim persona perstiterit. 534
Cap. XXVIII. — De corruptione et corruptela. 535
Cap. XXIX. — De descensu ad inferos. 535
LIBER QUARTUS. 536
Caput primum. — De iis quæ resurrectionem secuta sunt. 536
Cap. II. — De sessione ad dexteram Patris. 537
Cap. III. — Adversus eos qui ita objiciunt : Si duæ naturæ Christus est, aut creaturam colitis, naturam creatam adorando, aut alteram naturam dicitis adorandam, alteram non adorandam? 537
Cap. IV. — Cur Dei Filius, non Pater aut Spiritus sanctus, homo factus sit : quidque factus homo præstiterit. 538
Cap. V. — Ad eos qui quærunt : Sitne Christi persona creata, an increata. 539
Cap. VI. — Quando Christus est appellatus. 540
Cap. VII. — Ad eos qui sciscitantur an sancta Dei Genitrix duas naturas genuerit ; et an duæ naturæ in cruce pependerint. 541
Cap. VIII. — Quomodo primogenitus dicatur unigenitus Dei Filius. 542
Cap. IX. — De fide et baptismo. 542
Cap. X. — De fide. 545
Cap. XI. — De cruce, ubi rursum de fide. 546
Cap. XII. — De adoratione ad orientem. 548
Cap. XIII. — De sacrosanctis et immaculatis Domini mysteriis. 549
Cap. XIV. — De genere Domini, deque sancta Dei Genitrice. 554
Cap. XV. — Quis sanctis, ipsorumque reliquiis honos habendus sit. 558
Cap. XVI. — De sanctorum imaginibus. 560
Cap. XVII. — De Scriptura. 562
Cap. XVIII. — De his quæ de Christo dicuntur. 564
Cap. XIX. — Deum auctorem malorum non esse. 569
Cap. XX. — Non esse duo principia. 570
Cap. XXI. — Cur Deus eos condiderit qui peccaturi essent, nec pœnitentiam acturi. 571
Cap. XXII. — De lege Dei et lege peccati. 572
Cap. XXIII. — Adversus Judæos, de Sabbato. 573
Cap. XXIV. — De virginitate. 575
Cap. XXV. — De circumcisione. 578
Cap. XXVI. — De Antichristo. 579
Cap. XXVII. — De resurrectione. 580
Monitum in tres orationes sequentes. 583

ORATIONES TRES ADVERSUS EOS QUI SACRAS IMAGINES ABJICIUNT. 585
Oratio I. 587
Oratio II. 614
Oratio III. 630
Adnotatio in opusculum sequens. 678

DE RECTA SENTENTIA LIBER. 679
Monitum in tractatum sequentem. 685
TRACTATUS contra Jacobitas. 685
Admonitio in dialogum sequentem. 719
DIALOGUS contra Manichæos. 725
Admonitio. 765
DISCEPTATIO Christiani cum Saraceno. 765
In opusculum sequens admonitio. 770
DE DRACONIBUS et Strygibus. 771
Monitum ad opusculum de S. Trinitate. 774

DE SANCTA TRINITATE OPUSCULUM. 774
Admonitio ad Hymnum Trisagion. 778

EPISTOLA DE HYMNO TRISAGIO. 782
Admonitio ad opusculum de sacris jejuniis. 799

EPISTOLA DE SACRIS JEJUNIIS. 803
Admonitio ad opuscula sequentia. 807

DE OCTO SPIRITIBUS NEQUITIÆ. 810
DE VIRTUTIBUS ET VITIIS. 815
Admonitio ad Institutionem elementarem. 819
INSTITUTIO ELEMENTARIS AD DOGMATA. 819
Caput Primum. — De substantia, natura et forma. 819
Cap. II. — De hypostasi, persona et individuo. 821
Cap. III. — De differentia, qualitate ac proprietate. 821
Cap. IV. — De differentia substantiali ac adventitia, id est naturali differentia et accidente. 821
Cap. V. — De accidenti separabili et inseparabili. 822
Cap. VI. — De iis quæ sunt ejusdem ac diversæ substantiæ. 822
Cap. VII. — De genere et specie. 823
Cap. VIII. — De operatione. 825
Cap. IX. — De passione. 825
Cap. X. — De voluntate. 826
Admonitio in dissertationem sequentem. 826

DE NATURA COMPOSITA contra ACEPHALOS. 826
Admonitio in dissertationem de duabus voluntatibus. 835

DE DUABUS IN CHRISTO VOLUNTATIBUS. 835
Admonitio ad dissertationem contra Nestorianos. 862

DISSERTATIO ADVERSUS NESTORIANORUM HÆRESIM. 865
FRAGMENTA VARIA. 882
Admonitio in Canonem paschalem. 890
CANON PASCHALIS. 891
Admonitio in Orationem sequentem. 894
ORATIO DE HIS QUI IN FIDE DORMIERUNT. 895
Admonitio in Epistolam de confessione. 910

EPISTOLA DE CONFESSIONE. 914
Admonitio in Orationem sequentem. 923
ORATIO DE SACRIS IMAGINIBUS, ADVERSUS CONSTANTINUM CABALINUM. 927
Admonitio in Epistolam ad Theophilum imp. 945
EPISTOLA DE SANCTIS IMAGINIBUS AD THEOPHILUM IMPERATOREM. 946
Admonitio ad opusculum de Azymis. 965
DE AZYMIS. 966
Admonitio in opusculum de corpore et sanguine Christi. 970

EPISTOLA DE CORPORE ET SANGUINE CHRISTI. 975
FRAGMENTA. 979
EXPOSITIO ET DECLARATIO FIDEI. 983
Admonitio ad opus sequens. 1001
EXPOSITIO IN EPISTOLAS B. PAULI.
EXPOSITIO in Epistolam ad Romanos. 1003
— in Epistolam I ad Corinthios. 1063
— in Epistolam II ad Corinthios. 1135
— in Epistolam ad Galatas. 1167
— in Epistolam ad Ephesios. 1192
— in Epistolam ad Philippenses. 1207
— in Epistolam ad Colossenses. 1221
— in Epistolam I ad Thessalonicenses. 1231
— in Epistolam II ad Thessalonicenses. 1239
— in Epistolam ad Hebræos. 1243
— in Epistolam I ad Timotheum. 1277
— in Epistolam II ad Timotheum. 1287
— in Epistolam ad Titum. 1291
— in Epistolam ad Philemonem. 1295

FINIS TOMI QUADRAGESIMI SEPTIMI.

Parisiis. — Ex Typis MIGNE.

ETAT DE QUELQUES PUBLICATIONS DES *ATELIERS CATHOLIQUES* AU 30 AVRIL 1860.

COURS COMPLET DE PATROLOGIE, ou Bibliothèque universelle, complète, uniforme, commode et économique de tous les saints Pères, docteurs et écrivains ecclésiastiques, tant grecs que latins, tant d'Orient que d'Occident; reproduction chronologique et intégrale de la tradition catholique pendant les douze premiers siècles de l'Eglise, d'après les éditions les plus estimées : environ 260 vol. in-4°, à 5 fr. l'un. Le grec et le latin formeront environ 500 vol.; mais chaque vol grec-latin est du prix de 8 fr. Tous les Pères de l'Eglise d'Occident ont paru; ils forment 217 vol. prix; 1085 fr. Pour la série gréco-latine 96 vol. ont aussi paru; et pour l'édition purement latine de l'Eglise d'Orient 45 vol. sont en vente, y compris S. Chrysostome.

COURS COMPLETS D'ECRITURE SAINTE ET DE THEOLOGIE, 1° formés uniquement de Commentaires et de Traités partout reconnus comme des chefs-d'œuvre, et désignés par une grande partie des évêques et des théologiens de l'Europe, universellement consultés à cet effet; 2° publiés et annotés par une société d'ecclésiastiques, tous curés ou directeurs de séminaires dans Paris. Chaque *Cours*, terminé par une table universelle analytique et par un grand nombre d'autres tables, *forme 28 vol. in-4°.* Prix : 138 fr.

TRIPLE GRAMMAIRE ET TRIPLE DICTIONNAIRE HEBRAIQUE et CHALDAIQUE, 1 énorme vol. in-4°. Prix : 15 fr.

COLLECTION INTEGRALE ET UNIVERSELLE DES ORATEURS SACRES DU PREMIER ET DU SECOND ORDRE, ET COLLECTION INTEGRALE OU CHOISIE DE LA PLUPART DES ORATEURS SACRES DU TROISIEME ORDRE, selon l'ordre chronologique, afin de présenter, comme sous un coup d'œil, l'histoire de la prédication en France pendant trois siècles, avec ses commencements, ses progrès, son apogée, sa décadence et sa renaissance, 67 vol. in-4°. Prix : 335 fr., 6 fr. le vol. de tel ou tel Orateur en particulier. Tout a paru.

COLLECTION INTEGRALE ET UNIVERSELLE DES ORATEURS SACRES depuis 1789 jusqu'à nos jours. 33 vol. in-4°. Prix : 165 fr. Cette seconde série, outre les orateurs défunts, contient la plupart des vivants; elle est, de plus, accompagnée des mandements épiscopaux d'un intérêt public et permanent, des Œuvres complètes des meilleurs prônistes anciens et modernes, des principaux ouvrages connus sur l'art de bien prêcher; enfin, de vingt tables différentes présentant les matières sous toutes les faces. 19 vol. ont paru.

ENCYCLOPEDIE THEOLOGIQUE ou série de Dictionnaires sur chaque branche de la science religieuse, offrant en français et par ordre alphabétique, la plus claire, la plus variée, la plus facile et la plus complète des Théologies. Ces DICTIONNAIRES sont : ceux d'Ecriture sainte, — de Philologie sacrée, — de Liturgie, — de Droit canon, — des Hérésies, des schismes, des livres jansénistes, des Propositions et des livres condamnés, — des Conciles, — des Cérémonies et des Rites, — des Cas de conscience, — des Ordres religieux (*hommes et femmes*), — des diverses religions, — de Géographie sacrée et ecclésiastique, — de Théologie morale, ascétique et mystique, — de Théologie dogmatique, canonique, liturgique, disciplinaire et polémique, — de Jurisprudence civile-ecclésiastique, — des Passions, des vertus et des vices, — d'Hagiographie, — d'Astronomie, de Physique et de Météorologie religieuses, — des Pèlerinages, — d'Iconographie chrétienne, — de Chimie et de minéralogie religieuses, — de Diplomatique chrétienne, — des Sciences occultes, -- de Géologie et de Chronologie chrétiennes. 52 vol. in-4°. Prix : 312 fr. Tous ont paru.

NOUVELLE ENCYCLOPEDIE THEOLOGIQUE, contenant les DICTIONNAIRES de Biographie chrétienne et antichrétienne, — des Persécutions, — d'Eloquence chrétienne, — de Littérature *id.*, — de Botanique *id.*, — de Statistique *id.*, — d'Anecdotes *id.*, — d'Archéologie *id*, d'Héraldique *id.*, — de Zoologie, — de Médecine pratique, — des Croisades, — des Erreurs sociales, — de Patrologie, — des Prophéties et des miracles, — des Décrets des Congrégations romaines, — des Indulgences, — d'Agri-silvi-viti-Horticulture, — de Musique chrétienne, — d'Epigraphie *id.*, — de Numismatique *id.*, — des Conversions au catholicisme, — d'Education, — des Inventions et Découvertes, — d'Ethnographie, — des Apologistes involontaires, — des Manuscrits, — d'Anthropologie, — des Mystères, — des Merveilles, d'Ascétisme, — de Paléographie, de Cryptographie, de Dactylologie, d'Hiéroglyphie, de Sténographie et de Télégraphie, — de Cosmographie, — de l'Art de vérifier les dates, — des Confréries. — d'Apologétique. 55 vol. in-4°. Prix : 318 fr. Tous ont paru.

TROISIEME ET DERNIERE ENCYCLOPEDIE THEOLOGIQUE, contenant les DICTIONNAIRES des Sciences politiques, — des Musées, — d'Economie charitable, — des Bienfaits du christianisme, — de Mythologie, — de la Sagesse populaire, — de Tradition patristique et conciliaire, — des Légendes du christianisme, — des Origines *id.*, — des Abbayes, — d'Esthétique, — d'Antiphilosophisme, — des Harmonies de la raison, de la science, de la littérature et de l'art avec la foi catholique, — des Superstitions, — de Théologie scolastique — des Livres apocryphes, — de Discipline, — d'Orfèvrerie religieuse, — de Technologie, — des Sciences physiques et naturelles, — des Cardinaux, — des Papes, — des Objections populaires, — de Linguistique, — de Mystique, — du Protestantisme, — des Preuves de la divinité de Jésus-Christ, — du Parallèle, — de Bibliographie, — de Bibliologie, — des Propositions catholiques, — des Antiquités bibliques, — des Savants et des Ignorants ou dictionnaire pratique de la conversation, de la lecture et de la composition, — d'Histoire Ecclésiastique, — de Philosophie, — de Physiologie, — de la Chaire, — de Cantiques, — de Leçons de Littérature en prose et en vers, — des Controverses historiques. 60 vol. in-4°. Prix : 360 fr. 46 vol. sont terminés; les autres suivent rapidement.

DEMONSTRATIONS EVANGELIQUES : de Tertullien, Origène, Eusèbe, S. Augustin, Montaigne, Bacon, Grotius, Descartes, Richelieu, Arnauld, de Choiseul du Plessis-Praslin, Pascal, Pélisson, Nicole, Boyle, Bossuet, Bourdaloue, Loke, Lami, Burnet, Malebranche, Lesley, Leibnitz, La Bruyère, Fénelon, Huet, Clarke, Duguet, Stanhope, Bayle, Leclerc, Du Pin, Jacquelot, Tillotson, De Haller, Sherlock, Le Moine, Pope, Leland, Racine, Massillon, Ditton, Derham, d'Aguesseau, de Polignac, Saurin, Buffier, Warburton, Tournemine, Bentley, Littleton, Fabricius, Seed, Addison, De Bernis, J.-J. Rousseau, Para du Phanjas, Stanislas Ier, Turgot, Statler, West, Beauzée, Bergier, Gerdil, Thomas, Bonnet, de Crillon, Euler, Delamarre, Caraccioli, Jennings, Duhamel, S. Liguori, Butler, Buffet, Vauvenargues, Guénard, Blair, de Pompignan, de Luc, Porteus, Gérard, Diessbach, Jacques, Lamourette, Laharpe, Le Coz, Duvoisin, De la Luzerne, Schmitt, Poynter, Moore, Silvio Pellico, Lingard, Brunati, Manzoni, Perrone, Palay, Doriéans, Campien, F. Pérennès, Wiseman, Buckland, Marcel de Serres, Keith, Chalmers, Dupin aîné, Sa Sainteté Grégoire XVI, Cailet, Milner, Sabatier, Morris, Bolgeni, Chassay, Lombroso et Consorti; contenant les apologies de 117 auteurs répandues dans 180 vol.; traduites, pour la plupart, des diverses langues dans lesquelles elles avaient été écrites; reproduites INTEGRALEMENT, non par extraits : ouvrage également nécessaire à ceux qui ne croient pas, à ceux qui doutent et à ceux qui croient. 20 vol. in-4°. Prix : 120 fr.

HISTOIRE DU CONCILE DE TRENTE, par le cardinal Pallavicini, précédée ou suivie du Catéchisme et du texte du même concile, de diverses dissertations sur son autorité dans le monde catholique, sur sa réception en France et sur toutes les objections protestantes, jansénistes, parlementaires et philosophiques auxquelles il a été en butte; enfin d'une notice sur chacun des membres qui y prirent part. 3 vol. in-4°. Prix : 18 fr

COURS COMPLET D'HISTOIRE ECCLESIASTIQUE, 25 vol. in-4°. Prix : 150 fr. Les 15 premiers vol. ont paru.

PERPETUITE DE LA FOI DE L'EGLISE CATHOLIQUE, par Nicole, Arnaud, Renaudot, etc., suivie de la Perpétuité de la Foi sur la confession auriculaire par Denis de Sainte-Marthe, et des 13 Lettres de Scheffmacher sur presque toutes les matières controversées avec les Protestants. 4 vol. in-4°. Prix : 24 f.

CATECHISMES philosophiques, polémiques, historiques, dogmatiques, moraux, disciplinaires, canoniques, pratiques, ascétiques et mystiques, de Feller, Aimé, Scheffmacher, Rohrbacher, Pey, Lefrançois, Alletz, Almeyda, Flecry, Pomey, Bellarmin, Meusy, Challoner, Gother, Surin et Oller. 2 v. in-4°. Pr : 13 f.

PRÆLECTIONES THEOLOGICÆ, de PERRONE. 2 forts vol. in-4°. Prix : 12 fr.

MONUMENTS INEDITS SUR L'APOSTOLAT DE SAINTE MARIE-MADELEINE EN PROVENCE, et sur les autres apôtres de cette contrée, par M. Faillon, de Saint-Sulpice, 2 forts vol. in-4°, enrichis de 300 gravures. Prix : 16 fr.

LUCII FERRARIS PROMPTA BIBLIOTHECA, canonica, juridica, moralis, theologica, etc., 8 v. in-4°. Prix : 60 fr.

ŒUVRES TRES-COMPLETES DE SAINTE THERESE, de S. Pierre d'Alcantara, de S. Jean de la Croix et du bienheureux Jean d'Avila; formant ainsi un tout bien complet de la plus célèbre Ecole ascétique d'Espagne, 4 vol. in-4°. Prix : 24 fr.

ŒUVRES TRES-COMPLETES DE DE PRESSY, évêque de Boulogne. 2 vol. in-4°. Prix : 12 fr.

ŒUVRES COMPLETES DE BOSSUET, dont beaucoup inédites, 11 vol. in-4°. Prix : 60 fr.

ŒUVRES COMPLETES de DE BONALD, pair de France et membre de l'Académie française, 3 vol. in-4°. Prix : 24 fr.

ŒUVRES COMPLETES de THIEBAUT, 8 vol. in-4°. Prix : 50 fr.

ŒUVRES COMPLETES de BOUDON, 3 gros vol. in-4°. Prix : 24 fr.

ŒUVRES COMPLETES de FRAYSSINOUS, 1 v. in-4°. Pr. : 6 f.

ŒUVRES COMPLETES du cardinal de LA LUZERNE, évêque de Langres, 6 vol. in-4°. Prix : 40 fr.

ŒUVRES COMPLETES de BERGIER, 8 vol. in-4°. Prix : 50 fr.

ŒUVRES COMPLETES de LEFRANC DE POMPIGNAN, archevêque de Vienne, et Œuvres religieuses de son frère l'académicien, 2 vol. in-4°. Prix : 14 fr.

ŒUVRES COMPLETES de DE LA TOUR, chanoine de Montauban, 7 vol. in-4°. Prix : 45 fr. — Les *Mémoires liturgiques et canoniques* valent seuls au delà de ce prix. Nous n'en vendons que 51.

ŒUVRES COMPLETES de BAUDRAND, 2 V. in-8°. Prix : 14 fr.

Les souscripteurs à 20 volumes à la fois, parmi les ouvrages ci-dessus, jouissent, EN FRANCE, de trois avantages : le premier est de ne payer les volumes qu'après leur arrivée au chef-lieu d'arrondissement ou d'évêché; le second est de recevoir les ouvrages *franco* chez notre correspondant ou le leur, ou d'être remboursés du port; le troisième est de ne verser les fonds qu'à leur propre domicile et sans frais.

www.ingramcontent.com/pod-product-compliance
Lightning Source LLC
Chambersburg PA
CBHW050130240426
43673CB00043B/1625